广东省第三次全国经济普查
领 导 小 组 办 公 室 编
广 东 省 统 计 局

第三次全国经济普查
THE THIRD NATIONAL ECONOMIC CENSUS

GUANGDONG Economic Census Yearbook

广东经济普查年鉴

2013

第 三 产 业 卷

中国统计出版社
China Statistics Press

图书在版编目（CIP）数据

广东经济普查年鉴. 2013 / 广东省第三次全国经济普查领导小组办公室, 广东省统计局编. -- 北京 : 中国统计出版社, 2015.10
ISBN 978-7-5037-7656-4

Ⅰ. ①广… Ⅱ. ①广… ②广… Ⅲ. ①经济－普查－广东省－2013－年鉴 Ⅳ. ①F127.65-54

中国版本图书馆 CIP 数据核字(2015)第 227111 号

广东经济普查年鉴—2013/第三产业卷

编　　者/广东省第三次全国经济普查领导小组办公室　广东省统计局
责任编辑/赵淑焕
封面设计/广州九禾教育信息咨询有限公司
出版发行/中国统计出版社
通信地址/北京市丰台区西三环南路甲 6 号　邮政编码/100073
电　　话/邮购（010）63376909　书店（010）68783171
网　　址/http://www.zgtjcbs.com/
印　　刷/500 套
经　　销/新华书店
开　　本/880mm×1230mm　1/16
字　　数/2840 千字
印　　张/89
版　　别/2015 年 12 月第 1 版
版　　次/2015 年 12 月第 1 次印刷
定　　价/880.00 元

本书附同版本 CD-ROM 一张，光盘内容以书面文字为准。
如有印装差错，由本社发行部调换。

《广东经济普查年鉴——2013》编辑机构名单

编者说明

为便于社会各界共同分享广东省第三次全国经济普查的成果，更方便地开发利用普查资料，我们将经济普查资料编辑整理，汇编成《广东省经济普查年鉴-2013》一书。全书共三卷四册，即综合卷、第二产业卷（上、下册）和第三产业卷，并随书配送同版本光盘一张。《综合卷》分三篇：第一篇为“综合篇”，第二篇为“小微企业篇”，第三篇为“文化及相关产业篇”。《第二产业卷》按内容分为上、下两册。上册两篇：第一篇为“工业企业生产经营及财务状况”，第二篇是“主要工业产品产量”。下册三篇：第一篇是“能源”，第二篇是“规模以上工业企业科技情况”，第三篇是“建筑业企业生产经营及财务状况”。《第三产业卷》分五篇。第一篇为“批发和零售业企业基本情况和财务状况”，第二篇为“第二篇 住宿和餐饮业企业基本情况和财务状况”，第三篇为“房地产业生产经营及财务状况”，第四篇为“服务业企业财务状况”，第五篇为 “行政事业及非企业财务状况”。为使读者能够更好地使用本资料，现对有关问题做如下说明：

一、第三次全国经济普查的标准时点为2013年12月31日，时期资料为2013年度；

二、每卷后附有该卷详细的指标解释，使用时请仔细阅读；

三、综合卷中综合篇和小微企业篇汇总表，不包括无分组标识的部分数据，金融业、铁路运输业数据由部门提供；

四、本资料建筑业按注册地，其他行业按经营地进行汇总；

五、本资料对部分数据由于单位取舍不同或四舍五入而产生的差数均未作调整；

六、表中空格表示该项统计指标数据不详或无该项数据，“#”表示其中的主要项。

我们希望此书的面世，能使社会各界对我省第三次全国经济普查有一个全面概括的了解，更愿本书的内容，能为社会经济研究工作者提供有价值的参考。

广东省第三次全国经济普查资料是全省普查工作者共同辛勤工作的成果，也是广大普查对象积极支持配合的结果。在此，我们向全省所有普查工作者、普查对象和所有参与和支持普查工作的人员致以崇高的敬意和衷心的感谢！

第三产业卷　目录

第1篇　批发和零售业企业基本情况和财务状况

第2篇　住宿和餐饮业企业基本情况和财务状况

第3篇　房地产开发生产经营及财务状况

第4篇　服务业企业财务状况

第5篇　行政事业及非企业财务状况

附　录

第1篇

批发和零售业企业基本情况和财务状况

1-1　批发业法人企业基本情况

指标名称	法人单位数（个）	年末从业人数（人）
总计	**190431**	**2205892**
1. 按国民经济行业分组		
农、林、牧产品批发	**4801**	**73491**
谷物、豆及薯类批发	738	15673
种子批发	268	3029
饲料批发	752	6505
棉、麻批发	55	680
林业产品批发	786	11035
牲畜批发	594	11951
其他农牧产品批发	1608	24618
食品、饮料及烟草制品批发	**15282**	**260688**
米、面制品及食用油批发	1357	21329
糕点、糖果及糖批发	700	13397
果品、蔬菜批发	2112	46356
肉、禽、蛋、奶及水产品批发	2216	59167
盐及调味品批发	314	8906
营养和保健品批发	645	7848
酒、饮料及茶叶批发	4293	47217
烟草制品批发	194	16867
其他食品批发	3451	39601
纺织、服装及家庭用品批发	**30156**	**426594**
纺织品、针织品及原料批发	5028	50888
服装批发	8317	115822
鞋帽批发	1710	23576
化妆品及卫生用品批发	3052	45132
厨房、卫生间用具及日用杂货批发	2763	66838
灯具、装饰物品批发	1743	15295
家用电器批发	3631	59906
其他家庭用品批发	3912	49137
文化、体育用品及器材批发	**9065**	**108937**
文具用品批发	2731	26050
体育用品及器材批发	765	9399
图书批发	372	5967

1-1 续表1

指标名称	法人单位数（个）	年末从业人数（人）
报刊批发	50	1630
音像制品及电子出版物批发	279	2494
首饰、工艺品及收藏品批发	3195	44982
其他文化用品批发	1673	18415
医药及医疗器材批发	**4997**	**100638**
西药批发	1123	35182
中药批发	887	31407
医疗用品及器材批发	2987	34049
矿产品、建材及化工产品批发	**38115**	**397493**
煤炭及制品批发	806	11137
石油及制品批发	2557	74081
非金属矿及制品批发	719	6510
金属及金属矿批发	8665	73491
建材批发	10565	92450
化肥批发	1884	23242
农药批发	488	4422
农用薄膜批发	43	323
其他化工产品批发	12388	111837
机械设备、五金产品及电子产品批发	**58928**	**592548**
农业机械批发	452	5477
汽车批发	380	11727
汽车零配件批发	2868	26025
摩托车及零配件批发	227	2913
五金产品批发	9310	77745
电气设备批发	2729	29772
计算机、软件及辅助设备批发	4561	58956
通讯及广播电视设备批发	2398	46754
其他机械设备及电子产品批发	36003	333179
贸易经纪与代理	**14485**	**117235**
贸易代理	12076	90510
拍卖	392	3494
其他贸易经纪与代理	2017	23231
其他批发业	**14602**	**128268**
再生物资回收与批发	4056	33468

1-1　续表2

指标名称	法人单位数（个）	年末从业人数（人）
其他未列明批发业	10546	94800
2. 按登记注册类型分组		
内资企业	**184398**	**1981102**
国有企业	1738	69754
集体企业	2195	29160
股份合作企业	1195	9675
联营企业	1157	12576
国有联营企业	38	1881
集体联营企业	107	2042
国有与集体联营企业	23	329
其他联营企业	989	8324
有限责任公司	40644	474384
国有独资公司	212	13209
其他有限责任公司	40432	461175
股份有限公司	2148	69102
私营企业	125861	1194541
私营独资企业	14364	106125
私营合伙企业	2975	23956
私营有限责任公司	106798	1043991
私营股份有限公司	1724	20469
其他企业	9460	121910
港、澳、台商投资企业	**3937**	**156182**
与港澳台商合资经营企业	317	13447
与港澳台商合作经营企业	44	688
港澳台商独资经营企业	3269	135767
港澳台商投资股份有限公司	71	2321
其他港澳台投资企业	236	3959
外商投资企业	**2096**	**68608**
中外合资经营企业	239	16338
中外合作经营企业	22	849
外资企业	1568	39127
外商投资股份有限公司	68	10400
其他外商投资企业	199	1894

1-2 批发业法人企业财务状况

单位：万元

指标名称	营业收入	#主营业务收入	资产总计
总计	571085464.37	567605597.69	307165161.21
1. 按国民经济行业分组			
农、林、牧产品批发	7009692.03	6970945.01	4929258.17
谷物、豆及薯类批发	1589682.28	1583075.28	1210040.25
种子批发	183417.73	182197.26	179037.44
饲料批发	1576205.99	1570621.03	665436.62
棉、麻批发	587051.55	586609.52	243282.98
林业产品批发	541872.63	537773.03	508823.14
牲畜批发	754870.69	748482.09	693326.94
其他农牧产品批发	1776591.15	1762186.80	1429310.79
食品、饮料及烟草制品批发	43523309.90	43197628.92	24230656.01
米、面制品及食用油批发	4563697.76	4530691.19	3192973.36
糕点、糖果及糖批发	2605797.13	2580042.10	2483466.64
果品、蔬菜批发	2320401.84	2303999.30	1482232.57
肉、禽、蛋、奶及水产品批发	8522421.79	8388483.05	3908905.21
盐及调味品批发	1102993.11	1094469.30	875041.38
营养和保健品批发	407159.33	402405.56	364214.43
酒、饮料及茶叶批发	4800392.18	4735402.25	4269209.88
烟草制品批发	10785906.84	10767825.21	3109909.28
其他食品批发	8414539.90	8394310.96	4544703.27
纺织、服装及家庭用品批发	61269999.24	60713127.77	37853255.42
纺织品、针织品及原料批发	11609434.24	11567755.78	5371242.59
服装批发	19209837.66	19131554.88	8760052.46
鞋帽批发	3335483.50	3329270.74	1145565.39
化妆品及卫生用品批发	2498646.60	2454756.31	5895734.43
厨房、卫生间用具及日用杂货批发	4312827.63	4292869.99	2015875.67
灯具、装饰物品批发	1140837.47	1122100.43	749798.42
家用电器批发	13539872.12	13253747.31	9862959.64
其他家庭用品批发	5623060.02	5561072.32	4052026.83
文化、体育用品及器材批发	15620731.92	15527711.05	12601084.37
文具用品批发	4941316.39	4911726.32	4045247.35
体育用品及器材批发	948551.09	943899.12	624818.77
图书批发	494737.60	487555.34	616929.76

1–2　续表1

指标名称	营业收入	#主营业务收入	资产总计
报刊批发	116066.86	111672.40	129158.91
音像制品及电子出版物批发	168489.82	166731.49	222214.19
首饰、工艺品及收藏品批发	6565706.46	6530859.03	5390106.61
其他文化用品批发	2385863.69	2375267.36	1572608.77
医药及医疗器材批发	**20972174.17**	**20825846.64**	**11908750.86**
西药批发	11080582.13	10984863.28	6416868.42
中药批发	6788745.27	6759305.96	3370292.69
医疗用品及器材批发	3102846.77	3081677.40	2121589.75
矿产品、建材及化工产品批发	**305014894.54**	**303915720.31**	**124887055.42**
煤炭及制品批发	20785737.38	20767860.21	9962621.40
石油及制品批发	129413242.74	128880342.26	38717733.40
非金属矿及制品批发	1304886.39	1293292.53	883943.87
金属及金属矿批发	85742331.90	85478722.83	39199417.94
建材批发	22369399.59	22295945.15	17923433.30
化肥批发	3156647.00	3144222.08	1547381.08
农药批发	585922.42	576419.01	474055.24
农用薄膜批发	41442.43	41257.17	10412.13
其他化工产品批发	41615284.70	41437659.07	16168057.08
机械设备、五金产品及电子产品批发	**74731473.57**	**73845831.85**	**58469328.68**
农业机械批发	429976.26	426025.00	371528.73
汽车批发	6277015.57	6221753.66	7670582.07
汽车零配件批发	4649132.02	4618739.46	2730395.27
摩托车及零配件批发	900016.80	898630.46	196778.09
五金产品批发	5283243.24	5237407.63	6567341.21
电气设备批发	2882343.17	2839469.45	2302181.29
计算机、软件及辅助设备批发	7913512.28	7835302.67	4680807.95
通讯及广播电视设备批发	17074595.19	16997111.53	6786882.63
其他机械设备及电子产品批发	29321639.04	28771391.99	27162831.45
贸易经纪与代理	**20794094.95**	**20556435.44**	**20611216.95**
贸易代理	17764216.89	17549558.46	17946164.83
拍卖	104455.40	98888.05	457579.23
其他贸易经纪与代理	2925422.66	2907988.93	2207472.89
其他批发业	**22149094.06**	**22052350.69**	**11674555.34**
再生物资回收与批发	4707103.05	4682099.44	2374136.86

1-2 续表2

指标名称	营业收入	#主营业务收入	资产总计
其他未列明批发业	17441991.01	17370251.25	9300418.47
2. 按登记注册类型分组			
内资企业	**508891152.59**	**506001253.51**	**269209018.43**
国有企业	76705555.65	76322878.35	17694372.98
集体企业	1695538.38	1667808.98	1529441.38
股份合作企业	690200.86	683853.47	439471.33
联营企业	684577.48	673291.11	724368.02
国有联营企业	77548.93	75411.19	57631.19
集体联营企业	128597.49	128304.99	51428.71
国有与集体联营企业	20935.66	20885.66	42201.50
其他联营企业	457495.39	448689.28	573106.62
有限责任公司	224237802.48	223243873.35	108563423.26
国有独资公司	17018440.27	16955608.88	6894025.67
其他有限责任公司	207219362.21	206288264.47	101669397.60
股份有限公司	30295781.36	30092882.91	20439377.02
私营企业	168949225.35	167791205.71	112295904.13
私营独资企业	5004594.02	4934936.67	3941298.31
私营合伙企业	1156711.13	1124389.50	1096815.91
私营有限责任公司	158898740.77	157862807.97	105296897.55
私营股份有限公司	3889179.43	3869071.58	1960892.36
其他企业	5632471.04	5525459.63	7522660.31
港、澳、台商投资企业	**30847260.16**	**30418172.34**	**18949895.27**
与港澳台商合资经营企业	5992395.56	5710793.84	2187927.63
与港澳台商合作经营企业	171011.87	170984.03	173258.29
港澳台商独资经营企业	24352635.41	24205316.63	15962421.59
港澳台商投资股份有限公司	138943.88	138937.57	114391.89
其他港澳台投资企业	192273.43	192140.26	511895.88
外商投资企业	**31347051.63**	**31186171.84**	**19006247.51**
中外合资经营企业	10408128.86	10359410.74	4233824.91
中外合作经营企业	284219.19	283482.69	108987.50
外资企业	18157535.46	18052775.44	9408202.85
外商投资股份有限公司	2362998.30	2362607.92	554390.05
其他外商投资企业	134169.82	127895.06	4700842.20

1–3　零售业法人企业基本情况

指标名称	法人单位数（个）	年末从业人数（人）	年末零售营业面积（万平方米）
总计	**100616**	**1286006**	**3433.95**
1. 按国民经济行业分组			
综合零售	**5923**	**250757**	**1135.32**
百货零售	3289	122043	644.14
超级市场零售	839	103294	435.46
其他综合零售	1795	25420	55.72
食品、饮料及烟草制品专门零售	**7822**	**74409**	**106.99**
粮油零售	609	5840	11.85
糕点、面包零售	512	7341	7.08
果品、蔬菜零售	559	6676	13.31
肉、禽、蛋、奶及水产品零售	872	13135	19.03
营养和保健品零售	430	4273	4.89
酒、饮料及茶叶零售	2710	17660	24.31
烟草制品零售	293	4196	4.16
其他食品零售	1837	15288	22.37
纺织、服装及日用品专门零售	**11484**	**154735**	**195.86**
纺织品及针织品零售	1435	11695	13.70
服装零售	4211	70091	95.9
鞋帽零售	517	22456	15.37
化妆品及卫生用品零售	1263	11882	16.81
钟表、眼镜零售	637	10007	6.09
箱、包零售	415	5693	3.86
厨房用具及日用杂品零售	709	5688	8.10
自行车零售	177	1414	4.40
其他日用品零售	2120	15809	31.62
文化、体育用品及器材专门零售	**6289**	**68934**	**88.33**
文具用品零售	1398	8826	10.89
体育用品及器材零售	619	7413	8.51
图书、报刊零售	576	19124	32.97
音像制品及电子出版物零售	119	1105	1.75
珠宝首饰零售	1413	17643	12.96
工艺美术品及收藏品零售	1104	7162	10.98
乐器零售	245	1566	2.60
照相器材零售	197	1735	1.09
其他文化用品零售	618	4360	6.58
医药及医疗器材专门零售	**9892**	**91548**	**121.59**
药品零售	8626	79380	108.95
医疗用品及器材零售	1266	12168	12.63
汽车、摩托车、燃料及零配件专门零售	**10839**	**235630**	**1033.47**

1-3 续表1

指标名称	法人单位数（个）	年末从业人数（人）	年末零售营业面积（万平方米）
汽车零售	4170	151606	528.9
汽车零配件零售	3044	23014	35.76
摩托车及零配件零售	764	7057	20.18
机动车燃料零售	2861	53953	448.62
家用电器及电子产品专门零售	**19908**	**198531**	**302.4**
家用视听设备零售	1062	13072	37.05
日用家电设备零售	3662	51548	161.63
计算机、软件及辅助设备零售	4243	35334	26.67
通信设备零售	1786	31512	20.89
其他电子产品零售	9155	67065	56.17
五金、家具及室内装饰材料专门零售	**17576**	**122377**	**288.46**
五金零售	7002	45343	61.93
灯具零售	1159	7083	12.53
家具零售	2981	25070	121.53
涂料零售	760	4471	4.67
卫生洁具零售	431	3143	8.50
木质装饰材料零售	595	3669	7.34
陶瓷、石材装饰材料零售	1606	13166	21.32
其他室内装饰材料零售	3042	20432	50.63
货摊、无店铺及其他零售业	**10883**	**89085**	**161.54**
货摊食品零售	35	266	0.74
货摊纺织、服装及鞋零售	76	784	0.70
货摊日用品零售	36	382	0.77
互联网零售	1652	13381	5.45
邮购及电视、电话零售	35	702	0.36
旧货零售	85	524	0.77
生活用燃料零售	833	15661	72.40
其他未列明零售业	8131	57385	80.35
2. 按登记注册类型分组			
内资企业	**99242**	**1134293**	**2823.34**
国有企业	875	27368	49.76
集体企业	1983	23225	46.54
股份合作企业	1372	8410	13.30
联营企业	622	7038	8.97
国有联营企业	32	1866	2.33
集体联营企业	116	1149	1.79
国有与集体联营企业	19	254	0.65
其他联营企业	455	3769	4.20
有限责任公司	24020	390002	1176.66
国有独资公司	81	4009	9.12

1-3　续表2

指标名称	法人单位数（个）	年末从业人数（人）	年末零售营业面积（万平方米）
其他有限责任公司	23939	385993	1167.53
股份有限公司	1325	60761	326.42
私营企业	63505	574118	1140.83
私营独资企业	17459	107758	220.26
私营合伙企业	1932	13639	24.86
私营有限责任公司	43148	436600	866.99
私营股份有限公司	966	16121	28.71
其他企业	5540	43371	60.86
港、澳、台商投资企业	**833**	**79059**	**213.92**
与港澳台商合资经营企业	108	29471	103.21
与港澳台商合作经营企业	25	1075	2.37
港澳台商独资经营企业	617	45288	98.61
港澳台商投资股份有限公司	33	2353	9.34
其他港澳台投资企业	50	872	0.39
外商投资企业	**541**	**72654**	**396.70**
中外合资经营企业	143	24782	185.08
中外合作经营企业	15	6334	14.52
外资企业	289	39278	192.96
外商投资股份有限公司	20	1115	3.64
其他外商投资企业	74	1145	0.50
3. 按零售业态分组			
有店铺零售	**94972**	**1240111**	**3405.43**
食杂店	1290	9653	14.52
便利店	2442	29987	46.76
折扣店	146	1294	7.93
超市	1906	60641	117.49
大型超市	505	109794	610.83
仓储会员店	284	3564	8.41
百货店	5940	111374	468.01
专业店	44559	476276	1184.46
专卖店	26592	325632	686.48
家居建材商店	3419	25010	101.28
购物中心	200	13102	31.29
厂家直销中心	7689	73784	127.97
无店铺零售	**5547**	**44804**	**26.47**
电视购物	36	737	0.42
邮购	247	1887	1.35
网上商店	3977	32912	18.08
自动售货亭购物中心	44	412	0.78
电话购物	1243	8856	5.84

1-4 零售业法人企业财务状况

单位：万元

指标名称	营业收入	#主营业务收入	资产总计
总计	**108117384.09**	**106147580.51**	**65662902.78**
1. 按国民经济行业分组			
综合零售	**17936172.02**	**17396706.04**	**12836357.58**
百货零售	9384046.69	9071155.82	7955420.98
超级市场零售	7642739.97	7431356.62	3992935.57
其他综合零售	909385.35	894193.60	888001.04
食品、饮料及烟草制品专门零售	**2932990.35**	**2888228.45**	**3144965.69**
粮油零售	361359.51	358357.24	316858.00
糕点、面包零售	202528.32	201678.32	166216.78
果品、蔬菜零售	170155.34	167513.97	158455.40
肉、禽、蛋、奶及水产品零售	646755.88	640960.47	391252.11
营养和保健品零售	169430.85	168205.81	130964.25
酒、饮料及茶叶零售	586389.25	578633.12	741636.61
烟草制品零售	309061.26	290658.13	732583.80
其他食品零售	487309.94	482221.40	506998.74
纺织、服装及日用品专门零售	**6476717.50**	**6382759.85**	**5105120.70**
纺织品及针织品零售	579646.08	577116.56	391025.39
服装零售	3608262.44	3557316.23	2721015.59
鞋帽零售	708298.99	702504.40	495113.33
化妆品及卫生用品零售	389511.86	375661.27	316939.37
钟表、眼镜零售	383678.27	377948.46	349087.16
箱、包零售	134528.97	132419.48	86463.67
厨房用具及日用杂品零售	146872.37	141904.03	185005.06
自行车零售	33766.32	33701.51	29581.94
其他日用品零售	492152.19	484187.92	530889.21
文化、体育用品及器材专门零售	**4356510.84**	**4302060.42**	**2767189.24**
文具用品零售	309205.55	304083.18	248732.20
体育用品及器材零售	941015.88	938816.02	478834.02
图书、报刊零售	740132.10	711382.66	775077.03
音像制品及电子出版物零售	41439.31	41297.10	38365.16
珠宝首饰零售	1933267.85	1924025.93	826943.82
工艺美术品及收藏品零售	160334.20	156469.04	186882.02
乐器零售	49738.61	49173.09	29669.34
照相器材零售	62171.17	58977.94	76950.96
其他文化用品零售	119206.17	117835.47	105734.69
医药及医疗器材专门零售	**3979934.13**	**3923118.76**	**2556562.98**
药品零售	3345619.55	3295695.78	2046250.82
医疗用品及器材零售	634314.59	627422.98	510312.16
汽车、摩托车、燃料及零配件专门零售	**50204101.36**	**49520860.90**	**23404373.65**

1–4　续表1

指标名称	营业收入	#主营业务收入	资产总计
汽车零售	31667931.79	31198849.01	14259566.92
汽车零配件零售	1235796.43	1220472.53	806014.07
摩托车及零配件零售	461835.30	459306.10	261254.98
机动车燃料零售	16838537.84	16642233.25	8077537.68
家用电器及电子产品专门零售	**11008230.77**	**10688838.93**	**7560243.14**
家用视听设备零售	1057800.09	1045169.42	474020.44
日用家电设备零售	3892555.59	3758853.46	2718339.90
计算机、软件及辅助设备零售	1263618.84	1232089.83	932285.91
通信设备零售	2735822.09	2643738.88	1239488.52
其他电子产品零售	2058434.16	2008987.35	2196108.36
五金、家具及室内装饰材料专门零售	**4888713.26**	**4791377.50**	**4866552.84**
五金零售	1880170.49	1847086.27	1684771.46
灯具零售	171441.24	168620.81	127127.37
家具零售	945151.28	901148.83	1216800.09
涂料零售	262883.98	260421.12	171981.13
卫生洁具零售	127804.21	126777.44	71033.01
木质装饰材料零售	145690.96	142501.55	222946.05
陶瓷、石材装饰材料零售	552304.75	548831.78	533435.38
其他室内装饰材料零售	803266.36	795989.70	838458.36
货摊、无店铺及其他零售业	**6334013.87**	**6253629.66**	**3421536.96**
货摊食品零售	10335.19	10114.81	10403.58
货摊纺织、服装及鞋零售	10393.06	10364.23	6910.83
货摊日用品零售	9640.65	9639.84	6914.37
互联网零售	2511761.95	2508827.67	545210.20
邮购及电视、电话零售	49841.10	49648.37	36481.15
旧货零售	14022.17	13968.69	20718.27
生活用燃料零售	1327085.34	1300911.97	746331.47
其他未列明零售业	2400934.41	2350154.09	2048567.08
2. 按登记注册类型分组			
内资企业	**90603059.60**	**88929352.97**	**55578514.71**
国有企业	2281600.77	2218111.20	2236629.01
集体企业	1895592.05	1881165.16	1034312.82
股份合作企业	335482.16	333497.08	145067.00
联营企业	292087.06	283711.75	219695.10
国有联营企业	96527.50	94078.00	23150.25
集体联营企业	44684.94	43126.48	19302.96
国有与集体联营企业	24835.81	23689.70	8217.95
其他联营企业	126038.81	122817.58	169023.94
有限责任公司	35898090.27	35225231.16	21425628.52
国有独资公司	1435182.87	1410310.39	936217.05

1-4 续表2

指标名称	营业收入	#主营业务收入	资产总计
其他有限责任公司	34462907.40	33814920.77	20489411.47
股份有限公司	14177594.44	13848026.31	8768972.16
私营企业	33474871.40	32928473.14	20641070.63
私营独资企业	3397699.79	3319375.98	1937369.24
私营合伙企业	397383.65	390145.90	350369.77
私营有限责任公司	27516831.29	27091930.45	17407060.19
私营股份有限公司	2162956.67	2127020.80	946271.43
其他企业	2247741.45	2211137.17	1107139.47
港、澳、台商投资企业	**8535282.65**	**8354193.15**	**6220403.37**
与港澳台商合资经营企业	3768642.68	3662546.57	3023998.01
与港澳台商合作经营企业	119345.99	117461.33	40886.29
港澳台商独资经营企业	4529785.03	4467339.23	2659172.54
港澳台商投资股份有限公司	107336.72	96679.06	461480.96
其他港澳台投资企业	10172.24	10166.97	34865.57
外商投资企业	**8979041.84**	**8864034.38**	**3863984.70**
中外合资经营企业	4073347.47	4019334.62	1552601.28
中外合作经营企业	825736.41	796303.51	417711.43
外资企业	3886911.16	3856331.74	1787684.58
外商投资股份有限公司	100717.90	100657.10	34696.08
其他外商投资企业	92328.92	91407.42	71291.33
3. 按零售业态分组			
有店铺零售	**102974038.80**	**101088370.84**	**63678598.30**
食杂店	378237.70	360163.72	528737.06
便利店	1562474.70	1521497.30	914837.55
折扣店	52711.86	51381.70	36134.96
超市	2354958.24	2314985.22	2034896.21
大型超市	8326364.13	8068734.34	4660616.22
仓储会员店	128674.06	121169.25	88178.08
百货店	8482354.92	8239061.49	7323607.64
专业店	45362181.92	44636349.93	26114962.00
专卖店	31380285.39	30925596.22	17221507.98
家居建材商店	1060350.28	1027452.56	1331845.95
购物中心	908323.98	898255.75	434021.56
厂家直销中心	2977121.63	2923723.37	2989253.09
无店铺零售	**5072902.11**	**4992159.20**	**1948317.50**
电视购物	52484.54	52297.78	31252.40
邮购	64003.47	63133.43	50068.70
网上商店	4579712.28	4536702.70	1564972.69
自动售货亭购物中心	14512.47	14153.01	5493.17
电话购物	362189.35	325872.27	296530.54

1-5　分地区批发业法人企业基本情况

地　区	法人单位数（个）	年末从业人数（人）
全省合计	**190431**	**2205892**
广州市	47663	626434
深圳市	61184	718499
珠海市	9329	66937
汕头市	4296	48317
佛山市	18301	143750
韶关市	2149	28886
河源市	1169	12315
梅州市	1151	18542
惠州市	4663	65351
汕尾市	321	6289
东莞市	13120	137271
中山市	6239	49205
江门市	4489	31005
阳江市	1536	22490
湛江市	4034	44591
茂名市	4836	90316
肇庆市	1711	27568
清远市	1381	11212
潮州市	671	10466
揭阳市	1456	26357
云浮市	732	20091

1-6　分地区批发业法人企业财务状况

单位：万元

地　区	营业收入		资产总计
		#主营业务收入	
全省合计	**571085464.37**	**567605597.69**	**307165161.21**
广州市	254332298.93	253292706.19	99123921.10
深圳市	125418896.98	124317190.60	100569255.00
珠海市	25500350.33	25191460.37	21022287.15
汕头市	9447850.91	9412423.67	4690981.18
佛山市	52012506.79	51776857.78	27061384.30
韶关市	3364857.81	3338393.99	1723827.55
河源市	653047.53	649509.74	418351.29
梅州市	1704098.50	1690432.98	766504.65
惠州市	8184067.99	8061508.70	4613061.41
汕尾市	532811.60	529971.67	234664.35
东莞市	25035479.40	24897858.86	14818635.87
中山市	10826222.53	10779194.74	5346053.44
江门市	8078786.70	8020716.70	4463611.78
阳江市	1384444.88	1376912.30	838757.49
湛江市	10722260.30	10625409.01	6838498.59
茂名市	16259262.39	16180451.84	5589320.03
肇庆市	4443096.05	4431339.95	2403444.57
清远市	1799031.91	1783443.03	2044632.26
潮州市	2370381.00	2362112.38	822238.15
揭阳市	6700243.89	6650830.94	2267411.27
云浮市	2315467.95	2236872.26	1508319.77

1-7 分地区批发业法人企业基本情况

	全省合计	广州市	深圳市	珠海市	汕头市	佛山市	韶关市	河源市
总计	**190431**	**47663**	**61184**	**9329**	**4296**	**18301**	**2149**	**1169**
农、林、牧产品批发	**4801**	**610**	**475**	**152**	**148**	**196**	**385**	**356**
谷物、豆及薯类批发	738	74	59	6	34	16	61	4
种子批发	268	60	7	10	38	4	6	3
饲料批发	752	199	47	19	14	62	5	14
棉、麻批发	55	15	17	1	3	4	1	
林业产品批发	786	52	46	21	16	55	59	174
牲畜批发	594	22	11	22	9	4	12	120
其他农牧产品批发	1608	188	288	73	34	51	241	41
食品、饮料及烟草制品批发	**15282**	**4005**	**3205**	**886**	**758**	**640**	**271**	**414**
米、面制品及食用油批发	1357	311	270	68	113	75	33	29
糕点、糖果及糖批发	700	225	135	18	65	26	10	2
果品、蔬菜批发	2112	245	293	36	73	40	130	300
肉、禽、蛋、奶及水产品批发	2216	447	275	82	112	77	21	43
盐及调味品批发	314	122	52	19	17	9	4	4
营养和保健品批发	645	220	201	50	36	20	3	1
酒、饮料及茶叶批发	4293	1436	1280	360	158	206	29	15
烟草制品批发	194	41	35	12	14	11	9	4
其他食品批发	3451	958	664	241	170	176	32	16
纺织、服装及家庭用品批发	**30156**	**12229**	**8424**	**1190**	**729**	**1857**	**82**	**20**
纺织品、针织品及原料批发	5028	1562	1082	103	140	747	7	8
服装批发	8317	4029	2409	263	176	195	14	2
鞋帽批发	1710	980	264	21	56	34	1	
化妆品及卫生用品批发	3052	1897	632	163	71	52	9	
厨房、卫生间用具及日用杂货批发	2763	996	777	203	83	199	7	2
灯具、装饰物品批发	1743	392	765	73	21	132	5	3
家用电器批发	3631	999	1050	182	89	355	26	4
其他家庭用品批发	3912	1374	1445	182	93	143	13	1
文化、体育用品及器材批发	**9065**	**2927**	**3835**	**383**	**342**	**259**	**24**	**8**
文具用品批发	2731	1018	883	175	73	110	7	2
体育用品及器材批发	765	268	287	47	12	18	1	
图书批发	372	205	65	4	8	10	5	5
报刊批发	50	20	13	1	1	4		

（按国民经济行业分）（法人单位数）

单位：个

梅州市	惠州市	汕尾市	东莞市	中山市	江门市	阳江市	湛江市	茂名市	肇庆市	清远市	潮州市	揭阳市	云浮市
1151	**4663**	**321**	**13120**	**6239**	**4489**	**1536**	**4034**	**4836**	**1711**	**1381**	**671**	**1456**	**732**
104	**263**	**30**	**94**	**124**	**92**	**168**	**315**	**831**	**76**	**134**	**32**	**81**	**135**
10	70	5	23	7	5	7	31	235	7	29	5	11	39
12	5	1	4		5	8	42	30	6	9	4	7	7
11	20	7	19	28	33	40	119	68	12	8	7	2	18
	1		2	1	3		4	1	1			1	
22	74	3	18	70	11	20	21	47	12	18	4	30	13
16	21	9	3	1	5	32	21	222	7	32	1	16	8
33	72	5	25	17	30	61	77	228	31	38	11	14	50
189	**613**	**68**	**798**	**564**	**471**	**169**	**590**	**766**	**172**	**145**	**180**	**221**	**157**
15	50	4	76	35	45	12	51	41	21	21	35	41	11
7	15	1	36	24	19	10	60	11	14	5	9	7	1
53	196	6	49	32	26	11	73	339	24	47	13	25	101
16	140	28	55	42	157	102	216	262	15	14	52	35	25
1	3	4	25	8	12	2	8	4	4	2	4	9	1
10	10	1	19	12	13	2	8	9	6		3	21	
59	105	11	205	104	67	11	73	34	29	31	35	42	3
2	9	5	3	3	4	2	8	5	3	3	5	11	5
26	85	8	330	304	128	17	93	61	56	22	24	30	10
71	**820**	**27**	**1979**	**1246**	**522**	**121**	**177**	**167**	**122**	**77**	**97**	**184**	**15**
10	93	3	647	382	105	3	16	18	16	7	30	48	1
7	161	4	548	252	107	9	30	19	19	8	13	49	3
	113	1	135	43	23	2	7	8	3	2	6	11	
5	31		78	46	14	4	13	13	11	4	2	6	1
6	71	7	117	76	58	43	26	18	8	12	23	27	4
5	33		116	95	57	4	5	4	8	11	1	12	1
26	217	8	156	196	102	45	44	50	27	20	5	27	3
12	101	4	182	156	56	11	36	37	30	13	17	4	2
39	**148**	**6**	**437**	**169**	**96**	**139**	**64**	**57**	**46**	**22**	**19**	**38**	**7**
11	53	1	180	77	41	11	25	24	5	12	9	12	2
3	9		71	19	5	4	5	5	5		2	2	2
7	5	3	8	5	5	1	6	5	3	6	2	12	2
	2		5				1	2	1				

1-7 续表

	全省合计	广州市	深圳市	珠海市	汕头市	佛山市	韶关市	河源市
音像制品及电子出版物批发	279	169	63	6	7	10	4	
首饰、工艺品及收藏品批发	3195	691	2028	99	63	48	5	
其他文化用品批发	1673	556	496	51	178	59	2	1
医药及医疗器材批发	**4997**	**2117**	**745**	**308**	**167**	**203**	**50**	**23**
西药批发	1123	259	133	63	46	43	9	9
中药批发	887	286	96	29	40	51	17	11
医疗用品及器材批发	2987	1572	516	216	81	109	24	3
矿产品、建材及化工产品批发	**38115**	**6726**	**5258**	**1982**	**917**	**9428**	**806**	**187**
煤炭及制品批发	806	213	47	47	35	67	68	9
石油及制品批发	2557	455	354	262	87	256	28	15
非金属矿及制品批发	719	85	103	20	15	132	48	11
金属及金属矿批发	8665	908	700	181	76	5303	260	38
建材批发	10565	1738	1885	851	299	1607	183	79
化肥批发	1884	110	47	22	14	19	91	18
农药批发	488	51	40	9	2	16	38	8
农用薄膜批发	43	7	6	1	3	10		
其他化工产品批发	12388	3159	2076	589	386	2018	90	9
机械设备、五金产品及电子产品批发	**58928**	**11921**	**30992**	**2729**	**663**	**2562**	**399**	**63**
农业机械批发	452	87	32	6	13	18	19	16
汽车批发	380	101	105	13	7	40	5	
汽车零配件批发	2868	1769	502	92	39	83	27	5
摩托车及零配件批发	227	104	27	7	3	14		
五金产品批发	9310	1852	2534	561	165	865	120	13
电气设备批发	2729	723	825	136	59	348	36	2
计算机、软件及辅助设备批发	4561	1320	2273	282	61	67	12	4
通讯及广播电视设备批发	2398	547	1460	117	29	36	7	
其他机械设备及电子产品批发	36003	5418	23234	1515	287	1091	173	23
贸易经纪与代理	**14485**	**3028**	**5652**	**245**	**269**	**1891**	**61**	**47**
贸易代理	12076	2545	4878	150	219	1714	45	35
拍卖	392	77	66	29	11	27	7	3
其他贸易经纪与代理	2017	406	708	66	39	150	9	9
其他批发业	**14602**	**4100**	**2598**	**1454**	**303**	**1265**	**71**	**51**
再生物资回收与批发	4056	717	242	145	67	536	36	30
其他未列明批发业	10546	3383	2356	1309	236	729	35	21

梅州市	惠州市	汕尾市	东莞市	中山市	江门市	阳江市	湛江市	茂名市	肇庆市	清远市	潮州市	揭阳市	云浮市
1	4		2		4	5	1	1	1	1			
13	38	2	108	34	14	2	10	5	22		4	8	1
4	37		63	34	27	116	16	15	9	3	2	4	
84	**163**	**23**	**117**	**164**	**107**	**47**	**151**	**108**	**128**	**53**	**30**	**180**	**29**
31	70	14	25	94	34	11	57	33	76	28	13	66	9
28	33	3	18	16	17	8	47	52	22	10	11	80	12
25	60	6	74	54	56	28	47	23	30	15	6	34	8
308	**896**	**62**	**3006**	**1307**	**1346**	**344**	**1721**	**1914**	**487**	**643**	**164**	**352**	**261**
34	10	1	50	16	57	10	37	30	18	24	2	19	12
25	53	14	235	112	75	19	96	368	39	16	26	17	5
15	23	1	43	27	19	8	32	40	13	67	9	4	4
18	39		365	162	154	48	149	23	29	116	10	76	10
161	439	31	706	495	259	160	619	352	188	219	50	151	93
33	66	8	15	25	93	39	549	372	103	116	15	22	107
6	24	4	10	12	81	13	58	40	16	22	4	13	21
1		1	4	1	1	1	3	3		1			
15	242	2	1578	457	607	46	178	686	81	62	48	50	9
202	**925**	**25**	**4092**	**1587**	**823**	**202**	**608**	**261**	**417**	**161**	**68**	**203**	**25**
20	26	2	18	18	19	20	49	39	20	12	7	8	3
10	5		24	17	11	3	12	6	10		2	9	
22	36	1	115	50	36	7	36	18	14	6	3	6	1
5	7	2	3	5	20	2	4	11	7	1	1	3	1
39	246	10	1206	659	368	131	198	75	103	47	38	70	10
16	71	1	171	138	46	10	40	20	42	23	4	16	2
23	48	3	185	98	47	5	32	32	22	17	5	20	5
1	34		54	18	16	9	18	7	13	8	2	21	1
66	452	6	2316	584	260	15	219	53	186	47	6	50	2
46	**578**	**31**	**740**	**295**	**558**	**235**	**103**	**361**	**101**	**91**	**37**	**106**	**10**
29	537	20	611	250	470	179	77	90	61	70	28	61	7
5	17	1	21	22	31	14	14	13	13	10	4	5	2
12	24	10	108	23	57	42	12	258	27	11	5	40	1
108	**257**	**49**	**1857**	**783**	**474**	**111**	**305**	**371**	**162**	**55**	**44**	**91**	**93**
51	143	45	338	739	180	39	217	287	79	24	18	49	74
57	114	4	1519	44	294	72	88	84	83	31	26	42	19

1-8 分地区批发业法人企业基本情况

	全省合计	广州市	深圳市	珠海市	汕头市	佛山市	韶关市	河源市
总计	**2205892**	**626434**	**718499**	**66937**	**48317**	**143750**	**28886**	**12315**
农、林、牧产品批发	**73491**	**7680**	**6618**	**1356**	**1386**	**1543**	**8000**	**3209**
谷物、豆及薯类批发	15673	907	997	145	202	121	1068	36
种子批发	3029	626	67	73	367	40	57	18
饲料批发	6505	1795	498	125	104	337	21	42
棉、麻批发	680	189	141	1	44	12	6	
林业产品批发	11035	594	476	168	212	255	1161	1434
牲畜批发	11951	873	112	340	122	356	440	995
其他农牧产品批发	24618	2696	4327	504	335	422	5247	684
食品、饮料及烟草制品批发	**260688**	**55065**	**55600**	**8050**	**10257**	**8378**	**9150**	**4946**
米、面制品及食用油批发	21329	5893	5451	830	1695	943	274	146
糕点、糖果及糖批发	13397	3715	3057	157	1132	210	150	26
果品、蔬菜批发	46356	4561	7377	509	1560	410	5904	3036
肉、禽、蛋、奶及水产品批发	59167	6898	7096	837	1248	1271	558	539
盐及调味品批发	8906	4291	759	310	309	207	128	91
营养和保健品批发	7848	2804	2610	524	312	131	15	1
酒、饮料及茶叶批发	47217	14477	15307	3325	1277	2810	296	136
烟草制品批发	16867	1519	1766	297	985	816	1561	825
其他食品批发	39601	10907	12177	1261	1739	1580	264	146
纺织、服装及家庭用品批发	**426594**	**196555**	**115799**	**11294**	**8306**	**19657**	**532**	**451**
纺织品、针织品及原料批发	50888	16482	11057	996	1525	5893	29	112
服装批发	115822	57257	37540	2722	1993	2053	90	62
鞋帽批发	23576	10876	3417	181	974	1417	4	
化妆品及卫生用品批发	45132	24341	11997	2078	810	504	72	
厨房、卫生间用具及日用杂货批发	66838	49456	8944	1045	670	1291	51	208
灯具、装饰物品批发	15295	3962	6826	371	134	798	11	46
家用电器批发	59906	16931	16924	3021	893	6567	182	14
其他家庭用品批发	49137	17250	19094	880	1307	1134	93	9
文化、体育用品及器材批发	**108937**	**39937**	**45070**	**2249**	**4119**	**2293**	**163**	**115**
文具用品批发	26050	9423	9295	1147	687	757	46	6
体育用品及器材批发	9399	4538	3031	202	226	137	2	
图书批发	5967	3509	720	27	256	107	47	101
报刊批发	1630	919	205	1	14	46		

（按国民经济行业分）（年末从业人数）

单位：人

梅州市	惠州市	汕尾市	东莞市	中山市	江门市	阳江市	湛江市	茂名市	肇庆市	清远市	潮州市	揭阳市	云浮市
18542	**65351**	**6289**	**137271**	**49205**	**31005**	**22490**	**44591**	**90316**	**27568**	**11212**	**10466**	**26357**	**20091**
2136	**3918**	**373**	**1130**	**697**	**648**	**3463**	**3286**	**22140**	**1273**	**1200**	**420**	**1225**	**1790**
103	1468	84	232	60	134	163	342	8641	166	302	26	158	318
146	50	6	60		21	204	335	445	320	38	24	60	72
54	173	31	125	111	142	429	897	1001	149	35	100	16	320
	24		14	6	33		22	8				180	
1044	845	138	109	256	44	587	231	2476	110	292	22	294	287
232	635	96	75	160	72	1005	654	4855	181	208	8	364	168
557	723	18	515	104	202	1075	805	4714	347	325	240	153	625
5818	**10701**	**3667**	**11905**	**6792**	**4638**	**4726**	**10614**	**21511**	**3605**	**2486**	**3565**	**5256**	**13958**
167	765	43	1280	326	378	257	530	503	534	220	377	592	125
110	488	8	2185	224	92	180	659	210	352	22	248	162	10
2489	4405	116	801	312	185	202	1109	9807	226	1137	109	322	1779
444	2282	1897	641	1287	1528	3183	6397	8790	499	378	885	1192	11317
85	139	98	371	821	126	137	76	243	92	77	131	353	62
92	78	1	198	40	317	43	46	110	79		43	404	
729	678	339	2250	1575	906	90	502	306	309	222	765	840	78
1376	777	1031	825	255	413	534	449	758	236	229	794	994	427
326	1089	134	3354	1952	693	100	846	784	1278	201	213	397	160
1142	**17499**	**455**	**22133**	**12999**	**4885**	**1863**	**2951**	**3223**	**1941**	**485**	**1225**	**3024**	**175**
59	3738	44	5662	2512	606	37	248	390	321	39	358	764	16
56	2842	173	5362	2430	884	92	235	548	291	38	174	939	41
	2341	5	3027	670	202	21	41	72	98	5	67	158	
38	300		862	2041	1306	39	187	145	267	17	6	72	50
43	673	108	1116	478	434	1011	198	339	90	55	273	321	34
83	248		1389	623	331	15	37	157	79	45	13	125	2
315	6330	74	2540	2425	803	468	447	859	324	202	31	530	26
548	1027	51	2175	1820	319	180	1558	713	471	84	303	115	6
342	**1943**	**102**	**6084**	**1590**	**443**	**1391**	**461**	**758**	**647**	**201**	**314**	**653**	**62**
59	611	1	2108	523	160	112	172	288	156	78	200	211	10
30	102		705	173	18	24	28	81	49		23	8	22
132	53	83	167	92	22	16	106	158	62	88	18	176	27
	37		375				15	9	9				

1-8 续表

	全省合计	广州市	深圳市	珠海市	汕头市	佛山市	韶关市	河源市
音像制品及电子出版物批发	2494	1316	657	21	59	113	38	
首饰、工艺品及收藏品批发	44982	13220	25926	435	798	729	25	
其他文化用品批发	18415	7012	5236	416	2079	404	5	8
医药及医疗器材批发	**100638**	**37358**	**23331**	**4373**	**2889**	**3610**	**926**	**591**
西药批发	35182	10253	8230	1860	1012	861	229	278
中药批发	31407	9142	7838	655	1091	1664	550	168
医疗用品及器材批发	34049	17963	7263	1858	786	1085	147	145
矿产品、建材及化工产品批发	**397493**	**101866**	**71204**	**14938**	**9191**	**66806**	**7153**	**1728**
煤炭及制品批发	11137	3256	970	735	418	730	642	61
石油及制品批发	74081	34381	11493	3928	1662	5380	1274	120
非金属矿及制品批发	6510	1088	825	86	141	884	273	86
金属及金属矿批发	73491	12012	16039	1383	717	28933	2086	492
建材批发	92450	16167	18038	4069	2480	17581	1063	606
化肥批发	23242	1692	446	104	217	121	926	285
农药批发	4422	680	775	36	29	134	207	38
农用薄膜批发	323	33	35	7	7	35		
其他化工产品批发	111837	32557	22583	4590	3520	13008	682	40
机械设备、五金产品及电子产品批发	**592548**	**126745**	**325194**	**17363**	**6636**	**21193**	**2071**	**500**
农业机械批发	5477	1310	329	110	127	182	133	120
汽车批发	11727	3813	5384	236	86	888	17	
汽车零配件批发	26025	15362	5540	620	283	763	192	25
摩托车及零配件批发	2913	1353	344	45	9	165		
五金产品批发	77745	15589	22440	3110	1439	6436	483	135
电气设备批发	29772	8370	10471	1085	660	3022	205	17
计算机、软件及辅助设备批发	58956	18377	31878	2338	621	677	47	12
通讯及广播电视设备批发	46754	10098	27898	1190	346	563	46	
其他机械设备及电子产品批发	333179	52473	220910	8629	3065	8497	948	191
贸易经纪与代理	**117235**	**25176**	**44161**	**1075**	**2490**	**11953**	**386**	**507**
贸易代理	90510	20617	36634	635	2017	10503	264	434
拍卖	3494	792	686	237	110	255	60	17
其他贸易经纪与代理	23231	3767	6841	203	363	1195	62	56
其他批发业	**128268**	**36052**	**31522**	**6239**	**3043**	**8317**	**505**	**268**
再生物资回收与批发	33468	7645	2412	629	734	3870	280	137
其他未列明批发业	94800	28407	29110	5610	2309	4447	225	131

梅州市	惠州市	汕尾市	东莞市	中山市	江门市	阳江市	湛江市	茂名市	肇庆市	清远市	潮州市	揭阳市	云浮市
17	120		4		52	42	1	23	28	3			
79	559	18	1989	570	56	14	47	40	276		56	142	3
25	461		736	232	135	1183	92	159	67	32	17	116	
1713	**2639**	**323**	**3802**	**2242**	**1765**	**589**	**2510**	**2598**	**2087**	**694**	**386**	**5454**	**758**
1035	1285	262	1501	1524	795	211	1011	803	1059	390	155	2301	127
469	855	18	1450	355	525	155	1039	1572	787	207	186	2348	333
209	499	43	851	363	445	223	460	223	241	97	45	805	298
4077	**10077**	**560**	**30264**	**8568**	**8226**	**3954**	**16912**	**22764**	**5393**	**4218**	**2581**	**4906**	**2107**
589	54	13	998	114	549	86	300	491	349	153	113	408	108
282	1223	184	4232	964	778	309	1254	3999	546	786	911	326	49
171	245	10	805	89	87	174	217	589	149	424	64	54	49
486	243		4333	1665	1192	610	1201	450	258	439	97	705	150
1809	3137	235	6074	2507	1059	1434	4336	5349	2109	880	531	2116	870
437	1011	99	65	148	483	594	7929	5163	884	1007	362	605	664
37	489	9	86	54	286	272	354	409	150	84	47	100	146
2		3	25	3	2	14	121	26		10			
264	3675	7	13646	3024	3790	461	1200	6288	948	435	456	592	71
1933	**12737**	**300**	**38883**	**9999**	**5542**	**2293**	**4838**	**3602**	**7081**	**956**	**981**	**3327**	**374**
144	304	14	138	99	169	213	839	682	235	70	40	194	25
69	63		186	146	109	9	230	106	154		74	157	
157	378	2	1106	323	414	60	221	156	221	57	58	85	2
42	67	7	18	34	453	13	38	134	65	42	52	22	10
404	4185	209	10446	3699	1911	1727	1223	1061	987	193	593	1414	61
174	361	1	1774	749	218	100	313	259	1282	214	37	282	178
277	759	18	1664	627	349	22	284	358	278	91	30	183	66
1	640		4627	361	160	53	127	45	301	56	26	206	10
665	5980	49	18924	3961	1759	96	1563	801	3558	233	71	784	22
312	**3092**	**297**	**7158**	**2602**	**2397**	**2660**	**706**	**9055**	**965**	**468**	**548**	**1107**	**120**
134	2725	248	6182	2314	2046	1937	546	1452	433	274	450	586	79
44	133	15	155	190	193	88	98	118	124	77	51	35	16
134	234	34	821	98	158	635	62	7485	408	117	47	486	25
1069	**2745**	**212**	**15912**	**3716**	**2461**	**1551**	**2313**	**4665**	**4576**	**504**	**446**	**1405**	**747**
479	886	194	2484	2829	634	625	1583	3079	3343	298	278	513	536
590	1859	18	13428	887	1827	926	730	1586	1233	206	168	892	211

1-9 分地区批发业法人企业基本情况

	全省合计	广州市	深圳市	珠海市	汕头市	佛山市	韶关市	河源市
总计	**190431**	**47663**	**61184**	**9329**	**4296**	**18301**	**2149**	**1169**
内资企业	**184398**	**45833**	**58358**	**9014**	**4245**	**18128**	**2130**	**1147**
国有企业	1738	336	75	82	257	56	48	43
集体企业	2195	501	20	79	203	102	87	42
股份合作企业	1195	594	107	38	85	113	13	6
联营企业	1157	146	549	39	28	48	12	8
国有联营企业	38	8	9	2	3			
集体联营企业	107	8	8	4	4	6	4	4
国有与集体联营企业	23	4	4	2	1			
其他联营企业	989	126	528	31	20	42	8	4
有限责任公司	40644	5437	4136	5302	2147	6520	963	199
国有独资公司	212	82	30	10	22	6	6	3
其他有限责任公司	40432	5355	4106	5292	2125	6514	957	196
股份有限公司	2148	356	591	101	94	251	41	10
私营企业	125861	37629	51449	2714	1203	10341	436	209
私营独资企业	14364	2463	3605	255	388	1089	116	89
私营合伙企业	2975	584	1214	120	33	260	20	6
私营有限责任公司	106798	34131	46092	2249	747	8802	288	102
私营股份有限公司	1724	451	538	90	35	190	12	12
其他企业	9460	834	1431	659	228	697	530	630
港、澳、台商投资企业	**3937**	**1077**	**1927**	**231**	**40**	**76**	**16**	**18**
与港澳台商合资经营企业	317	80	136	25	8	14	3	
与港澳台商合作经营企业	44	8	18	4	1	1		
港澳台商独资经营企业	3269	813	1703	197	30	56	8	12
港澳台商投资股份有限公司	71	10	28	5	1	2	3	4
其他港澳台投资企业	236	166	42			3	2	2
外商投资企业	**2096**	**753**	**899**	**84**	**11**	**97**	**3**	**4**
中外合资经营企业	239	80	92	18	3	16		
中外合作经营企业	22	8	5	3		2		1
外资企业	1568	612	662	57	5	66	1	2
外商投资股份有限公司	68	26	18	2	1	4	2	
其他外商投资企业	199	27	122	4	2	9		1

（按登记注册类型分）（法人单位数）

单位：个

梅州市	惠州市	汕尾市	东莞市	中山市	江门市	阳江市	湛江市	茂名市	肇庆市	清远市	潮州市	揭阳市	云浮市
1151	**4663**	**321**	**13120**	**6239**	**4489**	**1536**	**4034**	**4836**	**1711**	**1381**	**671**	**1456**	**732**
1133	**4496**	**314**	**12800**	**6143**	**4414**	**1525**	**4024**	**4814**	**1677**	**1375**	**653**	**1446**	**729**
30	115	36	15	2	31	35	144	144	42	37	103	73	34
21	95	19	106	69	141	42	116	223	81	70	60	40	78
10	23	5	23		20	4	28	92	8	15	3	7	1
6	19	5	23	2	43	19	119	42	15	13	3	6	12
	2		2		2	1	4	3		1		1	
1	6	2	5	1	7	4	11	13	4	3		1	11
			3		3	1	2	1	1	1			
5	11	3	13	1	31	13	102	25	10	8	3	4	1
337	980	31	5146	2732	1470	531	926	1644	721	531	166	580	145
3	5	2	5	1	4	9	7	5	4	4		1	3
334	975	29	5141	2731	1466	522	919	1639	717	527	166	579	142
46	56	7	165	1	83	15	102	98	41	44	13	26	7
486	2774	157	6948	3308	2319	658	2040	1089	609	507	259	521	205
194	617	85	744	1412	623	214	807	729	148	211	152	254	169
18	70	5	322	45	64	9	56	61	19	49	8	11	1
245	2018	64	5736	1843	1589	429	1148	282	425	230	94	251	33
29	69	3	146	8	43	6	29	17	17	17	5	5	2
197	434	54	374	29	307	221	549	1482	160	158	46	193	247
13	**137**	**6**	**184**	**70**	**56**	**9**	**4**	**15**	**30**	**6**	**14**	**7**	**1**
2	17	2	8	5	6	2	1	2	5		1		
	3	1	1		3			1		1	2		
10	105	3	165	61	45	6	3	7	24	5	9	6	1
	7		2	4	1	1		2				1	
1	5		8		1			3	1		2		
5	**30**	**1**	**136**	**26**	**19**	**2**	**6**	**7**	**4**		**4**	**3**	**2**
1	5		11	2	5			2	2		1		1
	1		1										1
2	18		101	19	14	1	3		2		2	1	
1	1		7	5			1						
1	5	1	16			1	2	5			1	2	

1-10 分地区批发业法人企业基本情况

	全省合计	广州市	深圳市	珠海市	汕头市	佛山市	韶关市	河源市
总计	**2205892**	**626434**	**718499**	**66937**	**48317**	**143750**	**28886**	**12315**
内资企业	**1981102**	**522308**	**642149**	**61295**	**47204**	**137203**	**28751**	**12103**
国有企业	69754	24408	7005	1188	4768	1377	609	775
集体企业	29160	4874	230	370	2950	849	1075	937
股份合作企业	9675	3692	1044	235	674	785	58	74
联营企业	12576	1130	5964	388	550	353	87	39
国有联营企业	1881	42	1273	22	253			
集体联营企业	2042	45	96	17	31	77	39	18
国有与集体联营企业	329	48	30	12	30			
其他联营企业	8324	995	4565	337	236	276	48	21
有限责任公司	474384	89909	77333	35501	22953	51540	9310	2134
国有独资公司	13209	5579	4414	599	824	85	208	60
其他有限责任公司	461175	84330	72919	34902	22129	51455	9102	2074
股份有限公司	69102	9977	30588	731	2405	4477	1323	399
私营企业	1194541	380108	506390	19237	11113	73249	3087	1674
私营独资企业	106125	16977	28804	1162	2950	6323	675	629
私营合伙企业	23956	4275	10352	658	217	1650	220	48
私营有限责任公司	1043991	351399	460775	16857	7489	63982	2132	873
私营股份有限公司	20469	7457	6459	560	457	1294	60	124
其他企业	121910	8210	13595	3645	1791	4573	13202	6071
港、澳、台商投资企业	**156182**	**75632**	**51318**	**4033**	**613**	**2325**	**106**	**153**
与港澳台商合资经营企业	13447	3165	3937	722	115	447	36	
与港澳台商合作经营企业	688	97	202	35	15	4		
港澳台商独资经营企业	135767	69165	45817	3193	461	1217	37	108
港澳台商投资股份有限公司	2321	1370	265	83	22	7	29	43
其他港澳台投资企业	3959	1835	1097			650	4	2
外商投资企业	**68608**	**28494**	**25032**	**1609**	**500**	**4222**	**29**	**59**
中外合资经营企业	16338	7501	3196	200	58	2721		
中外合作经营企业	849	400	89	4		133		1
外资企业	39127	13139	18385	1348	438	943	3	57
外商投资股份有限公司	10400	7242	2134	10	1	374	26	
其他外商投资企业	1894	212	1228	47	3	51		1

（按登记注册类型分）（年末从业人数）

单位：人

梅州市	惠州市	汕尾市	东莞市	中山市	江门市	阳江市	湛江市	茂名市	肇庆市	清远市	潮州市	揭阳市	云浮市
18542	**65351**	**6289**	**137271**	**49205**	**31005**	**22490**	**44591**	**90316**	**27568**	**11212**	**10466**	**26357**	**20091**
18165	**54850**	**6047**	**126323**	**47248**	**28422**	**22343**	**44442**	**89631**	**25063**	**11182**	**10242**	**26208**	**19923**
2166	1887	2619	1271	86	647	1643	5048	6922	668	665	2820	2444	738
350	1072	141	1084	517	569	1765	3556	4196	1070	712	956	1351	536
217	184	35	164		152	90	373	1169	382	106	48	191	2
80	286	32	124	9	242	401	1758	597	97	154	29	132	124
	10		15		11	150	26	47		16		16	
8	63	6	22	1	44	152	1157	117	16	6		11	116
			14		86	8	38	15	2	46			
72	213	26	73	8	101	91	537	418	79	86	29	105	8
4291	17296	1187	53999	26666	11765	6452	9081	20920	11444	4250	2220	11216	4917
94	142	95	14	54	15	344	193	233	92	46		4	114
4197	17154	1092	53985	26612	11750	6108	8888	20687	11352	4204	2220	11212	4803
562	1019	204	2307	9	749	170	1135	1896	620	1202	516	594	8219
6045	26546	1378	64414	19785	13126	9090	18031	16688	8296	2730	3168	8257	2129
1850	6290	459	5464	5501	2304	2629	5164	10004	1152	862	1603	3721	1602
488	767	49	2072	230	290	185	362	1023	481	280	60	242	7
3305	18908	846	55576	13836	10085	6184	12313	5399	6369	1450	1469	4232	512
402	581	24	1302	218	447	92	192	262	294	138	36	62	8
4454	6560	451	2960	176	1172	2732	5460	37243	2486	1363	485	2023	3258
143	**7359**	**239**	**7137**	**1233**	**2322**	**93**	**61**	**567**	**2484**	**30**	**135**	**117**	**82**
8	3911	25	786	57	72	11	41	12	82		20		
	29	130	50		100			10		9	7		
127	3287	84	6183	889	2146	79	20	266	2394	21	94	97	82
	38		39	287	2	3		113				20	
8	94		79		2			166	8		14		
234	**3142**	**3**	**3811**	**724**	**261**	**54**	**88**	**118**	**21**		**89**	**32**	**86**
4	2278		185	34	50			76	6		7		22
	74		84										64
69	737		3065	577	211	19	37		15		82	2	
160	2		301	113			37						
1	51	3	176			35	14	42				30	

1-11 分地区批发业法人企业财务状况

	全省合计	广州市	深圳市	珠海市
总计	**571085464.37**	**254332298.93**	**125418896.98**	**25500350.33**
农、林、牧产品批发	**7009692.03**	**2287646.50**	**849896.77**	**109893.96**
谷物、豆及薯类批发	1589682.28	421323.53	298359.66	21428.74
种子批发	183417.73	29244.82	392.84	15901.83
饲料批发	1576205.99	545525.31	127911.11	10508.67
棉、麻批发	587051.55	549406.24	30977.46	
林业产品批发	541872.63	57237.57	27008.30	2302.43
牲畜批发	754870.69	68490.78	4446.40	9858.38
其他农牧产品批发	1776591.15	616418.25	360801.00	49893.91
食品、饮料及烟草制品批发	**43523309.90**	**9224009.90**	**12941148.41**	**902970.56**
米、面制品及食用油批发	4563697.76	1693055.10	1279464.91	171773.36
糕点、糖果及糖批发	2605797.13	544126.43	182264.38	5766.22
果品、蔬菜批发	2320401.84	422277.31	576188.42	11767.41
肉、禽、蛋、奶及水产品批发	8522421.79	2002976.64	678252.50	49820.68
盐及调味品批发	1102993.11	758036.43	57448.86	17813.28
营养和保健品批发	407159.33	174188.91	92648.92	6592.68
酒、饮料及茶叶批发	4800392.18	1689743.02	1046551.69	369617.47
烟草制品批发	10785906.84	1056229.75	2588538.62	209631.13
其他食品批发	8414539.90	883376.31	6439790.13	60188.33
纺织、服装及家庭用品批发	**61269999.24**	**30445315.67**	**9905580.62**	**3113656.22**
纺织品、针织品及原料批发	11609434.24	5677711.94	1672340.47	96826.91
服装批发	19209837.66	13201263.50	2355132.62	505320.63
鞋帽批发	3335483.50	1175266.86	734054.25	20195.44
化妆品及卫生用品批发	2498646.60	1317745.77	361432.93	46811.91
厨房、卫生间用具及日用杂货批发	4312827.63	3274870.31	516422.88	46687.95
灯具、装饰物品批发	1140837.47	539223.88	199179.36	19666.12
家用电器批发	13539872.12	3107584.93	2698602.57	2320066.89
其他家庭用品批发	5623060.02	2151648.48	1368415.54	58080.36
文化、体育用品及器材批发	**15620731.92**	**7030922.22**	**6804035.45**	**127630.97**
文具用品批发	4941316.39	3289634.89	1099621.29	90696.99
体育用品及器材批发	948551.09	268399.68	597017.25	2175.68
图书批发	494737.60	391628.04	27291.30	222.70
报刊批发	116066.86	81825.35	10292.13	

（按国民经济行业分）（营业收入）

单位：万元

汕头市	佛山市	韶关市	河源市	梅州市	惠州市	汕尾市
9447850.91	**52012506.79**	**3364857.81**	**653047.53**	**1704098.50**	**8184067.99**	**532811.60**
72491.97	**217256.44**	**333518.92**	**59218.73**	**46411.25**	**429189.05**	**23056.30**
7304.95	30251.57	48493.46	1105.69	2456.19	219633.44	17023.11
28236.93	3023.58	3081.50	256.35	4864.78	242.43	20.01
16623.06	106220.20	1412.07	354.91	1842.52	16139.52	626.20
929.55	130.60				144.00	
1932.17	43338.21	58436.36	22511.40	8954.77	65608.00	80.00
8407.76	9899.87	5652.54	16915.55	7783.42	78161.22	5093.98
9057.54	24392.40	216442.99	18074.83	20509.58	49260.44	213.00
1427082.32	**1986709.22**	**644164.93**	**342267.22**	**650917.57**	**1123666.83**	**407058.32**
78694.34	357777.77	16490.32	2893.63	18887.59	65751.02	640.31
85675.21	8607.91	8546.43	362.99	3973.54	30143.01	60.00
75346.99	28074.90	102913.36	41000.90	45877.30	270177.55	1277.61
73185.76	255144.91	29506.98	13955.08	137391.53	264621.41	109069.88
15535.88	45824.75	6780.00	7112.59	5050.80	10258.69	2301.52
44757.57	8500.46	2553.68		2563.90	3010.73	
149638.94	499162.24	20310.12	2542.29	36845.22	75036.24	6664.28
686449.27	646876.93	441894.29	266316.11	378492.22	363300.87	286046.80
217798.36	136739.34	15169.75	8083.64	21835.47	41367.31	997.92
860487.07	**4684249.18**	**42059.18**	**24228.44**	**47827.59**	**3566986.29**	**40058.57**
94452.20	1708974.48	2321.33	2258.12	2168.42	269088.57	142.71
189366.53	564073.54	7852.52	981.40	553.83	435370.18	36797.40
79283.79	111795.29	15.74			460408.18	48.00
63491.78	100370.30	2371.73		1436.50	20652.00	
59225.99	163177.30	3518.28	19350.36	2183.66	27458.32	225.18
7221.28	133914.01	125.39	624.79	728.41	6055.88	
166107.29	1491488.15	18491.34	831.00	29392.58	2290616.91	1267.00
201338.21	410456.11	7362.85	182.77	11364.20	57336.25	1578.29
285670.30	**373797.46**	**8408.03**	**7061.19**	**25497.25**	**115383.25**	**1944.82**
45027.95	102334.42	6097.23	82.00	2605.02	31185.30	1.92
21653.26	11276.95			1577.24	4115.31	
9085.48	13735.26	1328.44	5282.36	6251.54	594.70	1682.00
1309.71	2814.46				1551.28	

1-11 续表1

	东莞市	中山市	江门市	阳江市
总计	**25035479.40**	**10826222.53**	**8078786.70**	**1384444.88**
农、林、牧产品批发	**110895.78**	**47208.37**	**68285.17**	**96290.30**
谷物、豆及薯类批发	80291.67	26313.03	28821.82	2543.92
种子批发	808.45		493.47	4297.51
饲料批发	7643.97	7331.07	9877.50	15100.94
棉、麻批发	1019.72	493.02	559.56	
林业产品批发	4610.50	5968.86	3104.47	14469.24
牲畜批发	1671.87	4930.10	2072.76	31179.55
其他农牧产品批发	14849.61	2172.29	23355.59	28699.14
食品、饮料及烟草制品批发	**1974922.59**	**1353847.69**	**803873.83**	**450325.26**
米、面制品及食用油批发	131450.64	29409.10	25958.55	7625.42
糕点、糖果及糖批发	603512.55	86943.20	3728.49	4821.68
果品、蔬菜批发	26569.52	26356.49	2266.25	3724.14
肉、禽、蛋、奶及水产品批发	117068.22	333644.29	180337.94	248387.06
盐及调味品批发	41366.83	19090.07	48333.17	4826.60
营养和保健品批发	7206.00	1240.43	2964.76	748.93
酒、饮料及茶叶批发	182852.97	509875.44	44754.52	5273.61
烟草制品批发	668033.23	263805.50	433431.90	168262.60
其他食品批发	196862.64	83483.19	62098.25	6655.23
纺织、服装及家庭用品批发	**3986149.74**	**1879175.04**	**1469903.50**	**53536.88**
纺织品、针织品及原料批发	903144.51	719159.33	247240.90	5983.24
服装批发	1070523.19	86521.49	524759.19	1896.56
鞋帽批发	604232.73	26296.13	33905.09	704.57
化妆品及卫生用品批发	79539.42	217452.68	183060.27	2109.43
厨房、卫生间用具及日用杂货批发	51983.86	10992.22	28850.10	26290.19
灯具、装饰物品批发	24074.11	112137.22	44905.78	281.01
家用电器批发	301420.91	502991.46	347236.05	12333.34
其他家庭用品批发	951231.02	203624.50	59946.14	3938.55
文化、体育用品及器材批发	**355529.13**	**109581.02**	**55045.45**	**83837.28**
文具用品批发	134622.06	55912.88	26918.51	5199.03
体育用品及器材批发	8497.04	3330.48	683.33	460.95
图书批发	12592.18	7939.52	1877.53	969.50
报刊批发	17569.75			

湛江市	茂名市	肇庆市	清远市	潮州市	揭阳市	云浮市
10722260.30	**16259262.39**	**4443096.05**	**1799031.91**	**2370381.00**	**6700243.89**	**2315467.95**
528062.33	**949979.61**	**113231.35**	**42168.09**	**11074.69**	**126221.86**	**487694.61**
57479.67	231256.81	56708.56	26389.41	328.09	5215.76	6953.19
66233.91	10936.60	5153.74	1597.84	3175.93	5237.69	217.53
177021.78	58899.61	6372.49	204.59	2699.35	897.50	462993.62
3242.61	35.69				113.10	
122279.38	79333.36	3104.27	3500.91	628.83	13545.86	3917.74
52651.94	331312.06	4524.81	4702.69	415.00	96761.62	9938.40
49153.03	238205.48	37367.48	5772.65	3827.50	4450.32	3674.14
3360900.61	**1942103.12**	**920948.70**	**360432.59**	**388122.78**	**910211.54**	**1407625.93**
201926.20	22907.21	410308.32	15595.87	13097.17	17420.29	2570.65
989565.36	7917.55	6207.02	476.02	15259.72	17818.80	20.63
42317.20	568034.53	15144.68	21090.42	5063.58	18749.21	16184.07
1652650.34	946514.51	65167.21	3712.03	81266.82	86902.35	1192845.64
10135.30	19590.44	11009.77	6050.20	2615.60	9965.95	3846.40
1803.20	4154.27	4472.43		591.20	49161.27	
13150.17	19486.30	18224.91	4094.85	20940.60	79141.08	6486.24
402098.63	288528.15	290607.33	301615.50	240090.39	623284.49	182373.13
47254.21	64970.17	99807.03	7797.70	9197.70	7768.09	3299.15
200061.26	**188374.07**	**125967.58**	**58764.55**	**97720.83**	**420107.79**	**59789.19**
3996.46	18751.73	15010.70	13752.73	22018.12	133351.76	739.62
5419.62	17114.08	43365.29	30606.02	18029.48	113831.65	1058.92
13395.20	4510.97	2179.94	145.00	14521.34	54524.98	
22908.19	14391.76	5865.87	897.31	1850.00	2159.85	54098.90
13076.47	20568.35	13800.71	2161.50	21930.25	8974.24	1079.54
327.65	2846.85	7195.46	425.95	511.50	41348.76	44.09
87463.84	64769.53	19400.10	8675.12	5029.62	65330.31	773.18
53473.82	45420.80	19149.51	2100.93	13830.52	586.25	1994.94
29603.94	**45712.20**	**44062.54**	**6879.27**	**24224.18**	**69026.70**	**16879.28**
8018.58	11546.55	6637.26	3115.33	10765.36	5867.48	5426.37
6977.70	15475.97	2927.48		3845.07	72.01	65.71
3871.98	3288.23	577.11	3531.61	895.32	937.01	1155.80
236.25	439.24	28.70				

1-11 续表2

	全省合计	广州市	深圳市	珠海市
音像制品及电子出版物批发	168489.82	102892.46	13012.65	40.65
首饰、工艺品及收藏品批发	6565706.46	2215362.18	3830943.12	10606.20
其他文化用品批发	2385863.69	681179.63	1225857.72	23888.75
医药及医疗器材批发	**20972174.17**	**11087338.43**	**3096616.54**	**687495.71**
西药批发	11080582.13	6590836.11	1405785.93	309371.85
中药批发	6788745.27	2628208.68	1176908.00	267035.45
医疗用品及器材批发	3102846.77	1868293.63	513922.61	111088.40
矿产品、建材及化工产品批发	**305014894.54**	**162930243.15**	**37432878.65**	**18458043.90**
煤炭及制品批发	20785737.38	8596690.95	1784969.20	4363199.88
石油及制品批发	129413242.74	90819626.18	7697925.52	9054095.51
非金属矿及制品批发	1304886.39	450232.81	197677.79	16022.83
金属及金属矿批发	85742331.90	30679870.07	19747520.20	2460291.41
建材批发	22369399.59	9817785.57	3204404.29	991526.14
化肥批发	3156647.00	1388418.94	219198.56	24988.27
农药批发	585922.42	66819.93	143292.18	1135.84
农用薄膜批发	41442.43	32102.33	947.71	15.00
其他化工产品批发	41615284.70	21078696.37	4436943.21	1546769.03
机械设备、五金产品及电子产品批发	**74731473.57**	**20896947.99**	**39351729.32**	**1503736.97**
农业机械批发	429976.26	210598.42	23777.19	4777.47
汽车批发	6277015.57	3041545.21	2754941.45	22417.05
汽车零配件批发	4649132.02	3788328.29	376803.93	78560.90
摩托车及零配件批发	900016.80	154893.39	6806.84	1822.09
五金产品批发	5283243.24	1195943.59	956407.78	195033.32
电气设备批发	2882343.17	1035654.97	907549.54	202873.91
计算机、软件及辅助设备批发	7913512.28	3339854.44	3891511.84	148708.80
通讯及广播电视设备批发	17074595.19	2277980.77	11723855.55	309573.90
其他机械设备及电子产品批发	29321639.04	5852148.91	18710075.20	539969.53
贸易经纪与代理	**20794094.95**	**6263272.62**	**6000931.28**	**37037.05**
贸易代理	17764216.89	5148665.19	5408702.10	26357.87
拍卖	104455.40	30996.76	9661.53	1640.97
其他贸易经纪与代理	2925422.66	1083610.68	582567.66	9038.21
其他批发业	**22149094.06**	**4166602.44**	**9036079.95**	**559885.00**
再生物资回收与批发	4707103.05	1221045.93	93127.36	33772.83
其他未列明批发业	17441991.01	2945556.51	8942952.58	526112.18

汕头市	佛山市	韶关市	河源市	梅州市	惠州市	汕尾市
2549.67	6793.67	796.90		650.00	36091.77	
73496.99	183916.67	181.35		13190.01	16841.51	260.90
132547.24	52926.04	4.11	1696.83	1223.44	25003.40	
674757.76	**791903.77**	**90243.58**	**43483.35**	**157964.07**	**387058.60**	**16853.44**
150460.88	265963.53	48607.04	36473.34	82358.93	209925.38	14567.69
424820.24	447943.40	36184.72	2409.20	62629.23	152406.28	102.00
99476.64	77996.84	5451.82	4600.81	12975.91	24726.94	2183.76
4330852.82	**36151370.76**	**1567608.34**	**98989.47**	**604050.83**	**1601587.52**	**31478.37**
361100.93	459685.70	134702.45	3928.82	148995.69	10470.77	3034.85
1169714.54	3249335.06	551242.77	10140.80	14225.41	844781.51	6517.03
9705.31	129679.38	29011.32	5664.35	5331.01	8657.55	220.00
194347.79	25666250.86	592733.16	36418.70	94923.26	25922.84	
315148.05	3153116.99	169107.32	17001.46	307115.18	245820.17	19686.97
18173.21	3154.91	52276.82	20303.31	23980.49	65544.34	1715.52
830.58	7317.06	2916.87	2998.10	1531.14	39506.53	54.00
612.76	1121.15			22.00		75.00
2261219.65	3481709.66	35617.63	2533.94	7926.65	360883.82	175.00
1082269.18	**2732629.12**	**87993.46**	**20875.20**	**75435.63**	**671050.20**	**3356.62**
8479.73	15687.33	6071.63	5429.71	3351.09	19939.08	39.80
7316.79	300394.75	190.27		1670.73	5963.36	
31460.11	69735.23	10493.37	267.56	6593.03	25390.30	30.00
696.01	19620.13			2395.21	3705.88	112.00
129343.07	1057469.41	22087.75	2763.97	12892.67	146140.40	2545.62
43147.54	367001.47	6908.79	1755.43	6203.73	25567.59	
33835.11	69674.94	1248.05	230.00	7936.88	38203.80	320.20
25434.25	45584.32	269.38			129697.24	
802556.59	787461.55	40724.22	10428.54	34392.30	276442.55	309.00
107737.15	**3139018.01**	**559740.36**	**36159.78**	**7395.53**	**177714.47**	**7259.93**
78697.84	2955085.26	55684.41	18423.31	5211.85	162829.65	7090.61
13382.45	14610.98	1818.41	1227.20	229.41	3137.62	1.50
15656.86	169321.77	502237.54	16509.27	1954.27	11747.20	167.82
606502.35	**1935572.84**	**31121.01**	**20764.16**	**88598.79**	**111431.81**	**1745.25**
32825.46	1176842.13	13777.31	14238.93	23215.13	49478.37	1355.65
573676.88	758730.71	17343.70	6525.23	65383.66	61953.44	389.60

1-11 续表3

	东莞市	中山市	江门市	阳江市
音像制品及电子出版物批发	12.69		1842.81	1357.61
首饰、工艺品及收藏品批发	81354.52	24971.22	7222.21	1221.06
其他文化用品批发	100880.89	17426.92	16501.07	74629.13
医药及医疗器材批发	**632468.33**	**568602.98**	**324812.08**	**56274.09**
西药批发	405501.71	508375.17	185421.01	34340.35
中药批发	186441.00	44609.37	105770.47	12768.91
医疗用品及器材批发	40525.62	15618.44	33620.61	9164.83
矿产品、建材及化工产品批发	**9907528.60**	**3651219.58**	**2695312.89**	**205089.97**
煤炭及制品批发	1493432.38	25679.04	334436.49	13833.45
石油及制品批发	2536900.37	734526.19	704627.14	23577.13
非金属矿及制品批发	32040.98	2164.47	13131.37	6011.28
金属及金属矿批发	1152524.12	2079504.47	337040.38	39482.51
建材批发	1212176.77	408414.42	239571.10	69633.57
化肥批发	33392.45	3020.17	19323.52	23823.63
农药批发	1757.23	1002.02	16294.48	7090.38
农用薄膜批发	1391.71	470.14	5.34	390.45
其他化工产品批发	3443912.59	396438.67	1030883.08	21247.57
机械设备、五金产品及电子产品批发	**4645991.55**	**590608.03**	**1625244.65**	**197334.70**
农业机械批发	5241.96	4008.30	13803.85	8855.32
汽车批发	22333.34	12788.58	32258.37	597.75
汽车零配件批发	122931.70	8739.19	78323.76	3349.19
摩托车及零配件批发	540.76	2085.85	688334.50	492.14
五金产品批发	523625.79	247480.45	330198.81	171456.11
电气设备批发	74518.84	82114.02	16004.29	3317.22
计算机、软件及辅助设备批发	74662.86	11485.38	22574.80	2569.77
通讯及广播电视设备批发	2434041.41	19889.42	62951.69	2515.70
其他机械设备及电子产品批发	1388094.91	202016.83	380794.58	4181.52
贸易经纪与代理	**1563210.96**	**1699627.14**	**454090.62**	**113347.52**
贸易代理	1368928.80	1655404.64	438276.24	86861.77
拍卖	3537.82	1403.81	3002.24	3157.76
其他贸易经纪与代理	190744.35	42818.69	12812.14	23327.99
其他批发业	**1858782.73**	**926352.68**	**582218.50**	**128408.88**
再生物资回收与批发	179839.11	165743.52	75122.65	44260.47
其他未列明批发业	1678943.62	760609.16	507095.85	84148.41

湛江市	茂名市	肇庆市	清远市	潮州市	揭阳市	云浮市
	715.67	1733.30				
1038.79	1874.17	28021.29		6652.67	58320.20	10231.40
9460.65	12372.37	4137.41	232.33	2065.75	3830.00	
421788.12	**194510.86**	**271805.17**	**66633.77**	**45852.72**	**1285710.84**	**69999.97**
238680.59	41014.92	77795.40	47208.92	18746.25	394730.95	14416.19
156291.08	139899.89	176608.40	14179.96	21836.54	725166.24	6526.22
26816.46	13596.05	17401.37	5244.89	5269.93	165813.65	49057.57
5681398.69	**12266900.58**	**1017200.41**	**1144061.13**	**1620793.53**	**3431207.76**	**187077.60**
434738.99	133658.76	395041.94	28119.12	598247.88	1405966.08	55804.04
2077329.90	8434351.73	255200.00	553410.68	265879.94	387879.60	21955.76
68377.45	293585.81	7986.90	12183.45	14828.44	777.15	1596.74
1067831.76	30291.28	119893.14	63524.65	422001.43	889162.28	42797.61
1010193.17	401822.94	106884.73	134615.39	44285.54	472946.77	28143.07
823937.25	237770.05	67172.33	40528.83	22118.63	53788.74	14017.04
11004.85	14206.25	6106.97	250209.27	2593.80	6191.70	3063.25
3682.93	455.93		150.00			
184302.39	2720757.84	58914.42	61319.75	250837.90	214495.46	19700.10
261472.49	**194662.37**	**477579.15**	**54689.00**	**51279.48**	**199066.38**	**7522.07**
33313.55	30964.31	19989.51	3102.59	3919.74	8486.40	139.30
15780.33	5631.14	7973.80		13674.04	31538.63	
7458.64	10791.31	11387.02	13692.48	2804.63	1982.94	8.46
3164.95	8645.03	4645.98	1320.86		480.35	254.86
59392.61	55044.80	65509.49	5990.05	13713.06	87916.70	2287.81
12915.93	16556.92	37506.94	15933.15	4713.29	19312.48	2787.14
5915.78	16750.24	215694.89	3089.53	5244.17	22785.77	1215.04
23231.17	1889.30	3911.75	1459.86	4466.78	7253.03	589.65
100299.54	48389.34	110959.78	10100.49	2743.77	19310.09	239.81
32361.68	**231203.07**	**103865.16**	**14061.11**	**116423.42**	**67729.33**	**61908.79**
28621.50	60209.06	56236.21	11349.95	112353.79	20514.54	58712.32
1765.87	5142.32	3487.33	1485.81	3254.90	1367.67	143.06
1974.32	165851.68	44141.63	1225.35	814.73	45847.12	3053.40
206611.18	**245816.52**	**1368435.99**	**51342.41**	**14889.39**	**190961.70**	**16970.50**
102665.10	149781.31	1232271.47	5219.21	6418.92	71436.45	14665.75
103946.08	96035.21	136164.52	46123.20	8470.47	119525.25	2304.75

1-12 分地区批发业法人企业财务状况

	全省合计	广州市	深圳市	珠海市
总计	**567605597.69**	**253292706.19**	**124317190.60**	**25191460.37**
农、林、牧产品批发	**6970945.01**	**2283296.80**	**836117.35**	**109281.72**
谷物、豆及薯类批发	1583075.28	420540.49	295208.72	21428.71
种子批发	182197.26	28449.40	384.84	15889.43
饲料批发	1570621.03	544530.34	126754.24	10508.67
棉、麻批发	586609.52	549206.45	30952.67	
林业产品批发	537773.03	56676.14	26959.70	2082.20
牲畜批发	748482.09	68388.35	4416.40	9772.08
其他农牧产品批发	1762186.80	615505.62	351440.77	49600.63
食品、饮料及烟草制品批发	**43197628.92**	**9177016.89**	**12888058.99**	**891156.56**
米、面制品及食用油批发	4530691.19	1686098.74	1259939.46	170950.64
糕点、糖果及糖批发	2580042.10	543051.81	181025.51	5766.14
果品、蔬菜批发	2303999.30	420351.93	575658.38	11075.67
肉、禽、蛋、奶及水产品批发	8388483.05	1990024.81	668797.72	43166.08
盐及调味品批发	1094469.30	754761.28	56975.75	16477.28
营养和保健品批发	402405.56	173055.40	91628.83	4907.50
酒、饮料及茶叶批发	4735402.25	1674605.71	1038799.40	369455.58
烟草制品批发	10767825.21	1054941.03	2584955.46	209573.93
其他食品批发	8394310.96	880126.20	6430278.48	59783.74
纺织、服装及家庭用品批发	**60713127.77**	**30296363.66**	**9802696.74**	**2938565.81**
纺织品、针织品及原料批发	11567755.78	5665959.99	1662130.17	96422.23
服装批发	19131554.88	13169865.58	2320731.62	502078.00
鞋帽批发	3329270.74	1173429.38	731428.38	20191.76
化妆品及卫生用品批发	2454756.31	1287797.65	354876.25	46709.71
厨房、卫生间用具及日用杂货批发	4292869.99	3266970.69	512234.15	45697.58
灯具、装饰物品批发	1122100.43	529144.86	191088.82	19622.79
家用电器批发	13253747.31	3086603.20	2682078.68	2151738.08
其他家庭用品批发	5561072.32	2116592.32	1348128.67	56105.67
文化、体育用品及器材批发	**15527711.05**	**7006424.07**	**6752151.12**	**126393.31**
文具用品批发	4911726.32	3284376.87	1084514.17	90586.49
体育用品及器材批发	943899.12	266718.88	596404.29	2175.68
图书批发	487555.34	386814.30	25991.74	222.70
报刊批发	111672.40	78976.06	9270.33	

（按国民经济行业分）（主营业务收入）

单位：万元

汕头市	佛山市	韶关市	河源市	梅州市	惠州市	汕尾市
9412423.67	**51776857.78**	**3338393.99**	**649509.74**	**1690432.98**	**8061508.70**	**529971.67**
72233.36	**216499.75**	**332154.44**	**58211.98**	**45588.25**	**428533.40**	**22531.07**
7299.49	30251.57	48488.25	1105.69	2456.19	219587.48	16583.11
28075.39	3023.58	3081.50	256.35	4861.78	242.43	20.01
16623.06	105770.89	1412.07	315.21	1842.52	16139.52	611.00
929.55	130.60				144.00	
1841.17	43269.23	58418.18	21801.87	8934.77	65608.00	73.00
8407.76	9664.48	5636.64	16755.69	6983.42	78161.22	5030.96
9056.93	24389.40	215117.79	17977.17	20509.58	48650.75	213.00
1423954.32	**1983506.82**	**634331.67**	**341060.39**	**644477.51**	**1119578.42**	**405155.93**
78405.45	357315.38	16457.90	2893.62	18887.59	65694.85	640.31
85631.51	8545.62	8523.10	362.99	3973.54	30143.01	60.00
75322.77	27482.10	101602.88	40112.87	45267.70	268479.32	1017.55
72408.63	255144.91	29502.81	13719.94	137386.53	264093.31	107615.98
15506.31	45823.95	6665.00	7111.39	4980.50	10073.69	2297.39
44757.57	8500.46	2553.68		2063.90	3010.43	
149384.86	497430.81	20290.12	2516.43	35527.64	74998.23	6560.28
686449.27	646603.23	433637.79	266260.81	376550.90	361810.17	285966.50
216087.95	136660.36	15098.39	8082.34	19839.22	41275.41	997.92
856905.94	**4674804.01**	**42027.75**	**23997.67**	**46850.87**	**3495435.53**	**40056.57**
94299.46	1705982.51	2321.33	2037.35	2168.42	268406.27	142.71
189130.88	562101.79	7846.34	981.40	553.83	435216.70	36797.40
78223.69	111741.85	15.74			460403.68	48.00
63142.48	99976.60	2352.09		1436.50	20567.49	
59210.27	163028.75	3512.88	19350.36	2183.66	27429.94	223.18
7221.28	133757.27	125.39	624.79	728.41	5972.58	
164486.36	1489356.02	18491.14	821.00	29328.38	2220389.05	1267.00
201191.51	408859.21	7362.85	182.77	10451.68	57049.82	1578.29
284713.37	**367619.06**	**8389.76**	**7061.19**	**25187.87**	**114797.25**	**1944.82**
44749.63	97045.70	6097.23	82.00	2585.02	31150.62	1.92
21653.26	11240.89			1577.24	4115.31	
8687.01	13735.26	1311.17	5282.36	6195.40	426.70	1682.00
1309.71	2814.46				1381.28	

1–12 续表1

	东莞市	中山市	江门市	阳江市
总计	**24897858.86**	**10779194.74**	**8020716.70**	**1376912.30**
农、林、牧产品批发	**109959.12**	**46850.37**	**68174.05**	**95308.92**
谷物、豆及薯类批发	80288.67	26313.03	28821.82	2543.92
种子批发	808.45		491.79	4292.01
饲料批发	7642.47	7117.56	9827.05	15100.94
棉、麻批发	996.92	493.02	559.56	
林业产品批发	3801.79	5869.49	3102.07	14064.24
牲畜批发	1671.87	4916.80	2072.76	30743.40
其他农牧产品批发	14748.96	2140.47	23299.00	28564.41
食品、饮料及烟草制品批发	**1948252.74**	**1350527.77**	**791083.31**	**445833.14**
米、面制品及食用油批发	131313.78	29409.10	25379.20	7625.42
糕点、糖果及糖批发	583825.61	86943.20	3702.49	4814.30
果品、蔬菜批发	26141.42	26356.49	2253.28	3724.14
肉、禽、蛋、奶及水产品批发	114874.68	332522.15	170108.58	244019.94
盐及调味品批发	41297.05	19004.97	48248.19	4719.50
营养和保健品批发	7206.00	1240.43	2586.34	748.93
酒、饮料及茶叶批发	179147.14	508199.89	44702.70	5263.09
烟草制品批发	667957.13	263731.40	433259.80	168262.60
其他食品批发	196489.95	83120.14	60842.73	6655.23
纺织、服装及家庭用品批发	**3965139.96**	**1867504.03**	**1461767.36**	**53456.15**
纺织品、针织品及原料批发	893301.03	717672.85	244092.31	5983.24
服装批发	1066530.66	85473.30	523412.20	1896.56
鞋帽批发	603752.12	26192.13	33864.51	704.57
化妆品及卫生用品批发	79290.62	212250.76	183060.27	2109.43
厨房、卫生间用具及日用杂货批发	48905.11	10820.58	26200.71	26221.59
灯具、装饰物品批发	23890.93	112094.96	44873.76	281.01
家用电器批发	299754.11	499468.50	346372.50	12322.21
其他家庭用品批发	949715.37	203530.95	59891.11	3937.55
文化、体育用品及器材批发	**353071.24**	**109453.77**	**54870.09**	**83729.62**
文具用品批发	133234.83	55807.62	26838.24	5199.02
体育用品及器材批发	8179.23	3330.48	683.33	460.95
图书批发	12491.28	7922.52	1877.48	969.50
报刊批发	17216.38			

湛江市	茂名市	肇庆市	清远市	潮州市	揭阳市	云浮市
10625409.01	**16180451.84**	**4431339.95**	**1783443.03**	**2362112.38**	**6650830.94**	**2236872.26**
527100.40	**941622.81**	**112235.95**	**41531.51**	**10952.96**	**125907.86**	**486852.97**
57369.43	229830.09	56708.56	26048.11	328.09	4967.76	6906.10
66138.48	10917.54	5153.74	1527.88	3173.43	5191.69	217.53
177011.78	56289.93	6369.79	204.59	2658.29	897.50	462993.62
3062.61	21.04				113.10	
122214.86	78600.06	3044.27	3402.14	566.26	13525.86	3917.73
52171.04	328137.26	4518.11	4651.69	415.00	96761.62	9205.57
49132.20	237826.90	36441.48	5697.11	3811.90	4450.32	3612.42
3348180.45	**1934124.33**	**918076.73**	**358776.88**	**387024.97**	**875695.57**	**1331755.54**
199949.21	22724.18	408593.56	15403.81	13031.29	17407.06	2570.65
986019.36	7904.92	6187.02	476.02	15246.63	17818.80	20.54
40857.43	562597.10	15132.27	20978.64	5051.58	18699.21	15836.56
1647332.11	944981.01	64172.58	3654.48	80708.55	86674.35	1117573.91
10026.00	19364.34	10920.57	5999.90	2596.56	7779.30	3840.40
1803.20	4154.27	4472.43		591.20	49125.00	
13012.09	19466.30	18224.91	3241.87	20775.99	47312.97	6486.24
402026.80	288520.85	290606.33	301333.70	239958.70	623160.79	182258.03
47154.25	64411.37	99767.07	7688.46	9064.46	7718.09	3169.21
198790.67	**188276.12**	**125177.62**	**58652.05**	**97670.84**	**419226.71**	**59761.71**
3981.10	18673.86	15001.30	13752.73	22001.96	132685.32	739.62
5252.62	17114.08	43204.89	30516.02	18029.48	113762.62	1058.92
13395.20	4510.97	2179.94	145.00	14518.84	54524.98	
21926.69	14391.76	5865.87	897.31	1850.00	2159.85	54095.00
13062.48	20568.35	13214.80	2161.50	21930.25	8863.64	1079.54
327.65	2846.85	7183.96	425.80	511.50	41333.76	44.09
87378.24	64749.45	19396.10	8657.77	5029.62	65310.31	749.60
53466.69	45420.80	19130.76	2095.93	13799.19	586.25	1994.94
27709.79	**45576.26**	**44049.76**	**6832.91**	**22224.18**	**68710.44**	**16801.17**
6359.83	11410.61	6637.26	3115.33	10765.36	5742.22	5426.37
6977.70	15475.97	2927.48		1845.07	72.01	61.37
3871.98	3288.23	577.11	3485.25	895.32	746.01	1082.03
236.25	439.24	28.70				

1-12 续表2

	全省合计	广州市	深圳市	珠海市
音像制品及电子出版物批发	166731.49	101972.07	12241.26	40.65
首饰、工艺品及收藏品批发	6530859.03	2208393.77	3803896.31	10599.86
其他文化用品批发	2375267.36	679172.12	1219833.03	22767.94
医药及医疗器材批发	**20825846.64**	**11056360.30**	**3011326.37**	**687096.09**
西药批发	10984863.28	6578797.76	1327481.99	309240.86
中药批发	6759305.96	2617889.80	1173981.95	267031.64
医疗用品及器材批发	3081677.40	1859672.74	509862.43	110823.59
矿产品、建材及化工产品批发	**303915720.31**	**162492411.44**	**37290049.61**	**18375998.17**
煤炭及制品批发	20767860.21	8585822.47	1783971.74	4362824.18
石油及制品批发	128880342.26	90563359.26	7645002.94	8996137.43
非金属矿及制品批发	1293292.53	448543.83	195514.16	16022.83
金属及金属矿批发	85478722.83	30603933.93	19721789.96	2457393.00
建材批发	22295945.15	9798236.51	3192331.89	987311.82
化肥批发	3144222.08	1387580.69	216839.71	24908.39
农药批发	576419.01	64773.39	138498.75	1135.84
农用薄膜批发	41257.17	32102.33	807.71	11.00
其他化工产品批发	41437659.07	21008059.03	4395292.74	1530253.69
机械设备、五金产品及电子产品批发	**73845831.85**	**20695390.71**	**38794207.97**	**1472735.12**
农业机械批发	426025.00	209268.45	23770.98	4757.47
汽车批发	6221753.66	2989982.67	2751624.02	22417.05
汽车零配件批发	4618739.46	3768253.66	368705.94	78255.03
摩托车及零配件批发	898630.46	154463.39	6792.91	1822.09
五金产品批发	5237407.63	1187529.60	936889.08	194543.01
电气设备批发	2839469.45	1030763.80	888809.03	191590.17
计算机、软件及辅助设备批发	7835302.67	3302632.37	3857795.26	146905.71
通讯及广播电视设备批发	16997111.53	2252724.58	11683447.87	302015.76
其他机械设备及电子产品批发	28771391.99	5799772.21	18276372.88	530428.84
贸易经纪与代理	**20556435.44**	**6128679.78**	**5943053.15**	**36853.82**
贸易代理	17549558.46	5019513.73	5359793.15	26327.42
拍卖	98888.05	30683.65	8604.08	1488.20
其他贸易经纪与代理	2907988.93	1078482.40	574655.92	9038.21
其他批发业	**22052350.69**	**4156762.55**	**8999529.31**	**553379.78**
再生物资回收与批发	4682099.44	1215460.36	90352.82	33740.88
其他未列明批发业	17370251.25	2941302.19	8909176.49	519638.90

汕头市	佛山市	韶关市	河源市	梅州市	惠州市	汕尾市
2549.67	6782.49	796.90		650.00	36081.47	
73496.99	183612.16	181.35		13176.76	16649.08	260.90
132267.11	52388.12	3.11	1696.83	1003.44	24992.80	
673432.36	**789347.46**	**90218.18**	**43063.71**	**156643.30**	**385561.11**	**16716.02**
150460.88	263923.86	48584.24	36473.34	81906.16	209832.18	14430.27
423544.02	447458.61	36184.72	2400.69	62229.23	151526.83	102.00
99427.47	77964.99	5449.22	4189.68	12507.91	24202.10	2183.76
4316922.56	**35982997.29**	**1552771.94**	**98468.97**	**602757.09**	**1569988.54**	**31407.07**
361017.63	459444.70	134412.41	3928.82	148952.70	10470.77	3034.85
1166235.02	3248148.32	546034.93	10085.80	14204.33	817617.81	6497.03
9705.31	129675.38	21755.36	5664.35	5331.01	8657.55	220.00
193492.92	25512789.59	592531.05	36396.70	94913.26	24415.84	
313098.04	3147002.16	168688.48	16561.46	305897.73	245778.45	19637.67
18173.21	3097.21	51016.99	20299.81	23978.27	65490.43	1713.52
827.67	7212.06	2912.87	2998.10	1531.14	39506.53	54.00
612.76	1121.15			22.00		75.00
2253760.00	3474506.73	35419.84	2533.94	7926.65	358051.17	175.00
1075159.13	**2710913.58**	**87660.50**	**20791.82**	**74430.29**	**660158.76**	**3190.32**
8479.71	15687.33	6021.07	5377.62	3351.09	19868.04	33.80
7316.79	300394.61	190.27		1570.73	5945.67	
30727.26	69719.04	10493.34	267.56	6590.03	25379.05	30.00
696.01	19618.76			2387.21	3705.88	107.00
128489.35	1054558.40	22075.33	2757.97	12891.29	144142.20	2491.52
42902.19	361554.83	6885.18	1755.43	6203.73	24860.12	
33116.31	67538.23	1248.05	230.00	7733.38	38136.29	220.00
23309.32	45398.34	269.38			129697.24	
800122.20	776444.06	40477.88	10403.25	33702.83	268424.28	308.00
103158.59	**3130142.81**	**559739.76**	**36095.25**	**6638.08**	**176404.17**	**7259.93**
78114.12	2946357.55	55683.81	18423.31	5196.85	161531.56	7090.61
9787.61	14609.68	1818.41	1227.20	226.96	3137.62	1.50
15256.86	169175.58	502237.54	16444.74	1214.27	11735.00	167.82
605944.04	**1921027.01**	**31100.00**	**20758.76**	**87859.73**	**111051.53**	**1709.95**
32635.94	1163483.54	13766.47	14238.93	23058.86	49289.82	1320.35
573308.09	757543.47	17333.53	6519.83	64800.86	61761.72	389.60

	东莞市	中山市	江门市	阳江市
音像制品及电子出版物批发	12.69		1797.72	1357.61
首饰、工艺品及收藏品批发	81064.55	24966.24	7214.25	1221.06
其他文化用品批发	100872.28	17426.92	16459.07	74521.48
医药及医疗器材批发	**632020.40**	**567817.63**	**320943.96**	**56248.77**
西药批发	405426.71	507977.85	185374.49	34340.35
中药批发	186121.11	44221.37	105770.47	12768.91
医疗用品及器材批发	40472.58	15618.41	29799.00	9139.52
矿产品、建材及化工产品批发	**9872391.89**	**3637311.47**	**2686397.03**	**203509.82**
煤炭及制品批发	1493425.38	24964.38	333336.49	13833.45
石油及制品批发	2526100.30	732608.39	703154.71	23575.93
非金属矿及制品批发	31989.77	2077.36	13131.37	5979.38
金属及金属矿批发	1152305.22	2078054.28	336473.07	39482.51
建材批发	1205166.15	400096.97	238379.28	68229.06
化肥批发	33392.45	3020.17	18766.86	23691.09
农药批发	1745.19	969.03	16287.46	7090.38
农用薄膜批发	1391.71	470.14	5.34	390.45
其他化工产品批发	3426875.73	395050.75	1026862.44	21237.57
机械设备、五金产品及电子产品批发	**4612507.74**	**586964.36**	**1619597.73**	**197147.11**
农业机械批发	5227.66	3422.56	13154.25	8785.56
汽车批发	22298.14	12769.26	32258.37	597.75
汽车零配件批发	122696.25	8687.84	78031.32	3349.19
摩托车及零配件批发	540.76	2085.85	687694.83	492.14
五金产品批发	516761.95	246576.77	328154.29	171386.88
电气设备批发	73789.52	82050.61	15951.69	3317.22
计算机、软件及辅助设备批发	74429.42	10960.58	21612.67	2569.77
通讯及广播电视设备批发	2432553.11	19889.32	62591.09	2515.70
其他机械设备及电子产品批发	1364210.94	200521.58	380149.22	4132.92
贸易经纪与代理	**1553801.48**	**1686843.95**	**449767.64**	**113335.52**
贸易代理	1360814.58	1642632.07	435798.89	86849.78
拍卖	3344.13	1402.77	2842.24	3157.76
其他贸易经纪与代理	189642.76	42809.11	11126.51	23327.99
其他批发业	**1850714.29**	**925921.39**	**568115.54**	**128343.26**
再生物资回收与批发	179596.53	165510.83	74993.92	44205.81
其他未列明批发业	1671117.76	760410.56	493121.62	84137.45

湛江市	茂名市	肇庆市	清远市	潮州市	揭阳市	云浮市
	715.67	1733.30				
1038.79	1874.17	28008.52		6652.67	58320.20	10231.40
9225.25	12372.37	4137.41	232.33	2065.75	3830.00	
413048.77	**193516.51**	**270785.01**	**66543.77**	**45500.02**	**1280243.54**	**69413.39**
238555.04	40592.17	76875.24	47124.31	18413.55	394635.85	14416.19
147761.87	139338.29	176608.40	14174.56	21816.54	721848.74	6526.22
26731.86	13586.05	17301.37	5244.89	5269.93	163758.95	48470.99
5615057.19	**12208665.40**	**1015015.94**	**1133708.51**	**1616204.93**	**3427282.46**	**186403.01**
432004.87	133658.76	395041.94	27979.75	598243.82	1405687.08	55804.04
2022025.12	8385880.82	255042.01	548071.78	261759.07	386864.50	21936.76
68066.39	293585.81	7986.90	12183.45	14828.44	777.15	1596.74
1067705.89	30291.28	119456.58	63524.45	422001.43	888974.28	42797.61
1004882.17	401291.53	106500.37	133467.12	44284.84	471558.27	27545.19
822241.47	234503.51	65973.11	39994.94	22114.72	53465.24	13960.32
11001.60	11841.33	6106.66	250191.27	2593.80	6078.70	3063.25
3682.93	414.67		150.00			
183446.76	2717197.71	58908.39	58145.75	250378.83	213877.26	19699.10
257784.38	**193362.37**	**474919.36**	**52104.64**	**51267.81**	**198095.23**	**7442.94**
32420.18	30888.99	19989.26	2975.59	3919.74	8486.40	139.27
15779.83	5578.46	7817.38		13674.04	31538.63	
7048.82	10791.31	11242.35	13684.48	2804.63	1973.94	8.46
2917.56	8604.06	4645.98	1320.86		480.35	254.86
58294.54	54833.78	65342.14	5987.86	13708.36	87710.55	2282.81
12776.85	16495.42	37481.64	15494.65	4713.29	19286.98	2787.14
5568.62	16717.03	215694.59	3089.53	5244.17	22719.77	1140.94
23220.37	1889.30	3896.32	1459.86	4466.78	7177.53	589.65
99757.62	47564.04	108809.70	8091.83	2736.81	18721.09	239.81
32224.74	**229564.74**	**102974.53**	**14051.79**	**116423.38**	**67548.14**	**61874.19**
28542.77	58755.12	55366.02	11340.63	112353.75	20395.03	58677.72
1707.66	5130.15	3467.00	1485.81	3254.90	1367.67	143.06
1974.32	165679.47	44141.52	1225.35	814.73	45785.45	3053.40
205512.62	**245743.31**	**1368105.06**	**51240.97**	**14843.28**	**188120.99**	**16567.35**
102246.53	149747.18	1231998.63	5147.81	6418.92	70608.10	14277.21
103266.09	95996.13	136106.42	46093.16	8424.37	117512.88	2290.13

1-13 分地区批发业法人企业财务状况

	全省合计	广州市	深圳市	珠海市
总计	**307165161.21**	**99123921.10**	**100569255.00**	**21022287.15**
农、林、牧产品批发	**4929258.17**	**1210216.98**	**635155.36**	**120192.47**
谷物、豆及薯类批发	1210040.25	256288.70	192581.69	19010.80
种子批发	179037.44	44346.19	869.77	19615.43
饲料批发	665436.62	230981.79	71946.42	12717.04
棉、麻批发	243282.98	203893.83	24344.67	249.08
林业产品批发	508823.14	80379.44	24611.76	8274.83
牲畜批发	693326.94	67110.71	3337.30	12262.03
其他农牧产品批发	1429310.79	327216.33	317463.76	48063.26
食品、饮料及烟草制品批发	**24230656.01**	**5635276.53**	**7658733.62**	**809911.39**
米、面制品及食用油批发	3192973.36	1029156.72	996419.26	252137.20
糕点、糖果及糖批发	2483466.64	268414.24	103508.67	3583.78
果品、蔬菜批发	1482232.57	211903.82	329696.10	8508.35
肉、禽、蛋、奶及水产品批发	3908905.21	689165.58	387084.32	86778.10
盐及调味品批发	875041.38	659800.23	42128.23	38523.51
营养和保健品批发	364214.43	156776.73	121936.03	8821.88
酒、饮料及茶叶批发	4269209.88	1487492.73	1359703.49	269537.05
烟草制品批发	3109909.28	557216.88	1146576.54	37224.99
其他食品批发	4544703.27	575349.60	3171680.98	104796.52
纺织、服装及家庭用品批发	**37853255.42**	**12393033.48**	**12222776.78**	**4388636.03**
纺织品、针织品及原料批发	5371242.59	2178766.95	971382.28	281946.65
服装批发	8760052.46	4673518.52	2038834.28	389031.56
鞋帽批发	1145565.39	405774.43	359093.37	8507.46
化妆品及卫生用品批发	5895734.43	720231.93	4798798.87	22292.84
厨房、卫生间用具及日用杂货批发	2015875.67	1260153.56	420476.76	71787.75
灯具、装饰物品批发	749798.42	218777.78	281141.11	9773.32
家用电器批发	9862959.64	1548498.99	1846921.12	3512073.25
其他家庭用品批发	4052026.83	1387311.33	1506128.99	93223.19
文化、体育用品及器材批发	**12601084.37**	**3203529.35**	**7779774.34**	**154926.26**
文具用品批发	4045247.35	1125239.66	2461073.31	82930.04
体育用品及器材批发	624818.77	222935.83	245274.10	7077.29
图书批发	616929.76	489541.10	53963.38	5982.47
报刊批发	129158.91	70709.05	16047.39	214.30

（按国民经济行业分）（资产总计）

单位：万元

汕头市	佛山市	韶关市	河源市	梅州市	惠州市	汕尾市
4690981.18	**27061384.30**	**1723827.55**	**418351.29**	**766504.65**	**4613061.41**	**234664.35**
52310.92	**190282.80**	**195532.86**	**78028.10**	**92977.01**	**228052.87**	**25773.41**
10043.67	8472.07	40358.82	102.39	18468.45	83700.06	20160.36
11771.09	445.57	3975.15	711.74	38376.58	372.44	10.00
2569.89	23628.53	525.40	762.18	3900.05	11996.24	3862.55
1447.96	221.04	453.43			4968.02	
7847.18	50426.54	45274.07	47691.11	9096.97	36513.99	228.00
10591.99	68795.39	3002.12	14477.33	14119.59	66348.67	1266.50
8039.12	38293.67	101943.86	14283.35	9015.37	24153.45	246.00
520338.21	**783115.45**	**309378.88**	**129320.83**	**185274.05**	**539291.78**	**105582.05**
88838.11	182050.67	19825.92	2850.39	21188.71	72838.01	2067.25
48425.71	6532.42	2867.32	58.56	1988.32	18943.69	15.00
28501.01	14946.25	66913.33	60139.48	27928.65	141654.15	59.01
30569.05	93430.10	14592.51	8329.08	5149.75	142264.85	44800.28
14545.00	13121.11	4184.32	6462.24	4709.20	7712.10	1248.30
12839.37	1175.34	402.15		1180.38	1241.24	195.09
91134.69	241028.29	14801.04	1213.28	47509.94	57289.02	2127.77
131875.36	122379.36	176661.34	48802.17	57791.02	75692.26	46449.80
73609.91	108451.92	9130.95	1465.64	17828.09	21656.46	8619.55
375125.08	**2247044.30**	**36229.65**	**11623.13**	**28847.78**	**1659700.99**	**38696.27**
47991.57	758245.75	856.30	510.18	2134.12	126369.55	269.00
61938.75	222305.94	7213.24	1175.30	298.00	100874.14	33118.80
24343.00	72085.50	9.69			114668.19	50.00
24912.76	13699.77	2595.00		1473.90	8886.44	
37998.33	48968.90	2463.49	9343.26	923.83	31370.43	402.00
3129.68	121798.47	301.29	273.71	1905.72	3841.21	
73089.69	792424.56	18684.15	300.00	14188.77	1246726.41	2141.50
101721.30	217515.42	4106.50	20.69	7923.45	26964.61	2714.97
284018.88	**193489.38**	**8644.15**	**3780.42**	**11799.85**	**152915.76**	**3288.41**
18608.69	96189.87	5414.50	350.00	1470.77	16875.54	536.85
104218.17	8962.85	10.03		278.94	975.73	
13041.08	3757.84	1081.52	3396.65	5821.68	1122.49	2600.00
923.00	1561.91			0.00	2714.11	

1-13 续表1

	东莞市	中山市	江门市	阳江市
总计	**14818635.87**	**5346053.44**	**4463611.78**	**838757.49**
农、林、牧产品批发	**54667.39**	**58644.37**	**145184.50**	**75286.52**
谷物、豆及薯类批发	11650.72	24737.69	47405.21	12555.22
种子批发	181.69		367.61	1461.03
饲料批发	12004.44	1357.10	49582.50	5633.07
棉、麻批发	5451.01	437.76	261.17	
林业产品批发	4239.74	8767.29	1827.81	26668.99
牲畜批发	3576.67	18464.40	7644.97	16661.65
其他农牧产品批发	17563.13	4880.13	38095.23	12306.57
食品、饮料及烟草制品批发	**1272689.75**	**540903.95**	**326085.69**	**148127.47**
米、面制品及食用油批发	68604.11	46776.31	58977.43	2922.92
糕点、糖果及糖批发	687188.52	14859.15	3398.65	3842.65
果品、蔬菜批发	24799.40	21371.95	3788.60	2797.42
肉、禽、蛋、奶及水产品批发	27220.19	43265.05	97864.48	100178.82
盐及调味品批发	16308.89	10433.15	17877.95	4650.39
营养和保健品批发	17684.05	1110.33	10616.40	722.28
酒、饮料及茶叶批发	169785.58	291483.82	21690.67	970.64
烟草制品批发	133885.54	60336.62	72443.85	23940.12
其他食品批发	127213.46	51267.56	39427.67	8102.24
纺织、服装及家庭用品批发	**1481659.04**	**1293727.61**	**969413.17**	**34905.57**
纺织品、针织品及原料批发	412143.52	282827.53	174731.03	1257.53
服装批发	417152.51	136426.75	498279.37	502.81
鞋帽批发	110392.11	17207.78	6326.99	408.97
化妆品及卫生用品批发	29241.39	192146.04	47432.95	469.30
厨房、卫生间用具及日用杂货批发	30646.26	13212.08	22069.77	18940.66
灯具、装饰物品批发	17060.14	67262.42	11247.24	37.43
家用电器批发	201058.28	273768.06	189554.26	8580.74
其他家庭用品批发	263964.83	310876.95	19771.55	4708.14
文化、体育用品及器材批发	**355856.52**	**70094.92**	**57382.38**	**96890.04**
文具用品批发	130586.63	30590.07	32078.25	2145.59
体育用品及器材批发	10801.67	2149.24	294.96	109.73
图书批发	7205.74	3910.58	2285.66	1391.70
报刊批发	36031.93			

湛江市	茂名市	肇庆市	清远市	潮州市	揭阳市	云浮市
6838498.59	**5589320.03**	**2403444.57**	**2044632.26**	**822238.15**	**2267411.27**	**1508319.77**
267802.29	**1012075.86**	**181866.16**	**103050.60**	**4192.43**	**46586.27**	**151379.03**
44632.64	237642.22	97084.80	68494.21	513.79	7138.44	8998.33
38493.30	10157.98	3173.16	1458.47	1026.64	2167.16	56.45
58179.57	45488.01	4269.70	5262.21	383.34	297.00	120089.59
1347.02	208.00					
26492.25	59164.49	34383.87	12023.65	378.97	13410.86	11121.35
50409.16	291052.28	15507.43	4111.72	110.62	21773.64	2702.80
48248.36	368362.88	27447.21	11700.35	1779.07	1799.17	8410.52
2270020.10	**1007854.74**	**377416.90**	**156465.33**	**124044.81**	**301639.94**	**1029184.53**
59941.06	30131.64	157408.27	47185.85	22299.64	27805.37	3548.53
1305107.43	3927.24	2437.30	378.04	4224.58	3729.90	35.47
31438.41	465337.28	10437.60	13942.01	1930.59	5445.09	10694.08
698892.46	375295.21	31732.60	5640.20	39640.00	10904.96	976107.62
6284.04	10473.98	5440.51	4096.40	875.31	3364.23	2802.30
7938.59	3317.57	2218.73		773.80	15264.47	
41891.29	9080.65	7616.12	9120.59	14229.11	130979.18	524.95
79420.67	53608.88	52451.79	64209.10	38266.07	96708.40	33968.52
39106.16	56682.31	107673.98	11893.15	1805.70	7438.35	1503.07
106030.95	**162078.09**	**133195.24**	**68369.97**	**38819.94**	**151523.78**	**11818.58**
4886.77	25160.20	16199.88	25244.18	7679.99	51175.84	1463.79
13208.24	16366.27	70845.81	20432.07	10072.64	48328.56	128.88
4694.83	2500.03	2087.44	91.26	3788.73	13535.62	
5848.97	12009.22	3657.33	135.38	300.00	2329.55	9272.80
7313.86	12371.98	9159.67	8345.30	4241.73	5238.84	447.22
185.55	3267.91	3003.35	1268.52	45.00	5458.57	20.00
32136.94	48801.67	17817.26	10740.74	1444.31	23729.05	279.89
37755.80	41600.82	10424.50	2112.52	11247.54	1727.75	206.00
41483.85	**33863.91**	**31245.77**	**3980.61**	**2646.47**	**105380.10**	**6092.99**
18484.33	10030.24	4403.22	727.21	1579.75	4468.36	1464.48
15393.03	4760.04	1201.97		195.00	177.00	3.21
2920.08	5077.55	1089.99	2949.49	309.86	5741.21	3739.69
210.50	721.39	25.34				

1-13 续表2

	全省合计	广州市	深圳市	珠海市
音像制品及电子出版物批发	222214.19	81672.45	11784.44	1063.82
首饰、工艺品及收藏品批发	5390106.61	935042.68	4070540.06	39033.35
其他文化用品批发	1572608.77	278388.58	921091.66	18624.98
医药及医疗器材批发	**11908750.86**	**5516569.90**	**2613148.19**	**528134.80**
西药批发	6416868.42	3167577.96	1567045.25	222271.51
中药批发	3370292.69	1149175.58	591627.94	209196.56
医疗用品及器材批发	2121589.75	1199816.37	454475.00	96666.73
矿产品、建材及化工产品批发	**124887055.42**	**48359465.46**	**24487819.17**	**9982608.97**
煤炭及制品批发	9962621.40	3811137.97	1550791.48	1637292.72
石油及制品批发	38717733.40	21318951.81	4506798.06	5204629.09
非金属矿及制品批发	883943.87	232394.81	123903.06	15842.56
金属及金属矿批发	39199417.94	12528558.12	9617121.52	1261499.58
建材批发	17923433.30	4944653.16	5084949.03	976475.92
化肥批发	1547381.08	662912.38	153714.78	12579.73
农药批发	474055.24	59224.28	88021.15	658.09
农用薄膜批发	10412.13	3089.92	855.64	40.00
其他化工产品批发	16168057.08	4798543.03	3361664.46	873591.28
机械设备、五金产品及电子产品批发	**58469328.68**	**16317670.48**	**32277087.16**	**1908208.26**
农业机械批发	371528.73	180934.11	18052.16	2629.91
汽车批发	7670582.07	5849100.69	1618531.44	11484.96
汽车零配件批发	2730395.27	1756470.04	657692.19	79893.10
摩托车及零配件批发	196778.09	75352.76	11482.27	3788.81
五金产品批发	6567341.21	637509.81	3352258.09	594037.90
电气设备批发	2302181.29	827254.38	702079.21	112685.82
计算机、软件及辅助设备批发	4680807.95	1728250.83	2595514.37	108390.46
通讯及广播电视设备批发	6786882.63	1155397.65	4570446.66	293307.98
其他机械设备及电子产品批发	27162831.45	4107400.22	18751030.78	701989.33
贸易经纪与代理	**20611216.95**	**3631419.34**	**9676223.20**	**1792834.16**
贸易代理	17946164.83	2618560.75	8971093.08	1744230.31
拍卖	457579.23	98226.18	73661.73	33612.09
其他贸易经纪与代理	2207472.89	914632.42	631468.39	14991.75
其他批发业	**11674555.34**	**2856739.58**	**3218537.18**	**1336834.82**
再生物资回收与批发	2374136.86	736841.08	223152.45	35257.06
其他未列明批发业	9300418.47	2119898.50	2995384.73	1301577.75

汕头市	佛山市	韶关市	河源市	梅州市	惠州市	汕尾市
1369.38	11052.91	1292.00		200.00	103484.40	
68076.73	21500.64	211.36		3723.47	10589.09	151.56
77781.84	50463.38	634.75	33.77	305.00	17154.41	
413775.38	**413414.96**	**69171.07**	**26249.70**	**85879.86**	**212795.59**	**8302.34**
82150.47	124058.84	37741.52	18749.89	51857.84	108393.52	6103.61
261216.96	230139.84	29056.97	6280.40	27182.48	72978.38	48.00
70407.95	59216.28	2372.57	1219.42	6839.54	31423.69	2150.73
2047896.37	**18742631.79**	**804499.79**	**113499.31**	**255181.27**	**770208.98**	**34298.87**
124644.02	385503.75	145992.16	11631.32	55595.24	7596.18	2368.30
322139.42	1821992.10	105790.64	8667.93	7454.43	290485.21	15172.19
8937.39	90996.18	24093.32	4068.13	7048.19	6094.37	
107541.93	12112306.15	300682.60	35661.64	39071.27	27800.48	
172538.50	2530919.80	133579.93	21335.64	132644.68	221909.13	14699.96
9567.58	4115.57	19546.59	27370.40	8303.46	20961.62	1755.63
1397.80	1618.19	38256.64	3108.40	441.80	11095.21	57.80
526.20	890.14			6.00		120.00
1300603.54	1794289.91	36557.91	1655.84	4616.19	184266.79	125.00
590160.84	**1477755.96**	**189680.48**	**17344.59**	**46855.46**	**494340.62**	**3143.94**
8276.09	32644.36	4816.29	3284.83	3394.93	7650.27	31.00
5651.32	86521.75	569.84		4071.56	3636.58	
11131.26	28215.38	12851.06	121.89	3205.83	8187.60	5.00
522.67	6712.14			1570.43	2030.06	120.00
86334.72	518149.72	44766.33	2083.16	8719.25	103283.32	2714.94
27752.81	154901.78	9361.23	243.60	4733.37	19422.09	
19323.67	26490.70	944.93	301.00	2864.63	23917.30	100.00
19271.83	22125.29	67915.59			153418.66	
411896.48	601994.85	48455.21	11310.10	18295.46	172794.75	173.00
175495.84	**2155189.99**	**87707.35**	**21512.84**	**16551.64**	**485270.63**	**11444.36**
67074.16	1986395.39	57668.60	13508.87	7034.58	455047.30	11050.96
30198.76	45777.48	4241.62	2606.85	6179.99	14703.21	30.00
78222.93	123017.12	25797.13	5397.11	3337.08	15520.12	363.40
231859.67	**858459.67**	**22983.33**	**16992.38**	**43137.74**	**70484.20**	**4134.71**
13137.21	424032.94	8452.71	12343.25	14977.05	18979.64	3571.79
218722.46	434426.73	14530.62	4649.13	28160.68	51504.55	562.92

1-13 续表3

	东莞市	中山市	江门市	阳江市
音像制品及电子出版物批发	58.71		693.15	7578.22
首饰、工艺品及收藏品批发	100488.92	18123.71	7917.35	540.56
其他文化用品批发	70682.93	15321.33	14113.02	85124.25
医药及医疗器材批发	**398624.42**	**253527.79**	**189381.72**	**60288.28**
西药批发	225017.80	214446.77	102179.88	47442.46
中药批发	142180.49	28215.23	64559.87	8251.84
医疗用品及器材批发	31426.13	10865.79	22641.97	4593.97
矿产品、建材及化工产品批发	**6481794.93**	**1590035.54**	**1431175.54**	**175998.74**
煤炭及制品批发	825968.08	29727.67	310616.77	9446.64
石油及制品批发	2032729.84	289681.98	166836.44	10179.07
非金属矿及制品批发	143467.97	1269.44	21097.25	2813.53
金属及金属矿批发	1021001.95	352128.46	197436.03	30122.06
建材批发	863224.85	747053.50	172578.11	93213.92
化肥批发	34268.21	3517.69	14974.10	14963.46
农药批发	2193.23	972.21	8475.84	1820.25
农用薄膜批发	670.40	144.11	5.50	1002.45
其他化工产品批发	1558270.42	165540.49	539155.51	12437.37
机械设备、五金产品及电子产品批发	**2750361.73**	**540342.84**	**586857.95**	**108819.56**
农业机械批发	6825.58	3520.62	21931.22	8938.54
汽车批发	3932.63	5243.01	5311.51	51.00
汽车零配件批发	72772.71	5417.07	47964.86	2952.09
摩托车及零配件批发	378.93	524.04	68145.21	629.78
五金产品批发	426320.87	277119.28	143552.42	83002.85
电气设备批发	293552.61	48887.61	15209.78	2318.61
计算机、软件及辅助设备批发	74594.43	10545.11	10774.59	637.30
通讯及广播电视设备批发	345107.67	12173.09	17048.70	845.50
其他机械设备及电子产品批发	1526876.31	176913.01	256919.67	9443.90
贸易经纪与代理	**831241.09**	**584225.26**	**456519.31**	**98241.90**
贸易代理	743213.25	485846.69	423378.48	51748.77
拍卖	15902.02	39775.40	26176.05	5836.59
其他贸易经纪与代理	72125.82	58603.17	6964.79	40656.54
其他批发业	**1191741.00**	**414551.16**	**301611.52**	**40199.41**
再生物资回收与批发	132322.01	157146.78	56115.31	13422.09
其他未列明批发业	1059418.99	257404.38	245496.20	26777.32

湛江市	茂名市	肇庆市	清远市	潮州市	揭阳市	云浮市
	1416.80	547.93				
1347.52	50.52	16807.88		374.58	94701.03	885.60
3128.38	11807.38	7169.44	303.91	187.28	292.50	
242604.89	**125127.16**	**194498.23**	**52185.80**	**18624.86**	**427029.68**	**59416.24**
116932.57	28012.09	77695.38	38277.25	9315.02	155547.99	16050.81
109976.28	88995.52	105571.54	12111.35	8844.36	220956.98	3726.11
15696.04	8119.55	11231.32	1797.19	465.49	50524.71	39639.32
3199969.24	**2665588.73**	**736401.78**	**1278012.00**	**582041.50**	**940459.05**	**207468.39**
144987.80	49038.26	190098.50	24151.19	247073.53	342139.23	56820.59
540320.33	957367.61	192867.92	608302.53	180995.77	121922.93	14448.10
60511.37	45460.09	61747.51	31648.11	1606.39	96.52	847.70
1013106.04	14097.13	64455.84	220613.24	15202.28	178305.07	62706.57
956219.19	322871.08	159378.91	130625.53	10306.02	187809.15	46447.30
256090.81	225187.96	31371.44	18272.27	7568.00	9431.98	10907.44
9058.34	10396.98	2042.26	229987.16	342.24	2505.13	2382.27
2384.95	606.83		70.00			
217290.42	1040562.80	34439.41	14341.97	118947.27	98249.04	12908.43
477079.43	**170048.26**	**274671.26**	**80323.34**	**21308.80**	**131731.98**	**5535.75**
24991.11	20709.27	13021.40	2296.32	456.05	6903.90	220.76
11532.67	5173.82	39814.63		8153.63	11801.05	
15789.18	6312.41	7201.61	11286.08	865.27	2030.65	30.00
1806.67	9780.72	5995.06	6189.57	1531.19	165.13	52.66
127972.58	42731.23	41135.19	29160.10	6483.71	38562.24	1443.51
9475.25	8438.84	33322.92	10795.17	882.71	19210.02	1653.52
4218.87	11033.70	39167.65	11173.11	475.01	11369.88	720.42
109284.64	5516.64	1769.20	1234.35	962.30	11055.99	0.90
172008.48	60351.63	93243.61	8188.63	1498.92	30633.12	1413.99
91593.09	**241572.76**	**82147.75**	**56456.12**	**24661.32**	**73454.91**	**17454.10**
71258.07	114362.85	23486.82	45807.60	20373.89	19224.10	15800.32
10928.50	16285.87	16605.46	9247.16	3080.29	3981.39	522.58
9406.52	110924.04	42055.46	1401.36	1207.13	50249.42	1131.20
141914.75	**171110.52**	**392001.49**	**245788.50**	**5898.02**	**89605.56**	**19970.17**
54670.53	86003.77	315819.01	9508.56	2118.10	47902.93	8362.59
87244.21	85106.76	76182.49	236279.94	3779.92	41702.63	11607.58

1-14 分地区批发业法人企业财务状况

	全省合计	广州市	深圳市	珠海市
总计	**571085464.37**	**254332298.93**	**125418896.98**	**25500350.33**
内资企业	**508891152.59**	**229974347.60**	**98335979.01**	**22460496.56**
国有企业	76705555.65	58089412.01	3190177.59	2233977.75
集体企业	1695538.38	437648.60	4917.80	28943.81
股份合作企业	690200.86	350555.50	23115.08	9136.25
联营企业	684577.48	73750.13	255472.36	33916.50
国有联营企业	77548.93	4345.28	23757.36	161.96
集体联营企业	128597.49	5766.29	8703.97	6490.06
国有与集体联营企业	20935.66	11797.54	266.56	18.00
其他联营企业	457495.39	51841.02	222744.47	27246.48
有限责任公司	224237802.48	95129849.15	32178410.91	16745039.90
国有独资公司	17018440.27	12077008.50	3092126.22	345937.83
其他有限责任公司	207219362.21	83052840.66	29086284.69	16399102.08
股份有限公司	30295781.36	8554035.16	13918814.22	456152.09
私营企业	168949225.35	66955254.91	48108252.13	2690179.34
私营独资企业	5004594.02	853075.33	912509.05	21541.72
私营合伙企业	1156711.13	208098.53	330662.58	70016.71
私营有限责任公司	158898740.77	64021174.88	46036043.87	2568468.50
私营股份有限公司	3889179.43	1872906.18	829036.63	30152.40
其他企业	5632471.04	383842.13	656818.92	263150.92
港、澳、台商投资企业	**30847260.16**	**9529585.01**	**15222627.32**	**1492567.08**
与港澳台商合资经营企业	5992395.56	2987740.29	1564330.94	43883.30
与港澳台商合作经营企业	171011.87	31576.16	9510.77	21412.73
港澳台商独资经营企业	24352635.41	6351657.83	13612928.35	1423852.35
港澳台商投资股份有限公司	138943.88	81633.91	6872.33	3418.70
其他港澳台投资企业	192273.43	76976.83	28984.93	
外商投资企业	**31347051.63**	**14828366.33**	**11860290.66**	**1547286.69**
中外合资经营企业	10408128.86	5954648.94	1860965.64	431851.57
中外合作经营企业	284219.19	97414.35	71655.09	62.90
外资企业	18157535.46	6586880.69	9747823.51	1113173.69
外商投资股份有限公司	2362998.30	2176672.54	82734.34	328.16
其他外商投资企业	134169.82	12749.81	97112.09	1870.37

（按登记注册类型分）（营业收入）

单位：万元

汕头市	佛山市	韶关市	河源市	梅州市	惠州市	汕尾市
9447850.91	**52012506.79**	**3364857.81**	**653047.53**	**1704098.50**	**8184067.99**	**532811.60**
9240318.05	**50458004.91**	**3359568.90**	**633668.45**	**1679028.48**	**5578409.62**	**502491.49**
196376.89	1792568.01	40790.81	29430.87	551781.28	215541.17	103534.69
130928.54	59932.96	43185.53	52613.51	14735.69	55293.16	4862.91
51988.24	77503.91	418.10	2026.13	7581.22	12977.02	280.00
52055.01	44670.90	3107.49	530.15	346.00	8876.68	76.00
34427.86					701.19	
3450.55	2901.33	582.83	22.00	20.00	92.42	28.00
1486.25						
12690.35	41769.57	2524.66	508.15	326.00	8083.07	48.00
5435501.59	23557606.70	1898350.76	352883.24	607559.83	2237094.64	318543.04
154206.52	52334.40	16423.20	1252.00	3324.20	42302.15	29697.01
5281295.07	23505272.30	1881927.57	351631.24	604235.63	2194792.49	288846.03
1758475.00	1760049.07	555312.83	10346.55	25153.03	369398.05	1160.17
1529028.02	22668687.28	357483.40	110142.44	382527.35	2212526.92	66138.87
187573.85	650929.96	39723.92	23539.62	60369.47	472761.08	16800.18
11892.25	161020.90	10761.77	1372.34	8902.69	30665.84	446.25
1197131.07	21496343.77	306182.37	71283.66	250627.82	1657846.07	48337.04
132430.85	360392.65	815.33	13946.83	62627.37	51253.93	555.40
85964.78	496986.10	460919.98	75695.58	89344.08	466701.99	7895.81
163348.44	**862062.34**	**2460.63**	**14439.77**	**11845.12**	**828637.38**	**30314.11**
28760.76	638525.09	2320.16		1155.60	650359.82	10619.16
2149.40	34.00				4183.94	18178.90
132402.97	147303.46	12.31	12808.89	10438.86	157163.89	1516.06
35.31			1630.88		13842.06	
	76199.80	128.16		250.65	3087.68	
44184.42	**692439.54**	**2828.28**	**4939.31**	**13224.91**	**1777020.99**	**6.00**
2699.72	296823.33			9.80	1740005.70	
	76107.00				791.25	
41445.80	254138.23	374.78	4939.31	2798.50	33582.38	
	61183.55	2453.50		10416.60	17.91	
38.90	4187.42				2623.75	6.00

1-14 续表

	东莞市	中山市	江门市	阳江市
总计	**25035479.40**	**10826222.53**	**8078786.70**	**1384444.88**
内资企业	**23372594.45**	**10329603.65**	**7779608.52**	**1377676.90**
国有企业	900159.97	17418.04	384270.56	55903.27
集体企业	77743.15	153169.82	22384.91	64946.82
股份合作企业	4462.58		5816.80	2531.97
联营企业	2106.49	428.34	10248.58	18882.51
国有联营企业	347.94		80.00	773.00
集体联营企业	104.64		613.14	4273.09
国有与集体联营企业	875.26		3640.62	23.84
其他联营企业	778.65	428.34	5914.82	13812.59
有限责任公司	12766003.92	7603004.72	4223025.41	565074.03
国有独资公司	546.32	693714.10	941.43	22129.16
其他有限责任公司	12765457.60	6909290.62	4222083.98	542944.87
股份有限公司	261058.83	15085.50	204988.27	10485.54
私营企业	9219616.77	2538413.15	2780786.41	583274.18
私营独资企业	188248.49	114948.63	140965.56	142670.43
私营合伙企业	112460.65	7668.66	66952.78	3636.95
私营有限责任公司	8735946.67	2321434.33	2545042.23	427155.39
私营股份有限公司	182960.97	94361.53	27825.83	9811.41
其他企业	141442.75	2084.08	148087.58	76578.57
港、澳、台商投资企业	**1310008.29**	**374612.08**	**289905.99**	**5951.94**
与港澳台商合资经营企业	44504.93	3768.86	10045.75	1785.32
与港澳台商合作经营企业	76716.50		6615.40	
港澳台商独资经营企业	1185892.56	348934.32	273140.10	4143.58
港澳台商投资股份有限公司	272.11	21908.90	68.12	23.04
其他港澳台投资企业	2622.19		36.62	
外商投资企业	**352876.66**	**122006.80**	**9272.19**	**816.03**
中外合资经营企业	102572.56	3674.83	1679.99	
中外合作经营企业	32296.00			
外资企业	199344.47	96482.49	7592.20	689.25
外商投资股份有限公司	7342.23	21849.48		
其他外商投资企业	11321.41			126.78

湛江市	茂名市	肇庆市	清远市	潮州市	揭阳市	云浮市
10722260.30	**16259262.39**	**4443096.05**	**1799031.91**	**2370381.00**	**6700243.89**	**2315467.95**
10719641.57	**16213009.29**	**3824802.25**	**1797932.83**	**2300165.08**	**6645827.74**	**2307977.24**
702082.83	6676341.83	101069.18	58189.32	345012.94	958924.26	62592.36
143814.88	194445.03	40606.42	16907.92	55605.06	85914.74	6937.14
23628.75	91334.91	6872.34	2664.72	3791.62	13471.66	44.09
116303.19	35299.86	5948.14	3625.37	2553.37	15417.95	962.47
89.87	5670.06		406.00		6788.40	
80055.68	6008.17	1724.91	97.66		7064.80	597.97
507.86	1435.74	16.10	867.90			
35649.78	22185.89	4207.13	2253.81	2553.37	1564.75	364.51
4784596.28	5751158.92	2985857.74	695145.00	916412.04	4184925.21	1301759.44
329606.48	59521.89	5121.49	20156.10		27.89	72063.40
4454989.80	5691637.03	2980736.25	674988.90	916412.04	4184897.32	1229696.04
238705.77	211770.76	38224.37	565788.38	104827.95	410933.23	825016.60
4509076.66	1448162.50	576170.06	438457.64	851185.45	838974.89	84886.99
214633.14	621129.01	51471.39	20971.96	82729.42	145686.25	42315.55
15490.29	81112.76	8829.22	10999.31	6407.26	9313.39	
4264974.87	592501.02	507154.86	401611.67	755154.51	651946.26	42379.93
13978.36	153419.71	8714.59	4874.70	6894.25	32029.00	191.51
201433.21	1804495.48	70054.01	17154.48	20776.66	137265.80	25778.15
659.89	**32117.74**	**616515.24**	**1099.08**	**3200.81**	**53823.80**	**1478.10**
566.04	126.88	3902.68				
	420.00		214.07			
93.85	19207.38	611936.57	885.01	3116.28	53722.70	1478.10
	9137.43				101.10	
	3226.05	676.00		84.53		
1958.84	**14135.37**	**1778.55**		**67015.11**	**592.35**	**6012.61**
	10723.09	1551.01		802.68		120.01
						5892.60
1708.84		227.55		66212.43	121.35	
250.00	3412.28				471.00	

1-15 分地区批发业法人企业财务状况

	全省合计	广州市	深圳市	珠海市
总计	**567605597.69**	**253292706.19**	**124317190.60**	**25191460.37**
内资企业	**506001253.51**	**229030803.77**	**97486592.45**	**22209573.72**
国有企业	76322878.35	57914280.25	3174865.36	2065474.75
集体企业	1667808.98	431646.82	4520.13	28514.25
股份合作企业	683853.47	349463.96	22297.83	9006.18
联营企业	673291.11	70808.44	249700.82	33743.98
国有联营企业	75411.19	4345.28	21901.40	16.16
集体联营企业	128304.99	5766.29	8703.58	6490.06
国有与集体联营企业	20885.66	11747.54	266.56	18.00
其他联营企业	448689.28	48949.32	218829.29	27219.77
有限责任公司	223243873.35	94680806.70	32081051.41	16688153.54
国有独资公司	16955608.88	12031806.89	3078409.84	344229.93
其他有限责任公司	206288264.47	82648999.81	29002641.57	16343923.61
股份有限公司	30092882.91	8545518.43	13850587.32	455649.64
私营企业	167791205.71	66700865.92	47461342.67	2675747.34
私营独资企业	4934936.67	848766.86	887472.19	21141.92
私营合伙企业	1124389.50	203541.35	312373.22	68733.68
私营有限责任公司	157862807.97	63782892.93	45440733.88	2555745.17
私营股份有限公司	3869071.58	1865664.77	820763.38	30126.58
其他企业	5525459.63	337413.27	642226.91	253284.03
港、澳、台商投资企业	**30418172.34**	**9462551.66**	**15006480.09**	**1486543.14**
与港澳台商合资经营企业	5710793.84	2948950.29	1445970.72	43063.20
与港澳台商合作经营企业	170984.03	31576.16	9483.33	21412.73
港澳台商独资经营企业	24205316.63	6323416.48	13515306.26	1418648.50
港澳台商投资股份有限公司	138937.57	81631.91	6868.03	3418.70
其他港澳台投资企业	192140.26	76976.83	28851.76	
外商投资企业	**31186171.84**	**14799350.76**	**11824118.06**	**1495343.52**
中外合资经营企业	10359410.74	5950801.31	1857457.72	431851.57
中外合作经营企业	283482.69	97414.35	70956.09	62.90
外资企业	18052775.44	6561574.39	9720969.28	1061230.52
外商投资股份有限公司	2362607.92	2176931.60	82688.54	328.16
其他外商投资企业	127895.06	12629.12	92046.44	1870.37

（按登记注册类型分）（主营业务收入）

单位：万元

汕头市	佛山市	韶关市	河源市	梅州市	惠州市	汕尾市
9412423.67	**51776857.78**	**3338393.99**	**649509.74**	**1690432.98**	**8061508.70**	**529971.67**
9205002.41	**50345319.94**	**3333105.08**	**630421.09**	**1665362.96**	**5496425.82**	**499745.55**
194949.86	1791093.56	40724.27	28963.14	548969.66	213493.89	102035.28
130160.28	58970.95	41503.25	52206.98	14734.87	55140.42	4726.85
51795.88	76857.01	414.90	2026.13	7374.22	12972.02	280.00
50633.26	44610.06	3092.70	530.15	316.80	8848.33	74.00
34304.86					701.19	
3450.55	2855.50	568.03	22.00	0.80	92.42	28.00
1486.25						
11391.60	41754.57	2524.66	508.15	316.00	8054.73	46.00
5413014.75	23517614.51	1881443.17	352251.45	604776.65	2205396.43	318428.74
153818.86	52331.70	16304.02	1174.06	3299.20	42137.15	29697.01
5259195.89	23465282.82	1865139.15	351077.39	601477.45	2163259.28	288731.73
1756763.61	1758957.80	550629.53	10319.55	23441.23	337282.95	1158.17
1522324.31	22601850.75	356973.23	110035.36	378004.32	2197560.88	65418.74
186551.21	643302.01	39625.67	23441.13	59686.44	469484.20	16193.45
11880.06	159363.20	10717.51	1372.34	7990.07	30565.39	446.25
1193312.40	21438973.17	305814.72	71275.07	248561.43	1646493.47	48223.64
130580.64	360212.37	815.33	13946.83	61766.38	51017.83	555.40
85360.45	495365.29	458324.03	74088.34	87745.20	465730.91	7623.77
163320.14	**739145.38**	**2460.63**	**14370.11**	**11845.12**	**825213.47**	**30220.11**
28760.76	516160.49	2320.16		1155.60	650205.04	10525.16
2149.40	34.00				4183.94	18178.90
132374.67	146751.09	12.31	12739.23	10438.86	153894.76	1516.06
35.31			1630.88		13842.06	
	76199.80	128.16		250.65	3087.68	
44101.12	**692392.47**	**2828.28**	**4718.54**	**13224.91**	**1739869.41**	**6.00**
2699.72	296819.33			9.80	1703125.50	
	76107.00				791.25	
41362.50	254095.16	374.78	4718.54	2798.50	33328.90	
	61183.55	2453.50		10416.60		
38.90	4187.42				2623.75	6.00

1-15 续表

	东莞市	中山市	江门市	阳江市
总计	**24897858.86**	**10779194.74**	**8020716.70**	**1376912.30**
内资企业	**23239552.56**	**10294792.35**	**7723383.55**	**1371062.36**
国有企业	898232.42	17332.94	383710.54	55069.09
集体企业	76779.56	145422.31	22123.33	64945.82
股份合作企业	4224.64		5266.60	2531.97
联营企业	2009.26	428.34	10247.38	18755.53
国有联营企业	347.94		80.00	773.00
集体联营企业	104.64		613.14	4146.10
国有与集体联营企业	875.26		3640.62	23.84
其他联营企业	681.42	428.34	5913.62	13812.59
有限责任公司	12696934.57	7591350.56	4207432.71	562906.56
国有独资公司	396.32	693714.10	846.37	22022.06
其他有限责任公司	12696538.25	6897636.46	4206586.34	540884.50
股份有限公司	259937.97	15085.50	204541.98	10479.10
私营企业	9161739.09	2523295.62	2745182.10	579816.32
私营独资企业	184271.17	113737.34	131407.24	142592.83
私营合伙企业	108215.88	7572.70	66590.85	3636.95
私营有限责任公司	8687399.50	2307629.05	2519553.99	423775.13
私营股份有限公司	181852.55	94356.53	27630.02	9811.41
其他企业	139695.05	1877.08	144878.92	76557.98
港、澳、台商投资企业	**1308093.17**	**365953.24**	**288083.89**	**5033.91**
与港澳台商合资经营企业	44404.93	3768.86	10045.75	867.29
与港澳台商合作经营企业	76716.50		6615.00	
港澳台商独资经营企业	1184077.43	340275.48	271318.40	4143.58
港澳台商投资股份有限公司	272.11	21908.90	68.12	23.04
其他港澳台投资企业	2622.19		36.62	
外商投资企业	**350213.13**	**118449.15**	**9249.26**	**816.03**
中外合资经营企业	101085.03	706.92	1657.06	
中外合作经营企业	32258.50			
外资企业	199292.77	96478.49	7592.20	689.25
外商投资股份有限公司	7342.23	21263.74		
其他外商投资企业	10234.61			126.78

湛江市	茂名市	肇庆市	清远市	潮州市	揭阳市	云浮市
10625409.01	**16180451.84**	**4431339.95**	**1783443.03**	**2362112.38**	**6650830.94**	**2236872.26**
10622790.29	**16134199.35**	**3813075.56**	**1782343.96**	**2291903.42**	**6596415.79**	**2229381.55**
698898.30	6675877.92	99934.19	57693.44	344392.15	954856.64	62030.70
140708.89	191292.33	40363.50	16305.06	55456.21	85623.74	6663.41
22468.79	90030.49	6872.34	2663.17	3791.62	13471.66	44.09
116267.89	35087.88	5878.14	3624.37	2253.36	15417.95	962.47
89.87	5658.08		405.00		6788.40	
80030.38	6008.17	1664.91	97.66		7064.80	597.97
507.86	1435.74	16.10	867.90			
35639.78	21985.89	4197.13	2253.81	2253.36	1564.75	364.51
4749498.18	5696488.77	2981667.30	692569.57	915286.54	4147700.62	1259100.63
328868.18	59298.89	5120.82	20076.80	0.00	27.89	72028.80
4420630.00	5637189.88	2976546.48	672492.77	915286.54	4147672.73	1187071.83
199236.22	211693.42	36568.81	560183.13	102413.35	410933.13	791502.09
4497260.96	1439367.65	573975.64	432219.43	847642.21	837110.19	83472.99
210314.88	617892.29	50597.99	20781.25	81978.48	144238.69	41459.45
15415.20	80844.76	8501.53	10954.81	6360.38	9313.39	
4257567.69	587230.70	506251.53	395609.67	752413.69	651529.12	41822.03
13963.20	153399.91	8624.59	4873.70	6889.65	32029.00	191.51
198451.06	1794360.90	67815.64	17085.81	20667.98	131301.86	25605.17
659.89	**32117.74**	**616485.84**	**1099.08**	**3193.85**	**53823.80**	**1478.10**
566.04	126.88	3902.68				
	420.00		214.07			
93.85	19207.38	611907.17	885.01	3109.32	53722.70	1478.10
	9137.43				101.10	
	3226.05	676.00		84.53		
1958.84	**14134.76**	**1778.55**		**67015.11**	**591.35**	**6012.61**
	10723.09	1551.01		802.68		120.01
						5892.60
1708.84		227.55		66212.43	121.35	
250.00	3411.67				470.00	

1-16 分地区批发业法人企业财务状况

	全省合计	广州市	深圳市	珠海市
总计	**307165161.21**	**99123921.10**	**100569255.00**	**21022287.15**
内资企业	**269209018.43**	**88239921.92**	**80460142.68**	**18405331.14**
国有企业	17694372.98	9501436.62	1243223.68	3976821.36
集体企业	1529441.38	324345.09	9401.82	51463.63
股份合作企业	439471.33	126214.72	72621.08	10961.99
联营企业	724368.02	87325.88	266423.65	102079.28
国有联营企业	57631.19	4906.89	4464.49	26780.26
集体联营企业	51428.71	348.03	10893.08	7363.06
国有与集体联营企业	42201.50	4630.40	460.74	29797.65
其他联营企业	573106.62	77440.56	250605.35	38138.31
有限责任公司	108563423.26	41337216.50	17979361.59	11032065.35
国有独资公司	6894025.67	3929383.61	2180563.13	130323.11
其他有限责任公司	101669397.60	37407832.89	15798798.46	10901742.24
股份有限公司	20439377.02	4958757.80	10879835.29	451704.69
私营企业	112295904.13	31612847.59	46916566.74	2460583.79
私营独资企业	3941298.31	723110.43	1058934.87	34936.99
私营合伙企业	1096815.91	98796.76	565484.15	36238.51
私营有限责任公司	105296897.55	29987233.31	44704865.12	2352557.53
私营股份有限公司	1960892.36	803707.10	587282.60	36850.77
其他企业	7522660.31	291777.73	3092708.84	319651.06
港、澳、台商投资企业	**18949895.27**	**5177282.33**	**9591206.19**	**1290606.54**
与港澳台商合资经营企业	2187927.63	931744.04	737873.10	58195.62
与港澳台商合作经营企业	173258.29	114363.85	13309.82	25868.16
港澳台商独资经营企业	15962421.59	3663459.86	8803553.30	1203993.20
港澳台商投资股份有限公司	114391.89	73257.62	11999.10	2549.56
其他港澳台投资企业	511895.88	394456.96	24470.87	
外商投资企业	**19006247.51**	**5706716.85**	**10517906.13**	**1326349.48**
中外合资经营企业	4233824.91	2126115.60	1156346.78	321156.32
中外合作经营企业	108987.50	44513.37	14506.37	7365.74
外资企业	9408202.85	3037795.77	4681258.02	996643.46
外商投资股份有限公司	554390.05	426806.75	54092.13	208.62
其他外商投资企业	4700842.20	71485.36	4611702.84	975.34

（按登记注册类型分）（资产总计）

单位：万元

汕头市	佛山市	韶关市	河源市	梅州市	惠州市	汕尾市
4690981.18	**27061384.30**	**1723827.55**	**418351.29**	**766504.65**	**4613061.41**	**234664.35**
4318193.68	**26350920.97**	**1650220.71**	**404717.91**	**698261.64**	**3834626.36**	**221099.70**
195761.93	580285.71	45795.33	16988.79	102979.69	207620.78	51458.80
56223.27	110475.20	76682.64	42958.86	8954.03	27351.99	1375.23
18918.42	20925.07	2265.85	3162.56	4053.24	6217.25	108.00
21548.60	52507.44	5400.24	235.50	165.50	4634.64	57.00
12601.72					10.48	
200.33	3355.31	4119.78	112.00	25.50	818.62	7.00
486.52						
8260.03	49152.13	1280.47	123.50	140.00	3805.54	50.00
2111605.87	11991325.12	964101.91	142708.93	286584.87	1025514.77	71708.17
60251.57	37905.97	27143.40	3367.91	3731.17	113490.30	1997.99
2051354.31	11953419.15	936958.51	139341.02	282853.70	912024.47	69710.18
516114.60	1168181.58	112719.86	12196.06	16801.80	183659.23	1316.99
1350647.15	12075411.17	261367.56	85693.80	236936.90	1619665.27	77615.22
64379.17	299404.26	20231.58	22075.67	47092.57	213828.74	13956.90
5775.60	59051.41	16089.93	2492.15	9680.99	12624.54	4317.71
1220024.70	11612835.28	201605.38	53831.00	153609.52	1373331.27	59052.70
60467.68	104120.22	23440.67	7294.97	26553.82	19880.72	287.90
47373.84	351809.69	181887.33	100773.42	41785.62	759962.44	17460.29
327810.37	**264893.97**	**72900.62**	**5504.74**	**61343.91**	**323939.27**	**13556.65**
65196.42	89714.38	68528.61		1351.29	160243.00	6365.21
1657.10	100.00				1574.66	5392.90
260811.50	90557.79	3470.14	4184.14	59722.62	157787.73	1798.53
145.36	50.00		1320.60		3761.43	
	84471.79	901.87		270.00	572.45	
44977.13	**445569.36**	**706.22**	**8128.64**	**6899.11**	**454495.78**	**8.00**
9178.03	153724.00			14.02	414161.60	
	21417.60				1729.42	
35776.10	215849.41	90.62	8128.64	2090.69	37372.00	
	53038.17	615.60		4744.40	111.62	
23.00	1540.18			50.00	1121.15	8.00

1-16 续表

	东莞市	中山市	江门市	阳江市
总计	**14818635.87**	**5346053.44**	**4463611.78**	**838757.49**
内资企业	**14010944.98**	**4753769.60**	**4131031.84**	**819622.72**
国有企业	231195.39	8372.20	161365.97	26719.27
集体企业	70041.05	162469.96	79953.04	49018.23
股份合作企业	4352.03		9935.93	447.70
联营企业	2749.97	381.80	13544.62	6491.77
国有联营企业	416.38		61.99	110.00
集体联营企业	198.45		661.78	2022.28
国有与集体联营企业	838.85		2585.52	702.00
其他联营企业	1296.29	381.80	10235.33	3657.49
有限责任公司	6829362.64	3274402.14	1783633.20	328918.69
国有独资公司	2153.02	223287.50	48022.67	10682.16
其他有限责任公司	6827209.63	3051114.64	1735610.53	318236.53
股份有限公司	146387.91	5700.80	203677.90	3862.20
私营企业	6656078.59	1299821.38	1747465.36	334053.14
私营独资企业	156037.04	167952.05	110357.05	48666.72
私营合伙企业	133485.79	17998.66	66372.50	1399.61
私营有限责任公司	6246301.72	1048750.08	1538996.31	280419.32
私营股份有限公司	120254.05	65120.58	31739.51	3567.49
其他企业	70777.40	2621.32	131455.81	70111.73
港、澳、台商投资企业	**478493.33**	**539230.59**	**328748.43**	**17905.26**
与港澳台商合资经营企业	27548.25	5390.84	10723.82	500.00
与港澳台商合作经营企业	10027.10		624.70	
港澳台商独资经营企业	439165.98	515220.85	317212.20	16851.38
港澳台商投资股份有限公司	544.40	18618.90	158.33	553.88
其他港澳台投资企业	1207.60		29.39	
外商投资企业	**329197.56**	**53053.26**	**3831.52**	**1229.51**
中外合资经营企业	45452.93	4394.39	882.45	
中外合作经营企业	19119.80			
外资企业	255945.66	37623.51	2949.07	595.60
外商投资股份有限公司	2892.42	11035.36		
其他外商投资企业	5786.75			633.91

湛江市	茂名市	肇庆市	清远市	潮州市	揭阳市	云浮市
6838498.59	**5589320.03**	**2403444.57**	**2044632.26**	**822238.15**	**2267411.27**	**1508319.77**
6817741.50	**5543303.78**	**2034662.11**	**2037149.89**	**786113.43**	**2185146.92**	**1506094.97**
247545.07	461037.16	135613.16	112665.75	94184.99	239070.91	54230.45
75022.25	292753.85	18882.71	16314.78	24355.89	19066.50	12331.39
34183.82	111080.55	3415.26	4555.87	596.72	5435.27	20.00
102419.40	27786.39	11209.00	9241.88	1769.08	6173.95	2222.42
122.00	1777.09		4075.00		2304.90	
14808.41	3376.49	595.33	117.14		256.60	2149.51
959.64	567.43	10.00	1162.75			
86529.36	22065.38	10603.67	3886.99	1769.08	3612.45	72.90
2748384.14	2167976.05	1369852.64	835799.03	225973.69	1439012.15	617915.81
51821.76	11622.19	13221.63	28072.99		43.09	16940.50
2696562.39	2156353.86	1356631.01	807726.04	225973.69	1438969.06	600975.31
167951.76	104079.36	35265.21	613695.80	29978.38	83490.72	743999.11
2996335.56	1016657.85	386625.12	418955.03	403927.10	293458.60	45191.23
201492.65	575437.65	58258.97	23712.01	27916.29	50081.06	23435.66
10561.83	34938.86	5555.94	10921.61	1553.31	3476.05	
2777385.31	363093.04	318801.78	380497.63	372068.90	230070.09	21567.55
6895.76	43188.30	4008.43	3823.77	2388.61	9831.40	188.02
445899.51	1361932.57	73799.01	25921.75	5327.57	99438.82	30184.56
15628.14	**40710.04**	**308577.11**	**7482.37**	**3516.28**	**78669.53**	**1889.60**
15017.94	1169.82	8365.30				
	320.00		20.00			
610.20	32722.45	299935.01	7462.37	3361.89	78650.83	1889.60
	1414.03				18.70	
	5083.75	276.80		154.39		
5128.95	**5306.21**	**60205.35**		**32608.44**	**3594.81**	**335.20**
	1749.07	521.68		128.03		
						335.20
3920.23		59683.67		32480.40		
845.00						
363.72	3557.13				3594.81	

1-17 分地区零售业法人企业基本情况

地 区	法人单位数（个）	年末从业人数（人）	年末零售营业面积（万平方米）
全省合计	**100616**	**1286006**	**3433.95**
广州市	17490	284236	801.51
深圳市	23059	332149	725.77
珠海市	3655	37369	75.18
汕头市	3584	32336	80.02
佛山市	9872	100392	158.55
韶关市	1169	14672	58.44
河源市	1469	15066	82.78
梅州市	1533	19833	62.00
惠州市	3598	41519	135.35
汕尾市	554	9599	28.30
东莞市	10257	122710	386.80
中山市	6275	54214	232.46
江门市	2940	32321	163.17
阳江市	1527	18439	49.59
湛江市	3489	38914	77.20
茂名市	3190	44535	88.43
肇庆市	1389	20657	66.12
清远市	1160	11336	50.27
潮州市	1030	12357	24.50
揭阳市	1563	24648	36.69
云浮市	1813	18704	50.81

1-18　分地区零售业法人企业财务状况

单位：万元

地　区	营业收入	其中：主营业务收入	资产总计
全省合计	**108117384.09**	**106147580.51**	**65662902.78**
广州市	32392400.94	31830291.70	17359046.54
深圳市	24283524.92	23605957.08	17026010.42
珠海市	2859995.50	2823372.31	2471304.84
汕头市	2334886.87	2316741.33	1177698.72
佛山市	9286755.35	9200618.58	5703508.70
韶关市	679109.90	673691.24	459050.51
河源市	965315.22	951804.73	685176.25
梅州市	1114962.68	1097469.41	652753.03
惠州市	3293466.49	3209376.87	2001617.10
汕尾市	396623.89	387784.10	226684.09
东莞市	9803666.83	9602251.08	6798597.80
中山市	3729752.49	3674113.55	1855169.87
江门市	2763205.63	2722089.51	1439205.39
阳江市	1015503.29	1007187.42	541401.99
湛江市	2275625.05	2226927.81	1702823.76
茂名市	2832547.87	2802431.21	1633818.18
肇庆市	2880377.41	2851178.11	1510487.87
清远市	677699.26	664520.46	447134.64
潮州市	698163.55	691310.33	259212.11
揭阳市	2849112.72	2835083.27	926331.45
云浮市	984688.24	973380.42	785869.52

1-19 分地区零售业法人企业基本情况

	全省合计	广州市	深圳市	珠海市	汕头市	佛山市	韶关市	河源市
总计	**100616**	**17490**	**23059**	**3655**	**3584**	**9872**	**1169**	**1469**
综合零售	**5923**	**985**	**811**	**185**	**324**	**353**	**98**	**157**
百货零售	3289	644	467	125	174	179	48	77
超级市场零售	839	117	115	27	27	76	20	14
其他综合零售	1795	224	229	33	123	98	30	66
食品、饮料及烟草制品专门零售	**7822**	**1605**	**1203**	**366**	**413**	**603**	**138**	**289**
粮油零售	609	82	53	20	52	35	13	15
糕点、面包零售	512	146	77	9	27	53	2	3
果品、蔬菜零售	559	80	61	17	13	16	25	104
肉、禽、蛋、奶及水产品零售	872	129	89	35	37	40	14	75
营养和保健品零售	430	92	118	22	23	28	2	2
酒、饮料及茶叶零售	2710	641	523	170	145	256	40	49
烟草制品零售	293	75	50	7	10	24	5	5
其他食品零售	1837	360	232	86	106	151	37	36
纺织、服装及日用品专门零售	**11484**	**2878**	**3161**	**334**	**587**	**919**	**44**	**60**
纺织品及针织品零售	1435	260	211	23	95	320	10	12
服装零售	4211	1246	1223	100	225	197	8	14
鞋帽零售	517	140	117	8	34	16	2	1
化妆品及卫生用品零售	1263	407	396	78	51	61	3	9
钟表、眼镜零售	637	153	245	23	32	23	3	2
箱、包零售	415	152	142	4	9	10		
厨房用具及日用杂品零售	709	110	164	29	44	94	7	4
自行车零售	177	39	60	5	4	12	1	
其他日用品零售	2120	371	603	64	93	186	10	18
文化、体育用品及器材专门零售	**6289**	**1668**	**1825**	**218**	**235**	**455**	**59**	**56**
文具用品零售	1398	366	337	57	67	98	34	19
体育用品及器材零售	619	147	190	31	15	46	1	7
图书、报刊零售	576	227	61	25	20	28	13	8
音像制品及电子出版物零售	119	32	33	3	2	5	1	1
珠宝首饰零售	1413	314	471	49	47	140	2	8
工艺美术品及收藏品零售	1104	280	410	26	41	79	3	7
乐器零售	245	84	83	3	6	14	1	3

（按国民经济行业分）（法人单位数）

单位：个

梅州市	惠州市	汕尾市	东莞市	中山市	江门市	阳江市	湛江市	茂名市	肇庆市	清远市	潮州市	揭阳市	云浮市
1533	**3598**	**554**	**10257**	**6275**	**2940**	**1527**	**3489**	**3190**	**1389**	**1160**	**1030**	**1563**	**1813**
174	**308**	**93**	**462**	**391**	**204**	**154**	**330**	**295**	**108**	**72**	**147**	**162**	**110**
85	206	54	238	241	78	72	172	178	44	37	39	107	24
22	24	14	89	64	23	33	74	32	17	15	13	11	12
67	78	25	135	86	103	49	84	85	47	20	95	44	74
148	**399**	**75**	**524**	**343**	**179**	**143**	**397**	**295**	**112**	**121**	**125**	**154**	**190**
9	37	24	36	23	8	11	37	43	21	14	16	21	39
2	16	2	24	22	19	10	22	24	17	14	10	9	4
11	49	1	28	12	11	8	28	24	13	25	6	11	16
9	39	24	37	20	26	35	99	57	19	11	4	58	15
7	12		31	16	5	9	14	32	2	4	4	5	2
67	151	13	178	112	34	33	73	55	20	33	53	30	34
9	14	3	16	5	7	5	14	9	3	5	7	9	11
34	81	8	174	133	69	32	110	51	17	15	25	11	69
85	**318**	**27**	**1313**	**511**	**166**	**99**	**267**	**239**	**71**	**34**	**84**	**184**	**103**
7	24	5	232	82	38	7	23	22	9	3	15	26	11
25	105	10	499	162	41	32	83	95	13	10	29	68	26
1	34	3	78	26	8	3	17	15			4	6	4
7	31	1	97	36	10	8	26	11	6	6	1	14	4
5	15	2	35	29	5	10	14	18	3	0	4	8	8
1	11		51	11	2	3	4	2	2	3		6	2
9	27	1	58	44	14	14	27	16	7	5	7	13	15
1			16	15	1		7	5	1		3	3	4
29	71	5	247	106	47	22	66	55	30	7	21	40	29
67	**230**	**27**	**380**	**247**	**100**	**152**	**138**	**106**	**99**	**52**	**52**	**59**	**64**
17	52	6	100	82	16	22	36	21	13	16	17	8	14
6	28	1	63	26	12	10	14	12	2	2	2	3	1
6	27	5	17	13	9	15	28	20	16	6	10	12	10
5	5	1	4	4	6	4	2	6		1	1	3	
11	41	9	60	49	29	20	28	32	45	10	9	24	15
15	37	3	75	28	13	11	11	5	21	6	11	4	18
2	12		18	7	2	1	4			2	1	1	1

1–19　续表

	全省合计	广州市	深圳市	珠海市	汕头市	佛山市	韶关市	河源市
照相器材零售	197	67	74	7	6	8	1	1
其他文化用品零售	618	151	166	17	31	37	3	2
医药及医疗器材专门零售	**9892**	**1053**	**1045**	**250**	**298**	**564**	**79**	**81**
药品零售	8626	612	847	187	255	493	66	57
医疗用品及器材零售	1266	441	198	63	43	71	13	24
汽车、摩托车、燃料及零配件专门零售	**10839**	**2280**	**1562**	**309**	**399**	**749**	**261**	**187**
汽车零售	4170	560	782	155	153	299	118	103
汽车零配件零售	3044	1394	532	85	83	185	29	27
摩托车及零配件零售	764	62	13	9	36	63	23	8
机动车燃料零售	2861	264	235	60	127	202	91	49
家用电器及电子产品专门零售	**19908**	**3401**	**7568**	**838**	**508**	**1265**	**224**	**221**
家用视听设备零售	1062	317	217	36	13	110	17	8
日用家电设备零售	3662	523	643	101	145	543	66	60
计算机、软件及辅助设备零售	4243	1057	860	367	162	185	110	84
通信设备零售	1786	307	561	77	65	118	16	27
其他电子产品零售	9155	1197	5287	257	123	309	15	42
五金、家具及室内装饰材料专门零售	**17576**	**2390**	**3127**	**720**	**530**	**3457**	**145**	**240**
五金零售	7002	1105	1365	308	231	888	54	72
灯具零售	1159	121	277	49	25	63	3	10
家具零售	2981	339	474	126	65	874	24	27
涂料零售	760	100	104	16	13	271	5	2
卫生洁具零售	431	48	50	8	13	201	2	5
木质装饰材料零售	595	68	118	24	20	72	8	3
陶瓷、石材装饰材料零售	1606	110	167	46	42	507	11	26
其他室内装饰材料零售	3042	499	572	143	121	581	38	95
货摊、无店铺及其他零售业	**10883**	**1230**	**2757**	**435**	**290**	**1507**	**121**	**178**
货摊食品零售	35	8	4	3		1	1	1
货摊纺织、服装及鞋零售	76	8	25		4	8	1	1
货摊日用品零售	36	3	7	2	3	3		
互联网零售	1652	126	1282	16	28	72	1	1
邮购及电视、电话零售	35	9	16	1	1	1		1
旧货零售	85	10	5	3		5		3
生活用燃料零售	833	74	35	13	41	74	46	32
其他未列明零售业	8131	992	1383	397	213	1343	72	139

梅州市	惠州市	汕尾市	东莞市	中山市	江门市	阳江市	湛江市	茂名市	肇庆市	清远市	潮州市	揭阳市	云浮市
1	5		8	4	2	5	2	3					3
4	23	2	35	34	11	64	13	7	2	9	1	4	2
165	**239**	**38**	**489**	**2051**	**720**	**236**	**611**	**1026**	**229**	**138**	**98**	**113**	**369**
146	195	35	444	1968	679	218	566	982	204	127	91	90	364
19	44	3	45	83	41	18	45	44	25	11	7	23	5
373	**467**	**94**	**987**	**457**	**417**	**234**	**485**	**370**	**300**	**258**	**191**	**268**	**191**
132	273	24	450	178	171	101	121	126	109	121	78	82	34
35	74	5	206	120	42	32	74	45	16	17	10	18	15
34	12	3	3	85	63	23	62	86	54	19	24	25	57
172	108	62	328	74	141	78	228	113	121	101	79	143	85
209	**844**	**72**	**1797**	**698**	**336**	**175**	**532**	**396**	**152**	**184**	**112**	**230**	**146**
6	63	7	52	39	8	20	34	61	7	10	9	11	17
59	239	34	306	224	104	39	153	127	50	56	36	94	60
75	157	15	354	158	91	68	158	112	45	68	28	63	26
27	63	11	125	58	24	26	110	48	14	19	28	33	29
42	322	5	960	219	109	22	77	48	36	31	11	29	14
150	**599**	**81**	**2033**	**1423**	**505**	**227**	**518**	**275**	**178**	**139**	**145**	**256**	**438**
41	240	32	1115	422	262	118	265	89	87	60	42	110	96
5	47	6	96	383	26	6	13	6	9	7	3	3	1
36	82	12	217	284	50	28	76	77	13	18	38	45	76
2	19	1	84	49	38	4	20	8	4	3	4	8	5
2	5	1	27	22	11	5	8	7	3	3	6	3	1
4	17	7	118	53	9	18	17	10	4	1	5	16	3
21	72	11	87	50	34	14	55	37	24	18	29	17	228
39	117	11	289	160	75	34	64	41	34	29	18	54	28
162	**194**	**47**	**2272**	**154**	**313**	**107**	**211**	**188**	**140**	**162**	**76**	**137**	**202**
	2	1	5		1		2	1	1			2	2
2	1		19	3	2	1	1						
1			7	2		2	1		1	1		3	
	9		45	37	13	7	2	1	3	1		8	
	1		3								1		1
19	1	3	5	3	4		2	2	1	1	10	5	3
33	32	11	105	25	45	20	51	45	32	44	21	36	18
107	148	32	2083	84	248	77	152	139	102	115	44	83	178

1-20 分地区零售业法人企业基本情况

	全省合计	广州市	深圳市	珠海市	汕头市	佛山市	韶关市	河源市
总计	**1286006**	**284236**	**332149**	**37369**	**32336**	**100392**	**14672**	**15066**
综合零售	**250757**	**51333**	**63401**	**6561**	**4691**	**22713**	**3083**	**2503**
百货零售	122043	21244	35848	4471	2171	7764	487	1307
超级市场零售	103294	24889	23243	1747	1085	12903	2287	888
其他综合零售	25420	5200	4310	343	1435	2046	309	308
食品、饮料及烟草制品专门零售	**74409**	**16720**	**11613**	**2444**	**2876**	**3823**	**1653**	**2916**
粮油零售	5840	1306	398	77	362	249	115	119
糕点、面包零售	7341	2835	1127	104	205	372	11	112
果品、蔬菜零售	6676	700	1466	105	88	172	307	967
肉、禽、蛋、奶及水产品零售	13135	1874	889	302	378	386	317	864
营养和保健品零售	4273	1340	1067	428	136	242	9	10
酒、饮料及茶叶零售	17660	4406	3655	764	869	1427	358	333
烟草制品零售	4196	751	951	51	71	179	27	168
其他食品零售	15288	3508	2060	613	767	796	509	343
纺织、服装及日用品专门零售	**154735**	**46145**	**64686**	**1715**	**4417**	**6011**	**293**	**522**
纺织品及针织品零售	11695	2277	2119	96	624	1854	63	198
服装零售	70091	25901	28878	654	2028	1553	22	96
鞋帽零售	22456	3803	14820	27	226	130	7	1
化妆品及卫生用品零售	11882	5699	3604	250	386	319	25	31
钟表、眼镜零售	10007	2087	6155	202	254	278	10	10
箱、包零售	5693	1717	2637	30	61	50		
厨房用具及日用杂品零售	5688	864	1908	169	241	500	25	30
自行车零售	1414	228	696	41	14	37	2	
其他日用品零售	15809	3569	3869	246	583	1290	139	156
文化、体育用品及器材专门零售	**68934**	**18649**	**24685**	**1791**	**1776**	**3503**	**528**	**480**
文具用品零售	8826	2721	1977	223	394	512	236	117
体育用品及器材零售	7413	3781	1731	182	94	335	1	40
图书、报刊零售	19124	3437	9323	613	371	836	210	67
音像制品及电子出版物零售	1105	347	218	14	51	18	5	8
珠宝首饰零售	17643	3624	6955	389	345	1131	11	193
工艺美术品及收藏品零售	7162	2180	2180	263	263	357	48	34
乐器零售	1566	564	620	10	28	105	2	7

（按国民经济行业分）（年末从业人数）

单位：人

梅州市	惠州市	汕尾市	东莞市	中山市	江门市	阳江市	湛江市	茂名市	肇庆市	清远市	潮州市	揭阳市	云浮市
19833	**41519**	**9599**	**122710**	**54214**	**32321**	**18439**	**38914**	**44535**	**20657**	**11336**	**12357**	**24648**	**18704**
5890	**8501**	**3769**	**20376**	**14438**	**8959**	**4616**	**8537**	**8798**	**2940**	**1881**	**2344**	**3401**	**2022**
1062	6518	1119	8168	9525	6031	3192	3114	4638	1072	1355	712	1887	358
4128	1395	1851	10920	4093	2179	602	3752	3264	1202	392	759	788	927
700	588	799	1288	820	749	822	1671	896	666	134	873	726	737
1748	**3858**	**1262**	**4461**	**1833**	**957**	**1360**	**3746**	**4948**	**1183**	**795**	**1651**	**2504**	**2058**
43	209	92	185	101	47	188	259	941	264	127	132	300	326
3	327	13	261	128	175	56	356	489	219	78	139	257	74
89	709	12	418	89	49	54	229	578	157	87	42	119	239
104	1034	902	293	138	157	606	1242	1555	151	152	110	1277	404
32	65		234	59	16	74	116	203	7	69	43	96	27
796	826	59	1033	499	116	165	373	470	141	151	673	254	292
190	276	106	126	24	69	12	471	195	86	16	187	84	156
491	412	78	1911	795	328	205	700	517	158	115	325	117	540
699	**3771**	**509**	**10583**	**3514**	**890**	**894**	**2036**	**2558**	**545**	**227**	**930**	**2330**	**1460**
77	306	198	1586	550	247	63	396	241	139	8	254	318	81
258	1325	181	4154	1108	200	252	536	1154	107	65	255	844	520
55	915	20	1483	445	82	15	110	186			39	46	46
38	150	12	484	218	35	76	112	125	33	32	21	190	42
27	70	8	297	126	25	92	54	170	16		27	57	42
3	446		309	137	7	23	20	13	16	34		169	21
67	174	7	347	228	46	133	167	83	43	16	124	136	380
4			118	56	2		32	48	12		23	42	59
170	385	83	1805	646	246	240	609	538	179	72	187	528	269
501	**1640**	**384**	**2906**	**1746**	**846**	**1421**	**1249**	**1645**	**2573**	**364**	**669**	**960**	**618**
95	219	139	601	393	64	167	130	224	188	59	141	80	146
23	122	2	482	232	48	65	62	161	14	4	11	17	6
145	636	149	296	184	332	272	575	616	242	79	301	350	90
52	16	6	38	13	20	60	16	11		3	11	198	
62	233	63	446	526	280	183	279	335	1871	143	107	251	216
90	147	16	703	103	33	96	85	70	237	29	83	41	104
10	43		80	43	3	4	21			7	5	2	12

1–20 续表

	全省合计	广州市	深圳市	珠海市	汕头市	佛山市	韶关市	河源市
照相器材零售	1735	526	711	47	23	28	3	10
其他文化用品零售	4360	1469	970	50	207	181	12	4
医药及医疗器材专门零售	**91548**	**18188**	**14310**	**3423**	**3079**	**4349**	**2001**	**1068**
药品零售	79380	13572	11955	2501	2655	3738	1907	913
医疗用品及器材零售	12168	4616	2355	922	424	611	94	155
汽车、摩托车、燃料及零配件专门零售	**235630**	**54470**	**39053**	**8462**	**5869**	**20865**	**2926**	**3128**
汽车零售	151606	34931	29321	6566	3585	16695	1986	1689
汽车零配件零售	23014	9587	4801	449	549	1130	233	178
摩托车及零配件零售	7057	573	59	45	248	542	148	71
机动车燃料零售	53953	9379	4872	1402	1487	2498	559	1190
家用电器及电子产品专门零售	**198531**	**45495**	**69078**	**6384**	**3967**	**10870**	**2234**	**1942**
家用视听设备零售	13072	4840	1923	708	106	812	170	187
日用家电设备零售	51548	11444	11998	1317	1274	5521	857	682
计算机、软件及辅助设备零售	35334	10785	7569	2103	1041	1305	896	674
通信设备零售	31512	7001	8669	989	586	1699	257	214
其他电子产品零售	67065	11425	38919	1267	960	1533	54	185
五金、家具及室内装饰材料专门零售	**122377**	**19842**	**23559**	**3736**	**3637**	**19774**	**803**	**1462**
五金零售	45343	8014	9392	1359	1602	4663	256	465
灯具零售	7083	819	1808	224	219	330	7	49
家具零售	25070	4002	5393	619	490	4619	199	219
涂料零售	4471	945	787	83	75	1155	29	5
卫生洁具零售	3143	954	302	35	83	967	4	24
木质装饰材料零售	3669	496	681	130	124	465	52	9
陶瓷、石材装饰材料零售	13166	1021	1275	421	286	4178	68	195
其他室内装饰材料零售	20432	3591	3921	865	758	3397	188	496
货摊、无店铺及其他零售业	**89085**	**13394**	**21764**	**2853**	**2024**	**8484**	**1151**	**1045**
货摊食品零售	266	63	26	8		2	3	11
货摊纺织、服装及鞋零售	784	73	413		15	27	65	4
货摊日用品零售	382	12	35	5	33	5		
互联网零售	13381	3877	7924	51	126	460	14	5
邮购及电视、电话零售	702	111	503	1	2	3		3
旧货零售	524	77	54	17		22		7
生活用燃料零售	15661	861	487	340	445	2091	540	414
其他未列明零售业	57385	8320	12322	2431	1403	5874	529	601

梅州市	惠州市	汕尾市	东莞市	中山市	江门市	阳江市	湛江市	茂名市	肇庆市	清远市	潮州市	揭阳市	云浮市
4	103		26	16	23	35	4	150					26
20	121	9	234	236	43	539	77	78	21	40	10	21	18
1543	**1714**	**403**	**5689**	**7652**	**3801**	**1783**	**5518**	**8821**	**2716**	**1169**	**944**	**1504**	**1873**
1315	1473	388	5371	7157	3632	1685	5224	8413	2470	1095	890	1198	1828
228	241	15	318	495	169	98	294	408	246	74	54	306	45
4769	**10190**	**1522**	**27338**	**10496**	**8705**	**3560**	**7575**	**7153**	**5800**	**3446**	**2558**	**4884**	**2861**
1874	6235	387	18807	7313	4841	1661	3678	3219	2517	2500	1284	1871	646
569	572	94	1965	582	226	215	406	563	135	132	51	330	247
308	208	36	19	430	693	157	639	1128	562	159	171	197	664
2018	3175	1005	6547	2171	2945	1527	2852	2243	2586	655	1052	2486	1304
2018	**5963**	**706**	**20845**	**5562**	**3290**	**1638**	**4406**	**4580**	**1721**	**1572**	**1221**	**3260**	**1779**
37	343	98	529	970	33	270	384	893	88	166	161	148	206
834	2113	242	4732	1336	1573	479	1689	1649	880	694	371	978	885
604	987	126	2442	996	715	499	930	1083	365	407	371	1106	330
204	713	211	6676	975	261	233	876	566	110	145	207	648	272
339	1807	29	6466	1285	708	157	527	389	278	160	111	380	86
1194	**4030**	**659**	**13835**	**7385**	**2130**	**1901**	**3777**	**3593**	**1706**	**633**	**1349**	**3607**	**3765**
320	1431	302	6778	2358	1161	924	1687	1121	715	221	315	1537	722
12	275	37	757	2107	76	46	109	43	95	35	19	13	3
342	964	124	1953	1422	255	324	612	1292	291	166	427	648	709
4	126	5	548	193	149	12	94	74	11	12	30	91	43
13	61		144	212	73	44	47	70	13	15	23	49	10
16	89	25	691	232	21	71	164	91	42	5	69	173	23
155	382	99	976	193	80	133	600	489	211	76	218	200	1910
332	702	67	1988	668	315	347	464	413	328	103	248	896	345
1471	**1852**	**385**	**16677**	**1588**	**2743**	**1266**	**2070**	**2439**	**1473**	**1249**	**691**	**2198**	**2268**
	19	8	29		2		18	5	3			53	16
57	5		99	8	14	1	3						
3			78	15		59	60		8	7		62	
	258		249	150	69	125	6	3	23	11		30	
	17		44								15		3
50	31	6	14	7	23		62	14	2	5	62	58	13
421	527	130	2571	576	1475	420	808	872	484	686	190	820	503
940	995	241	13593	832	1160	661	1113	1545	953	540	424	1175	1733

1-21 分地区零售业法人企业基本情况

	全省合计	广州市	深圳市	珠海市	汕头市	佛山市	韶关市	河源市
总计	**3433.95**	**801.51**	**725.77**	**75.18**	**80.02**	**158.55**	**58.44**	**82.78**
综合零售	**1135.32**	**283.07**	**373.15**	**30.76**	**14.14**	**45.16**	**19.04**	**10.73**
百货零售	644.14	149.52	230.20	22.46	6.56	20.92	3.65	2.63
超级市场零售	435.46	121.03	128.83	4.73	5.98	22.93	13.84	7.95
其他综合零售	55.72	12.52	14.12	3.56	1.61	1.31	1.55	0.15
食品、饮料及烟草制品专门零售	**106.99**	**24.13**	**9.92**	**4.08**	**4.98**	**3.74**	**2.50**	**6.51**
粮油零售	11.85	4.70	0.39	0.13	0.60	0.20	0.33	0.16
糕点、面包零售	7.08	1.53	0.62	0.02	0.26	0.49	0.01	0.03
果品、蔬菜零售	13.31	0.66	0.56	0.03	0.12	0.09	0.36	4.24
肉、禽、蛋、奶及水产品零售	19.03	2.38	0.74	0.59	0.64	0.46	0.61	0.54
营养和保健品零售	4.89	1.09	0.92	1.02	0.24	0.22		
酒、饮料及茶叶零售	24.31	7.38	3.51	1.53	1.86	1.10	0.70	0.42
烟草制品零售	4.16	0.95	1.06	0.15	0.10	0.11	0.02	0.07
其他食品零售	22.37	5.43	2.12	0.59	1.16	1.06	0.47	1.06
纺织、服装及日用品专门零售	**195.86**	**62.09**	**64.57**	**1.67**	**7.12**	**7.97**	**0.16**	**1.33**
纺织品及针织品零售	13.70	2.90	1.68	0.08	1.19	1.72	0.01	0.27
服装零售	95.90	34.33	38.99	0.90	2.77	1.19	0.05	0.16
鞋帽零售	15.37	4.59	6.81	0.01	0.24	0.20		
化妆品及卫生用品零售	16.81	10.81	2.96	0.10	0.46	0.44	0.02	0.02
钟表、眼镜零售	6.09	2.00	2.19	0.19	0.38	0.13		
箱、包零售	3.86	1.30	1.07	0.01	0.46	0.03		
厨房用具及日用杂品零售	8.10	1.42	2.97	0.04	0.52	0.44	0.03	0.05
自行车零售	4.40	0.40	3.44	0.01	0.03	0.08		
其他日用品零售	31.62	4.33	4.49	0.33	1.08	3.75	0.04	0.84
文化、体育用品及器材专门零售	**88.33**	**23.39**	**23.49**	**2.53**	**2.57**	**4.19**	**1.26**	**2.97**
文具用品零售	10.89	3.12	2.15	0.10	0.55	0.45	0.46	0.17
体育用品及器材零售	8.51	2.42	4.11	0.06	0.19	0.33		0.01
图书、报刊零售	32.97	6.77	6.39	2.10	0.30	2.33	0.74	2.54
音像制品及电子出版物零售	1.75	1.21	0.20	0.01	0.04	0.01		0.02
珠宝首饰零售	12.96	3.15	4.26	0.11	0.61	0.73	0.01	0.17
工艺美术品及收藏品零售	10.98	3.30	3.98	0.06	0.52	0.15	0.02	0.04
乐器零售	2.60	1.43	0.69		0.06	0.04		0.02

（按国民经济行业分）（年末零售营业面积）

单位：万平方米

梅州市	惠州市	汕尾市	东莞市	中山市	江门市	阳江市	湛江市	茂名市	肇庆市	清远市	潮州市	揭阳市	云浮市
62.00	**135.35**	**28.30**	**386.80**	**232.46**	**163.17**	**49.59**	**77.20**	**88.43**	**66.12**	**50.27**	**24.50**	**36.69**	**50.81**
5.06	**54.99**	**8.36**	**114.82**	**73.28**	**17.35**	**9.56**	**16.67**	**26.20**	**11.13**	**8.84**	**6.18**	**3.74**	**3.10**
0.88	43.93	2.15	59.92	51.75	9.81	6.36	6.87	10.67	4.08	7.09	2.83	1.38	0.48
3.59	10.06	5.93	49.74	19.66	5.54	1.68	6.81	14.44	5.74	1.45	1.71	1.92	1.89
0.59	0.99	0.28	5.15	1.87	2.00	1.52	3.00	1.08	1.31	0.29	1.65	0.44	0.73
0.76	**8.09**	**2.63**	**7.56**	**5.26**	**1.88**	**3.02**	**4.62**	**4.37**	**2.06**	**1.94**	**1.07**	**3.02**	**4.86**
0.02	0.85	0.07	0.17	0.65	0.16	0.31	0.44	0.61	0.44	0.19	0.19	0.35	0.88
	1.09		0.32	0.13	0.17	0.09	0.45	0.19	0.28	0.09	0.05	1.24	0.01
0.17	3.09	0.03	1.55	0.22	0.07	0.13	0.27	0.49	0.50	0.48	0.04	0.09	0.12
0.09	0.72	2.21	1.23	0.30	0.72	1.28	1.50	1.15	0.27	0.05	0.14	0.89	2.52
0.01	0.03		0.19	0.17	0.01	0.11	0.09	0.12	0.02	0.58	0.02	0.06	
0.37	1.05	0.25	1.20	1.57	0.30	0.48	0.65	0.68	0.11	0.31	0.34	0.16	0.35
	0.29	0.00	0.11	0.03	0.07	0.10	0.40	0.22	0.02	0.10	0.02	0.12	0.22
0.12	0.96	0.06	2.78	2.19	0.39	0.51	0.82	0.91	0.44	0.15	0.27	0.12	0.76
0.89	**3.81**	**0.77**	**15.69**	**13.48**	**2.18**	**2.16**	**2.95**	**2.74**	**1.36**	**0.59**	**0.45**	**2.61**	**1.27**
0.05	0.40	0.36	1.74	0.89	0.39	0.13	0.76	0.72	0.05	0.04	0.10	0.23	0.03
0.29	0.68	0.08	9.06	2.69	0.50	0.93	0.74	0.93	0.07	0.29	0.12	0.70	0.43
	1.50	0.02	0.98	0.38	0.19	0.06	0.11	0.09			0.01	0.06	0.11
0.04	0.13	0.01	0.40	0.47	0.06	0.13	0.16	0.07	0.24	0.05		0.20	0.02
0.04	0.07		0.25	0.23	0.05	0.15	0.09	0.16	0.01		0.03	0.03	0.09
	0.06		0.31	0.17	0.01	0.02	0.04	0.09	0.01	0.04		0.23	0.02
0.03	0.29		0.64	0.47	0.08	0.22	0.17	0.13	0.06	0.04	0.02	0.31	0.17
			0.10	0.18			0.03	0.07	0.01			0.02	0.04
0.44	0.68	0.30	2.20	7.98	0.89	0.54	0.85	0.49	0.90	0.14	0.17	0.82	0.36
0.87	**1.89**	**0.38**	**5.08**	**3.56**	**1.95**	**3.78**	**2.84**	**1.77**	**2.81**	**0.93**	**0.59**	**0.97**	**0.53**
0.05	0.27	0.03	1.18	0.82	0.18	0.41	0.15	0.21	0.12	0.14	0.14	0.10	0.11
0.02	0.06		0.48	0.23	0.11	0.11	0.10	0.22	0.03	0.03		0.02	
0.51	1.01	0.24	2.21	1.12	1.30	0.64	1.71	0.87	1.14	0.07	0.38	0.44	0.16
	0.01		0.03	0.05	0.02	0.06	0.01	0.04				0.04	
0.01	0.22	0.11	0.42	0.56	0.26	0.35	0.27	0.17	0.97	0.22	0.02	0.20	0.13
0.27	0.18		0.32	0.31	0.04	0.80	0.13	0.03	0.54	0.06	0.05	0.07	0.10
	0.02		0.18	0.06	0.01	0.01	0.04			0.03		0.01	

1–21 续表

	全省合计	广州市	深圳市	珠海市	汕头市	佛山市	韶关市	河源市
照相器材零售	1.09	0.36	0.50		0.05			
其他文化用品零售	6.58	1.62	1.22	0.08	0.25	0.15	0.03	
医药及医疗器材专门零售	**121.59**	**24.30**	**18.57**	**4.52**	**4.06**	**3.60**	**2.99**	**1.09**
药品零售	108.95	19.34	17.24	4.15	3.41	3.04	2.96	0.95
医疗用品及器材零售	12.63	4.96	1.33	0.37	0.66	0.56	0.03	0.14
汽车、摩托车、燃料及零配件专门零售	**1033.47**	**209.47**	**97.99**	**13.49**	**24.05**	**49.71**	**16.52**	**46.27**
汽车零售	528.90	112.05	79.64	9.06	12.79	42.46	11.97	11.63
汽车零配件零售	35.76	13.73	5.68	0.27	1.83	1.36	0.51	0.98
摩托车及零配件零售	20.18	3.62	0.09	0.05	0.56	1.29	0.40	0.12
机动车燃料零售	448.62	80.07	12.58	4.10	8.88	4.60	3.65	33.54
家用电器及电子产品专门零售	**302.40**	**89.75**	**74.90**	**3.02**	**9.03**	**11.09**	**6.28**	**4.53**
家用视听设备零售	37.05	22.23	1.51	0.81	0.11	0.20	0.34	0.23
日用家电设备零售	161.63	44.51	37.19	1.00	5.67	8.96	4.73	3.37
计算机、软件及辅助设备零售	26.67	7.64	4.92	0.46	1.39	0.51	1.01	0.51
通信设备零售	20.89	6.50	4.64	0.39	0.75	0.56	0.17	0.19
其他电子产品零售	56.17	8.87	26.64	0.36	1.11	0.87	0.03	0.23
五金、家具及室内装饰材料专门零售	**288.46**	**68.32**	**46.75**	**11.20**	**9.84**	**24.25**	**6.04**	**5.82**
五金零售	61.93	10.76	9.23	1.06	2.59	5.72	2.24	0.63
灯具零售	12.53	0.95	1.80	0.04	0.33	0.95	0.01	0.30
家具零售	121.53	42.67	20.26	2.10	3.89	5.32	2.66	2.43
涂料零售	4.67	1.43	0.64	0.03	0.10	0.47	0.01	
卫生洁具零售	8.50	5.46	0.21	0.01	0.19	1.21	0.01	
木质装饰材料零售	7.34	0.81	1.90	0.04	0.27	1.61	0.04	0.01
陶瓷、石材装饰材料零售	21.32	1.77	2.40	0.29	0.78	2.09	0.15	0.44
其他室内装饰材料零售	50.63	4.46	10.30	7.63	1.70	6.88	0.93	2.01
货摊、无店铺及其他零售业	**161.54**	**17.01**	**16.43**	**3.92**	**4.22**	**8.84**	**3.65**	**3.53**
货摊食品零售	0.74	0.10	0.03			0.01		0.10
货摊纺织、服装及鞋零售	0.70	0.09	0.11		0.05	0.01		
货摊日用品零售	0.77	0.02	0.03	0.01	0.05			
互联网零售	5.45	1.00	3.42	0.07	0.17	0.14		
邮购及电视、电话零售	0.36	0.28	0.05			0.02		0.01
旧货零售	0.77	0.30	0.04	0.02				
生活用燃料零售	72.40	4.32	2.71	0.52	1.37	2.53	3.20	1.40
其他未列明零售业	80.35	10.90	10.04	3.30	2.59	6.14	0.45	2.02

梅州市	惠州市	汕尾市	东莞市	中山市	江门市	阳江市	湛江市	茂名市	肇庆市	清远市	潮州市	揭阳市	云浮市
	0.01		0.02	0.03		0.09	0.01	0.02					0.01
0.01	0.12		0.24	0.39	0.04	1.31	0.42	0.21	0.01	0.39		0.09	0.02
1.49	**1.59**	**0.25**	**7.86**	**18.64**	**5.16**	**3.13**	**5.68**	**10.56**	**2.17**	**1.54**	**1.01**	**1.62**	**1.77**
1.43	1.36	0.25	7.55	17.66	4.92	2.84	5.15	9.91	1.82	1.42	0.95	0.90	1.71
0.06	0.23		0.31	0.98	0.24	0.29	0.53	0.65	0.34	0.12	0.06	0.72	0.06
44.12	**42.86**	**11.40**	**158.74**	**64.70**	**100.94**	**14.89**	**21.13**	**23.83**	**28.50**	**21.00**	**8.94**	**8.60**	**26.31**
8.18	26.54	3.45	73.26	37.52	23.83	8.46	11.69	12.65	16.36	15.43	5.57	3.26	3.10
0.90	0.66	0.01	1.91	1.74	0.32	1.25	1.32	1.31	0.21	0.39	0.17	0.30	0.92
0.20	1.98	0.09	0.01	1.48	2.74	0.48	1.66	1.60	1.22	0.65	0.34	0.29	1.31
34.84	13.68	7.85	83.55	23.97	74.06	4.69	6.45	8.27	10.71	4.53	2.86	4.75	20.98
2.23	**9.99**	**0.96**	**32.12**	**17.03**	**8.76**	**3.34**	**7.16**	**6.04**	**4.56**	**4.92**	**1.49**	**3.28**	**1.92**
0.10	0.36	0.03	0.45	7.05	0.01	0.57	0.54	0.97	0.18	0.73	0.15	0.16	0.33
1.09	5.95	0.78	19.53	3.23	7.39	1.12	4.26	2.96	3.32	3.05	0.90	1.34	1.26
0.38	0.77	0.08	2.32	1.23	0.66	1.02	0.95	1.02	0.45	0.46	0.18	0.51	0.17
0.07	0.41	0.06	2.60	1.14	0.05	0.34	0.62	0.62	0.12	0.37	0.19	0.98	0.14
0.58	2.50		7.22	4.39	0.64	0.28	0.78	0.48	0.49	0.30	0.07	0.29	0.03
4.10	**9.33**	**0.76**	**23.36**	**26.40**	**5.90**	**6.83**	**11.79**	**5.93**	**5.94**	**3.39**	**2.77**	**4.12**	**5.63**
0.23	2.63	0.06	8.68	5.92	2.48	2.12	2.35	0.97	1.00	0.55	0.32	1.64	0.75
0.02	0.83		1.32	5.32	0.14	0.08	0.06	0.06	0.26	0.06	0.01	0.01	0.00
1.72	2.33	0.38	5.33	9.84	1.76	2.89	6.88	2.84	2.05	2.07	1.80	0.70	1.62
	0.25	0.02	0.58	0.42	0.22	0.07	0.23	0.07	0.01	0.02	0.01	0.05	0.03
0.07	0.02	0.01	0.31	0.42	0.09	0.06	0.07	0.07	0.06	0.03	0.08	0.11	0.01
0.01	0.06	0.05	0.85	0.73	0.04	0.32	0.27	0.09	0.04		0.01	0.15	0.04
0.12	0.62	0.24	3.83	1.45	0.55	0.25	0.99	1.12	0.21	0.43	0.20	0.28	3.09
1.93	2.59	0.02	2.45	2.30	0.62	1.04	0.93	0.71	2.30	0.24	0.35	1.17	0.08
2.49	**2.80**	**2.79**	**21.58**	**10.11**	**19.05**	**2.87**	**4.37**	**6.99**	**7.59**	**7.13**	**2.00**	**8.74**	**5.42**
	0.30	0.01	0.11				0.05	0.02	0.01			0.01	
0.01	0.01		0.36	0.04		0.02	0.01						
			0.29	0.13		0.14	0.01		0.02	0.01		0.06	
	0.04		0.23	0.31	0.03	0.02	0.01		0.02	0.01			
			0.01										
	0.02	0.03	0.01	0.05	0.01		0.12	0.03		0.02	0.02	0.10	0.02
1.58	1.26	1.56	5.15	6.12	16.36	1.04	2.88	4.99	5.71	5.59	1.25	1.26	1.61
0.90	1.18	1.20	15.43	3.48	2.66	1.66	1.30	1.96	1.82	1.50	0.73	7.31	3.80

1-22 分地区零售业法人企业基本情况

	全省合计	广州市	深圳市	珠海市	汕头市	佛山市	韶关市	河源市
总计	**100616**	**17490**	**23059**	**3655**	**3584**	**9872**	**1169**	**1469**
内资企业	**99242**	**17158**	**22649**	**3584**	**3561**	**9760**	**1158**	**1451**
国有企业	875	112	24	22	126	21	28	54
集体企业	1983	360	13	58	438	71	52	59
股份合作企业	1372	823	51	21	197	75	7	12
联营企业	622	70	174	21	38	49	5	13
国有联营企业	32	11	7	2	4			1
集体联营企业	116	14	2	1	10	4	3	3
国有与集体联营企业	19	4	2		2	1		
其他联营企业	455	41	163	18	22	44	2	9
有限责任公司	24020	1892	1767	1842	1448	3837	533	697
国有独资公司	81	18	10	5	4	2	3	2
其他有限责任公司	23939	1874	1757	1837	1444	3835	530	695
股份有限公司	1325	166	191	38	58	125	25	42
私营企业	63505	13291	19786	1106	1058	5146	438	356
私营独资企业	17459	2148	2374	196	518	1097	189	158
私营合伙企业	1932	381	491	34	34	197	33	18
私营有限责任公司	43148	10569	16709	848	487	3756	197	161
私营股份有限公司	966	193	212	28	19	96	19	19
其他企业	5540	444	643	476	198	436	70	218
港、澳、台商投资企业	**833**	**205**	**260**	**51**	**15**	**55**	**6**	**16**
与港澳台商合资经营企业	108	24	31	7	2	12	1	
与港澳台商合作经营企业	25	7	5	1	2	1		
港澳台商独资经营企业	617	142	212	38	7	41	4	9
港澳台商投资股份有限公司	33	4	6	5	3		1	3
其他港澳台投资企业	50	28	6		1	1		4
外商投资企业	**541**	**127**	**150**	**20**	**8**	**57**	**5**	**2**
中外合资经营企业	143	31	20	3	5	15	3	1
中外合作经营企业	15	5	5	2				1
外资企业	289	80	82	12	3	35	2	
外商投资股份有限公司	20	5	7			2		
其他外商投资企业	74	6	36	3		5		

（按登记注册类型分）（法人单位数）

单位：人

梅州市	惠州市	汕尾市	东莞市	中山市	江门市	阳江市	湛江市	茂名市	肇庆市	清远市	潮州市	揭阳市	云浮市
1533	**3598**	**554**	**10257**	**6275**	**2940**	**1527**	**3489**	**3190**	**1389**	**1160**	**1030**	**1563**	**1813**
1513	**3542**	**548**	**10114**	**6234**	**2900**	**1519**	**3477**	**3174**	**1372**	**1157**	**1021**	**1549**	**1801**
17	46	38	9		22	26	108	40	28	10	44	66	34
67	48	34	103	39	106	29	105	84	65	36	82	69	65
19	13	3	46	1	17	2	18	22	9	7	19	6	4
16	9	4	26	4	26	18	47	37	15	16	14	13	7
		1					3	2		1			
5	4	1	6	2	9	1	19	8	1	4	8	6	5
	1		1			1	1	4	1		1		
11	4	2	19	2	17	16	24	23	13	11	5	7	2
414	783	76	4029	1801	904	492	560	810	527	429	277	486	416
3	4	3	3	3	1	1	7	2	2		2	4	2
411	779	73	4026	1798	903	491	553	808	525	429	275	482	414
56	62	27	166	2	41	21	77	65	30	42	9	32	50
769	2436	290	5334	4352	1545	694	2173	1544	556	524	483	643	981
430	538	189	845	3139	664	343	1285	1283	226	255	346	374	862
29	77	9	275	84	48	9	73	52	32	21	17	6	12
277	1752	88	4094	1124	806	335	784	191	277	236	104	254	99
33	69	4	120	5	27	7	31	18	21	12	16	9	8
155	145	76	401	35	239	237	389	572	142	93	93	234	244
17	**41**	**5**	**78**	**24**	**24**	**4**	**3**	**6**	**10**	**1**	**5**	**2**	**5**
6	5		5	2	6		1	2			2	1	1
	2		1		2				2			1	1
10	31	3	66	22	15	4	2	1	5	1	3		1
1	2	2	2					1	1				2
	1		4		1			2	2				
3	**15**	**1**	**65**	**17**	**16**	**4**	**9**	**10**	**7**	**2**	**4**	**12**	**7**
2	8	1	20	4	8	2	4	4	3	1	2	3	3
									1			1	
	7		36	10	6	2	2	3	1	1	1	4	2
			3	1					1				1
1			6	2	2		3	3	1		1	4	1

1-23 分地区零售业法人企业基本情况

	全省合计	广州市	深圳市	珠海市	汕头市	佛山市	韶关市	河源市
总计	**1286006**	**284236**	**332149**	**37369**	**32336**	**100392**	**14672**	**15066**
内资企业	**1134293**	**231690**	**274604**	**32971**	**31449**	**93158**	**13807**	**14777**
国有企业	27368	2199	8046	886	1452	573	228	830
集体企业	23225	3119	188	326	2904	701	288	718
股份合作企业	8410	3826	473	101	1226	643	26	126
联营企业	7038	698	3019	88	385	334	21	94
国有联营企业	1866	183	1557	4	46			6
集体联营企业	1149	154	14	3	20	36	9	8
国有与集体联营企业	254	56	9		25	15		
其他联营企业	3769	305	1439	81	294	283	12	80
有限责任公司	390002	52112	68164	17545	14071	46519	8071	6341
国有独资公司	4009	966	1345	479	164	118	122	32
其他有限责任公司	385993	51146	66819	17066	13907	46401	7949	6309
股份有限公司	60761	17220	14802	1663	674	2052	327	1420
私营企业	574118	148392	174221	10094	9551	40015	3726	3712
私营独资企业	107758	14242	13263	727	3784	5983	1152	1339
私营合伙企业	13639	2876	3629	145	306	1236	191	155
私营有限责任公司	436600	124794	154075	8409	5283	31975	1792	2074
私营股份有限公司	16121	6480	3254	813	178	821	591	144
其他企业	43371	4124	5691	2268	1186	2321	1120	1536
港、澳、台商投资企业	**79059**	**28338**	**32819**	**1478**	**356**	**3400**	**402**	**167**
与港澳台商合资经营企业	29471	11388	14895	515	16	1238	8	
与港澳台商合作经营企业	1075	610	77	1	61	21		
港澳台商独资经营企业	45288	15716	15997	606	217	2139	338	120
港澳台商投资股份有限公司	2353	113	1612	356	60		56	11
其他港澳台投资企业	872	511	238		2	2		36
外商投资企业	**72654**	**24208**	**24726**	**2920**	**531**	**3834**	**463**	**122**
中外合资经营企业	24782	7903	6716	90	403	1296	34	7
中外合作经营企业	6334	3464	2431	282				115
外资企业	39278	12615	13894	2530	128	2490	429	
外商投资股份有限公司	1115	185	822			16		
其他外商投资企业	1145	41	863	18		32		

（按登记注册类型分）（年末从业人数）

单位：人

梅州市	惠州市	汕尾市	东莞市	中山市	江门市	阳江市	湛江市	茂名市	肇庆市	清远市	潮州市	揭阳市	云浮市
19833	**41519**	**9599**	**122710**	**54214**	**32321**	**18439**	**38914**	**44535**	**20657**	**11336**	**12357**	**24648**	**18704**
19317	**36854**	**9295**	**111497**	**50582**	**29539**	**17685**	**38151**	**43807**	**19816**	**10750**	**11811**	**24358**	**18375**
303	740	1705	1565		165	463	2563	945	1145	113	1300	1679	468
719	526	1081	1790	434	1144	624	2666	1210	1602	204	1137	1333	511
145	69	26	567	2	216	46	154	233	108	107	208	78	30
120	56	18	319	39	112	119	393	459	121	122	119	113	289
		4					38	18		10			
19	17	2	100	3	58	3	191	123	3	31	46	38	271
	4		14			20	20	78	7		6		
101	35	12	205	36	54	96	144	240	111	81	67	75	18
5130	13181	2927	52652	21472	15991	5739	10577	16491	8559	5583	4048	8714	6115
76	76	49	84	12	34	42	181	43	38		52	53	43
5054	13105	2878	52568	21460	15957	5697	10396	16448	8521	5583	3996	8661	6072
1544	2429	577	6556	1015	1685	965	2503	2190	760	544	71	620	1144
10229	18348	2226	45407	27495	9413	6756	16624	16640	5818	3549	4217	9570	8115
2970	3473	1090	5420	10742	2600	3195	7733	12371	2186	1201	2579	5323	6385
251	403	58	1731	437	214	104	580	558	314	108	142	102	99
6551	13708	1054	37331	16248	6407	3376	8109	3505	2991	2077	1346	3996	1499
457	764	24	925	68	192	81	202	206	327	163	150	149	132
1127	1505	735	2641	125	813	2973	2671	5639	1703	528	711	2251	1703
380	**1648**	**211**	**4646**	**1772**	**1359**	**687**	**217**	**60**	**476**	**371**	**122**	**68**	**82**
23	324		393	119	355		2	33			99	39	24
	159		24		61				23			29	9
356	1142	209	4090	1653	941	687	215	15	433	371	23		20
1	7	2	99					7					29
	16		40		2			5	20				
136	**3017**	**93**	**6567**	**1860**	**1423**	**67**	**546**	**668**	**365**	**215**	**424**	**222**	**247**
133	1987	93	2926	973	1030	29	270	428	215	10	64	25	150
									30			12	
	1030		3574	877	381	38	263	198	108	205	360	132	26
			23	6					4				59
3			44	4	12		13	42	8		53	12	

1-24 分地区零售业法人企业基本情况

	全省合计	广州市	深圳市	珠海市	汕头市	佛山市	韶关市	河源市
总计	**3433.95**	**801.51**	**725.77**	**75.18**	**80.02**	**158.55**	**58.44**	**82.78**
内资企业	**2823.34**	**593.76**	**493.12**	**59.51**	**75.9**	**138.5**	**55.03**	**82.37**
国有企业	49.76	23.11	1.73	2.86	1.37	2.65	0.44	1.17
集体企业	46.54	11.79	0.15	1.97	5.20	1.03	0.60	1.03
股份合作企业	13.30	5.95	0.28	0.02	2.04	0.35	0.04	0.58
联营企业	8.97	2.80	2.09	0.08	0.73	0.12	0.11	0.02
国有联营企业	2.33	0.99	1.15		0.08			
集体联营企业	1.79	0.88			0.11	0.03	0.01	
国有与集体联营企业	0.65	0.09	0.18		0.24	0.02		
其他联营企业	4.20	0.84	0.76	0.08	0.29	0.07	0.10	0.02
有限责任公司	1176.66	212.60	196.33	35.38	37.00	73.19	30.51	33.61
国有独资公司	9.12	3.26	0.75	0.66	0.26	0.6	0.71	0.01
其他有限责任公司	1167.53	209.34	195.59	34.72	36.75	72.6	29.8	33.61
股份有限公司	326.42	62.53	12.07	3.44	2.67	7.78	0.57	31.6
私营企业	1140.83	268.14	276.52	15.32	24.05	51.42	21.61	12.55
私营独资企业	220.26	31.32	18.72	0.97	9.71	8.39	4.93	4.91
私营合伙企业	24.86	5.88	2.54	0.05	0.99	1.25	0.91	0.16
私营有限责任公司	866.99	221.6	252.31	13.73	13.1	40.10	8.51	6.71
私营股份有限公司	28.71	9.35	2.94	0.57	0.25	1.67	7.26	0.77
其他企业	60.86	6.83	3.94	0.45	2.83	1.96	1.14	1.81
港、澳、台商投资企业	**213.92**	**48.85**	**114.63**	**4.07**	**2.14**	**10.23**	**0.91**	**0.07**
与港澳台商合资经营企业	103.21	27.78	66.47	1.99	0.02	2.05	0.01	
与港澳台商合作经营企业	2.37	0.83	0.43		0.05	0.02		
港澳台商独资经营企业	98.61	19.74	39.68	1.08	2.00	8.15	0.90	0.07
港澳台商投资股份有限公司	9.34	0.18	8.05	1.00	0.05			
其他港澳台投资企业	0.39	0.33	0.01		0.03			
外商投资企业	**396.70**	**158.9**	**118.03**	**11.60**	**1.98**	**9.83**	**2.50**	**0.34**
中外合资经营企业	185.08	103.7	23.95	0.04	1.53	5.80	0.69	0.34
中外合作经营企业	14.52	4.19	9.68	0.54				
外资企业	192.96	50.92	81.00	11.03	0.45	4.00	1.81	
外商投资股份有限公司	3.64	0.08	3.27			0.02		
其他外商投资企业	0.50	00.02	0.12			0.02		

（按登记注册类型分）（年末零售营业面积）

单位：万平方米

梅州市	惠州市	汕尾市	东莞市	中山市	江门市	阳江市	湛江市	茂名市	肇庆市	清远市	潮州市	揭阳市	云浮市
62.00	**135.35**	**28.30**	**386.80**	**232.46**	**163.17**	**49.59**	**77.20**	**88.43**	**66.12**	**50.27**	**24.50**	**36.69**	**50.81**
61.42	**119.09**	**26.20**	**343.56**	**210.14**	**137.07**	**47.62**	**76.09**	**86.22**	**63.47**	**48.34**	**22.16**	**36.34**	**47.45**
0.41	0.74	2.94	0.83		0.25	0.50	2.43	1.60	1.55	0.04	1.05	2.95	1.16
0.45	0.49	0.33	5.94	2.60	2.81	0.88	3.45	1.70	2.29	0.96	0.68	1.20	1.00
0.11	0.08		1.57	0.01	0.68	0.07	0.42	0.34	0.10	0.19	0.34	0.07	0.04
0.02	0.03		0.15	0.24	0.14	0.26	0.56	0.38	0.85	0.14	0.10	0.11	0.03
							0.09	0.01		0.01			
0.01	0.01		0.03	0.02	0.11	0.01	0.36	0.02	0.01	0.04	0.05	0.06	0.01
	0.01		0.01			0.02	0.01	0.06	0.03				
0.01	0.01		0.12	0.22	0.03	0.24	0.11	0.30	0.82	0.09	0.04	0.05	0.01
11.69	61.81	8.00	156.75	85.88	44.91	20.03	29.63	45.34	31.36	26.63	10.25	12.58	13.17
0.44	0.51	0.38	0.90	0.03	0.02	0.13	0.24	0.02	0.03		0.07	0.06	0.06
11.25	61.30	7.62	155.84	85.84	44.89	19.91	29.39	45.32	31.33	26.63	10.19	12.52	13.11
31.86	2.18	4.37	67.62	9.54	52.38	3.04	2.14	8.80	5.05	1.75	0.19	0.33	16.51
14.73	50.97	7.85	106.05	111.6	33.35	17.72	32.38	19.89	19.75	17.56	8.66	17.07	13.65
6.28	4.94	3.51	11.84	37.44	5.52	8.04	15.04	13.01	6.02	5.72	5.57	9.98	8.38
0.08	0.43	0.29	3.01	1.83	1.44	0.42	1.28	0.97	1.92	0.79	0.32	0.06	0.25
7.97	44.94	4.04	89.31	72.29	25.89	9.17	15.16	5.73	11.50	10.74	2.46	6.92	4.81
0.40	0.66	0.01	1.89	0.04	0.50	0.09	0.90	0.18	0.30	0.31	0.32	0.11	0.2.
2.16	2.78	2.71	4.65	0.27	2.55	5.11	5.07	8.17	2.52	1.06	0.89	2.03	1.90
0.07	**3.12**	**1.86**	**12.77**	**4.96**	**3.85**	**1.89**	**0.52**	**0.04**	**2.02**	**1.32**	**0.03**	**0.03**	**0.55**
0.01	1.96		1.34	0.93	0.09		0.01	0.03			0.01	0.01	0.50
	0.05		0.01		0.93				0.01			0.02	0.03
0.06	1.08	1.82	11.40	4.03	2.83	1.89	0.51	0.01	2.01	1.32	0.02		0.02
	0.02	0.04	0.01										
	0.01		0.01										
0.51	**13.14**	**0.25**	**30.47**	**17.36**	**22.26**	**0.09**	**0.60**	**2.17**	**0.63**	**0.61**	**2.32**	**0.32**	**2.81**
0.51	4.52	0.25	10.85	12.67	16.38	0.03	0.55	0.05	0.27	0.01	0.31	0.06	2.58
									0.12			0.01	
	8.62		19.59	4.64	5.80	0.06	0.01	2.12	0.24	0.60	2.00	0.09	
			0.01	0.03									0.23
			0.01	0.02	0.07		0.05	0.01			0.01	0.18	

1-25 分地区零售业法人企业基本情况

	全省合计	广州市	深圳市	珠海市	汕头市	佛山市	韶关市	河源市
总计	**100616**	**17490**	**23059**	**3655**	**3584**	**9872**	**1169**	**1469**
有店铺零售	**94972**	**16702**	**19215**	**3594**	**3510**	**9656**	**1164**	**1455**
食杂店	1290	277	135	43	132	86	19	49
便利店	2442	347	269	70	107	140	46	45
折扣店	146	47	37	4		4	1	1
超市	1906	248	307	58	91	113	26	99
大型超市	505	51	121	23	4	56	9	19
仓储会员店	284	37	47	14	16	15	18	7
百货店	5940	1145	678	177	537	279	83	177
专业店	44559	8598	7811	1908	1637	4822	519	412
专卖店	26592	4401	5662	939	762	2851	375	476
家居建材商店	3419	418	498	175	138	605	36	91
购物中心	200	30	63	17	8	19		2
厂家直销中心	7689	1103	3587	166	78	666	32	77
无店铺零售	**5547**	**776**	**3822**	**59**	**72**	**208**	**5**	**14**
电视购物	36	7	14	2	3	1		
邮购	247	42	152	6	4	5	2	2
网上商店	3977	432	2902	34	60	188	2	
自动售货亭购物中心	44	6	16	4	1	2		1
电话购物	1243	289	738	13	4	12	1	11

（按零售业态分）（法人单位数）

单位：个

梅州市	惠州市	汕尾市	东莞市	中山市	江门市	阳江市	湛江市	茂名市	肇庆市	清远市	潮州市	揭阳市	云浮市
1533	**3598**	**554**	**10257**	**6275**	**2940**	**1527**	**3489**	**3190**	**1389**	**1160**	**1030**	**1563**	**1813**
1526	**3441**	**549**	**10022**	**6183**	**2901**	**1515**	**3481**	**3160**	**1377**	**1146**	**1025**	**1541**	**1809**
8	59	9	85	58	22	16	111	29	21	26	39	19	47
75	97	32	109	119	119	45	251	235	50	25	69	78	114
	4		14	3	1	3	14	3	3	1	3	2	1
60	63	29	155	96	70	80	104	136	30	38	44	28	31
11	26	12	71	19	17	5	15	19	5	7	3	9	3
5	14	1	34	6	10	4	11	23	10		1	9	2
141	400	62	461	439	183	113	329	188	94	71	118	163	102
779	1123	158	5116	3332	1224	595	1579	1690	723	654	418	927	534
374	1192	209	2574	1644	1014	531	918	725	372	251	266	222	834
38	162	23	394	272	89	85	94	50	38	36	32	34	111
2	6	1	20	4	12	4	3		3	3	3		
33	295	13	989	191	140	34	52	62	28	34	29	50	30
6	**155**	**5**	**229**	**87**	**33**	**10**	**4**	**22**	**10**	**13**	**3**	**11**	**3**
	2		2					1	2		1		1
	21	1	8	2	1		1						
2	52	3	156	78	25	8	3	5	8	5	2	11	1
			7		5			2					
4	80	1	56	7	2	2		14		8			1

1-26 分地区零售业法人企业基本情况

	全省合计	广州市	深圳市	珠海市	汕头市	佛山市	韶关市	河源市
总计	**1286006**	**284236**	**332149**	**37369**	**32336**	**100392**	**14672**	**15066**
有店铺零售	**1240111**	**269259**	**308045**	**37121**	**31949**	**98447**	**14631**	**15018**
食杂店	9653	1818	1358	175	804	527	85	401
便利店	29987	7320	4785	287	822	1100	263	240
折扣店	1294	277	479	15		35	2	2
超市	60641	5920	7793	1789	1671	10758	1008	1579
大型超市	109794	23668	38068	3225	1059	6460	1549	729
仓储会员店	3564	333	743	138	118	138	126	58
百货店	111374	22037	36335	2911	4171	6627	630	1407
专业店	476276	127343	75931	16269	14617	34071	6709	4519
专卖店	325632	62900	91524	10153	6749	31084	3854	4718
家居建材商店	25010	3774	4907	952	951	3274	221	631
购物中心	13102	1032	9120	156	179	489		51
厂家直销中心	73784	12837	37002	1051	808	3884	184	683
无店铺零售	**44804**	**14840**	**23694**	**243**	**383**	**1899**	**41**	**48**
电视购物	737	100	515	5	23	2		
邮购	1887	445	1023	23	48	35	27	9
网上商店	32912	12105	16369	135	283	1688	11	
自动售货亭购物中心	412	62	196	15	8	52		5
电话购物	8856	2128	5591	65	21	122	3	34

（按零售业态分）（年末从业人数）

单位：人

梅州市	惠州市	汕尾市	东莞市	中山市	江门市	阳江市	湛江市	茂名市	肇庆市	清远市	潮州市	揭阳市	云浮市
19833	**41519**	**9599**	**122710**	**54214**	**32321**	**18439**	**38914**	**44535**	**20657**	**11336**	**12357**	**24648**	**18704**
19783	**40430**	**9572**	**121292**	**53738**	**32090**	**18285**	**38891**	**44326**	**20579**	**11281**	**12312**	**24377**	**18685**
31	370	90	579	364	78	87	805	350	215	113	569	312	522
552	1114	422	882	3333	1201	763	1844	2301	526	237	467	851	677
	12		51	22	4	34	106	21	12	1	209	7	5
4092	1617	576	6312	1703	1600	1228	3803	4067	1512	833	820	641	1319
748	2832	1749	9006	8094	6022	779	1431	1855	781	844	370	493	32
37	184	4	294	27	31	18	174	328	690		3	82	38
1482	4908	1432	6905	3880	1288	3236	4167	3375	1140	431	1251	2386	1375
8077	11347	2289	61731	19730	9886	6346	17682	20299	8731	6500	4948	14732	4519
3986	14469	2695	23536	13964	10463	4555	7509	10173	5707	1966	2831	4026	8770
275	1088	174	2920	1212	425	750	772	510	339	151	385	262	1037
197	333	25	527	97	102	45	120		526	18	85		
306	2156	116	8549	1312	990	444	478	1047	400	187	374	585	391
44	**1079**	**27**	**1396**	**464**	**150**	**143**	**12**	**148**	**54**	**52**	**25**	**45**	**17**
	21		32					5	16		15		3
	219	8	30	16	3		1						
8	444	14	1052	414	107	127	11	19	38	26	10	45	6
			36		30			8					
36	395	5	246	34	10	16		116		26			8

1–27 分地区零售业法人企业基本情况

	全省合计	广州市	深圳市	珠海市	汕头市	佛山市	韶关市	河源市
总计	**3433.95**	**801.51**	**725.77**	**75.18**	**80.02**	**158.55**	**58.44**	**82.78**
有店铺零售	**3405.43**	**795.7**	**709.17**	**74.95**	**79.34**	**157.93**	**58.34**	**82.69**
食杂店	14.52	2.61	1.38	0.11	1.10	0.28	0.30	0.19
便利店	46.76	9.89	7.10	0.56	1.80	1.26	0.44	0.10
折扣店	7.93	0.53	6.23	0.03				
超市	117.49	18.10	15.64	3.31	4.59	5.86	3.43	2.65
大型超市	610.83	157.03	208.48	13.85	7.67	29.46	11.72	8.17
仓储会员店	8.41	0.42	0.75	0.26	0.71	0.75	0.13	0.10
百货店	468.01	122.01	160.96	15.88	9.45	11.68	4.29	4.05
专业店	1184.46	296.92	120.46	25.42	33.18	40.64	21.76	41.16
专卖店	686.48	121.28	120.26	9.58	15.62	54.56	11.01	17.26
家居建材商店	101.28	29.80	20.92	1.01	2.75	5.31	4.62	3.65
购物中心	31.29	6.01	11.63	2.17	0.57	0.81		0.06
厂家直销中心	127.97	31.11	35.36	2.78	1.92	7.32	0.64	5.30
无店铺零售	**26.47**	**5.80**	**15.19**	**0.23**	**0.67**	**0.62**	**0.10**	**0.08**
电视购物	0.42	0.28	0.08	0.01	0.04			
邮购	1.35	0.19	0.89	0.01	0.03	0.02	0.10	
网上商店	18.08	3.67	11.07	0.14	0.36	0.46		
自动售货亭购物中心	0.78	0.17	0.10	0.01	0.20	0.04		
电话购物	5.84	1.50	3.05	0.06	0.04	0.11		0.08

（按零售业态分）（年末零售营业面积）

单位：万平方米

梅州市	惠州市	汕尾市	东莞市	中山市	江门市	阳江市	湛江市	茂名市	肇庆市	清远市	潮州市	揭阳市	云浮市
62.00	**135.35**	**28.30**	**386.80**	**232.46**	**163.17**	**49.59**	**77.20**	**88.43**	**66.12**	**50.27**	**24.5**	**36.69**	**50.81**
61.90	**134.87**	**28.30**	**385.15**	**231.59**	**162.80**	**49.53**	**77.19**	**88.37**	**66.08**	**50.13**	**24.47**	**36.11**	**50.81**
0.01	2.27	0.03	1.90	1.23	0.24	0.21	1.22	0.23	0.31	0.14	0.22	0.17	0.37
0.66	1.76	1.28	0.94	7.44	1.33	0.75	2.73	4.01	1.60	0.59	0.68	0.92	0.92
	0.02		0.05	0.03	0.02	0.02	0.13			0.03	0.82	0.01	0.02
3.27	3.95	1.28	16.22	6.39	3.18	3.32	6.21	7.59	3.65	3.75	1.46	0.72	2.93
1.25	27.76	6.65	54.15	41.37	6.85	4.06	5.97	13.53	5.00	4.12	2.05	1.63	0.07
0.57	0.62		0.81	0.15	0.23	0.05	0.83	0.31	1.53			0.09	0.10
1.23	24.29	1.61	51.55	24.30	7.24	4.69	7.36	6.86	3.19	2.27	2.16	1.70	1.24
13.45	34.34	7.09	185.34	87.75	81.28	17.70	32.80	30.92	30.62	29.40	7.36	22.58	24.29
37.22	29.77	9.57	49.29	52.34	57.04	14.16	16.14	20.8	18.60	8.46	7.59	3.46	12.48
0.76	3.40	0.03	7.13	5.92	2.09	3.56	2.86	1.34	0.40	0.82	0.55	0.29	4.06
1.90	3.58		2.80	0.91	0.22	0.27	0.07		0.14	0.02	0.14		
1.57	3.11	0.77	14.96	3.76	3.08	0.75	0.87	2.77	1.04	0.53	1.46	4.53	4.34
0.11	**0.48**		**1.65**	**0.87**	**0.37**	**0.06**	**0.02**	**0.03**	**0.03**	**0.14**	**0.03**		
			0.01										
	0.06		0.04	0.02			0.01						
	0.14		1.24	0.72	0.13	0.02	0.01	0.01	0.03	0.05	0.03		
			0.03		0.23								
0.11	0.28		0.32	0.13	0.01	0.04		0.02		0.09			

1–28 分地区零售业法人企业财务状况

	全省合计	广州市	深圳市	珠海市
总计	**108117384.09**	**32392400.94**	**24283524.92**	**2859995.50**
综合零售	**17936172.02**	**5262483.55**	**6114753.04**	**511508.91**
百货零售	9384046.69	2612927.31	3602630.45	439279.79
超级市场零售	7642739.97	2410591.19	2332530.29	65383.93
其他综合零售	909385.35	238965.06	179592.30	6845.19
食品、饮料及烟草制品专门零售	**2932990.35**	**659866.87**	**410280.75**	**125495.09**
粮油零售	361359.51	110978.76	5612.69	2044.56
糕点、面包零售	202528.32	113352.13	16926.71	385.03
果品、蔬菜零售	170155.34	21309.78	48186.94	1932.82
肉、禽、蛋、奶及水产品零售	646755.88	55346.38	22904.08	8146.06
营养和保健品零售	169430.85	42371.45	18729.33	535.17
酒、饮料及茶叶零售	586389.25	146507.12	73308.02	20180.63
烟草制品零售	309061.26	63776.88	181493.40	5367.29
其他食品零售	487309.94	106224.37	43119.59	86903.53
纺织、服装及日用品专门零售	**6476717.50**	**3186597.87**	**1854062.74**	**35579.34**
纺织品及针织品零售	579646.08	95565.65	64506.98	1285.82
服装零售	3608262.44	2389664.01	811174.49	15491.77
鞋帽零售	708298.99	164805.68	448800.74	323.93
化妆品及卫生用品零售	389511.86	228995.08	86905.55	3613.20
钟表、眼镜零售	383678.27	60084.14	280143.34	5544.11
箱、包零售	134528.97	50130.07	29660.05	666.39
厨房用具及日用杂品零售	146872.37	27068.69	49174.35	2745.32
自行车零售	33766.32	7611.53	9142.04	1758.64
其他日用品零售	492152.19	162673.03	74555.21	4150.17
文化、体育用品及器材专门零售	**4356510.84**	**1529181.70**	**812864.32**	**46695.09**
文具用品零售	309205.55	122971.05	52207.85	5830.94
体育用品及器材零售	941015.88	842284.77	60291.47	3073.22
图书、报刊零售	740132.10	215928.96	331436.14	16069.36
音像制品及电子出版物零售	41439.31	15195.81	3874.64	11837.05
珠宝首饰零售	1933267.85	162790.40	289525.43	4668.61
工艺美术品及收藏品零售	160334.20	64386.51	33508.21	3138.13
乐器零售	49738.61	29570.68	8933.22	23.07
照相器材零售	589779.43	298306.63	164202.11	15387.10

（按国民经济行业分）（营业收入）

单位：万元

汕头市	佛山市	韶关市	河源市	梅州市	惠州市	汕尾市
2334886.87	**9286755.35**	**679109.90**	**965315.22**	**1114962.68**	**3293466.49**	**396623.89**
209320.49	**1582600.57**	**136909.28**	**70486.77**	**151142.35**	**404882.94**	**49189.85**
105305.75	563339.62	23880.27	41004.64	21483.38	307360.91	12240.91
71913.70	944048.87	108285.28	24766.36	113588.29	73565.46	36143.28
32101.04	75212.08	4743.73	4715.76	16070.69	23956.58	805.66
121743.46	**167926.97**	**38587.58**	**69291.31**	**29018.71**	**127949.19**	**43462.71**
24416.82	10092.89	7528.61	1596.59	561.36	8937.07	1500.15
8440.63	10799.10	193.27	566.86	10.75	3258.49	768.22
2744.26	6619.97	4172.37	6970.11	1423.66	15209.12	385.00
13346.52	7271.23	6141.80	35973.98	3896.25	20618.85	39666.10
4010.43	41942.90	168.13	469.04	350.00	419.65	
41999.07	55959.87	13909.27	4982.96	17317.09	69715.76	520.67
2801.79	8582.20	1877.56	1236.38	1152.12	3766.92	33.60
23983.95	26658.81	4596.56	17495.40	4307.47	6023.34	588.96
177901.19	**317092.51**	**6944.78**	**5873.34**	**12510.24**	**118162.06**	**6848.56**
39530.19	189031.34	1467.96	1737.31	1000.64	6991.78	298.66
67648.76	47047.69	234.61	1297.62	3640.01	45399.01	510.30
11948.86	5413.98	128.84		480.69	23933.13	34.00
13715.19	7393.25	1339.11	307.18	188.45	2806.96	72.00
8416.98	10829.52	58.64	114.69	215.00	1958.12	55.00
1356.64	1191.20			23.00	23910.30	
7895.82	13751.43	318.87	211.27	1708.31	2243.64	12.60
1110.48	4634.34	73.26		74.45		
26278.26	37799.77	3323.49	2205.29	5179.69	10919.12	5866.00
87346.14	**115925.32**	**11597.18**	**14783.96**	**9785.00**	**30732.98**	**3595.00**
30951.34	20490.99	6331.23	3176.43	1311.59	5064.55	266.80
3167.51	8890.35		548.25	116.44	1846.10	10.00
9072.49	27755.66	4864.11	1077.52	4553.57	9716.96	2756.70
1332.24	434.71	142.64	567.80	1222.42	561.49	23.00
18018.60	32084.48	56.49	8441.77	1609.76	4496.31	428.00
12982.59	10138.71	15.93	176.00	637.49	1780.65	62.50
865.32	6546.19	12.00	163.20	36.61	181.23	
919.53	1084.58	26.43	630.00	0.96	3868.12	

1-28 续表1

	东莞市	中山市	江门市	阳江市
总计	**9803666.83**	**3729752.49**	**2763205.63**	**1015503.29**
综合零售	**1099375.42**	**733710.93**	**352530.16**	**99795.21**
百货零售	439502.46	496807.94	176221.72	68138.79
超级市场零售	617857.87	219652.14	112624.68	10148.41
其他综合零售	42015.10	17250.84	63683.77	21508.02
食品、饮料及烟草制品专门零售	**122747.76**	**42622.45**	**21701.28**	**33036.18**
粮油零售	12270.56	3492.55	4192.53	2414.88
糕点、面包零售	5407.84	1623.55	1468.97	1730.16
果品、蔬菜零售	12240.82	1314.20	652.36	1573.13
肉、禽、蛋、奶及水产品零售	5887.86	3691.63	2411.88	13990.31
营养和保健品零售	1930.16	2414.73	93.81	1638.63
酒、饮料及茶叶零售	40587.67	8392.39	1616.04	5349.06
烟草制品零售	4159.84	617.79	1716.78	610.77
其他食品零售	40263.00	21075.61	9548.92	5729.24
纺织、服装及日用品专门零售	**244090.43**	**84860.21**	**40351.40**	**21947.43**
纺织品及针织品零售	79824.88	20868.27	10187.85	1509.30
服装零售	79928.24	19475.31	5637.78	5084.87
鞋帽零售	20838.21	9761.07	1649.52	181.89
化妆品及卫生用品零售	5310.49	3073.71	130.92	3435.86
钟表、眼镜零售	2527.51	620.24	1236.28	2772.42
箱、包零售	6254.47	2781.07	1486.40	413.34
厨房用具及日用杂品零售	7172.74	3521.18	625.29	3446.30
自行车零售	3232.03	1060.36		
其他日用品零售	39001.86	23699.00	19397.35	5103.45
文化、体育用品及器材专门零售	**58940.46**	**47757.69**	**32266.91**	**42717.51**
文具用品零售	15475.02	9210.75	3272.75	6964.12
体育用品及器材零售	4684.23	3131.93	266.81	1723.60
图书、报刊零售	11497.88	5369.08	12731.10	5445.42
音像制品及电子出版物零售	3217.57	297.36	215.25	999.74
珠宝首饰零售	7321.87	23820.04	14671.04	5467.16
工艺美术品及收藏品零售	10839.54	1613.12	150.17	1429.67
乐器零售	571.72	994.99	44.81	141.85
照相器材零售	146.30	542.52	111.01	2226.08

湛江市	茂名市	肇庆市	清远市	潮州市	揭阳市	云浮市
2275625.05	**2832547.87**	**2880377.41**	**677699.26**	**698163.55**	**2849112.72**	**984688.24**
232977.87	**306117.47**	**153257.38**	**76390.49**	**94871.07**	**224295.24**	**69573.03**
72072.87	120950.60	47891.07	65103.94	38386.29	113855.87	15662.12
125947.53	136012.88	72054.12	8075.69	33287.86	82765.23	43496.93
34957.47	49153.99	33312.19	3210.86	23196.92	27674.14	10413.98
149920.23	**344396.48**	**32573.78**	**13362.64**	**62658.13**	**250318.37**	**66030.41**
12792.61	102567.96	5398.72	2417.34	2507.99	27548.04	12486.84
5606.36	7937.80	2784.35	897.46	2816.10	16322.36	1232.17
5551.13	19731.67	5762.58	2147.59	450.16	3380.46	8397.21
91161.82	151506.22	3015.80	1397.25	29625.78	124908.81	5847.25
2902.72	8671.87	431.17	1340.74	1595.04	39202.50	213.40
14456.74	23777.59	10370.98	2253.66	8657.29	17380.77	9146.60
4208.63	4321.98	935.98	361.30	1308.98	12688.30	8042.79
13240.22	25881.39	3874.20	2547.30	15696.80	8887.13	20664.16
40965.58	**71894.87**	**15117.10**	**3469.06**	**25274.77**	**172936.24**	**34237.78**
5222.71	6249.53	2992.71	38.40	4750.00	44779.74	1806.37
13763.66	29190.71	1817.23	501.74	10696.56	51882.88	8175.20
2977.98	4043.22			484.29	11218.90	1274.10
1536.28	5611.20	1578.15	578.59		22097.18	823.52
583.80	3379.57	332.49		810.06	3463.90	532.47
484.94	34.57	460.00	591.47		14518.32	566.74
1825.52	1859.61	1225.80	387.18	1592.63	8502.95	11582.87
1169.41	817.35	13.06		500.72	926.64	1642.01
13401.29	20709.12	6697.67	1371.68	6440.52	15545.73	7834.50
35450.33	**48580.40**	**1314721.44**	**11322.88**	**16279.09**	**65797.51**	**20169.93**
1760.05	7882.93	2373.60	1267.61	4260.81	4567.74	3567.42
1213.88	4764.32	485.97	10.00	811.48	3654.00	41.57
19500.75	15829.95	8666.79	2544.59	4621.47	28126.72	2566.90
277.86	80.52		29.38	458.26	671.56	
7636.60	10309.57	1298146.94	6495.61	3057.42	23839.55	10382.20
1972.50	4099.80	4344.11	163.72	2378.13	4743.95	1772.79
561.50			239.82	455.20	1.50	395.70
29.64	3295.78					1080.32

1-28 续表2

	全省合计	广州市	深圳市	珠海市
其他文化用品零售	119206.17	45908.93	16585.78	490.99
医药及医疗器材专门零售	**3979934.13**	**1196465.88**	**670144.85**	**185037.83**
药品零售	3345619.55	905496.78	573142.77	126131.63
医疗用品及器材零售	634314.59	290969.10	97002.08	58906.20
汽车、摩托车、燃料及零配件专门零售	**50204101.36**	**14141768.42**	**9174132.32**	**1455070.86**
汽车零售	31667931.79	9854467.81	6802541.38	858703.97
汽车零配件零售	1235796.43	406937.01	302061.21	72315.00
摩托车及零配件零售	461835.30	51541.70	6794.70	2219.77
机动车燃料零售	16838537.84	3828821.91	2062735.04	521832.12
家用电器及电子产品专门零售	**11008230.77**	**3273228.52**	**3312898.22**	**260625.38**
家用视听设备零售	1057800.09	637206.05	64683.62	70031.72
日用家电设备零售	3892555.59	820514.85	1213055.97	60277.39
计算机、软件及辅助设备零售	1263618.84	429698.01	229868.03	76090.58
通信设备零售	2735822.09	888092.82	728621.23	27829.86
其他电子产品零售	2058434.16	497716.80	1076669.37	26395.85
五金、家具及室内装饰材料专门零售	**4888713.26**	**1093493.63**	**721350.04**	**96433.28**
五金零售	1880170.49	461823.04	239631.24	39942.65
灯具零售	171441.24	25084.51	21976.29	1730.63
家具零售	945151.28	189124.84	233031.01	14285.48
涂料零售	262883.98	38529.61	37416.30	2488.71
卫生洁具零售	127804.21	63286.75	6612.06	996.14
木质装饰材料零售	145690.96	19817.70	34393.68	6431.13
陶瓷、石材装饰材料零售	552304.75	182822.50	19931.07	9582.16
其他室内装饰材料零售	803266.36	113004.67	128358.39	20976.37
货摊、无店铺及其他零售业	**6334013.87**	**2049314.50**	**1213038.63**	**143549.73**
货摊食品零售	10335.19	683.77	194.37	169.96
货摊纺织、服装及鞋零售	10393.06	2262.19	1255.14	
货摊日用品零售	9640.65	87.16	345.47	5.35
互联网零售	2511761.95	1588074.58	731814.08	118.68
邮购及电视、电话零售	49841.10	3532.99	43520.46	
旧货零售	14022.17	1721.38	433.87	28.14
生活用燃料零售	1327085.34	70213.49	45966.70	25194.15
其他未列明零售业	2400934.41	382738.95	389508.54	118033.47

汕头市	佛山市	韶关市	河源市	梅州市	惠州市	汕尾市
10036.53	8499.66	148.36	3.00	296.18	3217.58	48.00
141405.22	**300333.35**	**33856.56**	**35388.90**	**44689.83**	**40814.81**	**4233.48**
110992.14	273322.32	29407.77	33037.38	38129.38	34666.50	4113.48
30413.07	27011.03	4448.80	2351.53	6560.45	6148.31	120.00
1119503.00	**4623009.62**	**282884.22**	**598377.14**	**713925.40**	**2011422.78**	**242867.40**
837270.15	3857610.95	222705.16	175333.18	214147.15	884495.81	33959.12
25357.93	38986.07	7060.97	13575.31	79999.32	15907.72	995.60
12411.83	49785.66	10370.72	5663.10	16930.60	8834.60	1905.90
244463.09	676626.94	42747.38	403805.56	402848.33	1102184.64	206006.78
216242.66	**673509.53**	**113741.61**	**85659.32**	**69161.65**	**248937.44**	**21350.23**
3234.25	35835.95	5950.76	8358.67	583.67	15644.37	2254.38
102290.09	431554.01	68848.95	48476.81	40823.28	149034.33	13792.04
44127.25	64123.22	32436.78	17070.17	22078.56	33111.48	2479.48
28508.13	65096.44	5697.20	6523.80	2004.32	22145.25	2688.33
38082.94	76899.91	807.93	5229.87	3671.83	29002.00	136.00
167740.76	**950950.09**	**22748.88**	**52543.93**	**50665.16**	**93083.95**	**6823.33**
82971.15	329032.42	6168.98	22203.77	5571.96	30551.95	3547.72
5931.74	11441.01	125.85	940.97	81.57	4869.79	410.22
18672.89	127695.56	4326.83	7349.46	6697.46	23395.54	791.94
5186.51	88531.28	1230.11	2.00	50.00	3177.29	20.00
9614.83	31550.32		457.07	475.77	404.76	
4686.23	17680.83	429.00	20.00	440.13	5679.31	278.19
11532.73	144317.79	1408.29	5012.66	2648.85	13817.25	1145.11
29144.67	200700.88	9059.83	16558.00	34699.42	11188.07	630.16
93683.97	**555407.41**	**31839.81**	**32910.55**	**34064.35**	**217480.35**	**18253.33**
	18.55	33.28	168.00		3703.01	20.00
445.49	175.14	158.69	78.50	488.70	421.15	
1089.37	23.32			20.00		
3544.72	22358.46	23.42	98.70		154264.02	
5.00	13.45				483.46	
	189.14		116.80	1123.03	497.03	104.00
29701.23	251028.96	19533.40	16458.40	17537.26	33908.13	12882.66
58898.16	281600.39	12091.02	15990.14	14895.36	24203.55	5246.67

1-28 续表3

	东莞市	中山市	江门市	阳江市
其他文化用品零售	5186.33	2777.91	803.96	18319.87
医药及医疗器材专门零售	**269305.27**	**93925.25**	**70858.02**	**53890.92**
药品零售	260304.40	78154.34	64725.19	51692.81
医疗用品及器材零售	9000.87	15770.92	6132.83	2198.10
汽车、摩托车、燃料及零配件专门零售	**5556026.10**	**2135685.15**	**1734230.60**	**616566.82**
汽车零售	3642376.76	1235281.87	759198.17	185980.97
汽车零配件零售	150256.51	19468.07	4903.35	9157.13
摩托车及零配件零售	1196.17	23174.76	52019.27	9508.95
机动车燃料零售	1762196.65	857760.45	918109.81	411919.77
家用电器及电子产品专门零售	**1299271.47**	**245975.72**	**270885.25**	**52746.04**
家用视听设备零售	12414.54	100958.21	1605.24	9844.52
日用家电设备零售	355416.04	56197.16	96264.81	18769.47
计算机、软件及辅助设备零售	76572.86	24546.35	32187.92	16272.35
通信设备零售	669858.43	33185.23	118648.93	6048.53
其他电子产品零售	185009.60	31088.76	22178.36	1811.17
五金、家具及室内装饰材料专门零售	**417115.83**	**241254.52**	**90025.82**	**46469.28**
五金零售	205884.39	102558.82	65558.62	23263.35
灯具零售	12572.30	74617.92	1258.71	645.08
家具零售	62244.73	36570.14	7279.71	8850.65
涂料零售	20182.81	5453.56	8239.78	513.02
卫生洁具零售	1775.60	4209.25	603.29	407.82
木质装饰材料零售	27765.86	2267.86	345.21	1779.18
陶瓷、石材装饰材料零售	37262.47	2786.80	2208.71	3004.57
其他室内装饰材料零售	49427.67	12790.17	4531.79	8005.62
货摊、无店铺及其他零售业	**736794.08**	**103960.57**	**150356.19**	**48333.90**
货摊食品零售	3516.43		15.37	
货摊纺织、服装及鞋零售	4868.80	173.45	64.31	
货摊日用品零售	370.84	52.31		1010.63
互联网零售	688.43	2388.77	149.87	3312.67
邮购及电视、电话零售	1802.62			
旧货零售	39.63	52.69	368.70	
生活用燃料零售	242212.75	58480.79	88443.58	18895.31
其他未列明零售业	483294.58	42812.56	61314.35	25115.29

湛江市	茂名市	肇庆市	清远市	潮州市	揭阳市	云浮市
2497.55	2317.53	704.04	572.15	236.31	192.50	363.03
116943.71	**421610.49**	**86050.28**	**23559.18**	**25731.83**	**137597.89**	**28090.58**
104953.19	403158.73	76656.89	22111.91	22960.37	105759.58	26701.98
11990.52	18451.76	9393.38	1447.27	2771.45	31838.30	1388.60
1310318.69	**1149798.97**	**1104793.93**	**373563.47**	**347828.57**	**1041905.86**	**470422.05**
548883.83	323570.86	351595.11	317398.60	184364.24	312795.21	65251.48
10811.90	31477.42	2651.58	962.26	735.17	18093.02	24083.92
28543.11	62597.32	39690.14	5796.47	8061.81	26742.04	38046.72
722079.85	732153.38	710857.10	49406.14	154667.36	684275.59	343039.94
181364.97	**188486.89**	**66984.69**	**76020.77**	**42168.13**	**240452.54**	**68519.73**
10614.74	31230.10	3628.28	11345.13	6221.15	17572.66	8582.09
99228.64	85643.72	48235.07	47088.09	14166.00	80802.05	42076.84
29565.30	39783.87	7356.64	10454.64	11353.27	56535.88	7906.23
25159.77	18554.39	2308.08	2894.98	7404.89	66899.66	7651.82
16796.53	13274.82	5456.63	4237.94	3022.82	18642.29	2302.76
133574.21	**133366.45**	**49104.82**	**18331.35**	**42231.58**	**369336.74**	**92069.65**
61345.30	44815.65	18563.45	4051.41	9810.16	107748.54	15125.94
2548.93	3969.50	1728.77	291.39	689.66	386.40	140.00
24036.53	36753.41	4687.53	3403.83	14274.73	110130.41	11548.59
2019.31	5781.23	138.26	638.92	1460.33	40240.05	1584.90
1160.82	2193.90	269.93	70.51	389.72	3124.30	201.38
12315.83	2592.66	2211.51	84.57	1196.34	4445.09	830.67
20044.05	17080.26	4955.86	418.73	7304.27	12506.87	52513.76
10103.44	20179.85	16549.52	9371.99	7106.37	90755.08	10124.42
74109.45	**168295.84**	**57774.00**	**81679.42**	**41120.39**	**346472.33**	**135575.08**
49.60	210.34	46.30			1070.60	435.62
1.50						
1656.10		122.45	1573.36		3284.30	
1.00	112.50	3454.50	51.45		1306.11	
				470.06		13.06
79.77	1321.00	51.56	10.00	3640.59	4000.70	244.15
36863.47	51618.46	21417.17	66959.89	16659.52	181477.96	21632.06
35458.02	115033.54	32682.03	13084.72	20350.22	155332.66	113250.19

1-29 分地区零售业法人企业财务状况

	全省合计	广州市	深圳市	珠海市
总计	**106147580.51**	**31830291.70**	**23605957.08**	**2823372.31**
综合零售	**17396706.04**	**5082113.38**	**5911676.44**	**504740.99**
百货零售	9071155.82	2513467.77	3462454.00	434675.22
超级市场零售	7431356.62	2333044.36	2272903.88	64297.68
其他综合零售	894193.60	235601.24	176318.56	5768.09
食品、饮料及烟草制品专门零售	**2888228.45**	**656577.08**	**388858.64**	**124611.84**
粮油零售	358357.24	110250.80	5594.50	2044.55
糕点、面包零售	201678.32	113189.45	16692.97	385.03
果品、蔬菜零售	167513.97	21287.24	46770.04	1931.25
肉、禽、蛋、奶及水产品零售	640960.47	55187.79	22872.87	8141.66
营养和保健品零售	168205.81	41943.94	18219.60	520.93
酒、饮料及茶叶零售	578633.12	145281.17	70808.00	20024.10
烟草制品零售	290658.13	63678.05	165742.44	4969.89
其他食品零售	482221.40	105758.64	42158.22	86594.42
纺织、服装及日用品专门零售	**6382759.85**	**3139848.37**	**1823197.23**	**34821.92**
纺织品及针织品零售	577116.56	95491.38	64155.04	1284.82
服装零售	3557316.23	2348267.60	804553.68	14889.44
鞋帽零售	702504.40	164776.01	446530.13	323.93
化妆品及卫生用品零售	375661.27	225211.14	77846.19	3562.83
钟表、眼镜零售	377948.46	59434.55	275196.89	5544.11
箱、包零售	132419.48	49570.93	29612.94	666.39
厨房用具及日用杂品零售	141904.03	27023.05	44908.79	2741.03
自行车零售	33701.51	7611.53	9111.41	1758.64
其他日用品零售	484187.92	162462.17	71282.17	4050.75
文化、体育用品及器材专门零售	**4302060.42**	**1515211.24**	**790202.48**	**45648.52**
文具用品零售	304083.18	121156.18	51101.39	5826.05
体育用品及器材零售	938816.02	841718.75	59679.88	2920.79
图书、报刊零售	711382.66	207437.52	319084.54	15252.40
音像制品及电子出版物零售	41297.10	15194.91	3814.34	11837.05
珠宝首饰零售	1924025.93	162164.41	283751.67	4627.80
工艺美术品及收藏品零售	156469.04	62373.76	31859.58	3131.68
乐器零售	49173.09	29475.87	8511.58	23.07
照相器材零售	58977.94	29830.66	16420.21	1538.71

（按国民经济行业分）（主营业务收入）

单位：万元

汕头市	佛山市	韶关市	河源市	梅州市	惠州市	汕尾市
2316741.33	**9200618.58**	**673691.24**	**951804.73**	**1097469.41**	**3209376.87**	**387784.10**
205383.82	**1560156.60**	**133274.51**	**69842.21**	**149871.22**	**396199.97**	**46110.42**
104975.39	554990.56	22759.30	40675.64	20556.40	300224.77	12239.91
68572.29	931088.37	105771.48	24497.56	113271.64	72072.16	33138.75
31836.14	74077.67	4743.73	4669.01	16043.19	23903.04	731.76
120980.51	**167393.59**	**38277.48**	**68423.86**	**28177.86**	**127098.48**	**43294.31**
24196.85	10083.94	7528.61	1596.59	560.36	8901.67	1477.75
8438.43	10780.66	193.27	366.86	10.75	3203.73	768.22
2721.26	6613.44	4167.41	6706.84	1423.26	15109.12	385.00
13346.32	7243.28	6037.97	35939.12	3896.25	20608.55	39532.10
4010.43	41895.55	168.13	469.04	302.40	413.66	
41955.50	55782.27	13847.66	4938.41	16910.34	69358.63	508.67
2791.79	8424.25	1763.43	1192.88	771.75	3522.02	33.60
23519.94	26570.21	4571.01	17214.13	4302.75	5981.10	588.96
175348.42	**315131.63**	**6944.78**	**5845.25**	**12144.67**	**116659.99**	**6825.36**
39519.19	187679.09	1467.96	1737.31	995.36	6991.38	285.46
67257.22	46894.34	234.61	1297.62	3511.92	45397.86	500.30
10462.91	5409.97	128.84		480.69	23933.13	34.00
13066.30	7381.89	1339.11	307.18	180.45	2800.86	72.00
8411.88	10819.52	58.64	114.69	215.00	1958.12	55.00
1356.64	1191.20			23.00	22520.85	
7895.82	13648.36	318.87	211.27	1600.31	2238.64	12.60
1106.73	4633.84	73.26		74.45		
26271.74	37473.43	3323.49	2177.19	5063.49	10819.15	5866.00
86261.25	**114819.34**	**11535.96**	**14417.55**	**9661.40**	**27350.64**	**3485.50**
30582.04	20310.34	6289.60	2976.41	1291.59	5002.46	266.80
3121.11	8856.48		548.25	79.44	1842.10	10.00
8500.75	27023.11	4844.52	981.12	4549.57	9568.96	2658.90
1332.24	429.71	142.64	498.80	1222.42	554.48	23.00
18018.60	32021.99	56.49	8441.77	1587.76	4478.11	426.00
12930.54	10094.67	15.93	175.00	619.49	1775.50	60.00
860.33	6544.19	12.00	163.20	36.01	165.60	
884.12	1075.58	26.43	630.00	0.96	1139.92	

1-29 续表1

	东莞市	中山市	江门市	阳江市
总计	**9602251.08**	**3674113.55**	**2722089.51**	**1007187.42**
综合零售	**1054829.23**	**707209.18**	**341578.86**	**98806.02**
百货零售	418086.14	485752.51	170587.49	67284.88
超级市场零售	596961.66	204205.84	108606.23	10033.59
其他综合零售	39781.43	17250.82	62385.14	21487.55
食品、饮料及烟草制品专门零售	**120423.44**	**42382.37**	**21411.31**	**32837.41**
粮油零售	12253.56	3477.07	4192.03	2405.44
糕点、面包零售	5407.84	1543.78	1466.67	1730.16
果品、蔬菜零售	12230.68	1314.20	648.17	1573.12
肉、禽、蛋、奶及水产品零售	5836.36	3691.63	2379.09	13862.36
营养和保健品零售	1881.56	2389.55	72.81	1608.15
酒、饮料及茶叶零售	39734.80	8380.49	1578.27	5318.17
烟草制品零售	4149.84	587.02	1566.71	610.77
其他食品零售	38928.80	20998.63	9507.56	5729.24
纺织、服装及日用品专门零售	**240914.81**	**84258.70**	**40246.05**	**21898.84**
纺织品及针织品零售	79249.71	20868.16	10179.29	1509.30
服装零售	79249.10	18904.86	5613.82	5071.00
鞋帽零售	20778.97	9761.07	1638.58	176.41
化妆品及卫生用品零售	5183.08	3072.90	130.92	3435.86
钟表、眼镜零售	2486.72	612.68	1236.28	2743.17
箱、包零售	6218.56	2780.40	1486.40	413.34
厨房用具及日用杂品零售	7044.17	3516.87	563.41	3446.30
自行车零售	3232.03	1042.76		
其他日用品零售	37472.49	23699.00	19397.35	5103.45
文化、体育用品及器材专门零售	**57349.30**	**47552.03**	**31628.31**	**42431.37**
文具用品零售	14911.75	9190.61	3272.75	6964.12
体育用品及器材零售	4068.17	3121.93	253.81	1723.60
图书、报刊零售	11240.08	5242.98	12110.07	5277.13
音像制品及电子出版物零售	3217.57	297.36	215.25	999.74
珠宝首饰零售	7301.87	23795.51	14667.47	5447.11
工艺美术品及收藏品零售	10790.19	1613.12	149.17	1429.67
乐器零售	547.92	992.95	44.81	141.85
照相器材零售	146.00	542.52	111.01	2226.08

湛江市	茂名市	肇庆市	清远市	潮州市	揭阳市	云浮市
2226927.81	**2802431.21**	**2851178.11**	**664520.46**	**691310.33**	**2835083.27**	**973380.42**
226684.56	**301494.24**	**149759.90**	**75269.56**	**93049.56**	**221309.29**	**67346.09**
67116.57	118936.78	47336.71	64036.40	36597.59	112739.67	15662.12
124629.51	134949.59	69690.42	8022.29	33287.86	80931.93	41379.52
34938.48	47607.88	32732.77	3210.86	23164.11	27637.69	10304.46
146703.41	**340504.42**	**32066.11**	**12660.36**	**61973.54**	**248980.80**	**64591.62**
12760.03	101027.73	5379.36	2406.94	2467.99	27468.46	12283.02
5590.72	7860.79	2780.90	897.46	2816.10	16322.36	1232.17
5532.58	19433.84	5760.58	2142.48	450.16	3216.46	8096.85
88594.45	149819.28	3015.80	1397.25	29593.08	124129.31	5835.93
2872.72	8662.97	431.17	1340.74	1595.04	39198.50	208.94
14399.24	23536.55	9909.86	1638.05	8525.41	17070.27	9127.26
3904.67	4321.98	935.98	356.30	1288.98	12688.30	7357.49
13049.01	25841.29	3852.46	2481.14	15236.79	8887.13	20449.97
38739.57	**70432.30**	**14897.49**	**3048.56**	**25274.77**	**172400.09**	**33881.05**
5198.85	6249.53	2992.71	38.40	4750.00	44679.94	1793.69
13696.98	29180.14	1817.23	501.74	10696.56	51648.63	8131.57
1192.57	3963.22			484.29	11218.90	1210.81
1513.03	5611.20	1518.17	578.59		22026.08	823.52
583.80	3379.57	292.42		810.06	3463.90	531.47
484.94	34.57	460.00	586.47		14518.32	494.54
1743.38	1859.61	1225.80	387.18	1592.63	8392.95	11532.99
1168.21	817.35	13.06		500.72	926.64	1630.88
13157.81	19337.12	6578.11	956.18	6440.52	15524.73	7731.58
33238.71	**47805.03**	**1313326.67**	**10991.31**	**16090.52**	**62977.72**	**20075.59**
1707.56	7882.93	1820.11	1237.61	4255.81	4537.74	3499.34
1213.88	4755.62	485.97	10.00	710.68	3654.00	41.57
17345.23	15083.25	7852.67	2262.25	4539.50	27966.02	2562.09
277.86	80.52		29.38	458.26	671.56	
7632.98	10309.57	1298144.03	6483.53	3056.62	21230.45	10382.20
1972.50	4099.80	4319.86	163.72	2378.13	4743.95	1772.79
561.50			239.82	455.20	1.50	395.70
29.64	3295.78					1080.32

1-29 续表2

	全省合计	广州市	深圳市	珠海市
其他文化用品零售	117835.47	45859.18	15979.30	490.99
医药及医疗器材专门零售	**3923118.76**	**1189818.47**	**644460.23**	**173105.25**
药品零售	3295695.78	900091.26	548165.55	117269.77
医疗用品及器材零售	627422.98	289727.21	96294.68	55835.48
汽车、摩托车、燃料及零配件专门零售	**49520860.90**	**13915712.70**	**9023910.05**	**1447807.40**
汽车零售	31198849.01	9656728.62	6672645.69	852713.40
汽车零配件零售	1220472.53	403524.62	294811.40	71728.27
摩托车及零配件零售	459306.10	51541.50	6780.90	2218.68
机动车燃料零售	16642233.25	3803917.96	2049672.06	521147.05
家用电器及电子产品专门零售	**10688838.93**	**3213234.76**	**3152469.93**	**254973.76**
家用视听设备零售	1045169.42	628121.23	63928.16	68815.32
日用家电设备零售	3758853.46	799061.27	1131959.54	59406.54
计算机、软件及辅助设备零售	1232089.83	425702.84	222572.01	73789.42
通信设备零售	2643738.88	866430.41	684088.78	26966.80
其他电子产品零售	2008987.35	493919.01	1049921.43	25995.69
五金、家具及室内装饰材料专门零售	**4791377.50**	**1074497.52**	**685833.75**	**95721.55**
五金零售	1847086.27	460137.62	227895.94	39587.90
灯具零售	168620.81	24417.68	21574.03	1715.62
家具零售	901148.83	173549.78	216510.88	14070.43
涂料零售	260421.12	38501.53	35382.68	2488.71
卫生洁具零售	126777.44	63281.75	6514.55	996.14
木质装饰材料零售	142501.55	19817.70	32877.79	6408.56
陶瓷、石材装饰材料零售	548831.78	182812.58	19494.73	9582.16
其他室内装饰材料零售	795989.70	111978.88	125583.15	20872.02
货摊、无店铺及其他零售业	**6253629.66**	**2043278.18**	**1185348.34**	**141941.08**
货摊食品零售	10114.81	673.87	192.40	169.96
货摊纺织、服装及鞋零售	10364.23	2262.19	1246.90	
货摊日用品零售	9639.84	87.16	344.97	5.35
互联网零售	2508827.67	1587862.50	730568.94	117.68
邮购及电视、电话零售	49648.37	3528.92	43382.56	
旧货零售	13968.69	1701.18	433.17	28.14
生活用燃料零售	1300911.97	66070.56	40987.64	25194.15
其他未列明零售业	2350154.09	381091.79	368191.76	116425.82

汕头市	佛山市	韶关市	河源市	梅州市	惠州市	汕尾市
10031.53	8463.26	148.36	3.00	274.18	2823.52	40.80
140846.49	**298935.88**	**33810.35**	**35233.96**	**44125.35**	**40445.92**	**4098.78**
110593.00	272711.12	29361.55	32977.64	38062.30	34448.61	3978.78
30253.48	26224.76	4448.80	2256.32	6063.04	5997.31	120.00
1113278.05	**4582782.87**	**282105.56**	**593001.93**	**701374.65**	**1958102.43**	**240313.14**
833830.46	3829144.45	222008.90	174061.22	205779.77	877255.13	33086.68
25171.57	37313.77	7060.77	13221.44	79971.04	15903.72	991.20
12388.73	49483.79	10351.51	5663.10	16804.60	8429.11	1905.90
241887.29	666840.85	42684.38	400056.17	398819.24	1056514.47	204329.36
214514.77	**667017.35**	**113411.74**	**81033.00**	**68745.22**	**244839.58**	**20935.02**
3234.25	35772.63	5880.76	8357.07	583.67	15621.59	2216.08
101413.99	426218.72	68838.76	48223.41	40747.27	145997.94	13491.43
44016.87	63788.98	32215.98	12770.92	22012.97	32536.58	2415.48
28382.83	64891.50	5668.33	6501.80	1864.32	22128.63	2676.03
37466.83	76345.53	807.93	5179.80	3536.99	28554.85	136.00
167082.01	**946944.81**	**22716.77**	**51736.74**	**49896.77**	**83114.21**	**6307.84**
82559.56	327134.85	6149.83	22102.61	5449.39	29732.89	3331.42
5895.24	10885.37	125.85	940.97	81.57	4863.47	384.62
18597.57	127067.84	4326.83	7324.46	6589.16	15292.93	773.74
5186.51	88325.51	1230.11	2.00	50.00	3175.29	20.00
9614.83	31394.35		457.07	475.75	404.76	
4635.69	17578.54	421.03	20.00	440.13	4670.69	277.69
11524.53	144094.60	1408.29	5012.66	2623.85	13817.25	1085.10
29068.09	200463.75	9054.83	15876.96	34186.92	11156.92	435.27
93046.00	**547436.51**	**31614.09**	**32270.22**	**33472.27**	**215565.66**	**16413.73**
	18.55	33.28	155.00		3703.01	20.00
445.49	175.14	158.69	78.50	488.70	421.15	
1089.37	23.32			20.00		
3544.72	22138.44	23.42	98.70		153021.62	
5.00	13.45				432.70	
	189.14		116.80	1103.03	497.03	104.00
29701.23	244989.77	19319.57	16396.70	17415.26	33778.13	11082.66
58260.19	279888.71	12079.13	15424.52	14445.28	23712.02	5207.07

1-29 续表3

	东莞市	中山市	江门市	阳江市
其他文化用品零售	5125.75	2755.06	803.96	18222.06
医药及医疗器材专门零售	**268826.52**	**92054.76**	**70243.37**	**53792.81**
药品零售	259896.64	76291.86	64122.54	51594.71
医疗用品及器材零售	8929.87	15762.90	6120.83	2198.10
汽车、摩托车、燃料及零配件专门零售	**5494852.92**	**2115546.45**	**1711235.15**	**611563.66**
汽车零售	3595976.17	1220757.02	753282.19	183816.83
汽车零配件零售	149313.18	19307.84	4878.85	9153.67
摩托车及零配件零售	1196.17	23125.77	51749.62	9508.95
机动车燃料零售	1748367.39	852355.82	901324.49	409084.21
家用电器及电子产品专门零售	**1244309.18**	**242103.48**	**268746.39**	**51397.47**
家用视听设备零售	12385.80	99826.44	1605.24	9814.52
日用家电设备零售	345438.10	56139.21	95321.59	17801.87
计算机、软件及辅助设备零售	67375.68	24104.05	31622.52	16118.78
通信设备零售	647844.41	32559.44	118520.73	5851.13
其他电子产品零售	171265.18	29474.34	21676.30	1811.17
五金、家具及室内装饰材料专门零售	**403335.94**	**239103.22**	**87662.92**	**46181.68**
五金零售	196456.34	102229.69	63538.51	22979.25
灯具零售	11982.02	74135.10	1238.73	645.08
家具零售	61645.19	35992.58	7031.99	8848.99
涂料零售	19999.92	5449.06	8234.78	513.02
卫生洁具零售	1731.25	3490.91	597.71	407.82
木质装饰材料零售	27394.84	2267.86	345.21	1779.18
陶瓷、石材装饰材料零售	35668.01	2772.30	2175.13	3002.73
其他室内装饰材料零售	48458.37	12765.73	4500.87	8005.62
货摊、无店铺及其他零售业	**717409.76**	**103903.37**	**149337.14**	**48278.17**
货摊食品零售	3320.94		15.37	
货摊纺织、服装及鞋零售	4848.20	173.45	64.31	
货摊日用品零售	370.84	52.31		1010.63
互联网零售	686.43	2387.18	139.82	3312.67
邮购及电视、电话零售	1802.62			
旧货零售	39.63	40.10	368.70	
生活用燃料零售	240136.31	58452.67	88046.04	18849.38
其他未列明零售业	466204.80	42797.66	60702.90	25105.49

湛江市	茂名市	肇庆市	清远市	潮州市	揭阳市	云浮市
2497.55	2297.55	704.04	565.00	236.31	172.50	341.57
114220.86	**420397.27**	**85372.14**	**23518.61**	**25420.53**	**137357.89**	**27033.34**
102274.64	401981.31	75983.76	22071.34	22649.08	105519.58	25650.73
11946.22	18415.96	9388.38	1447.27	2771.45	31838.30	1382.60
1283574.87	**1140172.02**	**1086274.38**	**369374.24**	**344960.63**	**1038568.87**	**466348.94**
546496.87	320018.23	348169.14	313707.48	183453.44	310838.69	65078.64
10719.70	31377.42	2651.58	897.26	716.08	18093.02	23666.13
28382.22	62373.34	39409.16	5793.26	8061.81	26742.04	37395.96
697976.09	726403.03	696044.51	48976.24	152729.31	682895.12	340208.21
178356.85	**182331.53**	**66220.31**	**74932.49**	**41677.86**	**239360.05**	**68228.16**
10586.55	31092.12	3615.28	11345.13	6217.35	17572.66	8577.58
97526.40	80808.01	47625.30	46926.41	13871.40	80131.89	41904.42
29344.51	39137.24	7307.03	9788.47	11319.71	56293.85	7855.94
24405.35	18035.99	2308.08	2880.02	7266.59	66857.56	7610.16
16494.05	13258.18	5364.63	3992.47	3002.81	18504.09	2280.07
131711.19	**131301.63**	**48774.30**	**18302.42**	**42153.47**	**368239.29**	**90759.48**
60572.57	43323.11	18260.13	4043.18	9803.36	106889.54	14908.57
2538.93	3969.50	1727.57	291.39	689.66	378.40	140.00
23512.94	36298.33	4661.53	3383.83	14210.33	110104.71	11354.79
2019.31	5780.23	138.26	638.92	1460.33	40240.05	1584.90
1160.82	2193.90	269.93	70.51	389.72	3124.30	201.38
12315.83	2592.66	2211.51	84.57	1196.34	4335.09	830.67
19644.05	16964.06	4955.86	418.03	7304.27	12506.87	51964.73
9946.74	20179.85	16549.52	9371.99	7099.46	90660.33	9774.44
73697.79	**167992.76**	**54486.80**	**76422.91**	**40709.45**	**345889.28**	**135116.16**
49.60	210.34	46.30			1070.60	435.62
1.50						
1656.10		122.45	1573.05		3284.30	
1.00	112.50	3454.50	51.45		1306.11	
				470.06		13.06
79.77	1321.00	51.56	10.00	3640.59	4000.70	244.15
36529.66	51503.38	21328.50	61712.89	16659.51	181225.32	21532.66
35380.17	114845.54	29483.50	13075.52	19939.29	155002.25	112890.68

1-30 分地区零售业法人企业财务状况

	全省合计	广州市	深圳市	珠海市
总计	**65662902.78**	**17359046.54**	**17026010.42**	**2471304.84**
综合零售	**12836357.58**	**2975806.82**	**4824338.60**	**569385.20**
百货零售	7955420.98	1591682.06	3738601.03	521809.41
超级市场零售	3992935.57	1207315.33	964918.66	36921.45
其他综合零售	888001.04	176809.43	120818.91	10654.34
食品、饮料及烟草制品专门零售	**3144965.69**	**559895.27**	**570494.56**	**168429.78**
粮油零售	316858.00	79158.16	16368.48	3092.07
糕点、面包零售	166216.78	115679.27	18410.17	970.26
果品、蔬菜零售	158455.40	34880.45	20188.40	8443.35
肉、禽、蛋、奶及水产品零售	391252.11	56656.70	22294.31	7367.44
营养和保健品零售	130964.25	43209.98	20198.33	1999.25
酒、饮料及茶叶零售	741636.61	136912.35	97541.54	30910.95
烟草制品零售	732583.80	25057.54	324083.68	56383.03
其他食品零售	506998.74	68340.84	51409.65	59263.44
纺织、服装及日用品专门零售	**5105120.70**	**1948864.98**	**2056745.80**	**76808.31**
纺织品及针织品零售	391025.39	57877.05	59449.21	5050.84
服装零售	2721015.59	1447985.98	954435.01	40489.51
鞋帽零售	495113.33	104026.10	333676.54	1677.02
化妆品及卫生用品零售	316939.37	189680.02	90628.53	4100.63
钟表、眼镜零售	349087.16	52991.50	268702.73	5251.15
箱、包零售	86463.67	27108.92	31860.69	672.82
厨房用具及日用杂品零售	185005.06	14874.56	80151.51	3689.20
自行车零售	29581.94	8950.46	9423.13	566.24
其他日用品零售	530889.21	45370.38	228418.46	15310.90
文化、体育用品及器材专门零售	**2767189.24**	**965806.04**	**970437.22**	**77989.16**
文具用品零售	248732.20	100649.64	48059.52	6519.18
体育用品及器材零售	478834.02	377420.45	63747.49	2358.70
图书、报刊零售	775077.03	193691.17	335116.94	26412.79
音像制品及电子出版物零售	38365.16	10448.74	8163.43	4943.20
珠宝首饰零售	826943.82	172905.68	383953.84	21904.41
工艺美术品及收藏品零售	186882.02	57270.87	44423.75	13301.66
乐器零售	29669.34	15877.28	8089.30	9.39
照相器材零售	76950.96	11301.53	58217.72	1739.09

（按国民经济行业分）（资产总计）

单位：万元

汕头市	佛山市	韶关市	河源市	梅州市	惠州市	汕尾市
1177698.72	**5703508.70**	**459050.51**	**685176.25**	**652753.03**	**2001617.10**	**226684.09**
139867.41	**1342238.86**	**81191.02**	**82948.46**	**150401.59**	**385926.97**	**94392.04**
61968.10	315066.87	15158.29	60345.47	35708.75	344161.15	33519.48
47328.59	802545.26	56428.55	13562.10	97559.62	26728.61	56240.45
30570.72	224626.73	9604.17	9040.89	17133.23	15037.21	4632.11
51403.30	**207860.11**	**57217.24**	**104486.68**	**53204.32**	**245866.33**	**17469.98**
20561.41	8155.42	15953.51	1466.04	648.71	13561.05	428.82
2257.17	2624.24	63.64	254.18	50.00	2387.14	139.87
443.49	9849.33	4168.63	12560.42	2599.13	5505.78	20.00
1870.05	7762.12	4252.30	21894.85	6930.78	38705.69	12590.50
2331.84	12305.50	9.61	120.00	1633.12	23651.39	
16288.45	132210.45	14751.33	14371.48	24929.71	123544.12	1049.71
984.55	21096.80	11732.74	9952.22	9581.93	28189.86	2985.00
6666.35	13856.25	6285.48	43867.48	6830.94	10321.29	256.08
89753.80	**231709.26**	**4035.58**	**25668.09**	**13175.80**	**94280.52**	**3647.13**
14682.08	104798.78	1110.05	7457.02	786.81	5090.24	117.74
44125.42	28236.57	453.88	2146.31	5466.46	23436.40	210.60
2285.34	3378.84	193.09		340.47	12889.52	24.00
7860.34	4368.71	354.69	199.80	251.17	1526.37	72.00
4233.20	6141.07	178.11	16.70	290.00	1039.53	208.00
208.43	869.04			80.00	9867.18	
5682.99	8195.94	924.11	272.28	439.57	32705.34	8.00
602.00	2504.79	51.01		8.39		
10074.02	73215.51	770.64	15575.98	5512.93	7725.95	3006.79
89266.76	**114687.22**	**25383.41**	**22568.91**	**10759.30**	**47437.74**	**4876.91**
3813.23	22004.50	16198.42	2448.24	1571.75	5395.62	229.21
2388.12	6654.95		286.46	642.75	1915.38	21.00
20284.69	38100.42	8682.18	2074.79	4705.25	13584.45	4220.70
2605.04	244.95	88.54	384.10	865.13	196.84	
47486.63	30442.66	86.32	14629.58	1400.30	7231.54	107.00
7527.26	6969.87	48.56	2500.80	1069.84	9904.51	149.00
325.30	2991.64	40.00	241.05	42.29	266.78	
270.40	811.48	36.36			382.25	

1-30 续表1

	东莞市	中山市	江门市	阳江市
总计	**6798597.80**	**1855169.87**	**1439205.39**	**541401.99**
综合零售	**703635.25**	**318700.05**	**263423.65**	**63837.75**
百货零售	347683.74	181047.85	195125.97	34005.05
超级市场零售	282198.18	112225.80	43308.12	10868.59
其他综合零售	73753.33	25426.40	24989.56	18964.12
食品、饮料及烟草制品专门零售	**140878.19**	**43365.81**	**58466.13**	**25463.08**
粮油零售	6933.17	1408.80	9867.65	6559.62
糕点、面包零售	4267.65	248.95	489.05	942.25
果品、蔬菜零售	12117.24	1198.14	6264.26	365.18
肉、禽、蛋、奶及水产品零售	7062.24	11206.96	5392.73	9110.36
营养和保健品零售	2374.31	1268.98	43.18	579.91
酒、饮料及茶叶零售	52202.88	12366.62	4846.07	2025.27
烟草制品零售	5312.34	475.55	25950.36	61.88
其他食品零售	50608.37	15191.80	5612.84	5818.60
纺织、服装及日用品专门零售	**220900.96**	**90223.44**	**44251.36**	**11822.83**
纺织品及针织品零售	60111.95	19015.60	22093.82	318.44
服装零售	71488.34	39224.10	2479.66	3241.74
鞋帽零售	18890.25	10011.49	884.92	141.01
化妆品及卫生用品零售	4698.90	1474.17	199.96	1599.20
钟表、眼镜零售	2407.38	634.58	493.92	2449.74
箱、包零售	7733.92	1625.36	314.65	148.77
厨房用具及日用杂品零售	9627.66	2128.54	3189.18	1110.94
自行车零售	4082.37	670.23	10.76	
其他日用品零售	41860.19	15439.39	14584.49	2812.99
文化、体育用品及器材专门零售	**95139.12**	**37186.45**	**27546.46**	**43388.60**
文具用品零售	14228.18	5375.31	2003.86	2564.00
体育用品及器材零售	6340.95	6198.97	313.38	446.47
图书、报刊零售	22631.88	5007.14	12152.87	8039.65
音像制品及电子出版物零售	7978.20	151.30	145.26	672.73
珠宝首饰零售	19010.77	16554.30	6644.03	2325.85
工艺美术品及收藏品零售	14544.67	997.41	5167.99	6741.75
乐器零售	516.77	465.89	156.72	58.21
照相器材零售	108.02	340.44	73.76	2550.23

湛江市	茂名市	肇庆市	清远市	潮州市	揭阳市	云浮市
1702823.76	**1633818.18**	**1510487.87**	**447134.64**	**259212.11**	**926331.45**	**785869.52**
218470.60	**260533.34**	**172748.06**	**60147.04**	**43378.77**	**56549.92**	**28436.22**
129071.61	151321.96	120455.53	30574.17	9373.38	33052.18	5688.94
66898.30	88996.47	32942.57	5159.59	11735.71	14546.19	14507.44
22500.69	20214.91	19349.96	24413.28	22269.68	8951.56	8239.84
358450.51	**181447.68**	**30387.54**	**35277.11**	**17587.13**	**82640.75**	**134674.19**
24947.99	53857.98	9138.92	10269.05	3598.33	7672.65	23210.17
3397.03	4666.55	1009.92	155.35	439.14	6432.19	1332.77
5323.78	17212.97	8625.76	4296.34	188.07	1962.18	2242.49
94384.18	49468.42	1190.81	2694.80	1831.49	19416.04	9169.34
2145.70	4893.94	41.52	2260.21	276.96	11546.90	73.64
16581.11	16989.21	2779.28	4241.92	6199.32	24932.15	5962.70
106844.06	16867.25	612.77	7614.59	253.84	2303.93	76239.88
104826.67	17491.37	6988.56	3744.84	4799.99	8374.72	16443.19
28321.86	**56472.19**	**11788.41**	**3463.54**	**13821.40**	**48727.12**	**30638.32**
3552.62	10695.22	3661.55	604.00	2133.19	11894.28	524.90
7799.10	20104.36	1430.51	557.77	1838.33	19660.79	6204.76
1256.24	3134.83			45.95	1495.00	762.71
1773.45	2304.72	1326.36	241.61		3344.02	934.74
1806.13	1010.56	400.44		92.30	454.60	285.54
202.52	252.47	186.20	470.64		4511.20	350.87
1185.67	1746.32	513.03	190.33	745.09	956.51	16668.30
562.42	647.92	65.90		166.91	700.67	568.74
10183.72	16575.80	4204.42	1399.19	8799.65	5710.06	4337.76
47247.81	**48785.15**	**33797.77**	**17191.35**	**9590.37**	**50992.00**	**27111.50**
2862.19	7575.08	1828.98	845.28	1629.84	1344.97	1585.19
1018.42	7535.33	388.40	80.00	377.41	678.00	21.39
28454.25	20494.07	9537.43	4632.80	5162.76	9508.96	2581.86
140.48	605.43		63.80	93.00	575.00	
10725.47	9018.82	15129.10	10357.85	1467.11	38458.11	17104.49
1345.97	1617.93	6661.28	623.23	335.76	290.33	5389.60
264.64			111.28	113.16	3.75	95.89
716.95	200.88					201.85

1-30 续表2

	全省合计	广州市	深圳市	珠海市
其他文化用品零售	105734.69	26240.69	20665.23	800.74
医药及医疗器材专门零售	**2556562.98**	**635481.36**	**516825.47**	**203395.15**
药品零售	2046250.82	391118.84	440274.39	149927.54
医疗用品及器材零售	510312.16	244362.51	76551.08	53467.61
汽车、摩托车、燃料及零配件专门零售	**23404373.65**	**7163282.66**	**3597162.29**	**856644.70**
汽车零售	14259566.92	4115750.00	2881555.96	626293.24
汽车零配件零售	806014.07	273905.36	237050.05	34223.37
摩托车及零配件零售	261254.98	21930.31	387.10	1450.05
机动车燃料零售	8077537.68	2751696.99	478169.18	194678.04
家用电器及电子产品专门零售	**7560243.14**	**1805171.47**	**2747437.06**	**212582.20**
家用视听设备零售	474020.44	218613.60	60977.22	32075.72
日用家电设备零售	2718339.90	745030.93	694196.17	62129.15
计算机、软件及辅助设备零售	932285.91	280983.77	195446.72	53636.93
通信设备零售	1239488.52	275167.19	369946.96	22480.55
其他电子产品零售	2196108.36	285375.99	1426869.98	42259.85
五金、家具及室内装饰材料专门零售	**4866552.84**	**617188.83**	**1074658.30**	**183030.92**
五金零售	1684771.46	252265.95	204205.96	68382.89
灯具零售	127127.37	13139.67	30179.86	5439.46
家具零售	1216800.09	131080.82	557182.04	17580.26
涂料零售	171981.13	18211.83	70193.31	1468.49
卫生洁具零售	71033.01	26363.12	5269.16	742.49
木质装饰材料零售	222946.05	13019.39	29656.89	5384.91
陶瓷、石材装饰材料零售	533435.38	58956.10	33180.44	11442.53
其他室内装饰材料零售	838458.36	104151.95	144790.64	72589.89
货摊、无店铺及其他零售业	**3421536.96**	**687549.12**	**667911.12**	**123039.42**
货摊食品零售	10403.58	232.49	318.42	1063.96
货摊纺织、服装及鞋零售	6910.83	2347.91	1867.32	
货摊日用品零售	6914.37	88.34	920.31	57.35
互联网零售	545210.20	253323.42	232988.16	506.24
邮购及电视、电话零售	36481.15	4549.00	30326.43	
旧货零售	20718.27	749.56	755.25	11488.45
生活用燃料零售	746331.47	46945.00	12594.29	14359.39
其他未列明零售业	2048567.08	379313.40	388140.95	95564.04

汕头市	佛山市	韶关市	河源市	梅州市	惠州市	汕尾市
4566.10	6466.76	203.03	3.90	462.00	8560.36	150.00
55778.00	**144786.70**	**26833.86**	**30448.49**	**36706.05**	**19478.53**	**3286.28**
41606.65	123730.52	24548.70	26958.21	30918.86	13148.10	2996.28
14171.35	21056.18	2285.16	3490.29	5787.19	6330.42	290.00
416467.64	**2155442.54**	**146477.01**	**193068.77**	**218656.70**	**709583.02**	**78391.67**
343776.18	1889769.27	95484.50	104487.48	102049.59	451407.62	19203.87
12081.48	31234.80	7832.64	4398.00	23101.55	19009.75	519.72
3946.30	20225.68	3355.81	1881.84	11145.89	5187.63	3377.90
56663.68	214212.79	39804.06	82301.45	82359.68	233978.03	55290.18
194242.45	**341554.43**	**53633.22**	**86145.68**	**46251.44**	**250772.88**	**7680.27**
2030.93	26317.30	4850.83	7402.13	3121.17	10192.33	794.06
94347.92	179497.56	20059.71	54110.57	16824.28	130988.18	3649.39
65899.50	37439.12	20573.72	11861.78	13813.20	20843.44	1607.46
17407.58	20621.98	7636.23	5703.38	5715.74	15822.42	1130.37
14556.53	77678.47	512.74	7067.83	6777.05	72926.52	499.00
68617.53	**698696.88**	**35959.12**	**98961.76**	**86729.47**	**177822.02**	**9501.86**
27937.44	248346.66	13051.38	37036.06	14741.17	51805.92	3858.37
2656.15	6747.79	56.54	1473.33	66.06	5758.33	516.91
12888.69	145907.65	5497.81	10889.83	21414.19	56438.25	1454.34
917.86	42455.59	1166.22	3.00	50.00	2550.94	5.00
1788.61	16336.28	10.69	330.10	493.76	5508.58	
1508.93	18995.91	2718.40	150.00	229.98	1391.96	215.55
5302.79	97033.36	1230.50	8308.28	18042.73	11145.59	3083.80
15617.06	122873.65	12227.59	40771.17	31691.56	43222.44	367.89
72301.81	**466532.69**	**28320.06**	**40879.41**	**36868.36**	**70449.11**	**7437.95**
	20.00	21.36	87.00		4900.00	763.00
60.54	190.42	251.36	21.00	95.00	10.00	
188.28	58.38			80.00		
1790.34	15363.20	9.72	32.00		30111.75	
8.00	10.53		5.52		222.58	
	909.74		208.86	968.44	365.51	36.00
8509.13	185525.01	15434.91	17163.65	16593.35	18955.49	2169.48
61745.52	264455.41	12602.70	23361.38	19131.57	15883.79	4469.47

1-30 续表3

	东莞市	中山市	江门市	阳江市
其他文化用品零售	9779.68	2095.70	888.58	19989.72
医药及医疗器材专门零售	**148789.95**	**48616.29**	**35980.53**	**45007.60**
药品零售	143795.13	34194.05	31712.66	41381.29
医疗用品及器材零售	4994.82	14422.24	4267.88	3626.31
汽车、摩托车、燃料及零配件专门零售	**3548689.36**	**848111.29**	**676527.59**	**174297.44**
汽车零售	1554974.41	642843.32	351022.47	82712.97
汽车零配件零售	83491.83	10672.07	11576.68	2953.39
摩托车及零配件零售	337.45	11564.50	36216.52	6235.05
机动车燃料零售	1909885.68	183031.40	277711.92	82396.04
家用电器及电子产品专门零售	**852851.75**	**151781.61**	**117109.24**	**34132.54**
家用视听设备零售	11932.64	19771.71	480.19	6667.68
日用家电设备零售	229966.04	75282.47	43455.06	9326.37
计算机、软件及辅助设备零售	56818.87	13749.50	20459.44	13324.73
通信设备零售	380657.79	20411.08	36265.83	2779.15
其他电子产品零售	173476.40	22566.86	16448.73	2034.61
五金、家具及室内装饰材料专门零售	**590893.08**	**253577.98**	**108030.32**	**116527.10**
五金零售	316897.29	106599.98	52478.31	85811.83
灯具零售	15841.04	39571.54	655.62	213.74
家具零售	64078.24	62269.00	23050.13	10023.01
涂料零售	14779.50	3450.31	7072.38	449.23
卫生洁具零售	3672.50	5696.63	448.99	211.43
木质装饰材料零售	38327.80	2879.62	113.30	8330.34
陶瓷、石材装饰材料零售	38946.94	1960.92	5648.25	588.46
其他室内装饰材料零售	98349.78	31149.98	18563.35	10899.08
货摊、无店铺及其他零售业	**496820.14**	**63606.96**	**107870.12**	**26925.05**
货摊食品零售	2315.90		13.47	
货摊纺织、服装及鞋零售	1883.62	97.18	74.48	
货摊日用品零售	185.05	1917.31		273.09
互联网零售	5458.76	1186.77	1799.85	1664.28
邮购及电视、电话零售	1300.44			
旧货零售	248.57	190.00	1067.08	
生活用燃料零售	122136.80	19672.96	37608.33	11049.11
其他未列明零售业	363291.00	40542.75	67306.91	13938.57

湛江市	茂名市	肇庆市	清远市	潮州市	揭阳市	云浮市
1719.45	1737.61	252.58	477.12	411.32	132.89	131.24
88100.99	**364851.09**	**78321.78**	**11342.66**	**8831.62**	**33881.35**	**19819.24**
65290.14	352703.25	70714.33	10340.77	7660.76	24519.53	18710.82
22810.85	12147.84	7607.44	1001.89	1170.86	9361.83	1108.42
426538.32	**347578.75**	**992573.98**	**187437.54**	**113681.45**	**310115.55**	**243645.37**
216964.12	165903.00	201831.10	157708.88	78099.57	141249.40	36479.99
13784.20	15625.22	3234.62	1882.45	706.05	8968.21	9762.65
26957.39	46458.10	25774.70	3250.93	3122.79	5429.84	23019.23
168832.63	119592.42	761733.56	24595.29	31753.04	154468.12	174383.51
197512.35	**135669.32**	**43667.47**	**32620.36**	**17927.52**	**186197.07**	**45302.81**
6764.22	28914.91	2928.10	6641.67	3313.08	8649.59	11581.36
120433.64	59252.26	22550.26	13524.74	3918.70	123852.84	15943.70
38503.27	27926.83	6296.36	8128.41	7259.33	27233.44	10480.09
20720.31	8584.38	1455.86	1284.26	2332.73	19184.74	4180.01
11090.91	10990.94	10436.90	3041.27	1103.67	7276.47	3117.64
266818.92	**109193.03**	**59810.97**	**24021.33**	**19221.98**	**88701.06**	**178590.39**
76490.90	30629.63	27203.48	8595.93	3713.80	30351.23	24367.30
1377.11	683.75	668.65	819.16	595.91	663.75	3.00
30536.28	22373.15	2151.09	2600.42	7419.81	27054.27	4910.82
848.60	1373.93	123.65	342.59	630.32	5282.70	605.69
782.83	1401.73	345.59	482.59	204.36	919.80	23.77
92189.73	1734.28	1886.80		536.69	3094.13	581.47
42665.98	36216.49	8724.03	2753.10	4179.45	3289.30	140736.33
21927.50	14780.07	18707.69	8427.54	1941.64	18045.89	7362.01
71362.40	**129287.64**	**87391.90**	**75633.72**	**15171.87**	**68526.62**	**77651.50**
116.50		15.39			300.10	235.99
12.00						
528.71		310.29	468.46		1838.80	
1.00	184.79	700.80	28.12		61.00	
				53.27		5.39
38.93	453.00	15.76	3.00	1398.65	1180.10	641.39
23738.72	46557.68	19462.33	59447.33	4942.37	46091.54	17374.60
46926.55	82092.18	66887.32	15686.81	8777.57	19055.08	59394.12

1-31 分地区零售业法人企业财务状况

	全省合计	广州市	深圳市	珠海市
总计	**108117384.09**	**32392400.94**	**24283524.92**	**2859995.50**
内资企业	**90603059.60**	**25705056.75**	**18023000.98**	**2493809.24**
国有企业	2281600.77	223951.92	327025.33	336791.07
集体企业	1895592.05	271200.63	19086.52	17098.46
股份合作企业	335482.16	131969.99	12489.98	1518.11
联营企业	292087.06	90439.29	78414.62	949.07
国有联营企业	96527.50	34854.41	54266.77	152.71
集体联营企业	44684.94	14811.51	31.00	
国有与集体联营企业	24835.81	15224.99	11.00	
其他联营企业	126038.81	25548.38	24105.85	796.36
有限责任公司	35898090.27	7786712.46	7685461.08	1277388.08
国有独资公司	1435182.87	180971.03	982239.21	153843.36
其他有限责任公司	34462907.40	7605741.43	6703221.88	1123544.71
股份有限公司	14177594.44	6047679.85	979226.26	71620.05
私营企业	33474871.40	10926470.36	8484913.24	743858.66
私营独资企业	3397699.79	331665.29	311550.87	8169.42
私营合伙企业	397383.65	98969.48	44172.30	2304.34
私营有限责任公司	27516831.29	9067456.48	7915690.98	675655.05
私营股份有限公司	2162956.67	1428379.11	213499.09	57729.85
其他企业	2247741.45	226632.24	436383.95	44585.76
港、澳、台商投资企业	**8535282.65**	**3586745.89**	**3209980.25**	**172637.11**
与港澳台商合资经营企业	3768642.68	1469633.57	1805241.02	48458.88
与港澳台商合作经营企业	119345.99	32349.08	22736.10	26.16
港澳台商独资经营企业	4529785.03	2072841.06	1283812.10	123529.16
港澳台商投资股份有限公司	107336.72	5546.26	97868.49	622.91
其他港澳台投资企业	10172.24	6375.92	322.54	
外商投资企业	**8979041.84**	**3100598.30**	**3050543.69**	**193549.16**
中外合资经营企业	4073347.47	1392198.75	870821.82	4519.25
中外合作经营企业	825736.41	572563.41	225368.30	12751.80
外资企业	3886911.16	1124766.31	1805365.25	176205.90
外商投资股份有限公司	100717.90	10427.62	72936.72	
其他外商投资企业	92328.92	642.21	76051.61	72.20

（按登记注册类型分）（营业收入）

单位：万元

汕头市	佛山市	韶关市	河源市	梅州市	惠州市	汕尾市
2334886.87	**9286755.35**	**679109.90**	**965315.22**	**1114962.68**	**3293466.49**	**396623.89**
2136868.38	**8411487.60**	**626360.87**	**958842.48**	**1083101.90**	**2847436.62**	**351440.67**
43981.11	58029.81	9770.34	22563.54	9437.05	11126.95	47132.41
123219.07	108807.79	7742.75	15457.52	17670.39	10015.29	3083.42
72729.67	37823.19	617.87	7640.13	6591.37	1514.99	87.20
18970.58	16047.01	1835.78	747.54	5079.27	159.34	246.00
5855.61			170.56			37.20
490.70	1341.30	239.98	24.00	522.30	57.00	2.00
2648.60	2357.89				43.00	
9975.67	12347.82	1595.80	552.98	4556.98	59.34	206.80
1189609.62	4922797.29	422794.48	349720.02	280350.67	1097058.00	79597.29
24143.00	4982.96	13719.01	774.28	1574.00	6170.12	1543.10
1165466.62	4917814.33	409075.47	348945.74	278776.67	1090887.88	78054.19
166363.39	219932.44	20624.25	407169.53	358154.59	668707.37	154210.54
480539.65	2936120.71	147651.21	138328.01	378534.74	1015951.41	45302.66
147697.62	269437.76	33171.95	31512.20	77468.68	121800.54	20968.14
9450.61	33943.25	7804.70	2118.36	13224.90	6954.58	1155.11
314874.09	2552536.45	74493.94	98860.54	277603.93	712148.11	22425.20
8517.34	80203.25	32180.62	5836.92	10237.23	175048.18	754.20
41455.28	111929.36	15324.21	17216.19	27283.81	42903.27	21781.15
61450.76	**358926.21**	**9608.44**	**3388.34**	**1012.63**	**164915.36**	**9300.73**
1186.90	181475.41	135.71		66.95	49717.28	
10104.20	2138.60				35046.10	
49195.18	175312.21	9229.33	2835.28	945.68	79606.97	9300.73
940.10		243.40			77.09	
24.38			553.06		467.91	
136567.74	**516341.54**	**43140.59**	**3084.39**	**30848.16**	**281114.51**	**35882.50**
131375.82	228457.96	4731.06	75.39	30838.80	219342.68	35882.50
			3009.00			
5191.92	276927.34	38409.53			61771.83	
	7642.31					
	3313.94			9.36		

1-31 续表

	东莞市	中山市	江门市	阳江市
总计	**9803666.83**	**3729752.49**	**2763205.63**	**1015503.29**
内资企业	**8529509.63**	**3346973.89**	**2393584.92**	**983089.69**
国有企业	231859.64		15366.35	8209.42
集体企业	127511.24	47360.16	85980.07	12468.69
股份合作企业	14178.04	18.44	7934.06	634.09
联营企业	8366.61	8511.69	2482.59	5563.51
国有联营企业				
集体联营企业	4895.59	13.49	2163.32	23.00
国有与集体联营企业	530.38			
其他联营企业	2940.65	8498.20	319.27	5540.51
有限责任公司	3812317.07	1544687.05	956659.86	261489.46
国有独资公司	13446.77	13.11	527.70	983.67
其他有限责任公司	3798870.29	1544673.94	956132.16	260505.79
股份有限公司	1468293.18	544297.40	695251.40	379170.73
私营企业	2779629.65	1198807.34	602378.02	241231.98
私营独资企业	127112.79	174708.81	57517.07	91920.25
私营合伙企业	53800.44	31503.47	12796.56	2320.72
私营有限责任公司	2532427.22	987674.20	524020.55	144295.65
私营股份有限公司	66289.21	4920.86	8043.84	2695.37
其他企业	87354.21	3291.80	27532.56	74321.81
港、澳、台商投资企业	**547220.34**	**169125.90**	**111624.55**	**26071.52**
与港澳台商合资经营企业	138846.91	35314.36	29335.45	
与港澳台商合作经营企业	4070.30		9845.60	
港澳台商独资经营企业	401875.32	133811.54	72441.44	26071.52
港澳台商投资股份有限公司	641.00			
其他港澳台投资企业	1786.80		2.07	
外商投资企业	**726936.86**	**213652.71**	**257996.16**	**6342.08**
中外合资经营企业	497830.93	157894.30	228455.27	4290.25
中外合作经营企业				
外资企业	222938.23	54468.81	24882.76	2051.83
外商投资股份有限公司	5525.75	1281.10		
其他外商投资企业	641.96	8.50	4658.13	

湛江市	茂名市	肇庆市	清远市	潮州市	揭阳市	云浮市
2275625.05	**2832547.87**	**2880377.41**	**677699.26**	**698163.55**	**2849112.72**	**984688.24**
2146217.99	**2769105.22**	**2775132.98**	**643509.83**	**636205.29**	**2804443.72**	**937880.96**
51612.20	81495.39	464160.56	1208.33	117896.00	199985.02	19998.32
53936.35	68900.64	758946.96	8846.79	14788.10	96475.82	26995.39
4889.46	14679.66	3987.35	1574.54	8582.09	5400.29	621.62
7203.83	18107.02	4940.89	2998.66	2721.09	17184.10	1118.57
813.58	286.66		90.00			
2199.30	6872.09	46.30	1100.33	1552.56	7304.10	995.08
825.38	2004.17	1040.41		150.01		
3365.57	8944.10	3854.19	1808.33	1018.52	9880.00	123.49
617976.93	981631.82	680865.04	408076.96	233351.17	1054127.94	255418.00
4969.38	16701.60	2844.92		1101.24	23411.85	1222.56
613007.55	964930.22	678020.12	408076.96	232249.93	1030716.09	254195.44
624187.26	692017.21	138819.41	18318.31	1478.38	262280.09	259792.82
713900.60	723016.69	238790.95	191077.08	234230.34	989319.43	264818.66
236595.64	495232.31	65463.89	36016.34	163812.91	413287.08	182590.26
16643.64	26683.51	12000.80	3243.99	5126.58	7399.20	5767.11
454603.37	183627.41	146935.86	145724.83	59829.79	555651.93	70295.69
6057.94	17473.47	14390.40	6091.93	5461.06	12981.22	6165.60
72511.36	189256.79	484621.82	11409.16	23158.13	179671.02	109117.59
26863.57	**4302.68**	**39666.65**	**20709.80**	**5806.26**	**3021.00**	**2904.68**
21.37	2241.12			5358.05	961.00	648.70
		118.55			2060.00	851.30
26842.20	1724.24	39038.37	20709.80	448.21		214.72
	207.50					1189.97
	129.82	509.73				
102543.49	**59139.97**	**65577.78**	**13479.64**	**56152.00**	**41648.00**	**43902.60**
84331.56	43269.75	56767.53	501.24	23723.80	16958.50	41080.30
		8123.40			3920.50	
15492.90	14875.00	156.90	12978.40	32428.20	17958.10	41.98
		153.01				2751.40
2719.03	995.22	376.94			2810.90	28.93

1-32 按登记注册类型、地区

	全省合计	广州市	深圳市	珠海市
总计	**106147580.51**	**31830291.70**	**23605957.08**	**2823372.31**
内资企业	**88929352.97**	**25254213.87**	**17465480.31**	**2457780.20**
国有企业	2218111.20	196847.64	312212.14	336279.27
集体企业	1881165.16	269119.25	19086.52	15935.47
股份合作企业	333497.08	131348.55	12432.78	1515.38
联营企业	283711.75	87940.50	76572.27	941.30
国有联营企业	94078.00	32415.31	54266.77	152.71
集体联营企业	43126.48	14772.12	31.00	
国有与集体联营企业	23689.70	15206.69	11.00	
其他联营企业	122817.58	25546.38	22263.49	788.59
有限责任公司	35225231.16	7679585.70	7396434.88	1260586.40
国有独资公司	1410310.39	174416.80	965870.87	153367.96
其他有限责任公司	33814920.77	7505168.91	6430564.01	1107218.43
股份有限公司	13848026.31	5871589.28	968369.28	71227.54
私营企业	32928473.14	10791740.81	8252055.34	728061.71
私营独资企业	3319375.98	330194.31	266439.37	8080.33
私营合伙企业	390145.90	96430.05	43328.73	2304.34
私营有限责任公司	27091930.45	8961081.04	7731714.25	663001.30
私营股份有限公司	2127020.80	1404035.41	210572.99	54675.75
其他企业	2211137.17	226042.14	428317.11	43233.13
港、澳、台商投资企业	**8354193.15**	**3527053.76**	**3112520.12**	**172163.25**
与港澳台商合资经营企业	3662546.57	1434386.07	1738423.62	47993.58
与港澳台商合作经营企业	117461.33	30571.98	22653.50	26.16
港澳台商独资经营企业	4467339.23	2050173.53	1263913.84	123520.60
港澳台商投资股份有限公司	96679.06	5546.26	87210.89	622.91
其他港澳台投资企业	10166.97	6375.92	318.28	
外商投资企业	**8864034.38**	**3049024.07**	**3027956.66**	**193428.86**
中外合资经营企业	4019334.62	1370377.77	868138.04	4519.25
中外合作经营企业	796303.51	551133.91	217485.20	12631.50
外资企业	3856331.74	1116442.56	1794193.96	176205.90
外商投资股份有限公司	100657.10	10427.62	72875.92	
其他外商投资企业	91407.42	642.21	75263.55	72.20

分组零售业法人企业营业收入

单位：万元

汕头市	佛山市	韶关市	河源市	梅州市	惠州市	汕尾市
2316741.33	**9200618.58**	**673691.24**	**951804.73**	**1097469.41**	**3209376.87**	**387784.10**
2122225.28	**8335223.98**	**621927.85**	**945574.76**	**1065762.27**	**2769340.96**	**343153.80**
43116.61	54221.31	9636.62	22439.68	9172.82	10844.14	47007.81
122480.45	108078.11	7663.07	14783.03	17633.99	9912.06	2927.72
72702.47	37531.84	617.87	7402.98	6554.37	1514.99	87.10
18970.58	15926.81	1835.78	747.54	5075.27	109.34	231.10
5855.61			170.56			37.20
490.70	1341.30	239.98	24.00	522.30	7.00	1.50
2648.60	2357.89				43.00	
9975.67	12227.62	1595.80	552.98	4552.98	59.34	192.40
1180257.68	4877761.07	419988.28	346487.58	270756.34	1081656.97	74674.16
23795.00	4751.96	13719.01	688.03	1454.00	6146.21	1444.90
1156462.68	4873009.11	406269.27	345799.55	269302.34	1075510.76	73229.26
166147.99	219330.15	20619.28	399489.60	354360.69	626383.28	153251.74
477375.31	2915238.37	146410.64	137727.43	375342.83	996237.28	44053.75
147052.87	268224.33	33071.52	31257.26	75786.17	121350.48	19957.43
9379.54	33758.15	7801.69	2108.36	13149.07	6889.69	1155.11
312426.56	2534056.18	73377.20	98550.02	276195.88	694310.88	22187.00
8516.34	79199.72	32160.22	5811.80	10211.71	173686.23	754.20
41174.19	**107136.32**	**15156.31**	**16496.91**	**26865.96**	**42682.90**	**20920.42**
61448.76	353321.29	9607.60	3145.58	858.98	163505.20	8747.80
1186.90	180884.41	135.71		66.95	49204.02	
10104.20	2138.60				35045.40	
49193.18	170298.28	9228.50	2593.52	792.03	78710.77	8747.80
940.10		243.40			77.09	
24.38			**552.06**		**467.91**	
133067.30	512073.32	42155.79	3084.39	30848.16	276530.71	35882.50
127922.12	226292.97	4731.06	75.39	30838.80	216153.33	35882.50
			3009.00			
5145.18	274824.11	37424.73			60377.38	
	7642.31					
	3313.94			9.36		

	东莞市	中山市	江门市	阳江市
总计	**9602251.08**	**3674113.55**	**2722089.51**	**1007187.42**
内资企业	**8344769.19**	**3299406.35**	**2357988.00**	**975529.22**
国有企业	225210.88		15087.56	8165.99
集体企业	125756.70	47359.62	84691.41	12461.92
股份合作企业	13557.09	18.44	7903.04	634.09
联营企业	7718.22	8511.69	2463.09	5180.09
国有联营企业				
集体联营企业	4890.76	13.49	2163.32	23.00
国有与集体联营企业	530.38			
其他联营企业	2297.08	8498.20	299.77	5157.09
有限责任公司	3737608.96	1513104.43	937951.20	258785.53
国有独资公司	13109.17	13.11	527.70	816.44
其他有限责任公司	3724499.79	1513091.32	937423.50	257969.09
股份有限公司	1436931.90	540129.60	684924.05	376691.43
私营企业	2719596.95	1186993.48	597943.69	239469.88
私营独资企业	125247.60	173249.28	56948.09	91552.13
私营合伙企业	52310.60	31485.12	12780.65	2320.72
私营有限责任公司	2475989.40	977338.23	520226.23	142902.93
私营股份有限公司	66049.35	4920.86	7988.72	2694.10
其他企业	78388.49	3289.10	27023.97	74140.28
港、澳、台商投资企业	**539384.65**	**166826.70**	**108428.16**	**25364.32**
与港澳台商合资经营企业	137886.71	34454.46	28693.90	
与港澳台商合作经营企业	4070.30		9845.60	
港澳台商独资经营企业	394999.83	132372.24	69886.60	25364.32
港澳台商投资股份有限公司	641.00			
其他港澳台投资企业	1786.80		2.07	
外商投资企业	**718097.25**	**207880.50**	**255673.36**	**6293.89**
中外合资经营企业	491446.68	154039.00	226132.47	4287.99
中外合作经营企业				
外资企业	220518.29	52551.90	24882.76	2005.90
外商投资股份有限公司	5525.75	1281.10		
其他外商投资企业	606.53	8.50	4658.13	

湛江市	茂名市	肇庆市	清远市	潮州市	揭阳市	云浮市
2226927.81	**2802431.21**	**2851178.11**	**664520.46**	**691310.33**	**2835083.27**	**973380.42**
2098672.65	**2739019.25**	**2753949.79**	**630331.03**	**631121.27**	**2790885.57**	**926997.39**
50211.71	81114.23	459395.77	1021.18	117783.39	199364.46	18977.99
50516.80	67273.12	758767.16	8765.59	14617.77	96412.37	26923.04
4874.44	14679.66	3987.35	1574.54	8538.18	5400.29	621.62
6544.22	16121.01	4900.83	2988.26	2703.66	17114.10	1116.12
813.58	286.66		79.60			
2027.49	5583.09	46.30	1100.33	1552.08	7304.10	992.64
347.57	1354.17	1040.41		150.01		
3355.57	8897.09	3814.12	1808.33	1001.57	9810.00	123.49
611263.39	974730.01	674295.50	398226.74	231979.68	1047913.48	251183.19
4961.38	16647.30	2844.92	0.00	1101.22	23411.85	1222.56
606302.01	958082.71	671450.58	398226.74	230878.45	1024501.63	249960.63
598308.03	686615.88	135203.61	18061.10	1461.88	261782.34	257147.65
705092.71	710853.01	235978.44	188339.04	231206.20	986808.20	261948.08
231239.55	485489.91	64440.67	35630.07	161039.17	412286.28	180839.16
14769.38	26683.51	11974.83	3223.49	5126.58	7399.20	5767.11
453037.44	183158.54	145175.84	143456.76	59601.39	554141.50	70001.90
6046.34	15521.06	14387.10	6028.73	5439.06	12981.22	5339.91
71861.36	187632.34	481421.14	11354.58	22830.51	176090.32	109079.70
26863.57	**4302.68**	**38209.07**	**20709.80**	**5806.26**	**3021.00**	**2904.62**
21.37	2241.12			5358.05	961.00	648.70
		94.30			2060.00	851.30
26842.20	1724.24	37605.05	20709.80	448.21		214.72
	207.50					1189.90
	129.82	509.73				
101391.59	**59109.27**	**59019.25**	**13479.64**	**54382.80**	**41176.70**	**43478.40**
83179.66	43269.75	50209.00	501.24	23723.00	16958.50	40656.10
		8123.40			3920.50	
15492.90	14844.30	156.90	12978.40	30659.80	17584.80	41.98
		153.01				2751.40
2719.03	995.22	376.94			2712.90	28.93

1-33 分地区零售业法人企业财务状况

	全省合计	广州市	深圳市	珠海市
总计	**65662902.78**	**17359046.54**	**17026010.42**	**2471304.84**
内资企业	**55578514.71**	**14284713.66**	**11883904.60**	**2278242.77**
国有企业	2236629.01	207369.55	385611.31	113500.25
集体企业	1034312.82	172711.37	9881.62	39764.68
股份合作企业	145067.00	43622.37	13037.29	1187.20
联营企业	219695.10	59753.79	39710.16	5498.63
国有联营企业	23150.25	7046.80	11869.73	802.49
集体联营企业	19302.96	3059.62	78.00	2062.32
国有与集体联营企业	8217.95	2224.54	50.00	
其他联营企业	169023.94	47422.83	27712.43	2633.81
有限责任公司	21425628.52	3428028.50	4496151.97	1214226.74
国有独资公司	936217.05	150916.59	418602.09	218285.50
其他有限责任公司	20489411.47	3277111.91	4077549.88	995941.25
股份有限公司	8768972.16	4515176.53	797620.55	36877.60
私营企业	20641070.63	5694571.64	5928289.95	774715.51
私营独资企业	1937369.24	146918.23	236649.41	10028.44
私营合伙企业	350369.77	119091.71	78874.24	1590.84
私营有限责任公司	17407060.19	4900866.33	5467739.60	709433.38
私营股份有限公司	946271.43	527695.38	145026.70	53662.86
其他企业	1107139.47	163479.91	213601.76	92472.17
港、澳、台商投资企业	**6220403.37**	**1756956.19**	**3502429.77**	**99795.06**
与港澳台商合资经营企业	3023998.01	696714.20	2045911.58	34559.93
与港澳台商合作经营企业	40886.29	17177.05	1980.40	1949.04
港澳台商独资经营企业	2659172.54	1007957.98	1000055.34	62530.76
港澳台商投资股份有限公司	461480.96	3682.46	454065.13	755.33
其他港澳台投资企业	34865.57	31424.50	417.33	
外商投资企业	**3863984.70**	**1317376.69**	**1639676.05**	**93267.01**
中外合资经营企业	1552601.28	341153.65	762226.39	11984.38
中外合作经营企业	417711.43	325838.58	81409.45	6204.90
外资企业	1787684.58	643641.21	727000.65	74839.94
外商投资股份有限公司	34696.08	6204.72	17094.61	
其他外商投资企业	71291.33	538.52	51944.96	237.79

（按登记注册类型分）（资产总计）

单位：万元

汕头市	佛山市	韶关市	河源市	梅州市	惠州市	汕尾市
1177698.72	**5703508.70**	**459050.51**	**685176.25**	**652753.03**	**2001617.10**	**226684.09**
1105097.41	**5227603.82**	**434356.31**	**678374.01**	**631987.61**	**1867077.86**	**160370.48**
35407.52	34161.00	24771.50	49768.22	17273.59	36896.98	23243.11
66212.70	249064.29	9315.79	13896.28	15030.09	10946.98	3768.03
20072.49	20735.45	1858.96	4574.84	4127.84	680.77	517.19
10239.03	7047.14	710.65	15253.52	23095.43	254.88	377.72
1923.78			48.64			3.00
138.02	205.51	282.15	41.60	100.98	72.00	5.00
443.70	2416.28				30.00	
7733.53	4425.36	428.50	15163.28	22994.46	152.88	369.72
635521.69	3212289.97	271347.86	326064.27	177420.48	762611.91	47041.88
12360.10	11817.10	5535.91	2188.49	770.00	3934.55	1165.10
623161.59	3200472.87	265811.95	323875.79	176650.48	758677.36	45876.78
35271.05	77891.74	4753.66	90623.31	63667.27	176592.68	30084.08
287091.33	1572162.79	114465.24	149255.08	309949.22	858083.67	43057.09
57038.47	123095.58	23540.23	26276.48	79900.30	62093.20	17440.73
6093.93	17333.85	8095.57	2826.68	5235.42	7489.79	1177.06
221129.75	1398251.02	58341.46	115409.85	210588.83	743490.37	24211.30
2829.19	33482.34	24487.98	4742.07	14224.67	45010.31	228.00
15281.60	54251.44	7132.65	28938.49	21423.70	21009.99	12281.38
31218.04	**253440.02**	**9310.74**	**6452.24**	**20195.54**	**49970.57**	**60284.81**
179.13	121944.04	235.33		1858.67	16480.07	
3803.60	1570.70				7975.10	
25791.24	129924.45	8667.61	5802.67	18306.22	25330.49	60284.81
625.64		407.80		30.65	144.91	
818.43	0.83		649.58			
41383.27	**222464.86**	**15383.47**	**350.00**	**569.87**	**84568.67**	**6028.80**
37635.90	104155.30	7467.14		556.50	61630.32	6028.80
			350.00			
3747.37	102885.40	7916.33			22938.36	
	2515.14					
	12909.03			13.37		

1-33 续表

	东莞市	中山市	江门市	阳江市
总计	**6798597.80**	**1855169.87**	**1439205.39**	**541401.99**
内资企业	**6386535.07**	**1740592.77**	**1333389.64**	**518060.66**
国有企业	56138.53		58910.11	81258.56
集体企业	91509.99	26282.28	51984.90	6905.97
股份合作企业	6164.53	16.79	8186.35	238.46
联营企业	10383.84	2174.07	1305.01	5041.76
国有联营企业				
集体联营企业	902.29	180.48	906.62	21.00
国有与集体联营企业	583.54			
其他联营企业	8898.01	1993.59	398.39	5020.76
有限责任公司	2353301.30	963479.29	654821.27	165832.28
国有独资公司	5148.12	7.19	219.60	2246.14
其他有限责任公司	2348153.17	963472.09	654601.67	163586.14
股份有限公司	1925240.05	122073.00	201278.06	59031.71
私营企业	1856824.76	622291.77	333773.45	163263.28
私营独资企业	74892.03	109209.48	48126.52	66135.13
私营合伙企业	29111.53	9748.00	6871.74	1234.99
私营有限责任公司	1714749.20	501642.37	272065.61	94804.83
私营股份有限公司	38072.01	1691.92	6709.58	1088.33
其他企业	86972.07	4275.59	23130.51	36488.65
港、澳、台商投资企业	**202943.47**	**62417.18**	**69112.33**	**16900.06**
与港澳台商合资经营企业	38694.75	11507.63	43501.36	
与港澳台商合作经营企业	2350.70		2785.00	
港澳台商独资经营企业	160105.78	50909.55	22825.97	16900.06
港澳台商投资股份有限公司	396.23			
其他港澳台投资企业	1396.00			
外商投资企业	**209119.26**	**52159.92**	**36703.42**	**6441.28**
中外合资经营企业	116139.95	28686.80	28138.49	1622.13
中外合作经营企业				
外资企业	89360.71	22699.61	7432.15	4819.15
外商投资股份有限公司	2614.29	759.90		
其他外商投资企业	1004.31	13.61	1132.78	

湛江市	茂名市	肇庆市	清远市	潮州市	揭阳市	云浮市
1702823.76	**1633818.18**	**1510487.87**	**447134.64**	**259212.11**	**926331.45**	**785869.52**
1652225.40	**1569332.65**	**1490109.79**	**435280.97**	**241023.61**	**894876.30**	**765359.32**
238392.52	75016.09	625886.02	7967.69	18713.04	49642.64	96700.80
108941.16	75422.53	19615.95	4601.90	15024.25	22354.85	21077.23
2417.00	9414.48	2704.38	1011.70	2349.76	1884.83	264.35
11543.65	13091.38	7257.14	1885.11	1242.86	2436.00	1393.32
895.69	360.12		200.00			
5673.99	1798.97	15.39	664.54	796.50	1059.20	1238.78
700.00	1601.10	96.79		72.01		
4273.98	9331.20	7144.97	1020.56	374.35	1376.80	154.54
549895.09	644517.31	380387.05	257761.56	115059.24	473420.05	296448.82
56295.90	35945.46	3350.71		1188.49	4466.55	1773.46
493599.19	608571.85	377036.34	257761.56	113870.74	468953.50	294675.37
161732.56	67322.54	122159.17	32174.61	806.48	94568.22	154027.31
524483.95	527082.42	298382.01	124264.06	79864.20	213382.09	165817.11
181349.83	364898.61	38710.45	24215.72	47474.99	75223.64	124151.77
22657.17	16505.47	4784.86	3467.74	2402.96	2990.90	2785.34
315599.59	134271.56	240962.71	93025.37	25537.10	128511.88	36428.09
4877.37	11406.78	13924.00	3555.23	4449.15	6655.67	2451.90
54819.48	157465.89	33718.07	5614.35	7963.79	37187.63	29630.37
39804.70	**3009.99**	**12380.17**	**7895.40**	**7666.70**	**776.70**	**7443.70**
50.00	1133.83			7325.59	282.90	3619.00
		779.40			493.80	21.50
39754.70	1824.25	11495.77	7895.40	341.11		2468.38
	38.00					1334.82
	13.91	105.00				
10793.67	**61475.54**	**7997.91**	**3958.27**	**10521.80**	**30678.45**	**13066.50**
6246.72	23792.66	2324.09	294.97	4021.20	1191.00	7304.90
		3847.60			60.90	
4467.80	36097.50	336.38	3663.30	6500.60	28916.15	422.00
		267.82				5239.60
79.15	1585.38	1222.03			510.40	100.00

1-34 分地区零售业法人企业财务状况

	全省合计	广州市	深圳市	珠海市
总计	**108117384.09**	**32392400.94**	**24283524.92**	**2859995.50**
有店铺零售	**102974038.80**	**28833749.01**	**23063225.29**	**2856874.14**
食杂店	378237.70	39210.99	161588.37	1778.37
便利店	1562474.70	405971.08	296423.27	25188.27
折扣店	52711.86	7424.48	23393.88	166.78
超市	2354958.24	254463.05	271448.82	51885.80
大型超市	8326364.13	2243203.29	3575652.48	212718.14
仓储会员店	128674.06	15495.91	42237.15	7344.65
百货店	8482354.92	3122199.40	2842855.31	281773.76
专业店	45362181.92	14906164.79	5977532.62	1347691.37
专卖店	31380285.39	6913654.62	8190881.34	765112.45
家居建材商店	1060350.28	297015.72	226605.78	23498.01
购物中心	908323.98	75854.26	231089.04	44329.08
厂家直销中心	2977121.63	553091.42	1223517.21	95387.46
无店铺零售	**5072902.11**	**3548705.60**	**1203566.40**	**3119.00**
电视购物	52484.54	2815.76	46263.24	92.08
邮购	64003.47	27963.75	31752.39	291.63
网上商店	4579712.28	3450567.11	861007.27	409.46
自动售货亭购物中心	14512.47	5033.29	2424.98	1101.09
电话购物	362189.35	62325.70	262118.51	1224.75

（按零售业态分）（营业收入）

单位：万元

汕头市	佛山市	韶关市	河源市	梅州市	惠州市	汕尾市
2334886.87	**9286755.35**	**679109.90**	**965315.22**	**1114962.68**	**3293466.49**	**396623.89**
2323362.34	**9197499.37**	**678558.40**	**964685.09**	**1114418.30**	**3122533.79**	**396481.89**
30824.78	20866.26	3185.69	9163.24	317.12	9637.12	678.50
37656.68	69498.42	4673.69	2675.31	18778.79	138280.24	20643.96
	783.66	19.90	25.00		1195.11	
47466.49	629818.57	29754.04	27739.30	109721.62	48549.55	9697.12
119091.70	446032.87	83749.91	29296.60	17897.24	161448.09	35821.16
5187.59	6989.71	2948.60	1890.09	3356.24	5636.98	68.00
139585.50	568189.85	27203.99	39058.19	29562.65	226269.38	10297.57
1244626.29	2486268.32	340793.39	559161.27	486529.45	803798.37	231473.92
605096.67	4509457.56	176009.42	219449.32	397785.38	1637330.92	83882.50
45199.54	143178.73	4776.37	39384.86	4735.36	27295.96	2613.37
5906.32	21285.75		1450.00	38364.70	15976.69	160.79
42720.79	295129.67	5443.40	35391.90	7369.76	47115.37	1145.00
9962.21	**86245.70**	**551.50**	**630.13**	**479.38**	**170781.19**	**142.00**
1918.78	3.84				483.46	
1879.00	875.42	483.42	172.07		303.19	29.00
5569.70	70126.80	60.08		35.07	164563.13	53.00
180.50	3263.80		7.56			
414.24	11975.85	7.99	450.50	444.32	5431.41	60.00

1-34 续表

	东莞市	中山市	江门市	阳江市
总计	**9803666.83**	**3729752.49**	**2763205.63**	**1015503.29**
有店铺零售	**9782317.96**	**3725066.31**	**2755836.47**	**1011268.11**
食杂店	20858.47	10809.91	3552.03	2402.36
便利店	99883.46	106027.34	44559.85	83410.97
折扣店	974.58	510.09	11.50	702.90
超市	265500.30	37605.25	65202.46	22262.52
大型超市	477299.71	426951.01	167122.75	29424.75
仓储会员店	10968.11	799.88	888.15	1311.74
百货店	338974.32	210727.56	103976.52	59360.64
专业店	6336442.34	1485223.63	1100237.60	533815.65
专卖店	1764249.21	1370410.92	1187171.98	238342.46
家居建材商店	77746.49	20348.41	8224.21	23153.94
购物中心	4977.24	5137.19	2944.03	1855.51
厂家直销中心	384443.72	50515.12	71945.40	15224.67
无店铺零售	**21204.82**	**4652.02**	**3248.16**	**3882.75**
电视购物	31.32			
邮购	253.52		0.08	
网上商店	9713.49	4391.85	1179.14	3313.80
自动售货亭购物中心	409.02		2063.49	
电话购物	10797.47	260.17	5.45	568.95

湛江市	茂名市	肇庆市	清远市	潮州市	揭阳市	云浮市
2275625.05	**2832547.87**	**2880377.41**	**677699.26**	**698163.55**	**2849112.72**	**984688.24**
2274470.13	**2822931.42**	**2875023.37**	**676762.47**	**696853.32**	**2817559.25**	**984562.39**
14986.20	11674.35	5776.13	1628.99	8628.39	5695.55	14974.88
38185.66	76631.77	9287.38	6014.37	14226.80	40082.52	24374.87
1347.57	667.13	433.00		13739.23	1143.41	173.65
98739.41	133339.81	70662.12	16155.97	31901.38	68200.65	64844.03
49406.70	84420.87	47944.40	55625.02	32742.77	29913.59	601.08
3246.02	5098.19	11748.47	0.00	112.07	699.36	2647.16
119600.87	121775.78	42150.50	10339.07	27668.29	124215.15	36570.64
1546713.13	1679091.05	966987.38	470438.45	290737.50	2109557.35	458898.05
349495.68	635701.60	1243332.49	108578.56	247314.65	411111.46	325916.21
27948.09	28090.51	7943.58	1456.72	9656.53	14449.31	27028.78
4422.89		453243.40	203.47	1123.62		
20377.93	46440.37	15514.52	6321.87	19002.12	12490.91	28533.04
897.91	**6701.83**	**4687.03**	**931.79**	**1066.13**	**1340.59**	**105.98**
	25.00	367.94		470.06		13.06
897.91	830.47	4319.09	696.70	596.07	1340.59	41.57
	28.74					
	5817.61		235.09			51.36

1-35 分地区零售业法人企业财务状况

	全省合计	广州市	深圳市	珠海市
总计	**106147580.51**	**31830291.70**	**23605957.08**	**2823372.31**
有店铺零售	**101088370.84**	**28301402.07**	**22429384.38**	**2820251.94**
食杂店	360163.72	38890.73	145617.21	1777.37
便利店	1521497.30	395007.09	291067.60	24996.76
折扣店	51381.70	7403.37	22124.24	166.78
超市	2314985.22	252093.23	260221.88	51442.27
大型超市	8068734.34	2133301.67	3485765.89	211604.54
仓储会员店	121169.25	8129.56	42166.18	7313.27
百货店	8239061.49	3051844.13	2737448.03	275219.01
专业店	44636349.93	14667337.69	5815903.06	1326999.22
专卖店	30925596.22	6850749.94	7987497.04	758083.33
家居建材商店	1027452.56	285611.88	211541.78	23446.34
购物中心	898255.75	69385.78	230691.95	44311.58
厂家直销中心	2923723.37	541647.01	1199339.53	94891.48
无店铺零售	**4992159.20**	**3518950.41**	**1162916.97**	**3118.00**
电视购物	52297.78	2815.76	46127.24	92.08
邮购	63133.43	27908.53	30937.58	291.63
网上商店	4536702.70	3421657.51	856920.86	408.46
自动售货亭购物中心	14153.01	4746.01	2352.98	1101.09
电话购物	325872.27	61822.61	226578.31	1224.75

（按零售业态分）（主营业务收入）

单位：万元

汕头市	佛山市	韶关市	河源市	梅州市	惠州市	汕尾市
2316741.33	**9200618.58**	**673691.24**	**951804.73**	**1097469.41**	**3209376.87**	**387784.10**
2305227.00	**9111998.21**	**673139.74**	**951435.28**	**1096930.03**	**3047768.77**	**387644.10**
30463.77	20856.31	3178.55	8949.98	317.12	9623.29	662.00
37174.62	68751.91	4672.62	2627.89	18208.59	136278.35	20640.46
	783.66	19.90	25.00		1195.11	
46816.78	625438.94	29062.84	27733.70	109354.51	48231.67	9140.19
115385.90	432832.48	81926.01	29167.00	17400.59	158341.63	33369.56
5187.59	6989.71	2923.60	1888.99	3356.24	5636.98	68.00
139191.28	563520.07	26075.98	38532.96	28971.08	220855.38	10123.97
1237048.67	2456189.87	340052.74	550290.59	475660.83	791979.80	228408.90
600607.44	4479359.25	175015.71	216953.44	393474.89	1585986.17	81691.34
45122.96	142337.97	4776.37	38723.83	4580.48	27170.39	2233.89
5558.32	20476.05		1350.00	38364.70	15854.59	160.79
42669.68	294462.02	5435.43	35191.90	7241.00	46615.42	1145.00
9952.01	**85610.09**	**551.50**	**369.45**	**474.38**	**161456.58**	**140.00**
1918.78	3.84				432.70	
1879.00	875.42	483.42	172.07		303.19	29.00
5559.49	69491.18	60.08		30.07	155301.28	51.00
180.50	3263.80		7.51			
414.24	11975.85	7.99	189.88	444.32	5419.41	60.00

1-35 续表

	东莞市	中山市	江门市	阳江市
总计	**9602251.08**	**3674113.55**	**2722089.51**	**1007187.42**
有店铺零售	**9580986.31**	**3669430.05**	**2714735.78**	**1002952.24**
食杂店	20780.44	10801.57	3552.03	2402.36
便利店	99183.76	93512.04	41301.74	83048.10
折扣店	960.18	510.09	11.50	702.90
超市	253708.98	37057.74	64968.96	22122.30
大型超市	462172.43	421047.50	164569.86	28716.46
仓储会员店	10968.11	799.88	878.15	1311.74
百货店	319399.45	201668.21	97943.68	59146.54
专业店	6215622.78	1472936.92	1086382.04	530458.73
专卖店	1745476.99	1355839.49	1173892.85	234987.65
家居建材商店	75230.75	20263.23	8069.75	23134.29
购物中心	4932.84	4593.79	2665.47	1855.50
厂家直销中心	372549.60	50399.59	70499.75	15065.69
无店铺零售	**21121.73**	**4649.34**	**3234.73**	**3882.75**
电视购物	31.32			
邮购	253.52		0.08	
网上商店	9631.57	4389.17	1165.84	3313.80
自动售货亭购物中心	409.02		2063.36	
电话购物	10796.30	260.17	5.45	568.95

湛江市	茂名市	肇庆市	清远市	潮州市	揭阳市	云浮市
2226927.81	**2802431.21**	**2851178.11**	**664520.46**	**691310.33**	**2835083.27**	**973380.42**
2225772.89	**2792814.75**	**2845824.07**	**663583.67**	**690000.10**	**2803834.89**	**973254.56**
14800.42	11550.60	5776.13	1054.66	8628.39	5551.55	14929.26
37478.52	74995.30	9111.66	5984.37	14226.80	39597.52	23631.62
1339.57	667.13	418.00		13739.23	1141.41	173.65
98105.46	131383.17	70153.84	16046.53	31450.57	67726.95	62724.72
48816.70	84352.67	45689.80	54714.22	30974.37	27983.99	601.08
3246.02	5098.19	11748.47		112.07	699.36	2647.16
113731.93	116376.58	41572.27	10229.55	27599.79	123275.50	36336.11
1514121.45	1663273.15	956269.24	460028.35	288696.33	2102315.20	456374.36
342932.27	631141.31	1228441.61	107568.55	244846.80	410055.26	320994.90
27670.02	27974.27	7911.38	1434.72	9636.03	14171.06	26411.18
3483.89		453243.40	203.47	1123.62		
20046.65	46002.38	15488.27	6319.25	18966.12	11317.11	28430.52
897.91	**6701.83**	**4687.03**	**931.79**	**1066.13**	**1340.59**	**105.98**
	25.00	367.94		470.06		13.06
897.91	830.47	4319.09	696.70	596.07	1340.59	41.57
	28.74					
	5817.61		235.09			51.36

1-36 分地区零售业法人企业财务状况

	全省合计	广州市	深圳市	珠海市
总计	**65662902.78**	**17359046.54**	**17026010.42**	**2471304.84**
有店铺零售	**63678598.30**	**16250897.25**	**16340867.14**	**2468123.38**
食杂店	528737.06	50944.73	325693.78	3038.43
便利店	914837.55	183934.04	114887.79	27515.14
折扣店	36134.96	8973.24	19659.81	136.45
超市	2034896.21	149293.29	411397.76	116995.49
大型超市	4660616.22	1141042.30	2015157.84	81004.14
仓储会员店	88178.08	9537.05	21727.60	4280.95
百货店	7323607.64	1940554.00	3045196.52	426049.08
专业店	26114962.00	8278604.85	3752935.86	1104932.17
专卖店	17221507.98	3602404.13	4614250.71	598000.56
家居建材商店	1331845.95	132356.33	535873.27	25560.46
购物中心	434021.56	61567.09	220430.70	26510.26
厂家直销中心	2989253.09	691686.18	1263655.51	54100.24
无店铺零售	**1948317.50**	**1102048.80**	**676338.85**	**3080.42**
电视购物	31252.40	4098.81	25950.07	132.34
邮购	50068.70	15533.42	18817.01	269.81
网上商店	1564972.69	1026802.32	420183.04	1176.68
自动售货亭购物中心	5493.17	394.92	1114.80	802.33
电话购物	296530.54	55219.33	210273.92	699.26

（按零售业态分）（资产总计）

单位：万元

汕头市	佛山市	韶关市	河源市	梅州市	惠州市	汕尾市
1177698.72	**5703508.70**	**459050.51**	**685176.25**	**652753.03**	**2001617.10**	**226684.09**
1172184.16	**5659702.40**	**458549.96**	**681212.17**	**652068.69**	**1955250.79**	**226494.09**
9002.30	9959.89	3898.02	9007.55	540.70	8037.39	168.80
13293.55	215553.21	28847.37	1565.12	16084.56	13761.34	4145.08
	107.28	8.20			272.15	
102530.93	560068.74	18581.15	20403.31	81645.95	35490.84	44983.33
53615.90	302289.43	44666.91	30400.86	30309.88	58336.04	40400.24
2987.54	15131.94	3974.93	1772.57	1519.92	3894.37	150.00
86312.27	337489.47	21493.30	53695.69	48260.63	361105.90	12795.49
571112.02	1496641.39	204071.90	267927.07	293457.06	563435.80	56525.60
287540.74	2387782.99	118426.80	218510.85	120017.39	733649.11	63755.89
16096.97	124027.81	6291.31	49073.82	25222.11	63732.25	2318.42
10474.65	28254.15		435.56	24676.50	26165.28	123.25
19217.29	182396.10	8290.09	28419.79	10333.99	87370.31	1128.00
4778.00	**43151.19**	**500.55**	**3964.08**	**584.34**	**46187.71**	**190.00**
121.44	10.00				302.58	
295.00	453.82	439.72	114.33		1749.20	120.00
3878.16	39439.56	58.46		18.04	34558.76	35.00
60.00	136.16		30.60			
423.40	3111.65	2.38	3819.15	566.30	9577.18	35.00

1-36 续表

	东莞市	中山市	江门市	阳江市
总计	**6798597.80**	**1855169.87**	**1439205.39**	**541401.99**
有店铺零售	**6764777.68**	**1832258.55**	**1432705.01**	**539373.10**
食杂店	12818.90	5422.53	8791.94	1400.56
便利店	41781.20	47006.38	25013.16	30178.66
折扣店	1076.29	195.77	18.76	156.31
超市	112544.44	32574.05	19627.28	23053.75
大型超市	296480.97	129760.08	174524.10	18418.28
仓储会员店	7364.29	519.82	1089.00	416.55
百货店	321411.89	184681.98	64420.60	34470.90
专业店	4421919.21	610282.31	494069.34	190224.60
专卖店	991568.97	743978.30	579955.51	218650.73
家居建材商店	177949.80	19120.02	18406.26	15908.24
购物中心	5444.05	12938.90	5342.50	528.05
厂家直销中心	374417.67	45778.40	41446.58	5966.48
无店铺零售	**33723.06**	**22820.90**	**3940.35**	**1882.30**
电视购物	149.80			
邮购	255.80	12013.60	7.00	
网上商店	22265.35	10283.67	2182.09	1664.83
自动售货亭购物中心	1036.19		1699.51	
电话购物	10015.93	523.63	51.75	217.47

湛江市	茂名市	肇庆市	清远市	潮州市	揭阳市	云浮市
1702823.76	**1633818.18**	**1510487.87**	**447134.64**	**259212.11**	**926331.45**	**785869.52**
1702405.76	**1629459.33**	**1508713.08**	**446657.76**	**258926.78**	**912272.59**	**785698.66**
28307.79	7842.68	8268.74	8463.38	6728.45	7527.00	12873.50
32557.64	66443.85	9097.86	7635.71	13413.32	13751.33	8371.26
3933.29	424.80	535.00		137.02	474.57	26.03
59262.27	156897.55	34476.81	12150.25	14807.63	5676.90	22434.50
111446.67	57398.82	35793.50	19957.95	6699.45	12381.81	531.04
2130.80	3482.63	7156.95		3.00	401.51	636.64
75442.64	96091.35	110157.38	31922.81	16647.40	36884.89	18523.45
837871.37	746638.39	964544.19	247418.21	85034.84	619868.60	307447.22
493565.60	426919.56	308931.84	69487.29	96805.28	194837.19	352468.54
26991.27	15790.76	9572.94	11565.06	6612.70	8155.33	41220.82
4324.70		4453.06	1826.53	526.36		
26571.71	51528.95	15724.81	36230.57	11511.34	12313.46	21165.65
45.86	**2724.71**	**1458.19**	**473.88**	**203.27**	**147.55**	**73.50**
	28.70	400.00		53.27		5.39
45.86	851.67	1058.19	152.07	150.00	147.55	21.39
	218.67					
	1625.67		321.81			46.72

第2篇

住宿和餐饮业企业基本情况和财务状况

2-1　住宿业法人企业基本情况

指标名称	法人单位数（个）	年末从业人数（人）	年末餐饮营业面积（万平方米）
总计	**7265**	**375699**	**971.85**
1. 按国民经济行业分组			
旅游饭店	**2631**	**275036**	**557.11**
旅游饭店	2631	275036	557.11
一般旅馆	**4113**	**86718**	**360.55**
一般旅馆	4113	86718	360.55
其他住宿业	**521**	**13945**	**54.19**
其他住宿业	521	13945	54.19
2. 按登记注册类型分组			
内资企业	**6926**	**308080**	**868.06**
国有企业	281	23988	47.86
集体企业	175	4611	15.39
股份合作企业	55	1542	4.45
联营企业	34	933	2.23
国有联营企业	6	464	0.92
集体联营企业	11	246	0.63
国有与集体联营企业	3	61	0.3
其他联营企业	14	162	0.39
有限责任公司	1433	118575	267.76
国有独资公司	40	5291	8.89
其他有限责任公司	1393	113284	258.88
股份有限公司	121	9388	18.74
私营企业	4497	140223	483.91
私营独资企业	2155	37166	163.94
私营合伙企业	294	6870	28.97
私营有限责任公司	1963	92811	282.09
私营股份有限公司	85	3376	8.9
其他企业	330	8820	27.72
港、澳、台商投资企业	**222**	**38090**	**72.94**
与港澳台商合资经营企业	70	12633	27.51
与港澳台商合作经营企业	42	9271	19.24
港澳台商独资经营企业	94	15204	23.4
港澳台商投资股份有限公司	11	752	2.49
其他港澳台投资企业	5	230	0.3
外商投资企业	**117**	**29529**	**30.85**
中外合资经营企业	37	9210	10.12
中外合作经营企业	24	5700	7.78
外资企业	42	13053	11.3
外商投资股份有限公司	7	824	0.68
其他外商投资企业	7	742	0.97
3. 按星级分组			
一星	186	2787	11.09
二星	242	7543	24.11
三星	909	56775	127.01
四星	320	54892	91.77
五星	169	69289	105.67
其他	5432	184173	612.21

2-2 住宿业法人企业财务状况

单位：万元

指标名称	营业收入	#主营业务收入	资产总计
总计	**5477995.40**	**5389169.96**	**16326798.14**
1. 按国民经济行业分组			
旅游饭店	**4317292.84**	**4257916.61**	**13485730.85**
旅游饭店	4317292.84	4257916.61	13485730.85
一般旅馆	**1016006.48**	**993488.66**	**2458604.32**
一般旅馆	1016006.48	993488.66	2458604.32
其他住宿业	**144696.08**	**137764.68**	**382462.98**
其他住宿业	144696.08	137764.68	382462.98
2. 按登记注册类型分组			
内资企业	**4087052.41**	**4027630.09**	**11524512.61**
国有企业	433023.93	427126.08	1188868.04
集体企业	50156.46	48490.68	98972.54
股份合作企业	10240.50	10028.84	11760.78
联营企业	12296.07	12154.05	37988.05
国有联营企业	5224.19	5167.47	24909.99
集体联营企业	2571.89	2571.89	7229.72
国有与集体联营企业	602.83	560.53	1494.87
其他联营企业	3897.16	3854.16	4353.47
有限责任公司	1691101.27	1671126.83	5951204.27
国有独资公司	98266.98	96767.18	330096.29
其他有限责任公司	1592834.29	1574359.65	5621107.98
股份有限公司	134110.55	132923.08	481429.09
私营企业	1647402.36	1617999.46	3610988.27
私营独资企业	351767.41	343963.54	538292.73
私营合伙企业	72081.11	71649.92	121460.45
私营有限责任公司	1179494.95	1164187.42	2863564.68
私营股份有限公司	44058.89	38198.59	87670.42
其他企业	108721.28	107781.08	143301.57
港、澳、台商投资企业	**716972.20**	**699226.31**	**2717047.19**
与港澳台商合资经营企业	207436.10	203291.48	773856.14
与港澳台商合作经营企业	209958.43	201774.83	831541.84
港澳台商独资经营企业	282115.57	276703.90	1024776.90
港澳台商投资股份有限公司	15698.60	15698.60	77796.89
其他港澳台投资企业	1763.50	1757.50	9075.43
外商投资企业	**673970.78**	**662313.55**	**2085238.35**
中外合资经营企业	205964.83	203275.13	628886.27
中外合作经营企业	83166.05	81638.62	286914.92
外资企业	364429.59	357074.89	931486.27
外商投资股份有限公司	10449.50	10388.50	227073.67
其他外商投资企业	9960.82	9936.42	10877.22
3. 按星级分组			
一星	29040.41	28788.90	45782.76
二星	94661.20	92373.08	137467.48
三星	744939.62	726066.16	1593791.66
四星	834167.15	827035.76	2579327.96
五星	1450573.54	1434468.02	4697226.14
其他	2322143.74	2278042.03	7272096.07

2-3　餐饮业法人企业基本情况

指标名称	法人单位数（个）	年末从业人数（人）	年末餐饮营业面积（万平方米）
总计	**10849**	**466072**	**816.8**
1. 按国民经济行业分组			
正餐服务	**7823**	**331624**	**687.6**
正餐服务	7823	331624	687.6
快餐服务	**1061**	**97348**	**83.02**
快餐服务	1061	97348	83.02
饮料及冷饮服务	**695**	**14394**	**21.02**
茶馆服务	98	1641	3.81
咖啡馆服务	153	5587	6.6
酒吧服务	291	5353	9.58
其他饮料及冷饮服务	153	1813	1.03
其他餐饮业	**1270**	**22706**	**25.17**
小吃服务	361	5336	5.18
餐饮配送服务	352	6126	6.77
其他未列明餐饮业	557	11244	13.22
2. 按登记注册类型分组			
内资企业	**10318**	**361492**	**703.78**
国有企业	57	4808	7.27
集体企业	102	3560	8.06
股份合作企业	266	4260	7.18
联营企业	41	825	1.43
国有联营企业	2	47	0.21
集体联营企业	2	25	0.05
国有与集体联营企业			
其他联营企业	37	753	1.17
有限责任公司	1719	88927	162.49
国有独资公司	8	1490	2.42
其他有限责任公司	1711	87437	160.07
股份有限公司	110	7076	12.09
私营企业	7472	237614	476.82
私营独资企业	3318	72216	164.38
私营合伙企业	407	11291	24.07
私营有限责任公司	3627	149675	275.46
私营股份有限公司	120	4432	12.91
其他企业	551	14422	28.44
港、澳、台商投资企业	**341**	**41606**	**55.44**
与港澳台商合资经营企业	48	5987	7.35
与港澳台商合作经营企业	24	3755	4.66
港澳台商独资经营企业	252	31335	42.62
港澳台商投资股份有限公司	7	309	0.58
其他港澳台投资企业	10	220	0.24
外商投资企业	**190**	**62974**	**57.58**
中外合资经营企业	32	9258	10.07
中外合作经营企业	4	278	0.75
外资企业	140	51938	45.21
外商投资股份有限公司	6	1188	1.13
其他外商投资企业	8	312	0.43

2-4 餐饮业法人企业财务状况

单位：万元

指标名称	营业收入	#主营业务收入	资产总计
总计	**7188891.67**	**7136641.90**	**5462068.41**
1. 按国民经济行业分组			
正餐服务	**4766742.35**	**4734221.22**	**3927341.35**
正餐服务	4766742.35	4734221.22	3927341.35
快餐服务	**1911906.32**	**1898164.67**	**1144042.66**
快餐服务	1911906.32	1898164.67	1144042.66
饮料及冷饮服务	**203518.62**	**202681.80**	**164743.56**
茶馆服务	12100.42	11802.64	19002.29
咖啡馆服务	119616.62	119331.67	75630.10
酒吧服务	53614.22	53386.52	59180.75
其他饮料及冷饮服务	18187.35	18160.97	10930.43
其他餐饮业	**306724.38**	**301574.21**	**225940.85**
小吃服务	55119.99	54956.34	22822.38
餐饮配送服务	101735.53	99683.72	58947.62
其他未列明餐饮业	149868.87	146934.16	144170.85
2. 按登记注册类型分组			
内资企业	**4889030.86**	**4848165.81**	**4027845.83**
国有企业	74602.01	74125.21	99352.80
集体企业	58324.71	57953.61	34835.97
股份合作企业	64503.16	64356.53	20732.99
联营企业	8183.60	8183.56	2967.16
国有联营企业	667.10	667.10	154.54
集体联营企业	281.12	281.12	2.71
国有与集体联营企业			
其他联营企业	7235.37	7235.34	2809.92
有限责任公司	1296412.62	1286994.04	1441774.22
国有独资公司	45407.40	45336.90	11743.28
其他有限责任公司	1251005.22	1241657.13	1430030.94
股份有限公司	96230.63	93784.87	89666.26
私营企业	3113142.78	3090139.94	2219300.74
私营独资企业	856785.81	848230.54	495855.24
私营合伙企业	136995.51	135719.29	69830.51
私营有限责任公司	2047619.88	2035637.02	1592378.10
私营股份有限公司	71741.57	70553.09	61236.89
其他企业	177631.36	172628.07	119215.68
港、澳、台商投资企业	**912173.81**	**910460.47**	**818878.85**
与港澳台商合资经营企业	102522.80	101793.26	118016.73
与港澳台商合作经营企业	87300.27	87298.47	57987.90
港澳台商独资经营企业	710623.58	709641.59	626672.06
港澳台商投资股份有限公司	8983.59	8983.59	6760.76
其他港澳台投资企业	2743.57	2743.57	9441.40
外商投资企业	**1387687.01**	**1378015.63**	**615343.73**
中外合资经营企业	333459.55	324106.97	195600.04
中外合作经营企业	3387.90	3387.90	3078.50
外资企业	1026610.29	1026294.40	401763.64
外商投资股份有限公司	22181.70	22181.70	10413.00
其他外商投资企业	2047.57	2044.66	4488.56

2–5　分地区住宿业法人企业基本情况

地　区	法人单位数（个）	年末从业人数（人）	年末餐饮营业面积（万平方米）
全省合计	**7265**	**375699**	**971.85**
广州市	1712	83050	178.77
深圳市	1297	63589	148.22
珠海市	322	19864	46.41
汕头市	198	9494	32.84
佛山市	630	25006	92.96
韶关市	135	7695	20.64
河源市	135	6487	31.57
梅州市	123	7586	18.6
惠州市	328	18633	54.81
汕尾市	106	3455	23.75
东莞市	704	54818	134.06
中山市	451	18012	33.02
江门市	179	12702	27.47
阳江市	91	3060	6.37
湛江市	213	10418	24.04
茂名市	143	6287	15.27
肇庆市	155	6561	25.27
清远市	118	9218	28.43
潮州市	77	2483	9.04
揭阳市	86	4330	6.93
云浮市	62	2951	13.37

2-6 分地区住宿业法人企业财务状况

单位：万元

地 区	营业收入	#主营业务收入	资产总计
全省合计	**5477995.40**	**5389169.96**	**16326798.14**
广州市	1643341.28	1618611.39	3963793.70
深圳市	1167458.87	1135849.01	2873407.27
珠海市	216550.52	213557.78	1967074.02
汕头市	122105.97	121315.54	371062.65
佛山市	345816.69	343283.54	832592.18
韶关市	85904.38	85115.69	220620.62
河源市	62181.70	61100.83	204744.08
梅州市	75502.99	71831.24	265601.91
惠州市	239325.38	236981.79	933039.72
汕尾市	29050.69	28669.30	89236.02
东莞市	562188.51	556594.77	1541956.15
中山市	210688.43	209000.52	766752.30
江门市	164276.53	160818.78	461994.46
阳江市	47613.33	46643.10	131188.20
湛江市	120998.21	119433.01	464909.86
茂名市	62420.58	61207.39	224717.14
肇庆市	79365.96	78619.06	306513.63
清远市	89253.07	88097.47	367649.99
潮州市	27288.21	26838.21	57252.67
揭阳市	98935.35	98101.10	145157.42
云浮市	27728.78	27500.45	137534.17

2-7　分地区住宿业法人企业基本情况（按国民经济行业分）（法人单位数）

单位：个

	全省合计	广州市	深圳市	珠海市	汕头市	佛山市	韶关市
总计	**7265**	**1712**	**1297**	**322**	**198**	**630**	**135**
旅游饭店	**2631**	**517**	**414**	**158**	**76**	**211**	**90**
旅游饭店	2631	517	414	158	76	211	90
一般旅馆	**4113**	**1115**	**779**	**150**	**97**	**364**	**40**
一般旅馆	4113	1115	779	150	97	364	40
其他住宿业	**521**	**80**	**104**	**14**	**25**	**55**	**5**
其他住宿业	521	80	104	14	25	55	5

2-7　续表1

	河源市	梅州市	惠州市	汕尾市	东莞市	中山市	江门市
总计	**135**	**123**	**328**	**106**	**704**	**451**	**179**
旅游饭店	**63**	**66**	**175**	**41**	**315**	**100**	**62**
旅游饭店	63	66	175	41	315	100	62
一般旅馆	**62**	**47**	**124**	**50**	**312**	**349**	**99**
一般旅馆	62	47	124	50	312	349	99
其他住宿业	**10**	**10**	**29**	**15**	**77**	**2**	**18**
其他住宿业	10	10	29	15	77	2	18

2-7　续表2

	阳江市	湛江市	茂名市	肇庆市	清远市	潮州市	揭阳市	云浮市
总计	**91**	**213**	**143**	**155**	**118**	**77**	**86**	**62**
旅游饭店	**16**	**55**	**39**	**77**	**75**	**27**	**30**	**24**
旅游饭店	16	55	39	77	75	27	30	24
一般旅馆	**66**	**145**	**81**	**60**	**41**	**44**	**51**	**37**
一般旅馆	66	145	81	60	41	44	51	37
其他住宿业	**9**	**13**	**23**	**18**	**2**	**6**	**5**	**1**
其他住宿业	9	13	23	18	2	6	5	1

2-8　分地区住宿业法人企业基本情况（按国民经济行业分）（年末从业人数）

单位：人

	全省合计	广州市	深圳市	珠海市	汕头市	佛山市	韶关市
总计	**375699**	**83050**	**63589**	**19864**	**9494**	**25006**	**7695**
旅游饭店	**275036**	**56280**	**45665**	**17595**	**6417**	**17855**	**6510**
旅游饭店	275036	56280	45665	17595	6417	17855	6510
一般旅馆	**86718**	**25124**	**14438**	**2141**	**2666**	**5786**	**1151**
一般旅馆	86718	25124	14438	2141	2666	5786	1151
其他住宿业	**13945**	**1646**	**3486**	**128**	**411**	**1365**	**34**
其他住宿业	13945	1646	3486	128	411	1365	34

2-8　续表1

	河源市	梅州市	惠州市	汕尾市	东莞市	中山市	江门市
总计	**6487**	**7586**	**18633**	**3455**	**54818**	**18012**	**12702**
旅游饭店	**4268**	**6130**	**14963**	**1920**	**44471**	**12830**	**8341**
旅游饭店	4268	6130	14963	1920	44471	12830	8341
一般旅馆	**1573**	**1331**	**2857**	**1171**	**8127**	**5162**	**3353**
一般旅馆	1573	1331	2857	1171	8127	5162	3353
其他住宿业	**646**	**125**	**813**	**364**	**2220**	**20**	**1008**
其他住宿业	646	125	813	364	2220	20	1008

2-8　续表2

	阳江市	湛江市	茂名市	肇庆市	清远市	潮州市	揭阳市	云浮市
总计	**3060**	**10418**	**6287**	**6561**	**9218**	**2483**	**4330**	**2951**
旅游饭店	**1563**	**7569**	**3357**	**4842**	**8229**	**1596**	**2493**	**2142**
旅游饭店	1563	7569	3357	4842	8229	1596	2493	2142
一般旅馆	**1366**	**2700**	**2572**	**1121**	**849**	**748**	**1688**	**794**
一般旅馆	1366	2700	2572	1121	849	748	1688	794
其他住宿业	**131**	**149**	**358**	**598**	**140**	**139**	**149**	**15**
其他住宿业	131	149	358	598	140	139	149	15

2-9　分地区住宿业法人企业基本情况（按国民经济行业分）（年末餐饮营业面积）

单位：万平方米

	全省合计	广州市	深圳市	珠海市	汕头市	佛山市	韶关市
总计	**971.85**	**178.77**	**148.22**	**46.41**	**32.84**	**92.96**	**20.64**
旅游饭店	**557.11**	**86.59**	**77.65**	**34.03**	**18.4**	**42.09**	**15.73**
旅游饭店	557.11	86.59	77.65	34.03	18.4	42.09	15.73
一般旅馆	**360.55**	**86.84**	**61.52**	**11.78**	**12.78**	**42.88**	**4.91**
一般旅馆	360.55	86.84	61.52	11.78	12.78	42.88	4.91
其他住宿业	**54.19**	**5.34**	**9.05**	**0.6**	**1.67**	**7.99**	
其他住宿业	54.19	5.34	9.05	0.6	1.67	7.99	

2-9　续表1

	河源市	梅州市	惠州市	汕尾市	东莞市	中山市	江门市
总计	**31.57**	**18.6**	**54.81**	**23.75**	**134.06**	**33.02**	**27.47**
旅游饭店	**20.07**	**15.77**	**34.39**	**15.64**	**84.27**	**20.35**	**17.35**
旅游饭店	20.07	15.77	34.39	15.64	84.27	20.35	17.35
一般旅馆	**9.66**	**2.69**	**16.95**	**3.87**	**38.75**	**12.31**	**8.46**
一般旅馆	9.66	2.69	16.95	3.87	38.75	12.31	8.46
其他住宿业	**1.84**	**0.13**	**3.48**	**4.24**	**11.04**	**0.36**	**1.66**
其他住宿业	1.84	0.13	3.48	4.24	11.04	0.36	1.66

2-9　续表2

	阳江市	湛江市	茂名市	肇庆市	清远市	潮州市	揭阳市	云浮市
总计	**6.37**	**24.04**	**15.27**	**25.27**	**28.43**	**9.04**	**6.93**	**13.37**
旅游饭店	**2.81**	**15.21**	**5.03**	**15.68**	**22.71**	**5.6**	**2.89**	**4.84**
旅游饭店	2.81	15.21	5.03	15.68	22.71	5.6	2.89	4.84
一般旅馆	**2.79**	**8.4**	**8.23**	**7.35**	**5.66**	**3.34**	**2.86**	**8.51**
一般旅馆	2.79	8.4	8.23	7.35	5.66	3.34	2.86	8.51
其他住宿业	**0.77**	**0.43**	**2**	**2.24**	**0.06**	**0.1**	**1.18**	**0.02**
其他住宿业	0.77	0.43	2	2.24	0.06	0.1	1.18	0.02

2-10 分地区住宿业法人企业基本情况

	全省合计	广州市	深圳市	珠海市	汕头市	佛山市	韶关市	河源市	梅州市
总计	**7265**	**1712**	**1297**	**322**	**198**	**630**	**135**	**135**	**123**
内资企业	**6926**	**1645**	**1234**	**298**	**184**	**610**	**119**	**130**	**116**
国有企业	281	135	22	20	16	3	6	2	4
集体企业	175	47	7	10	8	15	8		5
股份合作企业	55	22	4	2	1	4	1	1	2
联营企业	34	7	13		1		1	1	1
国有联营企业	6	1	3		1			1	
集体联营企业	11	2	4				1		1
国有与集体联营企业	3	1	1						
其他联营企业	14	3	5						
有限责任公司	1433	174	168	135	59	144	44	35	26
国有独资公司	40	11	9	5	3	1	2		
其他有限责任公司	1393	163	159	130	56	143	42	35	26
股份有限公司	121	11	25	4	10	11	4	4	5
私营企业	4497	1213	963	111	79	407	53	74	61
私营独资企业	2155	537	373	17	35	229	25	60	31
私营合伙企业	294	98	24	14	6	27	4	1	2
私营有限责任公司	1963	559	548	77	37	145	24	12	25
私营股份有限公司	85	19	18	3	1	6		1	3
其他企业	330	36	32	16	10	26	2	13	12
港、澳、台商投资企业	**222**	**38**	**41**	**20**	**8**	**12**	**12**	**5**	**4**
与港澳台商合资经营企业	70	11	12	4	4	5	1	1	2
与港澳台商合作经营企业	42	12	6	2	3		1	2	
港澳台商独资经营企业	94	10	22	12	1	6	7	2	1
港澳台商投资股份有限公司	11	1	1	2		1	3		
其他港澳台投资企业	5	4							1
外商投资企业	**117**	**29**	**22**	**4**	**6**	**8**	**4**		**3**
中外合资经营企业	37	10	9	1	1	4			
中外合作经营企业	24	2	3	2	2	2	2		3
外资企业	42	13	8	1	2	2	2		
外商投资股份有限公司	7	2			1				
其他外商投资企业	7	2	2						

（按登记注册类型分）（法人单位数）

单位：个

	惠州市	汕尾市	东莞市	中山市	江门市	阳江市	湛江市	茂名市	肇庆市	清远市	潮州市	揭阳市	云浮市
	328	**106**	**704**	**451**	**179**	**91**	**213**	**143**	**155**	**118**	**77**	**86**	**62**
	297	**99**	**687**	**437**	**159**	**90**	**210**	**141**	**144**	**109**	**75**	**83**	**59**
	7	5		1	4	3	16	6	13	5	4	5	4
	10	4	21	8	5	2	4	4	5	3	4	5	
	1	4	6		3		2		1	1			
		2	3	2			1	1				1	
			1	1								1	
		1											
		1	2	1			1	1					
	67	16	173	105	47	26	30	28	47	46	15	28	20
	2		2		1		2						2
	65	16	171	105	46	26	28	28	47	46	15	28	18
	6	1	12		6		5	4	3	5	3	1	1
	195	61	443	317	79	39	132	67	59	43	42	31	28
	38	39	203	235	49	25	97	54	28	20	26	19	15
	9	3	46	18	4	1	11	6	4	9	1	3	3
	139	18	185	63	20	12	23	5	25	14	14	8	10
	9	1	9	1	6	1	1	2	2		1	1	
	11	6	29	4	15	20	20	31	16	6	7	12	6
	24	**6**	**12**	**9**	**12**		**2**	**2**	**6**	**5**	**1**	**2**	**1**
	11	2	7	2	5			1	1			1	
	2		4	3	3		1		1	1		1	
	11	4	1	4	4		1	1	3	3	1		
									1	1			1
	7	**1**	**5**	**5**	**8**	**1**	**1**		**5**	**4**	**1**	**1**	**2**
	1	1	2	3	2					1		1	1
	5		1		1				1				
			1	1	5	1			3	2	1		
	1								1	1			1
			1	1			1						

2-11 分地区住宿业法人企业基本情况

	全省合计	广州市	深圳市	珠海市	汕头市	佛山市	韶关市	河源市	梅州市
总计	**375699**	**83050**	**63589**	**19864**	**9494**	**25006**	**7695**	**6487**	**7586**
内资企业	**308080**	**64932**	**50043**	**15111**	**7304**	**21867**	**6894**	**5789**	**6783**
国有企业	23988	13845	4048	637	676	205	377	195	425
集体企业	4611	1196	177	199	152	454	95		22
股份合作企业	1542	308	173	23	28	47	184	6	380
联营企业	933	93	466		130		16	82	5
国有联营企业	464	10	242		130			82	
集体联营企业	246	52	118				16		5
国有与集体联营企业	61	10	43						
其他联营企业	162	21	63						
有限责任公司	118575	14955	16027	11373	2315	10286	2768	2312	2410
国有独资公司	5291	931	1688	993	356	25	192		
其他有限责任公司	113284	14024	14339	10380	1959	10261	2576	2312	2410
股份有限公司	9388	1777	1158	53	419	407	116	619	117
私营企业	140223	31966	26832	2665	3433	9577	3333	2407	3230
私营独资企业	37166	6645	3281	217	1251	2305	1062	1291	780
私营合伙企业	6870	1312	345	181	121	456	62	28	15
私营有限责任公司	92811	23756	22345	1948	2021	6727	2209	1071	2400
私营股份有限公司	3376	253	861	319	40	89		17	35
其他企业	8820	792	1162	161	151	891	5	168	194
港、澳、台商投资企业	**38090**	**7524**	**7189**	**3792**	**883**	**1934**	**732**	**698**	**370**
与港澳台商合资经营企业	12633	2179	1760	228	635	621	135	74	188
与港澳台商合作经营企业	9271	2480	2110	400	119		18	418	
港澳台商独资经营企业	15204	2685	3021	3088	129	1206	387	206	75
港澳台商投资股份有限公司	752	57	298	76		107	192		
其他港澳台投资企业	230	123							107
外商投资企业	**29529**	**10594**	**6357**	**961**	**1307**	**1205**	**69**		**433**
中外合资经营企业	9210	3404	2190	53	171	504			
中外合作经营企业	5700	282	966	711	658	521	22		433
外资企业	13053	6144	3190	197	445	180	47		
外商投资股份有限公司	824	734			33				
其他外商投资企业	742	30	11						

（按登记注册类型分）（年末从业人数）

单位：人

惠州市	汕尾市	东莞市	中山市	江门市	阳江市	湛江市	茂名市	肇庆市	清远市	潮州市	揭阳市	云浮市
18633	3455	54818	18012	12702	3060	10418	6287	6561	9218	2483	4330	2951
14506	2747	48760	15385	9274	2830	8738	6194	5550	6921	2184	3803	2465
118	49		44	583	65	479	446	621	269	384	453	69
69	71	1049	203	49	69	231	134	50	115	45	231	
11	139	111		49		49		13	21			
	28	50	18			14	16				15	
		35	5								15	
	8											
	20	15	13			14	16					
5172	530	20028	8627	5300	1216	3527	2792	1786	3754	570	1452	1375
196		172		6		524						208
4976	530	19856	8627	5294	1216	3003	2792	1786	3754	570	1452	1167
505	80	1255		1198		424	254	189	611	168	8	30
8447	1725	24744	6325	1679	1149	3748	1740	2219	1904	950	1259	891
969	844	8886	2114	502	859	2034	1550	898	698	360	386	234
165	54	2241	129	62	14	560	127	118	656	20	162	42
7015	803	13148	3980	825	229	1024	30	1000	550	550	565	615
298	24	469	102	290	47	130	33	203		20	146	
184	125	1523	168	416	331	266	812	672	247	67	385	100
2482	652	4318	1732	1383		1466	93	688	1713	22	397	22
1879	76	3620	301	709			90				138	
24		598	918	160		1063		388	316		259	
579	576	100	513	514		403	3	300	1397	22		
												22
1645	56	1740	895	2045	230	214		323	584	277	130	464
137	56	871	352	585					312		130	445
1507		388		202				10				
		477	60	1258	230			288	260	277		
1								25	12			19
		4	483			214						

2-12 分地区住宿业法人企业基本情况

	全省合计	广州市	深圳市	珠海市	汕头市	佛山市	韶关市	河源市	梅州市
总计	**971.85**	**178.77**	**148.22**	**46.41**	**32.84**	**92.96**	**20.64**	**31.57**	**18.60**
内资企业	**868.06**	**159.43**	**126.06**	**40.82**	**26.67**	**85.47**	**18.34**	**28.89**	**17.40**
国有企业	47.86	18.80	4.05	3.01	4.27	0.04	1.43	0.71	1.31
集体企业	15.39	2.60	0.33	0.80	0.65	2.12	1.84		0.08
股份合作企业	4.45	1.98	0.02		0.30	0.30	0.15	0.08	0.58
联营企业	2.23	0.34	1.16		0.01		0.06	0.02	0.05
国有联营企业	0.92	0.10	0.79		0.01			0.02	
集体联营企业	0.63	0.05	0.15				0.06		0.05
国有与集体联营企业	0.30	0.03							
其他联营企业	0.39	0.16	0.21						
有限责任公司	267.76	20.12	25.17	23.16	9.30	28.76	4.76	7.77	6.03
国有独资公司	8.89	0.41	1.78	1.07	0.98	1.00	0.06		
其他有限责任公司	258.88	19.71	23.39	22.09	8.32	27.76	4.70	7.77	6.03
股份有限公司	18.74	1.57	1.49		2.14	0.42	0.15	1.44	0.48
私营企业	483.91	111.89	91.54	13.14	9.36	51.07	9.92	17.43	8.23
私营独资企业	163.94	37.89	18.46	1.60	2.79	21.58	4.18	12.42	4.05
私营合伙企业	28.97	8.22	1.66	0.72	1.25	3.90	0.41		0.10
私营有限责任公司	282.09	64.94	70.80	9.57	5.17	25.36	5.33	4.27	3.78
私营股份有限公司	8.90	0.84	0.61	1.24	0.15	0.23		0.75	0.30
其他企业	27.72	2.14	2.31	0.71	0.64	2.76	0.04	1.44	0.65
港、澳、台商投资企业	**72.94**	**12.31**	**16.21**	**4.15**	**4.93**	**5.75**	**1.70**	**2.68**	**0.40**
与港澳台商合资经营企业	27.51	7.84	2.88	1.30	4.28	0.59	0.10	0.02	0.06
与港澳台商合作经营企业	19.24	1.91	8.95	0.50	0.52		0.20	1.56	
港澳台商独资经营企业	23.40	1.77	4.28	1.95	0.13	4.31	1.30	1.10	0.15
港澳台商投资股份有限公司	2.49	0.68	0.09	0.40		0.85	0.10		
其他港澳台投资企业	0.30	0.11							0.19
外商投资企业	**30.85**	**7.03**	**5.96**	**1.44**	**1.25**	**1.74**	**0.60**		**0.79**
中外合资经营企业	10.12	2.75	2.84	0.02	0.16	0.37			
中外合作经营企业	7.78	0.27	0.28	0.92	0.24	0.31	0.40		0.79
外资企业	11.30	3.41	2.80	0.50	0.81	1.06	0.20		
外商投资股份有限公司	0.68	0.60			0.05				
其他外商投资企业	0.97		0.03						

（按登记注册类型分）（年末餐饮营业面积）

单位：万平方米

惠州市	汕尾市	东莞市	中山市	江门市	阳江市	湛江市	茂名市	肇庆市	清远市	潮州市	揭阳市	云浮市
54.81	**23.75**	**134.06**	**33.02**	**27.47**	**6.37**	**24.04**	**15.27**	**25.27**	**28.43**	**9.04**	**6.93**	**13.37**
45.02	**20.09**	**129.28**	**30.77**	**19.50**	**6.02**	**21.92**	**15.25**	**23.30**	**26.51**	**8.86**	**5.44**	**13.04**
0.89	2.80			0.83	0.03	0.83	2.23	2.00	1.10	0.50	0.57	2.48
0.10	0.12	2.97	0.92	0.37	0.20	0.19	0.07	0.52	0.87	0.17	0.48	
0.03	0.17	0.66				0.06		0.10	0.03			
	0.29		0.32									
			0.32									
	0.27											
	0.02											
16.30	2.43	55.41	13.27	10.32	3.04	7.03	5.39	8.27	9.90	2.48	2.49	6.36
0.26		0.26				1.38						1.68
16.05	2.43	55.15	13.27	10.32	3.04	5.64	5.39	8.27	9.90	2.48	2.49	4.67
0.61	0.06	4.37		1.64		1.81	0.45	0.40	1.62		0.10	
26.08	13.91	59.50	15.67	4.85	2.11	11.00	4.42	10.60	12.87	5.58	1.20	3.55
3.12	3.15	21.48	6.86	2.37	0.84	5.57	3.85	3.50	3.23	4.23	0.58	2.19
1.27	0.39	7.58	0.35	0.39	0.05	0.45	0.51	0.20	1.13	0.20	0.06	0.15
21.19	9.87	28.36	8.33	1.75	1.18	4.68	0.04	6.72	8.51	0.75	0.29	1.22
0.50	0.50	2.08	0.14	0.34	0.05	0.30	0.03	0.18		0.40	0.28	
1.01	0.31	6.37	0.59	1.49	0.64	1.01	2.71	1.40	0.13	0.13	0.61	0.65
6.77	**3.66**	**2.82**	**1.84**	**5.21**		**1.32**	**0.03**	**1.18**	**1.23**	**0.12**	**0.50**	**0.13**
4.63	0.10	1.70	0.52	3.26			0.03				0.20	
0.77		1.12	0.97	0.88		0.76		0.74	0.06		0.30	
1.38	3.56		0.35	1.06		0.56		0.21	1.17	0.12		
												0.13
3.02		**1.97**	**0.42**	**2.77**	**0.35**	**0.80**		**0.78**	**0.69**	**0.06**	**0.99**	**0.20**
0.20		0.70	0.25	1.16					0.47		0.99	0.20
2.82		0.97		0.43				0.35				
		0.30	0.02	1.17	0.35			0.40	0.22	0.06		
								0.03				
			0.15			0.80						

2-13 分地区住宿业法人企业基本情况（按星级分）（法人单位数）

单位：个

	全省合计	广州市	深圳市	珠海市	汕头市	佛山市	韶关市
总计	**7265**	**1712**	**1297**	**322**	**198**	**630**	**135**
一星	186	25	39	4	8	30	4
二星	242	53	43	4	7	27	2
三星	909	183	150	58	26	87	30
四星	320	63	55	12	7	23	11
五星	169	28	28	8	5	13	5
其他	5432	1360	978	236	145	450	83

2-13 续表1

	河源市	梅州市	惠州市	汕尾市	东莞市	中山市	江门市
总计	**135**	**123**	**328**	**106**	**704**	**451**	**179**
一星	2	2	7	4	9	7	
二星	8	7	6	3	11	11	5
三星	22	28	48	15	70	37	21
四星	7	8	15	5	40	15	8
五星	2	4	8	2	30	8	6
其他	94	74	244	77	543	373	138

2-13 续表2

	阳江市	湛江市	茂名市	肇庆市	清远市	潮州市	揭阳市	云浮市
总计	**91**	**213**	**143**	**155**	**118**	**77**	**86**	**62**
一星	1	18	1	6	1	2	14	2
二星	5	13	4	17	5	3	5	3
三星	15	32	17	27	25	6	10	2
四星	2	11	4	4	11	3	9	7
五星	2	3	5	4	4	1	2	1
其他	66	136	112	97	71	62	46	47

2-14　分地区住宿业法人企业基本情况（按星级分）（年末从业人员数）

单位：人

	全省合计	广州市	深圳市	珠海市	汕头市	佛山市	韶关市
总计	**375699**	**83050**	**63589**	**19864**	**9494**	**25006**	**7695**
一星	2787	355	414	52	278	347	22
二星	7543	1183	1311	259	370	555	27
三星	56775	13279	9618	3089	1669	5483	1450
四星	54892	12479	9064	1868	1324	3198	1566
五星	69289	13194	11478	5309	1475	4943	1054
其他	184173	42560	31583	9287	4378	10480	3576

2-14　续表1

	河源市	梅州市	惠州市	汕尾市	东莞市	中山市	江门市
总计	**6487**	**7586**	**18633**	**3455**	**54818**	**18012**	**12702**
一星	21	30	49	34	187	44	
二星	229	336	713	109	612	132	186
三星	837	1788	2345	402	3889	2266	1106
四星	487	924	1845	748	7747	3636	1363
五星	711	1288	2773	421	14849	3215	3273
其他	4202	3220	10908	1741	27461	8719	6729

2-14　续表2

	阳江市	湛江市	茂名市	肇庆市	清远市	潮州市	揭阳市	云浮市
总计	**3060**	**10418**	**6287**	**6561**	**9218**	**2483**	**4330**	**2951**
一星	16	422	29	186	12	28	209	52
二星	63	357	150	549	138	80	147	37
三星	650	2714	1023	1802	1962	482	861	60
四星	226	2837	471	473	1738	510	1400	988
五星	635	1462	934	461	1384	277	45	108
其他	1470	2626	3680	3090	3983	1106	1668	1706

2-15 分地区住宿业法人企业基本情况（按星级分）（年末餐饮营业面积）

单位：万平方米

	全省合计	广州市	深圳市	珠海市	汕头市	佛山市	韶关市
总计	**971.85**	**178.77**	**148.22**	**46.41**	**32.84**	**92.96**	**20.64**
一星	11.09	2.53	0.94	0.10	0.47	2.77	0.01
二星	24.11	4.56	3.18	0.50	0.47	2.64	0.65
三星	127.01	19.77	11.60	11.72	4.98	11.83	5.78
四星	91.77	10.96	17.56	2.88	2.75	4.54	2.10
五星	105.67	14.16	22.23	4.81	4.52	10.89	1.63
其他	612.21	126.80	92.70	26.41	19.65	60.30	10.47

2-14 续表1

	河源市	梅州市	惠州市	汕尾市	东莞市	中山市	江门市
总计	**31.57**	**18.60**	**54.81**	**23.75**	**134.06**	**33.02**	**27.47**
一星	1.17	0.05	0.04	0.26	0.80		
二星	0.70	0.73	1.07	0.57	2.34	0.43	0.37
三星	4.30	5.86	8.08	4.21	9.15	4.14	5.29
四星	2.71	2.87	4.44	1.22	18.39	6.07	1.14
五星	0.98	0.56	2.74	1.60	15.37	4.49	5.56
其他	21.71	8.54	38.45	15.90	88.01	17.90	15.11

2-14 续表2

	阳江市	湛江市	茂名市	肇庆市	清远市	潮州市	揭阳市	云浮市
总计	**6.37**	**24.04**	**15.27**	**25.27**	**28.43**	**9.04**	**6.93**	**13.37**
一星		1.07		0.45	0.08	0.13	0.24	
二星	0.10	1.61	1.05	1.59	0.64	0.18	0.09	0.65
三星	2.76	5.55	1.26	5.09	4.11	0.42	1.03	0.08
四星		5.43	0.60	0.53	3.62	0.75	1.49	1.72
五星	0.75	2.76	2.07	2.64	5.89	0.06	0.30	1.67
其他	2.76	7.63	10.29	14.96	14.10	7.51	3.79	9.25

2-16　分地区住宿业法人企业财务状况（按国民经济行业分）（营业收入）

单位：万元

	全省合计	广州市	深圳市	珠海市	汕头市	佛山市	韶关市
总计	**5477995.40**	**1643341.28**	**1167458.87**	**216550.52**	**122105.97**	**345816.69**	**85904.38**
旅游饭店	**4317292.84**	**1209598.86**	**951938.91**	**198499.88**	**88800.77**	**279987.85**	**75830.76**
旅游饭店	4317292.84	1209598.86	951938.91	198499.88	88800.77	279987.85	75830.76
一般旅馆	**1016006.48**	**412734.02**	**167485.53**	**16840.76**	**30661.52**	**56006.66**	**9997.91**
一般旅馆	1016006.48	412734.02	167485.53	16840.76	30661.52	56006.66	9997.91
其他住宿业	**144696.08**	**21008.40**	**48034.43**	**1209.87**	**2643.68**	**9822.19**	**75.71**
其他住宿业	144696.08	21008.40	48034.43	1209.87	2643.68	9822.19	75.71

2-16　续表1

	河源市	梅州市	惠州市	汕尾市	东莞市	中山市	江门市
总计	**62181.70**	**75502.99**	**239325.38**	**29050.69**	**562188.51**	**210688.43**	**164276.53**
旅游饭店	**40942.91**	**67060.23**	**214158.83**	**19746.18**	**501046.19**	**167994.88**	**110205.08**
旅游饭店	40942.91	67060.23	214158.83	19746.18	501046.19	167994.88	110205.08
一般旅馆	**15523.66**	**7970.14**	**20741.35**	**7856.78**	**48262.16**	**42588.01**	**38747.30**
一般旅馆	15523.66	7970.14	20741.35	7856.78	48262.16	42588.01	38747.30
其他住宿业	**5715.13**	**472.63**	**4425.19**	**1447.73**	**12880.16**	**105.54**	**15324.14**
其他住宿业	5715.13	472.63	4425.19	1447.73	12880.16	105.54	15324.14

2-16　续表2

	阳江市	湛江市	茂名市	肇庆市	清远市	潮州市	揭阳市	云浮市
总计	**47613.33**	**120998.21**	**62420.58**	**79365.96**	**89253.07**	**27288.21**	**98935.35**	**27728.78**
旅游饭店	**28279.67**	**89960.45**	**30687.35**	**59321.52**	**83791.77**	**16351.60**	**63317.08**	**19772.06**
旅游饭店	28279.67	89960.45	30687.35	59321.52	83791.77	16351.60	63317.08	19772.06
一般旅馆	**18557.29**	**27526.46**	**25688.62**	**13020.64**	**4467.60**	**8867.39**	**34538.49**	**7924.21**
一般旅馆	18557.29	27526.46	25688.62	13020.64	4467.60	8867.39	34538.49	7924.21
其他住宿业	**776.36**	**3511.30**	**6044.62**	**7023.80**	**993.70**	**2069.22**	**1079.78**	**32.50**
其他住宿业	776.36	3511.30	6044.62	7023.80	993.70	2069.22	1079.78	32.50

2-17 分地区住宿业法人企业财务状况（按国民经济行业分）（主营业务收入）

单位：万元

	全省合计	广州市	深圳市	珠海市	汕头市	佛山市	韶关市
总计	**5389169.96**	**1618611.39**	**1135849.01**	**213557.78**	**121315.54**	**343283.54**	**85115.69**
旅游饭店	**4257916.61**	**1194433.05**	**931801.58**	**195740.76**	**88268.37**	**278322.96**	**75270.94**
旅游饭店	4257916.61	1194433.05	931801.58	195740.76	88268.37	278322.96	75270.94
一般旅馆	**993488.66**	**403439.67**	**161780.43**	**16608.95**	**30405.48**	**55202.82**	**9773.04**
一般旅馆	993488.66	403439.67	161780.43	16608.95	30405.48	55202.82	9773.04
其他住宿业	**137764.68**	**20738.67**	**42267.01**	**1208.08**	**2641.68**	**9757.77**	**71.71**
其他住宿业	137764.68	20738.67	42267.01	1208.08	2641.68	9757.77	71.71

2-17 续表1

	河源市	梅州市	惠州市	汕尾市	东莞市	中山市	江门市
总计	**61100.83**	**71831.24**	**236981.79**	**28669.30**	**556594.77**	**209000.52**	**160818.78**
旅游饭店	**40275.01**	**63492.39**	**212069.22**	**19451.02**	**495799.44**	**167151.18**	**107182.18**
旅游饭店	40275.01	63492.39	212069.22	19451.02	495799.44	167151.18	107182.18
一般旅馆	**15135.69**	**7869.23**	**20548.38**	**7848.07**	**47954.97**	**41747.80**	**38374.78**
一般旅馆	15135.69	7869.23	20548.38	7848.07	47954.97	41747.80	38374.78
其他住宿业	**5690.13**	**469.63**	**4364.19**	**1370.21**	**12840.36**	**101.54**	**15261.81**
其他住宿业	5690.13	469.63	4364.19	1370.21	12840.36	101.54	15261.81

2-17 续表2

	阳江市	湛江市	茂名市	肇庆市	清远市	潮州市	揭阳市	云浮市
总计	**46643.10**	**119433.01**	**61207.39**	**78619.06**	**88097.47**	**26838.21**	**98101.10**	**27500.45**
旅游饭店	**28279.67**	**89486.71**	**29777.35**	**58969.08**	**82858.77**	**16351.60**	**63317.08**	**19618.25**
旅游饭店	28279.67	89486.71	29777.35	58969.08	82858.77	16351.60	63317.08	19618.25
一般旅馆	**17587.07**	**26435.00**	**25598.54**	**12962.42**	**4245.00**	**8417.39**	**33704.24**	**7849.70**
一般旅馆	17587.07	26435.00	25598.54	12962.42	4245.00	8417.39	33704.24	7849.70
其他住宿业	**776.36**	**3511.30**	**5831.50**	**6687.55**	**993.70**	**2069.22**	**1079.78**	**32.50**
其他住宿业	776.36	3511.30	5831.50	6687.55	993.70	2069.22	1079.78	32.50

2-18　分地区住宿业法人企业财务状况（按国民经济行业分）（资产总计）

单位：万元

	全省合计	广州市	深圳市	珠海市	汕头市	佛山市	韶关市
总计	**16326798.14**	**3963793.70**	**2873407.27**	**1967074.02**	**371062.65**	**832592.18**	**220620.62**
旅游饭店	**13485730.85**	**3283364.33**	**2385360.79**	**1813804.19**	**301087.68**	**730165.09**	**194572.82**
旅游饭店	13485730.85	3283364.33	2385360.79	1813804.19	301087.68	730165.09	194572.82
一般旅馆	**2458604.32**	**658091.71**	**364393.51**	**88044.72**	**66574.11**	**96464.71**	**25092.96**
一般旅馆	2458604.32	658091.71	364393.51	88044.72	66574.11	96464.71	25092.96
其他住宿业	**382462.98**	**22337.67**	**123652.97**	**65225.10**	**3400.85**	**5962.38**	**954.83**
其他住宿业	382462.98	22337.67	123652.97	65225.10	3400.85	5962.38	954.83

2-18　续表1

	河源市	梅州市	惠州市	汕尾市	东莞市	中山市	江门市
总计	**204744.08**	**265601.91**	**933039.72**	**89236.02**	**1541956.15**	**766752.30**	**461994.46**
旅游饭店	**173594.21**	**230577.84**	**609920.91**	**65664.10**	**1428492.43**	**588241.19**	**300767.05**
旅游饭店	173594.21	230577.84	609920.91	65664.10	1428492.43	588241.19	300767.05
一般旅馆	**27521.54**	**32691.99**	**299975.86**	**19116.71**	**78728.56**	**178251.12**	**118220.54**
一般旅馆	27521.54	32691.99	299975.86	19116.71	78728.56	178251.12	118220.54
其他住宿业	**3628.34**	**2332.09**	**23142.95**	**4455.21**	**34735.15**	**260.00**	**43006.87**
其他住宿业	3628.34	2332.09	23142.95	4455.21	34735.15	260.00	43006.87

2-18　续表2

	阳江市	湛江市	茂名市	肇庆市	清远市	潮州市	揭阳市	云浮市
总计	**131188.20**	**464909.86**	**224717.14**	**306513.63**	**367649.99**	**57252.67**	**145157.42**	**137534.17**
旅游饭店	**68884.54**	**367021.36**	**109149.79**	**263129.71**	**345949.61**	**47661.97**	**112538.57**	**65782.66**
旅游饭店	68884.54	367021.36	109149.79	263129.71	345949.61	47661.97	112538.57	65782.66
一般旅馆	**58363.92**	**94351.61**	**94862.72**	**25869.46**	**20032.68**	**8577.30**	**31927.09**	**71451.51**
一般旅馆	58363.92	94351.61	94862.72	25869.46	20032.68	8577.30	31927.09	71451.51
其他住宿业	**3939.73**	**3536.89**	**20704.63**	**17514.45**	**1667.70**	**1013.40**	**691.75**	**300.00**
其他住宿业	3939.73	3536.89	20704.63	17514.45	1667.70	1013.40	691.75	300.00

2-19 分地区住宿业法人企业财务状况

	全省合计	广州市	深圳市	珠海市
总计	**5477995.40**	**1643341.28**	**1167458.87**	**216550.52**
内资企业	**4087052.41**	**1142911.70**	**772183.40**	**141226.67**
国有企业	433023.93	291460.35	79852.12	8402.88
集体企业	50156.46	16361.71	3011.45	2195.71
股份合作企业	10240.50	4196.05	364.20	59.02
联营企业	12296.07	3889.60	5348.01	
国有联营企业	5224.19	200.63	3139.66	
集体联营企业	2571.89	377.38	1422.90	
国有与集体联营企业	602.83	85.23	496.60	
其他联营企业	3897.16	3226.37	288.85	
有限责任公司	1691101.27	331861.73	300065.56	104255.14
国有独资公司	98266.98	24642.97	30101.80	17797.10
其他有限责任公司	1592834.29	307218.75	269963.76	86458.04
股份有限公司	134110.55	46107.52	16498.60	404.61
私营企业	1647402.36	439889.34	346821.17	25069.03
私营独资企业	351767.41	71012.80	29724.02	1404.60
私营合伙企业	72081.11	14000.16	4257.98	1918.63
私营有限责任公司	1179494.95	351353.22	294758.06	17272.97
私营股份有限公司	44058.89	3523.16	18081.11	4472.83
其他企业	108721.28	9145.40	20222.29	840.28
港、澳、台商投资企业	**716972.20**	**211096.33**	**189600.17**	**62808.94**
与港澳台商合资经营企业	207436.10	52223.71	44585.14	5315.89
与港澳台商合作经营企业	209958.43	83261.70	61328.30	11178.30
港澳台商独资经营企业	282115.57	72611.22	75953.73	45464.35
港澳台商投资股份有限公司	15698.60	1734.50	7733.00	850.40
其他港澳台投资企业	1763.50	1265.20		
外商投资企业	**673970.78**	**289333.25**	**205675.31**	**12514.90**
中外合资经营企业	205964.83	88626.08	71909.03	13.40
中外合作经营企业	83166.05	4521.20	17426.18	9620.30
外资企业	364429.59	185981.26	116275.90	2881.20
外商投资股份有限公司	10449.50	9994.80		
其他外商投资企业	9960.82	209.92	64.20	

（按登记注册类型分）（营业收入）

单位：万元

汕头市	佛山市	韶关市	河源市	梅州市	惠州市	汕尾市
122105.97	**345816.69**	**85904.38**	**62181.70**	**75502.99**	**239325.38**	**29050.69**
82285.17	**294285.40**	**73563.61**	**55957.94**	**68328.08**	**176506.90**	**21290.99**
3032.38	3006.31	3327.96	1537.80	2698.00	676.16	750.30
992.71	4868.83	1342.18		322.01	848.24	164.60
58.50	479.15	2099.60		235.31	141.00	758.40
1527.20		185.67	356.70	30.00		21.00
1527.20			356.70			
		185.67		30.00		
						21.00
30460.20	159131.36	28459.94	22237.57	27998.19	69159.26	2956.34
4260.40	199.79	2216.40			2188.20	
26199.80	158931.57	26243.54	22237.57	27998.19	66971.06	2956.34
4223.94	4010.81	1102.04	9698.55	993.60	6095.66	1333.60
39827.09	111075.62	37016.95	20512.41	35249.69	97852.85	14481.90
17224.72	21698.44	7941.72	7957.49	5941.88	11459.58	6363.67
1221.25	3768.61	414.11	0.00	158.00	2648.08	238.72
20873.12	85078.60	28661.12	12461.62	28904.81	82034.68	7679.51
508.00	529.97		93.30	245.00	1710.51	200.00
2163.16	11713.31	29.28	1614.91	801.29	1733.74	824.85
20042.90	**28974.78**	**11839.77**	**6223.76**	**3226.01**	**36782.48**	**7326.70**
15844.80	7267.80	1170.60	716.80	2093.11	26069.20	342.70
2042.30		115.73	4018.80		1654.85	
2155.80	20457.39	6667.44	1488.16	634.60	9058.43	6984.00
	1249.60	3886.00				
				498.30		
19777.90	**22556.51**	**501.00**		**3948.90**	**26036.00**	**433.00**
1158.20	10314.43				1699.10	433.00
8813.60	8596.86	126.00		3948.90	24336.90	
9575.00	3645.22	375.00				
231.10						

2-19 续表

	东莞市	中山市	江门市	阳江市
总计	**562188.51**	**210688.43**	**164276.53**	**47613.33**
内资企业	**503036.08**	**165957.53**	**118145.88**	**41058.53**
国有企业		375.40	3819.20	1070.88
集体企业	10324.07	1774.72	299.99	1815.57
股份合作企业	502.63		147.78	
联营企业	222.76	467.40		
国有联营企业				
集体联营企业	99.94	417.40		
国有与集体联营企业				
其他联营企业	122.82	50.00		
有限责任公司	216746.62	100512.17	73255.25	18391.47
国有独资公司	2372.10		60.00	
其他有限责任公司	214374.52	100512.17	73195.25	18391.47
股份有限公司	10191.04		17163.71	
私营企业	251487.19	61590.69	14333.43	16791.07
私营独资企业	77839.32	13998.95	3218.07	13280.47
私营合伙企业	25896.13	646.99	371.44	138.00
私营有限责任公司	145117.03	45447.35	7412.02	2836.20
私营股份有限公司	2634.70	1497.40	3331.90	536.40
其他企业	13561.76	1237.14	9126.52	2989.53
港、澳、台商投资企业	**38534.13**	**29732.50**	**15933.05**	
与港澳台商合资经营企业	33247.20	5973.40	5724.85	
与港澳台商合作经营企业	4695.09	11685.10	929.86	
港澳台商独资经营企业	591.84	12074.00	9278.34	
港澳台商投资股份有限公司				
其他港澳台投资企业				
外商投资企业	**20618.30**	**14998.40**	**30197.60**	**6554.80**
中外合资经营企业	10197.10	5776.40	7278.00	
中外合作经营企业	4489.50		1032.30	
外资企业	5931.70	1085.10	21887.30	6554.80
外商投资股份有限公司				
其他外商投资企业		8136.90		

湛江市	茂名市	肇庆市	清远市	潮州市	揭阳市	云浮市
120998.21	**62420.58**	**79365.96**	**89253.07**	**27288.21**	**98935.35**	**27728.78**
105887.71	**61147.27**	**67278.47**	**67818.77**	**24906.21**	**79383.85**	**23892.28**
5411.08	2775.04	11510.37	2938.20	4296.27	5416.88	666.36
744.43	720.33	726.62	857.37	222.43	2563.50	
908.00		181.00	109.86			
21.26	187.87				38.60	
					38.60	
21.26	187.87					
50664.51	25887.57	22593.50	39797.78	8604.74	42031.52	16030.84
11945.00						2483.23
38719.51	25887.57	22593.50	39797.78	8604.74	42031.52	13547.61
5091.43	746.93	1440.64	8380.68	333.01	70.00	224.20
40904.66	18394.68	20787.08	14140.12	10758.10	23879.65	6539.67
21169.03	15090.34	6109.24	5525.01	3491.43	9278.04	2038.60
4949.24	2404.35	1282.13	5437.14	134.20	1949.38	246.58
13139.79	360.00	11640.45	3177.96	6983.81	10048.13	4254.49
1646.60	540.00	1755.26		148.65	2604.10	
2142.36	12434.85	10039.27	1594.76	691.67	5383.70	431.21
13560.70	**1273.31**	**7529.88**	**14557.30**	**362.00**	**17322.40**	**245.10**
	685.00	0.10			6175.80	
10163.10		5839.70	1899.00		11146.60	
3397.60	588.31	1690.08	12658.30	362.00		
						245.10
1549.80		**4557.61**	**6877.00**	**2020.00**	**2229.10**	**3591.40**
			2963.20		2229.10	3367.80
		254.31				
		4303.30	3913.80	2020.00		
						223.60
1549.80						

2-20 分地区住宿业法人企业财务状况

	全省合计	广州市	深圳市	珠海市
总计	**5389169.96**	**1618611.39**	**1135849.01**	**213557.78**
内资企业	**4027630.09**	**1131496.11**	**750984.29**	**140262.53**
国有企业	427126.08	287196.56	79718.82	8055.44
集体企业	48490.68	15919.31	2765.45	2195.71
股份合作企业	10028.84	4050.16	360.20	59.02
联营企业	12154.05	3854.78	5240.81	
国有联营企业	5167.47	165.81	3117.76	
集体联营企业	2571.89	377.38	1422.90	
国有与集体联营企业	560.53	85.23	454.30	
其他联营企业	3854.16	3226.37	245.85	
有限责任公司	1671126.83	328241.11	294968.62	103795.10
国有独资公司	96767.18	24441.07	29063.90	17757.00
其他有限责任公司	1574359.65	303800.04	265904.72	86038.10
股份有限公司	132923.08	46069.76	16323.30	404.61
私营企业	1617999.46	437083.57	331904.78	24942.88
私营独资企业	343963.54	70291.65	27832.85	1348.60
私营合伙企业	71649.92	13833.42	4116.31	1918.63
私营有限责任公司	1164187.42	349444.44	287569.22	17202.82
私营股份有限公司	38198.59	3514.06	12386.41	4472.83
其他企业	107781.08	9080.86	19702.32	809.78
港、澳、台商投资企业	**699226.31**	**203006.12**	**184663.32**	**60780.34**
与港澳台商合资经营企业	203291.48	52097.31	43898.16	3668.59
与港澳台商合作经营企业	201774.83	75303.90	61132.90	11178.30
港澳台商独资经营企业	276703.90	72611.22	71899.26	45083.05
港澳台商投资股份有限公司	15698.60	1734.50	7733.00	850.40
其他港澳台投资企业	1757.50	1259.20		
外商投资企业	**662313.55**	**284109.15**	**200201.41**	**12514.90**
中外合资经营企业	203275.13	88626.08	69250.43	13.40
中外合作经营企业	81638.62	4521.20	15950.18	9620.30
外资企业	357074.89	180818.16	114936.60	2881.20
外商投资股份有限公司	10388.50	9933.80		
其他外商投资企业	9936.42	209.92	64.20	

（按登记注册类型分）（主营业务收入）

单位：万元

汕头市	佛山市	韶关市	河源市	梅州市	惠州市	汕尾市
121315.54	**343283.54**	**85115.69**	**61100.83**	**71831.24**	**236981.79**	**28669.30**
81494.74	**291877.85**	**72826.35**	**55091.67**	**65677.27**	**174798.31**	**20909.60**
3028.72	3006.31	3077.66	1536.80	2698.00	676.16	750.30
992.71	4758.83	1342.18		322.01	848.24	164.60
47.40	479.15	2099.60		235.31	141.00	708.40
1527.20		185.67	356.70	30.00		21.00
1527.20			356.70			
		185.67		30.00		
						21.00
30312.50	158225.98	28322.34	21866.47	26060.19	68772.27	2953.36
4260.40	199.79	2214.00			2188.20	
26052.10	158026.19	26108.34	21866.47	26060.19	66584.07	2953.36
3789.54	4008.59	1102.04	9698.55	993.60	6095.66	1333.60
39635.39	109714.89	36667.59	20023.24	34538.88	96531.25	14182.49
17224.72	21480.40	7926.60	7545.52	5854.77	10388.78	6163.94
1201.25	3716.25	410.11		158.00	2648.08	233.80
20701.42	84000.27	28330.88	12384.42	28281.11	81789.58	7584.76
508.00	517.97		93.30	245.00	1704.81	200.00
2161.28	11684.09	29.28	1609.91	799.29	1733.74	795.85
20042.90	**28849.18**	**11839.77**	**6009.16**	**2205.07**	**36147.48**	**7326.70**
15844.80	7267.80	1170.60	516.60	1072.17	26068.60	342.70
2042.30		115.73	4004.40		1654.85	
2155.80	20331.79	6667.44	1488.16	634.60	8424.03	6984.00
	1249.60	3886.00				
				498.30		
19777.90	**22556.51**	**449.57**		**3948.90**	**26036.00**	**433.00**
1158.20	10314.43				1699.10	433.00
8813.60	8596.86	74.57		3948.90	24336.90	
9575.00	3645.22	375.00				
231.10						

2-20 续表

	东莞市	中山市	江门市	阳江市
总计	**556594.77**	**209000.52**	**160818.78**	**46643.10**
内资企业	**497932.14**	**164610.72**	**115372.63**	**40088.30**
国有企业		272.40	3819.20	1070.16
集体企业	9848.57	1773.72	296.49	1815.57
股份合作企业	502.63		147.11	
联营企业	222.76	467.40		
国有联营企业				
集体联营企业	99.94	417.40		
国有与集体联营企业				
其他联营企业	122.82	50.00		
有限责任公司	215812.89	99602.67	70822.99	18150.87
国有独资公司	2343.60		60.00	
其他有限责任公司	213469.29	99602.67	70762.99	18150.87
股份有限公司	10165.04		16888.71	
私营企业	247916.50	61260.48	14283.52	16082.38
私营独资企业	76953.58	13837.25	3178.16	12832.67
私营合伙企业	25882.14	646.99	371.44	138.00
私营有限责任公司	142447.08	45278.84	7402.02	2575.32
私营股份有限公司	2633.70	1497.40	3331.90	536.40
其他企业	13463.75	1234.04	9114.61	2969.31
港、澳、台商投资企业	**38134.23**	**29562.70**	**15870.75**	
与港澳台商合资经营企业	32847.30	5973.40	5662.55	
与港澳台商合作经营企业	4695.09	11685.10	929.86	
港澳台商独资经营企业	591.84	11904.20	9278.34	
港澳台商投资股份有限公司				
其他港澳台投资企业				
外商投资企业	**20528.40**	**14827.10**	**29575.40**	**6554.80**
中外合资经营企业	10197.10	5745.30	7278.00	
中外合作经营企业	4489.50		1032.30	
外资企业	5841.80	944.90	21265.10	6554.80
外商投资股份有限公司				
其他外商投资企业		8136.90		

湛江市	茂名市	肇庆市	清远市	潮州市	揭阳市	云浮市
119433.01	**61207.39**	**78619.06**	**88097.47**	**26838.21**	**98101.10**	**27500.45**
104350.11	**59934.08**	**66531.57**	**66722.07**	**24456.21**	**78549.60**	**23663.95**
4676.16	2775.04	11450.64	2938.20	4296.27	5416.88	666.36
744.43	493.12	566.45	857.37	222.43	2563.50	
908.00		181.00	109.86			
21.26	187.87				38.60	
					38.60	
21.26	187.87					
50300.61	24917.53	22262.10	39216.28	8604.74	42031.52	15886.71
11756.00						2483.23
38544.61	24917.53	22262.10	39216.28	8604.74	42031.52	13403.49
5091.43	741.23	1440.64	8149.58	333.01	70.00	224.20
40586.47	18385.70	20591.48	13856.02	10308.10	23045.40	6458.47
21118.55	15081.35	6090.02	5354.61	3041.43	8443.79	1974.31
4947.24	2404.35	1278.44	5420.44	134.20	1949.38	241.47
13011.89	360.00	11467.75	3080.96	6983.81	10048.13	4242.69
1508.80	540.00	1755.26		148.65	2604.10	
2021.77	12433.59	10039.27	1594.76	691.67	5383.70	428.21
13557.50	**1273.31**	**7529.88**	**14498.40**	**362.00**	**17322.40**	**245.10**
	685.00	0.10			6175.80	
10163.10		5839.70	1883.00		11146.60	
3394.40	588.31	1690.08	12615.40	362.00		
						245.10
1525.40		**4557.61**	**6877.00**	**2020.00**	**2229.10**	**3591.40**
			2963.20		2229.10	3367.80
		254.31				
		4303.30	3913.80	2020.00		
						223.60
1525.40						

2-21 分地区住宿业法人企业财务状况

	全省合计	广州市	深圳市	珠海市
总计	**16326798.14**	**3963793.70**	**2873407.27**	**1967074.02**
内资企业	**11524512.61**	**2281444.11**	**1981495.61**	**1517371.25**
国有企业	1188868.04	578910.27	424160.75	11619.32
集体企业	98972.54	26453.07	2016.40	4847.16
股份合作企业	11760.78	3319.18	1134.87	196.94
联营企业	37988.05	2413.56	21019.74	
国有联营企业	24909.99	730.83	13781.56	
集体联营企业	7229.72	1078.72	5073.38	
国有与集体联营企业	1494.87	7.91	795.80	
其他联营企业	4353.47	596.11	1369.00	
有限责任公司	5951204.27	775587.75	766057.24	1375071.17
国有独资公司	330096.29	122686.12	52045.80	37847.51
其他有限责任公司	5621107.98	652901.63	714011.44	1337223.66
股份有限公司	481429.09	113527.36	36510.65	170.33
私营企业	3610988.27	772322.18	709739.78	122866.13
私营独资企业	538292.73	46720.40	45575.15	1698.17
私营合伙企业	121460.45	8957.88	17214.60	2297.03
私营有限责任公司	2863564.68	713615.68	620165.83	116496.36
私营股份有限公司	87670.42	3028.22	26784.21	2374.58
其他企业	143301.57	8910.74	20856.18	2600.21
港、澳、台商投资企业	**2717047.19**	**728588.29**	**435187.33**	**397284.87**
与港澳台商合资经营企业	773856.14	259903.49	78886.20	20146.32
与港澳台商合作经营企业	831541.84	306976.15	191537.10	20898.03
港澳台商独资经营企业	1024776.90	153826.82	119576.23	354979.92
港澳台商投资股份有限公司	77796.89	2007.00	45187.80	1260.60
其他港澳台投资企业	9075.43	5874.83		
外商投资企业	**2085238.35**	**953761.31**	**456724.33**	**52417.89**
中外合资经营企业	628886.27	305469.93	162945.54	4801.99
中外合作经营企业	286914.92	6681.90	60279.99	41135.20
外资企业	931486.27	421291.34	233412.80	6480.70
外商投资股份有限公司	227073.67	219903.80		
其他外商投资企业	10877.22	414.34	86.00	

（按登记注册类型分）（资产总计）

单位：万元

汕头市	佛山市	韶关市	河源市	梅州市	惠州市	汕尾市
371062.65	**832592.18**	**220620.62**	**204744.08**	**265601.91**	**933039.72**	**89236.02**
228864.05	**605991.40**	**168121.67**	**192215.64**	**218306.63**	**717829.67**	**51601.65**
36125.23	5240.15	5965.45	4160.50	6566.60	2363.44	7156.70
1007.61	14681.23	4747.71		274.09	1229.63	323.50
45.00	97.78	2920.30		829.46	12.00	871.30
7653.00		956.52	2744.60			691.16
7653.00			2744.60			
		956.52				
						691.16
79624.45	352666.14	77539.55	123003.26	96244.53	271941.77	12884.07
7402.80	183.51	2870.40			7788.30	
72221.65	352482.63	74669.15	123003.26	96244.53	264153.47	12884.07
32258.20	6452.12	1261.00	2641.57	4318.65	171664.30	
66239.39	221821.72	73931.70	57054.10	108125.57	268527.84	25307.32
12704.34	14484.75	15286.22	23223.64	20217.77	22820.75	10696.30
2063.79	4908.49	801.69		300.00	14613.21	160.60
51310.57	202208.88	57843.78	33746.29	79101.55	224689.46	12050.41
160.70	219.59	0.00	84.17	8506.25	6404.42	2400.00
5911.17	5032.27	799.43	2611.62	1947.73	2090.69	4367.61
80086.00	**96640.12**	**52019.36**	**12528.44**	**13353.97**	**191725.98**	**36850.27**
65678.00	21240.06	666.60	683.30	9586.37	132451.04	2537.00
10932.50		687.59	8866.90		3694.54	
3475.50	74702.06	22643.89	2978.24	567.00	55580.40	34313.27
	698.00	28021.29				
				3200.60		
62112.60	**129960.66**	**479.59**		**33941.30**	**23484.07**	**784.10**
4181.10	27369.48				3638.80	784.10
10611.60	81556.25	295.29		33941.30	17426.30	
46075.60	21034.93	184.30				
1244.30					2418.97	

2-21 续表

	东莞市	中山市	江门市	阳江市
总计	**1541956.15**	**766752.30**	**461994.46**	**131188.20**
内资企业	**1355814.08**	**447847.41**	**250242.26**	**118114.10**
国有企业		1067.50	4804.50	9797.94
集体企业	18838.86	9098.80	1451.60	2349.38
股份合作企业	1025.64		31.97	
联营企业	840.64	96.70		
国有联营企业				
集体联营企业	11.90	46.70		
国有与集体联营企业				
其他联营企业	828.74	50.00		
有限责任公司	729267.46	337536.89	149832.78	66520.98
国有独资公司	4183.80		10.00	
其他有限责任公司	725083.66	337536.89	149822.78	66520.98
股份有限公司	29608.93		42582.11	
私营企业	566414.54	99156.31	37510.65	35118.98
私营独资企业	107589.04	17675.86	2740.01	30604.49
私营合伙企业	25806.69	338.79	230.35	169.00
私营有限责任公司	432028.06	80920.26	21328.62	4271.29
私营股份有限公司	990.76	221.40	13211.67	74.20
其他企业	9818.01	891.20	14028.66	4326.83
港、澳、台商投资企业	**139858.09**	**279882.57**	**59452.70**	
与港澳台商合资经营企业	95431.10	45390.57	36690.09	
与港澳台商合作经营企业	16651.55	154105.90	5329.87	
港澳台商独资经营企业	27775.44	80386.10	17432.74	
港澳台商投资股份有限公司				
其他港澳台投资企业				
外商投资企业	**46283.98**	**39022.33**	**152299.50**	**13074.10**
中外合资经营企业	15382.60	26947.43	43044.70	
中外合作经营企业	15702.60		3845.50	
外资企业	15193.80	3113.70	105409.30	13074.10
外商投资股份有限公司				
其他外商投资企业	4.98	8961.20		

湛江市	茂名市	肇庆市	清远市	潮州市	揭阳市	云浮市
464909.86	**224717.14**	**306513.63**	**367649.99**	**57252.67**	**145157.42**	**27500.45**
391203.06	**222221.04**	**214448.94**	**278004.19**	**40048.97**	**116573.22**	**23663.95**
7223.60	10447.82	15832.10	14528.13	17437.31	16996.05	666.36
284.75	3946.06	775.74	547.48	223.68	5875.80	
1200.00		28.90	47.45			
987.50	522.12				62.50	
					62.50	
987.50	522.12					
216520.30	106490.42	63689.16	182620.59	8411.62	58617.98	15886.71
44683.00						2483.23
171837.30	106490.42	63689.16	182620.59	8411.62	58617.98	13403.49
14604.70	8559.34	3612.44	9033.70	249.20	67.70	224.20
138216.97	67734.10	118116.90	68903.49	12845.87	32737.08	6458.47
47786.42	60627.28	18380.05	27385.23	3671.39	5259.61	1974.31
15475.05	3120.18	2324.92	21880.60	132.64	447.00	241.47
70434.70	3705.00	92300.19	19637.66	8509.37	14266.88	4242.69
4520.80	281.63	5111.75		532.47	12763.60	
12165.25	24521.18	12393.70	2323.36	881.30	2216.10	428.21
72296.10	**2496.10**	**42877.89**	**61522.60**	**445.00**	**13329.30**	**245.10**
	2446.00				2120.00	
57230.50		34839.40	8582.50		11209.30	
15065.60	50.10	8038.49	52940.10	445.00		
						245.10
1410.70		**49186.80**	**28123.20**	**16758.70**	**15254.90**	**3591.40**
			9414.00		15254.90	3367.80
		15439.00				
		30747.80	18709.20	16758.70		
		3000.00				223.60
1410.70						

2-22 分地区住宿业法人企业财务状况（按星级分）（营业收入）

单位：万元

	全省合计	广州市	深圳市	珠海市	汕头市	佛山市	韶关市
总计	**5477995.40**	**1643341.28**	**1167458.87**	**216550.52**	**122105.97**	**345816.69**	**85904.38**
一星	29040.41	2900.93	3132.41	496.64	6531.27	3152.38	68.18
二星	94661.20	18604.31	15921.66	4124.72	3187.84	7801.99	269.15
三星	744939.62	243684.24	133304.40	38035.76	15675.12	68538.15	15912.18
四星	834167.15	259477.21	155569.71	28246.48	17766.50	44839.75	17837.83
五星	1450573.54	391067.33	369675.82	85751.60	30012.90	105547.19	19363.10
其他	2322143.74	727607.25	488510.54	59895.31	48932.35	115937.24	32453.95

2-22 续表1

	河源市	梅州市	惠州市	汕尾市	东莞市	中山市	江门市
总计	**62181.70**	**75502.99**	**239325.38**	**29050.69**	**562188.51**	**210688.43**	**164276.53**
一星	65.00	180.00	290.92	245.60	570.66	140.30	
二星	2229.56	4320.63	9756.15	681.00	5848.88	880.70	3112.21
三星	10380.79	14340.74	21562.22	2292.80	28427.95	24274.23	11031.08
四星	4558.78	8268.01	18091.31	8603.53	82553.28	46321.00	21939.00
五星	8784.60	6262.11	35881.10	5271.60	211733.65	51334.50	59334.70
其他	36162.97	42131.50	153743.68	11956.16	232518.68	87737.70	68269.54

2-22 续表2

	阳江市	湛江市	茂名市	肇庆市	清远市	潮州市	揭阳市	云浮市
总计	**47613.33**	**120998.21**	**62420.58**	**79365.96**	**89253.07**	**27288.21**	**98935.35**	**27728.78**
一星	167.76	4732.92	196.79	4056.37	19.73	439.26	1567.40	85.88
二星	3443.30	3013.38	2359.70	4543.29	924.75	1312.52	1580.60	744.87
三星	13063.60	32347.41	8501.40	19096.76	17005.37	4802.79	22389.65	273.00
四星	67.16	37478.00	5075.11	3751.08	22391.20	6983.30	32598.18	11750.74
五星	13749.00	16043.80	10532.52	7106.19	16095.90	2020.00	3022.90	1983.03
其他	17122.51	27382.70	35755.06	40812.28	32816.11	11730.34	37776.62	12891.26

2-23　分地区住宿业法人企业财务状况（按星级分）（主营业务收入）

单位：万元

	全省合计	广州市	深圳市	珠海市	汕头市	佛山市	韶关市
总计	**5389169.96**	**1618611.39**	**1135849.01**	**213557.78**	**121315.54**	**343283.54**	**85115.69**
一星	28788.90	2900.93	3131.41	496.64	6511.27	3045.88	68.18
二星	92373.08	18453.01	15301.43	4111.82	3126.34	7401.41	217.72
三星	726066.16	233760.83	130471.53	37356.16	15675.12	68054.89	15473.84
四星	827035.76	256390.25	152622.06	28246.48	17728.00	44804.55	17837.83
五星	1434468.02	390818.95	363203.92	85433.10	30012.90	104684.09	19363.10
其他	2278042.03	716287.42	469774.33	57913.58	48261.91	115292.72	32155.03

2-23　续表1

	河源市	梅州市	惠州市	汕尾市	东莞市	中山市	江门市
总计	**61100.83**	**71831.24**	**236981.79**	**28669.30**	**556594.77**	**209000.52**	**160818.78**
一星	65.00	180.00	289.92	245.60	570.66	140.30	0.00
二星	2089.16	4320.63	9641.35	621.00	5755.38	880.70	3112.21
三星	10288.32	13149.30	20743.84	2263.80	27877.55	23950.33	10756.08
四星	4332.38	8217.21	18080.12	8577.73	82284.23	46304.80	21934.66
五星	8781.60	5778.91	35881.10	5271.60	207803.75	51008.70	56998.20
其他	35544.38	40185.19	152345.45	11689.57	231841.53	86715.69	67427.62

2-23　续表2

	阳江市	湛江市	茂名市	肇庆市	清远市	潮州市	揭阳市	云浮市
总计	**46643.10**	**119433.01**	**61207.39**	**78619.06**	**88097.47**	**26838.21**	**98101.10**	**27500.45**
一星	167.76	4732.92	196.79	4056.37	19.73	439.26	1447.40	82.88
二星	3001.30	3011.38	2359.70	4481.10	849.45	1312.52	1580.60	744.87
三星	13063.60	32083.51	8495.70	18973.06	16863.27	4802.79	21749.65	213.00
四星	67.16	37276.60	5075.11	3711.08	22303.20	6983.30	32598.18	11660.84
五星	13749.00	15995.70	9627.52	7106.19	15928.00	2020.00	3022.90	1978.80
其他	16594.29	26332.90	35452.57	40291.26	32133.81	11280.34	37702.37	12820.06

2-24 分地区住宿业法人企业财务状况（按星级分）（资产总计）

单位：万元

	全省合计	广州市	深圳市	珠海市	汕头市	佛山市	韶关市
总计	**16326798.14**	**3963793.70**	**2873407.27**	**1967074.02**	**371062.65**	**832592.18**	**220620.62**
一星	45782.76	1133.70	2962.42	300.26	4488.15	9868.89	1615.70
二星	137467.48	33108.66	23329.83	14449.13	3083.79	9460.30	932.29
三星	1593791.66	347656.07	234625.69	65881.67	44230.88	118392.74	30328.88
四星	2579327.96	736261.05	416414.16	70021.91	48498.10	166382.35	33325.45
五星	4697226.14	1046567.87	1133504.52	462381.50	114758.60	254111.96	71603.50
其他	7272096.07	1799066.35	1061884.30	1354039.54	156003.13	274375.93	82814.80

2-24 续表1

	河源市	梅州市	惠州市	汕尾市	东莞市	中山市	江门市
总计	**204744.08**	**265601.91**	**933039.72**	**89236.02**	**1541956.15**	**766752.30**	**461994.46**
一星	32.50	36.52	196.32	1284.00	439.18	210.84	
二星	2511.54	2848.21	3474.17	861.16	5700.41	2539.90	9763.27
三星	42637.85	55142.32	262823.88	15017.10	77669.06	51279.31	22777.56
四星	13016.31	18101.95	58859.44	12824.61	180905.20	219921.01	89863.98
五星	24397.10	42803.40	126363.55	25204.50	795043.80	160644.07	125142.60
其他	122148.78	146669.50	481322.36	34044.65	481838.76	332157.17	214387.05

2-24 续表2

	阳江市	湛江市	茂名市	肇庆市	清远市	潮州市	揭阳市	云浮市
总计	**131188.20**	**464909.86**	**224717.14**	**306513.63**	**367649.99**	**57252.67**	**145157.42**	**137534.17**
一星	35.65	9459.47	538.60	7829.40	40.00	314.47	1735.79	3260.89
二星	1094.58	6334.59	1063.41	13039.07	946.70	655.64	1093.00	1177.85
三星	14433.04	37959.53	32924.12	48169.23	49133.82	8011.50	30092.38	4605.00
四星	20110.00	208721.50	9939.90	8776.59	96496.80	18116.00	73379.75	79391.90
五星	34439.60	115073.97	49077.48	35170.52	61611.68	16758.70	781.00	1786.22
其他	61075.33	87360.80	131173.63	193528.82	159420.99	13396.36	38075.50	47312.32

2-25 分地区餐饮业法人企业基本情况

地 区	法人单位数（个）	年末从业人数（人）	年末餐饮营业面积（万平方米）
全省合计	**10849**	**466072**	**816.80**
广州市	3085	139002	240.36
深圳市	2270	134695	168.88
珠海市	379	11324	17.85
汕头市	297	6184	15.67
佛山市	1008	36041	61.42
韶关市	186	6101	23.14
河源市	102	3166	8.98
梅州市	86	2488	10.25
惠州市	254	10890	22.81
汕尾市	76	3657	9.30
东莞市	755	32251	51.89
中山市	858	20649	47.40
江门市	294	9402	23.18
阳江市	216	10039	24.52
湛江市	296	13347	24.52
茂名市	196	6705	19.40
肇庆市	118	6136	17.52
清远市	67	4314	9.43
潮州市	119	2734	4.79
揭阳市	109	4268	7.99
云浮市	78	2679	7.50

2-26 分地区餐饮业法人企业财务状况

单位：万元

地区	营业收入	其中：主营业务收入	资产总计
全省合计	**7188891.67**	**7136641.90**	**5462068.41**
广州市	2696315.46	2685407.42	1614274.03
深圳市	2067504.01	2047379.14	1414688.97
珠海市	136593.22	135697.63	134444.49
汕头市	107565.30	107122.24	44263.37
佛山市	503691.40	499999.79	359727.62
韶关市	68163.87	67994.22	124969.27
河源市	32658.53	31847.69	64021.64
梅州市	25283.58	24876.38	55922.10
惠州市	119999.16	119737.59	155904.22
汕尾市	27717.94	27316.34	53653.76
东莞市	395166.81	393172.26	383502.71
中山市	234038.58	233618.33	126690.96
江门市	110046.30	109459.54	100470.14
阳江市	124019.47	123633.07	136364.01
湛江市	156251.06	148559.76	225148.20
茂名市	87900.31	87004.54	104075.96
肇庆市	76859.29	75838.89	150308.99
清远市	33336.98	33227.43	103152.78
潮州市	33291.74	32557.29	25053.10
揭阳市	123305.62	123240.62	56466.46
云浮市	29183.05	28951.74	28965.64

2-27　分地区餐饮业法人企业基本情况（按国民经济行业分）（法人单位数）

单位：个

	全省合计	广州市	深圳市	珠海市	汕头市	佛山市	韶关市
总计	**10849**	**3085**	**2270**	**379**	**297**	**1008**	**186**
正餐服务	**7823**	**2046**	**1505**	**260**	**197**	**807**	**176**
正餐服务	7823	2046	1505	260	197	807	176
快餐服务	**1061**	**460**	**270**	**20**	**17**	**60**	**2**
快餐服务	1061	460	270	20	17	60	2
饮料及冷饮服务	**695**	**194**	**212**	**21**	**40**	**50**	
茶馆服务	98	9	48	2	11	11	
咖啡馆服务	153	49	60	5	6	16	
酒吧服务	291	84	65	6	11	13	
其他饮料及冷饮服务	153	52	39	8	12	10	
其他餐饮业	**1270**	**385**	**283**	**78**	**43**	**91**	**8**
小吃服务	361	231	53	7	14	22	
餐饮配送服务	352	62	71	36	8	36	4
其他未列明餐饮业	557	92	159	35	21	33	4

2-27　续表1

	河源市	梅州市	惠州市	汕尾市	东莞市	中山市	江门市
总计	**102**	**86**	**254**	**76**	**755**	**858**	**294**
正餐服务	**88**	**73**	**218**	**64**	**431**	**715**	**234**
正餐服务	88	73	218	64	431	715	234
快餐服务	**6**	**6**	**10**	**3**	**51**	**83**	**11**
快餐服务	6	6	10	3	51	83	11
饮料及冷饮服务	**1**	**2**	**6**	**4**	**41**	**38**	**20**
茶馆服务					5	2	1
咖啡馆服务					9	4	1
酒吧服务	1	2	6	3	16	27	15
其他饮料及冷饮服务				1	11	5	3
其他餐饮业	**7**	**5**	**20**	**5**	**232**	**22**	**29**
小吃服务	1		2	1	10	7	2
餐饮配送服务	1	1	5	3	83	15	10
其他未列明餐饮业	5	4	13	1	139		17

2-27　续表2

	阳江市	湛江市	茂名市	肇庆市	清远市	潮州市	揭阳市	云浮市
总计	**216**	**296**	**196**	**118**	**67**	**119**	**109**	**78**
正餐服务	**180**	**257**	**167**	**104**	**58**	**89**	**87**	**67**
正餐服务	180	257	167	104	58	89	87	67
快餐服务	**11**	**17**	**7**	**3**		**10**	**12**	**2**
快餐服务	11	17	7	3		10	12	2
饮料及冷饮服务	**19**	**10**	**10**	**1**	**6**	**13**	**3**	**4**
茶馆服务	1		3		1	3	1	
咖啡馆服务		1	1			1		
酒吧服务	18	8	2	1	2	7	1	3
其他饮料及冷饮服务		1	4		3	2	1	1
其他餐饮业	**6**	**12**	**12**	**10**	**3**	**7**	**7**	**5**
小吃服务	1	3	2			1	3	1
餐饮配送服务	2	4		5	1	4		1
其他未列明餐饮业	3	5	10	5	2	2	4	3

2–28 分地区餐饮业法人企业基本情况（按国民经济行业分）（年末从业人数）

单位：人

	全省合计	广州市	深圳市	珠海市	汕头市	佛山市	韶关市
总计	**466072**	**139002**	**134695**	**11324**	**6184**	**36041**	**6101**
正餐服务	**331624**	**89980**	**80706**	**8894**	**4763**	**32752**	**5828**
正餐服务	331624	89980	80706	8894	4763	32752	5828
快餐服务	**97348**	**37497**	**42269**	**1063**	**623**	**1236**	**10**
快餐服务	97348	37497	42269	1063	623	1236	10
饮料及冷饮服务	**14394**	**5827**	**3993**	**210**	**438**	**467**	
茶馆服务	1641	84	548	16	148	74	
咖啡馆服务	5587	3192	1821	27	73	91	
酒吧服务	5353	1749	1027	123	131	267	
其他饮料及冷饮服务	1813	802	597	44	86	35	
其他餐饮业	**22706**	**5698**	**7727**	**1157**	**360**	**1586**	**263**
小吃服务	5336	1792	1751	227	114	236	
餐饮配送服务	6126	1218	1670	407	93	876	57
其他未列明餐饮业	11244	2688	4306	523	153	474	206

2–28 续表1

	河源市	梅州市	惠州市	汕尾市	东莞市	中山市	江门市
总计	**3166**	**2488**	**10890**	**3657**	**32251**	**20649**	**9402**
正餐服务	**2993**	**2316**	**9546**	**3431**	**18406**	**17865**	**7474**
正餐服务	2993	2316	9546	3431	18406	17865	7474
快餐服务	**103**	**75**	**1015**	**69**	**8711**	**2240**	**1244**
快餐服务	103	75	1015	69	8711	2240	1244
饮料及冷饮服务	**17**	**52**	**49**	**98**	**1183**	**358**	**451**
茶馆服务					552	13	15
咖啡馆服务					303	35	27
酒吧服务	17	52	49	94	241	289	402
其他饮料及冷饮服务				4	87	21	7
其他餐饮业	**53**	**45**	**280**	**59**	**3951**	**186**	**233**
小吃服务	1		16	10	888	91	7
餐饮配送服务	24	6	100	44	1012	95	140
其他未列明餐饮业	28	39	164	5	2051		86

2–28 续表2

	阳江市	湛江市	茂名市	肇庆市	清远市	潮州市	揭阳市	云浮市
总计	**10039**	**13347**	**6705**	**6136**	**4314**	**2734**	**4268**	**2679**
正餐服务	**9393**	**12827**	**6176**	**5906**	**4188**	**2161**	**3658**	**2361**
正餐服务	9393	12827	6176	5906	4188	2161	3658	2361
快餐服务	**180**	**225**	**85**	**30**		**225**	**297**	**151**
快餐服务	180	225	85	30		225	297	151
饮料及冷饮服务	**381**	**138**	**158**	**37**	**109**	**225**	**103**	**100**
茶馆服务	1		49		54	33	54	
咖啡馆服务		1	5			12		
酒吧服务	380	125	65	37	16	150	43	96
其他饮料及冷饮服务		12	39		39	30	6	4
其他餐饮业	**85**	**157**	**286**	**163**	**17**	**123**	**210**	**67**
小吃服务	12	7	32			5	142	5
餐饮配送服务	52	118		97	2	99		16
其他未列明餐饮业	21	32	254	66	15	19	68	46

2-29　分地区餐饮业法人企业基本情况（按国民经济行业分）（年末餐饮营业面积）

单位：万平方米

	全省合计	广州市	深圳市	珠海市	汕头市	佛山市	韶关市
总计	**816.80**	**240.36**	**168.88**	**17.85**	**15.67**	**61.42**	**23.14**
正餐服务	**687.60**	**187.97**	**127.31**	**16.00**	**13.15**	**58.25**	**22.20**
正餐服务	687.60	187.97	127.31	16.00	13.15	58.25	22.20
快餐服务	**83.02**	**38.19**	**31.66**	**0.60**	**0.21**	**0.76**	
快餐服务	83.02	38.19	31.66	0.60	0.21	0.76	
饮料及冷饮服务	**21.02**	**7.16**	**5.19**	**0.07**	**1.58**	**1.13**	
茶馆服务	3.81	0.19	1.80		0.55	0.06	
咖啡馆服务	6.60	3.99	1.98	0.04	0.07	0.12	
酒吧服务	9.58	2.65	1.19		0.82	0.93	
其他饮料及冷饮服务	1.03	0.34	0.22	0.02	0.15	0.02	
其他餐饮业	**25.17**	**7.03**	**4.73**	**1.18**	**0.72**	**1.28**	**0.94**
小吃服务	5.18	1.82	0.67	0.03	0.16	0.13	
餐饮配送服务	6.77	1.65	1.40	0.43	0.17	0.41	0.72
其他未列明餐饮业	13.22	3.55	2.66	0.72	0.40	0.74	0.22

2-29　续表1

	河源市	梅州市	惠州市	汕尾市	东莞市	中山市	江门市
总计	**8.98**	**10.25**	**22.81**	**9.30**	**51.89**	**47.40**	**23.18**
正餐服务	**8.81**	**9.90**	**21.64**	**8.71**	**39.83**	**44.04**	**21.61**
正餐服务	8.81	9.90	21.64	8.71	39.83	44.04	21.61
快餐服务	**0.09**	**0.08**	**0.79**	**0.06**	**6.45**	**2.13**	**1.03**
快餐服务	0.09	0.08	0.79	0.06	6.45	2.13	1.03
饮料及冷饮服务		**0.05**	**0.13**	**0.30**	**1.50**	**0.98**	**0.41**
茶馆服务					0.74	0.05	0.04
咖啡馆服务					0.30	0.09	
酒吧服务		0.05	0.13	0.30	0.36	0.79	0.35
其他饮料及冷饮服务					0.10	0.06	0.02
其他餐饮业	**0.08**	**0.22**	**0.25**	**0.23**	**4.11**	**0.26**	**0.13**
小吃服务				0.01	1.67	0.14	0.01
餐饮配送服务	0.06	0.04	0.09	0.18	0.95	0.12	0.09
其他未列明餐饮业	0.02	0.18	0.16	0.04	1.49		0.03

2-29　续表2

	阳江市	湛江市	茂名市	肇庆市	清远市	潮州市	揭阳市	云浮市
总计	**24.52**	**24.52**	**19.40**	**17.52**	**9.43**	**4.79**	**7.99**	**7.50**
正餐服务	**23.00**	**24.05**	**17.86**	**17.17**	**9.00**	**4.06**	**6.96**	**6.09**
正餐服务	23.00	24.05	17.86	17.17	9.00	4.06	6.96	6.09
快餐服务	**0.20**	**0.26**	**0.06**	**0.04**		**0.14**	**0.24**	**0.03**
快餐服务	0.20	0.26	0.06	0.04		0.14	0.24	0.03
饮料及冷饮服务	**0.94**	**0.08**	**0.06**		**0.08**	**0.48**	**0.11**	**0.76**
茶馆服务	0.02		0.03		0.02	0.20	0.11	
咖啡馆服务			0.01					
酒吧服务	0.92	0.06			0.06	0.23		0.76
其他饮料及冷饮服务		0.03	0.03			0.05		
其他餐饮业	**0.38**	**0.13**	**1.42**	**0.31**	**0.35**	**0.12**	**0.68**	**0.63**
小吃服务		0.01					0.52	0.01
餐饮配送服务	0.22	0.08		0.03		0.09		0.05
其他未列明餐饮业	0.16	0.03	1.41	0.28	0.35	0.03	0.16	0.57

2-30　分地区餐饮业法人企业基本情况

	全省合计	广州市	深圳市	珠海市	汕头市	佛山市	韶关市	河源市	梅州市
总计	**10849**	**3085**	**2270**	**379**	**297**	**1008**	**186**	**102**	**86**
内资企业	**10318**	**2931**	**2081**	**336**	**292**	**979**	**183**	**97**	**82**
国有企业	57	18	5	2	4	2	4	4	2
集体企业	102	25	1	4	23	6	2	1	
股份合作企业	266	221	8	2	2	19	2	1	1
联营企业	41	10	13		1	4		1	1
国有联营企业	2				1				
集体联营企业	2	2							
国有与集体联营企业									
其他联营企业	37	8	13			4		1	1
有限责任公司	1719	211	244	173	120	204	51	26	11
国有独资公司	8	2	3				2		
其他有限责任公司	1711	209	241	173	120	204	49	26	11
股份有限公司	110	25	23	5	6	11	1		4
私营企业	7472	2351	1705	120	120	673	116	56	46
私营独资企业	3318	965	373	20	76	304	81	42	32
私营合伙企业	407	181	40	2	3	61	6		5
私营有限责任公司	3627	1160	1266	92	40	301	26	13	7
私营股份有限公司	120	45	26	6	1	7	3	1	2
其他企业	551	70	82	30	16	60	7	8	17
港、澳、台商投资企业	**341**	**98**	**116**	**31**	**3**	**15**	**2**	**5**	**3**
与港澳台商合资经营企业	48	10	16	4		4		2	
与港澳台商合作经营企业	24	9	4	1	1	1			
港澳台商独资经营企业	252	69	92	24	2	10	1	3	3
港澳台商投资股份有限公司	7	2	2	2			1		
其他港澳台投资企业	10	8	2						
外商投资企业	**190**	**56**	**73**	**12**	**2**	**14**	**1**		**1**
中外合资经营企业	32	13	12			3			
中外合作经营企业	4	2					1		
外资企业	140	39	54	10	2	10			1
外商投资股份有限公司	6	2		2		1			
其他外商投资企业	8		7						

（按登记注册类型分）（法人单位数）

单位：个

惠州市	汕尾市	东莞市	中山市	江门市	阳江市	湛江市	茂名市	肇庆市	清远市	潮州市	揭阳市	云浮市
254	**76**	**755**	**858**	**294**	**216**	**296**	**196**	**118**	**67**	**119**	**109**	**78**
241	**70**	**724**	**846**	**279**	**212**	**295**	**196**	**114**	**64**	**115**	**105**	**76**
1						5	5	3	1		1	
3	1	7	4	1	1	1	2	1	1	8	9	1
1	1	1		2		1	1	1			1	1
2		2				3		1		2	1	
						1						
2		2				2		1		2	1	
58	8	244	120	37	34	23	39	36	22	18	25	15
										1		
58	8	244	120	37	34	23	39	36	22	17	25	15
1	2	9		1	5	6	5		3	2	1	
172	48	417	709	204	130	216	123	54	34	73	61	44
47	30	103	576	142	81	160	95	33	16	60	44	38
2	3	30	26	5	4	12	12	3	6	1	3	2
117	14	271	105	56	44	43	16	16	12	11	13	4
6	1	13	2	1	1	1		2		1	1	
3	10	44	13	34	42	40	21	18	3	12	6	15
9	**5**	**17**	**9**	**13**	**4**			**4**	**3**	**1**	**1**	**2**
2		3	1	3	2					1		
2	1		1	1	2						1	
5	4	14	7	9				4	3			2
4	**1**	**14**	**3**	**2**		**1**				**3**	**3**	
		3									1	
											1	
4		11	3	1		1				3	1	
				1								
	1											

2-31 分地区餐饮业法人企业基本情况

	全省合计	广州市	深圳市	珠海市	汕头市	佛山市	韶关市	河源市	梅州市
总计	**466072**	**139002**	**134695**	**11324**	**6184**	**36041**	**6101**	**3166**	**2488**
内资企业	**361492**	**98613**	**92957**	**8486**	**5586**	**34251**	**5994**	**3027**	**2316**
国有企业	4808	2848	524	12	165	232	400	160	55
集体企业	3560	1289	73	73	180	249	34	24	
股份合作企业	4260	3332	102	75	36	174	54	32	10
联营企业	825	96	282		17	101		38	25
国有联营企业	47				17				
集体联营企业	25	25							
国有与集体联营企业									
其他联营企业	753	71	282			101		38	25
有限责任公司	88927	14086	25174	3482	2026	9356	2320	1086	572
国有独资公司	1490	166	1062				176		
其他有限责任公司	87437	13920	24112	3482	2026	9356	2144	1086	572
股份有限公司	7076	2343	530	148	139	2312	19		31
私营企业	237614	72265	64741	4177	2682	20336	3010	1522	1278
私营独资企业	72216	19389	7749	343	1275	9370	1490	1097	566
私营合伙企业	11291	4249	511	14	21	1904	262		81
私营有限责任公司	149675	46912	55495	3711	1362	8671	1203	257	436
私营股份有限公司	4432	1715	986	109	24	391	55	168	195
其他企业	14422	2354	1531	519	341	1491	157	165	345
港、澳、台商投资企业	**41606**	**12868**	**17928**	**2385**	**106**	**1365**	**36**	**139**	**157**
与港澳台商合资经营企业	5987	1518	2134	209		685		126	
与港澳台商合作经营企业	3755	2179	795	2	1	15			
港澳台商独资经营企业	31335	8744	14932	2141	105	665	34	13	157
港澳台商投资股份有限公司	309	245	29	33			2		
其他港澳台投资企业	220	182	38						
外商投资企业	**62974**	**27521**	**23810**	**453**	**492**	**425**	**71**		**15**
中外合资经营企业	9258	6406	2364			128			
中外合作经营企业	278	37					71		
外资企业	51938	20843	21260	336	492	294			15
外商投资股份有限公司	1188	235		117		3			
其他外商投资企业	312		186						

（按登记注册类型分）（年末从业人数）

单位：人

惠州市	汕尾市	东莞市	中山市	江门市	阳江市	湛江市	茂名市	肇庆市	清远市	潮州市	揭阳市	云浮市
10890	**3657**	**32251**	**20649**	**9402**	**10039**	**13347**	**6705**	**6136**	**4314**	**2734**	**4268**	**2679**
9530	**2961**	**24081**	**18578**	**6848**	**9549**	**13321**	**6705**	**5613**	**4226**	**2486**	**3885**	**2479**
8						65	126	168	35		10	
15	5	310	270	61	14	142	63	78	7	170	445	58
186	106	24		13		4	89				11	12
71		65				41		45		24	20	
						30						
71		65				11		45		24	20	
1968	467	9507	4268	1096	2252	3426	1837	2032	1477	597	1255	643
										86		
1968	467	9507	4268	1096	2252	3426	1837	2032	1477	511	1255	643
56	25	384		80	399	45	273		60	19	213	
7138	1806	12933	13512	4439	6145	8211	3843	2690	2541	1506	1788	1051
2218	712	2893	8863	2892	2208	3938	2998	1109	349	1100	948	709
11	163	1258	656	117	141	810	427	53	89	21	366	137
4715	913	8574	3829	1429	3794	3438	418	1437	2103	323	450	205
194	18	208	164	1	2	25		91		62	24	
88	552	858	528	1159	739	1387	474	600	106	170	143	715
501	**570**	**1680**	**714**	**1661**	**490**			**523**	**88**	**85**	**110**	**200**
121		464	15	549	81					85		
44	1		42	157	409						110	
336	569	1216	657	955				523	88			200
859	**126**	**6490**	**1357**	**893**		**26**				**163**	**273**	
		274									86	
											170	
859		6216	1357	60		26				163	17	
				833								
0	126											

2-32 分地区餐饮业法人企业基本情况

	全省合计	广州市	深圳市	珠海市	汕头市	佛山市	韶关市	河源市	梅州市
总计	**816.80**	**240.36**	**168.88**	**17.85**	**15.67**	**61.42**	**23.14**	**8.98**	**10.25**
内资企业	**703.78**	**189.81**	**137.31**	**14.92**	**15.37**	**57.90**	**22.85**	**8.31**	**9.33**
国有企业	7.27	3.75	0.32		0.31	0.23	0.65	0.14	0.30
集体企业	8.06	3.29	0.29	0.44	0.26	0.17	0.12	0.01	
股份合作企业	7.18	5.91	0.07		0.07	0.22	0.11		
联营企业	1.43	0.15	0.08		0.20			0.50	
国有联营企业	0.21				0.20				
集体联营企业	0.05	0.05							
国有与集体联营企业									
其他联营企业	1.17	0.10	0.08					0.50	
有限责任公司	162.49	26.45	29.26	6.50	5.03	15.51	7.49	2.42	2.79
国有独资公司	2.42	0.36	0.92				1.04		
其他有限责任公司	160.07	26.10	28.34	6.50	5.03	15.51	6.45	2.42	2.79
股份有限公司	12.09	3.74	0.34	0.24	0.44	1.34	0.18		0.06
私营企业	476.82	141.83	104.97	7.58	7.85	38.69	13.78	4.74	4.52
私营独资企业	164.38	39.08	12.68	0.42	3.12	16.56	8.50	3.91	2.76
私营合伙企业	24.07	8.13	0.76		0.03	4.40	0.42		0.65
私营有限责任公司	275.46	90.31	88.18	7.04	4.62	17.38	4.54	0.59	0.81
私营股份有限公司	12.91	4.31	3.34	0.11	0.08	0.35	0.32	0.25	0.30
其他企业	28.44	4.68	1.98	0.16	1.22	1.75	0.53	0.49	1.66
港、澳、台商投资企业	**55.44**	**17.44**	**15.89**	**2.01**	**0.22**	**3.07**	**0.09**	**0.67**	**0.82**
与港澳台商合资经营企业	7.35	1.64	1.76	0.07		0.60		0.61	
与港澳台商合作经营企业	4.66	2.80	0.14			0.03			
港澳台商独资经营企业	42.62	12.21	13.97	1.94	0.22	2.44	0.09	0.06	0.82
港澳台商投资股份有限公司	0.58	0.56	0.02						
其他港澳台投资企业	0.24	0.24							
外商投资企业	**57.58**	**33.11**	**15.68**	**0.92**	**0.08**	**0.46**	**0.20**		**0.10**
中外合资经营企业	10.07	7.55	1.75			0.17			
中外合作经营企业	0.75	0.05					0.20		
外资企业	45.21	25.33	13.86	0.60	0.08	0.29			0.10
外商投资股份有限公司	1.13	0.19		0.32					
其他外商投资企业	0.43		0.08						

（按登记注册类型分）（年末餐饮营业面积）

单位：万平方米

惠州市	汕尾市	东莞市	中山市	江门市	阳江市	湛江市	茂名市	肇庆市	清远市	潮州市	揭阳市	云浮市
22.81	**9.30**	**51.89**	**47.40**	**23.18**	**24.52**	**24.52**	**19.40**	**17.52**	**9.43**	**4.79**	**7.99**	**7.50**
21.30	**7.70**	**45.10**	**45.29**	**17.84**	**23.47**	**24.52**	**19.40**	**15.39**	**8.98**	**4.46**	**7.08**	**7.45**
						0.08	0.36	0.43	0.60		0.10	
0.03		1.03	0.44			0.05	0.61	0.10	0.12	0.30	0.71	0.10
0.33	0.24	0.01				0.10	0.08	0.03				0.03
0.04		0.30				0.12		0.03				
						0.01						
0.04		0.30				0.11		0.03				
5.05	1.41	16.57	9.23	3.48	4.61	4.98	5.10	7.19	3.18	1.35	2.41	2.49
										0.11		
5.05	1.41	16.57	9.23	3.48	4.61	4.98	5.10	7.19	3.18	1.24	2.41	2.49
	0.09	1.49		0.50	1.21	0.28	1.05		0.90		0.25	
15.69	4.90	23.09	34.32	11.44	15.95	16.94	10.89	6.49	4.11	2.66	3.37	3.02
4.82	2.40	5.71	23.17	6.31	7.87	9.48	8.94	2.72	0.85	1.77	1.73	1.58
0.02	0.70	2.80	1.46	0.54	0.50	1.54	0.93	0.10	0.47		0.24	0.38
9.89	1.80	13.96	9.38	4.60	7.46	5.79	1.02	2.58	2.79	0.83	0.85	1.05
0.96		0.62	0.31		0.12	0.13		1.10		0.06	0.55	
0.17	1.07	2.62	1.30	2.42	1.70	1.97	1.33	1.12	0.07	0.15	0.24	1.81
0.94	**1.25**	**2.85**	**1.37**	**4.60**	**1.05**			**2.13**	**0.45**	**0.25**	**0.30**	**0.06**
0.20		0.56	0.02	1.28	0.36					0.25		
0.08	0.35		0.05	0.23	0.69						0.30	
0.66	0.90	2.29	1.31	3.09				2.13	0.45			0.06
0.58	**0.35**	**3.94**	**0.74**	**0.74**						**0.08**	**0.61**	
		0.50									0.11	
											0.50	
0.58		3.44	0.74	0.11						0.08		
				0.62								
	0.35											

2-33 分地区餐饮业法人企业财务状况（按国民经济行业分）（营业收入）

单位：万元

	全省合计	广州市	深圳市	珠海市	汕头市	佛山市	韶关市
总计	**7188891.67**	**2696315.46**	**2067504.01**	**136593.22**	**107565.30**	**503691.40**	**68163.87**
正餐服务	**4766742.35**	**1564113.54**	**1210021.39**	**101275.77**	**87935.36**	**452303.11**	**64043.27**
正餐服务	4766742.35	1564113.54	1210021.39	101275.77	87935.36	452303.11	64043.27
快餐服务	**1911906.32**	**940972.29**	**706309.90**	**17958.91**	**9509.55**	**21775.03**	**2.11**
快餐服务	1911906.32	940972.29	706309.90	17958.91	9509.55	21775.03	2.11
饮料及冷饮服务	**203518.62**	**117485.83**	**48861.20**	**977.47**	**4605.60**	**4745.32**	
茶馆服务	12100.42	792.36	5145.56		1286.11	1171.89	
咖啡馆服务	119616.62	80091.50	34664.48	162.30	707.92	1849.00	
酒吧服务	53614.22	25305.51	5115.29	695.70	1693.68	1478.20	
其他饮料及冷饮服务	18187.35	11296.46	3935.88	119.47	917.91	246.24	
其他餐饮业	**306724.38**	**73743.81**	**102311.53**	**16381.07**	**5514.78**	**24867.94**	**4118.49**
小吃服务	55119.99	10811.16	21770.79	2923.94	1480.84	1814.14	
餐饮配送服务	101735.53	23437.54	29456.60	3051.89	1295.49	18459.71	700.46
其他未列明餐饮业	149868.87	39495.11	51084.13	10405.24	2738.46	4594.09	3418.04

2-33 续表1

	河源市	梅州市	惠州市	汕尾市	东莞市	中山市	江门市
总计	**32658.53**	**25283.58**	**119999.16**	**27717.94**	**395166.81**	**234038.58**	**110046.30**
正餐服务	**31345.94**	**23263.89**	**93721.81**	**26856.14**	**211622.61**	**202370.19**	**79874.56**
正餐服务	31345.94	23263.89	93721.81	26856.14	211622.61	202370.19	79874.56
快餐服务	**934.87**	**1303.19**	**17443.63**	**445.80**	**126217.29**	**29150.77**	**23912.46**
快餐服务	934.87	1303.19	17443.63	445.80	126217.29	29150.77	23912.46
饮料及冷饮服务	**166.91**	**368.50**	**2180.41**	**131.00**	**5472.56**	**1618.46**	**4337.02**
茶馆服务					1837.68	2.73	390.00
咖啡馆服务					1926.30	19.93	25.00
酒吧服务	166.91	368.50	2180.41	95.00	1311.28	1508.17	3862.55
其他饮料及冷饮服务				36.00	397.30	87.63	59.47
其他餐饮业	**210.81**	**348.00**	**6653.30**	**285.00**	**51854.35**	**899.17**	**1922.27**
小吃服务			299.53	10.00	12047.15	145.14	13.61
餐饮配送服务	194.88		2494.39	239.00	15915.20	754.03	1313.75
其他未列明餐饮业	15.93	348.00	3859.38	36.00	23892.01		594.91

2-33 续表2

	阳江市	湛江市	茂名市	肇庆市	清远市	潮州市	揭阳市	云浮市
总计	**124019.47**	**156251.06**	**87900.31**	**76859.29**	**33336.98**	**33291.74**	**123305.62**	**29183.05**
正餐服务	**116578.18**	**151383.43**	**80047.00**	**73452.84**	**32918.76**	**26943.75**	**111979.33**	**24691.50**
正餐服务	116578.18	151383.43	80047.00	73452.84	32918.76	26943.75	111979.33	24691.50
快餐服务	**1414.51**	**2199.28**	**1162.36**	**389.42**		**3351.23**	**4451.73**	**3002.00**
快餐服务	1414.51	2199.28	1162.36	389.42		3351.23	4451.73	3002.00
饮料及冷饮服务	**5028.19**	**1086.88**	**2869.46**	**238.97**	**191.74**	**1805.15**	**725.96**	**621.97**
茶馆服务	113.40		355.90		0.80	405.00	599.00	
咖啡馆服务		0.20				170.00		
酒吧服务	4914.79	1006.68	1942.65	238.97	130.28	894.80	98.88	605.97
其他饮料及冷饮服务		80.00	570.91		60.66	335.35	28.08	16.00
其他餐饮业	**998.59**	**1581.47**	**3821.48**	**2778.06**	**226.49**	**1191.60**	**6148.60**	**867.58**
小吃服务	173.50	4.20	169.53			25.00	3386.70	44.76
餐饮配送服务	470.14	1052.93		1446.09		926.60		526.84
其他未列明餐饮业	354.94	524.34	3651.95	1331.97	226.49	240.00	2761.90	295.99

2-34　分地区餐饮业法人企业财务状况（按国民经济行业分）（主营业务收入）

单位：万元

	全省合计	广州市	深圳市	珠海市	汕头市	佛山市	韶关市
总计	**7136641.90**	**2685407.42**	**2047379.14**	**135697.63**	**107122.24**	**499999.79**	**67994.22**
正餐服务	**4734221.22**	**1556930.24**	**1202022.47**	**100408.83**	**87527.65**	**449485.66**	**63873.62**
正餐服务	4734221.22	1556930.24	1202022.47	100408.83	87527.65	449485.66	63873.62
快餐服务	**1898164.67**	**939607.48**	**695152.91**	**17957.23**	**9476.25**	**21689.46**	**2.11**
快餐服务	1898164.67	939607.48	695152.91	17957.23	9476.25	21689.46	2.11
饮料及冷饮服务	**202681.80**	**117390.06**	**48485.23**	**969.91**	**4603.56**	**4744.82**	
茶馆服务	11802.64	789.84	4850.29		1286.11	1171.89	
咖啡馆服务	119331.67	80043.73	34638.95	162.30	707.10	1849.00	
酒吧服务	53386.52	25266.47	5080.01	688.14	1692.46	1477.70	
其他饮料及冷饮服务	18160.97	11290.03	3915.99	119.47	917.91	246.24	
其他餐饮业	**301574.21**	**71479.64**	**101718.53**	**16361.67**	**5514.78**	**24079.84**	**4118.49**
小吃服务	54956.34	10725.44	21741.61	2923.94	1480.84	1814.14	
餐饮配送服务	99683.72	23374.06	29021.46	3051.89	1295.49	17680.02	700.46
其他未列明餐饮业	146934.16	37380.14	50955.46	10385.84	2738.46	4585.69	3418.04

2-34　续表1

	河源市	梅州市	惠州市	汕尾市	东莞市	中山市	江门市
总计	**31847.69**	**24876.38**	**119737.59**	**27316.34**	**393172.26**	**233618.33**	**109459.54**
正餐服务	**31287.24**	**23004.69**	**93484.75**	**26458.54**	**210423.54**	**201983.35**	**79410.08**
正餐服务	31287.24	23004.69	93484.75	26458.54	210423.54	201983.35	79410.08
快餐服务	**225.13**	**1275.19**	**17439.13**	**445.80**	**125951.74**	**29150.27**	**23910.68**
快餐服务	225.13	1275.19	17439.13	445.80	125951.74	29150.27	23910.68
饮料及冷饮服务	**124.52**	**368.50**	**2180.41**	**131.00**	**5189.73**	**1618.46**	**4336.52**
茶馆服务					1837.68	2.73	390.00
咖啡馆服务					1715.96	19.93	24.50
酒吧服务	124.52	368.50	2180.41	95.00	1238.78	1508.17	3862.55
其他饮料及冷饮服务				36.00	397.30	87.63	59.47
其他餐饮业	**210.81**	**228.00**	**6633.30**	**281.00**	**51607.25**	**866.25**	**1802.27**
小吃服务			299.53	10.00	12041.32	112.22	13.61
餐饮配送服务	194.88		2494.39	235.00	15719.64	754.03	1193.75
其他未列明餐饮业	15.93	228.00	3839.38	36.00	23846.30		594.91

2-34　续表2

	阳江市	湛江市	茂名市	肇庆市	清远市	潮州市	揭阳市	云浮市
总计	**123633.07**	**148559.76**	**87004.54**	**75838.89**	**33227.43**	**32557.29**	**123240.62**	**28951.74**
正餐服务	**116211.72**	**144190.94**	**79164.24**	**72461.54**	**32809.26**	**26677.35**	**111944.33**	**24461.20**
正餐服务	116211.72	144190.94	79164.24	72461.54	32809.26	26677.35	111944.33	24461.20
快餐服务	**1398.51**	**2176.96**	**1159.51**	**389.42**		**3333.18**	**4421.73**	**3002.00**
快餐服务	1398.51	2176.96	1159.51	389.42		3333.18	4421.73	3002.00
饮料及冷饮服务	**5028.19**	**1057.67**	**2869.46**	**238.97**	**191.69**	**1805.15**	**725.96**	**621.97**
茶馆服务	113.40		355.90		0.80	405.00	599.00	
咖啡馆服务		0.20				170.00		
酒吧服务	4914.79	977.47	1942.65	238.97	130.28	894.80	98.88	605.97
其他饮料及冷饮服务		80.00	570.91		60.61	335.35	28.08	16.00
其他餐饮业	**994.65**	**1134.18**	**3811.33**	**2748.96**	**226.49**	**741.60**	**6148.60**	**866.58**
小吃服务	173.50	4.20	159.53			25.00	3386.70	44.76
餐饮配送服务	466.21	1052.93		1446.09		476.60		526.84
其他未列明餐饮业	354.94	77.05	3651.80	1302.87	226.49	240.00	2761.90	294.98

2-35 分地区餐饮业法人企业财务状况（按国民经济行业分）（资产总计）

单位：万元

	全省合计	广州市	深圳市	珠海市	汕头市	佛山市	韶关市
总计	**5462068.41**	**1614274.03**	**1414688.97**	**134444.49**	**44263.37**	**359727.62**	**124969.27**
正餐服务	**3927341.35**	**1035096.63**	**858349.60**	**82840.60**	**35300.88**	**332966.86**	**122026.13**
正餐服务	3927341.35	1035096.63	858349.60	82840.60	35300.88	332966.86	122026.13
快餐服务	**1144042.66**	**453908.63**	**437645.71**	**8353.38**	**3129.87**	**11525.56**	**132.99**
快餐服务	1144042.66	453908.63	437645.71	8353.38	3129.87	11525.56	132.99
饮料及冷饮服务	**164743.56**	**65880.93**	**45005.69**	**25983.24**	**3737.54**	**1500.95**	
茶馆服务	19002.29	1250.67	7948.15	4985.29	2331.66	428.44	
咖啡馆服务	75630.10	40590.27	26555.89	61.58	380.49	265.59	
酒吧服务	59180.75	19275.45	7112.37	20681.11	708.56	589.77	
其他饮料及冷饮服务	10930.43	4764.55	3389.29	255.26	316.83	217.16	
其他餐饮业	**225940.85**	**59387.84**	**73687.98**	**17267.27**	**2095.08**	**13734.25**	**2810.15**
小吃服务	22822.38	3689.22	13491.41	594.19	355.12	378.24	
餐饮配送服务	58947.62	8239.48	21714.62	3805.54	673.81	6843.32	1085.80
其他未列明餐饮业	144170.85	47459.14	38481.95	12867.55	1066.15	6512.70	1724.35

2-35 续表1

	河源市	梅州市	惠州市	汕尾市	东莞市	中山市	江门市
总计	**64021.64**	**55922.10**	**155904.22**	**53653.76**	**383502.71**	**126690.96**	**100470.14**
正餐服务	**63366.64**	**51452.10**	**140826.12**	**52127.96**	**165595.16**	**107003.49**	**78633.74**
正餐服务	63366.64	51452.10	140826.12	52127.96	165595.16	107003.49	78633.74
快餐服务	**335.00**	**1910.50**	**10552.61**	**174.80**	**174067.40**	**18312.70**	**14053.16**
快餐服务	335.00	1910.50	10552.61	174.80	174067.40	18312.70	14053.16
饮料及冷饮服务	**200.00**	**2000.50**	**665.55**	**515.00**	**10947.32**	**757.62**	**1332.64**
茶馆服务					1221.45	46.34	61.00
咖啡馆服务					7574.73	120.55	21.00
酒吧服务	200.00	2000.50	665.55	510.00	1232.96	566.17	1213.35
其他饮料及冷饮服务				5.00	918.18	24.56	37.29
其他餐饮业	**120.00**	**559.00**	**3859.93**	**836.00**	**32892.83**	**617.16**	**6450.60**
小吃服务			91.46	2.00	2805.39	41.16	3.00
餐饮配送服务			1311.91	714.00	10470.87	576.00	351.95
其他未列明餐饮业	120.00	559.00	2456.56	120.00	19616.57		6095.65

2-35 续表2

	阳江市	湛江市	茂名市	肇庆市	清远市	潮州市	揭阳市	云浮市
总计	**136364.01**	**225148.20**	**104075.96**	**150308.99**	**103152.78**	**25053.10**	**56466.46**	**28965.64**
正餐服务	**132952.99**	**219761.18**	**98913.76**	**146603.19**	**101544.31**	**23048.85**	**52526.31**	**26404.85**
正餐服务	132952.99	219761.18	98913.76	146603.19	101544.31	23048.85	52526.31	26404.85
快餐服务	**590.60**	**3317.84**	**944.71**	**411.79**		**1058.75**	**2174.75**	**1441.90**
快餐服务	590.60	3317.84	944.71	411.79		1058.75	2174.75	1441.90
饮料及冷饮服务	**1801.06**	**812.03**	**1863.14**	**300.00**	**179.09**	**579.09**	**229.10**	**453.08**
茶馆服务			451.00		45.00	57.00	176.30	
咖啡馆服务		50.00				10.00		
酒吧服务	1801.06	597.03	765.52	300.00	29.29	480.00		452.08
其他饮料及冷饮服务		165.00	646.62		104.81	32.09	52.80	1.00
其他餐饮业	**1019.36**	**1257.16**	**2354.34**	**2994.01**	**1429.38**	**366.41**	**1536.30**	**665.80**
小吃服务	104.10	65.00	70.00			100.00	992.30	39.80
餐饮配送服务	655.44	879.85		1227.26		215.41		182.36
其他未列明餐饮业	259.82	312.31	2284.34	1766.75	1429.38	51.00	544.00	443.64

2-36　分地区餐饮业法人企业财务状况（按登记注册类型分）（营业收入）

单位：万元

	全省合计	广州市	深圳市	珠海市	汕头市	佛山市	韶关市
总计	**7188891.67**	**2696315.46**	**2067504.01**	**136593.22**	**107565.30**	**503691.40**	**68163.87**
内资企业	**4889030.86**	**1549906.90**	**1266399.73**	**91609.94**	**97608.60**	**466984.82**	**67413.17**
国有企业	74602.01	54532.02	5385.00	20.00	891.54	2296.00	6312.00
集体企业	58324.71	27771.03	453.40	501.33	2219.27	2296.16	649.96
股份合作企业	64503.16	51523.12	565.33	815.15	528.10	7442.48	324.00
联营企业	8183.60	674.25	3735.98			1091.54	
国有联营企业	667.10						
集体联营企业	281.12	281.12					
国有与集体联营企业							
其他联营企业	7235.37	393.14	3735.98			1091.54	
有限责任公司	1296412.62	252068.53	405347.70	38893.71	37076.15	146282.74	24095.28
国有独资公司	45407.40	13394.60	29621.80				1805.30
其他有限责任公司	1251005.22	238673.93	375725.90	38893.71	37076.15	146282.74	22289.98
股份有限公司	96230.63	51030.34	5541.35	3160.58	1763.86	12659.57	218.30
私营企业	3113142.78	1078156.32	831322.82	46003.17	48056.70	274359.25	34559.27
私营独资企业	856785.81	235697.42	90947.57	2917.52	17678.98	103076.38	19891.32
私营合伙企业	136995.51	59673.94	4216.22	461.57	221.24	27949.98	2802.23
私营有限责任公司	2047619.88	748174.97	721522.22	40115.16	28783.99	138485.62	11451.93
私营股份有限公司	71741.57	34609.98	14636.82	2508.92	1372.50	4847.27	413.80
其他企业	177631.36	34151.31	14048.16	2216.01	7072.98	20557.08	1254.36
港、澳、台商投资企业	**912173.81**	**306602.56**	**431337.60**	**39083.70**	**1674.40**	**29391.70**	**251.10**
与港澳台商合资经营企业	102522.80	30688.77	35999.33	1059.13		16540.30	
与港澳台商合作经营企业	87300.27	52729.38	18327.80	5.21	257.40	199.07	
港澳台商独资经营企业	710623.58	212724.82	375744.40	38017.85	1417.00	12652.33	251.10
港澳台商投资股份有限公司	8983.59	8510.50	471.59	1.50			
其他港澳台投资企业	2743.57	1949.09	794.49				
外商投资企业	**1387687.01**	**839806.01**	**369766.69**	**5899.58**	**8282.30**	**7314.88**	**499.60**
中外合资经营企业	333459.55	286816.46	38013.92			3077.80	
中外合作经营企业	3387.90	1159.20					499.60
外资企业	1026610.29	547878.65	330635.20	4086.78	8282.30	4237.08	
外商投资股份有限公司	22181.70	3951.70		1812.80			
其他外商投资企业	2047.57		1117.57				

2-36 续表1

	河源市	梅州市	惠州市	汕尾市	东莞市	中山市	江门市
总计	**32658.53**	**25283.58**	**119999.16**	**27717.94**	**395166.81**	**234038.58**	**110046.30**
内资企业	**30493.46**	**23053.02**	**95804.76**	**22792.36**	**266660.93**	**203314.00**	**72767.10**
国有企业	1265.65	598.50					
集体企业	129.01		68.04	36.00	3349.54	3971.51	
股份合作企业	324.64	120.72	380.54	1292.00	208.10		47.06
联营企业	600.00	258.00	154.16		150.10		
国有联营企业							
集体联营企业							
国有与集体联营企业							
其他联营企业	600.00	258.00	154.16		150.10		
有限责任公司	12392.21	2624.81	22972.41	3067.20	116420.97	52958.31	8990.38
国有独资公司							
其他有限责任公司	12392.21	2624.81	22972.41	3067.20	116420.97	52958.31	8990.38
股份有限公司		270.00	112.00	193.00	5811.29		996.80
私营企业	14149.97	13739.01	71089.59	12759.86	132304.99	139194.56	51400.67
私营独资企业	10388.02	5425.74	20780.09	5889.21	25479.58	87078.32	32362.78
私营合伙企业		1080.56	1610.44	877.30	10733.77	6440.46	925.66
私营有限责任公司	1704.65	6086.31	46278.62	5628.35	94822.09	43882.03	18112.23
私营股份有限公司	2057.30	1146.40	2420.44	365.00	1269.55	1793.75	
其他企业	1631.98	5441.98	1028.01	5444.30	8415.94	7189.63	11332.19
港、澳、台商投资企业	**2165.07**	**2047.30**	**10043.97**	**3995.58**	**30756.96**	**10383.44**	**20497.30**
与港澳台商合资经营企业	1858.55		2115.40		5452.38	356.06	6069.80
与港澳台商合作经营企业			244.90			787.30	3194.80
港澳台商独资经营企业	306.52	2047.30	7683.67	3995.58	25304.59	9240.08	11232.70
港澳台商投资股份有限公司							
其他港澳台投资企业							
外商投资企业		**183.26**	**14150.43**	**930.00**	**97748.92**	**20341.14**	**16781.90**
中外合资经营企业					4207.47		
中外合作经营企业							
外资企业		183.26	14150.43		93541.45	20341.14	364.70
外商投资股份有限公司							16417.20
其他外商投资企业				930.00			

2-36 续表2

	阳江市	湛江市	茂名市	肇庆市	清远市	潮州市	揭阳市	云浮市
总计	**124019.47**	**156251.06**	**87900.31**	**76859.29**	**33336.98**	**33291.74**	**123305.62**	**29183.05**
内资企业	**118925.38**	**156031.01**	**87900.31**	**71770.49**	**32348.94**	**29455.99**	**112535.71**	**25254.25**
国有企业		401.47	1128.63	1256.30	499.20		15.70	
集体企业		478.50	791.16	1932.80	61.24	1650.05	10737.40	1228.30
股份合作企业		130.00	728.80				50.00	23.14
联营企业		763.80		358.73		264.37	132.66	
国有联营企业		667.10						
集体联营企业								
国有与集体联营企业								
其他联营企业		96.70		358.73		264.37	132.66	
有限责任公司	25766.97	42839.15	19667.68	27899.19	12111.67	7726.54	32060.92	5150.12
国有独资公司						585.70		
其他有限责任公司	25766.97	42839.15	19667.68	27899.19	12111.67	7140.84	32060.92	5150.12
股份有限公司	9593.26	265.20	3046.91		95.20	229.46	1243.50	
私营企业	75221.68	87440.09	54928.81	33418.23	18924.53	17292.68	66476.96	12343.65
私营独资企业	30447.37	51498.66	44431.60	13840.30	2484.02	11394.74	36422.40	8653.81
私营合伙企业	2571.88	8012.60	3857.99	470.92	820.29	134.22	2779.46	1354.80
私营有限责任公司	42037.90	27698.63	6639.22	17733.79	15620.22	5335.92	25171.00	2335.04
私营股份有限公司	164.53	230.20		1373.22		427.80	2104.10	
其他企业	8343.48	23712.79	7608.32	6905.24	657.09	2292.90	1818.58	6509.05
港、澳、台商投资企业	**5094.09**			**5088.80**	**988.05**	**1149.50**	**7693.90**	**3928.80**
与港澳台商合资经营企业	1233.59					1149.50		
与港澳台商合作经营企业	3860.50						7693.90	
港澳台商独资经营企业				5088.80	988.05			3928.80
港澳台商投资股份有限公司								
其他港澳台投资企业								
外商投资企业		**220.05**				**2686.25**	**3076.01**	
中外合资经营企业							1343.90	
中外合作经营企业							1729.10	
外资企业		220.05				2686.25	3.01	
外商投资股份有限公司								
其他外商投资企业								

2-37 分地区餐饮业法人企业财务状况（按登记注册类型分）（主营业务收入）

单位：万元

	全省合计	广州市	深圳市	珠海市	汕头市	佛山市	韶关市
总计	**7136641.90**	**2685407.42**	**2047379.14**	**135697.63**	**107122.24**	**499999.79**	**67994.22**
内资企业	**4848165.81**	**1539147.12**	**1256411.46**	**90733.76**	**97196.14**	**463327.80**	**67243.52**
国有企业	74125.21	54171.92	5373.70	20.00	891.54	2296.00	6312.00
集体企业	57953.61	27485.78	453.40	501.33	2219.27	2293.11	649.96
股份合作企业	64356.53	51411.48	565.33	815.15	528.10	7442.48	314.00
联营企业	8183.56	674.25	3735.98			1091.51	
国有联营企业	667.10						
集体联营企业	281.12	281.12					
国有与集体联营企业							
其他联营企业	7235.34	393.14	3735.98			1091.51	
有限责任公司	1286994.04	249005.63	402928.01	38794.04	36984.24	145483.53	23968.97
国有独资公司	45336.90	13394.60	29551.30				1805.30
其他有限责任公司	1241657.13	235611.03	373376.71	38794.04	36984.24	145483.53	22163.67
股份有限公司	93784.87	48913.74	5270.25	3160.58	1763.86	12659.57	218.30
私营企业	3090139.94	1073585.02	824050.63	45231.70	47736.14	271507.01	34526.93
私营独资企业	848230.54	234131.74	90206.44	2909.52	17359.92	102565.99	19866.88
私营合伙企业	135719.29	59471.67	4058.22	12.57	221.24	27944.36	2802.23
私营有限责任公司	2035637.02	745631.02	715949.15	39802.38	28782.49	136249.69	11444.03
私营股份有限公司	70553.09	34350.58	13836.82	2507.24	1372.50	4746.97	413.80
其他企业	172628.07	33899.31	14034.17	2210.95	7072.98	20554.60	1253.36
港、澳、台商投资企业	**910460.47**	**306548.79**	**430487.57**	**39064.30**	**1674.40**	**29391.70**	**251.10**
与港澳台商合资经营企业	101793.26	30688.77	35999.33	1059.13		16540.30	
与港澳台商合作经营企业	87298.47	52729.38	18326.00	5.21	257.40	199.07	
港澳台商独资经营企业	709641.59	212671.06	374896.17	37998.45	1417.00	12652.33	251.10
港澳台商投资股份有限公司	8983.59	8510.50	471.59	1.50			
其他港澳台投资企业	2743.57	1949.09	794.49				
外商投资企业	**1378015.63**	**839711.51**	**360480.12**	**5899.58**	**8251.70**	**7280.28**	**499.60**
中外合资经营企业	324106.97	286722.06	28755.92			3077.80	
中外合作经营企业	3387.90	1159.20					499.60
外资企业	1026294.40	547878.55	330609.54	4086.78	8251.70	4202.48	
外商投资股份有限公司	22181.70	3951.70		1812.80			
其他外商投资企业	2044.66		1114.66				

2-37　续表1

	河源市	梅州市	惠州市	汕尾市	东莞市	中山市	江门市
总计	**31847.69**	**24876.38**	**119737.59**	**27316.34**	**393172.26**	**233618.33**	**109459.54**
内资企业	**30412.17**	**22645.82**	**95547.69**	**22390.76**	**264901.49**	**202932.85**	**72187.34**
国有企业	1265.65	598.50					
集体企业	129.01		68.04	36.00	3266.94	3971.31	
股份合作企业	324.64	120.72	380.54	1292.00	208.10		47.06
联营企业	600.00	258.00	154.16		150.10		
国有联营企业							
集体联营企业							
国有与集体联营企业							
其他联营企业	600.00	258.00	154.16		150.10		
有限责任公司	12377.11	2624.81	22890.41	3057.20	115469.65	52935.70	8833.28
国有独资公司							
其他有限责任公司	12377.11	2624.81	22890.41	3057.20	115469.65	52935.70	8833.28
股份有限公司		242.00	112.00	192.00	5811.19		996.80
私营企业	14083.78	13690.81	70914.52	12497.96	131582.17	138838.61	50978.01
私营独资企业	10321.83	5423.74	20774.02	5842.21	25268.48	86819.36	31965.62
私营合伙企业		1040.56	1610.44	724.40	10698.77	6407.54	920.66
私营有限责任公司	1704.65	6080.11	46136.72	5566.35	94345.37	43817.96	18091.73
私营股份有限公司	2057.30	1146.40	2393.34	365.00	1269.55	1793.75	
其他企业	1631.98	5110.98	1028.01	5315.60	8413.34	7187.23	11332.19
港、澳、台商投资企业	**1435.52**	**2047.30**	**10039.47**	**3995.58**	**30746.96**	**10344.34**	**20490.30**
与港澳台商合资经营企业	1129.00		2115.40		5452.38	356.06	6069.80
与港澳台商合作经营企业			244.90			787.30	3194.80
港澳台商独资经营企业	306.52	2047.30	7679.17	3995.58	25294.59	9200.98	11225.70
港澳台商投资股份有限公司							
其他港澳台投资企业							
外商投资企业		**183.26**	**14150.43**	**930.00**	**97523.81**	**20341.14**	**16781.90**
中外合资经营企业					4207.29		
中外合作经营企业							
外资企业		183.26	14150.43		93316.52	20341.14	364.70
外商投资股份有限公司							16417.20
其他外商投资企业				930.00			

2-37 续表2

	阳江市	湛江市	茂名市	肇庆市	清远市	潮州市	揭阳市	云浮市
总计	**123633.07**	**148559.76**	**87004.54**	**75838.89**	**33227.43**	**32557.29**	**123240.62**	**28951.74**
内资企业	**118538.98**	**148339.71**	**87004.54**	**70750.09**	**32239.39**	**28721.54**	**112470.71**	**25022.94**
国有企业		401.47	1023.23	1256.30	499.20		15.70	
集体企业		478.50	791.16	1932.80	61.24	1650.05	10737.40	1228.30
股份合作企业		130.00	703.80					23.14
联营企业		763.80		358.73		264.37	132.66	
国有联营企业		667.10						
集体联营企业								
国有与集体联营企业								
其他联营企业		96.70		358.73		264.37	132.66	
有限责任公司	25750.82	42250.50	19576.17	27381.21	12006.67	7681.14	32030.92	4964.02
国有独资公司						585.70		
其他有限责任公司	25750.82	42250.50	19576.17	27381.21	12006.67	7095.44	32030.92	4964.02
股份有限公司	9564.35	265.20	3046.91		95.15	229.46	1243.50	
私营企业	74965.12	83794.37	54254.96	33394.91	18920.03	16801.68	66441.96	12343.65
私营独资企业	30396.15	47905.47	43767.74	13816.98	2479.52	11367.74	36387.40	8653.81
私营合伙企业	2386.38	8012.60	3847.99	470.92	820.29	134.22	2779.46	1354.80
私营有限责任公司	42018.07	27646.10	6639.22	17733.79	15620.22	4871.92	25171.00	2335.04
私营股份有限公司	164.53	230.20		1373.22		427.80	2104.10	
其他企业	8258.68	20255.86	7608.32	6426.14	657.09	2094.85	1818.58	6463.84
港、澳、台商投资企业	**5094.09**			**5088.80**	**988.05**	**1149.50**	**7693.90**	**3928.80**
与港澳台商合资经营企业	1233.59					1149.50		
与港澳台商合作经营企业	3860.50						7693.90	
港澳台商独资经营企业				5088.80	988.05			3928.80
港澳台商投资股份有限公司								
其他港澳台投资企业								
外商投资企业		**220.05**				**2686.25**	**3076.01**	
中外合资经营企业							1343.90	
中外合作经营企业							1729.10	
外资企业		220.05				2686.25	3.01	
外商投资股份有限公司								
其他外商投资企业								

2-38　分地区餐饮业法人企业财务状况（按登记注册类型分）（资产总计）

单位：万元

	全省合计	广州市	深圳市	珠海市	汕头市	佛山市	韶关市
总计	**5462068.41**	**1614274.03**	**1414688.97**	**134444.49**	**44263.37**	**359727.62**	**124969.27**
内资企业	**4027845.83**	**1027872.23**	**910978.83**	**97496.17**	**40186.47**	**314579.20**	**122681.81**
国有企业	99352.80	63862.53	10641.90	20.00	1215.75	2595.36	4927.50
集体企业	34835.97	21115.01	652.80	234.61	523.37	2628.08	109.82
股份合作企业	20732.99	15350.98	955.61	613.80	46.60	677.95	917.00
联营企业	2967.16	112.98	504.83		145.69	317.65	
国有联营企业	154.54				145.69		
集体联营企业	2.71	2.71					
国有与集体联营企业							
其他联营企业	2809.92	110.27	504.83			317.65	
有限责任公司	1441774.22	258436.88	292287.29	38303.03	11989.91	138995.70	79093.74
国有独资公司	11743.28	997.40	3328.38				6782.00
其他有限责任公司	1430030.94	257439.48	288958.91	38303.03	11989.91	138995.70	72311.74
股份有限公司	89666.26	58594.46	1337.08	2190.40	496.21	3252.28	293.00
私营企业	2219300.74	595982.38	594463.33	49634.75	24259.80	155227.47	36855.46
私营独资企业	495855.24	77776.03	61755.98	932.38	7290.29	38263.79	18468.99
私营合伙企业	69830.51	15070.20	8494.90	10.00	171.02	8974.78	2534.01
私营有限责任公司	1592378.10	474484.23	513099.23	48384.62	16243.38	102021.40	15430.66
私营股份有限公司	61236.89	28651.93	11113.22	307.74	555.10	5967.50	421.80
其他企业	119215.68	14417.01	10136.00	6499.58	1509.13	10884.72	485.30
港、澳、台商投资企业	**818878.85**	**226953.63**	**356726.48**	**35139.39**	**1064.70**	**36180.24**	**1641.16**
与港澳台商合资经营企业	118016.73	20027.01	29805.48	12618.27		14919.51	
与港澳台商合作经营企业	57987.90	38868.62	10043.10	4.80		94.64	
港澳台商独资经营企业	626672.06	155936.28	313785.35	22467.20	1064.70	21166.09	702.40
港澳台商投资股份有限公司	6760.76	5653.00	119.88	49.12			938.76
其他港澳台投资企业	9441.40	6468.73	2972.67				
外商投资企业	**615343.73**	**359448.17**	**146983.66**	**1808.93**	**3012.20**	**8968.18**	**646.30**
中外合资经营企业	195600.04	160763.88	30598.50			1507.20	
中外合作经营企业	3078.50	1480.20					646.30
外资企业	401763.64	196714.40	112124.20	1406.93	3012.20	7460.98	
外商投资股份有限公司	10413.00	489.70		402.00			
其他外商投资企业	4488.56		4260.96				

2-38 续表1

	河源市	梅州市	惠州市	汕尾市	东莞市	中山市	江门市
总计	**64021.64**	**55922.10**	**155904.22**	**53653.76**	**383502.71**	**126690.96**	**100470.14**
内资企业	**61875.74**	**54401.80**	**133224.94**	**38475.03**	**276503.20**	**101899.12**	**56537.54**
国有企业	1242.68	912.80	5679.69				
集体企业	231.06		211.40		2844.65	1273.61	
股份合作企业	81.23	195.65	849.37	500.00	164.90		22.00
联营企业	350.00	28.50	490.00		583.75		
国有联营企业							
集体联营企业							
国有与集体联营企业							
其他联营企业	350.00	28.50	490.00		583.75		
有限责任公司	33136.30	19027.12	30628.77	3534.40	183106.54	61286.20	3887.83
国有独资公司							
其他有限责任公司	33136.30	19027.12	30628.77	3534.40	183106.54	61286.20	3887.83
股份有限公司		164.10	938.96	434.00	1997.55		
私营企业	24664.13	26985.64	94222.71	31789.76	85209.23	37315.08	42100.76
私营独资企业	22256.02	12590.18	13215.65	9939.50	14316.33	20855.13	26307.46
私营合伙企业		1765.50	463.72	791.90	8462.57	1442.54	882.35
私营有限责任公司	528.42	10458.16	78867.04	20878.36	61217.62	14917.52	14910.95
私营股份有限公司	1879.70	2171.80	1676.30	180.00	1212.71	99.90	
其他企业	2170.34	7088.00	204.03	2216.87	2596.57	2024.23	10526.96
港、澳、台商投资企业	**2145.90**	**1220.30**	**14317.77**	**14951.14**	**45851.56**	**12724.46**	**34142.40**
与港澳台商合资经营企业	1392.60		5145.60		20591.97		10825.60
与港澳台商合作经营企业			1495.94			2486.40	2486.30
港澳台商独资经营企业	753.30	1220.30	7676.23	14951.14	25259.59	10238.06	20830.50
港澳台商投资股份有限公司							
其他港澳台投资企业							
外商投资企业		**300.00**	**8361.51**	**227.60**	**61147.96**	**12067.39**	**9790.20**
中外合资经营企业					2334.86		
中外合作经营企业							
外资企业		300.00	8361.51		58813.10	12067.39	268.90
外商投资股份有限公司							9521.30
其他外商投资企业				227.60			

2-38　续表2

	阳江市	湛江市	茂名市	肇庆市	清远市	潮州市	揭阳市	云浮市
总计	**136364.01**	**225148.20**	**104075.96**	**150308.99**	**103152.78**	**25053.10**	**56466.46**	**28965.64**
内资企业	**135065.01**	**224883.69**	**104075.96**	**123633.69**	**101104.15**	**22129.37**	**53173.26**	**27068.64**
国有企业		705.70	5393.18	703.20	1444.00		8.51	
集体企业		205.00	239.86	418.70	162.00	634.86	2362.24	988.90
股份合作企业		1.20	335.90				10.00	10.81
联营企业		308.85		25.00		99.91		
国有联营企业		8.85						
集体联营企业								
国有与集体联营企业								
其他联营企业		300.00		25.00		99.91		
有限责任公司	34857.08	80506.10	22736.15	74156.65	42776.39	12002.32	16648.63	4377.20
国有独资公司						635.50		
其他有限责任公司	34857.08	80506.10	22736.15	74156.65	42776.39	11366.82	16648.63	4377.20
股份有限公司	10195.73	425.00	8630.75		102.00	248.65	366.10	
私营企业	83336.55	124715.17	61846.65	40380.32	55005.29	7996.02	33421.92	13888.34
私营独资企业	25363.20	51562.96	51901.27	13047.61	2093.21	4489.20	16375.50	7054.58
私营合伙企业	1511.41	5228.70	4172.42	766.17	1809.28	42.84	5786.99	1449.20
私营有限责任公司	56461.94	67894.01	5772.96	21335.23	51102.81	2963.58	10021.44	5384.56
私营股份有限公司		29.50		5231.30		500.40	1238.00	
其他企业	6675.65	18016.68	4893.47	7949.82	1614.47	1147.61	355.86	7803.39
港、澳、台商投资企业	**1299.00**			**26675.30**	**2048.63**	**1954.20**	**1945.60**	**1897.00**
与港澳台商合资经营企业	736.50					1954.20		
与港澳台商合作经营企业	562.50						1945.60	
港澳台商独资经营企业				26675.30	2048.63			1897.00
港澳台商投资股份有限公司								
其他港澳台投资企业								
外商投资企业		**264.51**				**969.52**	**1347.60**	
中外合资经营企业							395.60	
中外合作经营企业							952.00	
外资企业		264.51				969.52		
外商投资股份有限公司								
其他外商投资企业								

第3篇

房地产开发生产经营及财务状况

3-1 房地产开发经营投资完成情况

单位：万元

项目	企业个数(个)	计划总投资	自开始建设累计完成投资	本年完成投资	本年新增固定资产
总计	**6581**	**382068080**	**248550015**	**64895920**	**28193318**
一、按等级注册类型分	**6581**	**382068080**	**248550015**	**64895920**	**28193318**
内资企业	5746	294537056	190159437	53822045	22872333
国有企业	244	16294485	9695780	2349245	823361
集体企业	210	4092408	2043093	577138	235114
股份合作企业	20	2637526	365327	196064	56031
联营企业	4	275000	274280	406	
有限责任公司	2712	164141728	104975818	29995469	12192898
股份有限公司	161	15660036	9795929	2056552	1082598
私营企业	2322	88998285	61084547	18174047	8181777
其他企业	73	2437588	1924663	473124	300554
港澳台商投资企业	621	62247191	40497770	7486529	3491406
外商投资企业	214	25283833	17892808	3587346	1829579
二、按控股情况分	**6581**	**382068080**	**248550015**	**64895920**	**28193318**
国有控股	447	51238910	29150907	6813402	2972525
集体控股	350	10047543	6003185	1866794	1337249
私人控股	4046	172308606	113942939	33422826	13702044
港澳台商控股	626	62892868	41232959	7450842	3204402
外商控股	228	26971552	19425829	3873126	2023119
其他	884	58608601	38794196	11468930	4953979
三、按营业状态分	**6581**	**382068080**	**248550015**	**64895920**	**28193318**
营业	6435	375239378	244118537	63512721	27133964
停业(歇业)	53	1925910	1106754	330409	583685
筹建	8	308917	249381	90496	114836
当年关闭	3	149566	64782	60212	5080
当年破产					
其他	82	4444309	3010561	902082	355753
四、按资质等级分	**6581**	**382068080**	**248550015**	**64895920**	**28193318**
一级	178	27607313	19780399	3468651	2737592
二级	335	25871368	20123534	3834942	1726128
三级	1537	95257833	65366382	13512756	5847594
四级	1553	56121479	41213777	9796221	5919279
暂定	2406	139523183	81145630	27618332	8576563

3-1 续表

项 目	企业个数(个)	计划总投资	自开始建设累计完成投资	本年完成投资	本年新增固定资产
其他	572	37686904	20920293	6665018	3386162
五、按隶属关系分	**6581**	**382068080**	**248550015**	**64895920**	**28193318**
中央	66	16086882	9565459	2232307	695864
省(自治区、直辖市)	35	2071053	1323004	386968	340437
地区(州、盟、省辖市)	778	55950919	34669479	8891823	3257183
县(区、市、旗)	628	25053763	12533845	4326505	1644707
街道	63	2464464	1632521	497793	121692
镇	144	4616623	2393935	683742	256969
乡	1	23702	18030	18030	
社区(居委会)	28	1745771	1310591	246586	15834
村委会	21	1280803	739126	258041	72395
其他	4817	272774100	184364025	47354125	21788237
六、按地区分组	**6581**	**382068080**	**248550015**	**64895920**	**28193318**
广州市	1185	107835975	69674825	15724289	5797354
深圳市	484	48810632	28748457	8769002	3959178
珠海市	287	20260966	13907797	2725782	1899914
汕头市	240	2740730	2966980	1470282	556036
佛山市	489	46371766	30289205	7373232	3326322
韶关市	305	5423469	3901253	1236396	683014
河源市	135	3832022	2502992	891801	560032
梅州市	157	3579497	1811187	770176	436525
惠州市	658	31591695	19925212	5934706	2242887
汕尾市	22	814335	672838	166609	139630
东莞市	435	31017021	23439059	4976593	1597959
中山市	504	20899781	15470241	3991156	1807022
江门市	315	13812608	8359543	2417874	1146595
阳江市	227	5379332	2719406	889559	239751
湛江市	143	7372512	4416289	1547846	773939
茂名市	159	3346436	1974894	773575	371399
肇庆市	314	10213963	5683233	1714816	925036
清远市	307	11690360	7638367	1878317	855144
潮州市	40	2204564	1060592	419083	181240
揭阳市	75	2874091	1905024	570446	433902
云浮市	100	1996325	1482621	654380	260439

3-2 按构成分的房地产开发经营完成投资

单位：万元

项　目	本年完成投　资	建筑工程	安装工程	设备工器具购置费	其他费用	旧建筑物购置费	土地购置费
总计	**64895920**	**42726606**	**5368308**	**654736**	**16146270**	**381579**	**9817712**
一、按等级注册类型分	**64895920**	**42726606**	**5368308**	**654736**	**16146270**	**381579**	**9817712**
内资企业	53822045	35465737	4560473	571953	13223882	316339	8093857
国有企业	2349245	1452043	128116	18780	750306		451369
集体企业	577138	450571	34154	1067	91346	75	23365
股份合作企业	196064	86078	15164	1300	93522		85190
联营企业	406	280	89	22	15		
有限责任公司	29995469	19672560	2491798	300063	7531048	126443	4631731
股份有限公司	2056552	1482816	96315	43814	433607	53966	245919
私营企业	18174047	11927605	1769484	204243	4272715	135855	2639669
其他企业	473124	393784	25353	2664	51323		16614
港澳台商投资企业	7486529	5090565	649195	54954	1691815	65240	879670
外商投资企业	3587346	2170304	158640	27829	1230573		844185
二、按控股情况分	**64895920**	**42726606**	**5368308**	**654736**	**16146270**	**381579**	**9817712**
国有控股	6813402	4434695	362711	98407	1917589	27560	1115061
集体控股	1866794	1265360	142868	22177	436389	48431	232422
私人控股	33422826	21809110	3013122	353494	8247100	186790	5163138
港澳台商控股	7450842	5055107	655571	56001	1684163	65240	859108
外商控股	3873126	2630123	180161	28639	1034203		664948
其他	11468930	7532211	1013875	96018	2826826	53558	1783035
三、按营业状态分	**64895920**	**42726606**	**5368308**	**654736**	**16146270**	**381579**	**9817712**
营业	63512721	41821814	5221549	633631	15835727	381579	9704743
停业(歇业)	330409	189733	46340	4646	89690		42029
筹建	90496	57833	4106	1357	27200		24746
当年关闭	60212	31847	5040		23325		
当年破产							
其他	902082	625379	91273	15102	170328		46194
四、按资质等级分	**64895920**	**42726606**	**5368308**	**654736**	**16146270**	**381579**	**9817712**
一级	3468651	2385465	298425	78667	706094	39366	342541
二级	3834942	2592134	361830	47482	833496	24964	315899
三级	13512756	9307142	1251653	153807	2800154	59487	1259333
四级	9796221	6474525	832959	107105	2381632	18055	1353196
暂定	27618332	17591917	2062175	218959	7745281	148840	5339103

3-2　续表

项　目	本年完成投资	建筑工程	安装工程	设备工器具购置费	其他费用	旧建筑物购置费	土地购置费
其他	6665018	4375423	561266	48716	1679613	90867	1207640
五、按隶属关系分	**64895920**	**42726606**	**5368308**	**654736**	**16146270**	**381579**	**9817712**
中央	2232307	1494688	113787	32352	591480		381243
省(自治区、直辖市)	386968	238294	41539	11754	95381	26986	32071
地区(州、盟、省辖市)	8891823	5672744	679301	147173	2392605	94465	1444902
县(区、市、旗)	4326505	2863470	307344	22251	1133440	22364	695715
街道	497793	337199	16968	1687	141939	75	115054
镇	683742	503716	29445	3276	147305	1634	75443
乡	18030	8840	160		9030		8288
社区(居委会)	246586	128679	5017	7454	105436		90276
村委会	258041	188740	13684	4443	51174		35876
其他	47354125	31290236	4161063	424346	11478480	236055	6938844
六、按地区分组	**64895920**	**42726606**	**5368308**	**654736**	**16146270**	**381579**	**9817712**
广州市	15724289	9847788	1284960	158239	4433302	65409	2588918
深圳市	8769002	5833894	1052759	103880	1778469	220732	950186
珠海市	2725782	1830593	202320	51006	641863	9329	380014
汕头市	1470282	1025678	58783	25590	360231	4150	191689
佛山市	7373232	4311701	546848	104813	2409870	12155	1606106
韶关市	1236396	868730	80550	17468	269648	30179	124502
河源市	891801	691294	89942	6352	104213	1845	71198
梅州市	770176	494211	26694	8422	240849	267	154247
惠州市	5934706	4409996	569476	38231	917003	7969	535259
汕尾市	166609	147050	9175	707	9677		5094
东莞市	4976593	3009306	341844	41745	1583698		913764
中山市	3991156	2535347	285564	12094	1158151	2809	792483
江门市	2417874	1578275	145195	9086	685318	2183	449549
阳江市	889559	691438	81313	14950	101858	12373	60959
湛江市	1547846	1185556	136142	16945	209203	3163	113220
茂名市	773575	529515	45825	9044	189191	10	152935
肇庆市	1714816	1141120	146062	12439	415195	4415	286514
清远市	1878317	1435708	149040	10458	283111	2191	173844
潮州市	419083	238675	15593	200	164615	500	130005
揭阳市	570446	437713	52814	6399	73520	1100	53499
云浮市	654380	483018	47409	6668	117285	800	83727

3-3 按用途分的房地产开发经营完成投资

单位：万元

项目	本年完成投资	住宅	90平方米以下	144平方米以上	别墅、高档公寓	办公楼	商业营业用房	其他
总计	**64895920**	**45306255**	**12128761**	**11584606**	**5108747**	**3372659**	**7054675**	**9162331**
一、按等级注册类型分	**64895920**	**45306255**	**12128761**	**11584606**	**5108747**	**3372659**	**7054675**	**9162331**
内资企业	53822045	38416788	10625268	8929343	4329981	2318230	5825576	7261451
国有企业	2349245	1888783	286945	485644	202237	110080	109974	240408
集体企业	577138	470621	135059	41896	6971	6934	29107	70476
股份合作企业	196064	172004	45148	21313	4726	390	6760	16910
联营企业	406	297		297		22	12	75
有限责任公司	29995469	21085138	5600558	5309607	3032375	1463908	3335170	4111253
股份有限公司	2056552	1538177	485214	264451	69082	100028	246935	171412
私营企业	18174047	12867642	3918516	2691393	994691	634303	2063020	2609082
其他企业	473124	394126	153828	114742	19899	2565	34598	41835
港澳台商投资企业	7486529	4444330	994576	1774081	522970	864476	959297	1218426
外商投资企业	3587346	2445137	508917	881182	255796	189953	269802	682454
二、按控股情况分	**64895920**	**45306255**	**12128761**	**11584606**	**5108747**	**3372659**	**7054675**	**9162331**
国有控股	6813402	5025703	1276251	1358397	661203	393096	518292	876311
集体控股	1866794	1257185	445588	294361	125618	195125	210243	204241
私人控股	33422826	23411980	6858884	5040646	2401233	1286908	3997268	4726670
港澳台商控股	7450842	4482635	995259	1734717	568137	802069	960989	1205149
外商控股	3873126	2770935	533402	1014437	362565	186063	207124	709004
其他	11468930	8357817	2019377	2142048	989991	509398	1160759	1440956
三、按营业状态分	**64895920**	**45306255**	**12128761**	**11584606**	**5108747**	**3372659**	**7054675**	**9162331**
营业	63512721	44471823	11909584	11419774	5038721	3188934	6895678	8956286
停业(歇业)	330409	216168	80067	75315	782	180	24087	89974
筹建	90496	70804		986			11814	7878
当年关闭	60212	39970	28117	3154		800	4608	14834
当年破产								
其他	902082	507490	110993	85377	69244	182745	118488	93359
四、按资质等级分	**64895920**	**45306255**	**12128761**	**11584606**	**5108747**	**3372659**	**7054675**	**9162331**
一级	3468651	2469814	780347	656811	138594	261955	238156	498726
二级	3834942	2930967	686236	835459	166849	194463	335033	374479
三级	13512756	9553832	2238146	2977236	1406649	749856	1425516	1783552
四级	9796221	7220945	1781710	1861528	709663	343710	813124	1418442
暂定	27618332	18732700	4917141	4391901	2299844	1514457	3416532	3954643

3-3 续表

项 目	本年完成投资							
		住宅				办公楼	商业营业用房	其他
			90平方米以下	144平方米以上	别墅、高档公寓			
其他	6665018	4397997	1725181	861671	387148	308218	826314	1132489
五、按隶属关系分	**64895920**	**45306255**	**12128761**	**11584606**	**5108747**	**3372659**	**7054675**	**9162331**
中央	2232307	1861985	352739	465218	88254	68284	93275	208763
省(自治区、直辖市)	386968	146858	78539	11607	4397	122312	27368	90430
地区(州、盟、省辖市)	8891823	5849162	1351391	1582539	778229	749548	843278	1449835
县(区、市、旗)	4326505	3303596	675789	826007	523613	89501	431150	502258
街道	497793	385845	74646	64071	9733	5468	49684	56796
镇	683742	538294	200430	112994	98324	5634	47039	92775
乡	18030	14499	2582	7411				3531
社区(居委会)	246586	154103	43442	17854	87242	4179	58221	30083
村委会	258041	198975	46354	25176	24059	5036	12445	41585
其他	47354125	32852938	9302849	8471729	3494896	2322697	5492215	6686275
六、按地区分组	**64895920**	**45306255**	**12128761**	**11584606**	**5108747**	**3372659**	**7054675**	**9162331**
广州市	15724289	9506778	2119772	3074624	677790	1668426	2058754	2490331
深圳市	8769002	5904800	3277247	1173401	558336	644778	844627	1374797
珠海市	2725782	2096561	485784	738828	47517	114864	182341	332016
汕头市	1470282	1024743	325386	199970	44822	36485	112739	296315
佛山市	7373232	5005169	1197984	994584	586989	411592	754306	1202165
韶关市	1236396	936760	144831	176317	56036	9312	142158	148166
河源市	891801	634738	63749	247988	90709	20778	150860	85425
梅州市	770176	572073	57003	191997	34319	1294	58844	137965
惠州市	5934706	4697816	1376371	1516762	842072	119038	529592	588260
汕尾市	166609	122919	5461	44085		2118	15503	26069
东莞市	4976593	3676823	886590	633236	1010747	157099	552446	590225
中山市	3991156	2915844	595207	505763	151457	38453	489377	547482
江门市	2417874	1738153	276253	400620	304196	14519	372930	292272
阳江市	889559	652911	182644	162206	107334	13967	105064	117617
湛江市	1547846	1203412	440627	158601	19305	48040	125061	171333
茂名市	773575	598722	42484	279711	80411	6367	57570	110916
肇庆市	1714816	1285673	236744	235911	163341	28494	189432	211217
清远市	1878317	1497926	284241	342601	273391	29675	186582	164134
潮州市	419083	287435	56349	80922		10	16824	114814
揭阳市	570446	477899	36674	324491	8233	22	37368	55157
云浮市	654380	469100	37360	101988	51742	7328	72297	105655

3-4 房地产开发企业土地开发购置情况

单位：万元、万平方米

项目	企业个数(个)	待开发土地面积	本年土地购置面积	本年土地成交价款	拆迁补偿费	土地使用权出让金	契税
总计	**6581**	**4866.04**	**2250.96**	**6814971**	**350588**	**5646118**	**149777**
一、按等级注册类型分	**6581**	**4866.04**	**2250.96**	**6814971**	**350588**	**5646118**	**149777**
内资企业	5746	3768.62	2025.77	5993263	301008	4947837	133122
国有企业	244	70.87	25.88	19164	3923	9504	200
集体企业	210	24.05	14.10	28593	7360	19053	425
股份合作企业	20	93.42	18.30	48012	32	47734	2239
联营企业	4						
有限责任公司	2712	2202.49	1220.76	3497935	112068	2961595	82503
股份有限公司	161	64.77	26.18	132325	9929	109465	397
私营企业	2322	1296.17	719.22	2264434	164896	1800486	47358
其他企业	73	16.84	1.33	2800	2800		
港澳台商投资企业	621	588.35	115.15	534375	34580	436542	8836
外商投资企业	214	509.07	110.05	287333	15000	261739	7819
二、按控股情况分	**6581**	**4866.04**	**2250.96**	**6814971**	**350588**	**5646118**	**149777**
国有控股	447	445.50	73.86	281983	7229	262671	10895
集体控股	350	40.63	40.53	175812	9300	142719	4820
私人控股	4046	2379.02	1264.54	4146074	251778	3382158	93698
港澳台商控股	626	593.72	107.04	514242	34580	416409	8836
外商控股	228	733.93	131.37	321861	15078	274591	8175
其他	884	673.25	633.63	1374999	32623	1167570	23353
三、按营业状态分	**6581**	**4866.04**	**2250.96**	**6814971**	**350588**	**5646118**	**149777**
营业	6435	4819.04	2225.67	6747745	350588	5597798	148091
停业(歇业)	53	8.71	9.04	21000		18426	896
筹建	8	5.56	4.66	14317		14300	429
当年关闭	3						
当年破产							
其他	82	32.72	11.60	31909		15594	361
四、按资质等级分	**6581**	**4866.04**	**2250.96**	**6814971**	**350588**	**5646118**	**149777**
一级	178	22.45	12.43	37299	2200	20639	229
二级	335	380.14	54.07	112959	1029	98882	3107
三级	1537	1179.68	177.86	412395	62492	265907	11377
四级	1553	511.41	277.43	829407	64491	595758	13695
暂定	2406	2458.18	1546.41	3914161	129445	3367892	82027

3-4　续表

项　目	企业个数(个)	待开发土地面积	本年土地购置面积	本年土地成交价款	拆迁补偿费	土地使用权出让金	契税
其他	572	314.18	182.76	1508750	90931	1297040	39342
五、按隶属关系分	**6581**	**4866.04**	**2250.96**	**6814971**	**350588**	**5646118**	**149777**
中央	66	4.16	3.31	3866	3393	33	30
省(自治区、直辖市)	35	16.20	16.35	60800	3262	51658	4879
地区(州、盟、省辖市)	778	736.11	425.36	882844	52456	751897	16020
县(区、市、旗)	628	324.84	332.70	682344	18969	508066	12375
街道	63	41.93	23.33	59379		50379	733
镇	144	254.77	7.36	10545	7060	3485	98
乡	1		1.20	8288	1062	7226	217
社区(居委会)	28	6.50	3.11	2900		2900	
村委会	21	1.40					
其他	4817	3480.14	1438.25	5104005	264386	4270474	115425
六、按地区分组	**6581**	**4866.04**	**2250.96**	**6814971**	**350588**	**5646118**	**149777**
广州市	1185	352.09	182.18	1524850	81940	1370740	46218
深圳市	484	65.09	134.87	736705	148770	561360	10500
珠海市	287	269.64	56.13	130450	795	106614	3382
汕头市	240	31.52	78.38	266400	20591	92572	824
佛山市	489	486.01	192.26	1277271	7421	1206192	29379
韶关市	305	302.51	85.37	127995	28860	93427	2375
河源市	135	46.72	31.46	50923	2350	24665	480
梅州市	157	70.51	94.17	232197		199869	5727
惠州市	658	742.33	222.28	407107	14308	300243	6342
汕尾市	22	15.48	2.07	3243			
东莞市	435	374.88	98.08	436604	13619	367158	6744
中山市	504	260.92	89.04	275022	10486	199007	6068
江门市	315	479.24	184.23	312128	4165	268084	5382
阳江市	227	342.46	37.01	58391	3110	47344	806
湛江市	143	71.60	100.02	151492	4138	115913	3689
茂名市	159	258.11	311.51	214263	332	182696	3931
肇庆市	314	139.62	143.78	291368	1319	216894	10424
清远市	307	472.46	119.91	164886	7839	142748	3218
潮州市	40	11.53	5.94	22988		22988	547
揭阳市	75	7.60	18.36	40741		40202	1229
云浮市	100	65.72	63.92	89947	545	87402	2512

3-5 房地产开发

项目	企业个数(个)	本年实际到位资金合计	上年末结余资金	本年实际到位资金小计	国内贷款	银行贷款	非银行金融机构贷款	利用外资
总计	**6581**	**135702919**	**30973476**	**104729443**	**21435911**	**20032347**	**1403564**	**362931**
一、按等级注册类型分	**6581**	**135702919**	**30973476**	**104729443**	**21435911**	**20032347**	**1403564**	**362931**
内资企业	5746	107742941	23069022	84673919	17276776	16216667	1060109	33
国有企业	244	4231198	790249	3440949	834114	747602	86512	
集体企业	210	1078088	188658	889430	89880	89571	309	
股份合作企业	20	510548	167865	342683	50927	45627	5300	
联营企业	4	20858	2481	18377				
有限责任公司	2712	60824271	13777392	47046879	8814915	8257830	557085	33
股份有限公司	161	4977671	838298	4139373	1793649	1791532	2117	
私营企业	2322	35037437	6908431	28129006	5628174	5247388	380786	
其他企业	73	1062870	395648	667222	65117	37117	28000	
港澳台商投资企业	621	19100225	5544456	13555769	2760578	2525243	235335	323607
外商投资企业	214	8859753	2359998	6499755	1398557	1290437	108120	39291
二、按控股情况分	**6581**	**135702919**	**30973476**	**104729443**	**21435911**	**20032347**	**1403564**	**362931**
国有控股	447	15518741	3314268	12204473	3469234	3359859	109375	
集体控股	350	3741628	927012	2814616	488539	474530	14009	
私人控股	4046	63498520	13287213	50211307	9927924	9327604	600320	
港澳台商控股	626	19058675	5573411	13485264	2736649	2501314	235335	313480
外商控股	228	10053155	2517438	7535717	1485674	1385154	100520	39291
其他	884	23832200	5354134	18478066	3327891	2983886	344005	10160
三、按营业状态分	**6581**	**135702919**	**30973476**	**104729443**	**21435911**	**20032347**	**1403564**	**362931**
营业	6435	132233224	29703445	102529779	21101473	19703244	1398229	310320
停业(歇业)	53	1284532	581551	702981	78640	78640		
筹建	8	180135	17239	162896	66500	66500		
当年关闭	3	63535	27803	35732				
当年破产								
其他	82	1941493	643438	1298055	189298	183963	5335	52611
四、按资质等级分	**6581**	**135702919**	**30973476**	**104729443**	**21435911**	**20032347**	**1403564**	**362931**
一级	178	8043926	1798575	6245351	1811444	1805194	6250	
二级	335	9279627	2594892	6684735	1695805	1434130	261675	5741
三级	1537	28518938	5822117	22696821	5135926	4866141	269785	96467
四级	1553	20265415	4892924	15372491	2331835	2113731	218104	15331
暂定	2406	53781691	12033867	41747824	8408080	7865528	542552	201435

经营资金来源

单位：万元

外商直接投资	自筹资金	自有资金	股东投入资金	借入资金	其他资金来源	定金及预收款	个人按揭贷款	本年各项应付款合计	工程款
318747	**27983353**	**12589233**	**5384660**	**4553524**	**54947248**	**36382977**	**14746797**	**15879548**	**9128746**
318747	**27983353**	**12589233**	**5384660**	**4553524**	**54947248**	**36382977**	**14746797**	**15879548**	**9128746**
33	24120279	10686104	4708784	3961632	43276831	28033872	12302745	13281843	7782978
	691355	319349	59816	112636	1915480	1270853	193962	283826	183991
	426150	163973	96607	17641	373400	181577	164896	123514	81772
	225313	41029	38034	2250	66443	61274	4502	37088	32279
					18377			401	401
33	13051432	6065482	2393749	2293919	25180499	16212042	7561387	7236521	4008632
	532350	126082	64277	60860	1813374	1250627	498161	305106	199667
	9023725	3904419	2054034	1410057	13477107	8795196	3786868	5149699	3144325
	169954	65770	2267	64269	432151	262303	92969	145688	131911
291220	2636566	1463535	475855	260814	7835018	5629503	1655373	1684870	915333
27494	1226508	439594	200021	331078	3835399	2719602	788679	912835	430435
318747	**27983353**	**12589233**	**5384660**	**4553524**	**54947248**	**36382977**	**14746797**	**15879548**	**9128746**
	2231286	1149902	178965	339762	6503953	4340077	1430213	979952	651165
	1111515	322683	234214	142597	1214562	716659	418025	314949	177367
	16086666	7244157	3275981	2767215	24196717	15315846	7230707	9062116	5383011
281093	2584581	1421022	436926	250271	7850554	5643622	1659767	1660550	902972
27494	1298013	407993	281034	349151	4712739	3335425	1106447	990184	484756
10160	4671292	2043476	977540	704528	10468723	7031348	2901638	2871797	1529475
318747	**27983353**	**12589233**	**5384660**	**4553524**	**54947248**	**36382977**	**14746797**	**15879548**	**9128746**
266136	27410294	12422638	5218413	4385374	53707692	35613047	14332791	15478826	8915310
	154609	56980	22512	34780	469732	272444	181602	187084	73437
	39911		10172	8448	56485	32094	24391	20029	5941
	5800	5800			29932	29932		400	400
52611	372739	103815	133563	124922	683407	435460	208013	193209	133658
318747	**27983353**	**12589233**	**5384660**	**4553524**	**54947248**	**36382977**	**14746797**	**15879548**	**9128746**
	1013526	652811	5800	75875	3420381	2215427	852746	275940	190105
5741	1476343	889910	74775	99976	3506846	2325989	809601	542420	333673
85853	4242347	2291874	386446	750274	13222081	9101584	3178754	2677699	1811212
15331	4331216	1826589	649984	830368	8694109	5410399	2706071	3507583	1823547
179662	12713280	4812774	3361755	2404425	20425029	13597203	5558619	7027886	3911959

3-5 续表

项目	企业个数(个)	本年实际到位资金合计	上年末结余资金	本年实际到位资金小计	国内贷款	银行贷款	非银行金融机构贷款	利用外资
其他	572	15813322	3831101	11982221	2052821	1947623	105198	43957
五、按隶属关系分	**6581**	**135702919**	**30973476**	**104729443**	**21435911**	**20032347**	**1403564**	**362931**
中央	66	3707726	371483	3336243	647977	646465	1512	
省(自治区、直辖市)	35	547697	85390	462307	67447	67447		
地区(州、盟、省辖市)	778	18697159	4063388	14633771	4144672	3914516	230156	22819
县(区、市、旗)	628	6805165	1114566	5690599	849297	829064	20233	
街道	63	1522646	393131	1129515	215050	215050		
镇	144	1126990	242287	884703	143754	135545	8209	
乡	1	18690		18690	6000	6000		
社区(居委会)	28	470467	128840	341627	104200	40900	63300	
村委会	21	378214	31043	347171	124913	120913	4000	
其他	4817	102428165	24543348	77884817	15132601	14056447	1076154	340112
六、按地区分组	**6581**	**135702919**	**30973476**	**104729443**	**21435911**	**20032347**	**1403564**	**362931**
广州市	1185	29843013	6973844	22869169	4409807	4199979	209828	121140
深圳市	484	22556745	5687680	16869065	4410869	4174401	236468	1200
珠海市	287	7952970	1730693	6222277	1988609	1942097	46512	28230
汕头市	240	1586843	134670	1452173	86778	86108	670	
佛山市	489	18122470	5481849	12640621	3023818	2956457	67361	61714
韶关市	305	2127867	393246	1734621	315458	223353	92105	
河源市	135	1390497	146068	1244429	222916	209945	12971	
梅州市	157	1013877	68801	945076	114175	113125	1050	
惠州市	658	10020259	2106730	7913529	1401819	1258277	143542	27508
汕尾市	22	292925	139789	153136				
东莞市	435	11603099	2778678	8824421	1560931	1095483	465448	53617
中山市	504	8558583	1619423	6939160	993362	961482	31880	27511
江门市	315	5084181	914334	4169847	855836	837719	18117	23999
阳江市	227	1576447	260032	1316415	130349	124149	6200	11191
湛江市	143	2579032	363131	2215901	438131	432098	6033	
茂名市	159	1581548	280087	1301461	117895	117860	35	
肇庆市	314	3229925	756940	2472985	435665	423270	12395	6821
清远市	307	4066629	730295	3336334	684197	660098	24099	
潮州市	40	789808	185273	604535	48000	30000	18000	
揭阳市	75	670937	33938	636999	95900	95900		
云浮市	100	1055264	187975	867289	101396	90546	10850	

外商直接投资	自筹资金	自有资金	股东投入资金	借入资金	其他资金来源	定金及预收款	个人按揭贷款	本年各项应付款合计	工程款
32160	4206641	2115275	905900	392606	5678802	3732375	1641006	1848020	1058250
318747	**27983353**	**12589233**	**5384660**	**4553524**	**54947248**	**36382977**	**14746797**	**15879548**	**9128746**
	254884	75855	56711	99613	2433382	1868747	357515	268232	184221
	267633	95486	66042	106105	127227	43218	6010	100674	85389
6821	3992868	1940635	564326	611791	6473412	4158813	1751130	1901609	934470
	2802942	1113082	580087	369732	2038360	1178149	546925	1017042	551399
	210998	98448	30919	59906	703467	583510	61100	231573	172896
	281398	128908	48972	24740	459551	228980	137846	184032	108590
	12690	490	12200						
	46965	233	9418	37314	190462	116079	69072	157761	70035
	75370	61968	2270	855	146888	115386	31357	52403	45730
311926	20037605	9074128	4013715	3243468	42374499	28090095	11785842	11966222	6976016
318747	**27983353**	**12589233**	**5384660**	**4553524**	**54947248**	**36382977**	**14746797**	**15879548**	**9128746**
110526	5635406	2757194	1461351	546286	12702816	9173807	2439859	1894840	1143218
1200	4569711	2236540	765090	531665	7887285	4896058	2424851	2437902	1511287
28230	981626	397772	153611	162029	3223812	2169117	890034	817195	424990
	1134695	512629	163044	69813	230700	108798	43141	76180	72702
33919	2940410	1198866	582629	566425	6614679	4291411	1909412	2062563	1072999
	573409	272378	81787	84521	845754	522672	293163	353996	150943
	531412	217247	127077	109543	490101	267684	215370	397882	302108
	445689	277988	61118	5151	385212	264514	89451	163665	53734
27508	2345431	1123307	353101	452310	4138771	2930332	1042070	1866134	1070287
	57438	22960	3387	6304	95698	42827	52871	105151	52802
53617	1684408	496833	397684	534481	5525465	3273602	1724199	1854912	779842
27511	1928590	827352	375965	471937	3989697	2632788	1123118	1060432	730896
23999	855674	468660	112738	181893	2434338	1690737	611723	512812	313145
5416	571189	219026	72449	71521	603686	389003	184617	259249	166099
	680720	291543	110869	144303	1097050	677607	356997	326266	223160
	522852	231367	71684	147037	660714	409346	190190	117965	83458
6821	725095	261814	187556	158991	1305404	772863	430725	499946	324655
	763234	259836	174243	180885	1888903	1349182	452627	629196	397345
	283109	90381	9466	62551	273426	179510	93871	83644	22055
	474518	314179	16120	24758	66581	32140	11749	62480	21687
	278737	111361	103691	41120	487156	308979	166759	297138	211334

3–6 房地产开发经营施工、竣工面积及价值

单位：万元、万平方米

项 目	房屋施工面积					办公楼	商业营业用房	其他
		住宅	90平方米及以下	144平方米以上	别墅、高档公寓			
总计	**46480.47**	**33690.67**	**7364.08**	**8012.48**	**2682.68**	**1675.71**	**4323.84**	**6790.24**
一、按等级注册类型分	**46480.47**	**33690.67**	**7364.08**	**8012.48**	**2682.68**	**1675.71**	**4323.84**	**6790.24**
内资企业	39440.75	29018.61	6477.05	6494.10	2255.58	1220.99	3642.50	5558.65
国有企业	1519.22	956.11	183.98	177.48	41.33	96.61	86.57	379.93
集体企业	488.16	382.66	86.76	44.75	4.54	11.35	27.17	66.99
股份合作企业	150.43	118.13	42.25	16.78	4.03	1.20	14.42	16.67
联营企业	13.64	9.96		9.96		0.41	0.09	3.19
有限责任公司	21398.70	15926.82	3243.37	3895.01	1607.66	648.42	1939.71	2883.74
股份有限公司	1258.74	789.34	221.33	175.33	26.61	85.05	158.40	225.95
私营企业	14235.88	10533.84	2641.60	2094.23	539.41	374.67	1382.44	1944.94
其他企业	375.98	301.76	57.76	80.56	32.00	3.28	33.71	37.23
港澳台商投资企业	4766.83	2988.82	637.81	994.00	244.74	352.21	558.07	867.73
外商投资企业	2272.88	1683.24	249.22	524.39	182.36	102.52	123.27	363.85
二、按控股情况分	**46480.47**	**33690.67**	**7364.08**	**8012.48**	**2682.68**	**1675.71**	**4323.84**	**6790.24**
国有控股	3881.06	2610.47	647.24	684.57	298.04	197.02	278.62	794.95
集体控股	1462.55	1029.49	367.12	147.98	43.32	121.84	135.23	175.99
私人控股	25913.26	19235.57	4110.46	4229.30	1329.63	714.21	2494.45	3469.04
港澳台商控股	4814.50	3080.56	677.05	966.84	261.88	325.50	558.75	849.69
外商控股	2628.54	1978.34	269.28	619.79	246.46	94.81	119.80	435.58
其他	7780.56	5756.25	1292.93	1363.99	503.35	222.34	736.98	1064.99
三、按营业状态分	**46480.47**	**33690.67**	**7364.08**	**8012.48**	**2682.68**	**1675.71**	**4323.84**	**6790.24**
营业	45502.86	33004.93	7247.26	7897.45	2632.31	1635.21	4230.15	6632.57
停业(歇业)	287.28	225.14	40.28	46.19		0.31	20.59	41.24
筹建	70.49	56.88		0.22			6.93	6.68
当年关闭	44.89	30.96				0.08	1.72	12.13
当年破产								
其他	574.95	372.77	76.54	68.62	50.37	40.11	64.45	97.62
四、按资质等级分	**46480.47**	**33690.67**	**7364.08**	**8012.48**	**2682.68**	**1675.71**	**4323.84**	**6790.24**
一级	2236.49	1415.32	363.90	454.90	66.64	189.05	173.52	458.60
二级	2980.58	2356.21	479.95	509.99	71.15	93.30	187.70	343.37
三级	10018.58	7254.48	1295.51	2051.96	867.98	417.97	906.74	1439.39
四级	8418.30	6517.81	1260.24	1447.81	362.58	193.51	611.90	1095.07
暂定	18829.21	13418.18	3050.50	3077.38	1125.24	622.82	1991.16	2797.05

3-6　续表1

项　目	房屋施工面积							
		住宅				办公楼	商业营业用房	其他
			90平方米及以下	144平方米以上	别墅、高档公寓			
其他	3997.31	2728.67	913.98	470.43	189.10	159.06	452.82	656.77
五、按隶属关系分	**46480.47**	**33690.67**	**7364.08**	**8012.48**	**2682.68**	**1675.71**	**4323.84**	**6790.24**
中央	1087.10	768.30	82.96	222.64	59.22	74.02	55.79	188.99
省(自治区、直辖市)	141.78	69.60	21.01	2.30	5.94	23.49	21.97	26.72
地区(州、盟、省辖市)	6117.61	4143.87	932.25	1093.82	348.24	300.14	576.00	1097.60
县(区、市、旗)	3500.34	2577.79	377.73	574.80	195.25	73.24	297.98	551.33
街道	361.59	285.06	25.79	72.34	23.85	3.59	40.08	32.86
镇	541.44	439.31	121.42	65.70	36.96	11.07	39.16	51.89
乡	8.05	6.47	1.15	3.31				1.58
社区(居委会)	137.63	81.94	21.22	16.64	2.21	2.39	25.04	28.25
村委会	200.56	159.87	34.63	30.21	10.87	4.14	10.87	25.68
其他	34384.36	25158.46	5745.92	5930.73	2000.14	1183.63	3256.93	4785.34
六、按地区分组	**46480.47**	**33690.67**	**7364.08**	**8012.48**	**2682.68**	**1675.71**	**4323.84**	**6790.24**
广州市	8159.31	4990.72	997.67	1560.77	383.24	769.08	961.25	1438.26
深圳市	4003.49	2608.29	1469.16	502.14	140.98	261.51	383.62	750.06
珠海市	1853.75	1306.81	291.66	380.82	25.80	65.22	152.84	328.88
汕头市	1117.89	814.68	298.54	165.84	35.40	16.12	54.89	232.20
佛山市	4672.12	3374.36	884.77	641.39	233.04	181.82	435.82	680.12
韶关市	1198.95	927.04	68.55	142.69	47.02	4.17	121.42	146.32
河源市	743.95	573.76	51.86	193.02	81.98	8.51	85.00	76.68
梅州市	732.56	629.77	40.17	190.57	43.55	0.35	51.06	51.38
惠州市	5810.67	4412.37	1278.19	1009.90	514.23	90.55	450.37	857.39
汕尾市	176.30	142.47	1.55	62.64		0.42	12.82	20.58
东莞市	2837.95	2043.76	413.78	291.15	346.19	160.57	279.70	353.91
中山市	3712.86	2835.97	426.99	444.93	88.08	37.64	364.38	474.86
江门市	1994.66	1452.71	210.72	337.10	175.83	9.70	241.89	290.36
阳江市	1109.83	830.73	116.02	175.99	97.09	9.94	110.79	158.39
湛江市	1369.82	1056.28	260.18	138.49	9.10	23.45	122.54	167.55
茂名市	1028.13	853.54	43.30	391.68	38.71	2.71	57.51	114.37
肇庆市	1889.83	1469.43	220.19	323.85	120.72	14.40	145.46	260.55
清远市	2291.77	1893.98	197.43	395.79	285.22	16.45	182.72	198.63
潮州市	470.72	383.64	17.39	95.10		0.05	15.21	71.82
揭阳市	803.99	700.62	50.02	502.21	0.47	0.10	47.38	55.89
云浮市	501.90	389.73	25.96	66.41	16.01	2.96	47.16	62.05

3-6 续表2

项目	本年新开工面积	住宅	90平方米及以下	144平方米以上	别墅、高档公寓	办公楼	商业营业用房	其他
总计	**14265.48**	**10114.75**	**2266.92**	**1709.31**	**622.14**	**563.20**	**1481.58**	**2105.94**
一、按等级注册类型分	**14265.48**	**10114.75**	**2266.92**	**1709.31**	**622.14**	**563.20**	**1481.58**	**2105.94**
内资企业	12381.81	9005.78	2067.15	1437.98	573.32	388.53	1226.78	1760.71
国有企业	320.76	173.44	51.79	13.95	28.78	13.57	11.67	122.08
集体企业	155.39	128.36	16.91	17.01	1.91	0.57	5.46	20.99
股份合作企业	42.31	31.11	2.48	1.61	3.59	0.17	6.67	4.36
联营企业								
有限责任公司	6898.61	5067.02	1116.08	869.22	416.70	221.20	626.13	984.27
股份有限公司	349.51	223.25	71.61	29.71	2.33	31.67	43.23	51.36
私营企业	4498.51	3286.69	797.12	473.70	116.16	120.22	522.98	568.63
其他企业	116.71	95.92	11.15	32.77	3.84	1.13	10.64	9.02
港澳台商投资企业	1257.77	670.55	136.87	156.36	15.21	148.38	207.59	231.26
外商投资企业	625.90	438.42	62.90	114.98	33.61	26.29	47.21	113.97
二、按控股情况分	**14265.48**	**10114.75**	**2266.92**	**1709.31**	**622.14**	**563.20**	**1481.58**	**2105.94**
国有控股	822.70	528.67	196.45	84.21	91.15	25.65	52.53	215.86
集体控股	554.17	424.18	191.63	45.70	6.18	32.19	45.08	52.73
私人控股	8122.09	5927.57	1216.54	906.63	292.75	272.06	865.06	1057.40
港澳台商控股	1211.62	651.41	121.73	148.36	17.68	131.36	204.10	224.75
外商控股	798.83	600.63	68.19	140.40	58.55	24.80	41.26	132.14
其他	2756.06	1982.28	472.37	384.01	155.83	77.15	273.56	423.06
三、按营业状态分	**14265.48**	**10114.75**	**2266.92**	**1709.31**	**622.14**	**563.20**	**1481.58**	**2105.94**
营业	14036.16	9948.51	2257.21	1682.31	619.09	547.77	1465.20	2074.67
停业(歇业)	75.97	60.22	1.70	11.71			4.80	10.95
筹建	44.78	40.64					0.46	3.68
当年关闭								
当年破产								
其他	108.57	65.38	8.01	15.30	3.06	15.43	11.12	16.64
四、按资质等级分	**14265.48**	**10114.75**	**2266.92**	**1709.31**	**622.14**	**563.20**	**1481.58**	**2105.94**
一级	449.20	277.76	91.83	48.35	26.67	47.30	46.00	78.15
二级	757.38	631.28	117.99	124.28	14.95	22.14	33.26	70.70
三级	2594.36	1871.45	260.01	478.71	182.44	119.66	242.50	360.75
四级	2422.23	1869.23	431.54	327.48	76.75	57.61	156.82	338.57
暂定	6630.00	4505.33	1048.43	617.72	255.23	251.15	830.82	1042.71

3-6　续表3

项　目	本年新开工面积	住宅	90平方米及以下	144平方米以上	别墅、高档公寓	办公楼	商业营业用房	其他
其他	1412.30	959.70	317.11	112.78	66.10	65.35	172.20	215.06
五、按隶属关系分	**14265.48**	**10114.75**	**2266.92**	**1709.31**	**622.14**	**563.20**	**1481.58**	**2105.94**
中央	246.28	174.82	25.49	29.74		3.84	11.54	56.08
省(自治区、直辖市)	31.19	27.49	3.56		5.94	1.00	1.71	0.98
地区(州、盟、省辖市)	1737.20	1149.88	267.16	167.87	95.18	58.84	167.12	361.37
县(区、市、旗)	1532.68	1083.33	155.16	186.27	91.25	52.42	158.68	238.25
街道	83.47	60.63	2.75	4.70	5.93	0.08	6.83	15.94
镇	184.57	149.12	62.24	6.41	1.09	3.78	12.68	18.99
乡	8.05	6.47	1.15	3.31				1.58
社区(居委会)	35.70	15.66	0.65	0.17	1.76	1.39	17.96	0.69
村委会	74.32	57.19	13.28	16.43	1.36	4.05	3.70	9.38
其他	10332.02	7390.16	1735.48	1294.44	419.64	437.81	1101.36	1402.69
六、按地区分组	**14265.48**	**10114.75**	**2266.92**	**1709.31**	**622.14**	**563.20**	**1481.58**	**2105.94**
广州市	2144.76	1341.51	240.79	304.27	70.36	221.39	243.05	338.81
深圳市	462.71	365.27	25.09	49.35	23.47	1.97	37.69	57.78
珠海市	1366.40	910.13	549.27	95.66	48.63	114.88	120.68	220.70
汕头市	423.09	290.66	80.18	55.49	2.55	16.04	47.86	68.52
佛山市	387.61	288.58	89.73	78.48	19.99	1.49	16.37	81.18
韶关市	1434.34	951.26	291.81	153.11	76.89	104.36	154.46	224.26
河源市	843.74	555.14	105.94	89.93	46.58	2.15	158.89	127.56
梅州市	481.16	385.68	88.90	39.92	1.45	2.97	32.68	59.83
惠州市	345.63	283.16	5.97	74.96	17.55	0.42	14.64	47.40
汕尾市	606.32	470.57	68.62	38.06	28.71	6.44	49.85	79.46
东莞市	1467.38	1096.80	364.40	142.31	39.05	14.82	154.13	201.63
中山市	422.88	361.40	23.61	82.31	14.75	0.35	35.31	25.82
江门市	38.93	30.38		11.41		0.05	2.63	5.88
阳江市	328.66	230.38	25.44	64.42	33.38	7.77	53.44	37.07
湛江市	418.75	272.20	55.18	35.47	22.23	5.03	27.21	114.31
茂名市	711.47	576.25	47.77	91.66	71.06	8.65	63.99	62.58
肇庆市	755.18	500.23	77.24	56.87	72.87	42.23	96.19	116.53
清远市	1065.98	748.55	103.84	82.54	18.53	11.45	148.59	157.38
潮州市	143.23	107.87	3.48	22.45			2.94	32.42
揭阳市	178.13	154.44	6.91	109.51		0.01	9.27	14.41
云浮市	239.12	194.29	12.76	31.14	14.09	0.74	11.70	32.40

3-6 续表4

项目	本年房屋竣工面积	住宅	90平方米及以下	144平方米以上	别墅、高档公寓	办公楼	商业营业用房	其他
总计	**6273.30**	**4748.25**	**962.69**	**1423.80**	**396.65**	**264.58**	**469.15**	**791.32**
一、按等级注册类型分	**6273.30**	**4748.25**	**962.69**	**1423.80**	**396.65**	**264.58**	**469.15**	**791.32**
内资企业	5286.73	4039.87	850.84	1150.76	321.76	197.74	402.62	646.50
国有企业	167.35	128.43	41.57	42.77	3.81	2.47	6.93	29.52
集体企业	89.00	79.73	19.45	14.98			3.83	5.44
股份合作企业	8.34	8.09	3.17	1.80		0.03	0.12	0.09
联营企业								
有限责任公司	2938.08	2277.82	418.26	767.58	281.62	117.32	206.40	336.54
股份有限公司	134.95	68.04	12.48	20.66	2.33	18.73	21.65	26.52
私营企业	1879.77	1421.90	345.21	283.99	29.05	59.19	157.63	241.04
其他企业	69.24	55.86	10.70	18.98	4.94		6.04	7.35
港澳台商投资企业	648.75	464.47	90.01	171.60	28.58	26.34	61.12	96.82
外商投资企业	337.82	243.91	21.84	101.43	46.31	40.51	5.41	48.00
二、按控股情况分	**6273.30**	**4748.25**	**962.69**	**1423.80**	**396.65**	**264.58**	**469.15**	**791.32**
国有控股	508.20	358.87	104.53	122.95	19.91	27.25	26.46	95.61
集体控股	252.04	175.11	39.28	40.56	7.00	19.14	26.36	31.43
私人控股	3333.73	2528.83	523.92	619.45	135.60	125.48	276.20	403.21
港澳台商控股	643.69	460.93	91.09	154.60	28.58	26.34	62.86	93.57
外商控股	441.33	337.23	25.12	136.63	80.14	40.51	8.37	55.22
其他	1094.31	887.27	178.74	349.61	125.42	25.87	68.89	112.28
三、按营业状态分	**6273.30**	**4748.25**	**962.69**	**1423.80**	**396.65**	**264.58**	**469.15**	**791.32**
营业	6111.41	4625.87	932.24	1405.12	396.65	262.67	448.24	774.64
停业(歇业)	70.90	58.63	24.88	8.27		0.31	5.48	6.49
筹建	6.38						6.38	
当年关闭								
当年破产								
其他	84.61	63.75	5.56	10.41		1.61	9.05	10.20
四、按资质等级分	**6273.30**	**4748.25**	**962.69**	**1423.80**	**396.65**	**264.58**	**469.15**	**791.32**
一级	353.52	216.97	59.09	60.47	7.73	33.37	21.99	81.20
二级	494.23	377.75	80.08	81.02	10.64	16.13	35.14	65.21
三级	1494.95	1105.58	183.26	396.42	164.46	78.68	111.94	198.75
四级	1564.35	1262.21	229.02	379.51	63.80	40.32	112.57	149.25
暂定	1929.43	1485.00	344.63	476.62	144.21	78.78	142.96	222.69

3-6　续表5

项　目	本年房屋竣工面积	住宅	90平方米及以下	144平方米以上	别墅、高档公寓	办公楼	商业营业用房	其他
其他	436.81	300.75	66.60	29.75	5.81	17.29	44.55	74.22
五、按隶属关系分	**6273.30**	**4748.25**	**962.69**	**1423.80**	**396.65**	**264.58**	**469.15**	**791.32**
中央	127.94	97.27	23.34	22.74		2.04	6.52	22.11
省(自治区、直辖市)	37.68	16.91	11.65			12.36	4.32	4.08
地区(州、盟、省辖市)	734.60	529.44	99.44	196.33	55.51	30.69	53.71	120.75
县(区、市、旗)	458.18	369.61	49.14	115.32	17.07	5.41	34.86	48.31
街道	19.75	14.66	3.11	8.53	2.33	0.39	4.54	0.17
镇	80.29	69.74	14.73	13.97			5.98	4.56
乡								
社区(居委会)	6.56	5.08	1.17	1.76			0.66	0.82
村委会	12.80	11.45	9.40	2.06			0.87	0.48
其他	4795.51	3634.08	750.71	1063.09	321.74	213.69	357.69	590.04
六、按地区分组	**6273.30**	**4748.25**	**962.69**	**1423.80**	**396.65**	**264.58**	**469.15**	**791.32**
广州市	1141.30	709.60	131.35	224.17	54.48	147.36	82.71	201.63
深圳市	353.55	196.33	103.25	33.29	4.30	30.84	53.35	73.03
珠海市	381.62	300.09	65.61	117.23	9.79	1.11	10.86	69.55
汕头市	191.19	144.60	48.21	29.33	10.05	6.76	8.17	31.66
佛山市	604.42	439.11	135.74	101.00	7.13	17.31	57.53	90.46
韶关市	223.87	189.22	9.75	28.54	13.02	1.12	19.33	14.20
河源市	154.89	142.08	8.44	41.37	19.86	0.49	5.10	7.22
梅州市	163.40	146.87	10.44	67.31	13.99		9.59	6.95
惠州市	634.77	506.10	155.71	125.04	44.99	13.00	42.53	73.14
汕尾市	42.22	35.23	0.63	23.71			0.85	6.13
东莞市	264.94	191.31	56.67	67.65	28.40	31.36	27.36	14.90
中山市	558.84	443.63	84.80	84.61	10.70	6.66	42.12	66.43
江门市	321.89	272.41	32.36	92.72	45.14	0.24	19.33	29.92
阳江市	108.61	89.21	7.14	32.24	4.72	0.43	15.02	3.96
湛江市	188.49	152.10	45.09	26.28	1.61	5.49	9.76	21.13
茂名市	102.92	85.09	3.29	52.07	12.90	0.63	7.32	9.88
肇庆市	272.69	220.47	39.14	54.29	37.10	0.51	26.94	24.78
清远市	240.14	200.56	14.62	74.58	78.47	1.17	16.56	21.85
潮州市	80.48	74.99	4.83	10.83			1.18	4.31
揭阳市	163.97	147.01	2.29	120.27			6.35	10.61
云浮市	79.12	62.23	3.33	17.28		0.11	7.20	9.58

3-6 续表6

项目	本年房屋竣工价值	住宅	90平方米及以下	144平方米以上	别墅、高档公寓	办公楼	商业营业用房	其他
总计	**21143801**	**15365265**	**3425302**	**4842561**	**1374940**	**1211656**	**2108878**	**2458002**
一、按等级注册类型分	**21143801**	**15365265**	**3425302**	**4842561**	**1374940**	**1211656**	**2108878**	**2458002**
内资企业	17294106	12702484	2909200	3861211	1151965	919371	1690855	1981396
国有企业	672517	514432	134806	249775	20508	4907	36813	116365
集体企业	184997	164077	44533	30625			8958	11962
股份合作企业	21026	20089	8641	3853		84	263	590
联营企业								
有限责任公司	9145143	6939921	1517036	2368834	925060	506724	809752	888746
股份有限公司	1038312	491788	88114	214741	51891	190252	258432	97840
私营企业	5980892	4368703	1074121	931620	137271	217404	553310	841475
其他企业	251219	203474	41949	61763	17235		23327	24418
港澳台商投资企业	2722125	1852662	441582	604154	78497	156203	397293	315967
外商投资企业	1127570	810119	74520	377196	144478	136082	20730	160639
二、按控股情况分	**21143801**	**15365265**	**3425302**	**4842561**	**1374940**	**1211656**	**2108878**	**2458002**
国有控股	2114754	1522857	428853	638662	117454	114020	115663	362214
集体控股	1091766	551338	145110	139123	13938	190135	254665	95628
私人控股	10440710	7689144	1748208	2032840	562127	549239	948399	1253928
港澳台商控股	2731153	1853742	448101	547551	78497	156203	402605	318603
外商控股	1368138	1028771	82458	455820	235054	136082	29950	173335
其他	3397280	2719413	572572	1028565	367870	65977	357596	254294
三、按营业状态分	**21143801**	**15365265**	**3425302**	**4842561**	**1374940**	**1211656**	**2108878**	**2458002**
营业	20353538	14781545	3176270	4747861	1374940	1186334	1984865	2400794
停业(歇业)	472757	392679	233646	64938		1190	53114	25774
筹建	41453						41453	
当年关闭								
当年破产								
其他	276053	191041	15386	29762		24132	29446	31434
四、按资质等级分	**21143801**	**15365265**	**3425302**	**4842561**	**1374940**	**1211656**	**2108878**	**2458002**
一级	1665634	820945	258665	260481	15553	288530	247954	308205
二级	1376799	999327	237733	338378	32965	66155	122274	189043
三级	4870043	3604907	643801	1182978	483944	347536	372442	545158
四级	4724926	3765383	720450	1133754	295152	133509	396493	429541
暂定	6194289	4739228	1111158	1698652	524460	243597	578981	632483

3-6　续表7

项　目	本年房屋竣工价值	住宅				办公楼	商业营业用房	其他
			90平方米及以下	144平方米以上	别墅、高档公寓			
其他	2312110	1435475	453495	228318	22866	132329	390734	353572
五、按隶属关系分	**21143801**	**15365265**	**3425302**	**4842561**	**1374940**	**1211656**	**2108878**	**2458002**
中央	520603	379561	82143	135847		1302	35011	104729
省(自治区、直辖市)	157551	75679	51054			48994	19797	13081
地区(州、盟、省辖市)	2619523	1732670	353695	733601	223769	172150	311116	403587
县(区、市、旗)	1253541	968242	128059	305889	36922	20856	155524	108919
街道	84520	74513	6779	13963	51891	572	9103	332
镇	234006	207367	50638	31881			17475	9164
乡								
社区(居委会)	14459	11298	2729	3637			1463	1698
村委会	72395	58661	51761	6900			9152	4582
其他	16187203	11857274	2698444	3610843	1062358	967782	1550237	1811910
六、按地区分组	**21143801**	**15365265**	**3425302**	**4842561**	**1374940**	**1211656**	**2108878**	**2458002**
广州市	3736910	2269103	419849	794739	200181	564559	298247	605001
深圳市	2749875	1512005	647194	337553	12000	286458	596262	355150
珠海市	1441414	1157009	205790	553031	36555	5322	34534	244549
汕头市	502218	337923	135531	63507	29332	58888	24144	81263
佛山市	2729512	1932863	581167	464834	119685	77698	396776	322175
韶关市	558892	459600	27872	74778	42394	4605	62798	31889
河源市	432932	378676	29310	150811	103940	5062	20722	28472
梅州市	371186	324211	25894	131885	37388		27129	19846
惠州市	1825822	1442244	435408	391190	163069	39339	129583	214656
汕尾市	95951	82251	1386	53410			1795	11905
东莞市	1138633	894110	222581	387704	144072	99835	97389	47299
中山市	1568486	1273530	268155	243172	40867	13381	127959	153616
江门市	905256	772129	68592	241042	101409	370	51246	81511
阳江市	221617	174084	13701	60266	12401	1000	37758	8775
湛江市	615083	464837	179937	69363	4842	49060	33748	67438
茂名市	202410	167850	8257	93163	24061	1729	14306	18525
肇庆市	715868	580861	93617	141489	99570	1456	77279	56272
清远市	575903	477601	40038	190549	203174	2670	44767	50865
潮州市	159968	143498	10831	44211			3348	13122
揭阳市	405493	370886	4260	316960			13781	20826
云浮市	190372	149994	5932	38904		224	15307	24847

3-7 商品房屋销售情况

单位：万元、万平方米

项目	本年批准预售面积	住宅	90平方米及以下	144平方米以上	别墅、高档公寓	办公楼	商业营业用房	其他
总计	**8418.83**	**7458.88**	**1723.15**	**1628.04**	**641.49**	**210.96**	**529.10**	**219.89**
一、按等级注册类型分	**8418.83**	**7458.88**	**1723.15**	**1628.04**	**641.49**	**210.96**	**529.10**	**219.89**
内资企业	7326.15	6519.84	1558.93	1274.67	515.76	147.50	465.49	193.32
国有企业	172.81	154.92	36.21	20.58		5.46	9.68	2.75
集体企业	77.95	69.44	22.78	5.31		1.16	2.80	4.55
股份合作企业	43.14	42.22	21.62	7.04			0.12	0.80
联营企业	13.64	9.96		9.96		0.41	0.09	3.19
有限责任公司	3996.50	3574.34	812.19	806.34	413.53	79.47	240.04	102.64
股份有限公司	143.19	98.65	11.70	32.27	2.33	13.00	30.65	0.88
私营企业	2776.34	2487.65	640.56	380.14	99.14	48.00	167.46	73.23
其他企业	102.58	82.66	13.87	13.03	0.75		14.64	5.28
港澳台商投资企业	657.12	541.50	93.36	229.02	75.32	39.06	53.68	22.88
外商投资企业	435.55	397.55	70.85	124.35	50.41	24.40	9.92	3.69
二、按控股情况分	**8418.83**	**7458.88**	**1723.15**	**1628.04**	**641.49**	**210.96**	**529.10**	**219.89**
国有控股	443.02	406.67	121.58	99.90	44.10	10.93	19.00	6.42
集体控股	174.33	148.27	41.89	28.21	16.19	10.39	11.11	4.55
私人控股	5077.35	4469.45	1077.86	765.08	280.66	96.44	358.69	152.77
港澳台商控股	648.14	532.73	90.00	206.30	80.59	39.06	53.47	22.88
外商控股	648.58	599.88	94.79	205.57	91.27	29.61	13.35	5.75
其他	1427.41	1301.89	297.02	322.97	128.68	24.52	73.48	27.53
三、按营业状态分	**8418.83**	**7458.88**	**1723.15**	**1628.04**	**641.49**	**210.96**	**529.10**	**219.89**
营业	8229.26	7288.76	1681.25	1603.76	625.85	207.59	515.51	217.40
停业(歇业)	79.67	75.70	25.48	17.34	7.91	0.01	3.31	0.64
筹建	13.24	13.24						
当年关闭								
当年破产								
其他	96.66	81.18	16.41	6.94	7.73	3.36	10.28	1.84
四、按资质等级分	**8418.83**	**7458.88**	**1723.15**	**1628.04**	**641.49**	**210.96**	**529.10**	**219.89**
一级	215.58	201.41	45.15	75.91	20.04	0.98	12.54	0.64
二级	454.97	425.07	46.60	103.25	14.59	3.02	13.35	13.53
三级	1650.28	1420.61	272.15	386.34	210.88	46.44	116.59	66.63
四级	1543.29	1358.30	253.89	351.31	75.20	42.73	102.17	40.09
暂定	3987.02	3552.41	894.25	634.86	278.81	98.42	258.58	77.61

3-7　续表1

项　目	本年批准预售面积	住宅				办公楼	商业营业用房	其他
			90平方米及以下	144平方米以上	别墅、高档公寓			
其他	567.70	501.09	211.11	76.38	41.97	19.37	25.87	21.38
五、按隶属关系分	**8418.83**	**7458.88**	**1723.15**	**1628.04**	**641.49**	**210.96**	**529.10**	**219.89**
中央	78.18	73.07	19.67	10.44		0.29	3.32	1.50
省(自治区、直辖市)	17.22	12.62	7.32			2.79	1.79	0.02
地区(州、盟、省辖市)	1016.06	896.20	267.62	182.58	91.41	30.01	64.80	25.04
县(区、市、旗)	633.49	566.20	96.37	117.41	43.12	10.64	43.16	13.48
街道	42.98	19.38	3.65		2.33	0.28	1.19	22.14
镇	143.33	130.15	20.32	27.49	23.32		8.48	4.70
乡								
社区(居委会)	4.48	4.36	0.56		3.26		0.07	0.04
村委会	52.37	50.02	16.19	14.53	4.93		1.81	0.54
其他	6430.72	5706.88	1291.45	1275.58	473.13	166.95	404.48	152.42
六、按地区分组	**8418.83**	**7458.88**	**1723.15**	**1628.04**	**641.49**	**210.96**	**529.10**	**219.89**
广州市	906.81	768.27	132.39	229.25	40.61	74.89	47.28	16.37
深圳市	547.73	450.07	247.78	80.77	26.34	33.07	33.25	31.34
珠海市	294.65	271.16	60.09	52.25	3.29	10.63	12.71	0.14
汕头市	183.89	176.56	43.20	31.26	10.05		4.19	3.14
佛山市	810.89	667.78	198.69	135.66	26.76	42.58	55.44	45.09
韶关市	272.83	248.60	20.52	71.17	26.91	0.60	19.21	4.42
河源市	253.54	216.49	19.26	46.58	12.66	1.29	31.16	4.59
梅州市	159.29	151.34	8.54	32.05	11.69		5.68	2.27
惠州市	1233.18	1140.62	456.23	176.69	130.67	4.57	76.32	11.66
汕尾市	43.75	37.58		18.46	0.78		3.95	2.21
东莞市	577.07	517.51	99.99	109.82	99.83	24.24	30.51	4.82
中山市	418.60	354.86	65.44	35.79	12.35	5.92	51.76	6.06
江门市	338.81	307.97	54.29	81.46	67.48	1.16	19.31	10.36
阳江市	262.73	237.15	61.75	38.27	20.97		22.85	2.73
湛江市	366.62	324.97	100.07	60.99		8.26	16.33	17.06
茂名市	300.67	284.93	7.90	124.27	23.11	0.58	8.81	6.35
肇庆市	431.44	379.03	62.59	99.26	72.20	0.41	31.98	20.02
清远市	580.38	533.50	63.13	95.70	39.82	2.75	38.48	5.65
潮州市	123.80	112.18	5.13	16.74			3.73	7.89
揭阳市	111.02	104.90	4.05	52.39			6.12	
云浮市	201.12	173.39	12.10	39.22	15.98		10.04	17.69

3-7 续表2

项目	商品房销售面积	住宅	90平方米及以下	144平方米以上	别墅、高档公寓	办公楼	商业营业用房	其他
总计	**9836.39**	**8830.95**	**2081.11**	**2254.93**	**732.46**	**256.86**	**433.61**	**314.96**
一、按等级注册类型分	**9836.39**	**8830.95**	**2081.11**	**2254.93**	**732.46**	**256.86**	**433.61**	**314.96**
内资企业	8473.91	7662.88	1853.97	1852.90	605.69	208.27	365.82	236.93
国有企业	253.56	221.38	45.27	58.14	3.64	16.06	9.35	6.77
集体企业	149.64	142.69	33.42	12.61	0.55	0.18	2.95	3.81
股份合作企业	17.54	17.43	9.24	0.80	0.22		0.01	0.09
联营企业	9.45	9.45		9.43				
有限责任公司	4613.40	4157.66	974.24	1128.97	467.86	116.37	204.71	134.66
股份有限公司	284.62	241.25	36.77	46.89	2.33	10.43	26.19	6.75
私营企业	3047.67	2781.54	732.91	572.40	121.04	65.17	117.98	82.98
其他企业	98.04	91.48	22.12	23.66	10.06	0.06	4.63	1.87
港澳台商投资企业	847.04	704.97	137.80	264.05	55.48	40.37	49.33	52.37
外商投资企业	515.44	463.10	89.33	137.98	71.29	8.22	18.46	25.66
二、按控股情况分	**9836.39**	**8830.95**	**2081.11**	**2254.93**	**732.46**	**256.86**	**433.61**	**314.96**
国有控股	766.97	679.27	140.24	181.21	55.13	41.87	23.25	22.58
集体控股	294.56	259.22	70.45	39.63	16.41	17.48	10.11	7.75
私人控股	5474.32	4948.23	1234.61	1141.39	323.93	120.83	263.08	142.17
港澳台商控股	859.02	716.47	134.56	268.49	59.48	40.37	50.67	51.51
外商控股	694.02	644.62	100.23	211.39	118.47	8.22	13.65	27.53
其他	1747.50	1583.14	401.01	412.83	159.03	28.08	72.85	63.42
三、按营业状态分	**9836.39**	**8830.95**	**2081.11**	**2254.93**	**732.46**	**256.86**	**433.61**	**314.96**
营业	9618.73	8625.00	2028.68	2223.12	710.28	254.22	427.55	311.96
停业(歇业)	66.88	64.81	19.95	17.14	3.89		1.83	0.24
筹建	14.40	14.20	0.30	3.59	3.22		0.20	
当年关闭	5.04	4.80						0.24
当年破产								
其他	131.34	122.15	32.19	11.08	15.07	2.64	4.03	2.51
四、按资质等级分	**9836.39**	**8830.95**	**2081.11**	**2254.93**	**732.46**	**256.86**	**433.61**	**314.96**
一级	439.31	378.62	65.73	135.86	31.82	29.81	12.01	18.86
二级	626.11	563.96	105.77	182.11	19.67	12.34	20.31	29.50
三级	2179.21	1917.84	390.70	572.86	222.13	71.29	97.88	92.20
四级	2079.45	1890.03	400.30	498.93	123.97	20.91	96.12	72.39
暂定	3878.77	3517.30	859.79	754.72	304.58	102.93	188.63	69.91

3-7　续表3

项　　目	商品房销售面积	住宅	90平方米及以下	144平方米以上	别墅、高档公寓	办公楼	商业营业用房	其他
其他	633.54	563.20	258.82	110.45	30.29	19.58	18.66	32.10
五、按隶属关系分	**9836.39**	**8830.95**	**2081.11**	**2254.93**	**732.46**	**256.86**	**433.61**	**314.96**
中央	315.09	279.10	49.44	50.28	5.71	20.71	6.79	8.48
省(自治区、直辖市)	33.01	19.55	10.28	2.97		10.08	2.11	1.27
地区(州、盟、省辖市)	1037.75	932.74	248.12	254.86	75.35	36.78	36.30	31.94
县(区、市、旗)	706.02	641.50	97.95	183.23	56.83	8.32	43.30	12.91
街道	51.71	49.70	16.73	9.25	0.98	0.15	1.10	0.75
镇	154.81	146.61	41.11	22.24	14.97		5.80	2.40
乡								
社区(居委会)	22.87	18.89	8.72	6.97	1.08	2.91	0.73	0.33
村委会	41.70	40.87	17.56	5.30	1.15		0.83	
其他	7473.44	6702.00	1591.20	1719.84	576.41	177.90	336.66	256.88
六、按地区分组	**9836.39**	**8830.95**	**2081.11**	**2254.93**	**732.46**	**256.86**	**433.61**	**314.96**
广州市	1699.98	1398.47	254.69	390.62	92.52	160.85	95.80	44.87
深圳市	588.58	527.16	348.53	106.61	17.96	21.31	19.05	21.06
珠海市	342.25	307.55	87.06	54.29	8.13	9.34	12.18	13.17
汕头市	172.97	159.14	55.26	45.00	3.99	0.62	4.73	8.49
佛山市	940.74	789.02	257.27	172.08	51.51	19.31	59.44	72.97
韶关市	347.21	327.38	19.53	54.82	20.48	0.65	15.75	3.43
河源市	192.42	183.21	17.54	79.25	10.07	0.20	5.29	3.72
梅州市	188.23	174.01	11.11	64.68	8.57	0.25	5.85	8.11
惠州市	1149.46	1092.76	345.03	235.61	106.43	8.64	37.44	10.61
汕尾市	21.24	20.30	0.32	10.61	2.63		0.94	
东莞市	803.09	723.96	201.22	172.52	164.23	18.29	44.97	15.88
中山市	780.34	698.35	136.28	129.12	23.15	7.72	41.07	33.19
江门市	426.81	387.67	55.79	123.65	67.65	2.78	14.35	22.01
阳江市	265.36	245.26	36.08	78.91	25.35	0.13	18.07	1.90
湛江市	286.24	275.44	93.16	40.00	0.30	1.66	4.16	4.97
茂名市	329.87	309.81	10.53	184.98	20.86		9.73	10.34
肇庆市	465.39	414.67	67.71	95.70	41.05	2.52	24.81	23.39
清远市	506.52	482.99	71.75	93.57	60.81	2.21	13.13	8.19
潮州市	72.90	71.03	3.87	14.40			1.17	0.70
揭阳市	110.37	107.96	4.63	76.18		0.36	2.05	
云浮市	146.41	134.82	3.77	32.35	6.78		3.63	7.95

3-7 续表4

项 目	现房销售面积	住宅				办公楼	商业营业用房	其他
			90平方米及以下	144平方米以上	别墅、高档公寓			
总计	**2211.51**	**1753.88**	**364.03**	**660.48**	**165.36**	**104.00**	**167.57**	**186.07**
一、按等级注册类型分	**2211.51**	**1753.88**	**364.03**	**660.48**	**165.36**	**104.00**	**167.57**	**186.07**
内资企业	1885.66	1515.41	329.44	545.66	122.95	81.32	148.46	140.48
国有企业	43.33	36.32	11.36	10.60	1.10	2.98	1.50	2.54
集体企业	59.59	53.92	11.11	10.73	0.55	0.04	2.19	3.43
股份合作企业	2.15	2.15	0.10	0.24	0.22			
联营企业	0.02	0.02						
有限责任公司	1000.73	779.69	162.31	311.14	88.87	47.46	92.98	80.59
股份有限公司	21.60	13.24	2.50	1.53	0.13	0.01	1.59	6.75
私营企业	742.35	615.82	140.12	205.39	31.77	30.82	49.50	46.20
其他企业	15.90	14.24	1.93	6.01	0.32		0.70	0.96
港澳台商投资企业	186.10	130.41	21.82	54.65	12.44	15.74	13.96	26.00
外商投资企业	139.75	108.06	12.78	60.18	29.97	6.94	5.16	19.59
二、按控股情况分	**2211.51**	**1753.88**	**364.03**	**660.48**	**165.36**	**104.00**	**167.57**	**186.07**
国有控股	106.28	79.51	22.36	29.92	5.25	9.64	6.07	11.06
集体控股	96.26	74.24	15.07	17.97	0.77	10.45	4.20	7.38
私人控股	1339.95	1100.45	242.79	370.92	56.62	50.41	111.01	78.09
港澳台商控股	190.41	135.13	22.42	58.03	12.44	15.74	14.05	25.49
外商控股	165.86	131.38	12.90	80.80	50.20	6.93	6.68	20.87
其他	312.75	233.17	48.49	102.84	40.09	10.83	25.57	43.19
三、按营业状态分	**2211.51**	**1753.88**	**364.03**	**660.48**	**165.36**	**104.00**	**167.57**	**186.07**
营业	2161.54	1706.00	358.75	645.75	162.34	104.00	165.88	185.66
停业(歇业)	26.51	26.19	1.91	9.63	3.03		0.28	0.03
筹建	0.83	0.83						
当年关闭								
当年破产								
其他	22.63	20.85	3.37	5.10			1.41	0.38
四、按资质等级分	**2211.51**	**1753.88**	**364.03**	**660.48**	**165.36**	**104.00**	**167.57**	**186.07**
一级	90.25	47.71	13.26	27.02	10.72	21.50	4.15	16.89
二级	179.39	145.78	27.72	58.78	7.68	1.81	10.48	21.33
三级	602.16	472.80	93.35	194.46	54.30	25.64	41.81	61.92
四级	604.69	498.76	92.40	171.68	43.86	10.81	51.85	43.27
暂定	620.46	506.36	105.27	183.88	42.94	32.95	51.04	30.12

3-7　续表5

项　目	现房销售面积	住宅				办公楼	商业营业用房	其他
			90平方米及以下	144平方米以上	别墅、高档公寓			
其他	114.55	82.48	32.02	24.67	5.87	11.30	8.24	12.55
五、按隶属关系分	**2211.51**	**1753.88**	**364.03**	**660.48**	**165.36**	**104.00**	**167.57**	**186.07**
中央	25.16	17.91	0.75	9.54		2.12	1.73	3.40
省(自治区、直辖市)	23.42	13.54	6.60	2.97		8.48	0.83	0.57
地区(州、盟、省辖市)	198.70	149.31	41.99	49.66	12.65	20.20	12.46	16.72
县(区、市、旗)	195.75	150.31	15.69	55.22	4.25	4.98	31.83	8.63
街道	3.73	2.88	1.45	0.22			0.59	0.26
镇	37.42	34.05	6.95	8.51	0.25		1.59	1.78
乡								
社区(居委会)	8.06	7.39	2.75	1.44	0.58		0.34	0.33
村委会	9.89	9.24	4.10	3.29			0.65	
其他	1709.38	1369.25	283.76	529.64	147.64	68.21	117.55	154.37
六、按地区分组	**2211.51**	**1753.88**	**364.03**	**660.48**	**165.36**	**104.00**	**167.57**	**186.07**
广州市	272.52	152.09	32.72	64.09	14.46	66.53	20.84	33.07
深圳市	116.14	99.08	60.28	31.76	3.95	8.37	4.06	4.63
珠海市	66.18	51.09	15.19	12.16	2.31	0.12	4.46	10.50
汕头市	63.63	51.43	19.95	16.79	2.11	0.62	3.68	7.90
佛山市	221.62	150.75	65.39	45.11	13.23	3.71	30.50	36.67
韶关市	99.22	89.61	4.44	19.01	5.20	0.26	8.30	1.05
河源市	83.40	81.78	10.41	36.12	3.18		1.48	0.15
梅州市	103.83	93.39	5.11	45.00	3.36	0.25	2.49	7.70
惠州市	181.84	152.64	26.18	52.01	10.89	6.08	15.98	7.14
汕尾市	9.16	8.73		6.16	2.63		0.43	
东莞市	220.55	175.18	36.62	60.54	29.94	11.51	18.63	15.23
中山市	173.91	137.00	24.57	50.03	10.26	3.12	11.69	22.10
江门市	97.45	76.16	7.75	44.32	26.09		6.34	14.95
阳江市	76.56	65.22	3.57	33.69	5.00	0.10	10.14	1.10
湛江市	77.41	69.97	24.95	9.43	0.30	0.84	2.37	4.23
茂名市	55.35	45.98	1.71	27.84	4.97		6.00	3.37
肇庆市	104.83	83.21	14.50	25.75	11.52	0.58	12.17	8.86
清远市	70.35	59.75	6.62	17.19	13.47	1.54	4.37	4.68
潮州市	16.63	16.27	1.94	8.39			0.25	0.11
揭阳市	65.46	63.35	0.79	43.60		0.36	1.75	
云浮市	35.47	31.21	1.34	11.52	2.50		1.63	2.63

3-7 续表6

项目	期房销售面积	住宅	90平方米及以下	144平方米以上	别墅、高档公寓	办公楼	商业营业用房	其他
总计	**7624.87**	**7077.08**	**1717.08**	**1594.45**	**567.10**	**152.86**	**266.04**	**128.89**
一、按等级注册类型分	**7624.87**	**7077.08**	**1717.08**	**1594.45**	**567.10**	**152.86**	**266.04**	**128.89**
内资企业	6588.25	6147.47	1524.53	1307.24	482.73	126.96	217.36	96.45
国有企业	210.23	185.06	33.91	47.54	2.55	13.07	7.85	4.24
集体企业	90.04	88.77	22.30	1.88		0.14	0.76	0.37
股份合作企业	15.39	15.29	9.13	0.55			0.01	0.09
联营企业	9.43	9.43		9.43				
有限责任公司	3612.67	3377.97	811.93	817.83	378.99	68.91	111.73	54.07
股份有限公司	263.02	228.01	34.28	45.36	2.20	10.42	24.60	
私营企业	2305.32	2165.72	592.79	367.01	89.27	34.35	68.48	36.77
其他企业	82.14	77.23	20.18	17.65	9.73	0.06	3.94	0.91
港澳台商投资企业	660.94	574.57	115.99	209.40	43.04	24.63	35.37	26.37
外商投资企业	375.69	355.04	76.56	77.81	41.32	1.28	13.31	6.06
二、按控股情况分	**7624.87**	**7077.08**	**1717.08**	**1594.45**	**567.10**	**152.86**	**266.04**	**128.89**
国有控股	660.69	599.76	117.88	151.30	49.88	32.23	17.18	11.52
集体控股	198.31	184.98	55.38	21.66	15.65	7.03	5.92	0.37
私人控股	4134.37	3847.78	991.82	770.47	267.32	70.42	152.08	64.09
港澳台商控股	668.61	581.34	112.14	210.46	47.04	24.63	36.62	26.02
外商控股	528.15	513.24	87.33	130.59	68.27	1.29	6.97	6.65
其他	1434.75	1349.98	352.52	309.98	118.94	17.25	47.29	20.24
三、按营业状态分	**7624.87**	**7077.08**	**1717.08**	**1594.45**	**567.10**	**152.86**	**266.04**	**128.89**
营业	7457.20	6918.99	1669.92	1577.37	547.95	150.22	261.68	126.31
停业(歇业)	40.37	38.61	18.04	7.51	0.86		1.55	0.21
筹建	13.56	13.37	0.30	3.59	3.22		0.20	
当年关闭	5.04	4.80						0.24
当年破产								
其他	108.70	101.31	28.82	5.98	15.07	2.64	2.62	2.13
四、按资质等级分	**7624.87**	**7077.08**	**1717.08**	**1594.45**	**567.10**	**152.86**	**266.04**	**128.89**
一级	349.06	330.92	52.47	108.84	21.10	8.31	7.86	1.97
二级	446.72	418.19	78.05	123.34	11.99	10.53	9.83	8.17
三级	1577.05	1445.04	297.35	378.40	167.83	45.66	56.07	30.29
四级	1474.76	1391.27	307.90	327.25	80.11	10.10	44.27	29.12
暂定	3258.30	3010.94	754.52	570.84	261.64	69.98	137.59	39.79

3-7　续表7

项　目	期房销售面积	住宅				办公楼	商业营业用房	其他
			90平方米及以下	144平方米以上	别墅、高档公寓			
其他	518.99	480.72	226.80	85.78	24.42	8.28	10.43	19.56
五、按隶属关系分	**7624.87**	**7077.08**	**1717.08**	**1594.45**	**567.10**	**152.86**	**266.04**	**128.89**
中央	289.92	261.19	48.68	40.74	5.71	18.59	5.06	5.08
省(自治区、直辖市)	9.59	6.01	3.68			1.60	1.28	0.70
地区(州、盟、省辖市)	839.05	783.42	206.13	205.20	62.70	16.58	23.84	15.22
县(区、市、旗)	510.27	491.19	82.27	128.00	52.58	3.33	11.47	4.28
街道	47.98	46.82	15.28	9.04	0.98	0.15	0.51	0.49
镇	117.39	112.56	34.17	13.73	14.72		4.21	0.62
乡								
社区(居委会)	14.81	11.50	5.97	5.53	0.50	2.91	0.39	
村委会	31.82	31.63	13.46	2.01	1.15		0.18	
其他	5764.06	5332.74	1307.45	1190.20	428.77	109.69	219.11	102.51
六、按地区分组	**7624.87**	**7077.08**	**1717.08**	**1594.45**	**567.10**	**152.86**	**266.04**	**128.89**
广州市	1427.46	1246.38	221.97	326.53	78.06	94.31	74.96	11.80
深圳市	472.44	428.08	288.25	74.85	14.01	12.95	14.98	16.43
珠海市	276.07	256.46	71.87	42.13	5.82	9.22	7.72	2.67
汕头市	109.34	107.71	35.31	28.21	1.88		1.05	0.58
佛山市	719.12	638.27	191.87	126.97	38.28	15.60	28.94	36.30
韶关市	247.99	237.78	15.08	35.81	15.28	0.39	7.45	2.38
河源市	109.02	101.43	7.13	43.13	6.89	0.20	3.81	3.57
梅州市	84.41	80.63	6.00	19.68	5.21		3.37	0.42
惠州市	967.62	940.13	318.85	183.61	95.54	2.56	21.46	3.48
汕尾市	12.08	11.57	0.32	4.45			0.51	
东莞市	582.54	548.78	164.60	111.98	134.29	6.78	26.33	0.65
中山市	606.43	561.35	111.71	79.09	12.88	4.60	29.38	11.10
江门市	329.37	311.52	48.04	79.33	41.56	2.78	8.01	7.06
阳江市	188.80	180.04	32.50	45.23	20.35	0.04	7.93	0.80
湛江市	208.83	205.48	68.21	30.58		0.82	1.79	0.75
茂名市	274.52	263.83	8.81	157.15	15.89		3.72	6.97
肇庆市	360.56	331.45	53.22	69.95	29.53	1.94	12.64	14.53
清远市	436.17	423.23	65.13	76.38	47.34	0.67	8.76	3.51
潮州市	56.26	54.76	1.93	6.01			0.91	0.59
揭阳市	44.91	44.61	3.84	32.58			0.30	
云浮市	110.93	103.60	2.42	20.83	4.27		2.01	5.32

3-7 续表8

项　目	商品房销售额	住宅	90平方米及以下	144平方米以上	别墅、高档公寓	办公楼	商业营业用房	其他
总计	**89410531**	**74761038**	**19624512**	**23361273**	**8296583**	**5340643**	**6798146**	**2510704**
一、按等级注册类型分	**89410531**	**74761038**	**19624512**	**23361273**	**8296583**	**5340643**	**6798146**	**2510704**
内资企业	73895641	62608269	17101974	18325497	6768092	3851827	5517449	1918096
国有企业	3028726	2445165	543607	866529	72295	392151	149234	42176
集体企业	1079357	1031214	273030	70968	2749	1295	30191	16657
股份合作企业	342776	340233	253503	7471	2590		830	1713
联营企业	219524	219524		219408				
有限责任公司	39399179	33623097	8907384	11251119	5208651	1852200	2991042	932840
股份有限公司	4704288	3694836	454753	868896	55589	296706	592359	120387
私营企业	24350457	20588201	6457952	4946488	1319580	1308976	1660162	793118
其他企业	771334	665999	211745	94618	106638	499	93631	11205
港澳台商投资企业	10580177	7884867	1735231	3500777	805293	1300582	946713	448015
外商投资企业	4934713	4267902	787307	1534999	723198	188234	333984	144593
二、按控股情况分	**89410531**	**74761038**	**19624512**	**23361273**	**8296583**	**5340643**	**6798146**	**2510704**
国有控股	11479241	9753819	1818245	3533819	1048843	955666	516314	253442
集体控股	2919145	2422873	792494	502508	161033	277970	184119	34183
私人控股	42744718	35402719	10595904	9251779	3272374	2137484	3960398	1244117
港澳台商控股	10595390	7888061	1715178	3483613	833439	1300582	965011	441736
外商控股	6028065	5487080	841960	2223536	1240101	188234	199391	153360
其他	15643972	13806486	3860731	4366018	1740793	480707	972913	383866
三、按营业状态分	**89410531**	**74761038**	**19624512**	**23361273**	**8296583**	**5340643**	**6798146**	**2510704**
营业	87698268	73223069	19025273	23102035	8057220	5306940	6672979	2495280
停业(歇业)	633404	582617	328836	138223	43925		50238	549
筹建	100752	98737	1908	47836	20038		2015	
当年关闭	32121	28613						3508
当年破产								
其他	945986	828002	268495	73179	175400	33703	72914	11367
四、按资质等级分	**89410531**	**74761038**	**19624512**	**23361273**	**8296583**	**5340643**	**6798146**	**2510704**
一级	7712722	6400874	852842	2816112	744174	667170	400355	244323
二级	6634694	5880087	1195474	2526041	318735	167248	369675	217684
三级	20766590	16746450	3882398	5630701	2181510	1793253	1497982	728905
四级	13937034	12186189	2981602	3469300	1148256	266118	1079349	405378
暂定	31427897	26017083	6654735	7013135	3286231	1953655	3021002	436157

3-7　续表9

项　　目	商品房销售额	住宅				办公楼	商业营业用房	其他
			90平方米及以下	144平方米以上	别墅、高档公寓			
其他	8931594	7530355	4057461	1905984	617677	493199	429783	478257
五、按隶属关系分	**89410531**	**74761038**	**19624512**	**23361273**	**8296583**	**5340643**	**6798146**	**2510704**
中央	4578127	3816956	483170	789806	132814	579241	127028	54902
省(自治区、直辖市)	607073	198476	101849	37555		345777	46050	16770
地区(州、盟、省辖市)	11744093	10018329	2751538	3522798	1161344	735292	699518	290954
县(区、市、旗)	4541572	4019724	641476	1473360	517903	92193	358639	71016
街道	678858	655211	290719	86176	14259	1207	15304	7136
镇	1063462	993087	273385	247744	255641		60646	9729
乡								
社区(居委会)	209697	191714	92295	72489	25516	10199	6255	1529
村委会	252340	245359	109109	36075	13138		6981	
其他	65735309	54622182	14880971	17095270	6175968	3576734	5477725	2058668
六、按地区分组	**89410531**	**74761038**	**19624512**	**23361273**	**8296583**	**5340643**	**6798146**	**2510704**
广州市	26060033	19514542	3141514	6846968	1397673	3685641	2258452	601398
深圳市	14362533	12349964	7039894	3714465	973588	834070	660602	517897
珠海市	3926118	3436032	858469	832698	149037	137865	237158	115063
汕头市	1263436	1112859	375180	340222	83967	7430	70537	72610
佛山市	8524657	6972635	2007442	2001845	727189	252394	834353	465275
韶关市	1538307	1367828	89975	277117	128540	2217	154764	13498
河源市	881128	801700	71872	406633	81693	1002	56146	22280
梅州市	848040	764590	45131	283159	65400	1600	43198	38652
惠州市	6721088	6138971	1910154	1636622	920807	109787	425787	46543
汕尾市	99970	87722	1369	49998	14484		12248	
东莞市	7280663	6325059	1554959	2014340	1841556	163308	673568	118728
中山市	4720825	4049656	683925	1008308	309784	69991	472063	129115
江门市	2543227	2274756	300382	837317	516820	27432	150303	90736
阳江市	1292470	1109235	274017	375133	160028	646	174816	7773
湛江市	1562020	1475402	555706	208956	1523	17898	33102	35618
茂名市	1429533	1308796	44186	804103	151937		73442	47295
肇庆市	2315856	1930059	302464	547589	241323	16849	257147	111801
清远市	2590658	2400493	317932	685597	473213	10213	143898	36054
潮州市	388175	365233	14714	64831			19993	2949
揭阳市	393436	373240	18428	272517		2300	17896	
云浮市	668358	602266	16799	152855	58021		28673	37419

3-7 续表10

项 目	现房销售额	住宅	90平方米及以下	144平方米以上	别墅、高档公寓	办公楼	商业营业用房	其他
总计	**19140431**	**13669625**	**3299784**	**6165741**	**1932384**	**2121072**	**2012044**	**1337690**
一、按等级注册类型分	**19140431**	**13669625**	**3299784**	**6165741**	**1932384**	**2121072**	**2012044**	**1337690**
内资企业	14864098	10847417	2929512	4492509	1423042	1379078	1629870	1007733
国有企业	422918	320536	123383	125424	7379	54452	25903	22027
集体企业	260387	229230	60098	50662	2749	89	15719	15349
股份合作企业	12969	12969	1555	3432	2590			
联营企业	116	116						
有限责任公司	8144642	5713838	1431021	2665276	1051981	853671	1039329	537804
股份有限公司	261285	119338	30101	44558	4814	34	21526	120387
私营企业	5672687	4375269	1271971	1568548	351885	470832	516607	309979
其他企业	89094	76121	11383	34609	1644		10786	2187
港澳台商投资企业	2753936	1630597	262529	939756	183223	585886	302812	234641
外商投资企业	1522397	1191611	107743	733476	326119	156108	79362	95316
二、按控股情况分	**19140431**	**13669625**	**3299784**	**6165741**	**1932384**	**2121072**	**2012044**	**1337690**
国有控股	1604046	1069344	324723	561335	226798	271496	98421	164785
集体控股	658298	403335	92927	109190	5339	183979	38109	32875
私人控股	9859576	7349321	2036826	2756503	633560	729660	1238389	542206
港澳台商控股	2800406	1676663	270758	972153	183223	585886	306268	231589
外商控股	1709202	1355366	108663	885787	476836	155848	97310	100678
其他	2508903	1815596	465887	880773	406628	194203	233547	265557
三、按营业状态分	**19140431**	**13669625**	**3299784**	**6165741**	**1932384**	**2121072**	**2012044**	**1337690**
营业	18852782	13397303	3255916	6064138	1896249	2121072	1998732	1335675
停业(歇业)	142075	139295	16371	68118	36135		2620	160
筹建	3780	3780						
当年关闭								
当年破产								
其他	141794	129247	27497	33485			10692	1855
四、按资质等级分	**19140431**	**13669625**	**3299784**	**6165741**	**1932384**	**2121072**	**2012044**	**1337690**
一级	1535491	770195	257807	462139	225927	405822	139670	219804
二级	1964436	1585890	414321	768879	105366	17502	176777	184267
三级	5433197	3926746	959398	1710569	510664	510214	572447	423790
四级	3756692	2853134	594712	1158167	397446	156194	517465	229899
暂定	4534092	3215045	683722	1374693	414291	690643	454235	174169

3-7　续表11

项　目	现房销售额	住宅	90平方米及以下	144平方米以上	别墅、高档公寓	办公楼	商业营业用房	其他
其他	1916523	1318615	389824	691294	278690	340697	151450	105761
五、按隶属关系分	**19140431**	**13669625**	**3299784**	**6165741**	**1932384**	**2121072**	**2012044**	**1337690**
中央	240858	157691	11862	92144		47490	21720	13957
省(自治区、直辖市)	450404	137179	62302	37555		272503	31371	9351
地区(州、盟、省辖市)	2554090	1759844	576879	722832	311484	458980	200203	135063
县(区、市、旗)	1031280	690954	73035	274971	62298	52441	239588	48297
街道	24532	19521	13363	705			3983	1028
镇	176858	155361	38387	37508	2309		13836	7661
乡								
社区(居委会)	65152	59872	16013	16929	12772		3751	1529
村委会	55228	49840	26230	16232			5388	
其他	14542029	10639363	2481713	4966865	1543521	1289658	1492204	1120804
六、按地区分组	**19140431**	**13669625**	**3299784**	**6165741**	**1932384**	**2121072**	**2012044**	**1337690**
广州市	4893609	2494008	449397	1293987	270063	1460281	541177	398143
深圳市	3277578	2591479	1291608	1150171	275407	350836	175631	159632
珠海市	715230	582352	132204	192914	38831	2528	48095	82255
汕头市	455799	342696	127963	128143	34924	7430	37983	67690
佛山市	1684834	1179041	463915	451576	153435	56217	258858	190718
韶关市	366548	306243	15460	85849	33287	826	55571	3908
河源市	353939	342709	38237	204229	29417		10950	280
梅州市	431690	374627	17133	185917	20309	1600	18162	37301
惠州市	946475	722016	122305	248323	79629	80904	122442	21113
汕尾市	49276	42846		31421	14484		6430	
东莞市	2073853	1598215	270796	669317	384685	123412	237780	114446
中山市	1007371	814043	99968	400116	114807	16525	105840	70963
江门市	549771	437629	41828	297682	202030		49087	63055
阳江市	349007	242209	14995	137577	21837	448	100874	5476
湛江市	370251	318534	107083	41544	1523	8807	10844	32066
茂名市	239551	187300	7728	115430	33912		37386	14865
肇庆市	562049	392320	62328	144392	69366	2058	126757	40914
清远市	361248	293202	22113	141938	126461	6900	39023	22123
潮州市	67834	64522	7309	37086			2707	605
揭阳市	214208	196086	2619	140618		2300	15822	
云浮市	170310	147548	4795	67511	27977		10625	12137

3-7 续表12

项　目	期房销售额							
		住宅	90平方米及以下	144平方米以上	别墅、高档公寓	办公楼	商业营业用房	其他
总计	**70270100**	**61091413**	**16324728**	**17195532**	**6364199**	**3219571**	**4786102**	**1173014**
一、按等级注册类型分	**70270100**	**61091413**	**16324728**	**17195532**	**6364199**	**3219571**	**4786102**	**1173014**
内资企业	59031543	51760852	14172462	13832988	5345050	2472749	3887579	910363
国有企业	2605808	2124629	420224	741105	64916	337699	123331	20149
集体企业	818970	801984	212932	20306		1206	14472	1308
股份合作企业	329807	327264	251948	4039			830	1713
联营企业	219408	219408		219408				
有限责任公司	31254537	27909259	7476363	8585843	4156670	998529	1951713	395036
股份有限公司	4443003	3575498	424652	824338	50775	296672	570833	
私营企业	18677770	16212932	5185981	3377940	967695	838144	1143555	483139
其他企业	682240	589878	200362	60009	104994	499	82845	9018
港澳台商投资企业	7826241	6254270	1472702	2561021	622070	714696	643901	213374
外商投资企业	3412316	3076291	679564	801523	397079	32126	254622	49277
二、按控股情况分	**70270100**	**61091413**	**16324728**	**17195532**	**6364199**	**3219571**	**4786102**	**1173014**
国有控股	9875195	8684475	1493522	2972484	822045	684170	417893	88657
集体控股	2260847	2019538	699567	393318	155694	93991	146010	1308
私人控股	32885142	28053398	8559078	6495276	2638814	1407824	2722009	701911
港澳台商控股	7794984	6211398	1444420	2511460	650216	714696	658743	210147
外商控股	4318863	4131714	733297	1337749	763265	32386	102081	52682
其他	13135069	11990890	3394844	3485245	1334165	286504	739366	118309
三、按营业状态分	**70270100**	**61091413**	**16324728**	**17195532**	**6364199**	**3219571**	**4786102**	**1173014**
营业	68845486	59825766	15769357	17037897	6160971	3185868	4674247	1159605
停业(歇业)	491329	443322	312465	70105	7790		47618	389
筹建	96972	94957	1908	47836	20038		2015	
当年关闭	32121	28613						3508
当年破产								
其他	804192	698755	240998	39694	175400	33703	62222	9512
四、按资质等级分	**70270100**	**61091413**	**16324728**	**17195532**	**6364199**	**3219571**	**4786102**	**1173014**
一级	6177231	5630679	595035	2353973	518247	261348	260685	24519
二级	4670258	4294197	781153	1757162	213369	149746	192898	33417
三级	15333393	12819704	2923000	3920132	1670846	1283039	925535	305115
四级	10180342	9333055	2386890	2311133	750810	109924	561884	175479
暂定	26893805	22802038	5971013	5638442	2871940	1263012	2566767	261988

3-7　续表13

项　　目	期房销售额	住宅	90平方米及以下	144平方米以上	别墅、高档公寓	办公楼	商业营业用房	其他
其他	7015071	6211740	3667637	1214690	338987	152502	278333	372496
五、按隶属关系分	**70270100**	**61091413**	**16324728**	**17195532**	**6364199**	**3219571**	**4786102**	**1173014**
中央	4337269	3659265	471308	697662	132814	531751	105308	40945
省(自治区、直辖市)	156669	61297	39547			73274	14679	7419
地区(州、盟、省辖市)	9190003	8258485	2174659	2799966	849860	276312	499315	155891
县(区、市、旗)	3510292	3328770	568441	1198389	455605	39752	119051	22719
街道	654326	635690	277356	85471	14259	1207	11321	6108
镇	886604	837726	234998	210236	253332		46810	2068
乡								
社区(居委会)	144545	131842	76282	55560	12744	10199	2504	
村委会	197112	195519	82879	19843	13138		1593	
其他	51193280	43982819	12399258	12128405	4632447	2287076	3985521	937864
六、按地区分组	**70270100**	**61091413**	**16324728**	**17195532**	**6364199**	**3219571**	**4786102**	**1173014**
广州市	21166424	17020534	2692117	5552981	1127610	2225360	1717275	203255
深圳市	11084955	9758485	5748286	2564294	698181	483234	484971	358265
珠海市	3210888	2853680	726265	639784	110206	135337	189063	32808
汕头市	807637	770163	247217	212079	49043		32554	4920
佛山市	6839823	5793594	1543527	1550269	573754	196177	575495	274557
韶关市	1171759	1061585	74515	191268	95253	1391	99193	9590
河源市	527189	458991	33635	202404	52276	1002	45196	22000
梅州市	416350	389963	27998	97242	45091		25036	1351
惠州市	5774613	5416955	1787849	1388299	841178	28883	303345	25430
汕尾市	50694	44876	1369	18577			5818	
东莞市	5206810	4726844	1284163	1345023	1456871	39896	435788	4282
中山市	3713454	3235613	583957	608192	194977	53466	366223	58152
江门市	1993456	1837127	258554	539635	314790	27432	101216	27681
阳江市	943463	867026	259022	237556	138191	198	73942	2297
湛江市	1191769	1156868	448623	167412		9091	22258	3552
茂名市	1189982	1121496	36458	688673	118025		36056	32430
肇庆市	1753807	1537739	240136	403197	171957	14791	130390	70887
清远市	2229410	2107291	295819	543659	346752	3313	104875	13931
潮州市	320341	300711	7405	27745			17286	2344
揭阳市	179228	177154	15809	131899			2074	
云浮市	498048	454718	12004	85344	30044		18048	25282

3-8 商品房屋出租与待售情况

单位：万平方米

项目	房屋出租面积	住宅	90平方米及以下	144平方米以上	别墅、高档公寓	办公楼	商业营业用房	其他
总计	**318.56**	**15.23**	**4.45**	**0.49**	**2.49**	**73.30**	**179.82**	**50.20**
一、按等级注册类型分	**318.56**	**15.23**	**4.45**	**0.49**	**2.49**	**73.30**	**179.82**	**50.20**
内资企业	150.97	7.95	4.36	0.29		16.48	100.97	25.57
国有企业	16.74	3.23	1.22			5.25	8.07	0.19
集体企业	18.71						3.21	15.50
股份合作企业								
联营企业								
有限责任公司	52.66	3.40	3.07			6.89	37.52	4.84
股份有限公司	5.44	0.03	0.03			0.80	2.86	1.76
私营企业	56.82	1.29	0.03	0.29		2.95	49.31	3.28
其他企业	0.59					0.59		
港澳台商投资企业	112.17	6.25	0.10	0.20	2.49	44.05	49.52	12.35
外商投资企业	55.42	1.03				12.77	29.33	12.29
二、按控股情况分	**318.56**	**15.23**	**4.45**	**0.49**	**2.49**	**73.30**	**179.82**	**50.20**
国有控股	23.32	3.26	1.25			7.30	12.58	0.19
集体控股	22.92	0.05	0.05				7.37	15.50
私人控股	96.86	4.13	3.02	0.29		7.85	80.75	4.14
港澳台商控股	98.53	6.25	0.10	0.20	2.49	40.57	39.36	12.35
外商控股	55.74	1.03				12.77	29.65	12.29
其他	21.19	0.51	0.03			4.81	10.12	5.74
三、按营业状态分	**318.56**	**15.23**	**4.45**	**0.49**	**2.49**	**73.30**	**179.82**	**50.20**
营业	313.01	15.23	4.45	0.49	2.49	73.30	174.27	50.20
停业(歇业)	5.15						5.15	
筹建								
当年关闭								
当年破产								
其他	0.40						0.40	
四、按资质等级分	**318.56**	**15.23**	**4.45**	**0.49**	**2.49**	**73.30**	**179.82**	**50.20**
一级	21.49	0.03	0.03			0.72	18.99	1.76
二级	16.38	1.18	0.94			0.17	14.81	0.22
三级	130.26	7.02	0.05		2.49	36.01	69.06	18.17
四级	39.16	2.08	1.25			4.93	22.59	9.55
暂定	77.37	3.17	2.08	0.29		16.96	37.28	19.96

3-8　续表1

项　目	房屋出租面积	住宅	90平方米及以下	144平方米以上	别墅、高档公寓	办公楼	商业营业用房	其他
其他	33.90	1.74	0.10	0.20		14.52	17.09	0.56
五、按隶属关系分	**318.56**	**15.23**	**4.45**	**0.49**	**2.49**	**73.30**	**179.82**	**50.20**
中央	1.44						1.36	0.07
省(自治区、直辖市)	1.10					0.96	0.04	0.10
地区(州、盟、省辖市)	41.90	7.12	1.53		2.49	5.19	27.04	2.55
县(区、市、旗)	24.01	0.36	0.03			0.06	10.31	13.27
街道	0.40						0.40	
镇	1.80						1.80	
乡								
社区(居委会)	0.59					0.59		
村委会								
其他	247.33	7.75	2.90	0.49		66.50	138.86	34.21
六、按地区分组	**318.56**	**15.23**	**4.45**	**0.49**	**2.49**	**73.30**	**179.82**	**50.20**
广州市	176.98	10.70	2.89	0.29	2.49	40.52	85.20	40.55
深圳市	41.54	0.55	0.10	0.18		21.58	19.34	0.07
珠海市	6.86					2.81	3.99	0.07
汕头市	4.37	0.47	0.31	0.03		2.42	0.39	1.09
佛山市	21.07	1.95	0.92			1.88	13.06	4.17
韶关市	9.62	0.55	0.22				8.34	0.74
河源市								
梅州市	2.08	0.34					1.75	
惠州市	17.76	0.01	0.01			3.50	14.24	
汕尾市								
东莞市	10.51					0.59	9.92	
中山市	7.91	0.18					7.39	0.34
江门市	8.05						4.93	3.12
阳江市								
湛江市	0.04						0.04	
茂名市	9.13						9.13	
肇庆市	2.58	0.48					2.05	0.06
清远市	0.06						0.06	
潮州市								
揭阳市								
云浮市								

3-8 续表2

项目	房屋待售面积							
		住宅	90平方米及以下	144平方米以上	别墅、高档公寓	办公楼	商业营业用房	其他
总计	**4469.53**	**2844.98**	**550.68**	**1128.84**	**363.89**	**208.08**	**700.12**	**716.34**
一、按等级注册类型分	**4469.53**	**2844.98**	**550.68**	**1128.84**	**363.89**	**208.08**	**700.12**	**716.34**
内资企业	3717.49	2436.41	482.21	928.53	278.02	139.89	594.18	547.01
国有企业	123.16	77.45	28.08	15.68	4.73	12.40	19.81	13.50
集体企业	116.06	80.53	30.12	13.42	2.53	1.27	15.31	18.96
股份合作企业	2.92	2.70	2.15	0.19	0.12		0.22	
联营企业	2.97	2.67	0.02	1.01	1.64	0.30		
有限责任公司	1857.81	1247.06	217.73	531.48	182.46	74.41	258.85	277.49
股份有限公司	53.64	28.21	9.36	7.27	2.61	2.42	15.40	7.61
私营企业	1510.06	960.33	187.48	344.51	80.81	48.88	278.65	222.20
其他企业	50.87	37.46	7.27	14.97	3.13	0.21	5.95	7.25
港澳台商投资企业	476.31	244.10	41.81	115.36	41.11	45.45	72.94	113.81
外商投资企业	275.74	164.47	26.66	84.94	44.75	22.74	33.00	55.52
二、按控股情况分	**4469.53**	**2844.98**	**550.68**	**1128.84**	**363.89**	**208.08**	**700.12**	**716.34**
国有控股	226.71	135.59	41.29	47.67	22.99	18.30	33.98	38.83
集体控股	199.07	130.70	42.52	45.65	5.88	4.64	21.31	42.43
私人控股	2583.69	1675.44	308.19	592.05	154.57	81.98	447.88	378.39
港澳台商控股	488.44	255.13	43.77	119.07	41.11	45.45	76.90	110.96
外商控股	313.18	189.01	35.50	93.41	51.75	27.95	36.06	60.15
其他	658.44	459.11	79.40	230.99	87.59	29.76	83.99	85.58
三、按营业状态分	**4469.53**	**2844.98**	**550.68**	**1128.84**	**363.89**	**208.08**	**700.12**	**716.34**
营业	4379.89	2791.38	541.65	1116.24	360.67	207.62	672.81	708.08
停业(歇业)	39.09	26.12	5.86	11.01	0.41	0.01	10.16	2.80
筹建	8.04	2.94					5.10	
当年关闭	2.77	2.77						
当年破产								
其他	39.74	21.77	3.17	1.58	2.81	0.45	12.06	5.46
四、按资质等级分	**4469.53**	**2844.98**	**550.68**	**1128.84**	**363.89**	**208.08**	**700.12**	**716.34**
一级	150.29	79.72	23.31	41.27	23.04	10.58	23.23	36.75
二级	389.33	262.13	46.84	94.86	19.24	13.53	43.32	70.35
三级	1194.31	644.24	109.29	299.02	102.63	77.85	238.33	233.88
四级	1147.78	761.55	132.15	272.93	82.16	39.84	175.63	170.76
暂定	1211.19	872.72	164.07	345.25	123.69	49.08	127.98	161.41

3-8　续表3

项　目	房屋待售面积	住宅				办公楼	商业营业用房	其他
			90平方米及以下	144平方米以上	别墅、高档公寓			
其他	376.62	224.62	75.01	75.52	13.13	17.20	91.62	43.18
五、按隶属关系分	**4469.53**	**2844.98**	**550.68**	**1128.84**	**363.89**	**208.08**	**700.12**	**716.34**
中央	26.04	16.99	0.37	15.48	12.10	0.36	1.47	7.22
省(自治区、直辖市)	14.52	8.11	0.65	6.19		0.01	3.13	3.28
地区(州、盟、省辖市)	557.84	352.20	78.72	172.09	30.36	47.00	91.31	67.32
县(区、市、旗)	347.06	232.15	31.80	77.25	25.33	15.37	46.21	53.32
街道	35.33	22.22	4.16	1.63	2.12	0.42	9.79	2.90
镇	72.15	49.71	12.14	10.70	1.85	0.22	12.76	9.45
乡								
社区(居委会)	14.03	7.90	2.14	0.77	3.90	0.42	1.75	3.95
村委会	37.10	34.18	12.76	11.26	1.62		1.81	1.11
其他	3365.47	2121.52	407.93	833.48	286.62	144.29	531.89	567.77
六、按地区分组	**4469.53**	**2844.98**	**550.68**	**1128.84**	**363.89**	**208.08**	**700.12**	**716.34**
广州市	704.98	299.97	51.00	143.11	40.55	107.38	133.62	164.02
深圳市	351.66	203.06	113.95	55.82	12.53	14.08	103.06	31.47
珠海市	163.43	115.60	17.21	57.10	13.59	0.93	18.72	28.18
汕头市	166.12	94.62	35.80	31.47	12.83	10.25	20.84	40.40
佛山市	478.62	351.32	121.18	109.23	35.37	3.33	38.47	85.50
韶关市	124.29	83.09	4.37	18.34	6.72	1.78	25.77	13.66
河源市	102.67	89.38	6.09	35.67	8.60	0.49	9.81	2.99
梅州市	121.42	89.35	4.29	36.40	6.11	1.09	16.31	14.65
惠州市	324.72	213.96	39.47	100.01	36.03	10.18	37.34	63.24
汕尾市	14.17	10.47	0.01	6.51	1.06		1.67	2.03
东莞市	480.73	307.82	56.87	116.08	54.11	34.39	92.77	45.74
中山市	352.93	193.55	25.87	64.13	17.99	5.25	63.15	90.99
江门市	230.68	153.25	10.34	82.17	44.34	2.01	33.12	42.30
阳江市	134.86	104.31	10.36	44.54	24.63	1.89	20.31	8.35
湛江市	82.04	59.53	14.09	9.26	0.91	4.92	6.35	11.24
茂名市	51.82	38.27	2.01	15.41	3.12	0.37	5.99	7.18
肇庆市	166.61	101.36	22.83	29.80	14.93	3.40	26.38	35.47
清远市	192.68	135.44	8.55	52.97	24.02	3.71	33.20	20.33
潮州市	71.77	65.71	2.09	34.85		2.60	1.70	1.75
揭阳市	101.89	94.26	1.82	72.69			6.82	0.81
云浮市	51.44	40.66	2.47	13.26	6.46	0.04	4.70	6.04

3-8 续表4

项　目	待售1-3年(含1年)	住宅	90平方米及以下	144平方米以上	别墅、高档公寓	办公楼	商业营业用房	其他
总计	**2296.59**	**1451.49**	**294.34**	**587.41**	**174.49**	**96.73**	**366.46**	**381.92**
一、按等级注册类型分	**2296.59**	**1451.49**	**294.34**	**587.41**	**174.49**	**96.73**	**366.46**	**381.92**
内资企业	1896.89	1202.45	264.08	471.26	132.60	83.67	321.96	288.80
国有企业	46.19	23.93	6.49	7.20	4.73	11.17	4.38	6.70
集体企业	69.52	51.63	21.67	10.92	2.02	1.20	8.22	8.47
股份合作企业	2.92	2.70	2.15	0.19	0.12		0.22	
联营企业	2.86	2.65		1.01	1.64	0.21		
有限责任公司	915.18	590.00	97.56	245.17	86.93	45.33	140.05	139.81
股份有限公司	35.39	16.72	7.27	5.72	1.80	0.54	12.96	5.17
私营企业	789.72	485.51	124.69	187.56	33.35	25.04	153.08	126.08
其他企业	35.12	29.31	4.25	13.49	2.01	0.19	3.05	2.57
港澳台商投资企业	261.12	158.88	19.94	76.02	25.47	4.53	36.38	61.33
外商投资企业	138.58	90.15	10.32	40.13	16.42	8.53	8.11	31.78
二、按控股情况分	**2296.59**	**1451.49**	**294.34**	**587.41**	**174.49**	**96.73**	**366.46**	**381.92**
国有控股	100.65	48.15	14.28	17.04	6.13	15.19	12.18	25.14
集体控股	112.35	81.69	26.19	34.81	5.25	2.94	10.52	17.20
私人控股	1335.27	842.11	191.37	303.04	75.85	44.10	242.71	206.35
港澳台商控股	274.42	168.79	20.63	79.90	25.47	4.53	40.50	60.61
外商控股	150.29	94.49	10.59	42.01	17.41	13.74	8.37	33.69
其他	323.60	216.27	31.28	110.62	44.37	16.23	52.18	38.93
三、按营业状态分	**2296.59**	**1451.49**	**294.34**	**587.41**	**174.49**	**96.73**	**366.46**	**381.92**
营业	2253.34	1424.13	289.09	583.86	171.67	96.28	355.42	377.51
停业(歇业)	9.12	7.41	3.36	2.31			1.45	0.26
筹建	5.10						5.10	
当年关闭	2.77	2.77						
当年破产								
其他	26.26	17.19	1.88	1.24	2.81	0.45	4.48	4.14
四、按资质等级分	**2296.59**	**1451.49**	**294.34**	**587.41**	**174.49**	**96.73**	**366.46**	**381.92**
一级	68.79	26.96	8.96	13.31	8.53	7.92	10.59	23.31
二级	198.76	126.78	36.57	47.96	7.79	3.11	23.58	45.28
三级	681.65	371.05	61.00	174.28	52.17	49.16	141.68	119.75
四级	581.30	383.81	58.99	134.26	43.58	15.72	90.16	91.60
暂定	564.07	403.49	72.65	167.97	57.91	13.52	64.26	82.79

3-8　续表5

项　目	待售1-3年(含1年)	住宅	90平方米及以下	144平方米以上	别墅、高档公寓	办公楼	商业营业用房	其他
其他	202.03	139.40	56.18	49.63	4.50	7.28	36.17	19.19
五、按隶属关系分	**2296.59**	**1451.49**	**294.34**	**587.41**	**174.49**	**96.73**	**366.46**	**381.92**
中央	10.84	2.00	0.37	0.49		0.36	1.27	7.22
省(自治区、直辖市)	11.91	6.64	0.18	6.19			2.86	2.42
地区(州、盟、省辖市)	303.33	199.54	40.59	109.12	24.15	28.56	41.31	33.92
县(区、市、旗)	185.53	129.40	16.10	43.30	11.53	12.06	18.87	25.21
街道	15.14	9.02	0.68	1.34	2.12	0.42	3.39	2.31
镇	29.97	19.09	4.97	6.41	0.73	0.21	4.85	5.82
乡								
社区(居委会)	3.63	3.05	2.12	0.40	0.40			0.58
村委会	11.04	10.88	1.32	1.71			0.16	
其他	1725.20	1071.88	228.00	418.46	135.56	55.13	293.75	304.44
六、按地区分组	**2296.59**	**1451.49**	**294.34**	**587.41**	**174.49**	**96.73**	**366.46**	**381.92**
广州市	406.05	190.19	31.62	88.73	18.45	53.94	76.03	85.88
深圳市	202.59	141.78	86.28	33.73	7.16	4.44	41.56	14.81
珠海市	81.68	65.01	10.06	34.03	5.44	0.26	5.06	11.34
汕头市	34.71	17.79	2.88	11.62	2.06	0.30	5.88	10.74
佛山市	260.21	191.19	62.89	51.92	19.86	1.91	18.21	48.90
韶关市	62.49	43.63	2.35	10.32	1.70	0.42	13.23	5.20
河源市	66.39	56.99	4.43	20.54	4.92	0.49	7.17	1.75
梅州市	64.81	48.55	3.41	14.87	0.03	0.44	8.53	7.29
惠州市	169.35	103.26	15.91	58.07	18.53	5.98	21.14	38.97
汕尾市	7.20	4.57		4.57	1.05		1.36	1.27
东莞市	224.90	119.00	25.84	54.69	18.48	15.10	61.87	28.93
中山市	210.36	105.64	15.45	33.67	11.85	2.12	41.13	61.48
江门市	139.60	96.58	3.75	49.94	25.53	0.56	19.48	22.98
阳江市	55.40	35.98	3.38	16.21	7.65	1.22	11.85	6.35
湛江市	41.37	29.59	4.99	2.81		2.53	3.58	5.68
茂名市	29.59	22.21	0.66	4.07	1.11	0.32	2.54	4.52
肇庆市	54.42	33.67	11.25	14.35	10.32	3.02	9.80	7.92
清远市	104.85	75.23	5.55	30.06	13.91	1.08	14.11	14.42
潮州市	31.45	27.85	0.69	27.16		2.60	1.00	
揭阳市	15.44	15.12	0.93	14.19			0.31	0.02
云浮市	33.72	27.67	2.01	11.86	6.42		2.59	3.46

3-8 续表6

项 目	待售3年以上(含3年)	住宅	90平方米及以下	144平方米以上	别墅、高档公寓	办公楼	商业营业用房	其他
总计	**453.28**	**188.07**	**40.55**	**97.57**	**63.88**	**33.72**	**132.84**	**98.65**
一、按等级注册类型分	**453.28**	**188.07**	**40.55**	**97.57**	**63.88**	**33.72**	**132.84**	**98.65**
内资企业	299.18	126.98	27.22	60.29	35.15	13.51	102.58	56.10
国有企业	15.16	6.71	0.85	1.92		1.24	6.48	0.72
集体企业	10.78	5.14	3.84	0.53	0.51	0.06	3.82	1.76
股份合作企业								
联营企业	0.11	0.02	0.02			0.09		
有限责任公司	139.17	69.86	16.67	31.66	22.35	3.21	41.23	24.87
股份有限公司	7.41	2.88	1.22	0.45	0.04	1.81	1.61	1.11
私营企业	126.49	42.38	4.62	25.72	12.25	7.10	49.44	27.58
其他企业	0.05							0.05
港澳台商投资企业	95.96	32.25	7.63	15.60	8.22	19.79	17.60	26.33
外商投资企业	58.14	28.84	5.71	21.68	20.51	0.42	12.66	16.22
二、按控股情况分	**453.28**	**188.07**	**40.55**	**97.57**	**63.88**	**33.72**	**132.84**	**98.65**
国有控股	25.75	10.17	2.26	2.54	0.04	1.24	9.33	5.02
集体控股	14.09	6.54	4.48	0.98	0.51	0.15	4.56	2.83
私人控股	190.64	66.78	6.61	33.86	17.31	9.53	72.27	42.06
港澳台商控股	96.84	33.45	8.76	15.67	8.22	19.79	17.44	26.16
外商控股	72.42	40.16	14.27	24.36	22.80	0.42	15.10	16.74
其他	53.53	30.97	4.17	20.17	14.99	2.59	14.13	5.84
三、按营业状态分	**453.28**	**188.07**	**40.55**	**97.57**	**63.88**	**33.72**	**132.84**	**98.65**
营业	453.09	188.05	40.55	97.57	63.88	33.72	132.72	98.59
停业(歇业)								
筹建								
当年关闭								
当年破产								
其他	0.19	0.02					0.11	0.05
四、按资质等级分	**453.28**	**188.07**	**40.55**	**97.57**	**63.88**	**33.72**	**132.84**	**98.65**
一级	17.67	8.88	0.03	7.60	7.13		1.55	7.25
二级	17.40	4.69	1.40	3.22	0.16	0.36	6.14	6.21
三级	144.50	59.25	10.75	39.27	29.19	16.86	33.61	34.78
四级	121.55	54.17	20.37	24.25	12.16	6.37	37.32	23.69
暂定	68.77	38.92	2.40	13.31	12.54	4.59	11.45	13.81

3-8　续表7

项　目	待售3年以上(含3年)							
		住宅	90平方米及以下	144平方米以上	别墅、高档公寓	办公楼	商业营业用房	其他
其他	83.39	22.17	5.60	9.91	2.71	5.55	42.77	12.90
五、按隶属关系分	**453.28**	**188.07**	**40.55**	**97.57**	**63.88**	**33.72**	**132.84**	**98.65**
中央								
省(自治区、直辖市)	1.73	0.59				0.01	0.27	0.87
地区(州、盟、省辖市)	41.66	13.03	4.06	4.36		3.61	13.98	11.05
县(区、市、旗)	16.49	10.04	5.79	2.87	0.82	0.53	3.28	2.64
街道	19.95	12.99	3.48	0.29			6.37	0.59
镇	3.48	1.10	1.01	0.02		0.01	2.22	0.15
乡								
社区(居委会)	7.80	2.92	0.03	0.10	2.80	0.42	1.73	2.73
村委会	0.08							0.08
其他	362.09	147.41	26.19	89.93	60.26	29.15	104.99	80.54
六、按地区分组	**453.28**	**188.07**	**40.55**	**97.57**	**63.88**	**33.72**	**132.84**	**98.65**
广州市	99.20	37.94	6.02	20.68	13.22	10.03	18.03	33.21
深圳市	79.24	24.41	10.45	8.40	1.94	5.04	38.80	10.99
珠海市	14.19	5.31	0.08	4.31	0.67	0.56	5.55	2.76
汕头市	42.79	14.44	3.22	5.22	2.17	9.16	6.49	12.69
佛山市	24.60	11.21	3.46	7.19	7.12	0.10	6.06	7.23
韶关市	8.35	1.76	0.04	1.63	0.82	0.46	4.82	1.30
河源市	3.46	1.75	0.04	0.31			0.66	1.05
梅州市	3.64	0.09		0.02			3.04	0.50
惠州市	18.50	10.82	1.40	8.04	5.79	0.77	2.49	4.43
汕尾市								
东莞市	60.54	23.20	1.72	15.77	11.53	6.62	21.82	8.91
中山市	26.90	7.77	0.37	3.49	1.39	0.39	9.70	9.04
江门市	28.99	14.59	4.24	9.47	7.87	0.60	9.53	4.27
阳江市	2.83	2.11	0.86	0.41	0.05		0.49	0.22
湛江市	1.00	0.68		0.28			0.29	0.03
茂名市	0.99	0.97		0.94	0.94		0.02	
肇庆市	13.38	10.07	8.65	0.60	1.23		1.76	1.55
清远市	12.82	11.95		10.14	9.10		0.41	0.46
潮州市								
揭阳市	11.39	8.89		0.59			2.49	
云浮市	0.47	0.10		0.06	0.04		0.37	

3-9 房地产开发经营

项　目	企业个数(个)	年初存货	流动资产合计	应收账款
总计	**6581**	**141345037**	**336943769**	**9365825**
一、按等级注册类型分	**6581**	**141345037**	**336943769**	**9365825**
内资企业	5746	111328372	255572966	7730703
国有企业	244	5012062	11021948	395705
集体企业	210	900036	2199997	151297
股份合作企业	20	10207	124574	3780
联营企业	4	659	2014	738
有限责任公司	2712	63763090	139650432	3768126
股份有限公司	161	8953489	25932215	198311
私营企业	2322	32563030	76460972	3203205
其他企业	73	125800	180815	9541
港澳台商投资企业	621	20260817	55342657	896523
外商投资企业	214	9755847	26028147	738599
二、按控股情况分	**6581**	**141345037**	**336943769**	**9365825**
国有控股	447	23204848	49524247	859598
集体控股	350	2734416	7839124	295418
私人控股	4046	61688740	140298154	5652860
港澳台商控股	626	20473836	62079865	899680
外商控股	228	10173996	26497067	740833
其他	884	23069201	50705313	917436
三、按营业状态分	**6581**	**141345037**	**336943769**	**9365825**
营业	6435	138952945	330775299	8868624
停业(歇业)	53	598022	1240651	82904
筹建	8			
当年关闭	3	216033	886867	313220
当年破产				
其他	82	1578037	4040952	101076
四、按资质等级分	**6581**	**141345037**	**336943769**	**9365825**
一级	178	13433389	47746605	919394
二级	335	13063540	34054021	553931
三级	1537	40631196	83601288	2626662
四级	1553	24910930	50692332	1472140
暂定	2406	38631382	89231620	2863324

财务指标完成情况

单位：万元

存货	固定资产合计	固定资产原价	累计折旧	本年折旧	在建工程
161858963	**12124706**	**12698742**	**2828165**	**611821**	**6000528**
161858963	**12124706**	**12698742**	**2828165**	**611821**	**6000528**
129037519	8203752	8520793	1991472	456751	4818927
5601799	286023	451906	101696	12070	112630
889060	142209	167883	56054	6257	82830
19947	48304	66641	16998	5060	2912
472	1238	1629	391	84	
71301788	5094663	4783200	1038540	278503	2888902
10983153	300066	482960	176767	15898	126461
40118439	2327049	2565389	600494	138775	1604659
122861	4199	1185	532	103	534
21639116	3221449	3078279	492072	111265	1114320
11182328	699505	1099669	344622	43805	67281
161858963	**12124706**	**12698742**	**2828165**	**611821**	**6000528**
24686775	1193069	1740182	497827	75654	827495
3709530	305099	371335	115179	15368	187717
73894421	4126623	4232093	1044818	234168	2692752
21436098	4180191	3792546	555129	172254	1114325
11321087	754606	1159064	348618	45572	68266
26811051	1565119	1403523	266595	68804	1109973
161858963	**12124706**	**12698742**	**2828165**	**611821**	**6000528**
158716858	11971288	12500447	2789322	600488	5859652
588950	35180	34957	6219	1296	25707
132521	46424	79356	17046	4295	51419
2420635	71815	83982	15578	5742	63750
161858963	**12124706**	**12698742**	**2828165**	**611821**	**6000528**
15045035	1001314	1293457	332792	47143	320642
13126810	1231670	989050	272303	41633	521081
42902008	3903117	4638776	881357	186680	1547051
27236224	1642522	1204924	294591	69114	1100191
50202954	2804577	2972036	696517	185026	2079935

3-9 续表1

项　目	企业个数(个)	年初存货	流动资产合计	应收账款
其他	572	10674599	31617902	930375
五、按隶属关系分	**6581**	**141345037**	**336943769**	**9365825**
中央	66	5608419	8494308	70095
省(自治区、直辖市)	35	807866	1920335	48077
地区(州、盟、省辖市)	778	23057107	55951130	1239330
县(区、市、旗)	628	7507134	14991986	525321
街道	63	946475	2395737	157246
镇	144	1481396	3450267	364276
乡	1		102	
社区(居委会)	28	466141	827437	6523
村委会	21	396133	872662	22224
其他	4817	101074367	248039803	6932733
六、按地区分组	**6581**	**141345037**	**336943769**	**9365825**
广州市	1185	36427790	96318162	2602700
深圳市	484	22279897	70835141	1174457
珠海市	287	9901015	17979743	750976
汕头市	240	2553183	5992497	132076
佛山市	489	18352076	40056082	628125
韶关市	305	1488475	3234860	152945
河源市	135	1167948	2496054	132517
梅州市	157	1201945	1886791	90806
惠州市	658	9907823	22255574	726761
汕尾市	22	312226	624992	33411
东莞市	435	11789836	21312078	1152583
中山市	504	9341845	17259992	448236
江门市	315	3392607	7477328	291594
阳江市	227	1251474	3255564	174944
湛江市	143	2082735	4074473	171855
茂名市	159	975805	2452208	138403
肇庆市	314	3020032	6010188	248046
清远市	307	4085117	8440996	230819
潮州市	40	437792	1226340	12070
揭阳市	75	558024	2123742	46804
云浮市	100	817392	1630964	25697

存货	固定资产合计	固定资产原价	累计折旧	本年折旧	在建工程
13345932	1541506	1600499	350605	82225	431630
161858963	**12124706**	**12698742**	**2828165**	**611821**	**6000528**
5336209	352641	601854	250008	38499	42248
934793	72850	97617	38273	3784	95113
29231520	2597282	2870562	554318	154349	731803
9110538	368716	471021	120702	20994	330409
1119059	36424	76781	27970	2704	11242
1840466	161960	150346	49380	5981	43716
	5	5	1	1	2400
410110	40864	46092	12896	3684	298
570459	59139	6886	2437	494	
113305809	8434825	8377578	1772181	381333	4743301
161858963	**12124706**	**12698742**	**2828165**	**611821**	**6000528**
42938663	4508213	5255109	940857	244041	2316355
26574086	2795343	2881124	818462	140407	1022308
10205423	230514	309896	92192	14704	69855
2682911	135312	179719	53967	5338	92759
19817076	1068694	851401	167785	32532	365648
1828696	109648	116546	32360	7531	79149
1359571	65362	55093	17014	2844	120531
1027975	88134	101265	12771	2818	41320
12419399	676106	603225	196751	28943	171265
252059	1811	3674	1615	395	202
10148332	686307	719475	157438	38500	182592
10747860	641612	601593	85949	19960	489690
4412981	131838	138479	48462	9783	226367
1625415	115044	161465	22025	5019	52462
2654949	168961	149518	32405	10454	107522
1077385	134892	143188	43420	22384	135201
3697264	92034	134716	43068	7207	248694
5498244	176537	213594	39962	13863	151729
743428	222463	11578	5870	1482	3757
1211082	42482	38939	8490	1665	106908
936164	33400	29147	7301	1954	16216

3-9 续表2

项 目	资产总计	流动负债合 计	应付账款	非流动负债合 计	负 债合 计	所有者权 益合 计	实收资本
总计	**414326436**	**254758125**	**23687992**	**71664091**	**326422215**	**87904220**	**46504167**
一、按等级注册类型分	**414326436**	**254758125**	**23687992**	**71664091**	**326422215**	**87904220**	**46504167**
内资企业	311936008	195322698	18316847	56853044	252175742	59760266	29452629
国有企业	15490249	7780628	705640	3863619	11644247	3846002	1586060
集体企业	2589128	1942204	280107	206253	2148456	440671	204925
股份合作企业	203642	110171	8503	5407	115578	88065	25000
联营企业	3252	3961	16		3961	-710	1200000
有限责任公司	166549478	109254187	10230561	27336678	136590866	29958612	16229708
股份有限公司	34828452	16601749	1159922	8238064	24839812	9988640	3064832
私营企业	92069278	59455155	5925852	17172547	76627701	15441577	7135045
其他企业	202530	174644	6246	30477	205121	-2591	7060
港澳台商投资企业	70471790	40158361	3555882	9796189	49954551	20517239	12373223
外商投资企业	31918638	19277065	1815264	5014858	24291923	7626715	4678316
二、按控股情况分	**414326436**	**254758125**	**23687992**	**71664091**	**326422215**	**87904220**	**46504167**
国有控股	63186431	33580416	3546362	13455569	47035985	16150446	5692985
集体控股	12027038	6239585	663717	2665364	8904949	3122089	1031503
私人控股	168745570	111694726	10240475	28847581	140542307	28203263	15737711
港澳台商控股	81294330	46381372	3669668	11583964	57965336	23328993	13548214
外商控股	32521239	20042428	2167706	4786524	24828953	7692287	4654996
其他	56551829	36819598	3400064	10325088	47144686	9407142	5838759
三、按营业状态分	**414326436**	**254758125**	**23687992**	**71664091**	**326422215**	**87904220**	**46504167**
营业	406907749	250197051	23145327	70640061	320837113	86070636	45060655
停业(歇业)	1361874	1058756	185159	69634	1128390	233483	124688
筹建							
当年关闭	1565326	950421	159269	166692	1117113	448213	233571
当年破产							
其他	4491487	2551896	198237	787703	3339599	1151888	1085253
四、按资质等级分	**414326436**	**254758125**	**23687992**	**71664091**	**326422215**	**87904220**	**46504167**
一级	67687286	38368495	2834182	10623156	48991651	18695635	4987740
二级	46820888	29947815	2412610	7898844	37846659	8974229	3974064
三级	101098887	61258906	6050950	18302572	79561477	21537410	12647807
四级	57517306	37627347	3961513	8394529	46021877	11495429	6993214
暂定	100731421	65037632	6649625	18260677	83298309	17433111	13801205

3-9　续表3

项　　目	资产总计	流动负债合　计	应付账款	非流动负债合　计	负　债合　计	所有者权益合计	实收资本
其他	40470648	22517929	1779112	8184313	30702242	9768406	4100138
五、按隶属关系分	**414326436**	**254758125**	**23687992**	**71664091**	**326422215**	**87904220**	**46504167**
中央	9196283	5867559	589924	1661990	7529549	1666734	695805
省(自治区、直辖市)	2886454	1443010	75693	778463	2221473	664981	467036
地区(州、盟、省辖市)	73201317	42255220	3927605	13895315	56150535	17050781	8437775
县(区、市、旗)	17259862	11178943	1145584	2783984	13962927	3296935	3330157
街道	2598139	1681531	314231	398198	2079728	518411	175324
镇	3916143	2717495	399924	419333	3136827	779316	205468
乡	2507					2507	100
社区(居委会)	1056235	691658	46249	130205	821863	234372	109643
村委会	978632	585563	48170	202427	787990	190643	134032
其他	303230865	188337147	17140612	51394176	239731324	63499541	32948827
六、按地区分组	**414326436**	**254758125**	**23687992**	**71664091**	**326422215**	**87904220**	**46504167**
广州市	122433380	74103129	5946822	22239698	96342827	26090553	16035604
深圳市	98812769	54614708	3915001	18570716	73185424	25627346	8925345
珠海市	19969386	10185606	1215421	5027864	15213470	4755916	2495306
汕头市	7865156	4651789	411021	1314944	5966733	1898423	846553
佛山市	44968003	29602722	2606782	6597430	36200152	8767851	5002614
韶关市	3677042	2305889	396919	569496	2875385	801657	469898
河源市	2954387	1816175	238606	510334	2326509	627878	415267
梅州市	2214371	1294167	209344	244052	1538219	676152	310141
惠州市	24634883	17032053	1960250	4211393	21243447	3391437	2530620
汕尾市	698925	526084	84457	9550	535634	163290	74775
东莞市	25095477	16705013	1998055	3700638	20405651	4689827	1791264
中山市	19322170	13413705	1582751	2546431	15960136	3362034	1933910
江门市	8592342	5407868	709558	1356236	6764104	1828239	1281290
阳江市	3734862	2460997	265192	459065	2920062	814800	373871
湛江市	4667609	2929206	322276	812178	3741385	926224	470094
茂名市	3035625	2199395	315226	260738	2460133	575492	503525
肇庆市	6814735	4582855	520282	1102718	5685574	1129161	753758
清远市	9130722	6594656	576434	1556836	8151492	979230	721356
潮州市	1306236	937021	81494	161442	1098462	207774	130763
揭阳市	2505609	2028942	152523	197930	2226872	278737	196152
云浮市	1892747	1366145	179579	214402	1580547	312200	1242062

3-9 续表4

项目	营业收入	主营业务收入					营业成本		营业税金及附加	
			土地转让收入	商品房屋销售收入	房屋出租收入	其他收入		主营业务成本		主营业务税金及附加
总计	**73309588**	**72771741**	**479395**	**69290025**	**1675687**	**1326634**	**46604097**	**46110083**	**8143223**	**8054263**
一、按等级注册类型分	**73309588**	**72771741**	**479395**	**69290025**	**1675687**	**1326634**	**46604097**	**46110083**	**8143223**	**8054263**
内资企业	58145407	57727414	456026	55176224	913872	1181292	38145586	37723910	6246609	6182665
国有企业	2302054	2281492	49593	1620075	67094	544731	1492888	1471865	250469	248295
集体企业	605418	602411	29233	505840	14617	52721	422935	420866	55704	55529
股份合作企业	48017	48017		40966	6187	864	22584	21331	3882	3780
联营企业	320	320				320	169	169	31	31
有限责任公司	32636829	32391626	314760	31448861	384482	243523	21486190	21178282	3548406	3507106
股份有限公司	5471457	5452700	4572	5129988	173187	144953	3199199	3180187	566717	566709
私营企业	17068211	16937747	57868	16417464	268236	194180	11511077	11440665	1821387	1801202
其他企业	13100	13100		13029	71		10545	10545	12	12
港澳台商投资企业	10997624	10903289	7225	10351620	493166	51280	5766448	5700579	1493881	1470480
外商投资企业	4166558	4141038	16144	3762182	268649	94063	2692063	2685595	402734	401118
二、按控股情况分	**73309588**	**72771741**	**479395**	**69290025**	**1675687**	**1326634**	**46604097**	**46110083**	**8143223**	**8054263**
国有控股	13449787	13391774	50170	12375177	223664	742763	7789528	7606577	1746153	1741510
集体控股	1574529	1570453	49124	1358828	89867	72633	1001636	993839	151893	150858
私人控股	30155020	29880112	260279	28913866	411846	294121	20377591	20235965	3106841	3066614
港澳台商控股	11231004	11129817	8810	10518237	537205	65566	5916188	5850538	1515611	1491994
外商控股	4927703	4902453	184	4542350	267473	92445	3264210	3211300	476136	474342
其他	11971546	11897133	110827	11581567	145632	59107	8254943	8211864	1146590	1128946
三、按营业状态分	**73309588**	**72771741**	**479395**	**69290025**	**1675687**	**1326634**	**46604097**	**46110083**	**8143223**	**8054263**
营业	72315715	71818311	453259	68396503	1654500	1314049	45923616	45433064	8040225	7955634
停业(歇业)	251195	251134	7686	241687	1111	650	191766	191766	31416	31335
筹建										
当年关闭	374884	336344	2685	315464	7809	10386	243428	240637	43511	40559
当年破产										
其他	367794	365953	15765	336371	12267	1550	245287	244616	28071	26735
四、按资质等级分	**73309588**	**72771741**	**479395**	**69290025**	**1675687**	**1326634**	**46604097**	**46110083**	**8143223**	**8054263**
一级	9904520	9709519	900	9389172	219550	99897	5050119	4998522	1363812	1348108
二级	6360433	6287949	88209	5980058	137266	82416	3860465	3801736	792321	786801
三级	21019497	20929953	253380	19429504	548255	698814	13520419	13325535	2224826	2211153
四级	13359329	13260246	44137	12963103	130469	122537	9200261	9165562	1348320	1322904
暂定	17006373	16949440	15311	16517801	249915	166414	11756320	11611946	1632428	1610786

3-9 续表5

项目	营业收入	主营业务收入					营业成本		营业税金及附加	
		主营业务收入	土地转让收入	商品房屋销售收入	房屋出租收入	其他收入		主营业务成本		主营业务税金及附加
其他	5659435	5634634	77458	5010388	390233	156556	3216513	3206783	781518	774510
五、按隶属关系分	**73309588**	**72771741**	**479395**	**69290025**	**1675687**	**1326634**	**46604097**	**46110083**	**8143223**	**8054263**
中央	4034757	4034381		3923232	23733	87416	2381478	2380168	378142	378117
省(自治区、直辖市)	377331	375496	47	215417	9093	150939	285706	284529	17961	17713
地区(州、盟、省辖市)	10520324	10367717	4456	9556584	324668	482009	6247727	6200730	1349860	1344663
县(区、市、旗)	3058631	3033631	42799	2924602	36523	29706	2119995	2081146	297420	295984
街道	575401	574946		551017	9024	14905	301945	293727	103371	101497
镇	907473	903521	69357	788940	13586	31638	581574	575434	90084	88725
乡										
社区(居委会)	296167	296166	16400	274308	2157	3302	215159	215159	16248	15980
村委会	172368	172368		171871	332	164	122418	122418	13479	13460
其他	53367138	53013516	346335	50884054	1256573	526554	34348094	33956772	5876658	5798125
六、按地区分组	**73309588**	**72771741**	**479395**	**69290025**	**1675687**	**1326634**	**46604097**	**46110083**	**8143223**	**8054263**
广州市	20561080	20418638	37991	19106513	727146	546988	11834748	11764905	2315235	2310917
深圳市	12225892	12060453	2209	11006498	662688	389058	6684760	6631099	1827020	1799527
珠海市	3524383	3499716	7277	3427479	19807	45153	2407530	2278145	356092	353651
汕头市	1092365	1090808	399	1069000	13136	8273	772759	770386	97870	94452
佛山市	7813097	7741265	12376	7647038	48516	33334	5144248	5114984	845227	826169
韶关市	1072582	1071581	32279	1033251	4774	1278	808811	807847	85089	84844
河源市	616348	615102	360	609354	485	4903	451211	442811	38984	38952
梅州市	742827	742812	109893	554206	16421	62293	525480	516731	66908	66198
惠州市	4608048	4587282	9017	4524919	22553	30793	3302336	3286145	405699	400370
汕尾市	327660	327660		327457		203	258621	258403	31755	31755
东莞市	6668435	6629334	103860	6413564	58271	53639	4434416	4389073	691676	687994
中山市	4090821	4067442	115586	3894557	31338	25961	2909663	2895328	402131	394007
江门市	2023063	2022328	1328	1977917	4709	38374	1453736	1452935	211266	205697
阳江市	1091113	1090798	10038	1059639	10059	11062	730860	724630	112096	110712
湛江市	1471022	1447982	10471	1432014	4863	634	1112221	1070306	122770	122680
茂名市	1280151	1268312	10111	1238394	2194	17613	883476	870738	140262	139738
肇庆市	1556252	1555714	2682	1515995	6560	30477	1110166	1105996	147348	142806
清远市	1230610	1226341	13144	1209151	2011	2036	884291	882035	131756	130131
潮州市	344049	343959		333025	223	10711	238429	238429	27421	27421
揭阳市	320155	316208		296701	7227	12280	235120	235120	36137	36137
云浮市	649638	648006	374	613355	32706	1571	421214	374040	50485	50106

3-9 续表6

项　目	其他业务利润	销售费用	管理费用		财务费用			资产减值损失	公允价值变动收益	投资收益
				税金		利息收入	利息支出			
总计	**581078**	**2819666**	**3451923**	**243539**	**1765006**	**660992**	**1757107**	**11605**	**906820**	**3068976**
一、按等级注册类型分	**581078**	**2819666**	**3451923**	**243539**	**1765006**	**660992**	**1757107**	**11605**	**906820**	**3068976**
内资企业	371296	2146188	2634448	177834	1336735	548864	1375177	18604	348506	2720436
国有企业	8308	46288	128978	6841	37727	44802	71734	372	2801	89455
集体企业	3685	13216	37096	3205	7494	2239	5519	31		1792
股份合作企业	162	3506	10260	207	56	347	385	58		2551
联营企业	54	1	154	23	137	1	138			
有限责任公司	211472	1225100	1250300	94974	634431	201313	560568	9096	7714	1998116
股份有限公司	44330	139453	257465	12649	142693	263872	335205	5870	356028	437943
私营企业	103259	716427	949385	59933	513879	36287	401314	3176	-18037	190578
其他企业	26	2198	812	2	317	4	314			
港澳台商投资企业	77821	445430	553997	44032	286808	89476	262451	-18776	12846	172982
外商投资企业	131961	228048	263479	21673	141463	22653	119479	11778	545468	175558
二、按控股情况分	**581078**	**2819666**	**3451923**	**243539**	**1765006**	**660992**	**1757107**	**11605**	**906820**	**3068976**
国有控股	59957	338559	422270	25203	132989	410011	467852	12322	14978	947039
集体控股	8583	72465	112652	8680	77780	6881	43658	-292	345281	26594
私人控股	249401	1229132	1653502	109155	872515	67142	648962	4231	-17835	1035677
港澳台商控股	75850	447639	595157	50300	342898	123478	347728	-18482	12602	927429
外商控股	131066	266375	254764	23965	127504	23534	104347	11539	545468	175703
其他	56221	465496	413579	26236	211321	29946	144562	2287	6325	-43466
三、按营业状态分	**581078**	**2819666**	**3451923**	**243539**	**1765006**	**660992**	**1757107**	**11605**	**906820**	**3068976**
营业	578200	2781763	3404445	241067	1741383	658386	1743606	11349	906212	3081055
停业(歇业)	4	9003	6750	402	5142	771	3970	261		-577
筹建										
当年关闭	2466	6709	15117	1171	8903	1206	3392	-5	608	28845
当年破产										
其他	408	22192	25611	899	9578	630	6140			-40347
四、按资质等级分	**581078**	**2819666**	**3451923**	**243539**	**1765006**	**660992**	**1757107**	**11605**	**906820**	**3068976**
一级	223974	255790	447959	21625	352684	116424	340186	15854	331532	1981215
二级	68292	249882	370110	24537	257977	77328	272195	4224	11169	508900
三级	150907	691413	932063	77515	437733	123636	372424	9962	1909	339021
四级	39568	484744	510319	35269	171163	26484	135956	3848	2820	94203
暂定	55432	898701	829630	67241	329671	59663	263902	-19059	3735	-204376

3-9　续表7

项　　目	其他业务利润	销售费用	管理费用		财务费用			资产减值损失	公允价值变动收益	投资收益
				税金		利息收入	利息支出			
其他	42905	239138	361843	17352	215777	257457	372445	-3225	555655	350013
五、按隶属关系分	**581078**	**2819666**	**3451923**	**243539**	**1765006**	**660992**	**1757107**	**11605**	**906820**	**3068976**
中央	150	69196	46742	5805	8974	34704	35675	-469		3271
省(自治区、直辖市)	1481	10424	37897	1317	16150	4121	16108	598	266	16689
地区(州、盟、省辖市)	147091	363032	597002	46764	385599	160173	410246	10760	-2847	1132301
县(区、市、旗)	43882	121850	163871	9615	40900	11061	36588	-3368	109	14645
街道	-113	15931	22383	1388	4135	2361	2737	196		2398
镇	4196	39340	45501	3326	12439	3023	12589	246		5569
乡										
社区(居委会)	1543	12459	8373	355	6371	1828	7845	212		2848
村委会	358	5543	6048	792	941	110	479			84
其他	382490	2181892	2524106	174177	1289497	443612	1234842	3430	909292	1891172
六、按地区分组	**581078**	**2819666**	**3451923**	**243539**	**1765006**	**660992**	**1757107**	**11605**	**906820**	**3068976**
广州市	291910	701139	1070308	91398	608626	107143	544166	3674	18641	524863
深圳市	116497	501157	734605	27791	533868	423632	753653	20870	901779	2037490
珠海市	3651	114535	138615	5389	50038	15719	54396	1915	-1	95967
汕头市	1088	24356	51336	2970	20858	7795	18606	1847	39	7360
佛山市	6620	262732	266086	20093	99768	36445	85325	-15995	677	71533
韶关市	2003	32006	48053	4583	13223	904	10212	8	10	24815
河源市	822	20092	28609	3133	12549	672	10767	37	0	121
梅州市	1419	24578	23816	2980	18422	422	3384	14	20	25
惠州市	10548	314397	212440	18863	122135	28732	108216	-6346	-3224	41648
汕尾市	251	9059	82398	564	348	881	1095			31
东莞市	51365	305111	234909	17919	101341	20687	56226	3024	-11318	171859
中山市	5281	151203	149191	14893	47830	7063	27584	775	-4	28761
江门市	24840	75725	84601	7992	20578	3595	14938	13	-1	57038
阳江市	7020	32535	45987	3525	12045	286	7629	778	2	2452
湛江市	3485	33977	45669	3258	21445	844	11653	-73	3	586
茂名市	48712	17678	29651	2724	24199	311	12480	10		265
肇庆市	3330	54789	76220	5195	23378	1794	17298	1097	-250	3182
清远市	1331	113694	83310	4620	23448	1503	14256	-89	436	-2114
潮州市	162	5053	9999	2071	2085	205	1202			6
揭阳市	196	8320	17099	2041	6397	913	1170			3
云浮市	547	17532	19021	1538	2427	1443	2854	48	10	3086

3-9 续表8

项目	营业利润	营业外收入	补贴收入	营业外支出	利润总额	应交所得税	应付职工薪酬
总计	**14602242**	**284638**	**39509**	**414415**	**14594675**	**2946488**	**2000279**
一、按等级注册类型分	**14602242**	**284638**	**39509**	**414415**	**14594675**	**2946488**	**2000279**
内资企业	10727289	253527	39194	315564	10755895	2203873	1501830
国有企业	428834	19717	33536	6353	481863	79636	102170
集体企业	71722	41773	200	37603	76312	14772	16505
股份合作企业	10337	160	55	642	9855	1279	1380
联营企业	-118				-118		16
有限责任公司	6512290	138547	1852	147404	6540582	1216760	718381
股份有限公司	1954286	22970	5	15542	1961600	361455	182667
私营企业	1750721	30357	3546	108013	1686586	529370	480282
其他企业	-783	5		7	-785	602	429
港澳台商投资企业	2631531	22532	140	70010	2612770	608684	305118
外商投资企业	1243422	8578	175	28841	1226011	133930	193331
二、按控股情况分	**14602242**	**284638**	**39509**	**414415**	**14594675**	**2946488**	**2000279**
国有控股	3982719	50913	34486	18991	4054305	749329	367785
集体控股	529083	45517	985	42646	536262	130126	66865
私人控股	3957929	63515	3409	207280	3831703	913699	820665
港澳台商控股	3346658	28328	140	76369	3327553	642084	309398
外商控股	1343781	9298	425	28841	1327090	162142	209884
其他	1442072	87067	64	40288	1517762	349108	225681
三、按营业状态分	**14602242**	**284638**	**39509**	**414415**	**14594675**	**2946488**	**2000279**
营业	14512790	278438	39510	405924	14507353	2926991	1948227
停业(歇业)	6364	4017	-1	4141	6241	2314	21432
筹建							
当年关闭	85984	1412		506	86890	9012	8271
当年破产							
其他	-2896	771		3844	-5808	8170	22348
四、按资质等级分	**14602242**	**284638**	**39509**	**414415**	**14594675**	**2946488**	**2000279**
一级	4824837	20787	1053	53330	4796380	707400	302135
二级	1320306	26529	14	43566	1338668	257200	192236
三级	3555312	48584	33072	113105	3558439	805076	461634
四级	1773644	72845	2320	99584	1746218	410400	334217
暂定	1368775	105972	2825	73752	1415559	494805	471309

3-9　续表9

项　　目	营业利润	营业外收入	补贴收入	营业外支出	利润总额	应交所得税	应付职工薪酬
其他	1759369	9921	225	31078	1739411	271606	238748
五、按隶属关系分	**14602242**	**284638**	**39509**	**414415**	**14594675**	**2946488**	**2000279**
中央	1153966	6955		3550	1157370	195659	49003
省(自治区、直辖市)	24981	796	15	2205	24628	3264	28112
地区(州、盟、省辖市)	2668667	50634	1888	67289	2677068	522862	355304
县(区、市、旗)	341608	10638	30249	9479	382258	88549	93541
街道	137064	35867	258	34778	138630	40524	14052
镇	140506	4806	-21	2660	148161	36308	19417
乡							45
社区(居委会)	41156	737		879	41267	5223	3480
村委会	24296	34		90	24325	8106	2289
其他	10069997	174170	7120	293485	10000968	2045994	1435036
六、按地区分组	**14602242**	**284638**	**39509**	**414415**	**14594675**	**2946488**	**2000279**
广州市	4685873	63681	31265	156515	4662185	880187	575200
深圳市	4862244	48380	339	59952	4851326	777532	442933
珠海市	546834	76718	66	7826	617314	175660	105260
汕头市	131773	1574	927	9799	123873	42601	22380
佛山市	1279630	46747	2222	53228	1301649	295818	152811
韶关市	111031	533		4681	107218	40487	27397
河源市	64477	1485	2	2530	63431	12889	19640
梅州市	87481	4398		9957	81922	15675	15169
惠州市	288049	6982	870	24119	268225	107785	141978
汕尾市	-54497	54		2055	-56485	4836	4391
东莞市	1066438	8693	16	18101	1059516	184210	124575
中山市	441203	5537	59	18064	446949	130459	81555
江门市	237228	3850	39	8806	231787	59826	85438
阳江市	159766	2601		3779	158760	29403	24528
湛江市	149939	1755	915	5057	147664	31930	28361
茂名市	187564	3176	5	3417	187430	28668	22440
肇庆市	146561	5610	3081	9114	145322	34743	41327
清远市	-5897	2318	-299	11025	-14636	46779	48580
潮州市	61140	1		315	60825	18821	7439
揭阳市	13332	69	3	845	12562	9181	13781
云浮市	142074	477	1	5230	137840	18999	15096

第4篇

服务业企业财务状况

4-1　服务业企业法人单位主要指标

行　业	法人单位数（个）	资产总计（万元）	营业收入（万元）	从业人员期末人数（人）
合计	**266573**	**3321698430**	**343517635**	**6792742**
交通运输、仓储和邮政业	**26079**	**188324173**	**57323895**	**1314375**
铁路运输业	20	34333067	2873350	151752
道路运输业	8979	75282252	13672696	536388
水上运输业	1262	24266380	6386705	77489
航空运输业	143	21620681	11310025	105010
管道运输业	16	227836	51344	453
装卸搬运和运输代理业	12865	16984191	16461719	209394
仓储业	1468	12431255	4053131	54606
邮政业	1326	3178511	2514925	179283
信息传输、软件和信息技术服务业	**26704**	**74876182**	**39889853**	**695514**
电信、广播电视和卫星传输服务	861	36640621	18705218	150552
互联网和相关服务	3095	8893604	4928062	63054
软件和信息技术服务业	22748	29341957	16256573	481908
金融业	**2234**	**1952164102**	**69360375**	**513978**
货币金融服务	908	1800384406	45741467	224560
资本市场服务	137	75804997	5442861	65893
保险业	1081	65109450	16893286	219199
其他金融业	108	10865249	1282762	4326
房地产业	**40968**	**537937974**	**90001400**	**1145811**
房地产业	40968	537937974	90001400	1145811
租赁和商务服务业	**98505**	**481978692**	**52491217**	**1603630**
租赁业	2941	3808137	903140	42509
商务服务业	95564	478170555	51588076	1561121
科学研究和技术服务业	**32151**	**41157186**	**20259973**	**592792**
研究和试验发展	5131	10860249	4267685	92940
专业技术服务业	21930	25324455	14328606	438340
科技推广和应用服务业	5090	4972483	1663682	61512
水利、环境和公共设施管理业	**3240**	**20815287**	**2541272**	**101766**
水利管理业	270	3881622	215669	7539
生态保护和环境治理业	573	2259844	481563	12928
公共设施管理业	2397	14673821	1844040	81299
居民服务、修理和其他服务业	**16243**	**4741578**	**3541577**	**352011**
居民服务业	5661	1308428	926391	104690
机动车、电子产品和日用产品修理业	7656	1812254	1544751	93176
其他服务业	2926	1620895	1070435	154145
教育	**5858**	**4931880**	**1985363**	**170042**
教育	5858	4931880	1985363	170042
卫生和社会工作	**2253**	**2608861**	**1788171**	**89859**
卫生	2134	2450015	1755484	85213
社会工作	119	158846	32686	4646
文化、体育和娱乐业	**11664**	**12092898**	**4294914**	**197603**
新闻和出版业	317	2751892	1080472	25678
广播、电视、电影和影视录音制作业	881	1992271	1052407	21959
文化艺术业	1559	851549	230423	16983
体育	1445	2527706	588609	36629
娱乐业	7462	3969480	1343004	96354
公共管理、社会保障和社会组织	**674**	**69618**	**39625**	**15361**
中国共产党机关				
国家机构				
人民政协、民主党派				
社会保障				
群众团体、社会团体和其他成员组织	674	69618	39625	15361
基层群众自治组织				

说明：本表统计口径为扣除批发零售业和住宿餐饮业的服务业企业法人单位。

4-2 交通运输、仓储和邮政业企业法人单位主要指标

行　业	法人单位数（个）	资产总计（万元）	营业收入（万元）	从业人员期末人数（人）
合计	**26079**	**188324173**	**57323895**	**1314375**
铁路运输业	**20**	**34333067**	**2873350**	**151752**
道路运输业	**8979**	**75282252**	**13672696**	**536388**
城市公共交通运输	608	36592733	3196979	229332
公路旅客运输	625	3049962	1663168	86264
道路货物运输	6898	5503144	5623821	167901
道路运输辅助活动	848	30136413	3188728	52891
水上运输业	**1262**	**24266380**	**6386705**	**77489**
水上旅客运输	123	472221	226700	7475
水上货物运输	672	12349794	3704830	31024
水上运输辅助活动	467	11444364	2455176	38990
航空运输业	**143**	**21620681**	**11310025**	**105010**
航空客货运输	92	18923193	10378216	85271
通用航空服务	27	405216	104283	974
航空运输辅助活动	24	2292272	827526	18765
管道运输业	**16**	**227836**	**51344**	**453**
管道运输业	16	227836	51344	453
装卸搬运和运输代理业	**12865**	**16984191**	**16461719**	**209394**
装卸搬运	838	2741356	789269	34729
运输代理业	12027	14242835	15672450	174665
仓储业	**1468**	**12431255**	**4053131**	**54606**
谷物、棉花等农产品仓储	204	2181386	828749	4230
其他仓储业	1264	10249869	3224381	50376
邮政业	**1326**	**3178511**	**2514925**	**179283**
邮政基本服务	76	1158234	901934	82489
快递服务	1250	2020278	1612991	96794

4-3　交通运输、仓储和邮政业企业法人单位分地区主要指标

地　区	法人单位数（个）	资产总计（万元）	营业收入（万元）	从业人员期末人数（人）
合　计	**26079**	**188324173**	**57323895**	**1314375**
广州市	5760	62925319	20684422	408170
深圳市	9195	53397549	23075182	346464
珠海市	1095	3269093	877820	32785
汕头市	835	1383858	772636	23735
佛山市	1599	7948700	1546424	60463
韶关市	273	374283	281002	12638
河源市	186	207002	87581	7548
梅州市	261	328409	180593	9527
惠州市	731	4716678	991856	31281
汕尾市	114	114458	63213	5367
东莞市	1952	7297023	1901646	75457
中山市	867	1416040	540431	26640
江门市	654	1593509	617998	21427
阳江市	198	666440	241967	9777
湛江市	726	2496304	821469	30609
茂名市	344	996062	681487	15443
肇庆市	356	1595448	298661	13828
清远市	331	1095696	294771	11082
潮州市	222	285504	140712	6258
揭阳市	213	243525	163713	7393
云浮市	147	1640208	186962	6731

说明：本表分市数据不含铁路运输业。

4-4 交通运输、仓储和邮政业企业法人单位分登记注册类型主要指标

登记注册类型	法人单位数（个）	资产总计（万元）	营业收入（万元）	从业人员期末人数（人）
合　计	**26079**	**188324173**	**57323895**	**1314375**
内资企业	**24753**	**129989643**	**47139695**	**1045348**
国有企业	620	30762888	5426477	180329
集体企业	463	669411	257997	16448
股份合作企业	182	56215	41034	2116
联营企业	178	213552	120857	3795
国有联营企业	18	133354	87894	1269
集体联营企业	18	12665	5806	477
国有与集体联营企业	6	6112	4364	275
其他联营企业	136	61422	22794	1774
有限责任公司	6093	55489854	13057516	397418
国有独资公司	128	21225261	1736297	37626
其他有限责任公司	5965	34264593	11321219	359792
股份有限公司	415	26894284	14499764	137541
私营企业	15818	15385903	13481162	293728
私营独资企业	1657	394081	319344	17320
私营合伙企业	458	418553	396939	5645
私营有限责任公司	13384	14182450	12387019	264305
私营股份有限公司	319	390819	377860	6458
其他企业	984	517537	254888	13973
港、澳、台商投资企业	**907**	**12446812**	**4280022**	**75163**
与港澳台商合资经营企业	152	6573147	2082272	36812
与港澳台商合作经营企业	221	2827861	735582	10403
港澳台商独资经营企业	455	2890899	1395091	25472
港澳台商投资股份有限公司	16	90331	48607	1030
其他港澳台投资企业	63	64576	18471	1446
外商投资企业	**399**	**11554651**	**3030827**	**42112**
中外合资经营企业	128	4256403	1169762	18535
中外合作经营企业	107	4983323	774405	11761
外资企业	131	1478454	1011516	9953
外商投资股份有限公司	10	650075	38654	1257
其他外商投资企业	23	186396	36490	606

说明：本表各注册类型数据不含铁路运输业。

4-5　信息传输、软件和信息技术服务业企业法人单位主要指标

行　业	法人单位数（个）	资产总计（万元）	营业收入（万元）	从业人员期末人数（人）
合计	**26704**	**74876182**	**39889853**	**695514**
电信、广播电视和卫星传输服务	**861**	**36640621**	**18705218**	**150552**
电信	686	34114925	17909780	131955
广播电视传输服务	150	2326505	733568	17605
卫星传输服务	25	199191	61870	992
互联网和相关服务	**3095**	**8893604**	**4928062**	**63054**
互联网接入及相关服务	495	386212	157331	10784
互联网信息服务	1952	8068578	4489350	43039
其他互联网服务	648	438814	281382	9231
软件和信息技术服务业	**22748**	**29341957**	**16256573**	**481908**
软件开发	15691	20266350	11690887	337181
信息系统集成服务	1596	3445388	1963332	44074
信息技术咨询服务	2953	2236849	1071617	44995
数据处理和存储服务	545	768151	343679	19538
集成电路设计	595	900585	417591	10121
其他信息技术服务业	1368	1724634	769469	25999

4-6　信息传输、软件和信息技术服务业企业法人单位分地区主要指标

地　区	法人单位数（个）	资产总计（万元）	营业收入（万元）	从业人员期末人数（人）
合　计	**26704**	**74876182**	**39889853**	**695514**
广州市	7892	31439160	12631729	225396
深圳市	10966	27523801	16159537	305272
珠海市	1487	2010985	1089026	30315
汕头市	387	848043	627733	7602
佛山市	1274	2087287	1548889	22470
韶关市	107	390153	228098	3690
河源市	139	375784	193509	3672
梅州市	137	337589	236566	4383
惠州市	594	1027137	749593	9783
汕尾市	47	386956	199030	3588
东莞市	1462	3008743	2425456	27264
中山市	658	1047596	797176	12317
江门市	394	683266	511158	4352
阳江市	138	331567	221042	2905
湛江市	262	670720	482045	6499
茂名市	218	585862	407543	7065
肇庆市	184	483028	353048	5215
清远市	158	419211	305565	4123
潮州市	60	426169	209098	2643
揭阳市	84	494280	355497	4360
云浮市	56	298845	158515	2600

4-7 信息传输、软件和信息技术服务业企业法人单位分登记注册类型主要指标

登记注册类型	法人单位数（个）	资产总计（万元）	营业收入（万元）	从业人员期末人数（人）
合 计	**26704**	**74876182**	**39889853**	**695514**
内资企业	**25339**	**60243566**	**30932364**	**575437**
国有企业	130	1804970	1927412	15007
集体企业	51	68265	14981	939
股份合作企业	81	10959	9249	848
联营企业	139	752202	66065	1609
国有联营企业	2	165722	49102	336
集体联营企业	1			
国有与集体联营企业	4	531898	3545	122
其他联营企业	132	54582	13419	1151
有限责任公司	5578	34303995	13370712	194804
国有独资公司	33	4014002	3016299	14057
其他有限责任公司	5545	30289993	10354412	180747
股份有限公司	429	8385276	5328459	66226
私营企业	18057	14644434	10087393	288527
私营独资企业	1346	489672	304271	13604
私营合伙企业	500	120438	77545	4874
私营有限责任公司	15935	13375196	9330880	258380
私营股份有限公司	276	659129	374697	11669
其他企业	874	273464	128095	7477
港、澳、台商投资企业	**884**	**8328732**	**4675926**	**63399**
与港澳台商合资经营企业	89	971930	500507	8237
与港澳台商合作经营企业	14	20092	2758	144
港澳台商独资经营企业	699	7009934	4047284	50784
港澳台商投资股份有限公司	36	230465	93893	3075
其他港澳台投资企业	46	96311	31485	1159
外商投资企业	**481**	**6303884**	**4281563**	**56678**
中外合资经营企业	74	1034021	602421	7097
中外合作经营企业	16	472299	18796	258
外资企业	340	3129151	1753105	41539
外商投资股份有限公司	20	1320194	1583624	5944
其他外商投资企业	31	348219	323616	1840

4-8 金融业企业法人单位分地区主要指标

地 区	法人单位数（个）	资产总计（万元）	营业收入（万元）	从业人员期末人数（人）
合 计	**2234**	**1952164102**	**69360375**	**513978**
广州市	381	451405377	17109220	56618
深圳市	541	869863862	24488548	373280
珠海市	98	56654314	1923413	4057
汕头市	70	31907666	1297243	3814
佛山市	145	139467618	5847720	13035
韶关市	62	14094447	637662	1396
河源市	44	8598922	465012	2057
梅州市	48	13778100	655556	3099
惠州市	107	37557887	1793665	5113
汕尾市	24	5367879	224193	1307
东莞市	124	108204249	5212659	14860
中山市	92	46989180	2070441	3209
江门市	101	38787722	1652382	4582
阳江市	41	9279545	499235	2064
湛江市	64	31701223	1220624	7776
茂名市	53	17883281	821664	4068
肇庆市	68	18756679	915202	4330
清远市	61	16070539	776771	2757
潮州市	40	9959911	431640	1845
揭阳市	41	17148182	870093	3259
云浮市	29	8687520	447434	1452

说明：本表所有数据由国家统计局反馈。

4-9 房地产业企业法人单位主要指标

行　业	法人单位数（个）	资产总计（万元）	营业收入（万元）	从业人员期末人数（人）
合计	**40968**	**537937974**	**90001400**	**1145811**
房地产开发经营	9894	444324101	75988414	263038
物业管理	15448	35292793	8595957	658484
房地产中介服务	8643	10800031	1972126	127752
自有房地产经营活动	4938	19551575	2296272	76706
其他房地产业	2045	27969475	1148631	19831

4-10 房地产业企业法人单位分地区主要指标

地　区	法人单位数（个）	资产总计（万元）	营业收入（万元）	从业人员期末人数（人）
合　计	**40968**	**537937974**	**90001400**	**1145811**
广州市	10976	155294800	26794867	327041
深圳市	6987	133640410	16497263	342121
珠海市	2098	25170312	3923835	45968
汕头市	826	8669685	1215340	15803
佛山市	3151	60493630	9288112	74922
韶关市	649	4485699	1133798	12760
河源市	522	3906371	762860	9347
梅州市	378	2438902	785194	6875
惠州市	3635	30960552	5485525	60883
汕尾市	151	903513	352466	3380
东莞市	3496	36805127	7345906	72826
中山市	1741	22347830	4405978	40672
江门市	1367	12679542	2253407	21314
阳江市	683	4163492	1396296	13075
湛江市	955	6485506	1688398	19708
茂名市	719	4027551	1951154	19190
肇庆市	909	8140723	1842554	20371
清远市	941	10638587	1376128	21897
潮州市	178	1510433	374020	3639
揭阳市	253	2674033	376789	6495
云浮市	353	2501277	751513	7524

4-11　房地产业企业法人单位分登记注册类型主要指标

登记注册类型	法人单位数（个）	资产总计（万元）	营业收入（万元）	从业人员期末人数（人）
合计	**40968**	**537937974**	**90001400**	**1145811**
内资企业	**38971**	**410100189**	**72388493**	**1017312**
国有企业	812	9630787	1196397	46029
集体企业	2052	7653696	1508970	53942
股份合作企业	682	2002809	289655	13451
联营企业	237	717974	148781	5047
国有联营企业	23	78848	25718	705
集体联营企业	61	161538	20135	1412
国有与集体联营企业	5	12695	7400	268
其他联营企业	148	464893	95527	2662
有限责任公司	13562	224825148	40735592	446910
国有独资公司	211	14082684	2132963	20494
其他有限责任公司	13351	210742464	38602629	426416
股份有限公司	741	38253265	5896993	24233
私营企业	19157	123400734	22023392	401596
私营独资企业	1657	2759915	627720	19224
私营合伙企业	365	250900	75403	3475
私营有限责任公司	16628	111504707	19632383	367641
私营股份有限公司	507	8885211	1687887	11256
其他企业	1728	3615777	588714	26104
港、澳、台商投资企业	**1523**	**91423682**	**12360672**	**83979**
与港澳台商合资经营企业	302	15016917	2202839	19933
与港澳台商合作经营企业	265	20477721	2938348	12267
港澳台商独资经营企业	881	53948547	6914509	50309
港澳台商投资股份有限公司	27	1361765	217066	609
其他港澳台投资企业	48	618733	87909	861
外商投资企业	**474**	**36414102**	**5252236**	**44520**
中外合资经营企业	136	10159689	1717257	12589
中外合作经营企业	71	3841053	347076	1809
外资企业	221	21350477	3122929	29176
外商投资股份有限公司	25	1019793	59197	538
其他外商投资企业	21	43091	5776	408

4-12 租赁和商务服务业企业法人单位主要指标

行业	法人单位数（个）	资产总计（万元）	营业收入（万元）	从业人员期末人数（人）
合计	**98505**	**481978692**	**52491217**	**1603630**
租赁业	**2941**	**3808137**	**903140**	**42509**
机械设备租赁	2755	3725848	865520	40336
文化及日用品出租	186	82288	37620	2173
商务服务业	**95564**	**478170555**	**51588076**	**1561121**
企业管理服务	32894	398688853	19606049	466115
法律服务	1588	426017	660462	33641
咨询与调查	25183	30408943	5347863	284751
广告业	14266	6157617	6485292	132838
知识产权服务	1097	260883	185143	11572
人力资源服务	3187	1320948	2756527	218438
旅行社及相关服务	2432	3368475	4732511	44484
安全保护服务	690	632482	891559	149756
其他商务服务业	14227	36906337	10922670	219526

4-13 租赁和商务服务业企业法人单位分地区主要指标

地区	法人单位数（个）	资产总计（万元）	营业收入（万元）	从业人员期末人数（人）
合 计	**98505**	**481978692**	**52491217**	**1603630**
广州市	25709	149498733	19997956	486620
深圳市	29320	190395723	16769423	556808
珠海市	5399	26400406	1718054	44935
汕头市	1277	2624871	255153	11129
佛山市	7867	35179625	2662282	84502
韶关市	790	2699267	120045	10449
河源市	828	1051029	126646	6560
梅州市	618	2633105	201727	6164
惠州市	3638	11932862	984011	38968
汕尾市	204	85688	49963	3217
东莞市	9466	27460116	3060868	155852
中山市	3601	11534033	1105920	42347
江门市	2286	5543162	442561	19848
阳江市	670	259806	133888	7308
湛江市	1090	3014699	315475	19306
茂名市	2281	3893467	3544656	67553
肇庆市	1088	2795378	350277	12186
清远市	1120	2375888	197145	12102
潮州市	404	392242	110386	4538
揭阳市	537	518522	150123	7768
云浮市	312	1690069	194657	5470

4-14　租赁和商务服务业企业法人单位分登记注册类型主要指标

登记注册类型	法人单位数（个）	资产总计（万元）	营业收入（万元）	从业人员期末人数（人）
合计	**98505**	**481978692**	**52491217**	**1603630**
内资企业	**95851**	**447442846**	**46697479**	**1506440**
国有企业	1229	31439183	2735803	94428
集体企业	4808	15528397	2136729	110985
股份合作企业	891	8398157	965815	33983
联营企业	519	842345	117730	5940
国有联营企业	17	176274	10825	352
集体联营企业	50	90225	22959	1403
国有与集体联营企业	14	27007	6697	91
其他联营企业	438	548839	77248	4094
有限责任公司	21839	227712699	15077897	430978
国有独资公司	406	102486404	1885788	43036
其他有限责任公司	21433	125226295	13192109	387942
股份有限公司	1291	56114979	3490867	42849
私营企业	54553	85579387	16515430	639482
私营独资企业	4686	3035359	582563	35028
私营合伙企业	3529	4286608	890990	47336
私营有限责任公司	45497	77125392	14795266	546857
私营股份有限公司	841	1132029	246611	10261
其他企业	10721	21827698	5657208	147795
港、澳、台商投资企业	**1709**	**23759154**	**4064560**	**64124**
与港澳台商合资经营企业	171	2704830	644772	13550
与港澳台商合作经营企业	41	1038449	1125511	1090
港澳台商独资经营企业	1291	18970927	2241990	45991
港澳台商投资股份有限公司	19	867524	18612	438
其他港澳台投资企业	187	177424	33676	3055
外商投资企业	**945**	**10776692**	**1729177**	**33066**
中外合资经营企业	120	4911455	520571	8565
中外合作经营企业	19	273387	206870	2786
外资企业	601	2742481	805426	18818
外商投资股份有限公司	29	2656261	163538	1080
其他外商投资企业	176	193108	32772	1817

4-15 科学研究和技术服务业企业法人单位主要指标

行 业	法人单位数（个）	资产总计（万元）	营业收入（万元）	从业人员期末人数（人）
合计	**32151**	**41157186**	**20259973**	**592792**
研究和试验发展	**5131**	**10860249**	**4267685**	**92940**
自然科学研究和试验发展	405	867768	247537	6649
工程和技术研究和试验发展	3900	8990540	3691698	69621
农业科学研究和试验发展	229	333335	141967	7937
医学研究和试验发展	549	660092	175504	8165
社会人文科学研究	48	8514	10979	568
专业技术服务业	**21930**	**25324455**	**14328606**	**438340**
气象服务	43	38050	19875	575
地震服务	12	4318	3997	61
海洋服务	34	45402	28416	637
测绘服务	210	83696	90743	4017
质检技术服务	1064	1212968	854387	42331
环境与生态监测	227	152919	63368	3382
地质勘查	143	630709	138826	2773
工程技术	9866	17927588	9594631	246456
其他专业技术服务业	10331	5228806	3534362	138108
科技推广和应用服务业	**5090**	**4972483**	**1663682**	**61512**
技术推广服务	4246	3162527	1053679	50005
科技中介服务	321	1223745	284381	4551
其他科技推广和应用服务业	523	586211	325622	6956

4-16　科学研究和技术服务业企业法人单位分地区主要指标

地　区	法人单位数（个）	资产总计（万元）	营业收入（万元）	从业人员期末人数（人）
合　计	**32151**	**41157186**	**20259973**	**592792**
广州市	9937	12149276	7468445	199386
深圳市	11421	17438156	9052914	238377
珠海市	1648	1127164	467813	16944
汕头市	367	179615	96552	4655
佛山市	2967	4121216	994122	36929
韶关市	216	112895	58496	4347
河源市	333	79881	44469	2988
梅州市	136	56230	44295	1485
惠州市	784	428160	260232	9696
汕尾市	48	24307	8085	772
东莞市	1422	2444195	673682	32350
中山市	542	366607	168292	10044
江门市	412	482591	332562	6795
阳江市	268	93901	73305	3730
湛江市	340	265953	90874	4073
茂名市	344	312098	182039	7131
肇庆市	357	239486	98415	4474
清远市	251	1013949	59583	3849
潮州市	121	106225	38462	1534
揭阳市	103	60006	16366	1246
云浮市	134	55274	30972	1987

4-17 科学研究和技术服务业企业法人单位分登记注册类型主要指标

登记注册类型	法人单位数（个）	资产总计（万元）	营业收入（万元）	从业人员期末人数（人）
合计	**32151**	**41157186**	**20259973**	**592792**
内资企业	**30887**	**35825436**	**18039402**	**532620**
国有企业	565	4223104	1816773	31832
集体企业	307	340254	148111	7317
股份合作企业	187	78531	39522	2150
联营企业	164	118839	52805	2357
国有联营企业	4	503	754	60
集体联营企业	11	49897	5247	252
国有与集体联营企业	6	5733	11819	501
其他联营企业	143	62707	34985	1544
有限责任公司	7654	17680825	7747413	170766
国有独资公司	80	5704915	2441431	17351
其他有限责任公司	7574	11975911	5305983	153415
股份有限公司	442	1486148	615961	15242
私营企业	20091	11156221	7247312	280617
私营独资企业	1679	362296	283063	16007
私营合伙企业	503	112234	117432	5009
私营有限责任公司	17524	9945564	6415424	250222
私营股份有限公司	385	736128	431393	9379
其他企业	1477	741514	371505	22339
港、澳、台商投资企业	**801**	**2297983**	**1044187**	**39091**
与港澳台商合资经营企业	79	624622	93831	4337
与港澳台商合作经营企业	18	103791	23426	1013
港澳台商独资经营企业	578	1402428	882037	30055
港澳台商投资股份有限公司	14	11298	6483	413
其他港澳台投资企业	112	155845	38409	3273
外商投资企业	**463**	**3033768**	**1176384**	**21081**
中外合资经营企业	104	797962	214033	4095
中外合作经营企业	13	40746	2222	264
外资企业	299	2045725	789381	15871
外商投资股份有限公司	9	5369	163603	344
其他外商投资企业	38	143966	7146	507

4-18　水利、环境和公共设施管理业企业法人单位主要指标

行　业	法人单位数（个）	资产总计（万元）	营业收入（万元）	从业人员期末人数（人）
合计	**3240**	**20815287**	**2541272**	**101766**
水利管理业	**270**	**3881622**	**215669**	**7539**
防洪除涝设施管理	32	34802	13993	757
水资源管理	80	3502303	109246	2713
天然水收集与分配	37	75883	19969	1147
水文服务	14	139275	9960	436
其他水利管理业	107	129359	62502	2486
生态保护和环境治理业	**573**	**2259844**	**481563**	**12928**
生态保护	45	230525	47116	1539
环境治理业	528	2029319	434446	11389
公共设施管理业	**2397**	**14673821**	**1844040**	**81299**
市政设施管理	384	10220811	423709	9889
环境卫生管理	309	365591	162453	20023
城乡市容管理	62	251617	102567	2028
绿化管理	1149	1941376	855246	30398
公园和游览景区管理	493	1894426	300065	18961

4-19　水利、环境和公共设施管理业企业法人单位分地区主要指标

地　区	法人单位数（个）	资产总计（万元）	营业收入（万元）	从业人员期末人数（人）
合　计	**3240**	**20815287**	**2541272**	**101766**
广州市	522	10499832	723079	22753
深圳市	417	1934349	734697	22007
珠海市	146	321682	103950	3312
汕头市	67	20268	8609	918
佛山市	453	2496612	319761	15405
韶关市	86	634293	18885	2112
河源市	81	358553	20726	1297
梅州市	66	53186	11948	1294
惠州市	273	667045	121273	3633
汕尾市	11	31100	7783	582
东莞市	283	995229	140605	8380
中山市	148	303513	82491	4363
江门市	143	748605	43300	3556
阳江市	51	580568	19922	1142
湛江市	55	49819	9552	648
茂名市	96	319966	76793	1768
肇庆市	106	240639	35380	3117
清远市	117	446945	31612	2884
潮州市	36	6768	9003	921
揭阳市	34	28141	5622	749
云浮市	49	78175	16283	925

4-20 水利、环境和公共设施管理业企业法人单位分登记注册类型主要指标

登记注册类型	法人单位数（个）	资产总计（万元）	营业收入（万元）	从业人员期末人数（人）
合计	**3240**	**20815287**	**2541272**	**101766**
内资企业	**3137**	**18938097**	**2216158**	**93125**
国有企业	161	2434557	182367	8014
集体企业	126	396898	51544	3155
股份合作企业	26	19835	7977	370
联营企业	21	66558	12481	351
国有联营企业	1	34116	1984	5
集体联营企业	2	5560	418	41
国有与集体联营企业	1	10736	75	2
其他联营企业	17	16147	10004	303
有限责任公司	1143	9086548	953255	39707
国有独资公司	49	5833016	226773	2959
其他有限责任公司	1094	3253532	726482	36748
股份有限公司	57	189857	28691	1696
私营企业	1432	2924236	906374	35211
私营独资企业	209	121658	56149	3093
私营合伙企业	29	15912	8169	286
私营有限责任公司	1156	2420364	697992	29711
私营股份有限公司	38	366301	144065	2121
其他企业	171	3819609	73469	4621
港、澳、台商投资企业	**71**	**643749**	**174970**	**7575**
与港澳台商合资经营企业	13	177469	91149	5368
与港澳台商合作经营企业	8	145741	24277	721
港澳台商独资经营企业	42	304378	58421	1361
港澳台商投资股份有限公司	4	8126	956	100
其他港澳台投资企业	4	8036	168	25
外商投资企业	**32**	**1233441**	**150144**	**1066**
中外合资经营企业	5	424781	80518	128
中外合作经营企业	13	561346	34580	283
外资企业	11	238446	33488	619
外商投资股份有限公司	1	100	0	8
其他外商投资企业	2	8768	1558	28

4-21　居民服务、修理和其他服务业企业法人单位主要指标

行　业	法人单位数（个）	资产总计（万元）	营业收入（万元）	从业人员期末人数（人）
合计	**16243**	**4741578**	**3541577**	**352011**
居民服务业	**5661**	**1308428**	**926391**	**104690**
家庭服务	748	91505	51029	18650
托儿所服务	105	2160	3441	915
洗染服务	199	53409	58546	5250
理发及美容服务	1740	263820	239355	20762
洗浴服务	535	179823	146451	17302
保健服务	1240	190820	149942	27860
婚姻服务	267	12581	14776	1817
殡葬服务	135	272823	93395	2432
其他居民服务业	692	241488	169456	9702
机动车、电子产品和日用产品修理业	**7656**	**1812254**	**1544751**	**93176**
汽车、摩托车修理与维护	5293	978200	983889	66892
计算机和办公设备维修	936	358808	271671	11755
家用电器修理	1045	382140	191796	9284
其他日用产品修理业	382	93107	97395	5245
其他服务业	**2926**	**1620895**	**1070435**	**154145**
清洁服务	2371	651298	823979	136530
其他未列明服务业	555	969597	246456	17615

4-22　居民服务、修理和其他服务业企业法人单位分地区主要指标

地　区	法人单位数（个）	资产总计（万元）	营业收入（万元）	从业人员期末人数（人）
合　计	**16243**	**4741578**	**3541577**	**352011**
广州市	3998	1011701	1171455	93232
深圳市	3906	1519622	965066	128049
珠海市	765	150954	77995	9673
汕头市	495	93920	93431	5229
佛山市	1489	231478	254061	22418
韶关市	172	51725	18870	2129
河源市	133	292080	13571	1278
梅州市	108	14845	12833	999
惠州市	435	104264	92763	6196
汕尾市	51	3891	5259	508
东莞市	1471	443463	343398	41459
中山市	1426	107129	105069	14935
江门市	340	127078	52156	4650
阳江市	137	32759	31927	1782
湛江市	372	148912	56051	4175
茂名市	273	139899	103192	4445
肇庆市	164	80871	42985	3078
清远市	153	86138	28333	2974
潮州市	128	14304	27203	1734
揭阳市	127	18365	20145	1907
云浮市	100	68180	25816	1161

4-23 居民服务、修理和其他服务业企业法人单位分登记注册类型主要指标

登记注册类型	法人单位数（个）	资产总计（万元）	营业收入（万元）	从业人员期末人数（人）
合计	**16243**	**4741578**	**3541577**	**352011**
内资企业	**16031**	**4436075**	**3344212**	**340755**
国有企业	135	135909	65873	4810
集体企业	301	192631	62828	5451
股份合作企业	323	41891	55647	3576
联营企业	100	33082	25462	1402
国有联营企业	4	3157	2819	244
集体联营企业	17	5222	4091	308
国有与集体联营企业	10	3511	2525	117
其他联营企业	69	21192	16026	733
有限责任公司	2834	1329562	944181	79175
国有独资公司	16	46447	50017	6332
其他有限责任公司	2818	1283116	894164	72843
股份有限公司	194	176619	36587	3887
私营企业	11110	2392489	2033687	228201
私营独资企业	4162	308344	454488	46190
私营合伙企业	475	77314	55575	6214
私营有限责任公司	6321	1934776	1479416	172210
私营股份有限公司	152	72056	44208	3587
其他企业	1034	133890	119948	14253
港、澳、台商投资企业	**135**	**205662**	**110353**	**6547**
与港澳台商合资经营企业	16	51907	49110	1252
与港澳台商合作经营企业	9	74216	6766	514
港澳台商独资经营企业	88	55872	48416	4220
港澳台商投资股份有限公司	1	172	41	5
其他港澳台投资企业	21	23495	6021	556
外商投资企业	**77**	**99841**	**87012**	**4709**
中外合资经营企业	14	28516	19465	2086
中外合作经营企业	6	5132	4367	126
外资企业	42	43292	61215	2330
外商投资股份有限公司	3	3352	1129	75
其他外商投资企业	12	19550	835	92

4–24　教育企业法人单位主要指标

行　业	法人单位数（个）	资产总计（万元）	营业收入（万元）	从业人员期末人数（人）
合计	**5858**	**4931880**	**1985363**	**170042**
学前教育	1323	1088926	237294	42011
初等教育	304	325429	219887	28702
中等教育	171	627745	312675	22722
高等教育	48	1224753	307810	10274
特殊教育	25	9771	17150	1343
技能培训、教育辅助及其他教育	3987	1655256	890548	64990

4–25　教育企业法人单位分地区主要指标

地　区	法人单位数（个）	资产总计（万元）	营业收入（万元）	从业人员期末人数（人）
合　计	**5858**	**4931880**	**1985363**	**170042**
广州市	1095	1056291	708004	44395
深圳市	1856	793682	478978	50199
珠海市	281	920116	219920	8285
汕头市	120	105108	59669	4762
佛山市	394	148961	83761	8609
韶关市	55	38367	31786	1283
河源市	66	213327	7628	982
梅州市	61	51831	5841	1145
惠州市	163	121865	31440	4483
汕尾市	44	4966	3478	655
东莞市	702	552921	197717	27257
中山市	275	82951	32707	4336
江门市	139	29719	16226	2082
阳江市	89	31247	20266	1506
湛江市	124	587945	12023	1561
茂名市	94	25247	19657	1767
肇庆市	87	53807	21862	2140
清远市	76	96665	14762	2327
潮州市	16	2015	1803	282
揭阳市	81	10053	11309	1218
云浮市	40	4794	6525	768

4-26 教育企业法人单位分登记注册类型主要指标

登记注册类型	法人单位数（个）	资产总计（万元）	营业收入（万元）	从业人员期末人数（人）
合计	**5858**	**4931880**	**1985363**	**170042**
内资企业	**5797**	**4552471**	**1845546**	**165728**
国有企业	124	715792	116768	6312
集体企业	110	47190	37283	3811
股份合作企业	54	37456	19749	2103
联营企业	45	7794	4513	792
国有联营企业	2	877	505	45
集体联营企业	9	499	377	103
国有与集体联营企业	5	683	194	115
其他联营企业	29	5736	3437	529
有限责任公司	730	527293	180358	13369
国有独资公司	7	37492	6545	307
其他有限责任公司	723	489802	173813	13062
股份有限公司	74	5497	8296	1151
私营企业	2933	1215290	521529	57705
私营独资企业	973	480674	210397	24447
私营合伙企业	187	64236	48652	6893
私营有限责任公司	1713	654458	258033	25872
私营股份有限公司	60	15923	4446	493
其他企业	1727	1996159	957050	80485
港、澳、台商投资企业	**32**	**88621**	**49684**	**1471**
与港澳台商合资经营企业	5	8127	2694	126
与港澳台商合作经营企业	5	61764	39779	738
港澳台商独资经营企业	17	8662	5438	409
港澳台商投资股份有限公司				
其他港澳台投资企业	5	10068	1774	198
外商投资企业	**29**	**290787**	**90133**	**2843**
中外合资经营企业	2	230651	28820	235
中外合作经营企业	6	28883	26471	1253
外资企业	15	26895	31635	1154
外商投资股份有限公司	1	6	10	1
其他外商投资企业	5	4353	3198	200

4-27　卫生和社会工作企业法人单位主要指标

行　业	法人单位数（个）	资产总计（万元）	营业收入（万元）	从业人员期末人数（人）
合计	**2253**	**2608861**	**1788171**	**89859**
卫生	**2134**	**2450015**	**1755484**	**85213**
医院	421	2044790	1405555	57683
社区医疗与卫生院	251	46965	37429	3747
门诊部（所）	1327	246761	226884	17366
计划生育技术服务活动				
妇幼保健院（所、站）	16	53443	14914	1857
专科疾病防治院（所、站）	17	4905	4346	513
疾病预防控制中心	5	1375	3256	320
其他卫生活动	97	51776	63102	3727
社会工作	**119**	**158846**	**32686**	**4646**
提供住宿社会工作	90	149478	24789	3380
不提供住宿社会工作	29	9368	7898	1266

4-28　卫生和社会工作企业法人单位分地区主要指标

地　区	法人单位数（个）	资产总计（万元）	营业收入（万元）	从业人员期末人数（人）
合　计	**2253**	**2608861**	**1788171**	**89859**
广州市	427	485598	427899	21645
深圳市	640	785801	487509	24693
珠海市	122	53703	36156	2794
汕头市	38	64306	46527	2070
佛山市	64	251789	154236	5249
韶关市	24	12574	8480	741
河源市	19	24685	2781	1090
梅州市	28	12451	3814	348
惠州市	57	117564	42332	2607
汕尾市	8	5202	4909	386
东莞市	386	593191	421437	17564
中山市	91	29287	23809	2068
江门市	41	8604	8640	638
阳江市	27	13030	12786	834
湛江市	58	44609	42884	2469
茂名市	116	76999	39899	2164
肇庆市	30	6359	6697	716
清远市	34	12032	10112	1076
潮州市	10	3093	1951	225
揭阳市	13	2780	2894	305
云浮市	20	5206	2421	177

4-29 卫生和社会工作企业法人单位分登记注册类型主要指标

登记注册类型	法人单位数（个）	资产总计（万元）	营业收入（万元）	从业人员期末人数（人）
合计	**2253**	**2608861**	**1788171**	**89859**
内资企业	**2232**	**2409549**	**1735506**	**87992**
国有企业	70	369388	283620	10834
集体企业	111	118184	96258	4327
股份合作企业	28	23693	12105	1023
联营企业	18	23470	13724	731
国有联营企业	1	3550	1874	68
集体联营企业	7	1970	1419	206
国有与集体联营企业	2	200	24	6
其他联营企业	8	17750	10407	451
有限责任公司	163	705578	459862	16733
国有独资公司	1	12	50	4
其他有限责任公司	162	705566	459812	16729
股份有限公司	19	56239	38893	1512
私营企业	1166	738648	494454	33002
私营独资企业	730	388032	183626	14202
私营合伙企业	126	42189	50303	4144
私营有限责任公司	292	271210	224632	12935
私营股份有限公司	18	37217	35893	1721
其他企业	657	374350	336591	19830
港、澳、台商投资企业	**17**	**127074**	**44482**	**1541**
与港澳台商合资经营企业	5	55162	39537	1213
与港澳台商合作经营企业				
港澳台商独资经营企业	11	71821	4718	309
港澳台商投资股份有限公司				
其他港澳台投资企业	1	91	227	19
外商投资企业	**4**	**72238**	**8183**	**326**
中外合资经营企业	2	72165	7907	307
中外合作经营企业				
外资企业				
外商投资股份有限公司				
其他外商投资企业	2	72	276	19

4-30　文化、体育和娱乐业企业法人单位主要指标

行　业	法人单位数（个）	资产总计（万元）	营业收入（万元）	从业人员期末人数（人）
合计	**11664**	**12092898**	**4294914**	**197603**
新闻和出版业	**317**	**2751892**	**1080472**	**25678**
新闻业	14	80270	17319	809
出版业	303	2671622	1063153	24869
广播、电视、电影和影视录音制作业	**881**	**1992271**	**1052407**	**21959**
广播	58	107544	60997	1651
电视	68	619733	395000	5525
电影和影视节目制作	304	375596	174707	4628
电影和影视节目发行	49	117342	55966	679
电影放映	355	687039	298446	8526
录音制作	47	85017	67291	950
文化艺术业	**1559**	**851549**	**230423**	**16983**
文艺创作与表演	515	227640	109117	8652
艺术表演场馆	37	45534	18074	701
图书馆与档案馆	28	4384	6915	386
文物及非物质文化遗产保护	20	38080	6791	389
博物馆	15	2718	760	105
烈士陵园、纪念馆	4	5374	3152	64
群众文化活动	337	354497	23394	2211
其他文化艺术业	603	173323	62220	4475
体育	**1445**	**2527706**	**588609**	**36629**
体育组织	153	137830	73389	1621
体育场馆	182	453501	56610	3507
休闲健身活动	1024	1896812	450382	30696
其他体育	86	39563	8229	805
娱乐业	**7462**	**3969480**	**1343004**	**96354**
室内娱乐活动	6816	950919	817250	76134
游乐园	153	2224306	440614	13632
彩票活动	7	17599	150	29
文化、娱乐、体育经纪代理	296	140236	38094	2235
其他娱乐业	190	636420	46896	4324

4-31 文化、体育和娱乐业企业法人单位分地区主要指标

地区	法人单位数（个）	资产总计（万元）	营业收入（万元）	从业人员期末人数（人）
合计	**11664**	**12092898**	**4294914**	**197603**
广州市	2639	5095242	1827914	63324
深圳市	1878	3798871	1313178	46403
珠海市	517	392368	67433	5968
汕头市	361	73150	61818	4276
佛山市	963	625330	182709	12128
韶关市	193	101509	8695	1656
河源市	113	20170	8243	998
梅州市	148	36770	18230	1382
惠州市	554	294605	161407	8144
汕尾市	92	31063	8105	1801
东莞市	1342	632487	224513	19378
中山市	604	230636	80081	6973
江门市	348	165759	22973	3055
阳江市	192	33331	43905	2179
湛江市	469	125884	71446	5791
茂名市	269	214187	82194	4531
肇庆市	251	68863	31829	3185
清远市	263	84912	16080	2354
潮州市	137	15732	16175	1211
揭阳市	198	40328	33729	1778
云浮市	133	11701	14259	1088

4-32　文化、体育和娱乐业企业法人单位分登记注册类型主要指标

登记注册类型	法人单位数（个）	资产总计（万元）	营业收入（万元）	从业人员期末人数（人）
合计	**11664**	**12092898**	**4294914**	**197603**
内资企业	**11455**	**9129112**	**3826594**	**175566**
国有企业	277	2939436	963490	23460
集体企业	124	26631	16796	1482
股份合作企业	145	11693	19305	2095
联营企业	76	53624	5856	731
国有联营企业	3	710	420	29
集体联营企业	9	2474	1284	81
国有与集体联营企业	1	11	10	3
其他联营企业	63	50430	4143	618
有限责任公司	1898	2510406	1191163	44132
国有独资公司	48	594761	105317	2935
其他有限责任公司	1850	1915644	1085846	41197
股份有限公司	159	452076	205985	2828
私营企业	7898	2888864	1305708	91393
私营独资企业	3749	333871	371505	31003
私营合伙企业	613	108574	68422	6165
私营有限责任公司	3424	2389295	838265	52374
私营股份有限公司	112	57123	27516	1851
其他企业	878	246382	118293	9445
港、澳、台商投资企业	**141**	**1967197**	**303638**	**11188**
与港澳台商合资经营企业	51	433788	150089	4031
与港澳台商合作经营企业	28	612627	66692	4498
港澳台商独资经营企业	49	839055	49134	1890
港澳台商投资股份有限公司	1	68724	34213	474
其他港澳台投资企业	12	13004	3509	295
外商投资企业	**68**	**996589**	**164683**	**10849**
中外合资经营企业	22	193486	48843	2320
中外合作经营企业	16	677550	94467	7104
外资企业	15	120873	17178	897
外商投资股份有限公司	4	1280	2925	139
其他外商投资企业	11	3400	1270	389

4-33 国有控股经济服务业企业法人单位主要指标

行业	法人单位数（个）	资产总计（万元）	营业收入（万元）	从业人员期末人数（人）
合计	**7692**	**468578760**	**75195260**	**1134364**
交通运输、仓储和邮政业	**1231**	**98486234**	**24853069**	**510540**
道路运输业	489	55197340	5969248	244447
水上运输业	162	13513001	3671133	39036
航空运输业	18	21066716	10810803	98633
管道运输业	1	7277	178	5
装卸搬运和运输代理业	235	3443679	1754658	25359
仓储业	248	3648311	1161078	9997
邮政业	78	1609910	1485971	93063
信息传输、软件和信息技术服务业	**388**	**34850835**	**15807415**	**126829**
电信、广播电视和卫星传输服务	169	32288520	14849263	106113
互联网和相关服务	28	311485	44138	3547
软件和信息技术服务业	191	2250830	914014	17169
房地产业	**1639**	**74941126**	**15195690**	**115207**
房地产业	1639	74941126	15195690	115207
租赁和商务服务业	**2367**	**232739030**	**11153076**	**223867**
租赁业	46	1379088	113874	2171
商务服务业	2321	231359943	11039202	221696
科学研究和技术服务业	**899**	**12277866**	**5498131**	**72785**
研究和试验发展	111	1873752	697262	5756
专业技术服务业	694	9703574	4681112	64293
科技推广和应用服务业	94	700541	119757	2736
水利、环境和公共设施管理业	**259**	**9390977**	**584783**	**16031**
水利管理业	41	3444814	99219	2290
生态保护和环境治理业	39	680553	97579	2312
公共设施管理业	179	5265609	387985	11429
居民服务、修理和其他服务业	**223**	**249025**	**200193**	**16112**
居民服务业	58	61710	55904	2063
机动车、电子产品和日用产品修理业	119	118548	78602	4433
其他服务业	46	68767	65687	9616
教育	**148**	**1014134**	**154486**	**7131**
教育	148	1014134	154486	7131
卫生和社会工作	**69**	**334794**	**324433**	**10536**
卫生	63	331264	323502	10371
社会工作	6	3530	931	165
文化、体育和娱乐业	**421**	**4293832**	**1423276**	**33410**
新闻和出版业	133	2052758	627504	15178
广播、电视、电影和影视录音制作业	143	868403	522651	7208
文化艺术业	78	368304	35777	3107
体育	21	269364	48356	2161
娱乐业	46	735003	188988	5756
公共管理、社会保障和社会组织	**48**	**908**	**709**	**1916**
中国共产党机关				
国家机构	2			100
人民政协、民主党派				
社会保障				
群众团体、社会团体和其他成员组织	46	908	709	1816
基层群众自治组织				

说明：本表统计口径为扣除批发零售业、住宿餐饮业、铁路运输业和金融业后的服务业企业法人单位。

4-34　非公有控股经济服务业企业法人单位主要指标

行　业	法人单位数（个）	资产总计（万元）	营业收入（万元）	从业人员期末人数（人）
合计	**211383**	**636671084**	**148435747**	**3819562**
交通运输、仓储和邮政业	**21655**	**39680994**	**21569028**	**507776**
道路运输业	7197	12870423	5555592	214907
水上运输业	800	6922978	1925705	25879
航空运输业	112	528103	497550	6214
管道运输业	15	220559	51166	448
装卸搬运和运输代理业	11484	10094233	10295622	161452
仓储业	993	7628302	2522526	34346
邮政业	1054	1416397	720866	64530
信息传输、软件和信息技术服务业	**24187**	**33111077**	**20744177**	**501001**
电信、广播电视和卫星传输服务	570	3448040	3129293	31722
互联网和相关服务	2789	7935297	4549872	50843
软件和信息技术服务业	20828	21727740	13065012	418436
房地产业	**30704**	**361702153**	**57012243**	**764085**
房地产业	30704	361702153	57012243	764085
租赁和商务服务业	**74885**	**162584144**	**29229879**	**983839**
租赁业	2526	2012615	679547	33570
商务服务业	72359	160571529	28550333	950269
科学研究和技术服务业	**27588**	**21644556**	**11939985**	**434013**
研究和试验发展	4543	7126700	3085897	77822
专业技术服务业	18880	11213432	7476586	307366
科技推广和应用服务业	4165	3304424	1377502	48825
水利、环境和公共设施管理业	**2323**	**5259829**	**1463679**	**63321**
水利管理业	133	328333	87487	3123
生态保护和环境治理业	437	1183671	288199	8190
公共设施管理业	1753	3747825	1087992	52008
居民服务、修理和其他服务业	**14113**	**3419952**	**2772513**	**287957**
居民服务业	4963	925034	713255	88426
机动车、电子产品和日用产品修理业	6666	1383138	1209112	76011
其他服务业	2484	1111780	850146	123520
教育	**4224**	**1859507**	**912786**	**91256**
教育	4224	1859507	912786	91256
卫生和社会工作	**1556**	**1289575**	**775593**	**47175**
卫生	1489	1174639	757410	44903
社会工作	67	114936	18183	2272
文化、体育和娱乐业	**9959**	**6095688**	**1998346**	**133234**
新闻和出版业	120	38662	23082	1661
广播、电视、电影和影视录音制作业	586	801085	299477	9880
文化艺术业	1238	374174	159037	11379
体育	1289	1798241	451319	27527
娱乐业	6726	3083525	1065431	82787
公共管理、社会保障和社会组织	**189**	**23608**	**17520**	**5905**
中国共产党机关				
国家机构				
人民政协、民主党派				
社会保障				
群众团体、社会团体和其他成员组织	189	23608	17520	5905
基层群众自治组织				

说明：本表统计口径为扣除批发零售业、住宿餐饮业、铁路运输业和金融业后的服务业企业法人单位中，控股情况为私人控股，港澳台商控股和外商控股。

4-35 规模以上服务业

行 业	法人单位数（个）	固定资产原价	本年折旧	资产总计	负债合计	所有者权益合计	营业收入
合计	**13495**	**192581271**	**10975948**	**539217688**	**277184087**	**262033594**	**146805782**
交通运输、仓储和邮政业	**2561**	**102572385**	**4046899**	**167237743**	**89887017**	**77350723**	**53544150**
铁路运输业	10	29661462	802008	44244403	17389117	26855285	7943364
铁路旅客运输	4	29335094	796202	39767833	16287650	23480183	7905963
铁路货物运输	5	325138	5635	356100	284193	71907	35487
铁路运输辅助活动	1	1231	171	4120470	817274	3303195	1915
道路运输业	1108	30070598	1211892	57372139	30415070	26957072	10498132
城市公共交通运输	208	15660855	353586	33830272	17097083	16733192	2909989
公路旅客运输	204	1772968	172201	2623471	1453431	1170040	1425589
道路货物运输	567	992079	133084	2817284	1803643	1013641	3519460
道路运输辅助活动	129	11644696	553021	18101112	10060913	8040199	2643095
水上运输业	240	14638080	753473	22379129	11689067	10690061	5912452
水上旅客运输	22	286320	32873	325880	161221	164659	174750
水上货物运输	119	7531890	338269	11530704	6636356	4894348	3410573
水上运输辅助活动	99	6819870	382330	10522546	4891490	5631055	2327130
航空运输业	22	21689245	884556	21521826	15354207	6167616	11151873
航空客货运输	14	18995756	776350	18855172	14572883	4282286	10229930
通用航空服务	2	344302	16365	387168	135447	251722	101500
航空运输辅助活动	6	2349187	91841	2279486	645877	1633609	820443
管道运输业	3	279547	14379	216193	24750	191443	49279
装卸搬运和运输代理业	814	2017621	128497	10738354	8032159	2706195	12647771
装卸搬运	93	1251518	57148	1794090	859987	934103	592576
运输代理业	721	766102	71349	8944265	7172172	1772092	12055195
仓储业	299	2976451	158043	7934409	5494869	2439540	3167788
谷物、棉花等农产品仓储	39	523207	11705	1463629	1175091	288539	745100
其他仓储业	260	2453243	146338	6470780	4319778	2151001	2422689
邮政业	65	1239382	94053	2831290	1487779	1343511	2173491
邮政基本服务	22	995617	71221	1066831	296822	770009	836832
快递服务	43	243765	22832	1764459	1190957	573502	1336659
信息传输、软件和信息技术服务业	**1574**	**38122814**	**3133515**	**59445472**	**20041199**	**39404272**	**33253346**
电信、广播电视和卫星传输服务	168	35313058	2779341	35467811	8824152	26643658	17322401
电信	147	33950764	2680227	33233341	8252140	24981201	16649537
广播电视传输服务	19	1304246	95435	2051609	563175	1488435	613630
卫星传输服务	2	58049	3679	182860	8838	174023	59234

说明：本表统计范围为辖区内年营业收入达到1000万元及以上，或者从业人员达到50人及以上的重点服务业法人单位。环境和公共设施管理业，居民服务、修理和其他服务业，教育，卫生和社会工作，文化、体育和娱乐业，以及物业管理和房

企业法人单位主要指标

单位：万元

营业成本	营业税金及附加	销售费用、管理费用、财务费用合计	投资收益	营业利润	利润总额	应交所得税	应付职工薪酬	应交增值税	从业人员期末人数（人）
103548202	**2603606**	**29930945**	**8687983**	**20177985**	**22092285**	**3255629**	**25832439**	**1914658**	**3149577**
45691165	**505663**	**6388087**	**579093**	**1618150**	**2871466**	**720421**	**9409763**	**479119**	**1010965**
6888666	207810	1327152	–49737	–580083	–427065	48834	2343698	22499	186205
6857981	206593	1312811	–49737	–570312	–420508	48811	2324032	22423	184753
29028	1102	14146		–9718	–6504	19	10288	76	1189
1657	115	195		–53	–53	4	9377		263
8590474	156455	1643556	207497	399570	1260556	285447	2512582	201256	390799
3164512	29845	456742	20681	–694917	87527	21905	1480975	83386	204862
1188083	14512	232542	17806	25107	80903	22537	326740	38041	69681
2963196	23194	405721	8993	147862	165195	39355	437788	72097	83260
1274683	88904	548552	160018	921518	926931	201650	267079	7731	32996
4449358	21204	760602	224842	924874	904206	166595	1045255	89420	60437
116659	1890	25987	3285	22970	29642	8634	34205	2659	4604
2937780	9797	354677	105428	232176	112818	53796	629518	44498	22439
1394919	9517	379938	116130	669728	761746	104164	381532	42262	33394
9673617	37211	1113667	55888	338790	513487	94236	1830273	23761	102352
9061190	26610	1030572	56548	124524	289808	38303	1576802	6921	83350
75210	529	8420	816	18093	23569	5593	25604	2206	794
537218	10072	74676	–1476	196173	200109	50341	227868	14635	18208
23492	352	9078	337	16695	17214	4426	3929	2170	319
11678381	25761	704944	80914	334703	348953	66841	591962	87174	85235
377622	4065	100342	44765	153545	156142	28831	138724	15790	20154
11300759	21695	604603	36149	181158	192810	38011	453238	71384	65081
2647360	19827	485309	59104	116802	182145	44787	231452	33204	36245
718978	240	81218		–46759	9820	3389	15060	617	1947
1928382	19587	404092	59104	163561	172326	41397	216392	32586	34298
1739817	37043	343777	249	66800	71970	9256	850612	19637	149373
654876	12045	134910	192	47226	50660	2264	414901	20	77821
1084941	24999	208868	57	19575	21310	6993	435711	19617	71552
16828865	**719797**	**8657948**	**853278**	**7841676**	**8311005**	**1253263**	**4613500**	**695771**	**392732**
8528410	530280	4223291	708988	4743791	4773070	924261	1696486	41108	134839
8137634	514215	4068784	709269	4636772	4651226	919828	1507135	9867	121065
372005	15769	140717	–280	80372	95542	1636	174353	29157	13073
18771	296	13789		26648	26302	2796	14998	2084	701

包括：交通运输、仓储和邮政业，信息传输、软件和信息技术服务业，租赁和商务服务业，科学研究和技术服务业，水利、地产中介服务等行业。

4–35 续表1

行 业	法人单位数（个）	固定资产原价	本年折旧	资产总计	负债合计	所有者权益合计	营业收入
互联网和相关服务	97	1072641	154548	7667245	4548010	3119235	4412967
互联网接入及相关服务	8	6098	751	26631	18175	8456	36708
互联网信息服务	71	1033313	149408	7411156	4397690	3013466	4169683
其他互联网服务	18	33229	4390	229459	132145	97314	206577
软件和信息技术服务业	1309	1737115	199626	16310415	6669037	9641379	11517978
软件开发	874	1054930	126559	11024673	4534657	6490016	8122869
信息系统集成服务	226	217963	23357	2472636	1014291	1458345	1662038
信息技术咨询服务	55	205415	14971	1141303	463464	677839	659882
数据处理和存储服务	38	120135	10466	446078	186170	259908	277110
集成电路设计	44	29641	4606	486635	100611	386024	267841
其他信息技术服务业	72	109030	19668	739090	369843	369247	528237
房地产业	**1577**	**3817981**	**219597**	**16365580**	**11991349**	**4374231**	**5706454**
物业管理	1446	3585249	198435	12151226	8304732	3846494	4736293
房地产中介服务	131	232732	21163	4214354	3686617	527737	970161
租赁和商务服务业	**4071**	**36773445**	**2517301**	**252556372**	**127482490**	**125073879**	**32484946**
租赁业	91	457669	69484	4255156	3247971	1007185	519231
机械设备租赁	84	437345	68658	4213973	3222091	991882	502075
文化及日用品出租	7	20324	827	41183	25880	15303	17156
商务服务业	3980	36315777	2447816	248301216	124234519	124066694	31965715
企业管理服务	1802	32499246	2133736	213973817	105842715	108131099	11991457
法律服务	137	26848	2848	169651	96617	73034	323065
咨询与调查	497	508173	62672	10121297	6694769	3426527	2681798
广告业	443	349240	27458	3227636	1886140	1341497	4209791
知识产权服务	22	22163	1695	112057	76026	36031	61278
人力资源服务	164	68133	7126	620776	429132	191645	1945943
旅行社及相关服务	319	440523	58454	2084782	1435394	649388	4052459
安全保护服务	82	117947	11689	409768	204179	205589	710245
其他商务服务业	514	2283505	142138	17581433	7569547	10011885	5989679
科学研究和技术服务业	**1644**	**2752443**	**303166**	**20986229**	**12600942**	**8385287**	**13269134**
研究和试验发展	251	985104	114718	6278764	3427389	2851376	3031533
自然科学研究和试验发展	17	51454	7218	507385	361202	146183	168912
工程和技术研究和试验发展	199	794897	90066	5368187	2845828	2522360	2669990
农业科学研究和试验发展	9	42118	7755	172787	85305	87482	84184
医学研究和试验发展	23	96379	9655	227320	133023	94297	102197
社会人文科学研究	3	256	24	3085	2031	1053	6251

营业成本	营业税金及附加	销售费用、管理费用、财务费用合计	投资收益	营业利润	利润总额	应交所得税	应付职工薪酬	应交增值税	从业人员期末人数（人）
2007043	74268	1059463	71283	1349415	1449732	128056	481801	154766	28229
16600	969	14676	4	4424	4435	839	5888	427	1137
1905011	67860	938832	70261	1335554	1433576	126140	440781	147361	23663
85433	5439	105955	1018	9436	11720	1077	35132	6978	3429
6293412	115249	3375195	73007	1748471	2088203	200946	2435214	499897	229664
4284882	79372	2459276	53201	1327475	1586553	153921	1701079	364241	153045
1043668	16478	429324	14828	177438	211970	20977	290503	75252	29211
401204	9660	155222	−241	83510	104038	5547	199365	21216	18970
128432	2566	118233	424	28283	32254	3563	109552	2328	12892
174010	1390	68084	−7	24031	28294	2238	32222	16245	3839
261217	5784	145056	4801	107733	125094	14700	102493	20617	11707
3222308	**314222**	**1821408**	**36735**	**519331**	**501174**	**124600**	**2065407**	**17193**	**432825**
2841509	266093	1363269	16745	415255	399585	100279	1646315	12184	372799
380799	48128	458139	19990	104077	101589	24321	419091	5009	60026
22592834	**613453**	**8014594**	**7048428**	**8704900**	**8815226**	**835282**	**4609883**	**313527**	**660543**
281866	14443	162898	14667	77254	74515	15051	59069	4996	12541
273366	13999	156335	14667	75415	70303	13864	55407	4765	11921
8500	444	6563		1839	4212	1187	3662	231	620
22310968	599009	7851696	7033762	8627646	8740711	820231	4550813	308532	648002
6925499	359748	4753808	5880907	6088531	6061910	410506	1743782	122783	200151
55137	4673	158808	83	95423	90788	18206	54556	15876	10660
1327354	46082	1049751	370124	642963	647811	110896	810521	56127	81927
3550768	36457	495429	17449	181630	190653	39713	283028	51818	27788
29383	1069	28110	256	3793	4909	1386	27071	1884	2310
1789651	22136	117427	1066	19968	20451	7482	598301	2065	113885
3721798	19933	276339	2822	23692	43799	12928	125005	1096	23879
519540	13798	135188	1535	39083	36795	8958	476230	594	133336
4391838	95113	836836	759520	1532563	1643594	210157	432319	56290	54066
9548169	**215027**	**2554829**	**94112**	**1158401**	**1197691**	**218651**	**2776987**	**327105**	**245817**
2124759	19048	629071	46640	318075	323682	48528	425550	39096	40862
81594	890	102087	39785	22799	30457	2627	42583	2768	3394
1923676	15737	471087	3527	282319	275312	43888	345386	34810	28884
57547	1363	22470	3201	2951	7515	209	12906	135	5627
60785	888	30456	184	9451	9861	1727	23401	1384	2791
1158	170	2970	−56	555	537	77	1274		166

4–35 续表2

行业	法人单位数（个）	固定资产原价	本年折旧	资产总计	负债合计	所有者权益合计	营业收入
专业技术服务业	1256	1513379	167136	12673074	7993132	4679942	9593883
气象服务	3	1271	94	25920	18555	7365	5516
地震服务	1	326	65	3594	1865	1729	3057
海洋服务	4	6065	325	25922	5102	20820	13575
测绘服务	15	18868	1641	29313	11522	17791	35391
质检技术服务	125	310366	48449	699144	226331	472812	585056
环境与生态监测	8	4534	529	49504	22022	27482	22461
地质勘查	13	15403	1942	42170	24248	17922	57174
工程技术	837	891484	83989	9795610	6521724	3273885	7216082
其他专业技术服务业	250	265062	30103	2001900	1161763	840137	1655571
科技推广和应用服务业	137	253960	21311	2034391	1180422	853969	643718
技术推广服务	90	174552	15057	1161469	642420	519049	350582
科技中介服务	21	47803	3224	687543	438780	248763	228516
其他科技推广和应用服务业	26	31605	3030	185379	99222	86157	64621
水利、环境和公共设施管理业	**317**	**1750347**	**108408**	**7918768**	**6116677**	**1802092**	**1527144**
水利管理业	21	78822	5769	102177	79938	22239	59060
防洪除涝设施管理	2	5308	1045	7580	4244	3336	7659
水资源管理	2	38506	2776	38688	37972	717	5615
天然水收集与分配	7	28205	1191	25121	19229	5892	11598
水文服务	1	111	5	412	308	104	730
其他水利管理业	9	6693	753	30375	18184	12191	33459
生态保护和环境治理业	55	353315	22924	798540	461515	337025	276811
生态保护	5	96085	2864	56618	78938	–22321	31590
环境治理业	50	257230	20060	741922	382576	359346	245221
公共设施管理业	241	1318210	79715	7018052	5575224	1442828	1191272
市政设施管理	35	684323	30552	5062401	4413743	648658	221896
环境卫生管理	36	49081	13234	159416	86839	72577	102451
城乡市容管理	7	10053	742	107689	69875	37813	92236
绿化管理	105	110736	8866	944902	505302	439600	585358
公园和游览景区管理	58	464017	26320	743644	499465	244179	189332
居民服务、修理和其他服务业	**564**	**424390**	**44239**	**1556545**	**1036618**	**519928**	**1426893**
居民服务业	170	164499	13034	526494	388350	138144	395927
家庭服务	7	952	110	3527	1589	1938	9226
托儿所服务							
洗染服务	18	14464	1229	31086	23470	7616	31611

营业成本	营业税金及附加	销售费用、管理费用、财务费用合计	投资收益	营业利润	利润总额	应交所得税	应付职工薪酬	应交增值税	从业人员期末人数（人）
6970542	189778	1763093	46448	813586	839178	159861	2226067	275217	191151
2973	108	1397		1063	1062	272	1283	236	222
1911	27	119		1023	1023	256	410		18
7665	567	1448	177	4073	4073	980	2626	30	226
25609	601	6638	18	2921	2661	424	8774	1282	1243
338823	6602	181650	1850	91045	97473	21048	199369	13442	23332
11918	177	7345	475	3180	3808	272	4271	847	717
48880	1021	7598		2932	2901	719	7888	1082	950
5346341	161948	1187524	36807	589994	599828	116543	1631013	201880	130588
1186423	18728	369375	7121	117356	126349	19348	370433	56419	33855
452868	6201	162665	1023	26739	34832	10262	125370	12792	13804
243445	2922	91624	382	15385	20534	5053	71152	8875	9236
171609	1736	45720	4	10520	10978	3377	36999	2319	2252
37814	1543	25321	637	835	3321	1833	17219	1598	2316
1103383	**48771**	**326370**	**13123**	**97704**	**121977**	**31502**	**278013**	**10073**	**51098**
43625	1415	12877	–32	1566	1444	372	15434	1069	1800
6147	261	956		294	291	18	1532	16	175
3110	46	1982		311	268		310	62	82
10054	258	2715	10	29	33	60	3986	405	335
419	81	218	38	14	14	5	263		56
23895	770	7005	–80	917	838	290	9343	586	1152
198819	2887	51772	2319	34216	36118	5675	43566	1556	5371
13805	888	9304	62	6983	7465	1082	6660	102	979
185014	1999	42468	2257	27233	28653	4593	36906	1455	4392
860938	44469	261721	10836	61922	84415	25454	219013	7447	43927
167436	10328	67234	–840	–20373	–7189	1797	41716	1327	3970
66549	3622	27053	150	2873	3193	1148	46533	114	14235
64006	1703	5891	68	20971	20666	5349	9346	4821	1506
489670	20978	75604	11488	40168	41137	7897	65110	726	14030
73278	7838	85940	–29	18283	26608	9263	56309	460	10186
932577	**50728**	**388753**	**3197**	**58051**	**53745**	**16026**	**504387**	**20582**	**135684**
221510	15447	142817	1775	16648	12348	6095	96896	4276	21852
6669	485	1870		202	207	94	5492	2	2152
19480	1772	10626	1	1110	1431	430	9779	119	2377

4-35 续表3

行 业	法人单位数（个）	固定资产原价	本年折旧	资产总计	负债合计	所有者权益合计	营业收入
理发及美容服务	14	35739	3639	136176	106572	29604	100801
洗浴服务	62	51226	3783	90735	82058	8676	85258
保健服务	25	9481	1437	17078	13104	3974	20885
婚姻服务							
殡葬服务	19	15225	634	161907	112749	49157	57219
其他居民服务业	25	37413	2203	85986	48807	37179	90927
机动车、电子产品和日用产品修理业	145	102155	11487	362546	217346	145201	407258
汽车、摩托车修理与维护	91	83618	9583	190370	128461	61909	198298
计算机和办公设备维修	29	11771	1382	99107	41808	57299	131049
家用电器修理	18	4694	240	54653	35848	18805	49217
其他日用产品修理业	7	2072	282	18416	11229	7187	28695
其他服务业	249	157737	19718	667505	430922	236583	623708
清洁服务	186	96497	11905	331782	177552	154231	506629
其他未列明服务业	63	61240	7814	335723	253370	82353	117079
教育	**530**	**1788457**	**134963**	**3003596**	**1614851**	**1388746**	**1346941**
教育	530	1788457	134963	3003596	1614851	1388746	1346941
学前教育	91	35073	4158	60597	27632	32965	63273
初等教育	156	196659	14813	236269	118878	117391	164322
中等教育	130	700571	42503	804118	400728	403391	349942
高等教育	18	425490	31406	1057739	462626	595113	277150
特殊教育	4	2129	293	7038	2602	4435	15886
技能培训、教育辅助及其他教育	131	428535	41792	837835	602385	235450	476368
卫生和社会工作	**245**	**1145320**	**117462**	**1741159**	**1112765**	**628394**	**1400753**
卫生	231	1127176	116558	1712502	1094149	618353	1382947
医院	173	1026874	107917	1559319	997846	561473	1222452
社区医疗与卫生院	12	14781	932	20119	8234	11885	16517
门诊部（所）	26	61199	5420	76564	60008	16556	85447
计划生育技术服务活动							
妇幼保健院（所、站）	4	3460	145	9245	7404	1841	5312
专科疾病防治院（所、站）	1	2741	186	3110	155	2955	3130
疾病预防控制中心	3	4101	116	4720	1475	3246	5602
其他卫生活动	12	14021	1843	39425	19028	20397	44487
社会工作	14	18145	904	28657	18616	10041	17806
提供住宿社会工作	11	17962	881	26720	17146	9573	12868
不提供住宿社会工作	3	182	24	1938	1470	468	4938

营业成本	营业税金及附加	销售费用、管理费用、财务费用合计	投资收益	营业利润	利润总额	应交所得税	应付职工薪酬	应交增值税	从业人员期末人数（人）
61444	3403	42405	480	-6033	-6713	407	30587	3306	4740
29010	4567	52416	1	544	-3263	779	25828	71	6908
10427	1147	9113	259	1320	1045	450	6739	1	2086
27961	2183	11854		15241	15182	3352	3671		921
66518	1889	14533	1035	4264	4459	584	14800	776	2668
283376	5611	99647	1117	18179	18867	4680	76788	13462	12618
140368	1742	48769	1161	5576	6473	1944	37581	7032	6902
84723	1895	33874	9	9899	10281	2224	21128	4422	3336
33304	1064	13491		1894	1294	284	10713	1740	1265
24981	909	3513	-53	811	819	228	7367	269	1115
427691	29671	146290	305	23224	22530	5251	330703	2844	101214
356983	26212	109820	266	12843	12296	3010	291462	609	91843
70708	3459	36469	39	10382	10235	2241	39242	2236	9371
836407	**19993**	**436206**	**8298**	**97344**	**109170**	**13443**	**496992**	**653**	**84381**
836407	19993	436206	8298	97344	109170	13443	496992	653	84381
33419	580	25223	144	5331	5181	898	27771		6733
112233	470	59583	-144	-5039	-3579	172	86006	48	19092
260016	1055	84645	5858	14642	17808	2798	156834	14	25350
160445	1213	92841	529	47124	56645	548	71160	11	8459
9713	283	3646		2237	1955	110	2049		931
260582	16393	170268	1910	33049	31160	8918	153172	580	23816
1016006	**3576**	**390047**	**-21880**	**4072**	**-5926**	**8105**	**380253**	**2040**	**60178**
1009842	3536	378229	-21880	4254	-5750	8050	371167	2040	57632
908674	2854	315335	-21853	-239	-10055	6575	317987	1994	49095
12458	20	5767	-28	-241	-178	30	5202		1030
50027	107	33987		1518	933	409	25089		4079
3988	7	1482		-507	-258	2	2039		393
1666	23	1025		35	25	6	409		59
3683	39	2412		-532	-532		2748		332
29345	486	18222		4219	4314	1028	17693	46	2644
6165	40	11818		-182	-176	55	9086		2546
1716	28	11561		-400	-394	55	5901		1770
4449	12	256		218	218		3185		776

4-35 续表4

行　业	法人单位数（个）	固定资产原价	本年折旧	资产总计	负债合计	所有者权益合计	营业收入
文化、体育和娱乐业	**412**	**3433690**	**350397**	**8406224**	**5300181**	**3106044**	**2846021**
新闻和出版业	64	581876	28816	2470509	1029504	1441005	969488
新闻业	3	10767	671	77003	36273	40730	13264
出版业	61	571108	28145	2393507	993232	1400275	956225
广播、电视、电影和影视录音制作业	103	489456	37667	1481203	687745	793458	832902
广播	9	52640	2141	90991	25465	65526	33591
电视	11	233975	14951	554774	191416	363358	357386
电影和影视节目制作	17	34129	2617	121991	40132	81858	115467
电影和影视节目发行	3	8396	995	99092	51579	47512	45710
电影放映	50	145842	15780	537204	340270	196934	216122
录音制作	13	14474	1183	77152	38882	38270	64626
文化艺术业	33	101170	4140	146348	65847	80502	61184
文艺创作与表演	21	74866	3077	109026	40774	68252	35654
艺术表演场馆	4	1968	136	10660	7691	2969	15594
图书馆与档案馆	1	8189		8570	364	8206	
文物及非物质文化遗产保护	2	3872	123	7559	7654	-95	3139
博物馆							
烈士陵园、纪念馆							
群众文化活动	2	3533	144	3705	530	3175	3212
其他文化艺术业	3	8742	661	6829	8834	-2005	3585
体育	96	1130758	60047	1990192	1752274	237918	439832
体育组织	8	2378	350	52214	155102	-102888	60524
体育场馆	10	50963	2044	155183	118509	36674	36310
休闲健身活动	75	1071594	57576	1765389	1477425	287965	341373
其他体育	3	5823	78	17406	1239	16167	1625
娱乐业	116	1130431	219727	2317971	1764811	553160	542616
室内娱乐活动	91	48419	4091	90279	54399	35880	92534
游乐园	14	1024950	213177	2173316	1655645	517671	420535
彩票活动							
文化、娱乐、体育经纪代理	2	319	41	2110	313	1796	11957
其他娱乐业	9	56743	2418	52267	54454	-2187	17590

营业成本	营业税金及附加	销售费用、管理费用、财务费用合计	投资收益	营业利润	利润总额	应交所得税	应付职工薪酬	应交增值税	从业人员期末人数（人）
1776488	**112378**	**952705**	**73601**	**78356**	**116757**	**34336**	**697255**	**48596**	**75354**
679135	17522	259985	47430	55935	71283	2854	285317	26545	19305
17494	501	7721	426	-12010	-6849	223	15018	10	710
661641	17022	252263	47003	67945	78132	2631	270299	26535	18595
547599	24214	231962	20182	48403	60028	6860	111506	17148	10325
26155	789	10526	646	-3911	-2212	65	9599	1221	988
270163	10615	61703	15522	27569	29251	123	54564	11020	3769
92048	1308	13035	409	9546	10342	1586	13261	749	1401
17240	350	20061	87	8228	8188	2106	5467	344	388
89211	10630	112498	1362	5873	11079	2930	19308	3443	3093
52782	523	14139	2155	1099	3381	51	9307	370	686
33618	2045	31034	11	-6406	1135	570	20973	405	2486
21337	968	18787	11	-5864	-113	269	13098	400	1591
8322	609	7949		-528	372	88	3993	1	309
							615		125
2323	93	585		138	142	14	647	4	137
10	204	1796		-23	18	18	1165	1	149
1626	171	1917		-129	715	180	1455		175
223645	35108	235735	1485	-48781	-41533	10085	167684	2044	23356
84982	1372	32054		-58692	-58272	54	70661	1617	548
18592	2097	13238		4369	5053	896	11639	150	1776
117747	31585	189012	785	5150	11295	9134	84068	278	20878
2325	54	1433	700	392	392	2	1316		154
292492	33489	193989	4494	29204	25844	13967	111776	2453	19882
41486	10098	42255	-4	-143	-1770	971	25916	9	6276
232583	22094	137757	4452	33535	31777	12782	75436	2019	11822
10259	221	1024		410	432	96	3611	387	326
8164	1075	12953	46	-4598	-4596	118	6813	38	1458

4-36 规模以上服务业企业

地 区	法人单位数（个）	固定资产原价	本年折旧	资产总计	负债合计	所有者权益合计	营业收入
合 计	**13495**	**192581271**	**10975948**	**539217688**	**277184087**	**262033594**	**146805782**
广州市	5363	101689816	5086745	264238476	124058237	140180236	63789992
深圳市	4203	40720675	2131947	187494456	105251513	82242939	56886450
珠海市	471	2997760	202058	18972744	9858079	9114665	3248962
汕头市	128	2623522	157447	2059364	1123326	936038	1245079
佛山市	564	6456867	753288	14797097	9562184	5234913	3960155
韶关市	102	885304	73709	703783	428774	275009	413600
河源市	29	702275	45869	777231	399362	377870	233564
梅州市	33	835433	58475	446733	266174	180559	311730
惠州市	294	5697759	400966	9704677	5313685	4390992	1933776
汕尾市	33	677396	84449	457586	245145	212441	292678
东莞市	1239	15326882	967797	22355081	10582486	11772595	6674855
中山市	262	2587242	155553	6833619	4139511	2694108	2013857
江门市	128	2193704	142146	1639190	879617	759573	1056826
阳江市	59	808934	64918	588780	289038	299743	386365
湛江市	119	2506657	148908	2693060	1443188	1249871	1209677
茂名市	161	1298429	115687	1164218	545252	618966	971454
肇庆市	96	1078781	133884	934440	634634	299806	535398
清远市	109	1268004	74117	1805053	1302979	502074	712938
潮州市	43	678615	47227	452557	248420	204138	257361
揭阳市	46	844713	87552	620809	347335	273474	456743
云浮市	13	702505	43207	478734	265149	213585	214324

法人单位分地区主要指标

单位：万元

营业成本	营业税金及附加	销售费用、管理费用、财务费用合计	投资收益	营业利润	利润总额	应交所得税	应付职工薪酬	应交增值税	从业人员期末人数（人）
103548202	**2603606**	**29930945**	**8687983**	**20177985**	**22092285**	**3255629**	**25832439**	**1914658**	**3149577**
47499076	1133282	12652345	3503935	6179262	6628730	1289001	12899469	730280	1295102
40331017	841574	11180457	4365715	9168022	10237667	1148122	8676230	932228	1098984
2120983	77304	769754	429092	764728	919626	78466	648127	66746	87864
815479	25470	279735	2889	156277	147953	36583	194207	4142	30886
2448514	108396	974010	45423	509210	566699	108897	602417	30092	116238
276572	9236	107260	264	19859	27922	7493	85778	3029	18271
144271	6670	69793		14521	19977	3697	37969	1063	7654
179973	8020	80887	23	28076	32097	8622	54148	1931	8594
1195643	53043	499433	190391	382487	407618	61845	269693	14871	52561
201001	7781	70330	27	17615	18257	5756	57650	574	9808
3435412	147204	1484733	48432	1681246	1753757	219847	1086010	73203	210996
1244933	59554	476955	85846	508045	474233	87175	302380	16862	56366
637685	26127	227450	521	165922	190770	39344	169240	6315	27427
242688	7959	88479	556	51679	59388	9971	62913	3608	11125
776652	20179	278501	12063	136581	242191	60739	229116	10279	34669
661408	19673	157673	69	130529	111492	27402	116053	8046	23441
311717	13609	144703	2644	72535	74835	22557	91907	5361	17435
473395	15503	164731	52	57505	34993	14165	121394	4781	22310
153981	6738	65443	40	34476	35836	7103	34787	528	6346
261767	11246	102024	2	81309	88208	13663	57720	569	8161
136036	5040	56250		18104	20036	5183	35235	151	5339

4–37 规模以上服务业企业

登记注册类型	法人单位数（个）	固定资产原价	本年折旧	资产总计	负债合计	所有者权益合计	营业收入
合计	**13495**	**192581271**	**10975948**	**539217688**	**277184087**	**262033594**	**146805782**
内资企业	**11947**	**165061503**	**8950546**	**467119254**	**235313283**	**231805964**	**122498811**
国有企业	673	44769124	1587192	82875861	35768784	47107081	18240291
集体企业	636	4480514	291575	7679367	3621893	4057474	1716308
股份合作企业	294	4745303	299929	7192756	3297724	3895032	886140
联营企业	36	253302	10918	472015	237539	234477	210559
国有联营企业	15	229921	9787	352759	151757	201002	165893
集体联营企业	3	5812	153	7441	2059	5382	4542
国有与集体联营企业	5	4766	168	11916	5411	6505	17882
其他联营企业	13	12805	810	99900	78312	21588	22242
有限责任公司	4100	60171664	3935167	230168929	117776950	112391969	45015665
国有独资公司	373	19527672	743544	112501630	55725000	56776626	9247307
其他有限责任公司	3727	40643992	3191624	117667299	62051951	55615343	35768358
股份有限公司	400	36559723	1672600	87004960	39872796	47132161	23024086
私营企业	5106	8663067	863926	38901146	26903635	11997511	31479618
私营独资企业	169	216810	17482	443298	251159	192138	315452
私营合伙企业	216	76965	8495	309777	197302	112475	432869
私营有限责任公司	4570	8094353	813395	35976733	25550308	10426425	29433724
私营股份有限公司	151	274939	24555	2171339	904866	1266473	1297574
其他企业	702	5418807	289239	12824220	7833962	4990259	1926144
港、澳、台商投资企业	**932**	**14833930**	**1157977**	**41811359**	**24249105**	**17562253**	**14247481**
与港澳台商合资经营企业	224	5124018	504819	10585630	5772586	4813043	3760146
与港澳台商合作经营企业	62	4998733	207114	3866147	2510729	1355418	2003613
港澳台商独资经营企业	622	4385136	421752	26081342	15124313	10957030	8272919
港澳台商投资股份有限公司	19	257410	17957	1208095	786147	421948	184536
其他港澳台投资企业	5	68634	6335	70146	55331	14815	26267
外商投资企业	**616**	**12685837**	**867424**	**30287075**	**17621699**	**12665377**	**10059491**
中外合资经营企业	187	3819359	209773	12301228	6987089	5314140	2772793
中外合作经营企业	57	2093322	106971	4595046	2980402	1614645	1019475
外资企业	342	2495414	260337	8400874	4679850	3721025	4155743
外商投资股份有限公司	23	3774735	249205	4556943	2722905	1834037	1787957
其他外商投资企业	7	503007	41138	432984	251453	181531	323522

法人单位分登记注册类型主要指标

单位：万元

营业成本	营业税金及附加	销售费用、管理费用、财务费用合计	投资收益	营业利润	利润总额	应交所得税	应付职工薪酬	应交增值税	从业人员期末人数（人）
103548202	**2603606**	**29930945**	**8687983**	**20177985**	**22092285**	**3255629**	**25832439**	**1914658**	**3149577**
90383702	**2154357**	**24197398**	**7179872**	**13718058**	**15171172**	**2251967**	**21559910**	**1445935**	**2734915**
14755563	386730	3316091	913685	719760	1158775	234497	4924198	217837	487210
701229	55257	538753	39608	533916	419965	26652	416463	6076	89095
315557	28066	529602	49574	89252	72033	6166	112117	1554	28023
116301	5281	45257	2469	47490	47299	8332	42190	3124	4417
89292	2183	33572	976	41473	41309	7017	27976	2724	2199
2560	29	1733		221	369	155	979	197	159
13015	755	2610	766	2278	2249	575	4822	57	729
11435	2315	7343	727	3518	3372	585	8413	146	1330
30747572	959814	10250798	2612426	6290464	6945752	1154829	7926627	628418	1025863
6176598	229496	2089446	1063762	1926782	2184494	246981	1470047	138240	128284
24570975	730319	8161352	1548664	4363682	4761258	907847	6456580	490178	897579
18358929	266669	3552350	3384736	4225429	4644446	489332	3521677	202322	243714
24377323	429468	5456190	159800	1378737	1453141	313978	4099731	381810	763566
207211	5679	97888	6494	14783	13536	3280	97081	1349	19492
133909	6163	204689	90	88614	84034	17779	86447	16929	17330
23123780	392770	4894535	138198	1152833	1221917	270361	3722182	345525	699066
912424	24855	259078	15018	122507	133655	22557	194022	18008	27678
1011228	23072	508357	17574	433011	429762	18182	516908	4796	93027
7657242	**240352**	**3298617**	**1032297**	**4084826**	**4515513**	**526141**	**2541953**	**322238**	**248878**
2321269	56625	796845	103740	678255	809045	133280	665008	53701	79988
1238585	40791	225767	4144	505459	503721	126156	187129	36465	20834
4000395	133227	2211119	689063	2644927	2944990	260215	1651767	227884	142482
78926	9131	57945	235286	258538	259895	6466	35282	4170	4944
18066	579	6941	64	−2354	−2137	23	2767	17	630
5507258	**208897**	**2434930**	**475814**	**2375102**	**2405599**	**477522**	**1730577**	**146485**	**165784**
1686539	51292	519969	208238	715703	730760	133700	399664	56181	46262
500999	28248	264208	7156	231692	218816	62246	153960	11070	21027
2501688	63675	1080968	33284	550962	600541	108971	1037741	77746	88458
697185	55620	479337	223571	771304	751160	146150	123633	1138	7960
120847	10063	90449	3565	105441	104322	26455	15579	351	2077

4-38 规模以下服务业企业法人单位主要指标

行　业	法人单位数（个）	资产总计（万元）	营业收入（万元）	从业人员期末人数（人）
合计	**244426**	**436835129**	**59882358**	**2982930**
交通运输、仓储和邮政业	**23503**	**31053489**	**8861540**	**338375**
道路运输业	7868	17925899	3176114	145846
城市公共交通运输	400	2762459	286990	24470
公路旅客运输	421	426491	237580	16583
道路货物运输	6329	2701648	2105911	84898
道路运输辅助活动	718	12035300	545633	19895
水上运输业	1022	1887252	474253	17052
水上旅客运输	101	146342	51950	2871
水上货物运输	553	819091	294257	8585
水上运输辅助活动	368	921820	128047	5596
航空运输业	121	98856	158153	2658
航空客货运输	78	68022	148287	1921
通用航空服务	25	18048	2783	180
航空运输辅助活动	18	12786	7083	557
管道运输业	13	11643	2066	134
管道运输业	13	11643	2066	134
装卸搬运和运输代理业	12053	6291554	3826312	124489
装卸搬运	744	947232	196612	14570
运输代理业	11309	5344321	3629700	109919
仓储业	1165	4491064	883209	18286
谷物、棉花等农产品仓储	165	717756	83650	2283
其他仓储业	1000	3773307	799560	16003
邮政业	1261	347222	341434	29910
邮政基本服务	54	91403	65102	4668
快递服务	1207	255819	276332	25242
信息传输、软件和信息技术服务业	**25128**	**15438173**	**6637565**	**306403**
电信、广播电视和卫星传输服务	693	1172810	1382818	15713
电信	539	881583	1260244	10890
广播电视传输服务	131	274896	119938	4532
卫星传输服务	23	16331	2636	291
互联网和相关服务	3000	1229645	515923	34991
互联网接入及相关服务	487	359582	120623	9647
互联网信息服务	1881	657422	319666	19376
其他互联网服务	632	212640	75633	5968
软件和信息技术服务业	21435	13035718	4738825	255699
软件开发	14814	9241677	3568017	187548

说明：本表统计口径为扣除批发零售业、住宿餐饮业、铁路运输业和金融业，以及规模以上服务业后的企业法人单位。

4-38　续表1

行　业	法人单位数（个）	资产总计（万元）	营业收入（万元）	从业人员期末人数（人）
信息系统集成服务	1369	972752	301294	14863
信息技术咨询服务	2899	1099723	411964	26068
数据处理和存储服务	507	322073	66569	6646
集成电路设计	551	413950	149750	6282
其他信息技术服务业	1295	985543	241231	14292
房地产业	**32811**	**107239500**	**10988849**	**500205**
房地产业	32811	107239500	10988849	500205
房地产开发经营	3311	29982265	2675763	50002
物业管理	14005	23156389	3865334	285918
房地产中介服务	8514	6588369	1009869	67932
自有房地产经营活动	4936	19543003	2289253	76522
其他房地产业	2045	27969475	1148631	19831
租赁和商务服务业	**94535**	**239805147**	**20477091**	**951561**
租赁业	2852	2839048	590416	31088
机械设备租赁	2673	2797944	569952	29535
文化及日用品出租	179	41105	20464	1553
商务服务业	91683	236966099	19886675	920473
企业管理服务	31178	189148914	7826385	272652
法律服务	1451	256367	337397	22981
咨询与调查	24696	21742278	2684431	203234
广告业	13822	2929981	2275501	105052
知识产权服务	1075	148826	123865	9262
人力资源服务	3023	700172	810585	104553
旅行社及相关服务	2113	1260967	676164	20695
安全保护服务	607	222609	180729	16420
其他商务服务业	13718	20555986	4971618	165624
科学研究和技术服务业	**30505**	**20176277**	**6995560**	**347616**
研究和试验发展	4880	4581484	1236152	52486
自然科学研究和试验发展	388	360383	78625	3255
工程和技术研究和试验发展	3701	3622352	1021709	41145
农业科学研究和试验发展	220	160548	57784	2310
医学研究和试验发展	526	432772	73307	5374
社会人文科学研究	45	5429	4728	402
专业技术服务业	20673	12656700	4739445	247422
气象服务	40	12130	14359	353
地震服务	11	725	941	43
海洋服务	30	19480	14841	411
测绘服务	195	54383	55353	2774
质检技术服务	938	513824	269331	18966

4–38 续表2

行　业	法人单位数（个）	资产总计（万元）	营业收入（万元）	从业人员期末人数（人）
环境与生态监测	218	103415	40908	2665
地质勘查	130	588539	81652	1823
工程技术	9030	8137298	2383270	116134
其他专业技术服务业	10081	3226906	1878791	104253
科技推广和应用服务业	4952	2938093	1019964	47708
技术推广服务	4155	2001058	703097	40769
科技中介服务	300	536202	55865	2299
其他科技推广和应用服务业	497	400832	261002	4640
水利、环境和公共设施管理业	**2923**	**12897478**	**1018111**	**52042**
水利管理业	249	3779446	156609	5739
防洪除涝设施管理	30	27222	6334	582
水资源管理	78	3463615	103631	2631
天然水收集与分配	30	50762	8371	812
水文服务	13	138863	9230	380
其他水利管理业	98	98984	29043	1334
生态保护和环境治理业	518	1461304	204752	7557
生态保护	40	173907	15526	560
环境治理业	478	1287397	189225	6997
公共设施管理业	2156	7656728	656750	38746
市政设施管理	349	5158410	201814	6535
环境卫生管理	276	207134	63984	6546
城乡市容管理	55	143929	10331	522
绿化管理	1043	996474	269888	16368
公园和游览景区管理	433	1150781	110733	8775
居民服务、修理和其他服务业	**15677**	**3184106**	**2113740**	**216142**
居民服务业	5491	781964	530533	82863
家庭服务	741	87978	41803	16498
托儿所服务	105	2160	3441	915
洗染服务	181	22323	26935	2873
理发及美容服务	1726	127644	138555	16022
洗浴服务	472	89085	61165	10394
保健服务	1215	173742	129057	25774
婚姻服务	267	12581	14776	1817
殡葬服务	116	110916	36176	1511
其他居民服务业	668	155534	78626	7059
机动车、电子产品和日用产品修理业	7510	1449708	1137493	80558
汽车、摩托车修理与维护	5201	787830	785592	59990
计算机和办公设备维修	907	259701	140621	8419
家用电器修理	1027	327486	142580	8019

4-38　续表3

行　业	法人单位数（个）	资产总计（万元）	营业收入（万元）	从业人员期末人数（人）
其他日用产品修理业	375	74691	68700	4130
其他服务业	2676	952435	445713	52721
清洁服务	2184	318561	316337	44477
其他未列明服务业	492	633874	129377	8244
教育	**5388**	**2212524**	**749367**	**95965**
教育	5388	2212524	749367	95965
学前教育	1243	1032015	179775	36155
初等教育	161	102676	71205	11334
中等教育	71	82943	44291	4771
高等教育	30	167014	30660	1815
特殊教育	21	2733	1264	412
技能培训、教育辅助及其他教育	3862	825143	422173	41478
卫生和社会工作	**2027**	**1047695**	**545251**	**36627**
卫生	1922	917506	530371	34527
医院	263	658690	336087	15134
社区医疗与卫生院	240	27840	21965	2791
门诊部（所）	1301	170197	141437	13287
计划生育技术服务活动				
妇幼保健院（所、站）	13	46569	11014	1583
专科疾病防治院（所、站）	16	1796	1215	454
疾病预防控制中心	4	64	37	195
其他卫生活动	85	12351	18615	1083
社会工作	105	130189	14880	2100
提供住宿社会工作	79	122759	11921	1610
不提供住宿社会工作	26	7430	2959	490
文化、体育和娱乐业	**11255**	**3711124**	**1455659**	**122633**
新闻和出版业	253	281382	110984	6373
新闻业	11	3267	4055	99
出版业	242	278115	106928	6274
广播、电视、电影和影视录音制作业	779	526243	225003	11811
广播	49	16553	27406	663
电视	58	80134	43112	1933
电影和影视节目制作	287	253605	59239	3227
电影和影视节目发行	46	18250	10257	291
电影放映	305	149835	82324	5433
录音制作	34	7866	2665	264
文化艺术业	1528	714476	170507	14704
文艺创作与表演	494	118614	73463	7061
艺术表演场馆	33	34874	2481	392

4-38 续表4

行 业	法人单位数（个）	资产总计（万元）	营业收入（万元）	从业人员期末人数（人）
图书馆与档案馆	28	4384	6915	386
文物及非物质文化遗产保护	18	30521	3652	252
博物馆	15	2718	760	105
烈士陵园、纪念馆	4	5374	3152	64
群众文化活动	336	351498	21450	2144
其他文化艺术业	600	166495	58635	4300
体育	1349	537514	148778	13273
体育组织	145	85616	12864	1073
体育场馆	172	298318	20300	1731
休闲健身活动	949	131423	109009	9818
其他体育	83	22157	6604	651
娱乐业	7346	1651509	800388	76472
室内娱乐活动	6725	860641	724717	69858
游乐园	139	50990	20079	1810
彩票活动	7	17599	150	29
文化、娱乐、体育经纪代理	294	138127	26137	1909
其他娱乐业	181	584153	29306	2866
公共管理、社会保障和社会组织	**674**	**69618**	**39625**	**15361**
中国共产党机关				
中国共产党机关				
国家机构				
国家权力机构				
国家行政机构				
人民法院和人民检察院				
其他国家机构				
人民政协、民主党派				
人民政协				
民主党派				
社会保障				
社会保障				
群众团体、社会团体和其他成员组织	674	69618	39625	15361
群众团体	139	17492	3032	7532
社会团体	504	41500	36321	7504
基金会	15	10477	152	181
宗教组织	16	149	120	144
基层群众自治组织				
社区自治组织				
村民自治组织				

4-39　规模以下服务业企业法人单位分地区主要指标

地　区	法人单位数（个）	资产总计（万元）	营业收入（万元）	从业人员期末人数（人）
合　计	**244426**	**436835129**	**59882358**	**2982930**
广州市	62406	90206704	16285812	748095
深圳市	72091	149586058	16575649	943748
珠海市	12848	20884252	1812111	106681
汕头市	4457	4174887	914286	46856
佛山市	19162	53842876	5270004	210824
韶关市	2241	4521639	423094	29916
河源市	2265	2797272	418118	24299
梅州市	1749	3302501	446543	20857
惠州市	10023	17481017	2387622	103190
汕尾市	720	516921	146647	12460
东莞市	20324	33971978	3526207	256822
中山市	9276	11310883	1238940	97685
江门市	5756	11837095	1223028	53687
阳江市	2179	1892364	720088	28091
湛江市	4174	6531955	910880	53949
茂名市	4525	6418764	4866103	106522
肇庆市	3190	5964341	999193	42316
清远市	3069	5542341	501133	39284
潮州市	1206	1003907	327444	14652
揭阳市	1534	965766	362660	23146
云浮市	1233	4081610	526796	19861

4-40 规模以下服务业企业法人单位分登记注册类型主要指标

注册类型	法人单位数（个）	资产总计（万元）	营业收入（万元）	从业人员期末人数（人）
合计	**244426**	**436835129**	**59882358**	**2982930**
内资企业	**237651**	**395828262**	**56042639**	**2857738**
国有企业	3382	31721433	3187272	104056
集体企业	7678	15293042	2073289	116718
股份合作企业	2298	3406513	537291	33968
联营企业	1462	2309770	359914	18415
国有联营企业	61	245061	16866	1016
集体联营企业	181	275848	57193	4039
国有与集体联营企业	49	586671	18771	771
其他联营企业	1171	1202189	267084	12589
有限责任公司	54447	181246166	14974706	731630
国有独资公司	546	31423125	682693	15228
其他有限责任公司	53901	149823041	14292013	716402
股份有限公司	3294	10890784	1888789	55690
私营企业	144915	129519618	26109164	1522249
私营独资企业	20665	7412648	2877509	200938
私营合伙企业	6569	5126090	1355307	72849
私营有限责任公司	115241	115172528	21351973	1220813
私营股份有限公司	2440	1808352	524376	27649
其他企业	20175	21440936	6912214	275012
港、澳、台商投资企业	**4622**	**29150399**	**1888868**	**86522**
与港澳台商合资经营企业	528	3584598	251580	11412
与港澳台商合作经营企业	354	1898971	154533	5259
港澳台商独资经营企业	3156	22696666	1340055	58693
港澳台商投资股份有限公司	92	153872	22600	1036
其他港澳台投资企业	492	816292	120100	10122
外商投资企业	**2155**	**11856469**	**1950851**	**38681**
中外合资经营企业	371	5267686	825986	7888
中外合作经营企业	165	2785532	192595	3269
外资企业	1234	2939421	668927	22502
外商投资股份有限公司	70	345775	173924	1191
其他外商投资企业	315	518055	89420	3831

第5篇

行政事业及非企业财务状况

5-1　服务业行政事业及非企业法人单位主要指标

行　业	法人单位数（个）	年末资产（万元）	非企业单位支出（费用）（万元）	从业人员期末人数（人）
合计	**151404**	**197152381**	**107502247**	**4666411**
交通运输、仓储和邮政业	**603**	**4653212**	**1050822**	**25423**
道路运输业	366	3940464	880516	19896
城市公共交通运输	15	9364	6350	740
公路旅客运输	11	29	1383	309
道路货物运输	19	3772	963	226
道路运输辅助活动	321	3927299	871821	18621
水上运输业	62	417103	96934	2024
水上旅客运输	5	3472	3339	283
水上货物运输	6	2045	1802	138
水上运输辅助活动	51	411587	91793	1603
航空运输业	7	53011	18778	508
航空客货运输				
通用航空服务	1			3
航空运输辅助活动	6	53011	18778	505
管道运输业				
管道运输业				
装卸搬运和运输代理业	34	162	1318	418
装卸搬运	3	16	16	7
运输代理业	31	146	1302	411
仓储业	115	235715	48323	1916
谷物、棉花等农产品仓储	96	145844	40480	1566
其他仓储业	19	89871	7843	350
邮政业	19	6757	4952	661
邮政基本服务	10	6757	4780	473
快递服务	9		173	188
信息传输、软件和信息技术服务业	**422**	**871245**	**295471**	**10824**
电信、广播电视和卫星传输服务	188	589402	128784	6908
电信	13	874	664	99
广播电视传输服务	172	588165	127789	6777
卫星传输服务	3	363	331	32
互联网和相关服务	51	12360	9735	520
互联网接入及相关服务	10	676	1076	70
互联网信息服务	31	11637	8636	392
其他互联网服务	10	46	23	58
软件和信息技术服务业	183	269483	156952	3396
软件开发	49	59991	59574	1410
信息系统集成服务	16	23733	19869	335
信息技术咨询服务	74	156920	66387	1022
数据处理和存储服务	16	19503	4965	319
集成电路设计	1			13
其他信息技术服务业	27	9335	6158	297
房地产业	**751**	**1362835**	**240478**	**19517**
房地产业	751	1362835	240478	19517
房地产开发经营				
物业管理	295	446182	66310	10418
房地产中介服务	82	201961	22150	1555

说明：本表统计范围为扣除批发零售业、住宿餐饮业、铁路运输业和金融业后的服务业非企业法人单位。

5-1 续表1

行 业	法人单位数（个）	年末资产（万元）	非企业单位支出（费用）（万元）	从业人员期末人数（人）
自有房地产经营活动	216	262699	26144	3752
其他房地产业	158	451992	125874	3792
租赁和商务服务业	**33299**	**18747892**	**5069789**	**309063**
租赁业	25	15121	1013	111
机械设备租赁	18	13431	670	76
文化及日用品出租	7	1690	343	35
商务服务业	33274	18732771	5068776	308952
企业管理服务	30776	17585004	4348853	265055
法律服务	514	121875	65416	4449
咨询与调查	462	234085	88865	5509
广告业	36	18849	5378	598
知识产权服务	36	54180	26930	1594
人力资源服务	458	170306	141937	6473
旅行社及相关服务	53	6958	13753	511
安全保护服务	66	21404	47817	5478
其他商务服务业	873	520109	329829	19285
科学研究和技术服务业	**3829**	**7629776**	**3713138**	**88894**
研究和试验发展	584	1560006	699141	21176
自然科学研究和试验发展	54	375532	84486	3007
工程和技术研究和试验发展	125	572084	317282	6438
农业科学研究和试验发展	201	404874	165024	7059
医学研究和试验发展	79	145414	88317	2929
社会人文科学研究	125	62103	44032	1743
专业技术服务业	2004	5678454	2799101	53869
气象服务	186	316459	114613	3336
地震服务	32	28757	17361	888
海洋服务	19	256241	80816	2060
测绘服务	97	118167	99251	3189
质检技术服务	360	699812	296978	11700
环境与生态监测	151	293777	131542	5783
地质勘查	61	450573	168447	6570
工程技术	529	3232659	1753852	13647
其他专业技术服务业	569	282010	136241	6696
科技推广和应用服务业	1241	391316	214896	13849
技术推广服务	1088	292157	161881	11926
科技中介服务	62	40831	11731	567
其他科技推广和应用服务业	91	58328	41283	1356
水利、环境和公共设施管理业	**2307**	**9031283**	**2163089**	**103719**
水利管理业	1084	6195815	647722	23587
防洪除涝设施管理	332	4422091	294763	6417
水资源管理	216	870078	146600	6101
天然水收集与分配	197	319920	62842	5414
水文服务	19	19776	15635	516
其他水利管理业	320	563951	127883	5139
生态保护和环境治理业	210	520306	151283	4891
生态保护	152	240298	56346	2841
环境治理业	58	280007	94937	2050
公共设施管理业	1013	2315162	1364084	75241
市政设施管理	241	1009367	508476	11963

5-1　续表2

行　业	法人单位数（个）	年末资产（万元）	非企业单位支出（费用）（万元）	从业人员期末人数（人）
环境卫生管理	350	313150	384069	42387
城乡市容管理	82	67362	104310	5458
绿化管理	129	120281	164269	5570
公园和游览景区管理	211	805002	202961	9863
居民服务、修理和其他服务业	**1345**	**632560**	**345258**	**24414**
居民服务业	1213	583913	305206	21096
家庭服务	40	1141	2207	381
托儿所服务	425	14134	14218	3927
洗染服务	2	2455	1178	103
理发及美容服务	17	15279	393	161
洗浴服务	5			36
保健服务	20	168	269	260
婚姻服务	24	6422	4282	112
殡葬服务	191	427597	161388	5692
其他居民服务业	489	116718	121273	10424
机动车、电子产品和日用产品修理业	48	4002	2727	678
汽车、摩托车修理与维护	26	2191	1653	313
计算机和办公设备维修	9	1721	954	162
家用电器修理	5	32	38	113
其他日用产品修理业	8	60	83	90
其他服务业	84	44645	37325	2640
清洁服务	54	21375	21370	1833
其他未列明服务业	30	23270	15956	807
教育	**30204**	**49037018**	**20669141**	**1447229**
教育	30204	49037018	20669141	1447229
学前教育	9545	2703793	1598219	253471
初等教育	12848	10756790	5616161	477644
中等教育	4123	19026144	7690433	520123
高等教育	378	14154696	4453420	134952
特殊教育	127	208416	66597	4097
技能培训、教育辅助及其他教育	3183	2187180	1244312	56942
卫生和社会工作	**8095**	**19413591**	**17968687**	**577112**
卫生	6103	18685476	17300504	544500
医院	857	13764497	13144890	352517
社区医疗与卫生院	2545	2102386	1672873	105403
门诊部（所）	1690	465852	426281	21129
计划生育技术服务活动	379	134585	174688	5982
妇幼保健院（所、站）	132	1066478	956995	35442
专科疾病防治院（所、站）	153	222307	211312	8828
疾病预防控制中心	154	683446	557022	10690
其他卫生活动	193	245926	156444	4509
社会工作	1992	728115	668183	32612
提供住宿社会工作	1023	525506	333345	20882
不提供住宿社会工作	969	202609	334838	11730
文化、体育和娱乐业	**3029**	**4455047**	**1362846**	**69474**
新闻和出版业	149	77091	61098	3687
新闻业	48	12258	15060	1025
出版业	101	64833	46038	2662
广播、电视、电影和影视录音制作业	236	1709694	574326	20691

5-1 续表3

行 业	法人单位数（个）	年末资产（万元）	非企业单位支出（费用）（万元）	从业人员期末人数（人）
广播	60	331580	135858	4464
电视	105	1080203	257662	11986
电影和影视节目制作	18	87794	22061	1266
电影和影视节目发行	6	194129	151566	1898
电影放映	47	15988	7178	1077
录音制作				
文化艺术业	1797	1816436	449187	30392
文艺创作与表演	223	36143	33557	5539
艺术表演场馆	41	50835	17046	918
图书馆与档案馆	269	440812	142099	5975
文物及非物质文化遗产保护	109	406783	28629	1813
博物馆	206	264034	77428	3773
烈士陵园、纪念馆	40	139270	24128	703
群众文化活动	765	462635	115254	10365
其他文化艺术业	144	15924	11046	1306
体育	589	675635	192088	12075
体育组织	418	264668	113050	8044
体育场馆	96	252674	59233	3064
休闲健身活动	54	24929	5474	458
其他体育	21	133364	14331	509
娱乐业	258	176192	86147	2629
室内娱乐活动	163	22722	5949	1002
游乐园	3	1849	450	46
彩票活动	63	138655	66342	1018
文化、娱乐、体育经纪代理	11	1940	1829	173
其他娱乐业	18	11026	11577	390
公共管理、社会保障和社会组织	**67520**	**81317923**	**54623530**	**1990742**
中国共产党机关	1205	893934	801718	28567
中国共产党机关	1205	893934	801718	28567
国家机构	19756	61682872	46959293	1169096
国家权力机构	293	263727	569887	11428
国家行政机构	18591	57821942	44605106	1094782
人民法院和人民检察院	350	2192063	873709	41693
其他国家机构	522	1405139	910591	21193
人民政协、民主党派	382	131944	278215	6814
人民政协	170	107005	239904	5186
民主党派	212	24939	38312	1628
社会保障	397	432667	1229371	13222
社会保障	397	432667	1229371	13222
群众团体、社会团体和其他成员组织	20271	3403771	1897622	505545
群众团体	4111	848929	546842	212636
社会团体	14483	1492168	1127895	276580
基金会	243	476771	96364	1398
宗教组织	1434	585902	126522	14931
基层群众自治组织	25509	14772735	3457311	267498
社区自治组织	6550	5305631	783232	83848
村民自治组织	18959	9467104	2674079	183650

5-2　服务业行政事业及非企业法人单位分地区主要指标

地　区	法人单位数（个）	年末资产（万元）	非企业单位支出（费用）（万元）	从业人员期末人数（人）
合　计	**151404**	**197152381**	**107502247**	**4666411**
广州市	20292	51736875	33950310	800589
深圳市	7073	13782082	9162630	461526
珠海市	3077	3482780	3048402	101303
汕头市	6511	5596027	3156390	205120
佛山市	8058	17931920	10288161	320856
韶关市	8554	4368835	3161497	195278
河源市	4722	2661801	2003524	120642
梅州市	6469	3246820	2249495	170019
惠州市	13382	8790906	4945307	228948
汕尾市	3224	1080903	603484	90826
东莞市	5449	18049536	5667013	291636
中山市	4328	7425307	4202290	139912
江门市	9956	5245982	4650177	224625
阳江市	4764	4195709	1289098	112468
湛江市	9309	5024865	2881556	247998
茂名市	10226	26492444	6276391	279499
肇庆市	7069	8795956	3645504	164868
清远市	4531	2851758	2762450	163450
潮州市	3999	2140983	861344	91470
揭阳市	6448	2417391	1392810	161006
云浮市	3963	1833503	1304415	94372

5-3 服务业行政事业及非企业法人单位分登记注册类型主要指标

登记注册类型	法人单位数（个）	年末资产（万元）	非企业单位支出（费用）（万元）	从业人员期末人数（人）
合　计	**151404**	**197152381**	**107502247**	**4666411**
内资企业	**151276**	**197048298**	**107446538**	**4657476**
国有企业	50490	138060705	86174345	2913188
集体企业	10704	6889306	2386869	172670
股份合作企业	226	332537	120893	11894
联营企业	346	199934	55446	11889
国有联营企业	31	15177	11807	893
集体联营企业	147	109583	17858	6330
国有与集体联营企业	44	10640	9931	1188
其他联营企业	124	64534	15850	3478
有限责任公司	465	332553	72425	10277
国有独资公司	11	213	335	101
其他有限责任公司	454	332340	72090	10176
股份有限公司	123	106437	52260	3483
私营企业	4066	1467784	637906	94127
私营独资企业	3151	790883	515894	71760
私营合伙企业	498	116260	83071	14767
私营有限责任公司	394	553494	34834	6994
私营股份有限公司	23	7148	4107	606
其他企业	84856	49659043	17946395	1439948
港、澳、台商投资企业	**61**	**71829**	**31076**	**3117**
与港澳台商合资经营企业	9	4340	4975	359
与港澳台商合作经营企业	3	917	1366	88
港澳台商独资经营企业	27	65715	16217	1982
港澳台商投资股份有限公司	1		6093	357
其他港澳台投资企业	21	857	2426	331
外商投资企业	**67**	**32254**	**24634**	**5818**
中外合资经营企业	4	4741	1456	571
中外合作经营企业	1		5	195
外资企业	17	2943	2597	4185
外商投资股份有限公司				
其他外商投资企业	45	24570	20575	867

5-4 服务业行政事业及非企业法人单位分机构类型主要指标

机构类型	法人单位数（个）	年末资产（万元）	非企业单位支出（费用）（万元）	从业人员期末人数（人）
合计	**151404**	**197152381**	**107502247**	**4666411**
事业单位	42780	113615880	61203752	2225481
机关	10904	39865197	33108530	917820
社会团体	19122	2413669	1792253	495815
民办非企业单位	14953	7372698	3482089	391739
基金会	251	477011	96854	1425
居委会	6550	5305631	783232	83848
村委会	18959	9467104	2674079	183650
其他组织机构	37885	18635192	4361458	366633

5-5 交通运输、仓储和邮政业行政事业及非企业法人单位分地区主要指标

地 区	法人单位数（个）	年末资产（万元）	非企业单位支出（费用）（万元）	从业人员期末人数（人）
合 计	**603**	**4653212**	**1050822**	**25423**
广州市	30	440530	89599	1842
深圳市	26	2914	3054	616
珠海市	9	10624	9166	277
汕头市	56	227219	106148	3231
佛山市	18	483235	51541	533
韶关市	21	144653	363892	1628
河源市	18	53232	14536	1661
梅州市	30	81949	29998	820
惠州市	34	2520375	93390	1946
汕尾市	21	27533	5456	633
东莞市	39	47017	46173	729
中山市	2			35
江门市	29	180009	46906	990
阳江市	21	8686	8961	1003
湛江市	38	85771	31956	2003
茂名市	63	40024	54739	1532
肇庆市	35	42595	17640	1133
清远市	34	86029	42913	1675
潮州市	23	146547	9362	839
揭阳市	28	4243	10055	1274
云浮市	28	20030	15337	1023

说明：本表统计范围不包含铁路运输业。

5-6 信息传输、软件和信息技术服务业行政事业及非企业法人单位分地区主要指标

地 区	法人单位数（个）	年末资产（万元）	非企业单位支出（费用）（万元）	从业人员期末人数（人）
合 计	**422**	**871245**	**295471**	**10824**
广州市	63	504175	136685	2751
深圳市	47	10764	9182	490
珠海市	11	34649	55436	1065
汕头市	22	2177	1450	195
佛山市	10	584	4089	47
韶关市	17	2499	879	190
河源市	10	32988	5487	386
梅州市	10	2744	1735	198
惠州市	12	28373	7059	682
汕尾市	16	12524	5238	517
东莞市	23	20482	6864	469
中山市	5	348	1036	92
江门市	27	14469	9405	783
阳江市	13	10518	1118	102
湛江市	22	131452	23018	476
茂名市	16	7991	3004	190
肇庆市	24	21758	5881	658
清远市	11	12820	5151	364
潮州市	42	13077	10667	743
揭阳市	16	1797	1056	335
云浮市	5	5055	1033	91

5-7　房地产业行政事业及非企业法人单位分地区主要指标

地　区	法人单位数（个）	年末资产（万元）	非企业单位支出（费用）（万元）	从业人员期末人数（人）
合　计	**751**	**1362835**	**240478**	**19517**
广州市	154	275545	41769	2313
深圳市	47	283665	39167	2031
珠海市	65	2932	2880	210
汕头市	33	15029	5241	607
佛山市	93	123246	55201	6342
韶关市	24	53661	7931	630
河源市	28	18772	5045	647
梅州市	12	9118	3175	484
惠州市	41	12459	6819	1101
汕尾市	14	6734	1741	526
东莞市	41	15564	7822	561
中山市	13	218510	6279	198
江门市	47	80827	7107	625
阳江市	11	6228	845	128
湛江市	22	9365	3118	634
茂名市	12	8553	3907	413
肇庆市	21	66100	23134	410
清远市	14	66022	10541	141
潮州市	29	73902	4544	656
揭阳市	19	14705	3092	742
云浮市	11	1901	1123	118

5-8 租赁和商务服务业行政事业及非企业法人单位分地区主要指标

地　区	法人单位数（个）	年末资产（万元）	非企业单位支出（费用）（万元）	从业人员期末人数（人）
合　计	**33299**	**18747892**	**5069789**	**309063**
广州市	5384	1958200	1098977	27665
深圳市	332	216805	117249	8113
珠海市	195	465843	337083	2777
汕头市	621	635040	114407	8621
佛山市	2592	2035570	1177129	61499
韶关市	742	63772	54762	13778
河源市	70	78042	29657	945
梅州市	341	37631	18685	2560
惠州市	7958	813166	517999	33653
汕尾市	85	8511	3519	908
东莞市	1176	695661	137640	10935
中山市	1572	1776609	567361	14252
江门市	4359	606705	112035	28499
阳江市	951	69651	28180	7434
湛江市	1594	202267	56457	17425
茂名市	1712	8179695	489188	42683
肇庆市	1766	483214	122321	10728
清远市	130	62346	13319	1222
潮州市	158	75825	8433	1336
揭阳市	984	241200	45186	8096
云浮市	577	42142	20202	5934

5-9　科学研究和技术服务业行政事业及非企业法人单位分地区主要指标

地　区	法人单位数（个）	年末资产（万元）	非企业单位支出（费用）（万元）	从业人员期末人数（人）
合　计	**3829**	**7629776**	**3713138**	**88894**
广州市	548	2825073	1347612	32637
深圳市	141	618405	159854	5676
珠海市	79	71798	42408	1388
汕头市	188	140777	38759	3082
佛山市	217	2451004	1247037	5731
韶关市	191	104533	57806	2970
河源市	121	72844	21502	1840
梅州市	173	69100	32715	2546
惠州市	247	284098	174280	4568
汕尾市	80	11121	6512	973
东莞市	146	218385	89125	4833
中山市	65	48826	33745	1521
江门市	121	95743	161589	1960
阳江市	231	76929	22297	2434
湛江市	281	152091	87414	4495
茂名市	267	122055	62230	3158
肇庆市	239	111682	53035	2956
清远市	95	58055	31666	1533
潮州市	120	18780	12416	1512
揭阳市	127	49498	8694	1438
云浮市	152	28982	22444	1643

5-10 水利、环境和公共设施管理业行政事业及非企业法人单位分地区主要指标

地　区	法人单位数（个）	年末资产（万元）	非企业单位支出（费用）（万元）	从业人员期末人数（人）
合　计	**2307**	**9031283**	**2163089**	**103719**
广州市	369	2220993	737826	25478
深圳市	76	577023	154799	5216
珠海市	51	74640	68734	4362
汕头市	94	112780	56434	4511
佛山市	75	3351771	216606	3395
韶关市	141	260979	60753	6023
河源市	111	37418	46680	2475
梅州市	118	78737	47076	5227
惠州市	110	130206	111343	6942
汕尾市	67	53206	10324	1892
东莞市	82	520502	132294	4625
中山市	34	109537	36962	1904
江门市	105	117449	65751	5357
阳江市	105	231079	42077	2719
湛江市	143	220023	67476	7223
茂名市	122	404586	102091	3752
肇庆市	173	169232	98457	3784
清远市	92	100184	46910	3016
潮州市	109	126724	28135	2723
揭阳市	62	112128	8354	1643
云浮市	68	22087	24005	1452

5-11　居民服务、修理和其他服务业行政事业及非企业法人单位分地区主要指标

地　区	法人单位数（个）	年末资产（万元）	非企业单位支出（费用）（万元）	从业人员期末人数（人）
合　计	**1345**	**632560**	**345258**	**24414**
广州市	257	304179	162807	8872
深圳市	215	63541	41475	2621
珠海市	48	13010	12004	792
汕头市	43	23860	5592	499
佛山市	148	52360	31045	2163
韶关市	19	11945	3063	303
河源市	9	3411	1646	159
梅州市	23	6564	2488	415
惠州市	22	9504	4002	409
汕尾市	14	10309	5907	235
东莞市	104	14294	10160	1484
中山市	255	12527	15694	3242
江门市	32	31883	12556	649
阳江市	24	6872	5013	438
湛江市	30	9073	1712	309
茂名市	15	26910	10703	242
肇庆市	22	11095	6864	505
清远市	22	5428	5005	268
潮州市	17	6267	2237	352
揭阳市	14	4897	3005	285
云浮市	12	4632	2279	172

5-12 教育行政事业及非企业法人单位分地区主要指标

地 区	法人单位数（个）	年末资产（万元）	非企业单位支出（费用）（万元）	从业人员期末人数（人）
合 计	**30204**	**49037018**	**20669141**	**1447229**
广州市	3431	13794281	6331742	252465
深圳市	1903	4808554	2112818	116066
珠海市	615	904818	494982	27682
汕头市	1829	999705	611836	68603
佛山市	1626	2147070	1440528	94501
韶关市	807	873891	452691	44816
河源市	1278	1105895	478909	43967
梅州市	793	1003422	584025	54663
惠州市	1438	1140921	793778	67378
汕尾市	872	396114	169743	36790
东莞市	1212	3053740	936564	74903
中山市	1047	777701	525379	42144
江门市	1039	1048055	720530	53986
阳江市	1086	1395144	352072	36995
湛江市	2827	1949667	894644	98350
茂名市	2874	8662849	1538182	98260
肇庆市	1083	2475024	728645	54733
清远市	856	740192	484655	48026
潮州市	1036	561515	266554	31441
揭阳市	1888	663107	446333	67811
云浮市	664	535355	304532	33649

5-13　卫生和社会工作行政事业及非企业法人单位分地区主要指标

地　区	法人单位数（个）	年末资产（万元）	非企业单位支出（费用）（万元）	从业人员期末人数（人）
合　计	**8095**	**19413591**	**17968687**	**577112**
广州市	1240	6118566	6383705	137584
深圳市	400	1494271	1832478	51718
珠海市	275	467358	397406	13540
汕头市	295	693998	558820	21129
佛山市	666	1709049	1535513	43261
韶关市	459	585295	378044	19455
河源市	216	253389	234397	14006
梅州市	577	430764	432547	22761
惠州市	320	743604	689290	25328
汕尾市	139	76667	60240	6652
东莞市	343	806441	904432	29110
中山市	204	786447	696306	19095
江门市	371	666847	802626	27534
阳江市	175	508405	209359	12048
湛江市	489	639495	563169	30457
茂名市	792	1303794	722499	28352
肇庆市	302	1090768	550638	22518
清远市	221	291715	296495	17429
潮州市	190	160329	168447	9217
揭阳市	206	308882	332021	14217
云浮市	215	277508	220255	11701

5-14 文化、体育和娱乐业行政事业及非企业法人单位分地区主要指标

地 区	法人单位数（个）	年末资产（万元）	非企业单位支出（费用）（万元）	从业人员期末人数（人）
合 计	**3029**	**4455047**	**1362846**	**69474**
广州市	480	1924023	680125	18098
深圳市	243	143187	72968	4998
珠海市	90	90229	30720	1596
汕头市	157	183395	62394	3087
佛山市	173	96920	43671	3217
韶关市	204	112596	33423	3223
河源市	96	34285	24852	2115
梅州市	155	84954	32138	2871
惠州市	94	45598	24423	1887
汕尾市	71	29031	7396	1373
东莞市	136	243988	78093	3407
中山市	102	44751	27946	1596
江门市	146	82908	55238	2529
阳江市	57	124980	20703	2042
湛江市	139	65958	24782	3755
茂名市	135	347237	35327	2212
肇庆市	137	562660	34783	2630
清远市	92	47510	26842	2334
潮州市	160	83149	15858	2567
揭阳市	99	47498	16419	2861
云浮市	63	60191	14744	1076

5-15　公共管理、社会保障和社会组织行政事业及非企业法人单位分地区主要指标

地　区	法人单位数（个）	年末资产（万元）	非企业单位支出（费用）（万元）	从业人员期末人数（人）
合　计	**67520**	**81317923**	**54623530**	**1990742**
广州市	8336	21371311	16939464	290884
深圳市	3643	5562955	4619588	263981
珠海市	1639	1346880	1597583	47614
汕头市	3173	2562049	1595310	91555
佛山市	2440	5481112	4485802	100167
韶关市	5929	2155012	1748253	102262
河源市	2765	971526	1140812	52441
梅州市	4237	1441838	1064914	77474
惠州市	3106	3062603	2522924	85054
汕尾市	1845	449155	327407	40327
东莞市	2147	12413464	3317847	160580
中山市	1029	3650052	2291582	55833
江门市	3680	2321088	2656433	101713
阳江市	2090	1757217	598474	47125
湛江市	3724	1559703	1127810	82871
茂名市	4218	7388751	3254521	98705
肇庆市	3267	3761828	2004108	64813
清远市	2964	1381457	1798953	87442
潮州市	2115	874867	334691	40084
揭阳市	3005	969437	518594	62304
云浮市	2168	835621	678462	37513

附录

主要指标解释

主要指标解释

零售业态　指零售企业（单位）为满足不同的消费需求进行相应的要素组合而形成的不同经营形态；分类原则是，零售业态按零售店铺的结构特点，根据其经营方式、商品结构、服务功能，以及选址、商圈、规模、店堂设施、目标顾客和有无固定营业场所进行分类。

零售业态从总体上可以分为有店铺零售业态和无店铺零售业态两类。按照零售业态分类原则分为食杂店、便利店、折扣店、超市、大型超市、仓储会员店、百货店、专业店、专卖店、家居建材商店、购物中心、厂家直销中心、电视购物、邮购、网上商店、自动售货亭、电话购物等17种零售业态。

有店铺零售　有固定的进行商品陈列和销售所需要的场所和空间，并且消费者的购买行为主要在这一场所内完成的零售业态。

— 食杂店：以香烟、酒、饮料、休闲食品为主，独立、传统的无明显品牌形象的零售业态。

— 便利店：满足顾客便利性需求为主要目的的零售业态

— 折扣店：店铺装修简单，提供有限服务，商品价格低廉的一种小型超市业态。拥有不到2000个品种，经营一定数量的自有品牌商品。

— 超市：开架售货，集中收款，满足社区消费者日常生活需要的零售业态。根据商品结构的不同，可以分为食品超市和综合超市。

— 大型超市：实际营业面积6000平方米以上，品种齐全，满足顾客一次性购齐的零售业态。根据商品结构，可以分为以经营食品为主的大型超市和以经营日用品为主的大型超市。

— 仓储会员店：以会员制为基础，实行储销一体、批零兼营，以提供有限服务和低价格商品为主要特征的零售业态。

— 百货店：在一个建筑物内，经营若干大类商品，实行统一管理，分区销售，满足顾客对时尚商品多样化选择需求的零售业态。

— 专业店：以专门经营某一大类商品为主的零售业态。例如办公用品专业店（office supply）、玩具专业店（toy stores）、家电专业店（home appliance）、药品专业店（drug store）、服饰店（apparel shop）。

— 专卖店：以专门经营或被授权经营某一主要品牌商品为主的零售业态。

— 家居建材商店：以专门销售建材、装饰、家居用品为主的零售业态。

— 购物中心：多种零售店铺、服务设施集中在由企业有计划地开发、管理、运营的一个建筑物内或一个区域内，向消费者提供综合性服务的商业集合体。

社区购物中心：在城市的区域商业中心建立的，面积在5万平方米以内的购物中心。

市区购物中心：在城市的商业中心建立的，面积在10万平方米以内的购物中心。

城郊购物中心：在城市的郊区建立的，面积在10万平方米以上的购物中心。

— 厂家直销中心：由生产商直接设立或委托独立经营者设立,专门经营本企业品牌商品,并且多个企业品牌的营业场所集中在一个区域的零售业态。

无店铺零售　不通过店铺销售,由厂家或商家直接将商品递送给消费者的零售业态。

— 电视购物：以电视作为向消费者进行商品推介展示的渠道，并取得订单的零售业态。

— 邮购：以邮寄商品目录为主向消费者进行商品推介展示的渠道，并通过邮寄的方式将商品送达给消费者的零售业态。

— 网上商店：通过互联网络进行买卖活动的零售业态。

— 自动售货亭：通过售货机进行商品售卖活动的零售业态。

— 电话购物：主要通过电话完成销售或购买活动的一种零售业态。

— 其他：其他无店铺零售，以上未提及的无店铺零售业态。

批发和零售业年末零售营业面积　指批发和零售业企业用于本企业从事零售业务的对外营业的面积，不包括其办公用房、仓库、加工场地以及对外出租场地。按年末实有建筑面积统计。

住宿业企业星级：星级等级指符合《中华人民共和国星级酒店评定标准》（GB/T14308-2003），并经过有关旅游管理权威部门评定（验收）后授予"星级"称号的宾馆、饭店等住宿设施的等级划分，分为一星级到五星级5个标准。星级越高，表示企业的档次越高。

住宿和餐饮业年末餐饮营业面积：指住宿和餐饮业企业对外提供餐饮服务的就餐面积和从事食品加工、烹饪、调制的厨房面积，不包括办公用房和仓库等面积。按年末实有建筑面积统计。

负债合计　指企业过去的交易或者事项形成的，预期会导致经济利益流出企业的现时义务。负债一般按偿还期长短分为流动负债和非流动负债。根据会计“资产负债表”中“负债合计”项目的期末余额数填报。

执行2006年《企业会计准则》的企业：负债合计=流动负债合计+非流动负债合计；未执行2006年《企业会计准则》企业的负债包括流动负债和长期负债。

完成投资 指各种登记注册类型的房地产开发法人单位统一开发的包括统代建、拆迁还建的住宅、厂房、仓库、饭店、宾馆、度假村、写字楼、办公楼等房屋建筑物，配套的服务设施，土地开发工程（如道路、给水、排水、供电、供热、通讯、平整场地等基础设施工程）和土地购置的投资；不包括单纯的土地开发和交易活动

建筑工程 指各种房屋、建筑物的建造工程，又称建筑工作量。这部分投资额必须兴工动料，通过施工活动才能实现。

安装工程 指各种设备、装置的安装工程，又称安装工作量。

房屋施工面积 指报告期内施工的全部房屋建筑面积。包括本期新开工的房屋建筑面积、上期跨入本期继续施工的房屋建筑面积、上期停缓建在本期恢复施工的房屋建筑面积、本期竣工的房屋建筑面积以及本期施工后又停缓建的房屋建筑面积。多层建筑应填各层建筑面积之和。

房屋新开工面积 指报告期内新开工建设的房屋建筑面积，以单位工程为核算对象，即整栋房屋的全部建筑面积，不能分割计算。不包括在上期开工跨入本期继续施工的房屋建筑面积和上期停缓建而在本期复工的房屋建筑面积。

房屋竣工面积 指报告期内房屋建筑按照设计要求已全部完工，达到住人和使用条件，经验收鉴定合格或达到竣工验收标准，可正式移交使用的各栋房屋建筑面积的总和。

商品房销售面积 指报告期内出售商品房屋的合同总面积（即双方签署的正式买卖合同中所确定的建筑面积）。商品房销售面积由现房销售面积和期房销售面积两部分组成。

（1）现房销售面积：指在报告期内正式签订买卖合同、已经竣工达到入住条件的商品房屋建筑面积。包括以一次性付款方式和分期付款方式销售的现房建筑面积。

（2）期房销售面积：指在报告期内正式签订买卖合同、正在建设尚未竣工交付使用的商品房屋建筑面积。包括以一次性付款方式和分期付款方式销售的商品房屋建筑面积。期房销售建筑面积竣工后不再结转为现房销售建筑面积。

商品房销售额 指报告期内出售商品房屋的合同总价款（即双方签署的正式买卖合同中所确定的合同总价）。该指标与商品房销售面积同口径，由现房销售额和期房销售额两部分组成。

待开发土地面积 指经有关部门批准，通过各种方式获得土地使用权，但尚未开工建设的土地面积。

本年土地购置面积 指在本年内通过各种方式获得土地使用权的土地面积。

负债合计 指企业过去的交易或者事项形成的，预期会导致经济利益流出企业的现时义务。负债一般按偿还期长短分为流动负债和非流动负债。

主营业务收入 指企业确认的销售商品、提供劳务等主营业务的收入。

土地转让收入 指房地产开发企业按国家规定在报告期转让已经开发的土地和未经开发的土地所得到的收入。

商品房屋销售收入 指房地产开发企业在报告期售出商品房屋的收入，一次收款的，一次性全部计入销售收入，按合同规定分期收款的，可按合同规定的时间分次计入收入。

房屋出租收入 指房地产开发企业在报告期内，在不改变现有财产所有权关系的条件下，将企业的全部或部分房屋出租给其他单位或个人使用所得到的租金收入。

其他（主营业务）收入 指房地产开发企业在报告期内从事除以上收入外的其他业务活动所得到的收入，包括配套设施销售收入、代建工程结算收入等。

利润总额 指企业在一定会计期间的经营成果，是生产经营过程中各种收入扣除各种耗费后的盈余，反映企业在报告期内实现的亏盈总额。

非企业单位支出（费用） 行政事业单位填报“本年支出合计”，指行政事业单位在业务活动中发生的各项资产耗费和损失等支出情况。根据行政事业单位“收入支出决算总表”中的“本年支出合计”项目填报。社团、民办非企业单位、基金会及其他单位填报“本年费用合计”，指单位为完成各种目标所发生的费用，包括业务活动成本、管理费用、筹资费用和其他费用。执行民间非营利组织会计制度的单位根据会计“业务活动表”中“费用合计”科目的发生额填列。

广东省第三次全国经济普查
领 导 小 组 办 公 室 编
广 东 省 统 计 局

第三次全国经济普查
THE THIRD NATIONAL ECONOMIC CENSUS

GUANGDONG Economic Census Yearbook

广东经济普查年鉴

2013

第二产业卷上册

中国统计出版社
China Statistics Press

图书在版编目（CIP）数据

广东经济普查年鉴. 2013 / 广东省第三次全国经济普查领导小组办公室, 广东省统计局编. -- 北京 ：中国统计出版社, 2015.10
ISBN 978-7-5037-7656-4

Ⅰ. ①广… Ⅱ. ①广… ②广… Ⅲ. ①经济－普查－广东省－2013－年鉴 Ⅳ. ①F127.65-54

中国版本图书馆 CIP 数据核字(2015)第 227111 号

广东经济普查年鉴—2013/第二产业卷|上册

编　　者/广东省第三次全国经济普查领导小组办公室　广东省统计局
责任编辑/赵淑焕
封面设计/广州九禾教育信息咨询有限公司
出版发行/中国统计出版社
通信地址/北京市丰台区西三环南路甲 6 号　邮政编码/100073
电　　话/邮购（010）63376909　书店（010）68783171
网　　址/http://www.zgtjcbs.com/
印　　刷/500 套
经　　销/新华书店
开　　本/880mm×1230mm　1/16
字　　数/2840 千字
印　　张/89
版　　别/2015 年 12 月第 1 版
版　　次/2015 年 12 月第 1 次印刷
定　　价/880.00 元

本书附同版本 CD-ROM 一张，光盘内容以书面文字为准。
如有印装差错，由本社发行部调换。

《广东经济普查年鉴——2013》编辑机构名单

一、顾问委员会

主　　任　刘志庚

副 主 任　林　英　幸晓维　刘　吉　蔡伏青

委　　员

陈华江　吴　锋　魏中林　叶景图　邱瑞颐

符　雄　骆招群　余继军　曾毓昌　林王平

李俊祥　杜　挺　杨细平　郑建荣　杨伟时

陈祝生　王　奇　杨朝峰　刘智华　凌　锋

张燕飞　石健强　陈忠明　李思敏　何晓军

罗　卫　江裕棠　黄学敏　黄碧玲　韦　慧

杨宇正

二、编辑委员会

主　　任　幸晓维

常务副主任　刘智华

副 主 任　王丽莹　杨少浪　叶　涛

成　　员　（以姓氏笔画为序）

王文森　王国伟　冯位东　邱国祥　李珠桥

李国辉　杨　凡　张劲松　张锦平　陈　新

钟淼宏　黄日何　黄俊彪

三、编辑部

总 编 辑　刘智华

副总编辑　王丽莹

编辑工作人员　张汉杰　陈培红　谭京刚　彭肖萍　周　前

李金晶　徐　可　李　华　何　婷　王学良

王慧艳　张显华　黄平光　丁　蓉　李昭曼

田　明　洪秀霞　余盛鸿　谢洪芳　刘建民

王科欣　李新娇　张建梅　潘宇明　童　城

吴凯敏

编者说明

为便于社会各界共同分享广东省第三次全国经济普查的成果，更方便地开发利用普查资料，我们将经济普查资料编辑整理，汇编成《广东省经济普查年鉴-2013》一书。全书共三卷四册，即综合卷、第二产业卷（上、下册）和第三产业卷，并随书配送同版本光盘一张。《综合卷》分三篇：第一篇为“综合篇”，第二篇为“小微企业篇”，第三篇为“文化及相关产业篇”。《第二产业卷》按内容分为上、下两册。上册两篇：第一篇为“工业企业生产经营及财务状况”，第二篇是“主要工业产品产量”。下册三篇：第一篇是“能源”，第二篇是“规模以上工业企业科技情况”，第三篇是“建筑业企业生产经营及财务状况”。《第三产业卷》分五篇。第一篇为“批发和零售业企业基本情况和财务状况”，第二篇为“第二篇 住宿和餐饮业企业基本情况和财务状况”，第三篇为“房地产业生产经营及财务状况”，第四篇为“服务业企业财务状况”，第五篇为 “行政事业及非企业财务状况”。为使读者能够更好地使用本资料，现对有关问题做如下说明：

一、第三次全国经济普查的标准时点为2013年12月31日，时期资料为2013年度；

二、每卷后附有该卷详细的指标解释，使用时请仔细阅读；

三、综合卷中综合篇和小微企业篇汇总表，不包括无分组标识的部分数据，金融业、铁路运输业数据由部门提供；

四、本资料建筑业按注册地，其他行业按经营地进行汇总；

五、本资料对部分数据由于单位取舍不同或四舍五入而产生的差数均未作调整；

六、表中空格表示该项统计指标数据不详或无该项数据，“#”表示其中的主要项。

我们希望此书的面世，能使社会各界对我省第三次全国经济普查有一个全面概括的了解，更愿本书的内容，能为社会经济研究工作者提供有价值的参考。

广东省第三次全国经济普查资料是全省普查工作者共同辛勤工作的成果，也是广大普查对象积极支持配合的结果。在此，我们向全省所有普查工作者、普查对象和所有参与和支持普查工作的人员致以崇高的敬意和衷心的感谢！

第二产业卷（上册）　目录

第1篇　工业企业生产经营和财务状况

第2篇　主要工业产品产量

附录

第 1 篇

工业企业生产经营和财务状况

1-1 全部工业企业主要经济指标

单位：万元

项　　目	企业数（个）	主营业务收　入	主营业务税金及附加	资产总计	实收资本	从业人员期末人数（人）
总　计	**311853**	**1174804022**	**13686282**	**936068047**	**219220525**	**21057198**
一、按登记注册类型分组						
内资企业	280138	647966170	9229183	538913074	111441071	12032422
国有企业	1374	12766009	1690397	19230843	5345469	153295
集体企业	3316	5368098	49576	3571189	879126	262155
股份合作企业	1815	1550846	25861	1219928	377866	51498
联营企业	1350	1088532	16045	801839	325987	41476
有限责任公司	63189	257361449	2721157	229030536	49513032	3407348
股份有限公司	3848	92301566	2429073	100497742	14708490	874060
私营企业	193505	270730177	2175652	178790571	37715368	6952635
其他企业	11741	6799494	121423	5770426	2575734	289955
港、澳、台商投资企业	23388	249305115	1681120	210197656	59852054	5798768
外商投资企业	8327	277532737	2775980	186957317	47927400	3226008
二、按企业控股情况分组						
国有控股	2901	172468367	6857630	190577958	43153983	892320
三、按轻重工分组						
轻工业	161158	464238408	5057138	343810162	81072582	11080693
重工业	150695	710565614	8629144	592257885	138147942	9976505
四、按企业规模分组						
大型企业	1489	484187588	7552257	379507451	66920702	5084505
中型企业	9658	283393139	2520724	228506288	53868810	5880330
小微型企业	300706	407223295	3613302	328054308	98431013	10092363
五、按工业行业大中小类分组						
采矿业	**2794**	**14049476**	**660245**	**15287953**	**2436056**	**98818**
煤炭开采和洗选业	35	47562	975	75540	25990	892
烟煤和无烟煤开采洗选	16	39764	344	68374	21064	687
褐煤开采洗选	1	23	1	20	10	5
其他煤炭采选	18	7776	630	7146	4917	200
石油和天然气开采业	9	6768273	505758	9468978	867283	5846
石油开采	6	4326221	292409	3878767	15011	3574
天然气开采	3	2442052	213349	5590210	852272	2272
黑色金属矿采选业	363	1756909	35587	1628630	258515	17649
铁矿采选	319	1727965	34530	1605482	251901	16607
锰矿、铬矿采选	6	3989	99	9062	1413	211
其他黑色金属矿采选	38	24955	958	14087	5200	831
有色金属矿采选业	244	1371161	22370	1060978	296228	12674
常用有色金属矿采选	177	634256	14668	600060	156474	7032
铜矿采选	17	32815	499	77446	48351	981
铅锌矿采选	73	421529	10429	392171	76536	4219
镍钴矿采选						
锡矿采选	7	2		864	650	68
锑矿采选	4	1287	10	2248	600	122

1-1　续表1　　单位：万元

项　　目	企业数（个）	主营业务收　入	主营业务税金及附加	资产总计	实收资本	从业人员期末人数（人）
铝矿采选	1	20	6	16615	4750	16
镁矿采选						
其他常用有色金属矿采选	75	178603	3725	110716	25588	1626
贵金属矿采选	19	583677	487	137354	55139	1271
金矿采选	7	577422	311	84101	8187	964
银矿采选	7	2138	106	48534	45399	210
其他贵金属矿采选	5	4117	70	4719	1554	97
稀有稀土金属矿采选	48	153228	7215	323565	84614	4371
钨钼矿采选	9	36547	389	140531	53762	1807
稀土金属矿采选	23	53399	6564	47313	16770	708
放射性金属矿采选	3	35948	32	107215	5852	1451
其他稀有金属矿采选	13	27335	230	28505	8230	405
非金属矿采选业	1993	3628028	83518	2642359	893685	58239
土砂石开采	1749	3320676	77178	2062851	755073	48451
石灰石、石膏开采	243	395166	13398	227290	107174	7243
建筑装饰用石开采	446	759900	15099	509032	140713	12866
耐火土石开采	35	86744	4025	59835	18650	909
粘土及其他土砂石开采	1025	2078866	44656	1266695	488536	27433
化学矿开采	12	110279	2384	289151	81103	3478
采盐	23	30992	380	57659	11553	1574
石棉及其他非金属矿采选	209	166080	3576	232698	45957	4736
石棉、云母矿采选	4	8101	56	7871	2605	130
石墨、滑石采选	6	5790	74	6468	915	87
宝石、玉石采选	7	1447	21	1657	820	189
其他未列明非金属矿采选	192	150742	3426	216701	41618	4330
开采辅助活动	54	441823	10343	325896	37102	2321
煤炭开采和洗选辅助活动	5	3704	140	1438	647	45
石油和天然气开采辅助活动	20	417855	9946	308476	32372	1988
其他开采辅助活动	29	20265	257	15983	4083	288
其他采矿业	96	35719	1693	85571	57252	1197
制造业	**300930**	**1091259280**	**12603370**	**806403077**	**187414432**	**20587128**
农副食品加工业	5052	29067147	103435	17989308	2943252	247588
谷物磨制	585	1795528	8624	1116870	218637	14447
饲料加工	624	9327938	12568	3504963	523941	48158
植物油加工	481	7356242	12364	3860972	606221	15696
食用植物油加工	441	6980312	11926	3716175	554366	14730
非食用植物油加工	40	375930	438	144797	51855	966
制糖业	130	1680142	5780	3350565	126425	23446
屠宰及肉类加工	1048	2193056	14456	1147126	292238	37165
牲畜屠宰	398	1021091	8427	369370	96806	13899
禽类屠宰	48	316157	829	144695	34507	2915
肉制品及副产品加工	602	855808	5201	633061	160926	20351
水产品加工	819	4425112	31895	3292674	772335	67616
水产品冷冻加工	473	2562191	17732	1822478	427184	45387
鱼糜制品及水产品干腌制加工	140	692973	5328	314011	132621	10545
水产饲料制造	99	989144	7578	1011417	174521	6900
鱼油提取及制品制造	6	746	18	4852	1586	56
其他水产品加工	101	180058	1239	139915	36424	4728

1-1 续表2 单位：万元

项　　目	企业数（个）	主营业务收　入	主营业务税金及附加	资产总计	实收资本	从业人员期末人数（人）
蔬菜、水果和坚果加工	557	1287668	9102	886519	197466	22829
蔬菜加工	257	265770	3306	167695	59073	7182
水果和坚果加工	300	1021898	5796	718824	138393	15647
其他农副食品加工	808	1001461	8644	829620	205989	18231
淀粉及淀粉制品制造	137	551797	2622	346327	68617	4013
豆制品制造	288	116360	1847	149533	41146	6414
蛋品加工	65	36377	142	16984	3329	1116
其他未列明农副食品加工	318	296927	4034	316776	92898	6688
食品制造业	5178	18249004	179768	13243919	3225490	290959
焙烤食品制造	1606	1954736	19829	1425764	478433	58578
糕点、面包制造	1063	748742	10975	576169	217154	32018
饼干及其他焙烤食品制造	543	1205995	8854	849595	261279	26560
糖果、巧克力及蜜饯制造	1139	3646363	33630	2080610	436843	67631
糖果、巧克力制造	703	2679943	26071	1759705	336480	47065
蜜饯制作	436	966420	7559	320905	100363	20566
方便食品制造	610	2094521	11992	1346999	493593	38907
米、面制品制造	293	397165	2565	248563	95079	9287
速冻食品制造	116	399265	2672	285344	117772	9348
方便面及其他方便食品制造	201	1298091	6755	813092	280742	20272
乳制品制造	69	1697652	12608	1197888	272600	25188
罐头食品制造	166	728575	4183	393059	114480	12837
肉、禽类罐头制造	28	91075	475	39395	35713	1453
水产品罐头制造	21	229508	909	132608	24307	3171
蔬菜、水果罐头制造	81	316189	2158	154143	34684	6888
其他罐头食品制造	36	91804	640	66913	19777	1325
调味品、发酵制品制造	544	3187068	33526	2682011	442860	35613
味精制造	34	88763	708	67533	41881	1733
酱油、食醋及类似制品制造	269	2580832	29390	2158030	288786	22689
其他调味品、发酵制品制造	241	517473	3428	456447	112194	11191
其他食品制造	1044	4940089	64000	4117588	986680	52205
营养食品制造	66	70527	721	217831	69160	2456
保健食品制造	181	3334941	51768	2874839	554943	25625
冷冻饮品及食用冰制造	183	323853	2710	236198	129270	5714
盐加工	16	15740	362	70389	10271	406
食品及饲料添加剂制造	241	870975	6015	544877	154366	10338
其他未列明食品制造	357	324054	2425	173454	68671	7666
酒、饮料和精制茶制造业	1714	9892802	225058	8019218	3412077	113796
酒的制造	507	2226581	177137	2677610	882102	29161
酒精制造	32	55654	1944	59414	5541	659
白酒制造	309	378062	53695	299326	96453	8103
啤酒制造	32	1641958	116476	2060099	698433	16422
黄酒制造	25	8099	203	129426	43153	475
葡萄酒制造	20	6121	189	9177	6788	341
其他酒制造	89	136688	4630	120167	31735	3161
饮料制造	972	7431456	45192	5129928	2437941	78506
碳酸饮料制造	99	1561659	10591	891673	303839	16171
瓶（罐）装饮用水制造	533	1875393	13440	1328971	1295961	22602
果菜汁及果菜汁饮料制造	79	821260	2625	682509	322107	5970

1–1　续表 3　　　　单位：万元

项　　目	企业数（个）	主营业务收入	主营业务税金及附加	资产总计	实收资本	从业人员期末人数（人）
含乳饮料和植物蛋白饮料制造	33	391182	2529	319504	109971	6165
固体饮料制造	99	423304	3781	287379	136965	3271
茶饮料及其他饮料制造	129	2358658	12226	1619892	269098	24327
精制茶加工	235	234765	2730	211680	92034	6129
烟草制品业	37	4008216	1929426	4874077	1508054	9253
烟叶复烤	4	17013	336	31079	23095	1118
卷烟制造	13	3832647	1928319	4599051	1461173	5906
其他烟草制品制造	20	158557	772	243948	23786	2229
纺织业	8338	26789844	153267	16646282	5308083	604375
棉纺织及印染精加工	2339	13653811	59206	8642712	2682107	235892
棉纺纱加工	796	2619507	16363	2121512	633659	54129
棉织造加工	828	3357500	16379	2203826	647419	62483
棉印染精加工	715	7676804	26464	4317374	1401030	119280
毛纺织及染整精加工	681	1691122	13799	980922	355753	46433
毛条和毛纱线加工	177	271428	1648	207552	110492	9310
毛织造加工	369	476371	5324	325308	123699	20905
毛染整精加工	135	943323	6827	448062	121561	16218
麻纺织及染整精加工	76	73653	892	50434	14987	2863
麻纤维纺前加工和纺纱	30	30331	261	20172	5190	940
麻织造加工	28	20212	538	9202	3828	751
麻染整精加工	18	23110	94	21060	5968	1172
丝绢纺织及印染精加工	174	367354	1565	214313	70991	8236
缫丝加工	33	115482	432	80676	20453	3183
绢纺和丝织加工	31	74260	355	40047	12595	1036
丝印染精加工	110	177612	778	93590	37943	4017
化纤织造及印染精加工	381	478188	4077	431903	178342	14824
化纤织造加工	288	296207	3006	242834	74986	9134
化纤织物染整精加工	93	181981	1070	189069	103355	5690
针织或钩针编织物及其制品制造	1947	6229580	42091	3080174	857354	168604
针织或钩针编织物织造	1225	4876780	31132	2261995	663133	131093
针织或钩针编织物印染精加工	320	470082	4465	355815	60413	15528
针织或钩针编织品制造	402	882717	6494	462364	133808	21983
家用纺织制成品制造	1258	2174322	15742	1686782	557202	64619
床上用品制造	465	1101155	7601	1006830	329908	29836
毛巾类制品制造	97	376641	2457	181067	53652	9884
窗帘、布艺类产品制造	252	211392	1928	107090	42592	7050
其他家用纺织制成品制造	444	485134	3755	391796	131051	17849
非家用纺织制成品制造	1482	2121814	15895	1559042	591347	62904
非织造布制造	256	848328	4483	623823	174072	17141
绳、索、缆制造	217	304321	2762	162620	72026	7322
纺织带和帘子布制造	577	517330	4744	410139	173592	19874
篷、帆布制造	102	143507	1231	121745	50905	6436
其他非家用纺织制成品制造	330	308328	2675	240714	120752	12131
纺织服装、服饰业	20722	40816112	335918	22362914	6630030	1567564
机织服装制造	13506	29244312	218367	14508403	4438008	1035203
针织或钩针编织服装制造	3914	9405019	86965	6352443	1638722	405825
服饰制造	3302	2166781	30586	1502068	553300	126536
皮革、毛皮、羽毛及其制品和制鞋业	12387	25725804	189786	14164932	4101459	1216278

1-1 续表4

单位：万元

项　　目	企业数（个）	主营业务收入	主营业务税金及附加	资产总计	实收资本	从业人员期末人数（人）
皮革鞣制加工	515	1306655	8301	914659	260795	25820
皮革制品制造	5727	7860640	65127	4326860	1294546	415193
皮革服装制造	339	262904	2592	155502	48065	15307
皮箱、包（袋）制造	3736	5555312	43591	2979951	847956	314104
皮手套及皮装饰制品制造	432	817047	7421	403638	165280	34694
其他皮革制品制造	1220	1225378	11523	787769	233245	51088
毛皮鞣制及制品加工	192	297387	2736	172428	60219	13860
毛皮鞣制加工	25	83478	400	69767	16571	1488
毛皮服装加工	109	116696	1730	68595	33870	10279
其他毛皮制品加工	58	97212	605	34065	9778	2093
羽毛(绒)加工及制品制造	122	257930	1752	174702	53168	4565
羽毛（绒）加工	62	101385	1044	72576	30470	1333
羽毛（绒）制品加工	60	156545	707	102126	22698	3232
制鞋业	5831	16003192	111871	8576283	2432731	756840
纺织面料鞋制造	494	1196033	9566	475778	209040	54664
皮鞋制造	2750	9341407	66863	5715342	1475276	465368
塑料鞋制造	992	3504276	17157	1231588	307976	97271
橡胶鞋制造	358	772495	5370	424931	165761	33705
其他制鞋业	1237	1188980	12913	728643	274679	105832
木材加工和木、竹、藤、棕、草制品业	4316	7679498	79653	5628109	1498374	176140
木材加工	1447	1440878	25044	1314734	483680	39268
锯材加工	324	339604	6270	173113	50317	7643
木片加工	450	651472	8809	415470	137510	14814
单板加工	208	162665	3039	415670	195502	6977
其他木材加工	465	287138	6926	310481	100350	9834
人造板制造	713	3431220	21974	2487816	561568	45609
胶合板制造	295	1107029	6539	521943	114653	17134
纤维板制造	116	1291749	8055	1186775	249059	11486
刨花板制造	88	277454	2451	213669	73504	5002
其他人造板制造	214	754988	4929	565430	124352	11987
木制品制造	1708	1807908	17947	1460444	342434	58020
建筑用木料及木材组件加工	339	356652	3106	377980	55126	8913
木门窗、楼梯制造	273	229832	2102	208317	68883	10203
地板制造	91	343234	4293	408560	57519	5390
木制容器制造	238	194271	2596	110880	31379	7531
软木制品及其他木制品制造	767	683917	5850	354707	129527	25983
竹、藤、棕、草等制品制造	448	999493	14687	365115	110692	33243
竹制品制造	340	831416	13542	309538	96124	26595
藤制品制造	62	106538	572	35373	9779	4299
棕制品制造	11	8940	68	9802	2156	454
草及其他制品制造	35	52598	506	10401	2633	1895
家具制造业	10082	18324422	135348	12081843	4025236	573412
木质家具制造	5210	10831816	82416	7635545	2411733	337217
竹、藤家具制造	135	325500	3162	120721	17672	7252
金属家具制造	1492	3098357	20694	1801070	902977	85474
塑料家具制造	213	318741	2065	224109	56268	10462
其他家具制造	3032	3750008	27011	2300398	636586	133007
造纸和纸制品业	10520	20407616	108554	22250282	6132105	422696

1-1　续表 5　　　　单位：万元

项　　目	企业数（个）	主营业务收　入	主营业务税金及附加	资产总计	实收资本	从业人员期末人数（人）
纸浆制造	47	65540	623	206389	68543	1590
木竹浆制造	30	62348	419	201961	66403	1406
非木竹浆制造	17	3192	204	4428	2140	184
造纸	2662	8924846	36708	12909149	3427550	127738
机制纸及纸板制造	1463	7721416	28223	11896936	3095272	97647
手工纸制造	91	62354	518	48908	14260	2388
加工纸制造	1108	1141076	7967	963305	318018	27703
纸制品制造	7811	11417230	71223	9134744	2636012	293368
纸和纸板容器制造	4173	6320202	39861	4761159	1325950	170806
其他纸制品制造	3638	5097029	31362	4373585	1310062	122562
印刷和记录媒介复制业	12160	14535587	131669	13116075	4032193	456709
印刷	11470	13863538	122970	12542055	3752356	433382
书、报刊印刷	760	1542134	10577	1730599	640359	58447
本册印制	331	609483	5677	581817	149096	18720
包装装潢及其他印刷	10379	11711921	106715	10229639	2962902	356215
装订及印刷相关服务	645	531182	7400	354684	146456	20346
记录媒介复制	45	140867	1299	219336	133381	2981
文教、工美、体育和娱乐用品制造业	12800	42561043	183623	32457873	6008588	1178739
文教办公用品制造	946	1626435	17562	1025891	348851	61559
文具制造	654	1260320	13155	782027	245401	48193
笔的制造	58	159625	1164	104951	45156	6041
教学用模型及教具制造	67	61678	469	30414	11655	2194
墨水、墨汁制造	32	45745	404	19731	5855	792
其他文教办公用品制造	135	99067	2371	88768	40784	4339
乐器制造	301	835564	6564	2392624	264790	25632
中乐器制造	23	38583	397	26073	5594	1114
西乐器制造	108	369180	2505	2212406	194525	12597
电子乐器制造	62	296331	2525	96831	44371	7591
其他乐器及零件制造	108	131470	1136	57314	20300	4330
工艺美术品制造	7304	27997317	88106	20918374	2473795	428077
雕塑工艺品制造	701	475129	6740	655114	120136	22163
金属工艺品制造	1825	1261984	10935	905163	245012	62902
漆器工艺品制造	115	71912	1181	59829	22922	4508
花画工艺品制造	367	709110	3805	271502	126654	24104
天然植物纤维编织工艺品制造	278	502818	7617	173433	62263	22322
抽纱刺绣工艺品制造	604	428359	6060	355733	151106	18492
地毯、挂毯制造	112	263173	2056	176066	50332	6710
珠宝首饰及有关物品制造	1686	22213001	34860	17461904	1385162	178482
其他工艺美术品制造	1616	2071830	14851	859631	310208	88394
体育用品制造	999	2841354	18255	1915710	720877	134082
球类制造	62	196451	1333	276982	116036	8321
体育器材及配件制造	426	1234315	7250	684924	253274	55552
训练健身器材制造	87	306845	1900	207113	87700	8094
运动防护用具制造	179	518613	3782	335283	137627	31543
其他体育用品制造	245	585129	3990	411408	126240	30572
玩具制造	2907	8884258	50228	5802226	2100242	514185
游艺器材及娱乐用品制造	343	376115	2908	403047	100035	15204
露天游乐场所游乐设备制造	87	73836	860	146232	16086	3091

1-1 续表 6 单位：万元

项　　目	企业数（个）	主营业务收　入	主营业务税金及附加	资产总计	实收资本	从业人员期末人数（人）
游艺用品及室内游艺器材制造	193	235231	1394	189165	60856	8817
其他娱乐用品制造	63	67048	654	67650	23093	3296
石油加工、炼焦和核燃料加工业	421	36447545	3239131	13834018	4072848	31345
精炼石油产品制造	403	36345812	3238453	13651215	4002815	30949
原油加工及石油制品制造	367	36336785	3238360	13635696	3991650	30545
人造原油制造	36	9027	92	15519	11165	404
炼焦	12	100783	632	180654	68853	363
核燃料加工	6	950	47	2149	1180	33
化学原料和化学制品制造业	11199	56725736	363416	41307230	10739651	492748
基础化学原料制造	676	8923365	24084	7530594	2440917	36064
无机酸制造	52	300467	1481	198055	43290	3034
无机碱制造	26	243604	1391	338077	86778	3082
无机盐制造	68	1019709	2756	727787	143574	6489
有机化学原料制造	206	5758656	11409	4875599	1745900	11881
其他基础化学原料制造	324	1600928	7046	1391076	421376	11578
肥料制造	343	1339010	19366	1315760	349214	14434
氮肥制造	15	26394	125	33852	2102	873
磷肥制造	18	238132	2610	152736	16513	1810
钾肥制造	4	156913	40	177660	23401	452
复混肥料制造	108	691808	10485	578217	159096	6867
有机肥料及微生物肥料制造	158	206240	6037	197998	55831	3378
其他肥料制造	40	19522	69	175297	92271	1054
农药制造	95	295531	1504	520082	127307	3791
化学农药制造	60	285509	1367	498730	115790	3331
生物化学农药及微生物农药制造	35	10022	136	21352	11516	460
涂料、油墨、颜料及类似产品制造	3110	10558165	66424	7733983	1741707	120462
涂料制造	1997	7405136	44964	5360872	1130217	78041
油墨及类似产品制造	476	1362072	9775	1134250	296518	20327
颜料制造	373	780149	6711	567225	172475	12328
染料制造	88	333551	2412	288735	48369	2695
密封用填料及类似品制造	176	677256	2563	382901	94128	7071
合成材料制造	1658	11303542	32939	7975862	2313042	76200
初级形态塑料及合成树脂制造	823	7365299	20139	5089876	1238560	41868
合成橡胶制造	354	1183985	5480	736304	263016	15792
合成纤维单（聚合）体制造	50	2011453	1805	1570072	600977	6100
其他合成材料制造	431	742804	5516	579610	210490	12440
专用化学产品制造	2352	10287019	55506	8268592	1728331	89284
化学试剂和助剂制造	780	2879312	16136	2382172	494749	26321
专项化学用品制造	433	1860308	8534	1711886	352205	14759
林产化学产品制造	124	1449304	8785	480505	108046	6615
信息化学品制造	141	1322071	6465	1530106	360718	13564
环境污染处理专用药剂材料制造	134	409995	4195	509460	70013	2952
动物胶制造	24	69720	149	66190	13940	745
其他专用化学产品制造	716	2296309	11242	1588274	328661	24328
炸药、火工及焰火产品制造	41	97672	1240	97981	26146	3260
炸药及火工产品制造	12	82466	754	85499	18818	2575
焰火、鞭炮产品制造	29	15206	486	12482	7328	685
日用化学产品制造	2924	13921432	162353	7864375	2012987	149253

1-1　续表7　　单位：万元

项　目	企业数（个）	主营业务收　入	主营业务税金及附加	资产总计	实收资本	从业人员期末人数（人）
肥皂及合成洗涤剂制造	698	7896056	89978	3749932	912017	46352
化妆品制造	1346	3180643	40259	2166340	637940	61634
口腔清洁用品制造	69	950245	8798	592304	119126	12036
香料、香精制造	246	1108891	16523	723999	213028	10226
其他日用化学产品制造	565	785598	6796	631800	130876	19005
医药制造业	1259	11841460	84656	14955537	3415269	140360
化学药品原料药制造	80	793269	6303	1457102	458174	11532
化学药品制剂制造	157	4785938	27020	5367750	1066729	37749
中药饮片加工	226	987063	8295	782187	186224	14515
中成药生产	190	2658311	22441	3375027	703132	39413
兽用药品制造	131	544086	2990	499455	144250	6217
生物药品制造	244	1473551	12355	2874112	675377	13964
卫生材料及医药用品制造	231	599242	5251	599904	181383	16970
化学纤维制造业	308	1428880	7719	1456829	424021	21344
纤维素纤维原料及纤维制造	62	228287	1282	149771	64560	2504
化纤浆粕制造	26	25505	184	16124	7336	821
人造纤维（纤维素纤维）制造	36	202781	1099	133647	57224	1683
合成纤维制造	246	1200594	6436	1307058	359460	18840
锦纶纤维制造	30	41320	402	46449	13722	1425
涤纶纤维制造	57	657046	2266	628299	167316	10288
腈纶纤维制造	3	5523	38	4073	2930	459
维纶纤维制造	13	7403	222	4721	1481	339
丙纶纤维制造	10	28140	290	21118	6141	652
氨纶纤维制造	22	317298	1802	489597	132139	1587
其他合成纤维制造	111	143864	1416	112801	35731	4090
橡胶和塑料制品业	26639	50881784	364102	36832765	11023535	1392994
橡胶制品业	4240	5616482	46891	4739481	1797757	186669
轮胎制造	99	756903	7371	920131	406405	13887
橡胶板、管、带制造	473	839567	5846	665452	163999	18606
橡胶零件制造	1193	1235858	9571	946594	364253	54905
再生橡胶制造	79	104749	755	75232	22283	2193
日用及医用橡胶制品制造	199	335257	3108	305139	172613	11903
其他橡胶制品制造	2197	2344147	20239	1826932	668203	85175
塑料制品业	22399	45265302	317211	32093284	9225778	1206325
塑料薄膜制造	2122	5850490	32942	4724318	1414264	100162
塑料板、管、型材制造	1296	4806477	27924	3372126	910498	79604
塑料丝、绳及编织品制造	783	1388780	10439	1002822	250583	33194
泡沫塑料制造	857	1881979	12183	1104011	273242	43236
塑料人造革、合成革制造	181	1231333	5365	757410	171432	16158
塑料包装箱及容器制造	2263	3595026	28526	3578426	959750	94204
日用塑料制品制造	3145	5733027	41969	3289084	1059459	173949
塑料零件制造	2877	5819881	36777	4356209	1318838	202365
其他塑料制品制造	8875	14958309	121085	9908878	2867712	463453
非金属矿物制品业	13391	43612938	362273	36913393	8914487	853919
水泥、石灰和石膏制造	657	5114336	37469	6426538	1583128	48184
水泥制造	475	4931421	31053	6318795	1521474	44417
石灰和石膏制造	182	182915	6417	107743	61654	3767
石膏、水泥制品及类似制品制造	1616	5471611	46847	5610347	1327079	86646

1-1 续表 8 单位：万元

项 目	企业数（个）	主营业务收 入	主营业务税金及附加	资产总计	实收资本	从业人员期末人数（人）
水泥制品制造	1047	4095763	35464	4242011	954568	59862
砼结构构件制造	123	608599	5504	651285	128340	9915
石棉水泥制品制造	20	112396	454	25708	6522	881
轻质建筑材料制造	288	340051	3139	402307	134126	9685
其他水泥类似制品制造	138	314802	2286	289036	103524	6303
砖瓦、石材等建筑材料制造	4324	17832406	139690	11113135	2450832	294845
粘土砖瓦及建筑砌块制造	1408	1410487	36054	1114505	562531	48588
建筑陶瓷制品制造	750	12253823	64466	7074212	1032021	177683
建筑用石加工	1291	2982371	25287	1828864	483565	42776
防水建筑材料制造	105	108281	792	91320	39880	2634
隔热和隔音材料制造	138	215187	2390	272279	52249	4696
其他建筑材料制造	632	862258	10701	731954	280585	18468
玻璃制造	566	1869102	8916	2344245	754757	33887
平板玻璃制造	162	1099200	3855	1681796	545090	14762
其他玻璃制造	404	769903	5061	662449	209667	19125
玻璃制品制造	1766	4554132	40906	5153258	1197137	131207
技术玻璃制品制造	225	1188721	5278	1281985	340225	20792
光学玻璃制造	218	870780	6352	680274	175386	45240
玻璃仪器制造	33	48527	348	86920	22308	1436
日用玻璃制品制造	490	661942	6520	480412	160920	20918
玻璃包装容器制造	54	386797	2242	437595	81135	7636
玻璃保温容器制造	31	68005	404	233519	22025	2177
制镜及类似品加工	126	102261	875	92821	32720	4680
其他玻璃制品制造	589	1227100	18887	1859733	362418	28328
玻璃纤维和玻璃纤维增强塑料制品制造	292	630997	5005	902003	282745	12396
玻璃纤维及制品制造	116	400011	2562	652979	196422	5625
玻璃纤维增强塑料制品制造	176	230986	2443	249024	86323	6771
陶瓷制品制造	3193	6439385	63593	3748811	949145	211791
卫生陶瓷制品制造	1072	2416649	19688	1600886	325770	77634
特种陶瓷制品制造	120	206717	2138	174137	50860	6884
日用陶瓷制品制造	1365	2798842	29756	1404889	409890	92335
园林、陈设艺术及其他陶瓷制品制造	636	1017177	12012	568899	162625	34938
耐火材料制品制造	226	403115	4962	221121	51613	8478
石棉制品制造	31	27523	154	13669	6045	967
云母制品制造	63	74707	652	43833	13052	1900
耐火陶瓷制品及其他耐火材料制造	132	300885	4157	163620	32516	5611
石墨及其他非金属矿物制品制造	751	1297855	14884	1393934	318051	26485
石墨及碳素制品制造	67	195058	792	313830	50237	2855
其他非金属矿物制品制造	684	1102797	14092	1080104	267814	23630
黑色金属冶炼和压延加工业	1862	25029694	83321	16130849	2981529	141947
炼铁	55	174894	912	54516	8735	1533
炼钢	82	695706	2347	187736	58994	5004
黑色金属铸造	451	1319078	8179	847264	191986	27531
钢压延加工	1226	22458491	71553	14269011	2393374	106228
铁合金冶炼	48	381525	330	772322	328440	1651
有色金属冶炼和压延加工业	2579	30069533	70784	18517997	3041720	200986
常用有色金属冶炼	288	2325710	8337	2047315	438048	16542
铜冶炼	72	997555	1025	539030	150309	3329

1-1　续表 9　　单位：万元

项　　目	企业数（个）	主营业务收　入	主营业务税金及附加	资产总计	实收资本	从业人员期末人数（人）
铅锌冶炼	30	569241	1338	626461	152441	5757
镍钴冶炼	5	61732	27	7564	1663	321
锡冶炼	32	132587	981	61321	13165	1451
锑冶炼	3	62002	57	15171	1010	154
铝冶炼	78	79159	536	76133	27141	2072
镁冶炼	2	1215	9	1906	813	67
其他常用有色金属冶炼	66	422219	4365	719729	91505	3391
贵金属冶炼	35	850016	667	228129	33180	1416
金冶炼	14	705686	182	184906	8485	652
银冶炼	5	119346	144	17531	10453	206
其他贵金属冶炼	16	24984	341	25692	14242	558
稀有稀土金属冶炼	34	625600	2709	349470	65591	2965
钨钼冶炼	8	133755	618	66351	6536	726
稀土金属冶炼	13	103711	1288	152061	33406	1128
其他稀有金属冶炼	13	388134	803	131058	25649	1111
有色金属合金制造	302	1477074	4311	1395603	255857	18508
有色金属铸造	197	343004	1832	238863	66856	7776
有色金属压延加工	1723	24448130	52928	14258617	2182189	153779
铜压延加工	307	9151743	8082	4516351	699374	25724
铝压延加工	734	12262986	32902	8229327	1156080	102170
贵金属压延加工	32	12539	121	16226	9007	842
稀有稀土金属压延加工	17	30258	677	10918	1695	275
其他有色金属压延加工	633	2990604	11146	1485795	316033	24768
金属制品业	33899	58442341	450091	37537224	10061970	1452285
结构性金属制品制造	7739	12614288	118908	10364006	2447587	279811
金属结构制造	6277	10742499	90761	8915355	1935627	231989
金属门窗制造	1462	1871789	28147	1448651	511960	47822
金属工具制造	3558	6396899	47875	3063679	748492	154955
切削工具制造	308	730299	3985	615574	165546	15233
手工具制造	218	336606	2065	142943	41490	8893
农用及园林用金属工具制造	46	266096	1013	63039	11580	3004
刀剪及类似日用金属工具制造	1056	2995116	21290	1015434	172511	68920
其他金属工具制造	1930	2068781	19521	1226689	357366	58905
集装箱及金属包装容器制造	746	4310919	21867	2838360	856258	64154
集装箱制造	90	1607300	7367	920987	282561	15522
金属压力容器制造	109	375966	2707	190744	46178	6239
金属包装容器制造	547	2327653	11793	1726628	527519	42393
金属丝绳及其制品制造	561	970430	6052	619819	241814	19581
建筑、安全用金属制品制造	5062	8139643	60887	4657857	1125181	208950
建筑、家具用金属配件制造	3713	5685746	45260	2855466	691744	148790
建筑装饰及水暖管道零件制造	892	1868167	12448	1295993	321869	45706
安全、消防用金属制品制造	243	159651	1565	164582	38125	5691
其他建筑、安全用金属制品制造	214	426078	1614	341816	73442	8763
金属表面处理及热处理加工	1811	4703573	36344	2629051	691752	108455
搪瓷制品制造	269	634618	4437	419467	127399	16190
生产专用搪瓷制品制造	42	164305	1419	166031	78172	6753
建筑装饰搪瓷制品制造	43	50847	236	69938	9954	1067
搪瓷卫生洁具制造	124	251274	1786	124635	25560	4983

1-1 续表 10 单位：万元

项　　目	企业数（个）	主营业务收　入	主营业务税金及附加	资产总计	实收资本	从业人员期末人数（人）
搪瓷日用品及其他搪瓷制品制造	60	168193	997	58863	13714	3387
金属制日用品制造	6275	11972271	82203	6288931	1805569	323066
金属制厨房用器具制造	902	1765049	11536	894225	258737	45598
金属制餐具和器皿制造	1406	5049765	29078	2337805	770056	126351
金属制卫生器具制造	290	565329	3253	436772	69246	14335
其他金属制日用品制造	3677	4592128	38336	2620130	707531	136782
其他金属制品制造	7878	8699701	71518	6656054	2017920	277123
锻件及粉末冶金制品制造	493	736231	5109	880902	256581	22061
交通及公共管理用金属标牌制造	136	84225	828	129953	18329	2696
其他未列明金属制品制造	7249	7879246	65581	5645199	1743011	252366
通用设备制造业	14902	36288014	224305	28567029	6828863	712768
锅炉及原动设备制造	366	747974	4859	1030034	291618	14558
锅炉及辅助设备制造	181	419025	2570	426637	110543	7277
内燃机及配件制造	70	197989	1047	398124	108829	4358
汽轮机及辅机制造	4	79407	639	122429	26403	253
水轮机及辅机制造	16	14526	119	21434	10312	683
风能原动设备制造	12	9954	20	22537	15181	278
其他原动设备制造	83	27073	462	38873	20349	1709
金属加工机械制造	3338	3432956	30788	3395165	780963	92607
金属切削机床制造	271	539843	3944	601133	145814	11846
金属成形机床制造	304	515349	3445	448459	62391	10972
铸造机械制造	376	644405	4119	592576	111088	14115
金属切割及焊接设备制造	447	515989	5225	812798	154288	15890
机床附件制造	202	163020	1583	156137	59362	6244
其他金属加工机械制造	1738	1054350	12472	784062	248020	33540
物料搬运设备制造	669	4580809	34131	4343701	714373	52643
轻小型起重设备制造	76	355073	2827	322655	52282	5245
起重机制造	136	338036	1542	455327	128684	6916
生产专用车辆制造	38	17841	132	71235	16720	738
连续搬运设备制造	79	93590	602	87468	14238	2406
电梯、自动扶梯及升降机制造	283	3669513	28230	3295708	479447	35386
其他物料搬运设备制造	57	106755	799	111307	23001	1952
泵、阀门、压缩机及类似机械制造	1073	4626378	27459	3770691	989928	84647
泵及真空设备制造	328	1197649	8514	954803	173444	22777
气体压缩机械制造	150	2133900	8218	1733625	520344	25320
阀门和旋塞制造	200	787659	5422	647928	195570	21328
液压和气压动力机械及元件制造	395	507170	5306	434335	100569	15222
轴承、齿轮和传动部件制造	435	918858	6159	784894	252773	25921
轴承制造	231	562585	3619	511115	189729	17422
齿轮及齿轮减、变速箱制造	116	317925	1898	241948	52995	6962
其他传动部件制造	88	38347	642	31831	10050	1537
烘炉、风机、衡器、包装等设备制造	2473	6673438	43493	5159741	1089124	130009
烘炉、熔炉及电炉制造	148	147079	7411	144859	35979	4032
风机、风扇制造	453	1120307	7150	775361	259875	30549
气体、液体分离及纯净设备制造	344	482572	3976	337377	84918	9510
制冷、空调设备制造	692	2677325	12852	2271116	362649	40931
风动和电动工具制造	97	1255474	4177	571215	89875	16040
喷枪及类似器具制造	88	100806	620	59954	15340	2065

1-1　续表 11　　　　单位：万元

项　　目	企业数（个）	主营业务收　入	主营业务税金及附加	资产总计	实收资本	从业人员期末人数（人）
衡器制造	99	255986	1667	183433	57320	8143
包装专用设备制造	552	633889	5641	816426	183167	18739
文化、办公用机械制造	732	10459992	30749	5598916	1413613	144479
电影机械制造	25	97491	272	70500	9926	1979
幻灯及投影设备制造	55	153051	498	72792	23077	2846
照相机及器材制造	203	3681087	10841	1885415	589736	58459
复印和胶印设备制造	184	3100979	8838	1296168	246192	39458
计算器及货币专用设备制造	109	2980826	8139	1860685	428194	29044
其他文化、办公用机械制造	156	446556	2160	413355	116488	12693
通用零部件制造	4323	3670193	34403	3219391	965010	131897
金属密封件制造	117	191879	1945	172922	79599	4846
紧固件制造	1034	1067085	7884	1045577	310252	34972
弹簧制造	342	366657	2421	244694	77657	14313
机械零部件加工	1984	1088214	14320	928432	279070	42479
其他通用零部件制造	846	956358	7833	827766	218432	35287
其他通用设备制造业	1493	1177416	12265	1264497	331463	36007
专用设备制造业	18471	24137776	208572	26208365	7113330	722557
采矿、冶金、建筑专用设备制造	541	1567593	11516	1573741	274213	21798
矿山机械制造	80	181871	949	188310	52831	3103
石油钻采专用设备制造	20	83164	887	112915	30982	1591
建筑工程用机械制造	157	652980	3245	760993	74838	6211
海洋工程专用设备制造	14	132185	2397	169521	35595	1988
建筑材料生产专用机械制造	214	437460	3317	270118	64702	7230
冶金专用设备制造	56	79934	721	71883	15265	1675
化工、木材、非金属加工专用设备制造	9551	9333708	82597	9535781	2667695	363156
炼油、化工生产专用设备制造	132	284805	2836	282415	52624	4124
橡胶加工专用设备制造	186	264762	1314	181516	46719	6183
塑料加工专用设备制造	632	1228674	10785	1414717	275639	27208
木材加工机械制造	245	239526	1578	251142	67301	6669
模具制造	8182	7135447	64550	7259405	2183885	313527
其他非金属加工专用设备制造	174	180494	1534	146587	41527	5445
食品、饮料、烟草及饲料生产专用设备制造	379	736302	8704	468726	150735	17469
食品、酒、饮料及茶生产专用设备制造	253	374153	5529	247428	110369	9716
农副食品加工专用设备制造	96	138472	1126	66610	16828	3473
烟草生产专用设备制造	17	118671	1696	90849	19944	2385
饲料生产专用设备制造	13	105005	353	63839	3595	1895
印刷、制药、日化及日用品生产专用设备制造	1661	2213608	16937	2634546	680120	52211
制浆和造纸专用设备制造	99	215127	1361	190388	32543	3905
印刷专用设备制造	517	499839	5339	506837	127807	15533
日用化工专用设备制造	136	55773	888	51082	19758	1813
制药专用设备制造	25	23336	350	33850	6377	590
照明器具生产专用设备制造	379	254316	1495	243748	139661	10775
玻璃、陶瓷和搪瓷制品生产专用设备制造	222	944912	5752	1413157	294386	11739
其他日用品生产专用设备制造	283	220304	1751	195486	59587	7856
纺织、服装和皮革加工专用设备制造	505	1339215	9467	850992	195319	24548
纺织专用设备制造	197	881400	6320	542990	126837	11525
皮革、毛皮及其制品加工专用设备制造	81	31892	543	25378	8167	2070
缝制机械制造	187	375688	2197	233379	53488	9337

1-1 续表 12 单位：万元

项 目	企业数（个）	主营业务收 入	主营业务税金及附加	资产总计	实收资本	从业人员期末人数（人）
洗涤机械制造	40	50235	406	49246	6827	1616
电子和电工机械专用设备制造	2639	3249217	28422	3797376	1271823	100407
电工机械专用设备制造	702	767085	7337	742052	184702	22783
电子工业专用设备制造	1937	2482132	21085	3055324	1087120	77624
农、林、牧、渔专用机械制造	228	392851	2462	420666	124951	9997
拖拉机制造	19	32595	119	46402	23452	766
机械化农业及园艺机具制造	56	241097	1021	245441	68624	4956
营林及木竹采伐机械制造	2	18884	202	4560	3370	171
畜牧机械制造	21	27701	144	32771	5009	864
渔业机械制造	29	18024	286	15847	4400	1035
农林牧渔机械配件制造	42	20145	349	23512	10560	771
棉花加工机械制造	9	3730	19	2754	1853	161
其他农、林、牧、渔业机械制造	50	30675	322	49379	7682	1273
医疗仪器设备及器械制造	1010	3011925	25415	3811597	828419	75766
医疗诊断、监护及治疗设备制造	263	1466133	14299	2213336	375714	25924
口腔科用设备及器具制造	104	140870	989	152793	36864	5404
医疗实验室及医用消毒设备和器具制造	72	124438	649	61055	23197	2194
医疗、外科及兽医用器械制造	134	441000	3064	515524	127324	11389
机械治疗及病房护理设备制造	68	209036	1143	276632	64751	5503
假肢、人工器官及植（介）入器械制造	75	187973	1779	205099	56850	9527
其他医疗设备及器械制造	294	442474	3492	387157	143720	15825
环保、社会公共服务及其他专用设备制造	1957	2293356	23052	3114939	920056	57205
环境保护专用设备制造	649	484709	5236	943703	278106	14453
地质勘查专用设备制造	5	3715	26	4020	3421	183
邮政专用机械及器材制造	7	12655	40	24819	861	153
商业、饮食、服务专用设备制造	53	28729	487	48169	15490	1207
社会公共安全设备及器材制造	208	616540	4800	628629	231736	10933
交通安全、管制及类似专用设备制造	66	127609	1108	162490	33671	2281
水资源专用机械制造	112	79228	1171	97448	43557	2311
其他专用设备制造	857	940171	10185	1205660	313213	25684
汽车制造业	2122	47861916	1386508	38240010	6907115	374386
汽车整车制造	48	25957006	1282342	17386036	2529022	78626
改装汽车制造	24	389118	1611	770915	117558	6494
低速载货汽车制造	2	140004	0	178353	150100	1075
电车制造	27	30838	177	80079	21224	989
汽车车身、挂车制造	28	956652	2670	928463	115479	7824
汽车零部件及配件制造	1993	20388298	99708	18896163	3973733	279378
铁路、船舶、航空航天和其他运输设备制造业	1558	12099554	107693	15362754	3846424	189385
铁路运输设备制造	38	65410	313	404709	246505	1617
铁路机车车辆及动车组制造	8	37837	36	374741	234140	883
窄轨机车车辆制造	3	494	2	251	59	37
铁路机车车辆配件制造	2	1935	9	2718	48	74
铁路专用设备及器材、配件制造	19	20687	252	23922	11358	527
其他铁路运输设备制造	6	4457	14	3076	900	96
城市轨道交通设备制造	12	36814	42	91859	57776	722
船舶及相关装置制造	431	4043853	15375	7561725	1363398	56449
金属船舶制造	189	3053712	8004	6079571	1043086	38755
非金属船舶制造	48	215072	2319	271294	57104	3418

1-1　续表 13　　单位：万元

项　　目	企业数（个）	主营业务收　入	主营业务税金及附加	资产总计	实收资本	从业人员期末人数（人）
娱乐船和运动船制造	49	78630	711	170694	74820	2605
船用配套设备制造	92	164863	952	265805	53891	4615
船舶改装与拆除	42	526076	3005	770072	133184	6860
航标器材及其他相关装置制造	11	5501	384	4289	1314	196
航空、航天器及设备制造	39	449392	3441	2388139	1188358	11130
飞机制造	8	129040	19	1796928	1054154	2261
航天器制造	4	2401	8	796	801	81
航空、航天相关设备制造	19	269160	2852	551595	125087	7934
其他航空航天器制造	8	48791	563	38821	8316	854
摩托车制造	508	5622007	78056	3598891	593263	65527
摩托车整车制造	77	3579733	66475	2293542	282034	22930
摩托车零部件及配件制造	431	2042273	11581	1305349	311229	42597
自行车制造	424	1557281	8810	1137410	352494	45823
脚踏自行车及残疾人座车制造	292	1287190	7554	943693	292423	37499
助动自行车制造	132	270091	1256	193717	60071	8324
非公路休闲车及零配件制造	44	174261	625	107041	24333	4350
潜水救捞及其他未列明运输设备制造	62	150535	1032	72979	20296	3767
潜水及水下救捞装备制造	20	102551	459	44487	14413	2812
其他未列明运输设备制造	42	47985	573	28492	5883	955
电气机械和器材制造业	31022	117882089	623019	96294831	17436449	2427603
电机制造	1212	5542405	41744	5237247	1128605	149935
发电机及发电机组制造	269	990145	4506	2060414	371482	14717
电动机制造	303	1104408	7385	736587	175240	25234
微电机及其他电机制造	640	3447852	29853	2440245	581884	109984
输配电及控制设备制造	6902	16816460	115784	15182499	4161463	468006
变压器、整流器和电感器制造	1641	5239356	28071	4935378	1336414	154398
电容器及其配套设备制造	296	402220	14417	435138	158160	14892
配电开关控制设备制造	1032	4047048	27411	3698320	926469	81527
电力电子元器件制造	3371	5198131	35760	3904715	1078288	185110
光伏设备及元器件制造	139	816657	1787	1112276	346066	7085
其他输配电及控制设备制造	423	1113048	8338	1096672	316066	24994
电线、电缆、光缆及电工器材制造	3784	17543279	60101	12181641	2974156	299532
电线、电缆制造	2847	14636882	46697	9749079	2298239	238311
光纤、光缆制造	163	669569	2762	722793	216359	11536
绝缘制品制造	435	1351515	6699	873494	217203	26269
其他电工器材制造	339	885313	3943	836274	242354	23416
电池制造	1430	9666915	40470	10490675	1689271	204086
锂离子电池制造	657	4297225	22268	5131726	804051	117855
镍氢电池制造	89	490999	1978	452568	89438	15536
其他电池制造	684	4878692	16223	4906381	795782	70695
家用电力器具制造	6546	53847734	265548	42030927	4281117	845890
家用制冷电器具制造	237	4087744	21855	2443374	357008	67889
家用空气调节器制造	208	26884647	139771	25896557	957039	204045
家用通风电器具制造	475	3241351	16705	2238251	363696	84035
家用厨房电器具制造	2789	12715584	51526	7434207	1371998	279577
家用清洁卫生电器具制造	221	1846435	9047	1019319	268562	35481
家用美容、保健电器具制造	260	1379954	4923	646358	162954	46267
家用电力器具专用配件制造	863	1025896	7629	656029	156259	34977
其他家用电力器具制造	1493	2666124	14092	1696832	643601	93619

1-1 续表 14 单位：万元

项目	企业数（个）	主营业务收入	主营业务税金及附加	资产总计	实收资本	从业人员期末人数（人）
非电力家用器具制造	720	2000377	9818	1897138	421572	41477
燃气、太阳能及类似能源家用器具制造	598	1807378	8952	1780088	398447	36840
其他非电力家用器具制造	122	193000	866	117051	23125	4637
照明器具制造	9320	11233780	79786	8349828	2525079	383944
电光源制造	621	1805852	12622	1342309	376634	49711
照明灯具制造	7035	7654890	54452	5879957	1821402	273230
灯用电器附件及其他照明器具制造	1664	1773039	12713	1127563	327042	61003
其他电气机械及器材制造	1108	1231137	9768	924876	255185	34733
电气信号设备装置制造	260	360102	3046	306226	74890	12892
其他未列明电气机械及器材制造	848	871035	6722	618650	180295	21841
计算机、通信和其他电子设备制造业	28744	257702844	1136860	185248449	37720918	4021343
计算机制造	3732	54647265	117243	32152951	4303741	796959
计算机整机制造	256	12869346	19046	7611546	1026265	112375
计算机零部件制造	1255	27236317	59841	16115310	1612495	452657
计算机外围设备制造	1242	11740255	28646	6258513	1246171	181931
其他计算机制造	979	2801347	9710	2167582	418810	49996
通信设备制造	2101	77158231	401742	59779322	8328434	537596
通信系统设备制造	764	38921233	318108	38599898	5633378	208150
通信终端设备制造	1337	38236998	83634	21179424	2695056	329446
广播电视设备制造	1071	3648863	17252	3119577	851401	94691
广播电视节目制作及发射设备制造	51	65256	401	101631	66660	2229
广播电视接收设备及器材制造	721	2418282	11586	1960576	552129	72228
应用电视设备及其他广播电视设备制造	299	1165325	5264	1057370	232611	20234
雷达及配套设备制造	61	147441	677	91846	25514	4792
视听设备制造	2762	23698621	79169	15250227	2809176	417955
电视机制造	218	11555644	29882	7307248	866024	103147
音响设备制造	1996	6902038	33031	4647911	1240827	210875
影视录放设备制造	548	5240939	16256	3295068	702326	103933
电子器件制造	4517	43407881	241588	32439937	9247921	663943
电子真空器件制造	179	709752	3096	393121	133572	7771
半导体分立器件制造	169	1137328	3361	1718758	904475	27357
集成电路制造	439	8107544	18591	5225099	1587080	118509
光电子器件及其他电子器件制造	3730	33453257	216540	25102959	6622794	510306
电子元件制造	10049	46487328	230416	35876384	10622799	1280134
电子元件及组件制造	8657	29970862	171283	22106169	6413063	936467
印制电路板制造	1392	16516465	59134	13770215	4209736	343667
其他电子设备制造	4451	8507214	48773	6538205	1531932	225273
仪器仪表制造业	4378	8713408	59054	8013933	2346268	363860
通用仪器仪表制造	1239	2580666	17440	3125688	735600	63504
工业自动控制系统装置制造	614	1361062	9220	1539316	324576	31838
电工仪器仪表制造	289	743729	4774	1067088	228373	17288
绘图、计算及测量仪器制造	84	146954	734	150161	45016	3425
实验分析仪器制造	80	178669	1086	172957	57740	5913
试验机制造	78	52767	525	47770	14453	1839
供应用仪表及其他通用仪器制造	94	97486	1101	148394	65443	3201
专用仪器仪表制造	636	1399757	10383	1268527	285745	34673
环境监测专用仪器仪表制造	49	55079	469	98837	25561	1623
运输设备及生产用计数仪表制造	41	448496	2801	434073	64655	6604
导航、气象及海洋专用仪器制造	106	318883	1473	204692	37490	6674

1-1　续表 15　　　　单位：万元

项　　目	企业数（个）	主营业务收　入	主营业务税金及附加	资产总计	实收资本	从业人员期末人数（人）
农林牧渔专用仪器仪表制造	7	9018	45	17736	4183	806
地质勘探和地震专用仪器制造	6	3727	44	9720	780	94
教学专用仪器制造	37	20289	101	21210	14563	625
核子及核辐射测量仪器制造	6	5910	134	20563	8343	110
电子测量仪器制造	224	335481	3486	289619	81098	11882
其他专用仪器制造	160	202873	1830	172077	49072	6255
钟表与计时仪器制造	1428	2288852	15180	1528382	580299	138513
光学仪器及眼镜制造	862	2255814	14379	1934110	687594	118861
光学仪器制造	204	1360674	7532	1134820	335704	35809
眼镜制造	658	895141	6847	799290	351889	83052
其他仪器仪表制造业	213	188319	1671	157227	57029	8309
其他制造业	2249	2842817	20296	2146026	671002	102872
日用杂品制造	1213	1745409	13162	1186580	383286	70040
鬃毛加工、制刷及清扫工具制造	191	232073	1994	185061	47432	9187
其他日用杂品制造	1022	1513336	11169	1001519	335854	60853
煤制品制造	32	135067	394	197241	13920	771
核辐射加工	13	7748	33	12654	5446	450
其他未列明制造业	991	954594	6707	749552	268349	31611
废弃资源综合利用业	1102	9914288	39355	4597445	582883	53138
金属废料和碎屑加工处理	613	8650165	27392	3740464	353802	36449
非金属废料和碎屑加工处理	489	1264123	11963	856981	229081	16689
金属制品、机械和设备修理业	1519	1279568	16712	1403562	461209	33779
金属制品修理	114	218668	5064	94446	19384	4206
通用设备修理	237	69607	1569	69439	32796	3664
专用设备修理	148	104109	1547	124920	46164	3184
铁路、船舶、航空航天等运输设备修理	415	749242	5543	960166	303469	14953
铁路运输设备修理	6	3459	70	3850	611	132
船舶修理	356	371582	3821	636514	179823	12955
航空航天器修理	5	362584	1095	300543	115497	1181
其他运输设备修理	48	11617	556	19259	7539	685
电气设备修理	122	33766	974	52024	17817	1802
仪器仪表修理	28	12716	239	16964	5526	459
其他机械和设备修理业	455	91460	1777	85603	36053	5511
电力、热力、燃气及水生产和供应业	**8129**	**69495266**	**422668**	**114377017**	**29370037**	**371252**
电力、热力生产和供应业	6433	59851673	363379	94288169	25205681	280291
电力生产	6165	17536482	199090	42822093	12767632	111242
火力发电	139	13225476	88143	25264880	7780059	34041
水力发电	5868	2192297	84735	9462862	2803695	69582
核力发电	5	1635286	19773	5614040	1200158	3263
风力发电	59	188486	3684	1197735	474278	994
太阳能发电	14	2455	26	132994	54416	131
其他电力生产	80	292484	2728	1149582	455026	3231
电力供应	218	42185205	163658	51204420	12343193	167013
热力生产和供应	50	129987	632	261657	94856	2036
燃气生产和供应业	303	6081251	19656	5491896	1466089	17686
水的生产和供应业	1393	3562342	39632	14596951	2698267	73275
自来水生产和供应	992	2404315	28679	9631679	1589366	59614
污水处理及其再生利用	346	723143	4972	2795719	530418	12020
其他水的处理、利用与分配	55	434884	5981	2169553	578483	1641

1-2 规模以上工业

项　　目	企业单位数（个）	亏损企业	工业总产值（当年价格）	工业销售产值（当年价格）	出口交货值
总　　计	**41205**	**5286**	**1096730719**	**1068536817**	**302054370**
一、按登记注册类型分组					
内资企业	26695	2472	569954216	552590524	73961269
国有企业	263	71	12421751	13228959	276787
集体企业	290	45	4425482	4372413	1623284
股份合作企业	83	4	890059	857572	50024
联营企业	27	2	663146	657360	34153
有限责任公司	9219	949	240728918	235300276	27333441
股份有限公司	721	77	95209671	88671871	18514317
私营企业	15883	1310	212971311	206922557	25754862
其他企业	209	14	2643879	2579516	374401
港、澳、台商投资企业	9784	1926	246037083	239191252	102149917
外商投资企业	4726	888	280739419	276755042	125943185
二、按企业控股情况分组					
国有控股	1054	224	175251579	169723588	15253449
三、按轻重工分组					
轻工业	21840	2685	416694784	405642833	111089527
重工业	19365	2601	680035935	662893984	190964843
四、按企业规模分组					
大型企业	1481	107	496609237	483468718	178372032
中型企业	9243	1196	290884255	282273874	78393592
小微型企业	30481	3983	309237226	302794225	45288746
五、按工业行业大中小类分组					
采矿业	**328**	**32**	**12596267**	**12244427**	**169840**
煤炭开采和洗选业	1		32774	31774	
烟煤和无烟煤开采洗选	1		32774	31774	
褐煤开采洗选					
其他煤炭采选					
石油和天然气开采业	3	1	6310877	6300000	168157
石油开采	2	1	3791140	3710501	
天然气开采	1		2519737	2589500	168157
黑色金属矿采选业	61	7	1745170	1628478	
铁矿采选	59	6	1732381	1615750	
锰矿、铬矿采选	1	1	1383	2895	
其他黑色金属矿采选	1		11406	9833	
有色金属矿采选业	38	11	1379676	1297232	108
常用有色金属矿采选	23	8	618812	593869	108
铜矿采选	3	2	26086	24349	
铅锌矿采选	10	4	413852	395358	
镍钴矿采选					
锡矿采选					
锑矿采选					
铝矿采选					
镁矿采选					
其他常用有色金属矿采选	10	2	178874	174162	108

企业主要经济指标

单位：万元

工业增加值（当年价格）	资产总计	流动资产合计					固定资产合计	固定资产原价
			应收账款	存货	产成品	在产品		
26.5400057	**796552725**	**464508907**	**137499534**	**111930054**	**37875235**	**13783718**	**223858189**	**393396835**
142574000	428696347	230044061	57807887	54826346	19331317	6922718	126869140	212986488
4845648	14101715	6024133	574123	2622054	277159	43241	6257071	10375636
1258650	1950209	911787	187911	151468	51541	7455	719724	1318649
221249	371295	241240	69175	48248	22626	2550	95201	181598
173351	166597	116039	21140	57178	23795	12006	36107	72937
58540286	195583560	87836381	22391904	19769173	6929209	2122695	72659227	115680748
28708815	97389261	60020966	12088176	12070515	4653530	2490273	17930699	32782718
48235741	117738937	73980441	22285407	19882733	7285430	2232097	28854862	52098717
590261	1394773	913073	190051	224976	88026	12401	316249	475486
61397171	188471868	119444374	36795821	30545020	10188842	3815536	48373516	92849411
61428886	179384510	115020473	42895826	26558689	8355076	3045464	48615532	87560936
51075704	181866725	71574938	11644280	16020368	3681881	2825499	77100603	131242565
103369784	281016419	182347416	45199684	47251626	18469516	4626645	64046173	114649514
162030273	515536307	282161491	92299850	64678429	19405719	9157073	159812016	278747321
126290929	378143234	213863323	64102728	47157190	15642381	6334596	107894006	186770963
71768343	224764145	131568960	37243212	34885524	11519096	4564787	66777155	118119524
67340785	193645347	119076625	36153594	29887340	10713758	2884334	49187028	88506348
7467150	**10663733**	**2372777**	**669790**	**622675**	**225893**	**17994**	**3914426**	**7656612**
11367	49164	38292	11809	17483	17417		8727	13541
11367	49164	38292	11809	17483	17417		8727	13541
5303330	7129022	496356	69539	313107	53658		2924992	6255858
3334526	3878756	347974	37741	212191	42374		2920579	6245505
1968804	3250265	148382	31798	100916	11284		4414	10353
733155	1270761	662657	70893	105094	44563	6747	371975	420824
729253	1259926	656473	70048	101349	42430	6747	367380	414198
335	6607	5209	313	3549	1937		1342	2353
3567	4228	975	533	196	196		3253	4273
452758	694830	383659	178673	71745	38608	4992	182007	367447
367283	470478	297021	172113	29417	17501	10	126167	263224
13935	70504	46283	–903	1392	1164		9282	15921
264364	316619	205539	159846	10620	3634	10	88136	203334
88983	83355	45199	13170	17405	12704		28749	43969

1-2 续表 1

项 目	企业单位数（个）	亏损企业	工业总产值（当年价格）	工业销售产值（当年价格）	出口交货值
贵金属矿采选	1	1	584903	573514	
金矿采选	1	1	584903	573514	
银矿采选					
其他贵金属矿采选					
稀有稀土金属矿采选	14	2	175961	129850	
钨钼矿采选	5	1	40078	35607	
稀土金属矿采选	3		72553	44223	
放射性金属矿采选	3		49612	36057	
其他稀有金属矿采选	3	1	13718	13963	
非金属矿采选业	219	13	2744190	2602766	1575
土砂石开采	195	9	2481434	2360144	947
石灰石、石膏开采	29	2	306799	290902	
建筑装饰用石开采	46	1	537874	517173	
耐火土石开采	4		72815	72500	
粘土及其他土砂石开采	116	6	1563946	1479569	947
化学矿开采	3		113306	106896	444
采盐	3	1	25490	24980	
石棉及其他非金属矿采选	18	3	123960	110746	184
石棉、云母矿采选	1		4982	4982	184
石墨、滑石采选	1		5509	5509	
宝石、玉石采选					
其他未列明非金属矿采选	16	3	113470	100256	
开采辅助活动	6		383580	384176	
煤炭开采和洗选辅助活动					
石油和天然气开采辅助活动	5		375570	375570	
其他开采辅助活动	1		8010	8606	
其他采矿业					
制造业	**40261**	**5150**	**1016235827**	**988915810**	**301065874**
农副食品加工业	906	133	28355081	27051221	2017130
谷物磨制	69	5	1530570	1529096	68829
饲料加工	273	38	9448941	9135360	14997
植物油加工	67	8	7482762	7046720	20178
食用植物油加工	61	8	7203311	6762915	20077
非食用植物油加工	6		279451	283805	101
制糖业	40	13	1685563	1289048	3452
屠宰及肉类加工	102	17	1913753	1881055	305403
牲畜屠宰	42	7	845318	840771	106347
禽类屠宰	8	2	354379	324064	116582
肉制品及副产品加工	52	8	714056	716220	82474
水产品加工	235	42	4367850	4275920	1462002
水产品冷冻加工	147	24	2547404	2494165	1290486
鱼糜制品及水产品干腌制加工	38	5	664571	657456	125746
水产饲料制造	35	11	1002714	978157	3279
鱼油提取及制品制造					
其他水产品加工	15	2	153161	146143	42491

单位：万元

工业增加值（当年价格）	资产总计	流动资产合计	应收账款	存货	产成品	在产品	固定资产合计	固定资产原价
5280	50247	25133	1	6372	5754		4057	20573
5280	50247	25133	1	6372	5754		4057	20573
80195	174105	61505	6558	35956	15353	4982	51783	83650
20677	28626	10722	310	3795	1730		15163	12008
29229	16670	11226	1050	7109	4655		590	748
26632	107215	20584	3867	8383	1853		33686	66964
3658	21593	18974	1331	16669	7115	4982	2344	3930
846465	1209460	534169	153071	113588	71501	6099	379940	511242
752091	778046	372504	122001	82456	59043	1735	294613	385629
88538	96268	33883	10424	6511	4019	34	47878	68956
141346	184587	91964	16357	11145	7144	98	58205	76110
28491	41246	34427	19844	1121	998		6627	16403
493717	455946	212231	75377	63680	46883	1604	181903	224161
54570	269913	82077	184	12690	4627	3024	42690	55256
6527	41098	18143	4481	6859	1615	1340	7182	24859
33277	120402	61445	26405	11583	6216		35455	45497
1179	6118	4047	1077	978	589		1862	2597
1265	5884	5582	5098	148	148		233	233
30833	108401	51817	20231	10456	5479		33360	42666
120076	310496	257645	185805	1659	146	157	46785	87701
118128	302664	251400	184462	796			45851	86422
1948	7832	6245	1344	863	146	157	934	1279
238854414	**682143391**	**441423030**	**133752674**	**109554144**	**37546652**	**13737607**	**159040014**	**283645482**
4767045	16216213	11769944	1681337	2466665	1013775	108853	2804177	4494123
150160	959025	672252	114362	236147	55329	17583	185369	308609
1565294	3276644	2021110	439808	518566	207924	23866	712185	1281399
1026898	3648092	2817931	226938	801928	303749	14865	568040	882523
997486	3531437	2717847	219970	776104	299913	14865	553251	845371
29412	116655	100084	6968	25824	3836		14789	37151
402801	3302327	2878444	99997	134349	73237	1287	271934	413620
368368	775330	538384	150520	81748	37376	3724	168733	272003
190542	203392	104868	21068	4786	3899	48	66883	93312
35790	106734	86965	9514	11051	7633		9667	25021
142036	465204	346551	119937	65912	25844	3675	92183	153670
787451	2997104	2058264	518954	491509	294385	32527	620213	887233
484341	1650987	1170012	413387	385045	248508	23536	386473	518395
116335	288186	152918	40144	36995	18776	3372	108704	198549
156577	962903	669502	51336	44367	9238	4554	98280	136155
30198	95028	65832	14087	25102	17863	1065	26756	34134

1-2 续表 2

项　　目	企业单位数（个）	亏损企业	工业总产值（当年价格）	工业销售产值（当年价格）	出口交货值
蔬菜、水果和坚果加工	65	4	1125235	1114232	116022
蔬菜加工	21	2	181335	175914	28175
水果和坚果加工	44	2	943900	938317	87847
其他农副食品加工	55	6	800409	779790	26247
淀粉及淀粉制品制造	28	4	534340	527882	9349
豆制品制造	7	2	44365	43417	3420
蛋品加工	4		19880	20709	3380
其他未列明农副食品加工	16		201824	187782	10098
食品制造业	646	54	16440334	16815250	836438
焙烤食品制造	123	14	1493786	1450575	170069
糕点、面包制造	57	9	454810	442094	99380
饼干及其他焙烤食品制造	66	5	1038976	1008482	70689
糖果、巧克力及蜜饯制造	162	5	2706176	3365813	327582
糖果、巧克力制造	95	5	1865116	2523715	209425
蜜饯制作	67		841060	842098	118157
方便食品制造	89	13	2016791	1877586	93275
米、面制品制造	39	7	334028	318714	20765
速冻食品制造	22	3	419857	374715	33677
方便面及其他方便食品制造	28	3	1262906	1184157	38833
乳制品制造	28	3	1900693	1840878	6503
罐头食品制造	48	8	632032	615380	59440
肉、禽类罐头制造	6	1	86107	84862	770
水产品罐头制造	8	1	164501	151378	22814
蔬菜、水果罐头制造	29	6	300785	291982	35856
其他罐头食品制造	5		80640	87157	
调味品、发酵制品制造	75	2	3107258	3083093	108307
味精制造	4		87979	84089	21
酱油、食醋及类似制品制造	43	1	2591677	2574973	81249
其他调味品、发酵制品制造	28	1	427603	424032	27037
其他食品制造	121	9	4583598	4581924	71262
营养食品制造	7	1	49062	48870	1597
保健食品制造	29	2	3205682	3243298	25581
冷冻饮品及食用冰制造	14		310466	289510	1128
盐加工					
食品及饲料添加剂制造	51	6	785532	771642	11786
其他未列明食品制造	20		232856	228605	31169
酒、饮料和精制茶制造业	249	43	9927181	9708215	105434
酒的制造	70	14	2112652	2085275	28088
酒精制造	7	3	60759	56723	
白酒制造	20		274714	271436	822
啤酒制造	28	10	1656704	1639022	27265
黄酒制造					
葡萄酒制造					
其他酒制造	15	1	120475	118094	
饮料制造	154	27	7623921	7435921	73893

单位：万元

工业增加值（当年价格）	资产总计	流动资产合计					固定资产合计	固定资产原价
			应收账款	存货				
					产成品	在产品		
310927	756669	446473	54421	132710	18557	8996	141194	245832
36443	107641	59361	14943	11814	2298	671	39663	68497
274484	649028	387113	39479	120897	16259	8325	101531	177335
155147	501023	337086	76337	69708	23219	6005	136510	202906
103289	256677	143795	48050	30495	12208	3840	91813	117471
12298	36635	20769	3294	5451	1676	1342	12989	21833
4803	6454	4490	1336	1687	773	767	1294	1219
34757	201257	168032	23657	32075	8561	57	30414	62383
5576011	11280570	7032533	1107922	1267167	488659	78355	2852211	4594660
351408	967284	502828	119611	91139	26833	7235	337294	488176
114620	324203	157208	47078	36271	5476	1466	108127	148170
236789	643081	345619	72533	54869	21357	5770	229167	340007
1256223	1852910	1191896	326723	220979	81015	21558	560725	1022354
1028259	1608212	1063688	288237	182418	72918	15220	465408	835210
227964	244698	128209	38486	38561	8097	6338	95317	187143
461027	1103006	615493	182446	136816	58182	9074	360134	631710
59422	173622	117624	27923	39295	16893	1781	42316	62977
105217	242859	125643	40694	41801	17186	4958	83075	138189
296388	686525	372226	113829	55720	24103	2334	234743	430544
471034	1132272	682472	56727	171734	70095	2119	287069	403315
160705	326203	193732	35358	54805	37027	1139	77945	141088
19994	37236	25537	18438	4927	1097	404	11699	27355
38951	126199	83815	2433	23199	18386	14	20209	45293
81365	129756	73365	13742	24948	16894	588	26589	43370
20396	33012	11015	745	1731	650	134	19448	25070
977777	2280153	1150890	163287	273073	76899	29263	758901	1145317
24034	48940	36223	6896	6163	1434		11855	32284
833250	1835828	892334	114926	207441	50265	27907	676020	988840
120492	395385	222333	41465	59470	25199	1356	71026	124194
1897837	3618742	2695221	223771	318621	138608	7968	470144	762699
13873	184511	55984	11098	6246	728	49	17787	26053
1506193	2752013	2232690	120579	216084	107635	5700	240523	347150
88539	169838	72368	10263	14071	4750	27	86742	209911
251548	433304	273328	64386	62051	22960	2150	110272	151257
37685	79077	60850	17444	20168	2536	43	14820	28328
2738825	7162715	3854126	873254	752216	242309	48335	2288808	4417612
694698	2365122	1021870	208602	300422	48605	26509	873523	1774993
20863	51722	32642	4330	5914	2086	86	15864	21571
116978	181129	82196	10127	44864	10363	10534	65659	107065
521082	2051756	877507	187665	239194	29962	15645	748281	1594109
35774	80514	29525	6480	10450	6194	244	43720	52249
1995483	4693700	2775734	650125	428958	182176	20120	1379908	2597587

1-2 续表 3

项 目	企业单位数（个）	亏损企业	工业总产值（当年价格）	工业销售产值（当年价格）	出口交货值
碳酸饮料制造	17	3	1439773	1388035	14609
瓶（罐）装饮用水制造	62	10	1855949	1822073	353
果菜汁及果菜汁饮料制造	23	7	939917	914072	26990
含乳饮料和植物蛋白饮料制造	17	2	411893	404848	5822
固体饮料制造	7		430083	444625	13319
茶饮料及其他饮料制造	28	5	2546307	2462269	12801
精制茶加工	25	2	190608	187020	3454
烟草制品业	11		4231993	5256584	35827
烟叶复烤	2		17463	15945	
卷烟制造	5		4074747	5106545	35827
其他烟草制品制造	4		139784	134093	
纺织业	1643	203	24560764	23922545	5498512
棉纺织及印染精加工	778	99	13375314	13001752	2752388
棉纺纱加工	180	35	2400027	2316090	340385
棉织造加工	235	24	3223507	3087828	497083
棉印染精加工	363	40	7751780	7597834	1914920
毛纺织及染整精加工	109	10	1471026	1437319	207666
毛条和毛纱线加工	24	3	227173	221567	79144
毛织造加工	33	4	312756	308331	43404
毛染整精加工	52	3	931098	907420	85118
麻纺织及染整精加工	8	1	45761	43084	2486
麻纤维纺前加工和纺纱	2		18373	18373	
麻织造加工	3		7393	7376	2486
麻染整精加工	3	1	19995	17335	
丝绢纺织及印染精加工	30	7	349586	339675	48421
缫丝加工	14	5	125958	113847	18110
绢纺和丝织加工	4		65491	65946	
丝印染精加工	12	2	158136	159882	30311
化纤织造及印染精加工	42	6	281547	270757	54073
化纤织造加工	23	2	120404	118397	7594
化纤织物染整精加工	19	4	161143	152360	46479
针织或钩针编织物及其制品制造	381	36	5755307	5651441	1744743
针织或钩针编织物织造	275	25	4596297	4517362	1535618
针织或钩针编织物印染精加工	36	6	392961	387905	70996
针织或钩针编织品制造	70	5	766048	746173	138129
家用纺织制成品制造	112	19	1650431	1587537	237864
床上用品制造	44	9	845679	796945	99646
毛巾类制品制造	23	2	364572	358759	45815
窗帘、布艺类产品制造	8	2	108037	106870	15106
其他家用纺织制成品制造	37	6	332144	324963	77297
非家用纺织制成品制造	183	25	1631792	1590981	450871
非织造布制造	74	11	759974	737541	203525
绳、索、缆制造	26	3	251570	248837	65227
纺织带和帘子布制造	45	7	320414	313042	108133
篷、帆布制造	12	3	98351	98029	38739

单位：万元

工业增加值（当年价格）	资产总计	流动资产合计	应收账款	存货	产成品	在产品	固定资产合计	固定资产原价
414354	859222	503860	88590	81527	41597	2642	222952	740035
482314	1161102	810745	101842	85440	44059	2173	238810	404056
138175	659676	289502	33781	44770	14832	971	307909	431940
117624	314921	145136	22553	40789	11132	6964	111306	169387
93209	252036	168331	22561	18050	6102	38	75921	162878
749807	1446742	858160	380798	158383	64455	7331	423010	689292
48644	103893	56523	14527	22836	11528	1706	35377	45032
3090493	4851482	3557516	211069	2383997	130016	8	684363	1329511
16174	29025	14251	2907	2475	1752		13998	36530
3053121	4586460	3419038	179425	2311751	116951		586284	1198636
21198	235998	124227	28737	69770	11313	8	84081	94346
5807876	13433239	7487429	1763346	2690822	779899	235695	4674780	9068369
3032274	7551430	4102570	962554	1489907	427811	120055	2748357	5509910
510216	1643585	951608	161705	378181	124368	24062	521399	1001506
754636	1859185	1024007	208243	434477	127445	29003	649413	1273611
1767423	4048660	2126954	592606	677249	175998	66990	1577545	3234793
351390	747037	410299	91388	152115	40004	12162	292519	518547
49257	132826	88550	12794	44083	10480	3428	38495	85092
84375	197460	126490	30766	37773	10483	1063	54146	93570
217758	416752	195260	47828	70260	19041	7671	199879	339885
11209	35660	18135	6246	5251	3161	449	16768	24187
3606	15054	10162	3473	2905	2020		4876	7593
1548	2053	1663	417	207	140		257	559
6055	18553	6310	2356	2139	1001	449	11635	16035
88597	161253	74572	13054	37532	14945	4393	55947	75375
31053	72823	44318	7262	26644	12186	3676	14988	18310
21122	10885	7385	1136	3441	1539		3164	4219
36423	77544	22869	4657	7448	1221	717	37795	52847
68427	234396	128667	29295	54220	24852	3384	87990	214050
30275	82063	45070	10797	17405	7712	434	27228	50496
38152	152334	83597	18498	36814	17141	2951	60762	163554
1435159	2494415	1377731	333089	447809	109252	46147	914740	1654605
1139433	1916914	1077147	252312	369080	87794	42664	704056	1368224
104192	236484	127497	27141	26321	9104	1006	103824	117624
191534	341018	173087	53636	52408	12354	2476	106859	168758
425485	1077525	707610	128480	297222	93108	25345	242822	455239
220196	665222	461509	87484	187052	61612	13989	110306	204050
97680	159086	76135	13671	25427	8291	534	65832	131718
27548	37745	23291	4574	12983	1871	299	6655	20153
80060	215472	146675	22751	71760	21334	10523	60029	99318
395334	1131523	667846	199240	206766	66767	23760	315637	616455
184291	552873	303594	100942	83177	24116	5145	158019	312512
38406	105280	73719	19328	15371	5118	3746	26889	75591
91177	265191	146821	41641	58752	20139	8008	91180	145923
29426	70255	52570	15728	19394	7308	2917	13266	21878

1-2 续表 4

项目	企业单位数（个）	亏损企业	工业总产值（当年价格）	工业销售产值（当年价格）	出口交货值
其他非家用纺织制成品制造	26	1	201484	193532	35247
纺织服装、服饰业	3077	304	34787244	33872804	9057976
机织服装制造	2130	223	26010026	25256522	6404517
针织或钩针编织服装制造	811	68	7803614	7649778	2331928
服饰制造	136	13	973603	966504	321531
皮革、毛皮、羽毛及其制品和制鞋业	1773	222	20511247	20138212	8167662
皮革鞣制加工	76	18	997632	966094	297930
皮革制品制造	635	81	5779950	5667788	2590084
皮革服装制造	22	3	148146	143747	58114
皮箱、包（袋）制造	421	54	4142518	4077723	1962583
皮手套及皮装饰制品制造	87	4	625038	616087	333627
其他皮革制品制造	105	20	864248	830230	235760
毛皮鞣制及制品加工	18	6	240844	239146	20464
毛皮鞣制加工	7	3	85166	85020	10766
毛皮服装加工	4	2	74039	73968	7787
其他毛皮制品加工	7	1	81640	80158	1912
羽毛(绒)加工及制品制造	26		236760	228400	49866
羽毛（绒）加工	12		90885	85779	4276
羽毛（绒）制品加工	14		145876	142620	45591
制鞋业	1018	117	13256061	13036785	5209317
纺织面料鞋制造	64	8	1038841	1012939	538004
皮鞋制造	548	84	7909578	7789046	3337952
塑料鞋制造	283	11	3098539	3072232	774725
橡胶鞋制造	70	6	633543	604173	332842
其他制鞋业	53	8	575560	558395	225793
木材加工和木、竹、藤、棕、草制品业	540	62	6364139	6151490	884424
木材加工	104	15	859625	847314	88431
锯材加工	26	4	211404	202882	8573
木片加工	57	8	480989	480198	36895
单板加工	12	1	101463	99575	33016
其他木材加工	9	2	65770	64659	9948
人造板制造	204	32	3368121	3224317	94779
胶合板制造	92	14	1056369	1031961	60416
纤维板制造	50	13	1327628	1268844	10415
刨花板制造	23	2	243069	238736	211
其他人造板制造	39	3	741056	684776	23738
木制品制造	124	13	1305132	1262805	279904
建筑用木料及木材组件加工	21	6	282057	273974	6776
木门窗、楼梯制造	11		146784	141130	10126
地板制造	15	2	324575	308553	9626
木制容器制造	17	3	111460	110227	47430
软木制品及其他木制品制造	60	2	440257	428920	205946
竹、藤、棕、草等制品制造	108	2	831261	817054	421310
竹制品制造	87	1	685100	674687	364123
藤制品制造	14	1	96828	93262	24329

单位：万元

工业增加值（当年价格）	资产总计	流动资产合计	应收账款	存货			固定资产合计	固定资产原价
					产成品	在产品		
52035	137924	91143	21601	30072	10086	3943	26283	60552
10087068	17014269	11519788	2851863	3685381	1498200	471198	4198510	7439459
7599654	11385904	7679329	1934080	2560654	1164291	290965	2700334	5158412
2209871	5063212	3473920	838030	1025481	308494	168615	1338235	2032730
277543	565154	366539	79753	99247	25415	11618	159941	248317
5873016	10588813	7556337	2591077	2258510	614943	335797	2102392	4759570
179269	517834	375929	90539	196385	69496	26763	111253	245930
1669889	2835215	2073421	642321	675180	166034	95572	594667	1023188
39251	61769	52645	19435	17178	5669	2934	8963	13742
1221541	2056854	1567617	438700	516500	130368	69782	370308	685359
195617	218477	119975	32656	55024	11843	4264	84834	159685
213480	498114	333184	151530	86478	18154	18592	130562	164402
43132	112981	78058	14650	33599	7481	15331	20276	42485
16728	61934	51413	6249	22405	4464	13560	7095	11243
8045	24462	17601	5350	6224	831	1191	4708	13060
18359	26585	9043	3050	4970	2187	579	8473	18182
51963	139529	89557	14968	34761	21943	785	18674	30091
20047	52205	42295	8126	16524	14675	417	6324	10124
31916	87324	47262	6843	18237	7268	368	12350	19967
3928763	6983254	4939372	1828599	1318586	349989	197347	1357522	3417876
292227	390435	223362	74931	89605	24150	13956	119666	447101
2461752	4951905	3662312	1437440	943974	258427	149896	748418	1513265
787814	944856	552588	172515	128013	30039	13634	327697	1162835
187191	331244	246499	74791	91596	25018	11392	69914	165839
199779	364815	254611	68922	65398	12354	8469	91827	128836
1581442	4135555	2258201	462201	636000	236715	68770	1097408	1810508
224424	632377	433719	63691	82783	30654	20623	123932	207246
52131	65080	42977	10698	16331	7404	62	17100	39546
129048	170493	86557	18573	30129	14629	1654	67619	103702
24452	348399	287128	28681	29953	8232	17149	19093	30844
18793	48405	17058	5739	6370	390	1758	20120	33154
778005	2246155	1138880	186413	334451	145402	24210	666003	1083834
243672	448527	230756	43477	94793	35498	5865	133890	295448
303146	1109295	488213	50030	139999	62516	9456	340693	461792
58758	183148	71819	11922	27026	11611	149	99836	168587
172428	505185	348092	80984	72634	35778	8740	91584	158007
292832	994515	545905	170801	168399	50490	19648	224179	393789
54158	300241	60438	11581	24987	14585	1205	78439	90901
33297	106286	69361	23964	21750	5783	6236	12056	19476
81040	359181	275794	88272	71478	19123	4349	59353	94533
27027	54279	38299	16381	13027	1571	853	10956	15076
97309	174527	102013	30604	37157	9428	7006	63376	173803
286182	262508	139697	41296	50367	10169	4290	83295	125639
239200	227497	115937	34482	44327	7129	2660	76700	114001
30762	23876	16816	5379	2547	561	1517	5178	8579

1-2 续表 5

项　　目	企业单位数（个）	亏损企业	工业总产值（当年价格）	工业销售产值（当年价格）	出口交货值
棕制品制造	1		3218	3370	
草及其他制品制造	6		46115	45736	32858
家具制造业	1205	168	15167786	14877755	4845107
木质家具制造	656	88	9156559	8963338	2625806
竹、藤家具制造	25	5	297239	292477	103383
金属家具制造	238	40	2631281	2585140	1023227
塑料家具制造	22	5	243620	232268	138640
其他家具制造	264	30	2839087	2804532	954050
造纸和纸制品业	1148	126	17342519	16748095	1712769
纸浆制造	1		53692	53094	
木竹浆制造	1		53692	53094	
非木竹浆制造					
造纸	346	46	7877196	7604216	517080
机制纸及纸板制造	270	38	7074985	6810890	487524
手工纸制造	3		22417	22417	
加工纸制造	73	8	779793	770909	29556
纸制品制造	801	80	9411632	9090785	1195689
纸和纸板容器制造	478	49	5227250	5128527	699571
其他纸制品制造	323	31	4184382	3962258	496118
印刷和记录媒介复制业	892	116	10746906	10464913	2250208
印刷	841	108	10256446	9989764	2181592
书、报刊印刷	94	22	1316477	1297330	600255
本册印制	22	4	493617	512513	202148
包装装潢及其他印刷	725	82	8446352	8179922	1379188
装订及印刷相关服务	38	2	366720	355225	51480
记录媒介复制	13	6	123740	119924	17136
文教、工美、体育和娱乐用品制造业	1601	224	37525443	36373401	14752915
文教办公用品制造	137	19	1280271	1252739	457776
文具制造	99	12	1010638	986217	350112
笔的制造	15	1	133967	131668	67230
教学用模型及教具制造	3	1	39173	37547	11780
墨水、墨汁制造	3	1	27645	29460	3699
其他文教办公用品制造	17	4	68848	67847	24955
乐器制造	49	6	752607	746591	146388
中乐器制造	3		26966	26385	6306
西乐器制造	23	4	347401	343490	54367
电子乐器制造	13	1	280061	280215	78549
其他乐器及零件制造	10	1	98179	96500	7166
工艺美术品制造	613	82	24822385	23909077	7500469
雕塑工艺品制造	35	5	268490	262278	73783
金属工艺品制造	70	14	519310	502265	181689
漆器工艺品制造	6	1	29980	29066	4985
花画工艺品制造	50	5	596231	589839	276991
天然植物纤维编织工艺品制造	44	1	372181	361722	154545
抽纱刺绣工艺品制造	30	4	275179	270646	65171

单位：万元

工业增加值（当年价格）	资产总计	流动资产合计	应收账款	存货	产成品	在产品	固定资产合计	固定资产原价
1024	4125	3850	750	2758	1881		275	640
15196	7011	3094	686	735	598	113	1142	2419
3802113	9129065	5812033	1354809	1936492	617755	256194	1876727	3181417
2379875	5842297	3680290	857938	1157049	442222	126625	1196938	2047227
80927	99690	60358	10577	30851	10824	959	27049	49587
631230	1430058	916169	193693	381663	68524	91334	325593	593387
62396	160023	90266	28132	26922	9045	6452	35124	76625
647686	1596997	1064950	264468	340007	87140	30823	292024	414591
3722035	17193326	8617908	2521255	1916402	639776	129717	6838275	10585293
12906	123164	51073	8075	5216	728	154	22359	66112
12906	123164	51073	8075	5216	728	154	22359	66112
1616081	10015205	4468685	1048490	1014305	354493	29326	4644290	6727912
1451311	9348658	4095142	952557	929199	320401	25763	4505388	6463126
4228	16435	7397	2063	2544	489		8709	11027
160542	650112	366147	93870	82562	33603	3564	130193	253760
2093048	7054958	4098150	1464690	896881	284555	100236	2171627	3791269
1193341	3670431	2380805	885214	460696	125986	57518	832295	1929515
899707	3384527	1717344	579476	436185	158569	42718	1339332	1861754
2936487	9101353	5517646	1845587	1012098	328460	145624	2330158	4600729
2820810	8733945	5283144	1774456	977493	316087	142825	2224703	4306008
389537	1459066	886319	309151	213026	52678	24831	457379	987312
152820	449747	235499	97967	38419	9987	8538	151145	304917
2278454	6825132	4161326	1367338	726048	253422	109456	1616179	3013779
93330	197076	134756	48357	22947	9232	2765	43828	120766
22347	170332	99746	22774	11658	3141	33	61627	173955
6902498	20039803	15421636	4789891	6274429	3233190	616978	2795766	5036501
327585	687136	417808	123461	150381	57598	22916	231484	344938
255590	533997	319487	97751	114269	45976	18228	187621	236837
35448	80426	50241	13937	20016	7214	2476	22975	48045
9366	12152	4519	381	3069	429		7321	38843
8386	9260	8179	2004	2736	839	724	987	1707
18795	51301	35383	9389	10291	3140	1489	12580	19505
207268	548854	315392	63757	129952	33775	33896	132986	225349
6661	10166	6816	1070	2090	59	24	3348	5607
108854	422119	234517	39420	104397	24756	27602	92366	160421
69625	87523	60270	19238	18841	7416	5607	25649	37454
22128	29046	13788	4028	4624	1544	664	11624	21868
3203955	12327190	10297105	3288579	4489684	2700195	301174	979588	1784848
79323	89982	50135	10612	13351	5447	1541	22419	39728
141909	327985	183679	54952	73353	17473	20153	106381	159154
9844	18474	8142	2208	1812	133	458	1851	2872
142996	149278	85601	29370	25109	7701	3222	48281	125208
112484	74615	42257	13802	10969	4070	787	23683	34171
95298	229777	78360	15010	26641	3874	549	117928	192496

1-2 续表 6

项 目	企业单位数（个）	亏损企业	工业总产值（当年价格）	工业销售产值（当年价格）	出口交货值
地毯、挂毯制造	21	6	224173	224237	48515
珠宝首饰及有关物品制造	226	26	20947523	20107407	6197345
其他工艺美术品制造	131	20	1589318	1561618	497446
体育用品制造	214	37	2532136	2493685	1964167
球类制造	22	5	183932	176220	139336
体育器材及配件制造	74	13	1081612	1073231	881479
训练健身器材制造	23	5	259023	257690	154243
运动防护用具制造	44	9	466689	463105	393032
其他体育用品制造	51	5	540880	523438	396078
玩具制造	565	74	7878337	7715136	4589754
游艺器材及娱乐用品制造	23	6	259707	256172	94362
露天游乐场所游乐设备制造	6		51661	50254	9774
游艺用品及室内游艺器材制造	15	5	166013	164386	45607
其他娱乐用品制造	2	1	42034	41533	38981
石油加工、炼焦和核燃料加工业	92	15	36520178	36146963	30244
精炼石油产品制造	90	15	36439988	36067015	30244
原油加工及石油制品制造	90	15	36439988	36067015	30244
人造原油制造					
炼焦	2		80190	79948	
核燃料加工					
化学原料和化学制品制造业	2163	214	54612764	53009667	4690772
基础化学原料制造	189	20	8823820	8731841	234307
无机酸制造	19	7	334831	319322	3665
无机碱制造	10	1	238706	237424	7024
无机盐制造	37	1	1032118	1009554	94092
有机化学原料制造	55	9	5741220	5685177	76619
其他基础化学原料制造	68	2	1476945	1480365	52906
肥料制造	70	4	1256137	1212835	42548
氮肥制造	2		23420	22905	
磷肥制造	8	2	243568	218970	42548
钾肥制造	2	1	147226	152794	
复混肥料制造	42	1	671292	653745	
有机肥料及微生物肥料制造	15		168323	162123	
其他肥料制造	1		2308	2298	
农药制造	20	1	279371	270519	5850
化学农药制造	19	1	275471	266619	5850
生物化学农药及微生物农药制造	1		3900	3900	
涂料、油墨、颜料及类似产品制造	677	54	9768367	9491568	659719
涂料制造	432	34	6857368	6717256	359893
油墨及类似产品制造	120	14	1263171	1212684	149772
颜料制造	63	4	710402	669813	75849
染料制造	12		308935	280861	55733
密封用填料及类似品制造	50	2	628491	610953	18472
合成材料制造	326	44	11060951	10892728	1853902
初级形态塑料及合成树脂制造	188	25	7426464	7265667	1289730

单位：万元

工业增加值（当年价格）	资产总计	流动资产合计	应收账款	存货	产成品	在产品	固定资产合计	固定资产原价
63830	142422	88849	32387	22002	6125	2340	43679	84580
2176685	10855630	9458339	3073601	4195251	2618915	255444	518950	997790
381587	439027	301742	56638	121197	36456	16680	96414	148848
693982	1578294	1189318	430430	444197	124040	92648	293206	563941
46578	263809	203224	57113	78342	21715	14568	29231	46669
293420	556912	411529	163606	157744	40098	37804	117653	218818
54976	167194	128588	60179	36390	7301	4656	34019	59623
138481	271376	208481	75559	83811	29422	17322	48352	112349
160527	319003	237495	73974	87910	25505	18297	63951	126482
2395938	4630685	3034092	844428	1004429	303551	147962	1103809	2036184
73770	267646	167921	39236	55786	14032	18383	54694	81240
17431	92651	73660	11914	23734	3729	14920	12288	12841
49028	144516	66987	22189	28566	9965	1930	39543	63763
7310	30479	27275	5133	3487	339	1533	2863	4636
9182287	12893929	6258925	784332	3457459	512126	236011	4991824	9896006
9165303	12727149	6210361	777391	3431198	511933	235961	4986015	9886338
9165303	12727149	6210361	777391	3431198	511933	235961	4986015	9886338
16984	166780	48564	6940	26261	193	49	5810	9668
12958019	36116629	21256994	5978142	4403003	1782124	258135	10251486	18851512
1444757	7050135	3224397	525296	641862	265097	24734	3247446	5536092
96932	168772	70990	18653	11215	5933	745	85350	122281
53484	255970	98896	22952	17945	6989	403	125945	239243
175640	706068	460064	52506	78559	38383	2863	135165	489933
915540	4692306	2016279	260118	444075	193563	16721	2348552	3766403
203161	1227020	578167	171067	90067	20230	4003	552433	918232
280660	1025617	534050	85833	160827	48712	4498	296709	480811
5359	31388	19014	2165	1343	515		2998	5623
30252	150972	68987	1768	49373	22325	497	77640	88334
37574	175993	119257	6247	53367	8975	2619	51701	160189
158679	548535	255849	46633	43582	12420	948	124078	173817
47999	116862	69376	28813	12272	4396	250	39994	52274
797	1867	1567	208	889	82	184	297	575
61668	468942	282345	37771	40579	17825	10559	32622	51489
60811	462624	279212	36450	40324	17795	10559	29747	47444
857	6318	3134	1320	255	30		2875	4046
2334495	6373259	4138392	1649281	758253	264875	38114	1358593	2695369
1661733	4383784	2840792	1093799	479007	166769	24342	912711	1787857
301388	986585	681825	318231	134435	49683	9507	160319	253059
183564	447643	261740	97037	61734	24362	3063	156368	468155
55261	229086	133290	54693	37578	10629	127	69531	91702
132550	326162	220745	85520	45499	13432	1076	59664	94596
1647484	7165067	4169093	1243400	1188745	441599	77417	1819767	3891635
1226835	4809076	2881237	921275	839966	306868	21217	1079944	2404751

1-2 续表 7

项　　目	企业单位数（个）	亏损企业	工业总产值（当年价格）	工业销售产值（当年价格）	出口交货值
合成橡胶制造	59	8	1106057	1058732	219926
合成纤维单（聚合）体制造	17	5	1892812	1965201	296806
其他合成材料制造	62	6	635618	603129	47440
专用化学产品制造	513	50	9814088	9587027	995540
化学试剂和助剂制造	172	10	2620140	2554364	104735
专项化学用品制造	101	14	1759426	1742381	97360
林产化学产品制造	54	6	1486847	1449739	107862
信息化学品制造	48	7	1334728	1310622	367633
环境污染处理专用药剂材料制造	14	1	410624	403283	17294
动物胶制造	2		64022	61911	5697
其他专用化学产品制造	122	12	2138302	2064727	294961
炸药、火工及焰火产品制造	9	1	88263	87218	
炸药及火工产品制造	9	1	88263	87218	
焰火、鞭炮产品制造					
日用化学产品制造	359	40	13521766	12735930	898907
肥皂及合成洗涤剂制造	83	9	7967620	7500481	194351
化妆品制造	133	17	2958847	2828127	462312
口腔清洁用品制造	15	2	929409	849298	138043
香料、香精制造	76	4	1069258	992193	80396
其他日用化学产品制造	52	8	596631	565831	23805
医药制造业	382	42	12224588	11568001	744645
化学药品原料药制造	30	2	850529	772641	142742
化学药品制剂制造	82	11	5094794	4812485	193656
中药饮片加工	55	4	956845	895295	6919
中成药生产	93	11	2793037	2650698	66385
兽用药品制造	25	2	515890	505414	2779
生物药品制造	56	9	1479239	1411221	162490
卫生材料及医药用品制造	41	3	534255	520247	169674
化学纤维制造业	61	9	1349026	1313287	222217
纤维素纤维原料及纤维制造	11	2	208136	204705	3252
化纤浆粕制造	3	1	13803	13943	
人造纤维（纤维素纤维）制造	8	1	194333	190762	3252
合成纤维制造	50	7	1140890	1108582	218965
锦纶纤维制造	4		32256	29971	8031
涤纶纤维制造	27	6	657411	637823	107013
腈纶纤维制造					
维纶纤维制造					
丙纶纤维制造	6	1	24480	25832	7729
氨纶纤维制造	4		319538	307713	65358
其他合成纤维制造	9		107205	107242	30835
橡胶和塑料制品业	3328	448	42079839	41118328	11083280
橡胶制品业	379	54	3954073	3904962	1215822
轮胎制造	15	2	696681	702114	182660
橡胶板、管、带制造	67	10	652311	642767	79701
橡胶零件制造	84	12	695860	684738	277644

单位：万元

工业增加值（当年价格）	资产总计	流动资产合计					固定资产合计	固定资产原价
			应收账款	存货				
					产成品	在产品		
174460	624730	423097	154074	117179	49890	13053	155352	293099
125619	1345095	602867	76026	183014	66537	40771	507951	1074645
120570	386166	261892	92026	48586	18305	2376	76519	119140
2297091	7004803	4305991	1327230	802875	344742	53308	1825489	3197542
626776	1902749	1131418	382339	228469	94306	18772	444648	694785
349519	1513067	941285	307474	169326	66394	7144	420896	538180
393602	446690	195854	34125	63349	43427	911	215870	484966
295749	1314899	788238	222513	128654	56269	5751	353036	622656
172099	417301	350254	88175	19773	5179	10914	36718	68351
21462	59980	47845	8283	16257	4589	3441	10911	22071
437885	1350117	851098	284322	177048	74579	6376	343411	766533
36337	85233	39367	8387	5705	1839	1076	29874	45675
36337	85233	39367	8387	5705	1839	1076	29874	45675
4855527	6943572	4563360	1100944	804156	397435	48430	1640988	2952900
3153704	3557237	2462181	481698	353775	186500	20562	671923	1408948
873125	1764059	1033196	293036	236339	100130	13098	526799	881651
324259	568944	382498	99430	79302	42985	4892	150569	314273
343149	629547	405913	139296	87181	44106	4245	183844	225305
161290	423785	279571	87483	47560	23715	5633	107853	122724
3845505	13764752	8237179	1568026	1758065	882970	175299	2698349	4297069
258280	1197429	498010	131265	159355	79937	32999	349472	610132
1418773	5277165	3268281	716227	730111	496510	47146	986319	1490462
263628	667427	384276	76049	109062	51453	10711	166050	249434
921506	3174423	1781442	279734	436649	120895	42325	608752	870985
189235	447899	292599	71989	35313	20885	1644	94327	137100
611027	2513683	1741492	205583	245860	100662	36270	391034	771163
183055	486727	271079	87181	41715	12629	4205	102396	167793
331525	1192636	600494	175687	131303	67687	13690	432068	1010281
67297	130594	95440	17387	17924	8180	725	28876	81840
2621	7405	6227	2194	602	273	16	643	1179
64676	123189	89214	15193	17323	7907	709	28233	80660
264228	1062043	505053	158299	113378	59507	12965	403192	928442
7534	31858	21355	3067	4494	951	2068	9779	18285
131909	458811	239844	87098	64938	34528	9322	164775	464802
7447	18642	15531	5470	4693	1195		2084	6839
86435	485600	189560	47505	28484	16551	738	204501	389078
30903	67132	38764	15159	10769	6283	837	22054	49439
9972426	28249609	16644653	5403602	4310950	1474245	464743	8029702	13644349
1057435	3166203	1690686	540289	411458	171633	48286	981088	1798023
195773	866307	381172	98061	82114	36708	12214	386163	696671
172415	481752	262218	76202	50166	18563	9478	178888	296835
188345	400701	268756	116302	73295	27731	8217	98036	201031

1-2　续表 8

项　　目	企业单位数（个）	亏损企业	工业总产值（当年价格）	工业销售产值（当年价格）	出口交货值
再生橡胶制造	9	2	70803	70710	
日用及医用橡胶制品制造	37	7	260291	256814	130919
其他橡胶制品制造	167	21	1578127	1547819	544899
塑料制品业	2949	394	38125766	37213366	9867458
塑料薄膜制造	331	47	5155780	5067489	889068
塑料板、管、型材制造	238	31	4522858	4350542	957251
塑料丝、绳及编织品制造	106	12	1174420	1142335	275395
泡沫塑料制造	184	18	1605389	1542907	217975
塑料人造革、合成革制造	55	6	1185486	1163527	205151
塑料包装箱及容器制造	261	41	2884047	2835340	419691
日用塑料制品制造	433	52	4822758	4690540	1921586
塑料零件制造	407	71	4907455	4810558	1870317
其他塑料制品制造	934	116	11867574	11610129	3111024
非金属矿物制品业	2448	252	40333570	38847248	4374482
水泥、石灰和石膏制造	190	44	5228961	5103592	25779
水泥制造	177	43	5125097	5004407	25779
石灰和石膏制造	13	1	103865	99185	
石膏、水泥制品及类似制品制造	470	75	5041612	4977594	117048
水泥制品制造	369	57	3822671	3758752	43484
砼结构构件制造	36	3	575634	581456	38712
石棉水泥制品制造	3		106027	106712	
轻质建筑材料制造	34	7	272748	265503	17087
其他水泥类似制品制造	28	8	264532	265171	17766
砖瓦、石材等建筑材料制造	827	48	17183556	16262839	965119
粘土砖瓦及建筑砌块制造	95	5	579803	569562	2054
建筑陶瓷制品制造	371	20	12935846	12189464	709571
建筑用石加工	263	9	2733365	2593822	84304
防水建筑材料制造	8	2	100735	100598	13855
隔热和隔音材料制造	15	2	145180	143422	19087
其他建筑材料制造	75	10	688627	665973	136248
玻璃制造	68	15	1672150	1629239	277731
平板玻璃制造	29	10	1081293	1065067	77471
其他玻璃制造	39	5	590857	564172	200259
玻璃制品制造	221	26	3706742	3593808	1304514
技术玻璃制品制造	46	5	1111687	1061907	437541
光学玻璃制造	26	5	808693	791978	643785
玻璃仪器制造	2		37209	33857	11450
日用玻璃制品制造	59	7	571465	540516	84570
玻璃包装容器制造	18		386600	387662	35992
玻璃保温容器制造	8		64877	61076	12212
制镜及类似品加工	13	4	57470	57008	15884
其他玻璃制品制造	49	5	668741	659804	63078
玻璃纤维和玻璃纤维增强塑料制品制造	45	7	547787	524949	46943
玻璃纤维及制品制造	24	3	367918	351396	37313
玻璃纤维增强塑料制品制造	21	4	179869	173553	9630

单位：万元

工业增加值（当年价格）	资产总计	流动资产合计	应收账款	存货	产成品	在产品	固定资产合计	固定资产原价
18915	23097	11171	2910	5490	3326	24	10716	15844
73222	234092	118242	17401	45324	14978	4268	79060	132010
408763	1160256	649126	229413	155069	70327	14085	228225	455632
8914991	25083406	14953967	4863313	3899493	1302612	416457	7048614	11846326
1083855	3988006	2190251	615107	610945	153272	115953	1275947	2237763
1013856	2903807	1760731	487243	461683	162961	35202	715651	1253170
268652	779916	426517	133464	131489	33389	10325	272690	347343
338733	849486	627611	266274	132234	54939	10184	164357	344136
250411	671923	285693	70723	77783	21851	8010	262901	562541
726312	2833005	1643541	407828	247254	89956	20999	727384	1231100
1185984	2379759	1426290	475836	470331	144111	52511	679132	1326985
1261034	3480230	2280238	899006	606259	249495	49245	827321	1585348
2786155	7197273	4313096	1507832	1161515	392639	114029	2123231	2957941
10469615	29439956	14534957	3372167	3806377	1665503	278162	11041711	19115400
1519760	5913567	2176897	375894	394702	115832	43537	3150756	4710485
1492521	5870155	2157970	368546	390424	114096	42142	3132855	4686569
27240	43412	18927	7348	4278	1736	1396	17901	23916
1109710	4364081	2557385	915599	422936	154162	12871	1081282	1917825
824943	3436427	2042334	771190	314389	101956	8285	802696	1466337
130683	517062	312196	59597	64296	35012	2584	112131	195196
21766	17597	4441	814	2731	590	60	1178	1837
68479	213960	99055	37591	28500	12865	862	92256	146732
63840	179035	99358	46407	13022	3739	1081	73021	107723
4147462	8671862	4284454	730511	1661358	899196	68490	3234303	6787966
153133	251782	102846	42049	18795	11638	574	131567	161734
3082938	6654752	3132045	461417	1326757	768872	34873	2553569	5749414
680385	1266067	726370	125822	214378	84206	18861	403065	623033
14743	36578	23013	4315	13657	9083	206	9161	17228
39042	125526	99742	30970	27440	4409	11418	23392	33625
177222	337158	200439	65939	60331	20988	2559	113550	202933
412084	2082365	899653	118006	228967	75838	45659	1034421	1499616
279495	1622298	637010	51752	146169	42402	34333	863936	1265091
132589	460066	262643	66254	82798	33436	11326	170485	234525
1232512	3613881	1897818	511288	365703	119389	36643	1060788	1832916
316765	1168184	756841	260377	126974	39508	13068	307863	481915
360397	606334	356008	63393	80732	25645	7904	240236	420415
12136	75538	31011	10769	4284	3233	96	17343	22562
156837	346349	187336	59491	53567	22598	2492	121944	204779
114651	412024	192770	27682	35985	11034	6868	95139	234166
17140	38773	31455	14837	10275	1499	350	3338	7507
17908	45226	31711	7592	11103	2401	612	11309	11232
236679	921455	310687	67148	42783	13472	5253	263616	450340
153994	609457	356243	126590	55455	20106	5083	211707	445502
99370	419822	257087	86569	44791	16975	4612	148693	287665
54624	189635	99155	40021	10664	3130	471	63014	157838

1-2 续表 9

项　　目	企业单位数（个）	亏损企业	工业总产值（当年价格）	工业销售产值（当年价格）	出口交货值
陶瓷制品制造	496	27	5561792	5459681	1492719
卫生陶瓷制品制造	151	9	2134515	2138471	348031
特种陶瓷制品制造	19	2	159380	157995	61325
日用陶瓷制品制造	240	12	2432105	2349919	779087
园林、陈设艺术及其他陶瓷制品制造	86	4	835792	813296	304276
耐火材料制品制造	30	3	315241	303237	12688
石棉制品制造	1		8062	7967	
云母制品制造	6	2	56777	52099	3912
耐火陶瓷制品及其他耐火材料制造	23	1	250403	243171	8776
石墨及其他非金属矿物制品制造	101	7	1075730	992310	131942
石墨及碳素制品制造	11	2	168937	151477	77441
其他非金属矿物制品制造	90	5	906793	840833	54501
黑色金属冶炼和压延加工业	534	72	25874330	25405532	1799586
炼铁	4	1	153386	152960	
炼钢	21	1	698166	691542	
黑色金属铸造	103	10	1226769	1192862	154408
钢压延加工	402	59	23374180	22965697	1635645
铁合金冶炼	4	1	421829	402471	9533
有色金属冶炼和压延加工业	660	99	30238959	29480778	2530171
常用有色金属冶炼	61	17	2287831	2114220	27342
铜冶炼	16	5	1016145	984614	17531
铅锌冶炼	12	6	454689	444708	
镍钴冶炼	3		64128	60676	
锡冶炼	12	1	129640	125844	1761
锑冶炼	3	1	66509	62038	1299
铝冶炼	10	2	39549	37118	6752
镁冶炼					
其他常用有色金属冶炼	5	2	517172	399224	
贵金属冶炼	6		842552	846853	
金冶炼	1		698587	705644	
银冶炼	2		122820	121055	
其他贵金属冶炼	3		21145	20155	
稀有稀土金属冶炼	13	2	694715	643868	46094
钨钼冶炼	3		133704	130688	13416
稀土金属冶炼	5	2	148232	102759	1597
其他稀有金属冶炼	5		412778	410421	31081
有色金属合金制造	63	16	1387841	1341141	126506
有色金属铸造	19	2	265278	260836	17016
有色金属压延加工	498	62	24760743	24273860	2313213
铜压延加工	142	17	9419818	9115172	1360990
铝压延加工	264	29	12332452	12103312	721951
贵金属压延加工					
稀有稀土金属压延加工	4	1	28057	27909	14595
其他有色金属压延加工	88	15	2980416	3027466	215676
金属制品业	3320	355	49189637	48040680	12268965

单位：万元

工业增加值（当年价格）	资产总计	流动资产合计					固定资产合计	固定资产原价
			应收账款	存货				
					产成品	在产品		
1544166	2977126	1726984	417480	494649	197705	51520	916885	1498382
566210	1401361	683392	167393	229619	82443	18440	502094	859840
49151	126018	95870	29282	18708	6505	2688	21835	37417
686280	1055106	692514	153681	199429	85022	23165	274271	434813
242525	394640	255209	67124	46892	23735	7227	118686	166311
70948	153561	102420	31933	29955	15641	1918	39079	59278
1400	1289	86	6	39	36		724	960
12993	29731	20470	5427	11483	6899	111	7451	9308
56555	122541	81864	26500	18433	8706	1807	30904	49010
278980	1054057	533104	144866	152652	67634	12441	312490	363432
48438	238312	129361	33706	31826	9360	4442	71826	65912
230541	815745	403743	111160	120826	58274	8000	240664	297520
4428999	15509127	7070307	1261330	2426492	751054	170186	6384357	11019117
44199	41936	32000	27939	2410	896		6464	9230
183258	170863	92803	23402	30521	21902	398	67744	78831
264946	708045	412531	152985	146931	49031	21816	223504	473866
3875521	13827093	6261612	1048543	2171699	635320	147912	5620889	9882726
61075	761190	271361	8461	74932	43904	60	465757	574464
4898043	17626328	10054217	2573703	2848153	971282	320630	6049921	10169866
417945	1940119	1225877	155962	497614	94065	76032	563697	844187
170579	516337	360364	65706	171103	33070	28860	139860	252867
28197	619978	279145	27478	160997	48506	44623	248035	406635
14973	6769	3743	271	514	273	28	2917	3394
24480	59289	42207	18409	11082	6284	2024	11105	19751
5798	15171	13398	5271	5396	1256		1373	2181
7400	48110	24003	2083	9919	3619	68	10606	18055
166518	674466	503016	36745	138602	1058	429	149802	141305
153551	209804	196307	5365	158638	394	1245	9552	7395
129480	176542	175318	153	154234			868	1544
20536	16931	8756	1599	2821	62	1222	4931	2613
3535	16331	12232	3613	1583	333	23	3753	3239
158051	326697	257417	18308	176592	77470	43039	47663	79475
28342	64276	43742	11028	13918	6525	766	7484	13539
25149	134856	112446	2699	99190	45238	22746	17694	25208
104560	127565	101229	4581	63484	25707	19528	22484	40727
223415	1291471	817806	310938	247193	124212	28826	321043	410062
37646	170505	108892	22443	58886	12051	1228	51564	82322
3907436	13687733	7447918	2060688	1709230	663089	170260	5056403	8746425
986867	4438261	3551138	1219901	509348	214213	33588	526215	1178742
2353058	7939866	3022264	654639	887027	347111	125370	4250848	7149955
5761	8871	3544	1982	326	183	5	3867	5969
561749	1300735	870972	184166	312529	101583	11297	275473	411759
11624658	27644526	16506492	5322346	4531658	1316307	689486	7608874	13546282

1-2 续表 10

项　　目	企业单位数（个）	亏损企业	工业总产值（当年价格）	工业销售产值（当年价格）	出口交货值
结构性金属制品制造	619	63	10371000	10103261	1554858
金属结构制造	518	52	9151311	8870537	1375887
金属门窗制造	101	11	1219689	1232723	178971
金属工具制造	321	19	5280013	5134361	2360943
切削工具制造	38	5	667495	637252	103308
手工具制造	28	2	270043	265452	126646
农用及园林用金属工具制造	7	2	247732	249475	89058
刀剪及类似日用金属工具制造	143	1	2560185	2511902	1534376
其他金属工具制造	105	9	1534557	1470281	507556
集装箱及金属包装容器制造	191	24	4138895	4129317	1579459
集装箱制造	18	1	1600625	1623909	1320590
金属压力容器制造	23	2	330015	324856	15092
金属包装容器制造	150	21	2208255	2180552	243778
金属丝绳及其制品制造	72	8	841233	816159	217206
建筑、安全用金属制品制造	475	49	7003354	6772645	1876350
建筑、家具用金属配件制造	312	29	4845196	4699337	1186017
建筑装饰及水暖管道零件制造	123	16	1684723	1612776	651276
安全、消防用金属制品制造	10	2	103563	99472	7873
其他建筑、安全用金属制品制造	30	2	369872	361061	31184
金属表面处理及热处理加工	257	29	4155428	4064575	439638
搪瓷制品制造	33	4	519220	510805	118749
生产专用搪瓷制品制造	6	1	146948	147308	13342
建筑装饰搪瓷制品制造	3		46051	42238	25397
搪瓷卫生洁具制造	13	2	196629	193792	48500
搪瓷日用品及其他搪瓷制品制造	11	1	129592	127467	31510
金属制日用品制造	818	86	10346647	10131993	2519178
金属制厨房用器具制造	100	9	1545246	1517543	306614
金属制餐具和器皿制造	350	28	4734730	4658220	1241018
金属制卫生器具制造	37	9	497841	473645	114713
其他金属制日用品制造	331	40	3568830	3482585	856833
其他金属制品制造	534	73	6533847	6377564	1602585
锻件及粉末冶金制品制造	56	10	537008	536454	93332
交通及公共管理用金属标牌制造	5		47368	46721	8232
其他未列明金属制品制造	473	63	5949471	5794389	1501021
通用设备制造业	1467	180	32375777	31471008	11465574
锅炉及原动设备制造	42	3	619698	609800	88707
锅炉及辅助设备制造	27	2	370495	357135	85248
内燃机及配件制造	8	1	154064	157721	
汽轮机及辅机制造	1		75018	75018	
水轮机及辅机制造	4		13304	12816	2064
风能原动设备制造	1		3375	3276	1396
其他原动设备制造	1		3441	3834	
金属加工机械制造	237	22	2439314	2386175	231320
金属切削机床制造	52	6	475963	474631	12859
金属成形机床制造	34	3	415347	400838	28010

单位：万元

工业增加值（当年价格）	资产总计	流动资产合计	应收账款	存货	产成品	在产品	固定资产合计	固定资产原价
2506703	7817613	4515134	1356984	1170859	301766	202253	2083661	3103626
2207762	6945881	3905349	1188131	959790	251458	191356	1919014	2865631
298941	871732	609785	168853	211069	50308	10897	164648	237995
1459134	2051430	1018231	350691	280265	75502	59047	814229	1713755
173811	505855	260600	96526	92178	32811	14769	161529	498559
68809	95927	57604	21644	12768	3013	3151	26583	100489
68055	47871	31937	7707	7327	5105	1158	9830	12106
693640	636127	257410	84870	49917	7243	7412	304104	536039
454819	765650	410681	139945	118075	27331	32558	312183	566562
872830	2506951	1520261	554483	455030	109668	35018	700353	1217355
338208	875026	592786	219884	161607	29526	4747	189279	261549
75462	147090	78489	24239	23706	5775	7858	45953	67394
459160	1484835	848986	310360	269717	74367	22413	465121	888412
157221	436467	286746	128937	61829	30194	7127	122030	259251
1515307	3406657	2121954	700412	618494	177936	117575	836023	1619377
1060657	2005591	1194811	421914	403291	104509	72160	531817	956009
347968	1047621	769728	239366	170742	60600	38728	190090	359388
28225	80544	46240	13626	13846	5786	2066	17165	42999
78458	272901	111175	25506	30615	7042	4621	96950	260982
795090	1793326	1169978	417391	254359	86879	25880	461382	801239
131768	338615	183146	58950	52038	24236	2485	96830	171052
47132	141717	66787	34084	20782	9351	505	62107	92763
10403	63503	19901	6598	5862	235	103	13266	35374
42439	94787	69012	9336	19462	11900	1060	14426	22272
31793	38608	27446	8932	5933	2750	817	7031	20643
2537590	4777759	2976319	769686	862307	267543	136012	1256085	2514851
337000	644608	475908	108937	115306	42576	17655	175058	198466
1227293	1989662	1138116	274040	363890	106018	69895	588367	1449292
98604	370228	153967	39151	65629	12303	5809	62306	94388
874693	1773261	1208328	347559	317482	106646	42653	430355	772704
1649014	4515708	2714724	984812	776477	242582	104090	1238281	2145776
130772	617342	370211	105542	110961	40127	8860	142071	247118
13029	90728	15002	6684	3336	945	648	21093	56765
1505213	3807639	2329511	872585	662180	201509	94581	1075117	1841894
7079400	23124210	16471366	5796905	4180019	1457524	632234	4270293	7960418
149564	790524	470691	142832	113245	20566	38890	116883	186932
78663	325138	225100	57066	39657	10745	3827	63026	101977
31353	318277	131117	25166	47459	5407	23496	36311	53128
34891	118461	94693	57703	22274	2001	10931	8838	19211
3212	19362	12062	1124	2006	1150	613	7300	10649
837	3225	1976	562	762	175	23	1124	1391
608	6062	5744	1212	1089	1089		283	574
578972	2365685	1640033	472888	469730	155180	75446	465817	747464
104102	502820	349947	141789	114247	34641	13435	91435	143249
94579	341039	191645	44902	62532	21359	18935	111016	222594

1-2 续表 11

项　　目	企业单位数（个）	亏损企业	工业总产值（当年价格）	工业销售产值（当年价格）	出口交货值
铸造机械制造	36	4	523397	515865	62912
金属切割及焊接设备制造	36	6	384278	367431	79950
机床附件制造	17		103820	99410	18273
其他金属加工机械制造	62	3	536510	527999	29316
物料搬运设备制造	114	12	4387924	4313958	194466
轻小型起重设备制造	20	3	351142	333519	29899
起重机制造	22	4	293197	288159	7633
生产专用车辆制造	2	1	6092	6330	920
连续搬运设备制造	10	2	60731	61941	6051
电梯、自动扶梯及升降机制造	54	2	3592541	3539847	143694
其他物料搬运设备制造	6		84221	84162	6269
泵、阀门、压缩机及类似机械制造	178	19	4622877	4401505	1059660
泵及真空设备制造	58	4	1163977	1128120	324408
气体压缩机械制造	34	5	2258745	2191281	369019
阀门和旋塞制造	50	3	820093	719074	318667
液压和气压动力机械及元件制造	36	7	380061	363029	47566
轴承、齿轮和传动部件制造	76	10	768787	759401	190882
轴承制造	52	10	468215	467864	152669
齿轮及齿轮减、变速箱制造	23		289295	280260	33112
其他传动部件制造	1		11277	11277	5101
烘炉、风机、衡器、包装等设备制造	301	35	5976566	5813197	1828711
烘炉、熔炉及电炉制造	9	1	101037	99472	15738
风机、风扇制造	72	6	1024121	1011251	348005
气体、液体分离及纯净设备制造	29	4	369535	366087	37670
制冷、空调设备制造	96	8	2494929	2404846	165467
风动和电动工具制造	19	6	1228055	1225041	1082349
喷枪及类似器具制造	10	1	75500	73829	948
衡器制造	16	4	225082	214696	114618
包装专用设备制造	50	5	458307	417975	63916
文化、办公用机械制造	170	35	10307406	10045830	7216869
电影机械制造	3		84477	84135	52179
幻灯及投影设备制造	8	3	135087	134291	99528
照相机及器材制造	60	17	3644266	3516916	2601990
复印和胶印设备制造	45	7	3048669	3049736	2429995
计算器及货币专用设备制造	29	2	3016207	2894578	1796098
其他文化、办公用机械制造	25	6	378700	366174	237078
通用零部件制造	289	37	2448708	2369867	559326
金属密封件制造	11	1	118519	109605	15018
紧固件制造	97	18	799647	770819	147588
弹簧制造	38	2	242616	242415	40916
机械零部件加工	60	8	515907	503255	182520
其他通用零部件制造	83	8	772018	743773	173284
其他通用设备制造业	60	7	804499	771276	95634
专用设备制造业	1319	160	18566554	17907041	4520427
采矿、冶金、建筑专用设备制造	84	8	1359781	1326682	177478

单位：万元

工业增加值（当年价格）	资产总计	流动资产合计	应收账款	存货	产成品	在产品	固定资产合计	固定资产原价
126322	442240	300749	110826	99340	34481	13270	105383	161996
102329	692844	522760	90578	116199	39093	19456	74638	75082
26937	93414	61394	16273	20213	4959	5117	29861	38618
124703	293329	213538	68520	57199	20647	5233	53484	105926
1084525	3752970	3053258	1016170	740434	318158	96596	445678	778997
91669	291606	214025	91463	30568	6917	4787	40706	60057
68913	225179	160818	53804	57297	15135	18555	43988	87835
1536	13453	10935	2839	4940	2194	355	661	1539
16112	58600	45014	19565	5626	22	2687	1031	2192
891452	3070183	2550969	815743	622964	290758	69923	347820	610619
14844	93949	71497	32755	19039	3131	290	11472	16755
1032629	3286733	2197578	771129	548783	183833	43612	754377	1526885
291061	834864	624193	195862	134051	32063	17787	129068	253336
452390	1645029	1050490	370640	258328	107209	5100	469632	1000881
190619	517497	343829	129835	107000	31991	12097	93697	177163
98560	289343	179066	74791	49405	12570	8628	61980	95505
196180	620519	350963	140337	113785	42897	22316	216259	359310
123524	403339	239242	98980	77202	28447	15723	132208	243346
71538	210732	108353	39454	35984	14450	6593	81711	113625
1118	6448	3368	1903	599			2340	2340
1385828	4254870	2981604	991539	744096	241351	105902	779330	1266166
29330	91612	81806	20751	23119	1064	18690	5649	8466
237149	628767	425355	190111	103626	31084	18325	120422	208756
92901	220366	162274	38629	31138	11567	4954	39217	50746
592838	1960026	1333721	479485	323576	98379	36150	378977	621991
186685	533548	417979	134222	70966	29273	3519	96051	147424
17237	33878	21228	8713	6462	1254	95	10113	22894
66517	141749	96423	21003	31611	9300	1649	23999	50073
163170	644923	442818	98625	153599	59429	22520	104901	155818
1821497	5243865	3970391	1576607	1002750	341695	181521	863297	1935701
28849	61868	55830	21460	24299	10766	9041	5383	11729
12739	60332	47322	17604	10016	3613	2365	9077	15271
800853	1778452	1151433	423319	248193	62508	74451	442047	1026327
472931	1227126	1004913	519735	214157	66182	6915	182474	446494
424839	1783299	1464833	499429	439059	175759	68613	164700	308184
81286	332787	246061	95062	67027	22867	20136	59617	127696
638008	2045127	1272465	489117	283639	111263	25994	516218	964176
24779	122534	67395	19661	16997	7505	781	22060	47863
204905	790629	465412	188076	95081	45494	10862	255241	534179
72020	137244	81477	37753	18197	7335	482	31514	63837
137310	402296	226857	101161	51766	16197	5996	112031	163053
198995	592425	431324	142465	101598	34732	7874	95373	155245
192198	763917	534384	196286	163556	42581	41958	112436	194787
5347333	18566039	11830943	3682324	3174541	953429	614587	4161910	7191207
273125	1265513	944163	369163	202681	76019	66374	245162	391806

1-2 续表 12

项　　目	企业单位数（个）	亏损企业	工业总产值（当年价格）	工业销售产值（当年价格）	出口交货值
矿山机械制造	16	1	168799	165540	21313
石油钻采专用设备制造	5		92706	76977	23721
建筑工程用机械制造	20	1	607042	620801	114850
海洋工程专用设备制造	4	2	129536	129206	6957
建筑材料生产专用机械制造	33	2	304190	278077	9538
冶金专用设备制造	6	2	57507	56081	1101
化工、木材、非金属加工专用设备制造	570	85	6488761	6255785	1233298
炼油、化工生产专用设备制造	16	1	254108	239455	6903
橡胶加工专用设备制造	17	4	193249	192297	31377
塑料加工专用设备制造	67	9	1020960	964742	126464
木材加工机械制造	18	6	169798	160651	31004
模具制造	440	64	4724455	4578132	980215
其他非金属加工专用设备制造	12	1	126192	120509	57336
食品、饮料、烟草及饲料生产专用设备制造	43	1	590238	572989	49896
食品、酒、饮料及茶生产专用设备制造	20	1	254201	250013	37072
农副食品加工专用设备制造	9		102722	103736	12378
烟草生产专用设备制造	9		129459	119468	3
饲料生产专用设备制造	5		103857	99772	443
印刷、制药、日化及日用品生产专用设备制造	121	13	1746031	1718074	198784
制浆和造纸专用设备制造	17	3	181447	175756	4255
印刷专用设备制造	33	1	314342	311366	95958
日用化工专用设备制造	3		12687	11507	
制药专用设备制造	2	1	12038	12038	7227
照明器具生产专用设备制造	19	3	113575	110796	9996
玻璃、陶瓷和搪瓷制品生产专用设备制造	34	2	966679	958008	67257
其他日用品生产专用设备制造	13	3	145263	138602	14091
纺织、服装和皮革加工专用设备制造	56	4	1179170	1137107	277105
纺织专用设备制造	32	3	857450	813905	91803
皮革、毛皮及其制品加工专用设备制造	1		3304	3208	
缝制机械制造	18	1	285652	287491	181977
洗涤机械制造	5		32764	32503	3325
电子和电工机械专用设备制造	148	15	2409026	2343834	922057
电工机械专用设备制造	47	5	532767	515393	82939
电子工业专用设备制造	101	10	1876259	1828441	839118
农、林、牧、渔专用机械制造	33	6	345188	325495	200535
拖拉机制造	7	1	31791	30059	5338
机械化农业及园艺机具制造	13	3	234771	217844	188436
营林及木竹采伐机械制造	1		18941	18941	
畜牧机械制造	3		23249	23111	3509
渔业机械制造	2	1	10292	10067	1
农林牧渔机械配件制造	2		6594	6594	1006
棉花加工机械制造	1		2245	2245	2245
其他农、林、牧、渔业机械制造	4	1	17305	16634	
医疗仪器设备及器械制造	142	16	2762088	2582494	1115079
医疗诊断、监护及治疗设备制造	43	6	1409010	1360025	591735

单位：万元

工业增加值（当年价格）	资产总计	流动资产合计	应收账款	存货	产成品	在产品	固定资产合计	固定资产原价
33310	135056	76514	28885	22164	9715	3433	43865	77287
24710	105947	68146	22611	24136	1121	7423	31138	33409
110319	687739	598890	238450	116916	42985	51716	71946	117159
25490	148407	111481	47382	16970	13193	2113	19731	46524
68656	150844	63283	21002	17845	7432	949	67123	99553
10641	37520	25848	10833	4650	1572	739	11359	17873
1872472	6125195	4010089	1229989	1260946	343034	265484	1548681	2936458
68142	228700	133140	24034	54689	18394	15679	60193	168972
51928	103158	71854	17473	35707	8342	6815	20277	37881
264655	1144739	797302	230102	276882	72820	34858	210424	415806
52340	181777	116093	20628	58371	18463	16030	48707	74291
1403655	4382797	2825593	911340	822341	219993	191562	1198834	2212217
31751	84024	66107	26413	12956	5023	542	10247	27291
150704	333085	216060	54716	62745	21179	12120	96446	135120
66245	154298	104191	20816	33211	13057	7533	45867	60566
29040	35125	22612	6956	8771	1898	2986	4672	6030
32695	86039	51802	15509	13071	2387	506	30902	46111
22724	57623	37456	11435	7693	3836	1096	15005	22413
453259	2002944	987225	271243	305640	95360	20456	348649	515753
44843	151758	89131	27053	23474	5966	5246	55638	82424
89496	302541	191794	55400	60402	27665	8357	73949	107256
3498	9047	6868	711	511	209	78	1965	2025
2461	1411	1116	155	100			295	300
27428	63459	48965	19112	11770	3497	1088	9681	14741
254271	1349535	565115	151350	197282	57208	4794	178410	242973
31263	125193	84236	17463	12102	815	893	28712	66034
254804	627362	364649	108385	136158	41944	20662	163607	274412
197098	425249	199391	51103	77333	13672	14204	140199	221088
711	2943	2198	924	1100	583	518	660	1866
49141	163406	131504	47077	49927	24021	3928	20245	46062
7854	35764	31555	9280	7799	3669	2013	2503	5396
689922	2504619	1361470	515339	447891	164771	73490	969201	1653141
167636	411284	298458	105626	113739	38289	12170	77640	109535
522286	2093335	1063011	409712	334152	126482	61320	891561	1543606
68296	303329	197736	63584	71467	23768	11525	57553	84504
7839	17658	13758	4089	3701	1841	61	3073	2850
41626	216402	138657	48723	54390	15040	10701	39201	61161
5090	4425	2118	381	773	773		2307	2717
6152	20289	16326	2936	3691	2363	537	3251	4160
2211	8982	5468	1926	2508	1309		3414	3641
1357	5073	3951	1844	940	207		929	3144
462	1414	1103	416	639	135	125	311	270
3560	29088	16355	3270	4826	2101	101	5069	6561
1018503	3321733	2264087	534008	341911	82877	62974	451970	755559
611314	2065490	1475077	339518	165259	41802	41016	206223	305507

1-2 续表 13

项　　目	企业单位数（个）	亏损企业	工业总产值（当年价格）	工业销售产值（当年价格）	出口交货值
口腔科用设备及器具制造	9	1	107677	71301	27019
医疗实验室及医用消毒设备和器具制造	3		113827	105851	31059
医疗、外科及兽医用器械制造	26		396761	343779	110454
机械治疗及病房护理设备制造	14	1	199793	193170	62660
假肢、人工器官及植（介）入器械制造	14	2	169229	165091	89311
其他医疗设备及器械制造	33	6	365791	343278	202842
环保、社会公共服务及其他专用设备制造	122	12	1686271	1644580	346195
环境保护专用设备制造	32	3	321769	313534	39318
地质勘查专用设备制造					
邮政专用机械及器材制造	2	1	11354	11818	
商业、饮食、服务专用设备制造	4	1	15437	14490	4419
社会公共安全设备及器材制造	22	1	563362	546365	222146
交通安全、管制及类似专用设备制造	5		69429	64725	
水资源专用机械制造	7	2	40481	40647	3748
其他专用设备制造	50	4	664439	653002	76564
汽车制造业	620	74	47076011	46555749	3674074
汽车整车制造	19	4	25815823	25597126	492329
改装汽车制造	13	3	373937	378000	35024
低速载货汽车制造	1	1	148073	137017	
电车制造	2		15461	14426	5043
汽车车身、挂车制造	12	2	1047383	1036913	235022
汽车零部件及配件制造	573	64	19675335	19392268	2906656
铁路、船舶、航空航天和其他运输设备制造业	422	73	12242310	11889759	4392726
铁路运输设备制造	7		94986	51921	2570
铁路机车车辆及动车组制造	2		80086	35602	
窄轨机车车辆制造					
铁路机车车辆配件制造					
铁路专用设备及器材、配件制造	3		10400	11885	2570
其他铁路运输设备制造	2		4501	4434	
城市轨道交通设备制造	2		35362	31866	
船舶及相关装置制造	102	23	4288209	4124566	1729658
金属船舶制造	56	14	3317248	3217597	1541225
非金属船舶制造	13	2	209240	205576	46273
娱乐船和运动船制造	10	4	99951	71425	21716
船用配套设备制造	13	1	122754	120375	
船舶改装与拆除	10	2	539016	509592	120444
航标器材及其他相关装置制造					
航空、航天器及设备制造	8	1	420830	423040	228207
飞机制造	2		103700	103612	101217
航天器制造					
航空、航天相关设备制造	3	1	272689	272944	94539
其他航空航天器制造	3		44441	46485	32451
摩托车制造	178	26	5701601	5547187	1464219
摩托车整车制造	46	8	3699309	3629974	1334569
摩托车零部件及配件制造	132	18	2002293	1917214	129650

单位：万元

工业增加值（当年价格）	资产总计	流动资产合计	应收账款	存货	产成品	在产品	固定资产合计	固定资产原价
26462	124705	109045	32500	15762	873	453	12192	21324
29122	33012	15612	5735	1216	900	57	17275	112538
118445	462776	240296	56499	62663	16558	5797	125333	161348
61156	246264	151466	41634	19374	6769	2111	28291	53126
76786	172392	114265	26261	22765	1776	5834	30567	43544
95217	217094	158327	31861	54872	14199	7706	32089	58172
566248	2082261	1485466	535898	345102	104477	81503	280642	444454
105748	510828	414624	196127	86845	25902	41037	44653	98612
3193	23181	12453	3083	2098	768		923	975
4191	21701	19600	3586	2912	987	204	1253	2279
159506	501261	399188	108639	67469	18655	4802	73152	120466
21457	101281	80598	25427	29203	21601	6091	6460	7424
12076	46436	42190	5010	4373	1366	1009	3623	5361
260079	877574	516813	194026	152202	35198	28359	150579	209338
12980867	35208997	22202357	9097273	3244887	1159933	377315	8515085	14633374
7762474	17177039	11879398	4859881	963994	399721	85460	3071708	5871822
61349	760371	515839	185042	86155	29683	14258	77547	94382
21803	178253	102529	41557	21081	11079	9576	51125	75541
3367	23877	17901	1442	3261	1321	1031	2981	1282
193265	918597	652347	120282	143024	43002	15281	185783	195066
4938609	16150862	9034342	3889071	2027372	675126	251709	5125942	8395280
2799351	14093114	8282276	1588621	1814207	318255	379171	2756048	4358957
36665	347166	149853	38367	37237	839	8813	93390	96511
29605	333130	137165	31636	34027	513	7491	92046	94004
5367	13400	12165	6374	3132	297	1322	1232	2335
1693	636	524	357	78	29		112	171
5122	82836	10039	1017	4833		3495	47712	52114
1035026	7190490	4433162	597239	972429	31576	276805	1831288	2604927
754359	5964841	3733102	466759	703529	12513	217315	1473860	2025673
55776	251977	151091	45142	61306	8965	38277	52095	60480
25958	125438	80513	25912	34955	7144	10311	33384	43633
47440	100250	45916	20838	15585	2256	4063	20539	59254
151493	747985	422539	38588	157054	698	6840	251410	415887
180752	2046847	451196	132531	62759	4449	6085	153186	270830
33321	1714081	252737	4639	21082	3621	4109	83702	114381
133641	297350	168503	113141	35709			65200	150777
13791	35416	29956	14751	5969	828	1976	4284	5672
1141694	3311531	2475064	569241	486125	214498	29305	458581	989662
704518	2187000	1728297	333076	252127	111426	15874	190930	469666
437176	1124531	746767	236165	233998	103072	13431	267650	519997

1-2 续表 14

项　　目	企业单位数（个）	亏损企业	工业总产值（当年价格）	工业销售产值（当年价格）	出口交货值
自行车制造	103	21	1409449	1423853	773610
脚踏自行车及残疾人座车制造	87	17	1191734	1205251	671526
助动自行车制造	16	4	217715	218602	102084
非公路休闲车及零配件制造	18	2	165366	160965	98993
潜水救捞及其他未列明运输设备制造	4		126508	126360	95468
潜水及水下救捞装备制造	2		95468	95468	95468
其他未列明运输设备制造	2		31040	30892	
电气机械和器材制造业	4153	577	108953242	105253914	35800951
电机制造	281	36	5509791	5307258	2088808
发电机及发电机组制造	44	6	1149940	1037513	123410
电动机制造	68	6	1047229	1020940	102890
微电机及其他电机制造	169	24	3312622	3248805	1862508
输配电及控制设备制造	892	136	14547819	14144715	4694294
变压器、整流器和电感器制造	291	38	4747763	4589261	1838089
电容器及其配套设备制造	37	5	250760	245833	78181
配电开关控制设备制造	202	26	3664706	3624377	538424
电力电子元器件制造	279	56	4113992	3962950	1932884
光伏设备及元器件制造	17	4	839270	807262	159045
其他输配电及控制设备制造	66	7	931327	915033	147671
电线、电缆、光缆及电工器材制造	703	103	16643292	16247814	4590484
电线、电缆制造	575	86	14039246	13676554	3865280
光纤、光缆制造	31	4	594675	616570	89767
绝缘制品制造	58	6	1206141	1187668	304671
其他电工器材制造	39	7	803230	767021	330766
电池制造	336	64	9089897	8875986	2256028
锂离子电池制造	174	33	3931731	3762560	1439939
镍氢电池制造	41	8	480671	467540	124959
其他电池制造	121	23	4677494	4645886	691130
家用电力器具制造	1085	133	51330943	49125848	17894575
家用制冷电器具制造	49	5	4497027	4301634	1414027
家用空气调节器制造	45	5	24169652	23253017	7367655
家用通风电器具制造	157	22	3399093	3163294	1346858
家用厨房电器具制造	445	44	12985002	12288112	4706219
家用清洁卫生电器具制造	48	12	1804973	1763942	759866
家用美容、保健电器具制造	67	9	1331365	1297088	885398
家用电力器具专用配件制造	98	11	789716	775197	105329
其他家用电力器具制造	176	25	2354114	2283566	1309224
非电力家用器具制造	93	11	1797057	1792428	510143
燃气、太阳能及类似能源家用器具制造	81	10	1643708	1638418	446722
其他非电力家用器具制造	12	1	153349	154010	63421
照明器具制造	692	88	9165055	8934063	3595068
电光源制造	81	10	1649349	1584386	454252
照明灯具制造	505	64	6141237	5980064	2331504
灯用电器附件及其他照明器具制造	106	14	1374470	1369613	809312
其他电气机械及器材制造	71	6	869390	825802	171551

单位：万元

工业增加值（当年价格）	资产总计	流动资产合计					固定资产合计	固定资产原价
			应收账款	存货				
					产成品	在产品		
322964	963273	665981	217557	227208	61957	44778	142220	298095
283089	819036	547318	186028	176469	47444	25894	125661	258567
39875	144238	118662	31529	50739	14513	18884	16559	39528
35545	99898	74120	31564	16045	4843	2567	11127	28862
41582	51072	22862	1105	7571	93	7323	18545	17956
31314	36988	18898	653	7323		7323	8425	9819
10268	14084	3964	452	248	93		10120	8137
23751053	85076343	58991344	16045655	12841259	5645739	1605528	14755087	26869071
1253093	4695439	3291806	1330627	870449	283272	119964	785755	1400265
212696	1926342	1351511	640064	364120	95037	60265	249317	445974
213326	599433	399583	138481	142422	45119	12257	144774	235877
827071	2169664	1540713	552082	363907	143116	47443	391664	718413
3503697	12071725	8205214	3207039	1947395	669374	281311	2181550	3855747
1126773	4133930	2985564	1104403	662707	210260	101456	586500	1132243
71605	256426	170244	75750	43359	15203	8069	58499	121944
876023	3145663	2336098	886682	556277	207629	87440	457710	696137
978791	2646327	1933411	829480	485444	150073	52472	510742	1029043
183011	1061320	175097	43471	52483	29426	1524	464323	673092
267495	828059	604802	267253	147124	56784	30351	103776	203289
2673036	10599055	7526045	3275990	1698654	698764	275229	1967292	3572722
2153531	8558389	6218778	2678664	1406416	565626	241684	1435319	2678717
96984	602387	395258	173956	91740	58868	5420	109147	175729
214958	735056	559926	239757	130839	50560	11792	120151	292132
207563	703224	352084	183613	69659	23710	16333	302675	426143
1595807	9686671	6946219	1475548	1163614	459114	164550	1491408	2390142
929092	4719862	3455388	908610	775911	333114	102901	896344	1255846
109134	411555	305457	106572	92553	33834	12241	73827	139687
557581	4555254	3185374	460366	295150	92166	49408	521237	994609
11874837	40031041	27798793	5184652	5591382	3051838	543321	6631351	12939223
876725	2271417	1472823	444932	423139	295383	30657	555589	943227
6196320	25816788	18295970	2214395	2919103	1901050	280644	3613484	7738139
745045	2127581	1408417	280410	465493	227860	62738	519895	938873
2660310	6685258	4448571	1508689	1143377	441224	111042	1231365	2050403
453796	893951	608789	223516	165570	62264	3479	200462	342514
285740	588971	418598	129784	121447	28090	18664	128920	232397
187037	428590	304130	99537	84177	30053	10034	93957	185932
469864	1218486	841495	283389	269077	65916	26063	287679	507738
355324	1633112	999666	235081	259055	76989	41505	413591	557978
316238	1561937	953977	219136	244328	74020	39622	394123	512840
39086	71175	45689	15944	14728	2969	1883	19468	45139
2278913	5893043	3906163	1221519	1223490	372016	166731	1211566	2014017
428449	1042583	630581	186233	172761	58301	8263	215484	450934
1515940	4231220	2877139	913978	879863	297231	114140	863341	1324954
334523	619240	398443	121309	170866	16484	44328	132742	238129
216348	466258	317438	115200	87221	34371	12916	72574	138977

1-2 续表 15

项　　目	企业单位数（个）	亏损企业	工业总产值（当年价格）	工业销售产值（当年价格）	出口交货值
电气信号设备装置制造	22	2	254962	249891	57244
其他未列明电气机械及器材制造	49	4	614429	575911	114307
计算机、通信和其他电子设备制造业	4621	793	258355148	249768122	148671466
计算机制造	580	92	54071724	53916670	43860919
计算机整机制造	61	10	12729441	12740249	9800523
计算机零部件制造	239	42	27007337	27039808	23126962
计算机外围设备制造	211	31	12117497	11975157	10031565
其他计算机制造	69	9	2217449	2161456	901870
通信设备制造	512	99	83079010	77359377	35843276
通信系统设备制造	187	28	44772007	39564929	19322767
通信终端设备制造	325	71	38307003	37794448	16520509
广播电视设备制造	162	29	3323758	3220605	1717903
广播电视节目制作及发射设备制造	8	2	47254	45546	1299
广播电视接收设备及器材制造	117	20	2153902	2097173	1322282
应用电视设备及其他广播电视设备制造	37	7	1122601	1077886	394323
雷达及配套设备制造	12	2	138567	130388	13513
视听设备制造	594	107	22984966	22365027	10631861
电视机制造	72	18	11414735	11105963	3089283
音响设备制造	356	58	6381606	6261663	4297614
影视录放设备制造	166	31	5188625	4997402	3244964
电子器件制造	714	112	43888430	42979756	27246991
电子真空器件制造	12	1	639854	644442	393272
半导体分立器件制造	37	3	1111969	1086218	756363
集成电路制造	124	21	8218602	8083106	4639431
光电子器件及其他电子器件制造	541	87	33918006	33165991	21457926
电子元件制造	1701	287	43608618	42716312	25903738
电子元件及组件制造	1239	201	27626552	27028466	16138024
印制电路板制造	462	86	15982066	15687846	9765714
其他电子设备制造	346	65	7260076	7079988	3453264
仪器仪表制造业	453	65	7622452	7309312	3326944
通用仪器仪表制造	133	16	2252687	2089937	545120
工业自动控制系统装置制造	61	3	1253865	1097420	290682
电工仪器仪表制造	38	10	643567	641429	153513
绘图、计算及测量仪器制造	9		118207	122709	40301
实验分析仪器制造	16	3	154450	152662	59433
试验机制造	3		17728	17330	1191
供应用仪表及其他通用仪器制造	6		64870	58387	
专用仪器仪表制造	64	4	1191277	1157766	401083
环境监测专用仪器仪表制造	4	1	39001	38736	2895
运输设备及生产用计数仪表制造	11	2	477834	444109	96831
导航、气象及海洋专用仪器制造	9	1	274715	278267	114902
农林牧渔专用仪器仪表制造	1		8845	8407	4771
地质勘探和地震专用仪器制造	1		2174	2174	
教学专用仪器制造	2		10357	10187	
核子及核辐射测量仪器制造	1		4134	4134	1085

单位：万元

工业增加值（当年价格）	资产总计	流动资产合计	应收账款	存货	产成品	在产品	固定资产合计	固定资产原价
63333	191169	128382	35809	29212	9347	2406	28984	55756
153015	275089	189056	79391	58009	25024	10510	43590	83222
57430255	170724044	123730170	46653982	27010764	8018673	4725551	30149531	53935295
7677866	30611691	22548595	8782429	4956894	1198134	557134	4688094	8191613
1445899	7508664	5315489	2032522	1270593	221715	206466	942829	1802083
4135603	15548222	11575052	4921890	2481081	623419	253507	2565905	3896239
1797083	5773244	4325858	1356529	903030	248303	70209	975966	2173818
299280	1781561	1332196	471488	302190	104697	26952	203394	319472
24687543	58398015	47204250	16258447	9104722	2447861	2445698	5300516	9413941
18098540	38130067	30982888	10491418	5646137	1662105	2042227	3284617	5974119
6589003	20267948	16221362	5767028	3458585	785757	403471	2015900	3439822
576979	2700539	1999811	766250	441687	100989	70460	352664	785334
9192	73748	42898	25657	6625	3537	138	26904	36423
358209	1694117	1333579	557254	299505	54558	40514	188025	395023
209578	932674	623335	183338	135556	42894	29809	137736	353889
23691	73384	61158	15025	24641	8730	2600	8671	11690
4173106	14204356	10918931	3456980	2707917	1237823	193069	1693854	3077515
1981144	7216140	5702232	1437540	1254690	732129	58541	569336	860953
1291437	3934317	2887779	1099946	830531	282533	88020	629036	1257870
900525	3053899	2328921	919494	622697	223160	46509	495483	958693
8432586	28895789	17494497	6932991	4175247	1194715	532450	8708967	13651079
90725	263874	216354	95053	30488	12476	687	27685	103435
280238	961712	454204	132562	134383	70225	15602	458323	661521
1467155	4970120	3210001	1358073	745412	199475	77281	1399281	2715756
6594468	22700082	13613938	5347303	3264963	912540	438879	6823678	10170366
10327657	31775576	20331463	9147458	4686559	1528901	796759	8702746	16880203
6892475	18907097	12356492	5111258	3132849	1035037	454894	4975797	9827506
3435182	12868479	7974971	4036200	1553709	493864	341866	3726949	7052697
1530826	4064695	3171466	1294403	913099	301521	127381	694018	1923922
2205349	6249198	4337826	1531656	1295918	395986	147012	1114000	1976471
567771	2541975	1804015	673105	420314	122198	48828	279431	482927
327655	1329662	887016	303775	167361	50811	28153	152965	271557
142192	916861	687101	267580	180454	58855	16232	93879	145505
32329	122474	97184	49367	27327	1920	797	14156	26212
47508	129374	95713	29001	36161	8434	3440	12819	20160
4866	15202	11645	3187	5356	827		2912	5154
13222	28402	25356	20195	3655	1350	206	2702	14340
299439	897483	642670	205733	160874	40658	16265	142967	255293
10545	67266	59033	17009	17510	562	269	4363	7532
112221	427416	248126	100467	53077	12675	1851	86801	149626
66437	135383	123273	27390	35190	11004	6292	9426	26648
3388	16211	9911	1593	3266	917		4349	6193
805	5545	3656	851	11			1794	459
3103	4158	3874	1255	1423	733	135	283	493
1291	2005	1950		857			32	89

1-2 续表 16

项　　目	企业单位数（个）	亏损企业	工业总产值（当年价格）	工业销售产值（当年价格）	出口交货值
电子测量仪器制造	26		247143	245444	121451
其他专用仪器制造	9		127074	126309	59149
钟表与计时仪器制造	133	24	1965479	1908533	1007393
光学仪器及眼镜制造	103	19	2084246	2034730	1304398
光学仪器制造	49	9	1330189	1297752	973163
眼镜制造	54	10	754057	736978	331235
其他仪器仪表制造业	20	2	128763	118345	68950
其他制造业	228	34	2199968	2134106	908048
日用杂品制造	152	23	1353077	1312669	589755
鬃毛加工、制刷及清扫工具制造	17	1	187100	170022	66131
其他日用杂品制造	135	22	1165977	1142647	523624
煤制品制造	5	2	122168	118789	
核辐射加工					
其他未列明制造业	71	9	724722	702648	318293
废弃资源综合利用业	255	29	9547111	9403708	14655
金属废料和碎屑加工处理	149	23	8421323	8327218	3035
非金属废料和碎屑加工处理	106	6	1125789	1076490	11620
金属制品、机械和设备修理业	44	4	913727	912125	382249
金属制品修理	8		181191	179947	4631
通用设备修理	3		8045	8045	108
专用设备修理	7		51211	49977	16336
铁路、船舶、航空航天等运输设备修理	21	4	655934	656929	361174
铁路运输设备修理					
船舶修理	18	4	288392	291127	133198
航空航天器修理	3		367542	365802	227976
其他运输设备修理					
电气设备修理	1		5626	5626	
仪器仪表修理	1		4248	4248	
其他机械和设备修理业	3		7472	7353	
电力、热力、燃气及水生产和供应业	**616**	**104**	**67898624**	**67376580**	**818656**
电力、热力生产和供应业	308	48	58627999	58143238	377523
电力生产	217	17	16184656	15743593	377523
火力发电	78	9	13283204	12869346	
水力发电	101	5	816524	802522	
核力发电	3		1638111	1638111	377523
风力发电	19	2	167793	165439	
太阳能发电					
其他电力生产	16	1	279024	268175	
电力供应	79	28	42326264	42288842	
热力生产和供应	12	3	117078	110803	
燃气生产和供应业	77	8	6151904	6175581	106251
水的生产和供应业	231	48	3118722	3057761	334883
自来水生产和供应	179	46	2173950	2115140	35800
污水处理及其再生利用	49	2	531001	530175	
其他水的处理、利用与分配	3		413772	412447	299082

单位：万元

工业增加值（当年价格）	资产总计	流动资产合计					固定资产合计	固定资产原价
			应收账款	存货				
					产成品	在产品		
66777	167398	135468	44910	38780	11010	7061	23844	38212
34872	72102	57380	12258	10761	3759	657	12074	26041
657455	1112252	845704	245603	399556	145947	41281	195399	372318
647293	1600663	973202	386969	284586	77370	37488	479680	835957
353044	1010369	671539	292478	151372	39473	15734	247639	461674
294249	590294	301663	94491	133214	37897	21754	232041	374283
33393	96825	72236	20246	30588	9813	3151	16523	29976
557894	1418027	882553	230543	282449	86634	46004	349422	539465
337157	783395	495204	122255	201958	58406	36906	201165	311825
40638	124739	74328	13318	21343	7692	4107	38502	55216
296519	658657	420876	108938	180615	50714	32799	162663	256609
18950	181085	101015	7244	15639	10096	22	17790	29476
201787	453546	286334	101044	64852	18132	9077	130468	198164
1892841	4122116	2515771	387939	647011	250260	89667	623683	2864499
1645257	3453611	2189442	286989	573799	211245	86907	492069	2584577
247584	668505	326329	100950	73212	39015	2760	131613	279922
214089	977409	609108	244832	109452	13226	18676	313092	449092
48878	45929	21792	13480	4547	2433	978	21836	42807
2886	11060	8656	1638	103	97		2130	3284
16241	68839	40486	17394	10656	2624	4233	19755	31395
141813	840949	529711	208696	94017	8014	13465	267339	368331
68547	540406	278058	43242	42115	8014	13465	231545	279879
73266	300543	251654	165454	51902			35795	88452
2061	2154	2018	1669				137	528
	4512	2886	359				1492	1963
2211	3965	3561	1597	130	58		404	784
19078493	**103745602**	**20713100**	**3077070**	**1753235**	**102690**	**28117**	**60903748**	**102094741**
16377122	86835313	15665204	2326445	1521904	41056	23456	53282843	90295546
6896409	36106294	10092129	1658098	1367588	39343	23090	22585447	37692055
5210020	24474131	7192332	1396519	587097	36829	22497	15166361	26026012
484818	4305879	1186170	82422	5613	2035	566	2249922	3511238
1018400	5613720	1466582	127671	757675			4047394	6810409
82425	869942	91820	20289	809		27	651736	737505
100746	842621	155226	31197	16394	479		470034	606891
9452180	50554268	5497541	659899	149205	1384	158	30611495	52503296
28533	174751	75534	8448	5111	329	207	85901	100195
1363635	4758815	1549045	309465	153404	41127	4163	2231364	2800964
1337736	12151475	3498850	441161	77927	20507	498	5389541	8998232
948736	8535784	2265943	374320	59459	13411	153	4441434	7945751
156280	1490205	564399	53067	11897	3344	345	290680	395075
232720	2125485	668508	13774	6571	3752		657428	657405

1-2 续表 17

项　　目	累计折旧	本年折旧	负债合计	流动负债合计	应付账款
总　　计	183625479	30494716	462830841	383050681	138000741
一、按登记注册类型分组					
内资企业	95228245	16175074	252340125	199241863	58317797
国有企业	4441258	533435	6946463	4595719	1594240
集体企业	665897	67386	1389608	925645	162506
股份合作企业	94470	16762	192689	168408	31145
联营企业	37434	4076	99328	76738	17343
有限责任公司	48185063	7765024	118626410	85497179	23391587
股份有限公司	15433345	2912137	52697094	46406226	15107153
私营企业	26192305	4838895	71603344	60911747	17799673
其他企业	178473	37358	785189	660201	214151
港、澳、台商投资企业	47014545	7196341	109112585	94690381	36526525
外商投资企业	41382690	7123302	101378131	89118437	43156419
二、按企业控股情况分组					
国有控股	58255585	7951437	106037713	73569208	22661731
三、按轻重工分组					
轻工业	55279006	8869885	157808616	137754631	48012226
重工业	128346474	21624831	305022225	245296050	89988515
四、按企业规模分组					
大型企业	83877256	15442941	221676484	184566399	73288933
中型企业	56618758	8537317	127321820	104844868	35090685
小微型企业	43129465	6514458	113832537	93639415	29621122
五、按工业行业大中小类分组					
采矿业	**4324974**	**1133406**	**8606118**	**6491441**	**1088703**
煤炭开采和洗选业	4813	4813	42774	38774	16222
烟煤和无烟煤开采洗选	4813	4813	42774	38774	16222
褐煤开采洗选					
其他煤炭采选					
石油和天然气开采业	3748098	1007764	6925676	5236924	770484
石油开采	3324926	599645	3675411	2857004	475008
天然气开采	423171	408119	3250265	2379920	295476
黑色金属矿采选业	159434	39468	603044	400664	59002
铁矿采选	157403	38962	591647	391112	57552
锰矿、铬矿采选	1011	80	7462	7460	1047
其他黑色金属矿采选	1020	427	3935	2092	403
有色金属矿采选业	194596	22120	436418	345135	46295
常用有色金属矿采选	138430	15273	278958	259735	19815
铜矿采选	6702	502	28649	28555	49
铅锌矿采选	116506	7419	199080	186299	5802
镍钴矿采选					
锡矿采选					
锑矿采选					
铝矿采选					
镁矿采选					
其他常用有色金属矿采选	15222	7352	51229	44882	13964

单位：万元

非流动负债合计	所有者权益合计	实收资本	国家资本	集体资本	法人资本	个人资本	港澳台资本
65362006	330927986	165905924	20755249	1789354	51252178	19203673	36789479
43577528	174730544	73694169	16644981	1348952	36501530	17441894	705092
2224646	7106235	4429689	1670010	149956	2537308	7560	28699
256370	496524	305471	3283	193113	21045	27976	37716
10116	173485	60587		11930	24743	23607	
16280	64270	30243	6600	1837	9086	2420	10000
30002848	76525436	38224287	11264009	475939	21504907	4309326	184798
5882577	44501073	13591906	3627849	265780	4585034	4606355	229012
5150742	45288542	16814531	19925	232530	7748490	8401668	197974
33950	574979	237457	53305	17866	70917	62983	16893
10748546	78536625	48583455	1414148	233267	6899515	1235893	32493481
11035932	77660816	43628299	2696120	207135	7851132	525885	3590906
32084418	75696162	41159855	19797871	468702	16829469	951663	820483
14254339	122044755	58192186	2173957	919855	14951094	8610748	18186178
51107667	208883230	107713738	18581292	869499	36301084	10592925	18603301
35603136	156046150	66796450	12557779	287806	21950413	4725858	12817510
19034092	97042417	52745055	5821317	812060	14802326	6008029	13743811
10724778	77839418	46364420	2376153	689487	14499439	8469786	10228158
2031161	**1933930**	**599336**	**64796**	**53547**	**298660**	**165347**	**5669**
4000	6389	5000			5000		
4000	6389	5000			5000		
1688752	203345	15000	15000				
818407	203345	15000	15000				
870346		0					
195234	647116	168124	2700		124856	40568	
193390	647678	166633	2700		123365	40568	
2	-855	1198			1198		
1843	293	293			293		
76858	259675	81731	14924	35096	20347	11365	
4798	192783	64916	1405	35076	18615	9820	
	41855	41991	205	35076	6405	305	
2911	117539	13664			11099	2565	
1887	33389	9261	1200		1111	6950	

1-2 续表 18

项　　目	累计折旧	本年折旧	负债合计	流动负债合计	应付账款
贵金属矿采选	17797	597	31851	31851	11755
金矿采选	17797	597	31851	31851	11755
银矿采选					
其他贵金属矿采选					
稀有稀土金属矿采选	38368	6250	125609	53549	14726
钨钼矿采选	3196	763	14202	7783	2023
稀土金属矿采选	308	84	11338	11195	1892
放射性金属矿采选	33278	5061	86277	20779	2849
其他稀有金属矿采选	1586	343	13791	13791	7961
非金属矿采选业	177112	52164	455504	339803	114322
土砂石开采	135190	35383	287841	218245	93281
石灰石、石膏开采	21924	4255	43567	35965	9220
建筑装饰用石开采	29528	10822	46613	33307	10949
耐火土石开采	9776	1532	29709	29544	24888
粘土及其他土砂石开采	73962	18774	167952	119430	48224
化学矿开采	12567	11652	69804	56907	2379
采盐	17677	1427	24216	16336	2343
石棉及其他非金属矿采选	11678	3703	73643	48314	16320
石棉、云母矿采选	751	155	697	697	182
石墨、滑石采选	23	2	5008	8	8
宝石、玉石采选					
其他未列明非金属矿采选	10904	3546	67938	47610	16130
开采辅助活动	40922	7077	142702	130141	82379
煤炭开采和洗选辅助活动					
石油和天然气开采辅助活动	40577	6924	136645	129547	82128
其他开采辅助活动	345	153	6057	594	250
其他采矿业					
制造业	**134226023**	**23851542**	**398674832**	**349491198**	**130606681**
农副食品加工业	1970910	327391	11136545	10116886	1861371
谷物磨制	132956	15400	670742	602887	71728
饲料加工	642758	128987	1845293	1626289	466886
植物油加工	336822	49673	2593710	2381252	688065
食用植物油加工	314460	47424	2536792	2324336	670905
非食用植物油加工	22363	2248	56919	56917	17160
制糖业	201244	24700	3304743	3162751	142468
屠宰及肉类加工	111089	17172	434863	385385	79138
牲畜屠宰	29525	7178	131298	114967	13877
禽类屠宰	15498	2662	78298	63223	7316
肉制品及副产品加工	66066	7332	225267	207196	57945
水产品加工	314487	57107	1671391	1441723	286104
水产品冷冻加工	161793	33114	977472	874100	213988
鱼糜制品及水产品干腌制加工	98668	13676	125168	99512	21245
水产饲料制造	43977	8489	514371	414194	37588
鱼油提取及制品制造					
其他水产品加工	10048	1828	54380	53917	13284

单位：万元

非流动负债合计	所有者权益合计	实收资本					
			国家资本	集体资本	法人资本	个人资本	港澳台资本
	18396	5000	5000				
	18396	5000	5000				
72060	48496	11816	8519	20	1732	1545	
6419	14424	1960	1001		500	459	
143	5332	280	140	20	108	12	
65498	20938	5852	5852				
	7802	3724	1526		1124	1074	
58560	649849	301851	9680	18451	146630	112414	5669
28370	388099	212477	1680	17885	77187	103784	5582
2020	50500	34315	100	1469	18079	8779	1738
4783	104365	30863		356	12810	15740	1908
165	11538	11728			1600	10128	
21402	221696	135571	1580	16061	44698	69137	1937
12641	200109	66720			66090	630	
3571	16882	8000	8000				
13977	44759	14654		566	3353	8000	87
	5422	2207					
5000	876	800				800	
8977	38462	11647		566	3353	7200	87
7757	167555	27630	22492		1828	1000	
5545	166019	26630	22492		1828		
2212	1536	1000				1000	
35565258	**280811954**	**139537996**	**8795848**	**1495328**	**40036786**	**18683564**	**35855607**
636116	5012255	2275894	65204	49476	1042932	373334	265571
61519	282378	155963	6892	876	42372	47447	10637
81410	1395805	439305	2171	10848	210685	103788	51864
150260	1042334	521274	41960	23328	148971	15170	49453
150258	982598	482966	41960	23328	144921	14020	49453
2	59736	38307			4050	1150	
122135	-9649	98863	3933		55020	32460	7449
26039	337776	180198	9980	1720	76006	21212	19802
12843	69397	41436	4403	693	35745	596	
1636	28437	24590	735		19530	1491	
11561	239942	114172	4842	1027	20732	19125	19802
163207	1324522	648008	268	2960	406614	110288	81845
50914	671949	351252	218	1280	186226	74605	47386
23352	162804	118994	50	1680	76670	18497	18392
88779	449424	162995			139884	11668	10652
163	40346	14767			3834	5518	5415

1-2 续表 19

项目	累计折旧	本年折旧	负债合计	流动负债合计	应付账款
蔬菜、水果和坚果加工	130170	19191	323988	274975	63492
蔬菜加工	29964	5285	59990	33328	8388
水果和坚果加工	100207	13906	263998	241648	55104
其他农副食品加工	101384	15162	291815	241624	63491
淀粉及淀粉制品制造	53506	9951	139842	103262	27458
豆制品制造	10266	1221	16156	15704	2130
蛋品加工	378	90	4973	4852	931
其他未列明农副食品加工	37233	3901	130845	117807	32972
食品制造业	1912595	404298	4978376	4637578	1373131
焙烤食品制造	170122	33144	553614	476843	136582
糕点、面包制造	56611	13671	150828	121988	37788
饼干及其他焙烤食品制造	113511	19474	402785	354856	98794
糖果、巧克力及蜜饯制造	532484	96226	707982	670977	240004
糖果、巧克力制造	438241	81577	615564	597756	226173
蜜饯制作	94244	14649	92418	73221	13830
方便食品制造	301483	85170	497413	453045	159773
米、面制品制造	26680	3179	103615	97621	18875
速冻食品制造	57681	7687	88432	78351	40666
方便面及其他方便食品制造	217122	74304	305367	277073	100232
乳制品制造	138757	42749	622641	613870	265484
罐头食品制造	68242	10241	184252	150340	37533
肉、禽类罐头制造	16261	2356	19277	17808	5749
水产品罐头制造	25263	2684	62607	51078	8091
蔬菜、水果罐头制造	19123	3278	95102	75296	20074
其他罐头食品制造	7595	1923	7267	6158	3620
调味品、发酵制品制造	395430	84553	1039285	998944	239272
味精制造	22400	2038	14934	14454	3134
酱油、食醋及类似制品制造	318983	73726	898629	862148	186575
其他调味品、发酵制品制造	54047	8789	125722	122342	49563
其他食品制造	306077	52214	1373189	1273559	294484
营养食品制造	8265	971	54131	17424	1255
保健食品制造	117776	18928	973314	942196	226689
冷冻饮品及食用冰制造	111519	17997	144735	138855	9816
盐加工					
食品及饲料添加剂制造	53597	13203	158597	134262	41678
其他未列明食品制造	14921	1116	42412	40822	15046
酒、饮料和精制茶制造业	2216657	274806	3714270	3266861	943442
酒的制造	896682	104677	1057038	846720	214430
酒精制造	6306	1089	41828	24339	4516
白酒制造	46358	4541	76111	66070	9738
啤酒制造	832675	95302	913408	733686	195981
黄酒制造					
葡萄酒制造					
其他酒制造	11343	3745	25692	22625	4197
饮料制造	1307942	167773	2599194	2374285	713964

单位：万元

非流动负债合计	所有者权益合计	实收资本					
			国家资本	集体资本	法人资本	个人资本	港澳台资本
16854	431883	136885		9629	40326	34941	38450
2371	47651	34316		7749	640	16378	7270
14483	384232	102569		1880	39686	18563	31181
14692	207206	95398		115	62939	8028	6070
2063	114985	31063		100	17707	5632	
452	20404	16423			5439	80	500
122	1481	823			25	465	333
12055	70336	47089		15	39768	1851	5237
255430	6287120	2190269	29420	29872	576147	379345	558418
59146	411182	278897	1485	1548	38870	34764	106978
14919	171537	114829	820		10414	10260	44582
44228	239645	164068	665	1548	28456	24504	62396
26562	1143113	324518		1904	25098	62688	68807
9946	991366	257634		718	13613	16558	61983
16616	151748	66884		1186	11485	46130	6825
39013	600688	360615	16449	3828	124905	24589	113213
4254	70007	48166	1899	828	15774	9283	19203
7831	151623	106935	10000		17387	2923	65849
26928	379057	205513	4550	3000	91744	12382	28160
8320	506387	247451	5000	12000	68836	10092	107777
18590	141241	96643	577	2172	47844	20227	14933
1469	18031	34745			32505	2240	
11528	63593	20176		1351	7056	142	769
4484	33895	26695	577	820	7783	17280	200
1108	25723	15028			500	565	13964
31741	1240408	344761	5909	1498	137808	75297	66856
	34006	26175			13773		
29441	937108	235882	5909	1265	114218	36077	55347
2300	269294	82704		233	9816	39220	11509
72059	2244101	537385		6923	132785	151689	79853
28043	130380	42378			1550	36083	250
19922	1778659	265862		3000	29134	58416	61383
5763	24097	102740			71767	16864	7046
17231	274706	97747		3923	24338	35176	7038
1100	36259	28657			5997	5150	4136
408420	3417076	3036077	42068	47550	506825	189151	640623
181812	1303463	748274	21741	22135	328633	50915	156990
11206	5746	4218	510		650	3058	
9009	105018	38296		2135	20158	16002	
160511	1138330	694183	21231	20000	299543	28559	156990
1086	54369	11577			8282	3295	
220462	2068919	2252000	19372	25215	166756	115510	483147

1-2 续表 20

项 目	累计折旧	本年折旧	负债合计	流动负债合计	应付账款
碳酸饮料制造	519490	68512	588178	543179	172540
瓶（罐）装饮用水制造	169750	28082	702510	670324	160016
果菜汁及果菜汁饮料制造	168923	14742	261178	173873	40582
含乳饮料和植物蛋白饮料制造	78132	9156	140843	137274	21304
固体饮料制造	89799	5880	78878	77828	41107
茶饮料及其他饮料制造	281848	41402	827608	771809	278416
精制茶加工	12033	2356	58038	45856	15048
烟草制品业	653516	68457	1551448	1551369	890944
烟叶复烤	22532	1619	2703	2703	909
卷烟制造	612352	59708	1355183	1355183	778037
其他烟草制品制造	18633	7129	193563	193484	111999
纺织业	4742489	744100	7072097	5962450	1744157
棉纺织及印染精加工	2927046	409539	4037326	3407971	1018035
棉纺纱加工	503378	68228	1004146	839384	203817
棉织造加工	706608	93763	979258	836854	185709
棉印染精加工	1717061	247548	2053922	1731733	628509
毛纺织及染整精加工	226704	34775	413574	354718	92546
毛条和毛纱线加工	46714	4254	56925	54649	25931
毛织造加工	39446	5904	121037	105891	21750
毛染整精加工	140544	24617	235613	194179	44866
麻纺织及染整精加工	8268	684	17279	15577	8220
麻纤维纺前加工和纺纱	2717	420	7320	7320	5728
麻织造加工	302	52	1513	1369	236
麻染整精加工	5250	212	8445	6887	2257
丝绢纺织及印染精加工	33442	8758	95745	62431	13179
缫丝加工	7313	1564	50839	37133	7853
绢纺和丝织加工	1594	334	6510	6400	1036
丝印染精加工	24535	6860	38396	18898	4290
化纤织造及印染精加工	131233	12837	112963	103547	17184
化纤织造加工	26692	2606	36265	29758	7810
化纤织物染整精加工	104542	10230	76697	73789	9375
针织或钩针编织物及其制品制造	866015	197986	1286855	1079740	310049
针织或钩针编织物织造	718490	170349	1004346	857670	240004
针织或钩针编织物印染精加工	56452	9676	111982	88576	10796
针织或钩针编织品制造	91072	17961	170527	133495	59249
家用纺织制成品制造	231352	36440	568057	483138	127504
床上用品制造	103249	15220	295876	261013	81595
毛巾类制品制造	67439	12025	99967	82229	12893
窗帘、布艺类产品制造	13499	1707	19423	11971	4436
其他家用纺织制成品制造	47166	7489	152791	127925	28580
非家用纺织制成品制造	318428	43082	540300	455329	157439
非织造布制造	157768	17554	306295	258679	79644
绳、索、缆制造	49853	7904	40272	35779	16910
纺织带和帘子布制造	66332	10734	101507	83282	25130
篷、帆布制造	9020	1492	30607	27707	14663

单位：万元

非流动负债合计	所有者权益合计	实收资本	国家资本	集体资本	法人资本	个人资本	港澳台资本
26646	271044	290054	14252		34105	64544	31525
6831	458030	1211240	1510	13890	37853	24468	37632
78095	392400	308706		9725	13232	4505	247336
3569	155153	100925	810	561	17864	7598	38523
1050	173159	119960				260	182
104272	619134	221116	2800	1040	63702	14136	127949
6146	44695	35803	955	200	11436	22726	486
79	3300034	1500423	31480	4000	1454943	10000	
	26322	22780	10980		11800		
	3231277	1456223	20500		1435723		
79	42435	21420		4000	7420	10000	
572466	6220453	4049803	28432	16193	695177	467070	1864900
299495	3430950	2283335	17446	4537	346675	132688	1127219
95479	618003	500762	9750		107186	34315	202607
65857	844133	521931	5694	291	121666	27588	314913
138159	1968814	1260641	2002	4245	117822	70785	609699
27504	322835	247146	1408	236	13723	17096	182892
857	75692	80244	932		700	2880	74951
8782	70252	62077	476		5974	4885	25719
17865	176891	104826		236	7049	9331	82222
1702	16382	7666			1766	50	5850
	5734	3055			1400		1655
144	540	314			207		107
1558	10108	4298			159	50	4088
25644	64257	45165	860	50	11281	9694	23281
6908	21592	15649	860	50	8509	6231	
110	4375	1369			628	300	441
18626	38290	28147			2145	3163	22840
4561	119150	105877		1755	14439	4170	43526
2443	43469	28603			10054	3322	12148
2118	75681	77274		1755	4385	848	31378
105701	1174069	624057	7330	4211	171700	76445	272104
69015	878983	516081	4313	3302	130750	59214	239308
18686	123864	24750	1850		9724	7707	5469
17999	171221	83225	1168	909	31227	9524	27327
57719	507259	345141	500	1966	25223	193042	69515
27800	368793	242635		246	15362	172869	32447
5666	57464	40270		1720	3159	7145	18342
2378	18321	9030			1000	320	1437
21876	62681	53206	500		5702	12709	17291
50140	585552	391416	889	3439	110370	33886	140513
32959	246428	138865		500	34548	11083	51826
2071	63877	51586	889	2939	7964	2129	7964
6321	160137	115902			43514	9215	57123
2900	38931	27407			7645	2500	10514

1-2 续表21

项目	累计折旧	本年折旧	负债合计	流动负债合计	应付账款
其他非家用纺织制成品制造	35456	5399	61619	49881	21093
纺织服装、服饰业	3733220	579756	8747356	7477146	2512517
机织服装制造	2767128	398342	5724437	4751510	1573562
针织或钩针编织服装制造	854691	162163	2786180	2530241	873818
服饰制造	111401	19252	236739	195396	65138
皮革、毛皮、羽毛及其制品和制鞋业	2747628	422438	5697353	5132390	2187999
皮革鞣制加工	138643	17252	355547	307703	129548
皮革制品制造	470995	81887	1762258	1609207	727678
皮革服装制造	7917	1056	42789	42337	25283
皮箱、包（袋）制造	330067	54600	1323507	1192290	512908
皮手套及皮装饰制品制造	79191	14027	92500	87024	36758
其他皮革制品制造	53821	12204	303462	287556	152728
毛皮鞣制及制品加工	23375	3306	70868	69319	15750
毛皮鞣制加工	5313	820	48265	47406	10342
毛皮服装加工	8351	1439	9039	9039	2541
其他毛皮制品加工	9710	1047	13564	12874	2867
羽毛(绒)加工及制品制造	12189	2028	84641	80969	5443
羽毛（绒）加工	4558	473	23217	27947	4221
羽毛（绒）制品加工	7632	1555	61424	53022	1222
制鞋业	2102425	317965	3424040	3065192	1309580
纺织面料鞋制造	330171	38821	154328	134545	84312
皮鞋制造	789561	112094	2334601	2210867	995920
塑料鞋制造	839718	143623	528510	406493	85182
橡胶鞋制造	99153	11351	179620	166184	91227
其他制鞋业	43822	12075	226981	147103	52940
木材加工和木、竹、藤、棕、草制品业	836524	145365	2324183	1885987	334574
木材加工	97012	15610	289726	256866	34186
锯材加工	24697	3916	35725	30851	6103
木片加工	45551	8365	91974	66756	11892
单板加工	12503	1794	147158	145790	9028
其他木材加工	14262	1536	14869	13469	7163
人造板制造	508946	78330	1232664	911620	147165
胶合板制造	178119	22566	235907	194384	33364
纤维板制造	192438	32918	660142	447371	57247
刨花板制造	71412	11298	116810	66961	19096
其他人造板制造	66977	11548	219806	202904	37458
木制品制造	180459	35694	667920	627161	112936
建筑用木料及木材组件加工	14452	6418	202532	201784	24083
木门窗、楼梯制造	7792	1166	66455	59622	13759
地板制造	38636	8999	260388	237212	23619
木制容器制造	5345	795	38121	33982	14602
软木制品及其他木制品制造	114233	18316	100424	94561	36874
竹、藤、棕、草等制品制造	50107	15731	133873	90340	40287
竹制品制造	44966	14524	112813	73174	36516
藤制品制造	3403	515	12349	11999	908

单位：万元

非流动负债合计	所有者权益合计	实收资本	国家资本	集体资本	法人资本	个人资本	港澳台资本
5889	76180	57657			16700	8958	13086
634335	8152604	4045168	8571	15740	875703	759668	1728944
448591	5526971	2822201	8305	14459	689834	490492	1289096
157949	2299306	1069371	267	1281	164771	246776	374166
27796	326327	153596			21098	22400	65682
254083	4824043	2675503	3483	51934	353030	199729	1132272
27128	155978	150629	1200		6838	8770	32858
72063	1049696	658225	206	17298	110231	78682	304569
	18958	11224	5	10	2473	2519	4459
60405	716899	450110	201	14969	71543	34425	214124
1157	124051	82581		1672	7242	30546	26688
10500	189788	114311		647	28973	11192	59298
690	44300	36299			1404		16873
	15855	14195			700		190
	15423	16053			30		16023
690	13021	6051			674		661
3600	40768	24498		167	13966	5645	2570
407	14870	13157			10113	3044	
3193	25899	11341		167	3853	2602	2570
150602	3533302	1805852	2077	34470	220591	106631	775402
11373	235128	173574	100		6313	2438	71623
65731	2603861	1182497	596	31548	73801	51970	589149
44529	407881	207274	1381	2916	112717	42703	21733
6585	148534	121263			23630	3428	51138
22385	137898	121245		5	4129	6091	41760
204792	1775975	939305	6406	9089	356363	141807	324686
8338	338152	265217	370	711	65756	25589	160168
3362	26480	12643		581	4600	6387	1075
3402	77533	65029	370	130	43458	17235	3208
200	201166	166701			17395	656	148650
1375	32974	20844			302	1310	7235
145077	991742	458085	4306	6761	208465	66963	100808
8184	197619	86933	120	6711	22373	18908	11045
79716	447578	215316		50	142199	17944	25624
46502	66281	55971			21747	22008	
10675	280264	99865	4186		22147	8104	64139
23347	324231	156899		963	47779	28912	62234
202	97709	20505			13540	1823	2385
1200	39618	24282			8200	11280	3921
15445	98793	41755			15172	1345	22556
2329	15807	13196			1834	910	10452
4171	72305	57162		963	9033	13555	22920
28030	121849	59104	1730	654	34363	20343	1476
25855	108112	51866		346	31872	19095	553
106	11313	5358	1730	308	791	1069	923

1-2 续表 22

项目	累计折旧	本年折旧	负债合计	流动负债合计	应付账款
棕制品制造	457	61	3723	1960	1788
草及其他制品制造	1280	632	4989	3208	1075
家具制造业	1461041	244033	4883594	4319382	1317525
木质家具制造	939746	160713	3019585	2647342	753963
竹、藤家具制造	24714	4205	71543	60136	14338
金属家具制造	304285	39954	739907	673841	256298
塑料家具制造	42970	10637	98487	81746	23702
其他家具制造	149327	28524	954073	856318	269223
造纸和纸制品业	4229181	635353	9872619	7634541	2295565
纸浆制造	43754	4590	17464	16846	4807
木竹浆制造	43754	4590	17464	16846	4807
非木竹浆制造					
造纸	2420158	364246	5816239	4416601	1301830
机制纸及纸板制造	2308245	352037	5441274	4117138	1227518
手工纸制造	2400	577	11334	11284	881
加工纸制造	109513	11633	363631	288179	73431
纸制品制造	1765269	266517	4038916	3201094	988928
纸和纸板容器制造	1152804	144897	2060120	1803533	525040
其他纸制品制造	612466	121620	1978796	1397561	463888
印刷和记录媒介复制业	2396489	339916	4682312	4104230	1418754
印刷	2208260	321726	4506621	3959322	1384518
书、报刊印刷	548559	51997	712679	623066	255061
本册印制	179609	32366	272377	237926	60919
包装装潢及其他印刷	1480092	237362	3521565	3098331	1068539
装订及印刷相关服务	78536	6338	94596	82037	26128
记录媒介复制	109693	11853	81096	62871	8107
文教、工美、体育和娱乐用品制造业	2460829	370526	12140702	10621887	4403266
文教办公用品制造	185181	31496	317373	258263	99839
文具制造	118651	20817	234195	179601	66420
笔的制造	25471	4094	42613	40290	18011
教学用模型及教具制造	31523	4207	7050	7050	4439
墨水、墨汁制造	764	167	3692	3530	1382
其他文教办公用品制造	8773	2211	29822	27791	9588
乐器制造	99731	13205	213387	162370	77646
中乐器制造	2259	397	4724	4724	1633
西乐器制造	74821	7936	153562	103300	37505
电子乐器制造	12092	3122	39158	38753	34384
其他乐器及零件制造	10559	1751	15944	15594	4124
工艺美术品制造	858587	138766	8448344	7360976	2802966
雕塑工艺品制造	17403	2930	43653	30179	8273
金属工艺品制造	56230	9003	176824	142117	38312
漆器工艺品制造	1677	273	13056	2689	1366
花画工艺品制造	80038	13070	54012	46390	16640
天然植物纤维编织工艺品制造	14605	4192	38862	26946	5926
抽纱刺绣工艺品制造	92425	15719	65763	49434	6549

单位：万元

非流动负债合计	所有者权益合计	实收资本					
			国家资本	集体资本	法人资本	个人资本	港澳台资本
1763	402	150				150	
306	2022	1729			1699	30	
320338	4200772	2796579	50	19155	804885	621618	881239
212680	2798919	1681433		17052	360995	458897	616811
5048	27039	10420		823	4612	1623	3362
39313	681843	725781	50		368596	57504	136218
3646	60176	36426			2620	2224	22793
59651	632796	342519		1280	68062	101370	102055
1920232	7289464	4855100	784467	218764	774823	363826	1561050
	105699	51399			51399		
	105699	51399			51399		
1273186	4190978	3025973	570406	157033	432636	164203	1016942
1203089	3900579	2835257	521246	87130	414851	144870	1001451
50	5101	4897			2077	523	1097
70047	285298	185819	49160	69903	15708	18811	14395
647047	2992787	1777728	214061	61731	290788	199623	544107
110535	1594946	853485	4690	59131	137960	89943	309806
536512	1397840	924243	209371	2600	152828	109680	234301
306931	4370682	2254830	56468	16432	497684	365082	1027424
280565	4180925	2082550	50241	15701	427035	347253	962075
73799	744813	514256	25737	3100	61484	50169	316631
6874	177169	97535			9282	43676	30567
199892	3258943	1470759	24504	12601	356270	253407	614878
8437	102416	71020	6128	359	17325	3558	32157
17929	87341	101259	100	372	53324	14271	33192
1241655	7797140	3918379	139280	28215	773091	516864	1752843
40307	368553	214805	150	150	44432	38468	86532
37794	299258	156693	150		30752	25026	62383
2323	37800	34304			10999	4832	13575
	5102	3799		150		1855	
	5567	2301			2301		
190	20825	17708			379	6755	10574
27302	333868	214393	113740		59734	9730	25417
	5443	2714			50	180	
26829	267048	166951	112513		43480	2139	5945
123	48275	39263	1227		14815	6861	16360
350	13102	5466			1389	550	3113
970469	3872500	1331028	4542	10711	374692	304386	467380
3172	39876	32881			10069	5532	14661
23902	150695	69509		1200	10081	14316	28140
489	4739	4747			1200		1627
2607	94802	70813	963		8771	14233	44085
5197	34833	20355			10165	8690	247
8763	163372	84838			17561	6744	55314

1-2 续表 23

项　　目	累计折旧	本年折旧	负债合计	流动负债合计	应付账款
地毯、挂毯制造	43724	5784	71027	68176	34613
珠宝首饰及有关物品制造	492722	80253	7748151	6786305	2624350
其他工艺美术品制造	59763	7543	236996	208741	66938
体育用品制造	301107	41694	797528	735063	477235
球类制造	23471	3886	79953	72635	41425
体育器材及配件制造	121082	17009	300700	281772	191635
训练健身器材制造	28875	3729	82540	79223	52716
运动防护用具制造	64413	7369	172884	157495	107099
其他体育用品制造	63266	9700	161452	143937	84360
玩具制造	987055	139689	2209728	1960057	913404
游艺器材及娱乐用品制造	29168	5677	154341	145158	32176
露天游乐场所游乐设备制造	1025	276	78998	78729	11655
游艺用品及室内游艺器材制造	26270	5001	60276	51361	19839
其他娱乐用品制造	1874	400	15068	15068	682
石油加工、炼焦和核燃料加工业	5141656	593318	9280825	8982463	3318288
精炼石油产品制造	5137797	591275	9171348	8927827	3309046
原油加工及石油制品制造	5137797	591275	9171348	8927827	3309046
人造原油制造					
炼焦	3859	2043	109478	54636	9242
核燃料加工					
化学原料和化学制品制造业	9193627	1539408	18124636	15250324	4555219
基础化学原料制造	2390445	355415	3820836	2969952	579637
无机酸制造	38054	9750	104668	84796	30786
无机碱制造	114902	12163	146991	117997	27115
无机盐制造	357909	51297	363336	340942	53932
有机化学原料制造	1440110	222378	2603658	1894769	343216
其他基础化学原料制造	439470	59827	602184	531448	124588
肥料制造	191851	46418	586733	541055	83930
氮肥制造	2625	528	29934	29354	2165
磷肥制造	12299	5683	110782	100911	8553
钾肥制造	108487	18402	102590	102590	3106
复混肥料制造	53550	17306	291472	262374	56879
有机肥料及微生物肥料制造	14613	4465	50184	44054	13228
其他肥料制造	278	34	1771	1771	
农药制造	20580	7936	245281	238117	23433
化学农药制造	19410	7664	241336	234282	22910
生物化学农药及微生物农药制造	1171	272	3945	3836	523
涂料、油墨、颜料及类似产品制造	1415269	260346	3081671	2674576	902206
涂料制造	925669	176455	2137142	1857268	593258
油墨及类似产品制造	98977	19090	438068	403316	173707
颜料制造	312390	46268	202446	179976	49517
染料制造	37066	12182	138207	83108	24680
密封用填料及类似品制造	41167	6351	165809	150908	61045
合成材料制造	2140745	381164	3691839	2920568	985777
初级形态塑料及合成树脂制造	1395457	267594	2224891	1912599	652889

单位：万元

非流动负债合计	所有者权益合计	实收资本					
			国家资本	集体资本	法人资本	个人资本	港澳台资本
1510	69298	35785	2780	1102	6045	2356	8825
913631	3114005	897314	345	5520	286717	212154	275256
11198	200880	114787	455	2889	24084	40359	39225
28663	758134	557495	20848	5702	31344	29495	257957
955	188439	110011		3276	1840	203	81136
8133	249196	189694	8573	1869	17694	9640	32493
3009	83720	57594			3022	3763	43354
8538	97698	98532	12275		518	5881	60281
8028	139081	101665		557	8271	10009	40694
172476	2351564	1548646		11652	257932	130739	910150
2438	112522	52012			4958	4047	5407
13	13530	5674			1000	3077	846
2425	83581	41854			3858	970	4560
	15412	4484			100		
292158	3620410	3676932	2992947	9500	480631	79118	40162
237812	3563107	3610004	2992947	9500	418703	74118	40162
237812	3563107	3610004	2992947	9500	418703	74118	40162
54346	57303	66928			61928	5000	
2089858	17876513	8656930	851655	146790	1933846	1453237	1623476
734333	3221006	2276100	790479	1636	300821	84441	129968
9256	64103	32836	50	931	26548	1956	3351
28994	106262	61225	28459		25581	4083	379
2934	337722	136875	68191		30085	7843	13762
625118	2088091	1691167	665000		101019	56772	51559
68032	624827	353998	28779	705	117589	13787	60919
17725	434183	204606	13427	13051	84964	56254	25962
	1454	712			651	61	
5972	38856	15466	12092	972	308	544	
	73403	22896					22896
7762	254687	145967		11568	72793	51541	3065
3992	65687	19447	1335	511	11211	3990	
	96	118				118	
3004	220207	95397			25797	68949	652
2895	217833	93397			25797	66949	652
109	2374	2000				2000	
171919	3244088	1250308	5412	7648	281068	234714	301577
130664	2216744	820782	5382	7330	182078	129097	178557
13612	536320	215937	30	30	51881	65146	57119
10927	242055	109328		278	31651	13549	33831
8198	90879	40559			1506	7350	27340
8518	158090	63703		10	13952	19572	4730
614907	3458002	1945201	3533	82699	749399	473159	141175
181178	2571998	1112309		1520	299269	382180	104945

1-2 续表 24

项　　目	累计折旧	本年折旧	负债合计	流动负债合计	应付账款
合成橡胶制造	145240	26588	338216	308664	131329
合成纤维单（聚合）体制造	551776	80107	933860	531153	135111
其他合成材料制造	48272	6876	194873	168153	66447
专用化学产品制造	1538250	245858	3242216	2732399	864855
化学试剂和助剂制造	267231	48432	893454	760226	186407
专项化学用品制造	185591	39981	750405	549842	227467
林产化学产品制造	285539	50077	149940	102526	30903
信息化学品制造	310849	44123	530945	457980	187199
环境污染处理专用药剂材料制造	32415	4999	227740	223408	19485
动物胶制造	12122	1195	19484	19437	7019
其他专用化学产品制造	444503	57050	670248	618981	206375
炸药、火工及焰火产品制造	23470	4403	41459	27567	5007
炸药及火工产品制造	23470	4403	41459	27567	5007
焰火、鞭炮产品制造					
日用化学产品制造	1473017	237868	3414601	3146090	1110374
肥皂及合成洗涤剂制造	748946	85118	1760361	1700376	669376
化妆品制造	437350	109305	887563	728896	186360
口腔清洁用品制造	167754	21267	264801	264078	120602
香料、香精制造	79389	12676	212855	181603	72704
其他日用化学产品制造	39578	9503	289021	271137	61331
医药制造业	1792544	264903	5619656	4408043	843043
化学药品原料药制造	275095	36365	552302	401542	101060
化学药品制剂制造	567817	75600	2277692	1796905	292317
中药饮片加工	94339	15345	342216	225503	68375
中成药生产	320120	47554	1304370	1144339	231490
兽用药品制造	52493	12975	91224	71415	21947
生物药品制造	410110	63894	865771	617911	68388
卫生材料及医药用品制造	72570	13169	186081	150427	59464
化学纤维制造业	556454	71431	595281	478828	132424
纤维素纤维原料及纤维制造	57174	4464	45215	42184	18501
化纤浆粕制造	537	90	4195	3195	2030
人造纤维（纤维素纤维）制造	56637	4375	41020	38990	16471
合成纤维制造	499280	66967	550066	436643	113923
锦纶纤维制造	8506	1362	11827	11328	2764
涤纶纤维制造	272482	27641	264054	228351	74962
腈纶纤维制造					
维纶纤维制造					
丙纶纤维制造	4755	301	13608	12450	3079
氨纶纤维制造	184577	34751	234666	161926	24844
其他合成纤维制造	28960	2912	25911	22589	8275
橡胶和塑料制品业	6595168	1040858	15112204	12763342	4567851
橡胶制品业	873858	124168	1742247	1519775	454524
轮胎制造	346731	41067	443521	367365	54083
橡胶板、管、带制造	119701	19954	359777	297037	67109
橡胶零件制造	110509	17446	239658	211608	98611

单位：万元

非流动负债合计	所有者权益合计	实收资本					
			国家资本	集体资本	法人资本	个人资本	港澳台资本
17446	286056	209453	3533	11563	40595	13273	31109
400059	411235	531587		69416	391724	43749	1863
16225	188713	91853		200	17811	33957	3259
365646	3739865	1274844	24152	3999	316131	302298	255028
110659	1009370	363491	1744	1848	90335	101818	93849
148275	762097	272664	7284	600	58357	44811	18538
33783	292548	83338		135	52620	15449	3496
33818	780292	272176	4791	1416	60625	72642	79422
1957	187941	47225	408		2480	4492	
	40496	12955	3164			300	
37154	667122	222996	6761		51714	62787	59724
8233	43774	18721	2001	5248	5471	6000	
8233	43774	18721	2001	5248	5471	6000	
174090	3515389	1591753	12652	32509	170196	227421	769114
43500	1795099	812119	10300	31893	45486	67421	505575
97484	870162	452534	630	26	71493	118980	184739
722	304143	107701	576	210	4533	12577	9164
18010	411281	167187	1146	230	28992	16994	50330
14374	134704	52212		150	19691	11450	19306
1142745	8132203	2823088	86202	75629	1222391	708441	377621
147868	645023	402183	11142	1339	63224	77281	139515
468488	2997906	997905	41025	37502	431099	264311	124035
103200	324708	138190	22	1862	74949	30327	30319
147870	1868495	615860	13119	25961	341086	103852	67622
17447	352663	118219	201	7640	36382	72325	205
243587	1647227	424853	20644	1325	230897	127493	4235
14285	296180	125879	50		44754	32852	11691
54160	592744	357466	30637	8876	115026	63880	71757
2106	84943	54580	30637		2662	4166	3989
1000	3210	1742			1662	80	
1106	81733	52838	30637		1000	4086	3989
52054	507801	302886		8876	112364	59714	67768
500	20031	9321			6206	1080	2035
23968	190582	141470		8876	68766	56185	7643
1158	5034	4454			1500	863	1000
24937	250934	131064			35710	200	54909
1491	41221	16578			182	1386	2180
1392502	12961043	7336402	97344	50217	1916544	744190	2709079
183462	1403929	1024654	11849	1460	501405	41607	194442
75795	422512	390090			297893	1782	30719
58239	119465	78037	6763	714	25975	8751	19059
10887	155469	102715	900		10839	10974	40216

1-2 续表 25

项目	累计折旧	本年折旧	负债合计	流动负债合计	应付账款
再生橡胶制造	5634	1756	10884	8284	1567
日用及医用橡胶制品制造	58988	7646	117472	97766	34073
其他橡胶制品制造	232296	36299	570935	537716	199080
塑料制品业	5721310	916691	13369957	11243567	4113327
塑料薄膜制造	1101486	142521	2131519	1602409	397229
塑料板、管、型材制造	624413	100906	1429393	1227553	320627
塑料丝、绳及编织品制造	141584	24267	387407	282234	121152
泡沫塑料制造	183464	25063	548010	495523	245137
塑料人造革、合成革制造	300710	58570	391598	324554	76997
塑料包装箱及容器制造	598908	93582	1608885	1261261	280866
日用塑料制品制造	695177	96979	1248793	1082953	502765
塑料零件制造	801886	124037	1943353	1787576	805530
其他塑料制品制造	1273682	250766	3680999	3179504	1363023
非金属矿物制品业	8573910	1534235	17015763	13644383	3628588
水泥、石灰和石膏制造	1675616	318626	3403279	2530907	563514
水泥制造	1668782	317361	3380956	2511428	558108
石灰和石膏制造	6834	1265	22323	19480	5406
石膏、水泥制品及类似制品制造	920784	144425	2952448	2572176	719196
水泥制品制造	743497	116067	2314354	2058436	565990
砼结构构件制造	79791	10626	361484	274977	88498
石棉水泥制品制造	659	110	6511	5269	1894
轻质建筑材料制造	60367	9932	168550	143725	25587
其他水泥类似制品制造	36470	7690	101550	89769	37227
砖瓦、石材等建筑材料制造	3710621	652690	5222415	4263614	1114467
粘土砖瓦及建筑砌块制造	37275	11581	110869	95439	37383
建筑陶瓷制品制造	3303273	564042	4146847	3382338	844659
建筑用石加工	240913	52349	660585	540095	163294
防水建筑材料制造	9039	1033	30600	24135	3530
隔热和隔音材料制造	12174	1837	69463	65801	28521
其他建筑材料制造	107946	21848	204052	155806	37079
玻璃制造	477580	93065	1266816	937048	197276
平板玻璃制造	398802	71717	1035127	726039	126321
其他玻璃制造	78778	21349	231689	211009	70955
玻璃制品制造	794955	166131	1834783	1558306	537118
技术玻璃制品制造	179819	47789	653295	523260	131103
光学玻璃制造	180283	37786	358645	337633	266480
玻璃仪器制造	5248	1829	8847	7639	4321
日用玻璃制品制造	87802	19100	229180	196223	44083
玻璃包装容器制造	140785	22663	205416	158376	20535
玻璃保温容器制造	4195	366	26266	26116	7556
制镜及类似品加工	4049	596	31263	30479	6936
其他玻璃制品制造	192774	36000	321872	278580	56104
玻璃纤维和玻璃纤维增强塑料制品制造	228193	29636	254234	168838	68577
玻璃纤维及制品制造	131182	19501	196190	123162	58132
玻璃纤维增强塑料制品制造	97012	10134	58044	45676	10445

单位：万元

非流动负债合计	所有者权益合计	实收资本					
			国家资本	集体资本	法人资本	个人资本	港澳台资本
1191	12213	3383	2038	496	10	538	300
15749	116610	113682			46172	3662	49562
21601	577661	336748	2148	250	120517	15900	54585
1209039	11557114	6311748	85495	48757	1415139	702583	2514638
360712	1836716	1079851	37413	300	459770	91356	365714
57856	1387273	656775	25250	34151	114352	75324	190863
46885	389470	156809	120	879	60786	27005	39551
27916	296191	184600	1653	446	28643	24515	76864
17955	285036	147628			13058	16032	88518
276065	1225782	652106	1521	3385	109026	80333	290390
66892	1116438	667917	13944	774	97363	80397	301783
108460	1524408	985388	1100	3862	222258	92057	394562
246298	3495801	1780675	4495	4958	309884	215566	766393
1953456	12312072	6065971	278622	114036	2051593	1219197	1539136
594011	2497304	1386973	178689	51851	267078	206826	558866
591354	2476296	1361941	178689	51851	261968	186904	558866
2658	21007	25032			5110	19922	
239803	1379091	817769	34881	25777	264494	275106	142438
134487	1090440	611707	15371	17407	213273	237999	98993
81664	154688	85715	11000	8370	20118	19693	24764
984	11086	660			300	300	60
11288	45393	67766	5373		8602	4656	13841
11381	77485	51921	3137		22201	12458	4780
449866	3385329	1383996	1425	9614	681535	375403	207687
7304	140348	93322	1215	1114	56216	33125	1652
334582	2448853	882987		4796	454752	263865	107952
76649	601989	254585		3590	120342	55642	35802
3464	5978	11778			398	3443	2205
220	56063	21026			14820	1287	700
27646	132098	120297	210	115	35007	18042	59376
111564	813643	652337	4560	6733	231154	73828	165681
94995	585315	509494	4560	6683	191824	68358	118555
16570	228327	142844		50	39330	5470	47126
198465	1773988	806434	10465	5523	229990	103694	260964
107707	510923	270507	10465	100	45161	13580	123531
17977	247388	137011		82	4737	9003	107946
1208	66662	14850				14850	
26423	116739	110127		5341	27368	5676	4839
12982	206273	70505			56471	14034	
150	12503	4256			50	3947	259
	13953	9047			1349	478	7220
32019	599548	190131			94856	42127	17170
55070	341176	218662	48269	6468	42676	3258	107643
49676	211498	162049	48269		33117	927	70276
5395	129678	56613		6468	9560	2331	37367

1-2 续表 26

项目	累计折旧	本年折旧	负债合计	流动负债合计	应付账款
陶瓷制品制造	648920	99756	1379549	1179641	260749
卫生陶瓷制品制造	396354	61875	736001	656418	143032
特种陶瓷制品制造	17159	3022	55834	48554	14763
日用陶瓷制品制造	183963	25741	455978	376873	80462
园林、陈设艺术及其他陶瓷制品制造	51445	9118	131736	97797	22493
耐火材料制品制造	24622	3962	82542	74076	28522
石棉制品制造	236	135	25	25	
云母制品制造	5689	656	20507	16212	5463
耐火陶瓷制品及其他耐火材料制造	18697	3171	62010	57839	23059
石墨及其他非金属矿物制品制造	92620	25945	619698	359778	139169
石墨及碳素制品制造	19540	6363	121663	73497	23175
其他非金属矿物制品制造	73080	19582	498035	286281	115994
黑色金属冶炼和压延加工业	5125522	881028	10834962	9361640	1876928
炼铁	2766	623	14297	10297	2128
炼钢	35331	23839	95324	56675	26442
黑色金属铸造	276439	31100	427088	384394	114082
钢压延加工	4702279	792228	9757126	8564354	1662861
铁合金冶炼	108707	33237	541127	345921	71415
有色金属冶炼和压延加工业	4527678	929723	12291543	10303113	2529605
常用有色金属冶炼	320857	71233	1982794	1849414	1019557
铜冶炼	116666	23583	514402	480109	178543
铅锌冶炼	155715	17711	812674	803633	583280
镍钴冶炼	477	169	4736	4736	1685
锡冶炼	8653	1950	26442	26442	4912
锑冶炼	1052	21	6647	6187	-518
铝冶炼	7643	908	37836	30908	3707
镁冶炼					
其他常用有色金属冶炼	30653	26892	580057	497400	247948
贵金属冶炼	3833	760	181881	181780	17935
金冶炼	676	246	172093	172093	14946
银冶炼	1554	142	6076	6076	1137
其他贵金属冶炼	1603	372	3711	3610	1852
稀有稀土金属冶炼	37745	4521	147724	132285	23994
钨钼冶炼	6056	692	31084	31084	7619
稀土金属冶炼	13300	1484	66381	54524	3874
其他稀有金属冶炼	18389	2344	50258	46676	12501
有色金属合金制造	94265	32130	940519	661475	138038
有色金属铸造	35830	3638	113743	112408	38556
有色金属压延加工	4035148	817443	8924884	7365752	1291525
铜压延加工	679656	93631	3347089	3213988	693037
铝压延加工	3204214	692814	4697419	3413350	445584
贵金属压延加工					
稀有稀土金属压延加工	2102	399	5641	4991	1564
其他有色金属压延加工	149177	30598	874736	733424	151341
金属制品业	6517921	1088030	14744955	12442072	3580675

单位：万元

非流动负债合计	所有者权益合计	实收资本	国家资本	集体资本	法人资本	个人资本	港澳台资本
116125	1619301	589778	42	860	223903	139456	81573
37419	699228	262990			120408	19133	14621
5902	70185	30038			15020	8582	180
52611	600311	231476		194	79380	76994	58298
20193	249578	65273	42	665	9095	34747	8473
3498	71019	23741		10	5872	5919	5688
	1264	50				50	
2926	9223	9360			638	2413	5688
572	60531	14331		10	5234	3456	
185054	431223	186282	292	7200	104891	35708	8595
27165	115594	27173		7200	900	6942	
157889	315629	159109	292		103991	28767	8595
885475	4607999	2756640	27233	10132	1240235	261996	455783
1805	27640	4058			2833	800	425
16972	75422	52675	100	1500	19200	31875	
26931	278094	149994	15397	463	51319	25878	42135
644562	4006780	2224747	11736	8169	1001888	203142	413223
195206	220064	325166			164995	300	
1357839	5274717	2724910	184109	7727	823083	409793	948824
122846	-44259	393181	118054	518	195473	16360	10276
32107	1936	142425	118054		8899	6850	2204
7359	-192778	151021		518	144270	2288	3945
	1911	1555			505		1050
	32846	11641			2676	808	1443
3	8523	1010			980	30	
720	8894	14129			1535	968	
82657	94409	71401			36610	5416	1634
101	27923	20380				13608	6358
	4449	3000				3000	
	10855	10388				10388	
101	12620	6992				220	6358
11635	178973	50649	5280	173	22193	3320	
	33191	5000			4000	1000	
10733	68475	23131	780		17559	220	
902	77306	22518	4500	173	635	2100	
7610	331427	212427	1343	288	66427	35429	81974
352	56746	44196			27250	3603	6888
1215296	4723908	2004077	59432	6747	511740	337473	843329
82022	1083248	672739		2300	237285	110349	172593
1023775	3212832	1084235	18820	4447	190320	181175	643572
	2090	650			50	600	
109498	425738	246453	40612		84085	45350	27164
887453	12571656	6132546	211562	28950	1805942	786974	1975339

1-2 续表 27

项目	累计折旧	本年折旧	负债合计	流动负债合计	应付账款
结构性金属制品制造	1221678	249975	4366113	3588775	852460
金属结构制造	1137679	233050	3867817	3183023	720432
金属门窗制造	83999	16925	498296	405752	132027
金属工具制造	931746	158100	877005	766506	261123
切削工具制造	339349	42697	227536	188741	51571
手工具制造	77086	6950	37083	35788	6632
农用及园林用金属工具制造	6985	963	35490	31352	6476
刀剪及类似日用金属工具制造	240010	59408	281047	240698	97992
其他金属工具制造	268317	48084	295850	269926	98452
集装箱及金属包装容器制造	553226	69274	1312094	1071423	362988
集装箱制造	109721	14124	418919	334568	163550
金属压力容器制造	22720	3508	74982	52049	13819
金属包装容器制造	420785	51642	818194	684806	185619
金属丝绳及其制品制造	141699	20103	266019	215283	69701
建筑、安全用金属制品制造	883792	124991	1833765	1579027	513300
建筑、家具用金属配件制造	495348	73052	1082089	937326	354516
建筑装饰及水暖管道零件制造	198286	25828	573237	497743	129163
安全、消防用金属制品制造	26120	4113	37545	31401	10749
其他建筑、安全用金属制品制造	164037	21998	140893	112556	18873
金属表面处理及热处理加工	360800	70149	958715	885519	288539
搪瓷制品制造	82031	16684	221055	196454	61737
生产专用搪瓷制品制造	37406	9773	91226	89763	37319
建筑装饰搪瓷制品制造	22137	3846	31005	24580	3312
搪瓷卫生洁具制造	8555	1398	81940	66552	16751
搪瓷日用品及其他搪瓷制品制造	13933	1667	16884	15559	4356
金属制日用品制造	1374307	207604	2657526	2241468	549247
金属制厨房用器具制造	94070	17676	360321	330303	69919
金属制餐具和器皿制造	888378	116759	1097339	872459	204817
金属制卫生器具制造	34338	6100	287670	275385	20006
其他金属制日用品制造	357520	67070	912195	763320	254505
其他金属制品制造	968643	171150	2252664	1897618	621580
锻件及粉末冶金制品制造	116869	16717	288317	273225	95369
交通及公共管理用金属标牌制造	35803	6079	33403	26380	7327
其他未列明金属制品制造	815971	148355	1930944	1598014	518885
通用设备制造业	3970072	637625	12881351	11841975	4914028
锅炉及原动设备制造	79359	14309	386385	276045	84799
锅炉及辅助设备制造	42109	6338	131098	111041	39087
内燃机及配件制造	20970	5470	185780	100268	25170
汽轮机及辅机制造	10373	1414	54245	54245	17619
水轮机及辅机制造	5349	900	9297	4737	293
风能原动设备制造	267	139	469	469	380
其他原动设备制造	291	48	5496	5286	2250
金属加工机械制造	344655	69758	1221570	1133213	352497
金属切削机床制造	58158	11007	291567	265964	83927
金属成形机床制造	114309	20512	202334	192062	34269

单位：万元

非流动负债合计	所有者权益合计	实收资本	国家资本	集体资本	法人资本	个人资本	港澳台资本
290975	3375843	1319843	125498	4876	513996	239394	236550
217442	3005355	1084731	125498	4548	431818	217286	171356
73534	370488	235112		328	82178	22109	65195
66242	1155200	378001		3005	39818	64642	84860
21441	277409	100650			9503	6837	42738
994	56846	23045			1805	12781	6524
60	12351	7200		3000	600	50	1577
27060	342598	65770			14654	21133	22633
16686	465996	181336		5	13257	23843	11389
85268	1095474	686940	59426	3677	218869	37644	209835
9914	414865	242519	11544		124526	50	46904
17172	72108	33116	115	3050	4791	7462	15335
58182	608501	411306	47767	627	89552	30132	147596
22451	169913	166767		4269	15045	8515	91136
90276	1523611	661953	7453	1390	211656	73533	185853
32070	898855	389214	2041	770	100456	53378	93549
39183	449750	219397	5413	620	98781	16079	58148
2774	42999	8696			3525	569	3102
16249	132008	44646			8894	3507	31053
27851	815901	449344	15706	2510	77970	45161	164020
9951	116292	95882		439	70862	7855	4386
	50491	66355		439	65217	700	
256	32497	7559			5000		2559
9412	12846	15844			145	3185	173
283	20457	6124			500	3970	1654
97927	2072084	1224466	1550	5268	451754	164583	405564
19327	283119	130751	50	400	40170	13274	46841
38149	870404	632236		4676	319628	98167	154711
11013	82468	43205	1500	100	8361	7958	21761
29438	836093	418275		92	83595	45184	182252
196511	2247339	1149349	1929	3518	205972	145647	593136
9926	328854	129657			31618	45517	25207
	57325	2682			300	1358	1024
186585	1861160	1017011	1929	3518	174054	98772	566906
689530	10009839	4386101	20896	52842	1292274	710705	936806
91840	404025	161360		11764	72182	33673	19648
1768	193925	70952		11764	5871	23634	16765
85512	132497	58001			48939	8224	
	64216	20267			9931		
4560	10065	8956			7141	1815	
	2756	2884					2884
	566	300			300		
57413	1137403	394369	2465	1710	106040	142963	100434
19051	211200	100145	490	1610	14666	38267	36893
3817	133460	31141			3738	17641	8880

1-2 续表 28

项目	累计折旧	本年折旧	负债合计	流动负债合计	应付账款
铸造机械制造	77709	20135	281041	265806	105054
金属切割及焊接设备制造	22956	6207	218313	204884	68565
机床附件制造	13802	3083	46667	43609	14984
其他金属加工机械制造	57721	8814	181648	160889	45698
物料搬运设备制造	347575	47789	2413168	2231330	598218
轻小型起重设备制造	23357	4702	194551	185863	55462
起重机制造	50483	7848	144849	132559	31113
生产专用车辆制造	879	172	12188	12188	988
连续搬运设备制造	1230	58	39501	37669	5793
电梯、自动扶梯及升降机制造	266341	33898	1970385	1811888	493922
其他物料搬运设备制造	5286	1112	51695	51163	10940
泵、阀门、压缩机及类似机械制造	811674	98219	1834689	1746263	608643
泵及真空设备制造	133499	23329	478566	458038	125501
气体压缩机械制造	555569	56326	948776	937926	356309
阀门和旋塞制造	88541	11638	254369	227563	90183
液压和气压动力机械及元件制造	34065	6926	152978	122736	36650
轴承、齿轮和传动部件制造	159276	28523	361488	278453	106179
轴承制造	119157	20173	224089	188237	71317
齿轮及齿轮减、变速箱制造	39323	8210	134356	88202	34568
其他传动部件制造	795	140	3043	2014	294
烘炉、风机、衡器、包装等设备制造	573402	107213	2493699	2252027	998837
烘炉、熔炉及电炉制造	2840	675	62255	58639	16630
风机、风扇制造	108448	19058	314848	281621	146275
气体、液体分离及纯净设备制造	19559	4572	159217	150418	29082
制冷、空调设备制造	273729	53448	1194788	1044209	439580
风动和电动工具制造	51816	13800	340725	336640	257080
喷枪及类似器具制造	12781	2066	21724	21462	7801
衡器制造	27580	2557	55326	50349	23598
包装专用设备制造	76649	11037	344815	308688	78792
文化、办公用机械制造	1051683	165412	2656823	2563631	1654088
电影机械制造	5802	946	34696	34429	13529
幻灯及投影设备制造	6200	1460	47591	46581	22604
照相机及器材制造	588586	101704	727561	694154	331546
复印和胶印设备制造	250695	29499	644610	631199	451876
计算器及货币专用设备制造	132218	22274	1019170	995901	747836
其他文化、办公用机械制造	68182	9528	183195	161368	86698
通用零部件制造	512737	92888	1120568	993166	410567
金属密封件制造	25863	3317	71410	57286	14982
紧固件制造	317123	49635	404682	381468	138756
弹簧制造	32529	4636	53841	50960	18861
机械零部件加工	64569	21183	250547	220562	107327
其他通用零部件制造	72653	14117	340087	282891	130640
其他通用设备制造业	89712	13515	392961	367848	100201
专用设备制造业	3188216	621738	9891585	8483243	2913020
采矿、冶金、建筑专用设备制造	155141	34028	890997	835994	265092

单位：万元

非流动负债合计	所有者权益合计	实收资本					
			国家资本	集体资本	法人资本	个人资本	港澳台资本
11182	161103	66651	1200		23145	13338	12089
7512	474455	109151	775		44376	46558	11886
2026	46747	34858			11898	2620	20191
13825	110438	52422		100	8218	24539	10497
157949	1318347	423245	3355	19	211895	82930	9705
8018	97013	36969			4390	18423	5020
11834	77773	42612	1255	19	18175	11858	
	1266	6500			6500		
	21221	5625			88	1127	482
137565	1078821	322407	2100		178442	49018	2175
532	42254	9133			4300	2505	2028
77060	1448377	765421	1475	2743	276487	79365	91003
15902	356065	123082	12	2413	41803	36832	16236
10768	693620	470918	1463		225311	10916	9307
21002	262529	121190			3815	12836	55077
29388	136163	50231		330	5558	18780	10383
66922	258525	193990	3720	637	29744	13247	73908
29112	179180	152142		337	17168	9592	72736
36780	75940	38848	3720	300	10496	2736	1173
1029	3404	3000			2080	920	
92696	1726587	640673	7729	2164	201346	177367	94108
1845	29357	13147			7680	300	2016
21947	312671	127832	182	332	36164	35123	16100
4979	61071	35528			15472	6636	3504
30845	738313	221378	1190	809	100263	38306	19436
4084	192822	77255	1077		12925	2690	41614
262	12154	4886			1356	2374	1156
32	85463	42658			2121	26375	
28702	294735	117989	5280	1022	25366	65564	10283
60700	2450539	1125491	2081	8558	158113	92873	350792
267	27172	5178			2168	300	2710
1010	12742	16427			9960	1001	4630
18173	1050883	515584	666	8508	25042	9388	218538
13411	453240	211570		50	14628	11003	77294
20968	764090	290427	1415		91991	54878	26795
6871	142413	86306			14324	16303	20825
64846	896116	541993		24509	168840	65455	170906
14024	51124	40447			30729	897	8822
21330	368484	227764		24509	37705	13596	101741
1631	82950	37548			4627	3265	12537
11314	144032	107576			68518	16893	5565
16548	249525	128658			27261	30805	42242
20104	369921	139560	70	739	67628	22834	26301
986425	8636984	4020211	28246	88940	817386	911069	859051
20678	373666	172325	11606	9738	61660	40958	20125

1–2 续表 29

项目	累计折旧		负债合计		
		本年折旧		流动负债合计	应付账款
矿山机械制造	33768	8539	75153	64488	19530
石油钻采专用设备制造	5265	2021	69448	65970	29441
建筑工程用机械制造	46807	12548	516815	506471	158127
海洋工程专用设备制造	27151	2972	105466	104808	40274
建筑材料生产专用机械制造	35637	6711	97825	70894	13635
冶金专用设备制造	6514	1237	26290	23363	4086
化工、木材、非金属加工专用设备制造	1439757	232145	3424992	3131282	1063606
炼油、化工生产专用设备制造	111592	14600	112702	89023	27815
橡胶加工专用设备制造	20239	2824	73428	60126	25365
塑料加工专用设备制造	213809	31299	677503	654206	211572
木材加工机械制造	26344	4768	107182	94085	25426
模具制造	1050730	176163	2392249	2173540	745159
其他非金属加工专用设备制造	17044	2491	61928	60302	28270
食品、饮料、烟草及饲料生产专用设备制造	41860	13736	186027	159634	37959
食品、酒、饮料及茶生产专用设备制造	16231	4380	88419	68433	12774
农副食品加工专用设备制造	1514	417	26091	26041	6179
烟草生产专用设备制造	16707	3949	37617	32297	5345
饲料生产专用设备制造	7408	4990	33900	32864	13661
印刷、制药、日化及日用品生产专用设备制造	205701	33705	1082565	917516	329077
制浆和造纸专用设备制造	36623	6516	117543	111831	18952
印刷专用设备制造	53233	6303	129235	125991	42940
日用化工专用设备制造	778	171	6534	6534	–215
制药专用设备制造	55	5	1482		
照明器具生产专用设备制造	5117	1229	35719	34288	14353
玻璃、陶瓷和搪瓷制品生产专用设备制造	69547	14027	708282	558893	242490
其他日用品生产专用设备制造	40348	5454	83769	79978	10558
纺织、服装和皮革加工专用设备制造	114929	23690	353878	289411	107173
纺织专用设备制造	83992	20277	226950	196568	55071
皮革、毛皮及其制品加工专用设备制造	1211	76	595	595	527
缝制机械制造	26834	3089	98893	68397	46605
洗涤机械制造	2893	248	27441	23852	4970
电子和电工机械专用设备制造	694361	186487	1668758	1168551	500430
电工机械专用设备制造	39185	7878	245952	233913	107993
电子工业专用设备制造	655176	178609	1422806	934638	392438
农、林、牧、渔专用机械制造	29613	5631	174991	149623	68709
拖拉机制造	1252	173	12730	11688	2521
机械化农业及园艺机具制造	22669	4429	112532	95227	55495
营林及木竹采伐机械制造	410	146	976	172	172
畜牧机械制造	910	297	13769	11069	3515
渔业机械制造	227	126	7964	7964	1748
农林牧渔机械配件制造	2216	287	622	609	441
棉花加工机械制造	41	27	1793	1793	1753
其他农、林、牧、渔业机械制造	1889	145	24606	21102	3065
医疗仪器设备及器械制造	335464	60944	1103761	963645	324019
医疗诊断、监护及治疗设备制造	109532	24869	543836	484000	151441

单位：万元

非流动负债合计	所有者权益合计	实收资本	国家资本	集体资本	法人资本	个人资本	港澳台资本
1213	59903	35851	1820	3000	10716	6440	
703	36499	27034	414		8922	13780	3504
9606	170909	49252	1664	5000	5327	11477	16409
657	42941	32057			30857	1200	
5573	52222	21813	7708	1738	5709	6441	212
2927	11193	6318			130	1620	
181167	2682906	1375054	1727	61594	231079	192379	542082
2314	115980	32628			800	14033	17464
10586	29700	20909			6351	435	10184
16560	466021	179898	1727		34468	24579	87344
12523	74595	43285			12082	10261	953
138919	1974702	1083346		61594	169116	140022	425736
265	21908	14989			8261	3050	402
19500	146838	92334	100		74890	7528	2425
17012	65880	65252			55401	2818	1876
	8814	6500	100		4327	690	549
1452	48422	18352			15042	3310	
1036	23723	2230			120	710	
144089	918998	412340		3143	52015	288341	22119
1085	34210	20526			2636	4138	4052
1082	173082	68561			20619	20321	10970
	2512	1678			578	1100	
	400	200			200		
971	27430	24402			8082	13690	993
139710	639941	270728		3143	12923	241537	1057
1240	41423	26246			6977	7554	5047
38592	269715	101423			15198	11533	33785
25748	196322	71722			10970	11083	22430
	2349	318					318
9254	62721	26969			3650	200	9451
3589	8323	2414			578	250	1586
368148	833902	867504	552	7373	75276	61421	98879
11949	165599	77288		1060	18139	18111	6937
356200	668303	790216	552	6313	57137	43310	91943
22056	128337	76572	8268		6462	16924	17815
1042	4928	5552			1800	3752	
17305	103869	58691	7500		4307	4710	16898
804	3449	3365				3365	
2700	6520	2850			255	2595	
	1018	1002				1002	
	4451	1993				358	
	-379	917					917
205	4481	2202	768		100	1142	
121364	2220028	512902	3993	441	189386	134976	47969
57713	1521435	238116	3993	441	135467	48904	3318

1-2 续表 30

项目	累计折旧	本年折旧	负债合计	流动负债合计	应付账款
口腔科用设备及器具制造	9320	1568	108719	83837	34472
医疗实验室及医用消毒设备和器具制造	95301	13084	14374	13160	4819
医疗、外科及兽医用器械制造	55177	10534	169590	137669	41697
机械治疗及病房护理设备制造	25051	3923	93027	88413	32208
假肢、人工器官及植（介）入器械制造	13596	2790	72435	58528	11260
其他医疗设备及器械制造	27489	4176	101782	98037	48123
环保、社会公共服务及其他专用设备制造	171390	31374	1005616	867587	216955
环境保护专用设备制造	57703	7063	202199	182259	51360
地质勘查专用设备制造					
邮政专用机械及器材制造	223	52	11095	2940	320
商业、饮食、服务专用设备制造	1256	199	15015	12188	995
社会公共安全设备及器材制造	47954	10220	301756	253282	59356
交通安全、管制及类似专用设备制造	1477	301	62578	59296	17035
水资源专用机械制造	3050	766	27499	24910	5518
其他专用设备制造	59728	12774	385473	332711	82372
汽车制造业	6459297	1177377	20334824	18617192	7761859
汽车整车制造	2782622	434796	11507046	10780737	4151022
改装汽车制造	44174	6619	509167	464145	165140
低速载货汽车制造	24416	5999	160606	135593	27930
电车制造	518		19259	19259	2511
汽车车身、挂车制造	63083	12190	465086	433621	137290
汽车零部件及配件制造	3544483	717774	7673660	6783838	3277967
铁路、船舶、航空航天和其他运输设备制造业	1729777	319287	9049562	7098504	1887190
铁路运输设备制造	3121	1992	140694	140108	74162
铁路机车车辆及动车组制造	1958	1888	133832	133247	70432
窄轨机车车辆制造					
铁路机车车辆配件制造					
铁路专用设备及器材、配件制造	1104	90	6754	6753	3730
其他铁路运输设备制造	59	14	108	108	
城市轨道交通设备制造	4402	2105	29878	20472	3953
船舶及相关装置制造	850127	211445	5396026	4052576	773340
金属船舶制造	620610	161854	4624814	3328621	649635
非金属船舶制造	15969	2799	157688	129906	35914
娱乐船和运动船制造	12518	2888	72524	59516	21510
船用配套设备制造	39181	6828	46483	41314	16036
船舶改装与拆除	161850	37076	494518	493219	50244
航标器材及其他相关装置制造					
航空、航天器及设备制造	122097	12811	905439	622069	56388
飞机制造	30679	3191	737907	480502	16159
航天器制造					
航空、航天相关设备制造	89593	8696	152911	128796	34792
其他航空航天器制造	1824	924	14621	12771	5437
摩托车制造	556063	66126	1958895	1727231	714258
摩托车整车制造	289570	32587	1291747	1176335	475956
摩托车零部件及配件制造	266493	33538	667148	550896	238303

单位：万元

非流动负债合计	所有者权益合计	实收资本	国家资本	集体资本	法人资本	个人资本	港澳台资本
20549	15975	22539			4267	1150	3215
1214	18638	8918			5317		3601
24240	293186	91266			17744	45018	4140
4252	153237	45159			3026	31038	8917
8689	99957	44213			6788	600	7972
4707	117601	62691			16778	8265	16806
70831	1062595	409758	2000	6650	111422	157010	73852
18681	308629	106379			39217	14001	45969
	199	199				199	
	6030	4023			1350	1000	1673
11911	199504	84639			23358	8911	11223
3209	38703	18098	2000		4219	11879	
1025	18719	12756			5204	1700	687
36006	490812	183665		6650	38074	119320	14300
1564470	14840430	6196369	178594	18313	1854341	209715	504288
720308	5669993	2405172	127262		1081817		80139
40814	251203	113507	54		59515	53939	
25013	17647	150000			75000		
	4618	4800			1600	3200	
2986	453433	107738		454	22022	3349	67875
775349	8443538	3415152	51278	17859	614388	149227	356274
1659798	5020761	3300464	1754694	8671	805413	237809	267633
586	206472	204972	3685		200780		508
586	199298	200000			200000		
1	6647	4772	3685		580		508
	528	200			200		
9407	52958	52800	49800		3000		
1230484	1780924	1223272	692988	1233	307407	92804	81815
1210117	1330868	993502	585845	30	251750	68612	71417
15819	94289	47922	200		27386	14200	810
4043	48886	42539			12500		9587
307	53702	22143	14517		1699	527	
199	253179	117166	92426	1203	14072	9465	
281631	1141408	1034096	997692	230	600	2250	23599
257405	976174	975603	974848				755
24115	144440	52371	22844	230			22844
112	20795	6122			600	2250	
81416	1342085	478690	8430	6400	220148	109091	58188
28263	886412	233683		5300	122376	59840	31558
53153	455673	245007	8430	1100	97772	49251	26630

1-2 续表 31

项　　目	累计折旧	本年折旧	负债合计	流动负债合计	应付账款
自行车制造	169400	21703	541657	468144	236032
脚踏自行车及残疾人座车制造	145740	17791	447500	384268	189999
助动自行车制造	23659	3913	94157	83876	46033
非公路休闲车及零配件制造	17971	1424	58367	57249	25071
潜水救捞及其他未列明运输设备制造	6597	1681	18607	10656	3987
潜水及水下救捞装备制造	3177	775	12925	10656	3987
其他未列明运输设备制造	3420	906	5682		
电气机械和器材制造业	12907294	2479894	53005479	48461053	18476166
电机制造	645367	115720	2678096	2380625	972733
发电机及发电机组制造	210211	39078	1210295	1025845	272301
电动机制造	96262	17459	346628	334657	159253
微电机及其他电机制造	338894	59184	1121173	1020123	541179
输配电及控制设备制造	1760821	329309	6441239	5603419	2569351
变压器、整流器和电感器制造	564611	102603	2039671	1947054	956236
电容器及其配套设备制造	68469	13186	155277	149459	52291
配电开关控制设备制造	264195	38156	1556900	1419787	534699
电力电子元器件制造	543748	85791	1461377	1327053	767266
光伏设备及元器件制造	208769	70825	815486	382152	104565
其他输配电及控制设备制造	111030	18749	412528	377913	154295
电线、电缆、光缆及电工器材制造	1727473	288115	6254441	5647652	2087997
电线、电缆制造	1341700	211088	5152599	4708169	1725487
光纤、光缆制造	82809	10560	287615	257639	100334
绝缘制品制造	174081	35195	403370	396178	141697
其他电工器材制造	128883	31271	410857	285666	120479
电池制造	1095160	179523	6760230	5430768	1518844
锂离子电池制造	532622	103476	3389867	3177312	1004012
镍氢电池制造	71093	16222	270283	237966	82610
其他电池制造	491445	59825	3100080	2015491	432221
家用电力器具制造	6594554	1358765	26708605	25556655	9645635
家用制冷电器具制造	396504	87424	1627328	1588436	697505
家用空气调节器制造	4158155	921461	17465413	17095981	5758329
家用通风电器具制造	436346	63737	1347450	1272731	418650
家用厨房电器具制造	1015085	185712	4430955	3984002	1878352
家用清洁卫生电器具制造	148171	28043	570653	485324	263588
家用美容、保健电器具制造	106888	18556	325853	267692	189259
家用电力器具专用配件制造	96371	17503	280030	248597	101116
其他家用电力器具制造	237035	36329	660924	613892	338835
非电力家用器具制造	162428	36456	892620	843116	307555
燃气、太阳能及类似能源家用器具制造	134914	32203	846734	802760	289953
其他非电力家用器具制造	27514	4253	45886	40356	17602
照明器具制造	853861	161006	3000102	2749476	1277936
电光源制造	238642	36308	431695	411832	218109
照明灯具制造	508065	101668	2233268	2023747	864769
灯用电器附件及其他照明器具制造	107153	23030	335139	313898	195058
其他电气机械及器材制造	67630	11000	270145	249343	96115

单位：万元

非流动负债合计	所有者权益合计	实收资本	国家资本	集体资本	法人资本	个人资本	港澳台资本
55755	423154	272588	2100	808	62133	33414	91137
48920	373074	231899	2100	808	55347	31020	77722
6835	50080	40690			6786	2394	13415
328	41295	21964			4880	250	6771
191	32464	12082			6466		5616
191	24063	11982			6366		5616
	8402	100			100		
3420399	31862152	12780640	217806	162950	3759813	3035993	3006250
245584	2003733	925035		21897	266295	196935	226612
180865	715417	305966			190008	45725	12452
11126	251755	112155		17158	22169	36352	2395
53594	1036561	506914		4739	54118	114858	211765
645089	5601852	2832639	25991	50402	1099416	617334	475490
52684	2075443	973737	7602	5226	406515	198488	137381
5765	100734	92065		9000	13766	16151	12619
85789	1580610	679245	16108	16804	319294	157326	98446
52520	1186406	569120	2280	1722	107889	92158	148036
423703	244507	304904			191350	37702	71534
24627	414152	213570		17650	60603	115509	7475
397232	4326538	2380537	46413	15122	620226	681321	638159
244442	3396815	1852635	8346	15122	504020	604581	427967
29387	308623	184044	37764		29788	38022	76928
5159	329980	164590			60724	23949	35779
118244	291120	179268	303		25694	14769	97485
1225176	2925311	1372603	16070	7122	292333	419431	439026
144456	1330059	630064	16070	5075	214506	119575	210940
13642	140489	70512		1500	31438	11693	23350
1067078	1454763	672027		547	46389	288163	204736
728965	13210848	3548837	128377	56309	1011117	624605	905546
35819	564656	326738	40100	450	136443	86017	16193
344830	8350831	905913	81720	7872	358884	190885	73598
28015	769712	335346		38	113617	26729	148220
199800	2243169	1126949	518	44671	295863	260121	307915
73577	323191	197733	3618	2928	34469	8931	14696
13322	262984	140615		200	24288	4524	57228
14011	145533	70523			20996	21610	18047
19591	550774	445020	2420	150	26557	25788	269649
25080	732553	250087	18		86783	97330	44643
20894	707265	241006	18		86603	88677	44396
4186	25289	9081			180	8653	248
145282	2870195	1390550	457	11813	346408	379821	262676
5717	603544	256325		600	36023	125448	29752
133970	1984289	982613	30	10869	262067	238384	204721
5595	282362	151612	427	344	48318	15989	28203
7991	191122	80354	480	285	37236	19215	14099

1-2 续表32

项 目	累计折旧	本年折旧	负债合计	流动负债合计	应付账款
电气信号设备装置制造	27558	4340	98499	95114	41927
其他未列明电气机械及器材制造	40072	6660	171646	154229	54189
计算机、通信和其他电子设备制造业	25021404	5625069	105992925	94582213	45834879
计算机制造	3676548	840472	19865896	19529253	11886555
计算机整机制造	888354	183834	4373153	4250310	2483902
计算机零部件制造	1445477	434545	11253958	11169132	7282336
计算机外围设备制造	1220086	201096	3268783	3201829	1689835
其他计算机制造	122632	20998	970003	907982	430481
通信设备制造	4266269	1464159	39453666	34076516	12387160
通信系统设备制造	2736541	1095662	25918572	21268317	6793707
通信终端设备制造	1529729	368497	13535095	12808199	5593453
广播电视设备制造	437624	70399	1486655	1387515	651719
广播电视节目制作及发射设备制造	9738	2093	13776	13765	10767
广播电视接收设备及器材制造	211059	33639	1032927	970383	461703
应用电视设备及其他广播电视设备制造	216828	34667	439952	403367	179249
雷达及配套设备制造	3479	1055	46190	44268	17833
视听设备制造	1566465	341587	9364526	8726419	4344339
电视机制造	354169	95415	5057376	4894301	2297698
音响设备制造	682118	98324	2328053	2014408	1062956
影视录放设备制造	530178	147848	1979097	1817709	983685
电子器件制造	5265542	1346214	16189448	13176204	7388291
电子真空器件制造	76073	7450	110505	105969	73438
半导体分立器件制造	317579	68319	350877	325276	131887
集成电路制造	1333006	196825	2751575	2420207	1270330
光电子器件及其他电子器件制造	3538885	1073621	12976491	10324751	5912636
电子元件制造	8548839	1375086	17261331	15602663	8047732
电子元件及组件制造	5066763	805811	10163877	9120953	5101573
印制电路板制造	3482077	569276	7097454	6481710	2946158
其他电子设备制造	1256638	186097	2325212	2039376	1111252
仪器仪表制造业	916205	153087	2989801	2680841	1343205
通用仪器仪表制造	208497	31933	1276302	1079716	490671
工业自动控制系统装置制造	119746	17078	609994	496603	212465
电工仪器仪表制造	54023	10051	525180	458950	207377
绘图、计算及测量仪器制造	12791	1535	50722	49223	29625
实验分析仪器制造	8058	1700	63051	47585	28951
试验机制造	2242	295	5170	5170	3993
供应用仪表及其他通用仪器制造	11638	1273	22185	22185	8259
专用仪器仪表制造	130785	21451	427263	409323	160656
环境监测专用仪器仪表制造	3169	853	37337	35375	15576
运输设备及生产用计数仪表制造	78493	12407	173969	171958	55859
导航、气象及海洋专用仪器制造	17844	2588	101321	96931	21635
农林牧渔专用仪器仪表制造	1844	301	8855	6963	5612
地质勘探和地震专用仪器制造	305	25	1392	1362	481
教学专用仪器制造	210	54	2394	2394	756
核子及核辐射测量仪器制造	57	13	847	847	174

单位：万元

非流动负债合计	所有者权益合计	实收资本					
			国家资本	集体资本	法人资本	个人资本	港澳台资本
108	92028	23426	480	285	14654	4606	3192
7883	99095	56927			22582	14610	10907
9843650	64257313	31347080	501353	135102	10547501	3115619	8168779
285870	10744703	3626839	77963	10094	729722	429763	997293
117960	3135467	958664	74936	385	244920	79049	104898
62517	4288554	1312698		40	118869	127356	677725
55236	2503200	1083737	185	9664	301802	81203	195079
50157	817483	271741	2842	5	64132	142155	19590
4971301	18824410	7609595	150214	32188	5199371	633028	468465
4554195	12184782	5395462	70971	5036	4711539	276649	117153
417106	6639628	2214133	79243	27151	487832	356380	351312
54068	1211509	521427	6835	173	243244	113839	73605
	63803	55796			54323	121	530
47007	658884	290712	6035	173	68793	93676	54533
7061	488823	174919	800		120129	20042	18542
327	27194	13754		5000	5350	2943	461
371606	4836729	2335025	57403	4903	696303	325606	729771
139236	2165640	819477	54403	1923	275271	177796	262219
131489	1600678	921277	2600	950	275180	90448	236716
100881	1070412	594270	400	2030	145852	57363	230837
2986417	12532992	7608358	121236	30611	1880850	820261	2653508
2725	153369	100526		100	16850	958	65191
18505	604867	415502	18373	10	21314	44712	205637
314718	2202140	1444131		603	232621	157689	409862
2650470	9572616	5648199	102862	29898	1610066	616902	1972818
1007940	14351527	8713892	85701	38943	1587312	660575	2929919
493959	8619445	5106358	58515	26858	851820	418201	1609688
513981	5732082	3607534	27186	12085	735492	242375	1320231
166121	1728250	918191	2000	13191	205348	129604	315756
236352	3244829	1477386	15836	8162	342618	204149	459131
188558	1262717	455081	11921	5793	190626	123676	71044
109705	719218	226640	3450	783	85402	82562	18071
63959	390275	158966	8471	5010	77818	30812	34238
1437	71670	32163			15000	3702	5549
13456	65583	31459			11151	5500	13186
	9755	4249				750	
	6216	1605			1255	350	
12282	470035	137935			19548	25042	37903
1963	29929	13123			600	5451	7072
2011	253446	56827			2595	2354	10343
2182	33879	10446			8378	1102	966
1893	7356	3200			3200		
30	4153	200				200	
	1761	1628			380	1248	
	1158	56					

1-2 续表 33

项　目	累计折旧	本年折旧	负债合计	流动负债合计	应付账款
电子测量仪器制造	14515	3359	71798	67796	42682
其他专用仪器制造	14350	1852	29348	25698	17881
钟表与计时仪器制造	184289	28666	558545	515805	257780
光学仪器及眼镜制造	379172	68046	684452	636009	409674
光学仪器制造	220200	44415	420536	402191	272983
眼镜制造	158971	23631	263916	233818	136691
其他仪器仪表制造业	13463	2991	43239	39989	24424
其他制造业	211497	38813	908016	793734	250678
日用杂品制造	125094	23341	467985	418889	158591
鬃毛加工、制刷及清扫工具制造	22744	4587	76328	67167	17705
其他日用杂品制造	102350	18754	391657	351722	140886
煤制品制造	12314	1755	195178	174428	19241
核辐射加工					
其他未列明制造业	74089	13717	244854	200417	72846
废弃资源综合利用业	2292841	277117	2570121	2163217	768134
金属废料和碎屑加工处理	2139304	253701	2206064	1964600	704152
非金属废料和碎屑加工处理	153536	23416	364057	198617	63981
金属制品、机械和设备修理业	143861	22163	630488	424311	141658
金属制品修理	20972	2922	21208	14745	5895
通用设备修理	1155	383	803	803	247
专用设备修理	12620	1752	24307	22026	4834
铁路、船舶、航空航天等运输设备修理	107851	16405	577637	380203	128498
铁路运输设备修理					
船舶修理	55193	11559	407693	241779	60568
航空航天器修理	52658	4846	169944	138424	67930
其他运输设备修理					
电气设备修理	391	72	2867	2867	1178
仪器仪表修理	471	471	1270	1270	676
其他机械和设备修理业	401	157	2397	2397	330
电力、热力、燃气及水生产和供应业	**45074482**	**5509768**	**55549891**	**27068043**	**6305357**
电力、热力生产和供应业	40159971	5023442	45585983	22084184	5345076
电力生产	16827311	1622624	20446431	10562202	1934553
火力发电	11161823	1158233	13820839	8290608	1490982
水力发电	1323249	111165	1966718	862791	105531
核力发电	4006879	287941	3717622	1083525	287099
风力发电	141107	24249	476520	145674	22694
太阳能发电					
其他电力生产	194253	41037	464732	179604	28247
电力供应	23287039	3394009	25020932	11423460	3403008
热力生产和供应	45621	6809	118620	98521	7515
燃气生产和供应业	736226	125128	2881688	1994860	587607
水的生产和供应业	4178285	361198	7082221	2988999	372674
自来水生产和供应	3718213	317170	4954461	2433927	308359
污水处理及其再生利用	135048	18807	835148	475777	53485
其他水的处理、利用与分配	325025	25220	1292612	79296	10830

单位：万元

非流动负债合计	所有者权益合计	实收资本	国家资本	集体资本	法人资本	个人资本	港澳台资本
3972	95600	34541			3261	8957	19522
232	42754	17915			1135	5729	
14794	547023	341898	3500	2365	70609	17705	172433
17467	912099	511240	416	5	56947	28926	167615
2344	588596	265925		5	44745	13788	84548
15123	323504	245314	416		12202	15138	83067
3250	52955	31233			4888	8800	10136
68795	499778	361017	2367	1163	91175	56154	142229
10333	305747	222563		353	52750	24098	101999
6575	46791	23673			3704	5454	7687
3758	258956	198890		353	49046	18644	94312
20750	−14345	6960		810	600	5550	
37712	208376	131494	2367		37825	26506	40230
85162	1496786	356026	3956	8681	217755	79929	28455
59463	1194940	212201	3956	8681	109798	54944	21016
25699	301846	143825			107957	24985	7439
200157	346107	244490	116461	52229	7620	8104	3840
3793	24721	6441			100	3204	803
	10257	8475			400		
2281	44532	17205	13398		1200	1000	788
194083	262499	207184	103063	52229	3122	1512	2249
162564	131900	141687	99290		3122	1512	2249
31520	130599	65497	3773	52229			
	−712	1100				1100	
	3242	2797			2797		
	1568	1288				1288	
27765587	**48182102**	**25768592**	**11894605**	**240479**	**10916732**	**354762**	**928203**
23030322	41237605	22555489	10964011	64031	9884824	223006	802741
9413778	15646596	10363842	5364244	63866	3300502	215615	802741
5383976	10648244	7410010	3653728	41102	2511722	166779	585104
842046	2333237	1109600	538033	15052	322146	48836	50795
2634096	1896098	1199838	1116659				83179
287621	391128	356360	24219	3746	249606		61805
266038	377889	288034	31605	3965	217028		21859
13597471	25536318	12132696	5579268	166	6552885	378	
19073	54691	58951	20500		31438	7013	
812258	1870579	1176933	257996	370	583459	6909	98960
3923006	5073918	2036170	672598	176078	448448	124847	26502
2378461	3586129	1294732	601638	175778	365153	85272	26502
331230	654916	199293	70960	300	80595	35263	
1213316	832873	542145			2700	4312	

1-2 续表34

项　　目	外商资本	营业收入	主营业务收入	营业成本	主营业务成　本
总　　计	**35000659**	**1077356050**	**1063612083**	**917481417**	**904589841**
一、按登记注册类型分组					
内资企业	539397	558038114	551810688	471250004	464497293
国有企业	212	13446617	12055857	10145265	8589524
集体企业	19119	4323405	4307702	3699278	3671845
股份合作企业		846099	847833	728327	713162
联营企业		607008	606535	549198	547497
有限责任公司	338599	236489039	234638992	201298606	199364488
股份有限公司	113871	92482672	90389540	71802509	69961350
私营企业	63799	207270477	206382851	180793976	179460193
其他企业	3797	2572796	2581379	2232845	2189234
港、澳、台商投资企业	5923387	241711517	237552022	207669937	204125171
外商投资企业	28537875	277606420	274249373	238561476	235967378
二、按企业控股情况分组					
国有控股	1884487	174838502	170952594	146259304	142392118
三、按轻重工分组					
轻工业	12897572	413982889	407209968	345081933	338405794
重工业	22103088	663373161	656402115	572399484	566184046
四、按企业规模分组					
大型企业	14186316	491255184	483104790	411041098	403464015
中型企业	11146696	282911879	279964020	240888056	238174670
小微型企业	9667647	303188987	300543273	265552263	262951156
五、按工业行业大中小类分组					
采矿业	**11268**	**12606591**	**12572145**	**8367027**	**8338973**
煤炭开采和洗选业		32774	32774	31674	31674
烟煤和无烟煤开采洗选		32774	32774	31674	31674
褐煤开采洗选					
其他煤炭采选					
石油和天然气开采业		6772710	6766390	3904656	3904084
石油开采		4332448	4326172	2379865	2379293
天然气开采		2440263	2440218	1524791	1524791
黑色金属矿采选业		1569189	1561690	1111822	1102787
铁矿采选		1556462	1548962	1102063	1093029
锰矿、铬矿采选		2895	2895	2992	2992
其他黑色金属矿采选		9833	9833	6767	6767
有色金属矿采选业		1293554	1287038	1036351	1033321
常用有色金属矿采选		576798	574922	353845	352373
铜矿采选		24643	24325	16604	16535
铅锌矿采选		401119	399560	226614	225212
镍钴矿采选					
锡矿采选					
锑矿采选					
铝矿采选					
镁矿采选					
其他常用有色金属矿采选		151036	151036	110626	110626

单位：万元

营业税金及附加	主营业务税金及附加	销售费用	管理费用	税金	财务费用	利息收入	利息支出
11689169	**11609876**	**36031611**	**45854911**	**1740419**	**7001154**	**1596156**	**7272642**
7401753	7353479	19192689	23678867	897392	5267799	815186	4868809
1667107	1666462	221563	777962	33472	165966	18956	181183
21247	21139	54377	224734	6044	27785	1429	22032
6770	6720	27022	35425	1497	3616	429	1901
1697	1694	6944	10643	213	1654	37	1550
2339151	2311663	6949669	10031447	332768	2966076	320299	2672409
2385937	2377002	7101984	4485932	273910	679399	325080	841561
967762	956980	4785125	8017863	245609	1414617	143706	1137707
12081	11819	46004	94862	3880	8687	5250	10467
1537627	1524289	7219701	11406124	410640	1340933	341050	1271527
2749790	2732108	9619221	10769920	432387	392422	439921	1132306
6831822	6804254	6499091	5256597	352664	2018129	405650	2525601
4064658	4034878	21012992	18289623	770188	2160398	709489	2223754
7624512	7574998	15018619	27565289	970231	4840757	886667	5048888
7584820	7548487	21844482	20641694	811565	2490261	949939	2940827
2502425	2484455	7360204	13343336	504748	2464421	434497	2548446
1601924	1576935	6826926	11869881	424106	2046472	211721	1783369
599737	**599356**	**178376**	**423015**	**46878**	**122163**	**2816**	**42517**
27	27	3171	773	73	9656	2	9658
27	27	3171	773	73	9656	2	9658
505958	505659	10234	144138	32980	61757	1247	15
292708	292409	6874	91703	32980	30825	1218	15
213250	213250	3360	52435		30932	29	
27471	27471	50336	84632	2342	27103	426	17140
27332	27332	49682	84002	2336	26737	426	16775
19	19	299	323	6	155		155
120	120	356	307		210		210
14943	14871	12262	48409	2255	6462	388	4981
10979	10926	11151	27771	2009	4782	27	3627
229	229	291	4962	75	1389		1341
8837	8784	7097	18018	1346	1857	23	867
1913	1913	3764	4792	589	1536	4	1418

1-2 续表35

项　目	外商资本	营业收入	主营业务收入	营业成本	主营业务成　本
贵金属矿采选		574401	573514	569572	569014
金矿采选		574401	573514	569572	569014
银矿采选					
其他贵金属矿采选					
稀有稀土金属矿采选		142355	138602	112935	111934
钨钼矿采选		35502	34643	28119	27581
稀土金属矿采选		45652	45652	37413	37413
放射性金属矿采选		36816	35948	25142	24688
其他稀有金属矿采选		24385	22360	22260	22251
非金属矿采选业	8957	2554064	2539954	2009084	1993667
土砂石开采	6309	2319982	2317515	1835102	1831250
石灰石、石膏开采	4151	287153	286933	232099	232061
建筑装饰用石开采		503637	503637	400658	400535
耐火土石开采		72500	72500	56272	56272
粘土及其他土砂石开采	2158	1456691	1454446	1146073	1142382
化学矿开采		115383	103827	81081	69560
采盐		25325	25289	20573	20528
石棉及其他非金属矿采选	2648	93374	93323	72329	72329
石棉、云母矿采选	2207	5859	5819	5046	5046
石墨、滑石采选		5509	5509	4156	4156
宝石、玉石采选					
其他未列明非金属矿采选	441	82007	81995	63126	63126
开采辅助活动	2311	384300	384300	273441	273441
煤炭开采和洗选辅助活动					
石油和天然气开采辅助活动	2311	375566	375566	266367	266367
其他开采辅助活动		8733	8733	7074	7074
其他采矿业					
制造业	**33968832**	**996944806**	**983888620**	**849255271**	**837152696**
农副食品加工业	434381	27860819	27473489	25385712	25022472
谷物磨制	47739	1673109	1571040	1504740	1420006
饲料加工	56413	9137846	9110489	8374829	8340859
植物油加工	242392	7389949	7196706	7057236	6891538
食用植物油加工	209285	7018474	6831502	6700532	6538777
非食用植物油加工	33107	371476	365204	356704	352760
制糖业		1670813	1649069	1573733	1552359
屠宰及肉类加工	11478	1861744	1850859	1653401	1645572
牲畜屠宰		838071	837044	754034	752202
禽类屠宰	2833	297303	297288	270405	270397
肉制品及副产品加工	8645	726370	716528	628962	622973
水产品加工	44792	4212651	4200894	3701668	3669868
水产品冷冻加工	41087	2460816	2451184	2207293	2179344
鱼糜制品及水产品干腌制加工	3705	660449	660352	581516	581488
水产饲料制造		945550	943768	785710	782046
鱼油提取及制品制造					
其他水产品加工		145836	145590	127150	126990

单位：万元

营业税金及附加	主营业务税金及附加	销售费用	管理费用	税金	财务费用	利息收入	利息支出
165	165	189	5562	70	476	328	494
165	165	189	5562	70	476	328	494
3799	3780	922	15076	176	1205	34	860
348	348	205	3602	82	95	9	96
3300	3300	93	3165	8	158	8	128
51	32	273	6843	33	605	15	289
99	99	351	1467	54	347	2	347
41501	41490	97716	127455	8972	17571	456	10680
38755	38744	90438	107943	8256	15623	314	9965
7005	7005	9545	10317	1232	2907	18	841
6673	6663	11352	15824	1465	5902	3	4660
3622	3622	2910	3749	541	212		209
21454	21453	66631	78053	5018	6602	292	4256
1666	1666	1627	13554	531	510	87	63
290	290	1017	2636	11	30		23
791	791	4634	3322	174	1408	56	629
22	22	10	219	24	–72	28	10
69	69	65	256	59	240	20	260
700	700	4559	2848	91	1240	7	359
9837	9837	4657	17608	256	–386	296	43
9799	9799	4018	16717	167	–429	296	
39	39	639	891	89	43		43
10750690	**10681006**	**35404215**	**44164752**	**1601826**	**5012726**	**1457326**	**5188719**
67576	67123	497193	591031	31990	168380	39637	190391
4221	4189	40693	31299	1859	15655	389	14833
10361	10322	164658	198899	10181	28054	2319	27574
7504	7409	76682	80601	9564	–33058	32409	32942
7329	7233	73808	76649	9172	–31303	31150	31743
175	175	2874	3952	392	–1754	1259	1199
5137	5089	8860	39642	2704	62663	–1309	48567
4877	4728	43477	54085	1808	10753	2307	7845
1746	1746	16554	26395	398	6048	60	4417
471	471	4702	6304	135	1975	75	2093
2660	2511	22221	21387	1275	2731	2172	1335
27424	27357	76315	134091	4433	75508	2131	51940
14909	14844	37454	70888	2648	47648	1526	29010
4755	4755	14008	17662	329	9374	12	5430
7189	7187	22384	40228	1377	16871	591	16186
572	572	2470	5312	78	1615	3	1315

1-2 续表36

项目	外商资本	营业收入	主营业务收入	营业成本	主营业务成本
蔬菜、水果和坚果加工	13539	1124404	1119719	848694	844258
蔬菜加工	2280	177103	176860	153903	153871
水果和坚果加工	11259	947300	942858	694791	690387
其他农副食品加工	18028	790304	774713	671411	658012
淀粉及淀粉制品制造	7624	531163	522582	448685	441980
豆制品制造	10403	43552	43281	38440	38417
蛋品加工		20730	20729	17884	17884
其他未列明农副食品加工		194859	188122	166402	159732
食品制造业	609723	16919611	16647828	10756495	10617805
焙烤食品制造	95251	1480314	1472794	1199608	1182460
糕点、面包制造	48753	467731	466548	382338	371140
饼干及其他焙烤食品制造	46499	1012583	1006246	817270	811321
糖果、巧克力及蜜饯制造	166021	3369766	3306759	2229564	2213160
糖果、巧克力制造	164762	2524937	2463684	1530019	1515363
蜜饯制作	1259	844829	843075	699545	697797
方便食品制造	77532	1905245	1891740	1474588	1462943
米、面制品制造	1179	329164	325210	288910	285973
速冻食品制造	10675	374251	373387	304169	303200
方便面及其他方便食品制造	65677	1201831	1193143	881509	873771
乳制品制造	36501	1824282	1680684	1200448	1136109
罐头食品制造	10891	674354	671682	577755	573786
肉、禽类罐头制造		84360	84191	75447	75325
水产品罐头制造	10858	225458	223039	198354	197502
蔬菜、水果罐头制造	33	288594	288511	242271	242143
其他罐头食品制造		75942	75942	61683	58816
调味品、发酵制品制造	57392	3052315	3027949	2157342	2143657
味精制造	12401	84565	79710	63326	60109
酱油、食醋及类似制品制造	23066	2523674	2506661	1761143	1751853
其他调味品、发酵制品制造	21925	444076	441578	332873	331696
其他食品制造	166135	4613334	4596221	1917192	1905690
营养食品制造	4496	48594	47374	34205	33081
保健食品制造	113929	3271901	3257540	875591	867122
冷冻饮品及食用冰制造	7063	273393	272780	200732	200589
盐加工					
食品及饲料添加剂制造	27273	789185	788320	595850	594374
其他未列明食品制造	13374	230262	230207	210814	210525
酒、饮料和精制茶制造业	1609860	9549501	9426576	6480690	6387512
酒的制造	167859	2107216	2073005	1455652	1430530
酒精制造		52833	52830	48463	48463
白酒制造		273171	272961	176663	176663
啤酒制造	167859	1673552	1639796	1145761	1120683
黄酒制造					
葡萄酒制造					
其他酒制造		107660	107417	84765	84721
饮料制造	1442001	7261436	7172725	4882068	4814012

单位：万元

营业税金及附加	主营业务税金及附加	销售费用	管理费用	税金	财务费用	利息收入	利息支出
4909	4891	64336	27112	639	7675	158	5171
767	765	6637	6174	155	2201	18	993
4142	4126	57699	20938	484	5474	140	4178
3143	3139	22172	25302	802	1129	1234	1521
2163	2163	14442	16221	533	2479	472	2095
309	305	2363	2183	172	-3	115	19
26	26	527	730	15	225	2	217
645	645	4841	6167	81	-1572	646	-810
128704	128437	2717540	852043	29644	-4525	72632	56161
7102	7095	85148	84602	3503	9521	2053	10201
2442	2439	27324	28652	1757	3779	337	3583
4660	4656	57824	55950	1746	5742	1716	6618
24594	24587	396246	165322	4581	-1456	13992	9387
20772	20772	372534	137112	2876	-10052	13932	3149
3822	3815	23712	28210	1705	8595	60	6238
7398	7397	250249	71405	5040	3027	5915	5274
819	819	9131	11241	352	2401	36	1874
2291	2291	19140	23440	827	1203	123	821
4288	4287	221978	36724	3862	-577	5756	2579
12543	12377	389760	68355	3012	-4938	7764	3826
3320	3273	20548	21856	1049	4438	453	3387
378	378	1372	2655	138	492	2	428
675	675	8984	6910	260	763	372	479
1852	1806	8954	9277	467	3138	68	2434
415	415	1238	3015	184	44	11	47
19175	19169	187971	169575	6853	3179	3917	6283
641	641	3697	8421	114	246	258	395
16314	16309	147317	133964	5284	3173	1868	4475
2219	2219	36958	27189	1455	-239	1790	1412
54573	54539	1387618	270929	5607	-18294	38540	17803
396	394	5729	5028	160	1672	188	1569
48664	48647	1294659	194785	3470	-26236	37462	9546
1488	1479	29752	12484	411	3890	343	4119
3544	3543	49770	52254	1365	1797	450	2101
482	477	7708	6376	202	583	97	468
215963	211185	1819795	422229	23068	31270	17756	49197
171705	171313	219912	134577	8008	9963	3881	13788
1888	1888	191	1143	163	773	26	739
49347	49347	6944	12939	401	2025	58	1756
116615	116311	208445	116440	6923	6032	3795	10484
3856	3768	4331	4055	522	1133	3	809
42862	38519	1590048	279494	14397	19282	13869	33744

1-2 续表37

项目	外商资本	营业收入	主营业务收入	营业成本	主营业务成本
碳酸饮料制造	145628	1541454	1536343	998584	996431
瓶（罐）装饮用水制造	1095888	1776456	1740593	1067604	1034184
果菜汁及果菜汁饮料制造	33909	812279	798591	684108	677718
含乳饮料和植物蛋白饮料制造	35570	388423	387448	266860	266034
固体饮料制造	119518	384763	384763	217398	217398
茶饮料及其他饮料制造	11489	2358061	2324987	1647513	1622247
精制茶加工		180849	180846	142970	142970
烟草制品业		5309243	3995121	2570694	1288447
烟叶复烤		19771	15229	10935	9063
卷烟制造		5137483	3827903	2436783	1156408
其他烟草制品制造		151990	151990	122976	122976
纺织业	883822	23899324	23755826	20968618	20795560
棉纺织及印染精加工	602413	12972166	12878464	11526497	11440635
棉纺纱加工	145961	2359515	2340256	2104341	2084252
棉织造加工	49977	3082663	3060486	2738470	2717935
棉印染精加工	406475	7529988	7477723	6683686	6638448
毛纺织及染整精加工	31792	1460162	1441710	1270765	1253311
毛条和毛纱线加工	780	229613	214275	215107	200347
毛织造加工	25024	316079	313745	270467	267788
毛染整精加工	5988	914470	913690	785191	785176
麻纺织及染整精加工		45076	44452	39816	39332
麻纤维纺前加工和纺纱		18894	18373	16953	16469
麻织造加工		7324	7324	6507	6507
麻染整精加工		18858	18754	16356	16356
丝绢纺织及印染精加工		338258	335509	293881	292663
缫丝加工		110390	110067	100841	100778
绢纺和丝织加工		65453	65398	50194	50156
丝印染精加工		162415	160044	142846	141728
化纤织造及印染精加工	41682	268030	267584	235899	235725
化纤织造加工	2774	114874	114444	100231	100074
化纤织物染整精加工	38908	153156	153139	135668	135650
针织或钩针编织物及其制品制造	52224	5617377	5611060	4927346	4884078
针织或钩针编织物织造	39152	4498873	4490792	3960074	3930831
针织或钩针编织物印染精加工		376526	375399	324806	323086
针织或钩针编织品制造	13072	741978	744869	642465	630161
家用纺织制成品制造	54642	1585456	1573556	1308624	1298776
床上用品制造	21712	800340	791053	631905	624532
毛巾类制品制造	9652	353603	353529	303638	303627
窗帘、布艺类产品制造	6273	106901	104544	88357	86022
其他家用纺织制成品制造	17005	324612	324430	284724	284595
非家用纺织制成品制造	101069	1612800	1603491	1365790	1351041
非织造布制造	40807	758081	750351	649455	641915
绳、索、缆制造	29700	249085	249085	196567	196567
纺织带和帘子布制造	6051	313117	313056	271089	266804
篷、帆布制造	5748	101366	100135	83514	81059

单位：万元

营业税金及附加	主营业务税金及附加	销售费用	管理费用	税金	财务费用	利息收入	利息支出
9764	9764	345306	79182	3745	8082	227	7811
14315	10033	426335	88194	2638	2476	3706	5177
2233	2243	48458	18640	2303	7992	4208	11456
2442	2442	51448	17938	888	587	956	1701
3125	3125	83318	14965	40	−1180	−17	75
10984	10913	635182	60577	4783	1324	4789	7525
1396	1353	9836	8157	663	2025	6	1666
1929107	1929107	111933	252797	9106	11209	1919	13001
256	256	1550	5487	225	−43	45	
1928238	1928238	104328	236686	8477	6917	1050	7854
613	613	6054	10625	404	4335	824	5147
100304	99036	432298	792324	36686	130838	19170	113737
45548	44929	169579	381672	16125	57092	17070	52569
11243	10997	35658	74424	3726	14618	832	11644
10605	10333	40519	93076	3614	18411	1802	15831
23700	23599	93402	214172	8785	24063	14436	25093
7815	7808	25128	49986	5863	9397	83	7449
682	680	2133	8073	318	1016	62	451
1192	1187	4051	9977	432	2631	9	2242
5941	5941	18944	31936	5114	5750	12	4756
269	269	1124	2402	133	249	33	221
84	84	647	890	15	16	28	2
126	126	195	388	2	21	4	7
59	59	282	1123	116	212	1	212
1067	1067	3933	8665	368	1632	636	2277
356	356	1150	2804	126	1129	590	1692
245	245	613	659	7	147	−6	152
466	466	2170	5201	234	356	51	433
763	754	9446	12799	714	2565	59	1799
420	411	6289	5522	152	840	30	556
343	343	3157	7277	562	1725	29	1242
28618	28345	106379	195171	7679	35736	−1541	29081
22080	21924	85097	149934	6012	30803	−1666	26256
2347	2345	9543	19017	253	2033	75	1041
4191	4076	11740	26221	1414	2901	50	1785
7706	7640	78078	66049	2422	14009	1154	11670
3746	3738	66070	38041	1046	6770	871	5750
2181	2181	4999	7615	773	3449	31	2239
385	377	1282	2508	41	425	24	415
1393	1344	5727	17885	561	3365	228	3266
8517	8224	38631	75580	3382	10157	1678	8671
3251	3242	20005	34373	1769	4575	918	4752
1501	1501	2832	6590	140	1684	9	1269
2064	1789	6095	18982	684	1716	635	1204
675	675	4036	7020	129	903	34	364

1-2 续表38

项　　目	外商资本	营业收入	主营业务收入	营业成本	主营业务成　本
其他非家用纺织制成品制造	18763	191151	190864	165166	164696
纺织服装、服饰业	595330	33397106	33528017	28661688	28403315
机织服装制造	322597	24951220	24920445	21147135	21058798
针织或钩针编织服装制造	231480	7473073	7641839	6661544	6498763
服饰制造	41252	972813	965733	853010	845754
皮革、毛皮、羽毛及其制品和制鞋业	933990	20126021	20044933	17722254	17630476
皮革鞣制加工	100963	941933	941442	871838	871694
皮革制品制造	147190	5697081	5685370	4946400	4919379
皮革服装制造	1758	143408	143268	128810	128800
皮箱、包（袋）制造	114848	4093275	4086373	3547983	3538309
皮手套及皮装饰制品制造	16382	614433	613121	523295	522333
其他皮革制品制造	14201	845965	842608	746312	729937
毛皮鞣制及制品加工	18021	230420	230415	208666	208666
毛皮鞣制加工	13305	74381	74381	68929	68929
毛皮服装加工		74825	74820	69479	69479
其他毛皮制品加工	4717	81215	81215	70259	70259
羽毛(绒)加工及制品制造	2150	224548	224381	198988	198832
羽毛（绒）加工		84196	84196	72773	72773
羽毛（绒）制品加工	2150	140352	140185	126215	126059
制鞋业	665666	13032040	12963325	11496361	11431904
纺织面料鞋制造	93049	1025210	1024666	923816	922982
皮鞋制造	432148	7781464	7732291	6723992	6669711
塑料鞋制造	24359	3058684	3058386	2804052	2802754
橡胶鞋制造	46949	612237	609959	543380	542323
其他制鞋业	69162	554446	538023	501120	494136
木材加工和木、竹、藤、棕、草制品业	92197	6138676	6112958	5120462	5097959
木材加工	12624	833076	832128	694030	692172
锯材加工		200376	199896	167388	166924
木片加工	628	468843	469667	391378	390959
单板加工		97276	97050	79744	79502
其他木材加工	11996	66582	65514	55521	54788
人造板制造	62782	3202501	3193167	2699123	2692963
胶合板制造	27777	1020248	1016752	888959	886079
纤维板制造	21500	1262166	1261354	1057557	1055400
刨花板制造	12216	235195	235132	203030	202990
其他人造板制造	1289	684892	679929	549577	548494
木制品制造	16253	1292638	1277505	1104189	1090335
建筑用木料及木材组件加工	2000	270853	269941	238978	238335
木门窗、楼梯制造	881	144473	141209	121172	118291
地板制造	2682	330217	320710	267437	258235
木制容器制造		109985	109951	92939	92923
软木制品及其他木制品制造	10690	437111	435695	383663	382551
竹、藤、棕、草等制品制造	538	810461	810158	623119	622490
竹制品制造		667306	667249	498389	497984
藤制品制造	538	95089	94846	84435	84210

单位：万元

营业税金及附加		销售费用	管理费用		财务费用		
	主营业务税金及附加			税金		利息收入	利息支出
1026	1018	5663	8616	660	1279	83	1082
184939	182911	990861	1552211	47432	182627	17208	121031
123237	122463	838275	1133294	34654	138811	9096	96818
55631	54419	134084	371819	11480	38899	7398	21553
6071	6029	18502	47098	1298	4917	714	2660
102134	101032	461942	1010640	37887	101197	13833	64373
2903	2875	8037	25420	1330	4457	428	5678
31971	31527	150990	309116	9992	35597	3412	21253
555	549	2225	8225	254	815	68	335
23539	23182	124305	233186	6854	26027	2669	15222
3763	3748	9525	22640	961	4590	202	2821
4115	4049	14936	45065	1923	4166	474	2876
742	742	3842	8140	1006	1952	24	1556
346	346	1417	2922	160	700	21	744
61	61	840	2149	77	574	2	454
334	334	1586	3069	769	678	1	358
906	906	1592	3956	269	1956	27	1747
486	486	566	1054	69	970	7	920
421	420	1026	2901	200	986	20	827
65613	64982	297481	664009	25290	57234	9942	34140
7679	7386	11157	56859	6414	1525	287	491
41140	40911	218024	445212	14630	29333	8913	24391
12339	12297	52185	74659	1933	22821	216	7039
2803	2800	8973	36295	858	2224	160	1390
1651	1589	7143	50984	1455	1332	366	829
40515	40313	166272	231992	9406	49178	574	55569
6783	6664	14914	32753	2342	−7375	143	6102
1604	1604	3833	6114	110	1978	83	1708
2917	2798	8149	18646	1743	4753	21	3175
1766	1766	1925	4992	378	−14270	36	967
496	496	1007	3001	110	164	3	252
16374	16352	93890	111598	4231	35845	239	31034
4273	4263	16331	25604	1124	7635	57	6342
7437	7437	39739	44954	1307	18671	408	17122
1341	1341	5834	8741	754	3203	34	2776
3323	3311	31986	32299	1046	6337	−260	4795
8601	8576	30675	49982	1506	9498	146	8683
1240	1240	3800	8012	96	698	−249	761
618	618	7568	8203	338	2290	52	1738
3841	3841	7923	10564	326	4252	316	4704
677	677	5224	5060	240	803	−2	514
2225	2201	6160	18142	506	1455	29	965
8757	8721	26793	37660	1327	11209	46	9749
8043	8007	25215	35753	1278	10578	45	9467
293	293	706	1028	18	444	1	94

1-2 续表39

项目	外商资本	营业收入	主营业务收入	营业成本	主营业务成本
棕制品制造		2884	2880	2516	2516
草及其他制品制造		45183	45183	37780	37780
家具制造业	431977	14940324	14877278	12849374	12779471
木质家具制造	190522	8988641	8954379	7719214	7674335
竹、藤家具制造		284291	283370	234660	233846
金属家具制造	163413	2612785	2594843	2284017	2267919
塑料家具制造	8789	236097	234846	209299	208178
其他家具制造	69252	2818510	2809840	2402185	2395192
造纸和纸制品业	1056090	16765194	16333037	14766207	14392368
纸浆制造		45435	45380	44023	44023
木竹浆制造		45435	45380	44023	44023
非木竹浆制造					
造纸	679145	7625098	7266632	6881384	6564338
机制纸及纸板制造	665610	6861037	6505577	6211891	5897774
手工纸制造	1200	22417	22417	19818	19818
加工纸制造	12334	741644	738638	649675	646746
纸制品制造	376945	9094661	9021026	7840800	7784007
纸和纸板容器制造	251954	5063354	5030176	4405512	4384806
其他纸制品制造	124991	4031306	3990850	3435287	3399200
印刷和记录媒介复制业	290990	10391493	10304341	8715293	8673583
印刷	279496	9899604	9820151	8279223	8245202
书、报刊印刷	57135	1315604	1290087	1127088	1120287
本册印制	14011	514875	506418	422588	422515
包装装潢及其他印刷	208350	8069125	8023647	6729547	6702401
装订及印刷相关服务	11494	358126	356244	310417	308514
记录媒介复制		133762	127945	125653	119867
文教、工美、体育和娱乐用品制造业	696046	37349455	37083436	34253502	33985856
文教办公用品制造	45074	1244213	1238101	1056983	1052805
文具制造	38382	981783	976347	835401	831342
笔的制造	4898	133351	132695	112253	112136
教学用模型及教具制造	1794	37515	37514	32976	32976
墨水、墨汁制造		29819	29819	24252	24252
其他文教办公用品制造		61744	61727	52100	52098
乐器制造	5592	737893	733594	606610	603540
中乐器制造	2484	26413	26413	24162	24162
西乐器制造	2694	335531	331279	270805	267748
电子乐器制造		280199	280151	228154	228141
其他乐器及零件制造	415	95751	95751	83489	83489
工艺美术品制造	169318	24873029	24659586	23382924	23155551
雕塑工艺品制造	2619	258156	257860	218638	216438
金属工艺品制造	15771	510973	508664	442560	440887
漆器工艺品制造	1921	29483	29104	25924	25536
花画工艺品制造	2761	585249	585169	523730	523658
天然植物纤维编织工艺品制造	1253	362954	362948	318091	318091
抽纱刺绣工艺品制造	5220	224644	270598	219826	181089

单位：万元

营业税金及附加		销售费用	管理费用		财务费用		
	主营业务税金及附加			税金		利息收入	利息支出
8	8	156	142		2		2
414	414	716	736	32	186		186
75123	74274	476456	717749	24413	95099	5460	74505
46159	45728	295776	441799	14985	53317	2478	49001
2295	2295	6685	11241	315	2855	17	1642
12554	12453	53507	108830	4447	15561	779	8620
1065	1048	6771	10579	310	2703	67	1372
13050	12750	113717	145300	4356	20663	2119	13870
54069	53512	409533	609764	29166	195477	20778	232287
274	274	167	2081	242	-391	435	155
274	274	167	2081	242	-391	435	155
21153	20807	137622	225889	15053	120715	14812	156798
18223	17891	116479	197070	13730	113981	14522	150848
32	32	784	899	10	609	1	604
2898	2884	20359	27920	1313	6126	289	5346
32641	32432	271743	381794	13871	75152	5531	75334
19275	19128	129518	214332	7770	36749	4275	33701
13366	13304	142226	167462	6102	38404	1256	41634
52488	52169	279120	557397	21898	83319	12279	69622
48679	48379	268466	530271	20527	78510	11529	65552
5215	5131	26103	96137	3029	7633	1769	7032
3626	3626	15458	26113	1541	6636	280	5213
39837	39622	226905	408021	15957	64241	9481	53308
2804	2800	7192	20703	954	1459	690	1245
1005	990	3463	6423	417	3351	60	2825
107379	106446	530539	1257926	35684	213904	59187	198264
8611	8610	46059	63950	3134	9597	369	4275
7239	7238	38209	46605	2419	7598	184	3166
748	748	4522	8981	500	1102	58	740
83	83	681	1526	21	297	0	112
149	149	440	2073	8	-27	105	
392	392	2207	4765	187	626	21	258
4927	4927	19080	43555	2230	7759	450	7070
200	200	124	837	79	76	3	65
1891	1891	11628	25597	1754	1439	443	1230
2348	2348	6155	14552	134	6123	-1	5710
488	488	1173	2569	263	121	5	65
46174	45627	306739	503515	11449	137211	47902	154300
1530	1496	7766	12053	280	4474	8	3963
1720	1699	7729	24828	655	5948	110	4667
423	198	790	1779	21	231	0	126
1653	1636	8582	17283	460	2722	10	2131
2676	2675	11873	11582	404	2691	74	1826
2090	2073	5404	15267	900	1651	44	522

1-2 续表40

项目	外商资本	营业收入	主营业务收入	营业成本	主营业务成本
地毯、挂毯制造	14676	226786	225387	187526	186712
珠宝首饰及有关物品制造	117322	21109696	20857676	20038553	19857715
其他工艺美术品制造	7775	1565089	1562181	1408074	1405424
体育用品制造	212149	2491072	2473890	2227976	2215523
球类制造	23556	188594	178016	174741	164143
体育器材及配件制造	119425	1079359	1077829	991146	990896
训练健身器材制造	7455	252869	252826	212948	212926
运动防护用具制造	19577	454295	453174	398278	397211
其他体育用品制造	42135	515955	512045	450863	450347
玩具制造	226312	7743104	7718959	6766497	6745958
游艺器材及娱乐用品制造	37601	260144	259306	212513	212480
露天游乐场所游乐设备制造	751	50668	49921	33786	33774
游艺用品及室内游艺器材制造	32466	169194	169149	143015	142993
其他娱乐用品制造	4384	40282	40237	35712	35712
石油加工、炼焦和核燃料加工业	74574	36729864	36264895	31843852	31356454
精炼石油产品制造	74574	36635430	36170529	31759603	31272219
原油加工及石油制品制造	74574	36635430	36170529	31759603	31272219
人造原油制造					
炼焦		94434	94366	84249	84235
核燃料加工					
化学原料和化学制品制造业	2636404	53330314	52929407	42770810	42410420
基础化学原料制造	968355	8711114	8662239	7913727	7853679
无机酸制造		277614	277519	232298	232241
无机碱制造	2724	239007	235527	208601	206649
无机盐制造	16944	1008969	1007195	892656	891609
有机化学原料制造	816817	5672174	5644509	5287583	5244956
其他基础化学原料制造	131870	1513350	1497490	1292589	1278223
肥料制造	9399	1276386	1232786	1086099	1043280
氮肥制造		24616	23588	21731	21277
磷肥制造		236898	234704	220162	218589
钾肥制造		190508	152794	179732	141598
复混肥料制造	7000	660789	658863	542010	539521
有机肥料及微生物肥料制造	2399	161147	160409	120163	119996
其他肥料制造		2428	2428	2300	2300
农药制造		271698	263834	208754	203007
化学农药制造		267809	259951	205874	200127
生物化学农药及微生物农药制造		3889	3883	2879	2879
涂料、油墨、颜料及类似产品制造	417879	9506370	9434364	7811230	7761654
涂料制造	316327	6683410	6633173	5472332	5439491
油墨及类似产品制造	41732	1225579	1208690	998574	983655
颜料制造	30019	675419	672589	556870	556363
染料制造	4363	285963	285206	248562	247999
密封用填料及类似品制造	25439	635998	634706	534892	534146
合成材料制造	493995	10835073	10755379	9863433	9767230
初级形态塑料及合成树脂制造	323154	7165778	7095029	6421070	6332695

单位：万元

营业税金及附加	主营业务税金及附加	销售费用	管理费用	税金	财务费用	利息收入	利息支出
1556	1556	5979	16826	713	1056	170	592
27683	27572	227643	353602	6988	114227	47375	138179
6843	6722	30974	50295	1030	4210	111	2293
13204	13202	40512	135822	3963	16292	1635	5230
1013	1013	2619	11644	362	1252	183	400
5268	5268	11001	43847	1717	6107	1008	1762
1574	1574	8528	17126	476	1630	73	943
2360	2360	10480	31130	547	3207	53	1068
2989	2988	7883	32075	862	4097	319	1057
33164	32782	112338	488333	14479	40399	8700	25266
1299	1299	5812	22751	428	2646	131	2124
545	545	2542	7086	43	1220	101	1235
732	732	3164	13209	339	919	29	731
22	22	106	2456	46	507	1	158
3237488	3236797	183208	462275	16224	65312	17552	106991
3236987	3236297	181044	460214	16162	64726	17378	103637
3236987	3236297	181044	460214	16162	64726	17378	103637
501	501	2164	2060	62	587	174	3354
301261	295332	3713490	2388401	85787	214722	72960	288562
20232	20064	153810	174427	11500	56852	8383	83437
1168	1168	6080	11622	177	2832	5	2408
1284	1272	6033	13083	735	5234	296	5157
2528	2490	17410	24159	483	7928	1369	7909
10044	10012	80133	77123	7849	35632	5524	62086
5209	5123	44155	48439	2257	5226	1190	5877
17474	17424	27104	42810	2505	10171	1839	11516
53	53	126	1413	37	446	1	447
2528	2528	4760	6107	410	5122	173	4159
28	28	1839	1355	530	309	264	508
9921	9898	15061	26396	978	3308	1401	6191
4942	4915	5317	7371	529	970	1	212
3	3	1	168	21	16	0	
841	841	13509	26657	1138	1651	845	1855
831	831	13487	25926	1078	1465	845	1669
10	10	22	731	60	186		186
49467	47544	440513	554078	21677	38220	11715	42248
34934	33123	334593	394972	15541	22263	9896	28130
7308	7243	47101	82047	2518	7661	1149	7587
4221	4173	23305	35553	2355	4504	195	3522
1186	1186	9906	13304	768	1808	300	453
1818	1818	25608	28203	494	1985	174	2556
23119	22960	218503	335553	17919	55260	5064	69369
15037	14946	153483	242463	11140	41998	3728	44552

1-2 续表41

项目	外商资本	营业收入	主营业务收入	营业成本	主营业务成本
合成橡胶制造	109381	1065761	1062913	952051	949237
合成纤维单（聚合）体制造	24834	1993973	1992398	1977694	1977114
其他合成材料制造	36626	609561	605039	512618	508184
专用化学产品制造	368436	9548379	9472949	7971089	7902885
化学试剂和助剂制造	69096	2600003	2579037	2152036	2128667
专项化学用品制造	143075	1718435	1706948	1470844	1460960
林产化学产品制造	11639	1425412	1415722	1191353	1186860
信息化学品制造	53279	1287334	1282755	1083554	1080749
环境污染处理专用药剂材料制造	39845	377635	374821	211014	207278
动物胶制造	9491	63827	63635	49116	49116
其他专用化学产品制造	42009	2075733	2050032	1813171	1789255
炸药、火工及焰火产品制造		82213	82188	55120	55103
炸药及火工产品制造		82213	82188	55120	55103
焰火、鞭炮产品制造					
日用化学产品制造	378341	13099082	13025669	7861359	7823583
肥皂及合成洗涤剂制造	149287	7732668	7672936	4027216	3994276
化妆品制造	76666	2829063	2824448	2112422	2109763
口腔清洁用品制造	80641	935504	929978	509674	508958
香料、香精制造	70132	1041215	1039465	739991	739258
其他日用化学产品制造	1614	560631	558843	472055	471329
医药制造业	344727	11538692	11445897	7715825	7654543
化学药品原料药制造	109682	777422	775388	490838	488872
化学药品制剂制造	99933	4799812	4751916	3305005	3264456
中药饮片加工	710	884299	881860	667021	665717
中成药生产	56143	2619981	2599816	1671199	1660962
兽用药品制造	1468	518452	509885	348195	346531
生物药品制造	40259	1415951	1409273	853947	850729
卫生材料及医药用品制造	36532	522775	517759	379621	377275
化学纤维制造业	67290	1312616	1303177	1125790	1119198
纤维素纤维原料及纤维制造	13126	205433	205227	158599	158299
化纤浆粕制造		14094	14094	12926	12926
人造纤维（纤维素纤维）制造	13126	191339	191133	145673	145373
合成纤维制造	54164	1107184	1097950	967191	960899
锦纶纤维制造		30396	29829	27182	26670
涤纶纤维制造		632241	627770	574967	570773
腈纶纤维制造					
维纶纤维制造					
丙纶纤维制造	1091	27037	27037	24244	24244
氨纶纤维制造	40244	310572	306693	249995	248609
其他合成纤维制造	12830	106938	106622	90803	90604
橡胶和塑料制品业	1753529	41471914	41114979	35949346	35636022
橡胶制品业	273691	3955570	3920611	3406139	3375046
轮胎制造	59696	743347	724751	625067	608045
橡胶板、管、带制造	16576	645458	640490	544418	541664
橡胶零件制造	39786	675129	673503	577130	575169

单位：万元

营业税金及附加	主营业务税金及附加	销售费用	管理费用	税金	财务费用	利息收入	利息支出
4044	3984	27982	42402	2245	4420	66	6580
1558	1558	22705	23716	3295	6840	735	16056
2480	2472	14333	26972	1238	2002	535	2180
45112	43671	270071	426921	14673	34141	15843	47405
14274	12952	72829	131709	4705	17430	1069	15471
6362	6324	46312	91317	1882	7601	2292	7790
7865	7835	28718	32656	2240	8250	106	6672
5950	5950	34435	48828	2689	3415	5984	8034
3734	3695	28045	46253	211	–7380	3186	851
31	31	1527	4892	637	–637	779	
6896	6883	58206	71268	2308	5464	2427	8587
745	745	2811	13743	409	970	14	928
745	745	2811	13743	409	970	14	928
144272	142084	2587170	814212	15967	17458	29256	31804
87888	86453	1968119	490217	5949	–899	19146	13701
30292	29570	350973	171443	5754	13124	5189	9813
8322	8322	206972	59126	1356	–3436	4458	204
14595	14592	44225	65671	1261	3390	282	3660
3175	3147	16879	27755	1646	5280	181	4426
76049	74546	1344841	813479	22084	71303	58667	117738
5939	5464	97006	65340	2081	9643	3173	11763
26430	26109	531404	275594	8245	43815	17485	59819
4438	4436	53689	44132	2604	11394	1882	11724
22018	21382	399816	229902	5337	10608	7683	15094
2472	2472	34991	39298	769	–1267	3573	1933
11077	11071	196643	118745	2025	–4665	24302	15073
3675	3612	31293	40470	1023	1777	569	2333
5998	5994	20192	57345	2207	12001	1776	13743
1086	1086	799	8261	294	–703	1526	720
48	48	225	587	26	245	1	244
1038	1038	575	7675	268	–947	1525	476
4911	4908	19393	49084	1914	12704	251	13023
102	102	1019	1145	38	118	12	76
2071	2067	7810	25462	1324	9204	156	6858
243	243	553	1491	31	492	7	457
1715	1715	6786	15129	376	2540	23	5299
781	781	3223	5857	145	350	53	334
203139	201335	955768	1923714	64019	265080	30128	193907
23454	23230	89243	216156	7875	35019	2432	26506
6788	6788	15837	40528	1812	12147	793	8584
2939	2894	15379	30732	1022	2933	241	2518
2795	2784	14383	45187	1507	3512	146	2404

1-2 续表42

项　　目	外商资本	营业收入	主营业务收入	营业成本	主营业务成本
再生橡胶制造		67905	67603	60431	60269
日用及医用橡胶制品制造	14286	257587	256304	230289	229120
其他橡胶制品制造	143348	1566144	1557959	1368804	1360779
塑料制品业	1479837	37516344	37194368	32543206	32260976
塑料薄膜制造	123924	5181397	5101803	4538152	4461682
塑料板、管、型材制造	212835	4335939	4288537	3777328	3739884
塑料丝、绳及编织品制造	28102	1135997	1127124	972101	964702
泡沫塑料制造	52478	1542972	1539701	1371398	1367453
塑料人造革、合成革制造	28420	1176367	1165179	1053604	1042486
塑料包装箱及容器制造	152501	2889453	2831967	2447375	2397563
日用塑料制品制造	173355	4664935	4650024	4045285	4030930
塑料零件制造	232369	4895065	4856007	4264889	4233390
其他塑料制品制造	475854	11694219	11634026	10073075	10022887
非金属矿物制品业	826840	38500166	38251855	32892483	32669240
水泥、石灰和石膏制造	113663	4871927	4836546	4074341	4044061
水泥制造	113663	4777658	4742884	3997822	3968023
石灰和石膏制造		94269	93662	76519	76038
石膏、水泥制品及类似制品制造	71196	4887802	4864129	4174871	4141832
水泥制品制造	26884	3690823	3675721	3158250	3142065
砼结构构件制造	1770	555402	551904	475376	463325
石棉水泥制品制造		108175	106141	93819	91792
轻质建筑材料制造	35294	264393	263352	225839	223495
其他水泥类似制品制造	7248	269009	267010	221587	221155
砖瓦、石材等建筑材料制造	103331	16133196	16107218	13941500	13914019
粘土砖瓦及建筑砌块制造		570309	570238	472333	471763
建筑陶瓷制品制造	46624	12093108	12073629	10536107	10518494
建筑用石加工	39209	2587625	2583021	2156275	2152307
防水建筑材料制造	5732	81282	80552	71281	70569
隔热和隔音材料制造	4219	156056	155781	133149	132871
其他建筑材料制造	7548	644815	643996	572355	568015
玻璃制造	170283	1676334	1616627	1448692	1392698
平板玻璃制造	119415	1104824	1060058	967928	924345
其他玻璃制造	50869	571509	556568	480764	468353
玻璃制品制造	178227	3619021	3588330	3048672	3034878
技术玻璃制品制造	77671	1100531	1083260	929244	925234
光学玻璃制造	15243	781926	780592	683567	683497
玻璃仪器制造		36009	35988	21028	21028
日用玻璃制品制造	63634	522218	518105	455180	451068
玻璃包装容器制造		376752	372942	311152	309094
玻璃保温容器制造		58673	58659	47718	47718
制镜及类似品加工		56602	56580	50425	49923
其他玻璃制品制造	21679	686310	682205	550358	547316
玻璃纤维和玻璃纤维增强塑料制品制造	10348	538359	531260	451388	449301
玻璃纤维及制品制造	9461	365316	359475	310112	308198
玻璃纤维增强塑料制品制造	887	173043	171785	141276	141103

单位：万元

营业税金及附加	主营业务税金及附加	销售费用	管理费用	税金	财务费用	利息收入	利息支出
174	174	1407	2209	422	487	23	429
1972	1972	9788	15051	899	2588	243	1736
8787	8618	32450	82450	2213	13352	986	10835
179685	178106	866525	1707558	56145	230061	27696	167401
19641	19252	102424	197022	9039	44104	5643	39876
19085	18958	87403	181652	7801	20467	4408	15859
5016	4976	25485	44807	3459	9329	303	6127
5580	5561	33250	61199	2283	8773	925	6963
4687	4652	16478	27305	976	3377	1106	3171
13275	13249	72008	129893	3850	21882	2672	19066
24010	23766	140871	209013	7713	31241	923	19967
23038	22938	90443	293659	7339	24069	4368	18339
65354	64754	298161	563009	13684	66820	7347	38033
223742	220078	988248	1537444	88583	274893	21994	278911
27961	27427	153533	240097	24707	62907	5666	66394
27050	26523	149817	236371	24550	62363	5664	65952
912	904	3716	3726	158	544	2	442
34620	32650	171652	198762	6853	44356	2356	41437
27394	25623	132752	144648	5184	32651	1401	28758
4092	4022	11342	21645	726	5674	855	7366
366	359	849	1130	34	97	12	57
1533	1411	13228	15105	669	2426	85	2342
1235	1235	13482	16235	240	3508	2	2914
84079	83518	366037	527609	27128	104923	3969	88490
6968	6898	12414	20987	671	5830	27	5320
60907	60669	255956	358122	22689	70930	3345	58484
11555	11401	70013	99281	2794	19950	361	16990
345	268	1568	3379	136	870	48	872
860	860	4311	9590	236	1331	8	1284
3443	3422	21776	36249	602	6012	181	5540
6483	6464	34963	85091	4841	19526	2439	19839
3342	3342	15962	50235	3864	14614	1267	15383
3141	3122	19002	34856	977	4911	1172	4456
21963	21687	83562	207950	6404	–4942	2883	24582
3836	3828	22635	62944	2208	–22359	1196	7860
5302	5302	5726	39076	586	–280	316	425
244	244	4984	4276	107	–38	221	
4308	4228	14424	27851	1815	4553	95	3548
2091	2090	9585	19597	379	4067	867	4545
224	211	2845	4505	23	873	2	565
418	276	1055	3773	125	1184	13	930
5542	5510	22308	45928	1163	7059	174	6708
3682	3655	11395	29532	1595	2763	847	3543
2072	2072	6780	17153	740	2450	658	3346
1610	1583	4615	12380	855	313	190	198

1-2 续表43

项目	外商资本	营业收入	主营业务收入	营业成本	主营业务成本
陶瓷制品制造	143943	5460273	5399768	4672231	4614398
卫生陶瓷制品制造	108828	2148734	2092828	1801168	1748886
特种陶瓷制品制造	6256	155431	154565	122507	122146
日用陶瓷制品制造	16609	2356676	2353568	2058631	2054522
园林、陈设艺术及其他陶瓷制品制造	12250	799432	798808	689925	688843
耐火材料制品制造	6252	316221	315779	267349	267196
石棉制品制造		7967	7967	6165	6165
云母制品制造	622	55700	55576	49187	49187
耐火陶瓷制品及其他耐火材料制造	5630	252554	252237	211997	211844
石墨及其他非金属矿物制品制造	29596	997034	992199	813439	810860
石墨及碳素制品制造	12131	151237	150928	120700	120276
其他非金属矿物制品制造	17465	845797	841271	692739	690583
黑色金属冶炼和压延加工业	757850	24931610	24376424	23035475	22507589
炼铁		151766	151766	121491	121491
炼钢		663130	662823	581288	581288
黑色金属铸造	14802	1187855	1159855	1051716	1025720
钢压延加工	583176	22552340	22034717	20919354	20426548
铁合金冶炼	159871	376519	367263	361626	352541
有色金属冶炼和压延加工业	348602	29290315	29104419	27430979	27264438
常用有色金属冶炼	52501	2244632	2214801	2190630	2163680
铜冶炼	6419	970441	967159	941335	938671
铅锌冶炼		564138	556439	595707	589499
镍钴冶炼		60786	60786	57893	57893
锡冶炼	6714	126866	126766	113167	113085
锑冶炼		62002	62002	58198	58198
铝冶炼	11626	41155	41119	36927	36927
镁冶炼					
其他常用有色金属冶炼	27741	419243	400531	387402	369407
贵金属冶炼	413	843908	836601	817945	817945
金冶炼		705644	698587	686072	686072
银冶炼		117656	117406	113585	113585
其他贵金属冶炼	413	20608	20608	18288	18288
稀有稀土金属冶炼	19682	614963	608344	567178	556215
钨钼冶炼		130688	130688	109581	109581
稀土金属冶炼	4572	95760	91523	89522	80793
其他稀有金属冶炼	15110	388515	386133	368075	365842
有色金属合金制造	24495	1365932	1358846	1289229	1277707
有色金属铸造	6456	263291	259125	239238	236836
有色金属压延加工	245056	23957590	23826703	22326760	22212054
铜压延加工	150212	9075468	9039748	8752422	8726255
铝压延加工	45900	12015391	11970046	10968912	10927001
贵金属压延加工					
稀有稀土金属压延加工		27912	27912	24627	24627
其他有色金属压延加工	48943	2838819	2788997	2580799	2534171
金属制品业	1278649	47629476	47305105	41265694	41039731

单位：万元

营业税金及附加	主营业务税金及附加	销售费用	管理费用	税金	财务费用	利息收入	利息支出
34331	34070	130092	175500	13025	35392	2307	24933
12708	12558	67777	80547	3670	12286	1739	8628
919	919	5857	9719	314	1627	233	956
15333	15234	44307	65314	7053	14271	316	11012
5370	5360	12151	19921	1988	7209	20	4337
3019	3019	7450	11714	441	768	74	705
15	15	398	797	16	34		30
92	92	1473	1970	51	68		
2912	2912	5578	8948	374	666	74	675
7603	7589	29564	61188	3590	9200	1453	8987
440	440	4809	13965	147	2836	1301	3399
7163	7149	24755	47223	3443	6364	152	5588
75039	73114	283365	414944	34784	242100	15278	258196
569	569	4185	4976	53	65		60
1644	1627	11609	11107	925	1015	32	1012
5241	5231	22370	41628	1739	8941	201	7503
67572	65679	237285	349768	30714	236752	12973	232780
13	7	7918	7466	1353	–4674	2072	16841
54868	54700	271397	549954	48168	258980	30505	257030
6438	6412	17954	56392	4420	19470	7319	21629
554	553	4155	12367	1198	13408	931	12739
1143	1143	4315	18212	2197	5082	43	3728
27	27	52	303		50	25	79
573	573	3190	4080	707	268	175	277
57	57	732	1194	31	344		
103	78	695	2211	173	617	4	356
3982	3982	4815	18026	113	–300	6140	4451
355	349	32616	2484	14	2273	11	2245
89	89	32343	1102	3	2172	11	2085
107	107	56	212	2	217	1	148
160	153	216	1170	8	–115		13
2440	2440	4648	15248	767	3944	467	3338
561	561	755	4854	241	2213	113	1034
1134	1134	872	3959	128	2060	43	1810
744	744	3021	6435	398	–328	310	494
2480	2446	14531	45165	1235	11790	498	9763
882	865	8270	17881	532	2365	2	1955
42275	42189	193379	412784	41201	219137	22207	218101
6117	6075	36478	86177	6431	45474	13703	54381
28131	28092	120260	261584	28089	139938	7028	130672
644	644	210	608	222	88		64
7383	7378	36431	64416	6459	33638	1476	32984
244875	242790	976122	1916884	85632	269836	37745	216164

1-2 续表44

项　　目	外商资本	营业收入	主营业务收入	营业成本	主营业务成　本
结构性金属制品制造	196170	9928737	9865779	8551034	8513565
金属结构制造	130868	8724337	8675374	7528087	7500568
金属门窗制造	65302	1204400	1190406	1022948	1012997
金属工具制造	185676	5150826	5130426	4282454	4265640
切削工具制造	41572	641361	632981	546867	540686
手工具制造	1936	265519	265459	229235	229235
农用及园林用金属工具制造	1974	249471	249469	218135	218135
刀剪及类似日用金属工具制造	7351	2511279	2507771	2070606	2067165
其他金属工具制造	132843	1483196	1474747	1217611	1210419
集装箱及金属包装容器制造	141745	4071300	4007098	3578494	3528474
集装箱制造	59495	1573782	1537306	1398840	1371818
金属压力容器制造	2363	326347	325348	282676	282264
金属包装容器制造	79887	2171171	2144444	1896978	1874393
金属丝绳及其制品制造	47803	802939	798696	709919	708032
建筑、安全用金属制品制造	181889	6751648	6699493	5960919	5920738
建筑、家具用金属配件制造	138840	4698155	4673223	4149383	4133420
建筑装饰及水暖管道零件制造	40357	1591075	1566676	1408272	1386853
安全、消防用金属制品制造	1500	102839	102775	82499	82439
其他建筑、安全用金属制品制造	1192	359579	356819	320765	318026
金属表面处理及热处理加工	141697	4031755	4010647	3526356	3510350
搪瓷制品制造	12342	518713	516614	447997	447138
生产专用搪瓷制品制造		149465	148578	135934	135274
建筑装饰搪瓷制品制造		42775	42729	36525	36478
搪瓷卫生洁具制造	12342	201283	200299	170016	169880
搪瓷日用品及其他搪瓷制品制造		125190	125008	105523	105506
金属制日用品制造	174313	10058056	10007554	8781014	8749458
金属制厨房用器具制造	28476	1511622	1505198	1320880	1309919
金属制餐具和器皿制造	54524	4611380	4586226	4037051	4025779
金属制卫生器具制造	3475	477064	476648	430737	430640
其他金属制日用品制造	87838	3457990	3439482	2992347	2983120
其他金属制品制造	197015	6315502	6268799	5427508	5396336
锻件及粉末冶金制品制造	27315	545878	539582	479251	474729
交通及公共管理用金属标牌制造		46744	46725	40598	40598
其他未列明金属制品制造	169699	5722880	5682492	4907658	4881009
通用设备制造业	1370591	31989097	31271572	27581183	26882687
锅炉及原动设备制造	24094	626134	604663	503557	482334
锅炉及辅助设备制造	12919	358018	351307	285325	281937
内燃机及配件制造	838	169246	154509	150017	132183
汽轮机及辅机制造	10336	79026	79003	51339	51339
水轮机及辅机制造		12792	12792	10728	10728
风能原动设备制造		3276	3276	2713	2713
其他原动设备制造		3776	3775	3434	3434
金属加工机械制造	40157	2404903	2332755	1989974	1927386
金属切削机床制造	8220	470780	460547	388447	378586
金属成形机床制造	882	405224	403884	339996	338972

单位：万元

营业税金及附加	主营业务税金及附加	销售费用	管理费用	税金	财务费用	利息收入	利息支出
68267	67722	222601	438685	27247	68901	11660	59185
60198	59667	172693	373896	25408	58504	9988	52848
8069	8055	49908	64789	1839	10397	1672	6337
22051	21990	85022	215014	4988	20389	1336	15693
2742	2717	16236	35057	664	4321	164	2687
794	794	4044	11942	205	967	198	150
650	650	4821	4501	18	719	131	216
10990	10990	31750	94772	1408	9755	90	8781
6875	6840	28170	68743	2693	4628	753	3859
17420	17376	104015	149417	7913	27578	5930	23923
7070	7052	42305	54283	1426	7950	4260	3459
2084	2084	7583	13019	733	1744	10	1675
8266	8240	54127	82115	5754	17884	1660	18790
3328	3319	14045	39117	2415	7811	254	4870
35740	35305	107575	221828	8593	42507	1698	29038
27191	26990	62665	138324	6112	22051	815	14427
7110	6992	33491	61627	1965	17328	823	11815
590	588	4014	7206	52	1181	-18	1195
848	736	7405	14671	463	1947	79	1602
16368	16034	53608	137467	7370	8752	6497	14389
2843	2843	13624	26224	1654	2794	487	1950
1057	1057	1809	11466	736	545	116	300
146	146	1640	2157	39	584	44	536
1018	1018	6878	7309	297	727	316	598
622	622	3297	5294	582	937	11	516
46899	46502	235596	371653	10855	50864	5797	33545
6919	6872	45931	59571	1361	7549	871	4372
20007	19786	92501	151096	4543	25252	2005	16114
2143	2142	12065	13075	224	4577	495	2815
17830	17702	85098	147911	4727	13486	2426	10244
31961	31698	140035	317479	14599	40241	4086	33573
2653	2642	9968	27446	725	7942	837	6985
104	104	999	2413	49	162	-22	25
29204	28952	129068	287621	13825	32138	3271	26563
143724	143019	912630	1618682	45194	89779	49528	113740
3096	3079	19090	39017	2017	-1494	1025	5204
1741	1740	12656	18068	739	1239	322	1186
635	620	3753	15865	1014	2970	642	3357
638	638	2188	4031	199	-6206	58	167
60	60	257	577	18	455	1	455
7	7	219	282	5	9	1	
15	15	19	194	42	39	3	40
11299	11206	95835	146713	3053	13745	7804	15902
2601	2600	22286	35293	822	4799	394	4156
1645	1645	12437	25310	586	3702	113	2630

1-2 续表45

项　　目	外商资本	营业收入	主营业务收入	营业成本	主营业务成　本
铸造机械制造	16779	513997	483877	443602	416887
金属切割及焊接设备制造	5056	382131	362022	288546	272204
机床附件制造	150	101885	101080	84811	83975
其他金属加工机械制造	9069	530886	521345	444572	436762
物料搬运设备制造	115192	4432884	4296498	3540209	3418931
轻小型起重设备制造	9136	332287	329687	289703	285509
起重机制造	11306	283708	273059	242477	233737
生产专用车辆制造		12966	8753	12136	7940
连续搬运设备制造	3778	64117	64113	51756	51756
电梯、自动扶梯及升降机制造	90672	3653229	3535309	2875131	2771235
其他物料搬运设备制造	300	86578	85577	69007	68755
泵、阀门、压缩机及类似机械制造	314349	4368081	4230361	3682983	3532900
泵及真空设备制造	25786	1094958	1087915	872509	870566
气体压缩机械制造	223922	2217191	2090311	1945245	1800246
阀门和旋塞制造	49462	717850	715084	593248	591058
液压和气压动力机械及元件制造	15180	338083	337051	271981	271030
轴承、齿轮和传动部件制造	72625	763178	754488	659047	654552
轴承制造	52202	468610	466699	406164	404486
齿轮及齿轮减、变速箱制造	20423	283503	276724	243210	240394
其他传动部件制造		11065	11065	9672	9672
烘炉、风机、衡器、包装等设备制造	156830	6012539	5760764	5153669	4938839
烘炉、熔炉及电炉制造	3152	99101	98732	84521	84335
风机、风扇制造	39932	993976	950436	833061	795943
气体、液体分离及纯净设备制造	9917	380759	376135	340586	336845
制冷、空调设备制造	60245	2564381	2394599	2175119	2032038
风动和电动工具制造	18949	1252737	1221688	1152035	1122833
喷枪及类似器具制造		75148	74836	60262	60121
衡器制造	14163	222744	221613	182071	181354
包装专用设备制造	10474	423693	422725	326014	325370
文化、办公用机械制造	513074	10237939	10162329	9332618	9222979
电影机械制造		84248	84135	60920	60870
幻灯及投影设备制造	835	134403	134384	124201	124199
照相机及器材制造	253441	3657873	3598523	3435839	3363235
复印和胶印设备制造	108596	3046540	3038604	2776643	2747970
计算器及货币专用设备制造	115347	2945349	2938540	2620082	2613057
其他文化、办公用机械制造	34854	369526	368142	314935	313648
通用零部件制造	112283	2405680	2396702	2118929	2109037
金属密封件制造		146242	143993	129742	127132
紧固件制造	50214	777373	775941	678771	676860
弹簧制造	17119	249885	249480	213206	213128
机械零部件加工	16601	513408	511341	468671	466625
其他通用零部件制造	28350	718773	715947	628538	625291
其他通用设备制造业	21988	737759	733011	600198	595730
专用设备制造业	1302356	18077908	17831906	14527868	14339423
采矿、冶金、建筑专用设备制造	28238	1368610	1360141	1180063	1172235

单位：万元

营业税金及附加	主营业务税金及附加	销售费用	管理费用	税金	财务费用	利息收入	利息支出
2053	2053	14889	20438	433	3667	160	2589
2067	2010	27354	34965	488	-1991	6840	4056
556	556	3661	8254	123	631	132	362
2377	2341	15208	22454	601	2936	165	2110
30591	30547	224636	321608	6593	-2075	15975	11272
2233	2233	8768	13652	232	4529	12	2721
864	833	7563	13337	380	2516	73	2138
10	10	1090	1233	6	199		199
274	274	1019	3492	89	290	-1	
26716	26704	202015	282746	5707	-10632	15864	5238
494	494	4181	7148	178	1024	27	977
20041	19918	119959	274842	6842	23344	2816	20157
6639	6545	37056	86313	1378	3172	830	3318
7801	7800	55696	125096	4238	10974	1225	9276
3840	3839	18646	43264	636	6319	650	5189
1762	1733	8562	20169	590	2879	112	2373
3873	3862	20429	49913	2330	5330	288	5871
2220	2220	11183	34442	1571	3400	210	3279
1596	1585	8954	14983	719	1664	78	2415
57	57	291	488	40	266		177
30934	30791	161456	271070	8187	23191	10221	25466
6690	6690	3018	8112	54	930	157	923
5232	5109	29099	48679	1116	5370	707	3509
2367	2365	8191	13381	290	3613	208	3090
9484	9470	68177	121328	3022	14457	1826	10576
3728	3728	9192	19849	1297	-6908	6416	2239
259	259	4534	5163	220	155	8	135
1251	1251	6665	15200	513	795	240	456
1924	1919	32580	39358	1677	4779	659	4537
27657	27525	206614	320067	11378	1994	9524	11544
211	211	517	6414	72	89	25	3
349	349	1045	5160	161	1258	284	272
10411	10295	18756	126759	3384	4782	3687	2890
7595	7583	77358	67192	3908	-1498	2491	1183
7673	7673	96001	88945	3182	-6922	2676	5323
1418	1415	12937	25597	672	4286	362	1874
12324	12189	40472	142316	3563	19312	1901	12401
1306	1306	5309	10745	178	2249	62	2016
2916	2911	12543	44674	1521	7993	468	4453
900	900	6108	14435	380	1270	51	597
3273	3163	7544	29428	601	5297	212	2683
3929	3908	8969	43033	883	2503	1108	2651
3911	3903	24139	53137	1231	6432	-25	5924
99897	97896	721878	1325324	30494	127951	23909	123281
7540	7502	31760	65046	1518	3587	761	6387

1-2 续表46

项目	外商资本	营业收入	主营业务收入	营业成本	主营业务成本
矿山机械制造	13875	162593	161963	141141	141043
石油钻采专用设备制造	414	76984	76984	55454	55454
建筑工程用机械制造	9376	606740	603944	515820	515438
海洋工程专用设备制造		127572	127568	116174	116092
建筑材料生产专用机械制造	5	338949	334111	303281	297784
冶金专用设备制造	4568	55772	55571	48193	46425
化工、木材、非金属加工专用设备制造	344556	6295133	6211637	5219894	5161654
炼油、化工生产专用设备制造	332	236884	235917	192397	191904
橡胶加工专用设备制造	2731	196629	194490	162190	160142
塑料加工专用设备制造	31581	994009	974829	784566	768260
木材加工机械制造	19989	160185	159342	122750	122394
模具制造	286648	4588867	4529265	3851181	3813503
其他非金属加工专用设备制造	3276	118559	117794	106811	105452
食品、饮料、烟草及饲料生产专用设备制造	5158	565254	562007	476332	472927
食品、酒、饮料及茶生产专用设备制造	5158	245735	245730	206670	206666
农副食品加工专用设备制造		103992	103346	90884	88462
烟草生产专用设备制造		115940	113922	93895	93049
饲料生产专用设备制造		99588	99010	84883	84751
印刷、制药、日化及日用品生产专用设备制造	46623	1637979	1628900	1358453	1350583
制浆和造纸专用设备制造	9699	178820	177910	154783	154090
印刷专用设备制造	16651	306264	301425	246512	243473
日用化工专用设备制造		11507	11507	10199	10199
制药专用设备制造		11473	11473	10055	10055
照明器具生产专用设备制造	1637	114516	114185	97791	97431
玻璃、陶瓷和搪瓷制品生产专用设备制造	12067	877925	874936	717183	713404
其他日用品生产专用设备制造	6569	137473	137463	121931	121931
纺织、服装和皮革加工专用设备制造	40906	1144091	1124378	972521	955337
纺织专用设备制造	27238	819347	800198	689221	672093
皮革、毛皮及其制品加工专用设备制造		3267	3208	2991	2991
缝制机械制造	13668	289316	289199	255674	255657
洗涤机械制造		32162	31773	24634	24596
电子和电工机械专用设备制造	624002	2364946	2322511	2027915	1993207
电工机械专用设备制造	33042	517321	516449	396382	396156
电子工业专用设备制造	590961	1847625	1806061	1631533	1597051
农、林、牧、渔专用机械制造	26911	328293	325196	282575	281450
拖拉机制造		30173	29787	27263	26970
机械化农业及园艺机具制造	25276	222013	219663	191129	190671
营林及木竹采伐机械制造		18861	18861	16299	16299
畜牧机械制造		20981	20978	16808	16808
渔业机械制造		10067	10041	8841	8841
农林牧渔机械配件制造	1635	6594	6594	5006	5006
棉花加工机械制造		2126	2110	1923	1923
其他农、林、牧、渔业机械制造		17477	17162	15308	14934
医疗仪器设备及器械制造	127138	2705641	2682675	1781688	1746372
医疗诊断、监护及治疗设备制造	36993	1377051	1371047	768912	743522

单位：万元

营业税金及附加	主营业务税金及附加	销售费用	管理费用	税金	财务费用	利息收入	利息支出
398	398	5117	8392	234	879	45	592
782	782	822	12023	36	696	96	571
2152	2152	19478	25665	854	–1073	463	2371
2045	2045	1198	7179	151	1696	44	1527
1972	1935	4022	8263	183	1446	43	1178
191	191	1124	3524	62	–57	70	149
28699	27581	167431	424696	11495	48159	5887	37654
768	768	6030	14211	248	1040	91	819
653	646	6420	12907	179	478	33	599
5429	5422	51162	63801	2138	7687	1317	6739
770	744	4415	15386	659	3275	324	2826
20502	19428	96918	312798	8005	35246	4006	26371
577	573	2486	5593	266	434	118	300
3797	3748	17291	30007	1395	4119	387	3162
1620	1620	7716	11118	175	2589	320	1870
590	574	3802	5946	94	219	4	222
1369	1336	3988	8944	660	904	47	728
219	219	1786	3999	465	407	16	342
7934	7836	51719	107914	4007	8850	1346	8855
740	715	5036	10873	261	1338	180	1115
1525	1525	12941	23550	1339	1331	224	1309
93	93	163	1091	33	–637		
31	31	288	1527	9	91		77
372	371	2561	9766	46	572	8	233
4506	4504	26722	51529	2119	5108	894	5261
668	597	4008	9578	200	1048	39	860
6773	6459	31590	44860	1682	5704	884	5461
5557	5243	23731	31534	1258	3199	200	2869
10	9	82	182	3		1	
1044	1044	6143	10597	345	1575	674	1725
163	163	1635	2547	76	931	10	867
11489	11469	60669	168308	2220	22765	1542	28332
2912	2912	23663	34450	371	2762	400	2142
8577	8558	37007	133858	1849	20003	1141	26189
1272	1238	8033	22388	1063	2483	217	2002
94	94	702	3439	33	140	7	90
722	722	5291	14973	819	1453	175	1183
201	201	589	612		155		13
43	43	583	1368	86	225		181
65	65	300	340	1	3		3
74	39	206	415	37	2	28	12
9	9	6	180		–11	0	
64	64	355	1062	86	518	7	522
20153	19969	238293	297891	3947	11278	12005	14060
12510	12501	155209	193672	1782	2469	8856	4985

1-2 续表47

项目	外商资本	营业收入	主营业务收入	营业成本	主营业务成本
口腔科用设备及器具制造	13907	107482	107360	95711	95709
医疗实验室及医用消毒设备和器具制造		105962	105962	92069	92069
医疗、外科及兽医用器械制造	24365	402555	400556	276610	275916
机械治疗及病房护理设备制造	2178	205367	192481	159007	152349
假肢、人工器官及植（介）入器械制造	28854	165281	165033	109871	108306
其他医疗设备及器械制造	20841	341942	340236	279508	278501
环保、社会公共服务及其他专用设备制造	58824	1667960	1614462	1228427	1205659
环境保护专用设备制造	7191	311523	309439	221097	218994
地质勘查专用设备制造					
邮政专用机械及器材制造		11633	11633	10859	10859
商业、饮食、服务专用设备制造		14039	14039	11042	11042
社会公共安全设备及器材制造	41148	561835	545732	442020	438667
交通安全、管制及类似专用设备制造		71718	71275	50266	50192
水资源专用机械制造	5166	43631	42577	37485	36625
其他专用设备制造	5320	653581	619767	455659	439280
汽车制造业	3414157	47893105	47145521	38140079	37583087
汽车整车制造	1103000	26302256	25942917	19937678	19672325
改装汽车制造		383998	383436	327917	327905
低速载货汽车制造	75000	140468	139954	135028	134766
电车制造		13652	13440	10537	10319
汽车车身、挂车制造	14040	957015	948146	821592	813827
汽车零部件及配件制造	2222118	20095715	19717627	16907328	16623946
铁路、船舶、航空航天和其他运输设备制造业	225570	11815192	11596568	10425780	10244375
铁路运输设备制造		54937	54907	48164	48136
铁路机车车辆及动车组制造		37732	37702	34649	34621
窄轨机车车辆制造					
铁路机车车辆配件制造					
铁路专用设备及器材、配件制造		12771	12771	9250	9250
其他铁路运输设备制造		4434	4434	4266	4266
城市轨道交通设备制造		31995	31809	33914	33886
船舶及相关装置制造	46560	3976414	3893429	3684323	3611059
金属船舶制造	15382	3072360	2993930	2864809	2794254
非金属船舶制造	5326	200637	198980	174169	172867
娱乐船和运动船制造	20452	68165	67249	53747	53738
船用配套设备制造	5400	123215	121906	114588	113459
船舶改装与拆除		512037	511364	477009	476742
航标器材及其他相关装置制造					
航空、航天器及设备制造	9726	446307	439601	336937	332375
飞机制造		130127	128262	93935	92165
航天器制造					
航空、航天相关设备制造	6453	269510	264669	211186	208394
其他航空航天器制造	3272	46671	46671	31816	31816
摩托车制造	76226	5591667	5468767	4833108	4732419
摩托车整车制造	14608	3669638	3563134	3171246	3081931
摩托车零部件及配件制造	61617	1922029	1905632	1661862	1650488

单位：万元

营业税金及附加	主营业务税金及附加	销售费用	管理费用	税金	财务费用	利息收入	利息支出
346	336	4596	7499	102	2402	153	1894
236	236	1236	1607	46	504		316
2458	2452	35391	40026	884	2691	1237	3851
1064	911	13193	11409	317	203	1910	1307
1484	1483	10125	22043	361	1143	–246	423
2057	2048	18544	21635	455	1867	96	1284
12239	12095	115092	164215	3167	21005	880	17368
2308	2298	15169	31533	435	4126	139	4140
20	20	127	1575	93	272		178
71	71	553	1150	13	577	3	240
3077	3072	39478	43039	672	4361	423	4049
543	543	6272	9192	43	816	72	825
488	488	907	3027	63	–5	–2	67
5731	5602	52587	74698	1848	10858	245	7869
1388293	1374201	1853912	2302273	96402	19195	22771	150004
1291458	1280890	1459387	1090318	48817	–25277	12303	37823
1468	1468	16949	35345	615	11475	792	12208
		4938	9255	746	–1392	253	3839
100	100	811	1585	15	709		709
2577	2576	18418	34064	1136	4647	–2496	1681
92691	89167	353409	1131707	45074	29033	11920	93743
99812	98548	202372	660773	24939	55677	73337	122230
176	176	1162	10819	363	–440	534	67
35	35	343	8868	349	–526	532	3
128	128	783	1900	14	86	2	64
13	13	36	51				
26	24	159	2240	383	–10	20	58
13619	12715	28858	217974	11488	18194	53233	85545
7984	7104	19014	179641	9548	6153	51238	73128
2046	2046	3736	10532	316	1984	319	2090
531	527	2504	5461	367	1562	19	1277
460	442	1132	4741	325	362	53	445
2598	2597	2472	17600	932	8134	1605	8605
3313	3313	17337	74894	1238	13488	2464	13339
7	7	12514	37598	25	11948	2299	11576
2753	2753	3843	30816	1193	1137	111	1644
553	553	981	6480	21	403	54	120
74613	74343	113763	271569	9474	12598	14732	17674
65055	64804	80399	160990	5095	5994	14031	11141
9558	9539	33364	110579	4379	6605	701	6533

1-2 续表48

项　　目	外商资本	营业收入	主营业务收入	营业成本	主营业务成　本
自行车制造	82996	1424783	1419179	1247583	1244802
脚踏自行车及残疾人座车制造	64902	1205965	1201621	1051672	1050274
助动自行车制造	18094	218817	217558	195911	194528
非公路休闲车及零配件制造	10062	163525	163328	140177	140141
潜水救捞及其他未列明运输设备制造		125565	125549	101574	101557
潜水及水下救捞装备制造		94765	94765	76177	76177
其他未列明运输设备制造		30800	30785	25398	25380
电气机械和器材制造业	2553768	109895574	107833919	92191708	90230718
电机制造	213295	5200905	5095159	4398359	4301632
发电机及发电机组制造	57781	913594	895745	721092	708886
电动机制造	34082	1032354	994818	899083	866398
微电机及其他电机制造	121433	3254957	3204596	2778184	2726348
输配电及控制设备制造	549103	14225516	14047332	11809229	11699934
变压器、整流器和电感器制造	218425	4601741	4558517	3803572	3780462
电容器及其配套设备制造	40529	260670	257352	218694	215835
配电开关控制设备制造	71266	3688902	3598222	2967962	2928762
电力电子元器件制造	202231	3984868	3952826	3451512	3412364
光伏设备及元器件制造	4319	782805	780637	671421	671181
其他输配电及控制设备制造	12333	906531	899779	696067	691329
电线、电缆、光缆及电工器材制造	375196	16137484	16038660	14467472	14387380
电线、电缆制造	288500	13574074	13501698	12276060	12212270
光纤、光缆制造	1542	618644	606274	539402	531552
绝缘制品制造	44138	1182323	1173346	1035563	1027690
其他电工器材制造	41016	762443	757343	616447	615867
电池制造	196072	9207677	9060629	8322914	8203136
锂离子电池制造	61399	4048133	3982966	3517314	3463626
镍氢电池制造	2531	460165	459676	401385	401265
其他电池制造	132142	4699380	4617988	4404215	4338245
家用电力器具制造	805401	53395471	51986598	43338329	41891682
家用制冷电器具制造	47535	4259158	4014444	3448238	3192752
家用空气调节器制造	192954	27833284	26829110	21274931	20482936
家用通风电器具制造	46742	3135589	3092509	2691647	2622622
家用厨房电器具制造	217512	12077936	11991288	10796721	10504833
家用清洁卫生电器具制造	133090	1768864	1758626	1384975	1377383
家用美容、保健电器具制造	54375	1312402	1307445	1143294	1129589
家用电力器具专用配件制造	9820	767123	764445	677570	675686
其他家用电力器具制造	103374	2241115	2228732	1920954	1905882
非电力家用器具制造	21058	1804646	1786561	1478499	1470330
燃气、太阳能及类似能源家用器具制造	21058	1648934	1632387	1347859	1339735
其他非电力家用器具制造		155712	154174	130640	130595
照明器具制造	384604	9069428	8969479	7681781	7584826
电光源制造	64502	1619257	1573697	1362435	1316155
照明灯具制造	262128	6066198	6017908	5107674	5059392
灯用电器附件及其他照明器具制造	57974	1383974	1377874	1211673	1209279
其他电气机械及器材制造	9039	854447	849501	695127	691800

单位：万元

营业税金及附加	主营业务税金及附加	销售费用	管理费用	税金	财务费用	利息收入	利息支出
7027	6939	35007	69596	1723	10386	2330	5183
6308	6221	29178	57229	1466	8272	2168	4019
720	718	5829	12367	257	2115	162	1164
505	504	5092	9303	94	1253	19	201
534	534	995	4378	177	207	5	163
198	198	661	3024	142	191	5	147
336	336	334	1354	35	16		16
468100	459894	6104123	5124389	179598	570588	273995	612458
34137	34004	120177	372793	6777	33656	10895	32617
2496	2488	35531	75532	2798	16925	3819	20213
4886	4869	19778	47142	1671	3379	1010	3290
26755	26647	64869	250119	2309	13353	6067	9115
61269	60908	439505	888873	17517	84015	18919	78612
18799	18750	157611	312918	5856	28545	10497	27274
1150	1149	7247	22138	290	3622	333	2462
18532	18354	151211	231201	4555	24977	3030	21127
15935	15814	72403	227656	4433	19964	4032	15684
1115	1115	20047	36359	1067	-627	101	5846
5738	5725	30986	58601	1315	7535	926	6219
40330	39573	260860	567265	18488	145306	16342	134340
32132	31752	205890	421117	12077	122206	15040	112868
2105	1747	16754	31931	1318	6668	729	6674
4296	4285	24357	64181	3974	9799	383	7027
1797	1790	13860	50035	1120	6634	190	7771
31223	30933	129281	403872	11640	97898	38890	120904
17016	17007	80591	247853	5789	30525	28239	44327
1598	1598	8548	25195	934	6213	132	4418
12609	12328	40142	130824	4917	61160	10520	72159
245411	239919	4705841	2220365	105494	134486	176629	192552
20808	20807	400099	172404	3237	673	1697	6793
143826	139229	3645077	1051710	67960	23657	160756	111948
15222	15195	173699	162757	5534	10353	3849	10137
41069	40873	361278	491320	16796	74649	5893	47182
7972	7562	48159	87999	3975	2632	2033	5001
4427	4372	19509	87554	3487	4371	1319	585
3976	3929	13270	38020	1882	5811	343	3964
8112	7953	44751	128602	2624	12340	740	6942
7106	6978	98688	96904	2122	24642	1601	15689
6569	6449	96365	91724	1923	23895	1506	15213
537	529	2324	5181	199	746	95	475
44686	43663	329283	526824	16208	45954	10535	34976
7848	7811	64693	81372	3238	5216	1644	3894
30360	29384	237231	385462	10067	36647	8544	29039
6478	6468	27360	59990	2902	4091	347	2043
3938	3917	20488	47493	1352	4632	184	2768

1-2 续表49

项目	外商资本	营业收入	主营业务收入	营业成本	主营业务成本
电气信号设备装置制造	210	255305	254661	204737	204440
其他未列明电气机械及器材制造	8829	599143	594840	490390	487360
计算机、通信和其他电子设备制造业	8792217	249851824	246683911	216810789	213993732
计算机制造	1379615	53333251	52990402	50119683	49788155
计算机整机制造	453365	12854268	12749957	12114752	12050470
计算机零部件制造	387431	26894729	26719325	25376300	25224220
计算机外围设备制造	495804	11383382	11310968	10680795	10610241
其他计算机制造	43016	2200872	2210152	1947836	1903224
通信设备制造	1116447	76754038	76156421	59560190	58940458
通信系统设备制造	214114	38670917	38618611	25307024	25239005
通信终端设备制造	902333	38083121	37537810	34253167	33701453
广播电视设备制造	82843	3247701	3214397	2794255	2758040
广播电视节目制作及发射设备制造	822	44879	44879	41984	41984
广播电视接收设备及器材制造	66614	2144846	2117091	1899333	1865897
应用电视设备及其他广播电视设备制造	15407	1057975	1052427	852938	850159
雷达及配套设备制造		130603	130502	113454	112467
视听设备制造	513985	23960786	22645824	21423148	20180600
电视机制造	47865	12625388	11487457	11202211	10114902
音响设备制造	314324	6290246	6166864	5641234	5524068
影视录放设备制造	151796	5045152	4991503	4579703	4541630
电子器件制造	2054705	41944231	41652359	38042268	37806775
电子真空器件制造	15926	645556	641035	582725	578553
半导体分立器件制造	124143	1080459	1076298	968418	960834
集成电路制造	643357	8043446	7967576	7354054	7285561
光电子器件及其他电子器件制造	1271278	32174770	31967450	29137072	28981828
电子元件制造	3395440	43295577	42771254	38499734	38172698
电子元件及组件制造	2127140	27132172	26855066	23983995	23761807
印制电路板制造	1268301	16163405	15916188	14515739	14410891
其他电子设备制造	249182	7185638	7122754	6258055	6234539
仪器仪表制造业	445990	7421608	7318007	5985993	5915185
通用仪器仪表制造	52022	2205583	2175916	1722053	1701618
工业自动控制系统装置制造	36372	1202910	1185208	941129	931014
电工仪器仪表制造	2617	643526	637532	508407	500557
绘图、计算及测量仪器制造	7912	123404	122705	93167	93167
实验分析仪器制造	1621	157227	153946	111587	110615
试验机制造	3499	17330	17034	12985	12880
供应用仪表及其他通用仪器制造		61186	59491	54779	53385
专用仪器仪表制造	55442	1184450	1151889	953975	931374
环境监测专用仪器仪表制造		37529	37529	21857	21810
运输设备及生产用计数仪表制造	41534	451565	440311	371599	367947
导航、气象及海洋专用仪器制造		288129	268917	246313	228039
农林牧渔专用仪器仪表制造		6989	6989	4144	4144
地质勘探和地震专用仪器制造		2632	2174	1159	1159
教学专用仪器制造		9509	9509	7769	7769
核子及核辐射测量仪器制造	56	4134	4134	2762	2762

单位：万元

营业税金及附加		销售费用	管理费用		财务费用		
	主营业务税金及附加			税金		利息收入	利息支出
1103	1103	11728	21372	381	1884	195	1234
2835	2814	8760	26121	971	2748	-11	1534
985312	972804	7551815	13321838	418660	1125474	421599	1001284
98710	97911	422920	1570720	65766	-32714	107100	124563
17290	17290	117027	399184	34506	-5161	19846	28330
51727	51514	161287	754719	19885	-51531	52166	37077
23604	23038	92185	297159	8786	7691	30430	44552
6089	6069	52421	119658	2589	16288	4658	14604
394938	389818	4930514	6426668	63412	778391	195765	436510
314351	313554	3930551	4775507	40081	785380	116261	348494
80587	76263	999963	1651161	23331	-6989	79505	88016
11558	11473	93120	208399	3160	17424	7380	19509
104	104	540	3377	235	54	10	21
7379	7298	48562	118806	1765	16681	2890	15068
4074	4071	44018	86216	1160	689	4480	4421
487	487	4475	7588	73	460	58	373
66919	65839	863265	1108026	150399	68793	22456	88167
28992	28922	660230	502773	137251	17355	12548	51228
24800	23968	106879	355104	7853	35602	3331	21569
13126	12949	96156	250149	5295	15836	6576	15369
216926	215997	423979	1483019	53571	64311	41101	149874
2062	2045	5985	16179	1174	-3339	2283	338
2455	2455	16738	60368	1782	2045	2434	2908
17705	17255	55516	326572	13359	13939	4902	14318
194704	194243	345740	1079900	37256	51666	31483	132311
167624	163995	623876	2100630	70190	189976	44388	157164
117181	113830	450159	1431858	41419	84420	25774	76273
50443	50165	173717	668772	28771	105556	18614	80891
28151	27286	189667	416789	12090	38833	3352	25125
38373	38113	289633	564871	11899	41641	13896	32617
11255	11154	124807	205121	3860	18682	6441	18271
6271	6201	61112	105454	2274	6067	4896	7731
2974	2956	46961	60770	1015	10982	1330	9589
513	513	6812	8074	155	182	137	13
874	874	8046	27489	345	1199	73	891
87	87	1130	2223	35	11	5	9
536	522	746	1111	36	242		40
6207	6159	41334	80876	1243	5465	1538	5626
302	302	3285	5995	70	778	42	806
2730	2727	7676	21610	729	1119	915	2551
1014	1003	8952	14278	185	1878	192	1516
25	25	405	1866	47	78	1	70
28	28	640	457	2	-4		-5
10	10	348	1188	5	56	1	39
63	63	634	648		2		

1-2 续表50

项　　目	外商资本	营业收入	主营业务收入	营业成本	主营业务成　本
电子测量仪器制造	2801	252603	251187	193216	192690
其他专用仪器制造	11052	131361	131140	105158	105055
钟表与计时仪器制造	75287	1874067	1868476	1476432	1473206
光学仪器及眼镜制造	255830	2028853	1998086	1729738	1709743
光学仪器制造	121340	1299114	1272422	1107867	1088697
眼镜制造	134491	729740	725664	621871	621046
其他仪器仪表制造业	7409	128654	123640	103797	99244
其他制造业	67928	2149784	2139914	1882479	1877288
日用杂品制造	43363	1316364	1311046	1163139	1160826
鬃毛加工、制刷及清扫工具制造	6828	166651	165804	142801	142133
其他日用杂品制造	36535	1149713	1145242	1020338	1018693
煤制品制造		123183	123138	120497	120438
核辐射加工					
其他未列明制造业	24565	710237	705730	598843	596025
废弃资源综合利用业	17151	9563995	9496342	8651776	8586795
金属废料和碎屑加工处理	13706	8482561	8417274	7754409	7691416
非金属废料和碎屑加工处理	3445	1081434	1079068	897367	895379
金属制品、机械和设备修理业	56235	904989	891966	776378	766951
金属制品修理	2335	178408	178307	141824	141725
通用设备修理	8075	8045	8045	5508	5508
专用设备修理	819	51367	51367	35527	35163
铁路、船舶、航空航天等运输设备修理	45007	649823	636905	579277	570314
铁路运输设备修理					
船舶修理	35512	284021	274321	263687	256157
航空航天器修理	9494	365802	362584	315590	314157
其他运输设备修理					
电气设备修理		5626	5626	4422	4422
仪器仪表修理		4248	4248	3623	3623
其他机械和设备修理业		7472	7468	6196	6196
电力、热力、燃气及水生产和供应业	**1020560**	**67804653**	**67151318**	**59859119**	**59098171**
电力、热力生产和供应业	255915	58653207	58172682	52412400	51740270
电力生产	255915	16431480	16043044	12021046	11705330
火力发电	214670	13550237	13185827	10383279	10075641
水力发电	10684	802045	787298	453220	450381
核力发电		1641222	1635096	898475	893475
风力发电	16983	162477	160832	87978	87900
太阳能发电					
其他电力生产	13578	275500	273992	198095	197933
电力供应		42112128	42020395	40299193	39942824
热力生产和供应		109599	109243	92161	92115
燃气生产和供应业	183969	6060475	5944230	5296646	5245697
水的生产和供应业	580677	3090971	3034406	2150074	2112205
自来水生产和供应	39368	2140550	2090398	1563871	1531533
污水处理及其再生利用	6175	532091	527004	399121	393590
其他水的处理、利用与分配	535133	418330	417005	187083	187083

单位：万元

营业税金及附加	主营业务税金及附加	销售费用	管理费用	税金	财务费用	利息收入	利息支出
1348	1314	15682	23668	125	1477	–37	350
688	688	3713	11165	81	81	423	299
8848	8834	87271	130953	1877	9076	2120	4642
11486	11389	28101	135471	4351	8441	3555	3913
6899	6876	18000	80530	2072	5803	3121	1608
4587	4513	10100	54941	2280	2638	434	2305
578	578	8122	12450	567	–23	242	165
8805	8717	40749	116182	2576	18639	1758	15104
5528	5439	25272	72731	1427	8745	240	5261
700	700	5328	8620	214	2043	49	1648
4828	4739	19944	64111	1213	6702	191	3613
218	218	2085	3335	116	3725	478	4068
3059	3059	13391	40116	1034	6169	1040	5774
31460	31435	80009	169795	6869	21926	8012	35105
22600	22575	46400	121656	5502	14438	5649	27944
8860	8860	33609	48139	1367	7489	2363	7160
6158	6149	16981	48084	1328	9661	1483	13516
3903	3903	5338	8371	150	1078	9	351
99	99	329	485	5	–156	–149	
345	345	1317	6741	100	302	33	41
1598	1589	9678	30729	1045	8428	1581	13109
503	494	4088	24484	429	9411	1344	11437
1095	1095	5590	6245	616	–983	236	1673
137	137		512	1		4	
17	17		455	22	–5	5	1
59	59	319	791	6	14		13
338742	**329515**	**449020**	**1267144**	**91716**	**1866266**	**136014**	**2041407**
292074	284697	233433	821956	73318	1593580	113461	1712137
129496	125032	9072	562231	60612	888161	71574	938915
92388	88008	1930	388997	54343	602347	50048	637866
13918	13882	6754	80879	3695	59547	12150	76296
19758	19758	4	69891	1238	187936	8416	188422
1173	1161	251	6529	604	21409	299	19402
2259	2222	134	15936	733	16923	663	16929
162268	159356	221011	252735	12449	704447	41695	772111
310	310	3350	6990	256	972	192	1111
17173	16457	81196	102344	6161	43368	15407	60833
29495	28361	134391	342843	12237	229318	7147	268437
22655	21584	123939	230203	10465	145942	16639	156494
1450	1387	6034	29193	1143	21390	–2420	21971
5390	5390	4418	83447	629	61987	–7073	89972

1-2 续表51

项　　目	营业利润	投资收益	营业外收入	补贴收入	营业外支出
总　　计	**63895553**	**2251478**	**3749487**	**1479369**	**2578886**
一、按登记注册类型分组					
内资企业	34501821	1802521	2121221	858546	1401829
国有企业	680814	39741	64006	22480	38020
集体企业	216543	-394	11989	3628	7911
股份合作企业	38545	323	2427	389	985
联营企业	33968		1600	415	535
有限责任公司	14792831	520011	942657	353964	625124
股份有限公司	6844906	1158204	705920	319468	219946
私营企业	11699612	84391	382385	153355	507367
其他企业	194601	245	10236	4848	1942
港、澳、台商投资企业	13208727	234683	818671	245661	715375
外商投资企业	16185004	214275	809595	375162	461682
二、按企业控股情况分组					
国有控股	10145384	1381879	1300364	781792	331953
三、按轻重工分组					
轻工业	25105329	938567	1119901	287235	777560
重工业	38790224	1312911	2629586	1192134	1801326
四、按企业规模分组					
大型企业	30742317	1982596	1819038	632847	1024472
中型企业	17785575	114737	1056865	432537	791185
小微型企业	15367661	154145	873585	413986	763228
五、按工业行业大中小类分组					
采矿业	**2907766**	**-26917**	**47079**	**25153**	**37605**
煤炭开采和洗选业	1980		63		
烟煤和无烟煤开采洗选	1980		63		
褐煤开采洗选					
其他煤炭采选					
石油和天然气开采业	2136266		34229	20848	15590
石油开采	1531738		23690	11576	12156
天然气开采	604528		10539	9272	3434
黑色金属矿采选业	272077	1	434	31	5652
铁矿采选	271513	1	434	31	5031
锰矿、铬矿采选	-893				10
其他黑色金属矿采选	1457				611
有色金属矿采选业	155997	2	6480	2662	2086
常用有色金属矿采选	149700	2	1291		1510
铜矿采选	-2186		40		265
铅锌矿采选	123034		1070		1001
镍钴矿采选					
锡矿采选					
锑矿采选					
铝矿采选					
镁矿采选					
其他常用有色金属矿采选	28852	2	181		244

单位：万元

利润总额	应交所得税	亏损企业亏损总额	利税总额	本年应付职工薪酬	本年应交增值税	全部从业人员年平均人数（人）
64964188	**10241393**	**3791501**	**110083552**	**73394618**	**33430195**	**14558149**
35123466	4672136	1326562	61865847	34003123	19340629	6454102
679431	166658	142340	3002398	1071353	655860	107471
218432	21101	12252	304254	673149	64575	155768
39988	3851	320	72154	50197	25397	13508
35006	3286	164	85250	23555	48547	5395
15077861	2180762	537620	25807308	13194670	8390296	2161891
7316586	1046200	147685	15342835	5685600	5640312	790069
11557722	1226515	484642	16994189	13145459	4468705	3186309
198440	23763	1539	257458	159143	46937	33691
13301627	2482833	1254505	20699416	22439745	5860163	5026359
16539096	3086425	1210434	27518289	16951750	8229403	3077688
11055010	2038457	551716	28006360	8560772	10119529	816651
25379372	3892493	1227136	41314657	33326767	11870627	7547092
39584816	6348901	2564365	68768895	40067851	21559567	7011057
31475256	5454359	1053454	57614357	32406153	18554281	5085548
18027071	2802246	1129070	28662301	24842926	8132805	5692310
15461861	1984788	1608977	23806893	16145539	6743108	3780291
2917239	**635368**	**11496**	**4152802**	**331477**	**635825**	**49297**
2043	511		2323	70	253	224
2043	511		2323	70	253	224
2154905	547766	661	3020359	78033	359497	4368
1543272	386192	661	2072584	57853	236604	2458
611633	161574		947776	20181	122893	1910
266859	30235	1907	411706	51652	117376	9854
266915	30235	1004	410638	49375	116391	9432
-902		902	-691	441	192	135
846			1759	1837	793	287
160391	18012	6212	239782	62899	64448	8895
149481	16664	5168	212756	37888	52296	4666
-2411		3620	-1012	4377	1170	708
123103	16161	1510	174583	29556	42643	3082
28789	503	38	39186	3954	8484	876

1-2 续表52

项　　目	营业利润	投资收益	营业外收入	补贴收入	营业外支出
贵金属矿采选	-1562		1009		305
金矿采选	-1562		1009		305
银矿采选					
其他贵金属矿采选					
稀有稀土金属矿采选	7859		4180	2662	271
钨钼矿采选	3862		422	192	97
稀土金属矿采选	-557		2115	2115	96
放射性金属矿采选	3252		1435	149	20
其他稀有金属矿采选	1301		207	206	59
非金属矿采选业	257876	-26920	4389	1612	14219
土砂石开采	232140	-26497	1722	233	10358
石灰石、石膏开采	24743		146		9
建筑装饰用石开采	50896		87		600
耐火土石开采	5895		17	17	82
粘土及其他土砂石开采	150606	-26497	1472	216	9668
化学矿开采	16256	-423	1978	1379	3282
采盐	866		219		44
石棉及其他非金属矿采选	8613		471		535
石棉、云母矿采选	634				
石墨、滑石采选	723				
宝石、玉石采选					
其他未列明非金属矿采选	7255		471		535
开采辅助活动	83571		1484		57
煤炭开采和洗选辅助活动					
石油和天然气开采辅助活动	83129		1484		57
其他开采辅助活动	442				
其他采矿业					
制造业	**55555891**	**1761256**	**3206448**	**1127187**	**2383085**
农副食品加工业	1329642	34997	78909	47012	65563
谷物磨制	76731	502	3071	4009	1369
饲料加工	443660	-8190	43454	29215	20314
植物油加工	253832	-5854	10572	1524	13952
食用植物油加工	244314	-5854	9622	649	13899
非食用植物油加工	9518		951	875	53
制糖业	-13782	-138	1215	103	1544
屠宰及肉类加工	103542	-204	2757	145	12797
牲畜屠宰	43397	-659	1212	134	11383
禽类屠宰	8950		195	9	47
肉制品及副产品加工	51194	455	1349	2	1367
水产品加工	247914	48814	16106	11448	13361
水产品冷冻加工	114796	7138	8468	5455	4503
鱼糜制品及水产品干腌制加工	25538		277	106	1072
水产饲料制造	98093	41676	7238	5874	7695
鱼油提取及制品制造					
其他水产品加工	9487		123	12	91

单位：万元

利润总额	应交所得税	亏损企业亏损总额	利税总额	本年应付职工薪酬	本年应交增值税	全部从业人员年平均人数（人）
-858		858	-655	3516	38	712
-858		858	-655	3516	38	712
11767	1349	186	27680	21496	12114	3517
4188	380	13	9399	10469	4863	1687
1463	372		11141	1841	6378	210
4668	384		4958	8265	239	1392
1449	213	173	2182	921	634	228
248046	27487	2717	383305	122343	93758	24577
223503	22970	2060	344718	85042	82460	18841
24880	4221	728	44400	11808	12515	3174
50383	2212	55	69571	19940	12516	4513
5831	1456		15094	2506	5641	433
142410	15081	1277	215653	50788	51788	10721
14952	4002		24257	30652	7639	3367
1042	40	255	1758	2413	426	691
8549	475	401	12572	4237	3233	1678
635	159		875	150	218	37
723	181		845	43	53	24
7191	136	401	10852	4044	2961	1617
84997	11357		95327	16479	493	1379
84555	11315		94601	16349	247	1327
442	42		726	130	246	52
56278946	**8467461**	**3572953**	**97037485**	**69334774**	**30007849**	**14234117**
1341202	159817	89939	1845833	760174	437056	172107
78425	4218	697	93486	35647	10841	7792
465400	47656	13954	621872	217887	146111	41269
250399	35458	4867	344045	66652	86142	10685
239984	33675	4867	332308	62783	84996	10105
10416	1782		11737	3870	1146	580
-14111	1223	36237	21907	45038	30881	18307
93529	12249	8872	135682	86300	37276	18753
33254	1284	5795	53381	19210	18382	5208
9098	2147	884	13243	14810	3674	2021
51177	8817	2193	69057	52280	15220	11524
250638	18354	20367	356431	235279	78368	56543
118747	7638	8048	191607	143441	57952	39198
24744	1625	2862	38283	36047	8785	8620
97637	8900	8275	114956	43185	10130	5691
9511	192	1183	11585	12605	1502	3034

1-2 续表53

项　　目	营业利润	投资收益	营业外收入	补贴收入	营业外支出
蔬菜、水果和坚果加工	159208	28	969	528	745
蔬菜加工	8720	5	465	309	39
水果和坚果加工	150488	23	504	219	707
其他农副食品加工	58537	38	766	40	1481
淀粉及淀粉制品制造	46038	38	649	20	913
豆制品制造	70		29		93
蛋品加工	1339		46	20	0
其他未列明农副食品加工	11090		42		475
食品制造业	2399459	11598	56366	21377	69036
焙烤食品制造	90924	438	1723	344	1829
糕点、面包制造	17391	93	529	85	555
饼干及其他焙烤食品制造	73533	345	1195	259	1274
糖果、巧克力及蜜饯制造	487718	3024	5602	94	6606
糖果、巧克力制造	410588	2972	5452	94	6427
蜜饯制作	77130	51	149		179
方便食品制造	104846	3210	9764	1763	3656
米、面制品制造	16819	11	228	1276	155
速冻食品制造	25868	886	400	15	299
方便面及其他方便食品制造	62159	2313	9136	472	3202
乳制品制造	163769	3010	3717	755	23142
罐头食品制造	48901	–281	1150	59	751
肉、禽类罐头制造	3357		81		39
水产品罐头制造	11051	349	1016		194
蔬菜、水果罐头制造	22933	223	51	59	518
其他罐头食品制造	11560	–853	3	1	
调味品、发酵制品制造	507339	344	11717	2519	2886
味精制造	8813		30		498
酱油、食醋及类似制品制造	455591	304	11188	2277	1856
其他调味品、发酵制品制造	42935	40	499	242	532
其他食品制造	995962	1853	22694	15843	30167
营养食品制造	2093	1500	191	32	601
保健食品制造	919388	35678	20471	15218	28480
冷冻饮品及食用冰制造	24837		95		362
盐加工					
食品及饲料添加剂制造	45920	–35325	1747	579	682
其他未列明食品制造	3724		190	15	42
酒、饮料和精制茶制造业	728253	18662	33930	14314	24112
酒的制造	102174	4417	8822	4169	898
酒精制造	193		4	4	10
白酒制造	28876	4444	2615	471	276
啤酒制造	63577	–27	5978	3586	525
黄酒制造					
葡萄酒制造					
其他酒制造	9529		225	108	87
饮料制造	609396	14211	24889	10062	22742

单位：万元

利润总额	应交所得税	亏损企业亏损总额	利税总额	本年应付职工薪酬	本年应交增值税	全部从业人员年平均人数（人）
159119	38154	2194	197819	46500	33790	12662
9146	1023	1522	13371	11086	3458	2939
149974	37131	672	184448	35414	30332	9723
57802	2506	2752	74592	26871	13646	6096
45773	2113	1013	58041	12818	10105	2384
6	295	1739	1767	5804	1451	1806
1365	22		1520	1406	128	470
10657	76		13264	6844	1962	1436
2387505	382211	27986	3480095	1112184	963886	199117
90819	14760	5095	139276	106729	41356	28737
17364	2342	3599	29896	42749	10090	12345
73454	12418	1495	109381	63981	31267	16392
487681	114196	1540	692038	293794	179763	48440
409581	96494	1540	584004	235508	153651	35154
78100	17702		108034	58286	26112	13286
110954	21356	4826	193903	115087	75551	27801
16891	3026	1118	22475	18179	4765	4738
25970	5711	2181	43435	27629	15174	7038
68093	12619	1527	127993	69279	55612	16025
144343	27949	3378	267372	150959	110485	23488
49380	7952	4932	68442	38152	15742	9276
3478	651	12	6345	5464	2489	1061
11873	2927	1928	18045	12440	5497	2522
22466	1250	2993	30883	16897	6565	5086
11563	3124		13169	3350	1191	607
516169	83587	425	676675	155576	141331	26274
8344	1327		12362	5419	3376	1241
464922	73903	66	599646	116931	118409	18031
42903	8357	359	64668	33226	19546	7002
988160	112411	7791	1442391	251887	399657	35101
1633	99	420	4811	5324	2783	1477
911128	103438	5679	1314003	159424	354211	20212
24569	1785		36700	27232	10643	3398
46958	6314	1692	78793	49637	28292	7144
3873	777		8083	10270	3729	2870
738118	172219	84507	1412886	576506	458806	86631
110220	26696	37839	395330	126524	113406	21216
187	131	155	3714	1088	1639	394
31288	2692		95667	14178	15032	3214
69078	23112	37566	279097	107324	93405	16293
9667	761	118	16853	3935	3330	1315
611468	144953	46109	993859	438695	339529	62692

1-2 续表54

项　目	营业利润	投资收益	营业外收入	补贴收入	营业外支出
碳酸饮料制造	101805	2283	2842	15	5287
瓶（罐）装饮用水制造	177824	4467	1421	150	2565
果菜汁及果菜汁饮料制造	51296	2385	1498	31	6976
含乳饮料和植物蛋白饮料制造	51283	849	2338	14	155
固体饮料制造	47923	4220	24	11	712
茶饮料及其他饮料制造	179265	9	16766	9842	7048
精制茶加工	16683	34	219	83	472
烟草制品业	489549	28023	1119	2	6123
烟叶复烤	1586		3		253
卷烟制造	480577	28023	974	2	5826
其他烟草制品制造	7386		141		44
纺织业	1396893	14930	31297	4945	36993
棉纺织及印染精加工	783366	15005	22497	2968	20313
棉纺纱加工	111181	1	4787	778	2239
棉织造加工	177747	850	6893	919	5722
棉印染精加工	494438	14154	10816	1271	12353
毛纺织及染整精加工	81828	−1085	608	86	2457
毛条和毛纱线加工	2328	42	70	6	352
毛织造加工	17445	−199	323	27	364
毛染整精加工	62055	−928	215	53	1742
麻纺织及染整精加工	365		151	27	5
麻纤维纺前加工和纺纱	304		18	17	
麻织造加工	227		9		1
麻染整精加工	−166		125	10	4
丝绢纺织及印染精加工	28781	−1124	679	459	789
缫丝加工	4890	−794	247	65	36
绢纺和丝织加工	13537		2		1
丝印染精加工	10355	−330	430	394	751
化纤织造及印染精加工	4864	2	599	34	359
化纤织造加工	−195	2	467	21	56
化纤织物染整精加工	5059	1	132	12	303
针织或钩针编织物及其制品制造	306073	647	2238	947	9619
针织或钩针编织物织造	228720	603	1572	608	8468
针织或钩针编织物印染精加工	18836	37	210	8	154
针织或钩针编织品制造	58517	7	457	332	997
家用纺织制成品制造	106963	1613	1782	138	1537
床上用品制造	51900	1605	1288	63	949
毛巾类制品制造	28475	1	432	57	189
窗帘、布艺类产品制造	13952		5		299
其他家用纺织制成品制造	12636	7	57	17	100
非家用纺织制成品制造	84652	−127	2742	287	1914
非织造布制造	44583	−138	1501	59	1213
绳、索、缆制造	7509	9	148	46	24
纺织带和帘子布制造	17120	2	695	164	371
篷、帆布制造	6533		139	3	178

单位：万元

利润总额	应交所得税	亏损企业亏损总额	利税总额	本年应付职工薪酬	本年应交增值税	全部从业人员年平均人数（人）
99357	21932	9757	187832	122409	78711	15250
176650	43373	3559	276160	99230	85195	14215
45788	11614	6891	70925	33180	22905	5231
53466	6671	281	77235	25128	21328	5806
47224	11167		74487	9750	24137	1939
188983	50196	25621	307221	148998	107254	20251
16430	570	558	23697	11287	5871	2723
456520	119957		2800561	223205	414935	8225
1336	601		3917	8578	2324	833
447700	117582		2784469	206888	408532	5805
7483	1774		12176	7739	4079	1587
1403055	232523	58812	2018375	1854924	515017	437591
797459	132632	28557	1115438	862884	272432	198256
115451	9394	13403	176534	167408	49840	42082
178852	35546	5212	254347	198246	64890	47698
503156	87692	9942	684558	497230	157702	108476
79920	16575	5331	117002	117592	29267	28698
1992	607	2225	6274	22632	3600	6553
17405	1081	2796	26998	27878	8401	7873
60523	14887	310	83731	67082	17266	14272
510	111	72	1793	5173	1014	1310
321	66		977	1607	572	339
235	9		411	738	51	160
-46	36	72	405	2828	391	811
28672	4530	1438	36728	21017	6990	5908
5101	672	1216	8241	8669	2784	2833
13538	3276		16600	1932	2817	591
10034	582	222	11888	10417	1388	2484
4561	721	1475	10326	20834	5002	6180
116	198	902	2833	8574	2297	2576
4445	523	572	7493	12260	2706	3604
299255	42166	5433	450257	536349	122384	127963
222384	29951	4717	337709	451678	93245	106480
18894	2559	280	29052	28985	7811	8096
57977	9655	436	83496	55686	21329	13387
107237	20132	12371	161590	147413	46647	35260
52240	12412	8984	82646	82462	26660	19838
28718	2535	459	39293	21825	8394	5649
13658	3420	50	17175	3266	3132	975
12621	1765	2877	22475	39861	8461	8798
85442	15657	4137	125242	143661	31282	34016
44834	8149	2235	65199	59744	17114	13280
7633	655	710	11530	14673	2397	3862
17442	4212	837	23731	37939	4225	8888
6494	1603	283	10952	13867	3783	3498

1-2 续表55

项目	营业利润	投资收益	营业外收入	补贴收入	营业外支出
其他非家用纺织制成品制造	8906	1	260	16	128
纺织服装、服饰业	1871450	8912	32978	6805	34889
机织服装制造	1441429	5838	25800	5844	22660
针织或钩针编织服装制造	376430	2677	6554	768	10915
服饰制造	53591	397	624	193	1314
皮革、毛皮、羽毛及其制品和制鞋业	795116	24988	96286	4065	36856
皮革鞣制加工	26951	12	369	5	378
皮革制品制造	242146	–3729	7796	1464	4090
皮革服装制造	2929	18	60	3	26
皮箱、包（袋）制造	152986	–3704	5919	1146	3261
皮手套及皮装饰制品制造	48625		954	17	220
其他皮革制品制造	37606	–43	864	297	583
毛皮鞣制及制品加工	9507	1575	69		652
毛皮鞣制加工	–268		35		18
毛皮服装加工	1732				21
其他毛皮制品加工	8043	1575	34		614
羽毛(绒)加工及制品制造	13657		234	84	1399
羽毛（绒）加工	4684		184	34	1160
羽毛（绒）制品加工	8973		50	50	239
制鞋业	502856	27131	87819	2512	30336
纺织面料鞋制造	18931	–8	718	136	945
皮鞋制造	356710	27051	68087	1917	22262
塑料鞋制造	104480	43	915	412	4478
橡胶鞋制造	23106	134	1971	45	1123
其他制鞋业	–372	–89	16129	2	1528
木材加工和木、竹、藤、棕、草制品业	495478	765	49788	9772	35239
木材加工	69531	–374	816	422	4019
锯材加工	18243		132	106	52
木片加工	32390	–366	327	305	999
单板加工	7292	–8	187		77
其他木材加工	11606		170	12	2891
人造板制造	247405	1137	47216	9006	24100
胶合板制造	64249	573	954	374	973
纤维板制造	103087	337	20094	5210	913
刨花板制造	13593	101	4564	1659	11622
其他人造板制造	66476	126	21603	1764	10592
木制品制造	85873	2	1696	329	476
建筑用木料及木材组件加工	15896	39	280	73	81
木门窗、楼梯制造	4180	16	367	184	98
地板制造	35249	–54	754	51	43
木制容器制造	5468		33	21	22
软木制品及其他木制品制造	25080	1	263		230
竹、藤、棕、草等制品制造	92669		60	15	6644
竹制品制造	78858		28	15	6095
藤制品制造	9241				13

单位：万元

利润总额	应交所得税	亏损企业亏损总额	利税总额	本年应付职工薪酬	本年应交增值税	全部从业人员年平均人数（人）
9039	1039	71	13829	17440	3764	4488
1868378	336881	73601	2877487	4191026	824171	1009189
1438486	274599	58803	2197441	2986675	635718	690438
376992	55646	12540	599905	1084448	167282	284712
52900	6636	2258	80142	119904	21171	34039
832350	118254	50974	1420186	2936753	485702	829648
26936	1392	8651	47095	52146	17257	12186
236998	29203	13378	395786	820374	126817	226787
2963	724	79	7214	20799	3696	5492
146788	21037	10530	252399	653673	82071	182459
49364	4409	515	73057	75709	19930	20367
37882	3034	2254	63117	70193	21120	18469
8923	907	1348	14173	10898	4508	2882
-251	136	924	2405	3467	2309	935
1711	173	235	1923	3789	151	888
7463	598	189	9845	3642	2048	1059
12491	915		18624	10950	5226	3337
3707	73		5899	2169	1706	791
8784	842		12725	8781	3521	2546
547002	85837	27596	944508	2042385	331894	584456
18703	3405	880	53165	136679	26783	44688
397993	68162	20940	663354	1340033	224220	381268
100838	7937	1377	174627	238900	61450	69388
23954	4293	799	36589	90066	9832	25194
5513	2041	3600	16774	236707	9610	63918
508730	35561	32210	739718	364725	190473	89074
64328	4211	3022	96844	53272	25733	12694
18323	429	291	27979	12122	8052	2638
31718	2177	1899	47170	27042	12535	6582
7402	1438	715	13128	10268	3960	2286
6885	168	117	8568	3839	1187	1188
271281	19167	24818	382612	137871	94957	33035
64697	6603	3458	88917	41049	19947	11984
122562	3589	12367	174405	50175	44406	9515
6535	963	8777	15448	12550	7573	3263
77488	8012	216	103842	34098	23031	8273
87076	11019	4293	132972	94200	37295	22621
16095	1440	2791	25779	13409	8445	2949
4449	775		10131	13524	5064	3317
35959	4571	290	48420	18286	8620	3842
5458	320	223	9394	13617	3258	2465
25115	3913	989	39249	35364	11908	10048
86045	1164	78	127290	79382	32489	20724
72750	652	8	109902	64239	29109	15963
9227	335	70	10805	9068	1285	3403

1-2 续表56

项目	营业利润	投资收益	营业外收入	补贴收入	营业外支出
棕制品制造	51		32		
草及其他制品制造	4519				535
家具制造业	750159	−5899	28862	3389	24795
木质家具制造	446863	−7225	23430	2915	17930
竹、藤家具制造	18917	27	114		156
金属家具制造	150554	300	3236	113	4550
塑料家具制造	5166	1	110	18	161
其他家具制造	128659	999	1973	344	1998
造纸和纸制品业	680055	8194	42608	3388	24956
纸浆制造	404		406		1
木竹浆制造	404		406		1
非木竹浆制造					
造纸	248645	21583	29283	1674	15297
机制纸及纸板制造	191926	11044	26808	1651	12308
手工纸制造	312		52		52
加工纸制造	56407	10538	2423	22	2937
纸制品制造	431006	−13389	12920	1714	9658
纸和纸板容器制造	229849	2295	5886	77	5515
其他纸制品制造	201157	−15683	7033	1637	4143
印刷和记录媒介复制业	692650	42561	25506	8044	14696
印刷	683550	42481	25235	8041	14075
书、报刊印刷	34413	−348	7824	3302	2379
本册印制	34148	1522	1491	656	1315
包装装潢及其他印刷	614988	41307	15920	4084	10381
装订及印刷相关服务	14432	63	257	2	513
记录媒介复制	−5332	17	14	1	108
文教、工美、体育和娱乐用品制造业	1108044	15026	61779	10804	37461
文教办公用品制造	59439	119	1253	174	3695
文具制造	48797	104	829	113	3311
笔的制造	5124	5	275	46	284
教学用模型及教具制造	1951		3		27
墨水、墨汁制造	2747		35		49
其他文教办公用品制造	820	10	112	15	24
乐器制造	54234	507	4233	3032	1756
中乐器制造	1163		5		
西乐器制造	24509	507	3414	2988	1588
电子乐器制造	20320		774	44	124
其他乐器及零件制造	8243		40		45
工艺美术品制造	605969	14365	37684	3505	13193
雕塑工艺品制造	12926		603	225	1506
金属工艺品制造	19978	2	359	45	415
漆器工艺品制造	2158		3		869
花画工艺品制造	25951		105	15	587
天然植物纤维编织工艺品制造	25893		148	50	5109
抽纱刺绣工艺品制造	29305	1487	516	179	538

单位：万元

利润总额	应交所得税	亏损企业亏损总额	利税总额	本年应付职工薪酬	本年应交增值税	全部从业人员年平均人数（人）
83	22		160	424	69	129
3984	155		6424	5652	2027	1229
740717	107994	49123	1236258	1427399	420419	341457
441072	67939	36615	760316	892154	273084	207017
18875	1542	984	28371	15831	7201	4231
148164	20056	5261	228673	222416	67956	57094
5115	324	452	11228	29019	5048	6290
127491	18133	5811	207671	267979	67130	66825
700485	112593	61131	1148736	977669	394183	234269
809			3821	2279	2739	546
809			3821	2279	2739	546
262628	40960	35108	472014	330584	188232	74928
206418	33621	32937	387007	287243	162366	65246
312	67		523	1167	179	315
55898	7273	2171	84483	42174	25687	9367
437048	71633	26023	672901	644806	203212	158795
232782	42821	16547	365908	387004	113851	98801
204266	28812	9476	306993	257802	89361	59994
703183	120146	41856	1054620	1029110	298950	241403
694434	117645	31466	1029962	982918	286849	229333
39859	7285	6736	82124	206250	37050	46091
34324	4128	6455	50721	59883	12770	12234
620252	106231	18275	897118	716786	237029	171008
14176	2186	1967	25685	37155	8705	10065
-5427	315	8424	-1027	9037	3395	2005
1128252	163851	75838	1759054	3179602	523423	824518
56886	7528	4832	89141	144283	23644	36315
46204	5563	3921	73377	115931	19934	28996
5115	1002	57	7419	14376	1555	4076
1926	20	26	2058	2996	49	609
2732	684	2	3966	1310	1085	200
908	260	825	2321	9671	1020	2434
56148	3901	2034	81702	76990	20627	17604
1168	42		2226	1849	858	519
25772	3443	2010	36752	49025	9088	9537
20969	271	2	31246	20502	7929	6069
8238	146	22	11478	5613	2751	1479
629099	106498	17765	983451	1055370	308178	243184
11855	309	509	17194	26292	3808	7181
19905	2098	1334	35187	54565	13562	15485
1292	194	12	2497	5031	783	1085
25471	3635	1184	33519	60333	6396	16446
20945	380	11	35636	48671	12016	13524
29283	4869	1118	38028	22546	6656	6755

1-2 续表57

项　　目	营业利润	投资收益	营业外收入	补贴收入	营业外支出
地毯、挂毯制造	14861	539	94		205
珠宝首饰及有关物品制造	412662	12325	35055	2852	3150
其他工艺美术品制造	62235	11	801	140	815
体育用品制造	44714	224	6830	2506	6656
球类制造	-1975	17	59	1	439
体育器材及配件制造	20923	129	1760	54	5164
训练健身器材制造	9666	16	396	44	369
运动防护用具制造	5276	61	475	359	150
其他体育用品制造	10824	1	4140	2048	534
玩具制造	329321	33	10375	1559	12031
游艺器材及娱乐用品制造	14367	-223	1403	28	131
露天游乐场所游乐设备制造	5162	47	148		35
游艺用品及室内游艺器材制造	7747	-294	1217	10	95
其他娱乐用品制造	1458	25	38	18	1
石油加工、炼焦和核燃料加工业	1090054	-6952	17195	8425	269712
精炼石油产品制造	1078451	-11895	17185	8425	269621
原油加工及石油制品制造	1078451	-11895	17185	8425	269621
人造原油制造					
炼焦	11603	4943	10		91
核燃料加工					
化学原料和化学制品制造业	4018814	48274	82386	18904	91011
基础化学原料制造	384520	6302	8520	3704	4723
无机酸制造	23778	65	456	34	210
无机碱制造	5326	572	537	107	51
无机盐制造	64739	63	2447	2347	466
有机化学原料制造	189877	3975	3300	884	2437
其他基础化学原料制造	100800	1628	1781	331	1560
肥料制造	107578	10961	2299	828	703
氮肥制造	847		51		295
磷肥制造	-1060	197	161		149
钾肥制造	7245				15
复混肥料制造	77587	10648	1892	696	138
有机肥料及微生物肥料制造	22943	116	195	132	101
其他肥料制造	16				6
农药制造	27919	7334	2026	128	423
化学农药制造	27858	7334	1906	128	421
生物化学农药及微生物农药制造	61		120		2
涂料、油墨、颜料及类似产品制造	627726	-254	17070	4837	23610
涂料制造	432026	-2257	10203	2025	17283
油墨及类似产品制造	82760	726	2603	831	1037
颜料制造	49510	323	2089	677	1833
染料制造	16472	322	612	110	340
密封用填料及类似品制造	46958	632	1562	1194	3116
合成材料制造	350527	4446	19289	2788	29869
初级形态塑料及合成树脂制造	323243	1007	17041	1906	9655

单位：万元

利润总额	应交所得税	亏损企业亏损总额	利税总额	本年应付职工薪酬	本年应交增值税	全部从业人员年平均人数（人）
14211	3291	662	22350	17321	6583	4349
443952	86671	9285	713994	633016	242359	126399
62186	5052	3651	85046	187595	16017	51960
42784	10825	17679	109671	414257	53683	106588
−2665	679	5267	214	24688	1866	6098
17520	5499	4175	54018	174079	31231	43242
9762	826	240	19750	19486	8413	5680
5602	1615	5764	13029	95618	5068	27129
12566	2207	2233	22661	100386	7106	24439
327702	33325	31922	471578	1453351	110712	412460
15634	1774	1607	23512	35352	6579	8367
5275	841		9624	5605	3804	1401
8863	653	1238	12370	25608	2775	6053
1495	280	369	1518	4138		913
837537	160347	93715	7511274	351069	3436249	26148
826015	158756	93715	7497969	348473	3434967	25988
826015	158756	93715	7497969	348473	3434967	25988
11522	1591		13306	2597	1283	160
4010670	735945	261580	6274273	2100961	1962341	343250
388300	70293	23836	684192	198788	275660	28117
24024	51	1956	36340	8432	11149	2347
5811	1298	9	18574	22419	11479	2895
66720	3272	62	88908	30543	19660	6128
190755	47424	20881	404102	86049	203303	9128
100990	18249	929	136268	51345	30069	7619
109174	14935	7147	148318	55738	21670	9927
603	152		2148	3432	1492	649
−1048	24	3755	2593	13378	1114	1761
7230	443	3345	8638	2031	1380	388
79341	10697	47	101553	30161	12292	5541
23037	3615		33344	6549	5365	1536
11	4		41	187	27	52
29522	2553	62	35542	15471	5179	2640
29343	2546	62	35264	15147	5090	2588
179	7		278	325	89	52
622215	73881	15370	944152	495869	272470	83324
426281	52616	7411	658807	340693	197592	54048
84020	11142	2905	133824	78284	42496	14465
49766	3875	4636	68874	39183	14887	7851
16745	2781		24943	14961	7012	1654
45403	3467	418	57704	22749	10483	5306
339920	67217	127350	539815	296847	176777	50619
330608	46791	31098	464392	178490	118746	28591

1-2 续表58

项目	营业利润	投资收益	营业外收入	补贴收入	营业外支出
合成橡胶制造	16165	1619	557	198	16713
合成纤维单（聚合）体制造	-39866	1624	725		3166
其他合成材料制造	50986	195	966	685	334
专用化学产品制造	843652	20074	18142	3929	18112
化学试剂和助剂制造	232020	12223	4297	1176	6419
专项化学用品制造	97668	1784	3749	465	2148
林产化学产品制造	158718	-7930	3535	1307	1821
信息化学品制造	130742	11399	2979	832	1888
环境污染处理专用药剂材料制造	93779		679		817
动物胶制造	9092		20		102
其他专用化学产品制造	121634	2598	2882	149	4917
炸药、火工及焰火产品制造	8942	22	234	58	41
炸药及火工产品制造	8942	22	234	58	41
焰火、鞭炮产品制造					
日用化学产品制造	1667950	-610	14807	2632	13530
肥皂及合成洗涤剂制造	1190796	8708	8030	2064	10257
化妆品制造	140653	711	3511	398	1886
口腔清洁用品制造	154905	16	1962	2	564
香料、香精制造	157675	187	633	84	406
其他日用化学产品制造	23921	-10233	671	84	418
医药制造业	1460701	-81471	66623	19431	22025
化学药品原料药制造	106220	4188	14514	231	2390
化学药品制剂制造	591475	-22202	18256	8108	6770
中药饮片加工	63794	-40867	2250	53	974
中成药生产	332637	19163	16711	5137	5826
兽用药品制造	71013	-25738	3834	1510	2312
生物药品制造	223482	-16674	8696	2844	2248
卫生材料及医药用品制造	72081	658	2361	1548	1504
化学纤维制造业	92584	80	4820	2157	1233
纤维素纤维原料及纤维制造	37631		133	18	91
化纤浆粕制造	54				3
人造纤维（纤维素纤维）制造	37577		133	18	88
合成纤维制造	54953	80	4686	2139	1141
锦纶纤维制造	789		10		12
涤纶纤维制造	15756		3844	1990	687
腈纶纤维制造					
维纶纤维制造					
丙纶纤维制造	181		9		70
氨纶纤维制造	30067	82	653	142	279
其他合成纤维制造	8159	-2	170	8	94
橡胶和塑料制品业	2162778	53307	67370	15903	72318
橡胶制品业	205696	19473	10838	3427	22436
轮胎制造	39981	37	963	701	7418
橡胶板、管、带制造	44327	289	2603	65	7364
橡胶零件制造	33319	-192	962	104	626

单位：万元

利润总额	应交所得税	亏损企业亏损总额	利税总额	本年应付职工薪酬	本年应交增值税	全部从业人员年平均人数（人）
9	8932	45503	27400	56378	23348	10063
-42307	980	49068	-24539	25589	16210	4989
51610	10514	1681	72563	36390	18472	6976
843239	131606	63118	1160845	341793	272494	65046
229905	40605	7969	328727	117452	84548	18614
99283	23199	39698	144943	50654	39298	9647
160436	8807	889	212074	21923	43773	5587
131321	17357	4336	163514	66858	26243	14090
93637	23190	113	124593	9927	27223	1553
9011	1457		11762	3699	2720	541
119647	16991	10113	175231	71280	48689	15014
9135	1395	112	16527	15888	6647	2556
9135	1395	112	16527	15888	6647	2556
1669166	374066	24586	2744882	680567	931444	101021
1188182	295006	6046	1966024	382324	689954	38969
142340	21883	15799	299605	162728	126973	34195
156316	27812	392	218484	56147	53847	10123
158172	25581	1622	221667	40045	48900	7625
24157	3785	728	39102	39324	11770	10109
1501331	218615	33474	2129708	776179	552328	118057
118344	18923	2945	160748	59017	36464	10253
601334	96136	14069	842095	283960	214331	36692
65069	8441	196	94552	41272	25045	9654
341187	36731	3464	537759	198478	174554	34835
72535	8621	473	95217	25087	20210	4485
229925	40744	11885	301553	114050	60551	10768
72937	9020	441	97786	54315	21173	11370
96171	17912	12424	139681	72560	37513	14288
37673	9357	99	47771	10793	9012	1409
51	17	32	484	1041	385	270
37622	9340	66	47287	9752	8628	1139
58498	8556	12326	91910	61768	28501	12879
788	230		1283	3571	393	982
18913	6748	12212	40332	34249	19349	8053
121	59	113	880	2212	516	471
30441	603		38219	9124	6064	1241
8235	915		11195	12611	2179	2132
2153264	307039	182162	3252906	3662934	896503	854565
194109	34719	30567	316474	416998	98912	91993
33526	8049	928	69740	71400	29426	12394
39566	5974	7467	59967	43275	17463	9211
33655	6511	4119	50778	93727	14329	21748

1-2 续表59

项　目	营业利润	投资收益	营业外收入	补贴收入	营业外支出
再生橡胶制造	3223	114	561	189	197
日用及医用橡胶制品制造	998		1189	822	447
其他橡胶制品制造	83849	19225	4561	1546	6384
塑料制品业	1957082	33834	56531	12476	49882
塑料薄膜制造	264419	-2094	13556	5718	4870
塑料板、管、型材制造	237491	580	8268	1189	3552
塑料丝、绳及编织品制造	74607	1316	894	97	3449
泡沫塑料制造	61795	429	1459	382	3127
塑料人造革、合成革制造	71251	120	2026	10	2701
塑料包装箱及容器制造	193237	3911	3854	1035	2482
日用塑料制品制造	201426	1300	5116	906	8311
塑料零件制造	189590	2358	7295	1358	6697
其他塑料制品制造	663266	25914	14064	1782	14693
非金属矿物制品业	2684360	69635	145037	49311	122972
水泥、石灰和石膏制造	418669	365	36303	28057	14521
水泥制造	411848	365	36289	28057	14500
石灰和石膏制造	6822		14		21
石膏、水泥制品及类似制品制造	247980	4240	41079	5307	12691
水泥制品制造	176636	3913	33721	2265	7899
砼结构构件制造	36992	125	1910	347	1585
石棉水泥制品制造	15909	27	128		
轻质建筑材料制造	6174	16	3947	2338	3160
其他水泥类似制品制造	12269	160	1373	359	48
砖瓦、石材等建筑材料制造	1038832	15096	21699	3355	19822
粘土砖瓦及建筑砌块制造	44981	115	5546	1537	1411
建筑陶瓷制品制造	811708	17487	9414	947	13634
建筑用石加工	155188	-2974	1234	593	1185
防水建筑材料制造	3863		22		42
隔热和隔音材料制造	6642	92	3227	108	922
其他建筑材料制造	16450	377	2256	170	2629
玻璃制造	118674	-5000	7303	632	53366
平板玻璃制造	89655	-5030	6086	167	52329
其他玻璃制造	29019	30	1217	465	1037
玻璃制品制造	323999	51251	14136	2855	4017
技术玻璃制品制造	108612	-138	1710	1003	703
光学玻璃制造	50934	3588	2735	32	248
玻璃仪器制造	3720		1659	830	37
日用玻璃制品制造	22075	16	6296	181	2313
玻璃包装容器制造	67830	36229	313		363
玻璃保温容器制造	1725		113	7	117
制镜及类似品加工	426		192	140	67
其他玻璃制品制造	68677	11557	1119	662	170
玻璃纤维和玻璃纤维增强塑料制品制造	38839	4	906	59	487
玻璃纤维及制品制造	26389		738	57	272
玻璃纤维增强塑料制品制造	12450	4	168	3	215

单位：万元

利润总额	应交所得税	亏损企业亏损总额	利税总额	本年应付职工薪酬	本年应交增值税	全部从业人员年平均人数（人）
3588	612	129	5401	2685	1639	831
1740	1098	5015	8829	28193	5118	6868
82036	12475	12909	121760	177718	30937	40941
1959155	272320	151595	2936432	3245936	797592	762572
272129	48154	41005	413073	291428	121303	65704
241808	35294	7812	383527	305577	122635	66662
72029	7400	7628	106126	83504	29081	20483
60003	7587	4480	97155	117025	31572	28256
70573	12033	1309	103394	54626	28135	12306
192110	19912	15126	264359	226960	58974	52267
197967	31866	12663	318985	472941	97008	112923
189620	27709	26436	304042	636963	91385	139784
662918	82365	35135	945772	1056913	217500	264187
2704408	284191	123443	4083408	2507819	1155259	591550
439460	91391	27068	649553	183687	182132	37527
432645	90910	26815	639582	178231	179887	36220
6815	480	253	9971	5456	2245	1307
275838	40235	30672	499930	274315	189472	58923
202288	29878	18802	377090	187144	147408	42484
37317	4894	2652	58541	38842	17132	7565
16037	2502		19696	1441	3293	378
6962	1244	7814	18107	21863	9613	4531
13234	1717	1404	26495	25024	12026	3965
1041038	54511	20992	1505516	869095	380398	211408
49262	4526	487	75761	33869	19530	8836
807931	31190	8449	1147175	680593	278336	168113
155227	14326	4261	224668	100779	57886	23498
3843	741	326	6045	5595	1857	1064
8939	2154	1184	14816	13902	5017	2337
15836	1575	6285	37052	34357	17773	7560
72611	9603	10997	109902	103244	30808	22155
43412	5583	10402	64903	57604	18148	11663
29199	4020	594	44999	45640	12660	10492
333286	37550	10388	483222	439302	127972	97870
109619	12103	2690	134838	86135	21383	15696
53420	13089	1905	114801	181047	56079	42941
4513	562		4756	3991		809
26059	1666	3985	44885	46202	14519	11880
67780	3771		82533	31960	12662	6852
1720	306		3457	4922	1512	1518
551	287	497	2025	4910	1056	1539
69626	5766	1311	95928	80135	20760	16635
39258	4359	3279	59733	32982	16793	7022
26855	3442	2575	40595	18564	11667	3500
12403	917	704	19138	14418	5126	3522

1-2 续表60

项　　目	营业利润	投资收益	营业外收入	补贴收入	营业外支出
陶瓷制品制造	395205	3529	14320	1928	15734
卫生陶瓷制品制造	152530	179	1151	183	3266
特种陶瓷制品制造	14206		603	542	61
日用陶瓷制品制造	160813	3337	11897	864	12287
园林、陈设艺术及其他陶瓷制品制造	67656	13	670	339	120
耐火材料制品制造	25729	18	1362	9	500
石棉制品制造	558				28
云母制品制造	3882	17	757		19
耐火陶瓷制品及其他耐火材料制造	21289	1	604	9	454
石墨及其他非金属矿物制品制造	76433	134	7930	7109	1832
石墨及碳素制品制造	13089		805	769	38
其他非金属矿物制品制造	63344	134	7125	6339	1795
黑色金属冶炼和压延加工业	1107170	18423	30809	9394	91113
炼铁	20648				
炼钢	101769				42683
黑色金属铸造	62145	26	2277	1526	5921
钢压延加工	920301	18398	28252	7745	42464
铁合金冶炼	2306		280	124	45
有色金属冶炼和压延加工业	1239217	8079	72728	23706	306544
常用有色金属冶炼	31367	-13341	5122	1767	2147
铜冶炼	2690	-13596	32		1768
铅锌冶炼	-58346		7		215
镍钴冶炼	2448				
锡冶炼	7980	239	39		5
锑冶炼	1477		43		3
铝冶炼	622		29		108
镁冶炼					
其他常用有色金属冶炼	74496	17	4972	1767	48
贵金属冶炼	-11034	731	17393		1324
金冶炼	-15322	812	15804		1
银冶炼	3479				
其他贵金属冶炼	809	-81	1589		1323
稀有稀土金属冶炼	24905	111	1559	1220	536
钨钼冶炼	13195	57	7		3
稀土金属冶炼	1174	64	1280	1128	319
其他稀有金属冶炼	10536	-10	272	93	214
有色金属合金制造	7814	-81	3126	1258	653
有色金属铸造	3203	9	27989	14014	1513
有色金属压延加工	1182962	20649	17539	5446	300371
铜压延加工	425449	12947	4951	1696	253731
铝压延加工	614024	2279	9741	1956	42419
贵金属压延加工					
稀有稀土金属压延加工	1608				11
其他有色金属压延加工	141881	5424	2848	1794	4211
金属制品业	3119641	21251	69545	9198	69582

单位：万元

利润总额	应交所得税	亏损企业亏损总额	利税总额	本年应付职工薪酬	本年应交增值税	全部从业人员年平均人数（人）
393820	32379	14476	617011	513984	188860	137622
150426	21136	7357	225049	207326	61914	52616
14747	2243	136	18647	20649	2981	4156
160424	8259	6930	267277	218815	91520	61566
68223	741	54	106038	67194	32445	19284
26590	3604	2115	35600	19616	5992	4393
530	175		645	447	100	118
4620	1405	1140	5614	3742	903	869
21440	2024	976	29341	15428	4989	3406
82508	10559	3456	122943	71594	32832	14630
13856	2613	1037	19621	12257	5324	1451
68651	7947	2418	103322	59337	27508	13179
1046682	78743	55562	1627255	584113	505534	117056
20648	486	183	32506	1717	11289	485
59086	6634	225	69617	14392	8887	3491
58501	6778	3332	94591	84583	30849	19846
905906	64828	49338	1418566	473554	445088	92276
2542	17	2484	11975	9868	9421	958
990684	72693	174018	1597843	836670	552291	163014
34366	-5365	90206	85867	76803	45064	12208
977	348	26930	10642	12165	9111	2229
-58554	-10862	61958	-53309	39836	4102	5333
2448			3516	1642	1042	268
8014	928	406	11669	6601	3082	1206
1517	268	91	2250	676	676	155
543	119	216	1279	2638	633	798
79420	3836	605	109819	13245	26417	2219
5035	391		124867	2530	119477	692
481	120		118823	1161	118253	298
3479	57		4570	290	983	86
1074	214		1475	1078	241	308
25907	3675	2483	81677	13586	53330	2436
13200	562		18138	2905	4377	602
2136	475	2483	6846	4663	3576	807
10572	2638		56693	6019	45377	1027
9627	4296	43774	31963	121794	19856	16472
15755	768	455	23607	13381	6970	3615
899994	68928	37100	1249863	608577	307594	127591
176697	12582	8755	268718	106378	85905	21452
581345	40945	23291	767923	427693	158447	92458
1598	17	21	2961	1833	719	118
140354	15384	5034	210261	72672	62524	13563
3116591	349517	117287	4581527	3557852	1220061	800543

1-2 续表61

项　　目	营业利润	投资收益	营业外收入	补贴收入	营业外支出
结构性金属制品制造	683680	14667	25984	3376	15513
金属结构制造	635638	14247	24509	2808	10394
金属门窗制造	48041	420	1476	569	5119
金属工具制造	550746	775	8602	1045	7766
切削工具制造	41798	-35	1082	613	1944
手工具制造	18375		776	15	659
农用及园林用金属工具制造	40279		67		108
刀剪及类似日用金属工具制造	297095	724	3556		1225
其他金属工具制造	153199	86	3120	417	3830
集装箱及金属包装容器制造	219214	-1815	3371	668	8804
集装箱制造	67857		865	461	813
金属压力容器制造	26874		522	52	3833
金属包装容器制造	124483	-1815	1984	156	4157
金属丝绳及其制品制造	25802	574	3030	359	1461
建筑、安全用金属制品制造	377582	5070	6553	773	7350
建筑、家具用金属配件制造	301663	6672	3534	505	3991
建筑装饰及水暖管道零件制造	55716	417	2553	233	2050
安全、消防用金属制品制造	5241	-2025	260	34	857
其他建筑、安全用金属制品制造	14962	5	205		453
金属表面处理及热处理加工	261637	-70	2439	651	3512
搪瓷制品制造	25764	-136	480	104	1862
生产专用搪瓷制品制造	-1340		71		1
建筑装饰搪瓷制品制造	1724		128		56
搪瓷卫生洁具制造	16111	-136	266	102	1752
搪瓷日用品及其他搪瓷制品制造	9269		15	2	53
金属制日用品制造	623539	1822	11760	1401	15502
金属制厨房用器具制造	69622	-359	759	68	494
金属制餐具和器皿制造	340323	1308	2073	506	9296
金属制卫生器具制造	17059	245	1100	20	917
其他金属制日用品制造	196534	628	7828	807	4795
其他金属制品制造	351678	364	7328	820	7813
锻件及粉末冶金制品制造	13334	1042	3442	319	544
交通及公共管理用金属标牌制造	2452		54		86
其他未列明金属制品制造	335892	-678	3832	502	7183
通用设备制造业	1708495	2553	141716	60419	73888
锅炉及原动设备制造	59145	3054	6881	1288	2489
锅炉及辅助设备制造	27692		3179	1033	2349
内燃机及配件制造	3612	3044	3570	172	132
汽轮机及辅机制造	27045	9	132	84	1
水轮机及辅机制造	724				
风能原动设备制造	47		1		6
其他原动设备制造	26				
金属加工机械制造	157376	283	11833	5003	3176
金属切削机床制造	19933	-43	4320	992	1028
金属成形机床制造	25422	88	1132	139	396

单位：万元

利润总额	应交所得税	亏损企业亏损总额	利税总额	本年应付职工薪酬	本年应交增值税	全部从业人员年平均人数（人）
694675	55046	24748	994254	618352	231313	130167
650038	50515	11233	915976	521505	205741	110958
44637	4531	13515	78278	96847	25572	19209
551684	81711	5053	768882	358572	195148	80689
40942	6235	1163	59646	50665	15962	10337
18492	2333	46	24423	21989	5137	5336
40238	7975	483	53134	10508	12247	2267
299529	38970	78	420480	163178	109961	39078
152483	26198	3284	211199	112233	51841	23671
213755	32356	9624	346154	281377	114979	47639
67909	12986	78	128270	135041	53291	13994
23563	1720	128	39801	15270	14154	4123
122283	17650	9418	178083	131066	47534	29522
27370	2437	5561	49974	41483	19275	9358
376077	52623	11995	574122	512746	162305	119889
300503	42157	3900	461986	359562	134292	82005
56216	9490	3530	86671	120652	23345	30815
4644	671	1474	7289	9699	2055	2119
14714	305	3092	18175	22834	2613	4950
260441	17304	11189	353577	280448	76768	59119
24377	3955	7520	40708	50754	13488	11232
–1270	770	6769	6604	27441	6816	6093
1796	14		2453	2798	511	640
14626	1315	749	17188	12542	1544	2646
9224	1856	2	14463	7974	4617	1853
616804	69743	24415	926747	866299	263045	213891
69889	7174	3728	123681	141471	46874	29571
332854	33452	9027	462893	388898	110032	101017
17256	3928	4710	35139	36663	15740	9131
196805	25189	6950	305035	299268	90399	74172
351410	34343	17183	527111	547822	143740	128559
16233	2228	5391	32719	52645	13833	12220
2419	209		2844	3758	321	798
332758	31907	11791	491548	491419	129586	115541
1773489	305349	115525	2653383	2621577	736170	463801
63534	10375	4034	78796	43987	12166	7630
28518	4622	71	35709	23135	5450	4368
7049	848	3964	11304	15706	3620	2448
27176	4876		30302	2637	2488	225
724	19		1359	1999	575	530
42			49	432		44
26	9		73	78	33	15
165848	27667	8437	247300	195967	70153	41200
23166	3887	2813	40558	40041	14792	7911
26158	2005	994	35507	22712	7704	5556

1-2 续表62

项　目	营业利润	投资收益	营业外收入	补贴收入	营业外支出
铸造机械制造	29657	35	1965	1182	343
金属切割及焊接设备制造	29816	84	3141	1750	201
机床附件制造	7620		281	197	207
其他金属加工机械制造	44928	119	993	743	1001
物料搬运设备制造	321371	6279	44932	39509	9264
轻小型起重设备制造	24359	8	861	36	6938
起重机制造	17298	23	471	405	318
生产专用车辆制造	−1616		18	15	1
连续搬运设备制造	8040	4	4		1197
电梯、自动扶梯及升降机制造	268779	6244	43177	38846	778
其他物料搬运设备制造	4512		400	206	33
泵、阀门、压缩机及类似机械制造	255402	−21476	10199	2364	8245
泵及真空设备制造	91268	1578	3265	466	413
气体压缩机械制造	107967	−386	4355	440	6333
阀门和旋塞制造	30498	−22847	896	310	643
液压和气压动力机械及元件制造	25669	178	1682	1148	857
轴承、齿轮和传动部件制造	29539	−752	3618	1622	3161
轴承制造	13396	111	2357	1586	1688
齿轮及齿轮减、变速箱制造	15865	−862	1224	36	1455
其他传动部件制造	278		37		18
烘炉、风机、衡器、包装等设备制造	387111	9413	10542	4020	10287
烘炉、熔炉及电炉制造	10323		74	29	302
风机、风扇制造	63656	485	2857	53	2438
气体、液体分离及纯净设备制造	14268	186	444	299	227
制冷、空调设备制造	185498	1094	2638	825	5532
风动和电动工具制造	63323	756	687	34	485
喷枪及类似器具制造	5375		13		836
衡器制造	22895	5946	743	142	171
包装专用设备制造	21773	946	3087	2639	296
文化、办公用机械制造	356577	1867	46008	3622	28956
电影机械制造	15552	14	45	44	12
幻灯及投影设备制造	2399	11	537	3	63
照相机及器材制造	71484	321	8177	1124	7851
复印和胶印设备制造	121185		10443	207	14015
计算器及货币专用设备制造	138795	1522	25825	1954	5143
其他文化、办公用机械制造	7162		981	291	1872
通用零部件制造	89484	4189	5003	1468	7242
金属密封件制造	2116	3804	959	897	99
紧固件制造	30524	121	2013	115	738
弹簧制造	19153	238	124	32	3525
机械零部件加工	5272	32	593	17	1508
其他通用零部件制造	32419	−6	1313	407	1371
其他通用设备制造业	52491	−303	2699	1523	1068
专用设备制造业	1324830	18058	108908	43506	53173
采矿、冶金、建筑专用设备制造	76791	265	2504	32	3795

单位：万元

利润总额	应交所得税	亏损企业亏损总额	利税总额	本年应付职工薪酬	本年应交增值税	全部从业人员年平均人数（人）
31280	5732	205	48100	35554	14767	7801
32631	5733	4282	46287	46404	11589	8862
7694	1182		11157	14732	2908	2848
44920	9128	143	65690	36525	18394	8222
357262	72428	15244	505712	292304	117859	37695
18283	1938	4147	28933	19680	8416	4181
17451	4101	1289	25787	17630	7472	3878
−1599		1606	−1498	1271	91	212
6850	138	139	8113	4244	989	941
311398	65398	8064	436298	242312	98184	27518
4879	853		8080	7168	2707	965
256803	39158	5870	377405	513086	100561	62047
94108	10846	618	128111	108679	27364	17231
105604	20245	3974	160588	150152	47183	20560
30597	3994	496	48322	224228	13886	17298
26494	4073	782	40384	30027	12129	6958
29997	5406	9168	52089	83427	18220	18344
14065	3854	9168	28890	59360	12605	13229
15634	1508		22608	23730	5378	4982
297	45		591	338	237	133
386607	55951	15977	551330	447433	133789	88159
10095	300	288	18726	8310	1942	1352
63913	8416	1932	96533	92799	27388	21735
14485	3346	168	26409	20718	9556	3851
182008	23689	10106	262331	168605	70839	29859
63524	13196	807	75853	73435	8601	14589
4552	59	387	6653	3833	1842	915
23466	3308	734	28795	30615	4079	6781
24564	3638	1554	36030	49119	9542	9077
372619	72850	26541	607239	702582	206963	133456
15585	2716		19061	7025	3265	710
1725	778	3289	2706	7443	632	1713
71810	12973	15922	152699	276531	70478	56042
117613	27860	2158	162178	215513	36969	36797
159593	26633	1366	259043	152261	91778	28432
6293	1890	3805	11552	43808	3842	9762
86698	13031	27421	157948	268625	58927	60686
2977	254	377	10792	14336	6508	2203
31278	5832	4947	50579	78061	16385	18506
15752	948	243	22160	30993	5509	7366
4357	1857	15384	18731	62813	11102	13852
32335	4140	6470	55687	82422	19423	18759
54122	8484	2833	75565	74167	17532	14584
1377287	228374	118618	1964308	1914972	487125	339184
75419	12216	4370	112423	72238	29464	13101

1-2 续表63

项　　目	营业利润	投资收益	营业外收入	补贴收入	营业外支出
矿山机械制造	6486	-66	240	6	151
石油钻采专用设备制造	7195		751		45
建筑工程用机械制造	45058	322	895	12	3042
海洋工程专用设备制造	-493		136	4	502
建筑材料生产专用机械制造	15784	8	421	10	55
冶金专用设备制造	2762		61		0
化工、木材、非金属加工专用设备制造	395875	-8235	19613	6334	14472
炼油、化工生产专用设备制造	15449	-8085	603		5704
橡胶加工专用设备制造	14007		339	167	139
塑料加工专用设备制造	76421	97	6926	1621	1170
木材加工机械制造	13730	51	347	163	106
模具制造	272516	-305	10829	4384	7220
其他非金属加工专用设备制造	3753	7	569		134
食品、饮料、烟草及饲料生产专用设备制造	34147	36	852	210	5467
食品、酒、饮料及茶生产专用设备制造	19768		443	205	5281
农副食品加工专用设备制造	3843	5	18		142
烟草生产专用设备制造	6917	31	380		41
饲料生产专用设备制造	3619		12	4	3
印刷、制药、日化及日用品生产专用设备制造	138105	1002	4227	1984	5993
制浆和造纸专用设备制造	8718	2	99	6	60
印刷专用设备制造	22089	545	1018	83	304
日用化工专用设备制造	505		76		43
制药专用设备制造	-693				
照明器具生产专用设备制造	4546		340	50	75
玻璃、陶瓷和搪瓷制品生产专用设备制造	102021	454	2482	1746	5296
其他日用品生产专用设备制造	920		213	100	216
纺织、服装和皮革加工专用设备制造	81623	63	3560	196	1940
纺织专用设备制造	67654	17	3349	153	825
皮革、毛皮及其制品加工专用设备制造	10	7			
缝制机械制造	13165	39	202	43	1113
洗涤机械制造	794		9		2
电子和电工机械专用设备制造	67946	931	8972	1900	1954
电工机械专用设备制造	54647	399	1922	662	514
电子工业专用设备制造	13299	533	7051	1238	1441
农、林、牧、渔专用机械制造	13223	27	547	284	319
拖拉机制造	-1489	17	142		20
机械化农业及园艺机具制造	8536	10	254	142	241
营林及木竹采伐机械制造	2716				
畜牧机械制造	1863		3	2	23
渔业机械制造	519				
农林牧渔机械配件制造	928		2		24
棉花加工机械制造	20		1		11
其他农、林、牧、渔业机械制造	131		145	141	0
医疗仪器设备及器械制造	386996	19693	46412	14939	15358
医疗诊断、监护及治疗设备制造	279448	24715	33636	10122	10311

单位：万元

利润总额	应交所得税	亏损企业亏损总额	利税总额	本年应付职工薪酬	本年应交增值税	全部从业人员年平均人数（人）
6574	806	5	11181	9108	4209	2171
7901	1150		9472	5521	789	1135
42829	8529	52	57679	22915	12698	3693
–858	148	2706	2826	19897	1640	1544
16150	890	1209	26928	10441	8806	3639
2823	692	398	4336	4356	1322	919
399820	66616	29712	591660	760366	163141	150170
10348	1310	78	16067	14622	4952	2433
14202	3602	486	19914	21763	5059	2875
82287	11730	1979	115946	76651	28230	13539
13972	2252	1026	22472	18522	7731	3342
274824	46850	26078	409690	618708	114364	125797
4187	872	65	7570	10100	2806	2184
29533	3868	5	46598	39820	13268	9626
14930	2627	5	24194	17499	7644	4052
3720	131		5791	7334	1481	1884
7256	248		10609	9187	1985	2102
3628	863		6004	5800	2158	1588
136489	14464	6195	192715	124177	48292	22967
8723	530	1987	14819	10294	5356	2360
22803	2678	990	35948	36149	11620	7105
539	103		1137	1395	506	292
–513		899	–258	858	224	51
4811	137	48	8965	11731	3783	2408
99209	10430	110	127312	54196	23597	8535
917	586	2162	4792	9555	3207	2216
82272	16189	958	116586	70862	27541	14183
69207	14339	937	98689	45682	23926	8114
10	3		116	430	96	94
12254	1698	21	15761	20600	2463	5162
800	150		2020	4151	1057	813
74906	19897	52618	140998	252271	54603	42376
56016	6793	1295	78399	49724	19471	8651
18890	13104	51323	62599	202547	35132	33725
13452	2708	4329	24176	28460	9452	6394
–1366	87	1827	–936	2513	336	630
8549	1912	2158	14631	18828	5360	4013
2716			3327	537	410	156
1843	451		3779	2607	1893	615
519		131	1066	1613	482	387
906	194		1180	378	201	98
10	2		323	322	304	105
276	62	214	807	1661	467	390
416826	68873	6047	516235	379907	79255	54208
300784	53265	3011	356527	210322	43233	20670

1-2 续表64

项目	营业利润	投资收益	营业外收入	补贴收入	营业外支出
口腔科用设备及器具制造	-51		32	2	140
医疗实验室及医用消毒设备和器具制造	10211		145		60
医疗、外科及兽医用器械制造	45231	1270	7325	2740	446
机械治疗及病房护理设备制造	11109	-8593	2956	472	152
假肢、人工器官及植（介）入器械制造	20644	154	700	596	96
其他医疗设备及器械制造	20405	2147	1620	1008	4154
环保、社会公共服务及其他专用设备制造	130124	4277	22220	17628	3876
环境保护专用设备制造	37463	199	5325	4340	498
地质勘查专用设备制造					
邮政专用机械及器材制造	-1883				
商业、饮食、服务专用设备制造	467		44		2
社会公共安全设备及器材制造	31493	1087	3396	1959	1526
交通安全、管制及类似专用设备制造	4417		1217	236	44
水资源专用机械制造	1035	28	27	2	1149
其他专用设备制造	57132	2963	12211	11092	657
汽车制造业	4283357	55479	97315	40565	47654
汽车整车制造	2662049	50703	36591	31497	13707
改装汽车制造	-4739	840	2888	926	433
低速载货汽车制造	-32556	-25342	853	791	110
电车制造	71		8		11
汽车车身、挂车制造	76371		486	64	388
汽车零部件及配件制造	1582162	29278	56489	7287	33005
铁路、船舶、航空航天和其他运输设备制造业	369284	65708	96287	45233	37385
铁路运输设备制造	-5191		6653	805	9
铁路机车车辆及动车组制造	-5903		6284	438	
窄轨机车车辆制造					
铁路机车车辆配件制造					
铁路专用设备及器材、配件制造	637		369	367	9
其他铁路运输设备制造	75				
城市轨道交通设备制造	78		4398	4397	2
船舶及相关装置制造	6687	30656	43194	28088	4358
金属船舶制造	-10051	29747	41743	26553	3885
非金属船舶制造	7747	48	205	1063	43
娱乐船和运动船制造	2910		527	469	76
船用配套设备制造	338		107	3	208
船舶改装与拆除	5743	861	612	1	147
航标器材及其他相关装置制造					
航空、航天器及设备制造	15939	22686	16014	6229	-120
飞机制造	-4083	22268	8170	6182	2
航天器制造					
航空、航天相关设备制造	13584	418	6909	47	-126
其他航空航天器制造	6438		936		4
摩托车制造	279086	9958	15355	4548	23709
摩托车整车制造	187769	3141	3351	1689	3665
摩托车零部件及配件制造	91318	6817	12005	2860	20044

单位：万元

利润总额	应交所得税	亏损企业亏损总额	利税总额	本年应付职工薪酬	本年应交增值税	全部从业人员年平均人数（人）
-159	75	1700	1057	16183	871	2768
10295	729		12366	2636	1834	717
52874	7282		70740	44629	15408	8499
13913	1833	784	20568	22957	5591	4032
21248	3588	424	26598	39636	3867	7608
17870	2101	128	28379	43545	8452	9914
148572	23544	14384	222918	186871	62108	26159
42290	6467	635	51848	29486	7250	5640
-1883	17	1931	-1760	410	104	73
509	217	91	670	1593	90	378
33363	6787	6295	52551	45251	16111	7432
5590	840		9615	6911	3482	1027
-86	115	2180	1773	3603	1371	449
68789	9101	3253	108221	99617	33701	11160
4331722	689863	236423	7500661	2198174	1780646	325668
2684933	342072	120563	5166910	716499	1190518	72229
-3730	1362	10712	6274	36689	8537	6280
-31813	5636	31813	-31813	1813		1234
68	8		698	1302	529	348
76469	7529	156	112974	42934	33928	7951
1605795	333256	73180	2245619	1398937	547134	237626
418122	65960	84302	760279	1021300	242345	157424
1453	370		2858	8382	1228	974
381	234		416	5835		652
998	136		2146	2094	1021	254
75			296	453	207	68
73	14		139	1777	41	209
40820	19325	73159	110917	439533	56479	45120
23055	15467	66468	66898	359482	35858	31887
7909	1055	482	15627	13258	5672	2790
3410	646	1417	6529	9590	2589	1549
237	501	2763	2383	11072	1686	2300
6208	1656	2030	19480	46131	10675	6594
32084	3234	4	52472	102387	17075	9869
4085	1		4158	34291	66	1759
20630	1730	4	39736	62601	16354	7411
7370	1502		8578	5495	655	699
269762	31566	4479	470533	282593	126157	57909
187458	27038	730	327366	134216	74853	23059
82304	4529	3749	143167	148377	51305	34850

1-2 续表65

项　目	营业利润	投资收益	营业外收入	补贴收入	营业外支出
自行车制造	51903	2331	4071	650	3368
脚踏自行车及残疾人座车制造	50277	2331	3350	580	3218
助动自行车制造	1627		721	70	150
非公路休闲车及零配件制造	8076	10	549	213	48
潜水救捞及其他未列明运输设备制造	12705	68	6053	303	6012
潜水及水下救捞装备制造	9342	68	6053	303	5999
其他未列明运输设备制造	3363				13
电气机械和器材制造业	6459506	661964	311035	101461	192093
电机制造	274068	1867	20783	4990	13179
发电机及发电机组制造	68512	2282	7928	1883	772
电动机制造	60234	75	1375	348	1634
微电机及其他电机制造	145323	−491	11480	2759	10773
输配电及控制设备制造	864058	26169	86074	41795	23131
变压器、整流器和电感器制造	252899	18024	35726	11892	4797
电容器及其配套设备制造	8512	−9	1310	414	−381
配电开关控制设备制造	260247	6881	22609	9462	2204
电力电子元器件制造	182443	946	13540	8464	7439
光伏设备及元器件制造	52745		9224	8231	7661
其他输配电及控制设备制造	107212	327	3666	3332	1412
电线、电缆、光缆及电工器材制造	683467	−3419	15060	6165	27509
电线、电缆制造	544711	−9130	10867	4012	13571
光纤、光缆制造	22714	1398	1139	622	946
绝缘制品制造	44496	3662	2444	1386	1429
其他电工器材制造	71547	652	610	144	11564
电池制造	225167	710	35514	11681	14401
锂离子电池制造	146254	462	24768	10863	6109
镍氢电池制造	16822	212	2151	363	350
其他电池制造	62091	36	8595	456	7942
家用电力器具制造	3734586	615182	109148	23375	73535
家用制冷电器具制造	202318	−18003	32904	12564	12588
家用空气调节器制造	2489035	666224	44969	5994	22721
家用通风电器具制造	139744	5519	9901	1680	4376
家用厨房电器具制造	540615	−16100	13742	1389	27052
家用清洁卫生电器具制造	204518	−23171	2663	583	726
家用美容、保健电器具制造	59084	746	1210	275	1647
家用电力器具专用配件制造	34279	−699	675	347	2261
其他家用电力器具制造	64994	665	3084	544	2165
非电力家用器具制造	110739	1901	8518	1870	2065
燃气、太阳能及类似能源家用器具制造	96065	1901	8318	1870	1323
其他非电力家用器具制造	14674		200		743
照明器具制造	477801	15423	34279	10764	37008
电光源制造	105098	928	11641	5668	14845
照明灯具制造	306257	14366	19675	4958	18672
灯用电器附件及其他照明器具制造	66446	129	2964	138	3491
其他电气机械及器材制造	89620	4131	1660	820	1265

单位：万元

利润总额	应交所得税	亏损企业亏损总额	利税总额	本年应付职工薪酬	本年应交增值税	全部从业人员年平均人数（人）
52606	9183	6501	93491	158402	33858	37219
50408	8104	4179	86265	137581	29549	31727
2198	1079	2322	7226	20821	4309	5492
8577	1644	160	11645	18199	2563	3691
12746	624		18224	10027	4944	2433
9396	624		13080	8826	3486	2169
3350			5144	1202	1458	264
6578486	866357	304425	9971506	8494929	2924921	1801451
281638	41987	11981	405165	613628	89390	116561
75668	4156	925	93364	68505	15200	10766
59974	10843	1146	91699	73957	26839	18611
145996	26988	9910	220102	471167	47351	87184
926932	158996	61390	1317541	1367056	329341	297887
283705	37875	14558	395310	528881	92806	113218
10202	5934	314	15651	30624	4299	8121
280618	44975	17521	416658	270397	117508	56437
188632	43539	22440	278256	433702	73690	101062
54308	3584	3498	66408	34418	10984	5087
109466	23089	3059	145259	69034	30055	13962
676008	84195	33488	960621	1013575	244283	217813
546975	61413	26795	781195	805864	202088	177289
22906	3224	1764	36722	42792	11711	7417
45484	7344	3879	72099	95028	22319	19050
60643	12215	1049	70605	69892	8165	14057
246268	42997	62122	462684	749563	185193	167244
164892	31278	43063	268850	468839	86942	104522
18623	2768	3284	30543	50749	10322	12905
62754	8951	15775	163292	229976	87930	49817
3770019	441017	102032	5838404	3594213	1822973	731792
222634	8584	7037	382875	338074	139433	65130
2511206	307916	51868	3772395	1377341	1117363	202836
145242	16538	6626	283310	310203	122847	77348
527288	75616	22994	907836	966906	339479	234625
206454	11668	3487	238959	127118	24532	29711
58575	5636	2934	80053	154932	17051	38635
32690	3409	1070	54972	76310	18305	18790
65931	11650	6016	118006	243329	43963	64717
116199	16577	8715	164337	129523	41032	29352
102834	15490	8585	146885	118474	37481	26781
13365	1087	130	17453	11049	3551	2571
471431	70599	22534	709069	956461	192952	227054
101893	14277	978	135606	168535	25865	35406
303398	45793	20141	483203	655804	149445	158449
66141	10530	1415	90260	132123	17642	33199
89990	9990	2163	113685	70908	19757	13748

1-2 续表66

项　　目	营业利润	投资收益	营业外收入	补贴收入	营业外支出
电气信号设备装置制造	14765	-87	783	282	704
其他未列明电气机械及器材制造	74855	4218	877	539	561
计算机、通信和其他电子设备制造业	10254966	603967	1294271	523143	489352
计算机制造	1265543	48378	88542	27556	53762
计算机整机制造	250565	8096	27400	3217	18817
计算机零部件制造	601751	5245	31835	12012	21114
计算机外围设备制造	336948	31061	18602	4357	12365
其他计算机制造	76280	3977	10706	7971	1466
通信设备制造	4067874	431464	611016	204889	194885
通信系统设备制造	2844770	306923	516166	167336	176481
通信终端设备制造	1223104	124540	94850	37553	18404
广播电视设备制造	125053	6525	20727	4607	2454
广播电视节目制作及发射设备制造	175		3		1
广播电视接收设备及器材制造	61898	6210	8054	4262	1737
应用电视设备及其他广播电视设备制造	62979	315	12671	345	715
雷达及配套设备制造	4940	5	485	126	26
视听设备制造	584434	36449	125996	49482	60847
电视机制造	339669	15491	71650	35166	19146
音响设备制造	143954	17092	21584	4824	16425
影视录放设备制造	100811	3866	32762	9492	25276
电子器件制造	2233300	37116	300129	197264	61969
电子真空器件制造	41512		22314	1	3476
半导体分立器件制造	33027	427	5732	564	1371
集成电路制造	314406	12084	26596	8734	11292
光电子器件及其他电子器件制造	1844355	24605	245488	187966	45830
电子元件制造	1715057	36191	127680	31391	107769
电子元件及组件制造	1080555	29920	80599	15942	69433
印制电路板制造	634502	6271	47081	15448	38335
其他电子设备制造	258764	7839	19696	7829	7641
仪器仪表制造业	500228	25460	43120	17278	11425
通用仪器仪表制造	136885	21221	29515	11545	4121
工业自动控制系统装置制造	91049	16014	19138	9878	3078
电工仪器仪表制造	22524	5148	8850	1300	877
绘图、计算及测量仪器制造	14234		356	38	37
实验分析仪器制造	5945	58	1129	311	112
试验机制造	894		41	18	10
供应用仪表及其他通用仪器制造	2241		1		7
专用仪器仪表制造	96158	2641	4615	2439	716
环境监测专用仪器仪表制造	5837	800	366	145	20
运输设备及生产用计数仪表制造	46989	1677	1228	313	317
导航、气象及海洋专用仪器制造	15464		950	268	121
农林牧渔专用仪器仪表制造	471		8		26
地质勘探和地震专用仪器制造	352		251	251	2
教学专用仪器制造	138				9
核子及核辐射测量仪器制造	26				

单位：万元

利润总额	应交所得税	亏损企业亏损总额	利税总额	本年应付职工薪酬	本年应交增值税	全部从业人员年平均人数（人）
14839	1632	1192	23850	27676	7908	5736
75151	8358	971	89835	43233	11849	8012
11059172	1890720	879394	19256669	18492651	7212185	3308978
1301172	244668	101335	2178493	3794437	778611	703085
259167	46231	14713	394892	654978	118435	105274
613201	117347	20047	1095476	2139802	430548	415833
343185	69933	59458	567272	844396	200484	153416
85619	11157	7118	120853	155262	29145	28562
4482160	810812	301843	9120690	4473411	4243593	456552
3176258	505136	68187	6466904	2912449	2976295	177154
1305902	305676	233656	2653786	1560963	1267298	279398
141669	20293	13308	206543	271878	53317	61193
−1286	−343	1497	−825	3729	357	1103
68020	14458	6427	109875	189227	34476	47153
74935	6178	5384	97493	78922	18484	12937
5399	927	549	11088	16334	5201	3232
650757	92437	116843	1210154	1681644	492479	357780
392158	46777	19225	738772	545579	317622	98168
150301	21639	44337	280069	729234	104968	171560
108297	24021	53281	191313	406831	69890	88052
2478779	370765	91707	3323972	2810919	628268	539663
60350	14875	224	75881	18126	13469	3308
37345	3038	1944	52128	121314	12329	22971
329524	60144	18069	476733	665227	129504	103674
2051560	292708	71471	2719230	2006253	472965	409710
1728678	298690	224289	2756107	4835475	859806	1062111
1086108	194984	130854	1832522	3297461	629233	756521
642570	103706	93436	923585	1538013	230572	305590
270560	52128	29520	449623	608554	150911	125362
534807	74065	33196	743078	1007879	169898	223688
162525	16599	6049	239707	259230	65927	43563
107119	9850	1334	153502	138521	40112	23576
30757	3192	3436	48622	78286	14890	11896
14553	1811		17256	11146	2190	2055
6936	1334	1279	13635	25981	5825	4796
924	251		1547	2317	536	508
2235	162		5145	2979	2374	732
100057	15546	7783	135729	91432	29465	21288
6183	710	537	6964	4510	479	658
47900	6521	122	60565	22270	9935	5502
16293	4140	7124	28569	17394	11263	3616
452	68		488	2224	10	458
601	28		892	330	263	56
129	5		184	804	45	214
26	21		151	595	62	41

1-2 续表67

项　　目	营业利润	投资收益	营业外收入	补贴收入	营业外支出
电子测量仪器制造	16377	143	1197	889	52
其他专用仪器制造	10503	21	616	574	169
钟表与计时仪器制造	144740	949	4122	1756	3911
光学仪器及眼镜制造	117922	551	4662	1481	2397
光学仪器制造	85296	551	3118	1199	1228
眼镜制造	32626		1545	282	1169
其他仪器仪表制造业	4523	98	206	57	280
其他制造业	76470	407	2521	1420	2976
日用杂品制造	40363	184	892	188	1418
鬃毛加工、制刷及清扫工具制造	6279	–5	152	89	55
其他日用杂品制造	34084	190	740	100	1364
煤制品制造	–6719				35
核辐射加工					
其他未列明制造业	42826	223	1629	1232	1522
废弃资源综合利用业	816866	–5751	7441	3788	15621
金属废料和碎屑加工处理	741405	–6326	6856	3680	14867
非金属废料和碎屑加工处理	75461	575	585	108	755
金属制品、机械和设备修理业	49825	28	7896	31	2291
金属制品修理	19104		751		1751
通用设备修理	1779		191		35
专用设备修理	7156	68	71	31	45
铁路、船舶、航空航天等运输设备修理	20951	–41	6870		427
铁路运输设备修理					
船舶修理	–16859	–41	6012		380
航空航天器修理	37810		858		47
其他运输设备修理					
电气设备修理	583		10		19
仪器仪表修理	159		3		3
其他机械和设备修理业	93	1	1		11
电力、热力、燃气及水生产和供应业	**5431895**	**517139**	**495960**	**327030**	**158196**
电力、热力生产和供应业	4591721	437882	450403	321082	139057
电力生产	2923615	75922	389085	329945	57588
火力发电	2163444	55836	267626	221680	49871
水力发电	192273	7030	5017	1621	5501
核力发电	482824	12998	97363	97298	1576
风力发电	47223	45	4450	2990	426
太阳能发电					
其他电力生产	37850	13	14629	6357	214
电力供应	1659188	359880	59547	–8901	80035
热力生产和供应	8919	2080	1771	38	1434
燃气生产和供应业	510653	32286	6222	226	8951
水的生产和供应业	329522	46971	39336	5722	10188
自来水生产和供应	103681	40822	34471	2661	8174
污水处理及其再生利用	80225	6134	4860	3061	577
其他水的处理、利用与分配	145616	15	5		1437

单位：万元

利润总额	应交所得税	亏损企业亏损总额	利税总额	本年应付职工薪酬	本年应交增值税	全部从业人员年平均人数（人）
17522	2108		23824	33887	4955	6894
10950	1944		14091	9420	2454	3849
144950	20182	10678	194696	300822	40899	77276
122831	20652	8229	165469	336658	31152	77372
87232	18025	7111	117589	152494	23458	31730
35599	2628	1118	47880	184164	7693	45642
4444	1086	458	7478	19738	2456	4189
75915	12503	16946	136697	240555	51976	59329
39736	4419	4248	73396	167388	28132	42288
6377	609	276	10670	16742	3593	4415
33359	3810	3972	62726	150646	24539	37873
–6754	7	7674	–4541	3253	1996	417
42934	8077	5024	67841	69913	21849	16624
808685	32532	66675	985135	185191	144990	41924
733394	25577	65776	880331	138600	124337	30620
75291	6954	898	104804	46592	20653	11304
55430	14728	17810	74084	74112	12496	10970
18103	4297		27361	16712	5355	1958
1935	487		2256	1132	221	394
7181	1166		8466	12154	940	1497
27394	8727	17810	33490	41763	4497	6637
–11227	168	17810	–8844	24507	1880	5581
38621	8560		42334	17257	2617	1056
574			1239	1342	528	283
159	40		340	245	165	48
83	11		933	764	791	153
5768003	**1138565**	**207052**	**8893265**	**3728367**	**2786520**	**274735**
4902224	965666	153610	7747058	3191163	2552760	211292
3254269	684006	51346	4478760	597785	1094995	50044
2380323	611688	45685	3300190	467086	827479	31789
191821	31846	1260	286050	71837	80311	14306
578611	27271		763022	36496	164653	2053
51248	5343	4015	57249	4100	4828	323
52265	7858	387	72249	18266	17724	1573
1638699	280118	102000	3257042	2586225	1456075	160297
9256	1543	265	11256	7153	1691	951
506984	95263	10596	642382	128688	118226	13963
358796	77636	42845	503825	408516	115534	49480
130104	32384	42102	258332	358859	105573	44039
84507	9590	744	95192	29947	9234	4606
144184	35663		150301	19711	728	835

1-3 规模以上国有控股

项　　目	企业单位数（个）	亏损企业	工业总产值（当年价格）	工业销售产值（当年价格）	出口交货值
总　　计	**1054**	**224**	**175251579**	**169723588**	**15253449**
在总计中：亏损企业	224	224	9782445	9517931	865529
一、按隶属情况分组					
中央企业	129	30	71902780	67251001	7399872
地方企业	925	194	103348799	102472587	7853577
二、按轻重工分组					
轻工业	358	74	24675891	24956066	3166339
重工业	696	150	150575688	144767522	12087110
三、按企业规模分组					
大型企业	132	13	130867688	126307360	11959999
中型企业	329	85	27724159	27031892	2236240
小微型企业	593	126	16659732	16384337	1057211
四、按工业行业大类分组					
煤炭开采和洗选业	1		32774	31774	
石油和天然气开采业	1	1	346	316	
黑色金属矿采选业	3		86942	84556	
有色金属矿采选业	14	4	955218	894262	
非金属矿采选业	9	2	348290	327269	
开采辅助活动	3		336789	336789	
其他采矿业					
农副食品加工业	49	9	2429183	2248565	10009
食品制造业	20	3	659674	627065	17292
酒、饮料和精制茶制造业	22	5	1505723	1453735	3793
烟草制品业	7		4092210	5122491	35827
纺织业	23	1	267744	257673	78400
纺织服装、服饰业	9	1	73875	73871	14698
皮革、毛皮、羽毛及其制品和制鞋业	4		20461	20461	
木材加工和木、竹、藤、棕、草制品业	8	2	92259	89834	16425
家具制造业	1		15770	15167	
造纸和纸制品业	16	5	795499	802532	113692
印刷和记录媒介复制业	30	3	293047	287826	22160
文教、工美、体育和娱乐用品制造业	18	8	300383	296056	39670
石油加工、炼焦和核燃料加工业	12	4	30460583	30049817	21507
化学原料和化学制品制造业	55	15	4223807	4219413	94096
医药制造业	32	3	1938842	1903673	34866
化学纤维制造业	1		137633	136439	
橡胶和塑料制品业	28	6	1010021	996204	107601
非金属矿物制品业	45	6	1338016	1307131	21515
黑色金属冶炼和压延加工业	17	3	3877649	3842253	122026
有色金属冶炼和压延加工业	24	9	4792599	4649733	656876
金属制品业	37	7	1194968	1166422	346882
通用设备制造业	26	6	1418206	1363720	106554
专用设备制造业	18	5	327276	314611	56247
汽车制造业	20	5	14350025	14317032	13916
铁路、船舶、航空航天和其他运输设备制造业	35	6	3814140	3735924	1381239
电气机械和器材制造业	54	10	8654907	8335059	2470204
计算机、通信和其他电子设备制造业	89	27	25139401	20633542	8848593
仪器仪表制造业	9	1	211348	210365	16823
其他制造业	1		24357	24094	
废弃资源综合利用业	8		84596	82534	
金属制品、机械和设备修理业	11	2	225731	230905	121910
电力、热力生产和供应业	194	37	55617728	55171015	377523
燃气生产和供应业	16	2	2568584	2589944	85533
水的生产和供应业	84	26	1534976	1473517	17573

工业企业主要经济指标

单位：万元

工业增加值（当年价格）	资产总计	流动资产合计	应收账款	存货	产成品	在产品	固定资产合计	固定资产原价
51075704	**181866725**	**71574938**	**11644280**	**16020368**	**3681881**	**2825499**	**77100603**	**131242565**
2149791	9993944	3694249	737761	1321697	330306	188649	4962046	7594093
24048669	71283197	26500530	5057450	8243587	791496	1898559	28380554	46312995
27027035	110583527	45074407	6586830	7776781	2890385	926940	48720049	84929570
8649643	34577613	21904493	1807964	4936970	1648095	369134	6881331	12325608
42426061	147289111	49670445	9836316	11083398	2033786	2456364	70219272	118916957
38119240	126258374	50094368	7452750	10925530	2475129	2400952	51159937	87193502
9317031	37922332	13812396	2742207	3767731	757771	293349	18809311	30618162
3639433	17686018	7668174	1449323	1327108	448981	131198	7131355	13430901
11367	49164	38292	11809	17483	17417		8727	13541
6437	203151	28206		79	79		12370	25869
50122	207869	65051	2592	25913	18866		142819	83882
259890	539562	285026	165394	31155	17114		141268	274277
112545	125562	83102	11824	9015	2566	1340	21872	44121
92260	265140	232581	179218	462			27376	57794
439142	799527	556645	68631	189509	113620	1580	182157	338031
180094	407850	225349	27957	50574	20706	1186	109813	268451
526739	1170924	589716	68648	126245	44090	4181	327139	582502
3069295	4615485	3433289	182333	2314227	118703		600282	1235165
74618	233855	153425	28368	55351	22049	2783	67267	136297
19370	57999	39935	5628	9170	3365	466	13101	24048
8469	8344	4550	773	17	14		3794	4073
27696	63508	18075	5014	5896	2479	484	27644	55670
4560	6477	662	19	43	31	3	5815	10358
127797	1883771	893170	186231	148859	67271	2426	658436	989720
98579	425685	259711	98729	36283	15537	4882	136831	349064
90752	369682	209987	46093	88586	23442	21531	69228	118807
7893072	8962517	3887075	495528	2927223	284998	140471	4079858	8077746
821846	4117737	1263307	219006	374013	153253	5207	2537261	4247779
723822	2411363	1299596	202426	305515	114346	51901	473483	811989
52882	90159	72521	9743	10816	4943		13634	60717
282355	1890555	931979	186258	214754	56719	85257	602970	962215
385631	1680845	608391	235691	109179	45477	19793	913945	1168261
415119	3688334	1263413	64319	582788	140002	57609	1814111	3041820
516918	2004586	1047029	104384	574667	167077	97536	690032	867290
298533	1528798	833133	222467	264544	82210	27359	369904	562687
385973	2347557	1600893	484946	424021	166085	52201	355880	544348
95689	375947	248874	89975	78591	23425	38768	85796	150615
4384909	6152431	4341702	327199	476416	196015	17379	1244167	2638070
967790	8223147	4306752	656389	663636	33427	217741	1697723	2399031
1987037	14277272	11710276	633912	1451251	852079	313126	678954	1037624
9943849	22901789	15015458	4108001	2854414	798600	1610601	4725839	7285732
56158	210343	182971	86480	50650	15043	10462	22563	38114
14241	8733	3846	2589	41	24	17	4887	11058
16111	71361	27276	1511	5109	1939	171	37490	49468
57642	530390	262273	40512	44967	8404	13473	239093	288392
15243839	78873483	13056744	2006215	1396459	38223	22320	48971245	84181298
611489	2888050	627086	78023	63664	4044	3115	1477949	1877830
721070	7197775	1867571	299445	38785	8199	131	3507883	6328812

1-3 续表1

项　　目	累计折旧	本年折旧	负债合计	流动负债合计	应付账款
总　　计	**58255585**	**7951437**	**106037713**	**73569208**	**22661731**
在总计中：亏损企业	2922355	396254	9156617	6878956	1995878
一、按隶属情况分组					
中央企业	20698653	2998885	40627909	28210720	8024896
地方企业	37556931	4952552	65409804	45358488	14636835
二、按轻重工分组					
轻工业	5723054	561779	20907598	17808229	6127986
重工业	52532531	7389658	85130115	55760979	16533745
三、按企业规模分组					
大型企业	37984145	5789233	73902622	52896436	17775785
中型企业	13682204	1579787	22087437	13727179	3525228
小微型企业	6589235	582417	10047654	6945594	1360718
四、按工业行业大类分组					
煤炭开采和洗选业	4813	4813	42774	38774	16222
石油和天然气开采业	13499	1778	-194	-440	14
黑色金属矿采选业	47122	4889	116826	92777	18916
有色金属矿采选业	140590	12911	352222	279630	24417
非金属矿采选业	29390	2904	53824	36616	10533
开采辅助活动	30418	3950	131280	124183	81334
其他采矿业					
农副食品加工业	161740	15351	635583	575084	200254
食品制造业	164230	34289	240483	210332	49843
酒、饮料和精制茶制造业	259684	39088	670898	521395	141483
烟草制品业	634883	61328	1357885	1357885	778945
纺织业	70481	7605	162038	103354	39275
纺织服装、服饰业	13190	606	28150	14693	2033
皮革、毛皮、羽毛及其制品和制鞋业	985	212	2492	575	
木材加工和木、竹、藤、棕、草制品业	28026	2727	48470	21379	2839
家具制造业	4543	934	4791	4791	17
造纸和纸制品业	330709	30511	1157258	777903	150876
印刷和记录媒介复制业	224079	13349	191113	165915	33688
文教、工美、体育和娱乐用品制造业	58133	4059	97185	74062	41380
石油加工、炼焦和核燃料加工业	4223612	433272	6259287	6184887	2799558
化学原料和化学制品制造业	1726021	224571	2134376	1434692	268435
医药制造业	377384	41728	1082319	903394	178428
化学纤维制造业	47083	2494	18849	18849	12402
橡胶和塑料制品业	443951	52168	933037	669883	112766
非金属矿物制品业	262001	57604	928731	710253	188467
黑色金属冶炼和压延加工业	1246216	140822	2840800	2709738	669839
有色金属冶炼和压延加工业	260862	48777	1710063	1514752	708474
金属制品业	200077	32118	799308	706852	209891
通用设备制造业	200086	32552	1293128	1096356	392243
专用设备制造业	67450	9285	228618	214638	87412
汽车制造业	1370328	162340	4216580	4043167	1919074
铁路、船舶、航空航天和其他运输设备制造业	779984	178959	5508246	3997733	836272
电气机械和器材制造业	410121	61736	11001478	10791842	3886871
计算机、通信和其他电子设备制造业	2631213	1133327	14884396	11319962	3355338
仪器仪表制造业	17124	2644	126579	123349	62730
其他制造业	10045	785	461	199	
废弃资源综合利用业	13639	2332	20238	18992	4490
金属制品、机械和设备修理业	57004	11526	388549	224761	59736
电力、热力生产和供应业	38255308	4740479	40580179	19585951	4832797
燃气生产和供应业	505562	93763	1664006	920998	230755
水的生产和供应业	2933999	246853	4125407	1979053	253685

单位：万元

非流动负债合计	所有者权益合计	实收资本					
			国家资本	集体资本	法人资本	个人资本	港澳台资本
32084418	**75696162**	**41159855**	**19797871**	**468702**	**16829469**	**951663**	**820483**
2173864	796584	3126924	1613744	140488	1137210	25675	37443
12408225	30643108	17906926	8768519	13001	8686408	50624	164256
19676193	45053055	23252929	11029353	455700	8143061	901039	656227
2974644	13659511	5397628	1741733	272671	2567976	474673	114820
29109774	62036651	35762227	18056138	196031	14261493	476990	705663
20887525	52342944	25714937	12298953	79410	11307790	531205	154654
8473697	15816624	10476229	5386054	244683	3597601	328351	316554
2723196	7536594	4968689	2112864	144609	1924078	92107	349276
4000	6389	5000			5000		
246	203345	15000	15000				
24049	91043	17619	2700		14919		
72592	187340	50604	12424	35076	2339	765	
12899	65912	14991	9680	390	4921		
5545	133859	20638	20638				
57097	154759	142996	58774	540	74112	2774	928
25765	168098	84849	27358	1204	52805	1532	
140616	500008	165579	8315	20090	118226	490	
	3257599	1479003	31480		1447523		
33208	75796	65588	23960	44	7007	3065	30569
5856	29107	13677	6051		4617		
959	5852	3751	386		3364		
21576	10223	6831	2090		4541	200	
	1686	738				738	
385134	728316	796990	572436	75888	18280	135	
22858	232778	100349	47000	1445	51260	106	538
22107	270401	176007	124828	5145	45007	174	854
74400	2702206	3137859	2988734		143510	1200	1999
667409	1985441	1734731	817988	111226	94366	5216	26337
178924	1329044	447518	64392	13475	235615	111699	12500
	71310	43763	30637				
263154	957517	598636	80341	3000	480259	100	31013
258751	751416	416624	255003	2025	95095	9354	23897
125288	843737	561819	26713	3000	523961		4500
193312	288564	523306	75276		389950	55012	
85205	728316	363997	176614	361	140413	18893	10561
142135	1038514	282961	12583	337	228679	40432	630
10367	147329	90551	12800	171	54597	1027	2145
173413	1935851	1261152	84332	430	745218		1879
1459185	2713156	2207312	1676193	100	429502	21092	57455
206398	3269972	777259	189298	16352	328792	212341	12350
3533704	7956254	2725708	395523	19720	1819035	228152	78803
3230	83764	37617	11921	1710	18270	4869	547
263	7972	2367	2367				
1246	49612	25132	3551		16844	1590	
163788	141841	154489	114299		400		2249
20860486	38285597	20687579	10937103	46396	8524214	171600	491492
720494	1218428	853037	247886		458564		29235
2128759	3067809	1066234	631196	110578	248268	59110	2

1-3 续表2

项　　目	外商资本	营业收入	主营业务收　入	营业成本	主营业务成　本
总　　计	**1884487**	**174838502**	**170952594**	**146259304**	**142392118**
在总计中：亏损企业	172362	9596458	9441727	9050891	8928737
一、按隶属情况分组					
中央企业	53489	65382231	64137000	53985077	52808104
地方企业	1830998	109456271	106815594	92274228	89584014
二、按轻重工分组					
轻工业	221453	31271751	28935223	22472357	20288934
重工业	1663035	143566751	142017371	123786947	122103184
三、按企业规模分组					
大型企业	1335009	130656445	127832232	110038513	107054356
中型企业	372082	27386040	26582809	21555104	20935357
小微型企业	177397	16796017	16537553	14665687	14402404
四、按工业行业大类分组					
煤炭开采和洗选业		32774	32774	31674	31674
石油和天然气开采业		5655	316	1654	1068
黑色金属矿采选业		78785	71285	42734	38814
有色金属矿采选业		896255	891807	739499	736469
非金属矿采选业		325493	325297	233638	233583
开采辅助活动		336785	336785	247440	247440
其他采矿业					
农副食品加工业	5868	2428085	2383884	2320613	2290172
食品制造业	1950	674339	670649	514957	513258
酒、饮料和精制茶制造业	18458	1312753	1297052	890273	879163
烟草制品业		5157253	3843131	2447718	1165471
纺织业		284382	279006	243538	240120
纺织服装、服饰业		72330	71563	54743	54252
皮革、毛皮、羽毛及其制品和制鞋业		19763	19763	13599	13599
木材加工和木、竹、藤、棕、草制品业		89997	89634	75335	75070
家具制造业		15375	15375	13324	13324
造纸和纸制品业	130251	871294	796249	765970	695945
印刷和记录媒介复制业		311518	300522	236026	229598
文教、工美、体育和娱乐用品制造业		336816	321656	276755	263342
石油加工、炼焦和核燃料加工业	2416	30381025	30109494	26206971	25940699
化学原料和化学制品制造业	679599	4304063	4279372	3884538	3856400
医药制造业	9838	1897072	1864728	1152612	1128817
化学纤维制造业	13126	136493	136439	93915	93915
橡胶和塑料制品业	3923	1124088	1064353	959290	909311
非金属矿物制品业	21250	1311179	1302642	1047624	1037603
黑色金属冶炼和压延加工业	3645	3597507	3524022	3449718	3381108
有色金属冶炼和压延加工业	3068	4716559	4649000	4666479	4601537
金属制品业	17155	1210868	1175943	1001084	971009
通用设备制造业	300	1589630	1360186	1274473	1060630
专用设备制造业	19811	325654	323616	273418	272104
汽车制造业	429291	14403574	14345020	10936786	10826543
铁路、船舶、航空航天和其他运输设备制造业	22970	3697148	3609655	3314366	3244179
电气机械和器材制造业	18125	14175620	13362415	10722014	10004447
计算机、通信和其他电子设备制造业	176560	18553701	18417741	14449518	14306866
仪器仪表制造业	300	209731	207663	157744	156710
其他制造业		24094	24094	14925	14925
废弃资源综合利用业	3147	83742	81323	63051	61280
金属制品、机械和设备修理业	37540	225736	216146	212254	204732
电力、热力生产和供应业	177815	55596320	55240219	50082151	49503211
燃气生产和供应业	77352	2522617	2444164	2090392	2062478
水的生产和供应业	10730	1502431	1467611	1056493	1031255

单位：万元

营业税金及附加	主营业务税金及附加	销售费用	管理费用	税金	财务费用	利息收入	利息支出
6831822	**6804254**	**6499091**	**5256597**	**352664**	**2018129**	**405650**	**2525601**
508661	507192	152557	453254	23458	184268	13928	224641
4316034	4313388	1583167	1710127	63817	896167	106585	1004732
2515788	2490866	4915925	3546470	288847	1121961	299065	1520869
2128982	2119431	3717043	1519125	172393	104919	159092	241604
4702840	4684823	2782049	3737472	180271	1913210	246558	2283997
5360575	5340955	5757334	3507864	256705	1136571	294673	1507101
1238295	1232759	463716	1165969	62694	632572	73523	728068
232952	230540	278041	582765	33265	248985	37455	290432
27	27	3171	773	73	9656	2	9658
357	59		5774	166	756	771	15
2401	2401	1780	21716	516	1469	69	1495
9757	9685	1675	31407	1248	3939	372	2748
2671	2671	20328	40367	635	681	1	637
8466	8466	4018	13999	144	178	66	
2438	2324	20658	43122	2129	6372	2883	5444
3279	3270	70868	32655	1165	2746	871	2975
44656	44302	433131	73256	2909	7577	1220	8472
1928493	1928493	105878	242172	8702	6874	1095	7854
1903	1830	4389	19603	670	252	227	1754
558	520	1262	7803	80	567	23	160
316	316	603	2116	7	552	4	379
564	560	1929	3992	91	1419	11	1282
101	101	246	349	6			
2931	2880	36054	35439	2212	28489	–4670	35460
2738	2653	14208	35215	867	12	1041	820
1751	1751	12016	22542	878	639	448	782
3163124	3162900	54265	363285	12345	16822	8270	55781
13910	12227	63441	77828	5917	39001	2057	60310
18215	16828	329653	193075	4571	7898	8031	14989
901	901	104	6176	233	–1519	1522	
6155	5646	28101	75835	2896	19066	4805	20528
7225	7210	42272	58343	5744	24582	2056	26243
8334	8334	21690	75763	7702	50409	1724	75401
2515	2496	16128	60912	5186	38049	3598	38188
6583	6467	42553	96180	3996	14126	2171	12954
8588	8570	70095	115337	4471	12938	1205	12896
3243	3243	7026	23689	600	2821	281	2623
1029959	1019548	803655	572457	31726	–43589	5026	19668
25670	24789	57980	300142	10575	15129	55035	81801
80774	75813	2299220	420656	9256	–72504	136783	22944
147839	147578	1536079	1212363	147784	298017	39896	315804
1529	1529	15138	22245	131	2215	909	2336
137	137		2890		79		77
580	569	2813	5349	84	1002	89	1099
435	435	1844	22357	399	8208	1404	10578
268257	263861	226170	710460	64685	1361909	105417	1492538
8924	8268	43627	47770	2920	31021	9828	43526
15518	14599	105026	161186	8946	120274	11109	135383

1-3 续表3

项目	营业利润	投资收益	营业外收入	补贴收入	营业外支出
总计	**10145384**	**1381879**	**1300364**	**781792**	**331953**
在总计中：亏损企业	-636012	3777	101691	51046	16560
一、按隶属情况分组					
中央企业	3436986	533116	504687	301876	152283
地方企业	6708398	848763	795677	479917	179671
二、按轻重工分组					
轻工业	2418021	666022	166039	48737	38142
重工业	7727363	715857	1134325	733055	293811
三、按企业规模分组					
大型企业	6631956	1195534	733697	402052	240142
中型企业	2553314	71416	349567	225867	53832
小微型企业	960115	114930	217100	153874	37980
四、按工业行业大类分组					
煤炭开采和洗选业	1980		63		
石油和天然气开采业	-611		5		56
黑色金属矿采选业	6842		103		1674
有色金属矿采选业	107978		6253	2662	833
非金属矿采选业	31769	-27000	221		1096
开采辅助活动	66685		1457		57
其他采矿业					
农副食品加工业	58858	-34053	6596	1290	10771
食品制造业	48031	162	1713	357	334
酒、饮料和精制茶制造业	43980	-18	10520	8524	755
烟草制品业	482163	28023	978	2	6079
纺织业	13678	316	5680	247	3750
纺织服装、服饰业	1402		131	1	157
皮革、毛皮、羽毛及其制品和制鞋业	2584				72
木材加工和木、竹、藤、棕、草制品业	10143	8	627	339	3774
家具制造业	1356				
造纸和纸制品业	11891	10298	16978	153	1048
印刷和记录媒介复制业	21281	1273	2641	477	434
文教、工美、体育和娱乐用品制造业	23778	507	3420	2978	1687
石油加工、炼焦和核燃料加工业	599772	-17290	14622	7127	113269
化学原料和化学制品制造业	229531	2969	2988	91	4436
医药制造业	212449	27453	24086	2147	2424
化学纤维制造业	36867		130	18	76
橡胶和塑料制品业	49595	22877	10636	3811	1003
非金属矿物制品业	136019	696	25484	17799	2299
黑色金属冶炼和压延加工业	16363	29636	17845	3482	1033
有色金属冶炼和压延加工业	14186	19709	37023	16536	2630
金属制品业	59697	4444	19693	1164	483
通用设备制造业	134798	9023	60974	39623	2700
专用设备制造业	16937	5	1534	1057	372
汽车制造业	1157844	-24222	13812	9040	7730
铁路、船舶、航空航天和其他运输设备制造业	9147	50683	69072	38086	4265
电气机械和器材制造业	1368971	587199	32995	8941	2107
计算机、通信和其他电子设备制造业	555368	199290	496604	350605	17843
仪器仪表制造业	14682	906	5391	1396	536
其他制造业	6062				
废弃资源综合利用业	11499	492	8		60
金属制品、机械和设备修理业	-18313	-41	6195		371
电力、热力生产和供应业	4233854	431852	375033	261661	130056
燃气生产和供应业	284663	19730	2191		882
水的生产和供应业	81605	36954	26662	2181	4801

单位：万元

利润总额	应交所得税	亏损企业亏损总额	利税总额	本年应付职工薪酬	本年应交增值税	全部从业人员年平均人数（人）
11055010	**2038457**	**551716**	**28006360**	**8560772**	**10119529**	**816651**
-551716	10463	551716	625857	688580	668912	90508
3764223	555651	134575	13744787	2623131	5664530	196138
7290786	1482805	417141	14261573	5937642	4454998	620513
2514702	376023	68181	6075323	1606407	1431639	215578
8540307	1662433	483535	21931037	6954366	8687890	601073
7094726	1245649	212092	20298228	6334846	7842927	532585
2827896	565312	193143	5823880	1605389	1757690	205384
1132388	227496	146481	1884252	620538	518912	78682
2043	511		2323	70	253	224
-661		661	-304	4693		114
5271	680		15843	13081	8171	2199
113398	17269	4565	163226	54107	40071	6517
30893	1511	602	45682	6423	12117	1459
68084	7176		76731	11856	181	1018
54683	8187	6389	75880	36385	18760	11063
49410	7784	1156	79586	59179	26897	9740
53743	10878	3035	173952	109169	75553	14092
449036	118183		2788386	215466	410856	6638
15612	719	370	25328	35945	7812	9615
1377	141	71	4507	15081	2573	1756
2512	20		4034	4991	1207	761
6996	325	137	10496	5842	2936	1537
1356	34		2126	1432	669	322
27821	5745	11167	60533	57632	29781	11610
23504	3424	623	38871	51161	12629	6761
24949	4247	1078	36932	38494	10233	7392
501125	101707	21045	6939624	296199	3275375	17536
228083	41565	12575	441176	115060	199183	13246
234111	32560	1055	402380	229923	150054	24176
36921	9282		45309	6695	7487	339
56856	8027	17609	109507	118835	46497	19372
158035	35570	6044	225973	71541	60713	11257
33175	7650	4875	127914	131079	86404	19267
34635	965	88018	136740	79248	99590	10714
79001	12332	6872	106574	123031	20989	15473
193005	25941	6729	259104	129033	57511	17624
18099	2792	1980	29412	57814	8070	8041
1164925	284157	35268	2871555	362605	676670	28537
69050	22302	58696	160237	485174	65517	40663
1399860	134497	13297	1957413	364499	476779	56752
1025285	160874	59424	2837235	1752076	1664111	195501
19537	1110	732	28928	27284	7862	3974
6062			7364	5979	1164	1221
11447	1963		15220	3953	3192	635
-12489	298	17734	-10056	22650	1998	4876
4478763	879209	130504	7156252	3101157	2409231	197961
285963	66598	7518	361180	79828	66294	5669
103534	22228	31888	193189	276107	74138	30999

1-4 规模以上集体工业

项　目	企业单位数（个）	亏损企业	工业总产值（当年价格）	工业销售产值（当年价格）	出口交货值
总　计	**290**	**45**	**4425482**	**4372413**	**1623284**
在总计中：亏损企业	45	45	422478	417193	192136
一、按轻重工分组					
轻工业	182	30	3287953	3253187	1401391
重工业	108	15	1137530	1119226	221893
二、按企业规模分组					
大型企业	10	2	1510469	1503239	916474
中型企业	65	9	1186642	1171034	437728
小微型企业	215	34	1728371	1698140	269081
三、按工业行业大类分组					
煤炭开采和洗选业					
石油和天然气开采业					
黑色金属矿采选业					
有色金属矿采选业					
非金属矿采选业	10		123020	116943	
开采辅助活动					
其他采矿业					
农副食品加工业	9	1	137850	135521	
食品制造业	5	1	51712	50056	
酒、饮料和精制茶制造业					
烟草制品业					
纺织业	14	2	570875	565612	313932
纺织服装、服饰业	14	1	170258	168971	70282
皮革、毛皮、羽毛及其制品和制鞋业	14	2	165018	158069	107379
木材加工和木、竹、藤、棕、草制品业	4	1	80401	76747	
家具制造业	2		17787	17255	3034
造纸和纸制品业	16	1	158430	157586	40883
印刷和记录媒介复制业	5		36579	36683	
文教、工美、体育和娱乐用品制造业	20	6	806663	802161	435476
石油加工、炼焦和核燃料加工业					
化学原料和化学制品制造业	8	2	54390	52177	
医药制造业	1		18764	18298	36
化学纤维制造业					
橡胶和塑料制品业	23	4	387964	382223	163133
非金属矿物制品业	15	2	256533	255538	
黑色金属冶炼和压延加工业	3		27208	27465	
有色金属冶炼和压延加工业	8	1	75471	74093	2181
金属制品业	16	2	91070	88308	9798
通用设备制造业	5		113771	113771	37817
专用设备制造业	3	1	9653	9378	2276
汽车制造业					
铁路、船舶、航空航天和其他运输设备制造业	7		61105	60745	
电气机械和器材制造业	13	3	248550	245518	102928
计算机、通信和其他电子设备制造业	17	2	313413	313405	289112
仪器仪表制造业	3		26184	26022	19154
其他制造业	1	1	18909	18909	18909
废弃资源综合利用业					
金属制品、机械和设备修理业					
电力、热力生产和供应业	7		57298	56251	
燃气生产和供应业	1		8378	8378	
水的生产和供应业	46	12	338232	336330	6954

企业主要经济指标

单位：万元

工业增加值（当年价格）	资产总计	流动资产合计	应收账款	存货	产成品	在产品	固定资产合计	固定资产原价
1258650	**1950209**	**911787**	**187911**	**151468**	**51541**	**7455**	**719724**	**1318649**
136820	360412	190129	17992	18522	7106	9	108331	219484
920582	1522499	661914	126711	94218	32612	5318	604250	1072187
338069	427711	249872	61200	57250	18929	2137	115474	246462
399755	278739	138340	19323	33154	8586	99	103224	176992
387319	463193	223231	83052	44828	16652	4354	134063	278758
471577	1208277	550216	85536	73485	26303	3002	482437	862899
40868	28092	4181	1339	1415	1231	14	18867	20595
27631	28343	10314	3354	3796	945	191	6704	24513
12765	10365	4991	−2473	1010	776	88	4929	11021
119518	98650	21124	7298	7743	4210	730	56708	115219
56250	49288	26666	13700	2383	1789	75	17498	25873
98763	50038	43780	12099	16414	5087	2970	6184	13631
16907	13952	6949	3672	1257	122		7002	27029
4123	1774	892	317	112	7	9	55	173
31209	62750	25520	7355	4171	448	356	26467	33599
9642	16172	6595	2109	1049	343	49	7633	11365
186403	145950	88995	9575	6077	1436	444	24194	41039
13029	34937	26011	3946	2058	825	62	2221	3461
5240	17346	10412	1836	3059	1259		2415	5498
101988	95263	59329	9785	28751	10024	116	21921	41890
41063	190677	119202	13779	27285	8182	96	41941	105826
7472	6514	4831	3287	434	391		1667	2409
12494	21351	14523	5277	4726	2046	355	6546	10190
19486	20569	12653	4024	4658	1462	1498	5732	12478
45783	17280	10966	3720	2364	398	40	2057	6998
2219	3876	2224	601	1143	539		1647	2717
11217	6901	4927	1396	2257	1967	5	1079	2615
33009	178123	76237	37375	17426	5189	345	28477	52886
213614	85001	42357	14860	149	51	10	35078	58536
9795	4557	4359	4068				13	32
6038	5075	3574	1604	1685	399			
25516	40330	15390	2429	588	235		13677	29352
1809	3879	3456	423				423	1069
104800	713158	261329	21157	9457	2181		378590	658635

1-4 续表1

项目	累计折旧	本年折旧	负债合计	流动负债合计	应付账款
总计	**665897**	**67386**	**1389608**	**925645**	**162506**
在总计中：亏损企业	120110	8627	278500	166043	22189
一、按轻重工分组					
轻工业	528804	56909	1097245	712887	105541
重工业	137093	10477	292363	212758	56965
二、按企业规模分组					
大型企业	85452	12479	132305	107548	27997
中型企业	160526	15768	486070	431953	56404
小微型企业	419920	39139	771233	386145	78105
三、按工业行业大类分组					
煤炭开采和洗选业					
石油和天然气开采业					
黑色金属矿采选业					
有色金属矿采选业					
非金属矿采选业	5895	897	4890	2272	604
开采辅助活动					
其他采矿业					
农副食品加工业	18066	2383	6876	4395	1280
食品制造业	6094	1020	6441	5594	4471
酒、饮料和精制茶制造业					
烟草制品业					
纺织业	58511	12997	15080	7254	3849
纺织服装、服饰业	8580	1410	31078	27404	11547
皮革、毛皮、羽毛及其制品和制鞋业	7644	718	163946	158527	12050
木材加工和木、竹、藤、棕、草制品业	20027	2818	6049	5544	2496
家具制造业	118	3	613	439	121
造纸和纸制品业	13485	2238	19565	16077	8968
印刷和记录媒介复制业	3732	932	2427	2046	358
文教、工美、体育和娱乐用品制造业	17091	1967	79081	32192	2239
石油加工、炼焦和核燃料加工业					
化学原料和化学制品制造业	1624	311	25499	7439	2908
医药制造业	3083	322	6561	6561	693
化学纤维制造业					
橡胶和塑料制品业	21941	2220	59713	25953	5438
非金属矿物制品业	65741	3009	133348	104955	35267
黑色金属冶炼和压延加工业	743	115	4269	2964	
有色金属冶炼和压延加工业	3644	732	10940	10367	648
金属制品业	6791	504	14523	7508	3635
通用设备制造业	4949	633	10595	4706	2425
专用设备制造业	1070	255	1751	1514	757
汽车制造业					
铁路、船舶、航空航天和其他运输设备制造业	1538	232	3683	2435	1020
电气机械和器材制造业	31249	3687	175855	148138	25308
计算机、通信和其他电子设备制造业	34616	4068	70742	58569	1946
仪器仪表制造业	18	6	2982	2778	2381
其他制造业			3689		
废弃资源综合利用业					
金属制品、机械和设备修理业					
电力、热力生产和供应业	15912	1178	25260	17595	3633
燃气生产和供应业	646	100	1024	556	
水的生产和供应业	313089	22635	503131	261864	28465

单位：万元

非流动负债合计	所有者权益合计	实收资本					
			国家资本	集体资本	法人资本	个人资本	港澳台资本
256370	**496524**	**305471**	**3283**	**193113**	**21045**	**27976**	**37716**
52620	73029	65672		37121	3216	5000	20254
215751	373661	220310	3214	152921	14086	25283	17636
40619	122863	85161	69	40192	6959	2692	20080
19728	146434	26942		13647	80		13215
34188	−23638	133117	5	81887	444	10407	23840
202454	373728	145412	3278	97580	20521	17569	661
204	20203	10337		8713	1573	51	
2018	18616	8356		1870	5394	1091	
848	3924	2179		441		1158	581
2733	65603	16929		6793	399		9737
651	17663	8054		372	8	5548	2127
4281	−113908	16561	5	15566		3	305
382	6567	3214		1674	1541		
	1161	10			5		
466	43185	17947		11803	3048	1589	1507
	13078	1660		1400		260	
12671	46976	16751		11145	973	4633	
18044	8928	4886		4493	393		
	10784	3050		3050			
1196	30430	12452		1558	578	7232	76
23169	57084	20662	56	17816	2378	412	
	2002	1530		1500		30	
111	10333	972	13	815	64	80	
4043	5277	2687		1935	592	160	
600	5816	3114		2050	949	115	
237	2125	1166		1112	54		
245	2930	455		73	6	376	
	−3168	70799		44421	375	238	23384
10025	14093	17468		1476	100		
	1201	154		154			
5319	15070	6248		4520	1727		
468	2855	220		220			
168661	207696	57611	3209	48142	889	5000	

1-4 续表2

项　　目	外商资本	营业收入	主营业务收入	营业成本	主营业务成本
总　　计	**19119**	**4323405**	**4307702**	**3699278**	**3671845**
在总计中：亏损企业		395399	391491	358911	345453
一、按轻重工分组					
轻工业	3951	3233455	3219667	2756082	2733625
重工业	15169	1089950	1088035	943196	938220
二、按企业规模分组					
大型企业		1531403	1529403	1331372	1331372
中型企业	16535	1096945	1095898	940421	938085
小微型企业	2584	1695057	1682401	1427485	1402388
三、按工业行业大类分组					
煤炭开采和洗选业					
石油和天然气开采业					
黑色金属矿采选业					
有色金属矿采选业					
非金属矿采选业		113649	113649	86820	84580
开采辅助活动					
其他采矿业					
农副食品加工业		136262	133863	115883	113470
食品制造业		51646	51646	44921	44921
酒、饮料和精制茶制造业					
烟草制品业					
纺织业		566944	565845	510294	508381
纺织服装、服饰业		168634	168391	132882	132882
皮革、毛皮、羽毛及其制品和制鞋业	682	170296	170274	137982	126635
木材加工和木、竹、藤、棕、草制品业		75556	75371	66880	66838
家具制造业	5	17200	17197	16268	16268
造纸和纸制品业		158886	158886	141390	141390
印刷和记录媒介复制业		36328	36215	29052	29052
文教、工美、体育和娱乐用品制造业		827400	825370	759843	759843
石油加工、炼焦和核燃料加工业					
化学原料和化学制品制造业		54430	53404	44340	43331
医药制造业		18314	18298	14309	14306
化学纤维制造业					
橡胶和塑料制品业	160	383406	383389	343704	343652
非金属矿物制品业		247459	247224	216154	216071
黑色金属冶炼和压延加工业		27465	27465	26483	26483
有色金属冶炼和压延加工业		73130	73127	67098	67098
金属制品业		87043	87043	76966	76966
通用设备制造业		111621	111621	88107	88107
专用设备制造业		9378	9291	8016	7928
汽车制造业					
铁路、船舶、航空航天和其他运输设备制造		61539	61539	57596	57596
电气机械和器材制造业	2381	173418	172832	96997	96471
计算机、通信和其他电子设备制造业	15891	314083	314083	257257	257257
仪器仪表制造业		26118	26022	21066	21066
其他制造业		19184	19184	18691	18691
废弃资源综合利用业					
金属制品、机械和设备修理业					
电力、热力生产和供应业		55223	55213	49407	48338
燃气生产和供应业		8378	8378	7208	7208
水的生产和供应业		330416	322883	263667	257018

单位：万元

营业税金及附加		销售费用	管理费用		财务费用		
	主营业务税金及附加			税金		利息收入	利息支出
21247	**21139**	**54377**	**224734**	**6044**	**27785**	**1429**	**22032**
1408	1391	7488	36743	1611	7179	739	6585
12094	11994	39278	164774	3138	20326	1180	17605
9154	9145	15099	59961	2906	7459	250	4427
2063	2062	8987	48056	568	3723	151	3304
4330	4315	17051	84666	3277	6098	437	4229
14854	14762	28338	92013	2198	17964	842	14499
3613	3613	3452	2850	1116	2338		529
447	440	2664	3119	51	473	6	152
133	133	1660	1788	117	605	2	496
1632	1622	5479	7613	169	1424	42	1291
618	618	2695	13182	146	1074	54	875
28	28	1333	27762	197	–49	82	25
312	305	716	1162	134	67		
7	7	107	474		1		
414	414	1469	4497	97	477	3	391
1203	1203	1081	1597	14	197	–2	100
1116	1116	3069	29572	1167	717	251	197
217	217	1552	3638	2	–287	475	184
110	110	640	2024	64	147	158	305
1470	1469	11016	17596	418	2044	3	1569
1762	1762	2622	7943	316	2464	171	2386
71	71	2	118	1		1	0
190	190	900	1848	292	197	12	97
1121	1121	1721	2890	29	361	1	185
496	496	1449	10953	284	269	13	136
29	28	113	256	8	44	23	61
405	360	622	1274	16	35	1	20
367	365	1099	10394	115	356	10	212
212	208	1747	34395	569	1128	31	654
50	48	99	3487	30	612	1	
			735		48		48
700	699	667	1604	108	882	9	679
34	34	217	89	68	46		46
4495	4465	6185	31875	516	12114	82	11395

1-4 续表3

项　　目	营业利润	投资收益	营业外收入		营业外支出
				补贴收入	
总　　计	**216543**	**-394**	**11989**	**3628**	**7911**
在总计中：亏损企业	-15245	-269	5148	2960	205
一、按轻重工分组					
轻工业	170313	-503	9075	2136	7683
重工业	46231	109	2914	1491	228
二、按企业规模分组					
大型企业	81520		180		2070
中型企业	40999	23	7252	3217	540
小微型企业	94024	-417	4557	410	5301
三、按工业行业大类分组					
煤炭开采和洗选业					
石油和天然气开采业					
黑色金属矿采选业					
有色金属矿采选业					
非金属矿采选业	14690		3		
开采辅助活动					
其他采矿业					
农副食品加工业	14164		11		112
食品制造业	2550		1		2
酒、饮料和精制茶制造业					
烟草制品业					
纺织业	26802				48
纺织服装、服饰业	6190	22	44		103
皮革、毛皮、羽毛及其制品和制鞋业	7963		441	76	31
木材加工和木、竹、藤、棕、草制品业	6077				
家具制造业	140		1		6
造纸和纸制品业	7772		196	194	1
印刷和记录媒介复制业	3217	-265	411		111
文教、工美、体育和娱乐用品制造业	50604	1	4229	1865	2662
石油加工、炼焦和核燃料加工业					
化学原料和化学制品制造业	4693	-270	38		31
医药制造业	1084		1		14
化学纤维制造业					
橡胶和塑料制品业	7752		485	455	155
非金属矿物制品业	5281		547	493	60
黑色金属冶炼和压延加工业	357				4
有色金属冶炼和压延加工业	2092	78			15
金属制品业	2586		1		38
通用设备制造业	6549		177		1410
专用设备制造业	784		149		
汽车制造业					
铁路、船舶、航空航天和其他运输设备制造	1660		37		1
电气机械和器材制造业	4196	10	27		145
计算机、通信和其他电子设备制造业	19918		1582	544	31
仪器仪表制造业	174		96		3
其他制造业	-288				
废弃资源综合利用业					
金属制品、机械和设备修理业					
电力、热力生产和供应业	3059	21	71		88
燃气生产和供应业	786				
水的生产和供应业	15693	9	3443		2841

单位：万元

利润总额	应交所得税	亏损企业亏损总额	利税总额	本年应付职工薪酬	本年应交增值税	全部从业人员年平均人数（人）
218432	**21101**	**12252**	**304254**	**673149**	**64575**	**155768**
-12252	957	12252	-6272	104844	4572	25271
169601	16114	10258	225837	538210	44142	126465
48831	4987	1994	78417	134939	20432	29303
79766	904	293	85188	271777	3360	54888
46046	7508	5591	68767	267097	18391	79749
92620	12689	6368	150299	134275	42824	21131
14693	1515		23070	5350	4765	1534
14071	2743	4	18048	2999	3531	703
2549	893	420	3896	2415	1215	602
26721	3043	244	34768	57618	6415	9875
6131	261	143	10152	41360	3403	11748
8373	344	121	8955	87639	554	27251
6077	262	23	8123	3214	1734	710
135	7		258	1035	116	319
7966	740	276	10794	9025	2415	3022
3517	91		6138	1178	1419	195
50035	1448	4990	57667	116118	6516	31973
4701	447	222	7427	2400	2509	631
1072	268		2091	2023	910	499
7850	656	593	12416	56106	3096	11913
5768	898	1024	11505	17929	3975	3199
354	10		587	536	162	174
2077	470	9	3059	4680	792	1107
2548	71	50	5309	7365	1640	1304
5317	1037		6867	21812	1054	2307
932	231	23	1279	1604	318	392
1696	348		2821	1457	721	331
4213	459	237	5550	27481	970	9408
21466	593	185	22057	161093	379	28550
268	100		330	6171	13	1704
-288		288	-288	4298		
3041	375		6241	2443	2500	563
786			1154	66	335	19
16367	3796	3401	33980	27735	13118	5735

1-5 规模以上股份制工业

项　　目	企业单位数（个）	亏损企业	工业总产值（当年价格）	工业销售产值（当年价格）	出口交货值
总　　计	**23551**	**2231**	**526489984**	**508958626**	**70025594**
在总计中：亏损企业	2231	2231	24306553	23519302	3539389
一、按轻重工分组					
轻工业	12338	1080	203356099	196999880	33184917
重工业	11213	1151	323133885	311958747	36840678
二、按企业规模分组					
大型企业	467	23	208664055	199942448	36770207
中型企业	3979	299	135072433	130477206	17285893
小微型企业	19105	1909	182753497	178538972	15969494
三、按工业行业大类分组					
煤炭开采和洗选业	1		32774	31774	
石油和天然气开采业	1	1	346	316	
黑色金属矿采选业	47	7	1253255	1168019	
有色金属矿采选业	33	7	1337127	1256541	108
非金属矿采选业	126	5	1748781	1653236	1303
开采辅助活动	3		285564	286160	
其他采矿业					
农副食品加工业	621	89	18102916	17015322	1008645
食品制造业	393	27	6356977	6198953	235291
酒、饮料和精制茶制造业	148	17	2885936	2808131	7247
烟草制品业	7		745544	731740	10219
纺织业	848	82	10852202	10585146	557687
纺织服装、服饰业	1789	98	18934438	18325108	2144091
皮革、毛皮、羽毛及其制品和制鞋业	909	70	7936075	7822784	1435974
木材加工和木、竹、藤、棕、草制品业	356	36	4172331	4063986	479176
家具制造业	752	78	9125877	8943301	1796844
造纸和纸制品业	704	59	8443378	8248071	274610
印刷和记录媒介复制业	543	53	5130061	5047469	383146
文教、工美、体育和娱乐用品制造业	723	55	17101216	16769285	5032178
石油加工、炼焦和核燃料加工业	66	9	31259422	30798735	26625
化学原料和化学制品制造业	1357	107	21768057	21308532	1064746
医药制造业	252	26	7304364	7025027	245719
化学纤维制造业	34	5	512394	499304	50754
橡胶和塑料制品业	1750	155	18322045	17746539	1823204
非金属矿物制品业	1694	152	26335789	25341934	1741545
黑色金属冶炼和压延加工业	347	38	14413703	14144786	244256
有色金属冶炼和压延加工业	413	56	15955442	15643469	960932
金属制品业	1964	143	26567239	25876739	2966461
通用设备制造业	809	77	10400199	10058266	967194
专用设备制造业	768	78	10134052	9690706	1262585
汽车制造业	220	22	4097081	3988204	421175
铁路、船舶、航空航天和其他运输设备制造业	234	35	6080533	5871628	1881304
电气机械和器材制造业	2479	281	63577997	61316534	12735180
计算机、通信和其他电子设备制造业	2310	276	91565729	85245341	29565251
仪器仪表制造业	190	21	2463453	2409997	448827
其他制造业	99	11	1063331	1026257	196131
废弃资源综合利用业	206	20	7949458	7831101	11526
金属制品、机械和设备修理业	25	3	271014	267237	16816
电力、热力生产和供应业	162	11	48960623	48886963	
燃气生产和供应业	38	3	1699668	1716999	
水的生产和供应业	130	18	1343594	1308988	28847

企业主要经济指标

单位：万元

工业增加值（当年价格）	资产总计	流动资产合计	应收账款	存货	产成品	在产品	固定资产合计	固定资产原价
130091702	**403588078**	**218204116**	**55621258**	**50820648**	**18543488**	**6767322**	**116960289**	**196404057**
4259895	27944766	17622562	4793730	4656950	1809906	514222	6346002	9369410
47615873	138179766	88859809	19432665	20532281	9403289	1878488	29012175	49552894
82475829	265408312	129344307	36188593	30288368	9140199	4888834	87948114	146851162
57080791	189985371	95669908	21905944	19649905	6697804	3424496	57877322	98963727
32271893	105451656	57427021	14308201	15213022	5679642	1831426	32209931	52651074
40739018	108151050	65107187	19407113	15957721	6166042	1511401	26873036	44789255
11367	49164	38292	11809	17483	17417		8727	13541
6437	203151	28206		79	79		12370	25869
552034	993964	566603	53388	71554	23941	6747	191934	299920
428483	609536	323693	174097	63135	31793	4992	169678	344076
538582	881129	370012	100438	77174	44429	5911	257571	344094
59666	231522	209967	152204	863	146	157	16828	28808
3031923	10666490	7620815	1046994	1543552	668603	74035	1916433	2840878
1730846	3780529	2081377	279283	437188	137156	42885	1081207	1650833
966077	2088894	990540	136839	266125	86664	21693	688954	1076896
528775	772688	554980	65763	257078	20452	8	183906	334328
2604591	5110902	2546260	488660	828285	286248	62930	1956914	3389780
5239142	8438452	5721082	1331569	1728718	795558	173904	1989650	3424117
2156068	3284421	2305694	681155	590527	226760	75525	743363	1788068
1057754	2474282	1116184	225564	335987	124599	23240	713675	1120529
2260757	5122623	3168988	755040	910280	288037	77076	899429	1490491
1841481	6643761	3522917	1085614	740317	266180	49279	2393873	3641174
1382061	4104514	2240606	759672	450359	156103	46388	1099955	1982996
2133858	9360341	7223201	2349234	2786146	1524986	268181	1007284	1699753
7674121	9917063	4446463	569268	2769518	418447	141399	4272171	8691699
4666557	14671517	8485924	2410183	1849858	764674	86951	3587104	6319107
2328521	9175585	5589267	831001	992626	469939	111996	1666119	2689887
117570	300419	159529	46136	49370	27271	4715	111265	346594
4317188	11675308	6419190	2004014	1369987	478775	183236	3425472	4909147
6595389	17158783	8314140	2095882	2221066	1004632	171360	6096111	10659559
2819262	7989335	3342504	503106	1204899	333101	99234	3334862	6754381
2676792	8757318	4825173	933631	1609464	542287	206661	2798983	4304704
6170303	13341811	7379383	2283621	1969352	630208	261226	3871537	6644115
2589430	9215512	6252953	1851188	1666420	557466	268560	1647700	2779867
2985270	9943651	6145937	1786714	1494613	468190	246611	1857194	3056724
937907	3769408	2214661	620244	480272	202876	54257	818391	1116976
1314823	7949650	4062520	711192	917625	123665	153504	1495468	2140147
14414523	53103650	36270788	7964470	7540539	3760488	884316	8579761	15699998
27641203	75909950	56607248	18333584	11424823	3583950	2799158	9316427	15587653
642559	2630874	1892143	667621	455793	166657	57976	275903	429588
251920	705805	397101	100708	87992	35170	11200	176350	235176
1706697	3496823	2105181	321584	580861	219326	85756	510200	2560781
66528	80340	51246	17292	5595	2298	1547	25526	45055
12785861	71815995	10617084	1625301	959946	38199	223	44958954	71500790
342497	1894522	295448	51296	27021	5678	4068	903528	1155583
516885	5268395	1700817	195903	38161	11042	422	1899514	3280380

1-5 续表1

项　　目	累计折旧	本年折旧	负债合计	流动负债合计	应付账款
总　　计	**87705687**	**15149872**	**239572391**	**190376404**	**55684168**
在总计中：亏损企业	3445551	614842	23265139	19578552	4991124
一、按轻重工分组					
轻工业	23050701	4232885	83128175	73026621	21595029
重工业	64654986	10916987	156444216	117349783	34089139
二、按企业规模分组					
大型企业	43843102	7559945	111171161	86915591	27624964
中型企业	23621708	4034562	61292227	48377719	12526284
小微型企业	20240877	3555365	67109002	55083095	15532920
三、按工业行业大类分组					
煤炭开采和洗选业	4813	4813	42774	38774	16222
石油和天然气开采业	13499	1778	–194	–440	14
黑色金属矿采选业	112421	32810	478640	306696	39990
有色金属矿采选业	183490	17569	396545	305417	43996
非金属矿采选业	107134	38942	347825	266149	90201
开采辅助活动	11980	1724	95888	83424	70308
其他采矿业					
农副食品加工业	1105141	200875	7799354	7041452	1096781
食品制造业	609975	139911	1724402	1575094	369595
酒、饮料和精制茶制造业	407239	66269	1114804	876090	221063
烟草制品业	158790	21520	259962	259883	142909
纺织业	1643239	294493	3185504	2601954	435007
纺织服装、服饰业	1721896	302714	4738359	4062932	1049118
皮革、毛皮、羽毛及其制品和制鞋业	1080550	198034	2083305	1806644	408689
木材加工和木、竹、藤、棕、草制品业	458394	94515	1452748	1103784	183971
家具制造业	667210	121503	2761615	2417567	565256
造纸和纸制品业	1472619	252880	4379592	3455683	778501
印刷和记录媒介复制业	969084	162802	2210282	1865641	504462
文教、工美、体育和娱乐用品制造业	798351	135682	6710907	6116614	2173805
石油加工、炼焦和核燃料加工业	4577183	501325	6704210	6586316	2659201
化学原料和化学制品制造业	3096924	596603	7286804	6186183	1438167
医药制造业	1138309	180023	3608415	2645182	479856
化学纤维制造业	211427	23643	167972	148417	48649
橡胶和塑料制品业	2136027	395606	6720430	5322152	1369722
非金属矿物制品业	4909711	912970	10305849	8297961	2094837
黑色金属冶炼和压延加工业	3615311	599346	5564890	4994133	974787
有色金属冶炼和压延加工业	1831934	311227	6071583	4849709	1179613
金属制品业	3092684	570586	7599118	6252719	1456988
通用设备制造业	1301386	236978	5047733	4544461	1443621
专用设备制造业	1298159	257463	4992464	4369654	1306056
汽车制造业	375420	82491	2363036	2102745	804334
铁路、船舶、航空航天和其他运输设备制造业	667710	132944	5443471	4234873	855476
电气机械和器材制造业	7535368	1578201	32988955	30811656	10926790
计算机、通信和其他电子设备制造业	6672821	1970764	48673147	41571579	14495142
仪器仪表制造业	175462	31895	1395732	1197760	500411
其他制造业	62159	16395	517364	453870	83295
废弃资源综合利用业	2098589	251486	2089956	1758569	736043
金属制品、机械和设备修理业	19684	3537	40790	39266	6515
电力、热力生产和供应业	29531151	4189529	37930010	17363318	4269495
燃气生产和供应业	290936	64090	1144038	693673	187207
水的生产和供应业	1541508	153939	3134113	1768851	178077

单位：万元

非流动负债合计	所有者权益合计	实收资本					
			国家资本	集体资本	法人资本	个人资本	港澳台资本
40783578	**162720773**	**67295178**	**14908591**	**970384**	**33097855**	**16830240**	**576176**
2761799	4569331	5333458	913305	186541	2557541	1341472	209170
6795736	54550537	17651870	880834	466726	8097357	7270355	450088
33987842	108170236	49643308	14027758	503658	25000498	9559885	126088
23533673	78716905	31406993	10927754	172809	15738233	4041827	152128
10928318	43922756	17151987	2773391	342726	8294029	5362638	168597
6321587	40081112	18736199	1207447	454849	9065594	7425774	255451
4000	6389	5000			5000		
246	203345	15000	15000				
165583	494923	147722	2700		107680	37343	
76858	214253	40670	14719	20	16687	9245	
41167	478974	206808	2580	9562	122590	71989	87
7660	135395	21638	20638			1000	
474456	2819535	1281807	48719	46116	759495	322460	48887
108386	2050218	693510	22044	28312	290401	350619	1450
192731	967799	388775	4538	42225	207276	116007	
79	512726	64700	31480	4000	19220	10000	
300151	1890022	745128	7891	3442	301292	389214	24294
303945	3637290	1201362	100	6117	496305	605050	13843
89026	1166540	470748	1480	15138	202943	166106	31769
137957	994429	386414		704	255262	120448	2000
181033	2336319	1263321	50	16295	623501	594756	13301
698700	2252001	1169529	189330	132649	551577	286913	1917
168979	1880207	644098	8153	9041	269219	325952	27133
444889	2625943	1086093	109250	8469	471360	464083	19902
111717	3220214	3393621	2986291	9500	318179	77866	1785
543033	7353513	2652684	145034	120182	961217	1372431	4234
916297	5555632	1584278	68725	44888	817203	638439	1214
16600	128231	87693		8876	15637	63180	
941401	4850256	2013129	72434	25386	1145700	625028	131622
1102268	6741159	2731357	190822	84566	1338266	1041999	17054
215170	2374533	1115748	15167	7016	845303	241765	3085
620274	2637741	1040303	158784	4070	488662	374588	1000
485392	5659615	1614185	141478	21082	893877	527061	23981
368605	4115495	1411804	11505	16115	716929	647175	13142
461571	4935320	1553970	24522	69753	568051	874022	4417
187397	1407462	815041	16056	7157	585194	179330	1155
1079023	2476440	2207415	1487689	4760	523885	188898	
1499345	19966441	5545891	121662	85142	2516030	2624538	16885
6427484	27054515	11003714	329397	91958	7488967	2834843	147115
185714	1231161	423194	14911	4093	224286	176515	1584
58047	190381	113296		1163	58391	53449	84
80070	1351948	245542	3651	7750	146891	75444	4426
1443	38736	12838	1010		4822	7004	
20373149	33880301	16640853	8084279	15487	8194683	217748	18811
422428	743954	499281	252886		234905	6490	
1291304	2141418	757018	303619	19350	310972	111244	

1–5 续表2

项目	外商资本	营业收入	主营业务收入	营业成本	主营业务成本
总计	**504106**	**514491777**	**509635423**	**435148504**	**430146074**
在总计中：亏损企业	101204	24022456	23463514	22625173	22017728
一、按轻重工分组					
轻工业	346872	202424765	200313021	170756734	168354815
重工业	157234	312067012	309322402	264391770	261791260
二、按企业规模分组					
大型企业	248043	204030461	201099716	167022377	164033087
中型企业	160794	131311674	130307692	110970418	109905623
小微型企业	95269	179149642	178228015	157155709	156207365
三、按工业行业大类分组					
煤炭开采和洗选业		32774	32774	31674	31674
石油和天然气开采业		5655	316	1654	1068
黑色金属矿采选业		1112445	1112445	769410	764296
有色金属矿采选业		1251798	1245599	1003689	1000729
非金属矿采选业		1619285	1605559	1277669	1264725
开采辅助活动		286284	286284	219521	219521
其他采矿业					
农副食品加工业	11783	17557481	17337553	16121741	15902282
食品制造业	684	6167419	6142057	4759778	4729908
酒、饮料和精制茶制造业	18728	2624850	2606968	1831419	1817746
烟草制品业		754397	748344	294475	291595
纺织业	16230	10589114	10531349	9186660	9108748
纺织服装、服饰业	27771	18021023	18134774	15587622	15428243
皮革、毛皮、羽毛及其制品和制鞋业	52182	7806233	7795152	6947011	6933779
木材加工和木、竹、藤、棕、草制品业		4040645	4029679	3345225	3336026
家具制造业	14818	8976261	8948814	7727194	7679366
造纸和纸制品业	1035	7992517	7872335	7062264	6962985
印刷和记录媒介复制业	4000	5052083	5021851	4222497	4204232
文教、工美、体育和娱乐用品制造业	1338	16984049	16998721	15851916	15770521
石油加工、炼焦和核燃料加工业		31140061	30856648	27175298	26861207
化学原料和化学制品制造业	43222	21594360	21435928	18380685	18214985
医药制造业	13808	7031088	6974218	4835032	4798005
化学纤维制造业		493944	491904	450013	448699
橡胶和塑料制品业	5275	18109110	17952958	15557545	15414504
非金属矿物制品业	27372	24992480	24909325	21495765	21426776
黑色金属冶炼和压延加工业		13793942	13681101	12551524	12456077
有色金属冶炼和压延加工业	12899	15693555	15604147	14534735	14460827
金属制品业	100	25727616	25605495	22273348	22197904
通用设备制造业	5857	10222074	9932711	8448982	8175681
专用设备制造业	1168	9820519	9709842	7723231	7628460
汽车制造业	12014	4041840	4020386	3361968	3346833
铁路、船舶、航空航天和其他运输设备制造业	1976	5792995	5675016	5211088	5109844
电气机械和器材制造业	167014	65868792	64359210	53681804	52242197
计算机、通信和其他电子设备制造业	49761	85414477	84655124	66005438	65232947
仪器仪表制造业	306	2465621	2419787	1906257	1865516
其他制造业	210	1028886	1027172	889872	889457
废弃资源综合利用业	7280	7984029	7918281	7201880	7137724
金属制品、机械和设备修理业		265224	265009	214631	214523
电力、热力生产和供应业	1790	49046483	48672735	44540178	44154395
燃气生产和供应业		1746772	1700611	1481868	1451898
水的生产和供应业	5483	1343600	1317243	985943	970175

单位：万元

营业税金及附加	主营业务税金及附加	销售费用	管理费用	税金	财务费用	利息收入	利息支出
5550961	**5505178**	**18421407**	**21916632**	**824833**	**4942684**	**787601**	**4575363**
79183	75070	617564	1327985	46236	472299	35173	431972
1371347	1355893	9927376	8091987	426241	1272353	378335	1259617
4179614	4149285	8494031	13824645	398592	3670330	409266	3315746
3547480	3526753	11051058	9810089	372794	2031781	488266	1964183
1037424	1028355	3534937	5600945	220396	1556216	207182	1527900
966057	950070	3835412	6505598	231644	1354687	92153	1083281
27	27	3171	773	73	9656	2	9658
357	59		5774	166	756	771	15
20997	20997	42862	48690	1828	25218	341	15345
14597	14525	11663	43313	2153	4526	388	3093
25487	25486	68446	79141	4872	9389	381	5643
7187	7187	639	13239	233	216	64	43
42697	42321	289477	374675	22548	136722	23554	133145
31944	31846	412176	280431	10402	32135	7898	31309
103550	103407	539721	137687	5952	20021	1701	19783
305819	305819	18966	33100	1657	2218	869	3057
54928	54494	222555	322454	17111	79207	3533	58747
104410	103352	586564	695031	20032	106194	9682	72681
37580	37278	204279	281816	8902	53929	2730	31812
28003	27869	94901	144401	5503	25985	384	36453
47664	47016	289185	386748	11221	58672	2161	49194
27470	27306	175283	262997	10227	86393	15470	94515
27631	27389	133568	260005	10099	48587	3267	41505
41537	41071	257946	345537	11518	125376	46392	134788
2695886	2695450	72968	391206	13495	64616	9856	68327
115827	111942	650984	931985	37964	164109	14337	149597
46093	45184	677340	494210	14907	56994	49959	95853
1930	1930	7217	16091	1026	5867	145	4720
97524	96333	405604	725496	24978	141682	10329	105074
148697	145367	645383	940579	53173	199138	8000	169686
52757	51256	154070	255838	18683	126860	5034	129675
26194	26108	162017	293300	14351	139903	10296	129128
147588	146130	544856	944197	51960	156166	14641	121132
58176	57914	363231	613929	17614	80428	13849	70023
60002	58772	427273	720733	16521	75653	16576	68273
67148	56739	177129	225582	7346	47944	4090	46360
38793	37952	105593	298651	11384	52335	36461	90737
304730	298414	5019183	2849741	114313	298243	202492	355073
471318	467917	5102477	7555991	221753	1026706	180067	637015
12936	12804	147401	216371	2966	21866	5967	21372
4151	4151	21943	50404	838	10724	1248	10236
25698	25673	63191	102715	5526	10537	5639	22834
4437	4428	8695	12663	200	2387	101	1192
234131	229768	217377	400412	44436	1329107	75655	1431148
5878	5169	43728	38086	2048	21255	1674	20030
9182	8330	52345	122643	4854	84966	1597	87096

1-5 续表3

项　目	营业利润	投资收益	营业外收入	补贴收入	营业外支出
总　计	**31860692**	**1759346**	**2023135**	**822708**	**1311968**
在总计中：亏损企业	-1033264	4993	101012	29654	217842
一、按轻重工分组					
轻工业	12704061	764953	558700	182454	298301
重工业	19156632	994393	1464435	640254	1013667
二、按企业规模分组					
大型企业	12758745	1641784	992020	324141	514578
中型企业	9426136	26543	596319	302891	282291
小微型企业	9675812	91019	434796	195676	515100
三、按工业行业大类分组					
煤炭开采和洗选业	1980		63		
石油和天然气开采业	-611		5		56
黑色金属矿采选业	209967	1	331	31	3793
有色金属矿采选业	158351	2	6368	2662	1860
非金属矿采选业	156278	-26920	3628	1612	5641
开采辅助活动	45859		1420		3
其他采矿业					
农副食品加工业	759079	34918	64564	41525	35758
食品制造业	612127	-31936	14367	4241	5430
酒、饮料和精制茶制造业	173125	5129	16064	11139	2773
烟草制品业	99819		254		1649
纺织业	703339	2419	12384	2249	14753
纺织服装、服饰业	1051336	-133	11987	2615	13284
皮革、毛皮、羽毛及其制品和制鞋业	272465	3975	14641	1809	9029
木材加工和木、竹、藤、棕、草制品业	363401	608	13304	4521	10784
家具制造业	489075	9593	16225	2679	14161
造纸和纸制品业	354748	2982	14603	843	9887
印刷和记录媒介复制业	361916	27789	12415	5665	6395
文教、工美、体育和娱乐用品制造业	484626	5637	12711	5545	14237
石油加工、炼焦和核燃料加工业	905397	-15933	15109	7422	268699
化学原料和化学制品制造业	1419805	30911	45708	11392	47246
医药制造业	883341	-64313	48458	10094	12094
化学纤维制造业	18002	1	2181	1936	660
橡胶和塑料制品业	1157332	21888	31471	9929	32635
非金属矿物制品业	1736874	50187	82005	35608	90475
黑色金属冶炼和压延加工业	764288	28131	21952	3926	76365
有色金属冶炼和压延加工业	742144	15176	57412	18213	55948
金属制品业	1793976	14851	30270	5736	32237
通用设备制造业	731088	-3175	92600	53995	29269
专用设备制造业	880757	30769	76755	31085	35700
汽车制造业	188166	9411	17138	5737	5014
铁路、船舶、航空航天和其他运输设备制造业	73582	33761	60944	31307	4278
电气机械和器材制造业	4706448	647444	199713	69263	103281
计算机、通信和其他电子设备制造业	4862330	481046	744245	292008	234017
仪器仪表制造业	173675	17036	30491	14669	2610
其他制造业	50311	393	1556	1213	1125
废弃资源综合利用业	772204	-6223	6693	3433	11858
金属制品、机械和设备修理业	23506	1	664	28	1749
电力、热力生产和供应业	3414298	391802	217579	125098	109045
燃气生产和供应业	131601	9229	1946	9	5661
水的生产和供应业	134690	32888	22913	3471	2510

单位：万元

利润总额	应交所得税	亏损企业亏损总额	利税总额	本年应付职工薪酬	本年应交增值税	全部从业人员年平均人数（人）
32508754	**4329115**	**1159843**	**56107054**	**30857230**	**18047339**	**5843558**
-1159843	9749	1159843	-678588	1785509	402071	410820
12934756	1721245	367970	19811800	13530204	5505697	3074888
19573998	2607871	791873	36295254	17327025	12541643	2768670
13206882	2001214	353170	26975919	12400292	10221557	1475180
9716954	1289244	290149	14478459	9459567	3724082	2125313
9584918	1038658	516524	14652676	8997370	4101700	2243065
2043	511		2323	70	253	224
-661		661	-304	4693		114
206504	29553	1907	314137	32964	86636	6551
162859	18012	2534	240613	58269	63157	8086
154265	22978	1610	238291	87215	58540	16771
47276	6722		54708	2569	246	460
786402	70934	50080	1024300	495678	195201	116322
620785	93007	13802	877757	390623	225028	84953
186426	25760	5048	422283	206026	132306	35321
98424	32838		483053	17577	78810	3044
704370	119724	14138	1015338	687008	256040	171154
1049108	188649	17688	1611277	1840481	457759	459421
271519	24961	10655	494410	797871	185311	222231
364623	20631	15001	524704	221515	132077	53883
479817	68118	17981	803446	723978	275965	177180
360055	54532	20803	573524	458091	185999	121351
367661	56255	6294	537946	407035	142655	96691
482804	47420	11649	724135	787938	199794	193582
651808	120636	61610	6208867	314196	2861174	22323
1418319	156898	45434	2041578	866302	507432	175869
919352	129352	17970	1300811	477519	335366	73656
19523	5035	10136	34175	35016	12722	7898
1153961	141796	47970	1682865	1193519	431380	289895
1727018	163944	50721	2597136	1447355	721421	353268
709843	64223	19868	1070008	367067	307408	77003
729762	40928	101721	1077596	425288	321641	91082
1788689	182079	28242	2601803	1632245	665526	391904
793333	99932	34446	1140250	814513	288741	171001
919276	130806	21003	1270679	944545	291401	166389
198607	24139	20850	382099	291902	116343	57530
124569	17537	65493	267612	437240	104250	69491
4802786	585055	84106	7126938	4316720	2019422	876399
5359968	816222	287749	9829428	6696123	3998143	956213
201801	24220	14090	293729	279907	78991	50989
50742	8413	10065	78430	81182	23537	20229
767038	26778	2571	923502	151786	130766	35277
22421	4609	397	36065	22701	9208	3818
3522736	656520	14161	5809232	2600236	2052364	158766
127877	23217	4042	175047	78962	41292	7033
155047	26171	27346	217267	163308	53037	20186

1-6 规模以上私营工业

项目	企业单位数（个）	亏损企业	工业总产值（当年价格）	工业销售产值（当年价格）	出口交货值
总计	**15883**	**1310**	**212971311**	**206922557**	**25754862**
在总计中：亏损企业	1310	1310	11435576	11027006	1918965
一、按轻重工分组					
轻工业	8713	678	104846570	102039848	16073278
重工业	7170	632	108124741	104882709	9681583
二、按企业规模分组					
大型企业	175	11	24554654	23408945	4058708
中型企业	2483	132	71247999	69022385	10314924
小微型企业	13225	1167	117168659	114491226	11381230
三、按工业行业大类分组					
煤炭开采和洗选业					
石油和天然气开采业					
黑色金属矿采选业	33	3	910629	850743	
有色金属矿采选业	7	3	50173	50426	
非金属矿采选业	113	3	1346316	1282906	224
开采辅助活动	1		8010	8606	
其他采矿业					
农副食品加工业	331	40	6409967	6145935	246626
食品制造业	248	15	2735368	2693643	199218
酒、饮料和精制茶制造业	76	6	1020556	998223	355
烟草制品业	2		112263	108205	
纺织业	671	50	8838178	8609150	264398
纺织服装、服饰业	1439	78	16027048	15508294	1452119
皮革、毛皮、羽毛及其制品和制鞋业	679	48	5700671	5629822	991324
木材加工和木、竹、藤、棕、草制品业	269	25	2394549	2342740	399370
家具制造业	504	48	5395685	5226212	823934
造纸和纸制品业	522	32	5047732	4984216	112308
印刷和记录媒介复制业	387	35	3084698	3035319	192338
文教、工美、体育和娱乐用品制造业	564	43	13211651	12917530	4252437
石油加工、炼焦和核燃料加工业	19	4	2587384	2515433	4712
化学原料和化学制品制造业	802	58	11048191	10704065	617978
医药制造业	90	10	1293884	1201619	187184
化学纤维制造业	23	4	303507	299486	30484
橡胶和塑料制品业	1237	95	12745024	12367826	1272096
非金属矿物制品业	1013	75	14365953	13868848	1009522
黑色金属冶炼和压延加工业	213	15	6624231	6507304	85262
有色金属冶炼和压延加工业	275	25	8316067	8169124	171831
金属制品业	1487	94	17620439	17154285	2328473
通用设备制造业	520	38	5295212	5106194	501524
专用设备制造业	486	36	5111540	4869424	477696
汽车制造业	130	8	1231911	1186691	198548
铁路、船舶、航空航天和其他运输设备制造业	154	27	3146120	3021377	915270
电气机械和器材制造业	1584	175	18456999	17932348	2706443
计算机、通信和其他电子设备制造业	1636	185	25680495	24874039	5912115
仪器仪表制造业	117	12	1273982	1248377	266674
其他制造业	75	7	646383	619446	120980
废弃资源综合利用业	114	10	4145011	4103123	7893
金属制品、机械和设备修理业	12		189187	187577	5528
电力、热力生产和供应业	19		278157	277450	
燃气生产和供应业	14		208710	207733	
水的生产和供应业	17	3	109433	108820	

企业主要经济指标

单位：万元

工业增加值（当年价格）	资产总计	流动资产合计					固定资产合计	固定资产原价
			应收账款	存货				
					产成品	在产品		
48235741	**117738937**	**73980441**	**22285407**	**19882733**	**7285430**	**2232097**	**28854862**	**52098717**
2205323	11124002	8488326	2749001	2339426	930470	238795	1567015	2251877
23800660	51716493	33623534	9510744	9131113	3595713	894114	12421991	21531764
24435081	66022444	40356907	12774663	10751620	3689718	1337983	16432871	30566953
5782884	17889224	11380657	3039987	3008705	955280	296332	3873735	6031433
16093022	40868994	25401889	6929506	7293307	2814918	988246	10690381	20557710
26359835	58980719	37197896	12315915	9580721	3515232	947519	14290746	25509574
350853	383765	253590	32469	54100	9606	4067	107291	147922
31514	27872	19588	1713	13864	12810		7563	8832
385678	441183	185853	74992	56820	46615	1404	160567	206900
1948	7832	6245	1344	863	146	157	934	1279
1167904	3830016	2599791	321736	493170	169777	30460	778476	1117528
680401	1018783	571857	144357	179444	50078	18185	308279	505323
300384	563436	263136	38586	79796	28192	6232	188567	335034
16401	207999	105058	25442	66107	8751		75482	81740
2100550	3540132	1746916	352814	564528	156668	23893	1413639	2469222
4432313	5866117	3943697	932747	1208839	579079	119198	1484966	2477626
1508464	2093301	1441104	432775	341496	99578	48105	513198	1395635
611759	1209399	555734	136356	176646	73401	14811	353756	605838
1357929	2718298	1710049	384313	506644	190351	46835	579142	814680
1066187	2710974	1685269	582011	377835	121827	31499	689026	1506540
813996	1955995	1183384	435672	245022	70576	30006	580311	1083695
1500616	6634208	5172712	1971641	1923077	955529	194883	705541	1191098
504090	1333764	786554	71974	224668	132696	39615	440073	971158
2463905	6819808	4083636	1311489	980428	375868	46854	1718578	3189161
393159	1951098	1440802	135150	183591	50923	27990	268856	627681
85181	163823	102249	34343	33520	16184	2853	43760	84612
2985270	6671403	3580300	1310452	850964	306014	73899	2423303	3281339
3544533	7296585	3714831	1013778	1024659	430401	103238	2663482	5424705
1498615	2272468	948020	227362	283212	98953	21267	1024770	3066845
1440146	4700660	2593069	580079	731685	294596	76155	1487401	2421415
4155681	7918370	4332813	1422819	1186706	369731	156467	2364201	4758718
1249917	3574910	2367802	749898	621003	203680	75740	708761	1334015
1381361	3588165	2318356	780723	594237	180225	95871	861227	1633649
318117	985936	576352	177079	132016	40730	23609	260262	366803
656981	1773242	1318262	346307	416655	76474	61474	240340	432822
3974356	11520996	7939736	2727560	2023235	780000	262681	2157542	3808722
5587622	19037951	13767214	4832470	3690460	1123577	475894	3155535	4978783
342329	1357447	915249	300187	220294	94653	31799	161730	225311
154546	330628	220377	67895	53524	17147	8051	80845	112308
920163	2262504	1124156	218546	324066	114271	77321	386879	762410
47034	46322	23022	12880	4024	2182	1053	19750	37039
129787	642489	246200	73614	7860	616	207	342172	507098
43740	72270	36230	13347	4357	2250	40	27820	29688
32315	208790	101229	8489	3320	1277	289	70835	95543

1-6 续表1

项目	累计折旧	本年折旧	负债合计	流动负债合计	应付账款
总计	**26192305**	**4838895**	**71603344**	**60911747**	**17799673**
在总计中：亏损企业	841976	159179	9620112	8429435	2013149
一、按轻重工分组					
轻工业	10690559	1955430	31714594	27234818	7758967
重工业	15501746	2883465	39888749	33676929	10040706
二、按企业规模分组					
大型企业	2629849	597313	11098925	9511799	2615565
中型企业	10867012	1911110	23497513	20270007	5584003
小微型企业	12695444	2330473	37006906	31129941	9600106
三、按工业行业大类分组					
煤炭开采和洗选业					
石油和天然气开采业					
黑色金属矿采选业	43103	19808	205133	157790	28025
有色金属矿采选业	2296	465	13500	12863	6702
非金属矿采选业	67293	21476	139465	97208	44314
开采辅助活动	345	153	6057	594	250
其他采矿业					
农副食品加工业	399728	82279	2512656	2170659	287201
食品制造业	218233	39912	541717	469647	136682
酒、饮料和精制茶制造业	158798	26072	279376	246488	46467
烟草制品业	13376	6185	178364	178364	103027
纺织业	1273246	232242	1984119	1575060	271705
纺织服装、服饰业	1254655	233349	3201599	2681470	727927
皮革、毛皮、羽毛及其制品和制鞋业	923354	162590	1403609	1245398	272857
木材加工和木、竹、藤、棕、草制品业	291332	54608	754635	570768	81913
家具制造业	286431	61569	1700974	1449734	330816
造纸和纸制品业	862615	128077	1774713	1546337	428612
印刷和记录媒介复制业	545153	102243	1090300	895850	269440
文教、工美、体育和娱乐用品制造业	582661	104768	5166558	4793561	1707981
石油加工、炼焦和核燃料加工业	532489	74999	1241094	1231840	204835
化学原料和化学制品制造业	1650445	358404	3510774	2940688	747220
医药制造业	373422	56574	772098	589093	81535
化学纤维制造业	45576	7728	96241	79298	22146
橡胶和塑料制品业	1422405	289863	3627542	2918301	931950
非金属矿物制品业	2963304	511183	4217823	3351043	771402
黑色金属冶炼和压延加工业	2125588	353826	1372312	1099063	155686
有色金属冶炼和压延加工业	1164423	166179	3027208	2094553	223172
金属制品业	2570517	427184	4604968	3802176	853661
通用设备制造业	698989	124521	2140740	1876787	561475
专用设备制造业	820637	154270	2157780	1922053	524945
汽车制造业	128028	28819	641363	550557	176637
铁路、船舶、航空航天和其他运输设备制造业	207628	30163	1239321	1107651	296338
电气机械和器材制造业	1786111	348342	6828944	6052992	2096280
计算机、通信和其他电子设备制造业	2006661	495391	12483328	11239379	4655364
仪器仪表制造业	86067	15083	725921	583300	225933
其他制造业	32699	8492	201160	173527	51018
废弃资源综合利用业	412610	56412	1094528	958032	404858
金属制品、机械和设备修理业	17323	2609	20819	16211	4199
电力、热力生产和供应业	179706	48868	456649	130930	47705
燃气生产和供应业	7028	630	20069	16990	6722
水的生产和供应业	38034	3562	169888	85492	12674

单位：万元

非流动负债合计	所有者权益合计	实收资本					
			国家资本	集体资本	法人资本	个人资本	港澳台资本
5150742	**45288542**	**16814531**	**19925**	**232530**	**7748490**	**8401668**	**197974**
674354	1461868	1485986	4870	35200	726387	675831	13177
2145017	19651903	7602751	8152	125414	3576681	3595250	139976
3005725	25636639	9211779	11773	107116	4171809	4806418	57998
1274839	6785738	1849658		15274	635045	1140376	4840
1737553	17219156	5262591	5283	64053	2418620	2653350	87003
2138350	21283648	9702282	14642	153203	4694825	4607941	106131
45097	176892	28799			13212	15587	
543	15524	5902			3052	2850	
16422	212894	116426		1199	31995	83182	
2212	1536	1000				1000	
206617	1292505	586772		20204	382993	137133	45524
31280	470972	221081	243	8418	62361	144469	5590
10718	282392	155971	550	19800	40711	94910	
	29635	14000		4000		10000	
198629	1488381	597938	398	1349	212083	308965	23691
180450	2598541	821715	100	1322	286259	464137	21207
42451	678267	263427	280	14715	133837	96905	169
90248	449730	177864	120	358	105177	65209	1000
113813	999966	777708	50	7408	489366	277875	2500
90709	923492	300060	25	6295	136212	137062	4799
78861	847546	283287	1092	3039	104309	159021	11078
252789	1446303	648098	605	5715	291313	339867	7362
5040	92670	170554			159961	9343	1250
278423	3284597	1038078		14176	378685	641356	2234
161295	1173568	293113		1830	189346	98066	
15820	67075	22849		1376	5180	16292	
390536	2949861	876756	228	1993	411311	457194	2345
258099	3016217	1046483	6494	19180	479590	521550	11418
49157	888953	274937	40	980	144107	125695	1116
398486	1642752	309586	1000	4070	125198	179018	
232821	3268844	1007213	700	4892	628669	345338	23551
95271	1409411	575248		11698	271655	290436	1309
126202	1416227	514125		10699	242539	256566	2958
52278	339240	153382	452	730	96748	49502	1000
49602	510640	237062	200		115513	121141	
330032	4658845	1918486	4464	30418	818488	1057034	750
816105	6478794	2774059	2180	25113	1026281	1679041	22699
123868	630577	206998		2000	106543	98449	
25321	128794	80504			46347	33947	
30328	1115891	154192	305	5450	83897	52735	4426
1220	24994	5084			1300	3784	
268364	185831	121895		3305	107034	11556	
364	51287	6186			4450	1736	
81271	38902	27694	400	800	12772	13722	

1-6 续表2

项　　目	外商资本	营业收入	主营业务收入	营业成本	主营业务成本
总　　计	**63799**	**207270477**	**206382851**	**180793976**	**179460193**
在总计中：亏损企业	18625	11344050	11097222	10588608	10258100
一、按轻重工分组					
轻工业	40113	101997774	101867778	89360011	88812756
重工业	23686	105272703	104515073	91433964	90647438
二、按企业规模分组					
大型企业	10922	23747668	23392778	20144690	19711373
中型企业	26474	68967916	68799224	59705133	59329771
小微型企业	26404	114554893	114190849	100944152	100419049
三、按工业行业大类分组					
煤炭开采和洗选业					
石油和天然气开采业					
黑色金属矿采选业		845443	845443	672840	667935
有色金属矿采选业		48209	48209	36151	36151
非金属矿采选业		1243171	1240973	1024765	1023202
开采辅助活动		8733	8733	7074	7074
其他采矿业					
农副食品加工业		6076382	6000355	5430562	5371540
食品制造业		2732592	2723226	2271941	2263994
酒、饮料和精制茶制造业		984333	983416	747770	747680
烟草制品业		126102	126102	101872	101872
纺织业		8605357	8569039	7458955	7399381
纺织服装、服饰业	550	15270669	15419366	13354858	13174781
皮革、毛皮、羽毛及其制品和制鞋业	15763	5632445	5618536	5065671	5055793
木材加工和木、竹、藤、棕、草制品业		2331771	2331643	1939629	1937440
家具制造业	10	5240170	5232744	4602172	4572172
造纸和纸制品业	10260	4914037	4898993	4362609	4351610
印刷和记录媒介复制业	4000	3035340	3027139	2574198	2569753
文教、工美、体育和娱乐用品制造业	2546	13070048	13091031	12343752	12267654
石油加工、炼焦和核燃料加工业		2533914	2533770	2407607	2407607
化学原料和化学制品制造业		10664419	10624376	9046200	9015804
医药制造业	3871	1204135	1197317	934867	931505
化学纤维制造业		297941	297937	258132	258132
橡胶和塑料制品业	102	12471731	12429623	10653799	10613000
非金属矿物制品业	7372	13702430	13671965	11851813	11823266
黑色金属冶炼和压延加工业		6445766	6425515	5806094	5789088
有色金属冶炼和压延加工业		8181254	8168886	7455469	7449253
金属制品业	100	16996868	16953422	14776748	14744743
通用设备制造业		5081772	5048325	4278890	4243157
专用设备制造业	150	5046703	5008871	4210541	4164478
汽车制造业	3812	1218717	1216265	1042167	1041478
铁路、船舶、航空航天和其他运输设备制造业		2936806	2889353	2613294	2567097
电气机械和器材制造业	918	17918358	17830454	15471045	15398629
计算机、通信和其他电子设备制造业	6850	25389326	25050273	22008643	21618676
仪器仪表制造业	6	1275606	1261256	992048	981829
其他制造业	210	616411	615900	530565	530344
废弃资源综合利用业	7280	4279291	4215148	3754545	3691688
金属制品、机械和设备修理业		186923	186822	157922	157814
电力、热力生产和供应业		336420	272141	274211	210145
燃气生产和供应业		207478	207435	183960	183960
水的生产和供应业		113406	112853	90597	90471

单位：万元

营业税金及附加	主营业务税金及附加	销售费用	管理费用	税金	财务费用	利息收入	利息支出
967762	**956980**	**4785125**	**8017863**	**245609**	**1414617**	**143706**	**1137707**
29358	28571	304160	656614	13762	173835	14817	151407
518755	513617	2541375	3676021	117431	695661	76981	534533
449008	443363	2243750	4341842	128177	718956	66725	603174
85732	85486	734431	1241466	26990	161840	24949	159942
331430	328560	1698027	2725620	89120	513134	80278	458242
550601	542935	2352667	4050777	129498	739643	38479	519523
11274	11274	17081	35388	605	8988	23	6076
1073	1073	856	2005	131	506	–1	383
15426	15416	33806	37507	4006	8472	14	5850
39	39	639	891	89	43		43
21163	21041	116190	159897	6523	63729	1571	52548
15026	14943	107577	107937	4073	16834	1024	11972
24980	24979	61065	39849	1940	6644	476	5286
456	456	4839	9753	379	4399	659	5055
44348	44006	172926	239231	11078	48910	2008	33703
86935	85978	460102	567066	16087	81378	5920	50986
27009	26881	119521	202594	9046	35071	1247	17433
16578	16534	64493	84485	2209	10151	216	20607
22504	22186	160790	222553	6468	36236	2524	30371
19362	19000	103905	160811	4918	32634	1331	26911
14806	14758	69070	135718	5406	22558	1208	18704
31939	31513	164816	237037	6958	107937	22245	97596
988	988	11784	18798	1291	29030	997	25146
50313	49334	326902	467612	19614	75200	4700	64875
8496	8495	68269	82029	2698	–5903	23243	12839
1420	1420	4994	11031	579	3332	38	2852
70443	69864	293974	460578	14652	88533	3200	57684
81774	78940	306640	463742	21962	84082	2662	63884
20064	19866	93966	117557	6436	37825	1031	24739
15764	15723	103147	145734	5726	61398	5973	57391
88372	87578	315838	584611	23853	93500	6268	63911
26149	26078	153613	269416	6428	39950	3149	27899
25920	25360	151099	300568	6566	34141	1910	25357
4640	4629	34701	65410	1811	14750	233	11895
26233	26210	63901	113972	3780	25314	1883	18873
73660	73099	481800	867836	18772	140271	22121	120719
91624	90344	585824	1582196	24579	160051	18997	123154
7683	7672	66785	111634	2691	12167	3479	11223
2833	2833	13571	32520	373	4329	747	3922
14067	14067	37830	47239	2175	1151	2194	9724
828	828	4068	7742	164	376	25	322
2841	2841	3181	10540	501	24999	155	21757
381	381	3791	5257	548	817	78	521
355	355	1773	9119	496	4814	158	5498

1-6 续表3

项目	营业利润	投资收益	营业外收入	补贴收入	营业外支出
总计	**11699612**	**84391**	**382385**	**153355**	**507367**
在总计中：亏损企业	–350786	–3956	24731	9036	155812
一、按轻重工分组					
轻工业	5260131	41393	155183	55147	111106
重工业	6439482	42997	227202	98208	396260
二、按企业规模分组					
大型企业	1523370	86039	64828	30053	37367
中型企业	4377961	5289	137812	46789	128526
小微型企业	5798281	–6937	179746	76514	341474
三、按工业行业大类分组					
煤炭开采和洗选业					
石油和天然气开采业					
黑色金属矿采选业	101383	1	268	1	1711
有色金属矿采选业	4150				7
非金属矿采选业	121558	504	1564	216	9123
开采辅助活动	442				
其他采矿业					
农副食品加工业	311883	45629	27153	18750	13106
食品制造业	205937	1739	1700	1810	1693
酒、饮料和精制茶制造业	95007	626	2718	186	891
烟草制品业	4782		85		9
纺织业	565891	1027	3576	696	6325
纺织服装、服饰业	854169	2408	8725	3603	12277
皮革、毛皮、羽毛及其制品和制鞋业	179710	49	8557	419	4993
木材加工和木、竹、藤、棕、草制品业	183129	105	5323	1530	3231
家具制造业	222789	11074	4993	1534	3742
造纸和纸制品业	211562	–2792	3616	210	4164
印刷和记录媒介复制业	179421	3320	3612	1118	3131
文教、工美、体育和娱乐用品制造业	289437	–15579	5803	1793	7016
石油加工、炼焦和核燃料加工业	191812	–6	680	641	133904
化学原料和化学制品制造业	687402	–5157	26866	6316	13055
医药制造业	128267	1096	7073	954	1825
化学纤维制造业	20878	1	2146	1936	624
橡胶和塑料制品业	832537	1280	12166	4254	15361
非金属矿物制品业	906493	3216	21330	5851	57917
黑色金属冶炼和压延加工业	439823	–7768	1630	374	55535
有色金属冶炼和压延加工业	476463	376	18957	378	39888
金属制品业	1163163	8027	10480	1477	23608
通用设备制造业	339583	1368	14707	6080	9746
专用设备制造业	337970	4684	22547	9558	10961
汽车制造业	67492	–604	3264	1412	513
铁路、船舶、航空航天和其他运输设备制造业	78187	8339	10246	2281	1915
电气机械和器材制造业	841905	–17360	49013	19408	34055
计算机、通信和其他电子设备制造业	966017	29137	85076	49987	25315
仪器仪表制造业	96602	9945	9939	5722	1353
其他制造业	31668	170	896	642	479
废弃资源综合利用业	504631	–1973	5544	3402	6576
金属制品、机械和设备修理业	17196	1	69	28	1705
电力、热力生产和供应业	22309	844	1169		1490
燃气生产和供应业	11012	660	17		60
水的生产和供应业	6951	5	880	786	64

单位：万元

利润总额	应交所得税	亏损企业 亏损总额	利税总额	本年应付 职工薪酬	本年应 交增值税	全部从业人员 年平均人数 （人）
11557722	**1226515**	**484642**	**16994189**	**13145459**	**4468705**	**3186309**
−484642	11019	484642	−316779	796652	138505	203067
5289908	646627	139180	7969816	7140652	2161153	1790347
6267814	579888	345463	9024373	6004807	2307552	1395962
1535097	218671	164044	2088584	1872310	467755	371488
4387398	502937	101230	6330184	5366700	1611357	1282941
5635227	504907	219368	8575421	5906448	2389593	1531880
99941	1041	1787	164539	18585	53325	4010
4143	413	678	6239	1345	1023	403
114000	7391	1033	165644	45647	36219	9913
442	42		726	130	246	52
327332	23763	16959	419511	229531	71017	53054
205666	28205	4812	295198	154650	74507	41495
96774	8705	807	160274	64125	38520	14221
4858	1237		8037	6606	2723	1232
564452	87710	6580	804456	506327	195657	123819
854732	152685	14544	1276277	1470742	334611	365561
176443	17041	7450	323889	528025	120437	146560
185457	7931	7793	266933	134318	64898	35351
212697	21496	4526	359127	472921	123926	111375
211260	24432	2877	339603	288921	108981	76786
179662	25614	4113	269284	232950	74816	59396
288158	23774	11012	447768	561385	127671	139885
58588	9690	43785	100170	12928	40594	2067
701483	71100	15914	987120	433016	235324	91853
133514	15109	9363	176938	80021	34929	14709
22400	3798	488	30728	26592	6909	5515
827562	83280	10755	1157963	810231	259958	206126
869862	47293	24195	1315533	787937	363897	198444
386002	24432	1951	518110	151430	112044	35495
455586	30502	3083	673421	226675	202071	52819
1149512	100938	17845	1664659	1118128	426775	270938
343505	31904	10285	498910	379960	129255	87084
348247	42755	5021	507116	398390	132949	89018
70007	9152	1541	104000	85820	29354	21291
81930	5155	11944	174901	129588	66737	34395
861035	115886	38179	1313196	1363187	378501	337913
1025054	156628	199178	1590278	2097794	473601	482685
105453	10911	2003	144984	152071	31848	30685
32085	4663	1985	46646	51245	11728	13709
503599	21824	1145	592947	87142	75281	21159
15559	4328		22804	16089	6416	2222
21988	2966		42359	6345	17530	1501
10970	1208		12733	8971	1382	1968
7767	1513	1012	11171	5693	3049	1600

1-7 规模以上民营工业

项　　目	企业单位数（个）	亏损企业	工业总产值（当年价格）	工业销售产值（当年价格）	出口交货值
总　　计	**26764**	**2443**	**466212977**	**452892615**	**67493783**
在总计中：亏损企业	2443	2443	24868582	24275863	3830204
一、按轻重工分组					
轻工业	14343	1213	221837390	215212926	37019104
重工业	12421	1230	244375587	237679690	30474679
二、按企业规模分组					
大型企业	446	23	121715813	118014357	29486814
中型企业	4375	299	140025398	135354970	19808828
小微型企业	21943	2121	204471767	199523288	18198141
三、按工业行业大类分组					
煤炭开采和洗选业					
石油和天然气开采业					
黑色金属矿采选业	58	7	1658228	1543922	
有色金属矿采选业	24	7	424457	402970	108
非金属矿采选业	199	7	2357907	2239925	1303
开采辅助活动	3		46791	47387	
其他采矿业					
农副食品加工业	716	99	18574396	17636737	1368717
食品制造业	446	28	7121471	6985814	318213
酒、饮料和精制茶制造业	159	17	2584836	2536546	27593
烟草制品业	4		139784	134093	
纺织业	1067	103	13935297	13591397	947581
纺织服装、服饰业	2107	113	22919216	22156613	2986595
皮革、毛皮、羽毛及其制品和制鞋业	1032	77	8790352	8680281	1890147
木材加工和木、竹、藤、棕、草制品业	436	45	5040207	4897656	558335
家具制造业	831	86	9945599	9747438	1953074
造纸和纸制品业	849	67	9874971	9568017	233932
印刷和记录媒介复制业	634	57	6091640	6003188	378544
文教、工美、体育和娱乐用品制造业	839	65	18842086	18469688	5696010
石油加工、炼焦和核燃料加工业	61	8	4203867	4152300	5118
化学原料和化学制品制造业	1473	110	23139355	22651121	1064775
医药制造业	256	22	6441897	6166400	203371
化学纤维制造业	39	6	688666	670104	69420
橡胶和塑料制品业	2085	178	22411363	21748566	2356168
非金属矿物制品业	1985	163	29805195	28663448	2132252
黑色金属冶炼和压延加工业	404	43	13284415	12990169	168989
有色金属冶炼和压延加工业	466	56	15572986	15107264	432367
金属制品业	2361	172	31555234	30781294	4260435
通用设备制造业	912	86	11127482	10778067	1055794
专用设备制造业	816	79	10415550	9959993	1305769
汽车制造业	242	23	5419148	5374897	670264
铁路、船舶、航空航天和其他运输设备制造业	260	37	5806927	5573061	1622792
电气机械和器材制造业	2710	301	64583566	62421024	12112572
计算机、通信和其他电子设备制造业	2465	292	76308337	74400653	22839203
仪器仪表制造业	209	24	2649744	2555707	549313
其他制造业	113	14	1213835	1166497	249734
废弃资源综合利用业	226	21	8306060	8183852	11526
金属制品、机械和设备修理业	23	2	268190	264389	16816
电力、热力生产和供应业	87	6	2310154	2288684	
燃气生产和供应业	37	2	1325222	1322519	
水的生产和供应业	130	20	1028549	1030937	6954

企业主要经济指标

单位：万元

工业增加值（当年价格）	资产总计	流动资产合计					固定资产合计	固定资产原价
			应收账款	存货	产成品	在产品		
109687726	**306231398**	**192503916**	**52855191**	**45519225**	**17662312**	**4898466**	**68861927**	**118819589**
4870897	29490002	19614952	5066812	4741019	1817621	483876	5599542	8585772
51014792	133434889	84345157	20865164	20470719	8858638	1780363	30682246	52265471
58672934	172796509	108158759	31990027	25048506	8803674	3118103	38179682	66554119
31425278	100820147	67149257	17561658	13573842	5382115	1452206	17792509	29674319
32297631	94629038	57287026	14637354	14693517	5722193	1871596	24049230	42864214
45964816	110782213	68067633	20656180	17251866	6558004	1574664	27020188	46281056
683033	1062892	597606	68301	79181	25697	6747	229157	336941
192868	155269	98633	13279	40590	21494	4992	40739	93170
722801	1038357	425944	130559	97536	66779	4759	340918	434644
27815	45356	25064	6587	1197	146	157	19409	29907
3140741	11918695	8663976	1227511	1599404	624988	79502	2025934	3023631
2000936	4145972	2148074	281462	519933	158210	46758	1325845	1909007
736046	1623936	752731	172535	209998	64272	19862	668525	1091565
21198	235998	124227	28737	69770	11313	8	84081	94346
3282484	6039686	3040886	606728	1021257	330574	69019	2292375	4000088
6323199	9883986	6515084	1531244	1988885	862722	223666	2553732	4426344
2399737	3330654	2322528	676616	574447	174934	73467	776399	1860813
1262486	3067543	1582383	291163	417234	158407	45690	796124	1321391
2454965	5405722	3332292	807731	948192	299826	80090	964431	1601811
2141767	6995535	3844473	1257553	796270	283300	62239	2444817	3787349
1613247	4563621	2524842	830325	482563	164838	50574	1170725	2189739
2547638	9723644	7523568	2379917	2927561	1587327	282760	1082134	1809210
861109	2732241	1596652	191179	329281	174297	41019	692156	1382054
4920611	14963339	8800832	2540705	1925118	780644	90298	3611656	6287239
1963951	7906663	4985291	760276	815561	418008	76326	1384578	2207101
160857	473319	238017	67090	65832	31694	6173	197195	533701
5202120	11884804	6561491	2228715	1553976	568873	118857	3722500	5321869
7418179	18157545	9155205	2193444	2584853	1195561	172495	6170832	11315059
2902676	5809356	2872057	590663	831940	274891	61863	2129428	4688053
2823706	8566815	5077601	1165743	1348890	447697	115792	2480055	4101423
7353135	14639057	8127746	2475469	2119059	658129	296374	4260735	7539207
2660816	8049244	5372144	1613511	1460948	464095	226546	1565412	2693962
3068789	10203439	6301165	1814678	1495831	470602	241440	1922938	3141688
1364652	7225695	3867490	1079160	735605	199295	123679	1743524	2332427
1183128	3749868	2599448	537997	678575	174946	82103	547386	950104
13990833	45692603	29458580	8449125	6809629	3247469	679085	8793416	16176918
19874709	60839588	46365711	15345284	9661301	3217514	1351487	7052813	11945556
730540	2731645	1887576	609646	479122	186652	59774	332877	525477
289447	779776	442317	112520	104759	41262	14249	198775	268311
1789712	3611907	2139285	350026	578334	229541	87076	526844	2610228
65297	80532	50730	17293	5225	2298	1547	25194	44413
858838	5711544	1947430	235649	92864	2833	586	3317355	4571902
309918	630217	270430	47318	41134	31799	1044	278819	378512
343743	2555337	864410	119454	27372	9389	366	1092098	1794428

1-7 续表1

项　　目	累计折旧	本年折旧	负债合计	流动负债合计	应付账款
总　　计	**55482392**	**10417805**	**183670374**	**155409900**	**44108597**
在总计中：亏损企业	3314575	657514	24401749	21178142	4684143
一、按轻重工分组					
轻工业	24478963	4539622	78604772	67771626	18899578
重工业	31003429	5878183	105065603	87638274	25209018
二、按企业规模分组					
大型企业	12965964	2898184	60263696	51812051	15830975
中型企业	20781250	3673976	55210605	47253106	12096534
小微型企业	21735179	3845645	68196073	56344743	16181088
三、按工业行业大类分组					
煤炭开采和洗选业					
石油和天然气开采业					
黑色金属矿采选业	112311	34579	486218	307887	40086
有色金属矿采选业	54006	9209	84196	65505	21878
非金属矿采选业	132190	47339	377188	286396	100872
开采辅助活动	10504	3127	11422	5958	1045
其他采矿业					
农副食品加工业	1208232	225552	8772832	7956994	1040695
食品制造业	619615	141382	2035117	1869490	403926
酒、饮料和精制茶制造业	443312	72763	839533	728108	239129
烟草制品业	18633	7129	193563	193484	111999
纺织业	1988284	353055	3580141	2908806	534260
纺织服装、服饰业	2263621	373275	5361824	4564793	1244965
皮革、毛皮、羽毛及其制品和制鞋业	1139940	204784	2344678	2048688	455207
木材加工和木、竹、藤、棕、草制品业	593896	111513	1710575	1349852	216102
家具制造业	721590	130298	2916077	2552621	601972
造纸和纸制品业	1617274	286904	4538534	3667423	860233
印刷和记录媒介复制业	1102655	183181	2492188	2088130	577940
文教、工美、体育和娱乐用品制造业	845083	150327	6981478	6336413	2176918
石油加工、炼焦和核燃料加工业	697292	120515	2414025	2305756	344873
化学原料和化学制品制造业	3052010	609292	7399728	6208546	1547102
医药制造业	909071	155483	3071535	2227789	376559
化学纤维制造业	314713	39152	269612	238438	57759
橡胶和塑料制品业	2316971	442162	6715470	5509830	1529367
非金属矿物制品业	5536747	1000410	10824182	8781822	2188326
黑色金属冶炼和压延加工业	2729457	520132	3796969	3196824	415282
有色金属冶炼和压延加工业	1907238	339064	5753702	4575230	770978
金属制品业	3639808	663469	8245724	6728500	1546542
通用设备制造业	1315195	241646	4487011	4001043	1230327
专用设备制造业	1326003	261024	5097663	4475569	1329796
汽车制造业	665915	189233	4986691	4335103	1045855
铁路、船舶、航空航天和其他运输设备制造业	430179	72656	2337968	2022525	614355
电气机械和器材制造业	7819666	1622561	26736311	23628053	7941368
计算机、通信和其他电子设备制造业	5234405	1183834	38984648	33837731	12758591
仪器仪表制造业	217239	41407	1402335	1175296	441255
其他制造业	72934	18193	565428	497827	100817
废弃资源综合利用业	2131224	254762	2146205	1765822	746968
金属制品、机械和设备修理业	19375	3445	43433	38603	6315
电力、热力生产和供应业	1328580	220918	3812834	1809829	293559
燃气生产和供应业	122447	9523	344699	296530	110185
水的生产和供应业	824779	74507	1508639	822691	85191

单位：万元

非流动负债合计	所有者权益合计	实收资本					
			国家资本	集体资本	法人资本	个人资本	港澳台资本
18609222	**121062484**	**46572408**	**290712**	**999408**	**24716923**	**17117936**	**1679669**
2117320	4975485	5037606	29394	146758	2668671	1392780	337614
6816268	54177316	18277736	117039	510819	8520448	7578083	855278
11792954	66885168	28294671	173672	488589	16196475	9539853	824392
7798062	40512554	13008694	55630	117796	7944597	3841151	327113
5629215	39184034	14290545	44917	382357	7447559	5276607	563052
5181945	41365896	19273169	190164	499255	9324767	8000178	789505
171185	556072	150504			109937	40568	
4266	72335	31127	2500	20	18007	10600	
37962	562935	265668		17885	136215	111430	87
2212	33696	6992	1854		1828	1000	
467775	3097264	1322099		47201	837274	356811	58923
114469	2101105	696076	1242	28548	277847	366117	13688
57317	778030	352282	550	27460	172459	132751	14389
79	42435	21420		4000	7420	10000	
334351	2360977	967456	2907	12786	375524	427255	75648
358221	4437605	1591539	100	11392	555215	680008	264034
90611	950350	461243	1491	31226	220459	176277	7898
140837	1330772	633591	4306	9089	297996	137238	153421
188881	2457450	1313260	50	18075	638091	602020	14901
596851	2434624	1081110	465	84501	613825	321881	38373
200300	2047595	723411	2738	8996	303673	341074	60489
452617	2699574	1084352	1832	20246	489179	498179	49380
102064	326548	300009		9500	211012	76902	2285
580366	7515326	2612656	11849	32530	1021536	1415436	47687
801244	4823537	1353243	14728	35578	676179	559950	24311
23905	199096	154097		8876	38262	63680	3035
615738	5050125	1749311	12960	29803	883678	707320	62191
1023652	7253266	2772905	17998	104762	1387512	1124772	38910
292192	1967064	996265	520	5516	536144	254431	34770
564806	2766019	748937	1013	4885	363352	334654	2248
457592	6262993	1912785	5529	27349	1175577	579133	107032
242769	3506743	1366674	6557	18231	630575	662431	26387
450517	5086367	1598099	15446	74744	579354	885134	12498
577350	2227520	1234395	452	6727	704611	179802	86267
115424	1399966	504691	50000	7763	213031	202662	31028
2366445	18805602	5757666	8846	125575	2526570	2755118	97472
4426531	21687399	10157142	67943	88002	6881583	2655909	185577
189987	1323526	454187	3500	6237	240243	182915	12733
58047	214903	120984		1163	62795	55607	1129
73470	1412005	285525	405	7750	183130	77719	7766
1443	36286	12027	500		4422	7104	
1842975	1894713	1354599	16936	17121	1127037	51406	132718
33264	284604	100619	5100	370	68381	6909	12398
551510	1056063	323461	30396	65500	146988	65737	

1-7 续表2

项　　目	外商资本	营业收入	主营业务收入	营业成本	主营业务成本
总　　计	**1455963**	**453297963**	**449877561**	**383591258**	**379748254**
在总计中：亏损企业	432414	24777942	24091624	23048518	22313149
一、按轻重工分组					
轻工业	542867	214640383	213196567	183540500	181606008
重工业	913097	238657580	236680994	200050758	198142245
二、按企业规模分组					
大型企业	624511	118072689	116415053	92900160	91210718
中型企业	529843	135601082	134727544	115877372	114777096
小微型企业	301610	199624192	198734964	174813727	173760440
三、按工业行业大类分组					
煤炭开采和洗选业					
石油和天然气开采业					
黑色金属矿采选业		1490405	1490405	1069087	1063973
有色金属矿采选业		397299	395231	296852	296852
非金属矿采选业		2193188	2179357	1745773	1730422
开采辅助活动	2311	47514	47514	26000	26000
其他采矿业					
农副食品加工业	17344	18146445	17947546	16461958	16253468
食品制造业	8635	6997659	6967040	5390397	5357262
酒、饮料和精制茶制造业	4673	2546075	2518700	1915288	1892589
烟草制品业		151990	151990	122976	122976
纺织业	20571	13570799	13512997	11799760	11702793
纺织服装、服饰业	30185	21818968	21986626	18967287	18736665
皮革、毛皮、羽毛及其制品和制鞋业	25740	8685234	8667476	7780340	7755051
木材加工和木、竹、藤、棕、草制品业	22785	4862165	4844395	4054674	4037106
家具制造业	39523	9758056	9724535	8388417	8335082
造纸和纸制品业	15958	9241275	9128083	8143546	8050583
印刷和记录媒介复制业	5692	5992385	5955021	5021727	4995025
文教、工美、体育和娱乐用品制造业	13846	18663759	18678291	17345819	17266455
石油加工、炼焦和核燃料加工业	310	4379058	4203329	4092483	3888657
化学原料和化学制品制造业	77190	22897948	22712126	19497321	19317985
医药制造业	42498	6175101	6145172	4291973	4274493
化学纤维制造业	40244	665820	662746	595661	593512
橡胶和塑料制品业	42240	21940078	21828486	18857435	18747245
非金属矿物制品业	75575	28263930	28144129	24318223	24214118
黑色金属冶炼和压延加工业	161472	12613610	12561289	11307115	11263681
有色金属冶炼和压延加工业	40013	15143397	15081599	13858770	13812265
金属制品业	11390	30681404	30550263	26554079	26476174
通用设备制造业	21305	10672882	10532993	8945171	8810605
专用设备制造业	17860	10080695	9964660	7917728	7818859
汽车制造业	242402	5407371	5332049	4615848	4561320
铁路、船舶、航空航天和其他运输设备制造业		5531044	5427476	4860241	4771214
电气机械和器材制造业	229465	61120365	60255849	51234444	50365255
计算机、通信和其他电子设备制造业	205723	76091360	75436476	59602181	58893492
仪器仪表制造业	7059	2598890	2553048	1992573	1949653
其他制造业	290	1168299	1166227	1012685	1012006
废弃资源综合利用业	8655	8345624	8281013	7512137	7448985
金属制品、机械和设备修理业		262376	262162	212510	212403
电力、热力生产和供应业	3380	2336148	2255401	1754569	1687799
燃气生产和供应业	7461	1326266	1310268	1225675	1213724
水的生产和供应业	14170	1033083	1015595	802535	792509

单位：万元

营业税金及附加	主营业务税金及附加	销售费用	管理费用	税金	财务费用	利息收入	利息支出
2326606	**2303726**	**14756265**	**21203809**	**658819**	**3703412**	**542978**	**3040802**
141144	138109	691834	1393959	44080	488485	29290	413743
1095069	1086018	7417931	8405605	322817	1522087	256867	1364245
1231537	1217708	7338334	12798203	336002	2181325	286110	1676557
603451	601866	6759135	8326324	189294	1042194	270199	779190
703136	698378	3766245	5684280	218361	1214671	197108	1173693
1020019	1003482	4230885	7193205	251164	1446547	75672	1087919
25070	25070	48556	62916	1826	25634	357	15645
5186	5186	10587	17002	1008	2523	16	2233
38518	38507	76369	84942	8150	16526	390	9640
1371	1371	639	3609	112	–564	230	43
51968	51649	320309	421508	22567	172269	17709	159296
38254	38165	389120	318993	12008	34170	7692	31953
68769	68697	232831	91160	5639	16732	1203	15953
613	613	6054	10625	404	4335	824	5147
66806	66182	259103	394575	19227	94122	3385	69707
123040	121940	640597	846492	24122	125373	9046	83675
42997	42686	166841	331816	13820	58447	2246	31705
33626	33482	117377	171286	6341	33294	484	41436
51060	50392	308389	415063	12817	64264	2216	53351
33514	33083	188002	295897	11774	90808	15838	99692
32992	32801	151317	286222	10898	58340	4563	50664
47808	47330	284642	401565	12954	137972	46269	144880
27462	27250	21950	48472	2836	50114	5153	43958
117671	114954	699184	978307	41042	160380	13777	143835
36021	35982	566152	383200	11962	46756	46209	82486
2774	2770	9984	28174	1318	7363	137	7773
119902	119013	503831	818615	27047	163378	7210	115959
171948	168377	699860	1040302	57228	205003	8941	170453
48402	46890	172645	220336	13571	96949	6222	91365
30550	30483	174399	295818	13009	131026	16190	124896
169785	168364	605602	1044776	54296	173413	17435	127703
58937	58674	326227	588539	15615	80526	13482	67525
59535	58295	440821	731853	16411	77268	17200	69008
75597	75409	217012	353538	9236	68125	4391	62775
62130	61830	100626	228010	8593	27901	15690	31710
249683	248017	2900200	2766155	118988	458632	76346	426354
350642	347415	3805589	6925479	83101	737965	159698	374831
15426	15293	159084	226578	4332	22197	5928	21037
5009	5009	25368	59633	985	11773	1257	11260
28754	28741	71819	109017	5577	11137	5536	21346
4391	4382	8695	11919	194	2411	91	1192
17490	16780	7263	83225	6014	190647	6779	187349
4796	4743	18466	20782	1422	2437	161	2084
8108	7902	20756	87411	2378	43769	2677	40885

1-7 续表3

项　　目	营业利润	投资收益	营业外收入	补贴收入	营业外支出
总　　计	**29263981**	**512872**	**1294153**	**412243**	**1392935**
在总计中：亏损企业	-972320	-9254	74244	16416	231317
一、按轻重工分组					
轻工业	13196916	158430	489002	162573	331306
重工业	16067065	354443	805151	249670	1061629
二、按企业规模分组					
大型企业	8997409	507803	496902	77055	320181
中型企业	9372986	-101	373146	145076	505961
小微型企业	10893586	5171	424106	190112	566792
三、按工业行业大类分组					
煤炭开采和洗选业					
石油和天然气开采业					
黑色金属矿采选业	265235	1	331	31	3978
有色金属矿采选业	48019	2	227		1253
非金属矿采选业	224315	80	4127	1612	13090
开采辅助活动	16886		27		
其他采矿业					
农副食品加工业	844774	56257	62402	42418	37506
食品制造业	780136	-32016	14289	4516	5618
酒、饮料和精制茶制造业	219200	6213	8900	2647	3441
烟草制品业	7386		141		44
纺织业	871896	11713	8022	2270	13651
纺织服装、服饰业	1262040	3542	17061	4880	18451
皮革、毛皮、羽毛及其制品和制鞋业	308821	3955	15268	1991	9514
木材加工和木、竹、藤、棕、草制品业	404350	709	20165	8769	19893
家具制造业	544814	9626	17233	2681	15683
造纸和纸制品业	440398	-6206	10681	1742	10283
印刷和记录媒介复制业	428494	32598	12958	5920	7684
文教、工美、体育和娱乐用品制造业	571788	8480	14908	4803	18807
石油加工、炼焦和核燃料加工业	284562	5395	2079	1295	156524
化学原料和化学制品制造业	1503422	30002	45942	11758	46091
医药制造业	795855	-89198	29927	10658	10889
化学纤维制造业	26600	1	2805	2078	857
橡胶和塑料制品业	1419396	-1782	25455	8060	37121
非金属矿物制品业	1907567	52024	64301	21391	95646
黑色金属冶炼和压延加工业	855125	-1452	5450	985	79797
有色金属冶炼和压延加工业	1081469	1254	28191	5006	288275
金属制品业	2249101	15521	30237	5471	41205
通用设备制造业	707842	-15768	37471	14999	33787
专用设备制造业	916129	30769	76967	30399	38489
汽车制造业	83701	7158	13283	-13378	9677
铁路、船舶、航空航天和其他运输设备制造业	238038	11403	21086	10958	4626
电气机械和器材制造业	3821594	66298	186519	64556	110127
计算机、通信和其他电子设备制造业	4647683	283555	431660	105237	226594
仪器仪表制造业	191465	16227	26710	14068	2520
其他制造业	54468	393	1679	1325	1351
废弃资源综合利用业	788262	-6264	6970	3597	11803
金属制品、机械和设备修理业	23554	1	660	28	1749
电力、热力生产和供应业	284957	1572	37725	26038	7741
燃气生产和供应业	57307	895	132	9	5421
水的生产和供应业	87330	9917	12165	3425	3753

单位：万元

利润总额	应交所得税	亏损企业 亏损总额	利税总额	本年应付 职工薪酬	本年应 交增值税	全部从业人员 年平均人数 （人）
29127715	**3604357**	**1141598**	**43422848**	**28779514**	**11968527**	**6148517**
−1141598	14956	1141598	−593869	1966500	406585	465314
13331892	1748996	384289	19777435	15130260	5350474	3488168
15795823	1855361	757308	23645413	13649253	6618053	2660349
9153424	1364658	352589	13858982	8474142	4102107	1241355
9240134	1132514	277425	13346442	10130877	3403172	2373975
10734157	1107185	511583	16217424	10174495	4463248	2533187
261588	29555	1907	395863	38571	109206	7655
46993	744	1647	76556	8793	24377	2378
215352	25488	1717	334576	113755	80705	22454
16913	4181		18596	4623	312	361
867881	77514	71207	1138600	554430	218752	127897
788528	116807	14098	1079511	395093	252729	89280
224703	34300	3541	390733	164019	97261	32032
7483	1774		12176	7739	4079	1587
879072	147787	15288	1247033	884943	301155	211477
1259337	219738	19213	1896252	2267699	513875	535446
308017	27353	11323	547117	897487	196103	254514
403325	23307	27156	590672	265671	153720	64276
535052	76817	19170	883345	779751	297234	191285
441047	61720	13676	674492	503969	199931	133590
433488	63560	12927	635463	446951	168982	105925
565302	50077	19159	834052	998199	220942	253153
130117	19089	70143	251465	37079	93886	6421
1503581	176094	41704	2161647	904764	540394	185413
814539	111155	16690	1106286	332767	255726	60885
28548	5181	10255	48175	41528	16853	9401
1405154	170722	35447	2011539	1439443	486482	355155
1875814	154053	45713	2837511	1671616	789749	418119
780831	63960	19827	1097887	296814	268654	68984
820803	52273	12043	1188804	404577	337451	92301
2235384	219433	27106	3237948	1877147	832779	451289
710491	87433	32793	1044671	827783	275243	180586
952082	136517	21304	1314384	938585	302766	169023
85626	32626	137068	291180	509092	129958	89890
244953	26001	15001	415365	256675	108283	60597
3898120	494761	81857	5905970	4421163	1758167	924562
4848926	737944	299212	7705991	5704285	2506424	888977
215960	27408	13843	318464	307060	87078	57741
54797	8788	10675	87526	102731	27721	24545
783429	29073	2651	943883	162563	131700	37874
22466	4515	76	35479	21711	8623	3590
314196	65165	5745	452483	65078	120797	9620
52019	5302	162	71636	22088	14821	4503
95801	16146	10255	139519	103273	35610	15731

1-8 规模以上外商和港澳台投资工业

项　　目	企业单位数（个）	亏损企业	工业总产值（当年价格）	工业销售产值（当年价格）	出口交货值
总　　计	**14510**	**2814**	**526776502**	**515946293**	**228093102**
在总计中：亏损企业	2814	2814	45477007	44742009	19784841
一、按轻重工分组					
轻工业	7665	1478	189848964	184493811	74812840
重工业	6845	1336	336927538	331452482	153280262
二、按企业规模分组					
大型企业	981	80	281240084	276058042	140428123
中型企业	4877	842	145294561	141266891	59966603
小微型企业	8652	1892	100241857	98621360	27698376
三、按工业行业大类分组					
煤炭开采和洗选业					
石油和天然气开采业	2		6310531	6299684	168157
黑色金属矿采选业	1		86205	82010	
有色金属矿采选业					
非金属矿采选业	11	4	37993	35572	272
开采辅助活动	2		38781	38781	
其他采矿业					
农副食品加工业	175	37	8617904	8414717	921076
食品制造业	193	26	9512488	10052964	521073
酒、饮料和精制茶制造业	86	25	6865206	6728876	95915
烟草制品业					
纺织业	585	107	10792957	10501043	4516331
纺织服装、服饰业	1015	197	12943479	12664690	6644954
皮革、毛皮、羽毛及其制品和制鞋业	761	146	11702574	11480399	6485358
木材加工和木、竹、藤、棕、草制品业	108	19	1582365	1487375	337982
家具制造业	394	87	5639537	5542597	2981311
造纸和纸制品业	311	60	7738543	7356393	1397277
印刷和记录媒介复制业	243	59	4813392	4623907	1865129
文教、工美、体育和娱乐用品制造业	772	154	18844297	18039444	9164965
石油加工、炼焦和核燃料加工业	24	6	5233308	5321012	3619
化学原料和化学制品制造业	705	97	32002631	30884226	3622836
医药制造业	115	16	4702602	4329305	498859
化学纤维制造业	26	4	823449	800800	171463
橡胶和塑料制品业	1296	276	20865364	20537033	8983293
非金属矿物制品业	494	87	11303650	10880401	2485896
黑色金属冶炼和压延加工业	134	32	10357664	10165915	1541851
有色金属冶炼和压延加工业	188	39	11768277	11425198	1556325
金属制品业	1018	196	19047681	18662506	8699513
通用设备制造业	574	98	21166546	20632632	10447266
专用设备制造业	516	79	8149232	7941398	3214902
汽车制造业	390	52	42911868	42501094	3236291
铁路、船舶、航空航天和其他运输设备制造业	147	34	5687387	5565091	2413591
电气机械和器材制造业	1503	283	43580045	42187736	22827522
计算机、通信和其他电子设备制造业	2205	509	165342357	163125315	118654463
仪器仪表制造业	248	42	4956164	4698590	2797584
其他制造业	120	20	1048364	1023926	686611
废弃资源综合利用业	26	8	1229312	1206062	3129
金属制品、机械和设备修理业	13	1	566547	568066	365433
电力、热力生产和供应业	61	8	5637074	5266822	377523
燃气生产和供应业	30	5	4088974	4095320	106251
水的生产和供应业	18	1	781758	779396	299082

企业主要经济指标

单位：万元

工业增加值（当年价格）	资产总计	流动资产合计					固定资产合计	固定资产原价
			应收账款	存货	产成品	在产品		
122826056	**367856378**	**234464847**	**79691648**	**57103709**	**18543918**	**6861000**	**96989048**	**180410347**
9279645	46135862	28098655	7696134	8557667	2572003	1224403	13335784	23616367
47974266	128924496	86331191	24577484	23705728	8633373	2686171	30080882	56934443
74851790	238931883	148133655	55114163	33397981	9910545	4174829	66908166	123475904
66087275	181322335	114687572	41970386	25580251	8746477	2884998	47398358	83643609
36199119	111779906	71066461	22376799	18863965	5666296	2686997	30889486	59405006
20539663	74754137	48710814	15344463	12659493	4131145	1289005	18701204	37361732
5296893	6925870	468150	69539	313028	53579		2912623	6229989
28392	16072	4385	2031	1386	987		11687	14294
11120	45540	25123	10688	7038	2156		17150	32477
25868	37525	18818	5244	334			18474	28628
1381199	5144396	3943442	588258	868482	323707	33589	724902	1415237
3696094	7272534	4837572	814677	801809	335300	34317	1689832	2808780
1731832	5005639	2829840	730323	477793	153141	26016	1577350	3310825
2547791	7464363	4487496	1171693	1679385	454436	167442	2394357	5110340
4069002	7714273	5338493	1386232	1843295	652580	290326	1884495	3600660
3433005	7075245	5085856	1864707	1616641	375067	253154	1307592	2904288
365802	1497301	1058028	206922	282140	102091	44969	322384	549309
1442710	3872990	2578330	586628	1010835	322773	177913	937280	1619649
1637767	10063720	4807116	1323686	1128527	356037	74723	4293864	6695399
1349790	4571282	3000006	988953	524294	160452	94063	1122163	2316586
4369211	10333451	8001934	2410888	3448493	1695262	344837	1701942	3198806
1499989	2971732	1808101	212246	687068	93342	94612	719212	1203536
8086380	21078973	12541150	3504134	2517120	999585	168077	6590520	12428484
1465968	4470598	2578646	726600	728986	391956	62966	994376	1555222
209949	887714	439058	128930	81542	40208	8975	318206	662145
4957555	15365370	9726813	3232750	2805085	949051	276770	4058112	8023712
3229016	11346783	5741626	1147836	1478076	617574	98435	4611000	7864261
1380653	7339893	3620198	722568	1186560	403192	70012	2990997	4029095
2037807	8506863	4965961	1590315	1124766	381602	96903	3182735	5760128
4605346	13022331	8499134	2836884	2399024	628303	409342	3311128	6011093
4279970	13529167	9998480	3884094	2472079	885494	360061	2563788	5078721
2283654	8489478	5617376	1880941	1655351	480086	365088	2270239	4055612
12025056	31391570	19953913	8470337	2761575	956349	322943	7688066	13500371
1373803	5663846	3944414	832492	835376	189494	211994	1101941	1982015
8967138	31121890	22197625	7910708	5164896	1831769	712827	5969865	10734721
29345666	93862090	66406710	28201240	15432231	4367973	1918843	20732827	38117408
1495999	3542187	2393055	847658	823083	222941	82884	817969	1526474
275599	669730	461903	124962	187189	47896	33767	155922	277200
99563	473627	361070	42110	52853	22231	2420	76793	232323
128088	691444	415007	220039	81681	10508	7486	228870	320053
2346552	10288600	4048460	616891	490170	1638	15242	5181392	13680186
974159	2667947	1203295	241611	125304	34773	4	1230045	1536029
371672	3434345	1058263	155833	10214	383		1278951	1996289

1-8 续表1

项 目	累计折旧	本年折旧	负债合计	流动负债合计	应付账款
总 计	**88397235**	**14319643**	**210490717**	**183808819**	**79682944**
在总计中：亏损企业	10790806	1736996	32580892	27742350	9652008
一、按轻重工分组					
轻工业	28517008	4176863	68009850	60129946	24902254
重工业	59880226	10142779	142480866	123678872	54780690
二、按企业规模分组					
大型企业	38302513	7712582	107633138	95597921	44713813
中型企业	30341660	4114411	61520428	53307282	21784490
小微型企业	19753062	2492650	41337150	34903615	13184640
三、按工业行业大类分组					
煤炭开采和洗选业					
石油和天然气开采业	3734598	1005986	6925870	5237364	770469
黑色金属矿采选业	2607	849	4548	3298	
有色金属矿采选业					
非金属矿采选业	15533	1922	24491	16791	2917
开采辅助活动	10159	2974	5364	5364	795
其他采矿业					
农副食品加工业	778089	113001	3138140	2925490	735255
食品制造业	1247848	254561	3138839	2979046	984646
酒、饮料和精制茶制造业	1798074	206773	2563692	2359674	716397
烟草制品业					
纺织业	2794421	396381	3516112	3102223	1225275
纺织服装、服饰业	1833031	240838	3618269	3148222	1381224
皮革、毛皮、羽毛及其制品和制鞋业	1633429	219381	3334921	3076051	1741349
木材加工和木、竹、藤、棕、草制品业	289846	37633	776744	725780	137806
家具制造业	757397	116218	2054694	1849903	741603
造纸和纸制品业	2647774	365061	5272135	3994517	1440924
印刷和记录媒介复制业	1224735	159335	2289397	2092091	883874
文教、工美、体育和娱乐用品制造业	1595098	223743	5271466	4413919	2210992
石油加工、炼焦和核燃料加工业	564143	91926	2572959	2392519	658702
化学原料和化学制品制造业	6048800	936231	10625788	8916239	3083791
医药制造业	629621	82343	1928608	1684098	339542
化学纤维制造业	343972	47680	424092	327193	83775
橡胶和塑料制品业	4141837	591070	7853377	7089369	3105416
非金属矿物制品业	3378672	577450	6260812	4986885	1437748
黑色金属冶炼和压延加工业	1330759	260014	5158443	4268690	882276
有色金属冶炼和压延加工业	2658438	612379	6049219	5294465	1317221
金属制品业	2948768	433890	6470949	5661615	1991401
通用设备制造业	2615029	393036	7592514	7165869	3436389
专用设备制造业	1850712	358086	4822395	4060203	1595907
汽车制造业	6076478	1093241	17946131	16490539	6948772
铁路、船舶、航空航天和其他运输设备制造业	977208	169426	3314624	2589637	954736
电气机械和器材制造业	5122644	860147	19447090	17148262	7426559
计算机、通信和其他电子设备制造业	18210083	3638044	56701896	52454016	31205379
仪器仪表制造业	736974	120009	1551952	1456065	836151
其他制造业	135507	20976	367895	321477	163829
废弃资源综合利用业	159256	21305	411145	391056	22112
金属制品、机械和设备修理业	97909	14615	487228	289287	128661
电力、热力生产和供应业	8535136	523488	5120751	3290527	651282
燃气生产和供应业	427517	56993	1626700	1239325	373605
水的生产和供应业	1045135	72640	1821467	361753	66165

单位：万元

非流动负债合计	所有者权益合计	实收资本					
			国家资本	集体资本	法人资本	个人资本	港澳台资本
21784478	**156197441**	**92211755**	**4110268**	**440402**	**14750648**	**1761778**	**36084387**
3575430	13382451	18353604	362186	50017	3123713	185143	6833007
5970027	60428130	37318900	953591	166392	4751491	1006717	17653122
15814452	95769311	54892855	3156678	274010	9999157	755062	18431265
11260951	73366043	33750847	1290520	101350	4989962	678086	12619784
6874784	50101903	33158958	2118587	228879	5404414	545581	13532059
3648744	32729496	25301950	701162	110172	4356272	538112	9932544
1688507							
1250	11524	1850			1295	555	
7700	21003	21192		176	5493	984	5582
	32160	5992	1854		1828		
128938	1996358	880791	9662	1190	196915	33719	216258
129206	4125629	1450568	6035	120	259604	16579	551847
213091	2416969	2628663	33203	5325	287891	70490	640623
212014	3900346	3093394	2454	5640	335692	43750	1797767
289190	4065575	2714761	2420	6541	334675	94985	1699823
154585	3710353	2172231	1606	20709	143334	26289	1100193
42791	716170	508921	4196	6711	76959	5415	322686
135693	1807942	1523318		2859	177450	20861	867938
1210337	4780708	3588910	595137	58975	194575	52578	1552852
131361	2257416	1548614	18625	5991	219421	24514	993074
774435	5004615	2734310	12620	4960	271213	19857	1731811
180441	398718	283076	6656		162452	1017	38377
1520196	10386014	5960070	700001	15443	961537	65570	1619242
224832	2540665	1224101	16527	26599	396905	68668	376407
37560	463622	269273	30637		99389	200	71757
373362	7453506	5175581	16175	22983	709547	51103	2576398
816092	5096159	3165753	78314	7249	642962	112388	1520797
665686	2165980	1623648	8750	1616	392015	10720	452698
733134	2446225	1577453	20812	2841	246559	21242	947824
369896	6331582	4213880	60086	5572	676007	207754	1947557
313652	5762692	2930561	9321	34273	566814	40002	914619
514287	3645724	2443247	2078	18025	237840	29929	853896
1375405	13411524	5376202	159253	11156	1269132	28559	503133
565624	2357311	963396	166790	3838	256574	44502	267633
1909598	11621072	7004155	55670	33277	1177683	367732	2955981
3396385	36913911	20238498	139621	40070	3036256	262845	8020666
46352	1981168	1036429	926	3915	101924	26434	457547
10486	291348	243289			31173	2252	142146
4796	62481	58602		931	23031	740	24029
195308	204216	204265	88164	52229	2797	1000	3840
1619417	5162787	3834948	1698586	41188	804215		783930
340743	1041229	641623	5010		348415		98960
1452132	1612738	870192	159083		101079	8548	26500

1-8 续表2

项　目	外商资本	营业收入	主营业务收入	营业成本	主营业务成本
总　计	**34461262**	**519317937**	**511801395**	**446231413**	**440092548**
在总计中：亏损企业	7679408	44540777	43284217	41687496	40547674
一、按轻重工分组					
轻工业	12535031	187366587	184044079	155206171	152370984
重工业	21926230	331951350	327757316	291025241	287721564
二、按企业规模分组					
大型企业	13938273	279652956	275481308	238860025	235479720
中型企业	10968435	141110370	139391157	121011475	119666102
小微型企业	9554554	98554611	96928929	86359912	84946726
三、按工业行业大类分组					
煤炭开采和洗选业					
石油和天然气开采业		6767056	6766074	3903002	3903017
黑色金属矿采选业		82010	82010	64786	64786
有色金属矿采选业					
非金属矿采选业	8957	35383	35300	29673	29663
开采辅助活动	2311	38781	38781	18927	18927
其他采矿业					
农副食品加工业	422598	8663827	8503050	7858702	7720382
食品制造业	609040	10098959	9854622	5446967	5339190
酒、饮料和精制茶制造业	1591132	6740415	6636838	4495860	4416681
烟草制品业					
纺织业	867592	10475544	10394619	9307400	9234813
纺织服装、服饰业	567559	12538298	12490938	10575729	10536515
皮革、毛皮、羽毛及其制品和制鞋业	881064	11459268	11395608	10032074	9964876
木材加工和木、竹、藤、棕、草制品业	92197	1499926	1483688	1264945	1252028
家具制造业	417154	5577454	5542702	4790323	4768579
造纸和纸制品业	1044819	7660695	7365514	6714856	6455863
印刷和记录媒介复制业	286990	4539421	4490065	3828254	3809703
文教、工美、体育和娱乐用品制造业	693501	18770963	18504033	16985985	16811045
石油加工、炼焦和核燃料加工业	74574	5562586	5381435	4648055	4474922
化学原料和化学制品制造业	2593182	30925491	30685260	23698201	23505461
医药制造业	330919	4303609	4268836	2707518	2683310
化学纤维制造业	67290	805358	797959	663081	657803
橡胶和塑料制品业	1744994	20524414	20331108	17950157	17792001
非金属矿物制品业	798775	10958318	10797834	9219385	9074020
黑色金属冶炼和压延加工业	757850	10079882	9640410	9558916	9129317
有色金属冶炼和压延加工业	335703	11201370	11107846	10548285	10457438
金属制品业	1278549	18375198	18179289	15958971	15816229
通用设备制造业	1364734	21001211	20573313	18469063	18045037
专用设备制造业	1301189	7981535	7848309	6569934	6478301
汽车制造业	3402142	43783150	43057214	34720740	34178901
铁路、船舶、航空航天和其他运输设备制造业	223594	5564127	5465401	4796739	4723552
电气机械和器材制造业	2384373	42349440	41804271	37081194	36566980
计算机、通信和其他电子设备制造业	8725901	163039202	160605733	149612233	147600918
仪器仪表制造业	445684	4771298	4713627	3930247	3900180
其他制造业	67718	1037757	1029781	923591	919007
废弃资源综合利用业	9871	1208951	1207047	1145398	1144573
金属制品、机械和设备修理业	56235	560948	548424	492161	483080
电力、热力生产和供应业	254125	5582991	5495959	4245161	4185235
燃气生产和供应业	183969	3960772	3891871	3493542	3472593
水的生产和供应业	574981	792330	786629	481359	477626

单位：万元

营业税金及附加		销售费用	管理费用		财务费用		
	主营业务税金及附加			税金		利息收入	利息支出
4287417	**4256398**	**16838923**	**22176044**	**843027**	**1733356**	**780970**	**2403833**
696137	694039	1376379	2696801	93578	488166	57032	479910
951295	938947	10581338	9223291	304021	721029	318664	815927
3336122	3317450	6257585	12952753	539006	1012327	462307	1587906
2751790	2736208	10652661	10420631	426906	398789	456983	913421
1140423	1131973	3623422	7171592	255175	797632	211578	908688
395204	388216	2562840	4583821	160946	536935	112410	581724
505601	505601	10234	138365	32814	61001	476	
830	830	1077	2822		64		59
312	312	1019	2146	187	364	65	404
1333	1333		2718	23	-607	230	
14988	14962	173254	172930	8513	22581	15908	50821
92285	92116	2287234	548502	18408	-40081	64383	22541
110455	106104	1275958	278381	16935	10068	15946	28880
33404	32686	175461	402621	17302	43232	15747	48459
63785	62861	347961	761743	24012	60734	7280	39686
58250	57452	245089	671131	23822	43999	10994	30084
8623	8567	55136	67411	3346	17310	179	15479
25874	25675	179039	318036	12336	33274	3288	22536
21088	21013	218403	317777	17314	105147	4968	134507
19465	19413	130551	261872	10719	31315	8205	24556
59858	59404	251258	852695	22370	80725	12488	57125
541544	541289	109461	70722	2729	628	7697	38614
180868	179257	3036205	1424877	46672	47297	57912	136631
29102	28509	661889	306646	6803	13117	8532	20534
4052	4049	12881	40998	1181	5944	1631	8832
85825	85329	479732	1109400	36595	109132	19770	82082
52409	52315	299069	514805	31510	63053	13416	99541
19176	18763	105724	138945	15804	110235	10198	123975
27446	27364	99587	237653	32692	120614	17921	126372
82027	81470	390446	872532	30471	99279	22525	86504
81208	80772	539571	975011	26514	4740	35544	41282
39037	38277	290263	595611	13760	50998	7150	54403
1320733	1317069	1674433	2069954	89043	-28804	18667	103624
58527	58169	94373	332204	12758	-227	36516	28753
153988	152405	1051751	2206992	62251	265535	70935	250927
509395	500317	2416121	5671192	195500	95458	236583	357576
22918	22791	138045	333936	8045	18988	7585	10922
3977	3888	17813	60734	1724	7124	509	4086
3010	3010	5837	59649	1314	8857	2371	11752
1671	1671	8236	28238	1126	8987	-352	12322
36227	33302	224	157590	13621	173178	33899	189719
10890	10883	35109	60865	3605	17898	13608	36573
7236	7174	20479	108343	1209	72204	-1805	103673

1-8 续表3

项目	营业利润	投资收益	营业外收入	补贴收入	营业外支出
总计	**29393731**	**448958**	**1628266**	**620823**	**1177057**
在总计中：亏损企业	−2487396	−1165	215514	82946	182325
一、按轻重工分组					
轻工业	10847620	135092	522995	98628	433450
重工业	18546111	313865	1105271	522196	743607
二、按企业规模分组					
大型企业	17471431	316750	802607	308549	496261
中型企业	7807319	73353	434784	122213	487149
小微型企业	4114981	58854	390875	190060	193648
三、按工业行业大类分组					
煤炭开采和洗选业					
石油和天然气开采业	2136877		34224	20848	15535
黑色金属矿采选业	12432				
有色金属矿采选业					
非金属矿采选业	1792		42		33
开采辅助活动	16444		27		
其他采矿业					
农副食品加工业	450823	79	12886	5162	18157
食品制造业	1743541	43452	41116	17062	63290
酒、饮料和精制茶制造业	541106	13576	17565	3175	21181
烟草制品业					
纺织业	520558	12402	18329	2583	19866
纺织服装、服饰业	644858	7399	20754	1990	18343
皮革、毛皮、羽毛及其制品和制鞋业	484120	21005	81150	2180	27500
木材加工和木、竹、藤、棕、草制品业	93597	149	35907	4866	23955
家具制造业	240040	−15519	12567	710	10216
造纸和纸制品业	275022	5102	27075	2062	14845
印刷和记录媒介复制业	278076	14671	10917	2305	7337
文教、工美、体育和娱乐用品制造业	532262	9386	44277	3101	20334
石油加工、炼焦和核燃料加工业	179192	8981	2086	1003	31
化学原料和化学制品制造业	2545042	17081	35754	7271	43180
医药制造业	567405	−17158	16770	9337	9170
化学纤维制造业	74521	79	2639	221	573
橡胶和塑料制品业	832691	31419	33662	4487	36700
非金属矿物制品业	804932	16588	60549	12739	30641
黑色金属冶炼和压延加工业	262991	−9708	8834	5469	13892
有色金属冶炼和压延加工业	475727	−9479	15039	5471	250471
金属制品业	1018634	4078	36277	3448	31229
通用设备制造业	928428	6654	48277	6423	39484
专用设备制造业	417598	−12712	31669	12413	14645
汽车制造业	4092417	45067	80030	34829	42575
铁路、船舶、航空航天和其他运输设备制造业	283173	31859	30171	9484	31618
电气机械和器材制造业	1680802	18490	103071	32114	86946
计算机、通信和其他电子设备制造业	5317625	121487	543536	230202	249797
仪器仪表制造业	317380	8424	12408	2605	8798
其他制造业	17408	14	957	203	1772
废弃资源综合利用业	20190	472	475	207	3657
金属制品、机械和设备修理业	22427	28	7099	3	517
电力、热力生产和供应业	1028354	46232	194435	174419	15597
燃气生产和供应业	357318	22972	4274	217	3289
水的生产和供应业	177929	6390	3418	2217	1885

单位：万元

利润总额	应交所得税	亏损企业亏损总额	利税总额	本年应付职工薪酬	本年应交增值税	全部从业人员年平均人数（人）
29840723	**5569258**	**2464939**	**48217705**	**39391494**	**14089566**	**8104047**
–2464939	17597	2464939	–512114	5116391	1256688	1144687
10929493	1963962	829757	17504464	17867555	5623676	4066765
18911229	3605296	1635182	30713241	21523939	8465889	4037282
17767200	3357856	691431	28498703	19254575	7979714	3518764
7759094	1407871	710475	12936373	14143925	4036856	3315208
4314429	803531	1063032	6782629	5992995	2072996	1270075
2155566	547766		3020663	73340	359497	4254
12432			18123	785	4862	230
1801	489	398	3048	2166	936	664
16471	4139		17870	4493	66	309
445423	76333	34586	671192	219378	210781	43305
1722363	284326	13763	2538354	690928	723706	105332
537527	145248	79146	969410	362950	321428	49712
527525	87808	43961	773464	982902	212535	226842
647011	126541	54869	1028917	2096041	318121	487413
522132	89063	39591	860548	2000054	280166	566928
105549	13246	15918	158086	111830	43915	27417
240193	38505	31082	400688	676929	134620	157038
289779	52594	39753	500598	464684	189732	96977
281660	60444	35416	436212	564361	135088	134348
555246	113470	58052	917044	2196660	301940	577290
181247	39711	32105	1297518	36671	574728	3780
2537789	575699	215051	4153167	1196073	1434510	158899
571390	87666	15504	811166	280652	210674	41324
76587	12878	2288	105315	36966	24676	6264
827668	150603	133083	1332453	2253932	418960	513121
834416	110660	71177	1255911	925525	369086	203251
257697	10711	35670	448239	188076	171366	34497
239443	27101	71950	444653	389534	177764	66382
1023838	144629	86574	1583216	1740694	477351	365907
935499	202794	79944	1446918	1747243	430211	281750
433867	93139	97231	661312	955321	188407	168906
4129257	665042	215573	7111871	1892715	1661880	266033
281733	45539	13521	474219	535604	133959	80697
1696915	269061	216727	2724407	4057437	873504	892947
5623318	1068175	576687	9332739	11553092	3200026	2307227
323625	49062	18898	432799	699490	86256	167156
16492	4029	6271	46287	145995	25818	36947
17008	2398	64050	31480	20661	11461	3646
29009	10105	17413	33716	36328	3036	5167
1206411	247305	37511	1531775	143040	289137	10644
357373	67966	6554	442859	44535	74596	6207
179462	45013	4622	201468	64412	14771	5236

1-9 规模以上大中型工

项　　目	企业单位数（个）	亏损企业	工业总产值（当年价格）	工业销售产值（当年价格）	出口交货值
总　　计	**10724**	**1303**	**787493493**	**765742592**	**256765625**
在总计中：亏损企业	1303	1303	41672097	40518245	16619880
一、按企业控股情况分组					
国有控股企业	465	100	158606069	153353043	14196238
二、按轻重工分组					
轻工业	5908	717	276935872	268666500	85806162
重工业	4816	586	510557621	497076092	170959463
三、按企业规模分组					
大型企业	1481	107	496609237	483468718	178372032
中型企业	9243	1196	290884255	282273874	78393592
四、按工业行业大类分组					
煤炭开采和洗选业					
石油和天然气开采业	2		6310531	6299684	168157
黑色金属矿采选业	6		673504	619643	
有色金属矿采选业	11	3	1112119	1061696	
非金属矿采选业	13	1	485998	453971	1080
开采辅助活动	1		59235	59235	
其他采矿业					
农副食品加工业	159	25	13459329	12344340	1220751
食品制造业	147	9	11815037	12266968	542426
酒、饮料和精制茶制造业	65	7	7510116	7319980	80063
烟草制品业	7		3973263	4944108	34461
纺织业	359	36	13202149	12824281	4461591
纺织服装、服饰业	912	106	19146118	18581660	5793696
皮革、毛皮、羽毛及其制品和制鞋业	599	82	13267159	13016471	6284806
木材加工和木、竹、藤、棕、草制品业	70	4	2116677	2008841	281042
家具制造业	315	44	9361316	9198515	3495840
造纸和纸制品业	186	22	9106959	8684970	1288670
印刷和记录媒介复制业	190	30	5856361	5659224	1853963
文教、工美、体育和娱乐用品制造业	661	86	26389301	25334530	10001031
石油加工、炼焦和核燃料加工业	13	4	30803079	30370319	21913
化学原料和化学制品制造业	214	17	26150014	25054628	2648192
医药制造业	116	10	8191732	7690365	623534
化学纤维制造业	13	2	841035	819912	151281
橡胶和塑料制品业	659	82	20224285	19700566	7431784
非金属矿物制品业	518	50	21693863	20778084	3038952
黑色金属冶炼和压延加工业	98	11	15464894	15138476	1024361
有色金属冶炼和压延加工业	114	11	18945899	18545376	1196618
金属制品业	695	56	25405082	24800926	8135131
通用设备制造业	328	38	22935270	22175666	9786845
专用设备制造业	285	30	10192078	9775606	3378613
汽车制造业	230	18	42067859	41630178	3157073
铁路、船舶、航空航天和其他运输设备制造业	125	17	9192660	8920018	3789432
电气机械和器材制造业	1218	142	85788271	82687376	30662030
计算机、通信和其他电子设备制造业	1947	282	236689832	228747771	141534153
仪器仪表制造业	180	25	5560521	5293433	2877762
其他制造业	60	9	1161221	1114041	637354
废弃资源综合利用业	31	1	3378430	3313729	
金属制品、机械和设备修理业	11	1	720079	721193	362591
电力、热力生产和供应业	116	28	53890980	53487486	377523
燃气生产和供应业	11	1	2591232	2593558	106251
水的生产和供应业	39	13	1760008	1705770	316656

业企业主要经济指标

单位：万元

工业增加值（当年价格）	资产总计	流动资产合计					固定资产合计	固定资产原价
			应收账款	存货				
					产成品	在产品		
198059272	**602907378**	**345432282**	**101345941**	**82042714**	**27161477**	**10899383**	**174671161**	**304890487**
8763621	44596198	26585147	7387927	7699607	2457349	1131726	13299044	22366069
47445402	164243290	63917419	10197430	14693261	3232900	2694301	70002101	117858896
71831310	201797470	131772809	30142836	33784385	13589323	3477577	44788122	80150722
126227962	401109908	213659473	71203104	48258329	13572154	7421806	129883039	224739765
126290929	378143234	213863323	64102728	47157190	15642381	6334596	107894006	186770963
71768343	224764145	131568960	37243212	34885524	11519096	4564787	66777155	118119524
5296893	6925870	468150	69539	313028	53579		2912623	6229989
317720	768403	416589	27759	46420	29857	3947	225900	229656
314268	559477	295846	166239	24544	13388		151022	322547
172209	402374	160042	36008	20343	8295	3067	82008	119636
34543	41449	28859	28358	462			11482	30265
2491934	9558173	7350717	853600	1257671	627725	54400	1340472	2009116
4361070	8579200	5382906	718704	878953	360588	54515	2140732	3436117
2227117	5392166	2945311	737082	556787	169251	40017	1664755	3308586
2943100	4445127	3313010	180164	2228767	120152		578882	1194085
3178822	7549285	4413184	1022883	1681979	474535	170724	2610208	5157928
5862439	10167756	7032032	1717053	2271523	969685	330190	2371446	4206580
3934406	7646467	5474682	1978195	1602088	423469	253652	1481937	3263059
500975	1639829	899778	177568	203299	80865	38638	414268	550168
2472246	6346569	3915576	836706	1360314	426567	183315	1292982	2187132
2017451	11931973	5284630	1352512	1211966	408505	86678	5392210	8001575
1739545	5567827	3241585	1123835	604932	213295	96803	1444504	2793781
5239093	13177549	10183201	2435814	4738435	2412655	498969	2010315	3557900
8035219	10200515	4617878	575949	3011897	343241	132711	4285583	8545184
7178014	17796150	10180519	2557736	2049195	829916	116842	5390335	10105480
2618974	10659709	6364343	1099137	1161262	521101	133839	2027354	3243751
223993	866574	408561	93479	83956	46263	10259	336749	791203
5154169	14532275	8435583	2644791	2322380	757890	313657	4473302	7258507
5821519	18653204	8680482	1639070	2445248	1096567	178645	7557160	13617385
2693633	11619084	4686515	684554	1625333	449401	124116	5373829	8889694
3416269	12815718	6617912	1429594	1941120	601125	229750	5199298	8446406
6294255	15486392	9029564	2784745	2476201	687680	437794	4651319	7987685
4964328	16444144	11933610	4256003	2953295	1084948	460659	3015801	5575415
3133637	11719128	7080375	2164153	1879120	505231	427520	2843578	4822320
11887358	31224266	19854289	8310695	2675074	958581	313767	7422271	12937187
2186340	11861537	6861135	1247066	1304978	217307	292184	2346362	3610766
19127835	70206249	48044800	12318353	10086660	4653131	1291527	12396882	22637349
53169253	154605986	112434728	42372116	24166370	7104707	4385195	27594255	49103784
1638906	4702294	3188474	1082548	959089	310248	105233	869228	1505483
314537	646078	380243	113945	129249	41471	22576	186200	280711
797775	1266980	687680	98107	225527	83237	68354	363855	2200498
165967	833370	506900	209983	94882	9756	14451	284457	407075
14546218	75065171	11739046	1846616	1335022	26990	22277	46962138	78588436
738147	2969460	750134	75461	79807	30050	3115	1466682	1837276
849095	8033607	2143414	279822	35540	10227		3498780	5900775

1-9 续表1

项　　目	累计折旧	本年折旧	负债合计	流动负债合计	应付账款
总　　计	**140496014**	**23980258**	**348998304**	**289411266**	**108379619**
在总计中：亏损企业	9603361	1667725	33924985	28867970	9601747
一、按企业控股情况分组					
国有控股企业	51687956	7377823	96025805	66644207	21304281
二、按轻重工分组					
轻工业	38224448	6226416	110925789	98490976	35393366
重工业	102271566	17753842	238072515	190920291	72986253
三、按企业规模分组					
大型企业	83877256	15442941	221676484	184566399	73288933
中型企业	56618758	8537317	127321820	104844868	35090685
四、按工业行业大类分组					
煤炭开采和洗选业					
石油和天然气开采业	3734598	1005986	6925870	5237364	770469
黑色金属矿采选业	109815	22141	370266	197314	26689
有色金属矿采选业	179256	14684	360091	282929	23205
非金属矿采选业	37959	18542	124493	103196	23478
开采辅助活动	18783	2379	41449	41353	11276
其他采矿业					
农副食品加工业	861757	162341	7004863	6501072	884223
食品制造业	1364647	321809	3732348	3541534	1048535
酒、饮料和精制茶制造业	1747163	211360	2698981	2353223	755026
烟草制品业	615203	59735	1330425	1330425	774475
纺织业	2672505	410943	3714991	3277788	1104427
纺织服装、服饰业	2057207	304656	5129310	4588009	1576418
皮革、毛皮、羽毛及其制品和制鞋业	1827226	278196	3839568	3527545	1649012
木材加工和木、竹、藤、棕、草制品业	204448	43236	920770	817183	94445
家具制造业	998344	159917	3304202	2981568	881696
造纸和纸制品业	2998191	449226	6434193	4641352	1366933
印刷和记录媒介复制业	1416267	200231	2681416	2417516	905738
文教、工美、体育和娱乐用品制造业	1685038	244954	7171091	6034451	2446975
石油加工、炼焦和核燃料加工业	4481570	479663	7586925	7399657	2950513
化学原料和化学制品制造业	4969552	846502	8471774	7194931	2265686
医药制造业	1315502	192288	4092491	3123152	425700
化学纤维制造业	424926	58478	407436	318964	92878
橡胶和塑料制品业	3422134	537531	7025164	6179638	2485126
非金属矿物制品业	6202441	1098664	10590063	8554628	2160971
黑色金属冶炼和压延加工业	3919714	688330	8258452	7097634	1441793
有色金属冶炼和压延加工业	3599762	797946	8950709	7540475	1852302
金属制品业	3730329	630112	7886804	6734466	2006194
通用设备制造业	2726355	424518	8946087	8517676	3839095
专用设备制造业	2058583	425665	5817235	4910980	1775940
汽车制造业	5787130	1054087	18342713	16917226	7078963
铁路、船舶、航空航天和其他运输设备制造业	1363625	258502	7587551	5877600	1533344
电气机械和器材制造业	10823126	2138523	43727428	40144315	15378152
计算机、通信和其他电子设备制造业	22565765	5198845	96683547	86588036	41984873
仪器仪表制造业	664613	108972	2197913	1987289	1003919
其他制造业	108788	22271	366279	352138	134227
废弃资源综合利用业	1870415	223494	673555	625651	199569
金属制品、机械和设备修理业	129354	18975	557973	362459	128346
电力、热力生产和供应业	34545939	4570275	38990277	18562029	4787732
燃气生产和供应业	448521	72908	1735502	1054722	290731
水的生产和供应业	2809463	223376	4318100	1493783	220546

单位：万元

非流动负债合计	所有者权益合计	实收资本	国家资本	集体资本	法人资本	个人资本	港澳台资本
54637228	**253088567**	**119541504**	**18379096**	**1099866**	**36752739**	**10733887**	**26561321**
4305473	10632572	13424809	1324432	166045	3326435	552422	3851060
29374353	68186401	36199145	17687512	324092	14910865	859556	471207
10692144	90441614	38603944	1753274	571234	9369356	4961582	12895051
43945084	162646953	80937560	16625822	528633	27383383	5772304	13666271
35603136	156046150	66796450	12557779	287806	21950413	4725858	12817510
19034092	97042417	52745055	5821317	812060	14802326	6008029	13743811
1688507							
172952	398137	92503	2700		87375	2428	
72762	199386	58150	12084	35076	9731	1259	
18776	276174	93654	6580	1469	79910	5696	
97							
375582	2527770	924914	20560	22087	501470	140832	113227
178178	4843712	1400825	24773	17186	394800	203431	385744
355061	2673846	1321531	17883	2696	361051	108361	365982
	3114702	1406437	31480	4000	1370957		
308947	3812870	2527637	19687	10706	309650	268276	1246015
410803	5051508	2466354	5989	9072	494922	353663	1079465
182391	3798058	2001162	1976	47723	203858	78936	908914
85129	718058	445543	2800	7291	114142	33618	270531
247527	3031780	1566618		12501	292474	438892	495392
1651164	5493154	3664255	724044	176634	487805	162676	1229049
191791	2867512	1520432	28526	5392	263135	197401	807935
1041356	5937187	2882120	108220	19695	492596	289353	1394340
187267	2622648	3085927	2984261	4520	40624	16600	1785
1083990	9324641	4394833	794904	74511	542790	719447	921912
953043	6565717	1976810	67239	42012	848902	494788	280111
38996	459138	261698	30637	8876	56483	53107	59225
690539	7490808	3966096	58390	31995	946757	250022	1596463
1308314	8058106	3886611	220682	70111	1243634	564659	1269725
795862	3353780	1948953	11700	1536	984564	137637	259077
1220310	3855058	1800158	131970	5671	532105	238311	749467
573267	7509620	3392899	64477	5681	1000336	381541	1288139
393869	7342853	2739043	3902	33582	822539	325938	564492
758319	5888913	2623623	13355	64100	453835	538379	576198
1365428	12871182	5196954	163754	13267	1610065	104878	400656
1602563	4265672	2803805	1676720	6160	634787	123497	195721
3071937	26367360	9148216	170724	90389	2689769	1919680	2150487
9259668	57725361	27068653	407708	84944	9335259	2127706	7271458
191393	2495633	1099396	6826	2462	211915	127063	371467
13939	278398	171777	2367		29725	34580	70427
38842	573902	69613		5700	35233	25854	2826
195514	275397	199006	98799	52229	100	2234	2664
20420208	36071065	19143058	9782463	20400	8653503	172782	203189
671297	1233957	765732	246886		371819	200	29235
2821644	3715506	1426510	434031	110192	244121	90162	2

1-9 续表2

项目	外商资本	营业收入	主营业务收入	营业成本	主营业务成本
总计	**25333012**	**774167063**	**763068810**	**651929154**	**641638685**
在总计中：亏损企业	4137554	41138179	40043047	38352248	37302021
一、按企业控股情况分组					
国有控股企业	1707090	158058572	154429398	131606394	128002447
二、按轻重工分组					
轻工业	8736953	276382418	270665588	224938918	219265908
重工业	16596059	497784645	492403222	426990236	422372777
三、按企业规模分组					
大型企业	14186316	491255184	483104790	411041098	403464015
中型企业	11146696	282911879	279964020	240888056	238174670
四、按工业行业大类分组					
煤炭开采和洗选业					
石油和天然气开采业		6767056	6766074	3903002	3903017
黑色金属矿采选业		572138	564639	321270	317350
有色金属矿采选业		1047380	1043724	841093	838609
非金属矿采选业		444505	432949	321237	309707
开采辅助活动		59235	59235	34993	34993
其他采矿业					
农副食品加工业	86238	12973858	12761515	11758573	11547961
食品制造业	367646	12364829	12257232	6991098	6950886
酒、饮料和精制茶制造业	465558	7173967	7073577	4669412	4586627
烟草制品业		4985533	3741170	2385874	1171855
纺织业	632706	12833298	12763657	11250494	11152152
纺织服装、服饰业	472951	18323455	18422413	15412811	15260186
皮革、毛皮、羽毛及其制品和制鞋业	760984	13033134	12970005	11345201	11278186
木材加工和木、竹、藤、棕、草制品业	17162	2029507	2012606	1687868	1674461
家具制造业	303049	9240281	9206288	7867063	7823163
造纸和纸制品业	794075	8675093	8331041	7584473	7288525
印刷和记录媒介复制业	218044	5590383	5531720	4582211	4560285
文教、工美、体育和娱乐用品制造业	577417	25915851	25746834	23557431	23387552
石油加工、炼焦和核燃料加工业	38137	30855640	30410565	26671997	26202870
化学原料和化学制品制造业	1341269	25469716	25255366	18802317	18628714
医药制造业	235681	7652953	7603902	4907218	4881096
化学纤维制造业	53370	823868	819697	688344	684705
橡胶和塑料制品业	1042213	19968758	19774019	17116463	16952116
非金属矿物制品业	500230	20623316	20427791	17394514	17223975
黑色金属冶炼和压延加工业	554440	14947226	14785597	13830965	13707866
有色金属冶炼和压延加工业	142634	18406848	18272873	17152387	17027565
金属制品业	635138	24526979	24318796	20988721	20838759
通用设备制造业	988590	22659463	22121688	19535345	19008856
专用设备制造业	968755	9779732	9641341	7587487	7488440
汽车制造业	2890337	42825600	42138176	33773351	33261814
铁路、船舶、航空航天和其他运输设备制造业	166919	8930053	8724898	7820737	7647277
电气机械和器材制造业	2098473	87298369	85372789	72400671	70573238
计算机、通信和其他电子设备制造业	7779769	228481420	225434320	197949572	195320423
仪器仪表制造业	378163	5364467	5287169	4333983	4289300
其他制造业	34678	1124733	1122255	956861	956017
废弃资源综合利用业		3437999	3375084	3043621	2981523
金属制品、机械和设备修理业	42979	714903	701993	632320	623257
电力、热力生产和供应业	79815	53915018	53562512	48567484	48033001
燃气生产和供应业	117592	2623935	2546953	2159876	2133287
水的生产和供应业	548002	1706566	1686348	1100818	1089074

单位：万元

营业税金及附加	主营业务税金及附加	销售费用	管理费用	税金	财务费用	利息收入	利息支出
10087245	**10032942**	**29204686**	**33985030**	**1316313**	**4954682**	**1384435**	**5489274**
687327	685105	1282133	2516153	85543	541329	64163	542956
6599511	6574348	6221050	4678431	319459	1770301	368208	2236321
3304370	3283507	17507397	12895749	578123	1312803	616274	1559966
6782876	6749435	11697289	21089281	738190	3641879	768161	3929308
7584820	7548487	21844482	20641694	811565	2490261	949939	2940827
2502425	2484455	7360204	13343336	504748	2464421	434497	2548446
505601	505601	10234	138365	32814	61001	476	
13704	13704	24573	41331	875	19128	107	13878
9464	9392	6564	34847	1319	4664	364	3464
5701	5701	26953	38482	1443	3282	100	1196
1318	1318	4018	1651		5	1	
22469	22246	246480	280756	16139	121667	21213	127999
104379	104175	2535294	651946	22651	-24549	63959	34169
177855	173515	1502419	327017	16010	21225	14252	36982
1842293	1842293	105269	236102	8414	6969	1086	7942
49356	48935	258900	449846	22226	66224	16072	69484
101139	99829	677917	944459	26497	104369	15377	77380
69118	68393	341375	748317	29587	60837	11487	41858
12360	12322	66620	81591	3748	8822	-242	22322
44884	44567	340949	471683	14931	62530	4270	55974
24791	24720	242061	323277	18216	140349	17089	180220
25223	25120	172633	338479	13754	47336	9211	41924
72231	71817	386801	985854	25962	133260	41010	134725
3126894	3126542	56137	379439	10588	36461	11421	73734
171638	168300	2905404	1290979	39778	83380	51669	146005
53849	52691	991781	549677	14459	39033	55602	90726
3828	3828	11703	37657	1674	7519	1698	9688
102647	101884	479115	1067152	33095	131138	21222	94282
112929	112366	577884	965484	61319	190709	18521	183734
47652	47572	156237	232355	23906	181852	12862	206454
38790	38774	181603	349246	38402	204875	22036	203128
145902	144696	582812	1085602	54684	148330	27892	125138
98578	98250	662363	1110925	31302	38581	44430	72016
57167	55754	454924	808292	18540	71880	17445	76516
1360107	1347984	1746610	2048200	87293	-3994	20614	123610
80684	79526	161925	546019	20736	32989	71126	104003
372509	365641	5582485	3935614	150353	399658	264316	484899
902995	893734	7084277	12056503	393432	977801	405993	907557
27770	27722	205986	386298	9120	31015	11849	24881
4933	4933	22059	65181	1099	9261	481	6285
9012	9012	14638	36484	2589	412	5387	9795
1521	1521	9815	32324	1235	8031	1398	12612
256557	249931	219513	637498	57633	1350638	83852	1450671
10916	10636	51186	49056	2499	21414	10324	36873
18485	18001	97172	221044	7993	156580	8464	197152

1-9 续表3

项　　目	营业利润	投资收益	营业外收入	补贴收入	营业外支出
总　　计	**48527891**	**2097333**	**2875902**	**1065383**	**1815658**
在总计中：亏损企业	−2171799	−31746	152246	9623	151156
一、按企业控股情况分组					
国有控股企业	9183969	1266973	1084653	629414	294240
二、按轻重工分组					
轻工业	18504703	982681	827857	191495	532540
重工业	30023188	1114652	2048046	873888	1283117
三、按企业规模分组					
大型企业	30742317	1982596	1819038	632847	1024472
中型企业	17785575	114737	1056865	432537	791185
四、按工业行业大类分组					
煤炭开采和洗选业					
石油和天然气开采业	2136877		34224	20848	15535
黑色金属矿采选业	157293		126		2170
有色金属矿采选业	135067		3812	288	1599
非金属矿采选业	52698	−26655	2199	1379	3512
开采辅助活动	21267		37		54
其他采矿业					
农副食品加工业	698727	31358	21061	6943	31589
食品制造业	2044799	11861	49158	19423	62682
酒、饮料和精制茶制造业	638734	16814	25601	13613	16154
烟草制品业	462082	26528	946	2	5849
纺织业	795795	14279	25074	2860	20830
纺织服装、服饰业	1176146	7535	19957	5690	21006
皮革、毛皮、羽毛及其制品和制鞋业	536120	29970	85598	3451	29394
木材加工和木、竹、藤、棕、草制品业	163845	62	30673	1392	12738
家具制造业	493527	−6209	20208	2828	16616
造纸和纸制品业	377057	−2729	25892	1988	12988
印刷和记录媒介复制业	445476	40128	17390	6157	8819
文教、工美、体育和娱乐用品制造业	822175	229	40605	9638	24504
石油加工、炼焦和核燃料加工业	613158	−13838	10080	3444	128046
化学原料和化学制品制造业	2302451	18509	40579	8496	30094
医药制造业	1093470	−40048	49744	14933	14522
化学纤维制造业	73501	83	3975	2101	929
橡胶和塑料制品业	1143591	49990	41019	10104	27525
非金属矿物制品业	1590066	68749	75287	36324	89045
黑色金属冶炼和压延加工业	608700	19996	22286	6347	29437
有色金属冶炼和压延加工业	974648	13831	58054	19750	284145
金属制品业	1774732	24053	45115	6283	25683
通用设备制造业	1233962	−1490	117751	50872	53163
专用设备制造业	866014	26840	74962	29906	30638
汽车制造业	3984628	50566	85786	38512	41105
铁路、船舶、航空航天和其他运输设备制造业	297813	64090	86535	39574	34016
电气机械和器材制造业	5644589	684053	245286	66194	150589
计算机、通信和其他电子设备制造业	9672282	514238	1211318	484329	446648
仪器仪表制造业	383749	23954	31834	11961	7429
其他制造业	58473	155	1350	768	2020
废弃资源综合利用业	359027	−10544	4221	3295	6504
金属制品、机械和设备修理业	31771	−41	6736	3	450
电力、热力生产和供应业	4094282	396347	233052	135577	119971
燃气生产和供应业	354484	23109	3682		2391
水的生产和供应业	214815	41563	24690	114	5269

单位：万元

利润总额	应交所得税	亏损企业 亏损总额	利税总额	本年应付 职工薪酬	本年应 交增值税	全部从业人员 年平均人数 （人）
49502327	**8256605**	**2182524**	**86276659**	**57249079**	**26687087**	**10777858**
-2182524	10983	2182524	-183325	5139578	1311873	1120533
9922443	1810961	405937	26123793	7945316	9601839	739753
18744431	3068141	689003	30968953	25000421	8920152	5484666
30757896	5188464	1493521	55307706	32248658	17766935	5293192
31475256	5454359	1053454	57614357	32406153	18554281	5085548
18027071	2802246	1129070	28662301	24842926	8132805	5692310
2155566	547766		3020663	73340	359497	4254
155249	26792		227911	24246	58958	4411
137281	16674	4649	197065	51167	50320	6617
51385	9934	255	79454	50623	22368	8296
21250	496		22749	9417	181	610
688059	93582	51630	985087	415302	274560	94201
2032353	327218	8280	2968987	849210	832256	136642
648298	154188	36771	1219880	470460	393726	64794
430649	113727		2668596	210368	395654	7348
811075	159863	30119	1144579	1252870	284148	275538
1173385	243371	45044	1781182	2862377	506658	689679
581847	92553	30279	999509	2363107	348544	663714
181780	16868	5431	270989	143039	76848	34939
483726	73529	31631	804006	993925	275396	226975
390082	72017	36459	632361	556262	217488	122915
454036	86435	26434	655340	706369	176081	160060
835413	132375	43202	1293694	2649763	386050	683085
495193	103442	57130	6892054	304592	3269968	20372
2312587	482432	29828	3774639	1142188	1290414	155915
1124690	162416	19659	1585348	532525	406810	83690
76547	14903	9768	103092	48573	22717	8735
1153524	192054	87153	1696484	2376806	440313	540143
1574836	167319	60525	2347943	1694308	660178	385476
601549	44385	20329	983528	392431	334328	73296
734645	46690	133712	1218311	606550	444877	108493
1794195	205890	49822	2601991	2281701	661894	480827
1298435	233688	41085	1906087	1943845	509074	321309
907779	152995	74058	1223828	1246371	258882	206720
4028225	640646	199052	7030341	1928350	1642009	272573
344612	58564	63798	608480	865279	183184	121869
5735351	760335	181095	8565665	6947112	2457805	1425148
10430406	1799967	645925	18147579	16794061	6814179	2915996
408150	58773	21535	552407	801330	116487	183743
57780	8775	5619	95482	152755	32769	37517
356745	20058	9	428467	94825	62710	18544
38056	12650	17413	44623	52812	5046	7333
4207268	804202	96261	6740837	3019564	2277012	191349
355775	64532	606	441223	81254	74532	7032
234548	54504	17963	316202	260005	63169	27700

1-10 规模以下工业企业主要经济指标

单位：万元

项　　目	企业数（个）	主营业务收　入	主营业务税金及附加	资产总计	实收资本	从业人员期末人数（人）
总　　计	**270648**	**111191939**	**2076406**	**139515322**	**53314601**	**6680566**
一、按登记注册类型分组						
内资企业	253443	96155482	1875704	110216727	37746901	5575203
国有企业	1111	710152	23935	5129127	915780	46409
集体企业	3026	1060396	28437	1620980	573655	110314
股份合作企业	1732	703013	19141	848634	317279	38355
联营企业	1323	481998	14351	635242	295744	36239
有限责任公司	53970	22722456	409494	33446976	11288746	1239488
股份有限公司	3127	1912026	52071	3108481	1116584	85479
私营企业	177622	64347326	1218673	61051635	20900837	3763320
其他企业	11532	4218115	109603	4375653	2338276	255599
港、澳、台商投资企业	13604	11753093	156830	21725788	11268599	892459
外商投资企业	3601	3283364	43871	7572807	4299100	212904
二、按企业控股情况分组						
国有控股	1847	1515773	53376	8711233	1994128	73780
三、按轻重工分组						
轻工业	139318	57028440	1022259	62793743	22880396	3648408
重工业	131330	54163499	1054146	76721579	30434204	3032158
四、按企业规模分组						
大型企业	8	1082798	3770	1364218	124252	16537
中型企业	415	3429119	36269	3742144	1123755	273530
小微型企业	270225	106680023	2036367	134408961	52066593	6390499
五、按工业行业大中小类分组						
采矿业	**2466**	**1477331**	**60889**	**4624221**	**1836720**	**48397**
煤炭开采和洗选业	34	14788	948	26376	20990	608
烟煤和无烟煤开采洗选	15	6989	317	19210	16064	403
褐煤开采洗选	1	23	1	20	10	5
其他煤炭采选	18	7776	630	7146	4917	200
石油和天然气开采业	6	1883	99	2339956	852283	403
石油开采	4	49		11	11	79
天然气开采	2	1834	99	2339945	852272	324
黑色金属矿采选业	302	195219	8116	357869	90392	7889
铁矿采选	260	179003	7198	345555	85269	7270
锰矿、铬矿采选	5	1093	80	2455	215	76
其他黑色金属矿采选	37	15123	839	9858	4907	543
有色金属矿采选业	206	84123	7499	366148	214497	3782
常用有色金属矿采选	154	59335	3741	129582	91559	2392
铜矿采选	14	8490	270	6942	6360	285
铅锌矿采选	63	21969	1645	75552	62872	1183
镍钴矿采选						
锡矿采选	7	2		864	650	68
锑矿采选	4	1287	10	2248	600	122
铝矿采选	1	20	6	16615	4750	16
镁矿采选						
其他常用有色金属矿采选	65	27567	1812	27361	16327	718

1-10 续表1　　单位：万元

项　　目	企业数（个）	主营业务收　入	主营业务税金及附加	资产总计	实收资本	从业人员期末人数（人）
贵金属矿采选	18	10163	322	87106	50139	579
金矿采选	6	3908	146	33853	3187	272
银矿采选	7	2138	106	48534	45399	210
其他贵金属矿采选	5	4117	70	4719	1554	97
稀有稀土金属矿采选	34	14626	3435	149460	72798	811
钨钼矿采选	4	1904	41	111905	51802	132
稀土金属矿采选	20	7747	3263	30643	16490	497
放射性金属矿采选						
其他稀有金属矿采选	10	4974	131	6912	4506	182
非金属矿采选业	1774	1088074	42028	1432899	591835	33581
土砂石开采	1554	1003161	38434	1284805	542595	29446
石灰石、石膏开采	214	108233	6393	131022	72859	4058
建筑装饰用石开采	400	256263	8436	324445	109849	8272
耐火土石开采	31	14244	402	18589	6922	472
粘土及其他土砂石开采	909	624421	23203	810749	352965	16644
化学矿开采	9	6452	719	19238	14383	179
采盐	20	5703	90	16561	3553	895
石棉及其他非金属矿采选	191	72758	2786	112295	31303	3061
石棉、云母矿采选	3	2282	34	1753	398	93
石墨、滑石采选	5	281	5	585	115	63
宝石、玉石采选	7	1447	21	1657	820	189
其他未列明非金属矿采选	176	68747	2726	108300	29971	2716
开采辅助活动	48	57524	506	15401	9472	937
煤炭开采和洗选辅助活动	5	3704	140	1438	647	45
石油和天然气开采辅助活动	15	42288	147	5812	5741	656
其他开采辅助活动	28	11532	218	8151	3083	236
其他采矿业	96	35719	1693	85571	57252	1197
制造业	**260669**	**107370660**	**1922364**	**124259686**	**47876436**	**6536278**
农副食品加工业	4146	1593658	36311	1773095	667359	70740
谷物磨制	516	224487	4436	157844	62673	6615
饲料加工	351	217449	2246	228319	84636	6534
植物油加工	414	159536	4955	212880	84947	4882
食用植物油加工	380	148810	4693	184738	71400	4497
非食用植物油加工	34	10726	263	28142	13547	385
制糖业	90	31072	692	48238	27562	1739
屠宰及肉类加工	946	342197	9728	371796	112040	18199
牲畜屠宰	356	184048	6681	165978	55369	8491
禽类屠宰	40	18869	357	37961	9917	1038
肉制品及副产品加工	550	139280	2690	167857	46753	8670
水产品加工	584	224219	4538	295571	124327	11186
水产品冷冻加工	326	111007	2888	171491	75932	6537
鱼糜制品及水产品干腌制加工	102	32621	574	25826	13627	1936
水产饲料制造	64	45376	391	48515	11525	1124
鱼油提取及制品制造	6	746	18	4852	1586	56
其他水产品加工	86	34468	667	44887	21657	1533

1-10 续表2

单位：万元

项　　目	企业数（个）	主营业务收　入	主营业务税金及附加	资产总计	实收资本	从业人员期末人数（人）
蔬菜、水果和坚果加工	492	167949	4211	129851	60581	9826
蔬菜加工	236	88909	2541	60054	24757	4184
水果和坚果加工	256	79040	1671	69797	35824	5642
其他农副食品加工	753	226748	5505	328597	110592	11759
淀粉及淀粉制品制造	109	29215	459	89650	37554	1519
豆制品制造	281	73079	1541	112898	24723	4687
蛋品加工	61	15649	116	10530	2506	668
其他未列明农副食品加工	302	108805	3389	115519	45808	4885
食品制造业	4532	1601177	51332	1963349	1035221	88999
焙烤食品制造	1483	481942	12735	458480	199536	30260
糕点、面包制造	1006	282193	8537	251966	102325	20032
饼干及其他焙烤食品制造	477	199748	4198	206514	97211	10228
糖果、巧克力及蜜饯制造	977	339605	9043	227700	112325	18816
糖果、巧克力制造	608	216259	5299	151493	78845	11423
蜜饯制作	369	123345	3744	76207	33479	7393
方便食品制造	521	202781	4595	243992	132978	10930
米、面制品制造	254	71955	1746	74941	46913	4449
速冻食品制造	94	25878	381	42485	10837	1945
方便面及其他方便食品制造	173	104948	2468	126566	75228	4536
乳制品制造	41	16969	231	65617	25150	1057
罐头食品制造	118	56892	910	66856	17837	3181
肉、禽类罐头制造	22	6884	97	2159	968	411
水产品罐头制造	13	6468	235	6409	4131	358
蔬菜、水果罐头制造	52	27678	353	24387	7989	1645
其他罐头食品制造	31	15862	225	33901	4749	767
调味品、发酵制品制造	469	159120	14357	401858	98100	8511
味精制造	30	9053	67	18593	15707	492
酱油、食醋及类似制品制造	226	74171	13081	322202	52904	4069
其他调味品、发酵制品制造	213	75895	1209	61062	29489	3950
其他食品制造	923	343869	9461	498846	449296	16244
营养食品制造	59	23153	327	33320	26781	1051
保健食品制造	152	77401	3122	122826	289081	3772
冷冻饮品及食用冰制造	169	51073	1231	66360	26530	2914
盐加工	16	15740	362	70389	10271	406
食品及饲料添加剂制造	190	82655	2472	111573	56619	3157
其他未列明食品制造	337	93847	1948	94377	40013	4944
酒、饮料和精制茶制造业	1465	466226	13873	856503	376001	27183
酒的制造	437	153576	5823	312488	133828	7964
酒精制造	25	2824	56	7692	1323	264
白酒制造	289	105100	4349	118197	58157	4806
啤酒制造	4	2161	165	8343	4250	211
黄酒制造	25	8099	203	129426	43153	475
葡萄酒制造	20	6121	189	9177	6788	341
其他酒制造	74	29271	862	39653	20158	1867
饮料制造	818	258731	6672	436229	185941	15838

1-10 续表3　　单位：万元

项　　目	企业数（个）	主营业务收　入	主营业务税金及附加	资产总计	实收资本	从业人员期末人数（人）
碳酸饮料制造	82	25316	827	32451	13786	1648
瓶（罐）装饮用水制造	471	134800	3408	167869	84721	8507
果菜汁及果菜汁饮料制造	56	22669	382	22833	13401	1284
含乳饮料和植物蛋白饮料制造	16	3734	87	4583	9046	213
固体饮料制造	92	38542	655	35343	17006	1337
茶饮料及其他饮料制造	101	33671	1313	173150	47982	2849
精制茶加工	210	53918	1377	107787	56232	3381
烟草制品业	26	13095	319	22595	7630	1101
烟叶复烤	2	1785	80	2055	315	96
卷烟制造	8	4744	81	12591	4950	142
其他烟草制品制造	16	6567	159	7950	2366	863
纺织业	6695	3034019	54231	3213043	1258280	174478
棉纺织及印染精加工	1561	775347	14277	1091282	398773	40438
棉纺纱加工	616	279251	5366	477927	132897	13089
棉织造加工	593	297015	6046	344642	125488	14776
棉印染精加工	352	199081	2865	268714	140388	12573
毛纺织及染整精加工	572	249412	5991	233885	108606	18584
毛条和毛纱线加工	153	57153	968	74726	30248	3316
毛织造加工	336	162626	4137	127848	61622	13207
毛染整精加工	83	29633	886	31310	16736	2061
麻纺织及染整精加工	68	29201	624	14774	7321	1554
麻纤维纺前加工和纺纱	28	11958	177	5118	2136	582
麻织造加工	25	12888	412	7149	3514	593
麻染整精加工	15	4355	35	2507	1670	379
丝绢纺织及印染精加工	144	31846	499	53060	25826	2395
缫丝加工	19	5415	76	7853	4804	399
绢纺和丝织加工	27	8862	110	29161	11226	459
丝印染精加工	98	17568	312	16046	9796	1537
化纤织造及印染精加工	339	210605	3323	197507	72465	8818
化纤织造加工	265	181763	2595	160771	46384	6704
化纤织物染整精加工	74	28842	728	36735	26081	2114
针织或钩针编织物及其制品制造	1566	618519	13746	585758	233297	43301
针织或钩针编织物织造	950	385988	9209	345081	147052	26761
针织或钩针编织物印染精加工	284	94683	2119	119331	35663	7608
针织或钩针编织品制造	332	137848	2418	121346	50583	8932
家用纺织制成品制造	1146	600766	8102	609257	212062	29874
床上用品制造	421	310102	3863	341608	87273	10322
毛巾类制品制造	74	23112	276	21981	13382	4218
窗帘、布艺类产品制造	244	106848	1552	69346	33562	6034
其他家用纺织制成品制造	407	160704	2410	176323	77845	9300
非家用纺织制成品制造	1299	518324	7671	427519	199931	29514
非织造布制造	182	97977	1241	70950	35207	4364
绳、索、缆制造	191	55236	1261	57340	20441	3527
纺织带和帘子布制造	532	204275	2956	144948	57690	11097
篷、帆布制造	90	43372	556	51491	23498	3012

1-10 续表4

单位：万元

项目	企业数（个）	主营业务收入	主营业务税金及附加	资产总计	实收资本	从业人员期末人数（人）
其他非家用纺织制成品制造	304	117464	1657	102790	63095	7514
纺织服装、服饰业	17645	7288096	153007	5348645	2584862	570737
机织服装制造	11376	4323867	95904	3122499	1615807	346903
针织或钩针编织服装制造	3103	1763180	32546	1289231	569351	130480
服饰制造	3166	1201048	24557	936915	399703	93354
皮革、毛皮、羽毛及其制品和制鞋业	10614	5680871	88754	3576119	1425956	408000
皮革鞣制加工	439	365213	5426	396825	110166	14020
皮革制品制造	5092	2175271	33600	1491646	636321	191287
皮革服装制造	317	119636	2043	93733	36841	9828
皮箱、包（袋）制造	3315	1468939	20409	923097	397847	134624
皮手套及皮装饰制品制造	345	203926	3673	185161	82699	14914
其他皮革制品制造	1115	382770	7474	289655	118934	31921
毛皮鞣制及制品加工	174	66971	1994	59446	23920	11070
毛皮鞣制加工	18	9098	54	7833	2376	548
毛皮服装加工	105	41876	1669	44133	17818	9448
其他毛皮制品加工	51	15998	271	7480	3726	1074
羽毛(绒)加工及制品制造	96	33549	846	35173	28670	1278
羽毛（绒）加工	50	17189	558	20371	17313	542
羽毛（绒）制品加工	46	16361	287	14802	11357	736
制鞋业	4813	3039867	46888	1593029	626879	190345
纺织面料鞋制造	430	171367	2180	85344	35466	11903
皮鞋制造	2202	1609117	25952	763437	292779	97509
塑料鞋制造	709	445891	4860	286731	100702	28054
橡胶鞋制造	288	162535	2571	93688	44498	10129
其他制鞋业	1184	650957	11325	363829	153434	42750
木材加工和木、竹、藤、棕、草制品业	3776	1566541	39340	1492554	559069	85172
木材加工	1343	608750	18380	682357	218463	25285
锯材加工	298	139708	4666	108033	37675	5057
木片加工	393	181804	6011	244977	72481	8192
单板加工	196	65614	1273	67271	28801	4748
其他木材加工	456	221624	6430	262076	79507	7288
人造板制造	509	238053	5622	241662	103483	12337
胶合板制造	203	90277	2276	73417	27720	5037
纤维板制造	66	30394	617	77480	33743	1940
刨花板制造	65	42323	1111	30521	17533	1631
其他人造板制造	175	75059	1618	60244	24487	3729
木制品制造	1584	530402	9371	465930	185535	35358
建筑用木料及木材组件加工	318	86712	1866	77739	34621	5858
木门窗、楼梯制造	262	88624	1484	102031	44601	6930
地板制造	76	22524	453	49379	15764	1526
木制容器制造	221	84320	1919	56602	18183	5059
软木制品及其他木制品制造	707	248222	3650	180179	72365	15985
竹、藤、棕、草等制品制造	340	189335	5967	102606	51589	12192
竹制品制造	253	164167	5535	82041	44258	10375
藤制品制造	48	11692	279	11497	4421	828

1-10 续表5

单位：万元

项　　目	企业数（个）	主营业务收　入	主营业务税金及附加	资产总计	实收资本	从业人员期末人数（人）
棕制品制造	10	6060	60	5678	2006	323
草及其他制品制造	29	7416	92	3390	904	666
家具制造业	8877	3447144	61074	2952778	1228657	228893
木质家具制造	4554	1877437	36688	1793248	730301	128345
竹、藤家具制造	110	42130	867	21031	7252	2990
金属家具制造	1254	503514	8241	371012	177196	28736
塑料家具制造	191	83894	1017	64086	19842	4480
其他家具制造	2768	940169	14261	703401	294066	64342
造纸和纸制品业	9372	4074580	55042	5056956	1277005	186799
纸浆制造	46	20160	349	83225	17144	1041
木竹浆制造	29	16969	145	78797	15004	857
非木竹浆制造	17	3192	204	4428	2140	184
造纸	2316	1658215	15901	2893945	401577	50365
机制纸及纸板制造	1193	1215840	10332	2548278	260015	30147
手工纸制造	88	39937	486	32473	9363	2073
加工纸制造	1035	402438	5083	313194	132199	18145
纸制品制造	7010	2396205	38791	2079786	858284	135393
纸和纸板容器制造	3695	1290026	20733	1090728	472465	73388
其他纸制品制造	3315	1106179	18058	989058	385819	62005
印刷和记录媒介复制业	11268	4231247	79499	4014722	1777363	221752
印刷	10629	4043387	74590	3808110	1669806	210490
书、报刊印刷	666	252047	5446	271533	126103	13805
本册印制	309	103065	2051	132070	51561	6434
包装装潢及其他印刷	9654	3688274	67093	3404507	1492142	190251
装订及印刷相关服务	607	174938	4600	157608	75436	10189
记录媒介复制	32	12922	309	49004	32121	1073
文教、工美、体育和娱乐用品制造业	11199	5477607	77177	12418070	2090209	389081
文教办公用品制造	809	388334	8953	338755	134046	25645
文具制造	555	283973	5917	248030	88708	19328
笔的制造	43	26931	416	24525	10852	2084
教学用模型及教具制造	64	24164	385	18262	7857	1609
墨水、墨汁制造	29	15926	255	10472	3554	625
其他文教办公用品制造	118	37341	1979	37467	23076	1999
乐器制造	252	101970	1637	1843770	50396	8229
中乐器制造	20	12170	197	15907	2880	539
西乐器制造	85	37902	614	1790287	27575	3099
电子乐器制造	49	16180	177	9307	5108	1739
其他乐器及零件制造	98	35719	648	28268	14834	2852
工艺美术品制造	6691	3337731	42479	8591185	1142767	187564
雕塑工艺品制造	666	217270	5244	565131	87255	14636
金属工艺品制造	1755	753320	9236	577178	175503	47823
漆器工艺品制造	109	42809	984	41355	18175	3386
花画工艺品制造	317	123942	2169	122223	55841	8776
天然植物纤维编织工艺品制造	234	139870	4942	98818	41907	9468
抽纱刺绣工艺品制造	574	157761	3987	125957	66268	12005

1-10 续表6 单位：万元

项　　目	企业数（个）	主营业务收入	主营业务税金及附加	资产总计	实收资本	从业人员期末人数（人）
地毯、挂毯制造	91	37786	500	33644	14548	2355
珠宝首饰及有关物品制造	1460	1355325	7288	6606274	487848	50790
其他工艺美术品制造	1485	509649	8128	420604	195421	38325
体育用品制造	785	367464	5053	337417	163382	29344
球类制造	40	18435	320	13173	6025	2385
体育器材及配件制造	352	156487	1983	128012	63580	11767
训练健身器材制造	64	54019	327	39919	30106	2369
运动防护用具制造	135	65438	1422	63907	39095	5568
其他体育用品制造	194	73084	1001	92406	24575	7255
玩具制造	2342	1165299	17446	1171542	551596	130493
游艺器材及娱乐用品制造	320	116809	1609	135401	48022	7806
露天游乐场所游乐设备制造	81	23915	315	53581	10412	1713
游艺用品及室内游艺器材制造	178	66083	662	44650	19002	3779
其他娱乐用品制造	61	26811	632	37171	18609	2314
石油加工、炼焦和核燃料加工业	329	182650	2334	940090	395916	5139
精炼石油产品制造	313	175283	2156	924067	392811	4901
原油加工及石油制品制造	277	166256	2063	908548	381646	4497
人造原油制造	36	9027	92	15519	11165	404
炼焦	10	6418	131	13874	1925	205
核燃料加工	6	950	47	2149	1180	33
化学原料和化学制品制造业	9036	3796329	68084	5190602	2082721	155709
基础化学原料制造	487	261126	4020	480459	164818	7932
无机酸制造	33	22948	314	29283	10454	674
无机碱制造	16	8078	119	82107	25553	181
无机盐制造	31	12515	266	21719	6699	396
有机化学原料制造	151	114147	1397	183294	54733	2743
其他基础化学原料制造	256	103438	1924	164056	67378	3938
肥料制造	273	106224	1942	290143	144608	4417
氮肥制造	13	2806	72	2464	1390	220
磷肥制造	10	3428	83	1764	1047	104
钾肥制造	2	4119	11	1667	505	54
复混肥料制造	66	32946	587	29682	13129	1252
有机肥料及微生物肥料制造	143	45831	1122	81137	36384	1785
其他肥料制造	39	17094	67	173430	92153	1002
农药制造	75	31697	663	51140	31909	1182
化学农药制造	41	25558	536	36106	22393	774
生物化学农药及微生物农药制造	34	6139	127	15034	9516	408
涂料、油墨、颜料及类似产品制造	2433	1123802	18880	1360724	491399	37725
涂料制造	1565	771963	11840	977087	309435	24008
油墨及类似产品制造	356	153382	2532	147666	80581	6393
颜料制造	310	107561	2538	119582	63147	4427
染料制造	76	48346	1226	59649	7810	1021
密封用填料及类似品制造	126	42550	745	56739	30426	1876
合成材料制造	1332	548162	9980	810795	367841	26129
初级形态塑料及合成树脂制造	635	270270	5193	280800	126251	13168

1-10 续表7　　单位：万元

项　　目	企业数（个）	主营业务收　入	主营业务税金及附加	资产总计	实收资本	从业人员期末人数（人）
合成橡胶制造	295	121072	1496	111574	53563	5984
合成纤维单（聚合）体制造	33	19055	247	224978	69390	1235
其他合成材料制造	369	137765	3043	193444	118637	5742
专用化学产品制造	1839	814070	11836	1263790	453486	25494
化学试剂和助剂制造	608	300275	3184	479422	131258	7692
专项化学用品制造	332	153360	2209	198819	79541	5023
林产化学产品制造	70	33582	949	33815	24708	1183
信息化学品制造	93	39317	515	215207	88542	1694
环境污染处理专用药剂材料制造	120	35174	501	92159	22787	1380
动物胶制造	22	6085	118	6210	985	215
其他专用化学产品制造	594	246278	4359	238157	105665	8307
炸药、火工及焰火产品制造	32	15485	495	12748	7426	716
炸药及火工产品制造	3	278	9	266	97	31
焰火、鞭炮产品制造	29	15206	486	12482	7328	685
日用化学产品制造	2565	895763	20269	920803	421235	52114
肥皂及合成洗涤剂制造	615	223120	3525	192695	99899	9999
化妆品制造	1213	356194	10689	402281	185406	28998
口腔清洁用品制造	54	20268	475	23360	11425	1539
香料、香精制造	170	69426	1931	94452	45841	2715
其他日用化学产品制造	513	226755	3648	208015	78664	8863
医药制造业	877	395563	10110	1190785	592181	20658
化学药品原料药制造	50	17880	839	259673	55991	1182
化学药品制剂制造	75	34022	912	90585	68824	1461
中药饮片加工	171	105203	3859	114760	48034	4942
中成药生产	97	58495	1060	200605	87272	2796
兽用药品制造	106	34201	518	51556	26031	1636
生物药品制造	188	64279	1284	360429	250524	2893
卫生材料及医药用品制造	190	81483	1639	113178	55505	5748
化学纤维制造业	247	125703	1725	264193	66555	5485
纤维素纤维原料及纤维制造	51	23060	196	19177	9981	1057
化纤浆粕制造	23	11411	135	8719	5595	538
人造纤维（纤维素纤维）制造	28	11648	61	10458	4386	519
合成纤维制造	196	102644	1529	245015	56574	4428
锦纶纤维制造	26	11491	299	14591	4401	432
涤纶纤维制造	30	29275	199	169488	25846	865
腈纶纤维制造	3	5523	38	4073	2930	459
维纶纤维制造	13	7403	222	4721	1481	339
丙纶纤维制造	4	1103	47	2476	1687	229
氨纶纤维制造	18	10605	87	3997	1076	304
其他合成纤维制造	102	37242	635	45669	19153	1800
橡胶和塑料制品业	23311	9766806	162767	8583155	3687133	554172
橡胶制品业	3861	1695872	23661	1573277	773103	97930
轮胎制造	84	32152	583	53824	16315	1512
橡胶板、管、带制造	406	199077	2952	183700	85962	9289
橡胶零件制造	1109	562355	6788	545894	261538	33489

1-10 续表8 单位：万元

项　　目	企业数（个）	主营业务收　入	主营业务税金及附加	资产总计	实收资本	从业人员期末人数（人）
再生橡胶制造	70	37146	581	52135	18901	1371
日用及医用橡胶制品制造	162	78953	1136	71048	58931	5187
其他橡胶制品制造	2030	786189	11621	666676	331455	47082
塑料制品业	19450	8070934	139105	7009878	2914030	456242
塑料薄膜制造	1791	748687	13691	736312	334412	34021
塑料板、管、型材制造	1058	517940	8966	468318	253724	20977
塑料丝、绳及编织品制造	677	261655	5463	222906	93774	12920
泡沫塑料制造	673	342279	6623	254525	88642	13671
塑料人造革、合成革制造	126	66154	713	85487	23804	4075
塑料包装箱及容器制造	2002	763059	15277	745420	307644	42739
日用塑料制品制造	2712	1083003	18203	909325	391542	63068
塑料零件制造	2470	963874	13840	875979	333449	63482
其他塑料制品制造	7941	3324283	56330	2711605	1087037	201289
非金属矿物制品业	10943	5361083	142195	7473436	2848517	267289
水泥、石灰和石膏制造	467	277790	10043	512971	196155	10993
水泥制造	298	188536	4530	448640	159533	8548
石灰和石膏制造	169	89254	5513	64331	36622	2445
石膏、水泥制品及类似制品制造	1146	607483	14197	1246267	509310	26730
水泥制品制造	678	420042	9841	805584	342861	16675
砼结构构件制造	87	56695	1482	134223	42625	2117
石棉水泥制品制造	17	6255	96	8111	5862	517
轻质建筑材料制造	254	76699	1728	188347	66360	5082
其他水泥类似制品制造	110	47792	1051	110001	51603	2339
砖瓦、石材等建筑材料制造	3497	1725188	56172	2441273	1066837	82913
粘土砖瓦及建筑砌块制造	1313	840249	29156	862724	469209	39651
建筑陶瓷制品制造	379	180194	3797	419459	149034	10097
建筑用石加工	1028	399349	13886	562798	228980	18718
防水建筑材料制造	97	27729	524	54742	28102	1339
隔热和隔音材料制造	123	59406	1530	146753	31223	2424
其他建筑材料制造	557	218261	7279	394796	160288	10684
玻璃制造	498	252476	2452	261880	102420	12376
平板玻璃制造	133	39141	513	59498	35597	3281
其他玻璃制造	365	213334	1939	202383	66823	9095
玻璃制品制造	1545	965802	19219	1539377	390703	39728
技术玻璃制品制造	179	105461	1450	113801	69718	5335
光学玻璃制造	192	90188	1051	73940	38375	8416
玻璃仪器制造	31	12539	104	11382	7458	658
日用玻璃制品制造	431	143837	2292	134064	50793	9008
玻璃包装容器制造	36	13855	152	25571	10631	1030
玻璃保温容器制造	23	9346	193	194746	17769	434
制镜及类似品加工	113	45681	599	47595	23673	3233
其他玻璃制品制造	540	544895	13377	938278	172287	11614
玻璃纤维和玻璃纤维增强塑料制品制造	247	99736	1350	292546	64083	5470
玻璃纤维及制品制造	92	40535	490	233157	34373	2164
玻璃纤维增强塑料制品制造	155	59201	861	59389	29710	3306

1-10 续表9

单位：万元

项　目	企业数（个）	主营业务收　入	主营业务税金及附加	资产总计	实收资本	从业人员期末人数（人）
陶瓷制品制造	2697	1039617	29523	771685	359367	73512
卫生陶瓷制品制造	921	323821	7130	199525	62780	24133
特种陶瓷制品制造	101	52152	1219	48119	20822	2821
日用陶瓷制品制造	1125	445274	14522	349783	178414	31095
园林、陈设艺术及其他陶瓷制品制造	550	218370	6652	174259	97351	15463
耐火材料制品制造	196	87335	1944	67561	27872	4138
石棉制品制造	30	19556	139	12380	5995	845
云母制品制造	57	19131	560	14102	3692	1102
耐火陶瓷制品及其他耐火材料制造	109	48648	1245	41079	18185	2191
石墨及其他非金属矿物制品制造	650	305656	7296	339877	131769	11429
石墨及碳素制品制造	56	44130	352	75518	23065	1414
其他非金属矿物制品制造	594	261526	6944	264359	108705	10015
黑色金属冶炼和压延加工业	1328	653270	10207	621722	224889	26659
炼铁	51	23128	343	12579	4677	1147
炼钢	61	32883	720	16873	6319	1217
黑色金属铸造	348	159223	2947	139219	41992	7165
钢压延加工	824	423774	5874	441919	168627	16367
铁合金冶炼	44	14262	323	11132	3274	763
有色金属冶炼和压延加工业	1919	965114	16085	891669	316811	43471
常用有色金属冶炼	227	110909	1926	107195	44866	4259
铜冶炼	56	30396	472	22693	7884	1119
铅锌冶炼	18	12802	196	6483	1421	389
镍钴冶炼	2	946		795	108	12
锡冶炼	20	5821	408	2032	1525	217
锑冶炼						
铝冶炼	68	38040	458	28024	13013	1280
镁冶炼	2	1215	9	1906	813	67
其他常用有色金属冶炼	61	21689	383	45263	20104	1175
贵金属冶炼	29	13414	318	18325	12801	707
金冶炼	13	7099	93	8364	5485	343
银冶炼	3	1941	37	600	65	116
其他贵金属冶炼	13	4375	188	9361	7250	248
稀有稀土金属冶炼	21	17256	270	22774	14942	432
钨钼冶炼	5	3067	56	2075	1536	121
稀土金属冶炼	8	12188	154	17205	10275	227
其他稀有金属冶炼	8	2001	60	3494	3131	84
有色金属合金制造	239	118228	1865	104132	43430	5255
有色金属铸造	178	83880	967	68358	22660	4228
有色金属压延加工	1225	621427	10739	570884	178112	28590
铜压延加工	165	111995	2007	78090	26635	4316
铝压延加工	470	292939	4810	289461	71845	12255
贵金属压延加工	32	12539	121	16226	9007	842
稀有稀土金属压延加工	13	2347	33	2047	1045	159
其他有色金属压延加工	545	201607	3768	185060	69580	11018
金属制品业	30579	11137236	207302	9892698	3929424	653197

1-10 续表10 单位：万元

项 目	企业数（个）	主营业务收 入	主营业务税金及附加	资产总计	实收资本	从业人员期末人数（人）
结构性金属制品制造	7120	2748509	51186	2546393	1127744	149322
金属结构制造	5759	2067126	31094	1969473	850895	120683
金属门窗制造	1361	681383	20092	576919	276848	28639
金属工具制造	3237	1266472	25885	1012249	370490	74147
切削工具制造	270	97318	1269	109719	64896	4915
手工具制造	190	71147	1271	47016	18444	3777
农用及园林用金属工具制造	39	16627	364	15169	4380	749
刀剪及类似日用金属工具制造	913	487345	10300	379307	106741	29769
其他金属工具制造	1825	594035	12681	461039	176030	34937
集装箱及金属包装容器制造	555	303821	4491	331409	169317	17212
集装箱制造	72	69994	315	45962	40042	1793
金属压力容器制造	86	50617	623	43654	13062	2121
金属包装容器制造	397	183209	3553	241794	116213	13298
金属丝绳及其制品制造	489	171734	2733	183352	75047	10168
建筑、安全用金属制品制造	4587	1440150	25582	1251200	463227	89333
建筑、家具用金属配件制造	3401	1012524	18271	849875	302530	67386
建筑装饰及水暖管道零件制造	769	301491	5456	248372	102472	14742
安全、消防用金属制品制造	233	56876	977	84038	29429	3627
其他建筑、安全用金属制品制造	184	69260	878	68915	28796	3578
金属表面处理及热处理加工	1554	692926	20310	835725	242408	49296
搪瓷制品制造	236	118004	1594	80852	31517	5688
生产专用搪瓷制品制造	36	15727	362	24314	11816	1323
建筑装饰搪瓷制品制造	40	8118	90	6435	2395	485
搪瓷卫生洁具制造	111	50975	768	29848	9715	2368
搪瓷日用品及其他搪瓷制品制造	49	43185	375	20255	7590	1512
金属制日用品制造	5457	1964717	35701	1511172	581103	109972
金属制厨房用器具制造	802	259851	4664	249617	127986	15754
金属制餐具和器皿制造	1056	463538	9292	348142	137820	24814
金属制卫生器具制造	253	88681	1111	66544	26041	5209
其他金属制日用品制造	3346	1152647	20634	846869	289256	64195
其他金属制品制造	7344	2430903	39820	2140346	868571	148059
锻件及粉末冶金制品制造	437	196649	2467	263560	126924	9929
交通及公共管理用金属标牌制造	131	37500	724	39225	15647	1918
其他未列明金属制品制造	6776	2196754	36629	1837561	726000	136212
通用设备制造业	13435	5016442	81286	5442819	2442762	252787
锅炉及原动设备制造	324	143311	1779	239510	130258	7092
锅炉及辅助设备制造	154	67718	830	101499	39591	2985
内燃机及配件制造	62	43480	427	79847	50828	2013
汽轮机及辅机制造	3	404	1	3968	6137	19
水轮机及辅机制造	12	1734	60	2072	1356	147
风能原动设备制造	11	6677	13	19312	12298	234
其他原动设备制造	82	23298	447	32812	20049	1694
金属加工机械制造	3101	1100201	19582	1029480	386594	51439
金属切削机床制造	219	79296	1344	98314	45669	4105
金属成形机床制造	270	111465	1799	107421	31250	5471

1-10 续表11　单位：万元

项　目	企业数（个）	主营业务收　入	主营业务税金及附加	资产总计	实收资本	从业人员期末人数（人）
铸造机械制造	340	160527	2065	150335	44437	6030
金属切割及焊接设备制造	411	153967	3215	119954	45137	7142
机床附件制造	185	61940	1027	62723	24504	3378
其他金属加工机械制造	1676	533005	10131	490734	195597	25313
物料搬运设备制造	555	284311	3584	590731	291128	13726
轻小型起重设备制造	56	25386	594	31050	15313	1044
起重机制造	114	64977	709	230148	86072	3112
生产专用车辆制造	36	9088	122	57781	10220	555
连续搬运设备制造	69	29477	328	28868	8614	1452
电梯、自动扶梯及升降机制造	229	134204	1526	225525	157040	6621
其他物料搬运设备制造	51	21178	305	17358	13869	942
泵、阀门、压缩机及类似机械制造	895	396017	7542	483958	224506	19425
泵及真空设备制造	270	109734	1969	119939	50362	5308
气体压缩机械制造	116	43589	418	88596	49426	2124
阀门和旋塞制造	150	72574	1582	130431	74380	3699
液压和气压动力机械及元件制造	359	170119	3573	144993	50338	8294
轴承、齿轮和传动部件制造	359	164369	2297	164375	58784	8173
轴承制造	179	95886	1400	107776	37587	4647
齿轮及齿轮减、变速箱制造	93	41201	312	31216	14147	2122
其他传动部件制造	87	27282	585	25383	7050	1404
烘炉、风机、衡器、包装等设备制造	2172	912673	12702	904870	448451	43442
烘炉、熔炉及电炉制造	139	48347	721	53247	22832	2673
风机、风扇制造	381	169871	2040	146593	132043	9224
气体、液体分离及纯净设备制造	315	106436	1611	117011	49390	5505
制冷、空调设备制造	596	282726	3381	311090	141271	11786
风动和电动工具制造	78	33787	449	37667	12620	1810
喷枪及类似器具制造	78	25970	361	26076	10455	1144
衡器制造	83	34373	417	41684	14662	1737
包装专用设备制造	502	211164	3722	171504	65178	9563
文化、办公用机械制造	562	297663	3223	355051	288122	15982
电影机械制造	22	13356	61	8632	4749	1205
幻灯及投影设备制造	47	18666	149	12460	6650	1151
照相机及器材制造	143	82565	547	106963	74152	5267
复印和胶印设备制造	139	62375	1255	69042	34622	3062
计算器及货币专用设备制造	80	42286	467	77386	137767	2325
其他文化、办公用机械制造	131	78415	745	80568	30183	2972
通用零部件制造	4034	1273491	22214	1174264	423017	71229
金属密封件制造	106	47886	638	50388	39152	2621
紧固件制造	937	291145	4973	254948	82488	16660
弹簧制造	304	117177	1521	107450	40109	6995
机械零部件加工	1924	576873	11157	526137	171493	29060
其他通用零部件制造	763	240411	3925	235340	89775	15893
其他通用设备制造业	1433	444405	8363	500580	191903	22279
专用设备制造业	17152	6305870	110676	7642326	3093119	386535
采矿、冶金、建筑专用设备制造	457	207453	4014	308228	101888	9036

1-10 续表12 单位：万元

项　目	企业数（个）	主营业务收入	主营业务税金及附加	资产总计	实收资本	从业人员期末人数（人）
矿山机械制造	64	19907	552	53254	16980	963
石油钻采专用设备制造	15	6180	105	6968	3948	427
建筑工程用机械制造	137	49037	1093	73254	25586	2460
海洋工程专用设备制造	10	4617	352	21115	3538	456
建筑材料生产专用机械制造	181	103349	1382	119274	42889	3591
冶金专用设备制造	50	24363	530	34363	8947	1139
化工、木材、非金属加工专用设备制造	8981	3122071	55016	3410587	1292641	214525
炼油、化工生产专用设备制造	116	48889	2068	53714	19996	1678
橡胶加工专用设备制造	169	70272	668	78359	25810	3321
塑料加工专用设备制造	565	253846	5363	269978	95741	13687
木材加工机械制造	227	80183	834	69365	24016	3625
模具制造	7742	2606182	45122	2876608	1100540	188969
其他非金属加工专用设备制造	162	62699	962	62563	26538	3245
食品、饮料、烟草及饲料生产专用设备制造	336	174294	4955	135641	58401	7564
食品、酒、饮料及茶生产专用设备制造	233	128423	3910	93129	45116	5574
农副食品加工专用设备制造	87	35125	552	31484	10328	1589
烟草生产专用设备制造	8	4750	360	4810	1592	221
饲料生产专用设备制造	8	5996	134	6217	1365	180
印刷、制药、日化及日用品生产专用设备制造	1540	584708	9101	631603	267780	29614
制浆和造纸专用设备制造	82	37217	646	38629	12017	1509
印刷专用设备制造	484	198414	3815	204297	59247	8878
日用化工专用设备制造	133	44266	796	42035	18080	1508
制药专用设备制造	23	11864	319	32438	6177	521
照明器具生产专用设备制造	360	140131	1124	180289	115259	8314
玻璃、陶瓷和搪瓷制品生产专用设备制造	188	69976	1248	63621	23659	3361
其他日用品生产专用设备制造	270	82840	1155	70293	33341	5523
纺织、服装和皮革加工专用设备制造	449	214838	3008	223630	93896	10566
纺织专用设备制造	165	81202	1078	117741	55115	3564
皮革、毛皮及其制品加工专用设备制造	80	28684	534	22434	7849	1981
缝制机械制造	169	86489	1153	69973	26519	4207
洗涤机械制造	35	18463	243	13481	4413	814
电子和电工机械专用设备制造	2491	926707	16953	1292757	404319	59815
电工机械专用设备制造	655	250636	4426	330768	107414	14156
电子工业专用设备制造	1836	676071	12527	961989	296905	45659
农、林、牧、渔专用机械制造	195	67655	1225	117337	48379	3554
拖拉机制造	12	2809	25	28744	17900	131
机械化农业及园艺机具制造	43	21434	299	29039	9933	882
营林及木竹采伐机械制造	1	22	1	136	5	15
畜牧机械制造	18	6723	101	12482	2159	219
渔业机械制造	27	7983	222	6865	3398	660
农林牧渔机械配件制造	40	13551	310	18439	8567	672
棉花加工机械制造	8	1620	9	1340	936	82
其他农、林、牧、渔业机械制造	46	13513	258	20291	5480	893
医疗仪器设备及器械制造	868	329250	5446	489864	315517	20942
医疗诊断、监护及治疗设备制造	220	95086	1798	147847	137598	4776

1-10 续表13

单位：万元

项　　目	企业数（个）	主营业务收　入	主营业务税金及附加	资产总计	实收资本	从业人员期末人数（人）
口腔科用设备及器具制造	95	33510	653	28088	14325	2693
医疗实验室及医用消毒设备和器具制造	69	18477	413	28044	14279	1450
医疗、外科及兽医用器械制造	108	40444	611	52748	36058	2794
机械治疗及病房护理设备制造	54	16555	232	30368	19592	1168
假肢、人工器官及植（介）入器械制造	61	22940	296	32707	12636	2175
其他医疗设备及器械制造	261	102238	1443	170063	81029	5886
环保、社会公共服务及其他专用设备制造	1835	678895	10957	1032679	510298	30919
环境保护专用设备制造	617	175270	2937	432875	171728	8559
地质勘查专用设备制造	5	3715	26	4020	3421	183
邮政专用机械及器材制造	5	1022	20	1638	663	80
商业、饮食、服务专用设备制造	49	14690	416	26469	11466	820
社会公共安全设备及器材制造	186	70808	1727	127369	147097	3756
交通安全、管制及类似专用设备制造	61	56334	564	61210	15573	1233
水资源专用机械制造	105	36651	683	51012	30801	1854
其他专用设备制造	807	320404	4583	328087	129549	14434
汽车制造业	1502	716395	12307	3031012	710746	39358
汽车整车制造	29	14088	1452	208997	123851	1204
改装汽车制造	11	5682	143	10544	4050	214
低速载货汽车制造	1	50		100	100	7
电车制造	25	17398	77	56203	16424	643
汽车车身、挂车制造	16	8506	94	9867	7740	261
汽车零部件及配件制造	1420	670671	10541	2745301	558581	37029
铁路、船舶、航空航天和其他运输设备制造业	1136	502986	9145	1269640	545960	31694
铁路运输设备制造	31	10504	136	57543	41533	458
铁路机车车辆及动车组制造	6	135	1	41610	34140	44
窄轨机车车辆制造	3	494	2	251	59	37
铁路机车车辆配件制造	2	1935	9	2718	48	74
铁路专用设备及器材、配件制造	16	7917	124	10522	6586	284
其他铁路运输设备制造	4	23		2441	700	19
城市轨道交通设备制造	10	5005	18	9023	4976	533
船舶及相关装置制造	329	150425	2660	371235	140126	10798
金属船舶制造	133	59782	900	114730	49583	5951
非金属船舶制造	35	16092	272	19318	9182	657
娱乐船和运动船制造	39	11381	185	45256	32280	1068
船用配套设备制造	79	42957	510	165556	31748	2263
船舶改装与拆除	32	14712	409	22087	16018	663
航标器材及其他相关装置制造	11	5501	384	4289	1314	196
航空、航天器及设备制造	31	9791	128	341292	154262	1057
飞机制造	6	778	12	82847	78551	487
航天器制造	4	2401	8	796	801	81
航空、航天相关设备制造	16	4492	99	254244	72717	341
其他航空航天器制造	5	2120	9	3405	2194	148
摩托车制造	330	153240	3714	287360	114573	7504
摩托车整车制造	31	16599	1671	106543	48351	719
摩托车零部件及配件制造	299	136641	2042	180817	66221	6785

1-10 续表14 单位：万元

项　　目	企业数（个）	主营业务收　　入	主营业务税金及附加	资产总计	实收资本	从业人员期末人数（人）
自行车制造	321	138102	1871	174137	79906	9258
脚踏自行车及残疾人座车制造	205	85569	1333	124658	60524	6148
助动自行车制造	116	52534	538	49479	19382	3110
非公路休闲车及零配件制造	26	10933	121	7143	2369	664
潜水救捞及其他未列明运输设备制造	58	24986	498	21908	8215	1422
潜水及水下救捞装备制造	18	7786	261	7499	2431	734
其他未列明运输设备制造	40	17200	237	14408	5783	688
电气机械和器材制造业	26869	10048170	163125	11218489	4655809	648679
电机制造	931	447246	7740	541808	203570	23207
发电机及发电机组制造	225	94399	2018	134072	65516	4090
电动机制造	235	109590	2517	137155	63084	6483
微电机及其他电机制造	471	243256	3206	270582	74970	12634
输配电及控制设备制造	6010	2769127	54876	3110774	1328824	177297
变压器、整流器和电感器制造	1350	680839	9321	801448	362677	45257
电容器及其配套设备制造	259	144868	13268	178712	66095	7125
配电开关控制设备制造	830	448826	9057	552657	247225	26063
电力电子元器件制造	3092	1245306	19946	1258388	509168	85364
光伏设备及元器件制造	122	36020	671	50956	41161	2272
其他输配电及控制设备制造	357	213269	2613	268613	102497	11216
电线、电缆、光缆及电工器材制造	3081	1504619	20528	1582586	593619	84440
电线、电缆制造	2272	1135184	14945	1190691	445605	63949
光纤、光缆制造	132	63295	1015	120406	32315	4009
绝缘制品制造	377	178169	2415	138438	52613	7698
其他电工器材制造	300	127970	2153	133051	63086	8784
电池制造	1094	606286	9537	804005	316669	39890
锂离子电池制造	483	314259	5261	411864	173987	21488
镍氢电池制造	48	31323	380	41013	18927	2843
其他电池制造	563	260704	3896	351127	123755	15559
家用电力器具制造	5461	1861137	25629	1999886	732280	122407
家用制冷电器具制造	188	73300	1048	171957	30269	3676
家用空气调节器制造	163	55537	543	79769	51126	3238
家用通风电器具制造	318	148842	1510	110670	28350	7861
家用厨房电器具制造	2344	724296	10654	748950	245049	44658
家用清洁卫生电器具制造	173	87808	1485	125368	70829	5386
家用美容、保健电器具制造	193	72509	551	57388	22339	9019
家用电力器具专用配件制造	765	261452	3699	227438	85737	16379
其他家用电力器具制造	1317	437392	6139	478346	198581	32190
非电力家用器具制造	627	213817	2840	264027	171486	11857
燃气、太阳能及类似能源家用器具制造	517	174991	2504	218151	157442	9851
其他非电力家用器具制造	110	38826	337	45876	14044	2006
照明器具制造	8628	2264301	36123	2456786	1134529	167919
电光源制造	540	232155	4810	299726	120309	15145
照明灯具制造	6530	1636982	25068	1648736	838789	123947
灯用电器附件及其他照明器具制造	1558	395164	6245	508323	175431	28827
其他电气机械及器材制造	1037	381636	5851	458618	174832	21662

1-10 续表15

单位：万元

项　目	企业数（个）	主营业务收　入	主营业务税金及附加	资产总计	实收资本	从业人员期末人数（人）
电气信号设备装置制造	238	105441	1943	115057	51464	7043
其他未列明电气机械及器材制造	799	276195	3908	343561	123368	14619
计算机、通信和其他电子设备制造业	24123	11018932	164056	14524404	6373838	768132
计算机制造	3152	1656864	19332	1541260	676902	99294
计算机整机制造	195	119389	1756	102882	67601	6875
计算机零部件制造	1016	516992	8327	567088	299797	37745
计算机外围设备制造	1031	429288	5608	485269	162434	33119
其他计算机制造	910	591195	3641	386021	147069	21555
通信设备制造	1589	1001810	11925	1381308	718839	80445
通信系统设备制造	577	302622	4554	469832	237916	22612
通信终端设备制造	1012	699188	7371	911476	480923	57833
广播电视设备制造	909	434467	5779	419038	329974	34241
广播电视节目制作及发射设备制造	43	20377	297	27883	10864	1154
广播电视接收设备及器材制造	604	301191	4288	266459	261417	26244
应用电视设备及其他广播电视设备制造	262	112898	1194	124697	57692	6843
雷达及配套设备制造	49	16939	189	18462	11761	1622
视听设备制造	2168	1052797	13331	1045871	474152	66389
电视机制造	146	68187	960	91108	46547	3245
音响设备制造	1640	735174	9064	713593	319550	49696
影视录放设备制造	382	249436	3307	241169	108055	13448
电子器件制造	3803	1755522	25591	3544148	1639564	123237
电子真空器件制造	167	68717	1051	129247	33046	4924
半导体分立器件制造	132	61029	906	757046	488973	3667
集成电路制造	315	139969	1336	254978	142949	11378
光电子器件及其他电子器件制造	3189	1485807	22297	2402876	974595	103268
电子元件制造	8348	3716073	66422	4100808	1908907	259179
电子元件及组件制造	7418	3115796	57453	3199073	1306705	220901
印制电路板制造	930	600277	8969	901735	602202	38278
其他电子设备制造	4105	1384460	21487	2473510	613740	103725
仪器仪表制造业	3925	1395401	20940	1764735	868881	145275
通用仪器仪表制造	1106	404751	6286	583713	280520	20517
工业自动控制系统装置制造	553	175854	3019	209654	97936	9065
电工仪器仪表制造	251	106197	1818	150228	69407	5178
绘图、计算及测量仪器制造	75	24248	221	27688	12854	1356
实验分析仪器制造	64	24723	212	43583	26281	1117
试验机制造	75	35733	437	32568	10204	1333
供应用仪表及其他通用仪器制造	88	37995	578	119992	63838	2468
专用仪器仪表制造	572	247868	4225	371044	147810	13559
环境监测专用仪器仪表制造	45	17551	168	31571	12439	952
运输设备及生产用计数仪表制造	30	8185	74	6657	7828	742
导航、气象及海洋专用仪器制造	97	49966	470	69309	27045	3063
农林牧渔专用仪器仪表制造	6	2029	20	1525	983	328
地质勘探和地震专用仪器制造	5	1553	16	4175	580	38
教学专用仪器制造	35	10780	91	17052	12935	439
核子及核辐射测量仪器制造	5	1776	71	18558	8287	67

1-10 续表16

单位：万元

项　目	企业数（个）	主营业务收　入	主营业务税金及附加	资产总计	实收资本	从业人员期末人数（人）
电子测量仪器制造	198	84294	2172	122222	46557	5246
其他专用仪器制造	151	71733	1143	99975	31157	2684
钟表与计时仪器制造	1295	420376	6346	416130	238401	63031
光学仪器及眼镜制造	759	257729	2990	333447	176354	43833
光学仪器制造	155	88252	656	124451	69779	5686
眼镜制造	604	169477	2334	208995	106575	38147
其他仪器仪表制造业	193	64678	1093	60401	25796	4335
其他制造业	2021	702903	11579	728000	309985	44999
日用杂品制造	1061	434363	7723	403184	160724	28802
鬃毛加工、制刷及清扫工具制造	174	66269	1293	60322	23759	4579
其他日用杂品制造	887	368094	6430	342862	136965	24223
煤制品制造	27	11929	176	16156	6960	375
核辐射加工	13	7748	33	12654	5446	450
其他未列明制造业	920	248863	3648	296006	136855	15372
废弃资源综合利用业	847	417946	7920	475329	226858	10752
金属废料和碎屑加工处理	464	232891	4817	286854	141602	5568
非金属废料和碎屑加工处理	383	185055	3103	188476	85256	5184
金属制品、机械和设备修理业	1475	387602	10563	426153	216720	23353
金属制品修理	106	40361	1161	48517	12943	2226
通用设备修理	234	61562	1469	58379	24321	3264
专用设备修理	141	52742	1202	56081	28959	1838
铁路、船舶、航空航天等运输设备修理	394	112338	3953	119217	96285	8665
铁路运输设备修理	6	3459	70	3850	611	132
船舶修理	338	97261	3327	96108	38136	7748
航空航天器修理	2				50000	100
其他运输设备修理	48	11617	556	19259	7539	685
电气设备修理	121	28140	837	49869	16717	1600
仪器仪表修理	27	8468	223	12452	2729	406
其他机械和设备修理业	452	83992	1718	81638	34765	5354
电力、热力、燃气及水生产和供应业	**7513**	**2343948**	**93153**	**10631415**	**3601445**	**95891**
电力、热力生产和供应业	6125	1678991	78682	7452856	2650193	68474
电力生产	5948	1493437	74058	6715799	2403790	60913
火力发电	61	39648	135	790749	370049	2143
水力发电	5767	1404999	70853	5156982	1694095	55174
核力发电	2	190	15	320	320	1208
风力发电	40	27654	2522	327793	117918	655
太阳能发电	14	2455	26	132994	54416	131
其他电力生产	64	18492	506	306961	166992	1602
电力供应	139	164810	4302	650152	210498	6973
热力生产和供应	38	20743	323	86906	35905	588
燃气生产和供应业	226	137021	3199	733082	289155	3431
水的生产和供应业	1162	527936	11272	2445477	662097	23986
自来水生产和供应	813	313917	7096	1095894	294634	15832
污水处理及其再生利用	297	196139	3585	1305514	331125	7362
其他水的处理、利用与分配	52	17879	592	44068	36338	792

1-11 各市全部工业企业主要经济指标

单位：万元

市　别	企业数（个）	主营业务收　入	主营业务税金及附加	资产总计	实收资本	从业人员期末人数（人）
总　计	311853	1174804022	13686282	936068047	219220525	21057198
广州市	35078	177722822	3836466	150828689	38467181	2203827
深圳市	61483	244746468	1941646	234730780	46350265	4869733
珠海市	5838	40443938	234072	49599717	11867048	539943
汕头市	10955	29290887	326461	22233590	6255702	637156
佛山市	39379	176461375	1056435	112547666	16923327	2254100
#顺德	16828	53715971	272687	39192728	5725573	905937
韶关市	3039	11568724	364080	13715831	3277154	195924
河源市	2405	11269797	88753	12050029	2866208	181876
梅州市	4170	6846272	433159	8587193	3046948	184283
惠州市	10290	70631595	1046013	43587463	13039282	1017799
汕尾市	1263	9762115	60523	5269569	1752885	293416
东莞市	51097	130538499	674488	104718883	29751965	4079324
中山市	33164	59990933	260557	40011835	9836850	1407835
江门市	14733	33213057	226796	31694499	8984943	685927
阳江市	4284	17337076	98081	9699655	1776474	287414
湛江市	5112	20941254	914031	19280156	3511820	230645
茂名市	4954	24932983	1326210	13306925	5216878	252531
肇庆市	4917	34556023	298284	19037702	4664573	430401
清远市	3813	14991699	87568	14958926	3890621	268774
潮州市	7266	12983706	119516	7591648	1842854	366868
揭阳市	5877	37368134	172218	15721915	4143914	496538
云浮市	2736	9206665	120926	6895376	1753633	172884

1–12 各市规模以上工业

市　别	企业单位数（个）	亏损企业	工业总产值（当年价格）	工业销售产值（当年价格）	出口交货值	工业增加值（当年价格）	资产总计	流动资产合　计
总　计	**41205**	**5286**	**1096730719**	**1068536817**	**302054370**	**265400057**	**796552725**	**464508907**
广州市	4811	651	171928820	169153529	30641635	44469308	135450891	74083443
深圳市	6523	1226	230952085	222965409	106719698	57944951	202101695	139505782
珠海市	1054	249	34608578	33584562	11737132	7836765	42109226	26494764
汕头市	1845	102	24817958	23690203	3776677	5992303	18803753	8289699
佛山市	6163	599	171218835	166846215	23220502	38727937	101284747	51502989
#顺德	1874	279	53533152	52067169	10292495	12265843	35282425	22631520
韶关市	556	68	11605931	11556657	1074498	3109090	12030009	4723722
河源市	436	72	11401354	10905253	2521569	3184075	7611806	3462318
梅州市	368	67	5679947	5605180	775089	1884174	6195652	2962412
惠州市	1702	363	66052943	64992232	23852098	14232012	37977019	21466743
汕尾市	251	29	9687201	9520706	3171957	2221429	4588565	1838494
东莞市	5361	728	110234490	108423080	51619697	24256174	81033203	53155504
中山市	2973	322	56737453	54643762	18165573	11959711	33597275	22081808
江门市	2007	369	31078568	29623709	7272102	6969350	26205647	14813015
阳江市	569	14	15640855	15148090	3679193	3903133	8063383	3209647
湛江市	772	156	20413655	19498319	1659623	6848589	16734430	8146833
茂名市	844	23	21461246	21102305	890281	6666997	8575037	3500090
肇庆市	1086	59	34102909	33245984	3133208	8070200	16246743	6657522
清远市	514	92	14324203	13890523	1585994	3202686	12291496	6531419
潮州市	865	16	10883140	10787051	2054074	3014144	6298148	3234473
揭阳市	1884	34	36041900	35775806	3600891	8785470	14064497	6292628
云浮市	621	47	7858652	7578243	902880	2121560	5289504	2555601

企业主要经济指标

单位：万元

应收账款	存货			固定资产合计	固定资产原价	累计折旧		负债合计
		产成品	在产品				本年折旧	
137499534	**111930054**	**37875235**	**13783718**	**223858189**	**393396835**	**183625479**	**30494716**	**462830841**
22415488	15985788	5535321	1344615	37012419	62616681	27702409	4061584	73539212
44112729	32064893	11051181	5275232	38084105	66684971	31646595	5696909	124508657
5452867	4708297	1846925	826628	8315289	14251096	6299114	989044	26302672
2266155	2280447	809825	161902	7842497	11203911	4846186	794641	7353272
13366784	13230165	4866645	1264019	31432314	65202918	35613414	5890146	57004244
5820820	5622190	2394879	435001	7634988	14473223	7274473	1439187	21041203
887758	1587339	407891	149193	5430472	8204128	3338331	440857	7772714
821722	1170198	281792	136984	2909861	4465844	1678431	441863	4358527
642626	994125	177360	76877	2324299	3703631	1480500	220004	3295585
8204805	5400469	1625831	540011	13487938	22696377	9766078	1781587	22383937
646384	434310	105369	57215	2471156	3679864	1310911	279619	2185352
18726012	14447697	4099901	1762202	22485283	40380407	18821730	2705546	48237524
7449292	5430068	1985296	832796	7678491	13467416	6188329	1025979	20244122
3652010	4063142	1375564	484058	8894139	14343836	5902975	1018581	15314609
484242	716018	133492	78841	3891440	5174661	1420887	335663	5197705
1308279	1919528	662665	90931	4268554	6283510	2841061	746760	13409417
696420	1622928	415617	44383	3946174	7603134	3802054	528487	4476063
1959356	1765880	804249	158517	7794776	17258477	9747079	1640989	8143944
1762123	1848338	731903	251899	4584353	7181533	2699819	478825	7260702
861353	608952	196210	86377	2711444	3856882	1367022	212334	2809197
1277813	1130283	542817	94752	6093462	11902632	6046487	981047	6120973
505319	521191	219382	66286	2199725	3234928	1106068	224252	2912414

1-12 续表1

市　别	流动负债合　计	应付账款	非流动负债合计	所有者权益合计	实收资本	国家资本	集体资本	法人资本
总　计	**383050681**	**138000741**	**65362006**	**330927986**	**165905924**	**20755249**	**1789354**	**51252178**
广州市	59241928	20732277	13292416	61647031	32523454	4011019	184662	13788878
深圳市	104081588	42119037	18773544	77000839	34911314	2696926	387092	12736857
珠海市	23212216	7322604	2922708	15759951	8539257	1754121	150421	2113617
汕头市	5230079	1383488	1597011	11400245	4708082	1228288	32271	1204463
佛山市	48222158	12551881	4714928	43730359	13288375	1111251	108781	4081027
#顺德	19487746	5971417	1113006	14129890	4383771	63258	16845	1391071
韶关市	5933266	1971923	1602927	4188256	2600403	427576	34597	1478220
河源市	2835222	1253093	1321004	3209939	2097904	81089	18216	859592
梅州市	2194347	664778	898397	2883016	1945071	198885	67805	1093063
惠州市	19150621	8380425	2682526	15535058	10247605	1922746	34878	1932232
汕尾市	1677338	593714	460101	2397457	1453479	387428	6352	163360
东莞市	43196465	20806264	3617165	32549280	20738500	1154527	238359	2425533
中山市	17835922	6966762	1612438	13250927	7217082	444725	45371	1240326
江门市	12636215	3779094	2037604	10811244	6919465	986404	132079	1778358
阳江市	3918101	889792	1229175	2812374	1341449	230557	1739	729218
湛江市	10975662	1796245	2100821	3257768	2481650	503323	149431	1229898
茂名市	3706572	1527726	572033	4064646	3158060	1853956	25946	767528
肇庆市	5851556	1702033	1920398	7925876	3474403	287903	29990	1145880
清远市	5349483	1747135	1264997	4844599	2786434	499354	47114	626519
潮州市	2105396	445854	670265	3482450	1149557	235307	1274	328766
揭阳市	3901363	718091	1396690	7840401	3299702	551765	85885	1194536
云浮市	1795184	648528	674858	2336270	1024677	188101	7091	334308

单位：万元

个人资本	港澳台资本	外商资本	营业收入	主营业务收入	营业成本	主营业务成本	营业税金及附加	主营业务税金及附加	销售费用
19203673	**36789479**	**35000659**	**1077356050**	**1063612083**	**917481417**	**904589841**	**11689169**	**11609876**	**36031611**
2432148	5034920	7019315	168300263	165003588	138338178	135453440	3678862	3651705	8836139
4774143	6970409	7228422	225294969	223096835	187304034	185594652	1591487	1579386	8910259
701985	1679883	2139231	40230602	38780778	33519532	32262964	221412	215361	3095108
1406364	430403	383074	24025559	24202758	20170378	19692939	189659	188954	771392
2417017	2759184	2640993	166028657	164246825	143602658	141846780	845677	838369	4396341
887528	1119925	903165	49976664	49251241	41809336	41096417	206004	205844	2412235
187830	280950	83175	11412553	11044335	9663359	9324042	349562	348939	197786
425177	483533	226048	10655828	10620887	9095889	9072587	68609	67226	280960
363818	82071	139429	5535055	5224119	4355382	4056503	360889	360729	141035
496693	3253520	2607536	66405046	64771978	59008224	57486495	924845	917811	1444146
155742	734009	6587	9560054	9541654	8598979	8588898	55741	55692	136809
1301883	7789999	7630213	109493390	108303294	98233491	97118707	402712	397803	2129598
806432	1900131	2603018	54142847	53720121	46753256	46399351	179348	174423	1872522
690137	2022528	1103005	29387474	29020808	24900477	24613982	161245	159627	1138262
150698	89718	139520	15140512	15056413	12807969	12733334	56262	55885	193865
244721	171985	175311	19402949	19171966	16460786	16217383	858842	858259	256613
438205	38146	34465	21568810	21388231	17886513	17660070	1228430	1226710	258134
479891	1101932	423537	32773141	32653281	28608043	28511542	205050	204479	602834
280085	1018245	272117	13981428	13811279	12364735	12218835	51027	50653	211761
337598	199685	47347	10766647	10758799	8939022	8923370	57256	56983	289762
911722	503632	49122	35768715	35735854	30534403	30505847	152983	152627	683599
201387	244595	49195	7481555	7458282	6336109	6308120	49272	48258	184685

1-12 续表2

市 别	管理费用	税金	财务费用	利息收入	利息支出	营业利润	投资收益	营业外收入
总 计	**45854911**	**1740419**	**7001154**	**1596156**	**7272642**	**63895553**	**2251478**	**3749487**
广州市	7490702	297657	783618	264688	1143560	10784049	694136	646184
深圳市	13786738	355681	1877811	509847	1751031	11624206	637976	1589330
珠海市	1619929	48032	131009	196224	251343	2410655	678314	145957
汕头市	971575	43594	248291	16050	165752	1894888	24075	35335
佛山市	4976600	220198	843144	114619	801652	12854647	274248	336846
#顺德	2038712	105557	346151	43009	306329	3607160	141391	162187
韶关市	485118	35698	170740	19251	188086	650717	43582	49910
河源市	445197	22566	87952	3858	73504	844792	-43062	31932
梅州市	274980	12660	90876	7003	86013	390281	8487	23842
惠州市	2267232	84723	237412	62064	293310	2742507	69233	145901
汕尾市	339368	15263	76809	2536	69267	370204	389	12145
东莞市	5297949	165806	438488	183219	535400	3062645	172852	270505
中山市	2125898	105038	280799	64562	297801	3094599	-243062	130476
江门市	1356464	64936	307844	54323	322524	1515658	17358	83772
阳江市	375944	9146	146564	16251	160686	1713015	-4159	37833
湛江市	529260	22080	224054	19493	216382	1014836	-81441	49937
茂名市	526155	34358	114538	9610	111665	1643391	-20686	18499
肇庆市	1021045	100051	244697	8508	211464	2157165	33033	58377
清远市	462041	35310	146711	12852	153105	763721	-20836	32961
潮州市	351677	23941	114749	6251	86410	1017595	9417	15360
揭阳市	866765	31621	356834	17879	284329	2821886	5904	23389
云浮市	284275	12061	78215	7068	69359	524098	-4282	10995

单位：万元

补贴收入	营业外支出	利润总额	应交所得税	亏损企业亏损总额	利税总额	本年应付职工薪酬	本年应交增值税	全部从业人员年平均人数（人）
1479369	**2578886**	**64964188**	**10241393**	**3791501**	**110083552**	**73394618**	**33430195**	**14558149**
213980	325422	11056905	1902197	664098	19909414	9425483	5173647	1505556
753841	422335	12776193	2389936	1045568	21471822	19381686	7104143	3287397
75443	55077	2498882	380220	250264	3764194	2547002	1043900	453503
14009	34085	1905366	265677	48687	2694808	1781067	599783	410223
100295	345930	12852946	1365463	206824	17916464	8322316	4217841	1687248
44721	84553	3682605	490063	103825	5488444	3483443	1599835	659737
13078	19864	674678	109162	95885	1462883	791879	438642	165247
8148	90546	778696	99213	37712	1159224	716646	311919	150846
14905	21388	388083	96156	44796	1021139	479544	272167	105277
50671	88994	2799262	538768	250122	6415642	3671494	2691534	724092
2811	13966	367802	58880	20502	538032	1092644	114490	255193
82965	176272	3137479	762068	583724	5969517	10894331	2429326	2661972
25615	474990	2744789	458008	157311	4728326	4368488	1804189	948326
35526	35099	1560754	288912	116684	2568995	2054516	846997	483956
22872	15145	1735796	203059	6406	2354265	697328	562208	155402
21682	57093	1005654	247039	106795	2771420	594993	906925	139525
5364	230979	1430289	160269	16340	4731394	871465	2072676	139700
11980	33260	2181718	163826	30953	3373628	1475401	986860	325861
15284	38280	757984	98785	71175	1214148	902093	405137	209274
1581	23751	1009105	117437	4566	1477327	912437	410965	233932
5694	59012	2783613	467059	9801	3728357	1903233	791761	396462
3628	17396	518196	69258	23288	812552	510570	245084	119157

1-13 各市规模以上工业

项目	全省	广州市	深圳市	珠海市	汕头市
总计	**41205**	**4811**	**6523**	**1054**	**1845**
一、按登记注册类型分组					
内资企业	26695	3053	3589	471	1567
港、澳、台商投资企业	9784	988	2139	368	181
外商投资企业	4726	770	795	215	97
二、按企业控股情况分组					
国有控股	1054	263	167	40	31
三、按轻重工分组					
轻工业	21840	2772	2634	420	1486
重工业	19365	2039	3889	634	359
四、按企业规模分组					
大型企业	1481	184	374	49	19
中型企业	9243	850	1860	271	321
小微型企业	30481	3777	4289	734	1505
五、按工业行业大类分组					
煤炭开采和洗选业	1				
石油和天然气开采业	3	1	1		
黑色金属矿采选业	61				
有色金属矿采选业	38				
非金属矿采选业	219	3			1
开采辅助活动	6		3		1
其他采矿业					
农副食品加工业	906	95	37	20	43
食品制造业	646	125	43	14	51
酒、饮料和精制茶制造业	249	30	17	6	8
烟草制品业	11	1	1		2
纺织业	1643	234	56	17	172
纺织服装、服饰业	3077	587	216	51	452
皮革、毛皮、羽毛及其制品和制鞋业	1773	319	77	10	23
木材加工和木、竹、藤、棕、草制品业	540	35	26	8	2
家具制造业	1205	95	154	6	14
造纸和纸制品业	1148	96	163	30	70
印刷和记录媒介复制业	892	106	148	25	84
文教、工美、体育和娱乐用品制造业	1601	177	305	19	273
石油加工、炼焦和核燃料加工业	92	12	7	6	
化学原料和化学制品制造业	2163	407	174	86	90
医药制造业	382	80	45	25	21
化学纤维制造业	61	5	5	3	3
橡胶和塑料制品业	3328	317	552	89	228
非金属矿物制品业	2448	173	142	38	18
黑色金属冶炼和压延加工业	534	47	18	6	2
有色金属冶炼和压延加工业	660	60	63	12	7
金属制品业	3320	255	391	58	34
通用设备制造业	1467	222	275	57	31
专用设备制造业	1319	146	331	51	37
汽车制造业	620	244	45	17	13
铁路、船舶、航空航天和其他运输设备制造业	422	105	66	13	4
电气机械和器材制造业	4153	318	1004	142	54
计算机、通信和其他电子设备制造业	4621	367	1863	193	40
仪器仪表制造业	453	49	184	27	5
其他制造业	228	18	52	2	10
废弃资源综合利用业	255	8	2	4	23
金属制品、机械和设备修理业	44	14	11	4	3
电力、热力生产和供应业	308	21	18	8	15
燃气生产和供应业	77	13	1	4	2
水的生产和供应业	231	26	27	3	9

企业单位数

单位：个

佛山市	#顺德	韶关市	河源市	梅州市	惠州市	汕尾市
6163	**1874**	**556**	**436**	**368**	**1702**	**251**
4782	1326	476	277	291	761	183
878	386	59	130	54	700	65
503	162	21	29	23	241	3
64	3	80	14	29	47	11
2949	973	177	210	152	857	178
3214	901	379	226	216	845	73
161	54	13	17	9	91	38
891	274	92	104	83	432	121
5111	1546	451	315	276	1179	92
		1				
		7	9	8	2	
		11	4	3	2	
4		23	26	4	8	
83	40	15	20	13	30	15
37	12	6	8	5	9	9
31	6	9	9	9	6	3
		3		2		
383	69	15	18	8	39	21
274	143	8	25	9	86	29
183	24	7	14	4	147	9
57	15	24	9	5	23	3
312	125	5	3	18	67	
155	44	7	7	1	34	5
124	30	2	6	4	28	3
121	26	17	28	24	73	42
14	2				3	
354	96	98	9	7	111	6
27	9	5	10	6	10	
7	2		2	1	1	
511	184	17	19	6	160	36
453	52	44	38	65	58	13
182	30	32	20	11	12	
217	37	17	9	8	16	
772	224	24	12	10	86	13
294	81	19	5	10	44	2
245	75	26	9	5	35	1
119	39	9		14	24	
62	21		1	3	15	3
739	353	22	34	16	145	5
252	110	15	42	60	357	11
34	6	3	10	1	16	
12	3	1	8		15	1
54	2	18	2	2	13	4
		1				2
12	4	38	15	22	14	10
5		3	3	1	2	
34	10	4	2	3	11	5

1-13 续表1

项　目	东莞市	中山市	江门市	阳江市	湛江市
总　计	**5361**	**2973**	**2007**	**569**	**772**
一、按登记注册类型分组					
内资企业	2238	1908	1197	475	682
港、澳、台商投资企业	1990	698	606	69	54
外商投资企业	1133	367	204	25	36
二、按企业控股情况分组					
国有控股	30	27	28	21	67
三、按轻重工分组					
轻工业	2828	1876	1116	372	465
重工业	2533	1097	891	197	307
四、按企业规模分组					
大型企业	244	95	44	10	17
中型企业	1812	620	344	135	102
小微型企业	3305	2258	1619	424	653
五、按工业行业大类分组					
煤炭开采和洗选业					
石油和天然气开采业					1
黑色金属矿采选业					2
有色金属矿采选业					3
非金属矿采选业		3	14	2	17
开采辅助活动					2
其他采矿业					
农副食品加工业	46	30	46	39	118
食品制造业	31	35	37	7	26
酒、饮料和精制茶制造业	14	17	6	2	21
烟草制品业				1	1
纺织业	150	133	107	5	22
纺织服装、服饰业	419	345	139	18	3
皮革、毛皮、羽毛及其制品和制鞋业	334	100	92	9	35
木材加工和木、竹、藤、棕、草制品业	37	19	24	28	83
家具制造业	270	114	50	16	17
造纸和纸制品业	235	98	59	12	33
印刷和记录媒介复制业	106	58	36	10	18
文教、工美、体育和娱乐用品制造业	235	89	32	1	6
石油加工、炼焦和核燃料加工业	4	3	3	1	2
化学原料和化学制品制造业	178	144	131	10	27
医药制造业	10	24	10	4	18
化学纤维制造业	10	3	9		
橡胶和塑料制品业	544	265	157	24	51
非金属矿物制品业	112	72	127	34	53
黑色金属冶炼和压延加工业	32	16	31	21	1
有色金属冶炼和压延加工业	73	40	27	5	5
金属制品业	310	260	333	230	21
通用设备制造业	226	133	49	11	6
专用设备制造业	185	90	30	9	25
汽车制造业	49	30	21	5	4
铁路、船舶、航空航天和其他运输设备制造业	21	15	87	3	4
电气机械和器材制造业	577	590	197	13	107
计算机、通信和其他电子设备制造业	962	164	111	7	8
仪器仪表制造业	83	24	2	1	
其他制造业	52	23	18	2	1
废弃资源综合利用业	2	2	2	20	9
金属制品、机械和设备修理业	1				1
电力、热力生产和供应业	14	9	9	10	9
燃气生产和供应业	6	5		3	6
水的生产和供应业	33	20	11	6	6

单位：个

茂名市	肇庆市	清远市	潮州市	揭阳市	云浮市
844	**1086**	**514**	**865**	**1884**	**621**
765	783	338	692	1659	508
61	211	137	123	177	96
18	92	39	50	48	17
30	32	24	10	23	16
459	424	176	655	1389	245
385	662	338	210	495	376
8	35	21	9	29	14
79	288	154	246	357	81
757	763	339	610	1498	526
6	19	5			3
6	2	5		1	1
43	31	8		4	28
102	18	20	25	70	21
24	9	4	43	114	9
13	9	3	8	20	8
24	44	27	7	151	10
11	22	13	41	297	32
60	41	28	61	190	30
89	39	5	1	12	11
15	21	4	3	15	6
13	36	12	29	38	15
2	15	6	58	50	3
23	29	17	17	67	6
34	2			1	
97	92	35	21	38	48
23	12	6	7	29	10
	4			8	
51	60	38	22	156	25
96	119	94	339	134	226
10	12	18	5	58	
1	41	34	6	14	5
21	173	10	95	172	40
12	34	11	7	7	12
9	26	6	7	39	7
	14	7		4	1
1	4	4		8	3
12	38	17	17	89	17
20	50	15	12	54	18
1	4	2	2	5	
	3	1	1	4	4
2	34	34	2	16	2
1	2			3	1
13	16	21	8	11	15
1	3		19		
8	8	4	2	5	4

1-14 各市规模以上工业

项　　目	全省	广州市	深圳市	珠海市	汕头市
总　　计	**796552725**	**135450891**	**202101695**	**42109226**	**18803753**
一、按登记注册类型分组					
内资企业	428696347	68482786	105859720	24111753	13490686
港、澳、台商投资企业	188471868	23540050	47396766	7805302	2160656
外商投资企业	179384510	43428055	48845209	10192171	3152412
二、按企业控股情况分组					
国有控股	181866725	55272982	38415198	18818764	3910919
三、按轻重工分组					
轻工业	281016419	38863942	52296657	21356833	11432445
重工业	515536307	96586948	149805038	20752393	7371308
四、按企业规模分组					
大型企业	378143234	80233318	112433755	22940471	3527411
中型企业	224764145	27157577	55351446	9423621	7404936
小微型企业	193645347	28059995	34316495	9745133	7871406
五、按工业行业大类分组					
煤炭开采和洗选业	49164				
石油和天然气开采业	7129022	203151	3675605		
黑色金属矿采选业	1270761				
有色金属矿采选业	694830				
非金属矿采选业	1209460	8002			1822
开采辅助活动	310496		255354		7832
其他采矿业					
农副食品加工业	16216213	2594123	1114799	236878	409338
食品制造业	11280570	3189345	621409	383755	397784
酒、饮料和精制茶制造业	7162715	2075725	683853	162068	84576
烟草制品业	4851482	2357743	507665		207999
纺织业	13433239	1525466	697689	258885	1048882
纺织服装、服饰业	17014269	1895951	1837002	394288	2389516
皮革、毛皮、羽毛及其制品和制鞋业	10588813	1551606	1595576	120010	66311
木材加工和木、竹、藤、棕、草制品业	4135555	452421	193447	61681	4608
家具制造业	9129065	947475	1595316	123795	817171
造纸和纸制品业	17193326	1575065	1350899	829716	376403
印刷和记录媒介复制业	9101353	1060523	2394907	177544	1038911
文教、工美、体育和娱乐用品制造业	20039803	1525385	9950165	132052	1771563
石油加工、炼焦和核燃料加工业	12893929	2657215	446261	1218660	
化学原料和化学制品制造业	36116629	10468226	2986865	2459540	1246384
医药制造业	13764752	2588467	3815544	1231649	478696
化学纤维制造业	1192636	45012	20418	263578	9816
橡胶和塑料制品业	28249609	3153301	5853779	1701515	1970182
非金属矿物制品业	29439956	1596695	3585742	700653	188463
黑色金属冶炼和压延加工业	15509127	3889270	391972	1193709	7741
有色金属冶炼和压延加工业	17626328	1811496	2084583	67042	264365
金属制品业	27644526	2507044	4757972	746213	157955
通用设备制造业	23124210	5484956	4917174	1826731	217501
专用设备制造业	18566039	1827056	7285997	851029	332368
汽车制造业	35208997	20484545	4965785	388904	215236
铁路、船舶、航空航天和其他运输设备制造业	14093114	6774456	1086726	1971265	36881
电气机械和器材制造业	85076343	5747470	17189079	15008263	802423
计算机、通信和其他电子设备制造业	170724044	12697593	95038383	5678754	457727
仪器仪表制造业	6249198	663349	3301931	363049	30037
其他制造业	1418027	89324	358072	15355	52402
废弃资源综合利用业	4122116	253852	6674	42868	156601
金属制品、机械和设备修理业	977409	483834	121517	262791	47384
电力、热力生产和供应业	86835313	27031362	12483866	2215228	3179927
燃气生产和供应业	4758815	1871731	821098	497344	23940
水的生产和供应业	12151475	2362657	4108576	524415	305011

企业资产合计

单位：万元

佛山市	#顺德	韶关市	河源市	梅州市	惠州市	汕尾市
101284747	**35282425**	**12030009**	**7611806**	**6195652**	**37977019**	**4588565**
67749551	23778773	10624722	4822374	5354463	12865722	3136542
17193122	7688379	967513	2165197	458315	12769970	1361465
16342074	3815272	437774	624234	382873	12341326	90559
7692554	132320	7617094	1142725	1830328	10295067	1479933
46065331	23563741	1866648	1687006	1779732	9165181	1308917
55219416	11718684	10163361	5924799	4415920	28811838	3279648
40594037	21028773	4885825	2411730	1335234	21159700	1957416
26094324	6963836	3450700	3181277	2560475	9600431	2122335
34596387	7289816	3693484	2018799	2299943	7216888	508815
		49164				
		257965	659155	47914	12939	
		421799	42184	80066	9284	
40355		99832	134401	18847	35873	
1076793	355547	87344	84833	94999	257836	158988
1515773	123723	44536	73299	15156	96200	47818
1380691	62434	64224	114620	95660	183861	12713
		715347		841773		
3184858	665716	114909	108122	23872	250275	297896
1832048	580607	23829	114050	42816	571282	82588
1038320	131048	36188	150249	92219	615057	88153
997586	288312	300584	61365	252979	170955	8641
1652455	459518	19666	2924	79068	611092	
1611994	325220	62879	25717	7593	202411	37915
952524	384888	14382	72167	21835	309181	9681
1715245	529205	253068	149112	35242	362066	277966
831701	6191				2828854	
4261778	1064753	636905	31965	57115	4437998	65689
602786	225191	90535	123097	141710	116418	
346489	28520		8559	21387	3002	
5419420	2002042	58228	99073	80866	1357154	249819
6459300	317564	471950	476434	722220	942510	113346
3006389	571217	2746511	345911	36175	191704	
4388287	395759	775062	49799	137639	84810	
7255048	1610230	291502	51803	43293	948495	134361
3785178	918872	207957	35034	37238	459583	6578
4084902	2321379	196426	383180	18279	213210	429
4241539	1540777	86495		214588	1403505	
521206	183965		6988	14469	174315	12802
23755034	17962499	170616	1008718	218761	1844693	51561
5202739	1303642	314311	1725549	802799	15269200	1303922
454085	19159	15787	28259	17547	103792	
56951	6839	819	32626		54018	1743
1898219	10628	155397	4013	5499	87152	24466
		2154				4839
5598054	477359	3174498	1333812	1787287	3323522	1545583
416294		29560	24629	13844	72922	
1700708	409623	39581	50162	74900	371853	51070

1-14 续表1

项　　目	东莞市	中山市	江门市	阳江市	湛江市
总　　计	**81033203**	**33597275**	**26205647**	**8063383**	**16734430**
一、按登记注册类型分组					
内资企业	26815209	12814466	11648813	6105005	10110922
港、澳、台商投资企业	33695087	9901835	10502791	835572	5095470
外商投资企业	20522908	10880975	4054044	1122806	1528038
二、按企业控股情况分组					
国有控股	6798875	3291446	3768664	2228000	4644108
三、按轻重工分组					
轻工业	34049097	15885704	12559956	2506880	8658289
重工业	46984107	17711571	13645691	5556503	8076141
四、按企业规模分组					
大型企业	34879649	12996334	8436756	2782546	7002593
中型企业	26643574	11133037	9268522	3249226	6342971
小微型企业	19509980	9467904	8500369	2031610	3388867
五、按工业行业大类分组					
煤炭开采和洗选业					
石油和天然气开采业					3250265
黑色金属矿采选业					3813
有色金属矿采选业					16622
非金属矿采选业		10017	34294	6651	36182
开采辅助活动					47310
其他采矿业					
农副食品加工业	2107874	229831	401876	850012	4807111
食品制造业	1043858	1066615	1369842	35548	124042
酒、饮料和精制茶制造业	844350	463464	157007	9215	230272
烟草制品业				3436	217519
纺织业	1718911	953363	1115724	17106	163276
纺织服装、服饰业	3923982	1403343	468637	103197	14631
皮革、毛皮、羽毛及其制品和制鞋业	2190555	595777	473650	61028	89475
木材加工和木、竹、藤、棕、草制品业	202818	251471	151296	143117	198569
家具制造业	1668189	571902	342464	89724	206897
造纸和纸制品业	5738605	985525	1714062	38527	1637953
印刷和记录媒介复制业	1376590	258985	528486	51501	113007
文教、工美、体育和娱乐用品制造业	2241623	637737	209056	1722	6598
石油加工、炼焦和核燃料加工业	194785	268221	181085	4269	939131
化学原料和化学制品制造业	2382220	1650139	1651955	35299	267507
医药制造业	240609	663211	188777	51106	250882
化学纤维制造业	54857	7850	255694		
橡胶和塑料制品业	3948505	1625879	720128	99927	142606
非金属矿物制品业	1793679	1179413	1551520	516804	486977
黑色金属冶炼和压延加工业	355451	250285	493571	931620	600
有色金属冶炼和压延加工业	917742	825961	251881	1137205	31232
金属制品业	2468424	1547367	2470192	999761	42782
通用设备制造业	3071720	1912575	397900	105294	102531
专用设备制造业	1410037	642900	188765	79900	180689
汽车制造业	963270	875750	502115	81437	28762
铁路、船舶、航空航天和其他运输设备制造业	685038	308094	2113495	5091	274273
电气机械和器材制造业	7066031	6948432	2721267	101760	662764
计算机、通信和其他电子设备制造业	23827984	4305220	1780579	26154	29186
仪器仪表制造业	1047051	149398	16975	5253	
其他制造业	450400	153593	57338	19268	1758
废弃资源综合利用业	14895	6884	21397	111574	8719
金属制品、机械和设备修理业	4512				3634
电力、热力生产和供应业	5746422	2110228	3273393	2227264	1926027
燃气生产和供应业	298194	261606		34019	63966
水的生产和供应业	1034022	476240	401228	79597	126865

单位：万元

茂名市	肇庆市	清远市	潮州市	揭阳市	云浮市
8575037	**16246743**	**12291496**	**6298148**	**14064497**	**5289504**
8136093	8538442	7427304	4970343	12143837	3487594
234102	4242869	4078256	1040797	1534050	1492684
204842	3465432	785936	287008	386610	309226
4594950	2486627	2034423	1788045	2622042	1133981
1852789	4528281	2450378	2898565	8203584	1600205
6722248	11718463	9841118	3399583	5860912	3689299
4205412	5968638	3204553	2275279	3678974	1233604
1480845	5403855	5052717	2217256	5706086	1918935
2888781	4874251	4034226	1805613	4679436	2136965
18985	246883	21446			1662
42623	52844	21326		2702	5383
149600	170578	106630		6704	349674
700400	161618	238608	103134	322616	177205
90843	107760	79582	492774	454749	29883
42614	179087	220137	43583	102433	12562
95572	526467	445032	58053	721522	107362
40350	162476	77788	140884	1383801	111809
114154	316270	464626	185720	704661	39208
285740	275556	59876	2797	23191	36858
43430	273656	16671	12103	43006	12063
100293	326651	251613	83889	132037	103580
3593	210971	174383	215292	111759	5132
68039	199459	128547	36667	311623	26868
3315820	4731			3197	
871351	1067617	505693	74778	581924	375683
78528	470578	64606	93802	2161521	312231
	64251			91725	
189113	248605	367126	290997	597221	76167
287049	1999576	2901535	1339656	321543	1804894
96672	65376	436717	102081	967372	
3750	2776365	1815036	82585	40071	81420
56891	1592149	34380	234040	851560	453293
46709	230021	117779	34519	43752	83483
158338	120944	39573	83788	422402	45830
	627735	76525		14784	38023
1434	33631	2851		68729	1372
30580	382882	512317	190154	552599	110940
60728	1284048	302214	328531	217951	70472
1927	24815	7952	2859	15134	
	23588	7742	1481	33224	8325
1644	373673	876203	5518	62081	4789
	6449			23141	17155
1513863	1421537	1846838	1757592	2596840	742172
3210	57328		269130		
61197	160572	70146	31745	76922	44009

1–15 各市规模以上工

项　　目	全省	广州市	深圳市	珠海市	汕头市
总　　计	**1096730719**	**171928820**	**230952085**	**34608578**	**24817958**
一、按登记注册类型分组					
内资企业	569954216	65928440	110714730	14157653	19488053
港、澳、台商投资企业	246037083	31482194	55646913	7625372	2350503
外商投资企业	280739419	74518186	64590443	12825553	2979401
二、按企业控股情况分组					
国有控股	175251579	47199151	34935286	9518267	3425047
三、按轻重工分组					
轻工业	416694784	61392317	62023841	13383272	17107714
重工业	680035935	110536503	168928244	21225306	7710244
四、按企业规模分组					
大型企业	496609237	95343036	139659159	17528176	4189061
中型企业	290884255	34832348	53753388	8681289	7965647
小微型企业	309237226	41753436	37539539	8399113	12663250
五、按工业行业大类分组					
煤炭开采和洗选业	32774				
石油和天然气开采业	6310877	346	3790795		
黑色金属矿采选业	1745170				
有色金属矿采选业	1379676				
非金属矿采选业	2744190	17345			348
开采辅助活动	383580		306555		8010
其他采矿业					
农副食品加工业	28355081	4683387	1658642	525648	937751
食品制造业	16440334	4596574	599613	314754	475720
酒、饮料和精制茶制造业	9927181	2918745	1023896	154210	83446
烟草制品业	4231993	2015338	588298		112263
纺织业	24560764	2989537	675498	203255	1663300
纺织服装、服饰业	34787244	5406914	2403941	491936	4146918
皮革、毛皮、羽毛及其制品和制鞋业	20511247	2779879	1375437	175954	167245
木材加工和木、竹、藤、棕、草制品业	6364139	285037	136029	79985	1936
家具制造业	15167786	1460680	1463138	114407	910039
造纸和纸制品业	17342519	1440466	1341098	477203	603245
印刷和记录媒介复制业	10746906	1256167	1827717	114271	1030656
文教、工美、体育和娱乐用品制造业	37525443	2612075	15340487	184329	3391536
石油加工、炼焦和核燃料加工业	36520178	7484898	528058	970418	
化学原料和化学制品制造业	54612764	18393059	2307075	2444137	1515940
医药制造业	12224588	2396958	1894655	1172986	327504
化学纤维制造业	1349026	72059	49937	320347	10036
橡胶和塑料制品业	42079839	3741153	6974655	898794	2833411
非金属矿物制品业	40333570	1761999	2748996	346454	252597
黑色金属冶炼和压延加工业	25874330	5408306	585872	1398217	7610
有色金属冶炼和压延加工业	30238959	4694842	2922831	83592	160505
金属制品业	49189637	3762104	4647531	745963	321047
通用设备制造业	32375777	6465836	6520638	1421361	295134
专用设备制造业	18566554	1838345	5310348	875516	377868
汽车制造业	47076011	33182791	2922548	412532	441618
铁路、船舶、航空航天和其他运输设备制造业	12242310	5526847	1017022	366647	29075
电气机械和器材制造业	108953242	9116579	20125457	8626100	871930
计算机、通信和其他电子设备制造业	258355148	19490212	127158020	8315196	533040
仪器仪表制造业	7622452	777407	3061104	324841	46867
其他制造业	2199968	168246	474287	7055	68421
废弃资源综合利用业	9547111	523228	8431	60878	185680
金属制品、机械和设备修理业	913727	242952	111606	339778	34112
电力、热力生产和供应业	58627999	11827284	7400000	2029018	2879574
燃气生产和供应业	6151904	2101628	644689	529828	25888
水的生产和供应业	3118722	489597	1007184	82967	67689

业企业总产值

单位：万元

佛山市	#顺德	韶关市	河源市	梅州市	惠州市	汕尾市
171218835	**53533152**	**11605931**	**11401354**	**5679947**	**66052943**	**9687201**
115792819	34981426	9652879	7135843	4489976	23959480	5901502
31011447	13359481	1372209	2647736	726250	16179073	3276651
24414569	5192245	580843	1617776	463721	25914389	509048
8055084	60492	5432659	1126895	1597286	16552075	955684
79446706	36874492	2761702	2980220	1922201	14489985	5299750
91772129	16658660	8844228	8421134	3757746	51562958	4387451
60052986	32899199	4352473	3799261	1387574	41020224	5242022
40419086	9113680	2964460	3974766	2381841	12314832	3798623
70746763	11520273	4288998	3627327	1910532	12717887	646556
		32774				
		193001	448229	54680	31999	
		307513	239919	76741	5824	
29704		281141	378524	14322	131971	
2645651	763396	180219	245410	141076	554159	279000
2358356	294289	40798	132714	24859	164915	115229
1879545	78295	80161	217216	50074	304006	25555
		607580		713493		
6728709	845655	212183	205049	18254	462619	1149157
4199543	1176154	42637	287404	63727	959153	685003
2485946	172645	58568	229412	141536	1291611	240573
1356781	373547	324022	89616	17768	367794	46158
3903755	868780	41106	8541	136683	1312657	
2424865	335544	43000	33571	4988	278315	63757
1554716	223521	32345	63776	24057	372966	43719
5502625	3194572	573705	261318	107730	581349	1771095
2300488	6933				9488223	
7336025	1633477	1118814	125556	41337	4835592	281329
766202	135128	92785	227325	57498	125157	
178598	17025		6205	50768	14776	
9303278	2532719	148276	136732	164341	1782592	986639
11819451	410514	582220	504839	688973	1313908	351549
5712619	1436143	2684939	1833001	162048	714551	
9673427	808219	718421	155318	196423	171949	
14047052	3759605	339560	133218	72824	1402879	377490
6893860	1495284	177292	79717	39572	601102	12596
4847324	1702934	198019	356549	16905	297248	18407
4656780	1649452	91429		223901	1415241	
976369	266669		68453	17085	116488	11716
37318168	27051088	344928	667485	231899	3318144	80079
9222994	1974072	294370	3156108	915853	30255592	2153089
814747	21981	47585	68615	16762	125897	
159089	17220	2198	37132		82710	3258
3852808	11219	195987	13482	11160	176597	55734
		5626				6182
5206691	204903	1477146	972294	1161092	2861374	913644
631769		19969	11301	3235	40928	
430903	72168	15617	7328	18285	92662	16242

1-15 续表1

项　　目	东莞市	中山市	江门市	阳江市	湛江市
总　　计	**110234490**	**56737453**	**31078568**	**15640855**	**20413655**
一、按登记注册类型分组					
内资企业	34904660	23502152	15023969	11854738	12641211
港、澳、台商投资企业	40861067	15082795	11523853	1981841	3855246
外商投资企业	34468763	18152506	4530746	1804276	3917198
二、按企业控股情况分组					
国有控股	7360977	4473786	3202340	3026178	7185913
三、按轻重工分组					
轻工业	42972657	29106476	15123981	7675002	9812694
重工业	67261833	27630977	15954587	7965852	10600961
四、按企业规模分组					
大型企业	51681570	21720686	9525569	3952363	5381644
中型企业	34288342	18209827	9821158	5128753	8486166
小微型企业	24264578	16806940	11731840	6559738	6545845
五、按工业行业大类分组					
煤炭开采和洗选业					
石油和天然气开采业					2519737
黑色金属矿采选业					6978
有色金属矿采选业					11538
非金属矿采选业		21551	78491	8740	240501
开采辅助活动					69016
其他采矿业					
农副食品加工业	3670506	548866	1070331	1585650	4911129
食品制造业	890392	1542489	1990558	254045	168401
酒、饮料和精制茶制造业	1191663	772518	188804	67224	212950
烟草制品业				9092	185930
纺织业	1810342	1574356	1119435	69740	168044
纺织服装、服饰业	5130187	3049354	912145	432898	50965
皮革、毛皮、羽毛及其制品和制鞋业	3420113	1322466	696162	170030	270127
木材加工和木、竹、藤、棕、草制品业	200158	241040	242155	598016	679371
家具制造业	2345692	1126175	559844	327925	568931
造纸和纸制品业	4982083	1293182	1244649	144735	1142101
印刷和记录媒介复制业	1342205	722044	493432	109122	94069
文教、工美、体育和娱乐用品制造业	3348656	1183744	205968	2452	33518
石油加工、炼焦和核燃料加工业	199765	481380	279472	16539	3331599
化学原料和化学制品制造业	2953671	2249450	2491734	174959	589402
医药制造业	155891	1674598	149839	190420	175423
化学纤维制造业	78131	14812	316715		
橡胶和塑料制品业	5126823	3111915	1275752	360773	313204
非金属矿物制品业	1463462	1162138	1905111	636853	657425
黑色金属冶炼和压延加工业	455558	407819	692073	1654838	2050
有色金属冶炼和压延加工业	993372	1677373	429365	1807284	122608
金属制品业	2885817	2836962	3559753	4342566	169079
通用设备制造业	5080795	2710004	570229	206373	108063
专用设备制造业	1405579	1076401	215443	158755	291654
汽车制造业	1233660	1226097	445898	73953	20140
铁路、船舶、航空航天和其他运输设备制造业	581497	524677	2434123	14257	156586
电气机械和器材制造业	9048513	11448196	2635751	270834	1479311
计算机、通信和其他电子设备制造业	41327123	8829141	1839964	97134	34309
仪器仪表制造业	1716617	404046	13462	29908	
其他制造业	441649	397366	92447	100845	2186
废弃资源综合利用业	21263	43992	37653	554960	51112
金属制品、机械和设备修理业	4248				3910
电力、热力生产和供应业	6083691	2121945	2824962	1040690	1447157
燃气生产和供应业	352307	708645		77072	92456
水的生产和供应业	293065	232709	66851	52173	32676

单位：万元

茂名市	肇庆市	清远市	潮州市	揭阳市	云浮市
21461246	**34102909**	**14324203**	**10883140**	**36041900**	**7858652**
20663387	21312780	9136552	8257079	29727848	5708466
499417	7535002	4175943	1698306	4636116	1869152
298441	5255127	1011708	927755	1677936	281033
11483306	2785315	2028805	1654202	2230273	1023050
4822969	9587017	2972098	6179202	24750522	2884460
16638277	24515892	11352105	4703939	11291378	4974192
11981771	7327500	3712040	2301537	4894499	1556086
2210029	14766487	6657598	4026694	14062537	2140386
7269445	12008923	3954565	4554909	17084864	4162180
62076	927511	12525			8170
62869	604104	21325		17559	32284
303207	695079	186284		61577	295408
1986420	382339	577230	260063	1021707	489896
208501	287020	123622	679615	1410115	62046
88517	248129	111901	76323	204366	27933
175756	922520	338704	79531	3819737	175038
118516	556659	100485	363573	5158704	226584
316853	1373563	781834	551005	2585969	76963
666987	850324	50454	5692	70599	54217
161802	445609	26129	22536	205229	26911
84176	603030	208806	228610	542296	158344
9238	392150	165502	400301	681548	16907
261455	667557	170533	103958	1163584	57772
11405708	29696			3936	
2489104	2930725	565574	166605	889215	713461
174558	458457	55811	93428	1855542	179551
	55427			181215	
346520	941405	508317	347682	2618541	159038
691397	3941873	2522193	3290893	1400335	2290905
174882	292489	713956	89019	2884483	
7816	3831525	2062558	247034	171820	110899
136247	4549067	101936	618165	3170813	969565
91906	393565	283671	99855	133718	190491
164913	383738	44505	71692	507114	110231
	561855	76388		69436	21745
4158	114409	13454		261898	7548
79606	670300	655392	274915	1428181	261476
159629	2778039	275560	321329	853653	344794
4597	61073	9045	9830	90050	
	77002	10058	6636	50873	18510
10341	1561473	1914253	4641	243991	19450
	38852			122349	4111
939414	1334040	1618824	1642035	2114343	732783
30881	67834		813475		
43199	74472	17375	14701	47407	15618

1-16 各市规模以上工

项　目	全省	广州市	深圳市	珠海市	汕头市
总　　计	**64964188**	**11056905**	**12776193**	**2498882**	**1905366**
一、按登记注册类型分组					
内资企业	35123466	3161714	6769595	1701357	1363912
港、澳、台商投资企业	13301627	1535018	3487283	358038	182803
外商投资企业	16539096	6360173	2519315	439487	358650
二、按企业控股情况分组					
国有控股	11055010	3087359	2373895	1558972	409140
三、按轻重工分组					
轻工业	25379372	4152744	2528739	1676970	1246977
重工业	39584816	6904162	10247454	821912	658388
四、按企业规模分组					
大型企业	31475256	7763167	8360267	1650966	226124
中型企业	18027071	1908600	3140604	621147	950797
小微型企业	15461861	1385139	1275322	226769	728445
五、按工业行业大类分组					
煤炭开采和洗选业	2043				
石油和天然气开采业	2154905	-661	1543933		
黑色金属矿采选业	266859				
有色金属矿采选业	160391				
非金属矿采选业	248046	138			2
开采辅助活动	84997		60710		442
其他采矿业					
农副食品加工业	1341202	177896	78758	-8038	23252
食品制造业	2387505	699174	23329	65914	22549
酒、饮料和精制茶制造业	738118	163189	32577	7144	-7514
烟草制品业	456520	206997	89605		4858
纺织业	1403055	85092	32839	-4258	113295
纺织服装、服饰业	1868378	155282	155660	11132	316643
皮革、毛皮、羽毛及其制品和制鞋业	832350	79136	154719	2228	7590
木材加工和木、竹、藤、棕、草制品业	508730	10129	-612	665	-110
家具制造业	740717	98169	39622	4310	85367
造纸和纸制品业	700485	53981	38631	7176	44706
印刷和记录媒介复制业	703183	37499	178888	6380	101378
文教、工美、体育和娱乐用品制造业	1128252	114898	251654	5783	222682
石油加工、炼焦和核燃料加工业	837537	77309	117757	13683	
化学原料和化学制品制造业	4010670	1785061	171399	-22753	90507
医药制造业	1501331	267298	379511	120177	40793
化学纤维制造业	96171	3840	1350	48694	319
橡胶和塑料制品业	2153264	110762	184364	4646	248874
非金属矿物制品业	2704408	73436	229393	2421	18705
黑色金属冶炼和压延加工业	1046682	20240	2301	36395	371
有色金属冶炼和压延加工业	990684	51372	23240	4333	21689
金属制品业	3116591	95465	240420	23786	18329
通用设备制造业	1773489	489819	264117	81733	11083
专用设备制造业	1377287	99969	458743	69327	44559
汽车制造业	4331722	3558996	-55551	29292	-9452
铁路、船舶、航空航天和其他运输设备制造业	418122	108018	37963	12963	-47
电气机械和器材制造业	6578486	347738	629479	1445916	39725
计算机、通信和其他电子设备制造业	11059172	830078	5768054	264580	31765
仪器仪表制造业	534807	70905	257442	54635	3889
其他制造业	75915	5981	23720	215	1381
废弃资源综合利用业	808685	-48225	-750	1544	16374
金属制品、机械和设备修理业	55430	-13308	13733	33598	4197
电力、热力生产和供应业	4902224	1151133	968683	161648	382535
燃气生产和供应业	506984	74015	162350	1136	1176
水的生产和供应业	358796	16086	218163	12480	3459

业企业利润总额

单位：万元

佛山市	#顺德	韶关市	河源市	梅州市	惠州市	汕尾市
12852946	**3682605**	**674678**	**778696**	**388083**	**2799262**	**367802**
8445194	2525669	564907	623000	310523	1060388	254745
2129608	725644	59678	134196	34538	524725	105688
2278143	431291	50094	21500	43022	1214150	7368
345653	84	216650	64017	73647	716757	77600
5950003	2493631	193204	164485	146762	421610	92999
6902943	1188974	481474	614211	241321	2377653	274803
4559625	2467799	105884	134450	115897	1648841	240005
3578055	722855	209582	406833	188873	690418	112395
4715266	491950	359213	237414	83313	460003	15402
		2043				
		14335	113910	2364	617	
		116297	27275	-2077	-487	
1419		36675	39472	2325	10169	
189059	14410	5476	10923	3700	34209	9657
428862	23005	2837	11499	908	5116	4126
205788	1401	11820	17888	3262	22574	110
		61497		73138		
496257	49584	5025	6331	597	30269	26924
253017	52394	2300	8724	443	28345	5692
147033	5675	2802	12230	28757	50227	2929
128610	40454	41608	5464	-1498	20543	-599
290358	50768	2414	915	6538	25254	
159651	12523	-921	1195	4	-401	786
109557	10825	125	-288	-2014	1218	148
216691	71343	17541	4658	2198	11674	32657
138452	115				255109	
531624	93751	107595	4452	1754	204325	4667
80189	19896	19252	34439	7154	4101	
20056	-26		68	5201	1335	
817966	243448	9556	854	2560	60374	11187
813129	2548	63496	22036	28582	51409	7182
353935	87005	38473	188680	3368	54822	
588343	27815	-51545	11602	4260	4033	
1047326	344836	27209	8890	5733	44814	2210
444343	75299	11905	4936	2011	42123	1181
447749	197542	3467	21997	1375	6427	25
425579	93812	7113		13494	93267	
59615	5591		4285	-19	5827	2060
2732762	2029116	16534	37152	11088	169975	368
915589	112137	6920	108342	41588	1304475	179670
46251	606	5006	7217	1922	9488	
17084	587	7	116		-487	85
447655	319	14396	857	112	5958	2566
		574				591
171547	-1008	70810	60983	139700	237761	72965
69568		2230	830	430	2675	
57882	16833	-188	766	-872	2126	617

1-16 续表1

项目	东莞市	中山市	江门市	阳江市	湛江市
总计	**3137479**	**2744789**	**1560754**	**1735796**	**1005654**
一、按登记注册类型分组					
内资企业	997701	878983	678330	1210120	376629
港、澳、台商投资企业	1016076	741757	699222	295456	618258
外商投资企业	1123702	1124049	183201	230221	10768
二、按企业控股情况分组					
国有控股	362463	164547	369505	161297	192539
三、按轻重工分组					
轻工业	1244555	1628148	745249	931442	209215
重工业	1892924	1116640	815504	804354	796439
四、按企业规模分组					
大型企业	1606143	1564920	930134	348057	711100
中型企业	890004	655392	390835	701027	152100
小微型企业	641332	524476	239784	686713	142454
五、按工业行业大类分组					
煤炭开采和洗选业					
石油和天然气开采业					611633
黑色金属矿采选业					231
有色金属矿采选业					227
非金属矿采选业		1597	3953	360	7003
开采辅助活动					23845
其他采矿业					
农副食品加工业	132494	23481	17829	171614	28694
食品制造业	99656	442377	300643	31322	1311
酒、饮料和精制茶制造业	28634	119863	40607	5072	4320
烟草制品业				1329	19097
纺织业	42794	102546	11098	8913	3553
纺织服装、服饰业	204416	72184	17938	71182	310
皮革、毛皮、羽毛及其制品和制鞋业	41836	23089	9466	17837	7122
木材加工和木、竹、藤、棕、草制品业	1120	29619	7035	77582	6186
家具制造业	25792	29447	13379	46118	-1212
造纸和纸制品业	115043	28522	41447	17996	83999
印刷和记录媒介复制业	119587	17716	9790	13053	-5324
文教、工美、体育和娱乐用品制造业	32210	29211	3763	9	220
石油加工、炼焦和核燃料加工业	780	-25549	-918	-382	-446
化学原料和化学制品制造业	136636	218418	97496	20509	-1165
医药制造业	24757	80892	23764	32450	25361
化学纤维制造业	1269	-109	-4606		
橡胶和塑料制品业	129338	82226	30708	43319	6855
非金属矿物制品业	51557	74362	61159	85273	12489
黑色金属冶炼和压延加工业	6326	2988	93	112094	98
有色金属冶炼和压延加工业	-25592	13287	10159	170785	-1168
金属制品业	78812	163451	122723	564655	4244
通用设备制造业	137657	139579	23144	27247	6601
专用设备制造业	68333	23323	18080	17426	5462
汽车制造业	91977	110264	24430	3514	807
铁路、船舶、航空航天和其他运输设备制造业	17689	2168	120270	2138	9762
电气机械和器材制造业	267782	474043	126190	31898	26147
计算机、通信和其他电子设备制造业	882451	327928	60747	14180	3028
仪器仪表制造业	60347	4059	294	4915	
其他制造业	-5833	10919	721	13693	-113
废弃资源综合利用业	906	425	300	57471	1975
金属制品、机械和设备修理业	159				106
电力、热力生产和供应业	328083	68052	361844	63317	112190
燃气生产和供应业	42035	33753		4267	1096
水的生产和供应业	-1572	20661	7210	4642	1112

单位：万元

茂名市	肇庆市	清远市	潮州市	揭阳市	云浮市
1430289	**2181718**	**757984**	**1009105**	**2783613**	**518196**
1342044	1549010	478971	764976	2200075	391292
52119	402679	244170	136898	420899	122519
36126	230030	34843	107232	162639	4385
212880	131542	70556	191095	193501	81396
668943	580703	138408	478152	1980998	199066
761346	1601015	619576	530954	802615	319129
213324	297227	160095	309602	426300	103130
236522	983018	485801	325468	1284673	114928
980443	901474	112088	374035	1072640	300138
5613	130577	−903			116
10158	1722	1085		1210	4981
46657	61446	4852		1052	30928
289443	30211	34609	18047	48856	21035
35555	25140	5589	65186	110401	6014
13885	20197	27188	7753	12966	796
18086	65068	12653	2888	337862	5222
9720	42624	5184	18760	473677	15146
40665	54285	19335	28956	96089	6017
75204	102319	−1218	57	3330	3295
21122	35409	244	1211	14308	1951
8107	26967	8643	12470	42915	9570
539	16378	6481	34228	56193	1652
27929	43770	−161	6170	103812	884
260929	766			47	
265469	210980	25247	20647	73583	64222
23961	22781	5303	11511	267985	29654
	−1380			20134	
49212	82793	19347	39765	208539	10020
85800	384288	184118	257948	70445	127183
20181	27357	27361	482	151118	
651	65787	72360	18016	5431	3642
14819	343681	1836	43230	190107	74855
13678	19740	19457	11726	4714	16695
16631	15414	1167	9624	40876	7313
	27451	2945		9075	−1478
63	12967	734		21614	52
11076	21444	17226	31135	118830	21979
15524	149083	1573	72989	69734	10876
528	2154	180	343	5232	
	2718	305	422	4033	949
582	68474	220370	322	14421	2953
	2807			13041	−67
45377	52520	30650	190811	189128	42489
−85	7381		104130		
3212	6403	4226	278	2855	−749

1-17 各市规模以上工业

项　　目	全省	广州市	深圳市	珠海市	汕头市
总　　计	**14558149**	**1505556**	**3287397**	**453503**	**410223**
一、按登记注册类型分组					
内资企业	6454102	648142	1213808	162171	326538
港、澳、台商投资企业	5026359	439904	1215111	136434	40241
外商投资企业	3077688	417510	858478	154898	43444
二、按企业控股情况分组					
国有控股	816651	184433	210433	54850	18752
三、按轻重工分组					
轻工业	7547092	856899	1195090	177553	327101
重工业	7011057	648657	2092307	275950	83122
四、按企业规模分组					
大型企业	5085548	557315	1489291	185766	49482
中型企业	5692310	508865	1191216	168593	154803
小微型企业	3780291	439376	606890	99144	205938
五、按工业行业大类分组					
煤炭开采和洗选业	224				
石油和天然气开采业	4368	114	2344		
黑色金属矿采选业	9854				
有色金属矿采选业	8895				
非金属矿采选业	24577	201			28
开采辅助活动	1379		595		52
其他采矿业					
农副食品加工业	172107	13165	8725	3744	9283
食品制造业	199117	62935	14087	4295	7755
酒、饮料和精制茶制造业	86631	26660	7181	2290	1398
烟草制品业	8225	2995	624		1232
纺织业	437591	49610	16644	5103	30888
纺织服装、服饰业	1009189	141215	112887	22266	107996
皮革、毛皮、羽毛及其制品和制鞋业	829648	102439	58670	13560	5203
木材加工和木、竹、藤、棕、草制品业	89074	5525	4125	1280	136
家具制造业	341457	32726	49322	3949	7473
造纸和纸制品业	234269	14705	38298	5213	8235
印刷和记录媒介复制业	241403	25038	59744	3743	11506
文教、工美、体育和娱乐用品制造业	824518	81907	155174	5937	79974
石油加工、炼焦和核燃料加工业	26148	7320	415	1432	
化学原料和化学制品制造业	343250	90678	26943	13290	16985
医药制造业	118057	33205	16203	10367	4437
化学纤维制造业	14288	699	2064	1071	236
橡胶和塑料制品业	854565	62867	219207	20198	40631
非金属矿物制品业	591550	23910	72209	8258	2423
黑色金属冶炼和压延加工业	117056	10674	3739	4763	128
有色金属冶炼和压延加工业	163014	10997	8660	1444	1462
金属制品业	800543	56376	115244	15937	5160
通用设备制造业	463801	62497	114269	25028	5116
专用设备制造业	339184	25787	121737	17497	5410
汽车制造业	325668	125983	51659	9714	12208
铁路、船舶、航空航天和其他运输设备制造业	157424	56535	27000	5646	833
电气机械和器材制造业	1801451	105326	471200	83575	15151
计算机、通信和其他电子设备制造业	3308978	212181	1388829	147781	10273
仪器仪表制造业	223688	16897	85585	6310	652
其他制造业	59329	3141	13082	273	1697
废弃资源综合利用业	41924	1121	233	334	2343
金属制品、机械和设备修理业	10970	4858	2062	1156	500
电力、热力生产和供应业	211292	23734	10307	5977	10714
燃气生产和供应业	13963	4022	419	407	251
水的生产和供应业	49480	7513	7911	1665	2454

企业从业人员平均人数

单位：人

佛山市	#顺德	韶关市	河源市	梅州市	惠州市	汕尾市
1687248	**659737**	**165247**	**150846**	**105277**	**724092**	**255193**
1098546	425949	103890	53599	67833	177250	147959
346781	171439	54212	77019	23686	357397	100430
241921	62349	7145	20228	13758	189445	6804
41752	844	49628	7562	13474	33336	6156
924456	463885	69439	83558	42939	301716	195972
762792	195852	95808	67288	62338	422376	59221
648458	347606	58444	51017	19929	305732	129607
478611	150713	57804	67975	51523	267283	114479
560179	161418	48999	31854	33825	151077	11107
		224				
		2357	2568	745	139	
		5445	768	771	144	
451		2592	2435	227	517	
11353	5276	1525	1835	912	3900	5909
13332	3813	839	1725	605	1928	3301
10488	952	1292	1431	1272	1733	613
		1573		1455		
71351	16623	6495	7331	905	8130	40992
67925	33978	1563	9755	3393	33428	32983
53946	7059	2377	11315	4248	51079	6261
11614	4135	3483	1144	594	3603	1619
56593	16535	739	235	5336	22189	
24123	6805	1859	740	128	5611	1316
15921	3999	1932	2264	2307	8999	2396
47831	13185	34509	15465	8839	25513	67410
2055	60				2008	
47144	12707	13558	1031	810	14052	1987
7204	2602	1279	1940	1720	3492	
866	197		112	260	112	
81959	27965	2982	4423	3016	42259	36458
135920	9994	6181	7500	12431	10162	5235
25151	3396	16570	4292	2326	1523	
58231	6131	6187	1001	1063	1471	
139770	41287	3422	1176	1585	24968	4880
74822	19177	3593	473	1104	9326	276
48610	18465	3604	6603	475	8441	
41667	18503	1904		3408	26284	
10356	4673		924	229	4402	298
453171	339010	10645	19206	4131	62393	3144
114393	40129	7574	32280	30270	324124	33986
21545	692	3381	2760	520	4435	
2316	286	137	1455		2638	194
8815	85	1740	120	229	1623	784
		283				114
21246	705	12406	6104	8487	10522	3881
2010		290	140	151	520	
5069	1313	707	295	1325	2424	1156

1–17 续表1

项目	东莞市	中山市	江门市	阳江市	湛江市
总计	**2661972**	**948326**	**483956**	**155402**	**139525**
一、按登记注册类型分组					
内资企业	632931	418474	209721	120248	110996
港、澳、台商投资企业	1328083	317922	204956	24285	15774
外商投资企业	700958	211930	69279	10869	12755
二、按企业控股情况分组					
国有控股	32828	23680	14380	14325	30932
三、按轻重工分组					
轻工业	1421210	619352	277520	104704	96188
重工业	1240762	328974	206436	50698	43337
四、按企业规模分组					
大型企业	907073	263089	101489	20759	27172
中型企业	1264742	406206	196225	66870	52801
小微型企业	490157	279031	186242	67773	59552
五、按工业行业大类分组					
煤炭开采和洗选业					
石油和天然气开采业					1910
黑色金属矿采选业					36
有色金属矿采选业					142
非金属矿采选业		168	1003	77	1459
开采辅助活动					732
其他采矿业					
农副食品加工业	8075	3501	6411	14934	37668
食品制造业	16271	12483	14415	1956	3559
酒、饮料和精制茶制造业	10561	6155	3279	469	2782
烟草制品业				70	276
纺织业	60437	26714	27304	1339	3429
纺织服装、服饰业	192894	117152	36768	6103	1335
皮革、毛皮、羽毛及其制品和制鞋业	287073	64175	16129	2868	3805
木材加工和木、竹、藤、棕、草制品业	5510	3948	4324	8852	7297
家具制造业	88131	33711	13820	3996	9337
造纸和纸制品业	65582	23821	11728	2259	5736
印刷和记录媒介复制业	45106	7724	24462	1598	2061
文教、工美、体育和娱乐用品制造业	195882	48568	7778	189	429
石油加工、炼焦和核燃料加工业	270	289	232	21	937
化学原料和化学制品制造业	27425	19680	20264	1474	2783
医药制造业	2859	5660	3032	939	2499
化学纤维制造业	1933	225	3322		
橡胶和塑料制品业	181411	62697	26250	5669	4456
非金属矿物制品业	32468	17359	28862	6949	6936
黑色金属冶炼和压延加工业	5637	2875	7111	8201	38
有色金属冶炼和压延加工业	16315	9216	4505	4290	448
金属制品业	99226	54373	75576	59041	1973
通用设备制造业	91006	46143	9554	2661	1533
专用设备制造业	49380	20840	4963	2799	4306
汽车制造业	19486	11083	7123	845	627
铁路、船舶、航空航天和其他运输设备制造业	10313	2608	29704	408	3939
电气机械和器材制造业	265521	196008	45887	4170	15992
计算机、通信和其他电子设备制造业	775751	112678	36585	2381	964
仪器仪表制造业	61426	15332	850	239	
其他制造业	15865	11773	1949	2113	72
废弃资源综合利用业	145	166	177	2487	327
金属制品、机械和设备修理业	48				72
电力、热力生产和供应业	24315	8251	8444	4113	7511
燃气生产和供应业	913	706		363	650
水的生产和供应业	4737	2244	2145	1529	1469

单位：人

茂名市	肇庆市	清远市	潮州市	揭阳市	云浮市
139700	**325861**	**209274**	**233932**	**396462**	**119157**
121457	188568	90295	180095	314786	66795
15478	85225	98415	36414	61473	47119
2765	52068	20564	17423	20203	5243
20153	23286	12340	7908	11215	5228
73918	130836	98730	172922	315335	61654
65782	195025	110544	61010	81127	57503
20339	85026	63154	18005	54132	30269
39670	138934	105336	132540	178310	49524
79691	101901	40784	83387	164020	39364
1305	2340	290			74
287	795	403		88	52
5513	3618	631		320	5337
14226	3160	6081	5634	7995	4071
2468	2859	2028	14549	16747	980
1399	2539	1311	1188	2234	356
5429	12268	7569	2351	49597	3705
2538	9414	4520	13929	77825	13300
10308	26212	43559	22372	42224	1825
16084	6618	1023	90	1311	894
2991	6636	1248	603	2132	290
2048	6741	2418	6137	4843	2728
173	3804	4477	10150	7738	260
7125	7608	11136	4128	15015	4101
10914	225			30	
10586	15821	4518	2750	6898	4573
2956	5205	1081	1267	10387	2325
	1111			2277	
6059	11879	9346	3893	26722	2183
9411	44347	39942	89054	11592	20401
2802	2613	4550	1081	12982	
190	21901	12093	1229	1814	497
2451	45235	1181	25976	46361	20632
1442	5911	2564	2368	1627	2488
2838	4327	1272	1495	7281	1519
	10266	2490		650	271
94	2464	327		1226	118
1058	11175	10399	5035	14106	4158
5486	29798	10119	6860	8588	18077
76	620	948	854	1258	
	1138	515	76	459	436
227	7474	10807	206	2421	145
156	425			1268	28
9140	7576	9916	7019	8794	2835
136	236		2749		
1784	1502	512	889	1652	498

1-18 各市规模以下工业企业主要经济指标

单位：万元

地区	企业数（个）	主营业务收入	主营业务税金及附加	资产总计	实收资本	从业人员期末人数（人）
总计	**270648**	**111191939**	**2076406**	**139515322**	**53314601**	**6680566**
广州市	30267	12719233	184761	15377799	5943727	703590
深圳市	54960	21649632	362259	32629085	11438950	1648573
珠海市	4784	1663161	18712	7490492	3327790	98252
汕头市	9110	5088129	137507	3429836	1547620	239095
佛山市	33216	12214551	218067	11262919	3634952	560190
#顺德	14954	4464731	66843	3910304	1341803	238856
韶关市	2483	524389	15141	1685822	676752	33083
河源市	1969	648910	21527	4438223	768305	31239
梅州市	3802	1622153	72431	2391541	1101876	77860
惠州市	8588	5859617	128203	5610444	2791677	305323
汕尾市	1012	220461	4831	681003	299406	33095
东莞市	45736	22235205	276685	23685680	9013466	1480954
中山市	30191	6270813	86134	6414561	2619768	474022
江门市	12726	4192249	67168	5488851	2065477	207487
阳江市	3715	2280663	42196	1636273	435025	130479
湛江市	4340	1769288	55772	2545726	1030170	87358
茂名市	4110	3544753	99500	4731888	2058818	111736
肇庆市	3831	1902742	93805	2790958	1190170	110169
清远市	3299	1180420	36916	2667430	1104187	61709
潮州市	6401	2224908	62533	1293500	693297	131408
揭阳市	3993	1632280	19591	1657419	844212	101679
云浮市	2115	1748383	72669	1605872	728956	53265

1-19 全省个体工业经营户情况

地区	个体经营户数（个）	从业人员（人）
总计	**425782**	**3013034**
广州市	56773	491060
深圳市	20342	91692
珠海市	3210	13393
汕头市	31747	341258
佛山市	42456	229318
#顺德	12895	71050
韶关市	9247	33050
河源市	5908	24998
梅州市	12931	58448
惠州市	20967	229442
汕尾市	5055	40589
东莞市	55089	371579
中山市	22164	133752
江门市	17854	90420
阳江市	8190	49219
湛江市	14700	80964
茂名市	19701	130568
肇庆市	14150	97825
清远市	10996	50666
潮州市	20785	155222
揭阳市	26400	245673
云浮市	7117	53898

第2篇

主要工业产品产量

2-1 规模以上工业主要产品产量

产品名称	计量单位	生产量
铁矿石原矿	吨	17292540
铜金属含量	吨	48802
铅金属含量	吨	71651
锌金属含量	吨	142947
锡金属含量	吨	2357
钨精矿折合量(折三氧化钨65%)	吨	2896
钼精矿折合量(折纯钼45%)	吨	332
硫铁矿石(折含硫35%)	吨	3390340
原盐	吨	55622
大米	吨	1041321
饲料	吨	23711022
#配合饲料	吨	11281042
混合饲料	吨	4292111
精制食用植物油	吨	4384294
成品糖	吨	1493378
鲜、冷藏肉	吨	348722
冷冻水产品	吨	1035314
糖果	吨	555903
速冻米面食品	吨	68373
方便面	吨	515359
乳制品	吨	769863
#液体乳	吨	600730
罐头	吨	506259
酱油	吨	3518752
冷冻饮品	吨	54379
发酵酒精(折96度，商品量)	千升	169034
饮料酒	千升	4949417
#白酒(折65度，商品量)	千升	142115
啤酒	千升	4716086
软饮料	吨	25253665
#碳酸型饮料(汽水)	吨	2661340
包装饮用水	吨	10564081
果汁和蔬菜汁类饮料	吨	1117497
精制茶	吨	20622
卷烟	万支	13919111
纱	吨	410644
布	万米	299456
#色织布(含牛仔布)	万米	23988
#1.棉布	万米	211753

2-1 续表1

产品名称	计量单位	生产量
2.棉混纺布	万米	50636
3.化学纤维短纤布	万米	37067
印染布	万米	1043467
绒线(俗称毛线)	吨	22501
毛机织物(呢绒)	万米	137
无纺布(无纺织物)	吨	214917
帘子布	吨	76175
服装	万件	610293
#1.针织服装	万件	338349
2.梭织服装	万件	278243
#羽绒服装	万件	1269
衬衫	万件	16296
轻革	平方米	12925531
皮革鞋靴	万双	80636
人造板	立方米	9956404
#胶合板	立方米	2769884
纤维板	立方米	5163934
刨花板	立方米	1588064
人造板表面装饰板	平方米	23667127
实木木地板	平方米	22532560
复合木地板	平方米	14840632
家具	件	184720547
#木质家具	件	83203657
金属家具	件	70250142
软体家具	件	15373957
纸浆(原生浆及废纸浆)	吨	405255
机制纸及纸板(外购原纸加工除外)	吨	17285586
#未涂布印刷书写用纸	吨	735771
#新闻纸	吨	652490
箱纸板	吨	699752
纸制品	吨	9862131
#瓦楞纸箱	吨	2565329
硫酸(折100%)	吨	2759119
盐酸(氯化氢，含量31%)	吨	666351
烧碱(折100%)	吨	323896
#离子膜法烧碱(折100%)	吨	256268
纯碱(碳酸钠)	吨	607053
乙烯	吨	2382578
纯苯	吨	389158

2-1 续表2

产品名称	计量单位	生产量
合成氨(无水氨)	吨	63039
农用氮、磷、钾化学肥料(折纯)	吨	495466
2.磷肥(折五氧化二磷100%)	吨	441771
3.钾肥(折氯化钾100%)	吨	53695
磷酸二铵(实物量)	吨	409296
化学农药原药(折有效成分100%)	吨	33327
初级形态塑料	吨	7243410
#聚丙烯树脂	吨	1059413
聚氯乙烯树脂	吨	36103
合成橡胶	吨	580658
合成纤维单体	吨	1421221
合成纤维聚合物	吨	1090189
#聚酯	吨	687429
合成洗涤剂	吨	3801812
#合成洗衣粉	吨	1195634
化学药品原药	吨	131103
中成药	吨	282812
化学纤维	吨	566855
#合成纤维	吨	530620
#锦纶纤维	吨	63653
涤纶纤维	吨	359812
丙纶纤维	吨	25390
氨纶纤维	吨	27830
橡胶轮胎外胎	条	58890236
#子午线轮胎外胎	条	13091107
硅酸盐水泥熟料	吨	70347038
#窑外分解窑水泥熟料	吨	65475805
水泥	吨	129086838
商品混凝土	立方米	63931062
水泥混凝土压力管	千米	296
水泥混凝土电杆	根	844809
预应力混凝土桩	米	44714040
瓷质砖	平方米	1931233027
炻瓷砖	平方米	13088587
细炻砖	平方米	694058
炻质砖	平方米	9946030
陶质砖	平方米	349434810
天然大理石建筑板材	平方米	14326921
天然花岗石建筑板材	平方米	7539813

2-1 续表3

产品名称	计量单位	生产量
沥青和改性沥青防水卷材	平方米	800500
平板玻璃	重量箱	94559674
钢化玻璃	平方米	32451981
夹层玻璃	平方米	20608153
中空玻璃	平方米	4547296
纤维增强塑料制品	吨	30478
耐火材料制品	吨	97689
石墨及炭素制品	吨	25039
生铁	吨	10911034
粗钢	吨	16739876
铸铁件	吨	297992
铸钢件	吨	228602
钢材	吨	34291390
大型型钢	吨	79178
中小型型钢	吨	252321
棒材	吨	1565081
钢筋	吨	11609351
线材(盘条)	吨	5738632
特厚板	吨	321305
厚钢板	吨	645173
中板	吨	652628
热轧薄板	吨	777859
冷轧薄板	吨	3362526
中厚宽钢带	吨	3854
热轧薄宽钢带	吨	1504548
冷轧薄宽钢带	吨	1282723
热轧窄钢带	吨	474697
冷轧窄钢带	吨	650042
镀层板(带)	吨	2100803
涂层板(带)	吨	643721
电工钢板(带)	吨	191587
无缝钢管	吨	159257
焊接钢管	吨	1232831
铁合金	吨	12274
十种有色金属	吨	487144
#精炼铜(电解铜)	吨	164588
铅	吨	57102
锌	吨	263439
锡	吨	763
锑品	吨	1251

2-1 续表4

产品名称	计量单位	生产量
铝合金	吨	749247
铜材	吨	1649859
铝材	吨	5224406
金属切削工具	万件	43530
金属集装箱	立方米	32212248
钢绞线	吨	7674
锻件	吨	85329
粉末冶金零件	吨	24413
工业锅炉	蒸发量吨	4173
发动机	千瓦	189103235
#汽车用发动机	千瓦	182727434
电站用汽轮机	千瓦	289900
电站水轮机	千瓦	126600
金属切削机床	台	28663
#数控金属切削机床	台	9892
金属成形机床	台	9528
#数控金属成形机床(数控锻压设备)	台	1737
电焊机	台	1683490
起重机	吨	43262
电动车辆(电动叉车)	台	26005
内燃叉车	台	457
泵	台	35885252
#真空泵	台	3217872
气体压缩机	台	54847716
#制冷设备用压缩机	台	52239655
阀门	吨	68733
液压元件	件	2094251
气动元件	件	8532359
滚动轴承	万套	23504
齿轮	吨	16694
工业电炉	台	1253
风机	台	8072492
电动手提式工具	台	24399635
包装专用设备	台	9208
照相机	台	19681155
#数码照相机	台	15731985
复印和胶版印制设备	台	4655950
金属紧固件	吨	280058
弹簧	吨	172491
减速机	台	251343

2-1 续表5

产品名称	计量单位	生产量
挖掘、铲土运输机械	台	27
#挖掘机	台	27
压实机械	台	167
混凝土机械	台	31781
炼油、化工生产专用设备	台	736
印刷专用设备	吨	15359
小型拖拉机	台	25302
收获机械	台	1131
环境污染防治专用设备	台（套）	22879
#大气污染防治设备	台（套）	1242
水质污染防治设备	台（套）	21611
固体废弃物处理设备	台（套）	26
噪音与振动控制设备	台（套）	0
汽车	辆	2035145
#基本型乘用车(轿车)	辆	1554177
多功能乘用车(MPV)	辆	49700
运动型多用途乘用车(SUV)	辆	391896
客车	辆	989
载货汽车	辆	36689
改装汽车	辆	21596
动车组	辆	5
民用钢质船舶	载重吨	1838767
摩托车整车	辆	8273926
两轮脚踏自行车	辆	8336444
电动自行车	辆	152115
发电机组(发电设备)	千瓦	2871953
#水轮发电机组	千瓦	628826
风力发电机组	千瓦	1474000
交流电动机	千瓦	8330491
变压器	千伏安	66143370
高压开关板	面	44474
低压开关板	面	3178715
通信及电子网络用电缆	对千米	36166303
电力电缆	千米	7094314
光缆	芯千米	17309014
绝缘制品	吨	392373
原电池及原电池组(非扣式)	万只	1836611

2-1 续表6

产品名称	计量单位	生产量
家用电冰箱(家用冷冻冷藏箱)	台	18463236
家用冷柜(家用冷冻箱)	台	2536462
房间空气调节器	台	51773536
家用电风扇	台	141480134
家用吸排油烟机	台	18207419
电饭锅	个	184310995
家用电热烘烤器具	个	121668075
微波炉	台	59225556
家用洗衣机	台	6661615
家用电热水器	台	16335695
家用吸尘器	台	25953926
家用燃气灶具	台	17514703
家用燃气热水器	台	8147231
太阳能热水器	平方米	1485118
微型计算机设备	台	24426949
#笔记本计算机	台	9629443
显示器	台	19063049
打印机	台	43536657
硬盘存储器	台	128132506
程控交换机	线	15460196
电话单机	部	110171420
传真机	部	1537628
移动通信手持机(手机)	台	941192047
彩色电视机	台	74022172
#液晶(LCD)电视机	台	44502349
等离子(PDP)电视机	台	173958
组合音响	台	118611100
电视接收机顶盒	台	78328976
半导体分立器件	万只	12881159
集成电路	万块	2333624
工业自动调节仪表与控制系统	台（套）	5040694
电工仪器仪表	台	24063186
分析仪器及装置	台（套）	84424
试验机	台	12004
环境监测专用仪器仪表	台	8506
汽车仪器表	只	7290303
眼镜成镜	副	218486896

2-2 规模以上工业主要产品生产能力

产品名称	计量单位	年初生产能力	年末生产能力
天然原油	吨	14233708	13875094
卷烟	万支	22947300	22569300
棉纺锭 / 纺纱量	锭 / 吨	831767	895400
气流纺锭 / 纺纱量	头 / 吨	83375	79614
棉布织机 / 布	台 / 万米	120210	132220
原油加工能力 / 原油加工量	吨/吨	59150578	59650578
焦炭	吨	1800000	1800000
烧碱(折100%)	吨	314000	314000
农用氮、磷、钾化学肥料总计(折纯)	吨	875146	933777
初级形态塑料	吨	8326752	8714282
化学纤维	吨	944030	876256
硅酸盐水泥熟料	吨	85158572	84336933
水泥	吨	176845474	179530066
平板玻璃	重量箱	92453245	103331478
生铁	吨	12267428	12471790
粗钢	吨	17859663	19748931
钢材	吨	37944210	47404360
铁合金	吨	4778	5170
金属切削机床	台	42569	49982
挖掘机	台	45	54
汽车	辆	1849200	1852200
#基本型乘用车(轿车)	辆	1630000	1630000
载货汽车	辆	42000	45000
民用钢质船舶	载重吨	5304722	5355219
太阳能电池	千瓦	673301	705416
家用电冰箱	台	22218050	22866474
房间空气调节器	台	94765947	95342575
微型计算机设备	台	168459158	83723372
移动通信手持机(手机)	台	899987200	1082022847
彩色电视机	台	95403918	100313196
发电设备容量总计 / 发电量	万千瓦/万千瓦小时	8090	8305
#火电设备容量 / 发电量	万千瓦/万千瓦小时	6667	6849
水电设备容量 / 发电量	万千瓦/万千瓦小时	665	685
核电设备容量 / 发电量	万千瓦/万千瓦小时	612	612
风电设备容量 / 发电量	万千瓦/万千瓦小时	122	135

附录

主要指标解释

主要指标解释

工业 指从事自然资源的开采，对采掘品和农产品进行加工和再加工的物质生产部门。具体包括：对自然资源的开采，如采矿、晒盐、森林采伐等(但不包括禽兽捕猎和水产捕捞)；对农副产品的加工、再加工，如粮油加工、食品加工、轧花、缫丝、纺织、制革等；对采掘品的加工、再加工，如炼铁、炼钢、化工生产、石油加工、机器制造、木材加工等，以及电力、自来水、煤气的生产和供应等；对工业品的修理、翻新，如机器设备的修理、交通运输工具(包括小卧车)的修理等。1984年以前农村的村及村以下办工业归属农业，1984年以后划归工业。

工业总产值（当年价格） 指工业企业在本年内生产的以货币形式表现的工业最终产品和提供工业劳务活动的总价值量。

1. 工业总产值计算应遵循三条原则：（1）工业生产的原则。即凡是企业在本年内生产的最终产品和提供的劳务，均应包括在内。其中的最终产品，不管是否在本年内销售，只要是本年内生产的，就应包括在内。凡不是工业生产的产品，均不得计入工业总产值。（2）最终产品的原则。即企业生产的成品价值必须是本企业生产的，经检验合格不需再进行任何加工的最终产品。企业对外销售的半成品也应视为最终产品计入工业总产值。而在本企业内各车间转移的半成品和在制品只能计算其期末期初差额价值。（3）“工厂法”原则。即以法人工业企业作为一个整体计算工业总产值，是其本年内生产的最终产品和提供劳务的总价值量。

2. 工业总产值包括三部分：生产的成品价值、对外加工费收入、自制半成品在制品期末期初差额价值。

（1）成品价值：指企业在本年内生产，并在本年内不再进行加工，经检验合格、包装入库的已经销售和准备销售的全部工业成品（包括半成品）价值合计。成品价值中包括企业生产的自制设备及提供给本企业在建工程、其他非工业部门和生活福利部门等单位使用的成品价值，但不包括用订货者来料加工的成品（半成品）价值。

工业总产值是按现行价格计算的。成品价值按成品实物量乘以本年不含应交增值税（销项税额）的产品实际销售平均单价计算。会计核算中按成本价格转帐的自制设备和自产自用的成品，按成本价格计算生产成品价值。

（2）对外加工费收入：指企业在报告期内完成的对外承做的工业品加工（包括用订货者来料加工生产）的加工费收入和对外工业品修理作业所收取的加工费收入和对内非工业部门提供的加工修理、设备安装等收入。对外加工费收入按不含应交增值税（销项税额）的价格计算。

对于以对外加工生产为主，对外加工费收入所占比重较大的企业，如果对外加工费收入出现跨年度支付的情况，为保证总产值生产口径计算的准确性，则应将对外加工费收入按实际情况调整，记录本年应实际收取的对外加工费收入。

（3）自制半成品在制品期末期初差额价值。为了使工业总产值与工业中间投入中的物耗价值一致，以便同口径地计算工业增加值，规定本指标的计算原则是：凡是企业会计产品成本核算中计算半成品、在制品成本，则工业总产值中必须包括自制半成品在制品期末期初差额价值。反之则不包括。

自制半成品在制品期末期初差额价值等于自制半成品在制品期末价值减去期初价值后的余额，如果期末价值小于期初价值，该指标为负值，企业在计算产值时，应按负值计算，不能作为零处理。

工业产品本年生产量　指工业企业在本年内生产的并符合产品质量要求的实物数量，包括商品量和自用量两部分。

1. 产品生产量计算应遵循三条原则：

（1）产品质量标准：产品必须符合规定的质量标准或订货合同规定的技术条件，才可统计生产量。工业产品质量标准一律按国家标准或部颁标准执行。没有国家标准或部颁标准的产品，应按企业主管机关的标准或订货合同规定的技术条件执行，不得擅自更改标准或降低标准，不合格的产品不能计算生产量。

（2）统计时间：本年生产量反映的是本年内的工业生产成果，凡本年内生产的产品都应计算在内，即截止本年最后一天检验合格并办理了入库手续的产品，其中规定要求包装的产品必须包装好才能计算其生产量。至于本年最后一天以哪一个班次作为截止计算产量的班次则由企业主管机关规定，并应与会计核算的结算时间一致。结算时间一经确定，就要严格执行，不得随意提前或移后。

（3）准确度量：准确度量是计算产品产量的重要一环，企业应配备必要的计量设备，对产量进行实际度量，不得随意估算，对确有困难不得不推算的某些产品，一定要按照主管部门规定的推算方法计算，使之尽量接近实际。

2. 产品生产量包括的内容：

（1）企业各车间（主要车间、辅助车间、附属品车间及副产品车间）用自备原材料生产的全部产品产量，不论是要销售的商品量还是本企业的自用量，均应统计生产量。

（2）凡用订货者来料加工生产的产品，并且加工企业只收取加工费的，如果订货者是境内非工业企业和境外企业，其产品生产量由加工企业统计；如果订货者是境内工业企业，产品生产量由委托企业（即发包企业）统计，加工企业（即承包企业）不统计。

（3）经正式鉴定合格的新产品、自产自用的生产设备、未正式投入生产以前试生产的合格品以及基本建设附产的合格品，都应包括在产品生产量中。

（4）用进口原材料或关键零件生产的产品，或用进口整套散装零件及用进口组装件加工、装配的产品，不论是在国内销售还是外商经销，生产量均统计在国内同种产品生产量中。

（5）在我国国土范围内的外商投资和港、澳、台商投资工业企业生产的产品，其生产量全部统计在国内同种产品生产量中。

工业产品生产能力 一般指产品的综合生产能力，但也有些产品指其主要设备的能力。在填报时分为两种情况：

（1）产品年末生产能力：指在一个企业范围内生产某种产品的综合平衡能力，是生产某种产品的全部设备(包括主要生产设备、辅助生产设备、起重运输设备、动力设备及有关的厂房和生产用建筑物等)在原材料、燃料动力供应充分，劳动力配备合理，设备正常运转的条件下，可能达到的年生产量。

（2）设备能力：指某种设备的单位时间内可能生产的产品数量，也就是说，某种设备在单位时间内的工作量，即一般所称的设备效率，或设备生产率，它不考虑与其他设备的平衡问题。

工业销售产值(当年价格) 是以货币形式表现的，工业企业在本年内销售的本企业生产的工业产品或提供工业性劳务价值的总价值量。工业销售产值包括的内容为：

1. 销售成品价值：指企业在报告期内实际销售（包括本期生产和非本期生产）的全部成品、半成品的总价值，即按报告期产品的实际销售数量乘以不含增值税（销项税额）的产品实际销售平均单价计算。销售成品价值中包括企业生产的自制设备及提供给本企业在建工程、其他非工业部门和生活福利部门等单位使用的成品价值，但不包括用订货者来料加工，并且只收取加工费的成品（半成品）价值。

2. 对外加工费收入：指企业在报告期内完成的对外承接的工业品加工（包括用定货者来料加工的产品）的加工费收入；对外工业品修理作业可收取的加工费收入和对内非工业部门提供的加工修理、设备安装等收入。对外加工费收入按不含增值税（销项税额）的价格计算。

对于以对外加工生产为主，对外加工费收入所占比重较大的企业，如果对外加工费收入出现跨年度支付的情况，为保证总产值生产口径计算的准确性，则应将对外加工费收入按实际情况调整，记录本年应实际收取的对外加工费收入。

出口交货值 指工业企业交给外贸部门或自营（委托）出口（包括销往香港、澳门、台湾），用外汇价格结算的产品价值，以及外商来样、来料加工、来件装配和补偿贸易等生产的产品价值。在计算出口交货值时，要把外汇价格按交易时的汇率折成人民币计算。

工业增加值 指工业企业在报告期内以货币形式表现的工业生产活动的最终成果，是企业全部生产活动的总成果扣除了在生产过程中消耗或转移的物质产品和劳务价值后的余额，是企业生产过程中新增加的价值。

计算工业增加值通常采用两种方法。

一是“生产法”，即从工业生产过程中产品和劳务价值形成的角度入手，剔除生产环节中间投入的价值，从而得到新增价值的方法。公式为：工业增加值＝工业总产值-工业中间投入＋本期应交增值税二是“收入法”，即从工业生产过程中创造的原始收入初次分配的角度，对工业生产活动最终成果进行核算的一种方法，其计算公式为：

工业增加值＝固定资产折旧＋劳动者报酬＋生产税净额＋营业盈余

广东省第三次全国经济普查
领导小组办公室编
广东省统计局

第三次全国经济普查
THE THIRD NATIONAL ECONOMIC CENSUS

GUANGDONG Economic Census Yearbook

广东经济普查年鉴

2013

第二产业卷下册

中国统计出版社
China Statistics Press

图书在版编目（CIP）数据

广东经济普查年鉴. 2013 / 广东省第三次全国经济普查领导小组办公室, 广东省统计局编. -- 北京 : 中国统计出版社, 2015.10
ISBN 978-7-5037-7656-4

Ⅰ. ①广… Ⅱ. ①广… ②广… Ⅲ. ①经济－普查－广东省－2013－年鉴 Ⅳ. ①F127.65-54

中国版本图书馆 CIP 数据核字(2015)第 227111 号

广东经济普查年鉴—2013/第二产业卷|下册

编　　者/广东省第三次全国经济普查领导小组办公室　广东省统计局
责任编辑/赵淑焕
封面设计/广州九禾教育信息咨询有限公司
出版发行/中国统计出版社
通信地址/北京市丰台区西三环南路甲 6 号　邮政编码/100073
电　　话/邮购（010）63376909　书店（010）68783171
网　　址/http://www.zgtjcbs.com/
印　　刷/500 套
经　　销/新华书店
开　　本/880mm×1230mm　1/16
字　　数/2840 千字
印　　张/89
版　　别/2015 年 12 月第 1 版
版　　次/2015 年 12 月第 1 次印刷
定　　价/880.00 元

本书附同版本 CD-ROM 一张，光盘内容以书面文字为准。
如有印装差错，由本社发行部调换。

《广东经济普查年鉴——2013》编辑机构名单

一、顾问委员会

主　　任　刘志庚

副 主 任　林　英　幸晓维　刘　吉　蔡伏青

委　　员

陈华江　吴　锋　魏中林　叶景图　邱瑞颐

符　雄　骆招群　余继军　曾毓昌　林王平

李俊祥　杜　挺　杨细平　郑建荣　杨伟时

陈祝生　王　奇　杨朝峰　刘智华　凌　锋

张燕飞　石健强　陈忠明　李思敏　何晓军

罗　卫　江裕棠　黄学敏　黄碧玲　韦　慧

杨宇正

二、编辑委员会

主　　任　幸晓维

常务副主任　刘智华

副 主 任　王丽莹　杨少浪　叶　涛

成　　员　（以姓氏笔画为序）

王文森　王国伟　冯位东　邱国祥　李珠桥

李国辉　杨　凡　张劲松　张锦平　陈　新

钟淼宏　黄日何　黄俊彪

三、编辑部

总 编 辑　刘智华

副总编辑　王丽莹

编辑工作人员　张汉杰　陈培红　谭京刚　彭肖萍　周　前

李金晶　徐　可　李　华　何　婷　王学良

王慧艳　张显华　黄平光　丁　蓉　李昭曼

田　明　洪秀霞　余盛鸿　谢洪芳　刘建民

王科欣　李新娇　张建梅　潘宇明　童　城

吴凯敏

编者说明

为便于社会各界共同分享广东省第三次全国经济普查的成果，更方便地开发利用普查资料，我们将经济普查资料编辑整理，汇编成《广东省经济普查年鉴-2013》一书。全书共三卷四册，即综合卷、第二产业卷（上、下册）和第三产业卷，并随书配送同版本光盘一张。《综合卷》分三篇：第一篇为“综合篇”，第二篇为“小微企业篇”，第三篇为“文化及相关产业篇”。《第二产业卷》按内容分为上、下两册。上册两篇：第一篇为“工业企业生产经营及财务状况”，第二篇是“主要工业产品产量”。下册三篇：第一篇是“能源”，第二篇是“规模以上工业企业科技情况”，第三篇是“建筑业企业生产经营及财务状况”。《第三产业卷》分五篇。第一篇为“批发和零售业企业基本情况和财务状况”，第二篇为“第二篇 住宿和餐饮业企业基本情况和财务状况”，第三篇为“房地产业生产经营及财务状况”，第四篇为“服务业企业财务状况”，第五篇为 “行政事业及非企业财务状况”。为使读者能够更好地使用本资料，现对有关问题做如下说明：

一、第三次全国经济普查的标准时点为2013年12月31日，时期资料为2013年度；

二、每卷后附有该卷详细的指标解释，使用时请仔细阅读；

三、综合卷中综合篇和小微企业篇汇总表，不包括无分组标识的部分数据，金融业、铁路运输业数据由部门提供；

四、本资料建筑业按注册地，其他行业按经营地进行汇总；

五、本资料对部分数据由于单位取舍不同或四舍五入而产生的差数均未作调整；

六、表中空格表示该项统计指标数据不详或无该项数据，“#”表示其中的主要项。

我们希望此书的面世，能使社会各界对我省第三次全国经济普查有一个全面概括的了解，更愿本书的内容，能为社会经济研究工作者提供有价值的参考。

广东省第三次全国经济普查资料是全省普查工作者共同辛勤工作的成果，也是广大普查对象积极支持配合的结果。在此，我们向全省所有普查工作者、普查对象和所有参与和支持普查工作的人员致以崇高的敬意和衷心的感谢！

第二产业卷（下册） 目录

第1篇 能 源

第2篇 规模以上工业企业科技情况

第3篇 建筑业企业生产经营及财务状况

附录

第1篇

能源

1-1 规模以上工业

指标名称	计量单位	年初库存量	购进量	
			实物量	金额（亿元）
原煤	万吨	943.80	15633.97	976.82
其中：1.无烟煤	万吨	50.78	544.45	35.96
2.炼焦烟煤	万吨	0.82	311.31	16.57
3.一般烟煤	万吨	887.52	14691.37	920.37
4.褐煤	万吨	4.06	79.39	3.67
洗精煤	万吨	17.97	281.38	33.35
其它洗煤	万吨	0.21	3.69	0.23
煤制品	万吨	4.60	283.94	22.28
焦炭	万吨	31.04	351.11	59.33
其它焦化产品	万吨	0.19	7.20	1.23
焦炉煤气	亿立方米			
高炉煤气	亿立方米		0.52	0.08
转炉煤气	亿立方米		0.42	0.12
发生炉煤气	亿立方米			
天然气（气态）	亿立方米		68.73	196.01
液化天然气（液态）	万吨	0.09	254.22	93.11
煤层气（煤田）	亿立方米			
原油	万吨	179.47	4716.87	2232.93
汽油	万吨	0.09	48.49	41.61
煤油	万吨	0.10	2.21	1.72
柴油	万吨	6.14	159.17	118.43
燃料油	万吨	10.23	119.72	50.06
液化石油气	万吨	3.23	160.08	104.21
炼厂干气	万吨	0.00	3.45	1.04
石脑油	万吨	13.28	264.15	211.51
润滑油	万吨	0.07	4.45	5.25
石蜡	万吨	0.04	0.28	0.27
溶剂油	万吨	0.11	1.57	1.15
石油焦	万吨	0.58	18.84	2.60
石油沥青	万吨	0.01	0.09	0.04
其它石油制品	万吨	15.04	481.08	298.78
热力	百亿千焦		6776.24	38.00
电力	亿千瓦时		1933.35	1455.70
煤矸石用于燃料	万吨	5.35	471.49	6.85
城市垃圾用于燃料	万吨	1.48	517.16	1.09
生物质废料用于燃料	万吨	3.28	132.90	6.03
余热余压	百亿千焦		90.90	1.00
其它工业废料用于燃料	万吨		1.28	0.06
其他燃料	万吨标准煤	0.22	56.36	2.70
能源合计	万吨标准煤			

企业能源购进、消费与库存情况

消费量					年末库存量
合计	1.工业生产消费	用于原材料	2.非工业生产消费	合计中：运输工具消费	
15710.70	15680.64	194.11	30.05	0.08	808.98
542.99	542.80	34.61	0.19	0.06	50.17
311.36	311.36				0.79
14777.81	14747.95	159.50	29.87	0.02	752.55
78.54	78.54				4.92
271.04	271.04	0.45			28.30
3.72	3.72	0.69			0.18
288.06	286.08	0.80	1.98		4.77
536.29	536.28	2.21	0.01		23.33
7.36	7.36	0.02			0.03
5.81	5.81				
192.86	190.02		2.84		
9.55	9.55				
3.59	3.59				
61.30	60.89	0.25	0.40	0.01	
252.50	252.33	2.18	0.17		0.17
4725.75	4725.74		0.01		185.34
49.68	26.70	0.28	22.97	17.52	0.16
2.25	2.18	0.36	0.07	0.02	0.08
160.33	136.47	2.61	23.86	23.21	5.29
232.13	231.47	11.60	0.67	0.27	11.45
195.31	193.95	60.17	1.36	0.05	2.21
93.16	93.16	0.70			
484.86	484.86	475.54			20.04
4.33	4.32		0.01		0.21
0.29	0.29	0.03			0.01
1.61	1.61	0.88			0.06
60.91	60.91				0.92
0.18	0.18	0.07			0.01
740.82	740.77	175.23	0.05		10.21
16098.56	16059.00		39.56		
2379.82	2321.51		58.32	2.46	
459.44	459.44	20.52			16.14
548.79	548.79				1.55
136.47	136.36	0.38	0.11		1.66
2950.52	2890.01		60.51		
1.31	1.31				
102.23	102.17	0.25	0.06		0.17
27158.07	26979.46		178.61		

1-2 按行业分组的规模以上工业企业综合能源消费量

单位：万吨标准煤

行　业	综合能源消费量	
	2013年	2012年
总　　计	**14665.13**	**14197.79**
按工业行业大类分组		
(一)采矿业	127.44	119.44
06.煤炭开采和洗选业	0.02	
07.石油和天然气开采业	93.96	84.50
08.黑色金属矿采选业	9.34	10.77
09.有色金属矿采选业	4.65	4.07
10.非金属矿采选业	19.36	20.00
11.开采辅助活动	0.11	0.10
12.其他采矿业		
(二)制造业	8805.28	8546.01
13.农副食品加工业	197.53	183.56
14.食品制造业	75.49	72.07
15.酒、饮料和精制茶制造业	58.10	57.58
16.烟草制品业	5.10	5.74
17.纺织业	434.98	438.24
18.纺织服装、服饰业	125.62	138.24
19.皮革、毛皮、羽毛及其制品和制鞋业	65.84	69.34
20.木材加工和木、竹、藤、棕、草制品业	35.18	35.37
21.家具制造业	32.21	32.39
22.造纸和纸制品业	769.59	712.22
23.印刷和记录媒介复制业	36.16	35.32
24.文教、工美、体育和娱乐用品制造业	65.49	64.65
25.石油加工、炼焦和核燃料加工业	1373.66	1365.98
26.化学原料和化学制品制造业	821.66	837.20
27.医药制造业	58.38	57.56
28.化学纤维制造业	25.00	24.34
29.橡胶和塑料制品业	250.73	248.32
30.非金属矿物制品业	2163.46	2048.27
31.黑色金属冶炼和压延加工业	921.68	884.69
32.有色金属冶炼和压延加工业	230.35	212.69
33.金属制品业	207.68	199.37
34.通用设备制造业	54.96	54.28
35.专用设备制造业	47.64	45.05
36.汽车制造业	82.97	73.53
37.铁路、船舶、航空航天和其他运输设备制造业	33.26	36.15
38.电气机械和器材制造业	198.18	191.95
39.计算机、通信和其他电子设备制造业	389.51	378.22
40.仪器仪表制造业	16.47	15.27
41.其他制造业	9.23	9.88
42.废弃资源综合利用业	16.41	15.98
43.金属制品、机械和设备修理业	2.78	2.54
(三)电力、热力、燃气及水生产和供应业	5732.41	5532.34
44.电力、热力生产和供应业	5682.07	5483.82
45.燃气生产和供应业	7.38	6.08
46.水的生产和供应业	42.96	42.45

1-3 规模以上工业企业能源加工转换情况

指标名称	计量单位	工业生产消费量	加工转换投入合计	火力发电	供热	原煤入洗	炼焦
原　煤	万吨	13319.89	12262.21	11458.81	733.66		
其中：1.无烟煤	万吨	389.21	378.28	371.68	6.60		
2.炼焦烟煤	万吨	281.82	281.82	261.98			
3.一般烟煤	万吨	12578.91	11536.33	10759.38	727.06		
4.褐煤	万吨	69.95	65.77	65.77			
洗精煤	万吨	257.82	251.48				251.48
其它洗煤	万吨						
煤制品	万吨	205.80	201.53	171.26	30.27		
焦炭	万吨	442.40	0.83				
其它焦化产品	万吨						
焦炉煤气	亿立方米	5.81					
高炉煤气	亿立方米	156.27	42.34	19.74	22.60		
转炉煤气	亿立方米	7.28	3.46	2.13	1.33		
发生炉煤气	亿立方米	2.58	0.12		0.12		
天然气（气态）	亿立方米	34.43	32.35	32.09	0.25		
液化天然气（液态）	万吨	235.90	176.94	168.56	8.38		
煤层气（煤田）	亿立方米						
原油	万吨	4709.95	4707.39	0.02			
汽油	万吨	0.04					
煤油	万吨						
柴油	万吨	4.55	2.14	1.99	0.15		
燃料油	万吨	134.49	110.92	19.72	91.20		
液化石油气	万吨	85.22	33.66				
炼厂干气	万吨	92.86	6.16	1.57	4.12		
石脑油	万吨	484.85	9.31				
润滑油	万吨	3.88	3.86				
石蜡	万吨						
溶剂油	万吨						
石油焦	万吨	48.76	20.36	17.27	3.10		
石油沥青	万吨	0.09					
其它石油制品	万吨	731.06	502.88	0.65	1.17		
热力	百亿千焦	11398.62					
电力	亿千瓦时	408.47					
煤矸石用于燃料	万吨	433.90	433.90	433.90			
城市垃圾用于燃料	万吨	548.31	548.31	548.31			
生物质废料用于燃料	万吨	95.04	94.15	94.15			
余热余压	百亿千焦	2788.13	2771.58	2771.58			
其它工业废料用于燃料	万吨						
其他燃料	万吨标准煤	77.07	36.91	36.50	0.42		
能源合计	万吨标准煤	21482.88	17773.75	9311.38	694.25		226.33

1-3 续表1

指标名称	计量单位	炼油及煤制油	制气	天然气液化	加工煤制品	能源加工转换产出	回收利用
原煤	万吨		5.96		63.77		
其中：1.无烟煤	万吨						
2.炼焦烟煤	万吨				19.85		
3.一般烟煤	万吨		5.96		43.92		
4.褐煤	万吨						
洗精煤	万吨						
其它洗煤	万吨						
煤制品	万吨					86.46	
焦炭	万吨		0.83			177.98	
其它焦化产品	万吨					9.72	
焦炉煤气	亿立方米					5.90	
高炉煤气	亿立方米						190.02
转炉煤气	亿立方米						9.55
发生炉煤气	亿立方米					2.58	
天然气（气态）	亿立方米						
液化天然气（液态）	万吨						
煤层气（煤田）	亿立方米						
原油	万吨	4707.37					
汽油	万吨					759.68	
煤油	万吨					438.34	
柴油	万吨					1580.73	
燃料油	万吨					191.26	
液化石油气	万吨	33.66				239.90	
炼厂干气	万吨	0.47				95.80	
石脑油	万吨	9.31				385.06	
润滑油	万吨	3.86				17.41	
石蜡	万吨					6.96	
溶剂油	万吨					4.04	
石油焦	万吨					248.24	
石油沥青	万吨					324.99	
其它石油制品	万吨	501.06				850.30	
热力	百亿千焦					17137.10	
电力	亿千瓦时					3066.76	
煤矸石用于燃料	万吨						
城市垃圾用于燃料	万吨						
生物质废料用于燃料	万吨						
余热余压	百亿千焦						2749.03
其它工业废料用于燃料	万吨						
其他燃料	万吨标准煤						
能源合计	万吨标准煤	7485.99	5.06		50.73	11968.71	345.64

1-4 主要耗能工业企业单位产品能源消费情况

指标名称	计量单位	2013年	比上年增长（%）
单位油气产量综合能耗	千克标准煤/吨	49.71	6.29
单位油气产量耗电	千瓦时/吨	9.60	1.41
铁矿采矿工序单位能耗	千克标准煤/吨	1.80	44.32
铁矿选矿工序单位能耗	千克标准煤/吨	3.80	92.74
每吨锦纶综合能耗	千克标准煤/吨	349.43	–4.25
每吨锦纶用电量	千瓦时/吨	2501.68	1.11
每吨涤纶综合能耗（长丝）	千克标准煤/吨	201.58	–35.35
每吨涤纶用电量（长丝）	千瓦时/吨	1340.16	–22.05
每吨腈纶用电量	千瓦时/吨		
每吨纱(线)混合数综合能耗	千克标准煤/吨	360.27	–0.26
每吨纱(线)混合数生产用电量	千瓦时/吨	2417.46	–1.05
万米布混合数综合能耗	千克标准煤/万米	3235.27	–5.73
万米布混合数生产用电量	千瓦时/万米	4213.87	1.12
万米印染布综合能耗	千克标准煤/万米	4772.38	19.07
机制纸及纸板综合能耗	千克标准煤/吨	365.14	–5.99
机制纸及纸板耗电	千瓦时/吨	569.57	0.95
炼焦工序单位能耗	千克标准煤/吨	101.54	–5.29
原油加工单位耗电	千瓦时/吨	49.63	6.59
原油加工单位综合能耗	千克标准油/吨	60.28	0.77
单位烧碱生产综合能耗(离子膜法30%)	千克标准煤/吨	337.10	–1.86
单位烧碱生产耗交流电(离子膜法30%)	千瓦时/吨	2328.88	–0.97
单位烧碱生产综合能耗(离子膜法98%)	千克标准煤/吨	193.07	–3.38
单位烧碱生产耗交流电(离子膜法98%)	千瓦时/吨	1570.96	–3.38
单位烧碱生产综合能耗(隔膜法30%)	千克标准煤/吨	679.86	–0.45
单位烧碱生产耗交流电(隔膜法30%)	千瓦时/吨	2321.60	–2.21
单位乙烯生产综合能耗	千克标准煤/吨	745.44	–0.40
单位乙烯生产耗电	千瓦时/吨	104.84	3.18
单位合成氨生产综合能耗	千克标准煤/吨	1413.00	–0.63
单位合成氨耗电	千瓦时/吨	1367.13	–4.27
单位合成氨耗原料煤	千克标煤/吨	1147.42	1.69
单位合成氨耗标准燃料煤	千克标煤/吨	97.56	–7.73
吨水泥熟料综合能耗	千克标准煤/吨	111.70	2.04
吨水泥熟料综合电耗	千瓦时/吨	56.87	–2.17

1-4 续表1

指标名称	计量单位	2013年	比上年增长（%）
吨水泥熟料烧成标准煤耗	千克标准煤/吨	104.33	1.66
吨水泥综合能耗	千克标准煤/吨	83.42	–5.88
吨水泥综合电耗	千瓦时/吨	77.89	–5.38
吨水泥标准煤耗	千克/吨	79.66	0.46
每重量箱平板玻璃综合能耗	千克标准煤/重量箱	11.61	–11.41
每重量箱平板玻璃耗电	千瓦时/重量箱	6.43	–1.00
每重量箱平板玻璃耗燃油	千克/重量箱	5.43	–26.49
吨钢综合能耗	千克标准煤/吨	480.32	–5.48
吨钢耗电	千瓦时/吨	430.53	–2.24
吨钢可比能耗	千克标准煤/吨		
炼铁工序单位能耗	千克标准煤/吨	395.51	–1.61
铁矿烧结工序单位能耗	千克标准煤/吨	50.73	–0.55
转炉炼钢综合工序单位能耗	千克标准煤/吨	–13.59	87.35
电炉炼钢综合工序单位能耗	千克标准煤/吨	53.28	–12.03
电炉炼钢综合电力消耗	千瓦时/吨	381.25	–7.46
轧钢工序单位能耗	千克标准煤/吨	54.77	–10.53
轧钢工序单位电力消耗	千瓦时/吨	115.80	1.50
吨钢耗新水	吨/吨	3.86	2.86
单位粗铜综合能耗	千克标准煤/吨		
单位铜精炼综合能耗	千克标准煤/吨		
单位铜冶炼综合能耗	千克标准煤/吨		
铜电解直流电单耗	千瓦时/吨		
单位粗铅综合能耗	千克标准煤/吨	356.90	3.84
单位铅冶炼综合能耗	千克标准煤/吨	512.80	–0.83
析出铅直流电单耗	千瓦时/吨	118.00	–0.30
单位精锌（电锌）综合能耗	千克标准煤/吨	1243.11	–1.19
吨铜加工材消耗能源量	千克标准煤/吨	249.91	2.77
吨铜加工材消耗电量	千瓦时/吨	1640.21	3.46
吨铝加工材消耗能源量	千克标准煤/吨	280.98	–7.10
吨铝加工材消耗电量	千瓦时/吨	604.75	–5.27
电厂火力发电标准煤耗	克标准煤/千瓦时	299.32	–0.92
电厂火力供电标准煤耗	克标准煤/千瓦时	317.07	–0.92
发电厂用电率	%	5.68	–0.67

1-5 按行业分组的规模以上工业企业水消费量

单位：万立方米

指标名称	取水量	外供水量
全部工业企业	1489461.88	1080958.36
一、按工业行业门类分		
(一)轻工业	1280422.35	1060091.24
(二)重工业	209039.53	20867.11
(三)采矿业	5435.85	691.96
06.煤炭开采和洗选业	3.59	
07.石油和天然气开采业	95.41	
08.黑色金属矿采选业	1158.83	8.52
09.有色金属矿采选业	2208.84	682.71
10.非金属矿采选业	1946.05	0.73
11.开采辅助活动	23.13	
12.其他采矿业		
(四)制造业	262553.67	3325.48
13.农副食品加工业	6628.36	6.05
14.食品制造业	5152.17	0.08
15.酒、饮料和精制茶制造业	8000.07	1700.83
16.烟草制品业	614.61	
17.纺织业	27546.40	2.24
18.纺织服装、服饰业	10373.42	8.21
19.皮革、毛皮、羽毛及其制品和制鞋业	7662.30	31.26
20.木材加工和木、竹、藤、棕、草制品业	1245.11	
21.家具制造业	3708.87	7.07
22.造纸和纸制品业	27721.53	0.68
23.印刷和记录媒介复制业	2118.13	0.95
24.文教、工美、体育和娱乐用品制造业	6364.76	0.98
25.石油加工、炼焦和核燃料加工业	4983.20	65.67
26.化学原料和化学制品制造业	13387.14	208.93
27.医药制造业	4159.42	0.17
28.化学纤维制造业	557.04	0.70
29.橡胶和塑料制品业	9831.27	38.27
30.非金属矿物制品业	22960.26	51.18
31.黑色金属冶炼和压延加工业	12016.51	1174.23
32.有色金属冶炼和压延加工业	6712.71	1.22
33.金属制品业	10685.31	16.85
34.通用设备制造业	4132.28	
35.专用设备制造业	3435.39	0.10
36.汽车制造业	3758.41	0.01
37.铁路、船舶、航空航天和其他运输设备制造业	2393.34	
38.电气机械和器材制造业	16386.93	5.75
39.计算机、通信和其他电子设备制造业	37151.96	3.90
40.仪器仪表制造业	1729.15	
41.其他制造业	565.36	0.15
42.废弃资源综合利用业	372.64	
43.金属制品、机械和设备修理业	199.62	
(五)电力、热力、燃气及水生产和供应业	1221472.36	1076940.92
44.电力、热力生产和供应业	32806.79	1856.21
45.燃气生产和供应业	118.47	
46.水的生产和供应业	1188547.10	1075084.71

1-6 规模以上工业企业能源产品生产、销售、库存情况

指标名称	计量单位	年初库存量	本年生产量	本年销售量	年末库存量
天然原油	万吨	56.16	1291.78	1290.62	41.94
天然气	亿立方米		75.26	70.33	
液化天然气	万吨	0.04	1.34	1.34	
原油加工量	万吨		4707.37		
汽油	万吨	8.28	759.68	728.79	9.77
煤油	万吨	7.18	438.34	327.43	5.30
航空煤油	万吨	2.56	128.55	75.63	1.42
柴油	万吨	8.57	1580.73	1531.10	14.18
润滑油	万吨	2.35	52.49	52.22	3.57
燃料油	万吨	6.09	333.01	316.37	13.27
石脑油	万吨	3.18	385.06	159.33	3.98
溶剂油	万吨	2.09	30.05	30.68	1.39
润滑脂	万吨	0.72	8.31	8.97	0.43
液化石油气	万吨	0.92	259.67	225.45	1.24
石油焦（油渣类）	万吨	1.55	248.24	202.48	4.95
石油沥青	万吨	4.12	345.86	327.32	12.48
道路沥青	万吨		11.08	11.08	
焦炭	万吨		177.98		
机焦	万吨		177.98		
煤焦油	万吨	0.26	7.37	7.31	0.32
发电量	亿千瓦小时		3706.38	3399.35	
火力发电量	亿千瓦小时		2972.83	2657.24	
煤炭为能源发电量	亿千瓦小时		2599.42	2361.88	
石油为能源发电量	亿千瓦小时		8.35		
常规天然气为能源发电量	亿千瓦小时		293.44	259.26	
沼气为能源发电量	亿千瓦小时		0.55	0.55	
余温、余热、余气为能源发电量	亿千瓦小时		23.77	0.54	
垃圾焚烧发电量	亿千瓦小时		21.28	18.23	
秸秆、蔗渣、林木质为能源发电量	亿千瓦小时		11.43	7.02	
其他火力发电量	亿千瓦小时		14.59	9.76	
水力发电量	亿千瓦小时		221.6	216.25	
常规水电发电量	亿千瓦小时		218.6	213.4	
核能发电量	亿千瓦小时		464.43	451.79	
风力发电量	亿千瓦小时		48.17	47.79	
太阳能发电量	亿千瓦小时		0.18		
光伏发电量	亿千瓦小时		0.18		
其他发电量	亿千瓦小时		2.37	2.37	
供电量	亿千瓦小时		3182.43		
售电量	亿千瓦小时			3068.15	
供热总量	亿吉焦			0.16	
煤气生产量	亿立方米		113.76	0.63	
焦炉煤气	亿立方米		5.90		
高炉煤气	亿立方米		103.53		
燃气供应量	亿立方米			8.85	
天然气供应量	亿立方米			17.92	
液化天然气（LNG）供应量	万吨				
液化石油气供应量	万吨				

第2篇

规模以上工业企业科技情况

2-1 规模以上工业

指标名称	企业数（个）	有R&D活动的企业（个）	有研发机构的企业（个）	有新产品销售的企业（个）
总　　计	**41182**	**5691**	**2692**	**4036**
一、按企业规模分组				
大型	1472	723	420	561
中型	9367	1974	1052	1439
小型	29414	2977	1215	2020
微型	929	17	5	16
二、按国有及国有控股分组				
国有及国有控股企业	1039	307	185	222
三、按登记注册类型分组				
内资企业	26673	3648	1763	2623
国有企业	262	33	15	20
集体企业	290	9	3	4
股份合作企业	83	5	3	3
联营企业	27	1		
国有联营企业	4			
集体联营企业	9			
国有与集体联营企业	6	1		
其他联营企业	8			
有限责任公司	9197	1284	642	894
国有独资公司	135	43	27	22
其他有限责任公司	9062	1241	615	872
股份有限公司	722	366	244	289
私营企业	15883	1936	853	1403
私营独资企业	2033	61	17	43
私营合伙企业	239	9	1	2
私营有限责任公司	13110	1709	735	1237
私营股份有限公司	501	157	100	121
其他企业	209	14	3	10
港、澳、台商投资企业	9783	1262	578	875
合资经营企业(港或澳、台资)	1517	415	216	313
合作经营企业(港或澳、台资)	420	37	18	26
港、澳、台商独资经营企业	7703	770	320	508
港、澳、台商投资股份有限公司	132	39	24	27
其他港澳台投资企业	11	1		1
外商投资企业	4726	781	351	538
中外合资经营企业	1021	294	157	221
中外合作经营企业	180	18	9	15
外资企业	3422	448	174	288
外商投资股份有限公司	88	21	11	14
其他外商投资企业	15			
四、按国民经济行业分组（大类）				
采矿业	**326**	**22**	**12**	**7**
煤炭开采和洗选业	1			
石油和天然气开采业	3	2	2	

法人单位科技情况（全部）

主营业务收入（万元）	利润总额（万元）	资产总计（万元）	出口交货值（万元）	R&D人员合计（人）	女性（人）	研究人员（人）	全时人员（人）	R&D人员全时当量（人年）
1063259195.6	**64879049.6**	**791314837.8**	**301665842.0**	**530551**	**92562**	**158230**	**376921**	**426330**
485254916.7	31511854.4	374743184.2	178542291.8	304116	54147	109080	235192	259830
281780490.1	18049863.7	225416231.4	79112153.9	140202	26103	29312	92921	103246
290668563.4	15138831.1	187165053.8	43157503.5	77863	12254	18538	48530	54917
5555225.4	178500.4	3990368.4	853892.8	8370	58	1300	278	8336
170276891.6	10981527.2	177270591.5	14870692.1	69136	11579	28330	47593	58956
550725092.6	35051396.9	424713129.5	73813475.6	302653	53440	116976	221725	243566
12027840.0	673431.2	14017678.5	276787.0	1724	432	565	874	1111
4307701.6	218431.6	1950209.2	1623283.8	126	22	47	94	84
847832.8	39987.5	371294.6	50024.2	221	52	31	120	199
606534.8	35006.4	166597.4	34152.8	10	1	1	7	6
334136.2	7074.3	79131.9	505.3					
64804.1	5310.7	38438.7	30737.5					
52706.8	1913.5	21039.8	2910.0	10	1	1	7	6
154887.7	20707.9	27987.0						
233692886.4	15035833.7	192212088.7	27185648.4	130888	21382	68113	96983	111230
53803636.6	2614555.5	62476037.5	234219.9	12063	671	2366	2589	10161
179889249.8	12421278.2	129736051.2	26951428.5	118825	20711	65747	94394	101068
90278067.0	7292545.0	96861551.7	18514316.6	82462	16680	29136	66693	69954
206382851.3	11557721.9	117738936.8	25754861.7	86002	14739	18450	56413	59934
19295816.1	1317469.5	6298644.5	1391374.7	1219	168	299	657	663
2480144.6	125946.2	825035.6	185650.8	102	8	40	48	62
170267049.3	8714550.7	96409351.2	21718766.0	68335	11794	14534	43543	47027
14339841.3	1399755.5	14205905.5	2459070.2	16346	2769	3577	12165	12183
2581378.7	198439.6	1394772.6	374401.1	1220	132	633	541	1048
237235520.4	13288556.6	187217198.2	101909181.5	125983	23460	23161	86349	99696
58353935.1	3215578.7	54022673.4	14497211.3	50932	9468	8883	38256	41208
8793760.6	788487.5	5483946.3	3666831.7	1922	344	236	1079	1637
165641283.2	8864262.3	122097690.0	82199729.6	66443	12346	13212	42517	51284
4297460.7	414886.1	5526245.0	1494905.4	6634	1299	825	4454	5552
149080.8	5342.0	86643.5	50503.5	52	3	5	43	14
275298582.6	16539096.1	179384510.1	125943184.9	101915	15662	18093	68847	83068
94325732.0	7860017.3	64548474.6	21565315.9	44124	6112	8190	23791	33980
7977197.2	400232.6	5442557.8	1950767.7	1159	235	122	630	727
165519106.1	7630355.8	103758532.3	97268610.9	53637	8596	9387	42143	45495
7262781.2	648532.2	5374549.3	5112741.7	2995	719	394	2283	2866
213766.1	−41.8	260396.1	45748.7					
12539739.3	**2913007.4**	**10561308.1**	**169839.8**	**2279**	**385**	**1303**	**812**	**849**
32774.1	2042.5	49163.8						
6766389.8	2154904.6	7129021.5	168157.2	959	243	781	362	188

2-1 续表1

指标名称	R&D经费内部支出（万元）	日常性支出（万元）	人员劳务费（万元）	资产性支出（万元）	仪器和设备（万元）
总　　计	**12374791.2**	**11151020.9**	**4812032.2**	**1223770.3**	**1182999.2**
一、按企业规模分组					
大型	8174051.8	7426255.9	3526502.9	747795.9	720030.3
中型	2543595.7	2258005.8	815209.0	285589.9	278227.5
小型	1640312.1	1452095.6	461666.6	188216.5	182612.8
微型	16831.6	14663.6	8653.7	2168.0	2128.6
二、按国有及国有控股分组					
国有及国有控股企业	1927081.7	1694143.3	719222.0	232938.4	229672.0
三、按登记注册类型分组					
内资企业	7881807.3	7138401.8	3327359.9	743405.5	719847.6
国有企业	47075.5	44069.7	14649.7	3005.8	2934.0
集体企业	2435.6	2185.7	848.0	249.9	203.9
股份合作企业	2932.6	2437.8	865.0	494.8	492.7
联营企业	97.0	97.0	43.6		
国有联营企业					
集体联营企业					
国有与集体联营企业	97.0	97.0	43.6		
其他联营企业					
有限责任公司	3903930.1	3586605.7	1935051.0	317324.4	306816.9
国有独资公司	165689.0	145488.7	51564.8	20200.3	19611.6
其他有限责任公司	3738241.1	3441117.0	1883486.2	297124.1	287205.3
股份有限公司	2219836.2	2032643.1	831571.9	187193.1	179253.7
私营企业	1681373.6	1448570.3	530513.5	232803.3	227819.1
私营独资企业	26937.7	22894.4	6686.5	4043.3	3946.3
私营合伙企业	3629.0	3209.9	773.3	419.1	411.1
私营有限责任公司	1276130.7	1105970.9	420854.4	170159.8	166617.8
私营股份有限公司	374676.2	316495.1	102199.3	58181.1	56843.9
其他企业	24126.7	21792.5	13817.2	2334.2	2327.3
港、澳、台商投资企业	2264439.9	2063074.4	761123.5	201365.5	195233.2
合资经营企业(港或澳、台资)	913635.3	833733.6	289089.2	79901.7	76681.6
合作经营企业(港或澳、台资)	34734.4	31967.4	10089.7	2767.0	2624.4
港、澳、台商独资经营企业	1192322.7	1090537.4	425918.0	101785.3	99739.6
港、澳、台商投资股份有限公司	123436.2	106541.9	35820.3	16894.3	16170.4
其他港澳台投资企业	311.3	294.1	206.3	17.2	17.2
外商投资企业	2228544.0	1949544.7	723548.8	278999.3	267918.4
中外合资经营企业	978707.9	809738.4	255660.0	168969.5	159097.2
中外合作经营企业	24080.1	21452.8	8765.5	2627.3	2604.8
外资企业	1166249.0	1067333.5	438770.5	98915.5	97743.3
外商投资股份有限公司	59507.0	51020.0	20352.8	8487.0	8473.1
其他外商投资企业					
四、按国民经济行业分组（大类）					
采矿业	**54973.0**	**52346.4**	**35371.9**	**2626.6**	**2587.5**
煤炭开采和洗选业					
石油和天然气开采业	31765.2	30434.0	24850.4	1331.2	1303.3

政府资金（万元）	企业资金（万元）	国外资金（万元）	其他资金（万元）	R&D经费外部支出（万元）	对境内研究机构支出（万元）	对境内高等学校支出（万元）	对境外支出（万元）	项目数（项）	参加项目人员（人）
389274.6	**11805828.9**	**85209.2**	**94478.5**	**538662.2**	**97937.8**	**50319.6**	**114962.4**	**46948**	**480277**
222390.1	7854886.4	59632.4	37142.9	462803.4	57227.7	34569.2	107591.5	15270	276812
94127.4	2405450.5	13667.3	30350.5	48693.2	27429.8	9215.9	5422.4	13157	125259
72535.3	1528882.2	11909.5	26985.1	27122.0	13280.3	6497.9	1948.5	18239	69855
221.8	16609.8			43.6		36.6		282	8351
105369.8	1800951.9	3999.8	16760.2	86571.6	39121.6	14722.5	19459.6	4558	61689
290761.5	7523303.0	9898.0	57844.8	380214.8	63830.3	38108.5	48249.5	31152	273763
4557.5	42389.4		128.6	2656.4	1447.9	480.7		211	1591
19.0	2357.6		59.0	7.0				18	119
120.0	2812.6			5.1	5.1			21	207
	97.0							1	8
	97.0							1	8
94173.1	3791432.2	2249.9	16074.9	264733.0	44986.0	25538.8	1314.5	10521	119562
8285.4	152465.4		4938.2	31185.4	19914.8	9145.1	506.5	994	10883
85887.7	3638966.8	2249.9	11136.7	233547.6	25071.2	16393.7	808.0	9527	108679
132617.0	2064692.1	1137.7	21389.4	65965.6	10277.1	6705.1	40481.4	5295	73941
59220.9	1595721.2	6262.0	20169.5	44017.7	7114.2	5383.9	6453.6	15030	77444
502.0	25957.8	252.1	225.8	114.2	10.0	34.2	70.0	149	1057
43.3	3585.7							10	83
41163.4	1214228.6	4849.4	15889.3	40348.7	5529.3	3433.9	6348.0	12117	61365
17512.2	351949.1	1160.5	4054.4	3554.8	1574.9	1915.8	35.6	2754	14939
54.0	23800.9	248.4	23.4	2830.0				55	891
69725.8	2143979.5	35391.5	15343.1	67133.3	19736.6	8921.7	7090.7	8471	113944
30648.6	870582.8	4956.9	7447.0	33285.3	11296.0	3959.3	5173.7	3401	45783
1008.2	33726.2			188.6	71.7	116.9		156	1733
33283.8	1121188.6	29954.2	7896.1	31069.7	7468.9	3959.5	1913.0	4494	60282
4785.2	118170.6	480.4		2589.7	900.0	886.0	4.0	414	6098
	311.3							6	48
28787.3	2138546.4	39919.7	21290.6	91314.1	14370.9	3289.4	59622.2	7325	92570
17824.3	944588.4	9773.2	6522.0	66687.1	11206.2	2428.7	46850.8	2840	39019
50.0	21624.0		2406.1	29.2	25.4			251	1070
9838.2	1113901.8	30146.5	12362.5	24505.4	3060.6	847.0	12771.4	3977	49915
1074.8	58432.2			92.4	78.7	13.7		257	2566
5435.7	**49492.5**		**44.8**	**7194.3**	**3264.3**	**2514.9**	**431.9**	**136**	**1996**
2987.2	28778.0			3913.8	631.6	2299.0		28	800

2-1 续表2

指标名称	项目人员折合全时当量（人年）	项目经费内部支出（万元）	机构数（个）	机构人员数（人）	博 士（人）
总　　计	**386121**	**11318817.9**	**3700**	**311362**	**3731**
一、按企业规模分组					
大型	236427	7543196.7	806	198509	2055
中型	92218	2298101.4	1445	78209	953
小型	49155	1461565.0	1444	34548	720
微型	8321	15954.8	5	96	3
二、按国有及国有控股分组					
国有及国有控股企业	52453	1765776.5	281	28803	406
三、按登记注册类型分组					
内资企业	220523	7209663.7	2424	204256	2715
国有企业	1029	43233.8	17	850	15
集体企业	82	2231.9	4	28	1
股份合作企业	189	2341.0	4	128	7
联营企业	4	97.0			
国有联营企业					
集体联营企业					
国有与集体联营企业	4	97.0			
其他联营企业					
有限责任公司	101787	3681048.4	827	101480	1582
国有独资公司	9103	122022.8	41	3602	187
其他有限责任公司	92684	3559025.6	786	97878	1395
股份有限公司	62865	1966838.9	480	54108	584
私营企业	53835	1492144.1	1089	47603	526
私营独资企业	558	24635.5	21	389	8
私营合伙企业	49	3439.0	1	15	6
私营有限责任公司	42156	1138867.9	923	35646	351
私营股份有限公司	11073	325201.7	144	11553	161
其他企业	732	21728.6	3	59	
港、澳、台商投资企业	90114	2050633.5	817	62634	562
合资经营企业(港或澳、台资)	36853	845196.2	311	25645	204
合作经营企业(港或澳、台资)	1482	32362.8	24	846	13
港、澳、台商独资经营企业	46664	1060966.2	437	31696	313
港、澳、台商投资股份有限公司	5102	111797.1	45	4447	32
其他港澳台投资企业	13	311.2			
外商投资企业	75483	2058520.7	459	44472	454
中外合资经营企业	29853	896135.3	215	21079	299
中外合作经营企业	667	22930.5	9	408	4
外资企业	42517	1087634.6	221	21701	145
外商投资股份有限公司	2446	51820.3	14	1284	6
其他外商投资企业					
四、按国民经济行业分组（大类）					
采矿业	**755**	**32202.0**	**12**	**1181**	**24**
煤炭开采和洗选业					
石油和天然气开采业	161	11759.4	2	869	23

硕 士（人）	本 科（人）	机构经费支 出（万元）	仪器和设备原 价（万元）	进 口（万元）	新产品开发项目数（个）	新产品开发经费支出（万元）	新产品销售收入（万元）	新产品出口（万元）	专利申请数（件）
46711	**159847**	**8304164.2**	**3097864.3**	**693535.4**	**71419**	**14065712.2**	**180137410.4**	**60393855.2**	**114636**
38765	106582	6397861.9	1829709.1	460110.4	28806	9537031.5	141707161.5	52098105.0	60219
5167	36029	1303355.2	825852.6	172037.3	15726	2786797.8	27443497.9	6989496.6	28524
2770	17191	601392.4	441813.9	61339.7	26592	1729466.9	10582657.1	1303375.3	25686
9	45	1554.7	488.7	48.0	295	12416.0	404093.9	2878.3	207
3192	16342	794320.9	533001.4	94994.6	5124	2592529.6	31862290.0	8200006.9	10503
38192	110543	5812761.5	1885249.0	309158.3	53407	9335372.0	79173299.8	25239853.6	78391
163	444	29257.3	71757.1	12498.3	212	73329.9	807982.4	18795.7	301
2	16	256.8	193.1		15	2243.6	6351.2		9
8	33	2422.4	6213.8	363.0	35	3873.4	2348.2	207.3	15
					1	97.0			
					1	97.0			
30548	52901	3788841.7	679791.5	64092.2	24704	4248034.3	27490573.1	10545423.0	31631
889	2042	92918.7	87927.5	15197.6	850	122521.0	1204665.2	55895.1	1088
29659	50859	3695923.0	591864.0	48894.6	23854	4125513.3	26285907.9	10489527.9	30543
4514	34232	1171198.2	729975.1	176906.0	6529	3069279.3	33906514.8	11666093.7	28483
2952	22877	819961.3	397032.9	55282.5	21844	1916329.5	16693084.5	2992940.6	17711
50	221	9162.6	2936.1		119	34675.7	160096.4	12324.8	100
3	6	182.0	5.0		8	4497.5	7292.9		
2044	17632	559624.9	277218.0	46646.7	18766	1474835.2	12093714.4	2223756.3	14683
855	5018	250991.8	116873.8	8635.8	2951	402321.1	4431980.8	756859.5	2928
5	40	823.8	285.5	16.3	67	22185.0	266445.6	16393.3	241
4724	27826	1256775.2	683892.1	217963.0	10084	2364996.9	32162507.8	9595699.1	18104
1504	12608	554598.1	257260.7	75746.5	3557	878355.2	16804929.0	3377299.0	8474
21	375	11947.9	18369.6	10292.1	191	37899.8	162741.5	45528.8	228
2916	13039	604256.0	340757.2	122147.7	5831	1310200.4	13831109.7	5675157.9	8732
283	1804	85973.2	67504.6	9776.7	499	138230.2	1357053.4	492374.1	662
					6	311.3	6674.2	5339.3	8
3795	21478	1234627.5	528723.2	166414.1	7928	2365343.3	68801602.8	25558302.5	18141
1879	9629	689243.7	298573.5	70688.8	3007	1049921.1	37599285.8	2773037.2	7413
17	213	6975.2	3955.1	863.0	292	23222.5	217715.6	85751.6	200
1839	10864	507407.1	211997.1	92743.6	4316	1220573.3	30223687.2	22284629.2	10061
60	772	31001.5	14197.5	2118.7	313	71626.4	760914.2	414884.5	467
637	**445**	**37599.3**	**9315.7**		**39**	**13258.0**	**37305.0**	**739.1**	**163**
612	224	33862.3	7005.6		8	7854.5			122

2-1 续表3

指标名称	发明专利（件）	有效发明专利（件）	境外授权（件）	专利所有权转让及许可数（件）	专利所有权转让及许可收入（万元）
总　　计	**60891**	**97978**	**16732**	**1623**	**196341.7**
一、按企业规模分组					
大型	36755	73020	15760	475	149752.9
中型	11467	13362	579	823	34946.7
小型	12577	11372	357	325	11642.1
微型	92	224	36		
二、按国有及国有控股分组					
国有及国有控股企业	6363	15927	67	124	16975.2
三、按登记注册类型分组					
内资企业	44916	71887	11981	1015	166220.3
国有企业	134	186		1	
集体企业	8	13			
股份合作企业	3	21			
联营企业					
国有联营企业					
集体联营企业					
国有与集体联营企业					
其他联营企业					
有限责任公司	23284	40349	11303	263	26437.9
国有独资公司	408	748	1	25	5.0
其他有限责任公司	22876	39601	11302	238	26432.9
股份有限公司	16205	22379	522	260	131804.3
私营企业	5105	8749	155	487	7978.1
私营独资企业	40	38	2		
私营合伙企业					
私营有限责任公司	4100	7022	117	466	7962.1
私营股份有限公司	965	1689	36	21	16.0
其他企业	177	190	1	4	
港、澳、台商投资企业	4927	11554	1072	434	12181.7
合资经营企业(港或澳、台资)	2118	6519	644	64	31.8
合作经营企业(港或澳、台资)	38	108	1	26	
港、澳、台商独资经营企业	2459	4517	379	340	12149.9
港、澳、台商投资股份有限公司	312	410	48	4	
其他港澳台投资企业					
外商投资企业	11048	14537	3679	174	17939.7
中外合资经营企业	4641	2411	97	87	16960.8
中外合作经营企业	97	98			
外资企业	5988	11445	3566	87	978.9
外商投资股份有限公司	322	583	16		
其他外商投资企业					
四、按国民经济行业分组（大类）					
采矿业	**72**	**43**		**5**	**16.0**
煤炭开采和洗选业					
石油和天然气开采业	49	16		4	16.0

拥有注册商标数（件）	境外注册（件）	形成国家或行业标准数（项）	使用来自政府部门的科技活动资金（万元）	研究开发费用加计扣除减免税（万元）	高新技术企业减免税（万元）	引进技术经费支出（万元）	消化吸收经费支出（万元）	购买国内技术经费支出（万元）	技术改造经费支出（万元）
62296	**16153**	**2117**	**469870.0**	**719702.5**	**1118310.1**	**548864.7**	**76238.7**	**64584.7**	**2557263.0**
31661	12129	874	250913.4	308067.5	640712.4	497027.4	60954.7	40746.4	2098097.5
20079	3142	674	123627.7	97223.3	265589.4	35313.8	12011.3	17766.0	362054.9
10504	881	564	95072.4	314375.2	211990.3	16523.5	3272.7	6072.3	96464.1
52	1	5	256.5	36.5	18.0				646.5
12315	5708	265	117329.1	38063.8	189166.3	82221.3	18879.6	17882.3	1508729.8
46617	13128	1371	353588.9	543158.7	680279.5	90909.6	40422.8	42572.6	2108402.8
708	138	48	6524.3	737.8	4630.9			12.0	161686.5
9	1		19.0	16.6				1.7	402.2
257			184.8		334.0				
9903	3050	413	121934.5	137178.2	152206.9	13635.9	6487.9	17123.4	360854.5
453	11	46	10814.6	3164.0	2533.0	69.0		828.7	44164.7
9450	3039	367	111119.9	134014.2	149673.9	13566.9	6487.9	16294.7	316689.8
20819	7446	494	152140.0	65364.9	327636.5	67577.2	29666.3	17823.5	1404452.5
14898	2492	415	72702.3	335823.5	193802.4	9696.5	4268.6	7612.0	180761.1
70	20	1	815.5	88.6	3.6		71.2	36.5	19577.6
2			53.0	25.5					25.1
12235	1794	339	53371.6	320035.1	138791.0	2414.9	2489.0	6797.7	118316.5
2591	678	75	18462.2	15674.3	55007.8	7281.6	1708.4	777.8	42841.9
23	1	1	84.0	4037.7	1668.8				246.0
10590	2024	495	80930.4	89456.7	289726.8	172500.3	9871.0	12774.7	258499.2
4971	1022	236	35615.1	30340.3	72325.6	12395.6	3362.4	8049.3	102909.4
165	45	10	1364.0	530.3	5779.7	321.0			6358.6
4191	740	199	38372.8	29328.6	159219.3	159503.7	3095.4	3629.6	133267.9
1263	217	50	5578.5	29257.5	52327.0	280.0	3413.2	1095.8	15963.3
					75.2				
5089	1001	251	35350.7	87087.1	148303.8	285454.8	25944.9	9237.4	190361.0
1863	189	76	20245.1	28261.5	89261.0	237668.8	17579.4	8120.4	140962.5
129	2	2	382.0	955.2	1085.0	4114.0			2247.0
2591	617	170	13026.6	55067.0	52199.7	43404.0	8365.5	1117.0	47151.5
506	193	3	1697.0	2803.4	5758.1	268.0			
13		**5**	**5445.7**	**8829.9**	**849.3**				**72827.3**
		3	2987.2	8762.3					66657.8

2-1 续表4

指标名称	企业数（个）	有R&D活动的企业（个）	有研发机构的企业（个）	有新产品销售的企业（个）
黑色金属矿采选业	61	2	2	
有色金属矿采选业	36	4	2	2
非金属矿采选业	219	11	5	5
开采辅助活动	6	3	1	
其他采矿业				
制造业	**40258**	**5622**	**2664**	**4022**
农副食品加工业	906	124	70	55
食品制造业	646	77	45	52
酒、饮料和精制茶制造业	249	29	13	18
烟草制品业	8	4	2	2
纺织业	1643	95	21	36
纺织服装、服饰业	3077	46	28	22
皮革、毛皮、羽毛及其制品和制鞋业	1773	37	14	30
木材加工和木、竹、藤、棕、草制品业	540	32	8	16
家具制造业	1205	63	26	44
造纸和纸制品业	1148	81	28	44
印刷和记录媒介复制业	892	58	33	41
文教、工美、体育和娱乐用品制造业	1601	84	48	76
石油加工、炼焦和核燃料加工业	92	24	12	18
化学原料和化学制品制造业	2163	518	259	353
医药制造业	382	199	135	114
化学纤维制造业	61	8	6	8
橡胶和塑料制品业	3328	314	124	210
非金属矿物制品业	2448	296	129	193
黑色金属冶炼和压延加工业	534	45	19	30
有色金属冶炼和压延加工业	660	109	50	84
金属制品业	3320	296	114	209
通用设备制造业	1467	357	163	273
专用设备制造业	1319	346	143	241
汽车制造业	620	147	71	103
铁路、船舶、航空航天和其他运输设备制造业	421	82	43	53
电气机械和器材制造业	4153	867	451	666
计算机、通信和其他电子设备制造业	4622	1115	538	896
仪器仪表制造业	453	129	53	112
其他制造业	228	14	8	9
废弃资源综合利用业	255	19	7	11
金属制品、机械和设备修理业	44	7	3	3
电力、热力、燃气及水生产和供应业	**598**	**47**	**16**	**7**
电力、热力生产和供应业	290	30	11	4
燃气生产和供应业	77	5	1	
水的生产和供应业	231	12	4	3
五、按国民经济行业分组（大中类）				
煤炭开采和洗选业	1			
烟煤和无烟煤开采洗选	1			
褐煤开采洗选				

主营业务收　入（万元）	利润总额（万元）	资产总计（万元）	出口交货值（万元）	R&D人员合　计（人）	女性（人）	研究人员（人）	全时人员（人）	R&D人员全时当量（人年）
1561689.9	266858.6	1270761.3		145	1	11	100	82
1254632.0	156158.7	592406.0	107.5	298	20	186	125	171
2539954.0	248045.8	1209459.8	1575.1	564	59	182	213	295
384299.5	84997.2	310495.7		313	62	143	12	113
983568138.5	**56198039.2**	**677007927.7**	**300677346.0**	**517232**	**91755**	**154443**	**374526**	**416048**
27473488.9	1341201.9	16216213.2	2017130.0	3861	604	702	2195	2604
16647827.6	2387505.3	11280570.3	836437.8	5124	1697	864	2557	3778
9426576.1	738117.7	7162714.7	105434.2	1914	380	477	1270	1402
3995120.8	456519.5	4851482.4	35826.6	118	33	70	92	70
24805035.6	1403054.7	13433239.1	5498511.5	3387	655	637	1338	2229
33520509.4	1868370.9	17002076.5	9057976.3	10162	579	1768	1311	9511
20044932.7	832349.8	10588813.4	8167662.2	1562	221	225	1033	1152
6112957.5	508729.9	4135554.5	884423.5	824	89	161	352	644
14877278.0	740716.6	9129064.8	4845106.6	3861	648	657	1973	3010
16333036.9	700484.6	17193326.4	1712769.2	5693	1213	649	3355	4661
10304340.5	703183.0	9101352.6	2250207.8	4121	765	534	2511	3354
37083435.9	1128252.4	20039803.1	14752914.7	5200	1112	597	2775	3578
36264894.6	837537.0	12893928.7	30243.9	2774	469	1755	656	2442
52929406.6	4010670.4	36116628.6	4690772.4	20995	4076	4369	14146	16056
11445897.2	1501331.3	13764751.6	744645.2	13762	5372	3432	9380	10653
1303177.0	96170.9	1192636.3	222217.1	457	74	38	152	194
41114978.6	2153263.5	28249609.2	11083279.5	17554	2841	3073	10992	12901
38251855.3	2704407.8	29439956.4	4374481.5	17129	2865	2490	9257	10995
24376423.7	1046682.4	15509127.1	1799585.6	4771	726	1208	2621	2908
29104418.9	990683.7	17626328.1	2530171.2	5729	1019	1182	3106	4099
47305104.9	3116590.8	27644525.9	12268965.0	15577	2462	3045	9829	10786
31271572.2	1773489.3	23124210.2	11465573.5	25761	3575	5992	17604	20100
17831906.2	1377286.8	18566039.0	4520427.3	19612	3016	3559	15147	15130
47145521.1	4331722.0	35208997.3	3674074.2	27426	4194	3956	22160	23928
10361571.3	363242.2	9514528.6	4004197.1	7150	993	1893	5161	5221
107829138.9	6578400.5	85070846.4	35800950.6	74172	13846	14999	53637	56791
246561504.0	11033237.9	170184854.6	148671466.1	205458	35436	93290	172130	178340
7318006.8	534806.8	6249197.6	3326943.5	11714	2614	2543	7056	8482
2139913.7	75915.2	1418026.6	908047.8	439	68	108	273	330
9496341.9	808684.8	4122115.9	14655.0	571	59	96	235	439
891965.7	55429.6	977408.6	382249.1	354	54	74	222	261
67151317.8	**5768003.0**	**103745602.0**	**818656.2**	**11040**	**422**	**2484**	**1583**	**9433**
58172682.2	4902223.6	86835312.8	377522.7	10510	295	2275	1197	8984
5944229.5	506983.6	4758814.6	106250.8	159	1	87	127	137
3034406.1	358795.8	12151474.6	334882.7	371	126	122	259	312
32774.1	2042.5	49163.8						
32774.1	2042.5	49163.8						

2-1 续表5

指标名称	R&D经费内部支出（万元）	日常性支出（万元）	人员劳务费（万元）	资产性支出（万元）	仪器和设备（万元）
黑色金属矿采选业	1398.8	1088.0	465.9	310.8	310.8
有色金属矿采选业	2568.6	2535.2	1159.9	33.4	33.4
非金属矿采选业	5988.0	5036.8	1524.4	951.2	940.0
开采辅助活动	13252.4	13252.4	7371.3		
其他采矿业					
制造业	**12161856.5**	**10968512.6**	**4739130.5**	**1193343.9**	**1153880.7**
农副食品加工业	142411.7	124474.7	19167.9	17937.0	17666.9
食品制造业	122360.1	113194.3	36451.4	9165.8	8744.2
酒、饮料和精制茶制造业	35912.7	33597.6	9575.4	2315.1	2285.3
烟草制品业	5484.1	4405.7	3399.6	1078.4	1078.4
纺织业	63715.4	56187.4	17637.6	7528.0	7482.0
纺织服装、服饰业	53788.2	48660.3	23246.7	5127.9	5057.8
皮革、毛皮、羽毛及其制品和制鞋业	29184.8	27310.7	10134.6	1874.1	1860.3
木材加工和木、竹、藤、棕、草制品业	18104.1	14858.6	3989.2	3245.5	3209.3
家具制造业	71389.5	62995.7	22051.8	8393.8	8325.4
造纸和纸制品业	129837.1	117967.3	21781.1	11869.8	11558.7
印刷和记录媒介复制业	58950.1	48057.4	19639.1	10892.7	10576.4
文教、工美、体育和娱乐用品制造业	63630.5	56930.3	22316.8	6700.2	6531.6
石油加工、炼焦和核燃料加工业	53688.0	50762.7	19660.4	2925.3	2817.9
化学原料和化学制品制造业	607335.4	524580.0	147261.7	82755.4	81060.6
医药制造业	325623.3	274441.2	90255.4	51182.1	49700.1
化学纤维制造业	11961.4	10684.2	942.9	1277.2	1229.6
橡胶和塑料制品业	328704.7	289188.8	87289.5	39515.9	38667.0
非金属矿物制品业	297429.0	249843.9	76603.1	47585.1	46189.6
黑色金属冶炼和压延加工业	130349.6	122546.9	29519.6	7802.7	7652.4
有色金属冶炼和压延加工业	199408.0	176539.5	34464.9	22868.5	21838.5
金属制品业	250347.8	225697.6	79210.8	24650.2	23951.1
通用设备制造业	474178.7	425484.2	157375.5	48694.5	47261.6
专用设备制造业	393680.5	351106.9	140644.2	42573.6	41587.6
汽车制造业	599134.5	503731.5	204593.1	95403.0	85775.1
铁路、船舶、航空航天和其他运输设备制造业	155417.4	143293.1	46981.5	12124.3	11927.2
电气机械和器材制造业	1500779.9	1370264.0	463525.4	130515.9	124164.8
计算机、通信和其他电子设备制造业	5861311.7	5376664.9	2875648.3	484646.8	473244.5
仪器仪表制造业	142549.9	133955.9	66777.1	8594.0	8398.9
其他制造业	13088.8	11118.5	3015.5	1970.3	1969.0
废弃资源综合利用业	14968.7	13052.9	2944.5	1915.8	1890.6
金属制品、机械和设备修理业	7130.9	6915.9	3025.9	215.0	178.3
电力、热力、燃气及水生产和供应业	**157961.7**	**130161.9**	**37529.8**	**27799.8**	**26531.0**
电力、热力生产和供应业	140600.6	115436.2	31947.2	25164.4	23982.3
燃气生产和供应业	8785.8	7923.4	2569.8	862.4	862.4
水的生产和供应业	8575.3	6802.3	3012.8	1773.0	1686.3
五、按国民经济行业分组（大中类）					
煤炭开采和洗选业					
烟煤和无烟煤开采洗选					
褐煤开采洗选					

政府资金（万元）	企业资金（万元）	国外资金（万元）	其他资金（万元）	R&D经费外部支出（万元）	对境内研究机构支出（万元）	对境内高等学校支出（万元）	对境外支出（万元）	项目数（项）	参加项目人员（人）
80.0	1318.8			370.0	340.0	30.0		9	141
20.0	2548.6			2100.9	1935.9	165.0		30	287
250.0	5693.2		44.8	293.0	293.0			31	470
2098.5	11153.9			516.6	63.8	20.9	431.9	38	298
380011.4	**11607513.8**	**85209.2**	**89122.1**	**492091.0**	**73018.5**	**37840.2**	**112298.4**	**45994**	**467735**
3488.5	137053.0		1870.2	2450.1	1921.9	470.9		622	3469
3232.2	119049.1		78.8	11816.3	619.9	1587.7	68.9	539	4524
1256.9	34655.8			663.8	234.8	22.7	22.1	184	1650
	5303.9		180.2	1265.5	163.6	392.9		40	105
441.0	61124.8	956.2	1193.4	335.8	102.5	30.7	10.0	308	3039
978.1	52119.6		690.5	559.6	345.1	61.3	153.2	130	9931
144.5	28963.3		77.0	138.5	100.0	29.7	8.8	90	1439
284.6	17672.4		147.1	58.9		58.9		82	659
569.3	70575.9		244.3	515.2		426.2		321	3658
682.1	128903.7		251.3	805.6	425.0	107.0	0.1	319	5176
918.2	56453.2		1578.7	1448.7	545.8	172.0		259	3733
1432.7	61069.8	908.5	219.5	746.1	154.0	349.9	20.0	2219	4693
676.7	52724.3		287.0	3242.3	683.0	931.8		257	2604
19797.5	575521.8	6310.6	5705.5	9342.6	3343.6	2752.7	3056.2	2715	18620
24071.7	298736.8	102.6	2712.2	15849.2	9958.2	2808.7	201.0	3432	12793
60.0	11901.4			25.0				62	427
9719.3	314602.1	1187.3	3196.0	1133.0	467.8	496.4	139.0	1800	15752
6735.3	289195.0	487.7	1011.0	2894.4	1733.2	502.8	468.4	3820	15492
697.9	128192.7		1459.0	664.4	612.1	52.3		213	4477
3002.9	193129.3	559.0	2716.8	1711.6	1286.5	422.3		515	5129
4617.1	242113.3	543.1	3074.3	625.2	401.0	140.4		1096	13921
17509.4	434400.8	17268.6	4999.9	24832.0	8998.4	1605.9	12172.0	2075	22018
25165.7	351471.1	2825.2	14218.5	7501.5	874.3	1231.9	5298.4	2472	17737
11160.0	570695.5	12788.9	4490.1	31502.8	5329.4	217.7	22504.2	1128	23683
8131.0	141549.2	3864.9	1872.3	23855.9	2324.5	519.9	17848.2	527	6630
38479.0	1439698.0	10820.6	11782.3	50568.5	8181.8	4136.4	37698.9	7252	66136
186263.1	5626541.9	25567.8	22938.9	296406.5	23695.5	17777.2	12629.0	12472	188179
6864.7	132783.4	1018.2	1883.6	907.3	415.1	440.7		871	10854
2513.1	10575.7			26.0		26.0		65	368
766.2	13958.8		243.7	77.2		47.2		67	504
352.7	6778.2			121.5	101.5	20.0		42	335
3827.5	**148822.6**		**5311.6**	**39376.9**	**21655.0**	**9964.5**	**2232.1**	**818**	**10546**
2823.7	133014.0		4762.9	39109.8	21536.2	9816.2	2232.1	760	10074
35.0	8261.9		488.9	118.8	118.8			16	134
968.8	7546.7		59.8	148.3		148.3		42	338

2-1 续表6

指标名称	项目人员折合全时当量（人年）	项目经费内部支出（万元）	机构数（个）	机构人员数（人）	博 士（人）
黑色金属矿采选业	79	1220.0	2	33	
有色金属矿采选业	164	2556.8	2	52	
非金属矿采选业	242	5660.7	5	216	1
开采辅助活动	110	11005.1	1	11	
其他采矿业					
制造业	**376366**	**11163785.8**	**3666**	**307260**	**3439**
农副食品加工业	2308	128591.0	81	2408	104
食品制造业	3292	115201.4	65	4233	67
酒、饮料和精制茶制造业	1225	25640.4	21	1347	8
烟草制品业	61	3882.3	2	175	9
纺织业	2059	59790.9	22	1010	6
纺织服装、服饰业	9334	48150.5	33	1706	15
皮革、毛皮、羽毛及其制品和制鞋业	1071	27447.8	15	323	2
木材加工和木、竹、藤、棕、草制品业	503	16595.2	8	148	
家具制造业	2858	66005.0	30	2095	11
造纸和纸制品业	4257	124639.1	35	1456	9
印刷和记录媒介复制业	3038	50335.2	41	1967	11
文教、工美、体育和娱乐用品制造业	3212	57240.9	68	3735	24
石油加工、炼焦和核燃料加工业	2288	52366.5	15	549	9
化学原料和化学制品制造业	14231	530411.5	414	12590	349
医药制造业	9922	288674.6	197	9448	255
化学纤维制造业	183	10986.1	6	259	1
橡胶和塑料制品业	11538	298908.9	163	9834	85
非金属矿物制品业	9944	265630.9	149	6953	72
黑色金属冶炼和压延加工业	2710	125322.5	23	1057	15
有色金属冶炼和压延加工业	3665	180157.2	63	2671	44
金属制品业	9615	232174.5	148	7266	34
通用设备制造业	17156	422593.4	219	15690	116
专用设备制造业	13625	357670.1	179	8928	210
汽车制造业	20590	533249.8	92	11897	45
铁路、船舶、航空航天和其他运输设备制造业	4875	144496.8	54	5069	11
电气机械和器材制造业	50550	1254043.2	688	58415	417
计算机、通信和其他电子设备制造业	163506	5583573.7	741	130299	1463
仪器仪表制造业	7845	128917.0	70	5093	27
其他制造业	271	10545.6	10	267	13
废弃资源综合利用业	386	14148.9	9	155	5
金属制品、机械和设备修理业	250	6394.9	5	217	2
电力、热力、燃气及水生产和供应业	**9000**	**122830.1**	**22**	**2921**	**268**
电力、热力生产和供应业	8602	108384.9	14	2375	179
燃气生产和供应业	115	7888.3	1	157	77
水的生产和供应业	283	6556.9	7	389	12
五、按国民经济行业分组（大中类）					
煤炭开采和洗选业					
烟煤和无烟煤开采洗选					
褐煤开采洗选					

硕 士（人）	本 科（人）	机构经费支出（万元）	仪器和设备原价（万元）	进 口（万元）	新产品开发项目数（个）	新产品开发经费支出（万元）	新产品销售收入（万元）	新产品出口（万元）	专利申请数（件）
6	9	1357.1	370.0		3	407.1			
4	30	335.0	173.0		8	215.5	4937.0	103.4	17
15	171	1642.1	1693.3		12	1746.0	32368.0	635.7	12
	11	402.8	73.8		8	3034.9			12
45180	**157751**	**8208301.9**	**3019212.6**	**692785.4**	**70657**	**13929293.7**	**179794214.6**	**60393116.1**	**113422**
393	1081	65147.8	19176.5	1460.3	10662	153219.1	1048459.1	65343.9	188
380	2380	107972.0	50339.9	2273.1	649	166249.3	726348.1	20445.6	623
58	504	23775.2	32578.9	1656.6	201	41704.4	557874.7	1585.7	43
81	72	13410.7	15654.9	14757.2	44	5431.8	32004.6		171
52	394	24558.9	15934.4	2660.9	315	57134.7	290563.8	111174.7	193
46	834	30788.1	8739.7	533.8	202	54116.5	764815.5	143076.8	183
17	114	4799.7	2737.1		137	45501.8	187148.7	44444.3	216
6	70	4060.1	1064.9		83	12549.6	136182.0	7098.5	326
63	1183	37030.7	13684.2	672.6	391	65222.4	724571.2	151128.1	1382
62	665	78316.1	16857.2	4183.2	300	139160.8	1508995.1	125925.3	648
74	877	32057.6	76180.9	5916.0	222	55258.3	617395.2	105061.6	544
92	1490	54024.2	23220.5	5199.3	591	88875.2	702627.0	169574.1	1844
65	280	15592.2	8158.5	2941.4	186	46400.2	1128300.5	4712.1	119
1380	6320	334567.9	207019.5	19054.8	2904	615968.2	5827158.8	563038.6	2775
1289	4890	231223.7	122092.2	17440.0	4716	335421.8	2363599.7	29851.1	1242
7	115	8078.3	2684.2		80	14497.7	131239.9	20123.4	21
524	4403	163572.8	174052.1	75612.2	2564	332502.5	3918607.3	925828.1	2649
586	3704	113582.9	117684.9	47630.2	946	252064.3	3035534.2	601465.8	1510
78	533	25841.3	36131.6	4426.3	189	131724.8	1933174.0	28167.4	255
163	1464	82569.3	36398.9	3985.5	462	168504.3	3587443.3	441257.1	446
260	2652	99952.6	68430.9	12899.2	12521	246588.8	2834400.8	1047031.7	1944
792	7462	222303.4	169750.0	28486.6	2252	532439.5	5030975.2	1013948.8	4624
744	4017	127447.3	130239.4	23239.8	2865	411672.6	2795566.9	866963.8	5160
801	5218	386442.6	171531.1	48327.9	1185	573392.6	15669889.9	346767.1	1196
162	2942	128782.6	56318.5	7172.2	640	229176.9	3183478.5	1148318.3	771
3788	34997	1079553.0	646291.8	136447.1	8701	2193348.5	28269860.0	8796244.7	39738
32864	66046	4629169.0	774027.9	222309.6	15401	6768814.1	91265636.3	43043077.6	41540
298	2654	63919.3	13940.5	2361.6	1059	152426.4	1250607.8	475860.7	2888
20	154	6878.9	2948.7	141.6	57	10817.7	57788.7	8064.6	98
8	78	8310.7	3765.3	85.0	65	13017.7	120970.6	33.2	33
27	158	4573.0	1577.5	911.4	67	16091.2	92997.2	87503.4	52
894	**1651**	**58263.0**	**69336.0**	**750.0**	**723**	**123160.5**	**305890.8**		**1051**
719	1375	46951.3	63093.7	250.0	670	114197.4	304752.8		992
45	35	8304.6	912.0		6	3401.3			1
130	241	3007.1	5330.3	500.0	47	5561.8	1138.0		58

2-1 续表7

指标名称	发明专利（件）	有效发明专利（件）	境外授权（件）	专利所有权转让及许可数（件）	专利所有权转让及许可收入（万元）
黑色金属矿采选业					
有色金属矿采选业	2	2			
非金属矿采选业	12	10		1	
开采辅助活动	9	15			
其他采矿业					
制造业	**60427**	**97397**	**16731**	**1616**	**196320.7**
农副食品加工业	133	184		4	
食品制造业	193	384	5	2	18.0
酒、饮料和精制茶制造业	21	35			
烟草制品业	90	115		1	
纺织业	45	42			
纺织服装、服饰业	82	357	37		1021.1
皮革、毛皮、羽毛及其制品和制鞋业	15	25			
木材加工和木、竹、藤、棕、草制品业	51	64		1	
家具制造业	226	578	78	10	
造纸和纸制品业	151	206	2	1	0.1
印刷和记录媒介复制业	152	330		21	
文教、工美、体育和娱乐用品制造业	171	1326	13	14	0.2
石油加工、炼焦和核燃料加工业	54	66		6	
化学原料和化学制品制造业	1672	2605	44	37	5815.8
医药制造业	762	1723	104	54	9312.3
化学纤维制造业	9	15			
橡胶和塑料制品业	726	1247	67	40	54.3
非金属矿物制品业	404	835	22	40	12927.9
黑色金属冶炼和压延加工业	78	100			
有色金属冶炼和压延加工业	108	440	20	1	
金属制品业	470	1522	14	152	18970.6
通用设备制造业	1264	2293	110	161	164.7
专用设备制造业	1792	3838	326	46	5711.8
汽车制造业	318	477	8	50	0.1
铁路、船舶、航空航天和其他运输设备制造业	149	358	5	74	
电气机械和器材制造业	22606	12024	928	131	33.7
计算机、通信和其他电子设备制造业	27703	65047	14927	695	14451.3
仪器仪表制造业	910	1086	17	72	127829.8
其他制造业	41	35	3		
废弃资源综合利用业	17	33		3	9.0
金属制品、机械和设备修理业	14	7	1		
电力、热力、燃气及水生产和供应业	**392**	**538**	**1**	**2**	**5.0**
电力、热力生产和供应业	366	514	1	2	5.0
燃气生产和供应业	1				
水的生产和供应业	25	24			
五、按国民经济行业分组(大中类)					
煤炭开采和洗选业					
烟煤和无烟煤开采洗选					
褐煤开采洗选					

拥有注册商标数（件）	境外注册（件）	形成国家或行业标准数（项）	使用来自政府部门的科技活动资金（万元）	研究开发费用加计扣除减免税（万元）	高新技术企业减免税（万元）	引进技术经费支出（万元）	消化吸收经费支出（万元）	购买国内技术经费支出（万元）	技术改造经费支出（万元）
			80.0						
1			30.0						374.8
12		2	250.0	67.6	849.3				5794.7
			2098.5						
62214	**16149**	**2088**	**459741.5**	**709129.5**	**1115165.1**	**548864.7**	**70197.0**	**63874.8**	**2417477.7**
414	17	20	4080.3	1623.6	6241.3		3.8	18.4	15183.9
2925	484	23	4840.2	1214.4	16820.1	268.0		4.0	54811.1
827	75	2	1540.4	277.6	102.2	41.7	3158.7	729.9	4256.9
607	138	50							151543.1
111	5	1	760.7	221.3	3836.9	300.0	100.0	400.0	7401.1
563	81	6	1709.1	237.8	2891.7	390.0		25.0	1282.1
110	23	37	385.1	53.6	500.0				2367.4
75	2	4	433.2	127.2	855.4				339.6
937	188	39	600.5	328.4	9900.5		668.6		5671.0
740	179	23	942.7	2204.7	11983.2	1.3	503.7	54.7	23122.2
354	35	18	2237.4	2279.2	12883.9	350.0	681.9	140.0	8223.4
3011	179	38	1830.6	1094.5	8352.4	305.0	84.4	59.9	3908.3
44		3	941.6	4718.4	668.2		3083.0	5855.6	338605.6
8026	369	205	23222.2	11721.2	54085.8	152695.4	934.7	3186.8	67702.5
5454	328	239	26744.3	32042.5	119441.9	3067.2	2890.8	6440.2	55628.3
18		2	77.0	199.0					2038.0
2270	749	66	12234.3	17270.0	23552.7	2222.8	2014.4	136.5	34531.1
1232	219	74	9610.9	5142.9	7619.9	675.6	157.5	883.2	18642.2
83	24	7	1353.5	34.4	1130.2	2669.0	337.3	120.9	145869.4
896	258	34	4283.9	1629.4	4919.7	895.0	714.9		28264.8
1191	284	89	6020.8	11825.6	63184.1	3938.7	1113.8	3669.3	26109.1
1678	569	131	21726.7	14027.9	65110.0	29580.5	9417.1	7982.6	63277.4
1687	671	56	33409.8	14052.3	44446.7	3375.1	107.6	376.8	13458.9
665	78	24	13816.4	15851.4	20394.3	206620.4	8923.9	1953.2	101131.1
1341	319	9	8971.8	5199.4	22137.1	12735.1	1057.8	12982.3	23583.7
16115	6365	483	49679.8	59435.8	280535.1	68434.5	26951.9	4905.1	465337.7
9976	4259	301	216687.5	464601.4	308403.3	57487.3	7159.0	13251.2	749665.9
737	238	98	7847.5	40304.8	24178.5	2812.1	106.7	699.2	5245.5
94		1	2613.1	1289.4	699.5				15.9
10		2	782.5	30.6	114.3		25.5		148.0
23	13	3	357.7	90.8	176.2				112.5
69	**4**	**24**	**4682.8**	**1743.1**	**2295.7**		**6041.7**	**709.9**	**66958.0**
12		22	3141.6	1651.0	2159.0		6041.7	709.9	64716.1
			35.0						772.0
57	4	2	1506.2	92.1	136.7				1469.9

2-1 续表8

指标名称	企业数（个）	有R&D活动的企业（个）	有研发机构的企业（个）	有新产品销售的企业（个）
其他煤炭采选				
石油和天然气开采业	3	2	2	
石油开采	2	1	1	
天然气开采	1	1	1	
黑色金属矿采选业	61	2	2	
铁矿采选	59	2	2	
锰矿、铬矿采选	1			
其他黑色金属矿采选	1			
有色金属矿采选业	36	4	2	2
常用有色金属矿采选	23	2	2	1
贵金属矿采选	1	1		
稀有稀土金属矿采选	12	1		1
非金属矿采选业	219	11	5	5
土砂石开采	195	7	2	4
化学矿开采	3	1	1	
采盐	3	1		
石棉及其他非金属矿采选	18	2	2	1
开采辅助活动	6	3	1	
煤炭开采和洗选辅助活动				
石油和天然气开采辅助活动	5	2	1	
其他开采辅助活动	1	1		
其他采矿业				
其他采矿业				
农副食品加工业	906	124	70	55
谷物磨制	69	7	4	6
饲料加工	273	59	30	25
植物油加工	67	6	3	2
制糖业	40	6	3	1
屠宰及肉类加工	102	6	1	4
水产品加工	235	28	24	11
蔬菜、水果和坚果加工	65	5	3	2
其他农副食品加工	55	7	2	4
食品制造业	646	77	45	52
焙烤食品制造	123	7	7	9
糖果、巧克力及蜜饯制造	162	9	4	8
方便食品制造	89	4	2	2
乳制品制造	28	6	4	7
罐头食品制造	48	4	2	3
调味品、发酵制品制造	75	13	9	9
其他食品制造	121	34	17	14
酒、饮料和精制茶制造业	249	29	13	18
酒的制造	70	10	7	8
饮料制造	154	17	4	9
精制茶加工	25	2	2	1
烟草制品业	8	4	2	2

主营业务收入（万元）	利润总额（万元）	资产总计（万元）	出口交货值（万元）	R&D人员合计（人）	女性（人）	研究人员（人）	全时人员（人）	R&D人员全时当量（人年）
6766389.8	2154904.6	7129021.5	168157.2	959	243	781	362	188
4326172.0	1543271.7	3878756.3		641	158	641	284	108
2440217.8	611632.9	3250265.2	168157.2	318	85	140	78	80
1561689.9	266858.6	1270761.3		145	1	11	100	82
1548962.1	266914.6	1259926.4		145	1	11	100	82
2895.2	-902.3	6606.7						
9832.6	846.3	4228.2						
1254632.0	156158.7	592406.0	107.5	298	20	186	125	171
574921.5	149481.4	470478.3	107.5	151	5	94	4	57
573514.0	-858.1	50247.4		132	14	91	120	100
106196.5	7535.4	71680.3		15	1	1	1	15
2539954.0	248045.8	1209459.8	1575.1	564	59	182	213	295
2317515.4	223503.4	778046.3	947.2	340	43	87	142	213
103827.2	14951.7	269913.2	444.2	139	5	62	38	33
25288.8	1042.1	41097.9		25	3	22	5	14
93322.6	8548.6	120402.4	183.7	60	8	11	28	36
384299.5	84997.2	310495.7		313	62	143	12	113
375566.4	84555.4	302664.1		275	59	128	4	110
8733.1	441.8	7831.6		38	3	15	8	3
27473488.9	1341201.9	16216213.2	2017130.0	3861	604	702	2195	2604
1571040.4	78424.9	959025.4	68828.8	180	20	27	60	100
9110488.9	465399.8	3276643.9	14996.8	1969	298	350	1001	1410
7196706.1	250399.4	3648091.9	20178.1	104	21	56	33	73
1649069.4	-14110.5	3302327.0	3452.2	222	36	72	94	130
1850859.1	93528.5	775329.7	305402.6	104	19	38	33	74
4200893.5	250638.3	2997103.7	1462002.2	922	148	98	704	564
1119718.5	159119.4	756668.6	116022.2	143	8	10	85	93
774713.0	57802.1	501023.0	26247.1	217	54	51	185	160
16647827.6	2387505.3	11280570.3	836437.8	5124	1697	864	2557	3778
1472794.3	90818.5	967283.9	170069.4	264	70	44	194	239
3306758.5	487680.7	1852910.2	327582.1	622	41	48	73	142
1891739.7	110953.6	1103006.1	93274.6	53	10	14	20	44
1680683.5	144343.3	1132271.7	6503.3	568	146	128	334	146
671682.3	49379.6	326203.1	59439.7	112	23	21	81	86
3027948.6	516169.2	2280153.0	108307.0	1509	495	269	881	1359
4596220.7	988160.4	3618742.3	71261.7	1996	912	340	974	1763
9426576.1	738117.7	7162714.7	105434.2	1914	380	477	1270	1402
2073004.7	110219.7	2365121.9	28087.6	983	217	278	442	675
7172725.0	611468.0	4693699.8	73893.0	913	161	193	815	715
180846.4	16430.0	103893.0	3453.6	18	2	6	13	11
3995120.8	456519.5	4851482.4	35826.6	118	33	70	92	70

2-1 续表9

指标名称	R&D经费内部支出（万元）	日常性支出（万元）	人员劳务费（万元）	资产性支出（万元）	仪器和设备（万元）
其他煤炭采选					
石油和天然气开采业	31765.2	30434.0	24850.4	1331.2	1303.3
石油开采	17558.8	17046.7	16696.7	512.1	484.2
天然气开采	14206.4	13387.3	8153.7	819.1	819.1
黑色金属矿采选业	1398.8	1088.0	465.9	310.8	310.8
铁矿采选	1398.8	1088.0	465.9	310.8	310.8
锰矿、铬矿采选					
其他黑色金属矿采选					
有色金属矿采选业	2568.6	2535.2	1159.9	33.4	33.4
常用有色金属矿采选	1627.9	1619.3	737.1	8.6	8.6
贵金属矿采选	808.0	808.0	404.0		
稀有稀土金属矿采选	132.7	107.9	18.8	24.8	24.8
非金属矿采选业	5988.0	5036.8	1524.4	951.2	940.0
土砂石开采	3907.7	3053.0	723.7	854.7	844.8
化学矿开采	1387.6	1318.2	601.6	69.4	69.0
采盐	214.8	214.8	36.1		
石棉及其他非金属矿采选	477.9	450.8	163.0	27.1	26.2
开采辅助活动	13252.4	13252.4	7371.3		
煤炭开采和洗选辅助活动					
石油和天然气开采辅助活动	11875.7	11875.7	7307.6		
其他开采辅助活动	1376.7	1376.7	63.7		
其他采矿业					
其他采矿业					
农副食品加工业	142411.7	124474.7	19167.9	17937.0	17666.9
谷物磨制	3228.4	2785.1	614.6	443.3	419.1
饲料加工	66040.0	58638.1	10261.2	7401.9	7254.7
植物油加工	18529.7	18311.5	855.2	218.2	218.2
制糖业	9382.6	6616.0	1378.0	2766.6	2736.0
屠宰及肉类加工	2235.2	2105.5	558.7	129.7	129.1
水产品加工	28207.7	21834.4	3935.3	6373.3	6317.1
蔬菜、水果和坚果加工	3888.5	3345.2	409.1	543.3	539.6
其他农副食品加工	10899.6	10838.9	1155.8	60.7	53.1
食品制造业	122360.1	113194.3	36451.4	9165.8	8744.2
焙烤食品制造	4703.1	4514.6	1074.1	188.5	188.5
糖果、巧克力及蜜饯制造	23360.4	23097.7	10542.0	262.7	234.3
方便食品制造	2065.8	1668.0	843.4	397.8	397.8
乳制品制造	12050.5	9878.8	3879.7	2171.7	2067.5
罐头食品制造	4094.3	3541.6	716.1	552.7	525.4
调味品、发酵制品制造	27088.8	24837.8	6098.6	2251.0	2247.3
其他食品制造	48997.2	45655.8	13297.5	3341.4	3083.4
酒、饮料和精制茶制造业	35912.7	33597.6	9575.4	2315.1	2285.3
酒的制造	17102.7	15363.4	4281.3	1739.3	1728.0
饮料制造	17085.3	16672.5	5187.0	412.8	403.7
精制茶加工	1724.7	1561.7	107.1	163.0	153.6
烟草制品业	5484.1	4405.7	3399.6	1078.4	1078.4

政府资金（万元）	企业资金（万元）	国外资金（万元）	其他资金（万元）	R&D经费外部支出（万元）	对境内研究机构支出（万元）	对境内高等学校支出（万元）	对境外支出（万元）	项目数（项）	参加项目人员（人）
2987.2	28778.0			3913.8	631.6	2299.0		28	800
	17558.8			1748.4	524.5	1223.9		13	487
2987.2	11219.2			2165.4	107.1	1075.1		15	313
80.0	1318.8			370.0	340.0	30.0		9	141
80.0	1318.8			370.0	340.0	30.0		9	141
20.0	2548.6			2100.9	1935.9	165.0		30	287
	1627.9			2100.0	1935.0	165.0		25	148
	808.0							3	125
20.0	112.7			0.9	0.9			2	14
250.0	5693.2		44.8	293.0	293.0			31	470
250.0	3612.9		44.8					20	278
	1387.6			293.0	293.0			3	131
	214.8							1	8
	477.9							7	53
2098.5	11153.9			516.6	63.8	20.9	431.9	38	298
1675.0	10200.7			516.6	63.8	20.9	431.9	34	268
423.5	953.2							4	30
3488.5	137053.0		1870.2	2450.1	1921.9	470.9		622	3469
237.7	2990.7			16.0		16.0		24	167
1367.3	63798.2		874.5	2137.0	1862.9	254.1		282	1780
	18484.3		45.4					58	89
206.7	8943.9		232.0	50.1	17.7	12.0		48	186
213.0	1780.4		241.8	68.0		68.0		9	93
639.3	27568.4			144.0	41.3	85.8		137	851
185.9	3702.6			20.0		20.0		26	126
638.6	9784.5		476.5	15.0		15.0		38	177
3232.2	119049.1		78.8	11816.3	619.9	1587.7	68.9	539	4524
410.0	4293.1			50.0	10.0	40.0		33	231
16.0	23321.9		22.5	42.5		42.5		63	603
53.5	2012.3							11	48
242.8	11807.7			270.8	94.7	107.2	68.9	36	494
10.0	4084.3							20	106
317.4	26771.4			127.0		127.0		76	1227
2182.5	46758.4		56.3	11326.0	515.2	1271.0		300	1815
1256.9	34655.8			663.8	234.8	22.7	22.1	184	1650
430.4	16672.3			475.8	54.8	16.0	22.1	146	878
316.5	16768.8			188.0	180.0	6.7		36	757
510.0	1214.7							2	15
	5303.9		180.2	1265.5	163.6	392.9		40	105

2-1 续表10

指标名称	项目人员折合全时当量（人年）	项目经费内部支出（万元）	机构数（个）	机构人员数（人）	博 士（人）
其他煤炭采选					
石油和天然气开采业	161	11759.4	2	869	23
石油开采	82	7070.4	1	366	18
天然气开采	79	4689.0	1	503	5
黑色金属矿采选业	79	1220.0	2	33	
铁矿采选	79	1220.0	2	33	
锰矿、铬矿采选					
其他黑色金属矿采选					
有色金属矿采选业	164	2556.8	2	52	
常用有色金属矿采选	55	1620.0	2	52	
贵金属矿采选	95	808.0			
稀有稀土金属矿采选	14	128.8			
非金属矿采选业	242	5660.7	5	216	1
土砂石开采	175	3648.3	2	37	
化学矿开采	31	1323.1	1	146	
采盐	4	214.8			
石棉及其他非金属矿采选	31	474.5	2	33	1
开采辅助活动	110	11005.1	1	11	
煤炭开采和洗选辅助活动					
石油和天然气开采辅助活动	107	10039.8	1	11	
其他开采辅助活动	3	965.3			
其他采矿业					
其他采矿业					
农副食品加工业	2308	128591.0	81	2408	104
谷物磨制	91	2980.9	4	82	1
饲料加工	1258	61849.9	36	1116	56
植物油加工	63	18452.0	3	140	2
制糖业	102	7784.5	4	104	2
屠宰及肉类加工	63	1820.7	1	10	
水产品加工	523	22996.6	28	852	41
蔬菜、水果和坚果加工	82	3599.4	3	32	
其他农副食品加工	124	9107.0	2	72	2
食品制造业	3292	115201.4	65	4233	67
焙烤食品制造	213	4445.3	9	225	2
糖果、巧克力及蜜饯制造	134	21747.0	4	583	
方便食品制造	39	1754.8	3	23	1
乳制品制造	130	10390.9	7	343	17
罐头食品制造	82	4041.2	2	79	1
调味品、发酵制品制造	1088	26500.7	13	1710	2
其他食品制造	1606	46321.5	27	1270	44
酒、饮料和精制茶制造业	1225	25640.4	21	1347	8
酒的制造	620	15750.4	14	1108	6
饮料制造	596	8782.5	5	215	
精制茶加工	10	1107.5	2	24	2
烟草制品业	61	3882.3	2	175	9

硕 士（人）	本 科（人）	机构经费支 出（万元）	仪器和设备原 价（万元）	进 口（万元）	新产品开发项目数（个）	新产品开发经费支出（万元）	新产品销售收入（万元）	新产品出口（万元）	专利申请数（件）
612	224	33862.3	7005.6		8	7854.5			122
281	57	16630.0	484.2		3	5863.1			49
331	167	17232.3	6521.4		5	1991.4			73
6	9	1357.1	370.0		3	407.1			
6	9	1357.1	370.0		3	407.1			
4	30	335.0	173.0		8	215.5	4937.0	103.4	17
4	30	335.0	173.0		6	154.4	4455.0	103.4	16
					2	61.1	482.0		1
15	171	1642.1	1693.3		12	1746.0	32368.0	635.7	12
1	30	748.6	348.5		10	1656.4	31588.0	635.7	7
13	121	536.0	1257.0						
1	20	357.5	87.8		2	89.6	780.0		5
	11	402.8	73.8		8	3034.9			12
	11	402.8	73.8		4	1658.2			10
					4	1376.7			2
393	1081	65147.8	19176.5	1460.3	10662	153219.1	1048459.1	65343.9	188
5	30	1914.1	1033.0		25	2238.1	11544.9		
192	495	31188.3	9108.5	125.2	314	71834.2	564174.9	206.0	90
10	76	3324.0	981.4	109.0	70	20170.7	225030.4		14
1	44	1106.8	515.9	13.7	29	5696.7	4158.2		2
3	7	54.0	54.0		8	1762.3	10068.9	209.0	10
178	385	18810.5	5517.2	865.0	10171	36478.1	117342.2	64728.9	53
	11	1300.5	936.0		16	5594.8	11622.6	200.0	10
4	33	7449.6	1030.5	347.4	29	9444.2	104517.0		9
380	2380	107972.0	50339.9	2273.1	649	166249.3	726348.1	20445.6	623
22	86	4885.7	606.5		50	6981.0	83571.3	5393.7	36
1	502	20470.4	146.4		75	25700.6	39510.7	10328.5	51
2	9	1616.6	502.3		11	1558.9	14661.0		23
58	163	2622.7	3195.5	1153.2	39	12680.6	38543.0		38
9	41	2931.4	379.7		22	4638.8	8544.1	1690.0	32
76	966	20773.0	23525.4	941.4	122	53343.7	395952.1	2853.1	210
212	613	54672.2	21984.1	178.5	330	61345.7	145565.9	180.3	233
58	504	23775.2	32578.9	1656.6	201	41704.4	557874.7	1585.7	43
47	380	18699.8	28947.2	1656.6	133	19989.0	294527.9	395.9	27
6	114	4051.9	778.1		48	17342.1	262278.8	1189.8	10
5	10	1023.5	2853.6		20	4373.3	1068.0		6
81	72	13410.7	15654.9	14757.2	44	5431.8	32004.6		171

2-1 续表11

指标名称	发明专利（件）	有效发明专利（件）	境外授权（件）	专利所有权转让及许可数（件）	专利所有权转让及许可收入（万元）
其他煤炭采选					
石油和天然气开采业	49	16		4	16.0
石油开采	17	8		4	16.0
天然气开采	32	8			
黑色金属矿采选业					
铁矿采选					
锰矿、铬矿采选					
其他黑色金属矿采选					
有色金属矿采选业	2	2			
常用有色金属矿采选	1	1			
贵金属矿采选					
稀有稀土金属矿采选	1	1			
非金属矿采选业	12	10		1	
土砂石开采	7	2			
化学矿开采		3			
采盐					
石棉及其他非金属矿采选	5	5		1	
开采辅助活动	9	15			
煤炭开采和洗选辅助活动					
石油和天然气开采辅助活动	9	13			
其他开采辅助活动		2			
其他采矿业					
其他采矿业					
农副食品加工业	133	184		4	
谷物磨制					
饲料加工	77	109		4	
植物油加工	8	22			
制糖业	2	2			
屠宰及肉类加工	10	7			
水产品加工	26	31			
蔬菜、水果和坚果加工	3	2			
其他农副食品加工	7	11			
食品制造业	193	384	5	2	18.0
焙烤食品制造	18	54		2	18.0
糖果、巧克力及蜜饯制造	11	6			
方便食品制造	7	2			
乳制品制造	4	22			
罐头食品制造	2	8			
调味品、发酵制品制造	49	123	1		
其他食品制造	102	169	4		
酒、饮料和精制茶制造业	21	35			
酒的制造	16	18			
饮料制造	3	15			
精制茶加工	2	2			
烟草制品业	90	115		1	

拥有注册商标数（件）	境外注册（件）	形成国家或行业标准数（项）	使用来自政府部门的科技活动资金（万元）	研究开发费用加计扣除减免税（万元）	高新技术企业减免税（万元）	引进技术经费支出（万元）	消化吸收经费支出（万元）	购买国内技术经费支出（万元）	技术改造经费支出（万元）
		3	2987.2	8762.3					66657.8
		3							
			2987.2	8762.3					66657.8
			80.0						
			80.0						
1			30.0						374.8
1									374.8
			30.0						
12		2	250.0	67.6	849.3				5794.7
4		1	250.0	33.8	847.5				71.7
6		1		29.0					5723.0
2				4.8	1.8				
			2098.5						
			1675.0						
			423.5						
414	17	20	4080.3	1623.6	6241.3		3.8	18.4	15183.9
10		3	312.6				3.8	5.0	
129	4	5	1517.4	925.7	3802.0				351.6
113		1	40.0	127.7					520.0
2			206.7					12.0	557.8
15	1		217.8		149.8				200.0
129	12	7	912.0	23.5	857.3			1.4	7231.7
11		3	235.0						5472.8
5		1	638.8	546.7	1432.2				850.0
2925	484	23	4840.2	1214.4	16820.1	268.0		4.0	54811.1
250	30	3	410.0	35.2	582.1			4.0	2986.9
369	7	3	88.0						5655.9
233	7	1	53.5						3.2
91			473.1	12.5	79.7				5008.0
10	1		56.8			268.0			288.0
984	385	5	459.3	748.0	15187.8				34984.7
988	54	11	3299.5	418.7	970.5				5884.4
827	75	2	1540.4	277.6	102.2	41.7	3158.7	729.9	4256.9
385	75	1	679.4	249.5	4.1	41.7	3158.7	729.9	4042.1
442		1	331.0	28.1	98.1				161.8
			530.0						53.0
607	138	50							151543.1

2-1 续表12

指标名称	企业数（个）	有R&D活动的企业（个）	有研发机构的企业（个）	有新产品销售的企业（个）
烟叶复烤	2	1		
卷烟制造	2	2	2	2
其他烟草制品制造	4	1		
纺织业	1643	95	21	36
棉纺织及印染精加工	778	57	11	20
毛纺织及染整精加工	109	3	1	
麻纺织及染整精加工	8			
丝绢纺织及印染精加工	30	5	1	1
化纤织造及印染精加工	42	1		1
针织或钩针编织物及其制品制造	381	12	4	4
家用纺织制成品制造	112	6	1	4
非家用纺织制成品制造	183	11	3	6
纺织服装、服饰业	3077	46	28	22
机织服装制造	2130	32	20	18
针织或钩针编织服装制造	811	14	8	4
服饰制造	136			
皮革、毛皮、羽毛及其制品和制鞋业	1773	37	14	30
皮革鞣制加工	76			
皮革制品制造	635	7	6	5
毛皮鞣制及制品加工	18			
羽毛(绒)加工及制品制造	26	3	3	3
制鞋业	1018	27	5	22
木材加工和木、竹、藤、棕、草制品业	540	32	8	16
木材加工	104	2		
人造板制造	204	18	4	11
木制品制造	124	10	2	4
竹、藤、棕、草等制品制造	108	2	2	1
家具制造业	1205	63	26	44
木质家具制造	656	35	17	23
竹、藤家具制造	25	2		1
金属家具制造	238	9	5	8
塑料家具制造	22	2	2	2
其他家具制造	264	15	2	10
造纸和纸制品业	1148	81	28	44
纸浆制造	1			
造纸	346	30	13	16
纸制品制造	801	51	15	28
印刷和记录媒介复制业	892	58	33	41
印刷	841	55	30	39
装订及印刷相关服务	38	2	2	1
记录媒介复制	13	1	1	1
文教、工美、体育和娱乐用品制造业	1601	84	48	76
文教办公用品制造	137	6	6	5
乐器制造	49	10	6	10
工艺美术品制造	613	23	14	22

主营业务收　入（万元）	利润总额（万元）	资产总计（万元）	出口交货值（万元）	R&D人员合　计（人）	女性（人）	研究人员（人）	全时人员（人）	R&D人员全时当量（人年）
15228.5	1336.2	29024.5		5	1	5	1	1
3827902.6	447700.2	4586460.0	35826.6	87	25	61	87	43
151989.7	7483.1	235997.9		26	7	4	4	26
24805035.6	1403054.7	13433239.1	5498511.5	3387	655	637	1338	2229
13927674.4	797458.7	7551429.5	2752388.1	2200	468	415	826	1563
1441710.1	79920.2	747037.0	207665.6	134	62	21	23	131
44451.8	510.1	35660.1	2485.8					
335508.5	28671.5	161252.7	48421.1	138	14	32	84	88
267583.5	4560.7	234396.4	54073.1	30		5		30
5611060.3	299254.7	2494415.3	1744742.8	173	18	37	57	126
1573556.3	107236.8	1077524.9	237863.6	106	49	39	70	65
1603490.7	85442.0	1131523.2	450871.4	606	44	88	278	225
33520509.4	1868370.9	17002076.5	9057976.3	10162	579	1768	1311	9511
24912937.4	1438478.3	11373711.2	6404516.5	9595	487	1668	1078	9250
7641839.0	376992.3	5063211.5	2331928.4	567	92	100	233	260
965733.0	52900.3	565153.8	321531.4					
20044932.7	832349.8	10588813.4	8167662.2	1562	221	225	1033	1152
941441.9	26936.1	517834.2	297930.3					
5685369.7	236997.5	2835214.8	2590084.3	228	17	50	181	159
230415.3	8922.9	112981.4	20464.3					
224380.7	12491.4	139528.8	49866.3	45	9	18	22	42
12963325.1	547001.9	6983254.2	5209317.0	1289	195	157	830	951
6112957.5	508729.9	4135554.5	884423.5	824	89	161	352	644
832127.7	64327.9	632376.7	88430.6	24	3	10	24	22
3193166.7	271281.3	2246154.5	94778.9	393	56	72	206	273
1277505.4	87076.1	994514.9	279904.3	392	28	75	121	341
810157.7	86044.6	262508.4	421309.7	15	2	4	1	7
14877278.0	740716.6	9129064.8	4845106.6	3861	648	657	1973	3010
8954379.1	441072.4	5842296.8	2625806.2	2967	533	436	1401	2370
283370.0	18874.8	99689.8	103383.4	24	2	13	8	19
2594843.0	148163.8	1430058.0	1023227.4	255	18	18	109	71
234846.3	5114.9	160022.8	138639.9	90	6	9	79	82
2809839.6	127490.7	1596997.4	954049.7	525	89	181	376	469
16333036.9	700484.6	17193326.4	1712769.2	5693	1213	649	3355	4661
45379.9	808.8	123163.6						
7266631.5	262628.0	10015204.6	517079.9	2891	465	353	1509	2317
9021025.5	437047.8	7054958.2	1195689.3	2802	748	296	1846	2344
10304340.5	703183.0	9101352.6	2250207.8	4121	765	534	2511	3354
9820151.3	694434.3	8733945.1	2181591.8	4000	737	519	2471	3264
356243.8	14175.6	197075.8	51480.3	106	26	14	34	85
127945.4	–5426.9	170331.7	17135.7	15	2	1	6	4
37083435.9	1128252.4	20039803.1	14752914.7	5200	1112	597	2775	3578
1238101.2	56886.2	687135.8	457775.5	248	36	15	163	117
733593.5	56147.9	548854.1	146387.5	498	154	84	119	443
24659585.9	629098.6	12327189.7	7500469.0	1167	386	138	674	936

2-1 续表13

指标名称	R&D经费内部支出（万元）	日常性支出（万元）	人员劳务费（万元）	资产性支出（万元）	仪器和设备（万元）
烟叶复烤	23.5	19.2	9.0	4.3	4.3
卷烟制造	4739.4	3665.3	3063.8	1074.1	1074.1
其他烟草制品制造	721.2	721.2	326.8		
纺织业	63715.4	56187.4	17637.6	7528.0	7482.0
棉纺织及印染精加工	42309.6	38896.9	12073.8	3412.7	3377.4
毛纺织及染整精加工	936.9	936.9	499.5		
麻纺织及染整精加工					
丝绢纺织及印染精加工	2715.7	2493.8	726.0	221.9	219.9
化纤织造及印染精加工	1102.0	77.6	38.5	1024.4	1024.4
针织或钩针编织物及其制品制造	2592.0	1990.9	794.0	601.1	594.1
家用纺织制成品制造	2855.8	2642.5	771.0	213.3	213.3
非家用纺织制成品制造	11203.4	9148.8	2734.8	2054.6	2052.9
纺织服装、服饰业	53788.2	48660.3	23246.7	5127.9	5057.8
机织服装制造	45506.2	40643.7	18598.7	4862.5	4800.6
针织或钩针编织服装制造	8282.0	8016.6	4648.0	265.4	257.2
服饰制造					
皮革、毛皮、羽毛及其制品和制鞋业	29184.8	27310.7	10134.6	1874.1	1860.3
皮革鞣制加工					
皮革制品制造	5095.7	4803.1	1321.8	292.6	285.3
毛皮鞣制及制品加工					
羽毛(绒)加工及制品制造	537.6	476.0	154.7	61.6	61.5
制鞋业	23551.5	22031.6	8658.1	1519.9	1513.5
木材加工和木、竹、藤、棕、草制品业	18104.1	14858.6	3989.2	3245.5	3209.3
木材加工	902.7	872.0	337.0	30.7	30.7
人造板制造	11796.0	8923.1	2025.3	2872.9	2843.2
木制品制造	5313.1	4972.3	1572.2	340.8	334.3
竹、藤、棕、草等制品制造	92.3	91.2	54.7	1.1	1.1
家具制造业	71389.5	62995.7	22051.8	8393.8	8325.4
木质家具制造	51480.6	45180.7	15771.4	6299.9	6279.9
竹、藤家具制造	445.4	440.5	104.3	4.9	2.3
金属家具制造	6320.3	5750.5	1923.4	569.8	564.6
塑料家具制造	1616.9	1292.5	359.3	324.4	324.4
其他家具制造	11526.3	10331.5	3893.4	1194.8	1154.2
造纸和纸制品业	129837.1	117967.3	21781.1	11869.8	11558.7
纸浆制造					
造纸	91663.9	82579.7	12449.9	9084.2	9022.6
纸制品制造	38173.2	35387.6	9331.2	2785.6	2536.1
印刷和记录媒介复制业	58950.1	48057.4	19639.1	10892.7	10576.4
印刷	55775.0	46134.5	18907.3	9640.5	9324.2
装订及印刷相关服务	2191.4	1322.6	587.0	868.8	868.8
记录媒介复制	983.7	600.3	144.8	383.4	383.4
文教、工美、体育和娱乐用品制造业	63630.5	56930.3	22316.8	6700.2	6531.6
文教办公用品制造	3312.7	2854.5	1117.9	458.2	438.7
乐器制造	10422.2	8874.4	2716.6	1547.8	1503.3
工艺美术品制造	15178.3	13354.7	5026.2	1823.6	1797.3

政府资金（万元）	企业资金（万元）	国外资金（万元）	其他资金（万元）	R&D经费外部支出（万元）	对境内研究机构支出（万元）	对境内高等学校支出（万元）	对境外支出（万元）	项目数（项）	参加项目人员（人）
	23.5							1	2
	4559.2		180.2	1265.5	163.6	392.9		36	83
	721.2							3	20
441.0	61124.8	956.2	1193.4	335.8	102.5	30.7	10.0	308	3039
226.2	40283.2	956.2	844.0	252.5	39.2	20.7		149	2024
4.0	932.9							5	134
178.8	2536.9			30.0	30.0			8	130
2.0	1100.0							1	30
30.0	2490.8		71.2					63	158
	2855.8							12	91
	10925.2		278.2	53.3	33.3	10.0	10.0	70	472
978.1	52119.6		690.5	559.6	345.1	61.3	153.2	130	9931
938.7	44187.1		380.4	504.8	340.1	11.5	153.2	87	9409
39.4	7932.5		310.1	54.8	5.0	49.8		43	522
144.5	28963.3		77.0	138.5	100.0	29.7	8.8	90	1439
2.0	5093.7			16.2		7.4	8.8	15	216
18.6	442.0		77.0	22.3		22.3		5	38
123.9	23427.6			100.0	100.0			70	1185
284.6	17672.4		147.1	58.9		58.9		82	659
	902.7							2	18
265.6	11427.1		103.3	58.9		58.9		54	346
19.0	5294.1							24	281
	48.5		43.8					2	14
569.3	70575.9		244.3	515.2		426.2		321	3658
447.8	50788.5		244.3	450.3		361.3		241	2836
	445.4							2	11
	6320.3			64.9		64.9		22	243
	1616.9							2	82
121.5	11404.8							54	486
682.1	128903.7		251.3	805.6	425.0	107.0	0.1	319	5176
325.8	91338.1			340.8	336.0	4.8		157	2635
356.3	37565.6		251.3	464.8	89.0	102.2	0.1	162	2541
918.2	56453.2		1578.7	1448.7	545.8	172.0		259	3733
910.3	53286.0		1578.7	1448.7	545.8	172.0		252	3619
	2191.4							6	100
7.9	975.8							1	14
1432.7	61069.8	908.5	219.5	746.1	154.0	349.9	20.0	2219	4693
17.8	3294.9							30	244
195.5	10226.7			3.3		3.3		41	451
319.0	14770.9		88.4	53.6	15.0	38.6		1872	1060

2-1 续表14

指标名称	项目人员折合全时当量（人年）	项目经费内部支出（万元）	机构数（个）	机构人员数（人）	博 士（人）
烟叶复烤	1	19.2			
卷烟制造	41	3192.5	2	175	9
其他烟草制品制造	20	670.6			
纺织业	2059	59790.9	22	1010	6
棉纺织及印染精加工	1471	40846.1	12	432	2
毛纺织及染整精加工	131	936.9	1	98	
麻纺织及染整精加工					
丝绢纺织及印染精加工	82	2308.1	1	30	2
化纤织造及印染精加工	30	1100.0			
针织或钩针编织物及其制品制造	116	2566.3	4	268	
家用纺织制成品制造	52	2672.2	1	81	
非家用纺织制成品制造	176	9361.3	3	101	2
纺织服装、服饰业	9334	48150.5	33	1706	15
机织服装制造	9106	41114.3	22	1259	10
针织或钩针编织服装制造	227	7036.2	11	447	5
服饰制造					
皮革、毛皮、羽毛及其制品和制鞋业	1071	27447.8	15	323	2
皮革鞣制加工					
皮革制品制造	153	4821.4	7	152	1
毛皮鞣制及制品加工					
羽毛(绒)加工及制品制造	35	294.6	3	53	
制鞋业	883	22331.8	5	118	1
木材加工和木、竹、藤、棕、草制品业	503	16595.2	8	148	
木材加工	17	836.3			
人造板制造	244	10397.0	4	85	
木制品制造	236	5270.1	2	40	
竹、藤、棕、草等制品制造	7	91.8	2	23	
家具制造业	2858	66005.0	30	2095	11
木质家具制造	2273	47448.3	19	1679	10
竹、藤家具制造	8	442.8			
金属家具制造	67	5897.4	5	259	
塑料家具制造	78	1616.9	2	107	
其他家具制造	432	10599.6	4	50	1
造纸和纸制品业	4257	124639.1	35	1456	9
纸浆制造					
造纸	2112	88836.2	16	842	1
纸制品制造	2145	35802.9	19	614	8
印刷和记录媒介复制业	3038	50335.2	41	1967	11
印刷	2952	48458.9	38	1906	11
装订及印刷相关服务	82	1276.3	2	31	
记录媒介复制	4	600.0	1	30	
文教、工美、体育和娱乐用品制造业	3212	57240.9	68	3735	24
文教办公用品制造	116	2757.2	6	173	
乐器制造	409	8177.2	6	414	13
工艺美术品制造	846	14160.2	16	800	4

硕 士（人）	本 科（人）	机构经费支 出（万元）	仪器和设备原 价（万元）	进 口（万元）	新产品开发项目数（个）	新产品开发经费支出（万元）	新产品销售收入（万元）	新产品出口（万元）	专利申请数（件）
					3	46.8			
81	72	13410.7	15654.9	14757.2	38	4663.8	32004.6		171
					3	721.2			
52	394	24558.9	15934.4	2660.9	315	57134.7	290563.8	111174.7	193
39	250	20098.0	8927.0	1535.9	138	31083.2	215019.6	90643.0	77
	6	352.3	540.0	485.0	6	1120.7			1
6	12	80.0	110.0		8	3311.4	2250.0		10
					5	1320.8	3509.0		
2	70	1466.2	1750.7	310.0	50	3499.2	12802.7	1369.9	5
	3	151.2	60.2		31	5015.1	6314.3	1550.6	37
5	53	2411.2	4546.5	330.0	77	11784.3	50668.2	17611.2	63
46	834	30788.1	8739.7	533.8	202	54116.5	764815.5	143076.8	183
34	633	23184.1	3173.5	250.7	86	45067.7	670115.9	58855.8	156
12	201	7604.0	5566.2	283.1	116	9048.8	94699.6	84221.0	27
17	114	4799.7	2737.1		137	45501.8	187148.7	44444.3	216
					1	154.2			
12	48	3026.7	436.5		19	6486.5	21353.6	7139.9	42
	20	486.2	565.6		2	193.9	12702.3	1476.2	5
5	46	1286.8	1735.0		115	38667.2	153092.8	35828.2	169
6	70	4060.1	1064.9		83	12549.6	136182.0	7098.5	326
					2	902.7			158
2	46	3012.7	582.8		57	6173.3	124653.3	2358.4	108
2	18	561.1	175.6		24	5473.6	11074.8	4740.1	58
2	6	486.3	306.5				453.9		2
63	1183	37030.7	13684.2	672.6	391	65222.4	724571.2	151128.1	1382
59	1046	32625.0	11870.1	300.0	257	46990.8	611331.0	133505.5	650
					1	290.7	4865.4		
3	56	2165.7	505.9		26	6239.4	24677.3	12312.5	323
	33	1582.0	474.4		49	1943.3	1304.7		58
1	48	658.0	833.8	372.6	58	9758.2	82392.8	5310.1	351
62	665	78316.1	16857.2	4183.2	300	139160.8	1508995.1	125925.3	648
23	282	62883.0	7209.7	2200.2	132	87902.5	1155508.2	92187.9	167
39	383	15433.1	9647.5	1983.0	168	51258.3	353486.9	33737.4	481
74	877	32057.6	76180.9	5916.0	222	55258.3	617395.2	105061.6	544
72	851	30491.4	75120.4	5916.0	217	53046.2	606152.6	104917.4	543
	13	589.7	428.5		4	1574.3	6231.4	144.2	1
2	13	976.5	632.0		1	637.8	5011.2		
92	1490	54024.2	23220.5	5199.3	591	88875.2	702627.0	169574.1	1844
5	73	2147.1	210.1		50	2232.9	19400.0	216.9	422
11	161	8480.5	3684.5	33.3	46	10603.2	82361.7	1627.2	24
35	332	14397.3	8201.8	3528.9	79	17304.2	234848.5	15269.0	425

2-1 续表15

指标名称	发明专利（件）	有效发明专利（件）	境外授权（件）	专利所有权转让及许可数（件）	专利所有权转让及许可收入（万元）
烟叶复烤					
卷烟制造	90	115		1	
其他烟草制品制造					
纺织业	45	42			
棉纺织及印染精加工	13	16			
毛纺织及染整精加工	1				
麻纺织及染整精加工					
丝绢纺织及印染精加工					
化纤织造及印染精加工					
针织或钩针编织物及其制品制造	5	5			
家用纺织制成品制造	2	9			
非家用纺织制成品制造	24	12			
纺织服装、服饰业	82	357	37		1021.1
机织服装制造	70	302	37		1021.1
针织或钩针编织服装制造	12	55			
服饰制造					
皮革、毛皮、羽毛及其制品和制鞋业	15	25			
皮革鞣制加工					
皮革制品制造	2	5			
毛皮鞣制及制品加工					
羽毛(绒)加工及制品制造	2	3			
制鞋业	11	17			
木材加工和木、竹、藤、棕、草制品业	51	64		1	
木材加工	16	11		1	
人造板制造	30	43			
木制品制造	5	10			
竹、藤、棕、草等制品制造					
家具制造业	226	578	78	10	
木质家具制造	38	334		6	
竹、藤家具制造					
金属家具制造	37	43		4	
塑料家具制造		55			
其他家具制造	151	146	78		
造纸和纸制品业	151	206	2	1	0.1
纸浆制造					
造纸	25	43			
纸制品制造	126	163	2	1	0.1
印刷和记录媒介复制业	152	330		21	
印刷	151	314		21	
装订及印刷相关服务	1	16			
记录媒介复制					
文教、工美、体育和娱乐用品制造业	171	1326	13	14	0.2
文教办公用品制造	5	70		11	
乐器制造	8	30		1	0.2
工艺美术品制造	12	122	1		

拥有注册商标数（件）	境外注册（件）	形成国家或行业标准数（项）	使用来自政府部门的科技活动资金（万元）	研究开发费用加计扣除减免税（万元）	高新技术企业减免税（万元）	引进技术经费支出（万元）	消化吸收经费支出（万元）	购买国内技术经费支出（万元）	技术改造经费支出（万元）
607	138	50							151543.1
111	5	1	760.7	221.3	3836.9	300.0	100.0	400.0	7401.1
33	2		484.6	211.3	3106.6				4368.9
			4.0						
3			240.0	10.0					103.2
			2.1						
27			30.0						
17	1				602.3				15.3
31	2	1			128.0	300.0	100.0	400.0	2913.7
563	81	6	1709.1	237.8	2891.7	390.0		25.0	1282.1
515	79	6	1432.1	237.8	2891.7	390.0		15.0	666.1
48	2		277.0					10.0	616.0
110	23	37	385.1	53.6	500.0				2367.4
1									
23	6		2.0						774.5
4			63.1		8.0				383.7
82	17	37	320.0	53.6	492.0				1209.2
75	2	4	433.2	127.2	855.4				339.6
3									34.9
72	2	4	364.2		310.2				141.9
			19.0	127.2	545.2				162.8
			50.0						
937	188	39	600.5	328.4	9900.5		668.6		5671.0
696	152	38	466.5	328.4	9045.4		638.6		2798.6
1		1					30.0		379.5
28			2.0						
212	36		132.0		855.1				2492.9
740	179	23	942.7	2204.7	11983.2	1.3	503.7	54.7	23122.2
453	163	4	363.8	1629.1	8169.9				20168.0
287	16	19	578.9	575.6	3813.3	1.3	503.7	54.7	2954.2
354	35	18	2237.4	2279.2	12883.9	350.0	681.9	140.0	8223.4
348	34	15	2224.4	2279.2	12321.4	350.0	681.9	140.0	8223.4
1					562.5				
5	1	3	13.0						
3011	179	38	1830.6	1094.5	8352.4	305.0	84.4	59.9	3908.3
261	29	9	17.8		226.8				664.1
162	11	6	195.5	335.5	2074.6				763.2
461	42	3	474.0	112.9	3216.7	152.0	84.4	55.0	728.6

2-1 续表16

指标名称	企业数（个）	有R&D活动的企业（个）	有研发机构的企业（个）	有新产品销售的企业（个）
体育用品制造	214	12	5	13
玩具制造	565	26	14	20
游艺器材及娱乐用品制造	23	7	3	6
石油加工、炼焦和核燃料加工业	92	24	12	18
精炼石油产品制造	90	24	12	18
炼焦	2			
核燃料加工				
化学原料和化学制品制造业	2163	518	259	353
基础化学原料制造	189	43	21	29
肥料制造	70	15	8	7
农药制造	20	10	6	6
涂料、油墨、颜料及类似产品制造	677	149	74	105
合成材料制造	326	81	38	56
专用化学产品制造	513	138	65	94
炸药、火工及焰火产品制造	9	3	3	3
日用化学产品制造	359	79	44	53
医药制造业	382	199	135	114
化学药品原料药制造	30	14	10	5
化学药品制剂制造	82	54	37	36
中药饮片加工	55	10	7	7
中成药生产	93	49	42	24
兽用药品制造	25	18	9	10
生物药品制造	56	39	23	21
卫生材料及医药用品制造	41	15	7	11
化学纤维制造业	61	8	6	8
纤维素纤维原料及纤维制造	11		1	1
合成纤维制造	50	8	5	7
橡胶和塑料制品业	3328	314	124	210
橡胶制品业	379	46	17	27
塑料制品业	2949	268	107	183
非金属矿物制品业	2448	296	129	193
水泥、石灰和石膏制造	190	22	8	3
石膏、水泥制品及类似制品制造	470	25	5	15
砖瓦、石材等建筑材料制造	827	104	55	80
玻璃制造	68	15	8	12
玻璃制品制造	221	38	13	25
玻璃纤维和玻璃纤维增强塑料制品制造	45	7	4	7
陶瓷制品制造	496	59	26	36
耐火材料制品制造	30	5	2	2
石墨及其他非金属矿物制品制造	101	21	8	13
黑色金属冶炼和压延加工业	534	45	19	30
炼铁	4			
炼钢	21			
黑色金属铸造	103	11	3	5

主营业务收　入（万元）	利润总额（万元）	资产总计（万元）	出口交货值（万元）	R&D人员合　计（人）	女性（人）	研究人员（人）	全时人员（人）	R&D人员全时当量（人年）
2473890.0	42783.9	1578293.5	1964166.9	1269	263	106	744	844
7718958.9	327701.8	4630684.5	4589753.5	1690	238	207	902	1016
259306.4	15634.0	267645.5	94362.3	328	35	47	173	222
36264894.6	837537.0	12893928.7	30243.9	2774	469	1755	656	2442
36170528.9	826014.7	12727148.6	30243.9	2774	469	1755	656	2442
94365.7	11522.3	166780.1						
52929406.6	4010670.4	36116628.6	4690772.4	20995	4076	4369	14146	16056
8662239.0	388300.0	7050135.2	234306.6	1611	201	351	832	1005
1232785.8	109173.8	1025617.2	42547.7	338	46	67	198	277
263833.7	29521.5	468942.4	5850.3	519	104	101	356	486
9434363.5	622215.2	6373259.3	659719.1	6132	839	1045	4365	4665
10755379.3	339919.9	7165067.1	1853901.9	4009	563	1068	2954	3057
9472948.7	843239.2	7004802.5	995540.2	4353	859	987	2825	3227
82187.6	9134.6	85233.4		95	15	43	74	71
13025669.0	1669166.2	6943571.5	898906.6	3938	1449	707	2542	3267
11445897.2	1501331.3	13764751.6	744645.2	13762	5372	3432	9380	10653
775388.4	118344.2	1197428.6	142742.1	1207	338	399	728	1083
4751916.4	601334.0	5277165.2	193656.4	4672	2021	999	3364	3704
881859.8	65068.6	667426.8	6919.1	627	205	122	314	454
2599816.0	341187.4	3174422.6	66385.4	3998	1646	1166	2504	2781
509885.0	72535.0	447898.8	2779.0	738	265	153	414	623
1409272.8	229925.1	2513683.0	162489.7	1599	593	445	1283	1265
517758.8	72937.0	486726.6	169673.5	921	304	148	773	742
1303177.0	96170.9	1192636.3	222217.1	457	74	38	152	194
205226.9	37672.8	130593.5	3251.9					
1097950.1	58498.1	1062042.8	218965.2	457	74	38	152	194
41114978.6	2153263.5	28249609.2	11083279.5	17554	2841	3073	10992	12901
3920610.5	194108.9	3166203.1	1215821.6	1863	354	323	1290	1386
37194368.1	1959154.6	25083406.1	9867457.9	15691	2487	2750	9702	11515
38251855.3	2704407.8	29439956.4	4374481.5	17129	2865	2490	9257	10995
4836545.8	439459.6	5913566.8	25778.9	687	66	118	387	419
4864128.6	275838.0	4364080.8	117047.6	822	72	174	501	542
16107218.0	1041037.9	8671862.2	965118.9	8140	1435	796	4258	5092
1616626.7	72610.6	2082364.7	277730.6	1282	131	277	879	1040
3588329.9	333286.4	3613881.2	1304513.6	1848	264	526	1143	1509
531260.1	39258.0	609457.0	46943.1	293	31	56	189	139
5399767.9	393819.8	2977125.9	1492718.9	3454	770	433	1422	1834
315779.4	26589.9	153560.8	12688.3	79	4	10	76	73
992198.9	82507.6	1054057.0	131941.6	524	92	100	402	346
24376423.7	1046682.4	15509127.1	1799585.6	4771	726	1208	2621	2908
151765.8	20647.7	41936.3						
662823.2	59086.1	170863.0						
1159854.8	58500.9	708044.9	154408.2	234	35	70	144	143

2-1 续表17

指标名称	R&D经费内部支出（万元）	日常性支出（万元）	人员劳务费（万元）	资产性支出（万元）	仪器和设备（万元）
体育用品制造	11108.2	10553.8	5222.7	554.4	546.6
玩具制造	20179.8	17875.1	7198.6	2304.7	2234.2
游艺器材及娱乐用品制造	3429.3	3417.8	1034.8	11.5	11.5
石油加工、炼焦和核燃料加工业	53688.0	50762.7	19660.4	2925.3	2817.9
精炼石油产品制造	53688.0	50762.7	19660.4	2925.3	2817.9
炼焦					
核燃料加工					
化学原料和化学制品制造业	607335.4	524580.0	147261.7	82755.4	81060.6
基础化学原料制造	51168.4	41642.6	9752.7	9525.8	9329.6
肥料制造	8560.5	7452.5	1769.9	1108.0	1101.9
农药制造	9574.5	8487.9	3349.7	1086.6	1086.6
涂料、油墨、颜料及类似产品制造	126486.0	115475.3	43885.5	11010.7	10395.9
合成材料制造	219589.4	179816.7	33147.8	39772.7	39485.1
专用化学产品制造	101210.5	91590.5	27253.8	9620.0	9232.1
炸药、火工及焰火产品制造	2110.6	2065.0	1146.2	45.6	42.5
日用化学产品制造	88635.5	78049.5	26956.1	10586.0	10386.9
医药制造业	325623.3	274441.2	90255.4	51182.1	49700.1
化学药品原料药制造	16804.1	15694.0	4939.6	1110.1	1105.9
化学药品制剂制造	131545.0	109298.6	38236.0	22246.4	21727.5
中药饮片加工	21459.1	15046.2	4323.4	6412.9	6352.4
中成药生产	67044.5	56859.0	20974.8	10185.5	9682.5
兽用药品制造	19572.5	16488.6	4184.6	3083.9	2989.6
生物药品制造	51183.2	43731.4	12906.2	7451.8	7156.3
卫生材料及医药用品制造	18014.9	17323.4	4690.8	691.5	685.9
化学纤维制造业	11961.4	10684.2	942.9	1277.2	1229.6
纤维素纤维原料及纤维制造					
合成纤维制造	11961.4	10684.2	942.9	1277.2	1229.6
橡胶和塑料制品业	328704.7	289188.8	87289.5	39515.9	38667.0
橡胶制品业	28667.1	22981.1	8730.2	5686.0	5615.7
塑料制品业	300037.6	266207.7	78559.3	33829.9	33051.3
非金属矿物制品业	297429.0	249843.9	76603.1	47585.1	46189.6
水泥、石灰和石膏制造	14617.2	12177.3	3912.9	2439.9	2377.0
石膏、水泥制品及类似制品制造	15015.8	13539.2	4365.9	1476.6	1426.7
砖瓦、石材等建筑材料制造	121572.9	102614.9	34119.9	18958.0	18636.2
玻璃制造	26453.6	22231.8	5274.0	4221.8	3973.2
玻璃制品制造	55195.7	45722.8	13790.0	9472.9	9363.0
玻璃纤维和玻璃纤维增强塑料制品制造	6114.6	5613.1	1435.0	501.5	500.6
陶瓷制品制造	39382.4	32998.7	10093.0	6383.7	6165.2
耐火材料制品制造	1127.1	911.5	391.9	215.6	168.3
石墨及其他非金属矿物制品制造	17949.7	14034.6	3220.5	3915.1	3579.4
黑色金属冶炼和压延加工业	130349.6	122546.9	29519.6	7802.7	7652.4
炼铁					
炼钢					
黑色金属铸造	5999.9	5435.1	893.5	564.8	548.9

政府资金（万元）	企业资金（万元）	国外资金（万元）	其他资金（万元）	R&D经费外部支出（万元）	对境内研究机构支出（万元）	对境内高等学校支出（万元）	对境外支出（万元）	项目数（项）	参加项目人员（人）
140.7	9927.9	908.5	131.1	97.0		97.0		85	1193
759.7	19420.1			592.2	139.0	211.0	20.0	152	1490
	3429.3							39	255
676.7	52724.3		287.0	3242.3	683.0	931.8		257	2604
676.7	52724.3		287.0	3242.3	683.0	931.8		257	2604
19797.5	575521.8	6310.6	5705.5	9342.6	3343.6	2752.7	3056.2	2715	18620
1875.0	48168.5		1124.9	138.9	110.2	28.7		251	1474
63.7	8496.8			67.6	61.5	6.1		32	296
40.7	8956.5		577.3	496.1	485.2	0.9		66	432
3347.3	119156.4	2480.3	1502.0	2063.8	1176.6	867.1	20.0	757	5290
6746.8	212248.0	216.0	378.6	1837.6	896.5	941.0		498	3637
5335.8	93777.7		2097.0	935.9	417.0	298.1	89.9	588	3882
195.5	1915.1			25.4	25.4			11	87
2192.7	82802.8	3614.3	25.7	3777.3	171.2	610.8	2946.3	512	3522
24071.7	298736.8	102.6	2712.2	15849.2	9958.2	2808.7	201.0	3432	12793
1061.5	15739.9	2.7		160.7	49.3	111.4		1682	1089
4698.6	125652.4		1194.0	5058.9	3188.0	674.0		828	4485
758.9	20700.2			104.0	89.0	15.0		49	540
7407.4	59339.4		297.7	5597.4	3010.6	1402.9	201.0	449	3650
2231.4	17341.1			2139.7	1591.1	520.3		87	716
6236.4	43765.2	99.9	1081.7	2705.5	1997.8	34.5		267	1446
1677.5	16198.6		138.8	83.0	32.4	50.6		70	867
60.0	11901.4			25.0				62	427
60.0	11901.4			25.0				62	427
9719.3	314602.1	1187.3	3196.0	1133.0	467.8	496.4	139.0	1800	15752
1070.4	27398.9		197.8	400.4	113.7	249.0	37.7	201	1526
8648.9	287203.2	1187.3	2998.2	732.6	354.1	247.4	101.3	1599	14226
6735.3	289195.0	487.7	1011.0	2894.4	1733.2	502.8	468.4	3820	15492
50.0	13556.2		1011.0	123.0	110.0	13.0		36	619
253.9	14761.9			43.3		43.3		72	686
661.8	120911.1			1006.2	379.8	174.7	351.7	312	7493
146.0	25945.7	361.9		90.0				58	1187
992.7	54203.0			849.5	849.5			155	1645
40.0	6074.6			24.0	24.0			32	225
2731.7	36650.7			758.0	369.9	271.4	116.7	3078	3111
10.3	1116.8			0.4		0.4		10	79
1848.9	15975.0	125.8						67	447
697.9	128192.7		1459.0	664.4	612.1	52.3		213	4477
	5883.5		116.4					36	201

2-1 续表18

指标名称	项目人员折合全时当量（人年）	项目经费内部支出（万元）	机构数（个）	机构人员数（人）	博士（人）
体育用品制造	784	10186.4	9	191	1
玩具制造	893	18537.4	27	1903	6
游艺器材及娱乐用品制造	164	3422.5	4	254	
石油加工、炼焦和核燃料加工业	2288	52366.5	15	549	9
精炼石油产品制造	2288	52366.5	15	549	9
炼焦					
核燃料加工					
化学原料和化学制品制造业	14231	530411.5	414	12590	349
基础化学原料制造	904	42898.2	38	1037	17
肥料制造	239	8401.9	47	253	7
农药制造	404	8117.7	7	294	2
涂料、油墨、颜料及类似产品制造	4060	115603.3	114	3772	67
合成材料制造	2752	181226.3	63	2776	129
专用化学产品制造	2862	93563.8	82	2324	71
炸药、火工及焰火产品制造	67	1830.5	4	83	6
日用化学产品制造	2943	78769.8	59	2051	50
医药制造业	9922	288674.6	197	9448	255
化学药品原料药制造	971	15895.1	20	828	14
化学药品制剂制造	3569	119208.9	58	3477	69
中药饮片加工	385	20946.3	13	498	24
中成药生产	2542	59481.7	53	2615	61
兽用药品制造	608	16646.9	16	606	35
生物药品制造	1136	40195.7	30	1099	43
卫生材料及医药用品制造	711	16300.0	7	325	9
化学纤维制造业	183	10986.1	6	259	1
纤维素纤维原料及纤维制造			1	24	
合成纤维制造	183	10986.1	5	235	1
橡胶和塑料制品业	11538	298908.9	163	9834	85
橡胶制品业	1080	25541.2	21	1249	9
塑料制品业	10458	273367.7	142	8585	76
非金属矿物制品业	9944	265630.9	149	6953	72
水泥、石灰和石膏制造	382	13830.5	8	228	
石膏、水泥制品及类似制品制造	462	13814.9	6	184	1
砖瓦、石材等建筑材料制造	4655	112363.6	60	3833	34
玻璃制造	959	23539.6	15	740	4
玻璃制品制造	1343	48845.8	13	642	10
玻璃纤维和玻璃纤维增强塑料制品制造	98	5900.1	4	111	5
陶瓷制品制造	1670	33717.1	28	912	5
耐火材料制品制造	73	988.0	4	60	1
石墨及其他非金属矿物制品制造	304	12631.3	11	243	12
黑色金属冶炼和压延加工业	2710	125322.5	23	1057	15
炼铁					
炼钢					
黑色金属铸造	125	5440.8	3	103	

硕 士（人）	本 科（人）	机构经费支 出（万元）	仪器和设备原 价（万元）	进 口（万元）	新产品开发项目数（个）	新产品开发经费支出（万元）	新产品销售收入（万元）	新产品出口（万元）	专利申请数（件）
4	65	2882.9	403.7		96	13716.1	57538.1	48111.0	111
32	687	23259.1	10217.7	1637.1	262	40427.9	263476.3	78597.1	807
5	172	2857.3	502.7		58	4590.9	45002.4	25752.9	55
65	280	15592.2	8158.5	2941.4	186	46400.2	1128300.5	4712.1	119
65	280	15592.2	8158.5	2941.4	186	46400.2	1128300.5	4712.1	119
1380	6320	334567.9	207019.5	19054.8	2904	615968.2	5827158.8	563038.6	2775
120	549	20914.8	14743.5	2649.1	187	36312.8	451142.8	82287.2	221
19	176	4525.0	2433.7	752.6	31	9884.3	69637.7		11
19	183	5318.4	1850.7		54	8693.7	50111.8	155.5	197
300	1720	61825.0	26412.4	2064.7	850	136292.9	1189176.2	50611.2	805
423	1543	119009.6	89386.1	7560.6	576	231082.9	2226982.3	328980.7	554
272	1055	65443.2	29716.2	3008.7	648	99266.1	1102059.3	85171.4	476
7	25	1916.2	354.2		16	1700.2	32289.2		13
220	1069	55615.7	42122.7	3019.1	542	92735.3	705759.5	15832.6	498
1289	4890	231223.7	122092.2	17440.0	4716	335421.8	2363599.7	29851.1	1242
69	430	12260.8	6855.5	3019.6	2863	18321.1	91268.2	10665.2	62
488	1972	110220.3	51910.3	3901.9	872	139438.6	1423555.9	5600.1	379
64	142	7665.5	7397.0	73.0	43	21640.7	82656.0		22
208	1275	55533.6	35438.6	6400.8	467	68769.1	507983.6	2408.6	273
129	295	12042.1	4830.5	855.0	125	23328.5	70308.1		31
219	627	28188.4	14540.0	3170.2	265	46058.2	87903.3	2957.5	222
112	149	5313.0	1120.3	19.5	81	17865.6	99924.6	8219.7	253
7	115	8078.3	2684.2		80	14497.7	131239.9	20123.4	21
3	18	1.8	47.8		1	134.1	640.1		7
4	97	8076.5	2636.4		79	14363.6	130599.8	20123.4	14
524	4403	163572.8	174052.1	75612.2	2564	332502.5	3918607.3	925828.1	2649
38	337	11028.1	9983.2	639.4	208	29230.3	106692.1	2084.4	258
486	4066	152544.7	164068.9	74972.8	2356	303272.2	3811915.2	923743.7	2391
586	3704	113582.9	117684.9	47630.2	946	252064.3	3035534.2	601465.8	1510
18	126	6902.8	5375.6	71.0	19	7716.0	22188.1		
7	114	3286.6	1963.4		58	14457.8	108478.9	3342.8	93
387	2442	45031.7	26695.4	4735.2	285	114127.9	1780909.2	178812.5	242
20	293	13245.3	30741.4	17571.2	61	17925.6	262841.3	21577.9	81
64	262	21045.7	27557.4	13351.9	199	43853.9	549287.4	292192.7	388
5	44	1532.7	536.0	218.6	37	7013.5	43238.7	8068.8	26
35	329	11315.2	2997.8	376.9	193	29648.8	194646.6	84799.9	491
2	11	707.6	5559.6		12	1525.2	5953.9	1162.1	12
48	83	10515.3	16258.3	11305.4	82	15795.6	67990.1	11509.1	177
78	533	25841.3	36131.6	4426.3	189	131724.8	1933174.0	28167.4	255
12	59	196.8	82.4		46	6732.9	23586.0	4285.9	17

2-1 续表19

指标名称	发明专利（件）	有效发明专利（件）	境外授权（件）	专利所有权转让及许可数（件）	专利所有权转让及许可收入（万元）
体育用品制造	32	107	9		
玩具制造	110	991	3		
游艺器材及娱乐用品制造	4	6		2	
石油加工、炼焦和核燃料加工业	54	66		6	
精炼石油产品制造	54	66		6	
炼焦					
核燃料加工					
化学原料和化学制品制造业	1672	2605	44	37	5815.8
基础化学原料制造	118	100		3	
肥料制造	4	31			
农药制造	186	123			
涂料、油墨、颜料及类似产品制造	545	666	26	7	
合成材料制造	403	576	9	4	
专用化学产品制造	230	506	8	11	800.0
炸药、火工及焰火产品制造	2	21			
日用化学产品制造	184	582	1	12	5015.8
医药制造业	762	1723	104	54	9312.3
化学药品原料药制造	47	91	4	1	
化学药品制剂制造	294	411	34	24	
中药饮片加工	9	59		6	
中成药生产	135	532	21	7	0.3
兽用药品制造	30	56		1	7920.0
生物药品制造	142	331	5	8	592.0
卫生材料及医药用品制造	105	243	40	7	800.0
化学纤维制造业	9	15			
纤维素纤维原料及纤维制造	5	6			
合成纤维制造	4	9			
橡胶和塑料制品业	726	1247	67	40	54.3
橡胶制品业	60	93	16		
塑料制品业	666	1154	51	40	54.3
非金属矿物制品业	404	835	22	40	12927.9
水泥、石灰和石膏制造					
石膏、水泥制品及类似制品制造	36	81		32	
砖瓦、石材等建筑材料制造	56	332	2		
玻璃制造	25	65	1		
玻璃制品制造	127	107	3	5	5.0
玻璃纤维和玻璃纤维增强塑料制品制造	7	40			
陶瓷制品制造	94	120	10		12922.8
耐火材料制品制造	9	8	4		
石墨及其他非金属矿物制品制造	50	82	2	3	0.1
黑色金属冶炼和压延加工业	78	100			
炼铁					
炼钢					
黑色金属铸造	8	17			

拥有注册商标数（件）	境外注册（件）	形成国家或行业标准数（项）	使用来自政府部门的科技活动资金（万元）	研究开发费用加计扣除减免税（万元）	高新技术企业减免税（万元）	引进技术经费支出（万元）	消化吸收经费支出（万元）	购买国内技术经费支出（万元）	技术改造经费支出（万元）
84	3	2	140.8		129.5			0.9	163.2
2009	94	18	1002.5	482.3	2412.3	153.0		4.0	1589.2
34				163.8	292.5				
44		3	941.6	4718.4	668.2		3083.0	5855.6	338605.6
44		3	941.6	4718.4	668.2		3083.0	5855.6	338605.6
8026	369	205	23222.2	11721.2	54085.8	152695.4	934.7	3186.8	67702.5
108	4	13	3039.5	963.1	1033.5		9.6	1092.8	10559.9
84			140.5	788.7	366.7		58.0	42.7	1695.4
738		4	150.7	361.3	1468.3		368.0		1482.7
1620	86	115	4194.6	1972.2	10550.4	171.7	100.0	796.5	9016.9
284	13	31	7136.6	2272.0	10042.0	4452.1	205.8	100.0	29081.7
409	27	28	5840.9	3046.1	13257.2	766.6	193.3	982.7	14006.4
2			215.8	443.2	271.1				435.6
4781	239	14	2503.6	1874.6	17096.6	147305.0		172.1	1423.9
5454	328	239	26744.3	32042.5	119441.9	3067.2	2890.8	6440.2	55628.3
487	8	13	1487.0	108.0	1415.0		540.0	899.7	2876.1
3072	201	115	5172.0	26529.6	75690.7	1168.3	2350.8	3705.0	31255.5
119		3	758.9	224.0	1430.7				6418.5
1110	63	92	8258.9	1523.2	18778.3	539.9		450.9	14366.7
124		3	2342.3	32.5	742.7			824.2	121.0
282	13	10	6794.9	3367.6	17905.2	1359.0		560.4	590.5
260	43	3	1930.3	257.6	3479.3				
18		2	77.0	199.0					2038.0
			7.0						
18		2	70.0	199.0					2038.0
2270	749	66	12234.3	17270.0	23552.7	2222.8	2014.4	136.5	34531.1
711	551	14	1187.6	16.9	829.6		101.2	36.5	1000.5
1559	198	52	11046.7	17253.1	22723.1	2222.8	1913.2	100.0	33530.6
1232	219	74	9610.9	5142.9	7619.9	675.6	157.5	883.2	18642.2
5			200.0			0.1	1.0		5820.6
12	2	11	443.3				85.0		1308.0
501	105	38	787.1	579.7	2673.9	438.5	38.4		6695.9
17	5	1	385.0	218.4	213.0			800.0	112.5
278	35	8	1337.3	3780.3	2059.7	120.3		63.0	667.9
3			40.0	433.9	1225.8				93.1
382	71	15	3958.1		673.9	116.7	33.1	20.2	3850.8
			122.5	16.6	11.4				
34	1	1	2337.6	114.0	762.2				93.4
83	24	7	1353.5	34.4	1130.2	2669.0	337.3	120.9	145869.4
9		1	5.0						3087.9

2–1 续表20

指标名称	企业数（个）	有R&D活动的企业（个）	有研发机构的企业（个）	有新产品销售的企业（个）
钢压延加工	402	34	16	25
铁合金冶炼	4			
有色金属冶炼和压延加工业	660	109	50	84
常用有色金属冶炼	61	6	2	3
贵金属冶炼	6			
稀有稀土金属冶炼	13	5	3	3
有色金属合金制造	63	12	9	9
有色金属铸造	19	3		2
有色金属压延加工	498	83	36	67
金属制品业	3320	296	114	209
结构性金属制品制造	619	46	19	43
金属工具制造	321	36	14	18
集装箱及金属包装容器制造	191	24	7	15
金属丝绳及其制品制造	72	2	1	1
建筑、安全用金属制品制造	475	59	25	43
金属表面处理及热处理加工	257	20	4	15
搪瓷制品制造	33	12	5	11
金属制日用品制造	818	49	17	32
其他金属制品制造	534	48	22	31
通用设备制造业	1467	357	163	273
锅炉及原动设备制造	42	12	6	7
金属加工机械制造	237	72	33	49
物料搬运设备制造	114	39	14	31
泵、阀门、压缩机及类似机械制造	178	58	30	43
轴承、齿轮和传动部件制造	76	11	8	11
烘炉、风机、衡器、包装等设备制造	301	83	31	61
文化、办公用机械制造	170	37	15	31
通用零部件制造	289	23	13	21
其他通用设备制造业	60	22	13	19
专用设备制造业	1319	346	143	241
采矿、冶金、建筑专用设备制造	84	20	9	16
化工、木材、非金属加工专用设备制造	570	101	41	76
食品、饮料、烟草及饲料生产专用设备制造	43	14	9	8
印刷、制药、日化及日用品生产专用设备制造	121	39	12	23
纺织、服装和皮革加工专用设备制造	56	17	4	12
电子和电工机械专用设备制造	148	38	14	27
农、林、牧、渔专用机械制造	33	8	7	6
医疗仪器设备及器械制造	142	67	29	40
环保、社会公共服务及其他专用设备制造	122	42	18	33
汽车制造业	620	147	71	103
汽车整车制造	19	7	5	6
改装汽车制造	13	8	2	6
低速载货汽车制造	1	1		1
电车制造	2	2	2	1

主营业务收　入（万元）	利润总额（万元）	资产总计（万元）	出口交货值（万元）	R&D人员合　计（人）	女性（人）	研究人员（人）	全时人员（人）	R&D人员全时当量（人年）
22034716.8	905905.9	13827092.7	1635644.9	4537	691	1138	2477	2765
367263.1	2541.8	761190.2	9532.5					
29104418.9	990683.7	17626328.1	2530171.2	5729	1019	1182	3106	4099
2214801.3	34365.7	1940119.3	27342.4	382	57	264	176	266
836601.2	5034.8	209803.6						
608343.5	25907.3	326696.5	46093.9	241	28	56	142	185
1358845.8	9627.1	1291471.2	126506.3	522	67	74	231	441
259124.5	15755.1	170504.9	17016.0	74	1	22	7	40
23826702.6	899993.7	13687732.6	2313212.6	4510	866	766	2550	3167
47305104.9	3116590.8	27644525.9	12268965.0	15577	2462	3045	9829	10786
9865779.2	694674.5	7817613.4	1554857.5	3024	395	554	2063	2216
5130426.2	551683.7	2051429.7	2360943.4	1553	169	310	702	940
4007097.7	213754.7	2506950.6	1579459.1	1150	122	280	670	740
798696.2	27370.1	436466.9	217205.7	117	6	5	28	53
6699492.8	376076.6	3406657.4	1876349.5	3692	696	639	2651	2540
4010646.6	260440.9	1793325.9	439637.5	536	58	93	253	370
516613.8	24376.6	338615.0	118749.2	891	144	273	771	701
10007553.9	616803.8	4777758.8	2519177.9	2355	477	592	1277	1589
6268798.5	351409.9	4515708.2	1602585.2	2259	395	299	1414	1638
31271572.2	1773489.3	23124210.2	11465573.5	25761	3575	5992	17604	20100
604663.0	63533.8	790524.4	88706.8	567	75	152	408	458
2332755.2	165847.9	2365685.0	231319.8	2873	316	780	1910	1979
4296498.0	357262.2	3752969.9	194465.9	3323	352	774	1504	2882
4230361.1	256802.7	3286732.9	1059659.9	4553	622	980	3338	3456
754488.4	29996.8	620518.7	190881.5	612	155	197	397	474
5760764.4	386607.4	4254870.3	1828710.6	7048	966	1819	4925	5420
10162328.6	372618.6	5243864.8	7216868.6	4255	758	756	3145	3553
2396702.2	86698.0	2045127.2	559326.2	1322	235	271	1020	968
733011.3	54121.9	763917.0	95634.2	1208	96	263	957	908
17831906.2	1377286.8	18566039.0	4520427.3	19612	3016	3559	15147	15130
1360140.7	75418.9	1265512.6	177478.1	581	73	137	303	420
6211637.2	399819.6	6125194.5	1233297.6	6243	821	1165	4824	4582
562007.4	29532.5	333085.1	49896.3	535	49	80	320	368
1628900.1	136488.8	2002943.5	198784.4	1584	156	533	1209	1306
1124377.6	82271.6	627362.2	277104.7	435	60	102	274	292
2322510.6	74906.3	2504618.6	922057.3	1796	230	372	1515	1308
325196.1	13451.5	303329.1	200535.3	651	108	53	413	369
2682674.8	416826.0	3321732.9	1115078.8	4998	1067	731	3877	4179
1614461.7	148571.6	2082260.5	346194.8	2789	452	386	2412	2306
47145521.1	4331722.0	35208997.3	3674074.2	27426	4194	3956	22160	23928
25942917.3	2684933.1	17177038.8	492328.9	16128	2618	1406	15682	15771
383436.0	−3730.4	760370.5	35024.1	443	51	74	332	246
139954.3	−31812.7	178252.8		42	7	9	11	36
13439.7	68.4	23876.6	5042.9	89	5	5	51	66

2-1 续表21

指标名称	R&D经费内部支出（万元）	日常性支出（万元）	人员劳务费（万元）	资产性支出（万元）	仪器和设备（万元）
钢压延加工	124349.7	117111.8	28626.1	7237.9	7103.5
铁合金冶炼					
有色金属冶炼和压延加工业	199408.0	176539.5	34464.9	22868.5	21838.5
常用有色金属冶炼	10829.9	9483.3	1769.0	1346.6	1315.2
贵金属冶炼					
稀有稀土金属冶炼	5857.3	4406.8	1450.4	1450.5	1450.5
有色金属合金制造	15023.5	11988.6	2613.3	3034.9	2986.4
有色金属铸造	3205.6	3188.0	218.7	17.6	17.6
有色金属压延加工	164491.7	147472.8	28413.5	17018.9	16068.8
金属制品业	250347.8	225697.6	79210.8	24650.2	23951.1
结构性金属制品制造	55030.8	49868.5	20934.4	5162.3	5000.6
金属工具制造	33446.6	29625.9	8948.0	3820.7	3779.1
集装箱及金属包装容器制造	19778.6	18569.8	5269.0	1208.8	1186.5
金属丝绳及其制品制造	916.6	883.1	287.6	33.5	33.5
建筑、安全用金属制品制造	46096.1	39959.9	14769.1	6136.2	5862.2
金属表面处理及热处理加工	13316.9	12387.7	3398.9	929.2	920.5
搪瓷制品制造	12210.0	10968.1	4420.6	1241.9	1227.0
金属制日用品制造	33737.9	31039.2	11081.8	2698.7	2652.2
其他金属制品制造	35814.3	32395.4	10101.4	3418.9	3289.5
通用设备制造业	474178.7	425484.2	157375.5	48694.5	47261.6
锅炉及原动设备制造	11038.4	10326.1	3332.7	712.3	699.9
金属加工机械制造	47069.8	44130.0	16004.8	2939.8	2780.8
物料搬运设备制造	72543.7	66943.2	19143.6	5600.5	5551.8
泵、阀门、压缩机及类似机械制造	95413.8	80014.1	30125.7	15399.7	15101.7
轴承、齿轮和传动部件制造	9288.5	8102.2	4372.7	1186.3	1174.1
烘炉、风机、衡器、包装等设备制造	103895.8	94597.7	37903.1	9298.1	8487.7
文化、办公用机械制造	95970.0	88295.4	33934.8	7674.6	7623.8
通用零部件制造	15675.7	12639.8	5846.8	3035.9	2999.8
其他通用设备制造业	23283.0	20435.7	6711.3	2847.3	2842.0
专用设备制造业	393680.5	351106.9	140644.2	42573.6	41587.6
采矿、冶金、建筑专用设备制造	14266.4	13540.6	3661.7	725.8	720.8
化工、木材、非金属加工专用设备制造	84784.3	73274.7	27801.0	11509.6	11321.4
食品、饮料、烟草及饲料生产专用设备制造	7930.9	7064.6	2136.1	866.3	774.6
印刷、制药、日化及日用品生产专用设备制造	24209.8	21502.5	6484.9	2707.3	2646.4
纺织、服装和皮革加工专用设备制造	11667.5	10027.2	3314.0	1640.3	1538.2
电子和电工机械专用设备制造	68597.7	57442.0	21040.0	11155.7	11112.8
农、林、牧、渔专用机械制造	4084.6	3628.7	1576.8	455.9	439.6
医疗仪器设备及器械制造	131326.1	122133.8	53758.4	9192.3	8731.5
环保、社会公共服务及其他专用设备制造	46813.2	42492.8	20871.3	4320.4	4302.3
汽车制造业	599134.5	503731.5	204593.1	95403.0	85775.1
汽车整车制造	366415.7	304567.9	129556.5	61847.8	53299.0
改装汽车制造	7995.7	7950.1	2188.4	45.6	45.6
低速载货汽车制造	1660.0	1644.0	623.0	16.0	16.0
电车制造	530.9	499.5	317.8	31.4	25.9

政府资金（万元）	企业资金（万元）	国外资金（万元）	其他资金（万元）	R&D经费外部支出（万元）	对境内研究机构支出（万元）	对境内高等学校支出（万元）	对境外支出（万元）	项目数（项）	参加项目人员（人）
697.9	122309.2		1342.6	664.4	612.1	52.3		177	4276
3002.9	193129.3	559.0	2716.8	1711.6	1286.5	422.3		515	5129
70.9	10564.6		194.4	926.0	884.8	38.4		29	325
2.2	5855.1							12	218
374.7	13255.9		1392.9	53.7		53.7		62	472
120.0	3085.6							10	62
2435.1	160368.1	559.0	1129.5	731.9	401.7	330.2		402	4052
4617.1	242113.3	543.1	3074.3	625.2	401.0	140.4		1096	13921
443.4	54555.5		31.9	35.6	14.6	16.8		198	2775
1605.5	30908.7	334.9	597.5	108.8	79.3	29.5		140	1408
234.7	19470.1		73.8	218.1	218.1			103	841
1.4	915.2							10	115
1310.6	44710.0		75.5	195.8	32.4	83.8		240	3281
245.7	11808.7		1262.5	65.6	56.6	9.0		51	495
108.2	11952.8		149.0					45	830
522.0	32676.3		539.6	1.3		1.3		152	2186
145.6	35116.0	208.2	344.5					157	1990
17509.4	434400.8	17268.6	4999.9	24832.0	8998.4	1605.9	12172.0	2075	22018
382.1	9980.7	480.4	195.2	0.1		0.1		67	479
3308.3	43477.0		284.5	404.6	206.8	129.0		356	2555
405.5	70876.2	610.1	651.9	11794.8	143.9	256.0	11387.1	224	2328
1248.4	92253.8		1911.6	5588.2	3635.3	198.7	303.4	391	4055
339.6	8948.9			114.3	47.5	66.8		50	552
3708.6	91745.7	7930.6	510.9	4997.4	4219.1	666.3		560	6102
2022.8	85366.8	8247.5	332.9	1218.9	704.5	32.9	481.5	187	3797
1145.8	13808.5		721.4	473.2	31.8	26.1		112	1192
4948.3	17943.2		391.5	240.5	9.5	230.0		128	958
25165.7	351471.1	2825.2	14218.5	7501.5	874.3	1231.9	5298.4	2472	17737
700.3	13410.4		155.7	162.8		162.8		86	532
4757.4	75234.7	2687.3	2104.9	650.5	185.0	438.5		750	5645
1014.3	6837.4		79.2	20.0		20.0		82	501
974.5	22878.9		356.4	80.0	80.0			200	1394
310.1	11252.4		105.0	198.2	150.2	40.0	8.0	85	413
5294.0	61159.1		2144.6	60.8		60.8		312	1707
110.0	3974.6			3.8		3.8		41	620
7466.7	122874.7	14.4	970.3	5794.2	444.6	54.4	5225.3	645	4445
4538.4	33848.9	123.5	8302.4	531.2	14.5	451.6	65.1	271	2480
11160.0	570695.5	12788.9	4490.1	31502.8	5329.4	217.7	22504.2	1128	23683
7400.0	359015.7			3411.4				224	13567
986.2	7009.5			248.8	225.5	23.3		36	417
	1660.0			237.0			237.0	2	27
	530.9			27.5		27.5		6	84

2-1 续表22

指标名称	项目人员折合全时当量（人年）	项目经费内部支出（万元）	机构数（个）	机构人员数（人）	博 士（人）
钢压延加工	2585	119881.7	20	954	15
铁合金冶炼					
有色金属冶炼和压延加工业	3665	180157.2	63	2671	44
常用有色金属冶炼	232	9893.3	2	84	1
贵金属冶炼					
稀有稀土金属冶炼	165	4565.6	3	79	
有色金属合金制造	403	12592.9	14	526	8
有色金属铸造	35	3198.2			
有色金属压延加工	2830	149907.2	44	1982	35
金属制品业	9615	232174.5	148	7266	34
结构性金属制品制造	2024	51891.0	21	1238	6
金属工具制造	833	30756.9	21	755	13
集装箱及金属包装容器制造	525	19101.9	10	251	2
金属丝绳及其制品制造	52	891.1	1	63	
建筑、安全用金属制品制造	2233	40984.7	32	1829	6
金属表面处理及热处理加工	337	12398.3	5	82	1
搪瓷制品制造	655	11139.7	8	241	2
金属制日用品制造	1500	31169.4	21	1215	3
其他金属制品制造	1457	33841.5	29	1592	1
通用设备制造业	17156	422593.4	219	15690	116
锅炉及原动设备制造	398	9246.8	8	434	3
金属加工机械制造	1754	42333.8	41	1619	5
物料搬运设备制造	1926	70328.0	19	3990	4
泵、阀门、压缩机及类似机械制造	3074	83674.1	36	2262	13
轴承、齿轮和传动部件制造	426	8141.6	9	449	1
烘炉、风机、衡器、包装等设备制造	4805	93772.4	51	2981	33
文化、办公用机械制造	3177	81168.8	18	2392	22
通用零部件制造	859	13170.9	19	848	5
其他通用设备制造业	738	20757.0	18	715	30
专用设备制造业	13625	357670.1	179	8928	210
采矿、冶金、建筑专用设备制造	388	13883.6	10	255	7
化工、木材、非金属加工专用设备制造	4127	73157.7	52	3148	24
食品、饮料、烟草及饲料生产专用设备制造	347	7207.3	9	538	7
印刷、制药、日化及日用品生产专用设备制造	1133	21158.5	15	519	85
纺织、服装和皮革加工专用设备制造	277	10473.3	4	158	3
电子和电工机械专用设备制造	1250	62338.8	18	869	11
农、林、牧、渔专用机械制造	353	3744.5	11	631	
医疗仪器设备及器械制造	3696	124342.9	39	1313	53
环保、社会公共服务及其他专用设备制造	2054	41363.5	21	1497	20
汽车制造业	20590	533249.8	92	11897	45
汽车整车制造	13271	317807.3	9	6021	17
改装汽车制造	228	6249.4	2	38	
低速载货汽车制造	23	1456.0			
电车制造	62	332.7	2	35	2

硕士（人）	本科（人）	机构经费支出（万元）	仪器和设备原价（万元）	进口（万元）	新产品开发项目数（个）	新产品开发经费支出（万元）	新产品销售收入（万元）	新产品出口（万元）	专利申请数（件）
66	474	25644.5	36049.2	4426.3	143	124991.9	1909588.0	23881.5	238
163	1464	82569.3	36398.9	3985.5	462	168504.3	3587443.3	441257.1	446
	29	1026.2	2257.0		16	9132.8	180084.5		12
4	38	3835.1	1806.5	512.0	8	4300.6	35322.2	24895.5	2
21	241	9724.3	11870.2	394.7	66	14462.9	90435.0	24940.4	71
					15	4051.6	8221.2		6
138	1156	67983.7	20465.2	3078.8	357	136556.4	3273380.4	391421.2	355
260	2652	99952.6	68430.9	12899.2	12521	246588.8	2834400.8	1047031.7	1944
34	624	23601.8	11781.2	2751.3	205	40925.5	932991.4	428866.6	374
43	281	13126.8	13912.6	4583.1	185	38115.5	129959.8	30538.4	175
16	160	8372.0	3686.5	26.1	11395	18159.7	168391.4	52134.6	140
	21	512.8	67.7		12	1001.9	12021.1	3600.0	12
48	611	21695.9	13598.7	413.9	230	44894.9	551042.4	277884.0	591
8	38	434.5	3327.5	918.0	54	10360.6	182211.6	66336.2	53
22	110	2795.6	2177.9	40.7	40	8171.1	64591.6	30606.4	25
11	300	13565.6	7102.0	3959.9	201	45201.9	345568.8	103089.8	423
78	507	15847.6	12776.8	206.2	199	39757.7	447622.7	53975.7	151
792	7462	222303.4	169750.0	28486.6	2252	532439.5	5030975.2	1013948.8	4624
23	298	6176.5	7391.5	6580.1	61	13445.5	116283.2	23704.8	79
77	899	17132.4	13252.2	1542.5	422	56338.7	316781.7	64459.0	955
116	1459	55172.0	8726.6		240	74312.5	1451398.2	45333.1	322
106	1102	23714.8	62162.7	408.6	404	90084.8	900867.3	206661.3	414
10	238	4518.1	5513.2	236.8	44	9147.7	31378.9	11001.0	65
143	1599	50999.5	33728.3	6141.9	566	121047.4	1216477.7	139569.0	1103
194	1224	40061.8	20943.6	6251.5	248	122366.3	752424.3	485483.4	1062
52	275	12109.0	8875.2	2484.6	149	24861.0	93693.8	15830.6	225
71	368	12419.3	9156.7	4840.6	118	20835.6	151670.1	21906.6	399
744	4017	127447.3	130239.4	23239.8	2865	411672.6	2795566.9	866963.8	5160
37	153	4464.2	2796.9		94	16699.7	34638.1	3291.5	138
113	1423	34883.9	91440.2	20189.7	866	90228.2	966197.1	122409.6	927
15	224	4770.0	2629.4	568.9	66	7665.1	37579.3	502.4	94
13	283	5241.2	9091.5	8.0	200	20507.8	132542.4	21440.8	286
14	59	2365.7	1499.2	192.6	101	10004.6	42096.0	1129.7	168
70	318	14214.6	1955.0	650.4	390	65729.0	460215.8	315571.6	626
3	97	3731.9	1022.0	22.5	49	4613.8	46736.4	35249.5	34
312	633	31393.1	13805.6	736.5	805	149301.8	775836.4	338080.3	2172
167	827	26382.7	5999.6	871.2	294	46922.6	299725.4	29288.4	715
801	5218	386442.6	171531.1	48327.9	1185	573392.6	15669889.9	346767.1	1196
563	3024	264646.4	110005.7	27860.0	189	331866.3	13314179.7	2795.3	92
	9	447.9	217.5		46	9353.2	119738.1	259.4	107
							13471.3		
3	26	594.8	245.3		12	916.4	1360.0	570.0	40

2-1 续表23

指标名称	发明专利（件）	有效发明专利（件）	境外授权（件）	专利所有权转让及许可数（件）	专利所有权转让及许可收入（万元）
钢压延加工	70	83			
铁合金冶炼					
有色金属冶炼和压延加工业	108	440	20	1	
常用有色金属冶炼	10	22			
贵金属冶炼					
稀有稀土金属冶炼	2	8			
有色金属合金制造	19	212	19		
有色金属铸造	1	9			
有色金属压延加工	76	189	1	1	
金属制品业	470	1522	14	152	18970.6
结构性金属制品制造	128	287	1	37	18969.9
金属工具制造	73	105	1	32	
集装箱及金属包装容器制造	27	97	2	1	
金属丝绳及其制品制造	2	3			
建筑、安全用金属制品制造	110	524	6	68	
金属表面处理及热处理加工	38	51			
搪瓷制品制造	10	18			
金属制日用品制造	52	230	4		
其他金属制品制造	30	207		14	0.7
通用设备制造业	1264	2293	110	161	164.7
锅炉及原动设备制造	23	55	1		
金属加工机械制造	244	488		7	
物料搬运设备制造	81	130		52	
泵、阀门、压缩机及类似机械制造	100	380	6	3	9.0
轴承、齿轮和传动部件制造	15	72		31	
烘炉、风机、衡器、包装等设备制造	279	554	12	22	155.1
文化、办公用机械制造	396	267	21	32	
通用零部件制造	51	168	40	14	0.6
其他通用设备制造业	75	179	30		
专用设备制造业	1792	3838	326	46	5711.8
采矿、冶金、建筑专用设备制造	46	72			
化工、木材、非金属加工专用设备制造	172	308	2	5	5325.2
食品、饮料、烟草及饲料生产专用设备制造	31	83			
印刷、制药、日化及日用品生产专用设备制造	100	183	2	7	0.6
纺织、服装和皮革加工专用设备制造	33	106		1	
电子和电工机械专用设备制造	193	329	78	27	156.0
农、林、牧、渔专用机械制造	6	10			
医疗仪器设备及器械制造	870	1584	242	4	
环保、社会公共服务及其他专用设备制造	341	1163	2	2	230.0
汽车制造业	318	477	8	50	0.1
汽车整车制造	17	55		24	
改装汽车制造	32	63			
低速载货汽车制造					
电车制造	2	2			

拥有注册商标数（件）	境外注册（件）	形成国家或行业标准数（项）	使用来自政府部门的科技活动资金（万元）	研究开发费用加计扣除减免税（万元）	高新技术企业减免税（万元）	引进技术经费支出（万元）	消化吸收经费支出（万元）	购买国内技术经费支出（万元）	技术改造经费支出（万元）
74	24	6	1348.5	34.4	1130.2	2669.0	337.3	120.9	142781.5
896	258	34	4283.9	1629.4	4919.7	895.0	714.9		28264.8
1		2	80.0						13106.0
5			2.2	129.9	331.5				505.0
13		4	454.7	706.1	1514.2				1537.5
2			120.0						124.7
875	258	28	3627.0	793.4	3074.0	895.0	714.9		12991.6
1191	284	89	6020.8	11825.6	63184.1	3938.7	1113.8	3669.3	26109.1
117	18	31	779.7	789.3	5928.2			46.1	4110.2
73	20	5	1792.9	846.9	2395.3	321.0	563.0	10.0	6309.5
10		1	250.6	964.2	2717.8	1064.7		2383.9	435.5
2			2.8						
434	99	15	1316.3	8612.5	44472.1	30.0	20.0		5682.5
5		2	519.6	37.2	935.7	711.1			4203.3
36	23	8	109.3	66.0			300.0		800.0
434	119	23	1023.3	295.4	4723.7	1811.9	230.8	979.3	1447.2
80	5	4	226.3	214.1	2011.3			250.0	3120.9
1678	569	131	21726.7	14027.9	65110.0	29580.5	9417.1	7982.6	63277.4
36	8	4	412.0	269.2	1220.0	7750.1	67.3	30.0	3616.0
217	43	25	4101.0	1244.3	3315.5				6116.0
144	23	12	556.7	3766.7	15415.3	13325.5	2436.9		11947.2
135	39	22	1358.3	2930.7	11427.7	6141.0	5807.9	32.8	12251.2
50	17	1	639.6	166.1	207.2	1004.3		709.5	2091.6
679	370	40	4303.7	3023.0	14220.0	211.8	1105.0	7203.2	3699.9
205	41	9	2679.9	1054.2	16504.7	686.7			560.2
75		9	2605.7	633.7	501.9	37.1		1.0	3661.4
137	28	9	5069.8	940.0	2297.7	424.0		6.1	19333.9
1687	671	56	33409.8	14052.3	44446.7	3375.1	107.6	376.8	13458.9
18			1016.6	46.5	531.9			30.0	147.6
244	70	14	5444.2	1577.2	11878.1		84.8	199.9	6959.7
45	8		1123.6	158.2	955.1				613.1
49	8	17	1004.3	188.5	4314.2	24.6	22.8	51.2	204.0
41	6	7	314.6	3.2	417.8	30.0			121.0
128	9	2	8429.9	2212.7	2213.4				356.1
18	2		125.0		213.9				578.3
1026	565	8	10953.5	7223.7	18513.5			95.7	4328.2
118	3	8	4998.1	2642.3	5408.8	3320.5			150.9
665	78	24	13816.4	15851.4	20394.3	206620.4	8923.9	1953.2	101131.1
330	1	3	7400.0	4960.5	1250.0	190847.2	3579.7		83795.1
90	2	1	3372.1	1298.6	335.1				
6	1				5.5			100.0	82.3

2–1 续表24

指标名称	企业数（个）	有R&D活动的企业（个）	有研发机构的企业（个）	有新产品销售的企业（个）
汽车车身、挂车制造	12	3	3	3
汽车零部件及配件制造	573	126	59	86
铁路、船舶、航空航天和其他运输设备制造业	421	82	43	53
铁路运输设备制造	8	4	1	2
城市轨道交通设备制造	2			
船舶及相关装置制造	101	21	11	14
航空、航天器及设备制造	7	3	2	2
摩托车制造	178	41	21	27
自行车制造	103	11	6	7
非公路休闲车及零配件制造	18	1	1	
潜水救捞及其他未列明运输设备制造	4	1	1	1
电气机械和器材制造业	4153	867	451	666
电机制造	281	55	38	45
输配电及控制设备制造	892	220	116	170
电线、电缆、光缆及电工器材制造	703	127	61	95
电池制造	336	95	55	75
家用电力器具制造	1085	192	99	149
非电力家用器具制造	93	25	11	17
照明器具制造	692	139	67	100
其他电气机械及器材制造	71	14	4	15
计算机、通信和其他电子设备制造业	4622	1115	538	896
计算机制造	580	117	58	100
通信设备制造	513	158	65	131
广播电视设备制造	162	53	18	49
雷达及配套设备制造	12	4	1	3
视听设备制造	594	124	67	112
电子器件制造	714	213	89	164
电子元件制造	1701	370	206	275
其他电子设备制造	346	76	34	62
仪器仪表制造业	453	129	53	112
通用仪器仪表制造	133	65	28	63
专用仪器仪表制造	64	21	11	18
钟表与计时仪器制造	133	16	4	11
光学仪器及眼镜制造	103	21	8	19
其他仪器仪表制造业	20	6	2	1
其他制造业	228	14	8	9
日用杂品制造	152	4	3	4
煤制品制造	5	1		
核辐射加工				
其他未列明制造业	71	9	5	5
废弃资源综合利用业	255	19	7	11
金属废料和碎屑加工处理	149	8	4	4
非金属废料和碎屑加工处理	106	11	3	7
金属制品、机械和设备修理业	44	7	3	3

主营业务收　入（万元）	利润总额（万元）	资产总计（万元）	出口交货值（万元）	R&D人员合　计（人）	女性（人）	研究人员（人）	全时人员（人）	R&D人员全时当量（人年）
948146.4	76469.0	918596.6	235021.9	756	144	38	277	434
19717627.4	1605794.6	16150862.0	2906656.4	9968	1369	2424	5807	7375
10361571.3	363242.2	9514528.6	4004197.1	7150	993	1893	5161	5221
118925.7	−1700.7	436898.2	2570.3	236	20	73	123	130
31808.8	72.8	82836.3						
2720280.5	−6827.4	4233685.4	1442346.6	2429	344	656	1652	1792
313733.8	28005.4	335335.0	126990.3	646	79	127	636	503
5468766.5	269762.4	3311530.7	1464218.7	2652	423	731	1863	1832
1419178.8	52606.1	963273.4	773610.3	1004	125	303	705	784
163327.8	8577.2	99898.0	98993.0	7	2	1	6	5
125549.4	12746.4	51071.6	95467.9	176		2	176	176
107829138.9	6578400.5	85070846.4	35800950.6	74172	13846	14999	53637	56791
5095159.1	281638.1	4695438.5	2088808.1	4108	922	1243	2678	3245
14047332.3	926932.1	12071725.0	4694293.8	13803	2347	2985	10249	10370
16038660.0	676008.1	10599055.1	4590484.0	6649	1151	1478	4503	5468
9060629.1	246268.3	9686670.8	2256027.6	7439	1474	1549	5798	5587
51986597.6	3770019.4	40031041.0	17894575.3	30660	5699	4917	22662	23169
1786560.6	116198.8	1633111.5	510143.4	849	91	191	608	538
8964699.3	471346.0	5887546.6	3595067.8	10058	2081	2549	6705	7894
849500.9	89989.7	466257.9	171550.6	606	81	87	434	521
246561504.0	11033237.9	170184854.6	148671466.1	205458	35436	93290	172130	178340
52990401.5	1301171.6	30611690.9	43860919.3	27286	4031	4042	23935	23030
76034013.1	4456225.1	57858825.0	35843276.0	94150	15134	70414	85385	88083
3214396.9	141668.7	2700538.5	1717903.4	3305	571	921	2730	2114
130501.5	5399.2	73384.2	13513.0	125	13	20	99	62
22645823.7	650756.5	14204356.0	10631861.4	13226	2329	3308	10568	10629
41652358.8	2478778.8	28895788.7	27246991.2	22237	4752	5312	18124	17955
42771254.3	1728677.8	31775575.9	25903738.0	39413	7633	7932	26810	32347
7122754.2	270560.2	4064695.4	3453263.8	5716	973	1341	4479	4121
7318006.8	534806.8	6249197.6	3326943.5	11714	2614	2543	7056	8482
2175915.8	162524.6	2541974.5	545120.4	5372	844	1652	4168	4106
1151888.9	100057.1	897483.2	401082.7	1806	432	183	1387	1507
1868476.2	144950.2	1112251.7	1007392.9	502	92	181	380	453
1998085.5	122830.6	1600662.9	1304397.6	3786	1202	427	924	2255
123640.4	4444.3	96825.3	68949.9	248	44	100	197	161
2139913.7	75915.2	1418026.6	908047.8	439	68	108	273	330
1311045.9	39736.0	783395.2	589754.9	129	29	28	61	81
123137.5	−6754.3	181085.2		42		1		39
705730.3	42933.5	453546.2	318292.9	268	39	79	212	210
9496341.9	808684.8	4122115.9	14655.0	571	59	96	235	439
8417273.9	733394.0	3453610.5	3035.3	335	30	38	151	273
1079068.0	75290.8	668505.4	11619.7	236	29	58	84	166
891965.7	55429.6	977408.6	382249.1	354	54	74	222	261

2-1 续表25

指标名称	R&D经费内部支出（万元）	日常性支出（万元）	人员劳务费（万元）	资产性支出（万元）	仪器和设备（万元）
汽车车身、挂车制造	11580.8	10830.3	2672.1	750.5	746.9
汽车零部件及配件制造	210951.4	178239.7	69235.3	32711.7	31641.7
铁路、船舶、航空航天和其他运输设备制造业	155417.4	143293.1	46981.5	12124.3	11927.2
铁路运输设备制造	3495.5	2940.9	1259.2	554.6	519.9
城市轨道交通设备制造					
船舶及相关装置制造	56557.9	53523.5	15341.4	3034.4	2900.5
航空、航天器及设备制造	10768.2	10768.2	7273.7		
摩托车制造	72462.2	65249.9	18162.2	7212.3	7183.8
自行车制造	10678.0	9770.6	4512.5	907.4	907.4
非公路休闲车及零配件制造	189.6	149.1	48.6	40.5	40.5
潜水救捞及其他未列明运输设备制造	1266.0	890.9	383.9	375.1	375.1
电气机械和器材制造业	1500779.9	1370264.0	463525.4	130515.9	124164.8
电机制造	93861.3	75253.6	28358.2	18607.7	18446.0
输配电及控制设备制造	211820.6	190408.5	89837.5	21412.1	20528.8
电线、电缆、光缆及电工器材制造	157911.6	143692.8	41581.5	14218.8	14054.6
电池制造	105278.7	93753.0	39577.1	11525.7	11314.4
家用电力器具制造	767693.4	721780.2	200376.2	45913.2	41391.7
非电力家用器具制造	20299.5	16951.2	6101.7	3348.3	3203.5
照明器具制造	136731.8	122439.6	54480.7	14292.2	14058.8
其他电气机械及器材制造	7183.0	5985.1	3212.5	1197.9	1167.0
计算机、通信和其他电子设备制造业	5861311.7	5376664.9	2875648.3	484646.8	473244.5
计算机制造	454779.5	429203.2	215228.5	25576.3	24508.4
通信设备制造	3642528.1	3403555.7	2079393.4	238972.4	231202.6
广播电视设备制造	52804.3	49152.3	25836.9	3652.0	3624.3
雷达及配套设备制造	1101.4	1037.2	491.3	64.2	64.2
视听设备制造	455408.3	413428.2	145309.2	41980.1	41775.2
电子器件制造	562318.1	469342.3	159828.0	92975.8	92160.4
电子元件制造	576274.1	504725.4	205188.1	71548.7	70546.6
其他电子设备制造	116097.9	106220.6	44372.9	9877.3	9362.8
仪器仪表制造业	142549.9	133955.9	66777.1	8594.0	8398.9
通用仪器仪表制造	73792.3	70061.2	41424.2	3731.1	3590.6
专用仪器仪表制造	22555.4	21770.6	9438.7	784.8	754.1
钟表与计时仪器制造	10479.9	9814.5	3783.5	665.4	661.9
光学仪器及眼镜制造	33767.3	30430.5	11021.5	3336.8	3318.0
其他仪器仪表制造业	1955.0	1879.1	1109.2	75.9	74.3
其他制造业	13088.8	11118.5	3015.5	1970.3	1969.0
日用杂品制造	1116.5	1003.3	553.6	113.2	113.2
煤制品制造	510.0	510.0	310.0		
核辐射加工					
其他未列明制造业	11462.3	9605.2	2151.9	1857.1	1855.8
废弃资源综合利用业	14968.7	13052.9	2944.5	1915.8	1890.6
金属废料和碎屑加工处理	9795.4	8020.0	2127.2	1775.4	1762.2
非金属废料和碎屑加工处理	5173.3	5032.9	817.3	140.4	128.4
金属制品、机械和设备修理业	7130.9	6915.9	3025.9	215.0	178.3

政府资金（万元）	企业资金（万元）	国外资金（万元）	其他资金（万元）	R&D经费外部支出（万元）	对境内研究机构支出（万元）	对境内高等学校支出（万元）	对境外支出（万元）	项目数（项）	参加项目人员（人）
	11580.8			39.4	39.4			48	495
2773.8	190898.6	12788.9	4490.1	27538.7	5064.5	166.9	22267.2	812	9093
8131.0	141549.2	3864.9	1872.3	23855.9	2324.5	519.9	17848.2	527	6630
77.9	3417.6			374.6		374.6		23	190
6882.3	46398.0	2746.2	531.4	3473.3	2323.4	97.2	534.8	148	2326
	10768.2			8.6		8.6		68	606
837.6	70493.1	1118.7	12.8	19929.4	1.1	19.5	17263.4	227	2369
168.2	9181.7		1328.1	70.0		20.0	50.0	51	959
	189.6							1	5
165.0	1101.0							9	175
38479.0	1439698.0	10820.6	11782.3	50568.5	8181.8	4136.4	37698.9	7252	66136
3782.8	90031.9		46.6	7448.2	3627.3	176.5	3621.6	491	3558
8530.0	195987.7	4067.6	3235.3	1147.7	531.1	529.4	10.8	1588	12667
3468.6	149081.9	1853.9	3507.2	1109.6	788.5	240.1	18.8	591	6032
4537.7	99517.1		1223.9	1264.4	672.9	432.4	0.2	493	6663
13360.4	749710.3	3746.2	876.5	38040.9	1973.0	1842.7	34047.5	2035	27389
1470.9	18626.9	24.2	177.5	711.6	289.6	422.0		164	773
3077.2	130640.8	298.5	2715.3	846.1	299.4	493.3		1803	8549
251.4	6101.4	830.2						87	505
186263.1	5626541.9	25567.8	22938.9	296406.5	23695.5	17777.2	12629.0	12472	188179
5447.7	432238.7	7481.6	9611.5	2203.5	680.0	377.8	812.4	911	25792
102839.8	3535285.9	248.4	4154.0	251565.8	11698.6	12353.6	6118.2	2723	86838
1832.7	49502.2	824.1	645.3	155.8	137.9	17.9		334	2906
231.5	869.9							20	117
30466.3	416482.0	6062.8	2397.2	19252.3	8481.6	2657.8	1443.3	2236	12204
23911.6	534095.2	2980.3	1331.0	15183.4	1413.7	1120.7	3224.2	1856	20075
15738.4	550032.9	6141.9	4360.9	2627.9	631.7	498.9	615.6	3856	35288
5795.1	108035.1	1828.7	439.0	5417.8	652.0	750.5	415.3	536	4959
6864.7	132783.4	1018.2	1883.6	907.3	415.1	440.7		871	10854
5443.1	66583.4	989.8	776.0	857.3	373.5	432.3		514	4962
150.9	22404.5			21.1	12.7	8.4		155	1577
	10129.7		350.2					45	482
1234.0	32063.6	28.4	441.3	28.9	28.9			128	3612
36.7	1602.2		316.1					29	221
2513.1	10575.7			26.0		26.0		65	368
	1116.5							26	100
	510.0							1	40
2513.1	8949.2			26.0		26.0		38	228
766.2	13958.8		243.7	77.2		47.2		67	504
289.5	9262.2		243.7	25.6		25.6		34	298
476.7	4696.6			51.6		21.6		33	206
352.7	6778.2			121.5	101.5	20.0		42	335

2-1 续表26

指标名称	项目人员折合全时当量（人年）	项目经费内部支出（万元）	机构数（个）	机构人员数（人）	博士（人）
汽车车身、挂车制造	261	11318.7	3	403	1
汽车零部件及配件制造	6745	196085.7	76	5400	25
铁路、船舶、航空航天和其他运输设备制造业	4875	144496.8	54	5069	11
铁路运输设备制造	124	3433.8	1	50	1
城市轨道交通设备制造					
船舶及相关装置制造	1720	54714.9	18	2627	5
航空、航天器及设备制造	472	10317.6	2	124	
摩托车制造	1627	65060.0	23	1609	4
自行车制造	753	9923.6	6	526	1
非公路休闲车及零配件制造	4	188.0	1	8	
潜水救捞及其他未列明运输设备制造	175	858.9	3	125	
电气机械和器材制造业	50550	1254043.2	688	58415	417
电机制造	2815	79864.1	50	3447	56
输配电及控制设备制造	9569	192882.6	160	9730	85
电线、电缆、光缆及电工器材制造	4955	144066.8	76	3566	24
电池制造	4947	95773.6	75	6036	71
家用电力器具制造	20727	595050.3	216	30011	144
非电力家用器具制造	480	17044.2	14	483	5
照明器具制造	6632	123360.8	92	4642	29
其他电气机械及器材制造	425	6000.8	5	500	3
计算机、通信和其他电子设备制造业	163506	5583573.7	741	130299	1463
计算机制造	21803	425226.1	74	6792	25
通信设备制造	81298	3589094.5	124	73889	1077
广播电视设备制造	1789	48173.6	22	1215	18
雷达及配套设备制造	56	1042.8	2	31	
视听设备制造	9800	418305.9	92	7397	77
电子器件制造	16164	469718.4	109	13330	101
电子元件制造	29017	524958.3	271	24421	134
其他电子设备制造	3581	107054.1	47	3224	31
仪器仪表制造业	7845	128917.0	70	5093	27
通用仪器仪表制造	3769	68516.4	31	2941	13
专用仪器仪表制造	1361	22028.7	13	1021	4
钟表与计时仪器制造	435	9780.6	4	341	2
光学仪器及眼镜制造	2137	27131.3	20	705	8
其他仪器仪表制造业	144	1460.0	2	85	
其他制造业	271	10545.6	10	267	13
日用杂品制造	61	1030.1	3	114	1
煤制品制造	37	510.0			
核辐射加工					
其他未列明制造业	172	9005.5	7	153	12
废弃资源综合利用业	386	14148.9	9	155	5
金属废料和碎屑加工处理	242	9536.1	5	81	3
非金属废料和碎屑加工处理	144	4612.8	4	74	2
金属制品、机械和设备修理业	250	6394.9	5	217	2

硕 士（人）	本 科（人）	机构经费支出（万元）	仪器和设备原 价（万元）	进 口（万元）	新产品开发项目数（个）	新产品开发经费支出（万元）	新产品销售收入（万元）	新产品出口（万元）	专利申请数（件）
20	119	12900.9	3905.9		53	12604.3	46606.1	4673.6	77
215	2040	107852.6	57156.7	20467.9	885	218652.4	2174534.7	338468.8	880
162	2942	128782.6	56318.5	7172.2	640	229176.9	3183478.5	1148318.3	771
8	36	2332.1	13169.5	1572.0	21	3274.7	35795.1		77
83	1627	55054.8	20465.6	948.0	180	103704.8	1941161.9	888624.7	242
3	99	5722.8	665.6	42.0	70	10885.5	4513.0	280.1	71
60	989	60932.8	20965.7	4520.3	281	99361.6	949475.7	79067.5	314
7	80	3090.2	315.4		61	9233.0	226222.7	155960.6	52
	1	188.0	98.2		5	826.6			2
1	110	1461.9	638.5	89.9	22	1890.7	26310.1	24385.4	13
3788	34997	1079553.0	646291.8	136447.1	8701	2193348.5	28269860.0	8796244.7	39738
365	1740	61260.7	48627.5	5773.6	638	92763.0	1195635.0	522635.5	739
706	5279	137048.5	90367.9	4939.6	1832	232292.5	1915725.8	295542.5	2377
181	1634	83131.2	73269.8	8352.4	681	167755.1	2220874.3	412761.7	969
496	3114	73258.7	64562.7	18041.2	613	123718.4	3943142.1	642064.7	2474
1859	20821	647603.4	345959.2	94653.5	2854	1408608.0	17702481.4	6665600.3	13956
39	377	14881.4	2296.1	89.1	196	14729.8	334671.6	23385.3	193
135	1893	57876.5	17869.7	2657.6	1784	141081.0	853300.0	213155.7	18868
7	139	4492.6	3338.9	1940.1	103	12400.7	104029.8	21099.0	162
32864	66046	4629169.0	774027.9	222309.6	15401	6768814.1	91265636.3	43043077.6	41540
351	4845	120673.8	47061.2	14334.4	1352	508884.2	20886979.6	17523462.9	5661
30035	39282	3435265.8	224886.1	39160.3	3957	4240526.4	42933557.5	14045979.1	20146
79	799	17374.4	5652.5	516.7	401	65051.4	580875.6	229909.6	1209
	7	139.3	64.2		21	1111.3	778.7	170.6	14
499	4282	242215.2	77600.5	7042.8	2483	518326.1	9134904.5	2479717.0	3223
954	5908	393390.6	147102.1	57800.6	2258	651296.3	9355609.7	4275232.3	5089
748	9340	373633.7	252928.3	100615.6	4290	651521.8	7742919.3	4279695.1	5123
198	1583	46476.2	18733.0	2839.2	639	132096.6	630011.4	208911.0	1075
298	2654	63919.3	13940.5	2361.6	1059	152426.4	1250607.8	475860.7	2888
199	1592	36648.0	6184.6	720.8	616	79904.9	600668.4	118384.8	1683
66	451	11859.4	2049.3	586.6	195	26680.1	221871.5	154072.4	367
11	189	5754.8	1637.6	91.9	73	12900.9	107779.3	12018.8	144
20	377	8083.9	3571.9	962.3	141	30666.1	311045.9	183204.0	650
2	45	1573.2	497.1		34	2274.4	9242.7	8180.7	44
20	154	6878.9	2948.7	141.6	57	10817.7	57788.7	8064.6	98
2	61	1042.8	1140.5	109.0	28	1724.7	7043.8	1250.2	29
18	93	5836.1	1808.2	32.6	29	9093.0	50744.9	6814.4	69
8	78	8310.7	3765.3	85.0	65	13017.7	120970.6	33.2	33
6	50	3838.7	1233.7	85.0	35	9012.7	72229.4		9
2	28	4472.0	2531.6		30	4005.0	48741.2	33.2	24
27	158	4573.0	1577.5	911.4	67	16091.2	92997.2	87503.4	52

2-1 续表27

指标名称	发明专利（件）	有效发明专利（件）	境外授权（件）	专利所有权转让及许可数（件）	专利所有权转让及许可收入（万元）
汽车车身、挂车制造	17	46	1		
汽车零部件及配件制造	250	311	7	26	0.1
铁路、船舶、航空航天和其他运输设备制造业	149	358	5	74	
铁路运输设备制造	10				
城市轨道交通设备制造					
船舶及相关装置制造	75	92		7	
航空、航天器及设备制造	12	4			
摩托车制造	37	226	3	67	
自行车制造	11	20	2		
非公路休闲车及零配件制造	2	2			
潜水救捞及其他未列明运输设备制造	2	14			
电气机械和器材制造业	22606	12024	928	131	33.7
电机制造	217	274	4		
输配电及控制设备制造	646	1220	36		
电线、电缆、光缆及电工器材制造	246	738	12	31	21.5
电池制造	981	3740	572	14	7.0
家用电力器具制造	3755	2809	160	74	5.2
非电力家用器具制造	34	196	2	1	
照明器具制造	16703	2896	139	8	
其他电气机械及器材制造	24	151	3	3	
计算机、通信和其他电子设备制造业	27703	65047	14927	695	14451.3
计算机制造	3960	9183	3152	39	131.2
通信设备制造	17282	47219	11268	34	12.7
广播电视设备制造	519	809	9	20	
雷达及配套设备制造	4	17			
视听设备制造	1335	2496	99	58	2180.4
电子器件制造	2408	2250	236	122	5346.2
电子元件制造	1913	2228	157	172	6780.8
其他电子设备制造	282	845	6	250	
仪器仪表制造业	910	1086	17	72	127829.8
通用仪器仪表制造	606	691	1	71	127829.8
专用仪器仪表制造	52	190	2	1	
钟表与计时仪器制造	34	87	1		
光学仪器及眼镜制造	202	105	11		
其他仪器仪表制造业	16	13	2		
其他制造业	41	35	3		
日用杂品制造	12	6	2		
煤制品制造					
核辐射加工					
其他未列明制造业	29	29	1		
废弃资源综合利用业	17	33		3	9.0
金属废料和碎屑加工处理	3	14		3	9.0
非金属废料和碎屑加工处理	14	19			
金属制品、机械和设备修理业	14	7	1		

拥有注册商标数（件）	境外注册（件）	形成国家或行业标准数（项）	使用来自政府部门的科技活动资金（万元）	研究开发费用加计扣除减免税（万元）	高新技术企业减免税（万元）	引进技术经费支出（万元）	消化吸收经费支出（万元）	购买国内技术经费支出（万元）	技术改造经费支出（万元）
28	17		45.0	53.0	278.0				150.0
211	57	20	2999.3	9539.3	18525.7	15773.2	5344.2	1853.2	17103.7
1341	319	9	8971.8	5199.4	22137.1	12735.1	1057.8	12982.3	23583.7
			77.9	15.2	20.5				
124	1	9	7655.0	1690.4	8311.3	2199.9	691.6	3283.5	18458.9
1				502.6	985.7				
1092	248		905.7	1905.9	12112.5	10535.2	366.2	9698.8	3289.6
110	70		168.2	978.9	196.0				1737.8
14			165.0	106.4	511.1				97.4
16115	6365	483	49679.8	59435.8	280535.1	68434.5	26951.9	4905.1	465337.7
153	15	5	4121.7	3770.7	11223.7	12008.3	7588.4	4129.3	20513.7
857	122	84	13356.8	15567.9	28936.4	279.8	1647.4	136.0	11521.8
551	107	78	4161.9	6878.5	14379.2	973.9	397.0	100.0	52047.6
407	160	42	7641.4	14312.2	46243.7	172.8	33.6	146.2	4194.3
12216	5497	216	14901.2	13050.2	167503.8	53521.7	13663.2	287.5	362358.3
51	5	9	1780.8	138.5	399.7		3190.7	24.0	5881.0
1096	271	49	3464.6	5605.0	11002.9	1468.0	431.6	82.1	8821.0
784	188		251.4	112.8	845.7	10.0			
9976	4259	301	216687.5	464601.4	308403.3	57487.3	7159.0	13251.2	749665.9
1332	423	33	7654.1	7872.0	23821.7	2693.0	21.1	5202.6	5209.7
5349	2990	135	119180.1	128550.9	64268.8	18219.2	366.2	2472.8	12623.0
140	32	12	2904.1	1521.3	5645.6	1015.0		649.9	567.7
14	2		258.5		128.8			100.0	
1578	535	10	34245.7	14429.3	12599.4	3036.6	650.5	1913.4	21711.2
536	119	15	27818.4	290727.6	149198.7	6172.8	3981.1	1536.4	649182.2
602	77	68	17846.3	14824.8	44626.4	26270.7	381.2	1043.8	57132.8
425	81	28	6780.3	6675.5	8113.9	80.0	1758.9	332.3	3239.3
737	238	98	7847.5	40304.8	24178.5	2812.1	106.7	699.2	5245.5
408	170	71	6137.8	10111.9	5869.7	2562.1	106.7	699.2	1083.7
48		8	231.3	871.1	3880.0				1722.4
146	40	15	30.0	592.4	7960.3				
122	28	3	1408.4	28649.4	6456.2				2219.4
13		1	40.0	80.0	12.3	250.0			220.0
94		1	2613.1	1289.4	699.5				15.9
22				16.4	61.4				
72		1	2613.1	1273.0	638.1				15.9
10		2	782.5	30.6	114.3		25.5		148.0
6		2	305.5		83.7		25.5		125.0
4			477.0	30.6	30.6				23.0
23	13	3	357.7	90.8	176.2				112.5

2-1 续表28

指标名称	企业数（个）	有R&D活动的企业（个）	有研发机构的企业（个）	有新产品销售的企业（个）
金属制品修理	8			
通用设备修理	3			
专用设备修理	7	3	2	2
铁路、船舶、航空航天等运输设备修理	21	3	1	1
电气设备修理	1			
仪器仪表修理	1			
其他机械和设备修理业	3	1		
电力、热力生产和供应业	290	30	11	4
电力生产	217	24	9	4
电力供应	61	4	2	
热力生产和供应	12	2		
燃气生产和供应业	77	5	1	
燃气生产和供应业	77	5	1	
水的生产和供应业	231	12	4	3
自来水生产和供应	179	5	3	1
污水处理及其再生利用	49	6	1	1
其他水的处理、利用与分配	3	1		1
六、按地区分组（地区）				
广州市	4813	725	375	474
韶关市	552	49	32	27
深圳市	6523	1009	457	880
珠海市	1052	216	174	201
汕头市	1844	136	74	116
佛山市	6163	1195	335	735
江门市	2006	250	113	187
湛江市	770	63	65	39
茂名市	843	109	24	44
肇庆市	1084	169	109	123
惠州市	1701	270	158	192
梅州市	366	43	29	30
汕尾市	250	9	7	8
河源市	435	19	14	19
阳江市	568	53	26	19
清远市	513	51	30	39
东莞市	5360	709	372	475
中山市	2972	413	187	292
潮州市	864	57	33	44
揭阳市	1883	105	60	72
云浮市	620	41	18	20

主营业务收　入（万元）	利润总额（万元）	资产总计（万元）	出口交货值（万元）	R&D人员合　计（人）	女性（人）	研究人员（人）	全时人员（人）	R&D人员全时当量（人年）
178306.5	18103.3	45929.3	4630.9					
8045.2	1935.1	11060.3	108.1					
51366.9	7181.4	68838.5	16336.0	131	38	23	129	126
636904.7	27394.1	840949.1	361174.1	212	16	40	85	134
5626.2	573.7	2154.4						
4248.1	158.6	4512.0						
7468.1	83.4	3965.0		11		11	8	1
58172682.2	4902223.6	86835312.8	377522.7	10510	295	2275	1197	8984
16043044.2	3254268.5	36106294.2	377522.7	1547	99	725	745	1161
42020394.7	1638699.2	50554267.7		8903	194	1542	421	7768
109243.3	9255.9	174750.9		60	2	8	31	55
5944229.5	506983.6	4758814.6	106250.8	159	1	87	127	137
5944229.5	506983.6	4758814.6	106250.8	159	1	87	127	137
3034406.1	358795.8	12151474.6	334882.7	371	126	122	259	312
2090397.8	130104.2	8535784.4	35800.4	283	114	83	197	253
527003.6	84507.3	1490205.0		69	10	26	43	51
417004.7	144184.3	2125485.2	299082.3	19	2	13	19	7
189635030.0	11623191.7	154097175.5	30365128.7	74008	12956	14553	46071	59936
9726652.4	595989.7	10633379.2	1070246.4	4908	831	1574	2612	3067
223096835.3	12776192.7	202101695.0	106719697.5	187045	32837	90777	168084	162585
37369149.7	2468960.3	39334619.5	11635915.2	15814	3507	3347	11791	12784
22984989.8	1880889.3	17796877.5	3776676.9	7298	1525	1642	3820	5098
159916792.7	12766275.9	97703843.7	23220565.5	75852	12304	14279	44324	54896
27416361.2	1528505.3	24879057.1	7272102.2	16033	2931	2658	10606	11540
18291046.6	972854.0	15844006.9	1658257.1	3295	762	866	1149	1742
20892432.2	1420323.4	8165100.6	890281.2	4508	758	2183	1909	3918
31544847.4	2159078.9	15331010.2	3133145.1	10568	1827	2081	6745	8229
62868131.9	2760996.1	36402878.8	23852098.1	18678	3183	4896	13820	15174
4346462.3	311120.0	5187532.8	769901.3	2173	403	467	1335	1433
9280569.0	362554.3	4372694.9	3171956.9	2008	300	287	1890	1927
10128621.7	768802.1	7204791.0	2521569.0	1822	407	319	804	1214
14464874.8	1723906.6	7574287.0	3679192.5	1885	225	366	631	1095
12616483.2	733969.8	11303613.5	1585994.2	3944	564	411	1645	2170
103449156.0	3039914.1	77019700.7	51619696.9	53258	7367	9124	31036	43696
52054325.6	2711307.3	32219960.8	18165573.3	37857	7912	6156	23567	29309
10248159.9	998841.6	5875941.6	2054073.5	3402	832	937	2076	2321
35840263.0	2764623.1	13283315.5	3600890.7	4189	783	941	2094	2999
7088010.9	510753.4	4983356	902879.8	2006	348	366	912	1198

2-1 续表29

指标名称	R&D经费内部支出（万元）	日常性支出（万元）	人员劳务费（万元）	资产性支出（万元）	仪器和设备（万元）
金属制品修理					
通用设备修理					
专用设备修理	2094.2	2043.7	900.7	50.5	50.5
铁路、船舶、航空航天等运输设备修理	4964.6	4800.1	2070.7	164.5	127.8
电气设备修理					
仪器仪表修理					
其他机械和设备修理业	72.1	72.1	54.5		
电力、热力生产和供应业	140600.6	115436.2	31947.2	25164.4	23982.3
电力生产	66213.5	54297.9	10801.9	11915.6	11106.8
电力供应	72239.4	59024.8	20544.8	13214.6	12841.3
热力生产和供应	2147.7	2113.5	600.5	34.2	34.2
燃气生产和供应业	8785.8	7923.4	2569.8	862.4	862.4
燃气生产和供应业	8785.8	7923.4	2569.8	862.4	862.4
水的生产和供应业	8575.3	6802.3	3012.8	1773.0	1686.3
自来水生产和供应	6200.0	4744.7	2488.9	1455.3	1430.6
污水处理及其再生利用	2100.0	1797.6	358.9	302.4	240.7
其他水的处理、利用与分配	275.3	260.0	165.0	15.3	15.0
六、按地区分组（地区）					
广州市	1710176.8	1499275.1	522888.0	210901.7	199784.7
韶关市	108226.0	101261.7	28221.4	6964.3	6227.0
深圳市	5329401.5	4948692.7	2800546.6	380708.8	369742.3
珠海市	345667.6	310667.8	107216.1	34999.8	33396.6
汕头市	110694.3	95802.3	26664.6	14892.0	14327.2
佛山市	1612185.5	1436895.8	415030.3	175289.7	166951.2
江门市	318045.6	263423.6	69895.3	54622.0	53311.4
湛江市	55836.2	48980.9	15974.8	6855.3	6755.8
茂名市	101341.4	88453.2	26543.8	12888.2	12512.2
肇庆市	154059.9	132127.2	44503.6	21932.7	21466.9
惠州市	518728.9	456471.2	139818.8	62257.7	60995.9
梅州市	30577.5	27572.0	7113.5	3005.5	2859.6
汕尾市	46626.3	44542.6	14845.0	2083.7	2049.4
河源市	20368.2	15513.4	5175.8	4854.8	4845.7
阳江市	68216.0	56788.2	10608.0	11427.8	11237.3
清远市	67862.3	55064.1	12398.1	12798.2	12681.8
东莞市	983720.1	855711.1	328134.8	128009.0	126519.6
中山市	611854.5	558859.8	184401.7	52994.7	51710.3
潮州市	56175.7	47751.3	17001.2	8424.4	8017.3
揭阳市	93783.3	79828.8	26459.3	13954.5	13787.2
云浮市	31243.6	27338.1	8591.5	3905.5	3819.8

政府资金（万元）	企业资金（万元）	国外资金（万元）	其他资金（万元）	R&D经费外部支出（万元）	对境内研究机构支出（万元）	对境内高等学校支出（万元）	对境外支出（万元）	项目数（项）	参加项目人员（人）
242.6	1851.6			121.5	101.5	20.0		21	122
110.0	4854.6							20	208
0.1	72.0							1	5
2823.7	133014.0		4762.9	39109.8	21536.2	9816.2	2232.1	760	10074
18.0	61432.6		4762.9	9654.1	2074.6	965.8	2157.5	107	1471
2805.7	69433.7			29455.7	19461.6	8850.4	74.6	647	8544
	2147.7							6	59
35.0	8261.9		488.9	118.8	118.8			16	134
35.0	8261.9		488.9	118.8	118.8			16	134
968.8	7546.7		59.8	148.3		148.3		42	338
964.2	5235.8			148.3		148.3		35	262
4.6	2035.6		59.8					6	58
	275.3							1	18
65993.8	1621615.3	11414.1	11153.6	92957.8	32583.4	13902.9	36527.5	6610	65292
919.6	106873.4		433.0	3342.9	2904.4	438.5		225	4641
185859.7	5088726.6	18503.2	36312.0	262401.3	18015.7	18296.3	20294.8	13142	171027
11043.6	333014.4		1609.6	6753.2	6025.6	491.8	219.0	1454	14153
6802.9	101878.8	20.9	1991.7	2553.4	959.2	316.5	22.0	2421	6353
29271.8	1559789.9	10707.9	12415.9	48108.4	5683.9	5401.1	35337.0	9868	67150
3994.6	310671.6	2256.2	1123.2	20860.6	1259.3	960.9	2442.6	1399	14927
4112.4	51334.3		389.5	4362.1	1854.6	1474.3		331	2966
1029.3	99576.2		735.9	2482.0	440.7	946.9		373	4040
3466.7	149719.5	2.7	871.0	1264.9	1001.9	220.4		2264	9886
31342.0	473180.8	10667.9	3538.2	22286.7	1305.2	1102.7	8249.8	1136	17258
2367.7	27970.0		239.8	149.1	37.0	109.3		108	2075
261.0	46365.3							50	1897
1602.4	18740.7		25.1	279.5	258.0	11.5		64	1493
2640.5	65575.5			1760.1	1442.8	313.3	4.0	129	1762
2733.1	61650.0		3479.2	3928.7	3627.4	173.8		304	3652
16045.0	938739.7	22692.4	6243.0	49265.5	14378.8	2142.2	7379.7	3973	48950
12813.4	578055.5	8943.9	12041.7	12011.4	4049.6	2603.3	4416.1	2393	33926
3448.5	52489.7		237.5	904.6	320.6	514.1	69.9	225	3001
2000.2	90273.8		1509.3	1127.9	482.7	351.7		357	3987
1526.4	29587.9		129.3	1862.1	1307	548.1		122	1841

2–1 续表30

指标名称	项目人员折合全时当量（人年）	项目经费内部支出（万元）	机构数（个）	机构人员数（人）	博 士（人）
金属制品修理					
通用设备修理					
专用设备修理	117	2085.2	4	110	2
铁路、船舶、航空航天等运输设备修理	132	4299.7	1	107	
电气设备修理					
仪器仪表修理					
其他机械和设备修理业	0	10.0			
电力、热力生产和供应业	8602	108384.9	14	2375	179
电力生产	1103	61777.6	11	430	5
电力供应	7445	44804.5	3	1945	174
热力生产和供应	54	1802.8			
燃气生产和供应业	115	7888.3	1	157	77
燃气生产和供应业	115	7888.3	1	157	77
水的生产和供应业	283	6556.9	7	389	12
自来水生产和供应	235	4459.7	6	365	12
污水处理及其再生利用	41	1997.2	1	24	
其他水的处理、利用与分配	7	100.0			
六、按地区分组（地区）					
广州市	52521	1463131.9	500	39139	676
韶关市	2897	105765.5	33	1091	11
深圳市	149004	5108052.0	599	117084	1476
珠海市	11453	325412.8	267	17465	136
汕头市	4369	101153.4	90	3546	33
佛山市	48937	1326867.1	537	37963	289
江门市	10765	282410.5	142	8679	61
湛江市	1564	41978.9	89	3199	39
茂名市	3539	92793.3	32	1130	16
肇庆市	7685	136885.7	134	4978	111
惠州市	13988	471733.0	246	14349	108
梅州市	1365	27861.8	34	1186	29
汕尾市	1822	45325.1	8	2962	4
河源市	962	15722.2	19	590	9
阳江市	1017	60588.2	34	1193	12
清远市	1965	58711.4	45	1607	38
东莞市	40097	916319.3	476	29943	351
中山市	26129	575110.2	267	19531	242
潮州市	2037	49635.4	40	1482	30
揭阳市	2871	85465.0	89	3349	46
云浮市	1133	27895.2	19	896	14

硕　士（人）	本　科（人）	机构经费支　出（万元）	仪器和设备原　价（万元）	进　口（万元）	新产品开发项目数（个）	新产品开发经费支出（万元）	新产品销售收入（万元）	新产品出口（万元）	专利申请数（件）
25	61	1664.8	1439.4	911.4	32	2921.1	3114.9	1255.9	35
2	97	2908.2	138.1		34	13098.0	89882.3	86247.5	17
					1	72.1			
719	1375	46951.3	63093.7	250.0	670	114197.4	304752.8		992
45	295	18692.3	57523.0	250.0	132	65513.2	304752.8		113
674	1080	28259.0	5570.7		538	48684.2			879
45	35	8304.6	912.0		6	3401.3			1
45	35	8304.6	912.0		6	3401.3			1
130	241	3007.1	5330.3	500.0	47	5561.8	1138.0		58
128	219	2475.6	5320.5	500.0	41	4630.1	107.6		16
2	22	531.5	9.8		6	931.7	30.4		22
							1000.0		20
4997	20636	986772.9	606833.3	131585.9	6642	1689812.7	26788946.0	2446495.1	9078
59	484	21409.5	44512.0	6530.1	222	105865.1	1799285.6	38600.1	274
32665	60875	4182753.5	635357.3	134182.1	15763	5849359.5	67704277.0	39109408.6	61689
1557	9387	389546.0	151991.6	23991.5	2495	984312.5	7961479.4	2183064.0	4818
211	1908	61476.4	46377.5	16089.1	749	123890.8	1473237.2	249181.6	2054
2438	25423	699294.7	543393.5	163463.5	6900	1663767.6	21619617.8	5685970.6	11315
400	4149	242717.1	133620.4	11938.2	1724	414591.0	3587045.8	920615.4	1996
522	1498	61509.3	31912.0	4139.6	341	51637.8	433008.1	52949.5	298
85	595	16904.4	19899.3	2827.3	348	115168.0	862077.1	44341.8	242
316	2209	99532.0	80198.1	26727.7	3512	164097.9	1926057.3	266441.3	598
625	6956	430677.7	156279.0	23205.4	1267	672766.8	21661816.7	3127926.8	3254
50	504	24155.3	20630.3	10549.0	133	27835.8	210458.4	4736.4	252
46	1133	61111.8	28832.8	24976.8	62	64249.3	1600725.7	396344.1	247
29	214	10509.4	8965.8	3118.1	80	21559.9	171328.2	40007.1	137
34	432	17004.0	13766.4	515.0	107	72378.3	178568.4	43626.1	122
114	773	26496.1	20576.6	898.4	290	64321.7	1292444.5	131512.2	288
1294	11600	558771.2	279010.3	69031.2	17687	1232410.0	11951808.3	3786174.2	10946
930	8400	302763.1	151472.0	27617.2	2405	562529.1	6981541.1	1696895.5	6203
87	610	18510.4	17845.9	4374.9	229	61088.4	405498.3	93593.7	337
170	1623	77303.8	96374.9	6937.9	10376	104856.2	1430614.3	66378.1	454
82	438	14945.6	10015.3	836.5	87	19213.8	97575.2	9593	34

2-1 续表31

指标名称	发明专利（件）	有效发明专利（件）	境外授权（件）	专利所有权转让及许可数（件）	专利所有权转让及许可收入（万元）
金属制品修理					
通用设备修理					
专用设备修理	10	7	1		
铁路、船舶、航空航天等运输设备修理	4				
电气设备修理					
仪器仪表修理					
其他机械和设备修理业					
电力、热力生产和供应业	366	514	1	2	5.0
电力生产	40	22		1	
电力供应	326	492	1	1	5.0
热力生产和供应					
燃气生产和供应业	1				
燃气生产和供应业	1				
水的生产和供应业	25	24			
自来水生产和供应	8	6			
污水处理及其再生利用	12	17			
其他水的处理、利用与分配	5	1			
六、按地区分组（地区）					
广州市	3701	6519	361	227	10005.3
韶关市	93	158	12		
深圳市	43401	73570	15585	693	172751.5
珠海市	2089	2208	159	91	206.0
汕头市	439	2120	25	7	
佛山市	3067	5149	184	245	1826.4
江门市	500	765	13	18	0.7
湛江市	87	173		5	
茂名市	94	108			
肇庆市	201	408	8		
惠州市	1276	1003	75	118	5325.6
梅州市	64	152	2		
汕尾市	93	26			
河源市	39	90	1	5	
阳江市	26	68		26	
清远市	106	108		6	129.7
东莞市	4256	3217	210	112	290.8
中山市	1152	1704	91	66	5805.6
潮州市	60	162	2		0.1
揭阳市	128	256	4		
云浮市	19	14		4	

说明：

（1）本表指标取自“规模以上工业法人单位R&D活动及相关情况过录表(L506表)”中的相应指标。

（2）国有及国有控股企业应符合以下四个条件之一：登记注册类型为110（国有企业）、141（国有联营企业）、151（国有独资公司），或企业控股情况1（国有控股）。

拥有注册商标数（件）	境外注册（件）	形成国家或行业标准数（项）	使用来自政府部门的科技活动资金（万元）	研究开发费用加计扣除减免税（万元）	高新技术企业减免税（万元）	引进技术经费支出（万元）	消化吸收经费支出（万元）	购买国内技术经费支出（万元）	技术改造经费支出（万元）
23	13	3	242.6	90.8	176.2				112.5
			115.0						
			0.1						
12		22	3141.6	1651.0	2159.0		6041.7	709.9	64716.1
12		2	18.0	267.2	1269.5		6041.7	709.9	49903.1
		20	3123.6	1383.8	889.5				14813.0
			35.0						772.0
			35.0						772.0
57	4	2	1506.2	92.1	136.7				1469.9
		2	1344.7	50.0	85.3				1469.9
27	4		161.5	42.1	51.4				
30									
9652	1491	333	75916.5	50010.3	145424.8	368317.7	17840.4	9222.0	397607.9
66	3	12	1619.7	421.2	4977.5	3673.3	787.9	808.9	146175.1
12802	4997	669	222055.6	250768.6	261230.2	19285.1	5170.5	10749.1	720646.1
10289	4693	102	14785.4	42771.1	157420.3	10817.8	2472.1	9931.9	39420.0
4722	254	67	8685.6	2802.0	20758.1	1215.1	1254.6	849.5	14850.6
9726	2503	366	35669.2	22632.0	193165.8	57300.9	21892.8	1831.0	400251.5
1557	240	84	5715.2	2609.4	25476.0	14244.8	7146.1	9163.1	30371.0
405	68	35	4885.9	9911.3	7487.5	150.0	50.0	145.7	135425.4
220	2	7	1872.9	1016.6	1956.1	268.0	2854.2	5564.6	363715.0
251	22	34	5335.6	3041.4	4749.3	35.8	164.1	815.4	11084.6
1173	55	29	38441.5	28996.0	29135.9	8195.3	756.6	2407.7	19290.8
77	5	10	3348.8	441.7	2822.9	3451.3	83.4	850.3	10430.1
34			381.0		15736.3			100.0	25318.2
115	2	1	1855.5	400.5	2748.2	132.5	345.0	725.6	3692.7
67	12	8	3450.8	400.5	1084.4	321.0	100.0		9790.5
162	8	17	3877.1	2356.2	5752.4		726.8	248.8	12662.7
3580	482	172	18831.5	291860.0	150423.9	52216.3	8188.6	6221.6	69366.4
5704	978	124	13463.2	7821.8	51267.1	9182.3	6315.8	4020.2	112159.3
606	105	9	5235.8	536.3	8656.7		0.8	5.0	13098.9
1044	232	35	2916.8	826.9	26926.0	57.5	89.0	120.0	9941.0
44	1	3	1526.4	78.7	1110.7			804.3	11965.2

2-2 规模以上工业

指标名称	企业数（个）	有R&D活动的企业（个）	有研发机构的企业（个）	有新产品销售的企业（个）
总　　计	**1472**	**723**	**420**	**561**
一、按企业规模分组				
大型	1472	723	420	561
二、按国有及国有控股分组				
国有及国有控股企业	114	87	62	69
三、按登记注册类型分组				
内资企业	486	295	199	252
国有企业	18	7	4	5
集体企业	11			
股份合作企业				
联营企业				
有限责任公司	158	98	63	79
国有独资公司	15	10	8	4
其他有限责任公司	143	88	55	75
股份有限公司	118	100	71	86
私营企业	178	89	61	81
私营独资企业	4			
私营合伙企业				
私营有限责任公司	146	70	48	67
私营股份有限公司	28	19	13	14
其他企业	3	1		1
港、澳、台商投资企业	556	254	140	180
合资经营企业(港或澳、台资)	105	74	50	62
合作经营企业(港或澳、台资)	13	4	2	3
港、澳、台商独资经营企业	421	165	79	106
港、澳、台商投资股份有限公司	17	11	9	9
其他港澳台投资企业				
外商投资企业	430	174	81	129
中外合资经营企业	114	66	37	52
中外合作经营企业	5	1		1
外资企业	295	99	40	70
外商投资股份有限公司	15	8	4	6
其他外商投资企业	1			
四、按国民经济行业分组				
采矿业	**5**	**5**	**5**	
煤炭开采和洗选业				
石油和天然气开采业	2	2	2	
黑色金属矿采选业	1	1	1	
有色金属矿采选业	1	1	1	

法人单位科技情况（大型）

主营业务收入（万元）	利润总额（万元）	资产总计（万元）	出口交货值（万元）	R&D人员合计（人）	女性（人）	研究人员（人）	全时人员（人）	R&D人员全时当量（人年）
485254916.7	**31511854.4**	**374743184.2**	**178542291.8**	**304116**	**54147**	**109080**	**235192**	**259830**
485254916.7	31511854.4	374743184.2	178542291.8	304116	54147	109080	235192	259830
127700248.0	7118700.7	122355436.1	11577087.8	56176	8879	24076	39933	50087
207814823.1	13729521.6	194174059.2	37870236.2	167571	29928	86584	134181	146274
5158575.4	459590.5	7107863.8	120421.9	767	248	249	418	482
1597904.6	81705.4	296282.6	984976.4					
102715767.4	6046927.7	97773870.7	15865771.6	80305	12587	56506	65331	74227
48217746.8	1888014.2	52149421.4	127984.5	10615	395	1842	1801	9256
54498020.6	4158913.5	45624449.3	15737787.1	69690	12192	54664	63530	64972
74427930.5	5577213.1	70797433.6	16766025.1	62327	12096	24712	52427	54657
23536641.7	1536645.7	17945305.3	4058708.2	23453	4900	4597	15653	16200
256688.7	9812.7	88539.6	68091.4					
17941854.9	977913.8	12004418.4	2797710.7	16234	3838	3015	10251	10799
5338098.1	548919.2	5852347.3	1192906.1	7219	1062	1582	5402	5401
378003.5	27439.2	253303.2	74333.0	719	97	520	352	707
103732454.2	7251303.8	79739128.5	47638610.6	74688	14489	12534	52936	61347
26221772.8	1461924.1	24460682.8	7987487.8	30617	5585	4384	24730	26044
2390508.0	173963.4	897463.3	1688761.3	491	91	36	268	440
72578124.6	5353702.9	51126826.2	37058860.9	38684	7804	7695	24836	30843
2542048.8	261713.4	3254156.2	903500.6	4896	1009	419	3102	4019
173707639.4	10531029.0	100829996.5	93033445.0	61857	9730	9962	48075	52209
65526976.2	5847492.3	39908830.5	14933611.2	22179	3531	3644	14716	16636
781746.1	19775.9	303337.2	636930.5	44	21	1	44	44
102763631.0	4370698.5	58038358.3	73079268.0	37594	5664	6020	31584	33498
4580063.8	292995.5	2551182.5	4383635.3	2040	514	297	1731	2030
55222.3	66.8	28288.0						
7094576.6	**2279639.3**	**7661040.7**	**168601.4**	**1269**	**252**	**940**	**411**	**282**
6766073.6	2155565.6	6925870.2	168157.2	959	243	781	362	188
46841.9	2720.1	195072.1		32	1	4	11	9
199476.5	107649.8	272578.8		139	3	93		53

2–2 续表1

指标名称	R&D经费内部支出（万元）	日常性支出（万元）	人员劳务费（万元）	资产性支出（万元）	仪器和设备（万元）
总　　计	**8174051.8**	**7426255.9**	**3526502.9**	**747795.9**	**720030.3**
一、按企业规模分组					
大型	8174051.8	7426255.9	3526502.9	747795.9	720030.3
二、按国有及国有控股分组					
国有及国有控股企业	1645591.6	1452721.8	633082.0	192869.8	190658.8
三、按登记注册类型分组					
内资企业	5328140.2	4888746.3	2549852.8	439393.9	424587.2
国有企业	25305.5	23425.4	9127.4	1880.1	1815.8
集体企业					
股份合作企业					
联营企业					
有限责任公司	2941031.4	2750831.7	1650699.5	190199.7	182534.3
国有独资公司	111306.2	96966.2	37837.6	14340.0	13774.2
其他有限责任公司	2829725.2	2653865.5	1612861.9	175859.7	168760.1
股份有限公司	1812071.2	1666941.6	697635.1	145129.6	139096.1
私营企业	534974.1	433169.6	181360.8	101804.5	100761.0
私营独资企业					
私营合伙企业					
私营有限责任公司	328830.0	263816.0	133992.3	65014.0	64790.6
私营股份有限公司	206144.1	169353.6	47368.5	36790.5	35970.4
其他企业	14758.0	14378.0	11030.0	380.0	380.0
港、澳、台商投资企业	1341318.3	1239291.8	480175.1	102026.5	98919.3
合资经营企业(港或澳、台资)	520000.3	487026.9	184017.0	32973.4	31314.4
合作经营企业(港或澳、台资)	10862.0	10350.3	2953.3	511.7	507.5
港、澳、台商独资经营企业	710768.3	656580.6	266283.4	54187.7	53110.6
港、澳、台商投资股份有限公司	99687.7	85334.0	26921.4	14353.7	13986.8
其他港澳台投资企业					
外商投资企业	1504593.3	1298217.8	496475.0	206375.5	196523.8
中外合资经营企业	668144.5	531034.2	165102.7	137110.3	127839.9
中外合作经营企业	213.8	213.8	81.3		
外资企业	802731.0	736652.4	315796.2	66078.6	65499.6
外商投资股份有限公司	33504.0	30317.4	15494.8	3186.6	3184.3
其他外商投资企业					
四、按国民经济行业分组					
采矿业	**34784.6**	**33370.2**	**26249.9**	**1414.4**	**1386.1**
煤炭开采和洗选业					
石油和天然气开采业	31765.2	30434.0	24850.4	1331.2	1303.3
黑色金属矿采选业	281.8	268.0	127.9	13.8	13.8
有色金属矿采选业	1350.0	1350.0	670.0		

政府资金（万元）	企业资金（万元）	国外资金（万元）	其他资金（万元）	R&D经费外部支出（万元）	对境内研究机构支出（万元）	对境内高等学校支出（万元）	对境外支出（万元）	项目数（项）	参加项目人员（人）
222390.1	**7854886.4**	**59632.4**	**37142.9**	**462803.4**	**57227.7**	**34569.2**	**107591.5**	**15270**	**276812**
222390.1	7854886.4	59632.4	37142.9	462803.4	57227.7	34569.2	107591.5	15270	276812
91646.0	1541729.2	3864.9	8351.5	71874.5	31761.3	12089.4	16441.1	3240	50027
161082.0	5138331.4	705.4	28021.4	343421.4	46114.4	27112.7	45705.6	9128	153335
3318.8	21986.7			2563.9	1429.1	425.8		97	706
48068.0	2889291.6	705.4	2966.4	247919.2	36291.4	20902.0	281.9	3530	74428
4687.4	106618.8			30188.6	19541.6	8953.4	74.6	752	9560
43380.6	2782672.8	705.4	2966.4	217730.6	16749.8	11948.6	207.3	2778	64868
97362.1	1694647.6		20061.5	57366.3	7016.7	4217.9	39463.2	3241	56010
12333.1	517647.5		4993.5	32742.0	1377.2	1567.0	5960.5	2239	21765
4794.2	321732.3		2303.5	31106.6	648.1	660.8	5960.5	506	14852
7538.9	195915.2		2690.0	1635.4	729.1	906.2		1733	6913
	14758.0			2830.0				21	426
48558.5	1262032.5	29272.5	1454.8	40092.6	5566.6	5714.2	3516.7	3004	67951
17776.4	497728.8	4495.1		19819.6	4111.0	1527.3	2547.0	1099	27558
71.5	10790.5			58.8	29.3	29.5		33	471
26972.4	657563.7	24777.4	1454.8	19165.5	1131.5	3403.5	969.7	1662	35395
3738.2	95949.5			1048.7	294.8	753.9		210	4527
12749.6	1454522.5	29654.5	7666.7	79289.4	5546.7	1742.3	58369.2	3138	55526
5985.8	654908.2	7250.5		57424.6	3626.8	1446.7	46199.0	890	18371
	213.8							2	44
5905.4	766754.9	22404.0	7666.7	21856.2	1919.9	287.0	12170.2	2118	35438
858.4	32645.6			8.6		8.6		128	1673
2987.2	**31797.4**			**6576.8**	**3129.6**	**2464.0**		**46**	**1099**
2987.2	28778.0			3913.8	631.6	2299.0		28	800
	281.8			270.0	270.0			2	32
	1350.0			2100.0	1935.0	165.0		13	136

2-2 续表2

指标名称	项目人员折合全时当量（人年）	项目经费内部支出（万元）	机构数（个）	机构人员数（人）	博 士（人）
总　　计	**236427**	**7543196.7**	**806**	**198509**	**2055**
一、按企业规模分组					
大型	236427	7543196.7	806	198509	2055
二、按国有及国有控股分组					
国有及国有控股企业	44408	1512694.8	129	20846	294
三、按登记注册类型分组					
内资企业	133962	4952365.8	408	130898	1647
国有企业	456	23734.6	4	381	8
集体企业					
股份合作企业					
联营企业					
有限责任公司	68852	2843399.6	108	75646	1226
国有独资公司	8268	72731.3	9	2401	178
其他有限责任公司	60584	2770668.3	99	73245	1048
股份有限公司	49248	1605269.8	207	39874	274
私营企业	14986	465461.8	89	14997	139
私营独资企业					
私营合伙企业					
私营有限责任公司	9832	293500.8	64	9085	44
私营股份有限公司	5154	171961.0	25	5912	95
其他企业	419	14500.0			
港、澳、台商投资企业	55787	1202130.7	265	38931	275
合资经营企业(港或澳、台资)	23280	485155.6	82	16002	84
合作经营企业(港或澳、台资)	422	10697.5	4	59	
港、澳、台商独资经营企业	28369	615784.8	159	19409	169
港、澳、台商投资股份有限公司	3716	90492.8	20	3461	22
其他港澳台投资企业					
外商投资企业	46678	1388700.2	133	28680	133
中外合资经营企业	13345	610922.7	59	13505	85
中外合作经营企业	44	213.8			
外资企业	31625	747214.5	67	14261	48
外商投资股份有限公司	1663	30349.2	7	914	
其他外商投资企业					
四、按国民经济行业分组					
采矿业	**252**	**14702.5**	**5**	**1077**	**23**
煤炭开采和洗选业					
石油和天然气开采业	161	11759.4	2	869	23
黑色金属矿采选业	9	270.0	1	15	
有色金属矿采选业	52	1350.0	1	47	

硕 士（人）	本 科（人）	机构经费支出（万元）	仪器和设备原价（万元）	进 口（万元）	新产品开发项目数（个）	新产品开发经费支出（万元）	新产品销售收入（万元）	新产品出口（万元）	专利申请数（件）
38765	**106582**	**6397861.9**	**1829709.1**	**460110.4**	**28806**	**9537031.5**	**141707161.5**	**52098105.0**	**60219**
38765	106582	6397861.9	1829709.1	460110.4	28806	9537031.5	141707161.5	52098105.0	60219
2388	12042	637013.6	330729.2	46449.5	3647	2300981.5	28991584.0	7775952.5	8860
32770	73705	4617503.4	1037331.4	189928.9	22276	6550457.0	58406657.6	22022680.4	37757
82	183	17373.7	15429.4	12044.0	113	52018.8	746630.6	17561.5	224
28761	39909	3386649.0	359117.8	24202.8	15624	3221431.9	20338887.3	9375294.4	18174
734	1409	67132.4	56388.6	752.6	613	81733.3	949812.0	29966.3	924
28027	38500	3319516.6	302729.2	23450.2	15011	3139698.6	19389075.3	9345328.1	17250
3016	26539	900360.3	537491.6	140465.3	4130	2625708.3	30730684.2	11140315.2	16562
911	7074	313120.4	125292.6	13216.8	2388	636540.0	6414055.5	1489509.3	2592
506	4933	160159.7	64493.9	7731.7	627	411316.4	3847037.9	1016153.2	1378
405	2141	152960.7	60798.7	5485.1	1761	225223.6	2567017.6	473356.1	1214
					21	14758.0	176400.0		205
3571	18020	881265.0	413127.3	140086.7	3306	1388712.7	21598039.9	6494893.4	9677
958	8414	386308.0	149740.5	57004.9	1147	505398.7	11626579.6	2211525.0	5090
	53	2432.2	4350.0		24	9606.2	24717.6	9055.0	28
2379	8302	423474.7	209934.9	81309.1	1849	761135.6	8846051.9	3853341.7	4164
234	1251	69050.1	49101.9	1772.7	286	112572.2	1100690.8	420971.7	395
2424	14857	899093.5	379250.4	130094.8	3224	1597861.8	61702464.0	23580531.2	12785
1265	6176	529228.2	244457.6	62755.3	911	725245.7	34064003.2	1919052.4	4708
					5	475.1	9556.0	9556.0	
1119	8053	356256.0	127941.5	67144.7	2127	831751.1	27330434.1	21538608.0	7682
40	628	13609.3	6851.3	194.8	181	40389.9	298470.7	113314.8	395
634	**378**	**35125.4**	**8450.6**		**11**	**8261.6**			**126**
612	224	33862.3	7005.6		8	7854.5			122
5	4	407.1	20.0		3	407.1			
4	29	320.0	168.0						4

2-2 续表3

指标名称	发明专利（件）	有效发明专利（件）	境外授权（件）	专利所有权转让及许可数（件）	专利所有权转让及许可收入（万元）
总　　计	**36755**	**73020**	**15760**	**475**	**149752.9**
一、按企业规模分组					
大型	36755	73020	15760	475	149752.9
二、按国有及国有控股分组					
国有及国有控股企业	5769	14734	63	112	16975.2
三、按登记注册类型分组					
内资企业	25059	54631	11572	311	126080.8
国有企业	112	124		1	
集体企业					
股份合作企业					
联营企业					
有限责任公司	16192	34814	11179	45	2184.4
国有独资公司	350	522	1	25	5.0
其他有限责任公司	15842	34292	11178	20	2179.4
股份有限公司	7776	18368	358	192	123883.4
私营企业	811	1163	35	73	13.0
私营独资企业					
私营合伙企业					
私营有限责任公司	339	425	12	66	6.0
私营股份有限公司	472	738	23	7	7.0
其他企业	168	162			
港、澳、台商投资企业	2773	7087	805	105	6561.6
合资经营企业(港或澳、台资)	1347	4669	558	7	10.7
合作经营企业(港或澳、台资)	1	3		26	
港、澳、台商独资经营企业	1210	2178	244	70	6550.9
港、澳、台商投资股份有限公司	215	237	3	2	
其他港澳台投资企业					
外商投资企业	8923	11302	3383	59	17110.5
中外合资经营企业	3424	686	7	34	16955.4
中外合作经营企业					
外资企业	5216	10112	3360	25	155.1
外商投资股份有限公司	283	504	16		
其他外商投资企业					
四、按国民经济行业分组					
采矿业	**50**	**20**		**4**	**16.0**
煤炭开采和洗选业					
石油和天然气开采业	49	16		4	16.0
黑色金属矿采选业					
有色金属矿采选业	1	1			

拥有注册商标数（件）	境外注册（件）	形成国家或行业标准数（项）	使用来自政府部门的科技活动资金（万元）	研究开发费用加计扣除减免税（万元）	高新技术企业减免税（万元）	引进技术经费支出（万元）	消化吸收经费支出（万元）	购买国内技术经费支出（万元）	技术改造经费支出（万元）
31661	**12129**	**874**	**250913.4**	**308067.5**	**640712.4**	**497027.4**	**60954.7**	**40746.4**	**2098097.5**
31661	12129	874	250913.4	308067.5	640712.4	497027.4	60954.7	40746.4	2098097.5
10510	5327	154	98230.3	27568.3	151989.2	73215.3	18367.4	15602.4	1419092.2
24381	10617	509	181313.5	166815.9	349974.6	72874.8	35480.4	24600.4	1787334.8
644	127	47	3902.5	563.8	3978.8				157692.8
4675	2567	113	59021.1	108328.1	35247.1	9524.3	5500.8	9750.4	234875.7
322		20	5145.1	1902.5	1396.9			42.7	28885.8
4353	2567	93	53876.0	106425.6	33850.2	9524.3	5500.8	9707.7	205989.9
15242	6789	282	105836.0	39014.2	262328.5	56720.2	28724.1	9654.2	1358400.3
3816	1133	67	12553.9	14872.1	46920.2	6630.3	1255.5	5195.8	36366.0
2965	805	55	4909.2	8196.9	23203.9	817.2	510.1	5112.1	14518.3
851	328	12	7644.7	6675.2	23716.3	5813.1	745.4	83.7	21847.7
4	1			4037.7	1500.0				
4488	984	232	53937.5	72026.0	190522.9	165981.3	4077.3	8566.9	169305.9
1901	586	102	19261.8	21098.1	45107.0	11166.3	915.2	6457.4	46761.6
17	4	5	280.0			321.0			6350.1
1821	347	93	29888.5	22289.1	97105.4	154494.0	948.9	1448.3	105419.3
749	47	32	4507.2	28638.8	48310.5		2213.2	661.2	10774.9
2792	528	133	15662.4	69225.6	100214.9	258171.3	21397.0	7579.1	141456.8
962	70	22	6381.5	20013.1	67801.7	221536.3	15182.9	7573.1	111732.1
1	1								
1344	268	108	7828.9	47221.7	28275.0	36635.0	6214.1	6.0	29724.7
485	189	3	1452.0	1990.8	4138.2				
6		**4**	**2987.2**	**8791.3**					**72380.8**
		3	2987.2	8762.3					66657.8

2-2 续表4

指标名称	企业数（个）	有R&D活动的企业（个）	有研发机构的企业（个）	有新产品销售的企业（个）
非金属矿采选业	1	1	1	
开采辅助活动				
其他采矿业				
制造业	**1444**	**709**	**411**	**560**
农副食品加工业	14	5	5	4
食品制造业	24	13	8	11
酒、饮料和精制茶制造业	16	6	3	3
烟草制品业	1	1	1	1
纺织业	38	10	4	6
纺织服装、服饰业	58	10	8	6
皮革、毛皮、羽毛及其制品和制鞋业	48	5		3
木材加工和木、竹、藤、棕、草制品业	2	1		1
家具制造业	32	13	6	9
造纸和纸制品业	13	8	2	5
印刷和记录媒介复制业	12	6	4	3
文教、工美、体育和娱乐用品制造业	44	7	7	5
石油加工、炼焦和核燃料加工业	5	5	4	3
化学原料和化学制品制造业	26	13	16	12
医药制造业	19	17	15	13
化学纤维制造业	1	1	1	1
橡胶和塑料制品业	64	31	22	25
非金属矿物制品业	56	33	20	27
黑色金属冶炼和压延加工业	13	7	4	4
有色金属冶炼和压延加工业	30	21	11	17
金属制品业	72	30	12	23
通用设备制造业	55	36	18	27
专用设备制造业	26	13	7	13
汽车制造业	65	30	13	20
铁路、船舶、航空航天和其他运输设备制造业	24	14	11	13
电气机械和器材制造业	208	118	76	104
计算机、通信和其他电子设备制造业	452	242	128	189
仪器仪表制造业	23	12	4	11
其他制造业				
废弃资源综合利用业	1			
金属制品、机械和设备修理业	2	1	1	1
电力、热力、燃气及水生产和供应业	**23**	**9**	**4**	**1**
电力、热力生产和供应业	19	8	3	
燃气生产和供应业	1			
水的生产和供应业	3	1	1	1

主营业务收入（万元）	利润总额（万元）	资产总计（万元）	出口交货值（万元）	R&D人员合计（人）	女性（人）	研究人员（人）	全时人员（人）	R&D人员全时当量（人年）
82184.6	13703.8	267519.6	444.2	139	5	62	38	33
434584651.6	**26961115.1**	**311561903.3**	**178356117.0**	**293646**	**53657**	**106441**	**234178**	**251553**
1914661.6	217728.2	2402167.1	272888.1	420	53	14	405	167
8531588.8	1696377.9	5746336.1	160341.6	2778	884	414	1205	1880
3920540.7	249703.1	2805849.9	8620.9	1221	230	315	792	925
3246776.5	358095.6	4078794.9	25608.0	83	24	58	83	41
5640740.9	226762.6	2957738.0	2714429.8	1087	173	205	442	718
4859341.7	398274.9	2787751.5	1193099.8	1059	292	261	719	748
4830731.8	260302.7	3381622.1	2006539.9	734	108	29	538	540
249570.2	36440.8	271103.4	7251.6	55	5	4	9	17
3984380.8	233930.8	2742532.5	1463490.4	2397	473	431	1110	2078
3056301.1	170200.3	5705921.0	465630.7	2662	680	139	1617	2382
1227120.6	111605.1	1196749.4	846490.3	1049	261	180	912	835
10804584.4	403921.5	5117098.0	3128790.1	1483	485	126	690	1206
24624763.5	430030.1	7676793.8	21912.5	2371	384	1665	399	2170
14299141.8	1624445.0	8941848.1	1277219.2	3369	864	585	2295	2811
3375642.5	562822.3	4480548.3	207394.1	4019	1638	944	2836	3442
121248.4	−9648.7	94670.8	15579.5	97	33	6	84	48
7121279.2	425425.4	6469745.7	2768256.0	8863	1441	1360	6231	6933
7016470.4	622173.4	6478503.1	1436017.0	6745	1162	659	2804	3950
7168851.5	127242.9	7166360.7	841338.4	3600	570	979	1887	2165
9264196.2	330748.0	7553313.7	578344.8	2488	564	553	1516	1593
7588746.0	475905.8	5822684.4	3491965.7	4653	874	937	3481	3619
14885315.4	781299.9	10057588.6	7067752.5	9921	1353	2386	7162	8698
3502046.3	357290.5	5470850.6	1609440.0	5882	1158	939	5492	5162
34989114.1	3410745.8	24910832.9	1827369.8	20753	3393	2607	18496	19209
3843155.4	175765.4	4503314.7	1549107.9	3451	558	1100	2864	2656
58533032.6	4250079.4	49221543.2	21354267.3	40190	8118	7254	30600	31611
183259947.2	8859333.1	120821231.9	120518613.4	156948	26385	80957	137280	142513
2354802.6	184725.8	2021311.8	1376447.6	5125	1480	1313	2152	3334
196394.4	4212.1	237671.0						
174165.0	−14824.6	439426.1	121910.1	143	14	21	77	103
43575688.5	**2271100.0**	**55520240.2**	**17573.4**	**9201**	**238**	**1699**	**603**	**7994**
42728680.7	2198328.9	52147678.2		9085	202	1655	560	7898
282388.6	38363.9	525491.1						
564619.2	34407.2	2847070.9	17573.4	116	36	44	43	96

2-2 续表5

指标名称	R&D经费内部支出（万元）	日常性支出（万元）	人员劳务费（万元）	资产性支出（万元）	仪器和设备（万元）
非金属矿采选业	1387.6	1318.2	601.6	69.4	69.0
开采辅助活动					
其他采矿业					
制造业	**8059730.2**	**7327702.3**	**3478225.3**	**732027.9**	**704972.0**
农副食品加工业	11741.6	9338.8	2001.6	2402.8	2378.9
食品制造业	78429.3	73714.4	23599.8	4714.9	4563.0
酒、饮料和精制茶制造业	19212.2	18852.1	6287.6	360.1	353.2
烟草制品业	4280.0	3230.5	2774.8	1049.5	1049.5
纺织业	21466.1	19419.0	6444.2	2047.1	2019.3
纺织服装、服饰业	23379.7	22472.7	10026.9	907.0	898.1
皮革、毛皮、羽毛及其制品和制鞋业	14602.8	14446.7	5015.0	156.1	155.7
木材加工和木、竹、藤、棕、草制品业	509.0	499.3	169.6	9.7	9.7
家具制造业	46680.1	40762.8	14364.0	5917.3	5865.8
造纸和纸制品业	62647.1	61140.4	8647.8	1506.7	1494.1
印刷和记录媒介复制业	16917.9	13837.5	6992.3	3080.4	2818.8
文教、工美、体育和娱乐用品制造业	15556.3	14141.9	6611.4	1414.4	1401.4
石油加工、炼焦和核燃料加工业	36769.7	35757.1	16549.0	1012.6	972.4
化学原料和化学制品制造业	185669.0	150864.3	33949.9	34804.7	34527.7
医药制造业	116602.9	93007.7	31144.4	23595.2	23457.9
化学纤维制造业	5748.4	5239.8	318.7	508.6	461.8
橡胶和塑料制品业	146483.0	131119.7	43548.8	15363.3	15120.6
非金属矿物制品业	86724.4	70483.7	25559.6	16240.7	16110.7
黑色金属冶炼和压延加工业	94890.4	92175.1	22654.8	2715.3	2706.3
有色金属冶炼和压延加工业	70486.7	59631.3	15724.6	10855.4	10337.1
金属制品业	67412.6	60562.3	24017.6	6850.3	6808.8
通用设备制造业	222222.7	202786.8	77531.1	19435.9	18468.8
专用设备制造业	139730.3	122670.1	54710.1	17060.2	16948.2
汽车制造业	486433.3	403392.6	168958.9	83040.7	73570.7
铁路、船舶、航空航天和其他运输设备制造业	82203.3	79223.0	26798.4	2980.3	2829.6
电气机械和器材制造业	947956.0	876519.3	287157.1	71436.7	66597.9
计算机、通信和其他电子设备制造业	5011511.5	4611877.0	2539006.3	399634.5	390198.1
仪器仪表制造业	40339.0	37576.0	16278.3	2763.0	2720.1
其他制造业					
废弃资源综合利用业					
金属制品、机械和设备修理业	3124.9	2960.4	1382.7	164.5	127.8
电力、热力、燃气及水生产和供应业	**79537.0**	**65183.4**	**22027.7**	**14353.6**	**13672.2**
电力、热力生产和供应业	78373.9	64356.0	21372.9	14017.9	13336.5
燃气生产和供应业					
水的生产和供应业	1163.1	827.4	654.8	335.7	335.7

政府资金（万元）	企业资金（万元）	国外资金（万元）	其他资金（万元）	R&D经费外部支出（万元）	对境内研究机构支出（万元）	对境内高等学校支出（万元）	对境外支出（万元）	项目数（项）	参加项目人员（人）
	1387.6			293.0	293.0			3	131
216489.3	**7746465.6**	**59632.4**	**37142.9**	**421980.1**	**34378.1**	**23116.9**	**107516.9**	**14533**	**266891**
526.4	11215.2			118.1	40.1	77.9		49	392
855.6	77573.7			10946.6	267.7	1089.5	68.9	228	2441
132.7	19079.5			129.9	14.8		22.1	47	1088
	4280.0			1254.3	152.4	392.9		33	79
191.6	20892.7	381.8		72.5	52.5	10.0	10.0	35	960
328.5	22470.5		580.7	11.5		11.5		45	952
110.5	14492.3			100.0	100.0			31	681
30.0	479.0			25.9		25.9		7	50
100.0	46482.1		98.0	318.0		318.0		176	2291
10.0	62637.1			317.5	316.5	1.0		94	2576
	16917.9			50.2	50.2			52	923
662.0	14132.1	762.2		318.1	76.0	119.9	20.0	87	1427
613.5	36156.2			2892.3	683.0	581.8		204	2251
3695.3	178359.4	3614.3		4556.5	653.0	1195.4	2708.1	320	3014
6444.2	109684.6		474.1	4703.9	2747.5	945.7	174.9	410	3835
15.0	5733.4							17	94
2031.4	144173.3		278.3	461.5	271.6	152.2	37.7	467	7956
988.4	85319.1		416.9	1134.8	849.3	95.5		182	6306
359.2	93188.6		1342.6	338.4	296.1	42.3		117	3441
1073.5	68375.9		1037.3	472.8	293.2	179.6		191	2245
287.2	67125.4			286.0	247.4	38.6		211	4058
2645.4	202443.6	15609.4	1524.3	18205.8	4687.0	100.9	11868.6	477	8106
6851.6	122908.9		9969.8	6222.3	418.8	578.2	5225.3	458	5305
9310.2	465128.4	11031.2	963.5	25744.3	870.8		21462.1	482	17689
6694.8	71643.6	3864.9		22926.1	1916.3	105.3	17748.2	201	3278
21880.1	917993.1	5168.0	2914.8	44050.5	4446.8	1777.8	37674.7	3503	35813
148350.8	4827188.5	18779.8	17192.4	276322.3	14927.1	15277.0	10496.3	6203	144672
2191.4	37376.6	420.8	350.2					192	4826
110.0	3014.9							14	142
2913.6	**76623.4**			**34246.5**	**19720.0**	**8988.3**	**74.6**	**691**	**8822**
2823.7	75550.2			34211.6	19720.0	8953.4	74.6	681	8717
89.9	1073.2			34.9		34.9		10	105

2-2 续表6

指标名称	项目人员折合全时当量（人年）	项目经费内部支出（万元）	机构数（个）	机构人员数（人）	博士（人）
非金属矿采选业	31	1323.1	1	146	
开采辅助活动					
其他采矿业					
制造业	**228519**	**7477312.8**	**794**	**195130**	**1848**
农副食品加工业	153	9632.5	7	417	18
食品制造业	1608	74732.0	15	2505	24
酒、饮料和精制茶制造业	841	11075.2	5	1079	3
烟草制品业	39	3141.5	1	149	8
纺织业	663	21109.4	5	254	3
纺织服装、服饰业	652	20966.7	9	849	6
皮革、毛皮、羽毛及其制品和制鞋业	506	14602.5			
木材加工和木、竹、藤、棕、草制品业	16	477.1			
家具制造业	1989	42647.0	8	1169	2
造纸和纸制品业	2306	61392.8	5	580	
印刷和记录媒介复制业	742	15952.0	4	332	1
文教、工美、体育和娱乐用品制造业	1156	14448.0	16	2075	17
石油加工、炼焦和核燃料加工业	2055	36152.9	7	287	9
化学原料和化学制品制造业	2547	153836.7	39	3040	90
医药制造业	3295	107692.8	41	3516	73
化学纤维制造业	46	5265.0	1	112	
橡胶和塑料制品业	6228	135546.0	45	5868	25
非金属矿物制品业	3735	79814.7	25	3043	22
黑色金属冶炼和压延加工业	2065	94335.8	6	361	8
有色金属冶炼和压延加工业	1432	64480.6	17	1421	26
金属制品业	3145	62222.6	15	2314	8
通用设备制造业	7100	197136.9	26	7407	29
专用设备制造业	4642	133199.9	11	2429	20
汽车制造业	16367	430102.7	26	8599	18
铁路、船舶、航空航天和其他运输设备制造业	2523	77198.2	13	3055	
电气机械和器材制造业	28155	752773.4	213	38861	234
计算机、通信和其他电子设备制造业	131325	4822330.7	217	103665	1203
仪器仪表制造业	3088	32587.2	16	1636	1
其他制造业					
废弃资源综合利用业					
金属制品、机械和设备修理业	102	2460.0	1	107	
电力、热力、燃气及水生产和供应业	**7655**	**51181.4**	**7**	**2302**	**184**
电力、热力生产和供应业	7568	50117.6	4	2055	174
燃气生产和供应业					
水的生产和供应业	87	1063.8	3	247	10

硕士（人）	本科（人）	机构经费支出（万元）	仪器和设备原价（万元）	进口（万元）	新产品开发项目数（个）	新产品开发经费支出（万元）	新产品销售收入（万元）	新产品出口（万元）	专利申请数（件）
13	121	536.0	1257.0						
37375	**104886**	**6322180.1**	**1814447.2**	**460110.4**	**28185**	**9457363.7**	**141707053.9**	**52098105.0**	**59164**
106	200	10125.7	3534.7	590.0	45	16333.2	30296.7	15211.1	13
198	1619	77685.7	27824.4	1328.5	268	111612.1	496071.1	1259.6	301
34	407	16390.5	25826.7	1594.7	48	21213.5	443463.9	338.5	20
65	63	12140.7	12326.9	11786.2	34	3943.2	31595.1		168
17	139	20484.2	7463.8	1849.9	40	11577.5	113882.5	73228.3	49
16	324	21564.8	4607.5	478.1	117	26473.1	235743.5	100197.4	41
					30	14038.4	53812.0	31490.8	17
					10	676.9	8309.7		14
31	793	27143.3	9716.2	300.0	151	41375.0	604681.7	125055.1	242
6	193	53510.3	2940.2	327.6	73	68625.3	1045363.3	69352.1	181
7	169	7326.2	6133.0	3487.1	57	19779.1	183933.6	69598.1	56
34	742	29854.4	9938.9	1003.3	117	29530.6	304374.8	35485.8	460
29	95	9639.3	6507.4	2571.4	137	26749.7	738643.3		35
417	1920	125857.5	98839.5	4890.1	327	194663.0	1586905.4	40164.0	394
369	1796	81516.0	53595.0	6600.3	437	115612.4	1368844.3	18699.1	218
	66	5797.7	2323.1		21	6330.0	30312.2	4866.7	
252	2732	98851.7	136813.6	71214.3	484	146021.3	2548629.5	642934.7	701
317	2034	35440.2	25780.3	9538.3	150	71028.6	1330441.5	369808.2	223
38	225	8187.1	25919.1	4359.3	77	79344.0	1548667.3	17925.3	155
106	905	43381.9	13813.3	1936.7	145	67589.1	1568072.3	306539.8	205
41	805	34982.0	15070.8	1290.0	11560	71544.4	1010925.6	400535.9	604
360	3298	115813.4	96216.0	8261.9	456	255420.6	2839109.7	553032.2	1368
162	909	30066.5	58896.6	7074.9	484	137674.4	1332761.4	661322.9	1125
694	4059	333167.4	145180.7	43494.5	504	460701.2	14258374.0	260603.2	467
94	2036	92812.0	27497.9	2917.2	251	154405.2	2458990.8	850696.2	257
2778	25422	780083.1	419959.2	116220.6	4421	1572211.9	22772624.4	7686193.1	20286
31169	53037	4234862.4	575547.7	156562.6	7538	5696606.8	82254188.2	39430864.3	30796
33	801	12587.9	2036.6	432.9	190	32876.4	418153.8	246455.1	763
2	97	2908.2	138.1		13	3406.8	89882.3	86247.5	5
756	**1318**	**40556.4**	**6811.3**		**610**	**71406.2**	**107.6**		**929**
681	1156	39711.3	6802.3		603	70382.0			919
75	162	845.1	9.0		7	1024.2	107.6		10

2-2 续表7

指标名称	发明专利（件）	有效发明专利（件）	境外授权（件）	专利所有权转让及许可数（件）	专利所有权转让及许可收入（万元）
非金属矿采选业		3			
开采辅助活动					
其他采矿业					
制造业	**36365**	**72505**	**15759**	**470**	**149731.9**
农副食品加工业	11	24			
食品制造业	67	161	2		
酒、饮料和精制茶制造业	9	25			
烟草制品业	89	94		1	
纺织业	13	8			
纺织服装、服饰业	7	20	1		
皮革、毛皮、羽毛及其制品和制鞋业	3	15			
木材加工和木、竹、藤、棕、草制品业	5	7			
家具制造业	23	63			
造纸和纸制品业	14	18			
印刷和记录媒介复制业	13	10		6	
文教、工美、体育和娱乐用品制造业	27	968		1	0.2
石油加工、炼焦和核燃料加工业	23	44		5	
化学原料和化学制品制造业	246	326	5	2	
医药制造业	189	401	3	6	
化学纤维制造业					
橡胶和塑料制品业	183	292	30		
非金属矿物制品业	54	108	3	25	5.0
黑色金属冶炼和压延加工业	26	29			
有色金属冶炼和压延加工业	32	133	1		
金属制品业	134	635	3	113	16955.4
通用设备制造业	514	511	22	50	155.1
专用设备制造业	629	1765	268	11	
汽车制造业	113	196	1	43	0.1
铁路、船舶、航空航天和其他运输设备制造业	59	114	1		
电气机械和器材制造业	9645	6884	753	71	7.0
计算机、通信和其他电子设备制造业	23883	59506	14657	136	8742.5
仪器仪表制造业	353	148	9		123866.6
其他制造业					
废弃资源综合利用业					
金属制品、机械和设备修理业	1				
电力、热力、燃气及水生产和供应业	**340**	**495**	**1**	**1**	**5.0**
电力、热力生产和供应业	338	493	1	1	5.0
燃气生产和供应业					
水的生产和供应业	2	2			

拥有注册商标数（件）	境外注册（件）	形成国家或行业标准数（项）	使用来自政府部门的科技活动资金（万元）	研究开发费用加计扣除减免税（万元）	高新技术企业减免税（万元）	引进技术经费支出（万元）	消化吸收经费支出（万元）	购买国内技术经费支出（万元）	技术改造经费支出（万元）
6		1		29.0					5723.0
31655	**12129**	**846**	**244672.3**	**297822.4**	**639737.6**	**497027.4**	**54913.0**	**40746.4**	**1996825.1**
24	2	5	590.0						8092.3
563	85	7	1254.5	598.7	14187.6				40101.4
524			221.7	161.5	4.1	41.7	3158.7	729.9	2203.4
549	127	43							146414.1
39	3		435.0			300.0	100.0	400.0	6868.9
300	38	6	520.1						54.8
2			300.0		461.1				
6		2	40.0						
481	99	32	100.0	240.4	9036.7		638.6		4580.8
149		4	10.0	1011.2	6228.2				
10	1	7	300.0		2934.7		551.9		2371.6
1917	78	20	677.0	335.5	3882.7				1955.7
6		3	753.3	4444.6	168.0		3083.0	5855.6	336581.4
849	60	14	4134.8	1878.2	21843.3	151292.1	9.6	225.0	29517.7
1477	139	96	6612.5	25464.5	70672.5	941.4	306.8	1525.1	34269.2
1			15.0						1803.0
1313	596	19	2420.1	15581.6	15099.7		1913.2		18078.2
406	104	38	1019.8	3977.2	2165.3		85.0		3614.9
70	23	5	370.0		109.1	2669.0	315.3	99.4	135486.2
819	255	22	2140.0	558.1	2195.4	185.0	464.9		24141.5
306	77	60	675.3	770.6	7820.7	3227.6	135.8	3350.5	4289.8
396	298	15	3110.6	6039.1	39768.9	16230.7	6650.1	6884.0	9708.2
626	468	4	7718.2	4983.6	19848.7			146.9	2764.7
367	18	6	9310.8	11516.5	11516.9	191668.8	8923.9	1853.2	72638.3
540	93	5	7425.6	4425.3	20665.5	12687.0	1057.8	12321.3	22271.9
12627	5788	240	24539.2	35401.6	234922.2	64712.7	24513.5	4165.1	385712.7
7214	3762	128	167358.8	150626.9	147126.6	50734.4	3004.9	3190.4	703304.4
74	15	65	2510.0	29807.3	9079.7	2337.0			
			110.0						
		24	**3253.9**	**1453.8**	**974.8**		**6041.7**		**28891.6**
		22	3141.6	1403.8	889.5		6041.7		26773.6
									772.0
		2	112.3	50.0	85.3				1346.0

2-2 续表8

指标名称	R&D经费内部支出（万元）	日常性支出（万元）	人员劳务费（万元）	资产性支出（万元）	仪器和设备（万元）
五、按地区分组（地区）					
广州市	1027395.8	881429.5	305958.1	145966.3	136845.5
韶关市	75097.4	73767.3	20645.3	1330.1	1298.7
深圳市	4484185.9	4175410.8	2450713.8	308775.1	299858.6
珠海市	165595.2	157036.1	41659.1	8559.1	7924.4
汕头市	12103.6	11494.4	5653.9	609.2	609.2
佛山市	850325.0	768929.1	220020.1	81395.9	75984.1
江门市	151896.3	116988.5	29949.1	34907.8	33925.8
湛江市	21981.0	20791.5	10184.7	1189.5	1165.5
茂名市	33750.1	32846.9	13786.6	903.2	863.0
肇庆市	44530.1	39369.3	14072.3	5160.8	5068.4
惠州市	323519.0	286656.6	85212.8	36862.4	35937.4
梅州市	7537.2	6538.1	2677.5	999.1	998.3
汕尾市	45729.6	43710.1	14493.1	2019.5	1985.2
河源市	9708.7	8581.0	2692.5	1127.7	1127.7
阳江市	7669.7	5400.4	1177.2	2269.3	2247.1
清远市	16269.1	12555.8	2111.0	3713.3	3671.2
东莞市	535331.1	464527.7	189892.9	70803.4	70090.9
中山市	293509.7	262006.7	93405.9	31503.0	30900.1
潮州市	25876.8	21928.5	9190.7	3948.3	3778.7
揭阳市	24351.1	19971.3	8434.7	4379.8	4379.8
云浮市	17689.4	16316.3	4571.6	1373.1	1370.7

政府资金（万元）	企业资金（万元）	国外资金（万元）	其他资金（万元）	R&D经费外部支出（万元）	对境内研究机构支出（万元）	对境内高等学校支出（万元）	对境外支出（万元）	项目数（项）	参加项目人员（人）
31995.8	980854.3	10242.6	4303.1	77942.2	24386.5	11288.5	35015.7	2122	35104
309.2	74788.2			2829.3	2583.6	245.7		108	3064
127872.7	4319712.3	12929.4	23671.5	242886.6	6516.5	15666.5	17361.6	6656	131399
5782.3	159812.9			5079.6	4828.1	33.3	218.2	229	4809
36.5	12067.1			161.1		58.9		49	1309
10169.5	829105.8	8592.1	2457.6	40483.9	2238.8	2409.1	34238.3	3028	29630
1800.7	149636.9		458.7	19177.3	446.7	462.1	2282.7	343	5696
3003.3	18977.7			2165.4	107.1	1075.1		42	806
221.3	33528.8			1974.6	422.2	474.8		125	1928
1613.7	42499.5		416.9	110.0	8.5	101.5		162	3232
24323.1	288491.6	10394.2	310.1	16250.4	28.9	402.9	7789.6	383	9317
100.0	7437.2			50.0		50.0		18	762
10.0	45719.6							40	1792
736.9	8971.8			78.0	78.0			25	892
151.5	7518.2			58.8	29.3	29.5		44	265
102.1	14824.4		1342.6					38	1751
5117.0	513027.8	16147.4	1038.9	42816.8	11595.7	220.3	6684.6	912	24371
6593.3	282993.6	1326.7	2596.1	8545.0	2625.6	1257.7	3931.9	752	17354
998.0	24878.8			321.3	107.7	144.7	68.9	51	1349
548.6	23255.1		547.4	399.7	204.0	195.7		85	1048
904.6	16784.8			1473.4	1020.5	452.9		58	934

2-2 续表9

指标名称	项目人员折合全时当量（人年）	项目经费内部支出（万元）	机构数（个）	机构人员数（人）	博 士（人）
五、按地区分组（地区）					
广州市	29942	856399.7	100	22581	363
韶关市	1745	74700.7	5	266	1
深圳市	121026	4361016.5	142	93365	1194
珠海市	4081	161466.6	48	7238	26
汕头市	962	11866.9	6	947	1
佛山市	21349	650471.6	136	25853	155
江门市	4440	129299.4	31	3315	25
湛江市	454	12318.1	12	1190	6
茂名市	1928	33668.9	10	725	5
肇庆市	2727	40016.4	22	2170	43
惠州市	7624	292924.5	102	7640	30
梅州市	479	6849.3	3	305	
汕尾市	1790	44818.3	3	2835	2
河源市	593	8206.8	2	219	
阳江市	121	6829.2	7	137	1
清远市	843	15846.5	3	366	6
东莞市	19792	499390.1	86	14581	84
中山市	13917	274621.1	68	12497	70
潮州市	951	22248.2	7	408	20
揭阳市	928	24096.3	9	1292	15
云浮市	735	16141.6	4	579	8

硕 士（人）	本 科（人）	机构经费支出（万元）	仪器和设备原 价（万元）	进 口（万元）	新产品开发项目数（个）	新产品开发经费支出（万元）	新产品销售收入（万元）	新产品出口（万元）	专利申请数（件）
3281	11727	647680.7	381110.5	92764.5	2222	1047701.7	21694686.9	1680779.5	3775
21	110	2885.1	24401.7	3577.3	87	72710.4	1460672.6	4305.0	94
30514	48608	3851853.8	420181.1	90017.6	7652	4854683.5	59266003.6	35990780.8	33840
650	4489	199552.4	42433.5	5822.2	645	707198.5	5853114.0	1880757.6	2840
40	644	16967.2	7165.6	1445.4	98	24196.7	397953.5	93066.9	357
1762	19063	534444.6	424030.9	140054.2	3255	980441.5	15695895.1	5103445.3	8534
170	1782	136383.3	88931.3	6215.9	448	206771.5	1422489.7	268698.5	573
357	503	25772.6	11851.3	2848.2	41	12721.3	70519.0	16665.6	149
47	385	9871.3	15061.9	2647.3	89	34460.8	700971.6	4531.1	51
147	1045	32056.5	10132.8	2779.7	180	46747.1	680246.5	138659.3	142
296	4161	300553.7	60237.7	17970.4	411	451891.0	19285647.5	2464304.2	1294
4	176	4510.4	1113.6	105.9	15	5668.1	6943.5	776.2	12
43	1073	60107.5	28015.5	24976.8	50	61492.0	1564402.5	390973.8	225
2	47	2907.6	4450.0	3118.1	33	10842.6	75201.5	38243.4	41
7	108	5224.9	5446.0	500.0	23	9564.0	22345.9	2270.5	41
13	246	7397.9	5953.8	84.9	30	11895.3	457409.0	5933.2	57
637	5971	319757.3	121994.1	43065.2	12601	655279.9	8501984.1	2811981.9	4656
595	5315	185571.1	91862.8	11773.1	749	279063.1	3308408.4	1119913.0	3413
50	179	8622.4	10830.8	3928.0	51	27662.6	256669.2	56965.6	76
69	646	36860.5	70067.8	6215.7	80	25266.9	943864.8	16587.6	35
60	304	8881.1	4436.4	200	46	10773	41732.6	8466	14

2-2 续表10

指标名称	发明专利（件）	有效发明专利（件）	境外授权（件）	专利所有权转让及许可数（件）	专利所有权转让及许可收入（万元）
五、按地区分组（地区）					
广州市	1903	2592	137	78	5.2
韶关市	17	31			
深圳市	26586	63746	15326	225	149747.6
珠海市	1484	763	82	27	
汕头市	24	1004			
佛山市	2411	2205	101	75	0.1
江门市	178	139	3		
湛江市	39	52			
茂名市	26	34			
肇庆市	75	210	1		
惠州市	544	365	10	5	
梅州市	2	36			
汕尾市	90	17			
河源市	13	14			
阳江市	4	18		26	
清远市	9	17			
东莞市	2861	1087	55	1	
中山市	439	617	43	38	
潮州市	12	50	2		
揭阳市	27	19			
云浮市	11	4			

说明：

（1）本表指标取自“规模以上工业法人单位R&D活动及相关情况过录表(L506表)”中的相应指标。

（2）国有及国有控股企业应符合以下四个条件之一：登记注册类型为110（国有企业）、141（国有联营企业）、151（国有独资公司），或企业控股情况1（国有控股）。

拥有注册商标数（件）	境外注册（件）	形成国家或行业标准数（项）	使用来自政府部门的科技活动资金（万元）	研究开发费用加计扣除减免税（万元）	高新技术企业减免税（万元）	引进技术经费支出（万元）	消化吸收经费支出（万元）	购买国内技术经费支出（万元）	技术改造经费支出（万元）
3391	878	178	38040.6	27374.4	72008.5	351947.4	14646.2	7109.8	311509.7
18		4	320.0			2669.0	315.3	99.4	142313.4
7794	4135	259	139622.3	189205.2	135132.6	13299.8	2863.7	2967.0	673870.8
7880	4398	11	6771.0	31096.0	123459.4		300.0	7534.0	10209.8
1751	98	20	51.5	88.0	4925.1				987.3
6152	1977	235	12002.2	9681.6	128064.7	52594.5	21344.8	827.1	372236.3
680	143	20	2418.6	780.7	14837.1	11426.4	6593.6	6962.6	9528.3
108	3		3041.8	9072.0	2123.8			42.7	69692.8
46		1	647.3	861.8	285.9		2783.0	5555.6	355755.3
64	11	6	2840.5	2131.6	2275.7			56.0	3490.3
57	5	6	28106.2	25380.4	14693.7	4526.5	623.6	1317.9	14898.3
22	2		100.0		197.2	3451.2	50.1	801.1	4971.0
23			10.0		15735.3				
			891.4	217.6	1815.4				
20	4	5	360.0			321.0			7142.1
41	6	4	190.9	414.6	893.9				9308.3
569	57	75	6202.7	6275.1	61769.9	49670.9	5281.0	3474.6	33362.7
2496	295	41	6689.7	5062.1	34371.5	7120.7	6153.4	3220.7	70540.7
66	17	2	1139.5	397.4	6710.7				2557.4
473	99	6	562.6		21412.0				
10	1	1	904.6	29				777.9	5723

2-3 规模以上工业

指标名称	企业数（个）	有R&D活动的企业（个）	有研发机构的企业（个）	有新产品销售的企业（个）
总　　计	**9367**	**1974**	**1052**	**1439**
一、按企业规模分组				
中型	9367	1974	1052	1439
二、按国有及国有控股分组				
国有及国有控股企业	330	117	78	91
三、按登记注册类型分组				
内资企业	4441	1156	634	868
国有企业	97	6	4	3
集体企业	75	1	1	
股份合作企业	9	2	2	
联营企业	7			
国有联营企业	2			
集体联营企业	2			
国有与集体联营企业	1			
其他联营企业	2			
有限责任公司	1445	425	238	307
国有独资公司	35	15	10	13
其他有限责任公司	1410	410	228	294
股份有限公司	246	164	110	129
私营企业	2534	554	279	426
私营独资企业	175	8	3	8
私营合伙企业	23	2		
私营有限责任公司	2211	471	229	359
私营股份有限公司	125	73	47	59
其他企业	28	4		3
港、澳、台商投资企业	3387	522	262	366
合资经营企业(港或澳、台资)	449	171	90	133
合作经营企业(港或澳、台资)	128	19	13	16
港、澳、台商独资经营企业	2765	313	148	202
港、澳、台商投资股份有限公司	41	18	11	14
其他港澳台投资企业	4	1		1
外商投资企业	1539	296	156	205
中外合资经营企业	307	110	71	91
中外合作经营企业	62	9	5	7
外资企业	1134	170	76	102
外商投资股份有限公司	28	7	4	5
其他外商投资企业	8			
四、按国民经济行业分组				
采矿业	**32**	**7**	**2**	**4**
煤炭开采和洗选业				
石油和天然气开采业				
黑色金属矿采选业	5	1	1	
有色金属矿采选业	8	1		

法人单位科技情况（中型）

主营业务收入（万元）	利润总额（万元）	资产总计（万元）	出口交货值（万元）	R&D人员合计（人）	女性（人）	研究人员（人）	全时人员（人）	R&D人员全时当量（人年）
281780490.1	**18049863.7**	**225416231.4**	**79112153.9**	**140202**	**26103**	**29312**	**92921**	**103246**
281780490.1	18049863.7	225416231.4	79112153.9	140202	26103	29312	92921	103246
26307680.0	2751184.8	37291765.6	2237759.0	9977	2043	3237	5887	6688
141421571.2	10277929.4	112816869.7	18606196.3	79781	15030	17021	52877	58615
3462228.2	71186.3	4521850.9	112497.4	389	96	155	148	235
1201868.8	47363.4	534463.0	509124.7	8	1	4	5	7
171486.2	9322.6	70004.1	31531.8	147	27	5	95	138
493050.5	28642.1	83578.7	31242.8					
322849.8	6931.3	67338.6	505.3					
25473.8	1727.4	3369.0	30737.5					
32042.5	900.7	5428.7						
112684.4	19082.7	7442.4						
54352220.4	4415505.9	48506294.9	5947665.0	30705	5614	6604	19609	22754
3990593.3	529561.2	7348063.2	103627.0	938	150	283	511	542
50361627.1	3885944.7	41158231.7	5844038.0	29767	5464	6321	19098	22212
11165240.8	1229450.4	17330269.6	1446016.9	15990	3738	3451	11271	12403
69934449.9	4425829.5	41287395.3	10387051.3	32309	5540	6732	21661	22851
3593967.2	264002.2	1161151.4	418533.0	398	66	56	194	186
591461.2	37203.3	219566.5	45735.3	23	4	7	15	14
60498680.3	3559868.5	34015364.3	9060234.9	25175	4135	5167	16317	17351
5250341.2	564755.5	5891313.1	862548.1	6713	1335	1502	5135	5301
641026.4	50629.2	483013.2	141066.4	233	14	70	88	225
79924512.3	3788647.9	64728316.3	37994575.1	37586	6696	7580	24721	28348
18645279.5	1246082.1	17999794.4	4543156.5	15317	3020	3513	10510	11663
2651228.7	220102.9	1940231.2	1219735.2	1118	212	115	688	944
57331637.6	2188202.6	43042054.4	31733544.9	19681	3224	3645	12304	14446
1179769.5	128035.2	1671409.0	460472.8	1418	237	302	1176	1281
116597.0	6225.1	74827.3	37665.7	52	3	5	43	14
60434406.6	3983286.4	47871045.4	22511382.5	22835	4377	4711	15323	16283
17313887.9	1472550.5	15297124.8	4987535.8	10132	1924	2268	6686	6592
6013740.8	298504.7	4434951.5	994172.8	866	162	76	489	464
35000685.5	1884478.6	25765888.6	15882929.0	11128	2145	2311	7760	8607
2014948.2	326960.0	2195756.4	608837.4	709	146	56	388	620
91144.2	792.6	177324.1	37907.5					
1876461.6	**243130.0**	**1008232.6**	**635.7**	**773**	**108**	**291**	**336**	**444**
517797.0	152528.9	573330.5		113		7	89	73
811842.0	25399.4	184473.9		132	14	91	120	100

2–3 续表

指标名称	R&D经费内部支出（万元）	日常性支出（万元）	人员劳务费（万元）	资产性支出（万元）	仪器和设备（万元）
总　　计	**2543595.7**	**2258005.8**	**815209.0**	**285589.9**	**278227.5**
一、按企业规模分组					
大型	2543595.7	2258005.8	815209.0	285589.9	278227.5
二、按国有及国有控股分组					
国有及国有控股企业	203127.4	168693.4	59265.1	34434.0	33424.4
三、按登记注册类型分组					
内资企业	1408378.9	1240270.4	448653.2	168108.5	163698.2
国有企业	7546.2	6897.3	1740.9	648.9	648.7
集体企业	69.0	38.0	38.0	31.0	31.0
股份合作企业	2287.1	1792.3	540.0	494.8	492.7
联营企业					
国有联营企业					
集体联营企业					
国有与集体联营企业					
其他联营企业					
有限责任公司	529925.4	462062.7	165696.6	67862.7	66644.5
国有独资公司	31012.5	25791.4	5041.3	5221.1	5207.5
其他有限责任公司	498912.9	436271.3	160655.3	62641.6	61437.0
股份有限公司	298286.4	265399.7	102385.0	32886.7	31468.0
私营企业	564154.7	499118.3	176411.0	65036.4	63268.3
私营独资企业	8376.6	7300.9	1769.2	1075.7	1053.2
私营合伙企业	457.5	457.5	128.9		
私营有限责任公司	431180.2	383742.1	132366.3	47438.1	46181.7
私营股份有限公司	124140.4	107617.8	42146.6	16522.6	16033.4
其他企业	6110.1	4962.1	1841.7	1148.0	1145.0
港、澳、台商投资企业	636274.2	570300.8	206717.1	65973.4	63759.0
合资经营企业(港或澳、台资)	268677.2	238813.6	78461.1	29863.6	28632.8
合作经营企业(港或澳、台资)	15874.3	14649.3	5162.2	1225.0	1124.0
港、澳、台商独资经营企业	332404.4	299711.9	115745.9	32692.5	32166.9
港、澳、台商投资股份有限公司	19007.0	16831.9	7141.6	2175.1	1818.1
其他港澳台投资企业	311.3	294.1	206.3	17.2	17.2
外商投资企业	498942.6	447434.6	159838.7	51508.0	50770.3
中外合资经营企业	209772.8	186561.4	62653.2	23211.4	22833.9
中外合作经营企业	15207.5	13673.4	6076.6	1534.1	1511.9
外资企业	255180.3	233165.1	87622.2	22015.2	21686.0
外商投资股份有限公司	18782.0	14034.7	3486.7	4747.3	4738.5
其他外商投资企业					
四、按国民经济行业分组					
采矿业	**5399.6**	**4401.0**	**1771.0**	**998.6**	**990.6**
煤炭开采和洗选业					
石油和天然气开采业					
黑色金属矿采选业	1117.0	820.0	338.0	297.0	297.0
有色金属矿采选业	808.0	808.0	404.0		

政府资金（万元）	企业资金（万元）	国外资金（万元）	其他资金（万元）	R&D经费外部支出（万元）	对境内研究机构支出（万元）	对境内高等学校支出（万元）	对境外支出（万元）	项目数（项）	参加项目人员（人）
94127.4	**2405450.5**	**13667.3**	**30350.5**	**48693.2**	**27429.8**	**9215.9**	**5422.4**	**13157**	**125259**
94127.4	2405450.5	13667.3	30350.5	48693.2	27429.8	9215.9	5422.4	13157	125259
8881.8	186288.5	134.9	7822.2	13248.3	6818.8	2411.8	2567.6	874	8946
68118.7	1324435.8	2120.2	13704.2	20288.0	8290.3	6045.6	1574.1	7151	70666
911.9	6634.3			28.4	1.1	27.3		40	377
	69.0							1	8
	2287.1							12	143
27941.2	495290.3	20.9	6673.0	7890.4	3289.3	2078.8	554.9	2467	27070
1630.4	24443.9		4938.2	454.5	309.4	145.1		170	866
26310.8	470846.4	20.9	1734.8	7435.9	2979.9	1933.7	554.9	2297	26204
21627.2	275192.2	307.5	1159.5	6533.7	1798.7	2193.5	1018.2	1445	14168
17638.4	539101.2	1543.4	5871.7	5835.5	3201.2	1746.0	1.0	3169	28688
52.0	8324.6							35	352
	457.5							2	19
10333.3	415747.2	382.9	4716.8	4326.5	2605.1	833.1	1.0	2564	22432
7253.1	114571.9	1160.5	1154.9	1509.0	596.1	912.9		568	5885
	5861.7	248.4						17	212
14583.0	607845.6	5310.3	8535.3	18589.4	10901.0	2131.7	3327.4	3229	33763
9337.4	254722.2	230.7	4386.9	11306.1	5884.3	1721.3	2594.0	1207	13751
688.5	15185.8			42.4	42.4			89	979
3691.7	319965.1	4599.2	4148.4	5819.9	4414.1	284.5	729.4	1793	17679
865.4	17661.2	480.4		1421.0	560.2	125.9	4.0	134	1306
	311.3							6	48
11425.7	473169.1	6236.8	8111.0	9815.8	8238.5	1038.6	520.9	2777	20830
8319.1	195020.5	1889.8	4543.4	8341.2	7285.1	745.8	302.8	1391	9226
	15207.5			29.2	25.4			217	801
2930.6	244335.1	4347.0	3567.6	1440.3	928.0	287.7	218.1	1074	10137
176.0	18606.0			5.1		5.1		95	666
330.0	**5024.8**		**44.8**	**120.9**	**70.0**	**50.9**		**46**	**702**
80.0	1037.0			100.0	70.0	30.0		7	109
	808.0							3	125

2-3 续表2

指标名称	项目人员折合全时当量（人年）	项目经费内部支出（万元）	机构数（个）	机构人员数（人）	博士（人）
总计	**92218**	**2298101.4**	**1445**	**78209**	**953**
一、按企业规模分组					
中型	92218	2298101.4	1445	78209	953
二、按国有及国有控股分组					
国有及国有控股企业	6070	183184.6	99	6146	71
三、按登记注册类型分组					
内资企业	51835	1249085.8	906	47745	547
国有企业	227	5909.2	5	179	2
集体企业	7	69.0	1	8	
股份合作企业	135	1815.5	2	117	1
联营企业					
国有联营企业					
集体联营企业					
国有与集体联营企业					
其他联营企业					
有限责任公司	20024	456476.3	322	16652	158
国有独资公司	509	28612.0	23	925	7
其他有限责任公司	19516	427864.3	299	15727	151
股份有限公司	11014	271161.6	179	11314	241
私营企业	20222	509252.2	397	19475	145
私营独资企业	156	7595.6	3	103	1
私营合伙企业	11	457.5			
私营有限责任公司	15448	388081.6	330	15201	114
私营股份有限公司	4607	113117.5	64	4171	30
其他企业	206	4402.0			
港、澳、台商投资企业	25416	588721.0	345	18717	154
合资经营企业(港或澳、台资)	10452	250214.7	131	7540	70
合作经营企业(港或澳、台资)	831	14729.3	17	726	5
港、澳、台商独资经营企业	12946	306275.7	176	9617	71
港、澳、台商投资股份有限公司	1174	17190.1	21	834	8
其他港澳台投资企业	13	311.2			
外商投资企业	14967	460294.6	194	11747	252
中外合资经营企业	6044	192369.9	100	5580	171
中外合作经营企业	424	14146.0	5	250	4
外资企业	7915	238901.5	85	5677	73
外商投资股份有限公司	583	14877.2	4	240	4
其他外商投资企业					
四、按国民经济行业分组					
采矿业	**403**	**5081.0**	**2**	**43**	**1**
煤炭开采和洗选业					
石油和天然气开采业					
黑色金属矿采选业	70	950.0	1	18	
有色金属矿采选业	95	808.0			

硕士（人）	本科（人）	机构经费支出（万元）	仪器和设备原价（万元）	进口（万元）	新产品开发项目数（个）	新产品开发经费支出（万元）	新产品销售收入（万元）	新产品出口（万元）	专利申请数（件）
5167	**36029**	**1303355.2**	**825852.6**	**172037.3**	**15726**	**2786797.8**	**27443497.9**	**6989496.6**	**28524**
5167	36029	1303355.2	825852.6	172037.3	15726	2786797.8	27443497.9	6989496.6	28524
611	3294	118548.9	121660.9	33205.3	958	207051.8	2477433.8	411755.3	1175
3240	23703	779341.7	534316.1	92695.4	8384	1566639.4	14162507.2	2652202.5	19635
57	91	3829.8	4786.7	13.0	27	5949.2	15300.8	1136.2	19
1	4	69.0	31.0		1	69.0			
8	28	2261.4	6101.8	363.0	16	2602.7			8
1025	8338	254044.6	202614.9	30042.8	2890	582801.3	5058669.1	1011747.1	9355
125	469	21263.9	28313.4	13805.4	181	27179.5	235790.6	25928.8	118
900	7869	232780.7	174301.5	16237.4	2709	555621.8	4822878.5	985818.3	9237
1154	6200	206949.2	151999.9	26398.3	1644	321094.1	2726615.1	477824.1	3473
995	9042	312187.7	168781.8	35878.3	3792	650486.0	6288473.2	1145510.4	6770
22	43	4150.0	1053.2		38	10796.8	48126.5	2200.4	29
					2	457.5			
727	6920	234757.4	126986.0	33748.3	3069	509266.3	4652839.1	878399.0	5601
246	2079	73280.3	40742.6	2130.0	683	129965.4	1587507.6	264911.0	1140
					14	3637.1	73449.0	15984.7	10
853	7634	271446.1	186681.9	53766.8	4262	679141.0	8274249.6	2586488.8	5187
380	3202	111870.3	62674.9	11047.2	1291	257103.0	4124976.2	962705.2	2214
20	303	8839.2	13807.8	10292.1	130	20487.3	103845.1	35877.0	182
407	3631	135818.1	95228.8	25260.6	2693	380015.9	3814119.0	1515054.3	2575
46	498	14918.5	14970.4	7166.9	142	21223.5	224635.1	67513.0	208
					6	311.3	6674.2	5339.3	8
1074	4692	252567.4	104854.6	25575.1	3080	541017.4	5006741.1	1750805.3	3702
484	2439	121557.6	40869.2	6460.3	1417	225690.1	2602442.1	817835.7	1919
8	112	4866.8	2298.8	688.0	244	12296.6	114263.4	62275.5	161
576	2061	113121.1	55543.7	16566.9	1316	278647.0	1841680.3	569419.4	1592
6	80	13021.9	6142.9	1859.9	103	24383.7	448355.3	301274.7	30
1	**18**	**1304.0**	**435.0**		**11**	**1711.5**	**32221.0**	**635.7**	**7**
1	5	950.0	350.0						

2-3 续表3

指标名称	发明专利（件）	有效发明专利（件）	境外授权（件）	专利所有权转让及许可数（件）	专利所有权转让及许可收入（万元）
总　　计	**11467**	**13362**	**579**	**823**	**34946.7**
一、按企业规模分组					
中型	11467	13362	579	823	34946.7
二、按国有及国有控股分组					
国有及国有控股企业	410	812	3	7	
三、按登记注册类型分组					
内资企业	8713	8287	185	438	34114.5
国有企业	6	17			
集体企业					
股份合作企业	3	2			
联营企业					
国有联营企业					
集体联营企业					
国有与集体联营企业					
其他联营企业					
有限责任公司	5697	2983	79	78	23379.1
国有独资公司	42	206			
其他有限责任公司	5655	2777	79	78	23379.1
股份有限公司	1252	2110	49	56	7920.9
私营企业	1750	3170	57	300	2814.5
私营独资企业	3	26			
私营合伙企业					
私营有限责任公司	1432	2589	47	294	2814.5
私营股份有限公司	315	555	10	6	
其他企业	5	5		4	
港、澳、台商投资企业	1288	3045	161	278	590.0
合资经营企业(港或澳、台资)	486	1354	83	41	0.1
合作经营企业(港或澳、台资)	32	66	1		
港、澳、台商独资经营企业	695	1464	32	237	589.9
港、澳、台商投资股份有限公司	75	161	45		
其他港澳台投资企业					
外商投资企业	1466	2030	233	107	242.2
中外合资经营企业	921	1123	50	51	5.4
中外合作经营企业	87	8			
外资企业	449	876	183	56	236.8
外商投资股份有限公司	9	23			
其他外商投资企业					
四、按国民经济行业分组					
采矿业	**7**	**6**		**1**	
煤炭开采和洗选业					
石油和天然气开采业					
黑色金属矿采选业					
有色金属矿采选业					

拥有注册商标数（件）	境外注册（件）	形成国家或行业标准数（项）	使用来自政府部门的科技活动资金（万元）	研究开发费用加计扣除减免税（万元）	高新技术企业减免税（万元）	引进技术经费支出（万元）	消化吸收经费支出（万元）	购买国内技术经费支出（万元）	技术改造经费支出（万元）
20079	**3142**	**674**	**123627.7**	**97223.3**	**265589.4**	**35313.8**	**12011.3**	**17766.0**	**362054.9**
20079	3142	674	123627.7	97223.3	265589.4	35313.8	12011.3	17766.0	362054.9
1012	355	59	12212.3	8025.9	26197.0	2037.9	510.2	1178.0	79832.5
13407	1818	444	92020.0	69311.9	151981.8	9175.3	3129.6	14289.7	250110.6
6		1	1337.0						3873.5
									154.9
250					269.0				
2835	354	132	38261.5	14088.6	45190.2	3406.6	692.0	5519.6	101473.4
114	11	20	3467.9	1261.5	1097.9			76.1	13555.2
2721	343	112	34793.6	12827.1	44092.3	3406.6	692.0	5443.5	87918.2
3536	524	151	29435.4	22889.8	51061.1	3460.7	530.2	7348.7	32733.3
6780	940	160	22986.1	32333.5	55292.7	2308.0	1907.4	1421.4	111875.5
30	20		63.0	85.0					18715.3
5344	636	123	15219.0	26626.0	29753.6	947.5	1029.3	870.8	75144.8
1406	284	37	7704.1	5622.5	25539.1	1360.5	878.1	550.6	18015.4
					168.8				
5032	934	156	18161.0	14322.3	78319.6	4374.2	5373.6	2997.2	71933.7
2570	391	81	11821.7	7758.8	21653.2	975.9	2133.8	1411.9	50057.8
138	37	4	703.6	530.3	5486.7				8.5
1829	336	57	4755.3	5545.4	47922.3	3118.3	2039.8	1575.3	20179.0
495	170	14	880.4	487.8	3182.2	280.0	1200.0	10.0	1688.4
					75.2				
1640	390	74	13446.7	13589.1	35288.0	21764.3	3508.1	479.1	40010.6
654	106	40	9209.0	5934.2	17707.1	13882.4	1446.1	470.6	25202.3
13	1		11.0	833.0	25.6	4114.0			2247.0
960	279	34	4026.7	6331.5	15935.4	3767.9	2062.0	8.5	12561.3
13	4		200.0	490.4	1619.9				
5		1	330.0	38.6	849.3				66.2
			80.0						

2–3 续表4

指标名称	企业数（个）	有R&D活动的企业（个）	有研发机构的企业（个）	有新产品销售的企业（个）
非金属矿采选业	18	4	1	4
开采辅助活动	1	1		
其他采矿业				
制造业	**9210**	**1952**	**1043**	**1432**
农副食品加工业	144	35	21	13
食品制造业	123	22	19	14
酒、饮料和精制茶制造业	51	9	2	6
烟草制品业	4	2	1	1
纺织业	325	29	7	14
纺织服装、服饰业	872	25	12	11
皮革、毛皮、羽毛及其制品和制鞋业	559	15	9	13
木材加工和木、竹、藤、棕、草制品业	71	7	2	4
家具制造业	284	32	15	20
造纸和纸制品业	175	35	16	18
印刷和记录媒介复制业	179	29	14	21
文教、工美、体育和娱乐用品制造业	620	44	22	38
石油加工、炼焦和核燃料加工业	8	3		2
化学原料和化学制品制造业	193	92	57	66
医药制造业	98	66	52	44
化学纤维制造业	12	4	1	2
橡胶和塑料制品业	606	78	40	56
非金属矿物制品业	469	131	66	87
黑色金属冶炼和压延加工业	88	11	7	5
有色金属冶炼和压延加工业	86	27	13	24
金属制品业	641	107	48	74
通用设备制造业	278	119	71	97
专用设备制造业	260	104	51	75
汽车制造业	166	58	33	39
铁路、船舶、航空航天和其他运输设备制造业	100	31	16	16
电气机械和器材制造业	1024	334	189	258
计算机、通信和其他电子设备制造业	1513	448	236	364
仪器仪表制造业	160	43	17	42
其他制造业	61	6	4	4
废弃资源综合利用业	30	4	1	2
金属制品、机械和设备修理业	10	2	1	2
电力、热力、燃气及水生产和供应业	**125**	**15**	**7**	**3**
电力、热力生产和供应业	79	10	4	3
燃气生产和供应业	10	2	1	
水的生产和供应业	36	3	2	

主营业务收入（万元）	利润总额（万元）	资产总计（万元）	出口交货值（万元）	R&D人员合计（人）	女性（人）	研究人员（人）	全时人员（人）	R&D人员全时当量（人年）
487588.1	43951.7	208979.0	635.7	332	45	71	127	192
59234.5	21250.0	41449.2		196	49	122		78
265683903.4	**15280243.2**	**193860001.9**	**78328662.4**	**138021**	**25853**	**28413**	**91766**	**101650**
10827813.5	470299.0	7147988.1	934149.2	1311	210	241	589	862
3725642.9	335975.2	2832863.9	382084.8	1403	551	204	778	1166
3692955.6	406801.2	2851686.5	71442.0	536	131	96	380	364
667541.7	91650.1	583851.1	10218.6	9	2	8	5	3
8131002.2	575037.9	4610393.8	1749066.0	1274	296	185	490	801
13863294.1	782011.3	7418844.0	4626357.9	869	243	199	485	570
8200449.0	322153.8	4293539.5	4293346.1	538	80	150	349	371
1767745.3	145680.4	1370473.3	279040.6	318	24	74	59	273
5229352.3	249988.8	3612336.9	2034581.1	1244	150	164	745	790
5282734.9	219844.0	6249391.0	824180.0	2281	453	344	1435	1852
4310426.2	342931.9	4372075.7	1007472.6	2044	367	146	1157	1659
14933421.5	426280.8	8071419.2	6846040.4	3029	515	303	1713	1877
5785801.1	65162.7	2523720.8		85	14	18	34	54
11072042.0	702271.5	8867656.0	1370973.1	7810	1450	1293	5442	6115
4346825.9	587601.4	6285448.3	418391.8	5842	2370	1508	4216	4227
698448.7	86195.6	771902.7	135701.1	69	13	19	30	53
13036160.4	743011.8	8304005.5	4800244.3	4087	740	666	2087	3022
13526026.3	956373.5	12284681.5	1615225.1	7756	1340	1234	5116	5316
7737288.4	478677.0	4501419.8	183022.8	484	70	87	430	250
9020991.4	404295.1	5269523.4	618272.9	1663	260	368	794	1326
17354429.2	1347554.6	10090311.6	4828312.0	7333	1118	1297	4390	4647
7373151.4	514422.9	6536088.9	2746519.9	10339	1621	2258	6795	7592
6157857.3	550513.9	6248706.2	1769173.0	6836	985	1233	5145	5465
7201177.4	617488.6	6390074.3	1353998.0	4795	561	1050	2591	3566
3727943.8	115343.5	2802584.7	1878038.0	2534	272	595	1559	1713
27421266.2	1509273.7	21109930.9	9763413.9	22644	4141	4979	15611	16735
42741803.4	1546157.3	33666317.2	21350081.3	36236	6991	8999	25960	27195
2976734.2	223540.7	2689421.3	1529614.7	4063	804	596	3110	3333
1160478.6	58088.3	679539.1	669020.2	232	42	50	133	172
3178689.7	352532.8	1029308.7		247	19	28	85	206
534408.8	53083.9	394498.0	240681.0	110	20	21	53	77
14220125.1	**2526490.5**	**30547996.9**	**782855.8**	**1408**	**142**	**608**	**819**	**1153**
10833831.5	2008939.1	22917492.2	377522.7	1117	71	497	542	882
2264564.4	317410.7	2443968.8	106250.8	131		72	123	120
1121729.2	200140.7	5186535.9	299082.3	160	71	39	154	150

2-3 续表5

指标名称	R&D经费内部支出（万元）	日常性支出（万元）	人员劳务费（万元）	资产性支出（万元）	仪器和设备（万元）
非金属矿采选业	2757.4	2055.8	694.0	701.6	693.6
开采辅助活动	717.2	717.2	335.0		
其他采矿业					
制造业	**2479533.4**	**2206921.7**	**800957.1**	**272611.7**	**265772.4**
农副食品加工业	51835.0	46958.3	6057.3	4876.7	4845.1
食品制造业	25784.2	23658.3	7957.0	2125.9	1965.6
酒、饮料和精制茶制造业	10466.0	9369.2	2347.0	1096.8	1093.6
烟草制品业	482.9	454.0	298.0	28.9	28.9
纺织业	19165.8	16783.9	5451.8	2381.9	2376.2
纺织服装、服饰业	15146.6	13016.1	5424.6	2130.5	2083.9
皮革、毛皮、羽毛及其制品和制鞋业	9852.7	8936.6	2870.8	916.1	904.7
木材加工和木、竹、藤、棕、草制品业	3296.9	3149.7	1344.6	147.2	147.0
家具制造业	18273.5	16389.1	5628.1	1884.4	1883.5
造纸和纸制品业	51985.1	43960.4	10115.2	8024.7	7979.0
印刷和记录媒介复制业	27476.8	22947.4	9409.6	4529.4	4479.1
文教、工美、体育和娱乐用品制造业	37656.1	33702.1	13055.5	3954.0	3846.7
石油加工、炼焦和核燃料加工业	3110.0	2591.3	295.8	518.7	456.2
化学原料和化学制品制造业	163052.1	146536.5	47628.1	16515.6	16311.9
医药制造业	125716.3	106818.5	35353.4	18897.8	17665.2
化学纤维制造业	1989.4	1635.0	214.1	354.4	353.6
橡胶和塑料制品业	83471.4	72529.8	20192.5	10941.6	10665.8
非金属矿物制品业	151129.0	128956.4	36784.4	22172.6	21271.3
黑色金属冶炼和压延加工业	18074.2	13776.1	3412.6	4298.1	4236.9
有色金属冶炼和压延加工业	70946.7	65881.7	10765.3	5065.0	4700.6
金属制品业	105330.9	96033.0	36270.8	9297.9	8846.0
通用设备制造业	156903.8	136618.6	50266.6	20285.2	19990.0
专用设备制造业	130785.6	116591.5	46796.6	14194.1	13909.2
汽车制造业	72783.0	66983.5	24254.7	5799.5	5749.6
铁路、船舶、航空航天和其他运输设备制造业	53072.3	45386.0	14044.2	7686.3	7647.7
电气机械和器材制造业	367787.3	329037.6	114524.1	38749.7	37753.3
计算机、通信和其他电子设备制造业	632488.6	569601.2	255892.0	62887.4	61776.3
仪器仪表制造业	57647.3	55339.7	30095.7	2307.6	2262.4
其他制造业	4170.3	3923.5	1148.8	246.8	246.2
废弃资源综合利用业	6812.4	6566.0	1911.9	246.4	246.4
金属制品、机械和设备修理业	2841.2	2790.7	1146.0	50.5	50.5
电力、热力、燃气及水生产和供应业	**58662.7**	**46683.1**	**12480.9**	**11979.6**	**11464.5**
电力、热力生产和供应业	45276.7	35108.5	8154.8	10168.2	9677.8
燃气生产和供应业	8542.7	7702.3	2527.0	840.4	840.4
水的生产和供应业	4843.3	3872.3	1799.1	971.0	946.3

政府资金（万元）	企业资金（万元）	国外资金（万元）	其他资金（万元）	R&D经费外部支出（万元）	对境内研究机构支出（万元）	对境内高等学校支出（万元）	对境外支出（万元）	项目数（项）	参加项目人员（人）
250.0	2462.6		44.8					21	275
	717.2			20.9		20.9		15	193
92923.1	**2347889.1**	**13667.3**	**25053.9**	**43485.9**	**25468.8**	**8188.8**	**3264.9**	**13031**	**123235**
382.3	51107.2		345.5	250.0	168.3	64.9		191	1164
907.5	24876.7			473.0	199.5	273.5		152	1274
116.5	10349.5			57.0	40.0	15.7		118	427
	302.7		180.2	11.2	11.2			4	6
84.8	19081.0			197.6		5.0		116	1127
641.6	14505.0			548.1	345.1	49.8	153.2	62	787
2.0	9850.7			16.2		7.4	8.8	32	500
78.6	3218.3			21.0		21.0		26	211
421.2	17795.8		56.5	19.3		19.3		102	1181
477.1	51508.0			434.0	78.4	82.0	0.1	143	1948
448.3	25569.5		1459.0	1308.9	448.3	129.7		119	1868
533.2	36976.6	146.3		378.0	63.0	195.0		244	2704
2.0	3108.0							9	79
7421.5	153287.7		2342.9	1891.7	1162.9	476.9	89.9	737	6892
10415.0	115115.2		186.1	6265.2	2874.2	1492.5	26.1	853	5416
25.0	1964.4			25.0				5	63
1207.0	80561.2		1703.2	221.5	143.0	50.8	1.0	635	3651
4604.7	146524.3			1138.2	628.1	390.7	119.4	524	6881
140.7	17933.5			6.9	6.9			40	449
299.1	70555.4		92.2	304.4	179.2	125.2		135	1493
2326.5	100769.2		2235.2	130.0	43.5	86.5		458	6684
11868.9	142319.5	1616.2	1099.2	5675.5	4013.5	972.8	281.4	745	9068
11334.5	117665.6		1785.5	466.0	27.6	346.3	65.1	772	6044
745.3	70537.5	499.6	1000.6	5400.5	4293.9	26.4	1042.1	392	4292
927.5	50285.3		1859.5	838.6	374.6	414.0	50.0	184	2267
10210.0	346116.7	4446.2	7014.4	4250.4	2879.6	1090.8	5.2	2088	20067
25301.9	597324.3	6651.5	3210.9	12878.8	7390.7	1671.0	1422.6	3754	32491
1425.3	55431.5	307.5	483.0	189.3	59.3	130.0		326	3700
575.1	3595.2			26.0		26.0		26	177
	6812.4			25.6		25.6		27	217
	2841.2			38.0	38.0			12	107
874.3	**52536.6**		**5251.8**	**5086.4**	**1891.0**	**976.2**	**2157.5**	**80**	**1322**
	40513.8		4762.9	4893.2	1811.2	862.8	2157.5	43	1058
	8053.8		488.9	79.8	79.8			13	114
874.3	3969.0			113.4		113.4		24	150

2-3 续表6

指标名称	项目人员折合全时当量（人年）	项目经费内部支出（万元）	机构数（个）	机构人员数（人）	博 士（人）
非金属矿采选业	161	2626.7	1	25	1
开采辅助活动	77	696.3			
其他采矿业					
制造业	**90733**	**2240250.1**	**1433**	**77696**	**868**
农副食品加工业	753	47822.7	25	756	29
食品制造业	1053	24616.7	30	1237	19
酒、饮料和精制茶制造业	283	9567.1	5	124	
烟草制品业	2	70.2	1	26	1
纺织业	736	17898.6	7	533	1
纺织服装、服饰业	524	12468.5	16	748	8
皮革、毛皮、羽毛及其制品和制鞋业	348	9100.3	10	243	2
木材加工和木、竹、藤、棕、草制品业	172	3229.4	2	34	
家具制造业	751	17218.8	17	826	8
造纸和纸制品业	1580	49745.0	18	745	8
印刷和记录媒介复制业	1504	23746.2	17	1154	4
文教、工美、体育和娱乐用品制造业	1666	33885.2	32	1335	5
石油加工、炼焦和核燃料加工业	51	2927.5			
化学原料和化学制品制造业	5384	147437.4	132	4383	86
医药制造业	3915	109514.1	65	4041	98
化学纤维制造业	48	1687.6	1	78	1
橡胶和塑料制品业	2686	77452.5	50	2403	26
非金属矿物制品业	4711	132691.1	75	3194	32
黑色金属冶炼和压延加工业	230	15174.9	8	553	7
有色金属冶炼和压延加工业	1197	64199.2	13	474	4
金属制品业	4248	98756.7	71	3734	19
通用设备制造业	6680	139713.5	103	5916	28
专用设备制造业	4781	115080.9	66	4077	154
汽车制造业	3185	67524.1	36	2577	13
铁路、船舶、航空航天和其他运输设备制造业	1557	48853.4	25	1492	9
电气机械和器材制造业	14786	335540.5	264	13892	118
计算机、通信和其他电子设备制造业	24435	564879.1	316	20839	169
仪器仪表制造业	3087	55803.8	20	2004	13
其他制造业	125	4042.1	6	174	4
废弃资源综合利用业	181	6761.8	1	26	1
金属制品、机械和设备修理业	75	2841.2	1	78	1
电力、热力、燃气及水生产和供应业	**1082**	**52770.3**	**10**	**470**	**84**
电力、热力生产和供应业	837	41865.8	6	195	5
燃气生产和供应业	105	7702.2	1	157	77
水的生产和供应业	141	3202.3	3	118	2

硕 士（人）	本 科（人）	机构经费支 出（万元）	仪器和设备原 价（万元）	进 口（万元）	新产品开发项目数（个）	新产品开发经费支出（万元）	新产品销售收入（万元）	新产品出口（万元）	专利申请数（件）
	13	354.0	85.0		11	1711.5	32221.0	635.7	7
5044	**35787**	**1290330.3**	**816345.5**	**171287.3**	**15652**	**2747692.0**	**27146050.6**	**6988860.9**	**28481**
112	381	23573.9	6567.2	724.4	200	52905.5	560596.7	49306.3	71
111	510	22275.5	17837.4	827.2	196	31865.8	123472.6	8846.2	190
10	34	1731.0	2838.2	61.9	101	7467.9	77067.9	57.4	10
16	9	1270.0	3328.0	2971.0	7	767.4	409.5		3
9	141	1781.7	3084.1	501.0	119	24793.6	132981.8	30155.8	85
28	413	8431.7	3714.3	30.1	66	18182.5	156859.3	40463.3	35
13	74	4132.7	1945.0		69	22437.5	96107.0	11477.3	159
	6	1457.2	482.8		35	3763.0	54854.5	2358.4	106
30	314	8741.5	2958.4		205	17084.9	78040.8	12786.4	665
50	401	20823.9	11208.8	3554.4	138	52585.6	373553.2	55434.4	370
38	463	18554.2	55963.1	1313.4	92	22416.9	341372.4	23010.1	265
36	575	18270.8	11619.8	4196.0	348	46110.2	335999.7	121131.0	1161
					11	5218.8	85775.0		14
417	1895	93248.4	45099.6	6322.7	775	167888.8	1972757.0	357927.4	792
621	2091	100794.8	51655.4	6662.9	896	132831.7	776515.6	8067.0	628
2	16	1593.5	54.5		9	2719.5	22315.2		10
129	866	41734.9	23656.6	1854.5	1282	86996.9	822506.4	205432.0	780
221	1324	67645.6	86068.0	37062.4	487	122868.9	1374399.2	193850.3	734
29	244	16176.1	8535.6	67.0	51	27690.9	214180.2	7699.3	51
14	295	15973.6	4551.6	746.1	134	44344.6	1461444.9	46636.4	80
151	1253	46952.4	31704.2	2615.6	470	96255.6	1384731.6	558569.7	706
321	3004	75482.7	48548.4	10498.3	864	173511.2	1578202.0	395044.4	1821
381	1865	60330.2	49372.1	14800.1	932	147402.4	869090.4	148462.9	1875
59	850	43559.6	20035.6	3853.7	415	78418.4	1089610.1	53732.2	473
47	708	29239.5	24905.9	3680.3	246	54413.6	497557.2	253157.9	368
736	6708	221591.3	128233.3	6394.4	2446	431885.8	4207245.7	933131.7	9302
1263	10096	309359.9	162733.8	60261.4	4585	782531.3	7711834.7	3273027.9	6591
164	1094	29819.1	6854.0	1150.5	389	70920.4	625806.3	189884.8	1052
16	92	1896.6	1582.9	141.6	17	3047.0	49483.6	7954.5	42
2	20	2431.0	185.0	85.0	29	6849.7	68165.2		3
18	45	1457.0	1021.9	911.4	38	11515.7	3114.9	1255.9	39
122	**224**	**11720.9**	**9072.1**	**750.0**	**63**	**37394.3**	**265226.3**		**36**
24	132	1785.8	2848.6	250.0	26	30798.2	265226.3		18
45	35	8304.6	912.0		4	3183.8			
53	57	1630.5	5311.5	500.0	33	3412.3			18

2-3 续表7

指标名称	发明专利（件）	有效发明专利（件）	境外授权（件）	专利所有权转让及许可数（件）	专利所有权转让及许可收入（万元）
非金属矿采选业	7	6		1	
开采辅助活动					
其他采矿业					
制造业	**11439**	**13321**	**579**	**822**	**34946.7**
农副食品加工业	54	57		4	
食品制造业	55	86	2	2	18.0
酒、饮料和精制茶制造业	7	5			
烟草制品业	1	21			
纺织业	15	17			
纺织服装、服饰业	17	137			
皮革、毛皮、羽毛及其制品和制鞋业	10	5			
木材加工和木、竹、藤、棕、草制品业	15	37		1	
家具制造业	19	267	5	10	
造纸和纸制品业	108	155	2	1	0.1
印刷和记录媒介复制业	77	153		15	
文教、工美、体育和娱乐用品制造业	116	198	5	11	
石油加工、炼焦和核燃料加工业	4	4			
化学原料和化学制品制造业	557	988	19	12	5000.0
医药制造业	341	746	90	28	8720.3
化学纤维制造业	5	11			
橡胶和塑料制品业	160	554	16	5	
非金属矿物制品业	218	430	10	4	12922.8
黑色金属冶炼和压延加工业	24	27			
有色金属冶炼和压延加工业	24	36			
金属制品业	176	563	1	36	2015.2
通用设备制造业	356	908	76	57	0.6
专用设备制造业	470	973	7	32	5555.8
汽车制造业	120	176	6		
铁路、船舶、航空航天和其他运输设备制造业	54	205	1	11	
电气机械和器材制造业	5733	2642	104	46	5.2
计算机、通信和其他电子设备制造业	2405	3332	232	497	708.7
仪器仪表制造业	271	563	2	50	
其他制造业	17	19	1		
废弃资源综合利用业	1	3			
金属制品、机械和设备修理业	9	3			
电力、热力、燃气及水生产和供应业	**21**	**35**			
电力、热力生产和供应业	6	15			
燃气生产和供应业					
水的生产和供应业	15	20			

拥有注册商标数（件）	境外注册（件）	形成国家或行业标准数（项）	使用来自政府部门的科技活动资金（万元）	研究开发费用加计扣除减免税（万元）	高新技术企业减免税（万元）	引进技术经费支出（万元）	消化吸收经费支出（万元）	购买国内技术经费支出（万元）	技术改造经费支出（万元）
5		1	250.0	38.6	849.3				66.2
20037	**3139**	**673**	**121915.3**	**96937.5**	**263470.6**	**35313.8**	**12011.3**	**17766.0**	**327154.9**
203	11	11	545.7	989.6	2241.4				6515.1
1636	355	9	1516.5	256.2	2182.3			4.0	10795.1
261	73		131.0	100.1	61.6				1324.0
58	11	7							5129.0
28	1		161.0	211.3	3708.9				314.7
243	40		1181.0	237.8	2891.7	390.0		25.0	1221.3
94	22	37	2.0	43.8					919.7
54	2		162.2	127.2	753.4				141.9
328	81	6	450.4	88.0	534.6		30.0		966.7
514	176	19	564.8	1136.5	5362.5	1.3	503.7	54.7	22312.2
238	33	5	493.0	1972.6	7285.5				4603.4
938	88	13	761.1	759.0	4196.9	305.0		4.0	1676.3
			2.0						2007.0
4769	265	86	8599.1	5709.2	13838.2	608.5	42.5	546.9	21997.7
2492	137	93	11652.0	5450.8	37088.8	1965.7	2503.4	4225.5	10748.9
16		2	25.0	199.0					
646	99	12	2200.8	865.7	6084.4	2200.0			10995.1
548	81	22	6301.8	581.6	2809.7	206.2	41.1	820.2	11348.7
5		2	478.5	34.4	1021.1				9743.7
21		2	331.0	287.5	1177.0	560.0	100.0		2694.7
566	170	20	2904.5	2405.2	7906.5	592.4	863.0	46.1	16479.4
926	240	81	13804.6	5023.3	21321.2	5041.3	2646.0	994.8	42505.4
627	162	15	16298.4	6519.3	15516.9	2099.1		59.3	6899.5
188	28	12	3286.3	3644.0	6626.7	12401.8			26593.0
533	199	4	948.1	758.9	1449.1	48.1		653.0	688.8
1989	367	129	13843.7	18970.6	35795.6	3279.2	1529.0	527.0	72158.4
1681	317	75	33118.1	30017.1	70205.0	5615.2	3727.1	9534.2	32860.3
379	169	8	1477.6	9275.8	12684.9			271.3	3377.2
38		1	675.1	1273.0	651.2				12.7
5		2			62.7		25.5		125.0
13	12				12.8				
37	**3**		**1382.4**	**247.2**	**1269.5**				**34833.8**
12				247.2	1269.5				34709.9
25	3		1382.4						123.9

2-3 续表8

指标名称	企业数（个）	有R&D活动的企业（个）	有研发机构的企业（个）	有新产品销售的企业（个）
五、按地区分组（地区）				
广州市	854	224	132	151
韶关市	89	15	11	10
深圳市	1882	367	186	319
珠海市	272	86	76	82
汕头市	323	39	19	32
佛山市	923	311	110	187
江门市	346	101	54	75
湛江市	103	21	22	16
茂名市	83	23	4	8
肇庆市	291	72	50	59
惠州市	435	103	60	76
梅州市	82	17	11	11
汕尾市	125	1		1
河源市	105	8	4	6
阳江市	138	24	16	12
清远市	166	13	10	13
东莞市	1815	299	162	202
中山市	639	171	77	122
潮州市	247	30	20	25
揭阳市	366	35	22	26
云浮市	83	14	6	6

主营业务收入（万元）	利润总额（万元）	资产总计（万元）	出口交货值（万元）	R&D人员合计（人）	女性（人）	研究人员（人）	全时人员（人）	R&D人员全时当量（人年）
33547878.7	1942225.2	27312920.2	8190536.9	20071	3954	3379	12934	15316
2198956.8	145891.0	2671020.9	443934.3	1276	220	323	1008	974
52177208.9	3128588.2	55755506.7	22184749.8	29999	6325	8712	23297	21369
8260116.4	621996.3	9494172.2	2726702.3	7208	1652	1390	5103	5752
7710493.9	951465.8	7400482.1	1278783.5	3073	612	616	1661	2086
39737592.7	3619645.3	26316271.7	4526313.1	18352	3308	3494	11636	12438
9202949.5	389336.5	9343285.2	3284914.4	6980	1169	1296	4316	4937
8043863.3	152146.5	6345929.7	656217.2	1513	334	344	415	690
2217741.7	236976.9	1488070.5	318818.2	992	198	303	559	707
14185752.0	989520.0	5417617.2	1381781.7	4757	667	745	2811	3557
12190663.9	690706.6	9625104.1	4477672.8	5707	1089	1218	4571	4527
1978693.1	184452.8	2378634.1	351441.4	922	191	144	598	669
3758346.2	112300.6	2126156.9	600201.9	24		1		2
3628180.6	406137.0	3182503.3	815869.1	539	78	77	154	353
5103686.4	703985.0	3290022.2	1585945.5	916	112	175	223	550
6771496.0	497995.0	5292187.3	824802.5	1057	155	150	780	636
33610442.4	891599.1	26788516.3	16681435.4	19505	2716	3754	12448	16237
17281653.2	654115.8	11267283.3	5519129.4	13262	2527	2356	8498	10027
4008272.6	325506.0	2219149.3	1102273.1	1473	371	247	681	944
14085313.1	1288091.5	5757799.5	1883239.9	1815	363	486	872	1199
2081188.7	117182.6	1943598.7	277391.5	761	62	102	356	274

2-3 续表9

指标名称	R&D经费内部支出（万元）	日常性支出（万元）	人员劳务费（万元）	资产性支出（万元）	仪器和设备（万元）
五、按地区分组（地区）					
广州市	373668.4	338395.6	125005.6	35272.8	34198.6
韶关市	23871.5	19578.6	5348.8	4292.9	3703.2
深圳市	573972.1	525159.4	237013.7	48812.7	47564.0
珠海市	135048.6	114894.8	49048.5	20153.8	19327.5
汕头市	56034.6	47485.3	12320.9	8549.3	8337.5
佛山市	368085.1	320965.8	95894.4	47119.3	45765.2
江门市	111570.7	97516.6	27768.9	14054.1	13840.8
湛江市	18024.1	14055.0	3400.0	3969.1	3952.8
茂名市	17854.5	13111.4	4795.0	4743.1	4709.3
肇庆市	66453.0	56404.3	19986.2	10048.7	9810.8
惠州市	117402.5	104709.8	35945.9	12692.7	12528.4
梅州市	14051.1	13064.5	2333.9	986.6	876.3
汕尾市	200.0	200.0	120.0		
河源市	9314.6	5722.9	2252.4	3591.7	3591.6
阳江市	29899.0	25202.1	5279.4	4696.9	4610.3
清远市	26717.1	20912.5	7142.6	5804.6	5795.8
东莞市	310310.8	273681.4	99367.4	36629.4	36239.1
中山市	227782.8	212437.8	66249.7	15345.0	14925.8
潮州市	22802.4	19611.9	6041.3	3190.5	3007.0
揭阳市	32181.7	27993.9	7028.7	4187.8	4057.6
云浮市	8351.1	6902.2	2865.7	1448.9	1385.9

政府资金（万元）	企业资金（万元）	国外资金（万元）	其他资金（万元）	R&D经费外部支出（万元）	对境内研究机构支出（万元）	对境内高等学校支出（万元）	对境外支出（万元）	项目数（项）	参加项目人员（人）
11947.0	357570.9	447.6	3702.9	11654.8	6201.9	1622.6	1475.6	2071	17826
436.0	23435.5			270.9	120.8	150.1		49	1223
37650.7	523913.2	4136.8	8271.4	14383.9	8334.5	2071.3	2167.3	3664	26416
4017.6	129893.2		1137.8	1464.6	1181.7	266.1		678	6672
4162.0	50771.1	20.9	1080.6	2047.8	754.0	162.7		206	2727
13147.2	351334.1	80.6	3523.2	4215.5	2074.3	1474.2	635.0	1873	15474
1234.8	107670.6	2256.2	409.1	1065.4	322.5	460.4	89.9	589	6451
164.5	17586.9		272.7	213.9	0.2	163.7		115	1338
302.0	17369.7		182.8	86.6	18.5	51.3		100	846
1068.3	64994.8		389.9	444.6	326.7	79.8		262	4428
3326.9	111658.7	230.7	2186.2	1619.3	853.1	306.0	460.2	464	5203
1068.7	12982.4			55.2	11.6	43.6		42	871
	200.0							2	24
641.0	8673.6			10.0				28	497
1906.6	27992.4			198.4	114.6	83.8		47	853
1418.7	25037.1		261.3	3851.9	3589.4	145.0		108	962
4881.5	297564.3	5163.7	2701.3	4169.5	2225.0	846.9	312.0	1649	17887
3980.7	216392.2	1330.8	6079.1	1709.7	600.4	762.4	281.4	889	11929
2078.6	20723.8			553.8	212.9	339.9	1.0	140	1274
372.7	31786.1		22.9	423.4	274.7	145.1		146	1711
321.9	7899.9		129.3	254	213	41		35	647

2–3 续表10

指标名称	项目人员折合全时当量（人年）	项目经费内部支出（万元）	机构数（个）	机构人员数（人）	博 士（人）
五、按地区分组（地区）					
广州市	13542	339994.7	180	10425	126
韶关市	935	22757.1	12	616	3
深圳市	18882	510701.0	244	17310	188
珠海市	5298	122972.0	124	7372	76
汕头市	1850	52435.6	25	1259	15
佛山市	10422	321001.2	199	7923	78
江门市	4566	103443.4	66	4230	20
湛江市	601	16532.4	28	1091	18
茂名市	611	13820.7	4	223	8
肇庆市	3302	58488.3	53	1646	39
惠州市	4136	107257.7	65	4935	32
梅州市	635	13294.0	11	592	9
汕尾市	2	1.2			
河源市	325	6435.6	4	161	4
阳江市	516	25462.0	21	982	8
清远市	573	20763.1	21	768	8
东莞市	14854	290193.0	213	11092	178
中山市	8963	215381.3	106	5186	114
潮州市	824	20710.7	23	826	10
揭阳市	1138	29009.2	39	1386	17
云浮市	241	7447.2	7	186	2

硕士（人）	本科（人）	机构经费支出（万元）	仪器和设备原价（万元）	进口（万元）	新产品开发项目数（个）	新产品开发经费支出（万元）	新产品销售收入（万元）	新产品出口（万元）	专利申请数（件）
946	5654	206583.4	149218.9	25969.6	2075	360856.7	3456461.6	659824.2	2768
16	301	9807.1	15879.0	964.7	49	21307.6	285696.9	34295.1	44
1564	8619	240690.8	149115.8	31287.7	4360	649184.7	6504378.0	2720911.1	13862
744	3387	144216.6	81852.8	9868.0	1000	202849.1	1610381.2	257017.4	1102
78	653	26804.5	18263.9	6900.6	236	53011.8	637587.1	103412.6	970
369	3926	113080.7	83427.1	19904.1	1745	348349.2	3113307.7	428558.1	1445
177	1829	81201.1	33475.9	4934.5	697	141608.8	1465326.3	588915.4	799
111	535	20599.4	12217.6	20.0	117	20771.4	276002.2	27512.1	78
10	113	2995.9	2378.8	180.0	96	22189.0	96107.7	28955.8	63
82	646	44245.7	59443.8	23367.0	283	74095.3	946248.0	104244.0	194
201	2071	80685.2	23050.0	2703.4	547	137143.2	2015992.7	531606.9	983
24	209	12978.9	12662.5	10388.2	40	8725.3	124178.8	1455.0	135
					3	1400.0	34062.6	3699.7	5
6	97	5305.8	2326.1		26	8210.8	79527.1	118.7	44
24	295	10214.1	7467.5		49	34761.5	127564.3	36099.6	71
63	337	12671.8	9929.3	301.0	86	29737.9	471331.0	51998.4	103
436	3977	170761.8	89810.6	19400.5	3080	402456.8	2600436.2	867406.3	4033
228	2318	85975.6	50650.2	14857.4	911	196410.2	3097051.3	466747.8	1286
30	336	7430.7	4057.0	228.9	146	29826.0	127857.9	35433.1	249
51	659	23332.6	17383.2	567.2	156	39368.1	358527.7	40280.3	279
7	67	3773.5	3242.6	194.5	24	4534.4	15471.6	1005	11

2-3 续表11

指标名称	发明专利（件）	有效发明专利（件）	境外授权（件）	专利所有权转让及许可数（件）	专利所有权转让及许可收入（万元）
五、按地区分组（地区）					
广州市	763	1777	162	47	9984.5
韶关市	16	97	12		
深圳市	7994	5339	131	371	13444.1
珠海市	359	845	62	58	50.0
汕头市	164	554	8		
佛山市	298	1586	27	136	805.2
江门市	167	339	7	17	0.7
湛江市	35	41		5	
茂名市	26	14			
肇庆市	44	124	5		
惠州市	328	379	57	83	5325.5
梅州市	26	37			
汕尾市		2			
河源市	6	60	1		
阳江市	21	49			
清远市	54	17		3	129.5
东莞市	690	1180	58	87	206.5
中山市	381	674	46	12	5000.6
潮州市	38	79			0.1
揭阳市	55	166	3		
云浮市	2	3		4	

说明：

（1）本表指标取自“规模以上工业法人单位R&D活动及相关情况过录表(L506表)”中的相应指标。

（2）国有及国有控股企业应符合以下四个条件之一：登记注册类型为110（国有企业）、141（国有联营企业）、151（国有独资公司），或企业控股情况1（国有控股）。

拥有注册商标数（件）	境外注册（件）	形成国家或行业标准数（项）	使用来自政府部门的科技活动资金（万元）	研究开发费用加计扣除减免税（万元）	高新技术企业减免税（万元）	引进技术经费支出（万元）	消化吸收经费支出（万元）	购买国内技术经费支出（万元）	技术改造经费支出（万元）
3207	439	77	14037.4	15603.6	42975.5	13713.4	1844.2	1464.7	65388.5
39	3	6	566.3	332.5	4717.4	1004.3	472.6	709.5	2709.7
2868	500	185	49793.8	49934.2	104083.5	4419.2	2211.8	6471.0	29692.2
1950	206	33	5064.7	8139.3	26472.6	3167.7	2043.4	2350.5	22587.5
2482	130	32	4641.6	2176.2	10600.9	695.0	1065.0	406.5	11373.8
2413	407	87	17132.9	4208.6	16281.4	3820.2	290.8	453.3	24412.1
664	87	41	1912.2	1128.6	7312.6	2758.4	402.5	2005.0	14218.7
206	65	25	454.9	676.8	3085.3				61674.3
15	1	2	337.0	137.8	1204.8			9.0	2642.1
98	8	2	1370.8	380.4	1736.9	35.8	45.5	576.7	6998.3
456	49	13	6164.3	3164.9	8382.1	2917.5	57.6	12.5	3101.0
11	3	7	1807.7	218.0	1930.5		32.3	15.2	3145.3
									25318.2
		1	641.0	104.1	871.3		345.0	15.7	2570.3
45	8	3	2508.4	400.5	1084.4		100.0		1975.4
62	1	13	2310.5	921.7	2956.3		355.0	227.5	2778.6
2060	362	76	5947.6	6684.5	13048.6	1596.8	2524.4	2238.0	31190.8
2681	662	34	4232.2	2038.4	12633.7	1128.0	131.4	699.5	27478.5
454	81	6	3556.4	138.9	1897.6		0.8	5.0	10435.3
362	130	29	826.1	794.6	4252.8	57.5	89.0	80.0	6839.3
6		2	321.9	39.7	61.2			26.4	5525

2-4 规模以上工业

指标名称	企业数（个）	有R&D活动的企业（个）	有研发机构的企业（个）	有新产品销售的企业（个）
总　　计	**1039**	**307**	**185**	**222**
一、按企业规模分组				
大型	114	87	62	69
中型	330	117	78	91
小型	546	100	43	59
微型	49	3	2	3
二、按国有及国有控股分组				
国有及国有控股企业	1039	307	185	222
三、按登记注册类型分组				
内资企业	866	242	147	167
国有企业	262	33	15	20
集体企业				
股份合作企业				
联营企业	8	1		
国有联营企业	4			
集体联营企业				
国有与集体联营企业	3	1		
其他联营企业	1			
有限责任公司	487	148	85	102
国有独资公司	135	43	27	22
其他有限责任公司	352	105	58	80
股份有限公司	106	59	47	44
私营企业				
其他企业	3	1		1
港、澳、台商投资企业	102	41	23	35
合资经营企业(港或澳、台资)	90	41	23	35
合作经营企业(港或澳、台资)	8			
港、澳、台商独资经营企业	4			
港、澳、台商投资股份有限公司				
其他港澳台投资企业				
外商投资企业	71	24	15	20
中外合资经营企业	65	24	15	20
中外合作经营企业	4			
外资企业				
外商投资股份有限公司	2			
其他外商投资企业				
四、按国民经济行业分组				
采矿业	**29**	**8**	**4**	
煤炭开采和洗选业	1			
石油和天然气开采业	1			

法人单位科技情况（国有及国有控股）

主营业务收入（万元）	利润总额（万元）	资产总计（万元）	出口交货值（万元）	R&D人员合计（人）	女性（人）	研究人员（人）	全时人员（人）	R&D人员全时当量（人年）
170276891.6	**10981527.2**	**177270591.5**	**14870692.1**	**69136**	**11579**	**28330**	**47593**	**58956**
127700248.0	7118700.7	122355436.1	11577087.8	56176	8879	24076	39933	50087
26307680.0	2751184.8	37291765.6	2237759.0	9977	2043	3237	5887	6688
14663959.8	1039129.5	16735788.0	1052961.3	2939	646	1000	1730	2145
1605003.8	72512.2	887601.8	2884.0	44	11	17	43	36
170276891.6	10981527.2	177270591.5	14870692.1	69136	11579	28330	47593	58956
137053831.7	7812227.0	148574626.2	11730341.0	60458	10104	26305	40847	51826
12027840.0	673431.2	14017678.5	276787.0	1724	432	565	874	1111
348261.8	7626.4	90665.0	505.3	10	1	1	7	6
334136.2	7074.3	79131.9	505.3					
14125.6	552.1	11533.1		10	1	1	7	6
75757909.8	4121170.0	89459907.0	2155179.7	24103	3306	5643	10155	18725
53803636.6	2614555.5	62476037.5	234219.9	12063	671	2366	2589	10161
21954273.2	1506614.5	26983869.5	1920959.8	12040	2635	3277	7566	8563
48613636.0	2985801.9	44667554.8	9294395.0	33902	6268	19576	29459	31277
306184.1	24197.5	338820.9	3474.0	719	97	520	352	707
6751701.6	793382.8	8315605.8	2321739.4	4784	768	1146	3748	4148
5685974.4	549711.4	7082108.4	2319057.7	4784	768	1146	3748	4148
990874.9	224586.9	1078081.2						
74852.3	19084.5	155416.2	2681.7					
26471358.3	2375917.4	20380359.5	818611.7	3894	707	879	2998	2983
22394647.6	2082157.2	17881903.6	810254.9	3894	707	879	2998	2983
3068925.7	–6787.1	920828.9	8356.8					
1007785.0	300547.3	1577627.0						
1625858.1	**214795.3**	**1288023.8**		**647**	**85**	**348**	**171**	**321**
32774.1	2042.5	49163.8						
316.2	–661.0	203151.3						

2-4 续表1

指标名称	R&D经费内部支出（万元）	日常性支出（万元）	人员劳务费（万元）	资产性支出（万元）	仪器和设备（万元）
总　　计	**1927081.7**	**1694143.3**	**719222.0**	**232938.4**	**229672.0**
一、按企业规模分组					
大型	1645591.6	1452721.8	633082.0	192869.8	190658.8
中型	203127.4	168693.4	59265.1	34434.0	33424.4
小型	77563.0	71984.2	26600.0	5578.8	5536.9
微型	799.7	743.9	274.9	55.8	51.9
二、按国有及国有控股分组					
国有及国有控股企业	1927081.7	1694143.3	719222.0	232938.4	229672.0
三、按登记注册类型分组					
内资企业	1555173.6	1382234.5	618108.8	172939.1	170550.5
国有企业	47075.5	44069.7	14649.7	3005.8	2934.0
集体企业					
股份合作企业					
联营企业	97.0	97.0	43.6		
国有联营企业					
集体联营企业					
国有与集体联营企业	97.0	97.0	43.6		
其他联营企业					
有限责任公司	469762.4	385271.8	141283.0	84490.6	83520.9
国有独资公司	165689.0	145488.7	51564.8	20200.3	19611.6
其他有限责任公司	304073.4	239783.1	89718.2	64290.3	63909.3
股份有限公司	1023480.7	938418.0	451102.5	85062.7	83715.6
私营企业					
其他企业	14758.0	14378.0	11030.0	380.0	380.0
港、澳、台商投资企业	108930.9	99301.8	39646.3	9629.1	8992.2
合资经营企业(港或澳、台资)	108930.9	99301.8	39646.3	9629.1	8992.2
合作经营企业(港或澳、台资)					
港、澳、台商独资经营企业					
港、澳、台商投资股份有限公司					
其他港澳台投资企业					
外商投资企业	262977.2	212607.0	61466.9	50370.2	50129.3
中外合资经营企业	262977.2	212607.0	61466.9	50370.2	50129.3
中外合作经营企业					
外资企业					
外商投资股份有限公司					
其他外商投资企业					
四、按国民经济行业分组					
采矿业	**15481.2**	**15309.2**	**8685.9**	**172.0**	**169.2**
煤炭开采和洗选业					
石油和天然气开采业					

政府资金（万元）	企业资金（万元）	国外资金（万元）	其他资金（万元）	R&D经费外部支出（万元）	对境内研究机构支出（万元）	对境内高等学校支出（万元）	对境外支出（万元）	项目数（项）	参加项目人员（人）
105369.8	**1800951.9**	**3999.8**	**16760.2**	**86571.6**	**39121.6**	**14722.5**	**19459.6**	**4558**	**61689**
91646.0	1541729.2	3864.9	8351.5	71874.5	31761.3	12089.4	16441.1	3240	50027
8881.8	186288.5	134.9	7822.2	13248.3	6818.8	2411.8	2567.6	874	8946
4839.3	72137.2		586.5	1412.2	541.5	184.7	450.9	436	2674
2.7	797.0			36.6		36.6		8	42
105369.8	1800951.9	3999.8	16760.2	86571.6	39121.6	14722.5	19459.6	4558	61689
101998.7	1438859.6	20.9	14294.4	59658.7	32950.5	13311.9	958.6	3854	54503
4557.5	42389.4		128.6	2656.4	1447.9	480.7		211	1591
	97.0							1	8
	97.0							1	8
19808.3	444127.5	20.9	5805.7	40320.6	27098.0	10067.4	761.6	2084	21849
8285.4	152465.4		4938.2	31185.4	19914.8	9145.1	506.5	994	10883
11522.9	291662.1	20.9	867.5	9135.2	7183.2	922.3	255.1	1090	10966
77632.9	937487.7		8360.1	13851.7	4404.6	2763.8	197.0	1537	30629
	14758.0			2830.0				21	426
1052.4	103831.4	2746.2	1300.9	10306.4	5947.9	939.4	2904.0	481	4268
1052.4	103831.4	2746.2	1300.9	10306.4	5947.9	939.4	2904.0	481	4268
2318.7	258260.9	1232.7	1164.9	16606.5	223.2	471.2	15597.0	223	2918
2318.7	258260.9	1232.7	1164.9	16606.5	223.2	471.2	15597.0	223	2918
1675.0	**13806.2**			**2886.6**	**2268.8**	**185.9**	**431.9**	**56**	**607**

2–4 续表2

指标名称	项目人员折合全时当量（人年）	项目经费内部支出（万元）	机构数（个）	机构人员数（人）	博 士（人）
总　计	**52453**	**1765776.5**	**281**	**28803**	**406**
一、按企业规模分组					
大型	44408	1512694.8	129	20846	294
中型	6070	183184.6	99	6146	71
小型	1940	69263.3	51	1748	39
微型	35	633.8	2	63	2
二、按国有及国有控股分组					
国有及国有控股企业	52453	1765776.5	281	28803	406
三、按登记注册类型分组					
内资企业	46564	1423717.9	233	23346	376
国有企业	1029	43233.8	17	850	15
集体企业					
股份合作企业					
联营企业	4	97.0			
国有联营企业					
集体联营企业					
国有与集体联营企业	4	97.0			
其他联营企业					
有限责任公司	16844	382721.8	114	9552	242
国有独资公司	9103	122022.8	41	3602	187
其他有限责任公司	7741	260699.0	73	5950	55
股份有限公司	28267	983165.3	102	12944	119
私营企业					
其他企业	419	14500.0			
港、澳、台商投资企业	3674	103470.3	24	2485	7
合资经营企业(港或澳、台资)	3674	103470.3	24	2485	7
合作经营企业(港或澳、台资)					
港、澳、台商独资经营企业					
港、澳、台商投资股份有限公司					
其他港澳台投资企业					
外商投资企业	2215	238588.3	24	2972	23
中外合资经营企业	2215	238588.3	24	2972	23
中外合作经营企业					
外资企业					
外商投资股份有限公司					
其他外商投资企业					
四、按国民经济行业分组					
采矿业	**298**	**13503.8**	**4**	**98**	
煤炭开采和洗选业					
石油和天然气开采业					

硕 士（人）	本 科（人）	机构经费支出（万元）	仪器和设备原 价（万元）	进 口（万元）	新产品开发项目数（个）	新产品开发经费支出（万元）	新产品销售收入（万元）	新产品出口（万元）	专利申请数（件）
3192	**16342**	**794320.9**	**533001.4**	**94994.6**	**5124**	**2592529.6**	**31862290.0**	**8200006.9**	**10503**
2388	12042	637013.6	330729.2	46449.5	3647	2300981.5	28991584.0	7775952.5	8860
611	3294	118548.9	121660.9	33205.3	958	207051.8	2477433.8	411755.3	1175
185	974	37636.6	80380.8	15291.8	504	83326.6	379472.1	12201.1	452
8	32	1121.8	230.5	48.0	15	1169.7	13800.1	98.0	16
3192	16342	794320.9	533001.4	94994.6	5124	2592529.6	31862290.0	8200006.9	10503
2775	13406	593079.3	415657.5	75087.5	4350	2212209.3	21339720.0	6667995.0	8799
163	444	29257.3	71757.1	12498.3	212	73329.9	807982.4	18795.7	301
					1	97.0			
					1	97.0			
1367	5359	211550.4	235438.5	32975.5	2054	444538.9	4832045.9	640304.0	2320
889	2042	92918.7	87927.5	15197.6	850	122521.0	1204665.2	55895.1	1088
478	3317	118631.7	147511.0	17777.9	1204	322017.9	3627380.7	584408.9	1232
1245	7603	352271.6	108461.9	29613.7	2062	1679485.5	15523291.7	6008895.3	5973
					21	14758.0	176400.0		205
107	1360	38794.4	19412.7	9185.5	572	119691.4	1875562.1	631530.4	640
107	1360	38794.4	19412.7	9185.5	570	119636.6	1875562.1	631530.4	640
					2	54.8			
310	1576	162447.2	97931.2	10721.6	202	260628.9	8647007.9	900481.5	1064
310	1576	162447.2	97931.2	10721.6	202	260628.9	8647007.9	900481.5	1064
11	**65**	**1464.2**	**341.2**		**8**	**2099.8**			**15**

2-4 续表3

指标名称	发明专利（件）	有效发明专利（件）	境外授权（件）	专利所有权转让及许可数（件）	专利所有权转让及许可收入（万元）
总　　计	**6363**	**15927**	**67**	**124**	**16975.2**
一、按企业规模分组					
大型	5769	14734	63	112	16975.2
中型	410	812	3	7	
小型	182	376	1	5	
微型	2	5			
二、按国有及国有控股分组					
国有及国有控股企业	6363	15927	67	124	16975.2
三、按登记注册类型分组					
内资企业	5403	15373	64	123	19.8
国有企业	134	186		1	
集体企业					
股份合作企业					
联营企业					
国有联营企业					
集体联营企业					
国有与集体联营企业					
其他联营企业					
有限责任公司	904	1549	7	41	14.6
国有独资公司	408	748	1	25	5.0
其他有限责任公司	496	801	6	16	9.6
股份有限公司	4197	13476	57	81	5.2
私营企业					
其他企业	168	162			
港、澳、台商投资企业	130	369	2		
合资经营企业(港或澳、台资)	130	369	2		
合作经营企业(港或澳、台资)					
港、澳、台商独资经营企业					
港、澳、台商投资股份有限公司					
其他港澳台投资企业					
外商投资企业	830	185	1	1	16955.4
中外合资经营企业	830	185	1	1	16955.4
中外合作经营企业					
外资企业					
外商投资股份有限公司					
其他外商投资企业					
四、按国民经济行业分组					
采矿业	**11**	**15**			
煤炭开采和洗选业					
石油和天然气开采业					

拥有注册商标数（件）	境外注册（件）	形成国家或行业标准数（项）	使用来自政府部门的科技活动资金（万元）	研究开发费用加计扣除减免税（万元）	高新技术企业减免税（万元）	引进技术经费支出（万元）	消化吸收经费支出（万元）	购买国内技术经费支出（万元）	技术改造经费支出（万元）
12315	**5708**	**265**	**117329.1**	**38063.8**	**189166.3**	**82221.3**	**18879.6**	**17882.3**	**1508729.8**
10510	5327	154	98230.3	27568.3	151989.2	73215.3	18367.4	15602.4	1419092.2
1012	355	59	12212.3	8025.9	26197.0	2037.9	510.2	1178.0	79832.5
746	26	47	6880.5	2433.1	10962.1	6968.1	2.0	1101.9	9805.1
47		5	6.0	36.5	18.0				
12315	5708	265	117329.1	38063.8	189166.3	82221.3	18879.6	17882.3	1508729.8
11944	5653	237	113238.0	30185.5	150487.8	14301.1	14630.0	17006.7	1404655.9
708	138	48	6524.3	737.8	4630.9			12.0	161686.5
1555	569	119	23268.4	9941.1	39017.6	7371.7	1842.7	10569.8	225192.8
453	11	46	10814.6	3164.0	2533.0	69.0		828.7	44164.7
1102	558	73	12453.8	6777.1	36484.6	7302.7	1842.7	9741.1	181028.1
9677	4945	70	83445.3	15468.9	105339.3	6929.4	12787.3	6424.9	1017776.6
4	1			4037.7	1500.0				
134	38	25	1504.0	2384.4	7478.7	778.7	669.9	875.6	34689.8
134	38	25	1504.0	2384.4	7478.7	778.7	669.9	875.6	34689.8
237	17	3	2587.1	5493.9	31199.8	67141.5	3579.7		69384.1
237	17	3	2587.1	5493.9	31199.8	67141.5	3579.7		67377.1
									2007.0
1			**1675.0**						

2-4 续表4

指标名称	企业数（个）	有R&D活动的企业（个）	有研发机构的企业（个）	有新产品销售的企业（个）
黑色金属矿采选业	3	1	1	
有色金属矿采选业	12	2	1	
非金属矿采选业	9	3	2	
开采辅助活动	3	2		
其他采矿业				
制造业	**729**	**266**	**169**	**218**
农副食品加工业	51	4	3	1
食品制造业	20	6	4	5
酒、饮料和精制茶制造业	22	2	1	1
烟草制品业	4	3	2	2
纺织业	23	2	3	3
纺织服装、服饰业	9			
皮革、毛皮、羽毛及其制品和制鞋业	4			
木材加工和木、竹、藤、棕、草制品业	8			1
家具制造业	1	1		1
造纸和纸制品业	16	6	6	5
印刷和记录媒介复制业	30	3	3	4
文教、工美、体育和娱乐用品制造业	18	4	2	4
石油加工、炼焦和核燃料加工业	12	5	3	3
化学原料和化学制品制造业	55	18	11	11
医药制造业	32	23	21	19
化学纤维制造业	1			
橡胶和塑料制品业	28	10	7	9
非金属矿物制品业	45	12	8	6
黑色金属冶炼和压延加工业	17	5	4	2
有色金属冶炼和压延加工业	25	10	6	5
金属制品业	37	11	5	10
通用设备制造业	26	14	9	13
专用设备制造业	18	6	4	5
汽车制造业	20	8	3	8
铁路、船舶、航空航天和其他运输设备制造业	34	15	11	12
电气机械和器材制造业	54	32	20	27
计算机、通信和其他电子设备制造业	90	58	30	52
仪器仪表制造业	9	6	2	8
其他制造业	1			
废弃资源综合利用业	8			
金属制品、机械和设备修理业	11	2	1	1
电力、热力、燃气及水生产和供应业	**281**	**33**	**12**	**4**
电力、热力生产和供应业	179	24	9	3
燃气生产和供应业	16	4		
水的生产和供应业	86	5	3	1

主营业务收　　入（万元）	利润总额（万元）	资产总计（万元）	出口交货值（万元）	R&D人员合　　计（人）	女性（人）	研究人员（人）	全时人员（人）	R&D人员全时当量（人年）
71285.2	5270.7	207869.4		32	1	4	11	9
859400.8	109165.6	437137.4		271	17	184	120	153
325296.7	30893.4	125562.4		69	8	32	36	50
336785.1	68084.1	265139.5		275	59	128	4	110
109474604.9	**5898650.8**	**86638884.6**	**14390063.3**	**57766**	**11101**	**25635**	**46087**	**49429**
2610162.5	74591.7	872571.1	10008.6	151	38	73	64	80
670649.2	49409.6	407849.9	17292.1	332	114	63	137	297
1297052.3	53743.0	1170923.5	3792.6	409	106	167	133	368
3843131.1	449036.4	4615484.5	35826.6	92	26	66	88	44
279005.7	15612.4	233854.5	78400.2	202	137	46	87	92
64055.5	1369.4	45806.5	14698.0					
19763.3	2511.7	8344.2						
89634.1	6995.9	63507.9	16425.3					
15375.4	1356.1	6477.3		3			3	1
796248.7	27820.9	1883771.0	113691.6	870	138	168	377	712
300522.2	23503.6	425684.6	22159.9	167	50	21	55	99
321656.3	24948.9	369681.7	39670.0	470	148	56	127	458
30109493.5	501124.7	8962516.9	21506.8	2262	365	1642	314	2041
4279372.0	228083.1	4117736.7	94096.3	884	141	255	425	600
1864728.3	234111.2	2411362.7	34866.0	3087	1506	1050	2293	2252
136439.4	36921.4	90159.0						
1064353.4	56855.5	1890554.5	107601.0	2215	498	229	1995	1649
1302641.8	158035.4	1680844.6	21515.4	378	54	75	262	202
3524021.9	33175.2	3688334.2	122025.6	2940	505	806	1352	1627
5118920.1	26677.4	2181490.4	656876.2	558	75	345	195	379
1175942.7	79001.4	1528798.0	346882.3	1165	169	142	931	994
1360186.1	193005.0	2347557.3	106553.9	2545	471	670	2247	2281
323615.7	18098.8	375947.3	56246.9	627	148	99	480	582
14345020.3	1164925.4	6152430.7	13916.2	3054	306	293	2803	2882
2374658.3	14170.3	3644561.8	992710.5	2884	429	770	2207	2137
13357634.8	1399774.5	14271775.8	2470204.2	3961	838	558	3298	3342
18301094.7	999234.5	22370030.5	8854364.0	27981	4761	17931	25910	25978
207663.0	19537.0	210343.2	16823.0	381	64	87	227	231
24093.7	6062.2	8732.9						
81323.4	11447.3	71361.3						
216145.5	-12489.1	530390.1	121910.1	148	14	23	77	103
59176428.6	**4868081.1**	**89343683.1**	**480628.8**	**10723**	**393**	**2347**	**1335**	**9206**
55257363.3	4479286.5	79244013.0	377522.7	10396	281	2237	1126	8926
2444164.4	285963.0	2888049.6	85532.7	36	1	16	4	18
1474900.9	102831.6	7211620.5	17573.4	291	111	94	205	261

2-4 续表5

指标名称	R&D经费内部支出（万元）	日常性支出（万元）	人员劳务费（万元）	资产性支出（万元）	仪器和设备（万元）
黑色金属矿采选业	281.8	268.0	127.9	13.8	13.8
有色金属矿采选业	2158.0	2158.0	1074.0		
非金属矿采选业	1165.7	1007.5	176.4	158.2	155.4
开采辅助活动	11875.7	11875.7	7307.6		
其他采矿业					
制造业	**1766654.4**	**1559836.5**	**676619.6**	**206817.9**	**204760.6**
农副食品加工业	5164.4	3936.7	599.8	1227.7	1227.7
食品制造业	6518.5	5528.8	1965.6	989.7	989.5
酒、饮料和精制茶制造业	5923.4	5850.5	1538.1	72.9	72.9
烟草制品业	4762.9	3684.5	3072.8	1078.4	1078.4
纺织业	1327.3	988.4	267.7	338.9	318.6
纺织服装、服饰业					
皮革、毛皮、羽毛及其制品和制鞋业					
木材加工和木、竹、藤、棕、草制品业					
家具制造业	154.7	149.8	61.8	4.9	2.3
造纸和纸制品业	19787.7	15366.5	3271.6	4421.2	4410.1
印刷和记录媒介复制业	3246.2	2647.3	1573.7	598.9	598.9
文教、工美、体育和娱乐用品制造业	7591.1	6267.4	2661.0	1323.7	1323.7
石油加工、炼焦和核燃料加工业	35142.5	34614.4	16428.5	528.1	527.5
化学原料和化学制品制造业	13946.2	12849.6	3521.4	1096.6	1077.5
医药制造业	56843.6	52134.4	23021.2	4709.2	4375.7
化学纤维制造业					
橡胶和塑料制品业	30686.5	27828.0	9161.0	2858.5	2801.4
非金属矿物制品业	8156.7	6005.8	2472.3	2150.9	2109.8
黑色金属冶炼和压延加工业	73483.2	71956.5	19383.1	1526.7	1517.7
有色金属冶炼和压延加工业	9495.4	8486.9	2658.4	1008.5	975.2
金属制品业	16224.0	14566.2	7671.6	1657.8	1657.8
通用设备制造业	54048.6	48415.9	18668.5	5632.7	5202.5
专用设备制造业	7646.0	7497.7	3761.0	148.3	148.3
汽车制造业	173726.4	172980.0	54245.8	746.4	713.9
铁路、船舶、航空航天和其他运输设备制造业	63508.4	61185.8	23048.7	2322.6	2141.6
电气机械和器材制造业	166890.5	155327.1	38972.4	11563.4	11547.6
计算机、通信和其他电子设备制造业	993269.7	832770.3	433098.2	160499.4	159670.0
仪器仪表制造业	5923.6	5775.6	4055.7	148.0	144.2
其他制造业					
废弃资源综合利用业					
金属制品、机械和设备修理业	3186.9	3022.4	1439.7	164.5	127.8
电力、热力、燃气及水生产和供应业	**144946.1**	**118997.6**	**33916.5**	**25948.5**	**24742.2**
电力、热力生产和供应业	138176.3	113556.5	31316.3	24619.8	23438.2
燃气生产和供应业	293.1	271.1	92.8	22.0	22.0
水的生产和供应业	6476.7	5170.0	2507.4	1306.7	1282.0

政府资金（万元）	企业资金（万元）	国外资金（万元）	其他资金（万元）	R&D经费外部支出（万元）	对境内研究机构支出（万元）	对境内高等学校支出（万元）	对境外支出（万元）	项目数（项）	参加项目人员（人）
	281.8			270.0	270.0			2	32
	2158.0			2100.0	1935.0	165.0		16	261
	1165.7							4	46
1675.0	10200.7			516.6	63.8	20.9	431.9	34	268
99871.9	**1650785.4**	**3999.8**	**11997.3**	**44313.1**	**15202.8**	**4572.1**	**16795.6**	**3710**	**50824**
174.9	4973.7		15.8	48.5	17.7	12.0		26	131
122.5	6396.0			7.5		7.5		38	300
100.2	5823.2			129.9	14.8		22.1	29	400
	4582.7		180.2	1265.5	163.6	392.9		37	85
17.9	1309.4							8	164
	154.7							1	3
19.0	19768.7			20.8	7.7	13.1		39	837
90.0	3156.2			0.3		0.3		30	159
195.5	7395.6			8.3		8.3		37	421
572.3	34570.2			1803.0	683.0	570.1		196	2149
487.7	13252.6		205.9	292.2	283.0	9.2		113	807
7015.0	49575.8		252.8	6480.4	2898.4	1202.4	201.0	415	2919
653.1	29226.7		806.7	235.4	86.7	111.0	37.7	170	1840
70.5	8086.2			172.4	155.4	14.3	2.7	39	351
369.2	73114.0			290.2	247.9	42.3		98	2828
160.0	9335.4			223.2	130.7	92.5		56	466
1122.2	15101.8			4.2				62	1013
2275.7	51704.9		68.0	3922.4	3879.0	43.4		167	2313
30.0	7616.0			122.2		122.2		43	621
1400.0	172326.4			4320.0	3701.7		618.3	98	1731
6243.2	52868.9	3864.9	531.4	18802.4	1916.3	480.4	15894.8	195	2727
5577.5	161199.0	114.0		528.0	262.5	246.5	19.0	630	3655
73065.5	910683.5	20.9	9499.8	5636.3	754.4	1203.7		1151	24396
	5486.9		436.7					17	361
110.0	3076.9							15	147
3822.9	**136360.3**		**4762.9**	**39371.9**	**21650.0**	**9964.5**	**2232.1**	**792**	**10258**
2823.7	130589.7		4762.9	39104.8	21531.2	9816.2	2232.1	752	9966
35.0	258.1			118.8	118.8			5	27
964.2	5512.5			148.3		148.3		35	265

2-4 续表6

指标名称	项目人员折合全时当量（人年）	项目经费内部支出（万元）	机构数（个）	机构人员数（人）	博士（人）
黑色金属矿采选业	9	270.0	1	15	
有色金属矿采选业	146	2158.0	1	47	
非金属矿采选业	35	1036.0	2	36	
开采辅助活动	107	10039.8			
其他采矿业					
制造业	**43360**	**1641208.2**	**261**	**25996**	**215**
农副食品加工业	65	5143.6	4	174	14
食品制造业	266	6232.1	4	218	
酒、饮料和精制茶制造业	360	5923.4	3	735	3
烟草制品业	41	3211.7	2	175	9
纺织业	82	1197.4	3	178	
纺织服装、服饰业					
皮革、毛皮、羽毛及其制品和制鞋业					
木材加工和木、竹、藤、棕、草制品业					
家具制造业	1	152.1			
造纸和纸制品业	684	19391.3	9	194	1
印刷和记录媒介复制业	95	2723.6	3	125	2
文教、工美、体育和娱乐用品制造业	413	6706.0	3	406	13
石油加工、炼焦和核燃料加工业	1936	34468.3	3	102	9
化学原料和化学制品制造业	552	11935.5	17	580	2
医药制造业	2130	51648.1	30	2004	62
化学纤维制造业					
橡胶和塑料制品业	1350	29456.8	18	1500	9
非金属矿物制品业	189	7622.7	8	220	
黑色金属冶炼和压延加工业	1566	73010.4	4	169	1
有色金属冶炼和压延加工业	319	8585.3	6	291	3
金属制品业	846	14081.7	5	488	4
通用设备制造业	2077	48723.4	21	2213	9
专用设备制造业	578	7344.0	8	892	1
汽车制造业	1610	141308.1	5	1096	1
铁路、船舶、航空航天和其他运输设备制造业	2053	61045.7	14	2524	5
电气机械和器材制造业	3091	156844.9	42	6672	25
计算机、通信和其他电子设备制造业	22737	936394.4	46	4855	42
仪器仪表制造业	219	5535.7	2	78	
其他制造业					
废弃资源综合利用业					
金属制品、机械和设备修理业	102	2522.0	1	107	
电力、热力、燃气及水生产和供应业	**8796**	**111064.5**	**16**	**2709**	**191**
电力、热力生产和供应业	8546	106092.0	10	2344	179
燃气生产和供应业	12	236.1			
水的生产和供应业	238	4736.4	6	365	12

硕 士（人）	本 科（人）	机构经费支 出（万元）	仪器和设备原 价（万元）	进 口（万元）	新产品开发项目数（个）	新产品开发经费支出（万元）	新产品销售收入（万元）	新产品出口（万元）	专利申请数（件）
5	4	407.1	20.0		3	407.1			
4	29	320.0	168.0						4
2	32	737.1	153.2		1	34.5			1
					4	1658.2			10
2336	**14702**	**744442.7**	**464855.9**	**94494.6**	**4404**	**2472133.6**	**31557649.6**	**8200006.9**	**9485**
17	68	1260.2	307.2	13.7	11	3649.3	4158.2		2
18	123	5622.7	2650.6	724.2	40	6792.9	12235.0	2327.5	49
22	284	8383.1	21985.3	1594.7	25	7328.4	129589.0	337.7	13
81	72	13410.7	15654.9	14757.2	41	4710.6	32004.6		171
16	49	900.3	2130.2	257.8	5	1078.6	41730.3	5985.6	9
					3	69.0	11319.5	1046.2	
							4865.4		
20	100	8260.0	5068.6	2200.2	45	22472.2	51382.6	3050.0	19
6	74	2425.7	1091.9		22	4147.8	41992.0	5995.0	45
7	163	7385.7	3539.5	33.3	37	7669.5	78553.0	2203.2	25
20	48	7739.3	4751.4	2521.4	131	24913.5	746992.0		36
59	308	8548.8	7186.5	3392.9	92	11112.1	200794.4	35800.5	31
308	1092	60505.8	24686.1	7040.8	440	57938.0	388572.3	16930.0	159
									6
99	605	14399.0	8686.9	1671.8	162	28953.7	322520.0	20831.3	104
10	121	6442.8	21094.5	10955.3	28	3759.4	52738.5	3499.5	41
18	60	3366.0	23425.0	4077.3	57	63485.3	1312041.1	4305.0	88
15	169	4883.9	3350.0	132.0	53	8857.7	212845.1	4775.5	36
30	149	9937.0	7847.4	3941.9	63	16332.3	338287.1	131889.8	97
228	1370	50208.1	74079.2	11529.8	210	70932.4	759451.6	35243.0	603
7	322	6875.7	6851.5	466.8	46	4594.0	47424.5	10834.1	47
71	587	71644.8	41625.5	7875.8	112	176755.5	7340390.7	2776.8	61
88	1730	57750.3	30353.2	3440.2	219	109922.8	1845751.2	734502.0	267
598	3918	165473.3	51627.2	8788.4	1062	686641.5	5050668.8	1284535.2	2799
590	3143	224862.7	105141.4	8408.6	1459	1141048.2	12361624.1	5796224.7	4716
6	50	1248.6	1583.8	670.5	27	5500.1	79836.3	10666.8	56
2	97	2908.2	138.1		14	3468.8	89882.3	86247.5	5
845	**1575**	**48414.0**	**67804.3**	**500.0**	**712**	**118296.2**	**304640.4**		**1003**
717	1356	45938.4	62483.8		666	113169.5	304532.8		986
					2	217.5			1
128	219	2475.6	5320.5	500.0	44	4909.2	107.6		16

2-4 续表7

指标名称	发明专利（件）	有效发明专利（件）	境外授权（件）	专利所有权转让及许可数（件）	专利所有权转让及许可收入（万元）
黑色金属矿采选业					
有色金属矿采选业	1	1			
非金属矿采选业	1	1			
开采辅助活动	9	13			
其他采矿业					
制造业	**5977**	**15399**	**66**	**122**	**16970.2**
农副食品加工业	2	3			
食品制造业	6	20			
酒、饮料和精制茶制造业	7	7			
烟草制品业	90	115		1	
纺织业	5	4			
纺织服装、服饰业					
皮革、毛皮、羽毛及其制品和制鞋业					
木材加工和木、竹、藤、棕、草制品业					
家具制造业					
造纸和纸制品业	14	22			
印刷和记录媒介复制业	23	37			
文教、工美、体育和娱乐用品制造业	9	39	1	1	0.2
石油加工、炼焦和核燃料加工业	24	40		5	
化学原料和化学制品制造业	20	33			
医药制造业	135	467	5	8	
化学纤维制造业	4	6			
橡胶和塑料制品业	49	65			
非金属矿物制品业	29	11			
黑色金属冶炼和压延加工业	14	24			
有色金属冶炼和压延加工业	8	17			
金属制品业	54	50		7	16955.4
通用设备制造业	320	347	17	16	
专用设备制造业	8	20			
汽车制造业	14	43		24	
铁路、船舶、航空航天和其他运输设备制造业	55	99			
电气机械和器材制造业	1306	463	37		
计算机、通信和其他电子设备制造业	3765	13423	6	60	14.6
仪器仪表制造业	15	44			
其他制造业					
废弃资源综合利用业					
金属制品、机械和设备修理业	1				
电力、热力、燃气及水生产和供应业	**375**	**513**	**1**	**2**	**5.0**
电力、热力生产和供应业	366	507	1	2	5.0
燃气生产和供应业	1				
水的生产和供应业	8	6			

拥有注册商标数（件）	境外注册（件）	形成国家或行业标准数（项）	使用来自政府部门的科技活动资金（万元）	研究开发费用加计扣除减免税（万元）	高新技术企业减免税（万元）	引进技术经费支出（万元）	消化吸收经费支出（万元）	购买国内技术经费支出（万元）	技术改造经费支出（万元）
1									
			1675.0						
12314	**5708**	**241**	**111132.8**	**36362.8**	**186922.0**	**82221.3**	**12837.9**	**17172.4**	**1442951.1**
3			213.6					12.0	335.0
443	300		312.5	150.0	208.6				1290.1
99			189.0	161.5	4.1	41.7	3158.7	28.0	1746.1
607	138	50							151543.1
			17.9						
1									6.0
			7.0						65.0
112	2	2	19.0	359.7	1916.0		472.6		14956.3
10			964.0	10.0	570.0				
183	12	8	195.5	335.5	2088.5				926.4
		2	712.1	4288.2			3083.0	5855.6	334858.0
51		5	522.8	300.6	408.4		9.6	77.9	2915.5
1457	69	48	7933.2	2158.7	16733.9	960.0	6.8	511.4	24684.1
598	530	15	745.0	1024.7	917.9				6020.1
5			220.5	144.8	280.0				1427.1
17		2	380.0			2669.0	315.3	99.4	130107.4
15		6	160.0	129.9	475.7				12835.7
13	3	7	1212.3	562.8	3999.3			46.1	5565.6
68	8	23	3453.0	1156.6	25021.0	7873.4	2.0	7629.6	8480.0
23	9	8	30.0	372.8	309.2	30.0			124.3
321			1400.0	2368.4		67141.5	3579.7		65289.1
265	1	5	6974.0	2086.2	8864.4	1342.1	352.3	2546.8	17200.4
6889	4162	28	6119.6	6708.6	82435.0	759.8	1800.6		19531.0
1127	473	17	79211.8	12864.2	41620.9	1403.8	57.3	365.6	641662.4
7	1	15	30.0	1179.6	1069.1				1382.4
			110.0						
		24	**4521.3**	**1701.0**	**2244.3**		**6041.7**	**709.9**	**65778.7**
		22	3141.6	1651.0	2159.0		6041.7	709.9	63536.8
			35.0						772.0
		2	1344.7	50.0	85.3				1469.9

2–4 续表8

指标名称	企业数（个）	有R&D活动的企业（个）	有研发机构的企业（个）	有新产品销售的企业（个）
五、按地区分组（地区）				
广州市	264	112	71	85
韶关市	79	11	9	6
深圳市	168	74	31	54
珠海市	38	16	17	17
汕头市	30	5	3	7
佛山市	63	14	4	7
江门市	27	4	3	3
湛江市	65	11	7	5
茂名市	29	5	2	3
肇庆市	31	13	11	8
惠州市	46	11	7	11
梅州市	27	3	2	1
汕尾市	12			
河源市	13			
阳江市	20	2	2	
清远市	25	1		
东莞市	29	7	5	5
中山市	26	11	7	10
潮州市	9	1		
揭阳市	22	2	1	
云浮市	16	4	3	

主营业务收　入（万元）	利润总额（万元）	资产总计（万元）	出口交货值（万元）	R&D人员合　计（人）	女性（人）	研究人员（人）	全时人员（人）	R&D人员全时当量（人年）
70416677.3	3653646.1	73919267.3	1192740.5	23972	3637	4950	12003	20418
3832575.5	138485.1	6590994.7	46273.5	3513	632	1214	1543	2051
28401796.4	2373778.7	38422628.5	9366608.0	27115	4513	17806	24318	24933
12918509.7	1529049.6	16044157.9	1593410.4	2909	483	341	2497	2485
2220271.0	384663.6	2904043.7	138453.5	692	109	251	594	614
3823763.7	258344.4	4100973.8	705144.9	1613	330	171	1163	955
1574578.4	337256.4	2442073.8	130896.7	396	65	77	295	283
6200899.4	159739.3	3753685.1	114026.8	888	196	307	244	524
11165283.8	202914.4	4185013.4	29995.6	1900	327	1433	282	1880
1679863.4	109540.8	1581570.0	116000.7	2056	594	665	1861	1984
14218267.3	678491.1	8720927.4	497095.5	1266	329	529	884	797
550358.1	-3315.8	822209.0	615.1	142	26	10	76	120
706102.5	71650.7	1277907.6						
611068.7	54123.0	735709.8	10300.7					
2303635.9	149407.4	1738903.9	5425.6	110	3	28	102	6
1493336.2	57651.7	1295641.3	1153.3	12	1	7		1
2495180.0	264897.9	2785372.0	288701.3	751	63	171	520	659
2591930.7	131065.3	1914132.4	620689.4	1497	242	273	1008	1122
1128433.2	180831.3	1365838.0	2215.5	60	3	60	60	11
1279026.3	174511.6	1840861.2		36	3	10		3
665334.1	74794.6	828680.7	10945.1	208	23	27	143	108

2–4 续表9

指标名称	R&D经费内部支出（万元）	日常性支出（万元）	人员劳务费（万元）	资产性支出（万元）	仪器和设备（万元）
五、按地区分组（地区）					
广州市	480240.9	437795.4	156758.8	42445.5	41369.4
韶关市	78814.9	77416.3	22662.9	1398.6	1366.2
深圳市	999863.3	856572.3	441740.5	143291.0	142214.5
珠海市	136683.6	130860.2	26501.0	5823.4	5382.9
汕头市	7643.8	7187.3	3777.2	456.5	455.7
佛山市	23082.4	18838.0	7206.4	4244.4	4158.6
江门市	39406.5	17566.6	3639.1	21839.9	21531.2
湛江市	11758.7	10326.2	2610.5	1432.5	1412.2
茂名市	29947.8	29489.2	13527.5	458.6	456.1
肇庆市	22510.2	19867.8	7502.7	2642.4	2607.8
惠州市	30870.8	28615.5	14880.8	2255.3	2235.1
梅州市	3567.5	3315.1	559.0	252.4	248.4
汕尾市					
河源市					
阳江市	1008.9	632.2	259.0	376.7	367.7
清远市	307.2	216.1	51.2	91.1	91.1
东莞市	18100.1	17317.7	5122.2	782.4	690.0
中山市	39648.9	35464.1	11082.9	4184.8	4174.1
潮州市	54.9	54.9	20.2		
揭阳市	271.6	242.3	131.9	29.3	25.5
云浮市	3299.7	2366.1	1188.2	933.6	885.5

政府资金（万元）	企业资金（万元）	国外资金（万元）	其他资金（万元）	R&D经费外部支出（万元）	对境内研究机构支出（万元）	对境内高等学校支出（万元）	对境外支出（万元）	项目数（项）	参加项目人员（人）
21122.7	457093.0	1118.7	906.5	56794.0	27588.9	10221.9	16483.3	1803	21225
328.2	78486.7			2840.2	2584.4	255.8		128	3331
73626.4	911853.7	114.0	14269.2	14484.3	3655.8	2954.9	2610.9	1605	23721
5225.7	131379.9		78.0	3984.5	3863.8	120.5	0.2	177	2775
	7622.9	20.9		19.4		19.4		52	456
1252.3	21624.2		205.9	135.4		135.4		137	1410
	39406.5			4572.9	178.4			33	346
39.6	11719.1			193.1		143.1		71	834
180.1	29654.9		112.8	885.3	422.2	463.1		117	1795
1305.3	21204.9			97.4	8.5	88.9		128	1911
1536.5	28700.8		633.5	870.8	62.4	258.5		113	1210
60.0	3507.5			7.5	1.1	6.4		7	135
	1008.9							19	107
40.0	267.2							1	12
212.0	15141.9	2746.2		1371.0	494.9		365.2	37	733
410.0	38707.5		531.4	100.8	55.2	45.6		108	1406
	54.9							9	57
	248.7		22.9					3	35
31	3268.7			215	206	9		10	190

2-4 续表10

指标名称	项目人员折合全时当量（人年）	项目经费内部支出（万元）	机构数（个）	机构人员数（人）	博 士（人）
五、按地区分组（地区）					
广州市	17909	392237.6	101	12822	283
韶关市	1948	78353.7	9	496	3
深圳市	21906	949771.5	40	4054	64
珠海市	2379	132673.4	41	5519	9
汕头市	386	7254.1	3	439	
佛山市	838	20516.5	16	556	8
江门市	273	28890.3	3	157	
湛江市	508	11524.4	14	503	
茂名市	1777	29792.3	2	87	3
肇庆市	1846	20620.6	21	1812	21
惠州市	759	30567.9	7	610	8
梅州市	114	3503.0	2	60	
汕尾市					
河源市					
阳江市	6	807.1	2	20	
清远市	1	216.1			
东莞市	642	17868.5	7	303	2
中山市	1048	37838.9	9	1240	4
潮州市	11	54.9			
揭阳市	3	248.9	1	76	1
云浮市	99	3036.8	3	49	

硕 士（人）	本 科（人）	机构经费支出（万元）	仪器和设备原 价（万元）	进 口（万元）	新产品开发项目数（个）	新产品开发经费支出（万元）	新产品销售收入（万元）	新产品出口（万元）	专利申请数（件）
1680	7303	293274.1	226880.0	40567.5	1963	528460.7	10498303.1	712443.5	2125
28	234	6325.1	27511.7	3767.1	109	77207.1	1468290.6	9446.3	130
605	2296	209327.1	86202.7	10641.6	1668	1097803.2	11823076.8	5569898.5	4729
485	3470	171336.1	37721.8	12031.1	534	667382.2	4711986.7	1084238.0	2520
36	307	5455.8	7235.2	6075.7	82	10135.0	204745.5	50373.5	55
117	371	3611.0	7292.9	850.0	125	22752.9	192908.5		94
13	116	35084.8	31013.5		42	43969.8	82802.0	69854.0	31
13	257	5711.1	4676.2	2272.3	57	9709.3	68967.1	7031.8	37
12	40	2177.0	4473.0	2521.4	70	19858.4	696368.9		25
71	773	14441.6	16150.8	2915.6	148	22030.9	234400.0	63748.6	82
32	210	16230.4	52777.6	446.5	124	35009.4	828330.5	400311.4	265
1	11	3322.1	340.3	13.0	11	3865.1	1313.3		20
									3
5	11	1615.0	1152.0	500.0	4	218.0			
31	172	5045.6	3996.5	500.0	36	13858.2	269839.4	198696.8	74
52	683	18140.0	22969.6	11821.8	137	39452.2	780957.6	33964.5	302
					9	54.9			10
8	67	433.1	150.0		3	247.7			
3	21	2791	2457.6	71	2	514.6			1

2-4 续表11

指标名称	发明专利（件）	有效发明专利（件）	境外授权（件）	专利所有权转让及许可数（件）	专利所有权转让及许可收入（万元）
五、按地区分组（地区）					
广州市	910	1444	22	43	5.2
韶关市	41	33			
深圳市	3815	13460	7	76	16970.0
珠海市	1317	582	37		
汕头市	18	59			
佛山市	41	59			
江门市	16	9			
湛江市	5	48			
茂名市	15	17			
肇庆市	39	58	1		
惠州市	88	74		5	
梅州市	2	21			
汕尾市					
河源市					
阳江市					
清远市					
东莞市	19	28			
中山市	37	35			
潮州市					
揭阳市					
云浮市					

说明：

（1）本表指标取自“规模以上工业法人单位R&D活动及相关情况过录表(L506表)”中的相应指标。

（2）国有及国有控股企业应符合以下四个条件之一：登记注册类型为110（国有企业）、141（国有联营企业）、151（国有独资公司），或企业控股情况1（国有控股）。

拥有注册商标数（件）	境外注册（件）	形成国家或行业标准数（项）	使用来自政府部门的科技活动资金（万元）	研究开发费用加计扣除减免税（万元）	高新技术企业减免税（万元）	引进技术经费支出（万元）	消化吸收经费支出（万元）	购买国内技术经费支出（万元）	技术改造经费支出（万元）
3411	750	150	28541.8	13390.4	43810.9	69885.2	8268.6	2240.4	303125.9
26	1	4	339.0	6.8	57.3	3673.3	787.9	808.9	144027.0
1355	486	81	76811.1	15502.1	44090.8	1364.8	26.5	363.1	646731.0
6861	4152	6	5527.9	5287.3	84089.3	6869.1	2.0	6904.0	6846.9
5					746.6				188.9
34		1	1610.4	235.9	262.9				3201.9
1							6041.7		
96		1	46.6	309.7	2188.8			42.7	7294.0
3			180.1	440.0			2783.0	5555.6	344831.0
56	11	4	1519.1	717.3	1951.2			56.0	441.6
4	1	4	1790.1	485.0	8788.2		337.6	312.5	837.5
3		5	120.0	129.9	331.5				962.2
1									24788.2
								709.9	2353.2
			150.0						63.0
			40.0						26.7
9	1	6	212.0	694.5	2091.2	378.9	352.3	843.1	4080.8
448	306	1	410.0	844.9	757.6	50.0	280.0	46.1	17659.0
		2		20.0					
2			31						1271

2-5 规模以上工业

指标名称	企业数（个）	有R&D活动的企业（个）	有研发机构的企业（个）	有新产品销售的企业（个）
总　　计	**26673**	**3648**	**1763**	**2623**
一、按企业规模分组				
大型	486	295	199	252
中型	4441	1156	634	868
小型	21079	2186	926	1492
微型	667	11	4	11
二、按国有及国有控股分组				
国有及国有控股企业	866	242	147	167
三、按登记注册类型分组				
内资企业	26673	3648	1763	2623
国有企业	262	33	15	20
集体企业	290	9	3	4
股份合作企业	83	5	3	3
联营企业	27	1		
国有联营企业	4			
集体联营企业	9			
国有与集体联营企业	6	1		
其他联营企业	8			
有限责任公司	9197	1284	642	894
国有独资公司	135	43	27	22
其他有限责任公司	9062	1241	615	872
股份有限公司	722	366	244	289
私营企业	15883	1936	853	1403
私营独资企业	2033	61	17	43
私营合伙企业	239	9	1	2
私营有限责任公司	13110	1709	735	1237
私营股份有限公司	501	157	100	121
其他企业	209	14	3	10
四、按国民经济行业分组				
采矿业	**310**	**20**	**9**	**7**
煤炭开采和洗选业	1			
石油和天然气开采业	1			
黑色金属矿采选业	60	2	2	
有色金属矿采选业	36	4	2	2
非金属矿采选业	208	11	5	5
开采辅助活动	4	3		

法人单位科技情况（内资）

主营业务收　入（万元）	利润总额（万元）	资产总计（万元）	出口交货值（万元）	R&D人员合　计（人）	女性（人）	研究人员（人）	全时人员（人）	R&D人员全时当量（人年）
550725092.6	**35051396.9**	**424713129.5**	**73813475.6**	**302653**	**53440**	**116976**	**221725**	**243566**
207814823.1	13729521.6	194174059.2	37870236.2	167571	29928	86584	134181	146274
141421571.2	10277929.4	112816869.7	18606196.3	79781	15030	17021	52877	58615
197734634.0	10877357.5	115805425.1	17211739.6	55173	8454	13320	34553	38580
3754064.3	166588.4	1916775.5	125303.5	128	28	51	114	97
137053831.7	7812227.0	148574626.2	11730341.0	60458	10104	26305	40847	51826
550725092.6	35051396.9	424713129.5	73813475.6	302653	53440	116976	221725	243566
12027840.0	673431.2	14017678.5	276787.0	1724	432	565	874	1111
4307701.6	218431.6	1950209.2	1623283.8	126	22	47	94	84
847832.8	39987.5	371294.6	50024.2	221	52	31	120	199
606534.8	35006.4	166597.4	34152.8	10	1	1	7	6
334136.2	7074.3	79131.9	505.3					
64804.1	5310.7	38438.7	30737.5					
52706.8	1913.5	21039.8	2910.0	10	1	1	7	6
154887.7	20707.9	27987.0						
233692886.4	15035833.7	192212088.7	27185648.4	130888	21382	68113	96983	111230
53803636.6	2614555.5	62476037.5	234219.9	12063	671	2366	2589	10161
179889249.8	12421278.2	129736051.2	26951428.5	118825	20711	65747	94394	101068
90278067.0	7292545.0	96861551.7	18514316.6	82462	16680	29136	66693	69954
206382851.3	11557721.9	117738936.8	25754861.7	86002	14739	18450	56413	59934
19295816.1	1317469.5	6298644.5	1391374.7	1219	168	299	657	663
2480144.6	125946.2	825035.6	185650.8	102	8	40	48	62
170267049.3	8714550.7	96409351.2	21718766.0	68335	11794	14534	43543	47027
14339841.3	1399755.5	14205905.5	2459070.2	16346	2769	3577	12165	12183
2581378.7	198439.6	1394772.6	374401.1	1220	132	633	541	1048
5617573.9	**726738.3**	**3536301.4**	**1410.9**	**1320**	**142**	**522**	**450**	**662**
32774.1	2042.5	49163.8						
316.2	-661.0	203151.3						
1479679.7	254426.9	1254689.4		145	1	11	100	82
1254632.0	156158.7	592406.0	107.5	298	20	186	125	171
2504653.7	246245.3	1163919.8	1303.4	564	59	182	213	295
345518.2	68525.9	272971.1		313	62	143	12	113

2-5 续表1

指标名称	R&D经费内部支出（万元）	日常性支出（万元）	人员劳务费（万元）	资产性支出（万元）	仪器和设备（万元）
总　　计	**7881807.3**	**7138401.8**	**3327359.9**	**743405.5**	**719847.6**
一、按企业规模分组					
大型	5328140.2	4888746.3	2549852.8	439393.9	424587.2
中型	1408378.9	1240270.4	448653.2	168108.5	163698.2
小型	1143315.3	1007497.2	328151.7	135818.1	131481.1
微型	1972.9	1887.9	702.2	85.0	81.1
二、按国有及国有控股分组					
国有及国有控股企业	1555173.6	1382234.5	618108.8	172939.1	170550.5
三、按登记注册类型分组					
内资企业	7881807.3	7138401.8	3327359.9	743405.5	719847.6
国有企业	47075.5	44069.7	14649.7	3005.8	2934.0
集体企业	2435.6	2185.7	848.0	249.9	203.9
股份合作企业	2932.6	2437.8	865.0	494.8	492.7
联营企业	97.0	97.0	43.6		
国有联营企业					
集体联营企业					
国有与集体联营企业	97.0	97.0	43.6		
其他联营企业					
有限责任公司	3903930.1	3586605.7	1935051.0	317324.4	306816.9
国有独资公司	165689.0	145488.7	51564.8	20200.3	19611.6
其他有限责任公司	3738241.1	3441117.0	1883486.2	297124.1	287205.3
股份有限公司	2219836.2	2032643.1	831571.9	187193.1	179253.7
私营企业	1681373.6	1448570.3	530513.5	232803.3	227819.1
私营独资企业	26937.7	22894.4	6686.5	4043.3	3946.3
私营合伙企业	3629.0	3209.9	773.3	419.1	411.1
私营有限责任公司	1276130.7	1105970.9	420854.4	170159.8	166617.8
私营股份有限公司	374676.2	316495.1	102199.3	58181.1	56843.9
其他企业	24126.7	21792.5	13817.2	2334.2	2327.3
四、按国民经济行业分组					
采矿业	**23207.8**	**21912.4**	**10521.5**	**1295.4**	**1284.2**
煤炭开采和洗选业					
石油和天然气开采业					
黑色金属矿采选业	1398.8	1088.0	465.9	310.8	310.8
有色金属矿采选业	2568.6	2535.2	1159.9	33.4	33.4
非金属矿采选业	5988.0	5036.8	1524.4	951.2	940.0
开采辅助活动	13252.4	13252.4	7371.3		

政府资金（万元）	企业资金（万元）	国外资金（万元）	其他资金（万元）	R&D经费外部支出（万元）	对境内研究机构支出（万元）	对境内高等学校支出（万元）	对境外支出（万元）	项目数（项）	参加项目人员（人）
290761.5	**7523303.0**	**9898.0**	**57844.8**	**380214.8**	**63830.3**	**38108.5**	**48249.5**	**31152**	**273763**
161082.0	5138331.4	705.4	28021.4	343421.4	46114.4	27112.7	45705.6	9128	153335
68118.7	1324435.8	2120.2	13704.2	20288.0	8290.3	6045.6	1574.1	7151	70666
61345.0	1058778.7	7072.4	16119.2	16461.8	9425.6	4913.6	969.8	14854	49644
215.8	1757.1			43.6		36.6		19	118
101998.7	1438859.6	20.9	14294.4	59658.7	32950.5	13311.9	958.6	3854	54503
290761.5	7523303.0	9898.0	57844.8	380214.8	63830.3	38108.5	48249.5	31152	273763
4557.5	42389.4		128.6	2656.4	1447.9	480.7		211	1591
19.0	2357.6		59.0	7.0				18	119
120.0	2812.6			5.1	5.1			21	207
	97.0							1	8
	97.0							1	8
94173.1	3791432.2	2249.9	16074.9	264733.0	44986.0	25538.8	1314.5	10521	119562
8285.4	152465.4		4938.2	31185.4	19914.8	9145.1	506.5	994	10883
85887.7	3638966.8	2249.9	11136.7	233547.6	25071.2	16393.7	808.0	9527	108679
132617.0	2064692.1	1137.7	21389.4	65965.6	10277.1	6705.1	40481.4	5295	73941
59220.9	1595721.2	6262.0	20169.5	44017.7	7114.2	5383.9	6453.6	15030	77444
502.0	25957.8	252.1	225.8	114.2	10.0	34.2	70.0	149	1057
43.3	3585.7							10	83
41163.4	1214228.6	4849.4	15889.3	40348.7	5529.3	3433.9	6348.0	12117	61365
17512.2	351949.1	1160.5	4054.4	3554.8	1574.9	1915.8	35.6	2754	14939
54.0	23800.9	248.4	23.4	2830.0				55	891
2448.5	**20714.5**		**44.8**	**3280.5**	**2632.7**	**215.9**	**431.9**	**108**	**1196**
80.0	1318.8			370.0	340.0	30.0		9	141
20.0	2548.6			2100.9	1935.9	165.0		30	287
250.0	5693.2		44.8	293.0	293.0			31	470
2098.5	11153.9			516.6	63.8	20.9	431.9	38	298

2-5 续表2

指标名称	项目人员折合全时当量（人年）	项目经费内部支出（万元）	机构数（个）	机构人员数（人）	博 士（人）
总　　计	**220523**	**7209663.7**	**2424**	**204256**	**2715**
一、按企业规模分组					
大型	133962	4952365.8	408	130898	1647
中型	51835	1249085.8	906	47745	547
小型	34636	1006692.0	1106	25534	518
微型	90	1520.1	4	79	3
二、按国有及国有控股分组					
国有及国有控股企业	46564	1423717.9	233	23346	376
三、按登记注册类型分组					
内资企业	220523	7209663.7	2424	204256	2715
国有企业	1029	43233.8	17	850	15
集体企业	82	2231.9	4	28	1
股份合作企业	189	2341.0	4	128	7
联营企业	4	97.0			
国有联营企业					
集体联营企业					
国有与集体联营企业	4	97.0			
其他联营企业					
有限责任公司	101787	3681048.4	827	101480	1582
国有独资公司	9103	122022.8	41	3602	187
其他有限责任公司	92684	3559025.6	786	97878	1395
股份有限公司	62865	1966838.9	480	54108	584
私营企业	53835	1492144.1	1089	47603	526
私营独资企业	558	24635.5	21	389	8
私营合伙企业	49	3439.0	1	15	6
私营有限责任公司	42156	1138867.9	923	35646	351
私营股份有限公司	11073	325201.7	144	11553	161
其他企业	732	21728.6	3	59	
四、按国民经济行业分组					
采矿业	**595**	**20442.6**	**9**	**301**	**1**
煤炭开采和洗选业					
石油和天然气开采业					
黑色金属矿采选业	79	1220.0	2	33	
有色金属矿采选业	164	2556.8	2	52	
非金属矿采选业	242	5660.7	5	216	1
开采辅助活动	110	11005.1			

硕 士（人）	本 科（人）	机构经费支 出（万元）	仪器和设备原 价（万元）	进 口（万元）	新产品开发项目数（个）	新产品开发经费支出（万元）	新产品销售收入（万元）	新产品出口（万元）	专利申请数（件）
38192	**110543**	**5812761.5**	**1885249.0**	**309158.3**	**53407**	**9335372.0**	**79173299.8**	**25239853.6**	**78391**
32770	73705	4617503.4	1037331.4	189928.9	22276	6550457.0	58406657.6	22022680.4	37757
3240	23703	779341.7	534316.1	92695.4	8384	1566639.4	14162507.2	2652202.5	19635
2173	13094	414417.7	313142.8	26486.0	22718	1215594.9	6581494.7	564872.7	20902
9	41	1498.7	458.7	48.0	29	2680.7	22640.3	98.0	97
2775	13406	593079.3	415657.5	75087.5	4350	2212209.3	21339720.0	6667995.0	8799
38192	110543	5812761.5	1885249.0	309158.3	53407	9335372.0	79173299.8	25239853.6	78391
163	444	29257.3	71757.1	12498.3	212	73329.9	807982.4	18795.7	301
2	16	256.8	193.1		15	2243.6	6351.2		9
8	33	2422.4	6213.8	363.0	35	3873.4	2348.2	207.3	15
					1	97.0			
					1	97.0			
30548	52901	3788841.7	679791.5	64092.2	24704	4248034.3	27490573.1	10545423.0	31631
889	2042	92918.7	87927.5	15197.6	850	122521.0	1204665.2	55895.1	1088
29659	50859	3695923.0	591864.0	48894.6	23854	4125513.3	26285907.9	10489527.9	30543
4514	34232	1171198.2	729975.1	176906.0	6529	3069279.3	33906514.8	11666093.7	28483
2952	22877	819961.3	397032.9	55282.5	21844	1916329.5	16693084.5	2992940.6	17711
50	221	9162.6	2936.1		119	34675.7	160096.4	12324.8	100
3	6	182.0	5.0		8	4497.5	7292.9		
2044	17632	559624.9	277218.0	46646.7	18766	1474835.2	12093714.4	2223756.3	14683
855	5018	250991.8	116873.8	8635.8	2951	402321.1	4431980.8	756859.5	2928
5	40	823.8	285.5	16.3	67	22185.0	266445.6	16393.3	241
25	**210**	**3334.2**	**2236.3**		**31**	**5403.5**	**37305.0**	**739.1**	**41**
6	9	1357.1	370.0		3	407.1			
4	30	335.0	173.0		8	215.5	4937.0	103.4	17
15	171	1642.1	1693.3		12	1746.0	32368.0	635.7	12
					8	3034.9			12

2-5 续表3

指标名称	发明专利（件）	有效发明专利（件）	境外授权（件）	专利所有权转让及许可数（件）	专利所有权转让及许可收入（万元）
总　计	**44916**	**71887**	**11981**	**1015**	**166220.3**
一、按企业规模分组					
大型	25059	54631	11572	311	126080.8
中型	8713	8287	185	438	34114.5
小型	11107	8939	224	266	6025.0
微型	37	30			
二、按国有及国有控股分组					
国有及国有控股企业	5403	15373	64	123	19.8
三、按登记注册类型分组					
内资企业	44916	71887	11981	1015	166220.3
国有企业	134	186		1	
集体企业	8	13			
股份合作企业	3	21			
联营企业					
国有联营企业					
集体联营企业					
国有与集体联营企业					
其他联营企业					
有限责任公司	23284	40349	11303	263	26437.9
国有独资公司	408	748	1	25	5.0
其他有限责任公司	22876	39601	11302	238	26432.9
股份有限公司	16205	22379	522	260	131804.3
私营企业	5105	8749	155	487	7978.1
私营独资企业	40	38	2		
私营合伙企业					
私营有限责任公司	4100	7022	117	466	7962.1
私营股份有限公司	965	1689	36	21	16.0
其他企业	177	190	1	4	
四、按国民经济行业分组					
采矿业	**23**	**27**		**1**	
煤炭开采和洗选业					
石油和天然气开采业					
黑色金属矿采选业					
有色金属矿采选业	2	2			
非金属矿采选业	12	10		1	
开采辅助活动	9	15			

拥有注册商标数（件）	境外注册（件）	形成国家或行业标准数（项）	使用来自政府部门的科技活动资金（万元）	研究开发费用加计扣除减免税（万元）	高新技术企业减免税（万元）	引进技术经费支出（万元）	消化吸收经费支出（万元）	购买国内技术经费支出（万元）	技术改造经费支出（万元）
46617	**13128**	**1371**	**353588.9**	**543158.7**	**680279.5**	**90909.6**	**40422.8**	**42572.6**	**2108402.8**
24381	10617	509	181313.5	166815.9	349974.6	72874.8	35480.4	24600.4	1787334.8
13407	1818	444	92020.0	69311.9	151981.8	9175.3	3129.6	14289.7	250110.6
8778	693	413	80006.1	306994.4	178305.1	8859.5	1812.8	3682.5	70310.9
51		5	249.3	36.5	18.0				646.5
11944	5653	237	113238.0	30185.5	150487.8	14301.1	14630.0	17006.7	1404655.9
46617	13128	1371	353588.9	543158.7	680279.5	90909.6	40422.8	42572.6	2108402.8
708	138	48	6524.3	737.8	4630.9			12.0	161686.5
9	1		19.0	16.6				1.7	402.2
257			184.8		334.0				
9903	3050	413	121934.5	137178.2	152206.9	13635.9	6487.9	17123.4	360854.5
453	11	46	10814.6	3164.0	2533.0	69.0		828.7	44164.7
9450	3039	367	111119.9	134014.2	149673.9	13566.9	6487.9	16294.7	316689.8
20819	7446	494	152140.0	65364.9	327636.5	67577.2	29666.3	17823.5	1404452.5
14898	2492	415	72702.3	335823.5	193802.4	9696.5	4268.6	7612.0	180761.1
70	20	1	815.5	88.6	3.6		71.2	36.5	19577.6
2			53.0	25.5					25.1
12235	1794	339	53371.6	320035.1	138791.0	2414.9	2489.0	6797.7	118316.5
2591	678	75	18462.2	15674.3	55007.8	7281.6	1708.4	777.8	42841.9
23	1	1	84.0	4037.7	1668.8				246.0
13		**2**	**2458.5**	**67.6**	**849.3**				**6169.5**
			80.0						
1			30.0						374.8
12		2	250.0	67.6	849.3				5794.7
			2098.5						

2–5 续表4

指标名称	企业数（个）	有R&D活动的企业（个）	有研发机构的企业（个）	有新产品销售的企业（个）
其他采矿业				
制造业	**25874**	**3589**	**1742**	**2612**
农副食品加工业	731	96	53	42
食品制造业	453	53	31	35
酒、饮料和精制茶制造业	163	21	11	12
烟草制品业	8	4	2	2
纺织业	1058	56	14	22
纺织服装、服饰业	2062	34	21	13
皮革、毛皮、羽毛及其制品和制鞋业	1012	24	12	22
木材加工和木、竹、藤、棕、草制品业	432	22	5	8
家具制造业	811	44	17	30
造纸和纸制品业	837	51	15	27
印刷和记录媒介复制业	649	35	21	26
文教、工美、体育和娱乐用品制造业	829	52	30	48
石油加工、炼焦和核燃料加工业	68	21	11	17
化学原料和化学制品制造业	1458	353	180	240
医药制造业	267	138	92	84
化学纤维制造业	35	3	5	4
橡胶和塑料制品业	2032	178	79	124
非金属矿物制品业	1954	226	97	148
黑色金属冶炼和压延加工业	400	35	13	23
有色金属冶炼和压延加工业	472	75	33	56
金属制品业	2302	196	77	141
通用设备制造业	893	225	111	181
专用设备制造业	803	239	103	161
汽车制造业	230	61	33	45
铁路、船舶、航空航天和其他运输设备制造业	275	53	25	34
电气机械和器材制造业	2650	585	305	455
计算机、通信和其他电子设备制造业	2417	603	296	525
仪器仪表制造业	205	77	37	71
其他制造业	108	10	5	7
废弃资源综合利用业	229	16	7	9
金属制品、机械和设备修理业	31	3	1	
电力、热力、燃气及水生产和供应业	**489**	**39**	**12**	**4**
电力、热力生产和供应业	229	26	10	3
燃气生产和供应业	47	3		
水的生产和供应业	213	10	2	1

主营业务收入（万元）	利润总额（万元）	资产总计（万元）	出口交货值（万元）	R&D人员合计（人）	女性（人）	研究人员（人）	全时人员（人）	R&D人员全时当量（人年）
488130659.8	**30299901.5**	**333822118.9**	**73776264.3**	**291336**	**52965**	**114408**	**220310**	**234393**
18970439.4	895778.9	11071817.4	1096054.0	2911	429	503	1693	1989
6793206.1	665142.3	4008036.0	315364.6	2379	847	451	1329	1984
2789738.2	200590.9	2157075.4	9519.7	1129	264	317	651	874
3995120.8	456519.5	4851482.4	35826.6	118	33	70	92	70
13361206.6	875529.8	5968876.2	982180.7	1554	392	415	606	1003
21029571.9	1221359.8	9287803.4	2413022.7	1522	426	422	1013	1176
8649324.4	310218.3	3513568.7	1682303.8	855	74	100	613	666
4629269.8	403181.2	2638253.5	546441.5	595	71	133	242	508
9334575.7	500523.3	5256075.1	1863795.4	3051	563	522	1493	2454
8967522.9	410705.7	7129606.1	315492.5	1368	234	248	668	970
5814275.8	421523.5	4530070.8	385078.8	1926	319	291	817	1459
18579402.6	573006.5	9706352.5	5587949.4	3058	632	381	1662	2058
30883459.5	656289.9	9922196.9	26624.6	2655	457	1729	613	2328
22244146.6	1472881.1	15037655.7	1067936.3	12853	2222	2920	8718	9539
7177061.0	929941.0	9294153.4	245785.8	9322	3639	2392	6058	7161
505218.2	19584.0	304922.7	50753.8	122	40	17	97	72
20783870.9	1325595.3	12884239.4	2099987.0	6766	1220	1237	4554	4793
27454021.5	1869991.9	18093173.3	1888585.1	9846	1792	1662	6000	6681
14736013.4	788985.0	8169234.1	257734.8	3901	625	970	1839	2354
17996572.6	751240.5	9119465.4	973846.2	3070	559	842	1707	2314
29125816.2	2092752.8	14622194.9	3569452.5	7497	1117	1508	4745	5021
10698259.7	837990.2	9595043.0	1018307.3	13951	1756	3548	9789	10226
9983597.4	943419.4	10076560.8	1305525.7	13121	1982	2582	9855	10234
4088306.7	202464.7	3817427.0	437783.0	5160	620	1162	3413	3911
5212672.6	94579.2	5105352.4	1831342.0	3727	577	1105	2605	2751
66024867.5	4881485.1	53948956.3	12973428.6	47902	8844	9327	34643	36451
85955771.4	5409919.7	76322764.8	30017002.8	124018	22022	77827	109848	109949
2604380.2	211181.9	2707011.0	529359.9	6086	1100	1537	4485	4698
1110133.2	59423.3	748296.5	221437.0	292	37	71	190	233
8289295.1	791676.6	3648489.1	11526.2	495	53	91	194	399
343541.9	26420.2	285964.7	16816.0	86	19	28	78	67
56976858.9	**4024757.1**	**87354709.2**	**35800.4**	**9997**	**333**	**2046**	**965**	**8512**
52676722.9	3695812.4	76546712.6		9731	243	1956	761	8292
2052358.6	149610.7	2090867.3		27	1	14	4	17
2247777.4	179334.0	8717129.3	35800.4	239	89	76	200	202

2-5 续表5

指标名称	R&D经费内部支出（万元）	日常性支出（万元）	人员劳务费（万元）	资产性支出（万元）	仪器和设备（万元）
其他采矿业					
制造业	**7739894.7**	**7018434.3**	**3287700.2**	**721460.4**	**698705.3**
农副食品加工业	93690.3	79941.9	14067.9	13748.4	13503.5
食品制造业	45986.1	41497.0	11027.7	4489.1	4218.9
酒、饮料和精制茶制造业	21155.6	19126.7	5287.0	2028.9	2007.8
烟草制品业	5484.1	4405.7	3399.6	1078.4	1078.4
纺织业	29782.8	26935.8	7943.5	2847.0	2817.9
纺织服装、服饰业	30980.8	28318.4	10101.1	2662.4	2617.8
皮革、毛皮、羽毛及其制品和制鞋业	20393.6	19143.8	6327.9	1249.8	1241.1
木材加工和木、竹、藤、棕、草制品业	13174.7	10424.6	2900.2	2750.1	2724.6
家具制造业	51907.3	44327.3	16721.2	7580.0	7512.5
造纸和纸制品业	26787.9	21148.5	5022.8	5639.4	5402.7
印刷和记录媒介复制业	27351.4	20118.9	8243.7	7232.5	6922.3
文教、工美、体育和娱乐用品制造业	40956.3	36865.8	13514.6	4090.5	4020.3
石油加工、炼焦和核燃料加工业	49524.3	47522.0	19108.3	2002.3	1914.9
化学原料和化学制品制造业	387859.4	332750.1	83746.5	55109.3	53991.9
医药制造业	208934.6	176785.9	60979.8	32148.7	31531.4
化学纤维制造业	6242.3	5629.3	399.7	613.0	565.4
橡胶和塑料制品业	138169.3	119622.5	31098.4	18546.8	18146.6
非金属矿物制品业	207607.4	176347.7	55302.3	31259.7	30140.1
黑色金属冶炼和压延加工业	99282.0	96123.7	24641.5	3158.3	3062.5
有色金属冶炼和压延加工业	97377.5	80635.6	16991.3	16741.9	16097.4
金属制品业	128862.6	114191.4	36549.3	14671.2	14150.2
通用设备制造业	236287.9	208236.0	77140.7	28051.9	26994.5
专用设备制造业	260595.3	240507.7	95132.6	20087.6	19240.5
汽车制造业	78392.8	71210.5	29546.6	7182.3	7100.2
铁路、船舶、航空航天和其他运输设备制造业	93145.0	87486.8	25159.5	5658.2	5565.8
电气机械和器材制造业	1029318.4	943428.5	306036.4	85889.9	80683.6
计算机、通信和其他电子设备制造业	4201180.7	3864632.0	2273088.3	336548.7	327233.0
仪器仪表制造业	85261.9	80575.4	42833.5	4686.5	4529.4
其他制造业	11204.6	9393.7	2373.8	1810.9	1810.2
废弃资源综合利用业	12021.0	10124.3	2698.0	1896.7	1879.9
金属制品、机械和设备修理业	976.8	976.8	316.5		
电力、热力、燃气及水生产和供应业	**118704.8**	**98055.1**	**29138.2**	**20649.7**	**19858.1**
电力、热力生产和供应业	111221.6	92024.8	26796.4	19196.8	18491.9
燃气生产和供应业	193.1	171.1	56.6	22.0	22.0
水的生产和供应业	7290.1	5859.2	2285.2	1430.9	1344.2

政府资金（万元）	企业资金（万元）	国外资金（万元）	其他资金（万元）	R&D经费外部支出（万元）	对境内研究机构支出（万元）	对境内高等学校支出（万元）	对境外支出（万元）	项目数（项）	参加项目人员（人）
284612.5	**7392406.9**	**9898.0**	**52977.3**	**342327.8**	**41257.8**	**28825.8**	**47743.0**	**30267**	**262998**
2770.1	89526.5		1393.7	888.4	566.2	264.9		430	2646
2113.0	43794.3		78.8	507.5	49.3	458.2		247	1981
1242.5	19913.1			662.5	234.8	22.7	22.1	164	990
	5303.9		180.2	1265.5	163.6	392.9		40	105
255.9	27830.3	574.4	1122.2	50.7	30.0	20.7		193	1392
874.2	29726.2		380.4	548.1	345.1	49.8	153.2	82	1358
32.0	20284.6		77.0	138.5	100.0	29.7	8.8	59	806
239.6	12788.0		147.1	21.0		21.0		55	446
549.3	51113.7		244.3	449.3		360.3		228	2924
247.0	26289.6		251.3	137.5	87.6	40.3		103	1233
726.6	25116.1		1508.7	441.6	336.7	104.9		147	1744
746.3	39990.5		219.5	432.5	78.0	132.3		2031	2693
674.7	48849.6			3242.3	683.0	931.8		242	2512
16235.3	367824.5	616.0	3183.6	4310.5	2103.5	1829.2	236.2	1679	11579
16375.8	190705.2	2.7	1850.9	13819.5	8677.1	2182.3	201.0	2711	8686
40.0	6202.3			25.0				20	117
8376.1	126794.9	1135.6	1862.7	859.0	342.4	364.6	131.5	941	5836
6232.0	200293.6	487.7	594.1	2059.2	1387.7	452.1	119.4	3540	8797
509.7	97313.3		1459.0	609.3	557.0	52.3		162	3683
1791.7	94261.9		1323.9	613.9	306.4	304.7		294	2701
3138.0	125291.9	208.2	224.5	266.4	89.0	97.8		668	6707
9901.4	224407.3	567.1	1412.1	6820.7	4792.4	1484.7	22.0	1271	12169
18516.4	226801.3	2687.3	12590.3	6768.3	785.2	679.9	5233.3	1584	11835
3223.3	74597.8	41.8	529.9	1276.7	1073.6	165.0		413	4008
7639.8	85492.4		12.8	2527.5	1829.6	471.3	219.6	290	3386
27796.9	996268.0	1887.6	3365.9	41463.9	3511.7	3661.1	34041.1	4160	42598
144883.2	4036995.9	1382.1	17919.5	251561.9	13014.6	13855.5	7354.8	7855	113824
6184.7	77968.5	307.5	801.2	403.9	49.8	302.6		547	5483
2513.1	8691.5			26.0		26.0		41	250
541.2	11236.1		243.7	47.2		47.2		60	437
242.7	734.1			83.5	63.5	20.0		10	72
3700.5	**110181.6**		**4822.7**	**34606.5**	**19939.8**	**9066.8**	**74.6**	**777**	**9569**
2823.7	103635.0		4762.9	34374.3	19821.0	8953.4	74.6	742	9333
	193.1			118.8	118.8			4	18
876.8	6353.5		59.8	113.4		113.4		31	218

2-5 续表6

指标名称	项目人员折合全时当量（人年）	项目经费内部支出（万元）	机构数（个）	机构人员数（人）	博士（人）
其他采矿业					
制造业	**211791**	**7103476.0**	**2399**	**201476**	**2533**
农副食品加工业	1784	82521.9	60	1723	90
食品制造业	1628	42601.9	44	2301	36
酒、饮料和精制茶制造业	771	19041.4	18	1161	8
烟草制品业	61	3882.3	2	175	9
纺织业	910	27373.2	14	566	2
纺织服装、服饰业	1053	27261.4	25	1216	9
皮革、毛皮、羽毛及其制品和制鞋业	633	19258.7	13	300	1
木材加工和木、竹、藤、棕、草制品业	376	11909.8	5	87	
家具制造业	2355	46963.4	19	1665	5
造纸和纸制品业	879	25003.4	20	295	3
印刷和记录媒介复制业	1308	21784.4	27	1278	6
文教、工美、体育和娱乐用品制造业	1806	37299.5	37	1919	20
石油加工、炼焦和核燃料加工业	2201	48725.8	14	519	9
化学原料和化学制品制造业	8623	333444.7	298	8209	279
医药制造业	6698	186881.7	135	6731	189
化学纤维制造业	68	5700.6	5	250	1
橡胶和塑料制品业	4088	123990.6	109	4524	51
非金属矿物制品业	6021	183146.0	112	4092	55
黑色金属冶炼和压延加工业	2211	97368.2	14	473	1
有色金属冶炼和压延加工业	2057	84003.3	45	1678	13
金属制品业	4505	117872.4	104	4309	25
通用设备制造业	8972	207122.0	160	8914	37
专用设备制造业	9202	236028.4	133	5873	156
汽车制造业	2913	59885.6	45	2129	17
铁路、船舶、航空航天和其他运输设备制造业	2516	88550.5	30	2899	5
电气机械和器材制造业	32286	831572.5	433	41120	274
计算机、通信和其他电子设备制造业	101018	4034443.8	417	92959	1197
仪器仪表制造业	4244	78598.7	42	3780	17
其他制造业	193	8789.5	7	144	12
废弃资源综合利用业	351	11544.7	9	155	5
金属制品、机械和设备修理业	59	905.7	3	32	1
电力、热力、燃气及水生产和供应业	**8138**	**85745.1**	**16**	**2479**	**181**
电力、热力生产和供应业	7944	80203.0	13	2361	179
燃气生产和供应业	11	171.1			
水的生产和供应业	183	5371.0	3	118	2

硕　士（人）	本　科（人）	机构经费支　出（万元）	仪器和设备原　价（万元）	进　口（万元）	新产品开发项目数（个）	新产品开发经费支出（万元）	新产品销售收入（万元）	新产品出口（万元）	专利申请数（件）
37395	**108915**	**5761131.0**	**1814673.3**	**308408.3**	**52685**	**9240122.8**	**79094382.3**	**25239114.5**	**77322**
320	746	44766.7	13797.2	1256.3	10458	101478.3	642406.6	45823.9	151
173	1122	36173.3	37914.3	883.4	295	56064.5	412503.9	5644.8	366
49	446	19266.5	29421.6	1656.6	173	28798.0	237022.1	1490.8	39
81	72	13410.7	15654.9	14757.2	44	5431.8	32004.6		171
35	218	2981.5	6871.7	583.8	191	30689.6	110233.2	12936.7	63
31	652	20635.8	4286.2	55.7	83	29482.5	220007.1	34879.4	64
16	96	4762.5	2700.6		100	31751.0	137168.3	19402.1	97
4	50	2431.8	449.5		47	7148.0	52833.8	1046.2	231
41	995	34328.8	11439.0	372.6	242	45835.8	538810.2	14566.3	870
13	162	6592.7	4252.7	640.4	133	42637.0	180181.3	22448.4	355
47	623	20206.2	68555.6	3151.7	122	26563.8	362819.8	77885.7	399
53	1050	30496.9	10909.5	138.3	320	53752.9	488642.0	85081.9	945
57	261	14045.0	7655.5	2941.4	172	42838.0	1109211.6	4712.1	82
936	4112	211183.5	143182.2	10791.1	1820	394030.9	3357675.3	192586.6	2108
842	3381	166965.9	86840.8	9499.8	3887	207981.6	1782761.1	17044.5	680
6	110	7707.6	2626.2		35	9464.6	37296.6	4866.7	6
317	1785	65085.5	31588.6	4986.3	1063	149910.1	1207048.7	167513.9	1470
417	2286	82010.0	77217.1	27836.5	650	172093.8	2195877.7	338160.4	1064
45	211	8916.7	25872.5	4077.3	131	99157.6	1662480.2	6454.9	170
60	961	40733.8	16818.2	2400.9	280	88993.4	1369724.7	226946.8	269
155	1670	54775.0	37352.1	4825.2	12112	142204.0	1293089.2	204478.1	1417
603	4831	134489.8	132717.8	21522.9	1479	274538.0	2209675.7	303059.3	3272
464	2880	83568.2	84713.8	8965.6	1862	266715.7	1580816.8	379780.3	4052
142	1174	57111.7	21885.7	5701.6	502	84998.5	1371041.6	61906.9	517
100	1842	75700.5	37612.7	2803.4	365	140825.8	2098924.9	734287.3	558
2844	27129	780081.8	512067.2	108168.0	5169	1662065.4	19881184.8	6101596.8	32322
29288	47951	3683448.6	375725.9	69238.9	10172	4925898.7	33685538.6	15972339.2	23639
225	1915	45359.7	8554.2	1035.8	681	98175.4	674042.8	195359.1	1842
16	90	5375.8	1807.2	32.6	28	9393.2	50814.9	6815.4	68
8	78	8310.7	3765.3	85.0	59	10228.1	112544.2		28
7	16	207.8	417.5		10	976.8			7
772	**1418**	**48296.3**	**68339.4**	**750.0**	**691**	**89845.7**	**41612.5**		**1028**
719	1361	46665.8	63027.9	250.0	651	85310.6	40612.5		986
					1	117.5			1
53	57	1630.5	5311.5	500.0	39	4417.6	1000.0		41

2-5 续表7

指标名称	发明专利（件）	有效发明专利（件）	境外授权（件）	专利所有权转让及许可数（件）	专利所有权转让及许可收入（万元）
其他采矿业					
制造业	**44511**	**71332**	**11980**	**1012**	**166215.3**
农副食品加工业	111	130		4	
食品制造业	118	227	2		
酒、饮料和精制茶制造业	19	28			
烟草制品业	90	115		1	
纺织业	23	23			
纺织服装、服饰业	28	164			1021.1
皮革、毛皮、羽毛及其制品和制鞋业	12	10			
木材加工和木、竹、藤、棕、草制品业	17	48			
家具制造业	74	431		6	
造纸和纸制品业	107	138			
印刷和记录媒介复制业	127	293		15	
文教、工美、体育和娱乐用品制造业	40	1149	5	14	0.2
石油加工、炼焦和核燃料加工业	50	58		6	
化学原料和化学制品制造业	1361	1849	36	32	5815.8
医药制造业	438	1142	25	29	8725.3
化学纤维制造业	3	8			
橡胶和塑料制品业	465	808	28	37	54.3
非金属矿物制品业	312	634	21	18	12927.8
黑色金属冶炼和压延加工业	57	75			
有色金属冶炼和压延加工业	66	269	19	1	
金属制品业	329	1048	11	74	2014.5
通用设备制造业	901	1473	36	84	9.0
专用设备制造业	1494	2985	244	22	5481.8
汽车制造业	165	195	4	42	
铁路、船舶、航空航天和其他运输设备制造业	118	265	4	74	
电气机械和器材制造业	20964	6893	247	101	7.5
计算机、通信和其他电子设备制造业	16302	50093	11294	425	2328.2
仪器仪表制造业	671	726	4	27	127829.8
其他制造业	30	28			
废弃资源综合利用业	16	24			
金属制品、机械和设备修理业	3	3			
电力、热力、燃气及水生产和供应业	**382**	**528**	**1**	**2**	**5.0**
电力、热力生产和供应业	361	507	1	2	5.0
燃气生产和供应业	1				
水的生产和供应业	20	21			

拥有注册商标数（件）	境外注册（件）	形成国家或行业标准数（项）	使用来自政府部门的科技活动资金（万元）	研究开发费用加计扣除减免税（万元）	高新技术企业减免税（万元）	引进技术经费支出（万元）	消化吸收经费支出（万元）	购买国内技术经费支出（万元）	技术改造经费支出（万元）
46537	**13125**	**1347**	**346596.5**	**541426.1**	**677271.2**	**90909.6**	**34381.1**	**41862.7**	**2037066.2**
256	15	16	3231.6	1036.4	5631.5		3.8	18.4	9611.9
2059	402	14	2923.5	783.4	4689.1	268.0		4.0	36914.2
384	48	2	1511.3	277.6	102.2	41.7	3158.7	28.0	3757.1
607	138	50							151543.1
53			332.1	10.0	128.0				517.5
362	66		1412.6	237.8	2891.7	390.0		15.0	1221.3
89	13	37	83.1	53.6	38.9				2367.4
51	2	1	378.2	127.2	746.1				262.7
717	133	36	580.5	328.4	9225.9		638.6		4391.5
288	5	4	381.9	755.6	2244.1		502.6	53.0	1909.9
290	30	9	1735.9	1682.1	9183.7	350.0	130.0	75.0	7313.2
2490	100	29	961.3	842.4	3463.5	305.0		4.0	3413.9
44		3	939.6	4718.4	590.5		3083.0	5855.6	336598.6
6137	136	152	18667.2	8518.2	23367.5	4955.4	864.7	1230.5	57486.8
3403	213	132	18182.6	5163.2	64919.0	2860.3	121.8	4057.4	42115.5
17		2	57.0	199.0					1803.0
1422	672	37	10417.3	2391.8	7104.8	22.8	101.2	136.5	20471.8
1055	191	31	8018.5	4094.9	4799.1	326.6	42.1	83.2	9847.4
29		4	899.5	34.4	143.5	2669.0	337.3	120.9	138308.2
755	173	29	2130.5	512.8	2450.7	185.0	564.9		23908.4
951	224	53	4005.3	10411.2	55162.8	1811.9	230.8	1285.4	15927.7
1376	509	108	13549.3	7646.2	37421.0	10615.6	155.7	7948.6	52309.2
1152	565	38	25137.1	10237.2	35928.2	2123.7	107.6	376.8	8067.8
549	48	10	5794.0	1920.0	3349.4	129.7	2585.1	1953.2	9252.0
614	150	9	8460.6	3374.0	7856.4	2550.0	466.1	7560.5	19694.4
13589	5905	264	36892.9	38093.0	218578.7	53603.3	19648.2	612.5	401719.4
7342	3321	187	169470.0	426364.1	168853.1	7653.7	1613.4	10172.9	672571.1
364	66	86	7040.8	10406.3	7486.0	47.9		271.3	3484.8
77		1	2613.1	1176.3	638.1				15.9
9		2	541.5	30.6	114.3		25.5		148.0
6		1	247.7		163.4				112.5
67	**3**	**22**	**4533.9**	**1665.0**	**2159.0**		**6041.7**	**709.9**	**65167.1**
12		22	3141.6	1651.0	2159.0		6041.7	709.9	62967.8
									772.0
55	3		1392.3	14.0					1427.3

2–5 续表8

指标名称	企业数（个）	有R&D活动的企业（个）	有研发机构的企业（个）	有新产品销售的企业（个）
五、按地区分组（地区）				
广州市	3056	458	249	316
韶关市	472	39	29	21
深圳市	3589	689	324	615
珠海市	469	113	100	108
汕头市	1566	102	59	83
佛山市	4782	874	239	532
江门市	1196	131	58	99
湛江市	680	45	46	29
茂名市	764	98	23	41
肇庆市	781	113	75	88
惠州市	760	117	80	82
梅州市	289	35	26	24
汕尾市	182	6	6	5
河源市	276	12	10	14
阳江市	474	42	21	13
清远市	337	26	19	24
东莞市	2237	355	201	259
中山市	1907	230	108	161
潮州市	691	42	24	32
揭阳市	1658	91	53	62
云浮市	507	30	13	15

主营业务收入（万元）	利润总额（万元）	资产总计（万元）	出口交货值（万元）	R&D人员合计（人）	女性（人）	研究人员（人）	全时人员（人）	R&D人员全时当量（人年）
88442866.1	3741070.5	88383741.0	4813127.0	43999	7391	8498	24887	35368
7879463.2	486218.7	9228092.2	204663.1	4168	707	1461	1981	2442
104420867.0	6769595.1	105859720.4	33206364.1	120424	21219	78914	109916	107302
17211702.6	1671435.1	21337146.7	2571469.6	8076	1485	1488	6591	6666
17981593.1	1339435.6	12483809.9	2598881.0	4613	837	1059	2090	2929
106258111.2	8358524.6	64168647.5	10827732.3	45771	8170	9193	30178	32217
12498400.9	646082.1	10322222.5	1535776.7	5647	952	1264	4160	3879
10612897.4	343828.9	9220499.0	818384.9	1857	417	529	601	1074
20149580.6	1332078.6	7726156.9	652797.6	4314	727	2103	1769	3786
19170526.9	1526370.3	7622708.7	579091.2	6820	1194	1455	4484	5445
21195171.8	1022121.8	11291582.1	1434632.1	5758	1100	1565	4187	4405
3292460.2	233560.3	4346344.0	341637.6	1611	298	283	919	1234
5569354.3	249497.6	2920671.6	838399.0	966	113	259	918	916
6153909.0	613105.8	4415359.5	296573.5	542	66	76	142	334
10846052.2	1198230.0	5615909.1	2674956.4	1281	159	277	485	692
7658007.7	454956.9	6439421.5	110634.0	1000	113	179	585	623
29376750.4	900136.5	22801706.4	3972675.7	20267	3411	3601	12245	15653
20795955.7	845501.5	11437151.7	3067006.1	17830	3477	2824	11584	13253
7638972.5	754712.2	4548136.7	1387791.8	2785	685	823	1663	1999
28557564.6	2181085.2	11362656.0	1703749.3	3750	719	854	1813	2660
5014885.2	383849.6	3181446.1	177132.6	1174	200	271	527	689

2-5 续表9

指标名称	R&D经费内部支出（万元）	日常性支出（万元）	人员劳务费（万元）	资产性支出（万元）	仪器和设备（万元）
五、按地区分组（地区）					
广州市	871753.6	763148.5	258846.9	108605.1	106159.7
韶关市	92026.7	87560.5	25509.2	4466.2	4226.9
深圳市	4156933.2	3890313.0	2282884.0	266620.2	257446.2
珠海市	216924.1	200331.5	58281.5	16592.6	15557.0
汕头市	73917.9	62833.5	17217.5	11084.4	10679.7
佛山市	1108898.1	995004.3	282496.6	113893.8	107018.1
江门市	150622.8	115737.7	27812.7	34885.1	34264.3
湛江市	25907.9	21373.4	4854.3	4534.5	4447.5
茂名市	92364.9	80261.9	25513.5	12103.0	11840.9
肇庆市	90774.3	77903.3	27295.6	12871.0	12654.5
惠州市	133191.6	114650.7	43837.8	18540.9	18404.2
梅州市	25036.4	22190.7	5235.6	2845.7	2699.8
汕尾市	20297.7	19312.6	5323.9	985.1	950.8
河源市	8769.0	5116.2	2333.4	3652.8	3643.8
阳江市	41579.6	33201.8	6764.7	8377.8	8220.2
清远市	23960.6	20187.6	5645.8	3773.0	3745.9
东莞市	381253.3	305492.5	135728.3	75760.8	75240.9
中山市	226468.9	203662.0	73140.3	22806.9	22071.3
潮州市	42278.4	35824.1	12547.3	6454.3	6186.4
揭阳市	80821.6	68477.8	22456.0	12343.8	12223.3
云浮市	18026.7	15818.2	3635	2208.5	2166.2

政府资金（万元）	企业资金（万元）	国外资金（万元）	其他资金（万元）	R&D经费外部支出（万元）	对境内研究机构支出（万元）	对境内高等学校支出（万元）	对境外支出（万元）	项目数（项）	参加项目人员（人）
52881.7	814110.6	290.2	4471.1	45633.2	26725.8	12872.9	1559.4	4356	39433
643.6	90950.1		433.0	3070.9	2784.4	286.5		186	3943
155341.8	3966887.6	2239.8	32464.0	217393.4	5314.2	13751.4	5799.4	9251	110143
9090.2	207068.3		765.6	4469.0	4220.4	248.4	0.2	759	7095
5917.1	66587.9	20.9	1392.0	1420.2	908.8	266.8		2268	4050
23488.0	1076142.0	2035.2	7232.9	44356.8	4018.9	4486.1	34242.8	6997	40199
2025.5	148584.5		12.8	5374.0	550.5	345.4	70.0	616	5288
949.3	24569.1		389.5	2108.5	1725.9	332.6		208	1630
1019.3	90695.1		650.5	2470.0	440.7	934.9		352	3874
2497.8	88104.3	2.7	169.5	1218.8	981.9	194.3		2024	6342
9565.1	121563.6		2062.9	2106.3	494.2	814.8	247.4	480	5339
2242.1	22554.5		239.8	135.2	37.0	95.4		83	1535
251.0	20046.7							18	875
344.5	8399.4		25.1	201.5	180.0	11.5		23	498
765.6	40814.0			932.6	644.8	283.8	4.0	87	1184
1021.9	21407.7		1531.0	538.3	247.0	163.8		115	928
10120.7	368842.8	1273.7	1016.1	42927.1	11494.9	951.4	6122.5	1515	18485
6175.2	212670.3	4035.5	3587.9	2371.6	1193.8	749.7	202.8	1236	15841
3207.8	38833.1		237.5	646.3	225.9	419.4	1.0	180	2421
1848.9	77938.4		1034.3	1127.5	482.7	351.3		317	3563
1364.4	16533		129.3	1713.6	1158.5	548.1		81	1097

2-5 续表10

指标名称	项目人员折合全时当量（人年）	项目经费内部支出（万元）	机构数（个）	机构人员数（人）	博 士（人）
五、按地区分组（地区）					
广州市	31621	735886.4	341	24683	569
韶关市	2311	90445.2	30	966	10
深圳市	98284	4005737.4	423	90582	1248
珠海市	5871	204239.8	158	10855	62
汕头市	2549	67613.7	74	2565	26
佛山市	28360	884332.2	395	28867	191
江门市	3646	130114.9	77	3823	38
湛江市	963	23121.5	65	1828	20
茂名市	3426	84393.1	31	1120	16
肇庆市	5063	81072.4	92	3286	56
惠州市	4085	120156.5	97	4617	60
梅州市	1175	22512.6	31	989	23
汕尾市	830	19205.3	7	1921	2
河源市	306	6163.6	15	301	7
阳江市	634	37430.2	27	733	10
清远市	573	19661.6	24	835	14
东莞市	14241	343196.1	254	12069	154
中山市	11654	207632.4	163	9298	139
潮州市	1737	37460.7	28	1065	13
揭阳市	2543	73371.6	78	3131	43
云浮市	653	15916.5	14	722	14

硕士（人）	本科（人）	机构经费支出（万元）	仪器和设备原价（万元）	进口（万元）	新产品开发项目数（个）	新产品开发经费支出（万元）	新产品销售收入（万元）	新产品出口（万元）	专利申请数（件）
3135	13901	543522.7	336597.8	45596.9	4496	897354.0	8073479.7	1109813.4	6002
51	444	16932.1	41973.9	5921.1	170	88847.7	1546970.6	12012.9	233
29700	46713	3617211.0	371281.5	50345.8	11410	4716167.1	32247181.5	15447023.2	46415
934	6253	263620.7	89426.9	16511.7	1452	787801.4	5920390.8	1288639.6	3635
142	1439	45128.3	25531.5	2258.0	521	80675.9	827162.3	111616.3	1205
2026	20802	517890.8	398895.8	100378.8	4246	1145847.7	16747951.1	4893731.1	9354
135	1874	95966.4	82312.3	1448.3	786	173038.8	1181509.2	268607.2	957
130	947	25291.6	19733.7	2975.9	219	31535.1	253429.3	33199.5	137
82	591	16542.2	19848.2	2827.3	329	104742.6	857208.4	43745.3	237
180	1467	60514.9	69433.0	26198.8	3265	99840.8	1165706.2	119216.9	369
255	2228	98420.5	84105.6	1113.2	537	167808.0	1788764.0	377017.8	1500
47	430	21990.2	19735.3	10549.0	112	23819.8	128813.2	3574.3	224
23	737	34250.7	3242.8	994.3	27	35930.2	802003.6	320170.6	159
26	144	6633.9	3321.7		42	13547.2	60914.3	12663.1	87
27	285	13108.8	5986.2	515.0	72	44458.8	118310.4	38647.1	78
41	400	12170.9	11703.1	319.0	136	24611.5	427790.6	5170.0	134
562	5458	191113.2	112835.2	14714.6	13724	516419.4	2914792.4	645017.2	4358
413	4095	133791.6	77884.3	15788.8	1290	233162.5	2353671.4	371490.2	2628
45	459	15238.4	12726.1	3574.0	189	49040.8	357795.8	81328.2	238
161	1487	72766.1	91228.9	6565.8	10325	89883.2	1339758.1	56658.5	413
77	389	10656.5	7445.2	562	59	10839.5	59696.9	511.2	28

2-5 续表11

指标名称	发明专利（件）	有效发明专利（件）	境外授权（件）	专利所有权转让及许可数（件）	专利所有权转让及许可收入（万元）
五、按地区分组（地区）					
广州市	2366	4546	169	160	9955.3
韶关市	79	82			
深圳市	35079	55809	11557	503	142962.0
珠海市	1655	1335	71	40	156.0
汕头市	244	1527	18	6	
佛山市	2581	3734	95	113	1821.1
江门市	198	407	8	4	
湛江市	42	87		5	
茂名市	93	104			
肇庆市	131	147	7		
惠州市	631	429	1	78	5325.6
梅州市	51	146	2		
汕尾市	55	11			
河源市	23	73		5	
阳江市	20	61			
清远市	64	41		6	129.7
东莞市	930	1864	31	54	65.0
中山市	487	1085	16	37	5805.6
潮州市	55	145	2		
揭阳市	117	242	4		
云浮市	15	12		4	

说明：

（1）本表指标取自“规模以上工业法人单位R&D活动及相关情况过录表(L506表)”中的相应指标。

（2）国有及国有控股企业应符合以下四个条件之一：登记注册类型为110（国有企业）、141（国有联营企业）、151（国有独资公司），或企业控股情况1（国有控股）。

拥有注册商标数（件）	境外注册（件）	形成国家或行业标准数（项）	使用来自政府部门的科技活动资金（万元）	研究开发费用加计扣除减免税（万元）	高新技术企业减免税（万元）	引进技术经费支出（万元）	消化吸收经费支出（万元）	购买国内技术经费支出（万元）	技术改造经费支出（万元）
7809	1240	235	61580.0	32181.5	88817.1	10563.7	5845.1	8666.0	268995.1
39	3	7	1153.7	163.0	2260.5	3673.3	787.9	808.9	146175.1
9607	3935	492	186862.8	177931.2	132889.9	3836.3	3816.3	8489.7	689131.5
8340	4311	55	10724.6	11839.0	98498.7	8968.2	22.0	8139.7	21091.2
3869	128	45	7196.3	2018.8	13397.7	1215.1	189.6	849.5	13746.9
6672	2081	197	28572.3	18668.0	156795.0	53365.8	17663.0	637.7	362900.7
752	92	37	2979.1	849.1	4638.2	21.3	6064.2	1228.0	17575.8
352	65	25	1556.5	721.1	6125.7	150.0	50.0	145.7	65760.5
216	2	7	1862.9	1016.6	1956.1	268.0	2854.2	5564.6	363565.7
223	19	30	3161.5	1183.6	3429.1		164.1	770.2	6854.0
885	10	18	14370.9	4456.6	12270.8	327.7	407.0	363.8	6074.1
73	5	10	3057.2	311.7	1444.1	3451.3	83.4	850.3	10430.1
34			371.0		10047.2			100.0	24788.2
115	2	1	597.6	122.9	446.1	132.5		725.6	2514.5
43	2	2	1367.4	400.5	1084.4		100.0		3440.4
65	2	2	1570.7	702.2	1036.9		726.8	232.5	9528.5
2076	207	105	11628.4	284037.2	86521.3	2034.4	1397.0	3564.6	20872.7
3856	705	58	6493.5	5205.4	23879.2	2844.5	162.4	506.5	43216.6
555	90	8	4464.8	444.7	8616.8		0.8	5.0	11319.7
1009	229	34	2653.3	826.9	25904.5	57.5	89.0	120.0	9941.0
27		3	1364.4	78.7	220.2			804.3	10480.5

2-6 规模以上工业

指标名称	企业数（个）	有R&D活动的企业（个）	有研发机构的企业（个）	有新产品销售的企业（个）
总　　计	**9783**	**1262**	**578**	**875**
一、按企业规模分组				
大型	556	254	140	180
中型	3387	522	262	366
小型	5662	482	175	325
微型	178	4	1	4
二、按国有及国有控股分组				
国有及国有控股企业	102	41	23	35
三、按登记注册类型分组				
港、澳、台商投资企业	9783	1262	578	875
合资经营企业(港或澳、台资)	1517	415	216	313
合作经营企业(港或澳、台资)	420	37	18	26
港、澳、台商独资经营企业	7703	770	320	508
港、澳、台商投资股份有限公司	132	39	24	27
其他港澳台投资企业	11	1		1
四、按国民经济行业分组				
采矿业	**12**	**2**	**2**	
煤炭开采和洗选业				
石油和天然气开采业	2	2	2	
黑色金属矿采选业	1			
有色金属矿采选业				
非金属矿采选业	9			
开采辅助活动				
其他采矿业				
制造业	**9709**	**1258**	**576**	**874**
农副食品加工业	100	19	10	7
食品制造业	112	11	8	10
酒、饮料和精制茶制造业	48	6	1	3
烟草制品业				
纺织业	484	32	6	11

法人单位科技情况（港澳台）

主营业务收入（万元）	利润总额（万元）	资产总计（万元）	出口交货值（万元）	R&D人员合计（人）	女性（人）	研究人员（人）	全时人员（人）	R&D人员全时当量（人年）
237235520.4	**13288556.6**	**187217198.2**	**101909181.5**	**125983**	**23460**	**23161**	**86349**	**99696**
103732454.2	7251303.8	79739128.5	47638610.6	74688	14489	12534	52936	61347
79924512.3	3788647.9	64728316.3	37994575.1	37586	6696	7580	24721	28348
52926872.0	2257051.6	41586567.8	16036712.2	13528	2245	3035	8528	9821
651681.9	-8446.7	1163185.6	239283.6	181	30	12	164	180
6751701.6	793382.8	8315605.8	2321739.4	4784	768	1146	3748	4148
237235520.4	13288556.6	187217198.2	101909181.5	125983	23460	23161	86349	99696
58353935.1	3215578.7	54022673.4	14497211.3	50932	9468	8883	38256	41208
8793760.6	788487.5	5483946.3	3666831.7	1922	344	236	1079	1637
165641283.2	8864262.3	122097690.0	82199729.6	66443	12346	13212	42517	51284
4297460.7	414886.1	5526245.0	1494905.4	6634	1299	825	4454	5552
149080.8	5342.0	86643.5	50503.5	52	3	5	43	14
6870483.9	**2169159.7**	**6972007.5**	**168245.2**	**959**	**243**	**781**	**362**	**188**
6766073.6	2155565.6	6925870.2	168157.2	959	243	781	362	188
82010.2	12431.7	16071.9						
22400.1	1162.4	30065.4	88.0					
226271138.5	**10451192.6**	**173959112.6**	**101363413.6**	**124273**	**23165**	**22063**	**85551**	**98837**
3620326.1	242018.5	2916864.5	469856.6	649	126	99	399	459
3125622.2	442980.4	2615438.0	353527.7	971	273	209	569	535
3897578.6	267001.3	2865789.9	56942.3	610	103	147	573	468
7873696.7	380276.8	5361195.3	3538163.1	1723	228	210	636	1143

2-6 续表1

指标名称	R&D经费内部支出（万元）	日常性支出（万元）	人员劳务费（万元）	资产性支出（万元）	仪器和设备（万元）
总　　计	**2264439.9**	**2063074.4**	**761123.5**	**201365.5**	**195233.2**
一、按企业规模分组					
大型	1341318.3	1239291.8	480175.1	102026.5	98919.3
中型	636274.2	570300.8	206717.1	65973.4	63759.0
小型	284800.8	251573.9	73400.9	33226.9	32438.7
微型	2046.6	1907.9	830.4	138.7	116.2
二、按国有及国有控股分组					
国有及国有控股企业	108930.9	99301.8	39646.3	9629.1	8992.2
三、按登记注册类型分组					
港、澳、台商投资企业	2264439.9	2063074.4	761123.5	201365.5	195233.2
合资经营企业(港或澳、台资)	913635.3	833733.6	289089.2	79901.7	76681.6
合作经营企业(港或澳、台资)	34734.4	31967.4	10089.7	2767.0	2624.4
港、澳、台商独资经营企业	1192322.7	1090537.4	425918.0	101785.3	99739.6
港、澳、台商投资股份有限公司	123436.2	106541.9	35820.3	16894.3	16170.4
其他港澳台投资企业	311.3	294.1	206.3	17.2	17.2
四、按国民经济行业分组					
采矿业	**31765.2**	**30434.0**	**24850.4**	**1331.2**	**1303.3**
煤炭开采和洗选业					
石油和天然气开采业	31765.2	30434.0	24850.4	1331.2	1303.3
黑色金属矿采选业					
有色金属矿采选业					
非金属矿采选业					
开采辅助活动					
其他采矿业					
制造业	**2203867.6**	**2009733.1**	**731452.0**	**194134.5**	**188505.3**
农副食品加工业	23369.6	19639.4	3497.1	3730.2	3705.6
食品制造业	33515.6	31097.5	9338.7	2418.1	2308.9
酒、饮料和精制茶制造业	9278.2	9268.9	3360.7	9.3	7.5
烟草制品业					
纺织业	32693.3	28335.2	9288.0	4358.1	4344.6

政府资金（万元）	企业资金（万元）	国外资金（万元）	其他资金（万元）	R&D经费外部支出（万元）	对境内研究机构支出（万元）	对境内高等学校支出（万元）	对境外支出（万元）	项目数（项）	参加项目人员（人）
69725.8	**2143979.5**	**35391.5**	**15343.1**	**67133.3**	**19736.6**	**8921.7**	**7090.7**	**8471**	**113944**
48558.5	1262032.5	29272.5	1454.8	40092.6	5566.6	5714.2	3516.7	3004	67951
14583.0	607845.6	5310.3	8535.3	18589.4	10901.0	2131.7	3327.4	3229	33763
6579.3	272059.8	808.7	5353.0	8451.3	3269.0	1075.8	246.6	1987	12057
5.0	2041.6							251	173
1052.4	103831.4	2746.2	1300.9	10306.4	5947.9	939.4	2904.0	481	4268
69725.8	2143979.5	35391.5	15343.1	67133.3	19736.6	8921.7	7090.7	8471	113944
30648.6	870582.8	4956.9	7447.0	33285.3	11296.0	3959.3	5173.7	3401	45783
1008.2	33726.2			188.6	71.7	116.9		156	1733
33283.8	1121188.6	29954.2	7896.1	31069.7	7468.9	3959.5	1913.0	4494	60282
4785.2	118170.6	480.4		2589.7	900.0	886.0	4.0	414	6098
	311.3							6	48
2987.2	**28778.0**			**3913.8**	**631.6**	**2299.0**		**28**	**800**
2987.2	28778.0			3913.8	631.6	2299.0		28	800
66738.6	**2086394.4**	**35391.5**	**15343.1**	**58484.0**	**17389.8**	**5759.9**	**4933.2**	**8427**	**112430**
583.6	22309.5		476.5	1555.7	1355.7	200.0		109	573
989.6	32526.0			9228.7	104.7	134.7	68.9	131	888
14.2	9264.0			1.3				10	513
185.1	32055.2	381.8	71.2	251.8	59.2			74	1546

2-6 续表2

指标名称	项目人员折合全时当量（人年）	项目经费内部支出（万元）	机构数（个）	机构人员数（人）	博 士（人）
总　　计	**90114**	**2050633.5**	**817**	**62634**	**562**
一、按企业规模分组					
大型	55787	1202130.7	265	38931	275
中型	25416	588721.0	345	18717	154
小型	8738	257760.4	206	4969	133
微型	172	2021.4	1	17	
二、按国有及国有控股分组					
国有及国有控股企业	3674	103470.3	24	2485	7
三、按登记注册类型分组					
港、澳、台商投资企业	90114	2050633.5	817	62634	562
合资经营企业(港或澳、台资)	36853	845196.2	311	25645	204
合作经营企业(港或澳、台资)	1482	32362.8	24	846	13
港、澳、台商独资经营企业	46664	1060966.2	437	31696	313
港、澳、台商投资股份有限公司	5102	111797.1	45	4447	32
其他港澳台投资企业	13	311.2			
四、按国民经济行业分组					
采矿业	**161**	**11759.4**	**2**	**869**	**23**
煤炭开采和洗选业					
石油和天然气开采业	161	11759.4	2	869	23
黑色金属矿采选业					
有色金属矿采选业					
非金属矿采选业					
开采辅助活动					
其他采矿业					
制造业	**89315**	**2011214.9**	**815**	**61765**	**539**
农副食品加工业	401	20939.3	13	391	7
食品制造业	509	31544.4	14	715	22
酒、饮料和精制茶制造业	400	1280.0	2	20	
烟草制品业					
纺织业	1072	31245.1	7	376	2

硕　士（人）	本　科（人）	机构经费支　出（万元）	仪器和设备原　价（万元）	进　口（万元）	新产品开发项目数（个）	新产品开发经费支出（万元）	新产品销售收入（万元）	新产品出口（万元）	专利申请数（件）
4724	**27826**	**1256775.2**	**683892.1**	**217963.0**	**10084**	**2364996.9**	**32162507.8**	**9595699.1**	**18104**
3571	18020	881265.0	413127.3	140086.7	3306	1388712.7	21598039.9	6494893.4	9677
853	7634	271446.1	186681.9	53766.8	4262	679141.0	8274249.6	2586488.8	5187
300	2168	104008.1	84052.9	24109.5	2259	294665.7	2268121.7	511536.6	3223
	4	56.0	30.0		257	2477.5	22096.6	2780.3	17
107	1360	38794.4	19412.7	9185.5	572	119691.4	1875562.1	631530.4	640
4724	27826	1256775.2	683892.1	217963.0	10084	2364996.9	32162507.8	9595699.1	18104
1504	12608	554598.1	257260.7	75746.5	3557	878355.2	16804929.0	3377299.0	8474
21	375	11947.9	18369.6	10292.1	191	37899.8	162741.5	45528.8	228
2916	13039	604256.0	340757.2	122147.7	5831	1310200.4	13831109.7	5675157.9	8732
283	1804	85973.2	67504.6	9776.7	499	138230.2	1357053.4	492374.1	662
					6	311.3	6674.2	5339.3	8
612	**224**	**33862.3**	**7005.6**		**8**	**7854.5**			**122**
612	224	33862.3	7005.6		8	7854.5			122
4112	**27602**	**1222912.9**	**676886.5**	**217963.0**	**10058**	**2328280.5**	**31898367.5**	**9595699.1**	**17976**
51	201	11634.0	2728.9	41.0	111	25344.8	145423.6		33
131	377	35151.3	6839.9	692.0	187	50954.6	93813.7	13267.8	132
1	19	151.6	12.0		15	9464.9	235738.8	44.3	3
13	141	20287.4	7542.7	1747.1	80	23819.5	158569.1	83812.1	120

2-6 续表3

指标名称	发明专利（件）	有效发明专利（件）	境外授权（件）	专利所有权转让及许可数（件）	专利所有权转让及许可收入（万元）
总　　计	**4927**	**11554**	**1072**	**434**	**12181.7**
一、按企业规模分组					
大型	2773	7087	805	105	6561.6
中型	1288	3045	161	278	590.0
小型	859	1414	106	51	5030.1
微型	7	8			
二、按国有及国有控股分组					
国有及国有控股企业	130	369	2		
三、按登记注册类型分组					
港、澳、台商投资企业	4927	11554	1072	434	12181.7
合资经营企业(港或澳、台资)	2118	6519	644	64	31.8
合作经营企业(港或澳、台资)	38	108	1	26	
港、澳、台商独资经营企业	2459	4517	379	340	12149.9
港、澳、台商投资股份有限公司	312	410	48	4	
其他港澳台投资企业					
四、按国民经济行业分组					
采矿业	**49**	**16**		**4**	**16.0**
煤炭开采和洗选业					
石油和天然气开采业	49	16		4	16.0
黑色金属矿采选业					
有色金属矿采选业					
非金属矿采选业					
开采辅助活动					
其他采矿业					
制造业	**4873**	**11531**	**1072**	**430**	**12165.7**
农副食品加工业	18	30			
食品制造业	40	91	1	2	18.0
酒、饮料和精制茶制造业	1	1			
烟草制品业					
纺织业	13	12			

拥有注册商标数（件）	境外注册（件）	形成国家或行业标准数（项）	使用来自政府部门的科技活动资金（万元）	研究开发费用加计扣除减免税（万元）	高新技术企业减免税（万元）	引进技术经费支出（万元）	消化吸收经费支出（万元）	购买国内技术经费支出（万元）	技术改造经费支出（万元）
10590	**2024**	**495**	**80930.4**	**89456.7**	**289726.8**	**172500.3**	**9871.0**	**12774.7**	**258499.2**
4488	984	232	53937.5	72026.0	190522.9	165981.3	4077.3	8566.9	169305.9
5032	934	156	18161.0	14322.3	78319.6	4374.2	5373.6	2997.2	71933.7
1069	105	107	8826.9	3108.4	20884.3	2144.8	420.1	1210.6	17259.6
1	1		5.0						
134	38	25	1504.0	2384.4	7478.7	778.7	669.9	875.6	34689.8
10590	2024	495	80930.4	89456.7	289726.8	172500.3	9871.0	12774.7	258499.2
4971	1022	236	35615.1	30340.3	72325.6	12395.6	3362.4	8049.3	102909.4
165	45	10	1364.0	530.3	5779.7	321.0			6358.6
4191	740	199	38372.8	29328.6	159219.3	159503.7	3095.4	3629.6	133267.9
1263	217	50	5578.5	29257.5	52327.0	280.0	3413.2	1095.8	15963.3
					75.2				
		3	**2987.2**	**8762.3**					**66657.8**
		3	2987.2	8762.3					66657.8
10590	**2024**	**492**	**77943.2**	**80694.4**	**289726.8**	**172500.3**	**9871.0**	**12774.7**	**190093.1**
45	1	3	695.9	442.9	576.5				5572.0
545	52	7	1701.9	12.5					2307.6
1			28.7						
40	2	1	428.6	211.3	3708.9				2536.0

2-6 续表4

指标名称	企业数（个）	有R&D活动的企业（个）	有研发机构的企业（个）	有新产品销售的企业（个）
纺织服装、服饰业	857	10	6	8
皮革、毛皮、羽毛及其制品和制鞋业	552	10	2	5
木材加工和木、竹、藤、棕、草制品业	83	7	2	6
家具制造业	261	16	8	13
造纸和纸制品业	251	21	6	12
印刷和记录媒介复制业	189	19	11	14
文教、工美、体育和娱乐用品制造业	609	23	11	17
石油加工、炼焦和核燃料加工业	14	2	1	1
化学原料和化学制品制造业	432	95	48	69
医药制造业	67	37	24	18
化学纤维制造业	16	3	1	3
橡胶和塑料制品业	904	89	31	54
非金属矿物制品业	326	44	22	27
黑色金属冶炼和压延加工业	82	8	5	5
有色金属冶炼和压延加工业	130	23	11	20
金属制品业	713	68	26	44
通用设备制造业	320	66	28	50
专用设备制造业	314	56	18	44
汽车制造业	110	30	15	23
铁路、船舶、航空航天和其他运输设备制造业	90	19	13	11
电气机械和器材制造业	1019	185	92	140
计算机、通信和其他电子设备制造业	1336	321	157	231
仪器仪表制造业	172	29	8	22
其他制造业	90	4	3	2
废弃资源综合利用业	21	3		2
金属制品、机械和设备修理业	7	2	2	2
电力、热力、燃气及水生产和供应业	**62**	**2**		**1**
电力、热力生产和供应业	45	2		1
燃气生产和供应业	11			
水的生产和供应业	6			

主营业务收入（万元）	利润总额（万元）	资产总计（万元）	出口交货值（万元）	R&D人员合计（人）	女性（人）	研究人员（人）	全时人员（人）	R&D人员全时当量（人年）
9712582.9	501264.1	6149633.5	5048596.1	539	151	111	298	248
8046616.7	434172.6	5179067.8	4368131.0	367	61	50	161	211
1128670.3	94177.8	1222504.2	284380.1	196	15	23	92	112
3527072.1	124860.3	2505975.5	2003872.1	724	72	126	432	525
5762098.3	193374.6	7828342.8	1026803.2	3761	915	275	2368	3233
3540526.6	195686.8	3783857.7	1337843.7	1873	410	230	1471	1593
16019555.2	484734.1	8420553.2	7922043.4	1327	218	170	758	1003
951749.5	-14719.8	1281242.7	2115.6	63	9	23	31	63
12479678.3	1066817.3	8586213.0	1524352.8	5238	1395	746	3712	4392
2081412.7	331757.5	2625396.6	239927.8	3077	1120	694	2200	2364
151576.4	1595.9	124469.2	35106.1	121	9	11	32	76
12759624.1	556941.5	9739127.6	5714754.2	5841	679	865	2790	4274
7625929.8	624699.9	8131795.4	1776155.2	3511	449	549	2013	2521
4058985.8	106410.7	2933716.9	418777.2	766	73	169	682	467
6862503.4	62264.7	5078734.9	1119709.7	1979	367	242	908	1256
12392353.2	715053.5	8907058.8	5793115.9	5546	977	947	3220	3998
7706496.4	255661.3	4873981.4	4521898.6	4829	589	991	3742	4114
4327158.5	290647.1	4139559.8	1595369.3	3319	604	481	2747	2192
4709880.6	197572.2	6364540.5	788286.3	15735	2717	1200	14158	14845
2879839.6	177831.9	2994384.9	1405600.1	2575	314	600	1978	2013
25438503.3	832643.4	19578170.8	14458399.5	16549	3241	3604	12224	12868
50908467.0	1672036.4	36442371.8	33326867.6	37863	6712	8532	25724	30915
2726729.3	199884.8	2036474.5	1645242.0	4109	1269	692	1387	2661
716334.5	12274.8	497406.2	454228.8	147	31	37	83	97
1068110.5	11627.4	408241.3	128.8	76	6	5	41	39
171459.9	-10355.2	367003.9	133218.8	189	32	25	122	149
4093898.0	**668204.3**	**6286078.1**	**377522.7**	**751**	**52**	**317**	**436**	**671**
3251473.4	633756.7	5787693.1	377522.7	751	52	317	436	671
799647.5	31260.0	350140.7						
42777.1	3187.6	148244.3						

2-6 续表5

指标名称	R&D经费内部支出（万元）	日常性支出（万元）	人员劳务费（万元）	资产性支出（万元）	仪器和设备（万元）
纺织服装、服饰业	9376.7	8906.1	5792.1	470.6	458.3
皮革、毛皮、羽毛及其制品和制鞋业	5974.3	5641.3	2566.2	333.0	332.0
木材加工和木、竹、藤、棕、草制品业	3277.7	3034.5	863.8	243.2	232.5
家具制造业	18121.1	17368.7	4768.6	752.4	752.4
造纸和纸制品业	89170.8	84389.5	13951.3	4781.3	4715.6
印刷和记录媒介复制业	27053.6	23652.8	9161.3	3400.8	3394.7
文教、工美、体育和娱乐用品制造业	16557.6	14459.7	6438.1	2097.9	2030.5
石油加工、炼焦和核燃料加工业	2651.7	2148.7	492.1	503.0	503.0
化学原料和化学制品制造业	117560.4	100251.0	34774.0	17309.4	16974.2
医药制造业	76487.3	62876.5	18118.9	13610.8	12792.3
化学纤维制造业	2833.8	2250.8	326.0	583.0	583.0
橡胶和塑料制品业	107780.3	93500.0	27491.4	14280.3	13912.9
非金属矿物制品业	57269.8	50623.5	13649.2	6646.3	6450.3
黑色金属冶炼和压延加工业	20880.4	16982.9	3692.8	3897.5	3843.0
有色金属冶炼和压延加工业	71236.2	67239.1	10873.8	3997.1	3774.7
金属制品业	82408.0	75439.3	29597.1	6968.7	6895.6
通用设备制造业	88026.9	77814.9	36009.7	10212.0	9996.3
专用设备制造业	46622.6	41017.3	15910.7	5605.3	5588.2
汽车制造业	166376.2	156426.5	81153.1	9949.7	8740.8
铁路、船舶、航空航天和其他运输设备制造业	41354.8	36958.5	15198.3	4396.3	4303.5
电气机械和器材制造业	260265.7	238111.4	96237.7	22154.3	21681.1
计算机、通信和其他电子设备制造业	754633.2	705434.3	263658.3	49198.9	48012.7
仪器仪表制造业	30071.5	28238.0	12457.1	1833.5	1823.3
其他制造业	1884.2	1724.8	641.7	159.4	158.8
废弃资源综合利用业	2947.7	2928.6	246.5	19.1	10.7
金属制品、机械和设备修理业	4188.4	3973.4	1897.7	215.0	178.3
电力、热力、燃气及水生产和供应业	**28807.1**	**22907.3**	**4821.1**	**5899.8**	**5424.6**
电力、热力生产和供应业	28807.1	22907.3	4821.1	5899.8	5424.6
燃气生产和供应业					
水的生产和供应业					

政府资金（万元）	企业资金（万元）	国外资金（万元）	其他资金（万元）	R&D经费外部支出（万元）	对境内研究机构支出（万元）	对境内高等学校支出（万元）	对境外支出（万元）	项目数（项）	参加项目人员（人）
103.9	9272.8			11.5		11.5		39	473
2.0	5972.3							22	341
45.0	3232.7			37.9		37.9		24	182
20.0	18101.1			65.9		65.9		76	652
433.3	88737.5			667.2	336.9	66.4		172	3423
191.6	26792.0		70.0	1007.1	209.1	67.1		93	1695
568.2	15080.9	908.5		296.0	76.0	200.0	20.0	137	1204
	2364.7		287.0					10	39
2790.4	112500.2	218.5	2051.3	1847.6	912.3	663.7	223.1	602	4538
1718.7	73946.2	99.9	722.5	1587.7	1051.1	519.8		497	2876
20.0	2813.8							6	116
1007.8	105485.3		1287.2	246.1	113.0	123.8	7.5	588	5236
340.5	56512.4		416.9	182.7	42.0	50.7		140	3174
188.2	20692.2			55.1	55.1			46	717
798.6	70306.4	131.2		817.1	814.1	3.0		133	1808
1137.3	79912.1	334.9	1023.7	126.1	79.3	42.6		295	4991
6143.3	65001.7	16037.2	844.7	3811.8	3424.6	36.0	281.4	353	4326
2944.3	42352.3		1326.0	423.3	9.1	387.2		566	2884
6465.2	159911.0			7998.8	3736.3	21.8	829.3	343	14080
295.0	36985.5	2746.2	1328.1	5948.4	494.9	28.6	2268.6	144	2470
6355.2	244849.2	5613.4	3447.9	954.0	357.3	115.8	189.8	1163	15021
32587.9	711622.1	8919.9	1503.3	20820.8	3755.8	2875.3	1044.6	2443	34357
474.7	29110.0		486.8	473.4	365.3	108.1		159	3934
	1884.2							24	118
225.0	2722.7			30.0				7	67
110.0	4078.4			38.0	38.0			21	188
	28807.1			**4735.5**	**1715.2**	**862.8**	**2157.5**	**16**	**714**
	28807.1			4735.5	1715.2	862.8	2157.5	16	714

2-6 续表6

指标名称	项目人员折合全时当量（人年）	项目经费内部支出（万元）	机构数（个）	机构人员数（人）	博士（人）
纺织服装、服饰业	195	7856.8	7	415	6
皮革、毛皮、羽毛及其制品和制鞋业	201	5625.2	2	23	1
木材加工和木、竹、藤、棕、草制品业	105	3069.1	2	49	
家具制造业	473	17732.7	10	355	1
造纸和纸制品业	2952	86095.3	7	950	4
印刷和记录媒介复制业	1454	24332.4	13	535	5
文教、工美、体育和娱乐用品制造业	905	14222.2	22	1436	4
石油加工、炼焦和核燃料加工业	39	2148.7	1	30	
化学原料和化学制品制造业	3805	102693.3	71	2914	44
医药制造业	2194	67898.8	40	1802	32
化学纤维制造业	73	2400.2	1	9	
橡胶和塑料制品业	3824	96852.5	35	2579	28
非金属矿物制品业	2252	54214.5	27	2438	15
黑色金属冶炼和压延加工业	437	17767.1	8	569	14
有色金属冶炼和压延加工业	1131	67798.8	12	753	25
金属制品业	3558	78069.6	33	2246	7
通用设备制造业	3702	81187.8	28	1934	54
专用设备制造业	1853	40844.4	20	1456	6
汽车制造业	13321	155190.7	19	5808	16
铁路、船舶、航空航天和其他运输设备制造业	1938	38020.8	17	1447	
电气机械和器材制造业	11699	238027.4	183	11158	89
计算机、通信和其他电子设备制造业	28029	687643.6	208	20354	154
仪器仪表制造业	2535	28630.4	8	695	1
其他制造业	78	1756.1	3	123	1
废弃资源综合利用业	35	2604.2			
金属制品、机械和设备修理业	148	3523.5	2	185	1
电力、热力、燃气及水生产和供应业	**639**	**27659.2**			
电力、热力生产和供应业	639	27659.2			
燃气生产和供应业					
水的生产和供应业					

硕 士（人）	本 科（人）	机构经费支出（万元）	仪器和设备原 价（万元）	进 口（万元）	新产品开发项目数（个）	新产品开发经费支出（万元）	新产品销售收入（万元）	新产品出口（万元）	专利申请数（件）
15	159	8942.3	2803.5	478.1	114	17377.8	185451.4	108197.4	28
1	18	37.2	36.5		22	4498.3	3801.4	1351.4	104
	10	1619.6	613.2		33	3749.9	53604.1	1312.2	95
17	178	2497.4	2244.6	300.0	81	17861.8	179431.3	136561.8	500
27	345	57401.7	4114.4	1177.5	128	81917.5	1245973.7	103374.7	255
26	219	10271.4	7375.3	2679.3	97	27652.0	221362.7	27175.9	124
27	316	16591.9	9825.3	5061.0	177	25663.0	110802.8	76961.8	732
8	19	1547.2	503.0		9	2050.2	19088.9		25
268	1432	70284.1	33583.6	835.5	632	117545.7	1307054.7	91231.3	502
243	1004	35851.5	19815.1	4457.9	536	81513.0	358144.8	6220.2	278
1	5	370.7	58.0		6	2532.1	32897.0	11196.2	4
109	1112	63177.3	52146.7	16572.5	1211	100311.9	1389658.6	137191.2	767
152	1341	25828.3	20415.8	11323.4	185	58138.0	585698.5	224988.8	297
33	315	16826.6	10219.1	349.0	53	27155.1	237420.6	21712.5	69
87	397	35719.4	17700.8	1174.4	123	56654.4	1832537.4	86739.1	152
92	778	33444.3	22032.2	5183.5	286	80234.0	1136759.7	628741.6	382
74	674	20631.2	16558.4	1572.1	348	106501.3	773129.4	188618.7	604
27	493	15959.8	32419.4	13536.3	632	56379.2	678619.2	126930.2	635
178	2546	92564.1	40497.5	13054.0	306	116379.1	860711.0	215520.0	386
39	717	42028.8	14217.0	1713.6	168	60893.3	760192.5	384291.8	147
615	4810	162219.1	92891.8	23005.6	1427	266208.0	6121656.6	1684317.6	6271
1830	9398	424435.3	253113.6	110962.1	2814	865481.2	12722167.1	4970091.1	4587
23	372	11571.1	4276.7	1026.7	225	33294.2	342120.5	177063.6	699
4	64	1503.1	1141.5	109.0	22	1052.3	6973.8	1249.2	23
					6	2789.6	8426.4	33.2	5
20	142	4365.2	1160.0	911.4	24	4863.8	91138.2	87503.4	17
					18	**28861.9**	**264140.3**		**6**
					18	28861.9	264140.3		6

2-6 续表7

指标名称	发明专利（件）	有效发明专利（件）	境外授权（件）	专利所有权转让及许可数（件）	专利所有权转让及许可收入（万元）
纺织服装、服饰业	8	7	1		
皮革、毛皮、羽毛及其制品和制鞋业					
木材加工和木、竹、藤、棕、草制品业	34	16		1	
家具制造业	148	142	78	4	
造纸和纸制品业	34	50			
印刷和记录媒介复制业	25	37		6	
文教、工美、体育和娱乐用品制造业	48	93	8		
石油加工、炼焦和核燃料加工业	2	6			
化学原料和化学制品制造业	240	599	7	3	
医药制造业	172	337	43	17	
化学纤维制造业	2	1			
橡胶和塑料制品业	163	327	9	2	
非金属矿物制品业	55	129	1	22	0.1
黑色金属冶炼和压延加工业	16	25			
有色金属冶炼和压延加工业	32	154	1		
金属制品业	99	425	1	77	0.7
通用设备制造业	165	386	30	7	
专用设备制造业	133	222	1	2	230.0
汽车制造业	101	66	4	8	0.1
铁路、船舶、航空航天和其他运输设备制造业	25	47			
电气机械和器材制造业	1274	4468	623	15	21.0
计算机、通信和其他电子设备制造业	1906	3580	259	216	11886.8
仪器仪表制造业	110	264	3	45	
其他制造业	6	6	2		
废弃资源综合利用业	1	9		3	9.0
金属制品、机械和设备修理业	2	1			
电力、热力、燃气及水生产和供应业	**5**	**7**			
电力、热力生产和供应业	5	7			
燃气生产和供应业					
水的生产和供应业					

拥有注册商标数（件）	境外注册（件）	形成国家或行业标准数（项）	使用来自政府部门的科技活动资金（万元）	研究开发费用加计扣除减免税（万元）	高新技术企业减免税（万元）	引进技术经费支出（万元）	消化吸收经费支出（万元）	购买国内技术经费支出（万元）	技术改造经费支出（万元）
201	15	6	296.5					10.0	60.8
21	10		2.0						
24		3	55.0		109.3				76.9
192	55	3	20.0		674.6		30.0		1252.0
410	172	8	558.8	1397.9	8303.3			1.1	21211.8
63	5	9	501.5	597.1	3700.2		551.9	65.0	910.2
342	50	9	568.2	155.5	2852.5				314.4
					77.7				
1761	215	38	3665.0	907.7	22925.2	147214.3	70.0	894.7	5304.2
1768	97	101	2145.1	25722.2	49655.1	199.3	2768.4	1858.6	12203.7
1			20.0						235.0
754	75	10	1232.4	3118.7	14630.2	2200.0	1913.2		10176.0
73	15	43	1221.7	866.5	2448.4		85.0	800.0	3244.9
53	23	3	454.0		986.7				7540.2
139	85	4	1708.9	800.6	956.2	150.0	150.0		2974.8
216	48	30	1673.7	1258.5	4068.1	351.0	583.0		6257.9
139	4	14	6215.6	1126.7	6914.7	741.1	1101.0	33.0	665.1
223	26	16	3517.3	1277.9	4969.9	703.1			1474.0
64	27		6505.3	9516.2	5585.6	448.0			632.0
473	104		295.0	1760.4	13353.3	9998.2	352.3	5421.8	3443.8
1328	350	89	7265.1	15068.2	55080.5	544.4	381.8	305.3	41815.4
1330	410	84	36260.6	15444.5	74587.8	7186.7	1777.7	2964.8	58497.3
356	171	11	571.4	992.7	13500.7	2764.2	106.7	420.4	1387.1
14				16.4	61.4				
1			225.0						
13	12		110.0						
									1748.3
									1748.3

2-6 续表8

指标名称	企业数（个）	有R&D活动的企业（个）	有研发机构的企业（个）	有新产品销售的企业（个）
五、按地区分组				
广州市	987	140	76	94
韶关市	59	7	3	4
深圳市	2139	189	80	164
珠海市	368	69	49	62
汕头市	181	20	10	20
佛山市	878	197	58	125
江门市	606	86	37	58
湛江市	54	12	10	6
茂名市	61	7		2
肇庆市	211	39	24	18
惠州市	700	118	56	77
梅州市	54	4	2	2
汕尾市	65	3	1	3
河源市	130	4	3	3
阳江市	69	6	2	4
清远市	137	16	6	11
东莞市	1990	205	95	117
中山市	698	111	52	85
潮州市	123	11	7	10
揭阳市	177	10	4	6
云浮市	96	8	3	4

主营业务收入（万元）	利润总额（万元）	资产总计（万元）	出口交货值（万元）	R&D人员合计（人）	女性（人）	研究人员（人）	全时人员（人）	R&D人员全时当量（人年）
29159490.9	1521948.0	22285379.6	9043955.3	17460	3420	3409	12951	14301
1305360.1	59677.5	967513.4	755684.8	567	105	87	493	488
54817520.8	3487282.6	47396766.0	27606342.9	32966	6724	6567	27256	26154
7156111.9	358038.4	7805302.2	2583812.2	4477	1265	1021	3270	3348
2228778.8	182803.4	2160655.6	565574.5	1590	342	316	1118	1356
30041702.8	2129607.9	17193122.1	5957407.2	12448	2341	1946	7394	8415
10796452.0	699222.4	10502790.7	3611358.5	7714	1638	988	5023	5965
3817214.8	618257.5	5095470.2	561362.8	1127	282	260	321	421
485313.1	52118.9	234102.2	207987.5	97	14	32	63	67
7283311.8	402678.8	4242869.1	1708159.9	2306	420	418	1285	1918
16041669.4	524724.7	12769970.4	8749134.8	8547	1307	2288	6499	7152
653949.4	34537.7	458315.4	280263.4	232	47	45	193	177
3214268.7	105688.4	1361464.6	2181244.6	1042	187	28	972	1011
2430551.0	134196.4	2165197.1	1123035.1	680	177	94	641	386
1931274.0	295455.9	835571.5	632236.1	267	13	52	126	176
3983899.6	244170.0	4078256.0	1241774.7	1001	211	170	623	537
40032504.0	1016075.5	33695086.8	25938358.9	20432	2370	3403	9626	17569
13811271.7	741757.1	9901834.5	6477997.7	11511	2302	1792	7654	9327
1686639.8	136897.7	1040797.2	413796.5	548	128	106	405	261
4555473.9	420898.8	1534050.0	1607195.9	321	43	75	189	265
1802761.9	122519	1492683.6	662498.2	650	124	64	247	400

2-6 续表9

指标名称	R&D经费内部支出（万元）	日常性支出（万元）	人员劳务费（万元）	资产性支出（万元）	仪器和设备（万元）
五、按地区分组（地区）					
广州市	347466.9	328570.9	114481.9	18896.0	18516.5
韶关市	7098.5	5313.2	1440.3	1785.3	1370.1
深圳市	473242.8	442344.9	232946.3	30897.9	29532.5
珠海市	80703.6	69140.7	26158.0	11562.9	11016.1
汕头市	20363.4	17611.6	5756.2	2751.8	2604.2
佛山市	242061.4	213509.9	69827.8	28551.5	27801.4
江门市	120986.2	106318.5	32233.3	14667.7	14044.8
湛江市	21611.5	19728.2	9459.2	1883.3	1870.8
茂名市	5213.3	4707.8	560.5	505.5	480.7
肇庆市	44869.4	38549.9	11709.5	6319.5	6115.3
惠州市	243557.6	218445.5	60321.7	25112.1	24646.8
梅州市	1727.5	1585.7	686.5	141.8	141.8
汕尾市	26328.6	25230.0	9521.1	1098.6	1098.6
河源市	10009.9	8893.9	2766.5	1116.0	1115.9
阳江市	16922.7	14906.4	2124.4	2016.3	2012.1
清远市	31054.8	25992.9	4654.4	5061.9	4987.4
东莞市	336432.2	311241.2	109860.8	25191.0	24499.0
中山市	201621.6	181477.1	55427.6	20144.5	19894.5
潮州市	12594.2	10755.3	4117.9	1838.9	1711.8
揭阳市	10669.6	9398.6	3195.6	1271.0	1224.2
云浮市	9904.2	9352.2	3874	552	548.7

政府资金（万元）	企业资金（万元）	国外资金（万元）	其他资金（万元）	R&D经费外部支出（万元）	对境内研究机构支出（万元）	对境内高等学校支出（万元）	对境外支出（万元）	项目数（项）	参加项目人员（人）
8988.0	329730.7	4849.5	3898.7	9511.2	4234.8	931.8	632.4	1117	15908
276.0	6822.5			272.0	120.0	152.0		30	535
21516.7	445900.7	4830.6	994.8	23511.6	7409.1	4145.4	2695.8	1833	29478
1029.1	78830.5		844.0	656.6	614.9	24.3	0.6	477	4071
261.6	20101.8			1078.1	18.0	27.0	22.0	99	1325
2032.7	231115.4	7057.5	1855.8	1260.0	292.2	455.2	467.3	980	10452
1719.5	117737.5	480.4	1048.8	15035.5	392.6	570.5	2282.7	515	7217
3153.5	18458.0			2251.5	128.7	1139.6		79	1079
10.0	5117.9		85.4					8	77
321.0	44067.3		481.1	32.0	20.0	12.0		159	2176
20351.0	222975.9	230.7		4262.0	320.9	271.9	69.2	494	7830
125.6	1601.9							14	219
10.0	26318.6							32	1022
	10009.9							29	649
374.9	16547.8			812.9	783.4	29.5		28	257
1649.2	29405.6			3389.4	3379.4	10.0		124	859
3946.4	312428.8	16906.9	3150.1	3756.1	1503.1	808.1	570.4	1652	18981
3461.0	194615.3	1035.9	2509.4	1045.7	424.8	249.3	281.4	697	10400
240.7	12353.5			258.3	94.7	94.7	68.9	41	524
147.9	10046.7		475.0	0.4		0.4		33	309
111	9793.2							30	576

2–6 续表10

指标名称	项目人员折合全时当量（人年）	项目经费内部支出（万元）	机构数（个）	机构人员数（人）	博 士（人）
五、按地区分组（地区）					
广州市	12960	296259.6	93	7407	66
韶关市	459	6397.3	3	125	1
深圳市	23422	431684.5	111	14144	124
珠海市	3056	74628.5	78	3914	57
汕头市	1104	17244.5	11	562	5
佛山市	6975	221124.4	81	5738	71
江门市	5574	110925.2	44	3536	14
湛江市	393	10571.1	13	922	17
茂名市	54	4804.1			
肇庆市	1809	39500.2	31	1137	23
惠州市	6520	218395.9	120	5691	41
梅州市	169	1535.6	2	132	6
汕尾市	992	26119.8	1	1041	2
河源市	369	8965.6	3	271	2
阳江市	167	15417.6	4	59	
清远市	430	26951.0	16	608	17
东莞市	16318	322505.5	132	11104	55
中山市	8456	187227.9	55	5546	44
潮州市	251	11043.7	10	407	17
揭阳市	256	9874.3	6	144	
云浮市	378	9457.2	3	146	

硕 士（人）	本 科（人）	机构经费支 出（万元）	仪器和设备原 价（万元）	进 口（万元）	新产品开发项目数（个）	新产品开发经费支出（万元）	新产品销售收入（万元）	新产品出口（万元）	专利申请数（件）
1181	3595	146075.8	132204.6	57852.6	1065	325338.5	3661006.0	983340.4	2128
8	40	4477.4	2538.1	609.0	49	8387.4	94253.0	20503.7	41
1411	7113	240102.9	112163.9	37730.1	2149	434764.3	9197967.3	3016623.7	5396
302	1628	72559.5	45139.7	4652.4	616	114230.0	1034319.8	177828.5	759
46	333	8701.7	15265.3	12807.2	132	23433.7	356174.0	59724.4	607
279	2822	109249.6	81005.4	29208.3	901	223624.1	2705264.7	354787.8	1252
200	1751	102367.4	37905.0	7347.1	642	178327.7	1423909.7	214225.8	733
379	371	27192.9	9618.4	160.0	75	11493.6	112095.9	250.0	129
					6	4489.0	3508.9	392.9	4
94	471	29737.9	7482.2	83.7	144	42148.9	382234.1	97906.0	146
219	2694	154751.8	37474.2	15771.4	529	306795.4	4223443.4	1955850.2	1261
1	23	1245.0	490.0		15	2806.6	5281.4	610.0	14
23	396	26861.1	25590.0	23982.5	35	28319.1	798722.1	76173.5	88
1	59	3869.7	5458.5	3118.1	26	6423.4	109425.9	27221.4	45
	53	2432.2	4350.0		21	19372.9	33505.6	690.0	28
60	330	11333.4	7263.9	109.1	120	31198.5	796627.6	116789.5	124
270	3717	218561.2	96774.1	14945.8	2796	409773.6	3816051.6	1526488.9	2366
204	2170	89059.7	52219.5	8212.7	658	161233.2	3264540.0	945712.1	2865
41	143	3218.0	4869.7	800.9	39	12007.2	24575.4	2865.9	94
3	82	2710.0	4609.0	372.1	38	12455.5	82961.8	8699.6	21
2	35	2268	1470.6	200	28	8374.3	36639.6	9014.8	3

2-6 续表11

指标名称	发明专利（件）	有效发明专利（件）	境外授权（件）	专利所有权转让及许可数（件）	专利所有权转让及许可收入（万元）
五、按地区分组（地区）					
广州市	842	1107	106	12	50.0
韶关市	14	65	12		
深圳市	1591	6755	678	154	12091.8
珠海市	282	493	53	30	
汕头市	82	418	3		
佛山市	222	607	17	119	0.1
江门市	177	260	1	13	0.7
湛江市	45	46			
茂名市		4			
肇庆市	48	201			
惠州市	394	306	66	2	
梅州市	7				
汕尾市	38	15			
河源市	14	16			
阳江市	1	3		26	
清远市	31	37			
东莞市	731	777	123	50	39.0
中山市	398	420	13	28	
潮州市	4	16			0.1
揭阳市	4	7			
云浮市	2	1			

说明：

（1）本表指标取自“规模以上工业法人单位R&D活动及相关情况过录表(L506表)”中的相应指标。

（2）国有及国有控股企业应符合以下四个条件之一：登记注册类型为110（国有企业）、141（国有联营企业）、151（国有独资公司），或企业控股情况1（国有控股）。

拥有注册商标数（件）	境外注册（件）	形成国家或行业标准数（项）	使用来自政府部门的科技活动资金（万元）	研究开发费用加计扣除减免税（万元）	高新技术企业减免税（万元）	引进技术经费支出（万元）	消化吸收经费支出（万元）	购买国内技术经费支出（万元）	技术改造经费支出（万元）
1461	212	79	10029.6	9282.3	29680.1	147977.4	150.0	548.1	31334.7
25		3	466.0	220.2	1832.0				
1915	573	114	23972.8	16392.4	62773.9	4343.6	1307.1	1775.3	29914.8
1280	134	46	2150.4	27518.0	52947.6	376.5	2450.1	1791.3	18170.8
488	97	18	361.0	408.0	4924.9				225.0
2209	358	56	2180.4	2254.4	15237.0	2666.6	96.2	461.4	9963.5
698	120	40	2414.8	1033.4	17929.3	10701.7	701.9	5528.7	8583.2
48	2	9	3301.8	9190.2	337.8				67364.9
3			10.0						149.3
15	2	3	1214.3	1845.4	951.5	23.3		45.2	1985.0
266	39	8	21862.6	10860.7	8758.7	4857.5	349.6	1004.8	13006.0
4			285.6						
			10.0		5689.1				530.0
				277.6	2302.1		345.0		1178.2
17	4	5	583.4			321.0			6350.1
17		12	2198.4	1239.0	3805.2				3050.0
1201	233	63	4980.6	6301.1	57496.9	768.2	4029.3	1237.5	14769.0
864	231	37	3766.6	2542.4	23124.9	464.5	441.8	382.4	50096.9
50	15	1	771.0	91.6	39.9				1744.1
25	3	1	260.1		1005.4				
4	1		111		890.5				83.7

2-7 规模以上工业

指标名称	企业数（个）	有R&D活动的企业（个）	有研发机构的企业（个）	有新产品销售的企业（个）
总　　计	**4726**	**781**	**351**	**538**
一、按企业规模分组				
大型	430	174	81	129
中型	1539	296	156	205
小型	2673	309	114	203
微型	84	2		1
二、按国有及国有控股分组				
国有及国有控股企业	71	24	15	20
三、按登记注册类型分组				
外商投资企业	4726	781	351	538
中外合资经营企业	1021	294	157	221
中外合作经营企业	180	18	9	15
外资企业	3422	448	174	288
外商投资股份有限公司	88	21	11	14
其他外商投资企业	15			
四、按国民经济行业分组				
采矿业	**4**		**1**	
煤炭开采和洗选业				
石油和天然气开采业				
黑色金属矿采选业				
有色金属矿采选业				
非金属矿采选业	2			
开采辅助活动	2		1	
其他采矿业				
制造业	**4675**	**775**	**346**	**536**
农副食品加工业	75	9	7	6
食品制造业	81	13	6	7
酒、饮料和精制茶制造业	38	2	1	3
烟草制品业				
纺织业	101	7	1	3

法人单位科技情况（外商）

主营业务收入（万元）	利润总额（万元）	资产总计（万元）	出口交货值（万元）	R&D人员合计（人）	女性（人）	研究人员（人）	全时人员（人）	R&D人员全时当量（人年）
275298582.6	**16539096.1**	**179384510.1**	**125943184.9**	**101915**	**15662**	**18093**	**68847**	**83068**
173707639.4	10531029.0	100829996.5	93033445.0	61857	9730	9962	48075	52209
60434406.6	3983286.4	47871045.4	22511382.5	22835	4377	4711	15323	16283
40007057.4	2004422.0	29773060.9	9909051.7	9162	1555	2183	5449	6517
1149479.2	20358.7	910407.3	489305.7	8061		1237		8059
26471358.3	2375917.4	20380359.5	818611.7	3894	707	879	2998	2983
275298582.6	16539096.1	179384510.1	125943184.9	101915	15662	18093	68847	83068
94325732.0	7860017.3	64548474.6	21565315.9	44124	6112	8190	23791	33980
7977197.2	400232.6	5442557.8	1950767.7	1159	235	122	630	727
165519106.1	7630355.8	103758532.3	97268610.9	53637	8596	9387	42143	45495
7262781.2	648532.2	5374549.3	5112741.7	2995	719	394	2283	2866
213766.1	-41.8	260396.1	45748.7					
51681.5	**17109.4**	**52999.2**	**183.7**					
12900.2	638.1	15474.6	183.7					
38781.3	16471.3	37524.6						
269166340.2	**15446945.1**	**169226696.2**	**125537668.1**	**101623**	**15625**	**17972**	**68665**	**82818**
4882723.4	203404.5	2227531.3	451219.4	301	49	100	103	156
6728999.3	1279382.6	4657096.3	167545.5	1774	577	204	659	1259
2739259.3	270525.5	2139849.4	38972.2	175	13	13	46	60
3570132.3	147248.1	2103167.6	978167.7	110	35	12	96	83

2–7 续表1

指标名称	R&D经费内部支出（万元）	日常性支出（万元）	人员劳务费（万元）	资产性支出（万元）	仪器和设备（万元）
总　　计	**2228544.0**	**1949544.7**	**723548.8**	**278999.3**	**267918.4**
一、按企业规模分组					
大型	1504593.3	1298217.8	496475.0	206375.5	196523.8
中型	498942.6	447434.6	159838.7	51508.0	50770.3
小型	212196.0	193024.5	60114.0	19171.5	18693.0
微型	12812.1	10867.8	7121.1	1944.3	1931.3
二、按国有及国有控股分组					
国有及国有控股企业	262977.2	212607.0	61466.9	50370.2	50129.3
三、按登记注册类型分组					
外商投资企业	2228544.0	1949544.7	723548.8	278999.3	267918.4
中外合资经营企业	978707.9	809738.4	255660.0	168969.5	159097.2
中外合作经营企业	24080.1	21452.8	8765.5	2627.3	2604.8
外资企业	1166249.0	1067333.5	438770.5	98915.5	97743.3
外商投资股份有限公司	59507.0	51020.0	20352.8	8487.0	8473.1
其他外商投资企业					
四、按国民经济行业分组					
采矿业					
煤炭开采和洗选业					
石油和天然气开采业					
黑色金属矿采选业					
有色金属矿采选业					
非金属矿采选业					
开采辅助活动					
其他采矿业					
制造业	**2218094.2**	**1940345.2**	**719978.3**	**277749.0**	**266670.1**
农副食品加工业	25351.8	24893.4	1602.9	458.4	457.8
食品制造业	42858.4	40599.8	16085.0	2258.6	2216.4
酒、饮料和精制茶制造业	5478.9	5202.0	927.7	276.9	270.0
烟草制品业					
纺织业	1239.3	916.4	406.1	322.9	319.5

政府资金（万元）	企业资金（万元）	国外资金（万元）	其他资金（万元）	R&D经费外部支出（万元）	对境内研究机构支出（万元）	对境内高等学校支出（万元）	对境外支出（万元）	项目数（项）	参加项目人员（人）
28787.3	**2138546.4**	**39919.7**	**21290.6**	**91314.1**	**14370.9**	**3289.4**	**59622.2**	**7325**	**92570**
12749.6	1454522.5	29654.5	7666.7	79289.4	5546.7	1742.3	58369.2	3138	55526
11425.7	473169.1	6236.8	8111.0	9815.8	8238.5	1038.6	520.9	2777	20830
4611.0	198043.7	4028.4	5512.9	2208.9	585.7	508.5	732.1	1398	8154
1.0	12811.1							12	8060
2318.7	258260.9	1232.7	1164.9	16606.5	223.2	471.2	15597.0	223	2918
28787.3	2138546.4	39919.7	21290.6	91314.1	14370.9	3289.4	59622.2	7325	92570
17824.3	944588.4	9773.2	6522.0	66687.1	11206.2	2428.7	46850.8	2840	39019
50.0	21624.0		2406.1	29.2	25.4			251	1070
9838.2	1113901.8	30146.5	12362.5	24505.4	3060.6	847.0	12771.4	3977	49915
1074.8	58432.2			92.4	78.7	13.7		257	2566
28660.3	**2128712.5**	**39919.7**	**20801.7**	**91279.2**	**14370.9**	**3254.5**	**59622.2**	**7300**	**92307**
134.8	25217.0			6.0		6.0		83	250
129.6	42728.8			2080.1	465.9	994.8		161	1655
0.2	5478.7							10	147
	1239.3			33.3	13.3	10.0	10.0	41	101

2-7 续表2

指标名称	项目人员折合全时当量（人年）	项目经费内部支出（万元）	机构数（个）	机构人员数（人）	博士（人）
总计	**75483**	**2058520.7**	**459**	**44472**	**454**
一、按企业规模分组					
大型	46678	1388700.2	133	28680	133
中型	14967	460294.6	194	11747	252
小型	5780	197112.6	132	4045	69
微型	8059	12413.3			
二、按国有及国有控股分组					
国有及国有控股企业	2215	238588.3	24	2972	23
三、按登记注册类型分组					
外商投资企业	75483	2058520.7	459	44472	454
中外合资经营企业	29853	896135.3	215	21079	299
中外合作经营企业	667	22930.5	9	408	4
外资企业	42517	1087634.6	221	21701	145
外商投资股份有限公司	2446	51820.3	14	1284	6
其他外商投资企业					
四、按国民经济行业分组					
采矿业			**1**	**11**	
煤炭开采和洗选业					
石油和天然气开采业					
黑色金属矿采选业					
有色金属矿采选业					
非金属矿采选业					
开采辅助活动			1	11	
其他采矿业					
制造业	**75260**	**2049094.9**	**452**	**44019**	**367**
农副食品加工业	122	25129.8	8	294	7
食品制造业	1154	41055.1	7	1217	9
酒、饮料和精制茶制造业	54	5319.0	1	166	
烟草制品业					
纺织业	77	1172.6	1	68	2

硕士（人）	本科（人）	机构经费支出（万元）	仪器和设备原价（万元）	进口（万元）	新产品开发项目数（个）	新产品开发经费支出（万元）	新产品销售收入（万元）	新产品出口（万元）	专利申请数（件）
3795	**21478**	**1234627.5**	**528723.2**	**166414.1**	**7928**	**2365343.3**	**68801602.8**	**25558302.5**	**18141**
2424	14857	899093.5	379250.4	130094.8	3224	1597861.8	61702464.0	23580531.2	12785
1074	4692	252567.4	104854.6	25575.1	3080	541017.4	5006741.1	1750805.3	3702
297	1929	82966.6	44618.2	10744.2	1615	219206.3	1733040.7	226966.0	1561
					9	7257.8	359357.0		93
310	1576	162447.2	97931.2	10721.6	202	260628.9	8647007.9	900481.5	1064
3795	21478	1234627.5	528723.2	166414.1	7928	2365343.3	68801602.8	25558302.5	18141
1879	9629	689243.7	298573.5	70688.8	3007	1049921.1	37599285.8	2773037.2	7413
17	213	6975.2	3955.1	863.0	292	23222.5	217715.6	85751.6	200
1839	10864	507407.1	211997.1	92743.6	4316	1220573.3	30223687.2	22284629.2	10061
60	772	31001.5	14197.5	2118.7	313	71626.4	760914.2	414884.5	467
	11	**402.8**	**73.8**						
	11	402.8	73.8						
3673	**21234**	**1224258.0**	**527652.8**	**166414.1**	**7914**	**2360890.4**	**68801464.8**	**25558302.5**	**18124**
22	134	8747.1	2650.4	163.0	93	26396.0	260628.9	19520.0	4
76	881	36647.4	5585.7	697.7	167	59230.2	220030.5	1533.0	125
8	39	4357.1	3145.3		13	3441.5	85113.8	50.6	1
4	35	1290.0	1520.0	330.0	44	2625.6	21761.5	14425.9	10

2-7 续表3

指标名称	发明专利（件）	有效发明专利（件）	境外授权（件）	专利所有权转让及许可数（件）	专利所有权转让及许可收入（万元）
总　　计	**11048**	**14537**	**3679**	**174**	**17939.7**
一、按企业规模分组					
大型	8923	11302	3383	59	17110.5
中型	1466	2030	233	107	242.2
小型	611	1019	27	8	587.0
微型	48	186	36		
二、按国有及国有控股分组					
国有及国有控股企业	830	185	1	1	16955.4
三、按登记注册类型分组					
外商投资企业	11048	14537	3679	174	17939.7
中外合资经营企业	4641	2411	97	87	16960.8
中外合作经营企业	97	98			
外资企业	5988	11445	3566	87	978.9
外商投资股份有限公司	322	583	16		
其他外商投资企业					
四、按国民经济行业分组					
采矿业					
煤炭开采和洗选业					
石油和天然气开采业					
黑色金属矿采选业					
有色金属矿采选业					
非金属矿采选业					
开采辅助活动					
其他采矿业					
制造业	**11043**	**14534**	**3679**	**174**	**17939.7**
农副食品加工业	4	24			
食品制造业	35	66	2		
酒、饮料和精制茶制造业	1	6			
烟草制品业					
纺织业	9	7			

拥有注册商标数（件）	境外注册（件）	形成国家或行业标准数（项）	使用来自政府部门的科技活动资金（万元）	研究开发费用加计扣除减免税（万元）	高新技术企业减免税（万元）	引进技术经费支出（万元）	消化吸收经费支出（万元）	购买国内技术经费支出（万元）	技术改造经费支出（万元）
5089	**1001**	**251**	**35350.7**	**87087.1**	**148303.8**	**285454.8**	**25944.9**	**9237.4**	**190361.0**
2792	528	133	15662.4	69225.6	100214.9	258171.3	21397.0	7579.1	141456.8
1640	390	74	13446.7	13589.1	35288.0	21764.3	3508.1	479.1	40010.6
657	83	44	6239.4	4272.4	12800.9	5519.2	1039.8	1179.2	8893.6
			2.2						
237	17	3	2587.1	5493.9	31199.8	67141.5	3579.7		69384.1
5089	1001	251	35350.7	87087.1	148303.8	285454.8	25944.9	9237.4	190361.0
1863	189	76	20245.1	28261.5	89261.0	237668.8	17579.4	8120.4	140962.5
129	2	2	382.0	955.2	1085.0	4114.0			2247.0
2591	617	170	13026.6	55067.0	52199.7	43404.0	8365.5	1117.0	47151.5
506	193	3	1697.0	2803.4	5758.1	268.0			
5087	**1000**	**249**	**35201.8**	**87009.0**	**148167.1**	**285454.8**	**25944.9**	**9237.4**	**190318.4**
113	1	1	152.8	144.3	33.3				
321	30	2	214.8	418.5	12131.0				15589.3
442	27		0.4					701.9	499.8
18	3					300.0	100.0	400.0	4347.6

2-7 续表4

指标名称	企业数（个）	有R&D活动的企业（个）	有研发机构的企业（个）	有新产品销售的企业（个）
纺织服装、服饰业	158	2	1	1
皮革、毛皮、羽毛及其制品和制鞋业	209	3		3
木材加工和木、竹、藤、棕、草制品业	25	3	1	2
家具制造业	133	3	1	1
造纸和纸制品业	60	9	7	5
印刷和记录媒介复制业	54	4	1	1
文教、工美、体育和娱乐用品制造业	163	9	7	11
石油加工、炼焦和核燃料加工业	10	1		
化学原料和化学制品制造业	273	70	31	44
医药制造业	48	24	19	12
化学纤维制造业	10	2		1
橡胶和塑料制品业	392	47	14	32
非金属矿物制品业	168	26	10	18
黑色金属冶炼和压延加工业	52	2	1	2
有色金属冶炼和压延加工业	58	11	6	8
金属制品业	305	32	11	24
通用设备制造业	254	66	24	42
专用设备制造业	202	51	22	36
汽车制造业	280	56	23	35
铁路、船舶、航空航天和其他运输设备制造业	56	10	5	8
电气机械和器材制造业	484	97	54	71
计算机、通信和其他电子设备制造业	869	191	85	140
仪器仪表制造业	76	23	8	19
其他制造业	30			
废弃资源综合利用业	5			
金属制品、机械和设备修理业	6	2		1
电力、热力、燃气及水生产和供应业	**47**	**6**	**4**	**2**
电力、热力生产和供应业	16	2	1	
燃气生产和供应业	19	2	1	
水的生产和供应业	12	2	2	2

主营业务收　　入（万元）	利润总额（万元）	资产总计（万元）	出口交货值（万元）	R&D人员合　　计（人）	女性（人）	研究人员（人）	全时人员（人）	R&D人员全时当量（人年）
2778354.6	145747.0	1564639.6	1596357.5	8101	2	1235		8086
3348991.6	87958.9	1896176.9	2117227.4	340	86	75	259	275
355017.4	11370.9	274796.8	53601.9	33	3	5	18	24
2015630.2	115333.0	1367014.2	977439.1	86	13	9	48	31
1603415.7	96404.3	2235377.5	370473.5	564	64	126	319	459
949538.1	85972.7	787424.1	527285.3	322	36	13	223	301
2484478.1	70511.8	1912897.4	1242921.9	815	262	46	355	517
4429685.6	195966.9	1690489.1	1503.7	56	3	3	12	51
18205581.7	1470972.0	12492759.9	2098483.3	2904	459	703	1716	2125
2187423.5	239632.8	1845201.6	258931.6	1363	613	346	1122	1128
646382.4	74991.0	763244.4	136357.2	214	25	10	23	46
7571483.6	270726.7	5626242.2	3268538.3	4947	942	971	3648	3833
3171904.0	209716.0	3214987.7	709741.2	3772	624	279	1244	1792
5581424.5	151286.7	4406176.1	1123073.6	104	28	69	100	86
4245342.9	177178.5	3428127.8	436615.3	680	93	98	491	528
5786935.5	308784.5	4115272.2	2906396.6	2534	368	590	1864	1767
12866816.1	679837.8	8655185.8	5925367.6	6981	1230	1453	4073	5759
3521150.3	143220.3	4349918.4	1619532.3	3172	430	496	2545	2704
38347333.8	3931685.1	25027029.8	2448004.9	6531	857	1594	4589	5172
2269059.1	90831.1	1414791.3	767255.0	848	102	188	578	457
16365768.1	864272.0	11543719.3	8369122.5	9721	1761	2068	6770	7473
109697265.6	3951281.8	57419718.0	85327595.7	43577	6702	6931	36558	37476
1986897.3	123740.1	1505712.1	1152341.6	1519	245	314	1184	1123
313446.0	4217.1	172323.9	232382.0					
138936.3	5380.8	65385.5	3000.0					
376963.9	39364.6	324440.0	232214.3	79	3	21	22	45
6080560.9	**1075041.6**	**10104814.7**	**405333.1**	**292**	**37**	**121**	**182**	**250**
2244485.9	572654.5	4500907.1		28		2		20
3092223.4	326112.9	2317806.6	106250.8	132		73	123	120
743851.6	176274.2	3286101.0	299082.3	132	37	46	59	109

2-7 续表5

指标名称	R&D经费内部支出（万元）	日常性支出（万元）	人员劳务费（万元）	资产性支出（万元）	仪器和设备（万元）
纺织服装、服饰业	13430.7	11435.8	7353.5	1994.9	1981.7
皮革、毛皮、羽毛及其制品和制鞋业	2816.9	2525.6	1240.5	291.3	287.2
木材加工和木、竹、藤、棕、草制品业	1651.7	1399.5	225.2	252.2	252.2
家具制造业	1361.1	1299.7	562.0	61.4	60.5
造纸和纸制品业	13878.4	12429.3	2807.0	1449.1	1440.4
印刷和记录媒介复制业	4545.1	4285.7	2234.1	259.4	259.4
文教、工美、体育和娱乐用品制造业	6116.6	5604.8	2364.1	511.8	480.8
石油加工、炼焦和核燃料加工业	1512.0	1092.0	60.0	420.0	400.0
化学原料和化学制品制造业	101915.6	91578.9	28741.2	10336.7	10094.5
医药制造业	40201.4	34778.8	11156.7	5422.6	5376.4
化学纤维制造业	2885.3	2804.1	217.2	81.2	81.2
橡胶和塑料制品业	82755.1	76066.3	28699.7	6688.8	6607.5
非金属矿物制品业	32551.8	22872.7	7651.6	9679.1	9599.2
黑色金属冶炼和压延加工业	10187.2	9440.3	1185.3	746.9	746.9
有色金属冶炼和压延加工业	30794.3	28664.8	6599.8	2129.5	1966.4
金属制品业	39077.2	36066.9	13064.4	3010.3	2905.3
通用设备制造业	149863.9	139433.3	44225.1	10430.6	10270.8
专用设备制造业	86462.6	69581.9	29600.9	16880.7	16758.9
汽车制造业	354365.5	276094.5	93893.4	78271.0	69934.1
铁路、船舶、航空航天和其他运输设备制造业	20917.6	18847.8	6623.7	2069.8	2057.9
电气机械和器材制造业	211195.8	188724.1	61251.3	22471.7	21800.1
计算机、通信和其他电子设备制造业	905497.8	806598.6	338901.7	98899.2	97998.8
仪器仪表制造业	27216.5	25142.5	11486.5	2074.0	2046.2
其他制造业					
废弃资源综合利用业					
金属制品、机械和设备修理业	1965.7	1965.7	811.7		
电力、热力、燃气及水生产和供应业	**10449.8**	**9199.5**	**3570.5**	**1250.3**	**1248.3**
电力、热力生产和供应业	571.9	504.1	329.7	67.8	65.8
燃气生产和供应业	8592.7	7752.3	2513.2	840.4	840.4
水的生产和供应业	1285.2	943.1	727.6	342.1	342.1

政府资金（万元）	企业资金（万元）	国外资金（万元）	其他资金（万元）	R&D经费外部支出（万元）	对境内研究机构支出（万元）	对境内高等学校支出（万元）	对境外支出（万元）	项目数（项）	参加项目人员（人）
	13120.6		310.1					9	8100
110.5	2706.4							9	292
	1651.7							3	31
	1361.1							17	82
1.8	13876.6			0.9	0.5	0.3	0.1	44	520
	4545.1							19	294
118.2	5998.4			17.6		17.6		51	796
2.0	1510.0							5	53
771.8	95197.1	5476.1	470.6	3184.5	327.8	259.8	2596.9	434	2503
5977.2	34085.4		138.8	442.0	230.0	106.6		224	1231
	2885.3							36	194
335.4	82321.9	51.7	46.1	27.9	12.4	8.0		271	4680
162.8	32389.0			652.5	303.5		349.0	140	3521
	10187.2							5	77
412.6	28561.0	427.8	1392.9	280.6	166.0	114.6		88	620
341.8	36909.3		1826.1	232.7	232.7			133	2223
1464.7	144991.8	664.3	2743.1	14199.5	781.4	85.2	11868.6	451	5523
3705.0	82317.5	137.9	302.2	309.9	80.0	164.8	65.1	322	3018
1471.5	336186.7	12747.1	3960.2	22227.3	519.5	30.9	21674.9	372	5595
196.2	19071.3	1118.7	531.4	15380.0		20.0	15360.0	93	774
4326.9	198580.8	3319.6	4968.5	8150.6	4312.8	359.5	3468.0	1929	8517
8792.0	877923.9	15265.8	3516.1	24023.8	6925.1	1046.4	4229.6	2174	39998
205.3	25704.9	710.7	595.6	30.0		30.0		165	1437
	1965.7							11	75
127.0	**9833.9**		**488.9**	**34.9**		**34.9**		**25**	**263**
	571.9							2	27
35.0	8068.8		488.9					12	116
92.0	1193.2			34.9		34.9		11	120

2-7 续表6

指标名称	项目人员折合全时当量（人年）	项目经费内部支出（万元）	机构数（个）	机构人员数（人）	博士（人）
纺织服装、服饰业	8085	13032.3	1	75	
皮革、毛皮、羽毛及其制品和制鞋业	237	2563.9			
木材加工和木、竹、藤、棕、草制品业	22	1616.3	1	12	
家具制造业	30	1308.9	1	75	5
造纸和纸制品业	426	13540.4	8	211	2
印刷和记录媒介复制业	276	4218.4	1	154	
文教、工美、体育和娱乐用品制造业	501	5719.2	9	380	
石油加工、炼焦和核燃料加工业	48	1492.0			
化学原料和化学制品制造业	1803	94273.5	45	1467	26
医药制造业	1030	33894.1	22	915	34
化学纤维制造业	42	2885.3			
橡胶和塑料制品业	3626	78065.8	19	2731	6
非金属矿物制品业	1671	28270.4	10	423	2
黑色金属冶炼和压延加工业	63	10187.2	1	15	
有色金属冶炼和压延加工业	477	28355.1	6	240	6
金属制品业	1552	36232.5	11	711	2
通用设备制造业	4482	134283.6	31	4842	25
专用设备制造业	2571	80797.3	26	1599	48
汽车制造业	4356	318173.5	28	3960	12
铁路、船舶、航空航天和其他运输设备制造业	421	17925.5	7	723	6
电气机械和器材制造业	6565	184443.3	72	6137	54
计算机、通信和其他电子设备制造业	34459	861486.3	116	16986	112
仪器仪表制造业	1067	21687.9	20	618	9
其他制造业					
废弃资源综合利用业					
金属制品、机械和设备修理业	43	1965.7			
电力、热力、燃气及水生产和供应业	**224**	**9425.8**	**6**	**442**	**87**
电力、热力生产和供应业	19	522.7	1	14	
燃气生产和供应业	105	7717.2	1	157	77
水的生产和供应业	99	1185.9	4	271	10

硕 士（人）	本 科（人）	机构经费支 出（万元）	仪器和设备原 价（万元）	进 口（万元）	新产品开发项目数（个）	新产品开发经费支出（万元）	新产品销售收入（万元）	新产品出口（万元）	专利申请数（件）
	23	1210.0	1650.0		5	7256.2	359357.0		91
					15	9252.5	46179.0	23690.8	15
2	10	8.7	2.2		3	1651.7	29744.1	4740.1	
5	10	204.5	0.6		68	1524.8	6329.7		12
22	158	14321.7	8490.1	2365.3	39	14606.3	82840.1	102.2	38
1	35	1580.0	250.0	85.0	3	1042.5	33212.7		21
12	124	6935.4	2485.7		94	9459.3	103182.2	7530.4	167
					5	1512.0			12
176	776	53100.3	30253.7	7428.2	452	104391.6	1162428.8	279220.7	165
204	505	28406.3	15436.3	3482.3	293	45927.2	222693.8	6586.4	284
					39	2501.0	61046.3	4060.5	11
98	1506	35310.0	90316.8	54053.4	290	82280.5	1321900.0	621123.0	412
17	77	5744.6	20052.0	8470.3	111	21832.5	253958.0	38316.6	149
	7	98.0	40.0		5	5412.1	33273.2		16
16	106	6116.1	1879.9	410.2	59	22856.5	385181.2	127571.2	25
13	204	11733.3	9046.6	2890.5	123	24150.8	404551.9	213812.0	145
115	1957	67182.4	20473.8	5391.6	425	151400.2	2048170.1	522270.8	748
253	644	27919.3	13106.2	737.9	371	88577.7	536130.9	360253.3	473
481	1498	236766.8	109147.9	29572.3	377	372015.0	13438137.3	69340.2	293
23	383	11053.3	4488.8	2655.2	107	27457.8	324361.1	29739.2	66
329	3058	137252.1	41332.8	5273.5	2105	265075.1	2267018.6	1010330.3	1145
1746	8697	521285.1	145188.4	42108.6	2415	977434.2	44857930.6	22100647.3	13314
50	367	6988.5	1109.6	299.1	153	20956.8	234444.5	103438.0	347
					7	372.2			7
					33	10250.6	1859.0		28
122	**233**	**9966.7**	**996.6**		**14**	**4452.9**	**138.0**		**17**
	14	285.5	65.8		1	24.9			
45	35	8304.6	912.0		5	3283.8			
77	184	1376.6	18.8		8	1144.2	138.0		17

2-7 续表7

指标名称	发明专利（件）	有效发明专利（件）	境外授权（件）	专利所有权转让及许可数（件）	专利所有权转让及许可收入（万元）
纺织服装、服饰业	46	186	36		
皮革、毛皮、羽毛及其制品和制鞋业	3	15			
木材加工和木、竹、藤、棕、草制品业					
家具制造业	4	5			
造纸和纸制品业	10	18	2	1	0.1
印刷和记录媒介复制业					
文教、工美、体育和娱乐用品制造业	83	84			
石油加工、炼焦和核燃料加工业	2	2			
化学原料和化学制品制造业	71	157	1	2	
医药制造业	152	244	36	8	587.0
化学纤维制造业	4	6			
橡胶和塑料制品业	98	112	30	1	
非金属矿物制品业	37	72			
黑色金属冶炼和压延加工业	5				
有色金属冶炼和压延加工业	10	17			
金属制品业	42	49	2	1	16955.4
通用设备制造业	198	434	44	70	155.7
专用设备制造业	165	631	81	22	
汽车制造业	52	216			
铁路、船舶、航空航天和其他运输设备制造业	6	46	1		
电气机械和器材制造业	368	663	58	15	5.2
计算机、通信和其他电子设备制造业	9495	11374	3374	54	236.3
仪器仪表制造业	129	96	10		
其他制造业	5	1	1		
废弃资源综合利用业					
金属制品、机械和设备修理业	9	3	1		
电力、热力、燃气及水生产和供应业	**5**	**3**			
电力、热力生产和供应业					
燃气生产和供应业					
水的生产和供应业	5	3			

拥有注册商标数（件）	境外注册（件）	形成国家或行业标准数（项）	使用来自政府部门的科技活动资金（万元）	研究开发费用加计扣除减免税（万元）	高新技术企业减免税（万元）	引进技术经费支出（万元）	消化吸收经费支出（万元）	购买国内技术经费支出（万元）	技术改造经费支出（万元）
			300.0		461.1				
28									27.5
42	2	11	2.0	51.2	1435.8	1.3	1.1	0.6	0.5
1									
179	29		301.1	96.6	2036.4		84.4	55.9	180.0
			2.0						2007.0
128	18	15	890.0	2295.3	7793.1	525.7		1061.6	4911.5
283	18	6	6416.6	1157.1	4867.8	7.6	0.6	524.2	1309.1
94	2	19	584.6	11759.5	1817.7				3883.3
104	13		370.7	181.5	372.4	349.0	30.4		5549.9
1	1								21.0
2		1	444.5	316.0	1512.8	560.0			1381.6
24	12	6	341.8	155.9	3953.2	1775.8	300.0	2383.9	3923.5
163	56	9	1961.8	5255.0	20774.3	18223.8	8160.4	1.0	10303.1
312	80	2	4755.4	2537.2	3548.6	548.3			3917.1
52	3	14	1517.1	4415.2	11459.3	206042.7	6338.8		91247.1
254	65		216.2	65.0	927.4	186.9	239.4		445.5
1198	110	130	5521.8	6274.6	6875.9	14286.8	6921.9	3987.3	21802.9
1304	528	30	10956.9	22792.8	64962.4	42646.9	3767.9	113.5	18597.5
17	1	1	235.3	28905.8	3191.8			7.5	373.6
3				96.7					
			16.0						
4	1	2		90.8	12.8				
2	**1**	**2**	**148.9**	**78.1**	**136.7**				**42.6**
			35.0						
2	1	2	113.9	78.1	136.7				42.6

2-7 续表8

指标名称	企业数（个）	有R&D活动的企业（个）	有研发机构的企业（个）	有新产品销售的企业（个）
五、按地区分组（地区）				
广州市	770	127	50	64
韶关市	21	3		2
深圳市	795	131	53	101
珠海市	215	34	25	31
汕头市	97	14	5	13
佛山市	503	124	38	78
江门市	204	33	18	30
湛江市	36	6	9	4
茂名市	18	4	1	1
肇庆市	92	17	10	17
惠州市	241	35	22	33
梅州市	23	4	1	4
汕尾市	3			
河源市	29	3	1	2
阳江市	25	5	3	2
清远市	39	9	5	4
东莞市	1133	149	76	99
中山市	367	72	27	46
潮州市	50	4	2	2
揭阳市	48	4	3	4
云浮市	17	3	2	1

主营业务收入（万元）	利润总额（万元）	资产总计（万元）	出口交货值（万元）	R&D人员合计（人）	女性（人）	研究人员（人）	全时人员（人）	R&D人员全时当量（人年）
72032673.0	6360173.2	43428054.9	16508046.4	12549	2145	2646	8233	10267
541829.1	50093.5	437773.6	109898.5	173	19	26	138	137
63858447.5	2519315.0	48845208.6	45906990.5	33655	4894	5296	30912	29128
13001335.2	439486.8	10192170.6	6480633.4	3261	757	838	1930	2770
2774617.9	358650.3	3152412.0	612221.4	1095	346	267	612	814
23616978.7	2278143.4	16342074.1	6435426.0	17633	1793	3140	6752	14264
4121508.3	183200.8	4054043.9	2124967.0	2672	341	406	1423	1696
3860934.4	10767.6	1528037.7	278509.4	311	63	77	227	247
257538.5	36125.9	204841.5	29496.1	97	17	48	77	65
5091008.7	230029.8	3465432.4	845894.0	1442	213	208	976	865
25631290.7	1214149.6	12341326.3	13668331.2	4373	776	1043	3134	3618
400052.7	43022.0	382873.4	148000.3	330	58	139	223	23
496946.0	7368.3	90558.7	152313.3					
1544161.7	21499.9	624234.4	1101960.4	600	164	149	21	493
1687548.6	230220.7	1122806.4	372000.0	337	53	37	20	226
974575.9	34842.9	785936.0	233585.5	1943	240	62	437	1010
34039901.6	1123702.1	20522907.5	21708662.3	12559	1586	2120	9165	10474
17447098.2	1124048.7	10880974.6	8620569.5	8516	2133	1540	4329	6729
922547.6	107231.7	287007.7	252485.2	69	19	8	8	60
2727224.5	162639.1	386609.5	289945.5	118	21	12	92	74
270363.8	4384.8	309226.3	63249	182	24	31	138	109

2-7 续表9

指标名称	R&D经费内部支出（万元）	日常性支出（万元）	人员劳务费（万元）	资产性支出（万元）	仪器和设备（万元）
五、按地区分组（地区）					
广州市	490956.3	407555.7	149559.2	83400.6	75108.5
韶关市	9100.8	8388.0	1271.9	712.8	630.0
深圳市	699225.5	616034.8	284716.3	83190.7	82763.6
珠海市	48039.9	41195.6	22776.6	6844.3	6823.5
汕头市	16413.0	15357.2	3690.9	1055.8	1043.3
佛山市	261226.0	228381.6	62705.9	32844.4	32131.7
江门市	46436.6	41367.4	9849.3	5069.2	5002.3
湛江市	8316.8	7879.3	1661.3	437.5	437.5
茂名市	3763.2	3483.5	469.8	279.7	190.6
肇庆市	18416.2	15674.0	5498.5	2742.2	2697.1
惠州市	141979.7	123375.0	35659.3	18604.7	17944.9
梅州市	3813.6	3795.6	1191.4	18.0	18.0
汕尾市					
河源市	1589.3	1503.3	75.9	86.0	86.0
阳江市	9713.7	8680.0	1718.9	1033.7	1005.0
清远市	12846.9	8883.6	2097.9	3963.3	3948.5
东莞市	266034.6	238977.4	82545.7	27057.2	26779.7
中山市	183764.0	173720.7	55833.8	10043.3	9744.5
潮州市	1303.1	1171.9	336.0	131.2	119.1
揭阳市	2292.1	1952.4	807.7	339.7	339.7
云浮市	3312.7	2167.7	1082.5	1145	1104.9

政府资金（万元）	企业资金（万元）	国外资金（万元）	其他资金（万元）	R&D经费外部支出（万元）	对境内研究机构支出（万元）	对境内高等学校支出（万元）	对境外支出（万元）	项目数（项）	参加项目人员（人）
4124.1	477774.0	6274.4	2783.8	37813.4	1622.8	98.2	34335.7	1137	9951
	9100.8							9	163
9001.2	675938.3	11432.8	2853.2	21496.3	5292.4	399.5	11799.6	2058	31406
924.3	47115.6			1627.6	1190.3	219.1	218.2	218	2987
624.2	15189.1		599.7	55.1	32.4	22.7		54	978
3751.1	252532.5	1615.2	3327.2	2491.6	1372.8	459.8	626.9	1891	16499
249.6	44349.6	1775.8	61.6	451.1	316.2	45.0	89.9	268	2422
9.6	8307.2			2.1		2.1		44	257
	3763.2			12.0		12.0		13	89
647.9	17547.9		220.4	14.1		14.1		81	1368
1425.9	128641.3	10437.2	1475.3	15918.4	490.1	16.0	7933.2	162	4089
	3813.6			13.9		13.9		11	321
1257.9	331.4			78.0	78.0			12	346
1500.0	8213.7			14.6	14.6			14	321
62.0	10836.7		1948.2	1.0	1.0			65	1865
1977.9	257468.1	4511.8	2076.8	2582.3	1380.8	382.7	686.8	806	11484
3177.2	170769.9	3872.5	5944.4	8594.1	2431.0	1604.3	3931.9	460	7685
	1303.1							4	56
3.4	2288.7							7	115
51	3261.7			148.5	148.5			11	168

2-7 续表10

指标名称	项目人员折合全时当量（人年）	项目经费内部支出（万元）	机构数（个）	机构人员数（人）	博 士（人）
五、按地区分组（地区）					
广州市	7939	430985.9	66	7049	41
韶关市	128	8923.0			
深圳市	27299	670630.1	65	12358	104
珠海市	2526	46544.5	31	2696	17
汕头市	717	16295.2	5	419	2
佛山市	13602	221410.5	61	3358	27
江门市	1544	41370.4	21	1320	9
湛江市	208	8286.3	11	449	2
茂名市	59	3596.1	1	10	
肇庆市	813	16313.1	11	555	32
惠州市	3383	133180.6	29	4041	7
梅州市	21	3813.6	1	65	
汕尾市					
河源市	286	593.0	1	18	
阳江市	216	7740.4	3	401	2
清远市	962	12098.8	5	164	7
东莞市	9539	250617.7	90	6770	142
中山市	6019	180249.9	49	4687	59
潮州市	49	1131.0	2	10	
揭阳市	73	2219.1	5	74	3
云浮市	101	2521.5	2	28	

硕　士（人）	本　科（人）	机构经费支　出（万元）	仪器和设备原　价（万元）	进　口（万元）	新产品开发项目数（个）	新产品开发经费支出（万元）	新产品销售收入（万元）	新产品出口（万元）	专利申请数（件）
681	3140	297174.4	138030.9	28136.4	1081	467120.2	15054460.3	353341.3	948
					3	8630.0	158062.0	6083.5	
1554	7049	325439.6	151911.9	46106.2	2204	698428.1	26259128.2	20645761.7	9878
321	1506	53365.8	17425.0	2827.4	427	82281.1	1006768.8	716595.9	424
23	136	7646.4	5580.7	1023.9	96	19781.2	289900.9	77840.9	242
133	1799	72154.3	63492.3	33876.4	1753	294295.8	2166402.0	437451.7	709
65	524	44383.3	13403.1	3142.8	296	63224.5	981626.9	437782.4	306
13	180	9024.8	2559.9	1003.7	47	8609.1	67482.9	19500.0	32
3	4	362.2	51.1		13	5936.4	1359.8	203.6	1
42	271	9279.2	3282.9	445.2	103	22108.2	378117.0	49318.4	83
151	2034	177505.4	34699.2	6320.8	201	198163.4	15649609.3	795058.8	493
2	51	920.1	405.0		6	1209.4	76363.8	552.1	14
2	11	5.8	185.6		12	1589.3	988.0	122.6	5
7	94	1463.0	3430.2		14	8546.6	26752.4	4289.0	16
13	43	2991.8	1609.6	470.3	34	8511.7	68026.3	9552.7	30
462	2425	149096.8	69401.0	39370.8	1167	306217.0	5220964.3	1614668.1	4222
313	2135	79911.8	21368.2	3615.7	457	168133.4	1363329.7	379693.2	710
1	8	54.0	250.1		1	40.4	23127.1	9399.6	5
6	54	1827.7	537.0		13	2517.5	7894.4	1020.0	20
3	14	2021.1	1099.5	74.5			1238.7	67	3

2-7 续表11

指标名称	发明专利（件）	有效发明专利（件）	境外授权（件）	专利所有权转让及许可数（件）	专利所有权转让及许可收入（万元）
五、按地区分组（地区）					
广州市	493	866	86	55	
韶关市		11			
深圳市	6731	11006	3350	36	17697.7
珠海市	152	380	35	21	50.0
汕头市	113	175	4	1	
佛山市	264	808	72	13	5.2
江门市	125	98	4	1	
湛江市		40			
茂名市	1				
肇庆市	22	60	1		
惠州市	251	268	8	38	
梅州市	6	6			
汕尾市					
河源市	2	1	1		
阳江市	5	4			
清远市	11	30			
东莞市	2595	576	56	8	186.8
中山市	267	199	62	1	
潮州市	1	1			
揭阳市	7	7			
云浮市	2	1			

说明：

（1）本表指标取自“规模以上工业法人单位R&D活动及相关情况过录表(L506表)”中的相应指标。

（2）国有及国有控股企业应符合以下四个条件之一：登记注册类型为110（国有企业）、141（国有联营企业）、151（国有独资公司），或企业控股情况1（国有控股）

拥有注册商标数（件）	境外注册（件）	形成国家或行业标准数（项）	使用来自政府部门的科技活动资金（万元）	研究开发费用加计扣除减免税（万元）	高新技术企业减免税（万元）	引进技术经费支出（万元）	消化吸收经费支出（万元）	购买国内技术经费支出（万元）	技术改造经费支出（万元）
382	39	19	4306.9	8546.5	26927.6	209776.6	11845.3	7.9	97278.1
2		2		38.0	885.0				
1280	489	63	11220.0	56445.0	65566.4	11105.2	47.1	484.1	1599.8
669	248	1	1910.4	3414.1	5974.0	1473.1		0.9	158.0
365	29	4	1128.3	375.2	2435.5		1065.0		878.7
845	64	113	4916.5	1709.6	21133.8	1268.5	4133.6	731.9	27387.3
107	28	7	321.3	726.9	2908.5	3521.8	380.0	2406.4	4212.0
5	1	1	27.6		1024.0				2300.0
1									
13	1	1	959.8	12.4	368.7	12.5			2245.6
22	6	3	2208.0	13678.7	8106.4	3010.1		1039.1	210.7
			6.0	130.0	1378.8				
			1257.9						
7	6	1	1500.0						
80	6	3	108.0	415.0	910.3			16.3	84.2
303	42	4	2222.5	1521.7	6405.7	49413.7	2762.3	1419.5	33724.7
984	42	29	3203.1	74.0	4263.0	5873.3	5711.6	3131.3	18845.8
1									35.1
10			3.4		16.1				
13			51						1401

第3篇

建筑业企业生产经营及财务状况

3-1 全省全社会建筑企业（不含个体经营户）从业人员及资产情况

指标名称	年末从业人数(万人)	#女性	资产总计	实收资本
总计	**248.01**	**30.66**	**116895329**	**22148803**
其中：国有及国有控股企业	65.54	6.40	42437735	5472127
一、按登记注册类型分组				
内资企业	244.18	30.07	112316765	21692249
国有企业	29.73	3.27	13418767	1657650
集体企业	18.58	2.11	2411295	541350
股份合作企业	0.29	0.07	75990	35602
联营企业	0.55	0.10	123527	29475
国有联营企业	0.04	0.01	16605	1500
集体联营企业	0.10	0.01	10502	4307
国有与集体联营企业	0.31	0.05	44668	9737
其他联营企业	0.10	0.02	51752	13931
有限责任公司	105.30	11.82	56740747	10166678
国有独资公司	14.14	1.11	15438839	1861798
其他有限责任公司	91.16	10.72	41301908	8304879
股份有限公司	14.91	1.98	9175533	1030134
私营企业	73.93	10.53	29839284	8013079
私营独资企业	1.62	0.34	2036143	162111
私营合伙企业	0.48	0.12	86291	53295
私营有限责任公司	70.04	9.84	27060854	7614686
私营股份有限公司	1.79	0.23	655995	182987
其他企业	0.87	0.19	531623	218281
港、澳、台商投资企业	2.30	0.34	1324782	277797
与港澳台商合资经营企业	1.85	0.16	925884	124980
与港澳台商合作经营企业	0.10	0.01	235048	95290
港澳台商独资经营企业	0.14	0.04	98962	40187
港澳台商投资股份有限公司	0.16	0.10	36322	2813
其他港澳台投资企业	0.06	0.03	28567	14528
外商投资企业	1.53	0.25	3253782	178757
中外合资经营企业	0.13	0.03	53981	12707
中外合作经营企业	0.02	0.01	45134	15605
外资企业	1.37	0.21	3148073	144325
外商投资股份有限公司			487	500
其他外商投资企业			6106	5620
二、按国民经济行业分组				
房屋建筑业	137.16	14.90	51886827	8666345
房屋建筑业	137.16	14.90	51886827	8666345
房屋建筑业	137.16	14.90	51886827	8666345
土木工程建筑业	43.30	5.24	37132605	6103760
铁路、道路、隧道和桥梁工程建筑	18.43	2.00	20299913	2726824
铁路工程建筑	5.15	0.29	4309442	482600
公路工程建筑	4.51	0.59	5019590	600479
市政道路工程建筑	6.41	0.84	8937623	1317279
其他道路、隧道和桥梁工程建筑	2.36	0.28	2033257	326466
水利和内河港口工程建筑	12.21	1.08	9891022	1925361

3-1 续表1　　单位：万元

指标名称	年末从业人数(万人)	# 女性	资产总计	实收资本
水源及供水设施工程建筑	2.18	0.24	754717	257301
河湖治理及防洪设施工程建筑	2.04	0.29	1487252	173995
港口及航运设施工程建筑	8.00	0.55	7649052	1494064
海洋工程建筑	0.05	0.01	389654	221419
海洋工程建筑	0.05	0.01	389654	221419
工矿工程建筑	2.33	0.37	687816	94755
工矿工程建筑	2.33	0.37	687816	94755
架线和管道工程建筑	3.06	0.49	2175039	391696
架线及设备工程建筑	2.38	0.35	1530996	284023
管道工程建筑	0.68	0.14	644043	107673
其他土木工程建筑	7.21	1.28	3689161	743705
其他土木工程建筑	7.21	1.28	3689161	743705
建筑安装业	27.55	4.40	12596796	2540762
电气安装	7.71	1.35	4205939	933844
电气安装	7.71	1.35	4205939	933844
管道和设备安装	3.96	0.69	1740524	416748
管道和设备安装	3.96	0.69	1740524	416748
其他建筑安装业	15.88	2.36	6650332	1190170
其他建筑安装业	15.88	2.36	6650332	1190170
建筑装饰和其他建筑业	40.01	6.12	15279102	4837937
建筑装饰业	32.71	4.91	12468980	2944393
建筑装饰业	32.71	4.91	12468980	2944393
工程准备活动	1.67	0.27	853551	293338
建筑物拆除活动	0.31	0.05	145532	70847
其他工程准备活动	1.36	0.21	708019	222492
提供施工设备服务	1.11	0.15	357336	152590
提供施工设备服务	1.11	0.15	357336	152590
其他未列明建筑业	4.53	0.79	1599234	1447616
其他未列明建筑业	4.53	0.79	1599234	1447616
三、按隶属关系分组				
中央	25.09	2.09	17277481	2203212
省(自治区、直辖市)	9.58	1.10	7499570	958450
地(区、市、州、盟)	50.42	5.57	21805656	3239707
县(区、市、旗)	39.63	4.27	10201372	1699479
街道	1.90	0.21	408969	98332
镇	3.92	0.43	837361	170714
乡	0.10	0.01	26080	5388
社区(居委会)	0.51	0.07	423142	73598
村委会	0.14	0.03	28014	14319
其他	116.73	16.87	58387684	13685605
四、按企业资质等级分组				
施工总承包	166.58	17.29	74374784	11296296
特级	11.35	1.14	9939831	1003611
一级	78.35	7.21	38354416	5103875
二级	42.36	4.71	12662409	2790562

3-1 续表2

单位：万元

指标名称	年末从业人数(万人)	# 女性	资产总计	实收资本
三级及以下	34.51	4.23	13387137	2392631
专业承包	39.90	5.33	21336600	5681095
一级	24.05	2.76	10811412	1509827
二级	6.23	0.95	5196687	1656882
三级	9.61	1.62	5320399	2508045
劳务分包	16.49	2.08	339709	91181
一级	2.39	0.24	99369	24269
二级	3.73	0.54	101414	30190
三级	10.36	1.30	138012	36122
三级资质以下企业	25.05	5.95	20846709	5082458
五、按营业状态分				
营业	246.07	30.25	113072060	21369225
停业(歇业)	0.44	0.09	1704577	280874
筹建	0.52	0.12	1079609	303216
当年关闭	0.43	0.07	411740	56481
当年破产	0.01		84	64
其他	0.55	0.12	627260	138943
六、按控股情况分				
国有控股	65.54	6.40	42437735	5472127
集体控股	27.86	3.13	6411664	1124853
私人控股	130.72	17.90	51743988	12470233
港澳台商控股	1.78	0.35	1017718	192368
外商控股	1.56	0.25	3297680	185530
其他	20.56	2.62	11986545	2703692
七、按地区分				
广州市	47.96	6.18	37162004	5774645
韶关市	9.38	0.76	1126780	190036
深圳市	64.23	7.43	23772323	4738112
珠海市	11.07	1.41	6803963	1430365
汕头市	15.83	1.17	5102985	812368
佛山市	10.01	1.50	11721410	2131621
江门市	7.77	1.05	2109602	527328
湛江市	11.66	1.24	2160316	561131
茂名市	12.69	1.79	2014114	590386
肇庆市	3.74	0.49	1193653	184244
惠州市	5.61	0.88	3519196	811797
梅州市	8.83	1.23	4695933	378291
汕尾市	0.80	0.09	148474	43195
河源市	2.02	0.31	4360668	207391
阳江市	6.72	0.69	1085417	299557
清远市	3.48	0.70	829602	193871
东莞市	10.29	1.71	4340587	2346890
中山市	6.82	1.04	3291756	545070
潮州市	1.70	0.24	347847	93467
揭阳市	5.49	0.49	651644	207446
云浮市	1.91	0.25	457056	81594

3-2 全省全社会建筑企业（不含个体经营户）经营情况

单位：万元

指标名称	营业收入	# 主营业务收入	营业税金及附加	# 主营业务税金及附加
总　　计	**97577758**	**96842340**	**3197333**	**2996702**
其中：国有及国有控股企业	38104235	37857190	973513	956083
一、按登记注册类型分组				
内资企业	95345752	94622890	3129061	2929112
国有企业	11214402	11113100	320179	310289
集体企业	3202569	3190222	142279	138036
股份合作企业	117418	116445	2832	2736
联营企业	183437	177659	7227	7199
国有联营企业	42748	42748	1279	1279
集体联营企业	12336	12051	793	793
国有与集体联营企业	106525	101532	4224	4224
其他联营企业	21828	21328	931	903
有限责任公司	50602636	50262065	1706106	1558915
国有独资公司	12347657	12308908	287855	285502
其他有限责任公司	38254979	37953157	1418251	1273414
股份有限公司	9634421	9538485	263411	246084
私营企业	20195893	20031888	677361	658671
私营独资企业	390331	380097	14357	14264
私营合伙企业	89170	87901	4269	4145
私营有限责任公司	19219720	19071724	643364	625017
私营股份有限公司	496672	492167	15370	15245
其他企业	194976	193026	9665	7182
港、澳、台商投资企业	817819	805403	26010	25348
与港澳台商合资经营企业	679048	673698	22199	22036
与港澳台商合作经营企业	50421	49805	1228	1223
港澳台商独资经营企业	58638	57451	1409	1203
港澳台商投资股份有限公司	24516	19255	803	514
其他港澳台投资企业	5195	5195	371	371
外商投资企业	1414187	1414046	42263	42242
中外合资经营企业	47753	47753	365	357
中外合作经营企业	17209	17209	512	512
外资企业	1348485	1348344	41361	41349
外商投资股份有限公司				
其他外商投资企业	741	741	24	24
二、按国民经济行业分组				
房屋建筑业	49329285	49102606	1651801	1627419
房屋建筑业	49329285	49102606	1651801	1627419
房屋建筑业	49329285	49102606	1651801	1627419
土木工程建筑业	24576353	24359916	668714	652862
铁路、道路、隧道和桥梁工程建筑	10413800	10301277	325905	319432
铁路工程建筑	2942936	2938177	95356	94015
公路工程建筑	3389029	3329308	104910	103492
市政道路工程建筑	3103152	3072039	90104	86874
其他道路、隧道和桥梁工程建筑	978682	961752	35535	35052
水利和内河港口工程建筑	7235675	7201637	174117	171596

3-2 续表1 单位：万元

指标名称	营业收入	# 主营业务收入	营业税金及附加	# 主营业务税金及附加
水源及供水设施工程建筑	693817	688909	25144	24690
河湖治理及防洪设施工程建筑	1024652	1008666	32239	31674
港口及航运设施工程建筑	5517206	5504062	116734	115231
海洋工程建筑	18485	18406	622	622
海洋工程建筑	18485	18406	622	622
工矿工程建筑	838580	818114	15239	14549
工矿工程建筑	838580	818114	15239	14549
架线和管道工程建筑	1993970	1966962	47390	46309
架线及设备工程建筑	1424472	1404858	36032	35283
管道工程建筑	569498	562104	11358	11027
其他土木工程建筑	4075843	4053520	105441	100353
其他土木工程建筑	4075843	4053520	105441	100353
建筑安装业	8768588	8607652	256432	245134
电气安装	3114588	3064040	85243	78775
电气安装	3114588	3064040	85243	78775
管道和设备安装	1765304	1741827	45800	44296
管道和设备安装	1765304	1741827	45800	44296
其他建筑安装业	3888696	3801785	125389	122063
其他建筑安装业	3888696	3801785	125389	122063
建筑装饰和其他建筑业	14903530	14772167	620386	471286
建筑装饰业	13038580	12925832	562032	414269
建筑装饰业	13038580	12925832	562032	414269
工程准备活动	488428	483115	18001	17798
建筑物拆除活动	83952	82428	3083	2948
其他工程准备活动	404476	400686	14918	14849
提供施工设备服务	263212	262016	6510	6228
提供施工设备服务	263212	262016	6510	6228
其他未列明建筑业	1113310	1101205	33844	32991
其他未列明建筑业	1113310	1101205	33844	32991
三、按隶属关系分组				
中央	18582330	18527882	452421	448783
省(自治区、直辖市)	7193649	7085713	178117	168164
地(区、市、州、盟)	20197789	20057003	607592	599861
县(区、市、旗)	9069019	9042043	425503	418045
街道	411554	407545	18572	18337
镇	724749	722945	31736	29525
乡	22049	22049	1233	1233
社区(居委会)	238653	235565	8419	8399
村委会	35202	35110	1159	1152
其他	41102765	40706485	1472581	1303203
四、按企业资质等级分组				
施工总承包	67299647	66897099	2131652	2094709
特级	9754663	9695061	222225	219368
一级	39324660	39147942	1199912	1186269
二级	10199906	10146396	364831	354624

3–2 续表2

单位：万元

指标名称	营业收入	# 主营业务收入	营业税金及附加	# 主营业务税金及附加
三级及以下	8017204	7904907	344607	334371
专业承包	23411464	23207887	698546	671925
一级	14168978	14064770	442760	426780
二级	6041309	5996724	157497	155285
三级	3182304	3127521	97180	88751
劳务分包	838674	836667	28445	28161
一级	270333	269750	9458	9227
二级	223948	222567	7449	7401
三级	343457	343414	11505	11501
三级资质以下企业	6037265	5910055	339218	202435
五、按营业状态分				
营业	96952243	96221610	3180856	2980440
停业(歇业)	73321	72161	2209	2129
筹建	10949	10626	401	388
当年关闭	172590	171172	6258	6252
当年破产	618	53	2	2
其他	368037	366718	7608	7490
六、按控股情况分				
国有控股	38104235	37857190	973513	956083
集体控股	6885855	6813424	251231	244531
私人控股	38802234	38462664	1385552	1348598
港澳台商控股	608035	599548	17963	17421
外商控股	1428740	1428599	42677	42657
其他	11748659	11680915	526398	387412
七、按地区分				
广州市	30471783	30221273	705434	685916
韶关市	1946859	1939757	78060	77583
深圳市	26480587	26290573	852547	828687
珠海市	3545170	3525835	238193	109481
汕头市	3816835	3786078	138073	137376
佛山市	8441868	8352629	221544	219070
江门市	2358002	2349038	90525	85523
湛江市	3169572	3160810	113345	107572
茂名市	3553432	3547985	215659	215476
肇庆市	1146912	1142643	49688	49567
惠州市	1569771	1544882	56926	54056
梅州市	2097876	2094933	89706	88650
汕尾市	98902	97961	4745	4482
河源市	453550	448493	19294	18035
阳江市	1129021	1127024	47919	47420
清远市	774411	772705	27305	27215
东莞市	2548924	2494878	83034	77900
中山市	2210052	2195833	68929	67415
潮州市	365523	358739	15406	14756
揭阳市	1063408	1058070	66697	66407
云浮市	335299	332199	14304	14115

3-3 全省资质以上总承包和专业分包建筑企业个数及合同签订情况

指标名称	企业个数(个)	# 有工作量个数	签订的合同额(万元)	上年结转合同额	本年新签合同额
总计	**4772**	**4331**	**179137855**	**78535351**	**100602503**
其中：国有及国有控股企业	510	473	94155082	45642982	48512100
一、按登记注册类型分组					
内资企业	4705	4269	175675389	77366375	98309015
国有企业	282	261	22715660	11006066	11709593
集体企业	374	336	5611155	2299511	3311644
股份合作企业	6	5	199595	121160	78435
联营企业	12	11	186375	46694	139681
国有联营企业	3	2	45906	1676	44230
集体联营企业	3	3	36469	21269	15199
国有与集体联营企业	4	4	103625	23372	80253
其他联营企业	2	2	376	376	
有限责任公司	2000	1818	99193736	44614479	54579258
国有独资公司	72	68	39721952	18440180	21281771
其他有限责任公司	1928	1750	59471785	26174299	33297486
股份有限公司	137	133	20028020	9427786	10600234
私营企业	1886	1698	27709470	9838424	17871046
私营独资企业	11	9	85263	51227	34036
私营合伙企业	2	2	1379		1379
私营有限责任公司	1818	1639	27008764	9657831	17350933
私营股份有限公司	55	48	614065	129366	484698
其他企业	8	7	31379	12255	19123
港、澳、台商投资企业	58	53	2466077	703784	1762293
与港澳台商合资经营企业	37	34	2346234	655667	1690568
与港澳台商合作经营企业	7	7	55953	13583	42370
港澳台商独资经营企业	12	10	42625	16919	25706
港澳台商投资股份有限公司	2	2	21264	17614	3650
其他港澳台投资企业					
外商投资企业	9	9	996389	465193	531195
中外合资经营企业	2	2	16090	7723	8367
中外合作经营企业					
外资企业	7	7	980298	457470	522828
外商投资股份有限公司					
其他外商投资企业					
二、按国民经济行业分组					
房屋建筑业	1952	1785	95873509	43026573	52846936
房屋建筑业	1952	1785	95873509	43026573	52846936
房屋建筑业	1952	1785	95873509	43026573	52846936
土木工程建筑业	842	770	51833956	25232393	26601562
铁路、道路、隧道和桥梁工程建筑	372	333	21834258	12090444	9743814
铁路工程建筑	24	23	6365841	4127784	2238057
公路工程建筑	84	75	7360207	3774932	3585275
市政道路工程建筑	215	192	5365039	2938317	2426721
其他道路、隧道和桥梁工程建筑	49	43	2743171	1249411	1493760
水利和内河港口工程建筑	135	125	20380966	9291132	11089834

3-3 续表1

指标名称	企业个数(个)	# 有工作量个数	签订的合同额(万元)	上年结转合同额	本年新签合同额
水源及供水设施工程建筑	63	57	1029033	421825	607209
河湖治理及防洪设施工程建筑	30	28	3764065	1989884	1774181
港口及航运设施工程建筑	42	40	15587868	6879424	8708444
海洋工程建筑					
海洋工程建筑					
工矿工程建筑	23	20	1196523	354357	842166
工矿工程建筑	23	20	1196523	354357	842166
架线和管道工程建筑	140	130	2789870	914373	1875497
架线及设备工程建筑	102	96	1889636	622164	1267472
管道工程建筑	38	34	900235	292209	608025
其他土木工程建筑	172	162	5632338	2582087	3050252
其他土木工程建筑	172	162	5632338	2582087	3050252
建筑安装业	998	925	11814339	4777556	7036783
电气安装	375	347	3386120	1189030	2197090
电气安装	375	347	3386120	1189030	2197090
管道和设备安装	230	216	2132312	860336	1271976
管道和设备安装	230	216	2132312	860336	1271976
其他建筑安装业	393	362	6295907	2728191	3567717
其他建筑安装业	393	362	6295907	2728191	3567717
建筑装饰和其他建筑业	980	851	19616051	5498829	14117222
建筑装饰业	761	652	16691967	4647086	12044881
建筑装饰业	761	652	16691967	4647086	12044881
工程准备活动	86	77	280148	78640	201508
建筑物拆除活动	33	30	57500	22229	35271
其他工程准备活动	53	47	222649	56411	166238
提供施工设备服务	19	17	914506	271238	643268
提供施工设备服务	19	17	914506	271238	643268
其他未列明建筑业	114	105	1729429	501864	1227565
其他未列明建筑业	114	105	1729429	501864	1227565
三、按隶属关系分组					
中央	82	76	53276059	26286081	26989978
省(自治区、直辖市)	135	124	18239036	8427683	9811353
地(区、市、州、盟)	697	647	39962208	18112120	21850088
县(区、市、旗)	588	544	13621194	4932296	8688898
街道	55	48	724977	254767	470210
镇	113	108	959126	285456	673669
乡	2	2	41478	12864	28614
社区(居委会)	17	15	246272	45962	200309
村委会	12	10	24203	5812	18391
其他	3071	2757	52043303	20172310	31870993
四、按企业资质等级分组					
施工总承包	2727	2487	149947127	69797797	80149330
特级	38	35	32063709	16526225	15537485
一级	390	377	88797019	41861853	46935166
二级	657	629	17447871	7278834	10169037

3-3 续表2

指标名称	企业个数(个)	# 有工作量个数	签订的合同额(万元)	上年结转合同额	本年新签合同额
三级及以下	1642	1446	11638529	4130885	7507643
专业承包	2045	1844	29190728	8737554	20453173
一级	345	338	22487853	6718556	15769297
二级	495	466	2733409	790750	1942659
三级	1205	1040	3969466	1228249	2741217
五、按营业状态分					
营业	4628	4303	178252539	78057996	100194543
停业(歇业)	47	9	22291	11894	10397
筹建					
当年关闭	82	13	376264	239938	136325
当年破产					
其他	15	6	486761	225523	261239
六、按控股情况分					
国有控股	510	473	94155082	45642982	48512100
集体控股	533	488	12953133	5481057	7472076
私人控股	3232	2923	56999841	21473622	35526219
港澳台商控股	51	46	2091707	605130	1486577
外商控股	11	11	1005403	466546	538856
其他	435	390	11932690	4866014	7066676
七、按地区分					
广州市	821	729	67194000	30974552	36219448
韶关市	91	89	2395973	947296	1448676
深圳市	862	814	51037712	22051566	28986146
珠海市	306	257	6996542	2800956	4195585
汕头市	180	160	8268908	4576853	3692054
佛山市	418	378	6491561	2750882	3740680
江门市	160	153	3461581	1309906	2151675
湛江市	123	121	6359325	2747755	3611570
茂名市	125	121	5793289	1829127	3964162
肇庆市	94	90	2225220	830869	1394350
惠州市	120	100	2313371	1033756	1279614
梅州市	153	143	3617699	1854683	1763016
汕尾市	36	32	155136	68401	86736
河源市	103	97	525129	157374	367755
阳江市	115	107	1668544	532246	1136298
清远市	71	71	1617122	613422	1003700
东莞市	438	373	3246942	1252178	1994764
中山市	324	297	2951534	1232365	1719170
潮州市	77	58	1153145	670349	482796
揭阳市	112	98	1175251	181837	993414
云浮市	43	43	489871	118976	370894
东莞市	2548924	2494878	83034	77900	
中山市	2210052	2195833	68929	67415	
潮州市	365523	358739	15406	14756	
揭阳市	1063408	1058070	66697	66407	
云浮市	335299	332199	14304	14115	

3–4 全省资质以上总承包和专业分包建筑企业完成产值情况

单位：万元

指标名称	建筑业总产值	#装饰装修产值	#在外省完成的产值	按构成分组			竣工产值
				建筑工程产值	安装工程产值	其他产值	
总　　计	**78638262**	**12430340**	**20548379**	**68418346**	**8042209**	**2177707**	**40447041**
其中：国有及国有控股企业	32148542	1925858	11515238	29468057	2064591	615894	14342434
一、按登记注册类型分组							
内资企业	76671269	11981995	20119380	66719881	7781491	2169898	39255695
国有企业	8950669	615252	1484837	7592246	974893	383530	5641376
集体企业	3427874	226755	69349	3113098	232631	82145	2488263
股份合作企业	89314			86457	2679	179	105989
联营企业	128551	22862	7644	110336	16684	1532	59561
国有联营企业	27199	22862	7644	24674	1210	1316	
集体联营企业	15182			15182			6751
国有与集体联营企业	85876			70401	15474		52810
其他联营企业	295			79		216	
有限责任公司	40949667	4849229	11943130	36536473	3630105	783090	18165278
国有独资公司	10786822	591184	4283638	10203761	479257	103805	3976075
其他有限责任公司	30162845	4258045	7659492	26332712	3150848	679285	14189203
股份有限公司	8113154	2998817	3741612	7368752	538835	205568	4730675
私营企业	14991627	3267616	2872808	11899244	2383137	709246	8046386
私营独资企业	74156	59		72876	1281		30084
私营合伙企业	1379		74		1371	8	1361
私营有限责任公司	14472667	3050828	2683235	11460125	2304566	707977	7789531
私营股份有限公司	443424	216729	189499	366243	75920	1261	225410
其他企业	20412	1465		13277	2528	4608	18168
港、澳、台商投资企业	672519	290326	329067	438146	226738	7635	753485
与港澳台商合资经营企业	601881	271662	324281	407187	193314	1380	697886
与港澳台商合作经营企业	35202	3829	792	3829	26297	5076	28690
港澳台商独资经营企业	23985	9890	3993	15679	7127	1179	19726
港澳台商投资股份有限公司	11451	4946		11451			7184
其他港澳台投资企业							
外商投资企业	1294474	158019	99932	1260319	33980	175	437861
中外合资经营企业	6234		2721	2164	4070		1785
中外合作经营企业							
外资企业	1288240	158019	97212	1258155	29910	175	436076
外商投资股份有限公司							
其他外商投资企业							
二、按国民经济行业分组							
房屋建筑业	41532492	2243904	6795964	38558384	2050080	924028	23054112
房屋建筑业	41532492	2243904	6795964	38558384	2050080	924028	23054112
房屋建筑业	41532492	2243904	6795964	38558384	2050080	924028	23054112
土木工程建筑业	19012977	131368	6592763	17089409	1352584	570984	7321860
铁路、道路、隧道和桥梁工程建筑	8627937	92592	3585699	8275407	168456	184075	2309110
铁路工程建筑	2892475		1989881	2879792	6294	6389	702200
公路工程建筑	2713257	430	792878	2658662	42714	11881	543590
市政道路工程建筑	2165616	92162	573282	1948931	110260	106425	663480

3-4 续表1

单位：万元

指标名称	建筑业总产值	#装饰装修产值	#在外省完成的产值	按构成分组			竣工产值
				建筑工程产值	安装工程产值	其他产值	
其他道路、隧道和桥梁工程建筑	856589		229658	788022	9188	59380	399840
水利和内河港口工程建筑	5742399	4036	1441973	5432875	74336	235188	2350229
水源及供水设施工程建筑	536651	2036	37100	503457	17651	15543	297650
河湖治理及防洪设施工程建筑	711777	2000	153881	640630	54255	16892	615594
港口及航运设施工程建筑	4493971		1250992	4288789	2430	202752	1436986
海洋工程建筑							
海洋工程建筑							
工矿工程建筑	386608	966	64919	98752	264382	23474	148974
工矿工程建筑	386608	966	64919	98752	264382	23474	148974
架线和管道工程建筑	1379583	9138	149452	523127	784697	71759	766726
架线及设备工程建筑	1164909	368	48677	493217	631540	40152	690956
管道工程建筑	214674	8770	100775	29911	153157	31607	75770
其他土木工程建筑	2876450	24636	1350720	2759248	60713	56488	1746821
其他土木工程建筑	2876450	24636	1350720	2759248	60713	56488	1746821
建筑安装业	6226277	425098	997902	2636124	3298203	291949	3250865
电气安装	2183457	27143	202718	675982	1301286	206189	1164550
电气安装	2183457	27143	202718	675982	1301286	206189	1164550
管道和设备安装	1030908	21829	228923	226896	787943	16069	837114
管道和设备安装	1030908	21829	228923	226896	787943	16069	837114
其他建筑安装业	3011912	376126	566261	1733247	1208974	69691	1249201
其他建筑安装业	3011912	376126	566261	1733247	1208974	69691	1249201
建筑装饰和其他建筑业	11866516	9629970	6161750	10134428	1341341	390747	6820205
建筑装饰业	10744576	9616726	5956703	9226896	1233335	284346	6285782
建筑装饰业	10744576	9616726	5956703	9226896	1233335	284346	6285782
工程准备活动	246841	347	4692	185384	3833	57624	174497
建筑物拆除活动	47580	90	1761	24145	3383	20052	30441
其他工程准备活动	199261	257	2931	161239	450	37572	144056
提供施工设备服务	161262		17300	122927	31738	6597	147051
提供施工设备服务	161262		17300	122927	31738	6597	147051
其他未列明建筑业	713836	12898	183055	599221	72436	42180	212875
其他未列明建筑业	713836	12898	183055	599221	72436	42180	212875
三、按隶属关系分组							
中央	16633124	470322	8385009	15857738	605361	170025	6294546
省(自治区、直辖市)	5987202	392399	1136322	5015402	873511	98289	3064091
地(区、市、州、盟)	17108631	3559945	4316122	15344061	1298390	466180	9033612
县(区、市、旗)	8705048	586170	719918	7820120	563435	321493	5918572
街道	393423	21970	6951	312757	74286	6380	241477
镇	698688	16556		604726	72322	21640	478662
乡	21722			21722			24712
社区(居委会)	230461	158320	111679	215609	13269	1583	40705
村委会	19999	210		16726	700	2573	17317
其他	28839963	7224448	5872379	23209484	4540935	1089543	15333348
四、按企业资质等级分组							
施工总承包	60480088	2044607	12332950	55096664	3932300	1451124	31083980

3-4 续表2　　单位：万元

指标名称	建筑业总产值	#装饰装修产值	#在外省完成的产值	按构成分组			竣工产值
				建筑工程产值	安装工程产值	其他产值	
特级	8260481	43685	3079827	8095701	130885	33896	3239404
一级	35328192	1182764	8402780	32126597	2478807	722788	17208303
二级	9438169	491570	667323	8445655	708790	283724	5813241
三级及以下	7453246	326589	183021	6428712	613818	410716	4823032
专业承包	18158174	10385732	8215429	13321681	4109909	726584	9363061
一级	13659958	9386135	7593331	11411514	1950775	297669	6954942
二级	1974397	586689	314788	1052672	760619	161107	1062654
三级	2523818	412909	307310	857496	1398514	267808	1345465
五、按营业状态分							
营业	78404463	12428957	20450284	68350079	7905086	2149297	40300073
停业(歇业)	13383	1075	38	13062	11	311	14400
筹建							
当年关闭	106897	297		49300	57536	61	111269
当年破产							
其他	113519	10	98056	5905	79575	28039	21300
六、按控股情况分							
国有控股	32148542	1925858	11515238	29468057	2064591	615894	14342434
集体控股	6491878	441973	354164	5714829	593375	183674	3821622
私人控股	31691045	8697386	7095436	26240280	4254540	1196225	18456834
港澳台商控股	475861	120301	208527	258320	209675	7866	541106
外商控股	1301672	162447	99932	1263089	33980	4603	442289
其他	6529265	1082374	1275082	5473772	886046	169446	2842756
七、按地区分							
广州市	21828895	1102981	6939222	19019086	2210891	598917	9685134
韶关市	2132877	65420	604951	1954889	149432	28556	928977
深圳市	24067793	9126191	9557089	20827215	2602278	638300	11527589
珠海市	2913317	140916	273720	2484429	391578	37310	1608126
汕头市	3612654	197429	874230	3215294	219959	177401	2046907
佛山市	3996111	469284	204703	3421753	480755	93604	2009402
江门市	2035886	71918	94081	1776318	210979	48590	1125062
湛江市	3329428	168868	617503	3122883	185539	21006	2048301
茂名市	3253832	392975	260786	2774294	403091	76447	2041562
肇庆市	1082628	34404	231189	960487	112521	9620	574587
惠州市	1029353	44966	16524	932032	50878	46443	799886
梅州市	1853684	42229	51567	1670481	96789	86414	1166380
汕尾市	96405	2879		84724	8495	3187	76455
河源市	385227	17833		306067	58245	20914	271025
阳江市	1150753	36087	29104	959473	106146	85134	554475
清远市	733392	63734	52566	573933	86502	72957	557720
东莞市	1809815	146199	105254	1542629	228111	39075	1217817
中山市	1607847	164311	623197	1306015	278142	23691	760977
潮州市	346991	41588	4681	311906	19963	15122	315778
揭阳市	1071122	82399	8011	940929	112119	18073	928247
云浮市	300254	17732		233510	29797	36947	202634

3-5 全省资质以上总承包和专业分包建筑企业生产完成情况

单位：万元

指标名称	企业总产值	建筑业企业在境外完成的营业收入	直接从建设单位承揽工程完成的产值	自行完成施工产值	分包出去工程的产值	从建设单位以外承揽工程完成的产值
总计	**82771496**	**984794**	**82471440**	**75492091**	**6979349**	**3146170**
其中：国有及国有控股企业	32866434	929182	35526692	30745272	4781419	1403269
一、按登记注册类型分组						
内资企业	80528693	978556	80263663	73536701	6726962	3134568
国有企业	9220199	145727	9703837	8631186	1072651	319482
集体企业	3554391	830	3424966	3373553	51414	54321
股份合作企业	90107		83945	83945		5369
联营企业	165351		127851	127851		700
国有联营企业	27199		27199	27199		
集体联营企业	15182		14482	14482		700
国有与集体联营企业	122676		85876	85876		
其他联营企业	295		295	295		
有限责任公司	42042359	810332	42991767	39088186	3903581	1861482
国有独资公司	10944492	689844	12957886	10628216	2329670	158606
其他有限责任公司	31097867	120487	30033880	28459970	1573911	1702875
股份有限公司	8238068	4101	8853224	7947942	905283	165213
私营企业	17197806	17567	15057868	14268944	788923	722683
私营独资企业	74156		74291	73541	750	616
私营合伙企业	1379		1379	1379		
私营有限责任公司	16677602	17567	14543267	13755436	787831	717231
私营股份有限公司	444669		438931	438589	343	4836
其他企业	20412		20205	15094	5111	5318
港、澳、台商投资企业	909773	6238	913303	660916	252387	11603
与港澳台商合资经营企业	828966	6238	837614	590279	247335	11603
与港澳台商合作经营企业	35202		35202	35202		
港澳台商独资经营企业	28979		28615	23985	4630	
港澳台商投资股份有限公司	16626		11873	11451	422	
其他港澳台投资企业						
外商投资企业	1333030		1294474	1294474		
中外合资经营企业	37479		6234	6234		
中外合作经营企业						
外资企业	1295551		1288240	1288240		
外商投资股份有限公司						
其他外商投资企业						
二、按国民经济行业分组						
房屋建筑业	42687380	54264	43490943	40098991	3391952	1433501
房屋建筑业	42687380	54264	43490943	40098991	3391952	1433501
房屋建筑业	42687380	54264	43490943	40098991	3391952	1433501
土木工程建筑业	19671184	897444	20855162	18122802	2732360	890175
铁路、道路、隧道和桥梁工程建筑	8819102	84950	8924947	8312393	612554	315544
铁路工程建筑	2934014	5038	2892675	2890675	2000	1800
公路工程建筑	2766111	2609	2872501	2689405	183097	23852
市政道路工程建筑	2247523	76511	2333097	1907183	425915	258434

3-5 续表1

单位：万元

指标名称	企业总产值	建筑业企业在境外完成的营业收入	直接从建设单位承揽工程完成的产值			从建设单位以外承揽工程完成的产值
				自行完成施工产值	分包出去工程的产值	
其他道路、隧道和桥梁工程建筑	871454	792	826674	825131	1543	31458
水利和内河港口工程建筑	5859345	686371	7017444	5371509	1645935	370890
水源及供水设施工程建筑	549592		528822	527414	1409	9238
河湖治理及防洪设施工程建筑	742521	21773	1090064	707039	383025	4738
港口及航运设施工程建筑	4567232	664598	5398558	4137057	1261501	356914
海洋工程建筑						
海洋工程建筑						
工矿工程建筑	472186	54956	425945	379325	46620	7283
工矿工程建筑	472186	54956	425945	379325	46620	7283
架线和管道工程建筑	1513132	61203	1693632	1337299	356333	42284
架线及设备工程建筑	1289884		1210926	1151867	59059	13041
管道工程建筑	223248	61203	482706	185432	297274	29242
其他土木工程建筑	3007418	9965	2793194	2722276	70918	154174
其他土木工程建筑	3007418	9965	2793194	2722276	70918	154174
建筑安装业	8132515	19488	6360650	5767133	593517	459144
电气安装	2413240	12283	2194231	1984491	209740	198966
电气安装	2413240	12283	2194231	1984491	209740	198966
管道和设备安装	1099208	89	1197799	979922	217877	50986
管道和设备安装	1099208	89	1197799	979922	217877	50986
其他建筑安装业	4620067	7116	2968619	2802720	165900	209192
其他建筑安装业	4620067	7116	2968619	2802720	165900	209192
建筑装饰和其他建筑业	12280418	13599	11764685	11503166	261520	363351
建筑装饰业	11029977	13599	10651307	10410352	240955	334225
建筑装饰业	11029977	13599	10651307	10410352	240955	334225
工程准备活动	255279		232495	229033	3462	17809
建筑物拆除活动	55893		38443	38440	3	9141
其他工程准备活动	199386		194053	190593	3460	8668
提供施工设备服务	168462		162527	161262	1265	
提供施工设备服务	168462		162527	161262	1265	
其他未列明建筑业	826700		718356	702519	15837	11317
其他未列明建筑业	826700		718356	702519	15837	11317
三、按隶属关系分组						
中央	17050454	853682	17922224	16107357	1814867	525767
省(自治区、直辖市)	6168315	47637	6801476	5759451	1042025	227751
地(区、市、州、盟)	17718366	26858	18702269	15980195	2722075	1128436
县(区、市、旗)	8887312	14116	8659802	8556592	103210	148456
街道	443068		365661	361720	3941	31703
镇	722466	600	695882	693123	2759	5565
乡	21722		21722	21722		
社区(居委会)	231386		230461	226605	3857	3857
村委会	20075		19999	19999		
其他	31508332	41900	29051944	27765328	1286616	1074635
四、按企业资质等级分组						
施工总承包	63636619	935320	64885785	58584103	6301682	1895985

3-5 续表1 单位：万元

指标名称	企业总产值	建筑业企业在境外完成的营业收入	直接从建设单位承揽工程完成的产值			从建设单位以外承揽工程完成的产值
				自行完成施工产值	分包出去工程的产值	
特级	8351687	531091	9967543	8259850	1707693	3239404
一级	37626910	369454	38131610	34097541	4034069	17208303
二级	9752637	9509	9423067	9185013	238054	5813241
三级及以下	7905385	25266	7363564	7041699	321866	4823032
专业承包	19134877	49474	17585656	16907988	677667	9363061
一级	14202052	31459	13046396	12696343	350053	6954942
二级	2170877	7497	1948000	1850498	97501	1062654
三级	2761948	10518	2591260	2361147	230113	1345465
五、按营业状态分						
营业	82537566	923591	82037898	75287631	6750267	40300073
停业(歇业)	13421		13383	13383		14400
筹建						
当年关闭	106985		105732	105474	257	111269
当年破产						
其他	113524	61202	314427	85603	228825	21300
六、按控股情况分						
国有控股	32866434	929182	35526692	30745272	4781419	14342434
集体控股	6691882	752	6508101	6356308	151793	3821622
私人控股	34342016	42020	31793302	30402928	1390374	18456834
港澳台商控股	706475	327	716645	464962	251683	541106
外商控股	1340228		1302135	1301672	463	442289
其他	6824461	12513	6624567	6220949	403617	2842756
七、按地区分						
广州市	22520408	876164	26102308	20718179	5384129	9685134
韶关市	2138553		2136252	2122964	13288	928977
深圳市	25095228	43419	23423073	22693039	730034	11527589
珠海市	3047678	539	2940491	2851908	88583	1608126
汕头市	3617679	1934	3519763	3518680	1083	2046907
佛山市	4306549	143	4092761	3863210	229552	2009402
江门市	2066200		2026949	1997137	29812	1125062
湛江市	3350409	600	3293811	3276155	17656	2048301
茂名市	3413168	13227	3217340	3132322	85018	2041562
肇庆市	1112224	5038	1082615	1073586	9029	574587
惠州市	1050901	2780	1026608	1023503	3105	799886
梅州市	1885617		2048006	1850444	197562	1166380
汕尾市	96605		94185	93585	600	76455
河源市	391237	150	385954	362322	23632	271025
阳江市	1160651		1169635	1146314	23321	554475
清远市	779674		737409	733139	4270	557720
东莞市	3293409	19900	1830887	1760696	70192	1217817
中山市	1711554	10189	1645660	1580795	64865	760977
潮州市	346991	10711	346461	346461		315778
揭阳市	1081339		1065164	1061925	3239	928247
云浮市	305424		286109	285729	381	202634

3-6 全省资质以上总承包和专业分包建筑企业施工面积及机械设备情况

指标名称	房屋建筑施工面积(万平方米)	# 本年新开工面积	# 实行投标承包面积	# 本年新开工	年末自有施工机械设备(净值)(万元)	年末自有施工机械设备(总台数)(台)	年末自有施工机械设备(总功率)(万千瓦)
总　　计	**52397.21**	**21604.60**	**30375.73**	**13495.93**	**3078301**	**556497**	**1130.28**
其中：国有及国有控股企业	25608.26	9206.59	17895.81	6927.74	1338390	131893	375.07
一、按登记注册类型分组							
内资企业	51616.49	21279.62	30344.60	13494.73	3066190	552023	1123.90
国有企业	6435.69	2325.31	4376.53	1525.52	313907	80159	137.55
集体企业	4211.24	1916.41	2184.77	1128.00	193089	87130	102.24
股份合作企业	60.43	14.35	60.43	14.35	4404	1831	1.54
联营企业	68.08	32.61	42.91	19.76	2500	766	4.00
国有联营企业					41	22	0.01
集体联营企业	14.74	0.15	11.49		960	118	0.28
国有与集体联营企业	53.34	32.46	31.42	19.76	1070	552	3.11
其他联营企业					430	74	0.60
有限责任公司	25804.11	10676.91	17192.12	7465.88	1735551	221842	576.42
国有独资公司	11665.02	4410.41	10033.85	4081.70	608126	12542	76.20
其他有限责任公司	14139.08	6266.50	7158.27	3384.19	1127425	209300	500.23
股份有限公司	7272.90	2492.44	2801.73	1352.36	300436	40506	80.13
私营企业	7750.57	3815.59	3677.59	1986.72	515839	119714	221.96
私营独资企业	18.17	12.20	11.21	5.24	678	268	2.03
私营合伙企业							
私营有限责任公司	7688.32	3777.71	3659.13	1978.00	501901	114612	213.48
私营股份有限公司	44.07	25.68	7.26	3.48	13261	4834	6.46
其他企业	13.48	6.01	8.52	2.14	464	75	0.05
港、澳、台商投资企业	320.76	24.17	6.13	1.20	7006	3831	5.68
与港澳台商合资经营企业	313.44	18.71	6.13	1.20	5751	2772	5.20
与港澳台商合作经营企业					116	278	0.10
港澳台商独资经营企业	7.32	5.46			1129	631	0.36
港澳台商投资股份有限公司					10	150	0.03
其他港澳台投资企业							
外商投资企业	459.96	300.81	25.00		5105	643	0.70
中外合资经营企业					552	9	
中外合作经营企业							
外资企业	459.96	300.81	25.00		4554	634	0.69
外商投资股份有限公司							
其他外商投资企业							
二、按国民经济行业分组							
房屋建筑业	46527.96	19439.94	28883.73	12749.60	1387797	355628	600.84
房屋建筑业	46527.96	19439.94	28883.73	12749.60	1387797	355628	600.84
房屋建筑业	46527.96	19439.94	28883.73	12749.60	1387797	355628	600.84
土木工程建筑业	5159.63	1863.99	1283.29	658.66	1416114	94971	391.64
铁路、道路、隧道和桥梁工程建筑	442.75	180.69	277.33	84.46	500988	37261	207.01
铁路工程建筑	46.42	0.80	30.62	0.00	66412	5550	36.75
公路工程建筑	131.75	44.17	66.53	13.05	188129	13008	73.59
市政道路工程建筑	154.56	87.04	90.53	40.69	126789	12338	62.74

3-6 续表1

指标名称	房屋建筑施工面积(万平方米)	# 本年新开工面积	# 实行投标承包面积	# 本年新开工	年末自有施工机械设备(净值)(万元)	年末自有施工机械设备(总台数)(台)	年末自有施工机械设备(总功率)(万千瓦)
其他道路、隧道和桥梁工程建筑	110.02	48.68	89.65	30.72	119659	6365	33.92
水利和内河港口工程建筑	179.22	61.53	48.89	18.09	796346	18268	134.59
水源及供水设施工程建筑	74.62	29.38	36.03	11.36	28668	7806	19.16
河湖治理及防洪设施工程建筑	17.59	10.55	12.85	6.73	84095	5085	17.53
港口及航运设施工程建筑	87.02	21.60			683583	5377	97.90
海洋工程建筑							
海洋工程建筑							
工矿工程建筑	22.24	2.41	2.41	2.41	25979	6753	5.44
工矿工程建筑	22.24	2.41	2.41	2.41	25979	6753	5.44
架线和管道工程建筑	57.14	19.49	8.63	2.79	43745	25177	29.59
架线及设备工程建筑	56.58	18.93	8.07	2.23	18937	17513	23.10
管道工程建筑	0.56	0.56	0.56	0.56	24807	7664	6.48
其他土木工程建筑	4458.28	1599.86	946.03	550.91	49057	7512	15.01
其他土木工程建筑	4458.28	1599.86	946.03	550.91	49057	7512	15.01
建筑安装业	536.00	188.61	196.13	77.47	129320	47427	66.81
电气安装	100.92	42.24	42.94	30.49	39630	18289	19.50
电气安装	100.92	42.24	42.94	30.49	39630	18289	19.50
管道和设备安装	67.44	16.30	30.42	11.65	15767	9002	17.12
管道和设备安装	67.44	16.30	30.42	11.65	15767	9002	17.12
其他建筑安装业	367.64	130.07	122.77	35.33	73923	20136	30.18
其他建筑安装业	367.64	130.07	122.77	35.33	73923	20136	30.18
建筑装饰和其他建筑业	173.62	112.06	12.57	10.19	145069	58471	70.99
建筑装饰业	26.44	7.52			60440	51090	45.24
建筑装饰业	26.44	7.52			60440	51090	45.24
工程准备活动	21.32	3.89	0.19	0.19	32481	1533	10.19
建筑物拆除活动	0.74	0.07			12158	719	5.65
其他工程准备活动	20.58	3.81	0.19	0.19	20323	814	4.54
提供施工设备服务	73.64	72.64	2.51	2.50	7265	478	0.98
提供施工设备服务	73.64	72.64	2.51	2.50	7265	478	0.98
其他未列明建筑业	52.21	28.01	9.87	7.50	44883	5370	14.58
其他未列明建筑业	52.21	28.01	9.87	7.50	44883	5370	14.58
三、按隶属关系分组							
中央	14048.90	4752.04	9280.78	3422.67	856863	28086	161.35
省(自治区、直辖市)	2164.94	732.83	1810.38	670.62	343023	43101	119.97
地(区、市、州、盟)	12397.44	4773.75	7642.24	3409.54	397167	101514	190.26
县(区、市、旗)	8921.44	4351.72	5350.62	2651.13	498945	156423	209.26
街道	391.32	152.51	47.66	12.53	20308	9098	11.29
镇	728.86	318.83	264.45	157.71	35371	16130	22.64
乡	32.93	18.17	32.93	18.17	2445	262	0.48
社区(居委会)	25.67	14.75	6.50	2.81	1633	862	1.19
村委会	11.70	3.45	2.59	0.60	1182	334	0.43
其他	13674.01	6486.55	5937.58	3150.14	921359	200687	413.40
四、按企业资质等级分组							
施工总承包	51391.24	20899.93	29533.03	12874.36	2829110	453789	987.26

3-6 续表2

指标名称	房屋建筑施工面积(万平方米)	# 本年新开工面积	# 实行投标承包面积	# 本年新开工	年末自有施工机械设备(净值)(万元)	年末自有施工机械设备(总台数)(台)	年末自有施工机械设备(总功率)(万千瓦)
特级	10940.53	3937.17	10076.80	3792.51	223152	11010	56.63
一级	26060.75	10068.43	14584.15	6390.01	1707792	180999	454.86
二级	8783.31	3933.94	2996.23	1508.69	470195	131320	231.14
三级及以下	5606.66	2960.40	1875.85	1183.16	428061	130460	244.63
专业承包	1005.97	704.67	842.70	621.56	249101	102708	143.02
一级	371.82	173.73	345.62	150.36	132210	62617	87.86
二级	107.57	54.80	52.07	30.91	51178	18979	19.08
三级	526.57	476.13	445.00	440.30	65713	21112	36.08
五、按营业状态分							
营业	52288.97	21567.77	30358.09	13489.74	3052465	549055	1123.87
停业(歇业)	19.58	6.24	16.39	4.94	234	183	0.33
筹建							
当年关闭	84.76	29.19			1255	471	1.01
当年破产							
其他	3.91	1.40	1.25	1.25	24346	6788	5.07
六、按控股情况分							
国有控股	25608.26	9206.59	17895.81	6927.74	1338390	131893	375.07
集体控股	6721.47	2959.50	3276.68	1716.73	340829	116268	155.00
私人控股	15756.74	7730.19	7687.95	4221.00	1195799	254853	508.00
港澳台商控股	320.67	9.44	6.13	1.20	9684	3243	5.22
外商控股	475.96	308.81	32.00	7.00	5298	666	0.78
其他	3514.12	1390.07	1477.16	622.26	188302	49574	86.21
七、按地区分							
广州市	15055.70	5768.19	9934.54	4228.34	1198015	124111	304.80
韶关市	1145.51	567.55	614.38	269.12	45756	13452	36.92
深圳市	11502.80	4015.85	7602.43	3184.88	385751	64194	130.45
珠海市	1270.67	469.98	764.80	261.28	104621	12304	27.47
汕头市	3478.43	1355.32	2021.99	645.49	243252	45589	91.67
佛山市	3288.92	1397.99	1225.50	383.02	138249	20326	69.72
江门市	2119.12	896.52	805.41	465.85	151049	27382	33.21
湛江市	3187.28	1714.57	2453.16	1301.52	130211	47463	85.00
茂名市	2933.13	1640.95	1847.76	1061.09	162863	47058	65.89
肇庆市	772.31	289.45	179.70	81.53	42772	15972	21.62
惠州市	1410.92	480.66	455.38	139.87	31391	8985	20.11
梅州市	1340.77	672.79	877.13	450.87	94860	28830	47.97
汕尾市	92.78	50.42	22.40	16.72	10636	4431	7.58
河源市	252.72	146.65	72.69	58.03	35434	7880	18.37
阳江市	1109.02	450.81	573.91	362.57	86169	21923	41.58
清远市	613.31	276.63	145.19	81.59	25150	7758	16.04
东莞市	790.43	427.39	309.12	222.68	65049	12629	25.34
中山市	573.77	271.99	178.10	75.04	40250	11269	39.85
潮州市	629.79	161.57	50.13	13.36	11398	8353	9.74
揭阳市	595.67	426.31	222.27	177.75	53060	20305	26.66
云浮市	234.18	123.02	19.74	15.32	22367	6283	10.31

3-7 全省资质以上总承包和专业分包建筑企业从业人员情况

单位：万人

指标名称	从事主营业务活动的从业人员期末人数	从事主营业务活动的从业人员平均人数	年末从业人数	# 工程技术人员	# 一级建造师	# 现场施工工人	# 持证上岗人员
总　　计	**222.42**	**204.89**	**204.79**	**29.51**	**2.42**	**111.67**	**63.88**
其中：国有及国有控股企业	65.87	63.53	56.16	7.77	0.75	30.71	21.33
一、按登记注册类型分组							
内资企业	218.93	201.55	201.21	29.18	2.38	110.10	62.80
国有企业	22.75	22.60	22.67	3.25	0.26	12.72	8.21
集体企业	28.24	15.56	18.25	2.45	0.07	10.74	4.90
股份合作企业	0.19	0.18	0.19	0.04	0.01	0.09	0.08
联营企业	0.53	0.50	0.43	0.10		0.29	0.22
国有联营企业	0.04	0.04	0.04	0.01		0.02	0.01
集体联营企业	0.07	0.04	0.07	0.01		0.06	0.03
国有与集体联营企业	0.41	0.41	0.31	0.08		0.20	0.17
其他联营企业	0.01	0.01	0.01	0.01		0.01	0.01
有限责任公司	101.29	96.00	93.90	13.77	1.12	50.77	30.85
国有独资公司	21.88	19.55	13.98	1.67	0.20	9.80	9.37
其他有限责任公司	79.41	76.46	79.92	12.10	0.93	40.97	21.48
股份有限公司	15.85	18.00	14.28	1.92	0.20	7.79	3.12
私营企业	50.03	48.66	51.40	7.65	0.71	27.68	15.40
私营独资企业	0.30	0.25	0.31	0.04		0.10	0.02
私营合伙企业							
私营有限责任公司	48.26	46.87	49.65	7.41	0.69	27.13	15.09
私营股份有限公司	1.46	1.54	1.44	0.20	0.02	0.44	0.29
其他企业	0.05	0.05	0.08	0.01		0.03	0.02
港、澳、台商投资企业	2.11	2.04	2.16	0.29	0.03	1.31	0.87
与港澳台商合资经营企业	1.80	1.74	1.83	0.24	0.03	1.23	0.82
与港澳台商合作经营企业	0.08	0.08	0.09	0.01		0.05	0.03
港澳台商独资经营企业	0.07	0.08	0.08	0.03		0.02	0.02
港澳台商投资股份有限公司	0.16	0.15	0.16	0.01			
其他港澳台投资企业							
外商投资企业	1.37	1.30	1.42	0.04	0.01	0.26	0.22
中外合资经营企业	0.09	0.09	0.09				
中外合作经营企业							
外资企业	1.28	1.21	1.33	0.04		0.26	0.22
外商投资股份有限公司							
其他外商投资企业							
二、按国民经济行业分组							
房屋建筑业	143.82	125.37	127.60	16.28	1.08	73.07	42.64
房屋建筑业	143.82	125.37	127.60	16.28	1.08	73.07	42.64
房屋建筑业	143.82	125.37	127.60	16.28	1.08	73.07	42.64
土木工程建筑业	35.47	34.36	37.09	6.68	0.61	18.37	11.26
铁路、道路、隧道和桥梁工程建筑	16.75	16.38	17.00	3.23	0.31	7.25	4.04
铁路工程建筑	3.18	3.20	5.08	0.52	0.04	1.28	0.18
公路工程建筑	5.13	5.09	4.11	0.90	0.09	2.08	1.40
市政道路工程建筑	6.03	5.80	5.74	1.41	0.14	2.97	2.07

3-7 续表1　　　　　　　　　　　　　　　　　　　　　　　　单位：万人

指标名称	从事主营业务活动的从业人员期末人数	从事主营业务活动的从业人员平均人数	年末从业人数	#工程技术人员	#一级建造师	#现场施工工人	#持证上岗人员
其他道路、隧道和桥梁工程建筑	2.41	2.29	2.06	0.39	0.04	0.92	0.39
水利和内河港口工程建筑	10.58	10.03	11.64	1.65	0.17	6.81	4.97
水源及供水设施工程建筑	1.70	1.59	2.02	0.42	0.02	1.39	0.85
河湖治理及防洪设施工程建筑	1.84	1.74	1.96	0.32	0.03	0.68	0.39
港口及航运设施工程建筑	7.04	6.71	7.67	0.91	0.11	4.75	3.73
海洋工程建筑							
海洋工程建筑							
工矿工程建筑	0.73	0.71	0.78	0.16	0.02	0.46	0.39
工矿工程建筑	0.73	0.71	0.78	0.16	0.02	0.46	0.39
架线和管道工程建筑	2.51	2.59	2.71	0.90	0.04	1.27	1.11
架线及设备工程建筑	2.04	2.07	2.15	0.72	0.03	1.04	0.96
管道工程建筑	0.47	0.52	0.56	0.18	0.01	0.23	0.15
其他土木工程建筑	4.90	4.64	4.97	0.75	0.08	2.57	0.75
其他土木工程建筑	4.90	4.64	4.97	0.75	0.08	2.57	0.75
建筑安装业	15.29	14.84	16.02	3.45	0.32	6.90	4.37
电气安装	5.31	5.09	5.62	1.31	0.08	2.07	1.47
电气安装	5.31	5.09	5.62	1.31	0.08	2.07	1.47
管道和设备安装	2.70	2.55	2.85	0.75	0.07	1.32	0.77
管道和设备安装	2.70	2.55	2.85	0.75	0.07	1.32	0.77
其他建筑安装业	7.27	7.19	7.54	1.39	0.17	3.51	2.13
其他建筑安装业	7.27	7.19	7.54	1.39	0.17	3.51	2.13
建筑装饰和其他建筑业	27.84	30.33	24.09	3.10	0.41	13.33	5.61
建筑装饰业	25.13	27.64	21.29	2.49	0.36	12.10	4.92
建筑装饰业	25.13	27.64	21.29	2.49	0.36	12.10	4.92
工程准备活动	0.63	0.62	0.68	0.17	0.02	0.29	0.24
建筑物拆除活动	0.18	0.18	0.19	0.06		0.07	0.06
其他工程准备活动	0.46	0.45	0.49	0.11	0.01	0.23	0.18
提供施工设备服务	0.25	0.28	0.36	0.08	0.01	0.18	0.09
提供施工设备服务	0.25	0.28	0.36	0.08	0.01	0.18	0.09
其他未列明建筑业	1.83	1.78	1.77	0.35	0.04	0.76	0.36
其他未列明建筑业	1.83	1.78	1.77	0.35	0.04	0.76	0.36
三、按隶属关系分组							
中央	25.85	24.73	23.52	2.83	0.27	13.32	10.31
省(自治区、直辖市)	10.56	10.40	9.28	1.82	0.21	5.22	3.68
地(区、市、州、盟)	49.44	46.20	41.55	6.09	0.54	20.25	11.20
县(区、市、旗)	47.54	33.98	38.73	4.66	0.19	21.95	10.99
街道	1.61	1.57	1.76	0.25	0.01	1.12	0.61
镇	3.68	3.80	3.77	0.52	0.01	1.87	0.91
乡	0.10	0.08	0.10	0.02		0.07	0.03
社区(居委会)	0.40	0.35	0.42	0.04	0.01	0.29	0.05
村委会	0.09	0.10	0.09	0.02		0.07	0.05
其他	83.14	83.68	85.58	13.25	1.17	47.51	26.05
四、按企业资质等级分组							
施工总承包	178.59	158.93	165.43	23.15	1.73	91.71	54.78

3-7 续表2

单位：万人

指标名称	从事主营业务活动的从业人员期末人数	从事主营业务活动的从业人员平均人数	年末从业人数	# 工程技术人员	# 一级建造师	# 现场施工工人	# 持证上岗人员
特级	16.34	14.55	11.31	1.09	0.13	7.62	6.37
一级	79.98	77.47	78.31	9.37	0.99	43.35	25.68
二级	39.15	36.75	42.04	6.94	0.36	23.62	12.98
三级及以下	43.11	30.15	33.77	5.76	0.25	17.12	9.75
专业承包	43.83	45.96	39.36	6.36	0.69	19.96	9.10
一级	29.67	32.28	24.01	3.19	0.46	14.25	5.52
二级	5.95	5.66	6.12	1.36	0.12	2.61	1.67
三级	8.21	8.02	9.23	1.81	0.12	3.09	1.92
五、按营业状态分							
营业	222.06	204.53	204.23	29.37	2.41	111.47	63.79
停业(歇业)	0.03	0.04	0.03	0.02		0.01	0.01
筹建							
当年关闭	0.12	0.12	0.27	0.04		0.10	0.04
当年破产							
其他	0.21	0.21	0.26	0.08		0.09	0.04
六、按控股情况分							
国有控股	65.87	63.53	56.16	7.77	0.75	30.71	21.33
集体控股	37.28	23.65	27.15	3.65	0.18	15.69	7.19
私人控股	99.10	98.78	101.13	14.99	1.27	55.31	29.17
港澳台商控股	1.58	1.52	1.63	0.26	0.03	0.80	0.68
外商控股	1.40	1.32	1.45	0.04	0.01	0.27	0.23
其他	17.19	16.08	17.27	2.80	0.19	8.88	5.29
七、按地区分							
广州市	37.96	36.67	37.56	6.39	0.71	21.91	17.86
韶关市	7.19	6.48	9.04	0.68	0.04	4.25	1.29
深圳市	60.63	62.97	47.76	6.68	0.81	25.74	13.88
珠海市	8.68	8.08	9.45	1.14	0.12	4.56	2.40
汕头市	14.34	13.81	15.47	1.75	0.09	9.22	3.98
佛山市	8.30	7.98	8.71	1.66	0.10	5.32	3.13
江门市	5.85	5.86	6.89	1.14	0.06	3.90	2.53
湛江市	11.24	10.68	10.62	1.23	0.07	6.48	3.15
茂名市	11.25	10.53	11.88	1.46	0.07	5.44	3.39
肇庆市	4.58	3.53	3.40	0.52	0.02	1.91	1.35
惠州市	3.36	3.10	3.61	0.59	0.04	2.17	1.08
梅州市	7.54	7.16	7.90	1.18	0.06	4.70	1.64
汕尾市	0.62	0.55	0.72	0.17	0.01	0.27	0.14
河源市	1.60	1.65	1.77	0.53	0.01	0.87	0.55
阳江市	17.25	4.98	6.45	0.84	0.04	3.01	1.28
清远市	3.10	2.93	3.18	0.49	0.01	1.35	0.88
东莞市	5.72	5.56	6.40	0.89	0.08	2.86	1.32
中山市	5.26	5.14	5.50	0.92	0.05	3.44	1.38
潮州市	1.45	1.33	1.57	0.25	0.01	0.56	0.32
揭阳市	4.91	4.34	5.13	0.74	0.02	2.63	1.67
云浮市	1.60	1.58	1.78	0.24	0.01	1.09	0.65

3-8 全省资质以上总承包和专业分包建筑企业主要建筑材料消耗量情况

指标名称	钢材（万吨）	木材（万立方米）	水泥（万吨）	平板玻璃		铝材（万吨）
				重量（万重量箱）	面积（万平方米）	
总　　计	**2238.38**	**2215.49**	**8363.47**	**792.65**	**8024.69**	**278.39**
其中：国有及国有控股企业	922.61	340.72	2703.79	248.27	1100.57	24.33
一、按登记注册类型分组						
内资企业	2213.89	1429.07	8084.84	656.89	4675.91	274.30
国有企业	267.72	126.21	963.15	53.74	513.26	9.84
集体企业	172.98	168.24	655.17	71.59	505.39	45.04
股份合作企业	26.01	2.47	14.51	0.33	1.09	0.15
联营企业	1.72	2.36	5.15	2.14	16.53	8.22
国有联营企业						
集体联营企业	0.53	1.72	0.70	2.01	11.24	8.20
国有与集体联营企业	1.19	0.65	4.45	0.12	5.29	0.02
其他联营企业						
有限责任公司	1206.44	715.97	3918.80	315.83	2072.14	120.94
国有独资公司	315.95	71.24	730.23	12.98	128.50	7.91
其他有限责任公司	890.49	644.73	3188.57	302.85	1943.63	113.03
股份有限公司	160.59	101.73	626.06	73.26	450.58	20.93
私营企业	377.55	311.38	1900.10	139.91	1116.17	68.63
私营独资企业	2.31	11.56	25.44	0.83	3.76	1.93
私营合伙企业	0.01	0.01	0.10			
私营有限责任公司	369.77	297.17	1845.80	137.14	1104.92	65.81
私营股份有限公司	5.46	2.64	28.76	1.94	7.48	0.89
其他企业	0.89	0.70	1.91	0.10	0.76	0.56
港、澳、台商投资企业	7.22	0.99	6.86	134.73	176.85	2.65
与港澳台商合资经营企业	6.62	0.83	6.73	134.70	176.75	2.60
与港澳台商合作经营企业						
港澳台商独资经营企业	0.60	0.16	0.13	0.03	0.10	0.06
港澳台商投资股份有限公司						
其他港澳台投资企业						
外商投资企业	17.26	785.43	271.77	1.04	3171.94	1.44
中外合资经营企业		0.01	0.79			
中外合作经营企业						
外资企业	17.26	785.42	270.98	1.04	3171.94	1.44
外商投资股份有限公司						
其他外商投资企业						
二、按国民经济行业分组						
房屋建筑业	1725.55	1985.95	5410.83	443.71	6614.87	228.45
房屋建筑业	1725.55	1985.95	5410.83	443.71	6614.87	228.45
房屋建筑业	1725.55	1985.95	5410.83	443.71	6614.87	228.45
土木工程建筑业	382.15	78.45	1732.94	8.99	67.51	11.97
铁路、道路、隧道和桥梁工程建筑	226.28	43.14	1141.87	2.76	22.83	3.44
铁路工程建筑	67.04	0.86	231.09	0.01	0.22	0.09
公路工程建筑	62.99	12.62	323.12	0.23	5.78	0.33
市政道路工程建筑	62.01	25.74	415.21	1.71	12.99	2.71

3-8 续表1

指标名称	钢材（万吨）	木材（万立方米）	水泥（万吨）	平板玻璃 重量（万重量箱）	平板玻璃 面积（万平方米）	铝材（万吨）
其他道路、隧道和桥梁工程建筑	34.24	3.92	172.44	0.81	3.84	0.31
水利和内河港口工程建筑	81.44	21.67	339.53	1.11	10.26	1.21
水源及供水设施工程建筑	10.05	14.61	60.58	0.53	2.58	0.93
河湖治理及防洪设施工程建筑	17.56	3.58	90.95	0.07	2.63	0.07
港口及航运设施工程建筑	53.83	3.49	187.99	0.50	5.04	0.20
海洋工程建筑						
海洋工程建筑						
工矿工程建筑	6.17	0.21	7.81	0.01	0.05	0.69
工矿工程建筑	6.17	0.21	7.81	0.01	0.05	0.69
架线和管道工程建筑	38.35	1.86	122.11	0.14	0.76	0.14
架线及设备工程建筑	28.99	1.71	112.99	0.12	0.60	0.13
管道工程建筑	9.36	0.14	9.13	0.02	0.16	0.01
其他土木工程建筑	29.90	11.58	121.61	4.98	33.61	6.50
其他土木工程建筑	29.90	11.58	121.61	4.98	33.61	6.50
建筑安装业	59.48	47.70	912.04	34.42	246.24	9.80
电气安装	12.33	21.00	836.68	0.41	62.26	6.38
电气安装	12.33	21.00	836.68	0.41	62.26	6.38
管道和设备安装	19.43	4.93	11.74	14.16	75.57	1.36
管道和设备安装	19.43	4.93	11.74	14.16	75.57	1.36
其他建筑安装业	27.72	21.78	63.62	19.85	108.41	2.06
其他建筑安装业	27.72	21.78	63.62	19.85	108.41	2.06
建筑装饰和其他建筑业	71.20	103.39	307.66	305.52	1096.08	28.17
建筑装饰业	61.73	100.66	238.45	297.22	1083.73	27.66
建筑装饰业	61.73	100.66	238.45	297.22	1083.73	27.66
工程准备活动	3.82	1.18	17.92	0.04	0.34	0.12
建筑物拆除活动	1.37	0.01	2.57			
其他工程准备活动	2.44	1.18	15.35	0.04	0.34	0.12
提供施工设备服务	0.66	0.02	12.56	7.03	7.12	0.29
提供施工设备服务	0.66	0.02	12.56	7.03	7.12	0.29
其他未列明建筑业	5.00	1.53	38.74	1.24	4.89	0.10
其他未列明建筑业	5.00	1.53	38.74	1.24	4.89	0.10
三、按隶属关系分组						
中央	427.89	73.68	1144.13	5.35	118.02	7.15
省(自治区、直辖市)	139.74	161.00	574.70	16.20	131.43	3.15
地(区、市、州、盟)	489.35	228.11	1468.46	217.38	1223.02	40.11
县(区、市、旗)	436.45	258.11	1895.09	106.89	1101.71	83.07
街道	14.85	18.45	65.58	8.43	44.25	1.64
镇	67.21	59.03	217.24	12.63	85.14	10.59
乡	0.30	0.01	0.70	0.06	1.23	0.08
社区(居委会)	3.77	2.09	2.82	0.12	3.01	0.73
村委会	0.83	1.04	10.65	0.62	11.25	0.01
其他	657.98	1414.00	2984.11	424.97	5305.64	131.86
四、按企业资质等级分组						
施工总承包	2072.69	2101.51	7155.77	460.28	6692.57	239.53

3-8　续表2

指标名称	钢材（万吨）	木材（万立方米）	水泥(万吨)	平板玻璃 重量（万重量箱）	平板玻璃 面积（万平方米）	铝材（万吨）
特级	314.09	69.19	996.83	5.91	115.54	7.88
一级	977.81	1281.26	3254.52	209.15	4818.45	72.40
二级	454.56	345.57	1775.54	126.24	1037.73	91.61
三级及以下	326.23	405.49	1128.87	118.99	720.86	67.66
专业承包	165.69	113.98	1207.71	332.37	1332.13	38.86
一级	125.18	82.74	1115.18	298.03	1132.17	27.15
二级	28.49	20.24	50.50	29.18	179.21	10.78
三级	12.02	11.00	42.03	5.17	20.75	0.92
五、按营业状态分						
营业	2225.20	2210.77	8339.22	791.65	8022.51	276.73
停业(歇业)	2.45	0.51	2.49	0.79	1.19	0.05
筹建						
当年关闭	2.06	4.16	17.54	0.10	0.74	1.60
当年破产						
其他	8.66	0.06	4.22	0.10	0.25	
六、按控股情况分						
国有控股	922.61	340.72	2703.79	248.27	1100.57	24.33
集体控股	273.68	202.78	870.58	85.87	700.37	62.96
私人控股	839.89	734.77	4012.33	398.67	2589.70	159.85
港澳台商控股	5.02	0.93	9.35	11.26	37.43	1.45
外商控股	17.79	786.03	271.90	1.04	3171.94	1.44
其他	179.39	150.27	495.52	47.54	424.68	28.36
七、按地区分						
广州市	593.81	309.51	1542.27	82.37	363.69	44.03
韶关市	68.08	239.15	326.73	31.86	149.40	10.39
深圳市	424.18	205.15	1221.41	303.96	1211.33	27.88
珠海市	76.91	68.28	971.31	67.86	338.94	19.21
汕头市	118.51	81.75	655.26	25.53	321.11	4.32
佛山市	135.70	669.84	674.34	63.14	3633.14	24.77
江门市	69.88	76.12	196.06	23.87	230.22	4.90
湛江市	177.55	70.89	615.31	56.09	425.13	24.76
茂名市	113.86	65.94	371.53	27.24	305.15	7.21
肇庆市	32.19	21.40	111.30	7.31	55.36	2.83
惠州市	58.97	27.93	139.41	9.84	205.56	9.61
梅州市	70.08	46.34	556.79	15.12	69.20	23.67
汕尾市	3.85	13.19	19.53	0.74	6.23	7.35
河源市	14.05	31.74	43.50	7.40	49.77	2.58
阳江市	45.66	48.06	177.06	10.16	136.58	19.30
清远市	25.88	15.29	79.13	9.67	37.93	13.40
东莞市	57.98	51.06	152.19	10.63	112.89	6.38
中山市	71.44	128.65	259.45	25.08	155.80	14.15
潮州市	20.21	13.61	62.45	4.62	22.63	3.72
揭阳市	44.89	25.75	154.53	6.13	162.80	2.74
云浮市	14.70	5.86	33.93	4.01	31.82	5.20

3-9 全省资质以上总承包和专业分包建筑

指标名称	合计	住宅房屋	商业及服务用房屋	商厦房屋（批发和零售用房）	宾馆用房屋（住宿用房）	餐饮用房屋（餐饮用房）	商务会展用房屋
总　　计	**14439.13**	**8595.11**	**1121.45**	**458.69**	**104.55**	**47.82**	**63.43**
其中：国有及国有控股企业	4735.53	2933.28	428.39	230.53	37.36	14.33	43.95
一、按登记注册类型分组							
内资企业	14101.42	8272.13	1121.45	458.69	104.55	47.82	63.43
国有企业	1982.53	1136.91	141.00	53.63	27.83	8.69	16.09
集体企业	1531.30	870.31	103.57	30.88	23.61	7.13	7.85
股份合作企业	34.88	16.42	0.91	0.91			
联营企业	22.76	16.94	0.44				0.04
国有联营企业							
集体联营企业	3.25	3.10					
国有与集体联营企业	19.51	13.84	0.44				0.04
其他联营企业							
有限责任公司	6302.73	3691.50	515.34	319.18	33.14	28.02	31.88
国有独资公司	1247.71	710.10	193.26	145.20	5.77	5.64	26.73
其他有限责任公司	5055.02	2981.40	322.08	173.98	27.36	22.38	5.14
股份有限公司	1364.71	1080.95	58.09	4.13		0.22	1.56
私营企业	2858.15	1459.10	302.10	49.95	19.98	3.76	6.01
私营独资企业	12.15	5.24	1.24				
私营合伙企业							
私营有限责任公司	2824.69	1438.12	300.86	49.95	19.98	3.76	6.01
私营股份有限公司	21.31	15.74					
其他企业	4.36						
港、澳、台商投资企业	139.27	124.54					
与港澳台商合资经营企业	134.02	124.54					
与港澳台商合作经营企业							
港澳台商独资经营企业	5.26						
港澳台商投资股份有限公司							
其他港澳台投资企业							
外商投资企业	198.44	198.44					
中外合资经营企业							
中外合作经营企业							
外资企业	198.44	198.44					
外商投资股份有限公司							
其他外商投资企业							
二、按国民经济行业分组							
房屋建筑业	13119.21	7589.95	1101.10	451.11	101.97	45.25	62.22
房屋建筑业	13119.21	7589.95	1101.10	451.11	101.97	45.25	62.22
房屋建筑业	13119.21	7589.95	1101.10	451.11	101.97	45.25	62.22
土木工程建筑业	1015.69	873.94	9.06	3.76	1.80	1.62	1.18
铁路、道路、隧道和桥梁工程建筑	180.69	110.05	3.47	1.70			1.13
铁路工程建筑	22.99	21.48	1.13				1.13
公路工程建筑	57.37	57.22					
市政道路工程建筑	39.64	17.27	2.34	1.70			

企业房屋建筑竣工面积情况

单位：万平方米

其他商业及服务用房屋(居民服务业用房)	办　公用房屋	科研、教育、医疗用房屋	科学研究用房屋	教　育用房屋	医疗用房屋(卫生医疗用房)	文化、体育、娱乐用房屋	厂房及建筑物	#厂房	仓库	其他未列明的房屋建筑物*
446.96	**815.76**	**605.06**	**77.91**	**397.11**	**130.04**	**85.17**	**2607.81**	**1717.86**	**128.02**	**480.75**
102.21	298.89	202.73	45.27	112.59	44.87	28.83	607.76	470.92	56.04	179.61
446.96	815.76	605.06	77.91	397.11	130.04	85.17	2602.55	1717.86	128.02	471.27
34.76	91.04	86.78	26.54	42.21	18.03	5.12	344.63	231.86	41.01	136.05
34.10	88.69	77.91	12.79	56.23	8.89	6.89	263.52	185.86	20.95	99.46
	0.49	9.81	5.01	4.80					6.68	0.57
0.40		3.57		3.57			1.80	1.80		
		0.15		0.15						
0.40		3.42		3.42			1.80	1.80		
103.13	457.37	347.87	27.54	229.26	91.08	44.36	1063.73	725.62	42.14	140.41
9.91	125.07	62.03	8.43	42.68	10.92	14.51	117.57	93.50	13.84	11.33
93.22	332.30	285.84	19.11	186.58	80.15	29.85	946.16	632.12	28.30	129.09
52.18	66.83	13.62	2.29	7.82	3.51	8.46	120.73	101.18	0.08	15.95
222.39	111.33	65.50	3.74	53.23	8.53	20.34	804.20	467.60	17.16	78.41
1.24	0.33	0.71	0.18	0.27	0.26	0.26	4.04	3.10	0.26	0.07
221.14	110.69	64.78	3.56	52.96	8.27	20.08	794.92	460.99	16.91	78.35
	0.32						5.24	3.51		
							3.95	3.95		0.41
							5.26			9.47
										9.47
							5.26			
440.55	780.96	576.57	76.63	374.23	125.71	78.53	2400.29	1623.68	127.49	464.33
440.55	780.96	576.57	76.63	374.23	125.71	78.53	2400.29	1623.68	127.49	464.33
440.55	780.96	576.57	76.63	374.23	125.71	78.53	2400.29	1623.68	127.49	464.33
0.70	18.51	19.54	1.22	14.16	4.17	5.84	76.31	65.96	0.18	12.30
0.64	7.26	7.55	1.22	6.31	0.03	1.33	45.24	42.51	0.18	5.63
	0.19						0.19			
						0.15				
0.64	6.21	5.81	1.20	4.61		0.26	2.69	0.15	0.18	4.87

3-9 续表1

指标名称	合计	住宅房屋	商业及服务用房屋	商厦房屋（批发和零售用房）	宾馆用房屋（住宿用房）	餐饮用房屋（餐饮用房）	商务会展用房屋
其他道路、隧道和桥梁工程建筑	60.70	14.08					
水利和内河港口工程建筑	26.09	17.97	0.05			0.05	
水源及供水设施工程建筑	24.23	17.73					
河湖治理及防洪设施工程建筑	1.61	0.25					
港口及航运设施工程建筑	0.25		0.05			0.05	
海洋工程建筑							
海洋工程建筑							
工矿工程建筑	1.38		1.35			1.35	
工矿工程建筑	1.38		1.35			1.35	
架线和管道工程建筑	26.99	23.81	0.22			0.22	
架线及设备工程建筑	26.53	23.81	0.22			0.22	
管道工程建筑	0.46						
其他土木工程建筑	780.53	722.11	3.98	2.06	1.80		0.05
其他土木工程建筑	780.53	722.11	3.98	2.06	1.80		0.05
建筑安装业	216.89	118.71	11.24	3.82	0.78	0.95	0.03
电气安装	23.60	12.43	3.98	2.96	0.78	0.21	
电气安装	23.60	12.43	3.98	2.96	0.78	0.21	
管道和设备安装	39.10	18.70					
管道和设备安装	39.10	18.70					
其他建筑安装业	154.19	87.58	7.26	0.86		0.74	0.03
其他建筑安装业	154.19	87.58	7.26	0.86		0.74	0.03
建筑装饰和其他建筑业	87.35	12.51	0.05				
建筑装饰业	0.73	0.16	0.05				
建筑装饰业	0.73	0.16	0.05				
工程准备活动	6.50	3.00					
建筑物拆除活动							
其他工程准备活动	6.50	3.00					
提供施工设备服务	73.64	3.50					
提供施工设备服务	73.64	3.50					
其他未列明建筑业	6.48	5.86					
其他未列明建筑业	6.48	5.86					
三、按隶属关系分组							
中央	1841.54	1315.82	192.91	142.97	5.64	14.33	27.86
省(自治区、直辖市)	380.22	255.81	11.80	10.53			
地(区、市、州、盟)	2999.75	1882.42	183.15	50.21	18.57	0.47	12.84
县(区、市、旗)	3472.89	2154.52	178.92	58.03	33.41	7.33	11.66
街道	163.75	51.28	19.55	1.13	15.59		2.82
镇	380.19	167.80	31.02	11.39	3.09	0.22	
乡	18.56	1.36					
社区(居委会)	32.58	0.72	18.65	17.93		0.72	
村委会	9.02		0.63				
其他	5140.62	2765.38	484.84	166.50	28.26	24.75	8.25
四、按企业资质等级分组							
施工总承包	14344.72	8567.42	1112.87	454.97	100.84	47.61	63.43

单位：万平方米

其他商业及服务用房屋(居民服务业用房)	办　公用房屋	科研、教育、医疗用房屋	科学研究用房屋	教　育用房屋	医疗用房屋(卫生医疗用房)	文化、体育、娱乐用房屋	厂房及建筑物	#厂房	仓库	其他未列明的房屋建筑物*
	0.86	1.74	0.02	1.70	0.03	0.91	42.36	42.36		0.76
		0.32		0.32			7.70	0.20		0.05
							6.50			
		0.32		0.32			1.00			0.05
							0.20	0.20		
	0.03									
	0.03									
	0.02						0.78	0.78		2.16
	0.02						0.32	0.32		2.16
							0.46	0.46		
0.07	11.20	11.68		7.54	4.14	4.51	22.59	22.47		4.46
0.07	11.20	11.68		7.54	4.14	4.51	22.59	22.47		4.46
5.66	15.91	8.88		8.72	0.16	0.68	57.38	24.53		4.10
0.04	0.47	0.16			0.16	0.22	6.34	4.45		
0.04	0.47	0.16			0.16	0.22	6.34	4.45		
	10.01						10.39	0.80		
	10.01						10.39	0.80		
5.62	5.43	8.72		8.72		0.46	40.65	19.28		4.10
5.62	5.43	8.72		8.72		0.46	40.65	19.28		4.10
0.05	0.38	0.06	0.06			0.13	73.83	3.69	0.36	0.02
0.05	0.31	0.06	0.06			0.13				0.02
0.05	0.31	0.06	0.06			0.13				0.02
							3.20	3.20	0.30	
							3.20	3.20	0.30	
							70.14			
							70.14			
	0.06						0.49	0.49	0.06	
	0.06						0.49	0.49	0.06	
2.10	99.80	20.85	8.43	9.31	3.10	12.76	167.52	138.49	3.96	27.93
1.27	28.73	29.26	4.62	19.28	5.35		36.09	24.20		18.53
101.07	208.82	146.67	28.42	75.57	42.68	17.76	372.47	301.15	39.34	149.12
68.49	189.31	189.68	28.51	128.57	32.60	17.10	511.22	340.56	55.42	176.71
	4.60	6.18	1.17	5.01		7.60	70.27	63.92	3.18	1.10
16.32	19.58	14.43	0.41	13.17	0.84	1.05	142.15	66.21	2.11	2.06
	0.11	0.61		0.61		0.28	5.10	5.10		11.10
	1.44						11.76	4.32		
0.63	0.16	0.45		0.45			7.79	3.89		
257.09	263.21	196.94	6.35	145.13	45.46	28.61	1283.43	770.04	24.01	94.19
446.02	813.81	603.31	77.91	395.37	130.04	84.74	2556.17	1689.21	127.71	478.70

3-9 续表2

指标名称	合计	住宅房屋	商业及服务用房屋	商厦房屋（批发和零售用房）	宾馆用房屋（住宿用房）	餐饮用房屋（餐饮用房）	商务会展用房屋
特级	1329.64	821.95	192.78	145.70			1.13
一级	6961.35	4700.09	509.78	192.24	38.30	25.70	42.81
二级	3181.37	1737.51	194.83	86.28	23.62	4.22	9.51
三级及以下	2872.35	1307.87	215.46	30.75	38.92	17.68	9.98
专业承包	94.41	27.69	8.59	3.72	3.72	0.21	
一级	28.16	12.10	1.13	1.13			
二级	21.89	9.45	1.03		0.78	0.21	
三级	44.36	6.15	6.43	2.59	2.94		
五、按营业状态分							
营业	14412.17	8575.94	1120.03	458.69	104.55	47.82	63.43
停业(歇业)	11.87	9.40					
筹建							
当年关闭	14.24	9.54	1.42				
当年破产							
其他	0.85	0.24					
六、按控股情况分							
国有控股	4735.53	2933.28	428.39	230.53	37.36	14.33	43.95
集体控股	2053.94	1172.23	133.48	35.87	31.02	7.13	10.67
私人控股	6305.09	3466.62	511.23	172.05	29.25	26.00	8.81
港澳台商控股	126.85	126.64	0.20				
外商控股	198.44	198.44					
其他	1019.29	697.90	48.15	20.24	6.92	0.36	
七、按地区分							
广州市	2556.74	1633.59	149.09	54.83	28.24	0.42	2.71
韶关市	566.50	312.15	55.90	15.60	5.83	0.27	6.58
深圳市	2009.86	1224.95	215.65	150.11	11.37	14.37	26.73
珠海市	480.89	275.66	47.40	43.49	2.07	0.47	0.80
汕头市	1013.11	620.08	62.11	34.10	9.23		15.38
佛山市	1161.46	500.42	77.63	35.10	5.86	1.84	2.77
江门市	838.13	433.48	67.58	33.94	7.63	18.32	0.66
湛江市	1061.51	743.27	57.99	6.63	8.52		
茂名市	1309.56	910.47	59.53	14.50	7.50	1.69	1.32
肇庆市	322.60	144.68	25.68			1.57	
惠州市	435.96	277.24	17.98		6.00		5.60
梅州市	546.01	281.91	139.14	1.25	4.44		
汕尾市	59.62	41.19	3.12	0.91	0.44	1.35	
河源市	168.04	121.27	2.29	0.21	0.18	0.22	
阳江市	300.55	198.47	32.71	7.88	1.80		
清远市	253.92	144.74	31.30	27.70	1.20	0.22	0.04
东莞市	391.89	184.84	27.51	24.16	0.78	1.67	0.05
中山市	265.06	91.08	13.11	0.77	0.81	0.60	
潮州市	181.67	155.36	4.69				0.79
揭阳市	436.52	256.51	29.93	7.32	2.67	4.37	
云浮市	79.52	43.76	1.12	0.20		0.44	

单位：万平方米

其他商业及服务用房屋(居民服务业用房)	办　公用房屋	科研、教育、医疗用房屋	科学研究用房屋	教　育用房屋	医疗用房屋(卫生医疗用房)	文化、体育、娱乐用房屋	厂房及建筑物	#厂房	仓库	其他未列明的房屋建筑物*
45.96	124.25	29.98	6.00	23.88	0.10	18.25	122.96	102.29		19.47
210.74	393.40	331.48	46.74	205.91	78.83	24.75	705.11	518.45	64.98	231.75
71.19	167.04	107.29	16.67	64.88	25.74	20.47	811.26	477.49	26.16	116.82
118.12	129.11	134.57	8.50	100.70	25.37	21.27	916.84	590.99	36.56	110.66
0.94	1.95	1.74		1.74		0.44	51.64	28.65	0.32	2.05
							14.77	14.77		0.16
0.04							11.42	5.11		
0.91	1.95	1.74		1.74		0.44	25.45	8.77	0.32	1.88
445.54	815.41	605.03	77.91	397.08	130.04	85.17	2601.82	1712.85	128.02	480.75
	0.20	0.03		0.03			2.25	2.25		
1.42							3.28	2.30		
	0.15						0.46	0.46		
102.21	298.89	202.73	45.27	112.59	44.87	28.83	607.76	470.92	56.04	179.61
48.80	105.32	132.73	17.80	94.90	20.03	8.16	366.03	246.77	30.81	105.18
275.13	372.08	220.21	6.00	167.86	46.35	42.83	1487.60	897.67	37.08	167.44
0.20										
20.62	39.47	49.39	8.85	21.77	18.78	5.35	146.42	102.50	4.09	28.51
62.90	196.17	116.25	14.58	72.24	29.43	20.20	306.21	167.52	22.99	112.23
27.62	36.66	20.26	2.71	5.31	12.23	2.61	124.40	58.84	7.36	7.17
13.07	105.77	46.34	15.92	28.65	1.78	26.80	330.12	223.96	8.87	51.36
0.57	14.44	15.30	0.03	7.47	7.80	1.71	114.24	94.35	1.54	10.60
3.40	43.04	40.26	12.25	23.63	4.37	0.38	153.37	94.94	41.18	52.69
32.07	34.00	13.12		12.73	0.40	8.78	478.76	286.57	9.41	39.33
7.04	43.24	73.76	2.59	58.17	13.00		193.32	139.82	10.74	16.01
42.84	78.16	28.44	8.20	17.28	2.96	4.13	87.33	73.79	0.95	61.25
34.52	112.30	96.74	1.90	76.20	18.65	3.76	102.70	96.77	12.01	12.06
24.11	33.62	10.11		7.47	2.64	0.21	69.65	38.41	5.78	32.88
6.38	20.25	10.20		1.22	8.97	2.40	99.32	87.78		8.57
133.45	16.77	38.63	2.29	31.52	4.82	6.60	40.54	13.93	0.73	21.71
0.42	3.33	3.85		3.35	0.51	0.58	2.05	1.24		5.51
1.68	8.23	15.66	0.02	10.45	5.20	0.33	12.23	9.13	0.36	7.66
23.04	21.49	8.22		6.64	1.58	0.57	27.67	14.98		11.41
2.14	4.69	21.50	3.20	9.16	9.14		45.17	44.12	0.61	5.92
0.85	3.81	1.11	0.21	0.84	0.06	1.33	169.70	80.95	1.44	2.15
10.93	3.01	0.48		0.40	0.08	3.27	146.13	112.44	0.16	7.83
3.90	7.26	1.89	0.60	1.28	0.01	0.08	10.05	8.24	0.83	1.51
15.57	14.03	37.07	13.31	21.16	2.59	1.10	85.35	66.33	2.83	9.69
0.48	15.49	5.86	0.10	1.95	3.81	0.35	9.50	3.78	0.25	3.20

3-10 全省资质以上总承包和专业分包建筑

指标名称	合计	住宅房屋	商业及服务用房屋	商厦房屋（批发和零售用房）	宾馆用房屋（住宿用房）	餐饮用房屋（餐饮用房）	商务会展用房屋
总　　计	**22201181**	**13630295**	**2072765**	**727712**	**157740**	**55564**	**139450**
其中：国有及国有控股企业	8569955	5155523	921907	395531	72836	30061	114812
一、按登记注册类型分组							
内资企业	21481731	12927342	2072765	727712	157740	55564	139450
国有企业	3192123	1870934	232074	50925	58415	13379	35350
集体企业	1832830	1094901	132757	32848	33985	7791	9856
股份合作企业	79948	35440	780	780			
联营企业	42069	31490	545				45
国有联营企业							
集体联营企业	6120	6000					
国有与集体联营企业	35949	25490	545				45
其他联营企业							
有限责任公司	10042472	6022640	887798	549943	44765	30084	84181
国有独资公司	2698350	1443170	434438	309276	7938	16682	77217
其他有限责任公司	7344122	4579470	453361	240667	36827	13402	6964
股份有限公司	2239132	1697274	200348	13938		295	1428
私营企业	4047378	2174663	618462	79277	20576	4014	8590
私营独资企业	11681	5099	1679				
私营合伙企业							
私营有限责任公司	4010337	2149914	616784	79277	20576	4014	8590
私营股份有限公司	25360	19650					
其他企业	5779						
港、澳、台商投资企业	391111	374613					
与港澳台商合资经营企业	388820	374613					
与港澳台商合作经营企业							
港澳台商独资经营企业	2291						
港澳台商投资股份有限公司							
其他港澳台投资企业							
外商投资企业	328340	328340					
中外合资经营企业							
中外合作经营企业							
外资企业	328340	328340					
外商投资股份有限公司							
其他外商投资企业							
二、按国民经济行业分组							
房屋建筑业	20053263	11942493	2040128	720544	154740	52897	137080
房屋建筑业	20053263	11942493	2040128	720544	154740	52897	137080
房屋建筑业	20053263	11942493	2040128	720544	154740	52897	137080
土木工程建筑业	1668184	1464324	11721	3536	2703	1869	2305
铁路、道路、隧道和桥梁工程建筑	318286	218061	4951	1764		3	2245
铁路工程建筑	45466	42545	2245				2245
公路工程建筑	116160	115760					
市政道路工程建筑	70354	34715	2706	1764		3	

企业房屋建筑竣工面积情况

单位：万平方米

其他商业及服务用房屋(居民服务业用房)	办　公用房屋	科研、教育、医疗用房屋	科学研究用房屋	教　育用房屋	医疗用房屋(卫生医疗用房)	文化、体育、娱乐用房屋	厂房及建筑物	#厂房	仓库	其他未列明的房屋建筑物*
992299	**1376054**	**1036936**	**153106**	**618833**	**264997**	**135656**	**3074597**	**2108968**	**163549**	**711330**
308667	615367	474051	96138	251971	125942	65610	906322	726744	76302	354873
992299	1376054	1036936	153106	618833	264997	135656	3072306	2108968	163549	697123
74005	155218	177747	60144	85033	32571	14015	468424	333824	51945	221767
48276	114774	106718	13999	80225	12494	12014	250520	182789	21757	99390
	1317	27714	16065	11649					13363	1334
500		4834		4834			5200	5200		
		120		120						
500		4714		4714			5200	5200		
178826	835722	601631	48370	354911	198350	65169	1315790	933491	57656	256066
23325	324972	188535	17228	126564	44744	28552	227777	182799	21507	29399
155501	510751	413096	31142	228348	153606	36617	1088012	750691	36149	226667
184687	104442	21647	5899	10533	5214	23278	162618	141939	155	29369
506005	164580	96645	8629	71648	16368	21179	864623	506592	18674	88551
1679	369	762	194	318	250	314	3134	2009	253	71
504327	163955	95883	8436	71329	16118	20865	856034	500300	18421	88480
	256						5454	4283		
							5132	5132		647
							2291			14207
										14207
							2291			
974867	1308037	980740	148211	573834	258695	125648	2807041	1986672	161443	687733
974867	1308037	980740	148211	573834	258695	125648	2807041	1986672	161443	687733
974867	1308037	980740	148211	573834	258695	125648	2807041	1986672	161443	687733
1308	29708	36251	4660	25428	6163	8894	102932	89424	439	13915
939	12903	18567	4660	13884	23	1927	57314	53690	439	4124
	338						338			
						400				
939	11538	13896	4647	9249		392	3318	33	439	3350

3-10 续表1

指标名称	合计	住宅房屋	商业及服务用房屋	商厦房屋（批发和零售用房）	宾馆用房屋（住宿用房）	餐饮用房屋（餐饮用房）	商务会展用房屋
其他道路、隧道和桥梁工程建筑	86306	25041					
水利和内河港口工程建筑	41778	31326	60			60	
水源及供水设施工程建筑	39890	31101					
河湖治理及防洪设施工程建筑	1588	225					
港口及航运设施工程建筑	300		60			60	
海洋工程建筑							
海洋工程建筑							
工矿工程建筑	1600		1510			1510	
工矿工程建筑	1600		1510			1510	
架线和管道工程建筑	35414	30538	295			295	
架线及设备工程建筑	34448	30538	295			295	
管道工程建筑	966						
其他土木工程建筑	1271106	1184398	4905	1772	2703		60
其他土木工程建筑	1271106	1184398	4905	1772	2703		60
建筑安装业	354066	210689	20754	3632	297	798	66
电气安装	22116	8896	3417	3027	297	80	
电气安装	22116	8896	3417	3027	297	80	
管道和设备安装	73106	33348					
管道和设备安装	73106	33348					
其他建筑安装业	258844	168445	17337	606		718	66
其他建筑安装业	258844	168445	17337	606		718	66
建筑装饰和其他建筑业	125669	12789	162				
建筑装饰业	2329	360	162				
建筑装饰业	2329	360	162				
工程准备活动	5761	600					
建筑物拆除活动							
其他工程准备活动	5761	600					
提供施工设备服务	107412	2201					
提供施工设备服务	107412	2201					
其他未列明建筑业	10167	9627					
其他未列明建筑业	10167	9627					
三、按隶属关系分组							
中央	3684283	2495508	426233	301968	11131	30061	79462
省(自治区、直辖市)	671242	388659	43963	42263			
地(区、市、州、盟)	5227925	3281405	400697	60872	30083	709	30480
县(区、市、旗)	5005171	3252950	224147	37489	53266	8130	15774
街道	177243	65641	29019	724	25146		3148
镇	397520	198916	50770	10350	4477	264	
乡	24712	3080					
社区(居委会)	15389	562	2156	1594		562	
村委会	8208		972				
其他	6989488	3943574	894808	272452	33638	15837	10587
四、按企业资质等级分组							
施工总承包	22122753	13599215	2067571	725137	156285	55484	139450

单位：万平方米

其他商业及服务用房屋(居民服务业用房)	办公用房屋	科研、教育、医疗用房屋	科学研究用房屋	教育用房屋	医疗用房屋(卫生医疗用房)	文化、体育、娱乐用房屋	厂房及建筑物	#厂房	仓库	其他未列明的房屋建筑物*
	1027	4671	14	4635	23	1135	53658	53658		774
		407		407			9944	240		41
							8789			
		407		407			915			41
							240	240		
	90									
	90									
	35						1072	1072		3474
	35						106	106		3474
							966	966		
370	16681	17278		11137	6141	6967	34602	34421		6276
370	16681	17278		11137	6141	6967	34602	34421		6276
15961	37160	19710		19571	139	568	55524	28989		9662
13	596	139			139	266	8802	7037		
13	596	139			139	266	8802	7037		
	29210						10549	890		
	29210						10549	890		
15948	7354	19571		19571		302	36173	21062		9662
15948	7354	19571		19571		302	36173	21062		9662
162	1149	235	235			546	109100	3884	1668	21
162	1005	235	235			546				20
162	1005	235	235			546				20
							3600	3600	1561	
							3600	3600	1561	
							105211			
							105211			
	144						289	284	107	
	144						289	284	107	
3611	266546	63814	17228	40397	6190	23705	310764	263201	7868	89844
1700	64332	72967	17499	51701	3766		49281	40649		52040
278554	376672	337347	50864	155524	130960	40815	494732	405255	57455	238800
109488	283710	283183	54658	182298	46227	25182	675560	453573	63844	196596
	7375	4544	756	3788		6692	59517	55475	3490	966
35679	21189	18720	561	16836	1323	1394	100742	70396	2377	3413
	132	945		945		193	5286	5286		15076
	1125						11546	3375		
972	271	665		665			6299	3197		
562295	354701	254752	11541	166679	76531	37675	1360869	808562	28515	114596
991215	1373161	1034052	153106	615949	264997	135295	3040642	2086722	163408	709409

3-10 续表2

指标名称	合计	住宅房屋	商业及服务用房屋	商厦房屋（批发和零售用房）	宾馆用房屋（住宿用房）	餐饮用房屋（餐饮用房）	商务会展用房屋
特级	2723298	1524175	500586	322468			2245
一级	11839336	8025424	1003479	264770	65490	26154	109952
二级	4214602	2449860	267022	102717	33857	6624	12810
三级及以下	3345517	1599757	296485	35182	56938	22706	14444
专业承包	78428	31080	5194	2575	1455	80	
一级	28774	16113	724	724			
二级	14774	6322	390		297	80	
三级	34881	8646	4079	1851	1159		
五、按营业状态分							
营业	22148468	13597862	2069456	727712	157740	55564	139450
停业(歇业)	12553	10816					
筹建							
当年关闭	38742	21261	3309				
当年破产							
其他	1418	356					
六、按控股情况分							
国有控股	8569955	5155523	921907	395531	72836	30061	114812
集体控股	2643862	1586698	175069	37384	42698	7791	12950
私人控股	8675852	5116483	892182	261192	33694	17501	11689
港澳台商控股	378422	378089	333				
外商控股	328340	328340					
其他	1604751	1065163	83273	33605	8512	210	
七、按地区分							
广州市	4534346	2727366	392378	117245	39078	430	3667
韶关市	682651	366907	81863	24583	6889	286	8854
深圳市	4143454	2602820	446081	291890	17736	30111	77217
珠海市	772358	448230	89287	77326	6942	721	3206
汕头市	1399785	874562	72568	9501	25692		32536
佛山市	1296306	672219	82939	25213	6278	1773	3048
江门市	842783	451046	100761	77706	7883	7034	541
湛江市	1792226	1289105	101632	16716	12531		
茂名市	1831401	1309923	88044	19335	8528	1703	1629
肇庆市	428269	231947	30881			3992	
惠州市	598123	393811	32391		12000		8029
梅州市	962817	474176	366710	2342	3676		
汕尾市	64416	45450	3155	780	580	1510	
河源市	198734	143563	2773	248	215	264	
阳江市	356716	220662	61952	7527	4371		
清远市	329851	205738	37700	34258	720	295	45
东莞市	549256	322317	16298	13717	297	1360	93
中山市	271995	98135	16235	996	1403	480	
潮州市	291100	260598	6181				585
揭阳市	741320	426311	40838	7969	2923	5184	
云浮市	113273	65411	2097	360		420	

单位：万平方米

其他商业及服务用房屋(居民服务业用房)	办　公用房屋	科研、教育、医疗用房屋	科学研究用房屋	教　育用房屋	医疗用房屋(卫生医疗用房)	文化、体育、娱乐用房屋	厂房及建筑物	#厂房	仓库	其他未列明的房屋建筑物*
175873	256273	97534	20347	76969	219	40807	247593	217601		56330
537113	683635	610710	100148	321178	189384	41313	1025641	744571	90964	358170
111014	261711	152377	21406	91912	39060	28732	838828	485476	26176	189895
167214	171541	173431	11206	125890	36334	24443	928580	639074	46268	105014
1083	2892	2884		2884		361	33955	22246	141	1921
							11591	11591		346
13							8062	3037		
1070	2892	2884		2884		361	14302	7619	141	1575
988990	1375729	1036891	153106	618789	264997	135656	3057994	2093837	163549	711330
	228	45		45			1465	1465		
3309							14172	12700		
	96						966	966		
308667	615367	474051	96138	251971	125942	65610	906322	726744	76302	354873
74247	147676	202950	30064	145193	27693	13572	370256	245476	38609	109031
568106	521959	266526	11030	178183	77313	44145	1591461	973303	43087	200010
333										
40946	91052	93408	15874	43486	34048	12329	206559	163444	5551	47416
231957	321055	312295	43442	169190	99663	38732	434706	249702	40037	267778
41251	50743	32051	3449	6629	21973	2385	131151	54443	8692	8859
29128	319084	119977	29278	86616	4083	42985	528196	365159	13449	70863
1091	29834	26970	48	13659	13263	4375	148447	130814	2526	22690
4839	87336	88593	24100	57834	6659	1173	185079	121058	48392	42081
46627	34348	22718		22198	520	7060	424029	292006	8688	44305
7598	43043	63812	2898	38139	22775		158057	123164	11959	14106
72385	135063	40098	12635	23371	4092	8955	117035	88571	848	99491
56849	153861	115573	5612	86777	23185	8725	107857	105024	14948	32470
26889	62967	13224		9563	3660	441	78580	46522	5150	5079
12362	32344	20147		1565	18582	5779	101786	91026		11866
360692	17294	41974	1764	31573	8637	4888	32695	13559	910	24171
285	4195	4422		3692	730	922	2104	1214		4168
2047	11724	21546	14	12191	9341	381	12060	9084	432	6254
50054	15337	12538		9558	2980	499	29632	12928		16095
2382	8768	33555	3500	13954	16101		36843	35765	616	6631
830	3254	405	131	256	18	2798	199164	76506	2129	2892
13355	3198	756		606	150	3473	142702	116833	174	7323
5596	6862	2711	591	2111	10	128	10025	8533	1376	3220
24762	17031	55413	25466	26253	3694	1483	181515	161818	2774	15955
1317	18711	8160	180	3100	4881	477	12933	5240	450	5034

3-11 全省资质以上总承包和专业分包建筑企业资产及负债情况

单位：万元

指标名称	资产合计	流动负债合计	#应付账款	非流动负债合计	负债合计
总　　计	**94627535**	**56886967**	**16673233**	**5098219**	**65264472**
其中：国有及国有控股企业	32459555	22547891	8605363	2335773	25299386
一、按登记注册类型分组					
内资企业	90443209	54041859	16131852	4878290	62000653
国有企业	8359167	5673845	1397943	490238	6565126
集体企业	2183185	1188230	273687	74246	1326935
股份合作企业	61353	33317	531		33649
联营企业	68691	41507	4846	1724	43525
国有联营企业	16605	12670	464		12670
集体联营企业	6042	1992	159		2157
国有与集体联营企业	41739	23330	3683	1724	25182
其他联营企业	4305	3515	541		3515
有限责任公司	46682975	28794947	10108846	2773129	32571999
国有独资公司	11391656	7426475	3483406	1322058	8752702
其他有限责任公司	35291319	21368472	6625440	1451071	23819297
股份有限公司	8977577	5647687	1498552	608531	6295090
私营企业	24064099	12636575	2829817	930004	15137235
私营独资企业	1724900	1715694	31029		1715577
私营合伙企业	2509	2006			2006
私营有限责任公司	21756781	10676785	2703951	927342	13159606
私营股份有限公司	579910	242090	94837	2662	260047
其他企业	46162	25751	17630	420	27094
港、澳、台商投资企业	1021321	556877	214314	6053	761712
与港澳台商合资经营企业	902433	468097	201213	5925	672697
与港澳台商合作经营企业	32404	23400	5578		23508
港澳台商独资经营企业	50272	35010	4345	60	35070
港澳台商投资股份有限公司	36212	30370	3179	68	30438
其他港澳台投资企业					
外商投资企业	3163006	2288231	327067	213876	2502107
中外合资经营企业	44479	23166	4141	1721	24887
中外合作经营企业					
外资企业	3118527	2265064	322925	212155	2477219
外商投资股份有限公司					
其他外商投资企业					
二、按国民经济行业分组					
房屋建筑业	46811462	27975082	7659392	2044397	32271731
房屋建筑业	46811462	27975082	7659392	2044397	32271731
房屋建筑业	46811462	27975082	7659392	2044397	32271731
土木工程建筑业	26738304	16761285	5960202	2242978	19438709
铁路、道路、隧道和桥梁工程建筑	12106055	8240571	2677596	688062	9023382
铁路工程建筑	2751911	2096737	1029187	211381	2362892
公路工程建筑	4266287	3064301	857638	311279	3378435
市政道路工程建筑	3759407	2161785	540565	96313	2292188

3-11　续表1　　单位：万元

指标名称	资产合计	流动负债合计	#应付账款	非流动负债合计	负债合计
其他道路、隧道和桥梁工程建筑	1328451	917748	250206	69089	989867
水利和内河港口工程建筑	9131544	4758965	2020129	1415022	6481426
水源及供水设施工程建筑	537339	226757	49882	19164	257507
河湖治理及防洪设施工程建筑	1425728	662245	113175	392142	1080367
港口及航运设施工程建筑	7168477	3869964	1857072	1003717	5143553
海洋工程建筑					
海洋工程建筑					
工矿工程建筑	625782	444674	238197	10901	455995
工矿工程建筑	625782	444674	238197	10901	455995
架线和管道工程建筑	1911769	1321955	481795	30439	1363429
架线及设备工程建筑	1324450	893480	315067	23984	926591
管道工程建筑	587319	428475	166728	6455	436838
其他土木工程建筑	2963154	1995120	542485	98553	2114478
其他土木工程建筑	2963154	1995120	542485	98553	2114478
建筑安装业	10414192	6474802	1493581	367719	7064531
电气安装	3376217	2051560	597785	51799	2261228
电气安装	3376217	2051560	597785	51799	2261228
管道和设备安装	1378981	830619	238091	81874	939941
管道和设备安装	1378981	830619	238091	81874	939941
其他建筑安装业	5658994	3592623	657705	234046	3863362
其他建筑安装业	5658994	3592623	657705	234046	3863362
建筑装饰和其他建筑业	10663577	5675798	1560058	443125	6489501
建筑装饰业	9217993	4977740	1421679	351800	5669973
建筑装饰业	9217993	4977740	1421679	351800	5669973
工程准备活动	363330	200652	32275	5774	219027
建筑物拆除活动	75844	27657	6515	507	29387
其他工程准备活动	287486	172996	25760	5267	189640
提供施工设备服务	87100	36267	8069	140	36408
提供施工设备服务	87100	36267	8069	140	36408
其他未列明建筑业	995154	461138	98036	85411	564093
其他未列明建筑业	995154	461138	98036	85411	564093
三、按隶属关系分组					
中央	17140872	12214335	5658918	1596459	13814982
省(自治区、直辖市)	7459508	4697109	1261219	717288	5684399
地(区、市、州、盟)	17554136	11644674	2923304	548910	12433948
县(区、市、旗)	6912313	3342085	553308	511381	4117803
街道	351587	174121	56235	4692	216573
镇	634751	169245	49937	10472	464131
乡	25091	17740	181		17740
社区(居委会)	154555	87197	34744	2405	96744
村委会	16172	5861	3839		5861
其他	44378549	24534599	6131547	1706613	28412289
四、按企业资质等级分组					
施工总承包	73602725	45223428	12476762	4502499	52515656

3-11 续表2

单位：万元

指标名称	资产合计	流动负债合计	#应付账款	非流动负债合计	负债合计
特级	9909044	6932131	2765590	992224	7932557
一级	38290855	25092684	7269798	2672752	28167566
二级	12425913	6418913	1021286	626240	7767936
三级及以下	12976914	6779700	1420088	211283	8647597
专业承包	21024809	11663539	4196471	595720	12748816
一级	10775967	6359058	2396218	310177	7004660
二级	5137282	2770728	1216093	53863	2871961
三级	5111561	2533753	584160	231680	2872195
五、按营业状态分					
营业	93888051	56606110	16573295	5050253	64663117
停业(歇业)	38983	10094	202	374	11079
筹建					
当年关闭	397489	38050	11045	46949	356911
当年破产					
其他	303011	232713	88691	643	233365
六、按控股情况分					
国有控股	32459555	22547891	8605363	2335773	25299386
集体控股	6009220	3915248	775556	106268	4157094
私人控股	41733279	22048758	4912875	2127535	26245784
港澳台商控股	902989	467297	168079	7776	674494
外商控股	3203210	2318299	328710	217041	2535340
其他	10319282	5589474	1882650	303827	6352374
七、按地区分					
广州市	31446706	20763484	6484756	2718208	23966057
韶关市	1054947	562461	140771	22559	722418
深圳市	21941175	13779887	4798413	587419	14732915
珠海市	3127345	1619646	509368	129855	2062567
汕头市	3693965	2317191	311793	62401	2448265
佛山市	8747713	5519492	1443430	295327	5914028
江门市	1576652	808640	119886	55258	901447
湛江市	1514931	729779	217685	93045	847767
茂名市	1668840	906503	200618	20176	988487
肇庆市	1012703	659945	244389	109047	790411
惠州市	1110641	793149	109075	18778	821501
梅州市	4555392	2632704	292078	563059	3226457
汕尾市	134519	84589	11037	3115	95370
河源市	4243366	1553325	710709	20341	2736040
阳江市	1018284	253402	66666	25241	581439
清远市	632144	370200	94411	5993	391324
东莞市	3183232	1253836	358788	144970	1478429
中山市	2644559	1644242	454696	142184	1825862
潮州市	331019	201204	14480	1042	210346
揭阳市	581188	300523	61208	8635	312932
云浮市	408215	132767	28977	71568	210409

3-12 全省资质以上总承包和专业分包建筑企业流动资产情况

单位：万元

指标名称	年初存货	流动资产合计	#应收工程款	# 存　货	在建工程
总　　计	**13320254**	**75223080**	**15034626**	**5098219**	**988355**
其中：国有及国有控股企业	5556656	25369834	5400703	6273498	256231
一、按登记注册类型分组					
内资企业	12927408	71294331	14431388	15284830	985084
国有企业	1195527	6841582	1443014	1195420	47513
集体企业	598894	1657229	335305	444080	89040
股份合作企业	7447	45135	8965	14464	7753
联营企业	1317	49844	5066	800	2882
国有联营企业	304	15128	320	150	
集体联营企业	95	2003	400	231	2882
国有与集体联营企业	499	29216	4218	1	
其他联营企业	418	3497	128	418	
有限责任公司	7193505	37497546	7631705	9529606	487397
国有独资公司	2195528	8173254	1653824	2579451	150814
其他有限责任公司	4997978	29324292	5977881	6950155	336583
股份有限公司	1389805	7260428	2096105	1190729	92924
私营企业	2537266	17903193	2889638	2906362	257575
私营独资企业	14955	1716886	41023	6655	570
私营合伙企业	906	2497			
私营有限责任公司	2460334	15714096	2659606	2826821	251030
私营股份有限公司	61071	469714	189009	72885	5975
其他企业	3647	39374	21591	3369	
港、澳、台商投资企业	85030	812299	268928	107553	1320
与港澳台商合资经营企业	68590	705486	241784	98389	1262
与港澳台商合作经营企业	1858	29281	6020	2593	53
港澳台商独资经营企业	13752	43989	13938	5683	5
港澳台商投资股份有限公司	831	33544	7187	889	
其他港澳台投资企业					
外商投资企业	307815	3116450	334310	495414	1952
中外合资经营企业	6819	39855	1367	12981	
中外合作经营企业					
外资企业	300997	3076595	332942	482434	1952
外商投资股份有限公司					
其他外商投资企业					
二、按国民经济行业分组					
房屋建筑业	6088528	37248469	6364975	7465661	522139
房屋建筑业	6088528	37248469	6364975	7465661	522139
房屋建筑业	6088528	37248469	6364975	7465661	522139
土木工程建筑业	4500159	20380978	4338166	5336532	306760
铁路、道路、隧道和桥梁工程建筑	2239954	9749203	1502310	2519810	58296
铁路工程建筑	621309	2358458	514625	709310	932
公路工程建筑	1029853	3241823	245400	1194101	10798
市政道路工程建筑	402652	3179525	584553	414453	22590

3-12 续表1 单位：万元

指标名称	年初存货	流动资产合计			在建工程
			#应收工程款	#存 货	
其他道路、隧道和桥梁工程建筑	186140	969397	157731	201945	23977
水利和内河港口工程建筑	1533130	5837373	1611300	1764282	202881
水源及供水设施工程建筑	72336	399470	48371	72391	6778
河湖治理及防洪设施工程建筑	230480	791636	87809	238769	63337
港口及航运设施工程建筑	1230314	4646267	1475120	1453122	132767
海洋工程建筑					
海洋工程建筑					
工矿工程建筑	34795	527287	245921	51974	654
工矿工程建筑	34795	527287	245921	51974	654
架线和管道工程建筑	312597	1645889	486513	450910	11908
架线及设备工程建筑	213183	1142030	294707	329163	9645
管道工程建筑	99414	503859	191806	121746	2263
其他土木工程建筑	379683	2621227	492123	549557	33020
其他土木工程建筑	379683	2621227	492123	549557	33020
建筑安装业	1551070	8303419	1546012	1714650	90669
电气安装	634037	2674577	578902	779247	26556
电气安装	634037	2674577	578902	779247	26556
管道和设备安装	191421	1174713	234346	246750	12958
管道和设备安装	191421	1174713	234346	246750	12958
其他建筑安装业	725613	4454128	732764	688654	51155
其他建筑安装业	725613	4454128	732764	688654	51155
建筑装饰和其他建筑业	1180497	9290215	2785473	1370954	68787
建筑装饰业	955965	8216894	2518288	1151935	45040
建筑装饰业	955965	8216894	2518288	1151935	45040
工程准备活动	34201	288434	89197	44088	4844
建筑物拆除活动	6445	53175	11819	12241	4482
其他工程准备活动	27756	235259	77378	31847	362
提供施工设备服务	2983	62177	14278	2305	
提供施工设备服务	2983	62177	14278	2305	
其他未列明建筑业	187347	722710	163710	172626	18903
其他未列明建筑业	187347	722710	163710	172626	18903
三、按隶属关系分组					
中央	2956313	13444431	3287045	3413606	131073
省(自治区、直辖市)	1283803	5319538	839305	1576091	87704
地(区、市、州、盟)	2695853	14587408	3315429	2844332	177000
县(区、市、旗)	1406400	5148119	777785	1197724	151254
街道	35010	246337	29122	59873	17789
镇	47345	397186	74516	45681	6156
乡		21824	13725		
社区(居委会)	22241	134471	58004	27952	
村委会	932	13511	5557	1642	
其他	4872357	35910255	6634138	6720896	417380
四、按企业资质等级分组					
施工总承包	10908962	56916670	9896950	11828049	815116

3-12　续表2　　单位：万元

指标名称	年初存货	流动资产合计	#应收工程款	#存 货	在建工程
特级	1616162	7247730	986435	1677039	81736
一级	5912756	31397566	6070906	6987205	335631
二级	2014343	8506569	1529519	1828779	222535
三级及以下	1365702	9764805	1310091	1335026	175214
专业承包	2411292	18306410	5137676	4059748	173240
一级	1555944	9345730	3209759	1901938	91429
二级	309636	4627365	1244422	1507025	28551
三级	545711	4333315	683495	650786	53259
五、按营业状态分					
营业	13154706	74585947	14847054	15674501	976466
停业(歇业)	3236	26112	818	2988	182
筹建					
当年关闭	98564	367607	104448	130093	11707
当年破产					
其他	63748	243414	82305	80216	
六、按控股情况分					
国有控股	5556656	25369834	5400703	6273498	256231
集体控股	1278710	4971505	819823	1266098	117723
私人控股	5070124	31954099	6109452	5569271	498124
港澳台商控股	78665	700382	263659	60243	1320
外商控股	317765	3156295	335385	510993	1952
其他	1018334	9070965	2105602	2207694	113006
七、按地区分					
广州市	4779955	24393883	4674704	5399932	293866
韶关市	288065	874655	195320	293955	7528
深圳市	2917674	18794439	4861904	3494291	126106
珠海市	443356	2687374	624110	399565	38934
汕头市	457712	3226968	673427	444966	16442
佛山市	982895	8332047	1371898	2438089	13899
江门市	346772	1137907	152738	360121	82622
湛江市	387385	1217432	229725	325619	45417
茂名市	250896	1293572	370192	208190	85750
肇庆市	228398	879978	127237	294793	17894
惠州市	192754	943277	106691	216167	39156
梅州市	293308	2322605	309369	293961	32468
汕尾市	17024	111856	7988	28792	3100
河源市	92408	2357867	94248	42807	54626
阳江市	179089	655426	155211	94606	44496
清远市	76316	544399	148420	99131	3123
东莞市	472366	2196275	340169	427800	29496
中山市	607518	2258414	408844	753453	40251
潮州市	88844	264290	15310	80538	882
揭阳市	169719	453957	100145	147131	1693
云浮市	47799	276459	66975	43893	10607

3-13 全省资质以上总承包和专业分包建筑企业固定资产情况

单位：万元

指标名称	固定资产合计	固定资产减值准备	固定资产原价	累计折旧	#本年折旧
总计	**7441792**	**46273**	**10017628**	**4062156**	**782950**
其中：国有及国有控股企业	2511074	7618	3803033	1670881	304854
一、按登记注册类型分组					
内资企业	7364958	46023	9889875	4004424	772557
国有企业	673626	3817	1068791	513576	67989
集体企业	414900	3120	455251	170193	18463
股份合作企业	12852		9503	4942	549
联营企业	10369	364	10723	3559	1485
国有联营企业	1253		1456	203	22
集体联营企业	3869	364	1556	569	51
国有与集体联营企业	4817		6753	2260	1395
其他联营企业	430		958	529	17
有限责任公司	3638805	17014	5249966	2272225	490211
国有独资公司	1033246	2202	1423796	552052	107153
其他有限责任公司	2605558	14812	3826170	1720173	383058
股份有限公司	804507	1695	968754	297257	74041
私营企业	1807297	20013	2123188	741342	119465
私营独资企业	7654	1000	9143	2347	540
私营合伙企业	12		95	83	6
私营有限责任公司	1754242	18568	2056275	718136	115715
私营股份有限公司	45388	445	57675	20777	3204
其他企业	2602		3700	1331	355
港、澳、台商投资企业	50132	250	82470	36640	6394
与港澳台商合资经营企业	44776	250	72740	29751	5876
与港澳台商合作经营企业	3072		4741	3293	268
港澳台商独资经营企业	1596		4009	2982	186
港澳台商投资股份有限公司	688		980	614	64
其他港澳台投资企业					
外商投资企业	26702		45283	21092	3999
中外合资经营企业	3399		6622	3223	1416
中外合作经营企业					
外资企业	23302		38661	17869	2583
外商投资股份有限公司					
其他外商投资企业					
二、按国民经济行业分组					
房屋建筑业	3374713	32523	4119783	1488926	332475
房屋建筑业	3374713	32523	4119783	1488926	332475
房屋建筑业	3374713	32523	4119783	1488926	332475
土木工程建筑业	2899220	3275	4261499	1802720	311884
铁路、道路、隧道和桥梁工程建筑	1007524	2276	1701978	799976	140008
铁路工程建筑	120919	2	220656	104345	20825
公路工程建筑	365003	1869	656743	309498	61383
市政道路工程建筑	286501	405	478677	235953	35351

3-13 续表1　　　　单位：万元

指标名称	固定资产合计	固定资产减值准备	固定资产原价	累计折旧	#本年折旧
其他道路、隧道和桥梁工程建筑	235101		345901	150181	22450
水利和内河港口工程建筑	1532793	594	1988487	694329	131665
水源及供水设施工程建筑	56719	129	68368	30582	3376
河湖治理及防洪设施工程建筑	467227	334	525437	125094	25516
港口及航运设施工程建筑	1008847	132	1394682	538653	102773
海洋工程建筑					
海洋工程建筑					
工矿工程建筑	61389	405	150199	89465	8647
工矿工程建筑	61389	405	150199	89465	8647
架线和管道工程建筑	170298		253326	136081	18899
架线及设备工程建筑	94046		171579	92706	13964
管道工程建筑	76252		81747	43376	4935
其他土木工程建筑	127216		167510	82869	12665
其他土木工程建筑	127216		167510	82869	12665
建筑安装业	622117	3084	932811	467562	93271
电气安装	242858	1058	399355	196300	39423
电气安装	242858	1058	399355	196300	39423
管道和设备安装	92462	892	152803	77161	7863
管道和设备安装	92462	892	152803	77161	7863
其他建筑安装业	286798	1134	380653	194101	45984
其他建筑安装业	286798	1134	380653	194101	45984
建筑装饰和其他建筑业	545742	7391	703535	302949	45320
建筑装饰业	384612	1001	480438	205336	29592
建筑装饰业	384612	1001	480438	205336	29592
工程准备活动	55186	1413	81751	36434	5972
建筑物拆除活动	15097	29	16279	6247	1253
其他工程准备活动	40089	1385	65472	30187	4719
提供施工设备服务	10852	4920	17878	7187	1339
提供施工设备服务	10852	4920	17878	7187	1339
其他未列明建筑业	95092	56	123468	53993	8418
其他未列明建筑业	95092	56	123468	53993	8418
三、按隶属关系分组					
中央	1325302	541	2036203	894061	166650
省(自治区、直辖市)	920802	2159	1285373	463797	80415
地(区、市、州、盟)	1201716	3960	1723746	800729	131377
县(区、市、旗)	787908	14429	942058	386226	91273
街道	59203	14	74795	33873	2673
镇	220952	587	234543	29835	4200
乡	3204		5115	2111	122
社区(居委会)	11863		17476	6070	1586
村委会	1619		2637	1019	202
其他	2909222	24583	3695682	1444436	304452
四、按企业资质等级分组					
施工总承包	6264748	41573	8266408	3214219	576228

3-13 续表2 单位：万元

指标名称	固定资产合 计	固定资产减值准备	固定资产原 价	累计折旧	# 本年折旧
特级	513644	102	714409	294007	58532
一级	2978968	9385	4342178	1870045	351438
二级	1361939	9331	1656672	626045	93772
三级及以下	1410196	22755	1553148	424122	72486
专业承包	1177044	4700	1751220	847938	206722
一级	572081	1574	773963	358438	71689
二级	248413	1678	426110	219159	90722
三级	356550	1449	551148	270340	44312
五、按营业状态分					
营业	7357537	46260	9938260	4021550	779086
停业(歇业)	5261		7172	3067	157
筹建					
当年关闭	19838		17122	9237	345
当年破产					
其他	59156	13	55075	28303	3362
六、按控股情况分					
国有控股	2511074	7618	3803033	1670881	304854
集体控股	692087	11673	885750	380769	49340
私人控股	3458163	25534	4209269	1505306	257796
港澳台商控股	47813	38	73374	29975	5646
外商控股	26754		46022	21779	4026
其他	705902	1410	1000181	453446	161288
七、按地区分					
广州市	2607610	11912	3735660	1506511	286770
韶关市	108155	1341	147857	49821	8851
深圳市	1222571	3851	1753955	800118	126877
珠海市	220040	157	237626	107664	22595
汕头市	365927	342	583829	238811	26001
佛山市	247498	583	438390	234682	92151
江门市	230908	6945	226059	89155	15150
湛江市	241650	2316	340120	157310	13041
茂名市	317262	845	408420	214996	95824
肇庆市	75270		96135	43573	5033
惠州市	101108	332	100160	43595	3610
梅州市	186312	3505	211183	79774	11209
汕尾市	19365	423	21232	6002	271
河源市	583908	479	533492	29294	4251
阳江市	339156	1211	355779	74025	14727
清远市	45981	199	65179	29002	11288
东莞市	224048	2114	355575	177084	19208
中山市	154627	60	222933	110156	17998
潮州市	25637	1030	40106	18860	1682
揭阳市	66303	1435	86280	33691	3735
云浮市	58456	7197	57661	18033	2681

3-14 全省资质以上总承包和专业分包建筑企业资本分布情况

单位：万元

指标名称	所有者权益合计	#实收资本	国家资本	集体资本	法人资本	个人资本	港澳台资本	外商资本
总　　计	**29331893**	**16453095**	**1620178**	**801974**	**7360333**	**6449078**	**85417**	**136115**
其中：国有及国有控股企业	7157769	4347444	1542763	75538	2685772	39619	3585	167
一、按登记注册类型分组								
内资企业	28411386	16176947	1601677	801949	7331812	6438984	1837	688
国有企业	1794020	1150691	768385	56290	325669	347		
集体企业	854795	494315	2419	400419	77085	14392		
股份合作企业	27703	21429		16240	4255	934		
联营企业	25166	6622	420	2334	3688	180		
国有联营企业	3934	1500			1500			
集体联营企业	3885	516		516				
国有与集体联营企业	16558	4005		1817	2188			
其他联营企业	790	600	420			180		
有限责任公司	14104435	8076242	758986	267555	4875426	2173535	408	333
国有独资公司	2638954	1609734	314879	6942	1287910	3		
其他有限责任公司	11465481	6466508	444107	260612	3587516	2173532	408	333
股份有限公司	2682487	948286	64067	23642	483270	377307		
私营企业	8903711	5461174	7400	35469	1551234	3865287	1429	355
私营独资企业	6950	5308			2660	2648		
私营合伙企业	503	500			500			
私营有限责任公司	8581223	5331363	7300	35469	1514127	3772683	1429	355
私营股份有限公司	315036	124003	100		33947	89956		
其他企业	19068	18189			11185	7004		
港、澳、台商投资企业	259608	130167	18501	25	27228	10094	73580	739
与港澳台商合资经营企业	229736	106226	18501	25	21431	7073	59196	
与港澳台商合作经营企业	8896	7492			1797	1986	3709	
港澳台商独资经营企业	15202	13749			4000	1035	7976	739
港澳台商投资股份有限公司	5774	2700					2700	
其他港澳台投资企业								
外商投资企业	660899	145981			1293		10000	134688
中外合资经营企业	19592	10900			1293			9607
中外合作经营企业								
外资企业	641307	135081					10000	125081
外商投资股份有限公司								
其他外商投资企业								
二、按国民经济行业分组								
房屋建筑业	14520602	7529770	645177	574293	3601382	2589556	29362	90000
房屋建筑业	14520602	7529770	645177	574293	3601382	2589556	29362	90000
房屋建筑业	14520602	7529770	645177	574293	3601382	2589556	29362	90000
土木工程建筑业	7295378	4221364	644578	133567	2375318	1059475	7861	567
铁路、道路、隧道和桥梁工程建筑	3082673	1691581	292132	45942	838445	507847	7216	
铁路工程建筑	389019	250521	87050	4850	148603	10018		
公路工程建筑	887851	404894	46083	26255	258170	68191	6196	
市政道路工程建筑	1467218	824032	115647	12707	322701	372977		

3-14 续表1 单位：万元

指标名称	所有者权益合计	# 实收资本						
			国家资本	集体资本	法人资本	个人资本	港澳台资本	外商资本
其他道路、隧道和桥梁工程建筑	338584	212134	43353	2130	108970	56661	1020	
水利和内河港口工程建筑	2647738	1715534	201611	40155	1267004	206431	167	167
水源及供水设施工程建筑	279832	198175	33385	21155	72802	70834		
河湖治理及防洪设施工程建筑	345361	158223	20841	3551	58285	75546		
港口及航运设施工程建筑	2022545	1359136	147385	15448	1135917	60052	167	167
海洋工程建筑								
海洋工程建筑								
工矿工程建筑	169788	77895	36422	959	26786	13727		
工矿工程建筑	169788	77895	36422	959	26786	13727		
架线和管道工程建筑	546503	319660	83027	22983	96587	116695	368	
架线及设备工程建筑	396022	233254	33800	21275	79797	98014	368	
管道工程建筑	150481	86406	49227	1708	16790	18681		
其他土木工程建筑	848677	416694	31385	23528	146496	214775	110	400
其他土木工程建筑	848677	416694	31385	23528	146496	214775	110	400
建筑安装业	3342431	1729265	266784	54620	650815	730077	16928	10041
电气安装	1108759	651640	86962	34193	240401	277918	2782	9384
电气安装	1108759	651640	86962	34193	240401	277918	2782	9384
管道和设备安装	439040	252812	29741	5762	103733	107003	6573	
管道和设备安装	439040	252812	29741	5762	103733	107003	6573	
其他建筑安装业	1794632	824813	150080	14665	306681	345156	7573	658
其他建筑安装业	1794632	824813	150080	14665	306681	345156	7573	658
建筑装饰和其他建筑业	4173483	2972696	63640	39494	732818	2069970	31267	35507
建筑装饰业	3548029	1619882	41374	27591	582718	902766	29927	35507
建筑装饰业	3548029	1619882	41374	27591	582718	902766	29927	35507
工程准备活动	143700	106026	6631	2558	37584	59254		
建筑物拆除活动	46457	40629	4710	1818	4354	29748		
其他工程准备活动	97243	65398	1921	740	33230	29507		
提供施工设备服务	50692	45596	2330	30	26423	15473	1340	
提供施工设备服务	50692	45596	2330	30	26423	15473	1340	
其他未列明建筑业	431061	1201191	13304	9316	86094	1092477		
其他未列明建筑业	431061	1201191	13304	9316	86094	1092477		
三、按隶属关系分组								
中央	3325889	2134897	462342	167	1632759	11707	27756	167
省(自治区、直辖市)	1775109	943780	346633	39661	434511	120896	1679	400
地(区、市、州、盟)	5117798	2593155	522168	161241	1228157	669422	2960	9207
县(区、市、旗)	2791519	1193285	126105	340143	280353	445623	895	167
街道	135014	85323	3683	38036	14406	29199		
镇	170620	125445	1158	71302	26300	26685		
乡	7352	5238			2738	2500		
社区(居委会)	57811	31069		1453	9242	20374		
村委会	10311	9381		1144	1354	6883		
其他	15940472	9331521	158089	148826	3730514	5115790	52127	126175
四、按企业资质等级分组								
施工总承包	21059327	10871882	1340846	713100	4993722	3700264	33606	90345

3-14　续表2　　　　　　　　　　　　　　　　　　　　　　　　单位：万元

指标名称	所有者权益合计	# 实收资本	国家资本	集体资本	法人资本	个人资本	港澳台资本	外商资本
特级	1976488	987690	173491	3077	806725	4398		
一级	10123289	5071104	826272	203427	2651265	1273890	26250	90000
二级	4646562	2687774	253828	297193	825220	1305028	6506	
三级及以下	4312989	2125314	87256	209403	710512	1116948	851	345
专业承包	8272566	5581213	279332	88874	2366611	2748814	51811	45770
一级	3771307	1497042	122585	34113	653221	654047	29576	3500
二级	2262941	1633155	54434	14732	1245732	301033	7113	10113
三级	2238319	2451016	102314	40029	467659	1793735	15122	32157
五、按营业状态分								
营业	29196974	16352451	1585161	795004	7322059	6428806	85307	136115
停业(歇业)	26904	19486		5655	4377	9454		
筹建								
当年关闭	38369	41115	17	615	31897	8476	110	
当年破产								
其他	69647	40042	35000	700	2000	2342		
六、按控股情况分								
国有控股	7157769	4347444	1542763	75538	2685772	39619	3585	167
集体控股	1850670	1046550	11723	621821	260247	152426	167	167
私人控股	15462812	8550311	28585	65560	2623961	5828952	2899	355
港澳台商控股	228495	116847	9992	25	29981	8661	67450	739
外商控股	667870	148881			3293	900	10000	134688
其他	3964277	2243062	27115	39031	1757080	418520	1317	
七、按地区分								
广州市	7476475	4494361	755406	126463	2537533	1051979	11772	11208
韶关市	326758	158298	44731	24861	42304	46402		
深圳市	7208260	3766666	408608	113871	1745641	1449211	45523	3813
珠海市	1064779	631251	54126	6275	394724	163396	11992	739
汕头市	1243321	642540	108233	69460	184491	280336	10	10
佛山市	2824423	1682047	12297	47994	1171517	329804	435	120000
江门市	675205	391783	7100	22851	130343	231488		
湛江市	667164	355380	61942	50493	128521	114425		
茂名市	680352	453915	21897	92096	156973	182949		
肇庆市	222272	133649	11132	6043	61152	53264	2058	
惠州市	289140	227486	68324	25112	49919	84132		
梅州市	1328418	315448	2762	30313	121590	159498	940	345
汕尾市	39149	34636	1000	9337	8822	15477		
河源市	1503454	145041	3893	12788	27588	100405	367	
阳江市	436845	278088	16419	32415	99780	129473		
清远市	240819	127852	1458	12488	32287	81618		
东莞市	1699630	1913105		26173	277275	1607938	1719	
中山市	818696	378033	22903	26111	84603	234416	10000	
潮州市	120672	83031	8049	31369	14687	28325	601	
揭阳市	268256	175217	8630	28796	49163	88628		
云浮市	197806	65270	1269	6665	41421	15915		

3-15 全省资质以上总承包和专业分包建筑企业经营状况

单位：万元

指标名称	营业收入	主营业务收入	营业成本	主营业务成本	营业税金及附加	主营业务税金及附加	其他业务利润
总　　计	**89964523**	**89374965**	**79363850**	**78634310**	**2802093**	**2741098**	**166619**
其中：国有及国有控股企业	37255892	37017149	34032911	33837988	946132	929247	76999
一、按登记注册类型分组							
内资企业	87838941	87261061	77603050	76879757	2737065	2676718	162541
国有企业	10698067	10600905	9819698	9716438	304681	295211	33212
集体企业	3120035	3110493	2664277	2592019	138588	134438	2421
股份合作企业	90811	90386	82254	82246	1910	1910	207
联营企业	155742	150664	139044	139038	5674	5666	18
国有联营企业	42748	42748	39527	39527	1279	1279	
集体联营企业	8353	8344	7374	7372	285	285	9
国有与集体联营企业	104279	99286	91947	91947	4095	4095	
其他联营企业	361	287	197	193	14	6	9
有限责任公司	48105192	47803004	42779110	42343871	1490623	1473124	91075
国有独资公司	12181249	12145727	11157033	11138995	281367	279090	13095
其他有限责任公司	35923943	35657278	31622078	31204876	1209257	1194034	77980
股份有限公司	9489888	9402708	8242668	8233395	257914	240791	14064
私营企业	16158695	16082439	13857496	13754375	536917	524819	21526
私营独资企业	76586	76586	64337	64337	3330	3330	
私营合伙企业	1399	1307	1204	1178	5	1	11
私营有限责任公司	15635369	15562861	13427520	13326005	520256	508226	21314
私营股份有限公司	445341	441686	364435	362855	13326	13262	201
其他企业	20512	20461	18502	18376	758	758	19
港、澳、台商投资企业	757352	745695	627062	620955	23864	23225	4057
与港澳台商合资经营企业	669469	664119	553832	552307	21673	21510	3299
与港澳台商合作经营企业	35153	34632	31566	31566	670	670	4
港澳台商独资经营企业	29056	28533	24398	24200	736	548	7
港澳台商投资股份有限公司	23674	18412	17267	12882	786	497	747
其他港澳台投资企业							
外商投资企业	1368230	1368209	1133739	1133597	41163	41155	21
中外合资经营企业	41012	41012	31619	31478	170	162	
中外合作经营企业							
外资企业	1327218	1327197	1102119	1102119	40993	40993	21
外商投资股份有限公司							
其他外商投资企业							
二、按国民经济行业分组							
房屋建筑业	47528146	47319418	42384488	42108572	1585117	1563512	57435
房屋建筑业	47528146	47319418	42384488	42108572	1585117	1563512	57435
房屋建筑业	47528146	47319418	42384488	42108572	1585117	1563512	57435
土木工程建筑业	22924198	22746790	20339250	20166140	614985	600821	50176
铁路、道路、隧道和桥梁工程建筑	9702274	9610481	8734280	8645244	305939	300475	28720
铁路工程建筑	2876833	2872074	2628415	2624973	93190	91849	1432
公路工程建筑	3266055	3214124	2974817	2927704	101237	99828	10701
市政道路工程建筑	2739179	2712186	2436365	2405025	79741	77493	13757

3-15 续表1　　单位：万元

指标名称	营业收入	主营业务收入	营业成本	主营业务成本	营业税金及附加	主营业务税金及附加	其他业务利润
其他道路、隧道和桥梁工程建筑	820207	812098	694683	687541	31771	31305	2829
水利和内河港口工程建筑	6887596	6855544	6223082	6193142	160995	158494	7526
水源及供水设施工程建筑	603647	600295	502632	501122	21322	20869	1335
河湖治理及防洪设施工程建筑	1008600	992714	906027	892042	31185	30621	2743
港口及航运设施工程建筑	5275349	5262534	4814423	4799978	108489	107005	3449
海洋工程建筑							
海洋工程建筑							
工矿工程建筑	793312	773993	701563	688397	13872	13231	6036
工矿工程建筑	793312	773993	701563	688397	13872	13231	6036
架线和管道工程建筑	1856608	1831473	1573615	1545067	43444	42442	3626
架线及设备工程建筑	1320544	1302285	1093467	1071297	33075	32359	4233
管道工程建筑	536064	529188	480149	473770	10369	10083	-607
其他土木工程建筑	3684408	3675299	3106709	3094290	90735	86179	4268
其他土木工程建筑	3684408	3675299	3106709	3094290	90735	86179	4268
建筑安装业	7274683	7146560	6122140	6019827	207705	198963	40723
电气安装	2421647	2387351	1946680	1927952	64443	59075	12705
电气安装	2421647	2387351	1946680	1927952	64443	59075	12705
管道和设备安装	1451738	1433075	1270367	1254368	35869	34655	8822
管道和设备安装	1451738	1433075	1270367	1254368	35869	34655	8822
其他建筑安装业	3401299	3326134	2905093	2837507	107392	105234	19196
其他建筑安装业	3401299	3326134	2905093	2837507	107392	105234	19196
建筑装饰和其他建筑业	12237496	12162198	10517972	10339771	394286	377801	18284
建筑装饰业	11054026	10985368	9514787	9457133	360833	344653	15792
建筑装饰业	11054026	10985368	9514787	9457133	360833	344653	15792
工程准备活动	245639	244770	204428	203760	10226	10120	504
建筑物拆除活动	52207	51463	40424	39944	2142	2040	408
其他工程准备活动	193432	193307	164004	163816	8084	8080	96
提供施工设备服务	163663	163369	145789	145515	3498	3383	16
提供施工设备服务	163663	163369	145789	145515	3498	3383	16
其他未列明建筑业	774167	768691	652969	533364	19729	19644	1973
其他未列明建筑业	774167	768691	652969	533364	19729	19644	1973
三、按隶属关系分组							
中央	18421425	18368147	16751872	16716934	447418	443814	17996
省(自治区、直辖市)	7129942	7022596	6453392	6359094	175856	165934	21019
地(区、市、州、盟)	19424005	19294021	17416406	17211319	579532	572364	46259
县(区、市、旗)	8829380	8803766	7478118	7336959	417038	409713	8229
街道	381510	377763	336273	334714	15044	14818	1967
镇	671106	669427	571995	550947	29240	27095	826
乡	21722	21722	19447	7653	1232	1232	
社区(居委会)	210981	207955	179094	177223	7434	7426	12
村委会	20642	20617	18218	18213	689	685	
其他	34853811	34588953	30139035	29921253	1128610	1098018	70310
四、按企业资质等级分组							
施工总承包	66762618	66376120	59431112	58883208	2112630	2075942	114239

3-15 续表2

单位：万元

指标名称	营业收入	主营业务收入	营业成本	主营业务成本	营业税金及附加	主营业务税金及附加	其他业务利润
特级	9734759	9675694	8936220	8900134	221734	218907	22491
一级	39298594	39121940	35333651	35183917	1198911	1185276	57699
二级	10044808	9993493	8728410	8617847	359115	349029	16739
三级及以下	7684457	7584994	6432831	6181310	332870	322730	17310
专业承包	23201905	22998845	19932738	19751102	689463	665155	52380
一级	14150368	14046208	12239431	12148972	442347	426367	30539
二级	6003649	5959064	5318160	5265223	156306	154107	8023
三级	3047888	2993573	2375147	2336907	90810	84682	13818
五、按营业状态分							
营业	89446717	88859131	78890779	78163380	2789001	2728176	167417
停业(歇业)	15986	15732	14571	14292	566	505	239
筹建							
当年关闭	153843	152883	139180	139163	5512	5509	51
当年破产							
其他	347977	347219	319321	317475	7014	6909	-1088
六、按控股情况分							
国有控股	37255892	37017149	34032911	33837988	946132	929247	76999
集体控股	6695095	6625896	5844768	5719144	244265	237666	26739
私人控股	33272820	33058710	28500257	28248169	1187581	1161471	41657
港澳台商控股	563936	556126	455915	450232	16295	15771	1446
外商控股	1379080	1379059	1141594	1141452	41556	41548	21
其他	10797701	10738025	9388406	9237324	366265	355395	19758
七、按地区分							
广州市	28241093	28026867	25404028	25224187	635859	618201	70652
韶关市	1870293	1864330	1648051	1634178	75421	74997	1519
深圳市	25350385	25192249	22295663	22196013	813682	792044	59483
珠海市	2976136	2969444	2657566	2524234	93369	91675	2844
汕头市	3707719	3684790	3320460	3275083	135052	134374	576
佛山市	7889511	7804304	7094364	7043919	202144	199958	9505
江门市	2055023	2049948	1826883	1786620	78400	73657	1015
湛江市	2923523	2918827	2674223	2630690	102935	97398	1454
茂名市	3268322	3264109	2625568	2623712	206625	206550	1154
肇庆市	1054822	1051130	928459	913445	43471	43363	942
惠州市	1133097	1124546	1021227	1008315	37796	37665	1524
梅州市	1837828	1835907	1492445	1486946	78313	77352	1034
汕尾市	87206	86993	77331	74357	4275	4030	203
河源市	379500	375041	288637	283323	15680	14513	2607
阳江市	1050024	1048640	891991	891127	45606	45112	130
清远市	715745	714733	631848	631423	24907	24882	383
东莞市	1878102	1840360	1589019	1541640	59806	58820	5362
中山市	1892466	1883195	1610979	1592330	58627	57381	2457
潮州市	345171	338539	289801	285516	14420	13791	1750
揭阳市	1000398	995677	738579	733098	62769	62484	720
云浮市	308161	305337	256731	254152	12939	12852	1308

3-16 全省资质以上总承包和专业分包建筑企业经营费用情况

单位：万元

指标名称	销售费用	管理费用	#税 金	财务费用	#利息收入	#利息支出
总　　计	**396608**	**3023901**	**118239**	**737858**	**64422**	**740149**
其中：国有及国有控股企业	48956	934183	23562	220852	49904	217350
一、按登记注册类型分组						
内资企业	383515	2952514	109910	707166	65520	716724
国有企业	22896	297249	10906	21262	8013	18771
集体企业	23149	124151	13240	10482	622	5431
股份合作企业	305	5657	106	–48	–41	11
联营企业	76	3243	941	178	13	9
国有联营企业	56	1084	13	–14	20	
集体联营企业		157	5	3	1	1
国有与集体联营企业	19	1838	922	194	–2	7
其他联营企业	1	164	1	–5	–6	1
有限责任公司	122235	1558653	47750	405849	37935	399302
国有独资公司	14850	246911	5528	131182	17874	129312
其他有限责任公司	107385	1311742	42223	274667	20062	269990
股份有限公司	46615	230455	6674	86624	9054	88172
私营企业	168172	732020	30273	182730	9921	204961
私营独资企业	266	2394	33	3	658	76
私营合伙企业	17	204	1			
私营有限责任公司	159005	708317	29699	182728	10109	203012
私营股份有限公司	8885	21106	540	–1	–846	1874
其他企业	68	1086	19	89	3	69
港、澳、台商投资企业	10285	48577	7719	8663	663	2900
与港澳台商合资经营企业	8693	42019	7568	7950	595	2343
与港澳台商合作经营企业	302	2038	97	257	4	32
港澳台商独资经营企业	432	2440	47	113	50	169
港澳台商投资股份有限公司	859	2079	6	342	14	356
其他港澳台投资企业						
外商投资企业	2808	22810	610	22029	–1761	20525
中外合资经营企业	2525	5799	68	–31	50	
中外合作经营企业						
外资企业	284	17012	542	22060	–1811	20525
外商投资股份有限公司						
其他外商投资企业						
二、按国民经济行业分组						
房屋建筑业	106141	1202219	66433	372307	13548	404819
房屋建筑业	106141	1202219	66433	372307	13548	404819
房屋建筑业	106141	1202219	66433	372307	13548	404819
土木工程建筑业	77436	816165	24267	222325	34408	213784
铁路、道路、隧道和桥梁工程建筑	21242	330959	8234	104042	21296	93899
铁路工程建筑	332	70172	408	30581	14503	32382
公路工程建筑	6352	106169	3169	23178	2934	19820
市政道路工程建筑	8889	108781	3590	32924	3378	29951

3-16 续表1 单位：万元

指标名称	销售费用	管理费用	#税 金	财务费用	#利息收入	#利息支出
其他道路、隧道和桥梁工程建筑	5669	45837	1067	17359	481	11747
水利和内河港口工程建筑	5000	184248	4918	88295	8501	84379
水源及供水设施工程建筑	410	17592	820	1901	92	2481
河湖治理及防洪设施工程建筑	1425	27754	1144	26173	803	25773
港口及航运设施工程建筑	3165	138902	2954	60221	7606	56125
海洋工程建筑						
海洋工程建筑						
工矿工程建筑	529	50353	1323	2532	816	3461
工矿工程建筑	529	50353	1323	2532	816	3461
架线和管道工程建筑	5357	140936	3209	4631	225	6317
架线及设备工程建筑	3094	117266	2264	1519	130	3188
管道工程建筑	2263	23670	945	3112	96	3129
其他土木工程建筑	45307	109670	6584	22825	3570	25729
其他土木工程建筑	45307	109670	6584	22825	3570	25729
建筑安装业	70472	536443	11045	55598	5168	42755
电气安装	18301	246015	4808	10903	4162	9351
电气安装	18301	246015	4808	10903	4162	9351
管道和设备安装	8652	82135	1670	9653	484	9812
管道和设备安装	8652	82135	1670	9653	484	9812
其他建筑安装业	43519	208294	4567	35042	523	23593
其他建筑安装业	43519	208294	4567	35042	523	23593
建筑装饰和其他建筑业	142560	469073	16494	87628	11297	78791
建筑装饰业	135502	388509	14115	78534	10335	70721
建筑装饰业	135502	388509	14115	78534	10335	70721
工程准备活动	2126	17295	983	2425	209	1428
建筑物拆除活动	825	4874	70	405	17	245
其他工程准备活动	1301	12421	913	2021	193	1183
提供施工设备服务	90	6991	223	143	27	58
提供施工设备服务	90	6991	223	143	27	58
其他未列明建筑业	4842	56280	1173	6526	727	6584
其他未列明建筑业	4842	56280	1173	6526	727	6584
三、按隶属关系分组						
中央	3939	389516	8120	170808	32909	176864
省(自治区、直辖市)	8950	291688	6898	51817	8216	47308
地(区、市、州、盟)	66116	558403	14502	116892	13218	102032
县(区、市、旗)	53063	289985	30916	48137	–9509	48741
街道	2299	16891	578	971	14	702
镇	2551	23071	2392	1806	63	804
乡	11	357	44	76		
社区(居委会)	2297	7190	274	899	133	550
村委会	129	1287	44	132	–7	88
其他	257254	1445513	54470	346320	19385	363061
四、按企业资质等级分组						
施工总承包	136236	1885150	88995	601344	50909	611958

3-16 续表2

单位：万元

指标名称	销售费用	管理费用		财务费用		
			#税 金		#利息收入	#利息支出
特级	4567	173824	4503	137209	8282	140181
一级	55507	994668	34858	338134	37638	319977
二级	34266	375832	21821	76199	3031	115671
三级及以下	41895	340826	27813	49803	1958	36129
专业承包	260373	1138751	29244	136514	13513	128192
一级	147704	518422	16335	96292	9035	88050
二级	42037	305961	3405	18021	1251	16696
三级	70632	314367	9504	22200	3228	23446
五、按营业状态分						
营业	395343	3006937	117042	734831	64498	737216
停业(歇业)	23	871	15	46	2	48
筹建						
当年关闭	585	5851	472	1246	-131	1240
当年破产						
其他	657	10242	710	1735	52	1645
六、按控股情况分						
国有控股	48956	934183	23562	220852	49904	217350
集体控股	37675	262512	17442	66656	1522	57661
私人控股	256171	1337794	56518	347978	3541	368778
港澳台商控股	7430	40708	7499	8286	872	2195
外商控股	2808	23989	616	23928	-1760	20547
其他	43568	424714	12602	70158	10345	73618
七、按地区分						
广州市	83350	961004	27948	254044	26522	314011
韶关市	4148	46339	2300	6852	862	6445
深圳市	187460	794795	16639	229722	24500	219926
珠海市	8322	104219	10224	15212	2614	9511
汕头市	6070	72002	4269	29511	737	26092
佛山市	14793	267403	3517	36534	-801	31093
江门市	3294	57474	3361	8478	475	4662
湛江市	3321	79759	2289	5124	574	2864
茂名市	26476	162007	18462	10841	4088	7616
肇庆市	2796	30426	1225	8305	6869	4336
惠州市	2920	34733	1226	4433	97	2496
梅州市	4527	63376	7103	37815	-4249	38956
汕尾市	376	3226	85	333	5	216
河源市	4589	25359	1118	5043	40	2939
阳江市	7986	43764	2571	3837	201	1717
清远市	1030	26069	527	3158	214	2920
东莞市	14900	99255	3977	33105	-308	23483
中山市	7982	94207	2739	34219	1519	31289
潮州市	1066	14193	1916	342	21	258
揭阳市	10020	31872	6295	4877	15	3259
云浮市	1184	12420	449	6071	426	6062

3-17 全省资质以上总承包和专业分包建筑企业盈利状况

单位：万元

指标名称	营业利润	营业外收入	补贴收入	营业外支出	利润总额	应交所得税
总　　计	**3609644**	**75842**	**7785**	**79355**	**3631480**	**862629**
其中：国有及国有控股企业	981224	20214	1598	32296	968709	205897
一、按登记注册类型分组						
内资企业	3424279	67530	6967	74162	3442978	815388
国有企业	224898	10482	165	22829	212242	65452
集体企业	160975	1471	1	2761	159626	42170
股份合作企业	733	310		96	946	200
联营企业	7551	13		258	7306	1533
国有联营企业	841	6		5	841	204
集体联营企业	534			253	280	42
国有与集体联营企业	6187	8			6195	1281
其他联营企业	−10				−10	6
有限责任公司	1873429	27129	3750	23926	1903262	419029
国有独资公司	400226	3959	427	5152	398997	62680
其他有限责任公司	1473203	23169	3323	18774	1504265	356350
股份有限公司	442716	7398	1029	3028	446343	97330
私营企业	713874	20711	2022	21263	713136	189302
私营独资企业	5931	32		69	5894	2196
私营合伙企业	−30	1		1	−27	
私营有限责任公司	672734	19328	1441	20936	670936	181543
私营股份有限公司	35239	1350	580	257	36333	5564
其他企业	102	17		2	117	371
港、澳、台商投资企业	38727	6767	814	1820	43691	11284
与港澳台商合资经营企业	35128	6112	759	1068	40189	10364
与港澳台商合作经营企业	320	435		15	740	178
港澳台商独资经营企业	938	164		712	390	155
港澳台商投资股份有限公司	2341	56	55	25	2372	588
其他港澳台投资企业						
外商投资企业	146638	1545	4	3371	144812	35957
中外合资经营企业	913	704		61	1556	201
中外合作经营企业						
外资企业	145725	841	4	3311	143256	35756
外商投资股份有限公司						
其他外商投资企业						
二、按国民经济行业分组						
房屋建筑业	1901140	32170	983	31432	1902729	472811
房屋建筑业	1901140	32170	983	31432	1902729	472811
房屋建筑业	1901140	32170	983	31432	1902729	472811
土木工程建筑业	789742	19182	2386	35213	776602	175494
铁路、道路、隧道和桥梁工程建筑	215552	7720	1531	5302	217994	61139
铁路工程建筑	63536	569	400	503	63602	11475
公路工程建筑	58563	3239	512	2098	59704	16224
市政道路工程建筑	68176	2124	619	1936	68381	22021

3-17 续表1

单位：万元

指标名称	营业利润	营业外收入	补贴收入	营业外支出	利润总额	应交所得税
其他道路、隧道和桥梁工程建筑	25278	1787		765	26307	11420
水利和内河港口工程建筑	305117	2761	629	5750	304987	52334
水源及供水设施工程建筑	60193	650		1336	62518	6896
河湖治理及防洪设施工程建筑	14479	899	502	255	15123	4328
港口及航运设施工程建筑	230445	1212	127	4159	227346	41109
海洋工程建筑						
海洋工程建筑						
工矿工程建筑	26105	2766	72	1053	27830	11388
工矿工程建筑	26105	2766	72	1053	27830	11388
架线和管道工程建筑	107524	1845	83	20346	89022	20114
架线及设备工程建筑	92417	1152	59	18561	75007	15131
管道工程建筑	15108	694	24	1785	14015	4983
其他土木工程建筑	135444	4090	72	2761	136769	30519
其他土木工程建筑	135444	4090	72	2761	136769	30519
建筑安装业	330726	10962	2646	6451	357609	72136
电气安装	166730	5847	1206	2439	192500	32745
电气安装	166730	5847	1206	2439	192500	32745
管道和设备安装	46380	1342	60	928	46813	13076
管道和设备安装	46380	1342	60	928	46813	13076
其他建筑安装业	117615	3773	1380	3084	118297	26315
其他建筑安装业	117615	3773	1380	3084	118297	26315
建筑装饰和其他建筑业	588037	13528	1771	6258	594540	142187
建筑装饰业	535135	12408	1650	4692	542280	131922
建筑装饰业	535135	12408	1650	4692	542280	131922
工程准备活动	9170	347	19	98	9419	1577
建筑物拆除活动	3537	31	19	43	3525	323
其他工程准备活动	5633	316		55	5894	1254
提供施工设备服务	7253	50	10	46	7218	1652
提供施工设备服务	7253	50	10	46	7218	1652
其他未列明建筑业	36478	723	93	1422	35623	7037
其他未列明建筑业	36478	723	93	1422	35623	7037
三、按隶属关系分组						
中央	577794	5943	553	24576	559162	101876
省(自治区、直辖市)	136530	8059	1205	5051	142325	28204
地(区、市、州、盟)	689537	16910	678	9383	727229	187331
县(区、市、旗)	549138	3261	183	2231	541370	135264
街道	10031	226		129	10129	3509
镇	45394	376	1	502	45281	9155
乡	599				599	112
社区(居委会)	14068	142		82	14128	3689
村委会	221	3	2	289	−65	181
其他	1586332	40921	5164	37112	1591322	393311
四、按企业资质等级分组						
施工总承包	2594615	48542	3060	61853	2615393	624466

3-17 续表2　　单位：万元

指标名称	营业利润	营业外收入	补贴收入	营业外支出	利润总额	应交所得税
特级	358032	4786	971	2473	360351	41666
一级	1238776	23108	1213	36671	1224309	310037
二级	510290	7420	568	9925	543048	131153
三级及以下	487517	13228	309	12785	487684	141609
专业承包	1015029	27300	4725	17500	1016087	238163
一级	655730	11910	3410	5133	662237	154155
二级	174219	9683	604	5291	170603	39534
三级	185080	5707	712	7075	183248	44475
五、按营业状态分						
营业	3600493	75628	7761	77525	3624096	857467
停业(歇业)	-109	40	1	126	-184	279
筹建						
当年关闭	1471	37		9	1347	2038
当年破产						
其他	7789	137	24	1693	6220	2845
六、按控股情况分						
国有控股	981224	20214	1598	32296	968709	205897
集体控股	301466	10507	691	4679	301537	67105
私人控股	1626398	33477	4501	29744	1661642	421996
港澳台商控股	35292	6633	814	1786	40162	9405
外商控股	146091	1574	5	3371	144293	36109
其他	519174	3436	175	7477	515136	122117
七、按地区分						
广州市	865204	22041	2501	34300	877889	177409
韶关市	91499	201	1	228	91475	24939
深圳市	1001881	24126	3209	10594	1015417	217200
珠海市	101081	2507	1153	2346	101206	32610
汕头市	147718	3601	215	1831	149901	51520
佛山市	272570	6535	24	9339	271077	85687
江门市	84610	691	3	515	84008	26986
湛江市	61428	1325		1296	61445	13774
茂名市	230520	191		427	230284	44776
肇庆市	41044	554	30	1952	39646	15438
惠州市	35979	531	13	349	36142	4088
梅州市	161972	4881	179	4558	162295	20881
汕尾市	1675	20		24	1670	989
河源市	40229	1124	3	2195	39158	9012
阳江市	56112	480	19	1040	55547	21834
清远市	29293	195	1	702	28799	13852
东莞市	99806	1908	392	3857	97755	19197
中山市	86524	4306	43	1877	88560	22227
潮州市	25467	56		331	25192	6737
揭阳市	156088	57		652	155497	47382
云浮市	18944	512		940	18516	6092

3-18 全省资质以上总承包和专业分包建筑企业资产变动情况及职工薪酬

单位：万元

指标名称	资产减值损失	公允价值变动收益	投资收益	应付职工薪酬（本年贷方累计发生额）
总　　计	**94268**	**–1362**	**288651**	**10547426**
其中：国有及国有控股企业	28578	54	144071	4140392
一、按登记注册类型分组				
内资企业	94052	–1362	287636	10346419
国有企业	4725	145	11868	1243260
集体企业	513	69	–647	586140
股份合作企业				8307
联营企业	–2		22	19288
国有联营企业	–2		22	2722
集体联营企业				2085
国有与集体联营企业				14402
其他联营企业				79
有限责任公司	32160	–827	225523	5341357
国有独资公司	21088	–92	107076	1361516
其他有限责任公司	11072	–735	118447	3979841
股份有限公司	42470	–832	22104	994232
私营企业	14186	83	28766	2150403
私营独资企业	352	7	22	10708
私营合伙企业				14
私营有限责任公司	10247	75	28225	2060289
私营股份有限公司	3586	2	519	79392
其他企业				3432
港、澳、台商投资企业	199		42	124273
与港澳台商合资经营企业	199		41	109124
与港澳台商合作经营企业				5931
港澳台商独资经营企业				4153
港澳台商投资股份有限公司				5065
其他港澳台投资企业				
外商投资企业	17		974	76734
中外合资经营企业	17			12598
中外合作经营企业				
外资企业			974	64136
外商投资股份有限公司				
其他外商投资企业				
二、按国民经济行业分组				
房屋建筑业	15241	227	85868	5707589
房屋建筑业	15241	227	85868	5707589
房屋建筑业	15241	227	85868	5707589
土木工程建筑业	26129	–1603	119585	2371093
铁路、道路、隧道和桥梁工程建筑	5844	–1626	18384	915579
铁路工程建筑	2055		11447	251516
公路工程建筑	–1906		2196	273502
市政道路工程建筑	5710	–1979	4679	291132

3-18 续表1 单位：万元

指标名称	资产减值损失	公允价值变动收益	投资收益	应付职工薪酬（本年贷方累计发生额）
其他道路、隧道和桥梁工程建筑	-16	353	63	99429
水利和内河港口工程建筑	12512		95659	722181
水源及供水设施工程建筑	-47		4360	60642
河湖治理及防洪设施工程建筑	2728		1171	103630
港口及航运设施工程建筑	9831		90128	557910
海洋工程建筑				
海洋工程建筑				
工矿工程建筑	-1157	-19	515	102051
工矿工程建筑	-1157	-19	515	102051
架线和管道工程建筑	2307		3389	224370
架线及设备工程建筑	529		2982	164143
管道工程建筑	1778		406	60227
其他土木工程建筑	6624	42	1639	406912
其他土木工程建筑	6624	42	1639	406912
建筑安装业	7367	14	76519	890583
电气安装	1601	16	54812	318790
电气安装	1601	16	54812	318790
管道和设备安装	413		1074	136247
管道和设备安装	413		1074	136247
其他建筑安装业	5352	-2	20633	435547
其他建筑安装业	5352	-2	20633	435547
建筑装饰和其他建筑业	45531	1	6679	1578161
建筑装饰业	44542	-3	2740	1412708
建筑装饰业	44542	-3	2740	1412708
工程准备活动	133	3	160	29182
建筑物拆除活动	21	3	17	7861
其他工程准备活动	112		143	21321
提供施工设备服务	6		66	19517
提供施工设备服务	6		66	19517
其他未列明建筑业	851		3713	116754
其他未列明建筑业	851		3713	116754
三、按隶属关系分组				
中央	21061		103350	2072517
省(自治区、直辖市)	5038	-5	19397	658666
地(区、市、州、盟)	22758	-1790	79751	2303916
县(区、市、旗)	-156	110	1154	1349222
街道				53497
镇	65		209	123219
乡				3139
社区(居委会)				16071
村委会				3721
其他	45501	322	84791	3963458
四、按企业资质等级分组				
施工总承包	36035	-1444	270689	7952042

3-18 续表2

单位：万元

指标名称	资产减值损失	公允价值变动收益	投资收益	应付职工薪酬（本年贷方累计发生额）
特级	6176		103004	988323
一级	25128	−1341	104625	4332017
二级	2206	−686	59244	1437881
三级及以下	2525	583	3816	1193821
专业承包	58233	83	17963	2595384
一级	54223		3834	1827542
二级	2621	56	4675	371008
三级	1390	27	9454	396834
五、按营业状态分				
营业	93049	−1357	288651	10489736
停业(歇业)		−5		944
筹建				
当年关闭				14912
当年破产				
其他	1219			41834
六、按控股情况分				
国有控股	28578	54	144071	4140392
集体控股	1027	966	53853	977904
私人控股	55536	137	65412	4382566
港澳台商控股	10		17	86398
外商控股	17		903	77536
其他	9100	−2518	24396	882630
七、按地区分				
广州市	25033	−78	188398	2745155
韶关市	408		192	345997
深圳市	65659	1281	60177	3302458
珠海市	−1686	202	410	552081
汕头市	−518	−2086	4562	491676
佛山市	153		1962	332869
江门市	75		3379	233113
湛江市	−354	45	1169	445881
茂名市	74	−32	298	500931
肇庆市	543		185	134927
惠州市	−62	19	3891	120510
梅州市	−166		453	278339
汕尾市				14446
河源市	98	72	35	50541
阳江市	27	−843	135	199207
清远市	112		685	84088
东莞市	1658	43	19519	261002
中山市	3006	17	2756	215075
潮州市			117	55755
揭阳市	182		248	125174
云浮市	24		83	58200

3-19 全省资质以上总承包和专业分包

地区	企业个数（个）	施工总承包					专业承包			
			特级	一级	二级	三级以下		一级	二级	三级以下
广东省	672	341		28	73	240	331	28	78	225
广州市	114	51		13	10	28	63	6	18	39
韶关市	11	5		1	2	2	6		2	4
深圳市	144	52		9	19	24	92	17	26	49
珠海市	35	22			5	17	13	1	2	10
汕头市	17	13			3	10	4			4
佛山市	76	42		1	6	35	34	2	7	25
江门市	18	11		1	3	7	7	1		6
湛江市	18	13			4	9	5		3	2
茂名市	6	6		1	1	4				
肇庆市	12	7			1	6	5		1	4
惠州市	26	15		1	2	12	11		3	8
梅州市	11	6			3	3	5			5
汕尾市	6	5				5	1			1
河源市	13	9			4	5	4		1	3
阳江市	8	7			1	6	1			1
清远市	13	12			1	11	1		1	
东莞市	66	21			2	19	45		6	39
中山市	57	27		1	4	22	30	1	6	23
潮州市	2	1				1	1			1
揭阳市	11	8			2	6	3		2	1
云浮市	8	8				8				

建筑企业亏损总专包企业状况

亏损利润总额（万元）	施工总承包					专业承包			
		特级	一级	二级	三级以下		一级	二级	三级以下
-144982	-113861		-53743	-27231	-32886	-31122	-7043	-5291	-18788
-44986	-38270		-31354	-3211	-3704	-6716	-2830	-1122	-2764
-1581	-307		-130	-27	-150	-1274		-150	-1124
-37237	-27800		-18573	-4337	-4891	-9437	-2881	-2211	-4345
-5793	-4003			-208	-3794	-1791	-767	-51	-973
-808	-758			-94	-664	-50			-50
-17495	-15484		-3061	-8672	-3751	-2011	-148	-800	-1063
-6021	-2961		-35	-867	-2059	-3060	-364		-2697
-1214	-751			-413	-338	-463		-80	-383
-406	-406		-17	-296	-94				
-3256	-1395			-651	-744	-1862		-82	-1780
-1315	-969		-385	-81	-504	-346		-69	-277
-1577	-1467			-1254	-213	-110			-110
-130	-105				-105	-25			-25
-1025	-962			-795	-167	-63		-2	-61
-1190	-1188			-725	-464	-2			-2
-1258	-1245			-125	-1119	-13		-13	
-7982	-6135			-4984	-1151	-1847		-461	-1387
-7436	-5552		-189	-406	-4957	-1884	-53	-197	-1634
-107	-102				-102	-4			-4
-844	-680			-86	-595	-164		-53	-111
-3322	-3322				-3322				

3-20 全省资质以上总承包和专业分包建筑业企业在外省完成产值情况

单位：万元

省 别	建筑业总产值	省 别	建筑业总产值	省 别	建筑业总产值
北 京	894272	浙 江	639694	重 庆	675238
天 津	526443	安 徽	455875	四川	1116689
河 北	346901	福 建	1083892	贵 州	2556933
山 西	245001	江 西	704472	云 南	938538
内蒙古	336027	山 东	681410	西 藏	135881
辽 宁	532589	河 南	366164	陕 西	787575
吉 林	87891	湖 北	790507	甘 肃	102298
黑龙江	85692	湖 南	1208844	青 海	273788
上 海	645417	广 西	1435060	宁 夏	169737
江 苏	1327991	海 南	1052082	新 疆	345480

3-21 全省资质以上建筑业劳务分包企业生产情况

指标名称	企业个数(个)	# 有工作量企业个数	建筑业总产值(万元)	# 装饰装修产值
总　　计	**207**	**174**	**633275**	**85115**
其中：国有及国有控股企业	10	8	32466	
一、按登记注册类型分组				
内资企业	207	174	633275	85115
国有企业	4	2	4269	
集体企业	2	2	4219	21
股份合作企业				
联营企业				
国有联营企业				
集体联营企业				
国有与集体联营企业				
其他联营企业				
有限责任公司	70	58	165819	2910
国有独资公司	1	1	2663	
其他有限责任公司	69	57	163156	2910
股份有限公司	3	3	35491	
私营企业	128	109	423477	82185
私营独资企业	1			
私营合伙企业				
私营有限责任公司	124	108	421728	82185
私营股份有限公司	3	1	1749	
其他企业				
港、澳、台商投资企业				
与港澳台商合资经营企业				
与港澳台商合作经营企业				
港澳台商独资经营企业				
港澳台商投资股份有限公司				
其他港澳台投资企业				
外商投资企业				
中外合资经营企业				
中外合作经营企业				
外资企业				
外商投资股份有限公司				
其他外商投资企业				
二、按国民经济行业分组				
房屋建筑业	85	75	300549	25951
房屋建筑业	85	75	300549	25951
房屋建筑业	85	75	300549	25951
土木工程建筑业	14	11	38968	29
铁路、道路、隧道和桥梁工程建筑	4	3	581	29
铁路工程建筑				
公路工程建筑	2	1	42	29

3-21 续表1

指标名称	企业个数（个）	#有工作量企业个数	建筑业总产值（万元）	#装饰装修产值
市政道路工程建筑	2	2	539	
其他道路、隧道和桥梁工程建筑				
水利和内河港口工程建筑	2	2	30742	
水源及供水设施工程建筑	1	1	30122	
河湖治理及防洪设施工程建筑				
港口及航运设施工程建筑	1	1	620	
海洋工程建筑				
海洋工程建筑				
工矿工程建筑				
工矿工程建筑				
架线和管道工程建筑	1	1	136	
架线及设备工程建筑	1	1	136	
管道工程建筑				
其他土木工程建筑	7	5	7509	
其他土木工程建筑	7	5	7509	
建筑安装业	28	24	47733	2219
电气安装	7	6	15318	
电气安装	7	6	15318	
管道和设备安装	5	4	8246	2134
管道和设备安装	5	4	8246	2134
其他建筑安装业	16	14	24169	85
其他建筑安装业	16	14	24169	85
建筑装饰和其他建筑业	80	64	246025	56916
建筑装饰业	40	32	121486	55310
建筑装饰业	40	32	121486	55310
工程准备活动	3	3	1461	89
建筑物拆除活动	1	1	500	
其他工程准备活动	2	2	961	89
提供施工设备服务	9	8	32986	181
提供施工设备服务	9	8	32986	181
其他未列明建筑业	28	21	90092	1337
其他未列明建筑业	28	21	90092	1337
三、按隶属关系分组				
中央				
省(自治区、直辖市)	1	1	34944	
地(区、市、州、盟)	17	15	56022	
县(区、市、旗)	11	9	10865	2464
街道				
镇	2	2	74	
乡				
社区(居委会)	1	1	9	
村委会	2	2	1137	21

3-21 续表2

指标名称	企业个数（个）	# 有工作量企业个数	建筑业总产值（万元）	# 装饰装修产值
其他	173	144	530224	82630
四、按企业资质等级分组				
劳务分包	207	174	633275	85115
一级	55	47	175692	29375
二级	58	49	195309	25147
三级及以下	94	78	262274	30592
五、按营业状态分				
营业	201	174	633275	85115
停业(歇业)	1			
筹建				
当年关闭	3			
当年破产				
其他	2			
六、按控股情况分				
国有控股	10	8	32466	
集体控股	5	5	39530	150
私人控股	179	151	483743	84936
港澳台商控股				
外商控股				
其他	13	10	77536	29
七、按地区分				
广州市	61	55	332886	36752
韶关市	10	10	6561	1325
深圳市	36	29	154791	28168
珠海市	3	2	1133	6
汕头市	6	2	448	
佛山市	6	5	35583	
江门市				
湛江市	5	5	15804	
茂名市				
肇庆市	4	4	3202	
惠州市	2	1	3485	
梅州市				
汕尾市				
河源市	1	1	8510	8510
阳江市	2	1	67	
清远市	1	1	103	
东莞市	65	54	69418	10354
中山市	3	3	515	
潮州市				
揭阳市				
云浮市	2	1	768	

3-22 全省资质以上建筑业劳务分包企业人员及薪酬情况

指标名称	从业人员期末人数(万人)			从事主营业务活动的从业人员期末人数(万人)	从事主营业务活动的从业人员平均人数(万人)	应付职工薪酬（本年贷方累计发生额）(万元)
		#工程技术人员	#现场施工工人			
总　　计	**14.93**	**0.66**	**7.49**	**16.12**	**13.78**	**297838**
其中：国有及国有控股企业	6.62	0.02	0.30	6.60	6.23	10532
一、按登记注册类型分组						
内资企业	14.93	0.66	7.49	16.12	13.78	297838
国有企业	6.32		0.01	6.31	5.92	237
集体企业	0.01			0.01	0.01	493
股份合作企业						
联营企业						
国有联营企业						
集体联营企业						
国有与集体联营企业						
其他联营企业						
有限责任公司	2.09	0.09	1.93	2.05	1.92	73315
国有独资公司	0.01			0.01	0.01	125
其他有限责任公司	2.08	0.09	1.92	2.05	1.91	73191
股份有限公司	0.19			0.19	0.19	35317
私营企业	6.32	0.56	5.54	7.55	5.74	188476
私营独资企业						10
私营合伙企业						
私营有限责任公司	6.23	0.56	5.45	7.46	5.68	186702
私营股份有限公司	0.09		0.09	0.09	0.06	1765
其他企业						
港、澳、台商投资企业						
与港澳台商合资经营企业						
与港澳台商合作经营企业						
港澳台商独资经营企业						
港澳台商投资股份有限公司						
其他港澳台投资企业						
外商投资企业						
中外合资经营企业						
中外合作经营企业						
外资企业						
外商投资股份有限公司						
其他外商投资企业						
二、按国民经济行业分组						
房屋建筑业	3.52	0.13	1.83	3.43	3.29	118238
房屋建筑业	3.52	0.13	1.83	3.43	3.29	118238
房屋建筑业	3.52	0.13	1.83	3.43	3.29	118238
土木工程建筑业	0.69	0.32	0.38	0.69	0.54	41685
铁路、道路、隧道和桥梁工程建筑	0.01			0.01	0.01	493
铁路工程建筑						
公路工程建筑						17

3-22 续表1

指标名称	从业人员期末人数(万人)	# 工程技术人员	# 现场施工工人	从事主营业务活动的从业人员期末人数(万人)	从事主营业务活动的从业人员平均人数(万人)	应付职工薪酬（本年贷方累计发生额）(万元)
市政道路工程建筑	0.01			0.01	0.01	477
其他道路、隧道和桥梁工程建筑						
水利和内河港口工程建筑	0.01			0.01	0.01	392
水源及供水设施工程建筑						196
河湖治理及防洪设施工程建筑						
港口及航运设施工程建筑					0.01	196
海洋工程建筑						
海洋工程建筑						
工矿工程建筑						
工矿工程建筑						
架线和管道工程建筑						115
架线及设备工程建筑						115
管道工程建筑						
其他土木工程建筑	0.68	0.31	0.37	0.67	0.53	40685
其他土木工程建筑	0.68	0.31	0.37	0.67	0.53	40685
建筑安装业	6.74	0.02	0.36	6.69	6.33	16309
电气安装	0.30	0.01	0.29	0.30	0.30	11046
电气安装	0.30	0.01	0.29	0.30	0.30	11046
管道和设备安装	0.06	0.01	0.02	0.02	0.02	1967
管道和设备安装	0.06	0.01	0.02	0.02	0.02	1967
其他建筑安装业	6.37	0.01	0.06	6.37	6.00	3296
其他建筑安装业	6.37	0.01	0.06	6.37	6.00	3296
建筑装饰和其他建筑业	3.97	0.20	4.91	5.31	3.62	121607
建筑装饰业	1.64	0.06	3.00	3.20	1.56	21444
建筑装饰业	1.64	0.06	3.00	3.20	1.56	21444
工程准备活动	0.12		0.12	0.11	0.11	4169
建筑物拆除活动						25
其他工程准备活动	0.12		0.12	0.11	0.11	4144
提供施工设备服务	0.47	0.01	0.45	0.47	0.44	20050
提供施工设备服务	0.47	0.01	0.45	0.47	0.44	20050
其他未列明建筑业	1.75	0.13	1.34	1.53	1.51	75943
其他未列明建筑业	1.75	0.13	1.34	1.53	1.51	75943
三、按隶属关系分组						
中央						
省(自治区、直辖市)	0.19			0.19	0.19	35258
地(区、市、州、盟)	6.76	0.03	0.43	6.75	6.37	14960
县(区、市、旗)	0.06	0.01	0.04	0.05	0.04	1548
街道						
镇						17
乡						
社区(居委会)						74
村委会	0.01			0.01	0.01	234

3-22 续表2

指标名称	从业人员期末人数(万人)	#工程技术人员	#现场施工工人	从事主营业务活动的从业人员期末人数(万人)	从事主营业务活动的从业人员平均人数(万人)	应付职工薪酬（本年贷方累计发生额）(万元)
其他	7.91	0.62	7.02	9.12	7.17	245748
四、按企业资质等级分组						
劳务分包	14.93	0.66	7.49	16.12	13.78	297838
一级	1.85	0.39	1.26	1.84	1.60	107574
二级	3.52	0.16	3.86	4.90	3.27	77678
三级及以下	9.56	0.10	2.37	9.38	8.92	112586
五、按营业状态分						
营业	14.93	0.66	7.49	16.12	13.78	297838
停业(歇业)						
筹建						
当年关闭						
当年破产						
其他						
六、按控股情况分						
国有控股	6.62	0.02	0.30	6.60	6.23	10532
集体控股	0.21		0.01	0.21	0.21	35832
私人控股	7.61	0.62	6.71	8.82	6.90	231005
港澳台商控股						
外商控股						
其他	0.50	0.02	0.47	0.49	0.45	20470
七、按地区分						
广州市	4.47	0.16	2.72	4.28	4.22	141472
韶关市	0.07	0.01	0.06	0.06	0.06	2146
深圳市	8.84	0.38	3.70	10.34	8.15	73860
珠海市	0.03	0.02	0.02	0.03	0.05	521
汕头市	0.01		0.01			112
佛山市	0.21	0.01	0.02	0.21	0.21	35710
江门市						
湛江市	0.07	0.01	0.05	0.06	0.05	1791
茂名市						
肇庆市	0.01					328
惠州市	0.01			0.01	0.01	337
梅州市						
汕尾市						
河源市	0.01					2470
阳江市						21
清远市						26
东莞市	1.20	0.07	0.90	1.11	1.02	38821
中山市	0.01			0.01		150
潮州市						
揭阳市						
云浮市						76

3-23 全省资质以上建筑业劳务分包企业资产状况

单位：万元

指标名称	固定资产原价	#本年折旧	资产总计	负债合计	实收资本
总　　计	**62520**	**1986**	**235401**	**157239**	**52478**
其中：国有及国有控股企业	651	15	7955	8790	1952
一、按登记注册类型分组					
内资企业	62520	1986	235401	157239	52478
国有企业	556	1	4495	6986	467
集体企业	142	18	1050	760	260
股份合作企业					
联营企业					
国有联营企业					
集体联营企业					
国有与集体联营企业					
其他联营企业					
有限责任公司	4089	541	66459	43584	13178
国有独资公司	1		866	321	500
其他有限责任公司	4088	541	65593	43263	12678
股份有限公司	68	8	7422	7267	150
私营企业	57666	1417	155975	98642	38423
私营独资企业					
私营合伙企业					
私营有限责任公司	57663	1417	155220	98171	38143
私营股份有限公司	3	1	755	471	280
其他企业					
港、澳、台商投资企业					
与港澳台商合资经营企业					
与港澳台商合作经营企业					
港澳台商独资经营企业					
港澳台商投资股份有限公司					
其他港澳台投资企业					
外商投资企业					
中外合资经营企业					
中外合作经营企业					
外资企业					
外商投资股份有限公司					
其他外商投资企业					
二、按国民经济行业分组					
房屋建筑业	5565	743	92486	61868	20139
房屋建筑业	5565	743	92486	61868	20139
房屋建筑业	5565	743	92486	61868	20139
土木工程建筑业	1119	223	27051	23478	2654
铁路、道路、隧道和桥梁工程建筑	67	3	949	465	508
铁路工程建筑					
公路工程建筑	62	3	141	6	126

3-23 续表1

单位：万元

指标名称	固定资产原价	#本年折旧	资产总计	负债合计	实收资本
市政道路工程建筑	5		808	459	382
其他道路、隧道和桥梁工程建筑					
水利和内河港口工程建筑	789	99	15919	15034	626
水源及供水设施工程建筑	14	2	14837	14527	50
河湖治理及防洪设施工程建筑					
港口及航运设施工程建筑	774	97	1082	507	576
海洋工程建筑					
海洋工程建筑					
工矿工程建筑					
工矿工程建筑					
架线和管道工程建筑	84	5	199	40	250
架线及设备工程建筑	84	5	199	40	250
管道工程建筑					
其他土木工程建筑	179	117	9983	7939	1270
其他土木工程建筑	179	117	9983	7939	1270
建筑安装业	1755	306	24711	13357	9212
电气安装	716	76	6327	4423	1963
电气安装	716	76	6327	4423	1963
管道和设备安装	233	125	6041	3717	1639
管道和设备安装	233	125	6041	3717	1639
其他建筑安装业	806	105	12343	5216	5610
其他建筑安装业	806	105	12343	5216	5610
建筑装饰和其他建筑业	54081	714	91154	58536	20473
建筑装饰业	52965	320	58210	33852	14343
建筑装饰业	52965	320	58210	33852	14343
工程准备活动	12	1	881	643	200
建筑物拆除活动					
其他工程准备活动	12	1	881	643	200
提供施工设备服务	351	171	14269	11432	1659
提供施工设备服务	351	171	14269	11432	1659
其他未列明建筑业	753	222	17793	12610	4271
其他未列明建筑业	753	222	17793	12610	4271
三、按隶属关系分组					
中央					
省(自治区、直辖市)	8	1	7341	7241	100
地(区、市、州、盟)	1017	93	22362	15991	4454
县(区、市、旗)	511	41	3459	1381	1464
街道					
镇	1		385	32	350
乡					
社区(居委会)	22		132	109	
村委会	171	18	811	746	60

3-23 续表2　　　　单位：万元

指标名称	固定资产原价	#本年折旧	资产总计	负债合计	实收资本
其他	60791	1833	200912	131740	46050
四、按企业资质等级分组					
劳务分包	62520	1986	235401	157239	52478
一级	2064	450	67112	51691	12760
二级	54459	706	72425	43768	14621
三级及以下	5997	830	95864	61780	25097
五、按营业状态分					
营业	62520	1986	235401	157239	52478
停业(歇业)					
筹建					
当年关闭					
当年破产					
其他					
六、按控股情况分					
国有控股	651	15	7955	8790	1952
集体控股	233	38	9177	8058	388
私人控股	61439	1903	193696	119059	48467
港澳台商控股					
外商控股					
其他	197	29	24573	21332	1671
七、按地区分					
广州市	3940	728	102989	75769	17202
韶关市	821	108	4129	1736	642
深圳市	50840	389	42801	28453	11734
珠海市	1	1	3701	2115	1500
汕头市	559	2	3589	4613	843
佛山市	26	2	7641	7416	399
江门市					
湛江市	602	29	4173	4190	1135
茂名市					
肇庆市	91	15	402	66	300
惠州市	220	62	3747	2336	1400
梅州市					
汕尾市					
河源市	1832		4978	567	1000
阳江市	8		206	23	180
清远市	20	1	181	65	100
东莞市	3549	650	56390	29810	15690
中山市	11		475	81	352
潮州市					
揭阳市					
云浮市					

3-24 全省资质以上建筑业劳务分包企业经营状况

单位：万元

指标名称	营业收入	# 工程结算收入	营业成本	# 工程结算成本	营业税金及附加	# 工程结算税金及附加
总　　计	**699459**	**698314**	**644781**	**641099**	**24203**	**23957**
其中：国有及国有控股企业	24241	24241	21852	21852	888	888
一、按登记注册类型分组						
内资企业	699459	698314	644781	641099	24203	23957
国有企业	4002	4002	3765	3765	130	130
集体企业	4184	4184	3649	3649	148	148
股份合作企业						
联营企业						
国有联营企业						
集体联营企业						
国有与集体联营企业						
其他联营企业						
有限责任公司	163836	163836	150829	150530	6060	5888
国有独资公司	2663	2663	2388	2388	119	119
其他有限责任公司	161173	161173	148441	148142	5941	5770
股份有限公司	35491	35491	33783	33311	1335	1335
私营企业	491946	490801	452756	449845	16530	16456
私营独资企业					1	1
私营合伙企业						
私营有限责任公司	490197	489052	451024	448113	16472	16397
私营股份有限公司	1749	1749	1732	1732	58	58
其他企业						
港、澳、台商投资企业						
与港澳台商合资经营企业						
与港澳台商合作经营企业						
港澳台商独资经营企业						
港澳台商投资股份有限公司						
其他港澳台投资企业						
外商投资企业						
中外合资经营企业						
中外合作经营企业						
外资企业						
外商投资股份有限公司						
其他外商投资企业						
二、按国民经济行业分组						
房屋建筑业	309093	308241	287658	285439	10853	10851
房屋建筑业	309093	308241	287658	285439	10853	10851
房屋建筑业	309093	308241	287658	285439	10853	10851
土木工程建筑业	95157	95156	89514	89514	3300	3128
铁路、道路、隧道和桥梁工程建筑	596	596	480	480	21	21
铁路工程建筑						
公路工程建筑	57	57	38	38	3	3

3-24　续表1　　　　　　　　　　　　　　　　　　　　　　　　　单位：万元

指标名称	营业收入	# 工程结算收入	营业成本	# 工程结算成本	营业税金及附加	# 工程结算税金及附加
市政道路工程建筑	539	539	442	442	18	18
其他道路、隧道和桥梁工程建筑						
水利和内河港口工程建筑	30741	30741	28959	28959	1046	1046
水源及供水设施工程建筑	30122	30122	28620	28620	1026	1026
河湖治理及防洪设施工程建筑						
港口及航运设施工程建筑	619	619	339	339	20	20
海洋工程建筑						
海洋工程建筑						
工矿工程建筑						
工矿工程建筑						
架线和管道工程建筑	136	136	213	213	4	4
架线及设备工程建筑	136	136	213	213	4	4
管道工程建筑						
其他土木工程建筑	63683	63683	59861	59861	2228	2056
其他土木工程建筑	63683	63683	59861	59861	2228	2056
建筑安装业	42030	42030	35715	35715	1405	1394
电气安装	15317	15317	13472	13472	517	507
电气安装	15317	15317	13472	13472	517	507
管道和设备安装	10612	10612	8794	8794	292	292
管道和设备安装	10612	10612	8794	8794	292	292
其他建筑安装业	16100	16100	13449	13449	596	595
其他建筑安装业	16100	16100	13449	13449	596	595
建筑装饰和其他建筑业	253179	252887	231894	230431	8645	8583
建筑装饰业	120238	120238	107362	106405	3879	3838
建筑装饰业	120238	120238	107362	106405	3879	3838
工程准备活动	9512	9483	8988	8516	313	312
建筑物拆除活动	500	500	472		17	17
其他工程准备活动	9012	8983	8516	8516	296	295
提供施工设备服务	33071	32891	31226	31226	1160	1145
提供施工设备服务	33071	32891	31226	31226	1160	1145
其他未列明建筑业	90359	90275	84318	84284	3293	3289
其他未列明建筑业	90359	90275	84318	84284	3293	3289
三、按隶属关系分组						
中央						
省(自治区、直辖市)	34944	34944	33273	33273	1316	1316
地(区、市、州、盟)	49535	49535	45224	45070	1703	1703
县(区、市、旗)	10321	10321	9241	9241	489	489
街道						
镇	74	74	37	37	4	4
乡						
社区(居委会)	85	85				
村委会	1137	1137	948	948	41	41

3-24 续表2

单位：万元

指标名称	营业收入	#工程结算收入	营业成本	#工程结算成本	营业税金及附加	#工程结算税金及附加
其他	603364	602219	556059	552531	20649	20403
四、按企业资质等级分组						
劳务分包	699459	698314	644781	641099	24203	23957
一级	230959	230931	217517	216091	8139	7925
二级	199503	198403	179417	179355	6631	6602
三级及以下	268997	268981	247847	245652	9432	9430
五、按营业状态分						
营业	699459	698314	644781	641099	24203	23957
停业(歇业)						
筹建						
当年关闭						
当年破产						
其他						
六、按控股情况分						
国有控股	24241	24241	21852	21852	888	888
集体控股	39455	39455	37159	37159	1486	1486
私人控股	558201	557056	512263	508582	19118	18872
港澳台商控股						
外商控股						
其他	77562	77562	73506	73506	2710	2710
七、按地区分						
广州市	342272	341306	316488	314063	11536	11530
韶关市	6594	6415	5154	5154	361	346
深圳市	202976	202975	190931	189974	6993	6780
珠海市	5941	5941	5210	5210	206	206
汕头市	181	181	6	6	5	5
佛山市	35556	35556	33721	33721	1331	1331
江门市						
湛江市	15804	15804	14867	14867	738	738
茂名市						
肇庆市	3167	3167	2799	2799	110	110
惠州市	3485	3485	2451	2451	118	108
梅州市						
汕尾市						
河源市	8510	8510	6638	6638	255	255
阳江市	67	67	60	60	3	3
清远市	103	103	73	73	6	6
东莞市	73520	73520	65440	65141	2485	2483
中山市	515	515	412	412	17	17
潮州市						
揭阳市						
云浮市	768	768	533	533	38	38

3-25 全省资质以上建筑业劳务分包企业经营费用及盈利状况

单位：万元

指标名称	销售费用	管理费用	# 税金	财务费用	营业利润	利润总额
总　　计	**1504**	**61374**	**500**	**2008**	**8683**	**8303**
其中：国有及国有控股企业		1156	20	41	304	307
一、按登记注册类型分组						
内资企业	1504	61374	500	2008	8683	8303
国有企业		184	1	33	–110	–112
集体企业		312	1		76	76
股份合作企业						
联营企业						
国有联营企业						
集体联营企业						
国有与集体联营企业						
其他联营企业						
有限责任公司	216	5011	156	343	2114	2003
国有独资公司		32		–3	127	132
其他有限责任公司	216	4979	156	346	1987	1871
股份有限公司	25	367		–1	–17	–17
私营企业	1263	55499	342	1633	6620	6353
私营独资企业		12				–13
私营合伙企业						
私营有限责任公司	1259	55419	338	1633	6692	6437
私营股份有限公司	4	68	4		–72	–72
其他企业						
港、澳、台商投资企业						
与港澳台商合资经营企业						
与港澳台商合作经营企业						
港澳台商独资经营企业						
港澳台商投资股份有限公司						
其他港澳台投资企业						
外商投资企业						
中外合资经营企业						
中外合作经营企业						
外资企业						
外商投资股份有限公司						
其他外商投资企业						
二、按国民经济行业分组						
房屋建筑业	160	49533	254	1228	2139	2020
房屋建筑业	160	49533	254	1228	2139	2020
房屋建筑业	160	49533	254	1228	2139	2020
土木工程建筑业		1769	80	162	722	680
铁路、道路、隧道和桥梁工程建筑		55		8	33	33
铁路工程建筑						
公路工程建筑		12			4	4

3-25 续表1

单位：万元

指标名称	销售费用	管理费用	#税金	财务费用	营业利润	利润总额
市政道路工程建筑		43		8	28	28
其他道路、隧道和桥梁工程建筑						
水利和内河港口工程建筑		573	47	–3	166	155
水源及供水设施工程建筑		272	44	–3	207	207
河湖治理及防洪设施工程建筑						
港口及航运设施工程建筑		301	3		–41	–52
海洋工程建筑						
海洋工程建筑						
工矿工程建筑						
工矿工程建筑						
架线和管道工程建筑		1		–1	–82	–82
架线及设备工程建筑		1		–1	–82	–82
管道工程建筑						
其他土木工程建筑		1140	33	158	605	575
其他土木工程建筑		1140	33	158	605	575
建筑安装业	964	3069	51	58	924	881
电气安装	588	638	10	6	106	78
电气安装	588	638	10	6	106	78
管道和设备安装	158	991	12	43	391	391
管道和设备安装	158	991	12	43	391	391
其他建筑安装业	218	1440	29	9	428	412
其他建筑安装业	218	1440	29	9	428	412
建筑装饰和其他建筑业	379	7003	116	560	4898	4722
建筑装饰业	350	4034	74	402	4331	4189
建筑装饰业	350	4034	74	402	4331	4189
工程准备活动	25	178	6	–1	14	4
建筑物拆除活动	25	15		–1	–28	–28
其他工程准备活动		163	6		42	32
提供施工设备服务	3	551	3		131	104
提供施工设备服务	3	551	3		131	104
其他未列明建筑业	1	2241	32	159	421	425
其他未列明建筑业	1	2241	32	159	421	425
三、按隶属关系分组						
中央						
省(自治区、直辖市)		349		1	6	6
地(区、市、州、盟)		1921	53	252	439	423
县(区、市、旗)	6	422	4	22	166	166
街道						
镇		31	5	6	2	–2
乡						
社区(居委会)		82			3	3
村委会		175			–27	–27

3-25 续表2　　单位：万元

指标名称	销售费用	管理费用	# 税金	财务费用	营业利润	利润总额
其他	1498	58394	438	1728	8095	7734
四、按企业资质等级分组						
劳务分包	1504	61374	500	2008	8683	8303
一级	171	4889	137	195	580	397
二级	1190	7381	154	760	4333	4297
三级及以下	143	49104	210	1053	3770	3609
五、按营业状态分						
营业	1504	61374	500	2008	8683	8303
停业(歇业)						
筹建						
当年关闭						
当年破产						
其他						
六、按控股情况分						
国有控股		1156	20	41	304	307
集体控股	2	691	3	2	116	116
私人控股	1465	58571	407	1676	8022	7655
港澳台商控股						
外商控股						
其他	37	956	71	290	241	226
七、按地区分						
广州市	424	17185	254	913	4422	4274
韶关市	159	553	11	9	359	359
深圳市	82	3725	81	345	1484	1363
珠海市		178			348	347
汕头市		176	1		–6	–7
佛山市		492	4	6	8	2
江门市						
湛江市	4	205	2	350	–227	–227
茂名市						
肇庆市		144	1		115	114
惠州市	588	278	5	2	57	30
梅州市						
汕尾市						
河源市	40	426			1151	1148
阳江市		13			3	3
清远市		15	1		9	9
东莞市	133	37873	141	381	866	795
中山市		86		1		
潮州市						
揭阳市						
云浮市	76	25		2	95	95

3-26 全省非联网直报建筑企业从业人员及资产情况

指标名称	年末从业人数(万人)	#女性	资产总计（万元）	实收资本（万元）
总计	**28.30**	**6.56**	**22032394**	**5643230**
其中：国有及国有控股企业	2.77	0.42	9970225	1122732
一、按登记注册类型分组				
内资企业	28.05	6.49	21638155	5462824
国有企业	0.75	0.14	5055105	506491
集体企业	0.31	0.08	227059	46775
股份合作企业	0.11	0.03	14638	14173
联营企业	0.12	0.03	54836	22854
国有联营企业				
集体联营企业	0.03		4460	3791
国有与集体联营企业			2929	5732
其他联营企业	0.09	0.02	47447	13331
有限责任公司	9.32	1.98	9991313	2077257
国有独资公司	0.15	0.04	4046317	251564
其他有限责任公司	9.17	1.94	5944996	1825693
股份有限公司	0.44	0.09	190533	81698
私营企业	16.21	3.96	5619210	2513483
私营独资企业	1.31	0.30	311243	156803
私营合伙企业	0.48	0.12	83783	52795
私营有限责任公司	14.16	3.47	5148853	2245180
私营股份有限公司	0.27	0.06	75331	58704
其他企业	0.79	0.19	485461	200092
港、澳、台商投资企业	0.14	0.05	303462	147630
与港澳台商合资经营企业	0.02		23451	18754
与港澳台商合作经营企业	0.01		202644	87798
港澳台商独资经营企业	0.05	0.01	48690	26437
港澳台商投资股份有限公司			110	113
其他港澳台投资企业	0.06	0.03	28567	14528
外商投资企业	0.10	0.03	90776	32776
中外合资经营企业	0.04		9502	1807
中外合作经营企业	0.02	0.01	45134	15605
外资企业	0.04	0.01	29547	9244
外商投资股份有限公司			487	500
其他外商投资企业	0.01		6106	5620
二、按国民经济行业分组				
房屋建筑业	6.03	1.60	4982879	1116436
房屋建筑业	6.03	1.60	4982879	1116436
房屋建筑业	6.03	1.60	4982879	1116436
土木工程建筑业	5.52	1.18	10367251	1879741
铁路、道路、隧道和桥梁工程建筑	1.42	0.37	8192909	1034735
铁路工程建筑	0.07	0.02	1557532	232079
公路工程建筑	0.39	0.10	753163	195459
市政道路工程建筑	0.66	0.18	5177408	492865
其他道路、隧道和桥梁工程建筑	0.30	0.07	704806	114332
水利和内河港口工程建筑	0.57	0.10	743559	209201

3-26 续表1

指标名称	年末从业人数(万人)	# 女性	资产总计（万元）	实收资本（万元）
水源及供水设施工程建筑	0.16	0.04	202541	59076
河湖治理及防洪设施工程建筑	0.08	0.02	61525	15772
港口及航运设施工程建筑	0.33	0.05	479493	134353
海洋工程建筑	0.05	0.01	389654	221419
海洋工程建筑	0.05	0.01	389654	221419
工矿工程建筑	1.56	0.23	62034	16860
工矿工程建筑	1.56	0.23	62034	16860
架线和管道工程建筑	0.35	0.08	263071	71786
架线及设备工程建筑	0.22	0.05	206347	50519
管道工程建筑	0.13	0.03	56724	21267
其他土木工程建筑	1.57	0.39	716023	325740
其他土木工程建筑	1.57	0.39	716023	325740
建筑安装业	4.79	1.08	2157893	802285
电气安装	1.79	0.41	823396	280241
电气安装	1.79	0.41	823396	280241
管道和设备安装	1.04	0.25	355502	162297
管道和设备安装	1.04	0.25	355502	162297
其他建筑安装业	1.96	0.43	978995	359747
其他建筑安装业	1.96	0.43	978995	359747
建筑装饰和其他建筑业	11.96	2.71	4524371	1844768
建筑装饰业	9.79	2.21	3192777	1310167
建筑装饰业	9.79	2.21	3192777	1310167
工程准备活动	0.87	0.18	489340	187112
建筑物拆除活动	0.12	0.02	69688	30218
其他工程准备活动	0.76	0.15	419652	156894
提供施工设备服务	0.28	0.07	255967	105335
提供施工设备服务	0.28	0.07	255967	105335
其他未列明建筑业	1.01	0.25	586287	242154
其他未列明建筑业	1.01	0.25	586287	242154
三、按隶属关系分组				
中央	1.57	0.22	136609	68315
省(自治区、直辖市)	0.11	0.03	32721	14570
地(区、市、州、盟)	2.11	0.49	4229158	642098
县(区、市、旗)	0.84	0.20	3285600	504729
街道	0.15	0.04	57382	13009
镇	0.15	0.03	202225	44918
乡			988	150
社区(居委会)	0.09	0.02	268455	42529
村委会	0.04	0.01	11031	4878
其他	23.24	5.51	13808224	4308035
四、按企业资质等级分组				
施工总承包	1.15	0.25	772058	424414
特级	0.04	0.01	30787	15921
一级	0.04	0.01	63561	32771
二级	0.32	0.07	236497	102788

3-26 续表2

指标名称	年末从业人数（万人）	#女性	资产总计（万元）	实收资本（万元）
三级及以下	0.73	0.15	410223	267317
专业承包	0.54	0.12	311791	99883
一级	0.04	0.01	35446	12785
二级	0.10	0.02	59405	23727
三级	0.38	0.09	208838	57029
劳务分包	1.56	0.24	104308	38703
一级	0.54	0.06	32257	11509
二级	0.21	0.03	28988	15570
三级	0.81	0.16	42148	11025
三级资质以下企业	25.05	5.95	20846709	5082458
五、按营业状态分				
营业	26.91	6.27	18948607	4964295
停业(歇业)	0.41	0.09	1665594	261389
筹建	0.52	0.12	1079609	303216
当年关闭	0.16	0.02	14251	15366
当年破产	0.01		84	64
其他	0.29	0.06	324248	98901
六、按控股情况分				
国有控股	2.77	0.42	9970225	1122732
集体控股	0.51	0.12	393267	77914
私人控股	21.98	5.27	9817013	3871455
港澳台商控股	0.14	0.05	114729	75521
外商控股	0.11	0.03	94470	36649
其他	2.79	0.67	1642689	458959
七、按地区分				
广州市	5.94	1.35	5612309	1263082
韶关市	0.26	0.06	67704	31096
深圳市	7.63	1.77	1788347	959712
珠海市	1.60	0.40	3672916	797614
汕头市	0.35	0.09	1405432	168985
佛山市	1.09	0.26	2966056	449175
江门市	0.88	0.18	532950	135545
湛江市	0.97	0.18	641211	204616
茂名市	0.80	0.18	345275	136471
肇庆市	0.34	0.10	180549	50295
惠州市	2.00	0.50	2404809	582910
梅州市	0.93	0.18	140541	62843
汕尾市	0.08	0.02	13955	8559
河源市	0.24	0.05	112324	61351
阳江市	0.26	0.08	66927	21289
清远市	0.30	0.07	197278	65919
东莞市	2.69	0.59	1100965	418095
中山市	1.32	0.34	646722	166684
潮州市	0.12	0.02	16828	10436
揭阳市	0.36	0.09	70455	32229
云浮市	0.13	0.03	48841	16324

3–27 全省非联网直报建筑企业经营情况

单位：万元

指标名称	营业收入	#主营业务收入	营业税金及附加	#主营业务税金及附加
总　　计	**6913776**	**6769061**	**371038**	**231647**
其中：国有及国有控股企业	824103	815800	26494	25948
一、按登记注册类型分组				
内资企业	6807352	6663516	367793	228437
国有企业	512333	508193	15368	14948
集体企业	78351	75545	3543	3450
股份合作企业	26607	26060	922	826
联营企业	27695	26994	1554	1533
国有联营企业				
集体联营企业	3982	3707	508	508
国有与集体联营企业	2245	2245	129	129
其他联营企业	21467	21042	917	896
有限责任公司	2333608	2295225	209423	79903
国有独资公司	163745	160519	6370	6293
其他有限责任公司	2169863	2134706	203053	73610
股份有限公司	109043	100286	4163	3958
私营企业	3545252	3458648	123914	117396
私营独资企业	313745	303511	11027	10933
私营合伙企业	87770	86595	4264	4144
私营有限责任公司	3094153	3019811	106637	100394
私营股份有限公司	49583	48732	1986	1926
其他企业	174464	172565	8907	6424
港、澳、台商投资企业	60467	59708	2146	2123
与港澳台商合资经营企业	9579	9579	526	526
与港澳台商合作经营企业	15268	15173	558	553
港澳台商独资经营企业	29582	28918	674	655
港澳台商投资股份有限公司	843	843	17	17
其他港澳台投资企业	5195	5195	371	371
外商投资企业	45957	45837	1099	1087
中外合资经营企业	6741	6741	195	195
中外合作经营企业	17209	17209	512	512
外资企业	21267	21147	368	356
外商投资股份有限公司				
其他外商投资企业	741	741	24	24
二、按国民经济行业分组				
房屋建筑业	1492046	1474947	55831	53056
房屋建筑业	1492046	1474947	55831	53056
房屋建筑业	1492046	1474947	55831	53056
土木工程建筑业	1556999	1517970	50429	48913
铁路、道路、隧道和桥梁工程建筑	710930	690200	19945	18936
铁路工程建筑	66103	66103	2165	2165
公路工程建筑	122917	115128	3670	3660
市政道路工程建筑	363434	359314	10345	9363
其他道路、隧道和桥梁工程建筑	158475	149655	3765	3747
水利和内河港口工程建筑	317338	315352	12075	12055

3-27 续表1

单位：万元

指标名称	营业收入	#主营业务收入	营业税金及附加	#主营业务税金及附加
水源及供水设施工程建筑	60048	58492	2796	2796
河湖治理及防洪设施工程建筑	16052	15952	1054	1053
港口及航运设施工程建筑	241239	240909	8225	8206
海洋工程建筑	18485	18406	622	622
海洋工程建筑	18485	18406	622	622
工矿工程建筑	45268	44121	1367	1319
工矿工程建筑	45268	44121	1367	1319
架线和管道工程建筑	137226	135353	3942	3863
架线及设备工程建筑	103792	102437	2953	2920
管道工程建筑	33434	32916	988	944
其他土木工程建筑	327751	314538	12479	12118
其他土木工程建筑	327751	314538	12479	12118
建筑安装业	1451876	1419062	47322	44776
电气安装	677624	661371	20283	19194
电气安装	677624	661371	20283	19194
管道和设备安装	302954	298140	9639	9349
管道和设备安装	302954	298140	9639	9349
其他建筑安装业	471298	459552	17400	16233
其他建筑安装业	471298	459552	17400	16233
建筑装饰和其他建筑业	2412855	2357082	217456	84902
建筑装饰业	1864317	1820226	197320	65778
建筑装饰业	1864317	1820226	197320	65778
工程准备活动	233277	228861	7462	7366
建筑物拆除活动	31245	30465	924	892
其他工程准备活动	202032	198396	6538	6474
提供施工设备服务	66478	65755	1853	1700
提供施工设备服务	66478	65755	1853	1700
其他未列明建筑业	248784	242239	10821	10058
其他未列明建筑业	248784	242239	10821	10058
三、按隶属关系分组				
中央	160904	159735	5003	4969
省(自治区、直辖市)	28763	28173	944	914
地(区、市、州、盟)	724248	713447	26358	25794
县(区、市、旗)	229318	227957	7976	7843
街道	30044	29782	3528	3519
镇	53570	53444	2492	2427
乡	327	327	1	1
社区(居委会)	27587	27525	984	973
村委会	13424	13357	429	426
其他	5645590	5515314	323322	184782
四、按企业资质等级分组				
施工总承包	537029	520979	19022	18767
特级	19904	19368	491	460
一级	26066	26002	1001	993
二级	155098	152903	5716	5595

3-27　续表2　　　　单位：万元

指标名称	营业收入	# 主营业务收入	营业税金及附加	# 主营业务税金及附加
三级及以下	332748	319913	11737	11641
专业承包	209558	209042	9084	6769
一级	18610	18562	414	414
二级	37660	37660	1191	1177
三级	134416	133948	6370	4070
劳务分包	139215	138353	4242	4205
一级	39374	38820	1319	1302
二级	24445	24164	818	799
三级	74461	74434	2073	2071
三级资质以下企业	6037265	5910055	339218	202435
五、按营业状态分				
营业	6806067	6664166	367652	228308
停业(歇业)	57336	56428	1643	1624
筹建	10949	10626	401	388
当年关闭	18747	18289	746	743
当年破产	618	53	2	2
其他	20059	19499	594	581
六、按控股情况分				
国有控股	824103	815800	26494	25948
集体控股	151305	148073	5480	5379
私人控股	4971213	4846897	178852	168255
港澳台商控股	44099	43422	1668	1650
外商控股	49660	49540	1121	1109
其他	873396	865328	157423	29307
七、按地区分				
广州市	1888419	1853100	58039	56184
韶关市	69972	69013	2278	2240
深圳市	927227	895348	31873	29863
珠海市	563093	550450	144619	17600
汕头市	108935	101106	3015	2997
佛山市	516801	512770	18070	17782
江门市	302979	299091	12125	11866
湛江市	230246	226180	9673	9437
茂名市	285110	283875	9034	8925
肇庆市	88922	88345	6107	6094
惠州市	433189	416851	19012	16283
梅州市	260048	259026	11393	11298
汕尾市	11696	10968	470	452
河源市	65540	64942	3359	3267
阳江市	78930	78318	2310	2305
清远市	58562	57869	2392	2327
东莞市	597302	580998	20744	16598
中山市	317072	312123	10285	10017
潮州市	20352	20200	986	965
揭阳市	63010	62393	3928	3923
云浮市	26370	26095	1327	1225

3-28 全省非联网直报建筑业产业活动单位从业人员及资产情况

指标名称	单位数（个）	年末从业人数(万人)		经营性单位收入（万元）	非经营性单位支出（费用）（万元）
			#女性		
总　　计	**6444**	**72.27**	**8.45**	**71035064**	**4323**
其中：国有及国有控股企业	774	12.58	1.62	36865194	17
一、按登记注册类型分组					
内资企业	6346	70.47	8.21	70421571	4323
国有企业	774	12.58	1.62	36865194	17
集体企业	392	3.97	0.48	622520	
股份合作企业	50	0.19	0.05	69229	
联营企业	48	1.06	0.19	177666	
国有联营企业	8	0.02		4240	
集体联营企业	17	0.07	0.01	7258	
国有与集体联营企业	8	0.01		656	
其他联营企业	15	0.96	0.18	165512	
有限责任公司	2377	28.45	2.91	23892274	3046
国有独资公司	89	4.53	0.22	13825186	
其他有限责任公司	2288	23.92	2.69	10067088	3046
股份有限公司	218	3.58	0.53	2456794	
私营企业	2094	19.60	2.25	5954235	1260
私营独资企业	215	0.48	0.08	109978	
私营合伙企业	49	0.41	0.01	67467	
私营有限责任公司	1743	17.97	2.12	5500244	1260
私营股份有限公司	87	0.73	0.04	276546	
其他企业	393	1.04	0.18	383659	
港、澳、台商投资企业	48	0.70	0.06	403187	
与港澳台商合资经营企业	24	0.63	0.05	350886	
与港澳台商合作经营企业	5	0.03		46018	
港澳台商独资经营企业	18	0.03	0.01	6283	
港澳台商投资股份有限公司	1				
其他港澳台投资企业					
外商投资企业	50	1.11	0.18	210306	
中外合资经营企业	26	0.73	0.09	51815	
中外合作经营企业	2			200	
外资企业	18	0.36	0.09	156497	
外商投资股份有限公司	3	0.01		1795	
其他外商投资企业	1				

3–28 续表1

指标名称	单位数（个）	年末从业人数（万人）	# 女性	经营性单位收入（万元）	非经营性单位支出（费用）（万元）
二、按国民经济行业分组					
房屋建筑业	2667	38.87	3.98	13126946	418
房屋建筑业	2667	38.87	3.98	13126946	418
房屋建筑业	2667	38.87	3.98	13126946	418
土木工程建筑业	1231	16.58	1.87	43850267	3906
铁路、道路、隧道和桥梁工程建筑	615	6.26	0.80	4709270	
铁路工程建筑	45	0.88	0.15	580091	
公路工程建筑	152	1.11	0.16	1586455	
市政道路工程建筑	307	2.90	0.36	1635551	
其他道路、隧道和桥梁工程建筑	111	1.37	0.13	907172	
水利和内河港口工程建筑	182	5.68	0.43	37400968	
水源及供水设施工程建筑	121	0.40	0.05	134433	
河湖治理及防洪设施工程建筑	22	0.70	0.19	23910204	
港口及航运设施工程建筑	39	4.58	0.19	13356331	
海洋工程建筑	4	0.01		19477	
海洋工程建筑	4	0.01		19477	
工矿工程建筑	36	0.39	0.05	89938	
工矿工程建筑	36	0.39	0.05	89938	
架线和管道工程建筑	92	0.68	0.08	387110	
架线及设备工程建筑	59	0.55	0.06	296804	
管道工程建筑	33	0.13	0.02	90306	
其他土木工程建筑	302	3.55	0.51	1243505	3906
其他土木工程建筑	302	3.55	0.51	1243505	3906
建筑安装业	983	6.33	1.01	8859304	
电气安装	276	1.76	0.32	944929	
电气安装	276	1.76	0.32	944929	
管道和设备安装	193	1.15	0.14	357866	
管道和设备安装	193	1.15	0.14	357866	
其他建筑安装业	514	3.42	0.54	7556509	
其他建筑安装业	514	3.42	0.54	7556509	
建筑装饰和其他建筑业	1563	10.48	1.59	5198547	
建筑装饰业	1084	9.21	1.33	4756153	
建筑装饰业	1084	9.21	1.33	4756153	
工程准备活动	127	0.41	0.06	123332	

3-28 续表2

指标名称	单位数（个）	年末从业人数(万人)	#女性	经营性单位收入（万元）	非经营性单位支出（费用）（万元）
建筑物拆除活动	34	0.06	0.01	21409	
其他工程准备活动	93	0.35	0.05	101923	
提供施工设备服务	70	0.31	0.04	203971	
提供施工设备服务	70	0.31	0.04	203971	
其他未列明建筑业	282	0.56	0.16	115091	
其他未列明建筑业	282	0.56	0.16	115091	
三、按营业状态分					
营业	5765	71.86	8.37	70968880	4313
停业(歇业)	261	0.12	0.02	14205	10
筹建	170	0.09	0.02	1977	
当年关闭	106	0.03		3063	
当年破产	6				
其他	136	0.16	0.03	46940	
四、按地区分					
广州市	923	18.56	2.16	27013951	1613
韶关市	318	2.63	0.22	472463	
深圳市	660	16.77	1.98	8963660	
珠海市	494	1.87	0.23	1301690	
汕头市	178	8.70	0.63	1706709	
佛山市	530	2.39	0.44	1553942	
江门市	227	1.32	0.26	780307	
湛江市	208	2.00	0.25	408872	
茂名市	113	3.94	0.40	1085920	
肇庆市	128	0.61	0.11	197255	
惠州市	584	2.95	0.36	1190820	10
梅州市	90	1.68	0.11	240386	
汕尾市	12	0.08	0.01	5460	
河源市	82	0.09	0.02	34521	
阳江市	105	1.61	0.13	104334	
清远市	200	0.93	0.18	523817	
东莞市	714	1.94	0.38	24570009	
中山市	663	2.92	0.37	620438	2700
潮州市	23	0.04	0.01	3388	
揭阳市	58	0.67	0.11	107345	
云浮市	134	0.57	0.09	149777	

3–29 全省非联网直报建筑业产业活动单位经营情况

指标名称	营业收入（万元）	# 主营业务收入	营业税金及附加（万元）	# 主营业务税金及附加
总　　计	**6913776**	**6769061**	**371038**	**231647**
其中：国有及国有控股企业	824103	815800	26494	25948
一、按登记注册类型分组				
内资企业	6807352	6663516	367793	228437
国有企业	512333	508193	15368	14948
集体企业	78351	75545	3543	3450
股份合作企业	26607	26060	922	826
联营企业	27695	26994	1554	1533
国有联营企业				
集体联营企业	3982	3707	508	508
国有与集体联营企业	2245	2245	129	129
其他联营企业	21467	21042	917	896
有限责任公司	2333608	2295225	209423	79903
国有独资公司	163745	160519	6370	6293
其他有限责任公司	2169863	2134706	203053	73610
股份有限公司	109043	100286	4163	3958
私营企业	3545252	3458648	123914	117396
私营独资企业	313745	303511	11027	10933
私营合伙企业	87770	86595	4264	4144
私营有限责任公司	3094153	3019811	106637	100394
私营股份有限公司	49583	48732	1986	1926
其他企业	174464	172565	8907	6424
港、澳、台商投资企业	60467	59708	2146	2123
与港澳台商合资经营企业	9579	9579	526	526
与港澳台商合作经营企业	15268	15173	558	553
港澳台商独资经营企业	29582	28918	674	655
港澳台商投资股份有限公司	843	843	17	17
其他港澳台投资企业	5195	5195	371	371
外商投资企业	45957	45837	1099	1087
中外合资经营企业	6741	6741	195	195
中外合作经营企业	17209	17209	512	512
外资企业	21267	21147	368	356
外商投资股份有限公司				
其他外商投资企业	741	741	24	24
二、按国民经济行业分组				
房屋建筑业	1492046	1474947	55831	53056
房屋建筑业	1492046	1474947	55831	53056
房屋建筑业	1492046	1474947	55831	53056
土木工程建筑业	1556999	1517970	50429	48913
铁路、道路、隧道和桥梁工程建筑	710930	690200	19945	18936
铁路工程建筑	66103	66103	2165	2165
公路工程建筑	122917	115128	3670	3660
市政道路工程建筑	363434	359314	10345	9363
其他道路、隧道和桥梁工程建筑	158475	149655	3765	3747
水利和内河港口工程建筑	317338	315352	12075	12055

3-29 续表1

指标名称	营业收入（万元）	#主营业务收入	营业税金及附加（万元）	#主营业务税金及附加
水源及供水设施工程建筑	60048	58492	2796	2796
河湖治理及防洪设施工程建筑	16052	15952	1054	1053
港口及航运设施工程建筑	241239	240909	8225	8206
海洋工程建筑	18485	18406	622	622
海洋工程建筑	18485	18406	622	622
工矿工程建筑	45268	44121	1367	1319
工矿工程建筑	45268	44121	1367	1319
架线和管道工程建筑	137226	135353	3942	3863
架线及设备工程建筑	103792	102437	2953	2920
管道工程建筑	33434	32916	988	944
其他土木工程建筑	327751	314538	12479	12118
其他土木工程建筑	327751	314538	12479	12118
建筑安装业	1451876	1419062	47322	44776
电气安装	677624	661371	20283	19194
电气安装	677624	661371	20283	19194
管道和设备安装	302954	298140	9639	9349
管道和设备安装	302954	298140	9639	9349
其他建筑安装业	471298	459552	17400	16233
其他建筑安装业	471298	459552	17400	16233
建筑装饰和其他建筑业	2412855	2357082	217456	84902
建筑装饰业	1864317	1820226	197320	65778
建筑装饰业	1864317	1820226	197320	65778
工程准备活动	233277	228861	7462	7366
建筑物拆除活动	31245	30465	924	892
其他工程准备活动	202032	198396	6538	6474
提供施工设备服务	66478	65755	1853	1700
提供施工设备服务	66478	65755	1853	1700
其他未列明建筑业	248784	242239	10821	10058
其他未列明建筑业	248784	242239	10821	10058
三、按隶属关系分组				
中央	160904	159735	5003	4969
省(自治区、直辖市)	28763	28173	944	914
地(区、市、州、盟)	724248	713447	26358	25794
县(区、市、旗)	229318	227957	7976	7843
街道	30044	29782	3528	3519
镇	53570	53444	2492	2427
乡	327	327	1	1
社区(居委会)	27587	27525	984	973
村委会	13424	13357	429	426
其他	5645590	5515314	323322	184782
四、按企业资质等级分组				
施工总承包	537029	520979	19022	18767
特级	19904	19368	491	460
一级	26066	26002	1001	993
二级	155098	152903	5716	5595

3-29 续表2

指标名称	营业收入（万元）	# 主营业务收入	营业税金及附加（万元）	# 主营业务税金及附加
三级及以下	332748	319913	11737	11641
专业承包	209558	209042	9084	6769
一级	18610	18562	414	414
二级	37660	37660	1191	1177
三级	134416	133948	6370	4070
劳务分包	139215	138353	4242	4205
一级	39374	38820	1319	1302
二级	24445	24164	818	799
三级	74461	74434	2073	2071
三级资质以下企业	6037265	5910055	339218	202435
五、按营业状态分				
营业	6806067	6664166	367652	228308
停业(歇业)	57336	56428	1643	1624
筹建	10949	10626	401	388
当年关闭	18747	18289	746	743
当年破产	618	53	2	2
其他	20059	19499	594	581
六、按控股情况分				
国有控股	824103	815800	26494	25948
集体控股	151305	148073	5480	5379
私人控股	4971213	4846897	178852	168255
港澳台商控股	44099	43422	1668	1650
外商控股	49660	49540	1121	1109
其他	873396	865328	157423	29307
七、按地区分				
广州市	1888419	1853100	58039	56184
韶关市	69972	69013	2278	2240
深圳市	927227	895348	31873	29863
珠海市	563093	550450	144619	17600
汕头市	108935	101106	3015	2997
佛山市	516801	512770	18070	17782
江门市	302979	299091	12125	11866
湛江市	230246	226180	9673	9437
茂名市	285110	283875	9034	8925
肇庆市	88922	88345	6107	6094
惠州市	433189	416851	19012	16283
梅州市	260048	259026	11393	11298
汕尾市	11696	10968	470	452
河源市	65540	64942	3359	3267
阳江市	78930	78318	2310	2305
清远市	58562	57869	2392	2327
东莞市	597302	580998	20744	16598
中山市	317072	312123	10285	10017
潮州市	20352	20200	986	965
揭阳市	63010	62393	3928	3923
云浮市	26370	26095	1327	1225

3-30 全省建筑业个体经营户基本情况

指标名称	个体经营户经数（个）	#有证照	从业人数(人)	#有证照
总计	**76660**	**8051**	**433174**	**37599**
一、按国民经济行业分组	—	—	—	—
房屋建筑业	43139	878	267751	9593
房屋建筑业	43139	878	267751	9593
土木工程建筑业	2940	357	19203	1874
铁路、道路、隧道和桥梁工程建筑	235	34	1692	156
水利和内河港口工程建筑	103	11	878	86
海洋工程建筑	3	1	30	5
工矿工程建筑	17	4	54	14
架线和管道工程建筑	60	17	235	55
其他土木工程建筑	2522	290	16314	1558
建筑安装业	2561	591	10927	2215
电气安装	883	154	4653	679
管道和设备安装	344	110	1475	426
其他建筑安装业	1334	327	4799	1110
建筑装饰和其他建筑业	28020	6225	135293	23917
建筑装饰业	22554	5442	101875	20429
工程准备活动	1576	298	8895	1299
提供施工设备服务	1257	161	4585	560
其他未列明建筑业	2633	324	19938	1629
二、按地市分组	—	—	—	—
广州市	2656	1003	9859	3818
韶关市	7112	289	25791	1003
深圳市	742	290	2077	724
珠海市	224	131	790	486
汕头市	481	76	3059	415
佛山市	1043	435	2868	1292
江门市	1222	849	3338	2683
湛江市	7461	354	48604	2209
茂名市	17561	817	177231	9877
肇庆市	3167	501	15844	1956
惠州市	1895	300	8792	1298
梅州市	4856	696	20454	3277
汕尾市	868	123	5451	396
河源市	5655	227	21769	891
阳江市	5908	307	21046	615
清远市	8571	199	29290	789
东莞市	1448	338	4520	1095
中山市	1087	786	3904	2979
潮州市	628	43	4291	348
揭阳市	2773	140	14836	711
云浮市	1302	147	9360	737

附录

主要指标解释

主要指标解释

研究与试验发展（R&D） 指在科学技术领域，为增加知识总量、以及运用这些知识去创造新的应用而进行的系统的、创造性的活动，包括基础研究、应用研究、试验发展三类活动。

R&D人员 指报告期企业内部从事R&D活动的人员。包括直接参加R&D项目活动的人员，R&D项目管理人员，以及为R&D活动提供资料文献、材料供应、设备维护等直接服务的人员。

研究人员 指R&D人员中具备中级以上职称或博士学历（学位）的人员。

全时人员 指在报告期企业R&D人员中实际从事R&D活动的时间占制度工作时间90%及以上的人员。

R&D人员折合全时当量 指报告期企业R&D全时人员（全年从事R&D活动累积工作时间占全部工作时间的90%及以上人员）工作量与非全时人员按实际工作时间折算的工作量之和。例如：有2个R&D全时人员(工作时间分别为0.9年和1年)和3个R&D非全时人员(工作时间分别为0.2年、0.3年和0.7年)，则R&D人员折合全时当量=1+1+0.2+0.3+0.7=3.2(人年)。

R&D经费内部支出 指企业在报告年度用于内部开展R&D活动的实际支出。包括用于R&D项目（课题）活动的直接支出，以及间接用于R&D活动的管理费、服务费、与R&D有关的基本建设支出以及外协加工费等。不包括生产性活动支出、归还贷款支出以及与外单位合作或委托外单位进行R&D活动而转拨给对方的经费支出。

日常性支出 指企业在报告年度为开展R&D活动而发生的人员劳务费，及其各项管理费用和购买非资产性的材料、物资费用等他日常支出。

资产性支出 指企业在报告年度为开展R&D活动而进行建造、购置、安装、改建、扩建固定资产，以及进行设备技术改造和大修理等实际支出的费用。

政府资金 指企业R&D经费内部支出中来自各级政府部门的各类资金。

企业资金 指企业R&D经费内部支出中来自本企业的自有资金和接受其他企业委托而获得的经费。

R&D经费外部支出 指报告期企业委托外单位或与外单位合作进行R&D活动而拨给对方的经费。

R&D项目 指报告期企业在当年立项并开展研究工作、以前年份立项仍继续进行研究的研究开发项目或课题，包括当年完成和年内研究工作已告失败的研发项目或课题。

企业办研发机构 指企业自办或与外单位合办，在管理上同生产系统相对独立（或者单独核算）的专门研究开发机构。

研发机构人员 指报告期末企业办研发活动机构中从业人员合计。

机构经费支出 指报告期企业办研发机构用于内部开展研发活动实际支出的总费用，包括机构人员劳务费（含工资）支出、机构业务费支出、管理费支出、固定资产购建支出以及其他维持机构正常工作的日常费用等的支出总和。

新产品 指采用新技术原理、新设计构思研制、生产的全新产品，或在结构、材质、工艺等某一方面比原有产品有明显改进，从而显著提高了产品性能或扩大了使用功能的产品。

专利申请数 指企业在报告期内向国内外知识产权行政部门提出专利申请并被受理的件数。

发明专利申请数 指企业在报告期内向国内外知识产权行政部门提出发明专利申请并被受理的件数。

有效发明专利数 指报告期末企业作为专利权人在报告期拥有的、经国内外知识产权行政部门授权且在有效期内的发明专利件数。

有效发明专利数中境外授权 指报告期末企业作为专利权人拥有的、经国外及港澳台知识产权行政部门授予且有效期内的发明专利件数。

拥有注册商标 指企业在报告期末拥有的注册商标件数。包括在境内和境外注册的商标件数，一件商标在境内外同时注册时只统计一件。

拥有注册商标中境外注册 指企业在报告期末拥有的在国外或港澳台注册的商标件数。

形成国家或行业标准 指报告期企业在自主研发或自主知识产权基础上形成的经有关部门批准的国家或行业标准项数。

研究开发费用加计扣除减免税 指企业在报告期按有关政策和税法规定税前加计扣除的研究开发活动费用所得税。

高新技术企业减免税 指新技术企业在报告期高按照国家有关政策依法享受的企业所得税减免额。

引进技术经费支出 指企业在报告期用于购买境外技术的费用支出，包括产品设计、工艺流程、图纸、配方、专利等技术资料的费用支出，以及购买关键设备、仪器、样机和样件等的费用支出。

消化吸收经费支出 引进技术的消化吸收指对引进技术的掌握、应用、复制而开展的工作，以及在此基础上的创新。引进技术的消化吸收经费支出包括：人员培训费、测绘费、参加消化吸收人员的工资、工装、工艺开发费、必备的配套设备费、翻版费等。

购买国内技术经费支出 指企业在报告期购买境内其他单位科技成果的经费支出。包括购买产品设计、工艺流程、图纸、配方、专利、技术诀窍及关键设备的费用支出。

技术改造经费支出 指企业在报告期进行技术改造而发生的费用支出。技术改造指企业在坚持科技进步的前提下，将科技成果应用于生产的各个领域（产品、设备、工艺等），用先进工艺、设备代替落后工艺、设备，实现以内涵为主的扩大再生产，从而提高产品质量、促进产品更新换代、节约能源、降低消耗，全面提高综合经济效益。

能源消费量 指能源使用企业（单位）在报告期内实际消费的各种能源的数量。能源消费量分实物量和标准量两种。能源消费实物量是按照报表规定的、体现物质形态属性的计量单位（如：吨、立方米）计算的能源消费量；能源消费标准量是按照能源标准计量单位（如：吨标准煤）计算的能源消费量。

工业企业能源消费量 指工业企业在工业生产活动和非工业生产活动中消费的能源，包括工业生产活动中作为燃料、动力、原料、辅助材料使用的能源，生产工艺中使用的能源，用于能源加工转换的能源；非工业生产活动中使用的能源。

综合能源消费量 指企业（单位）在报告期内工业生产实际消费的各种能源（扣除能源加工转换和能源回收利用等重复因素）的总和。计算综合能源消费量时，需要将各种能源品种的消费量换算成按照标准计量单位（如：吨标准煤）计量的消费量。

能源加工转换投入 能源加工转换，指为了特定的用途，将一种能源（一般为一次能源），经过一定的工艺，加工或转换成另外一种能源（二次能源）。

能源加工，是能源的物理形态的变化，比如用蒸馏的方式将原油炼制成汽油、煤油、柴油等石油制品；用筛选、水洗的方式将原煤洗选成洗煤；以焦化的方式将煤炭高温干馏成焦炭；以气化的方式将煤炭气化成煤气，等等。这些方法在加工前后能源均未发生质的变化。

能源转换，是能源的能量形态和化学形态的变化，比如经过一定的工艺过程，将煤炭、重油等转换为电力和热力，将热能转换为机械能，将机械能转换为电能，将电能转换为热能等；又比如，经过裂化，将重质石油转换成轻质石油（转换前、后的物质具有不同的化学结构和化学性质）。

能源加工转换投入量，指以生产二次能源产品为目的而投入能源加工转换生产装置的能源（一般为一次能源）的数量。

取水量 指工业法人企业从各种水源实际提取的用于生产和生活的水量。包括提取的地表水、地下水、自来水、污水处理达标水、未达标污水、雨水收集利用、企业从市场购得的其他水或水产品（如纯净水、矿泉水等），还包括采盐企业所取的海水、地下卤水、盐湖水，海水淡化企业所取的海水，自来水生产企业所取的地表水和地下水，污水处理厂处理的污水

外供水量 指供水企业向用水单位提供的符合用水单位质量要求的水量。包括自来水生产企业外供的自来水，纯净水、矿泉水生产企业外供的纯净水、矿泉水，污水处理厂外供的中水或符合用户质量要求的、经过处理的水，海水淡化水企业外供的淡化水，提取地下水、地表水的企业向用户提供的水。不包括向自然界直接排放的水量。

广东省第三次全国经济普查
领 导 小 组 办 公 室 编
广 东 省 统 计 局

第三次全国经济普查
THE THIRD NATIONAL ECONOMIC CENSUS

GUANGDONG Economic Census Yearbook

广东经济普查年鉴

2013

综 合 卷

中国统计出版社
China Statistics Press

图书在版编目（CIP）数据

广东经济普查年鉴. 2013 / 广东省第三次全国经济普查领导小组办公室, 广东省统计局编. -- 北京 : 中国统计出版社, 2015.10
ISBN 978-7-5037-7656-4

Ⅰ. ①广… Ⅱ. ①广… ②广… Ⅲ. ①经济－普查－广东省－2013－年鉴 Ⅳ. ①F127.65-54

中国版本图书馆 CIP 数据核字(2015)第 227111 号

广东经济普查年鉴—2013/综合卷

编　者/广东省第三次全国经济普查领导小组办公室　广东省统计局
责任编辑/赵淑焕
封面设计/广州九禾教育信息咨询有限公司
出版发行/中国统计出版社
通信地址/北京市丰台区西三环南路甲 6 号　邮政编码/100073
电　话/邮购（010）63376909　书店（010）68783171
网　址/http://www.zgtjcbs.com/
印　刷/500 套
经　销/新华书店
开　本/880mm×1230mm　1/16
字　数/2840 千字
印　张/89
版　别/2015 年 12 月第 1 版
版　次/2015 年 12 月第 1 次印刷
定　价/880.00 元

本书附同版本 CD-ROM 一张，光盘内容以书面文字为准。
如有印装差错，由本社发行部调换。

《广东经济普查年鉴——2013》编辑机构名单

一、顾问委员会

主　　任　刘志庚

副 主 任　林　英　幸晓维　刘　吉　蔡伏青

委　　员

陈华江　吴　锋　魏中林　叶景图　邱瑞颐
符　雄　骆招群　余继军　曾毓昌　林王平
李俊祥　杜　挺　杨细平　郑建荣　杨伟时
陈祝生　王　奇　杨朝峰　刘智华　凌　锋
张燕飞　石健强　陈忠明　李思敏　何晓军
罗　卫　江裕棠　黄学敏　黄碧玲　韦　慧
杨宇正

二、编辑委员会

主　　任　幸晓维

常务副主任　刘智华

副 主 任　王丽莹　杨少浪　叶　涛

成　　员　（以姓氏笔画为序）

王文森　王国伟　冯位东　邱国祥　李珠桥
李国辉　杨　凡　张劲松　张锦平　陈　新
钟淼宏　黄日何　黄俊彪

三、编辑部

总 编 辑　刘智华

副总编辑　王丽莹

编辑工作人员　张汉杰　陈培红　谭京刚　彭肖萍　周　前
李金晶　徐　可　李　华　何　婷　王学良
王慧艳　张显华　黄平光　丁　蓉　李昭曼
田　明　洪秀霞　余盛鸿　谢洪芳　刘建民
王科欣　李新娇　张建梅　潘宇明　童　城
吴凯敏

编者说明

为便于社会各界共同分享广东省第三次全国经济普查的成果，更方便地开发利用普查资料，我们将经济普查资料编辑整理，汇编成《广东省经济普查年鉴-2013》一书。全书共三卷四册，即综合卷、第二产业卷（上、下册）和第三产业卷，并随书配送同版本光盘一张。《综合卷》分三篇：第一篇为“综合篇”，第二篇为“小微企业篇”，第三篇为“文化及相关产业篇”。《第二产业卷》按内容分为上、下两册。上册两篇：第一篇为“工业企业生产经营及财务状况”，第二篇是“主要工业产品产量”。下册三篇：第一篇是“能源”，第二篇是“规模以上工业企业科技情况”，第三篇是“建筑业企业生产经营及财务状况”。《第三产业卷》分五篇。第一篇为“批发和零售业企业基本情况和财务状况”，第二篇为“第二篇 住宿和餐饮业企业基本情况和财务状况”，第三篇为“房地产业生产经营及财务状况”，第四篇为“服务业企业财务状况”，第五篇为 “行政事业及非企业财务状况”。为使读者能够更好地使用本资料，现对有关问题做如下说明：

一、第三次全国经济普查的标准时点为2013年12月31日，时期资料为2013年度；

二、每卷后附有该卷详细的指标解释，使用时请仔细阅读；

三、综合卷中综合篇和小微企业篇汇总表，不包括无分组标识的部分数据，金融业、铁路运输业数据由部门提供；

四、本资料建筑业按注册地，其他行业按经营地进行汇总；

五、本资料对部分数据由于单位取舍不同或四舍五入而产生的差数均未作调整；

六、表中空格表示该项统计指标数据不详或无该项数据，“#”表示其中的主要项。

我们希望此书的面世，能使社会各界对我省第三次全国经济普查有一个全面概括的了解，更愿本书的内容，能为社会经济研究工作者提供有价值的参考。

广东省第三次全国经济普查资料是全省普查工作者共同辛勤工作的成果，也是广大普查对象积极支持配合的结果。在此，我们向全省所有普查工作者、普查对象和所有参与和支持普查工作的人员致以崇高的敬意和衷心的感谢！

综合卷　目录

第1篇　综合篇

第2篇 小微企业篇

第3篇 文化及相关产业篇

附录

第 1 篇

综合篇

1-1　按地区、行业（门类）分组的法人单位数

地　区	法　人单位数（个）	农、林、牧、渔业	采矿业	制造业	电力、热力、燃气及水生产和供应业	建筑业	批发和零售业
广东省	1072645	8613	2796	300948	8431	23936	291131
广州市	198905	110	27	34866	193	3931	65157
深圳市	237201	23	43	61278	164	3435	84248
珠海市	38633	59	9	5775	56	2242	13003
汕头市	31424	103	47	10822	91	583	7880
佛山市	99167	101	23	39217	148	1377	28178
韶关市	18426	204	213	1796	1047	295	3329
河源市	13319	431	316	1527	609	364	2638
梅州市	16269	228	342	2550	1331	442	2690
惠州市	46141	124	138	9842	312	2503	8264
汕尾市	6561	98	20	1066	196	91	875
东莞市	106766	44	9	50913	184	3086	23378
中山市	63434	36	10	33052	104	2017	12516
江门市	40160	255	65	14465	216	946	7434
阳江市	15518	194	126	3764	406	373	3064
湛江市	33663	6054	236	4740	145	573	7524
茂名市	29091	64	341	3986	645	441	8030
肇庆市	19515	120	278	4038	624	381	3102
清远市	15050	101	424	2260	1155	322	2542
潮州市	14776	57	18	7049	206	181	1701
揭阳市	17599	102	38	5552	306	227	3032
云浮市	11027	105	73	2390	293	126	2546

1-1 续表1

地 区	交通运输、仓储和邮政业	住宿和餐饮业	信息传输、软件和信息技术服务业	金融业	房地产业	租赁和商务服务业	科学研究和技术服务业
广东省	26682	18606	27126	2310	41719	131863	35982
广州市	5798	4888	7955	399	11130	31110	10486
深圳市	9225	3661	11013	556	7034	29652	11562
珠海市	1104	714	1498	99	2163	5594	1727
汕头市	891	507	409	75	859	1898	555
佛山市	1618	1678	1284	147	3244	10459	3184
韶关市	294	321	124	64	673	1533	407
河源市	204	244	149	45	550	898	454
梅州市	291	218	147	51	390	959	309
惠州市	766	587	606	109	3676	11596	1032
汕尾市	135	184	63	26	165	289	128
东莞市	1992	1515	1485	127	3537	10682	1568
中山市	869	1311	663	95	1754	5173	607
江门市	685	504	421	104	1414	6645	533
阳江市	219	316	151	44	694	1622	499
湛江市	765	549	284	67	977	2684	621
茂名市	408	373	234	55	731	3993	611
肇庆市	391	287	208	69	930	2854	596
清远市	365	192	169	64	955	1250	346
潮州市	245	203	102	41	207	562	241
揭阳市	241	205	100	42	272	1521	230
云浮市	176	149	61	31	364	889	286

1-1　续表2

地　区	水利、环境和公共设施管理业	居民服务、修理和其他服务业	教育	卫生和社会工作	文化、体育和娱乐业	公共管理、社会保障和社会组织
广东省	5549	17589	36113	10362	14695	68194
广州市	892	4255	4531	1668	3119	8390
深圳市	493	4121	3770	1040	2121	3762
珠海市	197	813	897	398	607	1678
汕头市	161	538	1958	334	518	3195
佛山市	528	1637	2021	730	1136	2457
韶关市	227	191	862	483	397	5966
河源市	192	142	1344	235	209	2768
梅州市	184	131	854	605	303	4244
惠州市	383	457	1603	378	648	3117
汕尾市	78	65	916	151	163	1852
东莞市	365	1576	1927	729	1479	2170
中山市	182	1681	1322	295	707	1040
江门市	248	372	1178	412	494	3769
阳江市	156	161	1176	202	249	2102
湛江市	198	402	2951	548	608	3737
茂名市	219	288	2969	908	404	4391
肇庆市	279	186	1170	334	388	3280
清远市	209	175	937	258	355	2971
潮州市	145	145	1052	200	297	2124
揭阳市	96	141	1971	219	297	3007
云浮市	117	112	704	235	196	2174

1-2 按地区分组的法人单位数及从业人员数

地　区	法人单位				
	单位数（个）	单产业法人	多产业法人	从业人员数（人）	#女性
广东省	1072645	1040406	32239	39471685	16293240
广州市	198905	190817	8088	6795263	2693402
深圳市	237201	232005	5196	9704094	4058087
珠海市	38633	38076	557	1089531	443460
汕头市	31424	29889	1535	1180067	518509
佛山市	99167	97782	1385	3321496	1297018
韶关市	18426	16686	1740	599917	214737
河源市	13319	12870	449	399468	177536
梅州市	16269	14396	1873	529969	202603
惠州市	46141	45238	903	1614963	680224
汕尾市	6561	6440	121	440933	225284
东莞市	106766	105549	1217	5301054	2349746
中山市	63434	61781	1653	1919605	849076
江门市	40160	39376	784	1164773	481154
阳江市	15518	14829	689	569824	235192
湛江市	33663	31480	2183	861520	314984
茂名市	29091	28269	822	948188	377679
肇庆市	19515	18616	899	764310	293409
清远市	15050	14132	918	570350	238592
潮州市	14776	14567	209	526900	196523
揭阳市	17599	17416	183	807966	289502
云浮市	11027	10192	835	361494	156523

1-3　按行业（门类、大类、中类、小类）分组的法人单位数、产业活动单位数及就业人数

行　业	法人单位					产业活动单位		
	单位数（个）	单产业法人	多产业法人	就业人数（人）	女性	单位数（个）	多产业法人所属的产业活动单位数	就业人数（人）
合计	**1072645**	**1040406**	**32239**	**39471685**	**16293240**	**1255395**	**214989**	**39977708**
农、林、牧、渔业	**8613**	**8479**	**134**	**99597**	**28909**	**9001**	**522**	**82632**
农业	41		41	11917	5868			
谷物种植	5		5	189	86			
稻谷种植	5		5	189	86			
小麦种植								
玉米种植								
其他谷物种植								
豆类、油料和薯类种植	1		1	7	2			
豆类种植								
油料种植								
薯类种植	1		1	7	2			
棉、麻、糖、烟草种植	6		6	6917	3030			
棉花种植	1		1	12	6			
麻类种植	1		1	1309	500			
糖料种植	4		4	5596	2524			
烟草种植								
蔬菜、食用菌及园艺作物种植	16		16	562	297			
蔬菜种植	9		9	285	132			
食用菌种植								
花卉种植	5		5	196	120			
其他园艺作物种植	2		2	81	45			
水果种植	2		2	3852	2203			
仁果类和核果类水果种植								
葡萄种植								
柑橘类种植	1		1	3832	2197			
香蕉等亚热带水果种植								
其他水果种植	1		1	20	6			
坚果、含油果、香料和饮料作物种植	4		4	226	172			
坚果种植								
含油果种植								
香料作物种植								
茶及其他饮料作物种植	4		4	226	172			
中药材种植	1		1	50	42			
中药材种植	1		1	50	42			
其他农业	6		6	114	36			
其他农业	6		6	114	36			
林业	25		25	5917	2014			
林木育种和育苗	4		4	63	15			
林木育种	3		3	54	15			
林木育苗	1		1	9				

1–3 续表1

行业	法人单位					产业活动单位		
	单位数（个）	单产业法人	多产业法人	就业人数（人）	女性	单位数（个）	多产业法人所属的产业活动单位数	就业人数（人）
造林和更新	4		4	241	95			
造林和更新	4		4	241	95			
森林经营和管护	12		12	2463	526			
森林经营和管护	12		12	2463	526			
木材和竹材采运	1		1	38	11			
木材采运	1		1	38	11			
竹材采运								
林产品采集	4		4	3112	1367			
木竹材林产品采集	1		1	12	4			
非木竹材林产品采集	3		3	3100	1363			
畜牧业	17		17	2524	861			
牲畜饲养	7		7	502	191			
牛的饲养								
马的饲养								
猪的饲养	6		6	495	188			
羊的饲养								
骆驼饲养								
其他牲畜饲养	1		1	7	3			
家禽饲养	8		8	1470	474			
鸡的饲养	8		8	1470	474			
鸭的饲养								
鹅的饲养								
其他家禽饲养								
狩猎和捕捉动物								
狩猎和捕捉动物								
其他畜牧业	2		2	552	196			
其他畜牧业	2		2	552	196			
渔业	4		4	310	96			
水产养殖	4		4	310	96			
海水养殖	3		3	238	86			
内陆养殖	1		1	72	10			
水产捕捞								
海水捕捞								
内陆捕捞								
农、林、牧、渔服务业	8526	8479	47	78929	20070	9001	522	82632
农业服务业	6998	6963	35	65508	16215	7254	291	67756
农业机械服务	398	393	5	4323	1094	491	98	4636
灌溉服务	29	29		357	108	33	4	367
农产品初加工服务	2187	2185	2	14534	4206	2197	12	14698
其他农业服务	4384	4356	28	46294	10807	4533	177	48055
林业服务业	776	771	5	6297	1597	930	159	7250
林业有害生物防治服务	108	107	1	950	311	134	27	1059
森林防火服务	7	7		118	11	15	8	207
林产品初级加工服务	52	52		343	86	57	5	390
其他林业服务	609	605	4	4886	1189	724	119	5594
畜牧服务业	219	216	3	2339	766	272	56	2747

1-3　续表2

行　业	法人单位					产业活动单位		
	单位数（个）	单产业法人	多产业法人	就业人数（人）	女性	单位数（个）	多产业法人所属的产业活动单位数	就业人数（人）
畜牧服务业	219	216	3	2339	766	272	56	2747
渔业服务业	533	529	4	4785	1492	545	16	4879
渔业服务业	533	529	4	4785	1492	545	16	4879
采矿业	**2796**	**2730**	**66**	**98840**	**19029**	**2935**	**205**	**100170**
煤炭开采和洗选业	35	34	1	892	268	35	1	765
烟煤和无烟煤开采洗选	16	15	1	687	224	16	1	560
烟煤和无烟煤开采洗选	16	15	1	687	224	16	1	560
褐煤开采洗选	1	1		5	1	1		5
褐煤开采洗选	1	1		5	1	1		5
其他煤炭采选	18	18		200	43	18		200
其他煤炭采选	18	18		200	43	18		200
石油和天然气开采业	9	9		5846	759	13	4	5876
石油开采	6	6		3574	499	10	4	3604
石油开采	6	6		3574	499	10	4	3604
天然气开采	3	3		2272	260	3		2272
天然气开采	3	3		2272	260	3		2272
黑色金属矿采选业	363	354	9	17649	3378	370	16	16456
铁矿采选	319	310	9	16607	3179	325	15	15408
铁矿采选	319	310	9	16607	3179	325	15	15408
锰矿、铬矿采选	6	6		211	59	7	1	217
锰矿、铬矿采选	6	6		211	59	7	1	217
其他黑色金属矿采选	38	38		831	140	38		831
其他黑色金属矿采选	38	38		831	140	38		831
有色金属矿采选业	244	234	10	12674	2361	253	19	12255
常用有色金属矿采选	177	171	6	7032	1546	184	13	6915
铜矿采选	17	16	1	981	189	20	4	960
铅锌矿采选	73	70	3	4219	873	78	8	4069
镍钴矿采选								
锡矿采选	7	7		68	6	7		68
锑矿采选	4	4		122	15	4		122
铝矿采选	1	1		16	2	1		16
镁矿采选								
其他常用有色金属矿采选	75	73	2	1626	461	74	1	1680
贵金属矿采选	19	17	2	1271	279	20	3	1220
金矿采选	7	7		964	232	8	1	992
银矿采选	7	5	2	210	31	7	2	131
其他贵金属矿采选	5	5		97	16	5		97
稀有稀土金属矿采选	48	46	2	4371	536	49	3	4120
钨钼矿采选	9	8	1	1807	341	9	1	1807
稀土金属矿采选	23	23		708	92	24	1	709
放射性金属矿采选	3	2	1	1451	26	3	1	1199
其他稀有金属矿采选	13	13		405	77	13		405
非金属矿采选业	1994	1953	41	58259	11439	2100	147	55919
土砂石开采	1749	1714	35	48451	8887	1838	124	49347

1-3 续表3

行业	法人单位					产业活动单位		
	单位数（个）	单产业法人	多产业法人	就业人数（人）	女性	单位数（个）	多产业法人所属的产业活动单位数	就业人数（人）
石灰石、石膏开采	243	232	11	7243	1402	272	40	7618
建筑装饰用石开采	446	435	11	12866	2212	481	46	13525
耐火土石开采	35	34	1	909	143	35	1	830
粘土及其他土砂石开采	1025	1013	12	27433	5130	1050	37	27374
化学矿开采	12	10	2	3478	1115	11	1	287
化学矿开采	12	10	2	3478	1115	11	1	287
采盐	24	21	3	1594	341	32	11	1519
采盐	24	21	3	1594	341	32	11	1519
石棉及其他非金属矿采选	209	208	1	4736	1096	219	11	4766
石棉、云母矿采选	4	4		130	21	4		130
石墨、滑石采选	6	6		87	14	6		87
宝石、玉石采选	7	7		189	69	7		189
其他未列明非金属矿采选	192	191	1	4330	992	202	11	4360
开采辅助活动	55	51	4	2323	550	65	14	7674
煤炭开采和洗选辅助活动	5	5		45	7	5		45
煤炭开采和洗选辅助活动	5	5		45	7	5		45
石油和天然气开采辅助活动	20	17	3	1988	459	31	14	7391
石油和天然气开采辅助活动	20	17	3	1988	459	31	14	7391
其他开采辅助活动	30	29	1	290	84	29	0	238
其他开采辅助活动	30	29	1	290	84	29	0	238
其他采矿业	96	95	1	1197	274	99	4	1225
其他采矿业	96	95	1	1197	274	99	4	1225
其他采矿业	96	95	1	1197	274	99	4	1225
制造业	**300948**	**296898**	**4050**	**20589868**	**9193774**	**306865**	**9967**	**20438247**
农副食品加工业	5055	4923	132	247597	101172	5578	655	248490
谷物磨制	587	580	7	14452	4414	602	22	14988
谷物磨制	587	580	7	14452	4414	602	22	14988
饲料加工	624	602	22	48158	11628	644	42	48616
饲料加工	624	602	22	48158	11628	644	42	48616
植物油加工	481	475	6	15696	5059	496	21	15046
食用植物油加工	441	436	5	14730	4802	456	20	14095
非食用植物油加工	40	39	1	966	257	40	1	951
制糖业	130	128	2	23446	9904	130	2	20372
制糖业	130	128	2	23446	9904	130	2	20372
屠宰及肉类加工	1048	987	61	37165	13063	1463	476	42345
牲畜屠宰	398	355	43	13899	3024	762	407	17707
禽类屠宰	48	48		2915	1233	56	8	3505
肉制品及副产品加工	602	584	18	20351	8806	645	61	21133
水产品加工	819	797	22	67616	37993	832	35	66470
水产品冷冻加工	473	459	14	45387	27512	478	19	44202
鱼糜制品及水产品干腌制加工	140	139	1	10545	6069	143	4	10613
水产饲料制造	99	96	3	6900	2115	99	3	6845
鱼油提取及制品制造	6	6		56	8	6		56
其他水产品加工	101	97	4	4728	2289	106	9	4754

1-3　续表5

行　业	法人单位					产业活动单位		
	单位数（个）	单产业法人	多产业法人	就业人数（人）	女性	单位数（个）	多产业法人所属的产业活动单位数	就业人数（人）
蔬菜、水果和坚果加工	558	551	7	22833	11254	583	32	22275
蔬菜加工	257	257		7182	3769	261	4	7296
水果和坚果加工	301	294	7	15651	7485	322	28	14979
其他农副食品加工	808	803	5	18231	7857	828	25	18378
淀粉及淀粉制品制造	137	136	1	4013	1459	141	5	3930
豆制品制造	288	287	1	6414	2597	295	8	6537
蛋品加工	65	64	1	1116	694	69	5	1197
其他未列明农副食品加工	318	316	2	6688	3107	323	7	6714
食品制造业	5180	5011	169	290975	139695	5393	382	259073
焙烤食品制造	1606	1532	74	58578	30579	1701	169	57512
糕点、面包制造	1063	1004	59	32018	15992	1146	142	31590
饼干及其他焙烤食品制造	543	528	15	26560	14587	555	27	25922
糖果、巧克力及蜜饯制造	1140	1118	22	67631	32421	1164	46	60445
糖果、巧克力制造	703	690	13	47065	22881	716	26	39434
蜜饯制作	437	428	9	20566	9540	448	20	21011
方便食品制造	610	593	17	38907	18764	627	34	34793
米、面制品制造	293	288	5	9287	4403	299	11	9528
速冻食品制造	116	111	5	9348	5151	123	12	8216
方便面及其他方便食品制造	201	194	7	20272	9210	205	11	17049
乳制品制造	69	60	9	25188	13921	73	13	16435
乳制品制造	69	60	9	25188	13921	73	13	16435
罐头食品制造	166	163	3	12837	6163	170	7	12584
肉、禽类罐头制造	28	27	1	1453	540	28	1	1125
水产品罐头制造	21	20	1	3171	1422	21	1	3171
蔬菜、水果罐头制造	81	80	1	6888	3576	83	3	6903
其他罐头食品制造	36	36		1325	625	38	2	1385
调味品、发酵制品制造	544	527	17	35613	14009	560	33	32341
味精制造	34	33	1	1733	725	36	3	1949
酱油、食醋及类似制品制造	269	261	8	22689	8826	273	12	19800
其他调味品、发酵制品制造	241	233	8	11191	4458	251	18	10592
其他食品制造	1045	1018	27	52221	23838	1098	80	44963
营养食品制造	66	65	1	2456	877	73	8	2919
保健食品制造	181	170	11	25625	14008	191	21	16406
冷冻饮品及食用冰制造	183	183		5714	1951	196	13	6266
盐加工	16	15	1	406	125	21	6	448
食品及饲料添加剂制造	241	232	9	10338	3463	252	20	10603
其他未列明食品制造	358	353	5	7682	3414	365	12	8321
酒、饮料和精制茶制造业	1716	1654	62	113809	37122	1759	105	106112
酒的制造	507	497	10	29161	8629	518	21	32777
酒精制造	32	31	1	659	236	32	1	654
白酒制造	309	304	5	8103	3191	313	9	8610
啤酒制造	32	29	3	16422	3705	36	7	19482
黄酒制造	25	25		475	217	26	1	484
葡萄酒制造	20	20		341	172	21	1	349

1-3 续表6

行业	法人单位					产业活动单位		
	单位数（个）	单产业法人	多产业法人	就业人数（人）	女性	单位数（个）	多产业法人所属的产业活动单位数	就业人数（人）
其他酒制造	89	88	1	3161	1108	90	2	3198
饮料制造	973	929	44	78506	25663	996	67	67327
碳酸饮料制造	99	86	13	16171	4518	98	12	11733
瓶（罐）装饮用水制造	534	519	15	22602	8757	549	30	23267
果菜汁及果菜汁饮料制造	79	75	4	5970	2388	80	5	5906
含乳饮料和植物蛋白饮料制造	33	30	3	6165	2142	35	5	4414
固体饮料制造	99	97	2	3271	1356	101	4	3029
茶饮料及其他饮料制造	129	122	7	24327	6502	133	11	18978
精制茶加工	236	228	8	6142	2830	245	17	6008
精制茶加工	236	228	8	6142	2830	245	17	6008
烟草制品业	34	29	5	9252	3201	43	14	8193
烟叶复烤	4	4		1118	600	6	2	1131
烟叶复烤	4	4		1118	600	6	2	1131
卷烟制造	10	9	1	5905	1826	15	6	4857
卷烟制造	10	9	1	5905	1826	15	6	4857
其他烟草制品制造	20	16	4	2229	775	22	6	2205
其他烟草制品制造	20	16	4	2229	775	22	6	2205
纺织业	8338	8225	113	604375	304820	8487	262	595839
棉纺织及印染精加工	2339	2301	38	235892	104884	2362	61	225213
棉纺纱加工	796	786	10	54129	29061	810	24	54174
棉织造加工	828	809	19	62483	30830	823	14	55210
棉印染精加工	715	706	9	119280	44993	729	23	115829
毛纺织及染整精加工	681	677	4	46433	23418	692	15	47661
毛条和毛纱线加工	177	175	2	9310	5013	180	5	9130
毛织造加工	369	368	1	20905	12300	376	8	22313
毛染整精加工	135	134	1	16218	6105	136	2	16218
麻纺织及染整精加工	76	76		2863	1205	87	11	4772
麻纤维纺前加工和纺纱	30	30		940	429	32	2	969
麻织造加工	28	28		751	346	36	8	2606
麻染整精加工	18	18		1172	430	19	1	1197
丝绢纺织及印染精加工	174	168	6	8236	4755	176	8	9068
缫丝加工	33	29	4	3183	2279	33	4	3160
绢纺和丝织加工	31	30	1	1036	640	32	2	1037
丝印染精加工	110	109	1	4017	1836	111	2	4871
化纤织造及印染精加工	381	377	4	14824	7115	387	10	15346
化纤织造加工	288	285	3	9134	5067	292	7	9792
化纤织物染整精加工	93	92	1	5690	2048	95	3	5554
针织或钩针编织物及其制品制造	1947	1922	25	168604	97827	1996	74	169471
针织或钩针编织物织造	1225	1205	20	131093	78012	1262	57	132346
针织或钩针编织物印染精加工	320	318	2	15528	7589	328	10	14980
针织或钩针编织品制造	402	399	3	21983	12226	406	7	22145
家用纺织制成品制造	1258	1237	21	64619	35092	1283	46	61160
床上用品制造	465	453	12	29836	18031	474	21	26334
毛巾类制品制造	97	96	1	9884	4800	98	2	10088

1-3　续表7

行　业	法人单位					产业活动单位		
	单位数（个）	单产业法人	多产业法人	就业人数（人）	女性	单位数（个）	多产业法人所属的产业活动单位数	就业人数（人）
窗帘、布艺类产品制造	252	249	3	7050	3149	260	11	7231
其他家用纺织制成品制造	444	439	5	17849	9112	451	12	17507
非家用纺织制成品制造	1482	1467	15	62904	30524	1504	37	63148
非织造布制造	256	251	5	17141	7642	256	5	15872
绳、索、缆制造	217	217		7322	3971	219	2	7344
纺织带和帘子布制造	577	570	7	19874	9501	589	19	20764
篷、帆布制造	102	102		6436	3342	107	5	6901
其他非家用纺织制成品制造	330	327	3	12131	6068	333	6	12267
纺织服装、服饰业	20722	20431	291	1567564	965095	21016	585	1586735
机织服装制造	13505	13293	212	1035036	628944	13705	412	1052162
机织服装制造	13505	13293	212	1035036	628944	13705	412	1052162
针织或钩针编织服装制造	3915	3861	54	405992	258948	3948	87	405911
针织或钩针编织服装制造	3915	3861	54	405992	258948	3948	87	405911
服饰制造	3302	3277	25	126536	77203	3363	86	128662
服饰制造	3302	3277	25	126536	77203	3363	86	128662
皮革、毛皮、羽毛及其制品和制鞋业	12387	12269	118	1216278	669496	12537	268	1209304
皮革鞣制加工	515	513	2	25820	11307	527	14	27432
皮革鞣制加工	515	513	2	25820	11307	527	14	27432
皮革制品制造	5727	5670	57	415193	233351	5765	95	414355
皮革服装制造	339	335	4	15307	8172	341	6	15524
皮箱、包（袋）制造	3736	3697	39	314104	178161	3757	60	311918
皮手套及皮装饰制品制造	432	422	10	34694	21878	437	15	34052
其他皮革制品制造	1220	1216	4	51088	25140	1230	14	52861
毛皮鞣制及制品加工	192	188	4	13860	9912	192	4	13569
毛皮鞣制加工	25	22	3	1488	485	24	2	1188
毛皮服装加工	109	108	1	10279	8475	110	2	10288
其他毛皮制品加工	58	58		2093	952	58		2093
羽毛（绒）加工及制品制造	122	119	3	4565	2587	128	9	7452
羽毛（绒）加工	62	60	2	1333	628	65	5	1244
羽毛（绒）制品加工	60	59	1	3232	1959	63	4	6208
制鞋业	5831	5779	52	756840	412339	5925	146	746496
纺织面料鞋制造	494	491	3	54664	32161	501	10	55073
皮鞋制造	2750	2722	28	465368	265747	2779	57	456793
塑料鞋制造	992	981	11	97271	42018	1029	48	95654
橡胶鞋制造	358	353	5	33705	15277	358	5	30314
其他制鞋业	1237	1232	5	105832	57136	1258	26	108662
木材加工和木、竹、藤、棕、草制品业	4316	4279	37	176140	65069	4406	127	181552
木材加工	1447	1437	10	39268	12368	1479	42	39693
锯材加工	324	321	3	7643	2479	344	23	8015
木片加工	450	446	4	14814	4652	454	8	14832
单板加工	208	208		6977	1957	211	3	7017
其他木材加工	465	462	3	9834	3280	470	8	9829
人造板制造	713	708	5	45609	14979	723	15	46004
胶合板制造	295	293	2	17134	6297	301	8	17191

1-3 续表8

行业	法人单位					产业活动单位		
	单位数（个）	单产业法人	多产业法人	就业人数（人）	女性	单位数（个）	多产业法人所属的产业活动单位数	就业人数（人）
纤维板制造	116	115	1	11486	3354	117	2	11676
刨花板制造	88	87	1	5002	1364	89	2	5059
其他人造板制造	214	213	1	11987	3964	216	3	12078
木制品制造	1708	1692	16	58020	19400	1752	60	63226
建筑用木料及木材组件加工	339	337	2	8913	2529	354	17	12610
木门窗、楼梯制造	273	272	1	10203	2950	281	9	10507
地板制造	91	88	3	5390	1996	93	5	5629
木制容器制造	238	237	1	7531	2594	245	8	7591
软木制品及其他木制品制造	767	758	9	25983	9331	779	21	26889
竹、藤、棕、草等制品制造	448	442	6	33243	18322	452	10	32629
竹制品制造	340	335	5	26595	15332	345	10	25986
藤制品制造	62	62		4299	1907	62		4299
棕制品制造	11	11		454	128	11		454
草及其他制品制造	35	34	1	1895	955	34		1890
家具制造业	10082	9931	151	573412	184514	10317	386	579328
木质家具制造	5210	5122	88	337217	104085	5324	202	338539
木质家具制造	5210	5122	88	337217	104085	5324	202	338539
竹、藤家具制造	135	133	2	7252	3091	136	3	7393
竹、藤家具制造	135	133	2	7252	3091	136	3	7393
金属家具制造	1492	1473	19	85474	28042	1536	63	86389
金属家具制造	1492	1473	19	85474	28042	1536	63	86389
塑料家具制造	213	211	2	10462	4233	214	3	10506
塑料家具制造	213	211	2	10462	4233	214	3	10506
其他家具制造	3032	2992	40	133007	45063	3107	115	136501
其他家具制造	3032	2992	40	133007	45063	3107	115	136501
造纸和纸制品业	10521	10460	61	422712	151497	10615	155	424631
纸浆制造	47	47		1590	712	48	1	1591
木竹浆制造	30	30		1406	661	31	1	1407
非木竹浆制造	17	17		184	51	17		184
造纸	2662	2643	19	127738	37605	2679	36	129714
机制纸及纸板制造	1463	1450	13	97647	26768	1469	19	98028
手工纸制造	91	91		2388	927	94	3	2490
加工纸制造	1108	1102	6	27703	9910	1116	14	29196
纸制品制造	7812	7770	42	293384	113180	7888	118	293326
纸和纸板容器制造	4173	4158	15	170806	63953	4207	49	171416
其他纸制品制造	3639	3612	27	122578	49227	3681	69	121910
印刷和记录媒介复制业	12162	12095	67	456861	192855	12299	204	450179
印刷	11472	11408	64	433534	183820	11595	187	426621
书、报刊印刷	761	755	6	58468	25976	778	23	57985
本册印制	331	327	4	18720	7731	338	11	18479
包装装潢及其他印刷	10380	10326	54	356346	150113	10479	153	350157
装订及印刷相关服务	645	642	3	20346	7471	656	14	20407
装订及印刷相关服务	645	642	3	20346	7471	656	14	20407
记录媒介复制	45	45		2981	1564	48	3	3151

1-3　续表9

行　业	法人单位					产业活动单位		
	单位数（个）	单产业法人	多产业法人	就业人数（人）	女性	单位数（个）	多产业法人所属的产业活动单位数	就业人数（人）
记录媒介复制	45	45		2981	1564	48	3	3151
文教、工美、体育和娱乐用品制造业	12800	12571	229	1178739	647931	13242	671	1163221
文教办公用品制造	946	931	15	61559	30781	957	26	62347
文具制造	654	643	11	48193	23869	663	20	48913
笔的制造	58	57	1	6041	3777	58	1	6041
教学用模型及教具制造	67	66	1	2194	651	67	1	2194
墨水、墨汁制造	32	32		792	294	33	1	932
其他文教办公用品制造	135	133	2	4339	2190	136	3	4267
乐器制造	301	294	7	25632	11789	303	9	22258
中乐器制造	23	22	1	1114	413	23	1	1114
西乐器制造	108	103	5	12597	5004	109	6	9214
电子乐器制造	62	61	1	7591	4404	61		7577
其他乐器及零件制造	108	108		4330	1968	110	2	4353
工艺美术品制造	7304	7174	130	428077	230647	7655	481	421301
雕塑工艺品制造	701	693	8	22163	10001	710	17	22218
金属工艺品制造	1825	1815	10	62902	28447	1842	27	62199
漆器工艺品制造	115	115		4508	2062	115		4508
花画工艺品制造	367	363	4	24104	14964	367	4	23191
天然植物纤维编织工艺品制造	278	276	2	22322	13627	279	3	21867
抽纱刺绣工艺品制造	604	595	9	18492	10746	615	20	18450
地毯、挂毯制造	112	112		6710	3139	115	3	6724
珠宝首饰及有关物品制造	1686	1614	72	178482	97404	1974	360	176395
其他工艺美术品制造	1616	1591	25	88394	50257	1638	47	85749
体育用品制造	999	985	14	134082	63913	1006	21	132896
球类制造	62	62		8321	4201	62		8321
体育器材及配件制造	426	419	7	55552	25275	433	14	55807
训练健身器材制造	87	87		8094	2950	89	2	9067
运动防护用具制造	179	177	2	31543	16902	180	3	31714
其他体育用品制造	245	240	5	30572	14585	242	2	27987
玩具制造	2907	2854	53	514185	304091	2970	116	508173
玩具制造	2907	2854	53	514185	304091	2970	116	508173
游艺器材及娱乐用品制造	343	333	10	15204	6710	351	18	16246
露天游乐场所游乐设备制造	87	84	3	3091	748	89	5	3117
游艺用品及室内游艺器材制造	193	186	7	8817	3956	196	10	9806
其他娱乐用品制造	63	63		3296	2006	66	3	3323
石油加工、炼焦和核燃料加工业	421	412	9	31345	7869	441	29	30598
精炼石油产品制造	403	394	9	30949	7763	422	28	30201
原油加工及石油制品制造	367	359	8	30545	7628	385	26	29757
人造原油制造	36	35	1	404	135	37	2	444
炼焦	12	12		363	103	12		363
炼焦	12	12		363	103	12		363
核燃料加工	6	6		33	3	7	1	34
核燃料加工	6	6		33	3	7	1	34
化学原料和化学制品制造业	11200	10967	233	492769	172179	11388	421	477711

1-3 续表10

行业	法人单位					产业活动单位		
	单位数（个）	单产业法人	多产业法人	就业人数（人）	女性	单位数（个）	多产业法人所属的产业活动单位数	就业人数（人）
基础化学原料制造	676	657	19	36064	9471	688	31	33926
无机酸制造	52	51	1	3034	793	54	3	3465
无机碱制造	26	25	1	3082	681	27	2	3357
无机盐制造	68	67	1	6489	1621	67		6354
有机化学原料制造	206	201	5	11881	3308	210	9	9388
其他基础化学原料制造	324	313	11	11578	3068	330	17	11362
肥料制造	343	331	12	14434	3829	356	25	15006
氮肥制造	15	15		873	284	15		873
磷肥制造	18	16	2	1810	622	18	2	2076
钾肥制造	4	4		452	126	4		452
复混肥料制造	108	103	5	6867	1556	114	11	7048
有机肥料及微生物肥料制造	158	153	5	3378	958	163	10	3496
其他肥料制造	40	40		1054	283	42	2	1061
农药制造	95	91	4	3791	1251	98	7	3741
化学农药制造	60	56	4	3331	1065	62	6	3185
生物化学农药及微生物农药制造	35	35		460	186	36	1	556
涂料、油墨、颜料及类似产品制造	3111	3050	61	120483	33881	3155	105	118410
涂料制造	1998	1960	38	78062	20458	2024	64	76522
油墨及类似产品制造	476	464	12	20327	6303	477	13	19600
颜料制造	373	370	3	12328	3804	382	12	12857
染料制造	88	87	1	2695	894	89	2	2699
密封用填料及类似品制造	176	169	7	7071	2422	183	14	6732
合成材料制造	1658	1636	22	76200	23954	1682	46	70358
初级形态塑料及合成树脂制造	823	814	9	41868	12161	831	17	38753
合成橡胶制造	354	348	6	15792	5653	357	9	15569
合成纤维单（聚合）体制造	50	49	1	6100	1902	51	2	3665
其他合成材料制造	431	425	6	12440	4238	443	18	12371
专用化学产品制造	2352	2314	38	89284	26697	2390	76	88729
化学试剂和助剂制造	780	763	17	26321	7671	789	26	25820
专项化学用品制造	433	429	4	14759	4194	440	11	14780
林产化学产品制造	124	123	1	6615	1848	125	2	6616
信息化学品制造	141	139	2	13564	4919	143	4	13594
环境污染处理专用药剂材料制造	134	131	3	2952	769	137	6	2900
动物胶制造	24	24		745	232	24		745
其他专用化学产品制造	716	705	11	24328	7064	732	27	24274
炸药、火工及焰火产品制造	41	37	4	3260	1218	48	11	3751
炸药及火工产品制造	12	10	2	2575	889	16	6	2891
焰火、鞭炮产品制造	29	27	2	685	329	32	5	860
日用化学产品制造	2924	2851	73	149253	71878	2971	120	143790
肥皂及合成洗涤剂制造	698	680	18	46352	20909	714	34	39659
化妆品制造	1346	1315	31	61634	31444	1357	42	64162
口腔清洁用品制造	69	65	4	12036	7096	70	5	11382
香料、香精制造	246	232	14	10226	3867	255	23	9817
其他日用化学产品制造	565	559	6	19005	8562	575	16	18770

1-3　续表11

行　业	法人单位					产业活动单位		
	单位数（个）	单产业法人	多产业法人	就业人数（人）	女性	单位数（个）	多产业法人所属的产业活动单位数	就业人数（人）
医药制造业	1259	1198	61	140360	62603	1318	120	140933
化学药品原料药制造	80	75	5	11532	4189	89	14	11405
化学药品原料药制造	80	75	5	11532	4189	89	14	11405
化学药品制剂制造	157	146	11	37749	16849	161	15	42303
化学药品制剂制造	157	146	11	37749	16849	161	15	42303
中药饮片加工	226	222	4	14515	7256	235	13	14594
中药饮片加工	226	222	4	14515	7256	235	13	14594
中成药生产	190	172	18	39413	18309	197	25	36883
中成药生产	190	172	18	39413	18309	197	25	36883
兽用药品制造	131	126	5	6217	2425	134	8	5963
兽用药品制造	131	126	5	6217	2425	134	8	5963
生物药品制造	244	231	13	13964	5768	255	24	13341
生物药品制造	244	231	13	13964	5768	255	24	13341
卫生材料及医药用品制造	231	226	5	16970	7807	247	21	16444
卫生材料及医药用品制造	231	226	5	16970	7807	247	21	16444
化学纤维制造业	308	305	3	21344	8407	317	12	22348
纤维素纤维原料及纤维制造	62	62		2504	866	63	1	2505
化纤浆粕制造	26	26		821	295	26		821
人造纤维（纤维素纤维）制造	36	36		1683	571	37	1	1684
合成纤维制造	246	243	3	18840	7541	254	11	19843
锦纶纤维制造	30	30		1425	655	33	3	4962
涤纶纤维制造	57	54	3	10288	3829	58	4	7670
腈纶纤维制造	3	3		459	327	3		459
维纶纤维制造	13	13		339	146	13		339
丙纶纤维制造	10	10		652	266	10		652
氨纶纤维制造	22	22		1587	477	23	1	1600
其他合成纤维制造	111	111		4090	1841	114	3	4161
橡胶和塑料制品业	26640	26431	209	1392999	618175	26983	552	1392308
橡胶制品业	4240	4216	24	186669	80389	4273	57	188534
轮胎制造	99	97	2	13887	3297	98	1	12035
橡胶板、管、带制造	473	465	8	18606	7015	474	9	18692
橡胶零件制造	1193	1188	5	54905	25801	1204	16	57935
再生橡胶制造	79	79		2193	749	79		2193
日用及医用橡胶制品制造	199	198	1	11903	6573	203	5	11991
其他橡胶制品制造	2197	2189	8	85175	36954	2215	26	85688
塑料制品业	22400	22215	185	1206330	537786	22710	495	1203774
塑料薄膜制造	2122	2109	13	100162	37236	2156	47	97278
塑料板、管、型材制造	1296	1281	15	79604	26897	1309	28	79590
塑料丝、绳及编织品制造	783	777	6	33194	14641	799	22	34773
泡沫塑料制造	857	852	5	43236	20027	871	19	43208
塑料人造革、合成革制造	181	180	1	16158	5862	181	1	16158
塑料包装箱及容器制造	2263	2235	28	94204	41732	2294	59	94580
日用塑料制品制造	3146	3107	39	173954	82052	3210	103	168908
塑料零件制造	2877	2849	28	202365	96777	2928	79	203294

1-3 续表12

行业	法人单位					产业活动单位		
	单位数（个）	单产业法人	多产业法人	就业人数（人）	女性	单位数（个）	多产业法人所属的产业活动单位数	就业人数（人）
其他塑料制品制造	8875	8825	50	463453	212562	8962	137	465985
非金属矿物制品业	13396	13203	193	853996	283206	13673	470	842783
水泥、石灰和石膏制造	657	648	9	48184	11250	679	31	48769
水泥制造	475	466	9	44417	10384	497	31	45002
石灰和石膏制造	182	182		3767	866	182		3767
石膏、水泥制品及类似制品制造	1616	1575	41	86646	16421	1668	93	87798
水泥制品制造	1047	1017	30	59862	10491	1077	60	59833
砼结构构件制造	123	120	3	9915	1753	132	12	10754
石棉水泥制品制造	20	20		881	216	20		881
轻质建筑材料制造	288	281	7	9685	2243	296	15	9770
其他水泥类似制品制造	138	137	1	6303	1718	143	6	6560
砖瓦、石材等建筑材料制造	4324	4266	58	294845	90169	4398	132	286261
粘土砖瓦及建筑砌块制造	1408	1406	2	48588	13025	1422	16	48753
建筑陶瓷制品制造	750	732	18	177683	60493	757	25	167675
建筑用石加工	1291	1265	26	42776	9823	1305	40	43773
防水建筑材料制造	105	104	1	2634	627	117	13	2914
隔热和隔音材料制造	138	134	4	4696	1472	137	3	4099
其他建筑材料制造	632	625	7	18468	4729	660	35	19047
玻璃制造	566	561	5	33887	10154	579	18	34752
平板玻璃制造	162	159	3	14762	4057	165	6	15041
其他玻璃制造	404	402	2	19125	6097	414	12	19711
玻璃制品制造	1768	1744	24	131216	55845	1804	60	129343
技术玻璃制品制造	225	220	5	20792	5606	229	9	18622
光学玻璃制造	218	216	2	45240	26275	227	11	46836
玻璃仪器制造	33	32	1	1436	647	36	4	1468
日用玻璃制品制造	490	484	6	20918	7816	497	13	20627
玻璃包装容器制造	54	54		7636	2701	54		7636
玻璃保温容器制造	31	28	3	2177	862	34	6	1683
制镜及类似品加工	126	123	3	4680	1752	128	5	4222
其他玻璃制品制造	591	587	4	28337	10186	599	12	28249
玻璃纤维和玻璃纤维增强塑料制品制造	292	288	4	12396	4158	303	15	12578
玻璃纤维及制品制造	116	114	2	5625	1981	120	6	5654
玻璃纤维增强塑料制品制造	176	174	2	6771	2177	183	9	6924
陶瓷制品制造	3196	3164	32	211859	84901	3242	78	208351
卫生陶瓷制品制造	1072	1061	11	77634	24371	1073	12	72304
特种陶瓷制品制造	121	119	2	6941	3169	125	6	8284
日用陶瓷制品制造	1366	1352	14	92343	41556	1392	40	92853
园林、陈设艺术及其他陶瓷制品制造	637	632	5	34941	15805	652	20	34910
耐火材料制品制造	226	224	2	8478	2470	230	6	8756
石棉制品制造	31	31		967	410	32	1	969
云母制品制造	63	61	2	1900	809	64	3	1900
耐火陶瓷制品及其他耐火材料制造	132	132		5611	1251	134	2	5887

1-3　续表13

行　业	法人单位					产业活动单位		
	单位数（个）	单产业法人	多产业法人	就业人数（人）	女性	单位数（个）	多产业法人所属的产业活动单位数	就业人数（人）
石墨及其他非金属矿物制品制造	751	733	18	26485	7838	770	37	26175
石墨及碳素制品制造	67	62	5	2855	838	66	4	2028
其他非金属矿物制品制造	684	671	13	23630	7000	704	33	24147
黑色金属冶炼和压延加工业	1862	1840	22	141947	32584	1900	60	129625
炼铁	55	55		1533	345	57	2	1560
炼铁	55	55		1533	345	57	2	1560
炼钢	82	81	1	5004	969	87	6	5165
炼钢	82	81	1	5004	969	87	6	5165
黑色金属铸造	451	446	5	27531	7346	462	16	27617
黑色金属铸造	451	446	5	27531	7346	462	16	27617
钢压延加工	1226	1210	16	106228	23613	1246	36	93632
钢压延加工	1226	1210	16	106228	23613	1246	36	93632
铁合金冶炼	48	48		1651	311	48		1651
铁合金冶炼	48	48		1651	311	48		1651
有色金属冶炼和压延加工业	2579	2531	48	200986	55958	2636	105	186684
常用有色金属冶炼	288	281	7	16542	4252	297	16	13323
铜冶炼	72	72		3329	894	73	1	3340
铅锌冶炼	30	29	1	5757	1412	30	1	2996
镍钴冶炼	5	5		321	93	5		321
锡冶炼	32	31	1	1451	476	40	9	1227
锑冶炼	3	2	1	154	35	2		55
铝冶炼	78	77	1	2072	530	79	2	2069
镁冶炼	2	1	1	67	37	3	2	37
其他常用有色金属冶炼	66	64	2	3391	775	65	1	3278
贵金属冶炼	35	34	1	1416	477	36	2	1114
金冶炼	14	13	1	652	181	14	1	347
银冶炼	5	5		206	98	5		206
其他贵金属冶炼	16	16		558	198	17	1	561
稀有稀土金属冶炼	34	32	2	2965	865	35	3	3017
钨钼冶炼	8	7	1	726	160	8	1	716
稀土金属冶炼	13	12	1	1128	347	12		1053
其他稀有金属冶炼	13	13		1111	358	15	2	1248
有色金属合金制造	302	300	2	18508	5705	315	15	18149
有色金属合金制造	302	300	2	18508	5705	315	15	18149
有色金属铸造	197	196	1	7776	2467	205	9	9136
有色金属铸造	197	196	1	7776	2467	205	9	9136
有色金属压延加工	1723	1688	35	153779	42192	1748	60	141945
铜压延加工	307	299	8	25724	7274	315	16	26640
铝压延加工	734	715	19	102170	26666	744	29	90797
贵金属压延加工	32	32		842	146	33	1	844
稀有稀土金属压延加工	17	17		275	62	17		275
其他有色金属压延加工	633	625	8	24768	8044	639	14	23389
金属制品业	33899	33617	282	1452285	520521	34423	806	1453048
结构性金属制品制造	7739	7678	61	279811	85785	7843	165	278962

1-3 续表14

行业	法人单位 单位数（个）	单产业法人	多产业法人	就业人数（人）	女性	产业活动单位 单位数（个）	多产业法人所属的产业活动单位数	就业人数（人）
金属结构制造	6277	6230	47	231989	72244	6361	131	232577
金属门窗制造	1462	1448	14	47822	13541	1482	34	46385
金属工具制造	3558	3546	12	154955	66379	3593	47	154138
切削工具制造	308	303	5	15233	4481	314	11	14380
手工具制造	218	218		8893	3554	218		8893
农用及园林用金属工具制造	46	45	1	3004	1358	50	5	3015
刀剪及类似日用金属工具制造	1056	1055	1	68920	34281	1062	7	69835
其他金属工具制造	1930	1925	5	58905	22705	1949	24	58015
集装箱及金属包装容器制造	746	730	16	64154	17499	754	24	63344
集装箱制造	90	87	3	15522	1296	90	3	15076
金属压力容器制造	109	107	2	6239	1275	113	6	6965
金属包装容器制造	547	536	11	42393	14928	551	15	41303
金属丝绳及其制品制造	561	558	3	19581	7186	566	8	20000
金属丝绳及其制品制造	561	558	3	19581	7186	566	8	20000
建筑、安全用金属制品制造	5062	4996	66	208950	82860	5161	165	205352
建筑、家具用金属配件制造	3713	3668	45	148790	59856	3773	105	144267
建筑装饰及水暖管道零件制造	892	879	13	45706	18263	900	21	46039
安全、消防用金属制品制造	243	236	7	5691	1771	267	31	6238
其他建筑、安全用金属制品制造	214	213	1	8763	2970	221	8	8808
金属表面处理及热处理加工	1811	1792	19	108455	41892	1929	137	115192
金属表面处理及热处理加工	1811	1792	19	108455	41892	1929	137	115192
搪瓷制品制造	269	265	4	16190	5363	270	5	15945
生产专用搪瓷制品制造	42	42		6753	1959	42		6753
建筑装饰搪瓷制品制造	43	43		1067	338	43		1067
搪瓷卫生洁具制造	124	121	3	4983	1920	125	4	4783
搪瓷日用品及其他搪瓷制品制造	60	59	1	3387	1146	60	1	3342
金属制日用品制造	6275	6216	59	323066	116995	6351	135	321051
金属制厨房用器具制造	902	895	7	45598	13621	915	20	45215
金属制餐具和器皿制造	1406	1383	23	126351	44658	1421	38	126235
金属制卫生器具制造	290	286	4	14335	5097	293	7	14282
其他金属制日用品制造	3677	3652	25	136782	53619	3722	70	135319
其他金属制品制造	7878	7836	42	277123	96562	7956	120	279064
锻件及粉末冶金制品制造	493	486	7	22061	7946	503	17	19935
交通及公共管理用金属标牌制造	136	133	3	2696	981	135	2	2646
其他未列明金属制品制造	7249	7217	32	252366	87635	7318	101	256483
通用设备制造业	14902	14682	220	712768	247561	15169	487	705382
锅炉及原动设备制造	366	358	8	14558	3657	373	15	15433
锅炉及辅助设备制造	181	176	5	7277	1764	184	8	8668
内燃机及配件制造	70	67	3	4358	1080	72	5	3809
汽轮机及辅机制造	4	4		253	37	5	1	261
水轮机及辅机制造	16	16		683	174	16		683
风能原动设备制造	12	12		278	117	12		278
其他原动设备制造	83	83		1709	485	84	1	1734
金属加工机械制造	3338	3312	26	92607	22509	3375	63	90753

1-3　续表15

行　业	法人单位					产业活动单位		
	单位数（个）	单产业法人	多产业法人	就业人数（人）	女性	单位数（个）	多产业法人所属的产业活动单位数	就业人数（人）
金属切削机床制造	271	266	5	11846	2717	275	9	12075
金属成形机床制造	304	301	3	10972	2150	311	10	11267
铸造机械制造	376	375	1	14115	3060	377	2	13757
金属切割及焊接设备制造	447	440	7	15890	4332	452	12	14062
机床附件制造	202	200	2	6244	1660	205	5	6086
其他金属加工机械制造	1738	1730	8	33540	8590	1755	25	33506
物料搬运设备制造	669	629	40	52643	9703	708	79	40685
轻小型起重设备制造	76	70	6	5245	1354	75	5	4407
起重机制造	136	127	9	6916	1551	149	22	7209
生产专用车辆制造	38	38		738	190	39	1	760
连续搬运设备制造	79	78	1	2406	571	83	5	2834
电梯、自动扶梯及升降机制造	283	259	24	35386	5726	303	44	23506
其他物料搬运设备制造	57	57		1952	311	59	2	1969
泵、阀门、压缩机及类似机械制造	1073	1046	27	84647	26537	1106	60	92103
泵及真空设备制造	328	318	10	22777	8477	339	21	21412
气体压缩机械制造	150	146	4	25320	4995	156	10	27950
阀门和旋塞制造	200	196	4	21328	8373	208	12	24964
液压和气压动力机械及元件制造	395	386	9	15222	4692	403	17	17777
轴承、齿轮和传动部件制造	435	428	7	25921	9406	449	21	26010
轴承制造	231	227	4	17422	6680	235	8	17514
齿轮及齿轮减、变速箱制造	116	114	2	6962	2240	120	6	6513
其他传动部件制造	88	87	1	1537	486	94	7	1983
烘炉、风机、衡器、包装等设备制造	2473	2434	39	130009	42430	2521	87	134774
烘炉、熔炉及电炉制造	148	148		4032	969	154	6	4417
风机、风扇制造	453	446	7	30549	12896	462	16	30862
气体、液体分离及纯净设备制造	344	337	7	9510	3267	348	11	8977
制冷、空调设备制造	692	677	15	40931	10511	713	36	49416
风动和电动工具制造	97	96	1	16040	5776	99	3	16019
喷枪及类似器具制造	88	87	1	2065	469	89	2	2115
衡器制造	99	95	4	8143	3911	99	4	5812
包装专用设备制造	552	548	4	18739	4631	557	9	17156
文化、办公用机械制造	732	709	23	144479	78004	737	28	136180
电影机械制造	25	24	1	1979	980	24		1576
幻灯及投影设备制造	55	54	1	2846	1206	57	3	3051
照相机及器材制造	203	199	4	58459	35593	205	6	57696
复印和胶印设备制造	184	179	5	39458	21846	182	3	35505
计算器及货币专用设备制造	109	98	11	29044	12944	110	12	25609
其他文化、办公用机械制造	156	155	1	12693	5435	159	4	12743
通用零部件制造	4323	4282	41	131897	46031	4387	105	135188
金属密封件制造	117	115	2	4846	1739	118	3	4840
紧固件制造	1034	1017	17	34972	12476	1051	34	33938
弹簧制造	342	340	2	14313	5701	344	4	14188
机械零部件加工	1984	1973	11	42479	12881	2021	48	44564
其他通用零部件制造	846	837	9	35287	13234	853	16	37658

1-3 续表16

行 业	法人单位					产业活动单位		
	单位数（个）	单产业法人	多产业法人	就业人数（人）	女性	单位数（个）	多产业法人所属的产业活动单位数	就业人数（人）
其他通用设备制造业	1493	1484	9	36007	9284	1513	29	34256
其他通用设备制造业	1493	1484	9	36007	9284	1513	29	34256
专用设备制造业	18473	18259	214	722562	240214	18781	522	705215
采矿、冶金、建筑专用设备制造	541	527	14	21798	4931	568	41	20039
矿山机械制造	80	79	1	3103	799	81	2	2813
石油钻采专用设备制造	20	17	3	1591	306	21	4	1362
建筑工程用机械制造	157	152	5	6211	1294	170	18	5638
海洋工程专用设备制造	14	13	1	1988	285	15	2	1166
建筑材料生产专用机械制造	214	211	3	7230	1826	223	12	7371
冶金专用设备制造	56	55	1	1675	421	58	3	1689
化工、木材、非金属加工专用设备制造	9552	9490	62	363158	111333	9647	157	359413
炼油、化工生产专用设备制造	132	130	2	4124	1095	137	7	4199
橡胶加工专用设备制造	186	184	2	6183	1966	186	2	5845
塑料加工专用设备制造	632	622	10	27208	7199	635	13	24345
木材加工机械制造	245	228	17	6669	1393	259	31	5652
模具制造	8183	8152	31	313529	98192	8252	100	313881
其他非金属加工专用设备制造	174	174	0	5445	1488	178	4	5491
食品、饮料、烟草及饲料生产专用设备制造	379	374	5	17469	4475	387	13	17426
食品、酒、饮料及茶生产专用设备制造	253	250	3	9716	2390	259	9	9842
农副食品加工专用设备制造	96	96		3473	775	96		3473
烟草生产专用设备制造	17	15	2	2385	726	17	2	2167
饲料生产专用设备制造	13	13		1895	584	15	2	1944
印刷、制药、日化及日用品生产专用设备制造	1661	1637	24	52211	16934	1695	58	52575
制浆和造纸专用设备制造	99	97	2	3905	827	100	3	3932
印刷专用设备制造	517	511	6	15533	4271	531	20	15691
日用化工专用设备制造	136	134	2	1813	606	136	2	1805
制药专用设备制造	25	23	2	590	199	26	3	619
照明器具生产专用设备制造	379	375	4	10775	4838	385	10	11085
玻璃、陶瓷和搪瓷制品生产专用设备制造	222	220	2	11739	3528	227	7	11769
其他日用品生产专用设备制造	283	277	6	7856	2665	290	13	7674
纺织、服装和皮革加工专用设备制造	505	493	12	24548	8713	517	24	24610
纺织专用设备制造	197	193	4	11525	2890	196	3	11172
皮革、毛皮及其制品加工专用设备制造	81	81		2070	821	87	6	2107
缝制机械制造	187	181	6	9337	4703	191	10	9707
洗涤机械制造	40	38	2	1616	299	43	5	1624
电子和电工机械专用设备制造	2639	2619	20	100407	40320	2696	77	101779
电工机械专用设备制造	702	698	4	22783	7923	718	20	23987
电子工业专用设备制造	1937	1921	16	77624	32397	1978	57	77792
农、林、牧、渔专用机械制造	228	220	8	9997	3310	232	12	9427
拖拉机制造	19	15	4	766	172	19	4	723
机械化农业及园艺机具制造	56	54	2	4956	1708	57	3	4293

1-3　续表17

行　业	法人单位					产业活动单位		
	单位数（个）	单产业法人	多产业法人	就业人数（人）	女性	单位数（个）	多产业法人所属的产业活动单位数	就业人数（人）
营林及木竹采伐机械制造	2	2		171	80	3	1	171
畜牧机械制造	21	21		864	247	21		864
渔业机械制造	29	29		1035	531	31	2	1183
农林牧渔机械配件制造	42	41	1	771	190	41		744
棉花加工机械制造	9	9		161	67	9		161
其他农、林、牧、渔业机械制造	50	49	1	1273	315	51	2	1288
医疗仪器设备及器械制造	1010	972	38	75766	34110	1019	47	63150
医疗诊断、监护及治疗设备制造	263	248	15	25924	10048	269	21	19137
口腔科用设备及器具制造	104	103	1	5404	2640	107	4	5516
医疗实验室及医用消毒设备和器具制造	72	72		2194	666	74	2	2200
医疗、外科及兽医用器械制造	134	131	3	11389	6329	132	1	10572
机械治疗及病房护理设备制造	68	66	2	5503	2651	69	3	5342
假肢、人工器官及植（介）入器械制造	75	72	3	9527	4625	77	5	9187
其他医疗设备及器械制造	294	280	14	15825	7151	291	11	11196
环保、社会公共服务及其他专用设备制造	1958	1927	31	57208	16088	2020	93	56796
环境保护专用设备制造	649	641	8	14453	3683	672	31	14765
地质勘查专用设备制造	5	4	1	183	9	5	1	175
邮政专用机械及器材制造	7	7		153	38	9	2	158
商业、饮食、服务专用设备制造	53	52	1	1207	398	58	6	1780
社会公共安全设备及器材制造	208	203	5	10933	5068	225	22	9760
交通安全、管制及类似专用设备制造	66	62	4	2281	387	67	5	1955
水资源专用机械制造	112	109	3	2311	715	112	3	2264
其他专用设备制造	858	849	9	25687	5790	872	23	25939
汽车制造业	2122	2069	53	374386	125602	2185	116	369650
汽车整车制造	48	46	2	78626	13113	52	6	84100
汽车整车制造	48	46	2	78626	13113	52	6	84100
改装汽车制造	24	23	1	6494	1877	26	3	7011
改装汽车制造	24	23	1	6494	1877	26	3	7011
低速载货汽车制造	2	2		1075	141	2		1075
低速载货汽车制造	2	2		1075	141	2		1075
电车制造	27	27		989	297	28	1	1037
电车制造	27	27		989	297	28	1	1037
汽车车身、挂车制造	28	27	1	7824	1417	31	4	7718
汽车车身、挂车制造	28	27	1	7824	1417	31	4	7718
汽车零部件及配件制造	1993	1944	49	279378	108757	2046	102	268709
汽车零部件及配件制造	1993	1944	49	279378	108757	2046	102	268709
铁路、船舶、航空航天和其他运输设备制造业	1560	1534	26	191812	50981	1597	63	178816
铁路运输设备制造	39	37	2	4037	831	40	3	1683
铁路机车车辆及动车组制造	9	8	1	3303	593	8		883
窄轨机车车辆制造	3	3		37	16	4	1	110

1-3 续表18

行 业	法人单位					产业活动单位		
	单位数（个）	单产业法人	多产业法人	就业人数（人）	女性	单位数（个）	多产业法人所属的产业活动单位数	就业人数（人）
铁路机车车辆配件制造	2	2		74	10	2		74
铁路专用设备及器材、配件制造	19	18	1	527	193	19	1	514
其他铁路运输设备制造	6	6		96	19	7	1	102
城市轨道交通设备制造	12	12		722	208	13	1	725
城市轨道交通设备制造	12	12		722	208	13	1	725
船舶及相关装置制造	432	424	8	56456	7752	454	30	58122
金属船舶制造	189	187	2	38755	4943	200	13	40226
非金属船舶制造	48	47	1	3418	715	50	3	3328
娱乐船和运动船制造	49	47	2	2605	631	48	1	2438
船用配套设备制造	92	89	3	4615	1036	99	10	4898
船舶改装与拆除	43	43		6867	371	46	3	7036
航标器材及其他相关装置制造	11	11		196	56	11		196
航空、航天器及设备制造	39	37	2	11130	2720	41	4	9129
飞机制造	8	8		2261	193	9	1	2273
航天器制造	4	4		81	23	4		81
航空、航天相关设备制造	19	17	2	7934	2201	20	3	5921
其他航空航天器制造	8	8		854	303	8		854
摩托车制造	508	498	10	65527	20436	517	19	59809
摩托车整车制造	77	71	6	22930	5291	78	7	19669
摩托车零部件及配件制造	431	427	4	42597	15145	439	12	40140
自行车制造	424	420	4	45823	15311	426	6	41231
脚踏自行车及残疾人座车制造	292	289	3	37499	12722	295	6	33032
助动自行车制造	132	131	1	8324	2589	131		8199
非公路休闲车及零配件制造	44	44		4350	1755	44		4350
非公路休闲车及零配件制造	44	44		4350	1755	44		4350
潜水救捞及其他未列明运输设备制造	62	62		3767	1968	62		3767
潜水及水下救捞装备制造	20	20		2812	1587	20		2812
其他未列明运输设备制造	42	42		955	381	42		955
电气机械和器材制造业	31022	30470	552	2427603	1083749	31569	1099	2576924
电机制造	1212	1186	26	149935	72749	1237	51	156146
发电机及发电机组制造	269	258	11	14717	4084	274	16	14278
电动机制造	303	297	6	25234	9511	308	11	24596
微电机及其他电机制造	640	631	9	109984	59154	655	24	117272
输配电及控制设备制造	6902	6814	88	468006	228131	7012	198	482382
变压器、整流器和电感器制造	1641	1612	29	154398	75353	1665	53	159620
电容器及其配套设备制造	296	292	4	14892	7212	303	11	15476
配电开关控制设备制造	1032	1005	27	81527	35436	1045	40	80041
电力电子元器件制造	3371	3350	21	185110	96433	3425	75	194497
光伏设备及元器件制造	139	138	1	7085	2889	139	1	7718
其他输配电及控制设备制造	423	417	6	24994	10808	435	18	25030
电线、电缆、光缆及电工器材制造	3784	3735	49	299532	147292	3821	86	301509
电线、电缆制造	2847	2811	36	238311	118316	2874	63	243759
光纤、光缆制造	163	157	6	11536	4752	160	3	7903
绝缘制品制造	435	432	3	26269	13872	440	8	24229

1-3 续表19

行业	法人单位					产业活动单位		
	单位数（个）	单产业法人	多产业法人	就业人数（人）	女性	单位数（个）	多产业法人所属的产业活动单位数	就业人数（人）
其他电工器材制造	339	335	4	23416	10352	347	12	25618
电池制造	1430	1410	20	204086	94444	1450	40	204157
锂离子电池制造	657	650	7	117855	55228	668	18	118384
镍氢电池制造	89	87	2	15536	7726	88	1	14557
其他电池制造	684	673	11	70695	31490	694	21	71216
家用电力器具制造	6546	6406	140	845890	331986	6755	349	985912
家用制冷电器具制造	237	228	9	67889	27540	249	21	36755
家用空气调节器制造	208	203	5	204045	27074	217	14	370706
家用通风电器具制造	475	451	24	84035	36806	486	35	77098
家用厨房电器具制造	2789	2726	63	279577	131413	2902	176	292526
家用清洁卫生电器具制造	221	214	7	35481	19206	225	11	31558
家用美容、保健电器具制造	260	254	6	46267	26889	264	10	47593
家用电力器具专用配件制造	863	853	10	34977	14871	886	33	35186
其他家用电力器具制造	1493	1477	16	93619	48187	1526	49	94490
非电力家用器具制造	720	701	19	41477	17380	749	48	33972
燃气、太阳能及类似能源家用器具制造	598	580	18	36840	15611	621	41	29275
其他非电力家用器具制造	122	121	1	4637	1769	128	7	4697
照明器具制造	9320	9117	203	383944	177202	9418	301	379328
电光源制造	621	609	12	49711	25075	624	15	47261
照明灯具制造	7035	6860	175	273230	123423	7105	245	271744
灯用电器附件及其他照明器具制造	1664	1648	16	61003	28704	1689	41	60323
其他电气机械及器材制造	1108	1101	7	34733	14565	1127	26	33518
电气信号设备装置制造	260	256	4	12892	6789	259	3	10848
其他未列明电气机械及器材制造	848	845	3	21841	7776	868	23	22670
计算机、通信和其他电子设备制造业	28744	28375	369	4021343	1974795	29171	796	3856155
计算机制造	3732	3676	56	796959	393132	3780	104	802939
计算机整机制造	256	245	11	112375	42459	267	22	129633
计算机零部件制造	1255	1242	13	452657	243591	1271	29	432793
计算机外围设备制造	1242	1227	15	181931	85801	1254	27	192532
其他计算机制造	979	962	17	49996	21281	988	26	47981
通信设备制造	2101	2036	65	537596	241763	2211	175	444334
通信系统设备制造	764	743	21	208150	77619	799	56	129236
通信终端设备制造	1337	1293	44	329446	164144	1412	119	315098
广播电视设备制造	1071	1056	15	94691	48897	1084	28	93096
广播电视节目制作及发射设备制造	51	49	2	2229	1122	53	4	2273
广播电视接收设备及器材制造	721	717	4	72228	39534	733	16	73794
应用电视设备及其他广播电视设备制造	299	290	9	20234	8241	298	8	17029
雷达及配套设备制造	61	59	2	4792	2397	61	2	4778
雷达及配套设备制造	61	59	2	4792	2397	61	2	4778
视听设备制造	2762	2715	47	417955	202192	2791	76	375776
电视机制造	218	213	5	103147	44900	226	13	84329
音响设备制造	1996	1967	29	210875	110096	2015	48	211822

1-3 续表20

行　业	法人单位					产业活动单位		
	单位数（个）	单产业法人	多产业法人	就业人数（人）	女性	单位数（个）	多产业法人所属的产业活动单位数	就业人数（人）
影视录放设备制造	548	535	13	103933	47196	550	15	79625
电子器件制造	4517	4455	62	663943	322443	4568	113	637017
电子真空器件制造	179	178	1	7771	3807	180	2	9727
半导体分立器件制造	169	165	4	27357	13335	171	6	25777
集成电路制造	439	432	7	118509	52183	441	9	111168
光电子器件及其他电子器件制造	3730	3680	50	510306	253118	3776	96	490345
电子元件制造	10049	9949	100	1280134	653803	10168	219	1259080
电子元件及组件制造	8657	8584	73	936467	515813	8768	184	914616
印制电路板制造	1392	1365	27	343667	137990	1400	35	344464
其他电子设备制造	4451	4429	22	225273	110168	4508	79	239135
其他电子设备制造	4451	4429	22	225273	110168	4508	79	239135
仪器仪表制造业	4378	4317	61	363860	174119	4453	136	359652
通用仪器仪表制造	1239	1206	33	63504	24735	1258	52	59745
工业自动控制系统装置制造	614	598	16	31838	12059	618	20	26588
电工仪器仪表制造	289	283	6	17288	6859	295	12	18874
绘图、计算及测量仪器制造	84	83	1	3425	1464	89	6	3754
实验分析仪器制造	80	74	6	5913	2465	81	7	5340
试验机制造	78	77	1	1839	527	78	1	1673
供应用仪表及其他通用仪器制造	94	91	3	3201	1361	97	6	3516
专用仪器仪表制造	636	625	11	34673	16232	656	31	34152
环境监测专用仪器仪表制造	49	48	1	1623	448	52	4	1683
运输设备及生产用计数仪表制造	41	40	1	6604	3838	41	1	6604
导航、气象及海洋专用仪器制造	106	106		6674	3041	111	5	7846
农林牧渔专用仪器仪表制造	7	6	1	806	216	6		783
地质勘探和地震专用仪器制造	6	6		94	21	6		94
教学专用仪器制造	37	36	1	625	171	37	1	615
核子及核辐射测量仪器制造	6	6		110	48	6		110
电子测量仪器制造	224	219	5	11882	5071	229	10	11973
其他专用仪器制造	160	158	2	6255	3378	168	10	4444
钟表与计时仪器制造	1428	1416	12	138513	73624	1444	28	136061
钟表与计时仪器制造	1428	1416	12	138513	73624	1444	28	136061
光学仪器及眼镜制造	862	859	3	118861	55310	876	17	121730
光学仪器制造	204	203	1	35809	17730	210	7	36355
眼镜制造	658	656	2	83052	37580	666	10	85375
其他仪器仪表制造业	213	211	2	8309	4218	219	8	7964
其他仪器仪表制造业	213	211	2	8309	4218	219	8	7964
其他制造业	2249	2229	20	102872	49800	2290	61	105300
日用杂品制造	1213	1198	15	70040	36068	1230	32	71159
鬃毛加工、制刷及清扫工具制造	191	190	1	9187	4678	195	5	9266
其他日用杂品制造	1022	1008	14	60853	31390	1035	27	61893
煤制品制造	32	32		771	219	32		771
煤制品制造	32	32		771	219	32		771
核辐射加工	13	13		450	153	14	1	535
核辐射加工	13	13		450	153	14	1	535

1-3 续表21

行 业	法人单位					产业活动单位		
	单位数（个）	单产业法人	多产业法人	就业人数（人）	女性	单位数（个）	多产业法人所属的产业活动单位数	就业人数（人）
其他未列明制造业	991	986	5	31611	13360	1014	28	32835
其他未列明制造业	991	986	5	31611	13360	1014	28	32835
废弃资源综合利用业	1102	1092	10	53138	15105	1238	146	53349
金属废料和碎屑加工处理	613	608	5	36449	9826	704	96	36854
金属废料和碎屑加工处理	613	608	5	36449	9826	704	96	36854
非金属废料和碎屑加工处理	489	484	5	16689	5279	534	50	16495
非金属废料和碎屑加工处理	489	484	5	16689	5279	534	50	16495
金属制品、机械和设备修理业	1519	1489	30	33779	7879	1641	152	39109
金属制品修理	114	112	2	4206	1301	116	4	3969
金属制品修理	114	112	2	4206	1301	116	4	3969
通用设备修理	237	235	2	3664	760	251	16	3774
通用设备修理	237	235	2	3664	760	251	16	3774
专用设备修理	148	143	5	3184	920	166	23	4179
专用设备修理	148	143	5	3184	920	166	23	4179
铁路、船舶、航空航天等运输设备修理	415	399	16	14953	2927	462	63	18197
铁路运输设备修理	6	5	1	132	31	7	2	132
船舶修理	356	341	15	12955	2561	402	61	16199
航空航天器修理	5	5		1181	225	5		1181
其他运输设备修理	48	48		685	110	48		685
电气设备修理	122	119	3	1802	413	129	10	2486
电气设备修理	122	119	3	1802	413	129	10	2486
仪器仪表修理	28	26	2	459	150	27	1	451
仪器仪表修理	28	26	2	459	150	27	1	451
其他机械和设备修理业	455	455		5511	1408	490	35	6053
其他机械和设备修理业	455	455		5511	1408	490	35	6053
电力、热力、燃气及水生产和供应业	**8431**	**8179**	**252**	**377501**	**90037**	**10721**	**2542**	**354875**
电力、热力生产和供应业	6643	6484	159	283824	60849	8412	1928	260869
电力生产	6380	6265	115	114512	25145	7088	823	114344
火力发电	142	134	8	34252	6984	148	14	30293
水力发电	6074	5969	105	72387	16617	6756	787	75448
核力发电	6	6		3273	668	7	1	3275
风力发电	61	60	1	1046	192	63	3	1206
太阳能发电	14	14		131	36	17	3	171
其他电力生产	83	82	1	3423	648	97	15	3951
电力供应	213	169	44	167276	35318	1258	1089	143049
电力供应	213	169	44	167276	35318	1258	1089	143049
热力生产和供应	50	50		2036	386	66	16	3476
热力生产和供应	50	50		2036	386	66	16	3476
燃气生产和供应业	310	271	39	17791	5131	570	299	17491
燃气生产和供应业	310	271	39	17791	5131	570	299	17491
燃气生产和供应业	310	271	39	17791	5131	570	299	17491
水的生产和供应业	1478	1424	54	75886	24057	1739	315	76515
自来水生产和供应	1056	1012	44	61355	20500	1268	256	61053
自来水生产和供应	1056	1012	44	61355	20500	1268	256	61053

1-3 续表22

行业	法人单位					产业活动单位		
	单位数（个）	单产业法人	多产业法人	就业人数（人）	女性	单位数（个）	多产业法人所属的产业活动单位数	就业人数（人）
污水处理及其再生利用	361	354	7	12836	3036	406	52	14006
污水处理及其再生利用	361	354	7	12836	3036	406	52	14006
其他水的处理、利用与分配	61	58	3	1695	521	65	7	1456
其他水的处理、利用与分配	61	58	3	1695	521	65	7	1456
建筑业	**23936**	**22739**	**1197**	**2480175**	**306571**	**29183**	**6444**	**2036467**
房屋建筑业	3838	3384	454	1371587	148970	6051	2667	1048530
房屋建筑业	3838	3384	454	1371587	148970	6051	2667	1048530
房屋建筑业	3838	3384	454	1371587	148970	6051	2667	1048530
土木工程建筑业	3472	3252	220	432977	52361	4483	1231	375820
铁路、道路、隧道和桥梁工程建筑	1142	1052	90	184285	20015	1667	615	148344
铁路工程建筑	45	38	7	51527	2908	83	45	16841
公路工程建筑	260	238	22	45080	5946	390	152	37183
市政道路工程建筑	620	576	44	64116	8399	883	307	66243
其他道路、隧道和桥梁工程建筑	217	200	17	23562	2762	311	111	28077
水利和内河港口工程建筑	336	295	41	122116	10795	477	182	102600
水源及供水设施工程建筑	151	133	18	21774	2372	254	121	14657
河湖治理及防洪设施工程建筑	72	63	9	20370	2880	85	22	11309
港口及航运设施工程建筑	113	99	14	79972	5543	138	39	76634
海洋工程建筑	15	14	1	517	64	18	4	603
海洋工程建筑	15	14	1	517	64	18	4	603
工矿工程建筑	122	115	7	23334	3723	151	36	21589
工矿工程建筑	122	115	7	23334	3723	151	36	21589
架线和管道工程建筑	365	334	31	30608	4943	426	92	25749
架线及设备工程建筑	222	203	19	23784	3549	262	59	21484
管道工程建筑	143	131	12	6824	1394	164	33	4265
其他土木工程建筑	1492	1442	50	72117	12821	1744	302	76935
其他土木工程建筑	1492	1442	50	72117	12821	1744	302	76935
建筑安装业	4710	4464	246	275458	44023	5447	983	211914
电气安装	1538	1453	85	77087	13508	1729	276	73332
电气安装	1538	1453	85	77087	13508	1729	276	73332
管道和设备安装	1130	1075	55	39594	6867	1268	193	40984
管道和设备安装	1130	1075	55	39594	6867	1268	193	40984
其他建筑安装业	2042	1936	106	158777	23648	2450	514	97598
其他建筑安装业	2042	1936	106	158777	23648	2450	514	97598
建筑装饰和其他建筑业	11916	11639	277	400153	61217	13202	1563	400203
建筑装饰业	9928	9708	220	327143	49127	10792	1084	325048
建筑装饰业	9928	9708	220	327143	49127	10792	1084	325048
工程准备活动	950	932	18	16684	2662	1059	127	18751
建筑物拆除活动	145	137	8	3063	539	171	34	2843
其他工程准备活动	805	795	10	13621	2123	888	93	15908
提供施工设备服务	176	172	4	11059	1505	242	70	13486
提供施工设备服务	176	172	4	11059	1505	242	70	13486
其他未列明建筑业	862	827	35	45267	7923	1109	282	42918
其他未列明建筑业	862	827	35	45267	7923	1109	282	42918

1-3　续表23

行　业	法人单位					产业活动单位		
	单位数（个）	单产业法人	多产业法人	就业人数（人）	女性	单位数（个）	多产业法人所属的产业活动单位数	就业人数（人）
批发和零售业	**291131**	**284433**	**6698**	**3494930**	**1531342**	**344808**	**60375**	**3629004**
批发业	190486	187030	3456	2206957	930127	204908	17878	2198947
农、林、牧产品批发	4816	4703	113	73968	27150	5281	578	76921
谷物、豆及薯类批发	739	714	25	15790	5587	789	75	16231
种子批发	269	253	16	3035	1190	432	179	4120
饲料批发	753	744	9	6680	2220	780	36	6822
棉、麻批发	56	56		688	299	59	3	715
林业产品批发	789	784	5	11056	4235	817	33	10308
牲畜批发	595	580	15	11963	4379	647	67	13078
其他农牧产品批发	1615	1572	43	24756	9240	1757	185	25647
食品、饮料及烟草制品批发	15296	14757	539	261040	102347	16796	2039	268249
米、面制品及食用油批发	1359	1301	58	21507	8431	1503	202	23223
糕点、糖果及糖批发	700	673	27	13397	5566	776	103	15303
果品、蔬菜批发	2119	2081	38	46498	19069	2224	143	47732
肉、禽、蛋、奶及水产品批发	2220	2057	163	59197	19933	2549	492	50698
盐及调味品批发	314	291	23	8906	3446	416	125	7133
营养和保健品批发	645	632	13	7848	4083	707	75	11352
酒、饮料及茶叶批发	4294	4183	111	47219	19125	4553	370	51386
烟草制品批发	194	170	24	16867	5176	321	151	20651
其他食品批发	3451	3369	82	39601	17518	3747	378	40771
纺织、服装及家庭用品批发	30157	29538	619	426597	236599	31479	1941	388589
纺织品、针织品及原料批发	5029	4973	56	50891	24917	5153	180	49172
服装批发	8317	8102	215	115822	69653	8697	595	111183
鞋帽批发	1710	1650	60	23576	13205	1825	175	23421
化妆品及卫生用品批发	3052	3002	50	45132	28876	3175	173	47283
厨房、卫生间用具及日用杂货批发	2763	2704	59	66838	45838	2917	213	31838
灯具、装饰物品批发	1743	1720	23	15295	6367	1783	63	15646
家用电器批发	3631	3559	72	59906	23217	3826	267	65212
其他家庭用品批发	3912	3828	84	49137	24526	4103	275	44834
文化、体育用品及器材批发	9066	8857	209	109006	55898	9477	620	105375
文具用品批发	2731	2678	53	26050	10944	2839	161	26955
体育用品及器材批发	765	748	17	9399	4754	797	49	10440
图书批发	373	347	26	6036	2919	412	65	5297
报刊批发	50	48	2	1630	604	63	15	1534
音像制品及电子出版物批发	279	276	3	2494	1081	287	11	2625
首饰、工艺品及收藏品批发	3195	3123	72	44982	27176	3343	220	39509
其他文化用品批发	1673	1637	36	18415	8420	1736	99	19015
医药及医疗器材批发	4997	4814	183	100638	44336	5375	561	101898
西药批发	1123	1045	78	35182	16163	1245	200	31559
中药批发	887	836	51	31407	13707	1014	178	36165
医疗用品及器材批发	2987	2933	54	34049	14466	3116	183	34174
矿产品、建材及化工产品批发	38125	37319	806	397547	141223	44150	6831	386017
煤炭及制品批发	806	785	21	11137	3532	816	31	10797
石油及制品批发	2558	2435	123	74082	25931	2990	555	56405

1-3 续表24

行　业	法人单位					产业活动单位		
	单位数（个）	单产业法人	多产业法人	就业人数（人）	女性	单位数（个）	多产业法人所属的产业活动单位数	就业人数（人）
非金属矿及制品批发	719	714	5	6510	2112	740	26	6965
金属及金属矿批发	8667	8563	104	73496	25374	8910	347	66553
建材批发	10566	10480	86	92453	32954	10804	324	95257
化肥批发	1890	1616	274	23287	7425	5590	3974	29715
农药批发	488	453	35	4422	1343	1555	1102	7340
农用薄膜批发	43	42	1	323	131	55	13	280
其他化工产品批发	12388	12231	157	111837	42421	12690	459	112705
机械设备、五金产品及电子产品批发	58935	58279	656	592593	224619	60698	2419	610697
农业机械批发	452	436	16	5477	1665	493	57	5845
汽车批发	380	367	13	11727	3834	422	55	15292
汽车零配件批发	2868	2827	41	26025	9144	2994	167	28101
摩托车及零配件批发	227	221	6	2913	908	261	40	3045
五金产品批发	9312	9220	92	77760	28960	9547	327	78204
电气设备批发	2729	2681	48	29772	10690	2820	139	30200
计算机、软件及辅助设备批发	4563	4488	75	58961	21623	4695	207	61911
通讯及广播电视设备批发	2398	2338	60	46754	20234	2539	201	44758
其他机械设备及电子产品批发	36006	35701	305	333204	127561	36927	1226	343341
贸易经纪与代理	14490	14344	146	117276	49136	15092	748	124642
贸易代理	12078	11975	103	90515	38328	12522	547	96646
拍卖	392	377	15	3494	1479	430	53	3656
其他贸易经纪与代理	2020	1992	28	23267	9329	2140	148	24340
其他批发业	14604	14419	185	128292	48819	16560	2141	136559
再生物资回收与批发	4057	3988	69	33476	9862	5601	1613	38479
其他未列明批发业	10547	10431	116	94816	38957	10959	528	98080
零售业	100645	97403	3242	1287973	601215	139900	42497	1430057
综合零售	5930	5381	549	252351	139313	10570	5189	286271
百货零售	3295	3065	230	123595	65881	5111	2046	141638
超级市场零售	839	695	144	103294	61992	2032	1337	113588
其他综合零售	1796	1621	175	25462	11440	3427	1806	31045
食品、饮料及烟草制品专门零售	7831	7528	303	74675	33963	11618	4090	92531
粮油零售	610	584	26	5842	2310	939	355	7279
糕点、面包零售	512	454	58	7341	4303	1499	1045	11678
果品、蔬菜零售	563	548	15	6879	2571	727	179	8445
肉、禽、蛋、奶及水产品零售	873	839	34	13145	4710	1161	322	14364
营养和保健品零售	431	412	19	4298	2497	626	214	5349
酒、饮料及茶叶零售	2711	2638	73	17662	8224	3322	684	20288
烟草制品零售	293	260	33	4196	2124	694	434	5350
其他食品零售	1838	1793	45	15312	7224	2650	857	19778
纺织、服装及日用品专门零售	11485	11096	389	154736	97602	15837	4741	163258
纺织品及针织品零售	1435	1409	26	11695	6169	1735	326	12102
服装零售	4211	4043	168	70091	47307	6415	2372	73333
鞋帽零售	517	493	24	22456	15906	798	305	22373
化妆品及卫生用品零售	1263	1230	33	11882	8021	1630	400	14929
钟表、眼镜零售	638	575	63	10008	6275	1142	567	8287

1-3　续表25

行　业	法人单位					产业活动单位		
	单位数（个）	单产业法人	多产业法人	就业人数（人）	女性	单位数（个）	多产业法人所属的产业活动单位数	就业人数（人）
箱、包零售	415	406	9	5693	3299	489	83	5386
厨房用具及日用杂品零售	709	695	14	5688	2564	853	158	6327
自行车零售	177	174	3	1414	490	198	24	1520
其他日用品零售	2120	2071	49	15809	7571	2577	506	19001
文化、体育用品及器材专门零售	6291	6071	220	68958	34502	7825	1754	73353
文具用品零售	1398	1369	29	8826	3930	1584	215	9885
体育用品及器材零售	619	603	16	7413	3651	706	103	8259
图书、报刊零售	576	529	47	19124	8867	996	467	15748
音像制品及电子出版物零售	119	114	5	1105	504	150	36	1228
珠宝首饰零售	1414	1333	81	17664	10792	1968	635	21574
工艺美术品及收藏品零售	1105	1089	16	7165	3459	1214	125	7872
乐器零售	245	231	14	1566	796	284	53	1769
照相器材零售	197	193	4	1735	722	217	24	2063
其他文化用品零售	618	610	8	4360	1781	706	96	4955
医药及医疗器材专门零售	9894	9381	513	91552	54821	23953	14572	125860
药品零售	8628	8143	485	79384	49692	22493	14350	112561
医疗用品及器材零售	1266	1238	28	12168	5129	1460	222	13299
汽车、摩托车、燃料及零配件专门零售	10840	10346	494	235640	84173	14507	4161	246393
汽车零售	4170	3917	253	151606	51534	4755	838	153793
汽车零配件零售	3045	2993	52	23024	7341	3251	258	24419
摩托车及零配件零售	764	687	77	7057	1937	1010	323	7852
机动车燃料零售	2861	2749	112	53953	23361	5491	2742	60329
家用电器及电子产品专门零售	19911	19532	379	198575	79586	22408	2876	207294
家用视听设备零售	1062	1042	20	13072	5598	1177	135	13625
日用家电设备零售	3663	3562	101	51549	21645	4276	714	53229
计算机、软件及辅助设备零售	4245	4168	77	35377	12889	4559	391	36662
通信设备零售	1786	1664	122	31512	13557	2840	1176	36534
其他电子产品零售	9155	9096	59	67065	25897	9556	460	67244
五金、家具及室内装饰材料专门零售	17577	17407	170	122380	46001	18648	1241	129842
五金零售	7002	6937	65	45343	16313	7334	397	46649
灯具零售	1159	1148	11	7083	3046	1303	155	8087
家具零售	2982	2933	49	25073	10442	3294	361	26641
涂料零售	760	757	3	4471	1528	778	21	4787
卫生洁具零售	431	423	8	3143	1263	463	40	3204
木质装饰材料零售	595	591	4	3669	1268	619	28	3893
陶瓷、石材装饰材料零售	1606	1592	14	13166	5052	1701	109	15134
其他室内装饰材料零售	3042	3026	16	20432	7089	3156	130	21447
货摊、无店铺及其他零售业	10886	10661	225	89106	31254	14534	3873	105255
货摊食品零售	35	33	2	266	89	47	14	435
货摊纺织、服装及鞋零售	76	76		784	538	93	17	891
货摊日用品零售	36	35	1	382	153	46	11	438
互联网零售	1652	1648	4	13381	5585	1676	28	15035
邮购及电视、电话零售	35	35		702	324	40	5	882
旧货零售	85	82	3	524	154	93	11	585

1-3 续表26

行业	法人单位					产业活动单位		
	单位数（个）	单产业法人	多产业法人	就业人数（人）	女性	单位数（个）	多产业法人所属的产业活动单位数	就业人数（人）
生活用燃料零售	833	695	138	15661	4747	3412	2717	25522
其他未列明零售业	8134	8057	77	57406	19664	9127	1070	61467
交通运输、仓储和邮政业	**26682**	**25365**	**1317**	**1339798**	**343732**	**37180**	**11815**	**1333824**
铁路运输业	20	15	5	151752	34070	157	142	47435
铁路旅客运输	9	5	4	149155	33511	36	31	14093
铁路旅客运输	9	5	4	149155	33511	36	31	14093
铁路货物运输	8	8		2292	480	55	47	8086
铁路货物运输	8	8		2292	480	55	47	8086
铁路运输辅助活动	3	2	1	305	79	66	64	25256
客运火车站						12	12	2359
货运火车站						7	7	517
其他铁路运输辅助活动	3	2	1	305	79	47	45	22380
道路运输业	9345	8897	448	556284	128878	12655	3758	554655
城市公共交通运输	623	560	63	230072	44106	754	194	199372
公共电汽车客运	207	176	31	121858	27001	280	104	98938
城市轨道交通	22	20	2	32031	7968	21	1	22691
出租车客运	337	309	28	61319	3904	376	67	58738
其他城市公共交通运输	57	55	2	14864	5233	77	22	19005
公路旅客运输	636	571	65	86573	21611	790	219	75377
公路旅客运输	636	571	65	86573	21611	790	219	75377
道路货物运输	6917	6708	209	168127	37174	7717	1009	162067
道路货物运输	6917	6708	209	168127	37174	7717	1009	162067
道路运输辅助活动	1169	1058	111	71512	25987	3394	2336	117839
客运汽车站	261	237	24	15938	5236	397	160	27576
公路管理与养护	485	415	70	45188	17271	1193	778	52848
其他道路运输辅助活动	423	406	17	10386	3480	1804	1398	37415
水上运输业	1324	1267	57	79513	13590	1536	269	78814
水上旅客运输	128	118	10	7758	1797	144	26	6884
海洋旅客运输	45	39	6	2623	548	49	10	1619
内河旅客运输	38	36	2	2770	685	47	11	2910
客运轮渡运输	45	43	2	2365	564	48	5	2355
水上货物运输	678	647	31	31162	4767	786	139	25535
远洋货物运输	127	117	10	11090	1627	180	63	5662
沿海货物运输	253	244	9	13599	1730	292	48	12682
内河货物运输	298	286	12	6473	1410	314	28	7191
水上运输辅助活动	518	502	16	40593	7026	606	104	46395
客运港口	14	14		276	82	19	5	561
货运港口	242	234	8	33316	5988	267	33	33315
其他水上运输辅助活动	262	254	8	7001	956	320	66	12519
航空运输业	150	138	12	105518	40916	254	116	45442
航空客货运输	92	85	7	85271	33955	160	75	36544
航空旅客运输	12	10	2	66542	27996	28	18	30607
航空货物运输	80	75	5	18729	5959	132	57	5937
通用航空服务	28	27	1	977	169	37	10	898

1-3　续表27

行　业	法人单位					产业活动单位		
	单位数（个）	单产业法人	多产业法人	就业人数（人）	女性	单位数（个）	多产业法人所属的产业活动单位数	就业人数（人）
通用航空服务	28	27	1	977	169	37	10	898
航空运输辅助活动	30	26	4	19270	6792	57	31	8000
机场	4	2	2	15139	5496	13	11	2764
空中交通管理	4	4		441	88	6	2	450
其他航空运输辅助活动	22	20	2	3690	1208	38	18	4786
管道运输业	16	16		453	68	21	5	485
管道运输业	16	16		453	68	21	5	485
管道运输业	16	16		453	68	21	5	485
装卸搬运和运输代理业	12899	12319	580	209812	73087	16234	3915	273392
装卸搬运	841	823	18	34736	5628	897	74	37519
装卸搬运	841	823	18	34736	5628	897	74	37519
运输代理业	12058	11496	562	175076	67459	15337	3841	235873
货物运输代理	9999	9547	452	148251	55727	12564	3017	198273
旅客票务代理	999	962	37	9396	4934	1203	241	15778
其他运输代理业	1060	987	73	17429	6798	1570	583	21822
仓储业	1583	1504	79	56522	17087	1868	364	57671
谷物、棉花等农产品仓储	300	279	21	5796	1626	408	129	6734
谷物仓储	221	202	19	4223	1221	305	103	4889
棉花仓储	1	1		39	5	4	3	52
其他农产品仓储	78	76	2	1534	400	99	23	1793
其他仓储业	1283	1225	58	50726	15461	1460	235	50937
其他仓储业	1283	1225	58	50726	15461	1460	235	50937
邮政业	1345	1209	136	179944	36036	4455	3246	275930
邮政基本服务	86	57	29	82962	14486	1778	1721	102822
邮政基本服务	86	57	29	82962	14486	1778	1721	102822
快递服务	1259	1152	107	96982	21550	2677	1525	173108
快递服务	1259	1152	107	96982	21550	2677	1525	173108
住宿和餐饮业	**18606**	**17789**	**817**	**853098**	**447675**	**24752**	**6963**	**944626**
住宿业	7491	7243	248	382103	206542	8526	1283	413504
旅游饭店	2679	2545	134	278732	147088	3028	483	298367
旅游饭店	2679	2545	134	278732	147088	3028	483	298367
一般旅馆	4253	4147	106	88866	51436	4859	712	98869
一般旅馆	4253	4147	106	88866	51436	4859	712	98869
其他住宿业	559	551	8	14505	8018	639	88	16268
其他住宿业	559	551	8	14505	8018	639	88	16268
餐饮业	11115	10546	569	470995	241133	16226	5680	531122
正餐服务	7988	7613	375	334832	170847	9898	2285	377635
正餐服务	7988	7613	375	334832	170847	9898	2285	377635
快餐服务	1087	975	112	97679	51032	3300	2325	106039
快餐服务	1087	975	112	97679	51032	3300	2325	106039
饮料及冷饮服务	713	686	27	14662	7995	1274	588	16510
茶馆服务	102	100	2	1665	1134	177	77	1531
咖啡馆服务	156	147	9	5632	3102	383	236	5740
酒吧服务	300	298	2	5542	2646	314	16	5846

1-3 续表28

行业	法人单位 单位数（个）	单产业法人	多产业法人	就业人数（人）	女性	产业活动单位 单位数（个）	多产业法人所属的产业活动单位数	就业人数（人）
其他饮料及冷饮服务	155	141	14	1823	1113	400	259	3393
其他餐饮业	1327	1272	55	23822	11259	1754	482	30938
小吃服务	365	347	18	5380	2897	562	215	6122
餐饮配送服务	368	356	12	6553	3107	430	74	7657
其他未列明餐饮业	594	569	25	11889	5255	762	193	17159
信息传输、软件和信息技术服务业	**27126**	**26332**	**794**	**706338**	**242673**	**33128**	**6796**	**727467**
电信、广播电视和卫星传输服务	1049	899	150	157460	58405	5329	4430	187489
电信	699	574	125	132054	50640	4409	3835	163739
固定电信服务	111	71	40	47877	15220	1731	1660	57376
移动电信服务	181	129	52	49361	23058	1983	1854	59944
其他电信服务	407	374	33	34816	12362	695	321	46419
广播电视传输服务	322	300	22	24382	7455	890	590	23391
有线广播电视传输服务	289	269	20	15685	4943	836	567	22015
无线广播电视传输服务	33	31	2	8697	2512	54	23	1376
卫星传输服务	28	25	3	1024	310	30	5	359
卫星传输服务	28	25	3	1024	310	30	5	359
互联网和相关服务	3146	3071	75	63574	22496	3686	615	66141
互联网接入及相关服务	505	490	15	10854	3390	662	172	11593
互联网接入及相关服务	505	490	15	10854	3390	662	172	11593
互联网信息服务	1983	1933	50	43431	16051	2286	353	43751
互联网信息服务	1983	1933	50	43431	16051	2286	353	43751
其他互联网服务	658	648	10	9289	3055	738	90	10797
其他互联网服务	658	648	10	9289	3055	738	90	10797
软件和信息技术服务业	22931	22362	569	485304	161772	24113	1751	473837
软件开发	15740	15345	395	338591	107132	16346	1001	338078
软件开发	15740	15345	395	338591	107132	16346	1001	338078
信息系统集成服务	1612	1540	72	44409	13411	1709	169	40547
信息系统集成服务	1612	1540	72	44409	13411	1709	169	40547
信息技术咨询服务	3027	2985	42	46017	17268	3328	343	42930
信息技术咨询服务	3027	2985	42	46017	17268	3328	343	42930
数据处理和存储服务	561	551	10	19857	10665	600	49	14964
数据处理和存储服务	561	551	10	19857	10665	600	49	14964
集成电路设计	596	584	12	10134	3453	605	21	9531
集成电路设计	596	584	12	10134	3453	605	21	9531
其他信息技术服务业	1395	1357	38	26296	9843	1525	168	27787
数字内容服务	194	188	6	3891	1629	197	9	3565
呼叫中心	41	37	4	3482	2024	54	17	3541
其他未列明信息技术服务业	1160	1132	28	18923	6190	1274	142	20681
金融业	**2310**	**1465**	**845**	**515220**	**259032**	**22121**	**20656**	**640124**
货币金融服务	949	604	345	224627	116156	15528	14924	424703
中央银行服务	22	14	8			166	152	5611
中央银行服务	22	14	8			166	152	5611
货币银行服务	527	208	319	220258	114305	14710	14502	410263
货币银行服务	527	208	319	220258	114305	14710	14502	410263

1-3 续表29

行 业	法人单位					产业活动单位		
	单位数（个）	单产业法人	多产业法人	就业人数（人）	女性	单位数（个）	多产业法人所属的产业活动单位数	就业人数（人）
非货币银行服务	398	381	17	4369	1851	620	239	8161
金融租赁服务	1	1		239	86	44	43	1880
财务公司	17	17		750	385	30	13	877
典当	378	361	17	2970	1209	448	87	3272
其他非货币银行服务	2	2		410	171	98	96	2132
银行监管服务	2	1	1			32	31	668
银行监管服务	2	1	1			32	31	668
资本市场服务	150	85	65	66857	27507	1111	1026	38397
证券市场服务	62	22	40	60107	24844	765	743	31102
证券市场管理服务	1	1		593	256	54	53	2183
证券经纪交易服务	24	1	23	55244	23015	643	642	27276
基金管理服务	37	20	17	4270	1573	68	48	1643
期货市场服务	23	2	21	4551	1802	129	127	2092
期货市场管理服务						53	53	798
其他期货市场服务	23	2	21	4551	1802	76	74	1294
证券期货监管服务	9	9		343	138	14	5	385
证券期货监管服务	9	9		343	138	14	5	385
资本投资服务	18	18		334	89	87	69	1720
资本投资服务	18	18		334	89	87	69	1720
其他资本市场服务	38	34	4	1522	634	116	82	3098
其他资本市场服务	38	34	4	1522	634	116	82	3098
保险业	1096	665	431	219371	113706	5150	4485	166004
人身保险	339	205	134	92779	53821	2036	1831	103519
人寿保险	319	192	127	92779	53821	1953	1761	102065
健康和意外保险	20	13	7			83	70	1454
财产保险	380	214	166	97861	48831	2137	1923	43700
财产保险	380	214	166	97861	48831	2137	1923	43700
再保险	2	0	2			13	13	183
再保险	2	0	2			13	13	183
养老金	19	12	7			21	9	557
养老金	19	12	7			21	9	557
保险经纪与代理服务	281	182	99	21461	9916	726	544	12983
保险经纪与代理服务	281	182	99	21461	9916	726	544	12983
保险监管服务	3	3		168	68	17	14	817
保险监管服务	3	3		168	68	17	14	817
其他保险活动	72	49	23	7102	1070	200	151	4245
风险和损失评估	69	46	23	6902	990	94	48	2345
其他未列明保险活动	3	3		200	80	106	103	1900
其他金融业	115	111	4	4365	1663	332	221	11020
金融信托与管理服务	6	6		1629	808	55	49	2791
金融信托与管理服务	6	6		1629	808	55	49	2791
控股公司服务	2	2		442	240	10	8	550
控股公司服务	2	2		442	240	10	8	550
非金融机构支付服务	21	20	1	733	295	37	17	1120

1-3 续表30

行业	法人单位					产业活动单位		
	单位数（个）	单产业法人	多产业法人	就业人数（人）	女性	单位数（个）	多产业法人所属的产业活动单位数	就业人数（人）
非金融机构支付服务	21	20	1	733	295	37	17	1120
金融信息服务	78	78		1561	320	117	39	2945
金融信息服务	78	78		1561	320	117	39	2945
其他未列明金融业	8	5	3			113	108	3614
其他未列明金融业	8	5	3			113	108	3614
房地产业	**41719**	**39395**	**2324**	**1165328**	**412200**	**51831**	**12436**	**1192965**
房地产业	41719	39395	2324	1165328	412200	51831	12436	1192965
房地产开发经营	9894	9666	228	263038	96264	10271	605	267314
房地产开发经营	9894	9666	228	263038	96264	10271	605	267314
物业管理	15743	14562	1181	668902	225991	20053	5491	661196
物业管理	15743	14562	1181	668902	225991	20053	5491	661196
房地产中介服务	8725	7982	743	129307	51224	13492	5510	150037
房地产中介服务	8725	7982	743	129307	51224	13492	5510	150037
自有房地产经营活动	5154	5024	130	80458	29968	5696	672	90133
自有房地产经营活动	5154	5024	130	80458	29968	5696	672	90133
其他房地产业	2203	2161	42	23623	8753	2319	158	24285
其他房地产业	2203	2161	42	23623	8753	2319	158	24285
租赁和商务服务业	**131863**	**129383**	**2480**	**1916500**	**713273**	**147778**	**18395**	**2111461**
租赁业	2966	2908	58	42620	10341	3295	387	50006
机械设备租赁	2773	2721	52	40412	9549	3082	361	47508
汽车租赁	1610	1575	35	22843	4697	1832	257	28375
农业机械租赁	37	37		295	92	38	1	297
建筑工程机械与设备租赁	557	553	4	7106	1548	594	41	8326
计算机及通讯设备租赁	69	67	2	838	242	80	13	875
其他机械与设备租赁	500	489	11	9330	2970	538	49	9635
文化及日用品出租	193	187	6	2208	792	213	26	2498
娱乐及体育设备出租	105	100	5	1306	460	120	20	1582
图书出租	4	4		21	8	4		21
音像制品出租	17	17		136	44	17		136
其他文化及日用品出租	67	66	1	745	280	72	6	759
商务服务业	128897	126475	2422	1873880	702932	144483	18008	2061455
企业管理服务	63727	62956	771	734619	250054	70288	7332	804596
企业总部管理	1781	1661	120	55269	20594	5664	4003	124621
投资与资产管理	19551	19232	319	242158	90413	20119	887	242759
单位后勤管理服务	443	433	10	33485	17328	688	255	25688
其他企业管理服务	41952	41630	322	403707	121719	43817	2187	411528
法律服务	2102	2079	23	38090	16412	2496	417	40505
律师及相关法律服务	1839	1821	18	33854	14263	2097	276	35841
公证服务	71	68	3	1228	684	122	54	1380
其他法律服务	192	190	2	3008	1465	277	87	3284
咨询与调查	25645	25117	528	290260	142704	27863	2746	312871
会计、审计及税务服务	5219	5092	127	55859	33155	5747	655	67010
市场调查	241	228	13	10395	5639	285	57	4118
社会经济咨询	14617	14344	273	152452	73085	15615	1271	162239

1-3　续表31

行　业	法人单位					产业活动单位		
	单位数（个）	单产业法人	多产业法人	就业人数（人）	女性	单位数（个）	多产业法人所属的产业活动单位数	就业人数（人）
其他专业咨询	5568	5453	115	71554	30825	6216	763	79504
广告业	14302	14168	134	133436	53226	14748	580	135516
广告业	14302	14168	134	133436	53226	14748	580	135516
知识产权服务	1133	1095	38	13166	6567	1258	163	14251
知识产权服务	1133	1095	38	13166	6567	1258	163	14251
人力资源服务	3645	3467	178	224911	93415	4771	1304	247755
公共就业服务	315	307	8	16144	3119	841	534	15516
职业中介服务	665	599	66	48441	27556	781	182	36605
劳务派遣服务	2248	2157	91	152095	58837	2569	412	174841
其他人力资源服务	417	404	13	8231	3903	580	176	20793
旅行社及相关服务	2485	2178	307	44995	26854	4758	2580	53002
旅行社服务	1614	1352	262	33043	20687	3457	2105	38430
旅游管理服务	614	575	39	9341	4826	959	384	11844
其他旅行社相关服务	257	251	6	2611	1341	342	91	2728
安全保护服务	756	723	33	155234	11467	962	239	192439
安全服务	291	272	19	139495	9219	443	171	180720
安全系统监控服务	348	341	7	4389	1177	370	29	4331
其他安全保护服务	117	110	7	11350	1071	149	39	7388
其他商务服务业	15102	14692	410	239169	102233	17339	2647	260520
市场管理	1688	1565	123	41610	13786	2453	888	47897
会议及展览服务	1758	1734	24	20201	8255	1840	106	20611
包装服务	374	369	5	4043	1833	405	36	4509
办公服务	821	800	21	10136	4257	961	161	11430
信用服务	77	75	2	1016	498	94	19	1207
担保服务	1741	1717	24	16971	7290	1808	91	15164
其他未列明商务服务业	8643	8432	211	145192	66314	9778	1346	159702
科学研究和技术服务业	**35982**	**34897**	**1085**	**681854**	**225387**	**40613**	**5716**	**715690**
研究和试验发展	5715	5596	119	114116	41573	5997	401	117906
自然科学研究和试验发展	459	448	11	9656	3877	478	30	10632
自然科学研究和试验发展	459	448	11	9656	3877	478	30	10632
工程和技术研究和试验发展	4025	3937	88	76059	24752	4174	237	77051
工程和技术研究和试验发展	4025	3937	88	76059	24752	4174	237	77051
农业科学研究和试验发展	430	418	12	14996	6418	481	63	15331
农业科学研究和试验发展	430	418	12	14996	6418	481	63	15331
医学研究和试验发展	628	621	7	11094	5561	676	55	12243
医学研究和试验发展	628	621	7	11094	5561	676	55	12243
社会人文科学研究	173	172	1	2311	965	188	16	2649
社会人文科学研究	173	172	1	2311	965	188	16	2649
专业技术服务业	23936	23095	841	492377	156093	27069	3974	511925
气象服务	229	208	21	3911	1266	280	72	4079
气象服务	229	208	21	3911	1266	280	72	4079
地震服务	44	44		949	273	51	7	979
地震服务	44	44		949	273	51	7	979
海洋服务	53	49	4	2697	609	55	6	1576

1-3 续表32

行业	法人单位					产业活动单位		
	单位数（个）	单产业法人	多产业法人	就业人数（人）	女性	单位数（个）	多产业法人所属的产业活动单位数	就业人数（人）
海洋服务	53	49	4	2697	609	55	6	1576
测绘服务	307	298	9	7206	1658	374	76	7368
测绘服务	307	298	9	7206	1658	374	76	7368
质检技术服务	1424	1364	60	54031	21344	1675	311	57269
质检技术服务	1424	1364	60	54031	21344	1675	311	57269
环境与生态监测	378	367	11	9165	3869	444	77	9688
环境保护监测	360	349	11	8903	3800	414	65	9357
生态监测	18	18		262	69	30	12	331
地质勘查	204	191	13	9343	2257	254	63	9758
能源矿产地质勘查	43	40	3	1908	548	47	7	1897
固体矿产地质勘查	40	37	3	1931	501	41	4	1912
水、二氧化碳等矿产地质勘查	13	13	0	337	89	15	2	353
基础地质勘查	48	43	5	2917	619	71	28	3102
地质勘查技术服务	60	58	2	2250	500	80	22	2494
工程技术	10397	9888	509	260271	72398	12123	2235	263429
工程管理服务	2010	1790	220	84097	18248	2839	1049	87324
工程勘察设计	8047	7771	276	165166	50832	8799	1028	164145
规划管理	340	327	13	11008	3318	485	158	11960
其他专业技术服务业	10900	10686	214	144804	52419	11813	1127	157779
专业化设计服务	7926	7820	106	103404	37178	8242	422	108379
摄影扩印服务	833	785	48	9208	4694	961	176	10132
兽医服务	520	502	18	6576	1321	813	311	5963
其他未列明专业技术服务业	1621	1579	42	25616	9226	1797	218	33305
科技推广和应用服务业	6331	6206	125	75361	27721	7547	1341	85859
技术推广服务	5334	5227	107	61931	22602	6443	1216	69023
农业技术推广服务	1623	1561	62	17311	5424	2527	966	21998
生物技术推广服务	888	872	16	8759	3731	939	67	9182
新材料技术推广服务	271	269	2	2709	945	278	9	3042
节能技术推广服务	590	584	6	6227	2040	623	39	6866
其他技术推广服务	1962	1941	21	26925	10462	2076	135	27935
科技中介服务	383	374	9	5118	2048	427	53	6453
科技中介服务	383	374	9	5118	2048	427	53	6453
其他科技推广和应用服务业	614	605	9	8312	3071	677	72	10383
其他科技推广和应用服务业	614	605	9	8312	3071	677	72	10383
水利、环境和公共设施管理业	**5549**	**5390**	**159**	**206033**	**82898**	**6557**	**1167**	**229447**
水利管理业	1354	1306	48	31126	7651	1745	439	33067
防洪除涝设施管理	364	352	12	7174	1749	450	98	7708
防洪除涝设施管理	364	352	12	7174	1749	450	98	7708
水资源管理	296	277	19	8814	2296	386	109	8129
水资源管理	296	277	19	8814	2296	386	109	8129
天然水收集与分配	234	224	10	6561	1365	267	43	6730
天然水收集与分配	234	224	10	6561	1365	267	43	6730
水文服务	33	32	1	952	238	51	19	1020
水文服务	33	32	1	952	238	51	19	1020

1-3　续表33

行　业	法人单位 单位数（个）	单产业法人	多产业法人	就业人数（人）	女性	产业活动单位 单位数（个）	多产业法人所属的产业活动单位数	就业人数（人）
其他水利管理业	427	421	6	7625	2003	591	170	9480
其他水利管理业	427	421	6	7625	2003	591	170	9480
生态保护和环境治理业	783	760	23	17819	4556	895	135	17948
生态保护	197	190	7	4380	1269	261	71	5193
自然保护区管理	91	88	3	1599	368	123	35	1748
野生动物保护	31	28	3	1606	595	37	9	2032
野生植物保护	19	18	1	355	58	22	4	404
其他自然保护	56	56		820	248	79	23	1009
环境治理业	586	570	16	13439	3287	634	64	12755
水污染治理	273	265	8	5918	1570	288	23	5969
大气污染治理	46	45	1	741	265	47	2	723
固体废物治理	78	75	3	1915	447	96	21	1868
危险废物治理	19	18	1	1605	211	19	1	827
放射性废物治理	1	1		138	29	1		138
其他污染治理	169	166	3	3122	765	183	17	3230
公共设施管理业	3412	3324	88	157088	70691	3917	593	178432
市政设施管理	625	608	17	21852	6934	735	127	22336
市政设施管理	625	608	17	21852	6934	735	127	22336
环境卫生管理	661	649	12	62958	34580	830	181	78992
环境卫生管理	661	649	12	62958	34580	830	181	78992
城乡市容管理	144	141	3	7486	3249	183	42	10526
城乡市容管理	144	141	3	7486	3249	183	42	10526
绿化管理	1278	1245	33	35968	14157	1401	156	35676
绿化管理	1278	1245	33	35968	14157	1401	156	35676
公园和游览景区管理	704	681	23	28824	11771	768	87	30902
公园管理	206	203	3	11115	4402	240	37	12999
游览景区管理	498	478	20	17709	7369	528	50	17903
居民服务、修理和其他服务业	**17589**	**17132**	**457**	**376450**	**181635**	**20025**	**2893**	**399500**
居民服务业	6875	6641	234	125811	78131	8348	1707	139567
家庭服务	788	758	30	19031	15154	919	161	21808
家庭服务	788	758	30	19031	15154	919	161	21808
托儿所服务	530	525	5	4842	4252	536	11	4852
托儿所服务	530	525	5	4842	4252	536	11	4852
洗染服务	201	183	18	5353	2610	391	208	5311
洗染服务	201	183	18	5353	2610	391	208	5311
理发及美容服务	1757	1641	116	20923	15168	2428	787	24241
理发及美容服务	1757	1641	116	20923	15168	2428	787	24241
洗浴服务	540	530	10	17338	10503	582	52	18640
洗浴服务	540	530	10	17338	10503	582	52	18640
保健服务	1260	1243	17	28120	18324	1381	138	30977
保健服务	1260	1243	17	28120	18324	1381	138	30977
婚姻服务	291	286	5	1929	1107	316	30	2138
婚姻服务	291	286	5	1929	1107	316	30	2138
殡葬服务	326	315	11	8124	2149	374	59	8692

1-3 续表34

行业	法人单位					产业活动单位		
	单位数（个）	单产业法人	多产业法人	就业人数（人）	女性	单位数（个）	多产业法人所属的产业活动单位数	就业人数（人）
殡葬服务	326	315	11	8124	2149	374	59	8692
其他居民服务业	1182	1160	22	20151	8864	1421	261	22908
其他居民服务业	1182	1160	22	20151	8864	1421	261	22908
机动车、电子产品和日用产品修理业	7704	7562	142	93854	23080	8461	899	111490
汽车、摩托车修理与维护	5319	5224	95	67205	15131	5790	566	77695
汽车修理与维护	5122	5031	91	65454	14599	5565	534	75852
摩托车修理与维护	197	193	4	1751	532	225	32	1843
计算机和办公设备维修	945	926	19	11917	4165	1111	185	16584
计算机和辅助设备修理	443	437	6	4302	1388	506	69	5210
通讯设备修理	214	205	9	4654	1984	290	85	7770
其他办公设备维修	288	284	4	2961	793	315	31	3604
家用电器修理	1050	1033	17	9397	2536	1113	80	11509
家用电子产品修理	382	369	13	3778	1118	410	41	4073
日用电器修理	668	664	4	5619	1418	703	39	7436
其他日用产品修理业	390	379	11	5335	1248	447	68	5702
自行车修理	13	12	1	120	39	12		92
鞋和皮革修理	21	20	1	408	150	25	5	424
家具和相关物品修理	28	27	1	637	162	33	6	678
其他未列明日用产品修理业	328	320	8	4170	897	377	57	4508
其他服务业	3010	2929	81	156785	80424	3216	287	148443
清洁服务	2425	2363	62	138363	73346	2545	182	125201
建筑物清洁服务	409	392	17	38844	20008	421	29	29530
其他清洁服务	2016	1971	45	99519	53338	2124	153	95671
其他未列明服务业	585	566	19	18422	7078	671	105	23242
其他未列明服务业	585	566	19	18422	7078	671	105	23242
教育	**36113**	**35228**	**885**	**1625519**	**1009067**	**42816**	**7588**	**1931763**
教育	36113	35228	885	1625519	1009067	42816	7588	1931763
学前教育	10876	10833	43	296144	261139	11287	454	303195
学前教育	10876	10833	43	296144	261139	11287	454	303195
初等教育	13165	12724	441	508070	324183	16806	4082	790180
普通小学教育	13089	12648	441	504878	322248	16729	4081	786984
成人小学教育	76	76		3192	1935	77	1	3196
中等教育	4317	4206	111	548277	289230	4409	203	553819
普通初中教育	2920	2849	71	305621	163539	2958	109	307128
职业初中教育	73	71	2	9825	4877	76	5	9427
成人初中教育	23	23		1608	836	25	2	1648
普通高中教育	707	684	23	162792	86234	724	40	165131
成人高中教育	29	29		909	411	31	2	931
中等职业学校教育	565	550	15	67522	33333	595	45	69554
高等教育	426	399	27	145226	68226	462	63	146351
普通高等教育	181	161	20	125940	58605	204	43	126174
成人高等教育	245	238	7	19286	9621	258	20	20177
特殊教育	152	150	2	5440	3180	169	19	5348
特殊教育	152	150	2	5440	3180	169	19	5348

1-3　续表35

行　业	法人单位					产业活动单位		
	单位数（个）	单产业法人	多产业法人	就业人数（人）	女性	单位数（个）	多产业法人所属的产业活动单位数	就业人数（人）
技能培训、教育辅助及其他教育	7177	6916	261	122362	63109	9683	2767	132870
职业技能培训	3037	2877	160	56345	24916	4892	2015	63368
体校及体育培训	251	249	2	4682	1708	283	34	4850
文化艺术培训	1466	1431	35	20430	13040	1617	186	18336
教育辅助服务	946	921	25	13400	7921	1135	214	17156
其他未列明教育	1477	1438	39	27505	15524	1756	318	29160
卫生和社会工作	**10362**	**9785**	**577**	**671249**	**431274**	**21060**	**11275**	**717025**
卫生	8251	7691	560	633991	408826	18608	10917	677411
医院	1289	1122	167	414158	272457	1533	411	424863
综合医院	615	503	112	300795	198083	755	252	308509
中医医院	120	101	19	40825	25817	148	47	41427
中西医结合医院	62	50	12	22507	15435	90	40	20407
民族医院	1	1		240	163	1		240
专科医院	359	340	19	44186	29578	399	59	48272
疗养院	132	127	5	5605	3381	140	13	6008
社区医疗与卫生院	2797	2485	312	109224	63943	6575	4090	121663
社区卫生服务中心（站）	1246	1187	59	31717	20873	4422	3235	45115
街道卫生院	130	113	17	6197	3599	177	64	5836
乡镇卫生院	1421	1185	236	71310	39471	1976	791	70712
门诊部（所）	3017	2984	33	38495	23599	8558	5574	53210
门诊部（所）	3017	2984	33	38495	23599	8558	5574	53210
计划生育技术服务活动	379	376	3	5982	3944	971	595	10507
计划生育技术服务活动	379	376	3	5982	3944	971	595	10507
妇幼保健院（所、站）	149	139	10	37418	28963	166	27	38443
妇幼保健院（所、站）	149	139	10	37418	28963	166	27	38443
专科疾病防治院（所、站）	170	157	13	9341	5629	191	34	8780
专科疾病防治院（所、站）	170	157	13	9341	5629	191	34	8780
疾病预防控制中心	160	147	13	11137	5569	220	73	11330
疾病预防控制中心	160	147	13	11137	5569	220	73	11330
其他卫生活动	290	281	9	8236	4722	394	113	8615
其他卫生活动	290	281	9	8236	4722	394	113	8615
社会工作	2111	2094	17	37258	22448	2452	358	39614
提供住宿社会工作	1113	1104	9	24262	15377	1379	275	26209
干部休养所	108	107	1	1947	721	121	14	2028
护理机构服务	83	80	3	1748	1271	105	25	2198
精神康复服务	31	31		530	298	33	2	568
老年人、残疾人养护服务	746	741	5	15534	10643	958	217	16699
孤残儿童收养和庇护服务	74	74		2244	1501	83	9	2416
其他提供住宿社会救助	71	71		2259	943	79	8	2300
不提供住宿社会工作	998	990	8	12996	7071	1073	83	13405
社会看护与帮助服务	262	258	4	5042	3057	298	40	5480
其他不提供住宿社会工作	736	732	4	7954	4014	775	43	7925
文化、体育和娱乐业	**14695**	**14408**	**287**	**267284**	**117492**	**17354**	**2946**	**274058**
新闻和出版业	466	438	28	29365	11059	528	90	24458
新闻业	62	59	3	1834	811	85	26	1284
新闻业	62	59	3	1834	811	85	26	1284
出版业	404	379	25	27531	10248	443	64	23174
图书出版	55	49	6	1544	790	60	11	1457
报纸出版	123	109	14	21594	7400	143	34	17484
期刊出版	135	133	2	2689	1345	144	11	2897
音像制品出版	36	35	1	493	224	37	2	494
电子出版物出版	13	13		208	98	15	2	226

1-3 续表36

行业	法人单位					产业活动单位		
	单位数（个）	单产业法人	多产业法人	就业人数（人）	女性	单位数（个）	多产业法人所属的产业活动单位数	就业人数（人）
其他出版业	42	40	2	1003	391	44	4	616
广播、电视、电影和影视录音制作业	1117	1039	78	42650	16683	1614	575	46483
广播	118	105	13	6115	2138	225	120	6618
广播	118	105	13	6115	2138	225	120	6618
电视	173	145	28	17511	6461	388	243	18411
电视	173	145	28	17511	6461	388	243	18411
电影和影视节目制作	322	312	10	5894	2283	333	21	5784
电影和影视节目制作	322	312	10	5894	2283	333	21	5784
电影和影视节目发行	55	51	4	2577	965	73	22	2579
电影和影视节目发行	55	51	4	2577	965	73	22	2579
电影放映	402	380	22	9603	4452	545	165	12056
电影放映	402	380	22	9603	4452	545	165	12056
录音制作	47	46	1	950	384	50	4	1035
录音制作	47	46	1	950	384	50	4	1035
文化艺术业	3358	3320	38	47582	22413	4115	795	50897
文艺创作与表演	738	726	12	14191	6038	767	41	14355
文艺创作与表演	738	726	12	14191	6038	767	41	14355
艺术表演场馆	78	76	2	1619	739	90	14	1880
艺术表演场馆	78	76	2	1619	739	90	14	1880
图书馆与档案馆	298	292	6	6486	3812	343	51	6756
图书馆	141	136	5	3993	2511	169	33	4106
档案馆	157	156	1	2493	1301	174	18	2650
文物及非物质文化遗产保护	129	128	1	2202	884	205	77	2496
文物及非物质文化遗产保护	129	128	1	2202	884	205	77	2496
博物馆	221	218	3	3878	1869	227	9	3895
博物馆	221	218	3	3878	1869	227	9	3895
烈士陵园、纪念馆	44	44		767	356	52	8	858
烈士陵园、纪念馆	44	44		767	356	52	8	858
群众文化活动	1103	1093	10	12658	6184	1616	523	14413
群众文化活动	1103	1093	10	12658	6184	1616	523	14413
其他文化艺术业	747	743	4	5781	2531	815	72	6244
其他文化艺术业	747	743	4	5781	2531	815	72	6244
体育	2034	2003	31	48704	24455	2194	191	50762
体育组织	571	563	8	9665	3371	585	22	9790
体育组织	571	563	8	9665	3371	585	22	9790
体育场馆	278	272	6	6571	3056	312	40	6902
体育场馆	278	272	6	6571	3056	312	40	6902
休闲健身活动	1078	1061	17	31154	17398	1180	119	32335
休闲健身活动	1078	1061	17	31154	17398	1180	119	32335
其他体育	107	107		1314	630	117	10	1735
其他体育	107	107		1314	630	117	10	1735
娱乐业	7720	7608	112	98983	42882	8903	1295	101458
室内娱乐活动	6979	6877	102	77136	33358	8083	1206	86233
歌舞厅娱乐活动	1375	1349	26	39024	17946	1502	153	42202
电子游艺厅娱乐活动	520	518	2	3339	1243	560	42	3750
网吧活动	4501	4429	72	28209	10823	5390	961	33311
其他室内娱乐活动	583	581	2	6564	3346	631	50	6970
游乐园	156	150	6	13678	5740	179	29	6039
游乐园	156	150	6	13678	5740	179	29	6039
彩票活动	70	70		1047	452	88	18	1361
彩票活动	70	70		1047	452	88	18	1361
文化、娱乐、体育经纪代理	307	306	1	2408	1004	318	12	2545
文化娱乐经纪人	102	102		935	380	104	2	957

1-3　续表37

行　业	法人单位					产业活动单位		
	单位数（个）	单产业法人	多产业法人	就业人数（人）	女性	单位数（个）	多产业法人所属的产业活动单位数	就业人数（人）
体育经纪人	11	11		65	23	11		65
其他文化艺术经纪代理	194	193	1	1408	601	203	10	1523
其他娱乐业	208	205	3	4714	2328	235	30	5280
其他娱乐业	208	205	3	4714	2328	235	30	5280
公共管理、社会保障和社会组织	**68194**	**60379**	**7815**	**2006103**	**657240**	**86667**	**26288**	**2118363**
中国共产党机关	1205	1100	105	28567	7399	1558	458	31476
中国共产党机关	1205	1100	105	28567	7399	1558	458	31476
中国共产党机关	1205	1100	105	28567	7399	1558	458	31476
国家机构	19758	16992	2766	1169196	344305	33488	16496	1254782
国家权力机构	293	250	43	11428	2933	379	129	10121
国家权力机构	293	250	43	11428	2933	379	129	10121
国家行政机构	18593	15994	2599	1094882	320682	31664	15670	1178613
综合事务管理机构	6738	5495	1243	432228	145163	9757	4262	436148
对外事务管理机构	235	222	13	6252	2139	272	50	6279
公共安全管理机构	1226	1011	215	271965	43634	3990	2979	315429
社会事务管理机构	3994	3561	433	133169	50576	6589	3028	140382
经济事务管理机构	4469	3898	571	165649	52831	7827	3929	176693
行政监督检查机构	1931	1807	124	85619	26339	3229	1422	103682
人民法院和人民检察院	350	257	93	41693	14869	675	418	43304
人民法院	182	114	68	24034	8954	464	350	26188
人民检察院	168	143	25	17659	5915	211	68	17116
其他国家机构	522	491	31	21193	5821	770	279	22744
其他国家机构	522	491	31	21193	5821	770	279	22744
人民政协、民主党派	382	377	5	6814	2037	397	20	6544
人民政协	170	165	5	5186	1447	184	19	4902
人民政协	170	165	5	5186	1447	184	19	4902
民主党派	212	212		1628	590	213	1	1642
民主党派	212	212		1628	590	213	1	1642
社会保障	399	380	19	13236	6402	973	593	15534
社会保障	399	380	19	13236	6402	973	593	15534
社会保障	399	380	19	13236	6402	973	593	15534
群众团体、社会团体和其他成员组织	20941	20774	167	520792	216248	23185	2411	547596
群众团体	4250	4197	53	220168	100675	4600	403	232458
工会	2887	2868	19	199793	92767	3080	212	211518
妇联	197	187	10	1911	1384	228	41	1979
共青团	174	169	5	1258	528	204	35	1311
其他群众团体	992	973	19	17206	5996	1088	115	17650
社会团体	14985	14894	91	284073	108264	16542	1648	297140
专业性团体	6780	6750	30	126270	49192	7039	289	131631
行业性团体	4180	4148	32	62495	18980	4465	317	64702
其他社会团体	4025	3996	29	95308	40092	5038	1042	100807
基金会	256	254	2	1476	610	273	19	1692
基金会	256	254	2	1476	610	273	19	1692
宗教组织	1450	1429	21	15075	6699	1770	341	16306
宗教组织	1450	1429	21	15075	6699	1770	341	16306
基层群众自治组织	25509	20756	4753	267498	80849	27066	6310	262431
社区自治组织	6550	6217	333	83848	33814	6909	692	89302
社区自治组织	6550	6217	333	83848	33814	6909	692	89302
村民自治组织	18959	14539	4420	183650	47035	20157	5618	173129
村民自治组织	18959	14539	4420	183650	47035	20157	5618	173129

1-4 按地区、开业（成立）

地　区	法人单位数（个）	1949年以前	1950–1977年	1978–1991年	1992–1995年	1996年	1997年	1998年	1999年	2000年	2001年	2002年
广东省	1072645	4384	20815	38849	34883	8896	9821	16240	25357	19530	24452	28732
广州市	198905	608	2879	8178	6962	1901	2119	2825	3566	4405	4692	6153
深圳市	237201	66	109	2649	4377	1154	1634	1661	2045	2566	3996	4793
珠海市	38633	30	210	1311	1614	389	418	525	803	1155	1089	1318
汕头市	31424	325	1379	2655	2815	618	709	859	913	861	1067	1079
佛山市	99167	117	467	3429	2642	937	1053	1577	1820	2206	3262	3808
韶关市	18426	141	1051	1249	516	155	179	952	516	311	414	527
河源市	13319	236	940	1035	407	118	100	236	1019	212	259	297
梅州市	16269	221	905	1584	810	198	196	543	1825	463	449	488
惠州市	46141	259	842	1579	1658	264	256	503	2267	599	696	898
汕尾市	6561	93	803	789	494	114	98	187	606	168	164	174
东莞市	106766	58	244	1345	2392	498	796	798	994	1075	1644	2100
中山市	63434	68	163	992	1217	319	311	608	648	961	1326	1447
江门市	40160	289	664	1620	1893	268	310	723	1287	757	1026	1283
阳江市	15518	115	689	943	526	143	131	416	469	377	459	426
湛江市	33663	531	2797	2782	1403	349	313	550	837	705	778	676
茂名市	29091	505	2498	1863	1032	321	278	711	1390	873	971	761
肇庆市	19515	160	1123	1324	700	170	179	935	732	436	453	567
清远市	15050	122	620	988	463	125	116	421	574	261	322	463
潮州市	14776	72	761	1048	1133	248	297	400	1021	432	506	558
揭阳市	17599	207	1180	1026	1405	277	225	528	1285	544	709	677
云浮市	11027	161	491	460	424	330	103	282	740	163	170	239

时间分组的法人单位数

2003年	2004年	2005年	2006年	2007年	2008年	2009年	2010年	2011年	2012年	2013年	无开业年份
34828	38652	41553	47534	48379	55091	72114	92709	117817	132050	157553	2406
7072	7863	7385	8602	9306	12342	14371	18040	22046	22736	24736	118
6281	8679	10072	11372	10916	11065	15890	21816	28997	31485	55432	146
1586	1694	1879	2186	2033	1922	2176	2748	3208	3832	6399	108
1361	1306	961	1177	1230	1292	1716	1863	2144	2391	2606	97
4185	4825	4623	5337	5373	5060	7323	8747	10310	11150	10771	145
587	541	594	597	660	1127	798	1069	2590	1940	1779	133
381	364	388	476	503	568	715	999	1142	1445	1454	25
533	452	521	581	437	665	838	952	1034	1375	1179	20
1248	1499	1671	2007	2138	2317	2817	3895	5058	6862	6143	665
177	170	143	198	177	191	227	479	456	386	234	33
2856	3507	3837	5234	6169	7364	8490	11665	14109	14864	16508	219
1781	1868	2647	2331	2533	2644	3364	4896	9312	12998	10990	10
1420	1570	1528	1826	1692	2114	2937	3304	4243	4479	4661	266
563	424	524	579	503	655	973	1429	1664	1910	1566	34
927	737	1081	1122	1111	1368	3746	3232	2552	3601	2404	61
895	716	858	832	793	1000	1461	2108	2914	3979	2296	36
637	591	802	843	799	1111	1002	1397	1742	1896	1874	42
619	569	674	782	661	641	887	1149	1306	1583	1548	156
723	497	548	575	406	514	973	910	986	1045	1100	23
584	550	524	597	643	775	968	1252	1226	1197	1177	43
412	230	293	280	296	356	442	759	778	896	2696	26

1-5 按地区、开业（成立）

地区	从业人员数（人）	1949年以前	1950–1977年	1978–1991年	1992–1995年	1996年	1997年	1998年	1999年	2000年	2001年	2002年
广东省	39471685	415894	1549590	3137820	3605979	671324	813975	1074457	1159861	1466605	1677470	1943287
广州市	6795263	129265	396379	504993	721584	111383	122685	216752	251421	279393	349187	296787
深圳市	9704094	10038	26577	867268	878744	207739	221650	267786	272737	297133	407740	536636
珠海市	1089531	2417	11368	139896	120571	24150	23522	25306	30004	46054	54931	56727
汕头市	1180067	25711	104190	183942	148291	32264	29125	32842	31335	33183	45163	45079
佛山市	3321496	12277	87263	215393	233459	58585	114737	109835	121684	258746	153860	174611
韶关市	599917	20771	98917	76460	26609	6413	5820	11021	11266	12014	13422	17904
河源市	399468	12134	32604	40468	20680	2861	10097	5539	10917	12518	12585	14319
梅州市	529969	24092	56875	89064	28580	6514	13068	15828	21830	16643	24890	21130
惠州市	1614963	17970	64625	101064	146881	19331	21205	20699	44249	33902	52373	66026
汕尾市	440933	5806	30690	54203	47563	8421	6847	7453	9799	29439	19124	31817
东莞市	5301054	6425	46019	169497	523599	70692	105941	165333	91748	137076	190641	264721
中山市	1919605	8721	31168	87352	186779	26119	38317	33048	62569	88880	103521	120067
江门市	1164773	21558	52803	87950	122151	10619	12796	35687	38208	39334	46313	70480
阳江市	569824	7066	27840	63120	29958	5142	5489	14663	23242	20785	20270	29930
湛江市	861520	27030	173282	119805	62434	8798	15542	12024	24898	23076	21528	19010
茂名市	948188	26060	110397	100037	50943	12810	10094	13158	17769	46407	32783	24562
肇庆市	764310	16494	57539	56582	49548	7543	12383	24406	14308	21070	29596	33595
清远市	570350	12446	40221	45473	27098	5398	3467	6392	13747	12888	26046	32719
潮州市	526900	4967	30079	39970	61487	14503	21079	23494	28288	20566	27959	27051
揭阳市	807966	10458	45789	68474	89270	18252	16122	25964	27997	30058	34809	42918
云浮市	361494	14188	24965	26809	29750	13787	3989	7227	11845	7440	10729	17198

时间分组的法人单位从业人员数

2003年	2004年	2005年	2006年	2007年	2008年	2009年	2010年	2011年	2012年	2013年	无开业年份
1939192	2119429	1937634	1919114	2083616	1563830	1879107	2135304	2444357	2163042	1716125	54673
309323	347192	283762	315253	290170	273978	292990	327716	368319	325847	266108	14776
489946	579323	463525	515386	670735	359152	426286	449225	631457	605199	518824	988
57251	57652	76804	53900	39385	33887	33375	39176	61313	41358	58120	2364
60217	61214	47186	35817	33977	36217	43971	38772	37522	38257	33412	2380
182884	227576	186776	200845	187091	125797	153076	148892	141679	127943	94498	3989
17304	17598	25813	18311	37289	20744	21403	27515	47024	31523	32266	2510
16905	29673	17259	18973	18969	17338	15814	23449	16103	31069	19009	185
17929	16751	21170	13580	23016	13402	18677	23357	20766	24818	17432	557
60784	88533	97507	85227	103315	86760	91806	133492	106456	100498	69644	2616
19765	17742	20190	6698	14961	25129	35697	25852	13458	5229	3309	1741
253848	294109	292414	261173	302212	259630	321462	421775	524758	382956	212256	2769
122785	91349	112149	105696	92122	71145	83968	94967	136766	136105	85720	292
64348	69287	60159	56734	50202	43840	58156	56147	59660	50510	49574	8257
26692	19807	32944	23708	16892	18684	37549	42951	43063	32102	25439	2488
30064	22438	23805	23623	34204	24977	43045	45669	38327	34252	30896	2793
29261	28896	28057	22880	32053	27127	45488	65956	65652	84035	73084	679
45313	44023	49195	47676	45244	41443	29617	45660	35334	30040	27222	479
49210	34160	35991	36338	24672	23187	31914	44122	22093	19913	19373	3482
33598	28131	24201	22513	13482	11028	23697	19020	19207	19511	12751	318
34046	32988	28254	40749	40711	40131	53511	46943	32590	27031	20282	619
17719	10987	10473	14034	12914	10234	17605	14648	22810	14846	46906	391

1-6 按地区、登记注册类型分组的法人单位数

地 区	法人单位数(个)	内资									
			国有	集体	股份合作	联营					有限责任公司
							国有联营	集体联营	国有与集体联营	其他联营	
广东省	1072645	1022838	60164	28032	7761	5217	221	784	196	4016	201864
广州市	198905	190137	8254	8556	3097	696	42	108	38	508	22323
深圳市	237201	222732	2826	417	1334	1740	64	42	31	1603	19722
珠海市	38633	36015	1561	653	196	163	8	18	5	132	18181
汕头市	31424	30683	3337	1554	556	153	12	30	9	102	9635
佛山市	99167	96172	1824	1817	708	352	4	61	13	274	29753
韶关市	18426	18098	2920	1363	91	83	5	45		33	3855
河源市	13319	12922	2642	342	65	73	3	13	6	51	2844
梅州市	16269	15990	2888	510	141	110	6	25	2	77	2024
惠州市	46141	43294	3225	1339	132	168	13	35	15	105	6736
汕尾市	6561	6393	1888	316	48	35	3	10	2	20	457
东莞市	106766	97831	1744	1918	381	250	6	56	10	178	32248
中山市	63434	61007	779	2067	76	182		26	2	154	18996
江门市	40160	37975	2344	1690	121	216	11	52	12	141	8199
阳江市	15518	15323	2152	242	30	77	2	10	6	59	3096
湛江市	33663	33447	5057	1030	142	309	15	65	8	221	3521
茂名市	29091	28895	4862	1428	231	188	10	62	10	106	5232
肇庆市	19515	18845	2870	851	87	157	1	35	3	118	4402
清远市	15050	14551	2075	392	107	85	6	22	7	50	3779
潮州市	14776	14413	2110	529	139	49	3	18	8	20	1676
揭阳市	17599	17280	2840	612	43	84	6	26	5	47	3122
云浮市	11027	10835	1966	406	36	47	1	25	4	17	2063

1-6　续表1

地区											
	国有独资	其他有限责任公司	股份有限公司	私营	私营独资	私营合伙	私营有限责任公司	私营股份有限公司	其他	港澳台商投资企业	港澳台商合资经营
广东省	1721	200143	12722	565475	130762	20488	405466	8759	141603	35289	4125
广州市	521	21802	1752	128385	17262	3442	105956	1725	17074	5546	686
深圳市	272	19450	2703	183779	16611	5412	159552	2204	10211	10550	1010
珠海市	126	18055	458	10516	1415	526	8196	379	4287	1873	306
汕头市	51	9584	653	9999	4709	321	4794	175	4796	523	90
佛山市	119	29634	1187	49912	14920	1981	32140	871	10619	1923	597
韶关市	58	3797	245	3634	1639	449	1453	93	5907	263	38
河源市	35	2809	190	2723	1404	176	1016	127	4043	332	32
梅州市	28	1996	348	5133	2848	398	1724	163	4836	205	45
惠州市	60	6676	506	19707	3747	701	14669	590	11481	2280	250
汕尾市	9	448	121	1752	948	117	654	33	1776	149	9
东莞市	56	32192	1562	51459	9603	2973	37783	1100	8269	6382	287
中山市	74	18922	99	35125	22437	855	11657	176	3683	1705	176
江门市	56	8143	474	15785	6387	480	8633	285	9146	1633	260
阳江市	27	3069	204	5415	2174	187	2970	84	4107	145	35
湛江市	64	3457	547	10518	5339	508	4491	180	12323	129	54
茂名市	29	5203	461	6594	4571	539	1342	142	9899	142	33
肇庆市	47	4355	327	5063	2038	363	2521	141	5088	490	82
清远市	34	3745	312	4452	2021	652	1656	123	3349	376	41
潮州市	12	1664	172	6929	5127	177	1549	76	2809	258	41
揭阳市	17	3105	268	5320	2968	139	2152	61	4991	235	33
云浮市	26	2037	133	3275	2594	92	558	31	2909	150	20

1-6 续表2

地区	港澳台商合作经营	港澳台商独资	港澳台商投资股份有限公司	其他港澳台商投资	外商投资企业	中外合资经营	中外合作经营	外资企业	外商投资股份有限公司	其他外商投资
广东省	1570	27658	670	1266	14518	2753	645	9769	432	919
广州市	459	3661	66	674	3222	668	156	2185	83	130
深圳市	195	9035	143	167	3919	672	65	2642	91	449
珠海市	61	1449	32	25	745	172	23	502	22	26
汕头市	69	341	16	7	218	55	39	106	10	8
佛山市	66	1202	34	24	1072	344	52	602	29	45
韶关市	26	169	22	8	65	25	9	26	4	1
河源市	7	233	33	27	65	10	11	31	2	11
梅州市	38	114	5	3	74	24	15	22	5	8
惠州市	86	1857	58	29	567	113	34	370	30	20
汕尾市	11	115	14	0	19	4	4	7	2	2
东莞市	126	5632	132	205	2553	192	48	2113	83	117
中山市	32	1451	25	21	722	133	11	535	20	23
江门市	77	1234	36	26	552	133	30	343	22	24
阳江市	36	64	7	3	50	13	10	22	1	4
湛江市	29	40	4	2	87	40	6	25	4	12
茂名市	16	73	7	13	54	24	3	15	2	10
肇庆市	32	353	15	8	180	51	14	101	6	8
清远市	29	284	6	16	123	27	31	53	9	3
潮州市	119	90	6	2	105	18	52	27	2	6
揭阳市	43	153	4	2	84	21	26	24	2	11
云浮市	13	108	5	4	42	14	6	18	3	1

1-7　按地区、登记注册类型分组的法人单位从业人员数

地　区	从业人员数(人)	内资									
			国有	集体	股份合作	联营					有限责任公司
							国有联营	集体联营	国有与集体联营	其他联营	
广东省	39471685	29267346	4049467	896532	181403	106304	10814	23073	9832	62585	7459341
广州市	6795263	5454915	948013	187768	37422	12460	1953	2241	1155	7111	1185162
深圳市	9704094	6911947	484943	81348	49193	37536	6011	4100	3712	23713	1274694
珠海市	1089531	731968	81498	16809	2532	1691	47	183	21	1440	331119
汕头市	1180067	1077408	225734	36600	10677	2799	529	236	423	1611	297801
佛山市	3321496	2654047	157839	58258	18528	10002	151	5300	627	3924	910755
韶关市	599917	526501	155885	34909	2783	705	39	244		422	160380
河源市	399468	294917	107481	10756	2646	1866	91	244	165	1366	67245
梅州市	529969	484229	146102	18423	4403	1949	141	363	18	1427	88116
惠州市	1614963	972671	174236	25514	3665	3830	522	781	147	2380	242135
汕尾市	440933	324127	77576	33631	2097	875	85	342	15	433	40730
东莞市	5301054	2832679	152570	105774	6721	8258	226	2104	207	5721	952037
中山市	1919605	1341263	73859	53568	1246	3437	0	387	117	2933	525122
江门市	1164773	840712	129745	34132	3292	2312	73	999	239	1001	252379
阳江市	569824	529026	94469	28673	1416	2938	154	200	1757	827	122350
湛江市	861520	819441	275605	31624	6667	4053	248	1645	93	2067	154213
茂名市	948188	924688	223816	51000	8879	4208	135	2162	166	1745	224565
肇庆市	764310	613389	136797	15495	4535	2781	4	290	19	2468	167362
清远市	570350	437614	114247	8498	3629	1757	180	193	734	650	127394
潮州市	526900	464399	74691	18872	7083	597	30	191	148	228	75325
揭阳市	807966	725485	136288	34645	2454	1510	160	388	37	925	167626
云浮市	361494	305920	78073	10235	1535	740	35	480	32	193	92831

1-7 续表1

地区	国有独资	其他有限责任公司	股份有限公司	私营	私营独资	私营合伙	私营有限责任公司	私营股份有限公司	其他	港澳台商投资企业	港澳台商合资经营
广东省	503325	6956016	1907254	12309382	2029295	328023	9589020	363044	2357663	6497687	1010068
广州市	285567	899595	286520	2486888	259716	56471	2104201	66500	310682	724583	143302
深圳市	116079	1158615	844819	3835568	226266	74309	3414518	120475	303846	1742888	260954
珠海市	22398	308721	61578	178617	12133	4983	152840	8661	58124	185913	48320
汕头市	4346	293455	37351	382673	123816	6703	241431	10723	83773	51947	16540
佛山市	12554	898201	283515	1022205	226597	31116	739770	24722	192945	391079	155897
韶关市	4706	155674	16905	68849	22513	4020	39906	2410	86085	57331	4014
河源市	1708	65537	7237	56536	16709	2318	33925	3584	41150	83898	7099
梅州市	3776	84340	23873	141664	41982	6221	87035	6426	59699	29819	4440
惠州市	5530	236605	30421	384371	78662	10761	284173	10775	108499	437941	83218
汕尾市	2552	38178	5913	128901	24684	9781	79076	15360	34404	108655	663
东莞市	3124	948913	76776	1300825	177299	50551	1040136	32839	229718	1653123	95015
中山市	4224	520898	24981	590517	222586	13058	338802	16071	68533	358004	66760
江门市	3270	249109	30928	277497	69423	5573	193853	8648	110427	240079	42886
阳江市	633	121717	15635	199754	56418	4138	132033	7165	63791	28128	5466
湛江市	13011	141202	36824	187867	71266	10278	102641	3682	122588	26973	16732
茂名市	5292	219273	26419	174873	87133	12894	67264	7582	210928	18108	3846
肇庆市	6787	160575	27984	201990	49479	8104	137181	7226	56445	97456	12220
清远市	4100	123294	17709	94426	20317	6504	65804	1801	69954	108240	25489
潮州市	709	74616	16561	231466	110271	4391	114132	2672	39804	42511	4551
揭阳市	1927	165699	21410	286500	85250	4433	191694	5123	75052	62407	8082
云浮市	1032	91799	13895	77395	46775	1416	28605	599	31216	48604	4574

1-7　续表2

地　区	港澳台商合作经营	港澳台商独资	港澳台商投资股份有限公司	其他港澳台商投资	外商投资企业	中外合资经营	中外合作经营	外资企业	外商投资股份有限公司	其他外商投资
广东省	216562	5108892	114927	47238	3706652	743997	116366	2724326	87034	34929
广州市	51133	508090	7222	14836	615765	207846	31493	358139	14412	3875
深圳市	31125	1413996	29618	7195	1049259	138122	13484	872628	14318	10707
珠海市	5064	126329	6029	171	171650	19751	1920	144481	5205	293
汕头市	5109	27577	2525	196	50712	7737	5688	29491	5983	1813
佛山市	9046	220809	3472	1855	276370	93164	10304	165078	6833	991
韶关市	324	50685	693	1615	16085	4051	171	11780	63	20
河源市	4309	70735	1168	587	20653	4327	356	15281	309	380
梅州市	7290	17343	619	127	15921	4940	1423	9343	183	32
惠州市	8871	337953	5887	2012	204351	78161	4220	117449	4014	507
汕尾市	5025	101740	1227	0	8151	481	168	6550	823	129
东莞市	21552	1482121	38916	15519	815252	62372	11036	703307	26900	11637
中山市	4643	281955	3374	1272	220338	48705	1737	165111	2205	2580
江门市	7026	184601	4869	697	83982	26071	5770	48783	2849	509
阳江市	12951	9101	584	26	12670	4037	3679	4674	240	40
湛江市	2211	7654	354	22	15106	9252	1843	3018	384	609
茂名市	2444	11264	212	342	5392	3011	152	1971	71	187
肇庆市	3111	77121	4786	218	53465	15298	1368	35765	982	52
清远市	1528	80493	426	304	24496	7961	1538	14168	725	104
潮州市	21015	15727	1204	14	19990	3458	10689	5679	95	69
揭阳市	8481	44131	1665	48	20074	3281	8870	7193	347	383
云浮市	4304	39467	77	182	6970	1971	457	4437	93	12

1-8 按地区、机构类型分组的法人单位数

地区	法人单位数（个）	企业	事业单位	机关	社会团体	民办非企业单位	基金会	居委会	村委会	其他组织机构
广东省	1072645	899609	43823	10904	19771	16977	264	6550	18959	55788
广州市	198905	174957	5295	1081	3096	2749	109	1534	1131	8953
深圳市	237201	228626	1844	474	1841	2210	57	729		1420
珠海市	38633	35210	858	321	750	689	6	188	123	488
汕头市	31424	24667	2064	479	1096	802	17	509	540	1250
佛山市	99167	88884	1773	358	986	1439	14	366	369	4978
韶关市	18426	9620	1725	744	3394	492	3	242	1196	1010
河源市	13319	8356	1886	493	343	362	2	161	1242	474
梅州市	16269	9531	2009	725	510	406	5	194	2036	853
惠州市	46141	32420	2246	534	635	853	4	207	959	8283
汕尾市	6561	3215	1394	418	261	165	1	138	731	238
东莞市	106766	98427	1630	467	490	1426	11	237	334	3744
中山市	63434	58510	811	146	401	1159	2	129	150	2126
江门市	40160	29641	1816	538	1378	627	5	254	1046	4855
阳江市	15518	10567	1742	376	445	437	3	94	687	1167
湛江市	33663	18265	3832	760	474	620	1	288	1472	7951
茂名市	29091	17679	4061	601	1137	635	1	260	1603	3114
肇庆市	19515	12170	2053	623	622	485	7	235	1284	2036
清远市	15050	10314	1428	552	785	438	3	175	1034	321
潮州市	14776	10697	1699	290	398	293	2	120	881	396
揭阳市	17599	10974	2292	496	348	486	8	374	1300	1321
云浮市	11027	6879	1365	428	381	204	3	116	841	810

1-9　按地区、机构类型分组的法人单位从业人员数

地　区	从业人员数（人）	企业	事业单位	机关	社会团体	民办非企业单位	基金会	居委会	村委会	其他组织机构
广东省	39471685	34452145	2274937	917820	510903	473933	1503	83848	183650	572946
广州市	6795263	5930115	468951	151496	57174	96560	669	10710	12281	67307
深圳市	9704094	9192568	175659	108331	106551	78924	311	12659		29091
珠海市	1089531	978196	45708	18938	18748	16811	35	1972	967	8156
汕头市	1180067	967328	98951	38936	31473	13851	135	8127	7635	13631
佛山市	3321496	2974000	141366	48886	12650	38683	42	7751	11437	86681
韶关市	599917	397073	79503	38121	46271	7964	6	1225	10332	19422
河源市	399468	275910	68016	29264	5624	8681	2	1014	6933	4024
梅州市	529969	356004	95629	36955	13745	5347	11	1096	12986	8196
惠州市	1614963	1376203	104594	46625	11962	26760	22	1618	5951	41228
汕尾市	440933	345172	48487	21376	8306	6260	3	1185	5156	4988
东莞市	5301054	4956487	107668	52796	47895	56973	40	16502	15636	47057
中山市	1919605	1773075	51288	27283	11573	26118	16	4502	5161	20589
江门市	1164773	933193	91114	42928	32360	13720	10	2222	16348	32878
阳江市	569824	453989	57342	26574	7007	7986	13	881	5556	10476
湛江市	861520	566817	146854	45307	8488	12952	6	2240	13394	65462
茂名市	948188	638355	142232	44359	29070	12064	1	1717	9872	70518
肇庆市	764310	595061	87561	36338	10157	12087	46	1860	7176	14024
清远市	570350	399788	76983	37474	27458	11269	15	1506	11631	4226
潮州市	526900	434161	47932	13714	11656	4853	10	1142	8725	4707
揭阳市	807966	643848	87371	31249	7089	11620	70	3290	11265	12164
云浮市	361494	264802	51728	20870	5646	4450	40	629	5208	8121

1-10 按行业（大类）、

行业大类	法人单位数（个）	广州市	深圳市	珠海市	汕头市	佛山市	韶关市	河源市	梅州市
总计	**1072645**	**198905**	**237201**	**38633**	**31424**	**99167**	**18426**	**13319**	**16269**
农、林、牧、渔业	**8613**	**110**	**23**	**59**	**103**	**101**	**204**	**431**	**228**
农业	41	5		1		6	1	1	7
林业	25	1	1				6	1	2
畜牧业	17	1	2					1	
渔业	4	1							1
农、林、牧、渔服务业	8526	102	20	58	103	95	197	428	218
采矿业	**2796**	**27**	**43**	**9**	**47**	**23**	**213**	**316**	**342**
煤炭开采和洗选业	35		13				2	2	1
石油和天然气开采业	9	1	3	1				1	
黑色金属矿采选业	363					1	18	28	53
有色金属矿采选业	244	5	2			3	31	29	27
非金属矿采选业	1994	18	12	7	41	18	153	237	246
开采辅助活动	55	1	10		3		7	5	6
其他采矿业	96	2	3	1	3	1	2	14	9
制造业	**300948**	**34866**	**61278**	**5775**	**10822**	**39217**	**1796**	**1527**	**2550**
农副食品加工业	5055	544	158	72	297	355	105	77	163
食品制造业	5180	668	264	126	458	342	77	25	83
酒、饮料和精制茶制造业	1716	163	94	44	84	101	43	49	148
烟草制品业	34	2	4	3	3		2	0	1
纺织业	8338	924	608	103	920	1643	42	50	61
纺织服装、服饰业	20722	4963	2523	325	2334	1727	47	65	59
皮革、毛皮、羽毛及其制品和制鞋业	12387	3286	1092	48	139	1011	13	44	29
木材加工和木、竹、藤、棕、草制品业	4316	396	259	46	52	556	100	71	97
家具制造业	10082	851	1125	76	95	3888	39	28	104
造纸和纸制品业	10521	1210	2486	172	409	913	31	33	62
印刷和记录媒介复制业	12162	1327	1879	316	740	1871	50	53	63
文教、工美、体育和娱乐用品制造业	12800	1969	2602	189	1313	865	46	69	137
石油加工、炼焦和核燃料加工业	421	55	39	19	4	54	4	5	1

地区分组的法人单位数

惠州市	汕尾市	东莞市	中山市	江门市	阳江市	湛江市	茂名市	肇庆市	清远市	潮州市	揭阳市	云浮市
46141	**6561**	**106766**	**63434**	**40160**	**15518**	**33663**	**29091**	**19515**	**15050**	**14776**	**17599**	**11027**
124	**98**	**44**	**36**	**255**	**194**	**6054**	**64**	**120**	**101**	**57**	**102**	**105**
1			1	3	2	11			2			
						4	3	1	6			
1				5		1		2	2			2
						2						
122	98	44	35	247	192	6036	61	117	91	57	102	103
138	**20**	**9**	**10**	**65**	**126**	**236**	**341**	**278**	**424**	**18**	**38**	**73**
	1			2		3	5	2	1		2	1
						1	1	1				
9	1				7	26	23	83	104		1	9
3	1		1		11	23	29	11	59		4	5
117	14	9	7	58	103	167	271	174	239	18	28	57
2	1		1	1	3	6	3	4	1		1	
7	2		1	4	2	10	9	3	20		2	1
9842	**1066**	**50913**	**33052**	**14465**	**3764**	**4740**	**3986**	**4038**	**2260**	**7049**	**5552**	**2390**
192	84	272	253	524	202	472	381	179	167	186	282	90
129	43	427	248	318	94	236	291	129	62	604	448	108
103	33	108	83	94	32	116	61	65	56	129	67	43
				2	2	7	4	2		1	1	
244	64	1377	997	479	43	105	67	101	72	60	335	43
454	149	3018	2765	636	169	67	94	88	68	309	686	176
812	43	2579	978	471	89	279	446	131	77	287	374	159
123	34	481	358	234	102	536	351	253	69	48	65	85
317	2	1643	1039	370	55	89	78	66	48	32	56	81
325	34	2408	1065	567	39	131	106	137	45	190	120	38
473	21	1748	1294	698	230	190	135	146	54	622	220	32
592	217	2293	812	319	587	56	116	108	62	172	211	65
18	2	60	12	11	3	12	104	10	2		6	

1-10 续表1

行业大类	法人单位数(个)	广州市	深圳市	珠海市	汕头市	佛山市	韶关市	河源市	梅州市
化学原料和化学制品制造业	11200	2163	1100	369	518	1489	210	43	57
医药制造业	1259	262	155	87	53	82	26	25	27
化学纤维制造业	308	28	31	6	15	48	1	3	4
橡胶和塑料制品业	26640	2233	6030	458	1301	3368	69	89	97
非金属矿物制品业	13396	874	997	205	192	1735	202	204	440
黑色金属冶炼和压延加工业	1862	196	127	23	20	566	59	28	35
有色金属冶炼和压延加工业	2579	203	380	37	19	741	44	18	24
金属制品业	33899	2319	5297	369	350	6620	84	76	95
通用设备制造业	14902	1720	3088	347	334	2756	154	40	74
专用设备制造业	18473	1750	5336	535	330	2186	133	49	97
汽车制造业	2122	718	279	52	46	364	23	5	43
铁路、船舶、航空航天和其他运输设备制造业	1560	338	257	65	24	192	8	5	7
电气机械和器材制造业	31022	2056	7289	568	321	4132	73	107	107
计算机、通信和其他电子设备制造业	28744	2464	14525	819	193	888	34	169	362
仪器仪表制造业	4378	470	2268	176	50	168	17	41	13
其他制造业	2249	210	597	34	89	175	8	31	10
废弃资源综合利用业	1102	60	17	7	88	272	31	18	30
金属制品、机械和设备修理业	1519	444	372	79	31	109	21	7	20
电力、热力、燃气及水生产和供应业	**8431**	**193**	**164**	**56**	**91**	**148**	**1047**	**609**	**1331**
电力、热力生产和供应业	6643	66	63	31	28	31	967	535	1233
燃气生产和供应业	310	23	17	6	12	23	23	11	15
水的生产和供应业	1478	104	84	19	51	94	57	63	83
建筑业	**23936**	**3931**	**3435**	**2242**	**583**	**1377**	**295**	**364**	**442**
房屋建筑业	3838	573	463	403	144	217	66	91	145
土木工程建筑业	3472	596	503	446	71	258	37	53	69
建筑安装业	4710	1169	623	330	77	337	47	46	31
建筑装饰和其他建筑业	11916	1593	1846	1063	291	565	145	174	197
批发和零售业	**291131**	**65157**	**84248**	**13003**	**7880**	**28178**	**3329**	**2638**	**2690**
批发业	190486	47665	61186	9340	4296	18305	2155	1169	1156
零售业	100645	17492	23062	3663	3584	9873	1174	1469	1534
交通运输、仓储和邮政业	**26682**	**5798**	**9225**	**1104**	**891**	**1618**	**294**	**204**	**291**

惠州市	汕尾市	东莞市	中山市	江门市	阳江市	湛江市	茂名市	肇庆市	清远市	潮州市	揭阳市	云浮市
549	25	1619	779	846	49	192	250	307	245	165	99	126
42	4	48	73	42	18	54	97	35	20	31	60	18
7		76	22	37		2	3	9	2	2	12	
934	78	5932	2837	1234	159	383	275	241	109	307	441	65
405	50	962	854	556	144	538	559	417	476	2512	386	688
32	6	252	78	139	37	13	42	35	58	13	101	2
68	3	404	177	126	18	29	16	126	81	18	30	17
860	53	5571	5121	2835	1349	260	129	565	112	927	640	267
347	10	3517	1302	496	119	107	48	203	62	58	83	37
449	20	4571	1716	484	59	211	64	164	57	73	143	46
53	1	226	114	105	7	16	8	32	11	3	13	3
48	14	138	71	280	14	34	13	11	10	9	18	4
744	15	4521	8104	1521	53	387	133	186	69	157	434	45
1213	34	5214	1430	765	26	36	68	143	41	69	137	114
120	1	753	180	32	10	9	4	25	5	11	22	3
101	4	502	179	182	21	12	11	14	6	28	11	24
54	12	56	56	29	27	86	8	98	101	18	27	7
34	10	137	55	33	7	75	24	12	13	8	24	4
312	**196**	**184**	**104**	**216**	**406**	**145**	**645**	**624**	**1155**	**206**	**306**	**293**
185	133	33	20	115	361	34	566	530	1084	139	253	236
6	12	19	14	13	8	23	12	12	11	38	6	6
121	51	132	70	88	37	88	67	82	60	29	47	51
2503	**91**	**3086**	**2017**	**946**	**373**	**573**	**441**	**381**	**322**	**181**	**227**	**126**
193	38	327	199	186	110	160	140	75	54	96	112	46
398	18	266	217	147	63	89	61	64	45	19	31	21
427	12	623	443	168	35	88	46	72	69	28	26	13
1485	23	1870	1158	445	165	236	194	170	154	38	58	46
8264	**875**	**23378**	**12516**	**7434**	**3064**	**7524**	**8030**	**3102**	**2542**	**1701**	**3032**	**2546**
4666	321	13121	6239	4491	1537	4035	4839	1713	1382	671	1466	733
3598	554	10257	6277	2943	1527	3489	3191	1389	1160	1030	1566	1813
766	**135**	**1992**	**869**	**685**	**219**	**765**	**408**	**391**	**365**	**245**	**241**	**176**

1-10 续表2

行业大类	法人单位数(个)	广州市	深圳市	珠海市	汕头市	佛山市	韶关市	河源市	梅州市
铁路运输业	20	8	4			1			
道路运输业	9345	1735	2490	273	359	723	208	141	192
水上运输业	1324	214	225	120	77	90	12	11	7
航空运输业	150	15	86	11	9	2		1	1
管道运输业	16	3	4	1		1		1	
装卸搬运和运输代理业	**12899**	**3290**	**5742**	**527**	**378**	**597**	**37**	**21**	**22**
仓储业	1583	381	300	117	45	131	27	11	26
邮政业	1345	152	374	55	23	73	10	18	43
住宿和餐饮业	**18606**	**4888**	**3661**	**714**	**507**	**1678**	**321**	**244**	**218**
住宿业	7491	1755	1336	329	202	647	135	140	129
餐饮业	11115	3133	2325	385	305	1031	186	104	89
信息传输、软件和信息技术服务业	**27126**	**7955**	**11013**	**1498**	**409**	**1284**	**124**	**149**	**147**
电信、广播电视和卫星传输服务	1049	251	169	40	34	54	20	26	15
互联网和相关服务	3146	791	795	139	102	232	18	27	31
软件和信息技术服务业	22931	6913	10049	1319	273	998	86	96	101
金融业	**2310**	**399**	**556**	**99**	**75**	**147**	**64**	**45**	**51**
货币金融服务	949	130	174	48	33	63	33	27	24
资本市场服务	150	25	119	1					
保险业	1096	218	200	45	39	84	30	18	27
其他金融业	115	26	63	5	3		1		
房地产业	41719	11130	7034	2163	859	3244	673	550	390
房地产业	41719	11130	7034	2163	859	3244	673	550	390
租赁和商务服务业	**131863**	**31110**	**29652**	**5594**	**1898**	**10459**	**1533**	**898**	**959**
租赁业	2966	709	931	284	27	154	34	23	24
商务服务业	128897	30401	28721	5310	1871	10305	1499	875	935
科学研究和技术服务业	**35982**	**10486**	**11562**	**1727**	**555**	**3184**	**407**	**454**	**309**
研究和试验发展	5715	2163	2031	532	51	226	48	26	31
专业技术服务业	23936	6865	8141	966	391	2086	260	204	191
科技推广和应用服务业	6331	1458	1390	229	113	872	99	224	87
水利、环境和公共设施管理业	**5549**	**892**	**493**	**197**	**161**	**528**	**227**	**192**	**184**
水利管理业	1354	103	57	37	50	47	69	60	73

惠州市	汕尾市	东莞市	中山市	江门市	阳江市	湛江市	茂名市	肇庆市	清远市	潮州市	揭阳市	云浮市
1		1		2		1	1					1
349	66	689	307	276	105	357	243	219	230	161	138	84
54	9	65	28	82	19	113	19	62	58	18	20	21
3	2	9		2	2	2		1			3	1
2						1	3					
216	**11**	**904**	**435**	**183**	**57**	**222**	**74**	**52**	**35**	**26**	**30**	**40**
69	25	146	34	83	19	44	46	21	16	12	16	14
72	22	178	65	57	17	25	22	36	26	28	34	15
587	**184**	**1515**	**1311**	**504**	**316**	**549**	**373**	**287**	**192**	**203**	**205**	**149**
331	106	730	452	190	94	239	150	160	122	83	93	68
256	78	785	859	314	222	310	223	127	70	120	112	81
606	**63**	**1485**	**663**	**421**	**151**	**284**	**234**	**208**	**169**	**102**	**100**	**61**
42	26	46	17	36	30	49	41	43	22	45	26	17
191	26	322	93	71	51	52	64	28	56	15	29	13
373	11	1117	553	314	70	183	129	137	91	42	45	31
109	**26**	**127**	**95**	**104**	**44**	**67**	**55**	**69**	**64**	**41**	**42**	**31**
55	13	56	40	52	23	29	18	38	31	22	24	16
1		3	1									
53	12	63	54	48	21	35	36	31	33	18	16	15
	1	5		4		3	1			1	2	
3676	165	3537	1754	1414	694	977	731	930	955	207	272	364
3676	165	3537	1754	1414	694	977	731	930	955	207	272	364
11596	**289**	**10682**	**5173**	**6645**	**1622**	**2684**	**3993**	**2854**	**1250**	**562**	**1521**	**889**
130	8	204	100	57	36	52	59	36	64	4	16	14
11466	281	10478	5073	6588	1586	2632	3934	2818	1186	558	1505	875
1032	**128**	**1568**	**607**	**533**	**499**	**621**	**611**	**596**	**346**	**241**	**230**	**286**
69	12	142	77	57	19	61	36	37	22	32	31	12
786	84	1121	417	354	274	333	362	428	253	133	111	176
177	32	305	113	122	206	227	213	131	71	76	88	98
383	**78**	**365**	**182**	**248**	**156**	**198**	**219**	**279**	**209**	**145**	**96**	**117**
60	46	52	27	83	54	96	98	116	62	70	55	39

1-10 续表3

行业大类	法人单位数(个)	广州市	深圳市	珠海市	汕头市	佛山市	韶关市	河源市	梅州市
生态保护和环境治理业	783	163	108	36	12	75	37	23	16
公共设施管理业	3412	626	328	124	99	406	121	109	95
居民服务、修理和其他服务业	**17589**	**4255**	**4121**	**813**	**538**	**1637**	**191**	**142**	**131**
居民服务业	6875	1705	1756	228	196	641	57	33	56
机动车、电子产品和日用产品修理业	7704	1774	1637	400	277	801	94	56	59
其他服务业	3010	776	728	185	65	195	40	53	16
教育	**36113**	**4531**	**3770**	**897**	**1958**	**2021**	**862**	**1344**	**854**
教育	36113	4531	3770	897	1958	2021	862	1344	854
卫生和社会工作	**10362**	**1668**	**1040**	**398**	**334**	**730**	**483**	**235**	**605**
卫生	8251	1327	847	338	243	353	367	198	500
社会工作	2111	341	193	60	91	377	116	37	105
文化、体育和娱乐业	**14695**	**3119**	**2121**	**607**	**518**	**1136**	**397**	**209**	**303**
新闻和出版业	466	224	69	18	14	16	6	10	5
广播、电视、电影和影视录音制作业	1117	253	247	57	49	52	25	15	30
文化艺术业	3358	638	571	215	134	226	119	75	104
体育	2034	757	329	75	38	125	75	13	42
娱乐业	7720	1247	905	242	283	717	172	96	122
公共管理、社会保障和社会组织	**68194**	**8390**	**3762**	**1678**	**3195**	**2457**	**5966**	**2768**	**4244**
中国共产党机关	1205	100	13	29	54	30	98	39	153
国家机构	19758	2324	1151	566	704	639	1042	834	1131
人民政协、民主党派	382	45	15	17	16	21	22	7	28
社会保障	399	78	6	8	18	13	23	8	38
群众团体、社会团体和其他成员组织	20941	3178	1848	747	1354	1019	3343	477	664
基层群众自治组织	25509	2665	729	311	1049	735	1438	1403	2230

惠州市	汕尾市	东莞市	中山市	江门市	阳江市	湛江市	茂名市	肇庆市	清远市	潮州市	揭阳市	云浮市
48	6	79	26	25	11	17	23	32	19	13	8	6
275	26	234	129	140	91	85	98	131	128	62	33	72
457	**65**	**1576**	**1681**	**372**	**161**	**402**	**288**	**186**	**175**	**145**	**141**	**112**
131	25	603	736	146	75	147	90	64	40	59	55	32
144	34	628	823	171	62	205	181	63	98	74	75	48
182	6	345	122	55	24	50	17	59	37	12	11	32
1603	**916**	**1927**	**1322**	**1178**	**1176**	**2951**	**2969**	**1170**	**937**	**1052**	**1971**	**704**
1603	916	1927	1322	1178	1176	2951	2969	1170	937	1052	1971	704
378	**151**	**729**	**295**	**412**	**202**	**548**	**908**	**334**	**258**	**200**	**219**	**235**
308	128	630	243	280	177	502	830	268	218	152	158	184
70	23	99	52	132	25	46	78	66	40	48	61	51
648	**163**	**1479**	**707**	**494**	**249**	**608**	**404**	**388**	**355**	**297**	**297**	**196**
12	4	18	6	13	9	11	8	9	8	2	2	2
36	8	87	23	34	24	37	29	33	20	13	33	12
101	54	208	73	118	53	109	145	88	70	132	68	57
23	12	105	248	35	13	26	12	46	25	23	9	3
476	85	1061	357	294	150	425	210	212	232	127	185	122
3117	**1852**	**2170**	**1040**	**3769**	**2102**	**3737**	**4391**	**3280**	**2971**	**2124**	**3007**	**2174**
75	34	25	14	41	41	105	61	94	48	28	65	58
1113	634	1034	346	987	810	1270	1263	1014	866	493	793	744
16	16	10	9	30	14	22	20	13	20	24	8	9
14	6	28	6	28	14	17	19	13	13	20	16	13
733	293	502	386	1383	442	563	1165	627	815	558	451	393
1166	869	571	279	1300	781	1760	1863	1519	1209	1001	1674	957

1-11 按行业（大类）、地区

行业大类	从业人员数（人）	广州市	深圳市	珠海市	汕头市	佛山市	韶关市	河源市	梅州市
总计	**39471685**	**6795263**	**9704094**	**1089531**	**1180067**	**3321496**	**599917**	**399468**	**529969**
农、林、牧、渔业	**99597**	**3091**	**690**	**671**	**1232**	**1702**	**6261**	**3432**	**2967**
农业	11917	341		26		183	50	20	300
林业	5917	9	52				310	1	54
畜牧业	2524	120	225					108	
渔业	310	160							72
农、林、牧、渔服务业	78929	2461	413	645	1232	1519	5901	3303	2541
采矿业	**98840**	**741**	**5200**	**412**	**1071**	**829**	**12728**	**9304**	**7866**
煤炭开采和洗选业	892		373				292	5	56
石油和天然气开采业	5846	114	3453	322				8	
黑色金属矿采选业	17649					9	2507	2826	1659
有色金属矿采选业	12674	38	66			45	5715	1077	1357
非金属矿采选业	58259	533	173	87	927	773	4185	5311	4633
开采辅助活动	2323	20	1087		93		28	15	31
其他采矿业	1197	36	48	3	51	2	1	62	130
制造业	**20589868**	**2169600**	**4842957**	**530744**	**620184**	**2222758**	**159500**	**161333**	**154441**
农副食品加工业	247597	21283	11978	4515	13261	15790	2607	2905	3233
食品制造业	290975	75314	21134	8083	15502	18405	1656	2088	2328
酒、饮料和精制茶制造业	113809	29443	8706	2999	3020	10904	1805	2057	4073
烟草制品业	9252	5169	1132	37	1011		836		472
纺织业	604375	67872	32663	6913	49709	91611	7382	7537	2064
纺织服装、服饰业	1567564	257143	191599	30580	177462	101714	2103	12007	5460
皮革、毛皮、羽毛及其制品和制鞋业	1216278	193325	100845	14193	7710	79035	2571	12891	5381
木材加工和木、竹、藤、棕、草制品业	176140	14075	10117	1840	1077	20574	5146	2068	3629
家具制造业	573412	50858	85342	5344	9070	121837	1195	484	8333
造纸和纸制品业	422712	35390	86741	7462	15368	34321	2233	1121	1414
印刷和记录媒介复制业	456861	47549	99514	8239	26913	42956	2012	3078	2762
文教、工美、体育和娱乐用品制造业	1178739	124216	239679	12032	106737	61938	34790	16060	12134

分组的法人单位从业人员数

惠州市	汕尾市	东莞市	中山市	江门市	阳江市	湛江市	茂名市	肇庆市	清远市	潮州市	揭阳市	云浮市
1614963	**440933**	**5301054**	**1919605**	**1164773**	**569824**	**861520**	**948188**	**764310**	**570350**	**526900**	**807966**	**361494**
1579	**1247**	**605**	**324**	**2710**	**3976**	**57720**	**3894**	**1480**	**2073**	**485**	**2172**	**1286**
4			5	82	14	10838			54			
						1860	3076	43	512			
92				385		22		99	741			732
						78						
1483	1247	605	319	2243	3962	44922	818	1338	766	485	2172	554
3806	**378**	**234**	**207**	**1586**	**4059**	**7781**	**14543**	**10770**	**6309**	**308**	**1101**	**9607**
	4			6		39	57	2	1		45	12
						1948	1					
326	17				342	257	2249	3149	1133		8	3167
178	8		3		149	367	887	994	1231		164	395
3130	321	234	196	1566	3490	4194	11050	6479	3805	308	844	6020
41	6		7	3	47	799	67	52			27	
131	22		1	11	31	177	232	94	139		13	13
995386	**284886**	**4047030**	**1392023**	**671679**	**269506**	**211218**	**218393**	**404574**	**243248**	**353082**	**480573**	**156753**
7186	7620	12586	6536	11043	20947	46646	20539	6308	7950	8339	11438	4887
5154	3967	24835	16272	19075	4532	7688	8393	5331	2838	23157	22847	2376
3394	1821	12829	7650	3968	1435	4456	2565	3693	2217	2873	3170	731
				35	155	165	176	42		2	20	
16579	39986	101753	41138	34824	3706	4579	7453	15673	9647	3280	55067	4939
56086	44436	300817	163429	50750	15401	2713	5634	12848	8269	21803	88595	18715
83005	7189	397791	81025	26031	5165	11225	25459	29539	45367	27224	54011	7296
6025	2250	18770	8313	7419	11310	16922	25734	11719	2343	1087	2050	3672
32251	11	147113	53467	20176	6057	10273	4535	8512	2165	1046	3172	2171
12589	1839	123315	34970	18486	3384	7774	4223	9587	3119	8816	7231	3329
18383	2142	87187	25319	31920	8518	4673	2772	7376	5289	18749	10618	892
43902	74960	283925	67256	14085	20854	1358	9838	11176	13949	7009	19227	3614

1-11 续表1

行业大类	从业人员数（人）	广州市	深圳市	珠海市	汕头市	佛山市	韶关市	河源市	梅州市
石油加工、炼焦和核燃料加工业	31345	7913	840	1558	76	2377	21	29	1
化学原料和化学制品制造业	492769	118420	47460	17434	27025	60053	15025	1514	1902
医药制造业	140360	38968	20090	11748	5037	8258	1725	2188	2153
化学纤维制造业	21344	1153	2786	1149	634	2897	1	115	287
橡胶和塑料制品业	1392999	105113	361391	26779	61155	120568	3878	7074	6256
非金属矿物制品业	853996	39967	91014	11614	5783	159866	9740	10189	22415
黑色金属冶炼和压延加工业	141947	13202	5670	4843	482	31198	14559	4272	3467
有色金属冶炼和压延加工业	200986	14083	17065	1884	1776	66928	6538	1156	1380
金属制品业	1452285	99106	242644	21734	11539	236741	4563	1873	4051
通用设备制造业	712768	92503	174511	28102	9841	112256	6074	1481	2938
专用设备制造业	722562	57015	252419	26059	11061	78604	5056	6851	2746
汽车制造业	374386	142392	61553	10098	12602	48897	2235	17	4271
铁路、船舶、航空航天和其他运输设备制造业	191812	66029	31683	7237	1247	12746	190	985	303
电气机械和器材制造业	2427603	144513	660531	88305	20164	515078	11063	19041	7561
计算机、通信和其他电子设备制造业	4021343	261968	1775420	157836	14709	126956	8069	36483	40857
仪器仪表制造业	363860	25304	171114	8989	2364	24068	3944	3434	1397
其他制造业	102872	6964	28172	793	3430	4540	201	2077	260
废弃资源综合利用业	53138	1625	442	387	3643	10704	1880	189	713
金属制品、机械和设备修理业	33779	11725	8702	1958	776	938	402	69	200
电力、热力、燃气及水生产和供应业	**377501**	**140417**	**21612**	**3783**	**10976**	**12897**	**19863**	**9541**	**20879**
电力、热力生产和供应业	283824	126413	12214	1242	6851	3383	17670	8107	17427
燃气生产和供应业	17791	4462	632	601	468	2190	486	225	434
水的生产和供应业	75886	9542	8766	1940	3657	7324	1707	1209	3018
建筑业	**2480175**	**479649**	**642326**	**110733**	**158300**	**100126**	**93759**	**20240**	**88321**
房屋建筑业	1371587	236441	221575	40984	119559	60492	61424	14170	73857
土木工程建筑业	432977	121477	83056	39926	27159	14044	26947	3033	6776
建筑安装业	275458	57574	119122	8262	5379	12649	3150	1356	2188
建筑装饰和其他建筑业	400153	64157	218573	21561	6203	12941	2238	1681	5500
批发和零售业	**3494930**	**910779**	**1052123**	**104436**	**80653**	**244186**	**43910**	**27381**	**38491**
批发业	2206957	626441	718514	66993	48317	143763	29071	12315	18645
零售业	1287973	284338	333609	37443	32336	100423	14839	15066	19846

惠州市	汕尾市	东莞市	中山市	江门市	阳江市	湛江市	茂名市	肇庆市	清远市	潮州市	揭阳市	云浮市
2371	20	836	403	311	32	1202	11919	424	34		978	
22641	2321	53761	27759	27378	2671	5116	15061	19584	8024	5253	8444	5923
4472	28	4316	6357	3284	1509	3304	5464	5549	1234	1925	10299	2452
334		3675	480	3815		6	71	1201	239	29	2472	
66470	39969	350572	94820	40776	11262	9681	12512	18357	12102	8140	33106	3018
19888	5996	58860	29095	37133	12050	20563	24507	52773	49271	147187	16333	29752
1972	117	10417	3942	8761	8967	157	4780	3538	5866	1307	14401	29
2561	18	22572	11461	5886	4952	749	811	23658	12907	1566	2235	800
52727	6873	234106	120599	115571	97980	6559	5640	61493	3348	40015	58104	27019
16284	317	150287	62256	15925	6702	2789	2122	13623	4746	3329	3438	3244
19626	294	165006	41757	11475	5215	8447	4156	10069	2130	2465	9340	2771
27689	2	26226	13049	8484	893	795	151	11013	2652	41	938	388
5415	846	15322	3911	34810	707	4774	552	2670	748	77	1438	122
81882	3134	401556	308306	66889	6124	24233	4609	15393	12238	8079	23719	5185
367644	37137	921645	129182	47298	2988	1738	7563	31491	10509	8113	11426	22311
9444	248	87468	18395	1531	383	90	126	1439	1003	1086	1892	141
5758	158	26087	13649	3526	2672	226	201	1450	711	642	636	719
3224	889	921	377	476	2797	1147	278	8456	11991	353	2467	179
430	298	2476	850	538	138	1170	549	589	342	90	1461	78
10782	**8063**	**12076**	**8738**	**6084**	**11537**	**8995**	**17737**	**10635**	**14550**	**11508**	**11168**	**5660**
5561	5484	4408	4560	2813	8819	5315	14286	7184	12684	6824	8165	4414
545	188	1068	782	96	538	832	377	373	147	3154	86	107
4676	2391	6600	3396	3175	2180	2848	3074	3078	1719	1530	2917	1139
56123	**7996**	**102886**	**68214**	**77693**	**67196**	**116555**	**126868**	**37408**	**34817**	**16970**	**54931**	**19064**
29559	6516	42021	20342	65033	59940	95032	106565	23094	20666	14010	43421	16886
8501	967	18702	27174	3872	3773	13696	12996	7220	3330	1261	7892	1175
8537	127	15322	11090	4909	1241	4081	3053	4141	9418	1061	2271	527
9526	386	26841	9608	3879	2242	3746	4254	2953	1403	638	1347	476
106889	**15888**	**259997**	**103423**	**63516**	**40974**	**83532**	**134918**	**48233**	**22549**	**22823**	**51428**	**38801**
65370	6289	137287	49205	31182	22535	44618	90358	27576	11213	10466	26702	20097
41519	9599	122710	54218	32334	18439	38914	44560	20657	11336	12357	24726	18704

1-11 续表2

行业大类	从业人员数（人）	广州市	深圳市	珠海市	汕头市	佛山市	韶关市	河源市	梅州市
交通运输、仓储和邮政业	**1339798**	**523281**	**384751**	**33062**	**26966**	**61109**	**14266**	**9209**	**10347**
铁路运输业	151752	113269	37671			113			
道路运输业	556284	153677	150704	16739	13620	35833	9966	6571	6411
水上运输业	79513	27953	13025	2933	1922	3766	386	140	412
航空运输业	105518	75667	25860	2104	1447	18		13	11
管道运输业	453	44	41	5		2		19	
装卸搬运和运输代理业	209812	62442	93752	6526	6791	7003	1524	226	255
仓储业	56522	14387	20815	1954	687	4142	643	249	564
邮政业	179944	75842	42883	2801	2499	10232	1747	1991	2694
住宿和餐饮业	**853098**	**225243**	**199757**	**31575**	**15865**	**61745**	**13796**	**9738**	**10218**
住宿业	382103	85583	63927	20092	9601	25355	7695	6524	7665
餐饮业	470995	139660	135830	11483	6264	36390	6101	3214	2553
信息传输、软件和信息技术服务业	**706338**	**228147**	**305762**	**31380**	**7797**	**22517**	**3880**	**4058**	**4581**
电信、广播电视和卫星传输服务	157460	45470	33647	3303	4916	7576	3086	3479	3565
互联网和相关服务	63574	15340	34127	931	704	2568	59	101	157
软件和信息技术服务业	485304	167337	237988	27146	2177	12373	735	478	859
金融业	**515220**	**56907**	**374145**	**4057**	**3838**	**13035**	**1397**	**2057**	**3099**
货币金融服务	224627	37212	111632	3798	3710	11407	1335	2047	3043
资本市场服务	66857	14172	48529	64					
保险业	219371	4945	210549	178	106	1628	61	10	56
其他金融业	4365	578	3435	17	22		1		
房地产业	**1165328**	**329354**	**344152**	**46178**	**16410**	**81264**	**13390**	**9994**	**7359**
房地产业	1165328	329354	344152	46178	16410	81264	13390	9994	7359
租赁和商务服务业	**1916500**	**514737**	**564921**	**47712**	**19750**	**146001**	**24278**	**7505**	**8724**
租赁业	42620	12995	15172	2216	413	1160	312	89	1216
商务服务业	1873880	501742	549749	45496	19337	144841	23966	7416	7508
科学研究和技术服务业	**681854**	**232137**	**244053**	**18332**	**7737**	**42660**	**7317**	**4828**	**4031**
研究和试验发展	114116	48892	43500	4306	717	2130	511	296	498
专业技术服务业	492377	161991	180764	12749	6162	32288	4601	2997	2629
科技推广和应用服务业	75361	21254	19789	1277	858	8242	2205	1535	904
水利、环境和公共设施管理业	**206033**	**48321**	**27223**	**7674**	**5429**	**18800**	**8135**	**3772**	**6521**

惠州市	汕尾市	东莞市	中山市	江门市	阳江市	湛江市	茂名市	肇庆市	清远市	潮州市	揭阳市	云浮市
33442	**6000**	**76254**	**26675**	**22554**	**10780**	**32653**	**17025**	**14961**	**12757**	**7097**	**8667**	**7942**
215		68		137		41	50					188
20964	3323	45373	16904	14140	6742	11118	10350	9968	9526	4605	4339	5411
1399	191	2911	1903	2311	651	14666	967	1878	716	626	465	292
22	20	76		8	12	154		4			74	28
263						56	23					
2661	137	12946	3984	1539	830	3536	2542	888	707	214	727	582
1677	566	6100	709	885	606	710	862	378	86	141	234	127
6241	1763	8780	3175	3534	1939	2372	2231	1845	1722	1511	2828	1314
29906	**7162**	**88690**	**38738**	**22355**	**13257**	**24783**	**13676**	**12982**	**13765**	**5261**	**8786**	**5800**
18953	3455	55897	18069	12752	3108	11135	6428	6613	9282	2509	4425	3035
10953	3707	32793	20669	9603	10149	13648	7248	6369	4483	2752	4361	2765
10465	**4105**	**27733**	**12409**	**5135**	**3007**	**6975**	**7255**	**5873**	**4487**	**3386**	**4695**	**2691**
5311	3816	7596	4066	3135	2040	5139	5102	3844	3562	2918	3889	2000
1467	160	3849	679	365	481	412	803	366	395	145	280	185
3687	129	16288	7664	1635	486	1424	1350	1663	530	323	526	506
5132	**1307**	**14860**	**3209**	**4588**	**2071**	**7795**	**4075**	**4330**	**2762**	**1845**	**3259**	**1452**
3676	1302	10692	2972	4484	2021	7693	4017	4323	2721	1842	3248	1452
1347		2718	27									
109		1261	210	80	50	29	51	7	41			
	5	189		24		73	7			3	11	
61984	**3906**	**73387**	**40870**	**21939**	**13203**	**20342**	**19603**	**20781**	**22038**	**4295**	**7237**	**7642**
61984	3906	73387	40870	21939	13203	20342	19603	20781	22038	4295	7237	7642
72621	**4125**	**169784**	**56599**	**48347**	**15049**	**36731**	**110236**	**22914**	**13324**	**5874**	**15864**	**11404**
1421	42	3354	885	250	299	441	957	347	495	9	338	209
71200	4083	166430	55714	48097	14750	36290	109279	22567	12829	5865	15526	11195
14318	**1745**	**37183**	**11565**	**8755**	**6164**	**8568**	**10289**	**7430**	**5382**	**3046**	**2684**	**3630**
871	247	7075	588	728	180	1332	610	627	187	246	428	147
11780	1189	26080	10144	7023	3840	5396	6956	5569	4511	1930	1581	2197
1667	309	4028	833	1004	2144	1840	2723	1234	684	870	675	1286
10575	**2474**	**13005**	**6267**	**8913**	**3861**	**7871**	**5978**	**6901**	**5900**	**3644**	**2392**	**2377**

1-11 续表3

行业大类	从业人员数（人）	广州市	深圳市	珠海市	汕头市	佛山市	韶关市	河源市	梅州市
水利管理业	31126	2984	2448	662	1317	1766	1338	804	1173
生态保护和环境治理业	17819	4241	4591	504	114	1326	464	409	202
公共设施管理业	157088	41096	20184	6508	3998	15708	6333	2559	5146
居民服务、修理和其他服务业	**376450**	**102104**	**130670**	**10465**	**5728**	**24581**	**2432**	**1437**	**1414**
居民服务业	125811	32614	37035	3462	2325	10312	935	566	828
机动车、电子产品和日用产品修理业	93854	23606	25456	3654	2638	8317	1122	672	381
其他服务业	156785	45884	68179	3349	765	5952	375	199	205
教育	**1625519**	**298034**	**167417**	**36042**	**74807**	**103140**	**46099**	**44949**	**55808**
教育	1625519	298034	167417	36042	74807	103140	46099	44949	55808
卫生和社会工作	**671249**	**159542**	**76411**	**16415**	**23319**	**48510**	**20196**	**15096**	**23109**
卫生	633991	148627	70797	15728	22279	43914	19056	14800	22259
社会工作	37258	10915	5614	687	1040	4596	1140	296	850
文化、体育和娱乐业	**267284**	**81422**	**51401**	**7564**	**7363**	**15345**	**4879**	**3113**	**4253**
新闻和出版业	29365	18110	3748	916	579	237	166	355	180
广播、电视、电影和影视录音制作业	42650	11412	7435	1019	1362	1244	1399	715	1649
文化艺术业	47582	11361	8652	1595	1901	2981	1516	1166	1062
体育	48704	14627	11904	2001	445	2918	679	109	499
娱乐业	98983	25912	19662	2033	3076	7965	1119	768	863
公共管理、社会保障和社会组织	**2006103**	**291757**	**268523**	**48296**	**92642**	**100291**	**103831**	**52481**	**77540**
中国共产党机关	28567	5552	578	365	1479	1001	1476	627	3273
国家机构	1169196	200684	146732	24926	41802	65812	43605	36676	44098
人民政协、民主党派	6814	1703	400	331	197	349	319	212	266
社会保障	13236	2954	1813	931	317	725	660	286	626
群众团体、社会团体和其他成员组织	520792	57873	106341	18804	33085	13216	46214	6733	15195
基层群众自治组织	267498	22991	12659	2939	15762	19188	11557	7947	14082

惠州市	汕尾市	东莞市	中山市	江门市	阳江市	湛江市	茂名市	肇庆市	清远市	潮州市	揭阳市	云浮市
1770	894	1726	927	1747	936	2260	2212	1428	939	1615	1759	421
1121	140	1776	442	273	208	291	570	385	303	237	91	131
7684	1440	9503	4898	6893	2717	5320	3196	5088	4658	1792	542	1825
6605	**743**	**42968**	**18177**	**5299**	**2220**	**4484**	**4687**	**3583**	**3242**	**2086**	**2192**	**1333**
2073	381	13543	10011	2385	1436	1959	1547	1057	1231	906	839	366
1790	314	8091	6038	2418	604	1525	2758	887	1188	724	1145	526
2742	48	21334	2128	496	180	1000	382	1639	823	456	208	441
72049	**37445**	**104141**	**46480**	**56068**	**38629**	**99911**	**100138**	**56873**	**52003**	**31723**	**69346**	**34417**
72049	37445	104141	46480	56068	38629	99911	100138	56873	52003	31723	69346	34417
28062	**9753**	**46674**	**21163**	**28172**	**12882**	**32991**	**30516**	**23600**	**18996**	**9442**	**14522**	**11878**
27061	8671	43971	20366	26843	12451	32443	29111	22954	18546	8796	13840	11478
1001	1082	2703	797	1329	431	548	1405	646	450	646	682	400
10031	**3174**	**22910**	**8651**	**5584**	**4221**	**9546**	**6743**	**5815**	**4688**	**3778**	**4639**	**2164**
562	93	767	665	357	392	876	440	191	212	160	262	97
1657	246	2577	814	1099	996	2490	1558	1100	986	553	1573	766
1100	1695	2575	1084	1136	903	1838	1769	1320	788	1432	1251	457
1400	203	5715	2408	1140	496	496	174	1061	1229	725	463	12
5312	937	11276	3680	1852	1434	3846	2802	2143	1473	908	1090	832
85208	**40536**	**160637**	**55873**	**103796**	**47232**	**83069**	**101614**	**65167**	**87460**	**40247**	**62310**	**37593**
1951	636	364	342	937	1074	2288	1503	1498	1150	493	1329	651
61849	24534	79607	34007	51292	32362	54800	57953	43788	45198	16293	38150	25028
211	362	92	79	272	241	362	426	169	299	245	138	141
673	118	686	186	565	532	310	488	294	364	151	322	235
12955	8545	47750	11596	32160	6586	9675	29655	10382	27312	13198	7816	5701
7569	6341	32138	9663	18570	6437	15634	11589	9036	13137	9867	14555	5837

1–12 按行业（大类）、开业

行业大类	法人单位数（个）	1949年以前	1950–1977年	1978–1991年	1992–1995年	1996年	1997年	1998年	1999年	2000年
总计	**1072645**	**4384**	**20815**	**38849**	**34883**	**8896**	**9821**	**16240**	**25357**	**19530**
农、林、牧、渔业	**8613**	**3**	**200**	**186**	**175**	**22**	**8**	**28**	**60**	**136**
农业	41		3	6	2		1	1	1	
林业	25		13	6	2					
畜牧业	17			1	1	1				2
渔业	4									
农、林、牧、渔服务业	8526	3	184	173	170	21	7	27	59	134
采矿业	**2796**	**1**	**16**	**61**	**92**	**23**	**14**	**31**	**32**	**60**
煤炭开采和洗选业	35									
石油和天然气开采业	9				1	1			1	1
黑色金属矿采选业	363		1	9	6	4	2	1	3	5
有色金属矿采选业	244		3	8	6	2		4	5	7
非金属矿采选业	1994	1	12	40	72	15	11	26	20	44
开采辅助活动	55			3	6				2	1
其他采矿业	96			1	1	1	1		1	2
制造业	**300948**	**32**	**580**	**5188**	**9764**	**2322**	**2779**	**3443**	**3807**	**5664**
农副食品加工业	5055		62	250	248	76	96	109	116	151
食品制造业	5180	1	26	218	329	92	77	149	140	146
酒、饮料和精制茶制造业	1716		17	88	99	27	28	48	55	52
烟草制品业	34		2	5	6				1	2
纺织业	8338	2	33	243	449	81	98	120	117	212
纺织服装、服饰业	20722	1	14	356	718	153	172	181	216	368
皮革、毛皮、羽毛及其制品和制鞋业	12387		12	198	401	87	83	108	112	174
木材加工和木、竹、藤、棕、草制品业	4316		19	78	110	36	32	44	48	90
家具制造业	10082		7	83	220	71	141	124	112	146
造纸和纸制品业	10521	2	16	185	355	103	91	130	138	216
印刷和记录媒介复制业	12162	2	32	462	650	152	210	223	220	340
文教、工美、体育和娱乐用品制造业	12800	1	24	357	618	96	117	167	190	241
石油加工、炼焦和核燃料加工业	421			14	24	8	8	9	9	22

（成立）时间分组的法人单位数

2001年	2002年	2003年	2004年	2005年	2006年	2007年	2008年	2009年	2010年	2011年	2012年	2013年	无开业年份
24452	**28732**	**34828**	**38652**	**41553**	**47534**	**48379**	**55091**	**72114**	**92709**	**117817**	**132050**	**157553**	**2406**
65	**38**	**93**	**42**	**141**	**77**	**128**	**235**	**2136**	**1596**	**470**	**2076**	**692**	**6**
	1	2	1	1		1	1	5	4	8	2	1	
					1			2		1			
	1	1		3			4	1			1	1	
		1						2				1	
65	36	89	41	137	76	127	230	2126	1592	461	2073	689	6
80	**77**	**95**	**83**	**175**	**300**	**213**	**179**	**230**	**201**	**256**	**280**	**284**	**13**
1		1		2	3	2	1	7		5	3	10	
				1	1				1	1	1		
13	13	12	16	30	32	23	33	31	34	45	31	19	
7	12	11	8	16	25	21	16	18	16	20	10	23	6
55	50	69	58	117	237	155	123	167	138	159	210	208	7
2	1	1		4		3	2		5	9	8	8	
2	1	1	1	5	2	9	4	7	7	17	17	16	
8163	**9558**	**11680**	**13248**	**13637**	**16272**	**16722**	**16307**	**22255**	**28272**	**34738**	**37044**	**38790**	**683**
175	158	212	176	180	179	193	215	233	330	760	603	521	12
200	179	176	189	180	175	175	220	218	338	784	589	563	16
65	77	77	72	80	83	82	93	86	101	158	175	148	5
1	1	3	1	1	3	2	1			1	2	2	
309	395	429	454	426	519	479	425	567	649	753	867	686	25
511	626	739	877	787	1002	1077	1086	1580	2006	2430	2868	2937	17
256	300	377	468	545	631	659	693	963	1271	1675	1692	1671	11
100	122	166	156	192	252	273	258	312	400	523	516	574	15
178	217	288	386	435	543	520	504	698	1019	1009	1669	1699	13
330	397	465	475	458	592	673	521	866	999	1099	1181	1219	10
503	611	980	825	687	771	614	602	717	908	932	874	837	10
373	376	486	602	551	663	697	701	921	1160	1464	1452	1509	34
19	18	22	24	20	20	26	14	28	27	28	46	30	5

1–12 续表1

行业大类	法人单位数(个)	1949年以前	1950–1977年	1978–1991年	1992–1995年	1996年	1997年	1998年	1999年	2000年
化学原料和化学制品制造业	11200	2	34	222	506	136	198	221	257	344
医药制造业	1259	6	16	88	91	15	25	28	23	30
化学纤维制造业	308			10	19	4	4	1	4	6
橡胶和塑料制品业	26640	1	23	441	870	201	230	299	339	510
非金属矿物制品业	13396	2	40	312	555	139	128	216	209	321
黑色金属冶炼和压延加工业	1862		4	41	88	10	16	25	21	37
有色金属冶炼和压延加工业	2579	2	5	37	98	20	31	27	36	58
金属制品业	33899	3	45	386	764	205	223	320	373	615
通用设备制造业	14902	4	40	205	376	95	124	139	135	228
专用设备制造业	18473		33	181	370	91	111	140	173	247
汽车制造业	2122		7	23	54	16	18	12	31	34
铁路、船舶、航空航天和其他运输设备制造业	1560		19	59	81	16	16	26	42	51
电气机械和器材制造业	31022	3	23	277	753	206	221	278	318	482
计算机、通信和其他电子设备制造业	28744		12	185	570	131	196	222	247	397
仪器仪表制造业	4378		2	77	186	29	43	44	58	59
其他制造业	2249		3	49	96	7	22	14	32	34
废弃资源综合利用业	1102			13	13	8	8	10	16	18
金属制品、机械和设备修理业	1519		10	45	47	11	12	9	19	33
电力、热力、燃气及水生产和供应业	**8431**	**6**	**227**	**850**	**607**	**143**	**158**	**266**	**267**	**318**
电力、热力生产和供应业	6643	4	188	654	421	119	129	219	228	275
燃气生产和供应业	310		2	9	22	3	3	3	11	13
水的生产和供应业	1478	2	37	187	164	21	26	44	28	30
建筑业	**23936**	**3**	**254**	**975**	**1369**	**302**	**315**	**389**	**502**	**563**
房屋建筑业	3838	1	200	465	347	63	55	83	109	124
土木工程建筑业	3472	1	39	154	254	48	48	67	77	77
建筑安装业	4710	1	7	170	326	82	103	114	152	154
建筑装饰和其他建筑业	11916		8	186	442	109	109	125	164	208
批发和零售业	**291131**	**14**	**938**	**4745**	**5459**	**1819**	**2169**	**2814**	**3534**	**4591**
批发业	190486	6	521	2809	3350	1125	1372	1738	2321	2955
零售业	100645	8	417	1936	2109	694	797	1076	1213	1636

2001年	2002年	2003年	2004年	2005年	2006年	2007年	2008年	2009年	2010年	2011年	2012年	2013年	无开业年份
451	488	639	654	618	719	614	556	778	761	907	995	970	130
43	46	76	70	83	63	42	50	71	79	83	106	114	11
14	10	14	21	21	15	11	15	17	30	31	28	33	
776	905	1043	1254	1297	1600	1668	1529	2040	2445	3020	3118	2997	34
432	430	542	566	630	740	714	675	1018	1131	1414	1537	1601	44
58	70	128	134	142	113	109	87	161	157	149	146	161	5
118	98	106	144	146	194	156	156	209	205	205	259	260	9
893	1142	1200	1410	1547	1897	1914	1994	2622	3332	4067	4367	4484	96
418	449	529	655	684	821	965	886	1190	1540	1826	1774	1801	18
351	448	567	729	801	963	1150	1063	1468	2040	2357	2404	2747	39
73	97	125	162	147	143	123	90	161	168	213	199	220	6
58	58	68	83	93	87	80	75	110	134	128	127	138	11
671	877	1042	1181	1191	1521	1619	1688	2304	3107	3859	4490	4850	61
600	695	861	1111	1237	1464	1538	1600	2272	3109	3703	3796	4764	34
77	106	120	153	179	202	220	213	288	387	631	638	664	2
54	82	77	78	114	118	132	111	152	214	263	280	312	5
34	32	75	88	110	94	112	83	79	83	75	80	68	3
22	48	48	50	55	85	85	103	126	142	191	166	210	2
390	**502**	**581**	**516**	**489**	**528**	**389**	**323**	**483**	**427**	**339**	**288**	**305**	**29**
346	437	502	425	381	441	310	256	346	320	245	186	196	15
7	12	14	17	15	22	16	12	26	18	21	27	33	4
37	53	65	74	93	65	63	55	111	89	73	75	76	10
545	**601**	**732**	**773**	**799**	**1018**	**1018**	**996**	**1481**	**2045**	**2462**	**2823**	**3944**	**27**
115	119	132	110	99	142	124	124	189	253	257	263	461	3
85	99	121	140	128	143	126	149	204	298	306	379	523	6
154	180	176	171	184	216	200	208	303	383	452	474	498	2
191	203	303	352	388	517	568	515	785	1111	1447	1707	2462	16
5955	**6374**	**8282**	**9431**	**10035**	**12359**	**12879**	**14329**	**20537**	**28100**	**39097**	**42151**	**55241**	**278**
4070	4295	5736	6639	7000	8435	8836	9704	13911	18937	24845	26728	34971	182
1885	2079	2546	2792	3035	3924	4043	4625	6626	9163	14252	15423	20270	96

1-12 续表2

行业大类	法人单位数(个)	1949年以前	1950–1977年	1978–1991年	1992–1995年	1996年	1997年	1998年	1999年	2000年
交通运输、仓储和邮政业	**26682**	**3**	**239**	**876**	**875**	**240**	**247**	**355**	**355**	**442**
铁路运输业	20		1	3	3	2		1		
道路运输业	9345		119	460	423	116	120	159	160	200
水上运输业	1324	2	33	147	110	12	17	31	32	30
航空运输业	150			6	11	3	3	2	4	
管道运输业	16				2					
装卸搬运和运输代理业	12899		23	134	203	84	76	106	108	143
仓储业	1583		60	119	118	22	26	31	41	46
邮政业	1345	1	3	7	5	1	5	25	10	23
住宿和餐饮业	**18606**	**3**	**56**	**506**	**583**	**171**	**195**	**243**	**300**	**307**
住宿业	7491	3	29	373	323	77	74	96	107	129
餐饮业	11115		27	133	260	94	121	147	193	178
信息传输、软件和信息技术服务业	**27126**	**1**	**18**	**90**	**287**	**108**	**136**	**203**	**288**	**510**
电信、广播电视和卫星传输服务	1049	1	17	45	66	10	12	21	47	37
互联网和相关服务	3146			2	22	10	10	10	24	55
软件和信息技术服务业	22931		1	43	199	88	114	172	217	418
金融业	**2310**	**9**	**4**	**137**	**92**	**39**	**51**	**27**	**17**	**20**
货币金融服务	949	8	4	112	56	18	24	18	10	8
资本市场服务	150			7	27	12	4	3	5	3
保险业	1096	1		11	9	9	23	6	1	5
其他金融业	115			7					1	4
房地产业	**41719**	**1**	**218**	**1777**	**2709**	**506**	**607**	**729**	**881**	**1045**
房地产业	41719	1	218	1777	2709	506	607	729	881	1045
租赁和商务服务业	**131863**	**280**	**1396**	**6663**	**4297**	**794**	**991**	**1847**	**4049**	**1796**
租赁业	2966		2	39	44	16	14	17	28	23
商务服务业	128897	280	1394	6624	4253	778	977	1830	4021	1773
科学研究和技术服务业	**35982**	**8**	**560**	**1007**	**1047**	**283**	**315**	**351**	**440**	**624**
研究和试验发展	5715	2	108	121	85	28	30	44	38	80
专业技术服务业	23936	4	319	653	818	223	254	258	351	463
科技推广和应用服务业	6331	2	133	233	144	32	31	49	51	81

2001年	2002年	2003年	2004年	2005年	2006年	2007年	2008年	2009年	2010年	2011年	2012年	2013年	无开业年份
540	**639**	**917**	**1238**	**1353**	**1456**	**1340**	**1308**	**1812**	**2698**	**2771**	**2824**	**4107**	**47**
2	2		1		1	1	1	1	1				
287	291	403	472	429	511	505	438	623	807	896	834	1081	11
34	58	72	81	72	58	56	45	76	63	74	73	138	10
4	4	2	7	8	11	8	7	5	13	11	12	28	1
1	1		2	1		5				1	1	2	
146	210	334	553	690	759	655	681	906	1409	1495	1690	2486	8
53	58	79	76	101	69	68	55	103	87	98	115	141	17
13	15	27	46	52	47	42	81	98	318	196	99	231	
338	**392**	**528**	**673**	**759**	**915**	**964**	**1147**	**1240**	**1495**	**2021**	**2666**	**3066**	**38**
138	161	247	307	367	453	482	587	541	577	731	855	809	25
200	231	281	366	392	462	482	560	699	918	1290	1811	2257	13
562	**680**	**985**	**1057**	**1083**	**1350**	**1341**	**1379**	**1841**	**2317**	**3132**	**3662**	**6080**	**16**
56	40	74	44	74	62	43	50	67	56	64	68	95	
48	71	171	143	123	236	265	169	201	258	295	383	649	1
458	569	740	870	886	1052	1033	1160	1573	2003	2773	3211	5336	15
29	**80**	**106**	**112**	**101**	**118**	**151**	**165**	**158**	**127**	**142**	**183**	**204**	**238**
3	20	18	14	31	31	76	63	73	73	67	68	67	87
10	7	8	3	2	4	5	4	1	2	4	12	27	
12	53	80	95	63	81	69	95	82	47	61	88	57	148
4				5	2	1	3	2	5	10	15	53	3
1091	**1396**	**1613**	**1839**	**1966**	**2170**	**2557**	**2051**	**2914**	**3659**	**3932**	**3547**	**4392**	**119**
1091	1396	1613	1839	1966	2170	2557	2051	2914	3659	3932	3547	4392	119
1980	**2561**	**3006**	**4145**	**4930**	**4461**	**4417**	**9346**	**8826**	**11090**	**14143**	**18576**	**21745**	**524**
42	35	53	84	113	132	120	151	208	297	384	490	668	6
1938	2526	2953	4061	4817	4329	4297	9195	8618	10793	13759	18086	21077	518
787	**859**	**1151**	**1239**	**1367**	**1579**	**1513**	**1841**	**2468**	**3186**	**4096**	**4775**	**6455**	**31**
119	119	167	193	208	260	231	301	446	543	734	769	1083	6
566	612	821	879	988	1129	1044	1222	1620	2076	2601	3021	3999	15
102	128	163	167	171	190	238	318	402	567	761	985	1373	10

1-12 续表3

行业大类	法人单位数(个)	1949年以前	1950-1977年	1978-1991年	1992-1995年	1996年	1997年	1998年	1999年	2000年
水利、环境和公共设施管理业	**5549**	**7**	**465**	**570**	**323**	**96**	**84**	**109**	**126**	**132**
水利管理业	1354	2	361	279	73	21	28	33	30	28
生态保护和环境治理业	783		16	36	35	7	6	14	19	24
公共设施管理业	3412	5	88	255	215	68	50	62	77	80
居民服务、修理和其他服务业	**17589**		**61**	**342**	**512**	**157**	**188**	**253**	**306**	**357**
居民服务业	6875		46	95	154	50	69	110	112	143
机动车、电子产品和日用产品修理业	7704		11	188	285	88	92	111	144	148
其他服务业	3010		4	59	73	19	27	32	50	66
教育	**36113**	**2981**	**7462**	**3311**	**1868**	**552**	**558**	**831**	**800**	**1007**
教育	36113	2981	7462	3311	1868	552	558	831	800	1007
卫生和社会工作	10362	90	1967	1103	581	163	146	175	200	179
卫生	8251	84	1909	829	431	128	117	132	149	123
社会工作	2111	6	58	274	150	35	29	43	51	56
文化、体育和娱乐业	**14695**	**20**	**345**	**703**	**398**	**90**	**104**	**125**	**157**	**208**
新闻和出版业	466	7	12	81	65	11	2	5	13	17
广播、电视、电影和影视录音制作业	1117	3	49	115	50	14	8	5	10	16
文化艺术业	3358	8	248	397	126	30	37	40	52	47
体育	2034	2	27	71	65	16	17	25	27	42
娱乐业	7720		9	39	92	19	40	50	55	86
公共管理、社会保障和社会组织	**68194**	**922**	**5809**	**9759**	**3845**	**1066**	**756**	**4021**	**9236**	**1571**
中国共产党机关	1205	85	208	415	98	29	11	12	9	17
国家机构	19758	341	1792	4240	1621	390	280	386	418	442
人民政协、民主党派	382	8	62	169	31	11	12	9	4	4
社会保障	399		3	48	36	9	4	4	4	7
群众团体、社会团体和其他成员组织	20941	170	590	2122	892	282	184	667	332	651
基层群众自治组织	25509	318	3154	2765	1167	345	265	2943	8469	450

2001年	2002年	2003年	2004年	2005年	2006年	2007年	2008年	2009年	2010年	2011年	2012年	2013年	无开业年份
146	**197**	**196**	**226**	**242**	**198**	**209**	**244**	**322**	**355**	**384**	**441**	**449**	**28**
16	29	31	43	39	20	34	60	36	38	45	69	39	
24	41	32	48	45	37	32	40	62	68	58	55	79	5
106	127	133	135	158	141	143	144	224	249	281	317	331	23
469	**493**	**654**	**633**	**786**	**812**	**787**	**941**	**1234**	**1431**	**1956**	**2402**	**2808**	**7**
184	182	243	220	295	305	290	389	509	579	728	997	1173	2
215	190	294	275	324	344	307	373	497	613	923	1070	1208	4
70	121	117	138	167	163	190	179	228	239	305	335	427	1
813	**891**	**1072**	**971**	**992**	**1000**	**881**	**1078**	**1279**	**1666**	**1627**	**2085**	**2377**	**11**
813	891	1072	971	992	1000	881	1078	1279	1666	1627	2085	2377	11
236	211	332	219	298	370	322	475	498	491	705	886	711	4
210	162	237	168	255	307	255	395	342	334	532	644	507	1
26	49	95	51	43	63	67	80	156	157	173	242	204	3
236	**310**	**893**	**578**	**568**	**1086**	**1316**	**717**	**802**	**1060**	**1349**	**1726**	**1880**	**24**
18	12	20	23	16	7	9	21	18	17	33	25	34	
31	23	25	34	76	46	37	37	55	74	107	134	168	
52	68	76	66	93	109	96	120	141	208	275	451	612	6
39	42	67	55	72	77	103	104	146	157	275	295	305	5
96	165	705	400	311	847	1071	435	442	604	659	821	761	13
2027	**2873**	**1912**	**1629**	**1832**	**1465**	**1232**	**2030**	**1598**	**2493**	**4197**	**3615**	**4023**	**283**
44	37	50	18	12	13	9	8	10	32	26	19	17	26
962	1051	838	598	701	581	379	521	545	1018	874	974	576	230
7	9	15	4	2	4	2	3		7	4	6	4	5
39	31	46	24	13	8	9	10	10	23	24	31	16	
452	460	497	469	567	658	687	1017	825	1222	2672	2305	3208	12
523	1285	466	516	537	201	146	471	208	191	597	280	202	10

1–13 按行业（中类）、开业（成立）

行业中类	从业人员数(人)	1949年以前	1950–1977年	1978–1991年	1992–1995年	1996年	1997年	1998年	1999年	2000年
总计	**39471685**	**415894**	**1549590**	**3137820**	**3605979**	**671324**	**813975**	**1074457**	**1159861**	**1466605**
农、林、牧、渔业	**99597**	**11**	**15343**	**5358**	**2337**	**298**	**1384**	**2070**	**2377**	**1258**
农业	11917		5011	2716	16		1309	1860	12	
谷物种植	189		16	114	4					
豆类、油料和薯类种植	7									
棉、麻、糖、烟草种植	6917		1163	2573			1309	1860		
蔬菜、食用菌及园艺作物种植	562			4						
水果种植	3852		3832							
坚果、含油果、香料和饮料作物种植	226				12					
中药材种植	50									
其他农业	114			25					12	
林业	5917		4608	1103	163					
林木育种和育苗	63			52						
造林和更新	241		222	19						
森林经营和管护	2463		2192	112	127					
木材和竹材采运	38			38						
林产品采集	3112		2194	882	36					
畜牧业	2524			126	600	132				260
牲畜饲养	502					132				99
家禽饲养	1470			126	600					161
狩猎和捕捉动物										
其他畜牧业	552									
渔业	310									
水产养殖	310									
水产捕捞										
农、林、牧、渔服务业	78929	11	5724	1413	1558	166	75	210	2365	998
农业服务业	65508	4	3616	721	1067	68	10	133	2233	722
林业服务业	6297		1907	350	166	68	21	53	35	46
畜牧服务业	2339	7	103	151	142	14	32	4	72	6
渔业服务业	4785		98	191	183	16	12	20	25	224
采矿业	**98840**	**15**	**2796**	**6330**	**4619**	**1727**	**681**	**758**	**2916**	**5727**
煤炭开采和洗选业	892									
烟煤和无烟煤开采洗选	687									
褐煤开采洗选	5									
其他煤炭采选	200									
石油和天然气开采业	5846				114	70			1948	3381

时间分组的法人单位从业人员数

2001年	2002年	2003年	2004年	2005年	2006年	2007年	2008年	2009年	2010年	2011年	2012年	2013年	无开业年份
1677470	**1943287**	**1939192**	**2119429**	**1937634**	**1919114**	**2083616**	**1563830**	**1879107**	**2135304**	**2444357**	**2163042**	**1716125**	**54673**
971	**604**	**942**	**494**	**1619**	**622**	**2926**	**3450**	**10293**	**19924**	**5155**	**13260**	**8882**	**19**
	26	81	50	85		160	7	130	95	285	54	20	
									55				
							7						
										12			
	26	81		85				110	40	216			
												20	
						160					54		
			50										
								20		57			
					32			10		1			
								10		1			
					32								
	92	22		301			862	30			7	92	
	92	22					120	30			7		
				301			190					92	
							552						
		72						208				30	
		72						208				30	
971	486	767	444	1233	590	2766	2581	9915	19829	4869	13199	8740	19
589	318	308	185	863	392	2412	1845	8517	17961	3584	12193	7757	10
70	77	147	49	73	91	97	294	759	1296	377	121	200	
88		85	23	73	2	69	215	232	245	230	307	238	1
224	91	227	187	224	105	188	227	407	327	678	578	545	8
4033	**2920**	**3859**	**3154**	**6010**	**8447**	**6619**	**4696**	**6240**	**5731**	**8913**	**4761**	**6636**	**1252**
8		42		45	11	4	12	319		88	20	343	
				19	9		12	298		12	18	319	
										5			
8		42		26	2	4		21		71	2	24	
				1	2				322		8		

1-13 续表1

行业中类	从业人员数(人)	1949年以前	1950–1977年	1978–1991年	1992–1995年	1996年	1997年	1998年	1999年	2000年
石油开采	3574				114	70				3381
天然气开采	2272								1948	
黑色金属矿采选业	17649		10	480	1985	404	7	8	21	140
铁矿采选	16607		10	480	1973	404	7	8	21	116
锰矿、铬矿采选	211									
其他黑色金属矿采选	831				12					24
有色金属矿采选业	12674		1892	813	47	573		24	47	643
常用有色金属矿采选	7032		1856	43	46	573		21	41	429
贵金属矿采选	1271			770				1	6	124
稀有稀土金属矿采选	4371		36		1			2		90
非金属矿采选业	58259	15	894	4787	1989	650	654	726	819	1546
土砂石开采	48451		157	1544	1523	593	654	539	448	1531
化学矿开采	3478			3177	6					
采盐	1594	15	737	40	325	25			321	
石棉及其他非金属矿采选	4736			26	135	32		187	50	15
开采辅助活动	2323			235	474				60	2
煤炭开采和洗选辅助活动	45								8	
石油和天然气开采辅助活动	1988			233	451					
其他开采辅助活动	290			2	23				52	2
其他采矿业	1197			15	10	30	20		21	15
其他采矿业	1197			15	10	30	20		21	15
制造业	**20589868**	**12355**	**94630**	**996773**	**2054510**	**318324**	**500296**	**594258**	**509861**	**869762**
农副食品加工业	247597		4986	15682	23665	5977	5661	4599	8140	9109
谷物磨制	14452		75	1026	1141	106	240	147	278	1070
饲料加工	48158		2382	2927	1960	2623	1744	920	2821	1627
植物油加工	15696			1105	1611	1184	428	183	25	480
制糖业	23446		1015	1140	4706	32	642		513	3343
屠宰及肉类加工	37165		1125	3646	4609	774	1586	967	1654	671
水产品加工	67616		318	3024	5601	658	496	1441	1815	853
蔬菜、水果和坚果加工	22833		13	1219	3161	238	363	408	394	678
其他农副食品加工	18231		58	1595	876	362	162	533	640	387
食品制造业	290975	38	4662	26006	52406	7598	12587	12074	21061	14460
焙烤食品制造	58578		1218	2543	7124	1452	913	1973	1689	1585
糖果、巧克力及蜜饯制造	67631		120	12471	7872	2289	9072	2492	3757	1624
方便食品制造	38907		280	3651	16594	444	447	694	1576	706
乳制品制造	25188		1780	767	3374	27	62	4318	1367	114
罐头食品制造	12837		440	826	1379	1	421	638	335	708
调味品、发酵制品制造	35613		386	1482	7209	2149	633	420	968	8557

2001年	2002年	2003年	2004年	2005年	2006年	2007年	2008年	2009年	2010年	2011年	2012年	2013年	无开业年份
				1									
					2				322				
805	339	601	1568	1057	1415	373	833	1146	1595	3865	494	503	
804	304	601	1433	1040	1389	360	725	738	1546	3766	392	490	
1	35		135				11		6	23			
				17	26	13	97	408	43	76	102	13	
394	1011	1001	178	591	920	788	536	520	257	443	116	663	1217
100	282	587	138	142	815	276	115	414	224	253	104	562	11
	65			36		164	44			30		31	
294	664	414	40	413	105	348	377	106	33	160	12	70	1206
2707	1392	2207	1378	3654	6068	5273	3204	4180	3413	3845	3905	4918	35
2150	1177	2095	1307	3387	5490	4915	2816	3664	3283	3414	3487	4249	28
	36			42	80	5		81	8			43	
95		33						3					
462	179	79	71	225	498	353	388	432	122	431	418	626	7
56	122	7		609		10	68		65	483	46	86	
									8		11	18	
56	122			607		8			27	425	5	54	
		7		2		2	68		30	58	30	14	
63	56	1	30	53	31	171	43	75	79	189	172	123	
63	56	1	30	53	31	171	43	75	79	189	172	123	
973689	**1111624**	**1190440**	**1310513**	**1218975**	**1170389**	**1315259**	**847227**	**1091190**	**1196435**	**1359862**	**1140484**	**694400**	**18612**
13239	18572	18451	12383	11844	12424	11518	9518	9207	14945	16738	11623	9240	76
304	556	520	598	424	1051	1018	675	480	984	1722	1107	925	5
2606	1407	3883	2071	2737	3663	1047	1567	2262	2865	2256	3474	1310	6
681	371	1743	360	1304	800	650	420	1013	985	698	751	899	5
15	1085	3724	2657	513	700	667	36	1182	809	444	141	82	
711	4926	1410	1524	1107	1213	1293	1738	794	2080	2311	1457	1569	
7803	5394	5802	3435	4236	3717	4686	2379	2187	5401	4089	2092	2187	2
762	4254	1000	620	217	376	1335	1776	756	515	2539	1257	941	11
357	579	369	1118	1306	904	822	927	533	1306	2679	1344	1327	47
9581	18858	10853	13135	7054	8136	7730	11311	7641	10343	15303	10557	9498	83
2208	3132	2196	2986	1659	1677	2853	4347	1630	4022	6144	3597	3602	28
2542	3261	2122	2081	1438	2200	1330	1945	2230	1508	2453	2684	2123	17
801	383	830	1539	1097	1067	1137	882	1480	1009	1510	1660	1114	6
50	8586	517	694	85	61	305	89	4	1427	1176	112	269	4
1083	438	2496	331	365	605	360	344	300	529	570	541	127	
1247	1639	475	3679	194	341	295	2469	411	565	1404	545	542	3

1-13 续表2

行业中类	从业人员数(人)	1949年以前	1950-1977年	1978-1991年	1992-1995年	1996年	1997年	1998年	1999年	2000年
其他食品制造	52221	38	438	4266	8854	1236	1039	1539	11369	1166
酒、饮料和精制茶制造业	113809		1063	7376	18160	2075	1458	6172	4341	6489
酒的制造	29161		870	2763	2653	662	699	768	2793	842
饮料制造	78506		180	4406	14971	945	755	5260	1050	5528
精制茶加工	6142		13	207	536	468	4	144	498	119
烟草制品业	9252		32	679	656				472	66
烟叶复烤	1118				561				472	
卷烟制造	5905		20	627	8					53
其他烟草制品制造	2229		12	52	87					13
纺织业	604375	148	4303	37970	81421	14968	12409	13458	12424	35692
棉纺织及印染精加工	235892	5	1179	11596	39278	7090	6888	6304	5750	11942
毛纺织及染整精加工	46433		4	4273	4254	1781	283	791	349	1283
麻纺织及染整精加工	2863		7	263	50	19	56	43	41	62
丝绢纺织及印染精加工	8236		4	108	395	215	123	360		396
化纤织造及印染精加工	14824		5	659	2099	68	302	356	820	560
针织或钩针编织物及其制品制造	168604	143	2900	13595	21667	4970	2187	2220	2892	11429
家用纺织制成品制造	64619		146	3054	9289	326	272	2294	1369	7670
非家用纺织制成品制造	62904		58	4422	4389	499	2298	1090	1203	2350
纺织服装、服饰业	1567564	32	924	61722	160761	20673	26218	22632	28759	42613
机织服装制造	1035036	32	237	39994	101135	14796	13684	17007	23046	29798
针织或钩针编织服装制造	405992		590	18930	50318	4475	11383	3571	3628	9649
服饰制造	126536		97	2798	9308	1402	1151	2054	2085	3166
皮革、毛皮、羽毛及其制品和制鞋业	1216278		302	59214	100792	14166	21505	35462	21035	36825
皮革鞣制加工	25820		73	434	2731	118	512	1168	348	998
皮革制品制造	415193		168	14039	39052	5682	4404	5170	3574	11241
毛皮鞣制及制品加工	13860			66	344	312	258		157	41
羽毛(绒)加工及制品制造	4565			344	550	22	231	7	107	91
制鞋业	756840		61	44331	58115	8032	16100	29117	16849	24454
木材加工和木、竹、藤、棕、草制品业	176140		1062	2025	7773	2317	3006	3616	3489	3146
木材加工	39268		229	475	1145	513	577	796	1222	520
人造板制造	45609			504	1496	262	527	368	441	1078
木制品制造	58020		150	622	3849	225	1179	1416	182	714
竹、藤、棕、草等制品制造	33243		683	424	1283	1317	723	1036	1644	834
家具制造业	573412		99	12830	50168	7442	10409	10864	14114	19413
木质家具制造	337217		86	8583	36623	5108	6497	6992	9271	10646
竹、藤家具制造	7252		10	12	672			15	346	412

2001年	2002年	2003年	2004年	2005年	2006年	2007年	2008年	2009年	2010年	2011年	2012年	2013年	无开业年份
1650	1419	2217	1825	2216	2185	1450	1235	1586	1283	2046	1418	1721	25
5667	7486	3083	9719	3656	2488	5356	3990	3859	2631	3549	12898	2275	18
1062	2686	1236	5282	630	540	1066	1293	610	398	230	1131	936	11
4512	4541	1729	4160	2908	1478	3544	2559	2809	1857	2831	11369	1110	4
93	259	118	277	118	470	746	138	440	376	488	398	229	3
100	872	5305	18	65	59	25	286			450	80	87	
												85	
		5153	18			24						2	
100	872	152		65	59	1	286			450	80		
33902	44465	39475	41747	39189	32682	29193	21333	26727	24783	24468	20162	13422	34
13002	14956	19014	15991	15201	12777	11563	8422	12586	7755	5995	5740	2855	3
3193	3653	3290	3203	1816	2168	2309	1693	1447	3486	3091	2394	1672	
50	503	627	213	187	29	5	35	106	240	68	195	64	
492	18	345	723	696	1433	1098	458	292	367	344	213	156	
1004	521	1394	793	500	1180	589	437	975	730	822	561	449	
9622	14616	8182	13520	10737	9077	6173	5275	5357	5986	7584	5910	4536	26
3328	5715	2064	2859	4682	2969	3786	2457	2714	2285	2509	2375	2454	2
3211	4483	4559	4445	5370	3049	3670	2556	3250	3934	4055	2774	1236	3
70361	94003	101259	109265	85646	105533	93901	69378	123623	89438	104076	90421	65580	746
48383	57873	67289	71682	58034	59523	75099	53835	89590	53105	62434	56820	40949	691
17435	28975	29760	31058	21379	39395	13381	10074	25957	21667	27687	21941	14693	46
4543	7155	4210	6525	6233	6615	5421	5469	8076	14666	13955	11660	9938	9
49257	62810	62741	89476	69289	72403	57455	46405	61968	74365	101201	135332	44100	175
680	1576	1444	2027	1515	2650	1094	907	1426	2598	1556	956	986	23
10594	23671	18891	21677	28440	29701	18460	21952	25417	29224	47181	31361	25168	126
743	271	6880	434	112	297	609	158	288	317	991	1304	276	2
580	174	222	379	881		100	289	103	138	135	113	99	
36660	37118	35304	64959	38341	39755	37192	23099	34734	42088	51338	101598	17571	24
6885	7627	11005	7302	9901	14537	15060	8914	12572	12807	18156	12383	12486	71
1246	896	1766	1010	1539	2008	3037	2320	2813	3463	5720	3541	4419	13
1802	2218	4853	3137	2818	4381	7673	2578	2831	1994	3463	2276	909	
2151	2773	2463	2354	3537	5798	3371	2971	4765	5116	5218	4147	4961	58
1686	1740	1923	801	2007	2350	979	1045	2163	2234	3755	2419	2197	
21353	29139	27190	38034	40246	41144	39227	26849	32389	38704	41313	41021	31443	21
11429	20003	15193	21533	24828	18213	21779	14326	20330	24001	21853	21714	18198	11
64	279	30	509	1126	910	448	317	81	264	373	945	439	

1-13 续表3

行业中类	从业人员数（人）	1949年以前	1950–1977年	1978–1991年	1992–1995年	1996年	1997年	1998年	1999年	2000年
金属家具制造	85474			1760	9320	1461	1610	2284	1817	1722
塑料家具制造	10462			51	599	49	1		157	254
其他家具制造	133007		3	2424	2954	824	2301	1573	2523	6379
造纸和纸制品业	422712	978	5300	13883	45719	7404	6246	7143	9123	13918
纸浆制造	1590			17	135	32		8	18	549
造纸	127738	978	19	5368	16590	2662	1926	2699	2597	4003
纸制品制造	293384		5281	8498	28994	4710	4320	4436	6508	9366
印刷和记录媒介复制业	456861	139	1483	42628	60935	11408	8991	9862	8007	19802
印刷	433534		1459	41672	57263	10841	8447	9494	7453	19203
装订及印刷相关服务	20346	139	24	900	2953	395	155	361	291	599
记录媒介复制	2981			56	719	172	389	7	263	
文教、工美、体育和娱乐用品制造业	1178739	7	3111	75724	160227	25601	17885	39146	21772	29250
文教办公用品制造	61559		42	1585	7707	1666	1337	1984	1472	2663
乐器制造	25632			5413	1468	457	522	540	643	564
工艺美术品制造	428077	7	2795	26655	32366	9186	5035	5613	13723	17172
体育用品制造	134082		9	3497	27761	1933	1447	12496	961	2141
玩具制造	514185		265	38546	90791	12359	9013	18433	4794	6578
游艺器材及娱乐用品制造	15204			28	134		531	80	179	132
石油加工、炼焦和核燃料加工业	31345			2524	602	152	433	928	183	14104
精炼石油产品制造	30949			2524	564	152	433	928	123	14104
炼焦	363				38				60	
核燃料加工	33									
化学原料和化学制品制造业	492769	5	4818	20471	63654	9813	16204	14733	15411	24391
基础化学原料制造	36064		974	1890	2123	323	712	717	1284	2659
肥料制造	14434		1078	639	372	337	1186	678	447	521
农药制造	3791			302	241		8	4	232	255
涂料、油墨、颜料及类似产品制造	120483	1	113	4984	9740	2790	4154	3191	5021	5937
合成材料制造	76200		139	3022	11193	880	2281	906	1162	3718
专用化学产品制造	89284		475	2161	8003	1467	2626	2331	3055	5901
炸药、火工及焰火产品制造	3260		1613	277	169					8
日用化学产品制造	149253	4	426	7196	31813	4016	5237	6906	4210	5392
医药制造业	140360	9159	5727	21079	25341	1344	7591	5731	2835	3629
化学药品原料药制造	11532			1459	4837	37	1014	272	607	189
化学药品制剂制造	37749	3240	1779	8331	8198	35	4304	2492	1081	824
中药饮片加工	14515		536	2777	806	188	18	100	71	94
中成药生产	39413	5919	3410	5146	6376	128	1432	1144	412	902
兽用药品制造	6217			438	612	19	109	201		178

2001年	2002年	2003年	2004年	2005年	2006年	2007年	2008年	2009年	2010年	2011年	2012年	2013年	无开业年份
4605	5204	5599	5961	5666	9319	4222	4204	3285	3571	5529	5648	2686	1
853	747	338	708	734	396	728	1000	376	348	1831	1052	240	
4402	2906	6030	9323	7892	12306	12050	7002	8317	10520	11727	11662	9880	9
20810	30218	27158	25348	19630	22536	25897	16661	30147	23246	29678	25128	16331	210
160	5	69	37	15	111	100	17	50	55	37	24	151	
4196	12602	7520	9725	5572	4325	7235	4827	7520	6329	9651	7590	3632	172
16454	17611	19569	15586	14043	18100	18562	11817	22577	16862	19990	17514	12548	38
20249	23739	29039	27023	24265	27482	18979	20978	18612	20426	25836	24087	12869	22
19520	22497	27359	26228	21956	25914	18376	17741	17771	19522	24876	23535	12385	22
723	1219	964	577	2309	1519	478	3011	839	904	960	552	474	
6	23	716	218		49	125	226	2				10	
41129	58720	63270	76055	56133	58109	78476	56791	61904	62513	89280	66437	36936	263
5210	2635	4254	4418	3644	2363	2479	2714	3027	3738	4456	2622	1465	78
223	546	2802	567	2629	619	1343	746	1342	1185	1998	1175	847	3
14731	30340	24856	29217	22779	23550	23282	28130	26565	29090	25808	18865	18138	174
5373	6132	5427	12235	7875	4034	6281	6043	4739	6953	7593	8111	3040	1
15359	18795	24493	28360	18448	27013	44149	18286	25422	20274	45127	34828	12845	7
233	272	1438	1258	758	530	942	872	809	1273	4298	836	601	
651	1347	458	672	1960	750	412	227	1840	2356	508	918	272	48
651	1307	458	660	1960	749	397	227	1836	2187	480	899	266	44
	40		11			15		4	169	5	17		4
			1		1					23	2	6	
29543	29537	30970	38606	26389	29666	22444	18459	24367	22042	17905	20434	12118	789
3502	1650	4089	2053	2288	1853	1291	1214	2646	1186	1004	1662	844	100
2017	577	811	680	439	486	474	214	1044	920	385	572	552	5
317	6	702	133	113	137	41	313	73	590	126	38	160	
7141	9311	9024	11358	6449	7660	6602	4789	6726	3996	3626	4116	3257	497
3150	5183	3474	6690	4110	4386	4064	1983	4715	4581	3564	4243	2675	81
5157	7175	6921	6784	5207	5047	3731	4698	3930	5550	4207	2909	1882	67
	486	4		74		239	8	78	168	25	111		
8259	5149	5945	10908	7709	10097	6002	5240	5155	5051	4968	6783	2748	39
6665	4182	8902	5838	8658	2930	2554	3319	2254	2979	2507	2675	4403	58
308	113	942	484	152	273	126	54	182	271	14	144	48	6
1479	294	2291	327	1648	540	458	56	73	49	94	42	113	1
1108	283	711	600	1494	318	573	1042	274	527	844	945	1206	
1513	1915	3129	491	2093	227	522	1488	120	191	664	199	1992	
388	986	171	1733	165	163	12	121	437	237	69	156	20	2

1-13 续表4

行业中类	从业人员数(人)	1949年以前	1950–1977年	1978–1991年	1992–1995年	1996年	1997年	1998年	1999年	2000年
生物药品制造	13964			2105	2037	644	253	1059	235	312
卫生材料及医药用品制造	16970		2	823	2475	293	461	463	429	1130
化学纤维制造业	21344			665	3268	425	1767	30	216	407
纤维素纤维原料及纤维制造	2504				766	58	3		32	30
合成纤维制造	18840			665	2502	367	1764	30	184	377
橡胶和塑料制品业	1392999	15	1152	63379	125186	16934	18350	28477	32193	44764
橡胶制品业	186669		292	10810	13604	2863	1145	2477	3580	6255
塑料制品业	1206330	15	860	52569	111582	14071	17205	26000	28613	38509
非金属矿物制品业	853996	56	2328	22060	53281	10457	14365	22860	31527	29538
水泥、石灰和石膏制造	48184		534	2603	3663	1253	1721	493	961	1045
石膏、水泥制品及类似制品制造	86646		43	1009	6128	599	476	2134	2527	3805
砖瓦、石材等建筑材料制造	294845	6	271	7593	10818	1359	1545	10325	15463	10666
玻璃制造	33887		1	73	1712	1405	655	212	153	387
玻璃制品制造	131216		232	3080	10224	1234	476	1539	2122	2539
玻璃纤维和玻璃纤维增强塑料制品制造	12396			78	937	154	214	328	219	375
陶瓷制品制造	211859	50	902	6763	19329	4156	9004	7664	8724	7248
耐火材料制品制造	8478		22	487	216	49	67	91	26	2009
石墨及其他非金属矿物制品制造	26485		323	374	254	248	207	74	1332	1464
黑色金属冶炼和压延加工业	141947		10451	3912	10949	799	1225	3617	1495	2903
炼铁	1533			84	58			1	44	
炼钢	5004			36	350	13		30	40	2
黑色金属铸造	27531		524	2552	3270	162	55	487	465	947
钢压延加工	106228		9927	1215	7271	624	1116	3099	946	1941
铁合金冶炼	1651			25			54			13
有色金属冶炼和压延加工业	200986	458	3758	6419	15694	3460	4495	6690	5597	7912
常用有色金属冶炼	16542		3198	262	2161	73	32	224	348	652
贵金属冶炼	1416			93	58		341	35		41
稀有稀土金属冶炼	2965		551	29	544		534		421	
有色金属合金制造	18508			48	745	57	24	496	335	408
有色金属铸造	7776	441		21	490	310		99	23	148
有色金属压延加工	153779	17	9	5966	11696	3020	3564	5836	4470	6663
金属制品业	1452285	89	5870	41795	101217	16496	23300	31108	37829	51652
结构性金属制品制造	279811	3	1507	6904	13373	2102	1463	6290	5393	10761
金属工具制造	154955		666	3807	11502	993	1623	4911	4936	6538
集装箱及金属包装容器制造	64154		65	3064	8198	376	1821	1632	2159	2103
金属丝绳及其制品制造	19581		9	131	1180	30	379	1147	792	238

2001年	2002年	2003年	2004年	2005年	2006年	2007年	2008年	2009年	2010年	2011年	2012年	2013年	无开业年份
964	131	1015	843	235	253	535	208	738	1084	322	273	669	49
905	460	643	1360	2871	1156	328	350	430	620	500	916	355	
2437	747	1163	1353	2915	831	398	1453	437	558	1285	473	516	
12	222	122	474	76	51	153	103	118	70	32	96	86	
2425	525	1041	879	2839	780	245	1350	319	488	1253	377	430	
67312	81811	103211	91744	90379	83151	74421	67627	70610	91032	105245	89295	46547	164
9906	8243	6076	12156	10753	13291	13584	10781	10170	13015	18525	11235	7895	13
57406	73568	97135	79588	79626	69860	60837	56846	60440	78017	86720	78060	38652	151
69831	51092	60981	54677	52064	51596	58503	39186	52812	50290	51027	41813	33423	229
2162	2420	5779	2059	3109	3359	4476	1533	2558	2452	1941	2045	1982	36
3877	3639	5669	6014	4701	4927	6340	6157	6424	5444	6726	6912	3031	64
13921	17024	19502	18330	21241	15735	26205	14572	24426	23481	14014	11882	16419	47
799	1889	5649	1756	1973	2071	2612	2928	934	1906	3680	1517	1574	1
32546	8413	4614	6848	4213	6021	8441	5282	5600	5284	10008	7753	4745	2
1095	873	941	1267	451	980	398	954	553	558	680	824	515	2
13264	15834	15865	15366	14743	16014	8473	5983	10204	8970	10765	8512	4016	10
263	256	576	360	369	254	451	334	337	839	531	547	392	2
1904	744	2386	2677	1264	2235	1107	1443	1776	1356	2682	1821	749	65
9818	6616	12894	16390	12142	9238	7608	3441	10274	4767	6294	4166	2909	39
58	183	175		100	137	127	146	107	121	45	114	32	1
839	9	397	1264	250	565	610	134	102	93	80	62	128	
1459	2124	2231	3420	2069	1413	903	536	981	568	2494	504	333	34
7423	4297	9275	11573	9683	7117	5925	2625	9062	3933	3414	3374	2384	4
39	3	816	133	40	6	43		22	52	261	112	32	
10821	15571	10175	15923	13283	17956	9667	8194	9322	14221	7850	9521	3934	65
247	494	667	472	513	1043	1019	513	767	401	2341	833	269	13
32	26		28		164	63	5	63	204	30	230	3	
59	330	53	152	33	156	26		2		10	57	8	
1231	496	687	1110	2798	1174	1143	901	816	847	1125	3621	443	3
727	434	318	840	584	336	194	160	266	640	870	457	418	
8525	13791	8450	13321	9355	15083	7222	6615	7408	12129	3474	4323	2793	49
69805	80714	99792	95398	109565	89108	87302	68558	93147	97574	109577	83110	58799	480
13074	11424	18410	17125	20385	15169	16667	18045	18780	22144	22470	21272	16790	260
7487	12733	13410	9246	12993	7601	7398	6402	7822	10603	8864	7594	7783	43
2780	3015	3862	3344	10826	3489	3842	1971	2679	1319	3354	3024	1231	
1033	1203	2167	1419	1618	829	1352	581	806	808	1366	1152	1340	1

1–13 续表5

行业中类	从业人员数（人）	1949年以前	1950–1977年	1978–1991年	1992–1995年	1996年	1997年	1998年	1999年	2000年
建筑、安全用金属制品制造	208950		332	5278	15710	5105	5324	6035	5634	7203
金属表面处理及热处理加工	108455		59	3073	6956	856	2226	2220	3557	5060
搪瓷制品制造	16190			63	904	106	40	55	71	89
金属制日用品制造	323066	86	272	13223	27159	4959	7808	5963	12628	12053
其他金属制品制造	277123		2960	6252	16235	1969	2616	2855	2659	7607
通用设备制造业	712768	813	6630	46846	79285	8031	12573	23495	12643	18270
锅炉及原动设备制造	14558		24	1305	2950	174	136	78	342	449
金属加工机械制造	92607	4	1354	1314	2512	507	1972	894	1035	1830
物料搬运设备制造	52643		177	1418	19854	1593	982	2484	1214	384
泵、阀门、压缩机及类似机械制造	84647		2018	815	17643	540	1290	1662	1052	2085
轴承、齿轮和传动部件制造	25921		1457	2095	1555	140	28	418	221	588
烘炉、风机、衡器、包装等设备制造	130009		690	7526	7862	2169	1265	3987	4325	7495
文化、办公用机械制造	144479			28970	15308	1544	5300	8674	2850	1318
通用零部件制造	131897	9	871	2604	9164	1318	759	4903	1252	2459
其他通用设备制造业	36007	800	39	799	2437	46	841	395	352	1662
专用设备制造业	722562		2264	14287	48982	15996	14533	9767	22660	22386
采矿、冶金、建筑专用设备制造	21798		742	719	2736	229	78	271	560	1188
化工、木材、非金属加工专用设备制造	363158		391	6469	17418	5135	8863	3133	6109	9159
食品、饮料、烟草及饲料生产专用设备制造	17469		237	944	1774	349	293	380	320	484
印刷、制药、日化及日用品生产专用设备制造	52211		5	344	3621	4391	1009	277	994	1315
纺织、服装和皮革加工专用设备制造	24548		10	368	6048	33	498	321	1239	1166
电子和电工机械专用设备制造	100407		42	726	4914	231	1045	655	1337	677
农、林、牧、渔专用机械制造	9997		583	233	2450	28	143	61	197	375
医疗仪器设备及器械制造	75766		119	3567	6548	1616	1250	3254	11273	6638
环保、社会公共服务及其他专用设备制造	57208		135	917	3473	3984	1354	1415	631	1384
汽车制造业	374386		3776	13285	23219	9796	6081	11547	5829	6449
汽车整车制造	78626			12	604	13		9558	150	
改装汽车制造	6494		247	36			78	233	2933	
低速载货汽车制造	1075									
电车制造	989									166
汽车车身、挂车制造	7824			18	1080	401	4419			
汽车零部件及配件制造	279378		3529	13219	21535	9382	1584	1756	2746	6283
铁路、船舶、航空航天和其他运输设备制造业	191812		4297	22825	29527	831	3786	2956	10214	8108

2001年	2002年	2003年	2004年	2005年	2006年	2007年	2008年	2009年	2010年	2011年	2012年	2013年	无开业年份
5940	18132	14526	15510	14034	12107	12658	11955	8484	13355	13228	11516	6859	25
13044	3795	8723	9163	8502	6476	4959	3631	3601	5743	9476	4572	2716	47
667	405	1740	818	923	5335	703	750	625	886	821	627	561	1
15995	19514	20347	19952	23455	18324	15703	11135	28978	21922	21181	13309	9015	85
9785	10493	16607	18821	16829	19778	24020	14088	21372	20794	28817	20044	12504	18
48236	31572	40142	44581	49356	39613	46261	29635	34058	37645	46780	34042	22054	207
988	591	636	444	1363	640	633	1058	345	509	727	744	414	8
4727	3985	7935	7240	6080	7432	7356	5376	5884	7000	7563	5941	4664	2
1116	1924	1930	1219	1928	3498	1650	1789	2082	2343	1570	1801	1621	66
7884	5579	4792	12206	3332	3110	4148	2836	2331	4069	3571	2909	775	
1001	2341	2539	1746	1077	1149	1921	1967	1178	864	2280	567	788	1
6837	3897	5558	7422	18632	6027	12051	6310	5572	5407	7062	6185	3608	122
17493	5107	5304	5118	7775	7937	10133	2412	3939	4921	5406	3319	1648	3
5109	6665	9557	8055	7594	7220	6887	5525	9767	9593	16398	10153	6032	3
3081	1483	1891	1131	1575	2600	1482	2362	2960	2939	2203	2423	2504	2
26008	31982	38424	55149	39804	42126	45088	39405	49803	52976	57553	52698	40503	168
710	1329	1170	991	1082	1213	2028	809	1900	1388	1143	450	1021	41
12117	13765	18053	30291	23092	22822	23747	20634	27056	31892	30836	31172	20984	20
557	670	1136	2575	1041	666	1709	210	838	606	844	375	1459	2
738	2076	3163	3295	2338	2839	2905	3905	2931	4173	5631	3997	2262	2
1320	1126	962	1259	1143	1174	1757	1126	1189	1244	1235	558	765	7
3196	4124	5227	9646	5229	6896	5857	6152	9629	7501	9580	8881	8833	29
278	225	686	445	208	361	786	148	655	708	605	384	433	5
5477	5480	3459	3748	2494	2142	2335	3105	2814	1916	3889	3431	1182	29
1615	3187	4568	2899	3177	4013	3964	3316	2791	3548	3790	3450	3564	33
28730	29204	30021	45382	30351	49210	18339	11850	22013	7426	10465	7383	4016	14
9396	11	5553	10844	4687	29425	36	3385	1053	504	2632	723	40	
1042	989		47	592	128	22			10	12	86	39	
						1068						7	
	36		180	13	93			1	249	91	85	75	
160	317		1084	23			62	72	45	1	118	24	
18132	27851	24468	33227	25036	19564	17213	8403	20887	6618	7729	6371	3831	14
10711	7295	10835	10553	8244	9462	8045	5876	6649	5516	5828	5325	3546	11383

1-13 续表6

行业中类	从业人员数(人)	1949年以前	1950–1977年	1978–1991年	1992–1995年	1996年	1997年	1998年	1999年	2000年
铁路运输设备制造	4037			2600		26		54		13
城市轨道交通设备制造	722									
船舶及相关装置制造	56456		3802	4369	8451	230	1475	604	789	1765
航空、航天器及设备制造	11130			4643	75					83
摩托车制造	65527		20	3101	13291	541	1380	1862	9159	3275
自行车制造	45823		475	7891	7117	4	926	436	266	1757
非公路休闲车及零配件制造	4350				575	30	5			1151
潜水救捞及其他未列明运输设备制造	3767			221	18					64
电气机械和器材制造业	2427603	418	12773	138851	232998	46806	62385	78650	64216	219689
电机制造	149935		639	4478	19110	4136	2181	1499	1712	5917
输配电及控制设备制造	468006	246	980	12177	43293	14891	4802	23272	19262	22861
电线、电缆、光缆及电工器材制造	299532		336	14546	27428	5335	4792	11198	8128	12821
电池制造	204086	167	2004	1782	28124	1739	1644	4364	7567	3740
家用电力器具制造	845890	5	825	100158	76099	16658	43537	31520	13309	161437
非电力家用器具制造	41477		20	944	3074	496	404	1323	7335	1363
照明器具制造	383944		7969	4644	33474	3329	4982	5158	5642	11265
其他电气机械及器材制造	34733			122	2396	222	43	316	1261	285
计算机、通信和其他电子设备制造业	4021343		2659	185900	418335	42212	176622	182097	102786	164684
计算机制造	796959		27	39374	53412	6884	24217	94984	21332	23482
通信设备制造	537596		231	7074	60821	10895	82990	2721	16246	10389
广播电视设备制造	94691			3936	11475	2368	1410	4543	2717	3188
雷达及配套设备制造	4792			13			119	3	29	
视听设备制造	417955			42579	63384	4042	8051	29574	6014	24708
电子器件制造	663943		122	18284	57181	1976	9918	11801	7151	35104
电子元件制造	1280134		2278	63338	159866	14185	45981	35870	46250	60242
其他电子设备制造	225273		1	11302	12196	1862	3936	2601	3047	7571
仪器仪表制造业	363860		18	28579	48445	13211	7224	4859	5648	14045
通用仪器仪表制造	63504		10	318	6995	3695	2826	2469	1803	6858
专用仪器仪表制造	34673			1351	4694	28	1902	373	644	960
钟表与计时仪器制造	138513		8	11609	19978	7623	1859	906	1644	1275
光学仪器及眼镜制造	118861			15273	16108	1764	636	1023	784	4937
其他仪器仪表制造业	8309			28	670	101	1	88	773	15
其他制造业	102872		96	4618	10133	1202	2566	1280	3369	2000
日用杂品制造	70040		16	2696	7179	1200	2496	1144	2399	1542
煤制品制造	771			160	24				111	4
核辐射加工	450									
其他未列明制造业	31611		80	1762	2930	2	70	136	859	454

2001年	2002年	2003年	2004年	2005年	2006年	2007年	2008年	2009年	2010年	2011年	2012年	2013年	无开业年份
50	44	5	17	3	7	1		107	587	384	48	91	
					35	66		211	78	209	103	20	
1107	843	2819	901	1049	5087	3655	3550	1552	817	1325	1532	1085	9649
2850		132	87		18	100	32	303	430	165	340	141	1731
4141	3664	3564	6526	5515	2481	2043	679	1674	837	891	535	345	3
2535	2284	2767	2309	1394	751	2164	1117	2583	2155	2677	2465	1750	
	445	415	618	8	38		324	173	446	56	55	11	
28	15	1133	95	275	1045	16	174	46	166	121	247	103	
92420	127153	130202	142052	122147	115422	103789	93208	118024	142995	164718	139654	78131	902
5793	8062	12037	8171	6158	7084	3784	10000	9388	7100	9135	21636	1894	21
12879	24034	21341	28576	16555	27433	26710	24140	27831	34941	36621	29955	15138	68
17953	16478	13790	18337	21636	16546	12363	10639	11188	25683	22031	16659	11636	9
17026	17997	8700	18426	8326	12581	11312	6216	13220	11270	12647	7203	8027	4
23187	36404	53364	34488	43226	25327	25916	20887	27978	27322	43730	28911	11518	84
448	2593	2096	1788	1750	3250	2513	1803	1225	4229	1759	2058	1006	
13134	20276	15516	29901	22892	20055	19141	17979	24341	31188	35496	30300	26564	698
2000	1309	3358	2365	1604	3146	2050	1544	2853	1262	3299	2932	2348	18
188622	183204	189439	219571	243128	194094	419442	143246	182274	257138	254440	160126	109044	2280
22851	29394	19516	30880	19060	22067	230409	26681	19805	30145	49456	18966	13982	35
18773	17832	17650	20968	48915	25536	48440	19008	30352	22323	33154	29228	11998	2052
6027	4248	4487	6404	2246	4961	3611	5343	5114	5332	6231	8232	2818	
	25	413	45	372	215	178	28	2180	632	331	141	68	
15468	13443	31171	21888	23863	19942	16432	13003	17344	21320	23050	13602	9040	37
32392	22382	37781	38999	36207	43275	63834	22587	50928	82391	47474	27335	16746	75
86679	84259	68668	85128	98465	66976	41117	47690	43601	73366	76782	43997	35332	64
6432	11621	9753	15259	14000	11122	15421	8906	12950	21629	17962	18625	19060	17
11341	23490	12291	11789	24469	23601	14553	12547	15571	19417	31934	27993	12830	5
5734	3898	2918	2967	1401	2995	2776	2585	4420	2376	2513	1958	1986	3
618	635	1539	1091	2787	2334	3278	1070	1825	2918	1795	3067	1764	
4280	4956	5395	3350	10621	2892	4318	3908	4423	10325	19396	14004	5741	2
521	13629	2399	3617	9063	15241	3949	4303	4317	3015	7180	8322	2780	
188	372	40	764	597	139	232	681	586	783	1050	642	559	
5529	6647	5516	6499	7212	5551	5111	3046	3827	6881	10931	6513	4333	12
4841	5450	3322	3561	4853	3287	3524	1531	2442	4528	7358	4170	2498	3
28		10		83	55	38	37	23	4	158	29	7	
		150			36		10		5	111	105	33	
660	1197	2034	2938	2276	2173	1549	1468	1362	2344	3304	2209	1795	9

1-13 续表7

行业中类	从业人员数（人）									
		1949年以前	1950–1977年	1978–1991年	1992–1995年	1996年	1997年	1998年	1999年	2000年
废弃资源综合利用业	53138			1028	649	416	242	225	1798	2804
金属废料和碎屑加工处理	36449			1005	303	222	213	137	1674	1755
非金属废料和碎屑加工处理	16689			23	346	194	29	88	124	1049
金属制品、机械和设备修理业	33779		686	2511	1062	314	179	180	675	1244
金属制品修理	4206		13	24	138	8	4	5	334	1
通用设备修理	3664		156	282	46	140	103	125		24
专用设备修理	3184		11	273	149	94	30		16	676
铁路、船舶、航空航天等运输设备修理	14953		473	1880	465	11	34	25	96	388
电气设备修理	1802				37	3		24	79	38
仪器仪表修理	459							1	11	
其他机械和设备修理业	5511		33	52	227	58	8		139	117
电力、热力、燃气及水生产和供应业	**377501**	**5841**	**24943**	**57659**	**28611**	**3424**	**6295**	**5231**	**5455**	**5040**
电力、热力生产和供应业	283824	297	15024	37883	14027	2795	4895	4193	3173	3450
电力生产	114512	297	6516	16493	11587	1743	3971	3934	3156	3380
电力供应	167276		8508	21341	2440	1052	919	259	17	70
热力生产和供应	2036			49			5			
燃气生产和供应业	17791		132	1859	2528	118	209	313	708	584
燃气生产和供应业	17791		132	1859	2528	118	209	313	708	584
水的生产和供应业	75886	5544	9787	17917	12056	511	1191	725	1574	1006
自来水生产和供应	61355	5544	9772	17710	11861	501	1175	708	725	420
污水处理及其再生利用	12836			207	160	10		14	838	22
其他水的处理、利用与分配	1695		15		35		16	3	11	564
建筑业	**2480175**	**3373**	**329695**	**526933**	**362932**	**41137**	**43665**	**83786**	**101298**	**104807**
房屋建筑业	1371587	550	284331	352966	143341	20537	20072	59119	59439	71404
房屋建筑业	1371587	550	284331	352966	143341	20537	20072	59119	59439	71404
土木工程建筑业	432977	1243	41044	76586	99209	4858	7775	10175	9010	7795
铁路、道路、隧道和桥梁工程建筑	184285	1243	11760	54232	21554	2309	4299	5515	4974	1613
水利和内河港口工程建筑	122116		20559	13277	40675	1541	1992	999	939	3015
海洋工程建筑	517			52						
工矿工程建筑	23334		3218	991	2341	12		8	318	477
架线和管道工程建筑	30608		3943	2737	9650	671	943	1188	1226	1135
其他土木工程建筑	72117		1564	5297	24989	325	541	2465	1553	1555
建筑安装业	275458	1580	3550	38764	31487	5499	6601	9623	11289	11048
电气安装	77087	1580		10825	6484	1861	3112	3326	4713	6873
管道和设备安装	39594		1786	7314	8074	1296	1276	1798	1035	1382
其他建筑安装业	158777		1764	20625	16929	2342	2213	4499	5541	2793

2001年	2002年	2003年	2004年	2005年	2006年	2007年	2008年	2009年	2010年	2011年	2012年	2013年	无开业年份
1960	1758	4113	3889	9190	4553	6034	3559	2981	4051	1574	1651	635	28
1442	924	3021	1814	7670	3478	3060	2759	1678	2946	777	1168	375	28
518	834	1092	2075	1520	1075	2974	800	1303	1105	797	483	260	
716	1193	2082	942	801	3998	2471	1977	2278	2370	3393	2565	2120	22
162	455	56	47		44	1021	198	197	388	437	355	319	
29	55	46	83	145	160	693	399	292	237	179	309	161	
214	118	227	41	1	91	33	201	298	190	299	113	109	
211	270	1126	403	441	2808	316	734	841	1087	1498	1163	681	2
7	47	219	55	81	523	42	109	99	123	147	111	58	
30	80	2		19	4	15	33	66	3	172	14	9	
63	168	406	313	114	368	351	303	485	342	661	500	783	20
109456	**20416**	**13176**	**13047**	**8351**	**10587**	**9521**	**6410**	**6745**	**6120**	**4328**	**21850**	**3495**	**1500**
108361	16751	7947	7992	5663	6129	7326	3418	3646	4419	2908	19834	2313	1380
6635	5684	7565	7694	5361	5916	7191	2943	3463	3234	2621	1703	2066	1359
101726	10852	109	237	230	40	133	400	167	360	100	18084	212	20
	215	273	61	72	173	2	75	16	825	187	47	35	1
149	514	2116	2819	270	1550	881	1012	354	350	266	542	451	66
149	514	2116	2819	270	1550	881	1012	354	350	266	542	451	66
946	3151	3113	2236	2418	2908	1314	1980	2745	1351	1154	1474	731	54
630	1823	2137	1321	1486	574	875	1094	1038	756	386	429	385	5
177	1203	789	871	930	2329	423	867	1558	543	612	982	252	49
139	125	187	44	2	5	16	19	149	52	156	63	94	
84044	**80684**	**76303**	**122281**	**64407**	**71352**	**64280**	**64010**	**42729**	**51072**	**67246**	**42326**	**51744**	**71**
45891	37867	33132	31661	38390	33601	16002	31722	21952	24789	17199	7415	20201	6
45891	37867	33132	31661	38390	33601	16002	31722	21952	24789	17199	7415	20201	6
21632	15679	14042	14758	11331	12580	4093	17753	5798	8497	29834	10788	8482	15
15347	11269	8437	6058	7032	3092	1477	3019	2195	5046	2099	5832	5883	
4376	846	136	616	2316	636	1286	176	618	908	25811	932	462	
5			5		6		35	35	347		31	1	
253	233	6	43	415	75	108	13405	1050	83	101	118	79	
242	1303	2065	1573	264	898	427	380	313	379	271	260	740	
1409	2028	3398	6463	1304	7873	795	738	1587	1734	1552	3615	1317	15
10852	17929	9347	68855	5037	4846	11826	3445	5321	6168	4775	4076	3537	3
2227	12792	4469	3027	1500	2206	2146	1154	1990	3186	1279	1377	958	2
2647	1403	2658	754	875	706	482	973	1619	984	1003	859	670	
5978	3734	2220	65074	2662	1934	9198	1318	1712	1998	2493	1840	1909	1

1-13 续表8

行业中类	从业人员数(人)	1949年以前	1950–1977年	1978–1991年	1992–1995年	1996年	1997年	1998年	1999年	2000年
建筑装饰和其他建筑业	400153		770	58617	88895	10243	9217	4869	21560	14560
建筑装饰业	327143		218	52549	84428	8876	8565	4113	18678	12428
工程准备活动	16684		151	1586	976	77	387	429	361	311
提供施工设备服务	11059			491	105	138		38	1560	178
其他未列明建筑业	45267		401	3991	3386	1152	265	289	961	1643
批发和零售业	**3494930**	**400**	**31683**	**139901**	**126400**	**54246**	**60310**	**79862**	**76233**	**101407**
批发业	2206957	179	21014	74729	70219	31700	29778	53558	49767	55513
农、林、牧产品批发	73968		1549	5065	1289	307	582	803	826	1767
食品、饮料及烟草制品批发	261040	24	8372	14502	12168	4846	5260	9688	7343	5129
纺织、服装及家庭用品批发	426597		1057	7349	11090	3508	5547	8225	7801	7261
文化、体育用品及器材批发	109006	50	390	1735	3496	1121	3369	1348	1540	3054
医药及医疗器材批发	100638		2256	7835	5454	4482	976	3150	2420	4192
矿产品、建材及化工产品批发	397547		5802	23126	15884	7579	6565	20943	10434	16225
机械设备、五金产品及电子产品批发	592593	93	492	8591	14935	7437	5594	6605	15651	12939
贸易经纪与代理	117276	12	374	3000	2828	880	776	1108	2154	2322
其他批发业	128292		722	3526	3075	1540	1109	1688	1598	2624
零售业	1287973	221	10669	65172	56181	22546	30532	26304	26466	45894
综合零售	252351	13	4102	28596	23404	11197	12268	3488	4324	5172
食品、饮料及烟草制品专门零售	74675		1778	4489	2981	926	1535	661	1415	1073
纺织、服装及日用品专门零售	154736		256	2478	3883	2021	5202	1724	1633	3793
文化、体育用品及器材专门零售	68958	126	1586	7313	2491	740	1941	1005	1203	1654
医药及医疗器材专门零售	91552	17	1347	6396	5599	728	301	1252	3283	2820
汽车、摩托车、燃料及零配件专门零售	235640	30	931	11005	7887	3857	3905	8744	8580	21064
家用电器及电子产品专门零售	198575		108	573	2535	1023	2056	6856	3581	6578
五金、家具及室内装饰材料专门零售	122380	20	265	1853	2681	1193	1539	1316	1665	1834
货摊、无店铺及其他零售业	89106	15	296	2469	4720	861	1785	1258	782	1906
交通运输、仓储和邮政业	**1339798**	**328**	**142318**	**142159**	**144024**	**61776**	**13546**	**52094**	**83137**	**46860**
铁路运输业	151752		92134	13295	181	45010		68		
铁路旅客运输	149155		92134	11705		45010				
铁路货物运输	2292			1590	181			68		
铁路运输辅助活动	305									
道路运输业	556284		42012	87819	51804	13038	8786	17499	10607	16313
城市公共交通运输	230072		20669	48942	23326	5802	1528	10561	2866	3778
公路旅客运输	86573		12784	23623	10921	3017	1231	2262	1028	1926

2001年	2002年	2003年	2004年	2005年	2006年	2007年	2008年	2009年	2010年	2011年	2012年	2013年	无开业年份
5669	9209	19782	7007	9649	20325	32359	11090	9658	11618	15438	20047	19524	47
4766	4368	12842	4442	7486	17280	16944	9422	7763	9420	12468	17724	12322	41
252	682	1635	1692	703	1744	426	427	989	794	733	1107	1221	1
25	257	4607	28	782	177	662	568	238	244	231	126	600	4
626	3902	698	845	678	1124	14327	673	668	1160	2006	1090	5381	1
135870	**148991**	**148533**	**164639**	**169306**	**181604**	**184479**	**171460**	**224380**	**267372**	**372987**	**319417**	**334314**	**1136**
80165	89805	94576	106836	101594	118765	110298	111131	148057	180699	251587	206546	219714	727
2004	1352	1844	3187	1891	3277	3247	3019	6549	7421	8266	10573	9101	49
14096	17337	10477	8472	7468	10720	10042	13914	14932	15799	21987	22369	26000	95
11924	16437	17024	14754	24355	21423	24915	18811	29424	37145	78776	37074	42654	43
3789	4423	3824	5851	4273	9609	7207	6609	8333	8785	10146	9996	10045	13
5805	7660	10163	6592	8028	5502	2209	2981	3505	3598	4172	5747	3904	7
14662	14283	15651	25948	15955	20750	18313	18752	24389	31914	32772	30238	27082	280
20794	22576	21243	30422	28320	34291	32074	33760	44939	54327	66338	61475	69588	109
3717	3001	3627	4841	5269	5594	4722	5903	7420	11013	16195	15479	16970	71
3374	2736	10723	6769	6035	7599	7569	7382	8566	10697	12935	13595	14370	60
55705	59186	53957	57803	67712	62839	74181	60329	76323	86673	121400	112871	114600	409
17922	13507	12950	13102	14409	10756	8574	8855	12693	9824	11713	14921	10535	26
1800	1463	2517	4074	2921	3199	2711	3199	6387	5758	7987	9090	8687	24
5860	4721	3148	3474	12506	9600	13580	9374	9616	10031	23511	12008	16293	24
1159	2114	1995	2272	2436	2661	4901	2594	3124	6100	8829	5911	6782	21
7101	1995	3504	2865	3540	3672	8708	4127	4049	5683	10424	8651	5467	23
10282	14377	13687	14644	14744	14330	12285	10871	11514	13000	14372	13849	11666	16
7242	15084	9335	10701	9210	9917	10350	10215	13971	15755	18994	20654	23700	137
2755	3397	3718	3855	4366	5354	6862	6582	8968	12194	16294	16517	19042	110
1584	2528	3103	2816	3580	3350	6210	4512	6001	8328	9276	11270	12428	28
40270	**48468**	**51426**	**73808**	**40108**	**42560**	**87910**	**34654**	**39259**	**56439**	**32019**	**38149**	**67748**	**738**
403	92		62		72	75	56	41	263				
			62		72	75	56	41					
403	50												
	42								263				
27497	25347	26956	48470	19225	14680	58274	17183	14896	18032	12237	14371	10812	426
12121	10234	7045	28846	2924	959	39128	2352	2741	2014	2054	1568	614	
4721	4732	3154	4876	1019	1746	2200	916	1216	1983	614	2155	449	

1–13 续表9

行业中类	从业人员数(人)	1949年以前	1950–1977年	1978–1991年	1992–1995年	1996年	1997年	1998年	1999年	2000年
道路货物运输	168127		536	4340	8085	1335	4614	3391	2387	7330
道路运输辅助活动	71512		8023	10914	9472	2884	1413	1285	4326	3279
水上运输业	79513	107	4053	10594	9887	597	642	1025	6270	2298
水上旅客运输	7758		1724	2287	1546	76	88	14	220	78
水上货物运输	31162		2137	3907	1692	327	515	638	5465	819
水上运输辅助活动	40593	107	192	4400	6649	194	39	373	585	1401
航空运输业	105518			13596	68174	72	13	6390	10615	
航空客货运输	85271			13554	66164	67	7	940	287	
通用航空服务	977			28	8				692	
航空运输辅助活动	19270			14	2002	5	6	5450	9636	
管道运输业	453				265					
管道运输业	453				265					
装卸搬运和运输代理业	209812		1047	8758	8513	2274	3124	5727	4925	3535
装卸搬运	34736		851	5123	2891	702	276	877	933	241
运输代理业	175076		196	3635	5622	1572	2848	4850	3992	3294
仓储业	56522		1070	6617	5021	775	872	1239	1758	1790
谷物、棉花等农产品仓储	5796		511	586	608	101	38	168	336	220
其他仓储业	50726		559	6031	4413	674	834	1071	1422	1570
邮政业	179944	221	2002	1480	179	10	109	20146	48962	22924
邮政基本服务	82962		2002	1404	10			18643	48732	7897
快递服务	96982	221		76	169	10	109	1503	230	15027
住宿和餐饮业	**853098**	**244**	**6746**	**43925**	**84915**	**13046**	**18834**	**13568**	**26477**	**21845**
住宿业	382103	244	5751	33429	22306	4790	9132	6251	8873	10086
旅游饭店	278732	243	4936	28308	18200	3942	7887	4367	7803	8649
一般旅馆	88866	1	809	4518	3242	793	1022	1616	729	1369
其他住宿业	14505		6	603	864	55	223	268	341	68
餐饮业	470995		995	10496	62609	8256	9702	7317	17604	11759
正餐服务	334832		791	8822	16158	5814	4943	5687	12236	6523
快餐服务	97679		36	95	45905	2243	3789	1417	5159	4900
饮料及冷饮服务	14662			9	9	15	518	34	50	108
其他餐饮业	23822		168	1570	537	184	452	179	159	228
信息传输、软件和信息技术服务业	**706338**	**28**	**1288**	**4547**	**22805**	**5121**	**7352**	**27015**	**55857**	**54953**
电信、广播电视和卫星传输服务	157460	28	1286	2945	4863	189	528	7760	40604	17125
电信	132054		748	165	1793	65	432	7687	40559	17092
广播电视传输服务	24382	28	514	2685	2733	124	94	60	45	33
卫星传输服务	1024		24	95	337		2	13		
互联网和相关服务	63574			46	2980	257	415	2262	1078	11800

2001年	2002年	2003年	2004年	2005年	2006年	2007年	2008年	2009年	2010年	2011年	2012年	2013年	无开业年份
9228	7179	12078	12017	11748	9523	15288	11821	9155	11870	8336	9288	8534	44
1427	3202	4679	2731	3534	2452	1658	2094	1784	2165	1233	1360	1215	382
1632	1979	5569	3824	2364	2681	9192	889	4032	5211	766	4838	992	71
61	73	244	70	54	389	95	193	345	42	5	125	29	
703	1202	2001	2245	805	571	719	422	1733	365	301	4161	434	
868	704	3324	1509	1505	1721	8378	274	1954	4804	460	552	529	71
683	1212	122	1166	100	810	444	42	938	241	170	83	643	4
	1078	122	1160	87	40	440	34	893	24	130	75	169	
3			4		6	4			144	6	8	70	4
680	134		2	13	764		8	45	73	34		404	
16	28		5	7		58				12	56	6	
16	28		5	7		58				12	56	6	
4756	14476	12725	14706	13264	14488	12999	10516	13214	15612	14156	14422	16549	26
764	1539	3705	1477	990	2399	2201	1677	1569	1573	1564	1916	1466	2
3992	12937	9020	13229	12274	12089	10798	8839	11645	14039	12592	12506	15083	24
1994	4031	3629	3955	4086	2355	3254	4030	2393	2565	1720	1356	1801	211
234	278	210	405	579	38	79	120	376	270	144	249	242	4
1760	3753	3419	3550	3507	2317	3175	3910	2017	2295	1576	1107	1559	207
3289	1303	2425	1620	1062	7474	3614	1938	3745	14515	2958	3023	36945	
2946	225	30	9	16	6		21	20	93	44	834	30	
343	1078	2395	1611	1046	7468	3614	1917	3725	14422	2914	2189	36915	
21646	**31586**	**44069**	**44359**	**48381**	**45629**	**57568**	**49988**	**48846**	**53137**	**58549**	**60967**	**58266**	**507**
11649	16351	23005	23535	27438	17719	23770	26881	25740	22812	22016	21556	18523	246
9578	14895	18561	19599	18434	11115	16997	19428	17806	15561	11584	11271	9449	119
2013	1066	4273	3412	8500	5838	6042	6399	6412	5593	8556	9154	7402	107
58	390	171	524	504	766	731	1054	1522	1658	1876	1131	1672	20
9997	15235	21064	20824	20943	27910	33798	23107	23106	30325	36533	39411	39743	261
9319	11950	16947	17029	17163	23911	17877	20292	19646	24917	31161	33095	30293	258
288	1116	863	2267	1803	1794	14337	1031	1254	2173	1432	2200	3576	1
258	1189	2811	280	224	675	342	699	915	1176	1894	1643	1813	
132	980	443	1248	1753	1530	1242	1085	1291	2059	2046	2473	4061	2
39172	**33824**	**71330**	**36127**	**26970**	**36430**	**43523**	**33100**	**33824**	**44639**	**42780**	**39647**	**45945**	**61**
12910	5169	34210	2270	3312	2227	1758	4434	2406	10100	1655	1095	586	
12615	4903	33627	2137	836	892	696	2685	1969	403	1345	949	456	
295	254	197	113	2456	1335	1026	1748	407	9672	310	146	107	
	12	386	20	20		36	1	30	25			23	
4045	1050	4284	4890	3036	4151	2609	3157	2375	3056	3076	3586	5420	1

1-13 续表10

行业中类	从业人员数(人)	1949年以前	1950–1977年	1978–1991年	1992–1995年	1996年	1997年	1998年	1999年	2000年
互联网接入及相关服务	10854				2545		72	3	61	667
互联网信息服务	43431			46	432	180	343	2246	850	11069
其他互联网服务	9289				3	77		13	167	64
软件和信息技术服务业	485304		2	1556	14962	4675	6409	16993	14175	26028
软件开发	338591		2	874	4265	3840	3755	12083	9587	12612
信息系统集成服务	44409			91	2128	609	921	1306	3565	4855
信息技术咨询服务	46017			154	2804	36	1147	2329	366	3161
数据处理和存储服务	19857			4	5352	16	6	371	443	2282
集成电路设计	10134			8	37	127	148	40	55	987
其他信息技术服务业	26296			425	376	47	432	864	159	2131
金融业	**515220**			**164529**	**28193**	**21304**	**5461**	**2836**	**4915**	**1091**
货币金融服务	224627			136963	1552	6234	4973	1756	4330	194
中央银行服务										
货币银行服务	220258			136652	1324	6170	4856	1686	4330	187
非货币银行服务	4369			311	228	64	117	70		7
银行监管服务										
资本市场服务	66857			13001	26619	6819	488	1080	585	818
证券市场服务	60107			13001	22726	5767	430	1080	321	691
期货市场服务	4551				3128	968				
证券期货监管服务	343				171		7		130	
资本投资服务	334						9			63
其他资本市场服务	1522				594	84	42		134	64
保险业	219371			12670	22	8251				79
人身保险	92779									
财产保险	97861			12670		8251				
再保险										
养老金										
保险经纪与代理服务	21461									
保险监管服务	168									79
其他保险活动	7102				22					
其他金融业	4365			1895						
金融信托与管理服务	1629			1530						
控股公司服务	442			362						
非金融机构支付服务	733			3						
金融信息服务	1561									
其他未列明金融业										
房地产业	**1165328**	**23**	**5693**	**65520**	**159457**	**30505**	**33397**	**40399**	**42988**	**75027**
房地产业	1165328	23	5693	65520	159457	30505	33397	40399	42988	75027

2001年	2002年	2003年	2004年	2005年	2006年	2007年	2008年	2009年	2010年	2011年	2012年	2013年	无开业年份
2981	56	410	258	240	346	346	413	338	503	327	521	766	1
1001	698	2197	4433	1541	3374	1829	2367	1680	2034	2055	2012	3044	
63	296	1677	199	1255	431	434	377	357	519	694	1053	1610	
22217	27605	32836	28967	20622	30052	39156	25509	29043	31483	38049	34966	39939	60
15572	16798	25716	21804	13319	22298	32509	20365	19200	22817	28522	25623	27006	24
1648	1277	3224	2910	3848	2469	3055	1483	2661	2275	1903	2090	2082	9
984	6805	1070	1190	1703	1888	1614	1214	3381	2682	3775	4093	5597	24
351	684	620	1383	533	939	957	259	625	1032	1096	1037	1867	
440	571	719	362	484	1068	363	697	920	782	680	669	977	
3222	1470	1487	1318	735	1390	658	1491	2256	1895	2073	1454	2410	3
3551	**154922**	**8957**	**2309**	**22707**	**20809**	**13912**	**11997**	**14956**	**2211**	**7130**	**21452**	**1978**	
31	580	195	820	10448	12738	12834	8502	13753	1550	2528	3672	974	
13	437		600	10240	12480	12591	8171	13469	841	2223	3334	654	
18	143	195	220	208	258	243	331	284	709	305	338	320	
3192	2070	1242	96	3914	5743	114	199	14	23	157	266	417	
3147	1975	776		3903	5672	70	111			136	110	191	
		455											
		11	5	11								8	
	95						37		23	6	64	37	
45			91		71	44	51	14		15	92	181	
252	152272	7520	1393	8255	1527	949	3240	1040	590	4027	17172	112	
	84164	4613									4002		
	67807	200		3888			1445	60		3180	360		
49	260	615	729	1474	1135	718	1536	895	484	754	12703	109	
69									20				
134	41	2092	664	2893	392	231	259	85	86	93	107	3	
76				90	801	15	56	149	48	418	342	475	
										99			
											80		
56				70				147	25	257	87	88	
20				20	801	15	56	2	23	62	175	387	
50420	**48865**	**56841**	**65433**	**52163**	**61703**	**66689**	**44059**	**63613**	**57712**	**65672**	**40713**	**37772**	**664**
50420	48865	56841	65433	52163	61703	66689	44059	63613	57712	65672	40713	37772	664

1-13 续表11

行业中类	从业人员数(人)	1949年以前	1950–1977年	1978–1991年	1992–1995年	1996年	1997年	1998年	1999年	2000年
房地产开发经营	263038		2847	13845	30368	3778	6961	6475	6717	9620
物业管理	668902	23	622	26743	113323	20075	23279	31840	32068	51156
房地产中介服务	129307		129	1485	5752	4478	1792	862	1673	11934
自有房地产经营活动	80458		1327	22322	7914	1810	1145	929	1383	1974
其他房地产业	23623		768	1125	2100	364	220	293	1147	343
租赁和商务服务业	**1916500**	**1359**	**15118**	**159701**	**143843**	**27017**	**30891**	**41465**	**58502**	**37538**
租赁业	42620		2	1439	1369	1312	364	861	597	304
机械设备租赁	40412		2	1368	1338	1260	364	846	530	257
文化及日用品出租	2208			71	31	52		15	67	47
商务服务业	1873880	1359	15116	158262	142474	25705	30527	40604	57905	37234
企业管理服务	734619	1197	13520	80968	67850	8238	14002	10877	40649	15041
法律服务	38090		6	1298	5115	983	749	882	1191	2266
咨询与调查	290260		112	1830	9327	1673	1997	1523	5154	7293
广告业	133436			1566	5512	1164	1928	1938	2669	3241
知识产权服务	13166			6	199	55	142	35	406	138
人力资源服务	224911	26	76	1768	4643	245	929	20503	2298	1063
旅行社及相关服务	44995		847	9673	2958	755	966	846	745	851
安全保护服务	155234			55053	39389	2286	7561	625	604	2638
其他商务服务业	239169	136	555	6100	7481	10306	2253	3375	4189	4703
科学研究和技术服务业	**681854**	**599**	**29968**	**46600**	**58141**	**17205**	**15787**	**12396**	**12406**	**23226**
研究和试验发展	114116	450	7666	4904	2950	5732	974	924	1314	2468
自然科学研究和试验发展	9656	440	496	268	167	13	28	26	221	30
工程和技术研究和试验发展	76059		2648	2117	1192	290	750	490	884	2084
农业科学研究和试验发展	14996		3310	1935	345	5297	64	365	109	96
医学研究和试验发展	11094	10	887	189	1193	34	110	30	100	155
社会人文科学研究	2311		325	395	53	98	22	13		103
专业技术服务业	492377	61	20404	38900	52367	11257	14519	10226	9753	19190
气象服务	3911		1394	823	172	54	173	92	90	136
地震服务	949		50	94	13		10	18	6	6
海洋服务	2697		290	153	178	96	32			232
测绘服务	7206		842	719	687	256	63	189	166	265
质检技术服务	54031	30	2018	5884	2495	561	1014	505	1292	1241
环境与生态监测	9165		2357	2191	107	194	145	45	24	121
地质勘查	9343		3428	1220	941	4	122	144	21	488
工程技术	260271		6868	25522	43202	8139	11744	5815	5131	11243
其他专业技术服务业	144804	31	3157	2294	4572	1953	1216	3418	3023	5458
科技推广和应用服务业	75361	88	1898	2796	2824	216	294	1246	1339	1568
技术推广服务	61931	88	1737	2400	2172	185	236	497	1065	1203

2001年	2002年	2003年	2004年	2005年	2006年	2007年	2008年	2009年	2010年	2011年	2012年	2013年	无开业年份
8053	9296	11659	11178	13985	19517	23298	11346	18803	20844	16296	9756	8182	214
33112	28714	36264	37768	29035	28508	33441	23450	31776	24541	29168	19093	14698	205
6440	6702	5968	10144	6187	10882	6781	5609	8855	7797	8616	6897	10271	53
2432	3582	2121	4914	2190	1742	1810	2716	3035	2128	9591	3312	2040	41
383	571	829	1429	766	1054	1359	938	1144	2402	2001	1655	2581	151
46709	**76451**	**82748**	**83696**	**94381**	**90657**	**82990**	**125251**	**109170**	**141945**	**153698**	**164017**	**148085**	**1268**
1714	1508	1467	2981	4163	2847	1448	2103	1978	3525	4825	4519	3287	7
1561	1490	1442	2777	4087	2737	1439	1965	1840	3184	4709	4131	3081	4
153	18	25	204	76	110	9	138	138	341	116	388	206	3
44995	74943	81281	80715	90218	87810	81542	123148	107192	138420	148873	159498	144798	1261
17598	25430	22859	29278	26539	18533	16003	57459	34763	38826	63619	76257	54107	1006
2443	3178	2301	1396	1286	1430	1507	1461	1622	3780	1818	2387	989	2
8050	7793	12500	15379	17368	22980	24756	23576	18058	22014	24714	29706	34398	59
2707	3676	4422	5747	8804	8763	6673	8241	8358	12630	15709	15125	14522	41
404	523	681	1284	601	666	1034	835	868	788	2238	1096	1167	
1255	4690	26025	5912	21660	23508	17563	12726	14257	26686	19810	12245	7020	3
2140	1765	3786	2035	1534	1293	1262	1383	1686	2909	2381	2220	2882	78
2363	18563	1617	5195	1459	3272	1028	6284	1412	1329	1078	1798	1680	
8035	9325	7090	14489	10967	7365	11716	11183	26168	29458	17506	18664	28033	72
28298	**24313**	**29763**	**31458**	**36176**	**33421**	**26499**	**29915**	**39233**	**44150**	**43161**	**49826**	**48965**	**348**
4793	2153	5115	6587	9746	4955	6318	6119	9258	6531	8174	9562	7410	13
170	73	91	673	68	219	1161	619	1405	660	542	1764	522	
4133	1260	3010	5228	9180	3787	4584	4737	6992	4836	6148	6384	5312	13
162	273	119	239	108	424	182	257	201	263	384	332	531	
271	475	1819	409	367	495	271	411	555	677	843	884	909	
57	72	76	38	23	30	120	95	105	95	257	198	136	
20781	18751	21501	21691	23935	25888	17556	19735	25438	30853	27319	30422	31559	271
38	175	259	36	3	120	6	8	24	33	53	105	117	
19	11		5	3	17			2	33	8	2	652	
11	68	901	10	39	20	23	105	130	12	60	24	313	
433	210	424	474	171	396	113	243	460	470	173	313	139	
1219	3943	5319	2666	3097	5840	2894	3863	1908	3749	1964	1538	962	29
259	278	274	337	244	372	120	127	225	528	417	444	356	
411	65	21	140	36	156	155	86	48	48	172	123	1508	6
9956	10574	8908	9878	14016	11069	7764	7530	10883	13409	11434	13864	13103	219
8435	3427	5395	8145	6326	7898	6481	7773	11758	12571	13038	14009	14409	17
2724	3409	3147	3180	2495	2578	2625	4061	4537	6766	7668	9842	9996	64
1552	2865	2379	2531	2108	1833	2110	3556	3756	5854	6606	8750	8384	64

1-13 续表12

行业中类	从业人员数（人）	1949年以前	1950–1977年	1978–1991年	1992–1995年	1996年	1997年	1998年	1999年	2000年
科技中介服务	5118		27	182	513		27	730	112	38
其他科技推广和应用服务业	8312		134	214	139	31	31	19	162	327
水利、环境和公共设施管理业	**206033**	**1340**	**24715**	**26844**	**25541**	**4318**	**4478**	**5689**	**7655**	**4129**
水利管理业	31126	100	10272	5645	1826	690	680	549	518	632
防洪除涝设施管理	7174	76	2182	1368	527	168	219	179	144	159
水资源管理	8814	24	2951	1625	759	22	42	19	44	128
天然水收集与分配	6561		3525	1131	319		116	79	24	61
水文服务	952		96	57	15	20	173		27	146
其他水利管理业	7625		1518	1464	206	480	130	272	279	138
生态保护和环境治理业	17819		1219	1599	2191	381	402	342	280	823
生态保护	4380		960	396	1038	78	6	112	51	50
环境治理业	13439		259	1203	1153	303	396	230	229	773
公共设施管理业	157088	1240	13224	19600	21524	3247	3396	4798	6857	2674
市政设施管理	21852		1061	2102	2728	406	1636	1162	518	176
环境卫生管理	62958	666	8359	8870	11956	1318	150	2140	2040	897
城乡市容管理	7486		128	1172	1136	334	88	404	753	268
绿化管理	35968		1993	2805	2396	755	874	501	2821	747
公园和游览景区管理	28824	574	1683	4651	3308	434	648	591	725	586
居民服务、修理和其他服务业	**376450**		**2730**	**13098**	**17811**	**7908**	**13015**	**14125**	**12650**	**10461**
居民服务业	125811		2344	2669	3944	1398	1472	4555	2399	1961
家庭服务	19031			13	35	41	47	1830	163	226
托儿所服务	4842		107	190	117	54	65	122	54	94
洗染服务	5353			273	957	51	133	568	6	78
理发及美容服务	20923		48	66	201	105	86	387	239	145
洗浴服务	17338			235	133	191	127	760	280	93
保健服务	28120			26	461	7	236	274	371	305
婚姻服务	1929			5	26	1	5	2		21
殡葬服务	8124		2023	614	749	384	376	235	235	602
其他居民服务业	20151		166	1247	1265	564	397	377	1051	397
机动车、电子产品和日用产品修理业	93854		251	3068	5153	1242	1573	3413	2939	2080
汽车、摩托车修理与维护	67205		233	2740	4090	1031	910	2159	1924	1555
计算机和办公设备维修	11917		12	11	472	146	348	969	671	251
家用电器修理	9397			188	309	62	290	141	314	174
其他日用产品修理业	5335		6	129	282	3	25	144	30	100
其他服务业	156785		135	7361	8714	5268	9970	6157	7312	6420
清洁服务	138363		118	5776	7826	5084	9214	5914	6748	6107
其他未列明服务业	18422		17	1585	888	184	756	243	564	313

2001年	2002年	2003年	2004年	2005年	2006年	2007年	2008年	2009年	2010年	2011年	2012年	2013年	无开业年份
254	130	548	96	237	385	210	185	290	250	263	272	369	
918	414	220	553	150	360	305	320	491	662	799	820	1243	
8421	**8964**	**7264**	**9075**	**9647**	**8570**	**6086**	**6893**	**7065**	**7979**	**7460**	**7177**	**6558**	**165**
234	533	1664	736	817	842	1471	825	368	387	574	982	781	
100	36	91	86	119	416	304	261	74	56	194	89	326	
23	253	1062	289	280	257	152	179	61	135	31	384	94	
6	6	316	202	273	35	3	111	21	52	13	117	151	
	67		8	5			38	10	45	157	22	66	
105	171	195	151	140	134	1012	236	202	99	179	370	144	
412	816	622	1177	1147	1001	538	693	1167	895	581	835	663	35
99	304	56	148	177	202	29	81	202	83	154	112	39	3
313	512	566	1029	970	799	509	612	965	812	427	723	624	32
7775	7615	4978	7162	7683	6727	4077	5375	5530	6697	6305	5360	5114	130
637	568	949	1176	808	1131	958	189	1299	1172	1330	1149	696	1
3290	2682	928	2349	4029	1973	911	2885	1192	2833	903	1234	1353	
76	61	85	99	184	213	67	160	1052	55	397	294	460	
2355	2667	1803	2069	1467	2183	1272	1098	1117	1373	2056	1928	1681	7
1417	1637	1213	1469	1195	1227	869	1043	870	1264	1619	755	924	122
16178	**20506**	**19775**	**20129**	**18904**	**21274**	**21305**	**17608**	**23199**	**22080**	**26820**	**33226**	**23615**	**33**
4310	3888	3726	3247	5388	6301	9074	6747	11386	9895	11159	18815	11114	19
197	272	241	576	320	770	1550	1589	878	1228	1010	6635	1410	
157	128	126	117	124	112	102	779	537	430	549	472	406	
173	162	516	340	191	322	386	76	116	161	324	225	295	
605	511	477	398	959	2047	1678	796	2997	1729	2237	2851	2361	
881	869	402	319	1505	727	1708	1066	1477	1120	2074	1996	1375	
310	570	759	287	1137	1243	1561	1705	3044	4071	3715	4621	3417	
33	5	42	40	103	82	58	68	290	135	146	333	534	
603	218	483	117	104	178	58	164	253	320	148	139	105	16
1351	1153	680	1053	945	820	1973	504	1794	701	956	1543	1211	3
3134	4186	4722	4052	4708	4970	3792	4562	5697	6942	9233	9521	8607	9
2503	2808	3326	2523	3412	3470	2636	3022	4244	5357	6163	6757	6336	6
250	158	505	1026	526	808	589	863	553	473	1387	904	995	
258	228	678	415	407	506	459	543	635	791	977	1170	849	3
123	992	213	88	363	186	108	134	265	321	706	690	427	
8734	12432	11327	12830	8808	10003	8439	6299	6116	5243	6428	4890	3894	5
8243	9503	11084	11477	6923	8229	7675	5656	5207	4662	5734	4151	3032	5
491	2929	243	1353	1885	1774	764	643	909	581	694	739	862	5

1–13 续表13

行业中类	从业人员数（人）	1949年以前	1950–1977年	1978–1991年	1992–1995年	1996年	1997年	1998年	1999年	2000年
教育	**1625519**	**210402**	**336802**	**209124**	**106886**	**29309**	**26509**	**33782**	**38407**	**47957**
教育	1625519	210402	336802	209124	106886	29309	26509	33782	38407	47957
学前教育	296144	1071	14259	19344	21504	6686	9468	11334	10806	14856
初等教育	508070	100795	149766	50313	27510	6892	5624	8715	10721	10636
中等教育	548277	80257	145145	105166	43067	11162	8239	11094	9234	10855
高等教育	145226	28109	21362	23949	8983	3670	106	109	3176	7955
特殊教育	5440	163	166	1144	288	13	330	29	268	182
技能培训、教育辅助及其他教育	122362	7	6104	9208	5534	886	2742	2501	4202	3473
卫生和社会工作	**671249**	**85887**	**250836**	**99584**	**32688**	**5376**	**6803**	**3767**	**7652**	**7219**
卫生	633991	85754	248826	93752	30070	5011	6494	3113	6851	5843
医院	414158	83720	149943	66102	19898	3059	4310	1284	4199	4369
社区医疗与卫生院	109224	962	67858	6030	3086	631	775	823	572	587
门诊部（所）	38495	64	8579	4430	1339	449	269	325	606	575
计划生育技术服务活动	5982	33	247	2729	832	39	182	151	57	89
妇幼保健院（所、站）	37418	910	16668	9510	3674	397	557	175	712	
专科疾病防治院（所、站）	9341	49	3961	2642	329	30	53		291	2
疾病预防控制中心	11137	16	1029	1399	20	22	4		236	67
其他卫生活动	8236		541	910	892	384	344	355	178	154
社会工作	37258	133	2010	5832	2618	365	309	654	801	1376
提供住宿社会工作	24262	110	1975	5247	1678	241	251	554	740	1246
不提供住宿社会工作	12996	23	35	585	940	124	58	100	61	130
文化、体育和娱乐业	**267284**	**3734**	**11806**	**27569**	**20493**	**2421**	**3610**	**4230**	**4257**	**12916**
新闻和出版业	29365	2914	1127	4875	2976	589	203	94	862	340
新闻业	1834	30	49	929	187					1
出版业	27531	2884	1078	3946	2789	589	203	94	862	339
广播、电视、电影和影视录音制作业	42650	501	3938	9932	1048	257	527	86	208	324
广播	6115	478	369	2839	170	15	18	44		43
电视	17511		812	5415	540	152	477	22	151	207
电影和影视节目制作	5894			541	71	43	12		47	45
电影和影视节目发行	2577		1779	122	30	6	6	19		2
电影放映	9603	23	844	974	228	25			10	27
录音制作	950		134	41	9	16	14	1		
文化艺术业	47582	264	5867	6978	2196	463	668	784	1180	653
文艺创作与表演	14191		838	1387	571	51	7	48	445	177
艺术表演场馆	1619		210	313	26		7	207	32	
图书馆与档案馆	6486	106	1501	1704	538	129	65	55	217	172
文物及非物质文化遗产保护	2202	36	336	280	206	130	16	68	65	7

2001年	2002年	2003年	2004年	2005年	2006年	2007年	2008年	2009年	2010年	2011年	2012年	2013年	无开业年份
39548	**51686**	**54973**	**61088**	**48746**	**46731**	**36279**	**36371**	**41939**	**46534**	**45305**	**41589**	**35501**	**51**
39548	51686	54973	61088	48746	46731	36279	36371	41939	46534	45305	41589	35501	51
11015	11212	13178	10605	10860	11786	11392	14021	16370	21306	18890	19270	16871	40
10420	17751	20821	15754	14337	9374	9620	7621	7781	8394	6904	4466	3855	
10069	14379	13580	14669	10763	10308	6899	9703	9652	7910	7190	5546	3386	4
4896	4723	2385	14906	6096	5384	2332	94	1769	190	1937	1348	1747	
	168	80	849	19	75	128	178	92	123	551	336	258	
3148	3453	4929	4305	6671	9804	5908	4754	6275	8611	9833	10623	9384	7
12506	**10339**	**12411**	**13837**	**13498**	**9267**	**9403**	**20099**	**12258**	**11335**	**17580**	**16437**	**12424**	**43**
12036	9104	10133	12575	12820	8267	8112	18084	9109	8629	15115	13657	10622	14
8328	5342	4415	9936	7591	4278	4496	7463	5163	4671	6006	4685	4886	14
521	580	946	1290	1437	1136	1344	5520	1465	1790	5717	4511	1643	
793	875	757	640	2441	1788	1189	1799	1740	1833	2396	3429	2179	
334	130	97	87	44	4	9	35	24	49	188	472	150	
125		9	5	6	346		2969	66	88	549	35	617	
306	117	299	193	484	87	67	31	59	21	10	51	259	
1494	1869	3335	324	51	57	100	139	89		118	274	494	
135	191	275	100	766	571	907	128	503	177	131	200	394	
470	1235	2278	1262	678	1000	1291	2015	3149	2706	2465	2780	1802	29
416	1031	1937	879	530	813	223	1088	1127	856	1211	1213	877	19
54	204	341	383	148	187	1068	927	2022	1850	1254	1567	925	10
6302	**5102**	**13919**	**9487**	**12186**	**12136**	**13602**	**15488**	**15394**	**15118**	**16059**	**22562**	**18734**	**159**
367	407	2454	321	359	126	305	4987	4710	224	440	420	265	
18		40	71	206	13	35	67	86	30	30	7	35	
349	407	2414	250	153	113	270	4920	4624	194	410	413	230	
2081	561	503	3201	5478	2133	1323	1001	1171	2195	1993	2537	1652	
338	154	107	102	551	125	55	46	64	293	58	67	179	
976	25	144	2645	3742	257	34	388	34	594	167	649	80	
210	219	49	190	865	555	814	288	360	532	359	369	325	
300	1	6	29	13	25	80	12	11	28	12	64	32	
95	64	90	232	307	1048	319	255	584	701	1385	1375	1017	
162	98	107	3		123	21	12	118	47	12	13	19	
759	795	1339	1397	1585	1282	1649	2241	1636	2980	3110	5035	4703	18
246	111	439	538	601	331	469	1191	781	1394	1029	2020	1513	4
7	28	15	100	3	8	47	98	33	181	113	133	58	
21	262	118	199	91	292	109	120	30	47	107	215	388	
46	7	6	78	104	17	26	77	107	83	218	247	42	

1-13 续表14

行业中类	从业人员数(人)	1949年以前	1950–1977年	1978–1991年	1992–1995年	1996年	1997年	1998年	1999年	2000年
博物馆	3878	95	712	1037	188	19	325	143	76	91
烈士陵园、纪念馆	767		134	228	49		98	12	5	32
群众文化活动	12658	27	2069	1554	588	122	107	98	321	107
其他文化艺术业	5781		67	475	30	12	43	153	19	67
体育	48704	55	524	4435	12255	970	1083	988	1059	3306
体育组织	9665	13	291	1826	232	111	299	176	436	329
体育场馆	6571	42	167	1238	951	181	207	21	126	440
休闲健身活动	31154		66	1366	10970	678	508	791	493	2537
其他体育	1314			5	102		69		4	
娱乐业	98983		350	1349	2018	142	1129	2278	948	8293
室内娱乐活动	77136		110	976	1255	107	414	1012	646	1088
游乐园	13678			130	88	4	18	919	117	6859
彩票活动	1047		44	203	127	2	103	39	148	37
文化、娱乐、体育经纪代理	2408					28		81		18
其他娱乐业	4714		196	40	548	1	594	227	37	291
公共管理、社会保障和社会组织	**2006103**	**89955**	**222480**	**401666**	**181773**	**26862**	**21661**	**57126**	**106818**	**35382**
中国共产党机关	28567	2606	5201	9284	2211	454	220	310	318	273
中国共产党机关	28567	2606	5201	9284	2211	454	220	310	318	273
国家机构	1169196	77358	169341	285607	145797	13757	14714	16956	29729	19024
国家权力机构	11428	715	1417	5888	1144	45	74	68	18	14
国家行政机构	1094882	71071	151874	263599	139638	13307	14487	15967	29130	18037
人民法院和人民检察院	41693	4093	11957	13303	3330	347	60	345	2	667
其他国家机构	21193	1479	4093	2817	1685	58	93	576	579	306
人民政协、民主党派	6814	183	1074	3206	526	80	150	125	40	28
人民政协	5186	91	669	2505	350	62	133	99	34	15
民主党派	1628	92	405	701	176	18	17	26	6	13
社会保障	13236		91	1877	1425	309	57	93	45	144
社会保障	13236		91	1877	1425	309	57	93	45	144
群众团体、社会团体和其他成员组织	520792	5559	17205	72703	19691	9122	2191	14741	7151	11076
群众团体	220168	4284	13443	17544	8011	4078	773	8241	2988	2847
社会团体	284073	131	3064	51129	9973	4703	961	6043	3889	7490
基金会	1476		1	49	134	21	4	27	4	6
宗教组织	15075	1144	697	3981	1573	320	453	430	270	733
基层群众自治组织	267498	4249	29568	28989	12123	3140	4329	24901	69535	4837
社区自治组织	83848	1209	5297	8177	5007	1089	1247	2737	6195	2950
村民自治组织	183650	3040	24271	20812	7116	2051	3082	22164	63340	1887

2001年	2002年	2003年	2004年	2005年	2006年	2007年	2008年	2009年	2010年	2011年	2012年	2013年	无开业年份
17	19	48	73	50	79	137	113	183	145	112	97	118	1
		35			1	76	21	6	26	24	13	7	
275	224	521	330	531	442	597	402	229	718	636	1455	1304	1
147	144	157	79	205	112	188	219	267	386	871	855	1273	12
1609	1568	1776	871	1466	1669	1776	1419	2050	2058	2056	2860	2756	95
376	208	762	251	447	159	379	164	458	615	437	791	854	51
544	439	294	94	73	105	182	93	201	348	240	309	238	38
686	887	687	510	915	1336	1055	1141	1257	1036	1208	1465	1556	6
3	34	33	16	31	69	160	21	134	59	171	295	108	
1486	1771	7847	3697	3298	6926	8549	5840	5827	7661	8460	11710	9358	46
1341	1562	4435	3336	2998	6477	7922	5561	5048	6248	7459	10806	8319	16
78	76	3147	183	21	88	64	8	187	935	345	254	157	
22	41	111	19	36	19	74		4	10	8			
43	38	78	56	65	80	152	144	478	165	273	369	325	15
2	54	76	103	178	262	337	127	110	303	375	281	557	15
56386	**63022**	**52463**	**54495**	**45099**	**46926**	**34766**	**41154**	**48774**	**85371**	**109633**	**85182**	**111063**	**28046**
1116	711	1136	1098	583	189	45	227	174	619	359	282	277	874
1116	711	1136	1098	583	189	45	227	174	619	359	282	277	874
38817	39188	34026	36311	25386	28242	9553	16248	25645	38083	28665	27018	23029	26702
294	390	166	9	171	39	6	16	189	194	176	128	44	223
37728	37197	32241	35908	24064	27345	9123	15975	23505	36949	26667	26155	20896	24019
72	1182	1175	168	682	52	224	160	1563	210	982	106	141	872
723	419	444	226	469	806	200	97	388	730	840	629	1948	1588
88	379	118	5	39	53	9	23		46	6	67	339	230
40	358	106		30	49	6			12		66	331	230
48	21	12	5	9	4	3	23		34	6	1	8	
1402	874	1051	251	219	813	1800	105	462	562	680	468	508	
1402	874	1051	251	219	813	1800	105	462	562	680	468	508	
9498	9770	9730	5766	9284	14332	21724	18993	20122	43979	60776	54796	82420	163
3780	5977	3942	1392	3107	4269	8252	6504	5654	15047	34167	16015	49732	121
5106	3183	5563	4054	5899	8431	13065	12077	14179	28440	26076	38417	32160	40
14		10	48	22	25	40	49	99	212	251	193	267	
598	610	215	272	256	1607	367	363	190	280	282	171	261	2
5465	12100	6402	11064	9588	3297	1635	5558	2371	2082	19147	2551	4490	77
3613	9541	4823	8628	7001	1979	1146	2807	1108	1007	5999	1072	1191	25
1852	2559	1579	2436	2587	1318	489	2751	1263	1075	13148	1479	3299	52

1-14 按行业（大类）、登记注册

行业大类	法人单位数(个)	内资	国有	集体	股份合作	联营					有限责任公司		
							国有联营	集体联营	国有与集体联营	其他联营		国有独资	其他有限责任公司
总计	**1072645**	**1022838**	**60164**	**28032**	**7761**	**5217**	**221**	**784**	**196**	**4016**	**201864**	**1721**	**200143**
农、林、牧、渔业	**8613**	**8586**	**402**	**329**	**11**	**15**	**1**	**9**	**1**	**4**	**221**	**2**	**219**
农业	41	40	12	2		1		1			5		5
林业	25	25	16			1		1			1		1
畜牧业	17	15									6		6
渔业	4	4											
农、林、牧、渔服务业	8526	8502	374	327	11	13	1	7	1	4	209	2	207
采矿业	**2796**	**2748**	**37**	**64**	**38**	**21**	**3**	**2**		**16**	**511**	**16**	**495**
煤炭开采和洗选业	35	35									13		13
石油和天然气开采业	9	6		1							2	1	1
黑色金属矿采选业	363	359	5	4	5	1				1	67		67
有色金属矿采选业	244	241	8	3	3	2	1			1	75	5	70
非金属矿采选业	1994	1964	19	54	30	16	1	2		13	318	8	310
开采辅助活动	55	50	5	1		2	1			1	10	2	8
其他采矿业	96	93		1							26		26
制造业	**300948**	**269487**	**917**	**2243**	**1652**	**1222**	**19**	**125**	**34**	**1044**	**61672**	**154**	**61518**
农副食品加工业	5055	4753	214	98	23	25		5	6	14	1011	11	1000
食品制造业	5180	4775	35	50	40	17		4	1	12	984	6	978
酒、饮料和精制茶制造业	1716	1575	27	42	6	11	1	3		7	370	2	368
烟草制品业	34	33	3	3	2						8	1	7
纺织业	8338	7122	38	91	46	25		5	2	18	1579	7	1572
纺织服装、服饰业	20722	18341	21	134	72	48		4	2	42	3125	4	3121
皮革、毛皮、羽毛及其制品和制鞋业	12387	10768	16	99	46	34		2	1	31	1986	2	1984
木材加工和木、竹、藤、棕、草制品业	4316	4062	20	60	17	16		4		12	764		764
家具制造业	10082	9222	4	58	29	35		2	1	32	2264		2264
造纸和纸制品业	10521	9681	14	84	68	37	1	3		33	1949	6	1943
印刷和记录媒介复制业	12162	11559	62	144	239	57	3	11	2	41	2464	4	2460
文教、工美、体育和娱乐用品制造业	12800	10463	33	178	65	56	1	9	2	44	2140	5	2135

类型分组的法人单位数

股份有限公司	私营	私营独资	私营合伙	私营有限责任公司	私营股份有限公司	其他	港澳台商投资企业	港澳台商合资经营	港澳台商合作经营	港澳台商独资	港澳台商投资股份有限公司	其他港澳台商投资	外商投资企业	中外合资经营	中外合作经营	外资企业	外商投资股份有限公司	其他外商投资
12722	**565475**	**130762**	**20488**	**405466**	**8759**	**141603**	**35289**	**4125**	**1570**	**27658**	**670**	**1266**	**14518**	**2753**	**645**	**9769**	**432**	**919**
31	**420**	**185**	**21**	**201**	**13**	**7157**	**25**	**4**	**1**	**17**	**2**	**1**	**2**			**1**		**1**
2	9	1		7	1	9	1			1								
1	4			4		2												
3	5	1		4		1	2			2								
	4		1	3														
25	398	183	20	183	12	7145	22	4	1	14	2	1	2			1		1
84	**1714**	**1034**	**183**	**461**	**36**	**279**	**35**	**5**	**3**	**26**	**1**		**13**	**6**	**3**	**2**		**2**
	18	3	1	14		4												
	2	1			1	1	2			2			1					1
20	229	124	21	77	7	28	3	1		2			1					1
16	119	57	22	36	4	15							3	2	1			
45	1271	811	132	305	23	211	25	3	2	19	1		5	2	2	1		
1	24	6	2	15	1	7	2	1		1			3	2		1		
2	51	32	5	14		13	3		1	2								
3634	**187366**	**64027**	**5825**	**114806**	**2708**	**10781**	**23230**	**2554**	**789**	**19076**	**415**	**396**	**8231**	**1562**	**296**	**5912**	**216**	**245**
84	2868	1752	95	974	47	430	196	61	14	116	3	2	106	39	9	55	2	1
87	3207	1697	117	1339	54	355	276	41	10	214	5	6	129	32	7	83	3	4
35	974	476	54	423	21	110	85	26	4	52	2	1	56	25	2	27	1	1
1	16	5		11			1			1								
82	4810	2161	169	2399	81	451	1026	111	40	843	20	12	190	30	13	137	5	5
218	13903	5924	242	7613	124	820	2064	172	76	1768	32	16	317	46	19	233	7	12
143	7744	3269	146	4253	76	700	1240	80	56	1069	16	19	379	28	18	296	10	27
59	2786	1458	120	1166	42	340	200	21	10	160	4	5	54	13	2	31	1	7
80	6503	2253	146	4010	94	249	616	48	16	536	8	8	244	44	5	184	4	7
117	7034	2357	265	4316	96	378	714	86	26	576	8	18	126	22	4	90	1	9
195	7897	3452	283	4052	110	501	500	65	28	387	8	12	103	21	9	66	2	5
178	7355	2478	180	4628	69	458	1925	110	71	1678	34	32	412	53	21	313	14	11

1–14 续表1

行业大类	法人单位数(个)	内资	国有	集体	股份合作	联营	国有联营	集体联营	国有与集体联营	其他联营	有限责任公司	国有独资	其他有限责任公司
石油加工、炼焦和核燃料加工业	421	387	4	6	3	3		1	0	2	156	2	154
化学原料和化学制品制造业	11200	9829	42	64	81	60	2	9	6	43	2844	15	2829
医药制造业	1259	1068	22	6	8	8			1	7	383	1	382
化学纤维制造业	308	251	1	3		1				1	66		66
橡胶和塑料制品业	26640	23459	27	217	131	87	1	7	3	76	5609	5	5604
非金属矿物制品业	13396	12448	66	126	89	66	4	13	2	47	3102	5	3097
黑色金属冶炼和压延加工业	1862	1682	7	17	9	11		4		7	464	4	460
有色金属冶炼和压延加工业	2579	2287	9	28	11	14	1	1		12	644	7	637
金属制品业	33899	31360	28	224	185	131	2	17		112	7106	14	7092
通用设备制造业	14902	13615	44	82	108	57	1	3		53	3399	8	3391
专用设备制造业	18473	16948	58	96	100	71		3		68	4297	4	4293
汽车制造业	2122	1552	6	13	11	12				12	396	1	395
铁路、船舶、航空航天和其他运输设备制造业	1560	1311	28	36	9	12		2	2	8	338	5	333
电气机械和器材制造业	31022	27967	24	109	119	110	2	7	1	100	7620	16	7604
计算机、通信和其他电子设备制造业	28744	24889	26	79	83	172		4	2	166	4704	10	4694
仪器仪表制造业	4378	3654	10	39	22	22		1		21	783	4	779
其他制造业	2249	1914	3	24	10	6				6	425	2	423
废弃资源综合利用业	1102	1057	5	9	6	5				5	384	1	383
金属制品、机械和设备修理业	1519	1455	20	24	14	13		1		12	308	2	306
电力、热力、燃气及水生产和供应业	**8431**	**8224**	**498**	**1073**	**127**	**109**	**6**	**61**	**8**	**34**	**1005**	**69**	**936**
电力、热力生产和供应业	6643	6531	333	712	108	90	2	51	8	29	513	41	472
燃气生产和供应业	310	260	12	6	5	4	2	2			99	1	98
水的生产和供应业	1478	1433	153	355	14	15	2	8		5	393	27	366
建筑业	**23936**	**23728**	**461**	**626**	**116**	**128**	**3**	**17**	**6**	**102**	**8085**	**130**	**7955**
房屋建筑业	3838	3812	170	387	12	20	1	4	5	10	1428	35	1393
土木工程建筑业	3472	3444	169	97	8	22			1	21	1255	51	1204
建筑安装业	4710	4656	62	63	28	26	1	3		22	1617	23	1594
建筑装饰和其他建筑业	11916	11816	60	79	68	60	1	10		49	3785	21	3764
批发和零售业	**291131**	**283724**	**2620**	**4182**	**2567**	**1779**	**70**	**223**	**42**	**1444**	**64674**	**293**	**64381**

股份有限公司	私营	私营独资	私营合伙	私营有限责任公司	私营股份有限公司	其他	港澳台商投资企业	港澳台商合资经营	港澳台商合作经营	港澳台商独资	港澳台商投资股份有限公司	其他港澳台商投资	外商投资企业	中外合资经营	中外合作经营	外资企业	外商投资股份有限公司	其他外商投资
15	177	40	4	129	4	23	22	9		12	1		12	3	1	8		
172	6236	1549	179	4362	146	330	928	164	36	703	17	8	443	117	11	300	11	4
64	494	74	18	379	23	83	114	49	3	55	7		77	39		36	2	
6	165	44	4	113	4	9	41	9		32			16	5	1	9	1	
328	16170	5514	522	9918	216	890	2466	208	60	2106	45	47	715	99	30	535	23	28
165	8137	4247	384	3391	115	697	663	112	95	427	16	13	285	71	51	150	7	6
19	1082	458	57	546	21	73	112	33	6	72	1		68	19	1	44	4	
34	1470	517	54	872	27	77	209	30	7	167	3	2	83	15	4	63	1	
325	22238	9072	712	12176	278	1123	1928	206	77	1567	39	39	611	120	25	432	18	16
155	9365	2515	361	6328	161	405	868	94	12	727	16	19	419	83	7	307	6	16
231	11590	2724	421	8261	184	505	1043	96	23	879	20	25	482	84	6	362	11	19
25	1052	195	29	811	17	37	201	48	8	141	2	2	369	93	4	264	5	3
15	840	221	25	574	20	33	160	35	2	119	2	2	89	25	6	55	2	1
314	19004	5764	500	12489	251	667	2193	290	43	1776	47	37	862	168	14	627	33	20
399	18725	2547	577	15280	321	701	2520	281	47	2106	43	43	1335	229	17	1023	36	30
41	2609	390	77	2080	62	128	566	34	8	496	11	17	158	23	6	117	4	8
21	1356	426	40	875	15	69	268	15	7	240	3	3	67	6	2	54	2	3
12	579	240	11	308	20	57	38	12	2	22	2		7	5		1		1
14	980	208	33	730	9	82	47	8	2	29		8	17	5	1	10		1
134	**4520**	**2722**	**1200**	**553**	**45**	**758**	**124**	**59**	**14**	**45**	**5**	**1**	**83**	**41**	**10**	**23**	**4**	**5**
107	4031	2532	1170	298	31	637	79	38	10	26	4	1	33	14	6	6	3	4
2	109	51	8	47	3	23	22	12	3	7			28	17	1	9	1	
25	380	139	22	208	11	98	23	9	1	12	1		22	10	3	8		1
413	**13096**	**1314**	**323**	**11148**	**311**	**803**	**175**	**54**	**16**	**55**	**4**	**46**	**33**	**4**	**3**	**18**	**1**	**7**
100	1609	115	22	1421	51	86	22	11	1	5	1	4	4		1	2		1
65	1729	166	38	1491	34	99	23	6	4	5		8	5	2	1	2		
67	2648	197	53	2336	62	145	44	14	5	16	1	8	10	1	1	6		2
181	7110	836	210	5900	164	473	86	23	6	29	2	26	14	1		8	1	4
3473	**189382**	**31827**	**4908**	**149957**	**2690**	**15047**	**4770**	**425**	**69**	**3886**	**104**	**286**	**2637**	**382**	**37**	**1857**	**88**	**273**

1-14 续表2

行业大类	法人单位数(个)	内资	国有	集体	股份合作	联营	国有联营	集体联营	国有与集体联营	其他联营	有限责任公司	国有独资	其他有限责任公司
批发业	190486	184453	1744	2198	1195	1157	38	107	23	989	40647	212	40435
零售业	100645	99271	876	1984	1372	622	32	116	19	455	24027	81	23946
交通运输、仓储和邮政业	**26682**	**25371**	**1060**	**483**	**185**	**184**	**18**	**20**	**6**	**140**	**6120**	**128**	**5992**
铁路运输业	20	18	2								13		13
道路运输业	9345	8875	497	223	82	58	8	6	3	41	2392	60	2332
水上运输业	1324	1217	119	93	10	11	5	4	1	1	410	13	397
航空运输业	150	143	13	1							31	2	29
管道运输业	16	14									6		6
装卸搬运和运输代理业	12899	12424	93	117	74	97	4	6	1	86	2543	24	2519
仓储业	1583	1350	264	49	8	11	1	3	1	6	357	27	330
邮政业	1345	1330	72		11	7		1		6	368	2	366
住宿和餐饮业	**18606**	**17728**	**381**	**290**	**326**	**85**	**8**	**13**	**6**	**58**	**3203**	**48**	**3155**
住宿业	7491	7150	309	185	55	38	6	11	6	15	1457	40	1417
餐饮业	11115	10578	72	105	271	47	2	2		43	1746	8	1738
信息传输、软件和信息技术服务业	**27126**	**25758**	**368**	**65**	**82**	**142**	**2**	**2**	**5**	**133**	**5588**	**33**	**5555**
电信、广播电视和卫星传输服务	1049	1006	225	30	6	6	1	1	1	3	208	13	195
互联网和相关服务	3146	3095	24		17	24	1	1	1	21	660	1	659
软件和信息技术服务业	22931	21657	119	35	59	112			3	109	4720	19	4701
金融业	**2310**	**2071**	**175**	**16**	**96**	**12**	**4**	**2**	**1**	**5**	**507**	**19**	**488**
货币金融服务	949	833	95	14	75	7	1	2		4	213	1	212
资本市场服务	150	136	20			3	2		1		73	3	70
保险业	1096	991	54	2	20	2	1			1	193	11	182
其他金融业	115	111	6		1						28	4	24
房地产业	**41719**	**39720**	**1097**	**2202**	**707**	**244**	**23**	**66**	**6**	**149**	**13584**	**211**	**13373**
房地产业	41719	39720	1097	2202	707	244	23	66	6	149	13584	211	13373
租赁和商务服务业	**131863**	**129165**	**2828**	**11150**	**984**	**609**	**21**	**119**	**15**	**454**	**21932**	**407**	**21525**
租赁业	2966	2915	18	15	17	23	1			22	824	11	813
商务服务业	128897	126250	2810	11135	967	586	20	119	15	432	21108	396	20712
科学研究和技术服务业	**35982**	**34711**	**3093**	**457**	**192**	**171**	**4**	**13**	**9**	**145**	**7689**	**80**	**7609**
研究和试验发展	5715	5424	369	31	13	18	1	1		16	1267	7	1260

股份有限公司	私营	私营独资	私营合伙	私营有限责任公司	私营股份有限公司	其他	港澳台商投资企业	港澳台商合资经营	港澳台商合作经营	港澳台商独资	港澳台商投资股份有限公司	其他港澳台商投资	外商投资企业	中外合资经营	中外合作经营	外资企业	外商投资股份有限公司	其他外商投资
2148	125870	14365	2976	106805	1724	9494	3937	317	44	3269	71	236	2096	239	22	1568	68	199
1325	63512	17462	1932	43152	966	5553	833	108	25	617	33	50	541	143	15	289	20	74
421	**15843**	**1666**	**460**	**13398**	**319**	**1075**	**910**	**154**	**221**	**456**	**16**	**63**	**401**	**128**	**107**	**131**	**10**	**25**
3							2	2										
171	5035	608	147	4163	117	417	332	36	190	64	5	37	138	21	89	17	4	7
28	488	50	19	405	14	58	65	40	4	18	3		42	35	1	5	1	
5	86	5	3	75	3	7	3	3					4	4				
	6	2	1	3		2							2			2		
172	8901	806	261	7686	148	427	356	38	23	269	7	19	119	35	13	55	2	14
15	568	87	10	461	10	78	146	32	4	102	1	7	87	30	4	49	3	1
27	759	108	19	605	27	86	6	3		3			9	3		3		3
233	**12212**	**5627**	**730**	**5644**	**211**	**998**	**566**	**118**	**66**	**349**	**18**	**15**	**312**	**71**	**28**	**184**	**13**	**16**
123	4608	2228	312	1982	86	375	223	70	42	95	11	5	118	37	24	42	7	8
110	7604	3399	418	3662	125	623	343	48	24	254	7	10	194	34	4	142	6	8
431	**18084**	**1360**	**503**	**15945**	**276**	**998**	**885**	**89**	**14**	**699**	**36**	**47**	**483**	**74**	**16**	**340**	**20**	**33**
59	406	41	11	345	9	66	25	4		16	4	1	18	3	0	9	5	1
55	2110	419	107	1547	37	205	33	5		22		6	18	3	1	13		1
317	15568	900	385	14053	230	727	827	80	14	661	32	40	447	68	15	318	15	31
765	**451**	**12**	**10**	**415**	**14**	**49**	**79**	**12**		**64**	**2**	**1**	**160**	**75**		**74**	**8**	**3**
265	147	6	6	126	9	17	58	1		54	2	1	58	4		51	2	1
10	23	2		21		7	5	4		1			9	9				
484	221	1		216	4	15	13	7		6			92	62		23	6	1
6	60	3	4	52	1	10	3			3			1					1
742	**19178**	**1664**	**366**	**16640**	**508**	**1966**	**1525**	**304**	**265**	**881**	**27**	**48**	**474**	**136**	**71**	**221**	**25**	**21**
742	19178	1664	366	16640	508	1966	1525	304	265	881	27	48	474	136	71	221	25	21
1309	**54729**	**4748**	**3577**	**45561**	**843**	**35624**	**1726**	**171**	**41**	**1295**	**19**	**200**	**972**	**120**	**19**	**607**	**29**	**197**
38	1838	162	56	1587	33	142	27	8	2	13		4	24	4	2	11	2	5
1271	52891	4586	3521	43974	810	35482	1699	163	39	1282	19	196	948	116	17	596	27	192
443	**20137**	**1701**	**506**	**17544**	**386**	**2529**	**805**	**79**	**18**	**581**	**14**	**113**	**466**	**104**	**13**	**299**	**9**	**41**
69	3248	203	84	2904	57	409	148	18	3	119	5	3	143	45	2	89	3	4

1-14 续表3

行业大类	法人单位数(个)	内资	国有	集体	股份合作	联营	国有联营	集体联营	国有与集体联营	其他联营	有限责任公司	国有独资	其他有限责任公司
专业技术服务业	23936	23157	2015	312	151	129	3	10	7	109	5008	69	4939
科技推广和应用服务业	6331	6130	709	114	28	24		2	2	20	1414	4	1410
水利、环境和公共设施管理业	**5549**	**5445**	**2029**	**240**	**26**	**25**	**3**	**3**	**2**	**17**	**1146**	**49**	**1097**
水利管理业	1354	1344	969	83	2	3	1		1	1	81	6	75
生态保护和环境治理业	783	761	194	15	1	4		1	1	2	193	5	188
公共设施管理业	3412	3340	866	142	23	18	2	2		14	872	38	834
居民服务、修理和其他服务业	**17589**	**17374**	**454**	**344**	**328**	**111**	**5**	**18**	**11**	**77**	**2848**	**16**	**2832**
居民服务业	6875	6793	305	137	141	42		4	3	35	777	2	775
机动车、电子产品和日用产品修理业	7704	7616	81	133	162	54	3	12	5	34	1360	10	1350
其他服务业	3010	2965	68	74	25	15	2	2	3	8	711	4	707
教育	**36113**	**36020**	**15237**	**1382**	**118**	**133**	**15**	**27**	**24**	**67**	**890**	**13**	**877**
教育	36113	36020	15237	1382	118	133	15	27	24	67	890	13	877
卫生和社会工作	**10362**	**10335**	**3514**	**985**	**46**	**54**	**7**	**20**	**11**	**16**	**188**	**1**	**187**
卫生	8251	8229	2923	794	42	44	6	15	8	15	175	1	174
社会工作	2111	2106	591	191	4	10	1	5	3	1	13		13
文化、体育和娱乐业	**14695**	**14486**	**1819**	**219**	**148**	**87**	**4**	**14**	**1**	**68**	**1911**	**48**	**1863**
新闻和出版业	466	459	192	27	6	2	1			1	91	17	74
广播、电视、电影和影视录音制作业	1117	1097	285	46	3	10	2			8	256	11	245
文化艺术业	3358	3346	1087	80	8	18	1	2		15	444	14	430
体育	2034	1964	158	22	30	10		3		7	178	1	177
娱乐业	7720	7620	97	44	101	47		9	1	37	942	5	937
公共管理、社会保障和社会组织	**68194**	**68157**	**23174**	**1682**	**12**	**86**	**5**	**30**	**8**	**43**	**90**	**4**	**86**
中国共产党机关	1205	1205	1197										
国家机构	19758	19758	18251	198		7	2	4	1				
人民政协、民主党派	382	382	370										
社会保障	399	399	322	7									
群众团体、社会团体和其他成员组织	20941	20904	3034	1477	12	79	3	26	7	43	90	4	86
基层群众自治组织	25509	25509											

股份有限公司	私营	私营独资	私营合伙	私营有限责任公司	私营股份有限公司	其他	港澳台商投资企业	港澳台商合资经营	港澳台商合作经营	港澳台商独资	港澳台商投资股份有限公司	其他港澳台商投资	外商投资企业	中外合资经营	中外合作经营	外资企业	外商投资股份有限公司	其他外商投资
289	14114	1255	358	12222	279	1139	518	44	9	376	7	82	261	43	9	175	5	29
85	2775	243	64	2418	50	981	139	17	6	86	2	28	62	16	2	35	1	8
57	**1437**	**213**	**29**	**1157**	**38**	**485**	**71**	**13**	**8**	**42**	**4**	**4**	**33**	**5**	**13**	**11**	**1**	**3**
7	70	12	2	53	3	129	7	1		6			3	1		2		
9	286	35	5	239	7	59	17	3	1	10	1	2	5			4		1
41	1081	166	22	865	28	297	47	9	7	26	3	2	25	4	13	5	1	2
195	**11285**	**4294**	**494**	**6343**	**154**	**1809**	**135**	**16**	**9**	**88**	**1**	**21**	**80**	**14**	**6**	**43**	**3**	**14**
69	4143	1899	231	1960	53	1179	62	6	7	40		9	20	3		11		6
96	5259	2146	206	2845	62	471	46	9	2	28	1	6	42	7	5	19	3	8
30	1883	249	57	1538	39	159	27	1		20		6	18	4	1	13		
152	**5926**	**3413**	**557**	**1883**	**73**	**12182**	**50**	**9**	**7**	**25**		**9**	**43**	**3**	**7**	**18**	**1**	**14**
152	5926	3413	557	1883	73	12182	50	9	7	25		9	43	3	7	18	1	14
24	**1559**	**1066**	**157**	**314**	**22**	**3965**	**21**	**5**		**14**		**2**	**6**	**2**				**4**
22	1478	1032	143	284	19	2751	17	4		11		2	5	2				3
2	81	34	14	30	3	1214	4	1		3			1					1
163	**8010**	**3835**	**625**	**3438**	**112**	**2129**	**141**	**51**	**28**	**49**	**1**	**12**	**68**	**22**	**16**	**15**	**4**	**11**
7	84	13	5	66		50	6	1	1	3		1	1			1		
24	408	48	7	344	9	65	16	9		5		2	4				1	3
26	912	119	30	744	19	771	7	1	1	4		1	5			2		3
11	1064	505	68	473	18	491	41	9	12	18	1	1	29	8	13	5	2	1
95	5542	3150	515	1811	66	752	71	31	14	19		7	29	14	3	7	1	4
18	**126**	**54**	**14**	**58**		**42969**	**16**	**3**	**1**	**10**	**1**	**1**	**21**	**4**		**13**		**4**
						8												
						1302												
						12												
	1	1				69												
18	125	53	14	58		16069	16	3	1	10	1	1	21	4		13		4
						25509												

1-15 行业（中类）、登记注册

行业中类	从业人员数(人)					
		内资				
			国有	集体	股份合作	联营
总计	**39471685**	**29267346**	**4049467**	**896532**	**181403**	**106304**
农、林、牧、渔业	**99597**	**99055**	**24963**	**2005**	**184**	**195**
农业	11917	11891	10941	16		7
谷物种植	189	189	134			
豆类、油料和薯类种植	7	7				7
棉、麻、糖、烟草种植	6917	6917	6905			
蔬菜、食用菌及园艺作物种植	562	536		4		
水果种植	3852	3852	3832			
坚果、含油果、香料和饮料作物种植	226	226	47	12		
中药材种植	50	50				
其他农业	114	114	23			
林业	5917	5917	5676			2
林木育种和育苗	63	63				
造林和更新	241	241	241			
森林经营和管护	2463	2463	2285			2
木材和竹材采运	38	38	38			
林产品采集	3112	3112	3112			
畜牧业	2524	2324				
牲畜饲养	502	502				
家禽饲养	1470	1270				
狩猎和捕捉动物						
其他畜牧业	552	552				
渔业	310	310				
水产养殖	310	310				
水产捕捞						
农、林、牧、渔服务业	78929	78613	8346	1989	184	186
农业服务业	65508	65365	4618	1394	151	103
林业服务业	6297	6282	2913	321	30	59
畜牧服务业	2339	2184	414	87	3	4
渔业服务业	4785	4782	401	187		20
采矿业	**98840**	**91344**	**4928**	**2671**	**633**	**529**
煤炭开采和洗选业	892	892				
烟煤和无烟煤开采洗选	687	687				
褐煤开采洗选	5	5				

类型分组的法人单位从业人员数

国有联营	集体联营	国有与集体联营	其他联营	有限责任公司	国有独资	其他有限责任公司	股份有限公司	私营	私营独资
10814	**23073**	**9832**	**62585**	**7459341**	**503325**	**6956016**	**1907254**	**12309382**	**2029295**
4	**38**	**6**	**147**	**3184**	**438**	**2746**	**1947**	**6124**	**2138**
	7			213		213	83	422	52
				3		3		52	52
	7								
								12	
				160		160	26	181	
								167	
				50		50			
							57	10	
	2			1		1	127	94	
				1		1		62	
	2						127	32	
				643		643	1277	403	22
				353		353		149	22
				290		290	726	254	
							551		
								310	
								310	
4	29	6	147	2327	438	1889	460	4895	2064
	6	6	91	1557	438	1119	268	3226	1293
	3		56	423		423	2	410	138
4				64		64	70	397	190
	20			283		283	120	862	443
142	**100**		**287**	**29935**	**3279**	**26656**	**5825**	**41344**	**20479**
				544		544		333	31
				450		450		225	
				5		5			

1-15 续表1

行业中类	私营合伙	私营有限责任公司	私营股份有限公司	其他	港澳台商投资企业	港澳台商合资经营
总计	**328023**	**9589020**	**363044**	**2357663**	**6497687**	**1010068**
农、林、牧、渔业	**230**	**3561**	**195**	**60453**	**479**	**115**
农业		363	7	209	26	
谷物种植						
豆类、油料和薯类种植						
棉、麻、糖、烟草种植		12				
蔬菜、食用菌及园艺作物种植		181		165	26	
水果种植				20		
坚果、含油果、香料和饮料作物种植		160	7			
中药材种植						
其他农业		10		24		
林业		94		17		
林木育种和育苗		62				
造林和更新						
森林经营和管护		32		17		
木材和竹材采运						
林产品采集						
畜牧业		381		1	200	
牲畜饲养		127				
家禽饲养		254			200	
狩猎和捕捉动物						
其他畜牧业				1		
渔业	30	280				
水产养殖	30	280				
水产捕捞						
农、林、牧、渔服务业	200	2443	188	60226	253	115
农业服务业	51	1717	165	54048	140	22
林业服务业	16	245	11	2124	15	3
畜牧服务业	35	160	12	1145	95	90
渔业服务业	98	321		2909	3	
采矿业	**4427**	**14399**	**2039**	**5479**	**6481**	**358**
煤炭开采和洗选业	26	276		15		
烟煤和无烟煤开采洗选		225		12		
褐煤开采洗选						

港澳台商合作经营	港澳台商独资	港澳台商投资股份有限公司	其他港澳台商投资	外商投资企业	中外合资经营	中外合作经营	外资企业	外商投资股份有限公司	其他外商投资
216562	5108892	114927	47238	3706652	743997	116366	2724326	87034	34929
2	344	16	2	63			60		3
	26								
	26								
	200								
	200								
2	118	16	2	63			60		3
2	100	16		3					3
	10		2						
	5			60			60		
	3								
65	6047	11		1015	621	348	38		8

1-15 续表2

行业中类	从业人员数(人)	内资	国有	集体	股份合作	联营
其他煤炭采选	200	200				
石油和天然气开采业	5846	515				
石油开采	3574	193				
天然气开采	2272	322				
黑色金属矿采选业	17649	17356	1983	37	34	26
铁矿采选	16607	16314	1983	37	34	26
锰矿、铬矿采选	211	211				
其他黑色金属矿采选	831	831				
有色金属矿采选业	12674	12292	695	34	80	57
常用有色金属矿采选	7032	6744	659	34	80	57
贵金属矿采选	1271	1271				
稀有稀土金属矿采选	4371	4277	36			
非金属矿采选业	58259	57156	1209	2583	519	379
土砂石开采	48451	47579	455	2182	519	293
化学矿开采	3478	3478				
采盐	1594	1594	750	361		80
石棉及其他非金属矿采选	4736	4505	4	40		6
开采辅助活动	2323	1988	1041	2		67
煤炭开采和洗选辅助活动	45	45				
石油和天然气开采辅助活动	1988	1653	1018			67
其他开采辅助活动	290	290	23	2		
其他采矿业	1197	1145		15		
其他采矿业	1197	1145		15		
制造业	**20589868**	**11597200**	**74185**	**240552**	**48918**	**39444**
农副食品加工业	247597	199661	8570	2079	780	483
谷物磨制	14452	12189	146	88	10	98
饲料加工	48158	40015	164	121	233	27
植物油加工	15696	11877	59	150	29	23
制糖业	23446	20961	959		1	
屠宰及肉类加工	37165	32580	5985	1158	146	286
水产品加工	67616	50846	1006	184	38	39
蔬菜、水果和坚果加工	22833	15736	128	175	133	
其他农副食品加工	18231	15457	123	203	190	10
食品制造业	290975	174773	2345	1496	759	576
焙烤食品制造	58578	42554	426	286	177	17
糖果、巧克力及蜜饯制造	67631	40637	64	527	174	146

国有联营	集体联营	国有与集体联营	其他联营	有限责任公司	国有独资	其他有限责任公司	股份有限公司	私营	私营独资
				89		89		108	31
				436	114	322		9	1
				114	114			9	1
				322		322			
			26	5777		5777	1593	6697	2282
			26	5425		5425	1553	6271	2074
							1	187	6
				352		352	39	239	202
1			56	5956	1822	4134	3069	2169	1198
1			56	2275		2275	2078	1370	663
				332	5	327	692	226	113
				3349	1817	1532	299	573	422
80	100		199	16410	934	15476	1126	31244	16535
	100		193	11674	564	11110	812	28149	15317
				3394		3394		78	59
80				299	266	33		31	31
			6	1043	104	939	314	2986	1128
61			6	447	409	38	18	330	78
								37	16
61			6	409	409			108	
				38		38	18	185	62
				365		365	19	562	354
				365		365	19	562	354
1233	**7051**	**1018**	**30142**	**3187457**	**42594**	**3144863**	**858416**	**6869431**	**1351350**
	92	41	350	79593	6290	73303	8022	92133	26685
	13		85	1785	15	1770	588	8824	4263
	8	4	15	17706	2	17704	1875	19194	3413
			23	5118	592	4526	341	5084	2178
				14535	3023	11512	82	5307	549
	71	29	186	10204	2658	7546	668	12723	3721
		8	31	22477		22477	3045	22374	3678
				3152		3152	878	9640	4512
			10	4616		4616	545	8987	4371
	271	17	288	58209	1679	56530	11219	94520	30760
	5		12	11185		11185	812	27412	10254
			146	9788		9788	543	27950	9736

1-15 续表3

行业中类	私营合伙	私营有限责任公司	私营股份有限公司	其他	港澳台商投资企业	港澳台商合资经营
其他煤炭采选	26	51		3		
石油和天然气开采业			8	70	5329	
石油开采			8	70	3381	
天然气开采					1948	
黑色金属矿采选业	429	3430	556	1209	287	185
铁矿采选	373	3268	556	985	287	185
锰矿、铬矿采选	35	146		23		
其他黑色金属矿采选	21	16		201		
有色金属矿采选业	128	739	104	232		
常用有色金属矿采选	127	561	19	191		
贵金属矿采选	0	36	77	21		
稀有稀土金属矿采选	1	142	8	20		
非金属矿采选业	3761	9581	1367	3686	795	160
土砂石开采	3532	7956	1344	3495	626	60
化学矿开采		19		6		
采盐				73		
石棉及其他非金属矿采选	229	1606	23	112	169	100
开采辅助活动	9	239	4	83	18	13
煤炭开采和洗选辅助活动		21		8		
石油和天然气开采辅助活动		108		51	18	13
其他开采辅助活动	9	110	4	24		
其他采矿业	74	134		184	52	
其他采矿业	74	134		184	52	
制造业	**147531**	**5134981**	**235569**	**278797**	**5782784**	**826525**
农副食品加工业	2938	56380	6130	8001	27455	12258
谷物磨制	728	3798	35	650	922	558
饲料加工	406	11842	3533	695	5544	3661
植物油加工	98	2615	193	1073	1289	261
制糖业	60	4335	363	77	2484	2284
屠宰及肉类加工	136	8544	322	1410	2587	701
水产品加工	737	16478	1481	1683	7551	3183
蔬菜、水果和坚果加工	323	4733	72	1630	5617	1000
其他农副食品加工	450	4035	131	783	1461	610
食品制造业	2673	58132	2955	5649	45643	7449
焙烤食品制造	673	16353	132	2239	10592	854
糖果、巧克力及蜜饯制造	314	17648	252	1445	8472	420

港澳台商合作经营	港澳台商独资	港澳台商投资股份有限公司	其他港澳台商投资	外商投资企业	中外合资经营	中外合作经营	外资企业	外商投资股份有限公司	其他外商投资
	5329			2					2
	3381								
	1948			2					2
	102			6					6
	102			6					6
				382	102	280			
				288	8	280			
				94	94				
44	580	11		308	203	68	37		
44	511	11		246	178	68			
	69			62	25		37		
	5			317	316		1		
	5			317	316		1		
21	31								
21	31								
168272	**4657225**	**100635**	**30127**	**3209884**	**609680**	**74810**	**2438712**	**62977**	**23705**
4493	10299	316	89	20481	8617	1712	9771	380	1
8	356			1341	379		817	145	
63	1820			2599	831		1533	235	
	1028			2530	308		2222		
	200			1	1		0		
431	1441	14		1998	1594		404		
343	3714	302	9	9219	4825	1581	2813		
3560	1057			1480	638	111	731		
88	683		80	1313	41	20	1251		1
958	36951	194	91	70559	17817	1428	49392	1858	64
543	9145	50		5432	577	10	4845		
153	7828	51	20	18522	197	305	17056	949	15

1–15 续表4

行业中类	从业人员数(人)	内资	国有	集体	股份合作	联营
方便食品制造	38907	18399	362	61	26	214
乳制品制造	25188	8791	234	4		50
罐头食品制造	12837	9283	394	40	125	2
调味品、发酵制品制造	35613	26913	165	296	65	26
其他食品制造	52221	28196	700	282	192	121
酒、饮料和精制茶制造业	113809	63404	1094	1023	195	308
酒的制造	29161	18623	624	644	136	71
饮料制造	78506	38749	313	276	54	89
精制茶加工	6142	6032	157	103	5	148
烟草制品业	9252	9228	5175	41	185	
烟叶复烤	1118	1118		11	85	
卷烟制造	5905	5881	5175	18		
其他烟草制品制造	2229	2229		12	100	
纺织业	604375	343955	6573	9536	1489	1458
棉纺织及印染精加工	235892	133304	1562	1571	328	162
毛纺织及染整精加工	46433	29814	1155	123	176	216
麻纺织及染整精加工	2863	1955	8	13		
丝绢纺织及印染精加工	8236	6801	35	99	14	5
化纤织造及印染精加工	14824	9307		20	1	
针织或钩针编织物及其制品制造	168604	86172	3593	6273	675	33
家用纺织制成品制造	64619	39720	209	691	47	160
非家用纺织制成品制造	62904	36882	11	746	248	882
纺织服装、服饰业	1567564	988285	1600	23333	2537	1953
机织服装制造	1035036	660554	1370	9733	1987	697
针织或钩针编织服装制造	405992	235775	96	12274	170	818
服饰制造	126536	91956	134	1326	380	438
皮革、毛皮、羽毛及其制品和制鞋业	1216278	590205	7474	35182	2167	1035
皮革鞣制加工	25820	16034	73	96	12	70
皮革制品制造	415193	218346	184	8966	1120	447
毛皮鞣制及制品加工	13860	11028	6618	120		4
羽毛(绒)加工及制品制造	4565	2756		279	6	
制鞋业	756840	342041	599	25721	1029	514
木材加工和木、竹、藤、棕、草制品业	176140	141510	1428	1309	363	470
木材加工	39268	34753	507	553	114	120
人造板制造	45609	34541	329	27	26	70
木制品制造	58020	43075	129	661	223	28

国有联营	集体联营	国有与集体联营	其他联营	有限责任公司	国有独资	其他有限责任公司	股份有限公司	私营	私营独资
	214			7127	1658	5469	792	9329	3578
			50	6436		6436	926	1136	208
			2	3717		3717	69	4841	1042
			26	10839		10839	5248	9989	2938
	52	17	52	9117	21	9096	2829	13863	3004
16	67		225	26864	95	26769	3629	28538	7307
	45		26	6758		6758	3114	6601	2222
16	22		51	18747	10	18737	176	18634	4101
			148	1359	85	1274	339	3303	984
				2028	610	1418	70	1729	38
				1022		1022			
				678	610	68		10	8
				328		328	70	1719	30
	894	8	556	92084	1180	90904	6557	213476	57939
	28		134	40868	282	40586	2070	82502	18318
			216	8189		8189	643	17632	6559
				463		463	70	1325	509
			5	2087	3	2084	864	3611	840
				3235		3235	52	5743	2097
	10		23	18476	74	18402	2291	52836	17878
		4	156	10013	821	9192	266	25072	4746
	856	4	22	8753		8753	301	24755	6992
	325	126	1502	215403	258	215145	17067	700366	171466
	20	1	676	139917	125	139792	12276	478560	114192
	305		513	49709	133	49576	3391	165138	37975
		125	313	25777		25777	1400	56668	19299
	70	6	959	139128	1169	137959	16573	365640	98684
			70	2828		2828	499	11073	4153
	62	6	379	40220		40220	3849	152297	33648
			4	1000		1000	16	2871	1086
				904		904	47	1402	547
	8		506	94176	1169	93007	12162	197997	59250
	260		210	36037		36037	4522	90539	33067
	26		94	7107		7107	842	22736	12511
			70	11877		11877	1950	19266	5478
			28	11427		11427	1128	28460	7265

1-15 续表5

行业中类	私营合伙	私营有限责任公司	私营股份有限公司	其他	港澳台商投资企业	港澳台商合资经营
方便食品制造	523	4549	679	488	5411	533
乳制品制造	45	883		5	6704	1316
罐头食品制造	305	3448	46	95	2478	71
调味品、发酵制品制造	385	5426	1240	285	3760	2672
其他食品制造	428	9825	606	1092	8226	1583
酒、饮料和精制茶制造业	1024	18006	2201	1753	25630	9857
酒的制造	516	3798	65	675	2003	1700
饮料制造	452	12032	2049	460	23521	8144
精制茶加工	56	2176	87	618	106	13
烟草制品业		1691			24	
烟叶复烤						
卷烟制造		2			24	
其他烟草制品制造		1689				
纺织业	5661	142850	7026	12782	212102	17277
棉纺织及印染精加工	3237	58471	2476	4241	80108	10101
毛纺织及染整精加工	73	10812	188	1680	15408	634
麻纺织及染整精加工	117	699		76	866	287
丝绢纺织及印染精加工	18	2731	22	86	1404	
化纤织造及印染精加工	109	3437	100	256	5157	590
针织或钩针编织物及其制品制造	767	33291	900	1995	69026	2686
家用纺织制成品制造	847	16495	2984	3262	21324	2140
非家用纺织制成品制造	493	16914	356	1186	18809	839
纺织服装、服饰业	10878	503347	14675	26026	495494	52639
机织服装制造	6432	346655	11281	16014	320222	36887
针织或钩针编织服装制造	2827	121781	2555	4179	147319	14502
服饰制造	1619	34911	839	5833	27953	1250
皮革、毛皮、羽毛及其制品和制鞋业	5154	257686	4116	23006	456354	29723
皮革鞣制加工	509	6411		1383	6148	1348
皮革制品制造	1256	115561	1832	11263	153900	6521
毛皮鞣制及制品加工	28	1757		399	2054	710
羽毛(绒)加工及制品制造	21	834		118	641	153
制鞋业	3340	133123	2284	9843	293611	20991
木材加工和木、竹、藤、棕、草制品业	3038	52675	1759	6842	28587	3325
木材加工	1208	8687	330	2774	4101	887
人造板制造	605	12413	770	996	8925	1205
木制品制造	825	19935	435	1019	12521	326

港澳台商合作经营	港澳台商独资	港澳台商投资股份有限公司	其他港澳台商投资	外商投资企业	中外合资经营	中外合作经营	外资企业	外商投资股份有限公司	其他外商投资
96	4657	93	32	15097	2240		12196	656	5
	5365		23	9693	9293		400		
	2407			1076	410		666		
6	1072		10	4940	2668	389	1883		
160	6477		6	15799	2432	724	12346	253	44
911	14795	60	7	24775	11384	15	13078	4	294
35	268			8535	3602		4933		
876	14434	60	7	16236	7782	15	8145		294
	93			4				4	
	24								
	24								
11709	173709	7894	1513	48318	6133	4332	36779	332	742
3798	65535	666	8	22480	561	3294	18460	165	
262	14203	309		1211	337		799		75
	579			42	42				
	1404			31		28			
121	4131	200	115	360			360		
6756	57734	804	1046	13406	603	715	11895	129	64
708	12415	5777	284	3575	1053	135	1982		405
64	17708	138	60	7213	3537	160	3283	35	198
18716	418767	4007	1365	83785	10836	7038	64124	1229	558
8670	271273	2337	1055	54260	9128	5724	38176	881	351
9442	121627	1583	165	22898	653	1314	20588	330	13
604	25867	87	145	6627	1055		5360	18	194
16643	406455	1658	1875	169719	5815	5010	153868	3599	1427
396	4260	139	5	3638	313	68	2673	584	
5944	139810	622	1003	42947	982	1876	37000	2374	715
	1344			778			698		80
170	318			1168	490	24	654		
10133	260723	897	867	121188	4030	3042	112843	641	632
1560	23293	180	229	6043	2361	741	2651	40	250
	3107	14	93	414			345		69
276	7333	111		2143	1419		698		26
95	11923	55	122	2424	621		1608	40	155

1-15 续表6

行业中类	从业人员数(人)	内资				
			国有	集体	股份合作	联营
竹、藤、棕、草等制品制造	33243	29141	463	68		252
家具制造业	573412	391942	343	1502	472	1334
木质家具制造	337217	234632	40	707	280	905
竹、藤家具制造	7252	5977	303	5		38
金属家具制造	85474	49240		423	49	70
塑料家具制造	10462	5680		290		
其他家具制造	133007	96413		77	143	321
造纸和纸制品业	422712	292487	417	4912	1191	1076
纸浆制造	1590	789	25	103		
造纸	127738	89427	123	2341	353	465
纸制品制造	293384	202271	269	2468	838	611
印刷和记录媒介复制业	456861	307638	3930	3284	3876	1446
印刷	433534	288684	3459	2969	3713	1418
装订及印刷相关服务	20346	17033	460	315	163	28
记录媒介复制	2981	1921	11			
文教、工美、体育和娱乐用品制造业	1178739	510947	3025	38927	4332	2220
文教办公用品制造	61559	30223	32	252	272	242
乐器制造	25632	17541	258	68	130	12
工艺美术品制造	428077	260811	1333	13533	2722	830
体育用品制造	134082	32292	230	1692	36	104
玩具制造	514185	160829	1172	23351	1168	1032
游艺器材及娱乐用品制造	15204	9251		31	4	
石油加工、炼焦和核燃料加工业	31345	27101	78	84	12	19
精炼石油产品制造	30949	26765	78	84	12	19
炼焦	363	303				
核燃料加工	33	33				
化学原料和化学制品制造业	492769	320448	1444	1583	2724	1245
基础化学原料制造	36064	26134	552	296	258	67
肥料制造	14434	13500	116	53		69
农药制造	3791	3647	74		3	17
涂料、油墨、颜料及类似产品制造	120483	81491	189	210	198	411
合成材料制造	76200	48492		381	119	134
专用化学产品制造	89284	64553	140	212	756	188
炸药、火工及焰火产品制造	3260	3253	233	137	165	45
日用化学产品制造	149253	79378	140	294	1225	314
医药制造业	140360	96474	2594	596	99	440

国有联营	集体联营	国有与集体联营	其他联营	有限责任公司	国有独资	其他有限责任公司	股份有限公司	私营	私营独资
	234		18	5626		5626	602	20077	7813
	434	3	897	122539		122539	7116	253109	44717
	399	3	503	73119		73119	4661	151733	27413
			38	1698		1698		3770	915
	35		35	16690		16690	379	30805	6015
				1687		1687	99	3289	843
			321	29345		29345	1977	63512	9531
52	57		967	81215	845	80370	6549	188945	41807
				296		296		286	125
52	8		405	28224	845	27379	2923	52209	12557
	49		562	52695		52695	3626	136450	29125
390	150	13	893	80967	141	80826	11073	193647	56187
390	122	13	893	77623	45	77578	10832	180024	52955
	28			2726		2726	241	12341	3189
				618	96	522		1282	43
1	382	126	1711	115018	562	114456	18186	313091	65959
	1		241	8244		8244	148	20278	3516
			12	3576	345	3231	3735	9208	2236
1	187	75	567	57108	11	57097	3527	174423	40793
	5	51	48	10140		10140	578	18358	2446
	189		843	33555	206	33349	10125	84350	16339
				2395		2395	73	6474	629
	13		6	6983	1354	5629	15059	3842	548
	13		6	6881	1354	5527	15019	3649	487
				99		99	40	164	38
				3		3		29	23
33	178	31	1003	104579	3198	101381	22633	180415	25616
23	35		9	11723	947	10776	3459	9405	908
	22		47	4861	1039	3822	943	7287	859
	1	16		1193		1193	274	1867	414
	41	1	369	29129	381	28748	3814	46336	6786
	66		68	12731	79	12652	7678	26820	3197
10		12	166	21153	222	20931	4211	36926	3590
			45	1921	466	1455	318	415	139
	13	2	299	21868	64	21804	1936	51359	9723
		102	338	36014	10	36004	30005	24569	1341

1-15 续表7

行业中类	私营合伙	私营有限责任公司	私营股份有限公司	其他	港澳台商投资企业	港澳台商合资经营
竹、藤、棕、草等制品制造	400	11640	224	2053	3040	907
家具制造业	4152	194823	9417	5527	125735	12359
木质家具制造	2934	113198	8188	3187	74537	6454
竹、藤家具制造	15	2774	66	163	1275	188
金属家具制造	606	23882	302	824	23896	2518
塑料家具制造	80	2366		315	2893	18
其他家具制造	517	52603	861	1038	23134	3181
造纸和纸制品业	5357	138588	3193	8182	103207	31487
纸浆制造	29	132		79	769	120
造纸	1643	37015	994	2789	33832	20237
纸制品制造	3685	101441	2199	5314	68606	11130
印刷和记录媒介复制业	4814	128959	3687	9415	117085	9976
印刷	4554	118900	3615	8646	114034	9123
装订及印刷相关服务	260	8827	65	759	2126	721
记录媒介复制		1232	7	10	925	132
文教、工美、体育和娱乐用品制造业	5215	235733	6184	16148	561757	27946
文教办公用品制造	504	16167	91	755	22715	1631
乐器制造	286	6664	22	554	6452	348
工艺美术品制造	2147	127373	4110	7335	138770	12786
体育用品制造	869	14773	270	1154	72112	3851
玩具制造	1096	65250	1665	6076	318723	9043
游艺器材及娱乐用品制造	313	5506	26	274	2985	287
石油加工、炼焦和核燃料加工业	37	3223	34	1024	1858	1241
精炼石油产品制造	37	3091	34	1023	1858	1241
炼焦		126				
核燃料加工		6		1		
化学原料和化学制品制造业	2992	139677	12130	5825	103459	18008
基础化学原料制造	53	8098	346	374	4905	1831
肥料制造	329	4830	1269	171	426	
农药制造	13	1174	266	219	144	130
涂料、油墨、颜料及类似产品制造	572	37061	1917	1204	25784	5261
合成材料制造	598	19354	3671	629	13866	2506
专用化学产品制造	446	30114	2776	967	16311	3442
炸药、火工及焰火产品制造		263	13	19	7	
日用化学产品制造	981	38783	1872	2242	42016	4838
医药制造业	548	19155	3525	2157	24961	11911

港澳台商合作经营	港澳台商独资	港澳台商投资股份有限公司	其他港澳台商投资	外商投资企业	中外合资经营	中外合作经营	外资企业	外商投资股份有限公司	其他外商投资
1189	930		14	1062	321	741			
3114	109466	605	191	55735	11849	1893	41615	160	218
2107	65341	568	67	28048	6999	1893	18934	47	175
521	566								
	21319	12	47	12338	866		11359	113	
	2875			1889	685		1204		
486	19365	25	77	13460	3299		10118		43
2512	67306	1073	829	27018	4705	355	21495	41	422
	549		100	32			32		
65	12596	661	273	4479	2232	18	2229		
2447	54161	412	456	22507	2473	337	19234	41	422
4125	100694	1790	500	32138	4447	1015	26322	123	231
3298	99489	1715	409	30816	4273	973	25216	123	231
227	1087		91	1187	76	5	1106		
600	118	75		135	98	37			
18033	506855	4836	4087	106035	8507	10708	80214	4630	1976
62	20754	103	165	8621	971	2352	5295		3
1147	4957			1639	408		1066		165
8337	116787	491	369	28496	4083	1723	17203	3999	1488
496	66546	1039	180	29678	1340	118	28035	185	
7991	295113	3203	3373	34633	1631	6515	25746	421	320
	2698			2968	74		2869	25	
	612	5		2386	395	761	1230		
	612	5		2326	395	761	1170		
				60			60		
3025	79458	2848	120	68862	14989	703	52486	601	83
30	3044			5025	3034		1991		
82	336	8		508	334		174		
	13		1						
509	18139	1873	2	13208	3892	114	9054	148	
341	10353	611	55	13842	2798	7	10600	374	63
427	12133	267	42	8420	2262	466	5655	37	
	7								
1636	35433	89	20	27859	2669	116	25012	42	20
153	6748	6149		18925	10744		7796	385	

1-15 续表8

行业中类	从业人员数(人)	内资	国有	集体	股份合作	联营
化学药品原料药制造	11532	7525				148
化学药品制剂制造	37749	21075	1168	509		102
中药饮片加工	14515	12781	398	41	1	178
中成药生产	39413	30993	696	45	39	
兽用药品制造	6217	5775	129	1	48	12
生物药品制造	13964	10415	32			
卫生材料及医药用品制造	16970	7910	171		11	
化学纤维制造业	21344	12679	4	188		48
纤维素纤维原料及纤维制造	2504	1390				48
合成纤维制造	18840	11289	4	188		
橡胶和塑料制品业	1392999	776465	1685	22614	2777	2685
橡胶制品业	186669	108521	439	955	368	903
塑料制品业	1206330	667944	1246	21659	2409	1782
非金属矿物制品业	853996	637034	2023	5486	4679	2065
水泥、石灰和石膏制造	48184	38189	433	855	126	381
石膏、水泥制品及类似制品制造	86646	69176	351	1756	255	428
砖瓦、石材等建筑材料制造	294845	240900	619	1506	1099	476
玻璃制造	33887	19139		71	255	71
玻璃制品制造	131216	75587	129	400	567	241
玻璃纤维和玻璃纤维增强塑料制品制造	12396	8390	5	371	59	5
陶瓷制品制造	211859	156091	157	231	1850	300
耐火材料制品制造	8478	7289	7	255	443	45
石墨及其他非金属矿物制品制造	26485	22273	322	41	25	118
黑色金属冶炼和压延加工业	141947	105526	224	374	1239	313
炼铁	1533	1442		5		59
炼钢	5004	4981		114	51	36
黑色金属铸造	27531	19991	8	109	40	74
钢压延加工	106228	78300	216	146	1148	144
铁合金冶炼	1651	812				
有色金属冶炼和压延加工业	200986	133987	523	1437	317	597
常用有色金属冶炼	16542	13000	65	344	202	79
贵金属冶炼	1416	1197		93		12
稀有稀土金属冶炼	2965	2420	163	29	24	351
有色金属合金制造	18508	10789	8	98		1
有色金属铸造	7776	5679		1		
有色金属压延加工	153779	100902	287	872	91	154

国有联营	集体联营	国有与集体联营	其他联营	有限责任公司	国有独资	其他有限责任公司	股份有限公司	私营	私营独资
			148	3191	10	3181	2575	1605	152
		102		9585		9585	6659	3036	5
			178	3652		3652	2348	4531	316
				11909		11909	12886	5271	193
			12	1769		1769	2249	1440	104
				3620		3620	2335	4231	103
				2288		2288	953	4455	468
			48	2270		2270	1582	8482	646
			48	154		154		1130	241
				2116		2116	1582	7352	405
96	437	88	2064	204498	4652	199846	19360	499934	103801
	14	17	872	32254	601	31653	1176	69045	12542
96	423	71	1192	172244	4051	168193	18184	430889	91259
190	562	224	1089	214167	1103	213064	29588	362532	114806
8	70	201	102	16201		16201	3330	16021	2916
156	14		258	27196	116	27080	2016	35177	4850
16	304		156	95901		95901	5547	129210	36596
			71	6148		6148	119	12009	2222
			241	21509	719	20790	8545	43022	7880
			5	3641		3641	311	3835	682
	174	23	103	34442		34442	8191	106883	53318
			45	2781		2781		3512	1380
10			108	6348	268	6080	1529	12863	4962
	95		218	47154	157	46997	3343	51514	11680
	59			306		306		1025	529
	36			738		738	532	3139	116
			74	5206	65	5141	321	13981	5791
			144	40699	76	40623	2467	32859	4987
				205	16	189	23	510	257
351			246	46982	1405	45577	7734	74448	9985
			79	3977	815	3162	4566	3628	925
			12	267		267		820	248
351				1446	16	1430	153	254	28
			1	2945		2945	732	6860	1099
				2821	441	2380	12	2573	891
			154	35526	133	35393	2271	60313	6794

1-15 续表9

行业中类	私营合伙	私营有限责任公司	私营股份有限公司	其他	港澳台商投资企业	港澳台商合资经营
化学药品原料药制造		1430	23	6	3081	1451
化学药品制剂制造	8	2405	618	16	9313	3126
中药饮片加工	288	3326	601	1632	1304	194
中成药生产	76	4679	323	147	5631	4007
兽用药品制造	63	974	299	127	59	19
生物药品制造	1	2553	1574	197	1484	924
卫生材料及医药用品制造	112	3788	87	32	4089	2190
化学纤维制造业	48	7044	744	105	5359	2708
纤维素纤维原料及纤维制造		853	36	58	625	2
合成纤维制造	48	6191	708	47	4734	2706
橡胶和塑料制品业	18920	366860	10353	22912	426163	43383
橡胶制品业	1263	52574	2666	3381	50827	1177
塑料制品业	17657	314286	7687	19531	375336	42206
非金属矿物制品业	12078	226625	9023	16494	146601	38396
水泥、石灰和石膏制造	582	11896	627	842	8475	1929
石膏、水泥制品及类似制品制造	928	28056	1343	1997	14701	3500
砖瓦、石材等建筑材料制造	6563	83095	2956	6542	34833	20561
玻璃制造	209	9022	556	466	10660	2990
玻璃制品制造	680	33028	1434	1174	46351	3656
玻璃纤维和玻璃纤维增强塑料制品制造	252	2742	159	163	2183	
陶瓷制品制造	2045	50071	1449	4037	25906	4713
耐火材料制品制造	197	1820	115	246	568	
石墨及其他非金属矿物制品制造	622	6895	384	1027	2924	1047
黑色金属冶炼和压延加工业	1032	35935	2867	1365	21142	7859
炼铁	172	324		47	91	91
炼钢	34	2610	379	371	20	
黑色金属铸造	359	7448	383	252	6024	1680
钢压延加工	467	25300	2105	621	14938	6019
铁合金冶炼		253		74	69	69
有色金属冶炼和压延加工业	1696	61129	1638	1949	45681	7507
常用有色金属冶炼	103	2511	89	139	1188	388
贵金属冶炼	38	534		5	184	
稀有稀土金属冶炼		226			75	75
有色金属合金制造	44	5691	26	145	6152	485
有色金属铸造	72	1526	84	272	1781	553
有色金属压延加工	1439	50641	1439	1388	36301	6006

				外商投资企业					
港澳台商合作经营	港澳台商独资	港澳台商投资股份有限公司	其他港澳台商投资		中外合资经营	中外合作经营	外资企业	外商投资股份有限公司	其他外商投资
	616	1014		926	265		661		
109	1157	4921		7361	5567		1410	384	
	1110			430	185		245		
	1455	169		2789	1841		948		
	40			383	383				
1	559			2065	1361		703	1	
43	1811	45		4971	1142		3829		
	2651			3306	1855	88	1305	58	
	623			489	343	88		58	
	2028			2817	1512		1305		
5834	362776	10573	3597	190371	28392	4610	151303	4935	1131
779	46926	963	982	27321	2945	298	23817	152	109
5055	315850	9610	2615	163050	25447	4312	127486	4783	1022
13482	92588	1600	535	70361	34597	8236	26829	618	81
487	5989		70	1520	763	9	748		
486	10265	450		2769	803	105	1529	322	10
92	13978	82	120	19112	16653	567	1867	11	14
60	6958	465	187	4088	1307		2781		
570	41883	233	9	9278	1416		7660	145	57
66	2010	107		1823	395	37	1391		
10967	9869	218	139	29862	13102	7518	9241	1	
75	493			621	128		354	139	
679	1143	45	10	1288	30		1258		
1105	12153	25		15279	3893	619	10426	341	
	20			3	3				
146	4198			1516	630		863	23	
959	7935	25		12990	2534	619	9563	274	
				770	726			44	
149	34882	3063	80	21318	4679	544	15959	136	
66	674	60		2354	2017	16	321		
	184			35			35		
				470	1	469			
5	2659	3003		1567	281		1286		
	1228			316			316		
78	30137		80	16576	2380	59	14001	136	

1-15 续表10

行业中类	从业人员数(人)	内资	国有	集体	股份合作	联营
金属制品业	1452285	999553	2175	7199	4179	3133
结构性金属制品制造	279811	214393	1066	1432	381	565
金属工具制造	154955	115133	315	514	220	315
集装箱及金属包装容器制造	64154	36076		505	51	68
金属丝绳及其制品制造	19581	11996		52	10	130
建筑、安全用金属制品制造	208950	134738	43	1022	784	238
金属表面处理及热处理加工	108455	75054	58	1460	200	632
搪瓷制品制造	16190	9104			40	165
金属制日用品制造	323066	218963	141	800	1819	399
其他金属制品制造	277123	184096	552	1414	674	621
通用设备制造业	712768	402196	1394	3817	2191	810
锅炉及原动设备制造	14558	11455	17		215	99
金属加工机械制造	92607	74689	366	402	138	239
物料搬运设备制造	52643	29569	74	133	129	22
泵、阀门、压缩机及类似机械制造	84647	40938	71	461	202	47
轴承、齿轮和传动部件制造	25921	14239	6	119	87	
烘炉、风机、衡器、包装等设备制造	130009	80512	33	191	381	122
文化、办公用机械制造	144479	29057	20	1793	38	54
通用零部件制造	131897	92754	735	552	715	186
其他通用设备制造业	36007	28983	72	166	286	41
专用设备制造业	722562	495298	2065	3095	1823	2190
采矿、冶金、建筑专用设备制造	21798	16978	474	227	172	8
化工、木材、非金属加工专用设备制造	363158	239672	510	1937	696	1040
食品、饮料、烟草及饲料生产专用设备制造	17469	16539	27	224	61	40
印刷、制药、日化及日用品生产专用设备制造	52211	41203	99	84	229	84
纺织、服装和皮革加工专用设备制造	24548	13229		11	17	72
电子和电工机械专用设备制造	100407	69880	211	23	346	711
农、林、牧、渔专用机械制造	9997	5941	236	179		76
医疗仪器设备及器械制造	75766	47258	142	325	158	20
环保、社会公共服务及其他专用设备制造	57208	44598	366	85	144	139
汽车制造业	374386	92208	1165	208	116	290
汽车整车制造	78626	6531	5	5		
改装汽车制造	6494	6130	247			10
低速载货汽车制造	1075	7				
电车制造	989	953				

国有联营	集体联营	国有与集体联营	其他联营	有限责任公司	国有独资	其他有限责任公司	股份有限公司	私营	私营独资
12	187		2934	270022	941	269081	22887	662645	162107
4	100		461	69909	461	69448	6263	128866	32464
	14		301	22244		22244	1798	84752	18461
			68	13914	236	13678	318	20743	2847
	13		117	3044		3044	115	8287	2506
	16		222	36719		36719	1380	91763	22849
8	4		620	20482		20482	905	47864	13799
			165	4045		4045	380	4103	1439
	5		394	54137	146	53991	6239	150505	40430
	35		586	45528	98	45430	5489	125762	27312
29	21		760	129390	2790	126600	20258	236867	40107
			99	4384	698	3686	363	6036	1245
29	3		207	19565	22	19543	6331	46319	9907
			22	12533	230	12303	621	15420	1748
			47	17821	1080	16741	312	21457	2320
				4925		4925	991	7733	1794
	12		110	28143	2	28141	5964	44918	4416
			54	8891		8891	2993	14509	1473
	6		180	23909	758	23151	1946	62724	14420
			41	9219		9219	737	17751	2784
	24		2166	131208	965	130243	36483	307130	40959
			8	7528	845	6683	174	8202	1113
	4		1036	57606	17	57589	10948	160832	24821
			40	4906	103	4803	151	10899	2546
			84	11565		11565	5292	22726	3083
			72	3478		3478	627	8851	1028
			711	21079		21079	1844	44155	4310
			76	1923		1923	232	2808	444
	20			11004		11004	11419	23691	1375
			139	12119		12119	5796	24966	2239
			290	35729	3377	32352	12121	41813	4352
				4827	3377	1450	1053	636	2
			10	4988		4988		885	51
				186		186	84	683	5

1-15 续表11

行业中类						
				其他	港澳台商投资企业	
	私营合伙	私营有限责任公司	私营股份有限公司			港澳台商合资经营
金属制品业	15376	469742	15420	27313	343967	52987
结构性金属制品制造	3486	89529	3387	5911	45948	7253
金属工具制造	2274	62163	1854	4975	30009	3404
集装箱及金属包装容器制造	311	16511	1074	477	18311	7262
金属丝绳及其制品制造	174	5375	232	358	5373	224
建筑、安全用金属制品制造	1963	64138	2813	2789	55932	18023
金属表面处理及热处理加工	2195	30802	1068	3453	28007	1839
搪瓷制品制造	123	2541		371	883	
金属制日用品制造	2395	104155	3525	4923	80948	8272
其他金属制品制造	2455	94528	1467	4056	78556	6710
通用设备制造业	6374	180778	9608	7469	148280	16583
锅炉及原动设备制造	65	4527	199	341	1727	227
金属加工机械制造	1293	34277	842	1329	12745	805
物料搬运设备制造	165	12284	1223	637	2658	363
泵、阀门、压缩机及类似机械制造	286	17958	893	567	11815	1082
轴承、齿轮和传动部件制造	239	5238	462	378	8316	523
烘炉、风机、衡器、包装等设备制造	1680	37022	1800	760	30626	4226
文化、办公用机械制造	101	10316	2619	759	47000	6904
通用零部件制造	1857	45652	795	1987	27805	1376
其他通用设备制造业	688	13504	775	711	5588	1077
专用设备制造业	6953	251969	7249	11304	149137	11952
采矿、冶金、建筑专用设备制造	137	6838	114	193	1500	38
化工、木材、非金属加工专用设备制造	4366	127238	4407	6103	86676	6204
食品、饮料、烟草及饲料生产专用设备制造	232	7860	261	231	615	82
印刷、制药、日化及日用品生产专用设备制造	484	18674	485	1124	7433	1309
纺织、服装和皮革加工专用设备制造	221	7581	21	173	7630	352
电子和电工机械专用设备制造	719	38000	1126	1511	18658	1224
农、林、牧、渔专用机械制造	60	2296	8	487	2691	318
医疗仪器设备及器械制造	174	21786	356	499	15166	1063
环保、社会公共服务及其他专用设备制造	560	21696	471	983	8768	1362
汽车制造业	543	36095	823	766	88857	55974
汽车整车制造	11	623		5	30419	29838
改装汽车制造		834			364	364
低速载货汽车制造				7		
电车制造	119	559				

港澳台商合作经营	港澳台商独资	港澳台商投资股份有限公司	其他港澳台商投资	外商投资企业	中外合资经营	中外合作经营	外资企业	外商投资股份有限公司	其他外商投资
22142	257624	8953	2261	108765	24904	6276	74135	2618	832
2699	34521	904	571	19470	5834	296	12983	159	198
5299	20124	1127	55	9813	863	804	8106	40	
351	10660	38		9767	5924		3843		
74	5002	73		2212	139	5	1870	198	
2941	32043	2770	155	18280	5567	301	12211	140	61
243	25121	522	282	5394	1346	147	3579	113	209
226	657			6203	780		5412	1	10
8842	61831	1264	739	23155	1449	4429	15281	1878	118
1467	67665	2255	459	14471	3002	294	10850	89	236
2096	124275	4080	1246	162292	48641	1653	107984	3534	480
	826	674		1376	263		1113		
474	10618	580	268	5173	2183		2910	16	64
	2295			20416	10944		9469		3
	10720		13	31894	14708	918	13184	3074	10
	7713		80	3366	960	418	1988		
123	25830	212	235	18871	5563	66	13176		66
1064	38869		163	68422	11601		56633		188
292	23391	2614	132	11338	2342	251	8357	244	144
143	4013		355	1436	77		1154	200	5
5359	124269	5682	1875	78127	10244	287	61208	609	5779
15	1302	145		3320	2382	25	818	95	
943	76327	2661	541	36810	3313	13	27602	237	5645
	533			315	29		286		
103	5915		106	3575	728		2796	23	28
50	6646		582	3689	9		3680		
4087	12424	403	520	11869	1463	218	9959	150	79
	2285	88	0	1365			1365		
161	13478	430	34	13342	1607	31	11608	75	21
	5359	1955	92	3842	713		3094	29	6
538	28681	3534	130	193321	83366	548	108513	489	405
	581			41676	41676				
				1068	1068				
				36			36		

1-15 续表12

行业中类	从业人员数(人)	内资	国有	集体	股份合作	联营
汽车车身、挂车制造	7824	1162	15			
汽车零部件及配件制造	279378	77425	898	203	116	280
铁路、船舶、航空航天和其他运输设备制造业	191812	106518	6783	754	317	304
铁路运输设备制造	4037	3916	2463			34
城市轨道交通设备制造	722	722				
船舶及相关装置制造	56456	41286	4277	472	51	98
航空、航天器及设备制造	11130	2970	28			
摩托车制造	65527	40372	10	212	76	38
自行车制造	45823	14450		70	172	134
非公路休闲车及零配件制造	4350	1631	5			
潜水救捞及其他未列明运输设备制造	3767	1171			18	
电气机械和器材制造业	2427603	1437539	2948	15720	6456	4817
电机制造	149935	68531	8	1303	232	1690
输配电及控制设备制造	468006	263246	421	1322	1137	961
电线、电缆、光缆及电工器材制造	299532	144772	53	2794	456	195
电池制造	204086	120077	177	24	188	206
家用电力器具制造	845890	522993	1334	9537	3675	720
非电力家用器具制造	41477	35887		5	88	21
照明器具制造	383944	256738	938	692	613	706
其他电气机械及器材制造	34733	25295	17	43	67	318
计算机、通信和其他电子设备制造业	4021343	1650749	3544	34930	2202	7174
计算机制造	796959	217257		4078	290	759
通信设备制造	537596	285328	407	2	149	20
广播电视设备制造	94691	55915		231	12	316
雷达及配套设备制造	4792	4311				
视听设备制造	417955	191756	4	12420	83	221
电子器件制造	663943	291684	522	1176	391	279
电子元件制造	1280134	469531	2362	15421	1082	4571
其他电子设备制造	225273	134967	249	1602	195	1008
仪器仪表制造业	363860	158164	167	18179	895	760
通用仪器仪表制造	63504	45149	43	146	216	184
专用仪器仪表制造	34673	22043	74	17	132	8
钟表与计时仪器制造	138513	41970	8	3049	547	408
光学仪器及眼镜制造	118861	43972		14966		120
其他仪器仪表制造业	8309	5030	42	1		40

国有联营	集体联营	国有与集体联营	其他联营	有限责任公司	国有独资	其他有限责任公司	股份有限公司	私营	私营独资
				477		477		666	32
			280	25251		25251	10984	38943	4262
	60	25	219	44980	4398	40582	842	51291	7118
		5	29	1016	1	1015		403	113
				138		138		413	244
	60	20	18	23432	3708	19724	388	12089	2099
				2077	335	1742	1	740	72
			38	14423	354	14069	147	25403	3403
			134	3069		3069	292	10348	827
				623		623		1003	88
				202		202	14	892	272
63	2299	15	2440	420757	2435	418322	272904	696416	99587
	1500		190	24701		24701	5903	33990	2466
3	669		289	73876	1262	72614	16378	164346	16783
60			135	31538	730	30808	12735	93587	12012
			206	31175	327	30848	4756	82756	3197
		15	705	157217	92	157125	210600	135841	18067
			21	19967	13	19954	2545	13077	1598
	130		576	74907	8	74899	19731	156616	43052
			318	7376	3	7373	256	16203	2412
	92	193	6889	371664	2626	369038	241868	963556	68640
	45	108	606	31854		31854	37880	140652	6241
			20	59987	389	59598	102015	119751	3596
		85	231	10315		10315	4690	39636	3236
				487		487	10	3748	72
			221	47194	1	47193	33548	94885	7315
	29		250	63871	1179	62692	37070	185495	11069
	18		4553	124382	1057	123325	24479	286423	29017
			1008	33574		33574	2176	92966	8094
	69		691	31627	144	31483	9505	88359	11782
			184	10000	92	9908	8895	24775	1174
			8	5764		5764	262	14873	619
	69		339	7779	52	7727	290	23758	4067
			120	6582		6582	58	21809	5485
			40	1502		1502		3144	437

1-15 续表13

行业中类	私营合伙	私营有限责任公司	私营股份有限公司	其他	港澳台商投资企业	港澳台商合资经营
汽车车身、挂车制造	18	616		4	5663	4588
汽车零部件及配件制造	395	33463	823	750	52411	21184
铁路、船舶、航空航天和其他运输设备制造业	448	41076	2649	1247	53741	24095
铁路运输设备制造	51	234	5		121	50
城市轨道交通设备制造		169		171		
船舶及相关装置制造	213	8204	1573	479	10765	7040
航空、航天器及设备制造	13	535	120	124	4952	4643
摩托车制造	133	21100	767	63	12741	11307
自行车制造	25	9415	81	365	21035	1055
非公路休闲车及零配件制造		915			1556	
潜水救捞及其他未列明运输设备制造	13	504	103	45	2571	
电气机械和器材制造业	11330	558016	27483	17521	681430	130924
电机制造	361	29242	1921	704	54268	4168
输配电及控制设备制造	3036	137966	6561	4805	130188	7516
电线、电缆、光缆及电工器材制造	1121	78206	2248	3414	104934	8899
电池制造	643	72313	6603	795	72814	29566
家用电力器具制造	2021	113031	2722	4069	224422	65919
非电力家用器具制造	92	11256	131	184	4743	924
照明器具制造	3823	103250	6491	2535	83541	12347
其他电气机械及器材制造	233	12752	806	1015	6520	1585
计算机、通信和其他电子设备制造业	15576	819309	60031	25811	1150540	168631
计算机制造	1467	129431	3513	1744	120462	21401
通信设备制造	1222	109731	5202	2997	113033	20882
广播电视设备制造	516	30979	4905	715	25031	1545
雷达及配套设备制造	33	3576	67	66	475	
视听设备制造	1817	82100	3653	3401	166400	46899
电子器件制造	2637	142817	28972	2880	196375	24445
电子元件制造	5925	241020	10461	10811	468807	46019
其他电子设备制造	1959	79655	3258	3197	59957	7440
仪器仪表制造业	1758	67028	7791	8672	147936	13361
通用仪器仪表制造	492	16578	6531	890	11747	854
专用仪器仪表制造	398	13444	412	913	5546	1199
钟表与计时仪器制造	565	18720	406	6131	78867	3662
光学仪器及眼镜制造	254	15650	420	437	49516	7646
其他仪器仪表制造业	49	2636	22	301	2260	

港澳台商合作经营	港澳台商独资	港澳台商投资股份有限公司	其他港澳台商投资	外商投资企业	中外合资经营	中外合作经营	外资企业	外商投资股份有限公司	其他外商投资
62	1013			999	986		13		
476	27087	3534	130	149542	39636	548	108464	489	405
258	23510	5864	14	31553	12079	896	18337	155	86
	71								
158	3553		14	4405	1767	51	2587		
100	209			3208	5		3203		
	1434			12414	10271	820	1212	25	86
	15249	4731		10338	36		10172	130	
	1556			1163			1163		
	1438	1133		25		25			
8171	529636	9424	3275	308634	71890	9505	213578	10833	2828
275	49739		86	27136	8643	904	15081	2508	
1725	116858	2547	1542	74572	11811	63	59209	2726	763
2162	93190	211	472	49826	6220	1696	38080	3606	224
1260	41201	707	80	11195	2587	187	6605	736	1080
1693	152934	3558	318	98475	36752	4011	57474	238	
5	1835	1979		847	8		584	195	60
1019	69260	422	493	43665	5587	2644	34504	824	106
32	4619		284	2918	282		2041		595
20423	943756	13739	3991	1220054	160642	3256	1027513	24919	3724
3861	94152	804	244	459240	8390	155	443135	7497	63
945	90741	447	18	139235	49328	274	87734	1837	62
	23391	45	50	13745	1718	525	9976	1506	20
	475			6					6
2490	115148	1405	458	59799	12632	320	43714	3103	30
4562	164980	984	1404	175884	39595	319	132621	2386	963
8312	404264	8994	1218	341796	43974	1661	285204	8457	2500
253	50605	1060	599	30349	5005	2	25129	133	80
1937	128477	2218	1943	57760	3702	1911	50031	215	1901
	10069	814	10	6608	1053	410	5079	49	17
	4128	144	75	7084	884		5827	143	230
795	72020	817	1573	17676	535	775	14754		1612
1142	40000	443	285	25373	1212	726	23428	7	
	2260			1019	18		943	16	42

1-15 续表14

行业中类	从业人员数(人)	内资				
			国有	集体	股份合作	联营
其他制造业	102872	54997	1287	1258	229	61
日用杂品制造	70040	33909		1203	180	31
煤制品制造	771	771				2
核辐射加工	450	400				
其他未列明制造业	31611	19917	1287	55	49	28
废弃资源综合利用业	53138	48963	44	61	95	24
金属废料和碎屑加工处理	36449	33912	41	38	80	2
非金属废料和碎屑加工处理	16689	15051	3	23	15	22
金属制品、机械和设备修理业	33779	27266	2064	345	222	110
金属制品修理	4206	3201	35	6	13	6
通用设备修理	3664	3344	156	18		10
专用设备修理	3184	2239	260	25		
铁路、船舶、航空航天等运输设备修理	14953	11132	1591	181	85	12
电气设备修理	1802	1754		66	31	
仪器仪表修理	459	381				5
其他机械和设备修理业	5511	5215	22	49	93	77
电力、热力、燃气及水生产和供应业	**377501**	**352869**	**80510**	**19971**	**1979**	**1565**
电力、热力生产和供应业	283824	271962	56227	8823	1516	1078
电力生产	114512	103062	17989	8347	1485	1008
电力供应	167276	167245	38111	471	30	70
热力生产和供应	2036	1655	127	5	1	
燃气生产和供应业	17791	10932	398	51	168	118
燃气生产和供应业	17791	10932	398	51	168	118
水的生产和供应业	75886	69975	23885	11097	295	369
自来水生产和供应	61355	56802	22368	10899	248	367
污水处理及其再生利用	12836	12042	1449	185	47	2
其他水的处理、利用与分配	1695	1131	68	13		
建筑业	**2480175**	**2441845**	**297351**	**185795**	**2936**	**5505**
房屋建筑业	1371587	1359023	161965	171374	1498	3979
房屋建筑业	1371587	1359023	161965	171374	1498	3979
土木工程建筑业	432977	431467	50021	7098	253	179
铁路、道路、隧道和桥梁工程建筑	184285	183615	20291	1822	191	28
水利和内河港口工程建筑	122116	122093	17873	2701		14
海洋工程建筑	517	517	52			
工矿工程建筑	23334	22953	327	454	12	
架线和管道工程建筑	30608	30423	7047	1306	30	43

国有联营	集体联营	国有与集体联营	其他联营	有限责任公司	国有独资	其他有限责任公司	股份有限公司	私营	私营独资
			61	13201	38	13163	929	36640	6960
			31	7416	2	7414	120	24050	4078
			2	522		522		243	139
				80	36	44		320	31
			28	5183		5183	809	12027	2712
			24	20205	12	20193	516	27010	4584
			2	16143		16143	124	16841	1666
			22	4062	12	4050	392	10169	2918
	12		98	6942	160	6782	216	16235	2115
			6	528		528	16	2545	266
			10	1275		1275	3	1819	342
				502		502	34	1310	254
	12			2347	145	2202	32	6290	659
				871		871	17	677	56
			5	162		162	6	174	50
			77	1257	15	1242	108	3420	488
208	**795**	**93**	**469**	**190432**	**141732**	**48700**	**9846**	**42393**	**20624**
110	462	93	413	160585	137804	22781	6330	32871	18270
110	452	90	356	32221	11485	20736	6161	31751	18105
	10	3	57	127198	126318	880	163	800	154
				1166	1	1165	6	320	11
83	35			6213	95	6118	435	3106	762
83	35			6213	95	6118	435	3106	762
15	298		56	23634	3833	19801	3081	6416	1592
15	298		54	16539	3303	13236	2222	3502	1184
			2	6711	530	6181	849	2270	257
				384		384	10	644	151
430	**984**	**3129**	**962**	**1053059**	**141405**	**911654**	**149146**	**739347**	**16205**
	709	3123	147	576344	85845	490499	77031	364377	4156
	709	3123	147	576344	85845	490499	77031	364377	4156
		6	173	262518	47401	215117	14522	95830	2255
		6	22	121453	4476	116977	6414	33133	1372
			14	85281	42401	42880	4057	11929	83
				358	30	328		107	92
				19930		19930	344	1843	24
			43	14303	390	13913	1200	6453	184

1–15 续表15

行业中类	私营合伙	私营有限责任公司	私营股份有限公司	其他	港澳台商投资企业	港澳台商合资经营
其他制造业	533	28414	733	1392	36749	3600
日用杂品制造	183	19738	51	909	28839	3561
煤制品制造	40	64		4		
核辐射加工		239	50		50	
其他未列明制造业	310	8373	632	479	7860	39
废弃资源综合利用业	81	20555	1790	1008	3339	800
金属废料和碎屑加工处理	29	14046	1100	643	1706	542
非金属废料和碎屑加工处理	52	6509	690	365	1633	258
金属制品、机械和设备修理业	304	13481	335	1132	4511	2309
金属制品修理	11	2268		52	818	70
通用设备修理	30	1447		63	195	25
专用设备修理	21	925	110	108	611	
铁路、船舶、航空航天等运输设备修理	131	5315	185	594	2560	2209
电气设备修理	29	559	33	92	48	5
仪器仪表修理	4	120		34	59	
其他机械和设备修理业	78	2847	7	189	220	
电力、热力、燃气及水生产和供应业	**9265**	**11791**	**713**	**6173**	**9523**	**6719**
电力、热力生产和供应业	8972	5182	447	4532	7142	5191
电力生产	8912	4361	373	4100	6744	4970
电力供应	60	512	74	402	17	17
热力生产和供应		309		30	381	204
燃气生产和供应业	89	2193	62	443	1453	897
燃气生产和供应业	89	2193	62	443	1453	897
水的生产和供应业	204	4416	204	1198	928	631
自来水生产和供应	140	1979	199	657	725	514
污水处理及其再生利用	31	1977	5	529	203	117
其他水的处理、利用与分配	33	460		12		
建筑业	**4825**	**700393**	**17924**	**8706**	**23043**	**18468**
房屋建筑业	1775	353700	4746	2455	1911	1672
房屋建筑业	1775	353700	4746	2455	1911	1672
土木工程建筑业	675	89224	3676	1046	734	502
铁路、道路、隧道和桥梁工程建筑	187	28500	3074	283	494	357
水利和内河港口工程建筑	125	11368	353	238	23	4
海洋工程建筑		15				
工矿工程建筑	3	1816		43	1	
架线和管道工程建筑	9	6252	8	41	185	141

港澳台商合作经营	港澳台商独资	港澳台商投资股份有限公司	其他港澳台商投资	外商投资企业	中外合资经营	中外合作经营	外资企业	外商投资股份有限公司	其他外商投资
586	32259	235	69	11126	410	361	10168	135	52
544	24430	235	69	7292	318	361	6551	35	27
	50								
42	7779			3834	92		3617	100	25
200	2309	30		836	526		290		20
	1155	9		831	521		290		20
200	1154	21		5	5				
40	1947		215	2002	1261	309	312		120
	748			187			187		
	160		10	125			5		120
	611			334		309	25		
40	106		205	1261	1261				
	43								
	59			19			19		
	220			76			76		
945	**1518**	**337**	**4**	**15109**	**9821**	**2027**	**2020**	**1143**	**98**
717	914	316	4	4720	2689	492	569	903	67
717	737	316	4	4706	2689	492	561	897	67
				14			8	6	
	177								
203	353			5406	3266	860	1040	240	
203	353			5406	3266	860	1040	240	
25	251	21		4983	3866	675	411		31
25	165	21		3828	3618	106	104		
	86			591	248	5	307		31
				564		564			
1013	**1370**	**1630**	**562**	**15287**	**1319**	**181**	**13731**	**1**	**55**
6	179	2	52	10653		17	10633		3
6	179	2	52	10653		17	10633		3
74	21		137	776	431	162	183		
47	15		75	176		162	14		
17	2								
	1			380	380				
6			38						

1-15 续表16

行业中类	从业人员数(人)	内资	国有	集体	股份合作	联营
其他土木工程建筑	72117	71866	4431	815	20	94
建筑安装业	275458	272097	80488	5636	581	500
电气安装	77087	75934	3060	2421	146	61
管道和设备安装	39594	39071	3324	439	263	26
其他建筑安装业	158777	157092	74104	2776	172	413
建筑装饰和其他建筑业	400153	379258	4877	1687	604	847
建筑装饰业	327143	308042	2465	937	576	692
工程准备活动	16684	16468	1381	130		136
提供施工设备服务	11059	9499	17	493		13
其他未列明建筑业	45267	45249	1014	127	28	6
批发和零售业	**3494930**	**3118427**	**97434**	**52443**	**18085**	**19614**
批发业	2206957	1982167	70041	29176	9675	12576
农、林、牧产品批发	73968	72549	4973	3022	1061	282
食品、饮料及烟草制品批发	261040	240663	24301	3853	1310	969
纺织、服装及家庭用品批发	426597	330417	3602	1831	1474	1244
文化、体育用品及器材批发	109006	91900	1988	399	460	236
医药及医疗器材批发	100638	94611	5247	180	245	280
矿产品、建材及化工产品批发	397547	371794	21818	12142	1900	3110
机械设备、五金产品及电子产品批发	592593	554397	4308	2120	2562	5181
贸易经纪与代理	117276	110638	1779	2123	231	751
其他批发业	128292	115198	2025	3506	432	523
零售业	1287973	1136260	27393	23267	8410	7038
综合零售	252351	163649	2573	10979	986	708
食品、饮料及烟草制品专门零售	74675	70524	5600	1999	931	292
纺织、服装及日用品专门零售	154736	129270	802	1662	1141	409
文化、体育用品及器材专门零售	68958	63248	8240	1623	746	1786
医药及医疗器材专门零售	91552	90841	3285	455	538	408
汽车、摩托车、燃料及零配件专门零售	235640	220594	4835	2631	972	1194
家用电器及电子产品专门零售	198575	195541	231	400	821	990
五金、家具及室内装饰材料专门零售	122380	118173	451	1535	1770	711
货摊、无店铺及其他零售业	89106	84420	1376	1983	505	540
交通运输、仓储和邮政业	**1339798**	**1221782**	**293635**	**16848**	**2128**	**3839**
铁路运输业	151752	151023	92134			
铁路旅客运输	149155	149155	92134			
铁路货物运输	2292	1563				
铁路运输辅助活动	305	305				

				有限责任公司			股份有限公司	私营	
国有联营	集体联营	国有与集体联营	其他联营		国有独资	其他有限责任公司			私营独资
			94	21193	104	21089	2507	42365	500
174	38		288	83652	6209	77443	15740	84045	2106
			61	36097	3695	32402	9656	24123	604
			26	16864	483	16381	2744	14998	412
174	38		201	30691	2031	28660	3340	44924	1090
256	237		354	130545	1950	128595	41853	195095	7688
256	216		220	97171	1833	95338	37739	165545	6338
	4		132	5083	31	5052	419	8792	580
	13			6201	38	6163	116	2612	173
	4		2	22090	48	22042	3579	18146	597
3747	**3191**	**583**	**12093**	**865993**	**17218**	**848775**	**129863**	**1768717**	**213897**
1881	2042	329	8324	474398	13209	461189	69102	1194577	106132
34	35	71	142	8893	365	8528	1417	21758	5723
204	51	52	662	61757	5885	55872	13090	102858	11029
268	138		838	79079	2841	76238	6805	228583	17024
	2	13	221	18093	469	17624	3330	65019	4155
28	5	2	245	31751	514	31237	1840	52358	3072
58	1579	19	1454	116724	2321	114403	24549	176039	19622
1254	78	96	3753	104832	332	104500	13813	405975	29648
27	48	35	641	21527	303	21224	1749	72295	5017
8	106	41	368	31742	179	31563	2509	69692	10842
1866	1149	254	3769	391595	4009	387586	60761	574140	107765
9	425	106	168	74880	383	74497	6477	60891	12872
10	36	14	232	17886	748	17138	1478	35250	9120
13	56		340	37140		37140	8290	76502	10834
1453	37	4	292	16639	1187	15452	1029	30709	4399
25	47	3	333	36807	11	36796	2087	42945	18052
330	237	102	525	85331	1504	83827	25672	95358	12950
3	26		961	60930	57	60873	12037	113909	13810
3	231	2	475	33747	23	33724	1839	72698	17470
20	54	23	443	28235	96	28139	1852	45878	8258
1269	**485**	**275**	**1810**	**411256**	**37626**	**373630**	**182781**	**294004**	**17389**
				13691		13691	45198		
				12011		12011	45010		
				1375		1375	188		
				305		305			

1-15 续表17

行业中类						
					港澳台商投资企业	
	私营合伙	私营有限责任公司	私营股份有限公司	其他		港澳台商合资经营
其他土木工程建筑	351	41273	241	441	31	
建筑安装业	459	79409	2071	1455	2258	1134
电气安装	118	22563	838	370	249	97
管道和设备安装	166	14269	151	413	484	20
其他建筑安装业	175	42577	1082	672	1525	1017
建筑装饰和其他建筑业	1916	178060	7431	3750	18140	15160
建筑装饰业	1746	150417	7044	2917	16346	13619
工程准备活动	87	7993	132	527	216	
提供施工设备服务	15	2394	30	47	1560	1541
其他未列明建筑业	68	17256	225	259	18	
批发和零售业	**37597**	**1480633**	**36590**	**166278**	**235241**	**42918**
批发业	23958	1044018	20469	122622	156182	13447
农、林、牧产品批发	519	15268	248	31143	968	600
食品、饮料及烟草制品批发	1813	88454	1562	32525	11516	1408
纺织、服装及家庭用品批发	3542	204751	3266	7799	76909	6009
文化、体育用品及器材批发	741	58229	1894	2375	15078	682
医药及医疗器材批发	594	47858	834	2710	3521	276
矿产品、建材及化工产品批发	3418	149361	3638	15512	9149	1361
机械设备、五金产品及电子产品批发	9914	359241	7172	15606	23862	2726
贸易经纪与代理	1710	64618	950	10183	4361	202
其他批发业	1707	56238	905	4769	10818	183
零售业	13639	436615	16121	43656	79059	29471
综合零售	1625	45477	917	6155	37592	19810
食品、饮料及烟草制品专门零售	583	24891	656	7088	3703	271
纺织、服装及日用品专门零售	1338	60760	3570	3324	21349	4988
文化、体育用品及器材专门零售	811	24970	529	2476	4790	1121
医药及医疗器材专门零售	1394	19595	3904	4316	140	25
汽车、摩托车、燃料及零配件专门零售	1587	78396	2425	4601	6471	2497
家用电器及电子产品专门零售	2616	95661	1822	6223	1639	150
五金、家具及室内装饰材料专门零售	2052	52076	1100	5422	1816	81
货摊、无店铺及其他零售业	1633	34789	1198	4051	1559	528
交通运输、仓储和邮政业	**5659**	**264498**	**6458**	**17291**	**75896**	**37541**
铁路运输业					729	729
铁路旅客运输						
铁路货物运输					729	729
铁路运输辅助活动						

港澳台商合作经营	港澳台商独资	港澳台商投资股份有限公司	其他港澳台商投资	外商投资企业	中外合资经营	中外合作经营	外资企业	外商投资股份有限公司	其他外商投资
4	3		24	220	51		169		
567	294	167	96	1103	885	2	193		23
	87		65	904	885		16		3
150	147	167		39			39		
417	60		31	160		2	138		20
366	876	1461	277	2755	3		2722	1	29
244	865	1460	158	2755	3		2722	1	29
103		1	112						
19									
	11		7						
1763	**181055**	**4674**	**4831**	**141262**	**41120**	**7183**	**78405**	**11515**	**3039**
688	135767	2321	3959	68608	16338	849	39127	10400	1894
10	333		25	451	217	1	225		8
350	9455	123	180	8861	1186	195	7276	43	161
33	68277	1446	1144	19271	7268	175	9134	2357	337
42	14097	11	246	2028	202	11	1612	152	51
	3178	20	47	2506	1502		961		43
92	6497	201	998	16604	4202	116	4783	7250	253
142	20030	463	501	14334	1483	176	11608	294	773
3	3379	39	738	2277	62		1786	276	153
16	10521	18	80	2276	216	175	1742	28	115
1075	45288	2353	872	72654	24782	6334	39278	1115	1145
415	17336	7	24	51110	15232	4069	31178	572	59
56	2958	348	70	448	33	115	282	4	14
158	14554	1632	17	4117	279	1392	2268	26	152
19	3522	13	115	920	105	20	482	240	73
4	49		62	571	516		38		17
411	3517		46	8575	6982	237	1151	151	54
	1307	96	86	1395	362		964	17	52
1	1312	109	313	2391	253	501	1174	3	460
11	733	148	139	3127	1020		1741	102	264
10403	**25476**	**1030**	**1446**	**42120**	**18535**	**11761**	**9953**	**1257**	**614**

1-15 续表18

行业中类	从业人员数(人)	内资	国有	集体	股份合作	联营
道路运输业	556284	515674	83500	8688	1146	1841
城市公共交通运输	230072	216540	45441	2243	58	473
公路旅客运输	86573	83898	14639	2623	54	605
道路货物运输	168127	155532	3216	1337	740	313
道路运输辅助活动	71512	59704	20204	2485	294	450
水上运输业	79513	55014	11062	2327	92	573
水上旅客运输	7758	6484	1680	907		6
水上货物运输	31162	29060	4828	1146	82	248
水上运输辅助活动	40593	19470	4554	274	10	319
航空运输业	105518	101785	3653	8		
航空客货运输	85271	84140	3131	8		
通用航空服务	977	954	22			
航空运输辅助活动	19270	16691	500			
管道运输业	453	190				
管道运输业	453	190				
装卸搬运和运输代理业	209812	183756	5259	3247	636	989
装卸搬运	34736	31214	484	2617	86	18
运输代理业	175076	152542	4775	630	550	971
仓储业	56522	38909	6596	2578	105	251
谷物、棉花等农产品仓储	5796	5615	3784	66		62
其他仓储业	50726	33294	2812	2512	105	189
邮政业	179944	175431	91431		149	185
邮政基本服务	82962	82942	82233			94
快递服务	96982	92489	9198		149	91
住宿和餐饮业	**853098**	**680663**	**32608**	**8333**	**5848**	**1955**
住宿业	382103	314426	27027	4754	1542	1003
旅游饭店	278732	221876	21079	2536	946	683
一般旅馆	88866	78810	5315	1637	535	237
其他住宿业	14505	13740	633	581	61	83
餐饮业	470995	366237	5581	3579	4306	952
正餐服务	334832	299224	5036	3322	3408	814
快餐服务	97679	37478		125	517	21
饮料及冷饮服务	14662	9559	12	17	51	15
其他餐饮业	23822	19976	533	115	330	102
信息传输、软件和信息技术服务业	**706338**	**586225**	**22677**	**1381**	**863**	**1615**
电信、广播电视和卫星传输服务	157460	138101	16914	890	266	426

国有联营	集体联营	国有与集体联营	其他联营	有限责任公司	国有独资	其他有限责任公司	股份有限公司	私营	私营独资
418	288	244	891	239026	29467	209559	37721	134618	7967
145	14	165	149	123333	20846	102487	25767	17225	584
233	206	74	92	46553	4494	42059	6494	12354	869
12	8	5	288	45698	1477	44221	2438	98451	5846
28	60		362	23442	2650	20792	3022	6588	668
518	41	10	4	15703	2232	13471	13229	11003	878
	6			2746	332	2414	330	729	80
209	35		4	7995	1024	6971	7639	6674	213
309		10		4962	876	4086	5260	3600	585
				16383	407	15976	79376	2184	32
				15840	399	15441	63609	1428	32
				41		41	681	171	
				502	8	494	15086	585	
				107		107		70	18
				107		107		70	18
202	43	3	741	49951	3855	46096	6090	113604	6406
	4		14	12386	2276	10110	597	14422	1123
202	39	3	727	37565	1579	35986	5493	99182	5283
131	19	18	83	14920	953	13967	862	12169	841
	7		55	686	397	289	39	273	33
131	12	18	28	14234	556	13678	823	11896	808
	94		91	61475	712	60763	305	20356	1247
	94			215		215		185	8
			91	61260	712	60548	305	20171	1239
511	**271**	**127**	**1046**	**208383**	**6781**	**201602**	**16508**	**382038**	**111632**
464	246	127	166	118892	5291	113601	9432	142338	38172
460	128	43	52	97097	4484	92613	6246	87975	17951
4	118	25	90	18581	807	17774	2317	46733	17977
		59	24	3214		3214	869	7630	2244
47	25		880	89491	1490	88001	7076	239700	73460
47	25		742	66085	1453	64632	6624	200410	63949
			21	15965	37	15928	148	20010	3616
			15	1458		1458	120	7470	3397
			102	5983		5983	184	11810	2498
336	**3**	**124**	**1152**	**194847**	**14057**	**180790**	**67131**	**288693**	**13691**
333	3	62	28	64132	13134	50998	38893	15697	361

1-15 续表19

行业中类	私营合伙	私营有限责任公司	私营股份有限公司	其他	港澳台商投资企业	港澳台商合资经营
道路运输业	2006	121331	3314	9134	22389	7130
城市公共交通运输	70	16463	108	2000	8071	4425
公路旅客运输	381	10830	274	576	2179	952
道路货物运输	1360	88395	2850	3339	5321	1752
道路运输辅助活动	195	5643	82	3219	6818	1
水上运输业	240	9757	128	1025	18612	15292
水上旅客运输	36	592	21	86	1186	1156
水上货物运输	82	6291	88	448	1091	563
水上运输辅助活动	122	2874	19	491	16335	13573
航空运输业	62	2064	26	181	1693	1693
航空客货运输	58	1324	14	124	948	948
通用航空服务	4	155	12	39		
航空运输辅助活动		585		18	745	745
管道运输业	12	40		13		
管道运输业	12	40		13		
装卸搬运和运输代理业	2667	102611	1920	3980	20849	10191
装卸搬运	28	13025	246	604	771	502
运输代理业	2639	89586	1674	3376	20078	9689
仓储业	108	11055	165	1428	7331	2224
谷物、棉花等农产品仓储		240		705	64	34
其他仓储业	108	10815	165	723	7267	2190
邮政业	564	17640	905	1530	4293	282
邮政基本服务	47	117	13	215	20	
快递服务	517	17523	892	1315	4273	282
住宿和餐饮业	**19024**	**243403**	**7979**	**24990**	**79734**	**18620**
住宿业	7586	93184	3396	9438	38105	12633
旅游饭店	4475	63004	2545	5314	32967	9781
一般旅馆	2731	25335	690	3455	4707	2558
其他住宿业	380	4845	161	669	431	294
餐饮业	11438	150219	4583	15552	41629	5987
正餐服务	10120	122200	4141	13525	24742	4563
快餐服务	316	15920	158	692	9249	1401
饮料及冷饮服务	505	3485	83	416	4636	
其他餐饮业	497	8614	201	919	3002	23
信息传输、软件和信息技术服务业	**4897**	**258436**	**11669**	**9018**	**63430**	**8237**
电信、广播电视和卫星传输服务	109	14854	373	883	6650	1009

港澳台商合作经营	港澳台商独资	港澳台商投资股份有限公司	其他港澳台商投资	外商投资企业	中外合资经营	中外合作经营	外资企业	外商投资股份有限公司	其他外商投资
9257	5017	115	870	18221	5054	10941	1697	166	363
573	3073			5461	98	5326	37		
965			262	496	242		22		232
1147	1769	55	598	7274	4088	1346	1629	80	131
6572	175	60	10	4990	626	4269	9	86	
616	2394	310		5887	5164	118	206	399	
15	6	9		88	88				
	518	10		1011	889		122		
601	1870	291		4788	4187	118	84	399	
				2040	2040				
				183	183				
				23	23				
				1834	1834				
				263			263		
				263			263		
388	9705	158	407	5207	2529	376	1625	550	127
72	127	20	50	2751	1614	69	527	533	8
316	9578	138	357	2456	915	307	1098	17	119
142	4349	447	169	10282	3615	326	6087	142	112
	30			117	117				
142	4319	447	169	10165	3498	326	6087	142	112
	4011			220	133		75		12
	20								
	3991			220	133		75		12
13026	**46577**	**1061**	**450**	**92701**	**18515**	**5978**	**65099**	**2012**	**1097**
9271	15219	752	230	29572	9210	5700	13053	824	785
7698	14594	709	185	23889	8438	5523	8436	791	701
1506	555	43	45	5349	531	89	4617	33	79
67	70			334	241	88			5
3755	31358	309	220	63129	9305	278	52046	1188	312
2755	16957	306	161	10866	2034	278	8034	355	165
279	7531	3	35	50952	6725		43379	833	15
16	4620			467	5		453		9
705	2250		24	844	541		180		123
144	**50784**	**3075**	**1190**	**56683**	**7097**	**258**	**41539**	**5944**	**1845**
	4880	599	162	12709	1301		4356	5491	1561

1–15　续表20

行业中类	从业人员数(人)	内资				
			国有	集体	股份合作	联营
电信	132054	112844	9656	16	26	18
广播电视传输服务	24382	24233	7217	874	240	75
卫星传输服务	1024	1024	41			333
互联网和相关服务	63574	53326	411		131	176
互联网接入及相关服务	10854	10623	74		12	75
互联网信息服务	43431	33562	317		93	73
其他互联网服务	9289	9141	20		26	28
软件和信息技术服务业	485304	394798	5352	491	466	1013
软件开发	338591	284811	438	97	333	598
信息系统集成服务	44409	35383	258	31	33	14
信息技术咨询服务	46017	33133	3409	67	26	180
数据处理和存储服务	19857	9038	643	199	5	29
集成电路设计	10134	8368	77	14	2	23
其他信息技术服务业	26296	24065	527	83	67	169
金融业	**515220**	**505689**	**4831**	**2383**	**28672**	**2685**
货币金融服务	224627	221890	79	2383	28669	70
中央银行服务						
货币银行服务	220258	217931		2331	28663	30
非货币银行服务	4369	3959	79	52	6	40
银行监管服务						
资本市场服务	66857	65444	4561			2615
证券市场服务	60107	58767	3849			2533
期货市场服务	4551	4524	272			82
证券期货监管服务	343	343	290			
资本投资服务	334	334	15			
其他资本市场服务	1522	1476	135			
保险业	219371	214177	168			
人身保险	92779	88166				
财产保险	97861	97601				
再保险						
养老金						
保险经纪与代理服务	21461	21253				
保险监管服务	168	168	168			
其他保险活动	7102	6989				
其他金融业	4365	4178	23		3	
金融信托与管理服务	1629	1629				

国有联营	集体联营	国有与集体联营	其他联营	有限责任公司	国有独资	其他有限责任公司	股份有限公司	私营	私营独资
			18	52325	13132	39193	35928	14334	349
	3	62	10	11693	2	11691	2965	840	12
333				114		114		523	
3		7	166	20266	20	20246	2702	28297	3165
		7	68	6948		6948	635	2637	433
3			70	10015		10015	1939	20285	2187
			28	3303	20	3283	128	5375	545
		55	958	110449	903	109546	25536	244699	10165
		4	594	83562	550	83012	20473	175450	7342
			14	10018	226	9792	3011	21545	513
		2	178	6622	91	6531	631	20890	1256
			29	2632	0	2632	344	4927	235
			23	1029	0	1029	861	6095	259
		49	120	6586	36	6550	216	15792	560
431	**30**	**2188**	**36**	**61093**	**4676**	**56417**	**389479**	**14868**	**69**
4	30		36	2668	130	2538	186709	1230	31
	30			157		157	186614	136	
4			36	2511	130	2381	95	1094	31
427		2188		22655	4118	18537	33015	1937	15
345		2188		18007	3903	14104	32801	984	
82				3693	203	3490	172	305	
				220	12	208		99	15
				735		735	42	549	
				33854	57	33797	169388	10763	
							88166		
				16558		16558	81043		
				16360	57	16303	32	4861	
				936		936	147	5902	
				1916	371	1545	367	938	23
				1629	371	1258			

1-15 续表21

行业中类	私营合伙	私营有限责任公司	私营股份有限公司	其他	港澳台商投资企业	港澳台商合资经营
电信	81	13531	373	541	6501	1009
广播电视传输服务	28	800		329	149	
卫星传输服务		523		13		
互联网和相关服务	938	23921	273	1343	9903	115
互联网接入及相关服务	137	2026	41	242	106	103
互联网信息服务	609	17285	204	840	9713	4
其他互联网服务	192	4610	28	261	84	8
软件和信息技术服务业	3850	219661	11023	6792	46877	7113
软件开发	2740	157753	7615	3860	33372	3501
信息系统集成服务	268	19285	1479	473	4025	2566
信息技术咨询服务	459	17900	1275	1308	3663	678
数据处理和存储服务	62	4565	65	259	4247	162
集成电路设计	109	5615	112	267	673	129
其他信息技术服务业	212	14543	477	625	897	77
金融业	**102**	**12064**	**2633**	**1678**	**2418**	**398**
货币金融服务	48	971	180	82	1833	
中央银行服务						
货币银行服务			136		1833	
非货币银行服务	48	971	44	82		
银行监管服务						
资本市场服务		1922		661	257	256
证券市场服务		984		593	184	184
期货市场服务		305			27	27
证券期货监管服务				53		
资本投资服务		84				
其他资本市场服务		549			46	45
保险业		8317	2446		172	142
人身保险						
财产保险						
再保险						
养老金						
保险经纪与代理服务		4861			59	29
保险监管服务						
其他保险活动		3456	2446	4	113	113
其他金融业	54	854	7	931	156	
金融信托与管理服务						

港澳台商合作经营	港澳台商独资	港澳台商投资股份有限公司	其他港澳台商投资	外商投资企业	中外合资经营	中外合作经营	外资企业	外商投资股份有限公司	其他外商投资
	4731	599	162	12709	1301		4356	5491	1561
	149								
	9701		87	345	98	17	222		8
	3			125	86		39		
	9647		62	156	12	17	127		
	51		25	64			56		8
144	36203	2476	941	43629	5698	241	36961	453	276
129	28757	644	341	20408	4083	65	15758	328	174
8	1397	6	48	5001	1330	176	3491		4
1	2767	52	165	9221	44		9007	120	50
	2027	1760	298	6572	163		6409		
	536	8		1093	61		998		34
6	719	6	89	1334	17		1298	5	14
	1914	**62**	**44**	**7113**	**6389**		**575**		**149**
	1727	62	44	904	471		315		118
	1727	62	44	494	61		315		118
				410	410				
	1			1156	1156				
				1156	1156				
	1								
	30			5022	4762		260		
				4613	4613				
				260			260		
	30			149	149				
	156			31					31

1-15 续表22

行业中类	从业人员数(人)	内资	国有	集体	股份合作	联营
控股公司服务	442	442				
非金融机构支付服务	733	733	19			
金融信息服务	1561	1374	4		3	
其他未列明金融业						
房地产业	**1165328**	**1036806**	**54940**	**55639**	**16669**	**5089**
房地产业	1165328	1036806	54940	55639	16669	5089
房地产开发经营	263038	223116	4675	4469	537	383
物业管理	668902	613700	40248	23231	6102	3023
房地产中介服务	129307	99627	2500	989	494	276
自有房地产经营活动	80458	77540	3901	26280	9019	1258
其他房地产业	23623	22823	3616	670	517	149
租赁和商务服务业	**1916500**	**1818917**	**129130**	**169140**	**37148**	**11070**
租赁业	42620	41770	612	713	248	175
机械设备租赁	40412	39642	575	711	240	160
文化及日用品出租	2208	2128	37	2	8	15
商务服务业	1873880	1777147	128518	168427	36900	10895
企业管理服务	734619	712309	37608	118886	33988	5853
法律服务	38090	38019	2414	117	115	65
咨询与调查	290260	234765	3032	2792	609	1201
广告业	133436	128767	2395	488	357	774
知识产权服务	13166	12870	260	18	40	75
人力资源服务	224911	224326	7230	3038	360	717
旅行社及相关服务	44995	43960	3661	520	165	141
安全保护服务	155234	154557	57402	33012	94	366
其他商务服务业	239169	227574	14516	9556	1172	1703
科学研究和技术服务业	**681854**	**621651**	**103034**	**9202**	**2197**	**2422**
研究和试验发展	114116	99644	18944	423	97	190
自然科学研究和试验发展	9656	9335	2886	7	8	
工程和技术研究和试验发展	76059	63029	6371	116	55	166
农业科学研究和试验发展	14996	14940	6213	235	1	11
医学研究和试验发展	11094	10049	2294	42	22	13
社会人文科学研究	2311	2291	1180	23	11	
专业技术服务业	492377	452656	74696	7339	1889	1977
气象服务	3911	3911	3093	100	3	
地震服务	949	949	899	6		
海洋服务	2697	2686	2114	20		

国有联营	集体联营	国有与集体联营	其他联营	有限责任公司	国有独资	其他有限责任公司	股份有限公司	私营	私营独资
				80		80	362		
				98		98		533	
				109		109	5	405	23
705	**1435**	**281**	**2668**	**447112**	**20494**	**426618**	**24245**	**401820**	**19287**
705	1435	281	2668	447112	20494	426618	24245	401820	19287
	121		262	118687	5303	113384	9472	82649	3405
635	297	256	1835	274542	13882	260660	11867	238196	9385
1	24	13	238	35968	762	35206	1119	56157	3660
68	971	12	207	10619	337	10282	968	16525	1890
1	22		126	7296	210	7086	819	8293	947
433	**6217**	**122**	**4298**	**431646**	**43040**	**388606**	**42985**	**640966**	**35502**
9			166	14024	593	13431	390	23906	1350
			160	13398	394	13004	358	22607	1288
9			6	626	199	427	32	1299	62
424	6217	122	4132	417622	42447	375175	42595	617060	34152
79	5042	37	695	110591	12719	97872	20001	127321	6664
			65	756		756	64	27708	1884
1	22	40	1138	58343	549	57794	3692	154649	8719
68		18	688	35134	997	34137	5785	79492	6715
			75	2034	94	1940	235	8551	222
212	14	5	486	107652	856	106796	1405	96453	1845
24	7	21	89	17722	972	16750	3004	17331	1358
	355		11	35713	24333	11380	4152	20604	418
40	777	1	885	49677	1927	47750	4257	84951	6327
60	**279**	**525**	**1558**	**171279**	**17351**	**153928**	**15252**	**281169**	**16122**
40	2		148	21313	1061	20252	2228	49605	2127
				2772		2772	78	2039	105
40	2		124	13635	742	12893	1712	38378	1556
			11	1073	57	1016	155	6050	186
			13	3747	262	3485	283	2926	265
				86		86		212	15
20	240	505	1212	133962	16013	117949	11897	200207	11074
				307	129	178		44	
				6		6	5	9	5
				214	45	169	9	304	8

1-15 续表23

行业中类	私营合伙	私营有限责任公司	私营股份有限公司	其他	港澳台商投资企业	港澳台商合资经营
控股公司服务						
非金融机构支付服务		533		83		
金融信息服务	54	321	7	848	156	
其他未列明金融业						
房地产业	**3490**	**367759**	**11284**	**31292**	**84002**	**19956**
房地产业	3490	367759	11284	31292	84002	19956
房地产开发经营	381	74949	3914	2244	24478	4598
物业管理	1809	221973	5029	16491	28699	11951
房地产中介服务	813	49889	1795	2124	28396	2798
自有房地产经营活动	331	14009	295	8970	2013	586
其他房地产业	156	6939	251	1463	416	23
租赁和商务服务业	**47889**	**547308**	**10267**	**356832**	**64362**	**13550**
租赁业	558	21802	196	1702	437	163
机械设备租赁	522	20604	193	1593	426	163
文化及日用品出租	36	1198	3	109	11	
商务服务业	47331	525506	10071	355130	63925	13387
企业管理服务	5124	113759	1774	258061	15177	8896
法律服务	23678	1997	149	6780	15	
咨询与调查	12316	131264	2350	10447	37125	2872
广告业	1781	68813	2183	4342	2684	144
知识产权服务	1221	7006	102	1657	160	
人力资源服务	694	93019	895	7471	203	
旅行社及相关服务	191	15441	341	1416	879	328
安全保护服务	153	19571	462	3214	92	2
其他商务服务业	2173	74636	1815	61742	7590	1145
科学研究和技术服务业	**5025**	**250642**	**9380**	**37096**	**39113**	**4337**
研究和试验发展	789	45509	1180	6844	5708	261
自然科学研究和试验发展	28	1871	35	1545	46	12
工程和技术研究和试验发展	663	35041	1118	2596	5179	142
农业科学研究和试验发展	33	5831		1202	32	
医学研究和试验发展	65	2569	27	722	439	107
社会人文科学研究		197		779	12	
专业技术服务业	3738	177891	7504	20689	28922	3738
气象服务	3	41		364		
地震服务		2	2	24		
海洋服务		296		25	11	11

港澳台商合作经营	港澳台商独资	港澳台商投资股份有限公司	其他港澳台商投资	外商投资企业	中外合资经营	中外合作经营	外资企业	外商投资股份有限公司	其他外商投资
	156			31					31
12267	**50309**	**609**	**861**	**44520**	**12589**	**1809**	**29176**	**538**	**408**
12267	50309	609	861	44520	12589	1809	29176	538	408
5582	13948	183	167	15444	3064	1403	10709	256	12
2021	13992	296	439	26503	8870	248	16965	153	267
4510	20896	40	152	1284	202	10	947	10	115
95	1245	15	72	905	198	127	487	87	6
59	228	75	31	384	255	21	68	32	8
1090	**46136**	**438**	**3148**	**33221**	**8565**	**2786**	**18841**	**1080**	**1949**
14	197		63	413	52	110	187	37	27
3	197		63	344	37	56	187	37	27
11				69	15	54			
1076	45939	438	3085	32808	8513	2676	18654	1043	1922
278	4879	20	1104	7133	1090		4785	706	552
			15	56					56
101	33157	396	599	18370	5515	1912	9985	234	724
72	1700	12	756	1985	816	337	714		118
	144		16	136	125		2		9
	102		101	382	6		108		268
68	452		31	156			45	95	16
	72		18	585	485		99		1
557	5433	10	445	4005	476	427	2916	8	178
1013	**30076**	**413**	**3274**	**21090**	**4095**	**264**	**15871**	**344**	**516**
33	5072	73	269	8764	1475	34	7177	18	60
	30	4		275	53	29	193		
31	4705	69	232	7851	1132		6648	15	56
2	30			24			21	3	
	295		37	606	290	5	307		4
	12			8			8		
922	21645	331	2286	10799	2327	190	7616	240	426

1-15 续表24

行业中类	从业人员数(人)					
		内资	国有	集体	股份合作	联营
测绘服务	7206	7197	3539	129	6	
质检技术服务	54031	42348	12451	1723	169	299
环境与生态监测	9165	9079	5346	230		6
地质勘查	9343	8952	7344	146	43	
工程技术	260271	250609	31840	2240	667	1076
其他专业技术服务业	144804	126925	8070	2745	1001	596
科技推广和应用服务业	75361	69351	9394	1440	211	255
技术推广服务	61931	58100	8299	1353	175	212
科技中介服务	5118	3510	504	21	33	10
其他科技推广和应用服务业	8312	7741	591	66	3	33
水利、环境和公共设施管理业	**206033**	**197387**	**92974**	**8531**	**370**	**401**
水利管理业	31126	30447	21937	1671	54	21
防洪除涝设施管理	7174	7174	5605	318		
水资源管理	8814	8811	6041	704	47	
天然水收集与分配	6561	6443	5129	298	7	8
水文服务	952	938	469	103		
其他水利管理业	7625	7081	4693	248		13
生态保护和环境治理业	17819	17070	5220	231	33	74
生态保护	4380	4198	2790	56		7
环境治理业	13439	12872	2430	175	33	67
公共设施管理业	157088	149870	65817	6629	283	306
市政设施管理	21852	21368	12021	343	50	53
环境卫生管理	62958	59635	34286	3762	28	8
城乡市容管理	7486	7485	3485	223		2
绿化管理	35968	35842	5842	873	94	146
公园和游览景区管理	28824	25540	10183	1428	111	97
居民服务、修理和其他服务业	**376450**	**365149**	**16453**	**6222**	**3648**	**1530**
居民服务业	125811	123120	10250	1874	1168	426
家庭服务	19031	18810	79	51	38	26
托儿所服务	4842	4842	185	57	43	30
洗染服务	5353	4527	175	75	26	18
理发及美容服务	20923	20348	11	157	363	63
洗浴服务	17338	17050	5	154	146	1
保健服务	28120	27939	90	16	284	123
婚姻服务	1929	1899	69	6	24	19
殡葬服务	8124	7815	4482	305	146	126
其他居民服务业	20151	19890	5154	1053	98	20
机动车、电子产品和日用产品修理业	93854	90444	2385	1725	1913	673
汽车、摩托车修理与维护	67205	65433	2180	1612	1664	499
计算机和办公设备维修	11917	10954	100	35	48	125

国有联营	集体联营	国有与集体联营	其他联营	有限责任公司	国有独资	其他有限责任公司	股份有限公司	私营	私营独资
				1272	4	1268	9	2011	94
4	48	101	146	10686	1588	9098	1057	13314	870
		4	2	752		752	38	2196	120
				590	6	584	15	474	95
16	141	400	519	92973	13905	79068	8178	107326	3694
	51		545	27162	336	26826	2586	74529	6188
	37	20	198	16004	277	15727	1127	31357	2921
	37	13	162	12948	269	12679	717	25957	2486
		7	3	746		746	154	1796	243
			33	2310	8	2302	256	3604	192
39	**48**	**11**	**303**	**39738**	**2959**	**36779**	**1696**	**35240**	**3104**
8		9	4	3088	975	2113	130	961	121
				352		352		78	1
				1306	931	375	49	109	
8				224	20	204	46	141	31
				160		160		181	
		9	4	1046	24	1022	35	452	89
	7	2	65	4905	105	4800	502	4995	582
	7			425		425	8	265	104
		2	65	4480	105	4375	494	4730	478
31	41		234	31745	1879	29866	1064	29284	2401
31			22	5021	1169	3852	51	2292	288
			8	10283	59	10224	58	4408	438
			2	821	74	747	4	1134	81
	10		136	9450	230	9220	250	17481	1040
	31		66	6170	347	5823	701	3969	554
261	**333**	**120**	**816**	**79262**	**6332**	**72930**	**3889**	**229813**	**47280**
	112	50	264	21571	143	21428	1406	70558	24917
			26	4775		4775	39	13214	588
			30	42		42	11	1458	1126
			18	882		882	209	2935	330
			63	5111		5111	156	13540	5815
			1	3229		3229	425	12387	4230
	76	18	29	3681		3681	320	21173	11306
			19	316		316	31	1250	202
	36	29	61	920	9	911	20	563	164
		3	17	2615	134	2481	195	4038	1156
71	207	37	358	21207	1317	19890	962	56963	18475
71	198	34	196	13826	409	13417	690	41619	16767
		3	122	3675		3675	111	6317	635

1-15　续表25

行业中类						
	私营合伙	私营有限责任公司	私营股份有限公司	其他	港澳台商投资企业	港澳台商合资经营
测绘服务	9	1791	117	231		
质检技术服务	397	10653	1394	2649	9382	2543
环境与生态监测	36	2005	35	511	66	8
地质勘查	7	364	8	340	27	
工程技术	1800	98105	3727	6309	7918	792
其他专业技术服务业	1486	64634	2221	10236	11518	384
科技推广和应用服务业	498	27242	696	9563	4483	338
技术推广服务	452	22386	633	8439	3057	236
科技中介服务	3	1517	33	246	1158	
其他科技推广和应用服务业	43	3339	30	878	268	102
水利、环境和公共设施管理业	**286**	**29729**	**2121**	**18437**	**7575**	**5368**
水利管理业	8	782	50	2585	544	25
防洪除涝设施管理		77		821		
水资源管理		109		555	3	
天然水收集与分配	5	59	46	590	25	25
水文服务		181		25	14	
其他水利管理业	3	356	4	594	502	
生态保护和环境治理业	52	4132	229	1110	621	183
生态保护	1	135	25	647	182	
环境治理业	51	3997	204	463	439	183
公共设施管理业	226	24815	1842	14742	6410	5160
市政设施管理	16	1988		1537	121	
环境卫生管理	80	3781	109	6802	3317	3168
城乡市容管理		1051	2	1816		
绿化管理	96	14687	1658	1706	79	4
公园和游览景区管理	34	3308	73	2881	2893	1988
居民服务、修理和其他服务业	**6499**	**172442**	**3592**	**24332**	**6547**	**1252**
居民服务业	3392	40638	1611	15867	2470	439
家庭服务	124	12411	91	588	221	
托儿所服务	163	169		3016		
洗染服务	28	2571	6	207	796	262
理发及美容服务	680	6149	896	947	467	124
洗浴服务	497	7276	384	703	288	
保健服务	1678	8064	125	2252	100	9
婚姻服务	48	947	53	184	28	
殡葬服务	67	324	8	1253	309	8
其他居民服务业	107	2727	48	6717	261	36
机动车、电子产品和日用产品修理业	2064	35810	614	4616	2120	741
汽车、摩托车修理与维护	1773	22692	387	3343	1193	727
计算机和办公设备维修	43	5508	131	543	676	10

港澳台商合作经营	港澳台商独资	港澳台商投资股份有限公司	其他港澳台商投资	外商投资企业	中外合资经营	中外合作经营	外资企业	外商投资股份有限公司	其他外商投资
				9					9
2	6587	250		2301	534	87	1616	35	29
	21		37	20	12		8		
2	25			364	197		167		
862	4393	22	1849	1744	363	10	1280		91
56	10619	59	400	6361	1221	93	4545	205	297
58	3359	9	719	1527	293	40	1078	86	30
52	2042	9	718	774	99	40	610		25
6	1151		1	450	6		444		
	166			303	188		24	86	5
721	**1361**	**100**	**25**	**1071**	**128**	**283**	**619**	**8**	**33**
	519			135	18		117		
	3								
				93			93		
	14								
	502			42	18		24		
182	233	7	16	128			102		26
182									
	233	7	16	128			102		26
539	609	93	9	808	110	283	400	8	7
88	30		3	363	77	277	9		
	149			6		6			
				1	1				
1	68		6	47			39	8	
450	362	93		391	32		352		7
514	**4220**	**5**	**556**	**4754**	**2086**	**126**	**2369**	**75**	**98**
396	1414		221	221	36		127		58
	118		103						
	534			30	30				
	343			108	6		94		8
78	210								
82	9			81			33		48
	28			2					2
236	65								
	107		118						
118	1093	5	163	1290	366	76	733	75	40
108	317		41	579	318	55	106	72	28
	643	5	18	287	4	15	265	3	

1-15 续表26

行业中类	从业人员数(人)					
		内资				
			国有	集体	股份合作	联营
家用电器修理	9397	8850	88	35	112	47
其他日用产品修理业	5335	5207	17	43	89	2
其他服务业	156785	151585	3818	2623	567	431
清洁服务	138363	134843	2794	1099	413	405
其他未列明服务业	18422	16742	1024	1524	154	26
教育	**1625519**	**1618619**	**918228**	**52454**	**5325**	**4309**
教育	1625519	1618619	918228	52454	5325	4309
学前教育	296144	294527	33190	20535	1584	1874
初等教育	508070	507311	347806	18518	1239	1204
中等教育	548277	546408	415025	10690	1648	752
高等教育	145226	145219	92555	713	53	
特殊教育	5440	5440	3922	92		10
技能培训、教育辅助及其他教育	122362	119714	25730	1906	801	469
卫生和社会工作	**671249**	**669269**	**483875**	**33979**	**3464**	**1371**
卫生	633991	632204	471780	31398	3407	1268
医院	414158	412591	319335	16305	2232	494
社区医疗与卫生院	109224	109220	82000	9328	385	273
门诊部（所）	38495	38282	11697	2546	605	137
计划生育技术服务活动	5982	5982	4725	338		
妇幼保健院（所、站）	37418	37418	32861	1834	169	335
专科疾病防治院（所、站）	9341	9341	8269	95		26
疾病预防控制中心	11137	11137	9672	454		
其他卫生活动	8236	8233	3221	498	16	3
社会工作	37258	37065	12095	2581	57	103
提供住宿社会工作	24262	24070	10532	2134	57	69
不提供住宿社会工作	12996	12995	1563	447		34
文化、体育和娱乐业	**267284**	**245247**	**70395**	**3423**	**2130**	**796**
新闻和出版业	29365	29047	13882	283	44	15
新闻业	1834	1834	893	12		
出版业	27531	27213	12989	271	44	15
广播、电视、电影和影视录音制作业	42650	41193	24886	835	22	60
广播	6115	6115	5015	305	6	2
电视	17511	17510	14121	234		
电影和影视节目制作	5894	5808	1489	6		24
电影和影视节目发行	2577	2562	1999	14	8	1
电影放映	9603	8323	2077	276	8	33
录音制作	950	875	185			
文化艺术业	47582	47394	20452	1578	84	125
文艺创作与表演	14191	14073	3170	652	14	10
艺术表演场馆	1619	1619	632	2		6

国有联营	集体联营	国有与集体联营	其他联营	有限责任公司	国有独资	其他有限责任公司	股份有限公司	私营	私营独资
	7		40	1907		1907	72	6088	812
	2			1799	908	891	89	2939	261
190	14	33	194	36484	4872	31612	1521	102292	3888
173	5	33	194	32595	4869	27726	1398	93634	3077
17	9			3889	3	3886	123	8658	811
728	**805**	**992**	**1784**	**18382**	**394**	**17988**	**2893**	**140235**	**89526**
728	805	992	1784	18382	394	17988	2893	140235	89526
176	437	108	1153	2909	43	2866	1598	69525	55254
200	115	716	173	2059	15	2044	414	24216	15931
268	170	53	261	763	17	746	228	9335	6847
				82	28	54		1758	1437
			10	25		25	4	378	56
84	83	115	187	12544	291	12253	649	35023	10001
135	**320**	**192**	**724**	**17099**	**4**	**17095**	**1532**	**38794**	**18796**
129	291	144	704	16105	4	16101	1462	36651	18010
92		114	288	13021		13021	834	20951	9962
7	246	20		93		93	15	2218	1595
4	42	10	81	1638	4	1634	82	11712	6004
			335	134		134		193	77
26				3		3		210	178
				8		8		16	
	3			1208		1208	531	1351	194
6	29	48	20	994		994	70	2143	786
6	23	20	20	952		952	70	1911	659
	6	28		42		42		232	127
52	**98**	**3**	**643**	**44217**	**2935**	**41282**	**2851**	**92134**	**31593**
5			10	11695	1505	10190	474	1198	291
				122	14	108		27	16
5			10	11573	1491	10082	474	1171	275
24			36	6944	241	6703	757	5639	550
			2	301		301	102	276	
				1094		1094	48	431	29
			24	1737	43	1694	439	2039	122
1				414		414		113	10
23			10	3059	160	2899	75	2527	380
				339	38	301	93	253	9
23	4		98	4443	567	3876	239	8863	1768
			10	2017	436	1581	114	4298	1197
			6	403	72	331	28	114	9

1-15 续表27

行业中类	私营合伙	私营有限责任公司	私营股份有限公司	其他	港澳台商投资企业	港澳台商合资经营
家用电器修理	180	5024	72	501	161	
其他日用产品修理业	68	2586	24	229	90	4
其他服务业	1043	95994	1367	3849	1957	72
清洁服务	963	88254	1340	2505	1733	
其他未列明服务业	80	7740	27	1344	224	72
教育	**19276**	**30436**	**997**	**476793**	**2922**	**424**
教育	19276	30436	997	476793	2922	424
学前教育	9192	4725	354	163312	1050	156
初等教育	6117	1983	185	111855	314	
中等教育	2103	291	94	107967	688	229
高等教育	228	93		50058	7	
特殊教育	69	253		1009		
技能培训、教育辅助及其他教育	1567	23091	364	42592	863	39
卫生和社会工作	**5085**	**13130**	**1783**	**89155**	**1645**	**1213**
卫生	4796	12225	1620	70133	1453	1191
医院	2378	7180	1431	39419	1260	1175
社区医疗与卫生院	389	175	59	14908	4	
门诊部（所）	1671	3907	130	9865	186	16
计划生育技术服务活动				919		
妇幼保健院（所、站）	34	82		1892		
专科疾病防治院（所、站）	25	7		738		
疾病预防控制中心	16			987		
其他卫生活动	283	874		1405	3	
社会工作	289	905	163	19022	192	22
提供住宿社会工作	240	849	163	8345	192	22
不提供住宿社会工作	49	56		10677		
文化、体育和娱乐业	**6234**	**52456**	**1851**	**29301**	**11188**	**4031**
新闻和出版业	14	893		1456	284	133
新闻业		11		780		
出版业	14	882		676	284	133
广播、电视、电影和影视录音制作业	40	4815	234	2050	1387	1070
广播	14	262		108		
电视		402		1582		
电影和影视节目制作	14	1817	86	74	82	24
电影和影视节目发行		89	14	13	3	
电影放映	5	2008	134	268	1227	971
录音制作	7	237		5	75	75
文化艺术业	170	6782	143	11610	133	35
文艺创作与表演	86	2985	30	3798	116	35
艺术表演场馆		105		434		

港澳台商合作经营	港澳台商独资	港澳台商投资股份有限公司	其他港澳台商投资	外商投资企业	中外合资经营	中外合作经营	外资企业	外商投资股份有限公司	其他外商投资
10	55		96	386	44	6	324		12
	78		8	38			38		
	1713		172	3243	1684	50	1509		
	1563		170	1787	1613		174		
	150		2	1456	71	50	1335		
819	**1281**		**398**	**3978**	**445**	**1448**	**1199**	**1**	**885**
819	1281		398	3978	445	1448	1199	1	885
132	725		37	567		76	318		173
110	40		164	445			445		
	302		157	1181	210	575	353		43
7									
570	214		40	1785	235	797	83	1	669
	409		**23**	**335**	**307**				**28**
	239		23	334	307				27
	85			307	307				
			4						
	151		19	27					27
	3								
	170			1					1
	170								
				1					1
4498	**1890**	**474**	**295**	**10849**	**2320**	**7104**	**897**	**139**	**389**
	150		1	34			34		
	150		1	34			34		
	253		64	70				53	17
				1					1
	58			4					4
	3			12					12
	192		64	53				53	
31	65		2	55			41		14
31	50			2					2

1-15 续表28

行业中类	从业人员数(人)	内资	国有	集体	股份合作	联营
图书馆与档案馆	6486			26	43	8
文物及非物质文化遗产保护	2202			16		3
博物馆	3878			74		23
烈士陵园、纪念馆	767			24		
群众文化活动	12658			740	4	48
其他文化艺术业	5781			44	23	27
体育	48704			234	280	138
体育组织	9665			115	22	2
体育场馆	6571			109	58	4
休闲健身活动	31154			4	195	115
其他体育	1314			6	5	17
娱乐业	98983			493	1700	458
室内娱乐活动	77136			438	1546	334
游乐园	13678			9	117	18
彩票活动	1047			15		
文化、娱乐、体育经纪代理	2408			1		68
其他娱乐业	4714			30	37	38
公共管理、社会保障和社会组织	**2006103**			**25560**	**206**	**2370**
中国共产党机关	28567					
中国共产党机关	28567					
国家机构	1169196			4732		41
国家权力机构	11428					
国家行政机构	1094882			4572		41
人民法院和人民检察院	41693			2		
其他国家机构	21193			158		
人民政协、民主党派	6814					
人民政协	5186					
民主党派	1628					
社会保障	13236			43		
社会保障	13236			43		
群众团体、社会团体和其他成员组织	520792			20785	206	2329
群众团体	220168			4970	178	1268
社会团体	284073			15658	28	1003
基金会	1476			16		
宗教组织	15075			141		58
基层群众自治组织	267498					
社区自治组织	83848					
村民自治组织	183650					

国有联营	集体联营	国有与集体联营	其他联营	有限责任公司	国有独资	其他有限责任公司	股份有限公司	私营	私营独资
			8	108		108		224	16
	3			174		174	15	76	33
23				5		5		111	55
				22		22		30	30
	1		47	502		502	50	1163	152
			27	1212	59	1153	32	2847	276
	10		128	5584	83	5501	202	12230	3657
	2			587		587	17	793	40
			4	1569	83	1486	5	1199	263
	8		107	3031		3031	180	9979	3317
			17	397		397		259	37
	84	3	371	15551	539	15012	1179	64204	25327
	43	3	288	12549	539	12010	1141	53665	24579
	5		13	716		716	16	7968	328
				8		8	3	2	
			68	840		840	9	1162	145
	36		2	1438		1438	10	1407	275
90	**590**	**43**	**1647**	**4967**	**10**	**4957**	**969**	**2252**	**611**
3	35	3							
3	35	3							
								2	2
								2	2
87	555	40	1647	4967	10	4957	969	2250	609
81	14	2	1171	3730	10	3720	931	1281	108
6	514	19	464	1047		1047	38	931	463
								18	18
	27	19	12	190		190		20	20

1-15 续表29

行业中类	私营合伙	私营有限责任公司	私营股份有限公司	其他	港澳台商投资企业	港澳台商合资经营
图书馆与档案馆	11	194	3	640		
文物及非物质文化遗产保护		43		771		
博物馆	2	54		699		
烈士陵园、纪念馆				93		
群众文化活动	16	977	18	4193	10	
其他文化艺术业	55	2424	92	982	7	
体育	851	7176	546	7859	6974	2038
体育组织	2	732	19	5054	54	
体育场馆	54	839	43	1061	113	27
休闲健身活动	790	5391	481	1384	6749	2011
其他体育	5	214	3	360	58	
娱乐业	5159	32790	928	6326	2410	755
室内娱乐活动	4998	23207	881	5318	1148	687
游乐园	8	7626	6	349	94	49
彩票活动		2		178		
文化、娱乐、体育经纪代理	32	956	29	265	23	
其他娱乐业	121	999	12	216	1145	19
公共管理、社会保障和社会组织	**682**	**959**		**715562**	**1304**	**38**
中国共产党机关				223		
中国共产党机关				223		
国家机构				34631		
国家权力机构				138		
国家行政机构				33794		
人民法院和人民检察院				98		
其他国家机构				601		
人民政协、民主党派				624		
人民政协				554		
民主党派				70		
社会保障				2470		
社会保障				2470		
群众团体、社会团体和其他成员组织	682	959		410116	1304	38
群众团体	521	652		154790	1106	38
社会团体	161	307		239822	198	
基金会				1298		
宗教组织				14206		
基层群众自治组织				267498		
社区自治组织				83848		
村民自治组织				183650		

港澳台商合作经营	港澳台商独资	港澳台商投资股份有限公司	其他港澳台商投资	外商投资企业	中外合资经营	中外合作经营	外资企业	外商投资股份有限公司	其他外商投资
				34			34		
	10			10			7		3
	5		2	9					9
3276	1131	474	55	9753	1711	7040	749	54	199
	54			35	35				
19	67			338	325		13		
3257	952	474	55	9348	1335	7024	736	54	199
	58			32	16	16			
1191	291		173	937	609	64	73	32	159
219	112		130	538	266	64	17	32	159
2	11		32	360	304		56		
	12		11						
970	156			39	39				
7	**900**	**357**	**2**	**5597**	**365**		**5222**		**10**
7	900	357	2	5597	365		5222		10
7	702	357	2	5587	365		5222		
	198			10					10

1-16 按行业（大类）、机构类型分组的法人单位数

行业大类	法人单位数（个）	企业	事业	机关	社会团体	民办非企业单位	基金会	居委会	村委会	其他组织机构
总计	**1072645**	**899609**	**43823**	**10904**	**19771**	**16977**	**264**	**6550**	**18959**	**55788**
农、林、牧、渔业	**8613**	**1559**	**390**			**10**				**6654**
农业	41	32	3							6
林业	25	17	5							3
畜牧业	17	16								1
渔业	4	4								
农、林、牧、渔服务业	8526	1490	382			10				6644
采矿业	**2796**	**2794**								**2**
煤炭开采和洗选业	35	35								
石油和天然气开采业	9	9								
黑色金属矿采选业	363	363								
有色金属矿采选业	244	244								
非金属矿采选业	1994	1993								1
开采辅助活动	55	54								1
其他采矿业	96	96								
制造业	**300948**	**300931**	**3**							**14**
农副食品加工业	5055	5052								3
食品制造业	5180	5178								2
酒、饮料和精制茶制造业	1716	1715	1							
烟草制品业	34	34								
纺织业	8338	8338								
纺织服装、服饰业	20722	20722								
皮革、毛皮、羽毛及其制品和制鞋业	12387	12387								
木材加工和木、竹、藤、棕、草制品业	4316	4316								
家具制造业	10082	10082								
造纸和纸制品业	10521	10520								1
印刷和记录媒介复制业	12162	12161								1
文教、工美、体育和娱乐用品制造业	12800	12800								
石油加工、炼焦和核燃料加工业	421	421								
化学原料和化学制品制造业	11200	11200								
医药制造业	1259	1259								

1-16　续表1

行业大类	法人单位数（个）	企业	事业	机关	社会团体	民办非企业单位	基金会	居委会	村委会	其他组织机构
化学纤维制造业	308	308								
橡胶和塑料制品业	26640	26639								1
非金属矿物制品业	13396	13391	1							4
黑色金属冶炼和压延加工业	1862	1862								
有色金属冶炼和压延加工业	2579	2579								
金属制品业	33899	33899								
通用设备制造业	14902	14902								
专用设备制造业	18473	18471								2
汽车制造业	2122	2122								
铁路、船舶、航空航天和其他运输设备制造业	1560	1559	1							
电气机械和器材制造业	31022	31022								
计算机、通信和其他电子设备制造业	28744	28744								
仪器仪表制造业	4378	4378								
其他制造业	2249	2249								
废弃资源综合利用业	1102	1102								
金属制品、机械和设备修理业	1519	1519								
电力、热力、燃气及水生产和供应业	**8431**	**8111**	**94**							**226**
电力、热力生产和供应业	6643	6415	58							170
燃气生产和供应业	310	303								7
水的生产和供应业	1478	1393	36							49
建筑业	**23936**	**23934**	**1**							**1**
房屋建筑业	3838	3838								
土木工程建筑业	3472	3471	1							
建筑安装业	4710	4710								
建筑装饰和其他建筑业	11916	11915								1
批发和零售业	**291131**	**291050**	**10**							**71**
批发业	190486	190431	9							46
零售业	100645	100619	1							25
交通运输、仓储和邮政业	**26682**	**25809**	**492**			**13**				**368**
铁路运输业	20	20								
道路运输业	9345	8901	316			9				119
水上运输业	1324	1249	51							24

1-16 续表2

行业大类	法人单位数（个）	企业	事业	机关	社会团体	民办非企业单位	基金会	居委会	村委会	其他组织机构
航空运输业	150	142	5			1				2
管道运输业	16	15								1
装卸搬运和运输代理业	12899	12741	7			2				149
仓储业	1583	1441	102			1				39
邮政业	1345	1300	11							34
住宿和餐饮业	**18606**	**18114**	**41**							**451**
住宿业	7491	7265	32							194
餐饮业	11115	10849	9							257
信息传输、软件和信息技术服务业	**27126**	**26433**	**277**			**72**				**344**
电信、广播电视和卫星传输服务	1049	845	170			3				31
互联网和相关服务	3146	3031	24			5				86
软件和信息技术服务业	22931	22557	83			64				227
金融业	**2310**	**2234**	**40**		**6**					**30**
货币金融服务	949	908	27							14
资本市场服务	150	137	5		6					2
保险业	1096	1081	4							11
其他金融业	115	108	4							3
房地产业	**41719**	**39907**	**369**							**1443**
房地产业	41719	39907	369							1443
租赁和商务服务业	**131863**	**90935**	**1966**			**650**				**38312**
租赁业	2966	2906	3			2				55
商务服务业	128897	88029	1963			648				38257
科学研究和技术服务业	**35982**	**31713**	**2977**			**381**				**911**
研究和试验发展	5715	5075	356			184				100
专业技术服务业	23936	21674	1843			80				339
科技推广和应用服务业	6331	4964	778			117				472
水利、环境和公共设施管理业	**5549**	**3159**	**2178**			**15**				**197**
水利管理业	1354	236	1047			2				69
生态保护和环境治理业	783	561	200			4				18
公共设施管理业	3412	2362	931			9				110
居民服务、修理和其他服务业	**17589**	**15862**	**421**			**790**				**516**
居民服务业	6875	5446	348			770				311

1-16　续表3

行业大类	法人单位数（个）	企业	事业	机关	社会团体	民办非企业单位	基金会	居委会	村委会	其他组织机构
机动车、电子产品和日用产品修理业	7704	7531	13			15				145
其他服务业	3010	2885	60			5				60
教育	**36113**	**4124**	**17823**			**12526**				**1640**
教育	36113	4124	17823			12526				1640
卫生和社会工作	**10362**	**1698**	**4122**		**259**	**1918**				**2357**
卫生	8251	1621	3509			1256				1865
社会工作	2111	77	613		259	662	8			492
文化、体育和娱乐业	**14695**	**11242**	**1806**		**218**	**596**				**833**
新闻和出版业	466	290	142			13				21
广播、电视、电影和影视录音制作业	1117	851	227			4				35
文化艺术业	3358	1485	1186			366				321
体育	2034	1402	162		218	168				84
娱乐业	7720	7214	89			45				372
公共管理、社会保障和社会组织	**68194**		**10813**	**10904**	**19288**	**6**	**256**	**6550**	**18959**	**1418**
中国共产党机关	1205		176	1029						
国家机构	19758		10240	9518						
人民政协、民主党派	382		25	357						
社会保障	399		372			6				21
群众团体、社会团体和其他成员组织	20941				19288		256			1397
基层群众自治组织	25509							6550	18959	

1-17 按行业（大类）、机构类型分组的法人单位从业人员数

行业大类	从业人员数（人）	企业	事业单位	机关	社会团体	民办非企业单位	基金会	居委会	村委会	其他组织机构
总计	**39471685**	**34452145**	**2274937**	**917820**	**510903**	**473933**	**1503**	**83848**	**183650**	**572946**
农、林、牧、渔业	**99597**	**41263**	**5718**			**111**				**52505**
农业	11917	10524	30							1363
林业	5917	5611	287							19
畜牧业	2524	2523								1
渔业	310	310								
农、林、牧、渔服务业	78929	22295	5401			111				51122
采矿业	**98840**	**98818**								**22**
煤炭开采和洗选业	892	892								
石油和天然气开采业	5846	5846								
黑色金属矿采选业	17649	17649								
有色金属矿采选业	12674	12674								
非金属矿采选业	58259	58239								20
开采辅助活动	2323	2321								2
其他采矿业	1197	1197								
制造业	**20589868**	**20589699**	**77**							**92**
农副食品加工业	247597	247588								9
食品制造业	290975	290959								16
酒、饮料和精制茶制造业	113809	113796	13							
烟草制品业	9252	9252								
纺织业	604375	604375								
纺织服装、服饰业	1567564	1567564								
皮革、毛皮、羽毛及其制品和制鞋业	1216278	1216278								
木材加工和木、竹、藤、棕、草制品业	176140	176140								
家具制造业	573412	573412								
造纸和纸制品业	422712	422696								16
印刷和记录媒介复制业	456861	456840								21
文教、工美、体育和娱乐用品制造业	1178739	1178739								
石油加工、炼焦和核燃料加工业	31345	31345								
化学原料和化学制品制造业	492769	492769								
医药制造业	140360	140360								
化学纤维制造业	21344	21344								
橡胶和塑料制品业	1392999	1392994								5
非金属矿物制品业	853996	853919	57							20
黑色金属冶炼和压延加工业	141947	141947								
有色金属冶炼和压延加工业	200986	200986								
金属制品业	1452285	1452285								
通用设备制造业	712768	712768								
专用设备制造业	722562	722557								5
汽车制造业	374386	374386								
铁路、船舶、航空航天和其他运输设备制造业	191812	191805	7							

1-17　续表1

行业大类	从业人员数（人）	企业	事业单位	机关	社会团体	民办非企业单位	基金会	居委会	村委会	其他组织机构
电气机械和器材制造业	2427603	2427603								
计算机、通信和其他电子设备制造业	4021343	4021343								
仪器仪表制造业	363860	363860								
其他制造业	102872	102872								
废弃资源综合利用业	53138	53138								
金属制品、机械和设备修理业	33779	33779								
电力、热力、燃气及水生产和供应业	**377501**	**371252**	**4194**							**2055**
电力、热力生产和供应业	283824	280291	2310							1223
燃气生产和供应业	17791	17686								105
水的生产和供应业	75886	73275	1884							727
建筑业	**2480175**	**2480157**	**8**							**10**
房屋建筑业	1371587	1371587								
土木工程建筑业	432977	432969	8							
建筑安装业	275458	275458								
建筑装饰和其他建筑业	400153	400143								10
批发和零售业	**3494930**	**3493445**	**321**							**1164**
批发业	2206957	2205892	296							769
零售业	1287973	1287553	25							395
交通运输、仓储和邮政业	**1339798**	**1309519**	**24620**			**167**				**5492**
铁路运输业	151752	151752								
道路运输业	556284	534575	19833			117				1759
水上运输业	79513	77223	1957							333
航空运输业	105518	105006	499			4				9
管道运输业	453	441								12
装卸搬运和运输代理业	209812	208281	129			8				1394
仓储业	56522	53179	1709			38				1596
邮政业	179944	179062	493							389
住宿和餐饮业	**853098**	**841771**	**3648**							**7679**
住宿业	382103	375699	3183							3221
餐饮业	470995	466072	465							4458
信息传输、软件和信息技术服务业	**706338**	**691203**	**9188**			**698**				**5249**
电信、广播电视和卫星传输服务	157460	149299	7104			18				1039
互联网和相关服务	63574	62613	361			26				574
软件和信息技术服务业	485304	479291	1723			654				3636
金融业	**515220**	**513978**	**1098**		**58**					**86**
货币金融服务	224627	224560								67
资本市场服务	66857	65893	896		58					10
保险业	219371	219199	172							

1-17 续表2

行业大类	从业人员数（人）	企业	事业单位	机关	社会团体	民办非企业单位	基金会	居委会	村委会	其他组织机构
其他金融业	4365	4326	30							9
房地产业	**1165328**	**1126280**	**11722**							**27326**
房地产业	1165328	1126280	11722							27326
租赁和商务服务业	**1916500**	**1511170**	**46543**			**6394**				**352393**
租赁业	42620	42148	46			8				418
商务服务业	1873880	1469022	46497			6386				351975
科学研究和技术服务业	**681854**	**584698**	**82192**			**3866**				**11098**
研究和试验发展	114116	91688	18997			2060				1371
专业技术服务业	492377	433123	53420			702				5132
科技推广和应用服务业	75361	59887	9775			1104				4595
水利、环境和公共设施管理业	**206033**	**99543**	**101027**			**121**				**5342**
水利管理业	31126	6570	23392			27				1137
生态保护和环境治理业	17819	12590	5058			29				142
公共设施管理业	157088	80383	72577			65				4063
居民服务、修理和其他服务业	**376450**	**346721**	**14298**			**8058**				**7373**
居民服务业	125811	102155	11369			7952				4335
机动车、电子产品和日用产品修理业	93854	92107	312			87				1348
其他服务业	156785	152459	2617			19				1690
教育	**1625519**	**94649**	**1075993**			**409374**				**45503**
教育	1625519	94649	1075993			409374				45503
卫生和社会工作	**671249**	**70114**	**537070**		**2833**	**36425**	**27**			**24780**
卫生	633991	67480	522894			23948				19669
社会工作	37258	2634	14176		2833	12477	27			5111
文化、体育和娱乐业	**267284**	**187865**	**58084**		**2941**	**8409**				**9985**
新闻和出版业	29365	20714	7761			218				672
广播、电视、电影和影视录音制作业	42650	20810	21473			40				327
文化艺术业	47582	16228	21101			5274				4979
体育	48704	36273	6180		2941	2508				802
娱乐业	98983	93840	1569			369				3205
公共管理、社会保障和社会组织	**2006103**		**299136**	**917820**	**505071**	**310**	**1476**	**83848**	**183650**	**14792**
中国共产党机关	28567		2068	26499						
国家机构	1169196		283981	885215						
人民政协、民主党派	6814		708	6106						
社会保障	13236		12379			310				547
群众团体、社会团体和其他成员组织	520792				505071		1476			14245
基层群众自治组织	267498							83848	183650	

1-18　按行业（大类）、经营性质分组的产业活动单位数及就业人数

行业大类	产业活动单位数（个）	经营性单位	非经营性单位	就业人数（人）	经营性单位	非经营性单位
总计	**1255395**	**1037485**	**217910**	**39977708**	**34383432**	**5594276**
农、林、牧、渔业	**9001**	**1609**	**7392**	**82632**	**24421**	**58211**
农业						
林业						
畜牧业						
渔业						
农、林、牧、渔服务业	9001	1609	7392	82632	24421	58211
采矿业	**2935**	**2933**	**2**	**100170**	**100148**	**22**
煤炭开采和洗选业	35	35		765	765	
石油和天然气开采业	13	13		5876	5876	
黑色金属矿采选业	370	370		16456	16456	
有色金属矿采选业	253	253		12255	12255	
非金属矿采选业	2100	2099	1	55919	55899	20
开采辅助活动	65	64	1	7674	7672	2
其他采矿业	99	99		1225	1225	
制造业	**306865**	**306845**	**20**	**20438247**	**20437993**	**254**
农副食品加工业	5578	5574	4	248490	248448	42
食品制造业	5393	5391	2	259073	259057	16
酒、饮料和精制茶制造业	1759	1758	1	106112	106099	13
烟草制品业	43	43		8193	8193	
纺织业	8487	8487		595839	595839	
纺织服装、服饰业	21016	21016		1586735	1586735	
皮革、毛皮、羽毛及其制品和制鞋业	12537	12537		1209304	1209304	
木材加工和木、竹、藤、棕、草制品业	4406	4406		181552	181552	
家具制造业	10317	10317		579328	579328	
造纸和纸制品业	10615	10614	1	424631	424615	16
印刷和记录媒介复制业	12299	12297	2	450179	450115	64
文教、工美、体育和娱乐用品制造业	13242	13242		1163221	1163221	
石油加工、炼焦和核燃料加工业	441	441		30598	30598	
化学原料和化学制品制造业	11388	11388		477711	477711	
医药制造业	1318	1318		140933	140933	
化学纤维制造业	317	317		22348	22348	
橡胶和塑料制品业	26983	26982	1	1392308	1392303	5
非金属矿物制品业	13673	13668	5	842783	842706	77
黑色金属冶炼和压延加工业	1900	1900		129625	129625	
有色金属冶炼和压延加工业	2636	2636		186684	186684	

1-18 续表1

行业大类	产业活动单位数（个）	经营性单位	非经营性单位	就业人数(人)	经营性单位	非经营性单位
金属制品业	34423	34423		1453048	1453048	
通用设备制造业	15169	15169		705382	705382	
专用设备制造业	18781	18779	2	705215	705210	5
汽车制造业	2185	2185		369650	369650	
铁路、船舶、航空航天和其他运输设备制造业	1597	1595	2	178816	178800	16
电气机械和器材制造业	31569	31569		2576924	2576924	
计算机、通信和其他电子设备制造业	29171	29171		3856155	3856155	
仪器仪表制造业	4453	4453		359652	359652	
其他制造业	2290	2290		105300	105300	
废弃资源综合利用业	1238	1238		53349	53349	
金属制品、机械和设备修理业	1641	1641		39109	39109	
电力、热力、燃气及水生产和供应业	**10721**	**10209**	**512**	**354875**	**341798**	**13077**
电力、热力生产和供应业	8412	8046	366	260869	251575	9294
燃气生产和供应业	570	549	21	17491	17280	211
水的生产和供应业	1739	1614	125	76515	72943	3572
建筑业	**29183**	**29181**	**2**	**2036467**	**2036449**	**18**
房屋建筑业	6051	6051		1048530	1048530	
土木工程建筑业	4483	4482	1	375820	375812	8
建筑安装业	5447	5447		211914	211914	
建筑装饰和其他建筑业	13202	13201	1	400203	400193	10
批发和零售业	**344808**	**344677**	**131**	**3629004**	**3627357**	**1647**
批发业	204908	204842	66	2198947	2197948	999
零售业	139900	139835	65	1430057	1429409	648
交通运输、仓储和邮政业	**37180**	**35122**	**2058**	**1333824**	**1282031**	**51793**
铁路运输业	157	145	12	47435	42793	4642
道路运输业	12655	11443	1212	554655	523958	30697
水上运输业	1536	1441	95	78814	76080	2734
航空运输业	254	236	18	45442	44790	652
管道运输业	21	20	1	485	473	12
装卸搬运和运输代理业	16234	15984	250	273392	271028	2364
仓储业	1868	1675	193	57671	53770	3901
邮政业	4455	4178	277	275930	269139	6791
住宿和餐饮业	**24752**	**24070**	**682**	**944626**	**928101**	**16525**
住宿业	8526	8272	254	413504	406467	7037
餐饮业	16226	15798	428	531122	521634	9488
信息传输、软件和信息技术服务业	**33128**	**31847**	**1281**	**727467**	**707479**	**19988**
电信、广播电视和卫星传输服务	5329	4638	691	187489	175819	11670
互联网和相关服务	3686	3543	143	66141	64939	1202
软件和信息技术服务业	24113	23666	447	473837	466721	7116

1-18　续表2

行业大类	产业活动单位数（个）	经营性单位	非经营性单位	就业人数(人)	经营性单位	非经营性单位
金融业	**22121**	**21195**	**926**	**640124**	**621413**	**18711**
货币金融服务	15528	14868	660	424703	413054	11649
资本市场服务	1111	1060	51	38397	36584	1813
保险业	5150	4955	195	166004	161017	4987
其他金融业	332	312	20	11020	10758	262
房地产业	**51831**	**49516**	**2315**	**1192965**	**1144860**	**48105**
房地产业	51831	49516	2315	1192965	1144860	48105
租赁和商务服务业	**147778**	**102963**	**44815**	**2111461**	**1668375**	**443086**
租赁业	3295	3221	74	50006	48724	1282
商务服务业	144483	99742	44741	2061455	1619651	441804
科学研究和技术服务业	40613	34537	6076	715690	608257	107433
研究和试验发展	5997	5260	737	117906	94162	23744
专业技术服务业	27069	23972	3097	511925	447929	63996
科技推广和应用服务业	7547	5305	2242	85859	66166	19693
水利、环境和公共设施管理业	**6557**	**3456**	**3101**	**229447**	**114716**	**114731**
水利管理业	1745	294	1451	33067	6870	26197
生态保护和环境治理业	895	601	294	17948	12176	5772
公共设施管理业	3917	2561	1356	178432	95670	82762
居民服务、修理和其他服务业	**20025**	**18056**	**1969**	**399500**	**365109**	**34391**
居民服务业	8348	6738	1610	139567	113638	25929
机动车、电子产品和日用产品修理业	8461	8253	208	111490	107965	3525
其他服务业	3216	3065	151	148443	143506	4937
教育	**42816**	**6420**	**36396**	**1931763**	**107194**	**1824569**
教育	42816	6420	36396	1931763	107194	1824569
卫生和社会工作	**21060**	**2050**	**19010**	**717025**	**74744**	**642281**
卫生	18608	1964	16644	677411	71569	605842
社会工作	2452	86	2366	39614	3175	36439
文化、体育和娱乐业	**17354**	**12797**	**4557**	**274058**	**192906**	**81152**
新闻和出版业	528	321	207	24458	18021	6437
广播、电视、电影和影视录音制作业	1614	1051	563	46483	24260	22223
文化艺术业	4115	1568	2547	50897	16963	33934
体育	2194	1531	663	50762	38005	12757
娱乐业	8903	8326	577	101458	95657	5801
公共管理、社会保障和社会组织	**86667**	**2**	**86665**	**2118363**	**81**	**2118282**
中国共产党机关	1558		1558	31476		31476
国家机构	33488		33488	1254782		1254782
人民政协、民主党派	397		397	6544		6544
社会保障	973	2	971	15534	81	15453
群众团体、社会团体和其他成员组织	23185		23185	547596		547596
基层群众自治组织	27066		27066	262431		262431

1-19 按地区、经营性质分组的

地区	产业活动单位						多产业法人所		
	单位数（个）	经营性单位	非经营性单位	就业人数(人)	经营性单位	非经营性单位	产业活动单位数（个）	经营性单位	非经营性单位
广东省	1255395	1037485	217910	39977708	34383432	5594276	214989	160432	54557
广州市	229863	203550	26313	6466848	5588333	878515	39046	36179	2867
深圳市	267867	257258	10609	9560352	8979770	580582	35862	33680	2182
珠海市	44613	40721	3892	1169037	1049537	119500	6537	6011	526
汕头市	37069	28788	8281	1134369	920465	213904	7180	5161	2019
佛山市	111894	100823	11071	3583568	3211222	372346	14112	13251	861
韶关市	24940	12751	12189	580577	372820	207757	8254	3537	4717
河源市	17714	10384	7330	420943	290365	130578	4844	2200	2644
梅州市	24007	12111	11896	786740	342317	444423	9611	2905	6706
惠州市	55693	38526	17167	1737139	1465231	271908	10455	6638	3817
汕尾市	7931	3953	3978	447065	344188	102877	1491	795	696
东莞市	121339	110853	10486	5512938	5127177	385761	15790	13215	2575
中山市	70718	65231	5487	1929861	1774007	155854	8937	8282	655
江门市	45723	33998	11725	1177817	936295	241522	6347	4921	1426
阳江市	19059	12693	6366	582346	464567	117779	4230	2343	1887
湛江市	43666	23747	19919	842049	531239	310810	12186	6252	5934
茂名市	33329	20321	13008	901903	588108	313795	5060	3134	1926
肇庆市	25360	15253	10107	806423	620745	185678	6744	3480	3264
清远市	22400	13412	8988	611734	432388	179346	8268	3357	4911
潮州市	16547	12063	4484	534406	438625	95781	1980	1539	441
揭阳市	21192	12638	8554	837002	650587	186415	3776	1763	2013
云浮市	14471	8411	6060	354591	255446	99145	4279	1789	2490

产业活动单位数及就业人数

属产业活动单位			单产业法人单位					
产业活动单位就业人数(人)	经营性单位	非经营性单位	单位数（个）	经营性单位	非经营性单位	就业人数(人)	经营性单位	非经营性单位
8136104	6701921	1434183	1040406	877053	163353	31841604	27681511	4160093
1805277	1606455	198822	190817	167371	23446	4661571	3981878	679693
2286420	2134165	152255	232005	223578	8427	7273932	6845605	428327
221318	206138	15180	38076	34710	3366	947719	843399	104320
237547	198567	38980	29889	23627	6262	896822	721898	174924
706578	666196	40382	97782	87572	10210	2876990	2545026	331964
148136	90513	57623	16686	9214	7472	432441	282307	150134
73569	39156	34413	12870	8184	4686	347374	251209	96165
398733	73321	325412	14396	9206	5190	388007	268996	119011
256525	183624	72901	45238	31888	13350	1480614	1281607	199007
27353	16078	11275	6440	3158	3282	419712	328110	91602
538410	443198	95212	105549	97638	7911	4974528	4683979	290549
325625	299103	26522	61781	56949	4832	1604236	1474904	129332
153391	122348	31043	39376	29077	10299	1024426	813947	210479
77401	58490	18911	14829	10350	4479	504945	406077	98868
234862	158597	76265	31480	17495	13985	607187	372642	234545
160553	105655	54898	28269	17187	11082	741350	482453	258897
146152	90468	55684	18616	11773	6843	660271	530277	129994
130089	71296	58793	14132	10055	4077	481645	361092	120553
52771	44296	8475	14567	10524	4043	481635	394329	87306
75079	43145	31934	17416	10875	6541	761923	607442	154481
80315	51112	29203	10192	6622	3570	274276	204334	69942

1-20 按机构类型、人员组距、开业（成立）时间分组的法人单位数及从业人员数

分组	法人单位				
	单位数（个）	单产业法人	多产业法人	从业人员数（人）	#女性
总计	**1072645**	**1040406**	**32239**	**39471685**	**16293240**
按机构类型分组					
企业	899609	877053	22556	34452145	13992652
事业单位	43823	41892	1931	2274937	1197779
机关	10904	8363	2541	917820	261151
社会团体	19771	19627	144	510903	211664
民办非企业单位	16977	16906	71	473933	344747
基金会	264	262	2	1503	627
居委会	6550	6217	333	83848	33814
村委会	18959	14539	4420	183650	47035
其他组织机构	55788	55547	241	572946	203771
按从业人员数分组					
7人及以下	537041	530408	6633	1959066	703139
8-19人	265042	258426	6616	3152148	1212225
20-49人	149165	143386	5779	4455370	1845612
50-99人	58712	54383	4329	4007412	1681196
100-299人	44137	39105	5032	7225935	3111243
300-499人	8815	7462	1353	3314612	1463392
500-999人	5717	4535	1182	3877603	1645487
1000-4999人	3619	2488	1131	6736329	2875780
5000-9999人	285	163	122	1904397	711881
10000人及以上	112	50	62	2838813	1043285
按开业（成立）年份分组					

1-20　续表

分　组	法人单位				
	单位数（个）	单产业法人	多产业法人	从业人员数（人）	#女性
1949年以前	4384	3873	511	415894	208055
1950-1977年	20815	17788	3027	1549590	572387
1978-1991年	38849	35111	3738	3137820	1183433
1992-1995年	34883	32374	2509	3605979	1487751
1996年	8896	8241	655	671324	283295
1997年	9821	9149	672	813975	329100
1998年	16240	14696	1544	1074457	423549
1999年	25357	23036	2321	1159861	432004
2000年	19530	18460	1070	1466605	546922
2001年	24452	23186	1266	1677470	693240
2002年	28732	27435	1297	1943287	851786
2003年	34828	33334	1494	1939192	823945
2004年	38652	37102	1550	2119429	882758
2005年	41553	40134	1419	1937634	824151
2006年	47534	46250	1284	1919114	797674
2007年	48379	47220	1159	2083616	893646
2008年	55091	54006	1085	1563830	656547
2009年	72114	70871	1243	1879107	788490
2010年	92709	91326	1383	2135304	910824
2011年	117817	116543	1274	2444357	1081549
2012年	132050	131148	902	2163042	931900
2013年	157553	157001	552	1716125	679368
无开业年份	2406	2122	284	54673	10866

1-21 按珠江三角洲东翼西翼山区、从业人员组距、

分组	法人单位数(个)						
		内资	国有	集体	股份合作	联营	国有联营
总计	**1072645**	**1022838**	**60164**	**28032**	**7761**	**5217**	**221**
按珠江三角洲东翼西翼山区分组							
珠江三角洲	849922	804008	25427	19308	6132	3924	149
东冀	70360	68769	10175	3011	786	321	24
西冀	78272	77665	12071	2700	403	574	27
山区	74091	72396	12491	3013	440	398	21
按从业人员数分组							
7人及以下	537041	526333	16280	17624	4119	2765	78
8–19人	265042	257897	16294	4926	1990	1371	58
20–49人	149165	140542	12165	2927	989	695	39
50–99人	58712	51817	7583	1231	333	223	20
100–299人	44137	34666	5873	870	247	126	19
300–499人	8815	5919	908	217	48	21	5
500–999人	5717	3485	618	122	26	10	
1000–4999人	3619	1952	412	104	9	6	2
5000–9999人	285	158	20	10			
10000人及以上	112	69	11	1			
按开业(成立)年份分组							
1949年以前	4384	4380	3186	234		8	2
1950–1977年	20815	20805	12457	1782	53	57	12
1978–1991年	38849	37144	13142	7267	699	296	60
1992–1995年	34883	29527	5806	3854	868	340	44
1996年	8896	8307	1152	503	257	62	4
1997年	9821	9030	929	520	297	88	10
1998年	16240	15340	1080	653	419	70	9
1999年	25357	24462	1160	704	497	101	7
2000年	19530	18205	1235	598	451	105	9
2001年	24452	22530	1825	479	334	103	7
2002年	28732	26229	2019	815	273	106	4
2003年	34828	32087	1881	575	226	144	4
2004年	38652	35328	1347	612	426	143	3
2005年	41553	38269	1461	1051	338	168	4
2006年	47534	44336	1231	458	223	222	4
2007年	48379	45278	933	320	141	207	1
2008年	55091	52781	1256	2223	200	233	4
2009年	72114	69856	1191	1170	246	327	5
2010年	92709	89966	1791	715	301	415	9
2011年	117817	113846	1647	1559	426	539	2
2012年	132050	128409	1785	1401	529	590	7
2013年	157553	154514	1359	536	550	885	8
无开业年份	2406	2209	291	3	7	8	2

开业（成立）时间、登记注册类型分组的法人单位数

集体联营	国有与集体联营	其他联营	有限责任公司	国有独资	其他有限责任公司	股份有限公司	私营	私营独资	私营合伙
784	**196**	**4016**	**201864**	**1721**	**200143**	**12722**	**565475**	**130762**	**20488**
433	129	3213	160560	1331	159229	9068	499731	94420	16733
84	24	189	14890	89	14801	1214	24000	13752	754
137	24	386	11849	120	11729	1212	22527	12084	1234
130	19	228	14565	181	14384	1228	19217	10506	1767
418	85	2184	100698	432	100266	5171	289216	65610	10524
186	54	1073	48365	298	48067	3167	153187	37984	5747
98	31	527	28877	336	28541	1973	78612	20107	3010
35	11	157	11695	240	11455	817	25101	4796	801
33	9	65	8809	218	8591	782	15207	2035	360
7	3	6	1716	69	1647	249	2391	162	36
6	1	3	1048	60	988	255	1207	50	6
1	2	1	573	56	517	260	508	18	4
			55	7	48	33	34		
			28	5	23	15	12		
2	3	1	16	6	10	4	16	11	1
31	8	6	295	70	225	54	220	122	15
137	29	70	2445	241	2204	447	3436	1471	293
147	33	116	4637	180	4457	565	8162	2477	428
22	5	31	1797	73	1724	131	3056	786	139
27	5	46	1846	42	1804	160	3949	995	171
13	8	40	2329	43	2286	208	5050	1402	235
36	8	50	2928	61	2867	208	6223	1461	259
16	9	71	3860	70	3790	310	8778	2449	450
20	7	69	4510	61	4449	325	12063	3830	513
17	3	82	5065	58	5007	414	13664	4131	603
25	9	106	6844	76	6768	460	18660	5182	818
12	5	123	7672	51	7621	493	21072	4994	779
20	6	138	8085	57	8028	460	22506	5370	837
28	6	184	9843	62	9781	602	27744	6884	1019
13	4	189	10665	46	10619	594	28810	6855	1053
29	7	193	10707	67	10640	624	29695	6687	1036
41	6	275	14999	82	14917	853	41846	8692	1256
29	6	371	19911	76	19835	1145	55337	10609	1921
30	12	495	23672	84	23588	1322	72306	16375	2350
55	8	520	26041	104	25937	1399	79946	20063	2818
34	9	834	33169	98	33071	1763	102251	19778	3475
		6	528	13	515	181	685	138	19

1-21 续表1

分组	私营有限责任公司	私营股份有限公司	其他	港澳台商投资企业	港澳台商合资经营	港澳台商合作经营	港澳台商独资
总计	**405466**	**8759**	**141603**	**35289**	**4125**	**1570**	**27658**
按珠江三角洲东翼西翼山区分组							
珠江三角洲	381107	7471	79858	32382	3654	1134	25874
东冀	9149	345	14372	1165	173	242	699
西冀	8803	406	26329	416	122	81	177
山区	6407	537	21044	1326	176	113	908
按从业人员数分组							
7人及以下	208912	4170	90460	7369	773	403	5643
8-19人	107141	2315	28597	5002	563	236	3795
20-49人	54251	1244	14304	6354	658	263	4920
50-99人	19050	454	4834	5144	564	198	4200
100-299人	12450	362	2752	6787	895	274	5434
300-499人	2106	87	369	2019	259	104	1612
500-999人	1069	82	199	1449	223	65	1133
1000-4999人	445	41	80	1076	171	27	852
5000-9999人	31	3	6	69	13		55
10000人及以上	11	1	2	20	6		14
按开业(成立)年份分组							
1949年以前	4		916	3	1		2
1950-1977年	74	9	5887	6	3		3
1978-1991年	1588	84	9412	1335	281	190	806
1992-1995年	5058	199	5295	4108	620	481	2881
1996年	2066	65	1349	415	69	56	271
1997年	2680	103	1241	552	89	64	375
1998年	3296	117	5531	640	128	45	438
1999年	4382	121	12641	631	108	57	447
2000年	5728	151	2868	899	147	57	654
2001年	7505	215	2891	1335	220	72	1003
2002年	8710	220	3873	1714	240	79	1353
2003年	12345	315	3297	1942	262	80	1546
2004年	14976	323	3563	2201	333	61	1736
2005年	15951	348	4200	2170	239	75	1782
2006年	19424	417	4013	2204	252	68	1801
2007年	20456	446	3608	2125	210	47	1796
2008年	21527	445	7843	1579	148	24	1350
2009年	31271	627	9224	1597	134	27	1380
2010年	41903	904	10351	1898	163	21	1618
2011年	52480	1101	12375	2914	169	22	2580
2012年	55916	1149	16718	2713	149	24	2221
2013年	77615	1383	14001	2160	136	19	1495
无开业年份	511	17	506	148	24	1	120

港澳台商投资股份有限公司	其他港澳台商投资	外商投资企业	中外合资经营	中外合作经营	外资企业	外商投资股份有限公司	其他外商投资
670	**1266**	**14518**	**2753**	**645**	**9769**	**432**	**919**
541	1179	13532	2478	433	9393	386	842
40	11	426	98	121	164	16	27
18	18	191	77	19	62	7	26
71	58	369	100	72	150	23	24
169	381	3339	467	162	2117	116	477
106	302	2143	400	89	1375	72	207
123	390	2269	437	102	1528	71	131
89	93	1751	356	72	1226	53	44
103	81	2684	581	123	1874	64	42
36	8	877	192	40	619	17	9
18	10	783	171	35	556	19	2
25	1	591	131	21	413	19	7
1		58	15	1	41	1	
		23	3		20		
		1		1			
		4	4				
19	39	370	111	77	155	10	17
59	67	1248	314	181	696	32	25
9	10	174	44	30	90	5	5
13	11	239	62	25	139	7	6
15	14	260	48	28	171	2	11
9	10	264	59	21	171	9	4
19	22	426	95	36	269	16	10
18	22	587	117	33	412	10	15
26	16	789	145	42	559	23	20
33	21	799	158	23	573	19	26
37	34	1123	241	20	796	25	41
39	35	1114	223	28	796	30	37
40	43	994	141	29	759	25	40
30	42	976	156	17	722	24	57
29	28	731	125	6	523	18	59
28	28	661	100	11	459	27	64
46	50	845	131	10	596	33	75
77	66	1057	177	7	711	42	120
60	259	928	144	10	618	39	117
61	449	879	134	10	531	34	170
3		49	24		23	2	

1-22 按珠江三角洲东翼西翼山区、从业人员组距、开业

分组	从业人员数（人）	内资	国有	集体	股份合作	联营	国有联营
总计	**39471685**	**29267346**	**4049467**	**896532**	**181403**	**106304**	**10814**
按珠江三角洲东翼西翼山区分组							
珠江三角洲	31675089	22353591	2339500	578666	127134	82307	8987
东冀	2955866	2591419	514289	123748	22311	5781	804
西冀	2379532	2273155	593890	111297	16962	11199	537
山区	2461198	2049181	601788	82821	14996	7017	486
按从业人员数分组							
7人及以下	1959066	1923270	63484	60005	15474	10070	272
8-19人	3152148	3063914	201503	58492	24017	16226	712
20-49人	4455370	4183241	382697	88877	29582	20549	1123
50-99人	4007412	3521864	531169	83228	22350	14665	1197
100-299人	7225935	5580233	955340	144789	40704	18989	3211
300-499人	3314612	2214521	338201	82302	18639	7649	1652
500-999人	3877603	2340688	416881	81205	17761	7399	0
1000-4999人	6736329	3574274	745634	210659	12876	10757	2647
5000-9999人	1904397	1035078	119636	75373			
10000人及以上	2838813	1830263	294922	11602			
按开业（成立）年份分组							
1949年以前	415894	415619	364893	10207		247	22
1950-1977年	1549590	1545960	1049720	111874	4333	2068	262
1978-1991年	3137820	2599352	914465	338739	37653	11797	1909
1992-1995年	3605979	1896032	386207	135179	16562	13801	2419
1996年	671324	512921	49115	18030	4536	3501	68
1997年	813975	575054	43955	16782	6413	2818	1657
1998年	1074457	676779	101942	20181	7640	1906	317
1999年	1159861	888776	118527	12350	5194	1869	595
2000年	1466605	1041663	63075	12195	6999	2856	424
2001年	1677470	1146794	92126	17383	4366	2816	1337
2002年	1943287	1305820	88281	26160	4638	3073	546
2003年	1939192	1328208	95940	20491	3298	3567	440
2004年	2119429	1409397	163710	18591	12739	2730	40
2005年	1937634	1294446	63658	15421	6325	3676	106
2006年	1919114	1332464	54063	14655	6263	3794	102
2007年	2083616	1386656	33853	7740	3931	3869	96
2008年	1563830	1287722	50496	24250	9334	2972	75
2009年	1879107	1597576	51682	14910	11728	4614	97
2010年	2135304	1769009	70905	13029	5271	5471	86
2011年	2444357	1871932	56184	16221	12592	7706	32
2012年	2163042	1731696	60819	25125	6235	9677	75
2013年	1716125	1603132	43319	7007	5301	11384	90
无开业年份	54673	50338	32532	12	52	92	19

(成立)时间、登记注册类型分组的法人单位从业人员数

集体联营	国有与集体联营	其他联营	有限责任公司	国有独资	其他有限责任公司	股份有限公司	私营	私营独资	私营合伙
23073	**9832**	**62585**	**7459341**	**503325**	**6956016**	**1907254**	**12309382**	**2029295**	**328023**
16385	6244	50691	5840765	459533	5381232	1667522	10278478	1322161	254926
1157	623	3197	581482	9534	571948	81235	1029540	344021	25308
4007	2016	4639	501128	18936	482192	78878	562494	214817	27310
1524	949	4058	535966	15322	520644	79619	438870	148296	20479
1461	298	8039	349762	1351	348411	18518	1065864	238171	39418
2164	695	12655	578506	3728	574778	37095	1817187	452642	67751
2968	941	15517	865681	10704	854977	56840	2306880	594060	87863
2417	740	10311	802721	16497	786224	50169	1692196	317890	52926
5107	1460	9211	1441096	36793	1404303	113956	2431620	307154	55238
2705	1355	1937	651419	26419	625000	81402	897513	59898	12854
4751	633	2015	714929	40073	674856	151613	813772	31567	3786
1500	3710	2900	1091829	112288	979541	470657	887004	27913	8187
			362892	43088	319804	217957	218646		
			600506	212384	388122	709047	178700		
134	88	3	6274	1143	5131	5966	244	211	3
1417	194	195	202638	72030	130608	49065	22703	3622	270
5610	2996	1282	562217	56253	505964	328625	224505	39417	7688
3832	1265	6285	515388	78256	437132	243988	475371	65124	16312
636	2318	479	151356	10323	141033	100586	152428	21840	3521
477	35	649	127402	11239	116163	142300	207305	24277	4747
137	905	547	187261	9966	177295	46122	249279	31720	4982
242	320	712	228681	15150	213531	65740	326196	32726	6067
758	368	1306	255079	5625	249454	227030	417660	55486	10758
290	46	1143	375739	114903	260836	58995	528883	85919	11230
246	74	2207	315862	18519	297343	229954	565863	88869	14572
311	217	2599	390874	12906	377968	54421	684138	104162	17491
351	94	2245	366152	10140	356012	35186	719320	105437	17166
542	170	2858	362124	8514	353610	44543	716734	106007	19316
439	43	3210	361234	9389	351845	45037	762333	121435	19764
72	180	3521	438194	5471	432723	44162	765654	113968	17415
341	50	2506	368149	10351	357798	26881	683450	107224	17428
482	88	3947	420352	10143	410209	31746	931107	146545	20707
555	96	4734	482212	8938	473274	43193	966397	161496	29460
459	92	7123	487902	3653	484249	33338	1029681	204285	30461
3713	82	5807	444713	23812	420901	27471	963008	217329	29503
2029	111	9154	398931	1731	397200	21175	913278	191728	29022
		73	10607	4870	5737	1730	3845	468	140

1-22 续表1

分组	私营有限责任公司	私营股份有限公司	其他	港澳台商投资企业	港澳台商合资经营	港澳台商合作经营	港澳台商独资
总计	**9589020**	**363044**	**2357663**	**6497687**	**1010068**	**216562**	**5108892**
按珠江三角洲东翼西翼山区分组							
珠江三角洲	8405474	295917	1439219	5831066	908572	141571	4632975
东翼	626333	33878	233033	265520	29836	39630	189175
西翼	301938	18429	397307	73209	26044	17606	28019
山区	255275	14820	288104	327892	45616	17755	258723
按从业人员数分组							
7人及以下	772858	15417	340093	24379	2337	1237	18660
8-19人	1269220	27574	330888	61908	7029	2937	47324
20-49人	1588137	36820	432135	201623	21162	8312	156083
50-99人	1289976	31404	325366	361085	40023	13775	294338
100-299人	2007145	62083	433739	1172349	159101	49332	933910
300-499人	791900	32861	137396	767720	96457	38782	616207
500-999人	720395	58024	137128	1001647	151445	42717	788346
1000-4999人	781324	69580	144858	2003668	320679	59470	1568238
5000-9999人	201423	17223	40574	486728	88995		392046
10000人及以上	166642	12058	35486	416580	122840		293740
按开业(成立)年份分组							
1949年以前	30		27788	245	221		24
1950-1977年	15878	2933	103559	1709	1396		313
1978-1991年	169875	7525	181351	381720	85033	30228	248980
1992-1995年	366280	27655	109536	1090493	182357	68399	818383
1996年	119485	7582	33369	89766	11498	5373	70509
1997年	159227	19054	28079	123040	19915	8610	91116
1998年	202713	9864	62448	205492	72077	6399	118043
1999年	274162	13241	130219	152715	36213	4047	107815
2000年	338168	13248	56769	253714	29257	10180	202347
2001年	406040	25694	66486	319502	61041	9824	243119
2002年	445397	17025	71989	419742	81124	14111	320253
2003年	543813	18672	75479	397367	67890	14792	301852
2004年	572729	23988	90969	432621	73660	9156	342414
2005年	571551	19860	81965	348293	61146	11106	270955
2006年	601992	19142	85085	389904	90888	11770	279189
2007年	610652	23619	89253	308289	39226	4544	259955
2008年	541564	17234	122190	198607	25059	805	169083
2009年	736974	26881	131437	212804	26217	3423	180640
2010年	757187	18254	182531	281388	21357	1497	253090
2011年	775508	19427	228308	438030	6862	948	421602
2012年	699024	17152	194648	369005	9717	948	344042
2013年	677645	14883	202737	79229	4457	394	64668
无开业年份	3126	111	1468	4012	3457	8	500

港澳台商投资股份有限公司	其他港澳台商投资	外商投资企业	中外合资经营	中外合作经营	外资企业	外商投资股份有限公司	其他外商投资
114927	**47238**	**3706652**	**743997**	**116366**	**2724326**	**87034**	**34929**
104173	43775	3490432	689490	81332	2610741	77718	31151
6621	258	98927	14957	25415	48913	7248	2394
1150	390	33168	16300	5674	9663	695	836
2983	2815	84125	23250	3945	55009	1373	548
501	1644	11417	1443	497	7437	372	1668
1300	3318	26326	4990	1166	16835	888	2447
3694	12372	70506	13537	3146	47872	2246	3705
6235	6714	124463	25450	5174	87096	3672	3071
17305	12701	473353	102634	22556	331034	10451	6678
13662	2612	332371	73473	15893	233061	6491	3453
12858	6281	535268	117270	23607	380175	13086	1130
53685	1596	1158387	256849	39070	806705	42986	12777
5687		382591	99668	5257	270824	6842	
		591970	48683		543287		
		30		30			
		1921	1921				
14347	3132	156748	27877	12841	109376	2997	3657
16241	5113	619454	138904	37697	431503	8229	3121
1800	586	68637	21321	6543	34826	5758	189
2646	753	115881	23041	2250	88790	1517	283
7630	1343	192186	18949	6005	161676	4046	1510
2992	1648	118370	18264	2884	90717	4895	1610
10995	935	171228	38359	5624	123787	3288	170
3540	1978	211174	56008	5470	147548	1822	326
2974	1280	217725	42801	7696	161461	5294	473
12038	795	213617	54591	4060	151392	2702	872
5564	1827	277411	61361	3034	203885	8177	954
4171	915	294895	60817	3429	224736	4413	1500
5017	3040	196746	29483	5013	152583	8855	812
3239	1325	388671	55314	6383	323815	1279	1880
2616	1044	77501	23837	734	50385	489	2056
1871	653	68727	15199	3269	45303	3617	1339
2812	2632	84907	14433	1405	57286	9749	2034
7089	1529	134395	32510	1471	94539	2982	2893
6196	8102	62341	5934	129	46546	2788	6944
1102	8608	33764	2989	399	23953	4117	2306
47		323	84		219	20	

1-23 按珠江三角洲东翼西翼山区、从业人员组距、开业（成立）时间、机构类型分组的法人单位数

分 组	法人单位数（个）	企业	事业单位	机关	社会团体	民办非企业单位	基金会	居委会	村委会	其他组织机构
总计	**1072645**	**899609**	**43823**	**10904**	**19771**	**16977**	**264**	**6550**	**18959**	**55788**
按珠江三角洲东翼西翼山区分组										
珠江三角洲	849922	758845	18326	4542	10199	11637	215	3879	5396	36883
东冀	70360	49553	7449	1683	2103	1746	28	1141	3452	3205
西冀	78272	46511	9635	1737	2056	1692	5	642	3762	12232
山区	74091	44700	8413	2942	5413	1902	16	888	6349	3468
按从业人员数分组										
7人及以下	537041	443370	11293	1657	13526	4899	208	3909	13195	44984
8-19人	265042	228792	12924	2313	3168	4733	45	1859	4666	6542
20-49人	149165	126865	8904	2865	1427	5150	8	543	839	2564
50-99人	58712	47578	5561	1983	797	1585	3	159	183	863
100-299人	44137	36490	4068	1624	618	529		70	65	673
300-499人	8815	7757	572	223	117	35		5	4	102
500-999人	5717	5078	333	150	68	41		5	3	39
1000-4999人	3619	3296	163	87	44	5			3	21
5000-9999人	285	274	5	1	4				1	
10000人及以上	112	109		1	2					
按开业(成立)年份分组										
1949年以前	4384	90	3105	379	73	34	1	62	256	384
1950-1977年	20815	2596	11007	1510	554	224	1	481	2673	1769
1978-1991年	38849	17955	7234	3120	1766	576	17	695	2070	5416
1992-1995年	34883	25851	3191	1003	740	677	21	460	707	2233
1996年	8896	6663	823	185	239	280	3	109	236	358
1997年	9821	7864	723	100	160	311	1	101	164	397
1998年	16240	9873	813	138	621	588	6	334	2609	1258
1999年	25357	11819	872	188	295	502	1	639	7830	3211
2000年	19530	15850	941	152	633	682	4	243	207	818
2001年	24452	20371	1255	527	417	581	3	329	194	775
2002年	28732	23425	1585	402	435	618		1138	147	982
2003年	34828	30412	1520	317	483	754	1	301	165	875
2004年	38652	34525	1119	216	435	636	6	290	226	1199
2005年	41553	36399	1069	302	525	674	5	299	238	2042
2006年	47534	43755	983	181	524	723	6	115	86	1161
2007年	48379	45204	763	83	664	702	12	104	42	805
2008年	55091	46501	1088	150	991	946	11	247	224	4933
2009年	72114	63439	870	234	793	1138	21	91	117	5411
2010年	92709	83556	1112	600	1197	1411	31	94	97	4611
2011年	117817	106845	1281	369	2707	1435	36	203	394	4547
2012年	132050	117498	1506	297	2315	1831	35	93	187	8288
2013年	157553	147438	955	191	3191	1645	42	118	84	3889
无开业年份	2406	1680	8	260	13	9		4	6	426

1-24　按珠江三角洲东翼西翼山区、从业人员组距、开业（成立）时间、机构类型分组的法人单位从业人员数

分　组	从业人员数（人）	企业	事业单位	机关	社会团体	民办非企业单位	基金会	居委会	村委会	其他组织机构
总计	**39471685**	**34452145**	**2274937**	**917820**	**510903**	**473933**	**1503**	**83848**	**183650**	**572946**
按珠江三角洲东翼西翼山区分组										
珠江三角洲	31675089	28708898	1273909	533621	309070	366636	1191	59796	74957	347011
东冀	2955866	2390509	282741	105275	58524	36584	218	13744	32781	35490
西冀	2379532	1659161	346428	116240	44565	33002	20	4838	28822	146456
山区	2461198	1693577	371859	162684	98744	37711	74	5470	47090	43989
按从业人员数分组										
7人及以下	1959066	1600291	46651	6531	45676	18978	656	20586	70083	149614
8-19人	3152148	2722597	158686	30171	36301	59432	498	20209	48857	75397
20-49人	4455370	3760948	280109	91797	42849	162897	186	16269	24477	75838
50-99人	4007412	3238953	389640	140379	52837	103723	163	10880	12303	58534
100-299人	7225935	5991941	656006	264283	99593	81824		10545	8980	112763
300-499人	3314612	2918913	212612	85593	42778	13795		1820	1483	37618
500-999人	3877603	3442542	222642	107178	46977	26964		3539	2507	25254
1000-4999人	6736329	6155525	276553	172088	81680	6320			6235	37928
5000-9999人	1904397	1830522	32038	6386	26726				8725	
10000人及以上	2838813	2789913		13414	35486					
按开业（成立）年份分组										
1949年以前	415894	24953	297925	77773	4511	1649	4	1209	3040	4830
1950-1977年	1549590	658272	669980	150405	16609	6734	1	5297	24271	18021
1978-1991年	3137820	2321913	415697	244297	69327	12542	54	8177	20812	45001
1992-1995年	3605979	3240843	167732	117194	18276	24564	134	5007	7116	25113
1996年	671324	602391	34174	8880	8935	8984	21	1089	2051	4799
1997年	813975	750343	30761	9576	1779	9186	4	1247	3082	7997
1998年	1074457	968429	32018	10937	14346	15801	27	2737	22164	7998
1999年	1159861	980065	38158	22805	7292	16482	4	6195	63340	25520
2000年	1466605	1367991	40459	13162	10592	20381	6	2950	1887	9177
2001年	1677470	1545913	57346	25848	8960	20068	14	3613	1852	13856
2002年	1943287	1801961	57381	23794	9325	25477		9541	2559	13249
2003年	1939192	1803497	54544	22624	9568	30204	10	4823	1579	12343
2004年	2119429	1976032	54652	23155	5739	31594	48	8628	2436	17145
2005年	1937634	1811572	45639	15151	9270	26545	22	7001	2587	19847
2006年	1919114	1809150	37621	16318	13083	26606	27	1979	1318	13012
2007年	2083616	1994902	27927	3585	21530	23742	52	1146	489	10243
2008年	1563830	1415937	40235	11010	18698	23651	49	2807	2751	48692
2009年	1879107	1735244	33586	17900	20181	28432	99	1108	1263	41294
2010年	2135304	1938554	31437	30847	44192	32564	215	1007	1075	55413
2011年	2444357	2208855	37660	19802	60796	32020	252	5999	13148	65825
2012年	2163042	1949640	37821	14630	55058	32668	193	1072	1479	70481
2013年	1716125	1520121	32146	10322	82615	23983	267	1191	3299	42181
无开业年份	54673	25567	38	27805	221	56		25	52	909

1-25 按珠江三角洲东翼西翼山区、登记注册类型分组的法人单位数及从业人员数

分组	法人单位				
	单位数（个）	单产业法人	多产业法人	从业人员数（人）	女性
按珠江三角洲东翼西翼山区分组					
珠江三角洲	849922	829240	20682	31675089	13145576
东翼	70360	68312	2048	2955866	1229818
西翼	78272	74578	3694	2379532	927855
山区	74091	68276	5815	2461198	989991
按登记注册类型分组					
内资企业	1022838	993140	29698	29267346	11293743
国有企业	60164	54616	5548	4049467	1581726
集体企业	28032	26936	1096	896532	344663
股份合作企业	7761	7326	435	181403	72074
联营企业	5217	5097	120	106304	43004
国有联营企业	221	196	25	10814	3426
集体联营企业	784	750	34	23073	9075
国有与集体联营企业	196	189	7	9832	3433
其他联营企业	4016	3962	54	62585	27070
有限责任公司	201864	195768	6096	7459341	2587799
国有独资公司	1721	1442	279	503325	104726
其他有限责任公司	200143	194326	5817	6956016	2483073
股份有限公司	12722	11681	1041	1907254	702914
私营企业	565475	555672	9803	12309382	4917501
私营独资企业	130762	129782	980	2029295	887200
私营合伙企业	20488	20312	176	328023	139769
私营有限责任公司	405466	397043	8423	9589020	3751105
私营股份有限公司	8759	8535	224	363044	139427
其他企业	141603	136044	5559	2357663	1044062
港、澳、台商投资企业	35289	33736	1553	6497687	3255519
与港澳台商合资经营企业	4125	3825	300	1010068	409267
与港澳台商合作经营企业	1570	1489	81	216562	108395
港澳台商独资经营企业	27658	26537	1121	5108892	2662419
港澳台商投资股份有限公司	670	633	37	114927	52554
其他港澳台投资企业	1266	1252	14	47238	22884
外商投资企业	14518	13530	988	3706652	1743978
中外合资经营企业	2753	2482	271	743997	288965
中外合作经营企业	645	602	43	116366	54006
外资企业	9769	9140	629	2724326	1339234
外商投资股份有限公司	432	404	28	87034	43827
其他外商投资企业	919	902	17	34929	17946

1-26 50山区县按登记注册类型分组的法人单位数、产业活动单位数及就业人数

项目	就业人数（人）	女性	单位数（个）	多产业法人所属的产业活动单位数	就业人数	单产业法人所属的就业人数	多产业法人所属的就业人数
总计	**3925328**	**1577745**	**116010**	**6768**	**3920041**	**3332860**	**587181**
内资企业	**3393641**	**1295821**	**113471**	**6688**	**3388382**	**2843628**	**544754**
国有企业	866176	360185	19294	2505	864469	585556	278913
集体企业	152684	41680	5656	365	152684	102995	49689
股份合作企业	27426	10044	607	55	27116	12606	14510
联营企业	11410	4183	563	12	11410	11021	389
国有联营企业	1026	348	31	2	1026	949	77
集体联营企业	3590	1136	185	7	3590	3305	285
国有与集体联营企业	1032	281	24	1	1032	1028	4
其他联营企业	5762	2418	323	2	5762	5739	23
有限责任公司	606093	215069	13514	407	606024	537366	68658
国有独资公司	15671	4644	178	24	15671	11942	3729
其他有限责任公司	590422	210425	13336	383	590353	525424	64929
股份有限公司	112706	43977	1555	78	109553	79017	30536
私营企业	1133533	435335	37349	375	1133513	1065418	68095
私营独资企业	428809	175629	22258	83	428809	424611	4198
私营合伙企业	40610	14324	2574	16	40610	40280	330
私营有限责任公司	632589	233709	11762	259	632589	571877	60712
私营股份有限公司	31525	11673	755	17	31505	28650	2855
其他企业	483613	185348	34933	2891	483613	449649	33964
港、澳、台商投资企业	**423089**	**231262**	**2031**	**58**	**423089**	**395592**	**27497**
与港澳台商合资经营企业	49387	25544	274	9	49387	46846	2541
与港澳台商合作经营企业	39755	18958	243	10	39755	34992	4763
港澳台商独资经营企业	323456	181436	1325	35	323456	303931	19525
港澳台商投资股份有限公司	7467	3215	119	4	7467	6799	668
其他港澳台投资企业	3024	2109	70		3024	3024	
外商投资企业	**108598**	**50662**	**508**	**22**	**108570**	**93640**	**14930**
中外合资经营企业	30036	11135	127	7	30008	25747	4261
中外合作经营企业	16188	6330	114	6	16188	14945	1243
外资企业	58627	31299	206	9	58627	49201	9426
外商投资股份有限公司	3034	1436	25		3034	3034	
其他外商投资企业	713	462	36		713	713	

1-27 按行业（门类）分组的有证照个体经营户数和从业人员数

行业门类	有证照户数（户）	有证照从业人员数（人）
合计	**2724986**	**8848596**
农、林、牧、渔业	1355	5899
采矿业	823	5907
制造业	208493	1749056
电力、热力、燃气及水生产和供应业	2025	9275
建筑业	8051	37599
批发和零售业	1549246	4334490
交通运输、仓储和邮政业	542205	892726
住宿和餐饮业	174025	938241
信息传输、软件和信息技术服务业	5731	15790
房地产业	3713	10910
租赁和商务服务业	17118	55620
科学研究和技术服务业	11618	38300
水利、环境和公共设施管理业	199	717
居民服务、修理和其他服务业	176939	656098
教育	4543	23031
卫生和社会工作	9904	33291
文化、体育和娱乐业	8998	41646

1-28　按地区分组的个体经营户经营情况

地　区	个体经营户数(个)		从业人数(人)	
		有证照		有证照
广东省	4581748	2724986	14474646	8848596
广州市	720677	410673	2619670	1554152
深圳市	494375	276966	1388236	848456
珠海市	103684	63141	275290	182124
汕头市	174579	98761	766280	437520
佛山市	393024	268979	983719	706628
韶关市	134587	74215	322774	188045
河源市	110155	63430	277601	163892
梅州市	125821	79848	441017	291584
惠州市	244713	137017	771889	502661
汕尾市	82453	49487	220210	149013
东莞市	420586	224776	1301933	765404
中山市	217462	162451	545952	410515
江门市	172353	147885	395942	353154
阳江市	98133	59253	325380	216887
湛江市	247931	138604	839020	472048
茂名市	199678	114794	856198	444308
肇庆市	184186	111657	578542	361567
清远市	142881	95182	369889	253753
潮州市	94889	44716	353476	169028
揭阳市	152028	55182	602500	203477
云浮市	67553	47969	239128	174380

1-2-1 2013年广东省总产出及增加值

单位：亿元

行 业	总产出	中间投入	增加值
总计	**190931.28**	**128456.49**	**62474.79**
农、林、牧、渔业	**4946.80**	**1899.29**	**3047.51**
农业	2444.70	738.61	1706.09
林业	249.43	63.57	185.86
畜牧业	1106.86	604.81	502.05
渔业	975.28	392.15	583.13
农、林、牧、渔服务业	170.53	100.15	70.38
工业	**122482.74**	**95588.20**	**26894.54**
采矿业	1428.16	656.98	771.18
#开采辅助活动	46.89	32.29	14.60
制造业	114027.19	89804.45	24222.74
#金属制品、机械和设备修理业	197.68	150.86	46.82
电力、燃气及水的生产和供应业	7027.39	5126.77	1900.62
建筑业	**10429.63**	**8268.53**	**2161.10**
房屋建筑业	6139.17	4840.45	1298.72
土木工程建筑业	2545.52	2051.38	494.14
建筑安装业	824.88	649.43	175.45
建筑装饰和其他建筑业	920.06	727.27	192.79
批发和零售业	**11436.23**	**4112.68**	**7323.55**
批发业	6146.69	1950.95	4195.74
零售业	5289.54	2161.73	3127.81
交通运输、仓储和邮政业	**6452.51**	**4002.00**	**2450.51**
铁路运输业	310.28	154.75	155.53
道路运输业	3081.49	1735.08	1346.41
水上运输业	918.93	551.84	367.09
航空运输业	1082.41	822.85	259.56
管道运输业	9.78	3.23	6.55
装卸搬运和运输代理业	553.76	419.04	134.72
仓储业	229.63	166.63	63.00
邮政业	266.23	148.58	117.65
住宿和餐饮业	**3188.59**	**1931.15**	**1257.44**
住宿业	646.89	373.83	273.06
餐饮业	2541.70	1557.32	984.38
信息传输、软件和信息技术服务业	**3531.77**	**1700.46**	**1831.31**
电信、广播电视和卫星传输服务	1530.92	595.75	935.17
互联网和相关服务	375.06	145.95	229.11
软件和信息技术服务业	1625.79	958.76	667.03
金融业	**6162.75**	**2039.94**	**4122.81**

1-2-1　续表

行　业	总产出	中间投入	增加值
货币金融服务	4760.08	1414.78	3345.30
资本市场服务	521.89	159.60	362.29
保险业	735.22	402.60	332.62
其他金融业	145.56	62.96	82.60
房地产业	**5666.10**	**1458.64**	**4207.46**
房地产开发经营业	2626.76	620.23	2006.53
物业管理业	724.68	333.63	391.05
房地产中介服务业	129.25	53.31	75.94
自有房地产经营活动	2049.92	382.92	1667.00
其他房地产业	135.49	68.55	66.94
租赁和商务服务业	**4684.75**	**2433.17**	**2251.58**
租赁业	85.63	45.08	40.55
商务服务业	4599.12	2388.09	2211.03
科学研究和技术服务业	**1830.74**	**1012.61**	**818.13**
研究和试验发展	452.19	291.40	160.79
专业技术服务业	1229.89	633.20	596.69
科技推广和应用服务业	148.66	88.01	60.65
水利、环境和公共设施管理业	**528.46**	**227.72**	**300.74**
水利管理业	101.46	33.12	68.34
生态保护和环境治理业	76.93	34.81	42.12
公共设施管理业	350.07	159.79	190.28
居民服务、修理和其他服务业	**1726.79**	**809.36**	**917.43**
居民服务业	993.21	438.73	554.48
机动车、电子产品和日用产品修理业	508.12	282.67	225.45
其他服务业	225.46	87.96	137.50
教育	**2374.85**	**733.05**	**1641.80**
卫生和社会工作	**2117.55**	**1024.48**	**1093.07**
卫生	2058.06	1005.96	1052.10
社会工作	59.49	18.52	40.97
文化、体育和娱乐业	**568.17**	**260.06**	**308.11**
新闻和出版业	114.16	64.04	50.12
广播、电视、电影和影视录音制作业	116.87	60.01	56.86
文化艺术业	76.84	41.08	35.76
体育	74.35	32.76	41.59
娱乐业	185.95	62.17	123.78
公共管理、社会保障和社会组织	**2802.85**	**955.15**	**1847.70**
第一产业	**4776.27**	**1799.14**	**2977.13**
第二产业	**132667.80**	**103673.58**	**28994.22**
第三产业	**53487.21**	**22983.77**	**30503.44**

注：三次产业分类依据国家统计局2012年制定的《三次产业划分规定》；行业分类采用《国民经济行业分类（GB/T4754—2011）》。（以下相关表同）

1-2-2 2013年广东省分行业增加值构成项目

单位:亿元

项　目	增加值	劳动者报酬	生产税净额	固定资产折旧	营业盈余
地区生产总值	**62474.79**	**29809.60**	**9623.38**	**7763.87**	**15277.94**
农、林、牧、渔业	**3047.51**	**2995.76**	**1.65**	**50.10**	
农业	1706.09	1676.39	1.65	28.05	
林业	185.86	182.80		3.06	
畜牧业	502.05	493.80		8.25	
渔业	583.13	573.54		9.59	
农、林、牧、渔服务业	70.38	69.23		1.15	
工业	**26894.54**	**11993.04**	**4306.15**	**3213.83**	**7381.52**
采矿业	771.18	237.34	124.33	97.60	311.91
#开采辅助活动	14.60	5.04	2.35	2.00	5.21
制造业	24222.74	11293.19	3891.33	2509.32	6528.90
#金属制品、机械和设备修理业	46.82	22.82	7.54	5.07	11.39
电力、燃气及水的生产和供应业	1900.62	462.51	290.49	606.91	540.71
建筑业	**2161.10**	**1255.97**	**344.02**	**93.40**	**467.71**
房屋建筑业	1298.72	754.07	215.01	43.00	286.64
土木工程建筑业	494.14	280.99	75.29	36.59	101.27
建筑安装业	175.45	104.73	25.19	10.72	34.81
建筑装饰和其他建筑业	192.79	116.18	28.53	3.09	44.99
批发和零售业	**7323.55**	**2770.76**	**2694.24**	**230.43**	**1628.12**
批发业	4195.74	655.52	2374.47	143.07	1022.68
零售业	3127.81	2115.24	319.77	87.36	605.44
交通运输、仓储和邮政业	**2450.51**	**1259.56**	**185.40**	**620.61**	**384.94**
铁路运输业	155.53	65.51	57.14	28.33	4.55
道路运输业	1346.41	640.54	71.58	337.77	296.52
水上运输业	367.09	161.84	18.14	116.34	70.77
航空运输业	259.56	178.95	7.52	85.38	-12.29
管道运输业	6.55	0.77	0.51	2.72	2.55
装卸搬运和运输代理业	134.72	73.01	13.71	16.42	31.58
仓储业	63.00	35.79	8.68	21.89	-3.36
邮政业	117.65	103.15	8.12	11.76	-5.38
住宿和餐饮业	**1257.44**	**894.59**	**121.54**	**141.82**	**99.49**
住宿业	273.06	170.99	37.08	58.37	6.62
餐饮业	984.38	723.60	84.46	83.45	92.87
信息传输、软件和信息技术服务业	**1831.31**	**575.98**	**174.28**	**334.41**	**746.64**
电信、广播电视和卫星传输服务	935.17	181.53	64.56	290.35	398.73
互联网和相关服务	229.11	58.68	25.03	16.77	128.63
软件和信息技术服务业	667.03	335.77	84.69	27.29	219.28
金融业	**4122.81**	**1017.03**	**436.31**	**73.99**	**2595.48**

1-2-2　续表

项　目	增加值	劳动者报酬	生产税净额	固定资产折旧	营业盈余
货币金融服务	3345.30	743.11	306.59	57.77	2237.83
资本市场服务	362.29	160.52	80.75	12.44	108.58
保险业	332.62	104.04	42.74	3.49	182.35
其他金融业	82.60	9.36	6.23	0.29	66.72
房地产业	**4207.46**	**631.84**	**901.45**	**1660.95**	**1013.22**
房地产开发经营业	2006.53	197.52	821.07	60.15	927.79
物业管理业	391.05	250.15	50.61	31.04	59.25
房地产中介服务业	75.94	55.07	7.27	2.83	10.77
自有房地产经营活动	1667.00	84.50	14.03	1559.43	9.04
其他房地产业	66.94	44.60	8.47	7.50	6.37
租赁和商务服务业	**2251.58**	**1057.21**	**235.46**	**560.81**	**398.10**
租赁业	40.55	16.01	3.46	15.69	5.39
商务服务业	2211.03	1041.20	232.00	545.12	392.71
科学研究和技术服务业	**818.13**	**484.32**	**88.80**	**59.47**	**185.54**
研究和试验发展	160.79	83.25	11.60	19.64	46.30
专业技术服务业	596.69	362.59	72.00	33.00	129.10
科技推广和应用服务业	60.65	38.48	5.20	6.83	10.14
水利、环境和公共设施管理业	**300.74**	**144.30**	**21.34**	**78.47**	**56.63**
水利管理业	68.34	36.63	1.41	23.32	6.98
生态保护和环境治理业	42.12	23.02	1.95	8.72	8.43
公共设施管理业	190.28	84.65	17.98	46.43	41.22
居民服务、修理和其他服务业	**917.43**	**760.41**	**40.61**	**35.09**	**81.32**
居民服务业	554.48	470.25	17.70	17.90	48.63
机动车、电子产品和日用产品修理业	225.45	176.01	12.28	10.59	26.57
其他服务业	137.50	114.15	10.63	6.60	6.12
教育	**1641.80**	**1359.02**	**16.58**	**205.55**	**60.65**
卫生和社会工作	**1093.07**	**823.11**	**12.95**	**95.53**	**161.48**
卫生	1052.10	789.69	12.65	89.22	160.54
社会工作	40.97	33.42	0.30	6.31	0.94
文化、体育和娱乐业	**308.11**	**169.90**	**34.10**	**87.55**	**16.56**
新闻和出版业	50.12	39.13	6.61	3.90	0.48
广播、电视、电影和影视录音制作业	56.86	27.69	7.92	9.78	11.47
文化艺术业	35.76	27.95	2.05	6.18	–0.42
体育	41.59	29.78	6.61	9.59	–4.39
娱乐业	123.78	45.35	10.91	58.10	9.42
公共管理、社会保障和社会组织	**1847.70**	**1616.80**	**8.50**	**221.86**	**0.54**
第一产业	**2977.13**	**2926.53**	**1.65**	**48.95**	
第二产业	**28994.22**	**13221.15**	**4640.28**	**3300.16**	**7832.63**
第三产业	**30503.44**	**13661.92**	**4981.45**	**4414.76**	**7445.31**

1-2-3　2013年各市总产出及增加值

单位：亿元

地　区	总产出	中间投入	增加值
广州市	40946.17	25448.93	15497.23
深圳市	46520.85	31948.18	14572.67
珠海市	5692.96	4013.96	1679.00
汕头市	5251.09	3677.35	1573.73
佛山市	27573.97	20563.29	7010.68
韶关市	2911.57	1896.45	1015.12
河源市	2132.13	1441.85	690.29
梅州市	1938.96	1132.94	806.02
惠州市	10037.44	7332.31	2705.13
汕尾市	2020.05	1348.30	671.75
东莞市	18744.04	13226.57	5517.47
中山市	9861.61	7209.68	2651.93
江门市	5795.97	3795.79	2000.18
阳江市	3250.23	2200.60	1049.63
湛江市	5541.51	3471.50	2070.01
茂名市	5274.27	3103.30	2170.97
肇庆市	5764.53	4091.16	1673.37
清远市	3141.15	2037.18	1103.97
潮州市	2257.93	1473.69	784.24
揭阳市	5416.03	3810.68	1605.35
云浮市	1667.35	1059.05	608.30

1-2-4　2013年各市生产总值

单位：亿元

地　区	GDP	第一产业	第二产业	第三产业	农、林、牧、渔业	工业	建筑业	批发和零售业	交通运输、仓储和邮政业	住宿和餐饮业	金融业	房地产业	其他服务业
广州市	15497.23	212.09	5258.89	10026.26	228.46	4759.21	510.88	2269.31	1014.46	416.83	1274.27	1314.28	3709.53
深圳市	14572.67	5.80	6286.76	8280.11	5.99	5852.31	451.20	1848.41	463.29	273.59	1951.00	1203.27	2523.60
珠海市	1679.00	41.56	845.07	792.36	44.55	771.67	79.87	195.73	33.39	32.65	104.39	129.00	287.76
汕头市	1573.73	85.47	824.41	663.85	87.07	754.01	72.41	233.01	44.52	43.57	37.50	76.02	225.63
佛山市	7010.68	130.43	4248.22	2632.03	135.84	4102.32	145.90	488.94	219.40	66.90	443.96	514.76	892.65
韶关市	1015.12	132.53	417.34	465.25	133.87	345.77	72.25	93.38	63.40	28.19	38.95	56.51	182.79
河源市	690.29	81.56	320.18	288.54	83.38	293.89	26.47	73.27	19.25	20.24	30.05	48.90	94.84
梅州市	806.02	165.45	297.16	343.41	168.16	245.37	52.71	76.14	21.42	17.37	31.03	40.67	153.15
惠州市	2705.13	133.87	1529.90	1041.36	135.46	1442.56	87.52	318.23	72.36	71.24	89.67	178.48	309.60
汕尾市	671.75	103.87	315.66	252.22	106.99	291.13	24.72	73.21	16.17	17.67	17.84	36.03	88.00
东莞市	5517.47	19.55	2622.67	2875.25	19.95	2542.60	86.69	684.04	202.76	160.70	339.57	429.62	1051.54
中山市	2651.93	64.53	1469.74	1117.65	65.04	1407.79	62.64	268.36	62.73	38.67	127.20	167.41	452.09
江门市	2000.18	155.92	1005.78	838.48	157.69	953.44	52.65	171.33	75.05	34.74	103.93	119.54	331.81
阳江市	1049.63	183.29	487.04	379.30	190.22	428.81	58.59	92.28	49.82	20.71	27.92	66.47	114.81
湛江市	2070.01	401.96	813.41	854.64	407.70	726.49	93.24	172.45	100.99	37.75	53.29	124.16	353.94
茂名市	2170.97	355.88	866.94	948.15	363.35	791.81	75.46	285.51	77.89	39.04	46.92	90.40	400.60
肇庆市	1673.37	253.26	831.86	588.25	254.73	777.76	55.08	125.60	46.23	41.54	43.80	53.75	274.87
清远市	1103.97	163.50	436.52	503.95	166.04	390.43	46.25	102.53	77.33	17.96	50.99	66.05	186.39
潮州市	784.24	51.44	420.50	312.30	53.23	396.39	24.11	84.01	24.16	7.25	31.72	46.25	117.13
揭阳市	1605.35	148.73	996.89	459.73	151.49	947.15	53.94	220.90	15.20	21.39	19.15	40.74	135.40
云浮市	608.30	130.91	256.13	221.26	132.72	227.72	28.51	44.68	18.66	7.98	29.68	33.35	85.00

第2篇

小微企业篇

2-1 按地区、开业（成立）时间

地　区	法人单位数（个）	1949年以前	1950–1977年	1978–1991年	1992–1995年	1996年	1997年	1998年	1999年	2000年	2001年
广东省	859162	71	2080	15249	22284	5923	7031	8879	10640	14336	18538
广州市	166334	23	317	3281	4993	1433	1658	2170	2729	3363	3573
深圳市	218314	4	17	1315	2993	865	1310	1236	1588	2057	3352
珠海市	33542	1	17	720	1220	308	343	440	647	825	849
汕头市	23786	9	248	1651	2187	419	560	617	658	714	859
佛山市	85612	6	56	1079	1830	773	859	979	1168	1864	2860
韶关市	9140		85	394	282	84	84	114	135	205	269
河源市	7964	3	74	305	175	33	44	57	91	91	138
梅州市	9149	1	140	445	455	92	92	212	189	322	304
惠州市	30849	2	85	626	979	149	170	257	274	378	459
汕尾市	2915	2	71	146	184	44	35	58	88	88	96
东莞市	93644		15	789	1667	344	491	512	582	755	1064
中山市	56876	1	23	412	865	252	247	425	557	761	1029
江门市	28478	7	60	762	993	180	224	321	436	523	804
阳江市	10051	1	42	176	233	57	68	141	133	225	328
湛江市	17458	4	242	898	833	233	196	293	298	406	573
茂名市	16910	2	182	573	559	170	141	253	275	576	634
肇庆市	11364		79	383	351	76	99	152	136	228	249
清远市	9758		55	262	229	78	60	101	120	172	225
潮州市	10294	3	138	582	597	146	183	256	245	349	406
揭阳市	10147		94	314	513	142	141	235	229	326	378
云浮市	6577	2	40	136	146	45	26	50	62	108	89

分组的小微企业法人单位数

2002年	2003年	2004年	2005年	2006年	2007年	2008年	2009年	2010年	2011年	2012年	2013年	无开业年份
21310	28086	32048	34006	41451	43031	44647	61299	81403	104667	115419	145355	1409
4401	6037	6824	6280	7536	8480	9957	12833	16582	20188	20841	22753	82
3957	5457	7536	9113	10477	9928	10131	14900	20771	27695	30016	53525	71
1021	1335	1518	1660	1987	1834	1702	1984	2526	2971	3557	5988	89
791	911	909	786	985	1080	1035	1506	1629	1903	2035	2220	74
3281	3679	4336	4028	4867	4986	4680	6484	7987	9235	10342	10154	79
292	437	366	391	437	461	470	574	718	824	1146	1257	115
161	256	231	266	380	403	413	584	814	977	1188	1268	12
282	362	348	386	437	328	472	678	718	832	1050	996	8
618	938	1208	1329	1680	1875	1649	2214	2857	3817	4141	4907	237
81	112	115	82	136	138	125	156	379	364	227	182	6
1568	2173	2705	2972	4400	5546	5744	7876	10937	13293	14147	15888	176
1141	1480	1500	1659	2076	2256	2341	3096	4586	8889	12563	10710	7
957	1125	1248	1268	1542	1507	1379	1857	2527	3081	3840	3654	183
316	424	337	425	488	427	487	775	1147	1371	1256	1176	18
447	678	571	696	886	907	1028	1269	1316	2069	1506	2072	37
469	612	501	657	675	641	768	1103	1597	2421	2287	1794	20
289	432	439	554	668	601	617	778	1109	1248	1481	1369	26
292	424	382	433	641	554	496	689	891	1076	1242	1206	130
389	572	392	446	456	347	412	857	789	850	942	921	16
437	432	429	382	482	523	508	766	1100	984	903	823	6
120	210	153	193	215	209	233	320	423	579	709	2492	17

2-2 按地区、开业（成立）时间

地区	从业人员数（人）	1949年以前	1950–1977年	1978–1991年	1992–1995年	1996年	1997年	1998年	1999年	2000年	2001年
广东省	16861275	2675	99789	550967	877151	191201	225118	269976	338765	424970	546578
广州市	2821457	998	11384	96119	158993	35155	41485	51253	70330	82091	84195
深圳市	4057112	272	560	99450	164047	34220	48415	46504	60740	70091	113303
珠海市	441014	3	148	20896	30913	6399	7249	8157	16690	18062	16842
汕头市	594075	291	9897	59773	73734	14835	17487	16943	18435	19628	26235
佛山市	1554087	34	3183	31913	68106	25763	27793	33033	39001	55412	77705
韶关市	186474		7709	9050	6957	2305	1088	2377	2520	4086	3550
河源市	130373	66	2833	7111	6317	697	2139	1742	2439	1754	2773
梅州市	195069	3	7141	11569	11733	2107	2615	4922	5469	6510	6491
惠州市	678575	69	3145	20291	38710	5793	7087	9115	10411	12770	15107
汕尾市	77074	557	4331	7760	7099	1096	1324	1945	2412	2452	2998
东莞市	2375106		1006	41463	118980	19311	25139	26737	30647	37239	50388
中山市	968516	5	1424	15945	38227	7890	8774	12004	20145	27855	36635
江门市	516231	59	4316	16184	25863	4640	6934	11017	12911	17509	22492
阳江市	292992	18	2590	10437	13588	3043	2936	4255	6378	9085	12281
湛江市	300085	61	14455	26095	20369	4662	3793	5078	5901	7441	10852
茂名市	418387	91	10467	24190	18822	4903	3820	5767	6194	15479	19572
肇庆市	314749		3608	10454	12994	4469	2605	4761	4904	7480	10669
清远市	174080		1753	4543	7234	1496	1543	1689	3342	3693	5849
潮州市	263498	136	3937	16680	21253	4250	6539	8056	8456	11596	13884
揭阳市	359265		4814	15747	28706	7194	5710	11530	9158	11143	12522
云浮市	143056	12	1088	5297	4506	973	643	3091	2282	3594	2235

分组的小微企业法人单位从业人员数

2002年	2003年	2004年	2005年	2006年	2007年	2008年	2009年	2010年	2011年	2012年	2013年	无开业年份
668740	825184	982190	921264	1016754	989353	934316	1207898	1380404	1566485	1467467	1364208	9822
109148	142736	148309	134466	156111	167426	170835	208122	232277	254583	248000	216983	458
135807	183622	284098	239234	256499	241111	223912	295724	330710	414769	385273	428433	318
22071	21997	29439	26852	29404	20529	22841	22197	26678	25987	25512	41866	282
26287	32330	31173	22163	27540	24548	22471	33691	29178	30520	31605	25016	295
81870	96252	118021	101419	111853	110228	82406	104619	105438	99697	102038	77783	520
6827	7982	7525	7218	7427	9326	11265	13494	14481	23164	18925	18196	1002
4198	5452	5020	6776	8689	8561	6670	8307	11377	10721	14480	12178	73
7176	9597	8824	10183	9046	8590	10041	13474	14338	14700	15994	14515	31
22906	29853	41574	37373	44198	45170	41041	45980	54304	68155	66955	57395	1173
2608	3183	2676	2030	3829	4757	2545	3064	9157	6191	3110	1878	72
85231	99747	114981	123308	141858	147871	152486	203615	261315	282969	229208	179764	1843
45002	51721	47421	53854	59009	54637	46939	63809	70398	104404	119646	82747	25
33521	28751	34480	38263	34912	31239	25638	30236	36671	37826	34011	28142	616
11084	14551	12586	19494	14797	14475	14139	23196	29027	29477	23519	20459	1577
9424	12890	13059	12655	15962	15906	16956	20982	19192	26259	18304	19572	217
12237	15133	13897	18407	17370	15262	18272	29211	36321	42421	46000	44317	234
14929	17045	18235	24935	25450	19190	20056	21011	24820	24696	23050	19303	85
7044	12569	11866	9639	12504	13543	10171	13770	14395	14021	11873	10750	793
13193	16466	16951	14942	14111	9530	8696	17300	15375	16046	15793	10232	76
15270	17766	18204	14004	18982	21981	20993	27910	36898	26358	22332	12027	16
2907	5541	3851	4049	7203	5473	5943	8186	8054	13521	11839	42652	116

2-3 按地区、登记注册类型

地区	法人单位数（个）	内资企业													
			国有企业	集体企业	股份合作企业	联营企业	国有联营企业	集体联营企业	国有与集体联营企业	其他联营企业	有限责任公司	国有独资公司	其他有限责任公司	股份有限公司	私营企业
广东省	859162	818353	7395	13328	6767	4619	162	555	130	3772	190332	1289	189043	10638	544195
广州市	166334	159016	1509	3398	2994	595	33	69	29	464	20198	342	19856	1487	123974
深圳市	218314	206185	410	274	947	1645	46	32	18	1549	17969	169	17800	2183	177624
珠海市	33542	31325	356	493	141	151	7	12	4	128	17509	94	17415	365	9909
汕头市	23786	23154	775	1275	543	135	11	25	8	91	9263	46	9217	562	9417
佛山市	85612	83226	281	745	543	307	3	40	9	255	28336	102	28234	1021	48473
韶关市	9140	8862	304	381	75	58	4	22		32	3650	48	3602	189	3330
河源市	7964	7653	291	259	58	59	2	11	4	42	2688	32	2656	154	2530
梅州市	9149	8909	181	364	128	82	4	18	2	58	1897	24	1873	297	4872
惠州市	30849	28475	494	564	118	147	10	31	9	97	6336	53	6283	428	18777
汕尾市	2915	2810	171	156	31	27	2	7	1	17	406	7	399	99	1560
东莞市	93644	86603	102	956	317	223	4	41	8	170	30916	45	30871	1451	49391
中山市	56876	54956	44	603	52	170		19	1	150	18350	61	18289	28	34277
江门市	28478	26624	240	856	110	186	10	36	8	132	7760	52	7708	389	15260
阳江市	10051	9915	151	162	22	65	1	7	4	53	2912	24	2888	167	5187
湛江市	17458	17294	626	502	118	266	10	41	6	209	3249	48	3201	470	10020
茂名市	16910	16742	352	654	212	157	5	48	6	98	4912	25	4887	386	6185
肇庆市	11364	10848	259	362	78	130	1	22	3	104	4095	39	4056	270	4614
清远市	9758	9378	182	318	93	74	3	18	5	48	3544	30	3514	257	4137
潮州市	10294	10002	268	411	127	40	2	16	2	20	1574	12	1562	131	6692
揭阳市	10147	9939	247	323	36	67	4	18	2	43	2850	15	2835	203	4833
云浮市	6577	6437	152	272	24	35		22	1	12	1918	21	1897	101	3133

分组的小微企业法人单位数

私营独资企业	私营合伙企业	私营有限责任公司	私营股份有限公司	其他企业	港、澳、台商投资企业	与港澳台商合资经营企业	与港澳台商合作经营企业	港澳台商独资经营企业	港澳台商投资股份有限公司	其他港澳台投资企业	外商投资企业	中外合资经营企业	中外合作经营企业	外资企业	外商投资股份有限公司	其他外商投资企业
124641	19172	392153	8229	41079	29466	3210	1256	23221	572	1207	11343	2008	502	7684	348	801
16530	3253	102571	1620	4861	4736	537	342	3140	54	663	2582	478	120	1798	71	115
15617	5155	154816	2036	5133	8968	797	168	7734	117	152	3161	509	42	2145	75	390
1184	476	7886	363	2401	1612	249	49	1266	28	20	605	141	17	408	16	23
4412	286	4557	162	1184	465	72	63	310	13	7	167	44	34	79	4	6
14561	1847	31224	841	3520	1547	463	54	978	32	20	839	252	38	484	24	41
1441	420	1383	86	875	224	31	25	140	21	7	54	20	9	20	4	1
1281	160	969	120	1614	267	26	5	179	31	26	44	6	10	18	1	9
2717	382	1623	150	1088	181	40	33	101	4	3	59	18	13	17	4	7
3465	621	14125	566	1611	1956	179	73	1624	53	27	418	66	28	280	26	18
861	100	574	25	360	94	7	7	67	13		11	1	4	3	1	2
8927	2740	36672	1052	3247	5155	209	98	4542	110	196	1886	141	38	1545	64	98
22031	810	11276	160	1432	1376	123	24	1191	20	18	544	90	8	410	17	19
6185	453	8347	275	1823	1408	216	63	1075	32	22	446	97	28	283	18	20
2104	178	2832	73	1249	103	26	22	46	7	2	33	8	5	15	1	4
5055	472	4323	170	2043	100	38	26	31	3	2	64	30	4	17	2	11
4307	506	1244	128	3884	124	31	15	61	6	11	44	18	3	11	2	10
1852	331	2302	129	1040	387	67	28	271	13	8	129	32	12	73	5	7
1853	619	1551	114	773	288	28	27	212	5	16	92	20	30	33	7	2
5026	164	1429	73	759	212	35	94	78	3	2	80	13	41	18	2	6
2725	120	1933	55	1380	153	21	32	96	2	2	55	15	13	14	2	11
2507	79	516	31	802	110	15	8	79	5	3	30	9	5	13	2	1

2-4 按地区、登记注册类型分组

地 区	从业人员数（个）	内资企业								
			国有企业	集体企业	股份合作企业	联营企业				
							国有联营企业	集体联营企业	国有与集体联营企业	其他联营企业
广东省	16861275	14374067	321091	346987	95936	74088	4376	11889	2690	55133
广州市	2821457	2501303	43863	79922	29258	7317	885	857	531	5044
深圳市	4057112	3431054	103999	34841	23433	26648	1620	2314	464	22250
珠海市	441014	349797	10254	6804	1423	1395	41	69	18	1267
汕头市	594075	552228	22594	18647	7269	2282	291	179	332	1480
佛山市	1554087	1389892	6374	15670	6679	4303	89	890	270	3054
韶关市	186474	169109	10725	8697	1302	619	34	167		418
河源市	130373	112795	7619	7478	739	859	88	70	157	544
梅州市	195069	181552	6908	10463	2907	1488	109	260	18	1101
惠州市	678575	521433	11244	12286	2461	3321	318	640	56	2307
汕尾市	77074	69837	7395	8058	587	680	32	312	8	328
东莞市	2375106	1744465	2237	33787	4108	7508	172	1763	176	5397
中山市	968516	829237	4203	11710	782	3114		283	6	2825
江门市	516231	402596	4769	10278	1076	1765	67	610	186	902
阳江市	292992	282260	6817	10343	543	1135	150	193	121	671
湛江市	300085	290055	22144	17369	1441	2707	163	505	74	1965
茂名市	418387	405015	16652	19844	4497	3374	65	1692	106	1511
肇庆市	314749	277899	7226	7674	1788	2434	4	215	19	2196
清远市	174080	151580	4534	3394	1044	944	71	146	100	627
潮州市	263498	239189	7873	8534	3415	459	26	176	29	228
揭阳市	359265	339412	11046	14243	922	1365	151	308	16	890
云浮市	143056	133359	2615	6945	262	371		240	3	128

的小微企业法人单位从业人员数

有限责任公司			股份有限公司	私营企业					其他企业	港、澳、台商投资企业
	国有独资公司	其他有限责任公司			私营独资企业	私营合伙企业	私营有限责任公司	私营股份有限公司		
3801692	60310	3741382	247911	8890190	1791381	270573	6666435	161801	596172	1816148
397993	16507	381486	27022	1855549	232274	48616	1544681	29978	60379	201423
405900	13786	392114	58556	2703898	192016	64704	2407297	39881	73779	492411
189068	3375	185693	5078	120797	7941	4034	104752	4070	14978	60659
185326	1620	183706	14479	284707	107731	5155	166986	4835	16924	28687
534663	6632	528031	22628	761390	211136	25790	510344	14120	38185	107294
78443	1814	76629	4525	46993	15292	3575	26317	1809	17805	7629
39845	832	39013	3161	38156	14129	1680	20592	1755	14938	15180
48315	2226	46089	6720	87680	38114	5862	40534	3170	17071	10287
141443	1807	139636	11218	308662	69263	8433	221775	9191	30798	126708
12685	155	12530	2683	32448	12164	1461	18308	515	5301	6568
634997	1337	633660	32822	971661	152353	40362	758211	20735	57345	461295
345949	1402	344547	1336	446422	211143	10597	221354	3328	15721	100057
137671	1384	136287	7881	221512	63589	5170	148793	3960	17644	86073
75592	548	75044	6431	154610	50692	4015	95190	4713	26789	8317
68239	1752	66487	7882	147418	64917	8909	70280	3312	22855	5314
117864	706	117158	11347	138103	80635	11739	41673	4056	93334	10551
104969	1176	103793	7521	128796	40559	7462	75356	5419	17491	28267
74734	1340	73394	4398	53126	17237	5684	28828	1377	9406	17741
43813	709	43104	4777	159424	99469	2926	54948	2081	10894	17949
114337	778	113559	5381	167638	66790	3174	94777	2897	24480	15615
49846	424	49422	2065	61200	43937	1225	15439	599	10055	8123

2-4 续表

地 区	与港澳台商合资经营企业	与港澳台商合作经营企业	港澳台商独资经营企业	港澳台商投资股份有限公司	其他港澳台投资企业	外商投资企业	中外合资经营企业	中外合作经营企业	外资企业	外商投资股份有限公司	其他外商投资企业
广东省	224164	71467	1449030	30591	40896	671060	135137	27586	477361	15443	15533
广州市	35794	13509	135304	2208	14608	118731	33762	4899	75995	1841	2234
深圳市	46096	9928	423980	6448	5959	133647	28003	2059	95195	2588	5802
珠海市	12016	1749	45832	919	143	30558	7022	487	22266	607	176
汕头市	4545	3636	19685	625	196	13160	3402	3381	5809	330	238
佛山市	38046	1845	65269	1621	513	56901	21268	1546	32073	1436	578
韶关市	1445	259	5403	503	19	9736	1113	171	8369	63	20
河源市	1739	177	11850	834	580	2398	135	241	1959	1	62
梅州市	2273	2818	4862	207	127	3230	1284	827	1067	23	29
惠州市	12312	3962	106306	2942	1186	30434	4958	1393	22655	930	498
汕尾市	243	478	4642	1205		669	56	168	196	120	129
东莞市	19869	7388	409955	8904	15179	169346	9374	2891	148904	4349	3828
中山市	12545	1442	84493	626	951	39222	7085	208	30848	750	331
江门市	15342	3715	64986	1560	470	27562	6865	1990	17351	1125	231
阳江市	1924	2209	3593	584	7	2415	244	682	1209	240	40
湛江市	3088	440	1711	53	22	4716	2787	42	1226	55	606
茂名市	2846	2108	5151	114	332	2821	1729	152	682	71	187
肇庆市	5748	927	20557	817	218	8583	1864	545	5860	265	49
清远市	2266	1211	13884	76	304	4759	1463	509	2583	173	31
潮州市	2695	9687	5305	248	14	6360	922	3730	1544	95	69
揭阳市	1346	3616	10585	20	48	4238	1261	1272	975	347	383
云浮市	1986	363	5677	77	20	1574	540	393	595	34	12

2-5　按地区、营业状态分组的小微企业法人单位数

地　区	法人单位数(个)	营业	停业(歇业)	筹建	当年关闭	当年破产	其他
广东省	859162	767600	33402	30144	15073	626	12317
广州市	166334	158282	2684	2770	1442	26	1130
深圳市	218314	200847	4492	10850	285	14	1826
珠海市	33542	29421	1576	1940	123	6	476
汕头市	23786	19777	2269	829	555	41	315
佛山市	85612	76806	3526	1579	2383	23	1295
韶关市	9140	7333	593	645	425	18	126
河源市	7964	5761	759	559	251	155	479
梅州市	9149	7815	737	337	159	20	81
惠州市	30849	25223	2802	1826	223	11	764
汕尾市	2915	2568	189	72	30	2	54
东莞市	93644	83317	2125	2913	3460	68	1761
中山市	56876	49704	3241	1199	1407	11	1314
江门市	28478	23203	2742	1257	732	15	529
阳江市	10051	7978	645	239	918	63	208
湛江市	17458	14307	839	746	400	28	1138
茂名市	16910	14818	1237	325	309	42	179
肇庆市	11364	9742	388	478	613	10	133
清远市	9758	7552	723	765	576	16	126
潮州市	10294	8746	1009	307	147	17	68
揭阳市	10147	8396	696	202	559	27	267
云浮市	6577	6004	130	306	76	13	48

2-6 按地区、营业状态分组的小微企业法人单位从业人员数

地 区	从业人员数(人)	营业	停业(歇业)	筹建	当年关闭	当年破产	其他
广东省	16861275	16318231	175963	183487	85394	3528	94672
广州市	2821457	2780150	14058	17860	2639	41	6709
深圳市	4057112	3969900	19245	52065	1421	92	14389
珠海市	441014	427059	4144	7281	588	18	1924
汕头市	594075	567642	15972	4541	2264	183	3473
佛山市	1554087	1513697	13353	10587	8200	205	8045
韶关市	186474	177704	1879	4499	1181	36	1175
河源市	130373	121031	3276	2938	664	553	1911
梅州市	195069	187018	2881	3467	969	37	697
惠州市	678575	652083	10253	10134	1803	18	4284
汕尾市	77074	73283	1367	925	359	41	1099
东莞市	2375106	2276014	13045	24331	39564	1077	21075
中山市	968516	931643	14771	6157	7318	41	8586
江门市	516231	499541	6342	6287	1671	22	2368
阳江市	292992	267497	12378	4605	5696	438	2378
湛江市	300085	281576	5540	4970	1902	117	5980
茂名市	418387	397271	11852	2916	2168	101	4079
肇庆市	314749	304057	2202	4403	2463	13	1611
清远市	174080	161759	3584	6799	799	70	1069
潮州市	263498	252985	7096	2305	513	27	572
揭阳市	359265	338860	11612	2916	2918	349	2610
云浮市	143056	137461	1113	3501	294	49	638

2-7　按地区、资产总计组距分组的小微企业法人单位数

地　区	法人单位数（个）	50万元及以下	50-100万元	100-500万元	500-1000万元	1000-5000万元	5000万元-1亿元	1亿元以上
广东省	859162	369372	117568	201858	64217	77229	13967	14951
广州市	166334	70657	24795	39460	12097	13835	2431	3059
深圳市	218314	103407	31585	44547	14598	17585	3083	3509
珠海市	33542	15453	4416	6945	2219	3064	659	786
汕头市	23786	8869	3168	6497	2189	2235	437	391
佛山市	85612	36029	11182	21242	6108	7405	1647	1999
韶关市	9140	3006	1058	2650	847	1139	255	185
河源市	7964	3700	904	1819	510	733	166	132
梅州市	9149	3172	1342	2644	758	957	147	129
惠州市	30849	11504	4464	7609	3021	2934	605	712
汕尾市	2915	1393	316	675	208	244	42	37
东莞市	93644	35437	14150	24544	7691	9200	1348	1274
中山市	56876	32446	6290	10711	2799	3384	616	630
江门市	28478	12844	3117	6521	2005	2870	575	546
阳江市	10051	2950	1202	3557	1008	1075	162	97
湛江市	17458	6403	2726	4610	1554	1566	275	324
茂名市	16910	4274	1622	4856	2269	3242	435	212
肇庆市	11364	3160	1182	3324	1405	1612	394	287
清远市	9758	4120	961	2232	728	1097	276	344
潮州市	10294	4239	1373	3218	522	816	71	55
揭阳市	10147	4158	972	2221	1030	1428	203	135
云浮市	6577	2151	743	1976	651	808	140	108

2–8 按地区、登记注册类型分组

地 区	资产总计（亿元）	内资企业	国有企业	集体企业	股份合作企业	联营企业	国有联营企业	集体联营企业
广东省	120561.81	100656.25	5290.15	2260.5	779.25	399.02	52.01	42.91
广州市	25881.25	21199.39	1611.36	571.95	66.97	61.93	12.92	6.23
深圳市	35658.15	29366.74	526.39	111.26	526.74	112.53	26.93	2.92
珠海市	7054.61	5257.63	411.8	60.69	9.12	15.29	2.86	3.58
汕头市	2458.59	2158.51	212.52	33.97	13.79	5.47	1.13	0.12
佛山市	13087.25	11472.86	582.58	345.18	15.5	32.25	4.15	5.46
韶关市	1295	1206.72	107.14	25.41	5.88	2.35	0.08	1
河源市	1516.27	1431	257.48	12.98	1.91	3.38	0.28	0.21
梅州市	1030.3	965.84	30.98	18.13	29.11	13.08	0.04	0.39
惠州市	4822.05	4065.86	405.24	45.21	5.79	6.45	0.37	1.09
汕尾市	221.96	169.42	18.78	12.36	1.22	0.59		0.33
东莞市	9748.85	7795.47	222.18	481.62	36.58	63.77	0.57	2.28
中山市	4140.19	3496.93	29.16	216	1.09	5.9		0.17
江门市	3234.04	2585.45	192.62	100.87	4.98	12.99	0.61	9.94
阳江市	806.4	727.88	82.97	14.93	1.55	2.57	0.01	0.35
湛江市	1904.98	1775.88	96.16	35.6	8.79	25.51	0.31	1.88
茂名市	1860.35	1807.69	163.14	77.83	27.23	12.88	0.21	4.47
肇庆市	1844.26	1591.36	128.54	17.73	4.12	7.88		0.45
清远市	1749.22	1562.17	57.06	20.07	8.58	6.07	0.44	0.41
潮州市	530.95	460	37.12	22.77	6.6	1.24	0.02	0.66
揭阳市	998.77	914.47	39.9	20.92	1.95	4.82	1.07	0.3
云浮市	718.37	645	77.04	15.02	1.74	2.08		0.67

的小微企业法人单位资产总计

国有与集体联营企业	其他联营企业	有限责任公司	国有独资公司	其他有限责任公司	股份有限公司	私营企业	私营独资企业	私营合伙企业
69.92	234.18	45674.39	8667.01	37007.37	4763.5	38805.9	3388.28	942.24
3.05	39.74	10453.38	4051.59	6401.79	638.1	7526.68	520.64	114.57
1.31	81.36	10052.12	1294.06	8758.05	2616.53	14730.83	451.68	341.09
3.2	5.65	3286.61	807.03	2479.58	323.77	1026.07	24.18	132.21
0.36	3.86	1012.78	24.17	988.61	94.09	749.32	179.8	8.47
1.89	20.75	6185.55	860.25	5325.3	274.59	3839.33	417.41	71.75
	1.27	683.66	120.68	562.98	108.3	246.59	46.89	16.26
0.16	2.73	521.96	37.25	484.7	26.51	575.59	40.62	6.66
2.6	10.06	417.19	62.1	355.08	88.33	283.93	83.6	13.09
1.12	3.87	1348.43	214.87	1133.56	108.18	2005.64	135.66	15.7
0.07	0.19	48.03	2.28	45.75	6.76	73.58	16.42	2.22
53.66	7.26	3869.27	191.24	3678.03	81.39	2730.98	213.59	69.43
	5.72	2128.28	376.54	1751.75	105.59	981.35	188.96	18.77
0.43	2.01	1306.15	304.94	1001.21	51.04	862.03	107.72	17.07
0.12	2.09	258.74	29.74	229	17.41	313.85	84.01	6
0.24	23.08	794.27	89.29	704.98	48.67	619.7	142.63	22.15
0.22	7.97	638.3	26.06	612.24	48.63	530.47	312.92	38.17
0.09	7.34	839.15	72.7	766.45	39.58	504.39	91.26	14.27
0.84	4.37	951.1	61.2	889.9	39.86	452.28	53.44	24.07
0.01	0.54	159.27	12.34	146.93	21.25	200.34	88.54	3.57
0.54	2.91	382.48	3.27	379.21	16.07	368.3	107.57	3.73
0.01	1.39	337.69	25.43	312.26	8.85	184.66	80.76	3.01

2-8 续表

地区				港、澳、台商投资企业			
			其他企业		与港澳台商合资经营企业	与港澳台商合作经营企业	港澳台商独资经营企业
	私营有限责任公司	私营股份有限公司					
广东省	33630.24	845.14	2683.54	12768.68	2592.91	1066.08	8758.19
广州市	6722.82	168.65	269.01	2743.18	528.95	614.01	1474.9
深圳市	13653.64	284.42	690.34	4196.63	719.05	118.06	3324.07
珠海市	848.85	20.83	124.28	1165.17	163.5	80.49	908.47
汕头市	541.91	19.15	36.56	215.31	45.85	25.45	140.57
佛山市	3274.33	75.84	197.89	918.16	380.72	58.11	429.64
韶关市	173.69	9.76	27.38	68.26	21.55	1.37	42.03
河源市	515.89	12.41	31.2	72.72	6.79	1.17	59.81
梅州市	175.16	12.08	85.09	40.89	15.78	4.74	19.58
惠州市	1797.42	56.87	140.92	481.37	134.92	10.7	328.52
汕尾市	53.91	1.03	8.11	51.6	4.25	1.57	16.59
东莞市	2393.71	54.25	309.69	1274.5	157.53	55.67	1033.32
中山市	767.47	6.15	29.57	408.52	66.6	12.45	326.9
江门市	715.19	22.05	54.78	496.53	148.08	14.78	310.18
阳江市	209.84	14	35.85	50.56	25.67	4.84	13.51
湛江市	431.81	23.11	147.17	56.54	40.15	3.77	12.44
茂名市	164.39	14.98	309.21	30.23	7.01	3.65	17.21
肇庆市	381.32	17.54	49.98	169.41	54.28	9.32	91.84
清远市	355.7	19.07	27.15	150.48	21.04	11.32	116.63
潮州市	104.93	3.31	11.41	55.15	16.76	23.81	14.23
揭阳市	249.65	7.35	80.03	68.17	14.92	8.7	44.45
云浮市	98.62	2.28	17.92	55.31	19.53	2.1	33.29

港澳台商投资股份有限公司	其他港澳台投资企业	外商投资企业	中外合资经营企业	中外合作经营企业	外资企业	外商投资股份有限公司	其他外商投资企业
174.7	176.81	7136.88	2331.48	540.99	3493.8	230.74	539.88
8.01	117.31	1938.68	560.73	299.98	978.88	74.76	24.33
27.99	7.47	2094.78	746.23	51.62	734.39	74.31	488.23
7.68	5.04	631.82	336.17	9.51	276.34	5.81	3.99
1.29	2.15	84.77	32.14	20.61	29.5	1.36	1.17
27.72	21.96	696.24	246.68	63.28	362.92	17.83	5.52
3.15	0.17	20.01	12.91	3.46	2.82	0.79	0.03
1.64	3.3	12.56	1.8	4	6.13		0.63
0.37	0.42	23.57	14.18	3.38	5.33	0.66	0.02
5.57	1.66	274.82	76.08	9.15	174.33	13.43	1.83
29.2		0.94	0.08	0.29	0.38	0.17	0.02
18.86	9.13	678.88	102.61	27.13	527.51	14.78	6.84
1.68	0.89	234.74	55.28	2.51	173.36	2.41	1.17
19.37	4.13	152.06	35.69	6.83	97.16	11.11	1.27
6.4	0.14	27.97	0.65	1.82	25.08	0.36	0.06
0.14	0.03	72.57	46.41	0.05	23.08	0.65	2.38
0.42	1.93	22.44	19.05	1	1.4	0.24	0.75
13.8	0.17	83.5	15.37	14.67	47	5.92	0.53
0.76	0.73	36.56	17.59	1.23	16.54	1.16	0.04
0.34	0.02	15.8	1.51	10.13	2.58	1.39	0.18
0.07	0.02	16.13	5.68	4.5	4.27	0.83	0.86
0.24	0.14	18.06	4.63	5.86	4.8	2.76	0.01

2-9 按行业（中类）、地区

行业中类	法人单位数（个）	广州市	深圳市	珠海市	汕头市	佛山市	韶关市	河源市	梅州市
合计	**859162**	**166334**	**218314**	**33542**	**23786**	**85612**	**9140**	**7964**	**9149**
农、林、牧、渔业	**1379**	**54**	**15**	**29**	**50**	**40**	**77**	**308**	**103**
农业	19	2		1		4	1	1	4
谷物种植	1					1			
棉、麻、糖、烟草种植	1								1
蔬菜、食用菌及园艺作物种植	11	2		1		3			2
水果种植	1							1	
坚果、含油果、香料和饮料作物种植	3								1
中药材种植	1						1		
其他农业	1								
林业	11	1					3	1	1
林木育种和育苗	3	1						1	1
造林和更新	1						1		
森林经营和管护	4								
木材和竹材采运	1						1		
林产品采集	2						1		
畜牧业	1								
牲畜饲养	1								
渔业	2								
水产养殖	2								
农、林、牧、渔服务业	1346	51	15	28	50	36	73	306	98
农业服务业	917	31	10	19	34	17	56	192	74
林业服务业	145	7	3	1	4	11	15	23	9
畜牧服务业	93	5			3	1	1	33	9
渔业服务业	191	8	2	8	9	7	1	58	6
采矿业	**2759**	**27**	**41**	**9**	**47**	**23**	**202**	**310**	**341**
煤炭开采和洗选业	35		13				2	2	1
烟煤和无烟煤开采洗选	16		12				1		
褐煤开采洗选	1								
其他煤炭采选	18		1				1	2	1
石油和天然气开采业	7	1	2	1				1	
石油开采	5	1	1					1	
天然气开采	2		1	1					
黑色金属矿采选业	356					1	17	25	53
铁矿采选	312					1	16	23	49
锰矿、铬矿采选	6						1		
其他黑色金属矿采选	38							2	4
有色金属矿采选业	233	5	2			3	24	27	26
常用有色金属矿采选	172	4	2			2	17	18	12

分组的小微企业法人单位数

惠州市	汕尾市	东莞市	中山市	江门市	阳江市	湛江市	茂名市	肇庆市	清远市	潮州市	揭阳市	云浮市
30849	**2915**	**93644**	**56876**	**28478**	**10051**	**17458**	**16910**	**11364**	**9758**	**10294**	**10147**	**6577**
49	**27**	**36**	**26**	**102**	**93**	**166**	**22**	**29**	**45**	**32**	**58**	**18**
1			1	3					1			
1			1	1								
				1					1			
				1								
							1	1	3			
								1	3			
							1					
				1								
				1								
						2						
						2						
48	27	36	25	98	93	164	21	28	41	32	58	18
41	18	13	12	85	62	109	16	19	31	15	50	13
3	1	19	9	2	4	6	3	8	4	5	3	5
1	1	1		5	12	11	1	1	4	2	2	
3	7	3	4	6	15	38	1		2	10	3	
138	**19**	**9**	**10**	**65**	**126**	**233**	**338**	**272**	**423**	**18**	**38**	**70**
	1			2		3	5	2	1		2	1
						1	2					
				1								
	1			1		2	3	2	1		2	1
							1	1				
							1	1				
9	1				7	26	23	81	104		1	8
9	1				5	6	17	76	101			8
						1	1	1	2			
					2	19	5	4	1		1	
3	1		1		11	23	29	10	59		4	5
3	1		1		9	19	17	5	56		1	5

2–9 续表1

行业中类	法人单位数(个)	广州市	深圳市	珠海市	汕头市	佛山市	韶关市	河源市	梅州市
贵金属矿采选	18	1				1			5
稀有稀土金属矿采选	43						7	9	9
非金属矿采选业	1980	18	12	7	41	18	151	236	246
土砂石开采	1739	13	10	7	36	15	133	198	235
化学矿开采	11	2							
采盐	22				5	2			
石棉及其他非金属矿采选	208	3	2			1	18	38	11
开采辅助活动	52	1	9		3		6	5	6
煤炭开采和洗选辅助活动	5		1						2
石油和天然气开采辅助活动	18	1	7						
其他开采辅助活动	29		1		3		6	5	4
其他采矿业	96	2	3	1	3	1	2	14	9
其他采矿业	96	2	3	1	3	1	2	14	9
制造业	**289983**	**33829**	**58916**	**5451**	**10490**	**38163**	**1713**	**1418**	**2469**
农副食品加工业	4893	533	150	68	288	349	102	76	162
谷物磨制	579	43	19		13	33	35	7	38
饲料加工	593	116	14	13	17	75	7	3	9
植物油加工	470	56	15	6	8	40	8	9	10
制糖业	102	10	2	3	7	13	1	2	2
屠宰及肉类加工	1033	98	33	10	59	43	24	30	49
水产品加工	763	31	12	17	103	53		2	2
蔬菜、水果和坚果加工	550	81	16	6	60	34	16	9	9
其他农副食品加工	803	98	39	13	21	58	11	14	43
食品制造业	5028	637	245	119	453	333	77	24	83
焙烤食品制造	1578	218	99	34	85	133	38	7	14
糖果、巧克力及蜜饯制造	1096	49	9	5	180	32	5	1	17
方便食品制造	590	68	35	9	53	55	14	3	12
乳制品制造	58	18	6	1	6	2	2		2
罐头食品制造	155	11	7	2	14	12	4		
调味品、发酵制品制造	527	79	15	25	36	38	3	3	9
其他食品制造	1024	194	74	43	79	61	11	10	29
酒、饮料和精制茶制造业	1648	149	87	41	83	89	42	48	145
酒的制造	487	30	10	6	31	23	9	19	77
饮料制造	926	111	72	33	38	63	22	19	34
精制茶加工	235	8	5	2	14	3	11	10	34
烟草制品业	29	1	3	3	2		1		
烟叶复烤	2								
卷烟制造	8		1						
其他烟草制品制造	19	1	2	3	2		1		
纺织业	7967	891	587	96	891	1590	33	45	61

惠州市	汕尾市	东莞市	中山市	江门市	阳江市	湛江市	茂名市	肇庆市	清远市	潮州市	揭阳市	云浮市
						1	7	3				
					2	3	5	2	3		3	
117	13	9	7	58	103	166	268	171	238	18	28	55
113	10	5	5	56	91	129	257	166	173	17	27	43
1		1			3		2					2
	1	1			1	12						
3	2	2	2	2	8	25	9	5	65	1	1	10
2	1		1	1	3	5	3	4	1		1	
								2				
1	1				1	5		1			1	
1			1	1	2		3	1	1			
7	2		1	4	2	10	9	3	20		2	1
7	2		1	4	2	10	9	3	20		2	1
9314	**910**	**48668**	**32330**	**14069**	**3624**	**4631**	**3909**	**3723**	**2085**	**6800**	**5172**	**2299**
189	79	264	251	519	193	420	368	175	163	180	278	86
26	14	30	17	87	43	42	14	31	38	6	11	32
24	3	30	22	59	13	56	74	18	11	5	18	6
14	1	37	12	27	12	39	87	34	11	5	23	16
3		9	5	14	4	9	8	3	3		4	
52	23	68	126	126	31	60	38	23	55	47	30	8
7	20	4	17	61	67	173	88	10	2	40	53	1
30	11	18	14	26	3	16	26	14	16	46	94	5
33	7	68	38	119	20	25	33	42	27	31	45	18
128	41	416	238	306	92	234	290	124	61	589	431	107
48	9	174	96	92	28	101	181	48	34	28	82	29
9	12	24	28	48	11	8	26	8	6	386	172	60
17	5	61	28	43	6	13	11	25	4	84	37	7
1	1	2	6	3		1	1	3	2		1	
7	1	7	7	10	1	30	8	7	1	4	21	1
17	2	55	27	57	13	26	20	17	4	33	46	2
29	11	93	46	53	33	55	43	16	10	54	72	8
101	32	100	80	91	31	114	61	62	54	129	66	43
23	17	8	17	30	19	52	18	30	15	13	12	28
74	7	88	62	44	11	45	40	27	27	62	36	11
4	8	4	1	17	1	17	3	5	12	54	18	4
				2	2	7	4	2		1	1	
					1		1					
				1		1	1	2		1	1	
				1	1	6	2					
236	47	1330	974	459	42	103	59	85	60	57	281	40

2-9 续表2

行业中类	法人单位数(个)	广州市	深圳市	珠海市	汕头市	佛山市	韶关市	河源市	梅州市
棉纺织及印染精加工	2174	328	71	20	240	578	8	16	25
毛纺织及染整精加工	645	51	13	9	74	49	2	6	
麻纺织及染整精加工	76	8	6		3	8			2
丝绢纺织及印染精加工	168	17	21	3	6	9	1		1
化纤织造及印染精加工	377	36	23	3	26	133		2	
针织或钩针编织物及其制品制造	1838	103	75	16	415	415	12	13	10
家用纺织制成品制造	1234	155	188	16	52	263	6	3	8
非家用纺织制成品制造	1455	193	190	29	75	135	4	5	15
纺织服装、服饰业	19770	4838	2422	305	2248	1660	46	55	53
机织服装制造	12840	3624	1807	246	1068	945	37	26	41
针织或钩针编织服装制造	3663	317	141	46	978	317	4	12	4
服饰制造	3267	897	474	13	202	398	5	17	8
皮革、毛皮、羽毛及其制品和制鞋业	11753	3205	1043	40	134	964	9	36	27
皮革鞣制加工	505	121	15	1	3	32	2	2	
皮革制品制造	5517	2226	836	25	64	170	3	24	11
毛皮鞣制及制品加工	188	32	37	4	17	11	1	2	
羽毛(绒)加工及制品制造	119	7	6	1	4	8			
制鞋业	5424	819	149	9	46	743	3	8	16
木材加工和木、竹、藤、棕、草制品业	4244	391	255	44	52	548	98	70	973
木材加工	1435	65	46	5	14	160	33	39	54
人造板制造	695	59	19	6	2	143	10	8	20
木制品制造	1688	251	180	31	31	218	16	11	13
竹、藤、棕、草等制品制造	426	16	10	2	5	27	39	12	10
家具制造业	9761	827	1071	71	92	3848	38	28	97
木质家具制造	5014	450	558	41	56	1489	26	18	85
竹、藤家具制造	130	6	4		3	63	2	1	3
金属家具制造	1439	174	95	14	6	655	8	2	2
塑料家具制造	208	28	14	2	3	63		1	3
其他家具制造	2970	169	400	14	24	1578	2	6	4
造纸和纸制品业	10325	1200	2450	166	403	895	29	33	62
纸浆制造	46	8	4		3	2		1	
造纸	2604	697	319	28	111	190	10	9	22
纸制品制造	7675	495	2127	138	289	703	19	23	40
印刷和记录媒介复制业	11965	1309	1829	313	731	1858	49	50	62
印刷	11284	1217	1714	285	668	1807	43	41	58
装订及印刷相关服务	638	87	106	24	52	48	6	9	3
记录媒介复制	43	5	9	4	11	3			1
文教、工美、体育和娱乐用品制造业	12096	1912	2449	182	1223	830	36	55	130
文教办公用品制造	903	136	195	16	150	65	8	4	5
乐器制造	287	88	34	5	7	36	1	2	1

惠州市	汕尾市	东莞市	中山市	江门市	阳江市	湛江市	茂名市	肇庆市	清远市	潮州市	揭阳市	云浮市
81	10	253	254	147	3	19	4	27	24	10	53	3
20	22	181	96	44	2	2	7	12	4	9	37	5
1		13	5	8		15	1	1	1	3	1	
8		25	41	6	4	4	6	3	6	2	1	4
16	1	39	33	41		3	7	4	3	1	5	1
38	8	222	282	64	22	19	22	18	8	12	57	7
28	3	212	79	58	6	19	8	16	11	11	74	18
44	3	385	184	91	5	22	4	4	3	9	53	2
421	126	2832	2665	604	161	64	91	72	61	287	596	163
300	96	1271	1987	385	66	40	46	52	46	199	475	83
63	7	1043	391	121	6	5	14	8	5	34	74	73
58	23	518	287	98	89	19	31	12	10	54	47	7
765	38	2377	936	459	86	278	444	108	58	259	329	158
31	3	69	17	44	9	1	127	14	4	1		9
140	9	1004	347	141	48	16	196	52	25	30	17	133
8	1	29	16	15	1	7	1	5			1	
3	1	1	4	13		51	8			12		
583	24	1274	552	246	28	203	112	37	29	216	311	16
121	33	477	356	229	92	534	336	246	68	48	64	85
34	15	112	82	66	20	276	180	89	43	26	34	42
27	7	63	24	37	8	169	38	25	9	3	14	4
44	7	288	243	113	55	70	35	42	9	16	11	4
16	4	14	7	13	9	19	83	90	7	3	5	35
303	2	1542	1011	357	49	79	74	60	46	31	54	81
197	1	844	728	171	34	69	63	30	30	21	42	61
3		6	9	10	2	1		8		1	2	6
32		213	93	86	7	3	9	16	13	1	5	5
5	1	35	37	9	3		1	2			1	
66		444	144	81	3	6	1	4	3	8	4	9
322	32	2346	1045	561	38	127	105	132	43	183	116	37
		6	2	2	1	7	1	5	2	1	1	
98	9	619	139	114	19	44	57	40	9	29	25	16
224	23	1721	904	445	18	76	47	87	32	153	90	21
462	18	1701	1290	692	229	188	135	140	50	613	214	32
451	17	1599	1206	659	222	170	123	122	48	605	197	32
11	1	99	84	33	6	17	10	16	2	7	17	
		3			1	1	2	2		1		
567	186	2126	768	310	587	56	111	97	48	168	191	64
30	1	171	41	31	7	5	2	6	2	12	16	
45		24	5	1	2		1	10	1	6	18	

2-9 续表3

行业中类	法人单位数（个）	广州市	深圳市	珠海市	汕头市	佛山市	韶关市	河源市	梅州市
工艺美术品制造	7101	1321	1509	109	437	558	18	23	116
体育用品制造	905	125	137	17	12	55		7	2
玩具制造	2561	99	543	32	615	101	9	15	5
游艺器材及娱乐用品制造	339	143	31	3	2	15		4	1
石油加工、炼焦和核燃料加工业	408	53	39	17	4	51	4	5	1
精炼石油产品制造	390	52	38	17	4	51	1	4	1
炼焦	12	1	1				2		
核燃料加工	6						1	1	
化学原料和化学制品制造业	10983	2124	1078	358	503	1459	204	42	57
基础化学原料制造	658	75	43	24	15	88	29	5	7
肥料制造	335	39	10	5	8	17	9	8	12
农药制造	94	9	12	7	3	6		1	1
涂料、油墨、颜料及类似产品制造	3062	351	259	101	56	583	100	7	10
合成材料制造	1619	153	246	48	47	197	18	9	
专用化学产品制造	2314	354	285	69	51	364	40	7	18
炸药、火工及焰火产品制造	38	3	4		1	2	1	1	2
日用化学产品制造	2863	1140	219	104	322	202	7	4	7
医药制造业	1142	234	139	73	48	73	25	23	24
化学药品原料药制造	70	21	7	4	3	5	5	2	1
化学药品制剂制造	117	24	23	9	7	3			2
中药饮片加工	220	35	7	7	8	14	4	1	1
中成药生产	152	16	14	9	8	3	2	7	11
兽用药品制造	129	45	2	7		10	5	2	5
生物药品制造	234	50	48	18	12	11	5	7	1
卫生材料及医药用品制造	220	43	38	19	10	27	4	4	3
化学纤维制造业	294	28	29	4	15	46	1	3	4
纤维素纤维原料及纤维制造	61	6	4		2	8	1	1	2
合成纤维制造	233	22	25	4	13	38		2	2
橡胶和塑料制品业	25942	2185	5858	441	1271	3327	67	83	94
橡胶制品业	4164	373	1291	60	70	347	4	22	19
塑料制品业	21778	1812	4567	381	1201	2980	63	61	75
非金属矿物制品业	12866	855	962	199	191	1627	196	196	428
水泥、石灰和石膏制造	619	47	20	10	10	30	34	29	56
石膏、水泥制品及类似制品制造	1588	233	127	40	45	143	39	37	56
砖瓦、石材等建筑材料制造	4130	224	139	57	56	600	91	100	188
玻璃制造	537	44	123	6	7	91	2	3	1
玻璃制品制造	1695	182	334	22	31	285	5	7	4
玻璃纤维和玻璃纤维增强塑料制品制造	288	40	36	19	10	59		4	
陶瓷制品制造	3047	50	88	12	22	295	5	8	102
耐火材料制品制造	223	12	9	3	5	41	5	1	5

惠州市	汕尾市	东莞市	中山市	江门市	阳江市	湛江市	茂名市	肇庆市	清远市	潮州市	揭阳市	云浮市
319	181	874	392	212	564	35	97	67	33	116	68	52
57	1	357	76	24	1	13	4	4	4		8	1
99	3	675	171	34	10	2	7	9	8	33	80	11
17		25	83	8	3	1		1		1	1	
16	2	60	12	11	3	11	101	10	2		6	
15	2	58	11	11	3	11	97	7	1		6	
1		2					3	1	1			
			1				1	2				
537	22	1597	767	834	49	191	248	295	241	162	92	123
36	2	77	23	99	4	20	25	18	45	1	12	10
23	1	16	6	30	5	60	34	22	12	1	6	11
3		3	2	13	1	8	10	7	4	1	2	1
206	9	404	295	291	8	21	22	84	105	122	21	7
68	1	527	106	84	7	11	15	30	31	8	10	3
112	5	349	144	221	14	40	60	94	28	13	19	27
2			1	2		12	3	3				1
87	4	221	190	94	10	19	79	37	16	16	22	63
39	4	45	67	38	17	52	95	31	19	29	50	17
		1	5	3		3	3	5	1			1
6		6	15	5		5	2	2	4		4	
5	1	6	5	2	4	5	61	6	9	15	16	8
11	1	4	10	4	4	10	13	2	1	8	10	4
4	1	5	3	9	3	4	5	6	2	4	5	2
6	1	6	16	10	3	18	9	5	1		6	1
7		17	13	5	3	7	2	5	1	2	9	1
7		73	22	35		2	3	8	2	2	10	
		17	2	12			2	2			2	
7		56	20	23		2	1	6	2	2	8	
897	50	5742	2789	1218	153	381	273	228	98	303	420	64
143	1	1183	224	219	13	65	61	19	14	7	26	3
754	49	4559	2565	999	140	316	212	209	84	296	394	61
396	42	926	838	520	135	534	558	358	442	2413	381	669
49	5	31	32	48	14	41	34	18	65	8	11	27
123	19	117	115	77	25	98	62	48	55	22	76	31
109	15	192	135	178	65	337	395	214	149	77	210	599
19	1	83	70	51	3	4	7	4	13	1	3	1
44	1	271	332	87	4	14	16	14	6	19	12	5
8		59	27	5	1	1		10	8		1	
20	1	89	57	31	9	20	12	30	53	2087	55	1
8		20	49	10	4	4	3	4		31	9	

2-9 续表4

行业中类	法人单位数(个)	广州市	深圳市	珠海市	汕头市	佛山市	韶关市	河源市	梅州市
石墨及其他非金属矿物制品制造	739	23	86	30	5	83	15	7	16
黑色金属冶炼和压延加工业	1763	189	124	20	20	545	56	22	31
炼铁	55	21	1			4	6	3	1
炼钢	77	7	14		1	8	7	6	7
黑色金属铸造	432	82	11	5	4	41	23	4	14
钢压延加工	1152	73	93	15	15	485	19	7	7
铁合金冶炼	47	6	5			7	1	2	2
有色金属冶炼和压延加工业	2462	196	376	35	17	697	41	18	23
常用有色金属冶炼	282	34	26	4	4	64	15	4	7
贵金属冶炼	34	3	6			2	2	1	1
稀有稀土金属冶炼	30	2	5	2	1		6	2	4
有色金属合金制造	296	34	63	4	2	55	3	5	2
有色金属铸造	193	12	4	1		63	2	1	2
有色金属压延加工	1627	111	272	24	10	513	13	5	7
金属制品业	33178	2268	5191	353	348	6503	82	75	94
结构性金属制品制造	7615	575	1116	71	93	1821	19	10	53
金属工具制造	3482	233	402	53	41	414	11	14	7
集装箱及金属包装容器制造	712	82	116	17	15	141	7	2	
金属丝绳及其制品制造	548	40	71	9	6	82		4	2
建筑、安全用金属制品制造	4942	332	799	56	62	862	12	6	7
金属表面处理及热处理加工	1773	176	217	28	14	379	9		4
搪瓷制品制造	263	23	13	1	5	94	1		1
金属制日用品制造	6078	427	310	41	73	1051	3	9	5
其他金属制品制造	7765	380	2147	77	39	1659	20	30	15
通用设备制造业	14564	1681	2992	335	330	2708	151	39	74
锅炉及原动设备制造	360	61	54	9	5	64	7	2	5
金属加工机械制造	3306	408	566	58	91	651	29	7	16
物料搬运设备制造	649	103	90	10	11	133	7	4	4
泵、阀门、压缩机及类似机械制造	1025	168	150	34	15	212	22	2	7
轴承、齿轮和传动部件制造	414	40	50	7	18	76	16		2
烘炉、风机、衡器、包装等设备制造	2413	380	510	56	80	475	9	11	6
文化、办公用机械制造	640	100	244	36	7	42	2	2	1
通用零部件制造	4275	297	1004	95	85	862	46	8	26
其他通用设备制造业	1482	124	324	30	18	193	13	3	7
专用设备制造业	18158	1728	5233	518	327	2145	129	46	97
采矿、冶金、建筑专用设备制造	532	61	62	12	12	152	42	3	29
化工、木材、非金属加工专用设备制造	9393	461	3136	240	109	1017	17	16	12
食品、饮料、烟草及饲料生产专用设备制造	372	95	19	8	24	33	10	3	6
印刷、制药、日化及日用品生产专用设备制造	1647	231	324	39	53	331	1	4	4

惠州市	汕尾市	东莞市	中山市	江门市	阳江市	湛江市	茂名市	肇庆市	清远市	潮州市	揭阳市	云浮市
16		64	21	33	10	15	29	16	93	168	4	5
31	6	247	75	132	32	13	40	31	51	11	85	2
5	3		3					2	6			
3	2	1	1	5	3	3	2		4		3	
3		96	40	29	9	6	26	15	21		3	
19	1	141	30	96	20	3	12	13	18	6	78	1
1		9	1	2		1		1	2	5	1	1
67	3	397	169	120	16	29	16	111	70	16	28	17
11	1	14	19	5	6	6	2	30	13	9	2	6
1		2	2	2		1	5	2		2	1	1
1				1			1	2	1			2
6		65	17	14	4	1	1	9	8	1	2	
9		66	8	8	2	1		10	3	1		
39	2	250	123	90	4	20	7	58	45	3	23	8
835	41	5487	5070	2776	1293	260	128	522	111	898	601	242
242	4	1796	823	419	16	85	53	138	17	28	63	173
61	3	673	336	229	863	16	16	33	13	6	41	17
29		181	42	38	2	11	2	7	4	4	11	1
9		119	147	31	10	2	1	5	1		9	
73	28	605	1154	618	45	22	13	95	15	16	121	1
136	2	231	270	182	22	2	1	82	9	1	7	1
3	1	17	53	17	5	2	5	9	2	4	7	
121	2	424	1302	646	286	112	29	61	32	799	299	46
161	1	1441	943	596	44	8	8	92	18	40	43	3
339	10	3455	1264	487	115	106	48	199	59	56	81	35
9	2	85	17	10	4	6	2	4	3	1	6	4
52	1	810	275	186	28	25	18	25	15	9	23	13
20	1	109	57	26	40	8	5	7	4		8	2
22	1	168	84	35	9	7	5	53	7	14	7	3
11		114	42	16	6	2		7	5	1	1	
48	1	509	164	71	7	14	2	23	10	20	10	7
19	1	103	42	20	7	2	3	6			3	
144	1	950	506	97	12	29	13	56	13	10	18	3
14	2	607	77	26	2	13		18	2	1	5	3
439	20	4504	1698	479	56	207	62	161	56	71	137	45
17	2	54	14	16	3	11	11	7	3	2	8	11
229	5	2617	1114	187	14	35	11	45	19	33	70	6
9	1	19	12	14	2	88	3	11		5	10	
37	4	310	162	63	10	12	6	26	6	14	8	2

2-9　续表5

行业中类	法人单位数(个)	广州市	深圳市	珠海市	汕头市	佛山市	韶关市	河源市	梅州市
纺织、服装和皮革加工专用设备制造	496	82	72	5	27	75	3		2
电子和电工机械专用设备制造	2598	255	741	59	30	176	12	12	21
农、林、牧、渔专用机械制造	224	31	24	5	15	24	12	1	7
医疗仪器设备及器械制造	957	205	287	88	24	137	5	2	2
环保、社会公共服务及其他专用设备制造	1939	307	568	62	33	200	27	5	14
汽车制造业	1891	625	261	44	41	328	21	5	39
汽车整车制造	33	11	8	2	1	2			2
改装汽车制造	19	5	5			1	1		
低速载货汽车制造	1						1		
电车制造	27	3	4	4	1	1			1
汽车车身、挂车制造	24	6	1	1	1	6	1		
汽车零部件及配件制造	1787	600	243	37	38	318	18	5	36
铁路、船舶、航空航天和其他运输设备制造业	1431	298	233	60	23	187	8	4	7
铁路运输设备制造	36	11	5	3	1				2
城市轨道交通设备制造	12	2	1	1		2			
船舶及相关装置制造	402	94	19	43	13	26	7	2	1
航空、航天器及设备制造	35	4	12	10		2		1	
摩托车制造	456	125	4	2	3	93			2
自行车制造	390	49	166	1	4	55	1		1
非公路休闲车及零配件制造	40	7	16			3			
潜水救捞及其他未列明运输设备制造	60	6	10		2	6		1	1
电气机械和器材制造业	29758	1974	6903	523	311	3979	68	93	103
电机制造	1130	99	278	23	25	164	5	3	5
输配电及控制设备制造	6630	477	2515	209	110	651	16	27	47
电线、电缆、光缆及电工器材制造	3593	199	1129	47	29	391	10	13	13
电池制造	1290	80	733	32	11	50	16	8	6
家用电力器具制造	6206	419	472	64	42	1534	10	14	9
非电力家用器具制造	699	61	88	15	7	188	5	17	9
照明器具制造	9116	489	1350	100	72	867	4	10	11
其他电气机械及器材制造	1094	150	338	33	15	134	2	1	3
计算机、通信和其他电子设备制造业	26718	2335	13756	736	185	817	27	149	342
计算机制造	3496	220	2236	166	5	57	2	9	4
通信设备制造	1853	131	1228	32	10	50	1	42	13
广播电视设备制造	1020	84	575	29	4	23		2	2
雷达及配套设备制造	59	6	27	1		5			1
视听设备制造	2519	698	941	39	13	147	1	5	6
电子器件制造	4191	269	2540	73	19	118	5	17	9
电子元件制造	9253	548	4047	330	85	308	12	45	271
其他电子设备制造	4327	379	2162	66	49	109	6	29	36

惠州市	汕尾市	东莞市	中山市	江门市	阳江市	湛江市	茂名市	肇庆市	清远市	潮州市	揭阳市	云浮市
6	1	133	41	28	4	1		8	2		5	1
67	3	891	173	65	7	12	11	25	10	2	7	19
7	2	16	9	13	7	21	9	5	4	5	6	1
16	2	74	43	27	3	8	4	6	4	5	14	1
51		390	130	66	6	19	7	28	8	5	9	4
41	1	209	102	98	6	15	8	24	5	3	13	2
4			1	2								
		1					6					
		5	4	3							1	
		4	1	1			1					1
37	1	199	96	92	6	15	1	24	5	3	12	1
44	14	126	68	251	14	32	13	9	10	9	17	4
		4	5	4		1						
		1	1	1			3					
11	10	29	25	49	12	25	5	4	8	6	9	4
2		3					1					
3	3	10	16	180	2	4	1	4	1	1	2	
23	1	59	7	14		1	1			1	6	
		7	5				1		1			
5		13	9	3		1	1	1		1		
690	11	4253	7963	1472	48	377	132	177	63	152	424	42
22	1	206	101	85	5	5	3	32	6	6	55	1
218	1	1547	490	134	8	25	10	45	22	21	46	11
127	1	974	271	96	2	14	11	23	14	38	182	9
46	3	147	56	51	1	2	2	16	8	3	5	14
57	3	332	2390	244	15	312	97	35	10	54	92	1
18	1	50	192	24	4	4	2	8		2	3	1
182		769	4356	798	8	12	6	13	3	25	37	4
20	1	228	107	40	5	3	1	5		3	4	1
1023	24	4657	1369	736	22	35	59	118	31	66	128	103
53	2	634	68	15	1	6	3	5		2	8	
91	2	204	20	10	1	2	1	9	1		5	
49	1	182	17	44		2			1	3		2
4	2	8	1			1						3
104		296	55	181	3	1	4	6	5	1	11	2
104	1	597	205	172	3	4	4	14	6	15	15	1
551	10	1763	728	219	5	10	38	62	11	38	79	93
67	6	973	275	95	9	9	9	22	7	7	10	2

2-9 续表6

行业中类	法人单位数(个)	广州市	深圳市	珠海市	汕头市	佛山市	韶关市	河源市	梅州市
仪器仪表制造业	4184	456	2187	168	50	160	14	40	12
通用仪器仪表制造	1202	180	442	92	9	81	6		2
专用仪器仪表制造	617	97	280	33	7	23	1	4	
钟表与计时仪器制造	1352	105	854	8	23	27	2	29	3
光学仪器及眼镜制造	804	46	526	26	6	18	1	5	4
其他仪器仪表制造业	209	28	85	9	5	11	4	2	3
其他制造业	2185	208	578	34	88	172	8	30	10
日用杂品制造	1165	94	394	7	56	81	4	5	4
煤制品制造	32	1	2	1	2	6			1
核辐射加工	13	1	9			1			
其他未列明制造业	975	112	173	26	30	84	4	25	5
废弃资源综合利用业	1070	59	17	7	88	266	30	18	30
金属废料和碎屑加工处理	586	33	11	2	20	193	17	9	8
非金属废料和碎屑加工处理	484	26	6	5	68	73	13	9	22
金属制品、机械和设备修理业	1507	440	369	78	30	109	21	7	20
金属制品修理	112	22	25	1	4	13	1	1	
通用设备修理	236	59	49	9	4	31	9		1
专用设备修理	146	32	37	9	1	18	1		2
铁路、船舶、航空航天等运输设备修理	408	187	68	16	11	7	2	3	11
电气设备修理	122	33	27	7	2	8	3	1	
仪器仪表修理	28	8	7	4		4			
其他机械和设备修理业	455	99	156	32	8	28	5	2	6
电力、热力、燃气及水生产和供应业	**7962**	**176**	**147**	**53**	**78**	**131**	**1019**	**555**	**1265**
电力、热力生产和供应业	6316	55	55	29	23	24	941	482	1179
电力生产	6114	41	44	14	20	13	928	479	1150
电力供应	153	6	4	11	3	4	13	3	29
热力生产和供应	49	8	7	4		7			
燃气生产和供应业	292	20	15	6	12	21	23	11	14
燃气生产和供应业	292	20	15	6	12	21	23	11	14
水的生产和供应业	1354	101	77	18	43	86	55	62	72
自来水生产和供应	956	76	39	8	28	39	37	58	65
污水处理及其再生利用	344	21	27	9	11	44	18	3	6
其他水的处理、利用与分配	54	4	11	1	4	3		1	1
建筑业	**22583**	**3618**	**3091**	**2185**	**529**	**1279**	**264**	**343**	**404**
房屋建筑业	3177	470	355	374	106	171	43	75	114
房屋建筑业	3177	470	355	374	106	171	43	75	114
土木工程建筑业	3180	496	434	434	58	240	32	51	65
铁路、道路、隧道和桥梁工程建筑	1007	145	157	131	22	118	9	21	24
水利和内河港口工程建筑	281	40	16	46	9	21	6	11	8
海洋工程建筑	14	2	3	4					

惠州市	汕尾市	东莞市	中山市	江门市	阳江市	湛江市	茂名市	肇庆市	清远市	潮州市	揭阳市	云浮市
114	1	704	163	30	10	9	4	25	4	10	20	3
32		253	58	17	2	4		16	2	1	5	
25		106	23	3	3	2	1	3		4	2	
45	1	209	20	5	3		1	1	1	3	12	
11		96	48	4	1	2	1	3	1	1	1	3
1		40	14	1	1	1	1	2		1		
98	4	483	169	181	19	12	11	12	5	28	11	24
87	1	205	66	128	4	3	4	4	3		6	9
1		2	2	2		3	5	2	1			1
		2										
10	3	274	101	51	15	6	2	6	1	28	5	14
52	11	56	56	29	27	86	8	89	91	18	25	7
26	5	35	38	11	23	20	3	54	51	13	11	3
26	6	21	18	18	4	66	5	35	40	5	14	4
34	10	136	55	33	7	75	24	12	13	8	22	4
1		10	14	5		5		3	5		2	
7	2	32	4	1	2	10	7	2	3	2	1	1
7		18	3	2	1	10	3				2	
10	5	10	6	10	3	32	5	3	1	3	14	1
1	1	21	3	5		4	4				1	1
		4							1			
8	2	41	25	10	1	14	5	4	3	3	2	1
301	**174**	**167**	**98**	**204**	**389**	**128**	**618**	**596**	**1124**	**190**	**279**	**270**
179	120	30	19	111	349	26	545	516	1055	130	231	217
172	114	20	13	101	346	19	536	505	1038	127	221	213
4	6	6	5	4	3	5	8	8	15	3	9	4
3		4	1	6		2	1	3	2		1	
5	11	17	14	12	7	23	12	11	11	36	5	6
5	11	17	14	12	7	23	12	11	11	36	5	6
117	43	120	65	81	33	79	61	69	58	24	43	47
79	39	68	31	44	24	66	54	51	49	23	40	38
38	3	39	29	36	9	12	5	15	7	1	3	8
	1	13	5	1		1	2	3	2			1
2471	**90**	**3039**	**1979**	**893**	**340**	**526**	**385**	**352**	**299**	**175**	**205**	**116**
175	37	303	184	146	82	124	98	56	40	91	97	36
175	37	303	184	146	82	124	98	56	40	91	97	36
389	18	258	207	141	60	80	50	60	41	19	26	21
93	5	56	65	39	20	30	21	17	11	6	11	6
14	3	16	11	13	10	17	9	8	10	7	2	4
1				1	1	2						

2-9 续表7

行业中类	法人单位数(个)	广州市	深圳市	珠海市	汕头市	佛山市	韶关市	河源市	梅州市
工矿工程建筑	111	20	8	22		6	2		
架线和管道工程建筑	324	52	48	27	10	22	9	6	6
其他土木工程建筑	1443	237	202	204	17	73	6	13	27
建筑安装业	4501	1102	563	322	76	314	45	44	30
电气安装	1446	313	138	54	32	139	22	18	13
管道和设备安装	1090	258	87	105	16	84	10	5	8
其他建筑安装业	1965	531	338	163	28	91	13	21	9
建筑装饰和其他建筑业	11725	1550	1739	1055	289	554	144	173	195
建筑装饰业	9774	1290	1545	866	262	454	118	140	164
工程准备活动	939	111	76	109	8	23	12	17	8
提供施工设备服务	172	35	7	9	5	20	7	3	8
其他未列明建筑业	840	114	111	71	14	57	7	13	15
批发和零售业	**283255**	**62895**	**82269**	**12726**	**7721**	**27510**	**3257**	**2593**	**2610**
批发业	185511	46028	59818	9175	4198	17876	2121	1158	1116
农、林、牧产品批发	4693	577	465	147	148	193	384	355	103
食品、饮料及烟草制品批发	14706	3858	3074	875	741	607	264	411	179
纺织、服装及家庭用品批发	29332	11853	8217	1170	712	1797	81	19	70
文化、体育用品及器材批发	8806	2825	3713	380	336	255	24	8	39
医药及医疗器材批发	4458	1912	669	279	155	181	45	21	77
矿产品、建材及化工产品批发	36812	6333	5003	1927	885	9197	793	184	295
机械设备、五金产品及电子产品批发	57970	11621	30513	2704	655	2529	399	63	200
贸易经纪与代理	14332	2997	5607	245	268	1871	61	46	46
其他批发业	14402	4052	2557	1448	298	1246	70	51	107
零售业	97744	16867	22451	3551	3523	9634	1136	1435	1494
综合零售	5353	888	717	163	312	297	91	148	166
食品、饮料及烟草制品专门零售	7704	1575	1186	363	412	598	134	285	146
纺织、服装及日用品专门零售	11208	2773	3056	332	584	910	43	59	84
文化、体育用品及器材专门零售	6164	1637	1782	214	233	450	58	55	66
医药及医疗器材专门零售	9711	1006	1022	243	288	557	76	78	163
汽车、摩托车、燃料及零配件专门零售	9771	2062	1370	269	378	636	250	175	357
家用电器及电子产品专门零售	19630	3347	7489	825	502	1248	219	218	205
五金、家具及室内装饰材料专门零售	17455	2368	3096	716	526	3441	145	240	148
货摊、无店铺及其他零售业	10748	1211	2733	426	288	1497	120	177	159
交通运输、仓储和邮政业	**25337**	**5561**	**9009**	**1076**	**815**	**1557**	**265**	**182**	**253**
道路运输业	8699	1633	2433	264	318	693	189	124	163
城市公共交通运输	529	68	61	13	22	39	11	18	18
公路旅客运输	583	61	52	42	32	38	20	21	20
道路货物运输	6795	1348	2182	201	239	559	115	68	107
道路运输辅助活动	792	156	138	8	25	57	43	17	18
水上运输业	1216	191	211	119	64	87	12	9	6

惠州市	汕尾市	东莞市	中山市	江门市	阳江市	湛江市	茂名市	肇庆市	清远市	潮州市	揭阳市	云浮市
13	5	19	1	4	2	1	1	1	4	1	1	
30	3	28	14	12	7	8	9	8	9	3	9	4
238	2	139	116	72	20	22	10	26	7	2	3	7
424	12	616	431	161	35	88	43	66	64	28	24	13
203	2	213	120	52	11	28	16	27	19	9	7	10
111	2	158	116	58	6	13	12	16	14	6	4	1
110	8	245	195	51	18	47	15	23	31	13	13	2
1483	23	1862	1157	445	163	234	194	170	154	37	58	46
1120	16	1640	965	360	119	201	155	115	128	31	48	37
296	5	66	99	28	12	24	6	25	5		2	7
9	2	22	9	5	3	1	10	2	8	1	6	
58		134	84	52	29	8	23	28	13	5	2	2
8064	**839**	**22676**	**12291**	**7221**	**3016**	**7349**	**7794**	**3000**	**2489**	**1662**	**2783**	**2490**
4570	309	12762	6132	4377	1520	3952	4710	1651	1364	655	1308	711
253	28	93	123	90	167	308	812	73	133	32	75	134
596	60	764	542	459	163	572	716	164	141	176	201	143
804	26	1931	1220	503	121	171	163	121	77	96	166	14
145	6	424	166	96	139	64	56	46	22	19	36	7
144	22	95	153	91	46	133	102	115	49	28	115	26
878	62	2890	1291	1310	344	1690	1871	476	636	157	330	260
918	25	4033	1577	809	196	606	259	415	160	67	196	25
576	31	712	283	550	233	103	361	101	91	36	105	9
256	49	1820	777	469	111	305	370	140	55	44	84	93
3494	530	9914	6159	2844	1496	3397	3084	1349	1125	1007	1475	1779
283	83	402	365	184	147	295	265	95	63	142	147	100
394	73	516	342	178	140	390	282	111	120	123	148	188
312	26	1294	504	163	99	265	238	71	34	84	176	101
229	26	375	245	96	150	132	100	96	52	49	55	64
236	37	460	2045	712	234	601	1019	227	136	96	109	366
419	87	831	400	373	225	465	344	283	241	182	241	183
834	70	1770	690	326	172	527	386	149	181	110	219	143
596	81	2018	1419	505	226	515	269	178	139	145	248	436
191	47	2248	149	307	103	207	181	139	159	76	132	198
707	**110**	**1874**	**846**	**622**	**190**	**705**	**334**	**344**	**321**	**220**	**209**	**137**
320	56	642	297	243	91	329	185	192	204	144	122	57
30	15	76	18	25	10	24	12	9	21	5	19	15
26	16	34	21	14	11	67	32	11	18	17	24	6
229	13	470	234	171	64	191	115	141	151	112	62	23
35	12	62	24	33	6	47	26	31	14	10	17	13
48	9	64	26	77	19	102	18	53	53	14	15	19

2-9 续表8

行业中类	法人单位数(个)	广州市	深圳市	珠海市	汕头市	佛山市	韶关市	河源市	梅州市
水上旅客运输	119	18	10	13	5	11	1	2	3
水上货物运输	656	128	98	59	34	44	9	5	3
水上运输辅助活动	441	45	103	47	25	32	2	2	
航空运输业	124	11	74	7	5	2		1	1
航空客货运输	80	8	54	4	2	2			
通用航空服务	25	1	12	3	1			1	1
航空运输辅助活动	19	2	8		2				
管道运输业	15	2	4	1		1		1	
管道运输业	15	2	4	1		1		1	
装卸搬运和运输代理业	12690	3232	5668	523	368	589	36	21	21
装卸搬运	812	142	182	64	42	66	22	6	9
运输代理业	11878	3090	5486	459	326	523	14	15	12
仓储业	1338	348	254	111	39	117	19	9	21
谷物、棉花等农产品仓储	187	15	15	7	12	9	7	6	18
其他仓储业	1151	333	239	104	27	108	12	3	3
邮政业	1255	144	365	51	21	68	9	17	41
邮政基本服务	49	6	10	1	1	6		4	
快递服务	1206	138	355	50	20	62	9	13	41
住宿和餐饮业	**17063**	**4516**	**3281**	**667**	**480**	**1555**	**306**	**228**	**201**
住宿业	6701	1573	1179	300	186	590	125	128	115
旅游饭店	2127	397	315	136	64	175	80	58	58
一般旅馆	4062	1098	763	150	97	361	40	61	47
其他住宿业	512	78	101	14	25	54	5	9	10
餐饮业	10362	2943	2102	367	294	965	181	100	86
正餐服务	7402	1922	1362	251	195	766	172	86	73
快餐服务	1019	451	252	19	16	59	2	6	6
饮料及冷饮服务	690	191	211	21	40	50		1	2
其他餐饮业	1251	379	277	76	43	90	7	7	5
信息传输、软件和信息技术服务业	**25627**	**7570**	**10507**	**1430**	**377**	**1242**	**100**	**132**	**129**
电信、广播电视和卫星传输服务	707	201	141	35	23	50	5	15	7
电信	566	156	124	30	15	42	4	12	5
广播电视传输服务	118	35	15	4	5	8	1	3	
卫星传输服务	23	10	2	1	3				2
互联网和相关服务	2981	765	747	131	92	226	15	27	30
互联网接入及相关服务	473	38	130	52	13	42	3	4	6
互联网信息服务	1880	686	395	44	53	135	12	13	19
其他互联网服务	628	41	222	35	26	49		10	5
软件和信息技术服务业	21939	6604	9619	1264	262	966	80	90	92
软件开发	15140	4821	7070	931	153	464	35	40	45
信息系统集成服务	1511	447	399	123	21	144	12	11	14

惠州市	汕尾市	东莞市	中山市	江门市	阳江市	湛江市	茂名市	肇庆市	清远市	潮州市	揭阳市	云浮市
9	2	3	3	7	2	12	1	7	7	3		
25	4	25	13	49	5	52	9	32	42	5	8	7
14	3	36	10	21	12	38	8	14	4	6	7	12
2	2	9		2	2	1		1			3	1
1	2	3		2	1	1						
		3						1			1	1
1		3			1						2	
2						1	3					
2						1	3					
215	11	882	428	179	54	217	72	49	31	26	29	39
29	3	50	32	30	14	35	34	10	12	5	14	11
186	8	832	396	149	40	182	38	39	19	21	15	28
53	14	110	33	70	10	35	37	16	11	9	13	9
15	8	7	1	3	5	9	21	5	6	5	6	7
38	6	103	32	67	5	26	16	11	5	4	7	2
67	18	167	62	51	14	20	19	33	22	27	27	12
	8	1	2		3	1		1	2		2	1
67	10	166	60	51	11	19	19	32	20	27	25	11
554	**178**	**1359**	**1265**	**439**	**286**	**482**	**329**	**259**	**169**	**193**	**183**	**133**
304	104	633	423	156	86	198	137	148	106	74	78	58
151	39	247	74	45	12	40	34	70	63	24	24	21
124	50	309	347	95	65	145	80	60	41	44	49	36
29	15	77	2	16	9	13	23	18	2	6	5	1
250	74	726	842	283	200	284	192	111	63	119	105	75
215	62	410	701	227	164	245	163	97	54	89	83	65
9	3	46	81	8	11	17	7	3		10	12	1
6	4	41	38	19	19	10	10	1	6	13	3	4
20	5	229	22	29	6	12	12	10	3	7	7	5
584	**43**	**1410**	**633**	**376**	**134**	**250**	**206**	**171**	**148**	**56**	**78**	**51**
32	9	31	10	21	16	32	23	20	10	4	12	10
27	7	19	4	16	12	32	18	15	8	3	9	8
5	2	9	6	3	4		5	5	2	1	3	2
		3		2								
187	25	302	89	64	50	47	60	21	51	14	27	11
27	2	71	17	16	3	12	9	6	12	3	5	2
130	10	135	47	27	41	26	41	6	34	8	10	8
30	13	96	25	21	6	9	10	9	5	3	12	1
365	9	1077	534	291	68	171	123	130	87	38	39	30
248	3	537	315	119	22	94	86	71	39	19	11	17
21	1	127	77	32	11	27	9	21	4	4	6	

2–9 续表9

行业中类	法人单位数(个)	广州市	深圳市	珠海市	汕头市	佛山市	韶关市	河源市	梅州市
信息技术咨询服务	2884	821	1074	66	56	226	24	21	13
数据处理和存储服务	518	73	265	60	5	45	1		2
集成电路设计	581	55	408	47	3	20	3	3	1
其他信息技术服务业	1305	387	403	37	24	67	5	15	17
房地产业	**32477**	**8124**	**5557**	**1610**	**733**	**2282**	**524**	**452**	**334**
房地产业	32477	8124	5557	1610	733	2282	524	452	334
房地产开发经营	7230	898	527	318	229	517	282	158	195
物业管理	14832	4391	3202	588	243	1204	157	141	72
房地产中介服务	8405	2456	1505	639	237	520	67	113	42
自有房地产经营活动									
其他房地产业	2010	379	323	65	24	41	18	40	25
租赁和商务服务业	**90293**	**23544**	**28687**	**5316**	**1221**	**6160**	**772**	**812**	**598**
租赁业	2890	696	911	281	27	151	34	23	22
机械设备租赁	2707	624	861	271	26	139	34	21	21
文化及日用品出租	183	72	50	10	1	12		2	1
商务服务业	87403	22848	27776	5035	1194	6009	738	789	576
企业管理服务	26624	5131	9340	1474	274	1936	183	254	144
法律服务	1176	358	264	46	30	107	17	13	13
咨询与调查	24815	7778	8783	1618	237	1702	147	110	74
广告业	14072	4185	3212	837	298	1171	179	174	162
知识产权服务	1077	304	310	14	15	115	4	1	3
人力资源服务	3111	669	744	130	54	191	62	44	18
旅行社及相关服务	2370	436	498	212	84	133	68	77	83
安全保护服务	663	101	127	19	16	69	10	26	12
其他商务服务业	13495	3886	4498	685	186	585	68	90	67
科学研究和技术服务业	**30924**	**9580**	**10987**	**1611**	**353**	**2903**	**208**	**312**	**134**
研究和试验发展	4972	1964	1898	499	28	188	13	17	9
自然科学研究和试验发展	394	189	77	60	6	14	3	1	
工程和技术研究和试验发展	3787	1357	1695	385	19	134	5	3	2
农业科学研究和试验发展	218	71	22	20	1	8	4	10	5
医学研究和试验发展	533	327	92	32	2	30	1	3	1
社会人文科学研究	40	20	12	2		2			1
专业技术服务业	21039	6310	7764	914	282	1892	159	130	95
气象服务	40	10	2	2		4	1	1	1
地震服务	11	1	3	1	1	1			
海洋服务	33	7	14		3				
测绘服务	200	36	26			20	2	1	2
质检技术服务	968	194	239	30	29	95	28	9	16
环境与生态监测	222	71	49	7	2	19	1	3	
地质勘查	131	39	26	8		3	7	4	6

惠州市	汕尾市	东莞市	中山市	江门市	阳江市	湛江市	茂名市	肇庆市	清远市	潮州市	揭阳市	云浮市
65	4	171	85	95	22	35	18	24	34	7	15	8
9		35	9	5	2	1			3	2	1	
1	1	30	2	3	1	2					1	
21		177	46	37	10	12	10	14	7	6	5	5
3178	**136**	**2729**	**1477**	**1148**	**585**	**779**	**610**	**751**	**827**	**143**	**197**	**301**
3178	136	2729	1477	1148	585	779	610	751	827	143	197	301
871	63	355	352	386	341	312	375	341	411	68	84	147
1192	52	1147	547	599	161	313	151	252	244	42	58	76
525	16	1047	561	129	60	89	68	136	103	9	34	49
590	5	180	17	34	23	65	16	22	69	24	21	29
3499	**196**	**7471**	**3334**	**2188**	**656**	**1043**	**1456**	**1045**	**1081**	**397**	**522**	**295**
128	7	198	97	55	34	48	54	33	60	3	14	14
126	7	189	95	52	24	46	52	32	59	3	13	12
2		9	2	3	10	2	2	1	1		1	2
3371	189	7273	3237	2133	622	995	1402	1012	1021	394	508	281
1273	39	2739	842	1021	186	189	504	301	320	135	233	106
35	2	104	64	30	10	14	21	18	14	2	7	7
680	17	1534	828	321	82	138	125	245	220	70	57	49
604	68	881	686	311	164	315	255	203	170	74	74	49
32		179	48	23	3	3	5	6	1	5	6	
125	14	537	102	73	21	95	64	23	102	18	15	10
98	22	97	68	104	46	79	35	58	76	54	26	16
27	8	80	13	33	20	27	14	20	13	11	11	6
497	19	1122	586	217	90	135	379	138	105	25	79	38
764	**45**	**1337**	**516**	**393**	**245**	**315**	**312**	**338**	**238**	**116**	**88**	**129**
36	2	100	62	39	8	33	15	17	12	10	16	6
2		9	14	7	1	3	2	1	3	1		1
21	1	76	27	18	2	7	4	10	6	5	8	2
10		4	6	9	4	18	7	4	3	3	6	3
3	1	11	14	4	1	5	2	2		1	1	
			1	1							1	
618	32	983	358	267	166	172	221	273	187	71	49	96
1		4	2	3		1		3	3			2
			1	1			2					
2			1			5					1	
6	2	26	44	5	1	6	5	10	6			2
27	3	130	39	30	10	13	14	16	16	11	9	10
1		36	11	8	2	3	2	3	3	1		
3	1	7	1	4	1	5	4	2	4	1	3	2

2-9 续表10

行业中类	法人单位数(个)	广州市	深圳市	珠海市	汕头市	佛山市	韶关市	河源市	梅州市
工程技术	9339	3489	2686	538	75	901	86	35	37
其他专业技术服务业	10095	2463	4719	328	172	849	34	77	33
科技推广和应用服务业	4913	1306	1325	198	43	823	36	165	30
技术推广服务	4097	1099	1068	159	35	762	32	149	22
科技中介服务	308	97	73	15	3	20	4	3	3
其他科技推广和应用服务业	508	110	184	24	5	41		13	5
水利、环境和公共设施管理业	**2966**	**469**	**366**	**137**	**62**	**415**	**81**	**79**	**63**
水利管理业	224	25	27	20	5	16	3	11	3
防洪除涝设施管理	26	2	3	3	1	1		2	
水资源管理	58	7	3	2		6	2	3	1
天然水收集与分配	31		1	2	2	1		2	1
水文服务	11	2	2	1		2			
其他水利管理业	98	14	18	12	2	6	1	4	1
生态保护和环境治理业	541	119	93	32	6	67	6	8	5
生态保护	37	7	3	1	1	1	2		
环境治理业	504	112	90	31	5	66	4	8	5
公共设施管理业	2201	325	246	85	51	332	72	60	55
市政设施管理	353	35	22	9	4	118	15	12	3
环境卫生管理	264	44	24	7	17	82	6	1	
城乡市容管理	59	8	12	3	1	12	3	1	1
绿化管理	1079	177	180	49	20	99	16	29	34
公园和游览景区管理	446	61	8	17	9	21	32	17	17
居民服务、修理和其他服务业	**15447**	**3826**	**3669**	**742**	**481**	**1438**	**164**	**129**	**102**
居民服务业	5327	1429	1457	170	156	470	43	23	34
家庭服务	703	152	362	34	10	33	7	2	3
托儿所服务	52	8	10	4		10			
洗染服务	186	33	45	14	8	13	2		2
理发及美容服务	1681	612	448	31	42	183	2	1	2
洗浴服务	492	126	53	7	6	25	8		1
保健服务	1187	269	351	38	33	152	4	5	1
婚姻服务	256	43	76	22	17	8	1	2	9
殡葬服务	128	27	5	1	10	11	10	2	4
其他居民服务业	642	159	107	19	30	35	9	11	12
机动车、电子产品和日用产品修理业	7487	1743	1595	395	263	792	89	55	54
汽车、摩托车修理与维护	5173	1012	977	259	198	607	81	36	41
计算机和办公设备维修	915	271	247	42	26	77	4	9	9
家用电器修理	1026	354	270	69	23	91	4	8	4
其他日用产品修理业	373	106	101	25	16	17		2	
其他服务业	2633	654	617	177	62	176	32	51	14
清洁服务	2124	563	537	162	31	155	27	21	8

惠州市	汕尾市	东莞市	中山市	江门市	阳江市	湛江市	茂名市	肇庆市	清远市	潮州市	揭阳市	云浮市
322	17	361	98	93	70	85	118	171	65	31	20	41
256	9	419	161	123	82	54	76	68	90	27	16	39
110	11	254	96	87	71	110	76	48	39	35	23	27
94	7	198	71	54	61	87	65	36	31	27	16	24
11	1	26	7	18	4	5	4	3	4	3	4	
5	3	30	18	15	6	18	7	9	4	5	3	3
264	**9**	**261**	**139**	**117**	**49**	**53**	**86**	**94**	**109**	**34**	**31**	**48**
7	1	21	7	16	3	11	10	13	8	4	8	5
		3		5		2	1	1		1		1
2	1	5	3	2		3	5	4	5	1	2	1
2		5	1	3	1	1		1		1	5	2
		3									1	
3		5	3	6	2	5	4	7	3	1		1
32		71	24	18	2	10	13	12	8	5	6	4
3		2	2	3	1	2	1	5	1		2	
29		69	22	15	1	8	12	7	7	5	4	4
225	8	169	108	83	44	32	63	69	93	25	17	39
18		29	15	26	4	5	11	13	4	3	2	5
17	3	19	15	5		4	5	3	5	1	3	3
2		4	2	4	1		1	3			1	
131	5	109	60	32	21	17	21	22	24	8	9	16
57		8	16	16	18	6	25	28	60	13	2	15
423	**50**	**1350**	**1361**	**327**	**132**	**353**	**258**	**158**	**142**	**125**	**123**	**94**
116	13	449	440	112	52	119	73	48	16	43	40	24
24		20	16	5	5	14	6	6	1	1	2	
1		2	10	6				1				
3		14	18	5	2	9	4	4	1	4	5	
20	4	100	136	5	7	48	21	4		8	5	2
18		31	141	36	7	5	5	3	3	15	2	
16	4	180	64	25	4	11	8	4	2	6	7	3
3	1	25	8	5	13	9	7	1	1	1	1	3
8	3	5	3	4	6	2		8	5	2	8	4
23	1	72	44	21	8	21	22	17	3	6	10	12
138	31	601	806	164	59	191	172	57	94	73	73	42
90	25	418	735	111	50	145	124	39	71	65	59	30
27	3	79	20	24	1	19	22	8	12	2	7	6
17	3	61	28	18	6	22	15	6	10	6	6	5
4		43	23	11	2	5	11	4	1		1	1
169	6	300	115	51	21	43	13	53	32	9	10	28
155	4	224	80	31	14	29	9	32	16	7	4	15

2-9 续表11

行业中类	法人单位数(个)	广州市	深圳市	珠海市	汕头市	佛山市	韶关市	河源市	梅州市
其他未列明服务业	509	91	80	15	31	21	5	30	6
卫生和社会工作	**71**	**36**	**9**	**2**	**2**	**4**	**1**		**4**
社会工作	71	36	9	2	2	4	1		4
提供住宿社会工作	58	33	5	1	2	3	1		4
不提供住宿社会工作	13	3	4	1		1			
文化、体育和娱乐业	**11036**	**2509**	**1763**	**498**	**347**	**910**	**187**	**111**	**139**
新闻和出版业	265	138	59	14	6	13		5	2
新闻业	11	3	4	2					
出版业	254	135	55	12	6	13		5	2
广播、电视、电影和影视录音制作业	820	214	227	50	26	43	14	6	12
广播	54	27	10	1	2	3			
电视	56	22	16		1	2	1		
电影和影视节目制作	290	92	115	27	5	8	1		4
电影和影视节目发行	46	13	11	9	2	1		1	1
电影放映	329	38	63	13	11	26	11	5	6
录音制作	45	22	12		5	3	1		1
文化艺术业	1468	372	389	155	47	96	8	10	15
文艺创作与表演	486	220	74	18	7	22	3	6	9
艺术表演场馆	30	5	8	2	2	5			
图书馆与档案馆	27	9	11			5			
文物及非物质文化遗产保护	17	3	3	2	2		1		
博物馆	11	1	3	1					
烈士陵园、纪念馆	4						2	1	
群众文化活动	311	48	83	92	11	15	2	1	1
其他文化艺术业	582	86	207	40	25	49		2	5
体育	1339	596	238	50	20	82	7	4	8
体育组织	140	45	29	31	2	9	2	2	
体育场馆	172	57	33	6	1	20	1		3
休闲健身活动	945	469	152	7	13	50	4	2	4
其他体育	82	25	24	6	4	3			1
娱乐业	7144	1189	850	229	248	676	158	86	102
室内娱乐活动	6528	1082	716	172	229	602	154	82	96
游乐园	143	22	10	6	4	16	3		3
彩票活动	7	2	3						
文化、娱乐、体育经纪代理	291	41	95	41	7	51		1	1
其他娱乐业	175	42	26	10	8	7	1	3	2

惠州市	汕尾市	东莞市	中山市	江门市	阳江市	湛江市	茂名市	肇庆市	清远市	潮州市	揭阳市	云浮市
14	2	76	35	20	7	14	4	21	16	2	6	13
3		**4**		**1**				**1**	**3**	**1**		
3		4		1				1	3	1		
2		3		1					2	1		
1		1						1	1			
536	**89**	**1254**	**571**	**313**	**186**	**445**	**253**	**231**	**255**	**132**	**181**	**126**
7	2	5	1	3	2	3	3		1		1	
		1				1						
7	2	4	1	3	2	2	3		1		1	
21	3	65	14	18	14	21	18	17	11	7	11	8
		6		2		2				1		
		3	1	4	2		1	1		1	1	
1		20	3	1	5	1	1	2			3	1
1		1	1		1	2	1				1	
19	3	34	9	11	6	16	15	14	11	5	6	7
		1										
37	6	142	39	38	17	16	35	16	14	3	9	4
13	5	44	6	7	6	10	17	6	8		4	1
		1	1	2	1	1	1		1			
1				1								
	1					1	1	1	1		1	
1			2	1	1					1		
				1								
10		24	6	5		2	7	2		1	1	
12		73	24	21	9	2	9	7	4	1	3	3
12	3	65	180	15	9	10	5	15	12	5	3	
2		9	2	2				3	1		1	
4		17	11	4		4	2	5	4			
6	3	35	157	8	8	6	3	6	6	4	2	
		4	10	1	1			1	1	1		
459	75	977	337	239	144	395	192	183	217	117	157	114
426	74	920	310	218	126	387	179	174	204	113	151	113
11		30	8	5	4	2	5	5	4	2	3	
		1			1							
7		15	6	3	4	3	5	3	5	1	2	
15	1	11	13	13	9	3	3	1	4	1	1	1

2-10 按行业（中类）、地区分组

行业中类	从业人员数(人)	广州市	深圳市	珠海市	汕头市	佛山市	韶关市	河源市	梅州市
合计	**16861275**	**2821457**	**4057112**	**441014**	**594075**	**1554087**	**186474**	**130373**	**195069**
农、林、牧、渔业	**17515**	**449**	**189**	**361**	**330**	**257**	**1778**	**2048**	**1236**
农业	551	80		26		58	50	20	219
谷物种植	3					3			
棉、麻、糖、烟草种植	12								12
蔬菜、食用菌及园艺作物种植	277	80		26		55			47
水果种植	20							20	
坚果、含油果、香料和饮料作物种植	179								160
中药材种植	50						50		
其他农业	10								
林业	2473	9					93	1	1
林木育种和育苗	11	9						1	1
造林和更新	19						19		
森林经营和管护	187								
木材和竹材采运	38						38		
林产品采集	2218						36		
畜牧业	30								
牲畜饲养	30								
渔业	78								
水产养殖	78								
农、林、牧、渔服务业	14383	360	189	335	330	199	1635	2027	1016
农业服务业	10249	239	137	271	236	64	1368	1227	867
林业服务业	1630	34	33	2	23	79	246	144	48
畜牧服务业	885	37			41	1	18	235	31
渔业服务业	1619	50	19	62	30	55	3	421	70
采矿业	**70279**	**741**	**1414**	**412**	**1071**	**829**	**5373**	**6338**	**7294**
煤炭开采和洗选业	892		373				292	5	56
烟煤和无烟煤开采洗选	687		365				284		
褐煤开采洗选	5								
其他煤炭采选	200		8				8	5	56
石油和天然气开采业	517	114	72	322				8	
石油开采	193	114	70					8	
天然气开采	324		2	322					
黑色金属矿采选业	10334					9	568	970	1659
铁矿采选	9292					9	562	965	1531
锰矿、铬矿采选	211						6		
其他黑色金属矿采选	831							5	128
有色金属矿采选业	6085	38	66			45	1114	353	785
常用有色金属矿采选	3497	18	66			23	290	265	210

的小微企业法人单位从业人员数

惠州市	汕尾市	东莞市	中山市	江门市	阳江市	湛江市	茂名市	肇庆市	清远市	潮州市	揭阳市	云浮市
678575	**77074**	**2375106**	**968516**	**516231**	**292992**	**300085**	**418387**	**314749**	**174080**	**263498**	**359265**	**143056**
604	**649**	**401**	**134**	**769**	**912**	**2177**	**2384**	**515**	**461**	**198**	**1508**	**155**
4			5	82					7			
4			5	60								
				12					7			
				10								
							2182	43	144			
								43	144			
							2182					
				30								
				30								
						78						
						78						
600	649	401	129	657	912	2099	202	472	310	198	1508	155
559	579	62	52	623	636	1011	160	371	225	79	1360	123
9	3	237	28	4	31	414	21	89	27	21	105	32
10	7	56		12	156	186	8	12	44	23	8	
22	60	46	49	18	89	488	13		14	75	35	
3806	**358**	**234**	**207**	**1586**	**4059**	**4893**	**13126**	**8282**	**5944**	**308**	**1101**	**2903**
	4			6		39	57	2	1		45	12
						18	20					
				5								
	4			1		21	37	2	1		45	12
							1					
							1					
326	17				342	257	2249	2505	1133		8	291
326	17				279	58	1869	2424	961			291
						11	1	23	170			
					63	188	379	58	2		8	
178	8		3		149	367	887	302	1231		164	395
178	8		3		137	316	322	140	1038		88	395

2-10　续表1

行业中类	从业人员数(人)	广州市	深圳市	珠海市	汕头市	佛山市	韶关市	河源市	梅州市
贵金属矿采选	579	20				22			78
稀有稀土金属矿采选	2009						824	88	497
非金属矿采选业	49945	533	173	87	927	773	3372	4925	4633
土砂石开采	44032	438	143	87	563	416	3192	3944	4443
化学矿开采	301	9							
采盐	1241				364	346			
石棉及其他非金属矿采选	4371	86	30			11	180	981	190
开采辅助活动	1309	20	682		93		26	15	31
煤炭开采和洗选辅助活动	45		3						16
石油和天然气开采辅助活动	976	20	675						
其他开采辅助活动	288		4		93		26	15	15
其他采矿业	1197	36	48	3	51	2	1	62	130
其他采矿业	1197	36	48	3	51	2	1	62	130
制造业	**9877267**	**1117469**	**2106601**	**189361**	**433213**	**1105335**	**64903**	**50763**	**89466**
农副食品加工业	148691	15529	7048	3155	7501	13149	2089	2604	2565
谷物磨制	12081	1210	943		292	1263	516	110	331
饲料加工	31947	5048	765	871	888	5124	522	208	352
植物油加工	10710	2002	582	163	309	526	196	295	311
制糖业	3447	254	85	151	194	188	3	130	14
屠宰及肉类加工	27078	2016	1970	313	1157	1488	488	590	836
水产品加工	31423	815	507	841	3310	2462		195	27
蔬菜、水果和坚果加工	16177	2305	981	476	1054	1000	143	668	146
其他农副食品加工	15828	1879	1215	340	297	1098	221	408	548
食品制造业	149576	24280	10248	3693	12839	7933	1656	1203	2328
焙烤食品制造	41384	6872	4588	817	2942	2564	384	125	148
糖果、巧克力及蜜饯制造	35035	2808	705	156	5156	1258	108	107	546
方便食品制造	18194	2719	1043	110	1493	1552	613	319	546
乳制品制造	3581	1130	495	253	220	35	89		166
罐头食品制造	7623	693	211	33	352	261	168		
调味品、发酵制品制造	15269	3050	301	1151	672	1058	29	64	218
其他食品制造	28490	7008	2905	1173	2004	1205	265	588	704
酒、饮料和精制茶制造业	47767	4456	3037	1135	2549	2884	1472	1548	3381
酒的制造	13467	576	324	135	1026	678	550	477	2212
饮料制造	28171	3700	2417	997	1168	2053	724	724	541
精制茶加工	6129	180	296	3	355	153	198	347	628
烟草制品业	1595	16	522	37	139		286		
烟叶复烤	96								
卷烟制造	142		2						
其他烟草制品制造	1357	16	520	37	139		286		
纺织业	326422	43273	17535	3365	38179	60549	1603	1942	2064
棉纺织及印染精加工	117983	22906	2030	589	12629	31166	315	1136	779

惠州市	汕尾市	东莞市	中山市	江门市	阳江市	湛江市	茂名市	肇庆市	清远市	潮州市	揭阳市	云浮市
						22	324	113				
					12	29	241	49	193		76	
3130	301	234	196	1566	3490	3861	9633	5327	3440	308	844	2192
3032	246	77	153	1557	3143	3125	8845	5173	2618	278	821	1738
19		4			91		56					122
	7	33			185	306						
79	48	120	43	9	71	430	732	154	822	30	23	332
41	6		7	3	47	192	67	52			27	
								26				
5	6				45	192		6			27	
36			7	3	2		67	20				
131	22		1	11	31	177	232	94	139		13	13
131	22		1	11	31	177	232	94	139		13	13
425817	**36258**	**1829248**	**732132**	**381019**	**185501**	**138741**	**168082**	**192233**	**80837**	**209306**	**259022**	**81960**
5917	2783	8853	5843	8769	11192	13177	13444	4139	3861	5326	9758	1989
616	348	830	409	868	1193	365	433	713	533	67	472	569
1419	146	1637	933	2858	1093	2563	4063	1065	377	423	1387	205
310	46	1800	83	163	706	613	1052	299	190	65	894	105
350		323	72	398	202	208	153	90	544		88	
1205	787	2531	2522	1254	1786	2322	1839	402	705	1346	1122	399
103	905	48	1135	1041	5263	6261	3846	583	33	1925	1958	165
1137	505	376	196	512	91	401	1063	207	1155	1014	2713	34
777	46	1308	493	1675	858	444	995	780	324	486	1124	512
4056	1647	11658	6633	7980	3274	6546	7837	3046	1423	13229	15993	2074
1401	511	4841	2386	1609	839	2205	4793	782	531	708	1849	489
176	311	1294	1394	1161	592	148	893	135	140	9204	7751	992
639	21	2616	651	1499	61	304	239	661	48	1351	1319	390
150	8	35	198	74		234	3	218	5		268	
356	191	282	431	207	1	1922	464	238	5	89	1703	16
392	23	923	571	1731	596	547	527	684	93	617	1960	62
942	582	1667	1002	1699	1185	1186	918	328	601	1260	1143	125
2225	1439	2687	2969	1402	1098	3535	2565	1838	1216	2873	2727	731
445	694	515	499	275	756	1151	462	1121	374	275	559	363
1693	401	1986	2463	1045	330	1816	1806	696	685	1087	1581	258
87	344	186	7	82	12	568	297	21	157	1511	587	110
				35	155	165	176	42		2	20	
					85		11					
				15		8	53	42		2	20	
				20	70	157	112					
12392	1499	53822	28146	18862	3078	3155	3995	7861	3055	1400	18052	2595
4916	561	11747	11288	7917	137	750	43	2429	1851	280	4031	483

2-10 续表2

行业中类	从业人员数(人)	广州市	深圳市	珠海市	汕头市	佛山市	韶关市	河源市	梅州市
毛纺织及染整精加工	26885	2596	498	745	3052	1605	11	275	
麻纺织及染整精加工	2863	562	85		152	117			27
丝绢纺织及印染精加工	5776	699	374	38	282	272	127		73
化纤织造及印染精加工	12359	1211	1256	21	696	3991		12	
针织或钩针编织物及其制品制造	76091	4559	2751	573	16936	11855	518	392	403
家用纺织制成品制造	38566	4193	4260	303	1300	8057	274	7	336
非家用纺织制成品制造	45899	6547	6281	1096	3132	3486	358	120	446
纺织服装、服饰业	854740	176048	89688	12814	133978	61334	1534	4174	2140
机织服装制造	543959	140093	67254	9881	58788	42317	1069	2667	1818
针织或钩针编织服装制造	205486	11548	7009	2445	67114	10023	266	549	172
服饰制造	105295	24407	15425	488	8076	8994	199	958	150
皮革、毛皮、羽毛及其制品和制鞋业	541674	116025	45793	1289	5338	43766	667	2354	1581
皮革鞣制加工	20864	4540	399	7	31	766	45	21	
皮革制品制造	248148	78939	36839	764	3405	8133	309	1459	323
毛皮鞣制及制品加工	6214	857	1042	38	382	463	219	20	
羽毛(绒)加工及制品制造	3106	224	98	50	39	219			
制鞋业	263342	31465	7415	430	1481	34185	94	854	1258
木材加工和木、竹、藤、棕、草制品业	138850	11690	8432	960	1077	14539	4095	1756	3629
木材加工	33439	1580	1312	211	199	2655	955	907	1696
人造板制造	34230	2522	660	202	11	6026	1229	349	1176
木制品制造	47115	7174	6231	526	645	5385	667	206	357
竹、藤、棕、草等制品制造	24066	414	229	21	222	473	1244	294	400
家具制造业	339338	27176	48648	1542	2177	93071	843	484	4247
木质家具制造	187356	14047	27545	957	1346	38048	467	265	4055
竹、藤家具制造	4927	611	113		33	1884	188	8	14
金属家具制造	50850	6232	3302	282	169	19379	182	4	107
塑料家具制造	6855	783	687	35	65	1873		1	44
其他家具制造	89350	5503	17001	268	564	31887	6	206	27
造纸和纸制品业	291016	29849	63873	4237	12572	25402	873	1121	1414
纸浆制造	1041	195	48		60	4		2	
造纸	79084	16530	7271	484	4645	5080	477	51	491
纸制品制造	210891	13124	56554	3753	7867	20318	396	1068	923
印刷和记录媒介复制业	300330	31557	59369	7061	22435	36855	532	1168	1079
印刷	283523	29258	56428	6464	20759	36126	471	1074	1049
装订及印刷相关服务	14652	2111	2590	374	942	587	61	94	20
记录媒介复制	2155	188	351	223	734	142			10
文教、工美、体育和娱乐用品制造业	494471	60128	107073	7338	57103	24889	1798	2769	6446
文教办公用品制造	37955	3978	7585	569	8499	1605	134	241	148
乐器制造	13692	3837	945	63	162	2025	179	19	3
工艺美术品制造	234872	37810	55531	3497	17785	13259	601	830	6155

惠州市	汕尾市	东莞市	中山市	江门市	阳江市	湛江市	茂名市	肇庆市	清远市	潮州市	揭阳市	云浮市
920	707	8542	3006	1077	65	20	430	1233	120	133	1188	662
86		670	61	633		365	1	12	8	83	1	
238		767	569	52	319	294	365	317	491	57	123	319
920	30	1583	790	1235		15	145	127	36	5	221	65
2723	161	12520	6820	3082	1631	463	2455	1941	271	389	5199	449
1030	19	7569	1519	1892	278	387	407	1321	199	116	4656	443
1559	21	10424	4093	2974	648	861	149	481	79	337	2633	174
28563	8337	138806	84350	29245	11264	1295	4099	4215	4862	10756	39345	7893
21191	6082	55390	56629	21973	3535	892	2206	2781	4232	7944	32434	4783
4883	634	66944	20928	3071	233	67	718	937	86	1417	3461	2981
2489	1621	16472	6793	4201	7496	336	1175	497	544	1395	3450	129
48368	1998	129935	26665	20310	3476	10805	24549	6014	4740	9338	32027	6636
1757	121	2612	755	2401	509		5598	642	425	15		220
9605	710	59950	11221	7073	2087	685	14754	2633	1859	627	812	5961
580	75	1286	167	471	11	64	31	458			50	
136	250	15	71	282		1158	193			371		
36290	842	66072	14451	10083	869	8898	3973	2281	2456	8325	31165	455
5235	809	15963	6021	5325	6024	16083	20096	8625	1993	1087	1739	3672
823	231	2403	721	1136	920	6926	5956	2176	557	303	515	1257
1614	434	3246	883	2181	1128	7104	1881	1704	994	28	689	169
1850	84	9768	4177	1780	3000	1467	1273	1108	383	631	325	78
948	60	546	240	228	976	586	10986	3637	59	125	210	2168
17633	11	82896	31350	11411	3111	2073	2938	3521	1067	689	2279	2171
10303	1	49617	23341	4906	2045	1830	2715	1633	637	621	1531	1446
170		342	478	234	57	135		117		4	158	381
3043		9271	3215	2937	269	15	207	1616	393		162	65
203	10	1427	873	455	308		12	33			46	
3914		22239	3443	2879	432	93	4	122	37	64	382	279
10512	909	74354	19936	12903	2904	4382	3398	7533	1747	5535	5246	2316
		167	41	125	18	70	65	71	140	25	10	
4022	125	22110	1967	4833	1303	1839	1356	2093	255	1508	1338	1306
6490	784	52077	17928	7945	1583	2473	1977	5369	1352	4002	3898	1010
10841	241	51609	22193	11453	8103	3965	2772	5226	892	14746	7341	892
10572	238	48526	20975	11112	7680	3499	2551	3595	881	14592	6781	892
269	3	2904	1218	341	348	453	216	1419	11	131	560	
		179			75	13	5	212		23		
26582	6203	106861	24021	9791	20854	1358	5690	5422	3186	4971	10054	1934
1886	12	9206	903	1211	206	135	90	552	304	80	611	
2136		1498	521	1	46		1	507	68	267	1414	
12942	5833	27967	9045	5601	19646	1042	4891	3499	1798	3726	2057	1357

2-10 续表3

行业中类	从业人员数(人)	广州市	深圳市	珠海市	汕头市	佛山市	韶关市	河源市	梅州市
体育用品制造	44943	5860	7081	1178	872	2017		820	27
玩具制造	152199	5378	34581	1955	29752	5396	884	743	33
游艺器材及娱乐用品制造	10810	3265	1350	76	33	587		116	80
石油加工、炼焦和核燃料加工业	10874	1948	840	502	76	1357	21	29	1
精炼石油产品制造	10478	1888	829	502	76	1357	8	27	1
炼焦	363	60	11				12		
核燃料加工	33						1	2	
化学原料和化学制品制造业	340744	67986	33440	12124	20140	45455	12182	913	1902
基础化学原料制造	23646	3249	1175	1039	254	3577	1772	242	389
肥料制造	9845	951	200	21	314	849	66	134	255
农药制造	3272	188	205	187	66	149		39	6
涂料、油墨、颜料及类似产品制造	95495	13176	8849	4182	2201	19202	5999	104	178
合成材料制造	53246	6853	7103	2062	1288	6841	1147	141	0
专用化学产品制造	68884	11475	7457	2114	3085	10009	3105	164	610
炸药、火工及焰火产品制造	1749	253	93		1	146	7	16	320
日用化学产品制造	84607	31841	8358	2519	12931	4682	86	73	144
医药制造业	54767	10278	8045	2881	2436	3469	1192	1211	745
化学药品原料药制造	3717	878	277	89	172	35	283	144	23
化学药品制剂制造	7528	1948	1278	292	639	586			40
中药饮片加工	10515	1999	599	202	106	638	43	102	8
中成药生产	9799	1419	1075	403	577	263	202	566	603
兽用药品制造	4571	1052	32	99		743	308	62	23
生物药品制造	8933	1180	2328	822	524	58	305	44	6
卫生材料及医药用品制造	9704	1802	2456	974	418	1146	51	293	42
化学纤维制造业	10579	1153	697	278	634	830	1	115	287
纤维素纤维原料及纤维制造	2161	366	171		99	104	1	38	24
合成纤维制造	8418	787	526	278	535	726		77	263
橡胶和塑料制品业	833034	69769	196191	17124	48167	84024	2361	3882	2198
橡胶制品业	127822	11292	39854	1215	1779	10484	49	956	704
塑料制品业	705212	58477	156337	15909	46388	73540	2312	2926	1494
非金属矿物制品业	470262	29570	36874	7424	5318	60065	7422	5077	17219
水泥、石灰和石膏制造	27679	1404	934	258	749	1782	1171	1343	3398
石膏、水泥制品及类似制品制造	69497	10188	7958	1975	1503	6799	1891	1282	1611
砖瓦、石材等建筑材料制造	139090	7290	4031	1184	824	24738	3114	1692	5076
玻璃制造	17586	1000	3854	131	196	2789	9	131	14
玻璃制品制造	55429	5033	12650	823	816	8447	453	187	75
玻璃纤维和玻璃纤维增强塑料制品制造	10257	1376	1529	873	172	1919		140	
陶瓷制品制造	122792	2013	3175	548	801	10170	127	126	6505
耐火材料制品制造	6874	525	183	21	145	1082	223	136	132
石墨及其他非金属矿物制品制造	21058	741	2560	1611	112	2339	434	40	408

惠州市	汕尾市	东莞市	中山市	江门市	阳江市	湛江市	茂名市	肇庆市	清远市	潮州市	揭阳市	云浮市
3005	48	17576	3518	869	156	148	215	410	618		497	28
6037	310	49055	7679	1726	380	30	493	452	398	898	5470	549
576		1559	2355	383	420	3		2			5	
227	20	836	403	311	32	441	2394	424	34		978	
217	20	817	397	311	32	441	2217	330	30		978	
10		19					176	71	4			
			6				1	23				
16585	678	42096	18950	17701	2671	4077	11830	13612	6046	3984	4150	4222
1336	16	2270	1020	2120	227	474	963	919	1454	1	241	908
539	100	1097	32	305	304	1042	1880	542	266	200	407	341
161		303	11	135	37	135	679	401	362	8	179	21
6383	233	9892	6917	6664	337	395	1188	3767	1866	2770	1064	128
2224	13	15676	2553	1935	143	369	2185	1281	860	213	292	67
3369	63	7422	2753	4685	958	1032	2829	4706	708	331	929	1080
282			3	26		233	60	178				131
2291	253	5436	5661	1831	665	397	2046	1818	530	461	1038	1546
1822	28	2300	3398	1260	1157	2482	4480	1741	742	1177	2744	1179
		20	373	340		279	89	403	119			193
424		407	971	121		183	36	135	264		204	
318	23	221	43	61	150	108	3070	544	105	634	1132	409
553	1	400	449	240	339	954	541	33	95	189	519	378
88	3	33	412	57	274	91	183	290	118	205	316	182
149	1	212	966	249	342	754	450	297	1		243	2
290		1007	184	192	52	113	111	39	40	149	330	15
334		2607	480	1415		6	71	496	239	29	907	
		633	23	258			53	155			236	
334		1974	457	1157		6	18	341	239	29	671	
37958	2220	204995	58979	28768	8362	9037	11084	12584	5083	5844	21761	2643
7346	15	35379	4540	5158	801	2056	2416	1350	786	169	1411	62
30612	2205	169616	54439	23610	7561	6981	8668	11234	4297	5675	20350	2581
15316	1349	36321	17350	16733	7787	18774	24126	18701	15910	92905	14439	21582
2264	79	1001	464	1326	1740	2015	2133	1283	2427	108	352	1448
5697	1008	5820	4113	2936	1495	3834	2538	2606	2411	702	1972	1158
3262	232	4723	1931	5821	2816	11440	16636	10503	5827	1575	7927	18448
626	20	4565	1232	1424	85	132	52	96	864	4	335	27
1635	5	10691	6041	3170	443	273	980	1052	351	926	1046	332
168		1748	674	41	6	26		759	724		102	
563	5	4930	1785	1268	406	732	765	1729	1276	84070	1775	23
328		1081	741	222	349	69	212	152		747	526	
773		1762	369	525	447	253	810	521	2030	4773	404	146

2-10 续表4

行业中类	从业人员数(人)	广州市	深圳市	珠海市	汕头市	佛山市	韶关市	河源市	梅州市
黑色金属冶炼和压延加工业	69525	6254	3415	582	482	20063	2880	1685	900
炼铁	1533	497	60			126	216	61	38
炼钢	2514	219	222		1	141	209	353	205
黑色金属铸造	16838	2530	289	340	53	2240	1194	285	397
钢压延加工	47715	2931	2748	242	428	17385	1261	925	222
铁合金冶炼	925	77	96			171		61	38
有色金属冶炼和压延加工业	94526	7007	13175	1067	1012	25963	1289	1156	927
常用有色金属冶炼	9024	911	625	90	562	1453	473	131	274
贵金属冶炼	1107	86	128			7	35	19	1
稀有稀土金属冶炼	1249	179	38	46	40		128	71	382
有色金属合金制造	12159	1200	2441	30	24	1466	172	404	14
有色金属铸造	6075	226	302	1		1120	45	266	153
有色金属压延加工	64912	4405	9641	900	386	21917	436	265	103
金属制品业	956922	64235	162828	11479	10878	163630	3568	1521	3682
结构性金属制品制造	202125	15932	33043	2486	2106	44779	894	123	1987
金属工具制造	110474	5848	10618	1588	1893	9212	162	148	207
集装箱及金属包装容器制造	35250	3414	5379	573	921	6218	434	160	
金属丝绳及其制品制造	14542	1212	2318	179	368	1849		24	10
建筑、安全用金属制品制造	128555	10149	20759	1826	1443	22774	356	121	218
金属表面处理及热处理加工	77884	6284	16029	599	467	13422	765		44
搪瓷制品制造	9323	1088	532	2	161	3196	7		3
金属制日用品制造	184029	11005	12643	2183	2434	25503	31	339	275
其他金属制品制造	194740	9303	61507	2043	1085	36677	919	606	938
通用设备制造业	387954	52092	84029	9589	8152	61377	4259	1061	2938
锅炉及原动设备制造	11530	2415	1259	684	279	1384	291	74	195
金属加工机械制造	75842	10707	15683	905	2079	14723	445	95	445
物料搬运设备制造	25960	5612	2861	593	249	5837	360	33	203
泵、阀门、压缩机及类似机械制造	36971	5099	4365	1891	259	4981	934	63	474
轴承、齿轮和传动部件制造	15657	1830	2044	139	914	2292	405		91
烘炉、风机、衡器、包装等设备制造	70022	12389	14327	2440	1686	13277	409	419	276
文化、办公用机械制造	24521	3694	10543	738	319	1055	41	88	30
通用零部件制造	98985	6606	25287	1877	1367	14868	1165	165	1120
其他通用设备制造业	28466	3740	7660	322	1000	2960	209	124	104
专用设备制造业	498244	47430	163191	13928	9660	53396	3742	1152	2746
采矿、冶金、建筑专用设备制造	17251	2194	1813	431	88	5340	1611	78	784
化工、木材、非金属加工专用设备制造	257033	14873	97725	6488	3031	22457	328	521	330
食品、饮料、烟草及饲料生产专用设备制造	11846	3554	437	405	667	1445	273	48	89
印刷、制药、日化及日用品生产专用设备制造	41748	5035	9202	736	1261	9228	7	14	110
纺织、服装和皮革加工专用设备制造	16477	2857	2690	151	1052	2646	87		53

惠州市	汕尾市	东莞市	中山市	江门市	阳江市	湛江市	茂名市	肇庆市	清远市	潮州市	揭阳市	云浮市
1671	117	7627	2760	4062	3483	157	3015	1942	2077	611	5713	29
117	39		29					111	239			
31	73	5	2	54	524	17	18		383		57	
113		2742	1508	1228	831	116	1183	966	812		11	
1407	5	4796	1205	2720	2128	17	1814	808	577	469	5601	26
3		84	16	60		7		57	66	142	44	3
2220	18	16500	4754	3561	836	749	811	6222	4200	728	1531	800
353	12	503	354	155	356	71	53	1098	650	360	122	418
20		26	14	172		1	224	80		125	111	58
41				32			24	185	2			81
232		3615	523	251	165	9	46	868	607	1	91	
252		2548	325	313	107	8		327	46	36		
1322	6	9808	3538	2638	208	660	464	3664	2895	206	1207	243
34014	2018	163665	90045	71894	69411	6559	5335	35776	3032	22443	23721	7188
7384	79	52251	12828	7642	692	1615	1838	8281	676	991	2272	4226
2064	710	16789	5517	4449	47083	388	721	899	216	401	1076	485
1925		9446	1849	2497	261	375	166	577	82	178	793	2
259		3738	2228	1304	386	42	103	373	36		113	
1936	1076	16294	18683	18270	1640	175	547	8653	548	178	2893	16
7067	79	10749	7688	6240	964	12	16	6999	242	22	151	45
182	14	1021	1296	374	245	13	435	628	7	88	31	
6763	58	15638	23249	20097	16336	3861	1313	4186	840	19781	15286	2208
6434	2	37739	16707	11021	1804	78	196	5180	385	804	1106	206
11718	317	83751	27718	11174	4835	2259	2122	11923	3162	1684	2294	1500
310	10	2400	224	383	325	364	199	121	41	15	181	376
1638	90	17975	3558	3045	924	464	785	1067	360	152	425	277
1074	4	4536	1313	837	1122	154	144	494	134		327	73
965	196	5316	3734	1121	883	314	154	4157	820	836	88	321
1035		3225	1619	754	390	49		517	330	8	15	
1401	10	12358	4885	2217	213	225	28	1805	585	582	263	227
1450	1	3806	1346	423	398	8	80	277			224	
3628	1	25037	9934	2076	497	521	732	2468	862	86	636	52
217	5	9098	1105	318	83	160		1017	30	5	135	174
13859	294	121257	27968	9383	3402	5692	2076	8837	1601	1586	5394	1650
338	14	1561	419	482	209	158	567	192	32	55	333	552
8339	51	74098	15843	3721	526	788	225	2630	1015	595	3345	104
265	35	286	300	263	133	2587	94	576		242	147	
925	19	8204	2541	1517	534	273	132	1551	44	341	64	10
321	78	3354	1413	398	385	3		391	113		470	15

2-10 续表5

行业中类	从业人员数(人)	广州市	深圳市	珠海市	汕头市	佛山市	韶关市	河源市	梅州市
电子和电工机械专用设备制造	71127	5408	21919	1762	1613	4213	102	408	515
农、林、牧、渔专用机械制造	6845	1124	881	113	261	488	424	27	121
医疗仪器设备及器械制造	33318	5271	14133	3040	614	3805	140	32	254
环保、社会公共服务及其他专用设备制造	42599	7114	14391	802	1073	3774	770	24	490
汽车制造业	92415	33107	10483	2139	1540	16896	1098	17	2147
汽车整车制造	1877	860	218	83	5	163			328
改装汽车制造	1467	598	310			10	256		
低速载货汽车制造	7						7		
电车制造	989	182	123	168	28	27			5
汽车车身、挂车制造	1208	188	169	1	6	611	118		
汽车零部件及配件制造	86867	31279	9663	1887	1501	16085	717	17	1814
铁路、船舶、航空航天和其他运输设备制造业	65999	13205	11165	2868	945	9064	190	40	303
铁路运输设备制造	778	244	224	33	13				77
城市轨道交通设备制造	722	189	35	78		37			
船舶及相关装置制造	17693	4193	436	2095	376	1069	186	19	45
航空、航天器及设备制造	1559	250	472	475		4		1	
摩托车制造	22320	6211	113	171	300	5258			167
自行车制造	18835	1567	8596	16	215	2232	4		6
非公路休闲车及零配件制造	2403	492	1073			145			
潜水救捞及其他未列明运输设备制造	1689	59	216		41	319		20	8
电气机械和器材制造业	982953	66772	267026	20715	10836	122585	3117	2763	4922
电机制造	48037	2765	12691	922	1151	6742	96	13	41
输配电及控制设备制造	246818	16329	98443	7591	4126	19409	1039	956	2286
电线、电缆、光缆及电工器材制造	139740	7625	46155	2265	1136	12141	382	523	1114
电池制造	65306	3814	31852	2230	618	2662	1258	318	342
家用电力器具制造	208630	13376	24082	2859	1369	46516	222	141	425
非电力家用器具制造	19941	2585	1974	652	91	4879	71	208	154
照明器具制造	227245	15871	42712	3849	2036	27031	35	574	525
其他电气机械及器材制造	27236	4407	9117	347	309	3205	14	30	35
计算机、通信和其他电子设备制造业	1087223	78537	540247	32552	7562	35178	1560	5537	15631
计算机制造	145000	7857	86134	7299	43	1589	213	324	17
通信设备制造	101893	6620	66024	1050	245	2792	170	1444	731
广播电视设备制造	45812	3434	21951	926	498	1196		93	10
雷达及配套设备制造	2876	337	1158	29		241			13
视听设备制造	110907	21349	49434	1611	250	4878	6	27	471
电子器件制造	173069	10870	102712	2160	514	6113	281	546	754
电子元件制造	377183	18828	149007	16804	3388	14111	839	2162	12778
其他电子设备制造	130483	9242	63827	2673	2624	4258	51	941	857
仪器仪表制造业	163057	13466	86669	5018	2364	5323	504	1628	871
通用仪器仪表制造	33598	4190	14951	2676	233	2537	61		33

惠州市	汕尾市	东莞市	中山市	江门市	阳江市	湛江市	茂名市	肇庆市	清远市	潮州市	揭阳市	云浮市
2061	29	24318	3710	1637	363	194	348	1301	111	129	73	913
123	45	384	246	333	622	802	190	268	101	94	176	22
298	23	1995	1253	372	385	314	189	515	103	75	502	5
1189		7057	2243	660	245	573	331	1413	82	55	284	29
2474	2	12059	4020	3164	542	355	151	872	340	41	938	30
68			150	2								
		233					60					
		319	78	44							15	
		77	4	1			18					15
2406	2	11430	3788	3117	542	355	73	872	340	41	923	15
2684	846	6434	2273	12095	707	634	552	300	748	77	747	122
		57	80	47		3						
		33	3	103			244					
139	675	1677	1152	3094	668	487	163	91	658	48	300	122
130		173					54					
105	98	464	469	8436	39	107	12	189	75	6	100	
2097	73	3181	43	386		7	52			13	347	
		295	378				5		15			
213		554	148	29		30	22	20		10		
33287	256	180087	170203	37941	2830	17281	4224	9031	3661	4628	18574	2214
1734	5	7289	3916	4393	393	142	45	2448	466	286	2471	28
9782	1	62349	11806	4363	371	959	450	1977	1076	671	2389	445
6041	15	40541	6690	2612	35	447	286	1162	625	1158	8463	324
3661	161	10776	1614	2388	38	21	75	1219	950	50	259	1000
2674	19	20252	60921	9114	952	15400	3091	1400	471	1323	3745	278
495	20	1837	5236	980	212	29	10	229		7	257	15
8306		31548	77705	13382	607	242	249	432	73	1100	856	112
594	35	5495	2315	709	222	41	18	164		33	134	12
66111	1038	221193	35021	19228	1043	1066	3098	6565	2094	2266	6915	4781
3014	132	34516	2715	326	5	48	48	349		30	341	
5730	11	15182	501	635	85	9	30	293			341	
2713	3	11678	757	2150		77			3	308		15
238	122	595	14			25						104
6443		18149	2374	3520	280	35	416	423	481	1	648	111
8024	1	28640	6208	3795	59	56	171	518	210	477	900	60
36484	604	80707	16057	6792	381	494	2053	4302	1388	1136	4381	4487
3465	165	31726	6395	2010	233	322	380	680	12	314	304	4
5998	248	32059	4259	709	383	90	126	1439	333	266	1163	141
1156		4979	821	255	20	52		1117	315	18	184	

2-10 续表6

行业中类	从业人员数(人)	广州市	深圳市	珠海市	汕头市	佛山市	韶关市	河源市	梅州市
专用仪器仪表制造	18853	3072	9105	1106	96	776	17	68	
钟表与计时仪器制造	64422	3436	35871	426	1137	1041	122	1044	481
光学仪器及眼镜制造	39590	2281	24160	697	677	884	6	500	116
其他仪器仪表制造业	6594	487	2582	113	221	85	298	16	241
其他制造业	64259	5729	18858	793	3112	3219	201	1595	260
日用杂品制造	41449	3134	14415	431	1999	2044	168	909	135
煤制品制造	771	111	6	18	70	63			28
核辐射加工	450	36	351			3			
其他未列明制造业	21589	2448	4086	344	1043	1109	33	686	97
废弃资源综合利用业	33236	898	442	387	3643	8132	1466	189	713
金属废料和碎屑加工处理	18692	588	395	120	237	6771	702	120	216
非金属废料和碎屑加工处理	14544	310	47	267	3406	1361	764	69	497
金属制品、机械和设备修理业	26224	8006	7720	1285	369	938	402	69	200
金属制品修理	2986	562	1141	8	37	153	12	55	
通用设备修理	3094	566	1029	50	44	159	78		13
专用设备修理	2541	664	726	203	2	213	10		33
铁路、船舶、航空航天等运输设备修理	9831	4604	2418	485	128	95	12	4	96
电气设备修理	1802	333	212	56	13	67	236	1	
仪器仪表修理	459	80	93	41		40			
其他机械和设备修理业	5511	1197	2101	442	145	211	54	9	58
电力、热力、燃气及水生产和供应业	**144167**	**7855**	**6064**	**1892**	**4339**	**6580**	**12511**	**5817**	**12121**
电力、热力生产和供应业	87932	2190	2589	896	1882	877	10684	4448	10018
电力生产	78054	1731	2032	587	1638	473	10050	4429	9039
电力供应	8370	116	370	234	244	22	634	19	979
热力生产和供应	1508	343	187	75		382			
燃气生产和供应业	10512	1432	198	601	468	743	486	225	433
燃气生产和供应业	10512	1432	198	601	468	743	486	225	433
水的生产和供应业	45723	4233	3277	395	1989	4960	1341	1144	1670
自来水生产和供应	33880	3356	2450	136	1520	2306	1092	1090	1422
污水处理及其再生利用	10766	764	622	248	360	2635	249	53	228
其他水的处理、利用与分配	1077	113	205	11	109	19		1	20
建筑业	**823775**	**141332**	**194785**	**38446**	**27209**	**37797**	**26857**	**13484**	**27014**
房屋建筑业	349150	45129	44984	12498	16185	16214	19765	7875	15993
房屋建筑业	349150	45129	44984	12498	16185	16214	19765	7875	15993
土木工程建筑业	102188	19186	17904	7221	1366	6395	3230	2788	4569
铁路、道路、隧道和桥梁工程建筑	42920	9148	8633	3216	635	3694	883	1276	2415
水利和内河港口工程建筑	17897	1420	736	1069	190	814	1960	542	748
海洋工程建筑	460	6	91	343					
工矿工程建筑	2910	371	458	186		84	32		
架线和管道工程建筑	12560	1387	2016	493	404	535	301	565	655

惠州市	汕尾市	东莞市	中山市	江门市	阳江市	湛江市	茂名市	肇庆市	清远市	潮州市	揭阳市	云浮市
1247		2406	470	37	292	9	27	37		64	24	
2994	248	15265	796	328	35		76	56	9	103	954	
591		7314	2018	75	13	27	2	36	9	42	1	141
10		2095	154	14	23	2	21	193		39		
4423	158	15190	4197	3120	552	226	201	329	99	642	636	719
3614	146	8743	2398	2100	147	28	91	193	78		317	359
16		200	22	22		91	90	20	10			4
		60										
793	12	6187	1777	998	405	107	20	116	11	642	319	356
2362	477	921	377	476	2797	1147	278	3368	3052	353	1579	179
1458	39	505	158	298	2575	221	76	1397	2219	120	457	20
904	438	416	219	178	222	926	202	1971	833	233	1122	159
430	298	1906	850	538	138	1170	549	589	342	90	257	78
43		237	389	58		17		176	23		75	
71	90	317	58	10	38	106	265	25	131	16	3	25
84		336	50	12	14	119	56				19	
143	184	207	95	270	74	388	97	313	1	54	134	29
10	12	194	52	117		409	63				7	20
		68							137			
79	12	547	206	71	12	131	68	75	50	20	19	4
7288	**4354**	**7181**	**7250**	**4326**	**9256**	**3421**	**9483**	**8257**	**11897**	**4890**	**5642**	**3743**
3969	2973	1726	4009	1576	7559	860	7302	5502	10115	2204	3840	2713
3687	2516	1563	776	1500	7256	781	7069	5150	9672	1861	3628	2616
71	457	141	3213	49	303	70	219	229	360	343	200	97
211		22	20	27		9	14	123	83		12	
115	135	272	782	90	524	832	377	367	147	2102	76	107
115	135	272	782	90	524	832	377	367	147	2102	76	107
3204	1246	5183	2459	2660	1173	1729	1804	2388	1635	584	1726	923
2451	1131	3984	1642	2172	782	1415	1544	1104	1260	563	1630	830
753	103	1021	698	481	391	311	204	1097	338	21	96	93
	12	178	119	7	0	3	56	187	37			
31307	**7738**	**63701**	**35594**	**24264**	**22026**	**27886**	**31692**	**17146**	**10040**	**8321**	**26255**	**10881**
8743	6258	21823	12683	14673	16211	18283	22914	9732	5101	5371	20012	8703
8743	6258	21823	12683	14673	16211	18283	22914	9732	5101	5371	20012	8703
5363	967	4853	6017	1852	2627	2972	3050	3335	1933	1261	4124	1175
1094	209	1457	2577	586	1018	1175	1200	472	182	609	2264	177
367	436	858	612	610	472	1299	951	2106	1005	483	587	632
5				3	1	11						
1027	290	167	25	59	6	5	20	2	114	48	16	
745	9	596	213	213	967	339	684	376	580	13	1158	311

2-10 续表7

行业中类	从业人员数(人)	广州市	深圳市	珠海市	汕头市	佛山市	韶关市	河源市	梅州市
其他土木工程建筑	25441	6854	5970	1914	137	1268	54	405	751
建筑安装业	179389	26764	85130	6604	5159	8333	1684	1163	1374
电气安装	43099	10201	4600	2465	2893	4748	880	485	870
管道和设备安装	25272	4534	2992	1700	860	1754	242	90	189
其他建筑安装业	111018	12029	77538	2439	1406	1831	562	588	315
建筑装饰和其他建筑业	193048	50253	46767	12123	4499	6855	2178	1658	5078
建筑装饰业	134384	28529	35352	6328	3684	4996	1157	823	3655
工程准备活动	14138	3084	2786	582	92	641	566	282	374
提供施工设备服务	8909	908	4957	117	250	420	162	511	219
其他未列明建筑业	35617	17732	3672	5096	473	798	293	42	830
批发和零售业	**2281995**	**529758**	**679100**	**71680**	**66961**	**165931**	**33620**	**21426**	**27421**
批发业	1591791	396893	527724	51992	41330	110945	25185	10903	14680
农、林、牧产品批发	62486	5400	4211	1108	1386	1175	7962	3130	2099
食品、饮料及烟草制品批发	158429	34027	30479	5812	8571	4629	7355	4168	3793
纺织、服装及家庭用品批发	262290	105665	77430	7197	6941	12514	510	256	1009
文化、体育用品及器材批发	75533	23059	32373	1954	3814	2118	163	115	342
医药及医疗器材批发	52863	21688	8811	2543	1805	1968	624	459	1030
矿产品、建材及化工产品批发	274855	52402	44060	10838	7536	51527	5650	1620	3325
机械设备、五金产品及电子产品批发	491728	99396	268175	15607	5957	18273	2071	500	1750
贸易经纪与代理	106862	23597	39452	1075	2458	11249	386	387	312
其他批发业	106745	31659	22733	5858	2862	7492	464	268	1020
零售业	690204	132865	151376	19688	25631	54986	8435	10523	12741
综合零售	53897	6636	7019	1234	2939	3015	775	1276	2191
食品、饮料及烟草制品专门零售	56914	11112	7384	2180	2826	3464	1103	2532	1440
纺织、服装及日用品专门零售	77312	21836	20313	1591	3754	4868	200	455	649
文化、体育用品及器材专门零售	42957	12285	11367	1089	1600	2776	453	348	403
医药及医疗器材专门零售	49633	7923	5527	1096	1943	2333	332	634	1343
汽车、摩托车、燃料及零配件专门零售	90789	17811	12607	2634	4024	6280	2062	1431	2691
家用电器及电子产品专门零售	138137	28912	49949	4355	3316	7173	1633	1460	1755
五金、家具及室内装饰材料专门零售	110361	17014	20212	3344	3361	18148	803	1462	990
货摊、无店铺及其他零售业	70204	9336	16998	2165	1868	6929	1074	925	1279
交通运输、仓储和邮政业	**477785**	**99279**	**159205**	**17878**	**14985**	**24976**	**6292**	**4888**	**6862**
道路运输业	216005	36799	57572	6011	8124	12921	4325	3355	4960
城市公共交通运输	39453	5621	6439	1324	1432	2913	615	877	285
公路旅客运输	33049	3396	3863	1241	2464	1552	1059	1150	2217
道路货物运输	119221	22808	43278	3173	3410	7100	1791	836	2006
道路运输辅助活动	24282	4974	3992	273	818	1356	860	492	452
水上运输业	37453	7454	6876	2900	1295	2989	386	118	402
水上旅客运输	5525	1459	590	393	189	282	76	97	386

惠州市	汕尾市	东莞市	中山市	江门市	阳江市	湛江市	茂名市	肇庆市	清远市	潮州市	揭阳市	云浮市
2125	23	1775	2590	381	163	143	195	379	52	108	99	55
7916	127	11682	7708	3860	1241	4081	1474	1126	1603	1061	772	527
2888	45	5446	2276	1011	419	1309	424	465	921	87	163	503
3907	24	2468	2945	1784	93	359	219	397	196	409	108	2
1121	58	3768	2487	1065	729	2413	831	264	486	565	501	22
9285	386	25343	9186	3879	1947	2550	4254	2953	1403	628	1347	476
6928	282	22213	7536	2491	1205	1761	2575	1951	861	423	1248	386
1649	45	830	939	506	69	627	177	557	252		22	58
106	59	273	53	29	37	10	566	9	156	7	60	
602		2027	658	853	636	152	936	436	134	198	17	32
76047	**9842**	**168714**	**66682**	**37282**	**33813**	**58777**	**105711**	**34287**	**16969**	**18516**	**36698**	**22760**
51911	3681	102007	36312	22748	20443	33248	75220	21317	9561	8906	18718	8067
3207	320	854	668	521	3127	2524	19373	1142	1176	420	1052	1631
8537	1288	6751	4215	2729	3479	5703	13718	2418	2017	2901	3359	2480
9906	319	17310	8223	2762	1863	1479	2883	1915	485	1190	2308	125
1848	102	3769	1089	443	1391	461	717	647	201	314	551	62
1637	283	1125	1140	657	542	1818	2171	1139	464	328	2164	467
8716	560	21740	7190	6768	3954	13518	19242	4836	3332	1877	4077	2087
12408	300	31292	8893	4693	2034	4726	3418	7003	914	910	3034	374
2987	297	5518	1725	2030	2502	706	9055	965	468	520	1079	94
2665	212	13648	3169	2145	1551	2313	4643	1252	504	446	1094	747
24136	6161	66707	30370	14534	13370	25529	30491	12970	7408	9610	17980	14693
2537	1727	4701	2719	1274	2153	4038	3679	1135	622	1321	1998	908
3181	945	3646	1758	886	1107	2730	3369	1127	742	1423	2105	1854
1768	448	8346	2809	668	894	1616	2496	545	227	930	1820	1079
1517	317	2325	1640	532	1240	814	1101	999	364	455	714	618
1236	322	1587	5454	2180	1619	3466	6986	1750	583	734	1121	1464
3780	829	8243	3737	3434	2137	3769	3924	3015	1915	1633	3063	1770
4802	529	11565	4229	1976	1354	3761	3842	1298	1315	1074	2266	1573
3829	659	12420	6986	2130	1848	3588	3184	1706	633	1349	3087	3608
1486	385	13874	1038	1454	1018	1747	1910	1395	1007	691	1806	1819
15619	**3876**	**43031**	**14431**	**8967**	**4134**	**13712**	**11054**	**8058**	**6145**	**5373**	**5977**	**3043**
9496	2330	24134	7778	4422	2074	6885	6289	4884	4677	3820	3382	1767
2826	440	9656	1248	617	335	595	418	1041	934	651	624	562
1398	1133	3129	2164	386	292	1671	1351	679	891	1448	1218	347
3979	288	8500	3953	2546	1313	2975	3587	2026	2393	1619	1108	532
1293	469	2849	413	873	134	1644	933	1138	459	102	432	326
872	191	2532	1528	1952	651	2941	960	1675	539	548	355	289
104	10	145	268	347	51	767	48	146	73	94		

2-10 续表8

行业中类	从业人员数(人)	广州市	深圳市	珠海市	汕头市	佛山市	韶关市	河源市	梅州市
水上货物运输	17223	3659	3696	1396	634	1105	307	15	16
水上运输辅助活动	14705	2336	2590	1111	472	1602	3	6	
航空运输业	2404	120	1630	283	95	18		13	11
航空客货运输	1513	110	1120	142	42	18			
通用航空服务	289	4	65	141	3			13	11
航空运输辅助活动	602	6	445		50				
管道运输业	441	32	41	5		2		19	
管道运输业	441	32	41	5		2		19	
装卸搬运和运输代理业	169010	45364	77961	6505	4513	6415	1016	226	254
装卸搬运	24874	4271	7691	1845	959	1971	876	60	150
运输代理业	144136	41093	70270	4660	3554	4444	140	166	104
仓储业	25208	6446	6379	1337	594	1756	303	211	484
谷物、棉花等农产品仓储	3528	207	291	74	220	186	166	208	460
其他仓储业	21680	6239	6088	1263	374	1570	137	3	24
邮政业	27264	3064	8746	837	364	875	262	946	751
邮政基本服务	3420	222	784	1	6	193		651	
快递服务	23844	2842	7962	836	358	682	262	295	751
住宿和餐饮业	**443211**	**102788**	**82813**	**18963**	**10996**	**38391**	**9913**	**6310**	**7847**
住宿业	178713	32653	27092	11023	6226	12373	4704	3834	5359
旅游饭店	97741	14509	13619	8754	3149	6267	3519	2456	3903
一般旅馆	69472	16727	10668	2141	2666	5241	1151	1268	1331
其他住宿业	11500	1417	2805	128	411	865	34	110	125
餐饮业	264498	70135	55721	7940	4770	26018	5209	2476	2488
正餐服务	222894	56897	43842	6799	3829	23356	5107	2303	2316
快餐服务	15651	6427	4721	275	143	742	10	103	75
饮料及冷饮服务	10012	2711	2877	210	438	467		17	52
其他餐饮业	15941	4100	4281	656	360	1453	92	53	45
信息传输、软件和信息技术服务业	**297821**	**98906**	**129228**	**13031**	**3036**	**12321**	**787**	**758**	**1155**
电信、广播电视和卫星传输服务	10814	2771	2835	342	282	797	184	196	192
电信	8376	2346	2536	206	208	745	85	27	182
广播电视传输服务	2147	350	254	56	54	52	99	169	
卫星传输服务	291	75	45	80	20				10
互联网和相关服务	30603	9466	8782	852	649	2532	42	101	154
互联网接入及相关服务	4382	557	1342	394	73	425	3	14	24
互联网信息服务	19882	8487	5027	252	329	1235	39	49	100
其他互联网服务	6339	422	2413	206	247	872		38	30
软件和信息技术服务业	256404	86669	117611	11837	2105	8992	561	461	809
软件开发	182397	64591	88605	8912	1206	4186	247	195	379
信息系统集成服务	20406	8033	5636	1140	244	1505	76	57	241
信息技术咨询服务	24756	7788	9213	507	383	1887	178	82	81
数据处理和存储服务	6507	1071	3593	658	22	388	5		10

惠州市	汕尾市	东莞市	中山市	江门市	阳江市	湛江市	茂名市	肇庆市	清远市	潮州市	揭阳市	云浮市
426	114	1018	592	772	85	1014	506	1009	397	141	223	98
342	67	1369	668	833	515	1160	406	520	69	313	132	191
9	20	76		8	12	3		4			74	28
3	20	43		8	4	3						
		17						4			3	28
6		16									71	
263						56	23					
263						56	23					
2659	137	10014	3293	1519	805	3077	2537	859	351	214	711	580
900	68	1541	230	243	154	1101	1793	89	209	46	405	272
1759	69	8473	3063	1276	651	1976	744	770	142	168	306	308
1415	327	2486	696	562	277	471	754	239	60	123	203	85
253	161	161		35	114	174	441	94	14	75	120	74
1162	166	2325	696	527	163	297	313	145	46	48	83	11
905	871	3789	1136	504	315	279	491	397	518	668	1252	294
	604	47	63		224	6		2	182		427	8
905	267	3742	1073	504	91	273	491	395	336	668	825	286
19358	**5660**	**42340**	**24200**	**10930**	**7857**	**13723**	**9933**	**9595**	**7243**	**4525**	**6029**	**3797**
9806	2749	23657	8584	4295	1925	4730	4137	4972	4485	1791	2464	1854
6136	1214	14034	3924	2336	618	1881	1475	3253	3496	904	1062	1232
2857	1171	7403	4640	1450	1176	2700	2304	1121	849	748	1253	607
813	364	2220	20	509	131	149	358	598	140	139	149	15
9552	2911	18683	15616	6635	5932	8993	5796	4623	2758	2734	3565	1943
9034	2685	13364	14400	6020	5286	8473	5267	4393	2632	2161	2955	1775
189	69	1101	672	81	180	225	85	30		225	297	1
49	98	1183	358	301	381	138	158	37	109	225	103	100
280	59	3035	186	233	85	157	286	163	17	123	210	67
4411	**357**	**15490**	**5526**	**2083**	**1198**	**1818**	**2224**	**2216**	**1057**	**635**	**827**	**757**
351	129	397	81	245	243	211	295	498	187	202	249	127
303	89	237	35	101	155	211	262	253	176	37	143	39
48	40	120	46	123	88		33	245	11	165	106	88
		40		21								
1279	154	2980	660	307	480	377	677	203	367	130	271	140
171	16	773	98	99	59	83	55	71	69	20	23	13
902	67	1439	427	124	366	157	342	63	173	73	145	86
206	71	768	135	84	55	137	280	69	125	37	103	41
2781	74	12113	4785	1531	475	1230	1252	1515	503	303	307	490
1978	26	5926	2521	652	140	581	815	903	164	152	80	138
264		1465	672	317	85	300	38	231	30	22	50	
309	18	1821	769	299	156	199	280	244	70	58	122	292
98		497	98	17	2	4			19	20	5	

2-10 续表9

行业中类	从业人员数(人)	广州市	深圳市	珠海市	汕头市	佛山市	韶关市	河源市	梅州市
集成电路设计	7438	572	5800	283	88	111	21	11	8
其他信息技术服务业	14900	4614	4764	337	162	915	34	116	90
房地产业	**575200**	**158658**	**123783**	**23740**	**9908**	**38402**	**8399**	**6889**	**4919**
房地产业	575200	158658	123783	23740	9908	38402	8399	6889	4919
房地产开发经营	125777	16318	13293	5358	3743	7914	3765	2587	3195
物业管理	368886	116365	94401	14018	4735	26741	4085	3209	1184
房地产中介服务	63143	22616	12705	3991	1263	3562	406	640	246
其他房地产业	17394	3359	3384	373	167	185	143	453	294
租赁和商务服务业	**1161461**	**358398**	**371996**	**41426**	**9726**	**67002**	**9753**	**6251**	**5056**
租赁业	35189	11338	10952	2197	413	1154	312	89	313
机械设备租赁	33144	10259	10451	2108	405	1048	312	85	310
文化及日用品出租	2045	1079	501	89	8	106		4	3
商务服务业	1126272	347060	361044	39229	9313	65848	9441	6162	4743
企业管理服务	281686	74351	98579	10339	1950	16014	1962	1875	1070
法律服务	25355	9536	7742	717	319	1473	153	188	94
咨询与调查	241195	86759	89669	9429	1817	13865	1025	619	592
广告业	120580	44346	30287	4913	2016	7682	1036	946	1219
知识产权服务	11262	4161	3211	100	72	1169	13	2	12
人力资源服务	160828	45396	38860	3504	480	12010	3153	454	177
旅行社及相关服务	35039	7121	8601	2902	924	2790	607	651	793
安全保护服务	87073	21597	40133	3244	512	4945	1119	863	295
其他商务服务业	163254	53793	43962	4081	1223	5900	373	564	491
科学研究和技术服务业	**345699**	**114962**	**125806**	**11855**	**3552**	**26768**	**2239**	**2254**	**1473**
研究和试验发展	51651	21510	22033	2629	171	1433	57	126	90
自然科学研究和试验发展	3563	1933	801	252	25	102	9	5	
工程和技术研究和试验发展	39968	14869	19868	2066	128	979	32	23	16
农业科学研究和试验发展	2241	1096	241	77	3	26	13	35	37
医学研究和试验发展	5533	3441	1000	232	15	320	3	63	3
社会人文科学研究	346	171	123	2		6			34
专业技术服务业	246697	80155	89255	8137	3034	17687	1880	1231	1179
气象服务	396	82	25	8		23	71	2	1
地震服务	56	18	11	2	3	5			
海洋服务	515	121	253		13				
测绘服务	3301	929	704			310	10	6	16
质检技术服务	18069	4555	4453	483	392	1490	354	102	142
环境与生态监测	2853	978	736	64	23	261		9	
地质勘查	1673	530	406	75		49	41	14	78
工程技术	123976	46534	37173	5133	1216	9128	1189	628	700
其他专业技术服务业	95858	26408	45494	2372	1387	6421	215	470	242
科技推广和应用服务业	47351	13297	14518	1089	347	7648	302	897	204
技术推广服务	39555	11119	11745	844	227	7210	274	838	169

惠州市	汕尾市	东莞市	中山市	江门市	阳江市	湛江市	茂名市	肇庆市	清远市	潮州市	揭阳市	云浮市
3	30	420	12	42	9	15					13	
129		1984	713	204	83	131	119	137	220	51	37	60
41412	**2827**	**40118**	**25883**	**15379**	**9154**	**12609**	**10924**	**13347**	**16593**	**2764**	**4202**	**5290**
41412	2827	40118	25883	15379	9154	12609	10924	13347	16593	2764	4202	5290
14966	1105	5296	5038	5331	5363	4900	6326	6200	8320	1880	2290	2589
18913	1576	27182	18310	8775	2965	6240	3742	5868	6737	630	1383	1827
3792	79	6153	2417	881	556	790	543	980	788	95	258	382
3741	67	1487	118	392	270	679	313	299	748	159	271	492
31489	**3070**	**112129**	**32659**	**18551**	**7181**	**10943**	**40223**	**11100**	**9101**	**4457**	**7512**	**3438**
1407	41	3322	875	238	288	423	497	343	445	6	327	209
1400	41	3228	862	234	209	420	457	340	442	6	326	201
7		94	13	4	79	3	40	3	3		1	8
30082	3029	108807	31784	18313	6893	10520	39726	10757	8656	4451	7185	3229
8843	697	27993	8027	6329	1694	2843	7116	2721	1976	1350	4279	1678
406	25	2036	1188	287	66	95	526	203	133	28	68	72
4934	164	16432	5410	2503	647	991	1236	2233	1432	415	542	481
4182	626	7987	4123	1441	1156	1877	2299	1607	1308	501	677	351
763		1031	296	190	31	12	16	46	3	74	60	
2732	125	36368	6488	2636	902	1570	2827	443	1558	953	128	64
1190	356	1659	1025	1123	579	882	766	1088	769	656	383	174
2122	669	3236	1019	2400	935	647	994	907	847	186	276	127
4910	367	12065	4208	1404	883	1603	23946	1509	630	288	772	282
8181	**658**	**16466**	**5455**	**4592**	**3287**	**2993**	**4569**	**3912**	**2536**	**1291**	**933**	**1917**
178	47	1607	417	168	61	266	212	259	71	71	139	106
20		218	98	38	1	11	11	6	21	8		4
104	43	1178	211	80	24	49	29	132	39	25	40	33
20		9	22	39	31	184	152	67	11	33	76	69
34	4	202	85	10	5	22	20	54		5	15	
			1	1							8	
7100	484	12381	4450	3845	2320	1964	3403	3110	2232	907	610	1333
8		87	17	27		6		6	17			16
			2	3			12					
34			18			66					10	
92	11	202	659	45	5	43	59	98	93			19
570	95	2192	755	561	129	177	535	324	305	139	158	158
24		469	84	109	9	11	16	19	33	8		
73	11	40	1	68	13	118	46	20	8	6	49	27
4753	294	4869	1538	1870	1035	1208	1980	2061	1154	502	281	730
1546	73	4522	1376	1162	1129	335	755	582	622	252	112	383
903	127	2478	588	579	906	763	954	543	233	313	184	478
814	79	2015	388	287	782	593	851	393	126	204	139	458

2-10 续表10

行业中类	从业人员数(人)	广州市	深圳市	珠海市	汕头市	佛山市	韶关市	河源市	梅州市
科技中介服务	2829	971	829	99	31	126	28	23	7
其他科技推广和应用服务业	4967	1207	1944	146	89	312		36	28
水利、环境和公共设施管理业	**42570**	**7748**	**6449**	**1748**	**740**	**5273**	**990**	**1052**	**1051**
水利管理业	3649	358	368	235	192	199	66	198	79
防洪除涝设施管理	337	53	23	21	2	5		63	
水资源管理	913	86	48	2		133	63	91	19
天然水收集与分配	864		14	84	156	4		20	20
水文服务	138	72	9	14		14			
其他水利管理业	1397	147	274	114	34	43	3	24	40
生态保护和环境治理业	8285	1454	1710	394	72	1061	83	178	104
生态保护	439	46	17	3	4	30	25		
环境治理业	7846	1408	1693	391	68	1031	58	178	104
公共设施管理业	30636	5936	4371	1119	476	4013	841	676	868
市政设施管理	4851	931	223	192	84	1302	166	62	34
环境卫生管理	3477	697	319	124	103	932	48	1	
城乡市容管理	671	180	125	11	25	121	2	47	7
绿化管理	13913	3160	3461	565	188	1216	175	193	445
公园和游览景区管理	7724	968	243	227	76	442	450	373	382
居民服务、修理和其他服务业	**185493**	**50367**	**46851**	**6680**	**4880**	**15342**	**1816**	**1118**	**937**
居民服务业	68804	18717	17549	1714	1743	5815	565	273	431
家庭服务	6381	1545	3211	96	59	332	70	9	19
托儿所服务	481	53	82	13		157			
洗染服务	3133	516	902	262	150	200	9		48
理发及美容服务	14890	5800	4072	228	392	1136	3	3	5
洗浴服务	10316	3027	1311	290	188	431	125		25
保健服务	23817	5501	6263	595	577	3115	111	151	23
婚姻服务	1628	294	494	85	139	23		8	94
殡葬服务	2079	307	128	69	89	242	140	47	31
其他居民服务业	6079	1674	1086	76	149	179	107	55	186
机动车、电子产品和日用产品修理业	82150	21369	19668	3426	2558	7679	1026	657	341
汽车、摩托车修理与维护	61300	14050	13741	2455	2021	6411	1001	502	290
计算机和办公设备维修	8666	2756	2552	247	216	449	20	95	34
家用电器修理	8396	3406	2254	516	179	620	5	53	17
其他日用产品修理业	3788	1157	1121	208	142	199		7	
其他服务业	34539	10281	9634	1540	579	1848	225	188	165
清洁服务	27936	8731	8082	1438	319	1678	150	135	98
其他未列明服务业	6603	1550	1552	102	260	170	75	53	67
卫生和社会工作	**1406**	**879**	**186**	**11**	**18**	**32**	**9**		**39**
社会工作	1406	879	186	11	18	32	9		39
提供住宿社会工作	1281	859	111	1	18	30	9		39
不提供住宿社会工作	125	20	75	10		2			

惠州市	汕尾市	东莞市	中山市	江门市	阳江市	湛江市	茂名市	肇庆市	清远市	潮州市	揭阳市	云浮市
62	4	206	64	55	74	36	40	23	103	19	29	
27	44	257	136	237	50	134	63	127	4	90	16	20
2977	**86**	**3652**	**1770**	**1205**	**983**	**641**	**1261**	**1459**	**1765**	**516**	**469**	**735**
224	12	336	208	188	61	132	150	243	76	118	100	106
		23		19		2	5	13		63		45
36	12	30	79	20		18	105	60	28	48	30	5
87		120	93	98	30	15		30		5	62	26
		21									8	
101		142	36	51	31	97	40	140	48	2		30
609		1120	314	172	41	167	155	169	155	121	85	121
69		23	33	11	32	16	65	29	6		30	
540		1097	281	161	9	151	90	140	149	121	55	121
2144	74	2196	1248	845	881	342	956	1047	1534	277	284	508
313		470	242	262	62	81	136	92	24	18	42	115
278	27	255	201	76		67	91	57	122	5	41	33
12		66	9	32	5		3	16			10	
900	47	1282	511	235	311	98	315	286	131	76	112	206
641		123	285	240	503	96	411	596	1257	178	79	154
4659	**502**	**19909**	**11967**	**3298**	**1697**	**3429**	**4174**	**2102**	**1900**	**1334**	**1668**	**863**
1686	175	8259	4917	907	967	1463	1247	695	349	539	554	239
153		171	197	37	69	236	71	80		4	22	
16		5	72	73				10				
18		292	159	35	25	161	86	61	63	66	80	
267	42	887	731	24	123	451	502	73		104	38	9
632		903	2250	347	236	50	138	95	33	188	47	
291	68	4711	1090	227	145	353	169	87	28	107	162	43
10	4	199	34	15	74	59	70		4	8	3	11
138	57	123	36	51	86	52		146	155	22	58	102
161	4	968	348	98	209	101	211	143	66	40	144	74
1430	279	7100	5904	2033	579	1451	2693	707	1153	715	1006	376
1014	202	5275	5576	1678	501	1148	2044	564	1027	650	853	297
292	21	906	90	177	3	189	316	93	75	19	79	37
93	56	428	140	84	66	102	191	9	46	46	50	35
31		491	98	94	9	12	142	41	5		24	7
1543	48	4550	1146	358	151	515	234	700	398	80	108	248
1413	29	3246	836	224	103	247	176	554	245	53	33	146
130	19	1304	310	134	48	268	58	146	153	27	75	102
14		**101**		**30**					**85**	**2**		
14		101		30					85	2		
13		87		30					82	2		
1		14							3			

2-10 续表11

行业中类	从业人员数(人)	广州市	深圳市	珠海市	汕头市	佛山市	韶关市	河源市	梅州市
文化、体育和娱乐业	**115631**	**31868**	**22642**	**3530**	**3111**	**8851**	**1234**	**977**	**1178**
新闻和出版业	5237	3352	1102	86	69	178		82	23
新闻业	129	48	35	22					
出版业	5108	3304	1067	64	69	178		82	23
广播、电视、电影和影视录音制作业	12488	3954	3459	501	267	765	137	86	174
广播	821	486	159	1	23	45			
电视	831	396	253		7	25	1		
电影和影视节目制作	2960	1122	1145	207	30	56	13		39
电影和影视节目发行	359	105	150	42	11			3	1
电影放映	6671	1246	1635	251	175	536	123	83	130
录音制作	846	599	117		21	103			4
文化艺术业	12833	3637	3346	859	429	557	112	102	91
文艺创作与表演	5633	2320	635	160	180	159	26	89	63
艺术表演场馆	496	55	332	14	18	19			
图书馆与档案馆	382	52	254			72			
文物及非物质文化遗产保护	275	78	21	25	14				
博物馆	74	8	16	1					
烈士陵园、纪念馆	64						41	1	
群众文化活动	1905	390	461	417	68	95	45	9	3
其他文化艺术业	4004	734	1627	242	149	212		3	25
体育	13453	6438	2749	418	166	699	104	21	114
体育组织	1235	413	275	212	23	57	4	5	
体育场馆	1967	756	548	31	1	96	5		35
休闲健身活动	9569	5126	1681	71	131	538	95	16	77
其他体育	682	143	245	104	11	8			2
娱乐业	71620	14487	11986	1666	2180	6652	881	686	776
室内娱乐活动	65285	12922	10897	1306	1905	6166	865	589	715
游乐园	1884	512	131	55	71	226	12		51
彩票活动	29	7	6						
文化、娱乐、体育经纪代理	1895	315	722	201	30	195		4	1
其他娱乐业	2527	731	230	104	174	65	4	93	9

惠州市	汕尾市	东莞市	中山市	江门市	阳江市	湛江市	茂名市	肇庆市	清远市	潮州市	揭阳市	云浮市
5586	**839**	**12391**	**4626**	**1950**	**1934**	**4322**	**3547**	**2240**	**1507**	**1062**	**1422**	**814**
50	21	71	6	8	59	37	28		3		62	
		20				4						
50	21	51	6	8	59	33	28		3		62	
374	46	923	265	219	163	362	292	132	92	65	140	72
		48		50		4				5		
		44	35	26	25		5			4	10	
12		161	11	7	61	6	7	21			42	20
9		4	8		1	7	2				16	
353	46	664	211	136	76	345	278	111	92	56	72	52
		2										
263	168	1027	199	210	244	357	611	306	99	16	187	13
73	134	394	73	53	150	341	402	159	63		155	4
		3	3	35	9	1	5		2			
2				2								
	34					4	15	78			6	
34			4	2	1					8		
				22								
86		146	30	23		2	99	18		3	10	
68		484	89	73	84	9	90	51	34	5	16	9
120	27	810	762	192	96	128	60	217	119	145	68	
8		125	6	2				90	2		13	
13		150	137	14		31	28	27	95			
99	27	505	551	170	89	97	32	96	17	96	55	
		30	68	6	7			4	5	49		
4779	577	9560	3394	1321	1372	3438	2556	1585	1194	836	965	729
4224	575	9035	3036	1158	1187	3309	2385	1483	1121	791	897	719
114		198	117	61	20	77	72	58	14	32	63	
		14			2							
138		95	33	7	32	17	49	22	20	10	4	
303	2	218	208	95	131	35	50	22	39	3	1	10

2-11 按行业（中类）、开业（成立）

行业中类	法人单位数（个）	1949年以前	1950-1977年	1978-1991年	1992-1995年	1996年	1997年	1998年	1999年
合计	**859162**	**71**	**2080**	**15249**	**22284**	**5923**	**7031**	**8879**	**10640**
农、林、牧、渔业	**1379**	**2**	**8**	**38**	**19**	**9**	**3**	**11**	**7**
农业	19			1	1				
谷物种植	1								
棉、麻、糖、烟草种植	1								
蔬菜、食用菌及园艺作物种植	11			1					
水果种植	1								
坚果、含油果、香料和饮料作物种植	3				1				
中药材种植	1								
其他农业	1								
林业	11		2	4	1				
林木育种和育苗	3								
造林和更新	1			1					
森林经营和管护	4		1	2					
木材和竹材采运	1			1					
林产品采集	2		1		1				
畜牧业	1								
牲畜饲养	1								
渔业	2								
水产养殖	2								
农、林、牧、渔服务业	1346	2	6	33	17	9	3	11	7
农业服务业	917	1	1	21	13	9	1	9	4
林业服务业	145		3	3	2				
畜牧服务业	93	1		3				1	1
渔业服务业	191		2	6	2		2	1	2
采矿业	**2759**	**1**	**13**	**57**	**91**	**22**	**13**	**31**	**31**
煤炭开采和洗选业	35								
烟煤和无烟煤开采洗选	16								
褐煤开采洗选	1								
其他煤炭采选	18								
石油和天然气开采业	7				1	1			
石油开采	5				1	1			
天然气开采	2								
黑色金属矿采选业	356		1	8	5	4	2	1	3
铁矿采选	312		1	8	3	4	2	1	3
锰矿、铬矿采选	6								

时间分组的小微企业法人单位数

2000年	2001年	2002年	2003年	2004年	2005年	2006年	2007年	2008年	2009年	2010年	2011年	2012年	2013年	无开业年份
14336	**18538**	**21310**	**28086**	**32048**	**34006**	**41451**	**43031**	**44647**	**61299**	**81403**	**104667**	**115419**	**145355**	**1409**
19	**25**	**15**	**35**	**15**	**28**	**32**	**60**	**54**	**126**	**137**	**210**	**250**	**272**	**4**
		1	1	1			1		3	2	6	1	1	
										1				
											1			
		1	1						2	1	5			
													1	
							1					1		
				1										
									1					
						1			2		1			
									2		1			
						1								
									1					
									1					
									1				1	
									1				1	
19	25	14	34	14	28	31	59	54	119	135	203	249	270	4
14	21	11	20	6	17	19	40	36	76	98	123	183	192	2
3	1	1	8	3	6	8	10	8	12	9	24	17	27	
	2			2	2		1	4	12	8	19	19	17	1
2	1	2	6	3	3	4	8	6	19	20	37	30	34	1
57	**78**	**77**	**92**	**82**	**171**	**298**	**211**	**178**	**230**	**199**	**253**	**279**	**284**	**11**
	1		1		2	3	2	1	7		5	3	10	
					1	1		1	4		1	1	7	
											1			
	1		1		1	2	2		3		3	2	3	
					1	1				1	1	1		
					1						1	1		
						1				1				
5	13	13	11	15	30	31	23	33	31	33	44	31	19	
3	12	12	11	14	28	29	20	27	26	30	37	25	16	
	1	1		1				1		1	1			

2-11 续表1

行业中类	法人单位数（个）	1949年以前	1950-1977年	1978-1991年	1992-1995年	1996年	1997年	1998年	1999年
其他黑色金属矿采选	38				2				
有色金属矿采选业	233		2	7	6	1		4	5
常用有色金属矿采选	172		1	6	5	1		2	3
贵金属矿采选	18			1				1	2
稀有稀土金属矿采选	43		1		1			1	
非金属矿采选业	1980	1	10	38	72	15	10	26	20
土砂石开采	1739		4	33	57	13	10	18	17
化学矿开采	11				1				
采盐	22	1	6	3	5	1			2
石棉及其他非金属矿采选	208			2	9	1		8	1
开采辅助活动	52			3	6				2
煤炭开采和洗选辅助活动	5								1
石油和天然气开采辅助活动	18			2	5				
其他开采辅助活动	29			1	1				1
其他采矿业	96			1	1	1	1		1
其他采矿业	96			1	1	1	1		1
制造业	**289983**	**23**	**518**	**4630**	**8339**	**2100**	**2511**	**3125**	**3468**
农副食品加工业	4893		59	238	228	72	94	107	108
谷物磨制	579		6	20	28	5	9	9	9
饲料加工	593			25	21	11	17	16	26
植物油加工	470			10	18	6	5	7	5
制糖业	102		5	7	6	2	3		
屠宰及肉类加工	1033		37	95	47	17	28	31	34
水产品加工	763		7	39	49	14	12	19	13
蔬菜、水果和坚果加工	550		2	19	33	8	9	11	12
其他农副食品加工	803		2	23	26	9	11	14	9
食品制造业	5028	1	21	200	294	86	73	143	131
焙烤食品制造	1578		6	27	66	19	16	30	33
糖果、巧克力及蜜饯制造	1096		4	60	88	32	26	65	39
方便食品制造	590		3	32	35	10	9	8	11
乳制品制造	58				3	1	2	1	2
罐头食品制造	155		1	10	14	1	3	3	3
调味品、发酵制品制造	527		6	28	29	6	6	17	21
其他食品制造	1024	1	1	43	59	17	11	19	22
酒、饮料和精制茶制造业	1648		16	80	85	25	27	44	51
酒的制造	487		12	45	28	9	13	18	15
饮料制造	926		2	23	44	12	13	22	31
精制茶加工	235		2	12	13	4	1	4	5

2000年	2001年	2002年	2003年	2004年	2005年	2006年	2007年	2008年	2009年	2010年	2011年	2012年	2013年	无开业年份
2					2	2	3	5	5	2	6	6	3	
6	7	12	9	8	15	24	20	16	18	16	20	10	23	4
3	3	6	8	7	10	19	18	10	14	12	15	8	18	3
2	1	1			1		2	2			3		2	
1	3	5	1	1	4	5		4	4	4	2	2	3	1
43	53	50	69	58	115	237	154	122	167	137	159	209	208	7
41	43	47	67	55	104	206	136	106	147	122	140	186	182	5
		1			1	1	1		2	2			2	
	2		1						1					
2	8	2	1	3	10	30	17	16	17	13	19	23	24	2
1	2	1	1		3		3	2		5	7	8	8	
										1		2	1	
	2	1					1			1	1	1	4	
1			1		3		2	2		3	6	5	3	
2	2	1	1	1	5	2	9	4	7	7	17	17	16	
2	2	1	1	1	5	2	9	4	7	7	17	17	16	
5215	**7511**	**8748**	**10855**	**12396**	**12915**	**15648**	**16154**	**15877**	**21774**	**27832**	**34228**	**36733**	**38710**	**673**
145	163	148	193	168	172	170	184	210	228	320	755	598	521	12
27	12	16	20	20	16	20	12	18	22	48	101	91	69	1
21	21	19	27	28	35	29	30	36	45	40	47	55	42	2
10	15	10	24	14	14	15	23	27	38	29	85	52	61	2
2	2	4	6	5	2	1	1	2	6	4	18	16	10	
31	32	37	38	29	29	30	28	26	29	63	156	127	89	
25	49	26	38	33	27	35	40	42	41	55	73	53	71	2
15	17	15	20	19	16	11	20	20	22	27	108	86	58	2
14	15	21	20	20	33	29	30	39	25	54	167	118	121	3
140	193	166	169	180	178	171	170	215	213	336	782	588	562	16
31	32	39	32	42	46	51	51	66	58	135	351	241	203	3
32	67	34	33	37	38	33	36	42	46	60	122	100	100	2
14	25	16	18	14	24	16	16	21	24	36	98	71	88	1
4	1	4	4	4	3	3	2	3	2	2	5	4	7	1
5	7	5	6	6	5	8	11	9	8	7	16	18	9	
19	27	36	22	21	13	22	14	23	22	29	80	48	36	2
35	34	32	54	56	49	38	40	51	53	67	110	106	119	7
48	62	73	77	68	76	82	80	90	82	100	157	172	148	5
16	21	17	24	16	23	34	29	28	22	19	23	33	41	1
28	36	49	46	46	45	36	39	48	45	67	109	108	75	2
4	5	7	7	6	8	12	12	14	15	14	25	31	32	2

2-11 续表2

行业中类	法人单位数（个）	1949年以前	1950-1977年	1978-1991年	1992-1995年	1996年	1997年	1998年	1999年
烟草制品业	29		2	4	5				
烟叶复烤	2				1				
卷烟制造	8		1	2	1				
其他烟草制品制造	19		1	2	3				
纺织业	7967	2	29	212	397	71	93	105	106
棉纺织及印染精加工	2174	1	9	68	119	22	24	36	24
毛纺织及染整精加工	645		2	33	39	7	6	11	14
麻纺织及染整精加工	76		1	4	4	1	3	2	1
丝绢纺织及印染精加工	168		2	8	8	2	1	1	
化纤织造及印染精加工	377		1	7	17	2	6	7	6
针织或钩针编织物及其制品制造	1838	1	3	43	88	16	24	17	26
家用纺织制成品制造	1234		6	21	52	9	16	18	15
非家用纺织制成品制造	1455		5	28	70	12	13	13	20
纺织服装、服饰业	19770	1	13	306	579	135	155	164	195
机织服装制造	12840	1	6	204	348	77	97	112	129
针织或钩针编织服装制造	3663		2	63	143	34	38	23	44
服饰制造	3267		5	39	88	24	20	29	22
皮革、毛皮、羽毛及其制品和制鞋业	11753		12	163	329	78	69	88	96
皮革鞣制加工	505		3	6	28	5	3	9	8
皮革制品制造	5517		3	68	161	31	20	25	33
毛皮鞣制及制品加工	188			3	8	2	5		2
羽毛(绒)加工及制品制造	119			7	7	1	5	3	5
制鞋业	5424		6	79	125	39	36	51	48
木材加工和木、竹、藤、棕、草制品业	4244		18	77	104	34	29	42	44
木材加工	1435		9	32	27	11	10	11	21
人造板制造	695			5	13	2	5	5	7
木制品制造	1688		4	23	47	13	5	15	11
竹、藤、棕、草等制品制造	426		5	17	17	8	9	11	5
家具制造业	9761		7	73	187	62	133	116	102
木质家具制造	5014		5	49	110	31	91	64	68
竹、藤家具制造	130		1	2	5			3	2
金属家具制造	1439			15	36	15	11	16	13
塑料家具制造	208			2	7	4	1	0	4
其他家具制造	2970		1	5	29	12	30	33	15
造纸和纸制品业	10325	1	15	177	320	96	85	124	133
纸浆制造	46			1	4	1		1	1
造纸	2604	1	4	47	95	32	22	38	37
纸制品制造	7675		11	129	221	63	63	85	95

2000年	2001年	2002年	2003年	2004年	2005年	2006年	2007年	2008年	2009年	2010年	2011年	2012年	2013年	无开业年份
2	1		2	1	1	3	2	1			1	2	2	
													1	
1				1			1						1	
1	1		2		1	3	1	1			1	2		
192	283	370	399	423	401	504	464	406	557	639	745	861	683	25
66	95	134	126	134	124	160	136	103	143	162	154	188	144	2
14	18	27	26	32	35	31	24	26	33	56	68	79	64	
2	2	4	6	5	7	3	1	3	5	4	6	8	4	
1	4	2	6	9	10	9	11	6	14	19	16	25	14	
9	17	21	28	26	14	32	13	22	33	30	34	34	18	
39	73	81	92	103	64	117	111	76	116	135	187	215	190	21
23	32	55	56	54	60	52	76	80	97	101	120	149	141	1
38	42	46	59	60	87	100	92	90	116	132	160	163	108	1
335	462	540	664	791	717	936	1030	1045	1518	1984	2401	2849	2934	16
207	273	350	421	516	470	628	716	716	992	1283	1561	1824	1898	11
73	109	118	151	152	145	152	161	158	308	340	388	531	529	1
55	80	72	92	123	102	156	153	171	218	361	452	494	507	4
152	224	247	333	419	499	592	613	668	935	1245	1639	1674	1667	11
12	15	17	25	24	38	29	30	37	30	47	52	43	41	3
59	78	93	136	161	218	271	267	332	420	579	767	832	960	3
2	2	6	7	12	4	13	14	10	6	14	19	31	27	1
8	13	6	7	7	7		3	8	6	4	8	9	5	
71	116	125	158	215	232	279	299	281	473	601	793	759	634	4
90	97	119	158	155	189	244	267	258	307	396	517	513	571	15
24	23	22	40	47	55	66	95	86	114	144	174	187	231	6
14	15	27	42	41	41	58	72	58	44	56	82	56	51	1
30	42	47	62	47	69	101	82	98	127	164	209	240	244	8
22	17	23	14	20	24	19	18	16	22	32	52	30	45	
131	162	185	269	357	405	519	503	488	690	1006	997	1658	1698	13
76	84	103	138	165	199	280	239	241	368	486	522	829	857	9
4	3	4	2	4	3	11	13	8	6	11	14	18	16	
28	38	32	53	71	68	78	91	81	103	144	148	193	204	1
2	4	10	7	14	9	19	10	13	15	15	26	26	20	
21	33	36	69	103	126	131	150	145	198	350	287	592	601	3
210	317	374	449	466	448	585	662	516	856	995	1090	1177	1219	10
	2	1	2	2	3	2	4	1	3	4	3	3	8	0
61	78	109	108	111	99	150	160	152	199	275	280	295	249	2
149	237	264	339	353	346	433	498	363	654	716	807	879	962	8

2-11 续表3

行业中类	法人单位数（个）	1949年以前	1950-1977年	1978-1991年	1992-1995年	1996年	1997年	1998年	1999年
印刷和记录媒介复制业	11965	2	32	442	599	143	204	219	218
印刷	11284		29	402	549	135	190	207	197
装订及印刷相关服务	638	2	3	37	44	6	11	11	17
记录媒介复制	43			3	6	2	3	1	4
文教、工美、体育和娱乐用品制造业	12096	1	23	317	506	82	100	143	173
文教办公用品制造	903		2	19	40	12	15	17	18
乐器制造	287			6	17	3	3	4	6
工艺美术品制造	7101	1	17	152	259	39	50	77	99
体育用品制造	905		1	16	34	6	5	8	10
玩具制造	2561		3	121	152	22	23	34	35
游艺器材及娱乐用品制造	339			3	4		4	3	5
石油加工、炼焦和核燃料加工业	408			12	24	8	8	7	9
精炼石油产品制造	390			12	23	8	8	7	8
炼焦	12				1				1
核燃料加工	6								
化学原料和化学制品制造业	10983	2	29	205	471	128	187	218	250
基础化学原料制造	658		9	23	32	10	8	12	13
肥料制造	335		5	5	18	4	8	3	7
农药制造	94			9	6		1	2	5
涂料、油墨、颜料及类似产品制造	3062	1	1	44	112	34	52	68	65
合成材料制造	1619		3	24	50	14	15	17	23
专用化学产品制造	2314		5	41	94	26	32	43	54
炸药、火工及焰火产品制造	38		4	3	4				
日用化学产品制造	2863	1	2	56	155	40	71	73	83
医药制造业	1142		9	63	68	14	17	25	20
化学药品原料药制造	70			4	5	2		3	2
化学药品制剂制造	117		1	11	17	1	3	1	2
中药饮片加工	220		2	7	4	2	2	3	2
中成药生产	152		4	21	12	1	3	6	5
兽用药品制造	129			11	10	1	3	3	
生物药品制造	234			4	13	2	4	5	3
卫生材料及医药用品制造	220		2	5	7	5	2	4	6
化学纤维制造业	294			10	17	4	3	1	4
纤维素纤维原料及纤维制造	61				5	1	1		2
合成纤维制造	233			10	12	3	2	1	2
橡胶和塑料制品业	25942	1	23	398	766	191	217	276	320
橡胶制品业	4164		6	56	98	30	34	41	48
塑料制品业	21778	1	17	342	668	161	183	235	272

2000年	2001年	2002年	2003年	2004年	2005年	2006年	2007年	2008年	2009年	2010年	2011年	2012年	2013年	无开业年份
330	490	605	971	819	676	765	607	595	712	902	923	866	835	10
308	471	582	929	785	639	713	576	564	677	852	877	816	776	10
22	18	22	38	30	37	49	25	29	34	50	46	50	57	
	1	1	4	4		3	6	2	1				2	
219	338	335	437	548	512	632	660	670	887	1133	1422	1422	1502	34
25	36	35	42	41	48	50	42	58	66	71	84	73	108	1
3	9	4	13	15	16	10	25	15	11	21	31	35	39	1
135	183	214	262	325	308	386	391	396	506	698	840	827	910	26
17	21	26	23	56	37	46	63	50	86	93	93	103	110	1
35	81	49	85	99	95	128	125	134	182	209	329	331	284	5
4	8	7	12	12	8	12	14	17	36	41	45	53	51	
19	19	16	22	24	19	20	26	14	27	25	28	46	30	5
19	19	14	22	22	19	19	25	14	26	23	26	43	29	4
		1		1			1		1	2	1	2		1
		1		1		1					1	1	1	
331	437	474	626	639	609	706	602	550	771	754	906	988	970	130
20	23	29	53	31	38	53	33	29	43	44	43	50	53	9
13	22	10	16	11	14	15	17	20	28	29	25	32	30	3
3	7	1	9	4	1	3	2	4	6	2	11	4	14	
88	120	147	200	218	218	230	163	146	202	183	219	245	238	68
35	48	66	62	88	67	95	104	76	113	139	179	194	190	17
64	107	109	132	146	142	161	125	109	162	164	194	195	188	21
2		1	1		4		4	1	5	2	2	5		
106	110	111	153	141	125	149	154	165	212	191	233	263	257	12
25	36	42	65	67	77	62	41	49	71	78	83	106	113	11
1	3	2	4	5	3	8	2	3	5	3	4	5	5	1
2	6	6	5	4	8	7	4	2	6	7	8	6	9	1
3	4	4	12	12	21	7	13	14	11	16	24	25	32	
4	6	9	14	11	7	6	6	6	6	6	8	6	5	
5	3	8	4	7	7	7	2	3	12	5	8	25	4	1
5	3	3	12	13	13	9	10	15	22	16	20	14	40	8
5	11	10	14	15	18	18	4	6	9	25	11	25	18	
5	11	10	13	21	19	14	11	13	17	30	30	28	33	
2	2	2	2	5	3	2	3	4	4	4	4	6	9	
3	9	8	11	16	16	12	8	9	13	26	26	22	24	
481	737	853	992	1205	1251	1559	1636	1502	2015	2418	2984	3093	2990	34
68	99	108	138	191	194	261	270	245	350	437	507	492	486	5
413	638	745	854	1014	1057	1298	1366	1257	1665	1981	2477	2601	2504	29

2-11 续表4

行业中类	法人单位数（个）	1949年以前	1950-1977年	1978-1991年	1992-1995年	1996年	1997年	1998年	1999年
非金属矿物制品业	12866	2	39	298	511	132	115	197	182
水泥、石灰和石膏制造	619		9	36	46	2	7	12	7
石膏、水泥制品及类似制品制造	1588		4	24	68	17	8	20	16
砖瓦、石材等建筑材料制造	4130	1	10	141	183	48	34	69	61
玻璃制造	537		1	3	10	3	2	3	1
玻璃制品制造	1695		3	17	42	11	2	14	10
玻璃纤维和玻璃纤维增强塑料制品制造	288			3	14	3	8	5	6
陶瓷制品制造	3047	1	8	62	137	38	44	63	65
耐火材料制品制造	223		1	7	3	2	3	5	2
石墨及其他非金属矿物制品制造	739		3	5	8	8	7	6	14
黑色金属冶炼和压延加工业	1763		3	38	82	9	14	21	20
炼铁	55			5	3			1	2
炼钢	77			2	5	1		2	2
黑色金属铸造	432		2	10	33	3	2	9	8
钢压延加工	1152		1	20	41	5	10	8	8
铁合金冶炼	47			1			2	1	
有色金属冶炼和压延加工业	2462	1	3	31	82	19	27	24	33
常用有色金属冶炼	282		1	6	11	4	3	4	5
贵金属冶炼	34			1	1		1	1	
稀有稀土金属冶炼	30		1	1	3				1
有色金属合金制造	296			2	5	1	1	4	2
有色金属铸造	193			2	3	2		4	1
有色金属压延加工	1627	1	1	19	59	12	22	11	24
金属制品业	33178	3	40	359	681	196	205	297	341
结构性金属制品制造	7615	1	5	53	137	45	31	57	72
金属工具制造	3482		8	41	61	11	23	35	34
集装箱及金属包装容器制造	712		2	15	39	6	12	17	8
金属丝绳及其制品制造	548		1	7	16	2	6	9	8
建筑、安全用金属制品制造	4942		9	56	103	25	32	51	45
金属表面处理及热处理加工	1773		2	38	62	21	28	26	27
搪瓷制品制造	263			4	7	3	2	2	2
金属制日用品制造	6078	2	10	83	145	48	38	58	82
其他金属制品制造	7765		3	62	111	35	33	42	63
通用设备制造业	14564	3	32	184	333	88	118	124	130
锅炉及原动设备制造	360		1	9	16	3	6	2	7
金属加工机械制造	3306	1	9	40	60	12	25	23	20
物料搬运设备制造	649		3	16	25	6	10	7	11

2000年	2001年	2002年	2003年	2004年	2005年	2006年	2007年	2008年	2009年	2010年	2011年	2012年	2013年	无开业年份
300	401	391	493	528	597	708	675	652	984	1100	1393	1525	1599	44
19	26	29	24	24	39	33	39	30	43	42	46	60	43	3
39	41	48	58	66	73	88	93	103	122	144	184	211	152	9
76	104	89	138	122	162	226	234	205	284	335	452	453	686	17
8	11	11	19	20	27	33	18	28	39	51	72	70	106	1
32	32	42	43	71	73	95	84	78	125	173	207	262	277	2
9	8	11	13	15	13	17	18	16	18	21	28	29	32	1
81	140	134	144	145	155	154	135	142	273	254	310	339	218	5
9	8	4	11	16	9	8	13	7	16	19	27	22	29	2
27	31	23	43	49	46	54	41	43	64	61	67	79	56	4
36	51	67	116	117	132	103	103	86	157	155	145	144	159	5
	2	4	7		3	4	3	4	5	3	1	2	5	1
1	1	1	9	3	4	5	3	9	2	4	8	5	10	
13	15	30	29	27	32	19	19	17	30	28	34	35	35	2
21	30	31	69	84	91	73	76	56	118	117	94	93	104	2
1	3	1	2	3	2	2	2		2	3	8	9	5	
52	109	91	100	137	136	182	154	154	202	198	203	256	259	9
6	13	12	15	13	13	26	20	19	30	17	18	23	20	3
2	3	1		1		1	2	2	2	4	2	8	2	
	3	3	3	4	3	2	1		1		1	2	1	
8	8	10	8	14	12	22	21	24	31	23	33	32	34	1
6	14	16	9	12	12	10	6	9	16	19	20	15	17	
30	68	49	65	93	96	121	104	100	122	135	129	176	185	5
579	846	1094	1136	1351	1474	1857	1880	1967	2599	3303	4039	4355	4480	96
118	153	195	196	260	291	354	424	469	601	791	936	1125	1277	24
46	107	134	128	141	180	213	205	210	256	365	382	414	483	5
20	24	30	18	37	30	37	36	49	62	48	59	85	78	
7	21	21	21	31	35	41	33	27	40	34	57	73	57	1
86	107	162	166	207	216	304	308	281	389	495	649	622	623	6
49	70	72	94	108	107	97	95	89	104	144	197	178	147	18
3	8	4	10	9	8	17	13	20	20	31	30	36	33	1
166	205	257	254	252	301	360	308	337	492	571	706	732	638	33
84	151	219	249	306	306	434	458	485	635	824	1023	1090	1144	8
215	392	424	499	632	666	805	947	875	1180	1531	1805	1765	1798	18
5	13	11	16	16	31	19	18	22	26	29	36	32	39	3
36	65	89	109	138	153	192	222	192	238	387	417	439	437	2
9	26	23	23	34	35	36	39	42	49	58	61	58	73	5

2-11 续表5

行业中类	法人单位数（个）	1949年以前	1950-1977年	1978-1991年	1992-1995年	1996年	1997年	1998年	1999年
泵、阀门、压缩机及类似机械制造	1025		7	9	30	7	13	15	14
轴承、齿轮和传动部件制造	414		2	14	13	6	3	6	4
烘炉、风机、衡器、包装等设备制造	2413		2	24	57	18	16	24	30
文化、办公用机械制造	640			11	20	4	5	6	5
通用零部件制造	4275	1	4	47	95	30	30	32	29
其他通用设备制造业	1482	1	4	14	17	2	10	9	10
专用设备制造业	18158		32	166	333	82	103	133	160
采矿、冶金、建筑专用设备制造	532		4	18	24	4	4	3	5
化工、木材、非金属加工专用设备制造	9393		5	51	105	27	41	46	58
食品、饮料、烟草及饲料生产专用设备制造	372		3	26	34	7	8	15	7
印刷、制药、日化及日用品生产专用设备制造	1647		1	15	39	14	13	9	20
纺织、服装和皮革加工专用设备制造	496		2	6	20	3	8	6	11
电子和电工机械专用设备制造	2598		1	14	24	6	6	18	20
农、林、牧、渔专用机械制造	224		12	16	12	1	1	4	6
医疗仪器设备及器械制造	957		3	11	35	13	5	9	16
环保、社会公共服务及其他专用设备制造	1939		1	9	40	7	17	23	17
汽车制造业	1891		3	17	38	12	16	9	27
汽车整车制造	33			3	1	1			1
改装汽车制造	19		1	1			1	1	
低速载货汽车制造	1								
电车制造	27								
汽车车身、挂车制造	24			1	2				
汽车零部件及配件制造	1787		2	12	35	11	15	8	26
铁路、船舶、航空航天和其他运输设备制造业	1431		16	48	60	15	11	24	34
铁路运输设备制造	36			2		1		1	
城市轨道交通设备制造	12								
船舶及相关装置制造	402		13	30	27	6	3	11	10
航空、航天器及设备制造	35				1				
摩托车制造	456		2	6	15	6	7	8	19
自行车制造	390		1	9	14	1		4	5
非公路休闲车及零配件制造	40				2	1	1		
潜水救捞及其他未列明运输设备制造	60			1	1				
电气机械和器材制造业	29758	3	18	231	594	176	193	239	273
电机制造	1130		1	20	28	5	15	17	16
输配电及控制设备制造	6630	1	5	65	152	42	42	62	72

2000年	2001年	2002年	2003年	2004年	2005年	2006年	2007年	2008年	2009年	2010年	2011年	2012年	2013年	无开业年份
20	34	44	50	62	52	62	58	70	79	106	108	106	79	
9	13	19	28	17	31	25	22	25	26	42	42	40	26	1
46	67	61	84	111	126	129	179	167	214	232	281	272	270	3
15	20	21	19	27	25	37	38	37	69	48	72	70	90	1
60	129	126	136	194	182	244	293	230	347	447	578	515	524	2
15	25	30	34	33	31	61	78	90	132	182	210	233	260	1
235	335	427	546	699	787	949	1137	1046	1448	2028	2337	2392	2744	39
11	15	15	22	20	24	30	38	31	52	67	44	39	57	5
104	134	188	231	356	394	488	603	550	721	1119	1289	1365	1509	9
14	17	16	15	11	13	17	11	15	30	19	26	33	34	1
20	27	39	51	72	67	85	94	97	142	188	214	223	215	2
10	19	26	22	25	31	26	30	33	37	47	51	41	38	4
20	50	65	85	83	102	136	157	159	183	277	367	340	477	8
9	7	5	8	7	12	11	15	8	16	14	23	14	22	1
26	26	34	41	52	51	53	61	44	82	85	104	97	105	4
21	40	39	71	73	93	103	128	109	185	212	219	240	287	5
30	55	73	102	125	123	124	110	81	149	166	208	198	219	6
	1	2		1	5	3	1	1		1	3	5	4	
		2		1	2	1	1			1	1	1	5	
													1	
1		1		1	1	3			1	6	5	2	6	
	1	3		3	2			3	1	3	1	1	3	
29	53	65	102	119	113	117	108	77	147	155	198	189	200	6
46	49	50	59	74	89	84	72	73	106	131	123	125	137	5
1	1	2	1	1	1	1	1		3	5	2	3	10	
						1	1		3	1	3	1	2	
12	10	14	15	10	16	22	25	25	26	31	35	25	35	1
1			3	4		1	1	1	2	4	6	3	7	1
17	19	21	22	36	54	38	18	22	28	35	22	34	24	3
12	17	11	15	15	14	18	25	18	35	37	43	45	51	
1		1	3	5	1	1		4	5	7	4	2	2	
2	2	1		3	3	2	1	3	4	11	8	12	6	
429	605	772	947	1077	1119	1451	1560	1642	2254	3048	3783	4441	4843	60
23	40	30	47	75	59	61	58	75	73	115	119	129	120	4
105	158	176	236	301	257	398	408	419	540	710	781	821	868	11

2-11 续表6

行业中类	法人单位数（个）	1949年以前	1950-1977年	1978-1991年	1992-1995年	1996年	1997年	1998年	1999年
电线、电缆、光缆及电工器材制造	3593		3	55	114	30	42	55	50
电池制造	1290	1		4	24	2	4	10	9
家用电力器具制造	6206	1	5	41	124	58	43	52	67
非电力家用器具制造	699		1	4	10	3	11	4	8
照明器具制造	9116		3	36	117	33	34	35	48
其他电气机械及器材制造	1094			6	25	3	2	4	3
计算机、通信和其他电子设备制造业	26718		10	119	350	95	137	164	190
计算机制造	3496		1	10	32	9	8	22	33
通信设备制造	1853		3	15	30	12	11	16	16
广播电视设备制造	1020			3	15	3	8	9	6
雷达及配套设备制造	59			1			1	1	1
视听设备制造	2519			18	45	12	21	15	23
电子器件制造	4191		2	18	30	8	21	23	16
电子元件制造	9253		3	47	170	39	48	55	77
其他电子设备制造	4327		1	7	28	12	19	23	18
仪器仪表制造业	4184		2	63	145	22	37	40	56
通用仪器仪表制造	1202		1	11	31	5	12	17	19
专用仪器仪表制造	617			11	11	2	4	8	8
钟表与计时仪器制造	1352		1	32	76	10	15	11	21
光学仪器及眼镜制造	804			7	20	2	5	1	5
其他仪器仪表制造业	209			2	7	3	1	3	3
其他制造业	2185		3	44	91	6	21	12	29
日用杂品制造	1165		1	31	64	4	17	7	18
煤制品制造	32			1	2				1
核辐射加工	13								
其他未列明制造业	975		2	12	25	2	4	5	10
废弃资源综合利用业	1070			12	13	8	8	10	14
金属废料和碎屑加工处理	586			7	6	3	5	3	10
非金属废料和碎屑加工处理	484			5	7	5	3	7	4
金属制品、机械和设备修理业	1507		9	43	47	11	12	9	19
金属制品修理	112		1	3	3	1	1	2	3
通用设备修理	236		1	6	5	3	4	2	
专用设备修理	146		2	5	8	3	2		1
铁路、船舶、航空航天等运输设备修理	408		3	20	17	1	3	2	6
电气设备修理	122				3	1		2	4
仪器仪表修理	28							1	1
其他机械和设备修理业	455		2	9	11	2	2		4

2000年	2001年	2002年	2003年	2004年	2005年	2006年	2007年	2008年	2009年	2010年	2011年	2012年	2013年	无开业年份
65	102	125	155	153	171	202	234	219	267	340	382	419	407	3
16	28	40	43	32	70	63	76	66	116	131	164	152	237	2
106	126	190	233	232	256	317	323	376	495	616	774	860	894	17
17	16	33	28	27	32	54	28	52	46	65	75	92	93	
83	125	153	159	214	226	303	370	369	631	983	1313	1816	2047	18
14	10	25	46	43	48	53	63	66	86	88	175	152	177	5
309	464	554	715	953	1107	1336	1424	1510	2173	3000	3597	3737	4742	32
27	53	63	83	117	142	185	197	212	324	418	464	495	598	3
27	40	31	61	54	82	93	106	106	155	227	237	250	279	2
14	28	28	35	45	52	53	55	49	88	110	138	143	138	
		1	4	1	9	5	3	2	3	8	10	5	4	
34	48	80	88	124	121	122	159	151	215	272	319	315	334	3
46	74	64	89	141	171	207	200	234	358	520	616	593	756	4
124	175	220	270	336	387	464	494	501	695	964	1209	1277	1685	13
37	46	67	85	135	143	207	210	255	335	481	604	659	948	7
51	68	93	111	146	168	195	211	207	280	379	617	629	662	2
17	20	35	40	45	51	73	73	66	85	120	154	145	181	1
12	17	11	25	25	21	30	33	28	49	61	83	87	91	
13	19	31	29	32	58	53	56	68	87	106	204	224	205	1
8	9	12	15	36	32	32	42	27	42	66	144	137	162	
1	3	4	2	8	6	7	7	18	17	26	32	36	23	
33	49	76	73	71	110	115	131	110	152	210	253	279	312	5
17	33	50	42	43	62	71	76	58	79	105	112	123	150	2
1	1		2		2	3	3	2	2	2	5	2	3	
			1			1		1		1	3	5	1	
15	15	26	28	28	46	40	52	49	71	102	133	149	158	3
15	33	32	72	85	103	91	109	81	78	80	75	80	68	3
8	15	19	46	58	64	52	48	40	39	30	35	53	42	3
7	18	13	26	27	39	39	61	41	39	50	40	27	26	
30	22	47	47	50	55	84	83	103	126	142	190	166	210	2
2	2	5	4	4		3	7	6	9	9	15	14	18	
4	3	5	5	8	15	12	12	15	24	30	27	29	26	
1	4	7	4	2	1	8	3	15	16	15	17	13	19	
7	5	14	13	11	20	23	27	27	30	47	48	43	40	1
3	1	5	4	7	7	10	6	10	10	12	14	9	14	
	1	2	1		1	1	3	3	5	1	3	2	3	
13	6	9	16	18	11	27	25	27	32	28	66	56	90	1

2-11 续表7

行业中类	法人单位数（个）	1949年以前	1950-1977年	1978-1991年	1992-1995年	1996年	1997年	1998年	1999年
电力、热力、燃气及水生产和供应业	**7962**	**3**	**175**	**757**	**562**	**139**	**147**	**255**	**253**
电力、热力生产和供应业	6316	3	151	588	395	117	120	211	218
电力生产	6114	3	142	563	379	114	118	206	216
电力供应	153		9	22	16	3	1	5	2
热力生产和供应	49			3			1		
燃气生产和供应业	292		2	8	19	3	3	3	10
燃气生产和供应业	292		2	8	19	3	3	3	10
水的生产和供应业	1354		22	161	148	19	24	41	25
自来水生产和供应	956		22	159	139	18	24	38	22
污水处理及其再生利用	344			2	6	1		2	2
其他水的处理、利用与分配	54				3			1	1
建筑业	**22583**	**1**	**119**	**682**	**1150**	**270**	**273**	**340**	**419**
房屋建筑业	3177	1	98	311	262	48	43	58	78
房屋建筑业	3177	1	98	311	262	48	43	58	78
土木工程建筑业	3180		13	98	198	43	35	58	61
铁路、道路、隧道和桥梁工程建筑	1007		2	38	80	19	9	19	18
水利和内河港口工程建筑	281		6	20	26	8	3	8	11
海洋工程建筑	14			2					
工矿工程建筑	111			1	6	1		2	2
架线和管道工程建筑	324		1	16	29	6	9	6	8
其他土木工程建筑	1443		4	21	57	9	14	23	22
建筑安装业	4501		2	131	294	75	93	107	131
电气安装	1446			50	84	31	27	33	51
管道和设备安装	1090		1	35	86	25	30	27	26
其他建筑安装业	1965		1	46	124	19	36	47	54
建筑装饰和其他建筑业	11725		6	142	396	104	102	117	149
建筑装饰业	9774		3	111	319	90	84	91	121
工程准备活动	939		2	12	43	4	10	13	11
提供施工设备服务	172			1	5	2		1	1
其他未列明建筑业	840		1	18	29	8	8	12	16
批发和零售业	**283255**	**13**	**848**	**4339**	**5060**	**1665**	**1999**	**2607**	**3248**
批发业	185511	6	467	2511	3080	1021	1248	1592	2125
农、林、牧产品批发	4693		51	188	97	19	22	39	58
食品、饮料及烟草制品批发	14706	1	152	432	319	89	93	110	159
纺织、服装及家庭用品批发	29332		36	252	331	137	162	218	257
文化、体育用品及器材批发	8806	1	12	70	120	50	75	88	112
医药及医疗器材批发	4458		10	90	98	28	38	45	68
矿产品、建材及化工产品批发	36812		162	749	835	284	366	462	611

2000年	2001年	2002年	2003年	2004年	2005年	2006年	2007年	2008年	2009年	2010年	2011年	2012年	2013年	无开业年份
301	**376**	**482**	**556**	**496**	**472**	**501**	**380**	**310**	**463**	**416**	**322**	**273**	**294**	**29**
265	336	423	482	409	368	418	306	247	332	314	232	176	190	15
263	333	414	473	400	361	407	295	235	324	298	217	166	174	13
2	3	7	5	8	5	7	9	10	5	10	8	5	10	1
		2	4	1	2	4	2	2	3	6	7	5	6	1
12	7	12	12	15	15	21	15	11	25	18	20	25	32	4
12	7	12	12	15	15	21	15	11	25	18	20	25	32	4
24	33	47	62	72	89	62	59	52	106	84	70	72	72	10
22	22	33	44	49	55	37	38	22	48	47	33	39	42	3
2	8	12	16	21	33	24	19	28	53	31	27	27	23	7
	3	2	2	2	1	1	2	2	5	6	10	6	7	
489	**483**	**542**	**671**	**734**	**751**	**989**	**989**	**973**	**1466**	**2015**	**2452**	**2817**	**3931**	**27**
89	80	91	103	88	84	129	112	115	178	238	254	261	453	3
89	80	91	103	88	84	129	112	115	178	238	254	261	453	3
69	75	89	109	130	112	134	119	143	203	288	301	377	519	6
20	23	23	36	32	29	36	38	45	74	87	89	97	193	
8	8	6	9	7	8	7	12	11	21	27	19	15	41	
	1			1		1		1	2	1		4	1	
4	2	6	2	5	3	7	8	4	12	6	13	12	15	
10	8	14	15	20	8	18	12	19	13	33	23	22	34	
27	33	40	47	65	64	65	49	63	81	134	157	227	235	6
132	141	167	165	166	178	213	193	206	302	381	452	473	497	2
59	44	62	61	51	51	67	71	50	108	130	123	157	135	1
30	35	41	41	40	50	49	38	53	76	97	110	96	104	
43	62	64	63	75	77	97	84	103	118	154	219	220	258	1
199	187	195	294	350	377	513	565	509	783	1108	1445	1706	2462	16
165	146	156	212	283	308	414	440	412	639	920	1239	1454	2155	12
16	17	13	47	34	30	45	50	39	79	102	104	125	142	1
3	2	4	7	2	9	11	25	8	19	14	14	13	29	2
15	22	22	28	31	30	43	50	50	46	72	88	114	136	1
4221	**5466**	**5881**	**7787**	**8907**	**9503**	**11853**	**12410**	**13928**	**20116**	**27653**	**38639**	**41832**	**55003**	**277**
2719	3728	3976	5432	6305	6656	8123	8555	9476	13661	18676	24599	26576	34798	181
89	95	70	97	94	122	131	140	222	340	422	592	848	947	10
169	258	275	323	373	345	505	566	740	1039	1319	1971	2488	2970	10
359	495	545	685	873	891	1102	1214	1389	2225	3033	4289	4522	6294	23
131	187	179	266	312	299	364	431	473	620	879	1181	1240	1709	7
106	134	172	252	236	262	247	163	193	331	343	458	641	541	2
725	988	1012	1353	1523	1475	1819	1847	1989	2862	3808	4639	4412	4842	49

2-11 续表8

行业中类	法人单位数（个）	1949年以前	1950-1977年	1978-1991年	1992-1995年	1996年	1997年	1998年	1999年
机械设备、五金产品及电子产品批发	57970	3	24	367	763	234	324	423	596
贸易经纪与代理	14332	1	10	159	237	87	71	98	131
其他批发业	14402		10	204	280	93	97	109	133
零售业	97744	7	381	1828	1980	644	751	1015	1123
综合零售	5353	1	173	440	192	42	57	68	80
食品、饮料及烟草制品专门零售	7704		85	257	195	63	61	82	91
纺织、服装及日用品专门零售	11208		34	158	158	63	94	108	121
文化、体育用品及器材专门零售	6164		20	99	134	48	59	78	104
医药及医疗器材专门零售	9711	3	25	154	152	55	38	84	79
汽车、摩托车、燃料及零配件专门零售	9771	1	2	213	372	105	133	203	195
家用电器及电子产品专门零售	19630		7	84	222	93	113	133	162
五金、家具及室内装饰材料专门零售	17455	1	20	266	371	116	134	181	221
货摊、无店铺及其他零售业	10748	1	15	157	184	59	62	78	70
交通运输、仓储和邮政业	**25337**	**2**	**102**	**694**	**758**	**220**	**222**	**308**	**320**
道路运输业	8699		32	340	348	102	106	140	145
城市公共交通运输	529		1	43	58	17	18	21	25
公路旅客运输	583		15	64	47	16	15	24	15
道路货物运输	6795		8	199	173	47	59	76	75
道路运输辅助活动	792		8	34	70	22	14	19	30
水上运输业	1216	1	22	134	102	10	14	28	29
水上旅客运输	119		3	28	15	1	1	2	4
水上货物运输	656		16	80	43	5	11	17	19
水上运输辅助活动	441	1	3	26	44	4	2	9	6
航空运输业	124			3	5	3	2		2
航空客货运输	80			1	3	2	2		1
通用航空服务	25			1	1				1
航空运输辅助活动	19			1	1	1			
管道运输业	15				2				
管道运输业	15				2				
装卸搬运和运输代理业	12690		22	128	196	84	73	101	102
装卸搬运	812		20	51	38	10	9	12	13
运输代理业	11878		2	77	158	74	64	89	89
仓储业	1338		26	83	101	20	22	28	34
谷物、棉花等农产品仓储	187		23	20	18	4	1	7	9
其他仓储业	1151		3	63	83	16	21	21	25
邮政业	1255	1		6	4	1	5	11	8
邮政基本服务	49			3				7	2

2000年	2001年	2002年	2003年	2004年	2005年	2006年	2007年	2008年	2009年	2010年	2011年	2012年	2013年	无开业年份
752	1011	1204	1615	1871	2152	2719	2828	3026	4326	6160	7666	8214	11651	41
179	257	270	347	487	509	580	587	634	897	1343	1983	2132	3314	19
209	303	249	494	536	601	656	779	810	1021	1369	1820	2079	2530	20
1502	1738	1905	2355	2602	2847	3730	3855	4452	6455	8977	14040	15256	20205	96
114	130	125	134	158	169	211	183	239	314	389	556	625	944	9
102	122	116	142	170	182	227	302	339	502	687	1043	1359	1568	9
164	169	185	216	262	312	382	388	494	713	1001	1559	1773	2843	11
123	104	160	187	182	178	226	250	290	398	602	796	902	1217	7
106	199	182	227	217	315	305	264	361	545	716	2458	1992	1231	3
253	285	284	348	390	379	488	474	430	705	845	990	1210	1457	9
249	309	338	512	572	584	861	878	1023	1391	1986	2634	2826	4639	14
243	278	331	399	418	463	622	712	784	1165	1690	2532	2745	3738	25
148	142	184	190	233	265	408	404	492	722	1061	1472	1824	2568	9
396	**492**	**585**	**860**	**1188**	**1302**	**1403**	**1300**	**1263**	**1768**	**2627**	**2714**	**2748**	**4020**	**45**
181	256	273	376	447	408	491	487	420	607	785	885	810	1050	10
25	26	23	21	27	19	17	50	18	21	17	29	23	30	
27	37	29	37	40	21	23	26	20	30	15	23	29	30	
107	166	187	282	332	339	403	371	330	523	698	778	698	937	7
22	27	34	36	48	29	48	40	52	33	55	55	60	53	3
27	30	54	67	74	68	54	50	44	72	58	67	70	131	10
3	4	5	5	7	4	7	4	6	7	3	1	6	3	
15	16	29	42	48	37	29	24	26	36	24	29	40	70	
9	10	20	20	19	27	18	22	12	29	31	37	24	58	10
	2	1	2	6	8	10	6	7	4	12	11	12	27	1
		1	2	4	6	6	6	6	3	5	7	9	16	
	1			1		2				4	2	3	8	1
	1			1	2	2		1	1	3	2		3	
	1	1		2	1		5					1	2	
	1	1		2	1		5					1	2	
140	143	200	325	544	681	744	651	673	894	1387	1471	1666	2457	8
11	26	25	24	37	31	44	38	49	40	52	63	94	123	2
129	117	175	301	507	650	700	613	624	854	1335	1408	1572	2334	6
37	49	42	66	70	86	59	62	43	96	77	93	98	130	16
7	7	3	4	6	14	4	7	2	13	8	8	9	12	1
30	42	39	62	64	72	55	55	41	83	69	85	89	118	15
11	11	14	24	45	50	45	39	76	95	308	187	91	223	
8		2	3	1	4	3		1	1	3	3	5	3	

2-11 续表9

行业中类	法人单位数（个）	1949年以前	1950-1977年	1978-1991年	1992-1995年	1996年	1997年	1998年	1999年
快递服务	1206	1		3	4	1	5	4	6
住宿和餐饮业	**17063**	**2**	**37**	**400**	**499**	**145**	**166**	**221**	**252**
住宿业	6701	2	16	286	277	61	58	81	90
旅游饭店	2127	1	9	100	127	20	22	34	40
一般旅馆	4062	1	6	163	118	36	26	40	43
其他住宿业	512		1	23	32	5	10	7	7
餐饮业	10362		21	114	222	84	108	140	162
正餐服务	7402		13	89	188	60	76	105	110
快餐服务	1019		5	12	17	15	17	16	23
饮料及冷饮服务	690			2	2	1	3	3	8
其他餐饮业	1251		3	11	15	8	12	16	21
信息传输、软件和信息技术服务业	**25627**		**2**	**43**	**216**	**88**	**120**	**158**	**223**
电信、广播电视和卫星传输服务	707		2	11	31	5	9	11	18
电信	566		1	2	16	3	8	8	15
广播电视传输服务	118		1	7	12	2		2	3
卫星传输服务	23			2	3		1	1	
互联网和相关服务	2981			1	18	10	9	7	19
互联网接入及相关服务	473			1	5		3	1	2
互联网信息服务	1880				12	9	6	5	11
其他互联网服务	628				1	1		1	6
软件和信息技术服务业	21939			31	167	73	102	140	186
软件开发	15140			19	108	53	74	96	135
信息系统集成服务	1511			1	15	6	11	17	20
信息技术咨询服务	2884			9	27	3	7	14	20
数据处理和存储服务	518				2	2	1	3	2
集成电路设计	581			1	3	3		2	2
其他信息技术服务业	1305			1	12	6	9	8	7
房地产业	**32477**	**1**	**48**	**804**	**1661**	**322**	**449**	**535**	**647**
房地产业	32477	1	48	804	1661	322	449	535	647
房地产开发经营	7230		5	280	718	73	131	163	153
物业管理	14832	1	25	371	641	178	236	272	349
房地产中介服务	8405		3	83	170	53	66	79	118
其他房地产业	2010		15	70	132	18	16	21	27
租赁和商务服务业	**90293**	**21**	**131**	**2066**	**2577**	**548**	**659**	**727**	**1025**
租赁业	2890		2	37	42	16	14	16	28
机械设备租赁	2707		2	34	39	13	14	12	23
文化及日用品出租	183			3	3	3		4	5
商务服务业	87403	21	129	2029	2535	532	645	711	997

2000年	2001年	2002年	2003年	2004年	2005年	2006年	2007年	2008年	2009年	2010年	2011年	2012年	2013年	无开业年份
3	11	12	21	44	46	42	39	75	94	305	184	86	220	
265	**297**	**337**	**431**	**576**	**667**	**836**	**872**	**1047**	**1127**	**1399**	**1913**	**2555**	**2981**	**38**
102	111	137	192	258	313	421	433	543	480	539	680	813	783	25
42	37	58	89	98	116	120	120	143	151	171	171	225	222	11
57	71	68	95	145	174	273	288	364	303	321	446	535	480	9
3	3	11	8	15	23	28	25	36	26	47	63	53	81	5
163	186	200	239	318	354	415	439	504	647	860	1233	1742	2198	13
129	153	157	184	248	254	308	312	372	450	610	880	1224	1470	10
15	15	21	16	25	48	28	54	42	56	84	119	178	212	1
8	9	9	15	16	14	27	28	36	51	71	94	125	168	
11	9	13	24	29	38	52	45	54	90	95	140	215	348	2
429	**478**	**605**	**863**	**967**	**997**	**1243**	**1257**	**1319**	**1756**	**2242**	**3057**	**3596**	**5953**	**15**
17	31	24	42	32	40	35	39	41	57	46	58	65	93	
13	26	21	35	26	33	28	28	34	49	35	52	57	76	
4	4	2	6	5	6	7	9	6	6	9	6	8	13	
	1	1	1	1	1		2	1	2	2			4	
46	42	66	153	131	115	218	246	161	189	252	286	375	636	1
9	8	6	18	19	19	37	30	22	28	42	40	68	114	1
30	31	50	104	98	73	152	173	99	129	162	177	213	346	
7	3	10	31	14	23	29	43	40	32	48	69	94	176	
366	405	515	668	804	842	990	972	1117	1510	1944	2713	3156	5224	14
265	297	373	469	562	616	695	698	786	1078	1372	1886	2205	3346	7
38	41	49	62	60	59	84	74	73	105	121	166	210	298	1
40	44	53	71	95	102	89	99	129	169	239	363	396	911	4
4	3	3	9	10	18	25	14	16	23	40	61	80	202	
6	7	13	15	25	12	42	31	35	45	50	68	87	134	
13	13	24	42	52	35	55	56	78	90	122	169	178	333	2
737	**785**	**951**	**1214**	**1301**	**1457**	**1695**	**2085**	**1579**	**2363**	**3152**	**3412**	**3165**	**4015**	**99**
737	785	951	1214	1301	1457	1695	2085	1579	2363	3152	3412	3165	4015	99
192	207	209	269	251	339	454	545	286	501	771	710	500	457	16
383	409	516	652	709	720	814	914	852	1009	1239	1414	1450	1634	44
136	143	192	240	283	341	328	497	365	715	927	1019	1023	1613	11
26	26	34	53	58	57	99	129	76	138	215	269	192	311	28
1241	**1374**	**1734**	**2316**	**3105**	**3244**	**3717**	**3946**	**5024**	**5880**	**8352**	**10476**	**12774**	**19246**	**110**
23	33	32	52	81	111	130	118	150	202	292	376	480	650	5
21	29	30	50	79	104	118	116	137	186	279	360	447	611	3
2	4	2	2	2	7	12	2	13	16	13	16	33	39	2
1218	1341	1702	2264	3024	3133	3587	3828	4874	5678	8060	10100	12294	18596	105

2-11 续表10

行业中类	法人单位数（个）	1949年以前	1950-1977年	1978-1991年	1992-1995年	1996年	1997年	1998年	1999年
企业管理服务	26624	18	104	1529	1401	222	271	244	302
法律服务	1176			18	79	21	18	21	31
咨询与调查	24815		8	130	299	79	104	143	248
广告业	14072			45	301	83	126	155	225
知识产权服务	1077			2	9	2	4	3	10
人力资源服务	3111	1	1	16	34	8	4	13	9
旅行社及相关服务	2370		7	101	91	16	24	29	32
安全保护服务	663			23	31	8	12	7	7
其他商务服务业	13495	2	9	165	290	93	82	96	133
科学研究和技术服务业	**30924**	**1**	**20**	**286**	**642**	**189**	**226**	**256**	**341**
研究和试验发展	4972		6	25	52	16	24	28	31
自然科学研究和试验发展	394			4			2	2	1
工程和技术研究和试验发展	3787		5	10	36	14	17	19	24
农业科学研究和试验发展	218		1	9	5		2	1	2
医学研究和试验发展	533			1	11	2	3	4	4
社会人文科学研究	40			1				2	
专业技术服务业	21039	1	12	209	524	157	185	204	281
气象服务	40			4	5		2		2
地震服务	11						1	1	1
海洋服务	33			1	3		1		
测绘服务	200			4	5	1	1		5
质检技术服务	968			24	32	18	11	10	13
环境与生态监测	222			1	3			1	1
地质勘查	131			6	19	1	2		1
工程技术	9339		6	109	321	91	94	119	149
其他专业技术服务业	10095	1	6	60	136	46	73	73	109
科技推广和应用服务业	4913		2	52	66	16	17	24	29
技术推广服务	4097		2	42	46	14	14	20	21
科技中介服务	308			4	10		1	4	4
其他科技推广和应用服务业	508			6	10	2	2		4
水利、环境和公共设施管理业	**2966**		**7**	**64**	**120**	**30**	**34**	**35**	**56**
水利管理业	224		6	18	17	1	4	3	6
防洪除涝设施管理	26		2	3	1				
水资源管理	58		3	3	7		1	2	1
天然水收集与分配	31		1	4	4			1	1
水文服务	11			1					
其他水利管理业	98			7	5	1	3		4
生态保护和环境治理业	541			6	22	2	2	7	12

2000年	2001年	2002年	2003年	2004年	2005年	2006年	2007年	2008年	2009年	2010年	2011年	2012年	2013年	无开业年份
356	382	628	585	794	739	788	946	1624	1417	2070	2713	3475	5965	51
51	68	49	52	42	43	56	47	42	80	137	104	104	113	
340	357	436	671	912	1059	1141	1238	1359	1726	2324	3039	3638	5549	15
239	211	254	340	506	543	687	684	793	976	1450	1745	2125	2574	10
12	14	24	33	61	54	54	53	53	70	109	137	169	204	
12	24	31	77	78	83	156	150	191	266	377	444	473	661	2
30	79	53	97	122	111	103	85	123	122	239	222	278	397	9
10	13	12	27	23	25	31	37	34	38	63	59	87	116	
168	193	215	382	486	476	571	588	655	983	1291	1637	1945	3017	18
488	**595**	**659**	**946**	**1104**	**1233**	**1435**	**1379**	**1572**	**2265**	**2939**	**3827**	**4441**	**6050**	**30**
59	92	98	146	172	196	242	204	266	407	504	685	703	1010	6
4	8	6	9	14	7	17	14	15	32	47	55	68	89	
45	70	73	102	133	155	195	160	209	324	391	522	526	751	6
	5	7	5	4	9	10	13	17	12	17	22	23	54	
9	8	11	29	21	24	17	15	23	35	47	81	79	109	
1	1	1	1		1	3	2	2	4	2	5	7	7	
374	442	478	686	804	892	1025	967	1063	1511	1955	2483	2898	3874	14
4	3		6	2	1	1	2		2		1	3	2	
1				1	1					1		1	3	
	1		2	1	1	1	5	3	1	1	5	3	4	
5	17	7	15	12	12	14	6	19	13	13	13	17	21	
11	19	28	55	58	64	104	42	52	59	66	83	103	112	4
5	3	4	10	8	10	13	8	11	14	30	27	29	44	
1	4	4	3	5	5	5	7	8	7	7	17	7	21	1
214	230	245	311	368	435	434	425	449	703	858	1052	1198	1525	3
133	165	190	284	349	363	453	472	521	712	979	1285	1537	2142	6
55	61	83	114	128	145	168	208	243	347	480	659	840	1166	10
39	44	63	92	105	112	145	172	196	281	398	571	743	967	10
6	11	6	11	8	16	8	14	15	24	22	36	33	75	
10	6	14	11	15	17	15	22	32	42	60	52	64	124	
71	**74**	**99**	**132**	**137**	**137**	**123**	**140**	**155**	**245**	**274**	**295**	**332**	**380**	**26**
9	4	3	14	17	14	2	8	12	17	13	16	20	20	
1				2	2	1	3	1	3	1	1	2	3	
3	1	1	5	5	3	1	1	2	4	6	2	1	6	
1			3	3	3			1	1	1	2	1	4	
				1	1			1	1	2	1	3		
4	3	2	6	6	5		4	7	8	3	10	13	7	
17	13	18	24	33	28	31	26	34	47	54	48	40	73	4

2-11 续表11

行业中类	法人单位数（个）	1949年以前	1950-1977年	1978-1991年	1992-1995年	1996年	1997年	1998年	1999年
生态保护	37				1				1
环境治理业	504			6	21	2	2	7	11
公共设施管理业	2201		1	40	81	27	28	25	38
市政设施管理	353			13	31	12	8	4	6
环境卫生管理	264			3	8	4	4	3	3
城乡市容管理	59			1	2		1		
绿化管理	1079			15	29	8	9	10	15
公园和游览景区管理	446		1	8	11	3	6	8	14
居民服务、修理和其他服务业	**15447**		**27**	**261**	**429**	**133**	**159**	**197**	**262**
居民服务业	5327		15	47	104	35	51	72	85
家庭服务	703			4	4	3	2	10	15
托儿所服务	52						1		
洗染服务	186			5	8	1	4	5	1
理发及美容服务	1681		10	9	26	10	14	18	34
洗浴服务	492			3	7	6	6	6	18
保健服务	1187			1	16	1	7	16	8
婚姻服务	256			2	2	1	2		
殡葬服务	128			1	19	8	7	3	4
其他居民服务业	642		5	22	22	5	8	14	5
机动车、电子产品和日用产品修理业	7487		9	178	273	86	89	103	139
汽车、摩托车修理与维护	5173		7	145	206	65	59	77	94
计算机和办公设备维修	915			2	15	9	15	7	15
家用电器修理	1026		1	17	33	10	13	14	25
其他日用产品修理业	373		1	14	19	2	2	5	5
其他服务业	2633		3	36	52	12	19	22	38
清洁服务	2124			12	28	8	13	20	33
其他未列明服务业	509		3	24	24	4	6	2	5
卫生和社会工作	71			3	2		1	2	
社会工作	71			3	2		1	2	
提供住宿社会工作	58			2	1			1	
不提供住宿社会工作	13			1	1		1	1	
文化、体育和娱乐业	11036	1	25	125	159	43	49	71	88
新闻和出版业	265		2	33	32	6	1	5	8
新闻业	11			2					
出版业	254		2	31	32	6	1	5	8
广播、电视、电影和影视录音制作业	820	1	16	52	22	9	5	5	7
广播	54			4	1	1	1	1	
电视	56		1	4	3	1	1	1	1

2000年	2001年	2002年	2003年	2004年	2005年	2006年	2007年	2008年	2009年	2010年	2011年	2012年	2013年	无开业年份
			1	1	1	4	1	3	3	5	8	4	2	2
17	13	18	23	32	27	27	25	31	44	49	40	36	71	2
45	57	78	94	87	95	90	106	109	181	207	231	272	287	22
2	7	12	16	18	11	12	23	13	35	43	23	33	31	
4	9	7	8	8	11	13	18	21	20	24	24	32	40	
1	1	1	1	2	5	4	1	3	7	7	5	7	10	
27	32	40	50	39	44	41	48	44	86	94	130	156	159	3
11	8	18	19	20	24	20	16	28	33	39	49	44	47	19
277	**362**	**384**	**569**	**566**	**699**	**725**	**680**	**789**	**1056**	**1276**	**1784**	**2194**	**2613**	**5**
85	100	114	189	178	243	253	218	268	367	452	594	830	1027	
13	14	17	30	41	25	34	23	31	41	54	83	98	161	
1	1		1	4	1	3	2	7	7	2	4	6	12	
2	7	8	10	15	8	6	6	5	10	10	18	23	34	
25	24	31	45	46	101	93	73	90	98	130	189	295	320	
4	10	13	23	17	22	18	17	15	38	38	62	84	85	
16	18	22	46	17	46	49	50	71	107	140	143	194	219	
1	4	2	5	8	11	10	10	7	17	21	23	47	83	
7	8	4	9	6	5	4	4	9	5	5	5	6	9	
16	14	17	20	24	24	36	33	33	44	52	67	77	104	
142	210	182	283	270	314	334	300	362	481	601	903	1046	1178	4
100	155	135	208	193	218	215	198	244	324	405	597	742	783	3
15	18	14	32	25	30	56	46	46	66	75	133	125	171	
18	30	23	30	43	44	47	46	58	66	82	131	134	160	1
9	7	10	13	9	22	16	10	14	25	39	42	45	64	
50	52	88	97	118	142	138	162	159	208	223	287	318	408	1
41	39	76	80	97	117	119	137	132	168	185	234	262	323	
9	13	12	17	21	25	19	25	27	40	38	53	56	85	1
4	1	2	8	4	1	3		6	4	4	5	13	8	
4	1	2	8	4	1	3		6	4	4	5	13	8	
4	1	2	8	4		3		5	3	3	5	11	5	
					1			1	1	1		2	3	
126	141	209	751	470	429	950	1168	573	660	886	1080	1417	1595	20
13	13	8	14	10	8	5	3	12	9	12	23	18	30	
			1	2	1		1		1		1		2	
13	13	8	13	8	7	5	2	12	8	12	22	18	28	
12	14	17	15	26	32	37	31	31	50	64	91	124	159	
2			1	2	4	2	2	3	3	3	4	6	14	
	1	3	4	2	4	3	3	2	2	7	2	4	7	

2-11 续表12

行业中类	法人单位数（个）	1949年以前	1950-1977年	1978-1991年	1992-1995年	1996年	1997年	1998年	1999年
电影和影视节目制作	290			1	6	5	1		4
电影和影视节目发行	46			7	2		1	2	
电影放映	329	1	13	35	8	1			2
录音制作	45		2	1	2	1	1	1	
文化艺术业	1468		5	16	12	3	4	6	11
文艺创作与表演	486		3	8	7	2		1	6
艺术表演场馆	30			2	1			1	1
图书馆与档案馆	27			1					1
文物及非物质文化遗产保护	17		1				1	1	
博物馆	11								
烈士陵园、纪念馆	4				1				
群众文化活动	311		1	2	2		1	2	2
其他文化艺术业	582			3	1	1	2	1	1
体育	1339			2	18	7	8	14	17
体育组织	140			1	2	1	1	3	2
体育场馆	172			1	4	3	2	2	3
休闲健身活动	945				11	3	3	9	11
其他体育	82				1		2		1
娱乐业	7144		2	22	75	18	31	41	45
室内娱乐活动	6528		1	18	67	14	26	34	38
游乐园	143			2	4	2	2	1	4
彩票活动	7				1	1	1		
文化、娱乐、体育经纪代理	291					1		2	
其他娱乐业	175		1	2	3		2	4	3

2000年	2001年	2002年	2003年	2004年	2005年	2006年	2007年	2008年	2009年	2010年	2011年	2012年	2013年	无开业年份
7	7	9	4	9	13	17	13	15	20	24	31	41	63	
2		1	2	3	2		2	1	3	3	3	6	6	
1	2	2	3	9	9	11	8	9	17	25	48	64	61	
	4	2	1	1		4	3	1	5	2	3	3	8	
12	13	14	20	30	46	46	54	60	85	126	160	287	454	4
5	3	5	7	12	18	13	18	17	30	42	49	105	133	2
	1	1	1			2	4	2	2	2	4	4	2	
1	1			2	1		2	1	1	4	5	4	3	
	1			1	1		1	1	2	1	4		2	
			1		2	1					1	2	3	1
1			1										1	
2		3	3	7	9	11	8	12	15	31	38	57	105	
3	7	5	7	8	15	19	21	27	35	46	59	115	205	1
17	16	23	37	34	54	56	78	76	110	122	181	223	243	3
4	1	2	3	4	7	3	13	9	15	11	22	15	21	
3	5	2	12	7	8	8	16	8	17	20	20	20	10	1
10	10	14	20	20	34	38	46	58	73	84	132	178	189	2
		5	2	3	5	7	3	1	5	7	7	10	23	
72	85	147	665	370	289	806	1002	394	406	562	625	765	709	13
64	76	134	644	352	269	782	971	369	383	496	539	668	575	8
1	4	4	7	4	3	4	4	2	7	25	22	24	17	
2											2			
2	4	5	6	9	9	11	13	19	11	27	41	51	78	2
3	1	4	8	5	8	9	14	4	5	14	21	22	39	3

2-12 按行业（中类）、开业（成立）

行业中类	从业人员数（人）	1949年以前	1950-1977年	1978-1991年	1992-1995年	1996年	1997年	1998年	1999年	2000年
合计	**16861275**	**2675**	**99789**	**550967**	**877151**	**191201**	**225118**	**269976**	**338765**	**424970**
农、林、牧、渔业	**17515**	**8**	**2641**	**478**	**454**	**38**	**17**	**103**	**108**	**112**
农业	551			4	12					
谷物种植	3									
棉、麻、糖、烟草种植	12									
蔬菜、食用菌及园艺作物种植	277			4						
水果种植	20									
坚果、含油果、香料和饮料作物种植	179				12					
中药材种植	50									
其他农业	10									
林业	2473		2225	169	36					
林木育种和育苗	11									
造林和更新	19			19						
森林经营和管护	187		43	112						
木材和竹材采运	38			38						
林产品采集	2218		2182		36					
畜牧业	30									
牲畜饲养	30									
渔业	78									
水产养殖	78									
农、林、牧、渔服务业	14383	8	416	305	406	38	17	103	108	112
农业服务业	10249	1	2	163	291	38	5	86	86	60
林业服务业	1630		401	13	96					11
畜牧服务业	885	7		64				1	3	
渔业服务业	1619		13	65	19		12	16	19	41
采矿业	**70279**	**15**	**603**	**1530**	**2680**	**1155**	**213**	**758**	**968**	**1690**
煤炭开采和洗选业	892									
烟煤和无烟煤开采洗选	687									
褐煤开采洗选	5									
其他煤炭采选	200									
石油和天然气开采业	517				114	70				
石油开采	193				114	70				
天然气开采	324									
黑色金属矿采选业	10334		10	170	46	404	7	8	21	140
铁矿采选	9292		10	170	34	404	7	8	21	116
锰矿、铬矿采选	211									

时间分组的小微企业法人单位从业人员数

2001年	2002年	2003年	2004年	2005年	2006年	2007年	2008年	2009年	2010年	2011年	2012年	2013年	无开业年份
546578	**668740**	**825184**	**982190**	**921264**	**1016754**	**989353**	**934316**	**1207898**	**1380404**	**1566485**	**1467467**	**1364208**	**9822**
237	**114**	**296**	**177**	**225**	**307**	**1453**	**506**	**1336**	**1364**	**1901**	**3150**	**2477**	**13**
	26	26	50			160		25	33	188	7	20	
									3				
										12			
	26	26						15	30	176			
												20	
						160					7		
			50										
								10					
					32			10		1			
								10		1			
					32								
								30					
								30					
								48				30	
								48				30	
237	88	270	127	225	275	1293	506	1223	1331	1712	3143	2427	13
173	57	129	32	115	207	1160	322	756	945	1036	2677	1904	4
6	10	91	23	54	25	72	52	148	164	215	83	166	
46			11	16		14	44	169	113	128	154	114	1
12	21	50	61	40	43	47	88	150	109	333	229	243	8
3198	**2920**	**2727**	**2432**	**3987**	**7736**	**5768**	**4386**	**6240**	**4521**	**5630**	**4433**	**6636**	**53**
8		42		45	11	4	12	319		88	20	343	
				19	9		12	298		12	18	319	
										5			
8		42		26	2	4		21		71	2	24	
				1	2				322		8		
				1									
					2				322				
805	339	269	846	1057	1103	373	833	1146	771	989	494	503	
804	304	269	711	1040	1077	360	725	738	722	890	392	490	
1	35		135				11		6	23			

2-12 续表1

行业中类	从业人员数（人）	1949年以前	1950-1977年	1978-1991年	1992-1995年	1996年	1997年	1998年	1999年	2000年
其他黑色金属矿采选	831				12					24
有色金属矿采选业	6085		52	121	47	1		24	47	309
常用有色金属矿采选	3497		16	43	46	1		21	41	95
贵金属矿采选	579			78				1	6	124
稀有稀土金属矿采选	2009		36		1			2		90
非金属矿采选业	49945	15	541	989	1989	650	186	726	819	1224
土砂石开采	44032		157	923	1523	593	186	539	448	1209
化学矿开采	301				6					
采盐	1241	15	384	40	325	25			321	
石棉及其他非金属矿采选	4371			26	135	32		187	50	15
开采辅助活动	1309			235	474				60	2
煤炭开采和洗选辅助活动	45								8	
石油和天然气开采辅助活动	976			233	451					
其他开采辅助活动	288			2	23				52	2
其他采矿业	1197			15	10	30	20		21	15
其他采矿业	1197			15	10	30	20		21	15
制造业	**9877267**	**992**	**23824**	**231396**	**526197**	**110622**	**131404**	**157567**	**187820**	**262217**
农副食品加工业	148691		1562	10119	10566	2966	4397	3642	4815	4613
谷物磨制	12081		75	1026	1141	106	240	147	278	731
饲料加工	31947			1683	1328	609	1744	920	2174	1033
植物油加工	10710			439	1075	187	428	183	25	143
制糖业	3447		422	124	323	32	57			117
屠宰及肉类加工	27078		676	2885	1913	774	907	967	1006	671
水产品加工	31423		318	1944	2452	658	496	484	620	853
蔬菜、水果和坚果加工	16177		13	1219	1458	238	363	408	390	678
其他农副食品加工	15828		58	799	876	362	162	533	322	387
食品制造业	149576	38	1088	8415	15882	4080	4468	5584	6113	5619
焙烤食品制造	41384		245	1274	3182	1008	913	1402	1346	1585
糖果、巧克力及蜜饯制造	35035		120	2193	3882	988	1354	2176	1878	1322
方便食品制造	18194		280	1699	2233	444	447	694	505	361
乳制品制造	3581				441	27	62	80	51	114
罐头食品制造	7623		46	509	740	1	421	209	335	329
调味品、发酵制品制造	15269		386	1482	1803	376	633	420	968	742
其他食品制造	28490	38	11	1258	3601	1236	638	603	1030	1166
酒、饮料和精制茶制造业	47767		589	2370	4341	880	1076	1337	1935	1381
酒的制造	13467		396	950	1300	110	699	430	387	501
饮料制造	28171		180	1213	2518	302	373	763	1050	761
精制茶加工	6129		13	207	523	468	4	144	498	119

2001年	2002年	2003年	2004年	2005年	2006年	2007年	2008年	2009年	2010年	2011年	2012年	2013年	无开业年份
				17	26	13	97	408	43	76	102	13	
394	1011	201	178	186	521	440	536	520	257	443	116	663	18
100	282	197	138	142	416	276	115	414	224	253	104	562	11
	65			36		164	44			30		31	
294	664	4	40	8	105		377	106	33	160	12	70	7
1872	1392	2207	1378	2643	6068	4770	2894	4180	3027	3845	3577	4918	35
1680	1177	2095	1307	2376	5490	4412	2506	3664	2897	3414	3159	4249	28
	36			42	80	5		81	8			43	
95		33						3					
97	179	79	71	225	498	353	388	432	122	431	418	626	7
56	122	7		2		10	68		65	76	46	86	
									8		11	18	
56	122					8			27	20	5	54	
		7		2		2	68		30	56	30	14	
63	56	1	30	53	31	171	43	75	79	189	172	123	
63	56	1	30	53	31	171	43	75	79	189	172	123	
363583	**435910**	**527673**	**608123**	**597350**	**643120**	**612755**	**550523**	**733169**	**815675**	**913242**	**800580**	**639189**	**4336**
6618	6975	7511	7402	6858	8310	6577	6383	7016	9982	13706	9357	9240	76
304	556	520	598	424	658	102	337	480	984	1337	1107	925	5
1511	1106	1384	1770	2162	2439	1047	1567	1898	2181	1926	2149	1310	6
379	371	964	360	604	800	650	420	1013	616	698	451	899	5
15	188	393	483	198	20	8	36	175	189	444	141	82	
711	1718	918	1524	1107	1213	890	987	794	2080	2311	1457	1569	
2579	1692	2264	1597	1141	1900	2043	1492	1367	2111	1772	1451	2187	2
762	765	699	620	217	376	1335	617	756	515	2539	1257	941	11
357	579	369	450	1005	904	502	927	533	1306	2679	1344	1327	47
7266	5973	6685	7837	5866	6512	5602	6473	5846	7877	13755	9901	8613	83
1489	1471	1322	1858	1659	1677	2185	1614	1262	2971	5694	3597	3602	28
1987	1303	1434	1770	1088	1800	1020	1625	1195	1508	2453	2684	1238	17
801	383	830	418	1097	1067	322	882	1088	1009	1510	1004	1114	6
50	526	517	694	85	61	305	89	4	12	78	112	269	4
389	438	446	331	365	293	360	344	300	529	570	541	127	
1247	796	475	957	194	341	295	684	411	565	1404	545	542	3
1303	1056	1661	1809	1378	1273	1115	1235	1586	1283	2046	1418	1721	25
2788	2596	3083	2798	1969	2129	2499	2334	2320	2281	3149	3619	2275	18
1062	465	1236	857	630	540	299	622	610	398	230	798	936	11
1633	1872	1729	1664	1221	1119	1454	1574	1270	1507	2431	2423	1110	4
93	259	118	277	118	470	746	138	440	376	488	398	229	3

2-12 续表2

行业中类	从业人员数（人）	1949年以前	1950-1977年	1978-1991年	1992-1995年	1996年	1997年	1998年	1999年	2000年
烟草制品业	1595		32	69	106					66
烟叶复烤	96				11					
卷烟制造	142		20	17	8					53
其他烟草制品制造	1357		12	52	87					13
纺织业	326422	148	895	11341	29285	4136	4562	4599	6216	11707
棉纺织及印染精加工	117983	5	589	2754	10552	1417	1707	1748	2102	5509
毛纺织及染整精加工	26885		4	1735	2784	663	283	296	349	512
麻纺织及染整精加工	2863		7	263	50	19	56	43	41	62
丝绢纺织及印染精加工	5776		4	108	395	215	123	16		13
化纤织造及印染精加工	12359		5	270	1295	68	302	356	130	560
针织或钩针编织物及其制品制造	76091	143	82	2590	7447	929	1199	1295	1800	2024
家用纺织制成品制造	38566		146	974	3092	326	272	506	919	1112
非家用纺织制成品制造	45899		58	2647	3670	499	620	339	875	1915
纺织服装、服饰业	854740	32	501	20683	47377	8460	9980	11085	12433	20247
机织服装制造	543959	32	237	13854	27772	4534	6651	7822	7893	11175
针织或钩针编织服装制造	205486		167	4408	14990	2524	2178	1509	2807	5906
服饰制造	105295		97	2421	4615	1402	1151	1754	1733	3166
皮革、毛皮、羽毛及其制品和制鞋业	541674		302	12568	23277	4908	5558	5235	6724	7718
皮革鞣制加工	20864		73	434	1207	118	179	690	348	448
皮革制品制造	248148		168	6159	13234	2075	1350	1718	2491	3067
毛皮鞣制及制品加工	6214			66	344	312	258		157	41
羽毛(绒)加工及制品制造	3106			344	60	22	231	7	107	91
制鞋业	263342		61	5565	8432	2381	3540	2820	3621	4071
木材加工和木、竹、藤、棕、草制品业	138850		647	1699	4873	1615	1455	2734	2035	3146
木材加工	33439		229	475	580	203	134	294	915	520
人造板制造	34230			178	761	262	527	368	441	1078
木制品制造	47115		150	622	2249	225	382	1036	182	714
竹、藤、棕、草等制品制造	24066		268	424	1283	925	412	1036	497	834
家具制造业	339338		99	2432	12959	3170	4370	4947	5030	6555
木质家具制造	187356		86	1924	6589	1606	2849	3216	3189	4043
竹、藤家具制造	4927		10	12	672			15	346	59
金属家具制造	50850			301	2621	1056	598	551	594	1722
塑料家具制造	6855			51	599	49	1		157	254
其他家具制造	89350		3	144	2478	459	922	1165	744	477
造纸和纸制品业	291016	10	369	8214	16891	3942	4203	4435	6902	10337
纸浆制造	1041			17	135	32		8	18	
造纸	79084	10	19	1483	4695	1385	1546	1803	1758	3584

2001年	2002年	2003年	2004年	2005年	2006年	2007年	2008年	2009年	2010年	2011年	2012年	2013年	无开业年份
100		152	18	65	59	25	286			450	80	87	
												85	
			18			24						2	
100		152		65	59	1	286			450	80		
16362	22530	22900	21606	21778	23570	22115	13745	21867	18787	19152	16752	12335	34
6822	9290	9274	8749	8750	9732	9009	4788	8031	5524	5156	3969	2503	3
1147	1479	1904	1339	1816	1216	1408	826	1142	2432	1869	2009	1672	
50	503	627	213	187	29	5	35	106	240	68	195	64	
177	18	345	419	696	962	455	458	292	367	344	213	156	
422	521	1394	793	500	1180	589	437	975	730	822	561	449	
3740	4076	4411	5522	3637	5453	4850	3009	5357	4587	5052	4656	4206	26
1816	3735	2064	2298	2726	1949	3061	1636	2714	2285	2509	2375	2049	2
2188	2908	2881	2273	3466	3049	2738	2556	3250	2622	3332	2774	1236	3
25721	36189	44583	49418	43613	51243	45013	46454	80561	77209	81008	78227	64541	162
15556	22401	27210	30606	27369	34844	31665	33236	54129	47197	49935	49125	40609	107
6903	10300	13951	14196	10856	10085	8677	7749	19768	17602	19078	17792	13994	46
3262	3488	3422	4616	5388	6314	4671	5469	6664	12410	11995	11310	9938	9
14029	15935	21230	28571	32313	33137	34181	32587	45297	56100	64459	55292	42078	175
680	1156	1444	1177	1515	1849	1094	907	1426	2598	1556	956	986	23
5097	6861	9109	11238	15159	16033	13849	15910	18810	24184	29507	26835	25168	126
65	271	262	434	112	297	609	158	288	317	991	954	276	2
265	174	222	379	227		100	289	103	138	135	113	99	
7922	7473	10193	15343	15300	14958	18529	15323	24670	28863	32270	26434	15549	24
5335	5936	7441	6999	8547	9497	9678	8914	9881	11044	14608	11236	11459	71
747	896	1436	1010	1232	2008	2656	2320	2813	3463	3850	3541	4104	13
1122	2218	2956	3137	2818	2996	3638	2578	1561	1994	2412	2276	909	
2151	1436	1949	2051	2878	3843	2755	2971	3983	4126	4907	3836	4611	58
1315	1386	1100	801	1619	650	629	1045	1524	1461	3439	1583	1835	
7472	8539	14649	20950	19293	24311	23762	20232	28587	31453	33066	36351	31090	21
3712	4865	8134	10593	10591	13047	11355	9906	17316	18244	18031	20204	17845	11
64	279	30	509	231	397	448	317	81	264	373	381	439	
2268	1317	2688	3850	3020	3970	4222	3538	3285	3571	4822	4169	2686	1
103	747	338	708	224	396	728	512	376	348	460	564	240	
1325	1331	3459	5290	5227	6501	7009	5959	7529	9026	9380	11033	9880	9
12647	15163	15470	18683	14518	18353	21378	14470	21217	21703	23739	21831	16331	210
160	5	69	37	15	111	100	17	50	55	37	24	151	
2986	4121	4810	5720	3095	4325	5807	4827	5181	5974	6709	5442	3632	172

2-12 续表3

行业中类	从业人员数（人）	1949年以前	1950-1977年	1978-1991年	1992-1995年	1996年	1997年	1998年	1999年	2000年
纸制品制造	210891		350	6714	12061	2525	2657	2624	5126	6753
印刷和记录媒介复制业	300330	139	1483	16449	22752	4768	6715	8014	7116	9702
印刷	283523		1459	15493	20397	4201	6171	7646	6562	9103
装订及印刷相关服务	14652	139	24	900	2038	395	155	361	291	599
记录媒介复制	2155			56	317	172	389	7	263	
文教、工美、体育和娱乐用品制造业	494471	7	1360	18864	37345	6078	6291	7630	10830	11204
文教办公用品制造	37955		42	603	2835	878	904	1594	1151	1429
乐器制造	13692			301	1468	457	522	540	643	111
工艺美术品制造	234872	7	1044	6573	13356	2372	2292	2287	5346	6456
体育用品制造	44943		9	1324	3765	604	737	397	320	1046
玩具制造	152199		265	10035	15787	1767	1305	2732	3191	2030
游艺器材及娱乐用品制造	10810			28	134		531	80	179	132
石油加工、炼焦和核燃料加工业	10874			340	602	152	433	236	183	364
精炼石油产品制造	10478			340	564	152	433	236	123	364
炼焦	363				38				60	
核燃料加工	33									
化学原料和化学制品制造业	340744	5	1901	9460	23531	6586	8306	10138	11664	14322
基础化学原料制造	23646		550	801	1167	323	712	717	762	730
肥料制造	9845		39	77	372	337	210	103	447	521
农药制造	3272			302	241		8	4	232	255
涂料、油墨、颜料及类似产品制造	95495	1	113	2392	5305	1648	2175	3191	2624	4960
合成材料制造	53246		139	1360	2761	880	780	906	1162	1695
专用化学产品制造	68884		475	1324	4403	1072	1502	2331	2687	2522
炸药、火工及焰火产品制造	1749		568	277	169					8
日用化学产品制造	84607	4	17	2927	9113	2326	2919	2886	3750	3631
医药制造业	54767		824	5124	6122	1033	769	1982	1382	1470
化学药品原料药制造	3717			382	416	37		272	155	189
化学药品制剂制造	7528		124	893	2147	35	240	11	80	153
中药饮片加工	10515		154	550	415	188	18	100	71	94
中成药生产	9799		544	1998	713	128	82	692	412	46
兽用药品制造	4571			438	612	19	109	201		178
生物药品制造	8933			646	1341	333	253	243	235	312
卫生材料及医药用品制造	9704		2	217	478	293	67	463	429	498
化学纤维制造业	10579			665	1403	425	170	30	216	93
纤维素纤维原料及纤维制造	2161				423	58	3		32	30
合成纤维制造	8418			665	980	367	167	30	184	63
橡胶和塑料制品业	833034	15	1152	21036	47009	9659	10542	14484	15050	22264
橡胶制品业	127822		292	3202	6020	1576	1145	1820	2774	4319

2001年	2002年	2003年	2004年	2005年	2006年	2007年	2008年	2009年	2010年	2011年	2012年	2013年	无开业年份
9501	11037	10591	12926	11408	13917	15471	9626	15986	15674	16993	16365	12548	38
12999	16502	24603	20350	17665	20924	15400	14630	15697	17272	19569	16249	11310	22
12626	15260	23347	19555	16859	19356	14797	13889	14856	16368	19033	15697	10826	22
367	1219	964	577	806	1519	478	515	839	904	536	552	474	
6	23	292	218		49	125	226	2				10	
17829	20124	25181	29096	25883	28910	25578	27775	33263	40309	49832	39944	30875	263
1614	1852	2650	1859	2333	1711	1596	2399	3027	3082	3193	1660	1465	78
223	186	680	567	1175	619	1343	746	381	727	978	1175	847	3
9305	11904	12620	15954	12920	14598	12712	13626	16006	20192	22177	17294	15657	174
1431	2309	1231	3245	2926	2855	3096	2506	3699	3496	3777	3492	2677	1
5023	3601	6562	6942	5771	8597	6449	7626	9341	11539	18514	15487	9628	7
233	272	1438	529	758	530	382	872	809	1273	1193	836	601	
651	692	458	672	899	750	412	227	757	1300	508	918	272	48
651	652	458	660	899	749	397	227	753	1131	480	899	266	44
	40		11			15		4	169	5	17		4
			1		1					23	2	6	
20161	22390	24547	28381	20106	21288	17987	14888	20841	18055	17471	15809	12118	789
1374	1650	2191	1728	1142	1516	1291	861	1806	1186	1004	1191	844	100
945	577	811	680	439	486	474	214	679	920	385	572	552	5
317	6	702	133	113	137	41	313	73	71	126	38	160	
5219	6436	7660	10630	6127	7230	4782	4063	6176	3618	3626	3765	3257	497
2764	4262	2778	4905	3644	3370	3661	1983	3680	3473	3130	3157	2675	81
4801	4799	5268	5731	4496	4602	3318	3326	3548	4070	4207	2453	1882	67
	20	4		74		239	8	78	168	25	111		
4741	4640	5133	4574	4071	3947	4181	4120	4801	4549	4968	4522	2748	39
3047	2492	3949	3126	4118	2586	2239	2096	2254	2444	2507	2675	2470	58
308	113	400	175	152	273	126	54	182	271	14	144	48	6
317	294	459	327	1022	540	458	56	73	49	94	42	113	1
414	283	711	600	1188	318	573	1042	274	527	844	945	1206	
244	598	956	491	648	227	522	265	120	191	664	199	59	
388	613	171	460	165	163	12	121	437	237	69	156	20	2
471	131	609	843	235	253	220	208	738	549	322	273	669	49
905	460	643	230	708	812	328	350	430	620	500	916	355	
167	747	635	1353	487	361	398	699	437	558	746	473	516	
12	222	122	474	76	51	153	103	118	70	32	96	86	
155	525	513	879	411	310	245	596	319	488	714	377	430	
32770	40944	43677	53938	49200	57812	56282	47736	57272	69643	74376	65263	42746	164
4658	5496	5563	8387	6708	8592	8828	7068	9710	10948	13616	10440	6647	13

2-12 续表4

行业中类	从业人员数（人）	1949年以前	1950-1977年	1978-1991年	1992-1995年	1996年	1997年	1998年	1999年	2000年
塑料制品业	705212	15	860	17834	40989	8083	9397	12664	12276	17945
非金属矿物制品业	470262	56	1988	11609	25254	5477	5509	9802	9729	14034
水泥、石灰和石膏制造	27679		534	1730	1890	54	464	493	603	1045
石膏、水泥制品及类似制品制造	69497		43	1009	4261	599	476	1610	1088	2602
砖瓦、石材等建筑材料制造	139090	6	271	5262	6241	1359	1211	3700	2825	3331
玻璃制造	17586		1	73	335	535	5	212	153	387
玻璃制品制造	55429		232	818	2696	553	128	365	629	1460
玻璃纤维和玻璃纤维增强塑料制品制造	10257			78	937	154	214	328	219	375
陶瓷制品制造	122792	50	562	2103	8424	1926	2737	2929	3191	3593
耐火材料制品制造	6874		22	487	216	49	67	91	26	405
石墨及其他非金属矿物制品制造	21058		323	49	254	248	207	74	995	836
黑色金属冶炼和压延加工业	69525		580	1517	5457	363	453	903	1119	2545
炼铁	1533			84	58			1	44	
炼钢	2514			36	350	13		30	40	2
黑色金属铸造	16838		524	157	1970	162	55	135	465	947
钢压延加工	47715		56	1215	3079	188	344	737	570	1583
铁合金冶炼	925			25			54			13
有色金属冶炼和压延加工业	94526	17	229	1338	5070	1594	1561	1340	2424	2642
常用有色金属冶炼	9024		57	262	518	73	32	224	348	199
贵金属冶炼	1107			93	58		32	35		41
稀有稀土金属冶炼	1249		163	29	101				70	
有色金属合金制造	12159			48	363	57	24	496	335	408
有色金属铸造	6075			21	42	310		99	23	148
有色金属压延加工	64912	17	9	885	3988	1154	1473	486	1648	1846
金属制品业	956922	89	1201	16109	44144	9337	10724	15276	16507	29563
结构性金属制品制造	202125	3	166	2062	7857	2102	1127	2811	3938	6266
金属工具制造	110474		67	1877	4691	993	1623	2018	1585	3252
集装箱及金属包装容器制造	35250		65	910	3328	376	665	1632	515	1314
金属丝绳及其制品制造	14542		9	131	871	30	379	194	792	238
建筑、安全用金属制品制造	128555		332	1878	5799	1309	837	2074	1363	4020
金属表面处理及热处理加工	77884		59	1861	4142	856	2226	1508	1347	3361
搪瓷制品制造	9323			63	499	106	40	55	71	89
金属制日用品制造	184029	86	272	4312	10053	2196	2283	2908	4549	7577
其他金属制品制造	194740		231	3015	6904	1369	1544	2076	2347	3446
通用设备制造业	387954	18	1477	8204	20078	4242	5744	5469	7425	8662
锅炉及原动设备制造	11530		24	608	1299	174	136	78	342	122
金属加工机械制造	75842	4	200	964	2512	507	1972	894	710	1482

2001年	2002年	2003年	2004年	2005年	2006年	2007年	2008年	2009年	2010年	2011年	2012年	2013年	无开业年份
28112	35448	38114	45551	42492	49220	47454	40668	47562	58695	60760	54823	36099	151
20840	20649	23986	27091	29626	30765	29500	25432	35442	34465	40403	35884	32492	229
1777	2039	1427	1441	1823	1917	1630	1103	1950	1484	1629	1559	1051	36
3025	3639	3364	4065	4379	4596	4779	4987	4790	5444	6326	5320	3031	64
4100	3746	5556	5034	7202	8035	10528	7834	11980	11085	12262	11056	16419	47
447	884	770	1235	1208	1017	501	1450	934	1906	2441	1517	1574	1
1538	1990	2373	2922	4213	4045	3864	2609	4355	4252	5841	5799	4745	2
310	492	941	724	451	980	398	524	553	558	680	824	515	2
7926	6859	7212	9022	9044	8027	6242	5148	8767	7541	9277	8186	4016	10
263	256	576	360	369	254	451	334	337	839	531	547	392	2
1454	744	1767	2288	937	1894	1107	1443	1776	1356	1416	1076	749	65
3161	2917	5536	7344	6844	4766	4491	3126	4710	4055	4289	3197	2113	39
58	183	175		100	137	127	146	107	121	45	114	32	1
24	9	397	511	250	170	83	134	102	93	80	62	128	
855	1247	1243	1071	2069	698	903	536	981	568	1381	504	333	34
2185	1475	3631	5629	4385	3755	3335	2310	3498	3221	2522	2405	1588	4
39	3	90	133	40	6	43		22	52	261	112	32	
6133	5043	5755	6778	6754	8220	6514	5453	5670	6972	5606	5879	3469	65
247	494	667	472	513	1043	1019	513	767	401	422	471	269	13
32	26		28		164	63	5	63	204	30	230	3	
59	330	53	152	33	156	26		2		10	57	8	
824	496	687	468	838	1174	1143	901	816	847	1125	663	443	3
397	434	318	358	584	336	194	160	266	640	870	457	418	
4574	3263	4030	5300	4786	5347	4069	3874	3756	4880	3149	4001	2328	49
33885	46572	53874	61893	63624	65067	60845	55875	69270	78372	91458	75505	57252	480
5216	8960	7547	10788	12037	13505	13635	14667	15534	17844	19514	19826	16460	260
5542	6391	7405	6581	9169	7297	6152	5211	7434	8902	8864	7594	7783	43
1182	2268	877	2279	1847	2639	2160	1971	2679	1319	2969	3024	1231	
720	836	794	1111	873	829	1033	581	806	808	1366	1152	988	1
4466	7170	7294	9090	9104	10251	8488	8005	8127	11111	11777	9712	6323	25
2518	2943	6452	7224	6012	4534	4616	3118	3601	5743	8428	4572	2716	47
667	405	525	443	566	820	703	750	625	886	821	627	561	1
8083	10234	11482	11738	12490	12090	10461	9304	12988	14008	16996	10819	9015	85
5491	7365	11498	12639	11526	13102	13597	12268	17476	17751	20723	18179	12175	18
16894	16999	22990	24559	27200	27561	26652	21742	29244	30445	34294	26896	20952	207
988	591	636	444	1363	640	633	705	345	509	727	744	414	8
2575	2820	4565	5294	5030	6061	6143	4394	5564	6391	7153	5941	4664	2

2-12 续表5

行业中类	从业人员数（人）	1949年以前	1950-1977年	1978-1991年	1992-1995年	1996年	1997年	1998年	1999年	2000年
物料搬运设备制造	25960		177	689	2184	416	402	486	1214	384
泵、阀门、压缩机及类似机械制造	36971		655	260	2558	540	956	785	1052	1321
轴承、齿轮和传动部件制造	15657		217	870	971	140	28	418	221	588
烘炉、风机、衡器、包装等设备制造	70022		52	1298	4010	1164	895	1242	1601	1082
文化、办公用机械制造	24521			576	1019	283	227	286	681	470
通用零部件制造	98985	9	113	2140	5046	972	759	885	1252	2144
其他通用设备制造业	28466	5	39	799	479	46	369	395	352	1069
专用设备制造业	498244		1694	6468	17790	3802	5645	5570	8866	11296
采矿、冶金、建筑专用设备制造	17251		172	719	1166	229	78	271	560	599
化工、木材、非金属加工专用设备制造	257033		391	2859	6138	1480	2830	1982	3851	5296
食品、饮料、烟草及饲料生产专用设备制造	11846		237	494	1774	349	293	380	320	484
印刷、制药、日化及日用品生产专用设备制造	41748		5	344	1884	516	514	277	684	914
纺织、服装和皮革加工专用设备制造	16477		10	368	1085	33	498	321	696	773
电子和电工机械专用设备制造	71127		42	365	978	231	74	655	830	677
农、林、牧、渔专用机械制造	6845		583	233	314	28	143	61	197	375
医疗仪器设备及器械制造	33318		119	510	2387	794	465	981	1097	1446
环保、社会公共服务及其他专用设备制造	42599		135	576	2064	142	750	642	631	732
汽车制造业	92415		432	298	2332	406	1219	890	1758	2860
汽车整车制造	1877			12	1	13			150	
改装汽车制造	1467		247	36			78	233		
低速载货汽车制造	7									
电车制造	989									166
汽车车身、挂车制造	1208			18	77					
汽车零部件及配件制造	86867		185	232	2254	393	1141	657	1608	2694
铁路、船舶、航空航天和其他运输设备制造业	65999		961	1506	4149	508	466	2126	2100	4058
铁路运输设备制造	778			180		26		54		13
城市轨道交通设备制造	722									
船舶及相关装置制造	17693		791	574	1183	230	118	604	789	308
航空、航天器及设备制造	1559				75					83
摩托车制造	22320		20	174	1581	218	343	1032	1045	2452
自行车制造	18835		150	357	1204	4		436	266	1122
非公路休闲车及零配件制造	2403				88	30	5			16
潜水救捞及其他未列明运输设备制造	1689			221	18					64
电气机械和器材制造业	982953	418	1392	14313	44179	10819	12046	16180	15555	26943
电机制造	48037		20	2216	1874	204	620	949	1314	1873

2001年	2002年	2003年	2004年	2005年	2006年	2007年	2008年	2009年	2010年	2011年	2012年	2013年	无开业年份
1116	1001	1247	1219	1928	2066	1650	1200	1778	2343	1570	1203	1621	66
1376	2669	2039	3352	2604	2655	1859	1756	2331	2166	2890	2372	775	
647	796	1633	1411	1077	1149	613	982	846	864	1155	567	463	1
3531	2541	4808	4487	5302	4901	6039	3980	4396	5407	5317	4589	3258	122
1344	1198	1494	1175	1342	1490	1651	1654	2812	1218	2324	2053	1221	3
4203	3900	5572	6046	6979	6860	6582	4709	8212	8608	10955	7004	6032	3
1114	1483	996	1131	1575	1739	1482	2362	2960	2939	2203	2423	2504	2
15498	19400	25367	34217	32262	34931	37208	29635	37130	47502	48881	38808	36106	168
710	601	790	991	1082	1213	1318	809	1900	1388	1143	450	1021	41
7112	9224	11462	18216	18652	18887	19823	15245	19945	27343	26292	22376	17609	20
557	670	776	708	325	666	501	210	838	606	844	375	437	2
738	1085	2858	3295	2338	2839	2905	3124	2931	4173	4559	3501	2262	2
788	1126	962	1259	1143	854	902	661	1189	1244	1235	558	765	7
2084	3138	4036	4248	3679	4666	5857	4953	4527	6988	8036	6201	8833	29
278	225	386	445	208	361	482	148	655	296	605	384	433	5
1616	1495	1441	3196	2192	2142	2335	1728	2354	1916	2380	1513	1182	29
1615	1836	2656	1859	2643	3303	3085	2757	2791	3548	3787	3450	3564	33
3154	5949	6900	9775	9816	7363	5475	3884	6214	6552	6394	7078	3652	14
155	11		17	296	190	36	8		12	213	723	40	
	265		47	264	128	22			10	12	86	39	
												7	
	36		180	13	93			1	249	91	85	75	
160	317		291	23			62	72	45	1	118	24	
2839	5320	6900	9240	9220	6952	5417	3814	6141	6236	6077	6066	3467	14
2809	3077	3221	4481	4978	3941	3465	3800	4724	4235	3762	4464	3158	10
50	44	5	17	3	7	1		107	92	40	48	91	
					35	66		211	78	209	103	20	
396	843	434	405	1049	1034	1457	1474	1552	817	1024	1525	1085	1
		132	87		18	100	32	303	77	165	340	141	6
1213	1048	1639	2238	2912	1958	708	679	799	837	541	535	345	3
1122	1007	596	1021	731	751	1117	1117	1533	1722	1606	1611	1362	
	120	415	618	8	38		324	173	446	56	55	11	
28.	15		95	275	100	16	174	46	166	121	247	103	
33733	42202	49861	57512	58144	64845	64612	60855	78083	83984	95352	83265	68416	244
2332	2186	3400	4624	3736	2558	3134	3694	3145	3066	2981	2196	1894	21

2-12 续表6

行业中类	从业人员数（人）	1949年以前	1950-1977年	1978-1991年	1992-1995年	1996年	1997年	1998年	1999年	2000年
输配电及控制设备制造	246818	246	651	3226	12672	2473	2650	4854	3702	7486
电线、电缆、光缆及电工器材制造	139740		336	3373	8308	1961	2196	3365	2935	3736
电池制造	65306	167		32	2227	30	270	868	826	1181
家用电力器具制造	208630	5	308	3077	7498	3892	3837	3476	3523	7103
非电力家用器具制造	19941		20	229	997	40	404	251	288	947
照明器具制造	227245		57	2038	9091	1997	2026	2101	2443	4332
其他电气机械及器材制造	27236			122	1512	222	43	316	524	285
计算机、通信和其他电子设备制造业	1087223		673	9568	33758	8209	11417	10796	15876	22237
计算机制造	145000		27	810	3143	431	544	2149	3025	988
通信设备制造	101893		231	599	2370	1217	1299	1390	1353	1339
广播电视设备制造	45812			283	1013	86	575	683	684	2049
雷达及配套设备制造	2876			13			119	3	29	
视听设备制造	110907			784	4697	939	1164	531	1113	2516
电子器件制造	173069		122	1977	2499	461	2031	1465	1112	3381
电子元件制造	377183		292	4341	17923	4019	3680	3195	7112	9544
其他电子设备制造	130483		1	761	2113	1056	2005	1380	1448	2420
仪器仪表制造业	163057		18	7494	11814	2175	2318	2448	4826	3685
通用仪器仪表制造	33598		10	318	1515	302	838	1425	1401	1125
专用仪器仪表制造	18853			231	790	28	305	373	644	482
钟表与计时仪器制造	64422		8	2509	6638	1628	538	522	1644	1275
光学仪器及眼镜制造	39590			4408	2201	116	636	40	784	788
其他仪器仪表制造业	6594			28	670	101	1	88	353	15
其他制造业	64259		96	1626	6140	102	586	250	1745	1644
日用杂品制造	41449		16	929	4767	100	516	114	1120	1186
煤制品制造	771			160	24				111	4
核辐射加工	450									
其他未列明制造业	21589		80	537	1349	2	70	136	514	454
废弃资源综合利用业	33236			440	649	416	242	225	571	962
金属废料和碎屑加工处理	18692			417	303	222	213	137	447	640
非金属废料和碎屑加工处理	14544			23	346	194	29	88	124	322
金属制品、机械和设备修理业	26224		279	1058	1062	314	179	180	675	278
金属制品修理	2986		13	24	138	8	4	5	334	1
通用设备修理	3094		156	282	46	140	103	125		24
专用设备修理	2541		11	273	149	94	30		16	33
铁路、船舶、航空航天等运输设备修理	9831		66	427	465	11	34	25	96	65
电气设备修理	1802				37	3		24	79	38
仪器仪表修理	459							1	11	

2001年	2002年	2003年	2004年	2005年	2006年	2007年	2008年	2009年	2010年	2011年	2012年	2013年	无开业年份
8890	10261	12027	15857	12370	17253	17323	16323	19201	21161	24698	18998	14428	68
6034	6961	7904	9704	9092	8864	9597	8238	8371	10147	11156	9950	7503	9
2066	2553	2645	2101	4386	5289	5523	3591	7627	5880	6259	4554	7227	4
7445	10465	12225	13137	13863	14979	13760	13574	15676	16930	17544	15711	10518	84
448	927	1267	1191	1445	2231	1049	1365	1225	1279	1759	1573	1006	
6288	7875	8225	9045	11648	11616	12176	12526	20368	24259	27656	27946	23492	40
230	974	2168	1853	1604	2055	2050	1544	2470	1262	3299	2337	2348	18
33941	38244	50055	59138	67748	68322	66637	65757	91489	112178	120559	105518	94484	619
3806	3437	5850	7098	8784	10065	9968	10489	13352	15839	17303	15061	12796	35
3108	2001	5158	3841	5747	5301	6178	5733	9147	13179	12187	10922	9202	391
1737	2584	1960	3049	2246	3627	3265	2382	4049	4084	4671	4777	2008	
	25	413	45	372	215	178	28	264	632	331	141	68	
3362	4938	5769	7409	7501	6287	9325	6964	11497	10433	10847	8492	6302	37
5630	4826	6843	7822	11140	10432	10404	11319	16358	20614	21291	18367	14900	75
13833	16519	20147	24262	25206	23913	20095	20285	26582	32647	38871	32409	32244	64
2465	3914	3915	5612	6752	8482	7224	8557	10240	14750	15058	15349	16964	17
3819	4777	6565	7623	7964	8810	7729	8462	9336	11589	19696	20253	11651	5
1106	2036	1876	2408	1401	2543	2419	2164	1875	2376	2513	1958	1986	3
618	635	1121	1091	570	1106	866	708	1404	2028	1795	2294	1764	
1386	1575	2460	1018	3385	2892	2755	2872	3858	4062	8987	9846	4562	2
521	479	1068	2794	2534	2130	1457	2037	1613	2340	5351	5513	2780	
188	52	40	312	74	139	232	681	586	783	1050	642	559	
1379	3728	3070	2921	4857	3832	4761	2696	3827	5114	5900	5640	4333	12
1007	2531	1919	2281	3393	2687	3174	1531	2442	2761	3177	3297	2498	3
28		10		83	55	38	37	23	4	158	29	7	
		150			36		10		5	111	105	33	
344	1197	991	640	1381	1054	1549	1118	1362	2344	2454	2209	1795	9
1659	1758	2330	2651	3554	2793	4734	1900	2639	1825	1574	1651	635	28
1141	924	1238	1290	2418	1718	1760	1100	1336	1040	777	1168	375	28
518	834	1092	1361	1136	1075	2974	800	1303	785	797	483	260	
716	868	1409	942	801	2152	1006	1977	2278	2370	2973	2565	2120	22
162	130	56	47		44	126	198	197	388	437	355	319	
29	55	46	83	145	160	123	399	292	237	179	309	161	
214	118	227	41	1	91	33	201	298	190	299	113	109	
211	270	453	403	441	962	316	734	841	1087	1078	1163	681	2
7	47	219	55	81	523	42	109	99	123	147	111	58	
30	80	2		19	4	15	33	66	3	172	14	9	

2-12 续表7

行业中类	从业人员数（人）	1949年以前	1950-1977年	1978-1991年	1992-1995年	1996年	1997年	1998年	1999年	2000年
其他机械和设备修理业	5511		33	52	227	58	8		139	117
电力、热力、燃气及水生产和供应业	**144167**	**274**	**8600**	**20469**	**16204**	**2351**	**2506**	**4523**	**3735**	**3654**
电力、热力生产和供应业	87932	274	4884	11394	7321	1741	1126	3510	2676	2767
电力生产	78054	274	3839	10147	7125	1733	1095	3251	2672	2697
电力供应	8370		1045	1198	196	8	26	259	4	70
热力生产和供应	1508			49			5			
燃气生产和供应业	10512		132	182	1080	118	209	313	278	531
燃气生产和供应业	10512		132	182	1080	118	209	313	278	531
水的生产和供应业	45723		3584	8893	7803	492	1171	700	781	356
自来水生产和供应	33880		3584	8686	7608	482	1171	683	722	334
污水处理及其再生利用	10766			207	160	10		14	48	22
其他水的处理、利用与分配	1077				35			3	11	
建筑业	**823775**	**550**	**35864**	**102448**	**86084**	**16900**	**12084**	**19221**	**34913**	**24773**
房屋建筑业	349150	550	33929	70925	43703	7823	3875	6771	19421	11612
房屋建筑业	349150	550	33929	70925	43703	7823	3875	6771	19421	11612
土木工程建筑业	102188		1710	6928	14726	2883	1727	4085	4757	4058
铁路、道路、隧道和桥梁工程建筑	42920		881	1972	6384	1129	329	2232	2567	801
水利和内河港口工程建筑	17897		583	2869	3362	975	127	999	875	814
海洋工程建筑	460			52						
工矿工程建筑	2910			6	425	12		8	4	477
架线和管道工程建筑	12560		54	1121	2469	671	858	362	332	847
其他土木工程建筑	25441		192	908	2086	96	413	484	979	1119
建筑安装业	179389		13	13411	16945	3268	4109	5943	6578	4935
电气安装	43099			3610	4232	1665	1531	1784	2642	2590
管道和设备安装	25272		10	3774	4269	719	898	1503	801	1080
其他建筑安装业	111018		3	6027	8444	884	1680	2656	3135	1265
建筑装饰和其他建筑业	193048		212	11184	10710	2926	2373	2422	4157	4168
建筑装饰业	134384		15	7365	8371	2452	1902	1946	3431	2920
工程准备活动	14138		151	1211	901	77	387	149	361	311
提供施工设备服务	8909			491	105	138		38	19	178
其他未列明建筑业	35617		46	2117	1333	259	84	289	346	759
批发和零售业	**2281995**	**274**	**16208**	**55587**	**53519**	**16586**	**20197**	**27502**	**33853**	**42442**
批发业	1591791	179	10489	36401	35900	11163	13081	17984	24155	29885
农、林、牧产品批发	62486		1187	3785	1233	211	235	571	735	1218
食品、饮料及烟草制品批发	158429	24	4180	8955	5871	1222	1276	1696	2324	2506
纺织、服装及家庭用品批发	262290		566	2812	4148	1984	1950	2792	3141	4369
文化、体育用品及器材批发	75533	50	213	1054	1412	735	749	1119	1167	1267
医药及医疗器材批发	52863		204	1727	1694	288	613	1045	982	1718

2001年	2002年	2003年	2004年	2005年	2006年	2007年	2008年	2009年	2010年	2011年	2012年	2013年	无开业年份
63	168	406	313	114	368	351	303	485	342	661	500	783	20
4710	**10370**	**9323**	**9181**	**6976**	**7738**	**5062**	**5246**	**5760**	**5242**	**4024**	**3347**	**3372**	**1500**
3662	8267	5355	5483	4323	3774	3248	3345	3088	3573	2651	1860	2230	1380
3651	4588	4973	5190	4024	3561	3113	2885	2958	2916	2364	1656	1983	1359
11	3464	109	232	227	40	133	385	114	360	100	157	212	20
	215	273	61	72	173	2	75	16	297	187	47	35	1
149	514	1084	1540	270	1076	539	519	348	350	256	522	436	66
149	514	1084	1540	270	1076	539	519	348	350	256	522	436	66
899	1589	2884	2158	2383	2888	1275	1382	2324	1319	1117	965	706	54
583	828	1912	1321	1474	562	873	496	707	725	355	406	363	5
177	636	789	806	907	2325	386	867	1468	542	606	496	251	49
139	125	183	31	2	1	16	19	149	52	156	63	92	
18389	**30439**	**35927**	**86068**	**23130**	**37426**	**46084**	**32907**	**32948**	**34273**	**38686**	**36839**	**37751**	**71**
6113	9968	9852	7365	8605	22012	8761	21035	12805	12155	16020	7053	8791	6
6113	9968	9852	7365	8605	22012	8761	21035	12805	12155	16020	7053	8791	6
3616	4725	7919	4765	3770	3641	2437	2770	5672	5713	4434	5813	6024	15
1217	1256	5679	2027	1806	1328	911	1412	2195	2613	1185	1238	3758	
733	835	136	371	993	85	364	168	618	660	1325	551	454	
5			5		6		35	35	290		31	1	
10	233	6	43	35	75	108	37	1050	83	101	118	79	
242	498	960	1047	264	529	334	380	313	333	271	260	415	
1409	1903	1138	1272	672	1618	720	738	1461	1734	1552	3615	1317	15
5103	9752	6188	67524	3931	3630	2830	2991	5175	4887	4775	3986	3412	3
1370	5998	3153	2167	1313	1607	1138	934	1844	1905	1279	1377	958	2
1356	1283	1328	518	761	706	482	739	1619	984	1003	769	670	
2377	2471	1707	64839	1857	1317	1210	1318	1712	1998	2493	1840	1784	1
3557	5994	11968	6414	6824	8143	32056	6111	9296	11518	13457	19987	19524	47
2676	3879	5778	4442	5352	5248	16841	4457	7401	9334	10487	17724	12322	41
252	182	1035	1261	492	1744	426	427	989	780	733	1047	1221	1
25	128	4607	28	302	177	662	568	238	244	231	126	600	4
604	1805	548	683	678	974	14127	659	668	1160	2006	1090	5381	1
57676	**63872**	**80431**	**90392**	**94454**	**114484**	**113945**	**127599**	**173499**	**220386**	**279888**	**284822**	**313259**	**1120**
42416	45725	58046	65898	69362	83574	82318	92752	123496	155699	192267	193460	206830	711
1633	1185	1190	1568	1680	3141	2520	2852	4506	6732	7858	10155	8242	49
3952	3810	3958	4845	4425	6497	7093	10003	11942	13043	18082	21016	21614	95
6578	6431	8717	10238	10489	12272	14085	14750	22115	27581	35159	33695	38375	43
2300	2030	3144	3310	3404	3858	3818	4779	6181	7600	8942	9009	9379	13
2202	2999	4434	3276	4638	3311	1913	2327	3346	3150	3671	5442	3876	7

2-12 续表8

行业中类	从业人员数（人）	1949年以前	1950-1977年	1978-1991年	1992-1995年	1996年	1997年	1998年	1999年	2000年
矿产品、建材及化工产品批发	274855		3356	8894	8540	2340	3242	4276	6004	6525
机械设备、五金产品及电子产品批发	491728	93	492	4034	8182	2374	3294	4349	6831	8612
贸易经纪与代理	106862	12	87	1974	2379	880	635	865	1700	1704
其他批发业	106745		204	3166	2441	1129	1087	1271	1271	1966
零售业	690204	95	5719	19186	17619	5423	7116	9518	9698	12557
综合零售	53897	13	2857	5310	1758	335	447	529	653	1217
食品、饮料及烟草制品专门零售	56914		1484	2968	2124	513	615	611	847	738
纺织、服装及日用品专门零售	77312		256	1525	1108	406	690	854	1040	1238
文化、体育用品及器材专门零售	42957		287	1122	1087	413	398	775	785	820
医药及医疗器材专门零售	49633	17	341	1624	978	318	301	695	506	823
汽车、摩托车、燃料及零配件专门零售	90789	30	10	2668	4297	1325	1993	2567	2154	2603
家用电器及电子产品专门零售	138137		108	522	1824	730	1212	1496	1649	2302
五金、家具及室内装饰材料专门零售	110361	20	200	1737	2420	787	944	1142	1394	1677
货摊、无店铺及其他零售业	70204	15	176	1710	2023	596	516	849	670	1139
交通运输、仓储和邮政业	**477785**	**225**	**5457**	**29273**	**30594**	**7095**	**7586**	**10777**	**12361**	**12950**
道路运输业	216005		2965	14188	16248	3797	4351	5313	7346	7330
城市公共交通运输	39453		80	3719	5576	1641	1508	1135	2866	1290
公路旅客运输	33049		2162	6394	2848	1098	1231	1712	605	1513
道路货物运输	119221		170	3058	4208	743	1413	1749	2323	3812
道路运输辅助活动	24282		553	1017	3616	315	199	717	1552	715
水上运输业	37453	4	1173	6857	6044	572	610	934	1086	1192
水上旅客运输	5525		337	2287	721	76	88	14	220	78
水上货物运输	17223		782	2530	1656	324	515	638	616	447
水上运输辅助活动	14705	4	54	2040	3667	172	7	282	250	667
航空运输业	2404			37	203	72	7		298	
航空客货运输	1513			8	150	67	7		287	
通用航空服务	289			28	8				11	
航空运输辅助活动	602			1	45	5				
管道运输业	441				265					
管道运输业	441				265					
装卸搬运和运输代理业	169010		1040	5466	5760	2274	1998	2758	2451	2868
装卸搬运	24874		844	1833	1276	702	276	369	933	241
运输代理业	144136		196	3633	4484	1572	1722	2389	1518	2627
仓储业	25208		279	2290	1905	370	511	658	631	842
谷物、棉花等农产品仓储	3528		268	222	365	101	33	157	233	131
其他仓储业	21680		11	2068	1540	269	478	501	398	711
邮政业	27264	221		435	169	10	109	1114	549	718

2001年	2002年	2003年	2004年	2005年	2006年	2007年	2008年	2009年	2010年	2011年	2012年	2013年	无开业年份
8741	9086	12249	12531	11934	14998	14523	15494	21239	27845	29043	27484	26231	280
11681	15451	17028	21230	23386	29093	27585	30631	39255	49775	61434	58652	68157	109
2449	2546	3287	3970	4179	5392	4376	5709	7121	10361	15428	14802	16935	71
2880	2187	4039	4930	5227	5012	6405	6207	7791	9612	12650	13205	14021	44
15260	18147	22385	24494	25092	30910	31627	34847	50003	64687	87621	91362	106429	409
1146	1379	1712	1974	2094	2093	2319	2556	3274	3854	5056	5669	7626	26
1109	883	1496	1755	2233	2060	2214	2712	3954	5095	7065	8454	7960	24
1248	1578	1492	2262	2784	3409	3320	4157	5539	8029	10796	10176	15381	24
871	1648	1348	1611	1368	1735	1874	1999	2976	4382	5358	5456	6623	21
1522	1403	1924	1756	2017	1776	1843	1883	3400	3980	9200	8029	5274	23
2864	3395	4257	4668	3983	4911	4347	4213	6608	7758	7942	9074	9106	16
2914	3505	5279	5015	4833	7258	6938	8108	11015	13626	18062	18362	23242	137
2436	2442	3292	3464	3541	4713	5696	5728	8137	10883	15437	15359	18802	110
1150	1914	1585	1989	2239	2955	3076	3491	5100	7080	8705	10783	12415	28
16922	**19296**	**26069**	**31784**	**28386**	**28181**	**29842**	**21359**	**31537**	**36368**	**30177**	**29685**	**31129**	**732**
10569	10877	13992	14165	12246	12002	13512	8629	12801	13064	11591	10604	9992	423
2337	2388	1209	2267	1560	907	3595	882	2429	949	1742	798	575	
2197	1062	2809	2077	1019	1262	985	602	1207	353	603	896	414	
5080	5892	8853	8349	8166	8297	7800	5869	8439	10375	8295	8270	8019	41
955	1535	1121	1472	1501	1536	1132	1276	726	1387	951	640	984	382
983	1460	2845	2423	1830	1537	1688	880	2026	585	589	1157	907	71
61	73	244	70	54	389	95	193	334	42	5	125	19	
703	726	2001	1662	805	571	674	422	613	286	301	522	429	
219	661	600	691	971	577	919	265	1079	257	283	510	459	71
8	3	122	240	100	65	48	42	73	189	170	83	640	4
	3	122	234	87	40	48	34	28	24	130	75	169	
3			4		6				144	6	8	67	4
5			2	13	19		8	45	21	34		404	
16	28		5	7		58					56	6	
16	28		5	7		58					56	6	
3580	5440	6541	12195	11253	12586	12270	8869	12574	15379	13663	14213	15806	26
764	1539	783	1472	990	1690	1500	1666	1545	1562	1527	1894	1466	2
2816	3901	5758	10723	10263	10896	10770	7203	11029	13817	12136	12319	14340	24
1443	712	2135	1658	1901	1036	1335	1048	1506	1142	1292	1063	1243	208
214	78	134	244	499	27	79	39	176	169	97	100	161	1
1229	634	2001	1414	1402	1009	1256	1009	1330	973	1195	963	1082	207
323	776	434	1098	1049	955	931	1891	2557	6009	2872	2509	2535	

2-12 续表9

行业中类	从业人员数（人）	1949年以前	1950-1977年	1978-1991年	1992-1995年	1996年	1997年	1998年	1999年	2000年
邮政基本服务	3420			359				1020	319	495
快递服务	23844	221		76	169	10	109	94	230	223
住宿和餐饮业	**443211**	**63**	**1581**	**12970**	**17761**	**5687**	**6866**	**8392**	**8261**	**8341**
住宿业	178713	63	1082	9481	9667	1359	2710	3844	3420	2998
旅游饭店	97741	62	577	6024	7191	839	2069	2119	2618	1914
一般旅馆	69472	1	501	2968	1972	471	443	1461	729	1016
其他住宿业	11500		4	489	504	49	198	264	73	68
餐饮业	264498		499	3489	8094	4328	4156	4548	4841	5343
正餐服务	222894		338	3312	7620	3976	3337	4232	4419	4852
快餐服务	15651		36	95	332	153	197	103	214	211
饮料及冷饮服务	10012			9	9	15	518	34	50	102
其他餐饮业	15941		125	73	133	184	104	179	158	178
信息传输、软件和信息技术服务业	**297821**		**180**	**722**	**4139**	**1775**	**2155**	**2767**	**4318**	**7910**
电信、广播电视和卫星传输服务	10814		180	184	464	135	137	141	434	246
电信	8376		10	40	271	57	135	106	396	232
广播电视传输服务	2147		170	57	189	78		22	38	14
卫星传输服务	291			87	4		2	13		
互联网和相关服务	30603				230	257	157	114	369	647
互联网接入及相关服务	4382				63		72	3	61	98
互联网信息服务	19882				164	180	85	106	141	485
其他互联网服务	6339				3	77		5	167	64
软件和信息技术服务业	256404			538	3445	1383	1861	2512	3515	7017
软件开发	182397			341	2203	989	1317	1620	2340	4917
信息系统集成服务	20406			26	517	186	287	474	601	807
信息技术咨询服务	24756			140	582	18	121	99	338	715
数据处理和存储服务	6507				10	16	6	162	26	85
集成电路设计	7438			8	37	127		40	55	164
其他信息技术服务业	14900			23	96	47	130	117	155	329
房地产业	**575200**	**23**	**726**	**18613**	**39554**	**9483**	**15295**	**15220**	**19638**	**19977**
房地产业	575200	23	726	18613	39554	9483	15295	15220	19638	19977
房地产开发经营	125777		133	5384	13441	1192	2048	2220	2956	3306
物业管理	368886	23	405	11662	23112	7650	12174	12007	15100	14779
房地产中介服务	63143		69	944	1868	413	877	745	1259	1647
自有房地产经营活动										
其他房地产业	17394		119	623	1133	228	196	248	323	245
租赁和商务服务业	**1161461**	**241**	**1972**	**63332**	**74467**	**12165**	**18963**	**12898**	**20529**	**24996**
租赁业	35189		2	1327	797	1312	364	316	597	304
机械设备租赁	33144		2	1258	766	1260	364	301	530	257

2001年	2002年	2003年	2004年	2005年	2006年	2007年	2008年	2009年	2010年	2011年	2012年	2013年	无开业年份
	225	30	9	16	6		13	20	93	20	765	30	
323	551	404	1089	1033	949	931	1878	2537	5916	2852	1744	2505	
10329	**12146**	**16741**	**20078**	**21808**	**27239**	**23773**	**29549**	**30730**	**33580**	**43140**	**49528**	**54141**	**507**
3690	4327	7222	8497	9138	11237	11011	15869	13447	12130	14747	16117	16411	246
2076	3103	5186	5725	5707	5300	5638	9053	7093	5639	5514	6609	7566	119
1556	1065	1865	2456	2927	5186	4650	5776	5518	5369	7709	8537	7189	107
58	159	171	316	504	751	723	1040	836	1122	1524	971	1656	20
6639	7819	9519	11581	12670	16002	12762	13680	17283	21450	28393	33411	37730	261
5969	7041	8638	9916	10670	13968	10506	11395	14382	17830	24011	27373	28851	258
280	371	263	869	1128	436	1001	688	840	1391	1428	2182	3432	1
258	73	175	265	221	645	342	695	911	1040	1477	1456	1717	
132	334	443	531	651	953	913	902	1150	1189	1477	2400	3730	2
8296	**11606**	**13505**	**16767**	**13710**	**16954**	**16489**	**18131**	**23147**	**26101**	**33135**	**33140**	**42815**	**59**
974	399	495	703	555	627	578	712	1270	563	790	654	573	
818	361	442	664	431	411	408	464	1130	400	649	508	443	
156	26	35	19	104	216	134	247	110	138	141	146	107	
	12	18	20	20		36	1	30	25			23	
677	719	1273	1356	1602	1917	2241	2322	2081	2838	3010	3421	5371	1
72	56	283	136	240	328	271	310	312	503	295	521	757	1
546	567	790	1021	1055	1281	1646	1646	1428	1820	2021	1892	3008	
59	96	200	199	307	308	324	366	341	515	694	1008	1606	
6645	10488	11737	14708	11553	14410	13670	15097	19796	22700	29335	29065	36871	58
4937	7309	7971	11001	8153	10018	10427	10746	14372	16508	21194	21519	24491	24
782	1083	1535	1180	1174	1261	1033	1056	1295	1486	1692	1886	2036	9
501	511	816	1173	1047	949	1099	1178	1595	2013	3404	3000	5435	22
52	48	322	176	524	479	253	259	429	619	799	544	1698	
176	449	352	362	139	802	363	626	770	682	680	669	937	
197	1088	741	816	516	901	495	1232	1335	1392	1566	1447	2274	3
20185	**21250**	**31588**	**29550**	**28822**	**34687**	**39375**	**30705**	**43069**	**44333**	**44750**	**35316**	**32418**	**623**
20185	21250	31588	29550	28822	34687	39375	30705	43069	44333	44750	35316	32418	623
2977	2859	5065	4826	5352	8565	9671	5177	9336	13625	11837	8603	6990	214
15449	16233	23497	21097	20175	22436	25204	21748	27154	21876	24068	18740	14092	205
1431	1836	2471	2899	2730	2791	3345	3109	5467	6967	6898	6387	8937	53
328	322	555	728	565	895	1155	671	1112	1865	1947	1586	2399	151
23084	**39442**	**48818**	**56489**	**67152**	**59437**	**57070**	**75286**	**75392**	**98964**	**101101**	**106995**	**122249**	**419**
665	963	1361	1852	2940	2079	1431	2092	1922	3328	3872	4444	3215	6
636	945	1336	1656	2864	1969	1422	1965	1784	2991	3762	4057	3016	3

2-12 续表10

行业中类	从业人员数（人）	1949年以前	1950-1977年	1978-1991年	1992-1995年	1996年	1997年	1998年	1999年	2000年
文化及日用品出租	2045			69	31	52		15	67	47
商务服务业	1126272	241	1970	62005	73670	10853	18599	12582	19932	24692
企业管理服务	281686	142	1113	22844	31180	3212	6255	4275	5726	6673
法律服务	25355			396	3838	644	501	551	1015	1693
咨询与调查	241195		68	1404	4215	1151	1914	1408	5080	6280
广告业	120580			467	4166	968	1910	1745	2626	2682
知识产权服务	11262			4	193	7	142	19	277	127
人力资源服务	160828	18	8	830	3481	211	879	1083	1839	882
旅行社及相关服务	35039		579	4249	2569	578	788	579	597	805
安全保护服务	87073			29123	18632	2135	4613	552	604	2142
其他商务服务业	163254	81	202	2688	5396	1947	1597	2370	2168	3408
科学研究和技术服务业	**345699**	**7**	**854**	**6346**	**13230**	**4088**	**4188**	**4636**	**5617**	**9138**
研究和试验发展	51651		192	502	556	276	484	377	538	922
自然科学研究和试验发展	3563			87			28	26	3	30
工程和技术研究和试验发展	39968		188	156	427	250	349	270	346	752
农业科学研究和试验发展	2241		4	221	53		58	56	89	
医学研究和试验发展	5533			4	76	26	49	18	100	139
社会人文科学研究	346			34				7		1
专业技术服务业	246697	7	522	5372	11924	3696	3516	4058	4804	7201
气象服务	396			43	45		10		71	41
地震服务	56						2	18	6	6
海洋服务	515			45	178		11			
测绘服务	3301			100	167	13	10		47	123
质检技术服务	18069			720	838	423	393	236	237	305
环境与生态监测	2853			16	39			12	12	47
地质勘查	1673			131	400	4	18		21	6
工程技术	123976		393	3633	8432	2675	2147	2699	2966	4959
其他专业技术服务业	95858	7	129	684	1825	581	925	1093	1444	1714
科技推广和应用服务业	47351		140	472	750	116	188	201	275	1015
技术推广服务	39555		140	332	491	103	147	177	201	766
科技中介服务	2829			33	133		27	24	40	38
其他科技推广和应用服务业	4967			107	126	13	14		34	211
水利、环境和公共设施管理业	**42570**		**311**	**1346**	**2541**	**477**	**603**	**710**	**1294**	**1384**
水利管理业	3649		257	426	339	2	39	36	86	121
防洪除涝设施管理	337		94	34	1					2
水资源管理	913		73	103	147		8	11	9	40
天然水收集与分配	864		90	93	131			25	5	19
水文服务	138			56						

2001年	2002年	2003年	2004年	2005年	2006年	2007年	2008年	2009年	2010年	2011年	2012年	2013年	无开业年份
29	18	25	196	76	110	9	127	138	337	110	387	199	3
22419	38479	47457	54637	64212	57358	55639	73194	73470	95636	97229	102551	119034	413
5978	13948	9765	13108	11935	9748	9967	14517	12886	15775	20284	26424	35749	182
1373	2159	1732	1097	865	1078	1063	922	1075	2420	1124	1144	665	
4680	7627	9529	11603	15706	13555	13700	21804	16461	20026	23561	28267	33107	49
2681	2753	3892	5175	5347	7287	6586	7723	7822	12192	15438	14780	14301	39
396	501	654	1228	596	619	994	818	766	779	977	1054	1111	
784	3611	11487	5695	17838	14162	11133	12045	14015	24025	19064	11636	6099	3
1339	1045	2755	2019	1497	1271	1251	1351	1567	2791	2328	2174	2829	78
1005	3644	1582	4625	1315	3033	975	6204	1371	1121	1046	1712	1639	
4183	3191	6061	10087	9113	6605	9970	7810	17507	16507	13407	15360	23534	62
10267	**11256**	**15119**	**16869**	**17977**	**19226**	**16613**	**18856**	**25600**	**30844**	**35279**	**38648**	**40905**	**136**
1389	1336	2340	2351	2671	3345	2653	3661	4485	5334	6048	5922	6256	13
110	69	59	262	68	212	93	281	246	471	515	530	473	
1005	827	1828	1732	2129	2760	2226	2931	3604	4321	4508	4649	4697	13
100	211	49	57	100	116	62	128	185	114	201	110	327	
169	221	396	300	364	235	206	307	412	416	773	607	715	
5	8	8		10	22	66	14	38	12	51	26	44	
7901	8626	11042	12632	13513	14027	11790	12574	17702	20382	23357	25370	26622	59
23		97	14	3	4	4		14		8	9	10	
			5	3					5		2	9	
11		34	10	39	20	23	41	8	9	59	19	8	
316	122	387	315	166	333	78	239	245	213	95	218	114	
451	930	1302	1261	1665	2233	689	938	1177	1146	1179	1055	862	29
38	34	132	168	163	310	120	101	214	480	341	293	333	
46	60	21	131	36	37	150	71	40	30	168	55	242	6
4711	4966	5686	6150	7578	5769	5163	5921	8494	9618	9881	10893	11235	7
2305	2514	3383	4578	3860	5321	5563	5263	7510	8881	11626	12826	13809	17
977	1294	1737	1886	1793	1854	2170	2621	3413	5128	5874	7356	8027	64
696	898	1356	1656	1432	1556	1846	2149	2673	4286	5109	6553	6924	64
215	120	176	85	229	45	160	163	270	220	258	258	335	
66	276	205	145	132	253	164	309	470	622	507	545	768	
1505	**1967**	**2718**	**2836**	**2763**	**1979**	**2102**	**2353**	**3249**	**3036**	**3150**	**3144**	**2968**	**134**
77	29	422	400	302	11	119	249	164	143	104	165	158	
			30	14	1	97	20	8	3	1	6	26	
11	13	93	119	92	10	9	44	42	40	13	2	34	
		145	142	96			18	3	30	9	15	43	
			8	5			3	10	28	6	22		

2-12 续表11

行业中类	从业人员数（人）	1949年以前	1950-1977年	1978-1991年	1992-1995年	1996年	1997年	1998年	1999年	2000年
其他水利管理业	1397			140	60	2	31		72	60
生态保护和环境治理业	8285			108	566	30	59	182	160	485
生态保护	439				3				12	
环境治理业	7846			108	563	30	59	182	148	485
公共设施管理业	30636		54	812	1636	445	505	492	1048	778
市政设施管理	4851			174	504	166	127	43	219	15
环境卫生管理	3477			81	110	37	21	19	16	27
城乡市容管理	671			6	6		50			2
绿化管理	13913			468	773	157	154	289	437	619
公园和游览景区管理	7724		54	83	243	85	153	141	376	115
居民服务、修理和其他服务业	**185493**		**336**	**3357**	**6877**	**2139**	**2339**	**3662**	**3844**	**3889**
居民服务业	68804		109	602	1857	641	704	1356	962	1104
家庭服务	6381			13	35	41	47	236	159	225
托儿所服务	481						7			10
洗染服务	3133			110	300	51	133	137	6	78
理发及美容服务	14890		48	66	201	105	68	359	239	143
洗浴服务	10316			84	133	75	127	114	280	93
保健服务	23817			18	449	7	122	273	157	292
婚姻服务	1628			5	21	1	5			6
殡葬服务	2079			3	513	222	160	33	44	137
其他居民服务业	6079		61	303	205	139	35	204	77	120
机动车、电子产品和日用产品修理业	82150		210	2148	4150	1236	1263	1845	2159	1852
汽车、摩托车修理与维护	61300		204	1835	3253	1031	910	1460	1448	1332
计算机和办公设备维修	8666			11	317	146	196	108	367	246
家用电器修理	8396			173	301	57	132	133	314	174
其他日用产品修理业	3788		6	129	279	2	25	144	30	100
其他服务业	34539		17	607	870	262	372	461	723	933
清洁服务	27936			212	352	246	127	450	618	620
其他未列明服务业	6603		17	395	518	16	245	11	105	313
卫生和社会工作	**1406**			**81**	**16**			**20**		**111**
社会工作	1406			81	16			20		111
提供住宿社会工作	1281			46	15			19		111
不提供住宿社会工作	125			35	1			1		
文化、体育和娱乐业	**115631**	**3**	**632**	**3019**	**2834**	**640**	**702**	**1220**	**1506**	**1386**
新闻和出版业	5237		27	1234	653	183	15	94	203	159
新闻业	129			19						
出版业	5108		27	1215	653	183	15	94	203	159
广播、电视、电影和影视录音制作业	12488	3	390	724	230	93	41	86	59	83

2001年	2002年	2003年	2004年	2005年	2006年	2007年	2008年	2009年	2010年	2011年	2012年	2013年	无开业年份
66	16	184	101	95		13	164	101	42	75	120	55	
208	320	411	784	646	471	490	604	672	638	498	500	448	5
		10	21	18	51	6	42	42	22	126	76	7	3
208	320	401	763	628	420	484	562	630	616	372	424	441	2
1220	1618	1885	1652	1815	1497	1493	1500	2413	2255	2548	2479	2362	129
189	96	292	404	57	122	388	92	422	571	404	372	194	
150	157	144	105	350	284	305	214	241	188	287	324	417	
11		5	11	147	7	10	36	166	42	62	63	47	
648	778	816	825	776	533	506	547	1107	870	1176	1201	1226	7
222	587	628	307	485	551	284	611	477	584	619	519	478	122
5850	**5935**	**8497**	**6847**	**9971**	**9731**	**8856**	**10269**	**14376**	**16073**	**19884**	**22461**	**20286**	**14**
1789	1852	2434	1987	3370	3465	3030	3694	5973	6911	7909	10240	8815	
183	270	198	273	316	220	263	381	609	599	732	835	746	
10		5	13	3	63	43	74	35	18	16	106	78	
170	162	217	219	91	106	181	76	116	161	304	225	290	
338	387	477	380	920	1024	579	749	1084	1277	1858	2368	2220	
332	257	402	319	614	398	514	478	1009	915	1362	1535	1275	
310	467	738	279	1016	1223	1079	1428	2483	3294	2977	4118	3087	
23	5	26	40	97	76	58	68	138	119	144	319	477	
238	50	145	64	31	42	28	121	33	29	40	58	88	
185	254	226	400	282	313	285	319	466	499	476	676	554	
3001	2338	4333	3344	4573	4313	3535	4038	5377	6576	8664	8797	8389	9
2405	1868	3284	2517	3333	3062	2509	2915	4159	5104	6065	6384	6216	6
225	158	429	343	487	687	459	447	547	461	1166	879	987	
248	228	407	396	402	378	459	543	416	690	947	1167	828	3
123	84	213	88	351	186	108	133	255	321	486	367	358	
1060	1745	1730	1516	2028	1953	2291	2537	3026	2586	3311	3424	3082	5
809	1501	1487	1125	1654	1600	2050	2011	2586	2228	2835	2896	2529	
251	244	243	391	374	353	241	526	440	358	476	528	553	5
18	**84**	**161**	**132**	**15**	**68**		**97**	**79**	**62**	**99**	**248**	**115**	
18	84	161	132	15	68		97	79	62	99	248	115	
18	84	161	132		68		89	74	59	99	224	82	
				15			8	5	3		24	33	
2329	**2133**	**5591**	**4465**	**4538**	**8441**	**10166**	**6544**	**7767**	**9582**	**12399**	**15131**	**14498**	**105**
324	94	155	173	104	103	103	437	234	169	389	142	242	
		20	9	4		2		42		17		16	
324	94	135	164	100	103	101	437	192	169	372	142	226	
321	232	245	314	648	1018	583	476	868	1144	1574	1817	1539	

2-12 续表12

行业中类	从业人员数（人）	1949年以前	1950-1977年	1978-1991年	1992-1995年	1996年	1997年	1998年	1999年	2000年
广播	821			73	2	15	4	44		24
电视	831		19	94	25	4	5	22	2	
电影和影视节目制作	2960			3	71	43	12		47	45
电影和影视节目发行	359			36	18		6	19		2
电影放映	6671	3	237	477	105	15			10	12
录音制作	846		134	41	9	16	14	1		
文化艺术业	12833		173	588	211	30	64	23	214	139
文艺创作与表演	5633		123	271	132	29		2	137	21
艺术表演场馆	496			156	2			1	3	
图书馆与档案馆	382			6					43	2
文物及非物质文化遗产保护	275		34				16			
博物馆	74									
烈士陵园、纪念馆	64				22					21
群众文化活动	1905		16	40	50		30	14	26	28
其他文化艺术业	4004			115	5	1	18	6	5	67
体育	13453			43	320	193	105	187	260	204
体育组织	1235			4	66	18	5	49	9	72
体育场馆	1967			39	37	97	8	14	118	39
休闲健身活动	9569				168	78	23	124	129	93
其他体育	682				49		69		4	
娱乐业	71620		42	430	1420	141	477	830	770	801
室内娱乐活动	65285		1	287	1214	107	399	678	616	708
游乐园	1884			130	54	4	18	3	117	6
彩票活动	29				2	2	3			15
文化、娱乐、体育经纪代理	1895					28		81		18
其他娱乐业	2527		41	13	150		57	68	37	54

2001年	2002年	2003年	2004年	2005年	2006年	2007年	2008年	2009年	2010年	2011年	2012年	2013年	无开业年份
		25	6	164	24	49	46	64	53	58	67	103	
25	25	122	98	17	120	12	22	34	60	20	25	80	
66	64	26	52	203	376	205	132	235	362	333	365	320	
	1	6	29	13		80	12	11	28	12	64	22	
68	44	60	126	251	375	216	255	406	594	1139	1283	995	
162	98	6	3		123	21	9	118	47	12	13	19	
181	157	217	505	451	319	519	605	652	1139	1489	2384	2758	15
35	47	68	142	162	160	278	205	334	483	601	1292	1107	4
5	28	4			8	47	74	13	42	38	68	7	
5			162	9		11	10	11	42	59	10	12	
4			78	35		3	36	7	15	36		11	
		8		11	1					2	7	44	1
		20										1	
	40	17	59	52	52	29	123	76	221	234	350	448	
132	42	100	64	182	98	151	157	211	336	519	657	1128	10
283	378	496	374	653	791	1186	695	1207	1382	1275	1654	1723	44
2	19	22	30	89	30	152	69	138	45	171	141	104	
69	26	223	71	73	84	114	64	155	282	147	200	69	38
212	299	242	257	461	609	760	561	898	997	919	1284	1449	6
	34	9	16	30	68	160	1	16	58	38	29	101	
1220	1272	4478	3099	2682	6210	7775	4331	4806	5748	7672	9134	8236	46
1106	1119	4253	2920	2420	5904	7284	4057	4398	5109	6844	8331	7514	16
69	76	72	40	21	88	64	8	187	300	216	254	157	
										7			
43	38	77	56	63	63	124	144	136	165	273	272	299	15
2	39	76	83	178	155	303	122	85	174	332	277	266	15

2-13 按行业（大类）、登记注册

行业大类	法人单位数（个）	内资企业	国有企业	集体企业	股份合作企业	联营企业	国有联营企业
合计	**859162**	**818353**	**7395**	**13328**	**6767**	**4619**	**162**
农、林、牧、渔业	**1379**	**1361**	**41**	**46**	**7**	**2**	
农业	19	18		2			
林业	11	11	7				
畜牧业	1	1					
渔业	2	2					
农、林、牧、渔服务业	1346	1329	34	44	7	2	
采矿业	**2759**	**2713**	**32**	**62**	**38**	**21**	**3**
煤炭开采和洗选业	35	35					
石油和天然气开采业	7	6		1			
黑色金属矿采选业	356	352	4	4	5	1	
有色金属矿采选业	233	230	7	3	3	2	1
非金属矿采选业	1980	1950	18	52	30	16	1
开采辅助活动	52	47	3	1		2	1
其他采矿业	96	93		1			
制造业	**289983**	**264577**	**866**	**2149**	**1641**	**1215**	**17**
农副食品加工业	4893	4630	210	98	23	25	
食品制造业	5028	4695	33	50	40	17	
酒、饮料和精制茶制造业	1648	1547	24	42	6	11	1
烟草制品业	29	28	2	3	2		
纺织业	7967	6938	32	85	45	25	
纺织服装、服饰业	19770	17875	19	122	71	48	
皮革、毛皮、羽毛及其制品和制鞋业	11753	10542	14	85	46	34	
木材加工和木、竹、藤、棕、草制品业	4244	4015	18	59	17	16	
家具制造业	9761	9063	4	58	29	34	
造纸和纸制品业	10325	9587	14	81	68	37	1
印刷和记录媒介复制业	11965	11473	59	143	239	56	2
文教、工美、体育和娱乐用品制造业	12096	10223	32	165	63	55	1
石油加工、炼焦和核燃料加工业	408	378	4	6	3	3	
化学原料和化学制品制造业	10983	9712	42	64	80	60	2
医药制造业	1142	997	20	5	8	8	
化学纤维制造业	294	244	1	3		1	
橡胶和塑料制品业	25942	23217	26	206	131	86	1
非金属矿物制品业	12866	12082	65	124	85	66	4
黑色金属冶炼和压延加工业	1763	1612	7	17	9	11	
有色金属冶炼和压延加工业	2462	2215	9	26	11	13	

类型分组的小微企业法人单位数

集体联营企业	国有与集体联营企业	其他联营企业	有限责任公司	国有独资公司	其他有限责任公司	股份有限公司	私营企业	私营独资企业	私营合伙企业
555	**130**	**3772**	**190332**	**1289**	**189043**	**10638**	**544195**	**124641**	**19172**
1		**1**	**191**	**1**	**190**	**22**	**332**	**151**	**15**
			4		4	1	6		
			1		1		3		
			1		1				
							2		1
1		1	185	1	184	21	321	151	14
2		**16**	**495**	**12**	**483**	**80**	**1708**	**1033**	**183**
		0	13		13		18	3	1
		0	2	1	1		2	1	
		1	65		65	18	227	124	21
		1	67	2	65	14	119	57	22
2		13	312	7	305	45	1267	810	132
		1	10	2	8	1	24	6	2
			26		26	2	51	32	5
123	**34**	**1041**	**60076**	**121**	**59955**	**3279**	**184615**	**63858**	**5798**
5	6	14	951	8	943	75	2823	1747	94
4	1	12	951	5	946	77	3172	1695	116
3		7	357	2	355	33	964	476	54
			5		5	1	15	5	
5	2	18	1528	6	1522	77	4700	2150	168
4	2	42	3002	4	2998	208	13587	5883	238
2	1	31	1919	1	1918	137	7608	3257	145
4		12	750		750	56	2759	1454	120
1	1	32	2211		2211	74	6404	2251	145
3		33	1924	5	1919	111	6975	2352	265
11	2	41	2429	4	2425	190	7856	3449	283
9	2	43	2082	5	2077	171	7202	2464	179
1		2	153	1	152	11	175	40	4
9	6	43	2801	11	2790	150	6185	1549	178
	1	7	358	1	357	38	477	74	18
		1	66		66	5	159	44	4
7	3	75	5548	2	5546	319	16014	5498	514
13	2	47	2947	4	2943	143	7960	4233	382
4		7	434	4	430	16	1045	455	57
1		12	619	4	615	29	1431	517	54

2–13 续表1

行业大类							
	私营有限责任公司	私营股份有限公司	其他企业	港、澳、台商投资企业	与港澳台商合资经营企业	与港澳台商合作经营企业	港澳台商独资经营企业
合计	**392153**	**8229**	**41079**	**29466**	**3210**	**1256**	**23221**
农、林、牧、渔业	**156**	**10**	**720**	**18**	**2**	**1**	**12**
农业	5	1	5	1			1
林业	3						
畜牧业							
渔业	1						
农、林、牧、渔服务业	147	9	715	17	2	1	11
采矿业	**457**	**35**	**277**	**33**	**5**	**3**	**24**
煤炭开采和洗选业	14		4				
石油和天然气开采业		1	1				
黑色金属矿采选业	75	7	28	3	1		2
有色金属矿采选业	36	4	15				
非金属矿采选业	303	22	210	25	3	2	19
开采辅助活动	15	1	6	2	1		1
其他采矿业	14		13	3		1	2
制造业	**112407**	**2552**	**10736**	**19165**	**2002**	**646**	**15774**
农副食品加工业	939	43	425	173	49	11	109
食品制造业	1309	52	355	239	35	9	184
酒、饮料和精制茶制造业	414	20	110	63	18	3	39
烟草制品业	10			1			1
纺织业	2305	77	446	867	99	30	710
纺织服装、服饰业	7351	115	818	1653	130	56	1423
皮革、毛皮、羽毛及其制品和制鞋业	4132	74	699	954	61	40	819
木材加工和木、竹、藤、棕、草制品业	1143	42	340	179	18	8	144
家具制造业	3920	88	249	510	39	11	445
造纸和纸制品业	4263	95	377	636	62	23	527
印刷和记录媒介复制业	4016	108	501	414	54	26	316
文教、工美、体育和娱乐用品制造业	4497	62	453	1549	92	56	1341
石油加工、炼焦和核燃料加工业	127	4	23	21	8		12
化学原料和化学制品制造业	4321	137	330	869	151	35	660
医药制造业	366	19	83	87	33	3	48
化学纤维制造业	108	3	9	38	7		31
橡胶和塑料制品业	9792	210	887	2145	175	56	1828
非金属矿物制品业	3236	109	692	557	77	82	370
黑色金属冶炼和压延加工业	515	18	73	92	25	4	62
有色金属冶炼和压延加工业	835	25	77	180	23	7	146

港澳台商投资股份有限公司	其他港澳台投资企业	外商投资企业	中外合资经营企业	中外合作经营企业	外资企业	外商投资股份有限公司	其他外商投资企业
572	**1207**	**11343**	**2008**	**502**	**7684**	**348**	**801**
2	**1**						
2	1						
1		**13**	**6**	**3**	**2**		**2**
		1					1
		1					1
		3	2	1			
1		5	2	2	1		
		3	2		1		
352	**391**	**6241**	**1148**	**232**	**4454**	**176**	**231**
2	2	90	32	8	47	2	1
5	6	94	24	6	59	1	4
2	1	38	16	2	18	1	1
16	12	162	26	10	117	5	4
28	16	242	38	14	174	5	11
15	19	257	22	13	190	6	26
4	5	50	11	1	30	1	7
7	8	188	29	3	145	4	7
6	18	102	17	3	72	1	9
6	12	78	16	8	47	2	5
29	31	324	45	15	241	13	10
1		9	3		6		
15	8	402	105	11	272	10	4
3		58	28		29	1	
		12	2	1	8	1	
40	46	580	83	27	425	18	27
15	13	227	47	42	125	7	6
1		59	16		39	4	
2	2	67	11	3	52	1	

2–13 续表2

行业大类	法人单位数（个）	内资企业	国有企业	集体企业	股份合作企业	联营企业	国有联营企业
金属制品业	33178	30987	26	223	184	130	2
通用设备制造业	14564	13474	43	81	108	57	1
专用设备制造业	18158	16808	57	96	100	71	
汽车制造业	1891	1500	5	13	11	12	
铁路、船舶、航空航天和其他运输设备制造业	1431	1250	23	36	9	12	
电气机械和器材制造业	29758	27410	21	104	118	109	2
计算机、通信和其他电子设备制造业	26718	24108	21	64	83	172	
仪器仪表制造业	4184	3597	10	34	22	22	
其他制造业	2185	1894	2	23	10	6	
废弃资源综合利用业	1070	1027	5	9	6	5	
金属制品、机械和设备修理业	1507	1449	18	24	14	13	
电力、热力、燃气及水生产和供应业	**7962**	**7777**	**352**	**1007**	**125**	**107**	**5**
电力、热力生产和供应业	6316	6217	229	678	107	89	2
燃气生产和供应业	292	248	11	6	5	3	1
水的生产和供应业	1354	1312	112	323	13	15	2
建筑业	**22583**	**22400**	**321**	**548**	**114**	**123**	**2**
房屋建筑业	3177	3157	104	314	11	16	1
土木工程建筑业	3180	3154	118	95	7	22	
建筑安装业	4501	4450	47	60	28	26	1
建筑装饰和其他建筑业	11725	11639	52	79	68	59	
批发和零售业	**283255**	**276712**	**2353**	**4098**	**2555**	**1767**	**67**
批发业	185511	180017	1546	2159	1189	1149	36
零售业	97744	96695	807	1939	1366	618	31
交通运输、仓储和邮政业	**25337**	**24125**	**539**	**441**	**177**	**173**	**17**
道路运输业	8699	8256	193	197	78	57	8
水上运输业	1216	1119	64	87	10	8	4
航空运输业	124	121	4	1			
管道运输业	15	13					
装卸搬运和运输代理业	12690	12232	85	116	71	93	4
仓储业	1338	1143	158	40	7	10	1
邮政业	1255	1241	35		11	5	
住宿和餐饮业	**17063**	**16454**	**288**	**274**	**319**	**74**	**8**
住宿业	6701	6500	242	174	54	34	6
餐饮业	10362	9954	46	100	265	40	2
信息传输、软件和信息技术服务业	**25627**	**24419**	**99**	**43**	**79**	**131**	**1**
电信、广播电视和卫星传输服务	707	691	52	16	4	4	
互联网和相关服务	2981	2932	3		16	22	1
软件和信息技术服务业	21939	20796	44	27	59	105	

集体联营企业	国有与集体联营企业	其他联营企业	有限责任公司			股份有限公司	私营企业		
				国有独资公司	其他有限责任公司			私营独资企业	私营合伙企业
17		111	6984	13	6971	315	22009	9059	711
3		53	3342	5	3337	137	9301	2512	360
3		68	4254	3	4251	211	11515	2724	420
		12	373		373	18	1031	194	29
2	2	8	312	3	309	15	811	220	25
6	1	100	7426	14	7412	262	18704	5752	498
4	2	166	4486	7	4479	322	18266	2543	576
1		21	769	4	765	32	2581	388	77
		6	418	2	416	20	1346	426	40
		5	370	1	369	12	563	239	11
1		12	307	2	305	14	977	208	33
61	**7**	**34**	**945**	**52**	**893**	**122**	**4428**	**2646**	**1190**
51	7	29	470	26	444	100	3950	2462	1160
2			95	1	94	1	107	51	8
8		5	380	25	355	21	371	133	22
17	**2**	**102**	**7476**	**78**	**7398**	**337**	**12681**	**1310**	**323**
4	1	10	1157	15	1142	65	1407	114	22
	1	21	1097	30	1067	54	1662	164	38
3		22	1507	17	1490	56	2581	197	53
10		49	3715	16	3699	162	7031	835	210
220	**42**	**1438**	**61922**	**203**	**61719**	**3240**	**185891**	**31702**	**4887**
106	23	984	39073	137	38936	2005	123515	14319	2963
114	19	454	22849	66	22783	1235	62376	17383	1924
17	**6**	**133**	**5844**	**108**	**5736**	**386**	**15626**	**1627**	**449**
6	3	40	2262	46	2216	157	4960	595	143
2	1	1	396	11	385	23	483	49	19
			26	1	25	1	82	5	2
			6		6		5	2	
6	1	82	2495	22	2473	166	8804	784	256
2	1	6	315	27	288	12	547	85	10
1		4	344	1	343	27	745	107	19
13	**3**	**50**	**2818**	**30**	**2788**	**216**	**11601**	**5422**	**688**
11	3	14	1218	25	1193	112	4344	2139	289
2		36	1600	5	1595	104	7257	3283	399
1	**4**	**125**	**5289**	**23**	**5266**	**341**	**17608**	**1308**	**490**
	1	3	159	4	155	26	385	40	10
1	1	19	627	1	626	50	2039	392	102
	2	103	4503	18	4485	265	15184	876	378

2-13 续表3

行业大类	私营有限责任公司	私营股份有限公司	其他企业	港、澳、台商投资企业	与港澳台商合资经营企业	与港澳台商合作经营企业	港澳台商独资经营企业
金属制品业	11970	269	1116	1675	165	58	1378
通用设备制造业	6277	152	405	757	85	10	629
专用设备制造业	8190	181	504	930	85	22	783
汽车制造业	792	16	37	162	32	8	119
铁路、船舶、航空航天和其他运输设备制造业	548	18	32	120	20	2	96
电气机械和器材制造业	12226	228	666	1728	224	35	1391
计算机、通信和其他电子设备制造业	14857	290	694	1785	181	34	1494
仪器仪表制造业	2061	55	127	465	25	6	409
其他制造业	866	14	69	236	11	7	212
废弃资源综合利用业	294	19	57	36	12	2	20
金属制品、机械和设备修理业	727	9	82	44	6	2	28
电力、热力、燃气及水生产和供应业	**548**	**44**	**691**	**118**	**54**	**14**	**44**
电力、热力生产和供应业	297	31	594	73	33	10	25
燃气生产和供应业	45	3	20	22	12	3	7
水的生产和供应业	206	10	77	23	9	1	12
建筑业	**10747**	**301**	**800**	**158**	**41**	**15**	**53**
房屋建筑业	1221	50	83	18	7	1	5
土木工程建筑业	1429	31	99	22	5	4	5
建筑安装业	2273	58	145	42	14	5	15
建筑装饰和其他建筑业	5824	162	473	76	15	5	28
批发和零售业	**146698**	**2604**	**14886**	**4262**	**331**	**59**	**3496**
批发业	104570	1663	9381	3610	265	39	3008
零售业	42128	941	5505	652	66	20	488
交通运输、仓储和邮政业	**13240**	**310**	**939**	**857**	**132**	**213**	**434**
道路运输业	4108	114	352	318	33	182	61
水上运输业	401	14	48	59	36	4	16
航空运输业	72	3	7				
管道运输业	3		2				
装卸搬运和运输代理业	7620	144	402	345	33	23	263
仓储业	442	10	54	130	27	4	92
邮政业	594	25	74	5	3		2
住宿和餐饮业	**5294**	**197**	**864**	**399**	**78**	**33**	**259**
住宿业	1835	81	322	145	47	18	66
餐饮业	3459	116	542	254	31	15	193
信息传输、软件和信息技术服务业	**15555**	**255**	**829**	**804**	**78**	**14**	**638**
电信、广播电视和卫星传输服务	327	8	45	12	3		7
互联网和相关服务	1508	37	175	31	4		21
软件和信息技术服务业	13720	210	609	761	71	14	610

港澳台商投资股份有限公司	其他港澳台投资企业	外商投资企业	中外合资经营企业	中外合作经营企业	外资企业	外商投资股份有限公司	其他外商投资企业
35	39	516	94	19	370	17	16
14	19	333	57	6	249	5	16
16	24	420	73	6	313	11	17
1	2	229	47	4	170	5	3
	2	61	17	5	36	2	1
41	37	620	116	7	454	25	18
34	42	825	141	13	623	22	26
9	16	122	18	3	90	4	7
3	3	55	6	2	42	2	3
2		7	5		1		1
	8	14	3		10		1
5	**1**	**67**	**32**	**7**	**21**	**2**	**5**
4	1	26	11	5	5	1	4
		22	13		8	1	
1		19	8	2	8		1
3	**46**	**25**	**2**	**2**	**13**	**1**	**7**
1	4	2			1		1
	8	4	1	1	2		
	8	9		1	6		2
2	26	10	1		4	1	4
92	**284**	**2281**	**284**	**23**	**1632**	**74**	**268**
64	234	1884	194	15	1419	59	197
28	50	397	90	8	213	15	71
15	**63**	**355**	**110**	**99**	**117**	**7**	**22**
5	37	125	17	82	15	4	7
3		38	32	1	5		
		3	3				
		2			2		
7	19	113	33	13	54	1	12
	7	65	22	3	38	2	
		9	3		3		3
14	**15**	**210**	**38**	**14**	**134**	**10**	**14**
9	5	56	15	10	19	6	6
5	10	154	23	4	115	4	8
31	**43**	**404**	**63**	**15**	**284**	**15**	**27**
2		4	1		3		
	6	18	3	1	13		1
29	37	382	59	14	268	15	26

2-13 续表4

行业大类	法人单位数（个）	内资企业	国有企业	集体企业	股份合作企业	联营企业	国有联营企业
房地产业	**32477**	**31183**	**540**	**862**	**281**	**169**	**15**
房地产业	32477	31183	540	862	281	169	15
租赁和商务服务业	**90293**	**87771**	**1109**	**3004**	**768**	**491**	**16**
租赁业	2890	2839	15	12	16	20	1
商务服务业	87403	84932	1094	2992	752	471	15
科学研究和技术服务业	**30924**	**29780**	**433**	**279**	**180**	**157**	**4**
研究和试验发展	4972	4705	47	17	10	18	1
专业技术服务业	21039	20345	340	214	144	120	3
科技推广和应用服务业	4913	4730	46	48	26	19	
水利、环境和公共设施管理业	**2966**	**2875**	**104**	**111**	**26**	**20**	**1**
水利管理业	224	215	16	31	2	1	
生态保护和环境治理业	541	521	16	9	1	3	
公共设施管理业	2201	2139	72	71	23	16	1
居民服务、修理和其他服务业	**15447**	**15264**	**124**	**284**	**315**	**97**	**3**
居民服务业	5327	5255	33	100	135	32	
机动车、电子产品和日用产品修理业	7487	7412	69	126	157	53	3
其他服务业	2633	2597	22	58	23	12	
卫生和社会工作	**71**	**68**	**2**	**4**	**2**	**1**	
社会工作	71	68	2	4	2	1	
文化、体育和娱乐业	**11036**	**10874**	**192**	**116**	**140**	**71**	**3**
新闻和出版业	265	260	57	19	6	2	1
广播、电视、电影和影视录音制作业	820	802	75	27	3	9	2
文化艺术业	1468	1456	34	24	8	12	
体育	1339	1303	7	8	29	7	
娱乐业	7144	7053	19	38	94	41	

集体联营企业	国有与集体联营企业	其他联营企业	有限责任公司	国有独资公司	其他有限责任公司	股份有限公司	私营企业	私营独资企业	私营合伙企业
21	**3**	**130**	**11018**	**142**	**10876**	**605**	**16579**	**1513**	**329**
21	3	130	11018	142	10876	605	16579	1513	329
41	**13**	**421**	**21388**	**374**	**21014**	**1225**	**53750**	**4564**	**3248**
		19	807	11	796	38	1815	159	54
41	13	402	20581	363	20218	1187	51935	4405	3194
10	**4**	**139**	**7321**	**49**	**7272**	**409**	**19681**	**1650**	**491**
1		16	1224	4	1220	63	3177	192	83
8	4	105	4711	42	4669	263	13778	1225	347
1		18	1386	3	1383	83	2726	233	61
2	**1**	**16**	**1056**	**43**	**1013**	**53**	**1354**	**199**	**29**
		1	72	5	67	7	69	12	2
	1	2	183	5	178	8	275	31	5
2		13	801	33	768	38	1010	156	22
16	**10**	**68**	**2691**	**10**	**2681**	**170**	**10685**	**4052**	**461**
3	2	27	722	1	721	59	3815	1702	207
11	5	34	1323	8	1315	88	5176	2109	201
2	3	7	646	1	645	23	1694	241	53
1			**5**		**5**	**2**	**38**	**8**	**7**
1			5		5	2	38	8	7
9	**1**	**58**	**1797**	**43**	**1754**	**151**	**7618**	**3598**	**584**
		1	79	15	64	6	82	12	5
		7	240	11	229	22	393	41	6
		12	423	13	410	23	860	94	29
2		5	157	1	156	10	1019	482	66
7	1	33	898	3	895	90	5264	2969	478

2-13 续表5

行业大类							
	私营有限责任公司	私营股份有限公司	其他企业	港、澳、台商投资企业	与港澳台商合资经营企业	与港澳台商合作经营企业	港澳台商独资经营企业
房地产业	**14304**	**433**	**1129**	**982**	**193**	**174**	**554**
房地产业	14304	433	1129	982	193	174	554
租赁和商务服务业	**45111**	**827**	**6036**	**1647**	**162**	**39**	**1253**
租赁业	1569	33	116	27	8	2	13
商务服务业	43542	794	5920	1620	154	37	1240
科学研究和技术服务业	**17170**	**370**	**1320**	**731**	**72**	**17**	**518**
研究和试验发展	2850	52	149	141	18	3	113
专业技术服务业	11937	269	775	464	37	8	331
科技推广和应用服务业	2383	49	396	126	17	6	74
水利、环境和公共设施管理业	**1092**	**34**	**151**	**61**	**8**	**5**	**40**
水利管理业	52	3	17	6	1		5
生态保护和环境治理业	233	6	26	15	2		10
公共设施管理业	807	25	108	40	5	5	25
居民服务、修理和其他服务业	6025	147	898	115	11	7	75
居民服务业	1858	48	359	54	4	6	35
机动车、电子产品和日用产品修理业	2804	62	420	38	6	1	24
其他服务业	1363	37	119	23	1		16
卫生和社会工作	**20**	**3**	**14**	**3**	**1**		**2**
社会工作	20	3	14	3	1		2
文化、体育和娱乐业	**3329**	**107**	**789**	**113**	**40**	**16**	**45**
新闻和出版业	65		9	4		1	2
广播、电视、电影和影视录音制作业	337	9	33	14	8		4
文化艺术业	718	19	72	7	1	1	4
体育	455	16	66	23	3	3	16
娱乐业	1754	63	609	65	28	11	19

港澳台商投资股份有限公司	其他港澳台投资企业	外商投资企业	中外合资经营企业	中外合作经营企业	外资企业	外商投资股份有限公司	其他外商投资企业
21	**40**	**312**	**88**	**53**	**132**	**21**	**18**
21	40	312	88	53	132	21	18
18	**175**	**875**	**111**	**17**	**573**	**26**	**148**
	4	24	4	2	11	2	5
18	171	851	107	15	562	24	143
13	**111**	**413**	**93**	**13**	**263**	**8**	**36**
5	2	126	42	2	75	3	4
6	82	230	36	9	155	4	26
2	27	57	15	2	33	1	6
4	**4**	**30**	**5**	**12**	**10**	**1**	**2**
		3	1		2		
1	2	5			4		1
3	2	22	4	12	4	1	1
1	21	68	11	6	36	3	12
	9	18	3		10		5
1	6	37	6	5	16	3	7
	6	13	2	1	10		
	12	**49**	**17**	**6**	**13**	**4**	**9**
	1	1			1		
	2	4				1	3
	1	5			2		3
	1	13	4	3	4	2	
	7	26	13	3	6	1	3

2-14 按行业（大类）、登记注册

行业大类	从业人员数（人）	内资企业	国有企业	集体企业	股份合作企业	联营企业	国有联营企业
合计	**16861275**	**14374067**	**321091**	**346987**	**95936**	**74088**	**4376**
农、林、牧、渔业	**17515**	**17409**	**3311**	**442**	**132**	**7**	
农业	551	525		16			
林业	2473	2473	2430				
畜牧业	30	30					
渔业	78	78					
农、林、牧、渔服务业	14383	14303	881	426	132	7	
采矿业	**70279**	**68112**	**1072**	**1846**	**633**	**529**	**142**
煤炭开采和洗选业	892	892					
石油和天然气开采业	517	515					
黑色金属矿采选业	10334	10041	44	37	34	26	
有色金属矿采选业	6085	5703	123	34	80	57	1
非金属矿采选业	49945	48842	876	1758	519	379	80
开采辅助活动	1309	974	29	2		67	61
其他采矿业	1197	1145		15			
制造业	**9877267**	**7723846**	**30667**	**82294**	**39399**	**35636**	**567**
农副食品加工业	148691	126943	6789	2079	780	483	
食品制造业	149576	123543	1548	1496	759	576	
酒、饮料和精制茶制造业	47767	39971	744	1023	195	308	16
烟草制品业	1595	1571	22	41	185		
纺织业	326422	236873	1019	2178	1000	1458	
纺织服装、服饰业	854740	681547	696	7191	2213	1953	
皮革、毛皮、羽毛及其制品和制鞋业	541674	415252	292	5839	2167	1035	
木材加工和木、竹、藤、棕、草制品业	138850	120849	687	999	363	470	
家具制造业	339338	277145	343	1502	472	935	
造纸和纸制品业	291016	236837	417	2886	1191	1076	52
印刷和记录媒介复制业	300330	258585	3292	2833	3876	1131	75
文教、工美、体育和娱乐用品制造业	494471	336491	1860	7596	1962	1585	1
石油加工、炼焦和核燃料加工业	10874	8769	78	84	12	19	
化学原料和化学制品制造业	340744	256732	1444	1583	2328	1245	33
医药制造业	54767	41981	915	97	99	440	
化学纤维制造业	10579	6974	4	188	0	48	
橡胶和塑料制品业	833034	608720	1006	8598	2777	2385	96
非金属矿物制品业	470262	410194	1966	3784	2738	2065	190
黑色金属冶炼和压延加工业	69525	55622	224	374	1239	313	

类型分组的小微企业法人单位从业人员数

集体联营企业	国有与集体联营企业	其他联营企业	有限责任公司	国有独资公司	其他有限责任公司	股份有限公司	私营企业	私营独资企业
11889	**2690**	**55133**	**3801692**	**60310**	**3741382**	**247911**	**8890190**	**1791381**
2		**5**	**1547**	**23**	**1524**	**270**	**3102**	**1240**
			128		128	26	220	
			1		1		42	
			30		30			
							78	
2		5	1388	23	1365	244	2762	1240
100		**287**	**17800**	**1289**	**16511**	**2159**	**38616**	**20119**
			544		544		333	31
			436	114	322		9	1
		26	2589		2589	459	5643	2282
		56	2471	218	2253	537	2169	1198
100		199	10948	548	10400	1126	29570	16175
		6	447	409	38	18	330	78
			365		365	19	562	354
5152	**1018**	**28899**	**2005518**	**6849**	**1998669**	**126264**	**5150507**	**1267732**
92	41	350	42767	511	42256	2870	64198	24731
271	17	288	33329	46	33283	2731	77455	28450
67		225	12982	95	12887	1067	21899	7307
			396		396	70	857	38
894	8	556	62965	359	62606	3586	153951	53417
325	126	1502	150561	258	150303	7291	486834	151782
70	6	959	89466	20	89446	5924	288043	94179
260		210	29687		29687	2401	79400	31217
35	3	897	79396		79396	3324	185646	43746
57		967	59930	238	59692	2582	161354	39524
150	13	893	63492	141	63351	4201	170345	54940
382	126	1076	79217	562	78655	5791	224932	58753
13		6	4101	271	3830	247	3204	548
178	31	1003	82283	528	81755	7876	154148	25616
	102	338	19524	10	19514	3186	15563	1341
		48	2270		2270	60	4299	646
437	88	1764	165734	19	165715	8890	399706	94754
562	224	1089	122392	384	122008	7037	254512	107185
95		218	18434	157	18277	687	32986	9874

2-14 续表1

行业大类	私营合伙企业	私营有限责任公司	私营股份有限公司	其他企业	港、澳、台商投资企业	与港澳台商合资经营企业	与港澳台商合作经营企业
合计	**270573**	**6666435**	**161801**	**596172**	**1816148**	**224164**	**71467**
农、林、牧、渔业	**118**	**1684**	**60**	**8598**	**106**	**13**	**2**
农业		213	7	135	26		
林业		42					
畜牧业							
渔业	30	48					
农、林、牧、渔服务业	88	1381	53	8463	80	13	2
采矿业	**4427**	**12652**	**1418**	**5457**	**1152**	**358**	**65**
煤炭开采和洗选业	26	276		15			
石油和天然气开采业			8	70			
黑色金属矿采选业	429	2376	556	1209	287	185	
有色金属矿采选业	128	739	104	232			
非金属矿采选业	3761	8888	746	3666	795	160	44
开采辅助活动	9	239	4	81	18	13	
其他采矿业	74	134		184	52		21
制造业	**130728**	**3659716**	**92331**	**253561**	**1599994**	**175753**	**58470**
农副食品加工业	2538	34930	1999	6977	12087	4630	310
食品制造业	2657	45008	1340	5649	16790	1695	607
酒、饮料和精制茶制造业	1024	13122	446	1753	4425	1732	256
烟草制品业		819			24		
纺织业	5360	92438	2736	10716	74195	8118	3069
纺织服装、服饰业	8221	319152	7679	24808	151769	11573	5086
皮革、毛皮、羽毛及其制品和制鞋业	4853	185896	3115	22486	96757	5630	6026
木材加工和木、竹、藤、棕、草制品业	3038	43386	1759	6842	14103	2083	626
家具制造业	3677	135511	2712	5527	45214	4303	796
造纸和纸制品业	5357	113868	2605	7401	44895	5029	1152
印刷和记录媒介复制业	4814	107641	2950	9415	35249	4072	3395
文教、工美、体育和娱乐用品制造业	4900	159443	1836	13548	130057	8438	5737
石油加工、炼焦和核燃料加工业	37	2585	34	1024	1146	529	
化学原料和化学制品制造业	2685	121074	4773	5825	54878	11197	2516
医药制造业	548	12392	1282	2157	7345	3339	153
化学纤维制造业	48	3551	54	105	2518	406	
橡胶和塑料制品业	10233	287577	7142	19624	173456	15539	3963
非金属矿物制品业	11112	131091	5124	15700	41977	7014	7495
黑色金属冶炼和压延加工业	1032	21183	897	1365	8891	2936	237

			外商投资企业					
港澳台商独资经营企业	港澳台商投资股份有限公司	其他港澳台投资企业		中外合资经营企业	中外合作经营企业	外资企业	外商投资股份有限公司	其他外商投资企业
1449030	**30591**	**40896**	**671060**	**135137**	**27586**	**477361**	**15443**	**15533**
73	**16**	**2**						
26								
47	16	2						
718	**11**		**1015**	**621**	**348**	**38**		**8**
			2					2
102			6					6
			382	102	280			
580	11		308	203	68	37		
5			317	316		1		
31								
1314204	**25064**	**26503**	**553427**	**102502**	**20699**	**408777**	**12275**	**9174**
7043	15	89	9661	2951	861	5468	380	1
14203	194	91	9243	2374	704	5848	253	64
2370	60	7	3371	1694	15	1364	4	294
24								
60390	1105	1513	15354	2584	1008	11093	332	337
132433	1312	1365	21424	4001	1394	15181	591	257
81899	1327	1875	29665	2272	1219	24728	413	1033
10985	180	229	3898	1167	102	2339	40	250
39676	248	191	16979	3311	267	13023	160	218
37617	268	829	9284	2098	47	6676	41	422
27060	222	500	6496	1443	570	4129	123	231
111710	1681	2491	27923	3095	1058	22562	697	511
612	5		959	395		564		
40224	821	120	29134	7917	703	20171	260	83
3579	274		5441	2721		2719	1	
2112			1087	106	88	835	58	
148146	2515	3293	50858	6937	2976	38689	1527	729
25798	1135	535	18091	3657	3703	10032	618	81
5693	25		5012	1526		3145	341	

2-14 续表2

行业大类	从业人员数（人）	内资企业	国有企业	集体企业	股份合作企业	联营企业	国有联营企业
有色金属冶炼和压延加工业	94526	74967	523	798	317	246	
金属制品业	956922	779198	721	6849	3299	2825	12
通用设备制造业	387954	307766	858	2194	2191	810	29
专用设备制造业	498244	400862	1752	3095	1823	2190	
汽车制造业	92415	52648	274	208	116	290	
铁路、船舶、航空航天和其他运输设备制造业	65999	50831	852	754	317	304	
电气机械和器材制造业	982953	776838	771	5259	3337	3317	63
计算机、通信和其他电子设备制造业	1087223	833713	742	5450	2202	7174	
仪器仪表制造业	163057	107347	167	6273	895	760	
其他制造业	64259	41571	62	637	229	61	
废弃资源综合利用业	33236	29959	44	61	95	24	
金属制品、机械和设备修理业	26224	23547	555	345	222	110	
电力、热力、燃气及水生产和供应业	**144167**	**131955**	**25046**	**18011**	**1947**	**1503**	**155**
电力、热力生产和供应业	87932	81545	17034	8578	1503	1069	110
燃气生产和供应业	10512	6888	397	51	168	65	30
水的生产和供应业	45723	43522	7615	9382	276	369	15
建筑业	**823775**	**808444**	**102852**	**77046**	**1405**	**2136**	**174**
房屋建筑业	349150	340724	24093	65778	148	866	
土木工程建筑业	102188	101175	9091	6188	72	179	
建筑安装业	179389	177194	65914	3393	581	500	174
建筑装饰和其他建筑业	193048	189351	3754	1687	604	591	
批发和零售业	**2281995**	**2196543**	**38921**	**43897**	**17036**	**15098**	**862**
批发业	1591791	1519143	27790	25939	9237	9921	443
零售业	690204	677400	11131	17958	7799	5177	419
交通运输、仓储和邮政业	**477785**	**436870**	**24321**	**11330**	**2021**	**3449**	**961**
道路运输业	216005	204645	12191	5009	1072	1823	418
水上运输业	37453	27258	1815	1951	92	256	210
航空运输业	2404	2172	128	8			
管道运输业	441	178					
装卸搬运和运输代理业	169010	155620	3256	3161	626	951	202
仓储业	25208	20270	3444	1201	82	244	131
邮政业	27264	26727	3487		149	175	
住宿和餐饮业	**443211**	**415829**	**10816**	**7241**	**5246**	**1654**	**511**
住宿业	178713	166898	8941	4343	1358	933	464
餐饮业	264498	248931	1875	2898	3888	721	47
信息传输、软件和信息技术服务业	**297821**	**275302**	**1931**	**536**	**607**	**1164**	**3**

集体联营企业	国有与集体联营企业	其他联营企业	有限责任公司	国有独资公司	其他有限责任公司	股份有限公司	私营企业	私营独资企业
		246	26504	149	26355	1190	43440	9985
187		2626	196889	599	196290	9231	534892	156978
21		760	86691	255	86436	5595	201958	38862
24		2166	105945	120	105825	7121	267635	40959
		290	17060		17060	816	33118	3976
60	25	219	15281	392	14889	842	31241	6151
799	15	2440	229191	979	228212	13034	505388	94205
92	193	6889	158511	402	158109	16177	623280	66902
69		691	22950	144	22806	1299	69831	8595
		61	8518	38	8480	406	30266	6960
		24	12680	12	12668	516	15531	3996
12		98	6372	160	6212	216	14595	2115
795	**84**	**469**	**35533**	**4581**	**30952**	**2856**	**41327**	**20293**
462	84	413	14372	2547	11825	2159	32496	17965
35			3276	95	3181	5	2513	762
298		56	17885	1939	15946	692	6318	1566
984	**16**	**962**	**268126**	**4832**	**263294**	**18797**	**329974**	**13756**
709	10	147	121055	1235	119820	8802	118125	2544
	6	173	35611	877	34734	3351	45637	1428
38		288	44553	2507	42046	4423	56375	2106
237		354	66907	213	66694	2221	109837	7678
1908	**583**	**11745**	**489188**	**3341**	**485847**	**30605**	**1412303**	**204496**
1051	329	8098	317316	2414	314902	20242	996476	103984
857	254	3647	171872	927	170945	10363	415827	100512
469	**275**	**1744**	**140536**	**7960**	**132576**	**12053**	**229544**	**16688**
288	244	873	77389	4599	72790	5277	95247	7843
32	10	4	11533	1239	10294	1498	9283	488
			694	8	686	30	1131	32
			107		107		58	18
43	3	703	37861	1161	36700	4788	101173	6230
12	18	83	6227	953	5274	155	8021	838
94		81	6725		6725	305	14631	1239
271	**61**	**811**	**95452**	**1413**	**94039**	**7739**	**268506**	**97748**
246	61	162	49542	1096	48446	4164	90906	31608
25		649	45910	317	45593	3575	177600	66140
	122	**1039**	**66516**	**775**	**65741**	**4946**	**192906**	**11927**

2-14 续表3

行业大类	私营合伙企业	私营有限责任公司	私营股份有限公司	其他企业	港、澳、台商投资企业	与港澳台商合资经营企业	与港澳台商合作经营企业
有色金属冶炼和压延加工业	1696	31047	712	1949	13909	2320	149
金属制品业	15040	353760	9114	24492	135835	16779	5838
通用设备制造业	5950	152975	4171	7469	51577	6315	839
专用设备制造业	6633	215300	4743	11301	65628	5409	1423
汽车制造业	543	28076	523	766	14915	3487	538
铁路、船舶、航空航天和其他运输设备制造业	448	24165	477	1240	9031	1888	258
电气机械和器材制造业	10337	392684	8162	16541	151598	19891	3311
计算机、通信和其他电子设备制造业	15271	528263	12844	20177	174320	18108	3040
仪器仪表制造业	1758	58259	1219	5172	45371	2004	824
其他制造业	533	22603	170	1392	17613	377	586
废弃资源综合利用业	81	10076	1378	1008	2441	800	200
金属制品、机械和设备修理业	304	11841	335	1132	1980	112	40
电力、热力、燃气及水生产和供应业	**9200**	**11126**	**708**	**5732**	**7392**	**4608**	**945**
电力、热力生产和供应业	8907	5177	447	4334	5011	3080	717
燃气生产和供应业	89	1600	62	413	1453	897	203
水的生产和供应业	204	4349	199	985	928	631	25
建筑业	**4825**	**303103**	**8290**	**8108**	**6796**	**2833**	**994**
房屋建筑业	1775	109498	4308	1857	748	509	6
土木工程建筑业	675	42097	1437	1046	617	385	74
建筑安装业	459	52744	1066	1455	1977	1134	567
建筑装饰和其他建筑业	1916	98764	1479	3750	3454	805	347
批发和零售业	**35637**	**1150408**	**21762**	**149495**	**57158**	**4504**	**708**
批发业	23011	855029	14452	112222	48898	3689	359
零售业	12626	295379	7310	37273	8260	815	349
交通运输、仓储和邮政业	**5567**	**202587**	**4702**	**13616**	**27068**	**9720**	**3897**
道路运输业	1983	83138	2283	6637	7481	1671	2751
水上运输业	240	8427	128	830	6261	4554	616
航空运输业	58	1015	26	181			
管道运输业		40		13			
装卸搬运和运输代理业	2614	90771	1558	3804	9952	2132	388
仓储业	108	6910	165	896	3057	1081	142
邮政业	564	12286	542	1255	317	282	
住宿和餐饮业	**15453**	**149116**	**6189**	**19175**	**19738**	**6148**	**1355**
住宿业	5310	51417	2571	6711	8948	4563	992
餐饮业	10143	97699	3618	12464	10790	1585	363
信息传输、软件和信息技术服务业	**4630**	**172877**	**3472**	**6696**	**14383**	**1616**	**144**

			外商投资企业					
港澳台商独资经营企业	港澳台商投资股份有限公司	其他港澳台投资企业		中外合资经营企业	中外合作经营企业	外资企业	外商投资股份有限公司	其他外商投资企业
11255	105	80	5650	1009	101	4404	136	
107580	3377	2261	41889	7916	1566	30388	1187	832
42190	987	1246	28611	5590	735	21346	460	480
55989	1464	1343	31754	4998	287	25278	609	582
10743	17	130	24852	4643	548	18767	489	405
6871		14	6137	909	205	4782	155	86
121290	3831	3275	54517	9287	391	41765	1921	1153
146860	2694	3618	79190	15093	1338	61098	1129	532
40482	937	1124	10339	1607	452	7664	215	401
16346	235	69	5075	410	361	4117	135	52
1411	30		836	526		290		20
1613		215	697	265		312		120
1498	**337**	**4**	**4820**	**3059**	**262**	**1155**	**246**	**98**
894	316	4	1376	974	151	178	6	67
353			2171	1365		566	240	
251	21		1273	720	111	411		31
944	**1463**	**562**	**8535**	**54**	**164**	**8261**	**1**	**55**
179	2	52	7678			7675		3
21		137	396	51	162	183		
180		96	218		2	193		23
564	1461	277	243	3		210	1	29
46825	**1443**	**3678**	**28294**	**4679**	**306**	**20158**	**800**	**2351**
41308	736	2806	23750	3317	145	17842	693	1753
5517	707	872	4544	1362	161	2316	107	598
11422	**583**	**1446**	**13847**	**7554**	**2402**	**3208**	**189**	**494**
2074	115	870	3879	1129	1856	365	166	363
781	310		3934	3610	118	206		
			232	232				
			263			263		
6867	158	407	3438	1664	376	1262	17	119
1665		169	1881	786	52	1037	6	
35			220	133		75		12
11457	**328**	**450**	**7644**	**1666**	**1149**	**4018**	**240**	**571**
2899	264	230	2867	858	871	775	104	259
8558	64	220	4777	808	278	3243	136	312
11443	**454**	**726**	**8136**	**1286**	**102**	**6057**	**453**	**238**

2-14 续表4

行业大类	从业人员数（人）	内资企业					
			国有企业	集体企业	股份合作企业	联营企业	
							国有联营企业
电信、广播电视和卫星传输服务	10814	10609	880	255	12	90	
互联网和相关服务	30603	29779	53		129	173	3
软件和信息技术服务业	256404	234914	998	281	466	901	
房地产业	**575200**	**542943**	**11647**	**20159**	**4163**	**3585**	**637**
房地产业	575200	542943	11647	20159	4163	3585	637
租赁和商务服务业	**1161461**	**1095766**	**51807**	**74284**	**16264**	**5498**	**199**
租赁业	35189	34339	566	591	246	158	9
商务服务业	1126272	1061427	51241	73693	16018	5340	190
科学研究和技术服务业	**345699**	**325142**	**10045**	**3668**	**1847**	**1786**	**60**
研究和试验发展	51651	47471	1112	135	60	190	40
专业技术服务业	246697	233324	8241	3321	1579	1389	20
科技推广和应用服务业	47351	44347	692	212	208	207	
水利、环境和公共设施管理业	**42570**	**40683**	**2261**	**1573**	**370**	**347**	**5**
水利管理业	3649	3325	500	554	54	4	
生态保护和环境治理业	8285	7856	416	96	33	67	
公共设施管理业	30636	29502	1345	923	283	276	5
居民服务、修理和其他服务业	**185493**	**181771**	**2181**	**3265**	**3277**	**982**	**71**
居民服务业	68804	67400	499	1115	1082	315	
机动车、电子产品和日用产品修理业	82150	80907	1436	1349	1874	556	71
其他服务业	34539	33464	246	801	321	111	
卫生和社会工作	**1406**	**1279**	**35**	**54**	**34**	**16**	
社会工作	1406	1279	35	54	34	16	
文化、体育和娱乐业	**115631**	**112173**	**4178**	**1341**	**1555**	**698**	**29**
新闻和出版业	5237	5171	1326	174	44	15	5
广播、电视、电影和影视录音制作业	12488	11810	1418	256	22	50	24
文化艺术业	12833	12645	856	390	84	84	
体育	13453	12718	171	69	260	124	
娱乐业	71620	69829	407	452	1145	425	

集体联营企业	国有与集体联营企业	其他联营企业	有限责任公司	国有独资公司	其他有限责任公司	股份有限公司	私营企业	私营独资企业
	62	28	3175	170	3005	557	5071	351
	7	163	7117	20	7097	678	20470	3016
	53	848	56224	585	55639	3711	167365	8560
451	**256**	**2241**	**226634**	**5387**	**221247**	**13253**	**247763**	**16233**
451	256	2241	226634	5387	221247	13253	247763	16233
1291	**74**	**3934**	**292865**	**19579**	**273286**	**18153**	**557660**	**33885**
		149	10977	593	10384	390	20256	1338
1291	74	3785	281888	18986	262902	17763	537404	32547
137	**79**	**1510**	**86233**	**1463**	**84770**	**5615**	**203400**	**14593**
2		148	11766	164	11602	936	31958	1848
118	79	1172	61287	1257	60030	3677	146047	10294
17		190	13180	42	13138	1002	25395	2451
41	**2**	**299**	**15856**	**830**	**15026**	**964**	**17376**	**2197**
		4	1080	53	1027	130	810	121
	2	65	2906	105	2801	232	3829	467
41		230	11870	672	11198	602	12737	1609
191	**117**	**603**	**35584**	**318**	**35266**	**2108**	**124957**	**42867**
87	47	181	9804	9	9795	841	49448	22233
90	37	358	17337	306	17031	917	53324	18064
14	33	64	8443	3	8440	350	22185	2570
16			**148**		**148**	**70**	**777**	**117**
16			148		148	70	777	117
81	**3**	**585**	**24156**	**1670**	**22486**	**2059**	**71472**	**27490**
		10	2137	882	1255	311	1053	154
		26	4360	241	4119	386	5009	405
		84	3706	454	3252	228	6454	876
8		116	1948	83	1865	96	9441	3445
73	3	349	12005	10	11995	1038	49515	22610

2-14 续表5

行业大类					港、澳、台商投资企业		
				其他企业		与港澳台商合资经营企业	与港澳台商合作经营企业
	私营合伙企业	私营有限责任公司	私营股份有限公司				
电信、广播电视和卫星传输服务	103	4550	67	569	162	103	
互联网和相关服务	898	16283	273	1159	479	12	
软件和信息技术服务业	**3629**	**152044**	**3132**	**4968**	**13742**	**1501**	**144**
房地产业	3076	222026	6428	15739	23165	5515	2965
房地产业	3076	222026	6428	15739	23165	5515	2965
租赁和商务服务业	**41703**	**473422**	**8650**	**79235**	**39908**	**10409**	**961**
租赁业	540	18182	196	1155	437	163	14
商务服务业	41163	455240	8454	78080	39471	10246	947
科学研究和技术服务业	**4400**	**180095**	**4312**	**12548**	**12926**	**1304**	**159**
研究和试验发展	783	28634	693	1314	1928	261	33
专业技术服务业	3146	129683	2924	7783	8820	705	68
科技推广和应用服务业	471	21778	695	3451	2178	338	58
水利、环境和公共设施管理业	**286**	**14504**	**389**	**1936**	**1281**	**94**	**161**
水利管理业	8	631	50	193	189	25	
生态保护和环境治理业	52	3206	104	277	301	45	
公共设施管理业	226	10667	235	1466	791	24	161
居民服务、修理和其他服务业	**5348**	**75066**	**1676**	**9417**	**2476**	**274**	**278**
居民服务业	2683	24014	518	4296	1198	53	268
机动车、电子产品和日用产品修理业	2026	32620	614	4114	654	149	10
其他服务业	639	18432	544	1007	624	72	
卫生和社会工作	**144**	**353**	**163**	**145**	**127**	**22**	
社会工作	144	353	163	145	127	22	
文化、体育和娱乐业	**5031**	**37700**	**1251**	**6714**	**2478**	**993**	**363**
新闻和出版业	14	885		111	32		
广播、电视、电影和影视录音制作业	37	4333	234	309	608	397	
文化艺术业	168	5267	143	843	133	35	31
体育	635	5236	125	609	417	37	32
娱乐业	4177	21979	749	4842	1288	524	300

港澳台商独资经营企业	港澳台商投资股份有限公司	其他港澳台投资企业	外商投资企业	中外合资经营企业	中外合作经营企业	外资企业	外商投资股份有限公司	其他外商投资企业
42	17		43	10		33		
380		87	345	98	17	222		8
11021	**437**	**639**	**7748**	**1178**	**85**	**5802**	**453**	**230**
13538	493	654	9092	3704	845	3857	357	329
13538	493	654	9092	3704	845	3857	357	329
25454	**131**	**2953**	**25787**	**7271**	**650**	**15787**	**432**	**1647**
197		63	413	52	110	187	37	27
25257	131	2890	25374	7219	540	15600	395	1620
8258	**163**	**3042**	**7631**	**1953**	**264**	**4804**	**228**	**382**
1523	73	38	2252	835	34	1305	18	60
5680	81	2286	4553	1004	190	2937	124	298
1055	9	718	826	114	40	562	86	24
901	**100**	**25**	**606**	**128**	**153**	**289**	**8**	**28**
164			135	18		117		
233	7	16	128			102		26
504	93	9	343	110	153	70	8	2
1363	**5**	**556**	**1246**	**225**	**126**	**728**	**75**	**92**
656		221	206	36		114		56
327	5	163	589	118	76	284	75	36
380		172	451	71	50	330		
105								
105								
827		**295**	**980**	**435**	**116**	**224**	**139**	**66**
31		1	34			34		
147		64	70				53	17
65		2	55			41		14
293		55	318	130	52	82	54	
291		173	503	305	64	67	32	35

2-15 按行业（大类）、营业状态分组的小微企业法人单位数

行业大类	法人单位数（个）	营业	停业(歇业)	筹建	当年关闭	当年破产	其他
合计	**859162**	**767600**	**33402**	**30144**	**15073**	**626**	**12317**
农、林、牧、渔业	**1379**	**1040**	**122**	**96**	**64**	**12**	**45**
农业	19	19					
林业	11	9	1				1
畜牧业	1	1					
渔业	2	2					
农、林、牧、渔服务业	1346	1009	121	96	64	12	44
采矿业	**2759**	**1899**	**437**	**144**	**189**	**21**	**69**
煤炭开采和洗选业	35	24	6	2	1		2
石油和天然气开采业	7	5	1		1		
黑色金属矿采选业	356	212	89	13	30	3	9
有色金属矿采选业	233	118	72	17	17	3	6
非金属矿采选业	1980	1455	252	91	123	12	47
开采辅助活动	52	30	5	6	7	2	2
其他采矿业	96	55	12	15	10	1	3
制造业	**289983**	**263328**	**10548**	**7377**	**5618**	**236**	**2876**
农副食品加工业	4893	4324	257	144	109	4	55
食品制造业	5028	4480	260	172	75	10	31
酒、饮料和精制茶制造业	1648	1448	95	62	25	4	14
烟草制品业	29	26	3				
纺织业	7967	6957	460	154	309	7	80
纺织服装、服饰业	19770	17661	881	363	675	23	167
皮革、毛皮、羽毛及其制品和制鞋业	11753	10856	369	193	221	12	102
木材加工和木、竹、藤、棕、草制品业	4244	3730	236	103	121	7	47
家具制造业	9761	8715	452	232	225	4	133
造纸和纸制品业	10325	9591	309	174	160	4	87
印刷和记录媒介复制业	11965	11272	312	126	154	6	95
文教、工美、体育和娱乐用品制造业	12096	10910	504	315	249	12	106
石油加工、炼焦和核燃料加工业	408	342	24	18	15		9
化学原料和化学制品制造业	10983	9708	418	480	211	7	159
医药制造业	1142	968	61	77	14	1	21
化学纤维制造业	294	263	14	7	5		5
橡胶和塑料制品业	25942	23746	952	537	455	19	233

2-15　续表1

行业大类	法人单位数（个）	营业	停业(歇业)	筹建	当年关闭	当年破产	其他
非金属矿物制品业	12866	11088	766	538	326	33	115
黑色金属冶炼和压延加工业	1763	1598	67	47	33	1	17
有色金属冶炼和压延加工业	2462	2232	88	66	58		18
金属制品业	33178	30076	1176	840	684	30	372
通用设备制造业	14564	13505	313	376	234	7	129
专用设备制造业	18158	16711	464	515	267	7	194
汽车制造业	1891	1690	75	89	19	1	17
铁路、船舶、航空航天和其他运输设备制造业	1431	1288	51	55	19	1	17
电气机械和器材制造业	29758	27040	1072	797	500	13	336
计算机、通信和其他电子设备制造业	26718	24978	531	641	324	15	229
仪器仪表制造业	4184	3906	84	119	45	1	29
其他制造业	2185	1970	88	68	30	1	28
废弃资源综合利用业	1070	875	104	34	40	3	14
金属制品、机械和设备修理业	1507	1374	62	35	16	3	17
电力、热力、燃气及水生产和供应业	**7962**	**7486**	**179**	**153**	**69**	**12**	**63**
电力、热力生产和供应业	6316	6006	135	81	52	7	35
燃气生产和供应业	292	249	11	23	1	1	7
水的生产和供应业	1354	1231	33	49	16	4	21
建筑业	**22583**	**19384**	**1252**	**986**	**479**	**20**	**462**
房屋建筑业	3177	2733	178	148	59	5	54
土木工程建筑业	3180	2679	213	163	50	1	74
建筑安装业	4501	4111	153	94	76	2	65
建筑装饰和其他建筑业	11725	9861	708	581	294	12	269
批发和零售业	**283255**	**254417**	**10621**	**9555**	**4855**	**185**	**3622**
批发业	185511	166599	7088	6348	2937	106	2433
零售业	97744	87818	3533	3207	1918	79	1189
交通运输、仓储和邮政业	**25337**	**23161**	**788**	**715**	**309**	**15**	**349**
道路运输业	8699	7967	324	164	128	10	106
水上运输业	1216	1060	60	60	10	1	25
航空运输业	124	110	4	6	2		2
管道运输业	15	14	1				
装卸搬运和运输代理业	12690	11737	299	375	115	2	162
仓储业	1338	1108	80	81	34	1	34
邮政业	1255	1165	20	29	20	1	20

2-15　续表2

行业大类	法人单位数（个）						
		营业	停业(歇业)	筹建	当年关闭	当年破产	其他
住宿和餐饮业	**17063**	**15730**	**478**	**417**	**303**	**14**	**121**
住宿业	6701	6202	201	167	77	6	48
餐饮业	10362	9528	277	250	226	8	73
信息传输、软件和信息技术服务业	**25627**	**22678**	**830**	**1381**	**294**	**8**	**436**
电信、广播电视和卫星传输服务	707	617	29	16	30	2	13
互联网和相关服务	2981	2669	78	130	57	1	46
软件和信息技术服务业	21939	19392	723	1235	207	5	377
房地产业	**32477**	**27758**	**1774**	**1562**	**464**	**8**	**911**
房地产业	32477	27758	1774	1562	464	8	911
租赁和商务服务业	**90293**	**76684**	**4293**	**5356**	**1493**	**53**	**2414**
租赁业	2890	2530	112	155	44	3	46
商务服务业	87403	74154	4181	5201	1449	50	2368
科学研究和技术服务业	**30924**	**27473**	**1010**	**1485**	**400**	**9**	**547**
研究和试验发展	4972	4379	165	276	41	1	110
专业技术服务业	21039	18967	603	875	280	4	310
科技推广和应用服务业	4913	4127	242	334	79	4	127
水利、环境和公共设施管理业	**2966**	**2422**	**200**	**218**	**55**	**4**	**67**
水利管理业	224	183	17	8	7		9
生态保护和环境治理业	541	470	28	29	8		6
公共设施管理业	2201	1769	155	181	40	4	52
居民服务、修理和其他服务业	**15447**	**14145**	**472**	**373**	**255**	**16**	**186**
居民服务业	5327	4819	190	145	106	5	62
机动车、电子产品和日用产品修理业	7487	6999	167	145	97	6	73
其他服务业	2633	2327	115	83	52	5	51
卫生和社会工作	**71**	**58**	**3**	**5**	**1**		**4**
社会工作	71	58	3	5	1		4
文化、体育和娱乐业	**11036**	**9937**	**395**	**321**	**225**	**13**	**145**
新闻和出版业	265	246	6	7	4		2
广播、电视、电影和影视录音制作业	820	710	29	46	16	2	17
文化艺术业	1468	1224	50	130	21	1	42
体育	1339	1226	40	36	19	3	15
娱乐业	7144	6531	270	102	165	7	69

2–16　按行业（大类）、营业状态分组的小微企业法人单位从业人员数

行业大类	从业人员数（人）	营业	停业(歇业)	筹建	当年关闭	当年破产	其他
合计	**16861275**	**16318231**	**175963**	**183487**	**85394**	**3528**	**94672**
农、林、牧、渔业	**17515**	**15884**	**323**	**578**	**151**	**22**	**557**
农业	551	551					
林业	2473	2471	1				1
畜牧业	30	30					
渔业	78	78					
农、林、牧、渔服务业	14383	12754	322	578	151	22	556
采矿业	**70279**	**64328**	**2705**	**1897**	**651**	**25**	**673**
煤炭开采和洗选业	892	821	9	15	42		5
石油和天然气开采业	517	516	1				
黑色金属矿采选业	10334	9555	412	200	50	5	112
有色金属矿采选业	6085	4879	705	399	26	2	74
非金属矿采选业	49945	46344	1424	1191	499	15	472
开采辅助活动	1309	1186	64	20	32	2	5
其他采矿业	1197	1027	90	72	2	1	5
制造业	**9877267**	**9624407**	**84920**	**75895**	**54224**	**2254**	**35567**
农副食品加工业	148691	144019	2107	1202	601	18	744
食品制造业	149576	145489	1720	1521	430	59	357
酒、饮料和精制茶制造业	47767	45308	973	968	214	2	302
烟草制品业	1595	1572	23				
纺织业	326422	315919	6898	1004	1975	11	615
纺织服装、服饰业	854740	830896	9130	4686	6319	140	3569
皮革、毛皮、羽毛及其制品和制鞋业	541674	528140	4412	2964	4358	165	1635
木材加工和木、竹、藤、棕、草制品业	138850	133986	2445	902	927	130	460
家具制造业	339338	331785	1884	2525	2030	15	1099
造纸和纸制品业	291016	283781	2586	1795	1636	38	1180
印刷和记录媒介复制业	300330	295095	1910	1008	907	31	1379
文教、工美、体育和娱乐用品制造业	494471	481688	4333	3822	3209	37	1382
石油加工、炼焦和核燃料加工业	10874	9495	61	1222	66		30
化学原料和化学制品制造业	340744	332285	2662	3391	1495	6	905
医药制造业	54767	53443	526	570	44	1	183
化学纤维制造业	10579	10416	39	45	36		43
橡胶和塑料制品业	833034	813733	6214	4948	4805	413	2921

2-16 续表1

行业大类	从业人员数（人）						
		营业	停业(歇业)	筹建	当年关闭	当年破产	其他
非金属矿物制品业	470262	451686	6593	7122	3513	426	922
黑色金属冶炼和压延加工业	69525	67912	475	483	321	1	333
有色金属冶炼和压延加工业	94526	92700	670	817	277		62
金属制品业	956922	929430	11024	6940	5824	260	3444
通用设备制造业	387954	380118	1913	3280	1677	53	913
专用设备制造业	498244	487596	2798	3875	2107	53	1815
汽车制造业	92415	89170	719	2215	178	1	132
铁路、船舶、航空航天和其他运输设备制造业	65999	64002	244	822	337	1	593
电气机械和器材制造业	982953	959897	7322	7107	5181	47	3399
计算机、通信和其他电子设备制造业	1087223	1064223	3423	8306	4600	332	6339
仪器仪表制造业	163057	159835	678	1471	702	1	370
其他制造业	64259	62914	429	416	203	1	296
废弃资源综合利用业	33236	32476	408	115	145	10	82
金属制品、机械和设备修理业	26224	25398	301	353	107	2	63
电力、热力、燃气及水生产和供应业	**144167**	**137854**	**1147**	**3659**	**487**	**6**	**1014**
电力、热力生产和供应业	87932	83359	829	2874	284	3	583
燃气生产和供应业	10512	9903	140	447			22
水的生产和供应业	45723	44592	178	338	203	3	409
建筑业	**823775**	**809119**	**4382**	**5177**	**1755**	**58**	**3284**
房屋建筑业	349150	346069	821	1341	205	32	682
土木工程建筑业	102188	99669	769	1252	169	1	328
建筑安装业	179389	177372	521	345	337	2	812
建筑装饰和其他建筑业	193048	186009	2271	2239	1044	23	1462
批发和零售业	**2281995**	**2171455**	**39088**	**37435**	**14772**	**647**	**18598**
批发业	1591791	1518474	26395	24950	8412	351	13209
零售业	690204	652981	12693	12485	6360	296	5389
交通运输、仓储和邮政业	**477785**	**465620**	**4151**	**4029**	**1276**	**65**	**2644**
道路运输业	216005	211352	2033	1408	397	34	781
水上运输业	37453	36511	471	305	20		146
航空运输业	2404	2260	34	39	45		26
管道运输业	441	439	2				
装卸搬运和运输代理业	169010	164747	1188	1532	527	27	989
仓储业	25208	23684	296	555	144	1	528
邮政业	27264	26627	127	190	143	3	174
住宿和餐饮业	**443211**	**431194**	**4191**	**4353**	**2219**	**110**	**1144**

2-16　续表2

行业大类	从业人员数（人）						
		营业	停业(歇业)	筹建	当年关闭	当年破产	其他
住宿业	178713	173281	2145	1914	782	64	527
餐饮业	264498	257913	2046	2439	1437	46	617
信息传输、软件和信息技术服务业	**297821**	**285661**	**2952**	**6276**	**720**	**13**	**2199**
电信、广播电视和卫星传输服务	10814	10405	140	72	57	2	138
互联网和相关服务	30603	29295	343	616	119		230
软件和信息技术服务业	256404	245961	2469	5588	544	11	1831
房地产业	**575200**	**546135**	**8586**	**10797**	**1073**	**33**	**8576**
房地产业	575200	546135	8586	10797	1073	33	8576
租赁和商务服务业	**1161461**	**1105565**	**14890**	**21595**	**4746**	**190**	**14475**
租赁业	35189	33710	461	617	201	25	175
商务服务业	1126272	1071855	14429	20978	4545	165	14300
科学研究和技术服务业	**345699**	**330800**	**3870**	**6712**	**1116**	**18**	**3183**
研究和试验发展	51651	49005	760	1279	55	2	550
专业技术服务业	246697	237790	2263	3843	812	5	1984
科技推广和应用服务业	47351	44005	847	1590	249	11	649
水利、环境和公共设施管理业	**42570**	**39657**	**743**	**1442**	**266**	**4**	**458**
水利管理业	3649	3450	43	87	22		47
生态保护和环境治理业	8285	7966	126	82	93		18
公共设施管理业	30636	28241	574	1273	151	4	393
居民服务、修理和其他服务业	**185493**	**179320**	**2224**	**1583**	**1123**	**54**	**1189**
居民服务业	68804	65948	1146	627	620	15	448
机动车、电子产品和日用产品修理业	82150	79979	684	642	377	34	434
其他服务业	34539	33393	394	314	126	5	307
卫生和社会工作	**1406**	**1329**	**16**	**50**			**11**
社会工作	1406	1329	16	50			11
文化、体育和娱乐业	**115631**	**109903**	**1775**	**2009**	**815**	**29**	**1100**
新闻和出版业	5237	5104	44	75	7		7
广播、电视、电影和影视录音制作业	12488	11820	153	348	28	3	136
文化艺术业	12833	11512	217	621	56	1	426
体育	13453	12993	119	233	45	5	58
娱乐业	71620	68474	1242	732	679	20	473

2-17 按行业（大类）、资产总计组距分组的小微企业法人单位数

行业大类	法人单位数（个）	50万元及以下	50万元-100万元	100万元-500万元	500万元-1000万元	1000万元-5000万元	5000万元-1亿元	1亿元以上
合计	**859162**	**369372**	**117568**	**201858**	**64217**	**77229**	**13967**	**14951**
农、林、牧、渔业	**1379**	**758**	**186**	**323**	**50**	**48**	**6**	**8**
农业	19	5	5	6	1	2		
林业	11	3		2	1	4		1
畜牧业	1					1		
渔业	2				1	1		
农、林、牧、渔服务业	1346	750	181	315	47	40	6	7
采矿业	**2759**	**788**	**223**	**749**	**332**	**513**	**95**	**59**
煤炭开采和洗选业	35	13	4	8	5	3		2
石油和天然气开采业	7	4				1		2
黑色金属矿采选业	356	107	25	98	30	69	15	12
有色金属矿采选业	233	81	14	62	18	35	12	11
非金属矿采选业	1980	521	160	550	266	392	64	27
开采辅助活动	52	21	7	11	5	4	2	2
其他采矿业	96	41	13	20	8	9	2	3
制造业	**289983**	**99965**	**36368**	**80149**	**27345**	**35663**	**6135**	**4358**
农副食品加工业	4893	1824	524	1141	421	634	181	168
食品制造业	5028	1981	664	1193	450	561	103	76
酒、饮料和精制茶制造业	1648	563	203	443	144	191	49	55
烟草制品业	29	7	6	5	3	5	1	2
纺织业	7967	2643	850	2027	803	1227	248	169
纺织服装、服饰业	19770	8612	2162	4411	1924	2264	282	115
皮革、毛皮、羽毛及其制品和制鞋业	11753	3939	1584	3412	1350	1295	129	44
木材加工和木、竹、藤、棕、草制品业	4244	1452	489	1235	383	561	75	49
家具制造业	9761	3948	1231	2451	872	1056	149	54
造纸和纸制品业	10325	3254	1431	3450	807	1058	188	137
印刷和记录媒介复制业	11965	3097	1586	4751	1139	1163	151	78
文教、工美、体育和娱乐用品制造业	12096	4123	1539	3565	1177	1389	160	143
石油加工、炼焦和核燃料加工业	408	94	30	99	51	79	23	32
化学原料和化学制品制造业	10983	2991	1271	3024	1037	1764	432	464
医药制造业	1142	265	95	225	110	270	83	94
化学纤维制造业	294	78	34	83	34	47	10	8

2-17　续表1

行业大类	法人单位数（个）							
		50万元及以下	50万元–100万元	100万元–500万元	500万元–1000万元	1000万元–5000万元	5000万元–1亿元	1亿元以上
橡胶和塑料制品业	25942	8292	3448	7701	2623	3075	475	328
非金属矿物制品业	12866	3688	1310	3673	1203	2262	431	299
黑色金属冶炼和压延加工业	1763	433	194	474	171	302	82	107
有色金属冶炼和压延加工业	2462	667	252	616	276	448	94	109
金属制品业	33178	12246	4515	9470	2845	3352	497	253
通用设备制造业	14564	4653	2073	4308	1393	1661	290	186
专用设备制造业	18158	6292	2472	5203	1697	1941	335	218
汽车制造业	1891	439	166	505	181	357	116	127
铁路、船舶、航空航天和其他运输设备制造业	1431	320	138	384	170	297	51	71
电气机械和器材制造业	29758	11233	3588	7447	2760	3691	647	392
计算机、通信和其他电子设备制造业	26718	9330	3252	6724	2551	3768	657	436
仪器仪表制造业	4184	1600	573	1001	403	470	88	49
其他制造业	2185	797	319	590	181	253	30	15
废弃资源综合利用业	1070	420	138	156	85	131	68	72
金属制品、机械和设备修理业	1507	684	231	382	101	91	10	8
电力、热力、燃气及水生产和供应业	**7962**	**1449**	**913**	**3143**	**970**	**866**	**213**	**408**
电力、热力生产和供应业	6316	1052	791	2795	805	579	90	204
燃气生产和供应业	292	87	18	56	22	52	18	39
水的生产和供应业	1354	310	104	292	143	235	105	165
建筑业	**22583**	**9039**	**3107**	**4536**	**1890**	**3169**	**482**	**360**
房屋建筑业	3177	772	231	429	431	1003	183	128
土木工程建筑业	3180	1055	347	632	313	609	113	111
建筑安装业	4501	1419	612	1130	459	730	108	43
建筑装饰和其他建筑业	11725	5793	1917	2345	687	827	78	78
批发和零售业	**283255**	**137940**	**42147**	**63159**	**17987**	**17715**	**2325**	**1982**
批发业	185511	81887	28490	43714	13547	14236	1892	1745
零售业	97744	56053	13657	19445	4440	3479	433	237
交通运输、仓储和邮政业	**25337**	**9615**	**3407**	**6843**	**2457**	**1987**	**422**	**606**
道路运输业	8699	2665	1144	2711	910	925	159	185
水上运输业	1216	314	148	275	136	162	54	127
航空运输业	124	41	16	40	12	7	4	4
管道运输业	15	5		2	4	1	2	1
装卸搬运和运输代理业	12690	5632	1651	3298	1234	626	115	134

2-17 续表2

行业大类	法人单位数（个）	50万元及以下	50万元-100万元	100万元-500万元	500万元-1000万元	1000万元-5000万元	5000万元-1亿元	1亿元以上
仓储业	1338	332	124	281	126	240	85	150
邮政业	1255	626	324	236	35	26	3	5
住宿和餐饮业	**17063**	**8701**	**2312**	**3754**	**1010**	**1007**	**160**	**119**
住宿业	6701	2924	924	1530	468	644	116	95
餐饮业	10362	5777	1388	2224	542	363	44	24
信息传输、软件和信息技术服务业	**25627**	**12133**	**4124**	**5389**	**1703**	**1749**	**294**	**235**
电信、广播电视和卫星传输服务	707	293	114	140	48	72	20	20
互联网和相关服务	2981	1585	535	570	138	123	13	17
软件和信息技术服务业	21939	10255	3475	4679	1517	1554	261	198
房地产业	**32477**	**11759**	**3774**	**5696**	**2308**	**4385**	**1412**	**3143**
房地产业	32477	11759	3774	5696	2308	4385	1412	3143
租赁和商务服务业	**90293**	**45266**	**11886**	**16024**	**5133**	**6890**	**1932**	**3162**
租赁业	2890	1375	445	686	156	166	29	33
商务服务业	87403	43891	11441	15338	4977	6724	1903	3129
科学研究和技术服务业	**30924**	**14376**	**4841**	**7016**	**1996**	**2135**	**289**	**271**
研究和试验发展	4972	2009	820	1116	377	474	89	87
专业技术服务业	21039	10063	3282	4806	1305	1305	145	133
科技推广和应用服务业	4913	2304	739	1094	314	356	55	51
水利、环境和公共设施管理业	**2966**	**987**	**361**	**769**	**230**	**375**	**93**	**151**
水利管理业	224	68	29	59	18	33	8	9
生态保护和环境治理业	541	167	74	123	42	75	30	30
公共设施管理业	2201	752	258	587	170	267	55	112
居民服务、修理和其他服务业	**15447**	**10020**	**2111**	**2423**	**444**	**366**	**44**	**39**
居民服务业	5327	3887	623	574	110	110	13	10
机动车、电子产品和日用产品修理业	7487	4578	1107	1339	251	178	17	17
其他服务业	2633	1555	381	510	83	78	14	12
卫生和社会工作	**71**	**34**	**11**	**10**	**7**	**6**	**2**	**1**
社会工作	71	34	11	10	7	6	2	1
文化、体育和娱乐业	**11036**	**6542**	**1797**	**1875**	**355**	**355**	**63**	**49**
新闻和出版业	265	81	37	66	25	33	12	11
广播、电视、电影和影视录音制作业	820	265	95	228	85	117	20	10
文化艺术业	1468	933	197	215	55	51	9	8
体育	1339	935	153	167	31	41	6	6
娱乐业	7144	4328	1315	1199	159	113	16	14

2-18　按行业（大类）、从业人员组距分组的小微企业法人单位数

行业大类	单位个数（个）	7人及以下	8–19人	20–49人	50–99人	100–299人	300–499人	500–999人	1000–4999人	5000–9999人	10000人及以上
合计	**859162**	**436875**	**225047**	**121687**	**43641**	**30531**	**872**	**344**	**152**	**9**	**4**
农、林、牧、渔业	**1379**	**853**	**344**	**133**	**33**	**13**	**2**		**1**		
农业	19	4	6	5	3	1					
林业	11	2	2	5	1				1		
畜牧业	1			1							
渔业	2			2							
农、林、牧、渔服务业	1346	847	336	120	29	12	2				
采矿业	**2759**	**974**	**772**	**622**	**272**	**117**	**1**	**1**			
煤炭开采和洗选业	35	15	13	3	1	3					
石油和天然气开采业	7	3	1		1	1	1				
黑色金属矿采选业	356	160	73	60	41	21		1			
有色金属矿采选业	233	105	40	52	25	11					
非金属矿采选业	1980	613	615	478	196	78					
开采辅助活动	52	28	10	6	5	3					
其他采矿业	96	50	20	23	3						
制造业	**289983**	**82376**	**83056**	**68755**	**30146**	**25191**	**355**	**82**	**22**		
农副食品加工业	4893	1752	1409	922	430	377	3				
食品制造业	5028	1511	1654	1090	420	349	3	1			
酒、饮料和精制茶制造业	1648	513	542	353	122	118					
烟草制品业	29	3	12	5	5	3	1				
纺织业	7967	2249	1973	1799	960	971	11	4			
纺织服装、服饰业	19770	4385	5175	5262	2295	2609	37	6	1		
皮革、毛皮、羽毛及其制品和制鞋业	11753	2048	2918	3442	1812	1492	29	11	1		
木材加工和木、竹、藤、棕、草制品业	4244	1150	1290	1019	454	330		1			
家具制造业	9761	2324	2895	2529	1186	816	7	4			
造纸和纸制品业	10325	2794	3759	2311	808	648	4		1		
印刷和记录媒介复制业	11965	3494	4210	2829	876	552	3	1			
文教、工美、体育和娱乐用品制造业	12096	2866	2959	3502	1432	1275	52	8	2		
石油加工、炼焦和核燃料加工业	408	164	107	89	25	22		1			
化学原料和化学制品制造业	10983	3689	3012	2361	1054	860	6		1		
医药制造业	1142	316	236	260	142	187		1			
化学纤维制造业	294	89	69	77	29	30					

2-18 续表1

行业大类	单位个数（个）									
		7人及以下	8-19人	20-49人	50-99人	100-299人	300-499人	500-999人	1000-4999人	5000-9999人	10000人及以上
橡胶和塑料制品业	25942	7517	7739	6021	2586	2044	25	9	1		
非金属矿物制品业	12866	3137	3401	3513	1649	1153	11	1	1		
黑色金属冶炼和压延加工业	1763	454	505	386	219	196	2		1		
有色金属冶炼和压延加工业	2462	643	646	604	302	262	5				
金属制品业	33178	10576	10157	7371	2871	2167	29	6	1		
通用设备制造业	14564	5073	4460	3002	1152	873	3	1			
专用设备制造业	18158	6116	5325	4063	1535	1104	11	4			
汽车制造业	1891	442	445	434	269	299	1	1			
铁路、船舶、航空航天和其他运输设备制造业	1431	328	353	337	204	205	2	2			
电气机械和器材制造业	29758	9066	8330	6627	3168	2528	33	5	1		
计算机、通信和其他电子设备制造业	26718	6658	7014	6629	3319	3029	48	12	9		
仪器仪表制造业	4184	1109	1139	1045	461	403	22	3	2		
其他制造业	2185	733	632	459	214	144	3				
废弃资源综合利用业	1070	473	254	154	79	108	2				
金属制品、机械和设备修理业	1507	704	436	260	68	37	2				
电力、热力、燃气及水生产和供应业	**7962**	**4312**	**2180**	**863**	**313**	**289**	**2**		**3**		
电力、热力生产和供应业	6316	3788	1721	509	156	139	1		2		
燃气生产和供应业	292	101	76	56	25	34					
水的生产和供应业	1354	423	383	298	132	116	1		1		
建筑业	**22583**	**12610**	**4794**	**2518**	**1183**	**1034**	**245**	**134**	**58**	**5**	**2**
房屋建筑业	3177	1142	511	428	328	460	158	107	40	2	1
土木工程建筑业	3180	1606	679	409	236	195	38	13	4		
建筑安装业	4501	2122	1113	715	317	198	25	7	3		1
建筑装饰和其他建筑业	11725	7740	2491	966	302	181	24	7	11	3	
批发和零售业	**283255**	**193820**	**67862**	**18310**	**2429**	**785**	**40**	**7**	**2**		
批发业	185511	123569	46833	12268	2115	685	32	7	2		
零售业	97744	70251	21029	6042	314	100	8				
交通运输、仓储和邮政业	**25337**	**12697**	**7076**	**3587**	**1117**	**789**	**47**	**23**	**1**		
道路运输业	8699	3682	2488	1564	501	414	31	19			
水上运输业	1216	549	268	208	78	109	4				
航空运输业	124	64	39	13	2	5	1				
管道运输业	15	8	3	2	1	1					
装卸搬运和运输代理业	12690	7357	3469	1299	354	198	9	3	1		

2–18　续表2

行业大类	单位个数（个）	7人及以下	8–19人	20–49人	50–99人	100–299人	300–499人	500–999人	1000–4999人	5000–9999人	10000人及以上
仓储业	1338	555	380	266	124	12	1				
邮政业	1255	482	429	235	57	50	1	1			
住宿和餐饮业	**17063**	**5243**	**5350**	**4011**	**1771**	**656**	**19**	**8**	**5**		
住宿业	6701	2171	2148	1426	610	330	13		3		
餐饮业	10362	3072	3202	2585	1161	326	6	8	2		
信息传输、软件和信息技术服务业	**25627**	**14639**	**7111**	**2899**	**875**	**96**	**6**		**1**		
电信、广播电视和卫星传输服务	707	356	209	96	39	6	1				
互联网和相关服务	2981	1780	872	254	62	12	1				
软件和信息技术服务业	21939	12503	6030	2549	774	78	4		1		
房地产业	**32477**	**16258**	**8728**	**5060**	**1542**	**851**	**27**	**5**	**6**		
房地产业	32477	16258	8728	5060	1542	851	27	5	6		
租赁和商务服务业	**90293**	**59241**	**20922**	**7329**	**1820**	**710**	**128**	**84**	**53**	**4**	**2**
租赁业	2890	1804	693	279	73	35	5	1			
商务服务业	87403	57437	20229	7050	1747	675	123	83	53	4	2
科学研究和技术服务业	**30924**	**17700**	**8449**	**3684**	**1091**						
研究和试验发展	4972	2955	1322	545	150						
专业技术服务业	21039	11713	5862	2633	831						
科技推广和应用服务业	4913	3032	1265	506	110						
水利、环境和公共设施管理业	**2966**	**1511**	**744**	**528**	**183**						
水利管理业	224	97	61	49	17						
生态保护和环境治理业	541	252	142	115	32						
公共设施管理业	2201	1162	541	364	134						
居民服务、修理和其他服务业	**15447**	**7988**	**4784**	**2109**	**566**						
居民服务业	5327	2724	1501	865	237						
机动车、电子产品和日用产品修理业	7487	3834	2588	902	163						
其他服务业	2633	1430	695	342	166						
卫生和社会工作	**71**	**22**	**25**	**18**	**6**						
社会工作	71	22	25	18	6						
文化、体育和娱乐业	**11036**	**6631**	**2850**	**1261**	**294**						
新闻和出版业	265	111	69	54	31						
广播、电视、电影和影视录音制作业	820	381	214	187	38						
文化艺术业	1468	987	328	126	27						
体育	1339	825	344	133	37						
娱乐业	7144	4327	1895	761	161						

2-19 按行业（大类）、登记注册类型

行业大类	资产总计（亿元）	内资企业					
			国有企业	集体企业	股份合作企业	联营企业	
							国有联营企业
合计	**120561.81**	**100656.25**	**5290.15**	**2260.5**	**779.25**	**399.02**	**52.01**
农、林、牧、渔业	**77.99**	**76.9**	**35.29**	**9.41**	**0.22**	**0.06**	
农业	0.81	0.77		0.01			
林业	21.76	21.76	21.49				
畜牧业	0.16	0.16					
渔业	0.16	0.16					
农、林、牧、渔服务业	55.1	54.06	13.8	9.4	0.22	0.06	
采矿业	**639.96**	**608.15**	**8.05**	**7.75**	**4.42**	**2.32**	**0.89**
煤炭开采和洗选业	7.55	7.55					
石油和天然气开采业	254.31	254.08					
黑色金属矿采选业	67	64.73	0.04	0.43	0.73	0.01	
有色金属矿采选业	50.15	34.6	1.83	0.03	0.59	0.06	
非金属矿采选业	224	214.12	6.12	7.23	3.1	2.07	0.71
开采辅助活动	28.39	24.56	0.05	0.06		0.18	0.18
其他采矿业	8.56	8.5					
制造业	**31364.14**	**21933.93**	**403.02**	**140.28**	**89.31**	**56.76**	**1.28**
农副食品加工业	843.11	604.81	22.9	6.96	2.18	0.84	
食品制造业	461.16	297.36	5.49	3.07	0.86	1.6	
酒、饮料和精制茶制造业	262.01	152.72	4.65	1.32	0.12	0.45	0.01
烟草制品业	21.14	20.23	0.01	0.03	0.27		
纺织业	877.21	533.89	4.99	8.23	1.76	0.35	
纺织服装、服饰业	1203.96	834.71	5.73	5.01	2.91	1.98	
皮革、毛皮、羽毛及其制品和制鞋业	642.87	438.34	0.78	3.2	1.58	0.6	
木材加工和木、竹、藤、棕、草制品业	398.57	321.01	3.43	1.55	0.76	0.26	
家具制造业	564.43	412.85	0.7	1.43	2.53	0.69	
造纸和纸制品业	933.79	665.24	2.91	5.86	1.52	1.51	0.16
印刷和记录媒介复制业	751.02	574.11	20.43	5.41	7.56	1.99	0.13
文教、工美、体育和娱乐用品制造业	1893.03	1450.13	182.56	10.32	1.05	1.44	
石油加工、炼焦和核燃料加工业	363.35	238.48	0.9	0.38	0.03	0.88	
化学原料和化学制品制造业	2334.27	1237.37	17.3	6.94	9.17	3.18	0.07
医药制造业	429.09	291.72	3.7	0.29	0.38	0.77	
化学纤维制造业	58.67	33.35	0.01	0.16		0.1	
橡胶和塑料制品业	2199.15	1419.07	8.03	10.45	5.98	3.52	0.25

分组的小微企业法人单位资产总计

			有限责任公司			股份有限公司	私营企业		
集体联营企业	国有与集体联营企业	其他联营企业		国有独资公司	其他有限责任公司			私营独资企业	私营合伙企业
42.91	**69.92**	**234.18**	**45674.39**	**8667.01**	**37007.37**	**4763.5**	**38805.9**	**3388.28**	**942.24**
		0.06	**14.43**	**0.68**	**13.75**	**0.95**	**7.94**	**1.92**	**0.22**
			0.46		0.46	0.07	0.08		
							0.27		
			0.16		0.16				
							0.16		0.05
		0.06	13.81	0.68	13.13	0.88	7.43	1.92	0.17
0.53		**0.9**	**386.07**	**49.76**	**336.31**	**8.95**	**166.39**	**81.95**	**15.98**
			5.67		5.67		0.45	0.08	0.08
			254.08	20.32	233.77				
		0.01	26.16		26.16	3.06	32.27	9.55	1.62
		0.06	20.94	1.17	19.77	2.48	7.73	3.67	0.5
0.53		0.83	52.75	5.91	46.84	2.92	122.52	66.92	13.58
		0.01	22.41	22.37	0.04	0.48	1.27	0.16	0.03
			4.07		4.07	0.01	2.16	1.56	0.16
5.4	**3.84**	**46.23**	**8503.51**	**168.7**	**8334.81**	**864.8**	**11439.92**	**1737.6**	**195.56**
0.09	0.1	0.65	278.82	6.46	272.35	12.47	268.56	51.9	5.25
0.62	0.29	0.7	99.98	0.2	99.78	35.35	141.61	34.72	2.75
0.21		0.23	73.99	0.06	73.93	6.82	61.6	13.77	1.4
			2.88		2.88	0.34	16.7	0.05	
0.01	0.01	0.33	175.02	2.99	172.03	5.56	326.31	86.21	8.67
0.15	0.16	1.67	222.68	1.45	221.24	11.3	567.41	129.62	7.18
0.06		0.54	107.67	0.05	107.62	8.25	297.98	84.36	5.02
0.11		0.16	101.11		101.11	31.2	161.45	46.81	5.23
0.05	0.03	0.61	135.92		135.92	3.49	260.21	49.27	5.59
0.06		1.29	202.37	0.4	201.97	5.73	435.27	62.19	9.81
0.44	0.01	1.41	170.7	0.51	170.2	16.01	338.03	92.57	7.64
0.21	0.06	1.17	211.54	1.09	210.45	7.2	1025.32	58.32	3.63
0.04		0.83	70.32	5.67	64.65	13.54	105.06	3.37	0.47
0.22	0.62	2.26	497.3	16.8	480.5	96.86	588.67	49.46	4.46
	0.24	0.53	141.07	15.62	125.45	65.41	77.57	3.42	0.4
		0.1	8.97		8.97	13.87	10.11	2.24	0.08
0.16	0.13	2.98	418.89		418.89	133.12	807.07	158.95	18.41

2-19 续表1

行业大类						
				港、澳、台商投资企业	与港澳台商合资经营企业	与港澳台商合作经营企业
	私营有限责任公司	私营股份有限公司	其他企业			
合计	**33630.24**	**845.14**	**2683.54**	**12768.68**	**2592.91**	**1066.08**
农、林、牧、渔业	**5.7**	**0.1**	**8.6**	**1.09**	**0.6**	
农业	0.06	0.02	0.15	0.04		
林业	0.27					
畜牧业						
渔业	0.11					
农、林、牧、渔服务业	5.26	0.08	8.45	1.05	0.6	
采矿业	**62.5**	**5.96**	**24.19**	**6.59**	**2.76**	**0.23**
煤炭开采和洗选业	0.28		1.44			
石油和天然气开采业						
黑色金属矿采选业	17.89	3.2	2.02	2.26	1.61	
有色金属矿采选业	2.73	0.83	0.94			
非金属矿采选业	40.1	1.92	17.41	4.25	1.13	0.2
开采辅助活动	1.06	0.01	0.12	0.02	0.02	
其他采矿业	0.44		2.27	0.05		0.02
制造业	**9191.08**	**315.67**	**436.34**	**5864.53**	**1213.59**	**194.93**
农副食品加工业	183.6	27.8	12.09	96.91	52.92	1.15
食品制造业	99.34	4.81	9.39	78.85	7.71	1.98
酒、饮料和精制茶制造业	45.69	0.74	3.76	65.26	16.32	0.38
烟草制品业	16.65			0.91		
纺织业	223.12	8.31	11.67	253.04	47.26	9.27
纺织服装、服饰业	424.81	5.79	17.68	283.34	28.5	8.36
皮革、毛皮、羽毛及其制品和制鞋业	205.58	3.03	18.28	156.23	12.4	8.83
木材加工和木、竹、藤、棕、草制品业	104.65	4.75	21.24	56.22	5.14	3.34
家具制造业	201.52	3.83	7.87	108.26	11.18	1.41
造纸和纸制品业	356.84	6.42	10.09	217.21	48.58	6.77
印刷和记录媒介复制业	225.98	11.84	13.97	153.38	19.78	15.2
文教、工美、体育和娱乐用品制造业	951.5	11.87	10.69	363.44	14.46	5.77
石油加工、炼焦和核燃料加工业	101.04	0.19	47.38	43.07	16.89	
化学原料和化学制品制造业	501.15	33.6	17.96	486.4	166.39	41.51
医药制造业	68.53	5.22	2.54	53.71	28.48	0.47
化学纤维制造业	7.65	0.14	0.12	9.95	4.42	
橡胶和塑料制品业	608.75	20.95	32	524.6	116.95	14.21

港澳台商独资经营企业	港澳台商投资股份有限公司	其他港澳台投资企业	外商投资企业	中外合资经营企业	中外合作经营企业	外资企业	外商投资股份有限公司	其他外商投资企业
8758.19	**174.7**	**176.81**	**7136.88**	**2331.48**	**540.99**	**3493.8**	**230.74**	**539.88**
0.41	**0.07**							
0.04								
0.37	0.07							
3.51	**0.08**		**25.23**	**15.92**	**8.39**	**0.67**		**0.24**
			0.23					0.23
0.65			0.02					0.02
			15.55	11.16	4.4			
2.83	0.08		5.62	1.02	4	0.61		
			3.81	3.75		0.06		
0.03								
4327.64	**83.7**	**44.67**	**3565.68**	**1022.18**	**85.29**	**2353.23**	**85.26**	**19.72**
42.25	0.01	0.57	141.39	39.25	3.79	91.61	6.74	
68.73	0.28	0.14	84.96	12.77	2.01	63.36	6.71	0.1
48.4	0.15	0.02	44.04	22.65	0.06	19.6	0.03	1.7
0.91								
189.03	5.56	1.93	90.28	32.04	6.53	47.88	3.4	0.43
242.26	2.61	1.59	85.92	49.22	1.94	32.35	1.88	0.52
127.49	6.52	0.99	48.3	5.19	1.99	38.74	0.95	1.43
46.52	0.34	0.88	21.34	11.76	0.13	9.02	0.01	0.41
94.71	0.3	0.66	43.32	9.54	0.11	32.91	0.49	0.27
158.13	1.16	2.57	51.34	13.91	0.08	36.74	0.02	0.59
115.22	2.32	0.87	23.53	4.9	2.92	14.77	0.51	0.43
337.36	2.96	2.89	79.47	7.46	3.22	67.32	1.02	0.44
26.16	0.02		81.8	26.58		55.22		
272.72	5.29	0.48	610.51	214.99	11.62	380.71	3.03	0.17
19.73	5.03		83.66	22.07		61.59		
5.53			15.38	0.68	0.54	14.1	0.06	
384.75	4.08	4.6	255.48	67.58	10.03	168.6	7.86	1.41

2-19 续表2

行业大类	资产总计（亿元）	内资企业	国有企业	集体企业	股份合作企业	联营企业	国有联营企业
非金属矿物制品业	1746.73	1408.19	9.85	26.18	9.08	7.86	0.52
黑色金属冶炼和压延加工业	449.34	279.16	2.42	1.45	0.23	0.37	
有色金属冶炼和压延加工业	562.62	357.53	15.79	3.04	1.27	0.9	
金属制品业	2175.47	1522.75	5.09	9.1	7.58	4.33	0.03
通用设备制造业	1207.54	843.21	5.88	4.88	6.06	2.15	0.02
专用设备制造业	1429.66	1023.64	15.48	5.03	3.37	4.21	
汽车制造业	701.4	225.01	2.21	0.16	0.12	6.91	
铁路、船舶、航空航天和其他运输设备制造业	347.31	268.98	28.64	1.82	1.06	1.15	
电气机械和器材制造业	2575.19	1853.29	8.11	9.52	7.87	2.94	0.09
计算机、通信和其他电子设备制造业	5071.1	3989.05	20.1	4.74	9.56	4.94	
仪器仪表制造业	325.37	208.74	2.06	2.14	2.37	0.7	
其他制造业	148.94	94.64	0.29	0.74	0.64	0.05	
废弃资源综合利用业	330.28	291.03	0.03	0.03	0.05	0.01	
金属制品、机械和设备修理业	56.35	43.32	2.54	0.81	1.4	0.08	
电力、热力、燃气及水生产和供应业	**2824.81**	**2143.21**	**336.41**	**128.27**	**20.08**	**13.09**	**0.71**
电力、热力生产和供应业	1916.23	1401.71	246.74	35.05	16.83	7.68	0.1
燃气生产和供应业	252.24	134.16	16.95	0.47	1.16	0.98	0.44
水的生产和供应业	656.33	607.34	72.72	92.75	2.1	4.43	0.17
建筑业	**3425.26**	**3393.45**	**345.4**	**110.08**	**2.23**	**6.76**	**0.24**
房屋建筑业	1127.62	1124.39	100.24	76.64	0.21	0.97	
土木工程建筑业	1173.34	1165.52	218.13	20.32	0.26	0.85	
建筑安装业	564.81	553.27	12.84	8.6	1.21	1.03	0.24
建筑装饰和其他建筑业	559.49	550.27	14.19	4.52	0.54	3.91	
批发和零售业	**16784.17**	**15340.94**	**471.15**	**216.86**	**52.49**	**87.24**	**6.25**
批发业	14243.16	12874.95	380.05	123.74	39.8	66.15	4.49
零售业	2541.01	2465.98	91.1	93.12	12.69	21.09	1.76
交通运输、仓储和邮政业	**5568.9**	**4473.68**	**808.73**	**40.4**	**5.55**	**21.26**	**13.26**
道路运输业	2561.59	2278.75	561	26.54	1.72	5.86	1.59
水上运输业	845.71	541.78	29.31	3.92	0.34	5.3	5.2
航空运输业	12.83	10.07	0.16				
管道运输业	22.78	1.22					
装卸搬运和运输代理业	1230.98	1066.33	32.29	4.11	1.58	6.88	5.28
仓储业	853.4	537.34	176.32	5.84	1.79	3.17	1.19
邮政业	41.61	38.2	9.65		0.11	0.05	

集体联营企业	国有与集体联营企业	其他联营企业	有限责任公司	国有独资公司	其他有限责任公司	股份有限公司	私营企业	私营独资企业	私营合伙企业
1.64	1.09	4.6	602.9	2.4	600.5	29.41	686.56	166.59	21.26
0.18		0.19	129.47	5.67	123.8	6.78	136.95	24.17	2.43
		0.9	124.02	3.83	120.2	12.76	198.06	20.47	3.33
0.19		4.11	467.37	22.31	445.06	23.84	968.74	215.76	23.12
0.14		1.99	260.19	3.4	256.79	42	506.59	70.37	9.55
0.07		4.15	317.68	0.19	317.49	54.91	604.59	59.9	10.47
		6.91	104.78		104.78	12.05	97.67	5.6	0.54
0.26	0.19	0.7	104.94	18.76	86.17	4.65	115.81	10.39	0.45
0.41	0.01	2.43	641.15	5.06	636.09	73.13	1079	112.73	16.52
0.06	0.9	3.98	2589.75	54.9	2534.86	127.52	1197.67	87.8	18.76
0.04		0.67	60.29	0.49	59.8	6.56	130.32	8.14	2.09
		0.05	34.97	0.06	34.91	1.12	54.7	8.5	0.49
		0.01	133.96	0.2	133.76	2.96	151.11	17.48	0.07
		0.08	12.79	0.14	12.65	0.57	23.24	2.48	0.52
6.12	**3.34**	**2.92**	**1054.11**	**142.81**	**911.3**	**229.89**	**321.4**	**114.08**	**48.82**
2.13	3.34	2.12	632.78	78.92	553.86	194.56	234.05	98.47	48.31
0.54			102.01	4.42	97.59		11.83	3.4	0.17
3.45		0.8	319.32	59.47	259.86	35.32	75.51	12.21	0.34
1.05	**0.29**	**5.18**	**1393.58**	**402.87**	**990.71**	**60.11**	**1425.62**	**179.65**	**8.63**
0.61	0.07	0.29	275.58	3.97	271.61	40.03	611.89	7.24	1.26
	0.22	0.63	729	355.86	373.15	6.59	177.3	2.93	2.04
0.19		0.6	171.88	30.77	141.12	6.02	347.46	152.46	1.64
0.26		3.65	217.12	12.28	204.84	7.47	288.98	17.01	3.68
5.98	**5.04**	**69.97**	**4873.73**	**74.8**	**4798.93**	**413.26**	**8469.91**	**542.49**	**139.02**
4.18	4.22	53.26	4024.95	54.33	3970.62	373.21	7201.87	362.75	105.6
1.79	0.82	16.71	848.79	20.47	828.32	40.05	1268.04	179.75	33.42
1.26	**0.61**	**6.13**	**2047.51**	**313.48**	**1734.02**	**352.74**	**1146.3**	**38.94**	**41.75**
0.82	0.28	3.17	1167.91	125.33	1042.58	115.47	377.34	10.23	5.39
0.02	0.09		373.17	121.64	251.53	16.22	107.95	2.84	0.81
			2.16	0.1	2.06		7.5	0.04	0.01
			1.01		1.01		0.18		
0.21	0.22	1.16	292.62	11.44	281.17	208.34	504.9	19.93	5.47
0.2	0.03	1.75	202.53	54.61	147.92	12.38	129.23	5.01	29.93
0.01		0.04	8.12	0.36	7.75	0.32	19.2	0.89	0.15

2-19 续表3

行业大类	私营有限责任公司	私营股份有限公司	其他企业	港、澳、台商投资企业	与港澳台商合资经营企业	与港澳台商合作经营企业
非金属矿物制品业	483.78	14.93	36.35	202	47.49	15.77
黑色金属冶炼和压延加工业	104.76	5.59	1.49	98.7	44.62	1.34
有色金属冶炼和压延加工业	172.44	1.83	1.68	126.35	30.82	4.44
金属制品业	705.04	24.82	36.69	427.11	101.75	11.07
通用设备制造业	400.47	26.2	15.47	205.39	30.51	3.23
专用设备制造业	519.48	14.74	18.37	235.19	26.91	5.05
汽车制造业	88.55	2.98	1.1	240.34	24.33	5.67
铁路、船舶、航空航天和其他运输设备制造业	102.31	2.66	10.92	41.69	16.56	0.83
电气机械和器材制造业	920.95	28.8	31.56	511	110.43	11.63
计算机、通信和其他电子设备制造业	1058.92	32.19	34.76	667.47	145.58	13.87
仪器仪表制造业	115.25	4.84	4.31	73.23	11.61	0.49
其他制造业	45.51	0.2	2.14	43.36	1.09	1.45
废弃资源综合利用业	128.11	5.46	2.88	32.6	22.87	1.4
金属制品、机械和设备修理业	19.1	1.14	1.88	9.34	1.64	0.03
电力、热力、燃气及水生产和供应业	**151.23**	**7.27**	**39.95**	**476.64**	**238.89**	**130.11**
电力、热力生产和供应业	84.03	3.24	34.01	415.39	204.4	120.12
燃气生产和供应业	8.09	0.18	0.77	41.86	19.44	9.78
水的生产和供应业	59.11	3.85	5.18	19.39	15.04	0.22
建筑业	**1215.16**	**22.18**	**49.66**	**25.89**	**10.46**	**4.39**
房屋建筑业	595.01	8.37	18.83	2.65	1.26	0.04
土木工程建筑业	169.46	2.86	13.06	6.72	2.5	1.01
建筑安装业	188.99	4.36	4.22	8.17	5.22	1.27
建筑装饰和其他建筑业	261.7	6.59	13.54	8.34	1.47	2.07
批发和零售业	**7658.41**	**129.98**	**756.3**	**663.48**	**79.33**	**14.55**
批发业	6628.81	104.71	665.19	624.58	74.54	12.49
零售业	1029.6	25.27	91.1	38.9	4.79	2.06
交通运输、仓储和邮政业	**1036.5**	**29.11**	**51.19**	**488.3**	**219.04**	**83.93**
道路运输业	350.63	11.09	22.91	61.57	22.11	16.71
水上运输业	101.06	3.25	5.57	132.41	61.18	63.22
航空运输业	7.17	0.28	0.26			
管道运输业	0.17		0.03			
装卸搬运和运输代理业	474.95	4.54	15.61	94.49	48.32	1.32
仓储业	93.91	0.38	6.07	199.08	86.7	2.67
邮政业	8.6	9.57	0.75	0.75	0.72	

港澳台商独资经营企业	港澳台商投资股份有限公司	其他港澳台投资企业	外商投资企业	中外合资经营企业	中外合作经营企业	外资企业	外商投资股份有限公司	其他外商投资企业
131.08	5.93	1.72	136.53	27.4	10.4	96.43	1.88	0.42
52.55	0.18		71.48	16.2		51.19	4.09	
90.66	0.4	0.02	78.74	6.95	2.19	66.5	3.1	
302.03	9.82	2.44	225.62	61.14	7.9	151.96	2.45	2.16
162.13	7.49	2.02	158.94	45.42	1.84	108.62	1.05	2.02
197.64	3.44	2.15	170.83	27.81	0.26	140.02	1.51	1.22
208.52	0.97	0.85	236.05	59.63	10.62	157.5	5.83	2.48
24.28		0.02	36.64	13.96	0.26	22.09	0.27	0.06
370.52	12.62	5.81	210.89	69.19	2.33	131.17	6.5	1.7
495.7	4.62	7.7	414.58	130.54	3.11	254.23	25.4	1.3
57.78	0.99	2.37	43.4	15.72	0.37	26.64	0.37	0.3
40.54	0.26	0.02	10.93	1.27	1.05	8.43	0.09	0.09
8	0.33		6.65	5.42		1.21		0.03
6.32		1.36	3.69	0.93		2.71		0.05
71.54	**36.07**	**0.03**	**204.95**	**144.81**	**6.01**	**52.09**	**0.55**	**1.49**
54.93	35.91	0.03	99.12	90.08	4.41	3.49	0.2	0.95
12.64			76.22	32.89		42.97	0.36	
3.97	0.16		29.61	21.84	1.6	5.62		0.54
7.99	**0.2**	**2.86**	**5.92**	**0.47**	**2.62**	**2.17**	**0.05**	**0.61**
1	0.01	0.35	0.57					0.57
1.93		1.28	1.1	0.44	0.23	0.44		
1.33		0.35	3.37		2.4	0.97		
3.73	0.19	0.89	0.87	0.03		0.76	0.05	0.03
520.13	**3.24**	**46.22**	**779.75**	**70.66**	**3.16**	**235.8**	**1.82**	**468.32**
492	2.81	42.73	743.63	58.49	2.21	215.94	1.13	465.87
28.14	0.43	3.49	36.12	12.17	0.95	19.87	0.69	2.45
172.55	**6.33**	**6.46**	**606.92**	**277.64**	**181.65**	**121.98**	**16.24**	**9.41**
15.86	3.48	3.41	221.26	13.39	179.07	3.6	16.15	9.05
6.15	1.86		171.52	170.22	0.67	0.63		
			2.77	2.77				
			21.56			21.56		
41.81	0.99	2.04	70.17	52.29	1.58	15.9	0.04	0.36
108.7		1.01	116.98	37.09	0.33	79.51	0.05	
0.03			2.66	1.89		0.77		

2-19 续表4

行业大类	资产总计（亿元）	内资企业	国有企业	集体企业	股份合作企业	联营企业	国有联营企业
住宿和餐饮业	**903.89**	**790.4**	**55.18**	**11.44**	**2.07**	**4.1**	**2.51**
住宿业	647.23	563.78	51.84	9.51	0.88	3.8	2.49
餐饮业	256.66	226.62	3.34	1.93	1.19	0.3	0.02
信息传输、软件和信息技术服务业	**1893.97**	**1527.19**	**38.94**	**5.14**	**0.76**	**58.56**	**0.01**
电信、广播电视和卫星传输服务	181.42	176.58	30.42	3.27	0.05	0.82	
互联网和相关服务	111.82	99.78	0.41		0.09	0.21	0.01
软件和信息技术服务业	1600.74	1250.82	8.11	1.87	0.63	57.53	
房地产业	**20503.4**	**16562.86**	**496.45**	**372.19**	**62.81**	**43.26**	**6.6**
房地产业	20503.4	16562.86	496.45	372.19	62.81	43.26	6.6
租赁和商务服务业	**32262.79**	**30030.73**	**1777.26**	**1147.19**	**524.47**	**79.67**	**16.63**
租赁业	290.69	258.55	3.31	1.99	0.32	0.23	0.01
商务服务业	31972.1	29772.19	1773.96	1145.2	524.14	79.44	16.63
科学研究和技术服务业	**2449.5**	**2164.18**	**252.02**	**27.54**	**7.67**	**11.01**	**0.05**
研究和试验发展	604.25	503.6	35.1	0.84	0.47	0.41	0.03
专业技术服务业	1408.91	1310.96	185.34	25.68	6.4	8.68	0.02
科技推广和应用服务业	436.34	349.63	31.58	1.02	0.8	1.92	
水利、环境和公共设施管理业	**1044.1**	**886.28**	**190.79**	**23.92**	**1.98**	**6.65**	**3.41**
水利管理业	34.67	32.15	1.29	2.16	0.01		
生态保护和环境治理业	165.46	148.4	8.84	1.68	0.02	2.44	
公共设施管理业	843.97	705.72	180.66	20.08	1.95	4.21	3.41
居民服务、修理和其他服务业	**363.02**	**346.55**	**11.76**	**17.42**	**4.17**	**3.06**	**0.1**
居民服务业	86.52	82.9	2.46	2.91	2.56	0.98	
机动车、电子产品和日用产品修理业	159.53	150.69	5.03	6.56	1.38	1.99	0.1
其他服务业	116.97	112.96	4.27	7.95	0.23	0.09	
卫生和社会工作	**10.55**	**3.47**	**0.34**	**0.07**	**0.03**		
社会工作	10.55	3.47	0.34	0.07	0.03		
文化、体育和娱乐业	**445.35**	**374.32**	**59.36**	**2.53**	**0.98**	**5.23**	**0.07**
新闻和出版业	109.25	109.1	16.98	0.18	0.12	0.07	
广播、电视、电影和影视录音制作业	75.64	70.73	9.59	1.54	0.06	0.11	0.07
文化艺术业	74.73	69.33	28.98	0.3	0.04	1.97	
体育	56.94	26.6	0.25	0.02	0.17	0.07	
娱乐业	128.79	98.55	3.56	0.5	0.6	3.01	

集体联营企业	国有与集体联营企业	其他联营企业	有限责任公司	国有独资公司	其他有限责任公司	股份有限公司	私营企业	私营独资企业	私营合伙企业
0.72	**0.15**	**0.72**	**334.9**	**12.97**	**321.94**	**31.3**	**329.57**	**82.43**	**16.22**
0.72	0.15	0.44	274.55	12.17	262.39	28.97	182.26	40.76	9.97
		0.28	60.35	0.8	59.55	2.33	147.31	41.67	6.25
	53.19	**5.36**	**598.46**	**93.9**	**504.56**	**42.58**	**758.39**	**39.32**	**11.78**
	0.81	0.01	107.84	80.47	27.37	12.14	18.16	0.47	0.23
	0.01	0.19	28.54	0.01	28.53	11.98	50.81	4.03	2.08
	52.37	5.15	462.07	13.41	448.66	18.45	689.42	34.81	9.46
7.61	**0.77**	**28.28**	**9403.38**	**673.69**	**8729.69**	**456.88**	**5527.83**	**165.01**	**15.26**
7.61	0.77	28.28	9403.38	673.69	8729.69	456.88	5527.83	165.01	15.26
8.08	**1.16**	**53.79**	**15452.79**	**6213.53**	**9239.26**	**2147.45**	**7931.06**	**301.2**	**420.74**
		0.22	190.74	97.63	93.11	3.17	53.68	3.5	0.75
8.08	1.16	53.57	15262.05	6115.9	9146.15	2144.28	7877.37	297.7	420
4.85	**0.1**	**6.01**	**951.2**	**252.11**	**699.09**	**81.04**	**775.65**	**33.18**	**10.1**
		0.39	214.84	16.97	197.86	46.77	194.56	9.94	3.42
3.67	0.1	4.89	616.74	235.1	381.64	18.57	410.86	17.19	5.78
1.18		0.73	119.63	0.04	119.59	15.69	170.24	6.06	0.9
0.56	**1.07**	**1.61**	**431.48**	**214.64**	**216.85**	**13.88**	**203.05**	**11.07**	**1.59**
			21.95	4.89	17.07	1.4	3.64	0.26	
	1.07	1.36	80.24	20	60.24	0.7	52.98	0.95	0.83
0.56		0.24	329.29	189.75	139.54	11.78	146.43	9.86	0.76
0.5	**0.35**	**2.12**	**98.53**	**2.27**	**96.27**	**17.02**	**182.92**	**28.23**	**7.45**
0.07	0.32	0.6	23	0.24	22.76	1.55	42.26	11.79	2.76
0.42	0.02	1.44	43.26	2.03	41.23	1.16	87.62	14.58	3.81
0.01	0.01	0.07	32.28		32.28	14.31	53.04	1.86	0.87
			0.21		**0.21**	**0.56**	**1.95**	**0.03**	**0.06**
			0.21		0.21	0.56	1.95	0.03	0.06
0.25		**4.91**	**130.49**	**50.81**	**79.68**	**42.1**	**117.98**	**31.18**	**9.06**
		0.07	53.78	45.56	8.23	35.28	2.45	0.4	0.02
		0.04	30	3.92	26.08	3.47	22.99	0.68	0.04
		1.97	16.55	1.09	15.46	1.15	18.33	1.34	0.11
		0.06	10.53	0.23	10.3	0.23	14.12	2.86	0.35
0.24		2.77	19.62	0.01	19.61	1.97	60.09	25.89	8.55

2-19 续表5

行业大类						
			其他企业	港、澳、台商投资企业	与港澳台商合资经营企业	与港澳台商合作经营企业
	私营有限责任公司	私营股份有限公司				
住宿和餐饮业	**220.93**	**9.98**	**21.85**	**90.2**	**29.93**	**17.77**
住宿业	124.43	7.09	11.97	65.8	24.43	17.22
餐饮业	96.5	2.89	9.87	24.4	5.5	0.55
信息传输、软件和信息技术服务业	**690.67**	**16.62**	**24.36**	**203.2**	**16.99**	**2.01**
电信、广播电视和卫星传输服务	17.37	0.09	3.87	3.35	0.37	
互联网和相关服务	44.35	0.34	7.75	3.71	0.32	
软件和信息技术服务业	628.95	16.19	12.75	196.14	16.29	2.01
房地产业	**5166.42**	**181.15**	**200.06**	**2975.16**	**503.85**	**486.21**
房地产业	5166.42	181.15	200.06	2975.16	503.85	486.21
租赁和商务服务业	**7108.03**	**101.09**	**970.85**	**1670.65**	**203.31**	**102.79**
租赁业	47.36	2.08	5.1	10.34	7.28	0.04
商务服务业	7060.67	99.01	965.75	1660.31	196.04	102.75
科学研究和技术服务业	**716.17**	**16.2**	**58.05**	**174.4**	**58.53**	**9.67**
研究和试验发展	178.05	3.15	10.61	50.72	6.36	0.94
专业技术服务业	380.68	7.21	38.69	56.32	5.47	0.67
科技推广和应用服务业	157.45	5.83	8.74	67.36	46.7	8.06
水利、环境和公共设施管理业	**188.66**	**1.73**	**14.53**	**42.85**	**4.04**	**13.16**
水利管理业	2.73	0.65	1.69	2.2	1.28	
生态保护和环境治理业	51.06	0.13	1.52	10.41	0.63	
公共设施管理业	134.87	0.94	11.32	30.25	2.13	13.16
居民服务、修理和其他服务业	**144.67**	**2.58**	**11.67**	**9.73**	**2.51**	**1.11**
居民服务业	27.14	0.57	7.18	3.32	0.08	1.1
机动车、电子产品和日用产品修理业	68.35	0.88	3.69	3.05	1.12	0.02
其他服务业	49.19	1.12	0.8	3.36	1.31	
卫生和社会工作	**0.67**	**1.2**	**0.3**	**7.08**	**0.37**	
社会工作	0.67	1.2	0.3	7.08	0.37	
文化、体育和娱乐业	**73.43**	**4.3**	**15.65**	**68.89**	**8.72**	**5.22**
新闻和出版业	2.03		0.24	0.11		
广播、电视、电影和影视录音制作业	20.79	1.48	2.97	4.84	3.39	
文化艺术业	16.66	0.22	2.02	5.31	0.08	3.88
体育	10.65	0.26	1.22	29.95	0.22	0.62
娱乐业	23.3	2.34	9.2	28.69	5.03	0.72

港澳台商独资经营企业	港澳台商投资股份有限公司	其他港澳台投资企业	外商投资企业	中外合资经营企业	中外合作经营企业	外资企业	外商投资股份有限公司	其他外商投资企业
39.37	**1.28**	**1.85**	**23.29**	**9.47**	**5.11**	**7.26**	**0.81**	**0.64**
22.08	1.17	0.91	17.65	8.11	4.8	3.78	0.77	0.19
17.29	0.11	0.94	5.64	1.36	0.31	3.48	0.04	0.45
172.47	**7.26**	**4.47**	**163.58**	**28.72**	**45**	**84.7**	**4.03**	**1.13**
2.02	0.95		1.49			1.49		
2.77		0.62	8.32	4.78	0.41	3.11		0.01
167.68	6.31	3.85	153.77	23.93	44.59	80.1	4.03	1.12
1920.03	**31.84**	**33.22**	**965.38**	**359.3**	**142.33**	**388.12**	**73.74**	**1.88**
1920.03	31.84	33.22	965.38	359.3	142.33	388.12	73.74	1.88
1344.12	**2.86**	**17.58**	**561.41**	**312.43**	**6.16**	**176.24**	**47.48**	**19.09**
2.75		0.27	21.81	4.11	1.52	8.1	0.73	7.35
1341.37	2.86	17.3	539.6	308.33	4.64	168.14	46.75	11.74
90.28	**0.93**	**14.99**	**110.92**	**45.23**	**4.07**	**46.96**	**0.29**	**14.37**
43.08	0.09	0.27	49.93	18.17	0.17	17.95	0.01	13.63
38.15	0.85	11.18	41.63	25.78	3.89	11.04	0.28	0.65
9.05		3.55	19.36	1.28	0.02	17.97		0.09
24.04	**0.81**	**0.8**	**114.98**	**42.48**	**50.48**	**21.13**	**0.01**	**0.88**
0.91			0.32			0.32		
9.7		0.08	6.65			5.78		0.87
13.42	0.81	0.73	108	42.48	50.48	15.03	0.01	
3.74	**0.02**	**2.35**	**6.73**	**1.34**	**0.51**	**2.58**	**0.34**	**1.95**
1.14		1.01	0.29	0.11		0.14		0.04
1.19	0.02	0.71	5.79	1.1	0.36	2.09	0.34	1.92
1.41		0.64	0.65	0.13	0.15	0.36		
6.71								
6.71								
53.65		**1.3**	**2.14**	**0.83**	**0.17**	**0.86**	**0.13**	**0.15**
0.09		0.02	0.04			0.04		
1.31		0.14	0.07				0.06	0.01
1.31		0.04	0.08			0.06		0.02
28.9		0.2	0.39	0.28	0.05	0.05	0.01	
22.04		0.91	1.56	0.55	0.12	0.71	0.06	0.12

2-20　按登记注册类型、营业状态分组的小微企业法人单位数

登记注册类型	法人单位数（个）	营业	停业(歇业)	筹建	当年关闭	当年破产	其他
合计	**859162**	**767600**	**33402**	**30144**	**15073**	**626**	**12317**
内资企业	**818353**	**730442**	**31883**	**29112**	**14485**	**601**	**11830**
国有企业	7395	5913	976	71	151	16	268
集体企业	13328	11192	1515	33	227	18	343
股份合作企业	6767	6277	181	120	107	7	75
联营企业	4619	4049	213	161	57	5	134
国有联营企业	162	142	14	3	1		2
集体联营企业	555	494	36	1	10	2	12
国有与集体联营企业	130	108	16	1	3		2
其他联营企业	3772	3305	147	156	43	3	118
有限责任公司	190332	167007	7797	8226	3658	111	3533
国有独资公司	1289	1129	62	40	14		44
其他有限责任公司	189043	165878	7735	8186	3644	111	3489
股份有限公司	10638	9342	420	424	288	4	160
私营企业	544195	491528	18518	18879	8796	368	6106
私营独资企业	124641	111922	5843	2359	3092	180	1245
私营合伙企业	19172	17212	632	674	358	16	280
私营有限责任公司	392153	355048	11747	15541	5190	153	4474
私营股份有限公司	8229	7346	296	305	156	19	107
其他企业	41079	35134	2263	1198	1201	72	1211
港、澳、台商投资企业	**29466**	**26798**	**1169**	**724**	**431**	**21**	**323**
与港澳台商合资经营企业	3210	2881	158	74	50	3	44
与港澳台商合作经营企业	1256	1128	72	7	29	2	18
港澳台商独资经营企业	23221	21208	865	601	304	14	229
港澳台商投资股份有限公司	572	463	46	25	26	1	11
其他港澳台投资企业	1207	1118	28	17	22	1	21
外商投资企业	**11343**	**10360**	**350**	**308**	**157**	**4**	**164**
中外合资经营企业	2008	1810	72	73	27	2	24
中外合作经营企业	502	437	41	6	13		5
外资企业	7684	7132	191	185	95		81
外商投资股份有限公司	348	301	15	16	9		7
其他外商投资企业	801	680	31	28	13	2	47

2-21　按登记注册类型、营业状态分组的小微企业法人单位从业人员数

登记注册类型	从业人员数(人)	营业	停业(歇业)	筹建	当年关闭	当年破产	其他
合计	**16861275**	**16318231**	**175963**	**183487**	**85394**	**3528**	**94672**
内资企业	**14374067**	**13873141**	**165053**	**170526**	**75151**	**3408**	**86788**
国有企业	321091	305365	8573	2222	546	87	4298
集体企业	346987	331827	9375	156	1206	164	4259
股份合作企业	95936	92895	1183	855	328	43	632
联营企业	74088	67776	872	1285	319	60	3776
国有联营企业	4376	4298	38	28			12
集体联营企业	11889	11516	167	6	124	17	59
国有与集体联营企业	2690	2545	47	24	24		50
其他联营企业	55133	49417	620	1227	171	43	3655
有限责任公司	3801692	3666758	36636	54076	18918	535	24769
国有独资公司	60310	58862	329	645	41		433
其他有限责任公司	3741382	3607896	36307	53431	18877	535	24336
股份有限公司	247911	237188	3520	3699	1772	12	1720
私营企业	8890190	8613226	91647	100172	46490	2158	36497
私营独资企业	1791381	1719198	34038	12817	16815	710	7803
私营合伙企业	270573	260656	2903	2946	2310	71	1687
私营有限责任公司	6666435	6477359	53446	81125	26767	1357	26381
私营股份有限公司	161801	156013	1260	3284	598	20	626
其他企业	596172	558106	13247	8061	5572	349	10837
港、澳、台商投资企业	**1816148**	**1785564**	**8575**	**9293**	**8172**	**83**	**4461**
与港澳台商合资经营企业	224164	221252	1352	684	229	32	615
与港澳台商合作经营企业	71467	70088	731	45	375	1	227
港澳台商独资经营企业	1449030	1425156	5990	7789	7029	48	3018
港澳台商投资股份有限公司	30591	28944	315	677	372	2	281
其他港澳台投资企业	40896	40124	187	98	167		320
外商投资企业	**671060**	**659526**	**2335**	**3668**	**2071**	**37**	**3423**
中外合资经营企业	135137	132206	380	1415	601	13	522
中外合作经营企业	27586	26986	236	329	8		27
外资企业	477361	470648	1373	1626	1364		2350
外商投资股份有限公司	15443	14789	213	176	12		253
其他外商投资企业	15533	14897	133	122	86	24	271

2-22 按登记注册类型、资产总计组距分组的小微企业法人单位数

登记注册类型	单位个数	50万元及以下	50万元-100万元	100万元-500万元	500万元-1000万元	1000万元-5000万元	5000万元-1亿元	1亿元以上
合计	**859162**	**369372**	**117568**	**201858**	**64217**	**77229**	**13967**	**14951**
内资企业	**818353**	**363255**	**114821**	**193247**	**58451**	**65432**	**11215**	**11932**
国有企业	7395	1925	597	1686	829	1387	368	603
集体企业	13328	5114	1437	3091	1234	1705	334	413
股份合作企业	6767	3549	825	1238	373	473	141	168
联营企业	4619	2266	562	996	338	341	54	62
国有联营企业	162	46	9	37	21	36	5	8
集体联营企业	555	244	64	143	36	53	8	7
国有与集体联营企业	130	44	15	27	16	18	5	5
其他联营企业	3772	1932	474	789	265	234	36	42
有限责任公司	190332	72456	25347	46702	15670	20821	4190	5146
国有独资公司	1289	176	56	146	103	278	124	406
其他有限责任公司	189043	72280	25291	46556	15567	20543	4066	4740
股份有限公司	10638	4345	1306	2415	838	1068	246	420
私营企业	544195	252853	79348	127867	36600	37264	5468	4795
私营独资企业	124641	69788	15862	27368	6419	4478	462	264
私营合伙企业	19172	9268	2746	4813	1157	956	137	95
私营有限责任公司	392153	170277	59591	93806	28390	31074	4732	4283
私营股份有限公司	8229	3520	1149	1880	634	756	137	153
其他企业	41079	20747	5399	9252	2569	2373	414	325
港、澳、台商投资企业	**29466**	**4148**	**1946**	**6565**	**4463**	**8644**	**1862**	**1838**
与港澳台商合资经营企业	3210	318	153	508	390	1000	351	490
与港澳台商合作经营企业	1256	159	51	256	179	363	81	167
港澳台商独资经营企业	23221	3270	1583	5404	3707	6798	1323	1136
港澳台商投资股份有限公司	572	150	51	117	76	123	23	32
其他港澳台投资企业	1207	251	108	280	111	360	84	13
外商投资企业	**11343**	**1969**	**801**	**2046**	**1303**	**3153**	**890**	**1181**
中外合资经营企业	2008	224	79	320	220	580	215	370
中外合作经营企业	502	72	17	83	68	129	49	84
外资企业	7684	1244	557	1412	910	2285	597	679
外商投资股份有限公司	348	83	22	77	42	71	18	35
其他外商投资企业	801	346	126	154	63	88	11	13

2-23　按登记注册类型、从业人员组距分组的小微企业法人单位数

登记注册类型	法人单位数（个）	7人及以下	8-19人	20-49人	50-99人	100-299人	300-499人	500-999人	1000-4999人	5000-9999人	10000人及以上
合计	**859162**	**436875**	**225047**	**121687**	**43641**	**30531**	**872**	**344**	**152**	**9**	**4**
内资企业	**818353**	**426572**	**218167**	**113527**	**37081**	**21882**	**681**	**298**	**134**	**7**	**4**
国有企业	7395	2944	1973	1438	602	355	39	25	17		2
集体企业	13328	7190	3088	1767	664	449	104	44	21	1	
股份合作企业	6767	3727	1833	850	262	91	3		1		
联营企业	4619	2481	1248	610	177	94	5	3	1		
国有联营企业	162	61	53	23	12	13					
集体联营企业	555	296	134	75	25	21	2	2			
国有与集体联营企业	130	60	37	21	6	6					
其他联营企业	3772	2064	1024	491	134	54	3	1	1		
有限责任公司	190332	98645	47083	27083	10263	6888	218	110	39	2	1
国有独资公司	1289	405	282	281	194	108	14	3	2		
其他有限责任公司	189043	98240	46801	26802	10069	6780	204	107	37	2	1
股份有限公司	10638	4826	2983	1740	618	431	24	9	7		
私营企业	544195	283750	149531	74602	23021	12906	242	91	47	4	1
私营独资企业	124641	63466	36288	18664	4376	1817	21	5	4		
私营合伙企业	19172	10172	5365	2672	664	286	11	2			
私营有限责任公司	392153	206033	105618	52105	17559	10506	202	83	42	4	1
私营股份有限公司	8229	4079	2260	1161	422	297	8	1	1		
其他企业	41079	23009	10428	5437	1474	668	46	16	1		
港、澳、台商投资企业	**29466**	**7129**	**4815**	**6072**	**4929**	**6311**	**162**	**35**	**12**	**1**	
与港澳台商合资经营企业	3210	734	530	609	528	791	10	4	3	1	
与港澳台商合作经营企业	1256	380	207	237	179	242	10	1			
港澳台商独资经营企业	23221	5490	3688	4723	4047	5112	130	23	8		
港澳台商投资股份有限公司	572	167	105	119	82	91	6	1	1		
其他港澳台投资企业	1207	358	285	384	93	75	6	6			
外商投资企业	**11343**	**3174**	**2065**	**2088**	**1631**	**2338**	**29**	**11**	**6**	**1**	
中外合资经营企业	2008	435	380	395	315	477	4		2		
中外合作经营企业	502	156	85	97	65	97	1	1			
外资企业	7684	2055	1338	1412	1162	1679	23	10	4	1	
外商投资股份有限公司	348	114	67	66	49	52					
其他外商投资企业	801	414	195	118	40	33	1				

第3篇

文化及相关产业篇

3-1 文化及相关产业法人单位分布

单位：个

地　区	法人单位数	#三上单位	文化制造业	#规模以上	文化批零业	#限额以上	文化服务业	#规模以上
合　计	**104311**	**6406**	**29538**	**3518**	**15903**	**969**	**58870**	**1919**
广州市	29627	2033	4533	425	5631	477	19463	1131
韶关市	937	42	112	27	79	7	746	8
深圳市	27497	1505	6205	788	5490	229	15802	488
珠海市	3579	134	652	81	502	18	2425	35
汕头市	3803	395	2069	366	558	23	1176	6
佛山市	7822	469	3080	363	697	43	4045	63
江门市	2426	131	1213	109	169	14	1044	8
湛江市	1538	45	252	25	201	13	1085	7
茂名市	1281	49	255	24	142	13	884	12
肇庆市	1247	74	283	58	131	8	833	8
惠州市	3802	196	1305	164	364	10	2133	22
梅州市	945	63	255	56	99	4	591	3
汕尾市	564	48	238	45	34	3	292	
河源市	724	41	121	32	56	3	547	6
阳江市	1317	27	401	12	269	5	647	10
清远市	1035	35	127	22	77	1	831	12
东莞市	8644	584	4539	478	754	26	3351	80
中山市	4188	232	2170	177	412	37	1606	18
潮州市	1801	131	1194	126	71	5	536	
揭阳市	1015	154	442	130	97	22	476	2
云浮市	519	18	92	10	70	8	357	

3-2 分地区文化及相关产业单位及从业人员情况

地区	法人单位数(个)	企业	事业	社团	从业人员人数(人)	企业	事业	社团	产业活动单位		个体经营户	
									单位数（个）	从业人员（万人）	户数（个）	从业人员（万人）
合计	**104311**	**97081**	**2365**	**4865**	**3323573**	**3181713**	**73211**	**68649**	**3108**	**61753**	**107364**	**418329**
广州市	29627	28289	486	852	703945	670171	23122	10652	714	22492	25280	89823
韶关市	937	601	126	210	51117	42838	2811	5468	82	394	2080	6666
深圳市	27497	26819	129	549	904785	891986	4974	7825	674	20720	16923	46076
珠海市	3579	3289	50	240	65652	62622	1149	1881	74	1807	3244	9266
汕头市	3803	3453	104	246	157177	149102	2863	5212	117	967	5506	49072
佛山市	7822	7337	90	395	198034	190788	1955	5291	201	3092	6738	19181
江门市	2426	2099	111	216	63382	58863	2996	1523	37	222	4610	12671
湛江市	1538	1318	106	114	22547	17301	3382	1864	176	1159	3571	14224
茂名市	1281	989	137	155	25799	21733	2110	1956	46	366	2706	11682
肇庆市	1247	975	114	158	37875	32853	2862	2160	101	694	3252	11456
惠州市	3802	3372	116	314	152186	143920	3244	5022	151	1379	4614	20354
梅州市	945	661	110	174	31342	26089	2799	2454	91	409	2529	10373
汕尾市	564	422	51	91	83880	80572	1248	2060	46	272	2457	17150
河源市	724	545	66	113	29209	25990	1663	1556	60	157	1644	5408
阳江市	1317	1148	64	105	27669	24436	2040	1193	74	991	1626	5708
清远市	1035	795	84	156	35663	32312	2072	1279	86	310	2480	8726
东莞市	8644	8283	102	259	509889	503125	4499	2265	126	3534	7391	31922
中山市	4188	3997	44	147	115263	112964	1000	1299	75	1244	3721	11460
潮州市	1801	1507	138	156	56340	49939	2543	3858	34	688	3322	23006
揭阳市	1015	813	73	129	42477	36997	2796	2684	102	596	2300	7872
云浮市	519	369	64	86	9342	7112	1083	1147	41	260	1370	6233

3-3 按类别分文化

类 别	法人单位数（个）	从业人员期末人数（人）	#女性	营业收入
合计	**97081**	**3181713**	**1507614**	**150302191.6**
一、按登记注册类型分组				
内资企业	91820	1980453	850877	93400413.4
国有企业	762	61613	24069	3851273.0
集体企业	730	61686	36713	2054982.3
股份合作企业	894	13625	6201	286980.0
联营企业	463	8681	3277	166719.0
国有联营企业	15	1959	193	24555.0
集体联营企业	36	672	345	6350.7
国有与集体联营企业	14	292	137	41510.8
其他联营企业	398	5758	2602	94302.5
有限责任公司	18523	492373	206563	25410101.3
国有独资公司	140	9369	3792	757366.8
其他有限责任公司	18383	483004	202771	24652734.5
股份有限公司	1259	99259	42726	7886387.1
私营企业	65441	1181144	504522	52032043.0
私营独资企业	13296	194114	83971	4383796.0
私营合伙企业	2090	24867	9887	472799.9
私营有限责任公司	49069	925441	394743	44572709.8
私营股份有限公司	986	36722	15921	2602737.3
其他企业	3748	62072	26806	1711927.7
港、澳、台商投资企业	4034	931926	517128	41555886.7
与港澳台商合资经营企业	383	106306	51491	7346708.4
与港澳台商合作经营企业	165	29628	16603	2124099.5
港澳台商独资经营企业	3254	780479	440635	31652546.0
港澳台商投资股份有限公司	67	7602	3872	340333.2
其他港澳台投资企业	165	7911	4527	92199.6
外商投资企业	1227	269334	139609	15345891.5
中外合资经营企业	232	48368	21978	5530398.0
中外合作经营企业	59	12602	6957	345704.4
外资企业	823	194879	102315	8932564.8
外商投资股份有限公司	40	10338	6234	477766.4
其他外商投资企业	73	3147	2125	59457.9
二、按控股情况分组				
国有控股	1415	158227	60852	13377657.3
集体控股	1135	81634	44923	3371228.4
私人控股	82650	1596607	686912	70754658.5
港澳台商控股	3761	882638	492361	39820013.1
外商控股	1006	254194	133368	12955684.0
其他	7111	208152	89091	10018794.6

产业企业基本情况

单位：万元

主营业务收入	营业税金及附加	主营业务税金及附加	资产总计	实收资本
147938525.5	**1266041.0**	**1217517.4**	**135503991.2**	**19570724.0**
92723913.3	1027393.2	982758.1	93400987.8	10120098.2
4005308.6	69424.5	63688.5	10135299.2	235322.3
2048304.2	10081.6	9767.0	665682.3	73638.2
282856.4	7629.1	7054.3	165685.2	43062.2
164445.8	3828.9	3652.8	237302.2	32208.9
24213.2	771.9	771.7	17614.8	7335.0
6076.2	210.7	179.8	15610.2	3469.1
41510.8	249.6	249.6	16078.6	394.0
92645.6	2596.7	2451.7	187998.6	21010.8
25041758.6	310490.4	297376.0	24830116.6	2811534.1
731417.5	6055.3	5814.5	1525240.5	71465.1
24310341.1	304435.1	291561.5	23304876.1	2740069.0
7805548.7	49216.6	47481.4	8747153.1	1249828.7
51682596.1	549682.4	527602.4	47334150.0	5491461.3
4332862.9	90628.9	86874.6	2765745.7	694964.6
466664.1	10895.8	10621.6	396178.2	89629.0
44290783.9	419790.1	401993.3	41487604.4	4465423.2
2592285.2	28367.6	28112.9	2684621.7	241444.5
1693094.9	27039.7	26135.7	1285599.2	183042.5
40120030.2	175296.9	172052.1	32425662.6	6832612.8
7217012.5	34780.2	34482.9	5329030.8	1005621.8
2110449.9	7704.5	7657.5	1306441.8	296394.6
30363434.3	127435.1	124634.7	25096720.7	5336402.1
338184.7	2063.7	2029.0	477799.8	139992.8
90948.8	3313.4	3248.0	215669.5	54201.5
15094582.0	63350.9	62707.2	9677340.8	2618013.0
5358356.6	23508.7	23351.5	2600762.0	431864.1
342488.9	2046.4	1843.4	234307.9	79459.5
8860298.1	34006.0	33756.0	6109111.6	1920198.7
474438.8	3376.9	3356.3	663860.7	176336.8
58999.6	412.9	400.0	69298.6	10153.9
13317258.3	133835.7	124762.6	20145468.6	1432725.1
3340433.1	20878.9	19897.7	1606035.2	210434.4
70257193.7	796432.5	764769.0	64885701.7	7982287.7
38420888.2	163869.5	160921.3	30142647.1	6193684.9
12739872.0	53917.2	53419.4	8891583.0	2466578.7
9858724.5	97051.9	93747.4	9822223.1	1285013.2

3-4 分地区文化产业企业基本情况

单位：万元

地区	法人单位数（个）	从业人员期末人数（人）	#女性	营业收入	主营业务收入	营业税金及附加	主营业务税金及附加	资产总计	实收资本
合计	**97081**	**3181713**	**1507614**	**150302191.6**	**147938525.5**	**1266041**	**1217517.4**	**135503991.2**	**28040658.8**
广州市	28289	670171	283907	37416080.1	37018218.3	408759.9	394894.5	36615671.4	7936800.4
韶关市	601	42838	29191	745503.5	741475.2	5213.4	5027.6	709865.8	256625.5
深圳市	26819	891986	420217	51802429.5	51358955	345845.6	331326	55520215.3	8047644.8
珠海市	3289	62622	29368	2301443.4	2231306.5	22921.6	21747.5	3384292.6	1153518.2
汕头市	3453	149102	78551	5761216	5786417.3	65714.8	64713.1	4084280.7	1006092.7
佛山市	7337	190788	89404	14236751.2	14127972	91746.7	89730.4	8047598.4	1261266.9
江门市	2099	58863	28933	1613539.3	1594133.4	16047	14539.1	1500585.4	704095.7
湛江市	1318	17301	7793	417098.2	405189.3	9866.2	9631.4	460935.4	212490.4
茂名市	989	21733	10007	700449.1	696540.5	17308.4	17197.6	649216	303425.9
肇庆市	975	32853	13557	3055443.8	3051724.7	30969.9	30619.3	1079061.2	314395.2
惠州市	3372	143920	64813	9647807.8	8501744.6	61325.1	59565.7	5381799.4	1142937.4
梅州市	661	26089	14610	476844	468385.7	10989.6	9806.3	341090.6	137033.9
汕尾市	422	80572	50920	1836342.7	1833327.9	7023.1	6969.9	390020.2	136415.3
河源市	545	25990	15824	650690.1	645568.3	6257.9	6163.8	2195550.4	156755.6
阳江市	1148	24436	12085	582722.5	580971	11500.4	11403.7	533482.1	125595.5
清远市	795	32312	16882	676144.3	669014.8	11418.9	10989.8	1104029.2	288506.5
东莞市	8283	503125	246205	11237842.1	11116414.3	77095.1	72226.7	9050443.4	3161862.7
中山市	3997	112964	56304	2914472.5	2893724.4	23877.5	21630.9	2650170.3	1023719
潮州市	1507	49939	20041	1601282.9	1597301.3	19987.7	18238.4	832877.7	297835.6
揭阳市	813	36997	14798	2427186.2	2421485.4	16179.4	15768	803003	315613.8
云浮市	369	7112	4204	200902.4	198655.6	5992.8	5327.7	169802.7	58027.8

3-5 按类别分文化制造业企业基本情况

单位：万元

类别	法人单位数（个）	从业人员期末人数（人）		营业收入		营业税金及附加		资产总计	
			#女性		主营业务收入		主营业务税金及附加		实收资本
合计	**29538**	**2210330**	**1120304**	**95754153.7**	**93751754.7**	**468478.8**	**449625.0**	**70745584.3**	**15258009.7**
一、按登记注册类型分组									
内资企业	25924	1097974	503603	47865838.5	47471630.9	299664.0	283908.1	39049774.5	6519798.9
国有企业	103	7031	2829	172134.9	162526.3	1622.0	1541.7	2122819.9	102544.4
集体企业	326	55549	34015	1096653.0	1093403.7	4444.8	4418.3	275634.2	58933.0
股份合作企业	337	8659	4049	205777.6	203310.1	4456.4	4208.6	95207.3	31197.3
联营企业	122	4136	2015	101860.6	99756.2	1002.1	916.1	52574.5	17844.1
国有联营企业	3	390	136	9519.4	9188.2	64.5	64.5	7469.5	1905.0
集体联营企业	19	531	279	3717.8	3452.9	97.8	66.9	6454.0	3307.1
国有与集体联营企业	5	173	99	37606.8	37606.8	127.1	127.1	7449.6	214.0
其他联营企业	95	3042	1501	51016.6	49508.3	712.7	657.6	31201.4	12418.0
有限责任公司	5182	257242	113838	12245911.5	12062789.0	77291.3	72962.9	9260980.2	1859873.0
国有独资公司	11	1348	413	59799.5	58569.3	167.3	167.0	83749.2	39914.0
其他有限责任公司	5171	255894	113425	12186112.0	12004219.7	77124.0	72795.9	9177231.0	1819959.0
股份有限公司	420	70491	32272	4973437.1	4907060.9	23414.4	22961.4	5620551.7	1018710.6
私营企业	18350	664320	298822	28485610.0	28364273.8	177728.5	167865.4	21263223.6	3300589.5
私营独资企业	6562	140172	61427	3442990.3	3414894.2	54894.8	52496.7	1766258.2	607948.1
私营合伙企业	534	11445	4708	237832.6	235014.3	4034.4	3922.8	146143.5	57719.2
私营有限责任公司	11022	491860	222537	23223739.6	23139629.8	106757.2	99476.8	17807795.0	2441479.2
私营股份有限公司	232	20843	10150	1581047.5	1574735.5	12042.1	11969.1	1543026.9	193443.0
其他企业	1084	30546	15763	584453.8	578510.9	9704.5	9033.7	358783.1	130107.0
港、澳、台商投资企业	2902	868440	486834	35807567.3	34406976.7	119339.4	116541.3	23715201.7	6305515.1
与港澳台商合资经营企业	258	99133	47964	6762457.5	6635138.0	22419.5	22160.8	4548111.1	968081.7
与港澳台商合作经营企业	131	28423	16043	1487756.4	1474232.3	4810.3	4763.3	641770.0	283447.8
港澳台商独资经营企业	2421	728611	415748	27167914.5	25911216.9	89370.9	86953.9	17999068.3	4877382.0
港澳台商投资股份有限公司	44	7117	3745	331704.6	329580.8	1898.9	1883.8	456010.8	135709.4
其他港澳台投资企业	48	5156	3334	57734.3	56808.7	839.8	779.5	70241.5	40894.2
外商投资企业	712	243916	129867	12080747.9	11873147.1	49475.4	49175.6	7980608.1	2432695.7
中外合资经营企业	142	41500	19571	3327939.2	3193836.4	16801.3	16680.4	1930837.8	415248.5
中外合作经营企业	40	12059	6739	304971.9	301773.8	1395.6	1385.7	183241.5	78822.1
外资企业	487	178412	95793	7960560.6	7891360.1	28485.7	28325.8	5184888.9	1758938.6
外商投资股份有限公司	23	9610	5982	441069.9	440344.8	2655.3	2655.3	644492.3	172297.9
其他外商投资企业	20	2335	1782	46206.3	45832.0	137.5	128.4	37147.6	7388.6
二、按控股情况分组									
国有控股	189	48593	20150	3626011.6	3520866.6	15645.9	15123.9	5375633.1	896819.6
集体控股	427	63700	38727	1499405.3	1493903.3	6386.7	6280.5	603211.1	130731.9
私人控股	23463	921799	417769	39829019.5	39619302.9	263674.8	249283.0	31174164.2	5229042.3
港澳台商控股	2704	821437	463453	34091179.2	32726603.4	110222.8	107703.3	21827176.1	5691967.0
外商控股	602	232193	124560	11638819.7	11431324.8	44182.7	43997.5	7435803.4	2270236.3
其他	2153	122608	55645	5069718.4	4959753.7	28365.9	27236.8	4329596.4	1039212.6

3-6 按行业分文化制造业企业基本情况

单位：万元

行业	法人单位数（个）	从业人员期末人数（人）	#女性	营业收入	主营业务收入	营业税金及附加	主营业务税金及附加	资产总计	实收资本
合计	**29538**	**2210330**	**1120304**	**95754153.7**	**93751754.7**	**468478.8**	**449625.0**	**70745584.3**	**15258009.7**
雕塑工艺品制造	671	21420	9714	454354.8	452335.1	6966.9	6562.8	623508.3	115992.0
金属工艺品制造	1037	40240	17851	749151.3	743753.3	6889.8	6469.3	557285.7	168162.3
漆器工艺品制造	97	3930	1818	65123.4	61820.3	2303.0	1125.5	52719.9	22195.0
花画工艺品制造	363	22796	14088	693311.5	692414.4	4151.3	3768.2	263095.7	119947.9
天然植物纤维编织工艺品制造	273	22158	13548	500241.3	499014.3	8176.7	7587.4	172271.1	61893.0
抽纱刺绣工艺品制造	590	17892	10382	348543.0	392614.6	6043.7	5802.6	340565.6	143737.1
地毯、挂毯制造	104	5796	2732	217619.6	216394.0	1629.8	1589.4	142862.0	47178.3
珠宝首饰及有关物品制造	1679	178251	97283	22478312.8	22208994.7	35035.3	34720.2	17454977.7	1382191.8
其他工艺美术品制造	1582	85862	49189	2025193.7	2015407.9	15195.1	14484.6	829186.1	304047.3
园林、陈设艺术及其他陶瓷制品制造 *	566	31665	14628	947513.6	944627.3	11402.7	11227.0	500216.8	143160.5
书、报刊印刷	753	58335	25926	1569465.7	1538148.5	10968.7	10560.2	1727168.5	639905.2
本册印制	331	18720	7731	621013.8	609484.0	5791.2	5677.9	581816.6	149096.1
包装装潢及其他印刷	10324	354770	149524	11775545.1	11668495.0	111340.4	106413.9	10195029.8	2950738.5
装订及印刷相关服务	643	20334	7469	534215.8	531169.6	7579.7	7400.0	354674.7	146446.3
记录媒介复制	43	2954	1564	147676.8	140788.6	1357.1	1294.7	219216.0	133380.6
文具制造	634	47088	23314	1250375.4	1241903.9	12301.9	12083.4	757363.2	239467.8
笔的制造	58	6041	3777	160427.3	159625.0	1179.9	1164.3	104950.5	45155.5
墨水、墨汁制造	32	792	294	45759.1	45745.1	423.6	404.0	19731.2	5855.2
中乐器制造	23	1114	413	38608.5	38582.9	422.2	397.0	26073.0	5593.6
西乐器制造	106	11937	4594	369435.9	364200.3	2483.7	2475.9	2210535.3	194170.5
电子乐器制造	52	7302	4247	293079.4	292989.8	2498.4	2498.4	95182.4	42521.1
其他乐器及零件制造	100	4074	1875	128776.6	127364.1	1091.4	1054.8	52865.2	18713.4
玩具制造	2797	509922	302129	8875085.0	8827141.5	53016.7	49445.5	5753846.5	2076024.3
露天游乐场所游乐设备制造	84	3028	741	73827.6	72483.5	858.0	857.0	144513.0	14373.1
游艺用品及室内游艺器材制造	188	8600	3853	228635.6	228379.2	1329.3	1328.1	182155.4	56151.7
其他娱乐用品制造	46	2831	1802	57652.6	57511.9	528.6	526.4	51471.2	16212.4
电视机制造	206	102808	44741	12691891.5	11550676.4	29963.1	29832.5	7302816.6	864603.4
音响设备制造	1908	208239	108769	6972648.4	6831865.6	34888.1	32510.5	4584624.2	1226996.1
影视录放设备制造	531	101909	46515	5102658.9	5042459.3	15757.8	15467.2	3166034.3	676577.8
焰火、鞭炮产品制造	19	336	176	7542.8	7282.8	244.8	244.4	5689.5	5070.2
机制纸及纸板制造 *	327	11713	3481	777622.7	726207.4	6413.4	6265.4	1190996.5	459408.9
手工纸制造	82	1840	745	50316.6	50133.4	499.2	485.6	30500.3	9965.1
油墨及类似产品制造	451	19424	6074	1318513.3	1301502.6	9848.8	9509.4	1084570.9	276630.4
颜料制造 *	57	4583	1550	373995.9	371773.1	3133.3	3006.2	211843.1	50363.6
信息化学品制造 *	62	8154	3187	669242.7	666417.3	3067.6	3018.1	786464.1	188531.0
照明灯具制造 *	624	45185	19264	1479345.3	1469293.1	8027.3	7822.8	1056412.3	333893.0
其他电子设备制造 *	216	15254	7409	635671.9	630330.4	3119.3	3091.4	1219778.9	130359.2
印刷专用设备制造	505	15046	3973	485412.3	478650.6	5240.6	5158.1	502367.6	126520.0
广播电视节目制作及发射设备制造	39	1882	994	56121.3	53252.3	369.0	360.9	88585.5	57846.0
广播电视接收设备及器材制造	648	68189	37278	2385246.6	2363766.5	11698.8	11154.2	1892199.8	536120.5
应用电视设备及其他广播电视设备制造	247	17370	7008	1097498.7	1090940.7	4872.8	4729.7	984995.1	212296.8
电影机械制造	18	1780	886	93792.5	93670.1	249.4	249.4	67321.5	8999.1
幻灯及投影设备制造	53	2738	1172	151338.2	151174.2	486.7	485.0	71545.3	22726.7
照相机及器材制造	194	57752	35160	3671213.1	3624759.3	10989.7	10761.2	1811630.5	586415.0
复印和胶印设备制造	175	38276	21436	3085135.8	3076210.8	8644.0	8554.5	1273926.9	242376.4

3-7　分地区文化制造业企业基本情况

单位：万元

地　区	法人单位数（个）	从业人员期末人数（人）	#女性	营业收入	主营业务收入	营业税金及附加	主营业务税金及附加	资产总计	实收资本
合　计	**29538**	**2210330**	**1120304**	**95754153.7**	**93751754.7**	**468478.8**	**449625.0**	**70745584.3**	**15258009.7**
广州市	4533	263742	125708	10797625.6	10666579.0	48544.2	46760.8	8127527.8	2465637.5
韶关市	112	37923	26951	674119.2	671250.8	3308.0	3295.2	352579.5	175143.9
深圳市	6205	567611	290861	33413375.1	32940448.3	106759.0	102902.8	29314966.7	3815892.8
珠海市	652	40967	20577	1724951.6	1669172.2	10950.9	10727.2	2056016.6	537198.3
汕头市	2069	136021	72545	5268238.7	5299979.4	47282.2	46550.9	3702381.1	842123.4
佛山市	3080	146583	71059	12432790.8	12337491.8	49416.1	47501.7	5820115.0	896887.9
江门市	1213	51754	25661	1440868.5	1423602.0	10751.2	9890.4	1202406.8	584733.9
湛江市	252	6512	3124	223306.6	217100.2	3351.5	3267.6	230457.1	117976.0
茂名市	255	11373	5527	413419.1	411625.2	8769.1	8729.4	237020.2	110398.5
肇庆市	283	22877	9245	1581363.6	1579908.0	18257.6	18064.8	784335.5	175589.1
惠州市	1305	121769	56645	7433681.7	6331517.4	32446.5	31187.3	4364614.0	885322.5
梅州市	255	22148	12999	378076.4	371058.4	7526.5	6966.2	208681.9	69989.0
汕尾市	238	77047	49587	1802709.4	1800212.6	5838.7	5823.2	326768.4	122487.3
河源市	121	21606	14029	581682.3	577501.6	2831.1	2777.2	2056611.2	112966.1
阳江市	401	16476	8620	352182.5	351226.1	4619.4	4581.8	209979.5	49842.3
清远市	127	19765	11599	394390.0	392589.6	2158.1	2104.1	440775.2	205655.8
东莞市	4539	465358	231332	10467828.9	10358988.8	60035.7	55955.8	7873157.3	2773315.8
中山市	2170	97251	49519	2558636.8	2540745.0	14201.8	12253.0	1986024.9	811857.4
潮州市	1194	46377	18631	1439169.8	1436232.6	16369.9	16022.7	787420.9	267659.8
揭阳市	442	32744	13108	2250896.4	2250101.5	11512.3	11291.4	588887.2	207374.3
云浮市	92	4426	2977	124840.7	124424.2	3549.0	2971.5	74857.5	29958.1

3-8 按类别分规模以上

类别	法人单位数（个）	从业人员期末人数（人）	#女性	营业收入
合计	**3518**	**1501613**	**800745**	**84229249.3**
一、按规模分组				
大型	130	459148	243181	33879913.4
中型	1047	743156	419973	28036433.8
小型	2228	298614	137343	21663182.7
微型	113	695	248	649719.4
二、按登记注册类型分组				
内资企业	2099	554890	271433	37985634.2
国有企业	18	4102	1727	134671.2
集体企业	24	44506	28072	1002775.6
股份合作企业	10	3332	2027	74508.4
联营企业	4	1035	658	58790.4
国有联营企业	1	315	102	8094.2
集体联营企业				
国有与集体联营企业	2	85	48	36154.4
其他联营企业	1	635	508	14541.8
有限责任公司	604	147588	66240	10353374.1
国有独资公司	4	1048	303	57109.6
其他有限责任公司	600	146540	65937	10296264.5
股份有限公司	47	60887	27798	4817720.6
私营企业	1376	289927	142279	21373992.3
私营独资企业	173	24513	12250	1416317.1
私营合伙企业	9	932	535	57487.6
私营有限责任公司	1158	248932	121757	18403806.9
私营股份有限公司	36	15550	7737	1496380.7
其他企业	16	3513	2632	169801.6
港、澳、台商投资企业	1079	727280	412255	34454202.0
与港澳台商合资经营企业	129	91722	44595	6661439.6
与港澳台商合作经营企业	67	24143	13549	1445481.1
港澳台商独资经营企业	867	604620	349904	25995577.8
港澳台商投资股份有限公司	14	5138	2652	315024.5
其他港澳台投资企业	2	1657	1555	36679.0
外商投资企业	340	219443	117057	11789413.1
中外合资经营企业	73	38658	18253	3276796.1
中外合作经营企业	16	10915	6142	291403.8
外资企业	243	159509	85705	7759680.0
外商投资股份有限公司	7	8896	5597	424872.9
其他外商投资企业	1	1465	1360	36660.3
三、按控股情况分组				
国有控股	58	44345	18471	3560268.6
集体控股	40	50048	31599	1374501.4
私人控股	1898	435536	211219	30795664.1
港澳台商控股	1020	689637	393664	32824994.3
外商控股	297	209836	112762	11388019.7
其他	205	72211	33030	4285801.2

文化制造业企业主要指标

单位：万元

	营业税金及附加		资产总计	
主营业务收入		主营业务税金及附加		实收资本
82420915.6	**269699.8**	**267002.1**	**51685536.2**	**10303313.0**
32490230.2	82416.7	82245.6	18788776.5	3069904.1
27776079.1	101193.5	100052.9	18536472.1	4573030.8
21509603.8	83662.8	82285.4	13867151.4	2567134.7
645002.5	2426.8	2418.2	493136.2	93243.4
37755800.4	126116.6	124346.4	24027649.9	3497078.0
126916.4	888.2	888.2	200081.5	50788.5
1000633.2	2074.7	2074.5	171261.8	15739.3
74418.3	527.0	527.0	23165.6	1728.0
58459.7	231.5	231.5	16423.5	1970.0
7763.5	40.6	40.6	6141.6	1500.0
36154.4	98.1	98.1	7060.7	100.0
14541.8	92.8	92.8	3221.2	370.0
10205243.9	34804.1	34274.9	6261495.2	1120733.6
55891.4	121.0	121.0	80099.7	39232.0
10149352.5	34683.1	34153.9	6181395.5	1081501.6
4753645.8	20062.6	19935.3	5489933.4	950128.8
21366681.5	67200.0	66086.5	11832251.8	1347944.6
1415112.1	8239.1	8202.6	467408.8	79358.5
57487.6	104.6	104.6	12223.1	1789.2
18401736.0	48297.5	47220.5	9877185.2	1100413.1
1492345.8	10558.8	10558.8	1475434.7	166383.8
169801.6	328.5	328.5	33037.1	8045.2
33074213.6	97475.0	96648.4	20442370.3	4892726.8
6536005.0	21255.1	21180.7	4308294.8	811573.1
1433009.7	3808.3	3808.3	567057.4	224835.7
24754630.9	70623.9	69872.0	15112474.0	3726038.4
313889.0	1724.3	1724.0	440581.4	123244.8
36679.0	63.4	63.4	13962.7	7034.8
11590901.6	46108.2	46007.3	7215516.0	1913508.2
3145079.3	16266.6	16244.4	1824193.7	341550.3
288366.0	1197.7	1187.8	148464.1	56976.5
7696430.9	26241.9	26173.1	4628280.9	1372882.3
424723.2	2355.5	2355.5	592002.3	139860.7
36302.2	46.5	46.5	22575.0	2238.4
3457058.4	13904.0	13670.0	3429501.5	833570.8
1371073.6	3307.6	3266.0	473511.0	74856.0
30733093.5	107906.5	106454.6	19146093.1	2500504.8
31474998.5	89709.1	88944.8	18691305.1	4431639.3
11187899.7	41424.3	41355.5	6773762.6	1797387.3
4196791.9	13448.3	13311.2	3171362.9	665354.8

3-9 按行业分规模以上

行业	法人单位数（个）	从业人员期末人数（人）	#女性	营业收入
合计	**3518**	**1501613**	**800745**	**84229249.3**
雕塑工艺品制造	34	7525	3951	252453.9
金属工艺品制造	62	13320	6654	410077.8
漆器工艺品制造	6	1122	522	29482.6
花画工艺品制造	49	14078	9481	569988.3
天然植物纤维编织工艺品制造	44	12854	8332	362954.2
抽纱刺绣工艺品制造	25	6048	3757	192836.5
地毯、挂毯制造	19	3547	1818	181092.4
珠宝首饰及有关物品制造	226	127692	74880	21109695.5
其他工艺美术品制造	126	48280	30873	1524822.5
园林、陈设艺术及其他陶瓷制品制造 *	81	18034	8748	758700.6
书、报刊印刷	94	44642	20330	1315604.4
本册印制	22	12286	5024	514874.7
包装装潢及其他印刷	723	165762	74818	8051335.9
装订及印刷相关服务	38	10157	3592	358126.1
记录媒介复制	13	1908	968	133762.2
文具制造	98	28809	14525	977163.9
笔的制造	15	3957	2625	133351.4
墨水、墨汁制造	3	167	53	29819.2
中乐器制造	3	575	239	26412.8
西乐器制造	22	8928	3334	330880.8
电子乐器制造	12	5715	3529	278109.1
其他乐器及零件制造	10	1478	657	95750.9
玩具制造	564	383542	232062	7735115.2
露天游乐场所游乐设备制造	6	1378	277	50668.3
游艺用品及室内游艺器材制造	14	4931	2480	165137.5
其他娱乐用品制造	2	982	804	40281.8
电视机制造	71	99805	43548	12623208.3
音响设备制造	351	160596	88349	6244560.3
影视录放设备制造	160	88924	40573	4857872.2
焰火、鞭炮产品制造				
机制纸及纸板制造 *	23	4743	1125	623398.9
手工纸制造	2	158	51	15729.1
油墨及类似产品制造	112	13166	3795	1165336.9
颜料制造 *	22	4062	1392	361207.2
信息化学品制造 *	22	7324	2898	649642.3
照明灯具制造 *	130	32050	13619	1274537.0
其他电子设备制造 *	19	8845	4736	514703.8
印刷专用设备制造	32	6350	1411	290396.4
广播电视节目制作及发射设备制造	7	1005	617	37009.5
广播电视接收设备及器材制造	115	44764	25681	2117198.8
应用电视设备及其他广播电视设备制造	30	11588	4679	991998.0
电影机械制造	3	774	401	84247.8
幻灯及投影设备制造	8	1695	619	134402.9
照相机及器材制造	59	52702	32644	3591168.4
复印和胶印设备制造	41	35345	20274	3024133.0

文化制造业企业主要指标

单位：万元

主营业务收入	营业税金及附加	主营业务税金及附加	资产总计	实收资本
82420915.6	**269699.8**	**267002.1**	**51685536.2**	**10303313.0**
252157.7	1508.0	1473.5	88495.7	32180.6
407797.0	1522.7	1501.2	290631.8	59232.5
29103.8	422.5	197.8	18474.4	4747.1
569907.6	1652.6	1636.1	142617.5	65754.7
362948.0	2675.9	2675.0	74614.6	20355.4
238790.8	1843.0	1837.3	216653.4	78092.4
179902.0	1122.5	1122.5	116477.4	33834.6
20857676.0	27683.1	27572.1	10855629.8	897313.7
1521931.7	6701.8	6580.8	417823.9	112576.6
758076.6	5264.9	5254.0	363422.0	63600.3
1290086.6	5215.3	5131.0	1459066.3	514255.9
506417.9	3626.3	3626.3	449746.9	97534.9
8005857.6	39816.8	39601.7	6815874.6	1468242.7
356243.8	2803.6	2800.2	197075.8	71020.3
127945.4	1005.4	989.8	170331.7	101259.4
971727.7	7229.3	7228.2	532082.9	155843.2
132694.5	748.1	748.1	80426.2	34303.5
29819.2	148.8	148.8	9259.6	2301.3
26412.8	199.8	199.8	10166.2	2713.7
326628.5	1862.4	1862.4	420477.8	166705.7
278064.0	2339.4	2339.4	86600.4	39212.6
95750.9	488.1	488.1	29046.0	5466.3
7710970.2	33156.2	32773.8	4627884.4	1547619.4
49920.7	544.5	544.5	92650.7	5674.2
165105.5	706.5	706.5	138772.9	38710.1
40237.1	22.4	22.4	30479.1	4484.2
11485276.8	28980.3	28909.8	7215156.1	818977.3
6121313.5	24684.1	23851.3	3893383.3	913958.7
4804521.3	12398.8	12222.4	2936659.5	570267.8
576907.2	2373.6	2360.5	1034738.6	402761.4
15729.1	32.1	32.1	7528.1	2296.5
1149876.0	7061.3	6996.8	938763.3	197043.5
359188.4	2945.2	2897.6	199349.3	45353.3
647685.0	2796.9	2796.9	629968.9	133043.9
1269701.5	5599.1	5565.1	839526.9	223033.0
510430.4	1602.3	1602.3	322253.8	60410.6
285557.4	1397.0	1397.0	301615.9	68510.6
37009.5	94.7	94.7	64967.5	50753.2
2097902.8	7243.8	7162.2	1654154.1	288601.9
986764.9	3693.8	3693.8	875444.3	161656.7
84135.4	211.4	211.4	61868.3	5177.8
134384.2	349.0	349.0	60332.3	16426.6
3545997.6	10359.6	10243.7	1708573.6	513999.5
3016361.0	7566.9	7554.2	1206470.4	208005.4

3-10 分地区规模以上

地　区	法人单位数（个）	从业人员期末人数（人）	#女性	营业收入
合　计	**3518**	**1501613**	**800745**	**84229249.3**
广州市	425	171979	89131	9043502.7
韶关市	27	36685	26202	663367.0
深圳市	788	383268	206649	31063223.0
珠海市	81	28899	14707	1551319.2
汕头市	366	92546	51937	4276737.1
佛山市	363	101659	52108	10894434.8
江门市	109	35058	17275	1144656.5
湛江市	25	2764	1315	156694.9
茂名市	24	5709	2504	248916.2
肇庆市	58	15392	6442	1471427.1
惠州市	164	84299	39991	6730503.3
梅州市	56	15783	9262	274612.0
汕尾市	45	71822	46849	1774290.2
河源市	32	19666	12972	550292.7
阳江市	12	2053	912	114383.8
清远市	22	15603	9545	327341.6
东莞市	478	302230	155886	8644330.3
中山市	177	62431	34321	2064262.3
潮州市	126	25898	10939	1042562.1
揭阳市	130	25308	9843	2119603.1
云浮市	10	2561	1955	72789.4

文化制造业企业主要指标

单位：万元

主营业务收入	营业税金及附加	主营业务税金及附加	资产总计	实收资本
82420915.6	**269699.8**	**267002.1**	**51685536.2**	**10303313.0**
8950825.0	25525.9	25084.5	6566890.1	1811862.5
660715.9	3079.1	3079.1	299875.4	130540.6
30645706.4	70446.3	69426.4	20881007.9	2673185.1
1497548.1	5720.6	5682.5	1432687.0	392999.8
4316123.3	24783.8	24669.3	2990107.6	608524.5
10807574.7	32362.6	32035.5	4427323.6	593347.6
1130645.7	4733.8	4617.7	850227.5	398975.4
153950.6	853.0	853.0	152200.3	67848.7
248885.1	2874.0	2844.0	72186.8	22303.0
1471195.6	13120.1	13119.2	674463.4	129240.7
5639562.1	17990.1	17852.6	3792172.2	590719.9
270423.3	2218.3	2218.3	151854.5	43443.2
1772279.5	5124.5	5124.5	287647.5	95857.1
546692.9	2104.3	2095.6	271282.3	93601.3
114383.8	440.6	440.6	53663.3	5784.2
326567.2	1332.1	1332.1	329519.7	141130.8
8579753.1	34434.1	34026.1	5937118.0	1857029.2
2053625.4	7458.2	7449.6	1410783.2	356265.2
1042306.3	4281.3	4281.3	558798.5	116142.6
2119362.2	10174.2	10127.3	509388.3	161296.8
72789.4	642.9	642.9	36339.1	13214.8

3-11 按类别分规模以上文化

类别	法人单位数（个）	从业人员期末人数（人）	#女性	年初存货	流动资产合计	固定资产合计
合计	**3518**	**1501613**	**800745**	**9736308.3**	**37373321.3**	**8613928.5**
一、按规模分组						
大型	130	459148	243181	3577548.3	14393711.0	2434340.5
中型	1047	743156	419973	3791390.0	12688148.0	3850608.4
小型	2228	298614	137343	2288402.0	9924246.1	2301374.3
微型	113	695	248	78968.0	367216.2	27605.3
二、按登记注册类型分组						
内资企业	2099	554890	271433	4266261.5	16634844.6	3837390.7
国有企业	18	4102	1727	21877.9	144658.9	45627.7
集体企业	24	44506	28072	23202.4	88197.5	45891.6
股份合作企业	10	3332	2027	1757.3	18363.3	4371.7
联营企业	4	1035	658	1877.7	9530.0	3816.0
国有联营企业	1	315	102	779.8	3301.3	2752.5
集体联营企业						
国有与集体联营企业	2	85	48	1071.3	3978.3	92.7
其他联营企业	1	635	508	26.6	2250.4	970.8
有限责任公司	604	147588	66240	1228187.1	4351218.1	1223677.3
国有独资公司	4	1048	303	12255.2	26831.1	55775.1
其他有限责任公司	600	146540	65937	1215931.9	4324387.0	1167902.2
股份有限公司	47	60887	27798	795484.8	3531612.1	595908.3
私营企业	1376	289927	142279	2192144.8	8473744.8	1909404.5
私营独资企业	173	24513	12250	44152.1	263164.7	127933.7
私营合伙企业	9	932	535	198.3	6941.6	4008.5
私营有限责任公司	1158	248932	121757	1771871.7	7287391.5	1506178.2
私营股份有限公司	36	15550	7737	375922.7	916247.0	271284.1
其他企业	16	3513	2632	1729.5	17519.9	8693.6
港、澳、台商投资企业	1079	727280	412255	3820817.7	15383437.3	3401813.8
与港澳台商合资经营企业	129	91722	44595	772332.2	3169702.8	591071.0
与港澳台商合作经营企业	67	24143	13549	73427.7	324227.9	191961.2
港澳台商独资经营企业	867	604620	349904	2925941.7	11639999.8	2559015.3
港澳台商投资股份有限公司	14	5138	2652	47471.4	237407.4	57903.1
其他港澳台投资企业	2	1657	1555	1644.7	12099.4	1863.2
外商投资企业	340	219443	117057	1649229.1	5355039.4	1374724.0
中外合资经营企业	73	38658	18253	396231.5	1342822.8	324032.8
中外合作经营企业	16	10915	6142	28101.4	97189.0	38912.8
外资企业	243	159509	85705	1046151.1	3419800.9	934688.8
外商投资股份有限公司	7	8896	5597	163059.9	474627.4	75128.3
其他外商投资企业	1	1465	1360	15685.2	20599.3	1961.3
三、按控股情况分组						
国有控股	58	44345	18471	566472.4	2116603.7	746087.5
集体控股	40	50048	31599	156924.8	352282.7	73288.3
私人控股	1898	435536	211219	3393914.5	13390125.2	3006145.0
港澳台商控股	1020	689637	393664	3676768.5	14245184.4	3027282.3
外商控股	297	209836	112762	1478311.8	5045014.0	1267545.3
其他	205	72211	33030	463916.3	2224111.3	493580.1

制造业企业主要财务指标

单位：万元

固定资产原价	累计折旧	本年折旧	资产总计	流动负债合计	应付账款	非流动负债合计	负债合计	所有者权益合计
16207798.7	**8149593.4**	**1325548.7**	**51685536.2**	**27237941.5**	**11776305.5**	**2230138.8**	**30382077.9**	**21010407.2**
4776607.6	2502517.6	467933.9	18788776.5	9496886.7	4877669.8	911449.9	10502971.4	8100283.2
6863691.5	3222305.1	496369.8	18536472.1	9396557.3	3648030.0	901710.2	10523480.9	7984890.8
4503459.1	2384958.0	355511.5	13867151.4	8191523.1	3214613.1	415732.8	8989101.1	4873465.6
64040.5	39812.7	5733.5	493136.2	152974.4	35992.6	1245.9	366524.5	51767.6
6655832.1	3165981.6	527195.2	24027649.9	13490206.5	4999421.7	960551.2	15008345.9	8955562.4
173003.3	130007.5	6153.7	200081.5	50097.6	10353.5	6570.7	59080.7	140826.5
77355.0	41710.1	5769.4	171261.8	45748.4	2027.0	17220.5	94877.0	71724.5
14561.5	10189.8	1384.6	23165.6	14614.4	1478.9		14614.5	8551.1
7434.7	3618.7	575.7	16423.5	5622.6	1255.5		8941.6	5372.1
5564.0	2811.5	447.4	6141.6	3752.8	1255.5		3752.8	2388.7
137.6	44.9	18.3	7060.7	1414.1			4733.1	217.9
1733.1	762.3	110.0	3221.2	455.7			455.7	2765.5
2048961.5	909966.9	148148.3	6261495.2	3528136.8	1348082.8	310744.4	3995521.5	2265059.1
111787.2	60940.4	4595.5	80099.7	7522.6	4089.2	47213.2	54735.8	25363.9
1937174.3	849026.5	143552.8	6181395.5	3520614.2	1343993.6	263531.2	3940785.7	2239695.2
876269.7	337033.1	53526.5	5489933.4	2438141.2	992169.8	162485.9	2602042.9	2887611.2
3442387.6	1724977.5	310159.2	11832251.8	7400062.2	2638326.4	462741.4	8221195.2	3555860.9
222060.2	118115.7	20887.3	467408.8	178752.0	41771.9	11890.6	231479.1	225762.9
5174.2	1614.9	321.9	12223.1	3217.7	1432.6	70.0	6131.1	5306.1
2676200.1	1335894.9	247324.2	9877185.2	6585403.9	2458156.4	325356.7	7183388.3	2651461.2
538953.1	269352.0	41625.8	1475434.7	632688.6	136965.5	125424.1	800196.7	673330.7
15858.8	8478.0	1477.8	33037.1	7783.3	5727.8	788.3	12072.5	20557.0
6625936.4	3415728.4	579344.9	20442370.3	10499253.4	5157485.6	1058832.3	11881724.3	8475876.7
1120286.0	536898.6	105942.4	4308294.8	2566450.7	878815.5	239065.4	2847715.2	1459415.3
398071.4	209713.3	27823.4	567057.4	176385.0	52045.4	22532.8	223614.0	342676.5
4995707.8	2615585.2	437395.8	15112474.0	7629541.0	4157419.0	778684.4	8664586.8	6366048.1
109871.1	53129.3	7885.8	440581.4	121569.6	64078.6	17743.5	139695.0	299912.8
2000.1	402.0	297.5	13962.7	5307.1	5127.1	806.2	6113.3	7824.0
2926030.2	1567883.4	219008.6	7215516.0	3248481.6	1619398.2	210755.3	3492007.7	3578968.1
797171.8	464635.5	63216.8	1824193.7	920656.7	371270.3	39828.0	969516.8	724398.0
115049.6	76167.6	6382.6	148464.1	52427.2	19191.4	8713.1	63186.2	83634.9
1921645.1	1012006.2	146693.3	4628280.9	2116371.6	1157060.7	158081.5	2294869.3	2320805.5
87609.6	12481.3	2560.5	592002.3	138563.7	67123.9	4132.7	143973.0	448017.1
4554.1	2592.8	155.4	22575.0	20462.4	4751.9		20462.4	2112.6
1179857.6	483040.6	54271.4	3429501.5	1726778.5	622781.8	260103.3	1989952.0	1437581.3
142407.6	81725.3	9947.4	473511.0	209839.1	21156.8	18913.7	263981.3	202583.7
5252534.4	2523170.8	447711.2	19146093.1	10849398.7	3863291.4	792751.9	12169657.8	6926624.4
6007609.1	3171525.7	542872.0	18691305.1	9610284.1	4893147.6	872532.4	10767494.4	7840121.0
2713534.9	1460348.4	204282.1	6773762.6	3104992.0	1639141.4	206286.0	3339771.7	3291694.4
911855.1	429782.6	66464.6	3171362.9	1736649.1	736786.5	79551.5	1851220.7	1311802.4

3-11 续表1

类 别	实收资本	营业收入	主营业务收入	营业成本	主营业务成本	营业税金及附加
合计	**10303313.0**	**84229249.3**	**82420915.6**	**75475453.4**	**73753097.8**	**269699.8**
一、按规模分组						
大型	3069904.1	33879913.4	32490230.2	30428876.3	29155655.4	82416.7
中型	4573030.8	28036433.8	27776079.1	24835269.7	24530396.3	101193.5
小型	2567134.7	21663182.7	21509603.8	19611978.2	19472894.8	83662.8
微型	93243.4	649719.4	645002.5	599329.2	594151.3	2426.8
二、按登记注册类型分组						
内资企业	3497078.0	37985634.2	37755800.4	33929790.7	33651171.1	126116.6
国有企业	50788.5	134671.2	126916.4	95959.7	93154.1	888.2
集体企业	15739.3	1002775.6	1000633.2	905230.6	905230.5	2074.7
股份合作企业	1728.0	74508.4	74418.3	66401.4	64943.6	527.0
联营企业	1970.0	58790.4	58459.7	51266.9	51199.4	231.5
国有联营企业	1500.0	8094.2	7763.5	6879.7	6812.2	40.6
集体联营企业						
国有与集体联营企业	100.0	36154.4	36154.4	32904.6	32904.6	98.1
其他联营企业	370.0	14541.8	14541.8	11482.6	11482.6	92.8
有限责任公司	1120733.6	10353374.1	10205243.9	9203921.0	9065092.3	34804.1
国有独资公司	39232.0	57109.6	55891.4	56020.6	55479.2	121.0
其他有限责任公司	1081501.6	10296264.5	10149352.5	9147900.4	9009613.1	34683.1
股份有限公司	950128.8	4817720.6	4753645.8	3944246.3	3906192.0	20062.6
私营企业	1347944.6	21373992.3	21366681.5	19509823.1	19412417.5	67200.0
私营独资企业	79358.5	1416317.1	1415112.1	1209931.0	1208489.0	8239.1
私营合伙企业	1789.2	57487.6	57487.6	54267.1	53757.1	104.6
私营有限责任公司	1100413.1	18403806.9	18401736.0	16895685.7	16800497.0	48297.5
私营股份有限公司	166383.8	1496380.7	1492345.8	1349939.3	1349674.4	10558.8
其他企业	8045.2	169801.6	169801.6	152941.7	152941.7	328.5
港、澳、台商投资企业	4892726.8	34454202.0	33074213.6	31039600.9	29804441.3	97475.0
与港澳台商合资经营企业	811573.1	6661439.6	6536005.0	5598750.0	5513817.6	21255.1
与港澳台商合作经营企业	224835.7	1445481.1	1433009.7	1302789.8	1299367.3	3808.3
港澳台商独资经营企业	3726038.4	25995577.8	24754630.9	23872877.7	22726669.8	70623.9
港澳台商投资股份有限公司	123244.8	315024.5	313889.0	231024.0	230427.2	1724.3
其他港澳台投资企业	7034.8	36679.0	36679.0	34159.4	34159.4	63.4
外商投资企业	1913508.2	11789413.1	11590901.6	10506061.8	10297485.4	46108.2
中外合资经营企业	341550.3	3276796.1	3145079.3	2899223.7	2776041.0	16266.6
中外合作经营企业	56976.5	291403.8	288366.0	248820.0	244848.7	1197.7
外资企业	1372882.3	7759680.0	7696430.9	7027251.0	6946124.3	26241.9
外商投资股份有限公司	139860.7	424872.9	424723.2	296592.8	296592.5	2355.5
其他外商投资企业	2238.4	36660.3	36302.2	34174.3	33878.9	46.5
三、按控股情况分组						
国有控股	833570.8	3560268.6	3457058.4	2974237.9	2892902.2	13904.0
集体控股	74856.0	1374501.4	1371073.6	1236288.4	1234681.1	3307.6
私人控股	2500504.8	30795664.1	30733093.5	27608806.7	27471753.2	107906.5
港澳台商控股	4431639.3	32824994.3	31474998.5	29658377.0	28446861.8	89709.1
外商控股	1797387.3	11388019.7	11187899.7	10226029.2	10019540.1	41424.3
其他	665354.8	4285801.2	4196791.9	3771714.2	3687359.4	13448.3

主营业务税金及附加	其他业务利润	销售费用	管理费用		财务费用			资产减值损失
				税金		利息收入	利息支出	
267002.1	**248296.3**	**1975931.9**	**2811842.2**	**226009.0**	**409148.8**	**96695.4**	**415649.9**	**102574.2**
82245.6	109407.4	1045988.7	1270726.2	157859.8	54158.6	38002.2	102989.7	50434.0
100052.9	117785.9	551281.7	1294296.7	41703.9	197503.6	43307.0	194844.7	44021.8
82285.4	20861.4	370445.8	237096.9	26127.7	151872.5	15189.1	115678.1	8118.4
2418.2	241.6	8215.7	9722.4	317.6	5614.1	197.1	2137.4	
124346.4	41472.2	947491.1	1129412.3	167381.6	258873.9	53160.1	267379.5	74196.3
888.2	601.9	3448.6	9764.8	464.4	–621.8	40.1	34.0	0.2
2074.5	27.4	4235.3	37441.2	1139.4	1277.1	34.2	606.3	
527.0	60.9	992.0	2461.8	43.2	244.8		83.2	
231.5		2015.1	631.9	29.6	568.4	3.4	503.4	
40.6		727.5	458.9		124.0	3.4	126.0	
98.1		753.7		29.4	126.4		59.4	
92.8		533.9	173.0	0.2	318.0		318.0	
34274.9	14705.8	251543.5	285791.5	13404.0	56620.8	25484.2	75705.1	6491.2
121.0	47.9	1564.1	2615.1	88.4	1461.2	4.4	1497.9	97.8
34153.9	14657.9	249979.4	283176.4	13315.6	55159.6	25479.8	74207.2	6393.4
19935.3	15954.0	333661.8	391733.8	134421.3	32837.2	6214.4	50904.8	30723.3
66086.5	10122.2	349377.5	398658.8	17534.8	167493.5	21383.8	139173.9	36981.6
8202.6	233.5	28245.0	18354.8	1319.6	9481.9	57.5	8277.5	1619.3
104.6		393.2		5.6	42.8		1.9	
47220.5	8887.2	271947.1	310214.1	13993.7	131583.6	19736.5	111732.1	9887.2
10558.8	1001.5	48792.2	70089.9	2215.9	26385.2	1589.8	19162.4	25475.1
328.5		2217.3	2928.5	344.9	453.9		368.8	
96648.4	106849.6	737613.9	1217316.4	39938.4	111519.0	20669.5	110093.1	12376.4
21180.7	13075.7	418432.3	201132.4	5073.5	29101.0	–1586.7	38903.9	5558.4
3808.3	3643.6	16825.4	32001.3	1884.6	5367.9	104.6	3501.6	
69872.0	89591.5	293607.4	964819.4	32320.5	75110.6	21308.6	65368.1	6725.5
1724.0	538.8	8190.8	18024.6	493.2	1860.9	843.0	2319.5	92.5
63.4		558.0	1338.7	166.6	78.6			
46007.3	99974.5	290826.9	465113.5	18689.0	38755.9	22865.8	38177.3	16001.5
16244.4	81086.7	99353.0	117692.9	3885.3	14006.9	1010.0	10491.6	12932.5
1187.8	307.7	3878.8	16065.5	767.4	1604.1	1562.0	338.8	7.0
26173.1	18352.3	137081.2	306838.7	13409.8	24758.6	14825.6	24933.3	2881.6
2355.5	165.1	49073.4	23020.7	582.2	–1626.2	5466.3	2339.6	180.4
46.5	62.7	1440.5	1495.7	44.3	12.5	1.9	74.0	
13670.0	17049.4	288299.5	286598.5	133474.5	27510.3	–11102.1	42684.2	26932.6
3266.0	986.2	16924.1	43487.7	1422.2	5376.2	94.1	4217.6	11214.4
106454.6	19996.2	615104.9	728170.0	30943.5	226366.6	51268.0	218091.6	35471.5
88944.8	99832.6	678332.7	1144806.2	37748.5	91426.8	24530.0	83966.0	10508.0
41355.5	97248.4	274389.3	429971.9	17273.2	24330.5	24749.7	32077.8	5301.7
13311.2	13183.5	102881.4	178807.9	5147.1	34138.4	7155.7	34612.7	13146.0

3-11 续表2

类 别	公允价值变动收益(损失以"-"号记)	投资收益(损失以"-"号记)	营业利润	营业外收入	补贴收入	营业外支出
合计	**-31408.4**	**112438.1**	**2973017.5**	**263833.3**	**75876.3**	**143203.0**
一、按规模分组						
大型	6997.6	47066.6	1123763.9	154481.6	45543.1	79347.4
中型	-42952.7	35207.2	1094800.1	67968.9	22485.7	32088.7
小型	4546.7	30164.3	756241.9	40332.0	7847.5	30994.9
微型			-1788.4	1050.8		772.0
二、按登记注册类型分组						
内资企业	-34767.1	80230.3	1502615.2	95381.1	48617.0	56997.1
国有企业		29.6	13002.2	1584.4	21.9	168.4
集体企业		-264.5	68072.8	919.8		2761.3
股份合作企业			2423.3			12.8
联营企业			2373.8	8.2		147.0
国有联营企业			-136.7	8.2		2.0
集体联营企业						
国有与集体联营企业			1038.9			
其他联营企业			1471.6			145.0
有限责任公司	-24897.5	35796.0	464367.6	21297.2	8504.9	28812.5
国有独资公司			-5716.4	250.2		45.1
其他有限责任公司	-24897.5	35796.0	470084.0	21047.0	8504.9	28767.4
股份有限公司	1312.2	53866.6	229727.6	50111.8	33598.9	7617.1
私营企业	-11181.8	-9432.5	712925.5	21392.7	6491.3	16953.3
私营独资企业		1275.6	93528.5	862.5	352.6	4049.6
私营合伙企业			1136.1			1.3
私营有限责任公司	-2571.2	2268.3	550913.1	15078.5	5535.9	12338.5
私营股份有限公司	-8610.6	-12976.4	67347.8	5451.7	602.8	563.9
其他企业		235.1	9722.4	67.0		524.7
港、澳、台商投资企业	-1563.8	22665.4	1054104.2	127668.5	18782.0	62279.3
与港澳台商合资经营企业	980.3	7698.6	371762.9	34570.1	4235.7	3587.1
与港澳台商合作经营企业	-3653.1	1500.2	70272.7	721.9	633.4	382.5
港澳台商独资经营企业	1109.0	9114.6	555396.2	89196.5	13537.8	56944.5
港澳台商投资股份有限公司		4352.0	56222.1	3179.4	375.1	1363.5
其他港澳台投资企业			450.3	0.6		1.7
外商投资企业	4922.5	9542.4	416298.1	40783.7	8477.3	23926.6
中外合资经营企业	4330.6	7552.9	140994.8	14450.0	7898.3	6338.3
中外合作经营企业		74.8	21123.6	412.6	52.0	453.0
外资企业	591.9	1917.8	203685.8	17745.6	527.0	17115.9
外商投资股份有限公司		-3.1	51003.1	8174.0		17.4
其他外商投资企业			-509.2	1.5		2.0
三、按控股情况分组						
国有控股	2.8	8155.1	50270.0	40980.7	28677.1	5436.8
集体控股	4362.1	3326.5	73887.1	1736.3	208.8	3655.9
私人控股	-7636.6	51516.4	1348733.4	46665.6	13545.7	33882.6
港澳台商控股	2089.3	16982.6	974192.7	121780.0	17193.5	60540.8
外商控股	-896.5	9077.4	362353.3	33384.0	1308.7	19909.1
其他	-29329.5	23380.1	163581.0	19286.7	14942.5	19777.8

利润总额	应交所得税	应付职工薪酬（本年贷方累计发生额）	应交增值税	工业总产值(当年价格)	工业销售产值(当年价格)	出口交货值
3104855.4	**460376.0**	**6603669.3**	**1539470.2**	**83868022.5**	**81536885.8**	**33933966.7**
1199122.9	203486.6	2308641.2	668954.9	32690121.5	31415894.3	14463845.3
1133671.3	163443.4	3048319.0	486288.4	28943988.8	28236642.5	12066734.8
774244.0	93042.0	1196823.7	372807.1	21549848.0	21218447.3	7183814.1
−2182.8	404.0	49885.4	11419.8	684064.2	665901.7	219572.5
1549062.1	184634.4	2389670.4	721602.4	38061371.4	37355688.9	10201678.3
13857.6	1492.2	27680.6	6852.0	133136.4	131921.7	18253.5
65960.8	1602.6	213472.1	8593.3	972750.7	969043.4	575547.0
2410.5	329.2	9393.2	2478.6	79219.3	76603.2	12637.5
2221.8	43.4	5170.4	1882.5	62024.6	58619.3	3415.3
−130.5		1994.0	226.7	8605.5	8094.2	505.3
1025.7	43.4	1529.0	640.9	36997.2	36154.4	2910.0
1326.6		1647.4	1014.9	16421.9	14370.7	
465299.6	60134.0	646859.7	217448.3	10337620.8	10194074.0	2181023.5
−5511.3	60.3	6023.8	547.3	53892.1	53339.0	8256.5
470810.9	60073.7	640835.9	216901.0	10283728.7	10140735.0	2172767.0
272382.9	47889.9	322327.0	180882.1	4726580.8	4622847.9	1248306.5
717651.6	72329.5	1150670.5	301103.9	21579342.0	21134531.3	6061530.4
90176.3	2615.0	101907.8	29146.5	1444075.9	1420822.2	117538.4
1134.8	28.3	3220.6	326.4	58260.7	57558.9	2899.8
554104.4	63496.0	967426.0	248860.9	18549277.2	18183052.9	5588611.9
72236.1	6190.2	78116.1	22770.1	1527728.2	1473097.3	352480.3
9277.3	813.6	14096.9	2361.7	170696.8	168048.1	100964.6
1122154.6	193434.2	3128852.4	618962.0	33517717.5	32186721.1	16212706.6
402883.7	42665.6	494762.5	154701.7	6682132.1	6559969.7	1774218.7
72243.5	7993.3	103366.4	81879.1	1439492.0	1428026.1	1057171.9
588515.0	133197.8	2496784.1	372499.9	25009485.1	23848130.3	13290262.2
58063.2	9566.4	30224.2	9886.7	349921.2	313907.9	57578.1
449.2	11.1	3715.2	−5.4	36687.1	36687.1	33475.7
433638.7	82307.4	1085146.5	198905.8	12288933.6	11994475.8	7519581.8
149113.4	25736.9	219424.7	58234.9	3400746.8	3319143.8	1637711.2
21173.2	4429.1	43155.4	4919.5	291855.8	295132.5	163951.9
204702.0	46728.8	767687.4	117756.1	8039907.6	7868271.7	5583051.2
59159.8	5412.6	49540.2	17784.7	518717.7	476107.4	130362.5
−509.7		5338.8	210.6	37705.7	35820.4	4505.0
85268.5	26392.4	239235.0	157754.0	3288386.9	3298537.7	514154.6
71683.8	2771.3	236451.1	14414.9	1369934.5	1340027.5	680584.1
1360720.0	152343.8	1793880.8	512482.3	31138746.0	30512580.0	8411661.3
1037841.4	179510.2	2949613.3	576243.8	31862922.5	30578492.7	15568120.0
376289.4	75521.1	1038755.8	176062.2	11817437.2	11562372.9	7651953.7
173052.3	23837.2	345733.3	102513.0	4390595.4	4244875.0	1107493.0

3-12 按行业分规模以上

行 业	法人单位数（个）	从业人员期末人数（人）	#女性	年初存货	流动资产合计	固定资产合计
合计	**3518**	**1501613**	**800745**	**9736308.3**	**37373321.3**	**8613928.5**
雕塑工艺品制造	34	7525	3951	12528.1	49599.6	21467.6
金属工艺品制造	62	13320	6654	50361.1	154985.3	99995.0
漆器工艺品制造	6	1122	522	2212.4	8141.9	1851.2
花画工艺品制造	49	14078	9481	24424.7	79276.6	47945.2
天然植物纤维编织工艺品制造	44	12854	8332	6445.1	42257.4	23683.2
抽纱刺绣工艺品制造	25	6048	3757	20470.5	72972.6	112802.7
地毯、挂毯制造	19	3547	1818	16061.5	69166.7	37489.0
珠宝首饰及有关物品制造	226	127692	74880	3404025.3	9458339.0	518950.2
其他工艺美术品制造	126	48280	30873	85066.0	284824.5	93100.9
园林、陈设艺术及其他陶瓷制品制造 *	81	18034	8748	33453.3	237885.1	108364.4
书、报刊印刷	94	44642	20330	189434.3	886318.5	457379.1
本册印制	22	12286	5024	46433.1	235499.4	151145.1
包装装潢及其他印刷	723	165762	74818	634544.9	4159656.4	1608591.0
装订及印刷相关服务	38	10157	3592	21828.5	134756.2	43827.9
记录媒介复制	13	1908	968	15667.7	99746.1	61626.7
文具制造	98	28809	14525	111492.2	318791.7	186402.9
笔的制造	15	3957	2625	20692.3	50240.9	22975.1
墨水、墨汁制造	3	167	53	2659.1	8178.9	987.3
中乐器制造	3	575	239	1456.5	6816.0	3348.1
西乐器制造	22	8928	3334	91446.0	233128.8	92178.3
电子乐器制造	12	5715	3529	16910.2	59401.9	25593.9
其他乐器及零件制造	10	1478	657	5154.2	13788.1	11624.0
玩具制造	564	383542	232062	906917.0	3032786.4	1102314.4
露天游乐场所游乐设备制造	6	1378	277	20444.5	73659.8	12288.2
游艺用品及室内游艺器材制造	14	4931	2480	28750.1	61913.3	39097.8
其他娱乐用品制造	2	982	804	5048.4	27274.7	2862.7
电视机制造	71	99805	43548	1238220.6	5701319.4	569264.2
音响设备制造	351	160596	88349	780477.5	2850898.0	626437.4
影视录放设备制造	160	88924	40573	477169.7	2234784.4	478498.2
焰火、鞭炮产品制造						
机制纸及纸板制造 *	23	4743	1125	88656.8	523166.9	366301.8
手工纸制造	2	158	51	1430.0	5267.4	2006.6
油墨及类似产品制造	112	13166	3795	107476.4	650520.3	148882.9
颜料制造 *	22	4062	1392	13490.2	95120.1	95209.3
信息化学品制造 *	22	7324	2898	64623.3	349171.9	179241.9
照明灯具制造 *	130	32050	13619	172907.2	541759.0	183780.5
其他电子设备制造 *	19	8845	4736	78239.6	283572.0	28494.2
印刷专用设备制造	32	6350	1411	52307.5	191065.3	73833.4
广播电视节目制作及发射设备制造	7	1005	617	3987.5	34328.9	26692.2
广播电视接收设备及器材制造	115	44764	25681	293501.2	1300118.5	181521.5
应用电视设备及其他广播电视设备制造	30	11588	4679	107134.0	574424.1	131946.2
电影机械制造	3	774	401	21171.5	55830.0	5382.7
幻灯及投影设备制造	8	1695	619	6442.4	47321.6	9076.8
照相机及器材制造	59	52702	32644	259479.0	1087799.2	440025.6
复印和胶印设备制造	41	35345	20274	195666.9	987448.5	179441.2

文化制造业企业主要财务指标

单位：万元

固定资产原价	累计折旧	本年折旧	资产总计	流动负债合计	应付账款	非流动负债合计	负债合计	所有者权益合计
16207798.7	**8149593.4**	**1325548.7**	**51685536.2**	**27237941.5**	**11776305.5**	**2230138.8**	**30382077.9**	**21010407.2**
38496.8	17123.7	2879.2	88495.7	29861.0	7992.0	2896.9	43060.4	38981.4
144097.8	47283.5	8036.9	290631.8	124611.7	27912.1	23814.2	159230.9	131085.8
2872.3	1677.3	273.3	18474.4	2689.4	1366.2	489.3	13056.1	4738.7
123712.2	78878.2	12938.2	142617.5	44786.8	16639.9	2607.3	52408.9	89744.2
34170.7	14604.6	4192.2	74614.6	26945.8	5925.5	5196.5	38862.3	34833.0
182758.5	87812.7	13551.7	216653.4	46477.0	5321.3	8644.5	58934.4	157077.3
76425.9	39660.1	5366.9	116477.4	59589.9	27793.2	1510.0	62441.6	53861.7
997790.4	492721.7	80253.0	10855629.8	6786304.9	2624349.7	913631.2	7748151.2	3114005.2
143033.0	57261.3	7085.0	417823.9	192876.9	59307.8	10776.6	220710.3	195962.3
153003.4	48458.0	8247.8	363422.0	79041.9	11158.7	16055.4	108843.0	241253.3
987312.3	548559.3	51997.2	1459066.3	623065.8	255060.8	73799.0	712678.6	744812.8
304916.5	179608.5	32366.1	449746.9	237925.7	60918.9	6874.0	272377.2	177169.2
2992609.8	1466438.1	234908.8	6815874.6	3093100.7	1067149.0	199892.4	3516334.8	3254915.3
120766.2	78535.8	6337.6	197075.8	82037.2	26128.2	8436.6	94596.2	102416.3
173954.5	109693.0	11852.8	170331.7	62870.6	8107.3	17929.0	81095.6	87341.2
235511.0	118542.8	20709.4	532082.9	178775.6	66419.6	37793.5	233369.8	298169.3
48045.0	25470.8	4094.4	80426.2	40290.4	18010.6	2322.8	42613.3	37800.2
1707.4	763.9	166.5	9259.6	3529.8	1381.8		3692.2	5567.4
5606.9	2258.8	397.0	10166.2	4723.5	1633.2		4723.5	5442.7
160171.0	74758.5	7910.2	420477.8	101925.0	36615.7	26828.6	152186.9	266782.3
37335.7	12028.2	3109.1	86600.4	38045.1	33771.8	123.2	38450.5	48149.7
21867.5	10558.6	1750.7	29046.0	15593.8	4123.8	350.0	15943.8	13102.0
2034607.9	986972.5	139663.7	4627884.4	1959484.3	912902.1	172475.8	2209154.9	2349337.2
12840.6	1024.6	276.3	92650.7	78729.4	11655.4	12.9	78997.8	13530.0
62731.4	25684.0	4877.4	138772.9	49931.6	18989.1	2425.1	58846.5	79267.2
4636.3	1873.6	399.8	30479.1	15067.5	681.8		15067.5	15411.5
860860.2	354148.1	95407.6	7215156.1	4893389.1	2297516.0	139236.1	5056926.4	2165105.3
1252319.0	679165.6	98028.1	3893383.3	2002145.7	1058436.0	131489.0	2289813.9	1595680.6
934552.7	522637.7	145859.9	2936659.5	1763336.0	948080.9	90628.1	1914471.6	1017798.5
508026.8	126577.2	21798.4	1034738.6	511737.4	106020.3	189330.7	702554.1	331672.2
3230.2	1305.4	132.1	7528.1	4820.7			4820.7	2707.4
238505.3	94704.4	17840.6	938763.3	376573.5	163590.2	13612.0	411325.7	515241.8
297126.1	201951.1	29357.0	199349.3	74227.6	16261.1	1687.4	86362.9	112986.1
329940.9	182549.5	25208.2	629968.9	289643.4	118961.3	19557.9	313622.5	314236.4
271555.0	104652.2	16006.1	839526.9	380691.0	194334.2	22616.7	424559.7	414228.9
44711.9	20429.1	4153.6	322253.8	189446.2	84178.6	7.3	218584.6	101656.2
107015.0	53107.7	6278.2	301615.9	125265.7	42939.9	982.4	128409.7	172983.1
35665.9	9183.6	2067.5	64967.5	10171.6	7218.3		10182.7	58615.3
385651.0	208190.1	32815.9	1654154.1	933600.7	459161.8	46694.5	995832.5	656015.0
344437.7	213166.0	33961.9	875444.3	378325.6	168428.2	6550.9	414400.8	457145.3
11728.7	5802.0	946.0	61868.3	34428.8	13528.9	267.2	34696.0	27172.1
15270.8	6200.2	1460.4	60332.3	46580.5	22603.9	1010.1	47590.6	12741.7
1024387.6	588504.8	101672.4	1708573.6	627078.9	322917.1	18173.0	660486.6	1048079.5
441832.9	249066.6	28913.6	1206470.4	618197.8	440813.3	13410.7	631608.7	445584.6

3-12 续表1

行 业	实收资本	营业收入	主营业务收入	营业成本	主营业务成本	营业税金及附加
合计	**10303313.0**	**84229249.3**	**82420915.6**	**75475453.4**	**73753097.8**	**269699.8**
雕塑工艺品制造	32180.6	252453.9	252157.7	214009.3	211808.7	1508.0
金属工艺品制造	59232.5	410077.8	407797.0	360519.7	358968.2	1522.7
漆器工艺品制造	4747.1	29482.6	29103.8	25924.3	25536.2	422.5
花画工艺品制造	65754.7	569988.3	569907.6	509243.9	509172.3	1652.6
天然植物纤维编织工艺品制造	20355.4	362954.2	362948.0	318091.1	318091.1	2675.9
抽纱刺绣工艺品制造	78092.4	192836.5	238790.8	192566.5	153828.9	1843.0
地毯、挂毯制造	33834.6	181092.4	179902.0	148582.4	147849.7	1122.5
珠宝首饰及有关物品制造	897313.7	21109695.5	20857676.0	20038553.2	19857715.4	27683.1
其他工艺美术品制造	112576.6	1524822.5	1521931.7	1372027.4	1369377.7	6701.8
园林、陈设艺术及其他陶瓷制品制造 *	63600.3	758700.6	758076.6	651535.7	650454.0	5264.9
书、报刊印刷	514255.9	1315604.4	1290086.6	1127087.5	1120286.5	5215.3
本册印制	97534.9	514874.7	506417.9	422587.7	422514.7	3626.3
包装装潢及其他印刷	1468242.7	8051335.9	8005857.6	6713685.7	6686539.1	39816.8
装订及印刷相关服务	71020.3	358126.1	356243.8	310417.3	308514.2	2803.6
记录媒介复制	101259.4	133762.2	127945.4	125653.0	119866.5	1005.4
文具制造	155843.2	977163.9	971727.7	831706.6	827648.3	7229.3
笔的制造	34303.5	133351.4	132694.5	112253.2	112136.2	748.1
墨水、墨汁制造	2301.3	29819.2	29819.2	24252.1	24252.1	148.8
中乐器制造	2713.7	26412.8	26412.8	24161.9	24161.9	199.8
西乐器制造	166705.7	330880.8	326628.5	266840.3	263783.6	1862.4
电子乐器制造	39212.6	278109.1	278064.0	226338.0	226324.5	2339.4
其他乐器及零件制造	5466.3	95750.9	95750.9	83488.9	83488.9	488.1
玩具制造	1547619.4	7735115.2	7710970.2	6761064.5	6740525.8	33156.2
露天游乐场所游乐设备制造	5674.2	50668.3	49920.7	33785.9	33774.4	544.5
游艺用品及室内游艺器材制造	38710.1	165137.5	165105.5	139174.5	139165.6	706.5
其他娱乐用品制造	4484.2	40281.8	40237.1	35712.2	35712.2	22.4
电视机制造	818977.3	12623208.3	11485276.8	11200139.3	10112830.2	28980.3
音响设备制造	913958.7	6244560.3	6121313.5	5597784.7	5480817.4	24684.1
影视录放设备制造	570267.8	4857872.2	4804521.3	4427563.4	4389704.9	12398.8
焰火、鞭炮产品制造						
机制纸及纸板制造 *	402761.4	623398.9	576907.2	556297.0	515222.1	2373.6
手工纸制造	2296.5	15729.1	15729.1	14259.3	14259.3	32.1
油墨及类似产品制造	197043.5	1165336.9	1149876.0	950657.9	936318.0	7061.3
颜料制造 *	45353.3	361207.2	359188.4	306911.9	306458.8	2945.2
信息化学品制造 *	133043.9	649642.3	647685.0	572385.7	570330.8	2796.9
照明灯具制造 *	223033.0	1274537.0	1269701.5	1099377.5	1095687.0	5599.1
其他电子设备制造 *	60410.6	514703.8	510430.4	422198.3	419249.2	1602.3
印刷专用设备制造	68510.6	290396.4	285557.4	233142.5	230103.2	1397.0
广播电视节目制作及发射设备制造	50753.2	37009.5	37009.5	34401.6	34401.6	94.7
广播电视接收设备及器材制造	288601.9	2117198.8	2097902.8	1874749.9	1849626.1	7243.8
应用电视设备及其他广播电视设备制造	161656.7	991998.0	986764.9	800839.2	798134.6	3693.8
电影机械制造	5177.8	84247.8	84135.4	60919.5	60869.5	211.4
幻灯及投影设备制造	16426.6	134402.9	134384.2	124200.5	124198.9	349.0
照相机及器材制造	513999.5	3591168.4	3545997.6	3373565.5	3315265.5	10359.6
复印和胶印设备制造	208005.4	3024133.0	3016361.0	2756796.9	2728124.0	7566.9

主营业务税金及附加	其他业务利润	销售费用	管理费用		财务费用			资产减值损失
				税金		利息收入	利息支出	
267002.1	**248296.3**	**1975931.9**	**2811842.2**	**226009.0**	**409148.8**	**96695.4**	**415649.9**	**102574.2**
1473.5	181.4	7270.0	4927.4	279.9	4435.0	1.6	3923.3	
1501.2	2649.4	6239.8	11737.2	623.7	5585.6	99.1	4382.6	−7.8
197.8	−9.3	789.7	731.1	20.9	231.3		125.6	
1636.1	9.1	8505.1	11080.9	459.5	2722.2	3.4	2130.7	937.4
2675.0	6.2	11872.8	4862.2	403.8	2691.4	20.8	1826.1	
1837.3	10.6	3983.1	7732.7	561.8	1397.9	33.7	438.7	
1122.5	632.7	3605.3	8349.8	311.1	977.6	146.9	433.3	
27572.1	51336.5	227643.0	296982.6	6987.8	114227.1	42270.8	138179.4	39143.7
6580.8	240.6	30033.1	26027.4	1005.9	3957.2	76.9	2090.4	
5254.0	241.5	11737.1	13589.8	1892.2	7074.3	4.8	4224.2	
5131.0	10566.3	26103.1	75703.2	3029.0	7632.9	1537.1	7031.7	418.2
3626.3	487.5	15457.5	22530.9	1540.6	6635.5	270.9	5212.8	87.2
39601.7	16819.3	226597.0	270803.4	15952.6	64123.7	8299.7	53242.5	5391.9
2800.2	503.4	7191.7	10603.2	954.0	1458.6	164.1	1244.5	
989.8	−35.7	3462.5	3074.0	417.3	3350.7	3.4	2825.3	97.3
7228.2	1124.9	38120.3	30332.2	2418.6	7583.9	155.7	3151.4	−16.2
748.1	52.2	4521.6	6365.7	499.9	1102.1	27.4	739.7	
148.8		439.8	1703.1	8.1	−26.6	105.2		
199.8		123.9		79.0	75.8		64.9	
1862.4	839.2	11628.2	21233.1	1753.0	1396.0	367.4	1229.1	1753.2
2339.4	−44.1	6146.7	12561.4	133.7	6087.1	0.8	5703.9	13.7
488.1		1173.1	1073.1	263.3	121.3	4.5	64.9	
32773.8	7212.1	112192.5	428979.4	14464.8	40398.1	8571.6	25266.3	1031.9
544.5	690.4	2541.6	5353.4	42.9	1219.9	98.4	1234.8	440.8
706.5	23.2	2783.9	7227.3	334.8	834.9	12.1	675.8	
22.4	44.7	105.7	1649.7	45.8	507.1		158.3	
28909.8	32797.1	660230.1	494233.8	137250.8	17350.6	12525.8	51228.3	30350.7
23851.3	82703.8	106361.8	286600.9	7834.3	34991.2	2952.3	21552.7	15177.3
12222.4	24121.6	90829.0	202235.7	5028.0	15552.1	6292.3	15224.0	2035.1
2360.5	4541.7	19251.9	17176.4	1253.6	15168.7	−5368.5	20942.5	480.7
32.1		623.4			158.7		153.9	
6996.8	1264.6	42663.4	42269.3	2385.9	7101.4	1148.8	6899.5	953.6
2897.6		10759.6	10572.0	1686.1	1293.4	10.3	911.0	
2796.9	1267.9	12263.0	10160.6	1727.9	3027.8	2333.6	4993.2	116.3
5565.1	−1637.2	33960.2	59974.9	2011.6	5331.6	1613.4	3527.3	2161.6
1602.3	1332.2	30293.3	46253.7	503.4	2501.3	190.9	1357.2	983.8
1397.0	116.6	12867.3	14573.2	1335.4	1328.5	202.6	1306.9	−1.7
94.7		457.2		234.8	54.5		20.8	−7.9
7162.2	923.2	48438.2	95945.3	1733.9	15609.5	2135.5	13440.4	984.6
3693.8	1288.1	40547.5	66804.2	1068.1	538.8	4327.6	4302.3	320.3
211.4		517.2	5866.8	72.4	88.6	20.3	2.8	96.5
349.0	17.2	1045.2	3426.7	160.5	1258.0	283.2	271.9	
10243.7	3730.3	17654.2	114821.1	3383.5	3607.8	3423.6	2732.0	−65.8
7554.2	2247.1	76901.3	55713.4	3854.8	−1614.3	2327.4	1183.0	−302.2

3-12 续表2

行 业	公允价值变动收益(损失以“-”号记)	投资收益(损失以“-”号记)	营业利润	营业外收入		营业外支出
					补贴收入	
合计	**-31408.4**	**112438.1**	**2973017.5**	**263833.3**	**75876.3**	**143203.0**
雕塑工艺品制造			12682.3	602.6	225.1	1505.6
金属工艺品制造		2.1	12049.2	339.1	44.7	415.3
漆器工艺品制造			2158.2	3.0		869.3
花画工艺品制造			25888.9	105.4	15.0	586.5
天然植物纤维编织工艺品制造			25892.6	148.1	50.1	5108.5
抽纱刺绣工艺品制造		1487.3	26571.4	367.7	178.7	530.9
地毯、挂毯制造		539.4	12462.8	83.5		193.3
珠宝首饰及有关物品制造	-23538.2	12325.1	412455.0	34705.4	2852.0	3150.1
其他工艺美术品制造		11.4	60958.5	610.2	139.6	450.6
园林、陈设艺术及其他陶瓷制品制造 *		12.6	66656.0	353.0	338.7	108.8
书、报刊印刷	-2497.7	-347.5	34412.1	7824.1	3301.9	2378.7
本册印制	1090.6	1522.0	34148.2	1491.1	655.6	1315.3
包装装潢及其他印刷	-1019.8	41306.5	612111.3	15882.3	4083.5	10380.7
装订及印刷相关服务		63.3	14432.4	256.5	1.9	513.3
记录媒介复制	-3653.1	16.6	-5332.0	13.5	0.7	108.4
文具制造		104.2	48010.3	819.1	112.9	3311.1
笔的制造		4.6	5124.0	274.9	45.9	283.6
墨水、墨汁制造			2746.6	34.6		49.2
中乐器制造			1162.8	5.1		0.1
西乐器制造		507.3	24491.6	3414.0	2988.1	1587.5
电子乐器制造			20275.0	763.2	43.6	123.9
其他乐器及零件制造			8242.6	40.2		44.5
玩具制造	300.5	33.2	327944.0	10225.5	1559.2	12030.5
露天游乐场所游乐设备制造		46.6	5161.6	148.4		34.7
游艺用品及室内游艺器材制造		-293.9	8549.7	1210.6	10.1	93.3
其他娱乐用品制造		24.8	1458.4	37.8	17.6	0.8
电视机制造	17.8	15491.2	339641.4	71642.5	35165.6	19146.1
音响设备制造	-295.6	17092.0	158318.4	21385.7	4818.4	16424.9
影视录放设备制造	-2408.3	3866.2	87066.5	32045.7	9314.3	25117.8
焰火、鞭炮产品制造						
机制纸及纸板制造 *	2.8	1.7	9993.6	5292.2	135.9	812.5
手工纸制造			90.6			1.2
油墨及类似产品制造		722.6	81134.5	2343.2	827.9	859.2
颜料制造 *			23058.8	551.2	24.1	14.5
信息化学品制造 *		9913.5	40412.2	1602.7	231.4	1530.1
照明灯具制造 *		573.8	60531.2	4909.6	919.2	9574.6
其他电子设备制造 *		-3.8	18988.8	4298.6	1786.2	142.1
印刷专用设备制造		545.3	19893.7	1017.5	82.6	303.5
广播电视节目制作及发射设备制造	0.9		127.1	2.8		1.2
广播电视接收设备及器材制造	591.7	6209.9	61562.5	7615.3	4261.9	1696.2
应用电视设备及其他广播电视设备制造		315.2	61694.7	12478.7	266.3	634.1
电影机械制造		13.8	15552.2	44.7	44.0	12.0
幻灯及投影设备制造		10.5	2399.3	537.3	2.6	63.4
照相机及器材制造		320.6	71079.3	7903.8	1124.0	7717.4
复印和胶印设备制造			120759.2	10402.9	207.0	13977.7

利润总额	应交所得税	应付职工薪酬（本年贷方累计发生额）	应交增值税	工业总产值(当年价格)	工业销售产值(当年价格)	
						出口交货值
3104855.4	**460376.0**	**6603669.3**	**1539470.2**	**83868022.5**	**81536885.8**	**33933966.7**
11611.4	292.3	26117.1	3569.8	262787.7	256576.5	68081.1
11975.1	1814.4	47670.9	9304.3	421074.1	405805.9	160447.4
1291.9	193.6	5031.4	759.5	29980.1	29066.2	4985.2
25408.5	3619.2	54610.1	6396.1	580385.4	573993.6	261144.9
20944.8	380.0	48670.5	12015.7	372180.5	361721.5	154544.6
28029.6	4548.8	20195.5	5557.5	243104.7	238834.4	58407.1
12353.0	3097.7	14818.9	4963.9	175593.1	178543.6	29210.8
443951.6	86670.8	633016.2	242297.2	20947523.2	20107406.6	6197344.6
61121.8	4892.9	180533.4	15263.5	1544506.5	1518560.6	497446.2
67252.6	692.3	61795.4	31487.7	792711.2	771587.3	296968.9
39858.7	7285.4	206249.5	36371.2	1316476.6	1297329.7	600255.3
34324.0	4128.0	59882.8	10548.6	493617.0	512513.0	202148.3
619140.0	106225.8	716001.1	235198.1	8427526.5	8162098.9	1377559.2
14175.6	2186.2	37155.3	8705.4	366720.4	355224.8	51480.3
–5426.9	315.1	9036.5	3394.7	123740.2	119924.1	17135.7
45464.6	5563.4	115919.5	19771.6	1005924.2	981503.3	350111.7
5115.4	1002.2	14375.7	1555.3	133967.2	131667.6	67230.0
2732.0	683.5	1310.1	1085.0	27645.1	29459.6	3698.9
1167.8	41.9	1849.4	858.3	26966.3	26385.0	6305.7
25757.5	3442.3	46982.7	7584.2	342750.3	338839.6	49716.3
20914.3	254.2	20244.1	4841.6	277971.3	278125.7	76515.5
8238.3	145.8	5613.4	2751.3	98178.8	96500.4	7166.3
325433.9	33257.9	1453112.8	106656.3	7870200.4	7707147.7	4581764.8
5275.3	841.3	5605.0	3804.3	51660.8	50253.6	9774.0
9667.0	653.2	25112.4	2708.2	162703.9	160605.3	44183.8
1495.4	279.6	4138.2		42033.7	41532.8	38981.1
392130.6	46777.1	545246.0	316400.8	11412720.1	11103783.4	3089282.9
164828.3	21638.4	722333.3	101177.9	6322676.9	6206514.3	4245756.5
93994.4	21471.2	372003.6	60125.0	4990117.4	4809374.4	3195019.6
14473.3	976.1	27475.1	16046.7	583938.5	581424.0	59937.9
89.4	11.6	582.4	179.4	15729.1	15729.1	
82758.7	10962.3	73599.9	40611.2	1200822.6	1153204.4	149121.3
23595.5	674.5	17424.9	5579.2	381126.4	360753.8	42314.7
50357.8	9188.0	41121.8	10293.9	655128.6	652465.5	335073.4
55868.8	5218.8	144116.9	25610.6	1269970.6	1262593.6	563148.7
23145.3	4081.7	48274.8	17418.0	529179.0	523225.3	138901.7
20607.7	2677.7	34703.8	10652.0	298279.1	295497.6	80090.2
–1334.4	–358.3	3443.0	284.6	39384.5	37676.8	1298.6
67725.7	14431.7	184721.4	30843.5	2134826.1	2078335.8	1319277.1
73549.4	5882.0	71376.1	15908.1	1069377.2	1026317.9	384543.2
15584.9	2716.1	7025.1	3265.1	84476.8	84135.4	52179.1
1725.3	777.6	7442.6	631.7	135086.9	134290.5	99527.6
71296.1	12972.6	276126.5	70410.5	3581069.3	3453021.1	2549465.3
117185.4	27769.1	211604.2	36582.7	3026184.2	3027335.6	2416421.2

3-13 分地区规模以上文化

地区	法人单位数（个）	从业人员期末人数（人）	#女性	年初存货	流动资产合计	固定资产合计	固定资产原价	累计折旧
合计	**3518**	**1501613**	**800745**	**9736308.3**	**37373321.3**	**8613928.5**	**16207798.7**	**8149593.4**
广州市	425	171979	89131	809051.7	4404587.8	1424292.4	2425212.6	1113692.8
深圳市	788	383268	206649	5316306.5	17206415.8	1643891.6	2992960.6	1417197.0
珠海市	81	28899	14707	217173.0	817704.1	457531.0	729459.3	280345.1
汕头市	366	92546	51937	428895.7	1657310.9	726465.9	1002430.0	406299.9
佛山市	363	101659	52108	386176.8	2346818.6	968904.0	2695882.5	1776988.4
韶关市	27	36685	26202	28128.9	168276.1	110520.4	139267.1	53363.8
河源市	32	19666	12972	60381.3	141558.6	109840.6	148107.4	43402.6
梅州市	56	15783	9262	18063.1	82682.8	58321.3	90466.8	36746.1
惠州市	164	84299	39991	491813.8	3088607.1	445452.4	952255.2	532435.5
汕尾市	45	71822	46849	55709.2	172322.0	108107.9	190622.8	85287.0
东莞市	478	302230	155886	1251926.3	4411769.9	1216203.6	2339288.5	1166218.5
中山市	177	62431	34321	348598.9	1019870.3	269777.4	473303.5	242973.3
江门市	109	35058	17275	102704.9	485537.2	261738.6	470803.9	228001.2
阳江市	12	2053	912	2346.2	28774.0	19970.1	33806.9	16582.8
湛江市	25	2764	1315	23078.4	92931.9	45698.5	160890.8	96149.7
茂名市	24	5709	2504	3360.5	37638.7	27610.0	55656.0	30865.6
肇庆市	58	15392	6442	52471.4	304579.1	300690.2	598761.6	308446.2
清远市	22	15603	9545	45228.2	203085.4	103147.1	152430.5	50634.1
潮州市	126	25898	10939	54305.2	394335.2	152015.9	210244.3	76002.2
揭阳市	130	25308	9843	31308.1	279151.7	159226.9	335972.2	181804.9
云浮市	10	2561	1955	9280.2	29364.1	4522.7	9976.2	6156.7

制造业企业主要财务指标

单位：万元

本年折旧	资产总计	流动负债合计	应付账款	非流动负债合计	负债合计	所有者权益合计	实收资本	营业收入
1325548.7	**51685536.2**	**27237941.5**	**11776305.5**	**2230138.8**	**30382077.9**	**21010407.2**	**10303313.0**	**84229249.3**
227560.3	6566890.1	3192937.6	1405776.5	325560.9	3586712.9	2967289.3	1811862.5	9043502.7
217707.3	20881007.9	12771914.8	5486363.1	1199327.5	14136105.8	6629647.5	2673185.1	31063223.0
52840.0	1432687.0	672538.1	266056.5	30259.6	705420.6	727010.5	392999.8	1551319.2
79289.0	2990107.6	874897.0	228084.9	163605.1	1115999.5	1859897.4	608524.5	4276737.1
248226.7	4427323.6	1805157.4	557462.2	94936.9	2150142.9	2251002.6	593347.6	10894434.8
8648.9	299875.4	74119.1	31786.0	10486.6	86782.7	164856.2	130540.6	663367.0
13252.5	271282.3	134034.2	69128.9	14043.1	156513.3	112911.7	93601.3	550292.7
5561.5	151854.5	40215.0	7135.8	11185.6	67959.8	82139.0	43443.2	274612.0
92916.5	3792172.2	2550587.3	1402802.8	81900.1	2693251.8	1092007.6	590719.9	6730503.3
14498.9	287647.5	102255.2	11966.8	6248.6	111187.8	173880.6	95857.1	1774290.2
160616.4	5937118.0	3193167.4	1624072.6	83843.6	3374117.5	2545358.4	1857029.2	8644330.3
41271.4	1410783.2	796718.9	344813.7	42073.8	855264.2	552598.5	356265.2	2064262.3
27049.7	850227.5	288998.2	140017.5	22925.1	359342.6	485302.9	398975.4	1144656.5
3337.2	53663.3	21493.6	4299.9	4888.4	37021.3	16072.0	5784.2	114383.8
7308.1	152200.3	73469.4	18254.4	2718.0	85634.4	66103.0	67848.7	156694.9
7345.3	72186.8	19548.3	6157.8	5626.3	29245.6	42171.4	22303.0	248916.2
63025.6	674463.4	192268.0	48987.9	66396.8	283549.9	380935.0	129240.7	1471427.1
11815.2	329519.7	123987.5	53816.7	30082.9	167758.5	155205.1	141130.8	327341.6
11887.3	558798.5	200222.4	39658.2	15865.7	217235.6	339322.0	116142.6	1042562.1
30443.8	509388.3	92612.6	20920.2	17710.9	143402.0	352137.1	161296.8	2119603.1
947.1	36339.1	16799.5	8743.1	453.3	19429.2	14559.4	13214.8	72789.4

3-13 续表1

地 区	主营业务收入	营业成本	主营业务成本	营业税金及附加	主营业务税金及附加	其他业务利润	销售费用	管理费用
合 计	**82420915.6**	**75475453.4**	**73753097.8**	**269699.8**	**267002.1**	**248296.3**	**1975931.9**	**2811842.2**
广州市	8950825.0	7906379.1	7832388.1	25525.9	25084.5	22221.6	197642.9	340885.5
深圳市	30645706.4	28244439.9	27928101.7	70446.3	69426.4	90696.5	962330.0	992059.7
珠海市	1497548.1	1377916.5	1327206.6	5720.6	5682.5	4418.3	33977.1	63916.4
汕头市	4316123.3	3609033.0	3564955.6	24783.8	24669.3	1250.6	147035.3	117386.7
佛山市	10807574.7	10028129.8	9921999.9	32362.6	32035.5	5194.0	105831.3	175049.3
韶关市	660715.9	584459.7	583730.4	3079.1	3079.1	1819.8	6239.0	34586.7
河源市	546692.9	490335.8	487352.7	2104.3	2095.6	229.0	8278.2	27741.5
梅州市	270423.3	245333.1	241054.6	2218.3	2218.3	619.1	7868.4	3720.2
惠州市	5639562.1	6175754.2	5127423.5	17990.1	17852.6	97430.3	131321.7	278444.8
汕尾市	1772279.5	1630523.1	1630523.0	5124.5	5124.5	9.1	32924.0	59475.2
东莞市	8579753.1	7617517.0	7560802.5	34434.1	34026.1	15703.1	156478.5	439116.7
中山市	2053625.4	1822559.2	1814935.0	7458.2	7449.6	861.6	52364.6	91549.0
江门市	1130645.7	1024646.0	1018274.4	4733.8	4617.7	7467.5	16444.3	43572.7
阳江市	114383.8	94484.8	94484.8	440.6	440.6		2244.4	1547.4
湛江市	153950.6	142856.6	140095.2	853.0	853.0	-83.2	1830.7	6185.4
茂名市	248885.1	196081.7	196053.3	2874.0	2844.0	2.7	8825.1	3884.5
肇庆市	1471195.6	1281507.0	1281354.0	13120.1	13119.2	66.5	24001.0	44173.5
清远市	326567.2	282950.8	282569.8	1332.1	1332.1	393.4	6018.8	19973.0
潮州市	1042306.3	878636.9	878619.1	4281.3	4281.3	-2.6	20667.7	18714.6
揭阳市	2119362.2	1785732.6	1785507.0	10174.2	10127.3	-1.0	47900.5	49262.0
云浮市	72789.4	56176.6	55666.6	642.9	642.9		5708.4	597.4

税金	财务费用	利息收入	利息支出	资产减值损失	公允价值变动收益(损失以"–"号记)	投资收益(损失以"–"号记)	营业利润	营业外收入
226009.0	**409148.8**	**96695.4**	**415649.9**	**102574.2**	**–31408.4**	**112438.1**	**2973017.5**	**263833.3**
14623.7	38931.5	6479.2	45692.5	5211.2	–295.6	14464.5	435820.3	52371.7
147993.7	200423.9	33425.3	204636.4	70797.2	7393.2	73339.3	620155.8	116083.5
2112.5	9185.0	2913.4	8747.9	1327.9		639.8	47013.0	10134.7
6889.3	34210.3	5489.2	24751.3	1630.0	452.2	5475.3	337002.0	4327.6
7318.5	7992.6	19014.8	21562.2	11736.8	58.4	4163.4	585834.5	16176.5
1025.6	5936.4	23.1	748.5				25800.7	608.4
868.5	2201.7	58.5	1393.0	38.3		0.1	23847.4	992.6
536.2	2587.2	1.6	1426.7				5200.7	542.8
7012.3	–287.9	8961.8	14577.0	9334.0	–1491.0	5574.5	96285.1	25848.3
639.2	6868.5	94.9	5767.0		44.3		32931.3	897.1
17399.0	41955.8	14594.5	33263.0	910.3	–31421.9	7554.0	255767.6	21092.0
4175.3	6768.3	1430.5	9115.2	999.4		400.0	46244.8	7213.0
3181.0	7759.6	654.8	6354.4	749.4	73.5	292.2	29511.7	1681.6
117.2	604.1	3.7	552.0		–2571.2		12608.0	698.6
309.3	3363.6	–3.3	3310.2		–3650.3	11.7	–2515.3	200.3
287.0	5561.7		5357.7				38196.6	24.9
5715.9	6428.8	944.6	5312.8	–124.4		403.3	91688.2	86.3
1264.9	5427.8	371.9	4567.4	0.4		55.0	11195.5	534.6
2789.4	7459.9	319.4	5310.5			27.2	94760.5	382.5
1707.9	15484.2	1916.7	13077.4	–36.3		37.8	183164.7	3936.3
42.6	285.8	0.8	126.8				2504.4	

3-13 续表2

地 区	补贴收入	营业外支出	利润总额	应交所得税	应付职工薪酬（本年贷方累计发生额）	应交增值税	工业总产值(当年价格)	工业销售产值(当年价格)	出口交货值
合 计	**75876.3**	**143203.0**	**3104855.4**	**460376.0**	**6603669.3**	**1539470.2**	**83868022.5**	**81536885.8**	**33933966.7**
广州市	7414.9	22888.3	475025.9	51128.5	879766.0	196338.5	9424290.3	9148700.2	4540734.5
深圳市	48992.7	32599.4	705219.9	161543.8	1765104.6	491954.9	30614064.0	29659263.2	12757145.3
珠海市	993.6	6971.9	50383.0	11878.1	151435.4	18457.4	1491614.6	1495272.0	501890.9
汕头市	1772.5	4490.9	336797.4	33712.0	424366.5	94339.7	4568214.6	4353774.8	577484.5
佛山市	1914.5	20326.8	580930.7	48126.4	511208.8	211045.2	10841237.0	10643017.6	2734256.9
韶关市	8.2	153.1	26256.0	3119.1	104713.7	6344.0	683703.0	657406.0	514945.9
河源市	495.1	2206.1	22634.0	3277.1	75069.9	4395.0	601932.4	589632.9	399985.2
梅州市	479.6	982.9	5113.6	747.1	48640.7	13019.6	295091.4	282164.4	176116.9
惠州市	9654.6	13324.9	108888.8	19056.8	415431.9	114056.8	5508757.2	5323948.4	2750693.9
汕尾市	385.7	752.7	32805.2	4076.2	264176.3	12384.6	1814814.2	1769706.5	787926.1
东莞市	2276.0	16793.5	260314.1	64849.0	1180042.0	118643.0	8840538.6	8710737.3	5513386.4
中山市	515.0	1627.3	51913.3	9340.7	277972.2	69925.9	2313191.9	2166446.8	889394.0
江门市	504.0	2290.6	28128.3	6744.0	136159.6	25269.0	1172692.1	1145920.7	572170.1
阳江市		178.4	13128.2	2781.2	6610.0	3647.0	113636.4	111011.6	43012.1
湛江市	45.8	82.5	-2397.5	969.4	11393.1	6144.0	174413.3	161919.2	2062.1
茂名市	2.5	7621.7	30599.8	1541.9	24785.7	10474.3	261362.3	249529.1	78146.9
肇庆市	19.2	1471.1	90303.4	8221.1	61000.4	51019.8	1517252.8	1477219.9	309644.1
清远市	255.0	1646.6	10083.5	1535.6	53846.4	9265.6	373940.8	353900.5	110818.2
潮州市	35.0	4052.3	91091.6	5028.1	96140.2	33790.9	1046397.0	1041497.6	270013.0
揭阳市	112.4	2739.2	185067.8	22240.5	107925.1	48349.8	2132759.6	2117316.3	379439.5
云浮市		2.8	2568.4	459.4	7880.8	605.2	78119.0	78500.8	24700.2

3-14　按类别分规模以下文化制造业企业主要指标

单位：万元

类　别	法人单位数（个）	从业人员期末人数（人）	#女性	营业收入	主营业务收入	营业税金及附加	主营业务税金及附加	资产总计	实收资本
总计	**26020**	**708717**	**319559**	**11524904.4**	**11330839.1**	**198779.0**	**182622.9**	**19060048.1**	**4954696.7**
一、按登记注册类型分组									
内资企业	23825	543084	232170	9880204.3	9715830.5	173547.4	159561.7	15022124.6	3022720.9
国有企业	85	2929	1102	37463.7	35609.9	733.8	653.5	1922738.4	51755.9
集体企业	302	11043	5943	93877.4	92770.5	2370.1	2343.8	104372.4	43193.7
股份合作企业	327	5327	2022	131269.2	128891.8	3929.4	3681.6	72041.7	29469.3
联营企业	118	3101	1357	43070.2	41296.5	770.6	684.6	36151.0	15874.1
国有联营企业	2	75	34	1425.2	1424.7	23.9	23.9	1327.9	405.0
集体联营企业	19	531	279	3717.8	3452.9	97.8	66.9	6454.0	3307.1
国有与集体联营企业	3	88	51	1452.4	1452.4	29.0	29.0	388.9	114.0
其他联营企业	94	2407	993	36474.8	34966.5	619.9	564.8	27980.2	12048.0
有限责任公司	4578	109654	47598	1892537.4	1857545.1	42487.2	38688.0	2999485.0	739139.4
国有独资公司	7	300	110	2689.9	2677.9	46.3	46.0	3649.5	682.0
其他有限责任公司	4571	109354	47488	1889847.5	1854867.2	42440.9	38642.0	2995835.5	738457.4
股份有限公司	373	9604	4474	155716.5	153415.1	3351.8	3026.1	130618.3	68581.8
私营企业	16974	374393	156543	7111617.7	6997592.3	110528.5	101778.9	9430971.8	1952644.9
私营独资企业	6389	115659	49177	2026673.2	1999782.1	46655.7	44294.1	1298849.4	528589.6
私营合伙企业	525	10513	4173	180345.0	177526.7	3929.8	3818.2	133920.4	55930.0
私营有限责任公司	9864	242928	100780	4819932.7	4737893.8	58459.7	52256.3	7930609.8	1341066.1
私营股份有限公司	196	5293	2413	84666.8	82389.7	1483.3	1410.3	67592.2	27059.2
其他企业	1068	27033	13131	414652.2	408709.3	9376.0	8705.2	325746.0	122061.8
港、澳、台商投资企业	1823	141160	74579	1353365.3	1332763.1	21864.4	19892.9	3272831.4	1412788.3
与港澳台商合资经营企业	129	7411	3369	101017.9	99133.0	1164.4	980.1	239816.3	156508.6
与港澳台商合作经营企业	64	4280	2494	42275.3	41222.6	1002.0	955.0	74712.6	58612.1
港澳台商独资经营企业	1554	123991	65844	1172336.7	1156586.0	18747.0	17081.9	2886594.3	1151343.6
港澳台商投资股份有限公司	30	1979	1093	16680.1	15691.8	174.6	159.8	15429.4	12464.6
其他港澳台投资企业	46	3499	1779	21055.3	20129.7	776.4	716.1	56278.8	33859.4
外商投资企业	372	24473	12810	291334.8	282245.5	3367.2	3168.3	765092.1	519187.5
中外合资经营企业	69	2842	1318	51143.1	48757.1	534.7	436.0	106644.1	73698.2
中外合作经营企业	24	1144	597	13568.1	13407.8	197.9	197.9	34777.4	21845.6
外资企业	244	18903	10088	200880.6	194929.2	2243.8	2152.7	556608.0	386056.3
外商投资股份有限公司	16	714	385	16197.0	15621.6	299.8	299.8	52490.0	32437.2
其他外商投资企业	19	870	422	9546.0	9529.8	91.0	81.9	14572.6	5150.2
二、按企业控股情况分组									
国有控股	131	4248	1679	65743.0	63808.2	1741.9	1453.9	1946131.6	63248.8
集体控股	387	13652	7128	124903.9	122829.7	3079.1	3014.5	129700.1	55875.9
私人控股	21565	486263	206550	9033355.4	8886209.4	155768.3	142828.4	12028071.1	2728537.5
港澳台商控股	1684	131800	69789	1266184.9	1251604.9	20513.7	18758.5	3135871.0	1260327.7
外商控股	305	22357	11798	250800.0	243425.1	2758.4	2642.0	662040.8	472849.0
其他	1948	50397	22615	783917.2	762961.8	14917.6	13925.6	1158233.5	373857.8

3-15 按行业分规模以下文化制造业企业法人主要指标

单位：万元

行 业	法人单位数（个）	从业人员期末人数（人）	#女性	营业收入	主营业务收入	营业税金及附加	主营业务税金及附加	资产总计	实收资本
总计	**26020**	**708717**	**319559**	**11524904.4**	**11330839.1**	**198779.0**	**182622.9**	**19060048.1**	**4954696.7**
雕塑工艺品制造	637	13895	5763	201900.9	200177.4	5458.9	5089.3	535012.6	83811.4
金属工艺品制造	975	26920	11197	339073.5	335956.3	5367.1	4968.1	266653.9	108929.8
漆器工艺品制造	91	2808	1296	35640.8	32716.5	1880.5	927.7	34245.5	17447.9
花画工艺品制造	314	8718	4607	123323.2	122506.8	2498.7	2132.1	120478.2	54193.2
天然植物纤维编织工艺品制造	229	9304	5216	137287.1	136066.3	5500.8	4912.4	97656.5	41537.6
抽纱刺绣工艺品制造	565	11844	6625	155706.5	153823.8	4200.7	3965.3	123912.2	65644.7
地毯、挂毯制造	85	2249	914	36527.2	36492.0	507.3	466.9	26384.6	13343.7
珠宝首饰及有关物品制造	1453	50559	22403	1368617.3	1351318.7	7352.2	7148.1	6599347.9	484878.1
其他工艺美术品制造	1456	37582	18316	500371.2	493476.2	8493.3	7903.8	411362.2	191470.7
园林、陈设艺术及其他陶瓷制品制造 *	485	13631	5880	188813.0	186550.7	6137.8	5973.0	136794.8	79560.2
书、报刊印刷	659	13693	5596	253861.3	248061.9	5753.4	5429.2	268102.2	125649.3
本册印制	309	6434	2707	106139.1	103066.1	2164.9	2051.6	132069.7	51561.2
包装装潢及其他印刷	9601	189008	74706	3724209.2	3662637.4	71523.6	66812.2	3379155.2	1482495.8
装订及印刷相关服务	605	10177	3877	176089.7	174925.8	4776.1	4599.8	157598.9	75426.0
记录媒介复制	30	1046	596	13914.6	12843.2	351.7	304.9	48884.3	32121.2
文具制造	536	18279	8789	273211.5	270176.2	5072.6	4855.2	225280.3	83624.6
笔的制造	43	2084	1152	27075.9	26930.5	431.8	416.2	24524.3	10852.0
墨水、墨汁制造	29	625	241	15939.9	15925.9	274.8	255.2	10471.6	3553.9
中乐器制造	20	539	174	12195.7	12170.1	222.4	197.2	15906.8	2879.9
西乐器制造	84	3009	1260	38555.1	37571.8	621.3	613.5	1790057.5	27464.8
电子乐器制造	40	1587	718	14970.3	14925.8	159.0	159.0	8582.0	3308.5
其他乐器及零件制造	90	2596	1218	33025.7	31613.2	603.3	566.7	23819.2	13247.1
玩具制造	2233	126380	70067	1139969.8	1116171.3	19860.5	16671.7	1125962.1	528404.9
露天游乐场所游乐设备制造	78	1650	464	23159.3	22562.8	313.5	312.5	51862.3	8698.9
游艺用品及室内游艺器材制造	174	3669	1373	63498.1	63273.7	622.8	621.6	43382.5	17441.6
其他娱乐用品制造	44	1849	998	17370.8	17274.8	506.2	504.0	20992.1	11728.2
电视机制造	135	3003	1193	68683.2	65399.6	982.8	922.7	87660.5	45626.1
音响设备制造	1557	47643	20420	728088.1	710552.1	10204.0	8659.2	691240.9	313037.4
影视录放设备制造	371	12985	5942	244786.7	237938.0	3359.0	3244.8	229374.8	106310.0
焰火、鞭炮产品制造	19	336	176	7542.8	7282.8	244.8	244.4	5689.5	5070.2
机制纸及纸板制造 *	304	6970	2356	154223.8	149300.2	4039.8	3904.9	156257.9	56647.5
手工纸制造	80	1682	694	34587.5	34404.3	467.1	453.5	22972.2	7668.6
油墨及类似产品制造	339	6258	2279	153176.4	151626.6	2787.5	2512.6	145807.6	79586.9
颜料制造 *	35	521	158	12788.7	12584.7	188.1	108.6	12493.8	5010.3
信息化学品制造 *	40	830	289	19600.4	18732.3	270.7	221.2	156495.2	55487.1
照明灯具制造 *	494	13135	5645	204808.3	199591.6	2428.2	2257.7	216885.4	110860.0
其他电子设备制造 *	197	6409	2673	120968.1	119900.0	1517.0	1489.1	897525.1	69948.6
印刷专用设备制造	473	8696	2562	195015.9	193093.2	3843.6	3761.1	200751.7	58009.4
广播电视节目制作及发射设备制造	32	877	377	19111.8	16242.8	274.3	266.2	23618.0	7092.8
广播电视接收设备及器材制造	533	23425	11597	268047.8	265863.7	4455.0	3992.0	238045.7	247518.6
应用电视设备及其他广播电视设备制造	217	5782	2329	105500.7	104175.8	1179.0	1035.9	109550.8	50640.1
电影机械制造	15	1006	485	9544.7	9534.7	38.0	38.0	5453.2	3821.3
幻灯及投影设备制造	45	1043	553	16935.3	16790.0	137.7	136.0	11213.0	6300.1
照相机及器材制造	135	5050	2516	80044.7	78761.7	630.1	517.5	103056.9	72415.5
复印和胶印设备制造	134	2931	1162	61002.8	59849.8	1077.1	1000.3	67456.5	34371.0

3–16　分地区规模以下文化制造业企业法人主要指标

单位：万元

地　区	法人单位数（个）	从业人员期末人数（人）	#女性	营业收入	主营业务收入	营业税金及附加	主营业务税金及附加	资产总计	实收资本
总　计	**26020**	**708717**	**319559**	**11524904.4**	**11330839.1**	**198779.0**	**182622.9**	**19060048.1**	**4954696.7**
广州市	4108	91763	36577	1754122.9	1715754.0	23018.3	21676.3	1560637.7	653775.0
韶关市	85	1238	749	10752.2	10534.9	228.9	216.1	52704.1	44603.3
深圳市	5417	184343	84212	2350152.1	2294741.9	36312.7	33476.4	8433958.8	1142707.7
珠海市	571	12068	5870	173632.4	171624.1	5230.3	5044.7	623329.6	144198.5
汕头市	1703	43475	20608	991501.6	983856.1	22498.4	21881.6	712273.5	233598.9
佛山市	2717	44924	18951	1538356.0	1529917.1	17053.5	15466.2	1392791.4	303540.3
江门市	1104	16696	8386	296212.0	292956.3	6017.4	5272.7	352179.3	185758.5
湛江市	227	3748	1809	66611.7	63149.6	2498.5	2414.6	78256.8	50127.3
茂名市	231	5664	3023	164502.9	162740.1	5895.1	5885.4	164833.4	88095.5
肇庆市	225	7485	2803	109936.5	108712.4	5137.5	4945.6	109872.1	46348.4
惠州市	1141	37470	16654	703178.4	691955.3	14456.4	13334.7	572441.8	294602.6
梅州市	199	6365	3737	103464.4	100635.1	5308.2	4747.9	56827.4	26545.8
汕尾市	193	5225	2738	28419.2	27933.1	714.2	698.7	39120.9	26630.2
河源市	89	1940	1057	31389.6	30808.7	726.8	681.6	1785328.9	19364.8
阳江市	389	14423	7708	237798.7	236842.3	4178.8	4141.2	156316.2	44058.1
清远市	105	4162	2054	67048.4	66022.4	826.0	772.0	111255.5	64525.0
东莞市	4061	163128	75446	1823498.6	1779235.7	25601.6	21929.7	1936039.3	916286.6
中山市	1993	34820	15198	494374.5	487119.6	6743.6	4803.4	575241.7	455592.2
潮州市	1068	20479	7692	396607.7	393926.3	12088.6	11741.4	228622.4	151517.2
揭阳市	312	7436	3265	131293.3	130739.3	1338.1	1164.1	79498.9	46077.5
云浮市	82	1865	1022	52051.3	51634.8	2906.1	2328.6	38518.4	16743.3

3-17 按类别分文化批发和零售业企业基本情况

单位：万元

类别	法人单位数（个）	从业人员期末人数（人）	#女性	营业收入	主营业务收入	营业税金及附加	主营业务税金及附加	资产总计	实收资本
合计	**15903**	**192058**	**94294**	**25423878.3**	**25207426.8**	**137275**	**128719.5**	**17640777.5**	**4312714.3**
一、按登记注册类型分组									
内资企业	15443	170891	80933	21233866.9	21061319.4	118585	110120.5	15262123	3600299.3
国有企业	129	10552	4708	1126345.5	1107007.1	7615.9	5307.9	996964.4	132777.9
集体企业	133	2065	999	891223.9	889419.2	2774.5	2699	68405.7	14705.2
股份合作企业	217	1164	574	28907.6	28866.2	830.3	814.7	19532.8	11864.9
联营企业	71	2042	301	27023.3	27005.2	1630.2	1597.8	54187.9	14364.8
国有联营企业	3	1457	8	12533.9	12533.9	652.6	652.6	6751.7	5430
集体联营企业	6	22	9	370.4	360.8	16.6	16.6	1129.9	162
国有与集体联营企业	3	17	9	85.8	85.8	3.8	3.8	138.7	180
其他联营企业	59	546	275	14033.2	14024.7	957.2	924.8	46167.6	8592.8
有限责任公司	2781	38310	19483	5923216.9	5871923.8	32700.7	31161.2	3100688.6	951661.1
国有独资公司	36	1668	980	306957.6	298882.7	1027.4	946.3	305722.9	31551.1
其他有限责任公司	2745	36642	18503	5616259.3	5573041.1	31673.3	30214.9	2794965.7	920110
股份有限公司	157	4643	2193	1566981.7	1563708.9	2145.3	2045.6	982770.8	231118.1
私营企业	11450	107302	50783	10933680	10842648.6	67625.9	63262.7	9780211.4	2190871.8
私营独资企业	1323	9116	4363	276429.4	263611.8	7330.4	7180.5	254467.3	87016.5
私营合伙企业	281	1796	791	49943.8	48477	1130.4	1081.4	38141.5	31909.8
私营有限责任公司	9671	93958	44505	10142612.4	10067584.5	57754.2	53613	9264590.4	2023944
私营股份有限公司	175	2432	1124	464694.4	462975.3	1410.9	1387.8	223012.2	48001.5
其他企业	505	4813	1892	736488	730740.4	3262.2	3231.6	259361.4	52935.5
港、澳、台商投资企业	334	15852	11266	1959991.1	1955511.9	12481.8	12439.3	1663712.1	527097.7
与港澳台商合资经营企业	30	2117	1281	239914.7	239194.4	1521.3	1521.3	226892	37540.1
与港澳台商合作经营企业	6	65	21	2798.1	2773.8	116.7	116.7	6696.8	12946.8
港澳台商独资经营企业	275	13250	9729	1712055.6	1708434.3	10582.4	10539.9	1389561.1	459020.1
港澳台商投资股份有限公司	6	24	12	1389	1388.9	17.4	17.4	4536.5	4283.4
其他港澳台投资企业	17	396	223	3833.7	3720.5	244	244	36025.7	13307.3
外商投资企业	126	5315	2095	2230020.3	2190595.5	6208.2	6159.7	714942.4	185317.3
中外合资经营企业	11	2280	734	1782411.6	1745527.7	3740.4	3736.3	359363.8	16615.6
中外合作经营企业	2	11	5	1105.2	1105.2	38	38	557.5	637.4
外资企业	93	2621	1224	426228.9	423800.8	2309.4	2265	341027.1	161260.1
外商投资股份有限公司	7	275	66	18383.3	18350.5	80.8	80.8	10982.7	4038.9
其他外商投资企业	13	128	66	1891.3	1811.3	39.6	39.6	3011.3	2765.3
二、按企业控股情况分组									
国有控股	275	18930	8134	4324184.9	4247772.6	17732.5	15121.2	2272899	535905.5
集体控股	200	3532	1506	1438387.9	1436242.6	3850.8	3774.7	178187.2	79702.5
私人控股	14016	134326	64339	14991266.3	14884780.8	90712.9	85719.6	11904361.2	2753245.4
港澳台商控股	316	14772	10464	1900027.6	1895707.9	11338.3	11295.6	1527824.8	501717.9
外商控股	112	5353	2346	666150.6	661223.8	3009.1	2963.6	434809.8	196342.4
其他	984	15145	7505	2103861	2081699.1	10631.4	9844.8	1322695.5	245800.6

3-18　按行业分文化批发和零售业企业基本情况

单位：万元

行　业	法人单位数（个）	从业人员期末人数（人）	#女性	营业收入	主营业务收入	营业税金及附加	主营业务税金及附加	资产总计	实收资本
合计	**15903**	**192058**	**94294**	**25423878.3**	**25207426.8**	**137275**	**128719.5**	**17640777.5**	**4312714.3**
图书批发	367	5980	2889	495529.1	488346.9	3955.2	3413.3	617742.8	163716.2
报刊批发	48	1621	602	116017.6	111623.1	450.7	367.2	128927.2	30114
音像制品及电子出版物批发	252	2168	933	107283.3	105696.5	1096	1040.4	185427.5	39652.3
图书、报刊零售	571	19107	8858	738520.1	709770.3	8117.1	7125.8	774351.7	189933.2
音像制品及电子出版物零售	109	1056	485	29005.7	28868.5	415.1	412	33203.4	14218.1
贸易代理 *	675	5639	2530	739371.2	734411.5	8758.2	7158.1	380773.7	352252.8
拍卖 *	69	667	300	22524.1	22498.5	780.3	747.7	86135.1	66985.8
通讯及广播电视设备批发 *	473	7512	3402	1555251.6	1533210.5	6231.7	6020.5	953137.4	195340
电气设备批发 *	153	2266	809	174581.8	174136	901.3	850.4	151625.4	41879.2
首饰、工艺品及收藏品批发	3069	44010	26746	6513511.5	6479312.6	24363.7	23961.7	5358077.8	1566847.7
珠宝首饰零售	1408	17627	10780	1936347.3	1927104.9	14976.3	14697.9	828185.2	308905.5
工艺美术品及收藏品零售	1054	6959	3366	156436.6	152571.5	3562.7	3368.8	179088.2	106437.9
文具用品批发	2551	24160	10224	4482504.5	4454471.6	22747	19986.3	3877916.6	445551.6
文具用品零售	1221	7847	3557	279373.1	274737.3	4026.3	3931.3	221343.3	102726.9
乐器零售	244	1554	786	49241.9	48676.4	449.4	425.4	29567.9	17955.6
照相器材零售	184	1676	685	58904.9	55712.1	1303.5	1134.7	74313.4	14122.6
家用电器批发 *	797	16353	6178	5516652.3	5464843.3	17405	17123.3	2033868.1	287304.5
家用视听设备零售	608	5621	2191	174547.1	173863	4789.6	4693.4	150893.5	48004.4
其他文化用品批发	1494	16316	7356	2173324.4	2163667.7	10879.2	10221.1	1480388.1	270887
其他文化用品零售	556	3919	1617	104950.2	103904.6	2066.7	2040.2	95811.2	49879

3-19 分地区文化批发和零售业企业基本情况

单位：万元

地区	法人单位数（个）	从业人员期末人数（人）	#女性	营业收入	主营业务收入	营业税金及附加	主营业务税金及附加	资产总计	实收资本
总计	**15903**	**192058**	**94294**	**25423878.3**	**25207426.8**	**137275**	**128719.5**	**17640777.5**	**4312714.3**
广州市	5631	72601	35724	11245659.8	11171495.7	66792.5	64511.3	5670573.4	1841366.5
韶关市	79	747	433	21905.6	21831.6	212.5	194.8	102280.9	12686.5
深圳市	5490	69733	34339	8405396.2	8331165.9	26781.5	23730.4	9176166.2	1740040.4
珠海市	502	3484	1777	185599.7	183405.4	1394.9	894	225509.8	94920
汕头市	558	5608	2879	349561.8	347617.4	11077.3	10918	269706.9	102388
佛山市	697	5998	3081	766516.7	759042.7	3891.1	3672.5	394693.6	85669.8
江门市	169	1183	678	91255	90454	866.3	689.5	85223.4	16420.1
湛江市	201	1898	933	77855.8	73730.1	1229.4	1164.4	86560.1	34856.5
茂名市	142	2089	1115	71667.1	70764.5	1700.1	1677.8	70932.7	19248.7
肇庆市	131	3126	1348	1353139.5	1351731.9	3786.1	3744.6	61783	28350.8
惠州市	364	5409	1958	1795373.9	1754551.2	7064.4	6911.5	507528.3	58347.3
梅州市	99	799	403	33820.1	33647	507.2	493.6	23884.8	13712.1
汕尾市	34	498	242	5684.2	5536.4	79.4	77.4	8152.4	2220.2
河源市	56	543	312	20640.2	20299.9	564.7	553.2	26737.9	7119.3
阳江市	269	2663	1319	115532.7	115218.8	2399.5	2357.7	125173.4	30307.7
清远市	77	631	349	20405.2	20027.4	429.5	391.9	22896.3	5316
东莞市	754	8458	3969	415936.5	412784.1	2607.9	2266.5	449676	93901.3
中山市	412	3221	1896	158194.1	157816.6	1578.6	1560.9	121369.5	22449.9
潮州市	71	1069	453	117440.1	117352.3	2316	1013.9	25792.6	7246.3
揭阳市	97	1616	703	132503.7	129331.7	1128.6	1040	154637.2	90177.7
云浮市	70	684	383	39790.4	39622.2	867.5	855.6	31499.1	5969.2

3-20　按类别分限额以上文化批发和零售业企业主要指标

单位：万元

类　别	法人单位数（个）	从业人员期末人数（人）	#女性	营业收入	主营业务收入	营业税金及附加	主营业务税金及附加	资产总计	实收资本
合计	**969**	**70318**	**37376**	**19626757.7**	**19512800.2**	**49096.2**	**44859.3**	**10420922.3**	**1516680.2**
一、按登记注册类型分组									
内资企业	892	55225	27370	15814190.5	15740925.7	33505.3	29284.0	8683272.1	1148010.3
国有企业	30	8386	3707	1078474.0	1060244.3	6575.4	4358.7	866949.1	89256.1
集体企业	10	1149	580	859564.7	859070.0	1529.7	1529.7	45432.6	2190.4
股份合作企业	1	10	5	1304.9	1304.9	1.3	1.3	162.3	10.0
联营企业	1	1447		12311.1	12311.1	648.4	648.4	5519.0	4400.0
国有联营企业	1	1447		12311.1	12311.1	648.4	648.4	5519.0	4400.0
集体联营企业									
国有与集体联营企业									
其他联营企业									
有限责任公司	262	16886	9170	4673990.8	4636026.9	11760.7	11361.7	1965739.6	256254.0
国有独资公司	15	1104	651	290459.8	283181.5	698.5	657.9	276725.0	20534.4
其他有限责任公司	247	15782	8519	4383531.0	4352845.4	11062.2	10703.8	1689014.6	235719.6
股份有限公司	24	3533	1674	1522939.9	1520770.9	1214.4	1140.3	931379.9	179840.4
私营企业	562	23586	12108	7654832.0	7640424.5	11601.2	10069.7	4864740.3	614036.8
私营独资企业	6	98	38	7496.4	7496.4	25.8	19.3	2505.1	430.3
私营合伙企业	1	8	3	2000.0	2000.0	72.0	72.0	128.5	100.0
私营有限责任公司	542	22256	11451	7232897.3	7218955.7	10709.0	9184.0	4713612.2	590483.5
私营股份有限公司	13	1224	616	412438.3	411972.4	794.4	794.4	148494.5	23023.0
其他企业	2	228	126	10773.1	10773.1	174.2	174.2	3349.3	2022.6
港、澳、台商投资企业	59	11351	8678	1653002.5	1649223.6	10662.7	10647.1	1208992.4	338476.5
与港澳台商合资经营企业	10	1806	1107	230469.1	229749.0	1403.4	1403.4	127170.4	20335.8
与港澳台商合作经营企业									
港澳台商独资经营企业	49	9545	7571	1422533.4	1419474.6	9259.3	9243.7	1081822.0	318140.7
港澳台商投资股份有限公司									
其他港澳台投资企业									
外商投资企业	18	3742	1328	2159564.7	2122650.9	4928.2	4928.2	528657.8	30193.4
中外合资经营企业	5	2183	700	1779932.4	1743051.4	3704.6	3704.6	354094.4	13055.6
中外合作经营企业									
外资企业	12	1470	588	372867.5	372867.5	1197.6	1197.6	171229.6	15187.8
外商投资股份有限公司	1	89	40	6764.8	6732.0	26.0	26.0	3333.8	1950.0
其他外商投资企业									
二、按企业控股情况分组									
国有控股	98	15273	6374	4041953.7	3968710.6	13805.1	11339.3	2004744.7	226675.0
集体控股	19	2132	842	1383513.9	1382689.8	2145.6	2145.6	138166.8	59528.4
私人控股	691	31240	16559	10843461.9	10823180.2	17955.0	16286.4	6115455.6	777709.0
港澳台商控股	58	10154	7852	1593729.1	1590096.2	9682.8	9667.2	1138874.6	327390.7
外商控股	15	4102	1728	600480.7	598082.0	1882.3	1882.3	272419.3	34416.8
其他	88	7417	4021	1163618.4	1150041.4	3625.4	3538.5	751261.3	90960.3

3-21 按行业分限额以上文化批发和零售业企业主要指标

单位：万元

行业	法人单位数（个）	从业人员期末人数（人）	#女性	营业收入	主营业务收入	营业税金及附加	主营业务税金及附加	资产总计	实收资本
合计	**969**	**70318**	**37376**	**19626757.7**	**19512800.2**	**49096.2**	**44859.3**	**10420922.3**	**1516680.2**
图书批发	36	2375	1103	365724.6	362768.2	2485.5	2158.0	429170.6	76456.8
报刊批发	7	1078	334	83754.7	80039.2	195.1	154.9	93805.8	10158.0
音像制品及电子出版物批发	12	212	114	51183.1	50586.1	91.8	79.6	120737.5	6801.0
图书、报刊零售	107	14525	6625	629828.7	603623.5	5933.0	5101.0	645006.6	112165.0
音像制品及电子出版物零售	4	199	120	10480.2	10411.2	113.7	113.7	6254.7	3500.0
贸易代理 *	11	273	138	158519.9	158461.5	1776.8	479.8	51389.3	4312.3
拍卖 *	1	14	4	9709.6	9709.6	49.4	49.4	3511	1200.0
通讯及广播电视设备批发 *	50	3446	1781	1275372.3	1262244.9	1921.5	1832.7	676469.2	100525.1
电气设备批发 *	13	832	344	114086.8	113761.7	297.3	262.8	107572.3	20557.0
首饰、工艺品及收藏品批发	152	18568	13190	5411782.5	5402199.0	13754.8	13651.3	3636358.8	655383.8
珠宝首饰零售	89	5905	3999	1143775.0	1136690.6	6313.6	6237.7	373305.1	72625.7
工艺美术品及收藏品零售	14	576	372	45941.5	44940.6	303.0	246.0	37717.6	12462.7
文具用品批发	181	6861	3073	3329477.9	3327560.7	6997.6	5638.6	1497563.6	180927.9
文具用品零售	47	1038	422	114257.1	113837.7	542.6	542.6	70478.3	19038.8
乐器零售	11	258	142	26887.1	26694.2	53.5	53.5	9781.3	2312.0
照相器材零售	8	198	86	19800.9	19774.2	26.5	26.5	9856.6	515.6
家用电器批发 *	84	9211	3452	5163076.4	5118108.8	6874.6	6874.6	1670218.6	174839.8
家用视听设备零售	26	595	175	37404.9	37384.9	119.2	119.2	16729.5	3808.6
其他文化用品批发	110	4096	1885	1629692.9	1628002.0	1218.6	1209.3	961512	58355.1
其他文化用品零售	6	58	17	6001.6	6001.6	28.1	28.1	3483.9	735.0

3-22　分地区限额以上文化批发和零售业企业主要指标

单位：万元

地　区	法人单位数（个）	从业人员期末人数（人）	#女性	营业收入	主营业务收入	营业税金及附加	主营业务税金及附加	资产总计	实收资本
合　计	**969**	**70318**	**37376**	**19626757.7**	**19512800.2**	**49096.2**	**44859.3**	**10420922.3**	**1516680.2**
广州市	477	30651	17056	9111168.1	9069048.5	24104.7	23373.2	3871397.9	666952.3
韶关市	7	179	120	6145.3	6145.3	39.6	39.6	5172.9	4015.9
深圳市	229	25578	12863	6607423.5	6581951.6	12818.8	10809.4	5192377.4	700020.6
珠海市	18	1015	536	119949.2	119132.6	226.0	211.8	89285.5	8520.0
汕头市	23	678	367	141996.0	141056.0	1659.9	1648.1	99594.6	11792.8
佛山市	43	1341	700	505400.3	505094.0	562.8	562.8	176765.3	12178.8
江门市	14	454	290	47774.4	47264.1	411.9	400.4	28454.2	7313.3
湛江市	13	619	318	31873.3	29510.2	217.5	170.1	27807.1	4375.6
茂名市	13	504	299	16655.5	16186.7	129.7	129.7	17436.8	3242.5
肇庆市	8	1153	620	734102.9	733370.1	781.7	781.7	13773.7	6241.3
惠州市	10	2314	763	1706608.5	1669578.7	3643.7	3622.0	435959.0	16748.1
梅州市	4	121	74	12402.4	12402.4	94.9	94.9	5869.3	1550.0
汕尾市	3	123	82	2756.7	2658.9	25.9	25.9	4220.7	164.6
河源市	3	157	108	9244.1	9175.1	283.2	283.2	13089.2	1300.0
阳江市	5	150	99	6096.8	6096.8	66.5	66.5	4914.8	648.6
清远市	1	33	12	1612.6	1612.6	3.9	3.9	785.8	180.0
东莞市	26	3009	1687	236930.6	236563.9	397.0	383.8	243616.3	21071.6
中山市	37	1207	857	115087.0	114943.9	1065.5	1059.0	69371.4	5502.3
潮州市	5	139	76	79849.9	79847.1	1776.4	479.4	17591.9	2560.5
揭阳市	22	752	371	111385.1	108866.2	771.8	699.1	99862.1	41456.9
云浮市	8	141	78	22295.5	22295.5	14.8	14.8	3576.4	844.5

3-23 按类别分限额以上文化批发

类 别	法人单位数（个）	从业人员期末人数（人）	#女性	年初存货	流动资产合计	应收账款	存货	固定资产合计
合计	**969**	**70318**	**37376**	**2184220.6**	**8917975.9**	**1733957.0**	**2588711.8**	**506833.2**
一、按登记注册类型分组								
内资企业	892	55225	27370	1434286.5	7366657.8	1376378.8	1982894.1	460391.5
国有企业	30	8386	3707	161297.2	559508.2	125603.9	173455.6	159344.7
集体企业	10	1149	580	3249.9	44422.8	4078.0	13905.5	456.7
股份合作企业	1	10	5	167.6	157.9	63.7	78.1	4.4
联营企业	1	1447			4932.3	210.3		586.7
国有联营企业	1	1447			4932.3	210.3		586.7
集体联营企业								
国有与集体联营企业								
其他联营企业								
有限责任公司	262	16886	9170	402607.8	1632263.3	319280.9	409362.8	129499.6
国有独资公司	15	1104	651	18131.6	173894.3	10544.2	25591.1	40113.0
其他有限责任公司	247	15782	8519	384476.2	1458369.0	308736.7	383771.7	89386.6
股份有限公司	24	3533	1674	137834.1	618147.2	103666.3	187278.3	88624.7
私营企业	562	23586	12108	727742.5	4504508.7	823328.0	1196864.2	81752.8
私营独资企业	6	98	38	278.8	2336.4	922.6	271.8	67.1
私营合伙企业	1	8	3		87.5			41.0
私营有限责任公司	542	22256	11451	682562.3	4361162.6	793241.1	1172814.9	78651.6
私营股份有限公司	13	1224	616	44901.4	140922.2	29164.3	23777.5	2993.1
其他企业	2	228	126	1387.4	2717.4	147.7	1949.6	121.9
港、澳、台商投资企业	59	11351	8678	473026.4	1039436.2	99028.0	528265.8	42119.4
与港澳台商合资经营企业	10	1806	1107	50464.9	113693.4	9991.2	56248.7	2739.5
与港澳台商合作经营企业								
港澳台商独资经营企业	49	9545	7571	422561.5	925742.8	89036.8	472017.1	39379.9
港澳台商投资股份有限公司								
其他港澳台投资企业								
外商投资企业	18	3742	1328	276907.7	511881.9	258550.2	77551.9	4322.3
中外合资经营企业	5	2183	700	265794.9	343526.9	210391.3	39245.7	932.9
中外合作经营企业								
外资企业	12	1470	588	10541.1	165101.6	45985.9	37805.1	3317.8
外商投资股份有限公司	1	89	40	571.7	3253.4	2173.0	501.1	71.6
其他外商投资企业								
二、按企业控股情况分组								
国有控股	98	15273	6374	493911.8	1480392.6	408587.7	293713.0	226581.5
集体控股	19	2132	842	49694.5	89704.0	30694.6	20370.4	35573.3
私人控股	691	31240	16559	1016589.5	5506236.8	971257.8	1549600.1	139841.0
港澳台商控股	58	10154	7852	434708.9	977908.1	105731.8	490127.2	40568.4
外商控股	15	4102	1728	61418.9	264835.5	72618.5	78004.3	4012.9
其他	88	7417	4021	127897.0	598898.9	145066.6	156896.8	60256.1

批发和零售业企业主要财务指标

单位：万元

固定资产原价	累计折旧		资产总计	流动负债合计		非流动负债合计	负债合计	所有者权益合计		营业收入
		本年折旧			应付账款				实收资本	
820401.4	**347171.4**	**45994.9**	**10420922.3**	**7418751.4**	**1870736.9**	**381430.7**	**7739552.0**	**2681370.3**	**1516680.2**	**19626757.7**
762362.5	325339.6	37307.8	8683272.1	6271729.3	1458771.0	289822.9	6506231.3	2177040.8	1148010.3	15814190.5
307757.3	150935.6	9995.2	866949.1	451146.4	147242.5	23994.5	474874.8	392074.3	89256.1	1078474.0
583.8	154.8	58.2	45432.6	42373.4	14170.5	219.1	42639.8	2792.8	2190.4	859564.7
20.3	15.9	2.2	162.3	116.7	114.0		116.7	45.6	10.0	1304.9
3415.0	2828.3	119.5	5519.0	8708.0	1666.3		8708.0	−3189.0	4400.0	12311.1
3415.0	2828.3	119.5	5519.0	8708.0	1666.3		8708.0	−3189.0	4400.0	12311.1
238255.9	109374.0	9863.2	1965739.6	1434122.0	352398.4	95181.0	1533458.7	432280.9	256254.0	4673990.8
56263.2	16294.0	2950.8	276725.0	174640.2	24195.7	52211.5	226851.8	49873.2	20534.4	290459.8
181992.7	93080.0	6912.4	1689014.6	1259481.8	328202.7	42969.5	1306606.9	382407.7	235719.6	4383531.0
105947.0	17322.3	5846.6	931379.9	483157.1	82485.0	15115.8	497460.0	433919.9	179840.4	1522939.9
106060.8	44508.2	11376.3	4864740.3	3852723.4	861845.4	154494.5	3948773.0	915967.3	614036.8	7654832.0
112.6	65.5	13.4	2505.1	1390.1	768.0	147.0	1537.1	968.0	430.3	7496.4
50.0	9.0		128.5	3.5			3.5	125.0	100.0	2000.0
100954.1	42482.7	10689.4	4713612.2	3778429.0	830327.6	153168.4	3873152.5	840459.7	590483.5	7232897.3
4944.1	1951.0	673.5	148494.5	72900.8	30749.8	1179.1	74079.9	74414.6	23023.0	412438.3
322.4	200.5	46.6	3349.3	−617.7	−1151.1	818.0	200.3	3149.0	2022.6	10773.1
49055.9	17171.1	7785.9	1208992.4	625125.0	163047.6	72562.7	692433.4	516559.0	338476.5	1653002.5
4412.0	1672.5	580.9	127170.4	56568.5	17889.9	8985.2	65743.5	61426.9	20335.8	230469.1
44643.9	15498.6	7205.0	1081822.0	568556.5	145157.7	63577.5	626689.9	455132.1	318140.7	1422533.4
8983.0	4660.7	901.2	528657.8	521897.1	248918.3	19045.1	540887.3	−12229.5	30193.4	2159564.7
4260.3	3327.4	716.3	354094.4	363520.7	203133.5	8648.0	372168.7	−18074.3	13055.6	1779932.4
4180.8	863.0	144.0	171229.6	152678.5	42085.9	10392.7	163016.3	8213.3	15187.8	372867.5
541.9	470.3	40.9	3333.8	5697.9	3698.9	4.4	5702.3	−2368.5	1950.0	6764.8
413774.0	190097.9	15720.5	2004744.7	1316655.5	482917.8	85996.5	1402386.0	602358.7	226675.0	4041953.7
37218.0	1801.7	1237.3	138166.8	68520.6	22150.1	1039.2	69607.1	68559.7	59528.4	1383513.9
187240.5	67758.6	16367.9	6115455.6	4665820.4	974250.9	202331.9	4811824.9	1303630.7	777709.0	10843461.9
51507.9	21144.0	7589.5	1138874.6	591825.4	156177.2	68623.5	655004.8	483869.8	327390.7	1593729.1
6119.8	2106.9	446.0	272419.3	246365.6	91663.6	10397.1	256707.8	15711.5	34416.8	600480.7
124541.2	64262.3	4633.7	751261.3	529563.9	143577.3	13042.5	544021.4	207239.9	90960.3	1163618.4

3-23 续表

类别	主营业务收入	营业成本	主营业务成本	营业税金及附加	主营业务税金及附加	其他业务利润	销售费用	管理费用	税金
合计	**19512800.2**	**17915868.3**	**17828145.3**	**49096.2**	**44859.3**	**59159.0**	**751322.3**	**435964.3**	**17781.6**
一、按登记注册类型分组									
内资企业	15740925.7	14544735.2	14490032.8	33505.3	29284.0	51140.3	442853.2	369357.7	13661.6
国有企业	1060244.3	929300.0	924126.9	6575.4	4358.7	12216.1	28422.9	68504.6	2873.8
集体企业	859070.0	805773.5	805397.4	1529.7	1529.7	108.6	9997.5	1481.9	146.3
股份合作企业	1304.9	1224.8	1224.8	1.3	1.3		80.3	25.3	1.8
联营企业	12311.1	10222.9	10222.9	648.4	648.4		328.8	2341.1	
国有联营企业	12311.1	10222.9	10222.9	648.4	648.4		328.8	2341.1	
集体联营企业									
国有与集体联营企业									
其他联营企业									
有限责任公司	4636026.9	4187185.3	4145819.3	11760.7	11361.7	27768.8	182464.7	100598.4	4391.9
国有独资公司	283181.5	269043.2	268721.3	698.5	657.9	5876.0	7706.6	11086.6	1099.3
其他有限责任公司	4352845.4	3918142.1	3877098.0	11062.2	10703.8	21892.8	174758.1	89511.8	3292.6
股份有限公司	1520770.9	1462964.5	1462332.5	1214.4	1140.3	1479.7	29543.7	29210.3	728.2
私营企业	7640424.5	7140294.2	7133139.0	11601.2	10069.7	9567.1	190587.4	166533.2	5486.9
私营独资企业	7496.4	6487.1	6487.1	25.8	19.3	0.1	498.3	360.8	4.2
私营合伙企业	2000.0	1270.7	1270.7	72.0	72.0			456.0	
私营有限责任公司	7218955.7	6794614.7	6787532.9	10709.0	9184.0	9567.0	155637.1	146966.7	5423.0
私营股份有限公司	411972.4	337921.7	337848.3	794.4	794.4		34452.0	18749.7	59.7
其他企业	10773.1	7770.0	7770.0	174.2	174.2		1427.9	662.9	32.7
港、澳、台商投资企业	1649223.6	1380419.0	1378734.2	10662.7	10647.1	2525.9	160640.9	48573.4	3602.6
与港澳台商合资经营企业	229749.0	182149.9	181530.0	1403.4	1403.4	176.6	28300.0	10693.0	1978.0
与港澳台商合作经营企业									
港澳台商独资经营企业	1419474.6	1198269.1	1197204.2	9259.3	9243.7	2349.3	132340.9	37880.4	1624.6
港澳台商投资股份有限公司									
其他港澳台投资企业									
外商投资企业	2122650.9	1990714.1	1959378.3	4928.2	4928.2	5492.8	147828.2	18033.2	517.4
中外合资经营企业	1743051.4	1687973.8	1656638.0	3704.6	3704.6	5460.0	94071.9	5695.5	257.2
中外合作经营企业									
外资企业	372867.5	297196.0	297196.0	1197.6	1197.6		52350.4	12138.7	260.2
外商投资股份有限公司	6732.0	5544.3	5544.3	26.0	26.0	32.8	1405.9	199.0	
其他外商投资企业									
二、按企业控股情况分组									
国有控股	3968710.6	3697820.3	3629841.3	13805.1	11339.3	29802.1	173612.8	115515.9	5176.2
集体控股	1382689.8	1311809.3	1311432.2	2145.6	2145.6	1717.8	23123.6	4087.7	613.9
私人控股	10823180.2	10018098.4	10006296.1	17955.0	16286.4	15907.4	277457.2	225803.1	9112.8
港澳台商控股	1590096.2	1350443.0	1349232.7	9682.8	9667.2	2783.3	142088.4	41281.1	1600.6
外商控股	598082.0	490539.7	488269.8	1882.3	1882.3	32.8	76924.6	18525.3	268.9
其他	1150041.4	1047157.6	1043073.2	3625.4	3538.5	8915.6	58115.7	30751.2	1009.2

单位：万元

财务费用			资产减值损失	公允价值变动收益(损失以"–"号记)	投资收益(损失以"–"号记)	营业利润	营业外收入		利润总额	应交所得税	应付职工薪酬（本年贷方累计发生额）	应交增值税
	利息收入	利息支出						补贴收入				
81547.5	**20852.4**	**52352.8**	**17381.9**	**10106.9**	**45483.5**	**441480.8**	**25473.3**	**8452.0**	**422502.6**	**57424.1**	**508179.8**	**250402.9**
70881.4	17689.7	44627.3	7123.3	9827.8	40990.1	406453.3	22764.6	7702.2	400763.4	41940.9	371154.9	178481.5
−455.7	1651.1	882.9	2092.0		3077.8	48859.9	3713.4	2494.7	52009.7	4776.0	123604.1	9553.6
562.1	158.6	148.1				40220.0	7.1	7.1	40227.0	36.9	3888.6	14942.9
						−26.8			−26.8		27.0	10.9
−35.8	44.3	8.5				−1194.3	0.8		−1193.5	3.3	8130.9	0.9
−35.8	44.3	8.5				−1194.3	0.8		−1193.5	3.3	8130.9	0.9
35330.5	6013.9	11304.4	4045.7	234.3	1298.0	161157.5	3848.8	835.3	158604.9	11133.7	100579.4	46180.5
3684.2	596.5	3633.3	968.5		124.7	−2473.4	253.7	5.9	−2279.9	86.7	7627.6	4423.3
31646.3	5417.4	7671.1	3077.2	234.3	1173.3	163630.9	3595.1	829.4	160884.8	11047.0	92951.8	41757.2
−1567.7	3205.5	7783.8	338.7	7351.5	34861.5	43732.0	3040.1	2198.9	41446.9	8558.2	22516.0	5463.0
36965.9	6571.7	24493.0	646.9	2242.0	1752.8	113049.0	12154.4	2166.2	109039.2	17380.4	111472.8	102229.9
18.7	2.2	14.1				105.8			105.8	32.0	404.9	85.2
0.1						201.2			201.2		54.0	60.0
36023.9	6224.4	23284.6	279.8	2242.0	1752.8	93511.9	11359.7	2068.7	90714.7	14110.2	104195.5	96921.8
923.2	345.1	1194.3	367.1			19230.1	794.7	97.5	18017.5	3238.2	6818.4	5162.9
82.1	44.6	6.6				656.0			656.0	52.4	936.1	99.8
7098.1	3057.6	7621.8	784.0	279.1	4122.3	49676.4	2061.5	734.8	38689.4	13660.3	86194.8	32874.5
737.0	555.8	897.9	613.2		2000.0	8629.9	965.9	391.8	9446.9	2444.8	16120.6	6255.2
6361.1	2501.8	6723.9	170.8	279.1	2122.3	41046.5	1095.6	343.0	29242.5	11215.5	70074.2	26619.3
3568.0	105.1	103.7	9474.6		371.1	−14648.9	647.2	15.0	−16950.2	1822.9	50830.1	39046.9
979.4	54.7	−89.8	9338.2		371.1	−21459.9	460.7		−22990.4	212.7	35574.5	27234.4
2582.7	50.4	193.5	136.4			7227.3	178.9	15.0	6450.6	1610.2	14585.6	11812.5
5.9						−416.3	7.6		−410.4		670.0	
1399.5	5625.0	5399.4	14731.5	563.0	29974.3	59845.0	5486.2	2511.0	64681.0	13714.3	206622.0	48778.6
541.3	206.6	153.6	245.5			41560.9	18.5	17.8	41176.4	132.0	9099.3	19212.6
67756.0	10180.0	37150.0	1903.2	9264.8	13306.7	262153.8	16894.0	4851.6	258613.8	26007.0	152670.3	125829.6
6605.7	2534.9	6938.1	319.2	279.1	2122.3	46001.1	1253.7	465.6	28144.9	11619.8	77821.3	28874.1
3652.0	56.6	69.5	45.4			8873.0	190.4	15.0	6126.0	1522.8	29715.5	16404.7
1593.0	2249.3	2642.2	137.1		80.2	23047.0	1630.5	591.0	23760.5	4428.2	32251.4	11303.3

3-24 按行业分限额以上文化批发

行业	法人单位数（个）	从业人员期末人数（人）	#女性	年初存货	流动资产合计	应收账款	存货	固定资产合计
合计	**969**	**70318**	**37376**	**2184220.6**	**8917975.9**	**1733957.0**	**2588711.8**	**506833.2**
图书批发	36	2375	1103	57857.6	283653.4	46259.3	70371.1	20846.8
报刊批发	7	1078	334	2414.2	74432.7	13328.5	4046.8	5852.7
音像制品及电子出版物批发	12	212	114	6520.4	78773.8	8002.1	13655.0	704.8
图书、报刊零售	107	14525	6625	96547.8	356800.0	42985.1	98314.7	197080.6
音像制品及电子出版物零售	4	199	120	2881.4	6167.1	990.0	3210.4	58.6
贸易代理 *	11	273	138	2646.3	45007.4	20595.3	3500.0	1615.2
拍卖 *	1	14	4		3124.2			386.8
通讯及广播电视设备批发 *	50	3446	1781	86094.2	562351.8	195969.9	114449.6	11091.4
电气设备批发 *	13	832	344	12510.2	64802.6	21916.0	15979.0	25610.0
首饰、工艺品及收藏品批发	152	18568	13190	1067794.9	3332546.9	526467.5	1579980.6	59621.1
珠宝首饰零售	89	5905	3999	129422.2	242746.4	26654.8	138800.4	10763.7
工艺美术品及收藏品零售	14	576	372	19454.2	29540.7	336.3	20048.4	3795.8
文具用品批发	181	6861	3073	171566.1	1321363.2	323130.3	205956.2	96879.8
文具用品零售	47	1038	422	6098.6	55155.7	28906.6	10390.8	7338.2
乐器零售	11	258	142	5044.8	9230.1	846.7	5466.4	344.7
照相器材零售	8	198	86	4065.2	9084.0	2026.2	5682.7	1.6
家用电器批发 *	84	9211	3452	421879.4	1497042.4	357086.9	211151.8	53741.3
家用视听设备零售	26	595	175	5100.4	14953.6	2876.0	7210.9	1349.7
其他文化用品批发	110	4096	1885	85256.7	927828.7	114770.6	79322.4	9677.5
其他文化用品零售	6	58	17	1066.0	3371.2	808.9	1174.6	72.9

和零售业企业主要财务指标

单位：万元

固定资产原价	累计折旧	本年折旧	资产总计	流动负债合计	应付账款	非流动负债合计	负债合计	所有者权益合计	实收资本	营业收入	主营业务收入
820401.4	**347171.4**	**45994.9**	**10420922.3**	**7418751.4**	**1870736.9**	**381430.7**	**7739552.0**	**2681370.3**	**1516680.2**	**19626757.7**	**19512800.2**
36765.6	16090.4	1745.7	429170.6	210864.4	124467.2	19982.6	230525.7	198644.9	76456.8	365724.6	362768.2
8141.7	2521.4	621.4	93805.8	70986.7	16586.2	784.5	71771.2	22034.6	10158.0	83754.7	80039.2
1560.5	855.7	186.9	120737.5	72982.5	7644.9	50823.7	123806.2	–3068.7	6801.0	51183.1	50586.1
354630.0	160054.9	12107.2	645006.6	286943.0	137072.9	16542.7	303774.2	341232.4	112165.0	629828.7	603623.5
199.6	141.0	16.1	6254.7	4834.4	2113.9		4834.5	1420.2	3500.0	10480.2	10411.2
2632.9	1017.7	252.8	51389.3	43949.0	20230.3	950.0	44899.0	6490.3	4312.3	158519.9	158461.5
398.0	11.2	3.0	3511.0	1547.5	753.0		1547.5	1963.5	1200.0	9709.6	9709.6
21236.7	10145.3	1673.0	676469.2	519676.0	148142.4	246.9	519923.0	156546.2	100525.1	1275372.3	1262244.9
29237.2	3627.2	1222.4	107572.3	41055.7	20711.0	10260.6	53904.2	53668.1	20557.0	114086.8	113761.7
98132.4	38721.0	11216.3	3636358.8	2527086.5	589482.1	111672.2	2640594.8	995764.0	655383.8	5411782.5	5402199.0
15265.8	4648.9	985.0	373305.1	209377.0	43051.8	27445.4	236237.9	137067.2	72625.7	1143775.0	1136690.6
6421.2	2625.4	235.5	37717.6	12866.1	1881.9	4732.1	17598.2	20119.4	12462.7	45941.5	44940.6
155729.8	78741.8	8884.1	1497563.6	1113559.3	285626.2	35779.9	1152465.9	345097.7	180927.9	3329477.9	3327560.7
13753.2	6415.0	1035.2	70478.3	49906.3	25630.8	732.0	50638.4	19839.9	19038.8	114257.1	113837.7
770.3	425.6	118.4	9781.3	8083.1	2370.1		8083.1	1698.2	2312.0	26887.1	26694.2
20.7	19.1	15.3	9856.6	8808.1	1732.0		8808.1	1048.5	515.6	19800.9	19774.2
56595.0	13099.3	3860.7	1670218.6	1366615.2	356841.1	22895.6	1385654.8	284563.8	174839.8	5163076.4	5118108.8
1788.7	547.1	189.1	16729.5	12448.0	4879.2	456.9	12904.9	3824.6	3808.6	37404.9	37384.9
16875.3	7289.2	1568.2	961512.0	854385.8	79871.2	78125.6	868803.6	92708.4	58355.1	1629692.9	1628002.0
246.8	174.2	58.6	3483.9	2776.8	1648.7		2776.8	707.1	735.0	6001.6	6001.6

3-24 续表

行 业	营业成本		营业税金及附加		其他业务利润	销售费用	管理费用		财务费用
		主营业务成本		主营业务税金及附加				税金	
合计	**17915868.3**	**17828145.3**	**49096.2**	**44859.3**	**59159.0**	**751322.3**	**435964.3**	**17781.6**	**81547.5**
图书批发	292684.3	292592.9	2485.5	2158.0	3921.0	26769.3	20486.5	719.0	95.5
报刊批发	59556.0	58947.1	195.1	154.9	3118.3	17135.9	6113.3	196.3	-113.4
音像制品及电子出版物批发	46968.3	46481.9	91.8	79.6	172.4	1002.7	2285.1	89.1	2605.9
图书、报刊零售	460392.1	454526.5	5933.0	5101.0	18459.0	37131.0	85228.3	3525.8	-839.3
音像制品及电子出版物零售	7607.0	7434.0	113.7	113.7	213.2	790.7	2159.7	0.8	9.9
贸易代理 *	141769.2	141769.2	1776.8	479.8		2317.9	1846.8	44.4	421.1
拍卖 *	9194.7	9194.7	49.4	49.4		0.0	304.2	9.5	-80.5
通讯及广播电视设备批发 *	1199093.9	1193979.4	1921.5	1832.7	11414.0	21478.1	31076.2	1476.8	3940.5
电气设备批发 *	93388.9	93224.3	297.3	262.8	223.6	4496.6	11156.7	270.3	895.1
首饰、工艺品及收藏品批发	4951024.0	4922118.3	13754.8	13651.3	4369.2	233415.9	98558.8	2499.5	32506.2
珠宝首饰零售	1030163.4	1027824.3	6313.6	6237.7	1420.8	57366.2	20051.6	2284.1	4358.4
工艺美术品及收藏品零售	36799.0	36226.6	303.0	246.0	832.5	3319.0	5008.5	89.8	149.5
文具用品批发	2974604.4	2969626.8	6997.6	5638.6	3499.3	86624.3	71240.5	3372.7	27630.9
文具用品零售	95363.9	94849.2	542.6	542.6	2621.0	5163.0	6709.7	85.5	680.2
乐器零售	23146.3	23100.8	53.5	53.5	300.0	1511.3	1225.8	54.4	157.4
照相器材零售	17693.8	17693.8	26.5	26.5		138.3	1080.9	10.8	19.1
家用电器批发 *	4885381.9	4847660.8	6874.6	6874.6	6761.9	215498.8	45596.4	2461.5	6967.4
家用视听设备零售	30535.8	30535.8	119.2	119.2	367.3	2736.3	2109.1	27.5	201.2
其他文化用品批发	1555150.2	1555007.7	1218.6	1209.3	1465.5	34212.6	23444.8	561.5	1942.9
其他文化用品零售	5351.2	5351.2	28.1	28.1		214.4	281.4	2.3	-0.5

		资产减值损失	公允价值变动收益(损失以"–"号记)	投资收益(损失以"–"号记)	营业利润	营业外收入		利润总额	应交所得税	应付职工薪酬（本年贷方累计发生额）	应交增值税
利息收入	利息支出						补贴收入				
20852.4	**52352.8**	**17381.9**	**10106.9**	**45483.5**	**441480.8**	**25473.3**	**8452.0**	**422502.6**	**57424.1**	**508179.8**	**250402.9**
1232.9	701.0	–586.6		4793.4	29741.7	1898.2	1133.7	31271.0	2674.3	20118.0	11422.1
141.0	118.1	483.3		36.7	397.0	605.4	4.8	1020.0	158.0	13969.6	2781.2
6.3	2578.4			0.2	–1708.6	1.1		–1738.0	44.5	747.8	501.2
2564.3	929.1	1176.5	196.8	874.7	44266.4	2771.8	1783.1	46758.0	2279.6	139752.9	19213.9
1.7	0.1				–200.8	10.6	5.2	21.8	3.8	939.5	194.6
17.6	36.6				10517.5	121.9	18.5	10504.0	202.4	1107.9	403.0
83.5		–1.7	37.5		281.0			230.0	49.9	291.3	17.3
1143.8	3782.5	1130.6	–8.1	46.9	16891.5	395.6	199.0	14283.6	4404.5	21248.0	8026.3
99.6	715.4	352.4	15.0	194.2	3757.9	611.5	238.9	4446.5	597.4	6589.3	4979.1
6298.9	31122.3	2080.3	8424.4	7162.5	97537.4	4844.2	2783.6	98692.1	25235.5	113913.6	70938.2
39.4	2348.3	95.9		–377.4	24963.2	1584.8	547.5	9114.2	1087.3	33142.3	15309.9
14.1	76.1				773.1	58.6	2.6	800.8	134.1	3880.8	570.8
2562.2	3324.6	710.6		111.3	164241.5	1400.3	1064.6	162663.7	5974.2	38213.7	44789.1
17.1	509.0			–29.3	8498.1	1652.5	4.0	3251.3	128.0	4461.9	2044.6
3.1	–27.0			297.3	1096.9	–0.9		1070.2	73.8	1228.7	1029.6
0.6	7.4	0.2			–7.3	6632.2		–10.4	5.1	790.6	72.4
4732.4	4127.1	11652.0	1442.1	32255.4	25276.8	2062.7	293.2	25219.9	11231.9	85177.8	56938.7
2.8	99.9	0.3			1773.0	97.7	85.0	1845.3	199.6	1925.4	412.9
1891.9	1903.7	288.1	–0.8	117.6	13304.8	724.4	288.3	12978.5	2920.2	20422.6	10687.6
–0.8	0.2				79.7	0.7		80.1	20.0	258.1	70.4

3-25 分地区限额以上文化批发

地区	法人单位数（个）	从业人员期末人数（人）	#女性	年初存货	流动资产合计	应收账款	存货	固定资产合计	固定资产原价
合计	**969**	**70318**	**37376**	**2184220.6**	**8917975.9**	**1733957.0**	**2588711.8**	**506833.2**	**820401.4**
广州市	477	30651	17056	846014.3	3217594.3	643105.4	990649.0	208815.1	269561.9
韶关市	7	179	120	1113.1	3248.8	1025.1	1096.9	1713.6	2748.3
深圳市	229	25578	12863	929487.7	4573893.4	705318.6	1377406.8	219117.5	384524.2
珠海市	18	1015	536	16902.7	84195.7	19066.8	20469.5	3373.0	6264.8
汕头市	23	678	367	9358.3	51642.3	16952.7	12459.4	7222.8	9623.8
佛山市	43	1341	700	15574.1	149708.1	50074.7	14162.0	12912.5	18884.5
江门市	14	454	290	7398.6	23186.5	5063.0	7613.8	4752.3	7648.2
湛江市	13	619	318	6714.9	15358.5	5324.2	6577.4	7654.1	10666.3
茂名市	13	504	299	1289.0	9227.8	3336.1	1156.5	8038.7	9445.0
肇庆市	8	1153	620	3053.5	9807.3	757.4	3927.4	3396.4	5031.0
惠州市	10	2314	763	262017.5	381332.2	209289.6	44071.4	5136.0	9866.1
梅州市	4	121	74	358.6	2971.6	449.6	1296.9	1422.1	1923.9
汕尾市	3	123	82	282.9	2207.5	988.0	427.6	1930.9	2119.5
河源市	3	157	108	2224.0	12574.7	1528.5	6659.5	116.9	323.7
阳江市	5	150	99	1409.4	3541.6	744.2	1282.4	1015.8	2959.8
清远市	1	33	12	324.8	773.1	107.4	422.6	12.6	18.8
东莞市	26	3009	1687	50509.4	215069.0	39122.8	71976.2	5353.3	59674.8
中山市	37	1207	857	17554.9	62827.6	15622.1	17535.5	3223.9	5031.5
潮州市	5	139	76	749.5	11081.8	9021.1	692.8	3824.1	4583.2
揭阳市	22	752	371	11421.1	84330.6	5186.8	7953.6	7704.5	9320.2
云浮市	8	141	78	462.3	3403.5	1872.9	874.6	97.1	181.9

和零售业企业主要财务指标

单位：万元

累计折旧	本年折旧	资产总计	流动负债合计	应付账款	非流动负债合计	负债合计	所有者权益合计	实收资本	营业收入	主营业务收入
347171.4	**45994.9**	**10420922.3**	**7418751.4**	**1870736.9**	**381430.7**	**7739552.0**	**2681370.3**	**1516680.2**	**19626757.7**	**19512800.2**
93430.4	21609.7	3871397.9	2598072.1	741105.2	184699.0	2718075.0	1153322.9	666952.3	9111168.1	9069048.5
1034.8	100.8	5172.9	3737.6	2734.7	236.2	3973.8	1199.1	4015.9	6145.3	6145.3
165925.6	16965.2	5192377.4	3768509.2	762372.1	116476.2	3884729.7	1307647.7	700020.6	6607423.5	6581951.6
2891.8	311.2	89285.5	65187.2	18785.9	60.0	66791.3	22494.2	8520.0	119949.2	119132.6
2662.9	1889.2	99594.6	63381.7	11227.2	1069.1	65437.2	34157.4	11792.8	141996.0	141056.0
5972.1	1146.9	176765.3	138805.4	38342.7	2966.3	143315.5	33449.8	12178.8	505400.3	505094.0
2902.2	225.9	28454.2	18556.0	6661.4	480.0	19036.0	9418.2	7313.3	47774.4	47264.1
3012.2	287.0	27807.1	17757.7	10046.5	1569.2	19326.9	8480.2	4375.6	31873.3	29510.2
1406.3	272.8	17436.8	7828.5	2550.2	1212.2	9040.7	8396.1	3242.5	16655.5	16186.7
1634.6	176.4	13773.7	4532.3	2714.9	70.0	4602.3	9171.4	6241.3	734102.9	733370.1
4730.1	961.1	435959.0	399996.2	207698.0	60214.0	460210.3	–24251.3	16748.1	1706608.5	1669578.7
501.8	73.9	5869.3	1916.7	1483.0	400.0	2316.7	3552.6	1550.0	12402.4	12402.4
188.6	67.0	4220.7	3591.6	1625.0	184.4	4064.4	156.3	164.6	2756.7	2658.9
206.8	56.2	13089.2	5527.3	2712.7	6600.0	12127.3	961.9	1300.0	9244.1	9175.1
1944.0	72.8	4914.8	2344.9	1187.4	21.4	2366.3	2548.5	648.6	6096.8	6096.8
6.2	1.4	785.8	307.0		232.4	539.4	246.4	180.0	1612.6	1612.6
54321.5	821.2	243616.3	204784.8	38987.9	1439.7	206224.5	37391.8	21071.6	236930.6	236563.9
1827.6	530.5	69371.4	58146.4	9116.2	1478.1	59624.5	9746.9	5502.3	115087.0	114943.9
735.2	76.2	17591.9	12375.1	4586.2	950.0	13325.1	4266.8	2560.5	79849.9	79847.1
1751.9	340.7	99862.1	40844.7	4739.2	899.3	41735.4	58126.7	41456.9	111385.1	108866.2
84.8	8.8	3576.4	2549.0	2060.5	173.2	2689.7	886.7	844.5	22295.5	22295.5

3-25 续表

地区	营业成本	主营业务成本	营业税金及附加	主营业务税金及附加	其他业务利润	销售费用	管理费用	税金	财务费用	利息收入
合计	**17915868.3**	**17828145.3**	**49096.2**	**44859.3**	**59159.0**	**751322.3**	**435964.3**	**17781.6**	**81547.5**	**20852.4**
广州市	8060675.1	8042030.2	24104.7	23373.2	37423.1	456751.3	234108.5	10194.1	37078.9	10919.9
韶关市	4979.4	4979.4	39.6	39.6	199.1	646.1	823.2	32.3	1.9	1.0
深圳市	6217924.8	6185542.1	12818.8	10809.4	10444.9	135438.5	150907.4	5374.0	33746.2	7488.8
珠海市	110210.9	110210.9	226.0	211.8	511.8	4085.2	3754.7	57.1	410.0	93.2
汕头市	129105.7	126691.8	1659.9	1648.1	745.3	3625.4	4127.4	271.9	536.3	103.3
佛山市	478047.4	478047.4	562.8	562.8	1301.1	7965.4	10062.8	380.6	2909.2	568.6
江门市	41934.3	41764.3	411.9	400.4	578.8	3147.1	1888.1	142.8	303.6	16.0
湛江市	26039.6	25064.3	217.5	170.1	325.1	2677.1	2358.2	215.8	267.1	1.5
茂名市	11608.7	11528.0	129.7	129.7	372.6	2666.7	1506.0	68.7	–8.8	30.6
肇庆市	702525.8	702412.0	781.7	781.7	255.9	10084.2	720.6	17.4	124.0	11.4
惠州市	1616420.3	1585043.3	3643.7	3622.0	5566.2	91117.2	7124.2	360.8	3314.7	100.0
梅州市	10798.6	10798.6	94.9	94.9		677.7	526.6	69.4	58.1	13.7
汕尾市	1927.5	1925.6	25.9	25.9	112.1	297.6	526.9	17.7	0.9	0.2
河源市	6135.0	6098.0	283.2	283.2		1671.8	205.2		648.2	
阳江市	4628.9	4628.9	66.5	66.5	196.8	532.1	642.5	66.6	11.5	2.8
清远市	1380.5	1380.5	3.9	3.9		130.3	26.1		32.6	
东莞市	211456.2	211456.2	397.0	383.8	263.0	15661.1	7061.5	64.0	1228.8	1279.2
中山市	101822.1	101821.9	1065.5	1059.0	127.9	6548.6	3052.9	97.6	597.1	198.9
潮州市	66640.6	66640.6	1776.4	479.4	82.4	1133.4	547.3	46.1	79.0	19.5
揭阳市	89993.6	88468.0	771.8	699.1	652.9	6045.7	5793.6	303.1	205.7	3.4
云浮市	21613.3	21613.3	14.8	14.8		419.8	200.6	1.6	2.5	0.4

利息支出	资产减值损失	公允价值变动收益（损失以“-”号记）	投资收益(损失以“-”号记	营业利润	营业外收入	补贴收入	利润总额	应交所得税	应付职工薪酬（本年贷方累计发生额）	应交增值税
52352.8	**17381.9**	**10106.9**	**45483.5**	**441480.8**	**25473.3**	**8452.0**	**422502.6**	**57424.1**	**508179.8**	**250402.9**
15919.9	5610.9	651.4	33192.0	336135.5	15046.7	2909.0	328843.3	39241.1	225440.6	138042.7
1.6	29.5			–175.3	61.2		–134.4	28.0	525.2	137.0
29579.4	2295.7	9258.7	11498.5	74488.6	9239.2	5334.7	67180.3	14701.5	203174.1	60162.2
186.3			3.1	1129.6	105.6	71.7	585.4	203.7	3481.7	1360.7
194.5	–26.0		4.2	3095.2	98.1	72.1	2715.5	145.9	2323.3	882.8
1296.7	0.5		26.9	6131.1	81.1	33.0	6421.8	757.2	5267.1	3338.0
285.5	–0.9		52.5	328.6	26.0	1.4	339.4	97.1	1835.4	816.5
143.2	–1.7		307.5	623.0	43.3		872.0	171.0	2102.0	329.7
14.8	36.2		1.2	718.2	9.3	3.0	692.9	108.1	1615.5	343.3
79.2	25.4		0.3	19969.5	7.2		19970.6	303.7	3724.6	8138.0
2218.2	9355.8		389.8	–23977.6	473.1		–25514.6	1.2	35243.7	29429.1
69.1				246.5	91.9		338.3	27.1	435.1	155.9
1.1	14.0		1.2	–20.7	1.0		–18.4	14.0	301.2	41.2
0.2	39.5			261.2			260.3	14.6	894.2	170.5
3.5	2.5	196.8		409.6	37.8		106.6	16.4	439.7	66.1
32.6				39.2			39.2	9.6	62.8	19.0
1640.2	1.1		3.9	1269.7	103.0		111.0	358.6	9757.3	2280.8
560.4	0.6		1.8	2002.0	30.1	20.0	1989.6	417.3	3982.7	1926.5
2.3	–1.2			9765.5	9.1	7.1	9768.9	445.7	370.1	59.8
124.1			0.6	8996.9	9.6		7890.4	360.5	6849.0	2583.5
				44.5			44.5	1.8	354.5	119.6

3-26 按类别分限额以下文化批发和零售业企业主要指标

单位：万元

类 别	法人单位数（个）	从业人员期末人数（人）	#女性	营业收入	主营业务收入	营业税金及附加	主营业务税金及附加	资产总计	实收资本
总计	**14934**	**121740**	**56918**	**5797120.6**	**5694626.6**	**88178.8**	**83860.2**	**7219855.2**	**2796034.1**
一、按登记注册类型分组									
内资企业	14551	115666	53563	5419676.4	5320393.7	85079.7	80836.5	6578850.9	2452289.0
国有企业	99	2166	1001	47871.5	46762.8	1040.5	949.2	130015.3	43521.8
集体企业	123	916	419	31659.2	30349.2	1244.8	1169.3	22973.1	12514.8
股份合作企业	216	1154	569	27602.7	27561.3	829.0	813.4	19370.5	11854.9
联营企业	70	595	301	14712.2	14694.1	981.8	949.4	48668.9	9964.8
国有联营企业	2	10	8	222.8	222.8	4.2	4.2	1232.7	1030.0
集体联营企业	6	22	9	370.4	360.8	16.6	16.6	1129.9	162.0
国有与集体联营企业	3	17	9	85.8	85.8	3.8	3.8	138.7	180.0
其他联营企业	59	546	275	14033.2	14024.7	957.2	924.8	46167.6	8592.8
有限责任公司	2519	21424	10313	1249226.1	1235896.9	20940.0	19799.5	1134949.0	695407.1
国有独资公司	21	564	329	16497.8	15701.2	328.9	288.4	28997.9	11016.7
其他有限责任公司	2498	20860	9984	1232728.3	1220195.7	20611.1	19511.1	1105951.1	684390.4
股份有限公司	133	1110	519	44041.8	42938.0	930.9	905.3	51390.9	51277.7
私营企业	10888	83716	38675	3278848.0	3202224.1	56024.7	53193.0	4915471.1	1576835.0
私营独资企业	1317	9018	4325	268933.0	256115.4	7304.6	7161.2	251962.2	86586.2
私营合伙企业	280	1788	788	47943.8	46477.0	1058.4	1009.4	38013.0	31809.8
私营有限责任公司	9129	71702	33054	2909715.1	2848628.8	47045.2	44429.0	4550978.2	1433460.5
私营股份有限公司	162	1208	508	52256.1	51002.9	616.5	593.4	74517.7	24978.5
其他企业	503	4585	1766	725714.9	719967.3	3088.0	3057.4	256012.1	50912.9
港、澳、台商投资企业	275	4501	2588	306988.6	306288.3	1819.1	1792.2	454719.7	188621.2
与港澳台商合资经营企业	20	311	174	9445.6	9445.4	117.9	117.9	99721.6	17204.3
与港澳台商合作经营企业	6	65	21	2798.1	2773.8	116.7	116.7	6696.8	12946.8
港澳台商独资经营企业	226	3705	2158	289522.2	288959.7	1323.1	1296.2	307739.1	140879.4
港澳台商投资股份有限公司	6	24	12	1389.0	1388.9	17.4	17.4	4536.5	4283.4
其他港澳台投资企业	17	396	223	3833.7	3720.5	244.0	244.0	36025.7	13307.3
外商投资企业	108	1573	767	70455.6	67944.6	1280.0	1231.5	186284.6	155123.9
中外合资经营企业	6	97	34	2479.2	2476.3	35.8	31.7	5269.4	3560.0
中外合作经营企业	2	11	5	1105.2	1105.2	38.0	38.0	557.5	637.4
外资企业	81	1151	636	53361.4	50933.3	1111.8	1067.4	169797.5	146072.3
外商投资股份有限公司	6	186	26	11618.5	11618.5	54.8	54.8	7648.9	2088.9
其他外商投资企业	13	128	66	1891.3	1811.3	39.6	39.6	3011.3	2765.3
二、按企业控股情况分组									
国有控股	177	3657	1760	282231.2	279062.0	3927.4	3781.9	268154.3	309230.5
集体控股	181	1400	664	54874.0	53552.8	1705.2	1629.1	40020.4	20174.1
私人控股	13325	103086	47780	4147804.4	4061600.6	72757.9	69433.2	5788905.6	1975536.4
港澳台商控股	258	4618	2612	306298.5	305611.7	1655.5	1628.4	388950.2	174327.2
外商控股	97	1251	618	65669.9	63141.8	1126.8	1081.3	162390.5	161925.6
其他	896	7728	3484	940242.6	931657.7	7006.0	6306.3	571434.2	154840.3

3-27　按行业分限额以下文化批发和零售业企业主要指标

单位：万元

行　业	法人单位数（个）	从业人员期末人数（人）	#女性	营业收入	主营业务收入	营业税金及附加	主营业务税金及附加	资产总计	实收资本
总计	**14934**	**121740**	**56918**	**5797120.6**	**5694626.6**	**88178.8**	**83860.2**	**7219855.2**	**2796034.1**
图书批发	331	3605	1786	129804.5	125578.7	1469.7	1255.3	188572.2	87259.4
报刊批发	41	543	268	32262.9	31583.9	255.6	212.3	35121.4	19956.0
音像制品及电子出版物批发	240	1956	819	56100.2	55110.4	1004.2	960.8	64690.0	32851.3
图书、报刊零售	464	4582	2233	108691.4	106146.8	2184.1	2024.8	129345.1	77768.2
音像制品及电子出版物零售	105	857	365	18525.5	18457.3	301.4	298.3	26948.7	10718.1
贸易代理 *	664	5366	2392	580851.3	575950.0	6981.4	6678.3	329384.4	347940.5
拍卖 *	68	653	296	12814.5	12788.9	730.9	698.3	82624.1	65785.8
通讯及广播电视设备批发 *	423	4066	1621	279879.3	270965.6	4310.2	4187.8	276668.2	94814.9
电气设备批发 *	140	1434	465	60495.0	60374.3	604.0	587.6	44053.1	21322.2
首饰、工艺品及收藏品批发	2917	25442	13556	1101729.0	1077113.6	10608.9	10310.4	1721719.0	911463.9
珠宝首饰零售	1319	11722	6781	792572.3	790414.3	8662.7	8460.2	454880.1	236279.8
工艺美术品及收藏品零售	1040	6383	2994	110495.1	107630.9	3259.7	3122.8	141370.6	93975.2
文具用品批发	2370	17299	7151	1153026.6	1126910.9	15749.4	14347.7	2380353.0	264623.7
文具用品零售	1174	6809	3135	165116.0	160899.6	3483.7	3388.7	150865.0	83688.1
乐器零售	233	1296	644	22354.8	21982.2	395.9	371.9	19786.6	15643.6
照相器材零售	176	1478	599	39104.0	35937.9	1277.0	1108.2	64456.8	13607.0
家用电器批发 *	713	7142	2726	353575.9	346734.5	10530.4	10248.7	363649.5	112464.7
家用视听设备零售	582	5026	2016	137142.2	136478.1	4670.4	4574.2	134164.0	44195.8
其他文化用品批发	1384	12220	5471	543631.5	535665.7	9660.6	9011.8	518876.1	212531.9
其他文化用品零售	550	3861	1600	98948.6	97903.0	2038.6	2012.1	92327.3	49144.0

3-28 分地区限额以下文化批发和零售业企业主要指标

单位：万元

地区	法人单位数（个）	从业人员期末人数（人）	#女性	营业收入	主营业务收入	营业税金及附加	主营业务税金及附加	资产总计	实收资本
总计	**14934**	**121740**	**56918**	**5797120.6**	**5694626.6**	**88178.8**	**83860.2**	**7219855.2**	**2796034.1**
广州市	5154	41950	18668	2134491.7	2102447.2	42687.8	41138.1	1799175.5	1174414.2
韶关市	72	568	313	15760.3	15686.3	172.9	155.2	97108.0	8670.6
深圳市	5261	44155	21476	1797972.7	1749214.3	13962.7	12921.0	3983788.8	1040019.8
珠海市	484	2469	1241	65650.5	64272.8	1168.9	682.2	136224.3	86400.0
汕头市	535	4930	2512	207565.8	206561.4	9417.4	9269.9	170112.3	90595.2
佛山市	654	4657	2381	261116.4	253948.7	3328.3	3109.7	217928.3	73491.0
江门市	155	729	388	43480.6	43189.9	454.4	289.1	56769.2	9106.8
湛江市	188	1279	615	45982.5	44219.9	1011.9	994.3	58753.0	30480.9
茂名市	129	1585	816	55011.6	54577.8	1570.4	1548.1	53495.9	16006.2
肇庆市	123	1973	728	619036.6	618361.8	3004.4	2962.9	48009.3	22109.5
惠州市	354	3095	1195	88765.4	84972.5	3420.7	3289.5	71569.3	41599.2
梅州市	95	678	329	21417.7	21244.6	412.3	398.7	18015.5	12162.1
汕尾市	31	375	160	2927.5	2877.5	53.5	51.5	3931.7	2055.6
河源市	53	386	204	11396.1	11124.8	281.5	270.0	13648.7	5819.3
阳江市	264	2513	1220	109435.9	109122.0	2333.0	2291.2	120258.6	29659.1
清远市	76	598	337	18792.6	18414.8	425.6	388.0	22110.5	5136.0
东莞市	728	5449	2282	179005.9	176220.2	2210.9	1882.7	206059.7	72829.7
中山市	375	2014	1039	43107.1	42872.7	513.1	501.9	51998.1	16947.6
潮州市	66	930	377	37590.2	37505.2	539.6	534.5	8200.7	4685.8
揭阳市	75	864	332	21118.6	20465.5	356.8	340.9	54775.1	48720.8
云浮市	62	543	305	17494.9	17326.7	852.7	840.8	27922.7	5124.7

3-29　按类别分文化服务业企业基本情况

单位：万元

类　别	法人单位数（个）	从业人员期末人数（人）	#女性	营业收入	主营业务收入	营业税金及附加	主营业务税金及附加	资产总计
合计	**51640**	**779325**	**293016**	**29124159.6**	**28979344.0**	**660287.2**	**639172.9**	**47117629.4**
一、按登记注册类型分组								
内资企业	50453	711588	266341	24300708.0	24190963.0	609144.2	588729.5	39089090.3
国有企业	530	44030	16532	2552792.6	2735775.2	60186.6	56838.9	7015514.9
集体企业	271	4072	1699	67105.4	65481.3	2862.3	2649.7	321642.4
股份合作企业	340	3802	1578	52294.8	50680.1	2342.4	2031.0	50945.1
联营企业	270	2503	961	37835.1	37684.4	1196.6	1138.9	130539.8
国有联营企业	9	112	49	2501.7	2491.1	54.8	54.6	3393.6
集体联营企业	11	119	57	2262.5	2262.5	96.3	96.3	8026.3
国有与集体联营企业	6	102	29	3818.2	3818.2	118.7	118.7	8490.3
其他联营企业	244	2170	826	29252.7	29112.6	926.8	869.3	110629.6
有限责任公司	10560	196821	73242	7240972.9	7107045.8	200498.4	193251.9	12468447.8
国有独资公司	93	6353	2399	390609.7	373965.5	4860.6	4701.2	1135768.4
其他有限责任公司	10467	190468	70843	6850363.2	6733080.3	195637.8	188550.7	11332679.4
股份有限公司	682	24125	8261	1345968.3	1334778.9	23656.9	22474.4	2143830.6
私营企业	35641	409522	154917	12612753.0	12475673.7	304328.0	296474.3	16290715.0
私营独资企业	5411	44826	18181	664376.3	654356.9	28403.7	27197.4	745020.2
私营合伙企业	1275	11626	4388	185023.5	183172.8	5731.0	5617.4	211893.2
私营有限责任公司	28376	339623	127701	11206357.8	11083569.6	255278.7	248903.5	14415219.0
私营股份有限公司	579	13447	4647	556995.4	554574.4	14914.6	14756.0	918582.6
其他企业	2159	26713	9151	390985.9	383843.6	14073.0	13870.4	667454.7
港、澳、台商投资企业	798	47634	19028	3788328.3	3757541.6	43475.7	43071.5	7046748.8
与港澳台商合资经营企业	95	5056	2246	344336.2	342680.1	10839.4	10800.8	554027.7
与港澳台商合作经营企业	28	1140	539	633545.0	633443.8	2777.5	2777.5	657975.0
港澳台商独资经营企业	558	38618	15158	2772575.9	2743783.1	27481.8	27140.9	5708091.3
港澳台商投资股份有限公司	17	461	115	7239.6	7215.0	147.4	127.8	17252.5
其他港澳台投资企业	100	2359	970	30631.6	30419.6	2229.6	2224.5	109402.3
外商投资企业	389	20103	7647	1035123.3	1030839.4	7667.3	7371.9	981790.3
中外合资经营企业	79	4588	1673	420047.2	418992.5	2967.0	2934.8	310560.4
中外合作经营企业	17	532	213	39627.3	39609.9	612.8	419.7	50508.9
外资企业	243	13846	5298	545775.3	545137.2	3210.9	3165.2	583195.6
外商投资股份有限公司	10	453	186	18313.2	15743.5	640.8	620.2	8385.7
其他外商投资企业	40	684	277	11360.3	11356.3	235.8	232.0	29139.7
二、按企业控股情况分组								
国有控股	951	90704	32568	5427460.8	5548619.1	100457.3	94517.5	12496936.5
集体控股	508	14402	4690	433435.2	410287.2	10641.4	9842.5	824636.9
私人控股	45171	540482	204804	15934372.7	15753110.0	442044.8	429766.4	21807176.3
港澳台商控股	741	46429	18444	3828806.3	3798576.9	42308.4	41922.4	6787646.2
外商控股	292	16648	6462	650713.7	647323.4	6725.4	6458.3	1020969.8
其他	3974	70399	25941	2845215.2	2817271.7	58054.6	56665.8	4169931.2

3–30　按行业分文化服务业企业基本情况

单位：万元

行　业	法人单位数（个）	从业人员期末人数（人）	#女性	营业收入	主营业务收入	营业税金及附加	主营业务税金及附加	资产总计
合计	**51640**	**779325**	**293016**	**29124159.6**	**28979344.0**	**660287.2**	**639172.9**	**47117629.4**
新闻业	13	767	323	17220.1	16718.8	590.7	588.4	79239.3
图书出版	49	1504	772	207293.5	204007.2	1132.7	1051.5	484233.5
报纸出版	80	19651	6604	761140.3	939365.3	16688.3	16445.8	2040400.4
期刊出版	97	2301	1170	65557.1	59800.1	1380.9	1161.0	101576.4
音像制品出版	33	485	222	18044.2	16810.5	275.4	185.2	33671.2
电子出版物出版	10	183	92	914.3	914.3	36.1	36.1	679.4
其他出版业	28	725	337	9679.5	9678.5	208.1	208.0	10796.1
广播	54	1593	654	60118.1	59295.3	1366.4	1366.4	104434.6
电视	65	5512	2079	394103.7	393189.1	12627.2	12575.4	619713.6
电影和影视节目制作	299	4610	1777	174617.0	170642.5	2744.4	2657.0	374597.4
电影和影视节目发行	47	674	273	55920.7	55108.2	679.3	494.2	117306.2
电影放映	345	8425	4023	297430.4	277516.7	15888.7	14701.8	683160.7
录音制作	47	950	384	67291.0	64074.9	645.7	598.9	85017.5
文艺创作与表演	494	8300	3586	106404.6	100762.2	3606.0	3234.1	224162.9
艺术表演场馆	36	700	299	18039.8	17937.0	703.6	355.5	45411.3
图书馆	2	216	110	4068.8	4068.8	2.4	2.4	9069.6
档案馆	26	290	177	2720.9	2690.9	123.7	92.3	2530.7
文物及非物质文化遗产保护	18	386	154	6791.4	6505.9	194.1	194.0	38079.5
博物馆	14	103	46	669.5	669.5	35.5	35.5	2617.5
烈士陵园、纪念馆	4	64	23	3152.1	3152.1	205.2	185.0	5373.6
群众文化活动	318	2172	924	24200.7	23701.3	1285.6	1233.5	354845.8
社会人文科学研究	41	445	244	5747.1	5605.8	167.8	163.5	4975.2
专业性团体 *	21	309	117	1127.8	1083.8	54.6	54.5	1011.0
文化艺术培训	884	6940	4050	49368.3	47665.8	4644.4	4620.0	68495.7
其他未列明教育 *	196	2133	1410	26688.9	26564.4	835.7	832.3	68470.8
其他文化艺术业	577	4351	1982	60583.9	59874.9	1532.9	1505.8	171541.8
互联网信息服务	1654	39367	14463	4397435.5	4388464.3	78828.1	78574.0	7157913.5

3-30　续表

行　业	法人单位数（个）	从业人员期末人数（人）	#女性	营业收入	主营业务收入	营业税金及附加	主营业务税金及附加	资产总计
其他电信服务 *	101	11582	4252	374192.1	366064.2	4731.4	4669.0	293336.3
有线广播电视传输服务	121	9477	2961	425962.2	420298.5	12326.4	12185.9	850082.5
无线广播电视传输服务	12	7936	2304	306210.0	305758.1	8047.3	8038.8	1468287.1
卫星传输服务 *	7	57	24	644.4	644.4	15.6	15.6	5489.0
广告业	13864	129469	51683	6410251.1	6346675.8	105752.7	101074.0	5998930.7
软件开发 *	4820	127619	39853	4738825.4	4673044.9	64167.3	60770.6	6518597.6
数字内容服务 *	107	1948	800	115177.2	115019.7	1161.1	1158.6	123391.1
工程勘察设计 *	6328	115795	37479	3921076.5	3873039.0	139966.7	136013.9	5217926.9
专业化设计服务	7561	98317	35590	2539246.4	2515879.9	50312.4	47975.2	3383794.8
公园管理	74	4711	1996	112255.1	108932.4	4779.3	4220.8	345167.5
游览景区管理	378	13158	5892	174868.0	171869.6	7242.2	6838.6	1443012.6
野生动物保护 *	5	855	288	30282.5	30282.5	845.4	845.4	56221.7
野生植物保护 *	1	14	4	559.2	559.2	22.4	22.4	39.5
歌舞厅娱乐活动	1131	32095	14634	286498.7	282377.2	26501.7	26209.0	321228.7
电子游艺厅娱乐活动	480	3016	1132	38585.3	38221.7	1559.4	1514.7	28572.1
网吧活动	3855	24528	9445	326251.6	320788.0	16187.9	15706.0	332592.3
其他室内娱乐活动	460	4997	2560	39145.3	38863.1	2655.6	2605.3	44081.5
游乐园	140	13454	5674	438133.5	436913.6	23171.1	23104.8	2220863.0
其他娱乐业	162	2750	1277	30470.0	30167.4	1483.6	1454.9	218511.2
摄影扩印服务	793	8824	4538	98763.5	95991.4	4090.1	4005.4	118010.9
知识产权服务 *	256	3510	1840	61651.3	59922.9	1553.7	1466.2	148632.8
文化娱乐经纪人	98	910	369	20000.9	19551.9	499.1	496.2	60711.4
其他文化艺术经纪代理	170	1083	468	16363.6	16293.6	1514.7	1512.9	46166.4
娱乐及体育设备出租 *	68	814	286	15958.5	15485.0	318.8	315.4	19845.2
图书出租	3	15	7	151.1	141.1	5.2	3.2	283.9
音像制品出租	15	132	42	2847.1	2847.1	181.3	181.3	3862.3
会议及展览服务	1626	18590	7615	1088624.2	1081225.5	15857.2	15118.5	3440258.4
其他未列明商务服务业 *	3552	30513	13708	674835.7	656618.2	18854.1	18498.2	1520406.8

3-31 分地区文化服务业企业基本情况

单位：万元

地　区	法人单位数（个）	从业人员期末人数（人）	#女性	营业收入	主营业务收入	营业税金及附加	主营业务税金及附加	资产总计
总　计	**51640**	**779325**	**293016**	**29124159.6**	**28979344.0**	**660287.2**	**639172.9**	**47117629.4**
广州市	18125	333828	122475	15372794.7	15180143.6	293423.2	283622.4	22817570.2
韶关市	410	4168	1807	49478.7	48392.8	1692.9	1537.6	255005.4
深圳市	15124	254642	95017	9983658.2	10087340.8	212305.1	204692.8	17029082.4
珠海市	2135	18171	7014	390892.1	378728.9	10575.8	10126.3	1102766.2
汕头市	826	7473	3127	143415.5	138820.5	7355.3	7244.2	112192.7
佛山市	3560	38207	15264	1037443.7	1031437.5	38439.5	38556.2	1832789.8
江门市	717	5926	2594	81415.8	80077.4	4429.5	3959.2	212955.2
湛江市	865	8891	3736	115935.8	114359.0	5285.3	5199.4	143918.2
茂名市	592	8271	3365	215362.9	214150.8	6839.2	6790.4	341263.1
肇庆市	561	6850	2964	120940.7	120084.8	8926.2	8809.9	232942.7
惠州市	1703	16742	6210	418752.2	415676.0	21814.2	21466.9	509657.1
梅州市	307	3142	1208	64947.5	63680.3	2955.9	2346.5	108523.9
汕尾市	150	3027	1091	27949.1	27578.9	1105.0	1069.3	55099.4
河源市	368	3841	1483	48367.6	47766.8	2862.1	2833.4	112201.3
阳江市	478	5297	2146	115007.3	114526.1	4481.5	4464.2	198329.2
清远市	591	11916	4934	261349.1	256397.8	8831.3	8493.8	640357.7
东莞市	2990	29309	10904	354076.7	344641.4	14451.5	14004.4	727610.1
中山市	1415	12492	4889	197641.6	195162.8	8097.1	7817.0	542775.9
潮州市	242	2493	957	44673.0	43716.4	1301.8	1201.8	19664.2
揭阳市	274	2637	987	43786.1	42052.2	3538.5	3436.6	59478.6
云浮市	207	2002	844	36271.3	34609.2	1576.3	1500.6	63446.1

3-32　按类别分规模以上文化服务业企业主要指标

单位：万元

类　别	法人单位数（个）	从业人员期末人数（人）	#女性	营业收入	主营业务收入	营业税金及附加	主营业务税金及附加	资产总计
合计	**1919**	**270523**	**98593**	**20015916.5**	**19844994.1**	**354280.0**	**345167.1**	**29503728.9**
一、按登记注册类型分组								
内资企业	1714	229698	82960	15726122.7	15585138.0	312786.4	303920.5	23061833.4
国有企业	120	31926	11748	2331905.7	2315773.9	50153.5	48057.4	5525796.1
集体企业	12	782	333	15863.5	15700.7	552.4	500.9	19252.3
股份合作企业	6	230	89	7458.4	6660.7	223.5	130.2	2877.7
联营企业	2	74	34	2165.1	2165.1	54.6	54.6	2694.3
国有联营企业	1	50	25	1982.9	1982.9	44.7	44.7	2608.8
集体联营企业								
国有与集体联营企业								
其他联营企业	1	24	9	182.2	182.2	9.9	9.9	85.5
有限责任公司	574	91071	33004	5163861.2	5072212.4	121197.4	116732.0	7572536.9
国有独资公司	45	5452	1999	368201.6	351791.6	4584.9	4429.2	1054793.7
其他有限责任公司	529	85619	31005	4795659.6	4720420.8	116612.5	112302.8	6517743.2
股份有限公司	48	15428	5265	1156057.0	1146713.4	16034.6	15003.7	1700479.5
私营企业	936	87332	31185	7000887.3	6978748.6	122954.7	121834.9	8153622.4
私营独资企业	14	539	249	18764.4	18764.4	578.7	578.7	11926.5
私营合伙企业	14	705	322	36400.9	36394.9	587.9	587.4	19294.2
私营有限责任公司	880	77999	28023	6504194.6	6483209.4	110212.6	109168.3	7519931.6
私营股份有限公司	28	8089	2591	441527.4	440379.9	11575.5	11500.5	602470.1
其他企业	16	2855	1302	47924.5	47163.2	1615.7	1606.8	84574.2
港、澳、台商投资企业	130	25962	10032	3470956.5	3444605.7	36795.7	36630.7	5764415.7
与港澳台商合资经营企业	26	3884	1757	326012.0	324455.8	10098.3	10069.9	444705.8
与港澳台商合作经营企业	7	764	332	620355.7	620355.7	2228.2	2228.2	630552.5
港澳台商独资经营企业	94	21012	7887	2519519.1	2494749.1	24448.3	24331.3	4678057.7
港澳台商投资股份有限公司	3	302	56	5069.7	5045.1	20.9	1.3	11099.7
其他港澳台投资企业								
外商投资企业	75	14863	5601	818837.3	815250.4	4697.9	4615.9	677479.8
中外合资经营企业	24	3707	1354	398164.0	397269.8	2463.5	2432.5	225387.4
中外合作经营企业	4	413	150	37709.2	37704.8	291.8	291.7	8150.0
外资企业	41	10318	3865	365879.5	365760.8	1429.4	1399.1	435150.8
外商投资股份有限公司	4	293	140	13237.2	10667.6	422.9	402.3	5242.8
其他外商投资企业	2	132	92	3847.4	3847.4	90.3	90.3	3548.8
二、按企业控股情况分组								
国有控股	310	73603	25850	5042085.8	4967162.1	86220.2	81665.6	10410852.2
集体控股	42	7359	2125	306403.1	285519.1	5488.4	4871.4	224952.6
私人控股	1192	123222	44589	8508036.2	8476352.3	194274.8	191624.3	10061546.1
港澳台商控股	128	25797	9911	3522460.5	3496228.7	35961.5	35804.5	5719041.6
外商控股	56	11693	4552	423635.8	420896.7	3240.5	3189.6	494678.5
其他	188	28588	11459	2209139.4	2194679.5	29039.3	28011.7	2582325.4

3-33 按行业分规模以上文化服务业企业主要指标

单位：万元

行业	法人单位数（个）	从业人员期末人数（人）	#女性	营业收入	主营业务收入	营业税金及附加	主营业务税金及附加	资产总计
合计	**1919**	**270523**	**98593**	**20015916.5**	**19844994.1**	**354280.0**	**345167.1**	**29503728.9**
新闻业	2	668	284	13164.6	12663.3	498.7	496.4	75972.3
图书出版	14	1059	571	199677.5	196669.9	929.6	854.3	469708.9
报纸出版	30	16405	5496	699031.5	673193.6	15143.0	14874.8	1826634.4
期刊出版	14	947	482	46520.2	41447.5	886.7	800.8	80882.5
音像制品出版	3	184	86	10995.3	10784.5	62.3	42.9	16280.7
电子出版物出版								
其他出版业								
广播	9	988	413	33590.6	32769.1	788.5	788.5	90990.9
电视	10	3592	1466	351887.8	351538.8	10501.1	10501.1	539599.6
电影和影视节目制作	17	1401	458	115467.4	112510.7	1308.0	1291.1	121990.8
电影和影视节目发行	3	388	142	45709.5	45300.6	350.3	327.4	99091.7
电影放映	50	3093	1544	216122.3	201115.9	10629.6	9986.1	537204.1
录音制作	13	686	270	64626.3	61987.1	523.0	476.6	77151.6
文艺创作与表演	21	1591	689	35654.0	31119.5	967.8	827.2	109026.0
艺术表演场馆	4	309	159	15593.5	15508.8	608.7	258.7	10660.1
图书馆	1	125	50					8569.6
档案馆								
文物及非物质文化遗产保护	2	137	60	3139.1	3139.1	93.2	93.2	7558.9
博物馆								
烈士陵园、纪念馆								
群众文化活动	2	149	78	3212.4	3212.4	204.0	161.0	3705.1
社会人文科学研究	1	100	80	1614.2	1614.2	23.7	23.7	242.8
专业性团体 *								
文化艺术培训	2	101	63	3903.5	3903.5	125.2	125.2	2338.8
其他未列明教育 *	3	450	312	8583.0	8583.0	268.6	268.6	11867.8
其他文化艺术业	3	175	83	3584.7	3584.7	170.9	170.9	6828.7
互联网信息服务	67	22978	8192	4123792.8	4118132.0	67565.3	67555.8	6659049.2
其他电信服务 *	22	9733	3559	320693.7	312632.4	3466.7	3412.1	240649.5
有线广播电视传输服务	18	5241	1678	309571.3	305459.8	7820.9	7703.5	593184.4
无线广播电视传输服务	1	7832	2275	304058.4	303732.5	7947.7	7939.2	1458424.6
卫星传输服务 *								
广告业	439	27572	12517	4197886.2	4180470.9	36051.3	34242.7	3197278.4
软件开发 *	326	52829	15025	3249895.7	3213925.9	27783.4	26497.0	3350714.3
数字内容服务 *	5	840	408	99347.1	99338.1	653.0	653.0	94678.1
工程勘察设计 *	372	50843	16184	2517157.6	2506498.7	89253.2	86111.7	2661850.2
专业化设计服务	148	20447	7990	1183037.6	1179184.5	12257.5	12160.6	1271490.8
公园管理	13	3633	1575	93737.6	91479.1	3494.8	3289.1	203057.5
游览景区管理	43	5863	2685	86145.9	84116.3	3786.0	3654.1	490468.9
野生动物保护 *	3	851	288	30278.3	30278.3	845.3	845.3	56197.7
野生植物保护 *								
歌舞厅娱乐活动	72	4639	2317	65568.0	65240.1	8252.4	8085.4	50748.2
电子游艺厅娱乐活动	2	78	30	3165.1	3165.1	131.1	131.1	1220.9
网吧活动	1	5	3	36.0	30.0	2.0	1.5	48.0
其他室内娱乐活动	4	145	86	1465.8	1465.8	85.1	85.1	2946.6
游乐园	13	11776	5061	419383.0	418266.4	22029.3	21978.0	2171621.0
其他娱乐业	6	565	293	8358.0	8347.9	350.4	350.2	16750.4
摄影扩印服务	11	1840	1054	25251.5	25249.9	1379.3	1347.2	19778.2
知识产权服务 *	7	1080	782	24789.0	23751.7	676.5	630.4	81080.2
文化娱乐经纪人	2	326	113	11956.7	11913.6	221.2	221.2	2109.5
其他文化艺术经纪代理								
娱乐及体育设备出租 *	3	228	84	7091.5	7091.5	95.1	95.1	2487.1
图书出租								
音像制品出租	1	31	2	1431.6	1431.6	3.8	3.8	1217.3
会议及展览服务	79	4856	1967	797748.9	794261.3	7948.0	7785.8	2441063.3
其他未列明商务服务业 *	57	3744	1639	261991.8	248884.5	8097.8	8019.7	339309.3

3-34　分地区规模以上文化服务业企业主要指标

单位：万元

地　区	法人单位数（个）	从业人员期末人数（人）	#女性	营业收入	主营业务收入	营业税金及附加	主营业务税金及附加	资产总计
合　计	**1919**	**270523**	**98593**	**20015916.5**	**19844994.1**	**354280.0**	**345167.1**	**29503728.9**
广州市	1131	150758	51185	11471298.3	11341658.9	181744.1	177234.7	15892726.3
韶关市	8	1065	439	9125.4	8283.1	227.7	115.3	31691.9
深圳市	488	84157	32281	7499025.3	7469651.1	142255.6	138934.5	11655727.0
珠海市	35	4319	1633	214396.0	212538.8	4802.4	4609.8	282915.2
汕头市	6	1065	412	21063.7	20516.2	427.9	386.4	14545.8
佛山市	63	9715	4110	364395.0	363574.7	10722.8	10668.0	768352.2
江门市	8	1414	872	19394.2	19230.9	457.3	449.8	34777.8
湛江市	7	909	300	7331.7	7172.4	163.5	163.5	6976.2
茂名市	12	1625	581	42863.4	42708.8	933.9	933.8	67414.0
肇庆市	8	758	486	8203.0	8197.0	347.6	347.1	27327.3
惠州市	22	3177	1447	66289.8	65357.0	2340.8	2170.8	194226.6
梅州市	3	339	146	6627.6	6392.5	448.3	21.6	10653.1
汕尾市								
河源市	6	588	230	8481.8	8340.3	294.3	294.3	22968.5
阳江市	10	895	383	16008.9	15854.6	725.8	725.8	36695.1
清远市	12	886	374	16604.4	16545.9	612.7	612.7	96002.0
东莞市	80	7352	3106	214380.7	210544.1	6789.6	6556.3	309152.4
中山市	18	1422	573	28912.5	26952.9	938.6	895.6	49371.9
潮州市								
揭阳市	2	79	35	1514.8	1474.9	47.1	47.1	2205.6
云浮市								

3-35 按类别分规模以上文化

类　别	法人单位数（个）	从业人员期末人数（人）	#女性	年初存货	固定资产原价	本年折旧
合计	**1919**	**270523**	**98593**	**739537.7**	**7378759.3**	**748577.6**
一、按登记注册类型分组						
内资企业	1714	229698	82960	698279.9	6166549.9	591574.8
国有企业	120	31926	11748	43859.8	2600264.1	145380.5
集体企业	12	782	333	63.5	11807.5	852.3
股份合作企业	6	230	89	5.7	563.7	-83.5
联营企业	2	74	34	1.0	1429.3	51.3
国有联营企业	1	50	25		1395.6	51.3
集体联营企业						
国有与集体联营企业						
其他联营企业	1	24	9	1.0	33.7	
有限责任公司	574	91071	33004	385352.6	2253396.3	168597.4
国有独资公司	45	5452	1999	29670.2	257674.1	8940.8
其他有限责任公司	529	85619	31005	355682.4	1995722.2	159656.6
股份有限公司	48	15428	5265	60359.4	339961.9	24424.7
私营企业	936	87332	31185	206269.2	917742.8	250274.6
私营独资企业	14	539	249	72.9	2889.2	527.6
私营合伙企业	14	705	322	323.1	2789.1	585.7
私营有限责任公司	880	77999	28023	131049.0	864120.5	244577.8
私营股份有限公司	28	8089	2591	74824.2	47944.0	4583.5
其他企业	16	2855	1302	2368.7	41384.3	2077.5
港、澳、台商投资企业	130	25962	10032	28628.5	1033597.8	133264.7
与港澳台商合资经营企业	26	3884	1757	4975.2	247890.8	13023.1
与港澳台商合作经营企业	7	764	332	255.6	87030.0	2332.6
港澳台商独资经营企业	94	21012	7887	23330.0	693987.3	117573.7
港澳台商投资股份有限公司	3	302	56	67.7	4689.7	335.3
其他港澳台投资企业						
外商投资企业	75	14863	5601	12629.3	178611.6	23738.1
中外合资经营企业	24	3707	1354	9962.5	70251.3	13180.2
中外合作经营企业	4	413	150	2.8	2722.1	211.8
外资企业	41	10318	3865	2660.9	104300.0	10133.2
外商投资股份有限公司	4	293	140	3.1	1281.5	202.2
其他外商投资企业	2	132	92		56.7	10.7
二、按企业控股情况分组						
国有控股	310	73603	25850	242567.3	4035152.6	243003.9
集体控股	42	7359	2125	11217.2	46546.8	6235.5
私人控股	1192	123222	44589	327894.5	1298285.8	291124.5
港澳台商控股	128	25797	9911	27589.2	977706.6	132023.0
外商控股	56	11693	4552	7898.9	147388.6	11822.4
其他	188	28588	11459	122370.6	864959.3	64368.3

服务业企业主要财务指标

单位：万元

资产总计	负债合计	所有者权益合计	营业收入		营业成本		营业税金及附加
				主营业务收入		主营业务成本	
29503728.9	**14412497.7**	**15091231.2**	**20015916.5**	**19844994.1**	**12942086.5**	**12730785.6**	**354280.0**
23061833.4	11427431.9	11634401.5	15726122.7	15585138.0	11054078.8	10860503.8	312786.4
5525796.1	2051537.7	3474258.4	2331905.7	2315773.9	1478008.4	1468402.6	50153.5
19252.3	26085.7	–6833.4	15863.5	15700.7	6772.2	6317.1	552.4
2877.7	2096.3	781.4	7458.4	6660.7	3760.7	3675.4	223.5
2694.3	567.7	2126.6	2165.1	2165.1	890.1	890.1	54.6
2608.8	485.2	2123.6	1982.9	1982.9	837.8	837.8	44.7
85.5	82.5	3.0	182.2	182.2	52.3	52.3	9.9
7572536.9	3656929.8	3915607.1	5163861.2	5072212.4	3535303.2	3421083.4	121197.4
1054793.7	434811.1	619982.6	368201.6	351791.6	260041.6	245971.8	4584.9
6517743.2	3222118.7	3295624.5	4795659.6	4720420.8	3275261.6	3175111.6	116612.5
1700479.5	649630.4	1050849.1	1156057.0	1146713.4	879036.2	837864.6	16034.6
8153622.4	4994881.7	3158740.7	7000887.3	6978748.6	5122517.6	5094754.0	122954.7
11926.5	11164.2	762.3	18764.4	18764.4	16947.0	16947.0	578.7
19294.2	13164.9	6129.3	36400.9	36394.9	20241.7	20239.7	587.9
7519931.6	4742444.4	2777487.2	6504194.6	6483209.4	4773838.8	4746253.3	110212.6
602470.1	228108.2	374361.9	441527.4	440379.9	311490.1	311314.0	11575.5
84574.2	45702.6	38871.6	47924.5	47163.2	27790.4	27516.6	1615.7
5764415.7	2729540.9	3034874.8	3470956.5	3444605.7	1280956.3	1267824.2	36795.7
444705.8	214201.0	230504.8	326012.0	324455.8	195869.0	195603.2	10098.3
630552.5	588359.6	42192.9	620355.7	620355.7	553788.2	553788.2	2228.2
4678057.7	1921536.1	2756521.6	2519519.1	2494749.1	528933.9	516979.1	24448.3
11099.7	5444.2	5655.5	5069.7	5045.1	2365.2	1453.7	20.9
677479.8	255524.9	421954.9	818837.3	815250.4	607051.4	602457.6	4697.9
225387.4	125004.7	100382.7	398164.0	397269.8	330603.8	326113.6	2463.5
8150.0	1384.1	6765.9	37709.2	37704.8	32487.6	32439.3	291.8
435150.8	127301.1	307849.7	365879.5	365760.8	238237.7	238235.7	1429.4
5242.8	1363.5	3879.3	13237.2	10667.6	3031.5	2978.2	422.9
3548.8	471.5	3077.3	3847.4	3847.4	2690.8	2690.8	90.3
10410852.2	3808740.2	6602112.0	5042085.8	4967162.1	3487978.1	3392437.0	86220.2
224952.6	144114.7	80837.9	306403.1	285519.1	212845.6	170774.5	5488.4
10061546.1	6060195.8	4001350.3	8508036.2	8476352.3	6093141.5	6060695.7	194274.8
5719041.6	2709795.1	3009246.5	3522460.5	3496228.7	1333334.3	1320147.3	35961.5
494678.5	156896.4	337782.1	423635.8	420896.7	270953.0	270885.8	3240.5
2582325.4	1531120.2	1051205.2	2209139.4	2194679.5	1541545.5	1515845.3	29039.3

3-35 续表

类别	主营业务税金及附加	销售费用	管理费用		财务费用	
				税金		利息收入
合计	**345167.1**	**1445979.5**	**2510426.4**	**44616.1**	**5850.1**	**146440.1**
一、按登记注册类型分组						
内资企业	303920.5	1178911.5	1833066.6	37979.1	80393.3	51328.5
国有企业	48057.4	157605.4	345028.9	15792.3	16481.8	6020.8
集体企业	500.9	2475.4	4907.7	52.1	409.9	5.6
股份合作企业	130.2	227.6	2346.5	17.3	5.3	
联营企业	54.6	132.4	500.9	5.9	-5.3	5.7
国有联营企业	44.7		483.0	5.7	-5.4	5.6
集体联营企业						
国有与集体联营企业						
其他联营企业	9.9	132.4	17.9	0.2	0.1	0.1
有限责任公司	116732.0	428353.4	638771.5	8505.2	30934.7	32818.1
国有独资公司	4429.2	17654.5	49870.8	1349.9	7281.4	1447.9
其他有限责任公司	112302.8	410698.9	588900.7	7155.3	23653.3	31370.2
股份有限公司	15003.7	74748.1	108477.2	1285.3	663.2	2350.6
私营企业	121834.9	508918.3	723342.8	11803.2	31892.8	10066.0
私营独资企业	578.7	81.2	3122.6	37.8	-225.9	285.0
私营合伙企业	587.4	3743.7	11274.4	89.6	20.4	15.6
私营有限责任公司	109168.3	484105.2	662071.1	10301.5	31835.9	11245.9
私营股份有限公司	11500.5	20988.2	46874.7	1374.3	262.4	-1480.5
其他企业	1606.8	6450.9	9691.1	517.8	10.9	61.7
港、澳、台商投资企业	36630.7	214762.5	578149.6	4018.2	-76106.2	95826.3
与港澳台商合资经营企业	10069.9	60472.8	23708.6	326.9	10009.9	490.2
与港澳台商合作经营企业	2228.2	7797.4	42346.3	1313.2	1979.6	3022.5
港澳台商独资经营企业	24331.3	145241.9	510661.8	2378.1	-88165.4	92313.4
港澳台商投资股份有限公司	1.3	1250.4	1432.9		69.7	0.2
其他港澳台投资企业						
外商投资企业	4615.9	52305.5	99210.2	2618.8	1563.0	-714.7
中外合资经营企业	2432.5	23346.4	32895.9	1014.1	1238.7	615.8
中外合作经营企业	291.7	2279.1	1935.9	30.2	-97.1	98.4
外资企业	1399.1	25543.8	58036.8	1565.4	314.8	-1481.2
外商投资股份有限公司	402.3	1136.2	5419.3	9.1	105.5	3.6
其他外商投资企业	90.3		922.3		1.1	48.7
二、按企业控股情况分组						
国有控股	81665.6	340151.6	610342.0	20606.7	6524.3	38153.3
集体控股	4871.4	51814.5	29023.8	965.8	483.8	101.1
私人控股	191624.3	678747.2	933599.9	15107.3	51936.0	13270.3
港澳台商控股	35804.5	212713.6	575529.8	3412.8	-77040.7	95753.8
外商控股	3189.6	30024.3	72558.8	2210.0	1175.2	-1379.9
其他	28011.7	132528.3	288621.1	2313.5	22771.8	541.5

利息支出	投资收益(损失以“–”号记)	营业利润	利润总额	应交所得税	应付职工薪酬（本年贷方累计发生额）	应交增值税
121472.9	**227014.5**	**3028511.1**	**3285841.0**	**444119.7**	**3173478.7**	**474035.8**
99144.4	224099.3	1524888.2	1686634.5	299749.2	2445981.3	298735.9
20739.4	87009.4	361042.9	392767.0	91804.9	568338.4	75028.5
152.1		801.9	812.6	215.8	4001.7	256.5
0.1		322.6	322.5	155.4	1315.9	170.8
		738.2	588.0	172.1	747.7	124.0
		618.2	618.2	166.6	621.0	124.0
		120.0	–30.2	5.5	126.7	
56692.4	50505.6	484662.2	538514.4	85089.0	935360.9	118465.8
9832.5	29337.5	58569.5	65644.4	11661.5	83356.4	9231.7
46859.9	21168.1	426092.7	472870.0	73427.5	852004.5	109234.1
3666.4	14063.5	123779.5	138222.6	13698.8	143138.5	17988.0
17832.8	72458.4	557070.3	613417.1	107736.9	771877.5	86512.1
0.2		715.8	559.3	206.9	2331.2	575.6
29.1	4.3	402.6	432.4	244.2	7235.5	1133.4
14139.5	70933.1	507080.2	559798.2	98057.4	697979.6	78243.7
3664.0	1521.0	48871.7	52627.2	9228.4	64331.2	6559.4
61.2	62.4	–3529.4	1990.3	876.3	21200.7	190.2
20018.4	2159.9	1444386.3	1535496.8	132523.1	497742.5	165103.9
9554.3	425.4	26105.3	30188.2	6445.1	33438.3	2544.0
4821.2	–123.2	12106.5	12633.7	3116.7	27976.2	4983.8
5642.5	1857.7	1406259.3	1492485.1	122961.3	434065.9	157281.0
0.4		–84.8	189.8		2262.1	295.1
2310.1	755.3	59236.6	63709.7	11847.4	229754.9	10196.0
1806.1	432.5	12957.9	14531.7	3205.2	45939.3	5327.6
0.1		811.9	830.4	71.5	3748.1	232.0
503.9	322.8	42248.4	46959.6	8356.6	171849.5	4550.7
		3028.0	1198.1	205.9	7007.3	41.6
		190.4	189.9	8.2	1210.7	44.1
43343.1	140763.6	673358.1	726321.1	121186.2	1045396.9	125200.4
297.6	42.1	14621.8	15255.3	4959.3	64174.9	3404.8
34251.7	78210.1	653468.7	725286.3	132870.5	1063617.0	115251.3
19094.5	1859.7	1450002.6	1541184.9	134202.1	498880.4	166226.3
1188.1	328.1	43733.4	46556.4	8572.5	183098.0	5215.0
23297.9	5810.9	193490.6	231401.1	42329.1	316905.2	58716.6

3-36 按行业分规模以上文化

行业	法人单位数（个）	从业人员期末人数（人）	#女性	年初存货	固定资产原价	本年折旧
合计	**1919**	**270523**	**98593**	**739537.7**	**7378759.3**	**748577.6**
新闻业	2	668	284	1300.0	10515.5	456.9
图书出版	14	1059	571	35258.6	24529.6	3749.5
报纸出版	30	16405	5496	19718.1	521039.6	23844.5
期刊出版	14	947	482	1292.5	24709.2	489.6
音像制品出版	3	184	86	5110.3	829.9	61.5
电子出版物出版						
其他出版业						
广播	9	988	413	1136.8	52639.9	2141.2
电视	10	3592	1466	17398.7	221286.8	14950.7
电影和影视节目制作	17	1401	458	4818.1	34129.1	2616.7
电影和影视节目发行	3	388	142		8395.8	995.2
电影放映	50	3093	1544	4214.8	145841.7	15780.3
录音制作	13	686	270	4760.0	14474.3	1183.2
文艺创作与表演	21	1591	689	1957.0	74866.0	3076.7
艺术表演场馆	4	309	159	497.3	1967.6	136.1
图书馆	1	125	50		8188.7	
档案馆						
文物及非物质文化遗产保护	2	137	60	59.8	3872.2	122.7
博物馆						
烈士陵园、纪念馆						
群众文化活动	2	149	78	2.9	3532.9	143.8
社会人文科学研究	1	100	80		3.2	0.1
专业性团体 *						
文化艺术培训	2	101	63	32.0	341.0	66.9
其他未列明教育 *	3	450	312	41.6	575.6	517.6
其他文化艺术业	3	175	83	96.0	8742.4	660.5
互联网信息服务	67	22978	8192	4439.8	1028632.6	149571.2
其他电信服务 *	22	9733	3559	28272.3	42035.9	1422.0
有线广播电视传输服务	18	5241	1678	15612.6	506150.3	40380.8
无线广播电视传输服务	1	7832	2275	27674.3	798095.2	55054.1
卫星传输服务 *						
广告业	439	27572	12517	86361.3	336768.0	26351.0
软件开发 *	326	52829	15025	122842.5	336884.4	40759.8
数字内容服务 *	5	840	408	373.1	3688.4	551.3
工程勘察设计 *	372	50843	16184	198761.1	270256.8	26205.1
专业化设计服务	148	20447	7990	125538.2	204618.5	20539.1
公园管理	13	3633	1575	2395.6	234769.4	8367.7
游览景区管理	43	5863	2685	1871.9	200535.9	16383.3
野生动物保护 *	3	851	288	258.4	93361.1	2854.4
野生植物保护 *						
歌舞厅娱乐活动	72	4639	2317	1287.9	26677.1	2803.8
电子游艺厅娱乐活动	2	78	30		1028.2	30.8
网吧活动	1	5	3		21.0	
其他室内娱乐活动	4	145	86	107.3	1142.5	206.9
游乐园	13	11776	5061	6456.8	1022693.9	213170.5
其他娱乐业	6	565	293	3272.9	12030.6	747.3
摄影扩印服务	11	1840	1054	400.7	6683.2	1363.0
知识产权服务 *	7	1080	782	6.9	12644.9	1159.7
文化娱乐经纪人	2	326	113		319.2	40.9
其他文化艺术经纪代理						
娱乐及体育设备出租 *	3	228	84	316.8	1261.6	435.3
图书出租						
音像制品出租	1	31	2		113.6	8.6
会议及展览服务	79	4856	1967	7721.2	1014747.1	64255.8
其他未列明商务服务业 *	57	3744	1639	7871.6	63118.9	4921.5

服务业企业主要财务指标

单位：万元

资产总计	负债合计	所有者权益合计	营业收入		营业成本		营业税金及附加
				主营业务收入		主营业务成本	
29503728.9	**14412497.7**	**15091231.2**	**20015916.5**	**19844994.1**	**12942086.5**	**12730785.6**	**354280.0**
75972.3	16941.0	59031.3	13164.6	12663.3	12698.5	12418.9	498.7
469708.9	263895.3	205813.6	199677.5	196669.9	152727.7	151487.3	929.6
1826634.4	692290.8	1134343.6	699031.5	673193.6	477398.5	449559.3	15143.0
80882.5	29448.2	51434.3	46520.2	41447.5	24476.9	21096.4	886.7
16280.7	7597.2	8683.5	10995.3	10784.5	7037.8	7037.8	62.3
90990.9	25465.2	65525.7	33590.6	32769.1	26155.0	26030.4	788.5
539599.6	187775.0	351824.6	351887.8	351538.8	264643.4	264522.5	10501.1
121990.8	40132.4	81858.4	115467.4	112510.7	92048.3	89761.4	1308.0
99091.7	51579.3	47512.4	45709.5	45300.6	17239.9	17031.9	350.3
537204.1	340270.2	196933.9	216122.3	201115.9	89210.5	85070.9	10629.6
77151.6	38882.1	38269.5	64626.3	61987.1	52782.0	47893.2	523.0
109026.0	40774.0	68252.0	35654.0	31119.5	21337.0	20733.2	967.8
10660.1	7691.1	2969.0	15593.5	15508.8	8322.0	8133.5	608.7
8569.6	364.1	8205.5					
7558.9	7653.8	−94.9	3139.1	3139.1	2322.9	2322.9	93.2
3705.1	529.7	3175.4	3212.4	3212.4	10.1	10.1	204.0
242.8	222.5	20.3	1614.2	1614.2			23.7
2338.8	1480.9	857.9	3903.5	3903.5	2967.2	2967.2	125.2
11867.8	4970.3	6897.5	8583.0	8583.0	5225.2	5225.2	268.6
6828.7	8833.8	−2005.1	3584.7	3584.7	1625.5	1625.5	170.9
6659049.2	3718522.5	2940526.7	4123792.8	4118132.0	1877937.6	1877840.1	67565.3
240649.5	136757.8	103891.7	320693.7	312632.4	254064.0	247172.0	3466.7
593184.4	206033.7	387150.7	309571.3	305459.8	167001.6	164770.9	7820.9
1458424.6	357140.9	1101283.7	304058.4	303732.5	205003.6	204998.9	7947.7
3197278.4	1871663.9	1325614.5	4197886.2	4180470.9	3544879.0	3487993.9	36051.3
3350714.3	939622.7	2411091.6	3249895.7	3213925.9	2083517.8	2044446.3	27783.4
94678.1	12468.6	82209.5	99347.1	99338.1	11348.6	11348.6	653.0
2661850.2	1540462.0	1121388.2	2517157.6	2506498.7	1814984.9	1785989.6	89253.2
1271490.8	725025.2	546465.6	1183037.6	1179184.5	849012.9	847221.3	12257.5
203057.5	92155.6	110901.9	93737.6	91479.1	46745.1	46480.6	3494.8
490468.9	354684.2	135784.7	86145.9	84116.3	25631.2	25530.8	3786.0
56197.7	78838.2	−22640.5	30278.3	30278.3	13634.4	13634.4	845.3
50748.2	42908.3	7839.9	65568.0	65240.1	27913.5	27451.1	8252.4
1220.9	47.0	1173.9	3165.1	3165.1	1357.5	1357.5	131.1
48.0	1.8	46.2	36.0	30.0	18.0	16.0	2.0
2946.6	2463.4	483.2	1465.8	1465.8	669.0	669.0	85.1
2171621.0	1654155.9	517465.1	419383.0	418266.4	232324.5	232304.0	22029.3
16750.4	13076.4	3674.0	8358.0	8347.9	5580.7	5574.1	350.4
19778.2	10992.0	8786.2	25251.5	25249.9	9222.7	9222.7	1379.3
81080.2	58061.0	23019.2	24789.0	23751.7	8991.2	7636.0	676.5
2109.5	313.1	1796.4	11956.7	11913.6	10258.6	10258.6	221.2
2487.1	2748.8	−261.7	7091.5	7091.5	4732.0	4732.0	95.1
1217.3	1095.4	121.9	1431.6	1431.6	1013.7	1013.7	3.8
2441063.3	702602.0	1738461.3	797748.9	794261.3	323785.3	309023.6	7948.0
339309.3	123860.4	215448.9	261991.8	248884.5	164230.7	151172.3	8097.8

3-36 续表

行 业	主营业务税金及附加	销售费用	管理费用	税金	财务费用	利息收入
合计	**345167.1**	**1445979.5**	**2510426.4**	**44616.1**	**5850.1**	**146440.1**
新闻业	496.4	33.2	7423.2	454.3	−107.3	111.7
图书出版	854.3	12104.0	21135.2	268.5	−168.5	60.4
报纸出版	14874.8	72827.3	117392.9	1413.3	5893.8	2709.9
期刊出版	800.8	10849.5	9706.0	137.2	−857.3	−429.3
音像制品出版	42.9	307.2	3090.8	11.8	−17.7	5.5
电子出版物出版						
其他出版业						
广播	788.5	1456.8	8773.5	93.2	296.0	69.5
电视	10501.1	18995.2	41605.1	1399.8	1102.2	433.3
电影和影视节目制作	1291.1	1977.8	11150.7	44.3	−93.8	108.1
电影和影视节目发行	327.4	15289.1	3370.6	73.4	1401.3	118.9
电影放映	9986.1	73226.2	26724.0	625.6	12548.2	247.4
录音制作	476.6	4613.9	8664.5	167.8	860.8	159.2
文艺创作与表演	827.2	3405.9	14767.9	798.7	613.0	37.6
艺术表演场馆	258.7	2638.3	5356.4	3.9	−45.5	64.6
图书馆						
档案馆						
文物及非物质文化遗产保护	93.2	270.8	315.5		−1.3	
博物馆						
烈士陵园、纪念馆						
群众文化活动	161.0	1102.9	696.7	33.8	−4.0	2.2
社会人文科学研究	23.7	1162.2	269.2		0.8	
专业性团体 *						
文化艺术培训	125.2	414.3	181.9	0.1	120.8	
其他未列明教育 *	268.6		2015.4		−1.1	48.3
其他文化艺术业	170.9	484.3	1540.8	0.3	−107.8	112.0
互联网信息服务	67555.8	351151.0	636835.0	4249.4	−62699.3	74231.4
其他电信服务 *	3412.1	14979.5	43087.2	376.0	18.6	220.4
有线广播电视传输服务	7703.5	23012.8	48758.1	664.6	2494.7	777.2
无线广播电视传输服务	7939.2	16485.3	61683.7	451.9	−11717.2	20182.5
卫星传输服务 *						
广告业	34242.7	218932.6	261652.7	5147.8	10720.0	9647.7
软件开发 *	26497.0	249306.2	414902.6	5655.0	−19802.2	29280.9
数字内容服务 *	653.0	2645.3	7694.9	30.3	303.0	238.4
工程勘察设计 *	86111.7	51253.5	336026.1	4631.4	3439.7	1673.8
专业化设计服务	12160.6	54032.6	174719.0	2026.9	5519.0	1526.9
公园管理	3289.1	5993.8	16223.7	852.2	−1706.8	−18.6
游览景区管理	3654.1	19360.0	31719.0	1101.8	5869.1	194.5
野生动物保护 *	845.3	5063.7	3047.4	108.8	800.5	15.7
野生植物保护 *						
歌舞厅娱乐活动	8085.4	19907.2	12082.0	365.3	640.1	12.5
电子游艺厅娱乐活动	131.1		1716.2		−0.2	
网吧活动	1.5	3.5	3.0			
其他室内娱乐活动	85.1	443.6	164.2	2.6	3.4	
游乐园	21978.0	50285.8	42099.1	1705.5	45091.3	−160.1
其他娱乐业	350.2	1533.2	2459.6	36.3	92.5	0.4
摄影扩印服务	1347.2	12241.0	3031.1	1.8	230.6	1.8
知识产权服务 *	630.4	2473.0	11672.1	98.4	−1154.6	1193.4
文化娱乐经纪人	221.2	223.9	816.0	9.4	−16.1	16.8
其他文化艺术经纪代理						
娱乐及体育设备出租 *	95.1	1089.9	1704.4	16.6	87.1	0.6
图书出租						
音像制品出租	3.8	67.7	314.4		0.2	
会议及展览服务	7785.8	102064.8	76021.4	10207.1	4063.3	2994.2
其他未列明商务服务业 *	8019.7	22270.7	37813.2	1351.0	2140.8	550.4

利息支出	投资收益(损失以"–"号记)	营业利润	利润总额	应交所得税	应付职工薪酬(本年贷方累计发生额)	应交增值税
121472.9	**227014.5**	**3028511.1**	**3285841.0**	**444119.7**	**3173478.7**	**474035.8**
0.0	426.3	−6939.0	−1776.4	223.0	11009.0	9.8
552.3	2263.4	12211.6	13610.2	110.9	18074.4	9247.5
8544.5	44232.3	52265.3	61118.0	2366.6	236409.1	15091.2
25.3	456.7	1079.3	2769.6	101.6	13927.6	1919.7
	51.0	224.0	634.1	52.2	1887.7	268.3
200.8	646.1	−3823.0	−2211.5	64.8	9598.8	1221.4
1669.3	15522.1	27590.9	29272.8	122.5	53474.8	11020.1
192.1	409.0	9546.0	10341.5	1585.6	13260.8	749.4
1516.7	87.3	8228.1	8187.5	2106.2	5467.3	344.2
13246.1	1362.2	5872.5	11078.6	2930.2	19307.9	3443.3
967.5	2155.1	1046.2	3380.8	51.1	9307.2	369.9
677.6	10.6	−5855.1	−112.9	269.0	13098.4	375.3
		−527.6	372.4	87.7	3992.5	1.0
					615.0	
		137.9	142.3	14.3	647.0	3.7
		−22.5	18.2	18.1	1165.1	0.5
0.8		158.2	158.2	4.2	454.4	
120.8		94.1	95.6	29.5	383.8	2.4
		1064.1	1115.4	150.8	3305.9	
		−129.0	715.3	180.4	1454.7	
13412.0	70260.8	1329036.8	1428411.8	123922.7	431155.0	144939.8
−73.4	−219.5	3434.0	4469.9	1021.2	96401.1	5694.8
2552.3	−0.7	57257.5	62273.3	1636.1	63572.4	27097.7
7467.3	−279.6	23114.0	33268.6		110780.8	1917.6
13396.9	17318.4	175395.4	190275.0	39360.8	281114.7	51072.1
9640.0	4243.9	491149.0	541221.2	69616.8	634358.1	74703.3
45.6		77192.7	86484.3	11763.7	8460.7	5144.3
10538.3	8244.8	254656.4	250708.6	50757.2	589663.5	63872.7
5842.5	2242.1	81144.9	90488.8	14413.0	267171.4	19178.8
61.5	80.0	20716.1	26091.1	6968.6	26906.2	264.7
3743.9	−113.6	−1955.3	1292.7	2289.7	26110.3	193.9
944.2	62.4	6979.7	7461.7	1081.5	6308.9	89.5
90.2	−3.8	−1574.9	−2917.8	534.9	17799.6	7.1
		−157.4	−213.3	20.1	289.2	
		11.2	11.2	0.3	10.2	2.0
		18.4	18.4	4.2	416.1	
17626.9	4451.6	31611.2	31231.7	12646.1	75244.1	2018.8
76.8		−1654.5	−1694.0	117.9	3109.2	14.8
	69.0	−652.7	−650.9	189.1	9629.2	13.9
0.2	120.8	3424.9	4374.9	1178.6	7995.4	620.4
		410.0	432.4	96.0	3610.8	386.9
69.2		−426.5	−441.5	58.9	1043.3	117.1
		31.7	32.0	8.0	136.0	4.9
6997.2	51612.1	348351.9	364219.7	88477.5	64806.7	27583.6
1327.5	1303.7	28774.6	30081.5	7488.1	30544.4	5029.4

3-37 分地区规模以上文化

地区	法人单位数（个）	从业人员期末人数（人）	#女性	年初存货	固定资产原价	本年折旧	资产总计	负债合计
合计	**1919**	**270523**	**98593**	**739537.7**	**7378759.3**	**748577.6**	**29503728.9**	**14412497.7**
广州市	1131	150758	51185	465230.6	3983349.6	434695.2	15892726.3	7154615.4
韶关市	8	1065	439	122.1	13943.8	540.1	31691.9	26075.3
深圳市	488	84157	32281	173956.3	2890884.1	277901.1	11655727.0	6014251.5
珠海市	35	4319	1633	2464.9	55722.0	3449.5	282915.2	169091.0
汕头市	6	1065	412	592.2	11940.2	538.6	14545.8	5788.4
佛山市	63	9715	4110	84206.2	119601.5	11351.8	768352.2	492589.6
江门市	8	1414	872	0.0	12163.6	727.9	34777.8	29550.0
湛江市	7	909	300	78.2	3952.1	230.5	6976.2	4392.2
茂名市	12	1625	581	2007.2	18381.5	1876.9	67414.0	36296.6
肇庆市	8	758	486	81.8	15360.0	3051.7	27327.3	23731.4
惠州市	22	3177	1447	3940.3	67935.4	3590.1	194226.6	79623.0
梅州市	3	339	146	534.8	1806.5	247.5	10653.1	5375.3
河源市	6	588	230	23.5	11416.0	644.1	22968.5	20356.9
阳江市	10	895	383	386.5	12371.8	494.7	36695.1	27035.6
清远市	12	886	374	112.5	28275.9	2168.1	96002.0	69840.8
东莞市	80	7352	3106	4007.2	113886.0	6211.4	309152.4	206721.5
中山市	18	1422	573	1776.4	17688.5	850.2	49371.9	45260.0
揭阳市	2	79	35	17.0	80.8	8.2	2205.6	1903.2

服务业企业主要财务指标

单位：万元

所有者权益合计	营业收入	主营业务收入	营业成本	主营业务成本	营业税金及附加	主营业务税金及附加	销售费用	管理费用	税金
15091231.2	**20015916.5**	**19844994.1**	**12942086.5**	**12730785.6**	**354280.0**	**345167.1**	**1445979.5**	**2510426.4**	**44616.1**
8738110.9	11471298.3	11341658.9	8262765.0	8132822.4	181744.1	177234.7	737458.8	1185649.7	32526.8
5616.6	9125.4	8283.1	2782.1	2779.3	227.7	115.3	1714.9	4883.5	43.0
5641475.5	7499025.3	7469651.1	4020068.9	3990299.6	142255.6	138934.5	616284.8	1146095.5	9413.5
113824.2	214396.0	212538.8	127351.1	121070.9	4802.4	4609.8	20747.9	32479.1	286.6
8757.4	21063.7	20516.2	13657.2	13465.0	427.9	386.4	2732.7	4635.9	88.3
275762.6	364395.0	363574.7	254265.9	224459.5	10722.8	10668.0	20882.6	52185.4	1654.7
5227.8	19394.2	19230.9	12458.4	12458.4	457.3	449.8	823.6	4787.9	43.3
2584.0	7331.7	7172.4	2598.2	2558.5	163.5	163.5	1168.0	3037.1	60.8
31117.4	42863.4	42708.8	25655.8	25649.0	933.9	933.8	1038.6	4235.5	131.6
3595.9	8203.0	8197.0	3761.6	3728.9	347.6	347.1	5150.6	563.5	8.9
114603.6	66289.8	65357.0	45375.4	36814.8	2340.8	2170.8	2886.6	15825.1	81.7
5277.8	6627.6	6392.5	4318.4	185.1	448.3	21.6	912.9	843.2	
2611.6	8481.8	8340.3	2806.5	2806.5	294.3	294.3	1770.0	3328.3	7.7
9659.5	16008.9	15854.6	6397.0	6333.4	725.8	725.8	3499.2	2821.2	6.3
26161.2	16604.4	16545.9	10604.9	10604.9	612.7	612.7	1376.7	3062.2	56.1
102430.9	214380.7	210544.1	126128.2	124035.3	6789.6	6556.3	24863.2	42574.7	168.8
4111.9	28912.5	26952.9	19833.8	19456.0	938.6	895.6	2545.0	3310.7	35.0
302.4	1514.8	1474.9	1258.1	1258.1	47.1	47.1	123.4	107.9	3.0

3-37 续表

地 区	财务费用	利息收入	利息支出	投资收益(损失以"–"号记)	营业利润	利润总额	应交所得税	应付职工薪酬（本年贷方累计发生额）	应交增值税
合 计	**5850.1**	**146440.1**	**121472.9**	**227014.5**	**3028511.1**	**3285841.0**	**444119.7**	**3173478.7**	**474035.8**
广州市	34190.4	62764.5	66356.2	121350.1	1221191.3	1295137.8	224855.0	1783487.5	233590.3
韶关市	938.4		55.5		–1425.3	–1260.1	124.5	5236.4	84.2
深圳市	–40935.0	82441.1	44497.3	101547.9	1715788.8	1879395.8	198838.1	1145418.4	217517.3
珠海市	279.2	377.4	249.0	–90.8	24134.9	35061.3	4810.2	46631.7	5034.5
汕头市	–52.2	60.8			–388.0	–347.1	200.1	5437.6	857.8
佛山市	2893.3	460.2	2903.8	1956.0	53664.4	55560.1	9992.0	74668.4	7463.5
江门市	649.5	10.6	230.8		286.2	673.4	163.2	5349.5	145.0
湛江市	25.6	0.3	12.4		156.9	203.9	69.2	3520.5	155.4
茂名市	446.8	50.3	371.6	48.1	4981.7	4970.2	1254.2	10591.1	1001.1
肇庆市	1334.8	1.6	1324.1		–2925.4	–2913.6	14.2	1700.8	28.1
惠州市	658.4	36.3	465.2	2183.2	–446.6	3430.7	661.5	20067.8	2274.5
梅州市	–3.1	3.1			–157.8	–92.7	152.6	1193.7	11.8
河源市	581.3	1.5	581.4		–298.4	–258.9	6.4	3122.2	35.4
阳江市	591.6	34.6	583.5		2026.5	1995.3	605.1	4093.4	55.0
清远市	778.9	2.4	655.8		–217.7	–238.3	100.4	3235.2	67.3
东莞市	3475.7	181.8	3180.3	12.0	11146.9	13052.6	1709.9	52680.5	5123.1
中山市	–3.6	13.6	5.9	9.5	1016.0	1492.4	563.0	6903.0	591.5
揭阳市	0.1		0.1	–1.5	–23.3	–21.8	0.1	141.0	

3-38　按类别分规模以下文化服务业企业主要指标

单位：万元

类别	法人单位数（个）	从业人员期末人数（人）	#女性	营业收入	主营业务收入	营业税金及附加	主营业务税金及附加	资产总计	实收资本
总计	**49721**	**508802**	**194423**	**9108243.1**	**9134349.9**	**306007.2**	**294005.8**	**17613900.5**	**8469934.8**
一、按登记注册类型分组									
内资企业	48739	481890	183381	8574585.3	8605825.0	296357.8	284809.0	16027256.9	7511193.9
国有企业	410	12104	4784	220886.9	420001.3	10033.1	8781.5	1489718.8	717286.8
集体企业	259	3290	1366	51241.9	49780.6	2309.9	2148.8	302390.1	46740.8
股份合作企业	334	3572	1489	44836.4	44019.4	2118.9	1900.8	48067.4	19772.1
联营企业	268	2429	927	35670.0	35519.3	1142.0	1084.3	127845.5	66080.3
国有联营企业	8	62	24	518.8	508.2	10.1	9.9	784.8	242.2
集体联营企业	11	119	57	2262.5	2262.5	96.3	96.3	8026.3	2943.1
国有与集体联营企业	6	102	29	3818.2	3818.2	118.7	118.7	8490.3	488.9
其他联营企业	243	2146	817	29070.5	28930.4	916.9	859.4	110544.1	62406.1
有限责任公司	9986	105750	40238	2077111.7	2034833.4	79301.0	76519.9	4895910.9	1913902.3
国有独资公司	48	901	400	22408.1	22173.9	275.7	272.0	80974.7	33351.0
其他有限责任公司	9938	104849	39838	2054703.6	2012659.5	79025.3	76247.9	4814936.2	1880551.3
股份有限公司	634	8697	2996	189911.3	188065.5	7622.3	7470.7	443351.1	174678.8
私营企业	34705	322190	123732	5611865.7	5496925.1	181373.3	174639.4	8137092.6	4333055.2
私营独资企业	5397	44287	17932	645611.9	635592.5	27825.0	26618.7	733093.7	364494.1
私营合伙企业	1261	10921	4066	148622.6	146777.9	5143.1	5030.0	192599.0	98509.8
私营有限责任公司	27496	261624	99678	4702163.2	4600360.2	145066.1	139735.2	6895287.4	3731466.8
私营股份有限公司	551	5358	2056	115468.0	114194.5	3339.1	3255.5	316112.5	138584.5
其他企业	2143	23858	7849	343061.4	336680.4	12457.3	12263.6	582880.5	239677.6
港、澳、台商投资企业	668	21672	8996	317371.8	312935.9	6680.0	6440.8	1282333.1	744017.3
与港澳台商合资经营企业	69	1172	489	18324.2	18224.3	741.1	730.9	109321.9	76014.5
与港澳台商合作经营企业	21	376	207	13189.3	13088.1	549.3	549.3	27422.5	20959.3
港澳台商独资经营企业	464	17606	7271	253056.8	249034.0	3033.5	2809.6	1030033.6	588344.3
港澳台商投资股份有限公司	14	159	59	2169.9	2169.9	126.5	126.5	6152.8	8414.0
其他港澳台投资企业	100	2359	970	30631.6	30419.6	2229.6	2224.5	109402.3	50285.2
外商投资企业	314	5240	2046	216286.0	215589.0	2969.4	2756.0	304310.5	214723.6
中外合资经营企业	55	881	319	21883.2	21722.7	503.5	502.3	85173.0	65058.9
中外合作经营企业	13	119	63	1918.1	1905.1	321.0	128.0	42358.9	23023.8
外资企业	202	3528	1433	179895.8	179376.4	1781.5	1766.1	148044.8	118086.1
外商投资股份有限公司	6	160	46	5076.0	5075.9	217.9	217.9	3142.9	2996.0
其他外商投资企业	38	552	185	7512.9	7508.9	145.5	141.7	25590.9	5558.8
二、按企业控股情况分组									
国有控股	641	17101	6718	385375.0	581457.0	14237.1	12851.9	2086084.3	867013.5
集体控股	466	7043	2565	127032.1	124768.1	5153.0	4971.1	599684.3	92651.6
私人控股	43979	417260	160215	7426336.5	7276757.7	247770.0	238142.1	11745630.2	6019001.0
港澳台商控股	613	20632	8533	306345.8	302348.2	6346.9	6117.9	1068604.6	660224.9
外商控股	236	4955	1910	227077.9	226426.7	3484.9	3268.7	526291.3	202352.3
其他	3786	41811	14482	636075.8	622592.2	29015.3	28654.1	1587605.8	628691.5

3-39 按行业分规模以下文化服务业企业主要指标

单位：万元

行业	法人单位数（个）	从业人员期末人数（人）	#女性	营业收入	主营业务收入	营业税金及附加	主营业务税金及附加	资产总计	实收资本
总计	**49721**	**508802**	**194423**	**9108243.1**	**9134349.9**	**306007.2**	**294005.8**	**17613900.5**	**8469934.8**
新闻业	11	99	39	4055.5	4055.5	92.0	92.0	3267.0	590.0
图书出版	35	445	201	7616.0	7337.3	203.1	197.2	14524.6	6680.0
报纸出版	50	3246	1108	62108.8	266171.7	1545.3	1571.0	213766.0	40685.7
期刊出版	83	1354	688	19036.9	18352.6	494.2	360.2	20693.9	7445.2
音像制品出版	30	301	136	7048.9	6026.0	213.1	142.3	17390.5	7419.4
电子出版物出版	10	183	92	914.3	914.3	36.1	36.1	679.4	404.9
其他出版业	28	725	337	9679.5	9678.5	208.1	208.0	10796.1	3658.0
广播	45	605	241	26527.5	26526.2	577.9	577.9	13443.7	11599.2
电视	55	1920	613	42215.9	41650.3	2126.1	2074.3	80114.0	40641.0
电影和影视节目制作	282	3209	1319	59149.6	58131.8	1436.4	1365.9	252606.6	90743.0
电影和影视节目发行	44	286	131	10211.2	9807.6	329.0	166.8	18214.5	4074.8
电影放映	295	5332	2479	81308.1	76400.8	5259.1	4715.7	145956.6	103697.7
录音制作	34	264	114	2664.7	2087.8	122.7	122.3	7865.9	6344.2
文艺创作与表演	473	6709	2897	70750.6	69642.7	2638.2	2406.9	115136.9	79721.5
艺术表演场馆	32	391	140	2446.3	2428.2	94.9	96.8	34751.2	5317.9
图书馆	1	91	60	4068.8	4068.8	2.4	2.4	500.0	400.0
档案馆	26	290	177	2720.9	2690.9	123.7	92.3	2530.7	1194.4
文物及非物质文化遗产保护	16	249	94	3652.3	3366.8	100.9	100.8	30520.6	8359.8
博物馆	14	103	46	669.5	669.5	35.5	35.5	2617.5	1517.4
烈士陵园、纪念馆	4	64	23	3152.1	3152.1	205.2	185.0	5373.6	130.7
群众文化活动	316	2023	846	20988.3	20488.9	1081.6	1072.5	351140.7	138933.5
社会人文科学研究	40	345	164	4132.9	3991.6	144.1	139.8	4732.4	3426.9
专业性团体 *	21	309	117	1127.8	1083.8	54.6	54.5	1011.0	430.1
文化艺术培训	882	6839	3987	45464.8	43762.3	4519.2	4494.8	66156.9	45023.4
其他未列明教育 *	193	1683	1098	18105.9	17981.4	567.1	563.7	56603.0	25801.5
其他文化艺术业	574	4176	1899	56999.2	56290.2	1362.0	1334.9	164713.1	66553.0
互联网信息服务	1587	16389	6271	273642.7	270332.3	11262.8	11018.2	498864.3	294524.1
其他电信服务 *	79	1849	693	53498.4	53431.8	1264.7	1256.9	52686.8	20147.0
有线广播电视传输服务	103	4236	1283	116390.9	114838.7	4505.5	4482.4	256898.1	31617.7
无线广播电视传输服务	11	104	29	2151.6	2025.6	99.6	99.6	9862.5	6443.6
卫星传输服务 *	7	57	24	644.4	644.4	15.6	15.6	5489.0	4824.8
广告业	13425	101897	39166	2212364.9	2166204.9	69701.4	66831.3	2801652.3	1209571.1
软件开发 *	4494	74790	24828	1488929.7	1459119.0	36383.9	34273.6	3167883.3	1592343.2
数字内容服务 *	102	1108	392	15830.1	15681.6	508.1	505.6	28713.0	30979.7
工程勘察设计 *	5956	64952	21295	1403918.9	1366540.3	50713.5	49902.2	2556076.7	1259448.6
专业化设计服务	7413	77870	27600	1356208.8	1336695.4	38054.9	35814.6	2112304.0	1063138.3
公园管理	61	1078	421	18517.5	17453.3	1284.5	931.7	142110.0	25424.3
游览景区管理	335	7295	3207	88722.1	87753.3	3456.2	3184.5	952543.7	272515.6
野生动物保护 *	2	4		4.2	4.2	0.1	0.1	24.0	264.0
野生植物保护 *	1	14	4	559.2	559.2	22.4	22.4	39.5	20.7
歌舞厅娱乐活动	1059	27456	12317	220930.7	217137.1	18249.3	18123.6	270480.5	132384.5
电子游艺厅娱乐活动	478	2938	1102	35420.2	35056.6	1428.3	1383.6	27351.2	15362.0
网吧活动	3854	24523	9442	326215.6	320758.0	16185.9	15704.5	332544.3	250111.0
其他室内娱乐活动	456	4852	2474	37679.5	37397.3	2570.5	2520.2	41134.9	184323.4
游乐园	127	1678	613	18750.5	18647.2	1141.8	1126.8	49242.0	24212.2
其他娱乐业	156	2185	984	22112.0	21819.5	1133.2	1104.7	201760.8	124325.9
摄影扩印服务	782	6984	3484	73512.0	70741.5	2710.8	2658.2	98232.7	68290.3
知识产权服务 *	249	2430	1058	36862.3	36171.2	877.2	835.8	67552.6	47267.1
文化娱乐经纪人	96	584	256	8044.2	7638.3	277.9	275.0	58601.9	16616.1
其他文化艺术经纪代理	170	1083	468	16363.6	16293.6	1514.7	1512.9	46166.4	12361.4
娱乐及体育设备出租 *	65	586	202	8867.0	8393.5	223.7	220.3	17358.1	12954.8
图书出租	3	15	7	151.1	141.1	5.2	3.2	283.9	630.0
音像制品出租	14	101	40	1415.5	1415.5	177.5	177.5	2645.0	11063.3
会议及展览服务	1547	13734	5648	290875.3	286964.2	7909.2	7332.7	999195.1	563084.1
其他未列明商务服务业 *	3495	26769	12069	412843.9	407733.7	10756.3	10478.5	1181097.5	494892.8

3-40　分地区规模以下文化服务业企业主要指标

单位：万元

地　区	法人单位数（个）	从业人员期末人数（人）	#女性	营业收入	主营业务收入	营业税金及附加	主营业务税金及附加	资产总计	实收资本
总　计	**49721**	**508802**	**194423**	**9108243.1**	**9134349.9**	**306007.2**	**294005.8**	**17613900.5**	**8469934.8**
广州市	16994	183070	71290	3901496.4	3838484.7	111679.1	106387.7	6924843.9	3629796.4
韶关市	402	3103	1368	40353.3	40109.7	1465.2	1422.3	223313.5	68795.1
深圳市	14636	170485	62736	2484632.9	2617689.7	70049.5	65758.3	5373355.4	2491711.6
珠海市	2100	13852	5381	176496.1	166190.1	5773.4	5516.5	819851.0	521399.9
汕头市	820	6408	2715	122351.8	118304.3	6927.4	6857.8	97646.9	61581.3
佛山市	3497	28492	11154	673048.7	667862.8	27716.7	27888.2	1064437.6	278709.2
江门市	709	4512	1722	62021.6	60846.5	3972.2	3509.4	178177.4	102941.7
湛江市	858	7982	3436	108604.1	107186.6	5121.8	5035.9	136942.0	59657.9
茂名市	580	6646	2784	172499.5	171442.0	5905.3	5856.6	273849.1	173778.7
肇庆市	553	6092	2478	112737.7	111887.8	8578.6	8462.8	205615.4	110455.3
惠州市	1681	13565	4763	352462.4	350319.0	19473.4	19296.1	315430.5	199267.6
梅州市	304	2803	1062	58319.9	57287.8	2507.6	2324.9	97870.8	53332.8
汕尾市	144	2439	861	19467.3	19238.6	810.7	775.0	32130.9	11707.8
河源市	358	2946	1100	32358.7	31912.2	2136.3	2107.6	75506.2	36670.2
阳江市	466	4411	1772	98402.9	97980.2	3868.8	3851.5	102327.2	45445.5
清远市	511	4564	1828	46968.4	45853.7	2041.7	1937.5	331205.3	77534.7
东莞市	2972	27887	10331	325164.2	317688.5	13512.9	13108.8	678238.2	294645.6
中山市	1413	12413	4854	196126.8	193687.9	8050.0	7769.9	540570.3	189411.7
潮州市	242	2493	957	44673.0	43716.4	1301.8	1201.8	19664.2	22929.5
揭阳市	274	2637	987	43786.1	42052.2	3538.5	3436.6	59478.6	18061.8
云浮市	207	2002	844	36271.3	34609.2	1576.3	1500.6	63446.1	22100.5

3-41 文化服务业事业单位基本情况

单位：万元

行 业	法人单位数（个）	从业人员期末人数（人）	#女性	非企业单位支出（费用）	年末资产
总计	**2365**	**73211**	**29698**	**1840662.5**	**5545980.3**
新闻业	38	896	397	14568.4	12036.3
图书出版	4	33	14	617.1	857.3
报纸出版	41	1887	792	32374.3	51643.0
期刊出版	27	317	156	9194.3	8735.0
音像制品出版	1	1		7.9	43.2
电子出版物出版	1	17	5		
其他出版业	8	133	41	3288.2	3237.7
广播	52	4232	1423	130584.1	322716.6
电视	91	11550	4225	253299.8	1065244.1
电影和影视节目制作	12	1233	486	21073.4	86262.4
电影和影视节目发行	6	1814	672	151429.0	194115.9
电影放映	42	1004	364	5385.0	14173.0
录音制作					
文艺创作与表演	67	1882	760	27361.6	27808.0
艺术表演场馆	29	843	396	15350.0	46108.9
图书馆	129	3642	2327	94840.5	339890.2
档案馆	121	2038	1061	44424.6	96758.6
文物及非物质文化遗产保护	49	1165	505	17967.2	325376.3
博物馆	139	3254	1581	72892.8	228239.7
烈士陵园、纪念馆	28	586	287	22750.2	96003.1
群众文化活动	497	6240	3081	107126.4	438498.7
社会人文科学研究	52	1093	396	37147.2	56911.9
专业性团体 *	223	3577	1050	77799.8	75637.1
文化艺术培训	83	2093	1135	34973.7	144733.7
其他未列明教育 *	23	1681	663	55326.6	120480.2
其他文化艺术业	60	472	211	8054.0	7326.5
互联网信息服务	11	208	82	7056.6	9798.7

3-41　续表

行　业	法人单位数（个）	从业人员期末人数（人）	#女性	非企业单位支出（费用）	年末资产
其他电信服务 *					
有线广播电视传输服务	137	5967	1899	121348.7	553959.7
无线广播电视传输服务	17	709	190	3889.7	24199.1
卫星传输服务 *	2	24	6	289.8	362.7
广告业	28	1042	407	4406.5	18067.2
软件开发 *	2	55	12	1655.2	9455.8
数字内容服务 *					
工程勘察设计 *	52	2783	869	178991.5	337502.7
专业化设计服务	30	527	217	22192.3	86130.3
公园管理	105	5143	2134	103169.4	193129.9
游览景区管理	65	3209	1091	80980.7	429810.1
野生动物保护 *	7	361	137	13641.2	10644.0
野生植物保护 *	8	82	14	1413.4	1812.3
歌舞厅娱乐活动	3	75	30	27.6	273.8
电子游艺厅娱乐活动					
网吧活动	14	97	26	12.6	200.0
其他室内娱乐活动	11	174	69	2965.8	16492.4
游乐园	1	33	14	422.7	162.1
其他娱乐业	9	309	121	11201.0	10784.9
摄影扩印服务	3	31	12	578.3	132.2
知识产权服务 *	1	12	7	237.7	127.1
文化娱乐经纪人	1	5	2	2.0	
其他文化艺术经纪代理	1	10	5	176.2	848.3
娱乐及体育设备出租 *					
图书出租					
音像制品出租					
会议及展览服务	18	379	187	11532.9	17537.5
其他未列明商务服务业 *	16	293	139	36634.6	61712.1

3-42 分地区文化服务业事业单位基本情况

单位：万元

地区	法人单位数（个）	从业人员期末人数（人）	#女性	非企业单位支出（费用）	年末资产
总计	**2365**	**73211**	**29698**	**1840662.5**	**5545980.3**
广州市	486	23122	9666	1015789.6	2660095.3
韶关市	126	2811	1178	40812.8	94702.6
深圳市	129	4974	2165	175040.6	443571.8
珠海市	50	1149	434	29906.2	81374.0
汕头市	104	2863	1114	64721.5	183893.5
佛山市	90	1955	1055	35296.4	60135.5
江门市	111	2996	1123	40358.1	83112.0
湛江市	106	3382	1330	31158.1	66357.6
茂名市	137	2110	815	36081.9	341520.9
肇庆市	114	2862	1097	50288.9	510530.0
惠州市	116	3244	1289	37678.1	195808.5
梅州市	110	2799	1234	30891.9	79626.5
汕尾市	51	1248	364	9057.9	19511.8
河源市	66	1663	611	23940.9	55907.7
阳江市	64	2040	895	19381.5	172441.6
清远市	84	2072	798	30556.4	53745.3
东莞市	102	4499	1810	92173.0	252896.2
中山市	44	1000	464	21799.3	37800.0
潮州市	138	2543	932	26829.2	78415.8
揭阳市	73	2796	915	15826.9	46900.3
云浮市	64	1083	409	13073.3	27633.4

3-43　文化服务业其他单位基本情况

单位：万元

指标名称	法人单位数（个）	从业人员期末人数（人）	#女性	非企业单位支出（费用）	年末资产
总计	**4865**	**68649**	**27171**	**298474.5**	**656657.2**
新闻业	10	129	56	491.4	221.6
图书出版	2	7	4	14.7	1.0
报纸出版	2	56	4	113.6	16.7
期刊出版	10	69	19	311.0	225.4
音像制品出版	2	7	2		
电子出版物出版	1	2	1	18.7	2.3
其他出版业	6	145	13	98.3	71.5
广播	10	270	57	5034.1	8218.8
电视	16	446	156	4362.1	14958.4
电影和影视节目制作	11	51	20	988.1	1531.3
电影和影视节目发行	2	89	20	136.5	13.7
电影放映	15	174	65	1793.1	1814.8
录音制作					
文艺创作与表演	175	4005	1691	6191.5	8335.2
艺术表演场馆	12	66	38	1695.7	4715.9
图书馆	9	130	71	1411.8	3374.0
档案馆	10	165	63	1422.0	789.6
文物及非物质文化遗产保护	58	632	214	10610.0	81299.1
博物馆	68	521	242	4535.6	35794.7
烈士陵园、纪念馆	12	117	46	1377.5	43267.2
群众文化活动	247	3212	1581	6439.9	20980.6
社会人文科学研究	68	568	231	4692.7	3298.5
专业性团体 *	1574	35015	12466	105160.3	93978.8
文化艺术培训	467	5120	3202	49894.5	62237.6
其他未列明教育 *	92	1461	973	18306.9	34950.4
其他文化艺术业	104	936	331	2991.7	8652.3
互联网信息服务	105	788	259	83.8	307.6
其他电信服务 *					
有线广播电视传输服务	24	197	63	2133.1	7619.4
无线广播电视传输服务	3	50	16	417.6	2387.0
卫星传输服务 *					
广告业	337	2157	817	980.9	789.7
软件开发 *	47	465	158	1825.4	3279.4
数字内容服务 *	3	27	14	154.6	28.1
工程勘察设计 *	101	863	288	3644.8	6459.9
专业化设计服务	179	1398	523	3574.6	5006.6
公园管理	24	707	270	5455.2	23323.8
游览景区管理	38	1116	279	13355.8	158738.0
野生动物保护 *					
野生植物保护 *					
歌舞厅娱乐活动	53	1032	418	101.2	507.1
电子游艺厅娱乐活动	37	301	104	509.5	330.8
网吧活动	627	3545	1339	984.4	1998.5
其他室内娱乐活动	64	346	143	437.1	1845.5
游乐园	12	96	26	27.1	1686.6
其他娱乐业	15	108	42	51.6	153.1
摄影扩印服务	35	301	133	11.9	46.9
知识产权服务 *	7	51	26	121.5	108.0
文化娱乐经纪人	2	5	1	5.7	22.0
其他文化艺术经纪代理	11	150	43	1645.2	1065.9
娱乐及体育设备出租 *	4	14	7	6.0	0.3
图书出租	1	6	1		
音像制品出租	1	1			
会议及展览服务	67	608	207	32922.5	11345.9
其他未列明商务服务业 *	85	924	428	1933.3	857.7

3-44 分地区文化服务业其他单位基本情况

单位：万元

地区	法人单位数（个）	从业人员期末人数（人）	#女性	非企业单位支出（费用）	年末资产
总计	**4865**	**68649**	**27171**	**298474.5**	**656657.2**
广州市	852	10652	5544	131442.2	138272.9
韶关市	210	5468	1959	30994.5	162301.5
深圳市	549	7825	4283	32447.3	46890.2
珠海市	240	1881	792	4653.7	6798.0
汕头市	246	5212	1457	3281.8	6552.1
佛山市	395	5291	1881	19239.1	11277.3
江门市	216	1523	546	2917.3	3176.8
湛江市	114	1864	579	8630.6	14191.0
茂名市	155	1956	684	8067.4	25461.2
肇庆市	158	2160	809	4439.3	9823.9
惠州市	314	5022	1771	5523.8	3108.1
梅州市	174	2454	602	4974.6	10869.2
汕尾市	91	2060	441	5340.8	27992.9
河源市	113	1556	771	6089.0	11512.3
阳江市	105	1193	406	7653.8	48856.4
清远市	156	1279	630	1798.7	23261.8
东莞市	259	2265	910	10393.9	39971.2
中山市	147	1299	568	2565.2	1676.1
潮州市	156	3858	1275	2940.1	24395.5
揭阳市	129	2684	900	1600.4	2494.1
云浮市	86	1147	363	3481.0	37774.7

3-45　文化产业个体经营户基本情况

行　业	有证照的个体经营户数（个）	#有工商或民政证照	#已办理税务登记	有证照的个体经营户从业人员期末人数（人）	#有工商或民政证照	#已办理税务登记
合计	**107364**	**104982**	**76202**	**418329**	**408037**	**304830**
造纸 *	31	30	21	234	229	137
印刷	2235	2194	1838	13070	12782	10967
装订及印刷相关服务	668	661	490	2615	2581	2076
记录媒介复制	93	93	51	244	244	155
文教办公用品制造 *	174	165	124	1573	1495	1176
乐器制造	81	81	69	1265	1265	1141
工艺美术品制造	6142	5972	4263	51145	49330	36460
玩具制造	2865	2749	1557	41680	40068	25015
游艺器材及娱乐用品制造	135	132	106	737	726	588
涂料、油墨、颜料及类似产品制造 *	84	81	62	511	500	394
专用化学产品制造 *	16	16	13	39	39	34
炸药、火工及焰火产品制造 *	71	71	43	336	336	206
陶瓷制品制造 *	1443	1386	896	15751	14992	10332
文化、办公用机械制造 *	102	101	75	475	474	369
印刷、制药、日化及日用品生产专用设备制造 *	63	62	55	335	332	303
照明器具制造 *	68	68	57	482	482	383
广播电视设备制造	18	18	14	131	131	120
视听设备制造	339	332	228	3982	3852	2743
其他电子设备制造 *	3	3	2	20	20	14
纺织、服装及家庭用品批发 *	485	466	458	1489	1436	1406
文化、体育用品及器材批发 *	7134	7054	6427	22696	22414	20383
机械设备、五金产品及电子产品批发 *	245	240	231	891	875	852
贸易经纪与代理 *	60	60	54	168	168	143
文化、体育用品及器材专门零售 *	46692	45365	33020	128353	124991	93823
家用电器及电子产品专门零售 *	9638	9451	7941	27550	27007	22768
电信 *	15	15	10	80	80	57
广播电视传输服务	24	22	14	70	63	44
卫星传输服务 *						
互联网信息服务	298	287	158	1318	1261	848
软件开发 *	72	64	59	233	207	193

3-35 续表

行业	有证照的个体经营户数（个）	#有工商或民政证照	#已办理税务登记	有证照的个体经营户从业人员期末人数（人）	#有工商或民政证照	#已办理税务登记
其他信息技术服务业 *	16	16	13	53	53	46
文化及日用品出租 *	197	192	123	570	560	381
广告业	7490	7411	5419	24871	24611	18727
知识产权服务 *	3	3	2	8	8	7
其他商务服务业 *	2857	2822	1991	8510	8415	6144
社会人文科学研究	1	1	1	2	2	2
工程技术 *	171	169	134	697	690	555
其他专业技术服务业 *	9057	8974	5619	29541	29286	20553
生态保护 *	4	4	4	24	24	24
公园和游览景区管理	5	5	3	72	72	62
技能培训、教育辅助及其他教育 *	972	952	689	3493	3427	2514
新闻业	2	2	1	8	8	7
出版业	39	39	31	213	213	149
广播	2	2	2	4	4	4
电视	11	11	7	31	31	19
电影和影视节目制作	34	32	22	94	90	70
电影和影视节目发行	5	5	3	16	16	9
电影放映	31	30	23	127	126	105
录音制作	45	45	26	131	131	75
文艺创作与表演	80	78	52	355	350	192
艺术表演场馆	8	8	6	95	95	91
图书馆与档案馆	35	35	22	96	96	61
文物及非物质文化遗产保护						
博物馆	3	3	2	9	9	7
烈士陵园、纪念馆						
群众文化活动	33	31	22	106	102	81
其他文化艺术业	181	178	113	644	636	482
室内娱乐活动	6248	6164	3219	28516	28075	19537
游乐园	144	142	99	852	844	677
文化、娱乐、体育经纪代理 *	15	15	6	47	47	18
其他娱乐业	380	373	211	1666	1631	1096
社会团体 *						

3-46　分地区文化产业个体经营户基本情况

地　区	有证照的个体经营户数（个）	#有工商或民政证照	#已办理税务登记	有证照的个体经营户从业人员期末人数（人）	#有工商或民政证照	#已办理税务登记
合　计	**107364**	**104982**	**76202**	**418329**	**408037**	**304830**
广州市	25280	24605	20732	89823	87291	74757
韶关市	2080	2069	1180	6666	6634	4383
深圳市	16923	16799	9539	46076	45665	28776
珠海市	3244	3191	2026	9266	9150	6432
汕头市	5506	5315	2559	49072	46948	24064
佛山市	6738	6646	6190	19181	18933	17944
江门市	4610	4578	4148	12671	12584	11800
湛江市	3571	3526	2523	14224	14042	10632
茂名市	2706	2669	1980	11682	11570	9205
肇庆市	3252	3222	2374	11456	11352	8973
惠州市	4614	4561	2878	20354	19963	15217
梅州市	2529	2502	1022	10373	10218	4539
汕尾市	2457	2391	1497	17150	16315	10864
河源市	1644	1632	1107	5408	5376	3903
阳江市	1626	1606	1001	5708	5644	3770
清远市	2480	2461	1460	8726	8684	6178
东莞市	7391	7360	6228	31922	31841	29088
中山市	3721	3695	3348	11460	11385	10601
潮州市	3322	3234	1783	23006	22111	13368
揭阳市	2300	1585	1524	7872	6235	5000
云浮市	1370	1335	1103	6233	6096	5336

3–47 按登记注册类型分组的非文化法人所属的文化产业活动单位主要指标

单位：万元

登记注册类型	产业活动单位数（个）	企业	事业	社会团体	从业人员期末人数（人）	#女性	经营性单位收入	非经营性单位支出（费用）
合计	**3108**	**2253**	**646**	**57**	**61753**	**26063**	**2129360.3**	**25927.3**
一、内资企业	**2804**	**1980**	**646**	**57**	**48080**	**19282**	**1527050.3**	**22622.8**
国有企业	821	208	572	16	8232	3115	174660.7	14056.5
集体企业	168	141	22	2	1629	721	20558.0	600.4
股份合作企业	52	52			544	269	12097.7	
联营企业	20	19			220	96	6158.9	
国有联营企业	5	5			21	9	747.7	
集体联营企业	2	2			15	7	1558.0	
国有与集体联营企业								
其他联营企业	13	12			184	80	3853.2	
有限责任公司	468	459			10509	3865	441835.3	18.9
国有独资公司	7	7			1118	321	48.8	
其他有限责任公司	461	452			9391	3544	441786.5	18.9
股份有限公司	92	90			4469	1399	321444.3	260.0
私营企业	932	911			19679	8495	490465.1	781.1
私营独资企业	102	101			1867	893	20247.6	282.4
私营合伙企业	21	19			281	155	12025.1	
私营有限责任公司	780	763			16904	7148	452701.9	498.8
私营股份有限公司	29	28			627	299	5490.5	
其他企业	251	100	52	39	2798	1322	59830.3	6905.8
二、港、澳、台商投资企业	**157**	**148**			**5929**	**3511**	**152206.0**	**1681.8**
与港澳台商合资经营企业	19	19			484	232	16603.8	150.0
与港澳台商合作经营企业	11	11			60	29	1700.0	
港澳台商独资经营企业	105	99			5011	3087	106630.0	1393.4
港澳台商投资股份有限公司	6	6			95	41	7248.9	
其他港澳台投资企业	16	13			279	122	20023.3	138.5
三、外商投资企业	**147**	**125**			**7744**	**3270**	**450104.0**	**1622.7**
中外合资经营企业	15	14			2942	1465	18002.8	26.0
中外合作经营企业	4	4			273	177	15297.1	
外资企业	98	85			4224	1510	344701.8	1383.1
外商投资股份有限公司	5	5			84	35	473.0	
其他外商投资企业	25	17			221	83	71629.3	213.6

3–48　按行业分组的非文化法人所属的文化产业活动单位主要指标

单位：万元

行　业	产业活动单位数（个）	企业	事业	社会团体	从业人员期末人数（人）	#女性	经营性单位收入	非经营性单位支出（费用）
合计	**3108**	**2253**	**646**	**57**	**61753**	**26063**	**2129360.3**	**25927.3**
一、文化制造业行业								
雕塑工艺品制造	4	4			43	13	882.0	
金属工艺品制造	6	6			162	71	91042.8	
漆器工艺品制造								
花画工艺品制造	1	1			2	1	23.1	
天然植物纤维编织工艺品制造								
抽纱刺绣工艺品制造	6	6			115	74	1422.5	
地毯、挂毯制造	1	1			7	4	116.0	
珠宝首饰及有关物品制造	6	6			251	123	3287.5	
其他工艺美术品制造	11	11			912	456	14102.0	
园林、陈设艺术及其他陶瓷制品制造 *	6	6			63	23	785.0	
书、报刊印刷	6	6			62	35	1371.1	
本册印制	5	5			160	109	11267.6	
包装装潢及其他印刷	32	32			1440	604	32818.8	
装订及印刷相关服务	5	5			28	11	28342.1	
记录媒介复制								
文具制造	3	3			40	17	470.0	
笔的制造								
墨水、墨汁制造								
中乐器制造								
西乐器制造								
电子乐器制造								
其他乐器及零件制造								
玩具制造	20	20			1244	580	9231.0	
露天游乐场所游乐设备制造								
游艺用品及室内游艺器材制造	1	1			716	432	21794.9	
其他娱乐用品制造	1	1					739.0	
电视机制造	3	3			713	361	1515.2	
音响设备制造	4	4			388	156	19249.9	
影视录放设备制造	2	2			426	167	64802.5	
焰火、鞭炮产品制造	3	3			188	44	8560.9	
机制纸及纸板制造 *	2	2			135	33	28000.0	
手工纸制造	2	2			22	5	326.8	
油墨及类似产品制造	2	2			15	3	3028.7	
颜料制造 *								
信息化学品制造 *								
照明灯具制造 *	5	5			38	10	230.4	
其他电子设备制造 *								
印刷专用设备制造	6	6			171	58	2482.0	

3–48 续表1

行业	产业活动单位数（个）	企业	事业	社会团体	从业人员期末人数（人）	#女性	经营性单位收入	非经营性单位支出（费用）
广播电视节目制作及发射设备制造								
广播电视接收设备及器材制造	6	6			847	470	12879.9	
应用电视设备及其他广播电视设备制造	2	2			99	60	715.9	
电影机械制造								
幻灯及投影设备制造	2	2			233	97	9846.1	
照相机及器材制造	1	1			162	90	2172.6	
复印和胶印设备制造								
二、文化批发和零售业								
图书批发	4	4			23	13	716.0	
报刊批发	2	2			24	10	120.0	
音像制品及电子出版物批发	2	2			13	3	121.6	
图书、报刊零售	100	100			299	144	3838.5	
音像制品及电子出版物零售	6	6			76	61	256.6	
贸易代理*	23	23			153	100	2803.5	97.8
拍卖 *	7	7			57	14	131.9	
通讯及广播电视设备批发*	16	16			312	119	29515.4	
电气设备批发*	4	4			44	14	1864.8	
首饰、工艺品及收藏品批发	36	36			654	226	9361.2	10.0
珠宝首饰零售	73	73			869	545	23917.3	
工艺美术品及收藏品零售	45	45			273	144	5766.4	
文具用品批发	42	42			318	133	17962.5	
文具用品零售	84	84			313	171	6674.0	
乐器零售	2	2			12	6	1.0	
照相器材零售	11	11			53	31	1749.6	
家用电器批发*	23	23			736	273	146815.6	
家用视听设备零售	27	27			448	213	213787.7	
其他文化用品批发	27	27			198	86	4658.1	
其他文化用品零售	44	44			292	149	69817.1	
三、文化服务业行业								
新闻业	5	2	1		55	19		80.0
图书出版	1	1			34	30		
报纸出版	2		1		4	2		9.1
期刊出版	3		1		30	9	251.7	
音像制品出版								
电子出版物出版	1	1			3	1	0.8	
其他出版业	2	1			12	8	18.5	
广播	49	3	45		242	51	281.7	568.7
电视	13	7	5		392	117	12030.4	298.2
电影和影视节目制作	4	4			21	14	1411.5	
电影和影视节目发行	16		16		34	10	9.9	150.9
电影放映	15	12	2		505	206	7505.7	1.2
录音制作	1	1			7	2	120.0	

3-48　续表2

行　业	产业活动单位数（个）	企业	事业	社会团体	从业人员期末人数（人）	#女性	经营性单位收入	非经营性单位支出（费用）
文艺创作与表演	14	7	7		236	119	1968.6	1910.3
艺术表演场馆	7	2	4		249	118	1336.2	117.5
图书馆	6	1	4		45	26		289.9
档案馆	15	2	11		150	86	1413.7	400.2
文物及非物质文化遗产保护	15		13		122	27	5.3	592.8
博物馆	5		4		19	9		440.1
烈士陵园、纪念馆	8		8		91	47	7.3	615.2
群众文化活动	472	3	427		1569	565	1403.7	7590.8
社会人文科学研究	8	5	3		43	17	75.0	107.9
专业性团体 *	57			57	296	146	569.7	607.8
文化艺术培训	42	37			463	291	2387.7	132.0
其他未列明教育 *	44	35	2		757	512	10330.8	2057.1
其他文化艺术业	40	13	26		198	72	635.3	499.2
互联网信息服务	173	163	4		4616	1818	183348.2	194.6
其他电信服务 *	14	14			652	210	26163.9	
有线广播电视传输服务	50	16	31		489	247	4064.7	555.3
无线广播电视传输服务	1	1			205	130	1859.2	
卫星传输服务 *								
广告业	68	67			934	589	21778.0	62.7
软件开发 *	56	56			2476	862	123180.3	
数字内容服务 *	2	2			143	66	3473.9	
工程勘察设计 *	272	265	3		12393	3749	432268.7	3165.9
专业化设计服务	178	167	4		5272	2172	182888.4	553.5
公园管理	18	3	15		240	129	3524.9	1107.6
游览景区管理	17	12	4		391	137	3228.1	1904.2
野生动物保护 *								
野生植物保护 *	1		1		6			18.5
歌舞厅娱乐活动	82	79			2795	1357	14130.9	0.1
电子游艺厅娱乐活动	16	16			197	92	1447.8	
网吧活动	267	256			1569	599	8191.0	34.5
其他室内娱乐活动	24	14	2		113	67	707.8	35.6
游乐园	9	9			402	153	5158.0	
其他娱乐业	11	10			400	222	5193.3	12.1
摄影扩印服务	26	26			174	92	1496.2	
知识产权服务 *	13	11	1		227	139	2528.9	15.3
文化娱乐经纪人	1	1			3	2	19.3	
其他文化艺术经纪代理	3	2			32	21	178.4	
娱乐及体育设备出租 *	2	1			557	247	75627.4	
图书出租								
音像制品出租								
会议及展览服务	48	42			1419	676	6606.5	171.2
其他未列明商务服务业 *	179	151	1		6622	3221	69148.0	1519.2

3-49 分地区非文化法人所属的文化产业活动单位主要指标

地区	产业活动单位数（个）	企业	事业	社会团体	从业人员期末人数（人）	女性	经营性单位收入	非经营性单位支出（费用）
合计	**3108**	**2253**	**646**	**57**	**61753**	**26063**	**2129360.3**	**25927.3**
广州市	714	641	7	8	22492	9387	908818.1	4475.7
韶关市	82	22	57	1	394	154	8417.5	745.7
深圳市	674	648	3	1	20720	8573	589330.6	4866.3
珠海市	74	67	1	2	1807	945	56619.6	28.0
汕头市	117	83	22	8	967	330	15910.7	1756.8
佛山市	201	191	4		3092	1420	142349.1	1582.3
江门市	37	27	9		222	118	2760.1	128.5
湛江市	176	93	75		1159	510	18213.4	1336.4
茂名市	46	19	23	2	366	194	4973.1	1347.9
肇庆市	101	18	70	5	694	330	2694.3	2120.1
惠州市	151	76	67	2	1379	546	13157.0	2412.8
梅州市	91	14	61	12	409	138	8226.1	899.9
汕尾市	46	12	31	1	272	108	225.0	333.7
河源市	60	19	39	1	157	41	742.6	356.5
阳江市	74	70	4		991	417	38035.3	140.7
清远市	86	15	55	10	310	107	4096.9	756.7
东莞市	126	116		1	3534	1735	158082.1	590.8
中山市	75	69		1	1244	451	51343.5	22.5
潮州市	34	29	4		688	302	99568.8	115.1
揭阳市	102	11	88	2	596	175	687.6	1120.3
云浮市	41	13	26		260	82	5108.8	790.4

附录

主要指标解释

主要指标解释

法人单位　是指有权拥有资产、承担负债，并独立从事社会经济活动（或与其他单位进行交易）的组织。法人单位应同时具备以下条件：

1. 依法成立，有自己的名称、组织机构和场所，能够独立承担民事责任；

2. 独立拥有（或授权使用）资产或者经费，承担负债，有权与其他单位签订合同；

3. 具有包括资产负债表在内的账户，或者能够根据需要编制账户。

法人单位包括五种类型：企业法人、事业单位法人、机关法人、社会团体和其他成员组织法人、其他法人。

企业法人　是指依据《中华人民共和国公司登记管理条例》、《中华人民共和国企业法人登记管理条例》等国家法律和法规，经各级工商行政管理机关登记注册，领取《企业法人营业执照》的企业。包括：

1. 公司制企业法人；

2. 非公司制企业法人；

3. 依据《中华人民共和国个人独资企业法》、《中华人民共和国合伙企业法》，经各级工商行政管理机关登记注册，领取《营业执照》的个人独资企业、合伙企业。

事业单位法人　是指经国务院或地方县级以上机构编制管理部门批准，经国家或地方县级以上事业单位登记管理部门登记或备案，领取《事业单位法人证书》，取得法人资格的事业单位。包括：

1. 各级党委、政府直属事业单位；

2. 中共中央、国务院直属事业单位举办的事业单位；

3. 各级人大、政协机关，人民法院、人民检察院和各民主党派机关举办的事业单位；

4. 各级党委部门和政府部门举办的事业单位；

5. 使用财政性经费的群众团体举办的事业单位；

6. 国有企业及其他组织利用国有资产举办的事业单位；

7. 依照法律或有关规定，应当由各级登记管理机关登记的其他事业单位。

机关法人　是指各级政党机关和国家机关。包括：

1. 县级以上各级中国共产党委员会及其所属各工作部门；

2. 县级以上各级人民代表大会机关；

3. 县级以上各级人民政府及其所属各工作部门，以及地区行政行署；

4. 县级以上各级政治协商会议机关；

5. 县级以上各级人民法院、检察院机关；

6. 县级以上各民主党派机关；

7. 乡、镇中国共产党委员会和人民政府。

社会团体法人　是指依据《社会团体登记管理条例》，经国家或县级以上民政部门登记注册或备案、领取《社会团体法人登记证书》的各类社会团体，以及由机构编制管理部门管理其编制的群众团体。包括：

1. 社会团体法人；

2. 群众团体法人。

其他法人　是指除上述类型以外的法人，是依据《中华人民共和国居民委员会组织法》、《中华人民共和国村民委员会组织法》、《基金会管理条例》、《农民专业合作社登记管理条例》及其他法律、法规，依法成立，具备法人条件的单位。包括：

1. 居民委员会和村民委员会；

2. 基金会；

3. 领取《民办非企业单位（法人）登记证书》的民办非企业单位；

4. 宗教组织和活动场所；

5. 农民专业合作社；

6. 其他未列明法人单位。

单产业法人　是指仅包含一个产业活动单位的法人单位，称为单产业法人单位，该法人单位同时也是一个产业活动单位；

多产业法人　是指由两个及以上产业活动单位组成的法人单位，称为多产业法人单位，这些产业活动单位接受法人单位的管理和控制。

从业人员期末人数　指报告期末最后一日24时在本单位工作，并取得工资或其他形式劳动报酬的人员数。该指标为时点指标，不包括最后一日当天及以前已经与单位解除劳动合同关系的人员，是在岗职工、劳务派遣人员及其他从业人员之和。从业人员不包括：

1. 离开本单位仍保留劳动关系，并定期领取生活费的人员；

2. 利用课余时间打工的学生及在本单位实习的各类在校学生；

3. 本单位因劳务外包而使用的人员，如：建筑业整建制使用的人员。

资产总计　指企业过去的交易或者事项形成的、由企业拥有或者控制的、预期会给企业带来经济利益的资源。资产一般按流动性（资产的变现或耗用时间长短）分为流动资产和非流动资产。其中流动资产可分为货币资金、交易性金融资产、应收票据、应收账款、预付款项、其他应收款、存货等；非流动资产可分为长期股权投资、固定资产、无形资产及其他非流动资产等。

营业收入 指企业经营主要业务和其他业务所确认的收入总额。营业收入合计包括“主营业务收入”和“其他业务收入”。根据会计“利润表”中“营业收入”项目的本期金额数填报。

主营业务收入 指企业确认的销售商品、提供劳务等主营业务的收入。根据会计“主营业务收入”科目的期末贷方余额（结转前）填报。执行2006年《企业会计准则》或2011年《小企业会计准则》的企业，如未设置该科目，以“营业收入”代替填报。

利润总额 指企业在一定会计期间的经营成果，是生产经营过程中各种收入扣除各种耗费后的盈余，反映企业在报告期内实现的亏盈总额。根据会计“利润表”中“利润总额”项目的本期金额数填报。执行2006年《企业会计准则》的企业，利润总额为营业利润加上营业外收入，减去营业外支出后的金额；未执行2006年《企业会计准则》的企业，利润总额为营业利润加上投资收益、补贴收入、营业外收入，再减去营业外支出后的金额。

总产出 指一定时期内一个国家（或地区）常住单位生产的所有货物和服务的价值，既包括新增价值，也包括转移价值。它反映常住单位生产活动的总规模。总产出按生产者价格计算。

中间投入 指常住单位生产或提供货物与服务过程中，消耗和使用的所有非固定资产货物和服务的价值，中间投入也称为中间消耗。一般按购买者价格计算。

国内（地区）生产总值 指按市场价格计算的一个国家（或地区）所有常住单位在一定时期内生产活动的最终成果。国内（地区）生产总值有三种计算方法，即生产法、收入法和支出法。三种方法分别从不同的方面反映国内生产总值及其构成。

三次产业 三次产业的划分是世界上较为常用的产业结构分类，但各国的划分不尽一致。我国的三次产业划分是：

第一产业是指农、林、牧、渔业（不含农、林、牧、渔服务业）。

第二产业是指采矿业（不含开采辅助活动），制造业（不含金属制品、机械和设备修理业），电力、热力、燃气及水的生产和供应业，建筑业。

第三产业即服务业，是指除第一、二产业以外的其他行业。

劳动者报酬 指劳动者从事生产活动所获得的全部报酬。它包括劳动者获得的各种形式的工资、资金和津贴，既有货币形式的，也有实物形式的，还包括劳动者所享受的公费医疗和医药卫生费、上下班交通补贴、单位支出的社会保险费、住房公积金等。

生产税净额 指生产税减生产补贴后的余额。生产税指政府对生产单位从事生产、销售和经营活动以及因从事生产活动使用某些生产要素（如固定资产、土地、劳动力）所征收的各种税、附加费和规费。生产补贴与生产税相反，指政府对生产单位的单方面转移支付，因此视为负生产税，包括政策性亏损补贴、价格补贴等。

固定资产折旧 指一定时期内为弥补固定资产损耗按照规定的固定资产折旧率提取的固定资产折旧，或按国民经济核算统一规定的折旧率虚拟计算的固定资产折旧。它反映了固定资产在当期生产中的转移价值。各类企业和企业化管理的事业单位的固定资产折旧是指实际计提的折旧费；不计提折旧的政府机关、非企业化管理的事业单位和居民住房的固定资产折旧是按照统一规定的折旧率和固定资产原值计算的虚拟折旧。原则上，固定资产折旧应按固定资产的重置价值来计算，但是目前我国尚不具备对全社会固定资产进行重估价的基础，所以暂时还不能采用上述方法。

营业盈余 指常住单位创造的增加值中扣除劳动者报酬、生产税净额和固定资产折旧后的余额。它相当于企业的营业利润加上生产税补贴，但要扣除从利润中开支的工资和福利等。

分类规定

珠江三角洲、东西两翼和山区 珠江三角洲包括：广州市、深圳市、珠海市、佛山市、江门市、东莞市、中山市、惠州市、肇庆市。东翼包括：汕头市、汕尾市、潮州市、揭阳市。西翼包括：阳江市、湛江市、茂名市。山区包括：韶关市、河源市、梅州市、清远市、云浮市。50个山区县(市、区)包括：从化市、南澳县、仁化县、南雄市、始兴县、翁源县、新丰县、乳源县、乐昌市、东源县、和平县、龙川县、紫金县、连平县、梅江区、梅县、蕉岭县、大埔县、丰顺县、五华县、兴宁市、平远县、惠东县、龙门县、海丰县、陆河县、阳春市、高州市、信宜市、高要市、广宁县、德庆县、封开县、怀集县、清新县、英德市、佛冈县、连山县、连南县、连州市、阳山县、饶平县、潮安县、普宁市、揭西县、新兴县、罗定市、云城区、郁南县、云安县。

登记注册类型 指企业或企业产业活动单位的登记注册类型，工商行政管理部门对企业（单位）登记注册的类型分为以下几种：

1．国有企业：指企业全部资产归国家所有，并按《中华人民共和国企业法人登记管理条例》规定登记注册的非公司制的经济组织。不包括有限责任公司中的国有独资公司。

2．集体企业：指企业资产归集体所有，并按《中华人民共和国企业法人登记管理条例》规定登记注册的经济组织。

3．股份合作企业：指以合作制为基础，由企业职工共同出资入股，吸收一定比例的社会资产投资组建，实行自主经营，自负盈亏，共同劳动，民主管理，按劳分配与按股分红相结合的一种集体经济组织。

4．联营企业：指两个及两个以上相同或不同所有制性质的企业法人或事业单位法人，按自愿、平等、互利的原则，共同投资组成的经济组织。联营企业包括国有联营企业、集体联营企业、国有与集体联营企业和其他联营企业。

国有联营企业 指所有联营单位均为国有。

集体联营企业 指所有联营单位均为集体。

国有与集体联营企业 指联营单位既有国有也有集体。

其他联营企业 指上述三种联营企业之外的其他联营形式的企业。

5．有限责任公司：指根据《中华人民共和国公司登记管理条例》规定登记注册，由两个以上，五十个以下的股东共同出资，每个股东以其所认缴的出资额对公司承担有限责任，公司以其全部资产对其债务承担责任的经济组织。有限责任公司包括国有独资公司以及其他有限责任公司。

国有独资公司 指国家授权的投资机构或者国家授权的部门单独投资设立的有限责任公司。

其他有限责任公司 指国有独资公司以外的其他有限责任公司。

6．股份有限公司：指根据《中华人民共和国公司登记管理条例》规定登记注册，其全部注册资本由等额股份构成并通过发行股票筹集资本，股东以其认购的股份对公司承担有限责任，公司以其全部资产对其债务承担责任的经济组织。

7．私营企业：指由自然人投资设立或由自然人控股，以雇佣劳动为基础的营利性经济组织。包括按照《公司法》、《合伙企业法》、《私营企业暂行条例》以及《个人独资企业法》规定登记注册的私营独资企业、私营合伙企业、私营有限责任公司、私营股份有限公司和个人独资企业。

私营独资企业 指按《私营企业暂行条例》的规定，由一名自然人投资经营，以雇佣劳动为基础，投资者对企业债务承担无限责任的企业。

私营合伙企业 指按《合伙企业法》或《私营企业暂行条例》的规定，由两个以上自然人按照协议共同投资、共同经营、共负盈亏，以雇佣劳动为基础，对债务承担无限责任的企业。

私营有限责任公司 指按《公司法》、《私营企业暂行条例》的规定，由两个以上自然人投资或由单个自然人控股的有限责任公司。

私营股份有限公司 指按《公司法》的规定，由五个以上自然人投资，或由单个自然人控股的股份有限公司。

个人独资企业 指按《个人独资企业法》、《个人独资企业登记管理办法》的规定，由一个自然人投资，财产为投资人个人所有，投资人以其个人财产对企业债务承担无限责任的经营实体。个人独资企业填表时归入私营独资企业。

8．其他内资企业：指上述第1条至第7条之外的其他内资经济组织。

9．与港澳台商合资经营企业：指港澳台地区投资者与内地的企业依照《中华人民共和国中外合资经营企业法》及有关法律的规定，按合同规定的比例投资设立，分享利润和分担风险的企业。

10. 与港澳台商合作经营企业：指港澳台地区投资者与内地企业依照《中华人民共和国中外合作经营企业法》及有关法律的规定，依照合作合同的约定进行投资或提供条件设立，分配利润、分担风险和亏损的企业。

11. 港澳台商独资经营企业：指依照《中华人民共和国外资企业法》及有关法律的规定，在内地由港澳台地区投资者全额投资设立的企业。

12. 港澳台商投资股份有限公司：指根据国家有关规定，经商务部（原外经贸部）批准设立，并且其中港、澳、台商的股本占公司注册资本的比例达25%以上的股份有限公司。凡其中港、澳、台商的股本占公司注册资本的比例小于25%的，属于内资中的股份有限公司。

13. 其他港、澳、台商投资企业：指在中国境内参照《外国企业或个人在中国境内设立合伙企业管理办法》和《外商投资合伙企业登记管理规定》，依法设立的港、澳、台商投资合伙企业。

14. 中外合资经营企业：指外国企业或外国人与中国内地企业依照《中华人民共和国中外合资经营企业法》及有关法律的规定，按合同规定的比例投资设立，分享利润和分担风险的企业。

15. 中外合作经营企业：指外国企业或外国人与中国内地企业依照《中华人民共和国中外合作经营企业法》及有关法律的规定，依照合作合同的约定进行投资或提供条件设立，分配利润、分担风险和亏损的企业。

16. 外资企业：指依照《中华人民共和国外资企业法》及有关法律的规定，在中国内地由外国投资者全额投资设立的企业。

17. 外商投资股份有限公司：指根据国家有关规定，经商务部（原外经贸部）批准设立，并且其中外资的股本占公司注册资本的比例达25%以上的股份有限公司。凡其中外资股本占公司注册资本的比例小于25%的，属于内资中的股份有限公司。

18. 其他外商投资企业：指在中国境内依照《外国企业或个人在中国境内设立合伙企业管理办法》和《外商投资合伙企业登记管理规定》，依法设立的外商投资合伙企业。

统计上大中小微型企业划分办法

一、根据工业和信息化部、国家统计局、国家发展改革委、财政部《关于印发中小企业划型标准规定的通知》（工信部联企业〔2011〕300号），结合统计工作的实际情况，特制定本办法。

二、本办法适用对象为在中华人民共和国境内依法设立的各种组织形式的法人企业或单位。个体工商户参照本办法进行划分。

三、本办法适用范围包括：农、林、牧、渔业，采矿业，制造业，电力、热力、燃气及水生产和供应业，建筑业，批发和零售业，交通运输、仓储和邮政业，住宿和餐饮业，信息传输、软件和信息技术服务业，房地产业，租赁和商务服务业，科学研究和技术服务业，水利、环境和公共设施管理业，居民服务、修理和其他服务业，文化、体育和娱乐业等15个行业门类以及社会工作行业大类。

四、本办法按照行业门类、大类、中类和组合类别，依据从业人员、营业收入、资产总额等指标或替代指标，将我国的企业划分为大型、中型、小型、微型等四种类型。具体划分标准见附表。

五、企业划分由政府综合统计部门根据统计年报每年确定一次，定报统计原则上不进行调整。

六、本办法自印发之日起执行，国家统计局2003年印发的《统计上大中小型企业划分办法（暂行）》（国统字〔2003〕17号）同时废止。

附表：

统计上大中小微型企业划分标准

行业名称	指标名称	计量单位	大型	中型	小型	微型
农、林、牧、渔业	营业收入(Y)	万元	Y≥20000	500≤Y＜20000	50≤Y＜500	Y＜50
工业 *	从业人员(X)	人	X≥1000	300≤X＜1000	20≤X＜300	X＜20
	营业收入(Y)	万元	Y≥40000	2000≤Y＜40000	300≤Y＜2000	Y＜300
建筑业	营业收入(Y)	万元	Y≥80000	6000≤Y＜80000	300≤Y＜6000	Y＜300
	资产总额(Z)	万元	Z≥80000	5000≤Z＜80000	300≤Z＜5000	Z＜300
批发业	从业人员(X)	人	X≥200	20≤X＜200	5≤X＜20	X＜5
	营业收入(Y)	万元	Y≥40000	5000≤Y＜40000	1000≤Y＜5000	Y＜1000
零售业	从业人员(X)	人	X≥300	50≤X＜300	10≤X＜50	X＜10
	营业收入(Y)	万元	Y≥20000	500≤Y＜20000	100≤Y＜500	Y＜100
交通运输业 *	从业人员(X)	人	X≥1000	300≤X＜1000	20≤X＜300	X＜20
	营业收入(Y)	万元	Y≥30000	3000≤Y＜30000	200≤Y＜3000	Y＜200
仓储业	从业人员(X)	人	X≥200	100≤X＜200	20≤X＜100	X＜20
	营业收入(Y)	万元	Y≥30000	1000≤Y＜30000	100≤Y＜1000	Y＜100
邮政业	从业人员(X)	人	X≥1000	300≤X＜1000	20≤X＜300	X＜20
	营业收入(Y)	万元	Y≥30000	2000≤Y＜30000	100≤Y＜2000	Y＜100
住宿业	从业人员(X)	人	X≥300	100≤X＜300	10≤X＜100	X＜10
	营业收入(Y)	万元	Y≥10000	2000≤Y＜10000	100≤Y＜2000	Y＜100
餐饮业	从业人员(X)	人	X≥300	100≤X＜300	10≤X＜100	X＜10
	营业收入(Y)	万元	Y≥10000	2000≤Y＜10000	100≤Y＜2000	Y＜100
信息传输业 *	从业人员(X)	人	X≥2000	100≤X＜2000	10≤X＜100	X＜10
	营业收入(Y)	万元	Y≥100000	1000≤Y＜100000	100≤Y＜1000	Y＜100
软件和信息技术服务业	从业人员(X)	人	X≥300	100≤X＜300	10≤X＜100	X＜10
	营业收入(Y)	万元	Y≥10000	1000≤Y＜10000	50≤Y＜1000	Y＜50
房地产开发经营	营业收入(Y)	万元	Y≥200000	1000≤Y＜200000	100≤Y＜1000	Y＜100
	资产总额(Z)	万元	Z≥10000	5000≤Z＜10000	2000≤Z＜5000	Z＜2000
物业管理	从业人员(X)	人	X≥1000	300≤X＜1000	100≤X＜300	X＜100
	营业收入(Y)	万元	Y≥5000	1000≤Y＜5000	500≤Y＜1000	Y＜500
租赁和商务服务业	从业人员(X)	人	X≥300	100≤X＜300	10≤X＜100	X＜10
	资产总额(Z)	万元	Z≥120000	8000≤Z＜120000	100≤Z＜8000	Z＜100
其他未列明行业 *	从业人员(X)	人	X≥300	100≤X＜300	10≤X＜100	X＜10

说明：

1、大型、中型和小型企业须同时满足所列指标的下限，否则下划一档；微型企业只须满足所列指标中的一项即可。

2、附表中各行业的范围以《国民经济行业分类》（GB/T4754-2011）为准。带*的项为行业组合类别，其中，工业包括采矿业，制造业，电力、热力、燃气及水生产和供应业；交通运输业包括道路运输业，水上运输业，航空运输业，管道运输业，装卸搬运和运输代理业，不包括铁路运输业；信息传输业包括电信、广播电视和卫星传输服务，互联网和相关服务；其他未列明行业包括科学研究和技术服务业，水利、环境和公共设施管理业，居民服务、修理和其他服务业，社会工作，文化、体育和娱乐业，以及房地产中介服务，其他房地产业等，不包括自有房地产经营活动。

3、企业划分指标以现行统计制度为准。（1）从业人员，是指期末从业人员数，没有期末从业人员数的，采用全年平均人员数代替。（2）营业收入，工业、建筑业、限额以上批发和零售业、限额以上住宿和餐饮业以及其他设置主营业务收入指标的行业，采用主营业务收入；限额以下批发与零售业企业采用商品销售额代替；限额以下住宿与餐饮业企业采用营业额代替；农、林、牧、渔业企业采用营业总收入代替；其他未设置主营业务收入的行业，采用营业收入指标。（3）资产总额，采用资产总计代替。

文化及相关产业分类（2012）

一、目的和作用

（一）为深入贯彻落实党的十七届六中全会关于深化文化体制改革、推动社会主义文化大发展大繁荣的精神，建立科学可行的文化及相关产业统计制度，制定本分类。

（二）本分类为界定我国文化及相关单位的生产活动提供依据，为当前的社会主义文化建设、文化宏观管理提供参考，为文化及相关产业统计提供统一的定义和范围。

二、定义和范围

（一）定义

本分类规定的文化及相关产业是指为社会公众提供文化产品和文化相关产品的生产活动的集合。

（二）范围

根据以上定义，我国文化及相关产业的范围包括：

1. 以文化为核心内容，为直接满足人们的精神需要而进行的创作、制造、传播、展示等文化产品（包括货物和服务）的生产活动；

2. 为实现文化产品生产所必需的辅助生产活动；

3. 作为文化产品实物载体或制作（使用、传播、展示）工具的文化用品的生产活动(包括制造和销售)；

4. 为实现文化产品生产所需专用设备的生产活动(包括制造和销售)。

三、分类原则

（一）以《国民经济行业分类》为基础

本分类以《国民经济行业分类》（GB/T 4754—2011）为基础，根据文化及相关单位生产活动的特点，将行业分类中相关的类别重新组合，是《国民经济行业分类》的派生分类。

（二）兼顾部门管理需要和可操作性

根据我国文化体制改革和发展的实际，本分类在考虑文化生产活动特点的同时，兼顾政府部门管理的需要；立足于现行的统计制度和方法，充分考虑分类的可操作性。

（三）与国际分类标准相衔接

本分类借鉴了联合国教科文组织的《文化统计框架—2009》的分类方法，在定义和覆盖范围上可与其衔接。

四、分类方法

本分类依据上述分类原则，将文化及相关产业分为五层。

第一层包括文化产品的生产、文化相关产品的生产两部分，用“第一部分”、“第二部分”表示；

第二层根据管理需要和文化生产活动的自身特点分为10个大类，用“一”、“二”……“十”表示；

第三层依照文化生产活动的相近性分为50个中类，在每个大类下分别用“（一）”、“（二）”、“（三）”……表示；

第四层共有120个小类，是文化及相关产业的具体活动类别，直接用《国民经济行业分类》（GB/T 4754—2011）相对应行业小类的名称和代码表示。对于含有部分文化生产活动的小类，在其名称后用“*”标出。

第五层为带“*”小类下设置的延伸层。通过在类别名称前加“—”表示，不设代码和顺序号，其包含的活动内容在表2中加以说明。

五、文化及相关产业分类表

表1　文化及相关产业的类别名称和行业代码

类　别　名　称	国民经济行业代码
第一部分 文化产品的生产	
一、新闻出版发行服务	
（一）新闻服务	
新闻业	8510
（二）出版服务	
图书出版	8521

类 别 名 称	国民经济行业代码
报纸出版	8522
期刊出版	8523
音像制品出版	8524
电子出版物出版	8525
其他出版业	8529
（三）发行服务	
图书批发	5143
报刊批发	5144
音像制品及电子出版物批发	5145
图书、报刊零售	5243
音像制品及电子出版物零售	5244
二、广播电视电影服务	
（一）广播电视服务	
广播	8610
电视	8620
（二）电影和影视录音服务	
电影和影视节目制作	8630
电影和影视节目发行	8640
电影放映	8650
录音制作	8660
三、文化艺术服务	
（一）文艺创作与表演服务	
文艺创作与表演	8710
艺术表演场馆	8720
（二）图书馆与档案馆服务	
图书馆	8731
档案馆	8732
（三）文化遗产保护服务	
文物及非物质文化遗产保护	8740
博物馆	8750
烈士陵园、纪念馆	8760
（四）群众文化服务	
群众文化活动	8770
（五）文化研究和社团服务	
社会人文科学研究	7350
专业性团体（的服务）*	9421
—学术理论社会团体的服务	
—文化团体的服务	
（六）文化艺术培训服务	
文化艺术培训	8293
其他未列明教育 *	8299
—美术、舞蹈、音乐辅导服务	
（七）其他文化艺术服务	
其他文化艺术业	8790

类　别　名　称	国民经济行业代码
四、文化信息传输服务	
（一）互联网信息服务	
互联网信息服务	6420
（二）增值电信服务（文化部分）	
其他电信服务 *	6319
—增值电信服务(文化部分）	
（三）广播电视传输服务	
有线广播电视传输服务	6321
无线广播电视传输服务	6322
卫星传输服务 *	6330
—传输、覆盖与接收服务	
—设计、安装、调试、测试、监测等服务	
五、文化创意和设计服务	
（一）广告服务	
广告业	7240
（二）文化软件服务	
软件开发 *	6510
—多媒体、动漫游戏软件开发	
数字内容服务 *	6591
—数字动漫、游戏设计制作	
（三）建筑设计服务	
工程勘察设计 *	7482
—房屋建筑工程设计服务	
—室内装饰设计服务	
—风景园林工程专项设计服务	
（四）专业设计服务	
专业化设计服务	7491
六、文化休闲娱乐服务	
（一）景区游览服务	
公园管理	7851
游览景区管理	7852
野生动物保护 *	7712
—动物园和海洋馆、水族馆管理服务	
野生植物保护 *	7713
—植物园管理服务	
（二）娱乐休闲服务	
歌舞厅娱乐活动	8911
电子游艺厅娱乐活动	8912
网吧活动	8913
其他室内娱乐活动	8919
游乐园	8920
其他娱乐业	8990
（三）摄影扩印服务	
摄影扩印服务	7492

类 别 名 称	国民经济行业代码
七、工艺美术品的生产	
（一）工艺美术品的制造	
雕塑工艺品制造	2431
金属工艺品制造	2432
漆器工艺品制造	2433
花画工艺品制造	2434
天然植物纤维编织工艺品制造	2435
抽纱刺绣工艺品制造	2436
地毯、挂毯制造	2437
珠宝首饰及有关物品制造	2438
其他工艺美术品制造	2439
（二）园林、陈设艺术及其他陶瓷制品的制造	
园林、陈设艺术及其他陶瓷制品制造 *	3079
—陈设艺术陶瓷制品制造	
（三）工艺美术品的销售	
首饰、工艺品及收藏品批发	5146
珠宝首饰零售	5245
工艺美术品及收藏品零售	5246
第二部分　文化相关产品的生产	
八、文化产品生产的辅助生产	
（一）版权服务	
知识产权服务 *	7250
—版权和文化软件服务	
（二）印刷复制服务	
书、报刊印刷	2311
本册印制	2312
包装装潢及其他印刷	2319
装订及印刷相关服务	2320
记录媒介复制	2330
（三）文化经纪代理服务	
文化娱乐经纪人	8941
其他文化艺术经纪代理	8949
（四）文化贸易代理与拍卖服务	
贸易代理 *	5181
—文化贸易代理服务	
拍卖 *	5182
—艺（美）术品、文物、古董、字画拍卖服务	
（五）文化出租服务	
娱乐及体育设备出租 *	7121
—视频设备、照相器材和娱乐设备的出租服务	
图书出租	7122
音像制品出租	7123
（六）会展服务	
会议及展览服务	7292

类 别 名 称	国民经济行业代码
（七）其他文化辅助生产	
其他未列明商务服务业 *	7299
—公司礼仪和模特服务	
—大型活动组织服务	
—票务服务	
九、文化用品的生产	
（一）办公用品的制造	
文具制造	2411
笔的制造	2412
墨水、墨汁制造	2414
（二）乐器的制造	
中乐器制造	2421
西乐器制造	2422
电子乐器制造	2423
其他乐器及零件制造	2429
（三）玩具的制造	
玩具制造	2450
（四）游艺器材及娱乐用品的制造	
露天游乐场所游乐设备制造	2461
游艺用品及室内游艺器材制造	2462
其他娱乐用品制造	2469
（五）视听设备的制造	
电视机制造	3951
音响设备制造	3952
影视录放设备制造	3953
（六）焰火、鞭炮产品的制造	
焰火、鞭炮产品制造	2672
（七）文化用纸的制造	
机制纸及纸板制造 *	2221
—文化用机制纸及纸板制造	
手工纸制造	2222
（八）文化用油墨颜料的制造	
油墨及类似产品制造	2642
颜料制造 *	2643
—文化用颜料制造	
（九）文化用化学品的制造	
信息化学品制造 *	2664
—文化用信息化学品的制造	
（十）其他文化用品的制造	
照明灯具制造 *	3872
—装饰用灯和影视舞台灯制造	
其他电子设备制造 *	3990
—电子快译通、电子记事本、电子词典等制造	
（十一）文具乐器照相器材的销售	

类 别 名 称	国民经济行业代码
文具用品批发	5141
文具用品零售	5241
乐器零售	5247
照相器材零售	5248
（十二）文化用家电的销售	
家用电器批发 *	
—文化用家用电器批发	
家用视听设备零售	5271
（十三）其他文化用品的销售	
其他文化用品批发	5149
其他文化用品零售	5249
十、文化专用设备的生产	
（一）印刷专用设备的制造	
印刷专用设备制造	3542
（二）广播电视电影专用设备的制造	
广播电视节目制作及发射设备制造	3931
广播电视接收设备及器材制造	3932
应用电视设备及其他广播电视设备制造	3939
电影机械制造	3471
（三）其他文化专用设备的制造	
幻灯及投影设备制造	3472
照相机及器材制造	3473
复印和胶印设备制造	3474
（四）广播电视电影专用设备的批发	
通讯及广播电视设备批发 *	5178
—广播电视电影专用设备批发	
（五）舞台照明设备的批发	
电气设备批发 *	5176
—舞台照明设备的批发	

表2　对延伸层文化生产活动内容的说明

序号	类别名称及代码		文化生产活动的内容
	小类	延伸层	
1	专业性团体（的服务）(9421)	学术理论社会团体的服务	包括党的理论研究、史学研究、思想工作研究、社会人文科学研究等团体的服务。
		文化团体的服务	包括新闻、图书、报刊、音像、版权、广播、电视、电影、演员、作家、文学艺术、美术家、摄影家、文物、博物馆、图书馆、文化馆、游乐园、公园、文艺理论研究、民族文化等团体的服务。
2	其他未列明教育(8299)	美术、舞蹈、音乐辅导服务	包括美术、舞蹈和音乐等辅导服务。
3	其他电信服务(6319)	增值电信服务(文化部分)	包括手机报、个性化铃音、网络广告等业务服务。
4	卫星传输服务(6330)	传输、覆盖与接收服务	包括卫星广播电视信号的传输、覆盖与接收服务。
		设计、安装、调试、测试、监测等服务	包括卫星广播电视传输、覆盖、接收系统的设计、安装、调试、测试、监测等服务。

序号	类别名称及代码		文化生产活动的内容
	小类	延伸层	
5	软件开发 (6510)	多媒体、动漫游戏软件开发	包括应用软件开发及经营中的多媒体软件和动漫游戏软件开发及经营活动。
6	数字内容服务 (6591)	数字动漫、游戏设计制作	包括数字动漫制作和游戏设计制作等服务。
7	工程勘察设计 (7482)	房屋建筑工程设计服务	包括房屋（住宅、商业用房、公用事业用房、其他房屋）建筑工程设计服务。
		室内装饰设计服务	包括住宅室内装饰设计服务和其他室内装饰设计服务。
		风景园林工程专项设计服务	包括各类风景园林工程专项设计服务。
8	野生动物保护 (7712)	动物园和海洋馆、水族馆管理服务	包括动物园管理服务，放养动物园管理服务，鸟类动物园管理服务，海洋馆、水族馆管理服务。
9	野生植物保护 (7713)	植物园管理服务	包括各类植物园管理服务。
10	园林、陈设艺术及其他陶瓷制品制造 (3079)	陈设艺术陶瓷制品制造	包括室内陈设艺术陶瓷制品、工艺陶瓷制品、陶瓷壁画、陶瓷制塑像和其他陈设艺术陶瓷制品的制造。
11	知识产权服务 (7250)	版权和文化软件服务	版权服务包括版权代理服务，版权鉴定服务，版权咨询服务，海外作品登记服务，涉外音像合同认证服务，著作权使用报酬收转服务，版权贸易服务和其他版权服务。文化软件服务指与文化有关的软件服务，包括软件代理、软件著作权登记、软件鉴定等服务。
12	贸易代理 (5181)	文化贸易代理服务	包括文化用品、图书、音像、文化用家用电器和广播电视器材等国际国内贸易代理服务。
13	拍卖 (5182)	艺（美）术品、文物、古董、字画拍卖服务	包括艺(美)术品拍卖服务，文物拍卖服务，古董、字画拍卖服务。
14	娱乐及体育设备出租 (7121)	视频设备、照相器材和娱乐设备的出租服务	包括视频设备出租服务，照相器材出租服务，娱乐设备出租服务。
15	其他未列明商务服务业 (7299)	公司礼仪和模特服务	公司礼仪服务包括开业典礼、庆典及其他重大活动的礼仪服务。模特服务包括服装模特、艺术模特和其他模特等服务。
		大型活动组织服务	包括文艺晚会策划组织服务，大型庆典活动策划组织服务，艺术、模特大赛策划组织服务，艺术节、电影节等策划组织服务，民间活动策划组织服务，公益演出、展览等活动的策划组织服务，其他大型活动的策划组织服务。
		票务服务	包括电影票务服务，文艺演出票务服务，展览、博览会票务服务。
16	机制纸及纸板制造 (2221)	文化用机制纸及纸板制造	包括未涂布印刷书写用纸制造，涂布类印刷用纸制造，感应纸及纸板制造。
17	颜料制造 (2643)	文化用颜料制造	包括水彩颜料、水粉颜料、油画颜料、国画颜料、调色料、其他艺术用颜料、美工塑型用膏等制造。
18	信息化学品制造 (2664)	文化用信息化学品的制造	包括感光胶片的制造，摄影感光纸、纸板及纺织物制造，摄影用化学制剂、复印机用化学制剂制造，空白磁带、空白磁盘、空盘制造。
19	照明灯具制造 (3872)	装饰用灯和影视舞台灯制造	包括装饰用灯（圣诞树用成套灯具、其他装饰用灯）和影视舞台灯的制造。
20	其他电子设备制造 (3990)	电子快译通、电子记事本、电子词典等制造	包括电子快译通、电子记事本、电子词典等电子设备的制造。
21	家用电器批发 (5137)	文化用家用电器批发	包括电视机、摄录像设备、便携式收录放设备、音响设备等的批发。
22	通讯及广播电视设备批发 (5178)	广播电视电影专用设备批发	包括广播设备、电视设备、电影设备、广播电视卫星设备等的批发。
23	电气设备批发 (5176)	舞台照明设备的批发	包括各类舞台照明设备的批发。